MW00962638

Abkk., S. 10

am Ende:
Quellennachweis
Fremdwörter-Verzeichnis

19. Aufl.
1976 oder später?

Karl Peltzer/Reinhard von Normann

Das treffende Wort

Karl Peltzer/Reinhard von Normann

Das treffende Wort

Wörterbuch sinnverwandter Ausdrücke

GONDROM

Sonderausgabe für Gondrom Verlag GmbH & Co. KG, Bindlach
© Ott Verlag, Thun
ISBN 3-8112-1185-4

Vorwort

Eine Spruchweisheit besagt: Die Worte der Könige sind Könige der Worte! Königlich aber ist etwas, was beherrscht, was überragend, vorzüglich und trefflich ist, etwas, dem der Vorrang gebührt, etwas – was das Beste ist und an der Spitze steht.

Wörter, die wir in unseren Briefen und Schriften benutzen, sollen daher königliche Wörter sein; sie sollen trefflich und vorzüglich sein; sie sollen den Nagel auf den Kopf treffen und den Leser beherrschen. Wer immer schreibt, vergesse nie, daß das Wort nicht nur ganz klar ausdrücken soll, was wir sagen wollen; es soll darüber hinaus auch die Stimmung wiedergeben, in der wir es niederschreiben, so daß der Leser sich uns nahe wähnt, das heißt, daß er sich berührt fühlt. Dieses Berührtsein gibt uns Macht über den Leser. Wir bringen ihn unter unseren Einfluß; wir stimmen ihn zu unserer Ansicht und Absicht, zu unserem Wollen, zu unserem Denken hin. Von dieser Hinstimmung hängt im Leben oft der Erfolg ab.

Darum müssen wir unsere Gedanken sprachlich sorgfältig formulieren und darauf bedacht sein, stets nur das treffende Wort zu gebrauchen. Unsere deutsche Sprache ist so reich, daß wir immer ein Wort finden können, das seinem Gewicht und seinem inneren Gehalt und seinem Schmelz nach das stärkste und treffendste ist.

Aber ein solches Wort will erarbeitet sein. Schefer sagte in seinem Laienbrevier: «Willst du von zwei Dingen wissen, welches das rechte? – Nimmer ist es das bequeme! Was dir die meiste Mühe macht, das ist es.»

Das gilt auch für das treffende Wort. Nicht aber so sehr aus Bequemlichkeit, sondern aus Mangel an Zeit zum Nachdenken wird oft gegen das Wort «gesündigt». Dieses Wörterbuch soll es nun allen, ob Journalist oder Schriftsteller, Lehrer oder Wissenschafter, Kaufmann oder Werbefachmann, leicht machen, ihre Gedanken treffend und stark auszudrücken. Es soll jeden zum bildkräftigen Wort schnell hinführen. Es wurde daher ein Buch aus der Praxis für die Praxis geschrieben, und damit ist auch schon angedeutet, daß es keinen Anspruch erhebt, ein wissenschaftliches Werk zu sein. Es füllt aber eine empfindliche Lücke in den Nachschlagewerken aus. Zwar gibt es bereits eine ganze Reihe ausgezeichneter Werke sinnverwandter Wörter – aber sie sind in Sachgruppen eingeteilt oder in ein Begriffnetz gegliedert. Dem Praktiker wird das Arbeiten mit ihnen dadurch erschwert. Um diese

Schwierigkeiten zu beheben, wurden diesen Büchern mehr oder minder umfangreiche Register als Hilfe beigegeben.

Das **Ideal für ein Wörterbuch sinnverwandter Ausdrücke,** das seinen Platz auf dem Schreibtisch hat und das bei der täglichen Arbeit immer zur Hand sein soll, **ist aber der lexikographische Aufbau.** Darum wurde bei diesem Werk auch dieser Weg beschritten. Um das Buch nun nicht unhandlich zu machen, war es leider nicht möglich, bei jedem einzelnen Wort die sinnverwandten Ausdrücke zu bringen. In vielen Fällen mußten daher Hinweise gegeben werden, um das Wort mit der besten Nüance zu finden. Mit Absicht wurde dabei auf die sonst übliche Art, durch Ziffern solche Anhaltspunkte zu geben, verzichtet, denn oft wird den Benützern des Buches schon mit den Hinweisworten gedient sein, so daß sich ein umständliches Suchen und zeitraubendes Nachblättern erübrigt.

Die Sprache ist in ständigem Fluß; das Sprachgut ändert sich von Tag zu Tag. Es ist daher nur natürlich, daß ein solches Wörterbuch trotz langwieriger Arbeit in seinem Umfang nie zum Abschluß kommt. Wenn aber dem Benützer mit der vorliegenden Zusammentragung seine tägliche Arbeit erleichtert wird, dann hat das Buch seinen Zweck erfüllt.

Ich möchte an dieser Stelle sowohl meiner Assistentin, der Germanistin Fr. Werner, Wiesbaden, für ihre unermüdliche und sorgfältige fachliche Arbeit, als auch vor allem dem Verlag, der die Herausgabe ermöglichte, meinen aufrichtigen Dank aussprechen.

Wiesbaden, den 1. Januar 1955

Der Verfasser

Vorwort zur 10. Auflage

«Das treffende Wort» hat sich in verhältnismäßig kurzer Zeit sehr gut eingeführt. Jedes Jahr mußte eine neue Auflage herausgebracht werden. Und jede Auflage wurde überarbeitet; neue Stichwörter und neues Sprachgut wurden aufgenommen; denn ein solches Werk muß «leben», wenn es die Erwartungen seiner Benützer erfüllen will.

Zahlreiche Anregungen wurden durch die Leser und in Besprechungen in Tageszeitungen und Zeitschriften an den Verfasser und Verlag herangetragen. Wenn auch aus verlegerischen Gründen und um das Buch nicht unhandlich zu machen, der Umfang nicht allzu sehr ausgeweitet werden darf, so hat sich der Verlag doch in dankenswerter Weise entschlossen, bereits von der sechsten Auflage ab mehr Raum zur Verfügung zu stellen, so daß viele solcher Wünsche wie zum Beispiel Aufnahme von Wörtern aus der «Jägersprache», der «Seemannssprache» erfüllt werden konnten. Vor allem aber konnten auch Ausdrücke der Umgangssprache stärker als bisher berücksichtigt werden.

Der eine oder andere kritisch eingestellte Leser wird vielleicht fragen: Ist das in einem solchen Buche notwendig? – Nun, wenn man davon ausgeht, daß sich der Wortschatz gerade aus der Umgangssprache ständig erneuert und erweitert, daß es in ihr Wortprägungen gibt, die treffender sind als verwandte Wörter der Schriftsprache, dann ist die Aufnahme solchen Sprachgutes gerechtfertigt. Der Gebrauch vieler dieser Wortbildungen wird einzig und allein davon abhängig sein, ob es aus psychologischen Gründen angebracht ist, zu reden und zu schreiben, wie den Zuhörern und den Lesern der «Schnabel gewachsen ist».

Der Wert des Buches wurde aber vor allem dadurch gesteigert, daß zu vielen Stichwörtern die Gegenbegriffe (gekennzeichnet durch ▶) aufgenommen wurden, so daß es nun dem Benützer leicht gemacht ist, auch mit der Negation dieser Gegenbegriffe zu arbeiten, was im allgemeinen zu einer Milderung der positiven Begriffe führt (zum Beispiel schön – nicht häßlich). Dabei ist zu beachten, daß es aus Gründen des Buchaufbaus nicht immer möglich war, den unmittelbaren Gegenbegriff anzuführen, und zwar deshalb nicht, weil vielleicht der «treffende» Gegenbegriff nicht aufgeführt ist. In solchen Fällen darf der Leser sich nicht irre machen lassen, denn unter dem hinter einem ▶ angeführten Gegenbegriff wird er dann das «treffende Wort» finden.

Nach den Ausweitungen und Verbesserungen des Buches bei jeder neuen Auflage wird dieser 10. Auflage ein Fremdwörter-Verzeichnis beigegeben, eine Bereicherung, die von vielen Benützern und Freunden des «Treffenden Wortes» begrüßt werden wird. Es ist selbstverständlich, daß dieses Verzeichnis nicht ein Fremdwörterbuch ersetzen soll, denn es konnten natürlich nur jene Fremdwörter aufgeführt werden, die entweder als Stichwort selbst vorkommen oder aber unter einem anderen Stichwort zu finden sind. Aber ein Blick in dieses Verzeichnis genügt, um festzustellen, wo das gesuchte Fremdwort zu suchen ist. Dabei wird der Leser schnell auf viele sinnverwandte deutsche Wörter stoßen, in einer oft überraschenden Fülle, wie sie ihm kaum in einem der üblichen Fremdwörterbücher (die ja wieder eine ganz andere, spezifische Aufgabe haben) geboten wird. So findet er zum Beispiel unter «interessant» 27 sinnverwandte Wörter und dazu noch 3 Verweisungen, oder unter «relegieren» 17 deutsche Wörter. Nun ist es nicht Zielsetzung eines Wörterbuches sinnverwandter Ausdrücke, Worterklärungen zu geben. Der Leser findet sie nun in dem Fremdwörter-Verzeichnis, soweit solche Erläuterungen überhaupt erforderlich sind.

Ein Synonymwörterbuch ist kein Stilwörterbuch, soll es auch gar nicht sein. Jene Leser, die wissen möchten, wie große Schriftsteller, Dichter und Denker ein Wort verwendeten, wenn jemand bei diesen großen Stilisten «in die Schule gehen» möchte, denen kann ich mein Buch «Das treffende Zitat» (ebenfalls Ott Verlag, Thun) empfehlen. Sie werden manche wertvolle Anregung daraus gewinnen.

Zum Schluß möchte ich dem Verlag und vor allem aber auch allen danken, die durch ihre Anregungen zur weiteren Verbesserung des Buches beigetragen haben.

Mittersill, Sommer 1966

Der Verfasser

Vorwort zur 19. Auflage

Nach dem Tode des bekannten Publizisten und Begründers der «treffen-den Reihe» Dr. Karl Peltzer hat Reinhard v. Normann auch die redaktionelle Betreuung des vorliegenden Werkes übernommen. Damit wird eine Zusammenarbeit fortgesetzt, die sich seit einigen Jahren sehr bewährt hat.

Der Erfolg dieses Wörterbuchs sinnverwandter Ausdrücke spricht für sich. «Das treffende Wort» ist zu einem im Buchhandel des deutschsprachigen Raums unübersehbaren Markenzeichen geworden. Jeder Interessent erkennt sofort die leichte Handhabbarkeit des Buches und das enorme Angebot von Begriffen, die in den Notfällen der täglichen Schreibarbeit zur Verfügung stehen. Grundsätzliche Änderungen im Konzept des Bandes waren nicht notwendig. So konnte sich der Bearbeiter ganz darauf konzentrieren, das Buch im Detail weiter anzureichern – mit dem Ziel, die schnelle Auffindbarkeit gesuchter Ausdrücke zu verbessern:

1. Der gesamte Stichwortbestand wurde gründlich durchgesehen.
2. Der Gesamtbestand wurde auf über 38000 Stichwörter erweitert (gegen-über etwa 35000 in der Vorauflage).
3. Das Verweisungssystem ist dementsprechend ergänzt worden.
4. Der Fremdwörterteil enthält jetzt einige hundert zusätzliche (aktuelle) Begriffe.
5. Stichwörter, die an Bedeutung verloren haben, und «Doppelnennungen» wurden gestrichen.

Durch die Änderungen sollte dieses außerordentlich praktikable Buch immer weiter dem Qualitätsmerkmal «unübertrefflich» angenähert werden.

Der Bearbeiter dankt seiner Frau, Monika v. Normann, herzlich für ihre Mithilfe und wertvollen Hinweise zur Aktualisierung des Buches.

Verlag und Bearbeiter

Zum Gebrauch des Buches

Abkürzungen

bay.	= in Bayern gebräuchlich	*s*	= sächlich
engl.	= englisch	*schw.*	= in der Schweiz gebräuchlich
f	= weiblich	*sl.*	= mundartlich
fr.	= französisch	*sm*	= seemännische Ausdrücke
j	= Jägersprache	*u*	= Umgangssprache
it.	= italienisch	→	= unter diesen Wörtern sind
lat.	= lateinisch		weitere sinnverwandte Aus-
m	= männlich		drücke zu finden
M	= Modewörter	●	= Trennung von Sinn-
ö	= in Österreich		gruppen
	gebräuchlich	▶	= Gegenbegriffe

A

A bis O ausnahmslos, durchweg, gänzlich, gesamt, gründlich, hundertprozentig, komplett, planmäßig, radikal, restlos, sämtlich, systematisch, total, ungeteilt, völlig, vollzählig, alles in allem, von Anfang bis Ende, durch die Bank, durch und durch, ganz und gar, im ganzen genommen, im ganzen, von Grund auf, mit Haut und Haar, von Kopf bis Fuß, mit Leib und Seele, von oben bis unten, bis über die Ohren, mit Pauken und Trompeten, von der Pike auf, mit Sack und Pack, samt und sonders, vom Scheitel bis zur Sohle, mit Stumpf und Stiel, über und über. ▶ Unwichtigkeit.

A bis Z alles, von Anfang bis Ende, ausnahmslos, Freund und Feind, überhaupt, samt und sonders, unverkürzt, unvermindert, unzerbrochen, unzerschnitten, durchgängig, ungeteilt, ungetrennt, unzerstört, mit Haut und Haar, mit Stumpf und Stiel, von Kopf bis Fuß, einer wie der andere, groß und klein, Mann und Maus, Kind und Kegel, Haus und Hof, Stock und Stein, Hülle und Fülle, Leib und Seele. → A und O, all. ▶ Teil.

A und O abschließend, ausschlaggebend, anstreichen, bahnbrechend, beachtenswert, bedeutend, bedeutsam, Bedeutung, bedeutungsvoll, beherzigenswert, betonen, beispielhaft, belangreich, bemerkenswert, beträchtlich, bezeichnend, denkwürdig, dringend, eindringlich, einflußreich, einschärfen, einschneidend, entscheidend, epochal, epochemachend, erforderlich, erheblich, ernstlich, erstklassig, folgenschwer, gewichtig, grundlegend, hauptsächlich, hervorheben, hervorragend, hochhalten, interessant, lebenswichtig, maßgebend, merkwürdig, nachdrucksvoll, schätzen, schlechthin, tiefgreifend, triftig, überschätzen, unterstreichen, vordringlich, vornehmlich, wegweisend, wertvoll, wesentlich, wichtig, zentral, darauf ankommen, von Belang, Bedeutung beimessen, in erster Linie, der Mühe wert, kein Pappenstiel, man muß damit rechnen, von Tragweite, viel zu bedeuten haben, vor allem anderen, Wert legen auf, viel Wesens machen. → betonen. ▶ unwichtig.

aalartig → aalglatt, blank.

aalen sich ausruhen, rekeln,
sich sonnen, es sich bequem machen, sich behaglich fühlen, dolce far niente, an nichts mehr denken, herrlich und in Freuden leben, sich das Leben verschönern, sich der Lust hingeben, sich dem Nichtstun hingeben, die Sorgen vergessen, sich wohl fühlen, sich's wohl sein lassen. ▶ unbehaglich fühlen.

aalförmig schmal, schmächtig, dünn, schlank, schlangenförmig, haarförmig, fadenförmig, hager, mager, dünn wie ein Faden, Bohnenstange, Latte, gewunden, gebogen, geschlängelt, schlängelnd, wurmartig, schlangenartig. → aalglatt, dünn.

aalglatt glatt, aalartig, schlüpfrig, glibberig, samtartig, glitschig, schmierig, ölig, fettig, weich ● gerissen, doppelzüngig, glattzüngig, artig, diplomatisch, pfäffisch, jesuitisch, arglistig, gerieben, listig, verschlagen, schlau, pfiffig, raffiniert, gewiegt, durchtrieben, schlitzohrig, abgefeimt, verschmitzt, spitzfindig, hinterlistig, tückisch, heimtückisch, intrigant, subtil, rabulistisch, ränkevoll, falsch, katzenzüngig, katzenfreundlich, faustdick hinter den Ohren, schlau wie ein Fuchs, mit allen Hunden gehetzt, mit allen Salben geschmiert, hinter allen Hecken gelegen, mit allen Wassern gewaschen, schmeichlerisch, süßfreundlich, schöntuend, schlangenfalsch, geschmeidig, höflich, hofmännisch, blank, diplomatisch, faltenlos. ▶ rauh, aufrichtig, dumm.

Aar Wappenvogel, Adler, König der Lüfte, Sinnbild.

Aas Kot, Kacke, Kadaver, Luder, Mist, Scheiße, faulendes Fleisch. → Dreck, Ekel.

aasen fressen, äsen, verzehren, verschlingen, beißen, hineinstopfen, füttern, ätzen, weiden, grasen, kauen, nagen, knuspern, kröpfen, nadeln *j.* → verschwenden.

Aasgeier → Betrüger.

aasig übelriechend, stinkend, stinkig, faul

ab abgezogen, abgerechnet, abzüglich, weniger, abgängig, ohne, lösen, absondern, los, locker, für sich, verbindungslos, fort, auf und davon, dahin, hin, hinweg, von dannen, von hinnen. ▶ an.

ab und zu bisweilen, gelegentlich, manchmal, mitunter, zuweilen, dann und wann, hin und wieder, von Zeit zu Zeit. ▶ immer.

abändern → ändern, beugen.

Abänderung Umänderung, Umwandlung, Wechsel, Wandel, Wandlung, Verwandlung ● Verwahrung, Klausel, Rückzieher, Vorbehalt.

abarbeiten abäschern, abhasten, abplacken, abquälen, abmühen, abrackern, sich schinden, abschleppen, schuften, überarbeiten, überfordern, überlasten, wie ein Sklave arbeiten, Übermenschliches leisten. → ackern, abhasten, abhetzen, abjagen, abmühen, abplacken, abquälen, abrackern, abschleppen, anstrengen, Beste tun, bestreben sich, erkämpfen, fallen schwer. ▶ faulenzen.

Abart Ausnahme, Abweichung, Besonderheit, Eigenart, Eigentümlichkeit, Spielart, Unregelmäßigkeit. → Abteilung, Abweichung. ▶ Übereinstimmung, Gleichheit.

abartig → abnorm.

abäschern → abarbeiten.

abbalgen wegnehmen, entfernen, abschälen, herausschälen, abhäuten, abstreifen, entfiedern, entschuppen, abnehmen, das Fell abziehen, abziehen, enthäuten, bälgen, streifen *j*, abschwarten.

Abbau Aussonderung, Zerlegung, Zersetzung, Zerstörung ● Abschied, Absetzung, Amtsenthebung, Degradation, Demission, Entfernung, Entlassung, Kassation, Kündigung, Pensionierung, Rückberufung, Rücktritt, Ruhestand, Suspendierung, Urlaub, Verabschiedung. → Abbruch, Abkürzung, Abschied, Abzug, Amtsabtretung, Auflösung, Demontage, Destruktion, Dezimierung. ▶ Aufbau, Beitritt.

abbauen abbrechen, abschaffen, absondern, beseitigen, demolieren, destruieren, zersetzen, zerstören ● abberufen, abdanken, ablohnen, absetzen, ausmustern, ausschließen, ausstoßen, beschränken, beurlauben, degradieren, entlassen, entlohnen, fortjagen, kassieren, kündigen, pensionieren, quittieren, suspendieren, verabschieden, wegschicken, brotlos machen, kalt stellen, den Laufpaß geben, den Macht entkleiden, aus den Reihen stoßen, in den Ruhestand versetzen, aus dem Sattel heben, den Stuhl vor die Tür setzen, altern, welken. → abbrechen, abhauen, ablohnen, abschaffen, absetzen, absondern, ausstoßen, demolieren, demontieren, destruieren, nachlassen. ▶ aufbauen, einstellen.

abbauend abbrechend, abschaffend, ausstoßend, beschränkend, beseitigend, demolierend, destruierend, destruktiv, zersetzend, zerstörend ● nihilistisch. ▶ hinzufügen.

Abbé → Geistlichkeit.

abbeißen zerstückeln, abtrennen, abzwicken, abbrechen, zermalmen, zerknirschen, zerfleischen, zerrupfen, zernagen, abnagen, abknabbern *u*, ausraufen, trennen, teilen, zerteilen, abknikken, losmachen. ▶ verbinden.

abberufen zurückrufen. → abbauen, abdanken, absetzen, arbeitslos, benehmen die Macht, Bord werfen über, entheben.

Abberufung Abruf, Rückruf, Rückberufung, Kündigung, Entlassung, Verabschiedung, Abschied, Absetzung, Amtsenthebung, Suspendierung, Sturz, Vertreibung, Verjagung. ▶ Verbleib.

abbestellen ablehnen, annullieren, absagen, rückgängig machen, widerrufen, zurückziehen. → ablehnen, absagen. ▶ bestellen.

abbetteln abschmeicheln, abbuhlen, anhalten um, einen Antrag machen, nachsuchen, bemühen, angehen, ansprechen, erbitten, erbetteln.

abbeugen abflachen, abbösschen, absinken, sich senken, abfallen, neigen, krümmen, abweichen, abwinkeln ● sich gabeln, sich winkeln, abwinkeln. ▶ gerade bleiben.

abbezahlen abstottern, abtragen, abzahlen, begleichen, bereinigen, ratenweise zahlen, regeln, tilgen. → abzahlen. ▶ schuldig bleiben.

abbiegen gabeln, abschrägen, krümmen, biegen, winkeln, beugen, abknicken.→abschwenken, abweichen, ausdehnen, biegen, einbiegen, entfernen sich. ▶ bahnen.

Abbiegung Abweichung, Abbeugung, Abknickung, Schwenkung, Abschwenkung ● Brechung ● Krümmung, Biegung, Schwenkung, Umbiegung. ▶ Gerade.

Abbild Ähnliches, Gleiches, Ebenbild, Passendes, Doppelgänger, Gegenstück, Seitenstück, Darstellung, Nachahmung, Wiedergabe, Photo, Porträt. → Ähnlichkeit, Bild. ▶ Ungleichheit.

abbilden abdrucken, abformen, abklatschen, abkonterfeien, abmalen, abzeichnen, darstellen, durchpausen, imitieren, kopieren, nachahmen, nachbilden, nachdrucken, nachformen, nachmalen, plagieren, porträtieren, reproduzieren, übertragen. → abklatschen, abkonterfeien, abmalen, abschreiben, beschreiben.

Abbildung → Abdruck, Bild, Darstellung, Entwurf.

abbinden trennen, teilen, zerteilen, zerstückeln, zergliedern, abtrennen, absondern, losbinden, losmachen, befreien, entbinden, entfesseln, lösen, abschnallen, aufmachen, aufknüpfen, abknöpfen, Blutungen stillen ● Mörtel, Gips, Zement fest werden lassen. → abspannen, trennen. ▶ anmachen.

Abbitte Beilegung, Ehrenerklärung, Entschuldigung, Zufriedenstellung, Widerruf. → Befriedigung, Entschuldigung. ▶ Verstocktheit.

abbitten bedauern, bereuen, beweinen, sich entschuldigen, hoppla, Pardon, sich schämen, widerrufen, zurücknehmen, sein Bedauern ausdrücken, sein Gewissen erleichtern, sich zu Herzen nehmen, zu Kreuz kriechen, es tut mir leid, eine Schuld bereinigen, sich schuldig bekennen, nichts für ungut, ein Unrecht bekennen, um Vergebung bitten, um Verzeihung flehen, um gutes Wetter bitten. → beweinen, entschuldigen. ▶ trotzen.

abblasen reinigen, säubern, fegen, abstauben, abwischen ● einstellen, ablassen, aufgeben, vertuschen, beruhigen, abstehen, einstellen, aussetzen, beilegen, auf sich beruhen lassen, unter den Tisch fallen lassen, an den Nagel hängen, aufstecken *u*. ▶ fortfahren, verunreinigen.

abblättern abschälen, herauswickeln, aushülsen, enthüllen, entblättern, abdecken, abtragen, abfallen, abbrökkeln, zerfallen, lösen, ablösen, entfernen. → blättern. ▶ bleiben.

abblenden abschatten, abdrehen, auslöschen, abdunkeln, verfinstern, verdunkeln. → ausgehen, dunkeln. ▶ aufblenden, emporlodern.

Abblendung Halblicht, Halbdunkel, Dämmerlicht, Schummer, Zwielicht, Verschattung, Abschirmung, Verhüllung, Vorhang, Lichtschutz, Abschaltung, Überblendung, Lichtminderung, Blende schließen. ▶ Aufblendung, Helle.

abblitzen ablehnen, absagen, abschlagen, sich abwenden, ausschlagen, ausschließen, versagen, verschmähen, verweigern, zurückweisen, Anstoß nehmen, Ausflüchte machen, dagegen sein, sich nicht einwilligen, keine Gegenliebe finden, einen Korb geben, stehen lassen, sich taub stellen, von sich weisen. → ablehnen, absagen, abschlagen, blamie-

ren, beikommen nicht. ▶ erreichen.

abblühen vergehen, verwelken, verblühen, abnehmen, verfallen, verdorren, trocknen, gebrechlich werden, abwärts gehen, vergänglich sein, zu Staub werden. ▶ erblühen.

abbohren → abschreiben.

abbösschen abschrägen, abdachen, abdämmen.

abbrauchen abnutzen, abtragen, anfressen, angreifen, ätzen, beeinträchtigen, beschmutzen, besudeln, durchfressen, entwerten, kleiner werden, verfallen, verkümmern, verschleißen, versiegen, vertrocknen, zerfressen, zernagen, zerstören. → abnutzen, angreifen, besudeln.

abbrechen abkommen, von abschreiben, abstehen, abtreten, sich abwenden, ächten, aufhören, aufgeben, boykottieren, einstellen, entloben, entsagen, sich entziehen, fallen lassen, fertig sein mit, lösen, niederlegen, preisgeben, vermeiden, versagen, verzichten auf, sich zurückziehen, die Flinte ins Korn werfen, eine Gewohnheit abschütteln, an den Nagel hängen, im Stich lassen ● abbauen, abreißen, abschaffen, abtragen, beseitigen, demolieren, demontieren, einreißen, entwurzeln, niedermähen, niederreißen, niederschlagen, ramponieren, ruinieren, umreißen, umstürzen, umwerfen, verderben, vernichten, vertilgen, verwüsten, zerbrechen, zerlegen, zerschlagen, zersplittern, zerstören, knibbeln *u*, abkratzen, abschrappen *u*, ein Ende machen, in Stücke brechen, in Stücke reißen, reinen Tisch machen, aus der Welt schaffen. → abbauen, abbeißen, abbrechen, abbrökkeln, abreißen, abschaffen, abstehen, abtreten, ächten, anhalten, aussetzen, einhalten.

abbrechend → anhalten.

abbremsen → anhalten.

abbrennen zerstören, vernichten, ausmerzen, beseitigen, ausrotten, vertilgen, verheeren, verwüsten, verbrennen, niederbrennen, brandschatzen, sengen, absengen, einäschern, untergehen, sengen und brennen, in Asche legen, den roten Hahn aufs Dach setzen, ohne Geld dastehen ● auf den Hund kommen, an den Bettelstab kommen. → ausmerzen, ausrotten.

Abbreviation *f* → Abkürzung.

abbringen → ablenken, abschwenken, bekämpfen.

abbröckeln abbrechen, abreißen, abtragen. → abblättern, abmachen, behauen, brechen. ▶ festhalten.

Abbruch Abbau, Abschaffung, Abtragung, Ächtung, Benachteiligung, Beseitigung, Boykott, Demontage f, Einbuße, Fiasko, Krebsschaden, Ruin, Schaden, Verderb, Vernichtung, Vertilgung, Verwüstung, Zerlegung, Zersplitterung, Zerstörung. → Abbau, Abstattung, Abtragung, Ächtung, Demontage. ▶ Anschluß, Aufbau, Bindung.

Abbruch tun → auswischen, beeinträchtigen.

abbrüchig abträglich, schädlich, nachteilig, schmerzlich, kränkend, gefährlich, verderblich, unheilbringend, elend, kläglich, schrecklich, beklagenswert, nichtswürdig, niederträchtig, abscheulich, schändlich, schlecht, böse, schlimm, übel, unvorteilhaft, unglücklich. ▶ vorteilhaft.

abbrühen blanchieren, erhitzen, kochen, sieden, verbrühen. → dünsten.

abbrummen gefangen, sitzen, hinter Schloß und Riegel, im Gefängnis sitzen, eingekerkert sein, im Zuchthaus sitzen, im Arrest sitzen, eine Strafe auf sich nehmen. ▶ frei sein.

abbuhlen verleiten, verführen, berücken, betören, verlocken, ködern, abschschmeicheln, bezaubern, reizen, in Versuchung führen, an sich ziehen, das Herz erobern. → beeinflussen, bestimmen.

abbummeln → ausgleichen.

abbürden → abladen, erleichtern.

abbürsten → abstauben, ausbürsten, bürsten.

abbüßen ertragen, erdulden, erleiden, erfahren, durchmachen, abhärmen, sich sorgen, büßen, sühnen, gutmachen, abtragen, tilgen, entschädigen, ersetzen, opfern, auslösen, ausbaden, begleichen, Buße tun, sich der Sühne unterziehen, Strafgeld zahlen, Strafe verbüßen oder absitzen, abbrummen u, ein Jahr abreißen u, brummen u, sitzen u, Knast schieben u, Abbitte leisten, die Zeche zahlen, Genugtuung geben müssen, der Rache oder dem Haß verfallen, heimgezahlt bekommen, Schmerzen erdulden. → ausbaden, büßen.

Abbüßung → Aussöhnung, Buße.

ABC-Schütze → Anfänger.

abdachen abflachen, abdecken, abtragen, abtakeln, entblößen, entfernen, wegnehmen, ablegen. → abböschen.

abdämmen eindämmen, verdämmen, verstopfen, abschließen, versperren, ausfüllen, abschneiden, absperren, abriegeln, verriegeln, ersticken, erdrosseln, abdrosseln, zumachen, abdeichen, entwässern, ableiten, austrocknen. → abböschen, austrocknen, begrenzen.

Abdämmung → Barriere, Damm, Kloake.

abdampfen → abhauen, aufbrechen, begeben sich.

abdanken abberufen, absetzen, aufgeben, aufkündigen, ausscheiden, ausschließen, austreten, beseitigen, beurlauben, demissionieren, entlassen, entsetzen, kündigen, niederlegen, quittieren, verabschieden, verzichten, sich zurückziehen, Abschied nehmen, aufs Altenteil setzen, Entlassung einreichen, das Feld räumen, ins Privatleben zurückziehen, zur Ruhe setzen, den Kram vor die Füße werfen u, Verzicht leisten. → abbauen, Bord werfen über, entlassen. ▶ fortführen.

Abdankung → Amtsabtretung.

abdarben einschränken, bescheiden, kargen, geizen, knappen, abknappen, ersparen, erübrigen, beiseite legen, haushalten, sich schwer tun, zusammenkratzen. → abarbeiten. ▶ verschwenden.

abdecken aufdecken, ablegen, fortlegen, weglegen, abräumen, forträumen, wegräumen, entfernen, wegfegen, losstrampeln, bloß machen, unbedeckt sein. → abblättern, abdachen, aufwerfen. ▶ bedecken, zudecken.

Abdecker Schinder, Wasenmeister.

abdeichen → abdämmen, austrocknen.

abdichten verdichten, teeren, verstopfen, schließen, sichern, kalfaktern, abschließen, verfugen, Schotte schließen. → absperren, ausfüllen, dichten.

abdingen → abbauen, entlohnen.

abdrängen → unterdrücken.

abdrehen → abblenden, ausgehen, dunkeln.

abdrosseln ausschalten, bremsen, sperren, stillegen, stoppen, verschließen, verstopfen, unterbinden, unterbrechen, zudrehen, zuriegeln, Gas wegnehmen, Ventil schließen. → abdämmen, absperren. ▶ öffnen.

Abdruck Abbildung, Ansicht, Bild, Druck, Durchpause, Farbdruck, Gravüre, Holzschnitt, Kopie, Kupferstich, Lithographie, Nachdruck, Neudruck, Radierung, Reproduktion, Sonderdruck, Veröffentlichung, Vervielfältigung, Wiedergabe. → Auflage, Buch.

abdrucken → abbilden.

abdrücken → schießen, abquetschen.

abdunkeln → abblenden, verdunkeln.

abebben abnehmen, weniger werden, vermindern, verkleinern, nachlassen, schrumpfen, verringern, abfallen, schwinden, zurückgehen, abschwächen. ▶ zunehmen.

Abend Abenddämmerung, Abendrot, Abendruhe, Dämmerstunde, Schlummerstunde, Sonnenuntergang, Spätnachmittag, Tagesende, Zwielicht, Anbruch der Nacht, Einbruch der Nacht, Neige des Tages, der Tag neigt sich, die Sonne sinkt, vorgerückte Stunde, zwischen Tag und Nacht ● Abendgebet, Nachtgebet, Abendandacht, Betstunde, Erbauungsstunde, Abendglanz, Abendglocke, Vesperglocke, Abendgeläut, Abendgold, Abendhimmel, Abendkühle, Abendlicht, Abendschatten, Abendsonne, Abendstern, Tagesneige, Abendröte, Nachtanbruch, Abkühlung, Dunkelheit, Finsternis, Schatten, Halbdunkel, Schimmer, Dämmerung, Sternenlicht, Mondlicht, Halblicht, Halbdunkel, Helldunkel, Dämmerlicht, Nachtruhe, Nachtstille, Abendschweigen, Schlummerstunde, Feierabend. → Tagesende, Zwielicht. ▶ Morgen.

Abend, heiliger → Christabend.

Abendbrot → Abendessen.

Abenddämmerung → Abend.

Abendessen Abendbrot, Abendtisch, Nachtessen, Nachtmahl, Souper.

Abendfriede → Feierabend.

abendfüllend → andauernd, unterhaltsam.

Abendland Hesperien, Okzident, der Westen, westliche Welt, Alte Welt.

abendlich → allabendlich.

Abendmusik → Serenade.

Abendruhe → Abend.

Abendtisch → Abendessen.

Abendunterhaltung → Ball, Fest.

Abenteuer Affäre, Bedrängnis, Begebenheit, Begebnis, Episode, Ereignis, Erlebnis, Experiment, Feuerprobe, Feuertaufe, Gefahr, Geschehnis, Glücksache, Glücksspiel, Hinterhalt, Probe, Sprung ins Dunkel, Unternehmung, Versuch, Vorkommnis, Wagestück, Wagnis, Zwischenfall, Aventüre. → Affäre, Chance.

Abenteuersuchen → bestehen.

abenteuerlich → gefährlich, blindlings.

aber allein, dagegen, demungeachtet, dennoch, doch, gleichwohl, immerhin, indessen, jedenfalls, jedoch, nichtsdestoweniger, sogar, trotzdem, zwar. → allein, dagegen.

Aber, das → Einwand.

Aberglaube Astrologie, Bannkunst, Besessenheit, Blendwerk, Chiromantie, Dämonenglaube, Geisterbeschwörung, Geisterklopfen, Gespenstseherei, Hellseherei, Hexenglaube, Hexerei, Hokuspokus, Höllenkunst, Magie, Mesmerismus, Nekromantie, schwarze Kunst, Sehergabe, Spiritismus, Taschenspielerei, Teufelsaustreibung, Tischrücken, Totenbeschwörung, Trugwerk, Verzauberung, vierte Dimension, Wahn, Wahnbild, Weissagung, Wettermacherei, Zauber, Zauberei, zweites Gesicht. ▶ Glaube, Wahrheit.

aberkennen absprechen, abstreiten, ausschlagen, berichtigen, bestreiten, dementieren, desavouieren, negieren, protestieren, tilgen, verneinen, versagen, verwerfen, widerrufen, zurücknehmen, zurückweisen, in Abrede stellen, in Frage stellen, ungültig erklären. ▶ anerkennen.

Aberkennung Abjudikation f, Lossagung, Negation, Verzicht. → aberkennen. ▶ Anerkennung.

abermals da capo, erneut, neuerlich, noch einmal, nochmals, verschiedentlich, wiederholt. → beständig, dann und wann. ▶ vereinzelt.

Aberwitz → Übermut, Unsinn.

abfahren abfliegen, abgondeln, ablaufen, auslaufen, absegeln, in See stechen, abreisen, abrollen, abrücken, abrudern, absocken u, abstoßen, abzuckeln u, abtreten, aufbrechen, ausfahren, sich bewegen, Schlitten fahren mit jemandem. abtöffen u. → abhauen, abreisen, abtreten, aufbrechen, Bord gehen an. ▶ ankommen.

Abfahrt Abflug, Ablauf, Abschub, Fahrt, Anker lichten, in See stechen, die Segel hissen. → Bahn. ▶ Ankunft.

Abfall Abhub, Asche, Ausschuß, Rest, Rückstand, Rudiment, Schlacken, Schrott, Stummel, Überbleibsel, Überrest ● Absage, Abschwörung, Aufgebung, Entlobung, Fahnenflucht, Sinnesänderung, Sinneswechsel, Umkehr, Verleugnung, Wankelmut, Widerruf, Zaudern ● Abschaum, Auswurf, Dreck, Hefe, Kehricht, Kram, Lumpen, Makulatur, Mist, Müll, Pfeifensutter, Plunder, Ruß, Quisquilien, Schlacken,

Schlamm, Schleim, Schmiere, Schmutz, Spreu, Spülicht, Spülwasser, Staub, Trödel, Unkraut, Unrat, Zeug. → Absage, Absonderung, Asche, Abfall, Bruch, Fahnenflucht. ▶ Treue, Ausbeute, Wert.

abfallen sich ablagern ● abtrünnig werden, desertieren, sich entloben, entsagen, treulos werden, übergehen, überlaufen, umfallen, umkehren, unbeständig werden, verändern, wankelmütig werden, sich anders besinnen, andern Sinnes werden, den Sinn ändern ● absacken, abstürzen, fallen, niederfallen, plumpsen, stürzen, taumeln, torkeln. → abblättern, absacken, abschwenken, abweichen, ausfallen, breitschlagen, erlahmen, einbiegen, fallen. ▶ bleiben, dauern, erklettern, festhalten, festbleiben.

abfallend → abschüssig, schräg.

abfällig → ungünstig.

abfangen → aufhalten, dawider, berauben, einfangen, fassen.

abfärben → ausgehen.

abfassen aufzeichnen, berichten, niederschreiben, verewigen, verfassen, einen Brief schreiben, ein Buch schreiben, eine Liste anlegen, zu Papier bringen. → anhalten, ausarbeiten, ausdrücken, beschreiben, bemächtigen. ▶ laufen lassen.

Abfassung → Form, Text.

abfegen → entstauben.

abfeiern → verabschieden.

abfeilschen → drücken den Preis, erhandeln.

abfertigen → ausführen, befördern, bezahlen, expedieren.

Abfertigung → Absendung.

abfinden stillhalten, ertragen, hinnehmen, fügen, schicken, zufriedengeben. → bezahlen, entschädigen. ▶ schulden, trotzen.

Abfindung Aufhebung, Ausgleich, Belohnung, Nachzahlung, Deckung, Entgelt, Entschädigung, Ersatz, Gegenleistung, Schadloshaltung, Vergütung, Zurückerstattung, Apanage. → Ausgleich, Befriedigung, Bezahlung, Einzahlung. ▶ Schulden, Unterlassung, Verweigerung.

abflachen → abdachen.

abflauen absinken, nachlassen, schwinden, verringern, zurückgehen, verebben, schwächer werden. → abnehmen. ▶ anfachen.

abfliegen → abfahren, aufbrechen.

abfließen → ausfließen.

Abflug → Abfahrt.

Abfluß → Abnahme, Abzug, Erguß, Kloake.

Abfolge → Folge.

abformen → abbilden.

abführen → ausgeben, entfernen, verhaften.

abführend → verdauungsfördernd.

abfüllen → abziehen, ausstoßen.

Abgabe Abstrich, Abzug, Ausgabe, Auslieferung, Ausscheidung, Steuer, Taxe, Überweisung, Verkauf, Vermittlung, Zahlung, Zoll, Zuweisung. → Beitrag, Entrichtung. ▶ Einnahme.

Abgang → Abnahme, Abschied, Abzug, Kloake, Verbrauch, Verlust ● Fehlgeburt.

abgängig → ab.

Abgas → Abzug.

abgaunern → bestehlen, beschwindeln.

abgearbeitet → erholungsbedürftig.

abgebaut → arbeitslos.

abgeben abtreten, liefern, weitergeben, übergeben, überreichen, überweisen, verabfolgen, verkaufen, zuwenden, überlassen, absetzen, abstoßen, anbringen, tauschen, umsetzen, veräußern, vertreiben, zu Geld machen, auf den Markt bringen. → absenden, abtreten, anvertrauen, begeben. ▶ behalten, beibehalten.

abgeben, sich → beteiligen sich, bekümmern, beschäftigen, dazwischentreten.

Abgeber Lieferant, Händler, Fabrikant, Hersteller, Lieferer, Verkäufer, Vermittler, Hausierer, Markthöcker, Zeitungshändler, Großhändler, Einzelhändler, Makler, Reisender, Agent.

abgeblasen → aus.

abgeblüht → verwelkt.

abgebrannt notleidend, ruiniert, ausgepowert, wert u, klamm u, verarmt, abgerissen, bedürftig, arm, besitzlos, blank, brotlos, erwerbslos, heruntergekommen, mittellos, unbemittelt, zerlumpt, blutarm, ohne einen Pfennig (Rappen), schwach auf der Brust u, vor dem Nichts stehen, im Druck, in der Klemme, ohne Mittel dastehen, nichts zu nagen und zu beißen, auf Almosen angewiesen, auf dem trokkenen sitzen, an den Bettelstab gekommen, auf den Hund gekommen, arm wie eine Kirchenmaus ● eingeäschert. → arm. ▶ bemittelt.

abgebraucht → beschädigt, defekt.

abgebrochen abrupt. → angeschlagen.

abgebrüht abgestumpft, anteilslos, dickfellig, empfindungslos, frostig, gefühllos, geistesgegenwärtig, gleichgültig, gleichmütig, herzlos, kaltblütig, indolent, mitleidslos, ruhig, stoisch, unbekümmert, unempfindlich, unerschütterlich, ungerührt, zynisch, wurstig, immer mit der Ruhe, sich nichts daraus machen, den Kopf oben behalten, sich nicht anfechten lassen, nicht aus dem Gleichgewicht zu bringen, nicht aus der Ruhe bringen lassen, kaltes Blut bewahren. → arglistig. ▸ empfindlich, empfindsam.

Abgebrühtheit → Dickfelligkeit.

abgedacht → abschüssig.

abgedankt abgesetzt, niedergelegt, verzichtet, abgebaut, abgehalftert, abgeschlossen u, zurückgetreten, verzichtet. ▸ berufen.

abgedroschen abgegriffen, abgenutzt, abgeschmackt, bekannt, banal, bedeutungslos, belanglos, fade, flach, gewöhnlich, kraftlos, nichtssagend, platt, schablonenhaft, schal, veraltet, verbraucht, wertlos, witzlos, langweilig sein, nicht verlockend, abgeklappert u, abgeleiert u, abgespielt. → allgemein, alltäglich. ▸ geistreich.

abgefeimt → aalglatt, bübisch, durchtrieben, falsch.

abgegrast → abgedroschen.

abgegriffen → abgedroschen, fadenscheinig.

abgehärmt abgezehrt, ausgemergelt ● abgearbeitet, voller Sorge oder Kummer, abgemüht.

abgehärtet → gesund.

abgehen absenden, abtreten, befördern, liefern, übergeben, überreichen, überweisen, verabfolgen, verkaufen, überlassen, zukommen lassen, zuwenden. → abhanden. ▸ ankommen, vorhanden.

abgehetzt → abgespannt.

abgehoben → durchgebildet, entnommen, plastisch.

abgekartet übereingekommen, verabredet, ausgemacht, vereinbart, abgestimmt. ▸ unüberlegt.

abgeklärt → alt, besonnen.

abgekürzt breve manu. → summarisch.

abgelagert alt, abgestanden, abgegriffen, altersschwach, nicht mehr brauchbar ● ausgereift. ▸ brauchbar, neu.

abgelebt hochmütig, eingebildet, blasiert, übersättigt, abgestumpft, müde, entartet, dekadent ● abgezehrt, alt, ältlich, bejahrt, hinfällig, kaputt, senil. → abgestumpft, alt, dekadent, entartet. ▸ jung, unerfahren, unreif.

abgelegen einsam, entfernt, entlegen, fern, fremd, getrennt, unerreichbar, unzugänglich, weit. → einsam, entlegen. ▸ nahe.

abgelenkt → zerstreut.

abgelohnt → arbeitslos.

Abgeltung → Abfindung, Befriedigung, Ersatz.

abgemacht verbrieft, vertragsmäßig, abgeschlossen, angenommen, ausgemacht, besiegelt, bestätigt, festgesetzt, gegengezeichnet, genehmigt, paktiert, paraphiert, ratifiziert, besiegelt, unterschrieben, unterzeichnet, verabredet, ausgehandelt, abgesprochen, handelseinig, einverstanden, erlaubt, gestattet, zugestimmt, gutheißen. → abgeschlossen, besiegelt, bewilligt, einstudiert, verabredet.▸ entbunden, verbunden, vorbehalten.

abgemagert → dünn.

abgemeldet → abwesend.

abgeneigt ungern, dagegen sein, sich sperren, sich sträuben, sich widersetzen, zaudern, nicht wollen, es müde sein, will nichts davon wissen, hat keinen Mumm, Bedenken tragen, sich anders besinnen, Abstand nehmen, keine Lust haben, nicht übers Herz bringen, gegen den Strich gehen. → entgegen. ▸ anerkannt.

abgenutzt abgegriffen. → abgedroschen, beschädigt, defekt, dünn, fadenscheinig.

Abgeordneter Abgesandter, Delegierter, Emissär m, Beauftragter, Bevollmächtigter, Botschafter, Gesandter, Geschäftsträger, Repräsentant, Unterhändler, Vertreter, Vermittler, Volksführer, Parlamentarier. → Abgesandter, Beauftragter, Bevollmächtigter.

abgepackt portioniert, abgewogen.

abgepaßt angemessen, genau ● rechtzeitig, zeitgerecht, wie gerufen, zur rechten Zeit, im richtigen Augenblick, in letzter Minute, günstig, gelegen.

abgerechnet → ab, abzüglich.

abgerichtet werden → anpassen.

abgerieben abgeschabt, berieben, beschabt, abgewetzt, abgegriffen, fadenscheinig, unansehnlich.

abgerissen verarmt, bedürftig, kümmerlich, arm, ärmlich, besitzlos, brotlos, elend, mittellos, notleidend, schäbig, unbemittelt, armselig, hilflos, unglücklich, unselig, verzweifelt, kläglich, trostlos, bedauernswert, beklagenswert, mitleiderregend, ruiniert, zerlumpt, ausgepowert, abstoßend, abgezehrt, heruntergekommen, auf den Hund gekommen, immer tiefer sinkend ● abgetrennt, unzusammenhängend. → abgebrannt, beengend, defekt.▸ verbunden, bemittelt.

abgerundet → faßlich.

abgesägt verkleinert, vermindert, zugerichtet ● gefenstert, abgeschossen, entfernt. → abgedankt.

Abgesandter Abgeordneter, Delegierter, Emissär m, Geschäftsträger, Diplomat, Envoyé m, Gesandter, Botschafter. → Abgeordneter, Beauftragter, Bevollmächtigter.

abgeschabt → defekt.

abgeschafft entfernt, gestrichen, aufgehoben, abgebaut, davon getrennt ● müde.

abgeschieden allein, abgesondert, isoliert, abgetrennt, abgesprengt, einzeln, für sich ● dahingegangen, gestorben, leblos, verschieden, tot. → abschließen, allein. ▸ gesellig.

Abgeschiedenheit → Absonderung, Einsamkeit.

abgeschlossen dicht, geschlossen, hermetisch, luftdicht, undurchdringlich, undurchlässig, nicht zu öffnen ● ausgeführt, ausgereift, beendet, bereit, durchgeführt, erledigt, fertig, fertiggestellt, fix und fertig, vollbracht, vollendet, vorbei, vorüber, vollständig, vollkommen ● abgemacht, gültig, vollzogen, perfekt, ausgefertigt, gestiefelt und gespornt. → abgemacht, abgetan, aus, besiegelt. ▸ offen.

abgeschmackt ausdruckslos, kümmerlich, läppisch, banal, fad, hausbacken, langstielig, ledern, matt, monoton, schal, spießig, stumpf, trivial, abscheulich, abschreckend, abstoßend, ekelhaft, furchtbar, fürchterlich, gräßlich, grauenhaft, grausig, greulich, scheußlich, schrecklich, ungeheuerlich, widerlich, widernatürlich, widerwärtig, affektiert, garstig, grotesk, kurios, lächerlich, stillos, übel, überladen, übertrieben, verschroben, wunderlich. → abgedroschen, abgestanden, albern. ▸ geschmackvoll.

abgeschnitten → kurz, verstellt.

abgeschrieben nachgeahmt, nachgemacht, abgespickt u ● aufgegeben, gelöscht, gestrichen.

abgesehen abgesehen von, ausgenommen, ausgeschlossen, ausschließlich, exklusiv, ungerechnet, abzüglich, mit Ausschluß von, außer, nicht inbegriffen, ohne. → nachgeahmt. ▸ eingerechnet, eigenartig.

abgesehen von → ausschließlich.

abgesetzt → arbeitslos.

abgesondert → abgeschieden, auseinander, ausschließend, einer nach dem andern.

Abgesondertheit → Einöde.

abgespannt abgezehrt, altersschwach, anfällig, ausgedient, ausgemergelt, bresthaft, angegriffen, bettlägerisch, erschöpft, gelähmt, hilflos, kraftlos, leidend, matt, unpäßlich, unwohl, mutlos, ohnmächtig, schlaff, schwach, schwächlich, unfähig, abgehetzt, entkräftet, erholungsbedürftig, schlapp, zerschlagen, müde, alle sein *u*, absein *u*. → arbeitsunfähig, entnervt, erholungsbedürftig. ▶ diensttauglich, munter.

abgesprengt → abgeschieden.

abgesprochen → abgemacht.

abgestanden alt, veraltet, abgenutzt, abgegriffen, morsch ● schal, fade, flau, reizlos, geschmacklos, würzlos, ohne Saft und Kraft ● altersschwach. ▶ frisch, neu.

abgestimmt → abgekartet, ästhetisch, charmant.

abgestorben empfindungslos. → gefühllos, stumpf.

abgestuft → verschieden.

abgestumpft übersättigt, blasiert, eingebildet, hochmütig, abgelebt, müde, entartet, dekadent, anteillos ● dickfellig, dickhäutig, frostig, gelassen, gefühllos, gleichgültig, herzlos, kühl, lau, nüchtern, stumpf, taub, unempfindlich, ungerührt. → abgelebt, abgebrüht, betäubt, beziehungslos, dumpf, eindruckslos, eingebildet, entartet. ▶ scharf, belebt.

abgetan ausgeglichen, erledigt, getilgt, glatt, gleich, quitt, wettgemacht ● altmodisch, altväterlich, bezopft, rückständig, unbrauchbar, unmodern, unzeitgemäß, zopfig, veraltet, überlebt, überaltert, aus Großmutters Zeit, so ein Bart, darüber hinaus sein, von anno dazumal, aus der Mode gekommen, aufgewärmter Kohl *u*, olle Kamellen *u*. → abgeschlossen, abgestanden, alt, aus, definitiv, ein für allemal. ▶ anhängig, modern.

abgetrennt → abgeschieden, allein, abgerissen.

abgewetzt → abgenutzt.

abgewiesen abgelehnt, verschmäht, einen Korb geben, verlassen.

abgewinnen gefallen, erfreuen, vergnügen machen ● gewähren, Befriedigung bereiten, Freude erregen, behagen, ergötzen, entzücken, fesseln, berücken, berauschen ● den Vorrang ablaufen, gewinnen, den Preis davon tragen, Lorbeer ernten, Sporen verdienen ● lieben, gern haben, leiden

mögen, bewundern ● abnötigen, nehmen, abgaunern *u*, abzwacken *u*, herausquetschen *u*, bis aufs Hemd ausziehen *u*. → erzwingen, lieben, vergnügen sich.

Abgewogenheit → Harmonie.

abgewöhnen → ablegen, abstreifen, entwöhnen.

Abgewöhnung → Abstinenz, Einstellung, Entwöhnung.

abgezehrt → abgelebt, abgerissen, abgespannt, dünn.

abgezogen → ab.

Abglanz Widerschein, Reflex, Spiegelung, Aufhellung ● Gloriole.

abgleiten → abrutschen.

abgondeln → abfahren.

Abgott Götzenbild, Idol *s*, Angebetete, Augapfel, Betthäschen, Dulcinea, Engel, Flamme, Geliebte, Schwarm, Schatz, Gspusi, Herzensdame, Liebchen, Liebling, Turteltäubchen, belle amie●Freund, Gönner, Hausfreund. → Herzensdieb, Hahn im Korb, persona grata.

abgöttisch → innig, glühend.

abgraben, das Wasser → auswischen, bekämpfen.

abgrasen → werben.

abgrenzen → begrenzen, einfassen, einmauern.

Abgrenzung → Demarkation.

Abgrund Absturz, Berglehne, Böschung, Feldwand, Halde, Hang, Lehne, Wand, Kessel, Kluft, Krater, Schlucht, Schlund, Tal ● Gefahr, am Rande des Abgrundes, auf abschüssigem Weg, auf schiefer Bahn, Überhang. ▶ Höhe.

abgründig abschüssig, jäh, schroff, bodenlos, grundlos, knietief, tief, unergründlich ● hoffnungslos, schutzlos, dräuend, drohend. → aufsteigend, hoffnungsvoll.

abgucken → abschreiben, fälschen, nachmachen.

Abguß Aufguß, Absud *m*, Brühe, Elixier, Lauge, Lösung, Schleim, Sekret, Seim, Tinktur, Tunke ● Entwurf, Muster, Musterform, Vorbild, Modell, Abklatsch. → Aufguß, Bad.

abhacken → abschneiden.

abhalftern → ausspannen.

abhalten → abwehren, aufhalten, beeinträchtigen, beschneiden, dawider, dazwischentreten, durchkreuzen, eindämmen.

Abhaltung → Beeinflussung.

abhandeln → diskutieren, erhandeln, drücken den Preis.

abhanden fort, futsch, hinweg, verloren, zerrinnen, flöten gehen, draufgehen, abgehen, abhanden kommen, futschicato, durch die Finger gehen, in die Brüche gehen,

ist dahin. → auseinandersetzen, dahin. ▶ aufhalten sich, dabei.

Abhandlung → Arbeit, Artikel, Beitrag, Denkschrift.

Abhang → Abgrund, Berg.

abhängig begründet, motiviert, verursacht, unausbleiblich ● botmäßig, dienstbar, hörig, lehenspflichtig, leibeigen, untergeordnet, untertan, untertänig, unterworfen, versklavt, geknechtet, unfrei, angewiesen●verpflichtet sein, dienen, in Schuld stehen, fremdes Brot essen, verbunden sein, Rechenschaft schuldig sein, sich beugen müssen, gehorchen müssen, parieren müssen, sich unterordnen müssen, die Füße unter eines anderen Tisch, Befehl vollziehen müssen, keinen eigenen Willen haben. ▶ unabhängig.

Abhängigkeit Herrendienst, Fron *f*, Unfreiheit, Knechtschaft, Dienst, Leibeigenschaft, Unterordnung, Unterwerfung, Verpflichtung, Versklavung, Unfreiheit.→Dienstbarkeit. ▶ Unabhängigkeit.

abhärmen → abbüßen, abmühen, beklagen.

abhärmen, sich → betrüben.

abhärten → anpassen, betäuben, ertüchtigen, stärken.

abhasten → abmühen, erarbeiten.

abhauen abdampfen, abfahren, davon machen, ausgehen, fortgehen, weggehen, abbauen, abrücken, abschieben, abziehen, auskneifen, auskratzen, ausreißen, ausrücken, desertieren, drücken, durchbrennen, durchgehen, durchwischen, entfernen, entfliehen, entschlüpfen, fortlaufen, sich fortmachen, fortstehlen, losgehen, losziehen, loszittern, scheiden, starten, stiften, gehen, türmen, sich trollen, verabschieden, verdrücken, verduften, verlassen, verkrümeln, verschwinden, sich verziehen, sich wegmachen, die Zelte abbrechen, sich auf den Weg machen, seiner Wege gehen, den Rücken kehren, Druckpunkt nehmen, die Flucht ergreifen, Reißausnehmen, durch die Lappen gehen, auf die Socken machen, Fersengeld geben, das Hasenpanier ergreifen, sich französisch empfehlen, aus dem Staub machen, das Feld räumen, die Koffer packen, sich dünn machen, sich in die Büsche schlagen, Leine ziehen, sich davon machen ● abtrennen, entfernen, lösen, trennen, abschlagen, beseitigen. → begeben sich, behauen, davon auf und, davonlaufen. ▶ zurückkehren, verbinden.

abhäuten → abbalgen.

abheben → abweichen.

abhelfen → ausbessern.

abhetzen → abmühen, erarbeiten.

Abhilfe Bearbeitung, Befreiung, Erleichterung.

abhold → überdrüssig.

abholen → forttragen.

abholzen → fällen.

abhorchen → befragen.

abhören → ausforschen.

Abhub → Abfall, Auswurf.

abirren → abschwenken, abweichen, fehlen.

Abirrung → Bewegung, Laster.

Abitur→Prüfung, Reifezeugnis.

abjagen → abarbeiten, bestehlen, bemächtigen, entreißen.

Abjudikation f → Aberkennung.

abkanzeln → anfahren.

abkapseln → einkapseln.

abkarten → abmachen.

abkaufen → bestellen, erhandeln.

Abkehr Abwendung. → Abweichung, Stich lassen im.

abkehren, sich → brechen mit, erkalten, fallen lassen.

Abklatsch Abschrift, Abzug, Bürstenabzug, Doppel, Duplikat, Kopie, Nachahmung, Nachbildung, Nachdruck, Pause, Plagiat, Spiegelbild, Surrogat, Widerhall, Wiedergabe, Zweitdruck ● Ebenbild, aus dem Gesicht geschnitten. → Abguß. ▶ Original.

abklatschen → abbilden.

Abklingen Milderung, Abreaktion f, Abschwächung, Beruhigung, Besänftigung, Linderung, Befreiung, Erlösung, Heilung. ▶ Erregbarkeit, Verstärkung.

abklopfen→ untersuchen, vorfühlen.

abknallen → ausrotten.

abknicken → abbeißen, abbiegen, abbrechen.

abknipsen → abbrechen, aufnehmen.

abknöpfen → abbinden, wegnehmen.

abkochen → sterilisieren, kochen, übervorteilen, zubereiten.

Abkomme Abkömmling, Nachfahre, Nachkomme, Schößling, Brut. Enkel, Kindeskind, Leibeserbe, Reis, Same, Sohn, Sprößling, Tochter, Sproß, Zweig.

Abkommen Abmachung, Abrede, Abschluß, Akkord, Bündnis, Einvernehmen, Festsetzung, Handschlag, Klausel, Konkordat, Kontrakt, Pakt, Protokoll, Sanktion, Schlichtung, Übereinkommen, Urkunde, Verabredung, Vereinbarung, Vergleich, Vertrag,

Akt, Dokument, Verpflichtung, Zustimmung. ▶ Ablehnung.

abkommen von → ablenken, abschwenken.

abkömmlich → disponibel.

Abkömmling → Abkomme.

abkonterfeien → abmalen.

abkratzen → sterben.

abkriegen getroffen werden, eine Abreibung beziehen, sein Fett bekommen. ▶ unbehelligt.

abkühlen abschrecken, eisen, erfrischen, erquicken, fächeln, fächern, kühlen, kaltstellen, erkalten, erstarren, vereisen, beruhigen, dämpfen, ernüchtern, hemmen, abnehmen, verrauschen, die Erregung klingt ab.▶ erwärmen.

Abkunft Abstammung, Geburt, Herkommen, Herkunft, Ursprung.

abkürzen abzwicken, kleiner machen. → näher. ▶ verlängern.

Abkürzung Abbreviation f, Abbau, Abnahme, Beschränkung, Einschränkung, Nachlassen, Schmälerung ● Code, Schwund, Verknappung. ▶ Ausdehnung.

abladen ausladen, ausschiffen, ausschöpfen, ausschütten, entleeren, leeren, löschen, räumen, wegschaffen. → entbürden, entladen, erleichtern. ▶ aufhalsen.

Ablaß Absolution, Amnestie, Begnadigung, Entbindung, Erlaß, Freispruch, Generalpardon, Gnade, Vergebung, Verzeihung, Pardon.

ablassen sich enthalten, entsagen, lassen, unterlassen, vermeiden, unbenutzt lassen, beiseite legen, keinen Gebrauch machen, aufgeben, aufhören, aussetzen, absehen von, einstellen, fallen lassen, pausieren, an den Nagel hängen, in Ruhe lassen, zufrieden lassen, erlassen, streichen, schenken, ermäßigen, herabsetzen, heruntergehen, nachlassen, senken, verbilligen, Abzug-Rabatt, Abzug gewähren, im Preis entgegenkommen. → ablassen, aufhören, ausschütten, begeben, belassen, einhalten, entwöhnen. ▶ festhalten.

ablassen, nicht → bestehen auf.

Ablauf Abwicklung, Durchführung, Entwicklung, Folge, Fluß, Fortgang, Fortsetzung, Geschehen, Lauf, Richtung, Verlauf, Bahn, Entledigung, Erledigung, Auswirkung, Ausfluß, Effekt, Reihenfolge. → Ansatz, Bahn, Kloake, Dauer, Durchführung. ▶ Zulauf.

ablaufen → abfahren, durchführen, fließen.

ablaufend → abbauend, ausstoßend, fließend.

ablaugen → auslaugen.

ablauschen → nachmachen.

Ableben Ende, Heimgang, Hingang, Hinscheiden, Hinschied *schw.*, Tod, Todesfall, Verlust, Weggang, Exitus *m*, ins Jenseits gehen, den Geist aufgeben, in die Ewigkeit eingehen, in ein schöneres Dasein gehen, die Augen schließen, abberufen werden, den Geist aufgeben, ins Gras beißen, in die Grube fahren, gen Himmel fahren, das Leben lassen, seine Tage beschließen, zu Staub werden, zu den Vätern versammelt werden, den Weg allen Fleisches gehen, vom Leben Abschied nehmen, das Zeitliche segnen. ▶ Anfang, Geburt.

ablegen abstreifen, auskleiden, ausziehen, sich aufhängen u, entblößen, entkleiden, sich frei machen ● abgewöhnen, aufgeben, entwöhnen, sich befreien. → abdachen, abdecken, abstreifen, abwerfen, aufstellen, beiseite legen, betten, deponieren, entblößen, entwöhnen. ▶ nehmen, wegnehmen.

Ableger Absenker, Reis, Sproß, Nachkomme, Kind. → Ast.

ablehnen sich abkehren, absagen, abschlagen, sich abwenden, anfechten, ausschlagen, ausschließen, sich enthalten, heimschicken, protestieren, sich verbitten, verneinen, versagen, verschmähen, verweigern, verwerfen, von sich weisen, abwimmeln u, widerstreben, zurückweisen, Einspruch erheben, nichts davon hören wollen, den Kopf schütteln, einen Korb geben, abblitzen lassen, im Stiche lassen, Anstoß nehmen, dagegen sein, nicht einwilligen, die Anerkennung verweigern, dem Papierkorb übergeben, nichts damit zu tun haben wollen, abrücken, abstreiten, berichtigen, bestreiten, dementieren, negieren, nicht annehmen ● aussetzen, bekritteln, bemäkeln, bemängeln, einwenden, kritisieren, mißbilligen, nörgeln, rügen, tadeln, geringschätzen, verabscheuen, verschmähen, verachten, ächten, verbannen, vorenthalten, verwehren, nicht erlauben, nicht gewähren, vorenthalten, sich bedanken für etwas u, auf etwas blasen u, auf etwas flöten u, auf etwas husten u, auf etwas scheißen u, den Teufel tun u, den Buckel heruntersteigen u, nicht daran denken u ● sich bezwingen, sich enthalten, entsagen, unterlassen, verzichten, versagen.→abbestellen, abblitzen, abschlägig, angreifen, auspfeifen, ausstoßen, beanstanden. ▶ annehmen.

ablehnend → barsch, entgegen, negativ, passiv.

Ablehnung → Absage, Einsprache, Entsagung.

ableiten abstammen, entquellen, entsprießen, entstammen, herkommen, abzweigen ● annehmen, deduzieren, denken, feststellen, finden, folgern, herbeiführen, induzieren, nachweisen, sich ergeben, hervorgehen aus, Schluß ziehen, begründen, belegen, beweisen, schließen, schlußfolgern, sich berufen auf, sich beziehen auf. → abdämmen, abstammen, austrocknen, beimessen, denken, drainieren, zuschreiben. ▶ zulaufen, zuleiten.

Ableitung → Ablauf, Beweis, Folgerung, Trockenlegung, Ventil.

ablenken abbringen, abkommen von, abschwenken, zerstreuen. → abschwenken, abweichen, beugen. ▶ zielen.

Ablenkung → Bewegung, Zerstreutheit.

ableugnen widerrufen, für unrichtig erklären, für falsch bezeichnen, dementieren, sein Wort brechen, nicht einlösen, sich entziehen. ▶ gestehen, zugeben.

Ableugnung Widerruf, Berichtigung, Dementi s, Wortbruch, Einspruch, Protest, Ungültigkeitserklärung, Zurücknahme. → Dementi. ▶ Geständnis.

abliefern → abgeben, einliefern.

Ablieferungsschein Lieferschein, delivery order sm.

ablinsen → abschreiben.

ablisten → balbieren, erlisten, täuschen.

ablocken → balbieren, entlocken, erlischen, erschmeicheln, täuschen.

ablohnen → abbauen, entlohnen.

ablösbar entfernbar. →ersetzbar.

ablösen → abblättern, trennen, abmachen, ausgleichen, ersetzen, erlösen.

Ablösung Abwechslung, Abschweifung, Kurzweil, Unterbrechung, Zeitvertreib. → Abtrennung. ▶ Anschluß, Vebindung.

abluchsen → balbieren, erschmeicheln, täuschen.

abmachen abkarten, anordnen, bestimmen, vorherbestimmen, festlegen, beschließen, festsetzen, sich einigen, übereinkommen, verabreden, vereinbaren, deichseln, klären, regeln, sich binden, fest-

halten, sich verpflichten, ausmachen ● abbröckeln, ablösen, locken, roden. → abschneiden, annehmen, anordnen, arrangieren, bestimmen, einigen, festlegen. ▶ anmachen, widersprechen, offen lassen.

Abmachung → Abkommen, Einigung.

abmagern → abnehmen, auszehren, dürren, einfallen.

Abmagerung → Dürre.

abmähen → abschneiden.

abmalen abbilden, abkonterfeien. → abbilden. ▶ gestalten.

abmarkten → drücken.

Abmarsch Vormarsch, Ausmarsch, Vorantritt, Fortgang ● Ablauf, Absprung, Sprung ● Spazierfahrt, Ausfahrt, Ausritt, Wanderung, Marsch ● Weggang, Abreise, Abflug, Start.

abmarschieren → abhauen, dannen gehen von.

abmatten → abmühen.

abmessen dosieren, abschätzen, abschreiten, abwägen, abwiegen, abzirkeln, ausmessen, bemessen, berechnen, beurteilen, bewerten, eichen, ermessen, messen, rechnen, schätzen, sondieren, taxieren, überschlagen, veranlagen, veranschlagen, wägen, werten, wiegen, einen Überschlag machen, eine Rechnung aufstellen. → abschätzen, beurteilen.

Abmessung → Ausdehnung.

abmildern entlasten, rechtfertigen, anweisen, entkräften, verkleinern, untertreiben●zarter machen, entschärfen, entsäuern, entsalzen, bittern Geschmack nehmen.▶ stärken.

abmühen abarbeiten, abhasten, abhetzen, abmatten, placken, abplacken, abquälen, abschleppen, ankämpfen gegen, anstrengen, abäschern sich ü, sich kaputt machen u, fummeln u, arbeiten, aufreiben, befleißigen, büffeln, kämpfen, pauken, plagen, quälen, rackern, ringen, schanzen, schinden, schuften, schwitzen, sträuben, streben, überarbeiten, zerren, ziehen, alle Kräfte anspannen, Arbeit verrichten, mobilisieren, die Hände voll zu tun haben, alle Hebel in Bewegung setzen, Himmel und Hölle in Bewegung setzen, sich den Kopf zerbrechen.→das Beste tun, bestreben sich. ▶ faulenzen.

abmühen, sich vergeblich → beikommen nicht, blamieren.

abmurksen → ausrotten, töten.

abmustern sm Dienst aufgeben, kündigen. → abdanken.

abnabeln → trennen, entbinden.

abnagen → abbeißen.

abnähen enger machen.

Abnahme Abfluß, Abgang, Ausfall, Defizit, Einbuße, Fehlbetrag, Mangel, Schmälerung, Schwund, Verbrauch, Verlust, Verminderung, Verringerung, Wegfall ● Abschreibung, Erwerbung, Kauf, Übernahme, Anschaffung, Bezug, Einkauf ● Entwertung, Verfall. → Abkürzung, Abzug, Entziehung. ▶ Aufstieg, Zunahme.

abnehmen sich auflösen, nachlassen, schmelzen, sich verflüchtigen, abebben, abflauen, abmagern, ausgehen, austrocknen, einfallen, eingehen, einlaufen, schrumpfen, schwinden, siechen, sinken, verdorren, verfallen, verkümmern, versiegen, vertrocknen, weichen, welken, dezimieren, mindern, schmälern, verkleinern, schwächen, mäßigen, vermindern, wegnehmen, beschränken, aus den Kleidern fallen u, nur noch Haut und Knochen u ● entbürden, entlasten, erleichtern, fördern, helfen ● erwerben, kaufen, übernehmen, anschaffen, bestellen, nehmen, abknöpfen u, rupfen u, erleichtern, abluchsen, ausziehen u, ausnehmen ● abkühlen, abbalgen, abblühen, ausgehen, beeinträchtigen, beengen, bestehlen, dürren, einfallen, entbürden, entgegennehmen, entreißen, erlahmen, erleichtern. ▶ aufhalten, geben, zunehmen.

Abnehmer → Empfänger, Käufer, Kunde.

Abneigung Widerwille, Antipathie f, Mißbilligung, Mißmut, Tadel, Unmut, Unzufriedenheit, Verstimmung, Abscheu, Einspruch, Ekel, Nachlässigkeit, Gleichgültigkeit, Saumseligkeit ● Verachtung, Geringschätzung, Haß, Mißachtung, Feindschaft, Grausen, Groll, Kühle, Mißfallen, Scheu, Überdruß, Unwille, Widerstreben, Unfreundlichkeit, Zwietracht, Erkaltung des Gefühls.→Abscheu, Auflehnung, Bedenken, Entzweiung, Feindschaft, Mißbehagen. ▶ Freundschaft, Zuneigung.

Abneigung haben → Dorn im Auge.

abnorm abartig, abweichend, anders, anormal, auffallend, aufsehenerregend, ausgefallen, außergewöhnlich, ausschweifend, befremdend, beispiellos, exzeptionell, fremdartig, bizarr, eigenartig, extravagant, eigentümlich, exzentrisch, grotesk, kraß, pervers, regelwidrig, selten, seltsam,

sonderbar, komisch, putzig *u*, juxig *u*, spezial, speziell, überspannt, unerhört, ungewöhnlich, ungewohnt, ungleichförmig, unnatürlich, vereinzelt, wunderlich, verstiegen. ▶ normal.
Abnormität Abweichung, Besonderheit, Eigenart, Eigentümlichkeit, Kuriosität, Ungleichheit, Unregelmäßigkeit. ▶ Regelmäßigkeit.
abnötigen → erpressen, erzwingen.
abnutzen abtragen, ablatschen *u*, abwetzen, anfressen, beschädigen, angreifen, verschleißen, abreiben, abschürfen, aufbrauchen, aufzehren ● verwenden, verwerten, entwerten, herunterbringen. → abbrauchen. ▶ schonen.
abnützen → ausnutzen, beschädigen.
Abnützung → Aufwand, Beschädigung, Verschlimmerung.
Abonnement Einschreibung, Bezug.
abonnieren anschaffen, bestellen, beziehen.
abordnen → beauftragen, delegieren, entsenden, wählen.
Abordnung Delegation *f*, Deputation *f*, Vertretung.
Abort Abortgrube, Siel, Kloake, Senkgrube, Seuchenherd, Klosett, Toilette, Abtritt, Ort, Örtchen, Lokus, WC, Abé *u*, Klo *u*, Häuschen *u*, Nummer, Null *u*, Tante Meier *u*, Thrönchen *u*. → Fehlgeburt.
Abortgrube → Abort, Kloake.
abpassen → auflauern.
abpausen → durchpausen
abpfeifen → beendigen.
abplacken → bestreben sich, abarbeiten, abmühen.
abplagen → anstrengen sich.
abprallen → aufspringen, federn.
abpressen → bestellen, bemächtigen, den Preis drücken.
abputzen → entstauben.
abquälen → abarbeiten, abmühen.
abquetschen → abdrücken.
abrackern → abarbeiten.
abraten entraten, widerraten. → bedenken, beraten, entmutigen.
Abratung → Beeinflussung.
abräumen → abdecken, entladen.
abreagieren → befriedigen, bezähmen.
Abreaktion *f* → Abklingen.
abrechnen ahnden, ankreiden, belangen, heimzahlen, nachtragen, rächen, vergelten, Genugtuung fordern, sich Genugtuung verschaffen, belangen, bestrafen, es eintränken, lynchen, maßregeln, strafen, züchtigen, zurechtwei-

sen, beim Kanthaken nehmen, ein Exempel statuieren, zur Verantwortung ziehen, streng ins Gericht gehen ● reinen Tisch machen, Rechnung machen, die Bilanz ziehen, Forderungen stellen, Rechnung legen, Rechenschaft ablegen, vergüten, auszahlen, bezahlen. → ahnden, anschnauzen, bestrafen. ▶ rechtfertigen, schulden.
Abrechnung → Auskunft, Bearbeitung, Bestrafung, Rechenschaft, Rechnung.
Abrede → Abkommen.
abreden → bedenken, beraten, entmutigen.
abregen → besänftigen.
abreiben fegen *j*. → abnutzen, balgen, prügeln.
Abreibung geben, eine → balgen.
Abreise → Ausmarsch, Beginn.
abreisen → abfahren, aufbrechen, entfernen sich.
abreißen wegreißen. → abbrechen, demolieren, durchreißen.
abrichten schulen, beibringen, dressieren, bändigen, lernen, zähmen. → ausbilden, dressieren, einschulen.
Abrichtung Dressur, Schulung, Zähmung. → Bearbeitung.
abriegeln → absperren, abdämmen.
abringen → bestehen auf, durchdrücken, durchsetzen, zwingen.
Abriß Auszug, Kurzfassung, Lehrbuch, Übersicht, Leitfaden, Zusammenfassung, Zusammenstellung, Übersichtstafel, Vademekum. → Compendium.
abrollen → abfahren, vor sich gehen.
abrücken → abhauen, ablehnen, abfahren.
abrücken von → angreifen, absagen.
Abruf Verzicht, Lossagung, Entsagung ● Aufhebung, Auflösung, Beseitigung, Trennung, Enthebung, Abberufung, Rückberufung, Kündigung, Entlassung, Absetzung, Kaltstellung, Pensionierung, Suspendierung, Degradierung, Vertreibung, Verjagung.
abrufen → verändern.
abrudern → abfahren.
abrunden arrondieren, kürzen, handlicher machen, einschränken, komprimieren, mindern, reduzieren, schmälern, vereinheitlichen, verdichten, verkleinern, verkürzen, vermindern, verringern, zusammenpressen, zusammenziehen. ▶ ausbreiten, blähen.
abrunden, sich → ballen, erkennen, klar werden.

Abrundung Vollendung, Auffüllen, Vollständigkeit, Vollkommenheit, Sättigung ● Abgerundetheit, Rundung.
abrupt heftig, stürmisch, plötzlich, wild, brutal, jäh, jählings, hastig, rasch, überstürzt, unvermittelt, vorschnell, auf Knall und Fall, Hals über Kopf, wie aus der Pistole geschossen, ungehemmt, brüsk, unverzüglich, kurz und bündig, blitzartig. ▶ langsam.
abrüsten demobilisieren, entwaffnen. ▶ befrieden.
Abrutsch → Bewegung.
abrutschen → abgleiten, fallen, stürzen, absinken, hinabkollern, herabkugeln ● hinfallen, hinschlagen, neigen, abgleiten. ▶ heraufgleiten.
absäbeln → abschneiden.
absacken abfallen, abstürzen, fallen, kentern, niederfallen, plumpsen, hinfliegen, hinsausen, stürzen, umfallen, sich hinlegen, das Gleichgewicht verlieren, umhauen, umstürzen, zusammenbrechen, nachlassen. → abfallen. ▶ aufsteigen.
Absage Abfall, Sinnesänderung, Absagebrief, Aufhebung, Ungültigkeitserklärung, Widerruf, Zurücknahme, Ablehnung, Mißbilligung, Umstoßung, Weigerung, Einspruch, Protest, kalte Aufnahme, Lossagung, Korb *u*, Scheiße *u*, Pustekuchen *u*. → Abfall. ▶ Versicherung, Zustimmung.
Absagebrief → Absage.
absagen abschlagen, nicht annehmen, ausschlagen, verweigern, verwerfen, von sich weisen, zurückweisen, abrücken von, abschwören, versagen, nicht im Traume einfallen lassen, gern haben *u*, gewogen bleiben *u*, gestohlen werden *u*. → abbestellen. ▶ versprechen, zusagen.
absägen → abschneiden.
absatteln → abwerfen.
Absatz Abschnitt, Artikel, Klausel, Passus, Schriftstelle, Bestimmung, Paragraph, Nummer, Ziffer ● Umsatz, Umschlag, Vertrieb, Verkauf, Erlös, Ausverkauf. → Artikel, Stöckel.
abschaben → abschneiden, absondern, beschneiden.
abschaffen abtragen, auflösen, aufräumen mit, ausmerzen, ausrotten, ausstreichen, beseitigen, demolieren, einreißen, einstampfen, niederreißen, schleifen, schrotten, absondern, aussondern, ausradieren, ausscheiden, entfernen, fortschaffen, wegbringen, absetzen ● ungültig erklären, vernichten, aufgeben, aufstecken, einstellen, auf-

enden, liquidieren, löschen, schließen, unter den Tisch fallen lassen, an den Nagel hängen. → abbauen, abbrechen, aufheben, beseitigen. ▶ anschaffen, beauftragen.

abschaffend → abbauend.

Abschaffung → Abbruch, Befreiung, Entlassung.

abschälen → abbalgen, abblättern.

abschalten → ausschalten, erholen.

abschatten → abblenden, ausgehen, dunkeln, zensieren.

abschätzen → abmessen, anschlagen, beurteilen, charakterisieren.

abschätzend → erwägend.

abschätzig → verächtlich.

Abschätzung → Bewertung.

Abschaum → Abfall, dunkle Abkunft, Ausbund, Auswurf.

abscheiden → absondern.

Abscheu Schrecken, Horror *m*, Abneigung, Geringschätzung, Haß, Mißachtung, Verachtung, Widerwille, Ekel, Überdruß, Antipathie, Entsetzen, Grausen, Groll, Mißfallen, Unwille, Aber. → Abneigung, Bedenken, Degout, Dorn im Auge, Entrüstung. ▶ Zuneigung.

abscheuern abreiben, schaben, kratzen, raspeln, abkratzen, abradieren, abschruppen ● abnützen, entfärben, abtragen, abwetzen ● reinigen, säubern, sauber machen, abwaschen, abseifen, spülen, abspülen ● fegen, wischen, abwischen, putzen, auskratzen, ausputzen.

abscheulich abstoßend, ekelhaft, ekelerregend, greulich, hassenswert, höllisch, infam, nichtswürdig, niederträchtig, schändlich, schauderhaft, scheußlich, schmählich, schmutzig, schnöde, unflätig, verächtlich, verdammenswert ● verdammt, verflucht, verrucht, verteufelt, verwünscht ● widerlich, wüst, zum Kotzen, zum Rasendwerden, arg, äußerst, ausgemacht, bannig, barbarisch, blödsinnig, bodenlos, eklig, polizeiwidrig, schaurig, schrecklich, toll, unmenschlich, verflixt, elend, erbärmlich, jämmerlich, verworfen, fatal, gräßlich, unausstehlich, abschreckend, um aus der Haut zu fahren. → abbrüchig, abgeschmackt, abschreckend, abstoßend, böse, charakterlos, empörend, faul. ▶ anziehend, erwünscht.

abschieben → abhauen, schieben.

Abschied Abreise, Auszug, Weggang, Abbau ● Lebewohl, Glückliche Reise, Auf Wiedersehen, Behüt Gott, Ade, Adieu, Empfehle mich,

Habe die Ehre, Ihr Diener, Mach's gut, bye-bye, Glück auf, Gut Heil, Allheil, Servus ö ● Abschiedssignal, Blauer Peter *sm*. → Abbau, Amtsabtretung. ▶ Ankunft.

Abschied nehmen → austreten, quittieren, scheiden.

Abschiedswort → Schlußwort.

abschinden, sich→abarbeiten.

abschirmen abblenden, verschleiern, verdunkeln, zuziehen, verdecken ● sichern, schützen, hüten, behüten, bewachen, beschirmen, abwehren ● trennen, abtrennen, isolieren.

abschlachten niedermetzeln.

Abschlag → Abzug, Rabatt.

abschlagen → abblitzen, abhauen, ablehnen, absagen, entgegenhalten, den Preis drücken.

abschlägig → ablassen, entgegen, negativ.

Abschlagszahlung → Abzahlung.

abschleifen → ausarbeiten, ausbessern.

abschleppen → entfernen.

abschleppen, sich → abmühen, abarbeiten.

abschließen, sich abschließen, sich einpuppen, sich einspinnen, sich verbergen, sich zurückziehen, einsam leben, abgeschieden, eingezogen, zurückgezogen, sich abseits halten, der Welt entsagen, die Gesellschaft fliehen oder meiden, seinen Kohl pflanzen, den Verkehr abbrechen, ein Leben im Verborgenen führen ● für sich behalten, schweigen, verschließen, zurückhaltend sein ● zumachen, zusperren, verklüften *j*, verriegeln, beenden, erledigen, entscheiden, zu Ende bringen oder führen, saldieren. → abdämmen, abdichten, abstehen, absondern, annehmen, aufhören, ausführen, begrenzen, besiegeln, drosseln, einkapseln, einspinnen sich. ▶ öffnen, beginnen.

abschließend → A und O, ausschließend, definitiv, Ende gut, alles gut, endlich.

Abschließung → Barriere, Blockade, Einsamkeit.

Abschluß Ausgang, Ausklang, Ende, Feierabend, Finale, Kehraus, Pause, Schluß, Schwanengesang, Beendigung, Vollendung, Krönung, Zusammenfassung. → Abkommen, Ausgang, Bilanz, Coda, Einigung, Endpunkt, Erfüllung, Examen. ▶ Anfang.

abschmarotzen → beeinflussen, erschmeicheln.

abschmecken → ausforschen.

abschmeicheln → abbuhlen, beeinflussen, bestimmen, erschmeicheln.

abschnallen → abbinden.

abschneiden halbieren, schnitzeln, sondern, teilen, tranchieren, trennen, verteilen, zerkleinern, zersägen, zerstückeln, abschrappen *u*, absäbeln *u*, abknipsen ● abhacken, abmachen, abmähen, absägen, abschaben, absondern, abteilen, abtrennen, isolieren, kappen, lösen, losmachen, mähen, schneiden. → abdämmen, absondern, absperren, anschneiden, ausschneiden, beeinträchtigen, beschneiden, ernten. ▶ verbinden.

Abschnitt Zinsschein, Dividendenschein, Coupon *m*, Anteil, Teil, Stück ● Strecke, Stufe, Teilstrecke, Teilabschnitt, Abschnittsgebiet, Stadium, Etappe *f*. → Absatz, Anteil, Artikel, Ausschnitt, Coupon, Dauer, Epoche.

Abschnittsgebiet → Abschnitt.

Abschnürung → Verknappung, Zuschnürung.

abschrägen → abbiegen, abböschen, abweichen.

abschrauben aufwinden, entfernen, freimachen, lösen, loslösen, losmachen, loswinden, trennen. ▶ verbinden.

abschrecken → abkühlen, abstoßen, erschrecken.

abschreckend warnend, exemplarisch, entsetzlich, furchtbar, fürchterlich, geisterhaft, gespenstig, grauenhaft, grausig, schreckensvoll, schrecklich, ungeheuerlich, unheimlich, widerlich, widernatürlich, widrig. → abgeschmackt, abscheulich. ▶ anziehend.

abschreiben abgucken, ablauschen, absehen, durchschlagen, nachbeten ● tippen *u*, abschmieren, ablinsen, abspicken *u*. → abbilden, abbrechen ● verloren geben, amortisieren. ▶ gestalten.

Abschreibung → Abnahme, Verlust.

abschreiten → abmessen, vorbeigehen.

Abschrift → Abklatsch, Abzug, Durchschlag.

Abschub → Abfahrt, Abzug, Exil.

abschürfen → abnutzen.

Abschuß Entladung, Abfeuerung. → Abberufung, Vernichtung, Entlassung.

abschüssig abfallend, abgedacht, geneigt, jäh, schräg, schroff, steil, überhängend, hat Gefälle. → abgründig. ▶ aufsteigend.

abschütteln → befreien, entfernen.

abschwächen → begütigen, bezähmen, dämpfen, drosseln, eindämmen.

Abschwächung → Abklingen.

abschweifen babbeln, brabbeln, labbern, plappern, quatschen, ratschen, schwadronieren, schwätzen, tratschen, sich verbreitern, verzapfen, abweichen, ausspinnen, ausdehnen, breittreten, in Fluß kommen, der Zunge freien Lauf lassen, einen Salm machen, redet wie ein Buch, nicht zu Ende kommen, des langen und breiten reden,vom Thema abkommen, verhaspeln, verheddern sich u, vom Hundertsten ins Tausendste kommen. → drücken sich, Faden verlieren. ▸ aufmerksam.

abschweifend → ausholend.

Abschweifung Ablösung, Abwechslung, Kurzweil, Unterbrechung, Zeitvertreib, Erguß, Geplapper, Gerede, Geschwätz, Geseire, Gewäsch, Klatsch, Redefluß, Wortschwall, Geschwätzigkeit, Maulfertigkeit, Redewut, Salbaderei, Exkurs m. → Ablösung, Abwechslung. ▸ Aufmerksamkeit, Konzentration.

abschwenken abbringen, abkommen von, zerstreuen, abweichen, abbiegen, abfallen, abirren, abzweigen, ausweichen, drehen, entgleisen,fehlgehen, kreuzen, lavieren, verirren, verlieren, wenden, den Kurs ändern, aus dem Wege gehen, einen Bogen machen, kehrtmachen,um die Ecke biegen. → ablenken, abweichen. ▸ dabei bleiben.

abschwören → absagen.

Abschwörung → Abfall.

absegeln → abfahren, begeben sich.

absehen → abschreiben.

absehen von → ablassen.

abseitig abseits, seitwärts, absonderlich, eigenartig, abnormal.

abseits seitwärts, seitlich, daneben, daran, seitab, nebeneinander, fern, weit, entlegen, fernliegend, jenseits, unzugänglich, unerreichbar, seitab, diesseits. → beiseite, daneben, fern. ▸ dabei.

absenden befördern, liefern, überweisen, zukommen lassen, schicken, senden, spedieren, verfrachten, verladen, verschiffen, wegschicken, zuleiten, transportieren, expedieren, übermitteln. → abgehen, befördern, detachieren, einschicken. ▸ empfangen.

Absendung Abfertigung, Expedition *f*, Versendung, Aufgabe, Beförderung, Lieferung, Überweisung, Verfrachtung, Verschiffung, Zuleitung, Übermittlung. ▸ Empfang, Aufnahme.

absengen → abbrennen.

absenken → baggern.

Absenker → Ableger.

absent → abwesend.

Absenz (in Abwesenheit – in absentia) → Abwesenheit.

absetzbar → gangbar.

absetzen abstoßen, anbieten, anpreisen, feilhalten, feilbieten, liefern, losschlagen, veräußern, verhandeln, vertreiben, anbringen, umsetzen, auf den Markt werfen, zu Geld machen ● sich entfernen, abtreten, sich empfehlen, scheiden, verschwinden ● abbakken *j*, abstreichen *j*, abreiten *j*, abdonnern *j*, abbaumen *j*. → abbauen, abdanken, abgeben, abschaffen, absenden, abstoßen, befristet. ▸ ankommen, annehmen, aufheben, einsetzen.

Absetzung → Abbau, Amtsabtretung, Arbeitsunfähigkeit.

Absicht Plan, Vorstellung, Idee *j*, Zweck, Zielrichtung, Intention *j*, Überlegung, Begehr, Berechnung, Entschluß, Entwurf, Gedanke, Hintergedanke, Neigung, Projekt, Richtung, Sinnen, Streben, Tendenz, Trachten, Unterfangen, Verlangen, Vorhaben, Vorsatz, Vorschlag ● Wunsch, Wunschziel, Wille, Wollen, Anregung, Eingebung. → Bedacht, Begehr. ▸ Zufall.

absichtlich ausdrücklich, eigens, extra, expreß *u*, geflissentlich, vorsätzlich, willentlich, wissentlich, mutwillig, wohlbewußt, zielstrebend, beabsichtigt, berechnet, vorbedacht, zu diesem Zweck. → beabsichtigt, bewußt, demonstrativ. ▸ zufällig.

absichtslos blind, unbeabsichtigt, unbewußt, unmotiviert, unvorhergesehen, vorsatzlos, zufällig, zwecklos. → beiläufig. ▸ bewußt.

absinken → abflauen, abnehmen, nachlassen.

absitzen → abbüßen.

absocken → abfahren.

absolut durchaus, reinweg, ohnehin, sowieso, sicherlich, wahr, wahrlich, wahrhaftig, wirklich, autark, autonom, eigen, unbedingt, voraussetzungslos, ausdrücklich, bestimmt, effektiv, gewiß, kategorisch, schlagend, tatsächlich, augenscheinlich, definitiv, entschieden, fraglos, handgreiflich, unbestreitbar, deutlich, ganz, auf mein Wort, ohne Scherz, in vollem Ernst ● nachdrücklich, restlos, uneingeschränkt, völlig, vollkommen, zweifellos, sicher, todsicher, unfraglich, unstreitig, untrüglich, unverkennbar, unvermeidlich, unwiderleglich, unwidersprochen, unzweideutig, unzweifelhaft, beziehungslos, frei, in jeder Beziehung, unter allen Umständen, sicher wie zwei mal zwei,

wie das Amen in der Kirche. → befehlerisch, bestimmt, beherrschend, definitiv. ▸ unentschieden.

Absolution Befreiung, Dispens, Entlassung, Erlösung, Freispruch, Loskauf, Lossprechung. → Ablaß. ▸ Verurteilung.

Absolutismus → Diktatur.

absonderlich → abstrus, auffallend, bizarr, burlesk, kurios, phantastisch.

Absonderlichkeit → Eigentümlichkeit.

absondern ausscheiden, entfernen, gliedern, sortieren, sichten, trennen, wegtun, aussondern, fortschaffen, wegbringen, klären, lösen, sieben, wegziehen, austreten, analysieren, entzweien, scheiden, separieren, sondern, abschaben, abscheiden, den, abtreiben, abtrennen, abzwicken, entbinden, isolieren, kappen, lösen, losbinden, loseisen, losmachen, losschrauben, vereinheitlichen, vereinzeln. → ab, abbauen, abbinden, abschaffen, abschließen, abschneiden, absagen, ausfließen, ausschalten, austreten, beiseite legen, beseitigen, eliminieren. ▸ zusammenhalten, zuführen.

Absonderung Ausscheidung, Exkret *s*, Exkrement *s*, Auswurf, Kot, Ausschwitzung, Exsudat, Abfall, Scheidung, Separation, Sezession, Spaltung, Teilung, Trennung, Uneinigkeit, Zergliederung, Zerlegung, Zersetzung, Zerteilung ● Abgeschiedenheit, Einsamkeit, Ungeselligkeit, Stilleben, Verlassenheit, Zurückgezogenheit, Isolierung, Ausschluß, Ausstoßung, Austreibung, Ausweisung, Einsiedlertum, Loslösung. → Abfall, Abtrennung, Ausschnitt, Auswurf, Dreck, Entfremdung, Dunst. Entleerung, Kloake. ▸ Geselligkeit, Vereinigung, Zufuhr.

absorbieren → aufsaugen.

abspalten → abtrennen.

Abspannung Entkräftung, Ermattung, Erschlaffung, Erschöpfung, Kraftlosigkeit, Müdigkeit, Schwäche, Stumpfheit, Unbehagen, Zusammenbruch. → Beendigung, Dumpfheit, Erschöpfung. ▸ Spannkraft.

absparen → sparen.

abspenstig machen abwerben. → abtrünnig, wegnehmen.

absperren blockieren, boykottieren, einkreisen, einbüßnen *j* ● dicht machen, drosseln, abdrosseln, abriegeln, abschneiden, dämmen, schließen, einschließen, plombieren, versperren, verkitten, verkorken, verrammeln, verriegeln, verschließen, versiegeln, verstopfen, würgen, zubinden, zudecken, zudrehen, zukleben, zumachen, zunähen, zunageln, zuriegeln, zuschienen, zuschnallen, zuschnüren, zusperren. → abdämmen, aufhalten, bewahren, drosseln, einklinken. ▶ aufsperren, aufmachen.

Absperrung Boykott *m* ● Belagerung, Einkreisung, Einschließung, Sperre, Umklammerung, Umschnürung, Blokkierung, Kordon. → Barriere, Blockade. ▶ Befreiung.

abspielen, sich → sich begeben, passieren.

absplittern → trennen.

Absprache → Vereinbarung.

absprechen bestreiten, anfechten, widersprechen, verwerfen, außerstande sein, undenkbar, hoffnungslos, unausführbar, unerreichbar, aussichtslos, keineswegs, keinesfalls, mitnichten, durchaus nicht, ganz und gar nicht, nicht im geringsten, kein Gedanke daran. → aberkennen. ▶ anerkennen.

abspringen → bersten, herunterspringen.

Absprung → Fall.

abstammen ableiten, entquellen, entsprießen, wurzeln, entstammen, herkommen, herleiten, abzweigen. → ableiten.

Abstammung → Abkunft.

Abstand Zwischenraum, Ferne, Erstreckung, Länge, Strecke, Weite. → Differenz, Distanz, Entfernung. ▶ Nähe.

abstatten → einlösen.

abstauben putzen, fegen, kehren, reinigen, reiben, scheuern ● stehlen. → abblasen, ausbürsten, entstauben. ▶ beschmutzen.

abstechen → abweichen, ausstoßen.

Abstecher Ausflug, Spaziergang, Wanderung, Umweg, Reise, Bummel, Streifzug. → Bewegung.

abstecken → anbahnen, vermessen.

abstehen aufgeben, beendigen, bewenden lassen, einstellen, enthalten, innehalten, nachgeben, nachlassen, unterbrechen, ablassen, abschließen. → abblasen, abbrechen, aufhören, ausfallen, beeinträchtigen, belassen, schal, stehen entfernt, unterlassen, verderben. ▶ beharren, berühren.

absteigen → ankommen, besuchen, bleiben, einkehren, heruntersteigen.

Absteigequartier → Gaststätte.

abstellen → aufheben, stellen.

Abstellraum Einstellraum, Stall, Remise, Wagenschup-

pen, Garage, Schuppen, Hangar, Heuschober, Magazin, Scheuer, Scheune, Stadel, Tenne, Verschlag, Boden, Kammer, Bühne, Dachkammer, Speicher, Keller, Rumpelkammer, Speisekammer, Vorratskammer.

abstempeln bestätigen, beglaubigen, bescheinigen, für gültig erklären, unterstempeln, besiegeln ● kennzeichnen, eingruppieren ● brandmarken.

Abstieg → Niedergang.

abstimmen → wählen.

abstinent anspruchslos, bedürfnislos, bescheiden, enthaltsam, frugal, karg, mäßig, puritanisch, spartanisch. ▶ unmäßig.

Abstinenz Abgewöhnung, Bedürfnislosigkeit, Diät, Einfachheit, Einschränkung, Enthaltsamkeit, Entsagung, Entwöhnung, Genügsamkeit, Maß, Mäßigkeit, Nüchternheit. ▶ Unmäßigkeit.

abstoppen → anhalten, aufhalten.

Abstoß Anstoß, Stoß, Antrieb, Schub, Zug, Druck ● Schlag, Puff, Tritt, Schneller, Knuff ● Freistoß, Strafstoß, Elfmeterstoß, Corner.

abstoßen erbittern, verderben, verschütten, entfremden, unbeliebt machen, verschmähen, verabscheuen, abschrekken, veräußern. → absetzen, abgeben, abfahren, absenden, anstoßen, anbinden, anekeln, dick haben etwas. ▶ anziehen, entzücken, kaufen.

abstoßend abscheulich, anstößig, beleidigend, ekelhaft, gemein, häßlich, plump, unschön, entsetzlich, fürchterlich, gräßlich, greulich, mißfällig, schauderhaft, scheußlich, schimpflich, unausstehlich, unleidlich, verächtlich, widerlich, widerwärtig, widrig, obszön, ordinär, pöbelhaft, unfreundlich, unanständig, ungebührlich, ungeschliffen, ungesittet, ungezogen, borstig, kratzbürstig, unkultiviert, unmanierlich, unverfroren, unverschämt, unziemlich, zynisch, katastrophal, verheerend, himmelschreiend. → abgeschmackt, abgerissen, abscheulich, eklig, borstig, empörend. ▶ anziehend, entzückend.

Abstoßung Abtreibung, Entleerung, Abgang, Ausfluß, Auswurf, Schwund ● Beschädigung, Mangel, Makel, Fehler, Schwäche, Unvollkommenheit, Schadhaftigkeit, Minderwertigkeit, Übel, Schandfleck. ▶ Anziehung, Blickfang.

abstottern → abbezahlen.

abstrahieren → abziehen.

abstrakt getrennt, besonders,

beziehungslos, vereinzelt, an und für sich, losgetrennt ● begrifflich, nicht dinggebunden. ▶ konkret.

abstrecken → bahnen.

abstreichen → beschränken, entfernen, ermäßigen, markieren.

abstreifen ablegen, auskleiden, ausziehen, entblößen, entkleiden, sich frei machen, abgewöhnen, aufgeben, entwöhnen, sich befreien. → abbalgen, ausdehnen, ausziehen, durchstreifen, entblößen. ▶ anziehen.

abstreiten → ablehnen, aberkennen, behaupten.

Abstrich → Abgabe, Abzug, Auslassung.

abstrus absonderlich, dunkel, finster, geheimnisvoll, sonderbar, unbegreiflich, unergründlich, unerkennbar, unklar, verhüllt, verworren, undeutlich, unfaßbar, unerklärlich, kraus, unlösbar, unerfindlich, undurchdringlich, problematisch, paradox, verkappt, verschleiert, rätselhaft. ▶ deutlich.

Abstufung Abweichung, Abtönung, Schattierung, Verschiedenartigkeit. → Ausdehnung. ▶ Gleichartigkeit.

abstumpfen versauern, versimpeln, verbauern. → betäuben, ersticken Gefühle.

Absturz → Abgrund, Fall.

abstürzen → abfallen, absakken, fallen.

abstützen stützen, unterstützen, abfangen, lagern, betten, verstreben, unterfangen.

absuchen abfährten *j*, abspüren *j*.

Absud *m* → Abguß, Aufguß, Elixier, Essenz.

absurd abwegig, beziehungslos, folgewidrig, hirnverbrannt, lachhaft, sinnlos, paradox, ungereimt, unlogisch, unrichtig, unsinnig, unvernünftig, unzutreffend, verkehrt, widersinnig, kindisch, töricht, toll, unerhört, unglaubhaft, unmöglich, verrückt, narrig, närrisch, sonderbar, spinnet, überspannt, verbohrt, verdreht, verschroben, verstiegen, wahnwitzig, grotesk. → albern. ▶ folgerichtig.

Abszeß → Auswuchs.

Abt → Mönch.

abtakeln *sm* Takelage (Zubehör) wegnehmen. → abgaschen, ausgedient.

Abteil Fach, Klasse, Schubfach, Kupee, Koje. → Abteilung.

abteilen → abschneiden, ausschneiden, trennen.

Abteilung Bezirk, Departement, Reservat, Fakultät, Abart, Art, Bereich, Fach, Gattung, Geschlecht, Kategorie, Klasse, Rubrik, Schlag,

Schubfach, Sektion, Gruppe, Nachhut, Vorhut, Zug, Einteilung, Kaste, Zweig, Gebiet, Jagen *j*. ▶ Ganzheit.

Abtönung → Abstufung, Abweichung, Ausdehnung.

abtöten → betäuben.

abtötend → bakterientötend.

Abtötung → Askese, Betäubung, Beherrschung.

abtragen abblättern, abbrauchen, abbrechen, abbröckeln, abbüßen, abdachen, abdecken ● abbezahlen, amortisieren, abzahlen, ausbaden, ausgeben, einlösen, einstampfen. → austragen, belohnen, büßen, bezahlen, demolieren, schonen, schulden.

abträglich → schädlich.

Abtragszahlung → Abzahlung.

Abtragung Rückzahlung, Abzahlung, Ausgleich, Begleichung, Bereinigung, Entrichtung, Tilgung, Überweisung, Wiedererstattung, Zurückgabe. → Abbruch, Ausgleich, Befriedigung, Bezahlung, Einzahlung. ▶ Aneignung.

abtreiben entfernen, einen Eingriff vornehmen. → absondern. ▶ ankommen, zuführen.

Abtreibung Abortus.

abtrennen abbeißen, abbinden, abschneiden, absondern, anschneiden, abspalten, ausschalten, durchreißen, durchteilen. → abhauen. ▶ verbinden.

Abtrennung Amputation *f*, Entfernung, Trennung, Ablösung, Siebung, Fortfall, Kastration, Verstümmelung. → Absonderung. ▶ Verbindung.

abtreten abgeben, liefern, übergeben, überreichen, überweisen, verabfolgen, verkaufen, zukommen lassen, zuwenden. → abbrechen, abfahren, abgeben, abgehen, absenden, absetzend, austreten, begeben, beschenken, entäußern sich. ▶ ankommen, empfangen, verzichten.

Abtrift *sm* vom Kurs abkommen, seitlich durch Wind und Strom abgetrieben werden.

Abtritt → Abort, Abschied.

abtrocknen ausdorren, eintrocknen, verdorren, versanden, vertrocknen, welken ● abwischen, auftrocknen, aufwischen, ausringen, abwischen, dörren, trocken legen, trocknen, wegwischen. → naßwischen. ▶ anfeuchten, naßmachen.

abtrotzen → erpressen, erschmeicheln, erzwingen.

abtrünnig flüchtig, abspenstig, unbeständig, unzuverlässig, treulos, wankelmütig, wetterwendisch, ungetreu, verräterisch, wortbrüchig, arglistig, häretisch, irrgläubig, ketzerisch, schismatisch, sich nicht

bewähren. → charakterlos. ▶ beständig, treu.

Abtrünniger Apostat *m*, Ketzer, Häretiker *m*, Irrgläubiger, Verräter, Außenseiter, Gottesleugner, Schismatiker, Sektierer, Renegat, Rückfälliger, Deserteur, Fahnenflüchtiger, Frevler, Hochverräter, Landesverräter, Überläufer, Vaterlandsverräter, Verworfener, Wicht, schwarzes Schaf. → Sonderling. ▶ Bekenner.

abtun → Bord werfen über, demolieren, fegen hinweg, verächtlich machen, vernichten, vollführen.

abtupfen → entfernen.

Aburteilung → Anstoß, Kritik, Urteil.

abverdienen → ausgleichen.

abwägen → abmessen, balancieren, sich besinnen, das Beste tun, beurteilen, einschätzen, ermessen, ausloten.

abwägend → diplomatisch, erwägend.

Abwägung → Einschätzung, Kritik.

abwandeln → ändern, beugen.

abwandern → entfernen, sich.

abwarten → bagatellisieren, bedenken, besinnen sich, belassen, beruhen lassen, bewenden lassen, erwarten, faulenzen, stunden, verbringen seine Zeit, zaudern.

abwartend → passiv.

abwärts bergab, flußabwärts, herab, hinunter, stromab, talab, talabwärts, niederwärts, drunten, nieder, unterhalb, in der Tiefe. → bergab, drunten. ▶ aufwärts.

abwärts gehen → abblühen, beeinträchtigen.

abwaschen → abtrocknen.

Abwaschung → Bad.

Abwasser → Dreck, Kloake.

abwechseln einander, beiderseitig, gegenseitig, umschichtig, wechselseitig, alternieren. ▶ festbleiben.

abwechselnd mannigfach, mannigfaltig, abwechslungsreich, kunterbunt, unterschiedlich, verschieden, vielförmig. → beiderseits, bilderreich, einer für alle. ▶ einförmig.

Abwechslung Ablösung, Abschweifung, Kurzweil, Unterbrechung, Zeitvertreib. → Ablösung, Abschweifung. ▶ Eintönigkeit, Fadheit.

abwechslungsreich → mannigfaltig, abwechselnd.

Abweg → Bewegung, Irrweg, Schuld.

abwegig fehlerhaft, folgewidrig, irrig, mangelhaft, ungenau, unlogisch, unrichtig, unvollkommen, vernunftwidrig, widersinnvoll. → absurd. ▶ folgerichtig.

Abwehr Verteidigung, De-

fensive *f* ● Schutz, Widerstand, Gegenwehr, Rechtfertigung ● Berichtigung, Einrede, Einspruch, Einwand, Entgegnung, Erwiderung, Verwehrung, Widerlegung, Zurückweisung. → Auflehnung, Berichtigung, Defensive. ▶ Angriff, Übereinstimmung.

abwehren abweisen, abblitzen lassen, sauer reagieren *u*, die kalte Schulter zeigen, einen Korb geben, auffangen, fechten, standhalten, parieren, verteidigen, zurückschlagen ● abhalten, erschweren, hemmen, hindern, stören, verbieten, vereiteln, verhüten, verunmöglichen, vorbeugen, zügeln, zuvorkommen, abwenden ● beschützen, sich wehren, sich zur Wehr setzen, die Zähne zeigen ● beispringen, beistehen, eintreten, entlasten, entschuldigen, fürsprechen, helfen, rechtfertigen, eine Lanze brechen, Widerstand leisten, sich seiner Haut wehren, seinen Mann stellen, die Stirn bieten, in Schach halten, den Angriff abschlagen oder zurückweisen ● sich entgegenstellen, entgegenwinken, sich sperren, sich sträuben, sich widersetzen, zurückweisen. → abwenden, aufhalten, auflehnen, beeinträchtigen, beistehen, bewahren, dawider. ▶ angreifen, übereinstimmen.

abweichen abbiegen, abfallen, abirren, abschwenken, abzweigen, ausweichen, drehen, entgleisen, sich brechen, sich ändern, entarten, mutieren, verändern, verwandeln, wandeln, wechseln, abheben, abstechen, auffallen, unterscheiden, differieren, divergieren, kontrastieren, schwanken, differenzieren, ist ein Unterschied wie Tag und Nacht, liegen Welten dazwischen ● aufweichen, erweichen, weich machen, einweichen, schmelzen ● die Richtung ändern, sich entfernen, einen Bogen beschreiben, abgieren, lavieren, kreuzen, ausweichen, ablenken, verirren, entgleisen, von der Regel abweichen, gegen die Regel verstoßen, eine Ausnahme machen, sich unterscheiden, abstechen ● straucheln, ausgleiten, sich vergessen, freveln, der Sünde verfallen, vom rechten Wege oder der Tugend abkommen. → abnorm, abschweifen, abschwenken, anders, andersgeartet, beugen, chaotisch, einbiegen. ▶ leiten, übereinstimmen, zusammenlaufen.

abweichend → auffallend, befremdend, beziehungslos,

demungeachtet, divergierend.

Abweichung Abstufung, Abtönung, Schattierung, Verschiedenartigkeit, Änderung, Neugestaltung, Umwandlung, Wechsel, Differenz, Verschiedenheit, Unterschied, Divergenz, Ungleichheit, Unterschiedlichkeit. Aberration. → Abart, Abnormität, Abstufung, Ausdehnung, Bewegung, Biegung. ▶ Übereinstimmung, Gleichartigkeit.

abweisen → abwehren, austreiben, bekämpfen, fernhalten, verhindern, verteidigen, widerstehen, abwimmeln u.

abweisend → ausstoßend.

abwenden bekämpfen, bremsen, dämpfen, drosseln, entgegenarbeiten, entkräften, erschweren, ersticken, hintertreiben, inhibieren, neutralisieren, dazwischentreten, abkehren. → abwehren, aufhalten, balgen, beeinträchtigen, fallen lassen. ▶ achten, beispringen, glauben.

abwenden, sich → aufhören, brechen mit, erkalten.

Abwendung → Entzweiung.

abwerben → abspenstig machen.

abwerfen bieten, eintragen, erzielen, gewinnen, herausschlagen, nützen, sichern, einbringen • niederwerfen, ablegen, aus dem Sattel heben, niederlegen, senken, umstoßen, fällen, aufbinden, entfesseln, entjochen, losketten, freimachen, ausspannen, absatteln, entbürden, entlasten. → bombardieren, einbringen, eintragen. ▶ fangen, unterdrücken, verlieren.

abwerten erniedrigen, entwerten.

abwesend absent, ekdemisch, abgemeldet, anderweitig, ausgeflogen, auswärtig, entfernt, fehlend, überfällig, verloren, vermißt, verschollen, verschwunden, leer, öde, unbewohnt, unbesetzt, verlassen, kein Aas, kein Hund, keine Seele, kein lebendes Wesen, anderswo, anderwärts, auswärts, draußen, drüben, fort, nirgends, sonstwo, weg, durch Abwesenheit glänzen u. ▶ anwesend.

Abwesenheit Alibi s, Fehlanzeige, Absenz (in Abwesenheit – in absentia), Leere, Mangel, Öde.

abwetzen → abnützen.

abwickeln → anstellen, ausführen, austragen, bestellen, betragen sich, bringen unter Dach.

Abwicklung → Ablauf, Durchführung.

abwiegen → abmessen.

abwimmeln → abweisen.

abwinkeln → beugen.

abwinken → ablehnen.

abwischen → abblasen, abtrocknen, entfernen, entstauben.

abwürgen → verhindern.

abzahlen abtragen, abbezahlen, begleichen, bereinigen, regeln, tilgen, nach und nach zahlen, ratenweise zahlen, abstottern, stottern, auf Raten zahlen, auf Stottern zahlen, mit Kundenkredit kaufen. → abbezahlen. ▶ schulden.

Abzahlung Abschlagszahlung, Abtragszahlung, Anzahlung, Rate, Teilzahlung. → Abtragung, Ausgleich, Einzahlung, Rückzahlung. ▶ Schulden.

abzapfen → abziehen, ausstoßen, entnehmen.

Abzapfung → Abzug.

Abzäunung → Barriere.

abzehren → dürren, erlahmen, ermatten.

Abzehrung → Erschöpfung.

Abzeichen → Kennzeichen.

abzeichnen → abbilden.

abziehen nicht beachten, beiseite lassen, abstrahieren • anrechnen, belasten, gutschreiben, zuzählen, verrechnen, abduzieren • abfüllen, abzapfen, anzapfen, anstechen, auskeltern, auspressen, ausziehen, auszupfen, entfernen, versetzen, weggehen, entlüften, entnehmen • abdecken f. → abbalgen, abhauen, Abzug, aufbrechen, beschränken, davon machen sich, drücken den Preis, glätten, schärfen. ▶ einmarschieren, einnehmen, füllen, kratzen.

abzielen → beabsichtigen, erzwecken.

abzirkeln → abmessen, errechnen.

abzuckeln → abfahren.

Abzug Wegzug, Diszession f, Abschub, Entfernung, Rückzug, Wegnahme, Räumung • Abfluß, Abgang, Weggang, Ausgang, Auspuff, Abfüllung, Abzapfung, Anzapfung, Abgas, Entlüftung, Huze sm, Luftschacht • Abschrift, Doppel, Durchschlag, Kopie, Zweitschrift, Duplikat, Reproduktion, Vervielfältigung, Wiedergabe • Abschlag, Erlaß, Ermäßigung, Nachlaß, Vergünstigung, Vergütung, Abnahme, Abbau, Dezimierung, Kürzung, Senkung, Verkleinerung, Verminderung, Verringerung, Abstrich, Disagio, Diskont, Minus, Rabatt, Subtraktion. → Abgabe, Abklatsch, abziehen, Ausgang, Flucht, Kloake. ▶ Annäherung, Aufschlag, Hinzufügung, Original, Zufluß, Zuwanderung.

abzüglich → außer, ohne, minus, weniger, abgerechnet,

nicht inbegriffen, mit Ausschluß von. → ab, abgesehen, ausschließlich. ▶ zuzüglich.

Abzugskanal → Kloake.

abzweigen → ableiten, abschwenken, abstammen, abweichen, gabeln.

abzwicken → absondern.

ach au, autsch, leider, ach Gott, Herr je, Oh, o weh, weh mir, auwei, o jemine, Teufel, Was?, Wirklich?, ah, aber nein, ach was, in der Tat?, ui, kann das sein, sind Sie sicher, täuschen Sie sich nicht, da staunt der Laie, was Sie sagen, du lieber Himmel, potztausend, Donnerwetter, nee, nanu, also doch, ei der Tausend, au Backe, da schlag einer lang, denk mal an, was Sie nicht sagen, sieh mal an, ausgerechnet, Gott steh mir bei, ist's möglich, ach so, aha, ach geh, gerade, haste Töne, da steht mir der Verstand still.

Achillesferse wunder Punkt, dunkler Punkt, wunde Stelle, Blöße, gefährliche Stelle, verwundbare Stelle, weiche Stelle, gefährdet. ▶ Überlegenheit.

Achse Erdachse, Zentrum, Welle, Drehpunkt, Drehungspunkt, Mittelpunkt, Angel, Angelpunkt, Zapfen, Stift, Gelenk.

Achselzucken Nasenrümpfen, Stirnrunzeln, Unzufriedenheit, Gleichgültigkeit • über die Achseln ansehen, Abneigung, Ablehnung, Antipathie, Mißfallen, Verachtung, ignorieren, schneiden, übersehen, verleugnen, wie Luft behandeln, die kalte Schulter zeigen, Mißachtung, Geringschätzung, Herabsetzung, Hintansetzung, Schimpf, Schmach, Verunglimpfung • ein Zeichen geben, einen Wink geben, einen Fingerzeig geben. ▶ Achtung.

Achsendrehung → Drehung.

Acht Bann, Quarantäne, Verbannung, Ächtung, Anathema, Ausstoßung, Bannfluch, Bannspruch, Bannstrahl, Blutbann, Bulle, Exkommunikation, Fluch, Interdikt, Kirchenbann, Reichsacht, Acht und Aberacht, Verdammung, Verfluchung → Ächtung, Bann. ▶ Begnadigung, Einwilligung, Gleichstellung.

achtbar angesehen, seriös, anständig, beliebt, brav, ehrenhaft, ehrlich, geachtet, gediegen, geehrt, geschätzt, lauter, lieb, löblich, rechtschaffen, redlich, unbescholten, unbestechlich, verdient, verehrt, würdig. → angesehen, bieder, brav, charakterfest, ehrbar, ehrsam. ▶ verächtlich.

Achtbarkeit → Charakterstärke.

achten schätzen, estimieren, anerkennen, bewundern, hochachten, verehren, würdigen, ehren, huldigen, lieben, preisen, verherrlichen, mit Ehren überschütten, einen Ehrenplatz anweisen, Ehre erzeigen oder erweisen ● achtgeben, vorsichtig sein. → anerkennen, auszeichnen. ▶ verachten.

ächten boykottieren, abbrechen, bannen, exkommunizieren, verbannen, den Bann aussprechen, verdammen, verfluchen, verurteilen, verwünschen, den Bannstrahl schleudern, mit dem Bann belegen, in Acht erklären ● brandmarken, ausstoßen, degradieren, für vogelfrei erklären, die bürgerlichen Ehrenrechte entziehen, von der Gesellschaft ausschließen, den Stab brechen, unschädlich machen, in Acht und Bann erklären ● ausschließen, aussperren, kaltstellen, nicht anerkennen, verfemen, verschmähen, verwerfen, verpönen, verdonnern, verknaken, mit Verruf belegen, dem Verderben preisgeben. → abbrechen, ablehnen, ausweisen, ausstoßen, bannen, boykottieren. ▶ achten, begnadigen.

Achterklärung → Bannspruch.

achtern sm hinten.

achtgeben beobachten, achthaben, aufmerksam sein, aufmerksam betrachten, ins Auge fassen, nachgehen, nachprüfen, studieren, belauern, erforschen, ergründen, nachspüren, prüfen, sondieren, spähen, stöbern, sich umhören, ganz Aug und Ohr sein, anhören, ansehen, aufhorchen, aufmerken, aufpassen, beachten, bewachen, gucken, mustern, schauen, überlegen, bedenken, berechnen, sich ducken, sichern, sich vorsehen, hüten, schützen, vorsichtig sein, bedachtsam sein, behutsam sein, besonnen sein, umsichtig sein, verschwiegen sein, wachsam sein, zurückhaltend sein, sich nicht in Gefahr begeben, sich außer Schußweite halten, sich in acht nehmen, Worte abmessen oder wägen oder zählen. → achten, belauern, beobachten, bewachen, bleiben bei der Sache, Blick nicht lassen aus dem, wachen. ▶ achtlos.

achthaben → achtgeben, beobachten.

achtlos fahrlässig, nachlässig, pflichtvergessen, säumig, saumselig, unzuverlässig, blind, hastig, leichtfertig, leichtsinnig, sorglos, übereilt, unbedacht, unbekümmert, unklug, unüberlegt, unvorsichtig. → blind, blindlings, dummdreist, fahrig. ▶ achtgeben.

achtsam angelegentlich, ängstlich, argwöhnisch, anstellig, aufmerksam, bedächtig, charakterfest, Eile mit Weile, gehen auf Eiern, vorsichtig. ▶ unachtsam.

Achtsamkeit → Augenmerk, Behutsamkeit, Diskretion.

Achtung Anerkennung, Ansehen, Auszeichnung, Rang, Ruf, Ruhm, Wertschätzung, Würde, Ehre, Hingebung, Schätzung ● Anbetung, Bewunderung, Gefallen, Gewogenheit, Gunst, Huld, Zuneigung, Ehrerbietung, Ehrfurcht, Hochachtung, Respekt ● Beachtung. Vorsicht, Bedacht. → Anerkennung. ▶ Ächtung, Mißbilligung, Unachtsamkeit, Verunglimpfung.

Ächtung Abbruch, Boykott m, Acht, Ausstoßung, Bann, Bannfluch, Bannspruch, Bannstrahl, Blutbann, Bulle, Exkommunikation, Fluch, Interdikt, Kirchenbann, Verdammung, Verfluchung, Deportation, Verbannung, Verfemung, Verruf, Verwünschung, Schmähung, Verschiß. → Acht, Abbruch, Bann, Bestrafung, Exil. ▶ Achtung, Beachtung.

Achtungserweisung → Empfehlung.

achtunggebietend respektabnötigend. → einschüchternd, imponierend.

achtungsvoll → ehrfurchtsvoll.

achtungswert → anständig, nobel.

ächzen jammern, klagen, schluchzen, schreien, seufzen, weinen, stöhnen. → beklagen, beweinen. ▶ lachen, freuen sich.

Acker → Besitztum, Erdboden.

Ackerbau → Anbau, Feldbestellung.

Ackermann → Bauer.

ackern anpflanzen, bauen, bebauen, bepflanzen, berasen, besäen, bestellen, bewirtschaften, brachen, düngen, eggen, kultivieren, pflanzen, pflügen, roden, wenden. → abarbeiten, bestellen, durchpflügen. ▶ brachliegen.

Acquisiteur → Agent.

ad acta legen → beiseite legen.

ade adieu, also, behüt dich Gott, glückliche Reise, grüß Gott, mit Gott, guten Tag, leb wohl, Salü, mach's gut,

Servus ö, auf Wiedersehen, Good bye. → dahin.

Adel Edelmann, Aristokratie, Baron, Graf, Comte, Dauphin fr., Herzog, Großherzog, Prinz, Grande m span., Hochadel, Honourable, Infant m, Bojar, Erbprinz, Erzherzog, Freiherr, Fürst, Emir, Herr von, Junker, Kronprinz, Kurfürst, Lord, Magnat, Marchese, Marquis, Pair, Primas, Radscha, Ritter, Vicomte, Gräfin, Baronin, Comtesse, Herzogin, Großherzogin, Prinzessin, Infantin f, Baronesse, Freifrau, Freifräulein, Freiin, Fürstin, Krautjunker, Schlotbaron, Beamtenadel, Geldaristokratie, Adeliger, Aristokrat, Edelknappe, Edelmann, Erzkämmerer, Hidalgo, Hofdame, Höfling, Hofwürdenträger, Kämmerer, Kammerherr, Marschall, Mundschenk, Optimat, Patrizier, Truchseß, hohe Persönlichkeit, hoher Herr ● Noblesse. ▶ Bürger, Niedrigkeit, Unehre.

adelig altadelig, aristokratisch, blaublütig, erlaucht, feudal, fürstlich, gekrönt, gefürstet, hochgeboren, hochgestellt, hoffähig, nobel, vornehm, von hohem Rang, von hoher Abkunft, von erlauchter Geburt. ▶ bürgerlich, unehrbar.

Adeliger → Adel.

adeln → auszeichnen.

Ader Blutgefäß, Vene, Arterie ● Erzader, Wasserader.

Adhäsion → Anziehung.

adieu → ade.

Adjunkt → Assistent.

Adjutant → Assistent, Beistand.

Adler → Aar, Fahne.

Adlerauge → Auge.

Adresse Anrede, Anschrift, Aufschrift, Bestimmung, Bezeichnung. → Bewerbung.

adrett blitzblank, fleckenlos, gewaschen, klar, lauter, nett, rein, reinlich, sauber, unbefleckt, schnittig, hübsch, schmuck ● anständig, ehrenhaft, ritterlich, rechtlich, flott, gesittet, ehrlich. ▶ unanständig, schmutzig.

Advokat → Anwalt, Berater, Bevollmächtigter.

Aerometer → Barometer.

Affäre Angelegenheit, Auftritt, Fall, Hergang, Szene, Tatsache, Umstand, Verfahren, Verrichtung, Vorfall, Vorgang, Unfall. → Abenteuer, Angelegenheit.

Affe → Rausch, Rucksack.

Affekt Aufregung, Begeisterung, Bewegung, Eifer, Erregung, Entzückung, Leidenschaft, Impuls, Rausch, Rührung, Wallung, Anwandlung, Geisteszustand, Laune, Verstimmung, Disposition, Stimmung, Verfassung, Ekstase, Feuer, Emotion, Erregtheit, Enthusiasmus, Fanatismus, Glut, Hitze, Inbrunst, Hochgefühl, Hurrastimmung, Koller, Orgasmus, Schwärmerei, Taumel, Überschwang, Verzückung, Wollust, Aufruhr der Gefühle. → Aufregung, Bewegung. ▶ Gemütsruhe.

Affekthascherei Gespreiztheit, Manierismus. → Anmaßung.

affektiert → abgeschmackt, anmaßend, erkünstelt.

Affenliebe Verzärtelung, Verweichlichung, Verhätschelung.

Affiche Anschlag, Aushang, Plakat. → Anschlag, Aushang.

affig → anmaßend, dünkelhaft, erkünstelt.

Affinität → Anziehung, Ähnlichkeit.

Agent Reisender, Verkäufer, Vertreter, Vermittler, Makler, Akquisiteur, Beauftragter, Bevollmächtigter, Mittelsmann, Unterhändler, Zwischenhändler ● Spion, Späher, Beobachter. → Abgeber, Beauftragter, Bevollmächtigter.

agieren → anfassen.

Agio Aufgeld. → Aufschlag.

Agitation → Werbung.

Agraffe → Ausschmückung, Schmuck.

Agrarier → Bauer.

Aggression → Angriff.

ah → ach.

Ahle Durchlocher, Pfriem, Dorn, Nadel, Spicknadel, Stift.

ahnden abrechnen, heimzahlen, lohnen, rächen, vergelten, wettmachen, belangen, bestrafen, eintränken, maßregeln, strafen, züchtigen, beim Kanthaken nehmen, Strafe auferlegen, den verdienten Lohn geben, zur Verantwortung ziehen, streng ins Gericht gehen. → abrechnen, bestrafen, tadeln, ▶ anerkennen, verzeihen.

Ahndung → Bestrafung.

ähneln ähnlich sehen, analog, annähernd, homolog, verwandt, ebenbürtig, geistesverwandt, gleichgestimmt, anklingen, gemahnen an, sich berühren mit, entsprechen, passen, wie er leibt und lebt, ganz der Papa, ganz die Mama, ist ihm gewachsen, wie aus einem Stück, wie aus dem Gesicht geschnitten. → ähnlich, aussehen wie. ▶ unähnlich.

Ahnen Voreltern, Vorahnen, Vorfahren, Alten, Altvordern, Ahnherr, Ahnfrau, Großeltern, Oma, Opa, Urgroßeltern, Ururgroßeltern.

ahnen → argwöhnen, be-

---

fürchten, dämmern, entgegensehen.

ahnend dämmern, erwarten, fürchten, hellsehen, hoffen, vermuten, vorausfühlen, voraussehen, vorherrsehen ● entgegensehen, im Gefühl haben, kommen sehen, nahen sehen ● ahnend, seherisch, vorahnend, divinatorisch, erwartend, vermutend ● argwöhnend, denken sich, einbilden, erraten, glauben, meinen, mutmaßen, wähnen, rechnen auf, spekulieren, in der Nase haben *u*, es schwant mir *u*, einen guten Riecher haben *u*. ▶ ahnungslos, unwissend.

Ahnenreihe → Aufeinanderfolge.

ahnenstolz → anmaßend.

ähnlich entsprechend, analog, als ob, anklingend, erinnernd an, etwa wie, gerade so, gewissermaßen, gleichsam, sozusagen, verwandt, wie, artgemäß, ähnlich sehen, annähernd, anscheinend. → ähneln, analog, dergleichen. ▶ unähnlich.

ähnlich sehen → ähnlich.

ähnlich sein → aussehen wie.

Ähnliches → Abbild.

Ähnlichkeit Analogie *f*, Affinität, Anklang, Gleichheit, Abbild, Ebenbild, Seitenstück. ▶ Verschiedenheit.

Ahnung Einflüsterung, Glaube, Voraussicht, Vorgefühl, Vorherrschung, Vorkenntnis, Befürchtung, Vermutung, Zweifel, Annahme, Argwohn, Auffassung, Erwartung, Furcht, Hoffnung, Meinung, Verdacht, Vorgeschmack, Vorsorge, Prognose ● Prophezeiung, Orakel, dunkler Drang, Fingerspitzengefühl, Instinkt, Nase, Naturtrieb, Riecher, Witterung, Antenne *u.* → Anhaltspunkt, Annahme, Argwohn, Befürchtung, Beklemmung, Erwartung. ▶ Ahnungslosigkeit.

ahnungslos erwartungslos, jählings, mit einemmal, mit eins, auf einmal, unversehens, Knall auf Fall, auf frischer Tat, überraschend, überrumpelt, verblüffend, wie ein Blitz aus heiterem Himmel. ▶ ahnend, ahnungsvoll.

Ahnungslosigkeit Mangel an Spürsinn, Taubheit, Stumpfheit, Erwartungslosigkeit ● Überraschung, Fassungslosigkeit, Befangenheit ● Vertrauensseligkeit, Glaube, Zuversicht.

Ahnungsvermögen → Feingefühl.

ahnungsvoll → bange.

Airport → Flughafen.

Akademie → Anstalt.

akklimatisieren → anpassen.

Akkord Dreiklang ● Leistung, Arbeit, Stückakkord, Zeitak-

---

kord. → Abkommen. ▶ Abweichung.

akkordieren → annehmen.

Akku → Batterie.

Akkumulator → Batterie.

akkurat genau, peinlich, sorgsam, sauber, einwandfrei, exakt, gewissenhaft, gründlich, ordentlich, pedantisch, penibel, präzis, sorgfältig, überlegt, umsichtig, fehlerfrei, fein, gefällig, untadelig. → bedächtig. ▶ nachlässig.

akquirieren → werben.

Akt Dokument, Dossier, Aktion, Handlung, Leistung, Maßnahme, Vorgehen ● Bildnis einer hüllenlosen Gestalt. → Abkommen, Aufzug, nackt, Fähigkeitsausweis, Faszikel.

Aktie → Anteil.

Aktion → Akt, Tätigkeit.

aktiv betriebsam, beweglich, lebhaft, rastlos, rege, regsam, rührig, tätig, tatkräftig, unermüdlich, wirksam, handelnd. → beweglich, dramatisch. ▶ faul, untätig.

aktivieren → ankurbeln.

Aktivität Betriebsamkeit, Beweglichkeit, Lebhaftigkeit, Rastlosigkeit, Regsamkeit, Rührigkeit, Tätigkeit, Tatkraft, Wirksamkeit. ▶ Trägheit.

aktuell augenblicklich, derzeitig, gegenwärtig, heutig, jetzig, modern, momentan, neu, neuzeitlich, nunmehrig, spruchreif, zeitgemäß, zeitgenössisch, modisch, diesjährig, heurig *ö.* → akut. ▶ unmodern, vergangen.

Akustik Phonetik, Geräusch, Lehre vom Schall, Schall, Hall.

akut augenblicklich, gegenwärtig, momentan, jetzt, eben, derzeitig. ▶ chronisch, vergangen.

Akzent → Betonung.

Alarm Appell, Signal, Hornsignal, Trommelwirbel, Fanfarenstoß, Sirenengeheul, Feueralarm, Hilferuf, Lärm, ruf, Notruf, Warnruf, Hiobsbotschaft, Schreckschuß, blinder Alarm, Lärmschlagen, Hundegebell.

albern nichtssagend, matt, geschmacklos, fade, dumm, beschränkt, blöde, einsichtslos, engstirnig, kleinlich, töricht, borniert, damisch *u,* dämlich, eselig, faselig, versimpelt, gefühlsdußlig *u,* dösig, doof *u,* kindisch, naiv, primitiv, stupid, abgeschmackt, haltlos, irrig, lachhaft, sinnlos, ungereimt, verkehrt, einfältig, absurd, grillenhaft, grotesk, komisch, kurios, linkisch, affig, kälbern *u,* schrullig, täppisch, ulkig, verschroben, gedankenlos, schal, seicht, talentlos, unreif, untauglich, witzlos, unwichtig, kläglich, lächerlich, nichtig, trivial, unbedeutend, unmaßgeblich, wertlos. → Albernheit, beengt, begriffsstutzig, cerebral, erkünstelt, farcenhaft. ▶ klug, sinnvoll, vernünftig.

Albernheit Geistesträgheit, Geistesarmut, Jugendeselei, Streich, Mätzchen u, Dämlichkeit u, Faxen u, Kinkerlitzchen u, Menkenken u, Naivität. → Ahnungslosigkeit, albern, Blödigkeit, Drolligkeit, Dummheit, Faselei.▶ Entschlossenheit, Klugheit, Vernunft.

Albino Weiße, Pigmentmangel, Bleichheit, Farblosigkeit, Blässe, Bleichsucht.

Album Bilderbuch, Gedenkbuch, Sammelband, Stammbuch, Fremdenbuch, Poesiealbum.

alert → anstellig.

alias → außerdem.

Alibi s → Abwesenheit.

Alkoholiker → Trinker.

alkoholisiert → angeheitert.

Alkoven → Bettnische.

All Kosmos, Makrokosmos, Natur, Schöpfung, Universum, Welt, Weltall, Weltenraum, Weltgebäude, Sternenhimmel, Himmel, das Weltganze.

all → aus.

allabendlich abendlich, jeden Abend, immer, wenn die Sonne sinkt, wenn es dunkel, wenn die Sterne aufziehen, wenn die Schatten fallen oder länger werden, wenn die Lichter erstrahlen, wenn die Dunkelheit naht, wenn der Tag sich in einen Mantel hüllt. ▶ morgens.

allbekannt → abgedroschen, berüchtigt, berühmt.

allda → dort, daselbst.

alle jede, jeder, jedweder, jeglicher, männiglich, wer auch immer ● aufgebraucht. → A bis Z, aus, alle auf einmal. ▶ einzeln, niemand.

Allee Anlage, Damm, Promenade, Straße, Zufahrt, baumbepflanzte Straße, Prunkstraße.

Allegorie → Anspielen, Bild.

allein abgeschieden, einzeln, frei, für sich, gesondert, geteilt, getrennt, isoliert, unzusammenhängend, separat, vereinzelt, abgetrennt, beziehungslos, unbegleitet, einsam, ungebunden, verbindungslos, vereinsamt, verlassen, ledig, ungepaart, ehelos ● aber, jedoch, indessen, obgleich, obschon, obwohl, obzwar, wenn auch, wenngleich, dagegen, dessenungeachtet, dennoch, doch, gleichwohl, hingegen, immerhin, indessen, trotzdem, sogar, von selbst, von selber,

von allein. → aber, abgeschieden, dagegen, ein, einschichtig, einzeln, entvölkert, Faust auf eigene. ▶ beisammen, gesellig, standhaft.

Alleinherrscher Selbstherrscher, Autokrat m, Diktator, Tyrann, Despot.

Alleinstehen → Einsamkeit.

alleinstehend einsam, freundlos, gemieden, vereinzelt, verlassen, verwaist, ledig, ehelos, frei, unverheiratet, gattenlos, unbeweibt, ungebunden, unverehelicht, unvermählt, los und ledig, frei und ungebunden. ▶ ehelich.

allenfalls allfällig, falls, bestenfalls, gegebenenfalls, möglicherweise, wenn, schließlich, sofern, jenachdem, für den Fall, unter Umständen. → anscheinend, bedingungsweise, denkbar, vielleicht. ▶ keinesfalls.

allenthalben allerorts, allerwärts, da und dort, hier und da, nah und fern, rings, ringsum, weit und breit, in jeder Gegend, im ganzen Land, auf Schritt und Tritt, in aller Welt, in Dorf und Stadt, auf der ganzen Linie, überall, aller Orten, hinten und vorne, alle Naselang ● um und um, an allen Ecken und Enden, wo man hinsieht, hinhört, hinspuckt, hintritt, von Pol zu Pol, von Ort zu Ort, von Haus zu Haus, in Haus und Hof, in Feld und Wald, in Wald und Busch, bei hoch und niedrig, bei jung und alt. → allseitig. ▶ nirgends.

allenthalben, von → Ecke, von allen Ecken und Enden.

Allerbarmer → Christus, Gott.

allerdings freilich, gewiß, jawohl, immerhin, zugegeben, zwar, sicherlich, jedenfalls, unter allen Umständen, jedoch, gleichwohl. → definitiv. ▶ keineswegs.

Allergie → Empfindsamkeit.

allerhand allerlei, mancherlei, manches, alles mögliche, verschiedenes, vieles, vielerlei, verschiedenerlei, bunt, vielfach, vielfältig, vielförmig, vielgestaltig, zusammengewürfelt, diverse, einige, etliche, etwelche, mehrere, mehrfach, dutzendweise, endlos, klotzig, massenhaft, millionenfach, reichhaltig, reichlich, scharenweise, schockweise, überreichlich, uferlos, unerschöpflich, üppig, ungezählt, zahllos, zahlreich, kunterbunt. ▶ einerlei, unerzogen, wenig.

allerlei → allerhand.

allerliebst → anmutig, bestrickend, charmant.

allerorten → allenthalben.

allerortsher, von → Ecke, von allen Ecken und Enden.

allerwärts → allenthalben.

alles ausnahmslos, samt und sonders, ganz, gesamt, insgesamt, restlos, allesamt, ungeschmälert, summarisch, umfassend, total, vollständig, vollzählig ● mehrere Eisen im Feuer haben. → A und O, A bis Z, all, ausnahmslos, ganz, rundweg. ▶ nichts.

alles in allem → bestehen aus.

alles mögliche → allerhand.

allesamt → alles.

allewege allzeit, egal, fort und fort, für und für, immer, immerdar, immerfort, immerzu, jederzeit, stets, endlos, ewig, immerwährend, ständig, jahraus jahrein, jetzt und immerdar, ewig und drei Tage. ▶ gelegentlich, vorübergehend.

allfällig → allenfalls, eventuell.

Allgebieter → Christus, Gott.

Allgegenwart → Christus, Gott.

allgemach → allmählich.

allgemein umfassend, generell, durchgängig, durchweg, gemeinhin, gesamt, völlig, universal, anerkannt, eingewurzelt, landläufig, gebräuchlich, üblich, vorherrschend, ausnahmslos, alltäglich, abgegrast, abgegriffen, gemeiniglich, nach der Regel, durch die Bank, gang und gäbe. → abgedroschen, alltäglich, bekanntermaßen.▶ abweichend, einmalig.

Allgemeingültigkeit Regel, Allseitigkeit, Regelmäßigkeit, Vielseitigkeit, Gewohnheit, Brauch, Sitte, Gegebenheit ● Gesetzmäßigkeit, Gesetz, Vorschrift, Ordnung, Richtschnur, Standard, Universalität, Verallgemeinerung. ▶ Charakteristik.

Allgemeinheit → Bevölkerung.

allgemeinverständlich → anschaulich.

Allgütiger → Christus, Gott.

Allianz → Bündnis.

Allmacht Omnipotenz. → Christus, Gott, Ein und Alles.

allmächtig allsehend, allwissend, übermenschlich, übernatürlich, unendliche Macht, göttliche Macht. → allwissend.▶ beschränkt, schwach.

Allmächtiger → Christus, Gott.

allmählich allgemach, gemächlich, gemütlich, langsam, schleppend, schrittweise, stufenweise, zögernd, sacht, organisch, unmerklich, stetig, pomadig, saumselig, verspätet, nach und nach, Schritt um Schritt. → behäbig, bequem. ▶ forsch, schnell.

Allodium → Besitztum.

allsehend → allmächtig.

allseitig rings, ringsum, umher, herum, auf jeder Seite, von allen Seiten, an allen Ecken und Enden, in der Runde, rechts und links. → allenthalben. ▶ nirgends.

allsofort → baldig.

Alltag Wochentag, Arbeitstag, Tretmühle, der ganze Kram u, die ganze Bescherung u, der ganze Laden u, der ganze Rummel u, der ganze Zinnober oder Salat u, der ganze Käse u, die ganze Geschichte. → Langeweile, Regel. ▶ Sonntag.

alltäglich gewöhnlich, nichtssagend, banal, niedrigdenkend, althergebracht, eingebürgert, fortwährend, gebräuchlich, gewohnt, üblich, vertraut, gewohnheitsgemäß, bekannt, geläufig, fade, farblos, leidlich, mittelmäßig, durchschnittlich, bedeutungslos, belanglos, trivial, unbedeutend, wertlos, nicht überwältigend, nicht übel, nicht berühmt, nicht aufregend, nicht weltbewegend, üblich, die alte Tour, die alte Walze u, das alte Lied, die alte Leier. → abgedroschen, allgemein, als, bekannt, beständig, erträglich. ▶ außergewöhnlich.

Alltagsmensch Durchschnittsmensch, Herdentier, Dutzendmensch, kleiner Mann, Lieschen Müller, Lückenbüßer, halbe Portion ● Spießer, Spießbürger, Philister, Mann auf der Straße, Jedermann, Massenmensch, der gemeine Mann, einer von vielen, Herr Niemand, Kleinbürger ● Prolet ● Hinz und Kunz, Krethi und Plethi. ▶ Individualist, Persönlichkeit.

Allweiser → Christus, Gott.

allwissend göttlich. → allmächtig.

Allwissenheit → Christus, Gott, Ein und Alles.

allwo → dort.

allzeit → allewege.

allzuviel → übermäßig.

Alm → Besitztum.

Alma Mater → Anstalt.

Almanach → Chronik, Handelsadreßbuch.

Almosen Trinkgeld, Bakschisch m, Gabe, Beihilfe, Spende, Geschenk.

Almosenempfänger → Bettler.

Alpdruck → Angst, Beengung.

Alptraum Alpdruck, Angsttraum, Nachtmahr, schwerer oder schlechter Traum ● Gesichte, Vision, Traumbild. → Angst.

als dieweil, indem, da, unterdessen, während, damals, dermalen, ehedem, ehemals,

einst, einstmals, früher, seinerzeit, vordem, vormals, weiland, gleichzeitig, inzwischen, mittlerweile, zugleich, in früherer Zeit, zu seiner Zeit, zur selben Zeit ● als ob, wie wenn, gewissermaßen, sozusagen, etwa wie, gleichsam, nahezu, gerade so, quasi, scheinbar. → ähnlich, da, damals.

als ob → beispielsweise.

alsbald → baldig, Knall auf Fall.

alsdann → dann.

alsgleich → baldig.

also daher, demnach, folglich, infolgedessen, ergo, mithin, somit, sonach, dadurch, demgemäß, demzufolge, deshalb, deswegen, logischerweise, nun aber, konsequentermaßen, na also, nach Adam Riese, aus diesem Grunde. → ade, da, dadurch, daher, denn, deshalb.

alsobald → rasch.

alt abgeklärt, amtsmüde, bejahrt, betagt, ergraut, gesetzt, grauhaarig, abgelebt, ältlich, dienstunfähig, hinfällig, invalid, senil, taprig, greis, greisenhaft, verfallen, verkalkt, verknöchert, welk, in die Jahre gekommen, steinalt, alter Knacker u, leicht angekratzt, aus dem Schneider sein u, hochbetagt, ins Schwabenalter kommen, vergreist ● antik, altertümlich, altväterisch, ehrwürdig, antiquarisch, gebraucht, baufällig, vorsintflutlich ● vertraut, gewohnt, gebräuchlich, althergebracht, alltäglich. → altern, abgelebt, altertümlich, bereift, fadenscheinig, gebraucht. ▶ jung, neu.

altadelig → adelig.

Altan → Balkon.

Altar Hauptaltar, Hochaltar, Seitenaltar, Flügelaltar, Opfertisch, Tisch des Herren.

Altarhimmel Ciborium. → Baldachin m.

altbacken vertrocknet, altes Brot ● altmodisch, zopfig, krähwinklig, antiquiert, unzeitgemäß, veraltet. ▶ frisch.

altbekannt aufgewärmt, früher erwähnt, nicht fremd sein ● abermals, wiederholt, wiederkehrend, wiederum, nichts Neues, wieder und wieder, oft, immer wieder. ▶ unbekannt.

Alten → Ahnen.

Alteneil → Besitztum.

alterieren → ärgern, aufregen.

altern erlöschen, austönen, verdämmern, vergehen, zur Neige, zur Rüste gehen, ergrauen, reifen, schrumpfen, verfallen, vergreisen, verkalken u, verknöchern, welken. → nachlassen. ▶ heranwachsen.

Alternative → Entscheidung.

altersschwach → abgespannt, bebend, fadenscheinig.

Altersversorgung → Pension, Rente.

altertümlich antik, archaisch (ältester Herkunft). → alt. ▶ modern, neu.

Altgeselle → Arbeiter.

althergebracht → alltäglich, alt, gewohnheitsmäßig.

Althergebrachtes → Brauch.

altklug lausbübisch, frühreif, überheblich, vorlaut, anmaßend, arrogant, unverschämt, vorwitzig, unverfroren, aufsässig ● überklug, blasiert, schnodderig. ▶ dumm, zurückgeblieben.

ältlich → abgelebt, alt.

altmodisch → abgetan.

Altruismus → Hingabe.

altväterlich → abgetan, alt.

Altvordern → Ahnen.

Altware → Ausschuß, Ramsch.

Alumnat → Anstalt.

Amateur → Liebhaber.

Ambition → Ehrgeiz.

ambivalent doppelwertig (Kehrseite).

Ambrosia → Leckerbissen.

Amen → aus.

Ammenmärchen → Dunst.

Amnestie Begnadigung, Freispruch, Generalpardon, Gnade, Strafaufschub, Straferlaß, Strafnachlaß, Strafermäßigung, Vergebung. → Ablaß, Erlaß.

amnestieren → begnadigen.

Ampel → Leuchter.

Amputation f → Abtrennung.

Amt Bereich, Beschäftigung, Betätigung, Fach, Posten, Stellung, Wirkungskreis, Zweig, Obrigkeit, Verwaltung, Regierung, Ministerium, Aufgabe, Ausübung, Broterwerb, Existenz, Pflicht, Rolle, Tätigkeit, Auftrag, Dienstleistung, Funktion, Schuldigkeit, Mühe. → Arbeitskreis, Aufgabe, Behörde, Beruf, Charge, Dienst, Obliegenheit.

Amt und Würden, in ein Amt bekleiden oder innehaben, gebieten, herrschen, befehlen, die Zügel halten, lenken, vorstehen. → amtieren.

amtieren → anstellen, bedienen, bekleiden.

amtlich offiziell, authentisch, behördlich, geltend, gesetzlich, öffentlich, staatlich. → beglaubigt, behördlich, bekannt, bestimmt, definitiv, dienstlich, dokumentarisch. ▶ ungesetzlich, ungewiß.

Amtsabtretung Rücktritt, Amtsniederlegung, Demission f, Abbau, Abdankung, Abschied, Absetzung, Degradation, Entlassung, Kündigung, Pensionierung, Rückberufung, Suspendierung, Urlaub, Verabschiedung, Verweisung. → Abbau.

Amtsgehilfe → Assistent.

amtsmüde → alt.

Amtsniederlegung → Amtsabtretung.

Amtspflicht → Wirkungskreis.

Amtsschimmel Behördentrott, Kanzleibummel, Beamtensäumigkeit, Amtstrott, Dienstweg, Instanzenweg, Schlendrian, Schlamperei ● Bürokratius.

Amtsstellung → Bedeutung, Rang.

amüsant befriedigend, belustigend, erfreulich, ergötzlich, erheiternd, heiter, köstlich, kurzweilig, lustig, spaßig, spaßhaft, unterhaltend, vergnüglich, angenehm, anziehend, ausgelassen, drollig, fesselnd, fidel, geistreich, gemütlich, gesellig, interessant. ▶ langweilig, unerfreulich, uninteressant.

amüsieren beglücken, belustigen, berauschen, erfreuen, ergötzen, erheitern, unterhalten, vergnügen, belustigen. ▶ langweilen.

an bei, neben, längsseits sm, daneben, dicht, dabei, dicht bei dicht, zusammen, Seite an Seite, Kopf an Kopf, Mann an Mann, nahebei, nahezu, rund, sagen wir, schätzungsweise, ungefähr, um die Ecke, ein Katzensprung. → bis.

Anachoret → Einsiedler.

analog ähnlich, annähernd, entsprechend, verhältnismäßig, parallel, gleich. ▶ unähnlich.

Analogie f → Ähnlichkeit.

Analyse Auflösung, Betrachtung, Forschung, Probe, Prüfung, Scheidung, Teilung, Untersuchung, Zergliederung, Zerlegung. → Auflösung, Ausforschung, Betrachtung. ▶ Synthese.

analysieren → absondern, auflösen, ausforschen.

Anämie f → Bleichsucht, Blutarmut.

Anarchist → Aufständiger, Bandit.

Anästhesie → Betäubung.

Anathema → Acht, Bannfluch.

anbacken → ansetzen.

anbahnen abstecken, anknüpfen, antreiben, beginnen, ebnen, einleiten, führen, leiten, planen, vorbereiten, vorkehren, disponieren, verhandeln, Fühlung nehmen, Kontakt aufnehmen. → anfangen, aufrollen, auftauchen, bahnen, ersinnen. ▶ enden, vollenden.

anbahnend → bahnbrechend.

Anbahnung → Bearbeitung.

anbändeln anknüpfen, angeln, sich anschließen, sich geselllen, sich paaren, sich verbinden, sich verbünden, sich vereinigen, sich zugesellen, Fühlung nehmen, anbeißen, schmusen u. ▶ abblitzen, abbrechen.

Anbau Ackerbau, Anpflanzung, Bodenbearbeitung, Landbau, Nebenhaus, Dépendance, Nebengebäude, Seitenhaus. → Balkon, Erker, Feldbestellung.

anbauen → bebauen, pflanzen.

anbauen, sich → bevölkern, bleiben.

Anbeginn → Anfang.

anbehalten → bedecken.

anbei → beigeordnet, beisammen.

anbeißen den Anfang machen, anbahnen ● hereinfallen oder hineinfallen auf etwas, Glauben schenken, vertrauen ● auf den Leim gehen, einen Köder schlucken, willig sein ● ködern, locken, angeln. ▶ abweisen.

anbelangen angehen, berühren, betreffen, entsprechen, zu tun haben. → angehen, berühren. ▶ beziehungslos.

anbelfern → anfahren, berühren.

anberaumen → berufen, beordern.

anbeten anflehen, bitten, flehen ● huldigen, lobpreisen, idealisieren, verehren, verherrlichen, auf Händen tragen, anhimmeln, bewundern, glühen für, hängen an, hochachten, hochschätzen, lieben, vergöttern. → anflehen, beten. ▶ verschmähen.

anbetend → andächtig.

anbetracht → angesichts, anläßlich.

Anbetracht, in → daher, denn.

Anbetung → Achtung, Begeisterung, Gebet, Liebe.

anbiedern → anbändeln.

anbieten anpreisen, darbieten, empfehlen, offerieren, unterbreiten, vorlegen, vorschlagen, anempfehlen, animieren, anraten, anregen, loben, preisen, raten, zuraten, feilbieten, abstoßen, ausschellen, ausstellen, feilhalten, veräußern, vertreiben, beschern, darbringen, darreichen, geben, gewähren, kredenzen, spenden, schenken, spendieren, stiften, verabreichen, vorbringen, zuwenden, andrehen, hausieren, hökern, kolportieren, unterbringen, verfuggern, verhandeln, verkitschen, verklopfen, versilbern, auf den Markt werfen, Reklame machen, Propaganda machen, zu Geld machen ● aufdrängen, aufwarten mit, nötigen, aufnötigen, präsentieren, servieren ● anheischig machen sich, auf sich nehmen, andie-

nen, befürworten, beschenken, bestechen, bewerben, bieten, ausbieten, darbieten, darbringen, darreichen. ▶ ablehnen, verschmähen.

anbinden → anmachen, bändigen, berauben, beschneiden, fassen, fesseln.

anbinden mit → angreifen.

anblasen anfahren, anschnauzen, anstecken, anzünden. → blasen, einheizen, entzünden. ▶ auslöschen, loben, schöntun.

Anblick Aussicht, Planetenstellung, Aspekt m, Perspektive, Fernsicht, Auftritt, → Aufmachung, Aussehen. Aussicht, Blick, Fernblick. ▶ Blindheit, Unsichtbarkeit.

anblicken → anschauen, ansehen, beschauen, darbieten sich, durchblicken, erheben die Augen. ▶ abwenden.

anbohren → aufbrechen, bohren ● mahnen u, betteln u.

anbolzen → anmachen.

anbrechen → aufbrechen, dämmern.

anbrennen → anzünden, anstecken, ansetzen.

anbringen absetzen, aufstellen, abgeben, absenden, stellen, verkennen. → festmachen, verkaufen. ▶ verschmähen, wegbringen.

Anbringer → Angeber.

Anbruch → Anfang, Ansatz, Anzug, Beginn.

anbrüllen → anfahren, anschnauzen.

Andacht → Erbauung, Gebet, Glaube.

andächtig fromm, gläubig, gottesfürchtig, religiös, anbetend, inbrünstig, aufmerksam, mit Bedacht, mit Hingabe, von Herzen kommend, zu Herzen gehend. ▶ demütig, erbaulich. ▶ gottverlassen, zerstreut.

andauern → bestehen, bleiben, feststehen.

andauernd anhaltend, beharrlich, beständig, dauernd, unaufhörlich, unausgesetzt, ununterbrochen, fortgesetzt, endlos, ewig, fortwährend, fortlaufend, immerwährend, konstant, kontinuierlich, laufend, pausenlos, abendfüllend, permanent, progressiv, ständig, stetig, unablässig, unverwandt, immer, immerzu, stets, ohne Unterlaß, in steter Folge. ▶ vorübergehend.

Andenken Angebinde, Erinnerung, Erinnerungszeichen, Souvenir, Gedenken, Widmung, Aufmerksamkeit, Gabe, Spende, Zueignung, Zuwendung. → Denkzettel, Erinnerungszeichen. ▶ Gedankenlosigkeit, Vergeßlichkeit.

anderes, nichts → dasselbe.

ändern abändern, anders machen, erneuern, umarbeiten,

umbilden, umformen, umgestalten, ummodeln, umschaffen, umstellen, umwandeln, verändern, verbessern, verwandeln, das Blatt wendet sich, wechseln, alternieren ● berichtigen, besser machen, richtigstellen, korrigieren, abwandeln, überarbeiten, transponieren, umdrehen, umkehren, umordnen, umstoßen, umstellen, umschalten, umstimmen, herumkriegen, umstülpen, umstürzen, umwenden, versetzen, vertauschen, verwechseln ● sich entwikkeln, sich entfalten, sich herausbilden, reifen, sprießen, wachsen. ▶ belassen.

ändern, sich → abweichen.

ändernd → umwälzend.

andernfalls anderweit, nicht wie sonst, gerade umgekehrt.

anders abweichend, entgegengesetzt, unähnlich, ungleich, unterschiedlich, verschieden, umgekehrt, eigenartig, eigentümlich, überraschend, unvergleichlich, vereinzelt, sonst. → abnorm, beispielfern. ▶ gleichbleiben, dasselbe, unverändert.

anders machen → ändern.

andersartig → andersgeartet.

andersgeartet verschiedenartig, heterogen, andersgestaltig, heteromorph, ungleichartig, andersartig, fremdartig, neuartig, pervers, ungleich, unterschiedlich, verschieden, grundverschieden, abweichend, entgegengesetzt, konträr. ▶ alltäglich, unverändert.

andersgestaltig → andersgeartet.

andersglaubig → heidnisch.

andersmal, ein → dann.

anderswo → anderweitig, abwesend, dahin.

Änderung → Abweichung, Neuheit, Veränderung.

anderwärts anderswo, sonstwo, auswärtig, auswärts, abwesend, fort, entfernt, weg, nicht da, nicht an der Stelle oder an dem Platz, seitwärts, abseits. → abwesend. ▶ hier.

anderweitig sonstig, anderswo, anderswie, einen anderen Weg suchen. → abwesend. ▶ zugegen.

andeuten → ausdrücken, äußern, aufwerfen, betonen, demonstrieren, deuten, hinweisen, beibringen.

andeutend → andeutungsweise.

Andeutung → Anhaltspunkt, Bemerkung, Blick, Darlegung, Doppelsinn, Erkennungszeichen, Ratschlag, Skizze, Symbol.

andeutungsweise zwischen den Zeilen, anspielend, aufwerfend, eine Andeutung machen, andeutend. ▶ versteckt.

andienen → anbieten.

Andrang → Fülle, Anzahl.

andrehen aufhalsen, aufschwatzen. → anbieten, einschalten.

androhen → ballen, bedräuen, bedrohen, drohen.

Androhung → Bedrohung, Drohung.

anecken blamieren, brüskieren, sich bloßstellen, Mißbilligung erregen, Anstoß geben, Ärgernis erregen, Skandal hervorrufen, seinen Ruf verscherzen, sich dem Tadel aussetzen, seinen Namen aufs Spiel setzen. → anstoßen, bums. ▶ verbindlich.

aneifern → anhalten, anregen, beeinflussen, begeistern, beschleunigen, drängen.

Aneiferung → Anziehung, Beispiel, Eifer, Jagd.

aneignen annektieren, einstecken, entwenden, empfangen, erlangen, erwerben, kaufen, nehmen, verschaffen, beschaffen, erhalten, gewinnen, beibringen, besorgen, erringen, zulegen, angeln, ausführen, ausspannen, stehlen, mitgehen lassen, erleichtern, finden, stibitzen u, verdrükken, wegputzen, wegmausen u, sich etwas unter den Nagel reißen u. → bemächtigen, meistern, einbrechen, erarbeiten, erbeuten, fassen. ▶ abgewöhnen, wiedergeben.

aneignen, sich → auftreiben, befolgen, befreunden, beschaffen, borgen fremde Gedanken.

Aneignung → Bemächtigung, Enteignung.

aneinander zusammen, fest verbunden.

aneinandergeraten → balgen.

aneinandergereiht → bei, beisammen, daneben.

Aneinanderreihung → Aufeinanderfolge, Reihe.

anekeln abstoßen, anwidern, mißfallen, widerstehen, Mißfallen erregen, zuwider sein, den Magen umkehren, gegen den Strich gehen, gegen die Natur gehen, einen schlechten Eindruck machen. → dick haben etwas, entsetzen sich. ▶ appetitlich, ergötzen, fesseln.

anempfehlen anraten, ermuntern, ermutigen, raten, überzeugen, zureden, ans Herz legen. → anbieten, bearbeiten, beeinflussen, befürworten, eindringlich zureden, empfänglich machen, empfehlen. ▶ abraten.

Anerbe → Bauernhof, Besitzer.

anerbieten → beantragen, bewerben, einladen.

Anerbieten → Angebot, Vorschlag.

anerkannt bekannt, berühmt,

erprobt, festgestellt, gangbar, gebilligt, gebräuchlich, gewürdigt, vertraut, zugestanden, gültig, landläufig, marktläufig, eingeführt, im Umlauf, gang und gäbe. → allgemein, bekanntermaßen, berechtigt, berühmt, eingeführt, gebräuchlich, kompetent. ▶ unbekannt, verachtet.

anerkennen billigen, beipflichten, beistimmen, gutheißen, zustimmen, auszeichnen, bezahlen, danken, ehren, belohnen, entschädigen, ersetzen, lohnen, vergelten, vergüten, gutheißen, zuerkennen, zugestehen, zusprechen, bescheinigen, bestätigen, unterschreiben, quittieren, bewundern, loben, schätzen, Beifall zollen, Lob spenden, achten, würdigen, zugeben, bejahen, bestätigen, ratifizieren, beglaubigen, beipflichten, einverstanden sein, willfahren, zubilligen, beloben, hochachten, die Auffassung teilen, sich auf den Boden der Tatsachen stellen ● anerkennenswert sein, hochanständig, schön, ausgezeichnet. → achten, annehmen, bedanken, beglaubigen, beigeben, bejahen, beloben, belohnen, beipflichten, berücksichtigen, bewilligen, billigen, danken, einverstanden sein, erkenntlich zeigen, erlauben, ernennen. ▶ mißbilligen.

Anerkennung Beifall, Lob, Auszeichnung, Anklang, Applaus, Beliebtheit, Belobigung, Wertschätzung, Würdigung, Zustimmung, Bewunderung, Huldigung, Verbundenheit, Dankbarkeit, Achtung, Ansehen, Ruf, Erfolg, Dankeszoll, Erkenntlichkeit. → Achtung, Auswirkung, Beförderung, Beifall, Bekenntnis, Bekräftigung, Belohnung, Bemerkung, Bescheinigung, Bestallung, Bewilligung, Billigung, Dank, Dankbarkeit, Diplom, Ehre. ▶ Mißbilligung.

Aneroid → Barometer.

anerschaffen → behaftet, beschaffen, eingefleischt, erblich.

anerzogen äußerlich, oberflächlich, wesensfremd, eingepflanzt, aufgepfropft, unnatürlich, unpersönlich, außenwendig ● eingewurzelt, eingepflanzt, eingefleischt ● angewöhnen, gewohnt, gewohnheitsmäßig, angepaßt. ▶ angeboren.

anfachen → anfeuern, anregen, anzünden, begeistern, reizen, beschleunigen, blasen, bringen in Bewegung, entzünden, steigern.

anfachend → antreibend, stimulierend.

Anfachung Auftrieb, Impuls, Ansporn ● Feuer anfachen, Glut anfachen, Entzündung.

anfahren anlaufen, anprallen, zusammenstoßen, ankurbeln, anwerfen, antreiben, Gas geben, zusammenkrachen, losfahren, losschießen, starten, in Gang bringen, auf Touren bringen, in Bewegung setzen ● anfauchen, anschreien, abkanzeln, anbelfern, anblasen, anbrüllen, angeifern, anhauchen, ankotzen, anscheißen, anschnauzen, auszanken, ducken, heimgeigen, heruntermachen, herunterputzen, schurigeln, losziehen, rüffeln, rügen, schelten, verweisen, sich vorknöpfen, zusammenstauchen, ausputzen, Krach machen, keifen, wettern, auf die Finger klopfen, anpöbeln, auf den Trab bringen, den Marsch blasen, auf den Kopf spucken, aufs Dach steigen, unter die Nase reiben, gehörig Bescheid stoßen, einen Denkzettel geben. → ankommen, anöden, anschlagen, belfern, bellen, berühren, beschuldigen, bringen in Bewegung, bums. ▶ abfahren, versöhnen.

Anfahrt → Weg.

Anfall Angriff, Attacke *f*, Überfall. → Angriff, Anwandlung. ▶ Wohlergehen, Verteidigung.

anfallen angreifen, attackieren, überfallen. → angreifen, auflauern. ▶ verteidigen.

anfällig → abgespannt.

Anfang Anbeginn, Anbruch, Auftakt, Beginn, Grundlage, Ausgangspunkt, Basis, Fundament, Plattform, Ursprung, Voraussetzung, Vorbereitung, Vorkehrung, Versuch, Dämmerung, Frühe, Frühstunde, Morgen, Morgengrauen, Morgenstunde, Sonnenaufgang, Tagesanbruch, Frühzeit, Anlauf, Ansatz, Anschnitt, Antritt, Geburt, Ouverture, Debüt, Start, Entstehung, Quelle, Wiege. → Ansatz. ▶ Ende.

Anfang, am → eingangs.

Anfang bis Ende, von → A bis Z, A und O, dauernd.

anfangen anheben, aufstreben, auftreten, sich bahnbrechen, beginnen, eintreffen, entspringen, sich entwickeln, erscheinen, sichtbar werden, sich zeigen, Gestalt annehmen, eröffnen, auftun, angreifen, anpacken, arbeiten, aufbauen, handeln, hervorrufen, anbahnen, einführen, einrichten, vorbereiten, sich anschicken, ansetzen, dämmern, einsetzen, losgehen *u*, losschießen *u*, sich entspinnen, entstehen, erstehen, kei-

men, loslegen, losmachen, sprießen, sprossen, starten, ankurbeln, einleiten, anreißen, gründen, dahinter klemmen, sich dahinter klemmen, sich dahinter machen, ins Leben rufen, in Gang bringen, aufs Tapet bringen, den Bann brechen, den Stein ins Rollen bringen, in die Wege leiten, in Begriff sein, Anstalten machen. → aufrollen, auftauchen, betragen sich, bringen in Gang, entspinnen, entsprießen. ▶ beenden.

anfangend → bahnbrechend, beginnend.

Anfänger ABC-Schütze, Greenhorn, Neuling, Grünling, Novize, Kickindiewelt *u*. → Nichtkönner.

anfänglich, anfangs → eingangs, einleitend.

anfangsmäßig → einfach.

Anfangspunkt → Ansatz, Anzug, Beginn.

Anfangsstadium → Beginn.

anfassen sich befassen, ausüben, besorgen, betreiben, bewerkstelligen, durchführen, erfüllen, verrichten, werken, beginnen, angreifen, anpacken, anstreben, arbeiten, nachgehen, erledigen, formen, handeln, handhaben, nachgehen, machen, schaffen, tun, verwirklichen, vollbringen, vollführen, vollstrecken, tätigen, wirken, agieren, beschäftigen, bemmeln, verarzten, sich beteiligen, in die Hand nehmen. → anfühlen, ausüben, begreifen, beteiligen sich, betragen sich, bewerkstelligen. ▶ loslassen.

anfechtbar strittig, diskutierbar, anrüchig, fragwürdig, unerwiesen, unbegründet, widersprechend, zweifelhaft, unbestimmt, unsicher, verdächtig ● unlogisch, folgewidrig, denkwidrig, nicht schlüssig, widerspruchsvoll, unhaltbar, fehlerhaft.

anfechten bestreiten, bezweifeln, dagegen angehen, in Frage stellen, dagegen ankämpfen, nicht damit zufriedengeben. → aberkennen, ablehnen, absprechen, bekämpfen, Dach steigen auf das, dawider. ▶ zustimmen.

Anfechtung → Versuchung, Verlockung.

anfeinden grollen, hassen, verabscheuen, wüten, bekämpfen, beleidigen, beschimpfen, sticheln, vorgehen, vorstoßen, angiften, unterminieren. → austehen, balgen, beeinträchtigen, befehden, bekämpfen, brechen mit, dawider, Einspruch, er-

heben, entzweien. ▶ vertragen sich.

anfertigen aufbauen, aufrichten, ausarbeiten, ausführen, bauen, behauen, bewirken, bilden, basteln, drechseln, einrichten, errichten, erschaffen, erzeugen, fabrizieren, formen, gestalten, gießen, herstellen, hervorbringen, hervorrufen, kneten, machen, meißeln, modellieren, modeln, prägen, produzieren, schaffen, schmieden, schnitzen, vollenden, vorbereiten, zubereiten, zusammenstellen, entwickeln, schöpfen, bosseln. → ausführen, basteln. ▶ zerstören.

anfesseln → anmachen.

anfeuchten → befeuchten, bespritzen, begießen, benetzen, eintauchen.

anfeuern anfachen, aufmuntern, aktivieren, anspornen, anstecken, aufhetzen, aufregen, empören, entzünden, erregen, reizen, bearbeiten, beeinflussen, bereden, bewegen, durchdringen, einwirken, empfänglich machen, zusetzen, steigern, intensivieren, verstärken, Öl ins Feuer gießen, anhatzen *j*, anfrischen *j*, anrüden *j*, auf den Damm bringen *u*. → anregen, bearbeiten, beeinflussen, begeistern, bestechen, drängen, elektrisieren. ▶ auslöschen, beschwichtigen.

anflechten → anmachen.

anflehen anbeten, beten, bitten, danksagen, flehen, huldigen. → anbeten, beten, eindringlich zureden. ▶ zustimmen.

Anflug → Farbe, Wenigkeit, Ziel.

anfordern → beschaffen.

Anforderung → Bedarf.

Anfrage Interpellation *f*, Befragung, Erkundigung, Ermittlung, Nachforschung, Sondierung, Aufklärung, Auskunft, Erhebung. ▶ Antwort.

anfragen befragen, fragen, erforschen, erkundigen, ermitteln, nachforschen, nachfragen, sondieren, nachsuchen, Aufklärung suchen, ausfindig machen, Auskunft erbitten, Erhebungen anstellen, zu erfahren suchen, sich vergewissern. → auskundschaften. ▶ antworten.

anfressen → abbrauchen, abnützen, beeinträchtigen, beschädigen.

anfügen → ergänzen.

anfühlen anfassen, befingern, befühlen, berühren, greifen, hinlangen, tasten. ▶ loslassen.

Anfuhr Fracht, Fuhre, Ladung, Last, Transport, Beförderung.

anführen angeben, aufzählen, belegen, bezeichnen, erwähnen, nennen, zusammenstellen, zitieren, leiten, bewegen, dirigieren, führen, lenken, lotsen, beaufsichtigen, befehlen, gebieten, herrschen, überwachen, vorstehen, darlegen, dartun, demonstrieren, dokumentieren, geltend machen, nachweisen, beibringen, sich berufen auf, den Ton angeben, die Leitung übernehmen, die Zügel ergreifen, den Weg bahnen ● irreführen, entstellen, übertreiben, verdrehen, verzerren, einreden, foppen, hänseln, narren, täuschen, vorgaukeln, vorreden, vorschwatzen, vorspiegeln, in den April schikken, besoffen machen *u*, unrichtig berichten, falschen Anstrich geben, irrig angeben, falsch darstellen, Sand in die Augen streuen, blauen Dunst vormachen *u*, anöden *u*, anschmieren, ankohlen *u*, auf den Arm nehmen *u*, daran kriegen, aufs Eis führen, aufbinden *u*, auf den Leim führen, an der Nase herumführen. → angeben, eine Sache einleiten. ▶ nachfolgen, widerlegen.
Anführer Candillo. → Chef, Cicerone, Leiter, Rädelsführer.
anfüllen → ausfüllen, bedekken, einschränken.
Angabe Anzeige, Aufklärung, Aussage, Bekanntgabe, Bescheid, Bezeichnung, Botschaft, Darlegung, Erklärung, Eröffnung, Fingerzeig, Hinweis, Meldung, Mitteilung, Nachricht, Nennung, Orientierung, Wink. → Anmerkung, Auskunft, Auslassung, Bericht, Bescheid, Beschreibung, Brief, Chronik, Information, Notiz, Mache. ▶ Stillschweigen, Widerlegung.
angeben enthüllen, hinterbringen, denunzieren, anzeigen, berichtigen, mitteilen, sagen, schreiben, unterrichten, verständigen, benamsen, bezeichnen, anführen, aufzählen, belegen, erwähnen, nennen, zusammenstellen, zitieren, dartun, hinweisen, wissen lassen ● sich aufblähen, aufprotzen, sich brüsten, flunkern, sich haben, sich herausstreichen, protzen, renommieren, schwadronieren, schwindeln, sich spreizen, dicktun, großtun, sich wichtig machen, das Maul aufreißen, klopfen, bramarbasieren, prahlen, aufschneiden, imponieren, Eindruck machen, Mund voll nehmen, sich selbst loben, viel Wesens machen, sich aufblasen, sich

aufplustern, aufdrehen *u*, sich aufspielen, sich breitmachen, wichtigtun, Sprüche machen, große Töne reden, sich aufs hohe Roß setzen, Räuberpistolen zum besten geben, sich mit fremden Federn schmücken, sich mausig machen *u*, Krampf machen *u*. → anführen, aufzeigen, auspacken, aussagen, benachrichtigen, benennen, bestätigen, bestimmen, blähen, dartun, datieren, detaillieren, erweisen. ▶ verschweigen, widerlegen, bescheiden (sein).
angeben, den Ton → bahnen, führen.
Angeber Anzeiger, Denunziant *m*, Anbringer, Klatschbase, Klatsche, Ohrenbläser, Plaudertasche, Spitzel, Zuträger, Zwischenträger ● Aufschneider, Großsprecher, Großmaul, Maulheld, Bildungsprotz, Klugscheißer, Snob, Sprüchemacher, Dicktuer, Flausenmacher, Flunkerer, Gernegroß, Prahler, Prahlhans, Hochtraber, Protz, Renommist, Säbelraßler, Schwadroneur, Wichtigtuer, Windbeutel, Wortheld, Klügling. → Aufschneider. ▶ Kapazität, Verteidiger.
Angeberei → angeben, Mache.
angeberisch delatorisch. → betragen sich.
Angebetete → Abgott.
Angebinde → Andenken, Bestechung, Käuflichkeit.
angeblich → quasi.
angeboren ererbt, veranlagt sein, eingewurzelt, triebhaft, instinktmäßig, von der Mutter her, von dem Vater her, behaftet sein, mit der Muttermilch eingesogen. ▶ eingefleischt. ▶ anerzogen, unnatürlich.
Angebot Anerbieten, Antrag, Aufforderung, Bewerbung, Einladung, Empfehlung, Entgegenkommen, Offerte, Kostenplan, Kostenvoranschlag, Vorschlag, Anpreisung, Annonce, Inserat, Anzeige, Ausschreibung, Flugblatt, Plakat, Rundschreiben, Werbebrief, Prospekt, Katalog, Werbung. ▶ Nachfrage.
angebracht → angemessen, befindlich, richtig, schicklich.
angebunden, kurz → brummig, brüsk.
angedeihen lassen → ausliefern, schenken.
Angedenken → Andenken.
angegossen → anliegend, passend.
angegriffen → abgespannt.
Angegriffenheit → Anwandlung, Befinden.
angeheitert betrunken, angetrunken, beduselt, benebelt, besoffen, berauscht, be-

schwipst, trunken, beknillert, beschickert, bezecht, Schlagseite haben, alkoholisiert, schief geladen, schwer geladen, blau, duhn, knill, betimpelt, betrudelt, sich die Nase begossen, einen Zacken haben, zu tief ins Glas geschaut, der Wein in den Kopf gestiegen, einen in der Krone haben, voll wie ein Sack *u*, selig, einen sitzen haben *u*, einen weg haben *u*, einen zuviel haben *u*. ▶ beduselt, betrunken. ▶ nüchtern.
angehen anbelangen, berühren, betreffen, entsprechen, anrufen, aufrufen, appellieren, zusetzen, bitten, anhalten, begehren, ersuchen, nachsuchen, verlangen, wünschen, einkommen um, sich wenden an, sich hinter jemanden klemmen ● beginnen●möglich sein.→anbelangen, anfassen, belagern, berühren, bewerben sich, bitten, einreichen, erflehen. ▶ beenden, ausgehen, unberührt, zieren sich.
angehören gehören zu, verbinden, verknüpfen, verbunden sein, entsprechend ● zuständig, verwandt ● eingeschlossen, zusammengenommen, inbegriffen ● zugehören, fallen unter, aufgehen in.
angehörig → eigen.
Angehöriger → Anverwandte.
angeklagt beschuldigt, verdächtigt.
Angeklagter Übeltäter, Delinquent *m*, Armsünder, Beklagter, Beschuldigter, Verklagter, Verzeigte *schw.*→Beklagte. ▶ Kläger.
angekommen da, angelangt, am Ziel, hier ● gelandet.
Angel Haken, Türangel.
Angelegenheit Aufgabe, Bestimmung, Obliegenheit, Pflicht, Begebenheit, Ereignis, Fall, Tatsache, Umstand, Vorkommnis, Problem, Frage, Sache, Thema, Auftrag, Vorfall, Anliegen, Affäre, Faktum, Chose *u*, Geschichte, Kiste *u*. → Affäre, Aufgabe, Begebenheit, Charge.
angelegentlich achtsam, aufmerksam, beflissen, besonders, mit Bedacht, mit Hingabe. → besonders. ▶ unachtsam.
angelernt → eingetrichtert.
angeln fangen, jagen, fischen. → aneignen, anbändeln.
Angelöbnis Verlöbnis, Verlobung, Eheversprechung, Verspruch ● Versprechung, Zusage, Beteuerung.
Angelpunkt → Drehpunkt.
angemaßt→eigenmächtig.
angemessen angebracht, entsprechend, füglich, gebührend, gebührlich, geeignet, geziemend, passend, schick-

lich, tunlich, gleichwertig, genügend, wohlverdient, ziemlich, zukommend, zustehend, ausreichend, befriedigend, hinreichend, gerecht, preiswürdig, billig, nicht teuer, geprüft, schicklich, genug, hinlänglich, reichlich, sattsam, begründet, unanfechtbar, wohlbegründet, sich gehöfend, recht und billig, gemäß, adäquat. → anwendbar, ausreichend, bequem, billig, einschlägig, entsprechend. ▶ unpassend, unzureichend.

Angemessenheit → Eignung, Genüge, Zweckmäßigkeit.

angenehm ansprechend, anziehend, anmutig, artig, charmant, einnehmend, entzückend, freundlich, gefällig, graziös, herzig, hold, holdselig, liebenswürdig, lieblich, liebreizend, nett, niedlich, reizend, schmuck, zierlich, behaglich, einfach, leicht, bequem, mühelos, passend, praktisch, tunlich, ungehindert, unschwer, gefallend, gewinnend, sympathisch, zusagend ● anregend, erheiternd, vergnüglich, wohltuend, wünschenswert, dienlich, erwartet, gangbar, verlangt, willkommen, schön, entgegenkommend, erbötig, entlastet, entspannt, gelöst, geruhsam, gesellig, lauschig, ruhig, traulich, traut, unbesorgt, wohlig, wohnlich, erlaubt, erwünscht, geeignet, gutgeheißen, recht, aufmerksam, dienstbereit, höflich, verbindlich, willfährig, zuvorkommend, wert, abgestimmt, auserlesen, ausgezeichnet, fein, genießbar, gewürzt, herrlich, köstlich, kräftig, lecker, mundend, mundgerecht, prickelnd, vortrefflich, wohlschmeckend. → anklingend, anmutig, amüsant, behaglich, bequem, charmant, delikat, einladend, erlesen, fein, flott. ▶ unangenehm.

angenommen → abgemacht.

angeordnet → obligatorisch.

angepaßt passend, entsprechend, angemessen, gemäß, dienlich.

angeregt → aufgewärmt, berauscht, beschwingt.

angesäuselt → angeheitert, beduselt, betrunken.

angeschlagen abgebrochen, gebrochen, zerschmettert, zersplittert, zerschlagen, verdorben, zertrümmert, zerstört, vernichtet, dahin, erledigt, groggy, verloren, geknickt, erdrückt, überwältigt, überwunden, niedergeschlagen, gefallen, zusammengeschlagen, erschöpft, zu Fall gebracht, in die Binsen gegangen. ▶ ganz.

angeschrieben, gut → angesehen, beliebt.

angesehen achtbar, bieder, wacker, anständig, beliebt, brav, ehrenhaft, ehrlich, geachtet, gediegen, geehrt, geschätzt, lauter, lieb, löblich, rechtschaffen, redlich, unbescholten, reputierlich, verdient, verehrt, würdig ● bewundert, populär, berühmt, bedeutend, hochgeschätzt, weltbekannt, stadtbekannt, hat Weltruf, ehrbar, ehrenwert, schätzbar, schätzenswert, gut angeschrieben, Name von Klang haben, einen Namen haben, großen Ruf haben, anerkannt sein. → achtbar, ausgezeichnet, beherrschend, bekannt, beliebt, berühmt, bieder, brav, charakterfest. ▶ unbedeutend.

angesessen → ansässig, eingesessen.

Angesicht Gesicht, Antlitz, Physiognomie, Visage *u,* Fassade *u,* Fresse *u,* Flabbe *u.*

angesichts gegenüber, in Anbetracht, mit Bedacht auf, im Hinblick auf, in Gegenwart.

angespannt nachdrücklich, eindringlich, intensiv. → angestrengt, aufreibend. ▶ bequem.

angestammt → ansässig, bodenständig, eingesessen.

angestaubt bestaubt, staubbedeckt, grau, gräulich.

angesteckt → befallen von.

angestellt → bedienstet.

Angestellter → Arbeitnehmer.

angestrengt angespannt, stark, stramm, intensiv, beschäftigt, geschäftig, rührig, tätig, regsam, fleißig, betriebsam, beschwerlich, aufreibend, drückend, ermüdend, lästig, mühsam, Blut sauer, mühselig, mühevoll, sauer, schwierig, sich den Kopf zerbrechen, der Kopf brummt, mit Aufgebot aller Kräfte, mit Ach und Krach, im Schweiße seines Angesichts, man weiß nicht, wo einem der Kopf steht. → angespannt, aufreibend. ▶ bequem.

angetanzt → ankommen.

angetrunken → beduselt, betrunken.

Angetrunkenheit → Dusel.

angewackelt → angekommen.

angewalzt → angekommen.

angewidert → widerwillig.

angewiesen sein → abhängig.

angewöhnen → anpassen.

angewöhnen, sich → befreunden.

Angewohnheit Gewohnheit. Gepflogenheit, Macht der Gewohnheit, gewohntes Verhalten, in Fleisch und Blut übergegangen, von Kindheit an, eingedrillte Verhaltensweise.

angezeigt ratsam. → annehmbar, empfehlenswert.

angezottelt → ankommen.

angiften → anfeinden.

angleichen → ausgleichen, anpassen.

Angleichung Assimilation *f,* Anpassung, Gewohnheit, Gepflogenheit, Brauch.

angliedern → beifügen, hinzufügen.

anglotzen → anschauen.

angreifen anfallen, attackieren, anbinden mit, anfahren, anpacken, bedrängen, belagern, beschießen, beschleichen, beunruhigen, blockieren, bombardieren, drauflosgehen, einschließen, hauen, schlagen, stoßen, stürmen, treten, überfallen, überrumpeln, umzingeln, berennen, untergraben, unterminieren, tätlich werden, handgreiflich werden, offensiv vorgehen, fechten, kämpfen, plänkeln, rüsten, befehden, zuleibe gehen, einlegen *j,* hakeln *j* ● anschwärzen, begeifern, beschimpfen, bezichtigen, diskreditieren, entehren, herabsetzen, herabwürdigen, herunterziehen, hetzen, lästern, schmähen, verdächtigen, verhöhnen, verkleinern, verleumden, verspotten, verunglimpfen, abrücken von, bestreiten, verwerfen, versagen, belästigen, behelligen, kränken, peinigen, verletzen, Front machen gegen ● einen Stoß führen, mit Steinen werfen, einen Schuß abgeben, eine Kanonade eröffnen, sich auf den Feind werfen, ausfällig werden gegen, in den Rücken fallen, in die Enge treiben, zu Leibe gehen, zum Angriff übergehen, die Feindseligkeiten eröffnen. → abbrauchen, abnützen, anfallen, anfangen, anfassen, anklagen, arbeiten, aufspringen, aussetzen, ausüben, begreifen, beistehen, bekämpfen, bekümmern, beschädigen, beschließen, beschuldigen, beteiligen sich, bombardieren, brechen den Frieden, Dach steigen auf das, einhauen, einstürmen. ▶ loslassen, verteidigen.

angreifend aggressiv. → aufreibend, doppelschneidig.

Angreifer → Feind, Widersacher.

angrenzen → begegnen, begrenzen.

angrenzend nahe, anliegend, anstoßend, benachbart, dabei, daneben, dicht, nächst, neben, nebenan, berührend, dicht bei, in nächster Nähe, um die Ecke, über den Zaun, vor der Nase *u.* → bei, beisammen, dabei, daneben, dicht, dabei, zirka. ▶ getrennt.

Angriff Anfall, Attacke *f*, Aggression, Beleidigung, Kränkung, Überfall, Verletzung, Herabsetzung, Mißachtung, Verachtung ● Erhebung, Aufruhr, Aufstand, Empörung, Krawall, Massenerhebung, Meuterei, Revolte, Streik, Tumult ● Anlauf, Anprall, Ausfall, Einbruch, Einfall, Handstreich, Offensive, Raubzug, Razzia, Streifzug, Überrumpelung, Krieg, Schlacht, Scheinangriff, Hinterhalt, Flankenangriff, Vorstoß ● Einleitung, Eröffnung, Inangriffnahme, Inbetriebnahme, Vorgehen, Wagnis, der erste Schritt. → Anfall, Anlauf, Beleidigung, Beschießung, Bissigkeit, Blutbad, Bombardement, Tat. ▶ Abwehr.

angriffslustig aggressiv. → angreifend.

angrinsen → auslachen, belächeln.

angrobsen → beschimpfen.

Angst Bestürzung, Furcht, Grausen, Lähmung, Schrecken, Verzweiflung, Bangigkeit, Besorgnis, Feigheit, Gänsehaut, Kleinmut, Mutlosigkeit, Schiß, Sorge, Unruhe, Verzagtheit, Heidenangst, Alpdruck, Fassungslosigkeit, Entsetzen, Panik, Schauder, Mangel an Mut, Bangbüxigkeit *u*, Schwulität *u*, Dampf haben *u*, Horror haben *u*, die Hosen voll haben, Zähneklappern, *u*, Schiß haben *u*, Manschetten haben *u* ● Heiliger Bimbam *u*, Herrjeh *u*, Herrjemine *u*, du lieber Himmel, Oje, Jesses *u*, du kriegst die Motten *u*, heiliges Kanonenrohr *u*. → Bammel, Bedenken, Beengung, Befangenheit, Beklemmung, Besorgnis, Erstarrung. ▶ Mut, Vertrauen.

Angst einflößen vergrämen, verblatten *j*, verdummeln *j*, vertreten *j*, verkirren *j*, verködern *j*, verprellen *j*, verpürschen *j*, verreizen *j*. → Bockshorn jagen ins.

ängstigen fürchten, bangen, beben, entsetzen, schaudern, schlottern, stutzen, zagen, zittern, durchmachen, sich quälen, sich sorgen, gruseln, Lunte riechen, Manschetten haben, einen Bammel haben, wie versteinert dastehen, Himmelangst haben, hat keine Traute, den Hintern mit Grundeis gehen, die Hose voll haben, dem Frieden nicht trauen, zittern wie Espenlaub, es graut einem, an allen Gliedern zittern, am ganzen Leibe beben, die Hölle heiß machen. → ärgern, davonlaufen, entmutigen, erblassen, erschrecken, Farbe wechseln. ▶ mutig sein.

ängstigen, sich → ausstehen, bangen, bestürzen.

Ängstigung → Bedrohung, Drohung.

ängstlich argwöhnisch, mißtrauisch, achtsam, angsterfüllt, vorsichtig, wachsam, bange, befangen, besorgt, furchtsam, kleinlaut, kleinmütig, scheu, schüchtern, verstört, verzagt, zage, zaghaft, blümerant *u*, leise weinend *u*, bedrippt *u*. → argwöhnisch, bange, bebend, bedächtig, bedenklich, befangen, beflissentlich, erschrocken, feige. ▶ mutig, vertrauensvoll.

Ängstlichkeit → Feigheit.

Angstmeier → Feigling.

Angstruf Aufschrei, Geschrei, Hilferufe, Notruf, Schmerzensruf.

angstvoll bänglich, furchtsam, ängstlich, scheu, zaghaft, befangen, schüchtern, bestürzt. ▶ dreist, mutig.

anhaften → dazukommen, einwurzeln.

anhaftend → chronisch, eingefleischt, erblich, fest.

anhaken → anmachen, einkitten.

Anhalt → Ermahnung, Lichtblick.

anhalten abfassen, arretieren, hindern, verhaften, packen ● aneifern, anraten, anregen, anspornen, antreiben, aufmuntern, beeinflussen, bestärken, bewegen, ermutigen, ermuntern, interessieren, zureden ● abbremsen, den Motor abwürgen, abstoppen, ankern, anlegen, anrufen, aufhalten, aussetzen, beharren, beidrehen, beilegen, bleiben, bremsen, einhalten, festlegen, halten, innehalten, lagern, landen, pausen, rasten, ruhen, sich setzen, stagnieren, stocken, stoppen, stehen, unterbrechen, verweilen, winken, zögern, haltmachen, sich niederlassen, einfallen *j*, vor Anker liegen, auf die Bremse treten, in der Bewegung einhalten, zur Ruhe bringen, in den Weg stellen, zum Stillstand kommen, die Fahrt unterbrechen ● fragen, ansuchen, bewerben, nachsuchen, begehren, wünschen, zu erlangen suchen, um die Hand bitten, schnorren *u* ● per Anhalter fahren *u*, trampen. → abbrechen, angehen, ausruhen, beeinflussen, begehren, beidrehen, belagern, bemühen, betteln, bewerben sich, bewirken, bitten, bleiben, dabei bleiben, datieren, dauern, drängen, einhalten, einkommen um, erbeten, erheben die Hände, erziehen, einhalten. ▶ fortfahren.

anhalten um → begehren.

anhalten zu → befürworten, bestimmen.

anhaltend → andauernd, beständig, chronologisch, dauernd, immer.

Anhaltspunkt Belege, Sammlung, Unterlagen, Material, Stütze, Vermutung, Nachricht, Beweggrund, Basis, Stützpunkt, Träger, Argwohn, Verdacht, Ahnung, Meinung, Zeichen, Wink, Andeutung, Motiv, Empfindung, Vorstellung, Gefühl, Eindruck.

Anhang Partei, Gefolgschaft, Fraktion *f*, Clique, Gruppe, Interessengruppe, Klüngel, Sippe, Sippschaft ● Nachschrift, Postskriptum *s*, Anhängsel, Annex, Appendix, Beifügung, Beisteuer, Beiwerk, Dreingabe, Endung, Ergänzung, Koda, Nachsatz, Nachtrag, Präfix, Zusatz, Hinzufügung, Anmerkung, Fußnote ● Verlängerung, Allonge. → Anhängsel, Anmerkung, Bande, Beifügung, Beilage, Clique, Nachtrag. ▶ Gegner, Hauptsache.

anhängen → anmachen, beigesellen, dazukommen, verleiben, ergänzen, Ferse folgen auf der.

Anhänger Parteigänger, Genosse, Apostel, Beteiligter, Gefährte, Getreuer, Jünger, Kamerad, Parteimann, Parteigenosse, Spießgeselle, Trabant, Verehrer, Bewunderer, Fan, zweites Ich, Freund, getreuer Begleiter, ständiger Schatten, Begleitung, Bekannter, Complice, Famulus, Gleichgesinnter ● Schmuck, Wagen. ▶ Gegner.

anhängig ausstehend, hängend, schwebend, unerledigt, unterwegs, in Arbeit, in Bearbeitung. ▶ erledigt.

anhänglich treu, ergeben, zugeneigt, zugetan, ehrlich, loyal, erprobt, verläßlich, freundschaftlich. ▶ abgeneigt.

Anhänglichkeit Hingabe, Hingebung, Aufopferung ● Zuneigung, Verliebtheit, Gewogenheit, Liebe. → Treue.

Anhängsel Annex *s*, Gebammel *u*, Bammelage *u*, Schmuckstück. → Anhang.

anhauchen → anfahren.

anhauen → anreden, beschädigen.

anhäufen sammeln, aufbewahren, aufhäufen, aufheben, auftreiben, behalten, ernten, vereinigen, zusammenlegen, zusammenscharren, sparen, aufsparen, ersparen, zurücklegen, geizen, hamstern, ansammeln, anreichern, horten, zusammentragen ● aufbewahren, aufspeichern, den Markt drücken, ernten. ▶ vergeuden, zerstreuen.

Anhäufung Agglomeration. → Dichte, Reichtum, Schatz.

anheben → anfangen, anziehen, aufrollen, auftauchen.

anheften → anmachen, anschlagen, beifügen, einverleiben, ergänzen.

anheimfallen → ausliefern.

anheimstellen pfeifen auf, gering einschätzen, kein Interesse haben, zur Wahl stellen, sich gleichgültig zeigen, nichts danach fragen, die Entscheidung überlassen. ▶ zwingen.

anheizen → anstecken.

anherrschen → anschnauzen.

anheuern *sm* Dienst auf einem Schiff nehmen, anmustern.

Anhieb, auf → sofort.

anhimmeln → anbeten.

Anhöhe → Berg, Erhebung, Höhe.

anhören → achtgeben, bedenken, hören.

animalisch → tierisch.

animieren → anbieten, anregen, befürworten, beleben, betrunken, empfehlen.

animiert → beduselt.

Animosität → Erbitterung.

ankämpfen gegenkämpfen, überwinden, sich bemühen, sich durchringen ● entgegenstellen, bekämpfen, entgegentreten, entgegenarbeiten, widerstehen. → ringen.

Ankauf → Einkauf, Kauf.

Anker liegen, vor → anhalten.

ankern → anhalten, ankommen.

Ankerplatz → Halt.

anketten → bändigen, berauben, beigesellen, dingfest machen, fesseln.

Anklage Tirade, Scheltrede, Anprangerung, Schimpfrede. → Anzeige, graues Elend, Klage.

anklagen angreifen, brandmarken, geißeln, tadeln, verdammen, schuldig sprechen, beschuldigen, rügen, anschwärzen, anzeigen, verklagen, Anzeige machen gegen, vor Gericht laden oder fordern, den Prozeß machen, verunglimpfen, in Anklagezustand versetzen. → anschuldigen, aussagen, behaupten, beimessen, belangen, beschuldigen, Dach steigen auf das. ▶ verteidigen.

anklammern → anmachen.

Anklang → Ähnlichkeit, Anerkennung, Beifall, Billigung, Echo.

ankleiden → anziehen, bedecken, einmummen.

anklingen → ähneln.

anklingend tönend, wohlklingend, zart, sanft, angenehm, melodisch, silberhell. → ähnlich, gleichsam, verwandt. ▶ lautlos, unähnlich.

anklopfen → anmachen, anschlagen, berühren, bewerben sich, bitten.

anknipsen → einschalten.

anknöpfen → anmachen.

anknüpfen → anbahnen, anbändeln, anmachen, überleiten.

ankohlen → lügen.

anknüpfend → beifolgend, damit, darauf.

ankochen → ansetzen.

ankommen anlangen, eintreffen, eintreten, anrücken, erscheinen, erreichen, heraneilen, kommen, sich melden, nahen, sich nähern, vorsprechen, absteigen, ankern, anlegen, antanzen, beilegen, besuchen, sich einfinden, einlaufen, einmarschieren, sich einstellen, einziehen, landen, vorfahren, angeflitzt kommen, angeprescht kommen, angetanzt, angewackelt, angewalzt, angezottelt, sich einquartieren, seine Zelte aufschlagen, im Anzug sein. → begegnen, besuchen. ▶ wegfahren.

Ankömmling Gast, Besucher ● Eindringling.

ankotzen → anfahren, ekeln.

ankreiden → abrechnen.

ankünden → ankündigen, veröffentlichen. ▶ verheimlichen.

ankündigen berichten, benachrichtigen, avisieren, ankünden, anzeigen, ausschreiben, bekanntmachen, kundtun, publizieren, verbreiten, veröffentlichen, anpreisen, annoncieren, einrücken, empfehlen, inserieren, kundgeben, verlautbaren, drucken, herausgeben, ausklingeln, ausposaunen, ausschellen, aussprengen, austrommeln, preisgeben, in Umlauf bringen ● ermahnen, hellsehen, mutmaßen, prophezeien, unken, vorhersagen, wahrsagen, warnen, weissagen, Wind bekommen, das Horoskop stellen, Karten legen, aus den Sternen lesen. → benachrichtigen, berichten, brauen sich zusammen, dartun, veröffentlichen.

Ankündiger → Anzeiger.

Ankündigung → Anzeige, Ausruf, Bekanntgabe, Erlaß, Zirkular.

Ankunft Einzug, Empfang, Aufnahme, Heimkehr, Rückkehr, Willkommen. → Anzug. ▶ Abfahrt.

ankurbeln anregen, anspornen, antreiben, betreiben, in Bewegung setzen, in Gang bringen, anwerfen, bugsieren, anlassen, drücken, peitschen, schalten, schieben, schnikken, starten, treiben, treten, aktivieren, intensivieren, Auftrieb geben, einen Stoß geben,

auf Touren bringen. → anfangen, anfassen. ▶ bremsen.

anlächeln zulächeln, freundlich sein, herzlich willkommen heißen ● den Hof machen, poussieren, die Cour schneiden, schmeicheln, umschmeicheln, flattieren ● verliebte Augen machen, liebäugeln.

Anlage Allee, Garten, Rasen, Park ● Anordnung, Betrieb, Einbau, Einrichtung, Fabrik, Anstalt, Werk ● Apparat, Zubehör ● Aufbau, Aufriß, Ausführung, Weg ● Art, Charakter, Neigung, Talent ● Inspektion ● Einlage, Kapital, Investition. → Beilage, Belehnung, Bereitwilligkeit, Denkvermögen, Etablissement, Fähigkeit, Fassungskraft. ▶ Abbau, Erziehung, Mangelhaftigkeit, Verschwendung.

anlangen → ankommen, besuchen.

Anlaß Gelegenheit, Möglichkeit, Quelle, Ursache, Anreiz, Anstoß, Antrieb, Beweggrund, Grund, Motiv, Ursache, Kraftquelle, Triebfeder, Veranlassung, Voraussetzung, Brutstätte, Erreger, Faktor, Keim, Motor, Wurzel, günstiger Zeitpunkt, Gunst des Augenblicks. → Auswirkung, Drachensaat.

Anlaß, aus diesem → denn.

Anlaß geben → beruhen, bieten, Gelegenheit.

anlassen starten. → ankurbeln.

anläßlich dank, gemäß, infolge, kraft, laut, vermöge, wegen, nicht umsonst, infolgedessen, deswegen, deshalb, denn, auf Grund, veranlaßt durch, bedingt durch, in Anbetracht, im Zusammenhang mit, aus diesem Grunde, darum. ▶ folglich.

anlasten → verübeln.

Anlauf Schwung, Begeisterung, Elan *m*, Kraft, Wucht, Auftakt, Beginn, Einleitung, Anstoß, Ruck, Stoß, Antrieb, Triebkraft, Ansturm, Gewalt, Vorstoß, Angriff, Versuch, eine Probe machen, in Bewegung bringen oder setzen. → Anfang, Angriff, Anzug, Bewegungstrieb. ▶ Abschluß, Rückzieher machen, Umkehr.

anlaufen → anfahren, anschlagen, anziehen, ausfüllen, beeinträchtigen, beschlagen.

anlegen anhalten, ankommen, anordnen, ansetzen, aufwenden, ausgeben, investieren, ausmalen, bedecken, begegnen, deponieren, einfädeln, einrichten, zusammenstellen. → ankleiden, behängen, deponieren, beschlagen, deponieren. ▶ ausziehen, fortfahren, trennen, verschwenden.

anlehnen → begegnen, berühren, vertrauen.

Anleihe Darlehen, Schuldsumme, Schuldverschreibung, Aushilfe, Borg, Vorschuß. → Aushilfe, Ausweg, Belehnung, Darlehen, Emission.

anleiten → aufklären, aufziehen, ausbilden, beibringen, belehren, beraten, bevormunden, erziehen, ehren, weisen.

Anleiter → Chef.

Anleitung Anweisung, Aufklärung, Belehrung, Erläuterung, Ermahnung, Fingerzeig, Gebrauchsanweisung, Instruktion, Ratschlag, Schulung, Tip, Unterweisung, Verhaltungsmaßregel, Vorschrift. → Direktive, Ermahnung, Erziehung, Ratschlag, Schema. ▶ Irreführung.

anlernen unterweisen, unterrichten, lehren, belehren, anweisen, erklären, schulen, einpauken, einbleuen, eintrichtern ● abrichten, drillen, eindrillen, dressieren.

Anliegen → Angelegenheit, Antrag, Begehr, Bedürfnis, Bewerbung, Ding, Gesuch, Sache, Wunsch.

anliegen → begegnen, begrenzen, berühren.

anliegend beiliegend, zugefügt, beigegeben, passend, gutsitzend, eng, angegossen, darin, in der Anlage. → anregend, bei, beisammen, dabei, daneben, dicht dabei, zirka. ▶ getrennt, weit.

Anlieger → Anwohner.

anlocken anposchen j (bei Vögeln), anludern j (bei Raubwild), anheulen j (bei Wölfen), ankörnen j (bei Schwarzwild), ankirren j, reizen, anködern. → versuchen.

Anlockung → Drang, Versuchung.

anlöten → anmachen.

anlügen → lügen.

anmachen anbinden, verbinden, vertäuen, befestigen, festmachen, vereinigen, zusammenfügen, anhängen, koppeln, kuppeln, hinzufügen, anfesseln, anschnüren, anknüpfen, anheften, anschnallen, anknöpfen, anstricken, einklinken, anschirren, anspannen, anschmieden, einspannen, anlöten, anspannen, annageln, verketten, anschrauben, anflechten, anklopfen, einflechten, vernieten, anklammern, schrauben, anhaken, kleistern, anpfählen, leimen, anbolzen, pappen, einfügen, kitten, einweben, flikken, einbinden, heften, anstekken *sm*. → empfehlen. ▶ lösen, löschen.

anmarschieren → ankommen.

anmaßen erlauben, herausnehmen, rechtswidrig, illegal, unberechtigt, ungesetzlich, gewaltsam etwas herbeifüh-

ren, eigenmächtig handeln, sich etwas unbefugt aneignen, unberechtigterweise Besitz ergreifen, sich wunders etwas einbilden, das Recht beugen, sich Übergriffe oder Eingriffe erlauben, Befugnis überschreiten oder verletzen, das Gesetz oder ein Gebot übertreten, unverantwortlich oder verfassungswidrig handeln. → beeinträchtigen, entblöden sich nicht. ▶ Bedenken haben, kriechen, unterschätzen.

anmaßend frech, unverschämt, arrogant, dünkelhaft, impertinent, insolent, stolz, anspruchsvoll, gebieterisch, geringschätzig, herrisch, hochfahrend, hochmütig, höhnisch, selbstgefällig, überheblich, überlegen, übermütig, aufgeblasen, dummstolz, eingebildet, eitel, geschwollen, großkopfig, hochnäsig, stolz, superklug, pomphaft, protzig, prunksüchtig, theatralisch, dreist, frech wie Dreck *u*, krötig *u*, rabiat, rotznasig *u*, frech wie Oskar *u*, aufgeblasen wie ein Frosch, in den Kopf oder die Krone gestiegen, keck, patzig, schnippisch, überklug, eigenwillig, rücksichtslos, unbescheiden, unverfroren, vorlaut, großkotzig *u*, sich einen Stiefel einbilden *u*, sich etwas herausnehmen, auf eine hohe Roß/Pferd setzen, einen Furz im Kopf haben *u*, einen Stich haben *u*, affektiert, affig, kokett, prahlerisch ● autoritär, despotisch, tyrannisch. → anspruchsvoll, dünkelhaft, ehrgeizig. ▶ kriecherisch.

Anmaßung Dünkel, Arroganz *f*, Frechheit, Unverschämtheit, Impertinenz *f*, Insolenz *f*, Einbildung, Keckheit, Prahlerei, Überhebung, Eigenmächtigkeit, Rechtswidrigkeit, Eingriff ● Aufgeblasenheit, Anschelderei, Dicktuerei, Gespreiztheit, Großsprecherei, Windmacherei, Herrschsucht, Hochmut, Hoffart, Mutwille, Rechthaberei, Übermut, Vermessenheit, Zumutung, Vorwitz. → eherne Stirn. ▶ Kriecherei, Unterschätzung.

anmelden → vormerken lassen, ankündigen.

Anmerkung Ergänzung, Einschiebsel, Erläuterung, Fußnote, Zwischenbemerkung, Notiz, Angabe, Aufzeichnung, Bemerkung, Erwähnung, Randbemerkung, Vermerk, Vormerkung, Kommentar, Randglosse, Zwischen. → Anhang, Auskunft, Denkzettel, Einfügung, Erklärung. ▶ Kerngedanke.

Anmut anmutiger Reiz, liebenswürdiges Verhalten, Charme *m*, Grazie *f*, Augenweide, Ebenmaß, Eleganz, Feinheit, Harmonie, Holdseligkeit, Lieblichkeit, Liebreiz, Reinheit, Schimmer, Schmelz, Wohlgestalt, Zauber, Benehmen, Kultur, Stil, Pracht, Appeal, Jugendblüte. → Anstand, Charme, Eleganz. ▶ Häßlichkeit.

anmutig reizend, liebenswürdig, charmant, angenehm, ansprechend, anziehend, entzückend, artig, einnehmend, freundlich, gefällig, graziös, herzig, hold, holdselig, lieblich, liebreizend, nett, niedlich, schmuck, zierlich, chic, ebenmäßig, elegant, geschmeidig, herrlich, wohlgestaltet, adrett, flott, sauber, wohlgefällig, wohlgefallend, duftig, blumenhaft, ätherisch, anmutsvoll, apart, bestrickend, blendend, blühend, brillant, fabelhaft, fesch, goldig, ideal, köstlich, malerisch, patent, pfundig, picobello, piekfein, pikant, rank, rassig, resch, schick, schnieke, süß, tip-top, traumhaft, unvergeßlich, wohlgewachsen, gentil, gut gebaut, allerliebst, blitzsauber, bezaubernd, zum Anbeißen, zum Stehlen, engelgleich, wie aus dem Ei gepellt, zum Küssen, schön wie ein Traum, wie eine Gazelle, wie eine Sylphe. → anmutsvoll, ästhetisch, bestrickend, biegsam, charmant, fein. ▶ häßlich, plump.

anmutsvoll anmutig, artig, chic, graziös, ebenmäßig, elegant, geschmeidig, herrlich, wohlgestaltet. → anmutig, ästhetisch, charmant. ▶ ungeschliffen.

annageln → anmachen, anschlagen.

annähern, sich → befreunden.

annähernd approximativ, beinahe, fast, nahezu, schätzungsweise, ungefähr, knapp, notdürftig, etwa, gegen, nächst, rund, vielleicht, halbwegs, zirka, dicht daran, um ein Haar, in der Drehe, um ... herum. → ähneln, ähnlich, analog, bei, dergleichen, dicht dabei, einigermaßen, zirka. ▶ genau.

Annäherung → Anschluß, Anzug.

annäherungsweise → zirka.

Annahme Fiktion, Vermutung, Hypothese *f*, Erklärungsversuch, Meinung, Theorie, Unterstellung, Voraussetzung, Mutmaßung, Beitritt, Wahrscheinlichkeit, Ahnung, Erwartung, Hoffnung, Vorgefühl, Zuversicht. → Aufstellung, Befürchtung, Beispiel,

Billigung, Dafürhalten, Erwartung. ▶ Tatsache.

Annalen → Chronik.

annehmbar angezeigt, bequem, brauchbar, dienlich, entsprechend, ersprießlich, geeignet, gelegen, angängig, nützlich, passend, ratsam, recht, sachdienlich, tauglich, verwendbar, vorteilhaft, willkommen, zweckdienlich, zusagend, akzeptabel. → charmant, erwünscht. ▶ unzweckmäßig.

annehmen erdichten, vorgeben, fingieren, konstruieren, voraussetzen, unterstellen, zugrundelegen, sich ausmalen, denken, sich einbilden, erachten, glauben, dafürhalten, meinen, vermuten, wähnen, sich vorstellen, eine Idee haben, abmachen, abschließen, akkordieren, ausmachen, besiegeln, bestätigen, gegenzeichnen, genehmigen, gutheißen, paktieren, paraphieren, ratifizieren, unterschreiben, unterzeichnen, vergleichen, handelseinig werden, einen Vertrag schließen, ein Übereinkommen treffen, zählen auf, rechnen auf, sich verlassen auf, keinen Zweifel haben, in den Kopf setzen, sich ein Bild machen, eine Meinung hegen, den Fall setzen, akzeptieren ● anerkennen, beistimmen, eingehen auf, zugeben, zulassen, zustimmen, folgern, einverstanden sein, für möglich halten, für richtig halten ● empfangen, aufnehmen, bekommen, beziehen, entgegennehmen, erhalten, hoffen, gewärtigen, schätzen, überschlagen, veranschlagen, damit rechnen, Erwartung hegen ● adoptieren. → aussehen, basieren, befürchten, beipflichten, beitreten, besiegeln, bestätigen, entgegennehmen, erlangen. ▶ abgeben, wissen.

annehmen, sich → verfolgen.

Annehmer → Empfänger.

Annehmlichkeit → Bequemlichkeit, Genuß.

annektieren → aneignen.

Annex → Anhang, Anhängsel.

Annexion → Ausplünderung.

Annonce → Angebot, Anzeige.

annoncieren → ankündigen, anzeigen, einrücken, werben.

annullieren → abbestellen.

anöden sticheln, aufziehen, bloßstellen, höhnen, necken, verhöhnen, verlachen, verspotten, spotten, hänseln, foppen, zum besten halten, sich lustig machen, zum Narren halten ● ermüden, langweilen, einschläfern, quälen, plagen, anquatschen, nieder-

drücken, entmutigen, lästig werden, die Zeit totschlagen, sich mopsen *u*, geistlos daher reden, zum Hals herauswachsen. → ärgern, aufdrängen, aufziehen. ▶ erheitern, würdigen.

anomal → abnorm.

Anomalie Unregelmäßigkeit.

anordnen einteilen, disponieren, anlegen, verfügen ● abmachen, arrangieren, deichseln, einrenken, einrichten, entwirren, formen, gliedern, gruppieren, herrichten, klären, regeln, sortieren, unterbringen, vereinbaren, zurichten, einfädeln, entwerfen, inszenieren, planen, organisieren, veranlassen, ausstaffieren, ausstatten, einräumen, etablieren, ordnen, schmükken, wohnlich machen, behaglich machen ● festlegen, bestimmen, festhalten, feststellen, ausbauen, ausgestalten, vorkehren, vorzeichnen, zusammenstellen, einreihen. → abmachen, arrangieren, aufzwingen, bahnen, befehlen, begehren, bestimmen, diktieren, einleiten eine Sache, erlassen, festlegen. ▶ umstoßen, umstürzen.

Anordnung Arrangement *f*, Einteilung, Disposition *f*, Anlage, Verfügung, Auftrag, Befehl, Bestellung, Bestimmung, Gebot, Geheiß, Übertragung, Order, Anordnung, Diktat, Ansage, Weisung, Geheisch, Verkündung, Gliederung, Einreihung, Gruppierung, Zusammensetzung, Organisation, Gefüge, Plan, Vorkehrung, Entwurf, Darstellung, Grundriß, Projekt, Skizze, Übersicht, Schema, Aufriß, Grundform, Struktur, Beschaffenheit, Bildung, Gestaltung, Lagerung, Schichtung. → Ansage, Art und Weise, Auflage, Ausführungsbestimmungen, Bearbeitung, Befehl, Bescheid, Bestand, Bildung, Darstellung, Dekret, Vorschrift. ▶ Unerfahrenheit, Unordnung.

anpacken → anfangen, anfassen, angreifen, arbeiten, ausüben, unternehmen.

anpassen entsprechen, bewilligen, nachkommen, stattgeben, übereinstimmen, nachsagen, zustimmen, Wunsch erfüllen, angleichen, akklimatisieren, angewöhnen, befreunden, einarbeiten, gewöhnen, anbequemen, abgerichtet werden, dressiert werden, assimilieren, tarnen, sich der Umgebung anpassen, adoptieren. → befolgen, befreunden, beobachten, einbürgern, einrichten. ▶ abweisen, entgegenhandeln.

Anpassung → Angleichung.

anpassungsfähig gemeinschaftsfähig, kontaktfähig, einfügsam, einfühlsam, beweglich, flexibel, willig. ▶ kontaktarm.

anpeilen → zielen.

anpfählen → anmachen.

anpflanzen → ackern, einpflanzen, pflanzen.

Anpflanzung → Anbau, Baumschule, Feldbestellung.

anpflaumen → auslachen.

anpöbeln → anfahren, anöden, beschimpfen.

Anprall Anstoß, Ansturm, Druck, Karambolage, Kollision, Ramming *sm*, Schwung, Zusammenstoß, Stoß, Stubs, Schubs. → Angriff, Bewegungstrieb.

anprallen → anfahren, anschlagen, berühren, bums.

anprangern → herabsetzen.

anpreisen anempfehlen, anraten, empfehlen, herausstreichen, lobpreisen, preisen, rühmen, zuraten. → absetzen, anbieten, ankündigen, befürworten. ▶ abraten, beanstanden.

Anpreiser → Ausrufer.

Anpreisung → Anzeige.

anquasseln → anreden.

anquatschen → anöden.

anraten → anbieten, anempfehlen, anhalten, anpreisen, beeinflussen, befürworten, beraten, binden auf die Seele, Dach steigen auf das, eindringlich zureden, empfehlen, ermuntern, erziehen.

anrechnen bemessen, berücksichtigen, bewerten, gutschreiben, verrechnen. → abziehen, berücksichtigen. ▶ aufschlagen.

Anrecht Anspruch, Anwartschaft, Ausnahmestellung, Befugnis, Berechtigung, Ermächtigung, Freibrief, Geburtsrecht, Gerechtsame, Gesetzlichkeit, Gewohnheitsrecht, Jagdschein, Konzession, Monopol, Privileg, Recht, Rechtstitel, Reservat, Sonderrecht, Vorrecht, Bewilligung, Zugeständnis, Fug und Recht, Recht und Billigkeit. → Befugnis. ▶ Eigenmächtigkeit.

Anrecht haben → begehren.

Anrede Rede, Titel, Vorname, Zuname, Taufname, Kosename, Beiname, Überschrift, Rang, Titular, Majestät, Sire, Hoheit, Durchlaucht, Exzellenz, S. Heiligkeit, Eminenz, Monsignore, Euer Gnaden, Euer Höchstgeboren, Euer Hochgeboren, Euer Hochwohlgeboren, Euer Wohlgeboren, Ehrwürden, Hochehrwürden, Gnädiger Herr oder Frau Lord, Mylord, Don, Meister, Doktor, Professor, Magnifizenz ● altes Haus, alter Knacker, alter

Knabe, alter Schwede, Menschenskind, mein lieber Schwan, Mensch Meier u. → Adresse.

anreden anhauen, anquasseln, ansprechen, begrüßen, grüßen, vorknöpfen, stellen, nachsteigen, zur Rede stellen. ▶ schweigen, verstummen.

anregen animieren, anreizen, dopen, innervieren, aneifern, anfachen, anfeuern, anspornen, anstacheln, antreiben, anzünden, aufmuntern, aufrütteln, begeistern, bestimmen, bewegen, bewirken, bezirzen, bitten, drängen, einladen, entflammen, erhitzen, ermutigen, ersuchen, erwecken, gebieten, heißen, treiben, veranlassen, befürworten, diktieren, einflüstern, eingehen, einreden, empfehlen, aufrichten, bestärken, motivieren, interessieren, zureden, das Feuer schüren, nahelegen, in Versuchung führen, eindringlich zureden, Lust erregen ● belustigen, beseelen, ergötzen, erheitern, ermuntern, unterhalten, vergnügen, zerstreuen. → anbieten, anhalten, ankurbeln, anstoßen, aufwerfen, beeinflussen, befürworten, bestechen, elektrisieren, entzücken, erfreuen, erinnern, erwecken, fesseln. ▶ abraten, langweilen, verwirren.

anregend → angenehm, antreibend, charmant, eindringlich, erfreuend, erfreulich, erfrischend, ergötzlich, erregend, ersehnenswert, gefällig, interessant, kräftigend, reizvoll, stimulierend.

Anregung → Absicht, Anstoß, Anziehung, Bedingung, Beispiel, Einwirkung, Ermunterung, Erregung, Idee, Ursache, Vorschlag.

anreichern → anhäufen, sättigen.

anreihen → beifügen, beigesellen, berühren, bringen in Verbindung, einverleiben.

Anreiz Blendwerk, Fangmittel, Köder, Lockmittel, Lockvogel, Mätzchen, Zauber, Ursachen. → Anlaß, Anstoß, Drang, Ermunterung. ▶ Gleichgültigkeit, Hemmung.

anreizen anregen, anstoßen, bearbeiten, beeinflussen, begeistern, beschleunigen, bestechen, empfänglich machen. ▶ hemmen, verleiden.

anrempeln behelligen, belästigen, brüskieren, herausfordern, zu nahe treten, Kampf antragen, einen Streit vom Zaune brechen. ▶ verschonen.

Anrichte Büffet, stummer Diener, Küchenschrank, Arbeitstisch, Pantry sm.

anrichten→ zubereiten, anstellen.

anrüchig anstandswidrig, ekelhaft, frech, gemein, lose, obszön, pikant, schamlos, schändlich, schlüpfrig, schmutzig, schweinisch, sittenlos, unanständig, unflätig, unkeusch, unmoralisch, unrein, unsittlich, unverschämt, unzüchtig, zotig, zweideutig, ausschweifend, buhlerisch, zwiespältig, dirnenhaft, feil, leichtlebig, leichtsinnig, liebestoll, liederlich, locker, lüstern, mannstoll, pervers, ungezügelt, wollüstig, wüst, zügellos, weibstoll, anstößig, berüchtigt, ehrenrührig, ehrlos, nichtswürdig, niederträchtig, schimpflich, schlecht, schmählich, skandalös, verrufen, verschrien, verworfen. → bedauerlich, bestechlich, charakterlos, entehrend. ▶ anständig, tugendhaft.

anrücken → ankommen, entgegenkommen.

Anruf Appell, Aufruf, Erkennungswort, Mahnruf, Weckruf, Zuruf, Parole, Telefonat, Fernruf. → Appell.

anrufen → angehen, anhalten, anreden, appellieren, begehren, benachrichtigen, betteln, einreichen.

Anrufung → Antrag, Ausruf, Gebet.

anrühren anrichten, zubereiten. → anfühlen, begreifen, berühren, mischen, verursachen.

anrüpeln → aufdrängen.

Ansage Anordnung, Befehl, Weisung, Konferenz. → Diktat.

ansagen die Zeit bestimmen, ausrufen, abrufen ● berichten, erzählen, verbreiten, vorlesen ● ankünden, ankündigen.

Ansager Conférencier. → Ausrufer.

ansammeln → anhäufen.

Ansammlung → Anzahl, Auflauf, Auswahl, Bestand, Dichte, Fülle, Lager, Masse.

ansässig angesessen, angestammt, beheimatet, eingeboren, eingesessen, heimatberechtigt, heimisch, landsässig, seßhaft, verwachsen, verwurzelt, gebürtig, wohnhaft, zuständig, hiesig. → befindlich, daheim. ▶ auswärts.

ansässig sein → aufhalten sich, bewohnen.

Ansässige → Bevölkerung, Einwohner.

Ansatz Anfang, Anstoß, Anbruch, Anschnitt, Anfangspunkt, Ursprung, Ausgangspunkt, Grundlage, Basis ● Ablauf, Auslauf, Vorarbeit, Vorbereitung, Grundstein, Bedeckung, Überzug, Kruste, Verdickung, Verhär-

tung, Versteinerung, Niederschlag, Bodensatz, Verschlackung ● Anschlag, Fingersatz, Bogenführung, Begenstrich. → Anfang, Anzug, Beginn, Wenigkeit. ▶ Ende, Kern, Inhalt.

Ansatzpunkt → Hebel, Grundlage.

anschaffen → abnehmen, abonnieren, aufspeichern, beschaffen, bestellen, eindekken sich, erhandeln.

Anschaffung → Abnahme.

anschauen anblicken, ansehen, bemerken, beobachten, besichtigen, betrachten, mustern, prüfen, überblicken, unterscheiden, wahrnehmen ● äugen, anglotzen, anstarren, anstieren, ausspähen, ausspionieren, ausspüren, beäugen, begucken, blicken, fixieren, gaffen, glotzen, hinsehen, kieken, linsen u, anpeilen, schauen, sehen, spähen, starren, stieren ● sich vergewissern, durchblättern, durchlesen, kontrollieren ● überlegen, eingehend prüfen, näher beleuchten, mit den Blicken verfolgen, den Blick heften auf, in Augenschein nehmen, ins Auge fassen. → durchblättern, durchblicken, erkennen. ▶ übersehen.

anschaulich ausdrucksvoll, bezeichnend, bildlich, erkennbar, sprechend, typisch, symbolisch ● allgemeinverständlich, ausführlich, begreiflich, bestimmt, deutlich, drastisch, durchsichtig, einfach, einleuchtend, erschöpfend, ersichtlich, exakt, faßlich, gemeinverständlich, genau, leicht, nachdrücklich, offen, populär, präzis, scharf, schlicht, sinnfällig, unbemäntelt, unverhüllt, unverkennbar, unverschleiert, unzweideutig, vernehmlich, verständlich, kristallklar, sonnenklar, klipp und klar, schlagend, packend, überzeugend, werbend, plausibel, instruktiv, aufklärend, belehrend, lehrreich, konkret, plastisch, beweisend, durchschlagend, folgerichtig, zwingend, unverblümt, klar und deutlich, klar wie Kloßbrühe, kurz und bündig, ein Kind begreift es. → bedeutungsvoll, beeinflussend, belehrend, beweisend, bilderreich, deutlich, drastisch, durchgebildet, empirisch, erklärbar, erweislich, faßbar. ▶ formlos, unverständlich.

Anschauung → Ansicht, Betrachtung.

Anschauungsvermögen → Blickfeld, Gesichtskreis.

Anschein Ausdruck, Aussehen, Blendung, Blendwerk, Erleuchtung, Täuschung,

Trugbild, Unwirklichkeit, Vorspiegelung. → Ausdruck. ▶ Wirklichkeit.

anscheinend scheinbar, offenbar, vermutlich, wahrscheinlich, allenfalls, möglicherweise, wie es scheint, vielleicht, dem Anschein nach. → ähnlich, denkbar. ▶ wirklich.

anscheißen → anfahren.

anschicken, sich → anfangen, vorbereiten.

anschieben → anziehen.

anschießen → verwunden ● rüffeln.

anschirren → anmachen, einspannen.

Anschiß → Tadel.

Anschlag Ausdruck, Ausführung, Betonung, Klimperei, Leiherei ● Aushang, Affiche, Plakat ● Bemessung, Schätzung, Bewertung, Voranschlag, Überschlag, Berechnung, Überblick ● Vorhaben, Vorsatz, Plan, Verschwörung, Komplott, Meuterei, Staatsstreich, Heimtücke, Kabale, Intrige, Attentat, Meuchelmord, Bluttat, Mordanschlag, Ermordung, Blutrache ● Bogenanschlag. → Affiche, Ansatz, Aushang, Erlaß. ▶ Abwehr, Aufrichtigkeit.

anschlagen verbinden, beifügen, anheften, zusammensetzen, festmachen, annageln, anklopfen, vernieten, schlagen, klopfen, dreschen, prellen, hämmern ● anfahren, anprallen, zusammenstoßen, anlaufen ● veranschlagen, berechnen, beziffern, ausrechnen, vorrechnen, abschätzen. → beifügen, berühren, beschädigen, beschlagen, dazukommen, florieren, läuten. ▶ abschlagen, lösen.

anschlagen, gut → durchschlagen.

anschleichen beschleichen, anpürschen *j,* belauern, heranstehlen, heranmachen, auf der Lauer liegen, im Hinterhalt liegen. → beschleichen.

anschleppen → anziehen, herbeibringen.

anschließen → anbändeln, bändigen, befreunden, beifügen, beigesellen, beiordnen, beitragen, beitreten, berauben, brechen das Eis, dazukommen, einverleiben, ergänzen, fesseln, folgen, geleiten, hinzufügen.

anschließend einschließlich, eingeschlossen ● später, nachher, hinterher.

Anschluß Aufnahme, Beitritt, Einreihung, Einschluß, Eintritt, Gleichstellung, Annäherung, Beifügung, Fusion, Union ● Vereinigung, Befestigung, Bindung, Einmündung, Verkettung, Verknüpfung ● Vertrag, Zulauf, Zusammengehörigkeit, Zusammenschluß. → Allianz, Aufnahme, Band, Befestigung, Beifügung, Beitritt, Koalition, Kontakt, Verbindung. ▶ Ausschluß, Trennung.

anschmieden → anmachen, bändigen.

anschmiegen, sich → schmiegen, sich.

anschmiegsam hingebungsvoll, zärtlich, verliebt, ein Herz und eine Seele. → anliegend.

anschmieren → verunreinigen, betrügen.

anschnallen → anmachen.

anschnauzen abkanzeln, abrechnen, anbelfern, anblasen, anbrüllen, anherrschen, andonnern, anhusten *u,* anfurzen *u,* anpfeifen, anmurren, beschimpfen, anranzen, ankotzen *u,* anscheißen *u,* anwettern, herunterreißen, heruntermachen, herunterputzen. → anfahren, beschuldigen. ▶ loben.

anschneiden teilen, abschneiden, abtrennen, trennen, ausschneiden, absondern, entfernen, gliedern, wegnehmen, lösen, loslösen, losmachen, aufschneiden. → aufwerfen. ▶ verbinden, beruhen lassen, fallen lassen.

Anschnitt → Anfang, Ansatz, Kanten.

anschnüren → anmachen.

anschrauben → anmachen, einschrauben.

anschreiben buchen, einschreiben, eintragen, verbuchen, borgen, Kredit nehmen ● berichten, mitteilen, informieren, unterrichten, verständigen, Aufklärung geben, Nachricht geben. → anfahren. ▶ bezahlen, verhehlen.

Anschrift → Adresse.

anschuldigen beschuldigen, inkriminieren, anklagen, anschwärzen, anzeigen, belangen, belasten, bezichtigen, denunzieren, verdächtigen, verklagen, zeihen, zuschreiben, brandmarken, verunglimpfen, Anklage erheben, in die Schuhe schieben, zur Last legen, die Schuld aufbürden, in Verdacht bringen, im Verdacht haben, in Anklagezustand versetzen, Klage führen oder anhängig machen, Klage erheben, Klage einreichen, klagbar auftreten, vor Gericht fordern oder laden oder stellen, vor die Schranken zitieren. → beschuldigen. ▶ freisprechen, verteidigen.

Anschuldigung → Beschwerde, Denunziation, Klage.

anschnüren → anzünden.

anschwärmen anhimmeln, anschmachten, umschmeicheln, verlieben.

anschwärzen schwärzen, verdunkeln, berußen, schwarz machen. → verleumden. ▶ bleichen, reinigen, verteidigen.

anschwellen aufquellen, herausquellen, hervortreten, ansteigen, anwachsen, sich ausdehnen, sich entfernen, sich entwickeln, schwellen, steigen, überhandnehmen, wachsen, wuchern, zunehmen, auftreiben, ausbreiten, ausdehnen, ausweiten, blähen, dehnen, entfachen, erhöhen, mästen, multiplizieren, potenzieren, verbreitern, verdicken, vergrößern, verschlimmern, vervielfachen, sich läppern, sich summieren, ins Kraut schießen, dick werden, üppig werden, größere Ausmaße oder Dimensionen annehmen, sich recken und strecken, die Schale sprengen, umsichgreifen, umsichfressen, über die Ufer treten. → aufbauschen, aufblasen, aufblühen, ausbuchten, ausfüllen, ausschlagen, bevölkern, blähen, dehnen, dick werden. ▶ zusammenziehen.

Anschwellung → Ausdehnung, Congestion, Entwicklung, Erweiterung.

anschwindeln → betrügen.

ansehen → achtgeben, anschauen, aufpassen, bedenken, beimessen, entgegensehen, erheben die Augen.

Ansehen Prestige, Geltung, Gewicht, Einfluß, Macht, Leumund, Image. → Achtung, Anerkennung, Arbeitssegen, Aspekt, Bedeutung, Ehre, Beeinflussung. ▶ Nichtachtung, Verachtung, Unvermögen.

ansehnlich auffallend, ausgedehnt, bedeutend, bedeutsam, beträchtlich, enorm, erheblich, exorbitant, gehaltvoll, groß, reichlich, umfangreich, wuchtig ● bemerkenswert, gewaltig, umfassend, geräumig, beachtenswert, eindrucksvoll, beachtlich, vorzüglich, wertvoll, wesentlich, außergewöhnlich, außerordentlich, gigantisch, kolossal, imposant, riesig, stattlich, ungewöhnlich. → ausgedehnt, bedeutsam, erstaunlich. ▶ beengt, unansehnlich, unbedeutend.

ansetzen auseinandergehen, aufschwemmen, schwellen, verfetten, zunehmen, Fett ansetzen, auftreiben, mästen, nudeln, stopfen, sich herausfuttern, sich gut erholen ● keimen, knospen, sprießen, aufblähen, entwickeln, mehren, aufgießen ● anbacken, ankochen, anbrennen, verkrusten, aufs Feuer stellen, zum Gären bringen. → anfangen, beordern, beifügen, bewerten, ergänzen. ▶ abnehmen, beenden, verkümmern.

Ansicht Anschauung, Sinnesrichtung, Auffassung, Einstellung, Ermessen, Gesichtspunkt, Gutdünken, Meinung, Standpunkt, Überzeugung, Voraussetzung, Vorstellung, Denkweise, Stellungnahme, Gesinnung, Denkart, Weltanschauung ● Bild, Ausblick, Schau, Warte, Aspekt. → Abdruck, Aspekt, Ausblick, Begriff, Darstellung, Erachten. ▶ Unsicherheit.

Ansichtssache → Meinung.

ansiedeln, sich → seßhaft machen sich.

Ansiedler → Bauer, Bevölkerung.

Ansied(e)lung Dorf, Nest, Kaff u, Flecken, Gehöft, Gemeinde, Ort, Ortschaft, Platz, Niederlassung, Siedlung, Stadt, Weiler, Großstadt, Weltstadt, Anwesen, Bauernhof, Berghof, Gutshof, Hazienda, Hof, Klitsche, Kolonie, Landgut, Meierei, Schäferei, Pflanzung ● Besitznahme, Anbau, Landnahme, Unterbringung, Einbürgerung. → Anwesen.

Ansinnen → Anwandlung, Antrag, Begehr.

anspannen → anmachen, einspannen, jagen.

anspielen → aufwerfen, bedeuten, berühren, bringen in Verbindung.

anspielend → andeutungsweise.

Anspielung Redeblume, Sinnvertauschung, Trope, Tropus, Wendung, Allegorie, Gleichnis, Parabel, Symbol, Umschreibung, Vergleich ● Fingerzeig, Gebärde, Geste, Wink, Zeichen, Hinweis, Tip ● Spott, Anzüglichkeit, Ausfall, Hohn, Ironie, Neckerei, Schabernack, Stichelei, Spott, Ulk. → Bemerkung, Denunziation, Doppelsinn. ▶ Rechtfertigung, Verheimlichung.

anspießen → anmachen, einführen.

Ansporn Impuls, Auftrieb, Anfachung. → Anziehung, Beispiel, Ehrgeiz, Ermunterung, Ursache.

anspornen → anfeuern, anhalten, aufhetzen, ankurbeln, anregen, beeinflussen, begeistern, beschleunigen, bestechen, bewirken, bringen in Bewegung, Dampf dahinter machen, drängen, elektrisieren, entrüsten, entzünden.

anspornend → ermutigend, erregend, stimulierend.

Ansprache → Vortrag.

ansprechbar kontaktfähig, reaktionsfähig ● beeinflußbar, mitteilsam ● empfindlich,

empfindsam, hochempfindlich.

ansprechen gefallen, befriedigen, entzücken, erfreuen, Freude bereiten, Beifall finden, Behagen verursachen ● anquasseln u, anhauen u, anpöbeln, anquatschen u, anmeckern u, anzapfen u ● anpumpen u. → anreden, befriedigen, behagen, belagern, betteln, delektieren, erflehen. ▶ schweigen, zuwider sein.

ansprechen als → argwöhnen.

ansprechen auf → auskundschaften.

ansprechen um → begehren, bewerben sich, bitten.

ansprechend angenehm, appetitlich, artig, begehrenswert, behaglich, charmant, einnehmend, ergreifend, ersehnenswert, erwünscht, gefällig, köstlich, nett, reizvoll, schön, sympathisch.

anspringen → berühren, bewegen, einführen.

anspritzen → bespritzen.

Anspruch Anteil, Bedarf, Teil, Zuweisung, Zuwendung, Ration. → Anrecht, Bewerbung, Eingriff.

anspruchslos bescheiden, einfach, genügsam, prunklos, schlicht, sparsam, wirtschaftlich, natürlich, ungekünstelt, unkompliziert, unverstellt ● hausbacken, rührend, zufrieden, bedürfnislos, enthaltsam, frugal, karg, mäßig, nüchtern, puritanisch, spartanisch, behaglich, beschaulich, ergeben, geduldig, gelassen, gemütlich, gottergeben, klaglos, ungezwungen. → bedürfnislos, bescheiden. ▶ anspruchsvoll, unbescheiden.

anspruchsvoll aufdringlich, aufgeblasen, bombastisch, großspurig, großsprecherisch, prahlerisch, protzig, übertrieben, wählerisch, verwöhnt, verzärtelt, verhätschelt, stolz, anmaßend, geziert, unbescheiden, dreist, keck, vorlaut, gespreizt, großtuerisch, hochtrabend, schwulstig, sich aufs hohe Pferd setzen. → anmaßend. ▶ anspruchslos, bescheiden.

anstacheln → anregen, aufhetzen, beeinflussen, begeistern, bestechen, beschleunigen, drängen, elektrisieren, erwecken.

Anstalt Arbeitsraum, Laboratorium, Studio, Werkstatt, Fabrik, Institution, Werk, Anlage ● Bildungsstätte, Forschungsanstalt, Studienanstalt, Internat, Gymnasium, Polytechnik, Akademie, Alma Mater, Alumnat, Schule, Kollegium, Lehranstalt, Pädagogium, Pennal, Penne, Pensionat, Seminar, Technikum,

Universität, Unterrichtsanstalt ● Krankenhaus, Hospital, Spital, Klinik, Irrenanstalt, Pflegeanstalt, Boardinghouse ● Gefängnis, Zuchthaus, Arbeitshaus, Kasten u, Kittchen u, Bau u, Nummer sicher, schwedische Gardinen u, Loch u, Kahn u, Vater Philipp u, Spritzenhaus. → Atelier, Betrieb, Erziehungsanstalt.

Anstalten machen→anfangen.

Anstand Anmut, Artigkeit, Benehmen, Feingefühl, Formgefühl, Höflichkeit, Kultur, Lebensart, Schliff, Sitte, Stil, Takt, Keuschheit, Reinheit, Scham, Sittlichkeit, Sittsamkeit, Wohlerzogenheit, Zartgefühl, Zucht, Unschuld, Pflichtgefühl ● Behinderung, Erschwerung, Fessel, Hemmnis, Hindernis, Klemme, Schranke, Schwierigkeit, Verstrickung, Widerstand ● Hochsitz, Jagd ● Ungläubigkeit, Bedenklichkeit, Verdacht, Zweifel, Bedenken, Argwohn, Mißtrauen. → Anmut, Benehmen, Brauch, Dekorum, Ehrgefühl. ▶ Bereitwilligkeit, Ungezwungenheit.

Anstände → Bedenken.

anständig wohlerzogen, zurückhaltend, gesittet, schicklich, unaufdringlich, dezent, ehrlich, ritterlich, fair, ehrenhaft, honett, lauter, rechtschaffen, redlich, unbescholten, unbestechlich, manierlich, aufmerksam, gefällig, verbindlich, zuvorkommend, sittsam, züchtig, loyal, gerade, gewissenhaft, pflichttreu, pflichtgetreu, treu, unparteiisch, vertrauenswürdig, nobel, achtungswert, edel, freigebig, großmütig, opferwillig, selbstlos, vornehm, reell, echt, zuverlässig, astrein, stubenrein. → achtbar, adrett, brav, erklecklich, erträglich. ▶ unanständig.

Anständigkeit → Charakterstärke, Ehrbarkeit.

anstandslos bereitwillig, gern, mit Vergnügen, ohne weiteres, selbstverständlich. ▶ ungern.

anstarren → durchbohren.

anstatt ersetzbar, dafür, gegen, an der Stelle von, als Ersatz für, in Ermangelung von.

anstaunen → staunen.

anstechen → abziehen, aufbrechen.

anstecken infizieren, sich erkälten, erkranken, verseuchen, gefallen werden, sich etwas holen ● beleuchten, entzünden, erhellen, anbrennen, anblasen, einäschern, einfeuern, anheizen, anfachen, heizen, anschüren, verbrennen, Feuer fangen, in Flammen aufgehen, Feuer oder Licht machen ● anbinden

sm. → anmachen, einheizen.
▶ auslöschen, verhüten.
ansteckend → eitrig, epidemisch, unrein, übertragbar.
Ansteckung Infektion, Krankheitsübertragung, Ansteckungsgefahr ● Seuche, Seuchenherd, Epidemie.
anstehen → ausstehen, zaudern.
anstehen lassen → aufschieben, beiseite legen.
ansteigen → anschwellen, aufsteigen.
anstelle anstatt, für, im Auftrag, in Vertretung.
anstellen engagieren, erheben, verleihen, bestallen, berufen, einsetzen, anvertrauen, betrauen, dingen, heuern, sich bedienen, beschäftigen, in Anspruch nehmen, in Dienst nehmen, einen Posten geben, eine Stelle besetzen mit, ein Amt bekleiden ● sich betragen, aufführen, verhalten, benehmen, auftreten, sich geben, handeln, verfahren, vorhegen, handhaben, begegnen, bewerkstelligen, ausführen, vollziehen, anfangen, anfassen, anrichten, verrichten, amtieren, betreiben, besorgen, abwickeln, sich fügen, einen Weg einschlagen ● eine Dummheit machen, etwas Böses tun. → beauftragen, berufen, beschäftigen, brauchen, blamieren, chartern. ▶ entlassen.
anstellen, sich → auftreten, sich betragen.
anstellen, sich gut → auszeichnen.
anstellig achtsam, alert, arbeitsam, aufmerksam, beflissen, betriebsam, beweglich, eifrig, emsig, fleißig, flink, flott, forsch, klein aber oho u, geschäftig, gewandt, hurtig, lebhaft, leistungsfähig, munter, rastlos, rege, regsam, resolut, ruhelos, rührig, schnell, unermüdlich, unternehmend, unverdrossen, tätig, tüchtig, fit, ganz groß, versessen, zielbewußt, ausgezeichnet, begabt, behend, bewandert, brauchbar, eingefahren, eingespielt, einsichtig, erfahren, erfinderisch, fähig, findig, gebildet, gelenkig, genial, geschickt, geübt, gewitzt, handfertig, hochbegabt, kunstfertig, kunstgerecht, kunstvoll, meisterhaft, mustergültig, praktisch, rasch, routiniert, scharfsinnig, schöpferisch, sinnreich, talentiert, tauglich, versiert, verwendbar, vielseitig, virtuos ● etwas loshaben, in Form sein, eine große Nummer sein, in bester Form, mit jemandem Pferde stehlen können, das beste Pferd im Stall. ▶ schwerfällig, unachtsam.

Anstellung → Beruf.
Anstich Beginn, Anzapfung, Öffnung.
Anstieg Aufstieg, Steigung, Aufschwung, Aufwärtsbewegung ● Auftrieb, Aufflug, Bergfahrt, Erkletterung. ▶ Abstieg.
anstieren → anschauen, durchbohren.
anstiften → anregen, bewirken.
Anstifter Antreiber, Aufwiegler, Rädelsführer.
Anstiftung → Veranlassung.
anstimmen einstimmen, jodeln, leiern, singen, summen, trällern, trillern, die Stimme erheben, spielen, pfeifen, flöten, geigen, aufspielen, vortragen, ausführen, einfallen, begleiten, mitsingen, mitspielen, zupfen, klimpern. ▶ verstummen.
Anstoß Stoß, Ursache, Anregung, Anreiz, Deuh u, Anlaß, Beweggrund, Ermunterung, Grund, Motiv, Kraftquelle, Triebfeder, Veranlassung, Voraussetzung, Einleitung, Entschluß, Initiative f, Erreger, Keim, Motor, Quelle, Reiz, Ursprung, Wiege, Wurzel ● Ablehnung, Aburteilung, Bemäkelung, Mißbilligung, Tadel, Kritik, Aufsehen. → Anlaß, Anlauf, Anprall, Ärgernis, Ansatz, Anzug, Bedingung, Bewegungstrieb, Drang. ▶ Billigung, Hemmung.
Anstoß geben → anecken.
Anstoß nehmen → Ärger, bekommen die Nase voll, Dach steigen auf das.
anstoßen verletzen, schockieren, brüskieren, verwunden, verstoßen, kränken, Unheil stiften, Böses zufügen, Spielverderber sein, aufregen, beleidigen, erzürnen, erbosen, abstoßen, verstimmen, empören, stören, erbittern, betrüben, ein Vergnügen verderben ● beschädigen, entstellen, ramponieren, ruinieren, vermasseln, verhundsen, vermassen, verschandeln, versehren, verunstalten ● schieben, bewegen, stoßen, deuhen u, verursachen, anregen, anreizen, ermuntern, treiben, veranlassen, antreiben, einleiten, erregen, reizen, Initiative entwickeln, in Bewegung setzen ● anecken, sich bloßstellen, Mißbilligung erregen, Ärgernis geben, Skandal hervorrufen, seinen Ruf verscherzen, die gute Meinung verlieren, sich einem Tadel aussetzen, seinen Namen aufs Spiel setzen, sich vorbei benehmen u. → begegnen, begrenzen, berühren, beschädigen, bums, trinken. ▶ hemmen, trennen.

anstoßend → angrenzend, bei, beisammen, dabei, daneben, dicht dabei, nahe.
anstößig gemein, niederträchtig, schimpflich, schmählich, unehrlich, verrufen, schändlich, tadelnswert, mißfällig, sträflich, ungünstig, unerfreulich, geschmacklos, widerlich, widerwärtig, nicht empfehlenswert. → abstoßend, anrüchig, bedauerlich, empörend, entehrend. ▶ anständig, ansprechend.
Anstößigkeit Gemeinheit, Niedertracht, Schimpf, Schmach, Schande, Unehre, Verruf, Verworfenheit, Unanständigkeit, Ferkelei u, Schweinigelei. → dunkler Punkt. ▶ Anständigkeit.
anstrahlen → beleuchten, bewundern.
anstrengen → anmachen.
anstreben → anfassen, arbeiten, begehren, Beste tun, streben sich, debütieren, erzwecken, fassen ins Auge, holen, machen.
anstreichen beklecksen, beizen, bemalen, bepinseln, färben, kolorieren, lackieren, malen, schminken, streichen, tönen, tünchen, übermalen, sich zurecht machen, pönen sm ● vergelten, heimzahlen, sich revanchieren. → A und O, abrechnen, ausmalen, bedecken, einschärfen. ▶ entfärben, vergeben.
Anstreicher Maler, Lackierer, Tüncher, Weißbinder ö.
anstreifen → begegnen.
anstrengen sich aufreiben, sich befleißigen, büffeln, kämpfen, sich placken, sich quälen, rackern, ringen, schinden, schuften, hat alle Hände voll zu tun, alle Kräfte anspannen, seine ganze Fähigkeit aufbieten, nichts unversucht lassen, alle Hebel in Bewegung setzen, sich den Kopf zerbrechen, abäschern u, abrackern, sich auf die Hinterbeine stellen u, sich ins Zeug legen. → abarbeiten, abmühen, arbeiten, Beste tun, erkämpfen. ▶ faulenzen.
anstrengen, sich → arbeiten, beeilen, beschäftigen, bestreben sich, fallen schwer.
Anstrengung Arbeit, Bestreben, Bemühung, Dienstleistung, Hilfe, Mühe, Plage, Strapaze, Werk, Beschwerlichkeit, Last, Mühsal, Schwierigkeit, Mühseligkeit, Plackerei, Schinderei, Ueberbürdung, Kampf, Ringen, Druck, Kraft, Überhast, Pferdearbeit, Heidenarbeit, Mordsarbeit, Sauarbeit u ● Leibesübung, Sport ● Hudelei, Pfusch, Sudelei, Murks u ●

Fron, Schufterei, Ermattung, Qual, Folter, Alpdruck, Kräfteverbrauch, Jagd, Tatkraft ● Nachdenken, Nachsinnen, Nachgrübeln, Aufmerksamkeit, Studium, Erforschung, Streben Rührigkeit, Feuereifer, Eifer, Prüfung. → Arbeit, Aufgebot, Bemühung, Beschwerde, Dienst, Erröten. ▶ Nichtstun.

Anstrich Bewurf, Blendung, Deckfarbe, Firnis, Lack, Oberschicht, Puder, Schminke, Stukkatur, Tünche, Überzug, Verputz ● Schein, Scheinwissen, Unfähigkeit, Halbwissen, Verstellung, Heuchelei, Scheinheiligkeit, Frömmelei, Deckmantel, Beschönigung, blauer Dunst, Schnack, Trugschluß. → Bedeckung, Farbe, Farbton. ▶ Enthüllung, Wahrhaftigkeit.

Anstrich geben, falschen täuschen, mogeln, irreführen, überlisten, vorspiegeln. → bemänteln. ▶ wahrhaftig (sein).

anstricken → anmachen, aufschlagen.

anstückeln → ausfüllen.

Ansturm Run. → Anlauf, Anprall, Bewegungstrieb, Drang.

anstürmen → branden, einstürmen.

Ansuchen → Begehr, Bettelei, Eingabe, Gesuch.

ansuchen → anhalten, begehren, bemühen, betteln, bewerben sich.

Ansucher → Antragsteller, Bettler, Bewerber, Bittsteller.

antanzen vortraben, anrauschen. → ankommen.

antasten → berühren.

Anteil Wichtigkeit, Neigung, Streben, Ziel, Interesse s ● Ertrag, Erwerb, Gewinn, Nutzen, Zuschuß, Zuteilung, Zuweisung, Ernte, Wert, Dividende, Ausbeute, Ausschüttung, Ergebnis, Gewinnanteil, Kontingent, Reinertrag, Teilgenuß, Maß, Portion, Teil, Claim, Ration, Quote, Beitrag, Zahlung, Dosis, Menge, Quantum, Abschnitt, Bissen, Brocken, Bruchstück, Fetzen, Stück, Span, Splitter, Aktie, Anteilschein, Coupon, Deputat, Los, Prämie, Rate, Share, Verdienst, Zinsschein. → Abschnitt, Anspruch, Auflage, Aufschlag, Ausbeute, Beitrag, Coupon, Dosis, Erwerb, Mitgefühl. ▶ Ganzheit, Herzlosigkeit, Verlust.

anteilig anteilmäßig, prozentual, der Zahl oder Menge nach, nach dem Los.

anteillos → abgebrüht, abgestumpft, dickhäutig, eingetrichtert.

Anteilnahme → Augenmerk, Barmherzigkeit, Beflissenheit, Beileid, Charitas, Teilnahme.

anteilnehmend → eingenommen.

Anteilschein → Anteil.

Antenne → Ahnung, Gefühl.

antik → alt, altertümlich.

Antipathie → Abneigung, Abscheu, Bedenken.

antippen → berühren.

antiquarisch → alt.

Antiquität → Schatz.

Antiseptika → Arznei.

Antlitz → Angesicht.

Antrag Anliegen, Ansinnen, Bettelbrief, Bitte, Bittschrift, Eingabe, Gesuch, Petition, Ultimatum, Vorschlag, Bewerbung, Anrufung. → Angebot, Bettelbrief, Bewerbung, Chrie. ▶ Ablehnung.

Antragsteller Bewerber, Bittgänger, Bittsteller, Freier, Suchender, Ansucher, Kandidat, Aspirant, Fürbitter. → Bettler, Bewerber, Bittsteller.

antreffen → begegnen sich, einmarschieren.

antreiben → anbahnen, anfahren, anhalten, ankurbeln, anregen, anstoßen, aufrichten, beeinflussen, begeistern, beschleunigen, bringen aufs äußerste, Dampf dahinter machen, drängen, elektrisieren, ermuntern, erregen, stoßen.

antreibend lebhaft, rasch, draufgängerisch, impulsiv, stimulierend, anfachend, anregend, anspornend, belebend, bewegend, erregend, reizend, aufmunternd, aufkratzend, aufwühlend, auffrischend, berauschend, begeisternd, entflammend, faszinierend, elektrisierend, inspirierend, mitreißend, packend, oohürond, zündond, fördernd. → beeinflussend, erregend. ▶ hemmend.

Antreiber Anstifter, Treiber, Bewirker, Schinder. → Anstifter.

antreten → abfahren, erscheinen.

Antrieb Impuls *m*, Einsatz, Entschlossenheit, Tatkraft, Wagemut, Initiative. → Anlaß, Anlauf, Anstoß, Beginn, Bedingung, Bewegung, Dynamik, Entschlußfähigkeit, Ermunterung. ▶ Hemmung.

Antritt → Anfang.

antun Gewalt antun, entstellen, verdrehen ● umbringen, überwältigen, kaltmachen, töten ● sich das Leben nehmen, Selbstmord begehen ● behindern, ein Bein stellen, schädigen, ● übervorteilen, hineinlegen, übers Ohr hauen ● anstellen, verletzen, schäden.

Antwort Aufklärung, Auskunft, Beantwortung, Bericht, Bescheid, Einrede, Entgegnung, Erwiderung, Nachricht, Replik, Rückäußerung, Auf-

schluß, Darlegung, Mitteilung, Gegenbeweis, Widerlegung, Widerspruch, Gegenstimme, Retourkutsche. → Auskunft, Bekenntnis, Bescheid. ▶ Frage.

Antwort geben → antworten.

antworten beantworten, entgegnen, erwidern, replizieren, widerlegen, widersprechen, Antwort geben, Bescheid geben, versetzen, erklären, sich äußern, aufklären, berichten, entgegentreten, rechtfertigen. → beantworten, einwerfen, erwidern. ▶ fragen.

Antwortschreiben → Antwort.

anulken → auslachen.

anvertrauen abgeben, abliefern, aushändigen, überlassen, überreichen, zustellen, übergeben ● ausposaunen, ausschwatzen, zuflüstern, beichten, einflüstern, einblasen, zutragen ● ausleihen, verborgen, verleihen, verpumpen ● im Vertrauen mitteilen, auf die Nase binden *u*, in Verwahrung geben. → abladen, anstellen, auspacken, ausstehen, beauftragen, beichten, berufen, beschäftigen, delegieren, ermächtigen. ▶ behalten, verheimlichen.

Anverwandte Bruder, Schwester, Nachkomme, Familie, Geschlecht, Sippe, Clan, Sippschaft, Verwandtschaft, Angehöriger, Verwandter, Vater, Alter, Papa, Pa, der alte Herr, Tate *jüd*., Mutter, Mama, Mammi, Mutti, Eltern, die alten Herrschaften, Kind, Sproß, Sprößling, Stammhalter, Bankert, Nachfahre, Großvater, Opa, Großmutter, Oma, Urgroßvater, Ahnen, Vorfahren, Enkel, Urenkel, Geschwister, Gebrüder, Zwilling, Drilling, Oheim, Onkel, Großonkel, Tante, Muhme, Base, Großtante, Neffen, Nichte, Schwager, Schwägerin, Schwipp-Schwager, Schwiegervater, Schwäher, Schwiegermutter, Schwieger, Schwiegersohn, Eidam, Tochtermann, Schwiegertochter, Schnur, Stiefvater, Stiefmutter, Stiefsohn, Stieftochter, Halbbruder, Halbschwester, Vetter, Cousin, Geschwisterkind, Cousine, Witwe, Wittfrau, Wittib, Witwer, Wittmann, Waise, Mischpoke *jüd*., die alte Dame. ▶ Fremder.

Anverwandtschaft → Anverwandte, Bagage.

anvisieren → visieren.

anwachsen → anschwellen, drängen.

Anwallung → Anwandlung, Befinden.

Anwalt Advokat, Berater,

Fürsprecher, Jurist, Rechtsanwalt, Rechtsbeistand, Verteidiger, Vertreter, Helfer, Ratgeber, Sprecher, Sachwalter, Unterhändler, Vermittler, Konsulent, Rechtskundiger, Syndikus, Dr. jur., Doktor beider Rechte, Justiziar ● Rechtsverdreher, Paragraphenhengst *u.* → Beauftragter, Beistand, Berater, Bevollmächtigter. ▶ Richter.

Anwaltschaft → Bestallung.

Anwandlung Bewegung, Einfall, Erwärmung, Laune, Regung, Stimmung, Verlangen, Wallung, Gemütszustand, Verfassung, Anfall, Grille, Launenhaftigkeit ● Schwäche, Anwallung, Übelbefinden, Leiden, Beschwerde, Angegriffenheit ● Reizbarkeit, Erregbarkeit, Empfindlichkeit, Heißblütigkeit, Temperament, Gereiztheit, Unruhe, Aufgebrachtheit, Mutwille, Ausgelassenheit, Leidenschaftlichkeit, Erregung, Jähzorn, Koller, Rappel, Wutausbruch, Bosheit, Raserei, Poltern, Erbitterung, Rachgier, Bitterkeit. → Affekt, Befinden, Bewegung. ▶ Beherrschung.

anwärmen → wärmen, erhitzen.

Anwärter Aspirant *m.* → Kandidat.

Anwartschaft → Anrecht, Anspruch.

anweisen → anordnen, befehlen, begehren, beordern, besetzen, bezahlen, binden auf die Seele, diktieren, dirigieren, erteilen Auftrag.

Anweisung → Anleitung, Befehl, Belehrung, Bevormundung, Chrie, Coupon, Dekret, Direktive, Ermächtigung, Ermahnung, Ermunterung, Erziehung, Ratschlag.

anwendbar denkbar, möglich, ausführbar, passend, ratsam, verwendbar, angemessen, förderlich, wirksam, möglich, kann angezogen werden, kann zitiert werden, kann angeführt werden, kann als Beispiel dienen, sachgemäß, ziemlich, gleichwertig, ebenbürtig, recht, richtig, treffend, ordnungsgemäß. → ausführbar, denkbar, einschlägig, erreichbar, fachgemäß. ▶ unanwendbar, unbrauchbar.

anwenden sich bedienen, benützen, brauchen, gebrauchen, verwenden, verwerten, Gebrauch machen von, verarbeiten, sich zunutze machen ● handhaben, bedienen, betreiben, hantieren ● verbrauchen, ausnützen, ausschlachten, auswerten. → bedienen sich, brauchen. ▶ ablehnen, verschmähen.

Anwendung Gebrauch, Hantierung, Pflege, Verfahren, Verwendung, Wartung, Bedienung, Benützung, Handhabung, Regel, Sitte, Usus, Usance. → Behandlung, Beispiel, Benützung. ▶ Ablehnung, Verzicht.

anwerben → ausheben, beigesellen, berufen, einfordern.

Anwerber → Werber.

anwerfen → anfahren, ankurbeln.

Anwesen Gut, Hof, Gehöft, landwirtschaftlicher Betrieb, Landwirtschaft, Kate, Bauernhof, Gutshof, Schäferei, Farm *f*, Herrenhof, Rittergut, Domäne, Stammgut, Fideikommiß *s*, Hacienda *f*, Klitsche *u.* → Ansiedlung, Bauernhof, Besitztum.

anwesend gegenwärtig, greifbar, vorhanden, effektiv, faktisch, konkret, real, substanziell, wirklich, da, präsent. → ansässig, befindlich, dabei, daselbst, dort. ▶ abwesend.

anwesend sein → aufhalten sich, bewohnen, daheim, da sein.

Anwesender Beobachter, Augenzeuge, Betrachter, Späher, Spion, Zeuge, Zuschauer, Besucher, Lauscher, Zuhörer. → Beobachter, Dabeistehender.

Anwesenheit Besuch, Gegenwart, Vorhandensein, Mitwirkung, Teilnahme, Existenz. → Besuch, Dasein, Existenz. ▶ Abwesenheit.

anwidern widerstreben, widerstehen, schlecht schmecken, anekeln, Ekel erregend, ankotzen, bitter, ekelhaft, fad, fies, flau, geschmacklos, herb, ranzig, schal, scharf, übelschmeckend, unappetitlich, ungenießbar, widerlich, aasig, alt, blöde, es steht bis zum Halse, von Gott im Zorn geschaffen, unschmackhaft ● verleiden, verleidet werden, schwer ankommen, gegen den Strich gehen ● widerlicher Mensch: Ekel, Teufelsbraten, Brechmittel *u.*, Knülch *u.*, Kunde *u.* → abstoßend, anekeln, dick haben etwas, entsetzen sich. ▶ gefallen, schmecken, zusagen.

Anwohner → Einwohner, Nachbar, Anlieger.

Anwurf → Beleidigung, Beschwerde, Decke.

Anzahl Fülle, Masse, Menge, Vielfalt, Vielheit, Anhäufung, Ansammlung, Flut, Gedränge, Getümmel, Getriebe, Gewimmel, Gewirre, Gewühl, Gruppe, Haufen, Heer, Herde, Knäuel, Legion, Meute, Rotte, Rudel, Schwarm, Unmasse, Unmenge, Unsumme, Unzahl, Versammlung, Volk, Zulauf, Schwall, Auflauf, Andrang, Schlange, viele, Unmaß ● Pack, Posten, Reihe,

Folge, Glieder, Kette, Aufeinanderfolge, Serie, Kreis, Sammlung. → Diverses. ▶ Wenigkeit.

anzahlen einen Abschlag zahlen, vorauszahlen, einen Vorschuß geben.

Anzahlung → Abzahlung, Einzahlung.

anzapfen → abziehen, angreifen, aufbrechen.

Anzapfung → Abzug, Angriff.

Anzeichen Art, Bezeichnung, Darstellung, Gepräge, Kennzeichen, Merkmal, Stempel, Wesenheit, Symptom, Erscheinung, Krankheitszeichen, Vorbote, Zeichen, Auspizien, Mahnung, Omen, Vorbedeutung, Vorzeichen, Finger Gottes. → Aspekt, Ausblick, Bake.

Anzeige Benachrichtigung, Bericht, Avis *s*, Ankündigung ● Zeitungsanzeige, Inserat *s*, Annonce, Anpreisung, Ausschreibung, Bekanntgabe, Einrückung, Erklärung, Insertion, Kundmachung, Kunde, Meldung, Publikation, Bekanntmachung, Protokoll, Rapport ● Klage, Anklage, Denunziation, Bezichtigung. → Angabe, Angebot, Auskunft, Bekanntgabe, Benachrichtigung, Bericht, Chronik, Denunziation, Depesche. ▶ Verheimlichung.

anzeigen ankündigen, benachrichtigen, berichten, avisieren, indizieren ● aufdecken, auspacken, bloßlegen, demaskieren, denunzieren, enthüllen, entlarven, verklatschen, verpfeifen, hinterbringen, petzen, vernadern, verraten, anpetzen, verpetzen, anscheißen *u*, verklatschen, ausplaudern ● unterrichten, informieren, einen Wink geben, darauf aufmerksam machen, annoncieren, inserieren. → angeben, anklagen, ankündigen, aussagen, behaupten, benachrichtigen, berichten, beschuldigen, beweisen, bloßlegen, brechen das Stillschweigen, darstellen, demaskieren, denunzieren, einrücken, erkennen lassen. ▶ verheimlichen.

anzeigen, sich → auftauchen.

Anzeiger Indikator *m*, Denunziant *m*, Inserent *m*, Ankündiger *m*, Berichterstatter, Bote, Zuträger, Petzer, Petze, Zwischenträger, Zeitung, Blatt, Journal. → Angeber, Bake.

anzetteln aufbegehren, sich empören, meutern, putschen, randalieren, rebellieren, wühlen, verschwören, aufputschen, aufwiegeln, revolutionieren, verhetzen. ▶ beugen sich.

anziehen ankleiden, anlegen, ausstaffieren, bedecken, bekleiden, beschuhen, überziehen, umbinden, umhängen, umhüllen, umwickeln, verdecken, verhüllen, verkleiden, zudecken, einmummeln *u*, sich anpellen *u* ● anheben, anlaufen, anschieben, anschleppen, losfahren, beeinflussen, einwirken, beherrschen ● ins Schlepptau nehmen, in Bewegung setzen oder bringen ● locken, verlocken, heranziehen, Feuchtigkeit anziehen, Einfluß nehmen. → anfahren, anfangen, bedecken, behängen, fesseln. ▶ abstoßen, ausziehen, loslassen.

anziehend attraktiv, fesselnd, interessant, begehrenswert, ersehenswert, erstrebenswert, wünschenswert, bestechend, gewinnend, beachtenswert, kurzweilig, packend, seltsam, spannend, unterhaltsam, erregend, sehenswert, vielsagend, vielversprechend, sympathisch, adrett, lockend, verlockend, knusprig *u*, zum Fressen *u*, zum Anbeißen ● hygroskopisch, magnetisch. → angenehm, amüsant, anmutig, begehrenswert, bestechend, bestrickend, charmant, entzückend. → erfreulich, erwünscht. ▶ abstoßend.

Anziehung Attraktion *f*, Galanummer, Glanzstück, Reiz, Zugstück, Sensation, Magnet, Anziehungskraft, Anziehungsmittel, Reißer, Schlager, Zugkraft ● Verwandtschaft, Liebe, Wahlverwandtschaft, Neigung, Zuneigung, Zärtlichkeit, Teilnahme, Hinneigung, Sympathie, Mitgefühl, Gefallen, Bewunderung, Gunst, Hang, Lust, Liebhaberei ● Affinität, Gravitation, Adhäsion, Magnetismus, Schwerkraft, Schwere ● Bann, Beeinflussung, Bezauberung, Einfluß, Einwirkung, Köder, Lockspeise, Verlockung, Verführung, Verleitung, Versuchung, Unwiderstehlichkeit, Suggestion, Zauber ● Aneiferung, Anregung, Ansporn, Beispiel ● Pracht, Glanz, Schimmer, Herrlichkeit, Wohlgestalt, Ebenmaß, Stattlichkeit, Augenweide, Charme, Ideal. → Anziehungskraft, Attraktion, Bann, Beeinflussung. ▶ Einflußlosigkeit, Haß, (Abstoßung).

Anziehungskraft Anziehungsmittel, Magnetismus, Reißer, Reiz, Schlager, Zugkraft. → Anziehung, Drang.

Anziehungsmittel → Anziehung, Anziehungskraft.

Anziehungspunkt Blickfang, Blickfänger, Sensation. → Anziehung.

Anzug Ausrüstung, Bekleidung, Garderobe, Gewand, Gewandung, Kleid, Dreß, Kluft, Kostüm, Montur, Schale, Staat, Tracht, Uniform, Livree, Maske, Maskierung, Rock, Sackrock, Gehrock, Frack, Waffenrock, Überrock, Koller, Joppe, Jacke ● Beginn, Anstoß, Antrieb, Vorgehen, Vorgang, Anlauf, Ansatz, Herannahen, Ankunft, Anbruch, Anfangspunkt, Start, Annäherung. ▶ Abzug.

Anzug sein nahesein, beinahe, nahezu, nahend, nahestehend, nähernd, sich nähern, näher kommen, vorrücken, anmarschieren, nahen, treiben, herankommen, heraneilen, heranlaufen, auf den Fersen folgen.

anzüglich → bissig.

Anzüglichkeit → Aufziehen, Bemerkung, Bissigkeit, Spott, Ehrenkränkung.

anzünden beleuchten, entzünden, erhellen, erleuchten, zünden, Feuer machen, anblasen, anfachen, anstecken, brennen, einfeuern, einheizen, entfachen, anschüren, anbrennen, in Brand stecken, Feuer anlegen, ankriegen *u*. → anregen, beeinflussen, begeistern, beleuchten, Brand stecken. ▶ auslöschen.

anzweifeln → zweifeln.

Apanage → Besitztum.

apart besonders, eigen, eigenartig, erlesen, gefällig, geschmackvoll, persönlich, reizvoll, originell, echt, neu, selbstschöpferisch, ureigen. → anmutig, besonders, eigen. ▶ gewöhnlich.

Apathie → Betäubung.

Aperçu → Einfall.

Apostat *m* → Abtrünniger.

Apostel → Anhänger.

Apothekerware → Arznei.

Apotheose → Endeffekt.

Apparat Anlage, Einrichtung, Gerät, Getriebe, Instrument, Maschine, Maschinerie, Mechanismus, Motor, Räderwerk, Triebwerk, Vorrichtung, Hebel, Werkzeug ● Photoapparat, Filmapparat, Kurbelkasten, Projektor, Wiedergabeapparat ● Radio, Empfänger, Fernsehgerät, Fernseher, Quietschkasten *u*, Grammophon, Wimmerkasten *u*, Plattenspieler, Phonograph, Bandgerät, Elektronengerät, Tonbandgerät.

Appartement Wohnung, Zimmer, Behausung, Bude *u*.

Appeal → Anziehung.

Appell Anruf, Aufruf, Erkennungswort, Mahnruf, Weckruf, Zuruf, Parole, Befehlsempfang, Besichtigung,

Befehl, Forderung, Gebot, Mahnung. → Alarm, Anruf.

appellieren angehen, anrufen, aufrufen, zusetzen, sich wenden an. → angeben, berufen sich.

Appendix → Anhang, Beifügung.

Appetit Eßlust, Eßsucht, Hunger, Heißhunger, Kohldampf, Wolfshunger, Durst. ▶ Widerwille.

appetitlich aromatisch, delikat, fein, genießbar, götterhaft, köstlich, kräftig, lecker, mundgerecht, pikant, schmackhaft, verlockend, wohlschmeckend, würzig, zum Anbeißen ● begehrenswert, einladend, erwünscht, süffig, vielbegehrt, wünschenswert, ansprechend, knusprig, sauber, zum Fressen *u*, wie aus dem Ei gepellt *u*. → aromatisch, behaglich, delikat. ▶ unappetitlich.

Applaus → Anerkennung, Beifall.

approximativ → annähernd.

Ära → Epoche.

Arbeit Aufgabe, Ausführung, Beschäftigung, Dienstleistung, Funktion, Handlung, Leistung, Obliegenheit, Pflicht, Tätigkeit, Tat, Unternehmen, Verrichtung, Werk, Wirksamkeit, Wirkungskreis ● Anstrengung, Bestreben, Bemühung, Hilfe, Mühe, Besorgung, Schöpfung, Verdienst, Kopfzerbrechen, Last, Mühsal, Beruf, Amt, Arbeitsfeld, Ausübung, Betätigung, Broterwerb, Dienst, Job, Erwerbszweig, Existenz, Fach, Gewerbe, Rolle, Stellung, Zweig ● Manuskript, Aufzeichnung, Druckvorlage, Handschrift, Niederschrift, Satzvorlage, Urschrift, Kunstwerk, Malerei, Skulptur, Tonsatz, Komposition, Aufsatz, Beitrag, Denkschrift ● Plage, Schwierigkeit, Gründung, Vermittlung, Mitarbeit, Schinderei, Strapaze, Überbürdung ● Dissertation, Doktorarbeit, Essay, Programm, Untersuchung, Abhandlung. → Akkord, Anstrengung, Aufgebot, Bemühung, Beruf, Beschwerde, Besorgung, Bewerkstelligung, Dienst, Dienstpflicht, Facharbeit, Leistung. ▶ Müßiggang, Nichtstun.

arbeiten sich anstrengen, rackern *u*, schuften *u*, ausüben, sich befassen, sich befleißigen, sich bemühen, sich beschäftigen, sich betätigen, betreiben, werken, handeln, leisten, produzieren, sich regen, sich rühren, schaffen, schöpfen, tun, sich widmen, wirken ● anfangen, angreifen, anpacken, anstreben, anstrengen, aufbauen, ausfeilen, ausführen, beginnen, bemühen, bereiten, bestellen, besorgen, bewerkstelligen, durchführen, handhaben, erfüllen, erledigen, erzeugen, formen, herstellen, hervorrufen, nicht unterlassen, sich weihen, machen, unternehmen, verrichten, verwirklichen, vollbringen, vollführen, vollstrecken, zubereiten ● anfassen, beispringen, mitarbeiten, helfen, basteln, bosteln, werkeln, herummachen, wursteln, in Angriff nehmen, Hand anlegen, in die Hand nehmen ● herumfummeln *u*, herumwursteln *u*, hudeln, schluddern *u*, pfuschen. → abmühen, anfangen, anfassen, ausüben, basten, bedienen, beistehen, bekümmern, beschäftigen, beteiligen sich, binden sich selbst eine Rute, durchbringen sich, erbauen, ernähren sich. ▸ faulenzen, untätig sein.

Arbeiter Altgeselle, Altmeister, Gehilfe, Gesell, Handlanger, Handwerker, Krauter *u*, Knecht, Kuli, Lehrjunge, Lehrbub, Meister, Mitarbeiter, Fabrikarbeiter, Landarbeiter, Arbeitnehmer, Kumpel, Proletariat, Tagelöhner ● Erbauer, Erzeuger, Former, Schaffer, Schöpfer, Urheber, Verfasser ● Schaffender, Ausführender, Mädchen für alles. → Arbeitnehmer. ▸ Faulpelz.

Arbeitgeber Brotherr, Meister, Bas (Baas), Boß *m*, Chef, Betriebsleiter, Geschäftsleiter, Direktor, Generaldirektor, Brotgeber, Lohnherr, Ernährer. ▸ Arbeitnehmer.

Arbeitnehmer Chauffeur, Kutscher, Lohndiener, Verwalter, Inspektor, Vertreter, Reisender, Beamter, Famulus *m*, Gehilfe, Ephorus *m*, Aufseher, Hausknecht, Employé *m*, Domestik *m*, Dienstmädchen, Dienstbote, Diener, Disponent *m*, Prokurist, Abteilungsleiter, Sektionschef, Buchhalter, Clerk, Beamter, Angestellter, Federfuchser *u*, Bürohengst *u*, Stehkragenprolet, Arbeiter. → Arbeiter, Gesinde. ▸ Arbeitgeber.

arbeitsam rege, betriebsam, fleißig, geschäftig, regsam, rührig, tätig, unternehmend, beflissen, beweglich, biereifrig, eifrig, emsig, flink, flott, forsch, frisch, hurtig, lebhaft, munter, rastlos, resolut, ruhelos, schnell, unermüdlich, unverdrossen, tüchtig, versessen, zielbewußt, energisch, lebendig, sich hineinknien, schneidig. → aufge-

schlossen, ausdauernd, erwerbsam. ▸ faul.

Arbeitsbereich → Beruf, Charge.

arbeitsfähig → diensttauglich, dienstfähig, gesund.

Arbeitsfeld → Arbeit, Beruf, Erwerbszweig, Existenz.

arbeitsfrei → arbeitslos, Ferien, Feierabend.

Arbeitsfreude → Arbeitslust.

Arbeitshaus → Bestrafung, Kerker.

Arbeitskleidung → Dienstkleidung.

Arbeitskreis → Amt.

Arbeitsleistung → Leistung.

Arbeitslohn → Belohnung.

arbeitslos unbeansprucht, frei, unverwendet, verfügbar, ausgedient, pensioniert, abgebaut, abberufen, abgelohnt, abgesetzt, beurlaubt, untätig, brotlos, gekündigt, verabschiedet, entlassen, weggeschickt, fortgejagt, suspendiert, kalt gestellt, aus dem Sattel gehoben, über Bord geworfen, den Stuhl vor die Tür gesetzt. → arm, beschäftigungslos, dienstfrei, erwerbslos, faul. ▸ beschäftigt.

Arbeitslust Eifer, Beflissenheit, Emsigkeit, Hingabe, Lust und Liebe, Regsamkeit, Arbeitsfreude, Rührigkeit, Tatenlust, Tatendrang, Energie, Begeisterung, Betriebsamkeit, Tatkraft, Fleiß, Ausdauer, Beharrlichkeit, Elastizität, Schaffenslust, Strebsamkeit. → Beflissenheit, Begeisterung, Bemühung, Ehrgeiz, Eifer, Energie. ▸ Trägheit.

Arbeitsplatz Wirkungsbereich, Stelle, Werk, Betrieb, Atelier, Studio, Laboratorium, Dock, Bauhof, Werft, Büro, Schreibstube, Amtsstube, Fabrik, Werkstätte.

Arbeitsraum → Anstalt, Atelier. Bureau.

arbeitsscheu untätig, lahm, lässig, müßig, saumselig, träge. → bequem, faul. ▸ arbeitsam.

Arbeitsscheuer → Arbeitsunfähiger, Faulpelz.

Arbeitssegen Aufbau, Aufstieg, Förderung, Entwicklung, Erneuerung, Fortschritt, Gedeihen, Segen, Verbesserung, Vermehrung, Wachstum, Zunahme, Weiterentwicklung, Weiterkommen, Gewinn, Ansehen, Ruhm, Versorgung, Reichtum, Glück, Befriedigung. ▸ Mißerfolg.

Arbeitsstube → Atelier.

Arbeitstag → Alltag.

arbeitsunfähig invalid, dienstunfähig, untauglich, abgespannt, behäbig, bequem, bummelig, energielos, faul, lahm, matt, müde, müßig, nachlässig, saumselig, krank. schlaff, schläfrig, schlapp,

schwerfällig, träge, unbeweglich, unlustig, untätig, verbummelt, verdrossen, unter das alte Eisen gehörig. ▸ arbeitsfähig.

Arbeitsunfähiger Dienstunfähiger, Invalider, Arbeitsscheuer, Bärenhäuter, Bummelant, Bummler, Döskopp, Drohne, Eckensteher, Faulpelz, Hallodri, Herumlungerer, Müßiggänger, Nichtstuer, Schlafhaube, Schlafmütze, Strolch, Tagedieb, Taugenichts. ▸ Schaffender.

Arbeitsunfähigkeit Dienstunfähigkeit, Invalidität *f*, Pensionierung, Suspendierung, Verabschiedung, Absetzung, Bummelei, Indolenz, Müßiggang, Trägheit, Widerwille. ▸ Wirksamkeit.

Arbeitsunlustiger → Drückeberger.

archaisch (ältester Herkunft) → altertümlich.

Architekt → Baumeister, Erbauer.

Architektur → Baukunst.

Archiv Urkundensammlung, Bildarchiv, Tonarchiv, Bücherei ● Fachblatt.

Arena Sportfeld, Sportplatz, Rennbahn, Kampfbahn, Stadion ● Turf, Reitbahn, Tattersall ● Turnierplatz ● Zirkusrund, Schauplatz, Manege.

arg böse, boshaft, falsch, gehässig, hart, herzlos, hinterlistig, übelwollend ● bitter, derb, grausam, heftig, niederschmetternd, schwer, tödlich, unerbittlich, ganz, zuviel, eng, gedrängt, knapp, schmal ● charakterlos, faul, gemein, gewissenlos, haltlos, infam, liederlich, nichtsnutzig, nichtswürdig, niederträchtig, ruchlos, schamlos, schändlich, schlecht, schuftig, sittenlos, sündhaft, treulos, unanständig, unartig, ungut, schimpflich, ungezogen, unmoralisch, unsolide, unverschämt, unzüchtig, verdorben, verkommen, verrufen. → abscheulich, beißend, bejammernswert, böse. ▸ gewissenhaft, gut.

Ärger Verstimmung, Groll, Mißbehagen, Mißfallen, Spannung, Unbehagen, Unmut, Unwilligkeit, Unzufriedenheit, Verübelung, Empfindlichkeit, Laune, Reizbarkeit, Anstoß nehmen, Aufgebrachtheit, Bitterkeit, Erbitterung, Erregung, Mißmut, Verdruß, Plage, Qual, Unannehmlichkeit, Verdrießlichkeit, Verdruß, Widerwärtigkeit. → Beschwerde, Bitterkeit, Erbostheit, Erregung, Verstimmung. ▸ Freude.

ärgerlich peinlich, betrübend, lästig, penibel, schwierig, unangenehm, unerfreulich, verdrießlich, widrig, bitter, böse, entsetzlich, schmerzlich, furchtbar, grauenhaft, jammervoll, kläglich, widerwärtig, betrüblich, heikel, unliebsam, verwickelt ● auffahrend, unwirsch, unbefriedigt, mürrisch, mißvergnügt, mißmutig, mißgelaunt, mißgestimmt, krittlig, grantig ö, enttäuscht, brummig, bösartig, zänkisch, unzugänglich, spöttisch, reizbar, bissig, bärbeißig, unzufrieden, verdrossen, enttäuscht, bedeppt, griesgrämig, lustlos, mißlaunig, verschnupft. verstimmt. → aufgelegt, aufreibend, bärbeißig, bedenklich, beschämend, bitter, bitterlich, böse, cholerisch. ▶ erfreulich.

ärgern alterieren, ängstigen, anöden, aufregen, bedrängen, bedrücken, behelligen, behindern, belästigen, beleidigen, benachteiligen, deprimieren, entmutigen, enttäuschen, erbosen, erzürnen, fuchsen, herausfordern, hochbringen, irritieren, kränken, kujonieren, schikanieren, schmähen, versauern, verbittern, verdrießen, vergällen, verleiden, verletzen, verschnupfen, verstimmen, verwunden, wurmen, zurücksetzen, wehe tun, in Wut bringen, nicht zufriedenstellen, unbefriedigt lassen, auf die Nerven gehen, Hoffnungen vereiteln, den Wunsch versagen, des Vergnügens berauben, die Freude verderben, die Lust nehmen, die Gefühle verletzen, wütend machen, in Harnisch bringen, die Galle aufregen, aufs äußerste treiben, zu Tode ärgern, böses Blut machen, den Zorn entfachen, das Blut in Wallung bringen, sich unbeliebt machen, das Herz schwer machen, bittere Stunden verursachen, ein Nagel zum Sarg sein, sich giften, sich schwarz ärgern, verschnupft sein. → ärgern, aufregen, ausstehen, beklagen, betrüben, Dorn im Auge, erblassen, Erfahrung machen bittere. ▶ erfreuen.

Ärgernis Anstoß, Ausschweifung, Freveltat, Greuel, Liederlichkeit, Pflichtverletzung, Roheit, Schandtat, Schurkerei, Sittenverfall, Biesterei u, Ferkelei u, Schweinerei u, Schweinigelei u, Skandal, Unsittlichkeit, Zuchtlosigkeit ● Plage, Heimsuchung, Leiden, Marter, Mißbehagen, Mißgeschick, Nachteil, Not, Übel, Unglück, Verzweiflung, Enttäuschung, Kummer, Mißgunst, Mißstimmung, Mißvergnügen, Neid, Unbehagen,

Unlust, Verbitterung, Verdrießlichkeit, Verdruß, Aufregung, Ingrimm, Koller, Raserei. → Betrübnis. ▶ Freude. **Ärgernis erregen** → anecken. **Arglist** Hinterlist, Tücke, Intrige f, Ränke, Bosheit, Heimtücke, Hinterhalt. → Bestechung, Betrug, Bosheit, Dolchstoß, Falschheit, Käuflichkeit.▶ Aufrichtigkeit, Gutmütigkeit, Treuherzigkeit. **arglistig** hinterlistig, ränkevoll, streitsüchtig, intrigant, böse, bübisch, eidbrüchig, ehrlos, ehrvergessen, falsch, gewissenlos, heimtückisch, hinterfotzig, heuchlerisch, lügenhaft, perfid, ruchlos, schändlich, schimpflich, schurkisch, spitzbübisch, abgebrüht, ausgekocht, diplomatisch, doppelzüngig, glattzüngig, gleisnerisch, jesuitisch, listig, pharisäisch, scheinheilig, verlogen, tükkisch, übelgesinnt, übelwollend, bitterbös, bösartig. aalglatt, abtrünnig, bestechlich, böse, charakterlos, diabolisch, durchtrieben, falsch. ▶ arglos, aufrichtig, gutmütig, treuherzig. **arglos** lauter, durchsichtig, echt, ehrbar, ehrlich, klar, makellos, rechtschaffen, rein, sauber, unverfälscht ● leichtgläubig, dumm, einfältig, kindisch, naiv, nichtsahnend, offen, treuherzig, vertrauenselig, getrost, hoffnungsvoll, sorglos, zutraulich, zuversichtlich, vertrauensvoll, bieder, brav, engelsfromm, harmlos, seelengut, ohne Falsch, ohne Argwohn, ohne Furcht, in gutem Glauben, guten Mutes ● vertraut j. ▶ arglistig, vorsichtig. **Argument** Begründung, Bestätigung, Beweisgrund, Beweismittel, Darlegung, Erhellung, Erklärung, Folgerung, Grund, Nachweis, Überführung, Zeugnis, Ableitung, Erhärtung, Schlußfolgerung. → Beweis. ▶ Widerlegung. **argumentieren** → auseinandersetzen. **Argusaugen haben** → belauern. **argwillig** böswillig. → charakterlos, feindlich. **Argwohn** Ahnung, Befürchtung, Mißtrauen, Ungewißheit, Verdacht, Vermutung, Zweifel, Bedenken, Sorge, Vorsicht, Furcht. → Ahnung, Anhaltspunkt, Anstand, Befürchtung, Eifersucht. ▶ Vertrauen, Zutrauen. **Argwohn hegen** → befürchten, bezweifeln. **Argwohn, ohne** → arglos. **argwöhnen** ahnen, annehmen, ansprechen als, anzweifeln,

beargwöhnen, befürchten, denken, sich einbilden, glauben, meinen, mißtrauen, mutmaßen, verdächtigen, vermuten, wähnen, zweifeln, Bedenken tragen, den Braten riechen, Lunte riechen, Verdacht fassen, Bedenken bekommen, Wind bekommen, Wind holen j. → ahnen. ▶ vertrauen, vertrauensvoll. **argwöhnisch** achtsam, ängstlich, kopfscheu, kritisch, mißtrauisch, skeptisch, stutzig, vorsichtig. → ängstlich. ▶ zutraulich. **Arie** → Lied. **Aristokrat** → Adel. **Aristokratie** → Adel. **aristokratisch** → adelig. **Arkaden** Bogengang. **arktisch** → kalt. **arm** unbemittelt, notleidend, mittellos, hilfsbedürftig, elend, brotlos, besitzlos, beschränkt, bedürftig, ärmlich, arbeitslos, blutarm, zerlumpt, heruntergekommen, blank, abgerissen, verarmt, abgebrannt, verzweifelt, trübselig, trostlos, traurig, ruiniert, mitleiderregend, gedrückt, freudlos, erbärmlich, elend, bedauernswert, armselig, arm wie eine Kirchenmaus, mühselig und beladen, immer tiefer sinkend, schäbig, verloren, unglücklich, geliefert, erledigt, aufgeschmissen, hilflos, düster, deprimiert, betrübend, bemitleidenswert, beklagenswert, bejammernswert ● unschön, schiech, reizlos, würzlos, schwach, gering, langweilig, kümmerlich, kraftlos, eintönig, einförmig, lumpig, ausdruckslos, poplig u, pover u ● nicht aus den Rippen schneiden können. → abgebrannt, abgerissen, beengend, blank, böse, eingeschränkt, erwerbslos, kläglich. ▶ reich, vielfältig. **Arm** → Ausläufer. **Arm in Arm** → beigeordnet, beisammen, du und du. **Arm reichen, den** → beigesellen. **Armatur** f → Ausrüstung. **Armee** → Aufgebot. **Armenhaus** → Charite. **ärmlich** → abgerissen, arm, beengend, erwerbslos. **Ärmlichkeit** Bedeutungslosigkeit, Gemeinheit, Gewichtlosigkeit, Nichtigkeit, Unwichtigkeit, Wertlosigkeit. → Armut. ▶ Genüge, Reichtum. **armselig** → abgerissen, arm, bestechlich, charakterlos, dünn, billig, dürftig. **Armsünder** → Angeklagter. **Armut** Bedrängnis, Beengtheit, Beschränktheit, Drangsal, Druck, Dürftigkeit, Einschränkung, Elend, Kärglichkeit, Knappheit, Kreuz, Kümmernis, bedrängte Lage, Last, Leid, Mangel, Not, Pein, Plage, Qual, Spärlichkeit, Unheil, Verarmung, Verknappung, Zwangslage, Blöße, Hunger, Mittellosigkeit, Schlamassel, Schwulität, Verlegenheit, Bredouille, Dalles, Heimsuchung, Jammer, Katastrophe, Leidensschule, Leidensweg, Mißgeschick, Prüfung, Ruin, Schicksalsschlag, Schiffbruch, Schlag, Verhängnis, Vernichtung, Unglück, Zusammensturz, Kapitalnot, Verelendung, Geldmangel, Pleite *u*, Geldklemme, Ebbe in der Kasse, Auspowerung *u*, gedrückte Verhältnisse. → Entbehrung. ▶ Reichtum.

Aroma Blume, Bukett, Beigeschmack, Duft, Geschmack, Nebengeschmack, Nachgeschmack, Wohlgeruch, Wohlgeschmack, Würze. → Duft. ▶ Duftlosigkeit.

aromatisch appetitlich, balsamisch, blumig, duftig, fein, köstlich, lecker, pikant, prikkelnd, schmackhaft, verlokkend, vortrefflich, würzig, wohlduftend, wohlriechend, wohlschmeckend. → appetitlich, delikat, duftig. ▶ duftlos.

Arrangement *s* → Anordnung.

arrangieren anordnen, abmachen, deichseln, disponieren, einrenken, einrichten, einteilen, entwirren, formen, gliedern, gruppieren, verfrachten *u*, herrichten, instand stellen, klären, regeln, sortieren, unterbringen, vereinbaren, zurichten. → abmachen, anordnen, veranstalten, zusammenstellen. ▶ durchkreuzen.

Arrest Gefangenschaft, Einkerkerung, Freiheitsberaubung, Gewahrsam, Haft, Verwahrung, Ausgangsverbot ● Beschlagnahme, Einhalt, Einschränkung, Hemmnis, Hindernis, Verbot, Zwang. → Beschlagnahme, Bestrafung. ▶ Freiheit.

arretieren → anhalten, bemächtigen.

arrogant → anmaßend, ausschließend, befehlerisch, dünkelhaft.

Arroganz *f* → Anmaßung, Beleidigung, Dünkel, eherne Stirn.

arrondieren → abrunden.

Arsenal → Lager.

Art Zweig, Gewerbe, Geschäftsart, Branche, Gattung ● Genre *s*, Muster, Schnitt, Form, Sitz, Haltung, Fasson *f*, Stempel ● Anlage, Charakter, Einstellung, Gehabe,

Getue, Geblüt, Eigenart, Geistesbeschaffenheit, Geisteshaltung, Gemüt, Gemütsanlage, das Gesamtmenschliche, Gesinnung, Innenleben, Lebensgefühl, Mentalität, Natur, Naturell, Psyche, Typ, Persönlichkeit, Habitus, Individualität, Seele, Seelenhaltung, Seelenleben, Seelenverfassung, Sinnesart, seelische Struktur, Temperament, Wesen, Wesensart, Zustand ● Gang, Lehrart, Lehrgang, Lehrweise, Manier, Methode, Ordnung, Plan, Stil, System, Theorie, Weg, Weise ● Artung, Aufbau, Aussehen, Beschaffenheit, Bildung, Einrichtung, Figur, Form, Formation, Gepräge, Gestalt, Gestaltung, Kategorie, Konstitution, Kontur, Marke, Modell, Modalität, Modus, Nummer, Organisation, Physiognomie, Prägung, Profil, Qualität, Rasse, Schablone, Schlag ● Schnitt, Sorte, Statur, Stil, Typus. → Anzeichen, Ausdruck, Aussehen, Bildung, Charakter, Charakterfundament, Denkart.

Art und Weise Verhalten, Aufführung, Benehmen, Betragen, Einstellung, Gebaren, Haltung, Verhaltensweise ● Beschaffenheit, Bildung, Form, Gestaltung, System, Gefüge, Anordnung, Regel, Kategorie, Manier, Charakter, Aussehen, Gepräge, Modus, Modalität, Schnitt, Schlag, Pose, Ausdruck ● Muster, Schablone, Modell, Verhältnis, Bedingung, Stellung, Phase ● Standpunkt, Sachverhalt, Klemme, Wendepunkt, Sachlage. → Stil.

arteigen → bodenständig, natürlich.

arten nach → aussehen wie.

Arterie → Ader.

Artgefüge Aufbau, Charakter.

artgemäß → ähnlich, bodenständig, verwandt.

artgleich → verwandt.

artig aufmerksam, brav, charmant, chevaleresk, devot, ehrbar, ehrerbietig, fehlerfrei, feingebildet, feinsinnig, formgewandt, galant, gebildet, gebührlich, geschliffen, gesittet, höflich, honett, korrekt, kultiviert, lauter, makellos, manierlich, ordentlich, taktvoll, tadellos, tugendhaft, untadelig, verbindlich, wohlerzogen, fesch, gefällig, gewinnend, herzig, liebenswürdig, nett, patent, pfundig, pickfein, prachtvoll, prächtig, sauber, tip-top, einnehmend, anständig, schicklich, ritterlich. → aalglatt, angenehm, anmutig, anmutsvoll, charmant.

Artigkeit → Anstand, Beflissenheit, Gefälligkeit, Verbindlichkeit.

Artikel Erzeugnis, Fabrikat, Gattung, Produkt, Ware, Stoff, Warengattung, Werkstück, Präparat ● Abhandlung, Aufsatz, Auslegung, Bericht, Notiz, Referat, Untersuchung, Zusammenstellung ● Absatz, Abschnitt, Gesetz, Bestimmung, Paragraph. → Absatz, Bedingung, Beitrag.

Artillerie → Batterie.

Artist → Künstler.

Artung → Art, Aussehen, Charakter.

artverwandt ähnlich.

Arznei Arzneimittel, Heilmittel, Medizin, Droge, Apothekerware, Chemikalien, Medikament, Rezept, Verordnung, Gegengift, Gegenmittel, Geheimmittel, Vorbeugungsmittel, Belebungsmittel, Stärkungsmittel, Beruhigungsmittel, Betäubungsmittel, Fiebermittel, Narkotikum, Elixier, Balsam, Heiltrank, Absud, Extrakt, Essenz, Tee, Salbe, Pflaster, Pille, Pulver, Abführmittel, Purgativ, Brechmittel, Injektion, Wundmittel.

Arzneimittel → Arznei.

Arzt → Heilkünstler.

Asche Rest, Rücklaß, Überbleibsel, Überrest, Rückstand, Schlacke, Abfall, Kehricht. → Abfall, Auswurf, Dreck.

Asche legen, in Einäscherung, Brandstiftung, Zerstörung, Vernichtung, Austilgung, Ausrottung, Verheerung.

äsen → aasen.

aseptisch → keimfrei.

Askese Abtötung, Bußübung, Mönchsleben, Fasten, Enthaltsamkeit, Kasteiung, Geßelung. → Entsagung. ▶ Unmäßigkeit.

asozial gesellschaftsfeindlich, ungesellig, entwurzelt.

Aspasia → Bajadere, Buhle.

Aspekt *m* Ansehen, Ansicht, Anzeichen, Ausblick, Aussicht, Perspektive, Vorzeichen, Erwartung. → Anblick, Ansicht, Ausblick, Aussicht.

Aspirant Volontär. → Antragsteller, Bewerber.

assimilieren angleichen. → anpassen.

Assistent Helfer, Gehilfe, Stellvertreter, Amtsgehilfe, Beistand, Adjutant, Mitarbeiter, Trabant, Adjunkt. → Beistand, Commis.

Assortiment → Auswahl.

assoziieren → verknüpfen.

Ast Glied, Anteil, Teil, Geäst, Ableger. → Ausläufer.

Ästhet Schöngeist, Kunstkenner, Kunstkritiker, Kunstfreund, feinsinniger Mensch, Mann von Geschmack,

Mensch mit verfeinerten Manieren. ▶ Banause.
Ästhetik Lehre vom Stil oder Geschmack, Schönheitslehre, Schöngeisterei.
ästhetisch abgestimmt, anmutig, anmutsvoll, auserlesen, bezaubernd, geschmackvoll, gewählt, hold, köstlich, künstlerisch, liebreizend, malerisch, poetisch, schmuck, schön, schwärmerisch, stilgerecht, vollendet, wohlgebaut, wohlgeformt, wohlgegliedert, wohlgestaltet, schöngebaut. → feinsinnig. ▶ geschmacklos.
Asthma → Beengung.
astrein → unverdächtig.
Astrologie → Aberglaube.
Asyl Freistätte, Heim, Obdach, Schlupfloch, Schlupfwinkel, Schutzdach, Unterschlupf, Versteck, Zufluchtsort, Zuflucht.
Atavismus Rückschlag, Rückwendung, Rückfall, Rückschritt, Rückbildung, Wiederaufleben ● Erbkrankheit. ▶ Fortschritt, Neubildung.
Atelier Anstalt, Arbeitsraum, Arbeitsstube, Laboratorium, Studio, Werkstatt.
Atem Odem. → Brodem, Luft.
Atembeschwerde → Beengung.
atemlos → beflissentlich.
Atemnot → Beengung, Beklemmung.
Atempause Einhalt, Halt, Erholung, Muße, Pause, Rast, Ruhe, Stille, Stillstand, Stockung, Unterbrechung. → Einhalt. ▶ Rastlosigkeit.
Atheismus → Gottlosigkeit.
Äther › Beruhigungsmittel, Dunst.
ätherisch duftig, aufgelockert, blumig, durchsichtig, locker, zart, sylphenhaft, überirdisch, gewichtslos, flüchtig, federleicht. → anmutig. ▶ körperhaft, körperlich, robust.
Athlet Kraftmensch, Herkules, Simson, Goliath, Zyklop, Hüne, Gewaltmensch, Ringer, Ringkämpfer Boxer, Gladiator, Preiskämpfer, Stemmer. ▶ Schwächling.
atmen leben, sein, bestehen, dasein, existieren, hauchen, Luft bekommen, durchlässig sein, porös. → bestehen, einatmen, einsaugen.
Atmosphäre Lufthülle, Dunstkreis, Luft ● Weichbild, Umgebung, Stimmung, Verlangen, Regung, Verfassung ● Kraft, Druck, Hochdruck, Luftdruck, Verdichtung.
Atom Urstoff, Urmasse, Urmaterial, Masseteilchen, Grundelement ● Unwägbarkeit, Kleinheit, Stäubchen.
atomar nuklear, atomgroß, atomklein, unendlich klein, stäubchengroß, verschwin-

dend klein, unsichtbar, unteilbar, atomartig.
Attachement → Ergebenheit.
attachieren, sich → beiordnen.
Attacke → Anfall, Angriff.
attackieren → anfallen, angreifen.
Attentat Bluttat, Meuchelmord, Mord, Totschlag, Blutrache, Mordanschlag, politischer Mord. → Anschlag, Beraubung, Bluttat.
Attentäter Mörder, Meuchelmörder, Mordbube, Raubmörder, Lustmörder, Kindesmörder, Totschläger, Gangster.
Attest Zeugnis, Ausweis, Beglaubigung, Beleg, Bescheinigung, Gutachten, Schein, Urkunde, Zertifikat. → Bescheinigung.
Attraktion f Anziehung, Galanummer, Glanzstück, Zugstück, Schlager, Galavorstellung, Sensation, Bestseller, Verkaufsschlager. → Anziehung.
attraktiv → anziehend.
Attrappe Nachbildung. → Modell.
Attribut s → Beifügung.
ätzen → aasen, abbrauchen, reizen.
ätzend → brennend, drastisch.
au ach, autsch, oh, o weh, wei, verflixt. → ach.
auch außerdem, desgleichen, ebenfalls, ebenso, ferner, fernerhin, gleichfalls, selbst, sogar, überdies, zugleich, weiterhin, des weiteren, zudem, dazu, fürderhin, sodann. → beiläufig, dabei, dazu, desgleichen, ferner. ▶ nicht, ohne.
Audienz Besuch, Empfang, Zusammenkunft.
Auditorium Hörsaal, Zuhörerschaft.
auf droben, darüber, oben, oben auf, aufwärts, empor, hinauf ● auf und ab, hin und her, klipp-klapp, tick-tack ● auf und davon, fort, weg, über alle Berge, aus dem Wege, außer Reichweite, außer Sicht. → aufsteigend, aufwärts, bergauf, droben. ▶ nieder, ab.
auf und davon → ab, fern.
aufatmen → Befreiung.
Aufatmen → Befreiung.
aufbacken sm → auftragen.
Aufbau Aufstieg, Anlage, Artgefüge, Beschaffenheit, Bildung, Einordnung, Einreihung, Einrichtung, Form, Förderung, Führung, Gedeihen, Gefüge, Gepräge, Gestaltung, Gliederung, Gruppierung, Natur, Organisation, Plan, Struktur, Typ, Veranlagung, Wesen, Wesensart ● Entwicklung, Ausbau, Ausdehnung,

Entfaltung, Entstehung, Erweiterung, Fortschritt, Verbesserung, Vermehrung, Wachstum, Weg, Weiterentwicklung, Werdegang, Zunahme, Zusammensetzung. → Arbeitssegen, Art, Aufsatz, Aufstellung, Ausdrucksweise, Ausführung, Bildung, Reform, Struktur, Tat. ▶ Abbau.
aufbauen ausdenken, aushecken, betreiben, entfalten, entwickeln, erschaffen, führen, gliedern, lenken, ordnen, schaffen, zusammentragen ● erneuern, herstellen, restaurieren, wiederherstellen, konstruieren, einrichten, entwerfen, errichten, erzeugen, formen, gestalten, zusammenfügen, zusammensetzen. → anfertigen, anfangen, arbeiten, aufrichten, aufschlagen, aufstellen, ausbessern, ausdenken, ausführen, ausgestalten, erbauen, erneuern, machen, organisieren. ▶ abbauen.
aufbauend bildend, fruchtbar, genial, gestalterisch, phantasiebegabt, schöpferisch, konstruktiv. → erfinderisch, kräftigend, positiv, umwälzend. ▶ aufbauend.
aufbäumen → aufwerfen.
aufbauschen anschwellen, aufblähen, ausdehnen, erweitern, steigern, übertreiben, vergrößern, verschlimmern, wachsen, sich entfalten, Öl ins Feuer gießen, die Flamme entfachen ● aufblähen, sich aufblasen, aufputzen, sich aufspielen, aufschneiden, ausschmücken, sich breit machen, sich brüsten, großsprechen, großtun, prahlen, protzen, renommieren, schwadronieren, sich spreizen, übertreiben, wichtig tun, eine Staatsaktion aus etwas machen, dick auftragen, zu bunt treiben, Aufhebens machen, das Maul vollnehmen u, eine Szene machen, Theater machen, sich umbringen, aus einem Furz einen Donnerschlag machen u, Wind machen. → aufschneiden. ▶ verkleinern.
aufbegehren schimpfen, wettern, keifen, maulen, protestieren. → anzetteln, entgegenhandeln, trotzen.
aufbessern → verbessern.
Aufbesserung Erhöhung, Steigerung, Zulage.
aufbewahren aufsparen, belegen, bereithalten, freihalten, offenhalten, reservieren, sicherstellen, versparen, verwahren, zurücklegen ● sammeln, anhäufen, aufhäufen, aufheben, behalten, zusammenlegen, zusammenscharren. → anhäufen, aufspei-

chern, balsamieren, behüten, bewahren, beseitigen, einpöckeln, ernten, reservieren, sammeln. ▶ veräußern, vernichten, weggeben.

aufbieten → ausheben, aufwenden.

Aufbietung → Aufdringlichkeit, Aufwand.

aufbinden → binden, heben, lösen, schwindeln, trennen.

aufblähen → ansetzen, aufbauschen, aufblasen, aufblühen, aufschneiden, auftreiben, ausbuchten, ausfüllen, blähen, blasen, dehnen, dick tun, dick werden. → übersättigen.

aufblähen, sich → angeben, blenden, dünken sich besser, erhöhen sich.

Aufblähung → Überfluß, Überfüllung.

aufblasen anschwellen, auflaufen, wölben, auftreiben, aufblähen, erhöhen. → aufschneiden, auftreiben, ausfüllen, blähen, dehnen, dick tun. ▶ bescheiden (sein), einschrumpfen.

aufblasen, sich → aufbauschen.

aufblenden sichtbar machen, aufhellen, beleuchten, anstrahlen, die Blende öffnen.

aufblicken → aufsehen.

aufblitzen → auftauchen.

aufblühen entwickeln, ausbreiten, entfalten, erblühen, gedeihen, heranwachsen, keimen, knospen, sprießen, reifen, vermehren, wachsen, werden, ausbilden, aufschließen, ausdehnen, ausbreiten, anschwellen, aufblähen, aufgehen, feist werden, dick werden, fett werden, strotzen, aussehen wie Milch und Blut, sich erholen, sich aufraffen, gesund werden, genesen, erstarken, auf dem Damm sein, sich verjüngen, sich pudelwohl fühlen, grünen, auf einen grünen Zweig kommen, es zu etwas bringen, vom Himmel gesegnet sein, schön werden. → sich entfalten, entwickeln sich, erblühen. ▶ verwelken.

aufbohren → aufbrechen.

aufbrauchen → abnutzen, aufsaugen, ausnutzen, brauchen, Eisen zum alten werfen, extrahieren.

Aufbrausen → Ausbruch, Entrüstung.

aufbrausen → aufregen, aufspringen, branden, brausen, ereifern sich, fallen mit der Tür ins Haus, fangen Feuer.

aufbrausend → cholerisch, erregbar, fanatisch, Fassung verlieren die.

aufbrechen öffnen, aufsperren, aufmachen, aufschließen, aufsprengen, zerbersten, aufbohren, anbohren, anzap-

fen, anstechen, anbrechen, aufstechen, durchschlagen ● abfahren, weglaufen, abziehen, lospilgern, verduften, sich empfehlen, abreisen, abfliegen, losgondeln, abdampfen, losdampfen, sich fortstehlen, sich wegschleichen, davonmachen, eine Reise antreten, nach Hause gehen, sich in Bewegung setzen, sich fortbegeben, sich auf die Lappen machen u, losschieben, loszittern u, abschieben, sich auf die Socken oder Strümpfe machen u. → abfahren, aufgehen, aufrollen, begeben sich, bersten, bewegen sich, davonmachen sich, erbrechen. ▶ ankommen, zusperren.

aufbringen → aufhetzen, aufregen, bestehlen, bemächtigen, berauben, entrüsten, ereifern sich, nehmen, reizen.

Aufbruch → Abfahrt.

aufbrummen → auferlegen.

aufbügeln → auffrischen.

aufbürden → aufhalsen, beladen, belasten, beschuldigen.

aufdecken → abdecken, anzeigen, aufrollen, aufwerfen, ausschütten, bedeuten, beichten, belehren, blättern, bloßlegen, dahinterkommen, enthüllen, entpuppen, erklären, ermitteln, exponieren.

aufdonnern → auftakeln.

aufdrängen aufdrehen, aufzwingen, beschwatzen, nötigen, abringen, bestehen auf, bestimmen, durchdrücken, durchsetzen, erpressen, überwältigen, unterwerfen, veranlassen, vorschreiben, zwingen, sich an den Hals werfen u, dazwischenfunken, belästigen, eindrängen, ins Handwerk pfuschen, seine Nase in etwas stecken u, mit der Nase dabei sein wollen u, seine Nase in jeden Dreck stecken u, sich einmengen, einmischen, einlassen, lästig fallen, bestürmen, belagern, zudringlich sein, sich nicht abweisen lassen, anöden, anrüpeln. → anbieten, beeinflussen, befürworten, bekümmern, durchdrücken, eindringlich zureden. ▶ freistellen.

aufdrehen Gas geben, schnell fahren ● losmachen, befreien, entfesseln, schalten, losschrauben, auffasern, gerade machen, ausstrecken, auffalten, entrollen, aufrollen, öffnen, aufsperren, aufmachen, aufschließen, aufwickeln, aufhaspeln, spulen, aufringeln ● großsprechen, wichtig tun, aufschneiden, übertreiben. → aufrollen, aufwinden, beschleunigen. ▶ zumachen.

aufdringen → bestechen, darbieten.

aufdringlich taktlos, zudringlich, indiskret, aufschneiderisch, großsprecherisch, marktschreierisch, laut, ruhmredig, übertrieben, wichtigtuend, schwulstig, aufgeblasen, bombastisch, großspurig, bettelhaft, bittend, hündisch, kniefällig, unverschämt. → anspruchsvoll, frech. ▶ bescheiden.

Aufdringlichkeit Bettelei, Übereifer, Aufbietung, Himmel und Hölle in Bewegung setzen, sich die Beine ablaufen. → aufdringlich. ▶ Bescheidenheit.

aufdröseln → lösen.

Aufdruck Aufschrift, Fabrikmarke, Kennzeichen, Merkmal, Prägung, Siegel, Marke, Zeichen, Stempel. → Dessin.

Aufeinanderfolge Aneinanderreihung, Reihe, Folge, Gliederung, Kette, Linie, Ordnung, Stufenleiter, Reihenfolge ● Erbfolge, Nachfolge, Stammbaum, Ahnenreihe ● Gänsemarsch, Zug, Stetigkeit, Zimmerflucht, Zimmerreihe, Zusammenschluß, Progression. → Anzahl, Beständigkeit, Colonnade, Dauer, Faden roter. ▶ Unterbrechung.

auf einmal augenblicklich, blitzartig, hastig, heftig, jäh, jählings, rasch, plötzlich, übereilt, überhastet, überraschend, unerwartet, ungeahnt. → ahnungslos, rasch. ▶ nach und nach.

Aufenthalt Rast, Pause, Station, Unterbrechung, Stillstand, Ruhestand, Aufschub, Erfrischung, Stockung, Einhalt, Halt, Zeitverschwendung, Vereitelung, Verzug, Erholung, Muße, Ruhe, Verzögerung, Verschleppung. → Aufenthaltsort, Hindernis, Verspätung.

Aufenthaltsort Ankerplatz, Lager, Rastplatz, Station, Haltestelle ● Behausung, Bleibe, Domizil, Elternhaus, Geburtsstätte, Heimat, Heimstätte, Obdach, Penaten, Quartier, Residenz, Sitz, Stammort, Unterkunft, Vaterhaus, Vaterland, Vaterstadt, Wiege, Wohnort, Wohnsitz, Wohnung, Zelt, Ruheort, Rasthaus, Nest, Biwak, Hafen, Reede. → Asyl.

auferlegen aufbrummen, aufzwingen, befehlen, begehren, diktieren.

Auferlegung → Pflicht.

aufersteh(e)n aufwachen, sich erholen, wiedererscheinen, erneuern, nachbilden, restaurieren, verjüngen, wiederaufbauen, wiederbeleben, auffrischen, neues Blut zuführen.

Auferstehung → Christus, Verjüngung.

aufessen → aufbrauchen, konsumieren.

auffahren → aufregen, aufspringen, aufwerfen, außerstande sein, berühren, branden, ereifern sich, erschrekken, Feuer fangen.

auffahrend → ärgerlich, bärbeißig, cholerisch, erregbar, fanatisch, Fassung verlieren die.

Auffahrt Rampe. →Bewegung.

auffallen anecken, entgleisen, anstoßen. → abweichen, auftauchen, brechen den Hals, erstaunen, fallen in die Augen.

auffallend überraschend, auffällig, erstaunlich, zutreffend, frappant, blendend, befremdend ● abweichend, augenfällig, durchschlagend, eklatant, hervorragend, hervorstehend, verführerisch, absonderlich, pompös, aufgedonnert, wirkungsvoll, von schlechtem Geschmack, in die Augen fallend, aus dem Rahmen tretend ● augenscheinlich, deutlich, ersichtlich, evident, greifbar, klar, offenbar, offenkundig. → abnorm, ansehnlich, anziehend, aufdringlich, beispiellos, bestechend, blendend, brillant, bunt. ▶ nichtssagend.

auffällig → auffallend.

auffalten → aufdrehen, öffnen.

auffangen → abwehren, aufhalten, bekämpfen, dawider, einfangen, fassen, parieren.

auffasern → aufdrehen.

auffassen begreifen, durchblicken, einsehen, erfassen, erkennen, erlernen, ersehen, fassen, fressen, kapieren, meistern, verstehen. → begreifen, erfassen, fassen. ▶ begreifen nicht, versagen.

Auffassung Bild, Eindruck, Empfindung, Darstellung, Deutung, Fassung, Lesart, Variante, Wendung, Idee, Vorstellung, Version. → Ansicht, Begriff, Darstellung, Denkart, Deutung, Einstellung, Gesichtspunkt, Urteil. ▶ Urteilslosigkeit.

Auffassung teilen, die → anerkennen.

Auffassungsgabe → Denkvermögen, Einfühlungsgabe, Fassungskraft, Verständnis, Beobachtungsgabe.

Auffassungskraft → Begabung, Erfindungsgabe, Fähigkeit.

auffinden → auftreiben, entdecken, wahrnehmen.

Auffindung → Entdeckung.

aufflackern → dampfen, entzünden.

aufflammen → aufsteigen, emporlodern, emporragen.

aufflattern → aufsteigen.

aufflatternd → aufsteigend.

auffliegen → aufsteigen, brechen den Hals, hochgehen.

auffliegend → aufsteigend.

Aufflug → Aufschwung, Bewegung.

auffordern → beantragen, befürworten, begeistern, darbieten, eindringlich zureden, einladen, erinnern, mahnen.

Aufforderung → Angebot, Auflage, Beeinflussung, Dekret, Diktat, Direktive, Geheiß, Ermahnung, Ermunterung.

auffressen → ausrotten, durchfressen.

auffrischen aufbügeln. → auferstehen, ausbessern, beruhigen, erfrischen sich, erinnern sich, erneuern, reparieren, verbessern, verschönern.

auffrischend → antreibend.

Auffrischung Bearbeitung, Belebung, Erholung, Erneuerung, Erquickung, Genesung, Kräftigung, Labsal, Labung, Linderung, Neubelebung, Sammlung, Stärkung, Verjüngung, Wiederherstellung, Zuspruch ● Rückblick, Rückerinnerung, Erinnerung, Gedächtnisübung. → Erneuerung, Erfrischung. ▶ Vergeßlichkeit, Rückschritt.

aufführen sich aufführen, sich benehmen, sich gebärden, sich gebaren, sich gehaben, reagieren, verfahren, sich verhalten, sich betragen ● in Szene setzen, inszenieren, theaterspielen, darstellen. → anstellen, auftreten, benehmen sich, betragen sich.

Aufführung Aufrichtung, Bau ● Vorstellung, Darstellung, Darbietung, Spiel ● Betragen, Haltung, Benehmen, Manieren. → Art und Weise, Beispiel, Benehmen, Beruf, Besorgung, Darbietung, Durchführung, Feier, Verhalten.

auffüllen füllen, aufschütten. → auflegen, aufsetzen, einstampfen.

Aufgabe Amt, Angelegenheit, Bestimmung, Knacknuß, Obliegenheit, Pflicht, Posten, Problem, Rätsel, Sache, Schuldigkeit, Schwierigkeit, Thema, Verpflichtung, Verrichtung, Zielsetzung, Werk, Auftrag. → Absendung, Amt, Angelegenheit, Arbeit, Beispiel, Beruf, Dienstpflicht, Exempel, Existenz, Leistung.

aufgabeln → ausfindig machen.

Aufgabenkreis Bereich, Bezirk, Sphäre, Rahmen, Umgebung, Gebiet.

Aufgang → Aufschwung, Aufstieg.

aufgären → aufspringen.

aufgebauscht → bauchig, übertrieben.

aufgeben kapitulieren. → ablassen, abbrechen, abdanken, ablassen, abschaffen, abstehen, abstreifen, aufheben, aufhören, auflösen, aufstecken, bedenken, befördern, beiseitelegen, beruhen lassen, beseitigen, bestimmen sich, brechen mit einer Gewohnheit, breitschlagen, desertieren, einwerfen, entloben, entwöhnen, ermatten, expedieren, fallen lassen, Fersengeld geben, verlassen.

aufgeben, Rätsel → besten halten, zum.

aufgebläht → bauchig, dick, dünkelhaft, ehrgeizig, fächerartig.

aufgeblasen bombastisch, ehrsüchtig, eingebildet, eitel, gefallsüchtig, geziert, großspurig, hochfahrend, hochmütig, prahlerisch, selbstgefällig, schwulstig, wichtigtuend. → anmaßend, anspruchsvoll, ausschließend, bauchig, dünkelhaft, ehrgeizig. ▶ bescheiden, platt.

Aufgeblasenheit → Anmaßung, Bombast, Chauvinismus, Dünkel, Dunst, Eitelkeit.

Aufgebot Verlobung, Brautstand, Verkündung ● Streitkraft, Truppenmacht, Heer, Armee, Polizeikräfte ● Auflage, Kundgebung ● Anstrengung, Mühe, Arbeit, Strapaze, Schwierigkeit, Schinderei, Plackerei, Kampf. → Ausruf.

aufgebracht böse, erbittert, erzürnt, gereizt, grimmig, grollend, heftig, hemmungslos, heißblütig, hitzig, hochgehend, hysterisch, impulsiv, jähzornig, leidenschaftlich, rasend, stürmisch, tobsüchtig, toll, überspannt, unbändig, ungehalten, ungestüm, wild, wütend, zornig, kratzbürstig, krötig u, kritisch. → böse, cholerisch, entrüstet, erbost. ▶ gleichmütig.

Aufgebrachtheit → Anwandlung, Ärger, Bitterkeit, Empfindlichkeit, Entrüstung, Erbitterung, Erbostheit.

aufgebraucht verbraucht, alle, ausgegeben. → aus.

Aufgebung → Abfall.

aufgedonnert → auffallend.

aufgedunsen → feist, umfangreich.

aufgegeben abgesandt, transportiert. → erledigt.

aufgeheitert → aufgelegt, aufgeklärt.

aufgehen entfalten, erhöhen, wachsen lassen, heben, keimen, entspringen, entstehen, entwickeln, erscheinen, knospen, schwellen, sprießen, steigen, auftreiben, emporkommen, sich erheben, klettern ● aufbrechen, öffnen, aufmachen, aufreißen, aufsperren, aufspringen, auftun, bersten, einschlagen, platzen, sprengen, aufschieben, tagen, dämmern. → aufblühen, auftauchen, ausfüllen, dämmern, dehnen, dick werden, entwickeln sich, heben, keimen, öffnen, steigen. ▶ schließen, verdorren.

aufgehoben → gestrichen, versorgt.

aufgeklärt entwölkt, hell, heiter, klar, licht, sonnig, strahlend, sternenreich, unbewölkt, wolkenlos ● belesen. → bekannt, belesen, bewandert, eingeweiht, einsichtsvoll, erfahren, klug, liberal, tolerant, unparteiisch, unterrichtet, verstehend, vertraut, vorurteilsfrei, weise, wissend, eingeweiht, vertraut. ▶ trübe.

aufgekratzt → fröhlich.

Aufgeld Erhöhung, Aufschlag, Zuschlag, Agio, Gewinnanteil, Verdienst, Ertrag, Zulage, Verteuerung, Kosten, Zinsen, Gebühren, Auflage ● Ausgleich, Draufgeld, Aufwertung, Nachzahlung, Kursgeld, Lasten. → Aufschlag.

aufgelegt aufgeheitert, aufgeräumt, belebt, beseligt, erheitert, freudevoll, froh, fröhlich, glücklich, heiter, im siebten Himmel sein, in Abrahams Schoße sitzen, lustig, selig, vergnügt, wohlgemut, zufrieden ● beunruhigt, ärgerlich, ernst, grämlich, griesgrämig, elend, kleinmütig, kopfhängerisch, lebenssatt, lebensüberdrüssig, melancholisch, mißgelaunt, mißgestimmt, mißmutig, mißvergnügt, mürrisch, mutlos, niedergeschlagen, miserabel, hundeelend, gottsjämmerlich u, pessimistisch, sauertöpfisch, schwermütig, tiefsinnig, traurig, trostlos, trübsinnig, übellaunig, unbefriedigt, unbehaglich, unglücklich, unlustig, untröstlich, unzufrieden, verdrießlich, verdrossen, verstimmt, verzagt, verzweifelt. → disponiert. ▶ teilnahmslos, unfähig.

aufgelockert → ätherisch, duftig, flockig.

aufgelöst → weich.

aufgemacht geöffnet. → aufgeblasen, aufgebläht.

aufgeputzt → blendend.

aufgeräumt angeregt, ausgelassen, beflügelt, befriedigt, berauscht, beschwingt, beseligt, freudestrahlend, freudevoll, freudig, froh, frohgemut, fröhlich, gehoben, gemütlich, glücklich, glückselig, gutgelaunt, heiter, kummerlos, lebenslustig, lebhaft, lustig, munter, selig, sorgenfrei, übersprudelnd, unbesorgt, vergnügt, wohlgemut, zufrieden, in guter Laune ● ein-

geordnet, gereinigt, Ordnung gemacht, sauber. .→ aufgelegt. ▶ durcheinander, vergrämt.

Aufgeräumtheit → Begeisterung, Stimmung.

aufgeregt → cholerisch, Fassung verlieren die.

Aufgeregtheit → Aufregung.

aufgerichtet aufrecht, steil, gerade, senkrecht, lotrecht, vertikal, scheitelrecht. → stark. ▶ flach.

aufgeschlossen aufnahmebereit, aufnahmefähig, beeindruckbar, beeinflußbar, empfänglich, empfindsam, geneigt, sensibel, wach, zugänglich ● munter, betriebsam, fröhlich, heiter, lebhaft, rege, wohlgemut, arbeitsam, fleißig, fortschrittlich, geschäftig, geschäftstüchtig, rührig, unternehmend. → warm, wohlgemut, teilnahmslos, unfähig.

aufgeschmissen → arm, bankrott.

aufgeschoben verlängert, ausstehend, verzögert, ad acta gelegt, vertagt ● vernachlässigt, übergangen. ▶ erledigt.

aufgeschwellt → bauchig.

aufgeschwollen → dick.

aufgesessen → bedenklich, betroffen.

aufgetrieben → bauchig, fettwanstig.

aufgeweckt → begabt, Eltern nicht von schlechten, geistreich, intelligent.

aufgeweicht weich, schlaff, schlapp, breiig, tonig, matschig, patschig u.

aufgewühlt → erregt.

aufgießen → ansetzen, auflegen, aufsetzen.

Aufgliederung → Auflösung.

aufgreifen → fangen, greifen.

Aufguß Absud, Brühe, Lösung, Lauge, Seim, Tinktur. → Abguß.

aufhalsen aufbürden, auflasten, aufjochen, beackern, andrehen, aufschwätzen, beschwerden. → beladen, belasten. ▶ entbürden.

aufhalten abhalten, beeinträchtigen, behindern, einengen, erschweren, hemmen, verzögern, im Wege stehen, zurückhalten, aufschieben, behelligen, belästigen, dazwischentreten, lästig fallen, sich einmengen, abfangen, absperren, abwehren, abwenden, auffangen, dämpfen, eindämmen, entgegenarbeiten, ersticken, hintertreiben, lähmen, niederhalten, sabotieren, schwächen, stören, unterbrechen, untergraben, untersagen, verbieten, vereiteln, verhindern, verhüten ● sich befinden, dasein, existieren, weilen, wohnen, sein Wesen treiben, zugegen sein ● brem-

sen, hinhalten, verlangsamen, stoppen, abstoppen, die Bremsen ziehen, drosseln, verweilen, sich aufhalten ● verzögern, vorbeugen, lahmlegen, retardieren, stauen, verschieben, auf die lange Bank schieben, dilatorisch behandeln. → abwenden, anhalten, eindämmen, hemmen, schleppen, stören. ▶ fortführen, helfen.

aufhalten, sich sich befinden, da sein, leben, verweilen, weilen, wohnen, Wesen treiben, zugegen sein, bleiben, anwesend sein, besetzen, bewohnen, logieren, ansässig sein, seßhaft sein, wohnhaft sein, sich einquartieren, sich melden, besuchen, absteigen, sich niederlassen, einnisten, festsetzen, lagern, Fuß fassen, eine Gegend unsicher machen ● zögern, zaudern, säumen, zurückbleiben, verschleppen, schleichen, krabbeln, schlendern, verschieben, warten, abwarten, bedenken, besinnen. → aufhalten, bewohnen, bleiben zurück, dasein. ▶ entfernen sich.

aufhängen hängen. schweben, anhängen, aufziehen, hochziehen ● henken, richten, aufknüpfen ● hochbinden, hissen, aufrichten ● sich das Leben nehmen, den Strick nehmen. ▶ abhängen.

aufhaspeln → aufdrehen.

aufhäufen → anhäufen, aufbewahren.

aufheben aufspeichern, aufstapeln, sammeln, sparen, beseitigen, beiseite legen, bewahren, ersparen, erübrigen, nicht benützen, sparsam umgehen, behüten, bergen, beschirmen, beschützen, bewachen, einkellern, hüten, schirmen, schützen, sichern, umhegen, verschließen, verwahren ● einkochen, einmachen, einpökeln, einsalzen, einwecken, erhalten, konservieren, marinieren, räuchern, trocknen ● abschaffen, aufwägen, ausgleichen, beseitigen, decken, entkleiden, entziehen, verrechnen, verwerfen, wettmachen, kompensieren, widerrufen, zurücknehmen ● einstellen, verbieten, aufgeben, verzichten, abblasen, rückgängig machen, zu Kreuz kriechen. → anhäufen, aufbewahren, aufwinden, ausgleichen, befehlen, beiseite legen, ernten. ▶ fordern, niedersetzen, vernichten.

Aufhebung → Abfindung, Absage, Ausgleich, Befreiung, Erlaß.

aufheitern aufmuntern, aufrichten, beruhigen, erfrischen, ermutigen, erquicken, trösten, behaglich machen, Mut zusprechen, Trost spenden, die Trauer, verscheuchen, die Einsamkeit verscheuchen, Tränen trocknen. → anregen, aufklären, begeistern, begütigen, beseelen, erfreuen, erleichtern. ▸ dunkeln, verbittern, verzweifeln.

aufhelfen → kurieren.

aufhellen → aufklären, ausfindig machen, bedeuten, bestätigen, emporlodern.

aufhetzen anstacheln, aufwiegeln, fanatisieren, reizen, anspornen, aufbringen, aufreizen, aufstacheln, empören, entrüsten, erregen, erzürnen, entzweien, hetzen, schüren, spalten, trennen, verfeinden, Zwietracht säen, Haß schüren, gegeneinander ausspielen, den Funken entfachen, Öl ins Feuer gießen, den Zwischenträger machen, Händel stiften, den Frieden stören, scharfmachen, im trüben fischen. → anfeuern, entzünden. ▸ beschwichtigen.

aufhissen → emporragen.

aufhocken → aufsetzen, besteigen.

aufhorchen → achtgeben, aufpassen, bedenken, fesseln.

aufhören ablassen, stranden, aufgeben, aussetzen, einhalten, einstellen, fallen lassen, innehalten, pausieren, an den Nagel hängen, abschließen, beendigen, bewenden lassen, nachgeben, nachlassen, rasten, ruhen, unterbrechen, unterlassen, erlahmen, versiegen, aufstecken, enden, liquidieren, kassieren, löschen, schließen, stoppen, ein Ende machen, Schluß machen, einen Strich darunter ziehen, einen Punkt machen, Feierabend machen, Schicht machen, die Arbeit einstellen, kündigen, abstehen, sich abwenden, scheuen, es dabei bewenden lassen, die Hände in den Schoß legen, in den Sack hauen u. → abbrechen, ablassen, aus, aussetzen, befristen, begrenzen, belassen, beruhen lassen, beruhigen, besiegeln, bewenden lassen, brechen mit einer Gewohnheit. ▸ anfangen.

aufjagen sprengen j, springen j. → ausfindig machen.

aufjochen → aufhalsen, beladen.

aufkaufen kaufen, einkaufen, erwerben, erstehen, ersteigern, erhandeln, einhandeln, besorgen ● abkaufen, ankaufen ● anschaffen, beschaffen, bestellen, beziehen ● ramschen, hamstern. ▸ verkaufen.

aufkeimend → aufsteigend.

aufketten → aufschlagen.

aufklaren sm aufräumen, Ordnung machen. → ordnen.

aufklären aufzeigen, dartun, einweihen, erklären, hinweisen, klarlegen, klarmachen, offenbaren, orientieren, unterrichten, veranschaulichen, vertraut machen, Bescheid geben, Erkenntnis vermitteln, sich äußern, berichten, entgegentreten, erwidern, mitteilen, widerlegen, widersprechen, entgegnen, lehren, anleiten, ausbilden, belehren, beibringen, instruieren, schulen, unterweisen, enthüllen, erläutern, eröffnen, überprüfen, ermitteln, erzählen, vortragen, dahinterkommen, die Karten aufdecken, Farbe bekennen ● beeinflussen, betonen, referieren, wissen lassen, zur Kenntnis bringen, einflüstern, publizieren, umstimmen, propagieren, bekanntgeben, bekennen, gestehen, in Ordnung bringen, Farbe bekennen, Aufschluß geben, die Katze aus dem Sack lassen, deutsch reden, das Kind beim rechten Namen nennen, verraten ● melden, petzen, stecken, klatschen, entschleiern, entlarven, auspakken, auskundschaften, untersuchen, aus der Schule plaudern ● aufhellen, aufheitern, tagen, entwölken, scheinen, strahlen, leuchten, blinken. → antworten, ausbilden, auslegen, auspacken, bekämpfen, belehren, benehmen Irrtum, bestätigen, bilden, deuten, erhellen, erleuchten. ▸ verschweigen.

aufklärend → anschaulich, belehrend, instruktiv.

Aufklärer Freidenker, Pionier, Erzieher.

Aufklärung → Anfrage, Angabe, Anleitung, Antwort, Auskunft, Bekenntnis, Bericht, Berichtigung, Bescheid, Betrachtung, Einblick, Einflüsterung, Enthüllung, Entlarvung, Erhellung, Erklärung, Ermahnung, Ermittlung, Erziehung, Information, Rechenschaft, Werbung.

Aufklärung geben → anschreiben.

Aufklärungsarbeit → Chrie.

aufknüpfen → abbinden, bestrafen.

aufkommen für → bezahlen.

aufkündigen → abdanken.

aufkurbeln → aufwinden.

Auflage Ausgabe, Abdruck, Druck, Nachdruck, Neudruck. ● Befehl, Gebot, Auftrag, Weisung, Bestimmung, Vorschrift, Verfügung, Anordnung, Verordnung, Aufforderung, Verlangen, Begehren ● Anteil, Nachzahlung. → Aufgebot, Befehl, Druckschrift.

auflasten → aufhalsen.

auflauern abpassen, anfallen, schleichen, sich heranschleichen, auf der Lauer liegen, eine Schlinge legen, eine Falle stellen, ein Bein stellen, zum Sprung ausholen, meuchlings überfallen. ▸ entkommen (lassen).

Auflauf Krawall, Tumult, Aufruhr, Aufstand, Getümmel, Empörung, Streik, Wirbel, Aufregung, Wallung, Gärung, Ansammlung, Versammlung, Unruhe, Störung, Zusammenprall, Zusammenstoß, Revolte, Erhebung, Auflehnung, Massenerhebung, Verschwörung, Meuterei, Putsch, Zusammenrottung. → Anzahl, Auflehnung, Chaos.

auflaufen → aufblasen, auftreiben, ausbuchten, ausfüllen, blähen, dick werden, eindicken.

aufleben → bessern sich, erholen sich, erstarken.

auflegen belegen, ablegen, niederlegen, unterbringen, verladen, verstauen, auffüllen, aufgießen, aufpressen ● segnen ● drucken, einhängen, veröffentlichen.

Auflegung → Emission.

auflehnen abwehren, sich bäumen, sich empören, sich entgegenstellen, entgegentreten, entgegenwirken, sich sperren, sich spreizen, sich sträuben, trotzen, sich weigern, sich widersetzen, widersprechen, widerstreben, widerstehen, zurückweisen, sich, auflehnen. ▸ entgegenstellen sich. ▸ fügen sich.

Auflehnung Abneigung, Abwehr, Einrede, Einspruch, Gegensatz, Unbotmäßigkeit, Ungehorsam, Insubordination f, Trotz, Hartnäckigkeit, Widerspenstigkeit, Widerstand, Auflauf, Aufruhr, Aufstand, Empörung, Erhebung, Krawall, Meuterei, Revolte, Streik, Tumult, Verschwörung, Widersetzlichkeit, Opposition, Widerstreit. → Auflauf. ▸ Fügsamkeit.

auflesen → sammeln.

aufleuchten → emporlodern.

auflösen analysieren, aufgeben, ausverkaufen, einstellen, flüssig machen, liquidieren, bereinigen, zahlen, zerlegen, zersetzen, befreien, entbinden, lösen, losbinden, zerrütten, in Unordnung bringen, desorganisieren, zergliedern, verselbständigen, dezentralisieren, losmachen, losschnüren, entlassen, verabschieden, fusseln, sich in Wohlgefallen auflösen, austreten, loskommen, errechnen, in Luft zerfließen, auftauen, auslassen, schmelzen, verflüssigen, zerlassen. → abschaffen, ausatmen, bedeuten, beruhigen, einschmelzen, entrollen, entwirren, faulen. ▶ festigen, vereinigen.

Auflösung Analyse *f*, Abbau, Elektrolyse *f*, Scheidung, Sonderung, Zerlegung, Zersetzung, Zerstückelung, Zerteilung, Aufteilen, Aufgliederung, Dekomposition, Desorganisation *f*, Dezentralisation *f*, Lockerung, Separation, Spaltung, Teilung, Trennung, Unordnung, Verstreuung, Zergliederung ● Austritt, Entlassung, Entzweiung, Uneinigkeit, Zerrüttung. → Analyse, Ausbreitung, Betrachtung, Begriffsbestimmung, Dekadenz, Demolierung, Demoralisation, Desorganisation, Destruktion, Dezentralisation, Dunst, Erwärmung, Fäulnis. ▶ Vereinigung.

aufmachen öffnen, aufreißen, aufsperren, auftun, bersten, einschlagen, platzen, sprengen. → abbinden, abfahren, aufbrechen, aufdrehen, aufgehen, aufrollen, aufwerfen, aufrunden, begründen, bersten, erbrechen, schmücken. ▶ schließen, zumachen.

aufmachen, sich → aufmachen, empfehlen sich, entfernen sich, verschwinden.

Aufmachung Anblick, Aufputz, Ausschmückung, Kriegsbemalung, Aussehen, Ausstattung, Beiwerk, Dekoration, Flitter, Geschmeide, Gewand, Glanz, Hülle, Pracht, Putz, Schale, Schmuck, Schmucksache, Staat, Tand, Verpackung, Verschönerung, Make-up *M*, Verzierung, Wichs, Zier, Zierat, Zubehör, Zutat ● geräuschvolle Aufmachung, Klimbim *u*, Zimbumm *u*, Tamtam, Trara *u*. → Aussehen, Besatz, Dekoration, Farbenglanz. ▶ Bescheidenheit, Einfachheit.

Aufmarsch Besichtigung, Festgepränge, Festzug, Musterung, Parade, Prozession, Schaufahrt, Triumphzug, Vorbeimarsch. → Aufstellung.

aufmerken → acht geben, aufpassen, bedenken, beherzigen, erwachen.

aufmerksam achtsam, konzentriert, beflissen, mit Bedacht, mit Hingabe, bedachtsam, behutsam, geflissentlich, sorgfältig, still, überlegt, umsichtig, verständig, scharfsichtig ● mit dem Zaunpfahl winken, mit der Nase auf etwas stoßen ● bereit, entgegenkommend, folgsam, fügsam, gehorsam, lenksam, willfährig, willig, eifrig, freundlich, kulant. → andächtig, angelegentlich, angenehm, anständig, an-

stellig, artig, bedachtsam, bedächtig, beflissentlich, dienstbereit, eilfertig, erbötig, erkenntlich, erwägend, erwartungsvoll. ▶ unaufmerksam.

aufmerksam sein → achtgeben, benehmen sich, bleiben bei der Sache.

aufmerksam machen→zeigen.

Aufmerksamkeit Dienstwilligkeit, Eifer, Eilfertigkeit, Wißbegierde, Beflissenheit, Interesse, Teilnahme, Umsicht, Bedacht, Besorgtheit, Fürsorglichkeit, Sorgfalt, Überlegung, Geschenk, Wachsamkeit, Vorsicht. → Andenken, Anstrengung, Beflissenheit, Bemühung, Bescherung, Besorgnis, Besorgtheit, Darbringung, Dienstwilligkeit, Empfehlung, Erkenntlichkeit. ▶ Unaufmerksamkeit.

aufmöbeln → aufmuntern.

aufmuntern → anhalten, anregen, aufheitern, beeinflussen, begeistern, begütigen, behagen, beleben, bestechen, bewirken, delektieren, erleichtern, erwecken, aufmöbeln *u*.

aufmunternd → antreibend.

Aufnahme Besuch, Zusammenschluß, Empfang, Umgang, Eintritt, Zulaß, Zutritt ● Inhalt, Einlage, Beilage, Einschluß ● Einreihung, Zugehörigkeit, Gleichstellung, Zulassung ● Einspritzung, Verschluckung, Aufsaugung, Absorption, Einsaugung, Inhalierung, Essen, Trank, Trunk ● Bild ● Tonaufnahme, Tonband, Film, Lichtbild. → Ankunft, Anschluß, Aufwartung, Beifügung, Beitritt, Erhaltung. ▶ Ausschluß.

aufnahmebereit → aufgeschlossen, empfänglich.

aufnahmefähig → aufgeschlossen, empfänglich.

Aufnahmefähigkeit Lernfähigkeit, geistige Fähigkeit, Klugheit, Verstand, Einfühlungsvermögen ● Tragefähigkeit, Tragfähigkeit, Lastkapazität, Ladevermögen, Fassungsvermögen, Fassungskraft ● Rauminhalt, Volumen ● Gedächtniskraft.

aufnehmen auflesen, borgen, entlehnen, erborgen, leihen, entleihen, Kredit nehmen ● aufschreiben, aufzeichnen, berichten, beurkunden, eintragen, festhalten, einfangen, niederschreiben, notieren, protokollieren, verzeichnen, zu Papier bringen, vermerken, stenographieren ● photographieren, filmen, auf Tonband aufnehmen, eine Platte aufnehmen, schneiden, drehen, abknipsen, knipsen, kurbeln, auf die Platte oder den Film bannen ● zulassen,

einordnen, einreihen. → annehmen, bekehren, bewirten. ▶ ausschließen, bezahlen.

aufnötigen aufbrummen, aufhalsen, aufdrängen, zuterteilen, aufbinden, aufzwingen. → anbieten.

Aufopferung → Begeisterung.

aufopferungsfähig → barmherzig.

Aufopferungsfähigkeit→Hingabe.

aufpacken → aufrollen, beladen.

aufpäppeln → aufziehen.

aufpassen ansehen, aufmerken, beachten, betrachten, schauen, zuhören, aufhorchen, zuhorchen, behorchen, lauschen, spähen, bewachen, vorbeugen, vorkehren, bedenken, überlegen, erwägen, mustern, durchlesen, spannen, untersuchen, acht geben, acht haben, aufmerksam sein, sich merken, Wache stehen, Schmiere stehen, eingehend prüfen, näher beleuchten, Aufmerksamkeit schenken, die Ohren spitzen, die Augen aufmachen, jedes Blatt wenden, genau durchsehen, das Augenmerk richten auf, Argusaugen haben,einem auf die Finger sehen, mit den Blicken verfolgen, im Auge behalten. → achtgeben, bedenken, belauern, beobachten, beschatten, Blick nicht lassen aus dem, erwachen. ▶ unaufmerksam (sein).

aufpflanzen → einpflanzen, einrammen, emporragen.

aufplatzen → bersten, scheitern.

aufplustern, sich → angeben.

aufpolieren → ausarbeiten, ausbessern, erneuern, reparieren, verschönern.

Aufprall → Bewegungstrieb.

aufprallen → zusammenprallen.

aufpressen → auflegen, aufsetzen.

aufpulvern → anregen, dopen.

aufputschen → anzetteln, aufwiegeln.

Aufputz → Aufmachung, Aufschlag, Ausschmückung, Dekoration, Garnitur, Schmuck.

aufputzen → aufbauschen, aufschneiden, auftakeln, ausschmücken, beflaggen.

aufquellen → anschwellen.

aufraffen, sich → aufblühen, erholen sich, ermannen sich.

aufragen → emporragen.

aufragend → aufsteigend.

aufräumen mit → abschaffen.

aufrecht senkrecht, gerade, lotrecht, steil, vertikal, geradestehend, kerzengerade, scheitelrecht, schroff, stramm

● jäh, stark, fest, groß, gut, kernhaft, kräftig, standhaft, zäh, stolz, ehrlich, wahrhaftig, unbeugsam. → anständig, brav, charakterfest, ehrsam, ehrsinnig. ▶ flach, hingestreckt, kraftlos, unredlich.

Aufrechterhaltung Erhaltung, Pflege, Rettung, Unterhalt, Unterstützung.

aufreden → aufdrängen, aufzwingen.

aufregen sich ärgern, alterieren, aufbrausen, leicht reizbar, erhitzen, echauffieren, erregen, aus dem Anzug gehen *u*, explodieren, überkochen, überspannen, überreizen, exaltieren, beunruhigen, begeistern, entflammen, hinreißen, mitnehmen, ergreifen, packen, rühren, zünden ● aufbringen, beleidigen, empören, erbosen, erzürnen, fuchsen, hochbringen, kränken, verbittern, verdrießen, hochgehen *u*, aus der Pelle fahren *u*, den wilden Mann machen *u*, in Harnisch geraten, der Papierkragen platzt *u*, verletzen, verschnupfen ● auffahren, einschnappen, ergrimmen, fauchen, geifern, sich giften, grollen, kochen, maulen, rasen, schäumen, schnauben, sieden, toben, verübeln, wüten, zürnen, vor Wut bersten, eine Szene machen, einen Auftritt inszenieren, in Fahrt sein, mit den Füßen stampfen, aus dem Häuschen sein, knirschen vor Zorn, Feuer und Flamme speien, vor Wut platzen, aus der Haut fahren ● in Harnisch bringen, aus dem Häuschen bringen, in Weißglut bringen, auf die Palme oder in die Wolle bringen *u*, auf Touren bringen *u*. → anfeuern, anstoßen, ärgern, beunruhigen, bersten, bringen in Bewegung, durchbeben, erschrecken, fangen Feuer. ▶ beschwichtigen.

aufregend → berauschend, erregend.

Aufregung Aufgeregtheit, Überreizung, Überspannung, Exaltation *f*, Erregung, Heftigkeit, Hitze, Ingrimm, Jähzorn, Koller, Leidenschaft, Raserei, Stinkwut, Ungestüm, Verzweiflung, Wut, Wutausbruch, Zorn ● Temperament, Affekt, Ekstase, Enthusiasmus, Fieber, Impuls, Rausch, Regung, Rührung, Taumel, Überschwang, Verblendung, Verzückung, Wallung ● Trubel, Betrieb, Gedränge, Lärm, Rummel, Treiben, Tumult, Unruhe, Wirrwarr. → Affekt, Anwandlung, Ärgernis, Auflauf, Ausbruch, Begeisterung, Bestürzung, Entzückung, Erregbarkeit, Erregung, Erstaunen. ▶ Beschwichtigung.

aufreiben → abmühen, anstrengen, ausrotten.

aufreibend angestrengt, angespannt, mühselig, lästig, mühsam, ermüdend, ermattend, drückend, mit Aufgebot aller Kräfte, peinigend, quälend, entkräftend, ärgerlich, erschlaffend, schwächend, angreifend. → angestrengt. ▶ beschaulich, ruhig.

aufreihen → verbinden.

aufreißen → aufgehen, aufmachen, aufrollen, aufrütteln, öffnen.

aufreizen → anfeuern, aufhetzen, drängen, reizen.

aufreizend → berauschend, erregend.

aufrichten aufrütteln, ermuntern, zusprechen, beleben, erfrischen, erquicken, kräftigen, laben, stärken, antreiben, beeinflussen, bestärken, erheitern, ermutigen, zureden ● errichten, aufschlagen, aufbauen, erheben, aufziehen, emporbringen, auf die Beine stellen ● aufrappeln sich. → anfertigen, anregen, aufheitern, aufwerfen, aufrütteln, ausführen, beeinflussen, beleben, bilden, emporragen, erbauen, erheben sich, erhöhen, erklettern. ▶ abbrechen, preisgeben, senken.

aufrichtig echt, ehrlich, klar, offenherzig, rechtschaffen, ursprünglich, vertrauenswürdig, wahrhaft, zuverlässig, natürlich, ungekünstelt, unverfälscht, wahr, freiherzig, freimütig, gerade, offen, wahrhaftig, herzlich, warm, vertrauensselig, ungezwungen, unumwunden, rückhaltlos, redlich, unverdorben, ungeziert, unverstellt, bündig, ohne Falsch, ohne Arg, trägt das Wort auf der Zunge, kreuzehrlich, ehrliche Haut. → bieder, brav, charakterfest, derb, erbaulich. ▶ unaufrichtig.

Aufrichtigkeit Wahrheitsliebe. → Charakterstärke, Einfachheit, Offenheit.

Aufrichtung → Aufbau, Aufführung, Erhöhung, Trost.

aufringeln → aufdrehen, aufrollen, aufwinden.

Aufriß Anlage, Schema, Entwurf, Grundform, Grundriß, Muster, Schablone, Plan, Umriß. → Anordnung.

aufrollen anfangen, beginnen, anheben, anbahnen, entstehen, entspringen, auftauchen, ausbrechen, sich entspannen, leiten, den Anfang machen, den Anstoß geben, in Angriff nehmen, die Hand anlegen ● aufsperren, aufmachen, öffnen, erschließen, aufbrechen, aufbrechen, ausrollen, aufpacken, aufwickeln ● aufreißen, freikämpfen, ein-

drücken, die Flanke aufrollen ● aufringeln, schlängeln, zusammenziehen, sich winden, krümmen, spulen, winden, drehen, haspeln, rollen, wickeln, wälzen, locken, kräuseln ● docken *f*. → aufdrehen, aufwerfen, aufwinden, bringen zum Schweigen, entrollen, entwirren. ▶ abwickeln, abwehren, schließen.

Aufruf → Anruf, Appell, Gebot, Ruf.

aufrufen → angeben, appellieren, befehlen, benennen.

Aufruhr Aufstand, Krawall, Unruhe, Feuer, Gewalt, Glut, Kraft, Sturm, Orkan, Ungetüm, Wut, Zorn, Tumult, Friedensbruch, Friedensstörung. → Angriff, Auflauf, Auflehnung, Ausbruch, Bürgerkrieg, Chaos, Detonation, Erregung. ▶ Ordnung, Ruhe.

Aufruhr der Gefühle → Affekt.

Aufrührer → Aufständischer.

aufrührerisch → aufständisch, chaotisch.

aufrunden → zuzählen.

aufrüsten → bedrohen.

aufrütteln aufreißen, aufrichten, aufwerfen, bewegen, ermuntern, erschüttern, rütteln, schleudern, schütteln, zusprechen. → anregen, aufrichten. ▶ einschüchtern.

aufsagen → deklamieren.

aufsammeln → zusammenfassen, aufheben, sammeln. ▶ fahren lassen, fallen lassen.

aufsässig → feindlich.

Aufsatz Aufbau, Dach, Erhöhung. → Abhandlung, Arbeit, Artikel, Beitrag.

aufsaugen absorbieren, aufbrauchen, aufzehren, austrocknen, erschöpfen, verbrauchen, verlieren. ▶ ausstoßen.

Aufsaugung → Aufnahme.

aufschauen → aufsehen.

aufscheuchen → antreiben, aufmuntern, erschrecken.

aufschichten aufsammeln, zusammentragen, anhäufen, häufeln, zusammensetzen, aufstapeln, schichten, ordnen, in Schichten oder Stapeln legen oder aufrichten. ▶ liegen lassen, verstreuen.

aufschieben stunden, prolongieren, vertagen, beschlafen, hinausschieben, hinhalten, verschleppen, anstehen lassen, Zeit geben. → aufhalten, aufgeben. ▶ bezahlen, drängen, schließen.

aufschiebend → dilatorisch.

Aufschiebung → Bedenkzeit.

aufschießen → heranwachsen.

Aufschlag Erhöhung, Zulage, Zuschlag, Versteuerung, Kostensteigerung, Preissteigerung, Preisanstieg, Belastung ● Auslagen, Gebühr, Abgabe, Kosten, Spesen, Provision, Zins, Standgeld, Platzgeld, Fracht, Ergänzung, Taxe, Steuer, Zuschlag, Gewinn, Anteil, Nutzen, Aufzahlung, Nachzahlung, Sonderzuschlag ● Aufputz, Beiwerk, Manschette, Röllchen, Besatz, Vorstoß, Paspel, Umschlag, Zier, Zierde, Schmuck, Zierat, Verzierung, Ornament. ▶ Abzug.

aufschlagen durchgehen, durchschauen, durchsehen, durchblättern, durchstöbern, nachschlagen, schmökern ● die Preise erhöhen, draufschlagen, neppen, rupfen, schröpfen, hochtreiben, überfordern, übernehmen, überteuern ● anstricken, aufketten, aufbauen, errichten. → aufmachen, aufbrechen, aufrichten, aufwerfen, bauen, bersten, brechen, durchsehen, erhöhen. ▶ abziehen, zumachen.

aufschließen → aufblühen, aufbrechen, aufdrehen, aufrollen, aufwerfen, entfalten sich, entwickeln sich.

Aufschluß → Antwort, Ausführungsbestimmung, Auskunft, Begriffsbestimmung, Bekenntnis, Bericht, Bescheid, Definition, Erklärung, Nachweis, Rechenschaft.

Aufschluß geben → belehren, denunzieren.

aufschlüsseln → verteilen.

aufschlußreich deutlich, klar, erläuternd, das spricht Bände, läßt tief blicken, Blick hinter die Kulissen werfen.

aufschnappen → hören.

aufschneiden fabeln, faseln, flunkern, prahlen, auf die Pauke hauen, loslegen. → angeben, anschneiden, aufbauschen, aufbrechen, aufdrehen, aufmachen, blähen, dick tun, einbilden sich. ▶ bescheiden (sein), Wahrheit sprechen die.

Aufschneider Angeber, Großsprecher. → Angeber, Betrüger, Chauvinist.

Aufschneiderei → Anmaßung, Blendwerk, Bombast, Chauvinismus, Eigenlob, Falschheit, Mache.

aufschneiderisch → aufdringlich.

aufschnellen → aufwerfen, aufspringen.

Aufschnitt Wurst, Belag.

aufschrauben → aufwinden.

aufschrecken → erschrecken.

Aufschrei → Angstruf.

aufschreiben → aufnehmen, schreiben, verzeichnen.

aufschreien → schreien.

Aufschrift → Adresse, Marke, Aufdruck, Etikette, Stempel.

Aufschub → Aufenthalt, Ausweg, Bedenkzeit, Einstellung, Frist, Pause, Stundung.

aufschürzen → aufziehen.

aufschütten → auffüllen.

aufschwatzen → andrehen, übertölpeln.

aufschwemmen → ansetzen.

aufschwingen → aufsteigen, auftauchen, aufziehen, emporkommen.

aufschwingen, sich → erheben sich, erklettern, steigen.

aufschwingend → aufsteigend.

Aufschwung Geschäftsaufschwung, Boom m, Konjunktur ● Wallung, Aufstieg, Aufgang ● Ekstase, Verzückung, Begeisterung, Aufflug, Versenkung. ▶ Niedergang.

aufsehen auffallen, befremden, überraschen, verblüffen, stutzig machen, bezaubern, blenden ● aufschauen, aufblicken. → achten. ▶ unauffällig, Blick zu Boden.

Aufsehen Krach, Skandal, Eklat m, Furore s, Begeisterung, Bewunderung, Entsetzen, Schreck, Überraschung, Anstoß. ▶ Ansehen.

Aufsehen erregen Beifall ernten, Anklang finden, Eindruck machen, Bewunderung hervorrufen, geehrt oder gepriesen werden, Lorbeer erringen, in aller Munde sein, Ruhm ernten, die Welt in Erstaunen versetzen. → aufsehen, blenden. ▶ zurückhaltend (sein).

aufsehenerregend → abnorm, beispiellos, epochemachend, erstaunlich.

Aufseher Verwalter, Inspektor, Inspekteur, Inspizient m ● Beschützer, Hüter, Kastellan, Wächter, Wärter, Beschließer, Garderobier, Kleiderwart, Verwahrer, Hirte, Kurator, Schatten, Wart, Kustos. → Arbeitnehmer, Begleitung, Beschützer, Büttel, Bewachung, Direktrice.

aufsetzen aufstellen, aufhocken, aufstecken, aufgießen, auffüllen, aufpressen. → abfassen, ausarbeiten. ▶ niedersetzen.

aufsetzen, einem Hörner → balbieren.

Aufsicht Inspektor, Besichtigung, Prüfung, Beaufsichtigung, Musterung, Überwachung, Kontrolle, Leitung, Oberaufsicht, Verwaltung. → Beobachtung, Bewachung, Durchsicht.

aufsitzen → außerstande sein, beikommen nicht, bestehen, blamieren.

aufsitzen lassen → beeinträchtigen.

aufspalten → zergliedern, zerteilen.

aufsparen → anhäufen, aufbewahren, aufspeichern, reservieren.

aufspeichern anhäufen, aufheben, aufstapeln, sammeln sich, versehen, versorgen,

vorbeugen, vorsorgen, hamstern, horten, einkellern, anschaffen, ersparen, aufsparen, aufbewahren, einscheuern. → aufheben, einkellern. ▶ verbrauchen.

Aufspeicherung → Ersparnis, Lager.

aufsperren → aufbrechen, aufdrehen, aufgehen, aufmachen, aufrollen, aufwinden, erbrechen, öffnen.

aufspielen → anstimmen, musizieren.

aufspielen, sich → angeben, aufbauschen, aufschneiden, erhöhen sich, erste Geige spielen.

aufspießen → anmachen, durchstecken.

aufsprengen → aufbrechen, bersten.

aufspringen auffahren, aufbrausen, rasen, wüten, aufsprudeln, aufwallen, aufgären, kochen, schäumen, losbrechen, losplatzen, bersten, zerspringen, in die Luft gehen ● eilen, beeilen, laufen, rennen, fortstürmen, fortstürzen, sich tummeln, rühren, regen, fliehen, entfliehen, davonspringen, ausreißen, entwischen, enteilen, davonlaufen, scheiden, gehen, fahren j ● erwischen, angreifen, tätlich werden, anfallen, überrumpeln ● aufschnellen, federn, abprallen, zurückprallen, sich lockern. → aufgeh(e)n, bersten, brechen. ▶ beherrschen sich, zaudern, festmachen, niederlassen.

aufspringend → aufsteigend.

aufsprudeln → aufspringen.

aufspüren → auftreiben, ausfindig machen, beikommen, belauern, durchschauen, durchstöbern, entdecken, ermitteln, fassen ins Auge, suchen.

Aufspürung → Bemühung, Beobachtung, Entdeckung, Ermittlung.

aufstacheln → anfeuern, aufhetzen, reizen.

Aufstand Meuterei, Rebellion f, Insurrektion f, Revolution, Bürgerkrieg, Empörung, Putsch, Staatsstreich, Umschwung, Umsturz, Umwälzung, Unruhe, Wirren. → Angriff, Auflauf, Auflehnung, Aufruhr, Chaos. ▶ Gehorsam, Ruhe, Ordnung.

Aufständiger Insurgent m, Rebell m, Meuterer, Revolutionär, Partisan, Empörer, Putschist, Umstürzler, Anarchist, Aufrührer, Jakobiner, Rädelsführer, Verschwörer, Wühler.

aufständisch aufrührerisch, meuterisch, rebellisch, renitent, revolutionär, trotzig, unbotmäßig, ungezügelt, unlenkbar, zügellos, widersetz-

aufstapeln lich, widerspenstig, ungehorsam, feindselig. ▶ gehorsam, gesittet.

aufspeichern → aufheben, aufspeichern, eindecken sich, ernten, versorgen sich.

aufstechen → aufbrechen.

aufstecken → abschaffen, aufhören, aufgeben, aufsetzen.

aufstehen → erheben sich, steigen.

aufsteigen ansteigen, aufstreben, sich erheben, emporragen, ragen, sich recken, überragen, übersteigen ● auffliegen, aufflattern, aufschwingen, springen, hüpfen, schwingen, ranken ● aufziehen, hissen ● auftauchen, sich bäumen, emporlodern, emporquellen, aufflammen, türmen ● aufstreben, emporkommen, erklettern, emporklimmen, vorwärtskommen, etwas werden, etwas erreichen. → aufwerfen, aufziehen, besteigen, erheben sich. ▶ heruntergehen, herunterkommen.

aufsteigend auffliegend, aufflatternd, aufschwingend, aufstrebend, wachsend, erhebend, aufkeimend, türmend, bäumend, aufspringend, lodernd, quellend, flammend, aufragend, auftauchend ● springend, hüpfend, rankend, steigend, kletternd ● auf, empor, aufwärts, herauf, hinauf, bergauf, flußaufwärts, stromauf. → schräg. ▶ hinunter.

aufstellen ablegen, anbringen, deponieren, einlagern, einstellen, gruppieren, disponieren, aufbauen, einordnen, einrichten, einteilen, ordnen, zusammenstellen, ausstellen, hinterlegen, plazieren, unterbringen, eine Aufstellung machen, aufzählen, durchstellen *j*, sich aufpflanzen *u*. → aufsetzen, bilden, demonstrieren, deponieren, einstufen. ▶ niederlegen, niedersetzen, umstoßen.

Aufstellung Anfertigung, Herstellung, Formung, Errichtung, Bau, Aufbau ● Annahme, Hypothese, Theorie ● Schlachtordnung, Aufmarsch, Einberufung, Zug, Parade. ● Anordnung, Beweis, Rechnung, Tabelle. ● Einsturz, Unordnung.

Aufstieg Aufflug, Bergfahrt, Bergbesteigung, Aufbau, Aufschwung, Arbeitssegen, Bewegung, Fortschritt, Tat, Wendepunkt, Aufbruch, Aufschub, Aufgang, Anstieg, Ausbau, Erhebung. ▶ Abstieg.

aufstöbern → auftreiben, ausfindig machen, beikommen, bemächtigen, beschaf-

fen, durchsuchen, einsäckeln, entdecken.

aufstoßen rülpsen, blöken *u*, Bauerchen machen *u*. → aufwerfen, befallen.

aufstreben → anfangen, aufgehen, aufsteigen, auftauchen, aufziehen, emporklimmen, steigen.

aufstrebend → aufsteigend.

aufstreichen → bedecken.

Aufstufung → Steigerung.

aufstülpen → aufwerfen.

aufstutzen → auftakeln.

aufsuchen → auskundschaften, beehren, beigesellen.

auftakeln aufstutzen, aufzäumen, ausrüsten, ausstaffieren, ausstatten, bemannen, einrichten, herrichten, rüsten ● ausputzen, aufputzen, aufdonnern, herausstaffieren, Staat machen, herausstreichen, schön machen, verschönern. → auffallend, auf gedonnert.

Auftakt → Anfang, Anlauf.

auftanken → erholen sich.

auftauchen anbahnen, anfangen, anheben, auftreten, beginnen, sich Bahn brechen, aufstreben, eintreffen, entspringen, sich entwickeln, erscheinen, sich zeigen, sichtbar werden, sich zeigen, Gestalt annehmen, vorkommen, sich vorfinden, vorhanden sein, entfließen, entströmen ● aufgehen, entstehen, ausbrechen, entspinnen, einleiten, dämmern, tagen, grauen ● bewirken, auftreiben, einschmuggeln, einführen, einschließen, heben, aufziehen, emporkommen ● bemerken, erscheinen, erkennen, wahrnehmen ● dasein, eröffnen ● sich bloßstellen, verraten, einblasen, einflüstern ● auffallen, einen Einfall haben, sich anzeigen ● sich bemerkbar machen, in Umlauf kommen, umgehen, Stadtgerücht werden, umgehen, verbreitet werden ● sehen, sichten, einfallen, aufblitzen. → aufrollen, aufsteigen, aufziehen, entsprießen, entstehen. ▶ verschwinden, vergessen, versinken.

auftauchend → aufsteigend.

auftauen → auflösen.

aufteilen → austeilen, bestimmen, verteilen.

Aufteilen → Auflösung.

auftischen → auftragen, bedienen, bereitstellen.

Auftrag Befehl, Order. → Angelegenheit, Anordnung, Amt, Aufgabe, Auflage, Besorgung, Bestallung, Beruf, Berufung, Dekret, Diktat, Direktive, Ermächtigung, Leistung. ▶ Verbot, Verhinderung.

Auftrag geben → befehlen.

auftragen auftischen, aufwarten, bewirten, servieren, vorsetzen, aufbaaken *sm*. → angeben, aufschneiden, befehlen, begehren, diktieren, erlassen, erteilen Auftrag. ▶ verbieten, wegbringen.

Auftraggeber Kommittent. → Chef, Käufer, Kunde.

auftreiben entdecken, auffinden, aufspüren ● rege machen *j*, aufstöbern, aufgabeln, ausfindig machen, finden, gewahr werden, gewahren, herausbekommen, sich verschaffen, zulegen, sich aneignen, verschaffen, besorgen, erringen, erwerben, verhelfen, vermitteln ● ausdehnen, blähen, wölben, vorspringen, bauchig werden, auflaufen, aufblasen, aufblähen, erhöhen, bossieren. → anhäufen, anschwellen, ansetzen, aufblasen, auftauchen, ausbuchten, ausfindig machen, ausfüllen, beibringen, beikommen, bemächtigen, beschaffen, blähen, dick werden, einsäkkeln, erbetteln. ▶ entgehen, verlieren, zusammenpressen.

auftreten spielen, Furore machen, sich anstellen, sich aufführen, sich ausgeben, sich benehmen, repräsentieren, darstellen, erscheinen, verkörpern, vorstellen, sich betragen, fungieren, sich geben, sich gehaben, handeln, sich verhalten, vorgehen, aus der Versenkung auftauchen, auf der Bildfläche erscheinen, eintreten, vorkommen, sich zutragen, sich ereignen. → anfangen, anstellen, auftauchen, betragen sich, benehmen sich, brechen durch die Wolken, darstellen. ▶ erniedrigen sich, verschwinden.

auftreten für ersetzen, austauschen, auswechseln, einstehen, vertreten, verdrängen, aussehen, benehmen, betragen, gebärden. → ausfüllen. ▶ beschuldigen, zurücktreten.

Auftreten → Ausweg, Benehmen, Darbietung.

Auftrieb → Aufstieg, Ermunterung.

Auftritt → Affäre, Anblick, Darbietung, Szene.

auftrocknen → abtrocknen.

auftrumpfen → trotzen.

auftun → anfangen, aufgehen, aufmachen, eröffnen, öffnen.

auftürmen → aufziehen, emporragen.

aufwachen → auferstehen, erwecken.

aufwägen → aufziehen.

aufwägen → aufheben, ausgleichen, kompensieren.

aufwallen → aufspringen, branden.

Aufwallung → Ausbruch.

Aufwand Aufbietung, Ausgabe, Ausstattung, Gepränge, Luxus, Prunk, Staat, Klimbim *u*, Tamtam *u*, Zimbumm *u*, Mache *u*, Trara *u* ● Abnützung, Verbrauch, Verlust, Zehrung. → Beitrag, Luxus, Spesen. ▶ Bescheidenheit, Sparsamkeit.

aufwarten → auftragen, bedienen, bewirten, dienen, erweisen Aufmerksamkeit.

aufwarten mit → anbieten.

Aufwärter → Bursche, Commis.

Aufwärterin → Aushilfe.

aufwärts auf, hinauf, empor, herauf, bergauf, flußaufwärts, stromaufwärts. → auf, aufsteigend, bergauf, darüber, droben. ▶ abwärts.

Aufwartung Aufnahme, Empfang, Besuch machen, Bedienung, Diener, Dienstleistung, Handreichung ● Bückling, Ehrbezeugung, Ehrerbietung, Gratulation, Huldigung, Reverenz.

aufwecken → erwecken.

aufweichen → abweichen, bähen, einweichen, enthärten, erweichen.

aufweisen verweisen, offenbaren, zeigen, aufdecken, aufklären, erklären, nachweisen. → dartun, darlegen.

aufwenden anlegen, ausgeben, ausstatten, verbrauchen, vergeuden, verschwenden, verwirtschaften, verzehren, auslegen, bezahlen, verausgaben, Kosten bestreiten, Geld in etwas stecken, verläppern *u*, verplempern *u*. → ausgeben. ▶ behalten, einnehmen.

aufwendig → kostspielig.

Aufwendung Investierung, Einlage, Einsatz, Investition, Kapitalanlage. → Aufwand. ▶ Bescheidenheit, Einkünfte, Sparsamkeit.

aufwerfen umwerfen, durcheinanderwerfen, umherwerfen, vermengen, vermischen, schütteln, rütteln, umrühren, erschüttern ● aufmachen, aufschmeißen *u*, erschließen, aufschließen, aufdecken, abdecken, aufrollen, aufwickeln, auspacken ● erhöhen, aufrichten, aufschlagen, aufstülpen, erheben, heben, aufschnellen, auffahren, aufstoßen, aufbäumen, aufsteigen, bocken ● durchkreuzen, stören, vereiteln, untergraben, graben, unterminieren, brechen *j* ● anschneiden, beleuchten, betrachten, ermitteln, erörtern, erwägen, forschen, prüfen, untersuchen, verfolgen, in Erwägung ziehen, berühren, anregen, andeuten, anspielen, beibringen, vorlegen, vorschlagen, beantragen. → aufrütteln, aus-

buchten, darbieten sich. ▶ erwidern, stehen lassen, zumachen.

aufwerfen, die Lippen → schmollen.

aufwerfend → andeutungsweise.

aufwerten → erhöhen.

aufwickeln → aufdrehen, aufrollen, aufwerfen, aufwinden.

aufwiegeln aufputschen, verhetzen, revolutionieren. → anzetteln, aufhetzen.

Aufwiegelung → Demagogie.

Aufwiegler Agitator. → Brandstifter, Demagog.

aufwieglerisch verhetzend, verführend, demagogisch, insurgierend. → aufständisch.

aufwinden entfernen, loslösen, losmachen, loswinden ● erheben, steigern, heben, aufziehen, aufheben ● aufwickeln, aufrollen, aufringeln, aufdrehen, drehen, seilen, winden, haspeln, aufkurbeln ● entrollen, öffnen, aufsperren, aufmachen. → abschrauben. ▶ festmachen, herabsetzen, herunterdrücken.

aufwischen → abtrocknen.

aufwühlend → antreibend.

aufzählen → anführen, angeben, aufstellen, beschreiben, Einzelheiten eingehen in die, zählen.

Aufzählung → Aufschlag.

aufzäumen → auftakeln, einspannen.

aufzehren → abnutzen, aufsaugen, essen.

aufzeichnen → abfassen, aufnehmen, beschreiben.

Aufzeichnung → Anmerkung, Arbeit, Auskunft, Chronik, Denkschrift, Druckvorlage, Manuskript, Notiz.

aufzeigen angeben, beleuchten, dartun, hinweisen, nachweisen, entrollen, ausmalen, beschreiben, darlegen, darstellen, deuten, entwickeln, erklären, erläutern, schildern, kundgeben, ausdrücken, offenbaren, beweisen, herausfinden, ergründen. → aufklären, begründen, belehren, beweisen, bloßlegen, dahinterkommen, dartun, definieren, demonstrieren, erweisen, zeigen. ▶ verschweigen.

aufziehen bestehen, betreuen, helfen, hegen, hüten, aufpäppeln *u*, hochpäppeln *u*, pflegen, Sorge tragen, warten, züchten, formen, erziehen, heranzüchten, veredeln ● verbessern, abrichten, dressieren, zähmen, anleiten, beibringen, schulen, bilden, lehren ● spotten, anöden, bloßstellen, höhnen, necken, verhöhnen, verlachen, verspotten, sich lustig machen, foppen, durchziehen ● aufsteigen, aufschwingen, erheben, auf-

streben, aufwachsen, erhöhen, hissen, erklettern, erklimmen, lüften, steigen, auftürmen, türmen, bäumen, emporkommen, auftauchen, aufschürzen. → anöden, aufrichten, aufsteigen, auftauchen, aufwinden, auslachen, ballen, beistehen, besten halten zum. ▶ ausrotten, herunterstürzen, (lassen in Ruhe).

Aufzug Hebewerk, Emporheber, Elevator *m*, Lift, Fahrstuhl, Paternoster, Flaschenzug, Winde, Gangspill *sm*, Spill *sm* ● Umzug, Karawane, Prozession, Demonstration, Festzug, Triumphzug, Festgepränge, Parade ● Akt, Reihenfolge. → Aufmarsch.

aufzwingen gebieten, diktieren, aufreden, beschwatzen, nötigen, befehlen, anordnen, auferlegen, fordern, verlangen, verordnen, vorschreiben, heißen. → aufdrängen, bestehen auf. ▶ freistellen.

Augapfel → Abgott, Auge.

Auge Knospe, Schoß ● Augapfel, Lichter, Seher, Aderauge, Geierauge, Falkenauge, Luchsauge, Stielauge, Schielauge ● Glotzauge, Kullerauge.

Auge fassen, ins → bekommen Lust.

Auge lassen, nicht aus dem → belauern.

Auge zudrücken, ein → Nachsicht üben, schonen.

Auge zumachen, ein → blind für.

Augen machen → erstaunen, staunen.

Augen, mit nassen ● Blick mit feuchtem.

Augen, mit niedergeschlagenen → demütig.

Augen schließen, die → blind für.

Augen, mit Tränen in den → Blick mit feuchtem.

äugeln beäugeln, besehen, erspähen, fixieren ● Blicke zuwerfen, kokettieren, flirten, schmeicheln, schöntun, Blicke austauschen, Augen verdrehen.

äugen angucken, im Auge behalten. → anschauen.

Augenblick Moment, Zeitpunkt, Weile, Zeitgedankens Länge, Sekunde, Minute, Nu, Momenterl, alle Nasenlang, ein Schlag *u*.

Augenblick, im → augenblicklich, derzeit.

Augenblicken, in wenigen → bald.

augenblicklich gegenwärtig, derzeit, diesjährig, heute, jetzt, momentan, im Augenblick, zur Stunde, zurzeit, vorderhand ● plötzlich, blitzartig, rasch, heftig, jäh, jählings, rasch, schlagfertig, schnell, schroff, übereilt, überhastet, überraschend, unerwartet,

ungeahnt, ungestüm, unvermittelt, unvermutet, unversehens. → aktuell, akut, auf einmal, derzeit, derzeitig, direkt, eben, eilends, mit einemmal, rasch. ▶ Jahr und Tag (nach), später.

Augenblicksgebilde → Schaum.

Augenblicksgeschöpf → Eintagsfliege.

augenfällig auffallend, durchschlagend, eklatant, ostentativ, hervorstechend, in die Augen fallend ● ausdrücklich, eindeutig, klar, klipp und klar, offenkundig, sichtbar, unverhüllt, unverkennbar, verständlich ● evident, greifbar, handgreiflich, daran kann man mit dem Finger fühlen, konkret, offenbar, sichtlich. → bemerkbar, deutlich, erkennbar, faßbar. ▶ unauffällig, undeutlich, unsichtbar.

Augenglas → Brille.

Augenmaß, nach → ungefähr.

Augenmerk Achtsamkeit, Anteilnahme, Beachtung, Bedacht, Beobachtung, Hingabe, Scharfsinnigkeit, Wachsamkeit ● Fleiß, Interesse, Überlegung, Umsicht, Sorgfalt, Besonnenheit, Verständnis, Vorsicht. → Bedacht, Bewachung. ▶ Unaufmerksamkeit, Zerstreutheit.

Augenschein Besichtigung, Musterung, Betrachtung, Beobachtung.

augenscheinlich bestimmt, gewiß, jedenfalls, offenbar, offenkundig, offensichtlich, sicher, sichtbar, unbestreitbar, unleugbar, unzweideutig, unzweifelhaft, wirklich. → absolut, auffallend, authentisch, beglaubigt, deutlich. ▶ zweifelhaft.

Augenspiel → Bewerbung, Blick.

Augenweide → Anmut, Anziehung, Genuß.

Augenzeuge → Anwesender, Beobachter.

aus abgeschlossen, abgetan, ausgeführt, beendet, bereit, durchgeführt, erledigt, fertig, fertiggestellt, fix und fertig, reif, vollbracht, vollendet, vorbei, vorüber, fort, weg, leer, ratzekahl *u* ● durch, kraft, mittels, vermittels, vermöge, mit Hilfe von, infolge, alle, Amen, basta, gar, genug, selah, punktum, stopp, zu guter Letzt, aufhören, finish, abgeblasen ● dixi. → abbrechen, befristet, durch. ▶ anfangen.

ausarbeiten abschleifen, ausbauen, ausfeilen, durcharbeiten, vervollkommnen, vervollständigen, vollenden, letzte Hand anlegen, Stil verleihen, Schliff geben, formen, bilden, drechseln, erzeugen, formulieren, gestalten, meißeln,

modellieren, prägen, schaffen, schildern, schöpfen, aufpolieren, bearbeiten, ergänzen, verbessern, aufsetzen, behandeln, darstellen, skizzieren, entwerfen, schreiben, wiedergeben, Bericht erstatten. → abfassen, anfertigen, ausdenken, ausführen, behauen, beschreiben, drechseln, erschaffen, ersinnen.

Ausarbeitung → Bearbeitung, Bewerkstelligung, Elaborat.

ausarten → beeinträchtigen, entarten, verschlimmern.

Ausartung → Degeneration, Demoralisation, Fehler.

ausatmen ausstoßen, ausscheiden, aushauchen, ausdünsten, absondern, schnauben, prusten, räuspern, Luft schöpfen, nach Luft schnappen, röcheln ● einschlummern, entschlafen, erliegen, erlöschen, heimgehen, hinübergehen, sterben, verröcheln, verscheiden, vollenden, das Zeitliche segnen, versterben, auflösen, hinscheiden. → ausstoßen, blasen. ▶ aufwachen, einatmen.

ausbaden abbüßen, begleichen, auslösen, sühnen, gutmachen, abtragen, tilgen, vergüten, entschädigen, ersetzen, opfern, büßen, herhalten müssen, teuer zu stehen kommen, zahlen, benachteiligt werden, den kürzeren ziehen, übel ankommen, verlieren, Verlust haben, sich verrechnen, in den Schornstein schreiben, Pech haben, sich loskaufen, die Zeche zahlen müssen, Opfer bringen, Abbitte leisten, Sühnegeld zahlen, Strafe verbüßen. ▸ abbüßen, beeinträchtigen, begleichen, büßen. ▶ Vorteil haben seinen.

ausbaggern → ausheben.

ausbaldowern → ausfindig machen, ausforschen.

Ausbau → Arbeitssegen, Aufbau, Ausdehnung, Entfaltung, Entwicklung, Fortschritt.

Ausbauchung Wölbung, Bogen, Buckel, Erhöhung, Geschwulst, Grat, Höcker, Knoten, Schwellung, Vorsprung. → Auswuchs. ▶ Einbug.

ausbauen → anordnen, ausarbeiten, ausführen, ausgestalten, bebauen, entfernen, beseitigen, demontieren, einrichten, erneuern, formen, gruppieren, organisieren.

ausbedingen vorbehalten, feststellen, bestehen auf, verharren bei, verpflichten, verbindlich erklären, Bedingungen machen oder stellen ● dixi. → berücksichtigen, bestehen auf. ▸ freistellen.

ausbeizen → auslaugen, bleichen.

ausbessern abhelfen, bearbeiten, aufbauen, auffrischen, aufpolieren, erneuern, herstellen, restaurieren, verjüngen, wiederherstellen, überholen, reparieren, ergänzen, flicken, instandsetzen, renovieren, verbessern, abschleifen, bereinigen, berichtigen, beheben, korrigieren, verschönern, verbinden, stopfen, sohlen, überarbeiten, veredeln, wieder gutmachen. ▸ verschlechtern.

Ausbesserung → Bearbeitung, Berichtigung, Durchsicht, Elaborat.

Ausbeute Ernte, Ertrag, Erwerb, Frucht, Gewinn, Nutzen, Vorteil, Wert, Ausschüttung, Ergebnis, Gewinnanteil, Dividende, Reinertrag, Lohn. → Anteil, Erwerb. ▸ Verlust.

ausbeuten fortnehmen, ergreifen, erfassen, ergattern, an sich reißen, Besitz ergreifen, ausnutzen, einheimsen ● eigennützig handeln, Vorteile erhaschen, im trüben fischen, ernten, erwerben, gewinnen, Nutzen ziehen, ausschlachten *u*, Schindluder treiben, Ertrag haben, Gewinn machen, einbringen. → bemächtigen, berauben, bestehlen, bewuchern, bringen sein Schäfchen ins Trockene, erpressen. ▸ vergelten, wiedergeben.

Ausbeutung → Ausplünderung, Egoismus, Eigennutz, Selbstsucht.

ausbieten → anbieten, ausschreiben.

ausbilden abrichten, anleiten, aufklären, befähigen, beibringen, belehren, bereiten, dressieren, drillen, erziehen, exerzieren, formen, gestalten, instruieren, lehren, schulen, trainieren, unterrichten, unterweisen, züchten, zureiten. → aufblühen, bilden, belehren, drillen. ▸ bleiben zurück, unvollendet (sein).

Ausbildung → Bearbeitung, Belehrung, Bildung, Entwicklung, Erziehung, Lehre.

ausblasen → ausgehen, dunkeln.

ausbleiben → bleiben zurück, entziehen sich.

Ausblick Aspekt, Aussicht, Anzeichen, Ansicht, Bild, Panorama, Blick, Schau. → Ansicht, Gesichtspunkt, Betrachtung, Aspekt. ▸ Dunkel.

ausbluten → ausfließen.

ausbohren → ausheben, bohren.

ausbooten kaltstellen.

ausborgen → beleihen, entlehnen.

ausbrechen → aufrollen, auftauchen, davonlaufen, davonmachen sich, desertieren.

ausbreiten ausstrecken, aus-walzen, entfalten, entwickeln, vermehren, wachsen, werden, vergrößern, ausdehnen, erweitern, mehren, verbreitern, überschwemmen, verstärken, vervielfachen, um sich greifen, grassieren. → anschwellen, ausfüllen, ausschütten, be-streuen, dehnen, dick werden, dielen, einstreuen, entfalten sich, erblühen. ▶ sammeln, schmälern, zusammenziehen.
ausbreiten, sich → bevöl-kern.
Ausbreitung Ausstreuung, Aussendung, Ausstrahlung, Sendung, Verbreitung, Ent-wicklung, Erweiterung, Ver-größerung, Vermehrung, Wachstum, Zunahme ● Ex-pansion, Geräumigkeit, Di-mension, Gestalt, Kapazität, Fülle, Verbreiterung, Verzette-lung, Ausmaß, Gebiet, Größe, Reichweite, Spielraum, Um-kreis, Weite. → Ausdehnung, Breite, Dehnung, Emission, Erweiterung. ▶ Zusammen-schluß.
ausbrennen → austrocknen.
Ausbruch Anfall, Aufruhr, Kraft, Gewalt, Wildheit, Auf-wallung, Feuer, Glut, Auf-brausen, Gärung, Wut, Zorn ● Unwetter, Gewitter, Erdbe-ben, Eruption ● Aufregung, Heftigkeit, Begeisterung, Ek-stase, Delirium, Wahnsinn, Leidenschaft, Raserei, Aus-tritt, Rausch, Verzweiflung ● Ausschwitzung, Fieber●Aus-zug, Auslese, Spitzenwein. → Kloake, Entladung. ▶ Gemüts-ruhe, Ruhe.
ausbuchten ausheben, aus-höhlen, auswachsen, bud-deln, biegen, vertiefen ● auf-treiben, aufwerfen, schwel-len, sich wölben, vorsprin-gen, hervorragen, bauchig werden, auswachsen, an-schwellen, auflaufen, auf-blähen. → ausheben. ▶ auf-treiben, vertiefen.
ausbuddeln → baggern.
ausbügeln → glätten.
Ausbund Clou, Gipfel, Höhe-punkt, Krone, Meisterstück, Perle, Schulbeispiel, Muster, Spitze, Vollendung, Vollkom-menheit, Vorbild, Abschaum, Auswurf, Bube, Eiterbeule, Elender, Faulenzer, Frücht-chen, Hallodri, Herumtreiber, Kreatur, Lotterbub, Lump, Nichtsnutz, Racker, Schand-fleck, Strick, Tagedieb, Tu-nichtgut, Vagabund, Wicht. → Bandit.
ausbürsten abbürsten, ab-stauben, fegen, kehren, rei-ben, reinigen, säubern, put-zen, scheuern, schrubben, striegeln, verschönern, weg-bürsten, wichsen. → bürsten, fegen hinweg. ▶ verunreinigen.

Ausdauer Beharrlichkeit, Be-ständigkeit, Betriebsamkeit, Festigkeit, Gleichmaß, Hart-näckigkeit, Stabilität, Stetig-keit, Tatkraft, Treue, Unermüd-lichkeit, Unerschütterlichkeit, Versteifung, Verbissenheit, Zielstrebigkeit. → Arbeits-lust, Begeisterung, Beharr-lichkeit, Beständigkeit, Dauer, Ehrgeiz, Eifer, Elastizität, Emsigkeit, Entschiedenheit, Fleiß, Wille. ▶ Schwäche, Trägheit, Wankelmut.
ausdauernd arbeitsam, be-triebsam, beständig, beharr-lich, erpicht, fest, fleißig, ge-rade, geschäftig, hartnäckig, ohne Wanken, rastlos, stetig, unaufhörlich, unermüdlich, unwandelbar, verbissen, un-ausgesetzt, ununterbrochen, unentwegt, unverdrossen, unverwüstlich, widerstands-fähig, zäh, zielbewußt ● wie ein Krüppel am Wege anhal-ten u. → beharrlich. ▶ wan-kelmütig, wetterwendisch.
ausdehnen dauern, beharren, bestehen, bleiben, sich hin-ziehen, verlängern, währen, warten ● strecken, aus-walzen, ausweiten, entwik-keln, hinhalten, verbreitern, wachsen, ausnützen, ver-größern, erweitern, hinzufü-gen, mehren, vermehren, ver-stärken, vervielfachen, über-handnehmen, sich erstrecken, aushämmern, ausrecken, aus-spinnen, ausziehen, längen, langziehen, recken, strecken, weiten, prolongieren, um sich greifen, in die Länge ziehen, ausgiebiger machen. → ab-schweifen, anschwellen, auf-bauschen, auftreiben, aus-breiten, ausschlagen, ausspan-nen, blähen, dauern, dehnen, entfalten sich. ▶ kürzen, quet-schen, zusammenziehen.
ausdehnen, sich → anschwel-len, dick werden.
ausdehnend expansiv. → aus-holend.
Ausdehnung Expansion f, An-schwellung, Ausbreitung, Entwicklung, Erweiterung, Förderung, Steigerung, Ver-breiterung, Verlängerung, Vermehrung, Zunahme, Zu-wachs ● Abmessung, Di-mension f, Breite, Weite, Länge, Spannung, Dehnung, Erstreckung, Ausmaß, Be-reich, Fassungskraft, Kapa-zität, Format, Gehalt, Gestalt, Größe, Gebiet, Größenver-hältnis, Inhalt, Masse, Raum-gehalt, Raum, Rauminhalt, Raummaß, Umfang, Volumen, Spielraum, Stattlichkeit ● Reichweite, Umkreis, Ausbau, Entfaltung, Entfaltungsmög-lichkeit, Wachstum, Wir-kungskreis. → Aufbau, Breite,

Dehnung, Dicke, Dimension, Entfaltungsmöglichkeit, Er-streckung, Erweiterung, Fas-sung. ▶ Zusammenziehung.
ausdenken brüten, erfinden, ersinnen, erwägen, nachgrü-beln, schöpfen, überlegen, verknüpfen, aushecken, tif-felten, tüfteln, entwerfen, konstruieren, aufbauen, for-men, gestalten, schaffen, vorstellen, erdichten, erträu-men, schwärmen, vorspie-geln, vorgaukeln, herausfin-den, skizzieren, ausarbeiten, reifen, spintisieren, vorberei-ten, entwickeln. → aufbauen, beikommen, erfinden, ersin-nen. ▶ faseln.
ausdeuten → erklären.
ausdingen → ausdehnen, ausziehen.
ausdorren → abtrocknen, austrocknen.
Ausdruck Begriff, Bedeu-tung, Beziehung, Bild, Dar-stellung, Gehalt, Inhalt, Mei-nung, Sinn, Vorstellung, We-sen, Wortbedeutung, Wort-gebrauch, Wortsinn ● Fas-sung, Benennung, Bezeich-nung, Redefigur, Wendung, Wort ● Art, Aussehen, Be-nehmen, Beschaffenheit, Be-tragen, Bildung, Charakter, Eigenheit, Form, Gebaren, Geist, Festigkeit, Halt, Hal-tung, Kern, Rückgrat, Sinnes-art, Standhaftigkeit, Wesen-heit, Zuschnitt ● Anschein, Physiognomie. → Anschein, Anschlag, Art und Weise, Aussehen, Aussprache, Be-griff, Benennung, Charakter, Darstellung, Fassung. ▶ Formlosigkeit.
ausdrücken abfassen, an-deuten, äußern, bedeuten, be-kunden, beleuchten, bemer-ken, besagen, beschreiben, betonen, bezeichnen, bezei-gen, bezeugen, darlegen, dar-stellen, dartun, entwerfen, erklären, erwähnen, formen, formulieren, hervorheben, hinweisen, kundgeben, kund-tun, manifestieren, mitteilen, offenbaren, reden, sagen, schildern, unterstreichen, zur Schau tragen, zu verstehen geben, in Worte fassen, zei-gen ● auspressen, ausquet-schen, auswinden, ausziehen, ausringen, entfernen, keltern, wegschaffen, wegräumen. → abfassen, aufzeigen, ausar-beiten, ausführen, äußern, bedeuten, betonen, darstel-len, demonstrieren, durch-pressen, eröffnen, extrahie-ren, formen, hinweisen. ▶ hineinstopfen, verschweigen.
ausdrücklich besonders, ei-gens, extra, insbesondere, In-begriff, namentlich, spe-ziell, vor allem, vornehmlich, vorzugsweise. → absichtlich,

absolut, augenfällig, bedeutungsvoll, bestimmt, beglaubigt, behufs, bewußt, darum, deutlich, eidlich, eigens, ein für allemal, emphatisch, energisch, ernstlich, expreß, extra, sicher. ▶ undeutlich, zufällig.

Ausdrücklichkeit → Bestimmtheit, Deutlichkeit.

Ausdrucksart → Ausdrucksweise, Darstellung, Darstellungsweise, Stil.

Ausdrucksform → Ausdrucksweise, Darstellung, Darstellungsweise, Stil.

Ausdruckskraft → Ausstrahlung, Wirkungsvermögen.

ausdruckslos bedeutungslos, gehaltlos, hohl, inhaltslos, leer, nichtssagend, sinnlos, unbestimmt, unsinnig, unwichtig ● belanglos, fade, farblos, gering, geringfügig, gleichgültig, klein, nebensächlich, nichtig, unbeträchtlich, untergeordnet, unwesentlich, unwirksam, wertlos, wirkungslos. → abgeschmackt, arm, farblos, unbedeutend. ▶ ausdrucksvoll.

Ausdruckslosigkeit → Bedeutungslosigkeit, Farblosigkeit.

ausdrucksvoll ernst, feierlich, geschwollen, hochtrabend, inbrünstig, pathetisch, rhetorisch, salbungsvoll, seelenvoll, in gehobener Sprache, in hohem Stil, dialektisch, stilvoll ● bedeutsam, bedeutungsvoll, belangreich, bezeichnend, expressiv, gewichtig, vielsagend, wichtig. → anschaulich, bedeutsam, bedeutungsvoll, beredt, deutlich. ▶ ausdruckslos.

Ausdrucksweise Schreibart, Schreibweise, Redeweise, Diktion f, Stil, Ductus m, Art und Weise, Ausdrucksart, Ausdrucksform, Darstellungsweise, Gepräge, Geschmack, Haltung, Kunstform, Kunstrichtung, Mitteilungsform, Ton, Verfahren, Aufbau, Eigenart, Fassung, Feder, Handschrift, Komposition, Manier, Sprachweise, Vortrag ● loses Maul, Maulwerk, Schnoddrigkeit u. → Diktion, Fassung, Entleerung.

ausdünsten → ausatmen, entdampfen.

Ausdünstung → Duft, Dunst, Entleerung.

auseinander gegen, wider, entgegen, zuwider, entzwei, für sich, besonders, verstreut, zerstreut, getrennt, einzeln, vereinzelt, lose, abgesondert, unregelmäßig, verteilt, zuweilen, hier und da, hin und wieder, dünn gesät, in alle Winde zerstreut. → auflösen, contra, entfremdet. ▶ zusammen.

auseinanderbekommen → entwirren.

auseinanderbrechen → bersten.

auseinanderbreiten → entrollen.

auseinanderbringen → entfädeln.

auseinandergehen differieren ● auseinanderlaufen, auseinanderstieben, sich trennen. → absetzen, abweichen, zerstreuen.

auseinandergehend → beziehungslos, diskrepant, divergierend.

auseinanderleben entfremden, Streit suchen, sich nicht einfügen, auseinandergehen, eigene Wege gehen ● abirren, aus der Reihe tanzen, aus dem Wege gehen.

auseinanderlegen → belehren, darstellen, deuten, einweihen in das Geheimnis. entrollen, erörtern, erzählen.

auseinandernehmen →demolieren.

auseinanderreißen → durchreißen, entwirren, entzweien.

auseinandersetzen bekanntgeben, erklären, melden, mitteilen, zu verstehen geben, eröffnen, anschaulich erläutern, beleuchten, darstellen, deuten, klarmachen, kommentieren, schildern, veranschaulichen, illustrieren ● deutsch reden, lehren, verständlich machen, begreiflich machen, auseinanderklamüsern u ● auslegen, definieren, argumentieren, abhandeln, beweisen, diskutieren, durchsprechen, erörtern, kritisieren, ventilieren, verhandeln, durchblicken lassen. → besprechen, beweisen, darlegen, darstellen, debattieren, deuten, diskutieren, disputieren, enträtseln, entziffern, exponieren. ▶ entstellen, verschweigen, verstehen sich.

Auseinandersetzung Verhandlung, Schiedsgericht, Zusammenkunft, Hader, Kampf, Krach, Krakeel, Krieg, Ringen, Streit, Streitigkeit, Wortwechsel, Zank, Duell, Ehrenhandel, Konflikt, Wettstreit, Wettbewerb, Meinungsverschiedenheit, Mißhelligkeit, Mißverständnis, Prozeß, Rechtshandel, Stunk, Uneinigkeit, Zerwürfnis, Kontroverse, Zwietracht, Zwist, Zwistigkeit. → Aussprache, Begriffsbestimmung, Darlegung, Einigungsgespräch, Erklärung, Erörterung. ▶ Einigung, Entstellung, Verschwiegenheit.

auseinanderstreben → entfernen sich, entfernt halten sich, entfremden.

auserkoren → auserlesen, ausgesucht.

auserlesen ausgesucht, ausgewählt, ausgezeichnet, bedeutend, einwandfrei, fein, piekfein, geschmackvoll, glänzend, großartig, hervorragend, musterhaft, schätzungswert, selten, rar, sondergleichen, stilgerecht, tadellos, vorzüglich, delikat, gut, herrlich, köstlich, kostbar, lecker, wohlschmeckend, zart, prickelnd, vortrefflich, zaubernd, entzückend, hinreißend, makellos, prachtvoll, prächtig, unvergleichlich, wundervoll. → angenehm, ästhetisch, beispiellos, delikat, elegant, erlaucht, erlesen. ▶ geschmacklos.

auserwählt → ausgesucht.

ausfahren → abfahren.

Ausfahrt → Ausmarsch, Chaussee, Reise, Tor.

Ausfall Bruch, Mangelware, Unterbrechung, Unvollständigkeit, Lücke, Mangel, Manko, Nachteil, Übelstand, Verknappung, Wegfall ● Offensive. → Abnahme, Angriff, Anspielen, Beleidigung, Defizit, Entbehrung, Fehlbetrag, Raubzug. ▶ Entschädigung.

ausfallen abfallen, unterbrechen, ausgehen, unterlassen, sich entfernt halten, entfallen, träumen, entgegenhandeln, verderben. → ausgehen. ▶ entschädigen, ermöglichen, festmachen.

ausfallend frech, ungezogen, dreist, unverschämt.

ausfällig → persönlich.

ausfällig werden gegen → angreifen.

Ausfalltor → Ausgang.

ausfalten → entfalten.

ausfechten → balgen.

ausfeilen → arbeiten, ausarbeiten, machen.

ausfertigen → ausfüllen, ergänzen.

Ausfertigung Exemplar, Ausführung, Durchschrift, Muster, Nummer, Stück, Teil, Note, Handschrift, Manuskript, Konzept, Entwurf, Abschrift, Urschrift, Original.

ausfinden → einziehen Erkundigungen, entreißen Geheimnis.

ausfindig machen aufhellen, aufgabeln, aufjagen, aushecken, ausklamüsern, ausklügeln, aufspüren, aufstöbern, auftreiben, ausbaldowern, ausforschen, ausschnüffeln, dahinterkommen, durchschauen, entdecken, erforschen, erfragen, erfühlen, ergründen, erkunden, erhaschen, erhorchen, erschnüffeln, erspähen, ersinnen, eruieren, erwischen, fangen, finden, herausbekommen, herausbringen, herauskriegen, heraustüfteln, inne werden, merken, wahrnehmen, spitz kriegen, den Braten riechen, auf den Grund kommen, auf die Spur kommen, in Erfahrung bringen, an die Sonne bringen, an das Licht zerren, sich Gewißheit verschaffen. ▶ übersehen.

ausflächen → bahnen.

ausfließen abfließen, ablaufen, absondern, ausbluten, ausscheiden, ausschütten, ausschwitzen, ausspeien, ausströmen, austräufeln, austreten, austropfen, durchsickern, entleeren, entspringen, hervorbrechen, rinnen, quellen, überlaufen, verbluten, verfließen, vergießen. → austreten. ▶ einfüllen.

ausflippen → begeistern.

Ausflucht Entweichen, Evasion f ● Lüge, Vorwand, Finte f, Flause, Fisimatenten, Ausrede, Irreführung, Trug, Unwahrheit, Beschönigung, Täuschung, Ausweg, Bluff, Notlüge, Vorspiegelung, Verlegenheitsbrücke, leere Phrase. → Ausrede, Ausweg, Behelf, Deckmantel, Entschuldigung. ▶ Genauigkeit, Wahrheit.

Ausflüchte machen → bemänteln.

Ausflug Partie, Picknick, Ausmarsch, Rundgang, Tour, Wanderschaft, Spritztour, Streifzug, Exkursion, Türchen u, Rutschpartie u. → Abstecher, Ausmarsch.

Ausfluß → Ablauf, Ausweg, Auswurf, Kloake, Dunst, Emission.

Ausforschen Ausforschung, Prüfung, Examen s, Ermittelung, Auskunft, Erkundigung, Mitteilung, Nachfrage, Orientierung, Information, Umfrage, Befragung, Erforschung, Erhebung, Sondierung, Suche, Untersuchung, Verhör, Kreuzverhör, Inquisition, Interpellation, Vernehmung ● Analyse, Experiment, Induktion, Kontrolle, Problem, Stichprobe, Versuch, Versuchsballon, Versuchsverfahren, Forschung, Expedition. ▶ Antwort.

ausforschen ermitteln, prüfen, examinieren, ausfragen, ausholen, aushorchen, ausproben, beobachten, sondieren, untersuchen, ergründen, erproben, experimentieren, kontrollieren, nachprüfen, umhertasten, abhören, analysieren, ausbaldowern, auskundschaften, diskutieren, erforschen, erspähen, eruieren, erwägen, fahnden, fragen, rekognoszieren, röntgen, sezieren, verhören, zergliedern, zerlegen, herauskriegen, su-

chen, beleuchten, durchblättern, durchsehen, nachlesen, nachschlagen, Recherchen anstellen, Erhebung anstellen, ausfindig machen, eine Angel auslegen, ein Netz auswerfen, auf den Zahn fühlen, den Puls fühlen, ausquetschen, einer Prüfung unterwerfen oder unterziehen, einen Weg suchen, auf die Probe stellen, in Versuchung führen ● durchproben, kosten, abschmecken, probieren, versuchen. → ausfindig machen, auskundschaften, befragen, beikommen, belauern, Busch klopfen auf den, durchforschen, durchstöbern, erfragen, ergründen das Geheimnis, Erkundigungen einziehen, entlocken. ▶ beantworten.

Ausforschung Ausforschen, Auskunft, Betrachtung.

ausfragen → ausforschen, befragen, bloßlegen, Busch klopfen auf den, durchforschen, durchleuchten, Erkundigungen einziehen, entlocken, erfragen, erkundigen, ein Geheimnis entreißen.

Ausfragung → Ausforschen, Interview, Marktanalyse.

ausfressen → anrichten, anstellen, ausbaden.

Ausfuhr → Export.

ausführbar anwendbar, bezwingbar, denkbar, erreichbar, erzielbar, möglich. → anwendbar, bezwingbar, denkbar, entwirrbar, erfüllbar, erklärbar, erreichbar, lösbar. ▶ unausführbar.

ausführen bewerkstelligen, verwirklichen, besorgen, effektuieren, ausüben, beachten, berücksichtigen, durchführen, einlösen, entrichten, erfüllen, erledigen, tilgen, verrichten, vollbringen, vollführen, vollstrecken, vollziehen ● abfertigen, abschließen, bauen, beendigen, beschließen, enden, sich entledigen, fertigmachen, fingern, leisten, tätigen, abwickeln, ausarbeiten, ausbauen, durchsetzen, erreichen, erwirken, erzielen, behandeln, betreiben, anfertigen, aufbauen, aufrichten, bilden, verarzten u ● ausdrücken, in Worte kleiden, Worte finden für. → anfertigen, anstellen, anstimmen, arbeiten, berücksichtigen, bewerkstelligen, bewirken, bilden, bringen unter Dach, drechseln, durchdrücken, ein Wort einlösen, erbauen, erfüllen, erfüllen die Hoffnung, erschaffen, erzwingen. ▶ aufgeben, einleiten, unterlassen, zerstören.

Ausführender → Arbeiter.

ausführlich vollständig, in extenso, gründlich, genau, buchstäblich, deutlich, eindeutig,

fehlerlos, gewissenhaft, klar, peinlich, präzis, richtig, scharf, sorgfältig, treffend, treffsicher, wohlgezielt, zuverlässig. → akkurat, anschaulich, bedeutungsvoll, buchstäblich. ▶ unverständlich.

Ausführung Anlage, Aufbau, Gründung, Leistung, Schöpfung, Verrichtung, Werk ● Vollzug, Durchführung, Erledigung, Handlung, Vollführung, Vollstreckung, Vollziehung. → Anschlag, Arbeit, Ausfertigung, Behandlung, Besorgung, Betrachtung, Bewerkstelligung, Darlegung, Debatte, Demonstration, Diskussion, Durchführung, Entrichtung, Erfüllung, Exemplar, Leistung. ▶ Unterlassung.

Ausführung, doppelte → Durchschlag.

Ausführungsart → System.

Ausführungsbestimmung Maßnahme, Richtschnur, Vorkehrung, Wegweiser, Weganweisung, Merkblatt, Anordnung, Interpretation, Erläuterung, Aufschluß, Kommentar.

Ausfüllblatt → Formular.

ausfüllen austauschen, auswechseln, auftreten für, einstehen, ersetzen, verdrängen, vertreten ● füllen, ausstopfen, eingießen, einschenken, füttern, mästen, vollgießen, vollschütten ● ausdehnen, anfüllen ● anstückeln, flicken, stopfen, ausbreiten, verbreitern, wachsen, zunehmen, anschwellen, aufblähen, anlaufen, auflaufen, aufgehen, vergrößern, aufblasen, auftreiben, dichten, abdichten, teeren, kalfatern, verstopfen, verbringen, verbleiben, verbringen seine Zeit, verwenden, beschäftigen. → dehnen, dick werden. ▶ entleeren, unvollständig (sein), versagen.

ausfüttern → ausschlagen.

Ausgabe Aussendung, Ausstrahlung, Emission f, Herausgabe, in Umlauf setzen. → Abgabe, Auflage, Anleihe, Anzahl, Aufwand, Ausbreitung, Buch, Druckschrift, Zirkular. ▶ Einnahme.

Ausgang Abschluß, Ende, Ausklang, Ende, Finale, Kehraus, Koda, Pause, Rausschmeißer, Ruhe, Schluß, Schwanengesang, Wochenende, Beendigung, Neige, Vollendung ● Ziel, Effekt, Erfolg, Ergebnis, Ertrag, Folge, Frucht, Konsequenz, Nachwehen, Nachwirkung, Niederschlag, Reaktion, Reflex, Resultat ● Abzug, Weggang, Auslauf, Tür, Tor, Portal, Mündung, Austritt, Luke, Weg, Drehgitter, Falltür, Pforte, Gatter, Torweg, Ausfalltor, Schlüsselstellung. → Abschluß, Abzug, Ausweg, Begebenheit, Chaussee, Coda, Durchfahrt, Effekt, Kloake. ▶ Anfang, Eingang, Ursache.

Ausgangspunkt → Anfang, Ansatz, Beginn, Grundlage.

Ausgangsverbot → Arrest.

ausgearbeitet → durchdacht, planvoll.

ausgeartet → dekadent.

ausgebaucht → bauchig.

ausgeben anlegen, aufwenden, auslegen, ausstatten, bezahlen, verausgaben, verbrauchen, Kosten bestreiten ● abtragen, begleichen, berappen, bereinigen, abführen, blechen, bluten, entrichten, erstatten, herausrücken, herhalten, überweisen, vergüten, zahlen, zubuttern, zuschießen ● vergeuden, verschwenden, verwirtschaften, verzehren, es geht darauf●sich ausgeben. → abarbeiten, aufwenden, beseitigen, durchbringen. ▶ behalten, einnehmen.

ausgeben, sich → anstrengen sich, auftreten, ausgeben.

ausgeben, sich für → beschwindeln, borgen fremde Gedanken.

ausgebildet → entwickelt, erwachsen.

Ausgebot → Ausruf, Bekanntgabe.

ausgebreitet eben, flach, glatt, hingestreckt, horizontal, wasserrecht, waagrecht. → besät, eben. ▶ eingeengt, schmal.

ausgedacht → praktisch, sinnreich.

ausgedehnt breit, ausgestreckt, fächerartig, geräumig, weit, endlos, fortgesetzt, unaufhörlich, unbegrenzt, unendlich, weitläufig, hoch, kolossal, mächtig, linear, länglich, gestreckt, ausgezogen, lang, riesig, umfänglich, umfassend, gigantisch ● eindrucksvoll, enorm, gewaltig, reichlich, grandios, großartig, riesenhaft, überragend, unermeßlich, groß, ansehnlich, bedeutend, beträchtlich, erheblich, umfangreich, ungeheuer. → ansehnlich, außerordentlich, breit, fächerartig. ▶ eingeengt, zusammengezogen.

ausgedient hinfällig, alt, amtsmüde, verkalkt, bejahrt, dienstunfähig, betagt, überlebt ● abgetakelt, ausrangiert, wertlos, nichtig, verdorben, unbrauchbar ● kraftlos, machtlos, ohnmächtig, unfähig, untauglich, schwach, schwächlich, gebrechlich, entnervt, morsch, ausgemergelt ● entlassen, abgebaut, abgedankt, abgesetzt, pensioniert. → abgespannt, arbeitslos, dienstunfähig, ergraut. ▶ brauchbar, kräftig.

ausgefallen → abnorm.

Ausgefallenheit → Übertreibung.

ausgeflogen → abwesend.

ausgeführt → abgeschlossen, aus, fertig.

ausgefüllt → voll, beschäftigt, ausgelastet.

ausgeglichen harmonisch. → abgetan, quitt.

Ausgeglichenheit → Harmonie.

ausgehandelt → abgemacht.

ausgehen ausfallen, mangeln, fehlen, ermangeln, entbehren, vermissen ● abnehmen, vermindern, verringern, verkleinern, kleiner werden, enden, abbrechen, aussetzen, auslöschen, erlöschen, löschen, ausblasen, abdrehen, abblenden, abschatten, dunkel werden, finster oder düster werden, sich verfinstern ● entfärben, bleichen, erblassen, verschließen, die Farbe verlieren, abfärben ● sich darbieten, eintreten, widerfahren. → abhauen, abnehmen, ausfallen, bleichen. ▶ hineingehen, zunehmen.

ausgehen auf → bestreben sich, bewerben sich, Blick richten auf, fassen ins Auge.

ausgehöhlt → eingebogen.

ausgehungert → arm, dünn.

ausgeklügelt → planvoll, praktisch, rationell, sinnreich.

ausgekocht → arglistig.

ausgelassen unbändig, ungehemmt, ungehindert, ungeniert, ungezügelt, ungezwungen, zaumlos, zügellos, zwanglos, überspannt, verstiegen, dreist, frech, kühn, tollkühn, unbesonnen, vermessen, verwegen, unanständig, unartig, unfein, ungehobelt, ungesittet, ungezogen, unmanierlich, unkultiviert, unpassend, unschicklich, unziemlich, wüst, kalbern u, aus Rand und Band, Leben in die Bude bringen u, die Bude auf den Kopf stellen u, toben wie die Wilden, den Teufel im Leibe haben. → amüsant, ausschweifend, bacchantisch, bubenhaft, dirnenhaft, fessellos. ▶ besonnen, still.

Ausgelassenheit → Anwandlung, Ausschreitung, Ausschweifung, Begierde.

ausgelastet vollbeschäftigt, besetzt, ausgenützt, ausverkauft, überbürdet.

ausgemacht → abgemacht, abscheulich, abgekartet, äußerst, authentisch, beglaubigt, bestimmt, erwiesen, feststehend, kategorisch.

ausgemergelt → abgespannt.

ausgenommen außer, mit Ausnahme von, ohne, uneingerechnet. → abgesehen, ausschließlich, außer, außerhalb. ▶ inbegriffen.

ausgepowert → abgebrannt, abgerissen.

ausgeprägt profiliert. → charakteristisch, intensiv, markant.

ausgerechnet → ach.

ausgereift → abgeschlossen, denkfest, durchdacht, reif, vollkommen.

ausgerottet → zerstört.

ausgeschenkt → ausverkauft.

ausgeschlossen aussichtslos, hoffnungslos, unausführbar, unbegreiflich, undenkbar, unerhört, unerreichbar, unglaublich, unmöglich, unstatthaft, untunlich, unvernünftig. → abgesehen, ausschließlich, außerhalb, aussichtslos. ▶ denkbar, eingeschlossen.

Ausgeschlossenheit → Einsamkeit.

ausgeschnitten frei, offenherzig ● unanständig, alles zeigen. → ausschneiden.

ausgesetzt gefährdet, exponiert.

ausgesprochen → intensiv, wichtig.

ausgestalten aufbauen, ausbauen, einrichten, gliedern, planen, vorkehren. → anordnen.

ausgestoßen → charakterlos, verachtet.

Ausgestoßene → Auswurf.

ausgestreckt → ausgedehnt, breit.

ausgesucht auserkoren, exquisit, ausgezeichnet, auserwählt, auserlesen, distinguiert, kultiviert, vornehm, einwandfrei, fehlerfrei, vollwertig, vollendet, edel, kostbar, selten, rar. → auserlesen, distinguiert, einwandfrei, erlesen, exquisit, prächtig. ▶ unkultiviert, wahllos.

Ausgesuchte → Beste.

Ausgesuchtheit → Echtheit.

ausgewachsen → erwachsen, reif.

ausgewählt → auserlesen, ausgesucht, erlesen, stilvoll.

ausgewogen → wohldurchdacht, im Lot, ausgeglichen.

ausgezeichnet vornehm, edel, distinguiert, angesehen, vorzüglich, berühmt, famos, eminent, außergewöhnlich, außerordentlich, hervorragend, hervorstehend, erprobt, gesund, haltbar, schätzenswert, prima, erstklassig, vom Besten, blendend, schmissig, prima, dufte u, dobsche u, himmlisch, Sache, Klasse, klotzig, patent, großartig, eine Wucht, pfundig, knorke u, schnafte u, zackig, tipp-topp, das hat sich gewaschen u. → angenehm, anstellig, auserlesen, ausgesucht, außerordentlich, bekömmlich, brillant, delikat, distinguiert, erlesen, fein. ▶ schlecht.

ausgezogen → ausgedehnt, lang, nackt.

ausgiebig ergiebig, fruchtbar, vermögend, dankbar, einträglich, ertragreich, lohnend, reichhaltig, vorteilhaft, gedeihlich. ▶ unergiebig.

ausgießen → abladen, ausschütten.

Ausgleich → Beilegung, Bilanz, Ersatz.

ausgleichen glätten, gleichmachen, egalisieren, einebnen ● beruhigen, angleichen, nivellieren, kompensieren, beilegen, eingreifen, einschreiten, erledigen, schlichten, unterhandeln, verhandeln, versöhnen, vermitteln, aufheben, aufwägen, decken, entschädigen ● abverdienen, abbummeln, verrechnen, wettmachen. → abbezahlen, aufheben, ausfüllen, aussöhnen, austragen, bahnen, balancieren, befriedigen, befrieden, begütigen, beikommen, belohnen, bezahlen, bieten, dekken, erstatten, ebnen, in Einklang bringen, einlösen, entgelten. ▶ beunruhigen.

Ausgleichung Abfindung, Abtragung, Abzahlung, Aufhebung, Belohnung, Bezahlung, Deckung, Entgelt, Ersatz, Entschädigung, Gegenleistung, Rückzahlung, Schadloshaltung, Tilgung, Vergütung, Zurückerstattung, Wiedererstattung, Zurückgabe ● Genugtuung, Lohn, Vergeltung, Buße, Bereinigung ● Übereinkommen, Vereinbarung, Vergleich, Versöhnung, Friede. → Abfindung, Abtragung, Aussöhnung, Ausweg, Befriedigung, Berichtigung, Bezahlung, Entlohnung. ▶ Differenz.

ausgleiten gleiten, glitschen, stolpern, straucheln, fallen, abstürzen, hinschlagen, purzeln, schwanken, stürzen, sich überschlagen, umfallen, sinken, umwerfen, umhauen, hinlegen, ausrutschen, niederfallen, das Gleichgewicht verlieren ● sündigen, sich vergehen, sich versündigen, abirren, fehlen, irren, einen Fehltritt tun, entgleisen, sich vergessen. → abweichen, beikommen nicht, blamieren, brechen das Gesetz, bringen es nicht weit, entgleisen. ▶ stehen.

ausgliedern → boykottieren.

ausgraben → baggern.

ausgreifen → beschleunigen.

ausgrübeln → beikommen, ergrübeln, erkundigen, eraten.

Ausguck Feuerturm, Leuchtturm, Lugaus, Mastkorb, Signalposten, Warte, Wartturm, Zinne.

Ausguß Spülbecken, Spülstein, Speibecken, Öffnung, Schnabel, Schnute, Tülle, Zotte. → Ausgang, Erguß.

aushaken u, Geduld verlieren ● Verstand verlieren.

aushalten → ausharren, bestehen, bleiben, bleiben dabei, bleiben bei der Sache, dulden, durchhalten, feststehen.

aushandeln → handeln, übereinkommen, verhandeln.

aushändigen → anvertrauen, ausliefern, austeilen, begeben, darreichen, entäußern sich, übergeben.

Aushang Affiche, Anschlag, Plakat.

aushängen → lösen, veröffentlichen.

Aushängeschild → Behelf, Deckmantel.

ausharren aushalten, fortdauern, beständig sein, nachhalten, festbleiben, beharren, durchhalten, nicht nachgeben, beistehen, stützen, zur Seite stehen, dienen, hinnehmen, sich fügen, sich schikken, mutig sein, Furcht unterdrücken, Zeit haben, Gefahren trotzen, nicht ausweichen, standhalten, nicht wanken. → bleiben, dulden, ertrotzen, feststehen. ▶ abfallen, aufgeben, flüchten.

aushauchen → ausatmen, ausstoßen, blasen.

aushäusig leichtlebig, vergnügungssüchtig.

ausheben einberufen, anwerben, einziehen, zusammenscharren, zusammenlesen, zusammenraffen, rekrutieren, zu den Waffen rufen, aufbieten, einreihen, zur Fahne rufen, in Dienst stellen, Himmel und Hölle in Bewegung setzen ● vertiefen, aushöhlen, auswachsen, ausspülen, aushebern, ausstechen, ausbaggern, ausbohren, graben, wühlen, auskehlen, ausbuchten. → ausbuchten, baggern. ▶ erhöhen, entlassen.

aushecken ausbrüten, aussinnen, austüfteln, ausgrübeln. → aufbauen, ausdenken, ausfindig machen, ersinnen.

aushelfen → gewähren.

Aushilfe Darlehen, Anleihe, Borg, Dargabe, Vorschuß, Hilfsquelle, Unterstützung, Pump u ● Ausweg, Behelf, Hilfsmittel, Notbehelf, Notmittel, Surrogat, Notnagel, Ersatz ● Stellvertreter, Hilfeleistung, Stütze, Aufwärterin, Pfleger, Gehilfe, Ersatzmann. → Anleihe, Darlehen, Ersatz.

aushilfsweise → einstweilig, provisorisch.

aushöhlen → ausbuchten, ausheben, baggern, bohren.

ausholen → ausforschen, befragen, vorbereiten.

ausholend weitschweifig, abschweifend, schwatzhaft, breittretend, ausdehnend, ausspinnend. → ausforschen. ▶ kurzerhand.

aushorchen → ausforschen, erkundigen.

aushülsen → abblättern.

aushungern → belagern, fasten.

aushusten → ausstoßen.

ausjäten → ausmerzen, ausrotten.

auskämpfen → balgen.

auskehlen → ausheben.

auskeltern → abziehen, entpressen.

auskennen, sich → beschlagen, durchblicken, verstehen.

auskerben → einkerben.

ausklammern weglassen, auslassen, übergehen, übersehen, beiseite lassen. → ausschließen, vernachlässigen.

ausklamüsern → ausfindig machen.

Ausklang → Abschluß, Ausgang, Feierabend, Neige, Schluß, Schlußwort.

auskleben → ausschlagen.

auskleiden → ablegen, abstreifen, ausdehnen, ausziehen, entblößen.

Auskleidung → Enthüllung.

ausklingeln → ankündigen.

ausklingen → aufhören, verklingen, auspendeln.

ausklopfen → bestrafen.

ausklügeln → ausfindig machen, begrübeln, beikommen, beraten sich, beschäftigen, besinnen sich, ergrübeln, ermitteln, überlegen.

auskneifen → abhauen.

ausknipsen → ausschalten.

ausknobeln knobeln, würfeln, das Los entscheiden lassen, sich auf sein Glück verlassen, sein Glück versuchen, auslosen. → ersinnen.

auskochen → bakteriötend.

auskommen auslangen, ausreichen, genügen, hinreichen, langen, reichen, zur Genüge haben, sich nach der Decke strecken, es geht, herumkommen u, hapern nicht u. ▶ ermangeln.

Auskommen → Lebensunterhalt.

auskömmlich → befriedigend, genug.

auskratzen → abhauen, ausrotten.

auskultieren → auskundschaften.

auskundschaften spionieren, baldowern, anfragen, ansprechen auf, aufsuchen, befragen, beklopfen, auskultieren, belauern, berechnen, betrachten, nachjagen, nachspüren, auf den Busch klopfen, den Puls fühlen, die Nase hineinstecken, ausfindig machen, herauszukriegen suchen, ausklamüsern *u*, ergründen. → aufklären, ausforschen, belauern, durchforschen, durchleuchten, durchstöbern, durchsuchen. ▶ übersehen.

Auskunft Aufklärung, Beantwortung, Bericht, Bescheid, Nachricht, Replik, Rückäußerung ● Angabe, Anzeige, Aufschluß, Bekanntgabe, Botschaft, Darlegung, Eröffnung, Kunde, Meldung, Mitteilung, Rapport, Information ● Antwort, Befund, Beurteilung, Bewertung, Meinung, Ausforschung, Berichterstattung, Erkundigung, Nachfrage, Orientierung ● Anmerkung, Fußnote, Aufzeichnung, Erwähnung, Gedächtnisstütze, Glosse, Hinzufügung, Randbemerkung, Vermerk, Vormerkung, Tätigkeitsbericht, Reisebericht, Rechenschaft, Abrechnung, Begründung, Berichtigung, Rechtfertigung, Erwiderung, Gutachten, Rückantwort, Erklärung, Kommentar, Schlüssel, Erörterung, Interpretation. → Anfrage, Antwort, Ausforschen, Auslassung, Begriffsbestimmung, Benachrichtigung, Bericht, Bescheid, Betrachtung, Darlegung, Denunziation, Direktive, Ermittlung. ▶ Verschwiegenheit.

Auskunftei Auskunftsbüro, Auskunftsstelle, Detektivbüro.

Auskunftsbüro › Auskunftei.

Auskunftsstelle → Auskunftei.

auslachen angrinsen, belächeln, ironisieren, karikieren, nachäffen, parodieren, persiflieren, travestieren, zum besten halten, eine Nase drehen, zum Narren halten, anpflaumen, anulken, aufziehen, bespötteln, foppen, frotzeln, hänseln, narren, necken, sich mokieren, uzen, veräppeln, veralbern, verhöhnen, verhohnepiepeln, verlachen, verspotten, verulken, in den April schicken. → auspfeifen, belächeln, bespötteln. ▶ bewundern.

ausladen abladen, ausschiffen, ausschöpfen, ausschütten, leeren, löschen, räumen, beseitigen, entfernen, ausleeren, verladen, entladen. → abladen, auspacken, entladen. ▶ beladen.

ausladend ausgeschweift, geschwungen, gewunden, überhängend.

Auslagen → Aufschlag, Kosten, Spesen.

Ausländer → Auswanderer, Eindringling, Fremder.

ausländisch fremdartig, exotisch, befremdend, ungebräuchlich, ungewöhnlich. ▶ heimisch.

Auslandwechsel → ausländisches Zahlungsmittel, Devise.

auslangen → auskommen.

auslassen auslesen, aussichten, zurückweisen, wegnehmen ● schmelzen, zerlassen, erweichen. → auflösen, beiseite legen, vernachlässigen, ▶ festigen, zulassen.

auslassen, sich → tadeln.

Auslassung Abstrich, Ausscheidung, Fortfall, Sichtung, Verstümmelung, Weglassung ● Bemerkung, Wink, Fingerzeig, Aussage, Verkündung, Bekanntmachung, Angabe, Meldung, Auskunft, Unterredung, Besprechung, Mitteilung. → Brief. ▶ Geheimhaltung.

auslasten → beanspruchen.

Auslauf → Ansatz, Ausgang, Kloake, Tummelplatz.

auslaufen → begeben sich, durchlaufen, ergießen sich.

Ausläufer Arm, Glied, Zweig, Ast, Bestandteil, Abschnitt, Stück, Ende, Schluß, Rest. → Ausrufer, Bote.

auslaugen ablaugen, ausbeizen, ausspülen, auswaschen, ausschwemmen, ausschwenken, bleichen, fortwaschen, reinigen, säubern, waschen, bleichen, desinfizieren, extrahieren. ▶ hinzufügen.

ausleben, sich flott leben, sich des Lebens freuen, genießen, sich dem Genuß hingeben, sich etwas gönnen, sich Freude oder Genuß verschaffen, sich gütlich tun, sich erquicken, sich austoben, über die Stränge schlagen, über die Schnur hauen, ausschweifend leben, ausschweifen, sich nichts versagen, den Freudenbecher bis zur Neige auskosten, schwelgen, in Saus und Braus leben, sich nichts entgehen lassen, auf Playboys Spuren gehen, das süße Leben genießen.

ausleeren → ausladen, auspacken, ausschütten, aussiedeln.

auslegen deuten, erklären, interpretieren, folgern, halten für, urteilen, aufklären, beleuchten, darstellen, erläutern, explizieren, konzipieren, klarlegen, umschreiben, veranschaulichen, Schlüsse ziehen. → aufwenden, auseinandersetzen, ausgeben, aussagen, ausschlagen, bedeuten, bemänteln, beweisen, darlegen, darstellen, deduzieren, denken, deuteln, deuten, dis-

putieren, enträtseln, entrollen, entziffern, erachten, erhellen, erklären, erraten, ersehen ● borgen. ▶ mißdeuten, verschleiern.

Ausleger Deuter, Erklärer, Interpret *m*, Kommentator, Sprecher. → Deuter.

Auslegung Erklärung, Deutung, Interpretation *f*, Bericht, Referat, Untersuchung, Definition, Begriffsbestimmung, Begriffsbildung, Festlegung, Klärung, Leseart, Sinndeutung, Wortdeutung, Würdigung, Einstellung, Denkweise, Erachtung, Gutbefinden, Meinung, Standpunkt, Stellungnahme, Überzeugung, Erläuterung. → Artikel, Begriffsbestimmung, Darlegung, Definition, Denkart, Erachten. ▶ Fehlschluß.

ausleihen → anvertrauen, beleihen.

Auslese das Beste, Elite *f*, Auswahl, Muster, Vorbild, Spitzenprodukt, Edelprodukt, Non plus ultra. → Ausbruch, Ausbund, Auswahl, Bester, Spitzenleistung. ▶ Minderwertigkeit.

auslesen abordnen, ausschalten, ausschließen, aussichten, aussuchen, bestimmen, entsenden, erheben, erküren, ernennen, wählen, auf den Schild heben. → auslassen, beiseite legen, beschränken, ernennen. ▶ einordnen, einrechnen.

ausliefern überführen, überlassen, preisgeben, anheimfallen, verschicken, austeilen, verteilen, zufließen lassen, zukommen, auslösen, austauschen, auswechseln, los kaufen, entschlüpfen lassen, die Freiheit geben, angedeihen lassen, zuwenden, opfern, aushändigen, übergeben, überantworten, sich entäußern. → ausgeben, ausliefern, auslösen, bewilligen, einliefern, fahren lassen. ▶ behalten, entgegenstellen sich.

Auslieferung → Abgabe, Belehnung, Deportation, Enteignung.

auslochen → ausschneiden.

auslöschen → abblenden, ausgehen, ausrotten, begraben, dämpfen das Feuer, dunkel, durchstreichen.

auslosen → losen.

auslösen verursachen, bedingen, bewerkstelligen, bewirken, erregen, erwecken, erwirken, erzeugen, heraufbeschwören, herbeiführen, hervorrufen, zur Folge haben, entfesseln, veranlassen, zeitigen, nach sich ziehen, im Gefolge haben ● befreien, freisetzen, erlösen, entlassen, freigeben, entbinden, losketten, ausliefern, loskaufen, auswechseln. → abbüßen, ausbaden, ausliefern, bedingen. ▶ dingfest machen, verhindern.

ausloten→abwägen, ermessen.

ausmachen → abmachen, annehmen, auskundschaften, bestehen aus.

ausmalen beschreiben, darstellen, entwerfen, erklären, schildern, wiedergeben, ein Bild entwerfen oder machen, vorstellen, deuten, erläutern, veranschaulichen, breittreten ● malen, anstreichen, färben, anlaugen, tünchen ● ausschmücken, ausputzen, bemänteln, beschönigen. → aufzeigen, beschreiben, darstellen, entwerfen ein Bild, ergänzen, erzählen.

Ausmarsch Abgang, Abreise, Ausfahrt, Ausflug, Bummel, Expedition, Rundgang, Streifzug, Tour, Wanderschaft, Wanderung, Weggang. → Ausflug, Bewegung. ▶ Einmarsch.

Ausmaß Dichte, Fülle, Haufen, Menge, Umfang, Masse, Reichweite, Spielraum, Umkreis, Weite. → Ausbreitung, Ausdehnung, Begrenzung, Dichte, Dimension, Fassungskraft.

ausmergeln → auszehren, dürren.

ausmerzen abbrennen, ausradieren, ausscheiden, aussondern, einäschern, entfernen, fortschaffen, beseitigen, ausjäten, ausrotten, einreißen, einstampfen, entwurzeln, ersticken, niedermähen, niederreißen, niederschießen, rasieren, ruinieren, schleifen, töten, umreißen, umstürzen, verbrennen, vertilgen, verwischen, verwüsten, verzehren, wegfegen, zerballern, zermalmen, zerschlagen, zerschmettern, zersplittern, zerstören, zerteppern, zertrümmern. → abbrennen, abschaffen, ausschneiden, beseitigen, Bord werfen über, brandschatzen, demolieren, destruieren, einstampfen. ▶ erzeugen.

ausmessen → abmessen, errechnen.

ausmieten → ausdehnen, ausziehen.

ausmünden → austreten, entfließen.

ausmustern → abbauen, entlassen.

Ausnahme Einmaligkeit, Einzelfall, Einzelheit, Exzeption *f*, Sonderfall, Sonderheit, Vereinzelung ● Auszeichnung, Begünstigung, Bevorzugung, Erwählung, Privileg, Vergünstigung, Vorrang, Vorrecht, Sonderwunsch, Extrawurst *u*, Sonderbehandlung, Vorzug.

→ Abart, Auslese, Ausbund. ▶ Gewohnheit, Häufigkeit, Verbot.

Ausnahmefall → Ausnahme, Einmaligkeit, Einzelfall.

Ausnahmestellung → Anrecht.

ausnahmslos alles, durchweg, durchgängig, durchgehend, ganz, gesamt, insgesamt, restlos, summarisch, überall, umfassend, total, vollständig, vollzählig, durch die Bank *u*. → A und O, A bis Z, all, alles, allgemein, einer wie alle, alle auf einmal. ▶ speziell.

ausnahmsweise → außerordentlich.

ausnehmen → berücksichtigen, beseitigen, erleichtern.

ausnehmend äußerst, außerordentlich, besonders, erstaunlich, fabelhaft, geradezu, in höchstem Grade, hochgradig, maßlos, namenlos, reichlich, riesig, unerhört, unfaßbar, ungemein, unglaublich, hervorragend, in erster Linie, sonderlich, speziell, vor allem, vornehmlich, vorwiegend, bedeutend, enorm, höchst, überdurchschnittlich, übertreffend, überwiegend, überragend, vorzugsweise, insbesondere, maßgebend, hauptsächlich, über, drüber, beispiellos, erhaben über, Spitze, Gipfel, Gipfelpunkt oder Krone sein, ein Übermaß darstellend, überlegen sein. → außerordentlich, äußerst, besonders. ▶ minderwertig.

ausnutzen aufbrauchen, abnützen, verwenden, verwerten, genießen, beanspruchen, benützen, erfreuen, ergötzen, sich schmecken lassen, profitieren, erzielen, gewinnen, herausschlagen, nehmen, ausschlachten *u*, seinen Vorteil haben, sich bedienen, gebrauchen, sich zunutze machen, sich vermehren. ▶ uneigennützig (sein).

ausnützen → abnutzen, anwenden, ausbeuten, ausdehnen, ausnutzen, beanspruchen, bedienen sich, brauchen.

Ausnützung, rücksichtslose → Eigennutz.

auspacken herausnehmen, ausladen, ausschütten, ausräumen, entfernen, beseitigen, entleeren, ausleeren ● verraten, schwätzen, aufklären, enthüllen, eröffnen, angeben, anzeigen, Aufschluß geben, bekennen, entlarven, herunterreißen, entpuppen, bloßstellen, demaskieren, bloßlegen, plappern, ausschwatzen, klatschen, zutragen, einblasen, einflüstern, anvertrauen, beichten, an die große Glocke hängen, die Au-

gen öffnen, kein Blatt vor den Mund nehmen, deutsch reden, das Kind beim rechten Namen nennen, aus der Schule plaudern. → anzeigen, aufklären, aufwerfen. ▶ einpacken, verheimlichen.

Auspeitschung → Bestrafung.

auspendeln → aufhören, ausklingen.

auspfeifen auszischen, mißachten, verhöhnen, verlästern, verunglimpfen, verspotten, an den Pranger stellen, ablehnen, verlachen, auslachen, nicht zu Wort kommen lassen, Katzenmusik machen, mit faulen Äpfeln werfen. → belächeln, beleidigen, bloßstellen. ▶ anerkennen.

Auspizien → Anzeichen.

ausplaudern verraten, sich vergaloppieren, austrompeten, ausbringen, ruchbar machen oder werden lassen, sich verbabbeln *u*, ausschwatzen, sich verplappern, nicht dicht sein *u*.

ausplündern → bemächtigen, berauben, bestehlen, bewuchern, brandschatzen.

Ausplünderung Annexion, Ausbeutung, Ausraubung, Aussaugung, Brandschatzung, Beraubung, Beschlagnahme, Besteuerung, Enteignung, Erpressung, Konfiskation, Plünderung, Raub, Wegnahme.

ausposaunen → ankündigen, anvertrauen, bloßlegen.

auspressen → abziehen, ausdrücken, bloßlegen, durchpressen, entpressen, entreißen aus im Geheimnis, erkundigen, extrahieren.

ausproben → ausforschen.

ausprobieren → erproben.

Auspuff → Abzug.

auspunkten → siegen.

ausputzen → anfahren, auftakeln, ausmalen, ausschmücken, beflaggen, behängen, bemalen.

Ausputzer → Bestrafung, Beschwerde.

ausquartieren kündigen. → ausdehnen, ausziehen.

ausquetschen → ausdrücken, entpressen, erkundigen, extrahieren.

ausradieren → abschaffen, ausmerzen, ausrotten, beseitigen, durchstreichen.

ausrangieren → Eisen, zum alten werfen.

ausrasten → lösen, ruhen.

Ausraubung → Ausplünderung.

ausraufen → abbeißen.

ausräumen → ausdehnen, auspacken, ausziehen.

ausrechnen → anschlagen, kalkulieren, zählen.

Ausrede Ausflucht, Lüge, Trug, Unwahrheit, Vorwand,

Beschönigung, Scheingrund, Täuschung, leere Phrase, hohles Geschwätz, Umgehung einer Frage, Spitzfindigkeit, Deckmantel, Winkelzug, faule Fische, Notlüge, Umgehung, Entstellung, Fabel, Märchen, Dunst, Nebel, Ausweg, Finte, Fallstrick, Entschuldigung, Flausen, Schnack, Fisimatenten u. → Ausflucht, Ausweg, Behelf, Deckmantel, einmal ist keinmal, Entschuldigung. ▶ Vorwurf, Wahrhaftigkeit.

ausreden → bemänteln, umgehen.

ausreichen → auskommen.

ausreichend genug, befriedigend, genügend, hinlänglich, hinreichend. → angemessen, erklecklich, erträglich, mittelmäßig, reichlich. ▶ unzureichend.

ausreisen → entfernen sich.

ausreißen → abhauen, aufspringen, davonlaufen, desertieren, durcheilen, entziehen sich der Gefahr.

Ausreißer → Deserteur, Feigling.

ausrenken → verrenken.

ausreuten → ausrotten.

ausrichten → bestellen, ordnen.

ausringen → abtrocknen, ausdrücken.

ausroden → ausrotten.

ausrollen → aufrollen.

ausrotten aufreiben, austilgen, beseitigen, erledigen, entledigen, ermorden, abmurksen, erschlagen, hinmachen, hinopfern, hinrichten, kaltmachen, killen, lynchen, massakrieren, schlachten, meucheln, morden, töten, umbringen, umlegen, vernichten, vertilgen, niedermachen, niederschlagen, niederstrecken, abknallen, über den Haufen schießen, an die Wand stellen, Genickschuß geben, totquälen, totpeitschen, totprügeln, tothetzen, verbrennen, vergiften, den Hals umdrehen ● auslöschen, auskratzen, versenken, ausradieren, tilgen, wegwischen, einäschern, abbrennen, auffressen, verjagen, ausjäten, ausreuten, ausroden, ausschneiden, wegnehmen, trennen. → abbrennen, abschaffen, ausmerzen, brandschatzen, demolieren, destruieren. ▶ erzeugen.

Ausrottung → Asche, Demolieren, Destruktion.

ausrücken → abhauen, desertieren, erpressen.

Ausruf Anrufung, Einwurf, Frage, Schrei ● Verkündigung, Kundmachung, Bekanntgabe, Ankündigung, Kunde, Ausgebot, Aufgebot,

Tagesbefehl. → Bekanntgabe, Erlaß. ▶ Stummheit.

Ausrufer Verkündiger, Herold m, Ansager, Warner, Ausläufer, Anpreiser, Straßenhändler, fliegender Händler, Hausierer.

Ausrufung → Bekanntgabe, Zirkular.

Ausruhen → Entspannung.

ausruhen stehen bleiben, anhalten, innehalten, einhalten, legen, ruhen, rasten, verweilen, niederlassen, lagern, niederlegen, müßig sein, der Ruhe pflegen, es sich bequem machen, behaglich machen, erholen, Ferien oder Urlaub machen, schlafen, schlummern, auspennen u ● zu Bett gehen, in die Falle gehen, sich aufs Ohr legen oder hauen, ins Körbchen gehen u, sich hinhauen u. → bequem, beschäftigungslos, bleiben. ▶ abmühen, eilen.

ausrüsten versehen, equipieren. → auftakeln, bemannen.

Ausrüstung Armatur f, Takelwerk, Gerät, Werkzeug, Einrichtung, Gepäck, Reisegut, Habe, Rüstzeug. → Anzug, Bagage, Bestand.

ausrutschen → ausgleiten, fallen.

Ausrutscher → Fehler.

aussäckeln → bestehlen, berauben, bewuchern.

Aussage Geständnis, Eid, Schwur, Zeugnis. → Angabe, Auslassung, Benachrichtigung, Denunziation, Erklärung, Eröffnung, Zirkular. ▶ Verheimlichung, Weigerung.

aussagekräftig → eindrucksvoll.

aussagen angeben, anzeigen, bekanntgeben, benachrichtigen, berichten, dartun, enthüllen, erklären, hinterbringen, melden, mitteilen, unterrichten, verständigen, Zeugnis ablegen, beweisen, feststellen, auslegen, folgern, schließen, zugeben, bestätigen, bekunden, beglaubigen, beschuldigen, anklagen. → beeiden, bestätigen, behaupten, eingestehen, erzählen. ▶ verheimlichen, verweigern, widerrufen.

aussatteln → beseitigen.

aussaugen → berauben, bestehlen, bewuchern, entfernen, erpressen.

Aussaugung → Ausplünderung, Enteignung.

ausschaben auskratzen, ausreiben, ausstreichen, ausradieren, ausschneiden, abkratzen, abschaben, unleserlich machen. → tilgen.

ausschalten → ausscheiden, entfernen, ausschließen, einschränken, sichten, trennen, abtrennen, absondern, verabschieden ● ausknipsen, ab-

schalten, unterbrechen. → abbrechen, abdrosseln, auslesen, ausschneiden, beschränken, deduzieren. ▶ einschalten.

Ausschank Bude, Butike, Kellerei, Krug, Gaststätte, Bar, Bierhalle, Gasthaus, Gasthof, Kantine, Kneipe, Kaschemme, Schenkstube, Trinkstube, Weinhaus, Weinstube, Wirtshaus, Wirtschaft. → Butike.

Ausschau halten → suchen.

ausscheiden → abdanken, ablehnen, absondern, abnehmen, abschaffen, ausatmen, ausfließen, ausmerzen, ausrotten, ausschalten, austreten, beschränken, beiseite legen, beseitigen, drainieren, eliminieren, entladen.

Ausscheidung → Abbau, Abbruch, Abgabe, Absonderung, Auslassung, Auswurf, Entleerung, Exkrement.

ausschiffen → abladen, ausladen.

ausschimpfen → tadeln.

ausschirren → ausspannen, entjochen.

ausschlachten → anwenden, zergliedern.

ausschlafen → ausruhen.

Ausschlag → Bedeckung, Wirkung.

ausschlagen bedecken, verdecken, zudecken, überdecken, einhüllen, umhüllen, verhüllen, zuhängen, verhängen, behängen, belegen, einwickeln, einrollen, einpacken, einschlagen, füttern, ausfüttern, auslegen, auskleben, austapezieren ● feucht werden, nässen, teuchten, triefen, betauen, Feuchtigkeit anziehen ● knospen, vermehren, ausdehnen, wachsen, anschwellen, entwickeln, vergrößern, schwellen, treiben, entfalten. → abblitzen, aberkennen, ablehnen, absagen, abschaffen, bedecken, behängen. ▶ beistimmen, einwilligen, vertrocknen.

ausschlaggebend begründend, belangreich, bestimmend, bewegend, entscheidend, gewichtig, maßgebend, triftig, überwiegend, wichtig, gebietend, treibend, bedeutend, einflußreich, kompetent, richtungsweisend, tonangebend, wesentlich, durchschlagend, grundlegend, bahnbrechend, bedeutsam, bedeutungsvoll, bemerkenswert, epochemachend, lebenswichtig, verführerisch, wirksam. A und O, beachtlich, beeinflussend, beherrschend, denkwürdig, dominierend, ereignisreich. ▶ belanglos, hinderlich, ungünstig, unwichtig.

ausschließen ächten, ausklammern, abbauen, abblitzen, abdanken, ablehnen, abschaffen, absondern, auslesen, ausschalten, eliminieren, entsetzen, entvölkern. → beiseitelegen, beschränken, beseitigen, boykottieren, deduzieren. ▶ einbeziehen.

ausschließend abschließend, abgesondert, unzugänglich, dünkelhaft, exklusiv ● arrogant, aufgeblasen, dummstolz, hochtrabend, großkopfet, hochmütig. → ausschließen.

ausschließlich abgesehen von, abzüglich, mit Ausschluß von, außer, nicht inbegriffen, ohne, exklusive, unbedingt, ganz und gar, ohne Gnade, streng, unerläßlich, völlig, auf jeden Fall, ungerechnet, ausgenommen, ausgeschlossen, außerhalb ● unvermischt, unvermengt, unversetzt, frei von, klar, rein, lauter, pur, echt, ungefälscht, unverfälscht, natürlich. → abgesehen, außerhalb. ▶ einschließlich.

Ausschließung → Bann, Exil.

ausschlüpfen → erscheinen, geboren werden.

ausschlürfen → einsaugen.

Ausschluß Auslassung, Aussonderung, Wahl, Ausscheidung, Trennung, Auslese, Weglassung ● Ablehnung, Abweisung, Absage, Verwerfung ● Entfernung, Zurückweisung ● Behinderung, Sperre, Verbot, Zurückhaltung, Zwang ● Scheidung. → Absonderung, Bescheid, Beschlagnahme, Embargo, Entlassung, Exil. ▶ Aufnahme.

ausschmücken ausstatten, bebildern, illustrieren, beleuchten, bildhaft machen, aufputzen, ausputzen, ausstaffieren, beflaggen, bekränzen, besticken, betressen, bewimpeln, bordieren, drapieren, herausputzen, ornamentieren, schmücken, verschönern, fein machen, behängen, beschlagen, vergolden, verzieren, besetzen, dekorieren, garnieren, Zierat anbringen. → aufbauschen, ausmalen, besetzen, blähen, dekorieren, dick tun, einkleiden in Worte, ergänzen. ▶ natürlich sein, verschandeln.

Ausschmückung Agraffe, Aufputz, Augenweide, Band, Beiwerk, Besatz, Beschläge, Bilder, Blume, Blumengehänge, Blumenstrauß, Bombast, Borte, Bukett, Dekor m, Dekoration, Fahne, Feder, Federbusch, Flitter, Floskel, Garnierung, Garnitur f, Geschmeide, Geschnörkel, Gewinde, Girlande, Glanz, Haarschmuck, Helmbusch, Herr-

lichkeit, Juwel, Klunker, Kokarde, Kopfschutz, Kranz, Muster, Orden, Perücke, Pracht, Putz, Putzwerk, Quaste, Raupe, Redebild, Roßschweif, Schimmer, Schleife, Schmelz, Schmuck, Schmucksache, Schnörkel, Schnur, Schwulst, Spitze, Staat, Stern, Stickereien, Tresse, Troddel, blühender Stil, Tirade, Trope, Überladung, Verbrämung, Verschönerung, Verzierung, Wappen, Wimpel, Zier, Zierde, Zierat. → Aufmachung, Dekoration. ▶ Natürlichkeit, Verschandelung.

ausschneiden absondern, ausmerzen, zergliedern, zerstückeln, abteilen, zerteilen, trennen, stutzen, abschneiden, beschneiden, verstümmeln, einschränken, ausschalten, ausscheiden, wegnehmen, entfernen, dekupieren, heraussägen, auslochen. → anschneiden, ausrotten, beschneiden. ▶ hinzufügen, verbinden.

Ausschnitt Abschnitt, Absonderung, Abteil, Bestandteil, Bruch, Bruchstück, Bruchteil, Querschnitt, Detail, Teil, Überblick, Übersicht, Verstümmelung. → Detail. ▶ Ganzheit, Hinzufügung, Verbindung.

ausschnitzen → einkerben.

ausschnüffeln → ausfindig machen, beikommen, ergrübeln.

ausschöpfen → abladen, ausladen, ausnutzen, baggern.

ausschreiben → ankündigen, annoncieren, ausfüllen, veröffentlichen, ausbieten.

Ausschreiben → Zirkular.

Ausschreibung → Angebot, Anzeige, Konkurrenz.

ausschreien → kreischen, verlautbaren.

ausschreiten einholen, fortschreiten, fortkommen, laufen, marschieren, überhandnehmen, vorwärts gehen, zurücklassen. → beeinträchtigen. ▶ drücken sich, stehen bleiben.

Ausschreitung Ausgelassenheit, Exzeß, Zügellosigkeit, Maßlosigkeit, Sinnlichkeit, Ausschweifung, Liederlichkeit, Schwelgerei, Prasserei, Völlerei, Fresserei, Nachtschwärmerei, Saufgelage, Sauferei, Orgien, Bacchanalien, Übermaß, Ungebühr. → Ausschweifung, Revolte. ▶ Enthaltsamkeit, Enthaltung.

Ausschuß Kollegium, Komitee, Jury, Kommission, Preisgericht, Preisrichter, Rat ● fehlerhafte Ware, Schund, Schleuderware, Reststücke, Plunder, Ladenhüter, Kram, Gerümpel, Ausschußware, Dreckzeug, Tinnef u, Povel u, Altware, Ramsch. → Abfall,

Beratung. ▶ Verwendbarkeit.

Ausschußware → Ausschuß, Ramsch.

ausschütteln schwenken, säubern, reinmachen, entstauben, reinigen, ausstreuen, ausschütten, entfernen. → ausschütten. ▶ sammeln, verunreinigen.

ausschütten entschleiern, entfalten, bekennen, eingestehen, zugeben, verraten, entdecken, aufdecken, offenbaren, eröffnen, enthüllen ● ablassen, vergießen, leeren, ausleeren, beseitigen, entfernen, ausgießen, wegwerfen, verspritzen, verteilen, teilen, verbreiten, ausbreiten, umherstreuen, verstreuen, zerstreuen ● anvertrauen, ausgießen, ausschwatzen, beichten, plappern, plaudern. → abladen, ausfließen, ausladen, auspacken, bestreuen. ▶ eingießen, sammeln, verheimlichen, verschlossen.

Ausschüttung → Anteil, Ausbeute, Dividende.

ausschwatzen → abladen, anvertrauen, auspacken, bloßlegen, denunzieren.

ausschweifen sich austoben, bummeln, sich mästen, schlemmen, schwärmen, Saus und Braus leben, alle Schranken überschreiten, nicht Maß halten, die Grenzen übersteigen, leichtsinnig leben, der Sinnlichkeit frönen, den Leidenschaften nachhängen, gelüstig sein, sich nicht beherrschen können, sich nicht zügeln können, sich nichts versagen, Orgien feiern, der Venus opfern, über die Stränge schlagen, sich gehen lassen. ▶ maßhalten, tugendhaft (sein).

ausschweifend ausgelassen, begehrlich, buhlerisch, dirnenhaft, ehebrecherisch, erotisch, extravagant, exzessiv, faunisch, feil, gemein, genießerisch, genußsüchtig, käuflich, leichtlebig, leichtfertig, leichtsinnig, liebestoll, liederlich, locker, lose, lüstern, mannstoll, obszön, prasserisch, pervers, prostituiert, sauflustig, schwelgerisch, sinnlich, tierisch, übermäßig, übertrieben, überspannt, ungebunden, unzügelt, unsolide, unzüchtig, üppig, verbuhlt, vergnügungssüchtig, weibstoll, wollüstig, wüst, zügellos. → anrüchig, bacchantisch, bedürfnisvoll, begehrlich, buhlerisch, dirnenhaft. ▶ mäßigen sich, tugendhaft.

ausschweifend leben → betäuben, ausschweifend.

Ausschweifung Überspanntheit, Übertreibung, Übertriebenheit, Extravaganz f, Überschreitung, ohne Maß und Ziel, Exzeß *m*, Débauche, Ausgelassenheit, Übermaß, Verschwendung, Fresserei, Liederlichkeit, Lüste, Prasserei, Schwelgerei, Völlerei, Sauferei, Zügellosigkeit, Schamlosigkeit, Gelüst, Ausschreitung, Ungebühr, Orgie. ▶ Mäßigung, Tugendhaftigkeit.

ausschwemmen → auslaugen.
ausschwenken → auslaugen.
ausschwitzen → ausfließen, austreten.
Ausschwitzung → Absonderung, Ausbruch.
Aussehen Art, Artung, Aufmachung, Anblick, Beschaffenheit, Bildung, Eigenart, Eigenheit, Eigenschaft, Eigentümlichkeit, Äußeres, Figur, Form, Gestalt, Gepräge, Gestaltung, Habitus, Kontur, Natur, Merkmal, Prägung, Profil, Schlag, Sinnesart, Statur, Struktur, Textur, Typ, Veranlagung, Wesen, Wesensart ● Ausdruck, Benehmen, Gebaren, Haltung, Zustand, Zuschnitt ● Ausdruck, Charakter, Gesicht, Stil, Miene, Züge.
→ Anschein, Art, Art und Weise, Aufmachung, Ausdruck, Ergehen, Erscheinung.
aussehen erscheinen, sich geben, sich gehaben, scheinen, wirken, sich zeigen, den Anschein haben, zur Schau tragen, prunken, wirken, zeigen, annehmen. → auftreten für.
aussehen wie ähnlich sein, ähneln, gleichen, arten nach, annähern, etwas vorstellen, darstellen, nachahmen, nachäffen, ▶ unähnlich.
außen außerhalb, auswärts, draußen, hinaus, außer dem Hause, nach außen hin, unter freiem Himmel, bei Mutter Grün, im Freien, an der Luft, in der Natur, äußerlich, oberflächlich, extern. ▶ innen.
aussenden → senden, strahlen.
Aussendung → Ausgabe, Ausbreitung, Emission.
Außenseite → Oberfläche.
Außenseiter Outsider. → Abtrünniger.
Außenstände → Kredit.
außer ausgenommen, mit Ausnahme von, ohne, uneingerechnet, exklusiv, mit Ausschluß von. → abgesehen, abzüglich, ausgenommen, ausschließlich. ▶ inbegriffen.
außer sich erregt, erschüttert, platzen, schwärmen, toben, tosen, vergehen vor, wüten, ganz weg sein, nicht bei sich sein, von Sinnen sein, aus dem Häuschen sein, die Hände überm Kopf zusammenschlagen, in die Höhe fahren, die Platze kriegen *u*, in die Luft gehen. ▶ ruhig.
außeramtlich → privat.

außerdem alias, sonst, oder auch, nebenbei, darüber hinaus, gesondert, besonders, getrennt, obendrein, speziell, zusätzlich, überdies, dazu, fernerhin, noch, sodann, zudem. → absichtlich, auch, daneben, desgleichen, ferner. ▶ abzüglich, regelmäßig.
Äußeres → Aussehen.
außergewöhnlich → abnorm, ansehnlich, ausgezeichnet, außerordentlich, befremdend.
außerhalb ausgenommen, exklusiv, ausgeschlossen, ausschließlich, auswärts, von auswärts, ungerechnet, nicht dazu gehörig, abgesehen von. → ausschließlich, außen. ▶ innerhalb.
äußerlich formal, oberflächlich, peripher, flüchtig, gehaltlos, nichtssagend, seicht. → außen. ▶ innerlich.
Äußerlichkeit Dehors. → Benehmen, Erscheinung, Etikette.
äußern meinen, sagen, zum Ausdruck bringen, zur Sprache bringen, Ausdruck geben, aussprechen, ausstoßen, laut werden lassen, andeuten, ausdrücken, bloßlegen, enthüllen, hinweisen, kundgeben, reden, sprechen, sagen ● seinen Senf zu etwas geben *u*, abladen, sich auskotzen *u*, loslegen, ausschleimen *u*, auspacken. → ausdrücken, berühren, erwidern, erzählen. ▶ verschweigen.
äußern, sich → antworten, aufklären, darstellen sich.
außerordentlich ausgedehnt, ausgezeichnet, ausnahmsweise, ausnehmend, außergewöhnlich, äußerst, besonders, beträchtlich, eminent, enorm, erstaunlich, exorbitant, extra, extraordinär, exzeptionell, fabelhaft, gewaltig, gigantisch, groß, hervorragend, hochgradig, imposant, kolossal, mächtig, massiv, maßlos, meisterhaft, monströs, monumental, pyramidal *u*, reichlich, riesenhaft, riesig, sehr, überaus, überdurchschnittlich, überragend, überwältigend, unerhört, unermeßlich, unfaßbar, ungeheuer, ungemein, ungewöhnlich, unsagbar, unvergleichlich, vortrefflich, zyklopisch, über alle Maßen, in höchstem Grade. → ansehnlich, ausgezeichnet, ausnehmend, außerordentlich, äußerst. ▶ gebräuchlich, gewöhnlich, minderwertig.
äußerst zu weit getrieben, extrem, übertrieben, übersteigert, ausnehmend, beispiellos, besonders, maximal, vollwertig, ausgemacht, außer-

ordentlich, bannig, beträchtlich, blödsinnig, unüberbietbar, bodenlos, deftig, einzig, eklig *u*, das höchste der Gefühle *u*. → abscheulich, ausnehmend, außerordentlich, bloß. ▶ wenig.
außerstande sein auffahren, aufsitzen, feststecken, hineingeraten, nicht vom Fleck können, im dunkeln tappen, keinen Ausweg wissen, zu schwer sein, von Hindernissen umgeben sein, keine Kraft haben, keinen Mumm haben, keinen Mut aufbringen, nicht weiter können, keine Aussicht haben, unmöglich sein, auf den toten Punkt gekommen. → absprechen, aberkennen, durchfallen. ▶ imstande sein.
Äußerung → Darlegung.
aussetzen abbrechen, aufhören, einstellen, innehalten, pausieren, stocken, ruhen, unterbrechen, versiegen ● angreifen, tadeln, beanstanden, rügen, mäkeln, kritisieren. → abblasen, ablehnen, anhalten, beanstanden, bereden, beruhen lassen, beruhigen, einhalten, einwenden. ▶ einsetzen, fortführen, bewegen sich, loben.
Aussicht Anblick, Aspekt *m*, Sicht, Fernsicht, Horizont, Überblick, Rundblick, Panorama, Blick, Chance, Gelegenheit, Möglichkeit, Blick, Blickfeld. ▶ Dunkelheit.
Hoffnungslosigkeit, Ungewißheit.
Aussicht nehmen, die ● → benehmen die Aussicht.
Aussicht stellen, in → ansprechen.
aussichten → auslassen, auslesen.
aussichtslos ausgeschlossen, hoffnungslos, unmöglich, unausführbar, undenkbar, unerreichbar, trostlos, unersetzlich, unheilbar, unrettbar, unwiederbringlich, ausweglos, weglos, faul. → aberkennen, absprechen, ausgeschlossen, bedenklich, desperat. ▶ denkbar, hoffnungsvoll, überwindbar.
Aussichtslosigkeit → Trostlosigkeit, Unmöglichkeit, Verzweiflung.
aussichtsreich → hoffnungsvoll.
aussichtsvoll → hoffnungsvoll.
aussiedeln räumen, ausleeren, evakuieren, ausstoßen,

ausweisen, fortjagen, hinauswerfen, verstoßen, umsiedeln, vertreiben, wegziehen, an die Luft setzen. ▶ bevölkern.

Aussiedlung Räumung, Leerung, Evakuation *f*, Verbannung, Ausweisung, Verstoßung, Vertreibung, Umsiedlung. ▶ Ansied(e)lung.

aussinnen → ersinnen.

aussöhnen ausgleichen, befriedigen, begütigen, beilegen, beruhigen, beschwichtigen, schlichten, vermitteln, versöhnen, Frieden stiften, wieder gut machen. → austragen, befrieden, befriedigen, begütigen. ▶ verfeinden.

Aussöhnung Verzeihung, Vergebung, Vergessenheit, Versöhnung, Ausgleich, Vergleich, Vermittlung, Übereinkommen, Friedensschluß, Waffenruhe, Waffenstillstand Abrüstung, Entwaffnung, Gnade, Nachsicht, Rechtfertigung, Sühne, Buße, Abbüßung. → Beilegung. ▶ Feinschaft.

aussondern → abschaffen, absondern, ausmerzen, beiseitelegen, beseitigen, Bord werfen über, eliminieren.

Aussonderung → Abbau, Ausschluß, Exkrement.

ausspähen → anschauen, beschauen, durchleuchten, durchstöbern.

ausspannen abbinden, losbinden, losmachen, befreien, entbinden, ausschirren, abhalftern, entjochen, freimachen ● beurlauben, sich erholen, den Urlaub antreten, sich der Muße hingeben, sich rekeln, sich fleezen *u* ● ausdehnen, lang machen, verlängern, ausstrecken, ausziehen, recken, ausspinnen. → abwerfen, dehnen, entspannen. ▶ abmühen, anspannen, zusammenziehen.

Ausspannung → Entspannung, Erholung, Erleichterung, Vergnügen.

ausspeien → ausfließen.

aussperren → ächten, beschränken, boykottieren.

ausspinnen → abschweifen, ausdehnen, ausspannen.

ausspinnend → ausholend.

ausspionieren → anschauen, durchforschen, entlocken, entreißen ein Geheimnis, erfragen, ergründen das Geheimnis.

ausspotten → bespötteln.

Aussprache Meinungsaustausch, Debatte *f*, Erörterung, Diskussion *f*, Gespräch, Diskurs, Unterredung, Plauderei, Unterhaltung, Causerie, Redestreit, Disput *m*, Streit, Auseinandersetzung, Übereinkommen, Besprechung, Befragung, Rücksprache, Un-

terredung, Beratung, Gedankenaustausch, Zusammenkunft, Konversation, Wortgefecht, Zwiegespräch ● Ausdruck, Modulation, Tonfall. → Bekenntnis, Benachrichtigung, Beratung, Berichtigung, Besprechung, Betonung. ▶ Verschlossenheit.

aussprechen → äußern, besprechen, bestätigen, erbeten, erklären sich, erzählen, sprechen.

aussprengen → ankündigen.

Ausspruch → Eröffnung, Denunziation, Zitat.

aussprühen → bespritzen.

ausspülen → ausheben, auslaugen, desinfizieren, waschen.

ausspüren → anschauen, entlocken, enträtseln, entziffern, erfragen, erraten.

Ausspürung → Entdeckung.

ausstaffieren → anordnen, anziehen, auftakeln, ausschmücken, bemannen, einrichten.

ausstaffiert → reisefertig.

ausstampfen → durchlochen.

Ausstand → Schuld.

ausständig → schwebend, rückständig.

ausstatten → aufwenden, ausgeben, ausschmücken, auftakeln, beschenken, befähigen, eindecken mit, einordnen, einrichten, versorgen, wappnen.

Ausstattung → Aufwand, Aufmachung, Aussteuer, Belehnung, Darbringung, Dekoration, Farbenglanz, Inventar.

ausstauben → entstauben.

Ausstäupen → Bearbeitung, Bestrafung.

ausstechen beherrschen, besiegen, meistern, obsiegen, überbieten, überholen, überragen, übertreffen, den Vorrang haben, überstrahlen, unmöglich machen, sich fühlen, sich hervortun, prunken, wetteifern, andere hinter sich lassen, in den Schatten stellen, den Rang ablaufen, den Preis davontragen, Aufsehen erregen, den Ton angeben, die Augen der anderen auf sich ziehen, triumphieren. → ausheben. ▶ unterliegen.

ausstecken → vorbereiten.

ausstehen leiden, sich ängstigen, sich ärgern, durchmachen, sich quälen, sich sorgen, hinnehmen, standhalten, überwinden ● anvertrauen, verleihen ● anfeinden, hassen, verabscheuen, Abneigung haben, Groll empfinden, jemand gefressen haben, einen Piek haben, nicht gut auf jemanden zu sprechen sein, auf dem Zug haben, nicht sehen können, nicht riechen können, nicht leiden mögen,

nicht verknusen, nicht ausstehen können, nicht mögen ● verbleiben, übrig sein, unterbrechen, abbrechen, verzögern, verschieben, hinhalten, anstehen, verschleppen, zaudern, aufgeben, versäumen, verfehlen. → leiden, verschmerzen. ▶ erfreuen sich, fortsetzen.

ausstehend fehlend. → anhängig, schwebend.

aussteigen → zurücktreten.

ausstellen → anbieten, aufstellen, begeben, feilbieten, schreiben, stellen, tadeln.

Ausstellung Galerie, Messe, Museum, Schau, Überblick, Sammlung. → Corso.

aussterben → sterben, verschwinden.

Aussteuer Ausstattung, Mitgift, Morgengabe, Heiratsgut.

Austieg → Öffnung.

ausstopfen → ausfüllen, füllen.

ausstoßen ausweisen, hinauswerfen, fortjagen, verbannen, verstoßen, verwerfen, degradieren, diskriminieren, ● ausatmen, aushauchen, aushusten, abzapfen, abstechen, abfüllen, ausscheiden, entleeren, absondern, auswerfen. → abbauen, ablehnen, ächten, ausatmen, aussiedeln, äußern, ausweisen, bannen, boykottieren. ▶ anerkennen, einbeziehen, hereinlassen.

ausstoßend ablaufend, zurückstoßend, abweisend. → abbauend. ▶ anziehend.

Ausstoßung → Absonderung, Acht, Ächtung, Bann, Bestrafung, Deportation, Exil.

ausstrahlen → beleuchten, erhellen.

Ausstrahlung Glanz, Leuchtkraft, Ausdruckskraft. → Ausbreitung, Corona.

ausstrecken → aufdrehen, ausbreiten, ausspannen, erstrecken sich.

ausstreichen → abschaffen, demolieren, durchstreichen.

ausstreuen → auspacken, ausschütteln, bestreuen.

Ausstreuung → Ausbreitung.

ausströmen → ausfließen, austreten, dampfen.

aussuchen → auslesen, wählen.

austapezieren → ausschlagen.

Austausch Ersatz, Tausch, Umtausch, Wechsel, Gegenseitigkeit, Tauschhandel, Auswechslung, Gedankenaustausch, Meinungsaustausch. ▶ Beständigkeit.

austauschen → auftreten für, ausfüllen, ausliefern, eintauschen, ersetzen, tauschen.

austauschbar → auswechselbar, vertauschbar, ablösbar, umkehrbar.

austeilen aufteilen, verteilen, austragen, bemessen, verabfolgen, verabreichen, verbreiten, vergeben, zumessen, zusprechen, zuteilen, beglücken mit, anbieten, bescheren, beschenken, bedenken mit, beisteuern, aushändigen, bewilligen, darreichen, spenden, spendieren, stiften, überlassen, übergeben, verleihen, versehen mit, versorgen mit, zuteilen, zuwenden, zukommen lassen. → ausliefern, beschenken, darreichen, einteilen. ▶ behalten, sammeln.

austilgen → ausrotten.

Austilgung → Asche, Zerstörung.

austoben, sich → ausschweifen, betäuben.

austönen → altern, aufhören.

austragen abschließen, abtragen, abwickeln, ausgleichen, beenden, erledigen, besiegeln, entscheiden, löschen, forttragen, wegtragen, wegschaffen, gleichmachen ● schicken, senden, verschikken, zuschicken ● aussöhnen, versöhnen, vertragen ● streiten, hadern, balgen, raufen, prügeln, keilen, abreiben, → ausfüllen, aussagen, austeilen, verteilen. ▶ liegen lassen, streiten, versöhnen.

Austräger → Bote, Bursche.

austräufeln → ausfließen

austreiben zurückstoßen, abweisen, beschwören, bannen, vertreiben, wegtreiben, verjagen, entfernen, beseitigen. ▶ eintreiben, zurückweisen.

Austreibung → Absonderung.

austreten ausfließen, ausströmen, durchsickern, entspringen, hervorbrechen, rinnen, ausscheiden, ausmünden, entquellen, entfließen, entströmen, ausschwitzen, durchschlagen, absondern ● Abschied nehmen, abtreten, weggehen. → abdanken, absondern, auflösen, ausfließen, entlassen. ▶ annehmen, einsickern, eintreten.

austrinken → leeren, trinken.

Austritt → Auflösung, Ausbruch, Ausgang, Entlassung, Entleerung, Trennung.

austrocknen vertrocknen, schrumpeln *u*, verschrumpeln *u*, krünkeln *u*, einschrumpeln *u*, eintrocknen, dörren, dürren, verdorren, ausdorren, ausbrennen, rösten ● ableiten, entwässern, kanalisieren, abdeichen, abdämmen, trokkenlegen ● verarmen. → abnehmen, abdämmen, aufsaugen, dürren. ▶ anfeuchten, zulaufen.

Austrocknung → Dürre, Entwässerung.

austrommeln → ankündigen.

austropfen → ausfließen.

austüfteln → ersinnen.

ausüben anfassen, sich befassen, besorgen, betreiben, bewerkstelligen, durchführen, erfüllen, nachkommen, unternehmen, verrichten, werken ● können, dürfen, imstande sein, vermögen, machen, angreifen, anpacken, arbeiten, beginnen. → anfangen, anfassen, arbeiten, ausführen, bekleiden, erfüllen. ▶ aufgeben, faulenzen.

Ausübung → Amt, Arbeit, Behandlung, Beruf.

Ausverkauf → Absatz, Ermäßigung.

ausverkaufen → auflösen, liquidieren.

ausverkauft besetzt, komplett, verhöckert, verkauft, verschachert, veräußert, abgestoßen, versteigert, losgeschlagen, untergebracht, an den Mann gebracht, zu Geld gemacht, ausgeschenkt, geräumt. ▶ vorhanden.

auswachsen wachsen, eskalieren. → ausbuchten.

Auswahl Assortiment, Fülle, Haufe, Masse, Menge, Reichhaltigkeit, Überfluß, Stapel, Üppigkeit, Vielfalt, Spitze, Krone, das Beste, Digest, Bemusterung, Kollektion, Mustersammlung, Zusammenstellung ● Bevorzugung, Entscheidung, Ermessen, Wahl, Erwählung, Gutdünken, Selbstbestimmung, Wunsch. → Auslese, Bestand. ▶ Kargheit.

auswählen erkiesen. → ernennen, wählen.

auswalzen ’ ausbreiten, ausdehnen, strecken.

Auswanderer Flüchtling, Emigrant *m*, Ausgewiesener, Vertriebener ● Ausländer, Eindringling, Fremder, Fremdling, Fremdkörper ● Einheimischer, (Einwanderer).

auswandern → Bord gehen an, dannen gehen von, davon machen sich, ausreisen.

auswärtig → abwesend, davon, entlegen.

auswärts fremd, extern. → abwesend, außen, außerhalb, fern. ▶ zuhause.

auswaschen unterspülen. → ausbuchten, ausheben, auslaugen, waschen.

auswechselbar → austauschbar.

auswechseln → auftreten für, ausliefern, auslösen, ausfüllen, eintauschen, ersetzen.

Auswechslung → Austausch.

Ausweg Ausfluß, Ausgang, Auslauf, Bohrloch, Durchgang, Durchlaß, Fistel, Kamin, Kanal, Rauchfang, Schacht, Stollen, Tor, Türe, Umweg ● Ausflucht, Ausrede, Ent-

schuldigung, Finte, List, Lüge, Notlüge, Scheingrund, Schlupfloch, Umgehung, Verhüllung, Verkleidung, Verschleierung, Vorwand, Winkelzug, Hintertür finden ● Auftreten, Benehmen, Schliche, Kniff, Pfiff, Kunstgriff, Manöver ● Aufschub, Befreiung, Erlösung, Flucht, Rettung, Rückzug, Verhalten ● Anleihe, Ausgleich, Eselsbrücke, Freistätte, Hilfe, Notanker, Notbehelf, Obdach, Schlupfwinkel, Unterschlupf, Versteck, Vertretung, Zuflucht. → Abzug, Ausflucht, Aushilfe, Ausrede, Behelf, Chaussee, Durchfahrt, Ersatz, Ventil. ▶ Falle, Verschluß.

auswegslos → aussichtslos.

ausweichen platzmachen. → abweichen, abschwenken, bemänteln, entziehen sich, federn, fegen hinweg, meiden, umgehen.

ausweichen, nicht → ausharren.

ausweichend → anders, zurückweisend.

Ausweis → Argument, Attest, Beleg, Bekräftigung, Bescheinigung, Erkennungszeichen, Diplom, Fähigkeitsausweis, Fahrkarte, Paß, Schein, Zeugnis.

ausweisen ächten, ausstoßen, entlassen, expatriieren, exterminieren, fortjagen, hinauswerfen, verbannen, verscheuchen, verstoßen, vertreibend, verwerfen ● beglaubigen, begründen, berufen auf, beibringen, bekunden, beweisen, dartun, feststellen, geltend machen, legitimieren, nachweisen, überzeugen ● klar machen, den Zweifel nehmen. → aussiedeln, ausstoßen, beglaubigen, behaupten, beschränken, eliminieren, entvölkern, erweisen. ▶ absprechen, bezweifeln, niederlassen, zulassen.

ausweislich → nachweisbar.

Ausweisung → Absonderung, Aussiedlung, Deportation, Exil.

ausweiten ausfächern. → anschwellen, ausdehnen, strecken.

auswendig lernen einlernen, einpauken, das Gedächtnis beschweren oder beladen, dem Gedächtnis einprägen, hersagen, vortragen, lernen, studieren, einstudieren. → büffeln. ▶ vergessen.

auswendig wissen erinnerlich, sich erinnern, entsinnen, festhalten, im Gedächtnis haben, behalten, wiedererkennen, einfallen, ins Gedächtnis rufen, zurückdenken. → entsinnen.

auswerfen → ausstoßen, zahlen.

auswerten → anwenden.
Auswertung Anwendung, Nutzung.
auswinden → ausdrücken.
auswirken → wirken.
Auswirkung Geltung, Nützlichkeit, Gewinn, Sieg, Vorteil, Ziel ● Anerkennung, Ergebnis, Effekt, Folge, Förderung, Resultat. → Ablauf. ▶ Veranlassung.
auswischen abtrocknen, trokken machen, sauber machen, säubern, reinigen ● schädigen, Abbruch tun, das Wasser abgraben, ein Bein stellen, eins auswischen, eine Laus in den Pelz setzen, die Suppe versalzen, übers Ohr hauen, verletzen, verderben, belästigen, quälen, bedrängen, verfolgen, schlecht behandeln, beschimpfen, stoßen, treten, schlagen, prügeln, verwunden, erstechen, erschießen, beleidigen, kränken, besudeln. → abtrocknen, fegen hinweg. ▶ bespritzen, großmütig (sein).
auswischen, eins → auswischen, beeinträchtigen.
Auswuchs Schwulst, Entstellung, Übertreibung, Unsitte, Vergrößerung, Verschandelung, Verzerrung, Verdrehung ● Ausbuchtung, Erhöhung, Vorsprung, Knoten, Schwellung, Geschwulst, Höcker, Buckel, Kropf, Unförmigkeit, Überbein, Klumpen, Beule, Knollen, Knubbel *u*, Finne, Schwiele, Blase, Zyste, Pocke, Pustel, Drüse, Warze, Hühneraugen, Geschwür, Abszeß, Karbunkel, Furunkel, Schwären, Blähhals, Schwamm, Pilz, Knospe, Mißform, Mißverhältnis, Mißbildung, Verbildung, Mißgestalt, Fehler, Mangel, Makel ● Erscheinung, Träumerei, Auswuchs der Phantasie, Hirngespinst, Sinnestäuschung, Fieberwahn, Einfall, Grille, Traumwelt, Utopie, Ideal, Fata Morgana, Luftschloß, Wolkenkuckucksheim, Märchenland, Einbildung. ▶ Ebenmaß, Vertiefung.
Auswurf Absonderung, Ausscheidung, Abgang, Ausfluß, Entleerung, Erbrechen, Erguß, Exkrement, Fäkalien *f*, Kot, Wasser, Schlacken, Bodensatz, Unflat, Dreck, Ruß, Asche, Abfall, Unrat, Mist, Jauche, Miasma ● Abschaum, Pöbel, Gesindel, Gelichter, Pack, Bagage, Krethi und Plethi, Abhub, Hefe, Bettelvolk, Ausgestoßene. → Absonderung, Ausbund, Dreck, dunkle Abkunft, Entleerung. ▶ Rang, Sauberkeit, Zufuhr.
auswurzeln → entvölkern.
Auszackung → Einschnitt.

auszählen → bestätigen, zählen.
auszahlen, sich → lohnen.
Auszahlung → Entlohnung.
auszähnen → einkerben.
auszanken → anfahren, belfern, beschuldigen, Dach steigen auf das.
auszehren abmagern, ausmergeln, einschrumpfen, welken, verfallen, zusammenfallen, eingehen, schrumpfen, dünn werden, siechen, kränkeln, leiden, darniederliegen, bresthaft sein. ▶ gesunden, zunehmen.
auszeichnen achten, adeln, ehren, erhöhen, feiern, huldigen, schätzen, verehren, Ehre erzeigen, mit Lorbeer überschütten, Orden verleihen, Ämter verleihen, zum Ritter schlagen, einen Ehrenplatz anweisen, unsterblich machen, einen Titel geben, ernennen, befördern, loben, preisen ● überbieten, zuvortun, überragen, überlegen sein. → anerkennen, ausstechen, befördern, belohnen, bestimmen, bewähren, danken. ▶ stümpern, übersehen.
auszeichnen, sich bestehen, sich bewähren, geltend machen, hervorragen, hervortun, überbieten, übertreffen, such gut anstellen. → ausstechen, auszeichnen, bestehen, bewähren.
Auszeichnung Vornehmheit, Ansehen, Distinktion *f* ● Ehrenerweisung, Promovierung, Weihe, Anerkennung, Dank, Erkenntlichkeit, Gabe, Geschenk, Prämie, Schätzung, Vorzug, Verehrung, Lob, Preis, Pokal, Medaille, Huldigung, Ehre, Bewunderung, Beifall, Achtung ● Befähigung, Fertigkeit, Talent, Genie, Begabung, Anlage, Tauglichkeit, Tüchtigkeit, Ausbildung, Vollkommenheit, Meisterschaft. ● Achtung, Anerkennung, Anklang, Ausnahme, Beförderung, Belohnung, Dekoration, Diplom, Ehre, Ehrenamt, Ehrenpforte, Erwählung. ▶ Ächtung, Erniedrigung, Minderwertigkeit.
ausziehen ablegen, abstreifen, auskleiden, entblößen, entblättern sich *u*, auspellen sich *u*, entkleiden, sich frei machen, enthüllen, dekolletieren, sich's bequem· machen ● entschleiern, entmummen, entlarven, demaskieren ● ausräumen, ausquartieren, kündigen, fortziehen, entfernen, ausmisten, ausdingen. → abstreifen, abziehen, ausdehnen, ausdrücken, ausspannen, berauben, bestehlen, bewuchern, dannen gehen von, demaskie-

ren, desertieren, entblößen, entfernen sich, erstrecken sich, extrahieren. ▶ ankommen, anziehen, einengen, zurückgeben.
auszischen → auspfeifen, belächeln, beleidigen, bloßstellen.
Auszug Heiltrank, Zaubertrank, Elixier *s*, Extrakt *m*, Balsam, Essenz, Heiltrank, Medizin. → Abriß, Abgang, Abschied, Ausbruch, Essenz, Extrakt, Kompensation. ▶ Einzug.
auszupfen → abziehen.
auszustechen trachten → balgen.
autark → absolut, selbständig.
authentisch apodiktisch, augenscheinlich, ausgemacht, begründet, bekannt, bestimmt, bewiesen, bezeugt, bündig, echt, entschieden, ersichtlich, erwiesen, glaubwürdig, handgreiflich, nachgewiesen, nachgeprüft, quellenmäßig, überzeugend, unleugbar, unstreitig, untrüglich, unumstößlich, unzweideutig, verbürgt, zutreffend, zuverlässig. → amtlich, bestimmt. ▶ zweifelhaft.
Autobahn Straße. → Bahn.
Autokrat *m* → Alleinherrscher.
Automat Selbstbeweger, Selbstgetriebe, Gliedergruppe, Roboter.
autonom frei, selbständig, unabhängig. → absolut.
Autor → Urheber.
autorisieren → ermächtigen.
autoritär → anmaßend.
Autorität Respektsperson, Würdenträger, hohes Tier, Oberhaupt, Grandseigneur. → Fachmann.
auwei → ach.
Aversion → Bedenken.
Avis *s* → Anzeige, Benachrichtigung, Bericht.
avisieren → ankündigen, anzeigen, benachrichtigen, berichten.
Axiom Folgerung, Grundgedanke, Grundsatz, Kernspruch, Lehrsatz, Lehrspruch, Leitsatz, Maxime, Motto, Postulat, Prinzip, Regel, Richtschnur, Schluß, These, Wahlspruch, Wahrspruch. ▶ Ungereimtheit.
Azur *m* → Blau.

B

Baal → Gott.
babbeln → abschweifen, sprechen.
Baby Kind, Kleines, Kleinkind, Nesthäkchen, Säugling, Schoßkind, Sprößling, Wickelkind, Zögling, Bambino, Stammhalter, Knirps,

Fant, Guckindiewelt, Küken, Puppe, Föhle, Spuddle, Gof, Putt, Quas, Sproß, Pans, Buschi, Bobele, Wurm, Ditz *u*, Titti *u*.

Babysitter Kinderwärter(in), -fräulein.

Bacchanalien → Ausschreitung.

Bacchant Epikureer, Genießer, Genußmensch, Lebemann, Lebenskünstler, Lüstling, Wüstling, Nachtschwärmer, Prasser, Schwelger, Sybarit, Weltkind, Wollüstling, Liederjan, Luder, Herumtreiber, Verführer, Säufer, Fresser, Lustmolch.

bacchantisch ausgelassen, ausschweifend, begehrlich, leichtsinnig, liederlich, lokker, lose, maßlos, prasserisch, sauflustig, schwelgerisch, sinnlich, süchtig, triebhaft, ungezügelt, unmäßig, unsolide, vergnügungssüchtig, wild, wollüstig, wüst, zügellos. ▶ enthaltsam, mäßig.

Bach → Gewässer.

Backbord → Bord links.

backen → zubereiten, dünsten.

Backenstreich → Bestrafung.

Bäcker Konditor, Zuckerbäcker, Mazzebäcker, Lebküchner.

Backfisch Ding, dummes oder junges Ding, Käfer *u*, Flitscherl *ö*, Flittchen, Fratz, Gemüse, Göre, Grasaff, Krott, Blage *u*, Gans *u*, Krabbe, Küken, Pute, Rotzgöre *u*, Mädchen, Maid, Pflanze, Puppe, Range, Schneegans, Tochter, Maiden, Goldfisch, Prachtmädel, Racker, wilde Hummel, leufelsmädel ● Teenager *M*.

Background Hintergrund. → Rückhalt.

Backofen Herd, Ofen, Röhre, Rost, Brotscheibe, Grill.

Backpfeife → Bestrafung.

Backwerk Laib, Schwarzbrot, Roggenbrot, Schrotbrot, Weißbrot, Knäckebrot, Kommißbrot, Bismarcktorte, Königskuchen, Pumpernikel, Schrippe, Brötchen, Knüppel, Weck, Semmel, Striezel, Kümmelstange, Schusterjunge, Gebäck, Bäcksel, Teilchen, Mürbes, Baiser, Meringue, Biskuit, Blätterteig, Blechkuchen, Bienenstich, Brente, Prusten, Brezel, Einback, Eclair, Liebesknochen, Fladen, Fleurons, Hippen, Hörnchen, Kipfel, Kipferl, Keks, Krapfen, Kräppel, Berliner, Kranz, Kringel, Kuchen, Baumkuchen, Napfkuchen, Bundkuchen, Aschkuchen, Topfkuchen, Radonkuchen, Gugelhupf, Leckerli, Lucca-Augen, Makrone, Maultaschen, Powidl-

tatschkerln, Mögge, Mohrenkopf, Negerkuß, Obstkuchen, Datschi, Pastete, Petits fours, Pfeffernüsse, Pflanzerl, Platz, Plätzchen, Sahnenrolle, Sandtorte, Schillerlocke, Schmalzgebackenes, Schnecke, Schnitte, Schoggibolle, Springer, Spritzkuchen, Schürzkuchen, Stange, Stollen, Schnittchen, Streuselkuchen, Torte, Wähe, Waffel, Windbeutel, Zwieback, Zopf, Lebkuchen, Lebzelten, Herzen, Honigkuchen, Pfefferkuchen, Pflastersteine, Speculatius. → Konfitüre.

Bad Tauchen, Tunken, Dusche, Einweichung, Taufe, Abguß, Guß, Abwaschung, Luftbad, Sonnenbad, Dampfbad, Lehmbad, Moorbad, Sandbad, Heilbad, Sauna, Kneippsche Kur, Kurbad, Kurort, Gesundbrunnen, Badeort, Seebad, Schwimmbad, Flußbad, Heilquelle, Brunnen, Sprudel, Kuranstalt, Kurort, Heilanstalt, Thermalbad ● Beize, Pökel. → Behandlung.

baden → bähen, erfrischen sich, waschen.

Bader Kurpfuscher, Quacksalber, Schäfer, Gesundbeter, Wunderdoktor, Wasserdoktor, Schröpfer, Heilkünstler, Heilpraktiker, Magnetopath, Feldscher ● Friseur, Haarkünstler, Bartkräusler, Haarformer, Rasierer, Barbier, Bartscherer, Coiffeur. → Barbier.

baff bestürzt, betreten, betucht, betroffen, entgeistert, entsetzt, erschossen, erstarrt, erstaunt, fassungslos, konsterniert, geschmissen, perplex, sprachlos, starr, stutzig, überrascht, verblüfft, verdutzt, verlegen, versteinert, verwirrt, verwundert, wortlos, befremdet. ▶ gefaßt.

Bagage Effekten, Gepäck, Reisegepäck, Ausrüstung, Reisegut, Sack und Pack, Habe, Ladung, Habseligkeiten, Sachen, Siebensachen ● Anverwandtschaft, Sippe, Sippschaft, Familie, Kinder ● Stall voll Kinder, Gesindel.

Bagatelle Deut, Dummheit, Kinderspiel, Kleinigkeit, Larifari, Nebensache, Nichts, Pappenstiel, Pfifferling, quantité négligeable, Schaum, Schnickschnack, Seifenblase, Dreck, Firlefanz, Kinkerlitzchen, Kram, Lappalie, Plunder, Spaß, Zeug, Belanglosigkeit, Gehaltlosigkeit, Geringfügigkeit, Nebensache, Unbedeutendheit, Unwichtigkeit. → Dunst, leerer. ▶ Wichtigkeit, Bedeutsamkeit.

bagatellisieren abwarten, links liegen lassen, gering-

schätzen, herabsetzen, herabwürdigen, herabziehen, mißachten, schmälern, unterschätzen, verachten, verharmlosen, verkennen, verkleinern, verlachen, vernachlässigen, verniedlichen. ▶ Wichtigkeit beimessen.

baggern ausgraben, aushöhlen, ausschöpfen, absenken, vertiefen, ausheben, ausbuddeln *u*. ▶ auffüllen.

bähen erwärmen, erhitzen, baden, feuchte Umschläge machen, aufweichen, enthärten.

Bahn Rennbahn, Reitbahn, Rollbahn, Autobahn, Hippodrom *s*, Geleise, Gang, Richtung, Spur, Straße, Strömung, Weg, Durchgang, Gasse, Ablauf, Fahrwasser, Verlauf, Eisbahn, Abfahrt, Piste ● Eisenbahn, Bimmeloder Bummelbahn *u*, Puffpuff (kindertümlich), feuriger Elias *u*, Straßenbahn, Trambahn, Pferdebahn, Hochbahn, U-Bahn, Schwebebahn, Bergbahn, Zwergbahn, Zahnradbahn ● freie Bahn, freier Lauf, freier Wille, freies Feld, Unabhängigkeit, Freiheit, freies Ermessen, Selbständigkeit, Ungebundenheit. → Ablauf, Fahrzeug (Schienen-). ▶ Hindernis.

Bahn, freie → Bahn.

bahnbrechen → auftauchen, bahnen.

bahnbrechen, sich → anfangen, auftauchen.

bahnbrechend ursprünglich, einzig, einmalig, unvergleichlich, unnachahmlich, genial, einführend, gestaltend, schöpferisch, anbahnend, ins Leben rufend, in Übung bringend, einleitend, ursprünglich, anfangend, vorbereitend, fördernd, fortschrittlich, führend, persönlich, vorbildlich, vorstoßend, wegleitend. → A und O, ausschlaggebend, beginnend, epochemachend. ▶ nachgeahmt, nachgemacht, unbedeutend, wirkungslos.

Bahnbrecher Schrittmacher, Vorläufer, Vorbereiter, Wegbereiter, Pionier, Schöpfer, Genie, Entdecker, Forscher.

bahnen ausgleichen, ebnen, glätten, gleich machen, richten, abstecken, ausflächen ● wegweisen, anbahnen, vorbereiten, anbahnen, vorarbeiten, verfügen, einrichten, anordnen, anfangen, die ersten Schritt tun, den Grund vorbereiten, Schwierigkeit beseitigen, lenken, leiten, führen, steuern, lotsen, gängeln, die Zügel ergreifen, den Weg vorzeichnen, eine Sache einleiten, einfädeln, Bahn brechen, den

Ton angeben, leicht machen, entlasten, entbürden, entbinden, entwirren, wegräumen, freimachen, fördern, Vorschub leisten ● beitragen, verschaffen, erobern, glücken, erreichen, gewinnen, erringen, beseitigen, überwältigen, überwinden, bemeistern, vorrücken, emporkommen, erklimmen, erklettern, meistern, vollenden, verwirklichen, bewältigen, bezwingen, freikämpfen. → dielen, ebnen. ▶ emporragen, hemmen, rauhen, tappen im Dunkeln, Weg gehen aus dem.

Bahnhof Bestimmungsort, Haltestelle, Ziel, Bahnsteig, Station.

Bahnsteig → Bahnhof.

Bahre Sänfte, Tragstuhl, Rollstuhl, Krankenstuhl, Tragbahre, Sarg, Sarkophag, Schragen, Katafalk, Ehrenbett.

Bai Bucht, Busen, Golf, Förde, Fjord, Haff, Lagune, Sund, Belt, Meerbusen, Bekken. → Becken, Bucht.

Baiser → Backwerk, Kuß.

Bajadère Hetäre, Buhle, Dirne, Kokotte, Tänzerin, Metze, Hure, Freudenmädchen, Liebedienerin, Buhldirne, Huri, Geisha, Phryne, Aspasia, Messalina, Sirene, Kirke, Circe. → Buhle.

Bajazzo Hanswurst, Spaßmacher, Harlekin, Possenreißer, Klown, Narr, Hofnarr, Hofzwerg.

Bake Kennzeichen, Erkennungszeichen, Merkmal, Landmarke, Orientierungszeichen, Merkzeichen, Mal, Weiser, Anzeiger, Fahrzeichen, Signal, Wegweiser, Warnung, Boje, Warner, Warnzeichen, Anzeichen, Seezeichen, Sicherung.

Bakschisch m → Almosen.

Bakterie → Bazillus.

bakterientötend abtötend, sterilisierend, bakterizid, auskochen.

bakterizid → bakterientötend.

Balance halten → balancieren.

balancieren ausgleichen, ins Gleichgewicht bringen, im Gleichgewicht halten, Balance halten, durchwinden, die Waage halten, seillaufen, abwägen. ▶ ausgleiten, (aus dem) Gleichgewicht bringen.

balbieren bartscheren, rasieren ● über den Löffel balbieren, täuschen, betrügen, bemogeln, irreführen, bereden, beschwatzen, übervorteilen, überlisten, beschwindeln, prellen, benachteiligen, überfordern, ablocken, ablisten, abluchsen, Sand in die Augen

streuen, ein X für ein U vormachen, an der Nase herumführen, auf eine falsche Fährte bringen, in den Sack stecken, hinters Licht führen, eine Nase drehen, ein Schnippchen schlagen, am Narrenseil führen, zum Narren haben, das Fell über die Ohren ziehen, einem Hörner aufsetzen, mauscheln u, auf die Nase binden, schummeln u, übers Ohr hauen, Menkenken machen u, übervorteilen.

bald in absehbarer Zeit, in Bälde, binnen kurzem, demnächst, früher oder später, gleich, nächstens, dieser Tage, in nächster Zeit, morgen, übermorgen, über Nacht, über ein kleines, in wenigen Augenblicken, nur eine Sekunde oder Minute, ehest. → Anzug, beiläufig, beizeiten, bevorstehend, demnächst, zirka. ▶ nie, sofort.

Baldachin m → Altarhimmel, Betthimmel.

baldig früh, zeitig, frühzeitig, beizeiten, frühestens, ehest, pünktlich, schnell, geschwind, hurtig, flink, eilig, prompt, sofort, alsbald, alsgleich, allsofort, rechtzeitig, bei erster Gelegenheit. → bald, beizeiten.

baldigst → rasch.

baldmöglichst → baldig.

baldowern → auskundschaften.

Baldrian Linderungsmittel, Beruhigungsmittel, Schlaftrunk, Heilmittel ● Tröstung, Linderung, Erleichterung, Beruhigung, Besänftigung, Beschwichtigung, Trost, Ermutigung, Befreiung.

Balg Kind, Bastard, Bankert ● Blase, Beutel, Sack, Hülle ● Leder, Haut, Pelz, Vlies, Fell, Decke, Schwarte, Pelle u ● Leib, Körper, Bauch, Wanst, Ranzen. → Baby, Bedeckung, Bengel, Fell.

balgen uneinig sein, verfeinden, sich überwerfen, abwenden, bekämpfen, anfeinden, befehden, bekriegen, zanken, streiten, hadern, bestreiten, polemisieren, prozessieren, widerlegen ● schlagen, raufen, hauen, prügeln, keilen, wichsen, abreiben, beuteln, ringen, zürnen, keifen, grollen, maulen, bearbeiten, traktieren, eine Abreibung geben, sich in den Haaren liegen, fechten, aneinandergeraten, blank ziehen, ausfechten, auskämpfen, das Leder gerben ● auszustechen trachten, sich zu überbieten suchen, konkurrieren, rivalisieren, kandidieren, disputieren, polemisieren, ein Wettrennen machen.

→ austragen, beuteln. ▶ vertragen sich.

Balgerei → Getümmel, Streit.

Balken Pfeiler, Pfosten, Querbalken, Sparren, Strebe, Stütze, Tragbalken, Träger, Unterlage, Pfahlwerk, Pfahl, Gebälk, Sparrenwerk, Unterzug.

Balkon Altan, Erker, Vorsprung, Anbau, Vorbau, Veranda. → Erker.

Ball Blase, Erdkugel, Globus, Kugel, Sphäre ● Abendunterhaltung, Fünfuhrtee, Gesellschaft, Veranstaltung, Fest, Tanzabend, Maskenball, Redoute, Hausball, Kränzchen ● Ei, Kiste, Leder, Pille, Handball, Faustball, Schlagball, Hockey, Polo, Radball, Wasserball, Rugby, Basketball, Korbball, Golf, Krocket, Kricket, Schleuderball, Fußball, Kampfball, Raubball, Jägerball, Prellball, Wettspiel, Tennis, Flugball, Stoppball, Netzball, Sportball, Federball (Badminton, Indiaca), Bewegungsspiel. → Feier, Fest.

Ballade → Dichtung, Erzählung.

Ballast Belastung, Beschwerung, Bürde, Erschwerung, Last, Packung, Sandsack, unnötiges Gepäck, Zusatzgewicht. → Bürde. ▶ Entlastung, Gewichtslosigkeit.

Ballen → Bund.

ballen zusammenziehen, zusammendrücken, aufzeigen, sich abrunden ● die Zähne zusammenbeißen, die Hände oder Fäuste in die Tasche stecken ● die Faust ballen, Händel suchen, streiten, drohen, herausfordern, Trotz bieten, trotzen ● bedrohen, androhen, einschrecken, bange machen, einschüchtern. ▶ ausdehnen sich, vertragen sich.

ballen eine Faust → ballen, bedrohen, Bedrohung.

Ballerina Tänzerin, Balletteuse, Ballettänzerin, Primaballerina.

ballern → dröhnen, lärmen, schießen.

Ballett Pantomime, Tanzspiel, Tanzoper.

Ballettänzerin → Ballerina.

Balletteuse → Ballerina.

Ballon Luftschiff, Zeppelin, Freiballon, Fesselballon, Montgolfiere, Beobachtungsballon, Kinderballon ● Behälter, Blase, Flasche, Behältnis.

Ballspiel → Ball.

Balsam Heilmittel, Herzstärkung, Labsal, Erlösung, Erquickung, Trost. ● Arznei, Auszüge, Baldrian, Duft, Elixir, Essenz.

balsamieren einreiben, erhalten, einbalsamieren, bewahren, aufbewahren, konservieren, einsalben, präparieren, einfetten, einschmieren, haltbar machen.

balsamisch → aromatisch, duftig.

balzen bespringen, belegen, kören, girren, umgirren, lieben.

Bambino → Baby.

Bambus Bambusrohr, spanisches Rohr, Haselstock, Riedstock, Prügelstock.

Bammel Furcht, Angst, Bangigkeit, Befürchtung, Besorgnis, Feigheit, Kleinmut, Mutlosigkeit, Schiß, Sorge, Unruhe, Verzagtheit, Mangel an Mut, Heidenangst, Lampenfieber, Scheu, Schüchternheit, Unentschlossenheit, Mangel an Selbstvertrauen, Beklemmung, Bestürzung, Grauen. ▶ Furchtlosigkeit.

bammeln baumeln, flattern, fliegen, hängen, hangen, pendeln, schaukeln, schwanken, schweben, schwingen, tanzen, wedeln. ▶ ruhen, stehen.

banal platt, trivial. → abgedroschen, abgeschmackt, alltäglich.

banalisieren → vereinfachen.

Banause Biedermeier, Bildungsphilister, Krämerseele, Leimsieder, Nachtwächter, Ölgötze, Philister, Haarspalter, Kleinbürger, Schnüffler, Schneiderseele, Umstandskrämer, Schlafmütze, Schwätzer, Spießer, langweiliger Piter *u*, lederner Mensch, Dummkopf, Dutzendmensch, Hohlkopf, Ignorant, Nichtskönner, Stümper, Emporkömmling, Raffke, Pedant, Dussel, Tranfunzel *u*, Trauerkloß, Tranlampe *u*, Transuse *u*, Trina *u*, Trute *u*, Einfaltspinsel, Fatzke, Flachkopf, Geck, Gimpel, Hammel, Hornochse, Hornvieh, Idiot, Kamuffel, Lällbeck, Löli, Lot, Lulei, Mops, Narr, Nulpe, Riesenroß, Schafskopf, Schöps, Schwachkopf, Simpel, Stiesel, Strohkopf, Stockfisch, Taps, Trottel, Wurzen ö, Mondkalb, Karnuffel, doofe Nuß, Dämel, Schussel. ▶ Ästhet, Denker, Schöngeist.

Band Spruchband, Verschlußband, Banderole *f*, Stempelbanderole, Steuerbanderole, Verschlußbanderole, Verschlußstreifen, Zierband ● Buch, Werk, Broschüre, Heft ● Litze, Tresse, Besatz, Putz ● Kette, Beziehung, Verbindung, Verknüpfung, Bindung, Anschließung, Anschluß, Gemeinschaft, Zusammengehörigkeit ● Fessel, Seil, Tau, Strick, Strang, Schnur, Strippe, Leine, Bindfaden, Zwirn, Garn, Faden, Riemen, Schleife, Schlinge, Masche, Binde, Gurt, Gür-

tel, Hosenträger, Hosenband, Strumpfband, Knieband, Schnürsenkel, Haarband ● Ehrenzeichen, Dekoration, Ordensband, Lametta. → Ausschmückung, Bindemittel, Buch, Bund, Druckschrift, Faszikel. ▶ Trennung.

Bandage Verband, Wickel, Umhüllung, Verpackung, Umwicklung, Schienung, Festlegung, Gips.

Bandaufnahme Aufnahme, Phonogramm.

Bande Anhang, Gruppe, Kamarilla, Klüngel, Clique, Sippe, Sippschaft, Gesellschaft, Haufe, Klasse, Trupp, Rotte, Meute, Pack, Brut, Mob, Herde, Horde, Pöbel, Gelichter, Knechtschaft ● Musikband ● Fessel, Gängelband, Joch, Kette ● Gebot, Gehorsam, Treue, Verbundenheit. → Anhang, Clique. ▶ Individuum, Ungebundenheit.

Bändel → Faden.

Bandenführer → Chef.

Banderole *f* → Band.

Bandgerät → Apparat.

bändigen unterwerfen, unterjochen, beugen, unterdrücken, zähmen, zwingen, fesseln, binden, knechten, bezwingen, niederdrücken, lenken, zügeln, ketten ● befestigen, anbinden, anschließen, anketten, anschmieden, knebeln, einsperren, überwältigen ● besänftigen, dämpfen, lindern, stillen, beschwichtigen. → abrichten, beherrschen, bezähmen, eindämmen. ▶ befreien sich, ereifern sich, machtlos (sein).

Bandit Dieb, Räuber, Erpresser, Spitzbube, Gauner, Schwindler, Schuft, Schurke, Vagabund, Hochstapler, Landstreicher, Strolch, Stromer, Zigeuner, Pirat, Schnapphahn, Freibeuter, Korsar, Plünderer, Halsabschneider, Mörder, Raubritter, Buschklepper, Raubschütz, Wilderer, Schmuggler, Schinderhannes, Räuberhauptmann, Bösewicht, Missetäter, Übeltäter, Schuldiger, Verbrecher, Frevler, Sträfling, Schelm, Gauch, Strick, Tagedieb, Herumtreiber, Halunke, Schubjack, Hundsfott, Galgenstrick, Galgenvogel, Elender, Ungeheuer, Strauchdieb, Wegelagerer, Unmensch, Unhold, Scheusal, Ausbund, Mordbrenner, Brandstifter, Brandleger, Nihilist, Anarchist, Bombenwerfer, Teufel, Geißel, Höllenhund, Brigant, Ganeff, Ganove. → Bestie.

Bangbüchse → Feigling.

bange ahnungsvoll, ängstlich, befangen, besorgt, furchtsam, kleinlaut, kleinmütig, scheu, schüchtern,

unruhig, verängstigt, verstört, verzagt, zage, zaghaft ● bestürzt, betreten, entgeistert, entsetzt, erschrocken, furchterfüllt, sprachlos, starr, verdattert, verlegen, versteinert, verwirrt ● rege *j*. → ängstlich, bebend, befangen, erstarrt, fahl. ▶ furchtlos.

bange machen → ballen, bedrängen, bedräuen, bedrohen, Bockshorn jagen ins, drohen.

bangen sich ängstigen, beben, sich entsetzen, schaudern, schlottern, stutzen, zagen, zittern, graulen, gruseln, puppern, scheuen, schwanken, Bammel oder Gamaschen oder Manschetten oder Angst haben. → ängstigen, befürchten, benehmen den Atem, erblassen, erwarten, Farbe wechseln. ▶ mutig sein, unbesorgt sein.

bangend → bebend.

Bangigkeit → Angst, Bammel, Bedenken, Befangenheit.

bänglich → ängstlich, bange.

Bank Stuhl, Schemel, Lager, Ruhestätte, Pritsche, Schulbank ● Sandbank, Untiefe ● Reichsbank, Großbank, Privatbank, Genossenschaftskasse, Sparkasse, Volksbank, D-Bank, Kreditanstalt, Hypothekenbank, Lombardbank, Kasse, Sparbank, Kreisbank, Wechselstube, Staatsbank, Rentenbank, Kasse, Sparbank, Kreissparkasse, Länderbank, Diskontbank.

Bankert → Anverwandte, Balg, Bastard.

Bankett Eßgelage, Festmahl, Festtafel, Gastmahl, Tafel, Gesellschaft. → Essen, Feier, Fest.

Bankier → Finanzier.

Banknoten → Bargeld.

Bankpapiere → Effekten.

Bankrott → Konkurs.

bankrott ein Fiasko erleiden, scheitern, zerplatzen, fehlschlagen, stolpern, straucheln, verderben, verlieren, verspielen, aufgeschmissen, erledigt, geliefert, gestrandet, kaputt, öffentbrüchig, umgeworfen, verloren ● zahlungsunfähig, Zahlung einstellen, hops gehen, geplatzt, verschuldet, überschuldet, pleite, verkracht, hops *u*, macholle *u*, hinüber, alle, fertig, kapores *u*, bis über die Ohren oder bis an den Hals in Schulden stekken. ▶ zahlungsfähig.

Bann Acht, Verbot, Interdikt *s*, Ächtung, Bulle, Bannfluch, Exkommunikation, Vertreibung, Verweisung, Vertreibung, Ausschließung, Ausstoßung ● Verlockung, Anziehung, Versuchung, Zauber, Magnet, Suggestion, Einwirkung. → Acht, Ächtung,

Anziehung, Bannspruch, Beeinflussung, Bezauberung, Exil. ▶ Einreihung, Unbeeinflußbarkeit.

bannen ächten, ausstoßen, boykottieren, exkommunizieren, für vogelfrei erklären. → ächten, austreiben, behexen, Blick böser, zaubern. ▶ aufnehmen, begünstigen.

Banner Fahne, Flagge, Standarte, Feldzeichen.

Bannfluch Kirchenfluch, Verfluchung, Anathema *s.* → Acht, Ächtung, Bann, Bannspruch.

bannig → abscheulich, äußerst, sehr.

Bannkreis → Blickfeld, Region.

Bannkunst → Aberglaube, Bezauberung.

Bannspruch Bannstrahl, Bannfluch, Bann, Bulle, Kirchenbann, Schwur, Achterklärung, Fluchandrohung, Interdikt ● Zauberformel, Zauberspruch, Beschwörungsformel. → Acht, Ächtung.

Bannstrahl → Bannspruch.

Bar → Ausschank, Gaststätte.

bar mit Bargeld zahlen, bezahlt, flüssig. → blattlos, entblößt, federlos, nackt. ▶ ratenweise, schulden.

Barbar Bilderstürmer, Bluthund, Gottesgeißel, Hunne, Melac, Moloch, Rohling, Satan, Teufel, Vampir, Vandale, Verderber, Verheerer, Vertilger, Verwüster, Zerstörer ● Bauer, Flegel, Grobian, Knote, Lümmel, Prolet, Provinzler, Rüpel, Tölpel, Raffke, ungebildeter Mensch oder Bursche, Bestie, Biest, Unmensch, Vieh. → Bedrücker, Bestie, Bluthund.

Barbarei Brutalität, Grausamkeit, Härte, Gefühlskälte, Herzlosigkeit, Lieblosigkeit, Roheit, Ruchlosigkeit, Unbarmherzigkeit, Unmenschlichkeit. ▶ Menschlichkeit.

barbarisch bestialisch, blutrünstig, brutal, drakonisch, eisern, eisig, empfindungslos, entmenscht, erbarmungslos, gefühllos, gewissenlos, grausam, herzlos, hart, hartherzig, kalt, lieblos, mitleidlos, roh, ruchlos, rücksichtslos, rüde, schonungslos, teilnahmslos, unbarmherzig, unempfindlich, unerbittlich, unnachgiebig, unnachsichtig, unversöhnlich, zynisch. → abscheulich, bäurisch, bestialisch, blutgierig, brutal. ▶ edel, menschlich.

Barbecue (Bratrost) Grillparty, Fest im Freien.

Bärbeißer Brummbär, Griesgram, Murrkopf, Muffel, Klotz, Flegel, Rauhbauz, Raubein, Rowdy, Rüpel.

bärbeißig ärgerlich, auffah-

rend, bissig, einsilbig, gebieterisch, hämisch, herrisch, hochmütig, reizbar, tadelsüchtig, verletzend, zänkisch, zanksüchtig, rechthaberisch, barsch, borstig, boshaft ● brummig, düster, grämlich, grantig, grob, barsch, herb, knorrig, mißmutig, mürrisch, streng, tückisch, unfreundlich, verbittert, verdrießlich, versauert, verschlossen. ▶ freundlich, vergnügt.

Bärbeißigkeit Barschheit, Bitterkeit, Härte, Herbheit, Rauheit, Schroffheit, Strenge, Verdrießlichkeit, Brummigkeit, Trotz, Verbitterung, Bissigkeit. ▶ Aufgeräumtheit, Liebenswürdigkeit.

Barbier Friseur, Haarkünstler, Haarformer, Haarschneider, Rasierer, Bader, Bartscherer, Coiffeur, Figaro. → Bader.

barbieren scheren, rasieren, schaben, einseifen, schneiden.

Barde → Dichter.

Bären aufbinden → angeben.

Bärenführer → Cicerone.

Bärenhäuter → Arbeitsunfähiger, Bummler.

Bärenhunger → Eßlust.

Bargeld Münzen, Banknoten, Geldscheine, Tauschmittel, Umsatzmittel, Zahlungsmittel ● Blech, Draht, Eier, Dukaten, Taler, Flachs, Goldfüchse, Kies, Klamotten, Knöpfe, Koks, Kullerchen, Pfennige, Kröten, Lappen, Märker *u,* Mammon, Mittel, Moos, Mumm, Monete, Nervus rerum, Pinkepinke, Pinunzie, Nickel, Pulver, Rosinen, Schiefer, Spagat, Zaster, Zechinen, Zimt, Zunder, Zwirn, Kleingeld, Geldstück, Hartgeld, Kupfer, Kupfergeld ● Heckpfennig, Nadelgeld, Taschengeld, Papiergeld, Zehrpfennig, Barschaft, Barvermögen, Kassa.

bargeldlos bankmäßig, durch Giro, per Überweisung.

barhaupt barhäuptig, entblößten Hauptes, unbedeckt, hutlos, mit dem Hut in der Hand ● höflich, respektvoll, ehrfürchtig, erfurchtsvoll. ▶ bedeckt, unhöflich.

Barkasse → Boot, Fahrzeug (Wasser-), Schiff.

Barke → Boot, Fahrzeug (Wasser-), Schiff.

barmherzig nachsichtig, mild, sanft, sanftmütig, duldsam, tolerant, nachgiebig, freundlich, gütig, gnädig, schonend, mitleidig, freigebig, großmütig, wohltätig, hilfsbereit, mitfühlend, teilnehmend, menschenfreundlich, liebevoll, menschlich, opferwillig, aufopferungsfähig, human, weichherzig,

weichmütig, schonungsvoll. ▶ unbarmherzig, unerbittlich.

Barmherzigkeit Anteilnahme, Erbarmen, Menschenliebe, Humanität, Mitgefühl, Mitleid, Nachsicht, Pardon, Schonung, Teilnahme, Verzeihung, Vergebung, Milde, Nächstenliebe, Wärme, Wohltätigkeit, Gemeinsinn, Freigebigkeit, Großmütigkeit, Hilfsbereitschaft, Hochherzigkeit, Mildtätigkeit. → Charitas, Erbarmen. ▶ Unbarmherzigkeit.

barock übertrieben, verkünstelt, verstiegen, überspannt, übermäßig, schwülstig, verschnörkelt, bombastisch, überschwenglich, bizarr.

Barograph → Barometer.

Barometer Aerometer, Aneroid, Barograph, Luftdruckmesser, Wetterglas, Druckanzeiger.

Baron → Adel.

Baronesse → Adel.

Baronin → Adel.

Barriere Abschließung, Abzäunung, Begrenzung, Behinderung, Einhalt, Hemmnis, Hindernis, Scheidung, Schranke, Sperre, Blockade, Seesperre, Blockierung, Riegelstellung, Abdämmung, Absperrung, Versperrung, Verriegelung.

Barrikade Befestigung, Bollwerk, Brustwehr, Deckung, Schanze, Sperre, Vorwerk, Wall, Bastei, Bastion, Brüstung, Drahtverhau, Erdaufwurf, Palisade, Stacheldraht, spanischer Reiter. → Beschwernis, Damm.

barsch ablehnend, schroff, rücksichtslos, borstig, ungehobelt, brüsk. → bärbeißig, brüsk, cholerisch, fassen sich kurz, Fassung kurze, rücksichtslos. ▶ rücksichtsvoll, sanftmütig.

Barschaft → Bargeld, Besitztum, Kapital.

Barschheit → Bärbeißigkeit, Bissigkeit, Erbitterung, Ernst.

Bart Backenbart, Fliege, Schnauzbart, Schnurrbart, Stoppeln, Vollbart, Kotelett, Bürste, Flaum, Knebel, Spitzbart, Mücke, Zahnbürste *u,* Fußsack, Rauschebart, Sauerkohl, Manneswürde.

bärtig behaart, borstig, buschig, filzig, haarig, stopplig, zottig. → borstig, buschig, faserig.

Bartkräusler → Bader.

bartscheren → balbieren.

Bartscherer → Bader, Barbier.

Barvermögen → Bargeld.

Bas (Baas) → Arbeitgeber.

Basar → Detailgeschäft.

Base → Anverwandte.

basieren ruhen, stehen, fußen, stützen, tragen, halten, bauen auf, sich gründen auf,

sich berufen auf, sich beziehen auf, annehmen, vorstellen. ▶ unbegründet (sein).
Basis Unterlage, Untergrund.→ Anfang, Anhaltspunkt, Ansatz, Bedingung, Beginn, Grundlage.
Basketball → Ball.
Baß Singstimme, Kontrabaß, Generalbaß, Bassist, Sänger, Baßgeige, Brummbaß.
baß → sehr.
Baßgeige → Baß.
Bassin → Becken.
Bassist → Baß.
Bast Hülle, Umschlag, Umhüllung, Überzug.
basta unter allen Umständen, ein für allemal, auf alle Fälle, da beißt keine Maus einen Faden ab, jedenfalls, ohne zu fackeln, biegen und brechen, abgemacht, raus oder rein, entweder-oder, ent oder weder, aus, vorbei, fertig, zum letztenmal, punktum. → aus, ein für allemal.
Bastard Mischling, Halbblut, Kreuzung, Mestize, Mulatte, Promenadenmischung, Zwitter, Hermaphrodit, Mannweib, Bankert.→ Balg.
Bastei → Barrikade, Bastion.
basteln bosteln, arbeiten, selbst anfertigen, anfertigen, bauen, flicken. → anfertigen, arbeiten, bauen, beschäftigen.
Bastion Befestigung, Festungswerk, Bollwerk, Wälle, Mauer, Brustwehr, Brüstung, Umwallung, Vorwerk, Bastei, Brückenwerk, Brückenkopf, Festung, Kastell, Fort, Zitadelle, Burg, Felsennest, Turm, Warte. → Barrikade, Burg.
Bastler Tausendsassa, Pfifikus, Praktikus, Tüftler.
Bastonade → Bearbeitung, Bestrafung.
Batik → Farbenreichtum.
Batterie Truppenkörper, Geschützpark, Artillerie ● elektrische Batterie, galvanische Batterie, Akku, Akkumulator, Stromspeicher, Stromspender, Kraftspender, Kraftspeicher ● Batterie, Flaschen, Vielzahl von Flaschen bzw. von Dingen.
Batzen Kleinigkeit, Handvoll, Heller, Bettel, Brocken, Stück, Bissen, Teil, Anteil, Posten, Bestand, Vorrat.
Bau Gebäude, Haus, Wohnblock, Baukomplex, Bauvorhaben, Neubau ● Tierbau, Fuchsbau, Höhle ● Gefängnis, Zuchthaus, Knast u. → Aufführung, Aufstellung, Bildung, Erbauung, Erzeugung, Figur, Form, Struktur.
Bauart → Stil.
Bauch Dickbauch, Dicksack, Dickwanst, Wanst, Wampe, Fettwanst, Hängebauch, Abdomen, Spitzbauch, Spitzkühler u, Embonpoint, Schmerbauch, Mollenfriedhof sl., Ränzlein, Korpulenz, Leibesfülle, Plauze, Blunze sl. → Balg.
Bauchaufschlitzer → Bestie.
Bauchbinde Reklamestreifen, Auszeichnung.
Bauchdiener → Feinschmecker.
bauchig aufgetrieben, gewölbt, hochrundig, ausgebaucht, aufgeschwellt, vorspringend, rund, aufgebläht, aufgeblasen, dick. ▶ ausgehöhlt, flach, platt.
bäuchlings → kriechend.
bauchpinseln → schmeicheln.
bauen → ackern, anfertigen, ausführen, basteln, bilden, erbauen, herstellen, hoffen.
Bauer Fellache m (ägypt.), Ackermann, Agrarier, Agronom, Ansiedler, Landarbeiter, Landmann, Landwirt, Mäder, Pflanzer, Säer, Sämann, Schnitter, Kolonist, Bauersmann, Farmer, Großgrundbesitzer, Gutsbesitzer, Inspektor, Krautjunker, Ökonom, Weinbauer, Winzer, Häusler, Kötter ● ungehobelter Mensch, Bauernlümmel, Ackerknecht, Fuhrknecht ● Bauernmädchen, Unschuld vom Lande, Bauerntrampel u, Trine u, Landpomeranze. → Barbar, Kerker. ▶ Städter, Kavalier.
bäuerlich → derb.
Bauernarbeit → Feldbestellung.
Bauernfänger Betrüger, Beutelschneider, Fälscher, Falschspieler, Gauner, Hochstapler, Lockvogel, Schelm, Schnapphahn, Schuft, Schurke, Schwindler, Spitzbube, Strauchdieb. → Betrüger. ▶ Betrogener.
Bauernhof Domäne, Herrschaft, Gut, Freisitz, Lehen, Lehensgut, Fideikommiß, Majoratsgut, Stammgut, Erbgut, Erbhof, Ahnerbe, Meierei, Pachthof, Pachtgut, Farm, Plantage, Hazienda, Pflanzung, Landwirtschaft, Ökonomie, Hof, Anwesen, Gehöft, Vorwerk, Schäferei.→Ansiedlung, Anwesen, Besitztum.
bauernmäßig → bäurisch.
Bauersmann → Bauer.
baufällig verfallen, zerfallen, gebrechlich werden, verwelken, verblühen. ▶ haltbar, fest (stehen).
Bauherr → Erbauer.
Baukunst Architektur, Hochbau, Brückenbau. → Stil.
Baum Laubbaum, Nadelbaum, Obstbaum, Zierbaum, Nutzholz.
Baumeister Architekt m, Bauunternehmer, Erschaffer.

baumeln → bammeln, schweben.
bäumen → aufziehen, bewegen sich.
bäumen, sich → auflehnen, aufsteigen.
bäumend → aufsteigend.
Baumgarten → Baumschule.
Baumgott → Faun.
Baumschule Baumgarten, Gärtnerei, Anpflanzung, Pflanzung, Plantage.
baumstark → derb.
Baumwolle → Webstoffe.
Bauplan Entwurf, Skizze, Grundriß.
bäurisch ungesittet, ungebildet, unwissend, unkultiviert, ungeschliffen, grob, roh, ungeschlacht, tölpisch, tölpelhaft, rüpelhaft, ungeschickt, linkisch, salopp, unmanierlich, ungezogen, ungehobelt, ungeleckt, taktlos, barbarisch, unpassend, unziemlich, unschicklich, bauernmäßig, kleinstädtisch, garstig. ▶ gebildet, wohlerzogen.
Bausch und Bogen → bestehen aus, rundweg.
bauschen, sich → ausbuchten, blähen.
bauschig bauchig, gewölbt, aufgeblasen. → dick.
Baustein → Stoff.
Baustoff Stein, Ziegel, Zement, Kalk, Beton m, Holz, Eisen, Stahl, Kies, Mörtel.
Bauunternehmer → Baumeister.
Bazar → Laden.
Bazillus Bakterie, Fiebererreger, Kokke, Krankheitsträger, Miasma, Pilz, Seuchenüberträger, Spirochäte, Spore.
beabsichtigen abzielen, bezwecken, erstreben, In pettu haben, hinsteuern, hinzielen, planen, trachten nach, vorhaben, sich vornehmen, sich wenden, wünschen, ins Auge haben, ins Auge fassen, im Sinne haben, im Schilde führen, vorschweben, entschlossen sein, gesonnen sein, gewillt sein, zielen auf, ausgehen auf, hinauswollen auf, zu erreichen suchen, schielen nach, verfolgen, sich interessieren für, sich tragen mit, schwanger gehen mit, sich in den Kopf setzen, auf der Pfanne haben u, aufs Ganze gehen, projektieren, überlegen, erörtern, erwägen, sich beschäftigen mit, sich zum Ziel setzen ● am gleichen Strang ziehen, ins gleiche Horn blasen oder tuten. → Blick richten auf, ersinnen, erzwecken, fassen ins Auge, streben. ▶ absichtslos, zufällig (geschehen).
beabsichtigt absichtlich, berechnet, bewußt, geflissentlich, spontan, vorbedacht, vorsätzlich, willentlich, willig,

gewollt. → absichtlich, bewußt, eigens. ▶ unbeabsichtigt.

beachten ernstnehmen.→achtgeben, aufpassen, ausführen, befolgen, beherzigen, beobachten, berücksichtigen, Beste tun, bleiben bei der Sache, Blick nicht lassen aus dem, einlösen das Wort, erwägen.

beachtenswert → A und O, ansehnlich, anziehend, eindrucksvoll, erheblich, interessant.

beachtlich Horch!, Sieh!, Schau da!, Heda!, Holla!, Hört, hört!, das ist nicht ohne u ● wichtig, bedeutend, groß, gewichtig, belangreich, von Belang, ernst, kritisch, bedeutungsvoll, dringend, triftig, eindringlich, wuchtig, ausschlaggebend, maßgebend, hervorragend, schwer, erheblich, wertvoll, wesentlich, respektabel, bemerkenswert, merkwürdig, denkwürdig, beherzigenswert, da ist etwas dran u, bezeichnend, der Mühe wert sein.→ansehnlich, erheblich. ▶ unbedeutend.

beachtsam → beflissentlich.

Beachtung → Achtung, Augenmerk, Bedacht, Beobachtung, Berücksichtigung,Nachfrage, Interesse.

Beachtung schenken → bekümmern.

Beamtenadel → Adel.

beamtenhaft → bürokratisch.

Beamter Staatsdiener, Hüter der öffentlichen Ordnung, Arbeitskraft bei Behörden, Bürokrat, Dienstnehmer, Amtsträger. → Arbeitnehmer.

beamtet → bedienstet.

beängstigen → Bockshorn jagen ins, erschrecken.

beängstigend → beklemmend, böse, schmerzlich.

beängstigt → bebend, befangen, bestürzt.

Beängstigung → Beengung, Beklemmung, Bekümmernis, Besorgnis, Bestürzung, dumpfes Schweigen.

beanspruchbar → statthaft.

beanspruchen Anspruch erheben, begehren, benötigen, brauchen, fordern, heischen, verlangen, bedürfen, erheischen, ausnützen, benützen, zurückfordern, Anrecht besitzen, erwerben, Anspruch geltend machen, auf seinem Recht beharren, bestehen oder pochen, sein Recht behaupten oder erzwingen, um sein Recht kämpfen. → Anspruch erheben, begehren, behaupten, bestehen auf, brauchen, auslasten, erfordern, ermangeln können nicht. ▶ bescheiden sich, genügen, kümmern sich nicht um.

beanstanden ablehnen, aussetzen, bekritteln, bemäkeln, bemängeln, einwenden, kritisieren, mißbilligen, nicht anerkennen, nörgeln, rügen, tadeln, durchhecheln, bemeckern u, verhackstücken u, durch den Kakao ziehen, am Zeug flicken, durch die Zähne ziehen u. → aussetzen, einwenden, tadeln. ▶ anerkennen, zustimmen.

Beanstandung → Klage.

beantragen anerbieten, auffordern, empfehlen, vorschlagen, Antrag stellen, genehmigen lassen. → anraten, aufwerfen. ▶ ablehnen.

beantworten antworten, erwidern, entgegnen, widersprechen, widerlegen, Antwort geben, schreiben, Bescheid geben, Auskunft geben. → antworten, erwidern. ▶ fragen, schweigen.

Beantwortung → Antwort, Auskunft, Bekenntnis.

bearbeiten beeinflussen, anempfehlen, anfeuern, anreizen, bewegen, bewirken, durchdringen, einwirken, empfänglich machen, veranlassen, zusetzen, einreihen, ordnen, leiten, regeln, vorbereiten, vorkehren, zurechtlegen, zusammenstellen ● pflügen, säen, kochen, brauen ● zusammenstauchen ● radikalisieren, suggerieren, Druck ausüben. → abfassen, anfeuern, ausarbeiten, ausbessern, balgen, beeinflussen, behauen, bestrafen, bewirken, bohren, durchnehmen, empfänglich machen, werben. ▶ beiseitelegen, verfallen.

Bearbeitung Wiederherstellung, Reparatur, Ausbesserung, Korrektur, Berichtigung, Verbesserung, Durchsicht, Musterung, Reinigung, Verfeinerung, Abhilfe, Zubereitung, Anordnung, Vorsorge, Vorarbeit, Zurüstung, Vorkehrung, Anbahnung, Vorbesprechung, Unterhandlung ● Züchtigung, Abrechnung, Schlagen, Prügel, Stoß, Tritt, Hieb, Knuff, Puff, Denkzettel, Rippenstoß, Faustschlag, Kopfnuß, Ohrfeige, Tracht, Bastonade, Ausstäupung, Rutenlaufen, Stockstreiche, Bestrafung ● Ausbildung, Ausarbeitung, Abrichtung, Schulung, Dressur, Trainierung. → Auffrischung, Bearbeitung, Buch, Denkschrift, Elaborat, Erzeugung. ▶ Zerstörung.

Bearbeitung in → anhängig.

beargwöhnen mißtrauen, Verdacht fassen, den Braten riechen, verdächtigen, den Ruf antasten, Bedenken hegen, Argwohn haben, auf der

Nase sitzen u. → argwöhnen, befürchten. ▶ vertrauen.

beaufsichtigen besichtigen, prüfen, inspizieren. → anführen, bevormunden, dirigieren, leiten, verwalten. ▶ lassen fünf gerade sein, unbeaufsichtigt (sein).

Beaufsichtigung → Aufsicht, Behandlung, Direktion.

beauftragen befugen, ermächtigen, berechtigen, abordnen, senden, entsenden, übergeben, betrauen, anvertrauen, belehnen, anstellen, beschäftigen, ernennen, einsetzen, bestellen, bediensten, Vollmacht erteilen oder verleihen, besetzen, berufen, bestallen, nahelegen, befördern, erheben. → anraten, befehlen, beordern, berufen, beschäftigen, bestellen, delegieren, deputieren, entbieten zu sich, ernennen, erteilen, Auftrag. ▶ widerrufen.

Beauftragter Bevollmächtigter, Abgeordneter, Abgesandter, Botschafter, Delegierter, Diplomat, Gesandter, Geschäftsträger, Internunzius, Kommissar, Konsul, Landbote, Legat, Mandatar, Nunzius, Repräsentant, Unterhändler, Vertreter, Verwalter, Volksvertreter, Agent, Anwalt, Faktor, Kurator, Makler, Kommissär ö, Kommissionär, Prokurist, Sachwalter, Treuhänder, Vermittler, Vormund, Betriebsrat, Beigeordneter, Stadtrat, Gemeinderat. → Agent, Bevollmächtigter.

Beauftragung → Befugnis, Berufung, Bestallung, Ermächtigung, Vollmacht.

beäugeln → beschauen.

beäugen → anschauen, sehen.

beaugenscheinigen → betrachten, prüfen.

Beauty schöne Frau. → Schönheit.

bebauen ausbauen, verbauen, entfalten, beendigen, herrichten, zusammenstellen, anbauen. → ackern, pflanzen. ▶ brachliegen.

Beben → Bewegung.

beben → ängstigen, bangen, dröhnen, durchschüttern, erbeben, erblassen, ergrimmen, erschrecken, fürchten, schwanken.

bebend zitternd, schwach, schwächlich, gebrechlich, kraftlos, machtlos, ohnmächtig, unfähig, hilflos, entnervt, entkräftet, siech, bresthaft, verweichlicht, verzärtelt, zart, erschüttert, zerrüttet, hinfällig, altersschwach, mutlos ● stammelnd, stotternd, lallend, lispelnd, undeutlich, stockend ● fürchtend, bangend, furchtsam, ängstlich, unruhig, scheu, schüchternd, bange, verzagt, vom Schrecken ergriffen, erregt, gepackt, betroffen, blümerant, erschreckt, entsetzt, bestürzt, furchterfüllt, beängstigt, verwirrt, versteinert, stumm, starr, der Fassung beraubt. → erschrecken. ▶ fest, furchtlos, mutig, stark.

bebildern → ausschmücken, illustrieren.

bebrüten → begrübeln, besinnen sich.

bebürden → beirren.

Becher → Behälter, Gefäß.

bechern → trinken.

Becken Tal, Kessel, Einsenkung, Pfütze, Tümpel, Bucht, Busen, Klamm, Krater, Schlucht, Mulde, Golf, Bai, Förde, Fjord, Strandsee, Binnenhafen, Haff, Küstensee, Teich, Weiher, Lache, Wasserloch, Sund, Belt, Meerbusen, Hafen. → Bai, Behälter, Bucht, Busen, Gefäß.

Beckmesser → Kritiker.

bedachen decken, bedecken, zudecken, überdecken, belegen, verdachen, eindachen, überdachen, zumachen. → bedecken. ▶ offen stehen (lassen).

Bedacht Absicht, Augenmerk, Beachtung, Sorgfalt, Überlegung, Verständnis, Vorsicht, Rücksichtnahme, Wachsamkeit, Fürsorge, Takt, Einsicht, Scharfblick, Klugheit, Geschicklichkeit, Scharfsinn, List, Gelassenheit, Gleichmut, Geduld. → Achtung, Aufmerksamkeit, Augenmerk, Beherrschung, Behutsamkeit, Besonnenheit, Besorgnis, Besorgtheit, Ernst, Umsicht. ▶ Unbedachtsamkeit, Unbesonnenheit.

Bedacht, mit → angelegentlich, aufmerksam.

bedacht → begabt, besinnlich, charakterfest, klug, sorgfältig, still, vorsichtig.

bedächtig gemach, nach und nach, immer mit der Ruhe, nur keine Hast, bequem, faul, flau, gelassen, indolent, lahm, langsam, phlegmatisch, pomadig, sacht, säumig, saumselig, schläfrig, schlapp, schleppend, schrittweise, schwerfällig, träge, tranig ● achtsam, akkurat, ängstlich, bedenklich, behutsam, exakt, genau, gewissenhaft, gründlich, klug, minuziös, ordentlich, pedantisch, penibel, peinlich, präzis, pünktlich, sorglich, sorgfältig, sorgsam, subtil, tippelig, überlegt, umsichtig, vernünftig, vorsichtig, wachsam, zuverlässig ● aufmerksam, geflissentlich, klüglich, einsichtsvoll. → ängstlich, bequem, Eiern den auf, er-

wägend, faul, feige. ▶ hastig, unachtsam, unbesonnen.

Bedächtigkeit → Behutsamkeit.

bedachtlos → fahrig, nachlässig.

bedachtsam aufmerksam, behutsam, geflissentlich, gemessen, maßvoll, sorgfältig, still, überlegt, umsichtig, vernünftig, verständig. → aufmerksam, bedächtig, Eile mit Weile, ernst, ruhig.

bedachtsam sein → achtgeben, ruhig.

Bedachtsamkeit → Besinnlichkeit, Diskretion.

bedanken dankbar sein, erkenntlich zeigen, danken, anerkennen, sich zu Dank verpflichtet fühlen, verpflichtet sein, verbunden sein, Dank sagen, Dank aussprechen oder bekunden, dartun oder bezeigen, Dank zollen, den Himmel oder Gott loben, preisen oder segnen ● vielen Dank, danke bestens, danke herzlich, sehr verbunden, sehr verpflichtet, Gott sei Dank, gottlob, der Himmel sei gepriesen, niemals vergessen. ▶ dankvergessen (sein).

Bedarf Bedürfnis, Erfordernis, Forderung, Notwendigkeit, Unentbehrlichkeit, Unerläßlichkeit, Verbrauch, Zehrung, Nachfrage, Kauflust, Anforderung ● Gerät, Rohstoff, Werkstoff, Zeug, Material, Gerätschaft, Hilfsmittel, Werkzeug, Siebensachen, Zubehör, Utensilien, Nahrung, Mundvorrat, Eßware, Pflege, Speisung, Futtermittel. → Anspruch, Bedürfnis, Beköstigung, Effekten, Kost, Ration, Requisit. ▶ Angebot.

Bedarfsdeckung → Kauf.

Bedarfsfall → Erfordernis.

Bedarfsforschung → Marktanalyse.

Bedarfsgegenstand → Gebrauchsgegenstand.

Bedarfslenkung Bedarfsweckung. → Werbung.

bedauerlich böse, bitter, schlimm, unglücklich, elend, verunglückt, unselig, schrecklich, verhängnisvoll, trostlos, kläglich, mühselig, beklagenswert, bedauernswert, bejammernswert, freudlos ● schändlich, ehrlos, schamlos, verächtlich, unwürdig, schmählich, verworfen, gemein, niederträchtig, nichtswürdig, schlecht, schandvoll, schimpflich, skandalös, anstößig, verabscheuenswert. ▶ erfreulich, würdig.

Bedauern → Charitas, Reue.

bedauern → abbitten, bekennen, beklagen, bemitleiden, bereuen, bessern sich, beweinen, dauern, demütigen, einlenken wieder, leider.

bedauernswert → abgerissen, arm, bedauerlich, beengend, bejammernswert, unglücklich.

bedecken anfüllen, überziehen, überdecken, überschütten, überall begegnen, übersteigen, verdecken, decken, zudecken, einhüllen, umhüllen, verhüllen, überhängen, verhängen ● behängen, belegen, bedachen, verdachen, eindachen, überdachen ● einwickeln, einrollen, einbinden, einpacken, einschlagen, zumachen, einsacken, einmummen ● übermalen, anstreichen, übertünchen, bewerfen, beschmeißen u, bekleben, ausschlagen, aufstreichen, überstreichen, anstreichen, bestreichen, beschmieren, überpflastern, vergolden, versilbern, furnieren, lackieren, firnissen ● schminken, pudern, bestreuen ● ankleiden, bekleiden, anziehen, anlegen, beschuhen, anbehalten ● einkrusten, einbröseln, panieren, rösten ● verschwimmen, unsichtbar sein, verschwinden, verbergen, verstecken, verdunkeln, die Aussicht nehmen, vergehen, sich auflösen, verflüchtigen, verduften. → anziehen, ausschlagen, bedachen, behängen, beherrschen, bestreuen, bewahren. ▶ abdecken, ausziehen, sichtbar machen.

bedeckt unsichtbar, unauffällig, unwahrnehmbar, versteckt, unbemerkbar, verborgen, unauffindbar, aus den Augen ● dunkel, unklar, undeutlich, verhüllt, maskiert, verschleiert ● bewachsen, behängt, überdacht, bedacht, zugedeckt, überzogen, bestrichen, eingerollt, eingeschlagen ● bekleidet, angezogen, angekleidet, aufbehalten ● gesichert, geschützt, unangreifbar, ungefährdet, unbedroht, sicher. ▶ bloß, nackt, gefährdet.

Bedeckung Geleit, Eskorte f, Konvoi sm, Geleitzug, Convoy, Schutz, Aufsicht, Bewachung, Hut, Obhut, Sicherheit ● Lampenschirm, Brüstung, Schild, Schutzdecke, Schirm, Brustwehr, Bunker, Schutzwand, Schutzraum, Schutzdach, Markise ● Anstrich, Bewurf, Verblendung, Deckfarbe, Emailfarbe, Firnis, Getäfel, Lack, Mörtel, Moos, Oberschicht, Puder, Schmelzglas, Schminke, Stuck, Stukkatur, Täfelung, Tünche, Verglasung, Verkleidung, Furnier, Verputz, Verschalung, Ausschlag ● Dach, Dachpappe, Decke, Deckel, Stülpe, Sturze, Schindel, Strohdach, Ziegeldach, Zelt

● Balg, Behang, Bettdecke, Bezug, Einband, Haut, Feder, Fell, Gefieder, Haar ● Gehäuse, Haube, Hülle, Hülse, Kapsel, Kasten, Kite, Leder, Lid, Pelz, Pergament, Schale, Scheide, Schoner, Tapete, Teppich, Überzug, Umschlag, Kleidung, Bekleidung, Verpackung, Vorhang. → Ansatz, Besatzung, Bewachung, Decke, Deckel, Einband, Einschlag, Farbe. ▶ Schutzlosigkeit.

Bedenken Abneigung, Abscheu, Antipathie, Aversion ● Einspruch, Desinteresse, Unlust, Einrede, Einwurf, Mißfallen, Zweifel, innerer Konflikt, Unsicherheit, Verlegenheit, Zaudern, Zwiespalt, Hemmung, Anstände, Gewissensbiß, Skrupel ● Angst, Bangigkeit, Besorgnis, Furcht, Schiß, Sorge, Unruhe, Heidenangst, Befangenheit, Lampenfieber, Scheu, Unentschlossenheit, Unschlüssigkeit, Beklemmung, Entsetzen, Grauen, Grausen. → Anstand, Argwohn, Beeinflussung, Befangenheit, Befürchtung, Begriffsscheidung. → Beklemmung, Besorgnis, Betrachtung, Zweifel. ▶ Entschlossenheit, Mut.

Bedenken haben, - tragen → befürchten, bezweifeln, bleiben neutral.

bedenken zögern, verzögern, verschieben, vertragen, abwarten, hinausschieben, anstehen lassen, beschlafen, hinhalten, verschleppen, verlängern, besinnen, verweisen, zaudern, einstellen, aufgeben, versäumen, abgeneigt sein, säumen ● aufmerken, ansehen, besehen, durchsehen, beobachten, aufpassen, anhören, aufhorchen, zuhorchen, belauern, lauschen, überlegen, erwägen, besichtigen, mustern, durchblättern, durchlesen, sich beschäftigen mit, Augen offen halten, vorsichtig sein, unentschlossen, zweifeln, schwanken, sich nicht entschließen, ratlos sein, ungewiß sein, Bedenkzeit lassen, ermahnen, einschärfen, abreden, abraten. → achtgeben, aufhalten sich, aufpassen, befürchten, begrübeln, beherzigen, beraten, beratschlagen, besinnen, besprechen, debattieren, denken, denken an, diskutieren, ermessen, erwägen, überlegen. ▶ billigen, entscheiden sich, entschlossen sein.

bedenken mit → austeilen, beschenken.

bedenkenlos → unbedenklich.

bedenklich peinlich, ängstlich, gedankenlos, leichtsinnig, leichtfertig, unbesonnen, unbedacht, unvorsichtig, vernünftig, hirnverbrannt, unklug, flüchtig, übereilt, überstürzt, oberflächlich ● fraglich, unglaublich, unbegreiflich, gefährlich, unheilbar, unrettbar, lebensgefährlich, sterbenskrank, todkrank, verfänglich, unangenehm, heikel, lausig, kritisch, ärgerlich, lästig, schlimm, faul, oberfaul, kitzlig *u*, brenzlig *u*, mulmig, mau *u* ● verwickelt, kompliziert, aussichtslos, hilflos, festgefahren, aufgesessen ● es stinkt *u*, ominös ● krumme Sache oder Tour *u*, heißes Eisen. → bedächtig, dahingestellt, gravierend, windig. ▶ unbedenklich.

Bedenklichkeit → Anstand.

Bedenkzeit Aufschub, Stundung, Probezeit, Aufschiebung, Pause, Frist, Galgenfrist, Gnadenfrist, Unterbrechung, Bewährungsfrist. ▶ Vollzug.

bedeppert bedrückt. → ratlos.

bedeppt → ärgerlich.

bedeuten vorhersagen, prophezeien, weissagen ● besagen, bezwecken, kundmachen, erklären, hindeuten, anspielen, auslegen, erläutern, den Sinn finden, herausbuchstabieren, entziffern, ausfindig machen, ermitteln, erraten, herauslesen, auflösen, darlegen, aufdecken, bloßlegen, aufhellen, beleuchten, hinterbringen, einweihen, die Augen öffnen, einen Wink geben, zu verstehen geben, zuflüstern, einflüstern. → ausdrücken, darstellen. ▶ mißverstehen, Stroh dreschen leeres.

bedeutend → A und O, angesehen, ansehnlich, auserlesen, ausgedehnt, ausnehmend, ausschlaggebend, beachtlich, bekannt, berühmt, denkwürdig, eindrucksvoll, ereignisreich, erfolgreich, erheblich, groß, hochgradig, maßgebend, wichtig. ▶ unbedeutend.

bedeutsam ausdrucksvoll, bedeutungsvoll, belangreich, bezeichnend, gewichtig, vielsagend, wichtig, sinnvoll, inhaltsreich, tief. → A und O, ansehnlich, ausdrucksvoll, ausschlaggebend.

Bedeutung Größe, Format, Höhe, Rang, Macht, Ansehen, Einfluß, Kraft, Stärke, Amtstellung, Folge, Grad, Platz, Posten, Ruf, Stellung, Titel, Würde ● Wert, Belang, Geltung, Nützlichkeit, Verdienst, Wichtigkeit, Gewicht, Grundlage, Schwere, Wirksamkeit. → A und O, Ausdruck, Be-

griff, Darstellung, Einfluß, Inhalt, Interesse. ▶ Belanglosigkeit, Unbedeutsamkeit.

bedeutungslos → abgedroschen, alltäglich, ausdruckslos, berührungslos, episodisch, farblos, nebensächlich, nichts, unbedeutend.

Bedeutungslosigkeit Kleinheit, Wenigkeit, Geringfügigkeit, Knappheit ● Beschränktheit, Kargheit, Unzulänglichkeit, Mittelmäßigkeit, Kleinlichkeit, Einflußlosigkeit, Wirkungslosigkeit, Unwirksamkeit, Ohnmacht, Schwäche, Unvermögen ● leerer Schall, Leerheit, Hohlheit, toter Buchstabe, Ausdruckslosigkeit, Unsinn, leeres Gerede, Geschwätz, Blech, Wortkrämerei, Gemeinplatz, Phrase, hohles Wort, Phrasendrescherei, Floskel, Firlefanz, Unwichtigkeit. → Ärmlichkeit, Dummheit, Dunst leerer, Einflußlosigkeit, Farblosigkeit. ▶ Bedeutung.

bedeutungsvoll erwartungsvoll, hoffnungsvoll, möglich, zu befürchten, deutlich, klar, sonnenklar, klipp und klar ● ausdrucksvoll, ausdrücklich, nachdrücklich, ausführlich, einleuchtend, ersichtlich, anschaulich, unverkennbar, genau, unbemäntelt, unverhüllt, unumwunden, das spricht Bände, vielsagend, unzweideutig, erschöpfend, bestimmt, rückhaltlos. → A und O, ausdrucksvoll, ausschlaggebend, beachtlich, bedeutsam, denkwürdig, emphatisch, ereignisreich. ▶ bedeutungslos.

bedichten → bejubeln, besingen.

bedienen aufwarten, behilflich sein, besorgen, Dienste leisten, helfen, bewirten, auftischen, aufbacken *sm* ● handhaben, benützen, betreiben, brauchen, hantieren, manipulieren, umgehen mit, wirken, pflegen, arbeiten, verrichten, bewerkstelligen, vollführen, amtieren. → anwenden, bewirten. ▶ untätig sein.

bedienen, sich anwenden, benützen, brauchen, gebrauchen, verwenden, verwerten, Gebrauch machen von, ausnützen, sich zunutze machen. → anstellen, anwenden, ausnutzen, brauchen. ▶ beiseite legen, versagen sich.

bediensten → beauftragen, berufen.

bedienstet angestellt, beschäftigt, eingesetzt, bestellt, berufen, bestallt, ermächtigt, beglaubigt, bevollmächtigt, beamtet. ▶ selbständig.

bedient sein → genug haben.

Bediener Bereiter, Bote, Boy, Dienstbote, Groom, Hausmeister, Heiduck, Jokei, Kammerdiener, Kastellan, Knecht, Koch, Kuli, Kutscher, Lakai, Läufer, Lehrling, Leibjäger, Mameluk, Mietling, Packesel, Pförtner, Portier, Radler, Reitknecht, Schloßverwalter, Stangenreiter, Tagelöhner, Diener, Kraftwagenführer, Treiber, Türsteher, Verwalter, Zugeher, Leute, Personal, Dienstmann, Geschäftsdiener, Laufbursche, Angestellter, Arbeiter, Beamter, Diener, Domestike, Hintersasse, Lehnsmann, Söldner, Trabant, Untergebener, Untertan, Vasall, Gefolge, Gesinde, Gehilfe, Geselle, Handlanger, Ordonnanz, Steward, Page, Majordomus, Knappe, Mundschenk, Stallmeister, Fronknecht, Helot, Höriger, Leibeigener, Roboter, Sklave, Unfreier ● Amme, Aschenbrödel, Aufwartefrau, Laufmädchen, Putzfrau, Zugehefrau, Beschließerin, Bonne, Botenfrau, Dienerin, Dienstbolzen, Dienstmädchen, Spritze, Donna, Erzieherin, Gouvernante, Gesellschafterin, Hausangestellte, Hausdame, Hausgehilfin, Haushälterin, Hausmädchen, Haustochter, Hilfe, Hofdame, Kammerkätzchen, Kammerzofe, Kellnerin, Servierfräulein, Kindermädchen, Kinderwärterin, Köchin, Kinderfrau, Mädchen für alles, Magd, Mamsell, Perle, Schaffnerin, Stubenmädchen, Stütze, Tochter, Wärterin, Wirtschafterin. ▶ Gebieter.

Bedienung → Anwendung, Aufwartung, Beihilfe, Beistand, Dienst. Dienstbarkeit, Dienstleistung, Gebrauch, Handreichung.

Bedienungsgeld → Trinkgeld.

bedingen bestimmen, bewirken, erfordern, herbeiführen, hervorrufen, verpflichten, voraussetzen, zeitigen, verursachen, auslösen, bewerkstelligen, erregen, erzeugen, heraufbeschwören, zur Folge haben, deichseln, fingern, entfesseln, erwecken, veranlassen, nach sich ziehen, im Gefolge haben, mit sich bringen. → auslösen, bestimmen. ▶ folgern.

bedingt → denkgerecht, folgerichtig, vorausgesetzt.

bedingterweise → relativ.

Bedingung Beschränkung, Bestimmung, Einschränkung, Festsetzung, Verpflichtung, Voraussetzung, Vorbehalt, Klausel, Maßgabe, Nebenbestimmung, Bemerkung, Vereinbarung, Kondition ● Beweggrund, Basis, Antrieb, Anstoß, Anregung, Ursache ● Konzession, Si-

herheitsmaßregel, Übereinkunft, Artikel, Feststellung. → Art und Weise, Berücksichtigung. ▶ Folgerung.

Bedingung stellen → bestehen auf.

bedingungslos → ohne weiteres.

bedingungsweise vorausgesetzt daß, möglich, umständehalber, im Falle, falls, den Umständen gemäß, unter diesen Umständen, wie die Sache steht, wenn es sich so verhält, je nachdem, dementsprechend, allenfalls, möglicherweise, gelegentlich, gewissermaßen. ▶ tatsächlich.

bedrängen → angreifen, ärgern, auswischen, bedrükken, beeinträchtigen, befeinden, belagern, bitten, dringen, drücken zu Boden, durchkreuzen, einstürmen, erheben die Hände. erschüttern die Hoffnung, erstürmen, erzwingen, stören.

Bedrängnis → Abenteuer, Armut, Beschwerde, Beschwerlichkeit, Betrübnis, Bitterkeit, Dilemma, Eile, erdrückende Sorge, Mühe, Not, Unglück, Verlegenheit.

bedrängt → beengen, beklemmend, betroffen, hilflos.

bedräuen bedrohen, gefährdet sein, in Gefahr laufen, es geht an den Kragen, drohen, androhen, bange machen, einschüchtern. ▶ abwehren, schützen.

bedrecken → besprützen.

bedripst → betrübt, benommen, traurig.

bedrohen androhen, drohen, schrecken, terrorisieren, bluffen, erpressen, Furcht einjagen oder einflößen, bange machen, ins Bockshorn jagen, die Zähne fletschen, eine Faust ballen, die Hand erheben, mit dem Stock drohen, Drohungen oder Verwünschungen ausstoßen, aufrüsten, die Pistole auf die Brust setzen, aus dem Anzug stoßen u, du hast wohl lange dein eigenes Geschrei nicht mehr gehört u, ein Schlag und du stehst im Hemd u, Truppen aufmarschieren lassen, mobil machen. → ballen, bedräuen, Bockshorn jagen ins. ▶ abwehren, schützen.

bedrohlich beunruhigend, gefahrdrohend, ultimativ, unheilschwanger, verderbendrohend, zähnefletschend, zähneknirschend. → drohend, fatal, gefährlich. ▶ gefahrlos, sicher.

Bedrohung Brandbrief, Drohbrief, Drohgebärde, Drohschreiben, Drohwort, geballte Faust, gepanzerte Faust, blinder Schuß, Einschüchterung,

Demonstration, Androhung, Ängstigung, Beunruhigung, Herausforderung, Ultimatum, Erpressung, Schmährede, Terror, Warnung, Säbelgerassel, Damoklesschwert, Streik, Sitzstreik, Hungerstreik, den Zeigefinger erheben, die Faust ballen ● wirst du wohl!, du du!, wehe, wehe!, ich werde dir helfen, na warte!, komm nur nach Hause, ich schlag dich, daß du meinst, Ostern und Pfingsten fällt auf einen Tag; ein Schlag – der zweite ist Leichenschändung; ich hau dir einen vor den Bahnhof oder Latz; ein Schlag und du stehst im Hemd da, ich knall dich an die Wand, ich stoß dich aus deinem Anzug. → Brandbrief, Drohung. ▶ Abwehr, Gefahrlosigkeit.

bedrucken → drucken.

bedrücken bedrängen, auf die Bude rücken u, auf die Nähte rücken u, beunruhigen, peinigen, plagen, placken, quälen, schädigen, schikanieren, piesacken, auf den Pelz kommen u, zusetzen, schinden, schleifen, schurigeln, sekkieren ö, triezen, übelwollen, zappeln lassen. → ärgern, befeinden, bringen unter die Erde, betrüben, deprimieren, treten in den Dreck. ▶ abwehren, befreien, erleichtern.

bedrückend → beengend, drückend.

Bedrücker Tyrann, Despot, Zuchtmeister, Strenling, Monstrum, Dämon, Wüterich, Blutsauger, Barbar, Unmensch, Ungeheuer. → Despot. ▶ Befreier.

bedrückt → pessimistisch.

Bedrücktheit Kümmernis, Betrübnis, Bedrückung, Beschwerde, Druck, Bürde, Mühsal, Last, Sorge, Ungemach, Unglück, Erbitterung, Bitterkeit, Depression. ▶ Befreiung.

Bedrückung → Bedrücktheit.

bedürfen → beanspruchen, begehren, beschäftigen, brauchen, erfordern, ermangeln können nicht.

Bedürfnis Bedarf, Begierde, Erfordernis, Forderung, Hang, Neigung, Notwendigkeit, Unentbehrlichkeit, Unerläßlichkeit, Verlangen, Wunsch, Nachfrage, Kauflust, Anliegen, Begehr, Gelüst, Herzenswunsch, Gebot. → Bedarf, Begehr, Begierde, Belieben, Drang, Erfordernis. ▶ Genügsamkeit.

Bedürfnis erfüllen → befriedigen.

bedürfnislos bescheiden, anspruchslos, einfach, schlicht, hausbacken, mäßig, enthaltsam, nüchtern, genügsam, puritanisch, stoisch. → abstinent, anspruchslos, enthaltsam. ▶ bedürfnisvoll.

Bedürfnislosigkeit → Abstinenz.

bedürfnisvoll selbstsüchtig, eigennützig, gewinnsüchtig, habgierig, neidisch, mißgünstig, engherzig, schäbig, knauserig, knickerig, rücksichtslos, unmäßig, maßlos, übermäßig, begehrlich, genußsüchtig, vergnügungssüchtig, ausschweifend, zügellos, ungezügelt, leichtsinnig, schwelgerisch. ▶ bedürfnislos.

bedürftig → abgebrannt, abgerissen, arm.

Bedürftigkeit → Armut.

beduselt angeduhnt u, angeheitert, besäuselt u, im Tran u, bespitzt u, hinübersein u, betrunken, angeheitert, angetrunken, benebelt, berauscht, beschwipst, trunken, besoffen, über den Durst getrunken, zu tief ins Glas geschaut, einen hängen haben u, einen Hieb haben u, illuminiert u, kanonenvoll u, kaldaunenvoll u, voll, selig, weinselig, animiert, angesäuselt, bekneipt, eingedeckt, geladen, voll wie ein Sack, in Weinlaune, in gehobener Stimmung, hat eine Schlagseite, eine auf die Lampe gegossen. → betrunken. ▶ nüchtern.

Beefsteak Steak, Rumpsteak, gebratenes Fleisch, Rindfleisch.

beehren besuchen, Besuch abstatten, die Karte abgeben, vorsprechen, die Ehre erweisen oder schenken, zusammenkommen, aufsuchen, in Verbindung setzen ● abgrasen, abklopfen u, abklappern, die Bude einlaufen u. ▶ verbergen, zurückziehen sich.

beeiden beschwören, behaupten, geloben, versichern, zusichern, beteuern, bezeugen, schwören, verbürgen, erhärten, bekräftigen, aussagen, beharren, dabei bleiben, den Himmel zum Zeugen anrufen, bejahen, erhärten. ▶ abschwören.

beeidigen → beglaubigen.

beeifern, sich → bestreben.

beeilen beflügeln, beschwingen, beschleunigen, hasten, überstürzen, drängen, übereilen, rechtzeitig fertig oder da sein, pünktlich kommen, treiben, schnell gehen oder fahren, drauflos arbeiten, zurechtkommen, eilen, rennen, laufen, die Beine unter die Arme nehmen, Dampf machen, Trab machen u, keinen Augenblick verlieren, sich

anstrengen, hexen, die Beine ausreißen. → aufspringen, beschleunigen, Dampf dahinter machen, drängen, dringen, durcheilen, eilen. ▶ lassen sich Zeit, säumen.

beeindruckbar → aufgeschlossen, empfänglich.

beeindrucken imponieren, blenden, einschüchtern, Aufsehen erregen, Bewunderung hervorrufen, sich Achtung verschaffen. → ergreifen das Herz. ▶ (keine) Beachtung schenken, übersehen.

beeindruckend → eindrucksvoll, einschüchternd, ergreifend, imponierend.

beeindruckt → ergriffen.

beeinflußbar hörig, wankelmütig. → aufgeschlossen, empfänglich.

beeinflussen anempfehlen, anfeuern, anreizen, bearbeiten, bereden, bewegen, bewirken, durchdringen, einwirken, empfänglich machen, veranlassen, zusetzen, ermuntern, aneifern, anhalten, anraten, anregen, anspornen, antreiben, aufmuntern, aufrichten, bestärken, erheitern, ermutigen, erwärmen, interessieren, unterstützen, zureden, Einfluß haben oder gewinnen, erreichen, beherrschen, verleiten, verführen, berücken, einflüstern, überreden, beschwatzen, betören, ködern, verlocken, in Versuchung führen, den Mund wässerig machen, abschmeicheln, abbuhlen, abschmarotzen, überzeugen, mit sich fortreißen, anstacheln, begeistern, erwecken, anzünden, lenken, leiten, führen, Brei ums Maul schmieren u, hinbiegen u, beschmußen u, einseifen u, bezirzen, chloroformieren u, verchloroformieren u, auf die Bude rücken u, unter Druck setzen, einheizen, das Messer an die Kehle setzen, die Hölle heiß machen, auf die Pelle rücken, auf der Pelle sitzen, die Pistole auf die Brust setzen, in die Quetsche oder Zange nehmen u, zwischennehmen. → anfeuern, anhalten, anregen, anziehen, aufklären, aufrichten, bearbeiten, befürworten, begeistern, bestimmen, eingeben, empfänglich machen, entzücken, werben. ▶ abwenden, beiseite legen, machtlos (sein), wirkungslos (sein).

beeinflussend eindringlich, anschaulich, bündig, nachdrücklich, packend, überzeugend, werbend, wuchtig, gewichtig, stark, triftig, tonangebend, ausschlaggebend,

maßgebend, bewegend, antreibend, verführerisch, reizend, versuchend, verlockend, Lust erregend, bezaubernd, hemmend, hinderlich, entmutigend, gewaltig, herrisch, gebieterisch, absolut, herrschend, furchteinflößend. → ergreifend. ▶ einflußlos.

Beeinflussung Einfluß, Gewicht, Druck, Macht, Recht, Ansehen, Stärke, Geltung, Stellung, Herrschaft, Übergewicht, Überlegenheit, Gewalt, Fähigkeit ● Verleitung, Verlockung, Empfehlung, Ermutigung, Betreiben, Veranlassung, Anziehung, Verführung, Versuchung, Köder, Lockspeise, Bezauberung, Zauber, Bann, Suggestion, Einwirkung, Gebot, Beispiel, Ansporn, Aufforderung, Herausforderung, Einladung, Ersuchen, Bitte, Überredung, Ermahnung, Ermunterung, Geheiß, Gesuch, Rat, Schmeichelei, süße Worte, Neckerei, Quälerei, Abhaltung, Einwand, Verhinderung, Entkräftigung, Abratung, Entmutigung, Beherrschung, Furcht, Bedenken, Gewissensbiß, Fänge, Steuer, Zügel, Klauen, Gebieten, Befehl, Lenkung, Leitung, Vorschrift ● Willkürherrschaft, Gewaltherrschaft, Vergewaltigung, Tyrannei, Hypnose. → Anziehung, Beispiel, Einfluß, Einflüsterung, Einordnung, Einwirkung. ▶ Einflußlosigkeit, Wirkungslosigkeit.

beeinträchtigen überschreiten, übersteigen, übertreffen, überholen, übertreten, übersetzen, überspringen, ausschreiten, überschwemmen, überkochen, überschäumen ● anmaßen, unterschätzen, herabsetzen, schmälern, herabwürdigen, geringschätzen, mißachten, links liegen lassen, verkleinern, verkennen, verachten, verspotten, in den Schmutz ziehen, wegwerfen, verlachen, verhöhnen, verunglimpfen, verleumden, vernachlässigen, hänseln, foppen, zum besten halten, lächerlich machen ● beschädigen, erleiden, absaden u, bezahlen lassen, verlieren, Abbruch tun, das Wasser abgraben, ein Bein stellen, eins auswischen, einen Floh ins Ohr setzen, lädieren, verletzen, verderben, verdammen, unbrauchbar machen, zerstören, quälen, belästigen, bedrängen, verfolgen, unterjochen, beschimpfen, verwunden, treten, schlagen, prügeln, kränken, bosseln, bemäkeln, anfressen ● unvollkommen sein, nicht gleichkommen, nicht erreichen, zurückstehen, ermangeln, mißlingen, sich nicht bewähren, versagen, verschlimmern, verschlechtern, abnehmen, ausarten, abwärts gehen, tiefer sinken, zerbrechen ● verwelken, verblühen, faulen, umkommen, verdorren, trocknen, vermodern, verschimmeln, rosten, anlaufen, abstehen, einbüßen, beschädigen, untergraben, zerrütten, verfälschen, verunstalten, verdummen, verbauern, verwildern, aus den Fugen gehen ● verweichlichen, verziehen, verwöhnen, verhätscheln, verzärteln ● entwähren, einziehen, erschweren, belasten, behürden, verwirren, verlegen, außer Fassung bringen, hemmen, hindern, aufsitzen lassen, verwickeln, verschlingen, beirren, abschneiden, einengen, in den Arm fallen, entgegenarbeiten, verhüten, verzögern, vorbauen, vorbeugen, abwenden, eindämmen, niederhalten, entkräften, schwächen, lähmen, beschweren, abwehren, hintertreiben, vereiteln, zuschande machen, durchkreuzen, an die Wand drücken, herausbeißen *u*, abhalten, stören, unterbrechen, bekämpfen, anfeinden, verbieten, beschränken, entmutigen. → abbrauchen, aufhalten, beirren, benachteiligen, beschädigen, dazwischentreten, entschädigen, entstellen, entwerten, billigen, hemmen, verlieren, schädigen, mißfallen, täuschen, verleumden. ▶ fordern, gewinnen, überschätzen, zunutze machen, sich, zuträglich (sein).

Beeinträchtigung Behinderung, Herabwürdigung, Nachteil, Schädigung, Überschreitung, Unrecht, Unterschätzung, Unvollkommenheit, Verderben, Verlust. → Bekümmernis, Beschädigung, Entehrung, Entwertung, Fehlbetrag. ▶ Förderung, Gewinn, Überschätzung, Verbesserung, Vorteil.

beeisen → beschlagen.

beeist → bereift.

Beelzebub Teufel, Widersacher, Versucher, Erzfeind, Erbfeind, Urfeind, Verderber, Zerstörer, Todfeind, der Böse, der Arge, der Schwarze, der Leibhaftige, der Gottseibeiuns, der Geist – der stets verneint, der Gehörnte, der Pferdefuß, Fürst der Hölle, Gebieter der Hölle, Herrscher der Unterwelt, Urian, Höllenfürst, Herr des Abgrundes, Satan. → Dämon.

beenden → abschließen, aus-

tragen, begrenzen, belassen, beruhen lassen, beruhigen, besiegeln, bringen zur Entscheidung, erledigen.

beendet → abgeschlossen, aus, Ende gut – alles gut, fertig, fix und fertig.

beendigen → abstehen, aufhören, ausführen, bebauen, besiegeln, bringen zur Entscheidung, schließen, abpfeifen.

Beendigung → Abschluß, Ausgang, Bewerkstelligung, Coda, Elaborat, Endpunkt, Erfüllung, Schluß.

beengen abnehmen, vermindern, verringern, verkleinern, zusammenziehen, einengen, niedriger oder kleiner machen, einschränken, zusammenfallen, verdichten, zusammenpressen ● bedrängt, verwirren, festgefahren, in die Enge getrieben. ▶ ausbreiten, ebnen den Weg, leicht machen.

beengend dicht gedrängt, volkreich, überfüllt, eingeengt, zahlreich, viele, vollzählig, gerammelt voll *u*, proppenvoll *u*, wie die Heringe aufeinander sitzen oder hocken ● bedrückend, schwül, drückend ● mangelhaft, knapp, unbemittelt, arm, mittellos, kümmerlich, ärmlich, notleidend, nicht genug, unzulänglich, spärlich, kärglich, verarmt, abgerissen, schäbig, bedauernswert, bejammernswürdig, unangenehm, schauerlich, freudlos, schauderhaft, beklemmend. ▶ ausreichend, entspannend, frisch, verbreitern sich.

beengt engherzig, ungerecht, unduldsam, verrannt, kleinlich, engstirnig, vorurteilsvoll, hartnäckig, unverständig, geistesarm, unentwickelt, beschränkt, borniert, schwachköpfig, schwerfällig, albern, dumm, kindisch, kurzsichtig, töricht, blöde, närrisch, unbegabt, tölpelhaft, einfältig, verrückt, sinnlos, bigott, dünkelhaft, eingebildet, ungenügend, unzureichend, unvollkommen. → beengend, befangen, begrenzt, eingeschränkt, einseitig, eng. ▶ ausgedehnt, entspannt, großzügig, verständig.

Beengtheit → Armut, Beengung, Beklemmung, Einengung, Engpaß, Platzmangel, Verknappung.

Beengung Unbehaglichkeit, Abspannung, Dumpfheit, Mißbehagen, Schmerz, Leiden, Beklommenheit, Beklemmung, Alpdruck, Keuchen, Schnaufen, Atemnot, Atembeschwerde, Asthma, Ohnmacht, Erlahmung, Erschöpfung, Entkräftung, Be-

ängstigung, Herzpochen, Herzklopfen ● Angst, Furcht, bange Ahnung, Beängstigung, Beunruhigung, Schreck, Himmelangst, dumpfes Schweigen, Ruhe vor dem Sturm, beängstigendes Gefühl. → Besorgnis, Erröten. ▶ Entspannung, Spannkraft, Unerschrockenheit.

beerben erhalten, erlangen, bekommen, empfangen, ergattern, erbeuten, einheimsen, ererben, erben, zufallen, einsäckeln, ein Vermächtnis oder Legat antreten, erschleichen, eine Erbschaft machen. → ersitzen. ▶ einbüßen, enterben.

beerdigen → bestatten, eingraben.

Beerdigung → Bestattung.

Beet Rabatte, Blumenschmuck, Gemüseanpflanzung, Gartenstück, Parzelle.

befähigen erlauben, ermöglichen, gestatten, in die Lage versetzen, Gelegenheit bieten, können, zulassen, ausstatten, bewaffnen, ertüchtigen, rüsten, stählen, stärken, vorbereiten, vorkehren, vorsehen. ▶ ausbilden, einschulen, ermöglichen, ertüchtigen, erziehen. ▶ außerstande sein, entrechten, Flügel beschneiden, irreführen.

befähigt fähig. → intelligent, tauglich.

Befähigung → Denkvermögen, Eignung, Einfühlungsgabe, Erfindungsgabe, Ermächtigung, Fähigkeit, Fassungskraft, Fertigkeit, Kapazität, Verständnis.

befahrbar → fahrbar.

befahren → begehen, dampfen, durchfurchen, durchpflügen, fahren.

befallen erfahren, erdulden, durchmachen, erleiden, erleben, vorkommen, widerfahren, vorkommen, zustoßen, eintreten. ▶ abwenden.

befallen von angesteckt, erkrankt, krank, leidend.

befangen zerstreut, geistesabwesend, in Gedanken verloren, voreingenommen, parteiisch, einseitig, engherzig, beengt, ungerecht, unduldsam, verrannt, besessen, kleinlich, engstirnig, vorurteilsvoll, unzugänglich ● furchtsam, ängstlich, unruhig, mißtrauisch, schüchtern, scheu, blöde, bange, verzagt, zaghaft, erregt, bedrückt ● verwirrt, betreten, unterwürfig, verlegen ● schamhaft ● schwärmerisch, berauscht, betört, entzückt, trunken, entrückt, exaltiert, überspannt, begeistert. → ängstlich, bange, einseitig. ▶

aufmerksam, sachlich, sicher, wagemutig.

Befangenheit Bedenken, Angst, Bangigkeit, Befürchtung, Besorgnis, Feigheit, Furcht, Kleinmut, Mutlosigkeit, Schiß, Sorge, Unruhe, Verzagtheit, Mangel an Mut, keine Zivilcourage, Lampenfieber, Scheu, Schüchternheit, Zweifel, Mangel an Selbstvertrauen. → Bedenken, Bescheidenheit, Blödigkeit, Delirium, Denkart kleinliche, Einseitigkeit, Erröten, Vorurteil. ▶ Sachlichkeit, Selbstvertrauen, Sicherheit.

befassen → arbeiten, ausüben, machen.

befassen, sich → anfassen, arbeiten, ausüben, bekümmern, berufstätig, beschäftigen, beteiligen sich, Dampf machen, dazwischentreten.

befehden bekriegen, anfeinden, bekämpfen, sich überwerfen, sich entzweien, zanken, streiten, hadern, prozessieren, herausfordern, fordern, ringen, kämpfen, fechten. → angreifen, balgen, bekämpfen. ▶ verteidigen, vertragen sich.

Befehl Diktat s, Kommando, Gebot, Order, Anordnung, Geheiß, Anweisung, Auflage, Bescheid, Beschluß, Bestimmung, Bulle, Dienstanordnung, Edikt, Enzyklika, Erlaß, Gesetz, Kanon, Reglement, Richtlinie, Richtschnur, Statut, Ukas, Verfügung, Verordnung, Vorladung, Vorschrift, Gewissen. → Anordnung, Ansage, Appell, Auflage, Auftrag, Beeinflussung, Bescheid, Dekret, Diktat, Erlaß, Ruf.

befehlen anordnen, auferlegen, aufrufen, auftragen, begehren, bestimmen, dekretieren, dirigieren, diktieren, einschärfen, festsetzen, fordern, gebieten, heischen, veranlassen, verfügen, verordnen, vorschreiben, Auftrag erteilen, Verfügung treffen, Vorschrift machen oder erlassen, Order erteilen, Auftrag geben, zur Ordnung rufen, anweisen, beauftragen, befehligen, beordern, berufen, bescheiden, entbieten, bestellen, heißen, vorladen, zitieren ● beschließen, entscheiden, aufheben, einstellen, untersagen, verbieten, verurteilen. → anführen, aufzwingen, befehligen, begehren, beherrschen, diktieren, dirigieren, erteilen Auftrag, leiten. ▶ untertänig (sein), gehorchen.

befehlend → diktatorisch.

befehlerisch gewaltig, beherrschend, herrschend, herrisch, gebieterisch, be-

fehlshaberisch, imperatorisch, absolut, hochfahrend, arrogant, schnöde, rücksichtslos, unduldsam. ▶ sanftmütig, willfährig.

befehligen gebieten, befehlen, anordnen, verordnen. → beordern, diktieren, fahren, steuern. ▶ untertänig (sein), verweigern den Gehorsam.

Befehlsempfang → Appell.

befehlsgemäß → gehorsam.

Befehlsgewalt → Herrschaft.

Befehlshaber Anführer, Baas, Bandenführer, Chef, Exponent, Führer, Gebieter, Haupt, Häuptling, Herr, Kapitän, Leiter, Meister, Sprecher, Alleinherrscher, Autokrat, Diktator, Gewalthaber, Herrscher, Krone, Landesfürst, Landesherr, Landesmutter, Landesvater, Machthaber, Monarch, Oberherr, Potentat, Regent, Reichsverweser, Serenissimus, Souverän, Staatsoberhaupt, Tyrann, Zwingherr, Bey, Cäsar, Caudillo, Chan, Condottiere, Daimio, Dalai-Lama, Dei, Doge, Duce, Effendi, Emir, Großmogul, Großtürke, Großvesir, Imam, Imperator, Kalif, Kral, Maharadscha, Moret, Mikao, Tenno, Mufti, Pascha, Padischah, Pharao, Satrap, Schah, Scheich, Schogun, Sultan, Wesir, Zar, Direktor, Schulze, Gouverneur, Kommandant, Marschall, Aufseher, Obmann, Präses, Präsident, Statthalter, Verweser, Vizepräsident, Vorsitzender, Vorstand, Vorsteher, Rat, Sowjet. ▶ Untergebener.

befehlshaberisch → befehlerisch, despotisch.

befinden behelligen, belästigen, plagen, quälen, peinigen, martern, bedrängen, bedrücken, schinden, kujonieren, mitspielen, verfolgen, eingreifen, herausfordern. ▶ versöhnen.

befestigen → anmachen, bändigen, beschlagen, einkitten, fassen, fesseln, festhalten, verbinden, dübeln.

Befestigung Bollwerk, Bunker, Heldenkeller u, Burg, Feste, Festung, Fort, Kastell, Verschanzung, Zitadelle, Luftschutzkeller, Schutzraum, Unterstand ● Verbindung, Verknüpfung, Bindung, Verkettung, Anschließung, Anschluß ● Gelenk, Zapfen, Wirbel, Öse, Flechse, Dalben (sm = Pfähle zum Festmachen der Schiffe), Poller (sm = Metallpfosten zur Befestigung der Taue). → Anschluß, Barrikade, Bastion. ▶ Schutzlosigkeit, Trennung.

befetzen → begeifern.

befeuchten anfeuchten, benetzen, beträufen, durchnäs-

sen, triefen, rieseln, bewässern, begießen, betauen, beträufeln. → beschlagen, bespritzen, durchnässen, eintauchen. ▶ trocknen.

befeuern → heizen.

Befinden Ermessen, Bemessung, Würdigung, Beurteilung, Befund, Gutachten ● Ergehen, Wohlbefinden, (Gesundheits-) Zustand, Genesung, Besserung, Hinfälligkeit, Schwäche, Schwachheit, Gebrechlichkeit, Unwohlsein, Anwandlung, Anwallung, Leiden, Übelbefinden, Übel, Beschwerde, Gebrechen, zerrüttete Gesundheit, Angegriffenheit. → Ergehen, Lage.

befinden → abwägen, erwägen.

befinden, sich → aufhalten sich, bestehen, bewohnen, dasein, sein.

befindlich angebracht, gelegen, gelegt, gesetzt, gestellt, ansässig, anwesend, gegenwärtig, greifbar, vorhanden, eingewurzelt, fest verankert, wohnhaft, einquartiert, zugegen. → daheim. ▶ fern, fort.

befingern → anfühlen, begreifen, tasten.

beflaggen schmücken, zieren, aufputzen, verschönen, ausputzen, dekorieren, bemasten, bewimpern. → ausschmücken, behängen, dekorieren.

beflecken → bespritzen, betupfen, entehren, verunreinigen.

befleckt → dreckig, unrein.

Befleckung → dunkler Punkt, Entweihung.

befleißigen → abmühen, arbeiten.

befleißigen, sich → anstrengen, arbeiten, beschäftigen, binden sich selbst eine Rute, sich bestreben.

beflissen → angelegentlich, anstellig, arbeitsam, aufmerksam, devot, dienstwillig, eifrig, erbötig, gefällig, geflissentlich, strebsam.

Beflissenheit Aufmerksamkeit, Dienstwilligkeit, Eifer, Eilfertigkeit, Regsamkeit, Tatenlust, Wißbegierde, Arbeitslust, Emsigkeit, Hingabe, Lust, Liebe, Rührigkeit, Tatendrang, Artigkeit, Bereitwilligkeit, Entgegenkommen, Freundlichkeit, Geneigtheit, Gefälligkeit, Geflissenheit, Überlegung, Berechnung, Interesse, Anteilnahme, Wachsamkeit, Umsicht, Behutsamkeit, Geschäftigkeit, Trachten, Unternehmungsgeist, Betreibung, Verfolgung, Bewerbung, Jagd, Wett!auf, Munterkeit, Bestreben, Energie, Begeisterung, ● Arbeitslust, Aufmerksamkeit, Bemühung, Bestreben, Dienstwilligkeit, Eifer, Eilfertigkeit. ▶ Gleichgültigkeit.

beflissentlich berechnet, beständig, aufmerksam, bedachtsam, behutsam, sorgfältig, sorgsam, umsichtig, einsichtsvoll, klüglich, weislich, vorsichtig, ängstlich, wachsam, mit offenen Augen, mit verhaltenem Atem, atemlos, gespannt, erwartungsvoll, peinlich, genau, geschäftig, zielbewußt, unternehmungslustig, rührig, emsig, fleißig, erpicht, versessen auf, erwerbsam, betriebsam, beweglich. ▶ gleichgültig.

beflügeln → beeilen, beschleunigen.

beflügelt schnell, geschwind, hastig, hurtig, flink, flugs, rasch, eilends, schleunig, behende, rührig, flüchtig, leichtfüßig, schnellfüßig, beschwingt, pfeilgeschwind, schnell wie der Wind, wie ein Lauffeuer, Hals über Kopf, wie besessen. → aufgeräumt, beschwingt, froh. ▶ langsam.

befolgen beachten, sich anpassen, gewöhnen, sich befreunden mit, sich einarbeiten, sich aneignen, gehorsam sein, gehorchen, sich unterwerfen, willfahren, sich unterordnen, sich fügen, sich ergeben, beugen, sich nicht mucksen, nach der Pfeife tanzen, den Wink befolgen, sich kehren an, sich richten nach, sich kümmern um. → beobachten, einwilligen. ▶ trotzen.

befördern den Weg glätten, – ebnen, – freimachen, verscheuchen ● auszeichnen, erheben, belohnen, die Treppe hinauffallen, avancieren ● abfertigen, absenden, aufgeben, bringen, hinfahren, rollen lassen, schicken, senden, spedieren, umschlagen, verfrachten, verladen, verschiffen, versenden, wegschicken, zuführen, zuleiten, zutragen, abtragen ● versetzen, verholen sm, loslassen u. → abgehen, auszeichnen, beauftragen, berufen, ernennen, expedieren, schicken. ▶ empfangen, ruhen lassen, stillstehen, zurücksetzen.

Beförderung Auszeichnung, Ernennung, Anerkennung, Versetzung, Erhebung, Erhöhung, Avancement. → Absendung, Anfuhr, Belohnung, Bewerkstelligung, Erhebung, Transport. ▶ Empfang, Stillstand, Zurücknahme.

befrachten → beladen.

befrackt bekleidet, kostümiert.

befragen untersuchen, nachforschen, verhören, inquirieren, ausfragen, interviewen,

abhorchen, ausforschen, ausholen, erfragen, erkunden, erkundigen, ermitteln, ins Gebet nehmen, nachfragen, nachspüren. → anfragen, auskundschaften, beraten, beratschlagen, erfragen, erkundigen. ▶ antworten, verschweigen.

Befragung → Anfrage, Ausforschung, Aussprache, Beratung, Besprechung, Interview, Marktanalyse, Umfrage.

befreien erlassen, dispensieren, entpflichten, frei lassen ● sich freimachen, selbständig machen, emanzipieren ● erleichtern, entlasten, entbürden, entledigen, erlösen, freimachen, Hindernisse wegräumen, entspannen, aufatmen, beruhigen, zur Ruhe kommen. → abbinden, aufdrehen, auflösen, auslösen, ausspannen, begünstigen, beistehen, bersten, entbinden, entjochen, entfesseln, entledigen, erlassen, erleichtern, erlösen, helfen. ▶ behindern, einsperren, unterjochen.

befreien, sich → ablegen, abstreifen, brechen einen Vertrag, davonmachen sich.

befreiend → entspannend, lösend.

Befreier Retter, Erlöser, Heiland, Helfer, Engel in der Not, rettender Engel, Erretter, Schützer. ▶ Bedrücker.

befreit → entbunden, entspannt.

Befreiung Gleichstellung, Emanzipation f ● Besserung, Genesung, Erleichterung, Milderung, Linderung, Abhilfe, Rettung ● Erlosung, Freiheit, Dispensation, Dispens, Beseitigung, Abschaffung, Entlassung, Verabschiedung, Aufhebung, Freigebung, Freilassung, Loslassung, Loskauf, Enthebung, Entbindung, Verzicht, Entlastung, Mündigsprechung, Freimachung, Freisprechung, Entweichung, Herauswicklung, Herauswindung ● Entledigung, Erledigung, Lösung, Entspannung, Aufatmen, Freude, Lust, Glück, Befriedigung, Erfüllung, Wendung ● Abgabefreiheit. → Abklingen, Absolution, Ausweg, Baldrian, Bewegung, Dispensation, Entlastung, Entledigung, Entspannung, Erhaltung, Erlösung, Hilfe. ▶ Behinderung, Dienstleistung, Einkerkerung, Spannung, Unterdrückung, Verhaftung.

Befremden Staunen, Überraschung, Erstaunen, Bestürzung, Verwirrung, Fassungslosigkeit, Betroffen-

heit, Verwunderung. ▶ Fassungskraft, Gefaßtheit, Gewohnheit.

befremden → aufsehen, begreifen, bestürzen, verwundern.

befremdend merkwürdig, regelwidrig, eigentümlich, abweichend, eigenartig, unnatürlich, überspannt, von der Regel abweichend, eine Ausnahme machen, ungewöhnlich, außergewöhnlich, ungebräuchlich, fremdartig, phantastisch, grotesk, seltsam, sonderbar, lächerlich. → abnorm, auffallend, ausländisch, frappant. ▶ geschmackvoll, gewohnt, überbracht, überliefert.

befremdet → baff.

befremdlich → ungewöhnlich.

befreunden sich einer Sache annehmen, eine Sache betreiben, eine Lanze brechen, durchs Feuer gehen für, den Rücken stärken, Beistand leisten ● Freunde werden, Freundschaft eingehen oder schließen oder pflegen, gut bekannt sein, befreundet sein, kennen, auf gutem Fuß stehen, freundliche Beziehungen unterhalten, bekannt werden, sich annähern, sich anschließen, Zuneigung haben, liebgewinnen, in das Herz schließen, in Gunst stehen, Vertrauen schenken, auf den Händen tragen, zusammenstimmen, sich vertragen, einig sein, sich verbinden ● sich gewöhnen an, sich angewöhnen, sich anpassen, sich einarbeiten, dabei bleiben, sich hingeben, einwurzeln, sich aneignen, anpassen, beobachten. ▶ befehden, übelwollen.

befreunden, sich mit → befolgen, beitreten.

befreundet brüderlich, einig, einträchtig, freundlich, freundnachbarlich, freundschaftlich, geneigt, harmonisch, nachbarlich, traut, unzertrennlich, wohlwollend, zugetan, bekannt, beliebt, intim, vertraut, gut bekannt, wohlgelitten, gut angeschrieben, gern gesehen, dick Freund sein. → bekannt, cordial. ▶ verfeindet, fremd.

befreundet sein → befreunden.

befreundet werden → brechen das Eis.

befrieden Frieden stiften oder herstellen, aussöhnen, versöhnen, ausgleichen, beruhigen, beschwichtigen, begütigen, befriedigen, schlichten, beilegen, entwaffnen, abrüsten, Zerwürfnis beseitigen, die Einigkeit wieder herstellen, den Bruch heilen, sich verständigen, sich vergleichen. → befriedigen, begütigen. ▶ befinden.

befriedigen Bedürfnis erfüllen, beruhigen, beschwichtigen, erfreuen, ergötzen, erlaben, erquicken, Vergnügen bereiten, Wunsch erfüllen, zufriedenstellen, darum besorgt sein, sich angelegen sein lassen, ansprechen, Behagen verursachen, Beifall finden, entzücken, Freude machen, gefallen ● sich aussöhnen, sich ergeben, sich fügen, es zufrieden sein, sich zufrieden geben, ja und Amen sagen, vorlieb nehmen, es dabei belassen, jeden Wunsch erfüllen, abreagieren, sich einigen, sich vergleichen, sich verständigen, sich wieder vertragen, zusammenarbeiten, ausgleichen, aussöhnen, begütigen, beilegen, schlichten, vermitteln, versöhnen. → aussöhnen, aussprechen, befrieden, begütigen, behagen, belohnen, berücksichtigen, bezahlen, delektieren, erfreuen, erfreuen sich. ▶ mißfallen, schulden, unbefriedigt (sein), verdrießen, versagen sich.

befriedigend → amüsant, angemessen, ausreichend, genug, erträglich, mittelmäßig.

befriedigt → aufgeräumt, beruhigt, entzückt, froh.

Befriedigung Ergötzen, Gefallen, Gelüst, Gunst, Neigung, Vergnügen, Verlangen, Behagen, Tilgung, Ausgleichung, Abfindung, Abgeltung, Abtragung, Bereinigung, Begleichung, Freude, Wollust, Hochgenuß, Wonne, Entzücken, Rausch, Zufriedenheit, Beruhigung, Wohlbehagen, Genügsamkeit, Heiterkeit, Herzensruhe, Gemütsruhe, Behaglichkeit, Genugtuung, Zufriedenstellung ● Beilegung, Entschuldigung, Abbitte, Ehrenerklärung. → Arbeitssegen, Befreiung, Bezahlung, Delikatesse, Ergiebigkeit, Ergötzen, Freude. ▶ Mißfallen, Unbehagen, Verdrießlichkeit.

befristen → stunden.

befristet fällig, zahlbar, aus, vorbei, zu Ende, vorbei, halt, genug, fertig, datiert, terminiert, begrenzt (zeitlich), aufhören, absetzen, rasten, ruhen, Schluß. → bis, fällig. ▶ fristlos, immer.

befruchten erzeugen, erschaffen, hervorrufen, machen, bewirken, zeugen, begatten, besamen, schwängern, decken, umlegen u, bürsten u, bimsen u, dick machen u, ein Kind machen u, bespringen, belegen, foh-

len, ins Leben rufen, beleben, beseelen, erwecken, erregen, vermehren, fortpflanzen. ▶ abtreiben, vernichten, zerstören.

Befruchtung Zeugung, Empfängnis, Beschälung, Erschaffung, Begattung, Belegung, Schwängerung, Fortpflanzung ● Erweckung, Beseelung, Erregung, Hervorrufung. → Empfängnis, Erzeugung. ▶ Zerstörung.

befugen → beauftragen, berufen, bewilligen, delegieren, dürfen, einräumen, ermächtigen.

Befugnis Konzession, Berechtigung, Bewilligung, Erlaubnis, Genehmigung, Privilegium, Rechtstitel, Vorrecht, Zugeständnis, Ermächtigung, Freiheit, Recht, Vollmacht, Beauftragung, Einräumung, Macht, Machtvollkommenheit, Gewalt, Bevollmächtigung, Gerechtsame, Mandat, Bestallung, Kompetenz. -→ Anrecht, Anspruch, Bemächtigung, Berufung, Erlaubnis, Ermächtigung. ▶ Enthebung, Machtlosigkeit, Verbot, Zurücknahme.

befugt → berechtigt, kompetent.

befühlen → anfühlen, begreifen, tasten.

befummeln → anfassen, bewerkstelligen, tasten.

Befund → Auskunft, Befinden, Bescheid, Experiment, Endergebnis, Inventar.

befürchten vorherfühlen, ahnen, erwarten, bedenken, Argwohn hegen, mißtrauen, beargwohnen, in Frage ziehen, Verdacht fassen, verdächtigen, schwanken, zweifeln, vorhersehen, entgegensehen, gewärtigen, zögern, vermuten, annehmen, mutmaßen, glauben, wähnen, meinen, sich einbilden, Bedenken haben, stutzen, stutzig werden, scheuen, zurückbeben, zurückschrecken, bangen, kalte Füße bekommen u, schwül oder heiß werden u. → argwöhnen, fassen sich ins Auge. ▶ ahnungslos (sein), arglos (sein).

Befürchtung Erwartung, Vorgefühl, Spannung, Berechnung, Verdacht, Argwohn, Ahnung, Mißtrauen, Ungewißheit, Vermutung, Zweifel, Bedenken, Annahme, Mutmaßung, Meinung. → Ahnung, Argwohn, Bammel, Befangenheit, dumpfes Schweigen. ▶ Vertrauen.

befürworten anregen, begrüßen, eine Lanze brechen für, dafür sein, anempfehlen, vorschlagen, willkommen heißen, zusprechen, anbieten, animieren, anpreisen, anraten,

eintreten für, ermutigen, herausstreichen, hinweisen, loben, preisen, raten, rühmen, zuraten ● beeinflussen, empfänglich machen, einwirken, einflüstern, auffordern, aufdrängen, einreden, überreden, bereden, beschwatzen, betören, ködern, anhalten zu. → anregen, bewirken. ▶ erschweren, verhindern.

begabt einsichtsvoll, musisch, klug, intelligent, geistvoll, geistreich, aufgeweckt, fähig, gescheit, scharfsinnig, talentiert, schöpferisch, bedacht, einsichtig, geschickt, gewiegt, gewitzig, überlegt, urteilsfähig, vernünftig, verständlich, weise, feinsinnig, feingeistig, feinspürig, hat etwas auf der Mühle, Köpfchen, Grütze im Kopf haben, Witz haben, das Gras wachsen hören. → anstellig, denkend, Eltern nicht von schlechten. ▶ dumm, unbegabt.

begabt sein → können.

Begabung Klugheit, Verständnis, Denkfähigkeit, Intelligenz f, Talent, Eignung, Fähigkeit, Gelehrigkeit, Geschick, Gewandtheit, Tauglichkeit, Veranlagung, Erbanlage, Geist, Mutterwitz, Naturgabe, Genie, Kopf, Schöpferkraft, Schlauheit, List, Geschicklichkeit, Kenntnis, Wirklichkeitssinn, Scharfblick, Urteilskraft, Scharfsinn, Auffassungskraft. → Begriffsvermögen, Charakter, Denkvermögen, Fassungskraft. ▶ Dummheit, Ungeschicklichkeit.

begaffen → anschauen, beschauen.

begatten → befruchten, belegen, decken.

Begattung → Befruchtung.

begaunern → bemächtigen, bewuchern, Decke unter der stecken, drehen eine Nase, einbrechen, fälschen, Fell über die Ohren ziehen das.

begeben in Umlauf bringen, in Umlauf setzen, umsetzen, umlaufen lassen, flüssig machen, ausstellen, abgeben, übertragen, diskontieren, einlösen, verwerten, vorzeigen ● abtreten, ablassen, einhändigen, ausliefern, überantworten, in Besitz geben, veräußern, sich entäußern, aus der Hand geben, tauschen, verhandeln, verschikken, versenden. → begeben sich, begegnen, entspinnen. ▶ enthalten.

begeben, sich sich abspielen, sich einstellen, erfolgen, geschehen, stattfinden, vorfallen, vorgehen, werden, widerfahren, zustoßen, sich zutragen, vorkommen, sich entspinnen, der Fall sein, Tatsache werden, darbieten, erleben, erleiden, eintreffen, zutreffen ● reisen, gehen, fahren, fliegen, sich bemühen, wandern, schreiten, laufen, aufbrechen, besuchen, eilen, marschieren, spazieren, gehen, trollen, packen, davon machen, sich auf die Beine machen, schleichen, sich fortstehlen, verduften, sich empfehlen, besteigen, abdampfen, absegeln, abhauen. → begeben, bestehen, bewegen sich, darbieten sich, einstellen sich. ▶ bleiben auf dem Platze.

Begebenheit Ereignis, Begebnis, Verrichtung, Tatsache, Wirklichkeit, Angelegenheit, Erlebnis, Befahrnis, Begegnung, Erscheinung, Ausgang, Geschehnis, Lauf, Vorgang, Vorkommnis, Wendung. → Abenteuer, Angelegenheit, Begebnis, Episode, Erlebnis, Fall, Tatsache, Vorfall, Zwischenfall.

Begebnis Zwischenfall, Begebenheit, Episode, Ereignis, Tatsache, Erlebnis. → Abenteuer, Bescherung, Episode, Ereignis, Erzeugung, Fall, Lage, Vorfall.

begegnen anlegen, anliegen, angrenzen, anstoßen, widerfahren, zustoßen, darbieten, erleben, erleiden, erfahren, anrainen, berühren, nähern, entgegengehen, treffen, antreffen, anlehnen, anstreifen, näher kommen, vorrücken, entgegenkommen, nahen, herankommen, erreichen, ankommen, eintreffen, zusammenlaufen, zusammenfließen, vereinigen, einholen ● vorfallen, begeben, sich zutragen, sich darbieten, sich ereignen ● zusammenkommen, einführen, vorstellen, bekannt werden, Bekanntschaft anknüpfen, sich kennenlernen. → anstellen, sich betragen, passieren, umgehen. ▶ abweichen, auseinandergehen, entfernen sich, entfernt halten sich.

begegnen, sich → begegnen, beigesellen, beitreten, bekanntwerden.

Begegnung → Begebenheit, Episode, Erlebnis.

begehbar gangbar, betretbar, erschlossen. ● offen.

begehen gehen, wandern, betreten, durchstreifen, durchsuchen, durchqueren, bewandern, durchstreichen, besuchen, pilgern, besteigen, durchkreuzen, bereisen, befahren ● feiern, ehren, veranstalten ● sündigen, verüben, tun, verfallen, nicht lassen können, verfehlen, frönen, sich vergessen, freveln. → betreten, sich bewe-

gen. ▶ stehen bleiben, unschuldig (sein).

Begehr Gesuch, Anliegen, Ansuchen, Begehren, Bitte, Bittschrift, Eingabe ● Verlangen, Wunsch, Herzenswunsch, Ziel, Vorliebe, Wunschbild ● Bestreben, Hang, Bedürfnis, Gelüst,Wollen, Wille, Absicht, Neigung, Begierde, Laune, Ansinnen. → Absicht, Bedürfnis, Belieben, Bettelei, Bewerbung, Brandbrief, Eingabe, Erwartung. ▶ Genügsamkeit, Keuschheit.

Begehren → Auflage, Begehr, Begierde, Belieben, Gesuch, Lust.

begehren brauchen, benötigen, bedürfen, erfordern, verlangen, drängen um, nicht ermangeln können, nicht vermissen mögen, beanspruchen ● befehlen, anordnen, auferlegen, auftragen, verordnen, einschärfen, bescheiden, anweisen, verfügen, bestimmen, festsetzen ● bitten, ersuchen, ansuchen, fordern, erheischen, erbitten, einkommen um, angehen, ansprechen um, anrufen, nachsuchen, belästigen, bemühen, anhalten um, sich bewerben, bestürmen, belagern, anstreben, suchen ● Anrecht haben, zurückfordern, beharren, pochen, sein Recht erzwingen oder behaupten, Ansprüche erheben oder durchsetzen, einen Preis fordern, berechnen, einen Preis verlangen oder festsetzen oder in die Höhe treiben, Zahlung verlangen. → angehen, anhalten, aufzwingen, beanspruchen, befehlen, bekommen Lust, bemühen, beordern, bestehen auf, betteln, bewerben sich, bewerten, bitten, brauchen, drängen, entbrennen, erbeten, erfordern, ersehen, ersehnen, erwarten, finden Geschmack, mögen. ▶ geringschätzen, wunschlos (sein), zufrieden geben sich.

begehrend → ehrgeizig.

begehrenswert ansprechend, anziehend, ersehnenswert, erstrebenswert, reizend, wertvoll, wünschenswert, erwünscht, lieb, recht. → anziehend, appetitlich, ersehnenswert, erwünscht. ▶ reizlos.

Begehrer → Kandidat.

begehrlich ausschweifend, flatterhaft, genießerisch, leichtsinnig, sinnlich, ungezügelt, vergnügungssüchtig, geizig, geldgierig, raffgierig, habgierig, filzig, schäbig, engherzig, knickerig, erpicht, versessen, gewinnsüchtig, unersättlich, wucherisch, raubgierig, neidisch, mißgün-

stig, scheelsüchtig, unmäßig, maßlos, genußsüchtig, zügellos ● locker, frivol, unzüchtig, wollüstig, prasserisch, schwelgerisch, rauflustig.→ausschweifend, bacchantisch, bedürfnisvoll, buhlerisch, dirnenhaft, erotisch. ▶ mäßig, unschuldig, wunschlos.

Begehrlichkeit → Begierde.

begehrt → ersehnenswert, erwünscht.

Begehrung Festlichkeit ● Kontrollgang.

begeifern verleumden, herunterziehen, herabsetzen, beschimpfen, verunglimpfen, entehren, schänden, verlästern, lästern, verhöhnen, verspotten, schmähen, die Ehre verletzen, beleidigen, Übles oder Böses nachsagen, ins Gerede bringen, die Ehre abschneiden, den Ruf angreifen oder antasten, verdächtigen, durchhecheln, befetzen, besabbeln u, besabbern u, beseibern u.→angreifen. ▶ schmeicheln.

begeistern verführen, berücken, gewinnen, beeinflussen, bereden, einflüstern, einladen, auffordern, bestürmen, beschwatzen, betören, ködern, verlocken, den Mund wässerig machen, reizen, zureden, überzeugen, mit sich reißen, das Herz erobern, anspornen, anreizen, aufmuntern, anfeuern, erhitzen, anfachen, entflammen, das Feuer schüren, anstacheln, aneifern, antreiben, erwecken, anfeuern, aufmuntern, beseelen, das Blut in Wallung bringen, aufheitern, aufmöbeln u, von den Plätzen reißen (Zuhörer). → anregen, aufregen, beeinflussen, berühren, beseelen, bestechen, drängen, eingeben, Fahne fliegender mit. ▶ beruhigen, entmutigen, hemmen.

begeisternd → antreibend.

begeistert freudetrunken, Feuer und Flamme sein, dionysisch, verzückt, ekstatisch, enthusiastisch, entflammt, bezaubert, eingenommen, entbrannt, entzündet, ergriffen, gefesselt, gepackt, eifrig, feurig, hemmungslos, impulsiv, lebhaft, leidenschaftlich, rasend, stürmisch, temperamentvoll, unbändig, ungestüm, wild. → befangen, berauscht, entbrannt, entrückt, entzückt.▶ teilnahmslos.

Begeisterung Verzückung, Ekstase, Elan m, Schwung, Enthusiasmus m, Idealismus, Arbeitslust, Erregung, Entzücken, Rausch, Rührung, Wallung, Jubel, Beifall, Freudenbezeugung, Freudengeschrei, Freudentaumel, Frohlockung, Gejauchze, Triumphgeschrei, Stimmung, Aufgeräumtheit, Entzücken, Freude, Fröhlichkeit, Frohsinn, Gehobenheit, Laune, Lebhaftigkeit, Spannung, Aufregung, Feuer und Flamme, Fleiß, Spannkraft, Unverdrossenheit, Ausdauer, Beharrlichkeit, Unermüdlichkeit, Elastizität, Wärme, Eifer, Glut, Hitze, Inbrunst, Ernst, Leidenschaft, Herzlichkeit, Zuversicht, Vertrauen, Erwartung, Beherztheit, Kühnheit, Entschlossenheit, Unverzagtheit, Verwegenheit, Tollkühnheit, Zuneigung, Hinneigung, Hingabe, Bewunderung, Innigkeit, Aufopferung, Schwärmerei, Sehnsucht, Schmachten, Verlangen, Zauber, Bezauberung, Verehrung, Anbetung, Vergötterung, Besessenheit, Verzauberung, Zauberbann. → Affekt, Anlauf, Arbeitslust, Aufschwung, Aufsehen, Ausbruch, Beflissenheit, Begierde, Beharrlichkeit, Beifall, Beseligung, Bezauberung, Drang, Ehrgeiz, Ekstase, Enthusiasmus, Entzückung, Erröten. ▶ Bedachtsamkeit, Feigheit, Teilnahmslosigkeit, Trägheit, Widerwille, Verzweiflung.

Begeisterungsfähigkeit Begeisterung, Hingabe.

Begier → Begierde

Begierde Wille, Lust, Wunsch, Neigung, Begier, Trieb, Begehren, Geschäftigkeit, Munterkeit, Rührigkeit, Beweglichkeit, Hast, Ruhelosigkeit, Getue, Überhast, Überstürzung, Übereilung, Erregung, Verblendung, Berauschung, Rausch, Taumel, Begeisterung, Eindringlichkeit, Verlangen, Sehnsucht, Gelüst, Lüsternheit, Trachten, Schmachten, Streben, Gier, Habsucht, Hang, Vermessenheit, Ehrgeiz, Ehrsucht, Bedürfnis, Maßlosigkeit, Übermaß, Sinnlichkeit, Gelüste, Geilheit, Wollust, Verschwendungssucht, Genußsucht, Zügellosigkeit, Ausgelassenheit, Begehrlichkeit, Geschlechtstrieb, Fleischeslust. Begier, Sinnesrausch, Liebeswut, Kitzel, Brunst ● in die Nase stechen u, das Maul wäßrig machen u. → Bedürfnis, Begehr, Bemächtigung, Drang. ▶ Genügsamkeit, Keuschheit.

begierig erwartungsvoll, erwartend, mit verhaltenem Atem, in atemloser Spannung, mit offenem Munde, happig u, erpicht u, auf etwas scharf sein u, die Finger nach etwas lecken u, spannen u,

verrückt sein auf etwas, betriebsam, rührig, regsam, fleißig, ruhelos, rastlos, versessen auf. → ehrgeizig. ▶ gleichgültig, wunschlos.

begießen eingießen, bespritzen, besprengen, übergießen, überschütten, bewässern, anfeuchten, berieseln, betauen ● feiern, darauf wollen wir anstoßen, einen genehmigen, etwas trinken. → befeuchten, benetzen, durchnässen, einspritzen. ▶ austrocknen.

Beginn Eröffnung, Anstoß, Antrieb, Anlauf, Ansatz, Anbruch, Anschnitt, Anfangspunkt, -stadium, Basis, Grundsteinlegung, Ursprung, Quelle, Entstehung, Geburt, Geburtsjahr, Baujahr, Wiege, Abgangspunkt, Ausgangspunkt, Grundlage, Spitze, Kopf, Vorarbeit, Vorbereitung ● Ausmarsch, Abfahrt, Ablauf, Start, Abreise. → Anfang, Anlauf, Anzug, Einsatz. ▶ Ende.

Beginn, zu → eingangs.

Beginnen → Entstehung.

beginnen → anbahnen, anfangen, anfassen, arbeiten, aufrollen, auftauchen, einsetzen, ausführen, ausüben, debütieren, einfädeln, einführen, entspinnen, entsprießen, eröffnen.

beginnend einleitend, anfänglich, anfangs, vorausschickend, vorweg, erst, zuerst, zuvor, zuvorderst, ursprünglich, anfangend, angehend, bahnbrechend, von vorne versuchend, versuchsweise, probeweise. → eingangs. ▶ abschließend.

beglaubigen bezeugen, nachweisen, dartun, feststellen, anerkennen, verbürgen, bekräftigen, versichern, besiegeln, nachweisen, ausweisen, bekunden, belegen, legitimieren, bestätigen, versichern, beweisen, erklären, beschwören, beeidigen, erhärten, bekräftigen, beteuern, bürgen, verbürgen, gewährleisten, garantieren, einstehen für, bestallen, berufen, bestellen, akkreditieren. → anerkennen, aussagen, ausweisen, bestätigen, beweisen. ▶ aberkennen, ungültig (erklären), widersprechen, verleugnen, widersprechen.

beglaubigt gewiß, zutreffend, unzweifelhaft, tatsächlich, sicher, bestimmt, wirklich, entschieden, unzweideutig, unverkennbar, unleugbar, unfehlbar, ohne Fehl, zweifellos, zweifelsohne, unumstößlich, unbestreitbar, unfraglich, fraglos, verbürgt, glaubwürdig, bezeugt, amtlich, offiziell, dogmatisch, zuverlässig, wahrhaftig, untrüglich,

augenscheinlich, ersichtlich, handgreiflich, erwiesen, unstreitig, ausgemacht, natürlich, selbstverständlich, wahrlich, fürwahr, gewißlich, ausdrücklich, überzeugt, unverdächtig. → bedienstet, behördlich, beweisend, definitiv. ▶ unerwiesen, ungültig.

Beglaubigung Attest, Beweis, Diplom, Eid, Erweis, Nachweis, Zeugnis. ▶ Aberkennung, Verabschiedung, Widerlegung.

begleichen sühnen, büßen, gutmachen, Ersatz leisten, abtragen, tilgen, vergüten, entschädigen, ersetzen, opfern, abbüßen, ausbaden, die Zeche zahlen, sich reinigen, Abbitte leisten, um Verzeihung bitten, auswetzen. → abbüßen, abzahlen, ausbaden, ausgeben, bezahlen, bitten, decken, ordnen. ▶ bezahlen (nicht), unterlassen.

Begleichung → Abtragen, Befriedigung, Berichtigung, Entrichtung, Entlohnung, Rückzahlung.

begleiten → anstimmen, beigesellen, bewahren, bringen nach Haus, decken, geleiten, musizieren.

Begleiter → Beistand, Bekannter, Beschützer, Bewachung, Famulus, Freund, Kamerad, Teilnehmer.

Begleiterscheinung Umstand, Faktor, Wirkung. → Nebenwirkung.

Begleitung Anhängsel, Kamerad, Gespons, Ehehälfte, Satellit, Trabant, Schatten, Geleit, Bewachung, Anhänger, Gefolge, Gefährte, Freund, Beschirmer, Hirte, Hüter, Verteidiger, Vormund, Kurator, Kavalier, Ritter, Schildträger, Knappe, Aufseher, Wächter, Eskorte. → Bewachung, Schützer. ▶ Einsamkeit, Melodie, Wegnahme.

beglücken berauschen, berücken, bezaubern, entzükken, erfreuen, Freude bereiten oder machen, Wonne verursachen, Gutes erzeigen, wohltun, Vergnügen machen, aufheitern, erheitern, freudig, stimmen, anregen, belustigen, bestricken, beseligen, glücklich machen, hinreißen, für sich einnehmen, fesseln, lieben, betören, den Kopf verdrehen, das Herz gewinnen, an sich fesseln, sich aufdrängen, besuchen, bitten, befriedigen. → amüsieren, erfreuen, erfreuen mit. ▶ beschuppen, verdrießen.

beglücken mit → austeilen.

beglückt → beschwingt.

Beglückung → Entzücken, Freude.

beglückwünschen gratulie-

ren, Glückwunsch, darbringen, eine Freude ausdrücken, teilnehmen, mitfühlen, Glück wünschen, Empfinden aussprechen. ▶ beklagen, teilnahmslos (sein).
begnadet erwählt, hochbegabt. → talentiert, gottbegnadet.
begnadigen vergeben, verzeihen, nachsehen, amnestieren, Strafe schenken oder nachlassen, Gnade für Recht ergehen lassen, mit Milde behandeln, freisprechen, ein Auge schließen, lossprechen, entlassen, freigeben. ▶ bestrafen, hartherzig (sein).
Begnadigung → Ablaß, Amnestie, Ehrenrettung.
begnügen, sich zufrieden sein, sich fügen, ergeben, sich zufrieden geben, vorliebnehmen, sich nach der Decke strecken, es dabei belassen. ▶ unbefriedigt (sein)
begönnern → beistehen.
begraben vergessen, auslöschen, nicht mehr daran denken, verzeihen, aus dem Sinn verlieren, vergeben, nachsehen. → bestatten, vergeben. ▶ erinnern sich, zurückdenken.
Begräbnis → Bestattung.
begradigen → formen.
begreifen einleuchten, einsehen, erfassen, ergründen, lernen, nachfühlen, verstehen, durchschauen, erkennen, klar sehen, unterscheiden, sich bewußt sein, sich geschickt zeigen, sich klug erweisen, Verstand haben, auffassen, erlernen, sich auskennen, an den Fingern abzählen können, mitkommen, abklavieren können *u*, kapieren, intus haben *u*, fressen *u*, Laterne aufgehen *u*, schalten ● betasten, berühren, befühlen, anfühlen, angreifen, anfassen, in die Hand nehmen, befingern, antippen, fummeln *u*, befummeln *u*, tätscheln ● überraschen, erstaunen, stutzig werden, befremden, verblüffen, verwirren, bestürzen, verlegen machen, außer Fassung bringen, in Erstaunen setzen, nicht fassen können, sich nicht erklären können, seinen Augen nicht trauen, an seinem Verstand zweifeln, fassungslos dastehen, keine Worte finden, die Sprache verlieren, die Haare sträuben sich oder stehen zu Berge. → auffassen, bemeistern, bleiben bei der Sache, denken, durchschauen, einleuchten, erfassen, erkennen, erweichen. ▶ ablassen, bleiben zurück, faseln, unverständlich (bleiben).
begreifen, nicht → blamieren, bleiben zurück.
begreiflich → anschaulich,

einleuchtend, faßlich, verständlich.
begreiflich machen → auseinandersetzen.
begreiflicherweise → natürlich.
Begreiflichkeit → Bestimmtheit, Deutlichkeit.
begrenzen abschließen, enden, beenden, beschließen, aufhören, vollenden, besiegeln, krönen, zu Ende machen, auf sich beruhen lassen ● anstoßen, angrenzen, anrainen, berühren, anliegen, treffen, anspülen ● beschränken, einschränken, abgrenzen, eindämmen, abdämmen, umschließen, umgeben, umgürten, einfassen, umringen, einfriedigen, umhegen, einhegen, umzäumen, umhecken, umkreisen, einmauern, einpferchen, einsperren, einschließen. → beschränken, einfassen, entsagen. ▶ ausdehnen.
begrenzt klein, wenig, unbeträchtlich, unbedeutend, kleinlich, winzig, gering, geringfügig, schwächlich, spärlich, kärglich, beschränkt, eingeschränkt, knapp, notdürftig, elend, erbärmlich ● mäßig, ziemlich, mittelmäßig, unvollkommen. → eingekeilt, eng. ▶ unbegrenzt.
Begrenztheit Geschlossenheit, Endlichkeit, Enge, Einschränkung, Begrenzung, Schmalheit, Dünne, Dürre, Gedrängtheit ● Dichte. → Begrenzung, Einengung, Extrakt, Platzmangel. ▶ Ausdehnung.
Begrenzung Grenze, Platzmangel, Begrenztheit, Mindestmaß, geringe Ausdehnung, Umfassung, Gehalt, Inhalt, Ausmaß, Kleinigkeit, Winzigkeit, Zwerghaftigkeit, Geringheit, Kleinigkeit, Geringfügigkeit. → Barriere, Begrenztheit, Demarkation, Einheit.
Begriff Urbegriff, Idee *f*, Grundgedanke, Vorstellung, Gedachtes, Abstraktum, Gedanke, Eingebung, Inspiration, Vorstellungsinhalt, Vorstellungsablauf, Erinnerung, Bild, Apperzeption, Wahrnehmung, Empfindung, Reiz, Gefühl, Eindruck, Trugbild, Einbildung, Gedankenbild, Meinung, Ansicht, Auffassung, Standpunkt, Beleuchtung, Gesichtspunkt ● Überzeugung, Urteil, Glauben, Bekenntnis, Prinzip, Dogma ● Empfindung, Eindruck, Betrachtung, Erkenntnis, Einblick ● Geist, Sinn, Ausdruck, Bedeutung, Deutung, Zweck, Ziel ● einen Begriff haben, Bewunderung, hohe Meinung, Wertschätzung, Hochachtung, Würdigung ● Defini-

tion, Wesen, Wortbedeutung, Wortgebrauch, Wortsinn. → Ausdruck, Definition, Ding, Einblick, Gegenstand, Idee, Inhalt, Kenntnis, Sache, Wesen.
Begriff sein, im → augenblicklich, derzeit.
begrifflich unwirklich, nur gedacht, abstrakt. → ideell.
Begriffsbestimmung Erklärung, Auslegung, Erörterung, Erläuterung, Auseinandersetzung, Darstellung, Lesart, Aufschluß, Auskunft, Schlüssel, Auflösung. → Auslegung, Definition, Erklärung.
Begriffsbildung → Auslegung, Begriffsscheidung, Definition, Denkart.
Begriffsfolge → Begriffsscheidung, Beweis, Denkart, Schluß.
Begriffskreis → Gesichtskreis.
Begriffsmangel Dummheit, geistige Armut, Beschränktheit, Schwachsinn, Urteilslosigkeit, ▶ Begriffsvermögen, Denkvermögen.
Begriffsscheidung Überlegung, Bedenken, Nachdenken, Betrachtung, Nachsinnen, Nachgrübeln, Kopfarbeit, Aufmerksamkeit, Studium, Erforschung, Streben, Berechnung, Gedankentiefe, Gedankengang, Untersuchung, Prüfung, Forschung, Gedankenarbeit ● Begriffsbildung, Abstraktion, Begriffsfolge, Ideenverbindung, Ideenfolge, Ideenkette, Denkweise, Reflexion.
begriffsstutzig nicht mit Verstand oder Vernunft begabt, unvernünftig, albern, dumm, geistig träge, verkommen, verblödet, geistlos, schwerfällig, lahm, stur, klobig, geistesarm, borniert. ▶ klug.
Begriffsumfang → Inhalt.
Begriffsvermögen Verstand, Denkvermögen, Denkkraft, Auffassungsvermögen, Erkenntnisvermögen, Vernunft, Bewußtsein, Fassungskraft, Begabung, Verständnis, Urteilskraft, Einsicht, Schöpferkraft, Weisheit, Talent, Geistigkeit. → Denkvermögen, Erkenntnisvermögen. ▶ Begriffsmangel.
Begriffsverwirrung → Fehler, Haarspalterei.
begrübeln überlegen, nachgrübeln, ausklügeln, sinnen, denken, brüten, nachsinnen, sich besinnen, bedenken, nachdenken, mit sich zu Rate gehen, seine Gedanken sammeln, sich Gedanken machen, eine Sache beschlafen. → beschäftigen. ▶ leicht nehmen, unüberlegt (sein).
begründen einrichten, auf-

machen, etablieren, eröffnen ● beweisen, auf den Grund gehen, versuchen, probieren, experimentieren, prüfen, erweisen, urteilen, auslegen, deuten, kommentieren, dartun, demonstrieren, nachweisen, veranschaulichen, überführen, zeigen, aufzeigen, bekräftigen, belegen, bezeugen, erhellen, rechtfertigen, argumentieren. → ableiten, ausweisen, begrübeln, beimessen, beruhen, beweisen, darlegen, diskutieren, erweisen. ▶ beschuldigen, fehlschießen, widerlegen, widersprechen.

begründend → ausschlaggebend.

begründet gesichert, fundiert, unangreifbar, hiebfest, durchdacht, erprobt, überlegt. → abhängig, angemessen, authentisch, demnach, denkgerecht, folgerichtig, richtig. ▶ unbegründet.

begründet auf → demgemäß, demzufolge.

Begründung → Argument, Auskunft, Beweis, Beweisführung, Erweis, Nachweis, Rechenschaft, Schluß.

begrünt → blühend.

begrüßen → anreden, befürworten, grüßen, Ehre schenken.

begrüßt → erwünscht, lieb.

Begrüßung Verneigung, Verbeugung, Bückling, Kratzfuß, Handschlag, Händedruck, Umarmung, Handkuß, shakehands M.

begucken → anschauen, beschauen, besehen.

begünstigen Vorteile verschaffen, favorisieren, vorziehen, vorschieben, bevorzugen, höher einschätzen, lieben, den Vorrang geben, Vorrecht einräumen, Gunst gewähren, sein Herz verschenken an, umschmeicheln, hegen, fördern, gut behandeln, unterstützen, bemuttern, Wohltat erweisen, Freundschaft zeigen, Liebesdienst erweisen ● entbinden, erleichtern, entlasten, entbürden, befreien, erlauben, gestatten, bewilligen, dulden, genehmigen, willfahren, vergönnen, zugeben, bevollmächtigen, ermächtigen, berechtigen. → bevorzugen. ▶ schikanieren, verhindern, zurückstellen.

begünstigt → beneidenswert.

Begünstigung → Ausnahme, Beistand.

begutachten → abwägen, beurteilen, charakterisieren, deuten, ermessen, probieren, schätzen, zensieren.

Begutachter → Experte, Fachmann.

Begutachtung → Betrachtung, Bewertung, Durchsicht, Kontrolle, Kritik.

Begutachtungsinstanz → Jury.

begütert wohlhabend → bemittelt, reich.

begütigen beruhigen, besänftigen, abschwächen, beschwichtigen, entwaffnen ● lindern, mildern, erweichen, bezähmen, bezwingen, unterdrücken, eindämmen, hemmen, zügeln, stillen, abstumpfen, zähmen, dämpfen, erleichtern, einschläfern, zur Vernunft oder Ruhe bringen, Frieden stiften, aussöhnen, versöhnen, ausgleichen, befrieden, befriedigen, Vergleich anbahnen, Mißverständnis beheben oder aufklären ● trösten, lindern, aufmuntern, aufheitern, ermutigen, stärken, erquicken, laben, beleben, erfrischen, helfen, heilen, Hoffnung wecken, Trost spenden, Trauer verscheuchen, Tränen trocknen, neu beleben, Balsam in die Wunde träufeln. → aussöhnen, befrieden, befriedigen, besänftigen, dämpfen, entwaffnen. ▶ aufregen, streiten.

Begütigung → Abklingen.

behaart → bärtig, borstig, faserig.

behäbig zufrieden, vergnügt, heiter, genügsam, bescheiden, behaglich, gemütlich, wohlig, mollig, geduldig, gottergeben, resigniert, gelassen ● langsam, träge, allmählich, schrittweise, unmerklich, faul, schläfrig, im Schneckengang, schwerfällig, phlegmatisch. → arbeitsunfähig. ▶ beweglich, ungemütlich.

behaftet innewohnend, anerschaffen, angeboren, eingefleischt, geartet, eingewurzelt, anerzogen, anhaftend, ererbt, instinktmäßig, gewohnt, überbracht, eingebürgert, gebräuchlich, üblich, herkömmlich. → krank. ▶ gesund, ungewöhnlich.

behaftet sein → angeboren, chronisch, krank.

Behagen → Befriedigung, Dämmerstündchen, Daseinsfreude, Ergehen, Freude, Lebensfreude.

Behagen verursachen → ansprechen.

behagen Vergnügen machend, erfreuen, freudig stimmen, vergnügen, wohlbehagen, belieben, bequem sein, brauchbar sein, dienlich sein, entsprechen, gefallen, genehm sein, passen, sich eignen, zusagen, konvenieren, erquicken, befriedigen, erfrischen, laben, aufmuntern, ansprechen, belustigen, beseli-

gen, beglücken, gefangennehmen. → belieben, erfreuen sich. ▶ verdrießen.

behaglich angenehm, wohnlich, gemütlich, labend, herzstärkend, zusagend, trefflich, herrlich, einladend, appetitlich, ansprechend, wohltuend, ergötzlich, bequem, schön, schläfrig, gemächlich, erleichtert, entlastet, entbunden, erfreulich, lauschig, sorgenfrei, unbekümmert, kommod, glücklich, beseligt, zufrieden, sauwohl u, kuschelig u. → angenehm, anspruchslos, behäbig, bequem, gemütlich. ▶ angestrengt, lästig, ungehaglich.

behaglich machen → anordnen, aufheitern, bequem.

Behaglichkeit → Befriedigung, Behagen, Bequemlichkeit.

behalten anhäufen, aufbewahren, behaupten, behüten, beibehalten, bewahren, erinnern, sammeln.

Behälter Hülle, Etui s, Kasten, Dose, Sack, Tube, Tüte, Blase, Bläschen, Börse, Beutel, Kapsel, Kästchen, Gefäß, Röhre, Sack, Schlauch, Kolben, Kiste, Koffer, Mappe, Büchse, Köcher, Ranzen, Affe u, Felleisen, Tornister, Knappsack, Brotsack, Rucksack, Futteral, Vase, Geschirr, Gerät, Topf, Pott u, Hafen, Pfanne, Kasserolle, Kessel, Korb, Truhe, Trog, Mulde, Gelte Bütte, Reff, Hotte, Kübel, Napf, Krippe, Reservoir, Becken, Kufe, Küpe, Faß, Tonne, Tank, Eimer, Zuber, Butte, Bottich, Wanne, Krug, Kanne, Waschschüssel, Flasche, Feldflasche, Trinkschale, Tasse, Bowle, Kelch, Becher, Glas, Trinkhorn, Pokal, Humpen, Liter, Schoppen, Maß, Seidel, Schnitt, Schüssel, Schale, Kump u, Platte, Teller, Löffel, Schöpfer, Schrank, Spind, Kommode, Schubfach, Schublade, Geldschrank, Pult, Schreibtisch, stummer Diener, Anrichte, Büffet, Gestell, Bücherbrett, Bord, Kasse, Kassette, Fach, Lade, Kolli, Koffer, Tasche, Behältnis, Depot, Silo, Kofferraum, Tresor. → Ballon, Dose, Eimer.

Behältnis → Ballon, Behälter, Eimer, Futteral, Gefäß.

behämmern → bestrafen.

behämmert bekloppt, töricht, dümmlich.

behandeln → abfassen, ausarbeiten, ausführen, kurieren.

behandeln, schlecht → auswischen, beleidigen.

Behandlung Anwendung, Ausführung, Ausübung, Gebrauch, Hantierung ● Pflege, Verfahren, Verwendung, Wartung, Heilung, Kur, Diät, Bestrahlung, Bad, Massage, Operation, Eingriff ● Handhabung, Bewerkstelligung, Regelung, Gebarung, Beaufsichtigung, Kontrolle, Lenkung, Leitung, Steuerung. → Besorgung, Leistung.

Behang Vorhang, Schleier, Umhang, Blende, Gardine, Storen. → Bedeckung, Blende.

behängen bedecken, verdecken, zudecken, überdekken, einhüllen, umhüllen, verhüllen, zuhängen, verhängen, einschlagen, ausschlagen, ankleiden, anziehen, anlegen ● zieren, schmücken, verschönen, ausputzen, betressen, besäen, herausstaffieren, dekorieren, bewimpeln, beflaggen, bekränzen, sich in Putz werfen, in Samt und Seide, prunken, Pomp machen, Geschmeide und Juwelen anlegen, Orden tragen. → ausschlagen, ausschmücken, bedecken. ▶ abdecken, abnehmen.

beharren → anhalten, ausdehnen, ausharren, beeiden, begehren, behaupten, bestehen, bestehen auf, biegen, dabei bleiben, dauern, durchhalten, ertrotzen, festhalten, feststehen.

beharrlich ausdauernd, beständig, erpicht, fest, gerade, hartnäckig, ohne Wanken, stetig, unaufhörlich, unermüdlich, unwandelbar, verbissen, zielbewußt, fortwährend, immer, von Tag zu Tag, nicht locker lassen, sich daran halten, von Anfang bis zu Ende. → andauernd, ausdauernd, beständig, charakterfest, chronisch, dauerhaft, dauernd, eisern, erpicht, fanatisch, konstant, zäh. ▶ sprunghaft, träge, wankelmütig.

Beharrlichkeit Entschiedenheit, Entschlossenheit, Festigkeit, Standhaftigkeit, Beständigkeit, Unveränderlichkeit, Unbeugsamkeit, Unerschütterlichkeit, Ausdauer, Starrsinn, Verstocktheit, Hartnäckigkeit, Energie, Kraft, Mut, Begeisterung, Streben, Zielstrebigkeit, Zielbewußtsein, Pflicht, Schuldigkeit, Verpflichtung, Drang, Sorglosigkeit, Unverfrorenheit, Härte, Kaltblütigkeit, Stumpfsinn, Gemütsruhe, Gelassenheit, Unempfindlichkeit ● Verstocktheit, Verhärtung, ungerührtes Gewissen, ohne Reue. → Arbeitslust, Ausdauer, Begeisterung, Bemühung, Beständigkeit, Dauer, Ehrgeiz, Eifer, Emsigkeit, Ent-

schiedenheit, Entschlossenheit, Ewigkeit, Fleiß, Wille. ▶ Flüchtigkeit, Trägheit, Wankelmut.

Beharrung → Beständigkeit.
Beharrungsvermögen → Beständigkeit.

behauen abtrennen, absondern, abbrechen, abhauen, absplittern, abbröckeln, abspalten, abschlagen, kürzen, verkürzen, weghauen, abkappen, stutzen, gestalten, formen, ausarbeiten, meißeln, aushauen, aushämmern, modellieren, Form geben, bearbeiten, aus dem Groben arbeiten. → anfertigen. ▶ unbehauen (lassen), verbindung.

behauptbar → beweisend, erweislich.

behaupten bejahen, bestätigen, feststellen, festsetzen, ausweisen, beweisen, erklären, bekennen, bekräftigen, aussagen, beteuern, bestehen auf, dabei bleiben, beharren, betonen ● verneinen, verleugnen, widersprechen, in Abrede stellen, bestreiten, abstreiten, abschwören, in Frage ziehen, bezichtigen, beschuldigen, zeihen ● behalten, nicht aufgeben, nicht loslassen, bewachen, behüten, nicht aus den Augen lassen, beanspruchen, beharren, erzwingen, Ansprüche durchsetzen ● anklagen, beschuldigen, bezeihen, zuschreiben, zur Last legen, in die Schuhe schieben, vorhalten, vorwerfen, ins Gesicht schleudern, verdächtigen, vorbringen, anbringen, anzeigen, anschwärzen. ▶ beeiden, behüten, beibehalten, berufen sich, beschwören, bringen zum Schweigen, beschuldigen, eingestehen, erhärten, festhalten, versichern. ▶ aufgeben.

behaupten, sich → bestehen, bemeistern, bleiben, durchsetzen sich, feststehen.

Behauptung → behaupten, Grundsatz, Kampf.

behausen → einlogieren.

Behausung → Aufenthaltsort, Elternhaus, Heim, Obdach, Unterkunft.

beheben → ausbessern, beikommen, beseitigen, ausmerzen.

beheimaten → einbürgern, eingesessen.

beheimatet → ansässig, beheimaten, daheim.

Behelf Ausflucht, Ausweg, Deckmantel, Aushängeschild, Winkelzug, Ausrede, Notlüge, Umgebung, Blendwerk, Entstellung, Verkleidung, Verhüllung, Vorspiegelung, Finte, Fallstrick, Entschuldigung, Schlupfloch, Beschönigung, Eselsbrücke ●

Notmittel, Hilfsmittel, Notnagel, Notmast, Notanker, Ersatz, Strohmann, Lückenbüßer ● Mithilfe, Stütze, Beistand, Hilfe, Unterstützung. → Aushilfe, einmal ist keinmal, Ersatz, Mittel.

behelfen, sich genötigt sein, müssen, nichts anderes können, keine Wahl haben, nichts anderes erübrigen, nichts übrig haben, sich forthelfen, sich darein finden, fügen, gezwungen sein, sich nach der Decke strecken, entbehren müssen, gebrechen an, in Armut leben, arm sein, Mangel leiden, ein klägliches Dasein fristen, sich kümmerlich durchbringen, von der Hand in den Mund leben, darben. ▶ schöpfen aus dem Vollen.

behelfsmäßig (-weise) → provisorisch.

behelligen → angreifen, anrempeln, ärgern, aufhalten, belästigen, befeinden, durchkreuzen, stören.

behend → anstellig, eilfertig.

behende → beflügelt, beschwingt, eilends, fix, rasch.

Behendigkeit Hurtigkeit, Flinkheit, Raschheit, Rührigkeit, Lebhaftigkeit ● Geschicklichkeit, Gewandtheit, Fertigkeit, Geschick, Anstelligkeit, Gelenkigkeit, Leichtigkeit, Geläufigkeit, Raschheit. ▶ Trägheit, Ungeschicklichkeit.

beherbergen unterbringen, einquartieren, beschirmen, beschützen. → bewirten, einlogieren ▶ ausquartieren.

beherrschen bezwingen, unterdrücken, zurückhalten, eindämmen, hemmen, zügeln, zähmen, unterjochen, bändigen, überwältigen, bemeistern, am Gängelband führen u, um den Finger wickeln können, an der Strippe oder Leine haben u ● hoch sein, emporragen, überragen, überstiegen, bedecken, erheben ● Macht haben, - besitzen, - genießen, - ausüben, herrschen, regieren, unter dem Pantoffel haben u, den Pantoffel schwingen u, befehlen, lenken, leiten, kommandieren, heischen, gebieten, diktieren, Gehorsam fordern, das Zepter führen, die Hosen anhaben, das Ruder fassen, die Zügel halten, lenken, tyrannisieren, in Furcht halten, das Übergewicht erlangen, in die Tasche stecken. → anziehen, ausstechen, beeinflussen, beruhigen, besänftigen, bezähmen, dämpfen, siegen, wissen. ▶ aufbrausen, erniedrigen, Fassung verlieren die, unterliegen.

beherrschen, sich seine Gefühle ersticken, sich überwinden, hinunteressen, in sich hinein fressen, einstecken, hinunterwürgen, eindämmen, zurückhalten, enthalten, zurückdrängen, hemmen, dämpfen, unterdrücken, zügeln, sich im Zaume halten, verbeißen, die Hände in die Tasche stecken, Fäuste machen, bemeistern, sich selbst besiegen, den Willen einschläfern, den Sturm beschwören, Ruhe behalten oder bewahren, sich nicht aus der Ruhe bringen lassen, eisig werden, ruhig Blut bewahren, auf die Zähne beißen, den Teufel tun u, sich bremsen können u. ▶ aufbrausen.

beherrschend einflußreich, gewichtig, stark, triftig, vorherrschend, tonangebend, ausschlaggebend, maßgebend, angesehen, einen langen Arm haben, am Drücker sitzen u ● allvermögend, überlegen, mächtig, unabhängig, uneingeengt, fortschrittlich, gewaltig, überragend, herrisch, gebieterisch, absolut, allgewaltig, befehlerisch, diktatorisch, dominierend. ▶ einflußlos, unterlegen.

beherrscht gefaßt, kaltblütig, unerregbar, unempfindlich, leidenschaftslos, ruhig, kühl, kalt, besonnen, gesetzt, gesammelt, gelassen, ernst, still, nüchtern, gleichmütig, unerschütterlich, unbeweglich, unbeeinflußt, eindrucksslos, gleichgültig, stoisch, zynisch, standhaft, kühl bis ans Herz, nicht aus der Ruhe zu bringen. ▶ auffahrend, leidenschaftlich.

Beherrschtheit → Besonnenheit, Engelsgüte, Fassung.

Beherrschung Gefaßtheit, Ruhe, Unerschütterlichkeit, Festlichkeit, Gesetztheit, Leidenschaftslosigkeit, Ernst, Gravität, Würde, Bedacht, Besonnenheit, Gelassenheit, Gleichmut, Sammlung, Fassung, Nüchternheit, kaltes Blut, Kälte, Kraft, Stärke, Mut, Langmut, Lammsgeduld, Geduld, Unterdrückung, Abtötung ● Enthaltsamkeit, Genügsamkeit, Einfachheit, Selbstentsagung, Überwindung, Bezähmung, Beschränkung, Standhaftigkeit, Selbstbeherrschung, Enthaltung, Abstinenz. → Beeinflussung, Beruhigung, Diät, Ernst, Haltung. ▶ Heftigkeit, Unmäßigkeit, Unruhe, Willensschwäche.

beherzigen empfänglich sein, berührt, sich zu Herzen nehmen, beachten, folgen, Rat annehmen, bedenken, überlegen, erwägen, sich beschäftigen mit, aufmerksam, sich merken, zuhorchen, berücksichtigen. ▶ Wind schlagen in den.

beherzigenswert → A und O, beachtlich, wichtig.

beherzt → brav, charakterfest, chevaleresk, entschlossen, herzhaft.

Beherztheit → Begeisterung, Courage, Entschlossenheit, Fassung, Mut.

behexen zaubern, beschwören, bannen, bezaubern, verzaubern, Geister rufen, den Teufel beschwören, verhexen, verwünschen. → Blick böser.

behilflich → bedienen, dienlich, dienstbereit, förderlich.

behilflich sein → bedienen, beraten, beteiligen sich, bringen auf die Beine, dienen, Hand im Spiel haben, helfen.

behindern → ärgern, aufhalten, durchkreuzen, hemmen, stören.

behindert → gehemmt.

Behinderung → Anstand, Ausschluß, Barriere, Beschlagnahme, Einhalt, Embargo, Hindernis.

behorchen → aufpassen, belauern, beschatten.

Behörde Amt, Obrigkeit, Regierung, Verwaltung. → Amt, Dienstweg.

behördlich amtlich, offiziell, beglaubigt, authentisch, gesetzlich, öffentlich, staatlich. → amtlich, bestimmt, beweisend, dokumentarisch.

behufs um zu, wegen, betreffs, auf daß, deshalb, deswegen, zwecks, aus diesem Grunde, halber, demnach, demgemäß, sonach, also, indem, da, weil, vermöge, eigens, ausdrücklich. → darum.

behürden → beeinträchtigen.

behüten behalten, festhalten, bewahren, aufbewahren, zurückhalten, aufgeben, behaupten, nicht loslassen, bewachen, hüten, nicht aus dem Auge lassen, beistehen, beschirmen, umsorgen. → aufheben, behaupten, beibehalten, bestehen, beschützen, bewachen, bewahren, bringen unter Dach, decken, einstehen. ▶ gefährden (sich), Glatteis führen aufs, weggeben.

behutsam → aufmerksam, bedachtsam, bedächtig, beflissentlich, Eile mit Weile, gehen auf Eiern, erwägend, sachte, sorgfältig, vorsichtig.

behutsam sein → achtgeben.

Behutsamkeit Vorsicht, Umsicht, Bedacht, Besonnenheit, Selbstbeherrschung, ruhiges Blut, Verschlossenheit, Klug-

heit, Achtsamkeit, Sorgfalt, Bedächtigkeit, Hingabe, Wachsamkeit, Einsicht, Überlegung, Besorgnis, Rücksichtnahme, Fürsorge, Gewissenhaftigkeit. → Beflissenheit, Besonnenheit. ▶ Unbesonnenheit, Unvorsichtigkeit.

bei nahe, dicht, benachbart, anstoßend, angrenzend, daneben, nebenan, gegenüber, nebenbei, beisammen, zusammen, anliegend, in der Nähe von, dabei, aneinandergereiht ● annähernd, annäherungsweise, ungefähr, im Zustande von, auf Grund von, trotz, in der, unter ● auf dem laufenden, à jour. → an. ▶ fern.

bei alledem trotz, bei dem allem.

bei Kräften sein Kräfte haben. ▶ kraftlos sein.

beibehalten behalten, festhalten, halten, bewahren, zurückhalten, nicht aufgeben, behaupten, nicht loslassen, behüten. ▶ ablegen, wechseln die Gesinnung.

beibiegen → beibringen, andeuten.

Beiblatt → Beilage.

Beiboot → Boot.

beibringen mischen, beimengen, beirühren, einrühren, durcheinanderschaufeln, zusammenwerfen, schütteln, einkneten, hineinbrauen, schwängern mit, versetzen, einschalten, einlegen, einschieben, einflechten, verbinden ● beweisen, nachweisen, erhellen, bekunden, belegen ● erklären, predigen, ermahnen, lehren, unterrichten, unterweisen, anleiten, eintrichtern, einbleuen, einpauken, einprägen, einschustern ● beschaffen, besorgen, erwerben, heranholen, verschaffen, auftreiben → abrichten, aneignen, anführen, aufklären, aufwerfen, aufzeihen, ausbilden, ausweisen, belehren, beschaffen, drillen. ▶ aussondern, dunkeln lassen im.

Beichte Geständnis, Confessio f, Sakrament, Schuldgeständnis, Selbstbekenntnis, Sündenbekenntnis, Enthüllung, Eröffnung, Darlegung, Aussprache, Erguß, Ausschüttung, Vertraulichkeit, Erleichterung. → Bekenntnis, Berichtigung, Enthüllung. ▶ Verstocktheit.

beichten enthüllen, eröffnen, offenbaren, aufdecken, die Wahrheit bekennen, Farbe bekennen, sich schuldig bekennen, gestehen, das Gewissen erleichtern, sich entlasten, sich befreien von Schuld, sich reinigen, das

beruhigen, die Sünden bekennen, sich anvertrauen. → abladen, anvertrauen, auspacken. ▸ verheimlichen.
beide zwei, gepaart, paarig, paarweise, zween, zwo. ▸ einzeln.
beiderseitig → beiderseits.
beiderseits gegenseitig, wechselseitig, wechseln, abwechselnd, beiderseitig, paarweise, wechselweise. → abwechselnd. ▸ einerseits.
beidrehen *sm* beilegen, festlegen, den Anker werfen, stoppen, anhalten, Segel reffen, Fahrt unterbrechen, landen, vor Anker gehen, anhalten, Fahrt verlangsamen, Richtung oder Kurs ändern. → anhalten. ▸ abdampfen, entfernen sich.
beieinander → bei, zusammen.
Beifahrer → Fahrgast.
Beifall Applaus *m*, Akklamation, Anklang, Auszeichnung, Belobigung, Bewunderung, Billigung, Einverständnis, Huldigung, Lob, Wertschätzung, Würdigung, Zustimmung, Beliebtheit, Gutheißung, Begeisterung, Freudenbezeugung, Freudengeschrei, Freudentaumel, Frohlockung, Gejauchze, Jubel, Triumphgeschrei, Klatschen, Echo, Zuruf. → Anerkennung, Begeisterung. ▸ Ablehnung, Teilnahmslosigkeit.
Beifall finden → ansprechen.
Beifall spenden applaudieren. → beloben.
Beifall zollen → anerkennen.
beifallen → einfallen.
beifällig bejahend, einhellig, einmütig, einstimmig, unwidersprochen. ▸ ablehnend.
Beifallsspender → Claqueur.
beifolgend hinzugefügt, beigeschlossen, beiliegend, ergänzend, anknüpfend, in Ergänzung, anhängend, beigeordnet, beigepackt, einverleibt, angeheftet mit, zugleich, zusammen mit, beigelegt, beigefügt. → beiliegend, damit, ferner. ▸ abzüglich.
beifügen hinzufügen, addieren, vereinigen, verbinden, ansetzen, hinzusetzen, beitragen, beilegen, beischließen, anschließen, beiordnen, beipacken, einverleiben, anheften, anreihen, einreihen, angliedern, anschlagen, einpfropfen, pelzen, einlegen, einschieben, einflechten, verbinden ● einrühren, einmischen, einmengen, vermischen, beirühren, durcheinanderschaufeln, zusammenschütteln, zusammenwerfen, dazukneten, hineinbrauen, schwängern mit, versetzen mit ● eintröpfeln, eingießen,

einspritzen, übergießen, überschütten, übertragen auf, verquicken, amalgamieren, legieren, verwickeln, fälschen, verfälschen. → anschlagen, bilden, dazukommen, einrechnen, ergänzen. ▸ weglassen.
Beifügung Kennzeichen, Merkmal, Sinnbild, Attribut, Anhängsel, Anhang, Annex, Appendix, Apposition, Augment, Beisatz, Beisteuer, Beiwerk, Dreingabe, Endung, Suffix, Ergänzung, Koda, Komplement, Mehr, Nachsatz, Nachschrift, Nachtrag, Plus, Postscriptum, Präfix, Vorsilbe, Prozente, Summand, Supplement, Vorort, Vorstadt, Zubehör, Zugabe, Zulage, Zusatz, Zuwachs, Zuwaage, Zuzug, Addition, Anschluß, Beitritt, Hinzufügung, Einlage, Beilage, Beischluß, Einschluß, Inhalt, Aufnahme, Beiordnung, Einreihung, Einschluß, Eintritt, Mischung, Schwängerung, Einflößung, Übertragung, Beimischung, Zutat. → Anhang, Anmerkung, Anschluß, Beilage, Einlage, Einschluß, Ergänzung. ▸ Weglassung.
Beigabe → Beifügung, Beilage, Beitrag.
beige falb, gelb, gelbgrau, gelblich, sandfarben.
beigeben klein beigeben, sich nicht trauen, bejahen, anerkennen, zugestehen, zulassen, bewilligen, sich unterwerfen, gehorchen, zu Kreuz kriechen, sich beugen, die Waffen strecken, den Nacken beugen, sich ergeben, Ja und Amen sagen. →beifügen, einrenken. ▸ lassen nicht locker, weglassen.
beigefügt → beifolgend, beifügen, beigeben, beigeordnet.
beigegeben → anliegend.
beigelegt → beifügen, beigeben.
beigenannt → benannt, benennen.
beigeordnet enthalten, mitgerechnet, beigezählt, aufgenommen, eingeordnet, eingereiht, beigefügt, hinzugefügt, inbegriffen, einbegriffen, eingeschlossen, einschließlich, zugehörig, in sich fassend, im ganzen genommen, alles in allem, bildend, bestehen aus ● vereinigt, verbunden, gepaart, anfolgend, anbei, mit, samt, zusammen, und, Seite an Seite, Hand in Hand, Arm in Arm. → beifolgend, beiliegend, beisammen. ▸ allein, ausgenommen.
Beigeordneter Attaché. → Beauftragter, Bürgermeister.
beigepackt → beifolgend, beiliegend

beigeschlossen → beifolgend, beifügen, beiliegend, damit, ferner.
Beigeschmack Geschmack von, Anhauch, Anflug von, Unterton, Nebengeschmack, Spur von, Nachgeschmack. → Aroma. ▸ Geschmacksleere, Fadheit.
beigesellen verbinden, vereinigen, zusammenkuppeln, zugesellen, hinzufügen, paaren, kreuzen, verehelichen, zusammengehen, anketten, anpfählen, verloben, verheiraten, kopulieren, sich scharen, hinzutreten, gruppieren, einberufen, hinzudrängen, hinzuströmen, anwerben, zusammenscharren, zusammenfassen, anreihen, begleiten, folgen, anschließen, einhängen, den Arm geben, den Arm reichen, beteiligen, verbünden, verbrüdern, zueinander halten, sich verschwören, verkehren, umgehen mit, sich begegnen, treffen, aufsuchen, beisammenstecken. → beitreten. ▸ auseinandergehen.
Beihilfe Vorschub, Mithilfe, Hilfeleistung, Handreichung, Dienstleistung, Stütze, Beistand, Hilfe, Unterstützung, Bedienung, Bemühung, Gefälligkeit, Mitwirkung, Beitrag, Förderung, Hilfsdienst, Nachhilfe. → Almosen, Beistand, Bemühung. ▸ Hintertreibung.
beikommen gleichkommen, gleichstehen, auf gleicher Höhe stehen, auf einer Stufe stehen, dasselbe erreichen, die Waage halten, nicht zurückbleiben, Schritt halten, wetteifern, ausgleichen ● nähern, näher kommen, anrücken, vorrücken, nahen, herankommen, herandrängen, heraneilen, heranlaufen, auf der Ferse folgen ● entdecken, erkunden, ausforschen, auffinden, herausfinden, aussinnen, ersinnen, erdenken, ausdenken, studieren, ausgrübeln, ausklügeln, auftreiben, erhaschen, erjagen, aufstöbern, ausfindig machen, ermitteln, ausschnüffeln, den Braten riechen, auf die Spur kommen, aufspüren, Wind bekommen, auf die Fährte kommen, durchschauen, an den Tag bringen, erwischen, fangen ● erwerben, gewinnen, erhalten, erlangen, bekommen, verschaffen, finden, sichern, ergattern, sich bemächtigen, ergreifen, erfassen, erbeuten, erobern, erarbeiten, erringen, erschleichen. → Ferse folgen auf der. ▸ entfernen sich, Kürzern ziehen, Mühe sparen sich, übergreifen, verloren.
beikommen, nicht ungleich,

verschieden, halbwertig, unerreicht ● vorherrschen,überwiegen, übertreffen, überhand nehmen, den Vorteil haben ● den Vorrang einräumen, einen Vorsprung geben, zu kurz kommen, nicht erreichen, über den Kopf wachsen, kleiner sein, geringer sein, zurück bleiben, den kürzeren ziehen, nicht einholen, entfernt sein, entfernt bleiben, unvollkommen sein, nicht gleichkommen, zurückstehen, sich nicht bewähren, versagen, erfolglos bleiben, schlecht davonkommen, abblitzen, mit langer Nase abziehen, zurückweichen müssen, sich umsonst bemühen, vergeblich sich abmühen, sich umsonst anstrengen, aufsitzen, sitzen bleiben,überstimmt werden, durchfallen, leer ausgehen, das Feld räumen müssen, sich blamieren, ausgleiten, zu Fall kommen, zu Grunde gehen, scheitern, ins Hintertreffen geraten, untergehen, verderben ● unempfindlich bleiben, nicht berührt werden, nichts fragen nach, sich nicht kümmern um, kalt bleiben, versteinert, verhärtet, in den Wind schlagen. ▶ beikommen, erlangen, gleichkommen.

Beilage Einlage, Anlage, Beifügung, Beischluß, Einschluß, Inhalt, Zugabe, Zubehör, Dazugehöriges, Ergänzung, Zusatz, Zutat, Zulage, Nachtrag, Anhang, Nachschrift, Anhängsel, Beiwerk, Beimischung, Beifügung, Beiblatt. → Aufnahme, Beifügung. ▶ Weglassung.

beiläufig bisweilen, gelegentlich, längstens, spätestens, nebenbei, nebensächlich ● beinahe, nahezu, bald, gegen, etwa, um ein Haar, haarscharf, ungefähr, fast, etwas, eigenes, etliches, auch, noch, hinzugefügt, überflüssig, dabei, zudem, weiter, des weiteren, ferner ● unbeabsichtigt, zufällig, aufs Gratewohl, blindlings, leichtfertig, leichtsinnig, auf gut Glück, absichtslos, vorsatzlos, unvorsätzlich, unbewußt. → cirka, daneben, dazu, episodisch, ferner. ▶ beabsichtigt, hervorgehoben, unaufhörlich.

beilegen → abblasen, anhalten, ankommen, ausgleichen, aussöhnen, befrieden, befriedigen, beidrehen, beifügen, beruhigen, dazukommen, Einklang bringen, ergänzen, schicken, vermitteln.

Beilegung Versöhnen, Aussöhnen, Ausgleich, Vergleich, Vermittlung, Übereinkommen, Vereinbarung, Schlichtung, Erledigung, Ab-

findung, Kompromiß, Vergebung, Versöhnung, Entbindung, Vertrag, Entschuldigung, Abbitte, Ehrenerklärung. → Abbitte, Befriedigung, Berichtigung. ▶ Zerwürfnis.

beileibe nicht durchaus nicht, nicht, nein, weit entfernt davon, fern davon, Gott behüte, auf keinen Fall, keinesfalls, nie und nimmer, nicht für Geld und gute Worte, nicht ums Verrecken *u*, nicht für fünf Pfennige *u*, i wo *u*. ▶ tatsächlich.

Beileid Beileidsbezeugung, Kondolenzbesuch, Tröstung, Zuspruch, Mitgefühl, Anteilnahme, Herz haben, Mut zusprechen, Trost geben. ▶ Teilnahmslosigkeit.

beiliegend hinzugefügt, beigeschlossen, beifolgend, ergänzend, beigepackt, angeheftet, eingehängt, beigeordnet, in der Anlage, als Beilage. → anliegend, beifolgend, damit, ferner. ▶ abzüglich, außer.

beimengen → beifügen, beibringen, einmengen.

beimessen zuschreiben, beilegen, ableiten, herleiten, auslegen, begründen, beschuldigen, zeihen, anklagen, zur Last legen, verantwortlich machen, die Schuld aufbürden, verdächtigen ● für wichtig halten, hervorheben, für belangreich halten, ernst nehmen, dringend erachten, als triftig ansehen, nachdrücklich fordern. → belangen, beschuldigen. ▶ beiseite legen, belanglos (sein), rechtfertigen.

beimischen → einverleiben.

Beimischung → Beifügung, Beilage.

Bein Stütze, Stützpunkt, Knochen, Elfenbein, Glied, Gliedmaßen, Schenkel, Stelzbein, Wade, Lauf *j*, Branken *j*, Ständer *j*, Stempel *u*, Haxe *u*, O-Beine, X-Beine, Säbelbeine *u*.

Bein stellen eine Schlinge legen, zum Sprung ausholen, aus dem Hinterhalt anfallen, zu Fall bringen, eins auswischen, Böses zufügen,übelwollen, Schaden zufügen. ▶ beistehen, fördern, schützen.

beinahe → annähernd, beiläufig, cirka, dicht dabei, fast, gewissermaßen, nahezu.

Beiname Benennung, Name, Vorname, Kosename, Schimpfname, Scheltname, Spitzname, Spottname, Künstlername, Pseudonym, Deckname. → Anrede.

beiordnen sich anschließen, sich attachieren, spuren ● hinzuzählen, einbeziehen, einreihen, einordnen, zuordnen,

beitreten, mitrechnen, hintun, koordinieren. → beifügen, beitreten, einbeziehen, einrechnen, einverleiben, ergänzen. ▶ ausschließen, hervortreten.

Beiordnung → Beifügung, Ergänzung.

beipacken → beifügen.

beipflichten billigen, anerkennen, beistimmen, gutheißen, zustimmen, einverstanden sein, genehmigen, zugeben, übereinkommen, gewähren, annehmen, eingehen auf, der Meinung beitreten, gleicher Ansicht sein, einräumen, erlauben, bekräftigen, bestätigen, bejahen, willfahren, beitreten, mit beiden Händen zugreifen, sich zufrieden geben, seine Zustimmung aussprechen, Beifall geben, Wunsch entgegenkommen, ins gleiche Horn stoßen, am gleichen Strang ziehen, zu allem Ja und Amen sagen *u*. → beloben, bewilligen, billigen, einverstanden sein. ▶ ablehnen.

Beipflichtung → Bekräftigung, Bemerkung, Berücksichtigung, Bewilligung, Billigung.

Beirat Berater, Ratgeber, Beistand, Mentor, Nestor ● Kommission, Kollegium, Konzilium, Vertretung.

beirren schwierig machen, erschweren, belasten, bebürden ● verwirren, verlegen machen, außer Fassung bringen, ratlos machen, in Verlegenheit bringen ● hindern, in den Weg legen, den Weg verlegen, den Weg verbauen oder verstellen, in die Enge treiben, in den Arm fallen, entgegenarbeiten, den Plan durchkreuzen. → beeinträchtigen. ▶ ebnen den Weg, erleichtern.

beisammen vereinigt, verbunden, gepaart, beigeordnet, anbei, mit, samt, zusammen, Seite an Seite, Hand in Hand, Arm in Arm, verbündet, vereint, gemeinschaftlich, einig, einstimmig, wie ein Mann ● nahe, dicht, benachbart, anstoßend, angrenzend, daneben, nebenan, anliegend, aneinandergereiht ● beraten, überlegen, bedenken, besprechen, erörtern, diskutieren, beurteilen, die Köpfe zusammenstecken. ● bei, dicht dabei. ▶ getrennt.

beisammenhalten → sparen.

Beisammensein → Treffen.

beisammenstecken → beigesellen, beisammen.

Beisatz → Anmerkung, Beifügung.

Beischlaf Koitus, Kohabitation, Sex, Vereinigung.

beischließen → beifügen.

Beischluß → Beifügung, Beilage, Einlage, Ergänzung.

Beischrift → Beifügung.

beiseite neben, daneben, nebeneinander, aneinander, seitwärts, seitlich, seitab, jenseits, drüben, abseits, Seite bei Seite. ▶ inbegriffen.

beiseite bringen → beiseite schaffen.

beiseite legen aufheben, bewahren, einlagern, wegstecken, auf die hohe Kante legen, einschränken, ersparen, erübrigen, hausen, haushalten, sparen, wirtschaften, zurücklegen, nicht benützen, sparsam umgehen, auf Eis legen ● ausschließen, auslassen, übersehen, auslesen, aussichten, zurückweisen, kalt stellen, weglassen, absondern, vernachlässigen, ausscheiden, trennen ● keinen Gebrauch machen, nicht anwenden, sich nicht bedienen, sich versagen, anstehen lassen, sich enthalten, entsagen, davon abkommen, unterlassen, aufgeben, ablegen, niederlegen, aussondern, aus dem Wege schaffen, ad acta legen, zurückbehalten. → beseitigen. ▶ anwenden, ausgeben, hinzuzählen, verschwenden.

beiseite räumen → wegräumen.

beiseite schaffen → bemächtigen, berauben, stehlen, demolieren, einstampfen.

beiseite schieben → zurückdrängen, zurückstellen.

beisetzen → bestatten.

Beisetzung → Bestattung, Einäscherung.

Beisitzer → Beirat.

Beispiel Aufgabe, Muster, Exempel, Annahme, Anwendung, Darstellung, Erklärung, Erläuterung, Illustration, Interpretation, Veranschaulichung, Probe, Muster, Musterbild, Modell, Schulbeispiel ● Ansporn, Aneiferung, Anregung, Anleitung, Verlockung, Ermutigung, Verführung, Versuchung, Einwirkung, Beeinflussung, Vorbild. → Anziehung, Beeinflussung, Einwirkung. ▶ Gegenstück, Hemmung.

Beispiel, zum → beispielsweise.

beispielgebend → beispielhaft, beispielsweise.

beispielhaft → A und O.

beispiellos erstaunlich, auffallend, aufsehenerregend, außergewöhnlich, sensationell, bemerkenswert, merkwürdig, seltsam, unglaublich, einzig, ohnegleichen, anders, neu, neuartig, fremd, überraschend, einmalig, grenzenlos,

unerreicht, unübertroffen, gewaltig, furchtbar, ungeheuer, unergründlich, unerhört, unermeßlich, unmäßig, unbeschreiblich, unausdrückbar, unbegreiflich, wunderbar, göttlich, vollendet, auserlesen, meisterhaft, makellos, einzig dastehend, über alles Lob erhaben, bewunderungswürdig, himmlisch. → abnorm, ausnehmend, äußerst, charaktervoll, erhaben über, erlesen, erstaunlich. ▶ gewöhnlich, häufig, unvollkommen.

beispielshalber → beispielsweise.

beispielsweise zum Beispiel, wie wenn, als ob, gewissermaßen, sozusagen, eigentlich, folgendermaßen, nämlich, das heißt, das ist, mit andern Worten, in kurzen Worten, einfach ausgedrückt, schlicht gesprochen, streng genommen, etwa so, auf gut deutsch, beispielshalber. ▶ anders, unähnlich.

beispringen helfen, beistehen, stützen, unterstützen, fördern, Vorschub leisten, behilflich sein, die Stange halten, zur Seite stehen, Partei ergreifen, sich auf die gleiche Seite stellen, mithelfen, beschirmen, beschützen, ins Schlepptau nehmen, unter die Arme greifen, den Weg freihalten, die Bahn ebnen, eine Stütze sein, versorgen, erhalten, verpflegen, ernähren, unterhalten, hegen und pflegen, beitragen, liefern, zuschießen, verschaffen, die Kosten bestreiten, die Kastanien aus dem Feuer holen, dienen, zukommen lassen, Beistand leisten, in die Hände arbeiten, die Stange halten, auf die Beine helfen, zu Hilfe kommen, in die Bresche springen, ermuntern, ermutigen, bestärken. → abwehren, arbeiten, beraten, beteiligen sich, bringen auf die Beine, bugsieren, entladen, entlasten. ▶ verhindern.

Beispringen → Entlastung.

beißen flicken j. → aasen, zerkämpfen, essen, sterben, verbeißen.

beißend grimmig, bitter, schneidend, scharf, brennend, ätzend, prickelnd, schmerzend, schmerzhaft, heftig, grausam, arg, markverzehrend, furchtbar, schrecklich, stechend, peinigend, schlimm, martervoll, unerträglich, unausstehlich, häßlich, fürchterlich, abscheulich, scheußlich, schauerlich, schaudernaft, entsetzlich, grauenhaft, ekelhaft, widerlich, niederträchtig, garstig, wüst, verwünscht, verdammt, verflucht, verteufelt.

→ bissig, bitterlich, böse, brennend, eisig. ▶ gefällig, genießbar, mild, wohltuend.

Beistand Beisteher, Gehilfe, Assistent, Berater, Anwalt, Ermahner, Helfer, Ratgeber, Freund, Begleiter, Tröster, Adjutant, Bundesgenosse, Diener, rechte Hand, Mitarbeiter, Stütze, Verbündeter, Gönner, Pfleger ● Bedienung, Erleichterung, Hilfeleistung, Unterstützung, Handreichung, Hilfe, Hilfe, Bemühung, Gefälligkeit, Linderung, Mitwirkung, Vorschub, Beitrag, Förderung, Hilfsdienst, Bärendienst u, Nachhilfe, Förderung, Gönnerschaft, Pflege, Gunst, Begünstigung, Gunstbezeugung, Schutz. → Assistent, Behelf, Beihilfe, Beirat, Beitrag, Bemühung, Bruder, Diener, Dienstleistung, Famulus, Complice. ▶ Behinderung.

Beistand leisten → beistehen, bugsieren.

beistehen aufziehen, betreuen, helfen, hegen, hüten, pflegen, Sorge tragen, warten, befreien, dienen, fördern, begönnern, Gefallen erweisen, gefällig sein, mitwirken, retten, unterstützen, zusprechen, beispringen, anfassen, angreifen, anpacken, arbeiten, eingreifen, Hand anlegen, handeln, schaffen, vorgehen, wirken, in Angriff nehmen, in die Hand nehmen, abwehren, behüten, beschirmen, beschützen, schützen, verteidigen, einstehen, eintreten, entlasten, entschuldigen, fürsprechen, rechtfertigen, eine Lanze brechen. → abwehren, ausharren, beispringen, beitreten, beraten, beteiligen sich, bringen auf die Beine, dienen, einstehen, entlasten. ▶ erschweren.

Beisteher Beistand, Gehilfe, Assistent. → Beistand.

Beisteuer → Anhang, Beifügung, Beitrag, Einzahlung, Gabe, Hinzufügung, Zuschuß.

beisteuern → austeilen, beifügen, beigeben, geben, hinzufügen, zuschießen.

beistimmen → anerkennen, annehmen, beipflichten, beloben, bestätigen, bewilligen, billigen, einstehen.

Beistimmung → Bekräftigung, Bemerkung, Berichtigung, Einklang, Übereinstimmung, Zustimmung.

Beitrag Opfer, Darbringung, Drangabe, Gabe, Scherflein, Spende, Einbuße, Verlust, Beigabe, Preis, Zugabe, Anteil, Teil, Zuweisung, Beisteuer, Ergänzung, Schenkung, Aufwand, Kosten, Unkosten, Gebühr, Abgabe, Steuer, Umlage, Ertrag, Zuschuß, Alimente, Zulage, Rate, Quote ● Beistand, Förderung, Hilfe, Unterstützung, Mitwirkung ● Abhandlung, Aufsatz, Versuch, Artikel, Riemen u. → Anteil, Arbeit, Beihilfe, Beistand, Denkschrift, Einzahlung. ▶ Beschwerung, Hemmung.

beitragen angliedern, anschließen, bemerken, einflechten, erwähnen, hinzufügen, hinzusetzen, hinzutun, verbinden, vermehren.→ bahnen, beifügen, beispringen, Daumen halten, Decke stekken unter der, beteiligen sich. ▶ ablehnen, passiv sein, verhüten, zusehen.

Beiträger → Helfer.

beitreiben → eintreiben.

beitreten übereinstimmen, zusammenstimmen, übereinkommen, sich einigen, sich begegnen, sich befreunden, sich verbinden, einverstanden sein, vereinigen, einigen, einen, zugesellen, verbünden, beigesellen, beiordnen, anschließen, einreihen, sich zuzählen, einbeziehen, hinzutreten, zusammentun, zusammenscharen, einen Bund schließen, zusammenarbeiten, beistehen, eine Partei bilden, sich verschwören, Gemeinschaft machen, sich verbrüdern ● bestätigen, gutheißen, annehmen, genehmigen, vergleichen. → beiordnen, beipflichten, dazukommen. ▶ ausschließen, bekritteln, verhüten, widersprechen.

Beitritt Vereinigung, Verbindung, Einschluß, Anschluß, Zusammenschluß, Aufnahme, Eintritt, Zulaß, Zutritt, Mitglied werden, Teilnehmer werden, Zugehörigkeit, Teilhaber werden. → Annahme, Aufnahme. ▶ Ausschluß, Austritt.

bei weitem weitaus, in hohem Grade. → bei.

Beiwerk → Anhang, Aufmachung, Aufschlag, Ausschmückung, Beifügung, Beilage, Besatz, Dekoration, Zusatz, Zier.

Beize Tunke, Pökel, Sole. → Bad, Farbe.

beizeiten früh, zeitig, frühzeitig, frühestens, ehest, pünktlich, schnell, hurtig, flink, eilig, prompt, verfrüht, vorzeitig, übereilt, überstürzt, plötzlich, unerwartet, bald, gleich, sofort, baldig, rechtzeitig, auf die Minute, mit dem Glockenschlag, bei erster Gelegenheit, brühwarm, stantepede u. → baldig, ehestens. ▶ langsam, spät.

beizen → anstreichen.

beizend → beißend, scharf, spöttisch.

beiziehen → anziehen, herbeiziehen.

bejahen behaupten, geloben, versichern, zusichern, beschwören, beeiden, bekennen, bekräftigen, belegen, bescheinigen, beweisen, bezeugen, zugeben, zustimmen, bestätigen, konstatieren, bekunden, anerkennen, bestätigen, gestehen, ja sagen, einverstanden sein. → anerkennen, behaupten, beigeben, beipflichten, bekennen, beschwören, bestätigen, bewilligen, eingehen auf, eingestehen, einverstanden sein. ▶ verneinen.

bejahend → eidlich, einhellig, positiv.

bejahrt → abgelebt, alt, bereift, ergraut.

Bejahung → Bekenntnis, Bekräftigung, Bewilligung, Billigung.

bejammern → beklagen, bereuen, bemitleiden, beweinen.

bejammernswert bedauernswert, beklagenswert, bejammernswürdig, hilfsbedürftig, jämmerlich, elend, erbärmlich, hilflos, herzbewegend, herzzerreißend, unglückselig, schmerzerfüllt, trostlos, unglücklich, schmerzlich, schmerzend, schmerzvoll, hart, bitter, grausam, schwer, arg, niederschmetternd, beweinenswert, herzbrechend, jammervoll, bemitleidenswert, rührend, bedauernswürdig ● Unglückswurm, armer Schlucker oder Teufel, armes Luder u, armes Tier u. → arm, bedauerlich, betrogen, böse. ▶ glücklich.

bejammernswürdig → beengend, bejammernswert.

bejubeln bedichten, besingen, bewundern, ehren, feiern, loben, preisen, rühmen, verherrlichen, verkünden, würdigen, bejauchzen, in den Himmel heben, auf den Händen tragen, auf die Schulter heben, sich von den Sitzen erheben, prosten, zutrinken, einen Trinkspruch oder Toast ausbringen, Ehre bezeigen, applaudieren. → besingen. ▶ herunterreißen, tadeln, verdammen.

bejubelt geehrt, gefeiert, verherrlicht, bewundert, gepriesen, gerühmt, verherrlicht, beklatscht, umtost, mit Beifall überschüttet. → bejubeln. ▶ beschimpft.

bekämpfen hindern, verhindern, verhüten, entgegenarbeiten, vorbauen, vorbeugen, abwenden, hemmen, niederhalten, schwächen, lähmen, erschweren, sich erwehren,

hintertreiben, vereiteln, zuschande machen, anfeinden, verbieten, dämpfen, beschränken, ersticken, untergraben, das Wasser abgraben, abfangen, auffangen, entmutigen, entgegenstehen, entgegenwirken, widersprechen, widerstreiten, widersetzen, sträuben, spreizen, sperren, entgegenstellen, auflehnen, empören, anfechten, Einspruch erheben, vereiteln, verderben, durchkreuzen, dagegen verschwören, meutern, angreifen, ringen, aufwiegeln, befehden, dagegen anrennen, schmähen, losfahren, losgehen, geifern ● vertreten, verfechten, verteidigen ● abraten, abmahnen, entmutigen, den Reiz nehmen, abhalten, abbringen, verleiden, zügeln, verbieten, abweisen, erschüttern, warnen, vorstellen, zu bedenken geben, den Kopf zurecht setzen ● einen Irrtum beheben, ein Licht aufstecken, reinen Wein einschenken, aufklären ● Gesundheit wiederherstellen, eine Krankheit behandeln, wiederbeleben, verjüngen, neues Leben einflößen, heilen ● gegen die Langeweile angehen, sich vergnügen, es sich behaglich machen, sich unterhalten, die Zeit vertreiben, ergötzen, belustigen, zerstreuen ● Leidenschaft hemmen, abschwören, enthalten, verzichten, abschütteln, abwenden, sich enthalten, versagen, unterlassen, bezwingen, bezähmen → abwenden, anfeinden, angreifen, balgen, beeinträchtigen, befehden, betäuben, bezwingen, dawider, durchkreuzen, Einspruch erheben. ▶ beschwichtigen, billigen, helfen, verbinden sich, versöhnen (sich), zusammenhalten.

Bekämpfung Befehdung, Bekriegung, Feindschaft, Feindseligkeit, Krieg. → bekämpfen, Beschwernis, Durchkreuzung. ▶ Versöhnung, Verständigung, Verteidigung.

bekannt vertraut, alltäglich, geläufig, wohlbekannt, aufgeklärt, eingeweiht, bewandert in, klar, deutlich, nachweisbar, angezeigt, verschrien, berüchtigt, gang und gäbe, gerüchtweise, ruchbar, kundbar, öffentlich, amtlich, umlaufend, bekanntermaßen, entpuppt, entschleiert, populär, entmummt, ausgeschwatzt, ausgeplaudert, beredet, befreundet ● vorgestellt, eingeführt, berühmt, bedeutend, angesehen, beliebt, geschätzt, geachtet ● alte Jacke, einen Bart haben, olle Kamellen u, die Spatzen pfeifen es von den Dächern. → abgedroschen, alltäglich, anerkannt, authentisch, befreundet, bekanntermaßen, beliebt, erwähnt, schon. ▶ unbekannt.

bekannt, gut → befreundet.

bekannt mit → eingeweiht.

bekannt werden → befreunden, begegnen.

Bekannter Freund, Busenfreund, Herzensfreund, zweites Ich, Schatten, Begleiter, Vertrauter, Bundesgenosse, Nachbar, Genosse, Gefährte, Kamerad, Mitgesell, Gespiel, Schulfreund, Spielfreund, Trinkgenosse, Spießgeselle, Konsorte, Kommilitone, Kumpan, Schützer, Schützling, Anhänger, Gönner. ▶ Fremder, Unbekannter.

bekanntermaßen erkennbar, unverkennbar, offenkundig, offenbar, anerkannt, klar, bekannt, sprichwörtlich, allgemein. → bekannt.

Bekanntgabe Eröffnung, Erlaß, Mitteilung, Kundgebung, Verkündigung, Kundmachung, Ankündigung, Anzeige, Nachricht, Kunde, Ausruf, Verbreitung, Umlauf, Ausrufung, Aufgebot, Tagesbefehl, Tagesbericht, Heeresbericht, Verordnung, Verfügung, Runderlaß. → Angabe, Anzeige, Auskunft, Ausruf, Bericht, Brief, Zirkular, Enthüllung, Erlaß, Veröffentlichung. ▶ Geheimhaltung, Verheimlichung.

bekanntgeben → aufklären, auseinandersetzen, aussagen, benachrichtigen, darstellen, eröffnen, melden.

bekanntmachen → ankündigen, annoncieren, werben.

Bekanntmachung Erlaß, Edikt s, Ukas, Rundschreiben, Enzyklika f. → Anzeige, Auslassung, Benachrichtigung, Bericht, Zirkular, Einflüsterung, Erlaß, Werbung. ▶ Geheimhaltung.

Bekanntschaft → Erfahrung, Freundschaft.

Bekanntschaft anknüpfen → begegnen, bekanntwerden.

Bekanntschaft machen → bekanntwerden.

bekanntsein, gut → befreunden.

bekanntwerden Bekanntschaft machen, Publicity, in Beziehung treten, sich annähern, Freundschaft, eingehen oder schließen, Freundschaft anknüpfen, in Verkehr treten, Umgang suchen, sich begegnen, sich treffen, sich einführen, sich vorstellen, flirten, kokettieren, ein Rendez-vous geben, einen Besuch machen. → bloßstellen, durchsetzen.

▶ abschließen (sich), entfremden, unbekannt (bleiben).

bekehren bereuen, in sich gehen, erbauen, den Glauben erwecken, von der Sünde erlösen, in den Schoß der Kirche aufnehmen, überreden, den Glauben finden, den Glauben verbreiten, keinen Zweifel hegen, überzeugen, den Sinn wechseln, überführen, lehren, unterrichten, unterweisen, beraten, erziehen, schulen, belehren, übergehen, überlaufen, umgestalten, umformen, umkehren, auf andere Gedanken kommen, dem Unglauben abschwören, sich anders besinnen, sich zu Herzen nehmen, Einkehr halten, zu Kreuz kriechen, an die Brust schlagen, sich wandeln. → einlenken wieder. ▶ freveln, reuelos (sein), unverbesserlich (sein), verschlechtern sich.

Bekehrung → Sinnesänderung, Wandlung. ▶ Abfall.

bekennen bereuen, abbitten, bedauern, beklagen, büßen, gestehen, sühnen, bejahen, bezeugen, zugeben, zustimmen, bekunden, feststellen, versichern ● herausrücken, enthüllen, eröffnen, verraten, zugestehen, Farbe bekennen, der Wahrheit die Ehre geben, die Wahrheit sprechen, offen heraus sagen. → aufklären, behaupten, bejahen, beklagen, bereuen, bestätigen, eintreten für, erhärten. ▶ lügen, reuelos (sein), verhärten sich, verleugnen.

Bekenner Kämpfer, Mann der Tat, Held, Rufer im Streit, Löwe, Streithahn ● Blutzeuge, Märtyrer.

Bekenntnis Religion, Glaube, Konfession, Glaubensbekenntnis, Lehre, Dogma ● Erwiderung, Beantwortung, Rückäußerung, Anerkennung, Erklärung, Aufschluß, Antwort ● Enthüllung, Darlegung, Aufklärung, Offenbarung, Aussprache, Erguß, Herzenserguß ● Geständnis, Beichte ● Bejahung, Zustimmung, Versicherung, Beteuerung, Schwur, Eid, Bezeugung, Händedruck ● falsches Bekenntnis, unrichtige Darstellung, Unwahrheit, Lüge, Falschheit, Unterschiebung, Betrug, Meineid, Treubruch, Verrat, Eidbruch, Untreue, Erdichtung. → Begriff, Beichte, Bekräftigung, Berichtigung, Beweis, Dogma, Enthüllung. ▶ Reuelosigkeit, Verheimlichung, Verneinung, Zweifel.

beklagen bedauern, bereuen, bekennen, trauern, abhärmen, sorgen, untröstlich sein, trost-

los sein, verzweifeln, unzufrieden sein, ungenügsam sein, sich enttäuscht fühlen, murren, ärgern, schmollen, sich verletzt fühlen, beweinen, bejammern, klagen, wehklagen, knurren, brummen, abgrämen, betrauern, Leid tragen, in Klage ausbrechen, ein Jammergeschrei erheben, zetern, aufschreien, wehrufen, heulen, brüllen, Seufzer ausstoßen, plärren, schluchzen, greinen, flennen, kreischen, wimmern, winseln, ächzen, stöhnen, seufzen, betränen, in Tränen schwimmen, Zähren vergießen, in Tränen zerfließen, vor Schmerz vergehen ● bemitleiden, Anteil nehmen, Mitleid haben ● um Abstellung ersuchen, Beschwerde führen, einkommen gegen, vorstellig werden, Einspruch erheben, Widerspruch erheben. → bekennen, bemitleiden, bereuen, bessern sich, beweinen, Blick mit feuchtem, dauern, erweichen. ▶ frohlocken, beglückwünschen, teilnahmslos (bleiben), zufrieden geben sich.

beklagenswert → abbrüchig, abgerissen, abgebrannt, arm, bedauerlich, bejammernswert, böse, schlecht.

Beklagter Angeklagter, Verklagter, Beschuldigter, armer Sünder. → Angeklagter.

beklatschen → bejubeln, klatschen.

bekleben → bedecken.

bekleckern → bedecken, beschmieren.

beklecksen → anstreichen.

bekleiden Platz oder Stellung oder Amt einnehmen, innehaben, einen Rang haben, dienen, amtieren, ein Amt ausfüllen, ausüben, einen Posten haben. → anziehen, bedecken, verrichten. ▶ entblößen, untätig sein.

Bekleidung Kleidung, Tracht, Anzug, Kleid, Kluft, Gewand, Putz, Staat, Ornat ● Umkleidung, Verkleidung, Belag, Hülle, Getäfel, Bewurf, Furnierung, Verputz, Überzug ● Behang, Blende, Mantel, Schleier, Umhang, Wegerung (sm = innere Bekleidung der Spanten). → Anzug, Bedeckung, Kleidung. ▶ Entblößung.

beklemmend eng, schmal, bedrängt, müde, matt, erschlagen, dumpf, unbehaglich, lästig, verdrießlich, langweilig, marode, verwirrend, beengend, beunruhigend, beängstigend, furchteinflößend, schrecklich, entsetzlich, furchtbar, fürchterlich, scheußlich, unheimlich, gruselig, grauenvoll, das graue Elend haben, Dampf vor etwas haben *u*, nicht wohlfühlen in seiner Haut, die Hose geht mit Grundeis *u*. ▶ behaglich, beruhigend, erquickend, heiter.

Beklemmung Enge, Beengtheit, Bedrängung, Beklommenheit, Mißbehagen, Dumpfheit, Tortur, Alp, Mahr, Schmerzgefühl, Beengung, Ohnmacht, Atemnot, Unruhe, Verwirrung, Verzagtheit, Zerknirschung, Fassungslosigkeit, Herzklopfen, Herzpochen, Beängstigung, Angst, Furcht, Niedergeschlagenheit, bange Ahnung. → Angst, Bammel, Bedenken, Beengung, Bekümmernis, Beschwerde, Besorgnis, Bestürzung, Dumpfheit, Erstarrung. ▶ Beruhigung, Erquickung, Heiterkeit.

beklommen → beklemmend.

Beklommenheit → Beengung, Beklemmung, Besorgnis.

beklopfen → auskundschaften.

bekloppt dumm, dümmlich, behämmert *u*, beknackt *u*.

bekneipen → besaufen, betrinken.

bekneipt → beduselt, betrunken.

beknillt → angeheitert.

bekommen erhalten, zufliegen, ergattern, erwerben, scheffeln, nehmen ● Wind bekommen: erfahren, hören, gewarnt worden sein, vorhersagen; die Nase voll bekommen: mißbilligen, unzufrieden sein, Anstoß nehmen, genug haben; Lust bekommen: Lust haben, gelüsten, wünschen, wollen, begehren, interessieren, ins Auge fassen, im Sinn haben. → annehmen, beerben, beikommen, bemächtigen, beschaffen, einkommen, empfangen, entlocken, erben, erhaschen, erlangen, erschmeicheln, ersitzen, fassen, zusagen. ▶ absenden, geben, schaden, verlieren.

bekommen, Wind → beikommen.

bekömmlich fördernd, gesund, heilsam, kräftig, kraftspendend, nahrhaft, wohltuend, wohltätig, zuträglich, zu vertragen, eßbar, genießbar, gut, nährend, nahrhaft, unschädlich, ausgezeichnet, einwandfrei, erprobt, schätzenswert, empfohlen, vorzüglich. → eßbar. ▶ schädlich.

beköstigen verköstigen, bewirten, unterhalten, proviantieren, verpflegen, versorgen, nudeln *u*, päppeln *u*.

Beköstigung Proviant, Mundvorrat, Verpflegung, Versorgung, Wegzehrung, Zehrung, Kost, Essen, Nahrung, Spei-

se, Bedarf, Speisung, Fütterung. → Essen.

bekräftigen → beeiden, beglaubigen, begründen, behaupten, beipflichten, bejahen, besiegeln, bestätigen, betonen, beweisen, bürgen, darlegen, eintreten für, erhärten, konstatieren.

bekräftigend → beweisend, eidlich.

Bekräftigung Beweis, Zeugnis, Erklärung, Beleg, Ausweis, Bürgschaft, Schuldschein, Glaubwürdigkeit, Echtheit, Beglaubigung, Gewähr, Bestätigung, Bescheinigung, Beweisschrift, Unterschrift, Schriftstück, Diplom, Anführung, Zitat, Erhärtung, Augenzeuge, Bürge, Zeuge ● Zustimmung, Beistimmung, Beipflichtung, Vertrag, Bekenntnis, Billigung, Anerkennung, Zulassung, Genehmigung, Versicherung, Beteuerung, Schwur, Eid, Zeugenaussage, Bezeugung, Bejahung. → Echo, Eid. ▶ Aberkennung, Widerruf.

bekränzen → ausschmücken, behängen, dekorieren.

bekreuzigen das Kreuz machen, das Kreuz schlagen, das Böse oder den Teufel bannen, abwenden.

bekriegen → balgen, befehden, bekämpfen, belächeln.

bekritteln → ablehnen, beanstanden.

bekritzeln → beschreiben.

bekümmeln → betrinken sich.

bekümmern sich angelegen sein lassen, Beachtung schenken, tun, handeln, wirken, schaffen, arbeiten, unternehmen, verrichten, besorgen, bewerkstelligen, erledigen, vollbringen, vollführen, anfassen, angreifen, tätig sein ● sich einmischen, einmengen, sich eindrängen, aufdrängen, sich befassen, dazwischentreten, einschreiten, eingreifen, sich abgeben, einlassen, die Nase in etwas stecken, die Hand im Spiel haben, dabei sein ● nagen an. → betrüben. ▶ abwenden, vernachlässigen.

Bekümmernis Schaden, Verlust, Beeinträchtigung, Einbuße, Pech, Unglück, Übel, Böses, Unheil ● Verhängnis, Schicksal, Heimsuchung, Prüfung, Mühsal, Mühseligkeit, Beschwerde, Beschwerlichkeit, Plage, Leidensqual, Leidensweg, Leidenskelch, Schicksalsschlag, Katastrophe, Verderben, Zerstörung, Vernichtung, Verheerung, Ruin, Niedergang, Untergang, Schiffbruch, Havarie, Zusammensturz, Unsegen, Fluch, Elend, Leiden, Jammer, Trübsal, Mißgeschick, Drangsal,

Absturz, Bedrängnis, Bürde, Qual, Schlag, Kreuz, Ungemach, bittere Pille, Wermutstropfen, Unstern, Unglücksstern, Tücke ● Schmerz, Betrübnis, Trübsal, Kummer, Weh, Harm, Bitterkeit, Kränkung, Demütigung, Schmach, Beschimpfung, Vertreibung, Beleidigung, Unbill, Verdrießlichkeit, Beschämung, Trübsinn, Niedergeschlagenheit, Gedrücktheit, Traurigkeit, Schwermut, Mutlosigkeit, Mißmut, Entmutigung, Gram, Erfolglosigkeit, Schwarzseherei, Weltschmerz, Kopfhängerei, Selbstquälerei, Verfolgungswahnsinn, Lebensüberdruß, Verzagtheit, Mutlosigkeit, Sorge, Unruhe, Besorgnis, Beängstigung, Beklemmung, Verzweiflung, Seelenqual. ▶ Glück, Lebensfreude, Heiterkeit, Sorglosigkeit.

bekümmert sorgenvoll, ernst, leidvoll, verzweifelt, untröstlich, elend, erbärmlich, vergrämt, bedrückt, gedrückt, betrübt, schwer geprüft, niedergeschlagen, unglücklich, heimgesucht, übel, leidsam, vergrämt. → unglücklich. ▶ aufgelegt, unbeschwert.

bekunden → ausdrücken, aussagen, ausweisen, beglaubigen, beibringen, bejahen, bekennen, beschuldigen, beweisen, dartun, demonstrieren, dokumentieren, erweisen, manifestieren, konstatieren. → zollen.

belächeln angrinsen, schmunzeln, kichern, auflachen ● auslachen, verspotten, höhnen, verlachen, sich lustig machen, belustigen über, lästern, ins Lächerliche ziehen, auszischen, auspfeifen, bemäkeln, bekritteln, verhöhnen, schmähen, bewiehern *u*. → auslachen. ▶ beklagen, bewundern, würdigen.

beladen belasten, aufbürden, aufhalsen, bepacken, beschweren, füllen, einfüllen, verfrachten, befrachten, aufladen, aufjochen, aufpacken, →auflasten, belasten, erdrücken. ▶ abladen, entbürden.

Belag → Aufschnitt, Bekleidung, Farbe.

belagern umschließen, umgeben, umgürten, umringen, umkreisen, einschließen, einsperren, eingrenzen ● berennen, erstürmen, umzingeln, bestürmen, blockieren, aushungern, umringen ● bitten, anhalten, begehren, erbitten, angehen, ansprechen, bedrängen, belästigen, lästig fallen. → angreifen, aufdringen, gehen, begehren, betteln, bitten. ▶ verteidigen, zurückweisen.

Belagerung → Absperrung, Blockade, Einkreisung.

Belang → Bedeutung, Berücksichtigung, Bezug, Beziehung, Einfluß, Gesichtspunkt, Hinsicht, Interesse, Sache, Werbung.

belangen anklagen, beschuldigen, bezeihen, bezichtigen, beimessen, zur Last legen, vorhalten, vorwerfen, verantwortlich machen, Klage vorbringen, zur Verantwortung ziehen, bei den Hammelbeinen nehmen *u,* am Kragen nehmen *u,* es kostet ihm den Kragen *u.* → abrechnen, ahnden, anschuldigen, beschaffen. ▸ rechtfertigen.

belanglos → abgedroschen, alltäglich, ausdruckslos, berührungslos, beziehungslos, einförmig, episodisch, gering, kleinlich, langweilig, nebensächlich, unbedeutend.

Belanglosigkeit → Bagatelle, Deut, Dunst leerer, Schaum.

belangreich → A und O, ausdrucksvoll, ausschlaggebend, beachtlich, bedeutsam, wichtig.

belangvoll → belangreich, wichtig.

belassen Fünf grad sein lassen, es darauf ankommen lassen, es dabei belassen, abwarten, zaudern, zweifeln ● unschlüssig sein, zögern, nicht tun, unterlassen, unterbleiben, gehen lassen, sich enthalten, abstehen, es dabei bewenden lassen, durchgehen lassen, nicht ausführen, nicht vollziehen, nicht vollbringen, ungetan lassen, vernachlässigen, versäumen, sich fügen, sich ergeben, sich zufrieden geben, fürlieb nehmen, beenden, beschließen, abschließen, ein Ende machen, zur Entscheidung bringen, auf sich beruhen lassen, zu Ende kommen, an den Nagel hängen, aufhören, abbrechen, unter den Tisch fallen lassen, vertuschen. → festhalten. ▸ durchführen, durchgreifen, dabei.

belassen, es dabei → befriedigen, belassen, bleiben neutral.

belasten aufbürden, aufhalsen, beladen, bepacken, beschweren, drücken, hetzen, drängen, zwängen. → abziehen, anschuldigen, aufhalsen, beeiden, beeinträchtigen, beirren, beschuldigen, erdrücken, fallen zur Last, verrechnen. ▸ entbürden, entlasten, erleichtern, verteidigen.

belastend erschwerend, erschwert, verschlimmernd, verschärfend, verschlechternd, steigernd. → lästig. ▸ erleichternd.

belastet → beladen, erdrückt.

belastet sein → tragen.

belästigen bemühen, inkommodieren. → angreifen, anrempeln, ärgern, aufrängen, aufhalten, auswischen, beeinträchtigen, befeinden, begehren, belagern, beleidigen, bitten, bleiben, necken, plagen, quälen, stören. ▸ behagen, entschuldigen sich, passen.

Belästigung → Störung.

Belastung → Aufschlag, Ballast, Faktura, Rechnung, Schuld, Schwere, Verbindlichkeit.

belauern beobachten, spitzeln, bespitzeln, aufpassen, behorchen, spähen, acht haben, acht geben, Argusaugen haben, auf die Finger sehen, mit den Blicken verfolgen, nicht aus dem Auge lassen, die Ohren spitzen, ausforschen, auskundschaften, nachspüren, spionieren, ermitteln, nachjagen, aufspüren. → achtgeben, aufpassen, auskundschaften, bedenken, beobachten, beschatten, beschleichen, durchleuchten. ▸ übersehen, vertrauen.

belaufen → beschlagen, zahlen.

belauschen → hören, belauern, beschatten.

beleben aufrichten, erfrischen, erneuern, erquicken, kräftigen, laben, stärken, erholen, erfrischen ● beseelen, erwecken, wachrufen, animieren, aufmuntern. → aufrichten, befruchten, begütigen, beseelen, entzücken, erfrischen, erwecken. ▸ ärgern, entkräften, verbittern, verdrießen.

belebend → antreibend, erfrischend, heilkräftig, kräftigend, reizvoll, stimulierend.

belebt → aufgelebt, überfüllt.

Belebung → Auffrischung, Erquickung, Stärkung.

Belebungsmittel → Arznei.

Belege Anhaltspunkte, Sammlung, Unterlagen, Material, Beweise, Beweismittel, Zeugnisse, Ausweise, Beglaubigungen, Legitimationen, Bestätigungen, Bescheinigungen, Verschreibungen, Schriftstücke, Dokumente, Akten, Briefe, Korrespondenz. → Anhaltspunkte, Attest, Bescheinigung, Beweis, Diplom, Erweis.

belegen zeugen, begatten, schwängern, decken, bespringen, fohlen, ins Leben rufen, besamen ● unterbringen, einkehren, biwakieren, einquartieren, garnisonieren, kantonieren, besetzen, bemannen, einstellen, einstallen, einlagern, einlogieren. → ableiten, anführen, angeben, aufbewahren, auflegen,

ausschlagen, balzen, bedachen, bedecken, befruchten, beglaubigen, begründen, beibringen, bejahen, bemannen, beschlagen, besetzen, bestätigen, beweisen, bombardieren, decken, deponieren, dielen, dokumentieren, erweisen. ▸ reservieren, verzeichnen. ▸ abdecken, ausquartieren, versäumen, widerlegen.

belegend beweisend, echt, urkundlich, dokumentarisch. ▸ zweifelhaft.

Belegschaft Bewohner, Besatzung, Bemannung, Mannschaft, Arbeiter, Angestellter, Betriebsangehöriger, Mitarbeiter.

belegt (Stimme) leise, matt, schwach, erstickt, heiser, gedämpft, unterdrückt, verhalten, leise, stimmlos, rauh ● bewiesen, dokumentiert.

Belegung → Befruchtung.

belehnen unterwerfen, abhängen, verpflichten, die Hände legen, bevollmächtigen, betrauen, verleihen. → beauftragen, berufen, delegieren. ▸ abdanken.

Belehnung Pacht, Lehen, Miete, Gewährung, Beschenkung, Überreichung, Darreichung, Bewilligung, Schenkung, Verleihung, Auslieferung, Zuteilung, Zuweisung, Ausstattung, Aussteuer, Geldanlage, Darlehen, Vorschuß, Anlage, Verschreibung, Verpfändung, Anleihen. → Berufung, Bestallung, Kredit.

belehren unterrichten, informieren, instruieren, unterweisen, dozieren, erklären, lehren, anleiten, aufklären, ausbilden, beibringen, bilden, erziehen, schulen, reinen Wein einschenken, dartun, aufzeigen, nachweisen, verständigen, auseinanderlegen, aufdecken, hinterbringen, die Augen öffnen, in ein Geheimnis einweihen, einen Wink geben, zu verstehen geben, eintrichtern, einbleuen, einpauken, einprägen, einschustern, eindrillen, einexerzieren, vorbereiten ● enthüllen, eröffnen, offenbaren, aufdecken, verraten, Aufschluß geben. → aufklären, ausbilden, bekehren, beraten, bevormunden, bilden, einschärfen, erziehen. ▸ irreführen, verheimlichen, verziehen.

belehrend unterweisend, unterrichtend, informierend, instruierend, instruktiv, informativ, anschaulich, aufklärend, lehrreich, überzeugend. → anschaulich. ▸ irreführend.

Belehrung Unterweisung, Ausbildung, Anweisung, Instruktion. → Anleitung, Bevormundung, Bildung, Direktive, Einführung, Ermahnung, Erziehung, Lektüre. ▶ Irreführung.

beleibt → dick.

Beleibtheit → Dicke.

beleidigen beschimpfen, insultieren, herabsetzen, bloßstellen, durchhecheln, herabwürdigen, mißachten, verlästern, verunglimpfen, in den Staub ziehen, belästigen, erzürnen, benachteiligen, wehe tun, verletzen, verwunden, treffen, kränken, demütigen, schmähen, verschreien, Schlechtes nachreden, verlachen, auspfeifen, auszischen, verspotten, unhöflich sein, persönlich werden, schnöde behandeln, keiner Antwort für würdig halten, keines Blickes würdigen, kein Gehör schenken, über die Achsel ansehen, ungebührlich werden, ungezogen sich benehmen gegen ● das Auge beleidigen: den Geschmack verletzen ● die Zunge beleidigen: übel schmecken, widerlich, übelschmeckend ● die Nase beleidigen: widerlich riechen, aus dem Halse oder Mund riechen, stinken, sich unanständig benehmen ● das Ohr beleidigen: kreischen, mißtönend, unharmonisch, grölen, tuten, johlen, aufklopfen, lärmen ● das Gefühl verletzen: unanständige Witze, Zoten, Zweideutigkeit, Unflat, unzüchtiges Verhalten, schockieren.→anfeinden, anstoßen, ärgern, aufregen, auswischen, begeifern, beschuldigen, betrüben, durchbohren das Herz, erbosen, erdolchen mit den Blicken. ▶ achten, bewundern, Ehre bezeigen, versöhnen.

beleidigend → abstoßend, beleidigen, gehässig, ausfallend.

beleidigt gekränkt, verschnupft, verletzt, sich beschimpft, entwürdigt, erniedrigt fühlen, dem Gespött, dem Schimpf, der Schmach ausgesetzt sein, verleumdet, verlacht, geschmäht, beschimpft, gekränkt werden, angeflegelt werden, sich hintangesetzt fühlen, eingeschnappt.▶ bewundert, geehrt.

Beleidigung Injurie *f*, Insult *m*, Beschimpfung, Schmähung, Invektive *f*, Entwürdigung, Erniedrigung, Geringschätzung, Gespött, Kränkung, Mißachtung, Schimpf, Anfeindung, Schmach, Verletzung, Verachtung, Verunglimpfung, Verleumdung● Ausfall, Züchtigung, Hieb, Schlag, Streich, Demütigung, Anmaßung, Arroganz, Unverschämtheit, Frechheit, Grobheit, Roheit, Ungezogenheit, Schamlosigkeit, Flegelei, Rücksichtslosig-

keit, Taktlosigkeit, Unart, Unmanierlichkeit, Lümmelei, Gemeinheit, Zotenhaftigkeit, Unfreundlichkeit, Bosheit, Bitterkeit, Schärfe, Unehrerbietigkeit, Verächtlichkeit, Nichtachtung, Geringschätzung, Vernachlässigung, Hintansetzung, Herabsetzung, Schande, Verspottung, Affront, Schnoddrigkeit *u*, Vernöhnung, Gespött, Spötterei, Verlästerung, Entehrung, üble Nachrede, Ehrenkränkung, Schmeichelei ● Schimpfname, Schimpfwort, Scheltname, Scheltwort, Erzgauner, Gauner, schlechter Groschen *u*, Loser *u*, Obergauner, Pflänzchen, Rindvieh, Schwein, Hammel, Schlawiner *u*, Aas, Aasknochen *u*, Armleuchter *u*, Armloch *u*, Arschloch *u*, Arschlecker *u*, Besen, Biest, Dreckbauer, Galgenstrick, Himmelhund, Höllenhund, Höllenbraten, Hund, Kaffer, Knoten *u*, Knülch *u*, Krat *u*, Kuh, Kuli, Lausebengel, Lausejunge, Lauselümmel, Kümmeltürke, dummes Loch, Luder, Lümmel, Lump, Lumpenkerl, Lumpensack, Lumpenhund, Mistkerl, Miststück, Nickel *u*, Pinsel, Rabenaas, Roß, Rabenvieh, Rindsknochen, Rotzbengel, Rotzbube, Rotzgöre, Rotzer, Rotzjunge, Rotzlöffel, Rotznase, Sauaas, Saubiest, Saukerl, Schaute *u*, Scheißkerl, Schindaas, Schweinehund, Schafsnase *u*. → Angriff, Betrübnis, Bissigkeit, Demütigung, Entehrung, Erniedrigung. ▶ Bewunderung, Ehrerbietung, Schmeichelei, Versöhnung.

beleihen abtreten, übertragen, Geld aufnehmen, ein Pfand geben, ausleihen, entleihen, ausborgen, pumpen, Geld aufnehmen, Schulden machen, Anleihe aufnehmen, borgen, verleihen, herleihen, hergeben, auf Borg geben. ▶ behalten.

Beleihung → Darlehen.

belemmert → betrogen, übel.

belesen gelehrt, unterrichtet, aufgeklärt, bewandert, erfahren, eingeweiht, gebildet, bibelfest, sattelfest, studiert. → aufgeklärt, bibelfest. ▶ ungebildet, unwissend.

Belesenheit → Bildung.

beleuchten anzünden, erhellen, bescheinen, ausstrahlen, Licht verbreiten, blinken, glühen, anstrahlen, illuminieren. → abfassen, anstecken, anzünden, aufwerfen, aufzeigen, ausdrücken, auseinandersetzen, ausforschen, auslegen, ausschmücken, bedeuten, bestätigen, betonen, beurteilen, beweisen, bloßlegen,

darlegen, dartun, demonstrieren, deuten, durchleuchten, erhellen, erleuchten, erklären, hinweisen, illustrieren, veranschaulichen, weisen. ▶ irreführen, mißverstehen, verdunkeln, widersprechen.

Beleuchtung → Begriff, Betrachtung, Darlegung, Erhellung, Erklärung, Farbenpracht.

beleumdet, übel → gebrandmarkt, entehrend.

belfern grölen, schreien, brüllen, jaulen, kläffen, bellen, knurren ● anknurren, anfahren, murren, schmähen, schimpfen, schelten, kneifen, grollen, streiten, zanken, bissig werden, auszanken. → bellen. ▶ beschwichtigen.

belichten → exponieren.

Belieben Begehr, Wunsch, Gelüste, Gutdünken, Bedürfnis, Verlangen, Gelüst, Hang, Erfordernis, Herzenswunsch ● Willkür, Wahl, Absicht, Lust, Meinung, Begehren, Laune, Stimmung. ▶ Bedürfnislosigkeit, Bestimmung, Pflicht.

Belieben, nach ad libitum, beliebig, einer oder der andere.

belieben behagen, bequem sein, brauchbar sein, dienlich sein, entsprechen, gefallen, genehm sein, passen, sich eignen, zusagen, konvenieren. → behagen. ▶ bleiben lassen, sollen.

beliebig freistehend, nach Belieben, nach Gutdünken, frei nach Schnauze, so oder so, von ungefähr, wahllos, freiwillig, willkürlich, schalten und walten, nach Wunsch, Hinz und Kunz *u*. → einer oder der andere, entweder. ▶ bestimmungsgemäß.

beliebt in Mode sein, en vogue, angesehen, bewundert, empfohlen, gelobt, gut angeschrieben, populär, Vorrang haben, Vorzug haben, ein Prä haben *u*, verehrt, volkstümlich ● geschätzt, geachtet, berühmt, bekannt, gern gesehen, willkommen, bevorzugt, Hahn im Korb, geliebt, hochgeschätzt, angebetet, vergöttert, verzärtelt, verhätschelt ● sich beliebt machen: einschmeicheln, sich Liebkind machen, sich ankratzen *u*. → achtbar, angesehen, befreundet, bekannt, berühmt, empfohlen. ▶ unbeliebt, tadelnswert.

Beliebtheit → Anerkennung, Anklang, Beifall.

beliefern → liefern.

belle amie → Abgott.

bellen bäffen, belfern, kläffen, bläffen, heulen, knurren, lautgeben *j* ● anschreien, beschimpfen, schelten, anfahren. → beeifern.

beloben beipflichten, zustimmen, beistimmen, gutheißen, würdigen, anerkennen, ehren, verehren, bewundern, Lob spenden, Lob zollen, Lob erteilen, Beifall spenden. → anerkennen, belohnen, danken. ▶ tadeln.

belobigen → anerkennen, würdigen.

Belobigung → Anerkennung, Anklang, Beifall, belohnen.

belohnen anerkennen, auszeichnen, bezahlen, danken, ehren, entschädigen, ersetzen, honorieren, lohnen, vergelten, vergüten, entlohnen, abtragen, ordnen, befriedigen, sich erkenntlich zeigen ● wiedervergelten, wettmachen, heimzahlen, ausgleichen, sich revanchieren, die Scharte auswetzen, den Spieß umdrehen, entgelten lassen, eintränken. → anerkennen, befördern, entgelten, erkenntlich zeigen. ▶ bestrafen, undankbar (sein).

Belohnung Entlohnung, Lohn, Sold, Anerkennung, Gegenleistung, Vergeltung, Geschenk, Gabe, Trinkgeld, Gehalt, Taggeld, Taglohn, Verdienst, Bezahlung, Prämie, Finderlohn, Honorar, Gage, Auszeichnung, Titel, Würde, Beförderung, Preis, Ehrensold, Ehrenlohn, Ernennung, Orden, Lob, Entgeltung, Abfindung ● Vergeltung, Gegenschlag, Gegenstreich, Heimzahlung, Abrechnung. → Abfindung, Ausgleich, Beförderung, Bezahlung, Dank, Entlohnung, Erkenntlichkeit. ▶ Bestrafung, Undankbarkeit.

Belt → Bai, Becken, Bucht.

beluchsen → beschwindeln.

belügen vorflunkern. → blenden, düpieren, fälschen, täuschen.

belustigen sich vergnügen, sich erfreuen, unterhalten, verzapfen u, Gefallen finden, sich amüsieren, sich freuen, spaßen, scherzen, lachen, guter Dinge sein, kalbern, herumkalbern, bucklig lachen, die Zeit vertreiben, ergötzen, zerstreuen, das Leben genießen, erheitern, witzeln, Witze reißen, Possen treiben, sich lustig machen, tanzen, zum Lachen bringen ● zum Schießen, zum Quicken, zum Piepen u, zum Kugeln, zum Heulen, zum Krähen, zum Brüllen. → amüsieren, anregen, behagen, bekämpfen. ▶ ärgern, grämen sich, verdrießen.

belustigen, sich → belächeln, betäuben.

belustigend → amüsant, erfreuend, ergötzlich.

Belustigung Vergnügen, Vergnügung, Frohsinn, Fröhlichkeit, Labsal, Ergötzlichkeit, Festlichkeit, Festivität, Vergnüglichkeit, Lustbarkeit, Unterhaltung, Scherz, Spaß, Jux, Posse, Zerstreuung, Zeitvertreib, Kurzweil, Geselligkeit, Erdenfreuden, Gesellschaft, Veranstaltung, Spiel ● Witzelei, Spott, Stichelei, Spötteleien, Spötterei, Neckerei, Fopperei, Hänselei, Hechelei, Aufziehen, Gelächter, Narretei, Hanswursterei, Mummenschanz, Schelmerei. → Ball. ▶ Ärger, Gram, Verdrießlichkeit.

bemächtigen erwerben, gewinnen, erlangen, sich zueignen, aneignen, nehmen, seine Hand darauf legen, bekommen, ergattern, verschaffen, sich etwas versichern, auftreiben, aufstöbern, ergreifen, erbeuten, erobern, einheimsen, beschaffen, einsäckeln, wegnehmen, erraffen, Besitz ergreifen, bedienen, zunutze machen, annektieren, erwischen, kriegen, wegschnappen, kapern sm, ausspannen u, abjagen, einfangen, aufbringen, abfassen, abpressen, entlocken, abdrängen, erobern, rauben, stehlen, stibitzen, besteuern, erpressen, ausplündern, ausbeuten, rupfen, schröpfen, konfiszieren, arretieren, säkularisieren, enterben, vertreiben, verdrängen, auspfänden, wegschleppen, entführen, beiseite schaffen, verschwinden lassen, mausen, wegstibitzen, unterschlagen, unterschleifen, an sich reißen, beschwindeln, betrügen, begaunern, schieben, schwärzen, paschen, in Besitz nehmen, die Herrschaft an sich reißen, abfassen, festnehmen, hinter Schloß und Riegel bringen, verhaften, einstecken, in Haft nehmen, ein Gefühl bekommen, in Hitze geraten oder Leidenschaft oder Eifer, Begeisterung erfaßt werden, Feuer fangen, regemachen, hervorrufen, erzeugen, hervorbringen, erwecken, wachrufen, berühren, packen, erschüttern, mitgerissen werden, bewegen, erweichen, wahnsinnig machen, das Herz ergreifen, an die Nieren gehen, die Sinne verwirren, außer sich bringen, in Erstaunen versetzen, in Wut bringen, entbrannt sein, vor Begierde brennen, in Liebe entbrennen. → beikommen, berauben, bestehlen, entpressen. ▶ zurückgeben.

Bemächtigung Erwerbung, Aneignung, Erlangung, Gewinnung, Besitznahme, Wegnehmen, Ergreifen, Erfassen, Gefangennahme, Beschlagnahme, Konfiskation, Säkularisation, Enteignung, Auspfändung, Vertreibung, Verdrängung, Verstoßung, Enterbung, Aussaugung, Ausziehung, Rupfen, Schröpfen, Schiebung, Erpressung, Raub, Beraubung, Diebstahl, Erbeutung, Zugriff, Kaperung, Verschleppung, Entführung, Verschleppung, Raub, Entwendung, Entfremdung, Fälschung, Nachahmung, Plagiat, Mauserei, Schwindel, Betrug, Gaunerei, Gewinn, Vorwärtskommen, Vorteil, Befugnis, Machtvollkommenheit, Amtsgewalt, Bevollmächtigung, Ermächtigung, Verhaftung, Inhaftnahme, Erregung, Verfassung, Begierde, Verlangen. → Enteignung, Entnahme. ▶ Rückgabe.

bemäkeln → ablehnen, beanstanden, beeinträchtigen, belächeln.

Bemäkelung → Anstoß, Bemerkung, Entehrung, Entweihung, Kritik.

bemalen färben, malen, marmorieren, tätowieren, anstreichen, schminken, tünchen, beschmieren ● ausputzen, schön machen, das Gesicht aufmachen, make up. → anstreichen, betupfen. ▶ entfärben.

bemalt → bunt, bemalen, farbig.

bemängeln → ablehnen, beanstanden, herabsetzen.

Bemängelung → Klage.

bemannen einquartieren, mit Truppen besetzen, belegen, ausrüsten, bewaffnen, ausstaffieren. → auftakeln, belegen, besetzen. ▶ abrücken, ausquartieren.

Bemannung › Belegschaft, Besatzung.

bemänteln beschönigen, undeutlich machen, verdunkeln, im dunkeln lassen, verdrehen, irrig angeben, verfälschen, verzerren, entstellen, übertreiben, falschen Anstrich geben, lügen, hintergehen, unrichtig berichten, falsch darstellen, verbergen, verstecken, verhehlen, verdecken, verschleiern, verhüllen, verkleiden, verkappen, vertuschen, verheimlichen, fälschen, ausweichen, verblümen, Tatsache entstellen, umgehen, rechtfertigen, weiß brennen, weiß waschen, entlasten, entbürden, lossprechen, Ausflüchte machen, Vorwände brauchen, mildern, verringern, verkleinern, mindern, frisieren u. → ausmalen, Brücken bauen goldene, dunkeln lassen ihn ● aufdecken, verraten, Wahrheit sprechen die.

bemasten → beflaggen, dekorieren.

bematscht → dumm, bekloppt, töricht.

bemeistern begreifen, verstehen, erfassen, erlernen, einleuchten, erkennen, bewältigen, aneignen, überwinden, bezwingen, erobern, überwältigen, gewinnen, sich behaupten, sich nicht überwältigen lassen, sich nicht unterkriegen lassen. → bahnen, beherrschen, beherrschen sich, bemächtigen, bewirken, fassen, fesseln, durchgreifen, durchkämpfen sich, durchsetzen. ▶ schusseln, unterliegen, versagen, zusehen.

bemerkbar sichtbar, unterscheidbar, ersichtlich, augenfällig, deutlich, handgreiflich, klar, offenbar, offenkundig, erkennbar. → brechen durch die Wolken, fühlbar. ▶ unsichtbar.

bemerkbar machen, sich → auftauchen.

Bemerkbarkeit → Bestimmtheit.

bemerken → anschauen, ansehen, auftauchen, ausdrükken, beitragen, betonen, einflechten, empfinden, entdekken, erleben, ersehen, fallen in die Augen, fassen ins Auge, hinweisen, hinzufügen, schauen, spüren, wahrnehmen.

bemerkenswert → A und O, ansehnlich, ausschlaggebend, beachtlich, beispiellos, bezeichnend, denkwürdig, eindrucksvoll, ereignisreich, erheblich, erstaunlich, groß, wichtig.

bemerkt → erwähnt schon.

Bemerkung Tadel, hämische Bemerkung, Geringschätzung, Bekrittelung, Bemäkelung, Einwendung, Vorwurf, Wink, Andeutung, Anspielung, Vorhalt, Anzüglichkeit, Schmährede ● Bestimmung, Billigung, Beipflichtung, Anerkennung, Zustimmung, Lob. → Anmerkung, Auslassung, Bedingung, Bissigkeit, Erklärung, Klausel, Notiz.

bemessen → abmessen, anrechnen, austeilen, berücksichtigen, ermessen, errechnen, erwägen, kalkulieren, schätzen, urteilen, verteilen.

Bemessung → Anschlag, Befinden, Bewertung, Preis.

bemitleiden bedauern, beklagen, beweinen, bejammern, Mitgefühl haben, mitfühlen, mitempfinden, Anteil nehmen, Mitleid haben. → beklagen, dauern, erweichen. ▶ mitleidlos (sein).

bemitleidenswert → arm, bejammernswert, unglücklich.

bemittelt reich, begütert, vermögend, wohlhabend, bestückt *u*. ▶ arm, unbemittelt.

bemogeln → balbieren.

bemoost → bereift.

bemühen bitten, ersuchen, ansuchen, anhalten, verlan-

gen, begehren, fordern, erheischen, erbitten. → arbeiten, begehren, belästigen, beteiligen sich, bewerben sich, bitten, drängen, machen. ▶ abstehen, bescheiden, entziehen sich, faulenzen, versagen.

bemühen, sich → arbeiten, begeben sich, bleiben bei der Sache, beschäftigen, bewerben sich, Beste tun.

bemühen, sich umsonst → blamieren.

bemüht bestrebt, besorgt, befleißigt.

Bemühung Anstrengung, Sitzfleisch haben *u*, im Dreh sein *u*, den Bären machen, Arbeit, Bestreben, Hilfe, Mühe, Beihilfe, Beistand, Gefälligkeit, Mitwirkung, Unterstützung, Nachfrage, Umfrage, Untersuchung, Prüfung, Erforschung, Ausforschung, Kundschaften, Aufspürung, Beobachtung, Nachdenken, Studium, Trachten, Streben, Mühsal, Sorge, Besorgung, Leistung, Wagnis, Unternehmung, Rührigkeit, Beflissenheit, Eifer, Energie, Wachsamkeit, Aufmerksamkeit, Fleiß, Geduld, Beharrlichkeit, Unermüdlichkeit, Spannkraft, Arbeitslust, Plackerei, Strapaze, Mühseligkeit, Dienst, Tätigkeit, Teilnahme, Vermittlung. → Anstrengung, Arbeit, Beihilfe, Beistand, Beschwerde, Besorgung, Bestreben, Leistung. ▶ Faulheit, Muße, Verhütung, Versagen.

bemüßigen nötigen, bestimmen, zwingen, sich verpflichtet fühlen. ▶ freistellen, kneifen, Stücken aus freien (tun).

bemüßigt fühlen, sich genötigt, gezwungen, zwingend, drängend, notwendigerweise, unerläßlich, zwangsweise, gebieterisch, streng, unerbittlich, entschieden, strikt, unausweichlich, müssen. ▶ freiwillig.

Bemusterung → Auswahl, Kollektion.

bemuttern → begünstigen.

benachbart → angrenzend, bei, beisammen, dabei, daneben, dicht dabei, nahe.

benachrichtigen ankündigen, anzeigen, berichten, avisieren, angeben, bekanntgeben, Bescheid erteilen, erwähnen, erzählen, mitteilen, sagen, schreiben, unterrichten, verständigen, wissen lassen, melden, dartun, erklären, hinterbringen, Botschaft bringen, drahten, telegraphieren, depeschieren, funken, telephonieren, an die Strippe hängen *u*, anrufen, Auskunft geben, kabeln. → ankündigen, anzeigen, aussagen, berichten, drahten. ▶ verheimlichen.

Benachrichtigung Bericht, Anzeige, Avis *s*, Zeitung, Auskunft, Berichterstattung, Wink, Fingerzeig, Aussage, Verkündigung, Meldung, Rapport, Bekanntgabe, Eröffnung, Enthüllung, Aussprache, Nachricht, Meldung, Kunde, Botschaft, Depesche, Telegramm, Kabel, Funkspruch, Brief, Drahtantwort, Schreiben, Postkarte, Eilbrief, Einschreibebrief, Telephongespräch, Telephonat, Ferngespräch, Fernschreiben, Rundspruch, Rundfunknachricht, Bildfunk, Fernsehen, Botschaft. → Anzeige. Bericht. ▶ Verheimlichung.

benachteiligen beeinträchtigen, betrügen, hemmen, Irreführen, prellen, übers Ohr hauen, übertölpeln, übervorteilen, zurücksetzen, mogeln, täuschen, überlisten, ködern, beschwindeln, bewuchern, überfordern, schmuggeln, schwärzen, schieben, umgehen, fälschen, falschmünzen, unterschlagen, unterschleifen, veruntreuen, entfremden, stehlen, nassauern, erschleichen, abgaunern, ablocken, erschwindeln abschwindeln, herausschwindeln, ablisten, abluchsen, heucheln, Sand in die Augen streuen, ein X für ein U machen, auf falsche Spur oder Fährte bringen, an der Nase herumführen, hinters Licht führen, ein Schnippchen schlagen, zum Narren halten, das Fell über die Ohren ziehen, einem Hörner aufsetzen, mitspielen, schädigen. → ärgern, balbieren, beleidigen, beschwindeln, Decke stecken unter der. ▶ bevorzugt, gewinnen.

benachteiligt betrogen, getäuscht, genarrt, zum besten gehalten, übervorteilt, überlistet, überfordert ● der Dumme sein, den kürzeren ziehen, in den Mond oder Röhre sehen *u*, zu kurz kommen, in den Eimer sehen *u*.

Benachteiligung → Abbruch, benachteiligen.

benachten → dunkeln.

benagen → beschädigen.

benamen → bezeichnen, nennen.

benamsen benennen, rufen, heißen, bezeichnen, betiteln, taufen, benamen, benannt werden, geheißen werden, einen Namen geben. → angeben, benennen.

benannt genannt, beigenannt, zugenannt, geheißen, gekennzeichnet. → namenlos.

benebelt → angeheitert, beduselt, betrunken.

Benebelung → Dusel.

Benehmen Manieren, Allüre, Betragen, Lebensart, Schicklichkeit, Sitten, Höflichkeit, Ton, Anstand, Etikette, Zeremoniell, Komment, Äußerlichkeit, Erziehung, Bildung, Verfeinerung der Sitten, Schliff, Firnis, Politur, Aufführung, Haltung, Verhalten, Auftreten, Taktik, Kampfesweise, Verhandlungsweise, Benimm *u.* → Anmut, Anstand, Art und Weise, Aufführung, Ausdruck, Aussehen, Ausweg, Erziehung, Haltung, Verhalten. ▸ Tölpelhaftigkeit, Unbildung.

Benehmen beibringen → erziehen.

benehmen, den Atem überrascht sein, in Spannung, in Angst, in Sorge, in Furcht sein, von Furcht ergriffen werden, schaudern, zurückbeben, zurückschrecken, bangen, panischer Schreck, Grauen empfinden, bestürzt sein, erschüttert sein. ▸ furchtlos (sein);

die Aussicht nehmen: den Blicken entschwinden, unsichtbar werden, verschwinden, vergehen, mutlos werden, die Hoffnung nehmen, die Kraft rauben, Zuversicht verlieren, hemmen. ▸ erhoffen, erzwingbar (sein), sichtbar (sein);

die Hoffnung nehmen: abraten, täuschen, hintertreiben, ablehnen, traurig machen, hoffnungslos machen. ▸ erhoffen;

Irrtum nehmen: unterrichten, belehren, aufklären, einweihen, enthüllen, eröffnen, offenbaren, verraten, entschleiern, die Maske fallen lassen. ▸ geheimhalten, verdummen;

die Kraft nehmen: schwach machen, entgegenwirken, ermatten. ▸ kräftigen;

die Lust nehmen: verleiden, unwillig machen, hemmen. ▸ Lust haben, Lust (machen);

die Macht nehmen: absetzen, abberufen, entlassen, entmündigen. ▸ ermächtigen, bewaffnen;

den Mut nehmen: abraten, mißmutig machen, entmutigen, Furcht einflößen;

das Recht nehmen: entrechten, absetzen, fortjagen, kündigen, entheben, widerrufen, entkleiden, abbefehlen, wegschicken. ▸ berechtigen;

den Reiz nehmen: verunstalten, gleichgültig machen. → anstellen, auftreten für, betragen sich. ▸ schmücken, reizen.

benehmen, sich sich verhalten, sich aufführen, sich gebärden, sich gebaren, sich gehaben, reagieren, verfahren, auftreten, sich betragen, Lebensart zeigen, schicklich sein, höflich sein, aufmerk-

sam sein, sich anständig aufführen, der Etikette oder Komment nach erzogen sein, Schliff haben, Haltung zeigen, sich halten, taktisch richtig vorgehen, verhandeln. → aufführen, auftreten.

beneiden mißgönnen, übelwollen, krumm nehmen, übelnehmen, schadenfroh sein, nicht grün sein, mißgünstig sein, neidisch sein, neiden, vor Neid bersten, jemandem nicht grün sein, mißgünstig sein, kein gutes Haar an jemandem lassen, bekritteln, auf jemanden hacken *u.* → bersten. ▸ gönnen.

beneidenswert glücklich, glückselig, gesegnet, sorgenfrei, von Glück verhätschelt, erfolgreich sein, vorwärtskommen, gesund sein, geachtet sein, berühmt sein, Glück haben, Schwein haben *u.* fein heraus sein, seinem Schöpfer danken müssen, reich sein, das große Los gezogen haben, einen Totogewinn eingesteckt haben, eine Reise tun. → beruhigt. ▸ erfolglos, krank, unglücklich.

benennen angeben, aufrufen, benamsen, betiteln, bezeichnen, heißen, taufen ● das Kind beim richtigen Namen nennen. → benamsen.

Benennung Ausdruck, Bezeichnung, Nennung, mit einem Wort belegen, Nennung, einen Namen geben, Taufe, Kennzeichnung. → Ausdruck, Beiname.

benetzen befeuchten, anfeuchten, beträuen, durchnässen, berieseln, bewässern, begießen, betauen, naß machen. → befeuchten, bespritzen, durchnässen. ▸ abtrocknen, trocknen.

Bengel Junge, Knabe, Strick, junges Gemüse *u,* Dreikäsehoch, Kiekindiewelt *u,* Hosenscheißer *u,* Pimpf, Köttel *u,* Bube, Bursche, Schlingel, Laffe, Flegel, Range, Kind, Muttersöhnchen, Knirps, Fant, Schelm, Balg, Halbstarker, Elefantenküken *u,* Gelbschnabel, Früchtchen, Pflänzchen, Lümmel, Rotzbengel *u,* Rotzbube *u,* Engel mit einem B davor *u.* → Bube, Bursche.

bengelhaft → brutal.

benommen → betäubt.

benötigen → beanspruchen, beschäftigen, brauchen, erfordern, ermangeln, wünschen, begehren.

Benotung → Bewertung.

benutzbar → bewohnbar, handlich, verfügbar.

benützen besuchen, frequentieren. → anwenden, ausnutzen, beanspruchen, bedienen, bedienen sich, brauchen, dingen, genießen, hand-

haben, profitieren, verwenden. ▸ benützen nicht, verschmähen.

Benützer → Gebraucher, Käufer.

Benützung Gebrauch, Anwendung, Verwendung, Genuß, Nutznießung, Nießbrauch, Nutzbarmachung, Ausnützung, Dienstlichkeit. → Anwendung, Gebrauch. ▸ Unterlassung, Weigerung.

beobachten achtgeben, achthaben, aufmerksam betrachten, ins Auge fassen, nachgehen, nachprüfen, studieren, forschen, aufpassen, belauern, lauschen, spähen, peilen *sm,* beluchsen, beschatten, franzen, auf die Finger sehen, aufs Korn nehmen, auf der Lauer liegen, auf dem Kieker haben *u,* bewachen, Wache stehen, Wache schieben, Schmiere stehen ● befolgen, gewöhnen, angewöhnen, anpassen, befreunden, beachten, erfüllen, halten, berücksichtigen, durchführen, tilgen, seine Schuldigkeit tun, nichts versäumen, nichts vernachlässigen, auf dem Posten sein. → achtgeben, anschauen, aufpassen, ausforschen, bedenken, belauern, berücksichtigen, beschatten, beschauen, Blick nicht lassen aus dem, durchblicken, durchleuchten, einziehen Erkundigungen, experimentieren, fassen ins Auge. ▸ abwenden sich, blind für, entfernt halten sich, liegen lassen links.

Beobachter Anwesender, Augenzeuge, Betrachter, Dabeistehender, Lauscher, Späher, Spion, Zeuge, Zuschauer, Kundschafter, Sterngucker, Ohrenzeuge. → Agent, Anwesender, Dabeistehender.

Beobachtung Anschauen, Ansehen, Gaffen, Besichtigung, Augenschein, Betrachtung, Erspähen, Späherei, Spioniererei, Prüfung, Musterung, Forschung, Beachtung, Beschauung, Wachsamkeit, Umsicht, Vorsicht, Aufsicht, Untersuchung, Durchsicht, Nachforschung, Umfrage, Erkundigung, Erforschung, Ausforschung, Kundschaften, Auskundschaften, Aufspürung ● Angleichung, Angewöhnung, Übung, Verantwortung. → Augenmerk, Bemühung, Durchsicht, Gepflogenheit, Kontrolle. ▸ Lässigkeit, Nichtachtung, Pflichtvergessenheit, Unaufmerksamkeit.

Beobachtungsballon → Ballon.

Beobachtungsgabe Scharfblick, Erkenntnisvermögen, Auffassungsgabe.

Beobachtungsstand Krähennest *sm*, Befehlsstelle, Ausschau, Ausguck, Kontrollstand, Beobachtungsturm, Wachtturm.

beordern vorladen, vorfordern, berufen, bescheiden, heißen, beauftragen, heischen, begehren, befehligen, vorschreiben, anweisen, verfügen, bestimmen, anberaumen, ansetzen, festsetzen, beschließen. → befehlen, berufen, entbieten zu sich.

bepacken → aufhalsen, beladen, belasten.

bepflanzen → ackern, pflanzen.

bepflastern → bedecken.

bepinseln → anstreichen.

bequem angenehm, behaglich, einfach, leicht, mühelos, passend, praktisch, tunlich, ungehindert, unschwer, angemessen ● langsam, schläfrig, bedächtig, gemächlich, schwerfällig, lahm, träge, faul, flau, allmählich, teilnahmslos, nachlässig, energielos, phlegmatisch, bleiern, schlaff, schlapp, sich hängen lassen, verdrossen, beschaulich, lauschig, in aller Ruhe, mit aller Muße ● sich bequem machen, setzen, legen, befreien, einrichten, genießen, behaglich machen, ausruhen, der Ruhe pflegen, auf den Lorbeeren ausruhen, nichts tun, die Arbeit niederlegen, pausen, rasten, leicht erarbeiten, müßig gehen, komfortabel. → angenehm, annehmbar, arbeitsscheu, arbeitsunfähig, bedächtig, behaglich, bleiern, faul. ▶ aufreibend, betriebsam, fleißig, schnell, schwierig, unbequem, unzweckmäßig.

bequem machen, sich's → ausziehen, ausdehnen.

bequemen → anpassen, belieben, bequem, rühren sich.

Bequemlichkeit Annehmlichkeit, Wohlleben, Genuß, Behaglichkeit, Labsal, Komfort. → Luxus. ▶ Bürde, Regsamkeit.

Bequemung Herbeilassung, Herablassung.

berahmen → einrahmen.

berappen → bezahlen.

berasen → ackern.

beraten anleiten, helfen, Rat erteilen, unterstützen, unterweisen, Weg bereiten, zeigen, belehren, ermahnen, zuraten, anraten, abraten, zureden, abreden, einreden, verleiten, fördern, beistehen, beispringen, behilflich sein, zur Seite stehen. → bekehren, beratschlagen, besprechen, debattieren, erörtern, erwägen, bevormunden. ▶ irreführen.

beraten, sich erwägen, überlegen, bedenken, sich Rat holen, um Rat angehen, befra-

gen, besprechen, erörtern, diskutieren, eine Sache beschlafen, sich vertiefen in, sich besinnen, grübeln, ausklügeln, prüfen, nachsinnen, nachdenken, beratschlagen. → beraten, beratschlagen. ▶ unbesonnen (sein).

beratend → erwägen.

Berater Anwalt, Beistand, Ermahner, Helfer, Ratgeber, Sprecher, Advokat, Fürsprecher, Jurist, Rechtsanwalt, Rechtsbeistand, Verteidiger, Vertreter, Steuerberater, Steuerhelfer, Experte, Fachmann, Disponent, Seelsorger, Beichtvater, Beichtiger, Priester, Geistlicher, Arzt, Hebamme, Weisefrau, Mediziner, Mentor, Nestor, Seelenhirt, Lehrer. → Anwalt, Beirat, Beistand, Chef, Ermahner.

beratschlagen bedenken, befragen, besprechen, erörtern, erwägen, prüfen, sich beraten, überlegen, untersuchen, betrachten, nachdenken. → beraten sich, besprechen. ▶ entschlossen sein.

Beratung Aussprache, Besprechung, Gedankenaustausch, Gespräch, Zusammenkunft, Konferenz, Zwiegespräch, Meinungsaustausch, Befragung, Lesung, Konzilium, Konklave, Kollegium, Ausschuß, Kommission, Sitzung. → Aussprache, Besprechung, Debatte, Erörterung.

berauben kapern, erbeuten, abjagen, abfangen, erjagen, aufbringen, bemächtigen, abpressen, entlocken, erobern, rauben, stehlen, stibitzen, besteuern, ausplündern, aussaugen, ausziehen, ausbeuten, rupfen, aussäckeln, schröpfen, enteignen, konfiszieren ● einbereden, einsteigen, entwenden, wegnehmen, entführen, freibeuten, erraffen, beiseite schaffen, verschwinden lassen, wegstibitzen, mausen, naschen, unterschlagen, unterschleifen, lange Finger machen, gewaltsam an sich reißen, abgaunern, erpressen ● Ehre abschneiden, um den Ruf bringen, entehren, schänden, verleumden, Unschuld rauben, ehebrechen, entweihen, deflorieren, notzüchtigen, vergewaltigen ● die Freiheit entziehen, knechten, unterjochen, einengen, ketten, fesseln, einkerkern, verhaften, ergreifen, anbinden, anschließen, anketten, fangen, festnehmen, einstecken, bewachen, abführen, blenden, lähmen, ersticken, entwaffnen, die Kräfte rauben, schwächen, entkräften, entmannen. → bestehlen, bringen an den Bettelstab. ▶ erwerben, Ehre er-

weisen, freisprechen, kräftigen, wiedergutmachen, widersetzen sich, zurückhalten.

beraubt, der Sinne → bestürzt.

Beraubung Raub, Brandschatzung, Diebstahl, Kaperung, Entführung, Verschleppung, Machtraub, Plünderung, Räuberei, Wegelagerei, Straßenraub, Kirchenraub, Seeräuberei, Piratentum, Korsarentum, Mauserei, Taschendiebstahl, Einbruch, Wilderei, Jagdfrevel, Konterbande, Unterschlagung, Veruntreuung, Betrug, Gaunerei, Schieberei, Ehrabschneidung, Notzucht, Ehebruch, Vergewaltigung, Freiheitsberaubung, Verhaftung, Gefangennahme, Einschließung, Blendung ● Schwächung, Machtentziehung, Entsetzung, Absetzung, Entthronung, Abdankung, Tötung, Lebensraub, Bluttat, Mord, Totschlag, Ermordung, Blutschuld, Selbstmord, Attentat, Schlachten, Blutvergießen, Hinrichtung, Duell, Harakiri, Ritualmord ● Vollstreckung, Rechtswidrigkeit, Rechtsbruch, Demütigung, Beschimpfung. → Ausplünderung, Bemächtigung, Dieberei, Einbruch, Enteignung, Entziehung. ▶ Freilassung, Rechtmäßigkeit, Verteidigung, Wiedergutmachung.

berauschen → amüsieren, beglücken, berühren, beseelen, betrinken, entzücken.

berauschen, sich → betäuben.

berauschend überwältigend, betörend, entzückend, trunken, erregend, aufreizend, erschütternd, ergreifend, aufregend, herzbewegend, beseligend, bezaubernd, betäubend, benebelnd. → antreibend, faszinierend. ▶ langweilig, ernüchternd, unerträglich.

berauscht wonnetrunken, freudestrahlend, vom Glück trunken, angeregt, exaltiert, fiebrig, schwärmerisch, begeistert, entzückt, trunken, entrückt. → angeheitert, aufgeräumt, beseligt, betrunken, entrückt, entzückt. ▶ blasiert, ernüchtert, nüchtern, langweilig, nüchtern.

Berauschung → Begierde, Betäubung, Bezauberung, Dusel, Enthusiasmus, Entzückung.

berechenbar zählbar, meßbar, teilbar ● berechnet, Vorteile bedenken, auf den Nutzen aus sein, den Gewinn im Auge haben, das Interesse wahrnehmen, auf Erwerb aus sein, Profit erjagen. ▶ unberechenbar.

berechnen → abmessen,

achtgeben, anschlagen, auskundschaften, begehren, bestimmen, bewerten, datieren, errechnen, kalkulieren, zählen.

berechnend → diplomatisch, durchtrieben, expreß.

berechnet → absichtlich, beabsichtigt, beflissentlich, berechenbar, bewußt, diplomatisch, durchdacht, planvoll, selbstsüchtig.

berechnet, für → eigens.

Berechnung → Absicht, Anschlag, Beflissenheit, Befürchtung, Begriffsscheidung, Berücksichtigung, Betrachtung, Erwartung, Kombination, Kalkulation.

berechtigen → beauftragen, begünstigen, berufen, bestätigen, bewilligen, einräumen, erlauben, ermächtigen, ernennen.

berechtigt befugt, bevollmächtigt, bevorrechtigt, bewilligt, gestattet, privilegiert, bevorrechtet, mit Fug und Recht bestehen, kompetent, anerkennt, zuständig, maßgebend. → erlaubt. ▶ unberechtigt.

Berechtigte → Bevollmächtigte.

Berechtigung → Anrecht, Anspruch, Befugnis, Bevollmächtigung, Erlaubnis, Ermächtigung, Konzession, Recht.

bereden lästern, schmähen, losziehen, geifern, tadeln, aussetzen, bloßstellen, verleumden, herunterziehen, beschimpfen, verunglimpfen, verlästern, ins Gerede bringen, die Ehre abschneiden, verdächtig, hinter dem Rücken angreifen, beschwatzen, berücken, schwänzeln, schöntun, scharwenzeln, schmeicheln. → anfeuern, balbieren, beeinflussen, befürworten, begeistern, besten halten zum, bestimmen, bewegen lassen sich, bewirken, eindringlich zureden, einschleichen sich in die Gunst, empfänglich machen, erschmeicheln. ▶ abhalten, loben.

beredsam schwatzhaft, redselig, redefertig, gesprächig, sprachbegabt, ein guter Redner oder Plauderer oder Erzähler sein, die richtigen Worte zu finden wissen, ein Schwätzer sein, einen Vortrag halten können, eine gesetzte Rede vom Stapel lassen können, die Kunst der Rede beherrschen, aufgedreht, aufgeknöpft, aufgeräumt, aufgetaut. ▶ schweigsam.

Beredsamkeit Redseligkeit, Redewut, Gesprächigkeit, Plauderhaftigkeit, Schwatzhaftigkeit, Geschwätzigkeit,

Zungengeläufigkeit, Maulfertigkeit, Wortschwall, Redefluß, Suade ● Redegabe, Rhetorik, Redekunst, Mitteilungsfreudigkeit, Plauderlust, Dialektik, Vortragskunst, Beherrschung des Ausdrucks ● Mundwerk, Revolverschnauze u, Maulwerk, große Klappe u, Babbel u, Schwabbelei u, Schnoddrigkeit. ▶ Schweigen, Sprachlosigkeit.

beredt wortgewandt, eloquent, sprachgebabt, gesprächig, redselig, mitteilsam, schwatzhaft, plauderhaft, zungenfertig, schlagfertig, eine Schnauze haben oder vollnehmen u, ein großes Maul oder Maulwerk haben u, Quasselwasser getrunken haben u, nicht auf den Mund gefallen sein, sich einen Stiefel zusammenschwätzen u, fließend, geläufig, scharfzüngig, witzig, klar, eindeutig, kristallklar, deutlich, ausdrucksvoll, hell. ▶ undeutlich, wortkarg.

Bereich → Abteilung, Amt, Aufgabenkreis, Ausdehnung, Befugnis, Bezirk, Blickfeld, Demarkation, Distrikt, Domäne, Ecke, Lage, Ort, Rahmen, Region, Spielfeld, Spielraum, Umfang, Zweig.

bereichern vervollkommnen, erwerben, erlangen, verdienen, verschaffen, machen, einheimsen, horten, sparen, sammeln, gewinnen. ▶ verarmen, zurückgeben.

Bereicherung Horten, Gewinnen, Anreicherung, Erwerbung, Sparen, Ersparung, Sammeln, Sammlung. ▶ Verarmung, Zurückgabe.

bereift alt, bejahrt, hochbetagt, grauköpfig, grauhaarig, silberlockig, weißlockig, ehrwürdig ● bedeckt, überzogen, behängt, umhüllt, überstrichen, weißlich, bemoost, vereist, glasiert, mit Reif bedeckt, beeist, bestäubt ● mit Reifen oder Ringen umwunden, umgeben, eingeschlossen, bestückt, versehen. → kalt. ▶ jung.

bereinigen → abbezahlen, ausbessern, ausgeben, auflösen, bezahlen, liquidieren, ordnen, verbessern.

Bereinigung → Abtragung, Ausgleich, Befriedigung, Berichtigung, Entrichtung, Rückzahlung.

bereisen → begehen.

bereit → abgeschlossen, aufmerksam, aus, dienstwillig, erhältlich, eßbar, fertig, gar, geneigt, verfügbar.

bereiten → abrichten, arbeiten, ausbilden, machen.

bereiten, Vergnügen → befriedigen.

bereitgestellt → verfügbar.

bereithalten → aufbewahren,

bereits vorher, zuvor, vorangehend, zuerst, früher, einst, eher, schon, neulich, kürzlich, vormals, vorüber, ehedem, seither, vordem, bisher, bislang, unlängst, jüngst, sonst, ehemals, weiland, längst. ▶ zukünftig.

Bereitschaft → Entschluß, Neigung, Stimmung.

bereitstellen → vorbereiten, zur Verfügung stehen.

Bereitung → Zubereitung.

bereitwillig → anstandslos, artig, dienstbeflissen, dienstbereit, erbötig, freundlich, geneigt, gern, höflich, kulant.

Bereitwilligkeit Dienstleistung, Entgegenkommen, Entschlußfreude, Gefälligkeit, Geneigtheit, Liebenswürdigkeit, Nachgiebigkeit, Willfährigkeit, Willigkeit, Hang, Lust, Neigung, Stimmung, Anlage, Sinn, Laune, Zustimmung, Anerbietung. → Beflissenheit, Dienstwilligkeit, Entgegenkommen, Entschlußfreude. ▶ Unwille.

bereuen bedauern, bekennen, beklagen, büßen, gestehen, sühnen, leider, leid tun, nicht recht sein, schade sein, umkehren, sich bekehren, wenden, verwünschen, bejammern, Schmerz darüber empfinden, sich schuldig bekennen. → abbitten, bekehren, bekennen, beklagen, beweinen, bessern sich, einlenken wieder. ▶ verhärten sich.

bereuend → bußfertig.

Berg Haufen, Fülle, Klumpen ● Höhe, Erhöhung, Erhebung, Steigung, Gebirge, Gipfel, Riese, Dschebel *arab.*, Hochgebirge, Alpen, Alpenzug, Gebirgsmassiv, Gebirgszug, Hügel, Erdhügel, Rücken, Anhöhe, Hochland, Spitze, Kuppe, Höcker, Buckel, Bühl, Fels, Klippe, Wand, Fluh, Riff, Vorgebirge, Düne, Bank, Abhang, Hang, Jähe, Steile, Zacke, Kap, Zinke, Höhenzug, Vulkan ● Welle, Hochflut, Springflut. → Erhebung, Fels. ▶ Ebene, Tal.

Berg sein, über den → erreichen, gesunden.

bergab herab, hinunter, abwärts, flußab, stromab, talwärts. → abwärts. ▶ bergan, bergauf.

bergan → bergauf. ▶ bergab.

Bergarbeiter Kumpel, Steiger, Halloren *m*.

bergauf steigend, kletternd, aufwärts, auf, empor, herauf, hinauf, bergan, bergwärts, flußaufwärts, stromwärts, flußauf, stromauf. → aufsteigend, aufwärts. ▶ bergab.

Bergbahn → Bahn.

Bergbau Bergwerk, Mine, Hüt-

Bergbesteigung → Bewegung.

Berge versprechen, goldene → versprechen, zusagen.

bergen → aufheben, bewahren, bringen unter Dach, schützen.

bergen, sich → decken sich.

Bergfahrt → Bewegung.

Berggeist → Bergmann, Dämon.

Berghang Hang, Abgrund.

Berghof → Ansied(e)lung.

bergig → gebirgig.

Berglehne → Abgrund.

Bergmann Bergknappe, Steiger, Kumpel, Grubenfahrer, Schachtfahrer, Obersteiger, Bergrat ● Bergmännchen, Rübezahl, Berggeist.

bergsteigen → klettern.

Bergsteiger Hochtourist, Alpenfex, Bergfex, Gletscherfloh, Gipfelfresser, Kletterer, Gipfelstürmer, Alpinist, Klettermaxe *u*.

Bergung → Rettung, Sicherstellung.

bergwärts → bergauf.

Bergwerk → Bergbau.

Bericht Bekanntmachung, Tagesbericht, Bulletin *s*, Darlegung, Denkschrift, Exposé *s*, Benachrichtigung, Anzeige, Avis, Angabe, Aufklärung, Aufschluß, Auskunft, Bekanntgabe, Bescheid, Botschaft, Darlegung, Eröffnung, Kunde, Meldung, Mitteilung, Nachricht, Rapport, Beschreibung, Erzählung, Schilderung, Übersicht, Wiedergabe. → Antwort, Anzeige, Artikel, Auslegung, Benachrichtigung, Beschreibung, Brief, Chronik, Darstellung, Denkschrift, Depesche, Eingabe, Erzählung, Rapport, Zirkular.

berichten ankündigen, benachrichtigen, avisieren, anzeigen. → abfassen, aberkennen, angeben, ankündigen, anschreiben, antworten, anzeigen, aufklären, aufnehmen, aussagen, benachrichtigen, beschreiben, bestätigen, darstellen, drahten, entgegnen, entwerfen ein Bild, erzählen, melden, schildern, schreiben, sprechen. ▶ verschweigen.

Berichterstatter Berichter, Schreiber, Historiker, Annalist, Chronist, Journalist, Zeitungsschreiber, Federfuchser, Pressehengst *u*, Tintenspion *u*, Reporter, Korrespondent. → Anzeiger.

Berichterstattung → Auskunft, Benachrichtigung, Information.

berichtigen verbessern, emendieren, korrigieren, richtigstellen. → ablehnen, ändern, ausbessern, durchsehen, korrigieren, verbessern. ▶ behalten, verdächtigen, ver-

fälschen, verschlechtern, weigern.

Berichtigung Übereinkunft, Übereinstimmung, Zustimmung, Einverständnis, Beistimmung, Beilegung ● Gleichlauf, Einklang, Gleichmachung, Gleichschaltung, Ausgleichung ● Überführung, Enthüllung, Darlegung, Erklärung, Aufklärung ● Aussprache, Bekenntnis, Geständnis, Beichte ● Ausbesserung, Korrektur, Verbesserung, Reinigung, Bereinigung, Wiederherstellung, Restauration, Irredenta ● Erwiderung, Gutschrift, Belastung, Abfindung, Abgeltung, Begleichung, Entschädigung ● Entgegnung, Einrede, Einwand, Zurückweisung, Abwehr, Verwahrung, Ehrenerklärung, Widerruf, Ableugnung, Dementi. → Abwehr, Ableugnung, Auskunft, Bearbeitung, Dementi, Durchsicht, Ehrenerklärung, Entlastung, Rechenschaft. ▶ Aneignung, Verdächtigung, Verfälschung, Verschlechterung, Weigerung.

berieseln → befeuchten, begießen, benetzen, bespritzen.

beringen → abrunden.

Berme → Ferment.

Bernstein Harz. → Schmuckstein.

Berserker Wüterich, Missetäter, Verbrecher, Unheilstifter, Zerstörer, Verderber, Schlächter, Würger, Blutmensch, Unmensch, Ungeheuer, Bluthund, Monstrum, Dämon, Ausgeburt, Geißel.

bersten brechen, aufkrachen, knacken, zertrümmern, zerschellen, zerknallen, platzen ● aufspringen, abspringen, zerspringen, entzweigehen, auseinanderbrechen, zerbrechen, aufbrechen, zerschlagen, aufschlagen, zersplittern, aufsplittern, zerstoßen, aufspalten, aufsprengen, aufmachen, öffnen, befreien, erbrechen ● beneiden, vor Neid platzen, mißgünstig sein ● aufregen, heftig werden, vor Wut bersten, ungestüm werden. → aufgehen, aufmachen, aufspringen, brechen, erregen, öffnen, reizen. ▶ beherrschen sich, dulden, widerstandsfähig (sein), zusammenhalten.

berüchtigt verschrien, allbekannt, weltbekannt, berühmt, verrufen, in üblem Geruch stehen, mit Schande beladen sein, mit Schimpf bedeckt, bescholten. → anrüchig, bekannt, berühmt. ▶ geachtet, unbescholten.

berücken → abbuhlen, beeinflussen, begeistern, beglücken, bereden, bestricken,

blenden, breitschlagen, Cour schneiden, entzücken, zaubern.

berückend bestechend, betörend, bezaubernd. → bestrickend, charmant, entzückend, faszinierend, schön.

berücksichtigen beachten, befriedigen, darum besorgt sein, sich angelegen sein lassen, anrechnen, bemessen, bewerten, gutschreiben, beschränken, verklauseln, ausbedingen, ausnehmen, einräumen, vorbehalten, Bedacht nehmen auf, Ausnahme zulassen, ausführen, beobachten, vollführen, bewerkstelligen, erfüllen, halten, erledigen, durchführen, abtragen, abstatten, die Pflicht tun, das Versprechen halten, Anspruch befriedigen, das Wort einlösen, würdigen, anerkennen. → anrechnen, aufmerksam, ausführen, beherzigen, beobachten, veranlassen. ▶ unterlassen, verabsäumen.

Berücksichtigung Bezug, Bezugnahme, Betreff, Rücksicht, Hinsicht, Gesichtspunkt, Belang, Beziehung, Beobachtung, Wahrnehmung, Prüfung, Rücksichtnahme, Überwachung, Überlegung, Beschränkung, Bedingung, Vorbehalt, Vorbedingung, Voraussetzung, Berechnung, Grund, Erfüllung, Durchführung, Beachtung, Würdigung, Beistimmung, Billigung, Beipflichtung, Gutheißung, Zustimmung, Erwähnung, Schätzung. ▶ Unterlassung.

berückt → berauscht.

Beruf Amt, Arbeit, Arbeitsfeld, Aufgabe, Ausübung, Beschäftigung, Metier, Betätigung, Broterwerb, Dienst, Erwerbszweig, Fach, Gewerbe, Obliegenheit, Pflicht, Rolle, Stellung, Tätigkeit, Wirkungskreis, Zweig, Auftrag, Tätigkeitsbereich, Wirkungsbereich, Geschäft, Verpflichtung, Auftrag, Sache, Angelegenheit, Unternehmen, Feld, Arbeitsbereich, Machtbereich, Schauplatz meiner Tätigkeit, Handwerk, Laufbahn, Bestimmung, Lebensberuf, Lebensaufgabe, Brot, Platz, Posten, Anstellung, Stand, Berufspflicht. → Amt, Arbeit, Dienst, Existenz.

berufen versammeln, zusammenziehen, vereinigen, einberufen, anwerben, vorfordern, vorladen, bescheiden, beauftragen, beordern, bestimmen, anberaumen, bevollmächtigen, besetzen, beschicken, abordnen, entsenden, befugen, ermächtigen, berechtigen, übergeben, betrauen, anvertrauen, belehnen, anstellen, beschäftigen, ernennen, einsetzen, bestellen, bediensten, Amt oder Stellung verleihen, befördern, verleihen, krönen, erheben ● beschreien, den Teufel an die Wand malen, vorhersagen. → anstellen, beauftragen, bedienstet, befehlen, beglaubigen, beordern, beschäftigen, beschreien, bestellen, delegieren, entbieten zu sich. ▶ entheben, ermutigen.

berufen, sich appellieren, behaupten, sich beziehen auf, geltend machen. ▶ entgegenhalten.

berufen auf → ausweisen, beruhen, beziehen sich auf, bringen zum Schweigen.

beruflich → geschäftlich.

Berufsberater → Berater.

berufstätig wirken, schaffen, arbeiten, besorgen, bedienen, amtieren,einen Beruf ausüben ● ausfüllen, ein Amt bekleiden, tätig sein, sich beschäftigen mit, sich befassen mit. ▶ arbeitslos.

Berufung Bestimmung, Lebensaufgabe, Mission, Schicksal, Sendung, Bestallung, Beauftragung, Verleihung, Sendung, Mandat, Auftrag, Ermächtigung, Befugnis, Bestätigung, Ernennung, Wahl, Einsetzung, Belehnung, Krönung ● Abwehr, Anfechtung, Einwendung, Einwand, Einrede, Einsprache, Einspruch, Protest, Nichtigkeitsbeschwerde, Abweis, Abweisung, Zurückweisung, Revision, Klage, Beschwerde, Widerspruch, Appellation, Verwahrung. → Bestallung. ▶ Billigung, Enthebung.

beruhen verursachen, veranlassen, Anlaß geben, entstehen, hervorgehen, entspringen, herstammen, herkommen, herrühren, erwachsen, berufen auf, entsprossen, begründen, sich ergeben aus. ▶ bestreiten, täuschen.

beruhen lassen aufhören, abstehen, einstellen, aufgeben, abbrechen, vertuschen, unterbrechen, verschieben, aussetzen, hemmen, beenden, abschließen, beschließen, ein Ende machen, bewenden lassen, abwarten. → abblasen, belassen. ▶ fortsetzen.

beruhigen aufhören, nachlassen, abstehen, aussetzen, einhalten, ruhen, beenden, abnehmen, sich auflösen, umwandeln, beschwichtigen, verstummen, lautlos werden, stumm werden, mäßigen, umformen, beherrschen, ruhen, schlafen, Atem schöpfen, sich verschnaufen, einschlafen, einschlummern, einschläfern, einwiegen, einlullen, beilegen, mildern, sich erholen, Kräfte sammeln,

kräftigen, auffrischen, befriedigen, dämpfen. → abblasen, abkühlen, aufheitern, ausgleichen, aussöhnen, befreien, befrieden, befriedigen, begütigen, beichten, besänftigen, betäuben, bezähmen, bringen zum Schweigen ● Beruhigungspille geben *u*, dämpfen, eindämmen, einschläfern, erleichtern. ▶ beunruhigen.

beruhigen das Gewissen → betäuben.

beruhigend → erleichternd, ermutigend, tröstlich.

beruhigt überzeugt, sicher, zuversichtlich, vertrauensvoll, glücklich, beglückt, selig, sorgenfrei, beneidenswert, froh, zufrieden, wohlgemut, heiter, unbesorgt, kummerlos, selig. ▶ beunruhigt.

Beruhigung Milderung, Nachlassen, Verminderung, Besänftigung, Linderung, Beschränkung, Einschläferung, Unterbrechung, Einhalt, Aufschub, Zerstreuung, Flaute, Feuerpause, Ruhe, Friedlichkeit, Eintracht, Friede, Übereinstimmung, Beherrschung, Sammlung, Ernüchterung, kalte Dusche ●, Nüchternheit, Mäßigung, Gefaßtheit, Befriedung, Gemütsruhe, Herzensruhe, Behaglichkeit, Gemütlichkeit, Erleichterung, Vergebung. → Abklingen, Baldrian, Befriedigung, Besinnen, Charitas, Erquickung, Erlösung, Ermutigung. ▶ Beunruhigung.

Beruhigungsmittel Narkotika, Toxine, Lachgas, Chloroform, Äther, Chloräthyl, Opium, Einspritzung, Spritze, Kokain, Betäubungsmittel, Baldrian, Injektion, Schlafmittel, Schlafpulver. → Arznei, Baldrian.

berühmt angesehen, bedeutend, beliebt, hochgeschätzt, populär, weltbekannt, allbekannt, Weltruf haben, unsterblich, anerkannt, geachtet, berüchtigt, verschrien. → anerkannt, angesehen, ausgezeichnet, bekannt, beliebt, berüchtigt. ▶ unberühmt.

Berühmtheit Fachgröße, Könner, Meister, Kapazität, Star, Held, Heldin, Diva, Primadonna, Heros, Großmeister, Tagesberühmtheit, Stern, Koryphäe. ▶ Unberühmtheit.

berühren betreffen, angehen, anbelangen, zu haben mit, zusammenbringen, in Verbindung bringen, verbinden, verknüpfen, anreihen, angliedern, verketten, folgern, koppeln, kuppeln, anstoßen, anlegen, anliegen, anlehnen, anspringen, anprallen, auffahren, anfahren, anschla-

gen, anklopfen, prellen, nahekommen ● anspielen, hindeuten, zeigen, äußern ● erröten, erblassen, erbleichen, zittern, erbeben, erregen, treffen, ergreifen, packen, erschüttern, begeistern, berauschen. → anbelangen, anfühlen, angehen, aufwerfen, begegnen, begreifen, betäuben, begrenzen, bemächtigen, fesseln, tasten, verbinden. ▶ gefühllos sein, trennen.

berühren, sich mit → ähneln.

berührend → angrenzend.

berührend, schmerzlich → deprimieren.

berührt → beherzigen, bestürzt.

berührt werden, nicht → beikommen nicht, betäuben, blasiert.

berührungslos beziehungslos, ohne Beziehung auf, an und für sich, bezugslos, fernstehend, fernliegend, belanglos, unpassend, bedeutungslos, nicht im Zusammenhang stehen, keinen Bezug haben, isoliert, verbindungslos, vereinzelt, episodisch, nebenher, unberührt sein, nicht beteiligt sein, frei, für sich, einsam, ungebunden. → beziehungslos. ▶ zusammenhängen.

berußen → anschwärzen.

besabbern → spucken.

besäen → ackern, behängen.

besagen → ausdrücken, bedeuten.

besagte angedeutete, betitelte, behandelte, betreffende, bezeichnete, fragliche, genannte, obige, in Rede stehende.

besamen → belegen.

besänftigen abschwächen, abstumpfen, begütigen, beherrschen, beruhigen, beschönigen, beschränken, beschwichtigen, bezwingen, dämpfen, ebnen, eindämmen, einschläfern, entwaffnen, erleichtern, erweichen, glätten, hemmen, lindern, lullen, mäßigen, mildern, stillen, unterdrücken, zähmen, zügeln, zurückhalten, Öl auf die Wogen gießen, einen Dämpfer aufsetzen, zur Besinnung bringen, sich abregen, sich beruhigen, sich fassen, zur Ruhe kommen, Vernunft annehmen, Abstand gewinnen, abtöten, betäuben ● bändigen, begütigen, bezähmen, erleichtern. ▶ aufbrausen, beschweren, erregen.

Besänftigung → Abklingen, Baldrian, Beruhigung, Besinnung, Charitas, Trost.

besät bestreut, besetzt, ausgebreitet, verbreitet, besprizt, zerstreut, verstreut, umhergestreut, ausgestreut, verteilt, zersprengt, gesät. ▶ blank.

Besatz Einfassung, Bordüre *f*, Aufputz, Ausputz, Verzierung, Borte, Litze, Tresse, Randschnur, Volant, Garnitur, Garnierung, Verschönerung, Aufmachung, Beiwerk, Zierat, Schmuck. → Aufschlag, Ausschmückung, Band, Einfassung.

Besatzung Bedenken, Bemannung, Verteidiger, Sicherheitstruppe, Sicherheitswache, Sicherheitswehr, Beschirmung, Geleit, Crew *sm* ● Belegschaft, Garnison, Mannschaft. → Belegschaft.

besaufen betrinken, bekneipen, die Nase begießen, mehr als genug haben, berauschen, antrinken, unmäßig trinken, hechern, bezechen, sich dem Trunk ergeben, zu tief ins Glas schauen, den Kummer ersäufen, die Sorge ertränken, einen guten Zug haben, hinter die Binde gießen, pokulieren, durch die Gurgel jagen, einer Flasche den Hals brechen, den Humpen leeren, eine Flasche ausstechen, angetrunken sein, weinselig sein, sich eindekken, voll laufen lassen, voll sein, ansaufen, picheln. → betrinken. ▶ enthalten sich, maßhalten.

beschädigen abnützen, angreifen, beeinträchtigen, entstellen, entwerten, fälschen, erniedrigen, herunterbringen, verstümmeln, verunstalten, zerstören, anfressen, einfressen, durchfressen, zerfressen, zerkratzen, einätzen, verstopfen, zernagen, abtragen, abwetzen, anschlagen, anstoßen, anhauen, verletzen, bestoßen, zerbeißen, ramponieren *u*, durchschneiden *j*. → anstoßen, beeinträchtigen, durchfressen. ▶ erneuern, fehlerfrei (sein).

beschädigt fehlerhaft, unvollständig, defekt, abgebraucht, abgegriffen, abgenützt, abgewetzt, dünn, entzwei, lädiert, lückenhaft, mangelhaft, mitgenommen, ramponiert, schadhaft, unbrauchbar, verletzt, versehrt, zerbrochen, zerrissen, angestoßen, angeknakst, angebufft, brüchig, kaputt, zerschlissen, schwer mitgenommen, da ist etwas dran. → defekt, elend, fadenscheinig. ▶ fehlerfrei.

Beschädigung Makel, Mangel, Fehler, Fäulnis, Verfall, Verwesung, Zerfall, Zerstörung, Verbrauch, Abnützung, Austrocknung, Schadhaftigkeit, Fehlerhaftigkeit, Gebrechen, Flecken, Lücke, Verheerung, Verwüstung, Verunreinigung, Beeinträchtigung, Besudelung. → Defekt. ▶ Fehlerlosigkeit.

beschaffen anschaffen, bei-

bringen, besorgen, beziehen, erwerben, heranholen, holen, kaufen, organisieren, einholen, einfordern, anfordern, einkommen um, heranschaffen, herbeiholen, sich aneignen, bekommen, sich beschaffen, einbringen, erhalten, erreichen, erzielen, gewinnen, verschaffen, auftreiben, erringen, verhelfen zu, vermitteln, zukommen lassen, zulegen, einsammeln, erheben, aufstöbern, ergattern, erbeuten, erobern, ersitzen, erarbeiten, einsäckeln, beschlagnahmen, konfiszieren ● anerschaffen, angeboren, eigen, anerzogen, gefügt, zusammengesetzt, veranlagt, eingepflanzt, geneigt. → aneignen, beibringen, bemächtigen, einsäckeln, erbetteln, erbeuten, erhandeln. ▶ entheben, faulenzen, unterlassen, versäumen.

Beschaffenheit → Anordnung, Art, Art und Weise, Aufbau, Ausdruck, Aussehen, Bestand, Bildung, Charakter, Denkart, Disposition, Ergehen, Form, Gewebe, Qualität, Struktur, Wesen.

Beschaffung → Erwerbung, Zustand.

beschäftigen hantieren, betreiben, handeln, wirken, schaffen, arbeiten, sich beschäftigen mit, basteln, spielen, dienen, tun, Hand anlegen, sich befassen mit, sich bemühen, sich abmühen, sich befleißigen, büffeln, schanzen, wirken, unternehmen, verrichten, besorgen, bewerkstelligen, erledigen ● sich anstrengen, plagen, schinden ● sich einmischen, einmengen, sich kümmern, einschreiten, eingreifen, sich abgeben ● brauchen, benötigen, bedürfen, benützen, gebrauchen, verwenden ● beauftragen, bevollmächtigen, abordnen, entsenden, ermächtigen, berechtigen, übergeben, betrauen, anvertrauen, anstellen, ernennen, einsetzen, bestellen, berufen, bestallen, erheben ● überlegen, begrübeln, nachsinnen, nachdenken, studieren, ausklügeln, erwägen, erörtern, brüten, prüfen, → anfassen, anstellen, arbeiten, ausfüllen, beauftragen, berufen, beteiligen sich, brauchen, Dienst stellen, ernennen. ▶ entheben, faulenzen, unterlassen, versäumen.

beschäftigen, sich → arbeiten, beschäftigen, Blick richten auf, denken, durchbringen sich.

beschäftigt → angestrengt, bedienstet, berufstätig, ausgefüllt.

Beschäftigung → Amt, Arbeit, Beruf, Besorgung,

Dienst, Erwerbszweig, Existenz, Leistung, Spiel.

Beschäftigungslage Konjunktur, Wirtschaftslage, Prosperität.

beschäftigungslos untätig, arbeitslos, geschäftslos, unbeteiligt, nichts tun, nichts leisten, müßig sein oder gehen, sich der Arbeit entziehen, faulenzen, es sich behaglich machen, die Zeit vergeuden, verlottern, verbummeln, flanieren, strolchen, vagabundieren, umherstreichen, herumlungern, keinen Finger rühren, keine Hand heben, ausruhen, dienstfrei, unbeschäftigt. → dienstfrei. ▶ beschäftigt.

Beschälung → Befruchtung.

beschämen → bloßstellen, demütigen, erniedrigen.

beschämend bloßstellend, blamabel, demütigend, niederschmetternd, respektlos ● trostlos, jämmerlich, erbärmlich, traurig, unerfreulich, schmerzlich, ärgerlich, peinlich, fürchterlich, scheußlich, schauerlich, garstig, wüst, schmutzig, niederträchtig, gemein, niedrig, schändlich, verächtlich, schmählich, nichtswürdig, schimpflich. ▶ ehrenhaft, würdig.

Beschämung → Bekümmernis, Erröten.

beschatten verdunkeln, verfinstern, verdüstern, überwölken, umschatten ● überwachen, verdächtigen, beobachten, aufpassen, spitzeln, bespitzeln, belauern, bespähen, behorchen, belauschen, unter Kontrolle nehmen. → bewölken, dunkeln. ▶ erhellen, unbeaufsichtigt (sein).

Beschattung → Dämmer, Dunkel.

beschauen betrachten, anschauen, besehen, begaffen, begucken, anblicken, beobachten, mustern, prüfen, besichtigen, in Augenschein nehmen, durchschauen, durchblicken, ausspähen, beäugeln, mit den Blicken verfolgen. → durchblicken. ▶ Augen schließen die, blind für.

beschaulich → anspruchslos, bequem, Familie im Schoß der, ruhig.

Beschaulichkeit Kontemplation. → Muße, Ruhe.

Bescheid Angabe, Antwort, Aufklärung, Aufschluß, Auskunft, Befund, Beurteilung, Bewertung, Darlegung, Meinung, Mitteilung, Bescheinigung, Urteil, Entscheidung, Anordnung, Orakel, Nachricht, Rat, Befehl. → Angabe, Antwort, Auskunft, Befehl, Bericht, Dekret, Direktive, Endergebnis, Ermittlung, Erweis. ▶ Nachfrage, Unterlassung, Verheimlichung, Verschwiegenheit.

Bescheid erteilen → benachrichtigen.

Bescheid geben → antworten, darstellen.

Bescheid tun → bewillkommnen.

Bescheid wissen → zurechtfinden sich.

bescheiden anspruchslos, einfach, genügsam, prunklos, schlicht, sparsam, wirtschaftlich, abstinent, zufrieden, sittsam. → abarbeiten, abdarben, anspruchslos, bedürfnislos, befehlen, begehren, behäbig, beordern, berufen, bestellen, brav, einfach, eingeschränkt, entbieten zu sich, enthaltsam, ergeben, erübrigen, mäßig. ▶ anmaßend, unbescheiden.

bescheiden, sich zurücktreten, im Hintergrund bleiben, im Verborgenen bleiben, sich klein machen, nicht vordrängen ● fürlieb nehmen, nach der Decke strecken. → zurückstehen. ▶ unbescheiden (sein), vordrängen sich.

Bescheidenheit Sparsamkeit, Einfachheit, Genügsamkeit, Wirtschaftlichkeit, Häuslichkeit, Mäßigkeit, Zufriedenheit, Anspruchslosigkeit, Prunklosigkeit, Schüchternheit, Befangenheit, Verzagtheit, Verschämtheit, Zurückhaltung, Scheu, Unbeholfenheit, Enthaltsamkeit, Entsagung, Selbstüberwindung, Enthaltung, Abstinenz, Geduld, Nachsicht, Sittsamkeit, Wohlerzogenheit, Züchtigkeit, Schamhaftigkeit, Mädchenhaftigkeit. → Demut, Einfachheit, Enthaltung, Ergebenheit. ▶ Unbescheidenheit.

bescheinen → beleuchten, erhellen.

bescheinigen → anerkennen, bejahen, bestätigen, quittieren.

Bescheinigung Gutachten, Zeugnis, Attest, Erklärung, Beleg, Ausweis, Verschreibung, Bürgschaft, Schuldschein, Beglaubigung, Legitimation, Beweis, Bestätigung, Schein, Unterschrift, Diplom, Garantieschein, Stempel, Versicherung, Gutschrift, Abmachung, Vergleich, Quittung, Anerkennung. → Bescheid, Empfangsschein, Erweis, Nachweis, Quittung, Schein, Zeugnis. ▶ Absage, Einspruch.

bescheißen → betrügen.

beschenken anbieten, darbieten, darbringen, schmieren, Trinkgeld geben, sich erkenntlich zeigen, geben, schenken, spenden, spendieren, verleihen, übergeben, verabfolgen, überreichen,

einhändigen, zuschließen, gewähren, abtreten, bescheren, überraschen, ausstatten, versorgen, widmen, zueignen, weihen, kredenzen, austeilen, zuteilen, stiften, unterstützen, ein Almosen geben, zufließen lassen, zukommen lassen, angedeihen lassen, zuwenden, opfern, bestimmen für, vermachen, vererben, hinterlassen, testieren, bedenken mit, ein Legat aussetzen, verschreiben, eine Freude machen, eine Aufmerksamkeit erweisen. → austeilen, darbieten, darreichen, erfreuen mit. ▶ empfangen.

Beschenkung → Belehnung, Bestechung, Darbringung, Käuflichkeit.

bescheren → anbieten, austeilen, beschenken, darbringen, schenken.

Bescherung Ereignis, Begebnis, Unannehmlichkeit, Vorfall, Verhängnis. → Bestechung. Geschenk, Käuflichkeit. ▶ Annehmlichkeit, Erhalt.

beschicken abordnen, entsenden, ordnen, sein Haus bestellen, seine letzte Verfügung treffen, seine Rechnung machen. → berufen, delegieren. ▶ abberufen.

beschickert → angeheitert.

Beschickung → Charge.

beschießen mit Bomben belegen, Bomben abwerfen, bombardieren, feuern, befunken *u*, beharken *u*, bepflastern, angreifen, beunruhigen, plänkeln, stürmen, Feuer geben, das Feld bestreichen, aus allen Knopflöchern schießen *u*, ins Kreuzfeuer nehmen, das Feuer eröffnen, mit Granaten belegen, vernichten, zerstören, in Klumpen schießen *u*. → angreifen, bombardieren.

Beschießung Bombardement *s*, Kanonade, Überfall, Angriff, Geschützsalve, Breitseite abfeuern, Rottenfeuer, Gewehrfeuer. → Bombardement.

beschiffen → durchfurchen, durchpflügen.

beschimpfen → anfeinden, angreifen, auswischen, beeinträchtigen, begeifern, beleidigen, beschuldigen, Dreck treten in den, Ehre bringen um die, entehren, erniedrigen, verleumden, angrobsen.

beschimpft → beleidigt.

Beschimpfung → Beleidigung, Betrübnis, Demütigung, Ehrenkränkung, Entehrung, Mißachtung, Verwünschung.

beschirmen → aufheben, beherbergen, beispringen, beistehen, bewahren, bugsieren, decken, schützen, verteidigen.

Beschirmer → Begleitung, Bewachung.

Beschirmung → Bewachung.

beschlabbern → spucken.

beschlafen → aufschieben, bedenken.

Beschlag → Zubehör.

Beschläge → Ausschmückung.

beschlagen gründlich wissen, sich auskennen, geschickt, gewandt, handfertig, routiniert, geübt, bewandert, erfahren, geschult ● hinzufügen, anschlagen, bestücken, anlegen, belegen, befestigen, festmachen, annageln, behufen ● feucht werden, naß werden, anlaufen, befruchten, betauen, niedergeschlagen, benetzt, vereisen, beeisen. → anstellig, ausschmücken, erfahren. ▶ klar, unwissend, wegnehmen.

Beschlagnahme Arrest, Embargo, Einschränkung, Verbot, Hemmnis, Hindernis, Einhalt, Kontrolle, Einziehung, Sperre, Zurückhaltung, Behinderung, Ausschluß, Konfiskation. → Ausplünderung, Enteignung, Entnahme, Entziehung. ▶ Ermächtigung, Rückgabe.

beschlagnahmen → beschaffen, wegnehmen.

beschleichen anschleichen, heranstehlen, überrumpeln, ertappen, erwischen, belauern, spionieren. → angreifen. ▶ bemerkbar machen sich.

beschleunigen aneifern, anreizen, antreiben, beeilen, beflügeln, beschwingen, vorantreiben, auf die Tube drücken *u*, fördern, anspornen, aufreizen, betreiben, ermuntern, hinter etwas haken *u*, hasten, drängen, übereilen, anstacheln, laufen, rennen, galoppieren, stürmen, fortstürzen, sich tummeln, rühren, regen, ausgreifen, die Beine unter den Arm nehmen, enteilen, überstürzen, anfeuern, anfachen, anstacheln, schneller werden, an Geschwindigkeit zunehmen, Gas geben, draufdrücken, Dampf machen, abgasen. → Dampf dahinter machen, drängen, dringen, durcheilen, machen. ▶ aufhalten, hemmen, verzögern.

Beschleunigung Geschwindigkeitserhöhung, mehr Tempo.

beschließen → abmachen, ausführen, befehlen, begründen, belassen, beordern, beruhen lassen, besiegeln, bestimmen, einigen, entscheiden, vereinbaren, verordnen.

beschließend → dahinter.

Beschließer → Aufseher.

beschlossen → bevorstehend, bewilligt.

Beschluß → Befehl, Chrie,

Coda, Dekret, Endergebnis, Endpunkt, Entschluß, Erwählung.

beschmieren → anstreichen, bedecken, bemalen, beschreiben, verunreinigen.

beschmutzen → abbrauchen, bespritzen, bestauben, verunreinigen.

Beschmutzung → Dreck, dunkler Punkt, Ehrenkränkung, Entweihung.

beschneiden entfernen, wegnehmen, lichten, verstümmeln, abschneiden, ausschneiden, kastrieren, stutzen, kürzen, abscheren, rasieren, schälen, abschaben, kurz machen, verkürzen, vermindern, abmähen, weghauen, abkappen ● hindern, abhalten, aufhalten, eindämmen, niederhalten, schwächen, lähmen, verbieten, beschränken, dämpfen, erschweren, einengen, einzwängen, entziehen, ketten, fesseln, anbinden, die Flügel stutzen, untersagen, verwehren. → ausschneiden, beschränken, einschränken. ▶ bevollmächtigen, hinzufügen.

beschnüffeln → riechen.

beschnuppern → riechen.

bescholten angeknackst, etwas auf dem Kerbholz haben, ehrlos, einen Fleck auf der weißen Weste haben, einen Klecks in den Akten haben u. → berüchtigt, bestechlich, charakterlos. ▶ unbescholten.

beschönigen → ausmalen, bemänteln, besänftigen, Brükke bauen goldene, fälschen.

Beschönigung → Anstrich, Ausflucht, Ausrede, Behelf, Deckmantel, einmal ist keinmal, Vorwand.

beschränken auslesen, ausscheiden, begrenzen, beschneiden, einfassen, einschränken, hemmen, kürzen, mäßigen, schmälern, sparen, vermindern, verringern, wegnehmen, zügeln, zurückhalten, zusammenziehen, abziehen, verkleinern, abstreichen ● ausschließen, aussperren, ausschalten, ausweisen, weglassen. → abbauen, abnehmen, beeinträchtigen, begrenzen, bekämpfen, besänftigen, beschneiden, einschränken, einsparen, Einspruch erheben, fesseln. ▶ bevollmächtigen, hinzufügen.

beschränkend → abbauend.

beschränkt → albern, arm, beengt, begrenzt, dumm, eingeschränkt, einsichtslos, eng, engstirnig, knapp, mäßig.

Beschränktheit → Armut, Bedeutungslosigkeit, Begriffsmangel, Blödigkeit, Dummheit, Verknappung.

Beschränkung → Abkür-

zung, Bedingung, Begrenztheit, Beherrschung, Bescheidenheit, Beschwernis, Demarkation, Dezimierung, Enthaltung, Verknappung.

beschreiben aufzählen, berichten, darstellen, erzählen, formulieren, schildern, überliefern, veranschaulichen, bekritzeln, beschmieren, abfassen, ausarbeiten, zu Papier bringen, sammeln, ausmalen, ein Bild entrollen, entwerfen, zeigen, abbilden, ein Kennzeichen angeben, niederschreiben, aufzeichnen. → aufzeigen, ausdrücken, ausmalen, charakterisieren, darstellen, detaillieren, deuten, entwerfen ein Bild, erzählen, schildern.

Beschreibung Angabe, Bericht, Kunde, Schilderung, Übersicht, Wiedergabe. → Bericht, Chronik, Darstellung, Erzählung.

beschreien den Teufel an die Wand malen, unken. → berufen. → beschwichtigen.

Beschriftung → Kennzeichen.

beschuhen → anziehen, bedecken.

beschuldigen angreifen, anklagen, bloßstellen, brandmarken, verdammen, verurteilen, zuschreiben, beimessen, beilegen, zeihen, aufbürden, nachweisen, dartun, feststellen, anzeigen, binden, in Schande bringen, anprangern, an den Pranger stellen, verunglimpfen, herabsetzen, schmälern, verlästern, verleumden, entehren, schänden, beschimpfen, verklatschen, verpfeifen, bezichtigen, Vorwürfe machen, rügen, mahnen, abkanzeln, heruntermachen, auszanken, anfahren, anschnauzen, anbelfern, beleidigen, zur Rechenschaft ziehen, tadeln, bezeihen, zuschreiben, zur Last legen, in die Schuhe schieben, die Schuld abwälzen, vorhalten, vorwerfen, ins Gesicht schleudern, behaupten, verantwortlich machen, aufbürden, verdächtigen, in Verdacht bringen, den Verdacht lenken auf, sich beklagen über, Klage einreichen oder erheben, Klage eingeben oder anhängig machen, Verdacht oder Argwohn erregen oder wachrufen, anschuldigen, belasten, verurteilen. → anschuldigen, aussagen, behaupten, beimessen, belangen. ▶ rechtfertigen.

Beschuldiger → Angeklagter, Beklagte.

Beschuldigung → Beschwerde, Denunziation, Klage.

beschummeln beschupsen. → betrügen.

Beschuß → Bombardement.

beschützen → abwehren, auf-

heben, beherbergen, beispringen, beistehen, bewachen, bringen nach Hause, decken, sich einsetzen für, einstehen, schützen, verteidigen.

Beschützer Aufseher, Wächter, Hüter, Verwalter, Wärter, Hirt, Begleiter, Leibwächter, Anstandswauwau u, Vertrauter, Helfer, Schutzgeist, Schutzengel, Pfleger, Waisenvater, Krankenpfleger, Schwester, Schirmer, Schirmherr, Retter, Aufseher. ▶ Feind, Widersacher.

Beschützung → Bewachung.

beschwatzen → abbuhlen, aufdrängen, aufzwingen, balbieren, beeinflussen, befürworten, begeistern, beraten, bereden, besprechen, bestimmen, bewirken, einschleichen in die Gunst, erschmeicheln, erwägen.

Beschwerde Krankheit, Leiden, Uebel, Gebrechen, Schwäche, Unwohlsein, Schmerz, Pein ● Anstrengung, Bemühung, Mühe, Strapaze, Arbeit, Beschwerlichkeit, Mühseligkeit, Plackerei, Schinderei, Pflicht, Bürde, Überbürdung, Kopfzerbrechen, Druck ● Ermattung, Mattigkeit, Ermüdung, Müdigkeit, Erschöpfung, Erschlaffung, Erlahmung, Entkräftigung, Hinfälligkeit, Kraftlosigkeit, Keuchen, Schnaufen, Atemnot, Beklemmung, Ohnmacht ● Verwicklung, Verlegenheit, Umstände, Hindernis, Verstrickung, Not, Zwangslage, Bedrängnis, Pech, Tinte, Schmiere, Falle, Schlinge, Klemme, Dilemma, Notfall, Qual, Verdruß, Verdrießlichkeit, Ärger, Widerwärtigkeit, Plage ● Mißbilligung, Vorwurf, Wischer, Rüge, Ausputzer, Beschuldigung, Klage, Trauer, Anschuldigung, Zeihung, Vorwurf, Anwurf, Verdächtigung, Angeberei, Verwarnung. → Anwandlung, Bedrücktheit, Befinden, Bekümmernis, Betrübnis, Klage. ▶ Bequemlichkeit, Erholung, Erleichterung, Hilfe, Rechtfertigung, Wohlbefinden.

Beschwerde führen → beklagen.

beschweren → aufhalsen, beeinträchtigen, beladen, belasten, entgegenarbeiten.

beschweren, sich → sich beklagen, murren.

beschwerlich → angestrengt, böse, Eiern gehen auf, hinderlich, lästig, schwierig.

Beschwerlichkeit Leidensgang, Leidensweg, Leidenskelch, Schicksalsschlag, Verderben, Verheerung, Schaden, Ruin, Unglück, Leiden, Unheil, Unsegen, Flucht,

Elend, Jammer, Trübsal, Mißgeschick, Drangsal, Bedrängnis, Bürde, Plage, Qual, Schlag, Kreuz, Ungemach. → Anstrengung, Bekümmernis, Beschwerde, Mühe. ▶ Bequemlichkeit, Hilfe, Wohlbefinden.

Beschwernis Behinderung, Verhinderung,Hintertreibung, Vereitelung, Durchkreuzung, Bekämpfung, Verhütung,Verzögerung, Verzug, Störung, Beschränkung, Erschwerung, Untersagung, Sperrung, Einmischung, Einmengung, Dazwischentreten, Anfeindung, Gegnerschaft, Mißbilligung, Hindernis, Hemmnis, Schranke, Damm, Eindämmung, Querstrich, Einhalt, Barrikade, Verhau, Verhack, Wand, Mauer, Gitter, Gatter, Wehr, Deich, Graben, Verschlag, Schranke, Schlagbaum, Fallbaum, Drehbaum,Zollschranke, Drahtgitter, Riegel, Haken, Knoten, Scheidewand, Bollwerk, Fallgitter, Hemmvorrichtung, Sperre, Sperrkette, Radschuh, Radsperre, Bremse, Last, Bürde, Klotz, Klöppel, Keil, Fußkugel, Kettenkugel, Gegenwindung, Gegenströmung, Fessel, Erschwerung, Verschlimmerung, Unglück, Betrübnis, Bitterkeit, Bürde, Schmerz, Gemurr, Klage. ▶ Bequemlichkeit, Erholung, Hilfe.

Beschwerung → Ballast.

beschwichtigen → aussöhnen, bändigen, befrieden, befriedigen, begütigen, beruhigen, besänftigen, bezähmen, dämpfen, eindämmen, entwaffnen, erleichtern, lindern, mäßigen, versöhnen.

Beschwichtigung Verniedlichung, Verharmlosung. → Abklingen, Baldrian, Beruhigung, Mäßigung.

beschwindeln täuschen, betrügen, mogeln, irre führen, irreleiten, übervorteilen, überlisten, prellen, benachteiligen, bewuchern, überfordern, veruntreuen, erschwindeln, ablisten, abluchsen, sich ausgeben für, sich geben als, abgaunern, herauslocken, erheucheln, erlügen, hintergehen. → balbieren, benachteiligen, bewuchern, fälschen, Fell über die Ohren ziehen das, täuschen. ▶ Wahrheit sprechen die.

beschwingen → beeilen, beschleunigen.

beschwingt schnell, geschwind, hurtig, flink, rasch, behende, leichtfüßig, schnellfüßig, beflügelt, heiter, lustig, frohlockend, jubelnd, erregt, beglückt, lebenslustig, angeregt. → aufgeräumt, beflügelt. ▶ bedächtig, langsam, niedergeschlagen.

beschwipst → angeheitert, betrunken, beduselt.

beschwören beeiden, behaupten, bejahen, das Wort geben, geloben, versichern, zusichern. → austreiben, beeiden, beglaubigen, bejahen, bitten, Blick böser, Blick mit feuchtem, drängen, eindringlich, zureden, versprechen, zaubern. ▶ abstreiten, widerrufen.

Beschwörung → Bezauberung, Bitte, Eid, Ermahnung, Zauberei.

Beschwörungsformel → Bannspruch.

beseelen beleben, erwecken, erregen, einflößen, inspirieren, begeistern, bezaubern, entzücken, hinreißen, berauschen, aufheitern, erheitern. → anregen, befruchten, begeistern, beleben. ▶ betrüben, vergehen, vernichten.

beseelt → berauscht, erfüllt, gemütvoll, innig.

Beseelung → Befruchtung.

besehen → bedenken, beschauen, durchblicken, schauen.

beseitigen verschleudern, vertun, durchbringen, abschaffen, absondern, ausmerzen, ausradieren, ausscheiden, entfernen, fortschaffen, wegbringen, ausschließen, ungültig erklären, vernichten, nicht benutzen, aufbewahren, fortjagen, spedieren *u*, verabschieden, aufgeben, beiseite legen, ablegen, wegwerfen, aus dem Wege schaffen, aus der Welt schaffen, zurückhalten, verbrauchen, ausgeben, abgeben, vergeuden. → abbauen, abbrechen, abbrennen, abdanken, abhauen, abschaffen, aufheben, ausladen, ausmerzen, auspacken, ausrotten, ausschütten, austreiben, bahnen, bestehen, Bord werfen über, brechen mit einer Gewohnheit, demolieren, destruieren, durchgreifen, eliminieren, töten. ▶ anerkennen, erzeugen, hinzufügen, mitrechnen, unterbringen, wiedergeben.

beseitigen Hindernis → bringen in Gang.

beseitigen Zerwürfnis → befrieden.

beseitigend → abbauend.

Beseitigung → Absonderung, Abbruch, Befreiung.

beseligend verlockend, bezaubernd, anbetungswürdig, hinreißend, engelgleich, überirdisch, sinnberauschend, herzfesselnd, herzbetörend, überglücklich, himmlisch, paradiesisch, elysisch, dionysisch. → berauschend, elysisch. → abscheulich, höllisch, niederschmetternd.

beseligt glücklich, selig,

glückselig, fröhlich, freudig, wonnig, bezaubert, entzückt, berauscht, freudvoll. → aufgelegt, aufgeräumt, behaglich, Blick mit leuchtendem. ▶ niedergeschlagen, unglücklich, verdammt.

Beseligung Glück, Seligkeit, Glückseligkeit, Bezauberung, Entzücken, Ekstase, Verzückung, Begeisterung, Elysium, Freudenleben, Wonneleben, Vorhimmel. → Eden, Entzückung, Freude. ▶ Niedergeschlagenheit, Teilnahmslosigkeit, Verdammung.

Besen → Bürste.

Besen, mit eisernem Strenge, Härte, Unerbittlichkeit, Hartherzigkeit, Schonungslosigkeit, Unnachsichtigkeit, Festigkeit, Ernst, Nachdrücklichkeit, Schärfe, eiserne Zuchtrute, mit starker Hand ● streng, nachsichtslos, ohne Schonung, unter die Rute halten, keine Nachsicht üben, die Zügel kurz halten, ein strenges Regiment führen, nicht locker lassen, keine Widerrede dulden, die Daumenschraube anlegen, ohne Schonung, vorgehen, keine Gnade gewähren, kein Pardon geben, nicht viel Federlesens machen, den Starrsinn brechen, zur Vernunft bringen. ▶ nachsichtig.

besengt → verrückt.

besessen eingenommen für, heranstürmen, herbeistürmen, fortstürmen, daherschießen, davonstürzen, sich tummeln, davonspringen, überstürzen ● voreingenommen, parteiisch sein,einseitig sein, fanatisch sein, unduldsam sein, verrennen, zäh sein, starrsinnig sein ● gewohnt, versessen, erpicht, besessen von, gierig, heißhungrig, gefräßig, saufgierig, unersättlich, habsüchtig, giererfüllt, lüstern, süchtig ● bezaubert, verzaubert, gebannt, verhext, vom Teufel besessen, mit der Hölle im Pakt, dem Satan verschworen. ▶ befangen. → fromm, genügsam, gleichmütig, wohlerwogen.

besessen von → besessen, ehrgeizig.

besessen wie → beflügelt.

Besessenheit Tollheit, Raserei, Tobsuchtsanfall, Verfolgungswahn. → Aberglaube, Begeisterung, Bezauberung. ▶ Glaube, Gleichmut, Urteilsfähigkeit.

besetzen setzen, anweisen, belegen, niederlassen, bemannen, einpflanzen, bewohnen, kolonisieren, mieten, unterbingen, eine Stelle oder Position einnehmen, sich einquartieren, ansteigen, sich seßhaft machen, einnisten, festsetzen, lagern,

einwurzeln, nisten ● ausschmücken, zieren, verschönen, putzen, garnieren, betressen. → aufhalten sich, ausschmücken, beauftragen, belegen, berufen, dekorieren, ernennen. ▶ abtrennen, räumen, weggehen.
besetzt → ausverkauft, besät, voll.
Besetzung Einnahme, Besitznahme, Okkupation.
beseufzen → Blick mit feuchtem, dauern.
besichtigen → ansehen, anschauen, bedenken, beschauen, durchsehen.
Besichtigung → Appell, Augenschein, Aufmarsch, Aufsicht, Beobachtung, Betrachtung, Inspektion.
besiedeln → niederlassen.
besiedelt → bevölkert.
Besiedelung → Ansiedelung.
besiegbar → bezwingbar.
besiegeln beenden, beendigen, beschließen, abschließen, aufhören, erreichen, krönen, zur Entscheidung bringen, ein Ende machen ● bekräftigen, bestärken, versichern, unterstützen, unterstreichen ● entschlossen sein, entscheiden, bestimmen, festbleiben, bestehen auf ● die Krone aufsetzen, das Siegel aufdrücken, den Stempel aufdrücken, das Endziel erreichen, zu einem Wendepunkt oder Ziel kommen ● annehmen, genehmigen, unterzeichnen, unterschreiben, gegenzeichnen, petschieren, fertigstellen, Brief und Siegel geben ● sein Schicksal besiegeln, den Lebensfaden abschneiden, das Lebenslicht ausblasen, aburteilen, verdammen, schuldig sprechen, den Stab brechen. → annehmen, beglaubigen, begrenzen, bestätigen, beweisen, erhärten. ▶ ablehnen, beginnen, freisprechen, widersprechen.
besiegelt unausbleiblich, unvermeidlich, unumgänglich, unabwendbar, unausweislich, unentfliehbar, unentrinnbar, beschlossen, bestimmt, gewiß, unwiderruflich, notwendig, nötig ● entschlossen, entschieden, unerschütterlich, unveränderlich, gebieterisch, unausweichlich, ernstlich, unfehlbar, endgültig, vertragsgemäß. → abgemacht. ▶ unentschieden, ungewiß.
besiegen ausstechen, beugen, bewältigen, bezwingen, durchsetzen, erobern, erstürmen, siegen, unterwerfen.
besingen bedichten, bejubeln, bewundern, ehren, feiern, loben, preisen, rühmen, verherrlichen, verkünden, würdigen, in den Himmel heben, auf den Händen tragen, auf die Schulter heben, einen Trink-

spruch ausbringen, Beifall zollen, ein Lob anstimmen, herausstreichen, in Weihrauch hüllen, lobpreisen, lobsingen, Lobgesang anstimmen, die Größe preisen, Lob und Dank sagen. → bejubeln, dichten, entgegenjauchzen, fabulieren. ▶ schmähen, verabscheuen.
besinnen, sich bedenken, erwägen, hinausschieben, studieren, überlegen, zaudern, zögern, zweifeln, abwarten, sich Zeit nehmen, nachhinken, zurückbleiben, auf die Bank schieben, eine Sache beschlafen, hinhalten, verschleppen, verweilen, grübeln, ausklügeln, erörtern, prüfen, bebrüten, zurückdenken, nachdenken, mit sich zu Rate gehen, ein Wort wägen, auf die Goldwaage legen, mit sich kämpfen, unschlüssig sein, unentschlossen sein, sich vorsehen, vorsichtig sein, behutsam sein, abwägen, abgeneigt sein, den Sinn ändern, anderen Sinnes werden, sich anders bedenken, widerrufen, aufgeben, umkehren, umfallen, verzichten, zurücknehmen, umstoßen, Argwohn hegen, zweifeln, schwanken. → aufhalten sich, bedenken, beraten sich, bleiben neutral, denken, diskutieren. ▶ faseln, festbleiben, überstürzen.
besinnen, sich anders → bekehren, breitschlagen.
besinnen, sich eines Bessern → bekehren, bereuen.
besinnlich bedacht, umsichtig, sorglich, feinfühlig, sensibel, sensitiv, empfänglich, feinfühlend, gefühlvoll, seelenvoll, geruhsam, still, gemessen, sanft, zart, gelassen, friedfertig, nachdenklich, innerlich, versonnen. → still. ▶ sinnlos, unbedacht, unruhig.
Besinnlichkeit Bedachtsamkeit, Meditation, Nachdenklichkeit, versunkenes Anschauen, Versonnenheit, Insich-gekehrt-Sein, starkes Innenleben. ▶ Ruhelosigkeit, Sinnlosigkeit, Unbedachtsamkeit.
Besinnung Verstand, Vernunft, Bewußtsein, zur Besinnung kommen, zur Vernunft kommen, bei Sinnen sein, bei vollem Verstand sein, gesunder Menschenverstand, Wirklichkeitssinn ● Erwachung, aus der Ohnmacht erwachen, Erwachen, Erholung, Zusichkommen ● Selbstbeherrschung, Sammlung, Besänftigung, Beruhigung, Besänftigung, Ernüchterung, Mäßigung, Gleichmut zeigen. ▶

Aufgeregtheit, Schwachsinn, Unvernunft.
Besinnung, ohne → Dämmerzustand.
besinnungslos starr, totengleich, todähnlich, scheintot, unempfindlich, bewußtlos, empfindungslos, ohnmächtig ● wegsein, abbauen *u*, flau werden *u*, zusammenklappen, bunt oder schwarz vor den Augen werden. → coma.
Besinnungslosigkeit → Betäubung.
Besitz Eigentum, Geld und Gut, Hab und Gut, Habe, Haus und Hof ● Schatz, Vermögen, Kapital, Reichtum, Wohlstand, Beute, Geld, Mitbesitz, Anteil, Gemeindegrund, Gemeingut, Besitzung, Herrschaft, Pacht, Lehen, Erbteil, Güter, Hort, Erdengüter, irdisches Gut. → Eigentum, Einkommen. ▶ Mittellosigkeit.
Besitz ergreifen okkupieren. → bemächtigen, bestehlen.
Besitz, nehmen in → bemächtigen.
besitzen eignen, gehören, haben, zu eigen sein, zukommen, mitbesitzen, beteiligt sein, Anteil haben, reich sein, wohlhabend sein, in Besitz haben. ▶ entbehren, mittellos (sein), verarmen.
besitzend → eigen.
Besitzer Eigentümer, Eigner, Inhaber, Herr, Herrin, Meister, Gebieter, Gutsbesitzer, Patron, Grundherr, Lehnsherr, Hausherr, Hauswirt, Majoratsherr, Schiffseigner ● Mieter, Pächter, Insaß, Lehnsmann, Erbsaß ● Nutznießer, Erbe, Nachfolger, Hinterbliebene, Anerbe. → Eigentümer. ▶ Armer, Hungerleider.
Besitzgier → Habsucht.
besitzlos → abgebrannt, abgerissen, arm.
Besitznahme → Bemächtigung, Beute, Besetzung.
Besitzstand → Kapital.
Besitztum Vermögen, Grundeigentum, Liegenschaft, Bodenbesitz, Land, Grund, Boden, Acker, Feld, Hufe, Scholle, Gebiet, Domäne, Herrschaft, Gut, Kammergut, Bauernhof, Freisitz, Lehen, Lehensgut, Ausgeding, Leihgeding, Altenteil, Apanage, Allodium, Latifundium, Fideikommiß, Majoratsgut, Rittergut, Stammgut, Erbgut, Meierei, Pachthof, Pachtgut, Farm, Plantage, Hazienda, Wohnung, Pflanzung, Landwirtschaft, Ökonomie, Wald, Weide, Triften, Haus, Hof, Anwesen, Gehöft, Alm, Villa, Landhaus, Schloß, Burg, Kastell, Stadthaus, Palais, Palast ● Habe, Eigentum, Ware, Habseligkeit, Güter, Gerät, Gerätschaften, Ge-

päck, Sachen, Lager, Vorrat, Mobilien, Möbel, Hausrat, Einrichtung, Siebensachen, Schmuck, Putz, Nebengüter, Sack und Pack, Schiffsladung, Geld, Wertsachen, Barschaft, Konto, Sparbuch. → Besitz, Eigentum.

Besitzung → Besitz, Eigentum.

besoffen → angeheitert, beduselt, besaufen, betrunken.

besolden → bezahlen, entlohnen.

Besonderheit Eigenheit, Eigentümlichkeit, Merkmal. → Abart, Abnormität, Ausnahme, Charakter, Charakteristik, Differenz, Eigenart, Eigenerzeugnis, Kennzeichen, Spezialität, Unterschied, Verschiedenheit.

besonders ausnehmend, hauptsächlich, hervorragend, in erster Linie, sonderlich, speziell, vor allem, vornehmlich, vorwiegend. → angelegentlich, apart, auseinander, ausdrücklich, ausnehmend, außerdem, außerordentlich, äußerst, darüber, eigen, einzeln, extra, gesondert, hauptsächlich, individuell, separat, speziell. ▶ gewöhnlich, minderwertig, zusammen.

Besondres, etwas → Besonderheit.

besonnen abgeklärt, beherrscht, gleichmütig, leidenschaftslos, unerschütterlich, gelassen, gefaßt, gesetzt, ausgeglichen, kühl, nüchtern, kaltblütig, nachsichtig, geduldig, still, ernst, geistesgegenwärtig. → bedächtig, beherrscht, charakterfest, Eile mit Weile, ruhig. ▶ unbesonnen.

Besonnenheit Gelassenheit, Sanftheit, Ruhe, Gesetztheit, Mäßigkeit, Mäßigung, Besorgtheit, Behutsamkeit, Vorsicht, Klugheit, Rücksichtnahme, Sorge, Bedacht, Wachsamkeit, Fürsorge, Umsicht, Überlegung, Gewissenhaftigkeit, Beherrschtheit, Leidenschaftslosigkeit, Ernst, Selbstbeherrschung, Gleichmut. → Augenmerk, Bedacht, Beherrschung, Behutsamkeit, Ernst, Fassung. ▶ Unbesonnenheit.

besonnt → sonnig, hell.

besorgen → aneignen, anfassen, anstellen, arbeiten, auftreiben, ausführen, ausüben, bedienen, beibringen, bekümmern, beschaffen, beschäftigen, bestellen, betragen sich, erledigen, machen, verrichten, verschaffen, verwalten, akquirieren.

Besorger → Bote.

Besorgnis Besorgtheit, Fürsorge, Fürsorglichkeit, Rück-

sichtnahme, Schonung, Sorge, Umsicht, Wachsamkeit, Zweifel, Zwiespalt, Unschlüssigkeit, Mißtrauen, Leidwesen, Betrübnis, Kümmernis, Unruhe, Beängstigung, Niedergeschlagenheit, Beklemmung, Beklommenheit, Furcht, Kummer, Quälerei[i], Beengung, bange Ahnung, Verzagtheit. → Angst, Bammel, Bedenken, Befangenheit. ▶ Furchtlosigkeit, Sorglosigkeit.

besorgniserregend → bedrohlich, beklemmend.

besorgt fürsorglich, häuslich, rührig, sparsam, bedacht, hilfsbereit. → ängstlich, bange, vorsichtig. ▶ unbesorgt.

besorgt sein darum → befriedigen.

Besorgtheit Aufmerksamkeit, Bedacht, Fürsorglichkeit, Sorgfalt, Überlegung, Verständnis, Wachsamkeit, Vorsicht, Vorsorge, Vorkehrung, Sparsamkeit.→ Aufmerksamkeit, Besonnenheit, Besorgnis. ▶ Sorglosigkeit, Unbedachtsamkeit.

Besorgung Ausführung, Botengang, Einkauf, Erledigung, Handlung, Verrichtung, Bewerkstelligung ● Tätigkeit, Leistung, Betätigung, Unternehmung, Rolle, Vorgehen, Behandlung, Handhabung, Hantierung, Vollziehung, Beschäftigung, Arbeit, Bemühung, Aufgabe, Verpflichtung, Auftrag, Dienst, Einsammlung. → Arbeit, Einkauf, Leistung. ▶ Nichtstun.

bespähen → beschatten.

bespitzeln → belauern.

Bespitzelung → Schnüffelei.

bespötteln narren, hänseln, necken, foppen, zum besten oder Narren halten, sich lustig machen, belustigen über, sticheln, auslachen, verlachen, höhnen, ausspotten, verspotten, spötteln, lästern, dem Gelächter preisgeben, bewitzeln. → auslachen. ▶ bewundern.

besprechen beraten, beratschlagen, erörtern, erwägen, prüfen, unterhandeln, untersuchen, verhandeln ● beurteilen, disputieren, streiten, kritisieren, auseinandersetzen, sich verständigen, klären, aussprechen, diskutieren, beschwatzen, verabreden, bedenken, überlegen, aufführen, aufwärmen u, aufs Tapet bringen u. → beraten, beratschlagen, debattieren, erörtern, erwägen. ▶ ausweichen.

Besprechung Konferenz, Zusammenkunft, Tagung, Sitzung, Versammlung, Rat, Ratsversammlung, Consilium, Vorbesprechung, Beratung, Lesung ● Aussprache, Palaver sm, Befragung, Besuch,

Rücksprache, Unterredung. → Auseinandersetzung, Auslassung, Aussprache, Beratung, Besuch, Bewertung, Diskussion, Einigungsgespräch, Erörterung, Kritik, Unterhaltung, Unterhandlung, Verabredung.

besprengen → begießen, bespritzen, einspritzen.

besprenkeln → bespritzen, betupfen.

bespringen → balzen, befruchten, belegen, decken.

bespritzen anspritzen, einspritzen, besprengen, besprenkeln, übergießen, versprenkeln, zerteilen, bewässern, anfeuchten, überschwemmen, waschen, berieseln, befeuchten, anfeuchten, benetzen, nässen, betauen, einnebeln, sprenkeln ● beschmutzen, verunreinigen, beflecken, besudeln, verderben, bedrecken, kotig machen. → begießen, einspritzen. ▶ abtrocknen, reinigen.

bespritzt → besät, naß.

besprühen → bespritzen.

besser → groß, passend, richtig, verbessern.

besser machen → ändern.

bessern → erziehen.

bessern, sich sich erholen, der Genesung entgegen gehen, genesen, wiederaufkommen, aufleben, gedeihen, besser werden, sich sammeln, sich befassen, bedauern, überstehen ● bereuen, bedauern, beklagen, beweinen, sich grämen, sich zu Herzen nehmen, Reue empfinden, sich schuldig bekennen, Einkehr halten, zu Kreuz kriechen, an seine Brust schlagen, → einlenken, wieder. ▶ verschlechtern sich.

Bessern, sich eines – besinnen → bekehren, bereuen.

bessernd → erleichternd.

Besserung → Befinden, Befreiung, Genesung, Reue.

Besserungsanstalt → Bestrafung, Erziehungsanstalt.

besserungsfähig → bußfertig.

Besserwisser Großtuer, Gernegroß, Narr, Prahler, Schulfuchser, Kleinigkeitskrämer, Pedant, Wortspalter, Kümmelspalter, Spielfechter, Obergescheiter, Klugscheißer, Tausendsassa, Umstandskrämer, Wortkrämer, Haarspalter. ▶ Könner, (Untertreiber).

bestallen → anstellen, beauftragen, beglaubigen, berufen, beschäftigen, bestätigen, bevollmächtigen, ernennen.

bestallt → bedienstet.

Bestallung Bevollmächtigung, Beauftragung, Übertragung, Verleihung, Auftrag, Geschäftsübertragung, Anwaltschaft, Ermächtigung, Bestätigung, Belehnung, Ernennung, Berufung, Anerkennung ● Diplom, Patent, Urkunde, Legitimation. → Befugnis, Berufung, Bevollmächtigung. ▶ Enthebung.

Bestand Einrichtung, Ausrüstung, Inventar s, Vorrat, Ansammlung, Haufe, Menge, Inhalt, Verzeichnis, Güter, Habe, Vorrat, Lager, Bestehen, Vorhandensein, Leben, Dasein, Zustand, Gestaltung, Beschaffenheit, Gefüge, System, Anordnung ● Metall, Mineral, Erz, Ton, Holz, Ziegel, Klinker, Kachel, Mörtel, Stoff, Zeug, Werkstoff, Material, Rohstoff, Baustoff, Brennstoff ● Besatz j. → Auswahl, Batzen, Bestandteil, Dasein, Effekten, Erhaltung, Ewigkeit, Inventar, Register, Schatz, Substanz, Vorrat. ▶ Fehlbetrag, Wandel.

Bestand haben → bleiben.

beständig gleich, regelmäßig, stimmig, fortgesetzt, dauernd, beharrlich, währenddessen, unterdessen, fortwährend, immer, immerfort, eine Zeitlang, von Tag zu Tag, von Anfang bis Ende, eine Ewigkeit, täglich, stündlich, alltäglich, wiederholt, häufig, unaufhörlich, jedesmal, oft, öfters, abermals, in einem fort, gewöhnlich, zu jeder Zeit, jahrausjahrein, gang und gäbe, immer wieder, stetig, zielbewußt, gewohnt. → andauernd, anhaltend, ausdauernd, beflissentlich, beharrlich, bis, charakterfest, chronisch, chronologisch, dauerhaft, dauernd, einem fort in, erpicht, fanatisch, farbecht, fortwährend, haltbar, immer, stabil. ▶ unbeständig.

beständig sein → ausharren, bleiben.

Beständigkeit Dauer, Dauerhaftigkeit, Gleichmäßigkeit, Gleichtakt, Haltbarkeit, Regelmäßigkeit, Stetigkeit, Treue, Unveränderlichkeit, Ununterbrochenheit, Verbindung, Aufeinanderfolge, Beharrlichkeit, Kontinuität, Folge, Reihe, Gewohnheit, Gleichförmigkeit, Unvergänglichkeit, Unzerstörbarkeit, Fortdauer, Ewigkeit, Unsterblichkeit, Stabilität, Ruhe, Ausdauer, Erhaltung, Konservativismus, Fortbestand, Unwandelbarkeit, Unvertauschbarkeit, Unersetzbarkeit, Beharrungsvermögen, Entschlossenheit, Entschiedenheit, Festigkeit ● Standhaftigkeit, Unbeugsamkeit, Starrsinn, Verstocktheit, Hartnäckigkeit ● Grundsätzlichkeit, Gerechtigkeit, Redlichkeit. → Ausdauer, Beharrlichkeit, Charakterstärke, Dauer, Dauerhaftigkeit, Ewigkeit, Fels, Rechtschaffenheit,

Wille. ▶ Unbeständigkeit.

Bestandsaufnahme → Inventar.

Bestandsliste → Inventar.

Bestandsverzeichnis → Inventarium s.

Bestandteil Zusatz, Ingredienz s, Bestand, Grundstoff, Zubehör. → Ausläufer, Ausschnitt, Ganzes, Teil. ▶ Ganzheit.

bestärken → anhalten, anregen, aufrichten, beeinflussen, beispringen, besiegeln, beweisen, erhärten, ermuntern, ermutigen, erweisen.

bestärkend → ermutigend.

bestätigen bejahen, bekennen, bekräftigen, belegen, bescheinigen, beweisen, bezeugen, versichern, zugeben, zustimmen, festhalten, feststellen, festnageln, sich überzeugen, beistimmen, übereinkommen, genehmigen, eingehen auf, einer Ansicht beitreten, einer Meinung huldigen, gutheißen, anerkennen, billigen, berichten, melden, eröffnen, unterrichten, verständigen, erklären, aussagen, angeben, aufzählen, sagen, aussprechen, telegraphieren, telephonieren, drahten, kabeln, Auskunft geben, Aufklärung geben, bloßlegen, aufhellen, beleuchten, aufklären, hinterbringen, beglaubigen, beurkunden, unterschreiben, siegeln, besiegeln, ein Zeichen geben, nicken, winken, den Kopf schütteln, eine Fahne hissen, zurufen, signalisieren. → anerkennen, annehmen, aussagen, beglaubigen, behaupten, beipflichten, beitreten, bejahen, berichtigen, bestallen, bevollmächtigen, bewahrheiten, beweisen, bewilligen, bürgen, statieren, quittieren, versichern, zugeben, zustimmen. ▶ ablehnen, anfechten, entrechten, verneinen, widerlegen.

bestätigt → abgemacht, bestimmt, erwiesen, experimentell, sicher.

Bestätigung → Amt, Argument, Bekräftigung, Berufung, Bescheinigung, Bestallung, Beweis, Bewilligung, Billigung, Diplom, Erweis, Konvention, Nachricht, Quittung, Übereinstimmung, Vollmacht, Zwischenbescheid, Zustimmung.

bestatten beerdigen, begraben, beisetzen, einäschern, kremieren, einsargen, einscharren, in die Grube senken, zur letzten Ruhe begleiten, die letzte Ehre erweisen. → eingraben.

Bestattung Beerdigung, Begräbnis, Beisetzung, Grablegung, Leichenfeier, Feuer-

bestattung, Verbrennung, Einäscherung.

bestauben bestäuben, pudern, beschmutzen, verunreinigen. ▶ reinigen.

bestäuben → bestauben.

bestäubt → bereift.

Beste Güte, Vortrefflichkeit, Vorzüglichkeit, Kostbarkeit, Seltenheit, Ausgesuchte, Vollkommenheit, Edelstein, Perle, Gold, Manna, Nektar, Vollendung, Makellosigkeit, Ehrenhaftigkeit, Tadellosigkeit, Vollkommenste, Ziel, Wunschbild, Ideal, Meisterstück, Muster, Vorbild, Spiegel, Auslese, Juwel, Gipfel. ▶ Schund, Unvollkommenheit.

Beste, das → Auslese, Auswahl.

Beste tun sorgfältig sein, sich befleißigen, sich bemühen, Mühe verwenden, sein Bestes versuchen, acht geben, Sorge tragen, abwägen, Ohren offen halten, vorsorgen, bewachen, beachten, überlegen, sicher gehen, sein möglichstes tun, sich bestreben, anstreben, anstrengen, abmühen, erstreben, sich quälen, nichts unversucht lassen, Übermenschliches leisten, alle Kräfte anspannen, durch dick und dünn gehen, sich den Kopf zerbrechen, sich die Beine ausreißen, Himmel und Hölle in Bewegung setzen. ▶ vernachlässigen.

bestechen anspornen, anreizen, aufmuntern, ermutigen, anfeuern, das Feuer schüren, anregen, anstacheln, aneifern, antreiben, begeistern, verlocken, anbieten, darbieten, darbringen, schenken, einladen, versprechen, erkenntlich zeigen, aufdringen, Gefälligkeit erweisen ● schmieren die Hand, sich-ren, die Hände versilbern u. → bestimmen. ▶ entmutigen, zurückweisen.

bestechend anziehend, auffallend, erobernd, gewinnend, in die Augen springend, berückend, fesselnd, überwältigend, betörend, überzeugend. → anziehend, dinglich. ▶ abstoßend.

bestechlich unredlich, unrechtlich, pflichtvergessen, dienstvergessen, ehrvergessen, unehrlich, unreell, unsolid, charakterlos, schimpflich, ehrlos, treulos, verräterisch, hinterlistig, arglistig, tückisch, heimtückisch, falsch, falschherzig, untreu, wortbrüchig, eidbrüchig, meineidig, perfid, unaufrichtig, gemein, niedrig, schlecht, unanständig, verderbt, niederträchtig, nichtswürdig, erbärmlich, verächtlich, elend, feil, käuflich, infam, verworfen, würdelos, bescholten, anrüchig, armselig, gaunerhaft, schuftig, schäbig, selbstisch, egoistisch, eigensüchtig, gewinnsüchtig, vorteilsüchtig, beutesüchtig, habgierig, schmutzig, jämmerlich, erbärmlich, unverantwortlich. → charakterlos. ▶ unbestechlich.

Bestechlichkeit Feilheit, Käuflichkeit, Zugänglichkeit, Unehrenhaftigkeit, Gewissenlosigkeit, Unverläßlichkeit, Pflichtvergessenheit, Charakterlosigkeit, Nichtswürdigkeit, Schamlosigkeit, Unredlichkeit, Unehrlichkeit. ▶ Unbestechlichkeit.

Bestechung Arglist, Hintergehung, Erschleichung, Schiebung, Kunstgriff, Schweigegeld, Schmiergeld, Beschenkung, Darreichung, Vergünstigung, Schenkung, Zuteilung, Zuweisung, Überweisung, Geschenk, Gabe, Spende, Angebinde, Andenken, Bescherung, Liebesgabe, Unterstützung, Pfründe, Zuschuß, Trinkgeld, Vergütung, Entschädigung. → Betrug, Käuflichkeit. ▶ Unbestechlichkeit.

Bestechungsgeld → Bestechung.

Besteck Eßgerät, Messer und Gabel (Besteck aufmachen, geographischen Ort bestimmen).

Bestehen → Bestand, Dasein, Einrichtung, Existenz.

bestehen aushalten, beharren, durchhalten, bleichbleiben, sich bewähren, standhalten, treu bleiben, sich durchsetzen, es darauf ankommen lassen, beim alten lassen oder bleiben, verharren, andauern ● sein, da sein, existieren, vorkommen, sich vorfinden, sich befinden, vorhanden sein, leben, atmen ● sich behaupten, überleben, feststehen ● sich ereignen, geschehen, stattfinden, sich zutragen, sich begeben, vorfallen, eintreten, sich entspinnen, sich einstellen, der Fall sein, Tatsache werden, lebendig sein, fortleben, Gefahr überwinden, Abenteuer suchen, in ein Wagnis stürzen oder einlassen, erreichen, gewinnen, ans Ziel kommen, glücken, durchkommen, durchrutschen u, wagen, Gefahr oder Wagnis herausfordern. → atmen, aufziehen, ausdehnen, auszeichnen sich, bleiben, dasein, dauern, erlangen das Bewußtsein, sein, versichern, zwingen. ▶ aufgeben, beginnen, enden, nicht (sein), stürzen.

bestehen auf beanspruchen, verlangen, fordern, begehren, zurückfordern, beharren, po-

chen, sein Recht erzwingen, Recht behaupten, geltend machen, von seinem Recht Gebrauch machen, Ansprüche erheben, durchsetzen oder erlangen wollen ● beteuern, dabei bleiben, nochmals betonen, versichern, sich nicht abwendig machen lassen, durchhalten, nicht nachgeben, entschlossen sein, unbeugsam bleiben, unnachgiebig sein, dickköpfig sein, einen Dickkopf aufsetzen, mit dem Kopf durch die Wand rennen wollen, nicht locker lassen, erzwingen, keine Gnade gewähren, ohne Schonung vorgehen, Krieg bis aufs Messer führen, den Starrsinn brechen, zur Vernunft bringen, abbringen, aufzwingen, unter die Knie zwingen, unterwerfen, den eigenen Willen aufzwingen, die Pistole auf die Brust setzen, auf Biegen und Brechen, ausbedingen, sich vorbehalten, verharren bei, Bedingung stellen, den Willen durchsetzen, sich nicht abbringen lassen, einer Sache treu bleiben, sich hingeben, Hindernisse übersteigen, nicht ablassen. → aufdrängen, ausbedingen, behaupten, durchsetzen. ▶ eigenmächtig handeln, freistellen, widerrufen, zurücknehmen.

bestehen aus gänzlich, ganz, ganz und gar, gesamt, alles, völlig, vollständig, enthalten, ausmachen, in sich schließen, sich zusammensetzen, gebildet werden, inbegriffen, einbegriffen, eingeschlossen, einschließlich, mitgerechnet, in sich fassend, im ganzen genommen, alles in allem, in Bausch und Bogen. ▶ ausgenommen.

bestehend → real.

bestehlen an sich reißen, Besitz ergreifen, nehmen, einstecken, erwischen, wegschnappen, kapern, erbeuten, abjagen, aufbringen, bemächtigen, abpressen, rauben, stehlen, stibitzen, krumme Finger machen, berauben, besteuern, erpressen, ausplündern, aussaugen, ausziehen, ausbeuten, rupfen, aussäckeln, schröpfen, enteignen, die Haut abziehen, einbrechen, einsteigen, entwenden, wegnehmen, wegschleppen, entführen, sich unrechtmäßig aneignen, erbeuten, beiseite schaffen, beseitigen, verschwinden lassen, mausen, wegstibitzen, naschen, unterschlagen, unterschleifen, lange Finger machen, mit etwas durchbrennen, das Fell über die Ohren ziehen, abgaunern, bemausen u, ausführen, buxen u,

ausspannen, wegmausen u, wegputzen u, sich unter den Nagel reißen u ● finden, besorgen, erleichtern, verdrücken u. ▶ ehrlich (sein), zurückgeben.

Bestehlung → Dieberei, Einbruch.

besteigen aufsteigen, einen Berg begehen, erklettern, bezwingen, heraufgehen, sich in den Sattel setzen, hinaufschwingen, hineinklettern, hinaufangeln, hinauffahren, aufsitzen, aufhocken. → begeben sich, begehen, bewegen sich, Bord gehen an. ▶ absteigen.

bestellen anschaffen, in Auftrag geben, beziehen, kaufen, verlangen, erhandeln, erstehen, abkaufen, erwerben, einkaufen, nehmen ● vorladen, vorfordern, berufen, bescheiden, heißen, beauftragen ● durchführen, besorgen, vollbringen, erledigen, zustande bringen, ausrichten, abwickeln, sagen, übermitteln. → abonnieren, abnehmen, ackern, anfassen, arbeiten, beauftragen, beaugbigen, berufen, beschäftigen, kaufen, machen, pflanzen, verwalten. ▶ absetzen, unterlassen, zurücknehmen.

Besteller → Käufer, Kunde.

Bestellschein Bestellliste.

bestellt → bebauen, bedienstet, besetzen, bestellen.

Bestellung → Anordnung, Auftrag, Nachfrage.

besten geben, zum erzählen, plaudern über, darlegen, eine Ansicht äußern, einen Witz reißen, zur Unterhaltung beitragen, unterhalten. ▶ omp fangen, zuhören.

besten halten, zum verspotten, verhöhnen, verächtlich machen, verlachen, hänseln, foppen, lächerlich machen, zum Gespött machen, vorgaukeln, vorspiegeln, einreden, narren, hänseln, täuschen, im April schicken, blauen Dunst vormachen, Sand in die Augen streuen, nicht auf die Nase binden, prellen, verwirren, betrügen, den Hanswurst aus einem machen, Rätsel aufgeben, witzeln, aufziehen, necken, verunglimpfen, ins Garn locken, das Fell über die Ohren ziehen, leimen u, hineinlegen, hinters Licht führen, lackieren u. ▶ Wein einschenken reinen.

beste Seite nehmen → gleichmütig, zufrieden.

bestenfalls → allenfalls, bestmöglich.

bestens → bestmöglich.

besteuern → bemächtigen, berauben, bestehlen, erheben.

Besteuerung → Ausplünderung.

bestialisch unflätig, wüst, pestilenzisch, garstig, bluttriefend, kaltherzig, kaltblütig, grausam, hart, brutal, wild, roh, ungezügelt, zügellos, unmenschlich, barbarisch, tierisch, vertiert, viehisch, entmenscht, grimmig, blutgierig, mordlustig, mörderisch, blutbefleckt, blutbespritzt, blutbesudelt, teuflisch, höllisch, infernalisch, diabolisch, dämonisch. ▸ barbarisch, brutal, dämonisch, diabolisch, eingefleischt, entmenscht. ▸ gut, gütig, kultiviert, menschenfreundlich, sittsam.

besticken → ausschmücken.

Bestie wildes Tier, Raubtier, Bluthund, der Böse in Menschengestalt, Unmensch, Verbrecher, Schächer, Schlächter, Würger, Blutmensch, Ungeheuer, Blutsauger, Hyäne, Vampyr, Viper, Satan, Monstrum, Dämon, Ausgeburt der Hölle, böser Geist, Höllendrache, Geißel, Unhold, Schurke, Scheusal, Bandit, Meuchelmörder, Bauchaufschlitzer, Mordbrenner, Teufel. → Barbar.

bestimmbar → dinghaft, faßbar, gegenständlich.

bestimmen anordnen, einrichten, ordnen, verfügen, einteilen, aufteilen, einordnen, bezeichnen, angeben, berechnen, herbeiführen, bewirken, zwingen, nötigen, beschließen, entscheiden, veranlassen ● beeinflussen, bereden, empfänglich machen, einwirken, einflüstern, eingeben, einflößen, bitten, überreden, beschwatzen, betören, verlocken, anhalten zu, zusetzen, abschmeicheln, abbuhlen, zureden, überzeugen, mit sich fortreißen, bestechen, erkaufen, auszeichnen. → abmachen, anordnen, anregen, aufdrängen, auslesen. bedingen, befehlen, begehren, bemüßigen, beordern, berufen, besiegeln, bewirken, datieren, diktieren, dirigieren, durchdrücken, entbinden zu sich, enträtseln, entscheiden, erlassen, ernennen, erteilen Auftrag, fackeln ohne zu, festhalten, festlegen, schätzen, urteilen, wählen, zwingen. ▸ ausforschen, behindern, empfangen, müssen, verdrehen, verweigern, verwirren, wollen.

bestimmend → ausschlaggebend.

bestimmt ausgemacht, entschieden, ernsthaft, fürwahr, gewiß, offenkundig, sicher, todsicher, sichtlich, tatsächlich, unabweisbar, unfehlbar, unumstößlich, schlüssig, unwiderlegt, unzweideutig, unzweifelhaft, wahr, wahrlich, wirklich, zuversichtlich, unan-

fechtbar, zutreffend, definitiv, zweifellos, zweifelsohne, unbestreitbar, fraglos, verbürgt, beglaubigt, amtlich, behördlich, offiziell, zuverlässig, untrüglich, sicher wie das Amen in der Kirche *u*, unstreitig, festgestellt, bestätigt, beweisbar ● streng, nachsichtslos, energisch, unnachsichtig, unerbittlich, entschieden, strikt, kurz und bündig, ohne Rücksicht, ohne viel Federlesens, ausdrücklich, kategorisch, unbedingt, eisern, starr, hart, unbarmherzig, mitleidlos, unbeugsam. → absolut, anschaulich, augenscheinlich, authentisch, bedeutungsvoll, beglaubigt, charaktervoll, definitiv, deutlich, durchaus, energisch, ernstlich, erwiesen, fanatisch, fix, geregelt, kategorisch, positiv, sicher, streng. ▸ unbestimmt.

Bestimmtheit Klarheit, Deutlichkeit, Begreiflichkeit, Genauigkeit, Ausdrücklichkeit, Kraft, Offenheit, Bündigkeit, Kernigkeit, Wucht, Feuer, Wärme, Stärke, Lebhaftigkeit, Schwung, Glut, Kühnheit, Schärfe. → Eifer, Eindringlichkeit, Nachdruck, Tatsache. ▸ Unbestimmtheit.

Bestimmung → Adresse, Absatz, Angelegenheit, Anordnung, Artikel, Aufgabe, Auflage, Auftrag, Bedingung, Befehl, Beruf, Berufung, Convention, Definition, Dekret, Diktat, Endabsicht, Entscheidung, Erlaß, Ermächtigung, Fügung, Gebot, Klassifikation, Norm, Paragraph, Regel, Ziel, Zufall, Zweck.

bestimmungsgemäß → obligatorisch.

Bestimmungsort → Bahnhof.

bestirnt funkelnd, sternenglänzend.

Bestleistung → Rekord.

bestmöglich bestens, optimal, bestenfalls, gut, vollkommen, tadellos, einwandfrei, fehlerfrei, makellos, meisterhaft, mustergültig, zünftig, unübertrefflich, unvergleichlich. ▸ schlecht.

bestoßen → beschädigen.

bestrafen schlagen, züchtigen, prügeln, durchklopfen, bearbeiten, durchhauen, behämmern, peitschen, geißeln, knütteln, knüppeln, wichsen, durchwichsen, dreschen, gerben, schmieren, walken, beuteln, wamsen, dachteln, patschen, ohrfeigen, maulschellen, stäupen, boxen, bei den Ohren nehmen, auf die Finger klopfen, eins geben, versetzen, verabreichen, zukommen lassen, ausklopfen, das Fell gerben, traktieren, einen Denkzettel geben, windelweich schlagen, einsperren,

einkerkern, hinter Schloß und Riegel setzen, hinrichten, den Hals brechen, den Gnadenstoß geben, hängen, rädern, aufs Rad flechten, vierteilen, pfählen, kreuzigen, ans Kreuz schlagen, dem Flammentod übergeben, auf den Scheiterhaufen bringen, schinden, martern, foltern, stellen an den Pranger, aufknüpfen, erschießen, enthaupten, guillotinieren, einen Kopf kürzer machen. → abrechnen, ahnden, beuteln, dreschen, verurteilen. ▸ belohnen.

Bestrafung Verurteilung, Ahndung, Wischer, Ausputzer, Züchtigung, Strafe, Strafpredigt, Gardinenpredigt, Philippika, Vergeltung, Wiedervergeltung, Heimzahlung, Lohn, Abrechnung, Verbannung, Deportation, Ächtung, Ausstoßung, Verlust der Ehrenrechte, Freiheitsentziehung, Freiheitsstrafe, Arrest, Hausarrest, Festungshaft, Haft, Gefängnis, Strafanstalt, Kerker, Arbeitshaus, Besserungsanstalt, Zuchthaus, Zwangsarbeit, Karzer, Konzentrationslager, körperliche Züchtigung, Schläge, Prügel, Denkzettel, Rippenstoß, Kopfnuß, Faustschlag, Backenstreich, Ohrfeige, Maultasche, Maulschelle, Dachtel, Tracht, Stockhiebe, Auspeitschung, Bastonade, Ausstäupung, Spießrutenlaufen, Stockstreiche, Todesstrafe, Hinrichtung, Erhängen, Erdrosseln, Enthaupten, Köpfen, Erschießen, Kreuzigung, Flammentod, Vierteilung, Rädern, Folterung. → Bearbeitung, Denkzettel, Exil. ▸ Belohnung.

Bestrahlung Beleuchtung. → Behandlung, Erwärmung.

Bestreben Eifer, Emsigkeit, Regsamkeit, Rührigkeit, Zielsetzung, Streben, Hinneigung, Neigung, Hang, Wille, Trachten, Unternehmungsgeist, Beflissenheit, Betreibung. → Anstrengung, Arbeit, Beflissenheit, Begehr, Bemühung, Bewerbung, Neigung. ▸ Erlahmung, Trägheit.

bestreben, sich sich bewerben, sich befleißigen, wünschen, hinzielen, ausgehen auf, sich interessieren, sich bemühen, anstrengen, versuchen, sich abmühen, büffeln, sich anstrengen, sich abarbeiten, sich beeifern, sich abplacken, sich plagen, schinden, sich Mühe geben, sein Möglichstes tun, sein Bestes tun, alles aufbieten, keine Anstrengung scheuen. ▸ anheimstellen, erlahmen, träge.

bestreichen → bedecken.

bestreitbar → diskutierbar.

bestreiten → ablehnen, ab-

erkennen, absprechen, anfechten, angreifen, balgen, behaupten, widerlegen.
bestreuen verstreuen, zerstreuen, umherstreuen, ausstreuen, säen, ausbreiten, verteilen, ausschütten, verspritzen. → bedecken, einbröseln. ▶ wegräumen.
bestreut → besät.
bestricken entzücken, bezaubern, berücken, hinreißen, für sich einnehmen, die Herzen gefangennehmen. → blenden. ▶ unausstehlich (sein).
bestrickend schön, herrlich, prächtig, hübsch, fein, liebenswürdig, reizend, anmutig, lieblich, holdselig, allerliebst, entzückend, bezaubernd, berückend, anziehend, schmuck, fesch, wunderschön, blitzsauber, bildsauber, bewundernswert, köstlich, prachtvoll, vollendet. → anmutig, charmant, entzückend, faszinierend. ▶ unausstehlich, unerfreulich.
Bestseller Verkaufsschlager. ▶ Ladenhüter.
bestücken → beschlagen.
bestückt → bemittelt.
bestürmen → aufdrängen, begehren, begeistern, belagern, bitten, dringen, eindringlich zureden, einstürmen, erstürmen.
bestürzen verwirren, beunruhigen, erschüttern, verblüffen, erschrecken, die Fassung verlieren, aus dem Geleise kommen, überrumpeln, sich ängstigen, außer sich kommen, bestürzt werden, die Sprache verlieren, nach Luft schnappen, überraschen, verlegen machen, befremden, verwundern, erstaunen. → begreifen, erschrecken, erstaunen. ▶ beruhigen, bringen in Ordnung, mutig sein.
bestürzt fassungslos, betreten, betroffen, verwirrt, irre, wirr, niedergeschmettert, verblüfft, aus den Wolken gefallen, vom Blitz getroffen, beunruhigt, bewegt, berührt, ergriffen, erschüttert, erschreckt, entsetzt, furchterfüllt, beängstigt, versteinert sprachlos, starr, von panischem Schrecken ergriffen, von Furcht betäubt, von Entsetzen erfüllt, zu Tode erschrocken, der Sinne beraubt, die Fassung verloren, von blinder Furcht ergriffen, grün und blau vor den Augen. → baff, bange, bebend, Donner gerührt, ergriffen, erschrocken, erstarrt. ▶ beruhigt, mutig.
bestürzt sein → bestürzen.
bestürzt werden → bestürzen.
Bestürzung Wirrwarr, Durcheinander, Betretenheit, Verworrenheit, Verblüffung, Aufregung, Krawall, Tumult, Em-

pörung, Überraschung, Verzweiflung, Erregung, Fassungslosigkeit, Erschütterung, Beklemmung, Beängstigung, dumpfes Schweigen, beängstigendes Gefühl, Schreck, Entsetzen, Furcht. → Angst, Bammel, Befremden, Betäubung, Erstarrung, Erstaunen, Panik, Verwunderung. ▶ Beruhigung, Mut.
bestußt → dumm.
Besuch Verkehr, Frequenz, Stippvisite u. → Anwesenheit, Audienz, Aufnahme, Besprechung, Einladung, Geselligkeit, Interview, Reise.
Besuch abstatten → beehren, bekanntwerden, besuchen.
besuchen vorsprechen, einkehren, absteigen, reisen, durchwandern, herumstreichen, durchqueren, durchstreifen, bewandern, ankommen, anlangen, sich einfinden, sich einstellen, vorfahren, Besuch abstatten, Höflichkeitsbesuch machen, seine Karte abgeben, auf einen Sprung kommen u, zu jemanden herumkommen u, sich anmelden lassen, mit einem Besuch beehren, die Ehre schenken ● begehen j. → aufhalten sich, beehren, begeben sich, begehen, bewegen sich. ▶ abreisen, fortbleiben, zurückziehen sich.
Besucher → Anwesender, Eingeladener, Gast.
besudeln in Schande bringen, verunglimpfen, herabsetzen, schmähen, verlästern, verleumden, entehren, schänden, die Ehre abschneiden, in üblen Leumund bringen. → abbrauchen, auswischen, beeinträchtigen, bespritzen, entweihen, verderben, verunreinigen, verunstalten. ▶ einschmeicheln, loben, reinigen, schmücken.
Besudelung → Beschädigung, Entweihung.
betagt → alt, ergraut.
betasten → begreifen, berühren.
betätigen, sich → arbeiten.
betätigen an, sich → beteiligen sich.
Betätigung → Amt, Arbeit, Beruf, Besorgung, Dienst, Erwerbszweig, Leistung.
betäuben abstumpfen, abtöten, das Ohr verschließen, taub sein für ● narkotisieren, chloroformieren, einschläfern, beruhigen ● ersticken, ergreifen, berühren, rühren, packen, erschüttern, beunruhigen, Gefühle ersticken, hemmen, im Zaume halten, zügeln, unterdrücken, zügeln, bekämpfen, verbeißen, bezwingen, bändigen, bewältigen, lahm legen, abhärten, gefühllos werden, dämpfen ● überrascht sein,

verwirrt werden, sprachlos werden, verstummen, fassungslos sein, bestürzt sein, entsetzt sein ● das Gewissen beruhigen, nicht berührt werden, kalt bleiben, verhärten, abtöten, nichts danach fragen ● sich belustigen, zerstreuen, das Leben genießen, Vergessen suchen, sich austoben, Zerstreuung suchen, ausschweifend leben, trinken, sich berauschen. → besänftigen, einschläfern. ▶ ahnen, erregen, fühlen.
betäubend → berauschend, einschläfernd.
betäubt schläfrig, abgestumpft, stumpf, tot. leblos, schlummernd, schnatend, benommen, dusselig u, chloroformiert u. beduselt u, dösig u ● schlafmützig, transusig u, tranig, tranfunzelig u. → coma, erschrocken, erstarrt. ▶ erregt, fühlbar, mutig.
bestäubt vor Furcht → bestürzt.
Betäubung Narkose, Anästhesie, Starre, Empfindungslosigkeit, Bewußtlosigkeit, Apathie, Stumpfheit, Lähmung, Erstarrung, Besinnungslosigkeit, Unempfindlichkeit, Teilnahmslosigkeit, Lethargie, Stumpfsinn, Dösigkeit u, Dusseligkeit u, Gefühlsertötung, Gefühlserkaltung ● Berauschung, Rausch, Taumel, Abtötung, Bestürzung, Erschütterung, Verwirrung, Fassungslosigkeit, Bezauberung, Verblendung, Bewunderung, Erstaunen, Staunen, Überraschung. → Bezauberung, Coma, Erstarrung, Verwunderung. ▶ Gefühl, Gefühlserschütterung, Spürsinn.
Betäubungsmittel → Arznei, Beruhigungsmittel.
betauen → ausschlagen, befeuchten, begießen, beschlagen, bespritzen, durchnässen.
Betbruder Mönch, Pfarrer, Pfaffe.
beteiligen, sich tun, handeln, arbeiten, mitarbeiten, beschäftigen, bemühen, mitmachen, sich einmischen, sich eindrängen, sich befassen, sich kümmern, sich abgeben, einlassen, mithelfen, beistehen, beispringen, unter die Arme greifen, mithalten, mittragen, beitragen, zuschießen, mitschaffen, mitwirken, mitspielen, beteiligen ● sich vereinigen, verbünden, verbrüdern, zueinander halten, sich verabreden, unter einer Decke stecken, hinter etwas stecken, sich zu einer Partei schlagen, sich verschwören, mitgenießen, mitbesitzen,

sich betätigen an, eintreten. → anfassen, beigesellen. ▶ ablehnen, trennen.

beteiligt → interessiert.

Beteiligter → Anhänger, Kamerad, Komplice, Teilnehmer.

Beteiligung → Interesse, Teilnahme.

beten anbeten, anflehen, bitten, danksagen, flehen, huldigen, lobpreisen, verehren, verherrlichen, sich erbauen, zum Himmel aufblicken, mit Gott sprechen. → anflehen, erflehen.

beteuern → beeiden, beglaubigen, behaupten, bejahen. bestehen auf, schwören, versichern, versprechen.

Beteuerung → Bekenntnis, Bekräftigung, Eid, Ehrenwort, Versprechen.

Betgang → Bittgang, Bußgang.

betimpelt → angeheitert.

betiteln → benennen.

betölpeln → übervorteilen.

Beton m → Baustoff.

betonen ausdrücklich erwähnen, Gewicht legen auf, hervorheben, Nachdruck verleihen, unterstreichen, hinweisen, andeuten, ausdrükken, beleuchten, bemerken, dartun, besonders erwähnen, sagen, zeigen, Wichtigkeit beimessen, Beachtung schenken, geltend machen, einschärfen, bekräftigen. → A und O, ausdrücken, behaupten, einschärfen, sprechen, versichern. ▶ bedeutungslos (sein), verallgemeinern.

Betonung Akzent, Aussprache, Tonfall, Modulation, Rhythmus, Hebung, Senkung, Silbenfall. → Anschlag, Eindringlichkeit, Nachdruck. ▶ Abschwächung, Gehaltlosigkeit.

betören verleiten, bezaubern, verzaubern, verblenden. →abbuhlen, beeinflussen, befürworten, begeistern, bestimmen, blenden, Cour schneiden, entzücken, lügen.

betörend → berauschend.

betört → befangen, entrückt, entzückt.

Betörung → Betrug, Blendwerk, Täuschung, Schmeichelei.

Betracht → Hinsicht.

Betracht ziehen, in bedenken, berücksichtigen.

betrachten besichtigen, beachten, anblicken, ansehen, besehen, zusehen, aufschauen, zuschauen, beschauen, anschauen, im Auge behalten, den Blick heften auf, mit Blicken verfolgen ● beobachten, mustern, prüfen, spähen, fixieren, begaffen, anstarren, anstieren, anglotzen, beäugen j.→anschauen. ▶ beantworten, blind für, liegen lassen links.

Betrachter → Anwesender, Beobachter.

beträchtlich → A und O, ansehnlich, ausgedehnt, außerordentlich, äußerst, enorm, erheblich, erklecklich, groß, reichlich, stark, wichtig.

Beträchtlichkeit → Dimension.

Betrachtung Überlegung, Bedenken, Nachsinnen, Nachgrübeln, Erforschung, Berechnung, Gedankengang, Denkweise, Untersuchung, Prüfung, Gedankenfülle, Tiefsinn, Beschauung, Besichtigung, Überlegung, Durchsicht, Ausforschung, Erwägung, Studium, Induktion, Deduktion, Sinnen, Trachten, Streben, Auflösung, Darstellung, Darlegung, Ausführung, Beleuchtung, Demonstration, Auskunft, Erwägung, Bewertung, Schätzung, Würdigung, Begutachtung, Erkennen, Wahrnehmung, Aufklärung, Einblick, Ausblick, Vorstellung, Anschauung, Richtschnur, Prinzip, Folgerung, Schluß. → Analyse, Begriff, Begriffsscheidung, Erinnerung. ▶ Flüchtigkeit.

Betrag → Menge, Preis, Zahl.

Betragen → Art und Weise, Aufführung, Ausdruck, Haltung, Verhalten.

betragen → aufgeben für, ergeben sich, zählen.

betragen, sich aufführen, verhalten, benehmen, sich anstellen, auftreten, sich geben, sich benehmen lassen, handeln, vergehen, handhaben, begegnen, entgegenkommen, anfangen, anfassen, verrichten, amtieren, sich entledigen, betreiben, vollziehen, besorgen, abwickeln, fügen, sich bequemen ● höflich, hoffähig, vornehm, gebildet, anständig, wohlerzogen, kultiviert, zivilisiert, nobel, gewandt, galant, unbefangen, ungezwungen, ungeniert, frei, einfach, fein ● schlecht, unhöflich, ungebildet, unanständig, unerzogen, unkultiviert, unzivilisiert, ungewandt, linkisch, roh, wüst, befangen, gezwungen, steif, unfrei, ungeberisch, unfein. → anstellen, aufführen, auftreten.

betränen → befeuchten, beweinen, durchnässen, klagen.

betrauen → anstellen, beauftragen, bevollmächtigen.

betrauern → beweinen.

beträufeln → befeuchten.

betreffen → anbelangen, angehen, berühren, drehen sich um.

betreffend bezüglich, in bezug auf, was betrifft, betreffs, insofern als, in Hinsicht.

betreffs → behufs, betreffend.

Betreiben → Verlangen.

betreiben → anfassen, an-

kurbeln, anstellen, anwenden, arbeiten, aufbauen, ausführen, ausüben, bedienen, betragen, machen.

Betreibung → Beflissenheit, Bestreben.

betressen → ausschmücken, behängen, schmücken.

betreten einen Weg einschlagen, begeben, eintreten, hineingehen, eindringen, einsteigen, einbrechen, einmarschieren, einrücken, einschleichen, einschmuggeln, einspringen j, einschieben j, einsteigen j, schliefen j, hineinkriechen. → baff, bange, befangen, begehen, bestürzt, betroffen, verlegen, verwundert. ▶ abschwenken, unbeirrt, unerschrocken, vermuten.

Betretenheit → Bestürzung.

betreuen → aufziehen, geleiten, hegen, kurieren, pflegen, verwalten.

Betreuung → Bewachung, Obhut.

Betrieb Anlage, Anstalt, Fabrik, Geschäft, Institution, Organisation, Werk, Wirkungsbereich. → Aufregung, Büro, Fabrik, Trubel, Vergnügen. ▶ Bummelei, Ruhe.

Betrieb, landwirtschaftlicher → Anwesen.

betriebsam → aktiv, angestrengt, anstellig, arbeitsam, aufgeschlossen, ausdauernd, beflissen, begierig, beweglich, eifrig, erwerbsam, lebhaft, munter, rege.

Betriebsamkeit → Aktivität, Arbeitslust, Ausdauer, Emsigkeit, Energie, Fleiß.

Betriebsleiter → Arbeitgeber.

Betriebsnudel Stimmungsmacher,Unterhalter,HansDampf.

Betriebsrat → Beauftragter.

betrifft was → betreffend.

betrinken sich übernehmen, besaufen, bekneipen, die Nase begießen, mehr als genug haben, sich beschlauchen u, sich beknüllen u, sich ansaufen, sich vollschlauchen u, sich einen ankümmeln u, sich einen einsäuseln u, sich einen Affen antrinken u, sich besichkern u, sich die Hucke voll saufen u. sich betäuben, sich betrunken. ▶ maßhalten.

betroffen betreten, fassungslos, verwirrt, irre, wirr, bedrängt, festgefahren, in die Enge getrieben, aufgesessen, verzweifelt ● berührt werden, bedrückt werden, zustoßen, passieren, erwischt werden, getroffen werden, etwas wegbekommen u. → baff, bebend, bestürzt, vom Donner gerührt, interessiert, verwundert. ▶ erfreut, gefaßt, schuldlos, unbeirrt.

Betroffener → Dulder, Opfer.

Betroffenheit → Befremden, Verwunderung.

betrogen in seiner Hoffnung betrogen, vom Unglück heimgesucht sein, vom Schicksal hart mitgenommen, vom Glück betrogen, Pech haben, schwere Prüfung erleiden, vom Glück verlassen, bessere Tage gesehen, an den Bettelstab gekommen, zu Grunde gehen, verloren sein, vom Leben betrogen, hineinfallen, auf den Leim gehen oder kriechen, hineinplumpsen *u*, hineinschlittern *u*, freudlos sein, trauriges Dasein führen, entschwundenes Lebensglück, Herzenskummer haben, krank bis in die Seele, hoffnungslos, verzweifelt, unrettbar, verloren, dem Untergang geweiht, bejammernswert, verschmäht, ungeliebt, hintergangen, getäuscht, lackiert *u*, gelackmeiert *u*. ▶ begünstigt, geliebt.

betrogen werden → hereinfallen.

Betrogener Opfer, Gimpel, Pinsel, Narr, Tropf, Gefoppter, Drahtpuppe, Hahnrei, Gehörnter, Gerupfter, Hintergangener, Getäuschter. ▶ Betrüger.

betrüben schmerzen, wehe tun, peinigen, quälen, kränken, verletzen, verwunden, beleidigen, erbittern, ärgern, bedrücken, plagen, erzürnen, bekümmern, kujonieren, demütigen ● sich betrüben, kümmern, sich zu Herzen nehmen, sich grämen, sich abhärmen, Kummer haben, absorgen, schmollen, grollen ● das Herz schwer machen, anstoßen. ▶ erfreuen, erheitern.

betrübend → ärgerlich, arm, peinlich.

betrüblich → ärgerlich, kläglich, unangenehm.

Betrübnis Unglück, Heimsuchung, Schicksal, Prüfung, Mühsal, Mühseligkeit, Schmerz, Pein, Leiden, Ungemach, Schlag, Bedrängnis, Kummer, Sorge, Kreuz, Leid, Kümmernis, Weh, Harm, Bitterkeit, Kränkung, Demütigung, Schmach, Beschimpfung, Beleidigung, Unbill, Ärgernis, Pille, Stachel, Mißgeschick, Widerwärtigkeit, Unstern, Verhängnis, Fügung. → Bedrücktheit, Beschwerde, Besorgnis. ▶ Ermutigung, Frohsinn.

betrübt → traurig.

Betrug Unterschlagung, Defraudation *f*, Entstellung, Betörung, Fälschung, Irreführung, List, Schein, Schwindel, Täuschung, Verrat, Falschheit, Schelmerei, Schliche, Schummel, Schmu, Tücke, Diebstahl, Meineid, Doppelspiel, Ente, falscher Bericht, Verdrehung, Erdichtung, Verstellung, Heuchelei, Scheinheiligkeit, Frömmelei, Gleisnerei, Hintergehung, Vorspiegelung, Arglist, Veruntreuung, Bestechung, Schiebung, Unterschleif, Prellerei, Überlistung, Erschleichung, Falschmünzerei, Schmuggel, Hochstapelei, Hinterziehung, fauler Zauber, blauer Dunst, Beschiß *u*, Hereinfall, Leim, Humbug *u*, Pfusch *u*, Schmul *u*. → Doppelrolle, Falschheit, Schlauheit. ▶ Aufrichtigkeit, Ehrlichkeit.

betrügen prellen, betrügen, unterschlagen, düpieren, Schmul machen *u*, begaunern, andrehen, anschmieren, anschwindeln, bemogeln *u*, anscheißen *u*, bescheißen *u*, einseifen *u*, einwickeln, beschummeln *u*, pfuschen *u* ● nebenaus gehen *u*, fremd gehen *u*. → balbieren, benachteiligen, Betrug, besten halten zum, düpieren, erlangen Reichtum, hineinlegen, täuschen, ausschwindeln. ▶ aufrichtig (sein), ehrlich (sein).

Betrüger Preller, Zechpreller, Defraudant *m*, Lump, Fallot *m*, Lügner, Heuchler, Versteller, Scheinheiliger, Schwindler, Fälscher, Falschmünzer, Schurke, Spitzbube, Falschspieler, Schelm, Gaukler, Gauner, Preller, Schwärzei, Strauchdieb, Beutelschneider, Bauernfänger, Kurpfuscher, Aufschneider, Galgenstrick, Halunke, Aasgeier, Tunichtgut, Tagedieb, Strolch, Elender, Erpresser, Wucherer, Schieber, Erbschleicher, Erzgauner, Pfuscher, Oberammergauner *u*. →Bauernfänger. ▶Betrogener.

betrunken angeheitert, angetrunken, beduselt, benebelt, berauscht, beschwipst, trunken, besoffen, animiert, angesäuselt, bezopft, bekneipt, schief geladen, voll wie ein Sack, Schlagseite haben, in Weinlaune, gehobener Stimmung, sternhagelvoll *u*, einen Affen haben, beschickert *u*, blau, duhn *u*, fertig *u*, granatenvoll *u*, den Kanal voll haben *u*, voll wie eine Kanone *u*, voll wie eine Spritze *u*. → angeheitert, beduselt, betrinken. ▶ nüchtern.

Betrunkener → Trinker.

Bett Bettgestell, Bettlade, Bettstatt, Bettstelle, Feldbett, Lager, Liege, Ruhebett, Schlafkautsch, Lotterbett, Liebesinsel, Wasserbett, Luftbett, Wiege, Polster, Liegestuhl, Hängematte, Pritsche, Koje *sm*, Falle *u*, Federn *u*, Heia *u*, Kahn *u*, Klappe *u* ● Flußbett, Graben, Gerinne, Strombett, Wasserweg.

Bettdecke → Bedeckung.

Bettel → Batzen, Kitsch.

bettelarm → arm.

Bettelbrief Gesuch, Petition, Bittschrift, Eingabe, Antrag. → Antrag, Brandbrief.

Bettelei Bettelhaftigkeit, Schnorrerei ● Forderung, Begehr, Ansuchen, Verlangen, Geheisch. → Aufdringlichkeit. Bewerbung. ▶ Zurückhaltung.

Bettelhaftigkeit → Bettelei.

betteln umherstreichen, herumlungern, umherstreifen, vagabundieren, strolchen, mit dem Bettelsack wandern, fechten, sammeln, schnorren *u*, die Klinken putzen *u*, Almosen begehren, von Tür zu Tür gehen, anbohren *u* ● bitten, ersuchen, ansuchen, anhalten, verlangen, begehren, fordern, erheischen, erbitten, angehen, ansprechen, anrufen, nachsuchen, lästig fallen, anhalten um, sich bewerben, jemanden bestürmen, belagern, sich einschmeicheln, schmarotzen, nassauern. → bitten, erbetteln. ▶ arbeiten, geben, verweigern.

Bettelsack → Bittsteller.

Bettelvolk → Auswurf, Bettler.

betten ablegen, niederlegen, kuscheln, schmiegen, einlagern, einlogieren, einbetten, einpflanzen. → einbetten. ▶ ausquartieren, entwurzeln.

Bettgestell → Bett.

Betthäschen → Abgott.

Betthimmel Baldachin *m*.

Betthupferl Süßigkeit, Nachtisch, Schlaftrunk.

Bettlade → Bett.

bettlägerig → abgespannt, krank.

Bettler Bittsteller, Antragsteller, Ansucher, Schmarotzer, Krippenreiter, Schnorrer, Almosenempfänger, Fechter, Lumpengesindel, Lumpenstrick, Lumpenpack, Vagabund, Lumpenkerl, Fechtbruder, Bettelpack, Schnorrer *u*, Klinkenputzer *u*, Bettelvolk, Parasit, Nassauer. → Bittsteller. ▶ Geber, Wohltäter.

Bettnische fensterloses Kämmerchen, Alkoven *m*.

Bettschwere → Rausch.

Bettstatt → Bett.

Bettstelle → Bett.

betucht → baff, bemittelt.

betulich → entgegenkommen.

betupfen bemalen, marmorieren, punktieren, beflecken, besprenkeln, tüpfeln, flecken. → befeuchten. ▶ abtrocknen.

beugen ablenken, abweichen, abbiegen, krümmen, nachgeben, nachlassen ● abwandeln, abändern, flektieren, deklinieren, konjugieren ● unterwerfen, unterjochen, unterdrücken, zähmen, zwingen, fesseln, zum Sklaven machen, besiegen, in die Knie zwingen, unter das Joch bringen, zu Boden drücken, zum Gehorsam zwingen, knechten ● huldigen, die Hand küssen, das Knie beugen, zu Füßen fallen, einen Fußfall tun, einschüchtern, sich demütigen. → abbiegen, abweichen, bändigen, befolgen, biegen, ergeben sich, hinablassen. ▶ erhaben (sein), strecken, trotzen, überheben sich.

beugen, sich → buhlen, dareingeben sich, demütigen sich, dulden, ducken sich, erniedrigen sich, gehorchen.

Beugung → Biegung, Drehung.

Beule → Auswuchs.

beunruhigen verwirren, drohen, streiten. → angreifen, aufregen, bedrücken, beschießen, bestürzen, betäuben, Bockshorn jagen ins, bunt zugehen, durchbeben. ▶ beruhigen.

beunruhigend → bedrohlich, beklemmend, böse, drohend, einschüchternd, gefährlich.

beunruhigt → aufgelegt, bestürzt, erschrocken.

Beunruhigung → Bedrohung, Beengung, Drohung, dumpfes Schweigen, Erregung.

beurkunden → aufnehmen, beglaubigen, bestätigen, schreiben.

beurlauben → abbauen, abdanken, ausspannen, entlassen.

beurlaubt → arbeitslos, Ferien haben.

beurteilen abschätzen, begutachten, bewerten, bekritteln, zensieren, charakterisieren, deuten, einschätzen, ermessen, ermitteln, erwägen, sichten, sondern, sondieren, unterscheiden, untersuchen, vergleichen, prüfen, beleuchten, durchleuchten, kritisieren. → abmessen, abwägen, besprechen, charakterisieren, debattieren, deuten, diskutieren, durchblicken, einschätzen, entscheiden, erachten, erwägen, schätzen, urteilen. ▶ wissen nicht ein noch aus.

Beurteilung → Auskunft, Befinden, Besitz, Bescheid, Bewertung, Einschätzung, Erkenntnis, Kritik.

Beurteilungsstelle → Jury.

Beute Fang, Raub, Prise, Schleichware, Schmuggelware, Konterbande, Tribut, Trophäe, Gewinn, Bedeckung, Ertrag, Diebesgut. → Besitz.

beutegierig diebisch, räuberisch, raublustig, langfingrig, betrügerisch. → diebisch. ▶ ehrlich, selbstlos.

Beutel Behälter, Börse, Sack, Säckel, Tasche, Tüte, Blase, Brotsack, Rucksack, Futteral, Pompadur, Geldkatze, Sparsack, Aaser j, Affe u. → Balg, Behälter.

beuteln schütteln, streiten, balgen, raufen, prügeln, schlagen. → balgen, bestrafen. ▶ belohnen, versöhnen, vertragen sich.

Beutelschneider → Bauernfänger, Betrüger.

beutesüchtig → beutegierig, bestechlich.

bevölkern vermehren, anschwellen, sich ausbreiten, sich entfalten, zunehmen, sich niederlassen, sich seßhaft machen, einnisten, festsetzen. → bewohnen.

bevölkert bewohnt, besiedelt, belebt, belegt, voll.

Bevölkerung Allgemeinheit, Öffentlichkeit, Ansässiger, Bewohner, Bürger, Einwohner, Landeskinder, Masse, Menge, Volk, Eidgenossen, Volksgemeinde, Volksgemeinschaft, Eingeborene, Ureinwohner, Ursasse, Staatsangehörige, Heimatberechtigte, Eingesessene, Kolonisten, Ansiedler, Städter, Dorfbewohner, Landbewohner, Bauern, Pflanzer, Farmer.

Bevölkerungszuwachs Geburtenrate, -entwicklung.

bevollmächtigen → begünstigen, bestätigen, delegieren, einräumen, ermächtigen, ernennen.

bevollmächtigt → bedienstet, berechtigt.

Bevollmächtigter Vertrauensmann, Beauftragter, Ersatzmann, Vertreter, Verwalter, Unterhändler, Volksvertreter, Botschafter, Gesandter, Abgesandter, Konsul, Repräsentant, Legat, Nuntius, Internuntius, Geschäftsträger, Agent, Geschäftsführer, Prokurist, Anwalt, Notar, Vormund, Kurator, Sachwalter, Makler, Unterhändler, Vermittler, Advokat, Rechtsberater, Treuhänder, Stellvertreter. → Abgeordneter, Agent.

Bevollmächtigung Stellvertretung, Regentschaft, Repräsentation. → Befugnis, Bestallung, Diplom, Erlaubnis, Ermächtigung. ▶ Entziehung, Widerrufung.

bevor ehe, früher als, vorher, zuvor, zuvorderst, vorangehend, zuerst, einst. → binnen, ehe, vorher. ▶ nachher.

bevormunden belehren, zurechtweisen, beraten, anleiten, lenken, leiten, führen, lotsen, gängeln, beaufsichtigen, überwachen, knechten, maßregeln, den Weg vorzeichnen ● jemandem oder einen vor die Nase setzen u. ▶ verleiten.

Bevormundung Belehrung, Anweisung, Leitung, Führung, Unterweisung, Ermahnung, Zurechtweisung, Lenkung, Kuratel. ▶ Verleitung.

bevorrechtigt → berechtigt.

bevorschussen → vorauszahlen.

bevorstehen herannahen, in der Luft liegen, herankommen, drohen, sich nähern, erwarten. → kommen. ▶ vorübergehen.

bevorstehend imminent, nächstens, bald, demnächst, nächsthin, in Kürze, dieser Tage, in absehbarer Zeit, zukünftig, herannahend, drohend, unausbleiblich, unvermeidlich, unumgänglich, unabwendbar, unabweislich, unentfliehbar, unentrinnbar, entschieden, beschlossen. → demnächst. ▶ vorüber.

bevorzugen begünstigen, höher einschätzen, lieben, den Vorrang geben, Vorrecht einräumen, vorziehen. → begünstigen, verehren. ▶ ablehnen, benachteiligen, verabscheuen.

bevorzugt → beliebt.

Bevorzugung → Ausnahme, Auswahl, Erwählung, Vorliebe, Vorzug, Wahl.

bewachen beschützen, beschirmen, behüten, verteidigen, decken, verwahren, sichern, unter Aufsicht stellen, in Verwahr nehmen, inhaftieren. → achtgeben, aufheben, aufpassen, behaupten, behüten, beobachten, Beste tun, decken, schützen. ▶ preisgeben, schutzlos (sein), unbewacht (sein), wegwerfen.

bewachsen belaubt, blattreich, grün, blühend, voll Blumen oder Pflanzen, bemoost, verkrautet, übersät, bedeckt, überdeckt, behängt, belegt, verdeckt, zugedeckt, verhüllt, verhängt, überzogen, bekleidet. ▶ blattlos.

bewacht → eingeschlossen.

Bewachung Betreuung, Geleit, Schutz, Obhut, Augenmerk, Aufsicht, Wachsamkeit, Überwachung, Bewahrsam, Quarantäne, Beschützung, Deckung, Bedeckung, Beschirmung, Einsperrung, Einschließung, Hut, Verwahrung ● Begleitung, Gefährte, Schatten, Begleiter, Geleite, Gefolge, Wache, Schildwache, Feldwache, Nachhut, Vorhut, Horchposten, Runde, Leibgarde, Schützer, Beschirmer, Hirte, Hüter, Schildträger, Aufseher, Wächter. ▶ Schutzlosigkeit, Übergabe.

bewaffnen → befähigen, bemannen, wappnen.

bewahren behalten, behüten, bergen, beschirmen, bedecken, erhalten, schützen, verschließen, decken, verwahren, sichern, eine Gefahr beseitigen, verhüten, abwehren, umhegen, absperren, begleiten, die Schwingen ausbreiten über, in Schirm und Schutz nehmen, mit dem Schilde decken, aufbewahren, nicht aus den Augen lassen, sparen. → aufheben, balsamieren, behüten, beibehalten, beiseitelegen, bleiben, erübrigen, sparen. ▶ abtreten, ändern, bedrohen, weggehen.

bewähren vortrefflich sein, übertreffen, überbieten, wetteifern, die Probe bestehen, Bescheid wissen, gut durchführen, wohl besorgen, mutig sein, wagen, nicht wanken und nicht weichen, seinen Mann stellen, den Teufel nicht fürchten, durch dick und dünn gehen, durchhalten, auszeichnen, hervortun, sich die Sporen verdienen. → auszeichnen sich, bestehen, durchhalten, wappnen. ▶ abIrren, bewähren sich nicht, erniedrigen, schlapp machen, schusseln, versagen.

bewähren, sich nicht → beikommen nicht, blamieren.

bewahrheiten erweisen, wahr machen, bestätigen. → beweisen, verwirklichen. ▶ lügnerisch (sein), widerlegen.

Bewahrheitung →Bewährung.

bewährt altgedient. → charaktervoll, empfehlenswert, erprobt, gut, reell, vorteilhaft.

Bewahrung → Erhaltung.

Bewährung Bewahrheitung, Probezeit, Probe, Feuerprobe, Wasserprobe. ▶ Untauglichkeit.

Bewährungsfrist → Bedenkzeit.

bewältigen durchsetzen, Herr werden, meistern, Oberhand gewinnen, erfüllen, nachkommen, verkraften, Ziel erreichen, zu Ende führen, ochsen, büffeln, erreichen, überwinden, lösen, mit Mühe erkämpfen, erringen, sich durchschlagen ● unterjochen, niederwerfen, überwältigen, bezwingen, besiegen, obsiegen, unterdrücken, umlegen u, übermannen, niederstrecken ● den Sieg erringen, erfolgreich sein, Erfolg haben, glücklich ausgehen, gut zu Ende bringen, erzwingen. → bahnen, bemeistern, betäuben, bewerkstelligen, durchgreifen, durchkämpfen sich, durchsetzen, fassen, siegen. ▶ fehlschlagen, erlahmen, scheitern, schusseln, unterliegen.

bewandern → begehen, besuchen, bewegen sich.

bewandert → anstellig, aufgeklärt, beschlagen, erfahren.

bewandert in → bekannt, eingeweiht.

Bewandtnis → Lage, Sachlage, Tatsache.

bewässern → befeuchten, begießen, bespritzen, durchnässen.

bewegbar → fahrbar.

Bewegen → Bewegung.

bewegen verändern, verrükken, fortbewegen, drehen, flattern, gleiten, fließen, schweben, anspringen, fliegen, schwingen. → anfeuern, anführen, anhalten, anregen, anstoßen, aufrütteln, bearbeiten, beeinflussen, einladen, empfänglich machen, erheben, ermuntern, erregen, leiten, mahnen, stoßen. ▶ beruhigen, hemmen, rasten, verrohen.

bewegen, sich eilen, fahren, fliegen, gehen, laufen, marschieren, sich regen, reisen, reiten, sich rühren, schweifen, turnen, wandeln, traben, trippeln, schieben, gleiten, schweben, flattern, schlittern, glitschen, rollen, kullern u, fließen, strömen, fegen, wandern, umherirren, irrlichtern, schiffen, radeln, rodeln, segeln, rudern, pullen sm, schaukeln, radfahren, autofahren, gondeln, watscheln, sich auf den Weg machen, eine Reise antreten, fliehen, flüchten, entrinnen, wallen, umherschlendern, herumstreichen, durchqueren, durchstreifen, durchstreichen, durchforschen, bewandern, durchsuchen, schwärmen, sich begeben, aufbrechen, besuchen, begehen, wallfahrten, pilgern, spazieren, lustwandeln, stolzieren, sich ergehen, sich Bewegung machen, sich trollen, sich davonmachen, sich auf die Beine machen, schleichen, sich fortstehlen, verduften, sich empfehlen, sich drücken, besteigen, sprengen, trotten, galoppieren, hüpfen, springen, sich bäumen, steigen, staken, stolpern, straucheln, schleifen, kutschieren, treiben. ▶ ruhen.

bewegen lassen, sich reizen, fesseln, gewinnen, bereden. → bereden, lose. ▶ festbleiben.

bewegend → antreibend, ausschlaggebend, beeinflussend, brennend, ergreifend, reizvoll.

Beweggrund → Anhaltspunkt, Anlaß, Anstoß, Bedingung, Ursache, Voraussetzung, Vermutung, Veranlassung.

beweglich veränderlich, verrückbar, wandelbar, labil, unbeständig, wankelmütig, unstet, schwankend, rastlos, ruhelos, flatterhaft, flüchtig, veränderbar, unruhig, vagabundierend, quecksilbrig, umherschweifend, launenhaft,

wetterwendisch, geschäftig, rege, munter, rührig, regsam, erwerbsam, fleißig, betriebsam, agil, mobil, ambulant. → aktiv, anstellig, arbeitsam, beflissentlich, eifrig, eilfertig, ein und aus, empfindungsvoll, lebhaft, erwerbsam, rastlos. ▶ unbeweglich.

Beweglichkeit → Aktivität, Begierde.

bewegt → bestürzt, blaß, Fassung verlieren die.

Bewegung Eile, Fahrt, Flug, Fortbewegung, Gang, Hast, Leibesübung, Marsch, Ortsveränderung, Ritt, Ruck, Schwimmen, Strom, Unruhe, Zug, Wandel, Strömung, Lauf, Durchgang, Durchzug, Ausmarsch, Durchmarsch, Rennen, Trippeln, Traben, Fahren, Bewegen, Fließen, Fluß, Fall, Sinken, Versinken, Versenkung, Untertauchen, Bodensenkung, Lawine, Erdrutsch, Bergsturz, Abrutsch, Talfahrt, Wasserfall, Stolpern, Gleiten, Fehltritt, Straucheln, Senkung, Sturz, Verbeugung, Neigung, Abweichung, Ablenkung, Schwenkung, Abirrung, Abweg, Umweg, Umschweif, Abstecher, Brechung, Auffahrt, Aufstieg, Erhöhung, Aufflug, Erhebung, Befreiung, Sprung, Satz, Bergfahrt, Bergbesteigung, Raketenflug, Schwingung, Oszillation, Vibration, Pendelbewegung, Gewoge, Wellenbewegung, Pulsschlag, Schwebe, Schlagen, Zittern, Beben, Schwankung, Wackeln, Zappeln, Gewackel, Schnelligkeit, Schwung, Rückprall, Rückwärtsbewegung, Vorwärtsbewegung, Erschütterung, Langsamkeit, Wanderung. → Affekt, Anwandlung, Drehung, Enthusiasmus, Erregung, Geste, Kreisbewegung. ▶ Beruhigung, Stillstand, Trägheit, Unerschütterlichkeit.

Bewegung machen, sich → bewegen sich.

Bewegung setzen, in → ankurbeln, davonmachen sich.

Bewegungsfreiheit → Entfaltungsmöglichkeit, Spielraum.

bewegungslos → feststehend, starr.

Bewegungstrieb Schwung, Stoß, Anstoß, Antrieb, Triebkraft, Druck, Drang, Durchschlagskraft, Anlauf, Ansturm, Gewalt, Heftigkeit, Erschütterung, Entladung, Zusammenstoß, Anprall, Erdbeben, Explosion, Schlag, Streich, Wurf, Schleuder, Tritt ● Rückprall, Rückstoß, Rücklauf, Rückgang, Gegenwirkung, Aufprall, Rückfluß, Springfeder, Federkraft, Rakete. → Drang. ▶ Beharrungsvermögen.

beweihräuchern → hervorheben sich.

beweinen bedauern, beklagen, bejammern, bereuen, verwünschen, betrauern, heulen, brüllen, plärren, schluchzen, greinen, flennen, kreischen, wimmern, winseln, ächzen, stöhnen, betränen, Zähren vergießen, in Tränen ausbrechen, sich die Augen rot weinen, in Tränen zerfließen, sich blind weinen. → abbitten, beklagen, bemitleiden, bereuen, bessern sich, dauern. ▶ bejubeln, frohlocken, verrohen.

beweinenswert → arm, bejammernswert.

Beweis Ableitung, Argument, Beglaubigung, Begriffsfolge, Beleg, Bestätigung, Erhärtung, Erhellung, Schlußfolgerung, Zeugnis, Erklärung, Kostprobe, Begründung, Rechenschaft ● Geständnis, Bekenntnis, Überführung, Gutachten. → Bekräftigung, Bescheinigung, Diplom, Erweis. ▶ Einwand, Widerlegung.

Beweis stellen, unter → annehmen, beweisen.

beweisbar → bestimmt, beweisend, demnach, erweislich.

beweisen darlegen, kundgeben, demonstrieren, begründen, Zeugnis ablegen, bezeugen, bewahrheiten, dartun, feststellen, festsetzen, auslegen, anzeigen, zugeben, bestätigen, verbürgen, bekräftigen, bestärken, versichern, besiegeln, beleuchten, nachweisen, erweisen, bekunden, belegen, beglaubigen, schwarz auf weiß bringen, den Zweifel benehmen, überführen, bloßlegen, ermitteln, entziffern, auseinandersetzen, klar machen, aufzeigen. → ableiten, aufzeigen, auseinandersetzen, aussagen, ausweisen, beglaubigen, begründen, behaupten, beibringen, bejahen, bestätigen, darlegen, dartun, demonstrieren, dokumentieren, entrollen, erweisen. ▶ bestreiten, einwenden, verdrehen, widerlegen.

beweisend zutreffend, gewiß, unzweifelhaft, dokumentarisch, urkundlich, durchschlagend, entscheidend, folgerichtig, sichhaltig, überzeugend, unwiderleglich, zwingend, anschaulich, beweiskräftig, eindringlich, triftig, verbürgt, bezeugt, beglaubigt, amtlich, behördlich, festgestellt ● beweisbar, nachweisbar, erwiesenermaßen, behauptbar, bekräftigend, bestimmt, untrüglich. → anschaulich, ausschlaggebend, belegend, demonstrativ, dokumentarisch, durchschla-

gend, empirisch, erweislich. ▶ widersprechend.

Beweisführung Urteilskraft, Schlußvermögen, Logik, Dialektik, Induktion, Deduktion, Demonstration, Darlegung, Beweisgrund, Überzeugungskunst, Überzeugungskraft, Überführung, Probe, Nagelprobe, Begriffsfolge, Begründung, Folgerung, Schlußfolgerung, Urteil, Schluß. → Darlegung, Demonstration. ▶ Fehlurteil, Widerspruch.

Beweisgrund → Argument, Beweisführung, Nachweis.

beweiskräftig → beweisend, durchschlagend, logisch, stichhaltig.

Beweismaterial → Indizien.

Beweismittel → Argument, Belege, Nachweis.

bewenden lassen nicht tun, unterlassen, unterbleiben, sich enthalten, die Finger davon lassen, abstehen, aufhören, einhalten, auf sich beruhen lassen, neutral bleiben, vorübergehen lassen, aus dem Wege gehen, vom Leibe halten, sich entfernt halten, sich Arbeit ersparen, untätig bleiben, sich teilnahmslos verhalten, gleichgültig bleiben, unbeteiligt bleiben, erhaben sein ● fällt aus wegen Nebel u, nicht stattfinden, fällt ins Wasser ● das durfte nicht kommen. → abstehen, aufhören, belassen, beruhen lassen. ▶ ausführen, verfolgen.

bewerben, sich anhalten, ansuchen, ersuchen, nachsuchen, offerieren, sich anbieten, sich empfehlen, wettstreiten, zu erlangen suchen, erstreben, werben, es anlegen auf, kandidieren, bitten, begehren, fordern, erbitten, einreichen, einkommen um, angehen, ansprechen um, eine Bitte richten, Gesuch machen, Eingabe richten, bemühen, anklopfen, sich bemühen, nach etwas umtun, streben, trachten nach, ausgehen auf. → begehren, bestreben sich, bitten, suchen. ▶ bewenden lassen, verzichten.

Bewerber Bittsteller, Antragsteller, Ansucher, Kandidat, Aspirant ● Bettler, Freier, Fürbitter, Anbeter, Verehrer, Freier ● Teilnehmer, Interessent. → Antragsteller, Bittsteller, Courmacher.

Bewerbung Antrag, Gesuch, Anliegen, Petition, Bittschrift, Bettelbrief, Eingabe, Vorschlag, Ansinnen, Anrufung, Adresse ● Vorhaben, Vorsatz, Verlangen, Begehr, Trachten, Bestreben, Streben, Betreibung, Verfolgung, Wettlauf, Kampf, Wettspiel, Wetteifer, Konkurrenz, Nebenbuhlerschaft, Wettrennen, Wett-

turnen, Preisrudern ● Forderung, Bettelei, Begehr, Geheisch, Verlangen ● Liebesbezeigung, Geschmeichel, Schmeichelei, süße Worte, Gekose, Getändel, Augenspiel, Ständchen, Serenade, Liebesbrief, Liebespfand, Liebesgabe, Liebeserklärung, Hofmacherei, Heiratsantrag, Galanterie, Kompliment. → Angebot, Antrag, Beflissenheit, Eingabe. ▶ Ablehnung, Verzicht, Widerrufung.

bewerfen → bedecken, schmähen.

bewerkstelligen anfassen, bewältigen, bewirken, den Hebel ansetzen, durchführen, erledigen, handeln, in die Hand nehmen, nachkommen, unternehmen, vollbringen, vollführen, verursachen, wirken, tun, ausführen, auf die Beine bringen, fingern u, deichseln u, managen u, schmeißen u, ein Ding drehen u, aus dem Ärmel schütteln u, sich durchfressen. → anfassen, anstellen, arbeiten, ausführen, ausüben, auslösen, bedienen, bedienen, bekümmern, berücksichtigen, beschäftigen, bewältigen, bringen zu Wege, durchgreifen, durchkämpfen sich, erledigen, erwirken, machen, verrichten, verursachen. ▶ unterlassen, versäumen.

Bewerkstelligung Verursachung, Erzeugung, Werk, Arbeit, Verrichtung, Tat, Schöpfung, Handlung, Unternehmung, Betätigung, Ausführung, Vollziehung, Vollendung, Besorgung, Vollzug, Durchführung, Erledigung, Vollführung, Vollstreckung, Zugriff, Entledigung, Abwicklung, Erfüllung, Beendigung, Fertigstellung, Vervollständigung, Vervollkommnung, Ausarbeitung, Beförderung, Abfertigung, Eroberung, Leistung, Tilgung. → Behandlung, Besorgung, Durchführung, Erfüllung, Leistung. ▶ Versäumnis, Unterlassung.

bewerten einen Preis fordern, verlangen, begehren, feststellen, ansetzen, berechnen, schätzen, taxieren. → abmessen, abwägen, anrechnen, beurteilen, charakterisieren, deuten, einschätzen, entscheiden, ermessen, urteilen. ▶ entwerten, unterschätzen.

Bewertung Wertung, Schätzung, Bemessung, Abschätzung, Benotung, Würdigung, Beurteilung, Begutachtung, Kritik, Besprechung, Musterung, Gutachten, Verurteilung. → Anschlag, Auskunft, Bescheid, Betrachtung, Einschätzung. ▶ Entwertung, Unterschätzung.

bewiesen → authentisch, erwiesen, belegt, dokumentiert.

bewilligen zustimmen, einstimmen, beistimmen, übereinkommen, gewähren, genehmigen, eingehen auf, einer Meinung beitreten, einer Ansicht huldigen, einräumen, gestatten, erlauben, bestätigen, gutheißen, bejahen, anerkennen, zulassen, willfahren, billigen, zugestehen, erlauben, dulden, einwilligen, ermächtigen, berechtigen, befugen, beipflichten, geben, schenken, spenden, spendieren, verleihen, übergeben, verabfolgen, ausfolgen, ausliefern, aushelfen. ▶ anpassen, ausstellen, begünstigen, bestätigen, darbringen, darreichen, dürfen, entsprechen, erlauben, geben. ▶ abschlagen, verbieten.

bewilligt einverstanden, abgemacht, bejaht, erlaubt, gestattet, statthaft, beschlossen, unverwehrt, geschenkt. → berechtigt, erlaubt. ▶ verboten, verweigert.

Bewilligung Zustimmung, Beistimmung, Beipflichtung, Billigung, Einwilligung, Genehmigung, Bestätigung, Anerkennung, Gewährung, Gutheißung, Bejahung. → Anspruch, Befugnis, Belehnung, Billigung, Einräumung, Erlaubnis, Konzession, Recht, Vollmacht. ▶ Verbot, Verweigerung.

bewillkommnen grüßen, küssen, umarmen, in die Arme schließen, zutrinken, Bescheid tun, anstoßen, anklingen, ein Hoch ausbringen, zuwinken, zunicken, anlächeln, zulächeln, sich verbeugen, verneigen, das Haupt entblößen, den Hut abnehmen, die Hand geben, die Hand bieten, reichen, schütteln oder drücken. ▶ Rücken kehren den.

bewimpeln → ausschmücken, beflaggen, behängen, dekorieren.

bewirken Einfluß haben, geltend machen, vermögen, einwirken, bearbeiten, bemeistern, durchdringen, ausführen, durchführen, erreichen, veranlassen, verleiten, bewegen, verführen, bestimmen, empfänglich machen, ersuchen, bitten, befürworten, vorschreiben, überreden, bereden, beschwatzen, betören, ködern, verlocken, anhalten zu, zusetzen, abschmeicheln, anspornen, anreizen, aufmuntern, ermutigen, anfeuern, entflammen, erzwingen, gebieten, heißen, heischen. → anfertigen, anregen, auftauchen, auslösen, bearbeiten, bedingen, beeinflussen,

befruchten, bestimmen, bewerkstelligen, bilden, drechseln, durchbringen, durchgreifen, empfänglich machen, erregen, verursachen, zeitigen. ▶ hemmen, verhindern, wirkungslos (sein).

bewirten auftischen, aufwarten, bedienen, beherbergen, freihalten, einladen, spendieren, offenes Haus halten, aufnehmen, auftafeln, Gesellschaft geben. → auftragen, bedienen, beköstigen. ▶ anfeinden, ausquartieren, zurückziehen sich.

bewirtschaften → ackern, pflanzen, verwalten.

Bewirtung → Essen.

bewitzeln → bespötteln, höhnen.

bewohnbar benutzbar, brauchbar, verwendbar. ▶ unbewohnbar.

bewohnen wohnen, sich niederlassen, einmieten, unterbringen, sich befinden, anwesend sein, bevölkern, logieren, sich aufhalten, weilen, ansässig sein, sich einquartieren, absteigen, einkehren, einnisten, sein Lager aufschlagen, Fuß fassen, einwurzeln, horsten, befahren j. → aufhalten sich. ▶ ausziehen, entfernen sich, entvölkern.

Bewohner → Bevölkerung, Eingeborener, Einwohner.

bewölken verdunkeln, verfinstern, verdüstern, beschatten, überwölken, beziehen, einnebeln, wolkig werden. ▶ aufklären.

bewölkt → dunkel, trübe.

bewuchern überfordern, überhalten, überteuern, begaunern, beschwindeln, ablisten, abluchsen, aussaugen, ausplündern, ausziehen, ausbeuten, rupfen, aussäckeln, schröpfen, das Blut aussaugen, das letzte Hemd wegnehmen, um Hab und Gut bringen, unredlich sein, täuschen, betrügen, übervorteilen. → benachteiligen, täuschen. ▶ ehrlich (sein), gewissenhaft (sein).

Bewunderer → Courmacher, Liebhaber.

bewundern → achten, anbeten, anerkennen, besingen, Cour schneiden, rühmen, schätzen, staunen, verehren.

bewundernswert → bestrickend, blendend, brillant, charmant, einnehmend, schön, tugendhaft, vortrefflich.

bewundernswürdig → beispiellos, bieder, charaktervoll.

bewundert → angesehen, beliebt, bejubelt.

Bewunderung → Achtung, Anerkennung, Anziehung,

Aufsehen, Begeisterung, Begriff, Beifall, Betäubung, Liebe.

Bewurf → Anstrich, Bedeckung, Decke.

bewußt beabsichtigt, berechnet, absichtlich, ausdrücklich, vorsätzlich, geflissentlich, gewünscht, bezweckt, ins Auge gefaßt, im Sinne gehabt. → beabsichtigt, eigens. ▶ unbewußt.

bewußt werden, sich → denken.

bewußtlos → besinnungslos.

Bewußtlosigkeit → Betäubung.

Bewußtsein Geist, Herz, Ich, Inneres, Innenwelt, Seele, Selbst, Subjekt, Verstand, Denkkraft, Vernunft, Selbstbewußtsein, Ichbewußtsein. → Begriffsvermögen, Besinnung. ▶ Begriffsmangel, Bewußtlosigkeit.

bezahlbar erschwinglich, erschwingbar, erreichbar, nicht zu teuer. ▶ unbezahlbar.

bezahlen abtragen, aufkommen für, ausgleichen, begleichen, berappen, latzen u, bluten, bereinigen, decken, schreiben, ordnen, regeln, erledigen, entledigen, tilgen, vergüten, erfüllen, einlösen, nachkommen, befriedigen, löschen, Verpflichtungen nachkommen, Verbindlichkeiten erfüllen, einen Wechsel akzeptieren, anweisen, trassieren, ersetzen, besolden, entlohnen, abfertigen, abfinden. → abrechnen, ahnen, anerkennen, aufwenden, ausgeben, belohnen, bestrafen, decken, einbringen, einlösen, entlohnen, ordnen. ▶ einkassieren, knausern, schulden, verweigern.

bezahlen, für → geben.

bezahlen lassen → beeinträchtigen.

bezahlen, in gleicher Münze → wiedervergelten.

bezahlen, sich gut → Nützlichkeit, Vorteil.

bezahlen, die Kosten → geben, mißlingen, unterhalten, verlieren.

bezahlen, teuer → freigebig, kostspielig, Nachteil, Verlust.

bezahlen, zu viel → verschwenderisch.

bezahlt → bar entlohnt, erledigt.

Bezahlung Zahlung, Auszahlung, Einzahlung, Abzahlung, Befriedigung, Tilgung, Ausgleichung, Abfindung, Abgeltung, Abtragung, Bereinigung, Anzahlung, Abschlagszahlung, Teilzahlung, Vorauszahlung, Aufgeld, Handgeld, Vorschuß, Rückzahlung, Erstattung, Vergütung, Entlohnung,

Belohnung, Lohn, Gehalt, Gage, Honorar, Arbeitslohn, Akkordlohn, Stücklohn. → Ausgleich, Belohnung, Einzahlung, Entlohnung, Entrichtung, Entschädigung, Leistung. ▸ Einnahme, Schulden.

bezähmbar gelehrig, zähmbar. ▸ unbezähmbar.

bezähmen mäßigen, besänftigen, abschwächen, bezwingen, unterdrücken, zurückhalten, beherrschen, eindämmen, hemmen, zügeln, stillen, abstumpfen, zähmen, dämpfen, bändigen, dressieren, zureiten, abrichten, bezäumen, beruhigen, abkühlen, abreagieren ● unterjochen, unterwerfen, zwingen, unter das Joch beugen, knechten, dienstbar machen ● kalt bleiben, gefaßt bleiben, sich selbst besiegen, seinen Vorteil oder Wunsch zurückstellen, selbstlos sein, uneigennützig sein, enthaltsam sein, die Zunge im Zaume halten, die Worte abmessen, schweigsam oder verschlossen sein, den Mund verstopfen, schweigen, beschwichtigen. → begütigen, bekämpfen, dämpfen, einschläfern. ▸ aufbrausen, ungehorsam (sein), widersetzen sich.

Bezähmung → Beherrschung.

bezaubern → abbuhlen, aufsehen, beglücken, behexen, beseelen, bestricken, blenden, Cour schneiden, verleiten, zaubern.

bezaubernd → anmutig, auserlesen, ästhetisch, beeinflussend, berauschend, beseligend, bestrickend, charmant, faszinierend, feenhaft, phantastisch, schön.

bezaubert → begeistert, beseligt, besessen, Blick mit leuchtendem, entbrannt, entflammt.

Bezauberung Verzückung, Verblendung, Faszination *f*, Verlockung, Verführung, Versuchung, Zauber, Bann, Beeinflussung, Suggestion, Einwirkung, Entzückung, Berauschung, Betäubung, Begeisterung, Schwärmerei, Enthusiasmus, Beschwörung, Verhexung, Behexung, Besessenheit, Bannkunst, Verzauberung, Zauberbann. → Anziehung, Beeinflussung, Begeisterung, Betäubung, Entzückung. ▸ Ernüchterung, Gefühlsleere.

bezechen → betrinken.

bezecht → angeheitert, betrunken.

bezeichnen → angeben, anführen, ausdrücken, benennen, bestimmen, charakteri-

sieren, darstellen, demonstrieren, deuten, einzeichnen.

bezeichnend kennzeichnend, eigen, geartet, in der Gattung liegend, gang und gäbe, vorherrschend, bemerkenswert, merkwürdig, denkwürdig, behutsam, symptomatisch, klassisch *u.* → A und O, anschaulich, ausdrucksvoll, beachtlich, charakteristisch, bedeutsam, Blut liegen im, denkwürdig, erheblich. ▸ gewöhnlich, unerheblich.

Bezeichnung → Adresse, Angabe, Anzeichen, Ausdruck, Benennung, Etikette, Firma, Kennzeichen, Marke.

bezeigen → ausdrücken, behaupten, manifestieren.

Bezeigung Bekundung, Erweis.

bezeihen → beschuldigen.

bezeugen → ausdrücken, beeiden, beglaubigen, begründen, bejahen, bekennen, bestätigen, beweisen, dartun, deuten, eingestehen, eintreten für, manifestieren, schwören, versichern.

bezeugt → authentisch, beglaubigt, erwiesen, sicher.

Bezeugung → Bekräftigung, Eid.

bezichtigen → angreifen, anschuldigen, behaupten, beschuldigen, verleumden.

Bezichtigung → Anzeige, Denunziation, Klage, Verleumdung.

beziehen in Verbindung bringen, verbinden, verknüpfen, zusammenbringen, verketten, zurückkommen auf, in Betracht ziehen → abonnieren, annehmen, beschaffen, bestellen, bewölken, empfangen, entgegennehmen, erwerben, kaufen, nehmen, wohnen. ▸ aufklären, ausziehen, liefern, wegschicken.

beziehen auf, sich Bezug haben, zusammenhängen mit, im Gefolge haben, sich berufen auf. → berufen sich, bringen in Verbindung, drehen sich um. ▸ ausnehmen, beziehungslos (sein), ergeben sich, unberührt (bleiben).

Beziehung → Ausdruck, Band, Begriff, Berücksichtigung, Bezug, Freundschaft, Hinsicht.

Beziehung, in jeder vollständig, ganz, gänzlich, vollkommen, aus einem Guß, erschöpfend, vollauf von Anfang bis zu Ende, vom Scheitel bis zur Sohle, mit Leib und Seele, Richtung, Weise ▸ unvollständig, unzureichend.

Beziehung treten, in → bekannt werden, brechen das Eis.

Beziehungen haben Verbindungen -, Kontakte -, Protektion -, Möglichkeiten haben.

beziehungslos ohne Beziehung auf, an und für sich, bezugslos, fernstehend, fernliegend, nicht zur Sache gehörig, unanwendbar, fremd, belanglos, nicht im Zusammenhang, der Sache fremd, in keiner Berührung damit, außer Frage, nicht hierher gehörig, weit vom Ziel, an den Haaren herbeigezogen, fern von, weit entfernt, unvereinbar, verbindungslos, isoliert, vereinzelt, nebenher bemerkt, weit voneinander, anders, nicht dasselbe, verschiedenartig, verschieden, entgegengesetzt, widersprechend, zuwiderlaufend, entgegen, wie Tag und Nacht, ganz im Gegenteil, nicht übereinstimmend, ungleich, unzeitgemäß, abweichend, auseinandergehend, ungereimt, aus der Luft gegriffen, wie ein Fisch auf dem Trockenen, wie die Faust aufs Auge, unzusammenhängend, berührungslos, einzig in seiner Art, abweichend, unlogisch, folgewidrig, grundlos, trügerisch, frei, unabhängig. → absurd, absolut, allein, berührungslos, vereinzelt. ▸ beziehen auf sich, übereinstimmend, verbunden, zusammenhängend.

beziehungsweise bezüglich, betreffs, gemäß, hinsichtlich, in bezug auf, was betrifft, insofern als, in Hinsicht, mit Rücksicht auf, in Verbindung mit, im Zusammenhang mit, anspielend. → bezüglich, diesbezüglich.

beziffern → anschlagen, zählen.

Bezirk Diözese, Sprengel, Gau, Kreis, Distrikt, Bereich, Gebiet, Domäne, Departement, Territorium, Kanton, Provinz, Gouvernement, Vogtei, Gemeinde, Pfarrei, Wirkungskreis. → Abteilung, Aufgabenkreis, Distrikt, Domäne, Lage, Rahmen, Region.

bezirzen → verlocken.

bezogen → bedeckt, Bezug auf, Bezug haben.

bezopft → abgetan, betrunken, veraltet.

Bezug Bezugnahme, Betreff, Hinsicht, Gesichtspunkt, Belang, Beziehung. → Abnahme, Abonnement, Bedeckung, Einkunft, Einnahme, Erlös, Erwerb, Hinsicht, Kauf, Rente. ▸ Aufwand, Ausschluß, Verkauf.

bezug auf, in → betreffend, bezüglich, dementsprechend, diesbezüglich.

Bezug haben → beziehen sich auf, drehen sich um.

Bezüge → Einkommen, Einnahme.

bezüglich entsprechend, vergleichsweise, im Hinblick auf, in bezug auf, beziehungsweise, gemäß, betreffs, was anbetrifft. → betreffend, beziehungsweise, dementsprechend, diesbezüglich. ▶ beziehungslos.

Bezugnahme → Beziehung, Bezug.

bezugnehmend → betreffend.

bezugslos → berührungslos, beziehungslos, diskrepant.

Bezugsquelle Fundgrube, Lieferant, Versorgungsstelle, Geschäft, Kaufhaus. → Laden.

bezwecken → beabsichtigen, bedeuten, Blick richten auf, erzwecken, fassen ins Auge, streben, wollen.

bezweckt → bewußt.

bezweifeln Argwohn hegen, Bedenken haben, Mißtrauen, in Frage stellen, dahingestellt, sein lassen, Verdacht fassen, verdächtigen, unsicher sein, fragwürdig erscheinen, nicht glauben, unbegreiflich sein. → anfechten. ▶ glauben, vertrauen.

bezwingbar möglich, erzwingbar, besiegbar, überwindbar, erschwingbar, erzielbar, erreichbar, ausführbar. → ausführbar. ▶ unbezwingbar.

bezwingen verhüten, abwenden, eindämmen, niederhalten, entkräften, schwächen, lähmen, erschweren, abwehren, hintertreiben, vereiteln, zuschande machen, durchkreuzen, bekämpfen ● fesseln, binden, besiegen, verderben, zunichte machen, im Keime ersticken, einen Riegel vorschieben, einen Strich durch die Rechnung machen, zu Fall bringen, zu Boden schlagen, die Flügel stutzen, fertig machen. → bahnen, bändigen, begütigen, beherrschen sich, bekämpfen, bemeistern, besänftigen, besteigen, betäuben, bewältigen, drücken zu Boden, durchhalten, durchsetzen, entsagen, erobern, fesseln, unterdrücken, vollführen. ▶ aufbrausen, ausschweifen, fehlschlagen, unterliegen, verlottern.

bezwingen, sich → bezähmen, versagen.

bibbern → schlottern.

Bibel Heilige Schrift, Evangelium, Postille, Meßbuch, Gebetbuch, Zeremonial, Zeremonienbuch, Brevier.

bibelfest belesen, gebildet, unterrichtet, eingeweiht, vertraut mit, bekannt mit.

Bibliophiler → Büchernarr.

Bibliothek Büchersammlung, Büchersaal, Bücherei, Leihbibliothek. → Bücherei.

bieder brav, rechtschaffen, tugendhaft, vertrauenswürdig, wacker, aufrichtig, offenherzig, zuverlässig, treu, ehr-

lich, redlich, treuherzig, treusinnig, einfach, unverdorben, natürlich, ohne Falsch, rechtlich, ehrenhaft, ehrbar, erprobt, glaubwürdig, gewissenhaft, verläßlich, unbestechlich, achtbar, würdig, pflichtbewußt, angesehen, tadellos, gut, charaktervoll, bewährt, echt, vortrefflich, musterhaft, bewundernswürdig, über alles Lob erhaben. → angesehen, arglos, aufrichtig, charakterfest, charaktervoll, ehrbar, ehrsam, wacker. ▶ böse, überragend, unaufrichtig, unredlich.

Biederkeit Gutmütigkeit, Bonhommie *f.* → Charakterstärke, Ehrbarkeit, Rechtschaffenheit. ▶ Unaufrichtigkeit, Unredlichkeit.

Biedermann Ehrenmann, Mann von Wort, Aufrechter, Mann von altem Schrot und Korn, Charakter.

Biedersinn → Charakterstärke, Rechtschaffenheit.

biegen abbiegen, beugen, krümmen, nachgeben, nachlassen, geschmeidig sein, geschmeidig machen ● biegen oder brechen: entschlossen sein, fest bleiben, beharren, durchgreifen, durchhalten, nicht nachgeben, nicht viel Federlesens machen, kurzen Prozeß machen, streng bleiben, erzwingen, nicht locker lassen, ohne Schonung vorgehen. → abbiegen, abweichen, ausbuchten, einbiegen, federn. ▶ ausstrecken, gehen eigene Wege, gerade machen, gleichlaufend (sein), stählen, steifen sich.

biegsam dehnbar, flexibel, spannbar, federnd, elastisch, veränderlich ● schmiegsam, grazil, schlank, anmutig, zierlich, graziös, dünn, mager, geschmeidig, zart ● streckbar, reckbar, spannfähig, federkräftig ● lenksam, folgsam, lenkbar, regierbar, willig, unterwürfig, willfährig, gehorsam, formbar, ergeben, fügsam, nachgiebig, speichelleckerisch, sklavisch, knechtisch, lakaienhaft, hündisch, charakterlos. → dehnbar, demütig, elastisch, nachgiebig. ▶ aufsässig, aufrecht, stählern, unbiegsam, unnachgiebig.

Biegsamkeit → Elastizität.

Biegung Krümmung, Abweichung, Windung, Kante, Ecke, Beugung, Schlängelung, Kurve ● Abwandlung, Flexion, Deklination, Konjugation. → Falte, Kurve. ▶ Geradlinigkeit.

Biene Imme, Drohne (Hummel, Wespe, Hornisse), Insekten.

Bienenstock Bienenkorb, Bienenhaus.

Bier Getränk, Gerstensaft, Weißbier, Warmbier, Starkbier, Malzbier, Bockbier, Doppelbock, Eisbock, Pilsner, Blondes *u*, Dunkles *u* ● Stange, Kelch, Seidel, Glas, Schoppen, Liter, Maß, Krug, Maßkrug.

biereifrig → arbeitsam.

Bierhalle → Ausschank.

Bierhaus → Gasthaus.

Bierleiche → Trinker.

Biese → Einfassung.

Biest → Barbar, Ekel.

bieten erlauben, ermöglichen, gestatten, gewähren, in sich schließen ● verschaffen, anbieten, darbieten, darbringen, Gelegenheit geben, sich erbieten, erbötig sein, veräußern, verkaufen, verklopfen, verkümmern, feilschen, schachern, feilhalten, markten, Handel treiben, akkordieren ● verhandeln, vergleichen, beilegen, ausgleichen, schlichten. → abwerfen, einbringen, ermöglichen, geben, veranstalten. ▶ ablehnen, nehmen, versäumen, verweigern.

bieten, Gelegenheit → Anlaß geben, gewähren, möglich machen, die Wahl überlassen, anheimstellen, freistellen, anbieten, einladen, vorschlagen, einen Vorschlag machen, entgegenkommen, sich erbieten.

bieten, die Spitze → herausfordern, verhindern, widerstehen.

bieten, die Stirne → Mut, widerstreben.

bieten, Trotz → herausfordern, ungehorsam.

Big Band → Kapelle.

bigott kleinlich, engstirnig, vorurteilsvoll, starrgläubig, einseitig, unduldsam, engherzig, frömmelnd, dumm, falsch, maulfromm, frömmlerisch, pfäffisch, scheinheilig, unduldsam, scheinfromm, gleisnerisch, heuchlerisch, pharisäisch, muckerisch. → beengt, engherzig. ▶ echt, großzügig.

Bilanz Gleichstellung, Gleichgewicht, Ausgleich, Abschluß, Vermögensausweis, Schlußrechnung.

Bild Bildnis, Porträt, Gemälde, Skizze, Stilleben, Studie, Zeichnung, Ölgemälde, Aquarell, Freske, Wandgemälde, Heiligenbild, Ikon, Abbild, Illustration, Bildschmuck, Altarbild, Holzschnitt, Linolschnitt, Gravüre, Stich, Radierung, Diptychon, Modebild, Trachtenbild, Figurine, Miniatur, Schattenriß, Genre, Handzeichnung, Federzeichnung, Kreidezeichnung, Pastell, Tempera, Aquatinta, Schabkunst, Karton, Photographie, Lichtbild, Photo, Mosaik, Transparent, Glasmalerei, Enkaustik, Wachsmalerei, Lithographie, Steindruck, Glasdruck, Stahlstich, Kupferstich, Kupferdruck, Lichtdruck, Porzellanmalerei, Bildweberei, Gobelin ● Abbildung, Vorbild, Darstellung ● Metapher, Redebild, Sinnbild, Allegorie ● Erinnerungsbild, Vorstellung, Idee, Gedanke ● Zerrbild, Karikatur, Kopie ● Imago (Image). → Abdruck, Ansicht, Auffassung, Ausblick, Ausdruck, Begriff, Darstellung, Erscheinung, Figur, Gesichtspunkt, Idee, Symbol.

bilden herstellen, aufstellen, formieren ● enthalten, einschließen, ausmachen, sich zusammensetzen, in sich schließen, umfassen, einordnen, beifügen ● erzeugen, schaffen, erschaffen, hervorrufen, bewirken, ausführen, tun, machen, formen, weben, schmieden, drechseln, meißeln, ausschnitzen, bauen, errichten, aufrichten, zusammenstellen, einrichten, anfertigen, zubereiten, erwekken, erregen, entwickeln ● belehren, erziehen, aufklären, lernen, unterrichten. → anfertigen, aufziehen, ausarbeiten, ausführen, belehren, erlernen, erschaffen, erziehen, formen, lehren, malen, schaffen. ▶ bleiben zurück, irreführen, verunstalten, weglassen, zerstören.

bildend → aufbauend, beigeordnet, erfinderisch, schöpferisch.
Bilder → Ausschmückung.
Bilderbuch → Album.
bilderreich vielfältig, mannigfach, vielförmig, abwechselnd, malerisch, vielerlei, allerhand, anschaulich. ▶ ausdruckslos, einerlei, kahl.
Bildersturm → Demolierung.
Bilderstürmer → Barbar.
Bildfläche, erscheinen auf → erscheinen.
Bildfläche, verschwinden von → entschwinden.
Bildfunk → Benachrichtigung.
bildhaft → anschaulich, gestalterisch.
Bildhauerei Bildnerei, Bildhauerkunst, Skulptur, Plastik, Flachrelief, Halbrelief, Hochrelief, Gießkunst, Holzschnitzerei, Elfenbeinschnitzerei, Drechslerei, Modellierkunst, Wachsbildnerei, Töpferkunst, Keramik ● Bildwerk, Statue, Standbild, Bildsäule, Statuette, Büste, Figur, Herme, Karyatide, Torso,Gipsabguß, Denkmal, Gedenksäule, Steinpfeiler, Gemme, Kamee, Intaglio, Hautrelief, Basrelief.
bildhübsch → schön.

bildlich figürlich, durch die Blume, allegorisch. → anschaulich, durchgebildet, plastisch. ▶ klar, offen, schlicht.
Bildlichkeit → Darstellung.
Bildnis → Bild.
bildsauber → bestrickend.
Bildschirm Leinwand, Kristallwand, Silberwand, Projektionswand, Bildröhre, Mattscheibe.
bildschön → schön.
Bildseite → Vorderseite.
Bildstreifen → Film.
Bildung Beschaffenheit, Form, Gestaltung, Bau, Gefüge, Anordnung ● Gepräge, Stil, Manier, Art, Modus, Schnitt, Haltung, Pose ● Entstehung, Erzeugung, Entwicklung, Schöpfung, Gestaltung, Anfertigung, Herstellung, Formung, Errichtung, Gründung, Zubereitung, Struktur, Aufbau, Gebilde, Zusammensetzung ● Erziehung, Unterricht, Ausbildung, Belehrung, Ausbildung, Gelehrtheit, Belesenheit, Schulung. → Anordnung, Art, Art und Weise, Aufbau, Ausdruck, Aussehen, Charakter, Entstehung, Erbauung, Kultur, Struktur, Wesen. ▶ Bildungslosigkeit, Formlosigkeit, Unbildung, Vernichtung.
bildungsfähig → intelligent.
Bildungslosigkeit → Unwissenheit.
Bildungsphilister → Banause.
Bildungsstätte → Anstalt, Institut, Schule.
Bildungstrieb → Erfindungsgabe, Lebenskraft, Interesse.
Bildungswille → Bildungstrieb.
Billett → Brief, Einlaßkarte, Fahrkarte.
billig gerecht, richtig, angemessen, maßvoll, geziemend, geschenkt u. → angemessen, erkäuflich, preiswert, wohlfeil. ▶ kostspielig, teuer.
billigen anerkennen, beipflichten, beistimmen, gutheißen, zustimmen, übereinstimmen, genehmigen. → anerkennen, beipflichten, bestätigen, bewilligen, eingestehen, einverstanden sein, erlauben, gutheißen. ▶ ablehnen, tadeln, verbieten, verneinen.
billigerweise billigermaßen, zugegebenermaßen, ohne Widerspruch hingenommen, von jedermann gutgeheißen, anerkannt, zweifellos, tatsächlich, eigentlich, unwiderleglich, sicher, sicherlich, wahrlich.
Billigung Einverständnis, Anklang, Zustimmung, Übereinstimmung, Beistimmung, Beipflichtung, Einwilligung, Ge-

stattung, Zulassung, Einräumung, Genehmigung, Gutheißen, Bestätigung, Anerkennung, Annahme, Bewilligung, Bejahung. → Beifall, Bekräftigung, Bewilligung. ▶ Ablehnung, Tadel, Verbot, Verneinung.
Bimmel Glocke, Uhr. →Klingel.
bimmeln → läuten.
bimsen → schlagen, prügeln.
Binde Verband.→Band, Bindemittel.
Bindeglied→ Bindemittel, Verbindung, Zwischenstück.
Bindemittel Band, Fessel, Kette, Draht, Tau, Kabel, Strick, Seil, Strang, Schnur, Leine, Bindfaden, Zwirn, Garn, Faden, Seide, Riemen ● Knopf, Knoten, Schleife,Auge sm, Kinken sm, Schlinge, Masche, Binde, Gurt, Gürtel, Hosenträger, Hosenband, Strumpfband, Knieband, Schnalle, Schließe, Reißverschluß, Nestel, Schnürsenkel, Haarband, Druckknopf ● Leim, Kleister, Gummiarabikum, Fischleim, Syndetikon, Kitt, Fliegenleim, Kaltleim ● Lot, Nagel, Stift, Schraube, Haken, Nadel, Bolzen, Dollen, Klammer, Niet, Riegel, Schloß, Angel, Scharnier ● Fuge, Gips, Zement, Kalk, Mörtel, Beton ● Glied, Gelenk, Zapfen, Wirbel, Genick, Hals, Halsung j, Nacken, Sehne, Flechse ● Bindewort ● Verbindung.
binden → bändigen, bezwingen, broschieren, fassen, hindern, knebeln, unterjochen, verbinden, zwingen.
binden, sich → engagieren sich, fesseln, festlegen, versprechen.
binden, die Hände → lähmen, Schranken ziehen, kurz halten, ketten, fesseln, in Bande schlagen, knebeln, unter Aufsicht stellen, einen Hemmschuh vorlegen, abhängig machen.
binden, nicht auf die Nase geheim halten, verbergen, verschleiern, verhüllen, verdunkeln, vorenthalten, vertuschen, verheimlichen, für sich behalten, hinter dem Berge halten, ein Schloß vor den Mund legen. ▶ offenbaren.
binden, sich selbst eine Rute anstrengen, sich abmühen, sich befleißigen, ununterbrochen arbeiten, plagen, abplacken, abrackern, schinden, bearbeiten, sich quälen, abarbeiten, sich abschleppen. ▶ ruhen (Ruhe gönnen sich).
binden auf die Seele raten, anraten, ermahnen, beraten,

anweisen, anraten, zureden, einschärfen, Vorstellungen machen, ans Herz legen. ▶ entheben, unterlassen, widerrufen.

bindend → obligatorisch.

Bindewort → Verbindung.

Bindfaden Schnur, Zwirn, Garn, Faden, Kordel, Strick, Band. → Band, Faden.

Bindung → Anschluß, Band, Befestigung, Verbindlichkeit, Verbindung, Verpflichtung, Zusammenhang.

Bindung eingehen → verpflichten sich, binden sich.

binnen inmitten, innen, dazwischen, inzwischen, zwischenliegend, mittendrin, innerhalb, bis, ehe, bevor, nachdem, seit, sobald, während. → bis, fällig. ▶ augenblicklich, außerhalb, ringsum, ringsumher, von.

binnen kurzem → bald, demnächst.

Binnenhafen → Becken.

Binnenmeer Binnensee, Gewässer, Strandsee, Haff, Küstensee, Lagune, Teich, Weiher, Wasserloch, Binnenwasser, Süßsee.

Binse Strohhalm, dünner Faden, Riedgras ● Geringfügigkeit, Bedeutungslosigkeit, Gehaltlosigkeit, Unwichtigkeit, Kleinigkeit, Schulweisheit.

Binsen, geh in die → Zerstörung, Verlust.

Binsenwahrheit → Wahrheit.

Birne Lampe, Leuchte, Glühbirne, Röhre, Radioröhre ● Obst ● Kopf, Schädel.

Birsch Jagd, Pürsch.

birschen → Ferse folgen auf der.

bis bisher, bislang, bisweilen, bis auf weiteres, fortwährend, immer, während, eine Zeitlang, von Tag zu Tag, einstweilen, inzwischen, unterdessen, währenddessen, währenddem, beständig, beharrlich, dauernd, fortgesetzt, befristet bis, befristen, mit Ziel, fällig, reichen bis, zu, durch, über, mit Richtung auf, heran, an ● da capo, wiederholt. → binnen. ▶ hier, sofort.

bis auf weiteres → bis.

Bischof → Geistlichkeit.

bisher → bereits, bis, früher.

bislang → bereits, bis.

Biß → Wunde.

bißchen → bloß, klein.

Bissen → Anteil, Batzen, Teil.

bissig streitig, feindlich, gehässig, händelsüchtig, zänkisch, streitsüchtig, streitlüstern, eklig u, katzig, krakeelig u, rauhbeinig, stichelnd, anzüglich, persönlich, kratzig, spöttisch, sarkastisch, satirisch, ironisch, bitter, scharf, spitz, beißend, schneidend ● anzüglich werden: pflaumen, anpflaumen, anzapfen u,

sekkieren ö. → ärgerlich, bärbeißig, brummig, erbittert, zynisch. ▶ freundlich, gutmütig, herzlich, witzlos, zahm.

Bissigkeit Anzüglichkeit, Anzapfung u, Wortkrieg, Maulgefecht, hämischer Ausfall, bissiger Angriff, Bärbeißigkeit, Barschheit, Frechheit, Unverschämtheit, schlechte Laune, üble Stimmung, dicke Luft, barsche Antwort, höhnische Bemerkung, Unhöflichkeit, Gehässigkeit, Bitterkeit, Schärfe, Herbheit, Geifer, Erbitterung, Gift und Galle ● mit ihm ist nicht viel los u, den Kopf nicht danach haben, andere Sorgen haben. ▶ Freundlichkeit, Herzlichkeit, Witzlosigkeit, Wohlwollen, Zahmheit.

bisweilen → ab und zu, einigemal, gelegentlich.

Bitte → Antrag, Beeinflussung, Begehr, Gesuch, Wunsch.

bitte schön Pardon, Verzeihung, bei allem was hoch und heilig ist, wollen Sie die Güte haben, seien Sie so gut, wenn ich bitten darf, um Gottes Willen, gelt, erbarm Dich. → danken nichts zu.

bitten angehen, anhalten, begehren, einkommen um, ersuchen, nachsuchen, verlangen, wünschen, fordern, heischen, erbitten, einreichen um, sich wenden an, ansprechen um, anrufen, anflehen, beschwören, bedrängen, belästigen, bemühen, sich bewerben, bestürmen, belagern, erflehen, um etwas anklopfen, fechten, Almosen begehren, betteln, erwünschen, um Gnade flehen, kniefällig anhalten ● zu Gast bitten, einladen, bewirten, empfangen, Gesellschaft geben, feiern mit, auftafeln, willkommen heißen ● um Verzeihung bitten, Abbitte tun, begleichen. → anbeten, anflehen, angehen, anregen, begehren, belagern, beten, betteln, bewerben sich, bewirken, Blick mit feuchtem, dringen, einladen, einkommen um, einstürmen, erbeten, erflehen, ergeben die Hände. ▶ ablehnen, befehlen, einspinnen sich, danken, geringschätzen.

bittend → aufdringlich.

bitter stark, scharf, herb, gallebitter, hart, übelschmeckend, ungenießbar, ekelhaft, widerlich, widerstehend, ekelerregend, unangenehm, eklig ● traurig, niedergeschlagen, trostlos, unerfreulich, unerquicklich, abscheulich, scheußlich, garstig, verwünscht, verflucht, ver-

dammt, verteufelt, ärgerlich, enttäuschend, unbefriedigend, bedauernd, gräßlich, entsetzlich, schauderhaft, erbitternd, verdrießlich, böse, bösartig, tückisch, heimtückisch. → anwidern, arg, ärgerlich, beißend, bejammernswert, bissig, brechen das Herz, ekelhaft, entsetzlich, faul, sauer, schmerzlich. ▶ erfreulich, heiter, schmackhaft, süß, tröstlich.

bitterbös → arglistig.

Bitterkeit Widerlichkeit, schlechter Geschmack, Galle, Wermut, Gift und Geifer, Bitternis, Mutlosigkeit, Überdruß, Unzufriedenheit, Mißbehagen, Unlust, Verbitterung, Murrsinn, Enttäuschung, Kummer, Verdruß, Beschwernis, Haß, Gehässigkeit, Feindseligkeit, Bosheit, Unerbittlichkeit, Unpersönlichkeit, Entzweiung, Entfremdung, Abwendung, Feindschaft, Zwist, Erzürnung, Zorn, Groll, Unwille, Aufgebrachtsein, Grimm, Ingrimm, Unmut, Entrüstung, Erbitterung, Widerwille, Abscheu, Ekel, Verhaßtheit, Unausstehlichkeit, Verdrossenheit, Ärger, Wut, Reizbarkeit, Empfindlichkeit, Mißmut, Neid, Laune, Übellaunigkeit. → Anwandlung, Ärger, Bärbeißigkeit, Bedrücktheit, Betrübnis, Bissigkeit, Bitternis, Bosheit, Erbitterung. ▶ Heiterkeit, Schmackhaftigkeit, Süßigkeit, Seligkeit, Tröstung.

bitterlich peinlich, mißlich, schlimm, böse, ärgerlich, schmerzend, beißend. → bitter, böse. ▶ gut, tröstlich.

Bitternis Drangsal, Bedrängnis, Betrübnis, Trübsal, Elend, Kummer, Sorge, Schmerz, Kreuz, Leid, Kümmernis, Weh, Harm, Bitterkeit, Unbill. → Bitterkeit. ▶ Heiterkeit, Tröstung.

Bittgang Pilgerung, Betfahrt, Betgang, Wallfahrt, Bußgang, Pilgerfahrt, Prozession. → Bußgang.

Bittgänger → Antragsteller, Kandidat.

Bittschreiben → Brandbrief.

Bittschrift → Antrag, Begehr, Bettelbrief, Bewerbung, Gesuch.

Bittsteller Antragsteller, Ansucher, Bewerber, Bettler, Freier, Fürbitter, Schmarotzer, Krippenreiter, Schnorrer, Fechter, Almosensammler, Bettelsack, Habenichts, armer Schlucker, Hungerleider, Lazarus, armer Teufel. → Antragsteller, Bettler, Bewerber.

Biwak → Aufenthaltsort.

bizarr merkwürdig, phantastisch, seltsam, ungewöhnlich, wild, zerrissen, grotesk,

eigenartig, überspannt, wunderlich, übertrieben, unwirklich, lächerlich, absonderlich, verschroben, ungereimt, schrullenhaft, barock, burlesk, hochkomisch, extravagant. → abnorm. ▶ gewöhnlich.
Bizeps Kraft, Muskeln, Muskelpaket.
bläffen → bellen.
blagieren → prahlen.
blähen zunehmen, vergrößern, ausdehnen, erweitern, schwellen, wachsen, auflaufen, aufblähen, anschwellen, auftreiben, entfalten, aufblasen, bauchig werden, wölben, aufgeblasen, erweitert, hohl, aufschwellen ● aufpusten, prahlen, renommieren, aufschneiden, übertreiben, vergrößern, sich in Ansehen geben, aus der Mücke einen Elefanten machen, herausputzen, aufputzen, ausschmücken, überheben, verschlimmern, verstärken, protzen, strotzen, prunken, stolzieren, prangen, angeben, ein großes Haus führen, sich den Anschein geben, sich fühlen, von sich überzeugt sein, den Kopf hoch tragen, auf andere herabschauen, sich aufs hohe Pferd setzen, von sich eingenommen sein, sich etwas einbilden, in sich verliebt sein, sich mit fremden Federn schmücken, den Mund voll nehmen, sich spreizen, in die Brust werfen, sich für unwiderstehlich halten, sich besser dünken, sich überschätzen, sich für etwas Großes oder ein Genie halten, großtun, wichtigtun, sich ein Ansehen geben wollen, sich aufs hohe Roß setzen. → anschwellen, auftreiben. ▶ einschrumpfen, zusammenziehen.
Blähung → Gärung, Überfluß.
blaken glimmen, kohlen, schwelen, schwalchen, rußen.
bläken blöken, meckern, bähen, schreien.
Blamage Unbesonnenheit, Taktlosigkeit, Unkultur, Unmanierlichkeit, Pfuscherei, Stümperei, Schmiererei, Geschmacklosigkeit, Abgeschmacktheit, Schande, Makel, Bloßstellung, Lächerlichkeit. → Reinfall. ▶ Anerkennung, Bewährung, Erfolg.
blamabel → beschämend.
blamieren sich dumm anstellen, Unsinn reden, faseln, leeres Stroh dreschen, sich unfähig zeigen, sich erwischen lassen, bei der Nase herumgeführt werden, nicht begreifen, Fehler machen, Mißgriffe machen, mit der Tür ins Haus fallen, Böcke schießen, fehlschießen, sich selbst im Licht stehen, sich die Finger verbrennen, übel

beraten, sich nicht bewähren, pfuschen, stümpern, hudeln, faseln, klecksen, schmieren, abblitzen, erfolglos sein, es nicht weit bringen, zurückweichen müssen, sich umsonst bemühen, das Ziel verfehlen, vergeblich sich abmühen, nichts zustande bringen, aufsitzen, sitzenbleiben, überstimmt werden, durchfallen, ausgepfiffen werden, ausgezischt werden, leer ausgehen, das Feld räumen müssen, Dummheiten begehen, Mißgriffe machen, straucheln, ausgleiten, entgleisen, zu Fall kommen, scheitern, ausgelacht werden, sich lächerlich machen. → anecken, bloßstellen. ▶ bewähren, Erfolg haben, gelingen, hervorragen, hervortun.
blamieren, sich → beikommen nicht, bleiben stecken, bleiben zurück, Brennessel berühren, Dummheiten machen.
blank geschliffen, glänzend, glatt, leuchtend rein, sauber, strahlend, unbefleckt, weiß, runzellos, faltenlos, poliert ● aalartig, aalglatt, schlüpferisch, ungeadert, aderlos, ungemasert ● leer, ohne, unausgefüllt, ohne Geld, arm. → abgebrannt, blanko, poliert. ▶ rauh, trübe, unsauber, voll.
blank ziehen → balgen.
blanko blank, frei, leer, offen, unausgefüllt, ohne Unterschrift, anonym. ▶ unterschrieben.
Bläschen → Behälter.
Blase → Auswuchs, Balg, Ball, Ballon, Behälter, Beutel, Kugel.
Blasebalg Gebläse, Ventilator, Exhaustor.
blasen brausen, fauchen, sausen, säuseln, stürmen, wehen, ziehen, aufblähen, fächeln, ausatmen, aushauchen, schnauben, schnaufen, Luft schöpfen, nach Luft schnappen, anfachen, anblasen ● flöten, pfeifen, tuten, tröten u. ● entzünden, musizieren, trauern. ▶ einatmen, freuen sich.
blasiert übersättigt, abgestumpft, eingebildet, hochmütig, abgelebt, müde, entartet, dekadent, verlebt ● teilnahmslos, unempfänglich, gelangweilt, unempfindlich, unbewegt bleiben, nicht berührt werden, nichts fragen nach, kalt bleiben, gefühllos sein, leidenschaftslos, affektlos, gleichgültig, angeödet sein. → abgelebt, abgestumpft, dekadent, eingebildet, entartet. ▶ aufgeschlossen, gefühlvoll, interessiert, lebhaft, natürlich.

Blasiertheit → Aufgeblasenheit, Übersättigung.
blasig → bauchig, schäumend.
blaß farblos, bleich, falb, fahl, matt, verblichen, zart, verschlossen, leichenfarbig, blaßwangig, bleichsüchtig, blutarm, kränklich, leidend, angegriffen, kraftlos, blutlos, blutleer, käsig u ● sich entfärben, sich verfärben, erbleichen, erblassen, blaß werden, die Farbe wechseln, erschüttert, ergriffen, bewegt, erregt, gerührt, die Fassung verlieren, bestürzt werden. → Erregung, farblos, Furcht, Schmerzen, Trauer. ▶ auffällig, farbig, mutig, unerschüttert.
blaßrot → chamois.
Blässe Entfärbung, Bleichheit, Farblosigkeit. → Albino. ▶ Farbe, Farbenreichtum.
Blatt Folio s, Lamelle, Bogen, Papier, Zeitung ● Laub. → Anzeiger, Brett.
Blatt vor den Mund nehmen, kein → offenbaren.
Blatt spielen vom → auswendig.
Blatt wenden → Veränderung, Vergeltung, Erfolg, Mißerfolg.
blättern umwenden, umdrehen, umblättern ● abblättern, entblößen, abschälen, herausschälen, aushülsen, enthüllen, abhäuten, abstreifen, entblättern, schuppen, abdecken, aufdecken. ▶ bedecken, halten, innehalten.
blatternarbig buchtig, höckerig, knotig, narbig, häßlich, runzelig, kollig, rauh, uneben, verrunzelt, zerknittert, garstig, unschön, mißgestaltet, entstellt, verunstaltet, finnig, scheußlich, greulich, abscheulich, widerlich, abstoßend, unrein, schmutzig. ▶ faltenlos, glatt, sauber, schön.
Blätterwald → Presse.
blattförmig → blättrig.
blattlos dürr, trocken, bloß, nackt, bar, entblößt, kahl.
blättrig locker, lose, abgesondert, mehrteilig, unzusammenhängend, für sich, verbindungslos, ungebunden, abgelöst, losgelöst, getrennt, geteilt, bröcklig, gelockert ● blattförmig, schuppig, schuppenförmig, faserig, geschichtet, tafelförmig, schichtartig. ▶ blattlos, dick, fest.
blau himmelblau, veilchenblau, ultramarinblau, azur f, indigo, vergißmeinnichtblau. → angeheitert, betrunken. ▶ nüchtern.
Blaubart Wüstling, Lüstling, Frauenschänder, Frauenmörder, Sittlichkeitsverbrecher, Sadist. → Casanova.
blaublütig → adelig.
Blaue, ins Ungewisse. → ungewiß.

blaumachen feiern, faulenzen, bummeln.
Blaustrumpf Schöngeist, Schriftstellerin, Kunstliebhaber, Malerin, Kunstfreund, Künstler.
Blazer → Jacke.
Blech Metallplatte, Kuchenblech ● Geld ● Blech reden, irre reden, phantasieren, Blödsinn, Schwindel, Unsinn, dummes Zeug, leeres Gerede, Geschwätz, bloße Redensarten, Schlagwort, hohle Worte, leere Phrasen, Phrasendrescherei, leerer Schall, Schnickschnack u, Seich u, Sums u, Tratsch u, Papperlapapp u, Salbader u, Quatsch, Quatscherei, Mumpitz u, Quasseln, Schmus u, Edelschmus u, höherer Blödsinn, Gewäsch, Gesabbel u, Klatsch, Käse u. → Bargeld, Bedeutungslosigkeit, Bombast, Faselei, Kitsch. ▶ durchdacht, stilvoll, überlegt.
blechen → ausgeben, zahlen.
Blei → Ballast, Bohne.
Bleibe → Aufenthaltsort.
bleiben übrigbleiben, zurücklassen, erübrigen, überzählig sein, überleben, abfallen, sich ablagern, ausschließen, beständig sein, fortdauern, fortbestehen, ausharren, aushalten, anhalten, Bestand haben, kein Ende nehmen ● belästigen, verpassen, vertrödeln, die Zeit unbenützt lassen, zudringlich sein, verweilen, beachtet werden ● unverändert sein, verharren, andauern, ausdauern, dauern, nachhalten, erhalten, bewahren, bestehen, sich behaupten, durchsetzen, Wurzel fassen, einwurzeln ● einkehren, absteigen, sich niederlassen, sich anbauen, sich seßhaft machen, einnisten, festsetzen, lagern, Fuß fassen, Obdach gewähren, Zuflucht geben, Unterkunft geben, unterbringen, Sicherheit gewähren, übernachten, einladen, ankern, ausruhen, rasten, landen, unterbrechen, sich setzen ● überschwemmen, überfluten, überwuchern. → anfallen, aufhalten sich, ausdehnen, dauern. ▶ ändern sich, vergehen, weggehen.
bleiben, beim alten → bestehen.
bleiben dabei → andauernd, beeiden, befreunden, behaupten, bleiben bei der Sache, entschlossen, fortsetzen.
bleiben, gefaßt → ruhig, kommen sehen.
bleiben, vom Halse (vom Leibe) → vermeiden, stören.
bleiben, hängen → mißlingen, verlieren.
bleiben hinten → bleiben zurück.

bleiben kalt → blasiert.
bleiben lassen → drücken sich.
bleiben, am Leben → entkommen.
bleiben, neutral sich nicht einmischen, unentschlossen sein, zaudern, schwanken, sich nicht entschließen, unschlüssig sein, zögern, sich sinnen, Bedenken haben, sich drehen und wenden, lavieren, hinhalten, es dabei belassen. ▶ einmischen sich, Stellung nehmen.
bleiben, auf dem Platze stehen, verweilen, niedersetzen, ruhen, rasten, einhalten, innehalten, aufhalten ● sterben, fallen, verscheiden, aus dem Leben scheiden, umkommen, verenden, verrecken, krepieren, seinen Geist aufgeben. ▶ leben, weggehen.
bleiben, bei der Sache sich angelegen sein lassen, sich bemühen, acht geben, Sorge tragen, überlegen, beachten, durchhalten, fortfahren, fortsetzen, beharren, aushalten, dabei bleiben, fortführen, wiederholen, bei der Sache sein, aufmerksam sein, erlernen, verstehen, erfassen, begreifen. ▶ abschweifen, unaufmerksam (sein).
bleiben, sitzen untätig sein, tatenlos zuschauen, sich nicht erheben, nicht aufstehen, nicht versetzt werden, faul, unfähig, dumm, träge, nicht vorwärts kommen, hängen bleiben ● unverkäuflich. → beikommen nicht. ▶ arbeiten, vorwärts kommen.
bleiben, stecken eindringen, sich nicht entfernen lassen, einkeilen, einrammen, eintreiben ● sich verfahren, festfahren, nicht mehr vorwärtskommen, keinen Ausweg wissen, sich verrennen, stammeln, stottern, stocken, nicht mehr weiter können, den Faden verlieren, sich blamieren, feststecken.
bleiben, stehen einhalten, stoppen, aufhalten, bleiben, verbleiben. ▶ weggehen.
bleiben, nichts anderes übrig → notwendig.
bleiben, zurück nachhinken, sich aufhalten, ausbleiben, verzögern, zu spät kommen oder gehen, hinten bleiben, nicht nachkommen können, rückwärts sein, langsam gehen, erlahmen, zögern, zaudern, kriechen, schlendern, humpeln, erlahmen ● zurückgehen, umkehren, umdrehen, sich zurückziehen, sich entfernt halten, abwarten, vorhalten, einhalten, ermatten, ermüden, erschlaffen, erschöpfen, schwach werden, erliegen, zurückfallen ● nichts

lernen, verdummen, herumwursteln u, herumkrautern u, auf keinen grünen Zweig kommen, unwissend bleiben, nicht begreifen, zu hoch finden, sich blamieren, ein Brett vor dem Kopf haben, Stroh im Kopf haben, unbegabt sein, unfähig sein, träge sein, Fehlzündung haben u, schwer von Kapee sein u, vernagelt sein u, über den Horizont gehen. → beikommen nicht. ▶ vorankommen, zurechtkommen.
bleibend → chronisch, dauerhaft.
bleich → blaß, fahl, farblos.
bleichen entfärben, erblassen, verschießen, die Farbe verlieren, abschließen, verblassen, ausgehen ● auslaugen, ausbeizen, klären. → ausgeben, auslaugen, entfärben, erblassen. ▶ färben, schwärzen.
Bleichheit Farblosigkeit, Blässe, Weiße. → Albino, Blässe. ▶ Farbe, Farbenreichtum.
Bleichsucht Blutarmut, Anämie. → Albino. ▶ Gesundheit, Kräftigung.
bleichsüchtig → blaß, farblos.
bleiern schwer, gewichtig, bleischwer, schwül, unbeweglich, fahl, gewitterschwer, bleifarbig, grau ● faul, lendenlahm, teilnahmslos, bequem, phlegmatisch, leblos, unbeweglich, schwerfällig, schläfrig, ungeschlacht, starr, totenbleich, totenähnlich. → einschläfernd. ▶ lebhaft, leicht.
bleifarbig → bleiern, dämmerig, fahl, farblos.
bleischwer → bleiern.
Blende Schirm, Vorhang, Verhüllung, Augenklappe, Scheuklappe, Fensterladen, Verdunkelung, Lichtschutz, Behang, Schleier, Umhang, Sonnenblende, Lichtschirm, Maske. → Behang, Fensterladen.
blenden berücken, betören, etwas vormachen, paradieren, prunken, scheinen, täuschen, tun als ob, wichtig tun, Sand in die Augen streuen, an der Nase herumführen, lügen, belügen, verblüffen, verwirren, sich aufblähen, großtun, sich ein Ansehen geben wollen, sein Licht leuchten lassen, seinen Wert oder Verdienst übertreiben, in Verblendung führen, prangen, Pracht entfalten, zur Schau stellen, spreizen, stolzieren, protzen, auf großem Fuß leben, Aufsehen erregen, gefangen nehmen, bestricken, bezaubern, den Kopf verrücken, den Kopf verdrehen, die

Sinne verwirren, imponieren, einschüchtern ● die Augen ausstechen, blind machen, die Sicht nehmen, die Orientierung verlieren, unsichtbar machen. → aufsehen, beeindrucken, berauben, Cour schneiden, entzücken. ▶ bescheiden (sein), ehrlich (sein), erblicken, verabscheuen.

blendend auffallend, aufgeputzt, täuschend, verfänglich, verführerisch, irreführend, glänzend, blühend, leuchtend, strahlend, himmlisch, köstlich, prachtvoll, bewundernswert, malerisch, makellos, einwandfrei, tadellos, fehlerfrei ● grell, schreiend. → anmutig, auffallend, brennend, brillant, bunt, charmant, eindrucksvoll, farbig, imponierend, pompös. ▶ farblos, reizlos, unauffällig, unverfälscht.

Blender → Dicktuer, Nichtswisser.

Blendung → Anschein, Anstrich, Blindheit, Beraubung, Kniff, Schein.

Blendwerk Betörung, Bluff, Täuschung, Trugbild, Verlockung, Vorspiegelung, Augentäuschung, Sinnestäuschung, Sinnesverwirrung ● Luftspiegelung, Fata Morgana, Phantasmagorie, Verzerrung, Luftbild, Gespenst, Vision, Halluzination, Wahnbild ● Lug und Trug, Betrug, Hintergehung, Gaukelspiel, Gaukelei, Mummenschanz, Maskerade, Taschenspielerei, Zauberei, Hokuspokus, Kniff, Heuchelei, Frömmelei, Marktschreierei, Mache, Fuchserei, Windbeutelei, Aufschneiderei, Illusion ● Verkleidung, Vermummung, Verhüllung. → Aberglaube, Anreiz, Anschein, Behelf, Chimäre, Kniff, Lockmittel, Schein. ▶ Wahrhaftigkeit, Wahrheit, Wirklichkeit.

bleuen → prügeln.

Blick Anblick, Aussicht, Ansicht, Panorama, Szenerie, Fernsicht, Ausflug, Scharfblick, Wink, Augenspiel, Andeutung. → Ausblick, Aussicht.

Blick zu Boden → erniedrigen, schämen, trauern.

Blick, böser bezaubern, behexen, beschwören, bannen, verzaubern, verhexen.

Blick mit feuchtem mit Tränen in den Augen, in Tränen aufgelöst, schmerzdurchdrungen, schmerzbewegt, schmerzzerstickt, mit nassen Augen, zu Tränen gerührt, in Tränen zerfließend, mit blutendem Herzen, jammern, wimmern, winseln, flehen, bitten, beschwören, um Erbarmen bitten, mitweinen, mitempfinden, Anteil neh-

men, beweinen, bejammern, beseufzen, beklagen. ▶ lachen, lächeln.

Blick, finsterer → unhöflich, gehässig.

Blick, heften auf → sehen.

Blick, nicht lassen aus dem achtgeben, beachten, beobachten, sich merken, aufpassen, belauern, bewachen, mustern, das Augenmerk richten auf, sich beschäftigen mit, Argusaugen haben, auf die Finger sehen, mit den Blicken verfolgen, im Auge halten, die Ohren spitzen, eine Sache verfolgen, den ganzen Sinn richten auf. ▶ übersehen.

Blick, mit leuchtendem wonnetrunken, freudestrahlend, vom Glück trunken, von Wonne berauscht, freudetrunken, froh, lustig, entzückt, heiter, selig, beseligt, bezaubert, sinneberauscht, in gehobener Stimmung, in Seligkeit schwimmend, im siebenten Himmel. ▶ traurig.

Blick preisgeben, dem sich den Augen aussetzen, die Augen auf sich ziehen, zur Schau gestellt, Spießruten laufen, auf dem Präsentierteller sitzen u. ▶ zurückhaltend, zurückziehen sich.

Blick richten auf das Augenmerk richten auf, sich beschäftigen mit, auf die Finger sehen, im Auge behalten, nicht aus den Augen lassen, prüfen, näher beleuchten, die volle Aufmerksamkeit leihen, eine Sache verfolgen, in Augenschein nehmen, mustern, besichtigen, betrachten, ins Auge fassen, interessieren, aufs Korn nehmen, beabsichtigen, bezwecken, sich vornehmen, ausgehen auf, hinziehen, die Augen spielen lassen. ▶ Augen schließen die, interesselos (sein).

Blick verfolgen, mit dem → Blick nicht lassen aus dem.

Blicke, zärtliche schmeicheln, schöntun, kokettieren, tändeln, herzen, Liebesblicke zuwerfen, liebäugeln, anlächeln, werben. ▶ verabscheuen.

Blicke, zuwerfen zurückblicken, sich erinnern, die Vergangenheit zurückrufen, Vergangenes auffrischen, Bilder der Vergangenheit aufrollen, an vergangene Zeiten denken, frühere Tage zurückrufen, alte Wunden aufreißen. → Zeichen geben lassen.

Blicken verfolgen, mit den → belauern.

blicken → anschauen, einsehen, sehen.

Blickes würdigen, keines → beleidigen.

Blickfang Anziehungspunkt, Blickfänger, Hinlenkung, Lockspeise, Köder, Magnet, Reizmittel. → Anziehungspunkt. ▶ Abstoßung.

Blickfänger → Anziehungspunkt, Blickfang.

Blickfeld Gesichtskreis, Horizont, Reichweite des Geistes, Umfassungsbereich, Anschauungsvermögen, Bereich, Weichbild, Bannkreis, Kimmung, Aussicht, Überblick, Fernsicht, Seehorizont, Kimm *sm.*

Blickwinkel → Gesichtspunkt.

blind lichtlos, matt, glanzlos, stockblind, gebrochen, undurchsichtig, neblig, wolkig, unklar, dunstig, verschwommen, dämmrig, trüb ● taub gegen, leichtsinnig, sorglos, unüberlegt, unbedacht, achtlos, unachtsam, unaufmerksam, unwissend, unbewußt, unkundig, unaufgeklärt, unerfahren, uneingeweiht, triebhaft, blindlings, instinktmäßig, vorsatzlos, blind für, blind gegen, rücksichtslos, schonungslos, hart. → absichtslos, dunkel. ▶ achtsam, ahnungsvoll, gefühlvoll, glänzend, sehen, sichtbar.

blind, auf einem Auge → schwachsinnig sein, beschränkte Ansicht haben, kurzsichtig.

blind, für blind sein, blind gegen, die Augen schließen, nicht hören wollen, mit dem Mantel der christlichen Nächstenliebe bedecken, ein Auge zumachen, übersehen, verzeihen, nachsichtig sein, schonend sein, Nachsicht haben, durch die Finger sehen. → blind. ▶ achtsam, aufmerksam, unduldsam.

Blindenasyl → Charité.

blind machen → blenden.

blinder Alarm → Alarm.

Blindgänger → Versager.

blindgängig → fanatisch, gutmütig.

Blindheit Lichtlosigkeit, Trübheit, Erblindung, Blendung, Star ● Blödsichtigkeit, Achtlosigkeit, Sorglosigkeit, Gedankenlosigkeit, Leichtsinn, Geistesabwesenheit, Unwissenheit, Unerfahrenheit, Hohlheit. ▶ Klarsicht.

blindlings auf gut Glück, gedankenlos, übereilt, unachtsam, unbedacht, unbedenklich, unüberlegt, von ungefähr, vorsatzlos, mechanisch, zufällig, aufs Geratewohl, leichtsinnig, über den ersten besten, unvorhergesehen, unklug, achtlos, ungestüm, hastig, hitzig, hitzköpfig, jäh, wild, überhastet, überstürzt, unvernünftig, unverständig, nicht mit den Tatsachen rechnend, sich nicht vorsehend, die Kräfte überschätzend, sinnlos, abenteuerlich, waghalsig, tollkühn, verwegen, unbesonnen, voreilig, unvorsichtig, frech, dreist. ▶ vorsätzlich, willentlich, scharfsichtig.

blindwütig → fanatisch.

blinken → beleuchten, leuchten, Zeichen geben.

blinkern → schillernd, strahlend.

Blinkfeuer → Erkennungszeichen.

blinzeln flimmern, flirren, schielen, zwinkern. ▶ scharfsichtig.

Blitz Blitzstrahl, Blitzschlag, Gewitter, Donnerwetter ● Handstreich, Überrumpelung, Augenblick, Atemzug, Plötzlichkeit, Unwetter, Aufwallung, Ungestüm, Heftigkeit, Wind, Pfeil, Handumdrehen, Übereilung, Überstürzung, Galopp, Sturmlauf, Karriere, Flug, Überraschung, Ahnungslosigkeit, Entladung, Funk, Blitz aus heiterem Himmel, Betäubung, Bestürzung, Erschütterung, Verwirrung, Fassungslosigkeit, Schreck, Entsetzen, Furcht. ▶ Ahnungsvermögen, Gefaßtheit, Trägheit.

Blitz getroffen, wie vom unvermutet, unverhofft, unerwartet, unversehens, unvorgesehen, ahnungslos, überraschend, plötzlich, niederschmetternd, verblüfft, aus den Wolken fallend, auf Knall und Fall, auf einmal, wie vom Donner gerührt. ▶ überraschen lassen nicht.

Blitz, wie der flugs, schnell, sogleich, stehenden Fußes, umgehend. ▶ langsam.

Blitzableiter → Prügelknabe.

blitzartig → augenblicklich, auf einmal, plötzlich.

blitzblank → adrett, sauber.

blitzen → emporlodern, leuchten.

blitzend → strahlend.

blitzsauber → adrett, anmutig, bestrickend, sauber.

Blitzschlag → Blitz, Donner, Entladung, Knall und Fall.

blitzschnell → schnell.

Block Klotz, Klumpen, Verdichtung, Partei, Gruppe, Masse, Verband, Vereinigung, Knollen ● Buchblock, Blockschrift, Zeichenblock, Notizblock ● Fußblock, Schandpfahl, Pranger, Staubsäule, Pfahl. → Bock, Faszikel. ▶ Vereinzelung.

Blockade f Absperrung, Belagerung, Einkreisung, Einschließung, Sperre, Umklammerung, Umschnürung, Umfassung, Abschließung, Umschließung. → Absperrung, Barriere, Einkreisung. ▶ Be-

freiung, Beistand, Bresche, Friede, Hilfsstellung.

blockieren → absperren, angreifen, belagern, drosseln.

Blockierung → Absperrung, Barriere.

Blockschrift → Druckschrift.

blöde einfältig. → albern, beengt, befangen, dumm.

blödeln Unsinn reden, albern, ulken.

Blödigkeit Geistesarmut, Geistesschwäche, Unverstand, Beschränktheit, Borniertheit, Torheit, Dummheit, Kurzsichtigkeit, Albernheit, Tölpelhaftigkeit, lange Leitung, Einfältigkeit, kindisches Wesen, Schwachsinn, Narrheit, Dünkelhaftigkeit, Einbildung, Überspanntheit, Verstiegenheit, Stumpfheit, Stumpfsinn, Befangenheit. ▶ Klugheit.

Blödsinn → Blech, Dummheit, Verrücktheit.

blödsinnig → abscheulich, äußerst, dumm.

blöcken → bläken, Tierstimme.

blond blaßfarbig, aschenfarbig, rotblond, tizianfarbig, strohgelb, dunkelblond, hellblond.

bloß nichts als, nichts anderes, nur, wenig, verschwindend klein, blutwenig, äußerst, unbedeutend, nahezu, fast, nichts, etwas, einiges, etliches, unbeträchtlich, winzig, gering, geringfügig, spärlich, kärglich, mäßig, eine Hand voll, einen Mund voll, ein weniges, ein bißchen, ein Körnchen, ein Krümchen, ein Spänchen, einen Fingerhut voll. → entblößt, nackt, ▶ (bedeckt), viel.

Blöße Achillesferse, Armut, Enthüllung, Gefahr, Mangel, Verlegenheit.

bloßgestellt verspottet, verhöhnt, verlacht, dem Gelächter preisgeben, karikiert, parodiert. → blamiert, ▶ geachtet.

bloßlegen aufdecken, enthüllen, entmummen, entschleiern, die Maske abreißen ● veröffentlichen, zugänglich machen, offenbaren, kundgeben, dartun, zur Schau stellen, beleuchten, aufzeigen, hinweisen, herauslocken, ausfragen, auspressen, entreißen, ausfinden, ergründen, anzeigen, verraten, entlarven, demaskieren, bloßstellen, dahinterkommen, ausschwatzen, ausposaunen, an die große Glocke hängen, die Augen öffnen, das Gewissen erleichtern. → anzeigen, auspacken, äußern, bedeuten, bestätigen, beweisen, demaskieren, einweihen in das Geheimnis, exponieren. ▶ verheimlichen, verhüllen.

bloßstellen lächerlich ma-

chen, beschämen, blamieren, auskramen, offenbaren, kundgeben, sich einer Gefahr aussetzen, sich gefährden, sich einen Strick drehen, sich eine Grube graben, an den Tag legen, zu erkennen geben, verunglimpfen, heruntersetzen, lästern, verschreien, herabwürdigen, verlachen, ausklatschen, auspfeifen, auszischen, verhöhnen, verspotten, tadeln, rügen, den Stab brechen über, an den Pranger stellen, entehren, die Ehre beschneiden, in üblen Leumund bringen, Schlechtes ausposaunen, beschämen, demütigen, kränken, zurücksetzen, verlegen machen, erröten machen, die Innung blamieren u. → anöden, aufziehen, auspacken, beleidigen, bereden, beschuldigen, bloßlegen, demaskieren, erkennen lassen, herabsetzen, spotten. ▶ achten, bewähren, hervorheben, verehren.

bloßstellen, sich → anecken, auftauchen, bloßstellen, eingestehen.

Bloßstellung → Blamage.

Blue jeans → Hose.

Bluff → Ausflucht, Täuschung.

bluffen → bedrohen, täuschen.

blühen → Damm sein auf dem, erblühen, erstarken, florieren.

blühend begrünt, bunt, sprießend. → anmutig, blendend, gedeihlich, gesund, jung, munter, schön.

Blume Pflanze, Gewächs, Blüte ● Bukett, Aroma, Duft ● Ausdruck, durch die Blume, mit anderen Worten, versteckt, maßvoll, schonend. → Aroma, Ausschmückung.

Blumengehänge → Ausschmückung.

blumenhaft → anmutig.

Blumenstrauß Bukett, Gebinde, Gewinde, Gehänge. → Ausschmückung.

Blumenzeit → Frühling.

blümerant entsetzlich, furchtbar, greulich, fürchterlich, schaudervoll, schauerlich, gräßlich, scheußlich, abscheulich, nicht geheuer, von Furcht ergriffen, erschreckt, entsetzt, bestürzt, furchterfüllt, grün und blau vor den Augen. → bebend. ▶ erfreulich, furchtlos, mutig.

blumig → aromatisch, ätherisch, duftig.

Blunze sl → Bauch.

Blut Blutsverwandtschaft, Sippe, Lebenssaft, Geblüt, Herzblut, Fleisch und Blut, Schweiß j, Faisch j, Fasch j.

Blut ablassen absondern, laufen, aufbrechen, bluten,

verbluten, zur Ader lassen, abzapfen, übertragen, verspritzen, entziehen, purgieren, schröpfen, ausbluten.

Blut auffrischen züchten, kreuzen, veredeln. ▶ entarten.

Blut baden, sich in ein Blutbad anrichten, die Hände in Blut tauchen, die Hände mit Blut besudeln, metzeln, schlachten, erdolchen, erschlagen, erschießen, ermorden, im Blute waten, Ströme von Blut vergießen, kämpfen, Krieg führen. ▶ milde sein, versöhnen sich.

Blut blaues → Adel.

Blut böses Groll, Animosität, Erbitterung, Unwillen. → Drachensaat, Feindschaft, Haß, Rache, Zwietracht.

Blut erregtes → Aufregung, reizbar, Unwille.

Blut für Blut → Rache, Strafmaß, Vergeltung.

Blut gerinnen machen → fürchten, verabscheuen.

Blut, heißes Brausekopf, Hitzkopf, Heißsporn, Koleriker, Kampfhahn, Raufbold, Krakeeler, Widerspruchsgeist, Rache, Hausteufel, Xanthippe, Keiferin, Zankeisen, Reibeisen. ▶ friedfertig, leidenschaftslos, unerschütterlich.

Blut, liegen im innewohnen, angeboren, anerschaffen, charakteristisch, bezeichnend, kennzeichnend, eigen, geartet, eingewurzelt, in der Art liegend, ererbt, instinktmäßig. ▶ wesensfremd.

Blut, mit kaltem → gefaßt, grausam.

Blut, ruhiges → Behutsamkeit.

Blut und Wasser schwitzen → ängstigen.

Blut sieden machen → erregen, reizen.

Blut stocken machen → fürchten.

Blut vergießen → töten.

Blut wallen machen → hassen, lieben.

Blut in Wallung bringen, das → begeistern.

Blutandrang → Congestion.

blutarm → abgebrannt, arm, blaß, krank.

Blutarmut Anämie f, Blutlosigkeit, Entkräftung, Erschlaffung, Kraftlosigkeit, Mattigkeit, Schwäche. → Bleichsucht. ▶ Fülle, Kraft.

Blutbad Gemetzel, Blut und Eisen, Feuer und Schwert, Bluttat, Mord, Totschlag, Blutschuld, Meuchelmord, Hinschlachten, Blutvergießung, Ermordung, Metzelei, Vernichtung, Blutvergießen, Schlachtgewühl, Waffengetümmel, Schlacht, Kugelregen, Bleiregen, Trommelfeuer,

Feuergefecht, Gefecht, Angriff, Scharmützel, Luftangriff, Bombardierung.

Blutbann → Acht, Ächtung.

blutbefleckt blutig, blutüberströmt, ermordet, umgebracht, erdolcht, erstochen, beseitigt, umgelegt, blutbespritzt, blutbesudelt, bluttriefend. → bestialisch.

blutbespritzt → blutbefleckt, bestialisch.

blutbesudelt → blutbefleckt, bestialisch.

blutdurstig → blutgierig.

Blüte → Blume ● Falschgeld.

bluten schweißen f, ausgeben, bezahlen, Opfer bringen.

Blütezeit → Frühling.

Blutgefäß → Ader.

blutgierig blutdürstig, mordlustig, mörderisch, brutal, wild, unmenschlich, barbarisch, tierisch, viehisch, entmenscht, grausam. → bestialisch, entmenscht. ▶ gütig, menschenfreundlich.

Bluthund Schlächter, Würger, Barbar, Unmensch, Ungeheuer, Blutsauger, Vampyr, Satan in Menschengestalt, Monstrum, Dämon, Ausgeburt der Hölle. → Barbar, Bestie. ▶ Wohltäter.

blutig → blutbefleckt.

blutleer → blaß.

Blutmensch → Bestie.

Blutrache → Anschlag, Attentat, Bluttat.

Blutreinigung Entschlackung, Blutwäsche.

blutrünstig → barbarisch.

Blutsauger Wucherer, Vampyr, Blutegel, Leuteschinder, Halsabschneider, Güterschlächter, Nimmersatt. → Bedrücker, Bestie, Bluthund, Erpresser. ▶ Wohltäter.

Blutschande → Inzest, Schändung.

Blutschuld → Beraubung, Blutbad, Bluttat.

Bluttat Mord, Totschlag, Ermordung, Tötung, Lebensberaubung, Meuchelmord, Attentat, Gemetzel, Metzelei, Blutrache, Blutschuld, Verbrechen, Missetat, Freveltat, Übeltat. → Anschlag, Attentat, Blutbad.

bluttriefend → bestialisch, blutbefleckt.

Blutvergießen → Bluttat, Kampf.

Bock Stütze, Unterlage, Unterteil, Kutschbock, Gestell, Schemel ● Ziegenbock, Bulle, Schafsbock, Hammel, Schöps, Stier, Ramm, Rammbock, Geißbock, Hippe, Eber, Rehbock, Hirsch ● Fehlgriff, Irrtum, Fehler, Versehen, Ungeschick, Schnitzer, Mißgriff, Irrtum vom Amt u, typischer Fall von denkste u, hier irrte Goethe u ● Block, Folter-

bank, Schafott, Blutgerüst, Schambock.

Bock als Gärtner verführen, verleiten, verwirren, berücken, verdrehen, abspenstig machen, irre leiten, betrügen, schwindeln, veruntreuen, untauglich, unnütz, unvermögend, unbrauchbar. ▶ anstellig, brauchbar.

Bock schießen → dumm, mißdeuten, ungeschickt.

bockbeinig → bockig, eigensinnig, fanatisch.

bocken → aufwerfen, bockig.

bockig halsstarrig, hartnäckig, starrsinnig, steifköpfig, eigensinnig, eigenwillig, trotzig, unlenksam, widerspenstig, ungehorsam, unbekehrbar, hartmäulig, querköpfig, störrisch, unnachgiebig, unerbittlich, bockbeinig, seinen Dickkopf aufsetzen, das Maul hängen lassen u, ungebärdig, unkonformistisch. ▶ bereitwillig, lenksam.

Bockmist → Unsinn.

Bockshorn jagen, ins Befürchtung erregen, Furcht erwecken, Bestürzung verbreiten, erschrecken, alarmieren, Angst einflößen, Unruhe einjagen, beängstigen, beunruhigen, aus dem Geleise bringen, in Furcht und Schrecken stürzen, bange machen, verblüffen, Entsetzen einflößen, die Hölle heißmachen, jemanden bedrohen, die Pistole auf die Brust setzen, die Zähne fletschen, die Hand drohend erheben, die Faust schütteln. ▶ beruhigen.

Bocksprung Seitensprung, Ausgelassenheit.

Boden → Abstellraum, Besitztum, Eigentum, Erdboden, Speicher.

Boden bearbeiten → ackern, vorbereiten.

Boden drücken, zu → unterjochen, schmerzen.

Boden verlieren, den erfolglos sein, fehlschlagen, mißglücken, schlecht davonkommen, schiefgehen, zurückweichen müssen, zu Fall kommen, zu Grunde gehen, scheitern, untergehen, durch die Finger schlüpfen. ▶ bewerkstelligen, erfolgreich (sein).

Bodenbearbeitung → Anbau, Feldbestellung.

Bodenbelag → Teppiche.

Bodenbesitz → Besitztum.

bodenlegend → sättigen.

bodenlos → abgründig, abscheulich, abtrünnig, äußerst, tief, unerhört, maßlos.

Bodenlosigkeit → Unergründlichkeit, Tiefe, Höllentiefe, Abgrund.

Bodensatz → Ansatz, Auswurf, Dreck, Schlacke.

Bodensenkung → Bewegung.

bodenständig autochthon, angestammt, arteigen, artgemäß, echt, heimatlich, heimisch, ursprünglich, verwachsen, verwurzelt, urwüchsig, währschaft. ▶ ausländisch, fremd.

Bodenständiges → Echtes, Original.

bodigen → ausstechen.

Boe (Bö) → Wind.

Bogen → Blatt, Eingang, Formular, Kurve, Papier, Wölbung, Arkade, Waffe.

Bogenanschlag → Anschlag.

bogenförmig → krumm.

Bogenführung → Ansatz.

Bogenstrich → Ansatz.

Bohle Diele, Planke, Bord, Brett. → Diele.

Bohne blaue Bohne, Kugel, Geschoß, Schrot, Vogeldunst, Rehposten, Blei.

Bohnenstange Knochengerippe, schlanker Mensch, dünner Mensch, dürrer oder abgemagerter Mensch. ▶ Dicksack.

bohnern glätten, glänzen, schleifen, ebnen, polieren, blank machen, wichsen, sauber machen, reinigen, reiben, scheuern, ölen, wichsen. ▶ kratzen, rauhen.

bohren bearbeiten, vertiefen, aushöhlen, ausbohren, durchbohren, öffnen, drillen, durchlöchern, anbohren ● schmerzen, wehe tun, kneifen, kneipen, stechen, hämmern, pochen, martern, quälen, peinigen, foltern, wühlen, wurmen *j*, wurzeln *j* ● betteln. → drillen.▶ ausfüllen, schließen, schmerzlos (sein).

bohrend → gründlich, peinigend, peinvoll, vertieft.

Bohrloch → Ausweg.

böig → windig.

Bojar → Adel.

Boje *sm* (= verankertes Seezeichen) → Bake.

bollig → uneben.

Bollwerk → Barrikade, Bastion, Befestigung.

Bolzen → Bindemittel, Pfeil.

Bombardement Angriff, Kanonade, Beschießung, Beschuß, Luftangriff.▶ Abwehr, Verteidigung.

bombardieren angreifen, beschießen, feuern, schleudern, abwerfen, mit Bomben belegen, unter Feuer nehmen, eine Breitseite abschießen, bestürmen, ins Kreuzfeuer nehmen, eine volle Lage geben, Feuer geben, den Feind beschießen, das Feld bestreichen, eine Bresche schießen, in die Luft sprengen, zur Übergabe zwingen, Eier legen *u*. → angreifen, beschießen. ▶ abwehren, verteidigen.

Bombast Wortschwall, Geschwätz, leeres Gerede, Blech,

Phrasendrescherei, Schwulstigkeit, Übertreibung, Überspanntheit, Überladung, Schwulst, Aufgeblasenheit, Windbeutelei, Aufschneiderei, Prahlerei, Renommisterei, Großsprecherei, Ruhmredigkeit, Wichtigmacherei, Aufgeblasenheit, Dicktuerei, Protzentum, Geflunker, hochtrabendes Wesen. → Ausschmückung. ▶ Einfachheit, Zurückhaltung.

bombastisch → anspruchsvoll, aufdringlich, aufgeblasen, barock, schwulstig.

bombensicher → diebessicher, fest, unwiderleglich.

Bombenwerfer → Bandit.

bombig → ausgezeichnet.

Bon Kupon, Talon, Marke, Gutschein, Vergütung, Rückzahlung, Erstattung, Rabatt.

Bonbon → Süßigkeit.

Bonniere → Dose.

Bonne → Dienerschaft, Erzieherin.

Bonze Bürokrat, Fachpapst, starker Mann, Funktionär, Machthaber, Häuptling, Wichtigtuer.

Boom *m* → Aufschwung.

Boot Beiboot, Dingi *sm* (= kleines Beiboot), Barke, Barkasse, Einer, Zweier, Ruderboot, Faltboot, Kanu, Gig *s*, Klipper, Ewer, Einbaum, Fähre, Motorboot, Nachen, Kahn, Gondel, Pinasse, Felucke, Jolle, Seelenverkäufer, Klepperboot. → Schiff.

Bora → Wind.

Bord Rand, Kante, Einfassung, Einsäumung, Seite ● Steuerbord (rechte Seite), Backbord (linke Seite), Reling *sm*, Schanzkleid. → Behälter, Bohle.

Bord gehen, an sich einschiffen, abreisen, abfahren, auswandern, abdampfen, Abschied nehmen, scheiden, eine Schiffsreise oder Flugreise antreten, besteigen. ▶ ankommen, (aussteigen) (von Bord gehen).

Bord werfen, über zerstören, vernichten, abschaffen, opfern, umwerfen, umstürzen, ein Ende machen, ausmerzen, ausmisten, sieben *u*, abtun, beseitigen, aus dem Weg schaffen, abschwören, verzichten, fahren lassen, fallen lassen, abkommen von, eine Gewohnheit abschütteln, vernachlässigen, unterlassen, von der Hand weisen, absetzen, abdanken, fortjagen, verabschieden, niederlegen, aussondern, wegwerfen, Laufpaß geben, kündigen, abberufen, kaltstellen, den Stuhl vor die Tür setzen, preisgeben, einsargen, verloren geben, die Hoffnung zu Grabe tragen, die Flinte ins Korn werfen. ▶

benützen, erhoffen, ermächtigen, verwenden.

Bordell → Puff.

bordieren → ausschmücken, dekorieren.

Bordüre → Besatz, Einfassung.

Boreas → Wind.

Borg → Anleihe, Aushilfe, Darlehen, Kredit.

borgen → anschreiben, aufnehmen, beleihen, entlehnen, entleihen.

borgen, fremde Gedanken unwissend sein, keinen Begriff haben, täuschen, mogeln, fälschen, stehlen, schwindeln, sich fremde Gedanken aneignen, sich geben als, sich ausgeben für, einen falschen Anschein geben, plagieren, nachahmen. ▶ ausdenken, erfinden, gestalten.

Borke Rinde, Kruste ● Schale ● Brotrinde, Brotkruste ● Außenhaut, Schwarte.

borkig rindig, krustig, verkrustet, schuppig.

Born Kraftquelle, Quelle, Rückhalt, Schöpferkraft, Tiefe, Unerschöpflichkeit, Ursprung, Brunnen, Fundgrube, Herkunft, Schoß. → Brunnen. ▶ Unfruchtbarkeit.

borniert → albern, beengt, begriffsstutzig, dumm, engstirnig.

Borniertheit → Blödigkeit.

Börse → Beutel, Markt.

Börsenpapiere → Effekten.

Börsenspieler Spekulant, Glücksritter, Abenteurer, Börsenjobber.

Borste → Bürste, Haar.

borstig stachlig, rauh, stachelicht, struppig, haarig, zottig, filzig, behaart, häßlich, garstig, vierschrötig, widerspenstig, eklig, ungekämmt, wuschelig, struwwelig ● abstoßend, bärbeißig, bärtig, eckig. ▶ glatt, heiter, ruhig.

Bort → Brett.

Borte Broderie. → Ausschmückung.

börteln → falten.

bösartig → ärgerlich, arglistig, bitter, charakterlos, diabolisch.

Böschung → Abgrund.

Böse, der → Beelzebub.

böse arg, boshaft, falsch, gehässig, hart, herzlos, hinterlistig, neidisch, übelwollend, aufgebracht, erbittert, erzürnt, gereizt, grollend, heftig, ungehalten, wütend, zornig ● schlecht, schlimm, übel, verlustbringend, unrecht, ungezogen, verrufen, strafbar, unartig, unverbesserlich, unheilbar, unersetzbar, ungünstig ● schädlich, nachteilig, schmerzlich, kränklich, schwer, gefährlich, verderblich, unheilbringend, schreck-

lich, belämmert *u*, flau, gottserbärmlich, gottsjämmerlich *u*, mies *u*, matsch *u* ● schadenfroh, arglistig, heimtükkisch, perfid ● ungesund, kränklich, faul, stinkend, verwesend, eiternd, brandig, giftig, tödlich ● niedrig, gemein, traurig, elend, beklagenswert, schäbig, nichtswürdig, niederträchtig, infam, hassenswert, abscheulich, verabscheuenswert, schändlich, verdammenswert, teuflisch, höllisch, lieblich *u*, diabolisch, dämonisch, satanisch ● mißvergnügt, unzufrieden, unbefriedigt, ungemütlich, unheimlich, unglücklich, unselig, trostlos, bescheiden, beschissen *u*, dreckig, haarig, lausig *u*, untröstlich, schmerzerfüllt, unheilvoll, unglückselig, jämmerlich, erbärmlich, hilflos, bejammernswert, herzbewegend, herzzerreißend, arm, schwermütig, ärgerlich, erbittert, erregt, reizbar, verwundbar, schmerzend, beißend, stechend, beschwerlich, mühselig, beunruhigend, beängstigend, verdrießlich, störend, klagend, peinigend, peinlich, bitterlich, mißlich, schlimm, kränkend, ermüdend, lästig, langweilig, überdrüssig, martervoll, unerträglich, unleidlich, unausstehlich, erbärmlich, häßlich, fürchterlich, scheußlich, grimmig, schauerlich, schauderhaft, greuelhaft, entsetzlich, grauenhaft, verrucht, ekelhaft, widerlich, anwidernd, abstoßend, ekelerregend, garstig, wüst, schmutzig, unflätig, verächtlich, schmählich, schnöde, verwünscht, verflucht, verdammt, verteufelt. → abbrüchig, arg, ärgerlich, arglistig, aufgebracht, bedauerlich, bitter, bitterlich, boshaft, brummig, charakterlos, cholerisch, diabolisch, erbost, enragiert, schmerzlich, unangenehm, unfreundlich, unglücklich, unrecht.▶ gut.
böse machen → ärgern.
böse sein → hadern.
böse Zeiten → Heimsuchung.
Böses tun → sündigen.
Bösewicht Lump, Schurke, verschlagener Geselle. → Bandit, Dämon, Sünder, Teufel, Übeltäter.
boshaft frech, tückisch, düster, finster, querköpfig, schroff, gemein, unverschämt, flegelhaft, unartig, ungezogen, rücksichtslos, derb, klotzig, taktlos, ausfällig, giftig, unhöflich, meschant. → arg, bärbeißig, böse, charakterlos, diabolisch, feindlich, zynisch. ▶ gutmütig, liebenswürdig, tugendhaft.
Bosheit Krampf, Zorn, Wut,

Bösartigkeit, Niederträchtigkeit, Abscheulichkeit, Arglist, Falschheit, Bubenstück, Heimtücke, Quälerei, Feindschaft, Haß, Groll, Gehässigkeit, Grimm, Ingrimm, Erbitterung, Rachgier, Rachsucht, Galle, Bitterkeit, Galligkeit, Mißgunst, böser Wille, Unfreundlichkeit, Ungefälligkeit, Neid, Tücke, Schadenfreude, Brutalität, Roheit, Ruchlosigkeit, Lieblosigkeit, Schlechtigkeit, Verdorbenheit, Ungerechtigkeit, Unwilligkeit, Verworfenheit, Verruchtheit, Schamlosigkeit, Unverschämtheit, Infamie, Gemeinheit, Unanständigkeit, Hartherzigkeit, Schurkerei, Schuftigkeit, Malice. → Anwandlung, Arglist, Beleidigung, Bitterkeit. ▶ Gutmütigkeit, Liebenswürdigkeit, Sanftmut, Tugendhaftigkeit.
bösherzig → charakterlos.
Boß *m* → Arbeitgeber.
bosseln hämmern, prägen, stempeln, stanzen. → drillen.
bosteln anfertigen, arbeiten, basteln.
böswillig → feindlich.
Bote Eilbote, Estafette *f*, reitender Bote, Ausläufer, Austräger, Besorger, Büttel, Laufbursche, Überbringer, Diener, Kurier, Briefträger. → Anzeiger, Bursche.
Botengang → Besorgung, Leistung.
Botenlohn → Trinkgeld.
botmäßig → abhängig.
Botmäßigkeit → Demut, Ergebenheit, Gehorsam.
Botschaft → Angabe, Auskunft, Benachrichtigung, Bericht, Brief, Chronik, Draht, Eröffnung, Information, Nachricht.
Botschafter → Abgeordneter, Beauftragter, Bevollmächtigter.
Bottich → Behälter.
Bowle → Behälter, Getränk.
boxen → bestrafen, schlagen.
Boxer → Athlet.
Boykott *m* → Abbruch, Absperrung, Ächtung.
boykottieren ächten, ausgliedern, ausschließen, aussperren, ausstoßen, kaltstellen, nicht anerkennen, verfemen, mit Verruf belegen, → abbrechen, absperren, bannen. ▶ anerkennen, einbeziehen.
brabbeln → abschweifen.
brach → unfruchtbar.
brachen → ackern.
brachliegen → ruhen.
Brainstorming Geistesblitz, Problemlösung, Ideenfindung in der Gruppe.
bramarbasieren → angeben.
Bramarbasieren → Chauvinismus.
Branche → Art, Zweig.
Brand Brandopfer, Brand-

schaden, Einäscherung, Zerstörung, Vernichtung, Austilgung, Entzündung, Feuer, Licht, Glut, Feuersbrunst, Brandherd, Feuermeer, Brandlegung, Brandstiftung, Schadenfeuer ● Heizung, Hitze, Verbrennung, Versengung, Verkohlung, Flamme, Auflodern, Emporlodern, Flakkern ● Feuergarbe, Flammenmeer, Feuersturm, Feuersäule, Feuerschein, Feuerwerk, Widerschein, Geflimmer, Brandbombe, Feuerregen, Phosphorregen ● Zeichen, Wink, Merkmal, Weiser, Signal ● Krankheit, Blutvergiftung, Fäulnis, Eiterung, Verfall, Knochenfraß. → Durst, Erhellung, Fäulnis.
Brand stecken anzünden, anstecken, einheizen, versengen, verkohlen, einäschern, Feuer machen, Brand anlegen, Feuer stiften, roter Hahn aufs Dach setzen, Feuer anlegen, Feuer anmachen, Feuer anfachen. ▶ auslöschen.
Brandbrief Bittschreiben, Bettelbrief, Flehen, Ansinnen, Anrufung, Beschwörung, Forderung, Begehr, Verlangen, Drohschreiben, Einschüchterung, Drohungen. → Bedrohung.
branden wogen, schäumen, aufwallen, kochen, anstürmen, auffahren, rasen, aufbrausen, brechen. ▶ eindämmen, beruhigen (sich).
Brandfackel Feuerzeichen, Fanal *s*.
Brandherd → Brand.
brandig → Brand, eiterig, faul.
Brandleger → Bandit.
Brandlegung → Brand.
Brandmal → Strafe.
brandmarken → ächten, anklagen, anschuldigen, beschuldigen, Ehre bringen um die, entehren, tadeln, verurteilen.
Brandmarkung → Entehrung.
brandneu → neu.
Brandopfer Sühnung, Buße, Strafe, Opferung, Sühnopfer, Schlachtopfer.
Brandschaden → Brand, Demolierung.
brandschatzen zerstören, vernichten, ausmerzen, ausrotten, dem Erdboden gleichmachen, den roten Hahn aufs Dach setzen, verbrennen, niederbrennen, abbrennen, sengen und brennen, in Asche legen, ausplündern. → abbrennen, ausrotten. ▶ aufbauen.
Brandschatzung → Ausplünderung.
Brandstätte Ofen, Herd, Feuerung, Kamin, Rost, Glutbecken, Feuersbrunst, Waldbrand, Brandstelle, Feuerstelle.

Brandstifter Verführer, Verleiter, Anstifter, Aufwiegler, Umstürzler, Störenfried, Anarchist, Nihilist, Verbrecher, Missetäter, Freveltäter, Schandbube, Unheilstifter, Feuerleger. → Bandit.

Brandstiftung →Asche,Brand.

Brandung Wirbel, Strudel, Brecher, Wogen, Flut, Mahlstrom, Springflut.

Branntwein Brandy. → Fusel.

braten rösten, schmoren, brutzeln, grillen, erhitzen, einheizen, zerfließen, zergehen. → dünsten, zubereiten.

Braten riechen → entdecken, Verdacht.

Bratpfanne Pfanne, Gefäß.

Brauch Althergebrachtes, Brauchtum, Etikette, Förmlichkeit, Form, Gewohnheit, Herkommen, Komment, Mode, Regel, Sitte, Ton, Tradition, Überlieferung, Üblichkeit, Übung, Zeremoniell, Gepflogenheit, Kult, Ritus, Verordnung, Usus, Norm, Bestimmung, Usance, Anstand, guter Ton, Lebensart. → Angleichung, Etikette. ▶ Abart, Fortschritt, Neuheit.

brauchbar förderlich, geeignet, geschickt, passend, tauglich, verwendbar, zweckmäßig. → annehmbar, anstellig, bewohnbar, dienlich, empfehlenswert, erfolgversprechend, erprobt, fahrbar, gut, handlich, passend, praktisch, preiswert.▶ unbrauchbar.

Brauchbarkeit Verwendbarkeit, Nützlichkeit, Eignung, Zweckdienlichkeit, Fähigkeit, Tauglichkeit, Tüchtigkeit. → Dienlichkeit, Eignung, Nützlichkeit. ▶ Unzulänglichkeit.

Brauchen → Erfordernis.

brauchen benötigen, bedürfen, verlangen, begehren, nicht ermangeln können, nicht entbehren können, nicht vermissen können, beanspruchen, gebrauchen, benutzen, anwenden, verwenden, ausnützen, verwerten, aufbrauchen, verarbeiten, sich bedienen ● beschäftigen, anstellen, in Dienst nehmen, heuern, dingen, engagieren. → anwenden, beanspruchen, bedienen, bedienen sich, begehren, erfordern, handhaben, konsumieren.▶ bedürfnislos (sein), verschmähen.

Brauchtum → Brauch.

Brauen → Bearbeitung.

brauen keltern, brennen, destillieren. → kochen, zusammenballen.

brauen, sich zusammen vorbereiten, sich anschicken, zusammenballen, ankündigen, auf der Lauer liegen, eine Falle stellen, eine Schlinge legen, zum Streich ausholen. ▶ auflösen.

braun siena, nußbraun, kupferbraun, kastanienbraun, schokoladenbraun, bräunlich, brünett, sonnenverbrannt, gebräunt, bronzen, mahagonibraun, chamois.

bräunen anbräunen, anbraten, rösten, braun werden, -färben.

Braus, in Saus und → Verschwendung, Unmäßigkeit.

Brause → Dusche, Getränk.

Brausebad → Dusche.

Brausekopf Hitzkopf, Wüterich, Heißsporn, Kampfhahn, Raufbold, Krakeeler, Choleriker, Brausewind. → Blut heißes, Choleriker, Drache, Fanatiker. ▶ Lamm frommes.

brausen sausen, dröhnen, schwirren, summen, zischen, rauschen, rascheln, säuseln, brummen ● schäumen, wallen, perlen, gären, moussieren, sprudeln, aufbrausen. →blasen, lärmen, schäumen. ▶ beruhigen, eindämmen.

Braut → Abgott, Geliebte.

Bräutigam Liebhaber, Schatz, Geliebter, Gespons, Gefährte, Lebensgefährte, Scheich *u*, Gespuse, Verlobter.

Brautstand → Aufgebot.

brav mutig, tapfer, herzhaft, beherzt, wacker, tüchtig, unerschrocken, furchtlos, unverzagt, verwegen, mannhaft, standhaft, entschlossen, kühn, heldenmütig ● ehrenhaft, rechtschaffen, aufrecht, zuverlässig, treu, unverderbt, unverdorben, aufrichtig, unbestechlich, achtbar, fehlerlos, angesehen, tadellos, tugendhaft, tugendsam, gut, fromm, pflichttreu, charaktervoll, gewissenhaft, echt,ohne Falsch, züchtig, verschämt, sittsam, anständig, unbescholten, bescheiden, fein, hausbacken, kreuzbrav, brave Haut *u*. → achtbar, angesehen, arglos, bieder, charakterfest, charaktervoll, nett.▶ böse, mutlos, trotzig, unhöflich, unkeusch, unredlich.

Bravheit → Charakterstärke.

bravo bravissimo, da capo, heraus, vivat, hoch, lebe hoch, dreimal hoch, Tusch, hört, hört. ▶ Pfuirufe.

brechbar spröde, zerbrechlich, mürbe, morsch, spaltbar, schiefrig, brüchig, splittrig, glashart.

brechen bersten, knacken, knicken, krachen, splittern, springen, zerbrechen, zerschellen, zerspellen, trennen, teilen, zerteilen, zerstückeln, zergliedern, abtrennen, abbrechen, zerreißen, zerklopfen, zerschlagen, zertrümmern, abbröckeln, platzen, aufspringen, zerspringen, aufschlagen ● bersten, branden, entzweien, erkalten. ▶ erzeugen, versöhnen sich,

widerstandsfähig (sein), zusammenhalten.

brechen, sich → abweichen, verletzen.

brechen, Bahn → anbahnen, einfädeln, einführen, vorbereiten.

brechen, das Brot mit → bewirten.

brechen, die Ehe verführen, betören, sich vergehen, sich vergessen. ▶ treu (sein).

brechen, das Eis in Beziehung treten, sich annähern, Freunde werden, Freundschaft eingehen, Freundschaft schließen, befreunden werden, bekannt werden, sich anschließen, Neigung fassen zu, die Freundschaftsbande enger knüpfen, in das Herz schließen, für sich einnehmen, Vertrauen schenken, zusammenhalten. ▶ anfeinden, zurückziehen sich.

brechen, den Frieden streiten, kämpfen, den Streit vom Zaune brechen, den Frieden stören, den Handschuh hinwerfen, von Leder ziehen, die Waffen ergreifen, ins Feld rücken, in den Krieg ziehen, das Schwert ziehen, die Waffen anrufen, die Feindseligkeiten eröffnen, angreifen. ▶ einigen (sich), friedsam (sein), versöhnen sich.

brechen, das Gesetz vom Gesetz abweichen, gegen das Gesetz verstoßen, Gesetze umgehen oder verdrehen, Winkelzüge machen, krumme Wege gehen, die Befugnis überschreiten, Übergriffe machen, das Recht beugen, sich unbefugt etwas anmaßen, unberechtigt in Besitz nehmen, gegen die Verfassung verstoßen, eine Gewaltherrschaft antreten, im Gesetz nicht beachten, dem Recht ausweichen, das Recht mit Füßen treten, dem Gesetz zuwiderhandeln, vertragsbrüchig werden, es nicht so genau nehmen, sich einen Übergriff erlauben, überlaufen, Unrecht tun, sich versündigen, sich verfehlen, abirren, einen Fehltritt tun, straucheln, sich zuschulden kommen lassen, sich vergessen, freveln, die Stimme des Gewissens ersticken, auf abschüssigen Pfaden wandeln, Anstoß erregen, über die Stränge schlagen, eigenmächtig handeln, sich Recht verschaffen, das Faustrecht geltend machen, mit Gewalt vorgehen. ▶ gehorchen, (das Gesetz achten).

brechen, mit einer Gewohn-

heit aufhören, abschaffen, beseitigen, aufgeben, den Verkehr abbrechen, entwöhnen, abgewöhnen, sich versagen, entraten, mit der Vergangenheit brechen, Gewohnheiten abschütteln. ▶ beharren, dabei bleiben.

brechen, den Hals sterben, umkommen, verenden, verrecken, krepieren, das Zeitliche segnen ● auffliegen, Kopf und Kragen kosten, verlieren, auffallen, zugrunde gehen. ▶ achtgeben, gewinnen, leben.

brechen, das Herz herzbewegend, herzzerreißend, mit blutendem Herzen, schmerzlich, unglücklich, hart, bitter, traurig, unerträglich, verzweifelt, kein Mensch mehr, mitgenommen, mich trifft der Schlag. ▶ glücklich, trostreich.

brechen, aus dem Kerker → entkommen.

brechen, eine Lanze → befreunden, rechtfertigen, verteidigen.

brechen, mit entzweien, verfeinden, sich überwerfen, sich abkehren, sich abwenden, sich lossagen, zanken, streiten, hadern, sich entgegenstellen, anfeinden. ▶ versöhnen sich.

brechen, die Pflicht die Pflicht verletzen, sich zuschulden kommen lassen, sich entzweien, verfehlen, die Pflicht mit Füßen treten, vertragsbrüchig werden, sich nicht für verbunden halten, sich einen Übergriff erlauben. ▶ pflichtbewußt (sein).

brechen, aus den Reihen verwirren, beunruhigen, umstürzen, umherlaufen, durcheinanderlaufen, zusammenlaufen, außer Ordnung kommen, die Ordnung stören, aus Reih und Glied bringen, aus Rand und Band geraten, aus dem Häuschen kommen, keine Schranken kennen. ▶ beruhigen, dabei bleiben, einreihen (sich).

brechen, den Stab → mißbilligen, verurteilen.

brechen, den Starrsinn unter der Rute halten, keine Nachsicht üben, ein strenges Regiment führen, nicht locker lassen, keine Widerrede gelten lassen, Gehorsam erzwingen, unter das Joch beugen, ohne Schonung vorgehen, zur Vernunft bringen, andere Saiten aufziehen. ▶ schwach (sein), unterliegen.

brechen, das Stillschweigen reden, erzählen, den Mund aufmachen, schwatzen, plaudern, babbeln, ein Wort fallen lassen, verraten, anzeigen, ▶ verschweigen.

brechen, den Stolz → demütigen.

brechen, den Streit vom Zaune → herausfordern.

brechen, mit der Vergangenheit → bereuen, entwöhnen.

brechen, einen Vertrag einen Vertrag verletzen, einen Vertrag umgehen, einer Abmachung ausweichen, eine Verpflichtung nicht beachten, von sich abwälzen, mit Füßen treten, entgegenhandeln, verweigern, vertragsbrüchig sein, den Begriff ausdehnen, sich entbinden, sich befreien, sich freimachen, einen Vertrag einseitig aufheben. ▶ pflichtbewußt (sein), rechtschaffen sein, Wort ein Mann ein.

brechen, durch die Wolken sichtbar werden, erscheinen, in Sicht kommen, auftreten, auftauchen, an das Licht kommen, bemerkbar werden, hell werden, sonnig werden, durchschimmern, sich zeigen. ▶ verdüstern sich,

brechen, sein Wort → täuschen.

Brecher → Brandung.

Brechmittel → Arznei.

Brechung → Bewegung.

Bredouille → Armut.

Brei Mus, Speise, Schlamm, Masse, Seim, Schleim, Papp, Teig, Pamps u, Scheibenkleister u, Kitt.

Brei auslöffeln, den sühnen, Folgen tragen, ausbaden.

Brei zermalmen, zu → zerstören.

breiig dickflüssig, dicklich, harzig, kleistrig, lehmig, schleimig, zähflüssig, halbflüssig, schlammig, pampig u, matschig u, klebrig, pappig, pamsig u, leimig. → dickflüssig. ▶ fest.

breit ausgestreckt, ausgedehnt, fächerartig, geräumig, lang, weit, fern. → dick. ▶ schmal.

breit machen, sich → aufbauschen.

Breite Ausdehnung, Expansion, Ausbreitung, Weite. → Ausdehnung, Dimension. ▶ Enge, Schmalheit.

breitgetreten → platt.

breitmachen → aufschneiden, verbreitern.

breitschlagen wünschen, entgegenkommen, nachgiebig sein, den Sinn ändern, sich überreden lassen, auf andere Gedanken kommen, sich anders besinnen, es sich anders überlegen, widerrufen, abfallen, umkehren, verzichten, zurücknehmen, umstoßen, rückgängig machen, um den kleinen Finger wickeln, in die Tasche stecken, keinen Einfluß besitzen, keine Macht mehr haben, in gute Laune

bringen, Honig um den Mund schmieren, Süßholz raspeln, betören, berücken, abschmeicheln, erschmeicheln. ▶ unnachgiebig (sein).

breitschultrig → derb.

breittreten → abschweifen, ausbreiten, ausmalen, brechen das Stillschweigen.

breittretend → ausholend.

Bremse Hemmung, Hemmvorrichtung, Bergkette, Hemmschuh, Radschuh, Radsperre, Behinderung, Gewicht, Last, Bürde, Klotz. → Beschwernis, Insekten.

bremsen → abdrosseln, anhalten, aufhalten, schleppen, stoppen.

brennbar → entzündbar.

brennen wärmen, rauchen, glimmen, verschwelen, knistern, in Flammen stehen, an sein u, flackern, piecken. → anzünden, emporlodern, leuchten, schmerzen. ▶ verlöschen.

brennend scharf, gewürzt, beißend, ätzend, prickelnd ● schreiend, grell, blendend ● heftig, eifrig, erregend, bewegend, leidenschaftlich, glühend, wahnsinnig, unangenehm, scheußlich, garstig, widerwärtig ● wünschen, begehren, verlangen, sich sehnen nach, ersehnen, erstreben, gelüsten, erpicht sein auf, versessen sein nach, lüstern nach, lieben, verzehrt werden, schmachten, vergehen, bis zur Raserei lieben ● entbrennen, entflammen, Feuer fangen, wüten, toben, schäumen, geifern, vor Wut kochen, sieden, bersten, rasend, tobend, überwallend, rachedurstig, rachgierig, rachglühend. → beißend. ▶ gelassen, kalt, lieblich, reizlos.

Brennessel, berühren Brennessel anfassen, sich die Finger verbrennen, sich blamieren, sich in die Nesseln setzen, sich in Gefahr bringen, Gefahr laufen, an den Kragen gehen, sich gefährden, ins Garn gehen, in eine Schlinge fallen. ▶ hüten sich, vermeiden.

brennfest → feuerfest.

Brennmaterial Zündstoff, Heizstoff, Feuerung, Erdöl, Petroleum, Gas, Kohle, Anthrazit, Koks, Holz, Steinkohle, Braunkohle, Holzkohle, Schwamm, Lunte, Docht, Zündholz, Streichholz, Schwefelholz, Zünder, Fidibus, Brennstoff, Benzin, Benzol, Dieselöl, Phosphor.

Brennpunkt Drehpunkt, Herzstück, Kern, Mitte, Mittelpunkt, Nabel, Sammelpunkt,

Zentrum, Kernpunkt. → Charakter, Drehpunkt.
Brennstoff → Bestand, Brennmaterial.
brenzlig → gefährlich.
Bresche → Bruch, Einschnitt, Öffnung.
Bresche springen, in die → beispringen.
bresthaft → abgespannt, bebend, krank, schwach.
bresthaft sein → auszehren.
Brett Blatt, Bord, Plattform ● Schachspiel ● Bücherbord, Wandbord, Gestell, Gefach, Fach, Leiste, Tafel. → Bohle, Diele.
Brevier → Abriß.
Brief Schreiben, Nachricht, Epistel, Liebesbrief, Klagebrief, Abschiedsbrief, Trauerbrief, Botschaft, Billett s, Mahnbrief, Geschäftsbrief, Angabe, Auslassung, Bekanntgabe, Bekanntmachung, Bericht, Eingabe, Eröffnung, Mitteilung, Schriftstück, Zeilen, Zuschrift, Wisch u, Schrieb u. → Benachrichtigung.
Brief, blauer → Kündigung.
Brief und Siegel → Versprechen.
Briefaustausch → Korrespondenz.
brieflich → schriftlich.
Briefschaften → Korrespondenz.
Briefträger Briefbote, Austräger, Postbote, Überbringer, Zuträger.
Briefumschlag → Kuvert.
Briefwechsel Schriftwechsel. → Korrespondenz.
Brigg → Schiff.
Brikett → Brennmaterial.
brillant leuchtend, glühend glitzernd, strahlend, glänzend, feurig, flackernd ● prächtig, prachtvoll, unvergleichlich, vollkommen, himmlisch, köstlich, ausgezeichnet, bewundernswert, vortrefflich, kostbar, edel, makellos, schön, frisch, unverwelkt, unverdorben, natürlich, schätzenswert, blühend, blendend, tadellos, ruhmvoll, schimmernd, flimmernd, aufsehenerregend, auffallend, prunkhaft, pompös, grandios. → anmutig, charmant, glorreich. ▶ glanzlos, häßlich, stumpf, unbedeutend, verdorben.
Brillant → Edelstein.
Brille Augenglas, Lorgnon, Lorgnette, Stielbrille ● Augenprothese, Intelligenzbrille u, Kneifer, Zwicker, Klemmer, Nasenquetscher u.
brillieren → glänzen.
Brimborium → Umschweife.
bringen → befördern, einliefern.
bringen, an sich → erwerben.

bringen, aufs Äußerste bis zur höchsten Spitze treiben, die äußerste Grenze erreichen, zum höchsten Grade, zum Äußersten treiben, aneifern, antreiben, anstacheln, in Flammen setzen, in Feuer bringen, in Hitze bringen, das Feuer schüren, Öl ins Feuer gießen. ▶ beruhigen.
bringen, auf die Beine auf die Beine helfen, zu Hilfe kommen, unterstützen, helfen, beistehen, beispringen, fördern, behilflich sein, gesund machen, pflegen, hegen, kräftigen. ▶ hemmen, verweigern.
bringen, zur Besinnung → bringen zum Bewußtsein, mäßigen.
bringen, an den Bettelstab ins Unglück bringen, berauben, erpressen, aufs Stroh legen, den letzten Blutstropfen entziehen, um Hab und Gut bringen, aus dem Besitz vertreiben. ▶ bringen auf die Beine, vorwärtskommen.
bringen, in Bewegung erschüttern, aufregen, in Feuer und Flamme bringen, einen Sturm hervorrufen, Unruhe erzeugen, anfachen, anfeuern, aufstacheln, anspornen, aufhetzen, Öl ins Feuer gießen, aneifern, ankurbeln ● in Bewegung setzen, davonführen, Gas geben, die Bremsen lösen, anfahren. ▶ anhalten, beruhigen.
bringen, zum Bewußtsein beleben, beseelen, erwecken, zur Besinnung bringen. → innern. ▶ verschweigen.
bringen, in Beziehung → bringen in Verbindung.
bringen, unter Dach einheimsen, bewahren, sichern, bergen, beschützen, schirmen, behüten, erledigen, ausführen, zu Ende bringen, Butter bei die Fische u, Nägel mit Köpfen machen, fertigmachen, vollenden, durchführen, erreichen, abwickeln, herbeiführen, ein Ende machen, es klappt, gepriesen und gepfiffen u, getrommelt und gepfiffen u, ein Aufwaschen u. ▶ aufgeben, fortführen, gefährdet (sein), stoßen von sich.
bringen, um die Ecke → töten, verschwenden.
bringen, zu Ende → bringen unter Dach, bringen zu Wege.
bringen, es zu etwas Erfolg haben, erfolgreich sein, einschlagen, glücken, beim richtigen Ende anlangen, den günstigen Augenblick erhaschen, das Ziel erreichen, Schwierigkeiten beseitigen, Hindernisse aus dem Weg räumen, vorwärts kommen,

aufrücken, Karriere machen, sich in die Höhe schwingen, sich nicht umsonst bemühen, emporkommen, die höchste Stufe erklettern. → bringen zu Wege. ▶ einbüßen, mißlingen, scheitern.
bringen, zu Fall → verhindern.
bringen, außer Fassung → beeinträchtigen, bringen zum Schweigen.
bringen, in Gang den Anfang machen, den Anstoß geben, den ersten Schritt tun, die Führung übernehmen, anfangen, Bahn brechen, ins Leben rufen, vorwärts treiben, in Bewegung setzen, vorbereiten, in Angriff nehmen, Maßregeln treffen, Hindernisse beseitigen, das Eis brechen, die Mine springen lassen. → anfahren, anfangen. ▶ anhalten, aufgeben, beenden, hemmen.
bringen, ins Gedächtnis → erinnern.
bringen, auf andere Gedanken jemanden überreden, trösten, Trost spenden, Mut zusprechen, Hoffnung erwecken, Tränen trocknen. ▶ entmutigen, Sache treu bleiben einer.
bringen, zu Geld erwerben, gewinnen.
bringen, ins Geleis in Ordnung bringen, ordnen, den Laden in Ordnung bringen, das Kind schaukeln u, eine Sache deichseln, regeln ● bereinigen, ein Hühnchen mit jemanden pflücken oder zu rupfen haben u. ▶ verwirren.
bringen, um Hab und Gut → nehmen.
bringen, unter die Haube an den Mann bringen, verheiraten, zu einem Mann oder einer Frau verhelfen, verkuppeln, zusammengeben, den Eheknoten schürzen.
bringen, nach Hause begleiten, beschützen, beschirmen, geleiten, unter die Fittiche nehmen, in Schirm und Schutz nehmen.
bringen, nicht übers Herz schwach werden, nachgeben, einwilligen, nicht den Mut haben, gestatten, erlauben, sich scheuen, zurückgeben, keine Lust haben, abstehen, Verzeihung gewähren, Nachsicht üben, dulden, Erbarmen zeigen. ▶ ablehnen, durchsetzen, hart (bleiben), verweigern.
bringen, ums Leben → töten.
bringen, vom Leben zu Tode → strafen.
bringen, in üblen Leumund → bloßstellen.
bringen, unter die Leute → verstreuen.

bringen, ans Licht → entdecken, offenbaren.

bringen, an den Mann → bringen unter die Haube.

bringen, mit sich → bedingen.

bringen, um den guten Namen → verleumden.

bringen, in Ordnung → bringen ins Geleis.

bringen, zu Papier → schreiben.

bringen, zur Reife → reifen.

bringen, zur Ruhe → mäßigen.

bringen, sein Schäfchen ins Trockene im trüben fischen, zu seinem Vorteil ausbeuten, auf Erwerb versessen sein, nur seinen Vorteil im Auge haben, eigennützig handeln, Gewinn einstecken, Geld machen, mit der Wurst nach der Speckseite werfen. ▶ redlich (sein).

bringen, in Schande → bloßstellen.

bringen, zum Schweigen beruhigen, beweisen, nachweisen, dartun, versichern, sich berufen auf, behaupten, widersprechen, das eigene Wort entgegenhalten, mit seinen eigenen Worten fangen, Lügen strafen, zur Vernunft bringen, in die Enge treiben, den Willen brechen, den Feind aufrollen, besiegen, in die Flucht schlagen, den Sieg entreißen, das Feld behaupten, den Gegner entwaffnen, außer Fassung bringen, ein Bein stellen, überlisten, überstimmen. ▶ beharren, bewahrheiten, fortführen, verteidigen.

bringen, in Umlauf → veröffentlichen.

bringen, ins Unglück um Hab und Gut bringen, auf das Stroh setzen, bis aufs Blut verfolgen, ins Unglück stürzen, kein Erbarmen zeigen, keine Nachsicht üben, kein Mitgefühl besitzen. → bringen an den Bettelstab. ▶ bemitleiden, bringen auf die Beine, vorwärtskommen.

bringen, in Verbindung in Beziehung setzen, in Zusammenhang bringen, anspielen, verbinden, verknüpfen, anreihen, angliedern, verketten, folgern, in Betracht ziehen, zusammenbringen, sich beziehen auf, in Beziehung bringen. ▶ trennen.

bringen, zur Vernunft mäßigen, strafen, widerlegen. → brechen den Starrsinn, bringen zum Schweigen. ▶ aufbrausen, dulden, streiten, wüten.

bringen, in Verruf → verleumden.

bringen, in Wallung → bunt zugehen.

bringen, zu Wege vollführen, bewerkstelligen, vollbringen, verwirklichen, zu Ende bringen, ans Ziel gelangen, zu einem Wendepunkt kommen, zum Schluß kommen, Erfolg haben, glücklich ausgehen, etwas erreichen, erringen, gewinnen, aus dem Sattel heben, seinen Weg machen, es zu etwas bringen, vorwärtskommen, den Preis davontragen, vom Glück begünstigt sein. ▶ versagen.

bringen, es weit → bringen es zu etwas.

bringen, es nicht weit erfolglos sein, zu Grunde gehen, leer ausgehen, Pech haben, sich zwischen zwei Stühle setzen, auf dem Holzweg sein, straucheln, ausgleiten, entgleisen, zu Fall kommen, das Ziel verfehlen, sich vergeblich abmühen, sich umsonst anstrengen, nichts zustande bringen, schlecht davonkommen, auf keinen grünen Zweig kommen. ▶ bringen es weit.

bringen, zur Welt gebären, entbinden, ins Leben rufen, bären j, wölfen j, frischen j, setzen j.

bringen, in Wut → bemächtigen.

bringen, in Zusammenhang → bringen in Verbindung.

bringen, nichts zustande → blamieren, bringen es nicht weit.

bringen, zustande → vollführen.

brisant → sprengend.

Brise → Wind.

bröckeln → trennen.

Brocken → Anteil, Batzen, Bruchstück, Fetzen, Teil.

bröcklig pulverig, krümelig, locker, sandig, kiesig, körnig, grießig, verwitterbar, zerreibbar, zersplittert. → blättrig. ▶ fest, zäh.

brodeln braten, kochen, sieden, wallen, schmoren, brühen, wogen. ▶ ruhen.

Brodem Gischt, Wolke, Dampf, Nebel, Dunst, Atem, Hauch, Schleier, Schwüle, Rauch. → Dunst.

Brokat → Gewebe.

Bronze Legierung, Tombak, Bronzefarbe, Bronzepulver, Statue.

bronzen → braun.

Brosche → Schmuck.

broschieren heften, zusammenfügen, binden, einbinden, einhängen, festheften, kartonieren, festklammern.

Broschüre → Band, Buch, Druckschrift.

Brösel Krume, Krümchen, Kleinigkeit, Schnitzelchen, Schnitzchen, Schnippel, Körnchen, Krümelein, Bröckchen, Brocken, Gebrösel.

bröselig → locker.

Brot → Gebäck.

Broterwerb → Amt, Arbeit, Beruf, Erwerbszweig, Existenz.

Brotgeber Brotherr. → Arbeitgeber, Dienstherr. Ernährer.

Brotkorb, höher hängen kargen, kärglich bemessen, am Hungertuch nagen, da ist Schmalhans Küchenmeister, verarmen, auf den Hund kommen, darben, schmachten, sich selbst eine Rute aufbinden, ins Geschirr gehen, sich quälen, plagen, abmühen, schwer ankommen ● auspowern, bis aufs Hemd ausziehen, Einnahmen oder Zuwendungen schmälern oder herabsetzen, den Lohn drücken. ▶ ausreichend (sein), gewähren, Nachsicht üben.

brotlos → abgebrannt, abgerissen, arbeitslos, arm, erwerbslos.

Brotneid Widerspruch, Einwendung, Abwehr, Einspruch, Einrede, Protest, Feindschaft, Neid, Eifersucht, Scheelsucht, Mißgunst, Geschäftsneid, Nebenbuhlerei. ▶ Hochherzigkeit, Uneigennützigkeit, Übereinstimmung.

Brotsack → Behälter, Beutel.

Brotscheibe Brotschnitte, Butterbrot, Bemme u, Stulle u.

Brotzeit → Essen.

Bruch Trennung, Teilung, Scheidung, Schaltung, Schisma, Abfall, Entzweiung, Zwiespalt, Uneinigkeit, Isolierung, Loslösung ● Teil, Bruchteil, Überbleibsel, Sprung, Dezimalbruch, Teilbruch ● Bresche, Spalt, Öffnung, Kluft, Lücke, Ritz, Scharte, Einschnitt, Einbruch, Riß, eine Fünf u, Leck, Falte, Falz, Eselohr, Morast, Sumpf, Fenn, Brühl, Kolk, Ried, Moos ● Uneinigkeit, Zwistigkeit, Streitigkeit, Meinungsverschiedenheit, Spannung, Trennung, Mißverständnis, Entfremdung, Zwist, Treubruch, Verrat, Verletzung, Pflichtvergessenheit. → Ausfall, Ausschnitt, Falte, Differenz, Disharmonie, Disput, Lücke, Wunde. ▶ Einigkeit, Ganzes, Treue, Verbindung, Vollendung, Versöhnung, Zusammenhalt.

Bruchbude Ruine, Schuppen, Klitsche.

bruchfest hart, zäh, dehnbar, elastisch, zerreißfest, bruchsicher, ziehfest, drehfest, biegsam.

Bruchfestigkeit Zerreißfestigkeit, Elastizität, Zähigkeit, Biegsamkeit, Dehnbarkeit, Stärke, Härte.

brüchig → beschädigt, brechbar, spröde.

Bruchstück Kleinigkeit, Rest, Überbleibsel, Überrest, Trüm-

mer, Ruine, Wrack, Fragment, Stumpf, Stummel, Stoppel, Brocken, Splitter, Span, Stück, Fetzen, Lappen, Schnitzel, Teil, Stückwerk ● Trumm u. → Anteil, Ausschnitt, Fetzen, Teil. ▶ Ganzes, Zusammenhalt.

bruchstückartig unvollendet, unvollständig, fragmentarisch. ▶ ein, ganz, vollendet.

Bruchteil → Ausschnitt, Bruchstück, Dosis.

Brücke Verbindung, Überführung, Übergang, Steig, Steg, Schiffstreppe, Schlagbrücke, Fallreep, Gangway sm, Drehbrücke, Hängebrücke, Schiffbrücke, Waage, Kommandostelle ● Teppich. → Bindemittel. ▶ Abgrund, Graben, Trennung.

Brücke bauen, goldene leicht machen, erleichtern, entlasten, entbürden, rechtfertigen, weißwaschen, schuldlos erklären, freisprechen, beschönigen, bemänteln, Ausflüchte machen, Vorwände gebrauchen, die Schuld milder darstellen, die Schuld verkleinern, die Schuld in milderem Lichte darstellen, mildernde Umstände geltend machen, eine Lanze brechen für, einer Sache einen anderen Anstrich geben, eine bessere Wendung geben, jemanden herausreißen, über den Zaun helfen, den guten Willen für die Tat nehmen. ▶ beschuldigen, erschweren, hintertreiben, verhindern.

Brückenbau → Baukunst.

Brückenkopf → Bastion.

Brückenwerk → Bastion.

Bruder Verwandter, brüderliche Liebe u, Mitbruder, Kommilitone, Freund, Helfer, Beistand, Spießgeselle, Gefährte, Vertrauter, Genosse, Busenfreund, Intimus, Kumpan, barmherziger Bruder, Habenichts, armer Schlucker, armer Teufel. → Anverwandte. ▶ Freund falscher.

Bruderkrieg → Bürgerkrieg.

brüderlich einträchtig, einmütig, verbunden, vereint, geistesverwandt, freundschaftlich, ein Herz und eine Seele. → befreundet, ein Herz und eine Seele, kordial. ▶ uneinig.

Brüderlichkeit Verbrüderung, Fraternität f, Einigkeit, Freundschaft, Gemeinschaft, Harmonie, Kameradschaft, Vertrautheit. → Einigkeit. ▶ Uneinigkeit.

Bruderschaft Verwandtschaft, Sippschaft, Sippe, Gemeinschaft, Kameradschaft, Clique, Burschenschaft, Verbindung, Genossenschaft, Freundschafts-

bande, Freundschaft, Kreis, Zirkel, Orden. ▶ Gegnerschaft.

Brühe Saft, Lauge, Tunke, Soße, Fleischbrühe, Bouillon, Kraftbrühe, Suppenbrühe, Schleim, Suppe ● Schlamm, Kot, Morast. → Abguß, Aufguß. ▶ Brei, Speise (feste).

brühen kochen, sieden, wallen, verbrühen, dünsten. → brodeln.

brühheiß → heiß.

brühwarm warm, frisch, aktuell.

Brühl → Bruch.

brüllen → dröhnen, lärmen.

Brummbär → Bärbeißer

Brummbaß → Baß.

brummeln → brummen.

brummen brummeln, murmeln, in den Bart brummen, vor sich hinbrummen, mit sich selbst sprechen, für sich hinreden, laut denken, schmollen, die Stirne runzeln, verärgert sein, verdrießlich sein, unzufrieden sein, murren. → beklagen, brausen. ▶ unhörbar sein, zufrieden.

brummig mürrisch, unhöflich, unfreundlich, griesgrämig, sauertöpfisch, verdrießlich, versauert, verbittert, querköpfig, böse, launenhaft, reizbar, unumgänglich, kurz angebunden, einsilbig, unliebenswürdig, bissig. → ärgerlich, bärbeißig. ▶ freundlich, gut, höflich, zufrieden.

Brummigkeit → Bärbeißigkeit.

brünett → braun.

Brunnen Zisterne, Reservoir, artesischer Brunnen, Bohrbrunnen, Quickborn, Heilbrunnen, Sprudel, Solbad, Born, Quelle, Sodbrunnen, Heilquelle. → Bad, Born.

Brunst Brunft, Liebeswut, Geschlechtstrieb, fleischige Lust, Lüste, Gelüste, Sinnesrausch, Sinnestaumel, Sinneslust, Geilheit. → Begierde. ▶ Enthaltsamkeit, Keuschheit.

brünstig heiß, geil, liebestoll. → buhlerisch.

brüsk kurz angebunden, ungeschlacht, ungalant, ungeschliffen, brutal, hart, schlagartig, unfreundlich, barsch, herrisch, grob. → barsch. ▶ aufgeschlossen, entgegenkommend, freundlich.

brüskieren → anecken, anrempeln, anstoßen.

Brüskierung → Herausforderung.

Brust → Busen.

brüsten, sich → angeben, aufbauschen, aufschneiden, dick tun, sich wichtig machen, einbilden sich, prahlen.

Brustton der Überzeugung → guß? überzeugt.

Brüstung Balustrade. → Barrikade, Bastion, Umhegung.

Brustwehr → Barrikade, Bastion, Bedeckung.

Brut → Abkomme, Bande, Clique.

brutal taktlos, ungesittet, grob, roh, ungeschliffen, unbeherrscht, derb, rüde, unverschämt, flegelhaft, lümmelhaft, bubenhaft, bengelhaft, unanständig, gemein, pöbelhaft, wild, grausam, hart, zügellos, unmenschlich, barbarisch, tierisch, viehisch, entmenscht, bestialisch, wüst. → barbarisch, bestialisch, blutgierig, brüsk, diabolisch. ▶ anständig, menschlich, taktvoll, weichherzig.

Brutalität → Barbarei, Bosheit.

brüten nisten, ausbrüten, hekken j. → ausdenken, begrübeln, erfinden.

Brutstätte → Anlaß.

brutzeln → braten.

Bube Knabe, Bursche, Boy, Garçon, Junge, Bengel, Schlingel, Grünschnabel, Gelbschnabel, Laffe, Flegel ● Betrüger, Schwindler, Schurke, Spitzbube, Falschspieler, Schelm, Verleumder, Ehrabschneider. → Ausbund.

bubenhaft falsch, unehrlich, unaufrichtig, heuchlerisch, abgefeimt, lügenhaft ● Mutwill treiben, spielerisch, drollig, wild, ausgelassen, knabenhaft, lebenslustig. → brutal, bübisch. ▶ besonnen, ehrlich, ernst.

Bubenstück → Bosheit.

Büberei → Schlauheit, Täuschung.

bübisch ränkevoll, falsch, verräterisch, pfiffig, listig, verschlagen, gerieben, durchtrieben, abgefeimt, verschmitzt, tückisch, heimtückisch, bubenhaft, infam, niederträchtig, nichtswürdig, verächtlich, verworfen, schuftig, gewissenlos, nichtsnutzig. → arglistig. ▶ aufrichtig, ehrlich.

Buch Brosche, Flugschrift, Heft, Schmöcker u, Foliant m, Schwarte u, alter Schinken u, alte Scharteke u, Wälzer u, Auflage, Ausgabe, Band, Bearbeitung, Druckschrift, Publikation, Quelle, Schrift, Veröffentlichung, Werk, Lektüre, Dichtung, Lesestoff, Literatur, Schriftgut, Unterhaltungsstoff, Katalog, Kalender, Tagebuch, Grundbuch, Denkschrift, Heft, Textbuch, Streitschrift, Druck, Nachdruck, Jahrbuch, Neudruck, Stammbuch, Lesebuch, Fremdenbuch, Poesiealbum, Adreßbuch, Blaubuch, Weißbuch, Gebetbuch, Brevier. → Band, Druckschrift.

Buchbesprechung → Rezension.

Buchdruck → Druck.

buchen → anschreiben, durchlochen, verzeichnen.
Bücherbord → Bücherbrett.
Bücherbrett → Bücherbrett.
Bücherbrett Wandbrett, Regal, Etagere *f*, Bücherbord. → Behälter.
Bücherei Büchersammlung, Bibliothek *f*.
Büchernarr Bücherdieb, Bibliomane *m*, Bücherfreund, Bibliophile, Bücherwurm.
Bücherwurm → Büchernarr.
Buchhalter Rechnungsführer, Kontokorrentbuchhalter, Bilanzbuchhalter, Buchführer, Arbeitnehmer.
Büchse Behälter, Kapsel, Gefäß, Dose, Köcher, Kasten ● Gewehr, Flinte, Muskete, Schießwaffe, Schießeisen, Knarre *u*, Schießprügel, Rohr, Stutzen, Karabiner, Mauser, Jagdgewehr, Vogelflinte, Windbüchse, Luftgewehr. → Behälter.
Buchstabe, toter → Bedeutungslosigkeit.
buchstäblich genau, im Sinne des Wortes, sinngemäß, wahr, wörtlich, zuverlässig, ausführlich, eindeutig, fehlerlos, gewissenhaft, präzis, sorgfältig, richtig, peinlich, Wort für Wort, streng, bis auf das Tüpfchen auf dem i, mit strikter Gewissenhaftigkeit. → ausführlich. ▶ ungenau, unwahr.
Bucht Ankerplatz, Golf, Bai, Förde, Fjord, Schlupfhafen, Haff, Sund, Belt, Meerbusen, Becken, Einschnitt. → Bai, Becken, Busen.
buchtig → eingebogen.
Buckel → Auswuchs, Berg, Wölbung.
buckelig → eingebogen, krumm.
Buckelkrümmung → Courschneiderei, Demut.
buckeln → tragen.
bücken → dienern, hinablassen.
Bückling → Aufwartung.
buddeln → ausbuchten, graben.
Bude Butike, Stand, Verschlag, Schuppen, Kiosk. → Ausschank, Zimmer.
Budenzauber → Belustigung.
Budget Etat, Haushaltplan, Rechenplan, Haushalt ● Voranschlag, Aufwendung.
büffeln lernen, erlernen, plagen sich, einüben, einbleuen, eindrillen, ochsen, studieren ● anstrengen sich, abmühen, ununterbrochen arbeiten, pauken, rackern, schinden, placken, abplagen, auswendig lernen. → abmühen, anstrengen, bestreben sich, bewältigen. ▶ faulenzen.
Büffett → Behälter.
Bug Vorderteil, Schiffsschnabel, Bugspriet, Vorderkastel, Vorderdeck. → Bruch, Falte.

bügeln → plätten, glätten.
bugsieren lotsen, schleppen, tauen, ziehen, ins Tau nehmen, ins Schlepptau nehmen ● helfen, beispringen, stützen, unter die Arme greifen, eine Stütze sein, beschützen, beschirmen, unter die Fittiche nehmen, Beistand leisten. → ankurbeln. ▶ unterlassen.
buhen ablehnen, ausbuhen. → auspfeifen.
Bühl → Berg.
Buhldirne → Bajadère, Buhle.
Buhle Freund, Liebhaber, Verehrer, Louis, Strizzi, Zuhälter, Strichjunge *u*, Kuppler, Galan ● Freundin, Buhlerin, Hetäre *f*, Kirke, Sirene, Kokette, Liebchen, Flamme, Dulcinea, Konkubine, liederliches Frauenzimmer, Nutte *u*, Fose *u*, Strichmädchen *u*, Betthase *u*, Metze, Dirne, Prostituierte, Vettel, Hure, Freudenmädchen, Lustdirne, Weibsbild, Schlampe, Buhldirne, Bajadère, Hari, Geisha, Messalina, Delia, Aspasia. → Bajadère.
buhlen kriechen, zu Kreuz kriechen, katzebuckeln, sich beugen, poussieren, den Hof machen, die Kur schneiden, schön tun, hofieren, kokettieren, flirten, werben, freien, Süßholz raspeln, schmeicheln, huren, nutten *u*, seine Reize feilhalten, auf den Strich gehen, auf den Fang gehen. ▶ keusch (sein).
Buhlerei Buhlschaft, wilde Ehe, Hurerei, Verhältnis.
Buhlerin → Buhle, Dirne.
buhlerisch unterwürfig, kriechend, kriecherisch, speichelleckerisch, sklavisch, knechtisch, lakaienhaft, hündisch, charakterlos, gemein, gleisnerisch, schmeichlerisch, augendienerisch ● mannstoll, weibstoll, verbuhlt, leidenschaftlich, liebestoll, vergafft, vernarrt, verliebt ● sittenlos, schamlos, unanständig, sinnlich, begehrlich, lüstern, wollüstig, geil, brünstig, ausschweifend, locker, zügellos, liederlich, verführerisch. → anrüchig, ausschweifend, dirnenhaft. ▶ anständig, erhaben, keusch, sittlich.
Buhlschaft → Buhlerei.
Buhne Kribbe, Wellenbrecher ● Mole.
Bühne → Abstellraum, Theater.
bühnengerecht bühnenmäßig, dramatisch, theatralisch, tragisch, komisch, tragikomisch, melodramatisch, tänzerisch, szenisch, gesteigert, lebendig, lebhaft, spannend. → dramatisch.
bühnenmäßig → dramatisch.
Bühnenschau → Corso.

Bukett → Aroma, Ausschmückung, Blume, Blumenstrauß, Duft.
Bulle → Acht, Ächtung, Bann, Bannspruch, Befehl, Tier.
bullenhaft bullig. → stark.
Bullenhitze Affenhitze, Tropenhitze, Sauna.
Bulletin *s* → Bericht.
bullig kräftig, baumstark, eisern, derb, drall, markig, stämmig, vierschrötig, riesig, nennhaft, bullenhaft. → stark.
bum päng. → piffpaff, puff.
Bummel → Abstecher, Ausmarsch, Reise.
Bummelant → Arbeitsunfähiger.
Bummelei Fahrlässigkeit, Unachtsamkeit, Versäumnis, Versehen, Versagen, Saumseligkeit, Pflichtvergessenheit, Schläfrigkeit, Lässigkeit, Phlegma. → Arbeitsunfähigkeit. ▶ Achtsamkeit, Durchführung, Fleiß, Schnelligkeit.
bummeln pflichtvergessen, langsam, träge, faul, schläfrig, schwerfällig. → arbeitsunfähig. ▶ fleißig, schnell.
bummeln ausfallen, ausschweifen, entziehen sich der Arbeit, ergehen sich, faulenzen, spazieren. → fackeln, faulenzen. ▶ arbeiten, berücksichtigen, eilen, zügeln.
Bummler Nichtstuer, Müßiggänger, Flaneur *m*, Weltenbummler, Weltreisender, Globetrotter *m*, Faulenzer, Tagdieb, Faulpelz, Bärenhäuter, Eckensteher, Schlafmütze, Schnecke, Tranfunzel *u*, Transuse *u*, Drohne, Faultier, Döskopf *u*, Siebenschläfer, Murmeltier, Träumer. → Arbeitsunfähiger, Faulpelz. ▶ Arbeiter.
bums aufeinander, ineinander, zusammen, kollidieren, anecken, anfahren, anrempeln, anprallen, anstoßen ● Donnerschlag, Klapp, Klatsch, Knall, Krach, Puff, Schlag, Stoß, Schuß, Tritt.
bumsen → anstoßen, dröhnen.
Bund Geheimbund, Camorra *f* (südital. B.), Staatenbund, Union, Föderation *f*, Zusammenschluß, Arbeitsring, Arbeitsgemeinschaft, Körperschaft, Genossenschaft, Gremium *s*, Städtetag, Gemeindetag, Gilde, Innung, Hansa, Hanse, Gesellschaft, Handelsgesellschaft, Dachgesellschaft, Völkerbund, Freundschaft, Holdinggesellschaft *f*, Verband, Zweckverband, Zunft ● Bündel, Gebinde, Ballen, Pack, Heft, Büschel, Garbe, Mandel, Stoß, Stapel, Hokken, Haufen, Gruppe, Gurt, Band, Gurte. → Bündnis, Faszikel, Vereinigung. ▶ Spaltung.
Bündel Rutenbündel, Fasces

m, Faschine *f,* Rucksack, Felleisen, Ranzen, Ränzel, Tasche, Koffer, Bürde, Last. → Bund, Faszikel.

bündeln → zusammenbinden.

bündelweise → haufenweise.

Bundesgenosse → Beistand, Bekannter, Komplize, Helfer.

bündig kurzgefaßt. → anschaulich, aufrichtig, authentisch, beeinflussend, eindringlich, knapp, kurz, kurz angebunden, kurz und gut, streng.

Bündigkeit → Bestimmtheit.

Bündnis Allianz *f,* Entente *f,* Entente cordiale, Einverständnis, Zusammenschluß, Gemeinschaft, Einigkeit, Freundschaft, Genossenschaft, Körperschaft, Schicksalsgemeinschaft, Verbindung, Vereinigung, Verschmelzung, Zusammenarbeit, Zusammengehörigkeit. → Abkommen, Bund. ▶ Auflösung, Gegnerschaft, Spaltung.

Bungalow → Haus, Flachbau.

Bunker *(sm* = Kohlenraum) → Bedeckung, Befestigung, Gefängnis, Festung.

bunkern *sm* Kohle nehmen.

bunt bemalt, blendend, buntscheckig, farbenreich, farbig, gefärbt, grell, kräftig, lebhaft, mannigfarbig, mehrfarbig, reichhaltig, schillernd, schreiend, vielfarbig, zweifarbig, dreifarbig, usw. ● prächtig, geschmacklos, zu überladen, auffallend, herausgeputzt, aufgedonnert, schillernd wie ein Pfau, wie eine Pfingstrose. → allerhand, farbenfroh, farbig. ▶ einfarbig, unauffällig.

bunt, zugehen bunt hergehen, in Unordnung geraten, gären, fassungslos zugehen, aufrühren, hetzen, verleiten, in Schrecken versetzen, in Wallung bringen, beunruhigen, aus der Ruhe bringen, streiken, irreführen, das Oberste zuunterst kehren, aus den Fugen bringen, aus Reih und Glied brechen, aus dem Häuschen kommen, guter Dinge sein, spaßen, herzen, lachen, lustig machen, sich der Fröhlichkeit überlassen, kälbern, Freudesprünge machen, sich vor Lachen nicht halten können, sich bucklich lachen, übermütig sein ● teeren, federn, Volksjustiz ausüben, eigenmächtig vorgehen, das Faustrecht geltend machen, Gewalt vor Recht gehen lassen, sündigen, schmuggeln, schmieren, gewalttätig handeln, willkürlich vorgehen, gesetzwidrig handeln. ▶ genehmigen, Ordnung halten.

Buntdruck → Farbdruck.

Buntfarbigkeit → Farbenreichtum.

Buntheit → Farbenreichtum, Gemisch, Verschiedenheit.

buntscheckig buntfarbig, gebatikt, getüpfelt, gefleckt, schillernd, irisierend, vielfarbig, farbenfroh, regenbogenfarbig, scheckig. → bunt, farbenfroh, farbenreich. ▶ einfarbig.

Bürde Last, Gewicht, Ballast, Zentnerlast, Leid, Unglück, Böses, Schaden, Beschwernis, Klotz, Mühsal, Plage, Verdruß, Unannehmlichkeit, Mißgeschick, Elend. → Ballast, Bedrücktheit, Bekümmernis, Beschwerde, Beschwerlichkeit, Beschwernis, Bremse, Bündel, Pflicht, Schmerz, Übel. ▶ Entbürdung, Erleichterung.

Bureau Arbeitsraum, Betrieb, Geschäftsraum, Geschäftsstelle, Kontor, Comptoir, Niederlage, Schreibstube, Wirkungsbereich, Zweigstelle, Office, Filiale, Kanzlei, Kabinett. → Betrieb.

Bureaukrat → Beamter, Bonze.

Burg Kastell, Bollwerk, Zitadelle, Feste, Bastion, Felsennest, Raubritterburg, Wasserburg. → Bastion, Befestigung, Besitztum.

Bürge Zeuge, Geisel, Garant, Gutsager.

bürgen einstehen, garantieren, gewährleisten, gutstehen, haften, hinterlegen, sicherstellen, seine Pflicht erfüllen, seine Schuldigkeit tun, seiner Pflicht nachkommen, sein Wort einlösen, auf dem Posten sein, Unrecht entgegentreten, verbriefen, bekräftigen, bestätigen, für eine Schuld geradestehen, Bürgschaft leisten. → beglaubigen, einstehen. ▶ ablehnen, verweigern.

Bürger Staatsbürger, Spießer, Bourgeois *m,* Civis *m,* Citoyen. → Einwohner.

Bürgerkrieg Aufruhr, Bruderkrieg, Revolte, Revolution, Aufstand, Empörung, Putsch, Staatsstreich, Umsturz, Unruhe, Wirren. → Aufstand. ▶ Einigkeit, Verständigung.

bürgerlich zivil, einfach, natürlich, schlicht, häuslich, hausbacken, weltlich. ▶ adelig, aufgeblasen, vornehm.

Bürgermeister Obrigkeit, Amtsperson, Senator, Magistrat, Gemeinderat, Oberbürgermeister, Schultheiß, Schulze, Ratsherr, Gemeindevorsteher, Beigeordneter.

Bürgerrecht Heimatrecht, Eingeborenenrecht, Einbürgerung, Naturalisation, Naturalisation, Gerechtsame.

Bürgschaft Verschreibung, Schuldschein, Sicherheit,

Geleit, Schutzbrief, Geleitbrief, Versicherung, Verbindlichkeit, Verpflichtung, Verpfändung, Gutsagung, Delkredere. → Ehrenschuld, Einstandspflicht.

burlesk grotesk, komisch, drollig, spaßig, wunderlich, schnurrig, sonderbar, absonderlich, verschroben, schrullenhaft. → bizarr, farcenhaft. ▶ gewöhnlich, witzlos.

Büro → Bureau.

Bürodiener → Commis.

Büroklammer Heftklammer, Hefter, Halter.

Bürokrat → Beamter, Bonte.

Bürokratie Beamtenherrschaft, Beamtenhierarchie, Behördenapparat, Verwaltungsapparat, Papierkrieg.

bürokratisch gängeln, beamtenhaft, an Formen kleben, engstirnig, engherzig, kleinlich, pedantisch, verrannt, unduldsam. ▶ eigenwillig, großzügig.

Büroschreiber → Commis.

Bursche Diener, Bote, Ausläufer, Radler, Austräger, Aufwärter ● Junge, Bengel, Schlingel, Milchbart, Grünschnabel, Laffe, Kerl, Lehrling, Student. → Barbar, Commis, Diener.

burschikos dreist, keck, frech, übermütig, vorwitzig, naseweis, altklug. ▶ behutsam, unterwürfig.

Bürste Kratzbürste, Waschbürste, Schrubber, Schnurrbart, Borste, Besen, Kleiderbürste, Haarbürste, Wurzelbürste, Badebürste, Scheuerbürste, Kardätsche. → Bart.

bürsten fegen, säubern, scheuern, putzen, bohnern, schrubben, reiben, rubbeln *u,* kehren, wischen, wichsen, striegeln, abbürsten, ausbürsten, wimmern.

Bürstenabzug → Abklatsch.

Busch Büschel, Strauß ● Hain, Wald, Auwald, Strauch.

Busch und Feld Wald und Busch, in Feld und Wald, überall, ringsum, allerwärts, allerorts, allenthalben, weit und breit, an allen Ecken und Enden. ▶ nirgends.

Busch klopfen, auf den ausforschen, ergründen, nachspüren, fahnden, ausfragen, ermitteln, prüfen, untersuchen, Aufklärung suchen, durchleuchten. ▶ beantworten, erklären.

Büschel → Bündel.

buschig haarig, zottig, filzig, wollig, flaumig, bärtig ● bebuscht, bewachsen, verwachsen, unterwachsen, waldig.

Buschklepper → Bandit.

Busen Brust, Inneres, Inwendiges, Büste, viel Herz *u,* Kurven *u,* bitterer Reis *M* ● Bucht,

Becken, Golf, Meerbusen, Haff. → Bai, Becken.

Busennadel → Schmuck.

Business → Geschäft.

Buße Entschädigung, Vergeltung, Vergütung, Erkenntlichkeit, Sühne, Abbüßung, Reue, Strafe, Sühnung, Lohn, Heimzahlung. → Ausgleich, Aussöhnung. ▶ Belohnung, Reuelosigkeit, Unversöhnlichkeit, Verstocktheit, Weigerung.

Buße tun → abbüßen, bekennen, bereuen, büßen.

busseln → küssen.

büßen sühnen, Ersatz leisten, gutmachen, abtragen, tilgen, entschädigen, opfern, sich loskaufen, auslösen, die Zeche zahlen müssen, Opfer darbringen, Abbitte leisten, Buße tun, sich der Sühne unterziehen, alte Schulden abtragen, Strafe absitzen, Sühnegeld zahlen, Einbuße erleiden, herhalten müssen, bluten *u,* teuer bezahlen lassen, benachteiligt werden, den kürzern ziehen, sich verrechnen. → abbüßen ausbaden, begleichen. ▶ annehmen, belohnen, verhärten sich, verweigern.

bußfertig sühnend, abbüßend, zur Sühne bereit, reuig, bereuend, zerknirscht, reumütig, besserungsfähig. ▶ reuelos.

Bußgang Bittgang, Wallfahrt, Betfahrt, Pilgerfahrt, Prozession. → Bittgang.

Bußübung → Askese.

Büste → Bildhauerei, Busen.

Butike Kneipe, Laden, Bude, Stand, Wirtshaus, Schenke, Ausschank, Stehbierhalle, Schankstube, Schenkstube, Schwemme, Garküche, Kantine. → Ausschank, Bude.

Butte → Behälter.

Büttel Nachtwächter, Marktaufseher, Wächter, Wärter, Aufseher, Feldhüter, Flurwächter, Gendarm, Gefangenenwärter, Gerichtsdiener, Häscher.

Butterbrot, für ein geschenkt, wohlfeil, billig, preiswürdig, preiswert, spottbillig, halb umsonst, zu einem Schleuderpreis, zum halben Preis, für die Hälfte des Wertes, für eine Bagatelle, für nichts und wieder nichts, für einen Apfel und ein Ei, um einen Pappenstiel, unter Preis. ▶ teuer.

butterig schmalzig, speckig, talgig, fettig, ölig, salbig, glatt, schlüpfrig, weich. → fettig.

Byzantinismus Kriecherei, knechtischer Sinn, kriecherisches Wesen, sklavische Gesinnung, Sklavensinn, unwürdig, Willfährigkeit, Augendienerei, Speichelleckerei, Götzendienerei, Schöntuerei,

Scharwenzelei, Ohrenbläserei. ▶ Selbstherrlichkeit.

C

(siehe auch K und Z)

Cachet *s* Gepräge, Siegel, Eigentümlichkeit.

Cafe Konditorei, Konzertkaffee. → Gaststätte.

Call girl → Buhle, Courtisane, Dirne.

Cameralia (Kameralia) Staatsverwaltung, Oberleitung, Oberaufsicht.

Camp Lager, Zeltlager, Zelt.

camping zelten, lagern.

Canaille (Kanaille) Schmarotzer, Lump, Hochstapler, Hundepack, Schurke, Gesindel. ▶ Mensch aufrechter treuer.

cannelieren (kannelieren) kerben, auskerben, zähnen, riffeln. ▶ einebnen, glätten.

Cantus (Kantus) Melodie, Gesang, Wohlklang, Vertonung, Komposition, Lied, Volkslied, Kunstlied, Weise, Kirchengesang, Kantate, Kantilene.

Cape (Kape) → Faltenwurf.

capillar (kapillar) faserig, haarig, haarfein, haarförmig, fadenartig, röhrenartig.

Caritas Nächstenliebe, Fürsorge, Wohltätigkeit. → Charitas.

Casanova Wüstling, Wollüstling, Weltkind, Lebemann, Lüstling, Lustgreis, Verführer, Eheschänder, Frauenschänder, Mädchenfänger, Mädchenjäger, Ehebrecher, Buhle, Blaubart, Allerweltsliebling, Seelenverkäufer ● Herzensbruder, Don Juan.

Casus → Fall.

Casus belli Kriegsgrund, Streitanlaß, Streitfall, Streitpunkt.

Causa Grund, Folge, Voraussetzung. ▶ Folge, Wirkung.

Causerie → Aussprache.

Censor (Zensor) Richter, Schiedsrichter, Schöffe, Kritiker.

Centaur Vielförmigkeit, Verschiedenheit, Ungewöhnlichkeit, Fabelwesen.

Chaise Fahrzeug, Fuhrwerk, Gefährt, Wagen, Karren, Kutsche, Einspänner, Droschke, Postkutsche, Kalesche, Landauer, Jagdwagen, Automobil.

chamois rötlich, rehfarben, gemsfarben, gelbbräunlich, blaßrot, gelbrot, rostfarben braun.

Champion Gegenspieler, Meister, Preiskämpfer, Wettkämpfer.

Chance Zufall, Ungefähr, Schicksal, Glückssache, Glücksfall, Los, Zufälligkeit,

Geratewohl, Wagnis, Wette, Abenteuer, Erlebnis, Lotterietreffer. → in Aussicht stehen. ▶ Mißgeschick, Nachteil, Reinfall.

Chaos Unordnung, Mangel, an Ordnung, Unregelmäßigkeit, Regellosigkeit, Vermengung, Vermischung, Wirrwarr, Höllenbräughel, polnische Wirtschaft, Mischmasch, Durcheinander, Kuddelmuddel *u,* Sammelsurium, Stückwerk, Flickwerk, Irrgang, Verknotung, Verschürzung, Knoten, Verwirrtheit, Verwicklung, Verwirrung, Verworrenheit, Gärung, Wallung, Auflauf, Tumult, Getöse, Aufruhr, Aufstand, Getümmel, Empörung, Streik, Strudel, Wirbel, Schlamassel *u,* babylonischer Turmbau, Kraut und Rüben, Heu und Stroh, Sturm, Zerrüttung, Verkehrtheit, Urmasse. → Charivari, Desorganisation. ▶ Ordnung, Ruhe.

chaotisch in Unordnung, in Regellosigkeit sein, unordentlich, ordnungslos, regellos, unregelmäßig, regelwidrig, naturwidrig, abweichend, veränderlich, unbeständig, wankelmütig, querköpfig, wirr, unentwirrbar, vermengt, unterschiedlos, verwickelt, aufrührerisch, unklar, verkehrt, verdreht, kunterbunt, oberst zu unterst, das Hinterste zu vorderst, Hals über Kopf, wüst. → durcheinander. ▶ geordnet, ruhig.

Chapeau Hut, Klapphut, Kopfbedeckung, Schutz.

Charakter Gepräge, Eigenart, Kennzeichen, Rang, Titel, aufrechter Mensch, treuer Mensch, Anlage, Artung, Beschaffenheit, Besonderheit, Bildung, Eigenschaft, Eigenheit, Eigentümlichkeit, Gestaltung, Merkmal, Natur, Typ, Sinnesart, Veranlagung, Wesen, Wesensart, Art, Ausdruck, Geist, Inhalt, Kern, Sinn, Wesenheit, Inneres, Wesen, Wesentlichkeit, Hauptsache, wesentlicher Teil, der springende Punkt, Brennpunkt, Gehalt, Seele, Herz, Persönlichkeit, angeborenes Wesen, Gemüt, Temperament, Begabung, Fähigkeit, Gabe, Neigung, Vererbung, Form, Schlag, Menschenklasse, Gattung, Sonderbarkeit, innerliche Beschaffenheit, Geistesrichtung, Gesinnung, Verfassung, Zustand, Hang, Trieb, Empfindung. → Art, Aussehen, Ausdruck. ▶ Äußerlichkeit, Charakterlosigkeit, Schwachheit, Unpersönlichkeit, Urteilslosigkeit, Unvermögen.

charakterfest entschlossen, entschieden, männlich, mutig, beherzt, unbeweglich, unerschütterlich, unveränderlich, beharrlich, zielbewußt, unbeugsam, unerbittlich, hartnäckig, unnachgiebig, gebieterisch, unausweichlich, unwiderruflich, zuversichtlich, felsenfest, fest wie eine Mauer, durch dick und dünn, durch Feuer und Wasser, umsichtig, bedacht, sorgfältig, achtsam, wachsam, weitblickend, besonnen, zurückhaltend, verschwiegen, erwägend, fest, überlegend, unübereilt, ohne Überstürzung, ehrenhaft, rechtschaffen, bieder, auf Ehre, Namen, Ruf halten, sein Wort halten, gewissenhaft, pflichtgemäß, rechtlich, ehrliebend, wacker, brav, aufrecht, ehrbar, gerecht, zuverlässig, beständig, treu, vertrauenswürdig, stubenrein, dicht sein u, glaubwürdig, wahrheitsliebend, offenherzig, treuherzig, wahr, laufrichtig, offen, unverderbt, unverdorben, hochherzig, verläßlich, pünktlich, unbestechlich, achtbar, würdig, unerschütterlich, ehrenfest, geehrt, angesehen. → entschlossen, fest. ▶ charakterlos.

Charakterfestigkeit → Charakterstärke.

Charakterfundament Art, Denkart, Denkweise, Einstellung, Gebaren, Handlungsweise, menschlicher Wert, Mentalität, Seelenverfassung, Weltanschauung. → Denkart. ▶ Charakterlosigkeit, Geistesarmut.

charakterisieren beschreiben, beurteilen, bezeichnen, deuten, kennzeichnen, darstellen, festhalten, abschätzen, begutachten, bewerten, einschätzen, ermessen, erwägen, untersuchen, vergleichen, sichten, sondern, unterscheiden, Bescheid wissen, erkennen, das Kind beim rechten Namen nennen. → beurteilen, detaillieren, deuten. ▶ mißdeuten.

Charakterisierung → Einschätzung.

Charakteristik Eigenart, eigene Art, individuelle Art, persönliche Art, Besonderheit, Eigenheit, eigener Gehalt, Stil, Sonderart, Wesenheit, Ursprünglichkeit. ▶ Allgemeingültigkeit, Mißdeutung, Unpersönlichkeit.

charakteristisch ausgeprägt, bezeichnend, echt, kennzeichnend, typisch, repräsentativ, unterscheidend, ursprünglich. ▶ allgemein, gewöhnlich.

charakterlos gering, mangelhaft, minderwertig, schlecht,

unbrauchbar, untauglich, unvollkommen, wertlos, unergiebig, nichtswürdig, niedrig, unwürdig, unterwürfig, kriechend, kriecherisch, schmarotzerisch, speichelleckerisch, sklavisch, knechtisch, untertänig, hündisch, gemein, verworfen, unredlich, unehrenhaft, nicht vertrauenswürdig, unzuverlässig, wortbrecherisch, unrechtlich, pflichtdienst- und ehrvergessen, unehrlich, schimpflich, schändlich, ehrlos, schurkisch, treulos, verräterisch, ränkevoll, hinterlistig, arglistig, tückisch, heimtückisch, falsch, falschherzig, doppelzüngig, wortbrüchig, eidbrüchig, meineidig, unaufrichtig, unwahr, lügenhaft, lügnerisch, fahnenflüchtig, abtrünnig, schwindlerisch, schwindlermäßig, spitzbübisch, unanständig, unzüchtig, lose, verderbt, entehrend, unehrbar, niederträchtig, erbärmlich, verächtlich, miserabel, elend, feil, käuflich, würdelos, bescholten, anrüchig, übelberüchtigt, unschön, armselig, gaunerhaft, gaunermäßig, niedrig denkend, schuftig, schäbig, schleichend, auf schlechten, bösen, verderbten Wegen, auf abschüssiger Bahn, dem Laster verfallen, fühllos, unzugänglich für die Schande, gegen alle gute Sitte, lasterhaft sein, lästerlich, sündhaft, bösartig, unmoralisch, sittenlos, böse, boshaft, bösherzig, argwillig, gewissenlos, nichtsnutzig, herzlos, tugendlos, schamlos, verbrecherisch, strafbar, strafwürdig, unrecht, schuldig, schuldbeladen, frevelhaft, freventlich, frevelmütig, gesetzwidrig, rechtswidrig, unbillig, bestechlich, jämmerlich, tadelnswert, unrühmlich, verachtungswürdig, abscheulich, häßlich, verhaßt, verflucht, ausgestoßen, verloren, unverbesserlich, unverantwortlich, nicht zu rechtfertigen, nicht zu verteidigen, unsühnbar, unmenschlich, entmenscht, teuflisch, höllisch, erzböse, grundschlecht, verrucht, gebrechlich, schwach, fehlerhaft, unvollkommen, zur Sünde geneigt. → arg, bestechlich, biegsam, buhlerisch.

Charakterlosigkeit → Bestechlichkeit, Falschheit, Unredlichkeit.

Charaktermischung vorherrschender Gemütszustand, Wesensform.

Charakterschwäche → Bestechlichkeit, Falschheit, Unredlichkeit.

Charakterstärke Recht-

schaffenheit, Rechtlichkeit, Ehrenhaftigkeit, Bravheit, Wackerheit, Ehrbarkeit, Biederkeit, Biedersinn, gute Grundsätze, Beständigkeit, Charakterfestigkeit, Treue, Kernhaftigkeit, Gediegenheit, Unangreifbarkeit, Feingefühl, Zartgefühl, Vertrauenswürdigkeit, Zuverlässigkeit, Aufrichtigkeit, Offenheit, Wahrhaftigkeit, Geradheit, Gerechtigkeit, Unbestechlichkeit, Redlichkeit, Ehrlichkeit, Lauterkeit, Gewissenhaftigkeit, Pünktlichkeit, Genauigkeit, Peinlichkeit, Sorgsamkeit, Sorgfalt, Pflichterfüllung, Achtbarkeit, Anständigkeit, Unbescholtenheit. ▶ Charakterschwäche.

charaktervoll tugendhaft, tugendsam, tugendlich, tugendvoll, tugendliebend, tugendreich, tugendeifrig, gut, fromm, verdienstvoll, brav, wacker, bieder, gerecht, rechtschaffen, ehrenvoll, ehrenhaft, pflichttreu, sittlich, sittenfest, bestimmt, gewissenhaft, würdig, lobenswert, erprobt, bewährt, echt, wahr, vortrefflich, ohne Falsch, bewundernswürdig, musterhaft, beispiellos. → bieder, brav. ▶ charakterlos.

Charge Amt, Rang, Grad, Stellung, Würde, Rolle, Pflicht, Dienst, Angelegenheit, Sache, Wirkungskreis, Arbeitsbereich, Machtbereich, Stand, Klasse, Zunft, Kaste, Ladung, Beschickung, → Dienstgrad.

Charitas Mitgefühl, Mitleid, Bedauern, Teilnahme, Anteilnahme, Mitempfindung, Mitleidenschaft, Weichherzigkeit, Gemütsbewegung, Erbarmen, Erbarmung, Barmherzigkeit, Mildtätigkeit, Menschenliebe, Menschenfreundlichkeit, Menschlichkeit, Humanität, Langmut, Duldung, Nachsicht, Schonung, Milde, Huld, Gnade, Vergebung, Tröstung, Beruhigung, Besänftigung, tröstender Zuspruch. ▶ Hartherzigkeit, Mitleidlosigkeit, Teilnahmslosigkeit.

Charite Zuflucht, Zufluchtsort, Schutzdach, Obdach, Unterschlupf, Wohltätigkeitsanstalt, Versorgungshaus, Armenhaus, Waisenhaus, Findelhaus, Kleinkinderbewahranstalt, Kinderhort, Hospiz, Spital, Siechenhaus, Blindenasyl, Krankenhaus.

Charivari sinnlose Einrichtung, Sinnlosigkeit, Verkehrtheit, Durcheinander, Verwirrung, Zerrüttung, Verwickeltheit, Gewirr, Verwicklung, Unruhe, Zerknitterung, Chaos, Hexenküche, polnischer Reichstag, Kraut und Rüben, Katzenmusik, Mißklang, Mißton, Übellaut, Bardengebrüll, Krächzen, Tonverwirrung, babylonisches Durcheinander, Disharmonie, Sprachgewirr, Ohrbeleidigung, Chaos. ▶ Harmonie, Ordnung.

Charlatan → Chauvinist, Schwätzer.

charmant anmutig, angenehm, anziehend, artig, einnehmend, entzückend, freundlich, gefällig, graziös, herzig, hold, holdselig, liebenswürdig, lieblich, liebreizend, nett, niedlich, reizend, schmuck, zierlich, Vergnügen machend, ergötzlich, erfreulich, fröhlich, wohltuend, annehmbar, lieb, willkommen, ansprechend, herzstärkend, erfrischend, den Gefühlen zusagend, süß, köstlich, geschmackvoll, trefflich, herrlich, schön, hübsch, gewinnend, verführerisch, verlockend, bezaubernd, fesch, forsch, fein, himmlisch, wonnevoll, göttlich, wunderbar, sinnberückend, unterhaltend, anregend, prächtig, zart, elegant, anmutsvoll, allerliebst, berückend, bestrickend, wirkungsvoll, sauber, wohlgestaltet, wohlgeformt, abgestimmt, abgerundet, stattlich, schön gebaut, wunderschön, blühend, brillant, leuchtend, glänzend, strahlend, blendend, prachtvoll, bewundernswert, malerisch, künstlerisch, makellos, einwandfrei, tadellos, unentstellt, vollendet, zum Küssen schön, schön wie der anbrechende Tag, wie ein Traumbild. → angenehm, chevaleresk. ▶ geschmacklos, häßlich, unhöflich, unerträglich.

Charme Schönheit, Anmut, Ebenmaß, Eleganz, Grazie, Harmonie, Holdseligkeit, Liebreiz, Pracht, Reiz, Wohlgestalt. → Anmut. ▶ Häßlichkeit.

charmieren → flirten.

chartern *sm* dingen, anstellen, engagieren, heuern, mieten, nehmen, verwenden. ▶ abgeben, vermieten.

Chauffeur Wegfahrer, Fahrer, Automobilfahrer, Steuermann, Pilot, Kutscher, Postillon, Fuhrmann, Lenker. → Arbeitnehmer.

Chaussee Weg, Zufahrt, Hauptstraße, Fahrstraße, Heerstraße, Landstraße.

Chauvinismus Überschätzung, Übertreibung, Lobhudelei, Einbildung, Prahlerei, Großtun, Wichtigmacherei, Dicktuerei, Protzentum, Aufgeblasenheit, leerer Dunst, Gespreiztheit, Flunkerei, Auf-

schneiderei, Ruhmredigkeit, Großsprecherei, leerer Schall, Wortkrämerei, Schwulst, hochtrabendes Wesen, Bramarbasieren, Münchhausiade überspitzte Vaterlandsbegeisterung, Pangermanismus, Panslavismus, Vaterlandspartei, Nationalismus. ▶ Bescheidenheit, Unterschätzung, Weltbürgertum, Zurückhaltung.

Chauvinist Prahler, Prahlhans, Großsprecher, Dicktuer, Wichtigmacher, Aufschneider, Windbeutel, Marktschreier, Flunkerer, Flausenmacher, Maulheld, Scharlatan, Zungenbrecher, Renommist, Münchhausen, Nationalist. ▶ Persönlichkeit, Weltbürger, (bescheidener, zurückhaltender Mensch).

checken kontrollieren. → prüfen.

Chef Befehlshaber, Führer, Gebieter, Haupt, Leiter, Boß, Wortführer, Lenker, Meister, Oberhaupt, Obmann, Vorgesetzter, der Alte, der Olle *u*, Vorstand, Vorsteher, Ratgeber, Berater, Ermahner, Anleiter, Gesetzgeber, Auftraggeber, Schiedsrichter, Offizier, General, Anführer, Generalität, Aufführer, Aufwiegler, Rädelsführer, Truppenführer, Kommandeur, Bandenführer, Häuptling, Minister, Kapitän, Bürgermeister, Schultheiß, Ratsherr, Richter ● Chefin, die Alte, die Olle *u*, Vorsteherin, Leiterin. → Arbeitgeber, Dienstherr, Direktor. ▶ Untergebener.

chevaleresk ritterlich, charmant, beherzt. → artig, charmant. ▶ langweilig, unerzogen, unhöflich.

chic ebenmäßig, geschmeidig. → anmutig, anmutsvoll, charmant, elegant. ▶ anspruchslos, unansehnlich.

Chiffre Geheimzeichen, Kennwort, Merkzeichen, Nummer, Zahl; Ziffer.

Chimäre Nichts, Einbildung, Luftbild, Trugbild, Hirngespinst, Halluzination, Wahnbegriff, Wahnbild, Blendwerk, Selbsttäuschung, Einbildung, Phantasie, Vorstellung, Träumerei, Verzückung, zweitesGesicht, Sinnestäuschung, Fieberwahn, Täuschung, Ausgeburt der Phantasie, Dunstbild, Zauberland, Luftschloß, Utopie, Überspanntheit ● Seeungeheuer. ▶ Wirklichkeit.

Chiromantie → Aberglaube.

chloroformieren → betäuben.

chockieren → anstoßen.

Choleriker Hitzkopf, Brausekopf, Heißsporn, Spautzteufel, Kampfhahn, Krakeeler, Widerspruchsgeist, Keiferer,

Zankeisen, altes Reibeisen. → Blut heißes, Brausekopf. ▶ Lamm frommes (Gemütsmensch, Phlegmatiker).

cholerisch aufbrausend, auffahrend, aufgeregt, heißblütig, hitzig, hitzköpfig, jähzornig, heißes Blut in den Adern haben, leidenschaftlich, heftig, zornig, erzürnt, grimmig, aufgebracht, erhitzt, gereizt, erbittert, grollend, mißlaunig, mißgestimmt, mißmutig, übellaunisch, unwirsch, barsch, mürrisch, verdrießlich, verstimmt, wütend. → erregbar, Fassung verlieren die. ▶ gleichmütig, leidenschaftslos, phlegmatisch, verträglich.

Chor Gruppengesang, Gemeinschaftsgesang, Kirchengesang, Gesang, Gesangverein, Kirchenlied (Choral).

Chose *s* → Ding.

Chrie Hauptgedanke, Leitgedanke, Grundgedanke, Motiv, Vorschlag, Antrag, Anweisung, Beschluß, Aufklärungsarbeit.

Christabend Anbetung, Verherrlichung, Verehrung, Lobpreisung, Weihnachten, Heiliger Abend, Christmas.

christlich gläubig, rechtgläubig, religiös, glaubenstreu ● hilfsbereit, dienend, nächstenliebend, gottgefällig, menschlich.

Christmonat Christmond, Christzeit, Dezember, Weihnachtsmonat, Heilige Zeit.

Christmond Weihnacht, Christzeit. → Christmonat.

Christus Gott, der Herr, der Allmächtige, das höchste Wesen, Gottheit, Göttlichkeit, Allmacht, Vorsehung, Urquell alles Seins, Schöpfer, Beseliger aller Dinge, Herrscher, Erhalter, Ernährer, König, Allgebieter, Unendlicher, Ewiger, Allmächtiger, Allweiser, Allgütiger, Allerbarmer, Einziger, Anfang und Ende, Vollkommenheit, unendliche Macht, Weisheit, Güte, Gerechtigkeit, Wahrheit, Gnade, Barmherzigkeit, Allwissenheit, Allgegenwart, Ewigkeit, Unverständlichkeit, Heiligkeit, Sohn Gottes, Sohn Davids, Gottmensch, Übermensch, Christkind, Jesus, Gesalbter, Heiland, Messias, Lamm Gottes, Fleischwerdung, Imanuel, Friedensfürst, der gute Hirte, Vermenschlichung, Menschwerdung, Erlöser, Befreier, Versöhner, Beglücker, Beschützer, Beschirmer, Mittler, Tröster, Seligmacher, Richter, Auferstehung, höheres Wesen, Geist.

Christzeit → Christmonat, Christmond.

Chronik Almanach, Annalen, Kalender, Tagebuch, Überlieferung, Zeitbuch, Zeitabschnitt, Register, Zeiteinteilung, Zeitspanne, Zeitenfolge, Nachricht, Meldung, Anzeige, Kunde, Botschaft, Bericht, Urkunde, Gedächtnistafel, Gedenktafel, Notiz, Protokoll, Dokument, Beschreibung, Verzeichnis, Zeitgeschichte, Denkmal, Lebensbeschreibung, Aufzeichnung, Erinnerung, Memoiren, Schilderung, Angabe, Geschichte, Darstellung, Wiedergabe, Lebenserinnerung, Lebenslauf, Erlebnisse. → Denkschrift.

chronisch anhaftend, bleibend, dauerhaft, dauernd, eingewurzelt, fortgesetzt, langsam verlaufend, langwierig, schleichend, schleppend, beständig, unvergänglich, unzerstörbar, unwandelbar, beharrlich, unaufhörlich, unablässig, lang, immerfort, immerwährend, in einem fort, jahraus-jahrein. ▸ akut, vergänglich, vorübergehend.

Chronist → Berichterstatter.

Chronologie Zeitrechnungskunde, Zeitkunde, Zeitforschung, Zeitfolge, Zeitbestimmung.

chronologisch im Stundenmaß, nach der Zeit geordnet, nach Zeitabschnitten, zusammenhängend, ununterbrochen, anhaltend, beständig, unaufhörlich, stetig, immerfort, fortwährend, stufenweise, Schritt für Schritt, nach und nach, der Reihe nach, geordnet, regelmäßig, zeitlich, zu einer bestimmten Zeit. ▸ regellos.

Chuzpe → Frechheit.

Cicerone Leiter, Meister, Führer, Lehrherr, Lenker, Leithammel, Fremdenführer, Bärenführer, Anführer.

Circe Kirke, Sirene, Vamp, Kokotte, Hetäre, Messalina ● Zauberin, Verführerin.

cirka unbestimmt, ungefähr, bei weitem, annähernd, angrenzend, annähernd, annäherungsweise, anliegend, beinahe, nahezu, bald, fast, schier, beiläufig, gegen, etwa, um ein Haar, dicht auf der Ferse. ▸ bestimmt, genau.

Cirkular (Zirkular) Bekanntmachung, Verkündigung, Kundmachung, Bekanntgabe, Erlaß, Veröffentlichung, Ankündigung, Nachricht, Kunde, öffentlicher Ausruf, Verbreitung, Umlauf, Bericht, Ausrufung, Rundschreiben, Runderlaß, Verordnung, Verfügung, Umlaufschreiben, Ausschreiben, Ausgabe, Fragebogen, Vordruck.

City Hauptstadt, Metropole ●

Stadtzentrum, Stadtmitte, Innenstadt.

Civis *m* → Bürger.

Claqueur (Klaqueur) Lobpreiser, Beifallspender, Lobredner, Ruhmverkünder, Beifallklatscher, Lobhudler, Reklamemacher, Marktschreier, gedungener Beifallklatscher.

Clerk → Arbeitnehmer.

Clinch Umklammerung, Konflikt.

Clique (Klike) Claque, Anhang, Bande, Schwefelbande, Rasselbande, Schweinebande *u,* Saubande *u,* Sauhaufen *u,* Gruppe, heimliche Interessengruppe, Kamarilla, Klüngel, Sippe, Sippschaft, Mischpoke *u,* Schutz- und Trutzbündnis, Vereinigung, Gesellschaft, Gemeinschaft, Klub, Verband, Verbindung, Kaste, Horde, Trupp, Schar, Haufe, Schwarm, Rotte, Bagage, Blase *u,* Geschmeiß, Brut, Gelichter, Mannschaft, Verein. → Anhang, Bande. ▸ Gegnerschaft, (selbständige Persönlichkeit).

Clou Gipfel, Glanzpunkt, Hauptanziehung, Hauptereignis, Höhepunkt. → Ausbund. ▸ Mittelmäßigkeit, Nichts.

Clown → Spaßmacher.

Club (Klub) → Clique.

Coda (Koda) Ende, Schluß, Beendigung, Abschluß, Beschluß, das Letzte, das Äußerste, Grenze, Fertigstellung, Vollendung, Endergebnis, Ausgang, Nachspiel, Schlußstein, Ziel, Finale, Nachspiel.

Codex (Kodex) Gesetzgebung, Gesetz, Rechtssatzung, Grundsatz, Rechtsspiegel, Verfügung, Erlaß, Gebot, gesetzliche Form, Gesetzbuch, Rechtssatzung.

Coiffeur Haarpfleger, Friseur, Handpfleger, Haarkünstler. → Bader, Barbier.

College höhere Schule.

Colonnade (Kolonnade) Säulengang, Säulenhalle, Säulenverkettung, Säulenzug, Nacheinanderfolge, Aufeinanderfolge, Reihe, Arkaden.

Coma (Koma) Empfindungslosigkeit, Schlafsucht, Unempfindlichkeit, Eindrucklosigkeit, Stumpfheit, Gefühllosigkeit, Starrsucht, Lähmung, Betäubung, bleierner Schlaf, Schläfrigkeit, Leblosigkeit, Unbeweglichkeit, Erschlaffung, Abgespanntheit, Ermüdung, Mattigkeit, Dusel, Scheintod, Ohnmacht, Bewußtlosigkeit. ▸ Lebenskraft.

coma (koma) unempfindlich, empfindungslos sein, betäubt, starr, totengleich, totenähnlich, scheintot, besinnungslos, bewußtlos, abgestumpft. ▸ lebendig.

Comeback *M* Wiederauftreten. → Rückkehr, Wiederkehr.

Commis (Kommis) Diener, Untergebener, Untertan, Untergeordneter, Abhängiger, Gesinde, Gesellschafter, Begleiter, Handreicher, Aufwärter, Bursche, Gehilfe, Assistent, Höfling, Kammerherr, Kammerdiener, Lakai, Leibjäger, Dienstbote, Mietling, Lohndiener, Knecht, Handlanger, Zuträger, Tagelöhner, Treiber, Türsteher, Bürodiener, Ladendiener, Beschließer ● Geschäftsreisender, Reisonkel, Handlungsreisender ● Heer, Soldatenstand, Barras, die Preußen *u.*

Communiqué → Benachrichtigung.

Compendium (Kompendium) Abriß, kurzes Lehrbuch, Gedrängtheit, Auszug, Abkürzung, Kürzung, Zusammenpressung, Zusammenziehung, Leitfaden, Handbuch, Übersicht, Übersichtstafel.

Complice (Komplize) Helfer, Helfershelfer, Unterstützer, Diener, Beistand, Gehilfe, Partner, Mitarbeiter, Verbündeter, Bundesgenosse, Mitspieler, Mitkämpfer, Vertrauter, Genosse, Mitbruder, die rechte Hand, Anhänger, Nachfolger, Beteiligter, Spießgeselle, Mitschuldiger, Gefährte, Marionette, Trabant. ▸ Gegner.

Computer Rechner, Elektronenrechner, Rechenmaschine.

Comte → Adel.

Comtesse → Adel.

Conferencier Ansager, Unterhalter, Spaßmacher.

Confitüre (Konfitüre) Süßigkeit, Kandiszucker, Sirup, Honig, Zuckerwerk, Backwerk, Eingemachtes, kandierte Früchte, Fruchtbonbon, Näscherei, Plätzchen, Guß, Jam, Marmelade.

Congestion (Kongestion) Blutandrang, Überfluß, Überfülle, Andrang, Überschuß, Übermaß, Anhäufung, Anschwellung, Wassersucht, Schwulst, Erguß, Schwall, Überflutung, Guß.

Conglomerat (Konglomerat) Verdickung, Verhärtung, Verkittung, Gemisch, Gemenge, Klumpen, Haufen, Geröll. ▸ Grundelement, Zerfall.

Consilium (Konsilium) → Besprechung.

Container → Behälter.

contra (kontra) entgegengesetzt, verschieden sein, abstechend, widersprechend, zuwiderlaufend, in sich uneins, zuwider, entgegen, dagegen, verkehrt, gegenläufig, auseinander, divergierend, divergent, konträr, wie Tag und Nacht, wie schwarz und weiß, ganz im Gegenteil, gegenüber, gegnerisch, gegen, wider. ▶ dafür, Hand in Hand.

Convention (Konvention) Übereinkunft, Abkommen, Vereinbarung, Vertrag, Einvernehmen, Abmachung, Bestimmung, Festsetzung, Verabredung, Verhandlung, Genehmigung, Bestätigung, Unterzeichnung, Vollzug, Abschluß.

coram publico vor aller Welt, vor allem, im Öffentlichen, vor allen Menschen, vor der öffentlichen Meinung, öffentlich. ▶ heimlich.

cordial (kordial) freundschaftlich, freundlich, befreundet, brüderlich, einträchtig, einig, harmonisch, zugeneigt, zugetan, wohlwollend, herzlich, vertraulich, auf dem Fuße, gut, bekannt, vertraut, intim. ▶ uneinig, unfreundlich, zurückhaltend.

Corona (Korona) Kranz, Krone, Heiligenschein, Kreisform, Strahlengebilde um die Sonne, Stirnband, Diadem, Blumengewinde, Sonnenrad, Kreis, Runde, Rundheit, Strahlenkegel, Sonnenring, Strahlenkranz, Ausstrahlung, Gloriole.

Corso (Korso) Schau, Ausstellung, Schaustellung, Prunkentfaltung, Farbenglanz, Festlichkeit, Bühnenschau, große Auffahrt, Schaufahrt.

Cottage Landhaus, Chalet, Häuschen, Gartenhaus.

Countdown Startzählung, Herunterzählen zum Start.

Coup glücklicher Fang, Gewaltstück, Meisterstreich, Stoß, Streich, großes Unternehmen, Schlag. ▶ Mißerfolg.

Coupon (Kupon) Abschnitt, Rentenschein, Zinsschein, Zuweisung, Anweisung, Teil, Anteil, Portion, Zinsanweisung, das Zugewiesene, Prämie, Papier. → Anteil.

Cour schneiden jemandem den Hof machen, verehren, bewundern, vergaffen in, bezaubern, entzücken, berücken, blenden, betören, den Kopf verrücken, verdrehen, ins Netz locken, die Sinne verwirren, lieb Kind sein, in Gunst kommen, sich in das Herz einschleichen, sich einschmeicheln, um Liebe werben, Gunst suchen, schön tun, hofieren, kokettieren, flirten, den Liebenswürdigen spielen, Fensterpromenade machen, sich die Augen aus dem Kopf sehen. ▶ verabscheuen.

Courage (Kourage) Mut, Schneid, Tapferkeit, Wage-

mut, Beherztheit, Kühnheit, Entschlossenheit, Unerschrockenheit, Zivilcourage, Furchtlosigkeit, Tollkühnheit, Verwegenheit, Unverzagtheit, Verzweiflungsmut, Männlichkeit, Standhaftigkeit, Festigkeit, Heldensinn, Männerherz, Mannesmut, Löwenmut, Heldenhaftigkeit, Todesverachtung, Kriegsmut, Schlachtenmut. ▶ Angst.

Courmacher (Kurmacher) Bewunderer, Anbeter, Verehrer, Bewerber, Hofmacher, Courschneider, beständiger Begleiter. → Draufgänger.

Courschneider (Kurschneider) → Courmacher.

Courschneiderei (Kurschneiderei) Höflichkeit, Wohlerzogenheit, Artigkeit, Liebenswürdigkeit, Dienstbeflissenheit, Dienstfertigkeit, verbindliches Wesen, Galanterie, Komplimente, Schmeichelreden, Schmeichelworte, süße Worte, Hofmacherei, Kratzfuß, Katzenbuckelmacherei, Buckelkrümmung, Untertänigkeitsbezeugung. → Courschneiden. ▶ Verachtung.

Courtisane (Kurtisane) Allerweltsliebchen, Allermannsliebchen, liederliches Frauenzimmer, Verlorene, Gefallene, Geschändete, Entehrte, Entjungferte, Prostituierte, Dirne, öffentliche Person, Freudenmädchen, Straßenmädchen, feiles Mädchen, Liebedienerin, Buhlerin, Halbweltdame, Konkubine, Geliebte, Liebchen, Kokette.

Cousin (Kusin) → Anverwandte.

Cousine (Kusine) → Anverwandte.

Couvert (Kuvert) Besteck, Gedeck ● Decke, Deckel, Hülle, Einschlag, Umschlag, Verpackung, Umhüllung, Überzug, Briefumschlag, Einband.

Crew Gruppe, Besatzung, Mannschaft.

cum grano salis mit einem Körnchen Salz ● Verstand, Abwägung, Vorbehalt, Verwahrung, nicht genau wörtlich, richtig verstanden.

Curriculum vitae Lebenslauf, Lebensabriß, Lebensgeschichte.

Cutter m Schnittmeister.

Cyklon Wirbelsturm, Wirbel, Strudel, Wirbelwind, Wasserhose, Tiefdruckgebiet ● Winde, Windung, Fliehkraftsstaubsammler, Durchgasungsmittel bei der Schädlingsbekämpfung.

cynisch herabwürdigend, erniedrigend, unterschätzt, ungeschätzt, ungewürdigt, verächtlich, gemein, boshaft, tückisch, eingebildet, bissig, verletzend, höhnisch, hämisch,

schadenfroh, schnippisch, schnöde, ironisch, schmählich, niederträchtig, verworfen, peinigend. ▶ nachsichtig, schonungsvoll.

Cynismus Mißachtung, Geringschätzung, Unausstehlichkeit, Verschmähung, Verächtlichkeit, Schmählichkeit, Gemeinheit, Hohn, Verhöhnung, Verworfenheit. ▶ Schonung, Verherrlichung.

D

D-Bank → Bank.

da als, dieweil, indem, unterdessen, während, währenddessen, währenddem, sobald, solange, nachdem, wenn, zur selben Zeit, zugleich, weil, also, wegen, deshalb, deswegen. → als, anwesend, behufs, dadurch, darum, daselbst, denn, deshalb, dort. ▶ einstens, fort, keineswegs.

da sein → aufhalten sich, auftauchen.

dabei nahe, angrenzend anliegend, anstoßend, benachbart, daneben, dicht, gegenüber, nächst, neben, nebenan, in nächster Nähe, hinzugefügt, dazu, zudem, des weiteren, fernerhin, auch, noch, anwesend, gegenwärtig, zugegen, vorhanden, greifbar. → angrenzend, bei, beiläufig, daselbst, dazu, ferner, dort. ▶ abwesend, außer.

dabei bleiben fortsetzen, fortfahren, beharren, fortdauern, aushalten, anhalten, bleiben, verweilen, fortführen, forthandeln, wiederholen, den Zweck nicht aus dem Auge verlieren, den Willen durchführen, einer Sache treu bleiben, sich hingeben, widmen, nicht aufgeben, nicht nachlassen, nicht abwendig werden, fest bleiben, unveränderlich festhalten, auf seinem Willen beharren, sich auf etwas versteifen, den Kopf darauf setzen. → behaupten, bestehen auf. ▶ abschwören.

dabei sein → bekümmern.

Dabeistehender Beobachter, Anwesender, Augenzeuge, Betrachter, Lauscher, Zeuge, Zuschauer, Späher, Spion, Nebenstehender, Kundschafter. → Beobachter.

dableiben → bleiben.

da capo → abermals, bis, bravo.

Dach → Aufsatz, Bedeckung.

Dach und Fach, unter in Sicherheit, in Nummer Sicher u, in Gefahrlosigkeit, in Schutz, in Gewahrsam, unter Aufsicht, in Verwahrung, in Bewachung, unter Vorsicht, in Schirm und Schutz, in Dekkung. ▶ Risiko, Unsicherheit.

Dach steigen, auf das bereden, beeinflussen, bestimmen, auf jemanden einwirken, anraten, anempfehlen, eindringen, aufdringen, einstürmen auf, vorschreiben, überreden, anhalten zu, zureden, überzeugen, jemandem seine Meinung sagen, heißen, gebieten, erzwingen ● mißbilligen, mäkeln, bekritteln, kritisieren, Unzufriedenheit äußern, Mißbilligung zeigen, Einspruch erheben, nicht einverstanden sein, sich erklären, gegen Anstoß nehmen, Vorbehalte machen, Einwendungen machen, verbessern, Fehler aufsuchen, hofmeistern, ausschimpfen, tadeln, rügen, verurteilen, verwerfen, angreifen, anfechten, die Schuld zuschreiben, anklagen, bloßstellen, Vorwürfe machen, mahnen, verweisen, ins Gewissen reden, vor Augen halten, schelten, losfahren, abkanzeln, anschnauzen, auszanken, anfahren, heruntermachen, zur Rechenschaft ziehen, ein Hühnchen rupfen, einem die unverblümte Wahrheit ins Gesicht sagen, einen Denkzettel geben, sein Fett geben, den Marsch blasen, den Kopf waschen, nicht hinter dem Berg halten, eine Pille zum Schlucken geben, ins Gebet nehmen, den Kopf zurechtsetzen, die Leviten lesen, Gardinenpredigt halten, den Standpunkt klarmachen, auf die Finger schauen, eines Besseren belehren, bestrafen. ▶ abraten, billigen, loben.
Dachgesellschaft → Bund.
Dachkammer → Abstellraum.
Dachpappe → Bedeckung.
Dachtel → Bestrafung.
dachteln → bestrafen.
dadurch daher, also, darum, demgemäß, demzufolge, deshalb, deswegen, dieserhalb, folglich, aus diesem Grunde, infolgedessen, mithin, somit, sonach, demnach, zufolge, indem, da, weil, wegen, denn, darausfolgend, durch. → also, daher, darum, deshalb. ▶ folgewidrig, warum.
dafür einverstanden sein, eins für das andere, einer Meinung sein. → anstatt, eins für das andere, Ermangelung in. ▶ dagegen.
Dafürhalten Meinung, Begriff, Ansicht, Auffassung, Gutachten, Überzeugung, Vermutung, Annahme, Anschauung, Anhaltspunkt. → Denkart.
dafür halten annehmen, zu-

geben, billigen, gutheißen, zustimmen. → anerkennen. ▶ ablehnen, widersprechen.
dafür sein → befürworten.
dagegen aber, allein, dennoch, doch, freilich, jedoch, indessen, zwar, entgegen, zuwider, entgegengesetzt, ganz im Gegenteil, nichtsdestoweniger, demungeachtet, obgleich, obwohl, obzwar, wenn auch, wiewohl, wenngleich, indessen, trotz, immerhin, sogar, jedenfalls, unter allen Umständen, unter jeder Bedingung, obschon. → aber, allein, contra, dennoch, eins für das andere. ▶ behilflich, einig, dafür, demnach.
dagegenhalten → einwenden.
dagegen sein → ablehnen.
dagewesen, alles schon → alt, altbekannt.
dagewesen, noch nie → einmalig.
daheim anwesend sein, im Raume befindlich, gegenwärtig, zuhause, ansässig, zugegen, einheimisch, seßhaft, angesessen, heimatberechtigt, gebürtig, wohnhaft, innehabend, eingebürgert, eingewurzelt, angestammt, beheimatet, herstammend, häuslich, darinnen, im Kreise der Seinigen, im Schoße der Familie ● behaglich, gemütlich, lauschig, zufrieden, angenehm, im trauten Kreise der Seinen, im traulichen Heim, sich zu Hause fühlen, in seinem Element sein, bequem. → dort, drinnen. ▶ abwesend, auswärts, ungemütlich.
daher also, dadurch, darum, demgemäß, demzufolge, deshalb, deswegen, dieserhalb, folglich, aus diesem Grunde, infolgedessen, mithin, somit, sonach, eben, demnach, folgerichtig, denn, weil, solchermaßen, in Anbetracht, danach, endlich, schließlich, im ganzen genommen, vermöge. → also, dadurch, daraus, darum, dementsprechend, demzufolge, denn, deshalb, folglich. ▶ folgewidrig, warum.
daherkommend → erfahrungsgemäß.
daherschießen → besessen, einstürmen.
dahin vormals, vorüber, ehedem, seither, vordem, zuvor, unlängst, jüngst, ehemals ● zerstört, vernichtet, vertilgt, aus dem Wege geräumt, verschwunden, verloren, aufgegeben, erledigt, fortgebracht, weggelegt, anderswo, anderwärtig, anderwärts, abgereist, weg, davon, über alle Berge, abhanden, ade, auf Nimmerwiedersehen. → ab, angeschlagen, fern, fort. ▶ anwesend, einträglich, ganz, künftig.

dahindämmern → Besinnung ohne sein, verdummen.
dahingegangen vergangen, verflossen, verloren, eingebüßt, abgelaufen, passé. → abgeschieden, verblichen, tot. ▶ anwesend, künftig.
dahingestellt fraglich, unentschieden, offenstehend, streitig, zweifelhaft, faul u, das kommt mir spanisch vor, nicht glaubwürdig, bedenklich, verfänglich, widersprechend, unglaublich, unbegreiflich, ungewiß, unbestimmt. → dehnbar, diskutierbar, ungewiß. ▶ tatsächlich, wahr.
dahinschießen → durcheilen.
dahinschwinden→verschwinden.
dahinschwirren → eilen.
dahinstürmen → durcheilen.
dahinter abschließend, endend, beschließend, schließlich, hinten, hintenher, rückwärts, am Ende stehend. ▶ vor, voran, vorher.
dahinterkommen entdecken, aufdecken, aufzeigen, entschleiern, entlarven, demaskieren, entpuppen, die Maske herunterreißen, → ausfindig machen, bloßlegen, ergründen das Geheimnis, wahrnehmen. ▶ Grube fallen in die, verrechnen sich.
dahinter machen → Dampf dahinter machen.
Dalles u → Armut.
dalli schnell, fix, hopp hopp, tempo.
damalig → vergangen.
damals dann, sodann, zu jener Zeit, als, einst, einstens, nach Jahr und Tag, einstmals, gelegentlich, worauf, früher, neulich, kürzlich, vormals, ehedem, vordem, zuvor, unlängst, jüngst, in verflossenen Tagen, zu Olims Zeiten, vorgestern. → als, dann, ehedem, einmal, früher, vorher. ▶ jetzt, künftig.
Dame → Frau.
Dämel → Banause.
damenhaft → vornehm, weiblich.
damisch u → albern.
damit hinzugefügt, beigeschlossen, beiliegend, beifolgend, ergänzend, anknüpfend, noch, dazu, ferner, weiter, eingeschlossen, darum, deshalb, deswegen, weil, um zu. → darum, deshalb, wegen. ▶ abzüglich, fehlend, gesondert, möglich.
dämlich → albern.
Damm Verschanzung, Umwallung, Ring, Abdämmung, Deich, Wall, Wehr, Eindämmung, Barrikade. → Allee, Beschwernis, Weg.
Damm sein, auf dem gesund sein, sich wohl befinden, blühen, strotzen, aussehen wie Milch und Blut, erstarkt,

wieder hergestellt, geheilt, munter, hell, pudelwohl, frisch, rüstig, kerngesund, unverwüstlich, frischfarbig, rosenwangig, wie ein frischer Apfel, wie der Fisch im Wasser, tätig, geschäftig, munter, rührig, vorwärtsstrebend, fleißig, regsam, erwerbsam, betriebsam, ruhelos, rastlos, beweglich. ▶ krank.
dämmen → absperren.
Dämmer Dämmerlicht, Dämmerung, Düsterkeit, Halbdunkel, Halblicht, Verschwommenheit, Zwielicht, Schummer, Dämmerschein, Verfinsterung, Verdunkelung, Beschattung, Verlöschung, Nebelhaftigkeit, Frühstunde, Tagesanbruch, Morgengrauen, Morgendämmerung, Morgenanbruch. ▶ Helligkeit.
dämmerig düster, trübe, glanzlos, gebrochen, blind, matt, fahl, bleifarbig, verschwommen, unklar, nebelig, dunstig, undurchsichtig. → dämmernd, dunkel. ▶ hell.
Dämmerlicht → Dämmer.
dämmern ahnen, fürchten, hellsehen, vermuten, vorausfühlen, voraussehen, vorhersehen, ungewiß sein, schwanken, zaudern, unschlüssig sein, im finstern tappen, ein Licht aufgehen ● dunkeln, finstern, düstern, sich überwölken, sich verdüstern, sich verfinstern ● anbrechen (Morgen), tagen. → ahnen, anfangen, auftauchen, dunkel. ▶ hell werden, wissen.
Dämmerschein → Dämmer.
Dämmerstündchen Abendstunde ● Mußezeit, freie Zeit, Ruhezeit, Feierabend, Freizeit, Erholungszeit, Nichtstun, Behagen. → Abend, Feierabend. ▶ Anstrengung, Arbeit.
Dämmerstunde → Abend.
Dämmerung Morgen, Frühe, Frühstunde, Morgengrauen, Morgenrot, Morgenstunde, Tagesanbruch. → Dämmer. ▶ Helligkeit.
Dämmerzustand Ungewißheit, Unentschiedenheit, Zweifelhaftigkeit, Unschlüssigkeit, Unsicherheit, Unbestimmtheit, Zweideutigkeit, Doppelsinn, dunkler Punkt, Rätselhaftigkeit ● dämmernde Erinnerung, Traum, Alpdruck, ohne Besinnung, Verwirrung. ▶ Gewißheit.
Damoklesschwert → Bedrohung.
Dämon Geist, Wildheit, Rachegott, Übermacht, Seelenherrschaft, Willensbeherrschung, Hypnose, Übeltäter, Zerstörer, Verderber, Unglückstifter, böser Geist, Teufel, gefallener Engel, Bewohner der Hölle, Satan, Luzifer,

Beelzebub, Widersacher, Versucher, der Leibhaftige, Drache, Pferdefuß, Bösewicht, Verbrecher, Erscheinung, Spuk, Überirdisches, Ungeheuer, Unhold, Rübezahl, Berggeist, Alraun, Alp, Zaubergeist, Höllenwesen, Höllenwerk, Höllenspuk. → Bedrücker, Bestie. ▶ Geist guter.
Dämonenglaube → Aberglaube.
dämonisch dunkel, ungewiß, rätselhaft, traumhaft, teuflisch, diabolisch, höllisch, satanisch, schlecht, niederträchtig, infam, heißblütig, leidenschaftlich, gewalttätig, ungestüm, zügellos, glühend, grimmig, verrückt, wahnsinnig, unmenschlich, bestialisch. → bestialisch, böse, diabolisch, übersinnlich. ▶ menschenfreundlich.
Dampf → Brodem, Dunst.
Dampf dahinter machen, (setzen) in Bewegung setzen, antreiben, vorwärtsbringen, vom Fleck befördern, beschleunigen, Feuer dahinter machen, alle Hebel in Bewegung setzen, seine Zeit verbringen mit, fortschreiten, kurzen Prozeß machen, ohne Umstände zugreifen, die Zeit ausnützen, keine Arbeit scheuen, sich befassen mit, überhasten, sich übereilen, nach etwas jagen, sich beeilen, einem Beine machen, anspornen, aneifern, ermuntern, aufmuntern, anhalten zu, betreiben, überstürzen, auf den Hacken sein, hinter etwas haken, sich hinter etwas klemmen u, auf den Schwung bringen, auf den Trab bringen. ▶ abwarten, hemmen, verzögern.
Dampfbad → Bad.
dampfen fahren, befahren ● warm, heiß sein, glühend, schwitzen, rauchen, kochen, sieden, glimmen, flammen, brennen, aufflackern, wallen, brodeln, versengen, verdunsten, ausströmen, verflüchtigen, verdampfen. → fahren, wärmen. ▶ frieren, abkühlen, kondensieren.
dämpfen abschwächen, beruhigen, eindämmen, lindern, mäßigen, mildern, stillen, unterdrücken, zügeln, zurückhalten, beschwichtigen, begütigen, erweichen, bezähmen, bezwingen, beherrschen, hemmen, abstumpfen, zähmen, Öl auf die Wogen gießen, zur Vernunft bringen, Frieden stiften, zum Schweigen bringen, den Mund verstopfen, das Wort entziehen, die Rede abschneiden, die Worte abmessen. → abkühlen, abwenden, aufhalten,

bändigen, begütigen, beherrschen sich, bekämpfen, besänftigen, beschneiden, betäuben, bezähmen, dazwischentreten, dünsten, eindämmen, einschläfern, zubereiten. ▶ lärmen, toben, verstärken.
dämpfen, das Feuer löschen, auslöschen, unterdrücken, ausblasen, abblasen, ausgehen lassen, eindämmen ● abschwächen, beruhigen, mäßigen, stillen, zügeln, hemmen. → dämpfen. ▶ anstecken, aufbrausen.
dämpfen, die Stimme lispeln, flüstern, säuseln, leise, sprechen, murmeln, summen, zischeln, schwirren, erstickt reden, gedämpft reden, unterdrückt reden, mit verhaltenem Atem reden, kaum hörbar sprechen, stillsein, unvernehmlich sprechen, abschwächen, mäßigen, zurückhalten, hemmen, beruhigen. ▶ lärmen.
dämpfen, den Ton → dämpfe die Stimme.
Dampfer → Fahrzeug (Wasser-), Schiff.
dampfförmig verdampft, flüchtig, dunstartig, gasförmig, luftförmig. → dunstförmig.
dämpfig → dumpf.
Dampfschiff → Fahrzeug (Wasser-).
Dämpfung Gedämpftheit, Dumpfheit, Stille, Summen, Flüstern, Wattierung, Wispern, Gesäusel. ▶ Lärm, Verstärkung.
Dampfwagen → Fahrzeug (Schienen-).
danach nachfolgend, nachkommend, folgend, nachstehend, wie folgt, nächst, zunächst, nach, nachdem, hinter, darauf, später, schließlich, letzteres, der Reihe nach, nachher, später, darauf, worauf. → nachher. ▶ jetzt, sofort.
Danaergeschenk Falle, Fallstrick, Fallnetz, Garn, Lockvogel, Hinterhalt, Lauer, Listigkeit, Arglist, Hinterlistigkeit, Doppelzüngigkeit, Hintertüre, Überlistung, Falschheit, Truggewebe, Umgarnung, Übertölpelung, Schleichweg. ▶ Aufrichtigkeit, Offenheit.
Dandy Geck, Stutzer, Elegant, Gigerl, Modeherrchen, Modenarr, Modepuppe, Zierpuppe, Ziernarr, Zierbengel, Zieraffe, Kleidernarr, Salontiroler, Fatzke u, feines Luder oder Aas u, Playboy M, Gent.
daneben außerdem, beiläufig, nebensächlich, des weitern, ferner, obendrein, weiter ● dicht, benachbart, anstoßend, angrenzend, nebenan,

gegenüber, nebenbei, beisammen, zusammen, anliegend, aneinandergereiht, seitwärts, seitlich, seitab, längsseits, jenseits, drüben, diesseits, abseits. → abseits, an, dicht dabei, diesseits, nahe, seitlich. ▶ abzüglich, auseinander, fern, innerhalb, ständig.

danebengehen → mißlingen.

danebenhauen → irren sich.

Dank Dankbarkeit, Dankgefühl, Erkenntlichkeit, Erinnerung, Anerkennung, Dankempfindung, Danksagung, Lob, Preis, Dankgebet, Vergütung, Belohnung, Entlohnung, Vergeltung, Gegenleistung, Erwiderung, Entgelt, Geschenk, Gabe, Entschädigung, Genugtuung. ▶ Undank.

Dank aussprechen → danken.

Dank, schnöder Undank, Dank der Welt, Eselstritt, Undankbarkeit. ▶ Dank.

Dank zollen → danken.

dank → anläßlich, durch, vermittels.

dankbar dankbeflissen, dankbereit, dankeifrig, dankerfüllt, dankpflichtig, dankwillig, erkenntlich, verbunden, verpflichtet, zugetan, dankenswert, anerkennenswert, erinnerungswert, stets daran denkend, erinnern, unvergeßlich sein, unverwischbar sein, unauslöschlich bleiben ● ersprießlich, lohnend, nützlich, gewinnbringend, vorteilhaft, ergiebig, einträglich, verdienstlich. → ausgiebig, dankenswert, ergiebig, erkenntlich, lohnend. ▶ undankbar.

Dankbarkeit Anerkennung, Dankgefühl, Erinnerung, Erkenntlichkeit, Gefühl der Verpflichtung, Verbundenheit. → Anerkennung, Dank, Erkenntlichkeit. ▶ Undankbarkeit.

dankbeflissen → dankbar.

dankbereit → erkenntlich.

dankeifrig → dankbar.

Dankempfindung → Erkenntlichkeit.

danken erkenntlich sein, dankbar sein, anerkennen, sich zu Dank verpflichtet fühlen, verpflichtet sein, verbunden sein, Dank aussprechen, Dank bekunden, Dank zollen, in Dankesworten sich ergießen, Gott loben, den Himmel preisen, seinem Schicksal danken, belohnen, lohnen, schadlos halten, vergelten, auszeichnen, ehren. → anerkennen, bedenken, belohnen, erkenntlich zeigen. ▶ dankvergessen (sein).

danken, nichts zu keine Ursache, bitte sehr, nicht um die Welt, dankend zurückgewiesen, dies ist selbstverständ-

lich, gern getan, schon gut.

dankenswert dankbar, dankerfüllt, erkenntlich, verpflichtet, verbunden, dankwillig, dankeifrig, dankbeflissen, dankbegierig, dankbereit, sehr verbunden, zugetan ● lohnend, fruchtbar, ergiebig, dienlich, empfehlenswert, ersprießlich, günstig, vorteilhaft, nützlich. → dankbar. ▶ dankvergessen.

dankerfüllt → dankbar, erkenntlich.

Dankeszoll → Anerkennung, Gegenleistung.

Dankgefühl → Dankbarkeit.

dankpflichtig → dankbar.

danksagen → beten.

Danksagung → Dank, Erkenntlichkeit.

dankvergessen undankbar, danklos, unerwidert, unerkenntlich, undankt, schlecht vergolten, übel belohnt. ▶ dankbar.

dankwillig → dankbar, erkenntlich.

dann sodann, damals, flugs, worauf, zu jener Zeit, einstmals, alsdann, ein andermal, manchmal. → damals, dereinst, nachher. ▶ jetzt.

dann und wann wiederholt, wiederkehrend, erneuert, wieder, von neuem, abermals, noch einmal, einige Male, manchmal, wie schon, selten, kaum, vereinzelt, zuweilen, hier und da, alle Jubeljahre, ab und zu, hin und wieder, nicht häufig, nicht oft, gelegentlich. ▶ immer, unaufhörlich.

dannen gehen, von abreisen, von hinnen gehen, fortgehen, die Zelte abbrechen, das Lager abbrechen, abmarschieren, abrücken, das Feld räumen, sich auf den Weg machen, ausziehen, verlassen, fortlaufen, durchbrennen, entlaufen, abdampfen, auswandern, Abschied nehmen, von der Bühne verschwinden, von den Brettern abtreten, den Staub von den Füßen schütteln, Fersengeld geben, über alle Berge gehen, scheiden, verlassen, verstreichen j.

daran → abseits, seitlich.

darauf später, in der Folge, schließlich, infolge, nach, nachdem, zunächst, nächst, nachfolgend, anknüpfend, nachher, worauf ● oben, droben, über, darüber, oberhalb. → danach, dereinst, ferner, nachher. ▶ unter, vorher, zuvor.

darauf ankommen lassen, es → wagen.

daraufhin → danach, darauf.

daraus darausfolgend, hieraus, deshalb, folglich, denn,

weil, daher, dieserhalben. → darum. ▶ folgewidrig.

darausfolgend → dadurch, daraus, denn, erfahrungsgemäß.

darben entbehren, schmachten, fasten, verhungern, hungern, dürsten, kärglich zumessen, den Brotkorb höher hängen, den Riemen enger schnallen, arm sein, sich kümmerlich behelfen, am Hungertuch nagen, nichts zu beißen haben, am Daumen lutschen, ein dürftiges Dasein fristen, sich kümmerlich nähren, sich mühselig durchbringen, von der Hand in den Mund leben, vom Munde abdarben, geizen, Hunger leiden. → mangeln, hungern. ▶ reich (sein), ausreichen, schwelgen, verdienen.

darbieten anbieten, darbringen, beschenken, einladen, auffordern, sich erbieten, erbötig sein, aufdringen, darreichen, entfalten, geben, präsentieren, schenken, vorführen, vorlegen, vorstellen, vorweisen. → anbieten, begeben sich, begegnen, bestechen, bieten, schenken, verehren. ▶ annehmen, versagen.

darbieten, sich gegenüberstehen, anblicken, vor jemanden treten, gegenübersehen, verteidigen ● aufwerfen, sich zutragen, vorfallen, sich zufällig ereignen, sich begeben. → ausfallen, ausgehen, begegnen sich. ▶ anstrengen, verbergen sich.

Darbietung Auftritt, Gastspiel, Auftreten, Erscheinung, Spiel, Schauspiel, Theater, Stück, Aufführung, Vorstellung, Darstellung, Aufzug, Handlung, Präsentation, Vorführung. → Aufführung.

darbringen geben, gewähren, schenken, spenden, verabfolgen, ausfolgen, übermachen, überreichen, einhändigen, bewilligen, abtreten, bescheren, versorgen, widmen, zueignen, weihen, darreichen, anbieten, zufließen lassen, zukommen lassen, zuwenden, opfern. → anbieten, beschenken, bestechen, bieten, büßen, darbieten, darreichen, schenken. ▶ ablehnen, erhalten.

Darbringung Geschenk, Gabe, Spende, Angebinde, Liebesgabe, Stiftung, Darreichung, Beschenkung, Schenkung, Zuweisung, Zuteilung, Ausstattung, Liebesgabe. → Geschenk, Opfer. ▶ Ablehnung, Erhalt.

dareingeben, sich sich unterjochen, übergeben, niederwerfen, unterliegen, erliegen, nachgeben, in den sauren

Apfel beißen, die bittere Pille schlucken, verwinden, gehorchen, klein beigeben, zu Kreuze kriechen, sich beugen, sich demütigen, zu Füßen fallen, niederlegen, die Waffen strecken, das Knie beugen, den Nacken beugen, die Flagge streichen, die Tore öffnen, Ja und Amen sagen, dienen, einwilligen, nachgeben, sich fügen, sich ergeben. ▶ aufbegehren.

Dargabe → Aushilfe, Darlehen.

darin → innen, drinnen.

darinnen → einwärts.

darlegen sichtbar machen, zeigen, erkennen lassen, dartun, demonstrieren, nachweisen, begründen, veranschaulichen, vor Augen führen, beweisen, erklären, hindeuten, hervorheben, bekräftigen, deuten, auslegen, auseinandersetzen, klar machen, erläutern, beleuchten, illustrieren, kommentieren, ein Bild entrollen. → anführen, aufzeigen, ausdrücken, bedeuten, besten geben zum, beweisen, darstellen, dartun, definieren, deuten, entrollen, erklären, erweisen, erzählen, manifestieren, sprechen, veranschaulichen. ▶ verdecken, verheimlichen.

darlegend → demonstrativ.

Darlegung Darstellung, Untersuchung, Prüfung, Ausführung, Beleuchtung, Demonstration, Auskunft, Beweisführung, Andeutung, Äußerung, Auslegung, Meinung, Erklärung, Deutung, Erörterung, Auseinandersetzung, Wiedergabe, Kommentar, Illustration, Randbemerkung, Randglosse. → Angabe, Antwort, Argument, Beichte, Bekenntnis, Bericht, Berichtigung, Bescheid, Betrachtung, Beweisführung, Erweis, Nachweis, Rechenschaft. ▶ Verheimlichung.

Darlehen Anleihe, Aushilfe, Borg, Dargabe, Vorschuß, Hypothek, Pump, Kredit, Wechsel, Beleihung, Schuldforderung. → Kredit. ▶ Schulden.

Darleiher Geldverleiher, Geldeintreiber, Schuldenforderer, Darlehengeber. ▶ Schuldner.

Darling → Abgott, Liebling.

Darm Gedärm, Innerei, Gekröse.

darnach → danach, endlich.

darniederliegen krank sein, sich nicht wohl fühlen, siechen, kränkeln, leiden, erkranken, bettlägerig sein, fiebern, mit einem Fuß im Grabe stehen, hinfällig sein, schwächlich sein, ungesund sein, altersschwach sein, abgezehrt sein, heruntergekommen sein, angegriffen sein, matt sein, kraftlos sein,

behaftet sein, mit Krankheiten. → auszehren, erkranken. ▶ gesunden.

Darre Trockner, Trockenanlage, Obsttrockner.

darreichen geben, gewähren, schenken, spenden, spendieren, bewilligen, verleihen, übermachen, überreichen, aushändigen, zuschießen, vergönnen, darbringen, zulassen, beschenken, versorgen, widmen, zueignen, anbieten, austeilen, verteilen, zuwenden, zukommen. → anbieten, austeilen, darbieten, darbringen, schenken. ▶ ablehnen, nehmen.

Darreichung Belehnung, Bestechung, Darbringung, Käuflichkeit. ▶ Ablehnung, Entgegennahme.

darstellen erscheinen, zeigen, zur Schau tragen, sichtbar machen, offenbaren, anzeigen, erkennen lassen ● Bescheid geben, Antwort geben, auslegen, erklären. erörtern, auseinandersetzen, näher bestimmen, erschließen, ergründen, darlegen, bezeichnen, kundmachen, ausdrücken, deuten, klar machen, erläutern, den Sinn wiedergeben, veranschaulichen, entrollen, bekanntgeben, auseinanderlegen, beschreiben, schildern, berichten, erzählen, zusammenstellen, ausmalen, ein Bild entrollen ● spielen, vorstellen, auftreten. → abbilden, aufführen, auftreten, ausarbeiten, ausdrücken, auseinandersetzen, auslegen, ausmalen, aussehen, wie, beschreiben, charakterisieren, deuten, entwerfen ein Bild, ergänzen, erzählen. ▶ entstellen, mißdeuten, Stroh dreschen leeres, verhüllen.

darstellen, sich sich äußern, sich ausdrücken, sich bedeuten, seine Meinung wiedergeben, sich charakterisieren, sich erklären, sich verständlich machen, sich vorstellen. → darstellen. ▶ enthalten sich, stillschweigen.

Darsteller Schauspieler, Sänger, Filmstar, Komödiant ● Künstler, Lichtbildner, Maler, Zeichner, Bildhauer, Graphiker.

darstellerisch bildnerisch, illustrativ, mimisch, tänzerisch, bühnenmäßig ● zeichnerisch.

Darstellung Auffassung, Ansicht, Ausdruck, Bedeutung, Bild, Vorstellung, Erklärung, Erläuterung, Illustration, Interpretation, Veranschaulichung, Exempel, Beschreibung, Angabe, Bericht, Dokumentation, Erzählung, Schilderung, Übersicht, Wiedergabe, Anordnung, Entwurf, Deutung, Fassung,

Lesart, Wortlaut, Ausdrucksart, Ausdrucksform, Anschauung, Bildlichkeit, Abbildung, Nachahmung, Abschrift. → Abbild, Anzeichen, Auffassung, Aufführung, Ausdruck, Beschreibung, Betrachtung, Bild, Chronik, Darbietung, Darlegung, Denkschrift, Deutung, Ermittlung, Erzählung, Exempel. ▶ Darstellung unrichtige, Entstellung, Mißdeutung.

Darstellung, unrichtige Verzerrung, Verdrehung, Karikatur, Zerrbild, Verkünstelung, Stillosigkeit, Gehudel, Schmiererei, Übertreibung, Entstellung, Flickwerk, Druckfehler, Stümperei, Parodie. → Anordnung. ▶ Darstellung, Wahrheit.

Darstellungsweise Stil, Art und Weise, Ausdrucksart, Ausdrucksform, Gepräge, Kunstform, Schreibart, Verfahren. → Ausdrucksweise. ▶ Stillosigkeit.

dartun beweisen, feststellen, beleuchten, demonstrieren, nachweisen, veranschaulichen, vor Augen führen, dafür sprechen, bezeugen, ankündigen, aufzeigen, klar machen, klar legen, erklären, angeben, hinweisen, erhellen, betonen, hervorheben, unterstreichen, zeigen, bekunden, darlegen, enthüllen, verständigen. → anführen, angeben, aufklären, aufzeigen, ausweisen, beglaubigen, begründen, belehren, benachrichtigen, betonen, beweisen, bloßlegen, darlegen, dokumentieren. ▶ verheimlichen, widerlegen.

darüber drüber, über, obendrein, darüber hinaus, besonders, hauptsächlich, vorallem, insbesondere, mehr, noch, außerdem, überdies, dazu, noch dazu, ebenfalls, des weiteren, fürderhin, ferner, überzählig ● oberhalb, aufwärts, höher, hoch, hinauf, aufsteigend, eingerechnet, einschließlich, nebst, zudem, ebenso, soeben auf, empor, droben. → auf, darauf, droben, ferner. ▶ abzüglich, minderwertig, unterhalb.

darüber hinaus → außerdem, darüber.

darum daher, dadurch, deshalb, weil, wegen, vermöge, da, deswegen, demnach, demgemäß, zufolge, infolge, anläßlich, denn, daraus, hieraus, solchermaßen, zu, um, behufs, damit, eigens, ausdrücklich, aus diesem Grunde, infolgedessen, mithin, somit, sonach, dieserhalb, logischerweise, zwecks. → also, dadurch, daher, denn, damit, deshalb, eigens. ▶ unbeabsichtigt, warum.

darunter in, inmitten, zwischen, dazwischen, unter. ▶ abgesondert, außerhalb, darüber.

Dasein Bestehen, Vorhandensein, Existenz, Leben, Anwesenheit, Vorkommen, Wesen, Wesenheit, Daseinsform, Sein, Erscheinung, Tatsächlichkeit, Wirklichkeit, Tatsache, Bestand, Erdentage, Lebenszeit, Vegetation ● Gegenwart, der jetzige Augenblick. → Bestand, Ding, Erdentage, Existenz. ▶ Leere, Nichts, Vergangenheit.

dasein bestehen, leben, auskommen, existieren, vorkommen, sich vorfinden, sich befinden, vorhanden sein, sich aufhalten, weilen, zugegen sein, gegenwärtig sein, anwesend sein. → aufhalten, atmen, bestehen. ▶ fehlen, vergangen, verlöschen.

Daseinsberechtigung Lebensrecht, Existenzberechtigung.

Daseinsform → Dasein.

Daseinsfreude Lebensfreude, Behagen, Wohlgefühl, Lebensbejahung, Zufriedenheit, Lebenslust, Lebensgefühl. ▶ Beschwerlichkeit, Mißbehagen.

Daseinskampf Existenzkampf, Kampf ums Dasein, Ringen, Anstrengen. → Erwerbskampf. ▶ Daseinsfreude.

daselbst zugegen, vorhanden, anwesend, dort, da, allda, woselbst, dabei, hier. → dort. ▶ abwesend, fort.

dasselbe das gleiche, kein anderes, nichts anderes, genau, dasselbe, gerade dasselbe, das nämliche, gleich, einstimmig, identisch, zusammenfallend, sich decken, dieses, dito, ebenfalls, ebenso, ohnegleichen, einzig, egal, gleichwertig, unterschiedslos. → dieses, ebenso, ebensoviel, ein und dasselbe. ▶ unterschiedlich, vielförmig.

dastehen→dasein, überrascht.

dastehen, ohne Geld → abbrennen.

datieren festsetzen, bestimmen, anhalten, angeben, die Zeit bestimmen, Zeit berechnen, Zeit beachten, Frist setzen, stunden, registrieren.

Datum Termin, Fälligkeitstag, Frist, Zeit, Zeitpunkt, Zeitabschnitt, Zeitmaß, Verabredung.

Dauer Dauerhaftigkeit, Gleichmäßigkeit, Stetigkeit, Regelmäßigkeit, Unveränderlichkeit, Unvergänglichkeit, Fortdauer, Ewigkeit, Beständigkeit, Unumbrochenheit, Aufeinanderfolge, Beharrlichkeit, Folge, Verlauf, Ablauf,

Frist, Zeitraum, Zeitdauer, Abschnitt, Ausdauer, Fortsetzung, Erhaltung. → Beständigkeit. ▶ Augenblick, Stillstand, Veränderlichkeit, Vergänglichkeit.

Dauerbrenner Schlager, Longseller, Erfolg.

dauerhaft fest, durabel, beständig, dauernd, haftend, unvergänglich, unzerstörbar, unwandelbar, beharrlich, langlebend, lebenslang, langlebig, zählebig, langwierig, immergrün, unablässig, lang, bleibend, fortgesetzt, haltbar, solid, stark, unverwüstlich, unzerstörbar, zuverlässig, stabil, fest, sicher, steif, unveränderlich, widerstandsfähig, echt, massiv, strapazierfähig, unverderblich, verläßlich, währschaft, einwandfrei, gediegen, haltbar, tadellos, vorzüglich, vortrefflich, wertvoll, unwandelbar. → beständig, chronisch, farbecht, fest. ▶ augenblicklich, schwach, veränderlich, vergänglich, vorbei.

Dauerhaftigkeit Beständigkeit, Haltbarkeit, Unveränderlichkeit, Stabilität, Unempfindlichkeit, Unzerstörbarkeit, Unverwüstlichkeit. Zuverlässigkeit, Gediegenheit, Vorzüglichkeit, Vortrefflichkeit, Unverderblichkeit, Verläßlichkeit, Widerstandsfähigkeit. → Dauer, Ewigkeit. ▶ Veränderlichkeit, Vergänglichkeit.

Dauermieter Abonnent, Stammgast.

dauern beharren, ausdehnen, bestehen, bleiben, verlängern, warten, sich hinziehen, fortdauern, fortfahren, anhalten ● bemitleiden, Mitleid haben, bedauern, beklagen, beseufzen, Mitgefühl haben, mitfühlen, Anteil nehmen, beweinen, das Herz rühren. → bestehen, bleiben. ▶ aufhören, mitleidlos (sein), unbeständig (sein), vergehen.

dauernd gleichförmig, gleichmäßig, regelmäßig, anhaltend, immer wieder, fortgesetzt, beharrlich, beständig, ununterbrochen, immer, von Anfang bis zu Ende, unausgesetzt, ewig, in einem fort, immerfort, immerwährend, unwandelbar, unaufhörlich, unablässig, jahraus-jahrein, in Ewigkeit, fortwährend, von Tag zu Tag, von Jahr zu Jahr, unsterblich. → andauernd, beständig, chronisch, dauerhaft, in einem fort. ▶ unbeständig, vergangen, vorbei.

Däumeling → Dreikäsehoch.

Daumen Muskel, Glied, Körperteil, Finger, Handteil.

Daumen drehen → abwarten.

Daumen halten Daumen drücken, mit jemandem unter ei-

ner Decke stecken, am selben Strang ziehen, das Seine beitragen, sich ins Zeug legen, eintreten, für sich zur Verfügung stellen, Dienst erweisen, unterstützen, helfen. → drücken sich.

Daumen schätzen, über den über den Daumen peilen. → fast, schätzen, ungefähr.

Daune → Feder.

Dauphin (franz. Kronprinz) → Adel.

davon fern, weit, entlegen, fernliegend, fort, auswärtig, fremd, getrennt, unerreichbar, voneinander. → dahin. ▶ anwesend, nahe, verbunden, vereinigt.

davon, auf und abwesend, über alle Berge, fort, hinweg, abhauen, weg, entkommen, entweichen, flüchtig, abgereist. ▶ daheim, hier, sichtbar.

davonbringen → entbinden.

davoneilen → enteilen, entfliehen.

davonfahren → bringen in Bewegung.

davongehen → weggehen.

davonfliegen → entfliegen.

davonkommen → durchkommen.

davonkommen, schlecht → beikommen nicht, Boden verlieren den.

davonlaufen entweichen, entgehen, Flucht ergreifen, entrinnen, entkommen, entlaufen, entwischen, fliehen, flüchten, durchkommen, sich davon machen, sich durchschlagen, abhauen, sich fortstehlen, durchbrennen, ausreißen, ausbrechen, sich drücken, Fersengeld geben, sich auf die Socken machen, sich aus dem Staube machen, Reißaus nehmen, kneifen ● sich fürchten, ängstigen, zurückweichen, zurückschaudern, erschrecken, die Flinte ins Korn werfen. → aufspringen, desertieren, enteilen, Fersengeld geben. ▶ bleiben, kommen, mutig sein.

davonmachen, sich reisen, gehen, fahren, laufen, rennen, abschwärmen, abziehen, auswandern, sich in Bewegung setzen, aufbrechen, jagen, eilen, lange Beine machen, sich trollen, seiner Wege gehen, sich auf die Beine machen, schleichen, sich fortstehlen, verduften, sich auf französisch drücken, sich verdünnisieren, sich empfehlen, entfliehen, ausbrechen, sich befreien, sich der Fesseln entledigen, entschlüpfen, flüchten, entspringen, entwischen, ausbrechen, durchbrennen, entkommen, die Weite gewinnen, das Joch abschütteln, die Ketten zerreißen, sich der Schlinge entziehen, der Haft entkommen, losschlagen sich *j.* → begeben sich, davonlaufen, desertieren. ▶ auftreten, bleiben, kommen, näherkommen. **davonrennen** → enteilen.

davonschleichen entfernen, entweichen, entfliehen, ausfliegen, entfliegen, zurückziehen, abtreten, abreisen, seiner Wege gehen, Fersengeld geben, französisch Abschied nehmen. → davonlaufen.

davonspringen → aufspringen, durcheilen, enteilen.

davonstehlen, sich → fortstehlen, fortschleichen.

davonstürzen → besessen, enteilen.

davontragen wegtragen, stehlen.

davor → vor.

dawider hindern, verhindern, abhalten, verhüten, entgegenarbeiten, vorbauen, vorbeugen, abwenden, eindämmen, hemmen, erschweren, vereiteln, hintertreiben, abwehren, durchkreuzen, zuschande machen, stören, bekämpfen, anfeinden, verbieten, dämpfen, untergraben, abfangen, auffangen, entgegenstehen, widersprechen, sich widersetzen, sich sträuben, sich spreizen, sich sperren, sich entgegenstellen, auflehnen, empören, anfechten, sich nicht fügen, meutern, sich wehren, die Spitze bieten, Widerstand leisten, Front machen ● widerspenstig, gegensätzlich, gegnerisch, entgegengesetzt, unfreundlich, feindlich, konträr, entgegen, gegenteilig. ▶ dafür, entgegenkommend, helfen.

dazu zudem, dabei, weiter, des weiteren, fernerhin, obendrein, noch, beiläufig. → auch, außerdem, dabei, damit, darüber, eingerechnet, ferner, überdies. ▶ abzüglich, außer.

dazugeben → beifügen, einrangieren.

Dazugehöriges → Beilage, Zubehör.

dazukneten → beifügen.

dazuknoten → einmengen.

dazukommen hinzukommen, beitreten, hinzugefügt werden, sich anschließen, einmischen, einrühren, einmengen, beipacken, einverleiben, anhaften, anhängen, angliedern, einreihen, anschlagen, beischließen, beilegen, beifügen, hinzusetzen, hinzufügen. ▶ abziehen, ausscheiden, weggehen.

dazwischen zwischen, inzwischen, zwischenliegend, innen, inmitten, mitten, mittendrin, mittenmang *u.* → binnen, darunter. ▶ ringsum.

dazwischendrängen → eindrängen sich.

dazwischenfügen → eintreiben.

dazwischenkommend → dazwischentretend.

dazwischenlegen → einlegen.

dazwischenreden zwischenfunken. → unterbrechen.

dazwischenschieben → einflechten, einlegen.

dazwischentreten intervenieren, vermitteln, einschalten, einmengen, einmischen, sich befassen, sich bekümmern, eingreifen, einschreiten, sich abgeben, einlassen, die Nase in etwas stecken, die Hand im Spiele haben, hindern, verhindern, abhalten, verhüten, vorbauen, hemmen, schwächen, erschweren, lähmen, hintertreiben, vereiteln, zuschanden machen, durchkreuzen, stören, beeinträchtigen, einschränken, dämpfen, das Wasser abgraben, den Vermittler machen, sich ins Mittel legen, sich verwenden, schlichten. → abwenden, aufhalten, bekümmern, durchkreuzen, eindrängen, stören. ▶ einmischen sich nicht.

dazwischentretend zwischenliegend, zwischenkommend, eindringend, einsaugend, einschreitend, einfließend. ▶ einmischen sich nicht, ermutigend.

dazwischenwerfen → einwerfen.

Debatte Streitgespräch, Diskussion, Erörterung, Ausführung, Polemik, Wortstreit, Streitigkeit, Unterhaltung, Unterredung, Gespräch, Zwiegespräch, Wortgefecht, Gedankenaustausch, Meinungsaustausch, Dialog, Verhandlung, Beratung, Zank, Streit, Disput, Maulgefecht, Gezänke, Gekeife, Gehader, Wortwechsel. → Aussprache, Diskussion, Erörterung. ▶ Aussprache (Monolog), Schlichtung, Verschlossenheit.

debattieren beraten, bedenken, besprechen, erörtern, diskutieren, beurteilen, zanken, streiten, polemisieren, unterhalten, reden, schwatzen, sich ereifern, verhandeln, auseinandersetzen, disputieren. ▶ einmischen sich nicht, schweigen.

Debüt → Anfang.

debütieren vorstellen, versuchen, probieren, die Probe unternehmen, anstreben, Gelegenheit bieten, übernehmen, auf sich nehmen, sich unterziehen, sich unterfangen, sich die Aufgabe stellen, den ersten Schritt tun, anfangen, beginnen, einführen, den Anfang machen. ▶ aufhören, beenden.

Decke Bedeckung, Plache, Plane, Einband, Hülle, Überzug, Umschlag, Verkleidung, Verschalung, Zudecke, Hutze, Schicht, Einschlag, Oberfläche, Oberschicht, Verpackung, Umhüllung, Bewurf, Anwurf, Außenhaut *sm* (= äußere Beplankung), Verputz, Stuck. → Balg, Bedeckung, Couvert. ▶ Boden, Grundlage, Inhalt.

Decke stecken, unter der täuschen, betrüben, irreführen, beschwindeln, prellen, benachteiligen, schieben, fälschen, unterschlagen, unterschleifen, veruntreuen, begaunern, ablocken, erschwindeln, ablisten ● mittun, am selben Strang ziehen, beitragen, unterstützen, eine Lanze brechen, Dienste erweisen. ▶ Licht aufstecken ein.

Deckel Bedeckung, Verschluß. → Bedeckung. ▶ Öffnung.

decken einbinden, einkapseln, einwickeln, umhüllen, umkleiden, verhüllen, zudecken ● ausgleichen, ersetzen, schadlos halten, vergüten, Ersatz leisten, entschädigen, entgelten, erstatten, bezahlen, tilgen, löschen, begleichen ● zeugen, begatten, schwängern, bespringen, belegen, fohlen, kreuzen, paaren, kören, behängen *j*, rammeln *j*, rangen *j*, bereiten *j*, beschälen ● beschützen, beschirmen, behüten, verteidigen, bewachen, geleiten, begleiten, unter die Fittiche nehmen ● auftischen, den Tisch zurecht machen, aufbacken *sm*, auftragen ● verbergen *j*. → aufheben, ausgleichen, befruchten, bewachen, bewahren, bezahlen, kompensieren, schützen, versichern. ▶ angreifen, aufdecken, bemerken, Gefahr laufen, gegenüberstellen, schulden, versagen.

decken, sich übereinstimmen, dasselbe sein, zusammenfallen, in dieselbe Kerbe hauen, ducken, sich schützen hinter, sich bergen. ▶ dasselbe. ▶ unterschiedlich (sein).

decken, den Rücken → befreunden.

deckend, sich → ein und dasselbe.

Deckfarbe → Anstrich, Bedeckung.

Deckmantel Vorwand, Ausflucht, Aushängeschild, Winkelzug, Ausrede, Notlüge, Umgehung, Vorspiegelung, Entschuldigung, Schlupfloch,

Beschönigung. → Anstrich, Ausrede, Behelf. ▶ Wahrhaftigkeit, Offenheit.

Deckung → Abfindung, Ausgleich, Barrikade, Bewachung, Einstandspflicht, Entschädigung, Garantie, Kaution, Schutz.

Deduktion → Betrachtung.

deduzieren abziehen, entfernen, wegnehmen, ausschließen, ausschalten ● folgern, auslegen. →ableiten, schließen. ▶ einbeziehen, widerlegen, zufügen.

Defekt Mangel, Verstümmelung, Fehler, Gebrechen, Unvollkommenheit, Fehlerhaftigkeit, Schadhaftigkeit, Beschädigung, Flecken. ▶ Vollständigkeit.

defekt abgebraucht, abgerissen, abgenützt, beschädigt, dünn, entzwei, fehlerhaft, lädiert, lückenhaft, mitgenommen, ramponiert, schadhaft, unbrauchbar, unvollständig, verletzt, versehrt, zerbrochen, zerrissen, mangelhaft, verstümmelt, ausgewaschen, ausgeschwemmt, abgeschabt, abgerieben, fadenscheinig, wurmstichig. → beschädigt, entzwei. ▶ ganz, intakt, vollständig.

Defensive f Verteidigung, Deckung, Abwehr, Widerstand. → Abwehr. ▶ Angriff.

defilieren → vorbeigehen.

definieren erklären, deuten, den Sinn aufzeigen, den Inhalt angeben, erläutern, darlegen, abgrenzen, aufzeigen. →auseinandersetzen, deuten.

Definition Auslegung, Begriff, Bestimmung, Begriffsbildung, Erklärung, Festlegung, Klärung, Lesart, Sinndeutung, Wortbedeutung, Aufschluß. → Auslegung. ▶ Fehlgriff, Mißdeutung.

definitiv abschließend, endgültig, entschieden, fest, unveränderlich, unwiderruflich, abgetan, bis hierher und nicht weiter, fertig, ein für allemal, zum letztenmal, absolut, bestimmt, wirklich, unzweideutig, unumstößlich, verbürgt, fraglos, beglaubigt, amtlich, erwiesenermaßen, unstreitig, untrüglich, deutlich, klar, unabänderlich, verfügt, angeordnet, befohlen, untersagt, aufgehoben ● allerdings, gewiß, sicherlich, unter allen Umständen, in jedem Fall. → absolut, bestimmt. ▶ unentschieden.

Defizit Fehlbetrag, Ausfall, Mangel. → Abnahme, Schuld. ▶ Guthaben.

Deflation Entwertung, Preisverfall.

deflorieren → berauben.

Deformation Verunstaltung, Entstellung, Verstümmelung,

Verkrüppelung, Unförmigkeit, Formlosigkeit, Verzerrung, Abweichung, Häßlichkeit, Mißgestaltung, Verbildung, Mißgebilde. ▶ Schönheit, Verschönerung.

Defraudant m → Betrüger.

Defraudation f → Betrug.

deftig → äußerst, kräftig.

Degen Handwaffe, Stoßdegen, Florett.

Degeneration Abweichung, Verschlechterung, Rückgang, Krebsgang, Ausartung, Entartung, Verwilderung. → Verschlimmerung. ▶ Erneuerung, Verfeinerung.

degeneriert versimpelt, verkommen, verdummt.

Degout über Geschmack, schlechter Geschmack, Ekel, Mangel an Geschmack, Ekelhaftigkeit, Widerlichkeit, Abscheu, Widerstreben, Abneigung, Widerwille, Überdruß. → Ekel. ▶ Hinneigung, Schmackhaftigkeit.

degoutiert abscheulich, empörend, haarsträubend, ekelerregend, unschmackhaft, ungenießbar, unleidlich, unausstehlich, abstoßend, ekelhaft, widerwärtig, anstößig, unangenehm, mißfällig, übel. ▶ anziehend, lecker.

Degradation → Amtsabtretung, Abbau.

degradieren → ächten, abbauen, ausstoßen, entwerten.

Degradierung → Entwertung.

dehnbar biegsam, elastisch, modulierbar, streckbar, reckbar, ausdehnbar, formbar, geschmeidig, nachgiebig, weich, federnd ● doppeldeutig, doppelsinnig, unbestimmt, undefinierbar, undeutlich, unsicher, verrückbar, vielseitig, zweideutig, antastbar, schlüpfrig, anfechtbar, fraglich, dahingestellt, ungewiß, mißverständlich. → biegsam, doppelsinnig, elastisch. ▶ eindeutig, hart, straff, tatsächlich, verknöchert, zusammenziehend.

Dehnbarkeit → Dehnung.

dehnen übertreiben, vergrößern, aufblähen, aufschwellen, aufblasen, breiter werden, ausdehnen, ausbreiten, verbreitern, wachsen, anschwellen, ausspannen, ausfüllen ● entfalten, strecken, keimen, aufsprießen, knospen, aufgehen, um sich greifen, entwickeln, zunehmen ● sich spannen. →anschwellen, erstrecken sich, federn. ▶ verkürzen, verknöchern, zusammenziehen.

Dehnung Spannung, Federkraft, Elastizität ● Ausdehnung, Vergrößerung, Zunahme, Verbreitung, Ausbreitung, Ausstreckung, Wuchs, Streckung, Verlängerung,

Dehnbarkeit. →Ausdehnung, Erstreckung, Erweiterung. ▶ Kürzung, Starrheit, Zusammenziehung.

dehnungsfähig → elastisch.

Deich → Damm.

deichseln → abmachen, anordnen, arrangieren, bedingen.

dekadent entartet, überzüchtet, müde, abgelebt, hochmütig, eingebildet, blasiert, übersättigt, abgestumpft, ausgeartet, krank, verfallen. → abgelebt, abgestumpft, blasiert, entartet. ▶ fortschrittlich, natürlich, verjüngend.

Dekadenz Verfall, Entartung, Niedergang, Abstieg, Fehlschlag, Mißerfolg, Rückschritt, Zusammenbruch, Unstern, Verschlechterung, Rückgang, Abnahme, Neige, Verheerung, Entwährung, Auflösung, Rückfall, Zerrüttung, Schwächung, Zusammensturz. → Desorganisation, Entartung. ▶ Fortschritt, Natürlichkeit, Verjüngung.

deklamieren reden, sagen, vorsprechen, aufsaugen, hersagen, vortragen, Vorlesung halten, rezitieren. ▶ leiern, monoton, (aufsagen).

Deklination → Beugung.

deklinieren → beugen.

Dekolleté Ausschnitt, Blöße.

dekolletieren, sich sich entkleiden, entblößen, sich enthüllen, sich entblättern, abstreifen, freizügig sein, ablegen. → ausdehnen, ausziehen. ▶ verhüllen.

Dekomposition → Auflösung.

Dekor m → Ausschmückung.

Dekoration Zier, Zierde, Schmuck, Zierat, Ornament, Zierwerk, Arabesken, Schmuckwerk, Wandbekleidung Tapete, Malerei, Aufputz, Prunk, Geschnörkel, Girlanden, Goldstickerei, Verbrämung, Ausstattung, Beiwerk, Flitter, Putz, Schaufensterwerbung, Tand, Verschönerung, Ausschmückung ● Auszeichnung, Lorbeerkranz, Ehrenzeichen, Dekorierung, Ordenverleihung, Ehrenerweisung, Ehrenkranz, Ehrenkrone, Rosette, Siegeskranz, Eichenlaub. → Aufmachung, Ausschmückung, Band. ▶ Verunstaltung.

dekorieren schön machen, verschönern, zieren, verzieren, ausschmücken, putzen, ornamentieren, sich in Gala werfen, Staat machen, sich herausstaffieren, herausstreichen, polieren, vergolden, garnieren, besetzen, bemasten, bewimpeln, beflaggen, bekränzen, in Samt und Seide kleiden, schmuck machen, bordieren ● zu Ehren gelangen, Ehre erweisen, Orden verleihen, hohe Würden und Ämter verleihen, den Ehrenplatz anweisen, heilig sprechen. → ausschmücken, beflaggen, behängen. ▶ verunstalten.

Dekorierung → Dekoration.

Dekorum Wohlstand, Anstand, Schicklichkeit, Wohlerzogenheit, Anständigkeit, Ehrbarkeit, Gewissenhaftigkeit, Pflicht, Verpflichtung, gutes Betragen, Schicklichkeitsgefühl, Salonfähigkeit, gute Manieren. ▶ Unschicklichkeit.

Dekret Beschluß, Verordnung, behördliche oder richterliche Verfügung, Entscheid, Befehl, Gebot, Geheiß, Verfügung, Anordnung, Bestimmung, Auftrag, Weisung, Vorschrift, Erlaß, Bescheid, Aufforderung, Edikt, Anweisung, Vollmacht, Statut. ▶ Widerrufung.

dekretieren → befehlen.

dekupieren → ausschneiden.

Delegation f → Abordnung.

delegieren beauftragen, bevollmächtigen, beschicken, abordnen, entsenden, ernennen, befugen, ermächtigen, berechtigen, übergeben, betrauen, anvertrauen, belehnen, gutheißen, anerkennen, genehmigen, zustimmen, bescheinigen, einsetzen, berufen, Vollmacht erteilen. ▶ widerrufen.

Delegierter → Abgesandter, Abgeordneter, Beauftragter.

delektieren sich ergötzen, sich gütlich tun, gut schmecken, Vergnügen machen, Geschmack finden, gefallen, ansprechen, befriedigen, erquicken, erfrischen, den Gaumen kitzeln, laben, letzen, aufmuntern. ▶ ekeln, zuwider sein.

delikat auserlesen, gut, herrlich, köstlich, kostbar, lecker, schmackhaft, wohlschmeckend, süß, schön, zart, angenehm, lieblich, abgestimmt, appetitlich, genießbar, mundgerecht, ausgezeichnet, göttlich, aromatisch, trefflich, verlockend, himmlisch, wunderbar ● heikel, unangenehm, verwickelt, unverständlich. → appetitlich, auserlesen. ▶ ekelhaft, möglich, mühelos.

Delikatesse Genußmittel, Sinnenfreude, Befriedigung, Sinnenreiz, Erquickung, Belebung, Erfrischung, Gaumenkitzel, Behagen, Vergnügen, Schmackhaftigkeit, Blume, Leckerbissen, Feinkost, Vortrefflichkeit, Götterspeise, Genuß, Schmaus ● Feingefühl, Zartgefühl, Schönheitssinn, Geschmack, Geschliffenheit. ▶ Dégout, Taktlosigkeit.

Delikt Vergehen, strafbare Handlung, Missetat, Schuld,

Sünde, Strafbarkeit, strafbares Benehmen, Verstoß, Zuwiderhandlung, Versehen, Fehler, Irrtum, Unterlassungssünde, Übertretung, Mißachtung des Gesetzes, Abweichung vom rechten Weg, widerrechtliches Tun, Frevel. ▶ Makellosigkeit.

Delinquent m Bösewicht, Verbrecher. → Angeklagter.

Delirium Wahnvorstellung, Wahnsinn, Verrücktheit, Irrsinn, Geistesumnachtung, Geistesstörung, Sinnesverwirrung, Tollheit, Tobsucht, Raserei, Phantasieren, Fieber, Überspanntheit, Vorstellung, Traum, Verzückung, Sinnestäuschung, Fieberwahn, Schwärmerei, Ekstase, Befangenheit, Taumel, Rausch.

deliziös → delikat, entzückend.

Delle → Beule, (Auswuchs), Druckstelle, Einbuchtung.

Demagoge Führer, Volksführer, Volksverführer, Aufwiegler, Wühler, Stänkerer, Untergrundbeweger.

Demagogie Umsturzregierung, Umsturz, Vergewaltigung. → Demagoge.

demagogisch → aufwieglerisch.

Demarkation Umgrenzung, Beschränkung, Einschränkung, Umfassung, Umschanzung, äußerster Bereich, Mauer, Wand, Wall, Rand, Grenze, Begrenzung, Abzäunung, Markstein, Grenzstein, Grenzzeichen, Schranke, Grenzlinie, Scheidelinie, Abgrenzung, Grenzfluß, Umgürtungslinie, Einsäumung, Einfassung, Einhegung, Gatter, Umfassung.

demaskieren entkleiden, auskleiden, ausziehen, wegnehmen, entfernen, die Maske abnehmen, entblößen, herausschälen, enthüllen, abstreifen, entblättern, entlarven, entschleiern, entmummen, offenbaren, anzeigen, die Maske herunterreißen, entpuppen, bloßlegen, bloßstellen. → anzeigen, ausdrücken, auspacken, ausziehen, bloßlegen, dahinterkommen. ▶ Grube fallen in die, maskieren, verrechnen sich, verstecken.

Dementi s Berichtigung, Widerruf, Ableugnung. → Ableugnung. ▶ Anerkennung, Bestätigung.

dementieren → aberkennen, ablehnen, ableugnen.

dementsprechend daher, demgemäß, demzufolge, deshalb, deswegen, folgerichtig, infolgedessen, insofern, mithin, wie die Sache liegt, folglich, verwandt, im Zusammenhang mit, in Verbindung

mit, entsprechend, gleich, gegenseitig, passend, hinsichtlich, in bezug auf, angelegentlich, betreffs, mit Rücksicht auf, insofern als, was betrifft, rücksichtlich dessen, bezüglich. ● bedingungsweise, demgemäß, diesbezüglich. ▶ beziehungslos, entgegengesetzt, warum.

demgemäß dergestalt, geradeso, dermaßen, solch, vorausgesetzt daß, den Umständen gemäß, wenn die Sache so steht, unter diesen Umständen, dementsprechend ● übereinstimmend, gleichförmig, ebenso, gleichartig, gemäß, folglich, demnach, demzufolge, folgerecht, folgerichtig, begründet auf. → also, dadurch, daher, darum, dementsprechend, demzufolge, dergestalt, derlei, deshalb, erfahrungsgemäß, erweislich. ▶ beziehungslos, entgegengesetzt, obwohl, warum.

Demimonde Halbwelt, Gemeinheit, Geschmacksverirrung, Abgeschmacktheit, Plattheit, Unanständigkeit, Unmanierlichkeit, Pöbelhaftigkeit, Unschicklichkeit, Taktlosigkeit, Bildungslosigkeit.

Demission f → Abbau, Amtsabtretung.

demissionieren → abdanken.

demnach demzufolge, logischerweise, folgerecht, folgerichtig, begründet, ersichtlich, erwiesenermaßen, beweisbar, unwiderlegbar, weil. → also, dadurch, daher, darum, demgemäß, demzufolge, erweislich. ▶ obgleich, warum.

demnächst bald, in absehbarer Zeit, in Bälde, binnen kurzem, später, nächstens, dieser Tage, in nächster Zeit, bevorstehend, nächsthin, in Kürze. → bald, bevorstehend. ▶ fristlos, früher.

demobilisieren → abrüsten.

Demokrat Anhänger der Demokratie, Anhänger der Volksherrschaft.

Demokratie Volksherrschaft, Volksstaat, Volk, Volksvertretung.

demokratisch → Demokratie.

demolieren destruieren, zersetzen, zerstören, demontieren, zerlegen, abbrechen, abbauen, vernichten, abschaffen, ausstreichen, durchstreichen, umwerfen, umstürzen, aus der Welt schaffen, umräumen, abtun, ausmerzen, beseitigen, beiseite schaffen, ausrotten, vertilgen, entwurzeln, abtragen, abreißen, dem Erdboden gleichmachen, zerschmettern, zermalmen, zersplittern, zerschlagen, verheeren, verwüsten, verderben, zertrümmern, zerbrökkeln, auseinandernehmen, niedermähen, überwinden, niederschlagen, plündern, niederbrennen, aufwühlen, brandschatzen, veröden. → abbauen, abbrechen, abschaffen. ▶ aufbauen.

demolierend zerstörend, vernichtend, vertilgend, verschwindend, verloren, erledigt, geräumt, niedermähend, erdrückend, zertrümmernd, überwältigend, zermalmend, verderbend, plündernd, abbrennend, abreißend. → abbauend. ▶ aufbauend.

Demolierung Zerstörung, Auflösung, Austilgung, Vernichtung, Verwischung, Umsturz, Einfall, Zerfall, Zusammenbruch, Ausrottung, Unterdrückung, Verödung, Verderben, Überschwemmung, Verheerung, Einäscherung, Bildzerstörung, Vertilgung, dem Erdboden gleichmachen ● Brandschaden, Trümmerfeld, Bildersturm. → demolieren. ▶ Aufbau, Erzeugung, Herstellung.

Demonstration Beweis, eingehende Darlegung, praktische Bildvorführung, Erklärung, Gebrauchsvorführung, Schaustellung, Vorführung, Definition, Ausführung, Beleuchtung, Darstellung, Beweisführung, Fingerzeig, Offenbarung ● Massenkundgebung, Drohung, Streik, Kundgebung. → Aufzug, Bedrohung, Betrachtung, Beweisführung, Darlegung. ▶ Einspruch, Mißdeutung.

demonstrativ beweisend, darlegend, absichtlich, drohend, hinweisend, dagegen, wieder, anzeigend. ▶ folgewidrig, unabsichtlich, widersprechend.

demonstrieren zeigen, nachrechnen, aufstellen, zusammenstellen, beweisen, festsetzen, feststellen, dartun, beleuchten, bekunden, an den Tag legen, ausdrücken, bezeichnen, aufzeigen, offenbaren, beweisen, hinweisen, an das Licht bringen, hervorbringen, ergründen, kundgeben. → anführen, begründen, beweisen, darlegen, dartun. ▶ Einspruch erheben, mißdeuten.

Demontage Zerlegung, Abbruch, Abbau, Zersetzung, Zerstörung, Destruktion *f.* → Abbau, Abbruch. ▶ Aufbau, Herstellung.

demontieren zerlegen, abbrechen, abbauen, zerstören, zersetzen, destruieren, verderben, abrüsten, unbrauchbar machen, außer Bereitschaft setzen. → demolieren,

destruieren. ▶ aufbauen, erzeugen, herstellen.

Demoralisation Verschlechterung, Verschlimmerung, Entsittlichung, Auflösung von Sitte und Ordnung, Zuchtlosigkeit, Rückgang, Krebsgang, Abgelebtheit, Verfall, Ausartung, Entartung, Verwilderung, Verderbnis, Entwertung, Verunreinigung, Schändung, Entehrung, Auflösung, Zerrüttung, Schwächung, Laster, Verdorbenheit, Unwürdigkeit, Niedergang der Sitten, Sittenlosigkeit, Sittenverfall, Entsittlichung, Laxheit der Sitten, Sünde. ▶ Fortschritt, Reform, Sittlichkeit.

demoralisieren → entmutigen.

demungeachtet abweichend, regelwidrig, willkürlich, abnormal, gleichwohl, obschon, wenn auch, trotz, auf alle Fälle, jedenfalls, doch, jedoch, sogar, dennoch, dessen ungeachtet. → aber, allein, dagegen, dennoch, dessen ungeachtet, doch. ▶ demzufolge, regelmäßig.

Demut Erniedrigung, Untertänigkeit, Unterwürfigkeit, Selbstdemütigung, Selbstverleugnung, Gehorsam, Gefügigkeit, Ergebenheit, Hingebung, Fügsamkeit, Ehrerbietung, Achtung, falsche Scham, Zuvorkommenheit, Herablassung, Milde, Sanftmut, Höflichkeit, den Blick zu Boden richten ● Kriecherei, sklavische Gesinnung, unwürdige Willfährigkeit, Fügsamkeit, Schmiegsamkeit, Wohldienerei, Augendienerei, Speichelleckerei, Buckelkrümmung, Selbsterniedrigung, Fußfall, hündischer Gehorsam ● Aufrichtigkeit, Bescheidenheit, Einfalt, Botmäßigkeit Folgsamkeit, Unterordnung, Willfährigkeit. → Dienstbarkeit, Ehrfurcht, Einfachheit, Ergebenheit. ▶ Achtung, Stolz, Überheblichkeit, Unfolgsamkeit, Verstocktheit, Würde.

demütig gehorsam, fügsam, gefügig, unterwürfig, ergeben, hündisch, willfährig, biegsam, geschmeidig, gefällig, zuvorkommend, untertänig, hörig, dienstwillig, dienstfertig, pflichteifrig, kriecherisch, demutsvoll, niedrig, gelassen, ehrfurchtsvoll, sanftmütig, fromm, sittsam, schamhaft, mit niedergeschlagenen Augen, zerknirscht, erniedrigt, niedergebeugt, andächtig, gottesfürchtig, andachtsvoll, erbaulich, zurückhaltend. → devot, ehrfurchtsvoll. ▶ ermutigend, stolz, überheblich, ungehorsam, verstockt, würdig.

demütigen erniedrigen, be-

dauern, herabsetzen, kränken, schimpfen, schmähen, zurücksetzen, verunglimpfen, stellen an den Pranger, den Stolz brechen, kleinkriegen, eines auswischen, fertig machen, ducken, kirren *u.* → betrüben, bloßstellen, diskreditieren, ergeben sich, erniedrigen. ▶ achten, würdigen.

demütigen, sich sich erniedrigen, sich herabsetzen, sich herablassen, sich neigen, sich beugen, sich verneigen, sich verbeugen, kriechen, katzbuckeln *u.*, dienern, Schmerz ertragen, Schmerz erdulden, sich klein machen, sich zu Boden drücken, sich unterwerfen, Beleidigung hinnehmen, einen Fußfall tun, nach eines andern Pfeife tanzen. → beugen, dareingeben sich, dienen, ducken sich, erniedrigen sich. ▶ überheben sich.

demütigend → beschämend.

de- und wehmütig voll Unterwürfigkeit, auf den Knien liegen, im Staube liegen, schmerzlich, kümmerlich, jämmerlich, armselig, schwermütig, bedrückt, traurig, betrübt, kläglich, geschlagen, mitleiderregend, weinerlich, jammervoll, klagend, in Tränen aufgelöst, schmerzbewegt. ▶ jubelnd, tröstlich.

Demütigung Kränkung, Erniedrigung, Fußfall, Verbeugung, Herabwürdigung, Herabsetzung, Verminderung, Schmach, Unannehmlichkeit, Mißfälligkeit, Widerwärtigkeit, Vernichtung, → Betrübnis, Demut. ▶ Achtung.

demutvoll → demütig, ehrfurchtsvoll.

demzufolge demgemäß, übereinstimmend, aus diesem Grund, folglich, daher, logischerweise, begründet auf, ersichtlich, weil, demnach. → also, dadurch, daher, dementsprechend, demgemäß, demnach, deshalb, erweislich. ▶ abweichend, demungeachtet, vorausgesetzt.

dengeln → schärfen.

Denkarbeit → Kopfarbeit.

Denkart Gesinnung, Art, Charakterfundament, Denkweise, Einstellung, Handlungsweise, Gebaren, Seelenverfassung, Mentalität, Betrachtungsweise, Erforschung, Erwägung, Prüfung, Untersuchung, Gedankengang, Begriffsbildung, Begriffsfolge, Gedankenreihe, Dafürhalten, Geistesrichtung, Gesinnung, Gemütslage, Zustand, Verfassung, Beschaffenheit, Weltanschauung, Überlegung, Nachdenken, Nachsinnen, Betrachtung, Auffassung, Beurteilung, Auslegung. → Ansicht, Charakter-

fundament. ▶ Denkart kleinliche, Geistesarmut.

Denkart, kleinliche Vorurteil,
Befangenheit, Unfreiheit, Voreingenommenheit, Einseitigkeit, Unduldsamkeit, Rechthaberei, Hartnäckigkeit, eng-
herzige Ansichten, Pedanterie, keine Großzügigkeit, Engherzigkeit, Veranntheit, Kleinlichkeit, Unzulänglichkeit. ▶
Denkart, Gedankentiefe.

denkbar möglich, ausführbar,
erreichbar, erzielbar, erschwinglich, erschwingbar,
vielleicht, möglicherweise,
allenfalls, so Gott will, wenn
die Umstände es gestatten,
wahrscheinlich, in Aussicht
stehend, dem Anschein nach,
anscheinend, glaublich, wie
anzunehmen ist, vermutlich,
wie es scheint, jedenfalls anwendbar. → anscheinend,
anwendbar, ausführbar, erfaßbar, erreichbar. ▶ undenkbar.

Denkbild Ideal, Musterbild,
Wunschbild, Leitstern, Hoch-
ziel. ▶ Unvollkommenheit,
Wirklichkeit.

denken verstehen, begreifen,
erfassen, erkennen, sich bewußt werden, Verstand ha-
ben, sinnen, überlegen, erwägen, erörtern, in Betracht
ziehen, prüfen, überdenken,
nachsinnen, sich besinnen,
nachdenken, seine Gedanken
sammeln, mit sich zu Rate
gehen, sich beschäftigen mit,
einen Einfall haben, den Geist
in Anspruch nehmen, ein-
prägen, unterscheiden, durchschauen, durchblicken, klar
sehen, entdecken, auslegen,
erachten, ermessen, folgern,
grübeln, halten für, meinen,
Schlüsse ziehen, studieren,
urteilen, sich vergegenwärtigen, wähnen, schließen auf,
feststellen, finden, ableiten,
herleiten, nachweisen, ein
Licht aufgehen, gewahr werden, Bewußtsein erlangen
von. → ahnen, ableiten, annehmen, argwöhnen, begrü-
beln, erfassen, ergrübeln, erinnern sich, ersinnen. ▶ bezweifeln, faseln, leicht nehmen, mitkommen nicht, nachbeten, widersprechen.

denken an sich entsinnen,
einfallen, sich erinnern, bedenken, Entschwundenes zurückrufen, wiedererkennen. →
einfallen. ▶ vergessen.

denkend aufgeweckt, geistreich, begabt, gescheit,
scharfsinnig, schöpferisch,
talentiert. ▶ dumm, unbegabt.

Denker Weiser, fähiger Kopf,
geistige Größe, Meisterkopf,
Fachmann, hervorragender
Geist, Leuchte der Wissenschaft, Kirchenlicht, Gewährsmann, Gehirnakrobat u, Intel-

ligenzbestie u, Intelligenzler,
gelehrtes oder kluges Haus u.
▶ Dummkopf.

Denkfähigkeit → Begabung.

denkfaul → faul.

Denkfehler Irrtum. → Falschheit, Fehler.

denkfest durchdacht, entwickelt, fähig, fertig, ernst,
geformt, geprägt, reif, lebenskundig, vorbereitet, ausgereift. → durchdacht. ▶ dumm,
unbedacht.

denkgerecht denkrichtig, folgerichtig, begründet, bedingt,
durchdacht, folgerecht, konsequent, logisch, vernunftgemäß, vernunftgerecht.▶ folgewidrig, töricht, dumm.

Denkkraft → Begriffsvermögen, Bewußtsein, Denkvermögen.

Denkmal → Bildhauerei,
Chronik.

denkrichtig beweiskräftig,
denkscharf, sachgemäß, sachlich, sinngemäß, vernunftgerecht, verstandesgemäß. →
denkgerecht. ▶ dumm, folgewidrig, töricht.

denkscharf → denkrichtig.

Denkschärfe Intelligenz. →
Erkenntnisvermögen.

Denkschrift Aufzeichnung,
Chronik, Lebensbeschrei-
bung, Erinnerung, Memoiren,
Schilderung, Bericht, Erklärung, Darstellung, Wiedergabe, Lebenserinnerung, Abhandlung,Zusammenstellung,
Sammlung, Dissertation,
Schrift, Aufsatz, Beitrag, Monatsschrift, Bearbeitung, Exposé, Memorandum. → Ar-
beit, Bericht, Buch.

Denksport Intelligenztraining,
Knobelei, Kopfarbeit.

Denkspruch Grundsatz,
Grundgedanke, Richtschnur,
Prinzip, Kernspruch, Be-
trachtung, goldene Regel,
Satzung, Vorschrift, Motto,
Zeichen, Plan, Wahlspruch,
Sinnspruch, Wahrspruch. →
Devise.

Denkungsart → Denkart,
Denkweise.

Denkvermögen Verstand,
Denkkraft, Auffassungsgabe,
Auffassungsvermögen, Er-
kenntnisvermögen, Vernunft,
Intelligenz, Anlage, Fähigkeit,
Fassungskraft, Talent, Be-
gabung, Begriffsvermögen,
Verständnis, Einsicht,
Scharfsinn, Geistesgabe, An-
lage, Befähigung, schnelle
Auffassungsgabe, Urteils-
kraft, hohe Intelligenz, Klar-
sicht, Scharfblick, Unter-
scheidungsgabe, Grips u ●
lange Leitung, kurze Leitung.
→ Begriffsvermögen, Erkennt-
nisvermögen, Fassungskraft.
▶ Begriffsmangel, Dummheit,
Geistlosigkeit.

Denkweise → Ansicht, Aus-

legung, Betrachtung, Cha-
rakterfundament, Denkart,
Denkungsart.

denkwidrig → unlogisch.

denkwürdig wichtig, bedeutend, gewichtig, von Belang,
ernstlich, bedeutungsvoll,
wuchtig, ausschlaggebend,
maßgebend, vorzüglich, hervorragend, wertvoll, wesentlich, wirksam, bemerkenswert,
merkwürdig, bezeichnend, ereignisreich, folgenreich. → A
und O, beachtlich, bezeichnend, ereignisreich. ▶ unbedeutend, unwichtig.

Denkzettel Andenken, Anmerkung, Erinnerung, Erinnerungszeichen, Lesezei-
chen, Gedächtnistafel, Aufzeichnung, Anmerkung, Rückerinnerung, Gedenken, Angedenken ● Strafe, Prügel, Bestrafung. → Bearbeitung, Bestrafung, Dusche. ▶ Belobigung.

denn weil, also, in Anbetracht, vermöge, wegen, da,
deshalb, deswegen, aus diesem Grunde, aus diesem
Anlaß, daher, darum, daraus
folgend. → dadurch, daher,
daraus, darum, dennoch. ▶
aber, vorausgesetzt.

dennoch demungeachtet,
dessenungeachtet, doch,
gleichwohl, trotz allem, trotzdem, dagegen, hingegen, jedoch, indessen, freilich, trotz,
obgleich, obschon, obwohl,
ungeachtet, wenn auch, regelwidrig, sogar, dennoch, unter
allen Umständen, für alle
Fälle, jedenfalls, sogar, freilich, wiewohl. → aber, allein,
dagegen, demungeachtet,
dessenungeachtet, doch. ▶
aber, Regel nach der.

Dentist Zahnarzt, Heilkünstler, Zahntechniker, Zahnrei-
ßer, Arzt, Zahnheilkundiger,
Zahnbehandler.

Denunziant m Zuträger, Zubläser, Spitzel, Zwischenträger. → Angeber, Anzeiger. ▶
Mensch aufrechter.

Denunziation Mitteilung,
Nachricht, Auskunft, Be-
kanntmachung, Aussage, Fingerzeig, Verkündigung, Angabe, Ausspruch, Anspie-
lung, Auslassung, Beschuldigung, Anschuldigung, Anklage, Anzeige, Verdächtigung, Beschimpfung, Be-
zichtigung, gerichtliche Cha-
rzeige, Belastung. → Anzeige.

denunzieren angeben, anzeigen, verraten, Aufschluß geben, eingestehen, ausschwatzen, zutragen. → angeben,
anschuldigen, anzeigen. ▶
entlasten, verschweigen.

Departement → Abteilung,
Bezirk.

Dependance Abhängigkeit ●
Zubehör, Nebengebäude,

Teil, Abschnitt, Ausschnitt, Unterabteilung, Bruchteil, Anteil, Bruchstück, Stück, Seitengebäude, Vorgebäude, Nebengebäude, Nebenhaus, Nebenflügel. → Anbau.

Depesche Botschaft, Nachricht, Meldung, Anzeige, Kunde, Eilbrief, Eilbotschaft, Bericht, Telegramm, Kabelsendung, Drahtantwort, Brief-Neuigkeit, Zuschrift, Zettel, Drahtnachricht, Funknachricht. → Benachrichtigung.

depeschieren → benachrichtigen, drahten.

deplaciert → unpassend.

deponieren ablegen, einlagern, einzahlen, hinterlegen, niederlegen, sicherstellen, unterbringen, in Verwahr geben, verschreiben, anbringen, aufstellen, plazieren, einstallen, einstellen, verpflanzen, belegen, eine Erklärung abgeben, anschreiben, verzeichnen, aufzeichnen, niederschreiben, vermerken, Geld anlegen, auf Zinsen anlegen. → aufstellen, einkellern. ▶ entlehnen, zurücknehmen.

Deportation zwangsweise Verbringung in eine Strafkolonie, Versetzung, Verlegung, Verschiffung, Verschleppung, Einschleppung, Verbannung, Auslieferung, Ausstoßung, Vertreibung, Verstoßung, Ausweisung, Strafversetzung, Verweisung. → Ächtung, Bestrafung, Exil.

deportieren → verbannen.

Depot Sammelstelle, Lager, Niederlage, Geschäftsstelle, Niederlassung, Sammelort, Sammelpunkt, Versammlungsplatz, Vorratshaus, Unterbringung, Rücklage, Ansammlung, Sammelwerk, Aufbewahrungsort, Lagerhaus, Bezugsmagazin, Kornspeicher, Getreidekammer, Behälter, Scheuer, Speicher, Stapelplatz, Markthalle. → Etablissement.

Depp → Idiot.

Depression Hoffnungslosigkeit, Kummer, Mutlosigkeit, Niedergeschlagenheit, Verzagtheit, Verzweiflung, Hemmung, Hinderung, Bedrücktheit, Gedrücktheit, Trübseligkeit, Enttäuschung, Aussichtslosigkeit ● Rückgang, Senkung, Tiefstand, Flaute ● Tief. → Entmutigung. ▶ Aufrichtung, Aufstieg, Fröhlichkeit, Hochgefühl.

deprimieren entmutigen, vergällen, verleiden, verstimmen, die Freude verderben, die Lust nehmen, des Vergnügens berauben, sich betrüben, schmerzlich berühren, sich zu Herzen nehmen, sich grämen, Kummer haben, sich härmen, bedrücken, nieder-

drücken, mutlos machen, verzagt machen, den Mut nehmen, kleinmütig machen, die Hoffnung nehmen ● hinausekeln, herausgraulen. → ärgern. ▶ ermutigen, hochfliegend.

deprimiert → arm, deprimieren.

Deputat → Anteil.

Deputation f → Abordnung.

deputieren abordnen, beauftragen, bevollmächtigen. → abordnen. ▶ abberufen.

Deputierter Abgeordneter, Bevollmächtigter. → Abgeordneter.

derart derartig, dergestalt, dermaßen, ebenso, gleichartig, so, solchermaßen, auf diese Weise, entsprechend, ohne Unterschied, passend, übereinstimmend, ordnungsgemäß, regelrecht. → dermaßen. ▶ anders, unterschiedlich.

derartig → derart, dermaßen.

derb stark, unverblümt, drastisch, grobschlächtig, handfest, plump, rauh, ungeschlacht, zugriffig, roh, kräftig, schlagend, wirksam, flegelhaft, ungebührlich, rücksichtslos, energisch, baumstark, kraftvoll, breitschultrig, herzhaft, stählern, stämmig, untersetzt, von gedrungener Gestalt, muskulös, verschröttig, schwerfällig, ungelenk, grob ● rückhaltlos, auf gut deutsch, frei von der Leber weg, einfach, unverblümt, ungeziert, unverstellt, aufrichtig, gesund, ungeschliffen, ungehobelt, ungraziös, gewöhnlich, gering, bäuerlich. → arg, boshaft, brutal, deutsch auf gut, dick, dickwanstig, drastisch. ▶ fein, hinfällig, höflich, kraftlos, sanft, zierlich.

Derbheit → Grobheit.

dereinst zukünftig, in spe, einmal, in Zukunft, hinterher, nachfolgend, nachher, später, hernach, darauf, einstens, einst, einstmals, nach Jahr und Tag, ein anderes Mal, dann. → einmal. ▶ früher.

dergestalt in dieser Form, so geartet, in dieser Lage, dermaßen, gerade so, demgemäß, solch. → derart, derartig, dermaßen. ▶ vorausgesetzt, unterschiedlich.

dergleichen so etwas, ähnlich, gleichartig, einstimmend, etwa wie, als ob, annähernd, sozusagen, scheinbar, annäherungsweise, wie, gleich, derlei, solchermaßen, geradeso, gleichförmig, übereinstimmend. ▶ ungleich.

derlei dieserhalb, demgemäß. → dergleichen. ▶ ungleich.

dermalen damals, ehedem, ehemals, einst, einstmals,

seinerzeit, zu seiner Zeit, vormals, weiland, in früherer Zeit, früher, vordem, derzeit. → als, ehedem. ▶ dereinst.

dermaßen derartig, derart, dergestalt, ebenso, gleichartig, so, solchermaßen, auf diese Weise, in dieser Form, in dieser Gestalt, so geartet, so gestaltet. → demgemäß, derart, dergestalt. ▶ unterschiedlich, vorausgesetzt.

derselbe → dasselbe.

derweil → indessen.

derzeit zurzeit, augenblicklich, gegenwärtig, diesjährig, heute, im Augenblick, zur Stunde, im Moment, jetzt, zunächst, heuer. → augenblicklich, dermalen, diesjährig. ▶ damals, früher.

derzeitig aktuell, augenblicklich, gegenwärtig, heutig, modern, momentan, neu, neuzeitlich, nunmehrig, spruchreif, zeitgemäß, zeitgenössisch. → akut. ▶ damals, vergangen.

desavouieren → aberkennen.

Deserteur Flüchtling, Fahnenflüchtiger, Entweicher, Überläufer, Drückeberger, Abgefallener, Ausreißer, Rückfälliger. → Abtrünniger, Drückeberger.

desertieren fortlaufen, überlaufen, ausrücken, abrücken, verlassen sich davon machen, ausziehen, durchbrennen, entlaufen, entfliehen, entsagen, aufgeben, umkehren, rückgängig machen, den Spieß umkehren, die Farbe wechseln, davonlaufen, sich fortstehlen, ausreißen, ausbrechen, sich drücken, Fersengeld geben, in Stiche lassen, entweichen, entrinnen, entschlüpfen, einteilen, entwischen, flüchten, entkommen, fahnenflüchtig werden, seine Pflicht vernachlässigen, zum Feind übergehen, seine eigene Sache verraten. → abfallen, abhauen, entfliehen. ▶ bleiben, durchhalten, pflichttreu (sein).

desgleichen auch, außerdem, ebenfalls, ebenso, ferner, fernerhin, überdies, zugleich, dito, idem, item, das gleiche, dieses, gleichfalls, obendrein, darüber, noch, einschließlich, auch. → auch, ebensoviel, ferner. ▶ unterschiedlich.

deshalb daher, also, dadurch, darum, demzufolge, demgemäß, deswegen, folglich, aus diesem Grunde, infolgedessen, mithin, somit, sonach, folgerichtig, insofern, wie die Sache liegt, logischerweise, um zu, zwecks, da, weil, dieserhalb, damit. → also, aus nämlich, befugt, bezeichnend, daher, damit, daraus, darum, dementsprechend, denn, eben, eigens. ▶ folgewidrig, unbeabsichtigt.

Design → Entwurf, Dessin.

Desinfektion Entseuchung, Reinigung, Duftlosigkeit, Läuterung, Säuberung, Reinigungsprozeß, Abwaschung. ▶ Infektion.

desinfizieren ausräuchern, entseuchen, reinigen, abwaschen, auslaugen, einem Reinigungsprozeß unterziehen, ausputzen, ausspülen, säubern, desodorieren. ▶ anstecken, verunreinigen.

Desinteressement → Gleichgültigkeit.

Desorganisation Zerrüttung, Unordnung, Zerstörung, Verwirrung, Störung, Chaos, Verfall, Zusammenbruch, Zerfall, Dekadenz, Verschlechterung, Verwüstung, Schwächung, Zusammensturz. → Auflösung. ▶ Organisation.

desorganisieren → auflösen.

desorientiert → unwissend.

despektierlich verächtlich, geringschätzig, herabwürdigend, entehrend, ungeachtet, unbeachtet, geringgehalten. ▶ achtungsvoll.

desperat verzweifelt, hoffnungslos, aussichtslos, ohne Hoffnung, erregt, erhitzt, aufgebracht, gereizt, verstimmt. ▶ hoffnungsvoll, sanftmütig.

Despot Gewaltherr, Willkürherrscher, Gebieter, Diktator, Tyrann, Herrscher, Alleinherrscher, Bedrücker, Zuchtmeister, Schreckensherrscher, Gewaltherrscher, Imperator. → Bedrücker, Diktator. ▶ Demokrat, Lamm frommes, Untergebener.

despotisch willkürlich, herrisch, gebieterisch, befehlshaberisch, absolut, gewaltig, herrschend, imperatorisch, allgewaltig, furchteinflößend, streng, nachsichtslos, unerbittlich, unbeugsam, tyrannisch, mitleidlos, eisern, ausdrücklich, außergesetzlich, eigenmächtig. → anmaßend, diktatorisch. ▶ demokratisch, rechtmäßig, sanft.

Despotismus Willkürherrschaft, rohe Gewalt, Gewalttätigkeit, Knechtung, Unterjochung, Tyrannei, Zwang, Grausamkeit, Schonungslosigkeit, Schärfe, Willkür, Gewaltherrschaft, Schreckensherrschaft, Alleinherrschaft. → Diktatur. ▶ Demokratie, Rechtmäßigkeit, Sanftmut.

dessenungeachtet demungeachtet, dennoch, doch, gleichwohl, trotz allem, trotzdem, jedoch, obschon, obwohl, trotz, wenn auch, sogar, dennoch, unter allen Umständen, auf jeden Fall, jedenfalls. → dennoch. ▶ demzufolge.

Dessin Muster, Zeichnung,

Musterzeichnung, Aufdruck, Entwurf, Handdruck, Plan, Vorbild, Vordruck, Vorschrift, Musterblatt, Modell, Form, Schilderung.

Destille Ausschank. →Kneipe.

destillieren→ klären, scheiden.

destruieren zersetzen, zerstören, demontieren, zerlegen, abbrechen, abbauen, demolieren, vernichten, ausstreichen, umwerfen, ein Ende machen, ausmerzen, beseitigen, ausrotten, erledigen, verheeren, verwüsten, verderben, zertrümmern, niedermähen. → abbauen, demolieren, demontieren. ▶ aufbauen, konstruieren.

destruierend → abbauend.

Destruktion f Zerstörung, Zersetzung, Demontage f, Zerlegung, Abbruch, Abbau, Vernichtung, Auflösung, Austilgung, Zerfall, Ausrottung. → Abbau, Demontage. ▶ Aufbau, Konstruktion.

destruktiv zerstörend, zersetzend, zerlegend, abbauend, umstürzlerisch. ▶ aufbauend.

desungeachtet → dessenungeachtet.

deswegen → also, anläßlich, behufs, da, dadurch, daher, damit, darum, dementsprechend, denn, deshalb, eben.

Deszendenz Abstammung, Nachkommenschaft, Abkunft, Herkommen, Herkunft, Ursprung, Geburt, Stamm, Geburtsstätte, Abkömmling, Erbkunde.

detachieren entsenden, absondern, trennen, schicken, verteilen, teilen, entlassen, entsetzen, lösen, loslösen, wegschicken. ▶ attachieren sich.

Detail Ausschnitt, Einzelheit, Einzelstück, Teilstück, Einzelteil, Vereinzelheit. → Ausschnitt, Einzelheit. ▶ Ganzes.

Detailgeschäft Einzelhandel, Kaufhaus, Kaufhalle, Bazar, Warenhaus, Laden, Magazin.

Detailhandel Einzelhandel, Kleinhandel, Ladenverkauf. → Einzelhandel.

detaillieren verstreuen, verzetteln, zerstreuen, zergliedern, in Stücke brechen, ins Einzelne gehen, ausführlich erzählen, besonders anführen, angeben, charakterisieren, in die Einzelheiten eingehen, aufzählen, beschreiben, schildern, darstellen. ▶ vereinigen.

Detaillist Einzelhändler, Krämer, Ladenbesitzer, Kaufmann, Händler, Gewerbetreibender, Kleinhändler, Kleinkrämer, Tütendreher u, Heringsbändiger u. ▶ Großhändler.

Detektivbüro → Auskunftei.

determiniert bestimmt, be-

schlossen, entschieden, endgültig, versiegelt. ▶ unbestimmt, unentschieden.

Detonation Knall, Explosion, Erschütterung, Ausbruch, Aufbrausen, Aufruhr, Erdbeben, Erderschütterung, Ruck, Entladung, Stoß, Krach, Dröhnen, lautes Geräusch, Gepolter, Gestampfe, Gedröhn, Gebrause, Gerassel, Krachen, Zerbersten, Zerspringen. → Explosion.

detonieren explodieren, zerbersten, zerknallen, zerplatzen, platzen, puffen.

deuchten wähnen, dünken, scheinen, Gespenster sehen, in den Sinn kommen, schwanen, abirren. → dünken. ▶ klar sehen, zutreffen.

Deut kleine Münze ● Wink, Andeutung, Anspielung, Zeichen ● Belanglosigkeit, Unwichtigkeit, Unbedeutendheit, Bedeutungslosigkeit, Geringfügigkeit, Nichtigkeit, Kleinlichkeit. → Bagatelle. ▶ Verheimlichung, Wichtigkeit.

deuteln auslegen, verdrehen, verzerren, entstellen, kleinlich deuten, verfälschen, falsch darstellen, übertreiben, mißdeuten, unrichtig übertragen. ▶ deuten.

deuten beurteilen, begutachten, bewerten, charakterisieren, auslegen, ermessen, einschätzen, erwägen, untersuchen, unterscheiden, beschreiben, bezeichnen, kennzeichnen, darlegen, erklären, erläutern, explizieren, klarlegen, verständlich machen, beleuchten, aufklären, klarmachen, veranschaulichen, den Sinn wiedergeben, zwischen den Zeilen lesen, erkennen, unterscheiden, folgern, verdolmetschen, definieren, auseinandersetzen, auseinanderlegen, entziffern, erraten, gestikulieren, mit dem Finger zeigen, ein Zeichen geben, hinweisen, hinzeigen, andeuten, bezeugen. → aufzeigen, auseinandersetzen, auslegen, ausmalen, begründen, bemänteln, beurteilen, charakterisieren, darlegen, darstellen, definieren, entnehmen, entrollen, entziffern, erklären, erörtern, ersehen. ▶ fehlschießen, mißdeuten, nachfragen, verrechnen sich.

Deuter Ausleger, Erklärer, Exegete, Übersetzer, Dolmetscher. → Ausleger.

deutlich augenfällig, ausdrücklich, eindeutig, genau, hervorgehoben, klar, leserlich, klipp und klar, leichtfaßlich, offenkundig, offensichtlich, scharf, sichtbar, unverhüllt, unverkennbar, vernehmbar, verständlich, nachdrücklich, nachdrücklich, unbedingt, gewiß, offenbar, unübersehbar, unzweideutig, unzweifelhaft, sichtbar, plausibel, faßlich, anschaulich, leicht erkennbar, übersichtlich, begreiflich, hörbar, laut, ausdrucksvoll, einleuchtend, ersichtlich, einfach, greifbar, augenscheinlich, entschieden, nachdrucksvoll. → absolut, anschaulich, auffallend, augenfällig, augenscheinlich, ausführlich, bedeutungsvoll, bemerkbar, beredt, deutsch auf gut, drastisch, eidlich, emphatisch, erkennbar, ernstlich, faßbar. ▶ undeutlich.

deutlich werden → deutsch reden.

Deutlichkeit Hörbarkeit, Vernehmlichkeit, Sichtbarkeit, Wahrnehmbarkeit, Anschaulichkeit, Klarheit, Veranschaulichung, Bestimmtheit, Begreiflichkeit, Kraft, Offenheit, Ausdrücklichkeit, Genauigkeit, Lesbarkeit, Verständlichkeit, Faßlichkeit, Ausführlichkeit. → Bestimmtheit. ▶ Undeutlichkeit.

deutsch, auf gut verständlich, unmißverständlich, deutlich, unzweideutig, nachdrücklich, unverkennbar, genau, scharf, offen, unverschleiert, gemeinverständlich, unbeschönigt, unverhüllt, klar, in kurzen Worten, rückhaltlos, frisch und frei, von der Leber weg, rücksichtslos, derb, unverblümt, unverstellt, ungekünstelt, geradeaus, schlecht und recht, von Mann zu Mann. → deutlich. ▶ durchtrieben, unaufrichtig, verschleiert.

deutsch reden, mit jemandem kein Blatt vor den Mund nehmen, reinen Wein einschenken, sich den Mund verbrennen, natürlich sein, ungekünstelt reden, von der Leber weg reden, offen mit jemandem reden. → deutlich. ▶ unaufrichtig (sein), undeutlich (sein), verschleiert.

Deutung Version, Auffassung, Darstellung, Fassung, Lesart, Sinngebung, Variante, Wortlaut. → Auslegung, Begriff, Darlegung, Darstellung. ▶ Fehlabschluß, Mißdeutung.

Devise Denkspruch, Kernspruch, Leitsatz, Losung, Merksatz, Motto, Richtschnur ● These, Doktrin, Axiom, Dogma, Prinzip, Gebot, Regel, Rezept, Weisung ● Auslandswechsel, ausländisches Zahlungsmittel, Scheck.

devot gottergeben, gottesfürchtig, unterwürfig, beflissen, gefügig, willfährig, zuvorkommend, demütig, diensteifrig, gefällig, untertänig, ehrfurchtsvoll, schmeichle-

risch, fromm. → artig, ergeben. ▶ boshaft, selbstbewußt, überheblich, verstockt.

Devotion → Ergebenheit.

Dezember Christmonat, Weihnachtsmonat, Christmond, Christzeit.

dezent → anständig, distinguiert.

Dezentralisation Auseinanderlegung von Verwaltungen, Trennung, Scheidung, Sonderung, Zersprengung, Zergliederung, Loslösung, Auflösung, Lockerung, Verteilung, Verstreuung, Zersplitterung. → Auflösung. ▶ Konzentration, Zusammenschluß.

dezentralisieren → auflösen, trennen.

dezidiert bestimmt, klar.

dezimieren zehnten, große Verluste beifügen, vermindern, stutzen, abscheren, schwinden, schmälern, verringern. → abnehmen. ▶ hinzufügen.

Dezimierung Abbau, Abnahme, Beschränkung, Einschränkung, Herabsetzung, Kürzung, Verkleinerung, Verminderung, Verringerung, Zusammenziehen. → Abzug. ▶ Hinzufügung.

diabolisch schlecht, böse, schlimm, verrufen, gefährlich, verderblich, unheilbringend, elend, schrecklich, arglistig, heimtückisch, schadenfroh, niedrig, gemein, niederträchtig, nichtswürdig, hassenswert, abscheulich, schändlich, verdammenswert, teuflisch, dämonisch, höllisch, satanisch, mephistophelisch, grausam, bösartig, boshaft, übelwollend, hämisch, tükkisch, brutal, infernalisch, mörderisch, herzlos, lasterhaft, sündhaft, sittenlos, schamlos, bestialisch, erzböse, grundschlecht, unmenschlich, teuflhaft, verteufelt. → bestialisch, böse, dämonisch. ▶ gut, menschenfreundlich.

Diagnose Krankheitsbestimmung, Untersuchung, Bestimmung, Unterscheidung ● Erkennen, Beurteilung.

diagnostisch bestimmend, entscheidend, beurteilend.

diagnostizieren feststellen, eine Diagnose oder Prognose stellen, die Ursache herausfinden ● die Lösung finden.

diagonal eckenstrebig, durchkreuzend, durchschneidend, durchschnitten, gekreuzt, quer. ▶ senkrecht, waagrecht.

Dialekt Mundart, Umgangssprache, Platt, Slang.

Dialektik → Beredsamkeit, Beweisführung.

dialektisch → ausdrucksvoll.

Dialog Zwiegespräch. ▶ Monolog.

diametral in Richtung des Durchmessers, entgegengesetzt, widersprechend, entgegengestellt, zuwiderlaufend, gegenläufig, entgegen, gegenübergestellt, gegenüber. ▶ nebeneinander.

Diät Ernährung, Schonkost, Heilkost, Gesundheitsmittel, vorschriftsmäßiges Essen, Einschränkung, Beherrschung, Mäßigung, Enthaltsamkeit, Genügsamkeit, Fasttag, Selbstbezwingung, Hungerkur, schmale Kost, Fastenkost, Entwöhnung, richtige Ernährung, angepaßte Kost, Krankenkost. → Abstinenz, Behandlung. ▶ Schwelgerei.

dicht luftdicht, wasserdicht, verschlossen, abgedichtet, fest, gefügt, geschlossen, undurchlässig, undurchdringlich, fest, unzugänglich, gedrängt, eingeengt. → abgeschlossen, angrenzend, bei, beisammen, dabei, daneben, fest. ▶ durchlässig, porös.

dicht dabei nahe, benachbart, anstoßend, angrenzend, daneben, nebenan, nebenbei, beisammen, zusammen, annähernd, annäherungsweise, anliegend, beinahe, nahezu, dicht auf der Ferse. → an. ▶ entfernt, getrennt.

dicht daran → annähernd, dicht dabei.

dicht gedrängt → beengend.

Dichte Festigkeit, Widerstand, Zusammenhalt, Starrheit, Härte, Fülle, Anhäufung, Ansammlung, Ausmaß, Gedränge, Massigkeit, Verdichtung, Kondensierung, Masse, spezifisches Gewicht. → Ausmaß. ▶ Durchsichtigkeit, Lokkerung.

dichten verdichten, abdichten, verstopfen, sich zusammenschließen, sich zusammendrängen, härten, unporös machen, imprägnieren, undurchsichtig machen, undurchlässig machen, geschlossen sein, widerstandsfähig sein, verdicken, kondensieren, erstarren, versteinern, zusammenpressen ● reimen, in Verse setzen, in Verse bringen, besingen, schreiben, beschreiben. → ausfüllen, erzählen, fabulieren. ▶ öffnen.

Dichter Erzähler, Belletrist, Genie, Meistersänger, Minnesänger, Poet, Barde, Romancier, Sänger, Troubadour, Wortkünstler, Schriftsteller, Schöpfer, Bücherschreiber, Skalde, Lyriker, Reimschmied, Stegreifdichter, Gelegenheitsdichter, Volkssänger, Bänkelsänger, Fahrender.

dichterisch → poetisch.

dichtgedrängt → überfüllt.

Dichtheit → Dichte.

Dichtigkeit Verkettung, Zusammenfluß, Zusammendrängen, Zusammenhang, Gewicht, Masse ● Undurchsichtigkeit, Trübung, Nebel, Wolke. → Dichte. ▶ Durchsichtigkeit, Leichtigkeit, Lockerung.

Dichtung Buch, Belletristik, Erbauung, Lesestoff, Literatur, Schriftgut, Unterhaltungsstoff, Roman, Gedicht, Drama ● Einbildung, eigene Erfindung, Fantasie, Gedachtes, Gedankending, Gedankenbild, Geistesschöpfung, Eingebung, Unwahrheit, Lüge, Erdichtung ● Abdichtung. → Dunst, Erzählung.

Dichtungsart Gedicht, Lied, Volkslied, Ode, Hymne, Choral, Elegie, Klagegesang, Meistersang, Schäfergedicht, Singspiel, Liebeslied, Minnesang, Meistergesang, Trinklieder, Gelegenheitsgedicht, Zauberspruch, Denkspruch, Sinnspruch, Sinngedicht, Epigramm, Trauerlied, Trauerspiel, Tragödie, Komödie, Lustspiel, Schlaflied, Epos, Heldengedicht, Ballade, Romanze, Legende, Fabel, Parabel, Allegorie, Roman, Novelle, Erzählung, Drama, Libretto, Geschichte, Märchen.

dick aufgeschwollen, beleibt, breit, drall, feist, fest, fett, vollschlank, fleischig, gedrungen, korpulent, pummelig, vollgefressen u, massig, pausbackig, rund, ründlich, stark, stattlich, umfangreich, untersetzt, voll, wohlbeleibt, wohlgenährt, stämmig, strotzend, gut dabei sein u, aus der Fasson geraten u, plump, schwerfällig, aufgebläht, dickwanstig, wassersüchtig, schmerbäuchig, aufgedunsen, derb, gewaltig, kolossal, mächtig. → bauchig, dickwanstig, fettwanstig. ▶ dünn, **dick haben, etwas** anekeln, anwidern, zum Halse heraushängen, Abscheu erregen, abstoßen, mißfallen, mehr als genug haben, übersättigt sein, sich übernehmen, mehr als zur Genüge genossen, bis zum Ekel genossen, bis zum Überdruß genossen. ▶ erfreuen sich, genießen.

dick tun übertreiben, vergrößern, aufblähen, sich ein Ansehen geben, sich in den Himmel erheben, aus der Mücke einen Elefanten machen, herausputzen, ausschmücken, bis zum Äußersten treiben, überschreiten, groß tun, sich in die Brust werfen, herausfordern, hochmütig sein, von oben herab schauen, sich selbst vor

Stolz nicht kennen, sich rühmen mit, den Kopf hoch tragen, sich überheben, überschätzen, sich fühlen, von sich überzeugt sein, prahlen, prangen, sich brüsten, aufschneiden, flunkern, großsprechen, das Maul voll nehmen, hohe Töne reden, aufprotzen, sich wichtig machen, sein eigenes Lob singen. → abgeben, ballen. ▶ bescheiden (sein).

dick werden breiter werden, ausbreiten, verbreitern, zunehmen, anschwellen, aufblähen, anspannen, auflaufen, ausfüllen, sich entfalten, aufgehen, gedeihen, vergrößern, vervielfältigen, auftreiben, ausstopfen, feist werden, fett werden, mästen, nudeln, sich ausdehnen, auseinandergehen u. ▶ abmagern, dünn werden.

Dickbauch → Bauch, Dickwanst.

Dicke Stärke, Wohlbeleibtheit, in gutem Zustand, Embonpoint s, Umfang, Korpulenz, Mächtigkeit, Erweiterung, Dehnbarkeit, Größe, Ausdehnung, Umfänglichkeit, Geschwollenheit, Beleibtheit, Feistigkeit, Aufblähung, Wulstigkeit, Unermeßlichkeit, Ungeheuerlichkeit. → Dichte. ▶ Durchsichtigkeit, Magerkeit.

dicken → erhärten.

dickfellig → abgebrüht, abgestumpft.

Dickfelligkeit Abgestumpftheit, Dickkopf, Gefühllosigkeit, Unempfänglichkeit, Eindrucklosigkeit, Unempfindlichkeit, Abgebrühtheit, Dickhäutigkeit, Phlegma, Kaltschnäuzigkeit. ▶ Empfindlichkeit.

dickflüssig breiig, dicklich, harzig, lehmig, kleisterig, schleimig, sämig, zähe, zähflüssig, geronnen, käsig, seimig, gallertartig, teigig, pappig, klebrig. → breiig. ▶ sprudeln.

dickhäutig anteillos, gelassen, gefühllos, gleichgültig, stumpf, ungerührt, starr, unempfindlich, undurchdringlich. → abgestumpft, dickfellig. ▶ dünn, empfindlich, gefühlvoll.

Dickhäutigkeit → Dickfelligkeit.

Dickkopf Dickschädel, Holzkopf, Trotzkopf, Hartnäckiger, Rechthaber, Verranntter, Halsstarriger, Starrkopf, Haberecht, Streiter, Verfechter, Fanatiker, Eigensinniger, Störriger, Eigenwilliger. ▶ nachgiebig(er Mensch).

dickköpfisch → stur.

dicklich → breiig, dickflüssig.

Dicksack → Bauch.

Dickschädel → Dickkopf, Fanatiker.

Dicktuer → Angeber, Chauvinist, Dreikäsehoch.

Dicktuerei → Anmaßung, Chauvinismus, Eigenlob.

dicktuerisch → anmaßend, dick tun, dünkelhaft, ehrgeizig.

Dickwanst Dickbauch, Schmerbauch, Tonne, Klumpen, Block, Brocken, Dicksack, Maschine, Stöpsel u, Bulle von Kerl u, Kubus, Wanst, dicke Hummel, Falstaff, Ungeheuer, Koloß, Dampfwalze u, Faß, Tonne, Pummel u, Knubbel u, Mammut, Riese, Gigant, Elefant, Untier, Haufen, Walfisch, dicker Bär. → Bauch. ▶ Bohnenstange.

dickwanstig garstig, anmutslos, ungeschlacht, grobkörnig, vierschrötig, feist, fettwanstig, kurz und dick, schwerfällig, derb, plump, unförmig, dick, stark, wohlbeleibt, fleischig, stämmig, untersetzt, gedrungen, strotzend, wassersüchtig. → dick. ▶ anmutsvoll, dünn, zierlich.

Dieb Schurke, Halunke, Landstreicher, Lump, Schuft, Strolch, Vagabund, Stehler, Erpresser, Räuber, Schieber, Spitzbube, Gauner, Stromer, Freibeuter, Plünderer, Langfinger, Uhrenabzwicker, Wegelagerer, Einbrecher, Straßenräuber, Klettermaxe u, Ganove u, Gangster, Hotelwanze u. ▶ Bandit. ▶ ehrlich(er Mensch).

Dieberei Diebstahl, Bestehlung, widerrechtliche Aneignung, Zueignung, Entwendung, Entfremdung, Wilderei, Einbruch, Mauserei, Unterschlagung, Veruntreuung, Betrug, Schwindel, Schädigung, Fälschung, Nachdruck, Gaunerei, Schiebung, Schieberei, Beraubung, Plünderung, Wegelagerei, Räuberei, Straßenraub, Kirchenraub, Freibeuterei. ▶ Einbruch. ▶ Ehrlichkeit.

Diebesgut → Beute.

Diebesjargon Gaunersprache, Dunkelmännerlatein, Schimpfworte, Diebessprache, Rotwelsch, Gewelsch.

diebessicher einbruchsicher, gesichert, geschützt, sicher, unter Dach und Fach, gefeit, unverlierbar, bombensicher, unbezwinglich, uneinnehmbar, unangreifbar, im sicheren Hafen. → einbruchsicher, fest. ▶ gefährdet, einbruchsunsicher.

Diebessprache → Diebesjargon.

diebisch beutegierig, raublustig, langfingrig, klebrige Finger haben u, stehlen wie die Raben oder eine Elster, die Finger nicht bei sich behalten können u, betrügerisch, verstohlen, heimlich, elsternhaft, füchsisch, spitzbübisch, gaunerisch, schwindlerisch, schurkenhaft, nichtsnutzig. → beutegierig. ▸ ehrlich.

Diebstahl Raub, Entwendung, Klau. → Beraubung, Betrug, Dieberei, Einbruch.

Diele Eingang, Vorhalle, Vorzimmer, Einfahrt, Hausflur, Flur, Halle, Hausgang ● Brett, Platte, Plättchen, Bohle, Planke, Span ● Eisdiele, Tanzdiele.

dielen ebnen, täfeln, bahnen, flach machen, ausflächen, abflachen, Fußboden belegen, ausbreiten, niederlegen, ausdehnen, ausstrecken.

dienen helfen, beistehen, unterstützen, behilflich sein, zur Seite stehen, mithelfen, gehorchen, sich demütigen, Geheiß tun, in Stellung sein, aufwarten ● Gott dienen, verehren, anbeten. → abhängig, ausharren, beispringen, beistehen, ducken sich, durchbringen sich, eignen sich. ▸ beeinträchtigen, faulenzen, hemmen, herrschen, selbständig (sein), stolz (sein), zwecklos (sein).

Diener Gehilfe, Helfer, Lakai, Page, Hotelpage, Kammerdiener, rechte Hand, Hilfskraft, Mitarbeiter, Stütze, Handwerker, Handlanger, Knecht, Bursche, Lehrjunge, Gesell, Unterstützer, Beistand, Assistent, Untergebener, Untertan, Untergeordneter, Abhängiger, Angestellter. → Arbeitnehmer, Aufwartung, Aushilfe, Beistand, Bote, Bursche, Commis, Complice, Famulus. ▸ Herr.

Diener Gottes Pfarrer, Kaplan, Kardinal, Papst, Pastor, Geistlicher, Bischof, Erzbischof, Legat, Abt, Mönch, Bruder, Nonne, Schwester, Kleriker, Priester, Seelsorger, Seelenhirt, Beichtiger, Pfaffe, Schwarzrock, Kuttenträger, Stiftsherr, Domherr, Chorherr, Dechant, Prediger, Vikar, Diakonus, Superintendant, Probst, Abbé, Oberin, Äbtissin, Priorin, Klausner, Rabbi, Rabbiner, Levit, Pater, Beichtvater, Missionar, Katechet, Primas, Kirchenfürst, Dekan, Kanonikus, Pope, Theologe.

dienern kriechen, verbeugen, verneigen, sich bücken, in den Dreck treten, erniedrigen, herabsetzen, sich kleiner machen, unterwürfig tun, zusammenklappen wie ein Taschenmesser u. → demütigen sich, einschleichen sich in die Gunst, erstreben. ▸ aufbe-

gehren, herrisch (sein), herrschen.

Dienerschaft Dienstbote, Kammermädchen, Köchin, Magd, Dienstmädchen, Perle u, Donna u, Spritze u, Aufwartefrau, Raumpflegerin, Wärterin, Bonne, Beschließer, Butler, Wirtschafter, Kammerzofe, Gouvernante, dienstbarer Geist u. → Diener.

dienlich zweckmäßig, vorteilhaft, günstig, erfreulich, gewinnbringend, förderlich, passend, nützlich, behilflich. → angenehm, annehmbar, dankenswert, einträglich, empfehlenswert, erfolgreich, erfolgversprechend. ▸ hinderlich, unzweckmäßig, wertlos.

Dienlichkeit Vorteil, Einträglichkeit, Förderlichkeit, Nützlichkeit, Vergünstigung, Tauglichkeit, Sachdienlichkeit, Anwendbarkeit, Geneigtheit, Fähigkeit, Dienstleistung, Nutzen, Brauchbarkeit. → Einträglichkeit.

Dienst Arbeit, Bedienung, Verrichtung, Gefälligkeit, Dienstbarkeit, Betätigung, Beschäftigung, Geschäft, Beruf, Pflicht, Anstrengung, Bemühung, Beruf ● Backschaft sm, Aufwartedienst. → Abhängigkeit, Amt, Arbeit, Besorgung, Charge, Leistung. ▸ Muße, Müßiggang, Pflichtvergessenheit, Unabhängigkeit.

Dienst, guter Gefälligkeit, Vermittlung, Fürbitte, Fürsprache, Verwendung, Hilfe, Liebesdienst, Kundendienst. ▸ Ungefälligkeit.

Dienst nehmen in → dingen.

Dienst stellen einstellen, beschäftigen, arbeiten lassen, ein Amt bekleiden lassen, ein Geschäft betreiben lassen, eine Hilfe einstellen. ▸ abbauen, entlassen.

Dienstabzeichen → Erkennungszeichen.

Dienstalter Dienstgrad, Berufsjahre, Gehaltsstufe.

Dienstanordnung → Befehl.

dienstbar → abhängig.

Dienstbarkeit Verpflichtung, Unterordnung, Gehorsam, Abhängigkeit, Willfährigkeit, Fügsamkeit, Unterwürfigkeit, Ergebung, Pflichterfüllung, Bedienung, Aufwartung, Unterwerfung, Hörigkeit, Untergebenheit ● kriecherisches Wesen, Demut. → Dienst, Ergebenheit. ▸ Pflichtvergessenheit, Ungehorsam.

dienstbeflissen tätig, geschäftig, rührig, betriebsam, dienstwillig, diensteifrig, untertänig, willig, bereitwillig, hilfsbereit. → dienstbereit. ▸ ungefällig, ungehorsam.

dienstbereit bereitwillig, er-

bötig, entgegenkommend, gefällig, willfährig, zuvorkommend, behilflich, dienstbeflissen, untertänig, pflichteifrig, verbindlich, aufmerksam, höflich. → angenehm, erbötig. ▸ ungefällig.

Dienstbote → Arbeitnehmer, Diener, Dienerschaft.

Dienste leisten → bedienen.

diensteifrig → devot, dienstbeflissen.

dienstfähig tauglich, arbeitsfähig, erprobt, fähig, stark, nützlich. → diensttauglich. ▸ dienstunfähig.

dienstfertig höflich, gefällig, diplomatisch, formgewandt. → dienstbeflissen. ▸ ungefällig, unhöflich.

dienstfrei untätig, unbeschäftigt, außer Tätigkeit, dienstlos, arbeitslos, beschäftigungslos, geschäftslos, müßig. → beschäftigungslos. ▸ angestrengt, beschäftigt.

Dienstgrad Amt, Rang, Charge f.

Dienstherr Brotgeber, Herr, Chef, Leiter, Vorsteher, Meister. ▸ Untergebener.

Dienstkleidung Amtstracht, Dienstanzug, Arbeitskleidung. → Uniform.

Dienstleistung Beistand, Handreichung, Hilfeleistung, Stütze, Hilfe, Unterstützung, Bedienung, Liebesdienst, Mildtätigkeit, Armenpflege, Wohltätigkeit, Gefälligkeit. → Amt, Anstrengung, Arbeit, Aufwartung, Aushilfe, Beihilfe, Bemühung, Bereitwilligkeit, Dienlichkeit. ▸ Ungefälligkeit, Verweigerung.

dienstlich von Amtes wegen, ex officio, geschäftlich, amtlich, berufsmäßig. ▸ privat.

Dienstmädchen → Arbeitnehmer, Dienerschaft.

Dienstpersonal Gesinde, Gefolge. → Diener. ▸ Dienstherr, Herrschaft.

Dienstpflicht Amt, Angelegenheit, Arbeit, Aufgabe, Auftrag, Obliegenheit, Funktion, Pflicht, Schuldigkeit ● Militärdienst. ▸ Pflichtvergessenheit, Verweigerung.

diensttauglich erprobt, arbeitsfähig, dienstfähig, stark, kräftig, stählern, eisern, mächtig. → dienstfähig. ▸ dienstunfähig.

dienstunfähig schwach, kraftlos, gebrechlich, unfähig, entkräftet, hinfällig, gebrochen, ausgedient, abgenützt, untauglich, ungeeignet, abgetakelt, ungeschickt, linkisch, täppisch, unbeholfen, ungelenk, unerfahren, ungeschult, ungelernt. → alt, arbeitsunfähig. ▸ dienstfähig.

Dienstunfähiger → Arbeitsunfähiger.

Dienstunfähigkeit → Arbeitsunfähigkeit.

dienstvergessen → bestechlich.

Dienstweg Instanz *f*, Gerichtsbarkeit, Behörde, Obrigkeit. ▶ direkt(er Weg).

dienstwillig → diensteifrig, dienstbeflissen, erbötig.

Dienstwilligkeit Beflissenheit, Eifer, Regsamkeit, Tatenlust, Bereitwilligkeit, Entgegenkommen, Freundlichkeit, Geneigtheit. → Aufmerksamkeit, Beflissenheit, Eifer, Eilfertigkeit. ▶ Faulheit, Ungefälligkeit, Verweigerung.

diesbezüglich dieserhalb, entsprechend, übereinstimmend, bezüglich, dementsprechend, gemäß, beziehungsweise, in bezug auf, was betrifft, in Hinsicht auf, in Verbindung mit, gleichgerichtet, angemessen, passend. ▶ beziehungslos.

dieserhalb → also, daher, daraus, darum, deshalb.

dieses dasselbe, das gleiche, das nämliche, ebenso, ebenfalls, idem, dito. → desgleichen. ▶ jenes, unterschiedlich.

diesig → dunstig.

diesjährig gegenwärtig, augenblicklich, derzeit, jetzt, zurzeit, in diesem Jahr, heuer, laufenden Jahres. → aktuell, augenblicklich, derzeit. ▶ vergangen.

Diesseitigkeit Weltlichkeit, Vergänglichkeit.

diesseits auf der gleichen Seite, daneben, neben, hier, nebeneinander, aneinander. → abseits, beiseite, daneben. ▶ jenseits.

dieweil → als, da.

diffamieren → verunglimpfen.

Differenz Unterschied, Abstand, Besonderheit, Unterscheidungszeichen, Verschiedenheit, Unstimmigkeit, Ungleichartigkeit, Zwiespalt, Ungleichheit, Ungleichmäßigkeit, Meinungsverschiedenheit, Bruch, Trennung, Mißverständnis. → Abweichung. ▷ Ähnlichkeit, Einstimmigkeit, Gleichheit.

differenzieren Differentialrechnung anwenden, trennen, verschieden gestalten. → abweichen. ▶ gleichmachen.

differieren verschieden sein, voneinander abweichen, sich entzweien, sich verfeinden, auseinandergehen. → abweichen. ▶ gleichkommen, übereinstimmen.

diffus zerstreut, weitläufig, weitschweifig, langatmig. ▶ gesammelt.

Diktat Nachschrift, Ansage, Befehl, Weisung, Aufruf, Auftrag, Bestimmung, Vorschrift, Erlaß, Aufforderung, Mahnung. → Anordnung, Ansage, Befehl. ▶ Abschrift, Willfährigkeit.

Diktator Gebieter, Despot, Absolutist. → Alleinherrscher. ▶ Demokrat.

diktatorisch gewaltig, absolut, beherrschend, gebieterisch, nachsichtlos, streng, tyrannisch, ohne Rücksicht, gewalttätig, totalitär, unbarmherzig, befehlend, despotisch, Fraktur schreiben *u*. ▶ demokratisch, nachgiebig.

Diktatur Alleinherrschaft, Tyrannei, Gewaltherrschaft, Willkürherrschaft, Vergewaltigung, Absolutismus, Despotismus, Faschismus, Nationalsozialismus, Kommunismus, Militärherrschaft, Staatsgewalt. ▶ Demokratie, Toleranz.

diktieren ansagen, vorsprechen, vorschreiben ● vordiktieren, erzwingen, keine Nachsicht üben, nicht locker lassen, anordnen, anbefehlen, gebieten, kommandieren, befehlen, Vorschriften machen, Verfügungen erlassen, dirigieren, auferlegen, auftragen, verordnen, anweisen, verfügen, bestimmen, befehligen. → anregen, aufzwingen, befehlen, beherrschen, dirigieren. ▶ abschreiben, gehorchen, mildern.

Diktion Schreibart, Ausdrucksweise, Fassung, Manier, Eigentümlichkeit, Stil. → Ausdrucksweise.

dilatorisch aufschiebend, hinhaltend, dauernd, schleppend, dauerhaft, verzögert, hinausschiebend, saumselig. ▶ baldig, umgehend.

Dilemma Klemme, Verlegenheit, Bedrängnis, Schwierigkeit, Ratlosigkeit, Unsicherheit, Notlage, Zwiespalt, Zwangslage, Umstand, Unentschiedenheit, Zweifelhaftigkeit, Unschlüssigkeit, Entscheidungspunkt, Sackgasse, Enge, Komplikation, Verworrenheit, Falle, Schlinge, mißliche Angelegenheit, Unlösbarkeit, verwickelte Geschichte, Verwicklung. ▶ Entschiedenheit, Entschlossenheit, Erleichterung, Gewißheit, Sicherheit.

Dilettant Halbwisser, Anfänger, Liebhaber, Laie, Neuling, Nichtberufener, Nichtfachmann, Stümper, Ungelehrter, Nichtskundiger, Nichtwisser, Kunstliebhaber, Kunstfreund, Ungelernter. ▶ Fachmann.

dilettantisch halbgelehrt, oberflächlich, laienhaft, ungenau, unerfahren, ungebildet, unaufgeklärt, unbelesen. ▶ fachmännisch.

Dilettantismus Laienarbeit, Bastelarbeit, Stümperei,

Murks *u*, schlechte Arbeit, Gemurkse *u*, Hudelei.

Dimension Ausmaß, Beträchtlichkeit, Umfang, Weite, Größe, Breite. → Ausdehnung. ▶ Begrenztheit.

Diner → Mahlzeit.

Ding Sache, Chaos *s*, Gegenstand, Angelegenheit, Körper, Materie, Stoff, Substanz, Wesen, Begriff, Anliegen, Sein, Dasein, Objekt, Etwas, Vorhandenes, Gestalt, Element, Zeug ● Gericht. → Backfisch, Element, Etwas. ▶ Körperlos(es), Nichts, Unsichtbarkeit.

dingen benützen, chartern, engagieren, heuern, mieten, nehmen, verwenden, gebrauchen, einstellen, in Dienst nehmen, in Anspruch nehmen. → anstellen, chartern. ▶ entlassen.

dingfest rechtlich festgesetzt, verhaftet, gefangen, unter Aufsicht, in Gewahrsam. ▶ frei.

dingfest machen jemanden verhaften, jemandem die Freiheit entziehen, einzwängen, erfassen, in Bande schlagen, ergreifen, anketten, knebeln, einschließen, einsperren, hinter Schloß und Riegel bringen, einkerkern, unschädlich machen, unter Aufsicht stellen, ins Gefängnis oder Zuchthaus bringen, in Gewahrsam bringen. ▶ befreien, frei bewegen sich.

dinghaft faßbar, greifbar, körperhaft, gegenständlich, wesenhaft, stofflich, bestimmbar, substantiell, körperlich, konkret, handgreiflich, klar, auf der Hand liegend, sichtbar, leibhaftig, gegenwärtig, gegenwartsnahe, wirklich. → faßbar. ▶ unfaßbar, unwirklich.

dinglich bestehend, real, greifbar, tatsächlich, wesenhaft, wirklich. → dinghaft. ▶ wesenlos.

Dingsda Unbekannter, Ungenannter, Buch mit sieben Siegeln. ▶ Bekannter.

dinieren → speisen.

dionysisch → beseligend.

Diopter *sm* Visiervorrichtung, Peilvorrichtung.

Diözese → Bezirk.

Dip *engl.* → Tunke.

Diplom Auszeichnung, Ausweis, Dokument, Schriftstück, Urkunde, Zeugnis, Patent, Beleg, Akte, Fähigkeitsausweis, Bevollmächtigung, Bestätigung, Beweis, Vollmacht, Beglaubigung, Anerkennung, Ernennungsschreiben, Ehre, Ehrenerweisung. → Bestallung, Bescheinigung, Erweis, Fähigkeitsausweis.

Diplomat → Abgesandter, Beauftragter.

Diplomatie Klugheit, Geschicktheit, Geist, Schlagfertigkeit, geistige Überlegenheit, Schlauheit, Esprit, Pfiffigkeit, Verschlagenheit, Geschicklichkeit ● Takt, Schliff, Menschenkenntnis, Fingerspitzengefühl, Unterhandlungskunst, politische Vertretung.

diplomatisch abwägend, berechnend, förmlich, gerieben, geschickt, geschmeidig, gewandt, schlau, glattzüngig, schmiegsam, vorsichtig, artig, einnehmend, verbindlich, glatt, geschliffen, formgewandt, falsch, aalglatt, schöntuend, unehrlich, gewinnbringend. → aalglatt, arglistig. ▶ geradezu, offenherzig, unhöflich, unverbindlich.

diplomieren Zeugnis ausstellen, ehren. → auszeichnen.

direkt durchgehend, gerade, geradewegs, geradlinig, ohne Umwege, stracks, schlankweg, unumwunden, unvermittelt, aus erster Quelle, ohne weiteres, sogleich, sofort, augenblicklich, soeben, stehenden Fußes, geradezu, nicht abweichend, vorwärts, mit Richtung auf, mittendurch, unmittelbar, zielbewußt, Ohr zu Ohr, Hand zu Hand. → durchgehend, eigenhändig. ▶ abweichend, indirekt.

Direktion Richtung, Wendung, Neigung, Lauf, Gang ● Führung, Leitung, Beaufsichtigung, Verwaltung, Oberleitung, Oberaufsicht, Überwachung, Lenkung, Regelung, Bevormundung.

Direktive Weisung, Belehrung, Unterweisung, Verhaltungsregel, Fingerzeig, Bescheid, Maßregel, Auftrag, Anleitung, Anweisung, Aufforderung, Zurechtweisung, Ermahnung, Auskunft.

Direktor Leiter, Führer, Lenker, Veranstalter, Lehrer, Vorsteher, Vorstand, Rektor, Meister, Lehrmeister, Wortführer, Chef, Präsident, Vorgesetzter, Vorsitzender, Verwalter, Geschäftsführer, Gebieter, Oberaufseher. → Arbeitgeber.

Direktrice Direktorin, Vorgesetzte, Vorsitzende, Verwalterin, Aufseherin, Oberhaupt. → Direktor.

dirigieren den Vorsitz führen, führen, leiten, lenken, lotsen, regeln, steuern, verwalten, Weg bahnen, überwachen, beaufsichtigen, handhaben, regeln, die Zügel ergreifen, die Leitung übernehmen, den Ton angeben, an der Spitze stehen, diktieren, befehlen, fordern, verfügen, bestimmen, vorschreiben, anweisen. → anführen, befehlen, diktieren, erfassen das

Ruder. ▶ abwarten, gehorchen.

Dirne Jungfrau, Mädchen, Maid, Fräulein, Jungfer ● Freudenmädchen, Kreatur, Frauenzimmer, Metze, Herumtreiberin, Allerweltsliebchen, Allermannsliebchen, liederliches Frauenzimmer, Verlorene, Gefallene, zu Fall Gekommene, Geschändete, Geschwächte, Entehrte, Entjungferte, Prostituierte, öffentliche Person, Straßenmädchen, Liebedienerin, Buhlerin, Konkubine, Call-girl *M*, Liebchen. → Bajadere, Buhle, Courtisane.

dirnenhaft sinnlich, begehrlich, schwül, fleischig, wollüstig, feil, erotisch, liebestoll, ungezügelt, locker, leichtlebig, buhlerisch, prostituiert, käuflich, ehebrecherisch, unmoralisch, schlüpfrig, lose, zweideutig, zotig, schmutzig, ausschweifend, leicht, liederlich, ausgelassen, ohne Schamgefühl. → anrüchig, ausschweifend. ▶ anständig, keusch.

Discount → Diskont.

Disharmonie Mißverhältnis, Mißklang, Mißton, Verschiedenheit, Ungleichartigkeit, Uneinigkeit, Widerspruch, Zwist, Zwietracht, Verwirrung, Mißtrauen, Meinungsverschiedenheit, Zwiespalt, Unstimmigkeit, Mißstimmung, Abweichung, Spannung, Hader, Entzweiung, Spaltung, Zerwürfnis, Riß, Trennung, Entfremdung, Feindseligkeit, Bruch. → Charivari. ▶ Harmonie.

Diskont Zinsabzug, Weglassung, Auslassung, Verminderung, Nachteil, Rückgang, Abschlag. → Abzug. ▶ Aufschlag.

Diskontbank → Bank.

diskontieren → begeben.

diskreditieren in üblen Ruf bringen, Schlechtes nachsagen, Argwohn hegen, mißtrauen, verneinen, abstreiten, verschlechtern, verschlimmern, untergraben, verunglimpfen, beflecken, besudeln, schimpflich reden, erniedrigen, herabwürdigen, brandmarken, herabsetzen, schmähen, verleumden, lästern, entehren, verlästern, mit Füßen treten, kränken, demütigen, geringschätzen. → angreifen. ▶ achten, verehren, hofieren.

diskrepant abweichend, mißhellig, ungleich, zwiespältig, auseinandergehend, verschieden, widerstrebend, bezugslos, mißtönend, unvereinbar, widerstrebend, in Widerspruch stehen, widersprechend. ▶ übereinstimmend.

diskret taktvoll, zurückhal-

tend, verschwiegen, dicht halten, schweigsam, geschickt, gewandt, rücksichtsvoll, vorsichtig, einsichtsvoll, verständig, schonend. ▶ indiskret.

Diskretion Besonnenheit, Rücksichtnahme, Behutsamkeit, Vorsicht, Schonung, Bedachtsamkeit, Vorbedacht, Verständnis, Zurückhaltung, Einsicht, Takt, Umsicht, Verschwiegenheit, Achtsamkeit. ▶ Indiskretion.

Diskurs → Aussprache.

Diskussion Erörterung, Streitgespräch, Debatte, Besprechung, Wortwechsel. → Aussprache, Debatte, Erörterung. ▶ Ansprache, Monolog, Verschlossenheit, Vortrag.

diskutabel erwägenswert, möglich.

diskutieren erörtern, erwägen, ermessen, in Betracht ziehen, prüfen, nachsinnen, sich besinnen, erforschen, zerlegen, untersuchen, betrachten, beurteilen, disputieren, streiten, sich ereifern, kommentieren, kritisieren, abhandeln, reden, bedenken, überlegen. → auseinandersetzen, ausforschen, besprechen, debattieren, erörtern. ▶ beilegen, drücken sich, verheimlichen, vortragen.

diskutierbar streitbar, unentschieden, unbestimmt, ungenau, dahingestellt, zweifelhaft, ungewiß, dunkel, anfechtbar, antastbar, bestreitbar, offene Frage, unverständlich, unerforscht, unentschieden, streitig, strittig. ▶ bestimmt, entschieden, gewiß.

Dispens → Absolution, Befreiung, Dispensation.

Dispensation Befreiung, Dispensierung, Dispens, Enthebung, Entbindung, Unverantwortlichkeit, Zurücknahme, Enthaltung, Entsagung, Verzicht, Freiheit, Absetzung, Entlastung, Entlassung, Verabschiedung, Freigebung, Freilassung, Urlaub. → Befreiung. ▶ Dienstleistung, Verpflichtung.

dispensieren → befreien, erlassen.

Dispensierung → Dispensation.

Disponent *m* → Arbeitnehmer, Berater.

disponibel abkömmlich, verfügbar, frei, vorhanden, greifbar, vorrätig, unverwendet, unbenutzt, unbeansprucht, entbehrlich. ▶ fehlend, unentbehrlich.

disponieren → anordnen, arrangieren, aufstellen.

disponiert aufgelegt, empfänglich, veranlagt, hinge-

neigt. → abgeschlossen. ▶
abgeneigt, unbehelfen.
Disposition f Verfassung, Zustand, Beschaffenheit, Charakter, Eigenschaft. → Anordnung, Affekt. ▶ Unerfahrenheit, Unordnung.
Disput Meinungsverschiedenheit, Unstimmigkeit, Verschiedenheit, Uneinigkeit, Mißstimmung, Zerwürfnis, Spaltung, Bruch, Nichtübereinstimmung, Streitigkeit, Zwietracht, Zwistigkeit, Zank, Streit, Meinungsaustausch, Gespräch, Unterredung, Wortstreit. → Aussprache, Debatte. ▶ Schlichtung, Übereinstimmung.
disputieren streiten, seine Meinung verfechten, sich ereifern, verhandeln, kommentieren, auseinandersetzen, auslegen, deuten, schließen, folgern, erörtern, beurteilen. → besprechen, diskutieren, ereifern sich. ▶ fehlschließen, übereinstimmen, versöhnen.
Disqualifikation→Kündigung.
Dissertation → Arbeit, Beitrag, Denkschrift.
Dissonanz Mißklang, Unstimmigkeit, Tonverwirrung, Taktwidrigkeit, Übellaut, Katzenmusik. → Disharmonie. ▶ Gleichklang, Wohlklang.
Distanz Entfernung, Abstand, Entlegenheit, Zwischenraum, Entferntheit, Spannung. → Abstand. ▶ Nähe.
distanziert→ zurückhaltend.
distinguiert ausgesucht, ausgezeichnet, ⁴ein, gesittet, kultiviert, unaufdringlich, vornehm, erlesen, dezent. → ausgesucht, ausgezeichnet. ▶ aufdringlich, unhöflich, unkultiviert.
Distrikt Bezirk, Bereich, Gebiet, Gegend, Kreis, Platz, Raum, Revier, Zone, Lager, Landschaft, Landesteil, Ort, Land, Gemarkung, Feldmark, Flächenraum, Gau, Grundstück. → Bezirk.
Diszession f→ Abzug
Disziplin Ordnung, Regelung, Geordnetheit, Zucht, Drill, Abrichtung, Schulung, Bändigung, Zähmung, Dressur, Zaum, Disziplinierung, Maßregelung, Zurechtweisung, Fachrichtung. ▶ Nachgiebigkeit, Unordnung, Zuchtlosigkeit.
Disziplin halten Ordnung halten, anordnen, kommandieren, das Zepter führen, die Zügel halten, lenken, leiten, steuern, die Oberhand behalten, das Übergewicht erlangen, den Ton angeben, befehlen, vorschreiben, diktieren, den Ausschlag geben, Gehorsam fordern, mit eisernem Besen kehren ● in Ordnung sein, in Butter sein u, in Lot

oder Schuß sein, klar gehen ● in Ordnung bringen, hinkriegen, in Schuß bringen, zurecht fummeln u. ▶ undiszipliniert (sein), verweigern den Gehorsam.
disziplinieren → Disziplin halten, erziehen.
Disziplinierung → Disziplin.
dito → dasselbe, desgleichen, ebenso.
divergent → divergierend.
Divergenz → Abweichung, Differenz.
divergieren → abweichen.
divergierend abweichend, divergent, different, entgegen, entgegengesetzt, widersprechend, unpassend, nicht übereinstimmend, ungleich, verschieden, widerstrebend, auseinandergehend, abstoßend. ▶ gleichförmig.
diverse viele, mehrere, manche, einige, verschiedene, verschiedenartige, vielerlei, zahlreich, vielfache, häufige, vollzählige, überzählige, überflüssige. → allerhand. ▶ keiner, wenig.
Diverses Vielerlei, Unzahl, Handvoll, Unsumme, Anzahl, Haufen. ▶ Wenigkeit.
Dividende → Anteil, Ausbeute.
Dividendenschein → Abschnitt.
divinatorisch → ahnen.
Diwan Sitz, Sofa, Stütze, Unterstützung, Unterlage, Gestell, Kanapee, Liegebett, Liegestuhl, Ruhebett, Couch, Lager, Ruhestätte, Schlafsessel ● türkische Regierung, Beratung, Thronsessel, Herrschersitz.
doch gegen, entgegen, demungeachtet, nichtsdestoweniger, dennoch, jedoch, obgleich, obwohl, obzwar, wenn auch, wiewohl, wenn gleich, trotzdem, indessen, immerhin, aber, sondern, sogar, sei den wie ihm wolle, jedenfalls, unter allen Umständen, unter jeder Bedingung, obschon, gleichwohl, trotz, für alle Fälle. → aber, allein, dagegen, dennoch, immerhin, schließlich. ▶ dafür, Regel nach der.
Dock sm Ausbesserungsanlage oder Reparaturwerkstätte für Schiffe.
Dogma Glaubenssatz, Satzung, Überzeugung, Festlegung, Bekenntnis, Glauben, Gebot, Prinzip. ▶ Irrlehre, Ungewißheit.
dogmatisch → beglaubigt.
Doktrin Theorie, Lehrsatz, Schulmeinung. → Devise.
doktrinär → einseitig.
Dokument → Abkommen, Akt, Chronik, Diplom, Vertrag. ▶ Belege.
dokumentarisch belegend, beweisend, echt, urkundlich,

amtlich, behördlich, offiziell, tatsächlich, unzweifelhaft. → belegend, beweisend. ▶ unerwiesen, zweifelhaft.
dokumentieren beweisen, nachweisen, dartun, schließen, folgern, bekunden, belegen. → anführen. ▶ bezweifeln, dunkeln lassen im.
Dolchstoß Arglist, Hinterlist, Falschheit, Doppelspiel, Judaskuß, Verrat, Eidbruch, Wortbruch, Treubruch, Schurkerei, Treulosigkeit.
dolmetschen übersetzen, entziffern, herausbuchstabieren, den Sinn wiedergeben, übertragen.
Dolmetscher → Deuter.
Dom → Kirche.
Domäne Gebiet, Bereich, Bezirk, Herrschaft, Gut. → Anwesen, Bauernhof, Besitztum, Bezirk.
Domestik m → Arbeitnehmer, Diener.
domestizieren → zähmen.
dominierend unerreicht, unübertroffen, vorherrschend, hervorragend, überwiegend, größer, höher, mehr, vorwiegend, maßgebend, ausschlaggebend, wichtig, einflußreich, gewichtig, tonangebend, beherrschend, überragend. ▶ schwach, unterlegen.
Dominium → Eigentum.
Domizil → Aufenthaltsort.
Don Juan → Casanova.
Don Quichotterie → Torheit.
Donner Gewitter, Donnerwetter, Unwetter, Blitzschlag, Krach, Getöse, Geschmetter, Lärm, Gepolter, Gedröhn, Knall, Schlag. → Entladung, Explosion.
Donner, gerührt vom überrascht, erstaunt, verwundert, stutzig, verblüfft, verlegen, verwirrt, betroffen, verstummt, sprachlos, wortlos, fassungslos, festgebannt, bestürzt, entsetzt, versteinert, erstarrt, wie vom Blitz getroffen, wie zu einer Bildsäule erstarrt, zu einer Salzsäule geworden. → verwundert. ▶ vorbereitet sein.
donnern → fluchen, lärmen.
Donnerstimme → Geschrei.
Donnerwetter → Donner, Heftigkeit.
doof u → albern.
dopen aufpulvern. → anregen.
Doppel → Abklatsch, Abzug, Duplikat, Durchschlag, Kopie.
Doppelbock → Bier.
Doppeldecker → Fahrzeug (Luft-).
doppeldeutig → dehnbar, doppelsinnig.
Doppelgänger Gegenstück, Gegenbild, Doppelgestalt, Doublette, Strohmann. → Abbild.

Doppelgestalt → Doppelgänger, Dublette.

Doppelkinn dicker Hals, Mondgesicht.

Doppellösung → Doppelsinn.

doppeln verdoppeln, verzweifachen ● kopieren, wiederholen, nochmal soviel.

Doppelrolle Treulosigkeit, Untreue, Vertrauensmißbrauch, verstecktes Spiel, Verräterei, Schurkerei, Hinterlist, Gemeinheit, Betrug, Verstellung, Heuchelei.

Doppelschluß → Doppelsinn.

doppelschneidig zersetzend, scharf, einschneidend, gefährlich, gegenteilig wirken, angreifend.

doppelseitig zweiseitig, beidseitig, beiderseits, gegenseits ● bipolar, bilateral ● zweipolig. ▶ einseitig.

Doppelsinn Ungewißheit, Undeutlichkeit, Doppellösung, Doppelschluß, Trugschluß, Zweideutigkeit, Spitzfindigkeit, Anspielung, Andeutung, Hintergedanken, Verstellung, Hinterlist, Heimtücke, Täuschung.

doppelsinnig doppeldeutig, mehrdeutig, unbestimmt, undefinierbar, undeutlich, unsicher, dehnbar, vieldeutig, zweideutig, falsch, unehrlich, unverläßlich, unentschieden. → dehnbar.

Doppelspiel → Betrug, Dolchstoß, Täuschung.

Doppelstück → Dublette.

doppelt verdoppelt, zweifach, zwiefach, zweimal, noch einmal. → noch einmal.

doppelzüngig → aalglatt, arglistig, charakterlos, doppelsinnig, falsch.

Doppelzüngigkeit → Falschheit.

Dorf → Ansiedlung.

Dorfbewohner → Bevölkerung.

dörflich ländlich, bäuerlich.

Dorn Spitze, Stachel, Nadel, Sporn, Kummer, Qual, Pein, Plage, Übel. → Ahle.

Dorn im Auge Greuel, Abneigung haben, Widerwille, Abscheu, Unausstehlichkeit, Verhaßtheit, Mißfallen, Haß, Feindseligkeit, Stein des Anstoßes, nicht leiden mögen, im Magen haben oder liegen *u*, ärgern über.

Dornenpfad → Leidensweg.

dornenvoll → beschwerlich.

dornig → schwierig, stachelig.

dörren abtrocknen, austrocknen, dürren, dünsten.

dort gegenwärtig, anwesend, zugegen, vorhanden, greifbar, hier, da, daselbst, allda, allwo, zu Hause, daheim, dabei. → daselbst.

dorthin → dahin.

Dose Schachtel, Etui, Futteral, Hülle, Hülse, Kapsel, Kasten, Gefäß, Schale, Bonbonniere. → Behälter, Büchse.

dösen träumen vor sich hin, dämmern.

dosieren → abmessen.

dösig → albern.

Dosis Teil, Stück, Bruchteil, Anteil, Gehalt, Portion, Maß, Quantum, Zumaß, Pille.

Döskopp → Arbeitsunfähiger, Dummkopf, Dummerian.

Dotation → Gabe.

dotieren → geben.

down → niedergeschlagen.

Dozent → Lehrer.

dozieren → lehren.

Drache Lindwurm, Ungeheuer ● Hyäne, Furie, Megäre, Hausdrache, Xanthippe, zanksüchtiges Weib, Kratzbürste, Hausteufel, Keiferin, Zankeisen, Reibeisen, Zankapfel, Krakeeler, Kampfhann, Heißsporn, Hitzkopf, Brausekopf, Viper, Giftschlange, Menschenschinder ● Drachen, Papiervogel.

Drachensaat Anlaß zum Streit, Zankapfel, Tränensaat, Blut und Eisen, Kriegsursache, Konfliktstoff, böses Blut, Hetzerei, Stänkerei.

Draht Kabel, Seil, Leitung, Strang, Verbindung ● Botschaft, Telegraph, Fernsprecher, Telephon. → Bargeld, Bindemittel.

Draht sein, auf → emsig, fest, intelligent, verständig.

Drahtantwort → Benachrichtigung, Depesche.

drahten telegraphieren, depeschieren, telephonieren, benachrichtigen, verständigen, berichten, kundgeben, melden, mitteilen, bestätigen. → benachrichtigen.

Drahtesel Fahrrad.

drahtförmig fadenförmig, haarförmig, dünn, fein.

drahtig → geschmeidig.

Drahtnachricht Eilbotschaft, Kabel, Depesche *f*, Telegramm *s*.

Drahtpuppe → Betrogener.

Drahtverhau → Barrikade.

Drahtzieher → Intrigant.

drainieren entleeren, ausscheiden, trockenlegen, ableiten, entwässern, kanalisieren.

drakonisch → barbarisch, streng.

drall → dick.

Drall → Drehung.

dramatisch spannend, lebendig, gesteigert, lebhaft, aktiv, bühnenmäßig, theatralisch, tragisch, bühnengerecht. → bühnengerecht.

dramatisieren für die Bühne einrichten, auf die Bühne bringen, in Szene setzen. → übertreiben.

Drang Druck, Triebkraft, An-

sturm, Stoßkraft, Anstoß, Trieb, Spannung, Bewegungstrieb ● Instinkt, Bedürfnis, Notwendigkeit, Zwang, Gewalt, Unterbewußtsein, Begeisterung, Einfall, Eingebung, Idee, Ehrgeiz, Hang, Begierde, Gier, Gelüst, Reiz, Anlockung, Anziehungskraft, Anreiz, Wunsch, Streben, Schmachten, Trachten, Sehnsucht, Heimweh, Verlangen, Lust, Neigung, Liebe. → Bewegungstrieb, Dynamik.

Drang der Geschäfte → Eile.

Drangabe → Opfer.

drangeben → fallen lassen.

drängeln → vordrängen sich.

drängen schwärmen, wimmeln, anwachsen, vermehren ● beeilen, beschleunigen, überstürzen, übereilen, hasten ● ermutigen, aneifern, aufreizen, anspornen, ermuntern, anfeuern, entflammen, anstacheln, antreiben, begeistern, betreiben, eingreifen, verlangen, begehren, beanspruchen, bemühen, anhalten um, beschwören ● treiben, kräftigen, stählen, zusammenziehen, zusammenschließen. → ankurbeln, anregen, beeilen, belasten, beschleunigen, dringen. ▶ auseinandergehen, entmutigen, hemmen, säumen, zurücknehmen.

drängen um → begehren.

drängend stoßend, stößig ● dynamisch, impulsiv ● begierig, verlangend, besessen, versessen, habgierig.

Drangsal → Armut, Elend, Not, Unglück.

drangsalieren knechten, schikanieren, vergällen, kränken, piesacken. → ärgern.

drankriegen zwingen, festnageln, nötigen.

drapieren → ausschmücken.

drastisch kräftig, stark, scharf, ätzend, derb, anschaulich, wirksam, deutlich, eindeutig, unmißverständlich, unzweideutig, klipp und klar. → anschaulich, derb. ▶ lau, sanft.

dräuen → bedrohen, drohen.

dräuend → abgründig, gefährlich.

drauf → vorwärts.

Draufdrücken → beschleunigen, festhalten.

Draufgänger Haudegen, Kämpfer, Kampfhahn, Streithahn, Kämpe, Mann, Löwe, Held, Tollkühner, Tausendsassa, Courschneider. ▶ Leisetreter, Schwächling.

draufgängerisch → antreibend, eifrig.

draufgehen → abhanden, wagen.

draufhalten, den Daumen → beeinflussen, beherrschen, verdecken.

drauflos → voran.

drauflosgehen → angreifen.

draufschlagen → aufschlagen.

draußen → abwesend, außen.

drechseln erzeugen, hervorrufen, bewirken, ausführen, tun, machen, herstellen, formen, ausarbeiten, schnitzen, drehen, modellieren. → anfertigen, ausarbeiten, bilden, formen.

Dreck Schmutz, Staub, Ruß, Asche, Spinngewebe, Schmiere, Bodensatz, Schlacke, Kehricht, Absonderung, Niederschlag, Spülwasser, Unrat, Schorf, Beschmutzung, Schlamm, Aas, Kot, Abwasser, Auswurf, Mist, Patsch u, Quatsch u, Moder, Müll. → Abfall, Auswurf, Bagatelle, Exkrement. ▶ Sauberkeit.

Dreck treten, in den erniedrigen, herabsetzen, den Fuß auf den Nacken setzen, bedrücken, beschimpfen, mit Schmutz bewerfen. ▶ achten, überschätzen.

dreckig schmutzig, unrein, befleckt, staubig, rußig, kotig, schmierig, ungewaschen, ungekämmt, ungereinigt, garstig, schimmlig, quatschig u, moderig • unansehnlich, gemein, über, schlotterig, verkommen. ▶ sauber.

Dreckspatz → Schmutzfink.

Dreh → Trick.

drehen winden, wirbeln, wenden, spulen, verflechten, verknoten, wickeln, ringeln, rollen, schlängeln, kreisen, kugeln, rühren, schwöjen sm. → abschwenken, abweichen, aufnehmen, aufrollen, aufwinden, drechseln, drillen. ▶ ausstrecken.

drehen, eine Nase ein Schnippchen schlagen, übers Ohr hauen, das Fell über die Ohren ziehen, falsches Spiel treiben, ins Netz locken, aufs Korn nehmen, eine Grube graben, eine Falle stellen, umgarnen, begaunern, übertölpeln, überlisten, hintergehen. → balbieren. ▶ Wahrheit sprechen die.

drehen, einen Strick aufs Glatteis führen, eine Grube graben, eine Schlinge legen, in die Falle locken, ins Garn locken, eine Nase drehen. ▶ Grube fallen in die.

drehen, sich um betreffen, zu tun haben mit, in Beziehung sein, Bezug haben, sich beziehen auf, zusammenhängen mit • sich umwenden, sich umschauen, zurückschauen. ▶ beziehungslos (sein).

drehen und zu wenden wissen schlau sein, umgehen, hintergehen, überlisten, übertölpeln, der Frage ausweichen, der Antwort ausweichen. ▶ offenherzig oder ehrlich (sein).

Drehgitter → Ausgang.

Drehpunkt Mittelpunkt, Angelpunkt, Sammelpunkt, Wendungspunkt, Zentrum, Nabe, Herzstück, Brennpunkt • Entscheidung. → Brennpunkt. ▶ Rand.

Drehung Umlauf, Umdrehung, Kurve, Kreisen, Schwenkung, Achsendrehung, Windung, Umwälzung, Krümmung, Beugung, Gewinde, Ringelform, Schnörkel, Schlingung, Bewegung. ▶ Stillstand.

Drehwurm → Schwindel.

Dreiblatt Dreiheit, Dreibund, Dreiverband, Dreieinigkeit, Drei, Kleeblatt.

Dreieinigkeit Trinität, Dreifaltigkeit, Dreiheit, Dreieinheit

Dreifaltigkeit → Dreieinigkeit.

dreifarbig → bunt.

Dreiheit → Dreieinigkeit.

Dreikäsehoch Gernegroß, Wicht, Zwerg, Knirps, Handvoll, Geringfügiges, Kleinigkeit, Menschlein, Däumling • Großsprecher, Flausenmacher, Prahlhans, Dicktuer, Großhans. ▶ Riese.

Dreiklang → Akkord.

Dreingabe → Anhang, Beifügung.

dreinhauen → reinhauen.

dreinreden unterbrechen, ablenken, abbringen.

Dreirad → Fahrzeug (Straßen-).

dreist keck, lümmelhaft, keß, schnöselig. → anmaßend, anspruchsvoll, ausgelassen, burschikos, dummdreist.

Dreistigkeit Rücksichtslosigkeit, Frechheit, Waghalsigkeit, Unerschrockenheit, Tollkühnheit, Unbesonnenheit, Unverschämtheit, Keckheit, Vorwitz, Rechthaberei, Ungezogenheit. ▶ Fügsamkeit, Höflichkeit, Schüchternheit.

Dreiverband → Dreiblatt.

dreschen verdreschen, züchtigen, bestrafen, schlagen, hauen, prügeln, durchklopfen, durchbeuteln, durchwichsen, ohrfeigen, das Fell gerben, bei den Ohren nehmen, dachteln u, eine herunterhauen, eine knallen u, eine langen, eine kleben, ein paar hinter die Lappen geben, watschen u, eine kriegen u, eine abkriegen u, hinter die Ohren hauen, um die Löffel hauen u, auf die Finger klopfen, eine Tracht Prügel geben, das spanische Rohr zu kosten geben, einen Denkzettel geben • Körner aus den Ähren entfernen, entkörnen. → bestrafen. ▶ belohnen.

dressieren → abrichten, ausbilden, drillen, einschulen, ertüchtigen.

dressiert werden → anpassen.

Dressur → Abrichtung, Bearbeitung.

Drift Trend, Strömung.

Drill → Disziplin.

drillen bohren, durchlöchern, drehen • einimpfen, eindrillen, einprägen, einexerzieren, abrichten, erziehen, beibringen, eintrichtern, einbleuen, einpauken, schulen, vorbereiten, trainieren, dressieren, ausbilden, einüben, bimsen u, schleifen, zurecht bügeln u, hoch nehmen u, Griffe kloppen u. → ausbilden, bohren. ▶ verwöhnen.

Drilling → Anverwandte, Waffe.

dringen vorwärtsdringen, vorwärtslaufen, voranmarschieren, vorrücken, eindringen, überholen, sich beeilen, beschleunigen, drängen • in jemanden dringen, bedrängen, bestürmen, bitten, ersuchen, erbitten, eine Bitte richten. ▶ ablehnen, herausreißen, zurückbleiben.

dringend nötig, notwendig, unentbehrlich, eindringlich, nachdrücklich, wichtig, eilig, unaufschiebbar, schnell, höchste Eisenbahn u, es brennt, brennend. → A und O, beachtlich, erforderlich. ▶ überflüssig, unwichtig.

dringlich → dringend.

Dringlichkeit → Bedrängnis, Eile.

Drink → Getränk, Umtrunk.

drinnen innen, innerhalb, darin, zuinnerst, in, innerlich, intern, inwendig • daheim, zu Hause, im stillen Kämmerlein, in seinen vier Wänden. ▶ draußen.

Dritter → Eindringling.

droben hoch, oben, empor, auf, darüber, über, aufwärts, oberhalb, hinauf, am Himmel. → auf, darauf, darüber. ▶ darunter.

Droge → Arznei, Rauschgift.

Drohbrief → Bedrohung.

drohen bedrohen, bange machen, Furcht einjagen, einschüchtern, schrecken, dräuen, warnen, mahnen, beunruhigen, zu bedenken geben, die Hölle heiß machen, die Zähne zeigen, die Faust schütteln, ins Bockshorn jagen, eine Drohung ausstoßen, die Pistole auf die Brust setzen → ballen, bedräuen, bedrohen, beunruhigen, bevorstehen, demonstrieren, fatal. ▶ beruhigen, ermutigen.

drohen mit dem Stock → bedrohen.

drohend gefährlich, waghalsig, bedrohlich, gewagt, heikel, beunruhigend, ahnungsvoll, unheimlich, furchtsam, eingeschüchtert, säbelrasselnd, belämmert u, bedeppert u, dräuend. → abgründig, bevorstehend. ▶ beruhigend.

Drohgebärde → Bedrohung, Drohung.

Drohne Bienenmännchen. → Arbeitsunfähiger, Biene, Bummler, Faulpelz. ▶ Schaffer.

Drohnendasein → Untätigkeit.

dröhnen beben, schwingen, erdröhnen, erschüttern, wallen, brausen, gären, brüllen, kreischen, grölen, poltern, schreien, klappern, schallen, tönen, klingeln, widerhallen, lärmen, tosen, knallen, krachen. → brausen, erklingen. ▶ verstummen.

Drohschreiben → Bedrohung, Brandbrief, Drohung.

Drohung Androhung, Herausforderung, Ängstigung, Bedrohung, Beunruhigung, Einschüchterung, Drohwort, Erpressung, Drohblick, Drohgebärde, Warnung, Drohschreiben. → Bedrohung, Brandbrief, Demonstration. ▶ Beruhigung.

Drohwort → Bedrohung, Brandbrief, Drohung.

drollig → amüsant, auffallend, bubenhaft, burlesk.

Drolligkeit Ergötzung, Erheiterung, Scherz, Lustigkeit, Lächerlichkeit, Komik, Witz, Posse, Possenspiel, Possenhaftigkeit, Schnurre, Albernheit ● Seltsamkeit, Sonderheit, Wunderlichkeit. ▶ Ernst, Gewohnheit.

Droschke → Chaise, Fahrzeug (Straßen-).

drosseln schwächen, abschwächen, entkräften, erschöpfen, unterdrücken, zerstören, lähmen, abschließen, blockieren, absperren, die Verbindung abschneiden ● erdrosseln, ersticken, erwürgen. → abwenden, absperren, aufhalten. ▶ entbinden, öffnen, stärken.

drüben auf der andern Seite, jenseits, am andern Ufer. → abwesend, beiseite, daneben. ▶ hier.

drüber und drunter → durcheinander.

drüber, Schwamm → vergeben, vergessen.

Druck Buchdruck, Tiefdruck, Lichtdruck, Heliogravüre, Plandruck, Rotationsdruck, Schnelldruck, Flachdruck, Hochdruck, Reliefdruck, Gummidruck, Offsetdruck, Siebdruck ● Erstdruck, Zweitdruck, Wiegendruck, Frühdruck, Inkunabel, Nachdruck. → Abdruck, Anprall, Anmut, Anstrengung, Atmosphäre, Auflage, Bedrückung, Beeinflussung, Bewegungstrieb, Buch, Explosion, Wichtigkeit. ▶ Beglückung, Eigenwille, Einflußlosigkeit, Kraftlosig-

keit, Leichtigkeit, Untätigkeit, Unwichtigkeit, Zug.

Druckanzeiger → Barometer.

Drückeberger Faulpelz, Faulenzer, Arbeitsunlustiger ● Fahnenflüchtiger, Überläufer, Deserteur. → Deserteur, Feigling. ▶ Schaffer.

drucken zeichnen, stempeln, gravieren, eintragen ● veröffentlichen, herausgeben, auflegen, publizieren, im Druck erscheinen lassen. → ankündigen.

drücken → belasten.

drücken, sich abschweifen, umgehen, sich aus dem Staube machen, einer Sache aus dem Wege gehen, von der Sache abweichen, dem Kern der Sache ausweichen, jemanden in der Patsche lassen. → bewegen sich, davonlaufen, desertieren, entziehen sich der Gefahr, Fersengeld geben. → bekennen, mittun, näherkommen.

drücken, zu Boden unterwerfen, unterdrücken, unterjochen, überwältigen, bezwingen, aufs Haupt schlagen, bedrängen, untertänig machen, unter die Knie zwingen, die gepanzerte Faust zeigen, den eigenen Willen aufzwingen ● große Schmerzen ertragen, Unannehmlichkeiten haben, in Verzweiflung sein. ▶ erfreuen, trotzen.

drücken, die Hand grüßen, die Hand geben, die Hand reichen, die Hand schütteln, Freunde werden, auf freundschaftlichem Fuße stehen, freundliche Beziehungen unterhalten, die Hand zum Bunde reichen, Freud und Leid teilen, durch dick und dünn, in freundschaftlichem Verhältnis sein. ▶ übersehen.

drücken, ans Herz liebkosen, herzen, umarmen, sich innig anschmiegen, an die Brust ziehen, in die Arme nehmen, sich in die Arme fallen. ▶ verabscheuen.

drücken, den Markt übersättigen, überfluten, überschwemmen, anstopfen, überfüllen, überladen, anhäufen, unterbieten. ▶ abziehen, verbrauchen.

drücken, den Preis herunterdrücken, abpressen, abhandeln, abmarkten, abfeilschen, verkürzen, nachlassen, abschlagen, abziehen. ▶ erhöhen, steigern.

drückend schwül, bedrückend, heiß, glühend, drückend heiß. → angestrengt, aufreibend, beengend. ▶ behaglich, beruhigend.

Druckfeder → Feder.

Druckfehler Verdrucktes. → Darstellung unrichtige.

Druckknopf → Bindemittel, Schalter.

druckreif einwandfrei, fehlerlos, vollkommen.

Druckschrift Blockschrift ● Veröffentlichung, Ausgabe, Auflage, Schrift, Werk, Buch, Band, Broschüre, Flugblatt, Zeitschrift.

drucksen zögern, stottern.

Druckstelle Beule, Delle, Vertiefung, Einbuchtung ● Loch, Grube. → Ausbuchtung.

Druckvorlage Manuskript, Urschrift, Niederschrift, Aufzeichnung, Handschrift, Satzvorlage. → Arbeit.

drum und dran mittelbar, was dazu gehört, mit dem ganzen Kram, alles zusammen genommen, Fluidum, Hintergrund, Nimbus, Rahmen, Umgebung, mit allem was dazu gehört. ▶ unmittelbar.

drunten unten, unter, unterst, hinunter, herab, herunter, unterhalb, abwärts, in der Tiefe, niederwärts, zutiefst, tief unten. ▶ droben.

drunter und drüber → durcheinander.

Drüse → Auswuchs.

Dschungel Urwald, Dickicht, Tropen.

du du! → Bedrohung.

du und du, stehen auf gastfreundlich, gesellig, zugänglich, zutraulich, zwanglos, umgänglich, leutselig, ohne Umstände, Hand in Hand, Arm in Arm, im Familienkreis, befreundet, vertraut. ▶ unzugänglich.

dübeln → befestigen.

Dublette Doppelstück, Doppelgestalt, Verdoppelung. → Abklatsch. ▶ Einmaligkeit.

ducken, sich gehorsam sein, gehorchen, sich unterwerfen, sich demütigen, sich fügen, nachgeben, dienen, sich erniedrigen, sich beugen, Beleidigungen hinnehmen, kauern, tiefgehen, nach einer Pfeife tanzen, die Faust in die Tasche machen. → anfahren, achtgeben, decken sich. ▶ aufbegehren.

Duckmäuser Schleicher, Kopfhänger, Leisetreter, Heuchler, Gegenheimlichmacher. → Feigling. ▶ Mensch, aufrechter treuer.

Ductus m → Ausdrucksweise.

Duell Zweikampf, Kartell, Herausforderung, Kampf, Fehde, Streit, Gefecht, Zusammenstoß, Mensur, Abfuhr, Genugtuung, Ehrenhandel, Holmgang. → Auseinandersetzung.

Duett Duo, Gesang, Wechselgesang, Zwiegesang, zweistimmiger Gesang, Lied, Melodie.

Duft Aroma, Wohlgeruch, Odeur, Ausdünstung, Erguß,

Geruch, Parfüm, Bukett, Balsam, Blume ● Witterung. → Aroma, Blume. ▶ Duftlosigkeit.

dufte → Klasse, prima, Spitze, o. k.

duften riechen, wohlriechen, Duft aushauchen, als Duft aufsteigen. ▶ duftlos (sein), stinken.

duftend → duftig.

duftig dunstartig, flüchtig, wohlriechend, aromatisch, balsamisch, parfümiert, würzig, duftend, wohlduftend. → anmutig, aromatisch, ätherisch. ▶ duftlos, plump.

duftlos geruchlos, unaromatisch, unparfümiert, ohne Geruch, desodoriert, erkaltet /. ▶ duftig.

Duftlosigkeit → Desinfektion.

Dukaten → Bargeld.

Dulcinea → Abgott, Buhle.

dulden ausharren, sich beugen, ertragen, erleiden, erfahren, durchmachen, hinnehmen, einstecken, erdulden, sich fügen, sich ergeben, verwinden, überwinden, verschmerzen, durchstehen, die bittere Pille schlucken, Schmerz erleiden. → begünstigen, bewilligen, bringen nicht übers Herz, dürfen, erlauben, erleben. ▶ aufbegehren, verbieten.

duldend erleidend, ausharrend, hinnehmend, verwindend, verschmerzend. → dulden. ▶ glücklich, verboten.

Dulder Betroffener, Geschädigter, Leidender, Leidtragender, Leidensgenosse. ▶ Glückskind.

dulderisch duldsam, langmütig, geduldig, nachsichtig, wohlwollend, gutmütig, entgegenkommend. ▶ unduldsam.

Duldermiene Leidensmiene, leidendes Gesicht, Rührmichnichtanmiene.

duldsam → barmherzig, blind für, dulderisch.

Duldsamkeit Lammsgeduld, Engelsgüte, Gefaßtheit, Nachsicht, Geduld, Ergebung, Langmut, Sanftmut, Freundlichkeit, Edelmut, Liebenswürdigkeit, Mitgefühl, Gutherzigkeit, Edelsinn. ▶ Unduldsamkeit.

Duldung → Charitas, Duldsamkeit.

dumm unerfahren, unentwickelt, zurückgeblieben, grün hinter den Ohren, gedankenlos, unverständlich, unüberlegt, unbedacht, töricht, leichtgläubig, vertrauensselig, harmlos, einfältig, geistesarm, engstirnig, beschränkt, borniert, dämlich, damisch *u*, depp *u*, eselig, kreuzdumm, oberschlau *(u)*, schafsköpfig *u*, bekloppt, bestußt, blöde, aus

Dummersdorf sein *u*, von gestern sein *u*, saublöd *u*, saudumm *u*, nicht bei Groschen sein *u*, nicht bis drei zählen können, bei dem haben sie eingebrochen *u*, dem haben sie das Gehirn geklaut *u*, wenig auf dem Kasten haben *u*, erzdumm, geistig impotent, unbeholfen, einen sonnigen Nerv haben *u*, Verstand mit Schaumlöffeln gegessen haben *u*, vor Dummheit stinken *u*, weiche Birne *u*, Stroh im Kopfe haben *u*, er kann sich sein Schulgeld wiedergeben lassen, schwachköpfig, schwerfällig, stumpfsinnig, albern, kurzsichtig, närrisch, idiotisch, idiotenhaft, tölpelhaft, einfältig, verrückt, sinnlos, unvernünftig, unbegabt, engherzig, dünkelhaft, eingebildet, gedankenlos, unbesonnen, hirnverbrannt, verstiegen, spleenig, lächerlich, nicht ganz richtig im Kopf, nicht bis fünfe zählen können, wie der Ochs vorm Tor, dastehen wie ein Ölgötze, die Weisheit mit Löffeln gegessen. → beengt, begriffsstutzig, bleiben sitzen, bigott, einsichtslos, erfahrungslos, farcenhaft. ▶ klug.

dummdreist unbedacht, leichtsinnig, leichtfertig, achtlos, unüberlegt, waghalsig, vermessen, verwegen, dreist, frech, unvernünftig, überstürzt, unbehutsam, vermessen. ▶ befangen, überlegt, vernünftig.

Dummen spielen, den narren, täuschen.

Dummerian Dummkopf, Dümmling, Narr, Irrsinniger, Schwachkopf, Tor, Wasserkopf, Idiot, Trottel, Gimpel, Einfaltspinsel, Tölpatsch, Grünling, Gelbschnabel, Hohlkopf, Strohkopf, Kauz, Döskopp, Nichtswisser, Stümper. ▶ Denker.

dummes Zeug → Blech.

Dummheit Unwissenheit, Unverstand, Unsinn, Albernheit, Gedankenlosigkeit, Ungeschick, Unbeholfenheit, Torheit, Narrheit, Narretei, Irrsinn, Verkehrtheit, Verwerflichkeit, Unbesonnenheit, Afferei, Unbedachtheit, Stumpfsinn, Blödsinn, Eselei, Dämelei *u*, Blödheit, Doffheit *u*, Bedeutungslosigkeit, Unwichtigkeit, Geistesarmut, Einfalt, Gefühlsduselei *u*, Trotteligkeit, Beschränktheit, Betise. → Bagatelle, Begriffsmangel, Albigkeit, Farce, Faselei, Fehler. ▶ Klugheit.

Dummheit begehen → blamieren, Dummheit machen.

Dummheit machen ungeschickt sein, sich ein Armuts-

zeugnis ausstellen, ein Brett vor dem Kopf haben, die Weisheit nicht mit Löffeln gegessen haben, auf den Leim kriechen, den Bock zum Gärtner machen, Fehler machen, sein eigener Feind sein ● sich blamieren, zu Falle kommen, zugrunde gehen ● Kurzweil treiben, sich die Zeit vertreiben, den Hanswurst machen, Narren machen, Mutwillen treiben, Witze machen, Scherze machen, Possen reißen. ▶ glücken, witzlos (sein).

Dummkopf Dümmling, Narr, Irrsinniger, Schwachkopf, Tor, Wasserkopf, Idiot, Trottel, Gimpel, Einfaltspinsel, Tölpel, Tolpatsch, Grünling, Gelbschnabel, Esel, Hammel, Hornochse, Laffe, Hornvieh *u*, Heuochse *u*, Kamel, Mondkalb, Kamuffel *u*, Simpel, kein Kirchenlicht, Blödian *u*, Depp *u*, das Pulver nicht erfunden haben, Blödhammel *u*, Dämel *u*, Dämelack *u*, dummes Huhn, dummes Luder *u*, Rhinozeros *u*, Schaf, Vollidiot *u*, Schussel *u*, Riesenroß *u*, Schafsnase *u*, Schaute *u*, Hohlkopf, Strohkopf, Kauz, Döskopp, Nichtswisser, Stümper, Dummerian. → Banause, Dummerian. ▶ Schlaukopf.

dummstolz → anmaßend, ausschließend, dünkelhaft.

dumpf feucht, .dumpfig ● unvernehmlich, dämpfig, gedämpft, erstickt, undeutlich ● ohne Empfindung, dumpf, brütend, abgestumpft, stumpf. → beklemmend, dumpf brütend, erschlagen. ▶ dröhnend, erfrischend, genießerisch, lebensfroh.

dumpt brütend Unglück verheißend, dumpf, verzweifelt, ohne Hoffnung, stumpf. → dumpf. ▶ fröhlich.

dumpfes Schweigen gefährliche Stille, Befürchtung, Ruhe vor dem Sturm, dumpfe Schwüle, Vorboten des Sturmes, finsteres Gewölke, lautlose Stille, beängstigendes Gefühl, Schreck, Beunruhigung, Beängstigung, Verzagtheit. ▶ Heiterkeit, Zuversicht.

Dumpfheit Mißbehagen, Unbehaglichkeit, Abspannung, Beklemmung, Unfreude ● Gedämpftheit, Stille, Gedämpfe, Summen, Seufzen ● Trägheit, Phlegma, Gleichgültigkeit, Saumseligkeit, Nachlässigkeit, Flaute, Erschlaffung, Mattigkeit. → Beklommenheit, Dämpfung. ▶ Behaglichkeit, Gedröhn, Tatkraft.

dumpfig → dumpf.

Dung Mist, Dünger, Jauche, Stallmist, Gründüngung, Stalldung ● Kunstdünger, Kali, Phosphat, Thomasmehl,

düngen Guano, Kalk, Kot, Abwässer, Kuhfladen.

düngen → ackern.

Dunkel Dunkelheit, Finsternis, Düsterheit, Nacht, Lichtlosigkeit, Schatten, Verdunkelung, Verfinsterung, Verdüsterung, Beschattung, Umwölkung, Schwärze ● Unsichtbarkeit, Undeutlichkeit, Unwahrnehmbarkeit, Heimlichkeit ● Ungewißheit, Unentschiedenheit, Zweifelhaftigkeit, Unschlüssigkeit, Unsicherheit, Unbestimmtheit, dunkler Punkt, Unverständlichkeit, Unfaßbarkeit, Verworrenheit, Rätselhaftigkeit, Zweideutigkeit, Unklarheit ● Unbekanntheit, Unbedeutendheit, Unberühmtheit. ▶ Berühmtheit, Gewißheit, Helle.

dunkel finster, düster, blind, matt, wolkig, dämmerig, schummerig, schwach, neblig, schattig, undurchsichtig, lichtlos, trübe, unerleuchtet, überschattet, stockfinster, stockdunkel, überwölkt, nachts, nächtlich, sternenlos, dunstig, schwarz, negerschwarz, negerfarbig, geschwärzt ● unlogisch, fehlerhaft, hinfällig, unverständlich, verworren, unklar, geheimnisvoll, rätselhaft, unbegreiflich, wildfremd, das sind mir böhmische Dörfer, zweideutig, zwielichtig, verwickelt, mißverständlich, zweifelhaft, unbekannt, fremd ● gemein, niederträchtig, verworfen, elend, niedrig, ungekannt, unbedeutend. → abstrus, dämonisch. ▶ hell, klar.

Dünkel Überschätzung, Übertreibung, Überhebung, Einbildung, Arroganz, Eigendünkel, Selbstschmeichelei ● Geziertheit, Getue, Geckenhaftigkeit, erkünsteltes Wesen, Großsprecherei, Ruhmredigkeit, Aufgeblasenheit, Hochmut, Unverschämtheit, Vermessenheit, Geringschätzung. → Anmaßung. ▶ Bescheidenheit.

dünkelhaft eitel, dummstolz, eingebildet, selbstgefällig, verblendet, dicktuerisch, geldprotzig, prunksüchtig, hochnäsig, prahlerisch, großsprecherisch, wichtigtuend, aufgebläht, aufgeblasen, übertreibend, anmaßend ● geringschätzig, verächtlich, arrogant, herrisch, hochfahrend ● geziert, förmlich, steif, affig, gefallsüchtig, geckenhaft, unnatürlich, gezwungen. → anmaßend, ausschließend, beengt, dumm. ▶ bescheiden.

Dünkelhaftigkeit → Blödigkeit, Dünkel.

Dunkelheit → Dunkel.

Dunkelmänner Finsterling, Besserwisser, Blender, Jesuit, Silbenstecher, Silbenreiter, Wortstreiter, Haarspalter, Kniffler, Schwarzer, Fuchser.

dunkeln finstern, düstern, verdunkeln, verfinstern, verdüstern, beschatten, überwölken, dämmern, benachten, auslöschen, erlöschen, ausblasen, abdrehen, abblenden, abschatten, schattieren. → dämmern. ▶ erhellen.

dunkeln lassen im schwanken, zaudern, bemänteln, verwirren, ungewiß sein, unschlüssig sein, auf sich beruhen lassen, im finstern tappen, unverständlich sein, der Sache ausweichen, aus dem Wege gehen, nicht begreifen können. → bemänteln. ▶ aufklären, versichern.

dünken wähnen, scheinen, weismachen, deuchten. → deuchten. ▶ bestätigen.

dünken, sich besser sich aufblähen, sich etwas einbilden, von sich eingenommen sein, den Mund voll nehmen, sich spreizen, sich brüsten, in die Brust werfen, eine zu hohe Meinung von sich haben, sich für nichts Geringes halten, seine Talente überschätzen, sich für etwas Großes dünken, großtun mit, sich wichtig tun, sich aufs hohe Roß setzen, sich breit machen. ▶ bescheiden (sich), dienern, zurückstehen.

dunkle Abkunft Hinz und Kunz, Krämervolk, Hundevolk, Abschaum, Auswurf, Hefe der Gesellschaft, Hefe des Volkes, Unbedeutendheit, Nichtssagenheit, unbekannte Größe. ▶ Oberschicht, Stand.

dunkler Punkt Schande, Unehre, Verrufenheit, Verruf, Schimpf, Anstößigkeit, Schändlichkeit, Ehrlosigkeit, Gemeinheit, Verworfenheit, Niederträchtigkeit, Geringschätzung, Makel, Schandfleck, Schandmal, Beschmutzung, Schändung, Beflekkung, Verunreinigung. ▶ Ehrbarkeit, Leumund, Makellosigkeit.

dünn kaum, verdünnt, dünngesät, spärlich, wenig, knapp, kümmerlich, fisselig u, schmal ● mager, klein, winzig, abgemagert, hager, schlank, ausgehungert, unbeleibt, fleischlos, spack, klapperdürr, schlaksig u, nichts auf den Rippen haben u, die Rippen zählen können, spindeldürr, knochig, abgezehrt, zart ● haarförmig, schlangenförmig, fadenförmig, faserig, fein ● durchsichtig, porös, zartscheinig, lose, abgenutzt, armselig, schäbig, herabge-

kommen. → aalförmig, aalglatt, beschädigt, biegsam, defekt, drahtförmig. ▶ dick.

dünn wie ein Faden → aalförmig, aalglatt, dünn.

dünnflüssig → wässerig.

dünngesät → dünn.

Dünnheit → Dürre, Durchsichtigkeit.

Dunst Dampf, Qualm, Brodem, Schaum, Luft, Feuchtigkeit, Verflüchtigung, Hauch, Rauch, Äther, Vergasung, Dunstartigkeit, Flüchtigkeit, Auflösung, Gas, Nebel ● Ausdünstung, Absonderung, Ausfluß ● blauer Dunst, schwere Luft, Verdichtung ● Dichtung, Fabel, Ammenmärchen, Lüge ● Prahlerei, Großtun, Wichtigmacherei, Aufgeblasenheit, leerer Dunst, leerer Schall. → Ausrede, Brodem, Eintagsfliege. ▶ Bescheidenheit, Klarheit.

Dunst, blauer → Anstrich, Dunst vormachen.

Dunst, leerer Nichts, Einbildung, Hirngespinst, Luftbild ● Unwichtigkeit, Belanglosigkeit, Bedeutungslosigkeit, Geringfügigkeit, Kleinlichkeit, Kleinigkeitskrämerei, Kümmelspalterei, Schulweisheit, Null, Pfifferling, Bagatelle. ▶ Bedeutung, Wahrheit.

Dunst vormachen weismachen, täuschen, foppen, hänseln, narren, vorschwatzen, einreden, vorgaukeln, vorspiegeln, hintergehen, fälschen, verdrehen, in den April schicken, Sand in die Augen streuen, hinter das Licht führen, blauen Dunst vormachen ● die Wahrheit verhehlen, etwas unrichtig darstellen, an der Nase herumführen. ▶ Wein einschenken reinen.

dunstartig flüchtig, gasförmig, luftig, verdampfbar, dampfförmig, luftförmig. → dampfförmig, duftig. ▶ flüssig.

Dunstbild Einbildung, Vorstellung, Eingebung, Traum, Erscheinung, Sinnestäuschung, Fantasie, Hirngespinst, Traumwelt, Fabelwelt, Luftschloß, Selbsttäuschung, Unwirklichkeit, Vorspiegelung, Übertreibung, Wahn. → Chimäre, Dunst. ▶ Realität.

dünsten dämpfen, braten, backen, rösten, sieden, kochen, zurichten, erhitzen, erwärmen, schmoren, dörren, abbrühen. → brühen.

dunstig diesig, neblig, trüb. → dämmerig, dunkel.

Dunstkreis Luftkreis, Luft ● Umgrenzung, Umgebung, Umringung, Grenze. → Atmosphäre.

Dünung Seegang, Gewoge,

Brecher ● Strömung, Wellengang.

Duo → Duett.

düpieren täuschen, foppen, hänseln, vorspiegeln, vorschwatzen, narren, einreden, vorfabeln ● betrügen, belügen, irreführen, überlisten. → betrügen. ▶ Wahrheit sprechen die.

Duplikat → Abzug, Abklatsch, Durchschlag.

durabel → dauerhaft.

durch hindurch, zu ● vermittels, aus, vermöge, mittels, dank, mit Hilfe, durch Vermittlung. → aus, dadurch. ▶ dagegen.

durch und durch gänzlich, insgesamt, restlos, total, völlig, ganz und gar, bis auf die Wurzel, bis zum äußersten, hundertprozentig, blutig *u*, sehr ● restlos, ratzekahl, bis aufs i-Tüpfelchen, mit Haut und Haar, mit Bomben und Granaten. → A bis O, durchgreifend. ▶ teilweise.

durchackern → durchpflügen.

durcharbeiten durchlesen, durchnehmen, durchkauen *u*, durchackern, durchhaben, durchsein, durchpauken, lesen, lernen, vorbereiten. → ausarbeiten, durchrechnen. ▶ liegen lassen.

durchaus bestimmt, entschieden, restlos, tatsächlich, unbedingt, uneingeschränkt, völlig, vollkommen, vollständig, wirklich, zweifellos, gänzlich, ganz, unerläßlich, unentbehrlich, glatt, partout, expreß *u*, unabweislich, in jeder Beziehung, unter allen Umständen, auf jeden Fall, ganz und gar. → absolut. ▶ durchaus nicht.

durchaus nicht → aberkennen, absprechen.

durchbeben durchzittern, durchzucken, erschüttern, erregen, aufregen, rege machen, beunruhigen, betäuben, erstarren, an die Nieren gehen, das Herz ergreifen, die Sinne verwirren, die Fassung rauben. → durchschüttern, durchziehen, erbeben. ▶ beruhigen.

durchbeuteln → dreschen.

durchblättern durchgehen, durchschauen, durchsehen, durchstöbern, nachschlagen, schmökern, durchlesen, durchfliegen, durchmustern, betrachten, überspringen, anschauen, durchforschen. → aufschlagen, ausforschen, bedenken, durchsehen, durchstöbern. ▶ aufmerken.

durchblicken betrachten, anschauen, beschauen, besehen, anblicken, beobachten, durchschauen, forschen ● unterscheiden, verstehen, beurteilen, erkennen, sich aus-

kennen, Bescheid wissen, mit einem Blick durchsehen, zwischen den Zeilen lesen. → auffassen, durchschauen, durchsehen, eindringen in das Geheimnis. ▶ mißverstehen, tappen im dunkeln, übersehen.

durchbohren durchschneiden, durchlochen, durchkreuzen, durchqueren, durchdringen ● mit Blicken fest ansehen, anstieren, anstarren, mustern. → bohren, durchbrechen, durchschießen, durchstecken.

durchbohren, das Herz foltern, quälen, peinigen, kränken, verwunden, beleidigen, das Herz zerreißen, das Herz treffen, Schmerzen verursachen, in der Wunde wühlen, alte Wunden aufreißen, den Giftpfeil abschießen, das Herz brechen, den Todesstoß versetzen, in Trübsal stürzen. ▶ erfreuen.

Durchbohrung → Durchbruch.

durchboxen, sich → durchsetzen.

durchbrechen durchdringen, durchführen, durchbohren, trennen, durchpressen, durchkreuzen durchqueren, durchziehen, durchzwängen ● erschließen, sich durchhauen, sich durchsetzen, das Ziel erreichen, seinen Weg erzwingen, eine Gasse machen, einbrechen *j*. → durchdringen.

durchbrennen → abhauen, dannen gehen von, davonlaufen, davonmachen sich, desertieren, entfliehen, entziehen sich der Gefahr.

durchbringen bewirken, zeugen, durchführen, durchhalten, seinen Mann stellen ● vertun, verzetteln, verwirtschaften, verbrauchen, ausgeben, vergeuden, verschleudern, verschwenden, verjubeln, verprassen, verschwelgen, auf großem Fuß leben, durch die Gurgel jagen, flott leben. → beseitigen, durchhalten, erfüllen, ertüchtigen. ▶ behüten, sparen, unterliegen, versagen.

durchbringen, sich arbeiten, dienen, schaffen, wirken, handeln, sich durchschlagen, sich ernähren, sich beschäftigen, Geschäft betreiben, ein Amt bekleiden, den Kampf ums Dasein führen, sein Brot verdienen. ▶ faulenzen.

durchbrochen durchkreuzt, durchschnitten, gekreuzt, netzförmig, gitterförmig, vergittert, verschlungen, kariert, durchzogen.

Durchbruch Trennung, Teilung, Spaltung, Zerlegung, Zerklüftung, Zergliederung, Zerteilung ● Durchgang,

Durchzug, Durchfahrt, Durchbohrung, Tunnel, Hohlweg, Engpaß, Schacht, Gang ● Einbruch, Durchbruchsschlacht ● Erfolg.

durchdacht ausgearbeitet, berechnet, klug, methodisch, planmäßig, überlegt, vorbereitet, systematisch, ausgereift, denkfest, entwickelt, fertig, geformt, geprägt, ausgetüftelt, durchgeknobelt, durchkonstruiert. → begründet, denkgerecht. ▶ sinnlos.

durchdenken überdenken, rekapitulieren, überlegen. → durchdacht.

durchdrehen → durchstecken, verdreht (sein), die Fassung verlieren.

durchdringen durchbrechen, durchführen, sich durchsetzen, erschließen, einbrechen, einrücken, durchschweifen, durchkreuzen, durchqueren, durchziehen, zu Ende bringen, ans Ziel gelangen, zur Entscheidung gelangen, zu einem Wendepunkt kommen, das Ziel erreichen, das Ende herbeiführen ● Beachtung finden, Recht behalten. → bearbeiten, beeinflussen, bewirken, durchsetzen sich, durchbohren, durchbrechen, erzwingen. ▶ übersehen, unterliegen.

durchdringend gründlich, tiefgründig, tiefliegend, umfassend, umfänglich, durchdrungen, eindringend, tief, vielsagend, tiefgehend, gehaltvoll ● laut, schrill, markerschütternd. ▶ undurchdringlich.

durchdrücken erzwingen, zwingen, durchsetzen, erpressen, bestimmen, veranlassen, vorschreiben, unterwerfen, abringen, aufdrängen, nötigen, ausführen, vollziehen, vollbringen, erreichen, erzielen.→ aufdrängen, durchpressen, durchsetzen, durchstecken. ▶ nachgeben, unterliegen.

durchdrungen → durchdringend, überzeugt.

durcheilen eilen, beeilen, durchlaufen, laufen, rennen, beschleunigen, galoppieren, dahinschießen, dahinstürmen, fortstürmen, tummeln, regen, davonspringen, ausreißen, enteilen, entweichen, überstürzen. → durchpflügen. ▶ trödeln.

Durcheinander → Bestürzung, Chaos, Charivari.

durcheinander wirr, ungeordnet, chaotisch, kunterbunt, vermengt, vermischt, konfus, unklar, verwirrt, verstreut, zusammenhanglos, verzwickt, regellos, unordentlich, verdreht, drunter und drüber, wie Kraut und Rüben *u*. →

aufgeregt. ▶ beruhigt, ordentlich.
durcheinanderschütteln → einmengen.
Durchfahrt Öffnung, Ausgang, Eingang, Zufahrt, Weg, Ausweg, Durchgang, Durchlaß, Kanal, Tunnel ● Durchreise, Durchzug. → Durchbruch, Durchzug. ▶ Endpunkt, Hindernis.
Durchfall Diarrhoe, Dünnpfiff (-schiß), Aftersausen, Durchmarsch.
durchfallen herunterfallen, herunterstürzen ● außerstande sein, unfähig sein, keine Aussicht haben, erfolglos sein, versagen, das Ziel verfehlen, das Ziel nicht treffen, nichts zustande bringen, sitzen bleiben, durchfliegen, durchplumpsen *u*, durchrasseln, durchsausen, mit Pauken und Trompeten durchfallen. → beikommen nicht, blamieren. ▶ ausführen, befähigt sein, (das Ziel erreichen).
durchfeuchten → durchnässen.
durchfinden → finden sich zurecht.
durchfliegen → durchblättern, durcheilen, durchfallen.
durchfließen → durchlaufen.
durchforschen forschen, suchen, erforschen, ausforschen, ergründen, nachsuchen, auskundschaften, durchstöbern, ausspionieren, ausfragen, verhören, prüfen, durchleuchten, untersuchen, durchsehen. → bewegen sich, durchblättern, durchkreuzen, durchsuchen, durchstöbern.
durchfressen auffressen, zernagen, zerfressen, einfressen, beschädigen, untergraben, rosten, verderben, zerrütten, verschießen, verschlechtern, verschlimmern. → abnutzen, abbrauchen, beschädigen, durchkommen. ▶ erneuern, fehlerfrei (sein).
durchführen ausführen, vollführen, bewerkstelligen, verrichten, erledigen, fertigstellen, abwickeln, ausrichten, zu Ende führen, ans Ziel gelangen, das Ende herbeiführen, zur Reife bringen ● durchsetzen, durchbringen, durchhalten, erreichen, erringen, vermögen, durchgreifen ● bemeistern, beitragen, anfassen, beherrschen, beeinflussen, leisten, erzwingen ● ablaufen, durchlaufen, ableiten, zuleiten. → anfassen, arbeiten, ausführen, ausüben, bestellen, durchbrechen, durchbringen, durchdringen, durchgreifen, durchhalten, durchsetzen sich. ▶ faulenzen, Stroh dreschen leeres, unterlassen, versagen.

Durchführung Ablauf, Abwicklung, Entwicklung, Fortsetzung, Fortgang, Richtung, Verlauf, Aufführung, Vollzug, Ausführung, Bewerkstelligung, Erledigung, Vollführung, Vollziehung, Handlung, Durchgang, Gasse, Straße. → Ablauf, Ausführung, Berücksichtigung, Bewerkstelligung, Erfüllung. ▶ Unterlassung.
durchfurchen durchschiffen, durchsegeln, befahren, beschiffen, durchpflügen.
durchfüttern versorgen, am Leben halten, beköstigen, aushalten.
Durchgang Öffnung, Durchlaß, Einfahrt, Eingang, Einlaß, Tor, Pforte, Zugang, Weg, Gasse, Straße, Durchlaß, Tunnel. → Bahn, Bewegung, Durchfahrt, Durchbruch, Durchführung, Durchkreuzung, Durchstich, Durchzug. ▶ Endpunkt, Hindernis.
durchgängig allgemein, A und O, A bis Z, ausnahmslos, durchgehend. ▶ teilweise.
durchgeben → mitteilen.
durchgebildet körperlich, geformt, anschaulich, bildlich, abgehoben, plastisch, modelliert. ▶ formlos.
durchgeführt → abgeschlossen, aus.
durchgehen → abhauen, aufschlagen, durchblättern, durchkreuzen, durchschreiten, durchsehen.
durchgehen lassen vermeiden, vorübergehen lassen, aus dem Wege gehen, vom Leibe halten, auf sich beruhen lassen, es dabei bewenden, die Hand in den Schoß legen, sich die Mühe ersparen ● übersehen, überhören, entschlüpfen lassen, sich nicht kümmern um, außer acht lassen, beiseite schieben, fünf gerade sein lassen, durch die Finger sehen, ein Auge zudrücken, keine Notiz nehmen. ▶ belassen. ▶ Dampf dahinter machen, durchgreifen.
durchgehend direkt, gerade, geradewegs, stracks, geradlinig, unmittelbar, schlankweg, durchgängig, ohne Umweg. → ausnahmslos, direkt. ▶ geteilt, mittelbar, ungerade.
durchgesiebt entschlackt, geklärt, gereinigt, gefiltert, destilliert, gesichtet, bereinigt ● überarbeitet, veredelt, geprüft, abgesondert, durchgesichtet. ▶ chaotisch, vermengt.
durchglühen erglühen, erwärmen für, sich ereifern, durchdrungen sein, in Hitze geraten, in Eifer geraten, von Begeisterung erfaßt werden,

Feuer fangen, in Aufregung geraten, durch die Seele dringen, von einem Gefühl beherrscht werden, der Seele entstammen. ▶ ablehnen, gleichgültig (sein).
durchgreifen überwinden, beseitigen, überwältigen, bemeistern, durchführen, bewerkstelligen, bewirken, bewältigen, Schwierigkeiten aus dem Weg räumen, seinen Weg bahnen, es zu etwas bringen, vorwärts kommen ● eingreifen, zuschlagen, Beispiel geben, kurzen Prozeß machen. → biegen, direkt, eindringen mit Gewalt, ermannen sich, fackeln ohne zu, Federlesens machen nicht viel. ▶ mißlingen, nachgeben.
durchgreifend energisch, entschieden, entschlossen, radikal, rücksichtslos, hartnäckig, kraftvoll, resolut, tiefgreifend, tatkräftig, tüchtig, unerbittlich, unerschütterlich, durch und durch, bis auf die Wurzel, bis zum Äußersten, päpstlicher wie der Papst sein *u*. → einschneidend. ▶ energielos, unentschlossen.
durchhalten durchführen, durchbringen, beharren, bezwingen, aushalten, standhalten, sich bewähren, nicht wanken, Gefahren trotzen, nicht ausweichen, mutig sein, nicht weichen, seinen Mann stellen, im Ziel lossteuern, nicht aufgeben, nicht abwendig werden, fest bleiben, auf seinem Willen beharren, den Kopf darauf setzen, sich durch klein kriegen lassen, durch zehn Pferde nicht fortbringen lassen *u*, einen breiten Buckel haben *u*, auf etwas herumreiten *u*, nicht aus der Haut können *u*. → ausharren, bestehen, stehen auf, bewahren, biegen, bleiben bei der Sache, durchbringen, ertrotzen, festhalten, feststehen. ▶ aufgeben, nachgeben, unterliegen, zaudern.
durchhauen → bestrafen, durchbrechen, durchschlagen, schlagen.
durchhecheln → begeifern, beleidigen, herabsetzen.
durchhelfen → helfen.
durchkämpfen → kämpfen.
durchkämpfen, sich bemeistern, durchringen, bewältigen, überwältigen, durchsetzen, gelingen, erreichen, erringen, bewerkstelligen, Erfolg haben, sein Ziel erreichen, sich in die Höhe schwingen, zu etwas kommen, Schwierigkeiten aus dem Weg räumen. ▶ unterliegen.
durchklopfen → bestrafen, dreschen.
durchkommen entkommen,

entrinnen, davonkommen, entweichen, sich durchschlagen, sich eine Gasse bahnen ● mit heiler Haut davonkommen, dem Tode entrinnen, mit einem blauen Auge davonkommen. → davonlaufen, entlaufen, entschlüpfen. ▶ gefährden sich.

durchkonstruiert → durchdacht.

durchkreuzen teilen, durchteilen, spalten, durchschneiden ● durchqueren, kreuzen, durchreißen, durchstreifen, durchforschen, durchgehen ● stören, hindern, bedrängen, behelligen, behindern, dazwischentreten, hemmen, abhalten, vereiteln, hintertreiben, stören, bekämpfen, untergraben, zuschanden machen, im Weg stehen, zunichte machen, einen Riegel vorschieben, einen Strich durch die Rechnung machen. → beeinträchtigen, begehen, bekämpfen, bezwingen, dazwischentreten, durchbohren, durchbrechen, durchdringen, durchpflügen, durchschreiten. ▶ fördern, helfen, mitwirken, verbinden.

durchkreuzt → durchbrechen.

Durchkreuzung Spaltung, Halbierung, Durchquerung, Durchschneidung, Durchstreichen, Querteilung, Durchreise, Durchgang, Durchzug, Durchdringen ● Verhinderung, Hintertreibung, Bekämpfung, Störung, Untersagung, Hindernis, Hemmnis, Einwand, Einspruch, Gegenwirkung. → Beschwernis, Durchschnitt. ▶ Hilfsstellung, Verbindung.

Durchlaß → Ausweg, Durchfahrt, Durchgang, Öffnung.

durchlassen → durchlaufen, durchgehen lassen, öffnen.

durchlässig sein porös, löcherig, schwammartig, lückenhaft, leck, durchlöchert, undicht. → atmen. ▶ undurchlässig (sein).

Durchlauf → Bewegung.

durchlaufen rinnen, auslaufen, durchsickern, entrinnen, fließen, durchfließen, strömen, laufen, durchrennen, durchrinnen, durchrutschen, durchflutschen u, durchlassen. → durcheilen, durchschreiten. ▶ eingießen, stehen bleiben, zuführen.

durchlesen → anschauen, aufpassen, bedenken, durcharbeiten, durchblättern, durchnehmen, durchsehen, lesen.

durchleuchten erforschen, ergründen, nachsuchen, auskundschaften, ausfragen, verhören, ausspähen, beobachten, belauern, näher betrachten, beim Lichte besehen, beleuchten, ausbaldowern u ● röntgen. → beurteilen, durchforschen, durchscheinen. ▶ tappen im dunkeln, undurchsichtig (sein), verbergen.

durchlochen knipsen, durchlöchern, einprägen, bohren, durchbohren, lochen, kennzeichnen, ausstanzen ● stikken. → durchlöchern.

Durchlocher Locher, Pfrieme, Nagelbohrer, Drillbohrer, Lochbohrer, Locheisen, Schneidbohrer. → Ahle.

durchlöchern durchlochen, drillen, durchschießen, einstechen, bohren, durchlochen.

durchlöchert → durchlässig sein.

durchmachen → abbüßen, ängstigen, ausstehen, befallen, dulden, erleben.

Durchmarsch → Bewegung, Durchzug, Durchfall.

durchmustern → durchblättern, durchsehen, mustern.

durchnässen durchfeuchten, nässen, bewässern, begießen, betauen, betränen, benetzen, befeuchten, anfeuchten, naß machen, feucht machen, durchrieseln, durchrinnen. → befeuchten, benetzen. ▶ dichten, trocknen.

durchnehmen durcharbeiten, bearbeiten, durchsehen, durchlesen, aufmerksam sein, in Augenschein nehmen, sich beschäftigen mit, näher beleuchten. → durcharbeiten. ▶ liegen lassen, übersehen.

durchpauken → durcharbeiten.

Durchpause → Abdruck.

durchpausen abpausen, lithographieren, nachbilden, zeichnen, malen, pausen, nachzeichnen, nachahmen. → abbilden. ▶ entwerfen.

durchpflügen durchschiffen, befahren, beschiffen, durchsegeln, durcheilen, durchschneiden, durchkreuzen, das Meer durchpflügen ● ackern, durchackern. ▶ brachliegen (lassen).

durchpressen durchdrücken, durchseihen, sieben, auspressen, ausdrücken, durchzwängen. → durchbrechen.

durchqueren → begehen, besuchen, sich bewegen, durchbohren, durchbrechen, durchdringen, durchkreuzen, durchschreiten.

Durchquerung → Durchkreuzung.

durchrasseln → durchfallen.

Durchreise → Durchfahrt, Durchkreuzung, Durchzug.

durchreisen → durchqueren.

durchreißen teilen, zerteilen, zerstücklich, abtrennen, auseinanderreißen, zerreißen, entzweireißen, trennen, voneinanderreißen, halbieren,

schnitzeln, abreißen. → durchkreuzen. ▶ verbinden.

durchrennen → durchlaufen.

durchrieseln → durchnässen.

durchringen → durchkämpfen sich.

durchrinnen → durchlaufen, durchnässen.

durchrinnend → durchlässig sein.

durchrütteln → strafen.

durchsagen → unterrichten.

durchschaudern → schaudern.

durchschauen herausbekommen, gewahren, aufspüren, erkennen, begreifen, einsehen, verstehen, scharfsichtig sein, erfassen, durchblicken. → aufschlagen, ausfindig machen, begreifen, beikommen, beschauen, denken, durchblättern, durchblicken, durchsehen, durchstöbern, eindringen in das Geheimnis, erraten. ▶ tappen im dunkeln, übersehen, Sand in die Augen streuen.

durchscheinen scheinen, durchschimmern, durchleuchten, durchsichtig sein, fadenscheinig sein, klar sein, glasig sein, durchsehen. ▶ undurchsichtig (sein).

durchscheinend → durchscheinen.

durchschießen zerstören, vernichten, zusammenschießen, töten, durchbohren, durchlöchern, erschießen ● auflockern, ausweiten, ausdehnen, den Satz durchschießen. → durchstecken. ▶ zusammenziehen.

durchschiffen → durchfurchen, durchpflügen.

durchschimmern → brechen durch die Wolken, durchscheinen.

Durchschlag Duplikat, Abschrift, Doppel, Kopie, Nachbildung, Wiedergabe, Reproduktion, doppelte Ausführung. → Abzug. ▶ Original.

durchschlagen trennen, zerstückeln, zerbrechen, einschlagen, einstoßen ● gut anschlagen, geraten, glücken ● strafen, züchtigen, bestrafen, durchhauen, prügeln, hauen, klopfen ● durchkommen, sich durchbeißen, durchwursteln u, sich durchkrabbeln u. → aufbrechen, austreten, durchkommen, eindringen mit Gewalt. ▶ loben, verbinden.

durchschlagen, sich → bewältigen, davonlaufen, durchkommen, durchbringen, durchbringen sich, ernähren sich.

durchschlagend erfolgreich, kraftvoll, wirksam, eklatant, hervorragend, schlagend, entscheidend, beweisend, überzeugend, zwingend, un-

widerleglich, beweiskräftig, eindringlich, begründet, beweisbar. → anschaulich, auffallend, augenfällig, ausschlaggebend, beweisend. ▶ falsch, unwirksam, widersprechend.
Durchschlagskraft → Bewegungstrieb.
durchschlängeln, sich manövrieren, lavieren, diplomatisch sein.
durchschlingen → durchwirken, durchziehen.
durchschlüpfen → entschlüpfen.
durchschlüpfen lassen verlieren, einbüßen, durch die Finger fahren lassen. → entschlüpfen. ▶ festhalten.
durchschneiden → durchbohren, durchkreuzen, durchpflügen.
Durchschneidung → Durchschnitt, Durchkreuzung.
Durchschnitt Mittelmaß, Mittelding, Mittelweg ● Trennung, Halbierung, Teilung, Durchschneidung, Schnitt, Durchkreuzung, Querschnitt, Querteilung. → Durchkreuzung. ▶ Spitzenleistung, Verbindung, Vollkommenheit.
durchschnitten → durchbrochen, diagonal.
durchschnittlich → alltäglich.
Durchschnittlichkeit → Bedeutungslosigkeit.
Durchschnittsmensch → Alltagsmensch.
durchschreiten durchstreifen, durchgehen, durchschweifen, durchlaufen, durchkreuzen, durchqueren, durchwandern, durchstreichen. ▶ bleiben auf dem Platz.
Durchschrift → Ausfertigung.
durchschüttern schaudern, zittern, beben, frieren, frösteln ● durchbeben, erschüttern, durchzucken, erregen. → ergreifen das Herz. ▶ gefühllos sein, warm (sein).
durchschweifen → durchschreiten, durchdringen.
durchsegeln → durchpflügen.
durchsehen sehen, durchschauen, durchblicken, durchblättern, durchgehen, durchstöbern, nachschlagen, besichtigen, durchlesen, durchmustern, aufschlagen, korrigieren, berichtigen, nachsehen, richtigstellen, überarbeiten, verbessern, kritisieren. → aufschlagen, ausforschen, bedenken, durchblikken, durchforschen, durchnehmen, durchstöbern, durchscheinen. ▶ tappen im dunkeln, übersehen.
durchseihen reinigen, klären, läutern. → durchpressen, filtrieren. ▶ mischen.
durchsetzen bewältigen, überwinden, bemeistern, bezwingen, besiegen, meistern,

zwingen, durchdrücken, abringen, bestehen auf, Herr werden, Oberhand gewinnen, sich durchboxen, Ziel erreichen, zu Ende führen. → aufdrängen, ausführen, bestehen auf, bewältigen, bleiben, durchdrücken, durchkämpfen sich, festhalten, feststehen. ▶ nachgeben, unterliegen.
durchsetzen, sich durchführen, verharren, sich behaupten, Beachtung finden, das Ziel erreichen, bekannt werden. → bestehen, durchsetzen, durchbrechen, durchdringen, erheben Anspruch, ermannen sich, erzwingen. ▶ nachgeben, unterliegen.
durchsetzt gesprenkelt.
Durchsicht Kontrolle, Aufsicht, Prüfung, Begutachtung, Untersuchung, Überwachung, Beobachtung, Musterung ● Verbesserung, Ausbesserung, Korrektur, Berichtigung. → Bearbeitung, Beobachtung.
durchsichtig à jour. → arglos, anschaulich, ätherisch, dünn, faßbar.
durchsichtig sein → durchscheinen.
Durchsichtigkeit Transparenz, Klarheit, Dünnheit, Zartheit. ▶ Undurchsichtigkeit.
durchsickern → ausfließen, austreten, durchlaufen.
durchsickernd → durchlässig sein.
durchsintern → filtrieren.
durchsprechen → auseinandersetzen.
durchstechen → einstechen.
durchstecken durchziehen, einfädeln, durchbohren, aufspießen, durchzwängen, durchtreiben, durchschießen, durchwinden, hineinstecken, eindringen, eintreiben, einführen, durchdrücken. ▶ herausreißen.
durchstehen → dulden.
Durchstich Tunnel, Durchgang, Trennung, Verbindung. ▶ Endpunkt, Hindernis.
durchstöbern durchforschen, durchsuchen, auskundschaften, ausspähen, nachjagen, aufspüren, durchschauen, durchsehen, durchblättern, nachschlagen, nachsuchen, nachspüren, erspähen, ergründen, ausforschen. → aufschlagen, durchblättern, durchforschen, durchsehen, durchsuchen. ▶ verbergen.
durchstoßen löchern, durchbohren ● Erfolg haben.
durchstreichen ausradieren, radieren, vernichten, auslöschen, ausstreichen. → begehen, bewegen sich, durchschreiten. ▶ stehen lassen.
durchstreifen durchkreuzen, durchqueren, stromern, reisen, abstreifen, besuchen,

herumschlendern, walzen, ergehen sich, lustwandeln, stolzieren, bewandern, befahren, besteigen. → begehen, besuchen, bewegen sich, durchkreuzen, durchschreiten. ▶ stehen bleiben.
durchsuchen durchforschen, nachsuchen, erforschen, nachsehen, suchen, auskundschaften, durchstöbern, filzen u, das Haus auf den Kopf stellen, wie nach einer Stecknadel suchen, aufstöbern. → begehen, bewegen sich, durchstöbern. ▶ verbergen.
durchteilen trennen, teilen, zerteilen, abtrennen, halbieren, spalten. → durchkreuzen. ▶ verbinden.
durchteilen, die Wogen schwimmen. → durchpflügen.
durchtreiben → durchstecken.
durchtrieben listig, verschlagen, schlau, verschmitzt, berechnend, pfiffig, raffiniert, gewiegt, gerieben, abgefeimt, arglistig, hinterlistig, faustdick hinter den Ohren, schlau wie ein Fuchs, mit allen Wassern gewaschen, mit allen Hunden gehetzt. → aalglatt, bübisch. ▶ offenherzig.
durchwachsen mittelprächtig, wechselhaft.
durchwandern → besuchen, durchschreiten.
Durchwanderung → Durchzug.
durchweben → durchwirken.
durchweg → allgemein, A bis O, ausnahmslos.
durchwichsen → bestrafen, dreschen.
durchwinden → balancieren, durchstecken.
durchwirken durchweben, durchziehen, sticken, einweben, durchschlingen, verschiedene Fäden einarbeiten.
durchwischen → abhauen.
durchwursteln improvisieren, mühsam zurechtkommen.
durchziehen durchschlingen, durchstecken ● durchziehen, durchzittern, durchzucken. → aufziehen, durchschreiten, durchdringen, durchbrechen, durchstecken. ▶ achten, bleiben auf dem Platze, herausreißen, ruhig (bleiben).
durchzittern → durchbeben.
durchzogen → durchbrochen.
durchzucken → durchbeben, durchziehen, erbeben.
Durchzug Wind, Zug, Lufthauch ● Durchmarsch, Durchgang, Durchwanderung, Prozession, Wallfahrt, Streifzug, Durchreise. → Bewegung, Durchbruch, Durchfahrt, Durchkreuzung.
durchzwängen durchbrechen, durchpressen. ▶ entfernen.

dürfen erlauben, gestatten, bewilligen, zulassen, dulden, genehmigen, gewähren, einwilligen, freistehen, befugen, können, nicht verhindern, nichts in den Weg legen, keinen Einspruch erheben, die Befugnis erteilen, freie Hand lassen, die Erlaubnis geben, Nachsicht haben, ein Auge zudrücken. → ausüben. ▶ müssen, verbieten.

dürftig → arm, erwerbslos.

Dürftigkeit Ungenügen. → Armut, Entbehrung.

dürr → dünn, trocken.

Dürre Dünnheit, Magerkeit, Hagerkeit, Abmagerung, Schlankheit, Knochengerippe ● Trockenheit, Kargheit, Austrocknung, Wasserarmut, Sonnenglut, Erhitzung ● Knappheit, Mangel. → Begrenztheit. ▶ Dicke, Nässe.

dürren zusammenschrumpfen, einschrumpfen, dörren, austrocknen, zusammenpressen, ausmergeln, abzehren, abhagern, abmagern, verfallen, abnehmen, kürzen, eingehen. → austrocknen. ▶ ausdehnen, nässen.

Durst Wassernot, Wassermangel, Schmachten, Entbehrung, trockene Kehle, Durstigkeit, Mords- oder Höllendurst u ● Trunksucht ● Liebesdurst, Liebesverlangen, Lüsternheit. → Appetit. ▶ Hunger, Mäßigkeit.

dursten → ermangeln.

dürsten → darben.

durstig gierig, sauflustig u, versoffen u, eine durstige Leber haben u, trinklustig, säuferisch.

Durstigkeit → Durst.

Durststrecke Zeit des Mangels, magere Jahre, Anlaufzeit.

Dusche Brause, Brausebad ● Regen, Schauer, Wolkenbruch ● Denkzettel, Prügel. → Bad. ▶ Anerkennung.

Dusel Schläfchen, Halbschlaf, Halbschlummer ● Rausch, Berauschung, Benebelung, Angetrunkenheit, Weinnebel, Weinseligkeit, Schwips ● Glück, Zufall ● Schwindelgefühl.

Düsenjäger Jet. → Fahrzeug.

Dussel unaufmerksamer Mensch, Dusselkopf u, Dusseltier u, Suse, Transuse u, Schussel u. → Banause.

düster trübe, mürrisch. → arm, bärbeißig, boshaft, dämmrig, dunkel, elegisch, fahl.

Düsterkeit → Dämmer, Dunkel, Dunst.

düstern → dämmern, dunkeln.

Düsternis → Dunkel.

Dutzendmensch → Banause.

Dutzendware Mittelmaß, Billigware.

dutzendweise → allerhand.

Dynamik Macht, Stärke, Gewalt, Potenz, Energie, Wirksamkeit, Druck, Hochdruck, Kraft, Spannung, Übergewalt, Schwung, Antrieb, Triebkraft, Drang, Durchschlagskraft, Heftigkeit, Erschütterung, Entladung. ▶ Kraftlosigkeit, Unvermögen.

E

Ebbe Flaute, Schwund, Abfluß, Abstrom ● Niederwasser, ablaufendes Wasser, Ebbestrom, Rückstrom, Nippebbe, Nipptide ● Mangel, Leere, Erschöpfung, nichts in der Kasse. ▶ Flut, Menge.

eben faltenlos, flach, glatt, runzellos, ausgebreitet, hingestreckt, waagrecht, platt, gleich ● jetzt, momentan, augenblicklich, gerade, gegenwärtig, soeben, im Augenblick, gerade eben, im Moment ● ebendrum, deswegen, deshalb. → akut, ausgebreitet, daher, einigermaßen. ▶ gebirgig, senkrecht, später, uneben, weil.

Ebenbild → Abbild, Abklatsch, Ähnlichkeit.

ebenbürtig gleichwertig, ranggleich, gleichgestellt. → ähneln, anwendbar. ▶ unebenbürtig.

ebendrum → eben.

Ebene Fläche, Flachheit, Flachland, Plateau, Platte, Tafelland, Schichte, Hochebene, Tiefebene, Tiefland ● Stufe, Rangstufe. ▶ Gebirge, Unebenheit.

ebenen gleichmachen, ausgleichen, bahnen, glattmachen, ebenerdig machen, glattstreichen. → besänftigen. ▶ aufrollen, rauhen.

ebenerdig im Erdgeschoß, Parterre.

ebenfalls → auch, darüber, dasselbe, desgleichen, dieses, eingerechnet, ferner.

Ebenmaß → Anmut, Anziehung, Charme.

ebenmäßig harmonisch, wohlgeformt, wohlgestaltet. → anmutig, chic, anmutsvoll. ▶ unharmonisch, unschön.

ebenso dasselbe, dito, seinesgleichen. → auch, dieses, eingerechnet, ferner. ▶ entgegengesetzt, ungleich.

ebenso groß gleich groß, egal, unterschiedslos, genau so groß. ▶ ungleich.

ebensoviel dasselbe, egal, einheitlich, unterschiedslos, genau soviel, gleichviel, desgleichen, gleichbedeutend, gleichen, gleichkommend, ohne Unterschied. ▶ weniger.

ebnen → anbahnen, bahnen, befördern, dielen, ebenen, entfalten.

ebnen, den Weg erleichtern, entlasten, entbürden, freimachen, helfen, eintreten für, Hindernisse wegräumen, den Weg glätten, den Weg freimachen, eine goldene Brücke bauen, den Knoten lösen. ▶ erschweren.

echauffieren → aufregen.

Echo Widerhall, Wiederholung, Verdoppelung, Resonanz, Nachklang, Rückprall, Rückwirkung, Rückschall, Schall, Rückantwort ● Nachahmung, Bekräftigung. → Beifall.

echt → anständig, apart, arglos, aufrichtig, authentisch, belegend, bieder, bodenständig, brav, charakteristisch, charaktervoll, dauerhaft, dokumentarisch, erwiesen, farbecht.

Echtes Bodenständiges, Ursprüngliches, Urwüchsiges, Wurzelhaftes, Original. ▶ Ersatz, Nachahmung.

Echtheit Wirklichkeit, Wahrheit, Lebensnähe, Natürlichkeit ● Vortrefflichkeit, Vorzüglichkeit, Kostbarkeit, Gediegenheit, Ausgesuchtheit. ▶ Falschheit, Fälschung, Unvollkommenheit, Unwahrheit.

Ecke Vorsprung, Ort, Platz, Winkel, Bereich ● Spitze, Zacke. → Biegung, Falte.

Ecke, bringen um die → töten, verschwenden.

Ecken und Enden, von allen allenthalben von, überallher von, allerort her von, weit und breit von, ringsumher von, weither, rechts und links von. ▶ inmitten.

Eckensteher → Arbeitsunfähiger, Bummler, Faulpelz.

eckig gezackt, scharf, kantig, gespitzt, winklig, zackig, gezahnt ● abstoßend, grob, borstig, stachelig, häßlich. ▶ anziehend, rund.

Eckstein → Pfeiler.

edel → anständig, ausgesucht, brillant, gezeichnet, ehrsam, erhaben, erlesen.

edelherzig → anständig.

Edelmann → Adel.

Edelmensch Tugendmuster, Tugendbold, Tugendbeispiel, Tugendspiegel, Vorbild, Mustermensch, Unschuld, guter Mensch, reiner Mensch, Ehrenmann. ▶ Bösewicht, Windbeutel.

Edelmut Noblesse. → Duldsamkeit.

edelmütig → gutmütig, großmütig, selbstlos.

Edelsinn → Duldsamkeit, Erhabenheit.

edelsinnig → charakterfest, vornehm.

Edelstein Geschmeide, Juwel, Brillant, Schmuck, Kleinod, Karfunkel, Schatz, Prunkstück, Schmucksache, Kostbarkeit, Wert. → Beste.

Eden Paradies, Elysium, Olymp, himmlische Gefilde, Paradiesesgarten, Beseligung, Wonne, Insel der Seligen, elysische Gefilde. ▶ Hölle.

Edikt → Befehl, Bekanntmachung, Dekret.

Efendi Herr, Gebieter, Beg, Pascha, Großwesir, Scheich.

Effekt Ergebnis, Erfolg, Ertrag, Ausgang, Nachwirkung, Reaktion, Reflex, Resultat. → Ablauf, Ausgang, Auswirkung, Erfolg. ▶ Grund, Ursache.

Effekten Wertpapiere, Börsenpapiere, Werte, Titel, Wertsachen, Bankpapiere, Staatspapiere ● Sachen, Habseligkeiten, Bedarf, Habe, Bestand, Hab und Gut. → Bagage.

Effekthascherei → Angabe, Eitelkeit.

effektiv → absolut, anwesend.

effektuieren → ausführen.

egal einerlei, gleichgültig. → allewege, dasselbe, ebenso groß, ebensoviel, einförmig, entweder, gleich.

egalisieren → ausgleichen.

eggen → ackern.

Egoismus Selbstsucht, Ichsucht, Ichbezogenheit, Selbstliebe, Rücksichtslosigkeit, Eigenliebe, Eigennutz, Selbstherrlichkeit, Egozentrik ● Ausbeutung, Hartherzigkeit, Herzlosigkeit, Gefühllosigkeit, Habgier, Engherzigkeit. → Eifersucht. ▶ Selbstlosigkeit.

Egoist → Egoismus.

egoistisch selbstsüchtig, eigennützig, rücksichtslos, habgierig, eigensüchtig, engherzig, unfreigiebig, gewinnsüchtig, ichsüchtig, ichbezogen, knausrig, kleinlich, herzlos. → bestechlich. ▶ selbstlos.

egozentrisch (extrem) → egoistisch.

eh und je, seit von Kindheit oder Jugend an, schon immer, früher schon, seit Menschengedenken, seit uralten Zeiten, in grauer Vorzeit, zu Großvaters Zeiten.

ehe bevor, früher, als vorher. → bevor, binnen. ▶ nachher.

Ehe Lebensgemeinschaft, Ehebund, Ehestand, Heirat, Verheiratung, Verbindung, Vermählung, Hochzeit, Eheband, gute Partie, Heiratsvertrag.

Ehe, wilde Konkubinat, Kebsehe, Ehebruch, Mißehe, freie Liebe.

Eheband → Ehe.

ehebrechen Hörner aufsetzen, nebenausgehen, fremd gehen u. → berauben. ▶ treu (sein).

ehebrecherisch → ausschweifend.

Ehebruch → Beraubung, Ehe wilde.

Ehebund → Ehe.

ehedem früher, vordem, vormals, einst, einstmals, ehemalig, damalig, damals, vormalig, ehemals, vorher, dermalen, seinerzeit, zuvor, unlängst, vor Stunden, vor Tagen, vor Jahren. → als, bereits, dahin, damals, dermalen, ehemals. ▶ künftig, später.

Ehefrau Gattin, Gemahlin, Lebensgefährtin, Herrin, Hauszierde, bessere Hälfte, Frau und Gebieterin, treue Begleiterin, Ehegespons, Ehegenossin, Lebenskamerad, Hauskreuz, Ehedrachen, Ehekreuz, Olle u.

ehegattlich → ehelich.

Ehegenosse Ehemann, Vermählter, Ehegespons, Eheherr, Gemahl, Gatte, Mann, Lebensgefährte, Ehewirt, Gebieter, Herr des Hauses, Göttergatte, Ehekrüppel u, Alter, Oller u, Gatterich u. → Bräutigam.

Ehegenossin → Ehefrau.

Ehegespons → Ehefrau, Ehegenosse.

Ehehälfte → Begleitung, Ehefrau, Ehegenosse.

Eheherr → Ehegenosse.

eheleiblich → ehelich.

Eheleute Ehepaar, Paar, Vermählte, Verheiratete, Ehegespann, Zweiheit, Mann und Frau, ein Fleisch und Blut, treue Begleiter durchs Leben.

ehelich verheiratet, verehelicht, vermählt, ehegattlich, getraut, eheleiblich, in den Stand der Ehe getreten ▶ alleinstehend, ledig.

ehelichen heiraten, freien, heimführen, vermählen, verbinden, unter die Haube bringen, an den Mann bringen, zum Traualtar führen, seine Hand reichen, zum Manne nehmen, zur Frau nehmen, den ewigen Bund schließen, das Jawort geben, Hochzeit halten, zur Ehehälfte nehmen. ▶ ledig (bleiben).

ehelos → allein, alleinstehend.

ehelustig verliebt, zugeneigt, zugetan, heiratslustig, mannstoll, weibstoll, auf Freiersfüßen.

ehemalig → ehedem.

ehemals → als, bereits, dahin, dermalen, ehedem, eher.

Ehemann → Bräutigam, Ehegenosse.

Ehepaar, -partner → Eheleute.

eher zuvor, vorher, früher, schon, vordem, ehemals, unlängst, vorhin. → bereits, ehedem, ehestens. ▶ folgend, künftig, später.

ehern hart, eisern, starr, steif, unbiegsam, steinhart, erzen, stählern, versteinert, steinern, gepanzert, gestählt, hart wie Granit. → felsenhart, fest. ▶ geschmeidig, schwach.

eherne Stirn Vermessenheit, Anmaßung, Arroganz, Ungezogenheit, Schamlosigkeit, Frechheit, Rücksichtslosigkeit. ▶ Bescheidenheit, Scheu, Untertänigkeit.

Eheschänder Frauenschänder, Ehrenräuber, Schürzenjäger, Buhle, Verführer, Entehrer, Liebhaber, Don Juan.

Eheschließung Heirat, Hochzeit, Vermählung. → Ehe.

ehest → bald, baldig, beizeiten, ehestens.

Ehestand → Ehe.

ehestens frühestens, verfrüht, ehest, frühzeitig, zeitig, vorzeitig, beizeiten, eher, fällig. ▶ spätestens.

Ehetrennung Scheidung.

Ehrabschneider Verleumder, Verlästerer, Frevelzunge, Lästermaul, Schmäher, Ehrenschänder, Ehrenräuber, böse Zunge. → Bube. ▶ Schmeichler.

Ehrabschneidung → Beraubung, Entehrung.

ehrbar → angesehen, arglos, artig, bieder, charakterfest.

Ehrbarkeit Ehrsamkeit, Anständigkeit, Rechtschaffenheit, Biederkeit, Gediegenheit, Rechtlichkeit, Zuverlässigkeit. → Charakterstärke. ▶ Charakterlosigkeit, Unanständigkeit.

Ehrbezeugung → Aufwartung.

Ehre Anerkennung, Lob, Preis, Ansehen, Auszeichnung, Rang, Ruf, Ruhm, Wertschätzung, Würde. → Achtung, Ehrenplatz. ▶ Unehre.

Ehre, auf ganz gewiß, auf jeden Fall, unter Bibeleid, auf mein Ehrenwort, unter allen Umständen, auf Treu und Glauben. ▶ wortbrüchig.

Ehre bezeigen entgegenjubeln, preisen, rühmen, verherrlichen, feiern, zutrinken, festlich begehen, festlich empfangen, Ehre erweisen, salutieren, sich von den Sitzen erheben, Gedenkfeier halten, Ehre bringen. ▶ bejubeln. ▶ erniedrigen, verachten.

Ehre bringen Orden verleihen, hohe Würden und Ämter verleihen, in den Adelsstand erheben, den Ehrenplatz anweisen. → Ehre bezeigen. ▶ erniedrigen.

Ehre bringen, um die verleumden, herunterziehen, herabsetzen, erniedrigen, beschimpfen, verunglimpfen, entehren, schänden, brandmarken, verlästern, verhöhnen, verspotten, schmähen, verdächtigen, die Ehre verletzen, Böses nachreden, die Ehre abschneiden, den guten Ruf angreifen, falsch beschuldigen. ▶ achten, Ehre bezeigen.

Ehre, erweisen → dekorieren, Ehre bezeigen.

Ehre schenken einladen, empfangen, begrüßen, willkommen heißen, Besuch abstatten, Bekanntschaft machen. → Ehre bezeigen. ▶ ablehnen, mißachten.

Ehre und Gewissen, auf → aufrichtig, bestimmt.

Ehren von, zu zur Verherrlichung von, zum Preis von, zum Lob von, als Ehrerweisung, als Ehrerbietung.

ehren → achten, anerkennen, auszeichnen, begehen, bejubeln, beloben, belohnen, besingen, danken.

Ehrenamt Ehrenposten, Ehrendienst, Auszeichnung.

Ehrenbett → Bahre.

Ehrenbogen → Ehrenpforte.

Ehrendieb → Ehrabschneider.

Ehrendienst → Ehrenamt.

Ehrenerklärung Rechtfertigung, Berichtigung. → Abbitte, Befriedigung, Beilegung, Berichtigung. ▶ Verleumdung.

Ehrenfest Ehrentag, Festfeier, Festtag, Jubiläum, Gedenktag, Feier, Fest, Jubeltag, Jahresfeier, Jahrestag.

Ehrengabe Ehrung, Orden, Ovation, Huldigung, Auszeichnung.

ehrenhaft ehrenvoll, honett, honorabel, honorig. → achtbar, adrett, angesehen, anständig, bieder, brav, charakterfest, charaktervoll, ehrsam. ▶ unehrenhaft.

Ehrenhaftigkeit → Beste, Charakterstärke.

ehrenhalber um der Ehre willen, des Lobes wegen, des Preises wegen, um sich einen Namen zu machen, aus Ehrgeiz, aus Interesse, um sich einen Ruf zu erwerben, um Lorbeeren zu pflücken, sich die Sporen verdienen, von sich reden machen, die Augen auf sich zu ziehen, die erste Geige zu spielen, ausgezeichnet zu werden, der Sache wegen, ohne Entgelt. ▶ Entgelt (gegen).

Ehrenhandel → Auseinandersetzung, Duell.

Ehrenkränkung Verleumdung, Verlästerung, Verunglimpfung, Beschimpfung, Schmähung, Entehrung, Schändung, Ehrenverletzung, Herabwürdigung, Beschmutzung, Anzüglichkeit, Schmährede, üble Nachrede, hämischer Ausfall. → Beleidigung, Er-

niedrigung. ▶ Hochachtung, Schmeichelei, Versöhnung.

Ehrenlohn → Belohnung.

Ehrenmal Denkmal, Gedenkstätte.

Ehrenmann → Biedermann.

Ehrenpforte Triumphpforte, Triumphbogen, Ehrenbogen, Auszeichnung, Huldigung, Ehrerweisung, Ehrung.

Ehrenplatz Ehrensitz, Ehrenseite, Vorsitz, Vorrang, Ehrung, Wertschätzung, Hochachtung, Reverenzbezeigung, Ehrerweisung, Ehre.

Ehrenpunkt Ehrensache, Pflichtgefühl, Verpflichtung, Gewissenssache, Gewissenhaftigkeit, Gebot. ▶ Gewissenlosigkeit.

Ehrenräuber Wüstling, Verführer, Ehrenschänder. → Ehrabschneider. ▶ Schmeichler.

Ehrenrettung Rechtfertigung, Freisprechung, Lossprechung, Entlastung, Begnadigung. ▶ Verurteilung.

ehrenrührig → anrüchig, schimpflich, unehrenhaft, verwerflich.

Ehrensache → Ehrenpunkt, Ehrenschuld.

Ehrenschänder → Ehrabschneider, Ehrenräuber.

Ehrenschuld Schuld, Verpflichtung, Ehrensache, Ehrensold, Ehrenwort, Gelöbnis, Bürgschaft. ▶ Pflichtvergessenheit, Undankbarkeit.

Ehrenseite → Ehrenplatz.

Ehrensitz → Ehrenplatz.

Ehrensold → Belohnung, Ehrenschuld.

Ehrentag Geburtstag, Jubiläum, Namenstag, Verlobung, Hochzeit, Konfirmation, Kommunion. → Ehrenfest.

Ehrenverletzung → Ehrenkränkung.

ehrenvoll ruhmvoll, würdevoll, feierlich, großartig, glänzend, erfolgreich. → angesehen, artig, charaktervoll, ehrenfest. ▶ unehrenhaft, schändlich.

ehrenwert verehrenswert. → ehrsam, erlaucht.

Ehrenwort Schwur, Eid, Gelöbnis, Gelübde, Wort, Versprechen, Beteuerung, Manneswort, Versicherung, Handschlag. → Ehrenschuld, Eid. ▶ Eid falscher, Pflichtvergessenheit.

ehrenwörtlich ehrlich, eidlich, hoch und heilig, feierlich, unwiderruflich.

Ehrenzeichen → Band, Dekoration.

ehrerbietig → artig, ehrfurchtsvoll, erbaulich, höflich.

Ehrerbietung → Achtung, Aufwallung, Demut, Empfehlung, Höflichkeit.

Ehrerweisung Honneurs. → Ehrenpforte, Ehrenplatz.

Ehrfurcht Gottesfurcht, Demut, Ergebenheit. → Achtung. ▶ Unehrerbietigkeit, Verunglimpfung.

ehrfürchtig → ehrfurchtsvoll.

ehrfurchtsvoll ehrerbietig, untertänig, achtungsvoll, demutsvoll, ergeben, ehrfürchtig, demütig, zerknirscht, ehrwürdig. → demütig, devot, höflich. ▶ hochmütig, unehrerbietig, verächtlich.

Ehrgefühl Anstand, Ehrsamkeit, Gefühl, Ehrgeiz, Ehrsucht, Ruhmsucht. ▶ Charakterlosigkeit, Ehrlosigkeit, Niedrigkeit.

Ehrgeiz Streben, Ambition, Ansporn, Eifer, Einsatz, Energie, Ausdauer, Beharrlichkeit, Begeisterung, Feuer, Arbeitslust, Fleiß. → Begierde, Drang, Ehrgefühl. ▶ Gleichgültigkeit, Lauheit.

ehrgeizig besessen von, begierig, begehrend, strebsam, hoch hinaus wollen, eitel, ehrsüchtig, ruhmsüchtig, nach Beifall haschend, unbescheiden, anmaßend, dicktuerisch, großsprecherisch, hochfliegend, hochfahrend. ▶ gleichgültig, lau, schüchtern.

ehrlich → achtbar, adrett, angesehen, anhänglich, anständig, arglos, aufrecht, aufrichtig, bieder.

Ehrlichkeit → Charakterstärke, Fehlerlosigkeit.

ehrliebend → charakterfest, ehrsam.

ehrlos → anrüchig, arglistig, bedauerlich, bestechlich, charakterlos, fahnenflüchtig.

Ehrlosigkeit → dunkler Punkt.

ehrsam ehrenwert, achtbar, schätzbar, schätzenswert, würdig, verdient, edel, rechtschaffen, ehrliebend, aufrecht, ehrenfest, ehrenhaft, ehrbar, bieder, wacker, unverdorben. → erlaucht. ▶ ehrlos, unehrenhaft.

Ehrsamkeit → Ehrbarkeit, Ehrgefühl.

ehrsinnig stolz, hochgemut, selbstsicher, aufrecht, würdig, unbeugsam. → ehrgeizig. ▶ schüchtern, unsicher.

Ehrsucht → Begierde, Ehrgefühl.

ehrsüchtig → aufgeblasen, ehrgeizig.

Ehrung → Ehrenpforte, Ehrenplatz, Feier.

ehrvergessen → anrüchig, arglistig, bestechlich.

Ehrverletzung → Entehrung.

ehrwidrig → anrüchig, arglistig, gemein.

Ehrwürden → Anrede.

ehrwürdig → alt, bereit, ehrfurchtsvoll, erhaben, erlaucht.

Ei des Kolumbus Problem-

lösung, Problem, Erfindung, Entdeckung, Einfachheit, Lösung, Sackgasse, Blindtüre.
eichen justieren. → abmessen.
Eid Schwur, Gelöbnis, Gelübde, Ehrenwort, Beteuerung, Versicherung, Erhärtung, Zeugenaussage, Bezeugung, Beglaubigung, Bekräftigung, Verpfändung, Pfand, Beschwörung, Eidschwur, Versicherung, eidliche Erklärung. → Aussage, Bekenntnis, Bekräftigung, Ehrenwort. ▶ Meineid, Unaufrichtigkeit.
Eid, falscher Meineid, Eidbruch, Treulosigkeit, Treubruch, Verrat, Untreue, Fälschung, Lüge, falscher Schwur, falsches Bekenntnis, unrichtige Darstellung. ▶ Aufrichtigkeit, Eid.
Eidbruch → Bekenntnis, Eid falscher, Dolchstoß.
eidbrüchig → arglistig, bestechlich, charakterlos, Eid falscher, fahnenflüchtig.
Eidgenossen Schweizer Bürger. → Bevölkerung.
eidlich bekräftigend, ausdrücklich, klar, formell, offiziell, feierlich, deutlich, endgültig, bejahend. ▶ meineidig, unaufrichtig.
Eidschwur → Eid.
Eier → Bargeld.
Eiern gehen, auf unsicher, mühevoll, schwerfällig, ungelenk, beschwerlich, unbeholfen, behutsam, vorsichtig, bedächtig, achtsam, sorgfältig, sorgsam. ▶ sicher.
Eifer Tatenlust, Tatendrang, Rührigkeit, Regsamkeit, Hingabe, Emsigkeit, Beflissenheit, Arbeitslust, Dienstwilligkeit, Wißbegierde, Lerneifer, Fleiß, Bier- oder Mordseifer *u*, Schaffenslust, Beharrlichkeit, Ausdauer, Strebsamkeit, Verbissenheit ● Eile, Hast, Aneiferung, Unrast ● Eindringlichkeit, Bestimmtheit. → Affekt, Anstrengung, Arbeitslust, Aufmerksamkeit, Beflissenheit, Begeisterung, Bemühung, Bestreben, Dienstwilligkeit, Ehrgeiz, Eilfertigkeit, Enthusiasmus, Ernst. ▶ Pflichtvergessenheit, Trägheit.
Eiferer Eifernder, Feger *u*, Fanatiker, Streiter, Verfechter, Rechthaber, Starrkopf, Unnachgiebiger, Eigenwilliger, Zelot. → Fanatiker. ▶ Gesinnungslump, Heuchler.
eifern → drängen.
Eifernder → Eiferer.
Eifersucht Eifersüchtelei, Eifersüchtigkeit, Neid, Mißgunst, Mißtrauen, Zweifel, Argwohn, Ungläubigkeit, Egoismus, Brotneid.
Eifersüchtelei → Eifersucht.
eifersüchtig mißtrauisch, mißgünstig, argwöhnisch.

eifrig → anstellig, arbeitsam, aufmerksam, begeistert, beweglich, brennend, eilfertig, erpicht, fanatisch.
eigen zugehörig, angehörig, besitzend, erbeigen, persönlich ● eigenartig, besonders, individuell, apart, erlesen, eigentümlich, persönlich. → absolut, apart, beschaffen, bezeichnend, Blut liegen im, eingefleischt, erblich, täglich, fremd, nachgeahmt, unpersönlich.
Eigenart → Abart, Abnormität, Art, Aussehen, Charakter, Charakteristik.
eigenartig → abnorm, anders, anziehend, apart, befremdend, bizarr, eigen.
Eigenbrötler → Eigensinn, Individualist, Sonderling.
eigenbrötlerisch sonderlich, eigentümlich, merkwürdig, zurückgezogen, verschlossen.
Eigendünkel → Dünkel.
eigener Herd Haushalt, Heim, Haushaltung, Haus und Herd, häuslicher Herd, eigenes Heim, eigener Hausstand, eigene Hauswirtschaft, Reich der Frau.
Eigenerzeugnis Selbsterzeugnis, Spezialität, Besonderheit, Eigentümlichkeit, Sondergebiet, hauseigene Ware.
eigengesetzlich genial, eigengestalterisch, schöpferisch, geistvoll, ureigen, originell, individuell. ▶ alltäglich, nachgeahmt.
eigenhändig selbst, persönlich, direkt, mit eigenen Händen, in eigener Person. ▶ unpersönlich, vermittels.
Eigenheit → Ausdruck, Aussehen, Charakter, Charakteristik.
Eigenleben Individualität, Ich.
Eigenliebe → Egoismus.
Eigenlob Selbstlob, Selbstverherrlichung, Selbstvergötterung, Lobhudelei, Eitelkeit, Dicktuerei, Großsprecherei, Aufschneiderei. ▶ Bescheidenheit, Selbsterkenntnis.
eigenmächtig unberechtigt, unstatthaft, angemaßt, unbefugt, unerlaubt, gewaltsam, willkürlich, unverantwortlich, auf eigene Faust, eigenwillig, selbstherrlich. → despotisch, Faust auf eigene, egoistisch. ▶ berechtigt, rechtlich.
Eigenmächtigkeit Eingriff, Rechtswidrigkeit, Unbefugtheit, Rechtsverletzung, Übergriff. → Anmaßung. ▶ Berechtigung.
Eigennutz Gewinnsucht, Habgier, Selbstsucht, Rücksichtslosigkeit, Ausbeutung, Ichsucht, Eigennützigkeit, Engherzigkeit, Hartherzigkeit, rücksichtslose Ausnützung. → Egoismus. ▶ Selbstlosigkeit.

eigennützig unsozial. → bedürfnisvoll, egoistisch.
eigennützig handeln → bringen sein Schäfchen ins Trockene.
Eigennützigkeit → Eigennutz.
eigens ausdrücklich, vorsätzlich, bewußt, beabsichtigt, berechnet für, deshalb, deswegen, darum. → absichtlich, ausdrücklich, behufs, darum, expreß. ▶ unbeabsichtigt, zufällig.
Eigenschaft → Aussehen, Charakter, Disposition.
Eigensinn Halsstarrigkeit, Hartnäckigkeit, Widerspenstigkeit, Steifsinn, Starrsinn, Starrköpfigkeit, Störrigkeit, Trotz, Eigenwille, Eigenbrötelei, Verstocktheit, Verhärtung, Unlenksamkeit ● Ungehorsam, Unfolgsamkeit, Nichtbefolgung. ▶ Nachgiebigkeit.
eigensinnig hartnäckig, starrsinnig, steifköpfig, dickköpfig, stur *u*, verbohrt, unnachgiebig, eigenwillig, trotzig, unlenksam, widerspenstig, ungehorsam, störrig, bockbeinig, querköpfig, eigenbrötlerisch, launisch, verdreht, kapriziös, halsstarrig, auf etwas bestehen wollen, durchsetzen wollen, seinen Kopf aufsetzen, einen dicken Schädel haben *u*. → bockig, fanatisch. ▶ nachgiebig.
eigenständig → selbständig.
Eigensucht → Selbstsucht.
eigensüchtig → bestechlich.
eigentlich tatsächlich, zweifellos, sozusagen, letztlich, wahrheitsgemäß, im Grunde, au fond, an und für sich, bei Licht betrachtet, in Wirklichkeit, beispielsweise. ▶ irrtümlich, zweifelhaft.
Eigentum Besitz, Besitztum, Habe, Vermögen, Besitzung, Dominium, Grund, Boden, Hab und Gut, Haus und Hof, Siebensachen, Klamotten *u*. → Besitz, Besitztum. ▶ Mittellosigkeit.
Eigentümer Besitzer, Eigner, Inhaber, Herr, Meister, Grundherr, Hausherr, Hauswirt, Lehnsherr, Gutsbesitzer.
eigentümlich → abnorm, anders, befremdend, eigen.
Eigentümlichkeit → Abart, Abnormität, Aussehen, Charakter, Eigenerzeugnis.
Eigenwille → Eigensinn.
eigenwillig → anmaßend, bockig, eigensinnig, fanatisch, Faust auf eigene, rücksichtslos, dickköpfig.
eigenwüchsig original, ursprünglich.
eignen besitzen, gehören, haben, zukommen, innehaben, zu eigen haben, sich in Händen befinden, in Besitz

sein, zur Verfügung stehen, zu eigen sein, das Alleinrecht haben. → besitzen. ▶ verlieren.

eignen, sich passen, zusagen, entsprechen, dienen, übereinstimmen, gefallen, brauchbar sein, dienlich sein, genehm sein, zweckdienlich sein, gelegen sein. ▶ ungeeignet (sein).

Eigner → Besitzer, Eigentümer.

Eignung Befähigung, Brauchbarkeit, Tauglichkeit, Verwendbarkeit, Zweckmäßigkeit, Angemessenheit, Geschicklichkeit, Gelehrigkeit, Nützlichkeit, Verwendungsmöglichkeit, Vorzüglichkeit. → Begabung, Brauchbarkeit, Fähigkeit, Fassungskraft. ▶ Untauglichkeit.

Eiland Insel.

Eilbrief → Benachrichtigung.

Eile Hast, Übereiltheit, Überstürzung, Ungestüm, Übereifer, Voreiligkeit, Übereilung, Hatz, Dringlichkeit, Hetze, Zeitnot, Bedrängnis, Unrast, jüdische Hast u, Drang der Geschäfte. → Bewegung, Eifer. ▶ Besonnenheit, Schlendrian, Trägheit.

Eile mit Weile gemach, gemächlich, bedachtsam, gelassen, ruhig, stoisch, langsam, unübereilt, besonnen, achtsam, behutsam, ohne Überstürzung. ▶ hastig, unbedacht.

eilen laufen, hetzen, fegen, socken u, spritzen, flitzen u, treiben, dahinschwirren, hasten, jagen, springen, sputen, beeilen, sich tummeln, rühren sich, überhasten, überstürzen. → aufspringen, beeilen, begegnen sich, bewegen sich, davonmachen sich, durcheilen. ▶ bummeln, zaudern, Zeit haben.

eilen, heran nahen, nähern sich, kommen, heranziehen, heranlaufen, herbeikommen, hinrennen, hineilen, antanzen, anwetzen u, antuckern u, anschwirren, herbeiflitzen, anpesen u, anschesen u, anzockeln u, anlatschen u, angondeln u, anstaaken u, anstiefeln. → Anzug.

eilends schnell, rasch, flink, flugs, geschwind, schleunig, stracks, augenblicklich, behende, postwendend, prompt, sogleich, umgehend, unverweilt, unverzüglich, eilig, sofort, sogleich, hastig, hurtig. → beflügelt. ▶ langsam.

eilfertig eifrig, emsig, fleißig, rührig, aufmerksam, beweglich, tätig, rastlos. → eilends, unüberlegt. ▶ faul, langsam, träge.

Eilfertigkeit Beflissenheit, Dienstwilligkeit, Eifer, Reg-samkeit, Tatenlust. → Aufmerksamkeit, Beflissenheit. ▶ Pflichtvergessenheit, Trägheit.

eilig → baldig, beizeiten, dringend, eilends, hastig, mit einemmal.

Eimer Gefäß, Behälter, Behältnis, Gerät, Aufbewahrungsort, Kübel, Pütz sm. ▶ Behälter.

ein einzeln, einzig, allein, solo, abgesondert. ▶ alle, mehrere.

ein für allemal endgültig, abgetan, vorbei, fertig, punktum, basta, jedenfalls, nachsichtslos, unerbittlich, kategorisch, entschieden, ausdrücklich, zum letzenmal. → definitiv. ▶ beginnend, unentschlossen.

Ein und Alles Gott, Vollkommenheit, Allwissenheit, Allmacht, Unendlichkeit, Anfang und Ende. ▶ Unvollkommenheit, Vergänglichkeit.

ein und alles, mein mein Liebstes, mein Teuerstes, mein Herz, mein Einzigstes, mein Leben, meine Sonne, mein Stern, mein Bestes, mein Wertvollstes, meine Welt, mein Abgott, mein Engel, mein Geliebter, mein Liebling, mein Herzenskind, mein Herzblatt, mein Goldkind, mein Augapfel, mein Kleinod.

ein und aus rastlos, ruhelos, umherschweifen, hin und her, rein und raus, unentschlossen, unsicher, schwankend, beweglich, unruhig, friedlos, unstet, umherirrend, fließend, schaukelnd, kommen und gehen, flüchtig, flatterhaft, veränderlich. ▶ entschlossen, sicher.

ein und dasselbe genauso, gleich, dasselbe, identisch, unterschiedslos, ineinanderfallend, ununterscheidbar, einerlei, sich deckend, das nämliche. ▶ unterschiedlich.

ein Gedanke und zwei Seelen übereinstimmend, entsprechend, passend, identisch. → ein und dasselbe. ▶ unstimmig.

ein Herz und eine Seele einmütig, einträchtig, harmonierend, verbunden, vereint, geistesverwandt, übereinstimmend, einstimmig, brüderlich, friedlich, freundschaftlich, zusammenklingend. ▶ feindlich, unterschiedlich, verschieden.

**ein Mann, wie jeder, jedermann, ausnahmslos, einstimmig, verbündet, vereint, zusammen, einig, gemeinschaftlich. ▶ uneinig.

einander → abwechseln.

einarbeiten → anpassen.

einarbeiten, sich → befolgen, befreunden, einbürgern.

einäschern → abbrennen, anstecken, ausmerzen, ausrotten, bestatten.

Einäscherung Feuerbestattung, Kremation, Verbrennung, Totenfeier, Beisetzung, Leichenbegängnis. → Asche, Bestattung, Brand, Demolierung.

einatmen einhauchen, inhalieren, einziehen, atmen, Luft schnappen. → einsaugen. ▶ ausatmen.

einätzen → beschädigen.

einbalsamieren → balsamieren.

Einband Hülle, Bedeckung, Überzug, Umschlag, Verkleidung, Verschalung, Schutzhülle, Umhüllung, Papier. → Bedeckung, Couvert, Decke, Einschlag. ▶ Inhalt.

Einbau Montage, Umbau, Anlage, Einsetzung, Einrichtung, Installation. → Einrichtung. ▶ Ausbau.

Einbauchung Höhlung, Vertiefung, Einschnitt, Loch, Graben, Höhle, Grube, Mulde, Kuhle u. ▶ Ausbauchung.

einbauen → einrichten.

Einbaum → Boot, Fahrzeug (Wasser-).

einbegriffen → beigeordnet, bestehen aus, einschließlich, inbegriffen.

einbehalten → einhalten.

einberufen → ausheben, berufen.

Einberufung Versammlung, Zusammenkunft. → ausheben, Aufstellung, Einrückung. ▶ Entlassung.

einbetten einstellen, einstallen, einlagern, einlegen, eingieren, einpflanzen, einmieten, hineinstecken, hineingeben, hinlegen. → betten, einkellern. ▶ herausbrechen, herausnehmen.

Einbettung Einschiebung. → Einbau.

einbeziehen zuzählen, beiordnen, hinzuzählen, mitrechnen, einordnen, einreihen, einschachteln, hineinstecken, zuteilen, zuordnen. → beiordnen, beitreten, einschließen, fassen in sich, talten. ▶ ausschließen, ausstoßen, trennen.

Einbeziehung Zusammensetzung, Vereinigung, Verbindung, Verknüpfung. → einbeziehen. ▶ Ausschließung, Ausstoßung, Trennung.

einbiegen abbiegen, abweichen, abfallen, biegen, umbiegen, einschlagen, krümmen, einschwenken. → einlenken, falten. ▶ begradigen, gerade (fahren), strecken.

Einbiegung → Einschnitt.

einbilden → erträumen.

einbilden, sich prahlen, aufschneiden, großtun, sich spreizen, brüsten sich, überschätzen sich, den Mund voll nehmen, auf hohen Stelzen gehen. → ahnen, annehmen, argwöhnen, befürchten, erhöhen sich, fantasieren, festhalten. ▶ bescheiden (sein), erwiesen, herabsetzen sich.

Einbildung Vorstellung, Illusion, Sinnestäuschung, Trugbild, Wahn. → Anmaßung, Auswuchs, Begriff, Blödigkeit, Chimäre, Dunkel, Dunst leerer, Dunstbild, Erscheinung. ▶ Bescheidenheit, Wirklichkeit.

Einbildungskraft Einfall, Eingebung, Phantasie, Inspiration, Erleuchtung, Erfindungsgabe, Gedankengut, Schöpferkraft, Vorstellungsvermögen.

einbinden einwickeln, umhüllen, umkleiden, verhüllen, zudecken, einrollen, einschlagen, einpacken. → anmachen, bedecken, broschieren, decken, einkapseln, einschnüren. ▶ aufdecken, losbinden.

einblasen → anvertrauen, auftauchen, auspacken.

einbläuen → beibringen, belehnen, drillen, einhämmern.

Einblick Einsicht, Kunde, Aufklärung, Erleuchtung, Erkenntnis, Schimmer, Kenntnis, Begriff. → Begriff, Betrachtung. ▶ Unkenntnis.

einblicken → einsehen.

einbrechen eindringen, einsteigen, einschleichen, stehlen, rauben, entfremden, entwenden, wegnehmen, mausen, wegstibitzen, aneignen, begaunern, einschmuggeln sich, fremdes Eigentum mitlaufen lassen ● einknicken, einkrachen. → berauben, bestehlen, betreten, durchdringen, einrücken, einstehlen. ▶ ehrlich (sein), haltbar (sein).

Einbrecher → Dieb.

einbringen lohnen, vergüten, entschädigen, bezahlen, honorieren, vergelten ● heimbringen, einfahren, Ertrag bringen. → abwerfen, ausbeuten, eintragen. ▶ verlieren.

einbringlich → einträglich.

einbrocken verursachen, anrichten.

einbröseln panieren, einkrusten, bestreuen, einhüllen, in Brotkrumen wälzen.

Einbruch Diebstahl, Bestehlung, Mauserei, Dieberei, Zueignung. → Angriff, Beraubung, Bruch, Dieberei, Durchbruch, Eindringen, Einfall.

einbruchsicher sicher, geschützt, unangreifbar, unbedroht, ungefährdet, gesichert, diebessicher, im sichern Hafen, in guter Hut, wohlverwahrt, diebessicher, fest. ▶ gefährdet.

Einbuchtung Kerbe, Kuhle, Mulde, Delle, Vertiefung.

einbürgern niederlassen, nationalisieren, wohnen, einführen, beheimaten, anpassen sich, einwurzeln, einarbeiten sich, Wurzel fassen. → einwurzeln.

Einbuße Verlust, Pech, Schaden, Verschlechterung. → Abnahme, Abbruch, Beitrag, Bekümmernis, Entbehrung, Entziehung, Fehlbetrag. → Gewinn, Verbesserung, Verdienst.

einbüßen → beeinträchtigen, drumkommen, durchschlüpfen lassen.

eindachen → bedecken, bedachen.

eindämmen abschwächen, beruhigen, mäßigen, stillen, unterdrücken, zügeln, zurückhalten, steuern, entgegenarbeiten, hindern, verhüten, vorbeugen, unterbinden, aufhalten, abhalten, dämpfen, beschwichtigen, zähmen, bändigen. → abdämmen, aufhalten, beeinträchtigen, begrenzen, begütigen, beherrschen sich, besänftigen, beschneiden, bezähmen, bezwingen, dämpfen, dämpfen das Feuer, einfassen, einschläfern. ▶ anfachen.

Eindämmung → Beschwernis, Damm, Entwässerung.

eindecken → bedachen, bedecken.

eindecken, sich aufstapeln, ausstatten, einheimsen, einspeichern, erwerben, anschaffen, einlagern, versehen sich, besaufen. ▶ mäßigen sich, verbrauchen.

Eindecker → Fahrzeug (Luft-).

eindeutig > augenfällig, ausführlich, beredt, buchstäblich, deutlich, drastisch.

Eindeutigkeit → Bestimmtheit, Klarheit.

eindicken einkochen, gelieren, auflaufen, verdicken, verschleimen, verbreien, verdichten, gerinnen. → erhärten, festigen. ▶ verdünnen.

eindörren → dürren.

eindrängen, sich dazwischendrängen, einschalten sich, einschieben sich, einfügen, einklemmen, einzwängen, dazwischentreten ● aufdrängen, kümmern, einschreiten, die Nase in etwas stecken. → aufdrängen, bekümmern, beteiligen sich. ▶ enthalten sich, freistellen.

eindrillen → beibringen, belehren, drillen, eindrillen, einhämmern, ertüchtigen.

Eindringen Einsickern, Einlagerung, Einflößung, Infiltration, Ingression ● Einschaltung, Einschiebung, Einfügung, Einmischung, Vermittlung, Einführung, Eintritt ● Einbruch, Einmarsch, Ein-

rückung ● Einspritzung, Injektion, Einimpfung. ▶ Ausmarsch, Entleerung, Vertreibung.

eindringen einsickern, einlagern, einflößen, infiltrieren. → betreten, bleiben stecken, Dach steigen auf das, dringen, durchstecken, einbrechen, eindringlich zureden, einsaugen, einstehen, einstürmen. ▶ abraten, ausscheiden, entleeren, weggehen, verteidigen, vertreiben.

eindringen, in das Geheimnis nachforschen, erforschen, neugierig sein, wißbegierig, nach Aufklärung suchen, ganz Auge und Ohr sein ● verstehen, durchschauen, durchblicken, entdecken, erkennen, klar sehen. ▶ auseinandersetzen, verschweigen.

eindringen, mit Gewalt eingreifen, durchgreifen, einschlagen, durchschlagen ● das Gesetz brechen, das Gesetz umstoßen, eigenmächtig verfahren, das Faustrecht geltend machen, Gewalt vor Recht gelten lassen. → einbrechen. ▶ verteidigen.

eindringend → dazwischentretend, durchdringend.

eindringlich emphatisch, inständig, nachdrücklich. → angespannt, A und O, beachtlich, beeinflussend, beweisend, dringend, durchschlagend.

eindringlich zureden bereden, einwirken, einflüstern, eingeben, anraten, anempfehlen, eindringen, auffordern, aufdrängen, drängen, bestürmen, ersuchen, überreden, zusetzen, verlangen, anflehen, beschwören ● rügen, tadeln, mahnen, verweisen. ▶ abraten, loben.

Eindringlichkeit Nachdruck, Bestimmtheit, Betonung, Gewicht, Überzeugungskraft. → Begierde, Eifer, Eindrücklichkeit, Ernst. ▶ Ausdruckslosigkeit, Belanglosigkeit.

Eindringling Fremdling, Fremder, Ausländer ● Zwischenträger, Einmischer, Einschalter, Dritter, Mittelsperson. → Auswanderer.

Eindruck Impression, Empfindung, Gefühl, Wahrnehmung, Vorstellung, Erkenntnis, sinnliche Wahrnehmung. → Auffassung, Begriff, Einfluß, Einwirkung.

Eindruck machen imponieren, Bewunderung hervorrufen, Bewunderung erregen, Furore machen u, Aufsehen erregen, Eindruck schinden, Anklang finden. → angeben. ▶ abstoßend sein.

eindrücken → aufrollen.

Eindrücklichkeit Eindrucksfähigkeit, Eindringlichkeit. → Eindruck. ▶ Eindruckslosigkeit.

Eindrucksfähigkeit → Eindrücklichkeit.

eindruckslos empfindungslos, abgestumpft, unempfänglich, unberührt, gefühllos, kalt, unerregbar, stoisch, keinen Staat machen können u. → beherrscht. ▶ eindrucksvoll, empfindungsvoll.

Eindruckslosigkeit → Dickfelligkeit.

eindrucksvoll imponierend, imposant, beeindruckend, blendend, hervorragend, einprägsam, aussagekräftig, glänzend, beachtenswert, bemerkenswert, wirkungskräftig, bedeutend. → ansehnlich, ausgedehnt. ▶ eindruckslos.

einduseln → einschlafen, schlummern.

einebnen → ausgleichen.

einem zum andern, von veränderlich, unbeständig, wechselnd, schwankend, verändert, wankend. ▶ beständig.

einem fort, in ununterbrochen, beständig, unaufhörlich, immerfort, fortwährend, dauernd, unablässig, immer, immerwährend, endlos, stetig, tagaus tagein, es reißt nicht ab, unablässig, egalweg u, am laufenden Bande, mit konstanter Bosheit. ▶ schwankend, unbeständig.

einemmal, mit augenblicklich, früh, sofort, prompt, schnell, geschwind, eilig, rasch, stürmisch, ungestüm. ▶ Eile mit Weile, langsam, überlegt, vorbereitet.

einen → beitreten, einigen.

einengen einschnüren. → aufhalten, beeinträchtigen, beengen, berauben, beschneiden, knechten, fesseln. ▶ ausdehnen.

Einengung Platzmangel, Beengtheit, Begrenztheit, Enge, Raumknappheit, Raummangel ● Enge, Beschränkung, Kargheit, Bedrängung, ärmliche Verhältnisse ● Hemmung, Widerstand, Behinderung, Verhinderung, Abhaltung, Lähmung. ▶ Ausdehnung.

Einer → Boot, jemand.

einer für alle wechselseitig, abwechselnd, zusammen, jeder einzelne. ▶ keiner.

einer wie alle jeder, jedermann, ausnahmslos, einstimmig, einmütig, Mann für Mann, wie ein Mann, auf ein Haar. ▶ keiner.

einer wie der andere → A und O, A bis Z, einer wie alle.

einer nach dem anderen abgesondert, vereinzelt, der Reihe nach, in Abständen,

im Gänsemarsch. ▶ zusammen.

einer oder der andere willkürlich, beliebig, nach Wunsch, nach Belieben, nach Gutdünken, nach Gutbefinden, so oder so, entweder oder. ▶ gezwungen, obligatorisch, unfreiwillig.

einerlei gleichgültig, egal. → ein und dasselbe.

einernten → einheimsen, eintun, ernten.

einerseits teils, teilweise, zum Teil, in mancher Hinsicht, einesteils, halb und halb, stückweise. ▶ ganz, ganz und gar.

einesteils → einerseits.

einexerzieren → belehren, drillen.

einfach anfangsmäßig, elementar, mäßig, frugal, ländlich, friedlich, unkompliziert, keine Kunst, Kinderei u, kinderleicht, natürlich, unverfälscht, ungekünstelt, leichtfaßlich, ungezwungen, treuherzig, offenherzig, vertrauensselig, harmlos, einfältig, gediegen, idyllisch. → anspruchslos, angenehm, anschaulich, bedürfnislos, bequem, bescheiden, betragen sich, bieder, bürgerlich, derb, deutlich, eins, einschichtig. ▶ anspruchsvoll, doppelt, mehrteilig, unbequem, unbescheiden.

Einfachheit Bescheidenheit, Demut, Natürlichkeit, Aufrichtigkeit, Schlichtheit, Schmucklosigkeit, Verständlichkeit, Faßlichkeit, Geradheit, Ungekünsteltheit. → Abstinenz, Beherrschung, Bescheidenheit, Enthaltung. ▶ Aufgeblasenheit, Unbescheidenheit.

einfädeln → anordnen, bahnen, durchstecken.

einfahren → einbringen, einlenken.

Einfahrt Einlaß, Zulaß, Pforte, Portal, Tor, Türe, Zutritt. → Chaussee, Durchgang. ▶ Ausfahrt, Ausgang, Hemmnis.

Einfall Eingebung, Erleuchtung, Gedanke, Geistesfunke, Geistesblitz, Inspiration, Intuition, Laune, Aperçu, Pfundsidee u ● Flausen, Mucken u, Schrulle, Spleen, Zicken u, Raptus u, Kateridee u, Grillen oder einen Furz im Kopf haben u, einen Rappel haben u, Raupen im Kopf, Einfälle wie ein altes Haus u ● Einbruch, Verheerung. → Angriff, Anwandlung, Auswuchs, Drang, Einbildungskraft, Idee. ▶ Gedankenlosigkeit, Verteidigung.

Einfall haben einen → denken.

einfallen gedenken, wiedererkennen, denken an, entsinnen sich, erinnern sich, Ent-

schwundenes zurückrufen ● erwidern, entgegnen, unterbrechen, beifallen ● abmagern, abnehmen, einschrumpfen, zusammenfallen. → abnehmen, anstimmen, auftauchen, denken an, einhauen, einmarschieren, einreden, einstürmen. ▶ vergessen, verteidigen, zunehmen.

einfallreich → findig.

Einfallslosigkeit Geist-, Phantasielosigkeit.

Einfalt → Demut, Dummheit.

einfalten → einfalzen, einknicken.

einfältig unbedarft. → albern, arglos, beengt, dumm.

Einfältigkeit → Blödheit.

Einfaltspinsel → Banause, Dummerian, Dummkopf, Tor, Tölpel, Narr.

einfalzen einfalten, einkeilen, einfügen, einflechten. ▶ lösen.

einfangen auffangen, sammeln, einstecken ● fangen, fesseln, einschließen, einkerkern, zu Fall bringen. → bemächtigen, erhaschen, fassen. ▶ befreien.

einfarbig eintönig, einheitlich, ungemasert, uni. ▶ bunt.

einfassen abgrenzen, eindämmen, umschließen, umgeben, umgürten, umsäumen, einsäumen, einfriedigen, einhegen, umzäunen, umhecken. → begrenzen, beschränken. ▶ ausdehnen.

Einfassung Bordüre, Süll sm (Einfassung der Luken). → Besatz, Bord, Demarkation.

einfetten → halsamieren.

einfeuern → anstecken, anzünden, entzünden.

einfinden, sich → ankommen, besuchen.

einflechten erwähnen, hinzufügen, hinzusetzen, bemerken, einschieben, dazwischenschieben, einschalten, einfügen ● einschlingen. → anmelden, beifügen, beitragen, dazwischenschieben, einfalzen, extemporieren. ▶ lösen, weglassen.

einfließen → einflechten, einfüllen, einsaugen.

einflößen → beseelen, bestimmen, einträufeln.

Einflößung → Beifügung, Eindringen, Einlagerung.

Einfluß Geltung, Gewicht, Eindruck, Macht, Überlegenheit, Wichtigkeit, Übergewicht. → Ansehen, Anziehung, Bedeutung, Beeinflussung, Einmündung, Einwirkung, Faktor. ▶ Einflußlosigkeit.

Einflußgebiet Aktionsradius, Wirkungskreis, Kompetenzbereich.

Einfluß haben → bewirken.

einflußlos nichts zu sagen oder zu melden haben. → erfolglos.

Einflußlosigkeit Wirkungslosigkeit, Unwirksamkeit, Ohnmacht, Schwäche, Unvermögen, Bedeutungslosigkeit. → Bedeutungslosigkeit. ▶ Einfluß.

einflußreich beherrschen, beeinflussen, den Ton angeben, die erste Geige spielen, Beachtung finden, vermögen, einwirken. → A und O, ausschlaggebend, beherrschend, dominierend, epochemachend.

einflüstern → anregen, anvertrauen, aufklären, auftauchen, auspacken, bedeuten, beeinflussen, befürworten, begeistern, bestimmen, eindringlich zureden, einweihen in ein Geheimnis.

Einflüsterung Vorgefühl, Vorkenntnis, Vorhersehung ● Beeinflussung, Bekanntmachung, Aufklärung, Propaganda. → Ahnung. ▶ Ahnungslosigkeit, Unbeeinflußbarkeit.

einfordern anwerben, einziehen, einsammeln, eintreiben, einklagen, fordern, verlangen, einnehmen, einkassieren. → beschaffen, einkassieren. ▶ stunden, weggeben.

einförmig einheitlich, regelmäßig, unterschiedslos, egal ● eintönig, langweilig, geistlos, monoton, stereotyp, ermüdend, belanglos, reizlos. → arm. ▶ vielfältig.

einfressen → beschädigen, durchfressen.

einfrieden → begrenzen, einfassen.

Einfriedung Umzäunung, Brüstung, Gitter, Begrenzung.

einfügen → anmachen, anpassen, eindrängen sich, einfalzen, einflechten, einkleiden, eintreiben, zwischenschieben.

einfügsam → anpassungsfähig, gehorsam.

Einfügung Randbemerkung, Einschiebung, Erläuterung, Anmerkung, Erklärung, Kommentar, Zwischenbemerkung, Zwischenruf. → Eindringen, Einführung. ▶ Weglassung.

einfühlen → anpassen.

Einfühligkeit → Feingefühl.

Einfühlungsgabe Verständnis, Befähigung, Geschick, Einsicht, Fassungsvermögen, Auffassungsgabe. ▶ Verständnislosigkeit.

Einfuhr → Aufnahme, Einführung.

einführen → anfangen, auftauchen, begegnen, durchstecken, einbürgern, einlassen.

einführen, sich → bekanntwerden, debütieren.

einführend → eingangs, bahnbrechend.

Einführung Einleitung, Vorrede, Vorwort, Eröffnung ● Einschaltung, Einfügung ● Empfang, Vorstellung ● Be-

lehrung, Unterweisung, Erläuterung, Erklärung, Vorbereitung ● Einfuhr, Import. → Eindringen. ▶ Ausführung, Entleerung, Schlußwort.

einfüllen → beladen, einlegen, einschenken, füllen.

Eingabe Begehr, Verlangen, Ansuchen, Bewerbung ● Eröffnung, Mitteilung, Schreiben, Bericht. → Antrag, Begehr, Bettelbrief, Brief, Bewerbung. ▶ Ablehnung.

Eingang Eintritt, Entree, Tür, Tor, Pforte, Portal. → Diele, Durchgang, Durchfahrt. ▶ Ausgang.

eingangs anfangs, anfänglich, einleitend, beginnend, vorhin, zuvor, zuvörderst, zu Beginn, Anfang am. ▶ abschließend.

eingeäschert → abgebrannt.

eingeben beeinflussen, begeistern, inspirieren. → anregen, bestimmen, eindringlich zureden, einnehmen, einträufeln. ▶ ausscheiden, entleeren.

eingebildet abgestumpft, hochmütig, übersättigt, blasiert, geschwollen *u*, hochnasig. → abgelebt, aufgeblasen, anmaßend, aufgeblasen, beengt, blasiert, cynisch, dekadent, dünkelhaft, dumm, entartet, nichtig. → bescheiden, wirklich.

eingebläut → eingetrichtert.

eingebogen umgebogen, verbogen, krumm, gekrümmt, genötigt, buckelig ● vertieft, ausgehöhlt, hohl, buchtig. → einbiegen. ▶ gerade, gewölbt.

eingeboren → ansässig.

Eingeborener Ureinwohner, Ursasse, Landsmann, Heimatberechtigter, Ansässiger, Bewohner, Eingesessener, Einheimischer, Inländer, Landeskind, Staatsangehöriger, Bürger, Einwohner. → Bevölkerung. ▶ Ausländer, Fremder.

Eingebung Erleuchtung, Inspiration. → Absicht, Begriff, Drang, Dunstbild, Einbildungskraft, Einfall, Idee. ▶ Gedankenarmut.

eingebürgert → alltäglich, ansässig, behaftet.

eingedeckt → besudelt.

eingedenk erinnerlich, unvergeßlich, unverwischbar, unauslöschlich, stets daran denkend, frisch im Gedächtnis. ▶ vergeßlich.

eingedrillt → eingetrichtert.

eingeengt → beengend, dicht, eingekeilt, eng.

eingefahren → anstellig.

eingefleischt angeboren, eigen, eingewurzelt, anerschaffen, innewohnend, anhaftend, eingepflanzt ● verrucht, grundschlecht, erzböse, unmenschlich, gemein, bestia-

lisch, teuflisch. → behaftet. ▶ angelernt, gut.

eingeführt anerkannt, landläufig, gültig, marktgängig, im Umlauf. → bekannt. ▶ unbekannt.

eingegliedert eingeordnet, aufgenommen, ausgerichtet, geregelt, eingeführt, ins Gleis gebracht ● in Zucht genommen, sich eingefügt, geschult, gedrillt, gezähmt, abgerichtet, ausgebildet ● verpflichtet ● anerkannt.

eingehen krimpen, krumpen, schrumpfen, aufgehoben werden, verschwinden. → abnehmen, auszehren, dürren, einkommen, faulen.

eingehen auf einstimmen, stimmen, übereinstimmen, bejahen, einer Meinung sein, eintreten für ● erklären, näher schildern, in die Einzelheiten gehen. → annehmen, beipflichten, bestätigen. ▶ ablehnen, widersprechen.

eingehen oder schließen oder pflegen, Freundschaft → befreunden.

eingehend genau, gründlich, erschöpfend, sorgfältig, umfassend, vollständig, gewissenhaft, sorgsam, zuverlässig. ▶ oberflächlich, ungenau.

eingekeilt begrenzt, eingeengt, knapp, eng, eingeklemmt, eingepreßt, eingeklammert, eingeschlossen, eingeschoben, eingezwängt. ▶ Ecken von allen und Enden.

eingekerkert → eingeschlossen.

eingeklammert → eingekeilt.

eingeklemmt → eingekeilt.

Eingeladener Gast, Geladener. ▶ Gastgeber.

eingelegt → aufheben, einkellern, einpökeln, frosten, verzieren, (verziert).

eingemacht → haltbar.

Eingemachtes → Konfitüre.

eingemeinden angliedern, aufnehmen.

eingenommen anteilnehmend, zugetan, zugeneigt, ergeben, interessiert ● erarbeitet, verdient, erworben, gewonnen ● ererbt, eingetrieben, erhoben, eingezogen, gepfändet, eingestrichen, umgesetzt. → begeistert. ▶ abgeneigt.

eingeordnet → aufgeräumt, beigeordnet.

eingepflanzt → beschaffen, eingefleischt.

eingepreßt → eingekeilt, eng.

eingeräumt → erlaubt.

eingerechnet inklusive, einschließlich, ferner, überdies, dazu, ebenfalls, ebenso, gleichfalls, nebst, des weiteren. ▶ ausgenommen.

eingereiht → beigeordnet.

eingerostet → rostig, unbeweglich, unbrauchbar.

eingeschaltet → episodisch.
eingeschlossen eingekerkert, gefangen, bewacht, unfrei, eingesperrt. → bereift, bestehen aus, eingekeilt, eingerechnet, fassen in sich, ferner. ▶ ausgenommen, befreit.
eingeschnappt → beleidigt.
eingeschoben → eingekeilt, episodisch.
eingeschränkt klein, kleinlich, beengt, beschränkt, notdürftig, bescheiden, sparsam, arm. → begrenzt, eng.
eingeschüchtert → drohend.
eingesessen → ansässig.
Eingesessener → Bevölkerung, Eingeborener.
eingesetzt → bedienstet.
eingesperrt → eingeschlossen.
eingespielt → anstellig.
Eingeständnis → Geständnis.
eingestehen zustimmen, beistimmen, zugeben, bestätigen, billigen, offenbaren, bejahen, behaupten, aussagen, bezeugen, bloßstellen sich. → ausschütten, bekennen. ▶ leugnen, widersprechen, verheimlichen.
eingetrichtert mechanisch, teilnahmslos, anteillos, seelenlos, stumpf ● eingedrillt, eingebläut, angelernt. ▶ angeboren, freiwillig, verwirrt.
Eingeweide Gescheide *j*, Geschlinge *j*, Innereien, Organe, Weichteile.
eingeweiht aufgeklärt, mitwissend, erfahren, informiert, vertraut mit, bekannt mit, bewandert in. → aufgeklärt, bekannt, belesen.
eingewöhnen → sich anpassen.
Eingewöhnung Anpassung, Akklimatisierung.
eingewurzelt verankert, seßhaft. → allgemein, angeboren, befindlich, behaftet, chronisch, daheim, eingefleischt.
eingezogen → abschließen.
eingezwängt → eingekeilt.
eingießen → ausfüllen, begießen, beifügen, einschenken, einträufeln, füllen.
eingliedern → anschließen, anpassen, verbinden.
eingraben einscharren, bestatten, beerdigen, beisetzen, vergraben, versenken, verscharren, verstecken, einbuddeln *u*. → einmauern, einpflanzen, einrammen.
eingravieren → einzeichnen.
eingreifen → ausgleichen, beistehen, bekümmern, beschäftigen, dazwischentreten, drängen, durchgreifen, eindringen mit Gewalt, einschreiten.
eingrenzen → belagern.
Eingriff → Anmaßung, Behandlung, Eigenmächtigkeit. → Intervention.

einhaken → einhängen.
Einhalt Hemmnis, Hindernis, Schranke, Sperre, Begrenzung, Behinderung ● Atempause, Erholung, Pause, Unterbrechung, Rast. → Arrest, Atempause, Aufenthalt, Barriere, Beruhigung. ▶ Anstoß, Bewegung, Förderung, Rastlosigkeit, Stetigkeit.
einhalten anhalten, aussetzen, einstellen, innehalten, pausieren, abbrechen, ablassen, rasten, halten ● einbehalten, abknapsen, einen Dämpfer aufsetzen. → anhalten, aufhören, ausruhen, beruhigen bewenden lassen, bleiben auf dem Platze, bleiben stehen, bleiben zurück. ▶ antreiben, arbeiten, bewegen, fortfahren.
einhämmern einbleuen, einprägen, einpauken, eintrommeln, eindrillen, eintrichtern, sich hinter die Ohren schreiben. ▶ angeboren (sein), vergessen.
einhandeln tauschen, vertauschen, eintauschen, umtauschen ● verkaufen, verklopfen, verkümmeln, Geschäfte machen, Handel treiben.
einhändigen → begeben, geben, schenken, darbringen, einliefern.
einhängen einhaken, den Arm geben, den Arm reichen ● auflegen. → broschieren. ▶ trennen.
einhauchen → einatmen.
einhauen fressen, reinhauen, verschlingen, hineinstopfen. → anfeinden, angreifen, anmachen, einfallen, essen, überfallen, überrumpeln. ▶ lösen, nippen, verteidigen.
einheben → begrenzen, einfassen.
einheimisch endemisch, entopisch, inländisch, indigen, örtlich gebunden. → ansässig. ▶ ausländisch, fremd.
Einheimischer → Eingeborener.
einheimsen → ausbeuten, beerben, bemächtigen, bereichern, bringen unter Dach, eindecken sich, erbeuten, erhandeln, ernten.
Einheit Vereinigung, Ganzheit, Gesamtheit, Gleichform, Zusammengehörigkeit, Eintracht, Verschmolzenheit, Einklang, Einstimmigkeit. ▶ Teil, Ungleichheit, Verschiedenheit, Vielheit.
einheitlich gleichförmig, gleichmäßig, uniformiert, in Kriegsbemalung *u*, im bunten Rock *u*, gleichartig, zusammengehörend, unterschiedslos, geschlossen, insgesamt, durch die Bank, das ist gehüpft wie gesprungen, das ist das gleiche in grün, das ist Jacke wie Hose ● alles

in einen Topf werfen, über einen Leisten schlagen, alles über einen Kamm scheren, gleich. → ebensoviel, einfarbig, einförmig. ▶ uneins, verschieden.
Einheitsform Gleichförmigkeit, Gleichartigkeit, Regelmäßigkeit, Einheitsstück, Musterform, Muster, Vorbild, Schnitt. ▶ Verschiedenartigkeit.
Einheitsstück → Einheitsform.
einheizen heizen, anstecken, erwärmen, erhitzen, schüren, verbrennen, anblasen. → anzünden, Brand stecken in, braten, tadeln. ▶ abkühlen, loben.
Einheizung → Erwärmung.
einhellig einmütig, einig, einstimmig, einträchtig, übereinstimmend, vereint, verbunden, einverstanden. → beifällig. ▶ uneins.
Einhelligkeit → einhellig.
einherstelzen stolzieren, lustwandeln, promenieren, prunken, glänzen, pomphaft auftreten.
einholen ereilen, überholen. → ausschreiten, begegnen, beschaffen, einfordern, erhaschen, Ferse folgen auf der. ▶ bleiben zurück, wegschaffen.
Einholung → Ernte.
einhüllen → ausschlagen, bedecken, behängen, einbrösein, einmummen.
einig → befreundet, beisammen, cordial, einhellig.
einig sein → befreunden.
einige → allerhand, diverse, etliche.
einigeln, sich schützen (sich), verkriechen (sich).
einigemal manchmal, zuweilen, jeweils, bisweilen, gelegentlich, mitunter, dann und wann, hin und wieder. → dann und wann. ▶ einmal.
einigen übereinkommen, übereinstimmen, festlegen, vereinigen, einen, beschließen, abmachen, verständigen sich, zu einem Entschluß kommen, die Friedenspfeife rauchen. → befriedigen, beitreten, bringen in Einklang. ▶ streiten, trennen.
einigermaßen annähernd, nahezu, halbwegs, ungefähr, etwas, eben ● spärlich, notdürftig, unvollkommen, knapp, leichthin, mäßig. ▶ ganz, hinreichend.
einiges → beiläufig, bloß.
Einigkeit Konkordanz, Übereinstimmung, Eintracht, Gemeinschaft, Gleichklang, Vereinigung, Zusammenarbeit, Zusammengehörigkeit, Verträglichkeit, Zufriedenheit, Friede, Freundschaft. → Brüderlichkeit, Bündnis, Einklang. ▶ Uneinigkeit.

Einigung Einvernehmen, Abmachung, Festlegung, Festsetzung, Übereinkommen, Verständigung, Abschluß, Übereinkunft, Übereinstimmung, es kommt zum Klappen *u*. ▶ Uneinigkeit.

Einigungsgespräch Auseinandersetzung, Schlichtung, Verhandlung, Vermittlung, Besprechung, Verbindung. ▶ Streitgespräch.

einimpfen impfen, einspritzen. → drillen. ▶ ausscheiden, verwirren.

Einimpfung → Eindringung.

einkapseln einwickeln, umhüllen, abkapseln, verhüllen, verkleiden, umkleiden, einbinden, abschließen. → decken, zurückziehen sich. ▶ auspacken, gesellen sich.

einkassieren einnehmen, einsammeln, einziehen, erheben, einfordern, eintreiben, kassieren. → einfordern. ▶ ausgeben, bezahlen.

Einkassierung → Eintreibung.

Einkauf Besorgung, Erledigung, Verrichtung, Kauf, Ankauf, Versorgung, Ergänzung. → Abnahme, Besorgung, Leistung. ▶ Verkauf.

einkaufen → bestellen, kaufen.

Einkäufer → Käufer.

Einkehr Selbsterkenntnis, Reue, Insichgehen, Zusichkommen, Geständnis. → Besuch. ▶ Verstocktheit, Weggang.

Einkehr halten → bekehren.

einkehren absteigen, hineingehen, logieren, niederlassen sich, als Gast eintreten, eintreten, einstreichen *j* ● in sich gehen, sich vom Äußeren abkehren. → belegen, besuchen, bewohnen, bleiben. ▶ wegbleiben, weggehen, verhärten sich.

einkeilen einquetschen, einschrauben, einpressen, einfügen, einrammen, einzwängen. ▶ bleiben stecken, einfalzen, einstampfen, eintreiben. ▶ befreien.

einkellern einlagern einbetten, deponieren, einstellen, aufspeichern, einspeichern, auf Lager nehmen ● unbenützt lassen, nicht gebrauchen. → aufheben, aufspeichern, einlagern. ▶ fortschaffen, vergeuden.

einkerben einschneiden, einzähnen, auszähnen, zacken, auskerben, ausschnitzen. ▶ glätten, glattmachen.

Einkerbung Kerbe. → Einschnitt.

einkerkern → berauben, bestrafen, dingfest machen, einfangen, einmauern.

Einkerkerung Freiheitsberaubung, Gewahrsam, Haft, Verwahrung, Gefangenschaft. → Arrest. ▶ Befreiung.

einkitten kitten, anhaken, festmachen, befestigen, verkitten. ▶ lösen.

einklagen → einfordern.

Einklang → Gleichklang, Harmonie, Stimmeneinheit, Übereinstimmung, Zusammenklang, Einverständnis, Gleichstimmung, Wohlklang, Zufriedenheit, Verträglichkeit, Einigkeit.

Einklang bringen ausgleichen, vermitteln, versöhnen, beilegen, schlichten, übereinkommen, einigen sich, Streitigkeiten beseitigen, Einigkeit wieder herstellen. ▶ streiten, vereiteln.

Einklang der Herzen zwei Herzen und ein Schlag, zwei Herzen und eine Seele. → einhellig. ▶ uneins.

einkleiden in Worte umschreiben, ausschmücken, durch Worte ausdrücken. ▶ deutsch auf gut.

einklemmen → eindrängen, einkeilen, einlegen.

einklinken zumachen, absperren, zuschlagen, zusperren, einfallen lassen, zufallen lassen. → anmachen. ▶ öffnen.

einkneten → beibringen.

einknicken umknicken, stolpern, straucheln ● umbiegen, einfalten, einen Knick machen. ▶ begradigen, glattmachen, strecken.

einknöpfen → einschnüren.

einknüpfen → einschnüren.

einkochen → aufheben, eindicken, einlegen.

einkoffern packen, verpacken, einwickeln, hineinstecken, wegstecken, einwickeln, verschließen. ▶ auspacken.

Einkommen Verdienst, Gewinn, Erwerb, Einnahme, Geldmittel, Geld, Gehalt, Lohn, Zaster *u*, Marie *u*, Einkünfte, Besitz, Bezüge. → Einkunft. ▶ Aufwand, Verlust.

einkommen einnehmen, bekommen, erlangen, empfangen, einlaufen, eingehen. ▶ ausgeben, verbrauchen.

einkommen, gegen widersprechen, verneinen, entgegenhalten, widerstreiten, entgegenwirken, entgegenstreben. → beklagen. ▶ anerkennen, fördern.

einkommen, um bitten, anhalten, ersuchen, verlangen, wünschen ● herbeischaffen, herausschaffen, verschaffen. → angehen, begehren, beschaffen, bewerben sich, bitten, einreichen. ▶ ablehnen, befehlen, fortschaffen.

einkrachen → einbrechen.

einkreisen → blockieren.

Einkreisung Blockade, Belagerung, Einschließung, Umschnürung, Umklammerung,

Umzingelung. → Absperrung, Blockade. ▶ Befreiung.

einkrusten → austrocknen, bedecken, einbröseln.

Einkunft Rente, Bezug, Pension, Zehrgeld, Ruhegehalt. → Einkommen. ▶ Aufwand, Verbrauch, Verlust.

einladen → anregen, begeistern, bestechen, bewirten, bitten, schenken Ehre.

einladend gastfreundlich, leutselig, angenehm, verlockend, gefällig, angenehm, behaglich. ▶ unappetitlich, unbehaglich.

Einladung Anziehung, Verlockung, Werbeschrift ● Geselligkeit, Festlichkeit, Besuch, Empfang. → Beeinflussung, Angebot, Fest.

Einlage Beifügung, Beischluß, Einschluß, Zugabe, Anlage, Zusatz ● Einlagekapital, Einsatz, Investition, Kapitalanlage. → Aufnahme, Beifügung, Beilage. ▶ Entnahme, Entziehung, Weglassung.

Einlagekapital → Einlage.

einlagern → aufstellen, belegen, betten, deponieren, einbetten, eindecken sich, eindringen, einkellern.

Einlagerung Einflößung, Einsickerung, Infiltration. → Eindringen. ▶ Entziehung.

Einlaß → Durchgang, Einfahrt.

einlassen empfangen, herauslassen, importieren, einführen, öffnen, einlaufen, hereinkommen lassen, Einlaß gewähren. → aufdrängen, bekümmern, beteiligen sich. ▶ ablehnen, heraustreiben.

einlassen, sich helfen, einmischen, mit jemandem unter einer Decke stecken, am selben Strang ziehen, das Seine beitragen. → dazwischentreten, engagieren sich. ▶ drücken, neutral bleiben.

einlassen, in ein Wagnis → bestehen.

Einlaßkarte Eintrittskarte, Billett, Kinokarte, Theaterkarte.

Einlauf Ziel, Zugang, Ankunft ● Infiltration.

einlaufen → abnehmen, ankommen, einkommen.

einleben sich → gewöhnen ● heimisch werden.

einlegen einmachen, einfüllen, lagern, einkochen, sterilisieren ● einschieben, einklemmen, dazwischenschieben, dazwischenlegen. → beibringen, beifügen, beladen. ▶ herausnehmen.

einlegen, Ehre Ehre machen, Ehre bezeigen, Ehre erweisen, Ehre ernernten. → ehrenhaft. ▶ einlegen Schande.

einlegen, Schande herabsetzen, Anstoß erregen, Mißfallen erregen, Schande auf sich laden. ▶ einlegen Ehre.

einlegen, gute Worte verhan-

deln, vermitteln, schlichten, Fürsprache einlegen, sich ins Mittel legen, den Vermittler machen. → dazwischenschieben. ▶ hetzen.
einleiten veranlassen, entrieren. → anbahnen, anfangen, anstoßen, aufrollen, auftauchen. ▶ nachfolgen, vollenden.
einleiten, eine Sache anordnen, in die Hand nehmen, die Leitung übernehmen, eine Sache einfädeln, die Zügel ergreifen. ▶ ausführen, vollenden.
einleitend → bahnbrechend, besinnend, eingangs.
Einleitung → Angriff, Anlauf, Anstoß, Einführung.
einlenken hinsteuern, hinlotsen, hinführen, hinlenken, umbiegen, einfahren, einbiegen ● umfallen, verdrehen, umkehren, umwerfen, umstürzen, umdrehen, umstellen, stürzen, kentern. ▶ ablenken.
einlenken, wieder umkehren, bessern sich, bekehren sich, mit der Vergangenheit brechen, ein neues Leben beginnen ● bereuen, bedauern, vertragen sich. ▶ streiten, unverbesserlich sein.
einlernen → lernen.
einlesen → eintun, verstehen.
einleuchten begreifen, einsehen, erfassen, ergründen, verstehen, lernen, nachfahlen. → begreifen, bemeistern. ▶ begreifen nicht.
einleuchtend evident, offenbar, verständlich, klar, hell, ersichtlich, erkennbar, gemeinverständlich, unzweideutig, völlig klar, klar wir Kloßbrühe *u* ● dicke Fische *u*. → anschaulich, deutlich, faßbar. ▶ unbegreiflich.
einliefern ausliefern, abliefern, überreichen, einhändigen, liefern, bringen, überliefern, hinfahren ● heranschleifen. ▶ annehmen, erhalten.
einliegend → anbei.
einlochen → einsperren.
einlogieren beherbergen, behausen, einmieten, unterbringen, vermieten. → belegen, betten, einbetten. ▶ ausquartieren, kündigen.
ein!ösen bezahlen, tilgen, vergüten, entrichten, abstatten, abtragen, erledigen, zurückgeben, wettmachen, erstellen, ausgleichen. → ausführen, begeben, bezahlen. ▶ schulden, unterlassen.
einlösen, Wort ausführen, beachten, vollbringen, vollführen, nachkommen, verrichten, seine Pflicht tun, sein Versprechen halten, Ansprüche befriedigen. ▶ bürgen. ▶ drücken sich, unterlassen, wortbrüchig (sein).

einlösend → ersetzend.
einlullen einschläfern, in Ruhe bringen, den Sturm beschwören. → beruhigen, schlummern. ▶ beunruhigen, stören.
Einmachen → Erhalten.
einmachen → aufheben, einhüllen, einlegen, einpökeln.
einmal dereinst, einst, einstmals, damals, vordem, einzig, eines Tages, ein einziges Mal. → dereinst, eins. ▶ künftig, zweimal.
einmal, auf → Blitz getroffen wie vom, plötzlich.
einmal, alle auf gesamt, alle, sämtlich, ganz, ausnahmslos, allesamt und sonders, einer wie alle. ▶ einzeln.
einmal, es war in alter Zeit, in fernen Tagen, vor undenklicher Zeit, zu Olims Zeiten, eines schönen Tages, vor langem. ▶ künftig.
einmal für allemal → ein für allemal.
einmal ist keinmal Ausweg, Finte, Fallstrick, Vorspiegelung, Winkelzug, Ausrede, Deckmantel, Notlüge, Beschönigung, Behelf, leere Ausflucht ● rechtfertigen, reinwaschen, freisprechen, lossprechen, verteidigen, verfechten, entschuldigen, beschönigen, bemänteln, in milderem Licht darstellen, die kennt kein Gebot. ▶ beschuldigen.
einmal, noch zweimal, zweifach, doppelt, verdoppelt, wieder, von neuem. → dann und wann. ▶ genug.
einmalig → bahnbrechend, beispiellos, einmal, epochemachend.
Einmaligkeit Einzelfall, Sonderfall, Vereinzelung, Sonderheit. → Ausnahme, Erstmaligkeit. ▶ Häufigkeit, Vielheit, Wiederholung.
Einmarsch → Eindringen.
einmarschieren einrücken, einziehen, einquartieren, einfallen, antreffen. → ankommen, betreten, einrücken. ▶ abmarschieren.
einmauern abgrenzen, einschließen, einkerkern, zumauern, einpferchen, einsperren, eingraben, lebendig begraben. → begrenzen. ▶ freimachen, öffnen.
einmengen hinzufügen, einmischen, einrühren, vermischen, beimengen, dazukneten, hineinbrauen, durcheinanderschütteln, einstreuen. → aufdrängen, beifügen, bekümmern, beschäftigen, dazukommen, dazwischentreten, einwenden, einwerfen. ▶ absondern, weglassen.
einmengen, sich stören, hemmen, hindern, lästig fallen, im Wege stehen, Mißbehagen verursachen, Ungemach be-

reiten. → aufhalten, bekümmern, Einspruch erheben. ▶ einmischen sich nicht, neutral bleiben.
Einmengung → Beschwernis.
einmieten → bewohnen, einbetten, einlogieren.
einmieten lassen, sich engagieren sich.
einmischen → beifügen, dazukommen, einmengen.
einmischen, sich → aufdrängen, beschäftigen, beteiligen sich, dazwischentreten, einlassen sich, einmengen sich, Einspruch erheben, erste Geige spielen.
einmischen, sich nicht → bleiben neutral.
Einmischung Hinzufügung, Vereinigung, Vermengung, Ergänzung, Vermischung. → Beschwernis, Eindringen. ▶ Absonderung.
einmummen einhüllen, umhüllen, vermummen, zudecken, einwickeln, einpacken, warm anziehen. → bedecken. ▶ enthüllen.
einmünden begegnen, treffen, resultieren, zusammenfließen.
Einmündung Vereinigung, Krümmung, Eintritt, Zufluß, Einfluß, Zulauf. → Anschluß. ▶ Ausfluß, Trennung.
einmütig → beifällig, brüderlich, ein Herz und eine Seele, einer wie alle, einhellig.
Einmütigkeit Einverständnis, Einvernehmen, Einhelligkeit, Einklang, Zustimmung, Beistimmung, Beifall, Verpflichtung, Verständigung, Einigkeit, Eintracht, Übereinkommen, Übereinstimmung ● Stimmeneinheit ● Bekenntnis, Bekräftigung ● Hausfriede, Ruhe, gutes Einvernehmen, Verträglichkeit.
Einnahme → Einkommen, Erhaltung, Erlös, Ernte, Errungenschaft, Erwerb ● Besitznahme, Besetzung.
Einnahmen → Einkünfte.
einnebeln → bespritzen, bewölken.
einnehmen schlucken, eingeben, verabreichen. → einkassieren, einkommen, einfordern, einquartieren sich, erben, betteln, erlangen. ▶ ausgeben, absondern.
einnehmen, für sich → bestricken, brechen das Eis.
einnehmend → angenehm, anmutig, artig, charmant, diplomatisch, entzückend, erwünscht, fein.
einnicken → einschlafen, schlummern.
einnisten einquartieren, weilen, festsetzen, lagern, sich seßhaft machen, sich niederlassen ● horsten, nisten. → aufhalten sich, besetzen, bevölkern, bewohnen, bleiben. ▶ ausquartieren, aussiedeln.

Einöde Öde, Wüste, Wildnis, Steppe, Savanne ● Einsamkeit, Abgesondertheit, Entvölkerung, Ungastlichkeit.

einordnen → aufnehmen, aufstellen, beiordnen, bestimmen, bilden, einbeziehen, einrangieren, einrücken, einschachteln, einstufen.

Einordnung Einreihung, Gliederung, Gruppierung, Einteilung, Sichtung, Sonderung ● Anordnung, Aufbau, Einschätzung. ▶ Auflösung, Chaos, Übertretung.

einpacken → ausschlagen, bedecken, einbinden, einkoffern, einmummen, einrollen, einsacken, einschachteln.

einpassen → ergänzen.

einpauken → beibringen, belehren, drillen, einhämmern.

einpeitschen einschärfen, einbleuen.

einpferchen → begrenzen, einmauern, einschließen.

einpflanzen verpflanzen, umpflanzen, anpflanzen, aufpflanzen, eingraben. → besetzen, betten, einbetten. ▶ herausreißen.

einpfropfen → beifügen.

einpökeln räuchern, konservieren, aufbewahren, einsalzen, einmachen, in Salz legen. → aufheben.

einprägen → beibringen, belehren, denken, drillen, einhämmern, erinnern, festhalten, memorieren ● durchlochen, einzeichnen.

einprägsam → eindrucksvoll.

einpressen → einkeilen.

einpuppen, sich → einspinnen sich.

einquartieren → beherbergen, belegen, bemannen, einlogieren, einmarschieren, einnisten.

einquartieren, sich einnehmen, festsetzen, Wohnung nehmen, an einem Ort bleiben, niederlassen sich. → ankommen, aufhalten sich, seine Zelte aufschlagen, besetzen, bewohnen, einlogieren. ▶ ausquartieren.

einquartiert → befindlich.

einquetschen → einkeilen.

einrahmen berahmen, umrahmen ● umgeben, umringen, umschließen.

einrammen versenken, eingraben, pfählen, einsetzen, aufpflanzen. → bleiben stecken, einkeilen, einstampfen, eintreiben. ▶ herausreißen.

einrangieren einreihen, einordnen, hinzufügen, dazugeben, zusammensetzen. ▶ entfernen, verwirren.

einräumen einwilligen, gewähren, erlauben, leiden, gestatten, genehmigen, zulassen. → anordnen, beipflichten, berücksichtigen, bewilligen, erhören, erlauben. ▶

ablehnen, aufheben, ausräumen, verbieten, verneinen.

Einräumung Entgegenkommen, Erleichterung, Vergünstigung, Genehmigung, Bewilligung, Erlaubnis, Ermächtigung. → Befugnis, Billigung, Erlaubnis. ▶ Ablehnung, Aufhebung, Räumung, Verbot, Verneinung.

einrechnen hinzufügen, beiordnen, hinzusetzen, einschließen, beifügen. → abziehen. ▶ abziehen.

Einrede → Abwehr, Antwort, Auflehnung, Bedenken, Berichtigung, Berufung, Brotneid, Einwand.

einreden einfallen, erwidern, entgegnen, die Ohren voll blasen, sich den Mund fusselig reden u. → anregen, anführen, befürworten, beraten, besten halten zum, düpieren, Dunst vormachen, erwidern, fantasieren. ▶ abhalten, ablehnen.

Einreibe → Arznei.

einreiben einfetten, einkremen, einschmieren. → balsamieren. ▶ abwischen.

einreichen angehen, anrufen, einkommen um, Gesuch stellen, eine Bitte richten ▶ Klage einbringen, anhängig machen. → bewerben sich. ▶ bewenden lassen, verzichten.

einreichen um → bitten.

einreihen → anordnen, aufnehmen, ausheben, bearbeiten, beifügen, beiordnen, beitreten, dazukommen, einbeziehen, einordnen, einrangieren, einstufen, einverleiben, fassen in sich.

Einreihung → Anordnung, Anschluß, Aufbau, Aufnahme, Beifügung, Einordnung.

einreisen → einwandern.

einreißen zur Gewohnheit werden lassen. → abbrechen, abschaffen, ausmerzen. ▶ abgewöhnen, aufbauen, haltbar (sein).

einrenken beigeben, vermitteln, schlichten, wieder gut machen, sich wieder vertragen ● Arm oder Glied einrenken oder einrichten. → anordnen, arrangieren. ▶ streiten, umstoßen.

einrennen → erzwingen, umstürzen.

einrichten einbauen, anlegen, installieren ● anpassen. → anfangen, anfertigen, anordnen, arrangieren, aufbauen, aufstellen, möblieren, auftakeln, ausgestalten, bahnen, begründen, bequem machen, bestimmen, bilden. ▶ demontieren, räumen, umstoßen, vernichten, verrücken.

Einrichtung Einbau, Ablage, Installation, Institution ● Möbel, Hausgerät. → Apparat, Art, Aufbau, Ausrüstung, Besitztum, Bestand, Einbau,

Etablissement. ▶ Abbau, Räumung, Sinnlosigkeit, Verwirrung.

einrollen einpacken, einwickeln, verstauen, verschalen, verhüllen, zusammenrollen, aufschieben sm. → ausschlagen, einbinden, einrollen. ▶ enthüllen.

einrosten altern, verfallen, verderben, oxydieren.

einrücken einmarschieren, einziehen, einbrechen ● einsetzen, inserieren, annoncieren, anzeigen ● einschalten, einordnen. → ankündigen, betreten, durchdringen, einmarschieren. ▶ abmarschieren, wegbleiben, verheimlichen.

Einrückung Einberufung. → Anzeige, Eindringen.

einrühren → beifügen, dazukommen, einmengen.

eins einzeln, einzig, einmal, einfach. → ein. ▶ viele.

eins ins andere eins ins andere gerechnet, alles in allem, durch die Bank weg, in Bausch und Bogen. ▶ ausgenommen, einzelne gehen ins.

eins für das andere austauschen, umorganisieren u, dagegen, dafür, wechselweise. → dafür. ▶ für sich.

eins oder das andere → der eine oder das andere.

eins um das andere regelmäßig, der Reihe nach, in regelmäßigen Abständen, in regelmäßiger Ordnung. ▶ unregelmäßig.

eins und dasselbe → ein und dasselbe.

einsäckeln mitnehmen, zusammenscharren, beschaffen, aufstöbern, auftreiben, zusammenkratzen, sammeln, einscheuern, wegschleppen, aneignen sich. → beerben, bemächtigen, beschaffen, erbeuten. ▶ einbüßen, verlieren, zurückgeben.

einsacken einpacken, verpacken, verstauen, wegpacken, einstecken, mitnehmen. ▶ auspacken, enthüllen.

einsalben → balsamieren, einreiben.

einsalzen → aufheben, einpökeln.

einsam entlegen, fern, getrennt, unzugänglich, unbesucht, unbewohnt, allein auf weiter Flur. → abgelegen, allein, alleinstehend, berührungslos, entvölkert. ▶ beisammen, gesellig, vereint.

Einsamkeit Isolierung, Verlassenheit, Alleinstehen, Weltentfremdung, Ausgeschlossenheit, Abschließung. → Absonderung, Einöde, Entlegenheit. ▶ Geselligkeit, Vereinigung.

einsammeln → beschaffen,

einkassieren, eintun, ernten, sammeln.

Einsammlung → Besorgung, Leistung.

einsargen → bestatten, Bord werfen über.

einsargen, Hoffnung verzagen, verzweifeln, eine Hoffnung zu Grabe tragen, aus allen Himmeln fallen, jede Hoffnung verlieren, die Flinte ins Korn werfen. ▶ hoffen.

Einsatz Anfangen, Beginn. → Antrieb, Einlage, Ehrgeiz. ▶ Abschluß, Trägheit, Unentschlossenheit.

einsatzbereit → verfügbar.

einsaugen eindringen, vollsaugen, einfließen, einziehen, saugen, trinken, ausschlürfen, lutschen ● einatmen, atmen ● Feuchtigkeit anziehen. ▶ ausatmen, austrocknen.

einsaugen mit der Muttermilch anstelig sein, talentiert sein, leicht lernen, klug sein, begabt sein, leicht auffassen, bildungsfähig sein.

Einsaugung → Aufnahme.

einsäumen → einfassen.

Einsäumung → Einfassung.

einschachteln einstecken, reinstecken, einpacken, unterbringen, einordnen, hineinstecken. → einbeziehen. ▶ auspacken, enthüllen.

einschalten andrehen, anknipsen, einstellen, schalten. → beibringen, einflechten, einrücken. ▶ ausschalten.

einschalten, sich → dazwischentreten, eindrängen sich, einmengen sich.

Einschalter → Eindringling, Kontakt.

Einschaltung Eindringen, Einführung. ▶ Beseitigung, Trennung.

einschärfen ermahnen, mahnen, hinweisen, erinnern, belehren, unterweisen, predigen, hervorheben, betonen, anstreichen, zurechtweisen, verordnen, etwas auf die Seele binden, jemandem auf der Seele knien. → A und O, befehlen, begehren, betonen, binden auf die Seele. ▶ Hand freie lassen.

einscharren → bestatten, eingraben.

einschätzen würdigen, taxieren, bewerten, ermessen, beurteilen, abwägen, übersehen. → beurteilen, charakterisieren, deuten, ermessen. ▶ verkennen.

Einschätzung Bewertung, Beurteilung, Charakterisierung, Klassifikation, Abwägung, Würdigung, Einteilung, Einordnung.

einschenken eingießen, einfüllen, vollgießen, füllen, anfüllen, die Gläser füllen. → ausfüllen. ▶ ausgießen.

einschenken, reinen Wein → belehren.

einscheuern → aufspeichern, einsäckeln, eintun.

einschichtig einfach, einzeln, einteilig, unbegleitet, ungepaart, allein. ▶ mehrteilig.

einschicken schicken, senden, versenden, absenden, verschicken, zuschicken, einsenden ● verfrachten. ▶ empfangen.

einschieben → beibringen, beifügen, einflechten, einlegen, einschmuggeln.

einschieben, sich → eindrängen sich, einmengen.

Einschiebsel → Anmerkung.

Einschiebung → Eindringen, Einfügung.

einschiffen, sich → Bord gehen an.

Einschiffung Abfahrt, Start, Ausreise.

einschlafen einnicken, einschlummern, einduseln, ruhen, niederlegen sich, vom Schlaf überwältigt werden, einpennen u, hinüber sein u. → beruhigen, erlahmen. ▶ aufwachen.

einschläfern langweilen ich ● dämpfen, lindern, eindämmen, bezähmen, beruhigen, betäuben, → anöden, begütigen, beruhigen, besänftigen, betäuben, einlullen. ▶ beunruhigen, erheitern.

einschläfernd betäubend, erleichternd, lindernd ● langweilig, monoton, bleiern. ▶ erheiternd, fühlbar.

Einschläferung → Beruhigung.

Einschlag Umschlag, Umhüllung, Verkleidung, Bedeckung, Verpackung, Einband, Briefumschlag, Papier, Verschalung, Hülle ● Blitz. → Couvert, Decke, Falte. ▶ Inhalt.

einschlagen → aufgehen, aufmachen, ausschlagen, bedecken, behängen, bringen es zu etwas, durchschlagen, einbiegen, einbinden, eindringen mit Gewalt, erfüllen die Hoffnung, falten.

einschlagen den Weg hinwenden, hinsteuern, gehen, seine Richtung haben, einen Weg andeuten. → betreten. ▶ stehen bleiben.

einschlägig entsprechend, sachgemäß, geeignet, passend, anwendbar, zweckdienlich, angemessen, richtig. → fachgemäß. ▶ ungeeignet.

einschleichen → auftauchen, betreten, einbrechen, einstehlen.

einschleichen, sich in die Gunst verwirren, verdrehen, beschwatzen, bereden, scharwenzeln, kriechen, schöntun, dienern, hofieren, krümmen sich, einschmeicheln sich,

in Gunst kommen, den Weg zum Herzen finden, Ohren kitzeln. ▶ unbeliebt machen.

Einschleppung → Verbreitung, Verschleppung.

einschließen einbeziehen, einbegriffen sein, implizieren. → absperren, angreifen, einfangen, einmauern, begrenzen, belagern, bilden, dingfest machen, einmauern, einrechnen, enthalten, fassen in sich. ▶ ausschließen, befreien.

einschließen hinter vier Mauern einsam leben, sich zurückziehen, sich abschließen, sich entfernt halten, der Welt entsagen, auf das weltliche Leben Verzicht leisten, in seinen vier Wänden leben, den Verkehr aufgeben. ▶ gesellen sich, verkehren.

einschließlich einbegriffen, impliziert, inklusiv. → beigeordnet, bestehen aus, eingerechnet, fassen in sich, ferner. ▶ ausgenommen, ausschließlich.

Einschließung → Absperrung, Beraubung, Bewachung, Blockade, Einkreisung, Fesselung.

einschlingen → einflechten.

einschlummern sterben, vergehen, erlöschen, dem Tode anheimfallen, das Zeitliche segnen, einschlafen. → ausatmen, beruhigen, einschlafen, entschlafen. ▶ aufwachen, leben.

Einschluß Beischluß, Zugabe, Beifügung, Hinzufügung, Mitwirkung. → Anschluß, Aufnahme, Beifügung, Beilage, Beitritt, Einlage. ●

einschmeicheln → betteln, einschleichen sich in die Gunst, erschmeicheln.

einschmeichelnd →schmeichlerisch.

einschmelzen auflösen, schmelzen, flüssig machen, zerfließen lassen, zergehen lassen. ▶ erhärten.

einschmieren → balsamieren, einreiben.

einschmuggeln einschieben, unterschlagen, unterschleifen, heimlich einschmuggeln, einpaschen u. → auftauchen, betreten, einbrechen, einstehlen. ▶ offiziell (einführen), verschwinden.

einschnallen → einschnüren.

einschnappen → aufregen, einklinken.

einschneiden → einkerben.

einschneidend fühlbar, merklich, empfindlich, durchgreifend, scharf, streng. → A und O, doppelschneidig. ▶ unwirksam.

Einschnitt Kerbe, Auszackung, Einbiegung, Scharte, Bresche, Grube, Schneide

● Zäsur. → Bruch, Bucht, Einbauchung. ▶ Verbindung.

einschnüren einbinden, einschnallen, einknüpfen, einknöpfen, zusammenziehen, zusammenpressen, engmachen, verengern, schmälern, schnüren, einengen, zusammendrängen, zusammendrükken. ▶ aufbinden, ausbreiten.

einschränken beschränken, vermindern, schmälern, kürzen, verringern, begrenzen, beschneiden, kurzhalten, kurztreten, den Brotkorb höher hängen, an die Kandare nehmen, einen Dämpfer aufsetzen, kurz halten, nach der Decke strecken, sich krumm legen. → abarbeiten, abdarben, abrunden, ausschalten, ausschneiden, beengen, begrenzen, beschränken, beiseite legen, dazwischentreten, erübrigen. ▶ erweitern, vermehren.

Einschränkung → Abkürzung, Abstinenz, Armut, Arrest, Beschlagnahme, Besinnung, Demarkation, Dezimierung, Diät, Einsparung, Enthaltung, Entziehung, Ersparnis.

einschrauben festschrauben, zuschrauben, anschrauben, einschrauben. → einkeilen. ▶ lösen.

einschrecken → ballen, erschrecken.

Einschreibebrief → Benachrichtigung.

einschreiben verzeichnen, freimachen, verbuchen, eintragen, hineinschreiben, inskribieren. → anschreiben, ausfüllen, einzeichnen.

Einschreibung → Abonnement, einschreiben.

einschreiten vermitteln, schlichten, eingreifen, versöhnen, verhandeln, verbinden. → ausgleichen, bekümmern, beschäftigen, dazwischentreten, eindrängen sich. ▶ abwarten, verhindern, zuwiderhandeln.

einschreitend → dazwischentretend.

einschrumpfen → auszehren, dürren, einfallen.

Einschub → Ergänzung.

einschüchtern Achtung einflößen, Ehrfurcht gebieten, bange machen, Furcht einjagen, die Pferde scheu machen, kusch halten u, ins Bockshorn jagen. → bedrängen, bedrohen, beeindrucken, beugen, blenden, drohen, entmutigen. ▶ ermutigen.

einschüchternd achtunggebietend, beeindruckend, furchteinflößend, beunruhigend, erschreckend, schreckensvoll. ▶ ermutigend.

Einschüchterung → Bedrohung, Drohung.

einschulen vorbereiten, ab-

richten, befähigen, dressieren, eintrainieren. → erziehen, schulen.

einschustern → beibringen, belehren, drillen.

einschütten → füllen.

einschwenken → einbiegen.

einsegnen → einweihen.

einsehen hineinblicken, hineinschauen, hineinsehen, einblicken, sehen, blicken. → auffassen, begreifen, durchschauen, einleuchten, erkennen. ▶ undurchsichtig (sein), unbegreiflich (finden), unvernünftig (sein).

einseifen → barbieren, blenden, waschen.

einseitig engherzig, parteilich, voreingenommen, verzerrt, schief, unklar, beengt, entstellt, unsachlich, verdreht, zweckgefärbt, zurechtgemacht, doktrinär ● ein Fäbel haben u, einen Narren gefressen haben. → befangen, bigott, entstellt. ▶ großzügig, unparteiisch, vielseitig.

Einseitigkeit Befangenheit, Voreingenommenheit, Vorurteil, Entstellung, Verzerrung, Unsachlichkeit, Unklarheit, Zweckdienlichkeit. → Denkart, kleinliche. ▶ Großmut, Sachlichkeit.

einsenden → einschicken.

Einsendung Eingabe, Gesuch ● Beteiligung.

Einsenkung → Becken.

einsetzen anfangen, anstellen, beauftragen, berufen, beschäftigen, delegieren, einrammen, ermächtigen, einrücken, eifern sich, ernennen, verwenden sich.

einsetzen sein Leben gefährden sich, wagen, erkühnen sich, Gefahren bestehen, Wagnisse unternehmen, sein Leben aufs Spiel setzen, sein Leben wagen. ▶ feige (sein), zurückweichen.

Einsetzung Einweihung. → Berufung, Einbau.

Einsicht → Bedacht, Begriffsvermögen, Behutsamkeit, Denkvermögen, Diskretion, Einblick, Einfühlungsgabe, Erfahrung, Erkenntnis.

einsichtig → anstellig, begabt, feinspürig.

einsichtslos beschränkt, engstirnig, kurzsichtig, unwissend, unverständig, dumm. → albern. ▶ einsichtsvoll.

einsichtsvoll → anstellig, aufgeklärt, bedächtig, begabt, diskret, einspurig.

einsickern → eindringen.

Einsickerung → Eindringen, Einlagerung.

Einsiedler Menschenfeind, Klosterbruder, Klausner, Eremit, Anachoret, Säulenheiliger. ▶ Gesellschaftsmensch.

Einsiedlertum → Absonderung.

einsilbig schweigsam, still, verschlossen, verschwiegen, wortkarg, zurückhaltend, zugeknöpft, unmitteilsam. ● bärbeißig, brummig, fassen sich kurz, Fassung kurze. ▶ aufgeschlossen, redselig.

einsinken → untersinken.

einspannen anspannen, festmachen, anschirren, aufzäumen, satteln. → anmachen, arbeiten. ▶ ausspannen.

Einspänner → Chaise, Fahrzeug.

einsparen → einschränken.

Einsparung Einschränkung, Wirtschaftlichkeit, Drosselung der Ausgaben. → Ersparnis. ▶ Verschwendung.

einspeichern → eindecken, einkellern.

einsperren → bändigen, begrenzen, belagern, bestrafen, dingfest machen, einmauern, einschließen, einbuchten u.

Einsperrung → Bewachung.

einspielen, sich proben, üben, sich einfahren, gewöhnen.

einspinnen, sich zurückziehen sich, entfernt halten sich, abschließen sich, einpuppen sich, einsam leben, am Muschelleben führen. ▶ verkehren.

Einsprache Ablehnung, Einspruch, Gegenerklärung, Widerspruch, Veto, Weigerung, Verwahrung. → Berufung, Einwand. ▶ Zustimmung.

einspringen → beispringen.

einspritzen besprengen, begießen, vollspritzen, injizieren. → beifügen, bespritzen, einimpfen. ▶ extrahieren.

Einspritzung Einimpfung. → Aufnahme, Beruhigungsmittel, Eindringung.

Einspruch → Ableugnung, Abneigung, Absage, Abwehr, Auflehnung, Bedenken, Berufung, Durchkreuzung, Einsprache, Einwand, Entkräftigung, Gegenstimme.

Einspruch erheben verhindern, zuvorkommen, entgegenstellen, hemmen, vereiteln, bekämpfen, beschränken, anfeinden, einmengen sich, einmischen sich. → beklagen, Dach steigen auf das. ▶ zustimmen.

einst → als, bereits, bevor, damals, dereinst, dermalen, ehedem, einmal.

einstallen → belegen, deponieren, einbetten, einkellern.

einstampfen makulieren, festmachen, einkeilen, festtreten, einrammen, eintreiben, einstopfen, auffüllen, vergraben, einkeilen, zerstören, vernichten, beiseite schaffen, vertilgen, ausmerzen, abtragen, schleifen, zerquetschen, zermalmen, zerdrücken, dem Erdboden gleichmachen. → abschaffen.

▸ aufbauen, ausgraben, lok-
kern.
Einstandspflicht Bürgschaft,
Gewähr, Haftung, Sicherheit,
Verpflichtung, Gewährlei-
stung, Deckung.
einstechen durchstechen,
stechen, aufnadeln, anspießen, einstoßen, durchlöchern,
anstechen. ▸ herausziehen.
einstecken → aneignen, beherrschen sich, bemächtigen,
berauben, bestehlen, dulden,
einfangen, einsacken, einschachteln, einwerfen.
einstehen garantieren, haften,
gewährleisten, bürgen ● beschützen, fördern, fürsprechen, schützen, behüten, beistehen, helfen, eintreten. →
auftreten für, ausfüllen, beistehen, bürgen, deponieren,
Dienst stellen, dingen, eintreten für, entlasten. ▸ aberkennen, bloßstellen, widerrufen,
zurücktreten.
einstehlen eindringen, einbrechen, einschleichen, einsteigen, hineingehen, einschmuggeln, heranstehlen. ▸
bemerkbar machen sich.
einstehlen, sich in die Gunst
→ einschleichen sich in die
Gunst.
einsteigen → berauben, bestehlen, betreten, einbrechen,
einstehlen sich.
einstellen berufen, beauftragen, engagieren, Arbeit geben, aufnehmen. → abblasen,
abbrechen, ablassen, ab-
schaffen, abstehen, aufheben,
aufhören, auflösen, aufsetzen, aufstellen, bedenken, befehlen, belegen, beruhen lassen, einbetten, einhalten, einkellern, einschalten, entspinnen, entwöhnen, erfolgen.
einstellen, sich begeben sich,
vorfallen, ereignen sich,
stattfinden, zutragen sich.
→ ankommen, begeben sich,
bestehen, besuchen. ▸ un-
terbleiben, wegbleiben.
einstellen lassen, sich → engagieren sich.
Einstellraum → Abstellraum.
Einstellung Abgewöhnung,
Entwöhnung, Enthaltung ●
Aufschub, Pause, Unterbrechung, Stillstand, Streik, Stokkung, Stundung, Aufschub
● Ausstellung ● Beitritt, Engagement. → Ansicht, Art,
Art und Weise, Auslegung,
Charakterfundament, Denk-
art, Entwöhnung, Einschätze.
▸ Ausführung, Gewohnheit.
einstens → als, damals, dereinst, ehedem.
einstig vergangen, verflossen,
gewesen, unwiderbringlich.
→ damals, ehedem. ▸ künftig,
später.
einstimmen → anstimmen,
bewilligen, eingehen auf, singen.

einstimmend → dergleichen.
einstimmig → beifällig, beisammen, dasselbe, einhellig,
ein Herz und eine Seele, einer
wie alle, ein Mann wie.
Einstimmigkeit Stimmeneinheit, Übereinstimmung, Zusammenklang, Einvernehmen,
Einverständnis. → Einheit. ▸
Unstimmigkeit.
einstmals → als, damals,
dann, dereinst, dermalen, ehedem, einmal.
einstopfen → einstampfen.
einstoßen → durchschlagen,
einstechen.
einstreichen → einziehen.
einstreuen verstreuen, zerstreuen, ausstreuen, säen,
ausbreiten. → einmengen. ▸
absondern, einsammeln.
einströmen münden, zusammenfließen.
einstudieren → lernen.
einstudiert abgemacht, beschlossen, gelernt, auswendig gelernt. → erkünstelt. ▸
natürlich, unkundig.
einstufen einordnen, aufstellen, ordnen, einreihen ● einen
Rang zuweisen, Platz geben.
einstürmen heranstürmen,
anstürmen, heranstürzen, daherschießen ● bedrängen,
bitten, ersuchen ● angreifen,
losstürmen, einfallen, eindringen. → beeinflussen,
Dach steigen auf das, fallen
mit der Tür ins Haus. ▸ ablehnen, verteidigen, zaudern,
zurückhalten.
Einsturz Zusammensturz,
Zerfall, Umsturz, Einfallen, Zusammenbruch, Sturz. → Fall.
▸ Errichtung.
einstürzen → umstürzen.
einstweilen inzwischen, mittlerweile, solange, unterdessen, während, bis dahin, bis
dann. → bis. ▸ immer.
einstweilig vertretungsweise,
aushilfsweise, vorläufig, probeweise, vorübergehend, interimistisch. → einstweilen.
▸ immer wieder.
Eintagsfliege Augenblicksgeschöpf, Seifenblase, Staub,
Dunst, Pappenstiel, Hohlheit,
Vergänglichkeit, Schall und
Rauch, Spreu vor dem Winde.
▸ Beständigkeit.
eintauchen untertauchen,
tauchen, eintunken, tunken,
hineinwerfen, anfeuchten, befeuchten, naßmachen, stippen *u.* → einweichen. ▸ abtrocknen, auftauchen.
eintauschen → einhandeln.
einteilen teilen, verteilen, zuteilen, austeilen. → aufstellen, anordnen, arrangieren,
bestimmen. ▸ verbinden, zerstreuen.
einteilig → einschlägig.
Einteilung Abteilung, Anordnung, Einordnung, Ein-
schätzung.

eintönig → arm, einfarbig,
einförmig, langweilig.
Eintönigkeit → Fadheit.
Eintracht → Beruhigung, Einheit, Einklang.
einträchtig befreundet,
brüderlich, cordial, einhellig,
ein Herz und eine Seele.
Eintrag Vermerk, Notiz, Buchung.
eintragen einbringen, abwerfen, zum Nutzen gereichen,
Gewinn bringen, sich loh-
nend erweisen. → abschreiben, abwerfen, aufnehmen,
drucken, einschreiben, einzeichnen. ▸ benachteiligen,
streichen, verlieren.
einträglich lohnend, nützlich,
vorteilhaft, günstig, nutzbringend, dienlich, gewinnbringend, förderlich, Goldgrube. → ausgiebig, dankbar.
▸ verlustbringend.
Einträglichkeit Vorteil, Nutzen, Gewinn, Nützlichkeit,
Verwendbarkeit, Wert, Er-
trag, Förderlichkeit, Dienlichkeit, Profit. → Dienlichkeit.
▸ Benachteiligung, Verlust.
eintrainieren → einschulen.
eintränken vergelten, heimzahlen, ein Hühnchen rupfen,
das Blatt wenden. → abrechnen, ahnden, belohnen. ▸ bewenden lassen, wiedergutmachen.
einträufeln einflößen, eingießen, eingeben, verabreichen,
geben, eintröpfeln. ▸ entfernen, erbrechen.
eintreffen → ankommen, auftauchen, begeben sich, begegnen, einstellen.
eintreiben hereintreiben, einfügen, einrammen, einkeilen,
dazwischenfügen. → bleiben
stecken, durchstecken, einfordern, einkassieren, einstampfen. ▸ herausreißen,
schulden.
Eintreibung Einziehung, Einkassierung, Einzug. → eintreiben.
eintreten → abwehren, ankommen, ausgehen, befallen,
begeben sich, beistehen, betreten, beteiligen sich, bestehen, einkehren, einstehen,
ereignen sich, erfolgen, entspinnen.
eintreten für vertreten, einstehen, gewährleisten, verbürgen, bekennen, bezeugen,
bekräftigen ● helfen, unterstützen, die Stange halten *u.*
→ befürworten, Daumen halten, ebnen den Weg. ▸ ab-
lehnen, bloßstellen, hemmen,
widerrufen.
einrichtern beibringen,
belehren, drillen, einhämmern.
Eintritt → Anschluß, Aufnahme, Beifügung, Beitritt,
Eindringen, Eingang, Ein-
mündung.

Eintrittskarte → Einlaßkarte.

eintrocknen → abtrocknen, austrocknen, dürren.

eintrommeln → einhämmern, drillen.

einträufeln → beifügen, einträufeln.

eintrüben → verdunkeln.

eintun einherbsten, einernten, einscheuern, einsammeln, ernten, einlesen. → ernten. ▶ entleeren, verbrauchen.

eintunken → eintauchen, einweichen.

einüben → drillen, lehren.

einverleiben beipacken, anheften, anhängen, anreihen, einreihen, beimischen, hinzutun, anschließen, beiordnen, hinzufügen, taufen *u*, panschen *u*, zugesellen, verbinden, essen, trinken. → beifügen, dazukommen. ▶ absondern, wegnehmen, zerteilen.

einverleibt → beifolgend, eingegliedert.

Einverleibung Verbindung, Vereinigung, Verknüpfung, Einbeziehung, Eingemeindung, Vermischung, Verquickung, Schwängerung, Vermehrung, Hinzufügung, Beischluß, Anreihung, Annexion, Zuwachs, Beifügung, Bindung, Vermengung, Kuppelung, Verkettung, Abrundung, Landnahme, Eroberung, Beute.

Einvernehmen → Abkommen, Convention, Einheit, Einigung, Einklang, Einstimmigkeit.

einverstanden → abgemacht, einhellig, gebilligt.

einverstanden sein einwilligen, zustimmen, beipflichten, gutheißen, billigen, bejahen, anerkennen, übereinkommen, abgemacht, o. k. *M*, klar, machen wir *u*. → annehmen, anerkennen, beipflichten, beitreten, bejahen, dafür. ▶ ablehnen.

Einverständnis → Beifall, Berichtigung, Billigung, Bündnis, Einigung, Einklang, Einstimmigkeit.

Einverständnis heimliches täuschen, irreführen, heucheln, Geheimnisse miteinander haben, einverstanden sein, den Wünschen entgegenkommen, die Auffassung teilen, ein Herz und eine Seele sein, am gleichen Strang ziehen, zusammenwirken, mit verteilten Rollen spielen, gemeinsame Sache machen, sich die Bälle zuspielen, sich einen falschen Anschein geben, sich verstellen, unter einer Decke stecken. ▶ bloßlegen, bloßstellen, offenbaren.

Einwand Einspruch, Protest, Verweis, Mißbilligung, Entgegnung, Einrede, Aber, Hemmung, Einwurf. → Ab-

wehr, Beeinflussung, Berichtigung, Durchkreuzung. ▶ Anerkennung, Zustimmung.

einwandern einreisen, einziehen, zuziehen, niederlassen. ▶ auswandern.

Einwanderung Immigration, Zuzug.

einwandfrei untadelig, unbescholten. → akkurat, auserlesen, ausgesucht, bekömmlich, blendend, charmant, dauerhaft, erlesen, vollkommen.

einwärts inwärts, inwendig, darinnen, innen, nach innen zu. ▶ auswärts.

einwässern → einweichen.

einweben → anmachen, durchwirken.

Einwecken → Erhaltung.

einwecken → aufheben, einlegen.

einweichen eintunken, eintauchen, einwässern, enthärten, aufweichen. → abweichen, enthärten, erweichen. ▶ trocknen.

einweihen einsegnen, weihen, salben, ordinieren, segnen, eröffnen, in Gebrauch nehmen. → bedeuten, benehmen, Irrtum nehmen. ▶ ausschließen, entweihen, irreführen, verdammen.

einweihen, in ein Geheimnis → belehren.

Einweihung → Einsetzung, Eröffnung, Feier.

einweisen → besetzen, hinweisen, unterweisen.

einwenden einwerfen, einmengen, kritisieren, aussetzen, beanstanden, nörgeln, mißbilligen, nicht anerkennen. → ablehnen, dagegenhalten, einwerfen, erwidern. ▶ anerkennen, begründen, vorwerfen, zustimmen.

Einwendung → Abwehr, Bemerkung, Berufung, Durchkreuzung, Einwand.

einwerfen zerschmettern, zerschlagen, zersplittern, zerbrechen, einschmeißen ● einwenden, einmengen, dazwischenwerfen, antworten, entgegnen ● hineinwerfen, einstecken, aufgeben. → einwenden. ▶ instandsetzen, unbeschädigt (sein), zustimmen.

einwickeln beschwatzen. → ausschlagen, bedecken, decken, einbinden, einkoffern, einkapseln, einmummen, einrollen, falten, Fell über die Ohren ziehen das.

einwiegen → beruhigen.

einwilligen zustimmen, zulassen ● willfahren, gehorchen, befolgen, fügen sich. → ablehnen, bringen nicht übers Herz, dareingeben sich, dürfen, einräumen, einverstanden sein, erhören, erlauben. ▶ verbieten, widersetzen sich.

Einwilligung → Bewilligung, Billigung, Erlaubnis.

einwirken → anfeuern, anziehen, bearbeiten, beeinflussen, befürworten, bestimmen, bewirken, Dach steigen auf das, eindringlich zureden, empfänglich machen.

Einwirkung Empfindung, Einfluß, Eindruck, Wirkung, Wahrnehmung, Anregung. → Anziehung, Bann, Beeinflussung, Beispiel, Bezauberung. ▶ Einflußlosigkeit.

Einwohner → Bevölkerung, Eingeborener.

Einwurf → Ausruf, Bedenken, Einwand.

einwurzeln Fuß fassen, einbürgern, anpassen, ansässig sein, seßhaft sein, eingewöhnen sich ● anhaften. → besetzen, bewohnen, bleiben, feststehen. ▶ entwurzeln.

einzahlen → deponieren, zahlen.

Einzahlung Bezahlung, Zahlung, Beitrag, Beisteuer, Zuschuß, Abzahlung, Tilgung, Abtragung, Anzahlung, Abfindung, Rückzahlung. → Bezahlung. ▶ Auszahlung.

einzähnen → einkerben.

einzäumen → einfassen, umgeben.

einzeichnen eingravieren, bezeichnen, markieren, einbuchen, einprägen, eintragen, einschreiben.

einzel individuell, persönlich, allein, gesondert, getrennt, separat, vereinzelt. ▶ alle, zusammen.

Einzelarbeit Handarbeit, Facharbeit, Meisterwerk, Geselleinstück, Meisterstück, Handwerkserzeugnis, Erzeugnis persönlicher Art.

Einzelfall → Ausnahme, Einmaligkeit.

Einzelgänger → Individualist.

Einzelhandel Kleinhandel, Ladenverkauf, Detailhandel. → Detailgeschäft, Detailhandel. ▶ (Großhandel).

Einzelhändler → Abgeber, Detaillist.

Einzelheit Einzelstück, Teilstück, Detail. → Ausnahme, Detail. ▶ Ganzes.

Einzelheit eingehen, in die gründlich durchsehen, näher betrachten, bei Licht besehen ● aufzählen, ausführlich schildern, ins einzelne gehen, detaillieren. ▶ im ganzen genommen, oberflächlich (behandeln).

einzeln pro Nase *u*. → abgeschieden, allein, auseinander, besonders, ein, einschichtig.

einzelne gehen, ins → Einzelheit eingehen in die.

Einzelstück → Detail, Einzelheit.

Einzelwesen Person, Individuum.

einziehen → ankommen, ausheben, beeinträchtigen, einatmen, einfordern, einkassieren, einrücken, einsaugen, einmarschieren, einwandern.

einziehen, Erkundigungen ausforschen, nachspüren, verhören, ausfragen, beobachten, erfahren, ermitteln, ausfinden.

Einziehung → Beschlagnahme, Eintreibung, Entwertung.

Einziehungskosten → Eintreibung.

einzig → äußerst, bahnbrechend, beispiellos, ein, einmal, eins.

einzig dastehen → beispiellos.

einzigartig → epochemachend.

Einzug → Ankunft, Eintreibung.

einzuwenden nichts → zustimmen.

einzwängen → eindrängen sich, einkellern, fesseln.

Eis führen, aufs uzen, necken, verspotten, sich lustig machen über, eine Grube graben, eine Falle stellen, eine Schlinge legen. ▶ achten, beistehen, klug (sein).

Eisbahn Schleifbahn, Schlittenbahn, Schleife, Glatteis, Eisfläche.

Eisberg → Eisklumpen.

eisen → abkühlen.

Eisen → Baustoff.

Eisen werfen, zum alten fortwerfen, aufbrauchen, verbrauchen, ausrangieren, wegwerfen. ▶ behalten, würdigen.

Eisenbahn → Bahn, Fahrzeug.

eisern stark, mächtig, kräftig, hart, stählern, handfest ● beharrlich, unnachgiebig, unerbittlich. → barbarisch, bestimmt, despotisch, ehern, felsenhart. ▶ nachgiebig.

eiserne Ration Notpfennig, letzte Reserve, Rettung.

Eisfläche → Eisbahn.

eisig kalt, frisch, frostig, kühl, starr, vereist, winterlich, eisigkalt, eiskalt, beißend, gefroren. → barbarisch, sauer. ▶ heiß.

eisigkalt → eisig.

eiskalt → eisig.

Eisklumpen Eisscholle, Eiszapfen, Eisberg, Schneeklumpen, Schneeball ● Froschnatur, kalte Seele, Fischblut, Mitleidlosigkeit, Herzlosigkeit. ▶ Empfindlichkeit.

Eisscholle → Eisklumpen.

Eisschrank Tiefkühlbehälter.

Eiszapfen → Eisklumpen.

eitel → anmaßend, aufgeblasen, ehrgeizig.

Eitelkeit Geckenhaftigkeit, Geziertheit, Selbstgefälligkeit, Aufgeblasenheit, Putzsucht, Prunksucht. → Eigen-

lob. ▶ Bescheidenheit, Einfachheit.

Eiter Eiterung, Abszeß, Entzündung, Herd. → Brand.

Eiterbeule → Ausbund, Geschwulst.

eiternd → böse, eiterig, entzündet.

eitrig brandig, eiternd, stinkend, giftig, ungesund, kränklich, faul, zerfressen, ansteckend, schädlich. → faul. ▶ gesund.

ekdemisch → abwesend.

Ekel Widerwille, Überdruß, Übersättigung, Degout ● Biest, Aas, widerlicher Mensch, unangenehmer Mensch. → Abneigung, Abscheu, Bitterkeit, Degout.

ekelerregend → abscheulich, anwidern, bitter, böse, ekelhaft, empören, entsetzlich.

ekelhaft ekelerregend, eklig, widerlich, geschmacklos, schal, ungenießbar, ranzig, bitter, unappetitlich, fies, widrig, übel, unangenehm. → abgeschmackt, abscheulich, abstoßend, anrüchig, anwidern, beißend, bitter, blatternarbig, böse, degoutiert. ▶ anziehend, appetitlich, erfreulich, schön.

ekeln verabscheuen, anekeln, anwidern, ankotzen, widerstreben, Übelkeit erregen, vor etwas fies sein u, widerwärtig sein, mißfallen ● zurückschaudern, zurückschrecken, die Kotze kriegen u, abwenden sich, entsetzen sich, aus dem Wege gehen, vermeiden ● verletzen, abstoßen, beleidigen, vergällen, entrüsten. ▶ anziehen, gefallen.

Eklat m → Aufsehen.

eklatant → auffallend, augenfällig, durchschlagend.

eklig → abscheulich, äußerst bitter, borstig, ekelhaft.

Ekstase Verzückung, Sinnestäuschung, Wahn, Enthusiasmus, Begeisterung, Übereifer, Exaltation, Taumel, Rausch. → Affekt, Aufregung, Aufschwung, Ausbruch, Begeisterung, Beseligung. ▶ Beherrschtheit, Gemütsruhe, Nüchternheit.

ekstatisch phantastisch, schwärmerisch, überspannt, verzückt, wunderlich, erregt. → begeistert. ▶ nüchtern.

Elaborat Ausarbeitung, Bearbeitung, Verbesserung, Ausbesserung, Erledigung, Beendigung, Verrichtung.

Elan m → Anlauf, Begeisterung, Elastizität.

elastisch biegsam, dehnbar, federnd, fedrig, geschmeidig, schmiegsam, sehnig. → biegsam, dehnbar. ▶ fest, steif.

Elastizität Schnellkraft, Spannkraft, Federkraft, Schwungkraft, Biegsamkeit, Emsigkeit,

Fleiß, Unermüdlichkeit, Ausdauer, Elan. → Arbeitslust, Begeisterung, Dehnung. ▶ Festigkeit, Steifheit.

Elegant → Dandy.

elegant geschmackvoll, auserlesen, gewählt, chic, modern, vornehm ● gewandt, höflich, hoffähig. → anmutig, anmutsvoll, charmant, fein. ▶ geschmacklos, häßlich.

Eleganz Gefälligkeit, Wohlklang, Schönheitssinn, Geschmack, Grazie, Anmut, Noblesse. → Anmut, Charme. ▶ Geschmacklosigkeit, Häßlichkeit.

elegisch klagend, wehmütig, schmerzlich, schwermütig, traurig, melancholisch, trostlos, düster. ▶ heiter.

elektrische Bahn → Bahn, Fahrzeug.

elektrisieren entflammen, erregen, anregen, ansporne, anfeuern, erhitzen, anstacheln, antreiben ● einen Schlag bekommen ● mit der elektrischen Leitung in Berührung kommen ● erschrecken. ▶ abstumpfen, langweilen.

elektrisierend → antreibend.

Elektrolyse f Niederschlag, galvanisches Bad, Galvanoplastik, Verkupferung, Verchromung, Versilberung, Vergoldung. → Auflösung.

Elektronengerät → Apparat.

Element Stoff, Körper, Ding, Wesen, Materie, Urstoff, Grundelement, Urmasse ● Batterie.

Element sein, in seinem → daheim.

elementar → einfach.

Elend Not, Drangsal, Kreuz, Kümmernis, Last, Leid, Mangel, Plage, Pein, Qual, Unheil, Verknappung. → Armut, Bekümmernis, Beschwerlichkeit, Bürde. ▶ Fülle, Glück, Wohlstand.

Elend, graues Gewissensangst, Gewissensbisse, Verzweiflung, Zweifel, Anklage, Entsetzen. → Elend. ▶ Gewissen gutes, Lebensfreude, Seelenfriede.

elend → abbrüchig, abgerissen, abscheulich, arm, aufgelegt, bedauerlich, begrenzt, bejammernswert, bestechlich, böse, charakterlos, dunkel, erwerbslos.

Elender → Ausbund, Bandit, Betrüger, Schurke.

Elevation → Erhebung.

Elevator Emporheber, Hebemaschine, Hebewerk, Kran, Förderwerk, Hebe, Flaschenzug, Winde. → Aufzug.

Eleve → Schüler.

Elfe → Fee.

elfenhaft → feenhaft.

Elimination → Entfernung.

eliminieren aussondern, entfernen, beseitigen, absondern, ausschließen, abschaffen, ausmerzen, ausweisen, sichten, ausscheiden, wegschaffen, wegräumen. ▶ hinzufügen.

Elite → Auslese.

Elixier Heilmittel, Heiltrunk, Absud, Balsam, Essenz, Extrakt, Medizin ● Jungbrunnen, Lebenselixier. → Abgang, Abguß, Abriß, Abschied, Arznei, Auszug.

elliptisch eirund, eiförmig, oval ● gekrümmt, gerundet.

eloquent → beredt.

elsternhaft → diebisch.

Eltern → Anverwandte.

Eltern, nicht von schlechten durchführen etwas, durchhalten, sein Ziel erreichen, seinen Mann stellen ● verständig, scharfsinnig, talentiert, begabt, befähigt, das Zeug zu etwas haben u, aufgeweckt. → gut. ▶ unbefähigt.

Elternhaus Vaterhaus, Zuflucht, Heim, Behausung, Geburtsstätte, Obdach. → Aufenthaltsort. ▶ Fremde.

elysisch paradiesisch, himmlisch, überirdisch, selig. →

Elysium → Beseligung, Eden.

Email Emaille, Schmelzglas, Schmelzglasüberzug, Emaillierung ● Oberschicht, Deckschutz, feuerfester Schutz, Schmelz, Glasfluß, Glasguß, Überglasung.

Emailfarbe → Bedeckung.

Emanzipation Gleichstellung, Gleichberechtigung, Unabhängigkeit, Selbständigkeit, Selbstbestimmung, Selbstbestimmungsrecht, Mündigsprechung, Freiheit, Frauenemanzipation, Frauenstimmrecht. → Befreiung. ▶ Abhängigkeit, Unterdrückung.

emanzipieren → befreien.

Emballage → Verpackung.

Embargo Beschlagnahme, Sperre, Verbot, Zurückhaltung, Behinderung, Ausschluß, Zwang, Stockung. → Beschlagnahme. ▶ Aufhebung, Rückgabe.

Emblem Kennzeichen, Sinnbild, Wappen, Merkzeichen, Merkmal, Warenzeichen, Markenzeichen, Hoheitszeichen, Erkennungszeichen.

Embonpoint → Bauch, Dicke.

Embryo Leibesfrucht, Ungeborenes, Keim.

Emeritierung Abberufung, Pensionierung, Entlassung.

Emigrant m → Auswanderer.

eminent → ausgezeichnet, außerordentlich.

Eminenz → Anrede.

Emissär m → Abgeordneter, Abgesandter.

Emission Aussendung, Ausfluß, Ausstrahlung, Anleihe, Ausbreitung, Sendung. → Ausgabe. ▶ Empfang.

Emotion → Affekt.

emotional gefühlsbetont, spontan, leidenschaftlich, erregt.

Empfang → Ankunft, Audienz, Aufnahme, Aufwartung, Einführung, Einladung, Erhaltung, Erwerb.

Empfangen → Empfängnis.

empfangen → aneignen, annehmen, beerben, bitten, Ehre schenken, einkommen, einlassen, entgegennehmen, erben, erlangen, ersitzen, erweisen Aufmerksamkeiten, fassen, abholen.

Empfänger Entgegennehmer, Annehmer, Abnehmer. → Apparat. ▶ Überbringer, (Absender).

empfänglich nachgiebig, pflaumenweich u, überzeugbar, überredbar, beeinflußbar, aufgeknöpft ● empfindlich, sensibel, empfindsam, reizbar, erregbar. → anfeuern, aufgeschlossen, besinnlich, disponiert, still. ▶ unempfänglich.

empfänglich, machen beeinflussen, anreizen, überreden, bereden, bewegen, bewirken, anempfehlen, einwirken, bearbeiten. → beeinflussen, befürworten, bestimmen, bewirken. ▶ ablehnen, hindern, lähmen, zurückhalten.

Empfänglichkeit Hang, Lust, Regung, Veranlagung, Verlangen, Neigung. → Empfindlichkeit. ▶ Unempfänglichkeit.

Empfängnis Fruchtbarkeit, Befruchtung, Zeugung, Fortpflanzung, Empfangen. → Befruchtung, Erzeugung. ▶ Unfruchtbarkeit.

Empfangsschein Quittung, Bescheinigung, Bestätigung.

empfehlen → anbieten, ankündigen, anpreisen, anregen, beantragen, befürworten.

empfehlen, sich scheiden, fortgehen, weggehen. → aufbrechen, aufmachen, rüsten sich, begeben sich, bewegen sich, bewerben sich. ▶ kommen.

empfehlenswert ratsam, nützlich, gut, ergiebig, erprobt, lobenswert, bewährt, brauchbar, preiswert, dienlich, günstig, vorteilhaft. → dankenswert, gut. ▶ empfehlenswert nicht.

empfehlenswert, nicht → anstößig, schlecht.

Empfehlung Gruß, Aufmerksamkeit, Ehrerbietung, Achtungserweisung, Kompliment, Verehrung ● Empfehlungsschreiben. → Angebot, Beeinflussung. ▶ Ablehnung, Unehrerbietigkeit.

empfinden bemerken, fühlen, gewahr werden, sich bewußt werden, verspüren ● drücken,

reizen, stechen, kitzeln, brennen, beißen, jucken, kratzen, kribbeln, krabbeln, bohren ● Gefühle hegen, in sich aufnehmen, sich beeinflussen lassen, bemächtigen, ergreifen, erleben, durchdrungen sein, beherrscht sein von einem Gefühl, den Weg zum Herzen finden ● erschauern, erzittern, erbeben, durchschüttern, den Atem verlieren, ärgern. ▶ abstumpfen.

empfindlich weich, verzärtelt, pimpelig u, quengelig u, allergisch. → einschneidend, empfänglich, empfindungsvoll, erbittert, ergreifen das Herz, erleben, erregbar, sensibel. ▶ unempfindlich.

Empfindlichkeit Sensibilität, Empfänglichkeit, Empfindsamkeit, Zugänglichkeit, Verletzbarkeit, Gereiztheit, Erregbarkeit, Reizbarkeit, Allergie, Aufgebrachtheit, Gefühlsduselei u ● Kratzbürstigkeit. → Anwandlung, Ärger, Bitterkeit, Empfänglichkeit, Erregbarkeit. ▶ Empfindungslosigkeit.

empfindsam rührsam, feinnervig, gefühlsbetont, mitfühlend, gefühlsdusselig u, musisch. → aufgeschlossen, empfänglich, empfindungsvoll, feinsinnig, sensibel. ▶ unempfindlich.

Empfindsamkeit → Empfindlichkeit, Feingefühl.

Empfindung → Charakter, Eindruck, Anhaltspunkt, Auffassung, Begriff, Eindruck, Einwirkung.

Empfindung, ohne → abgebrüht, ausdruckslos, barbarisch, dumpf.

empfindungslos → abgebrüht, barbarisch, besinnungslos, eindruckslos.

Empfindungslosigkeit → Betäubung, Coma.

empfindungsvoll feinfühlend, zartfühlend, gefühlvoll, empfindlich, empfindsam, sentimental, beweglich, schwärmerisch, gefühlsdusselig u. → feinsinnig, sensibel. ▶ empfindungslos.

empfohlen gut, erprobt, gelobt, beliebt, gut angeschrieben. → beliebt, gut. ▶ empfehlenswert nicht.

emphatisch deutlich, klar, nachdrücklich, ausdrücklich, nachdrucksvoll, entschieden, bedeutungsvoll, eindringlich, mit Nachdruck. ▶ oberflächlich, undeutlich, unbestimmt.

Empirie → Erfahrung.

empirisch erfahrungsgemäß, experimentell, experimentalisch, anschaulich, beweisend. ▶ (apriorisch), theoretisch.

Employé m → Arbeitnehmer.

empor auf. → aufsteigend,

aufwärts, bergauf, darüber, droben.

emporarbeiten erreichen, überwinden, überwältigen, emporklimmen, emporkommen, vorrücken, vorwärtskommen, es zu etwas bringen, Erfolg haben, erfolgreich sein, sich herausmachen u. ▶ bleiben zurück, faulenzen, unterliegen.

emporbringen → aufrichten, erhöhen.

Empore → Erhebung.

empören → anfeuern, anstoßen, aufhetzen, aufregen, bekämpfen, dawider, entrüsten, entzünden.

empören, sich heimzahlen, meutern, widersetzen sich, erheben sich, zusammenrotten sich, Trotz bieten, Verschwörung anzetteln. → anzetteln, auflehnen. ▶ gehorchen.

empörend abscheulich, haarsträubend, ekelerregend, gemein, verhaßt, unausstehlich, unanständig, abstoßend, anstößig, verheerend, gräßlich, unvorstellbar. → degoutiert. ▶ erfreulich.

Empörer → Aufständiger.

emporfliegen → erheben sich.

emporheben → erheben sich.

Emporheber → Aufzug, Elevator.

emporklettern → emporklimmen.

emporklimmen emporklettern, emporkommen, aufstreben, erklettern, hochkommen, klettern, steigen, aufschwingen. → emporarbeiten, erklettern. ▶ faulenzen, herunterspringen, unterliegen.

emporkommen aufgehen. → auftauchen, aufziehen, bahnen, bringen es zu etwas, emporarbeiten, emporklimmen, erklettern. ▶ bleiben zurück, faulenzen, herunterspringen, untertauchen.

Emporkömmling Neuling, Neureicher, Raffke, Schieber, Glückspilz, Glückskind, Usurpator, homo novus. → Banause, Streber.

emporlodern emporquellen, aufflammen, emporragen, brennen, strahlen, aufleuchten, blitzen, schimmern, aufhellen, flackern, lodern, scheinen, glühen, funken, glänzen. → aufsteigen. ▶ erlöschen, eindämmen.

emporquellen hervorbrechen, fluten, fließen, sprudeln, strömen, rinnen, emporrieseln, überfluten. → aufsteigen, emporlodern. ▶ austrocknen, versiegen.

emporragen aufrichten, aufflammen, aufpflanzen, auftürmen, aufhissen, erhöhen, aufrecht stehen, senkrecht sein ● hervorstechen, über-

strahlen, hervortun sich, die höchsten Stufen erklimmen. → aufsteigen, beherrschen, emporlodern. ▶ erniedrigen, versenken.

emporrichten → erheben.

emporrieseln → emporquellen.

emporschauen → erheben die Augen.

emporschwingen, sich → aufrichten, emporarbeiten, erhöhen.

emporsteigen → erklettern.

emporstreben → erheben sich, erklettern.

empört → entrüstet.

Empörung → Angriff, Auflauf, Auflehnung, Aufstand, Bürgerkrieg, Chaos, Entrüstung.

emsig anstellig, arbeitsam. → beflissentlich, eilfertig. ▶ faul, nachlässig.

Emsigkeit Regsamkeit, Rührigkeit, Schaffenslust, Beharrlichkeit, Betriebsamkeit, Fleiß, Ausdauer. → Arbeitslust, Beflissenheit, Bestreben, Eifer, Elastizität. ▶ Faulheit, Nachlässigkeit.

Endabsicht Zweck, Ziel, Bestimmung, Vorsatz, Vorhaben, Zielpunkt, Vorherbestimmung. ▶ Zufall.

Endbuchstabe → Endung.

Ende Exitus, Finale, Endrunde, Endsatz, Schlußteil, Schluß, Finish, Finis, Happy-End, Freitod, Endergebnis, Fazit, Schlußsumme, Ergebnis, Endkampf ● Selbstmord, Harakiri ● alle sein ● Stummel, Kippe u ● Tampen sm (Ende einer Leine), Nocken sm, Bändsel sm, Topp sm. → Ableben, Abschluß, Ausgang, Ausläufer, Coda, Endpunkt, Ergebnis, Feierabend. ▶ Anfang, Leben.

Ende, böses Verschlechterung, Rückgang, Verfall, Matthäi am letzten sein u ● Schicksalsschlag, Vernichtung, Niedergang ● Strafe, Gefängnis ● schiefer Ausgang, böses Ende, getäuschte Erwartung. ▶ Aufbau, Fortschritt, Glück.

Ende gut, alles gut vollendet, beendet, vorbei, vorüber, vollbracht, abschließend, fertig ● guter Ausgang, glückliches Ende. ▶ Mißerfolg, unvollendet.

Ende kommen, zu → belassen.

Ende machen, ein → belassen.

Endeffekt Schlußeffekt, Verherrlichung, Apotheose. → Endabsicht.

endemisch → einheimisch.

enden → abschaffen, aufhören, ausführen, ausgehen, begrenzen, sterben.

endend → abschließend, endlich.

Endergebnis Bescheid, Ergebnis, Befund, Urteil, Beschluß, Vollendung, Schlußarbeit, Bewertung, Zeugnis. → Ende. ▶ Anfang.

endgültig → besiegelt, definitiv, determiniert, eidlich, ein für allemal, entschlossen, ernstlich.

Endkampf → Ende.

endlich schließlich, zuletzt, darnach, abschließend, am Ende, zum Schluß, zu guter Letzt. → daher. ▶ uferlos.

Endlichkeit → Begrenztheit.

endlos → allerhand, allewege, andauernd, ausgedehnt, einem fort in, enorm.

Endlosigkeit → Ewigkeit.

Endpunkt Ende, Beendigung, Beschluß, Abschluß, Omega, Fertigstellung, Schlußstein, das Letzte, das Äußerste. → Ende. ▶ Anfangspunkt.

Endrunde → Ende.

Endsatz → Ende.

Endspurt Spurt, Beschleunigung, Ziellauf, letzte Anstrengung.

Endung Satzendung, Sprachendung, Endziffern, Endbuchstaben, Wortendung. → Anhang, Beifügung. ▶ (Vorsilbe).

Endziel Endzweck, Enderfolg, Endpunkt ● Ende, Schluß, Ausgang, Ausklang ● Vollendung. ▶ Beginn, Start.

Endzweck → Endabsicht.

Energie Arbeitslust, Schärfe, Kraft, Nachdruck, Tatkraft, Schneid, Ausdauer, Wirksamkeit, Strenge, Lebensmut. → Arbeitslust, Beflissenheit, Beharrlichkeit, Bemühung, Dynamik, Ehrgeiz, Enthusiasmus, Entschiedenheit. Schaffenskraft. ▶ Faulheit, Kraftlosigkeit, Phlegma.

energiegeladen dynamisch, vital, gewaltig, machtvoll, kraftvoll, stark, kraftstrotzend ● willensstark, aktiv. ▶ lahm.

energielos schwach, kraftlos, unfähig, marklos ● träge, ohnmächtig, faul, untätig, langsam, phlegmatisch, schlaff, tranig, lapsig u, trauerklötig u, trottelig, vertrottelt, läppisch, flapsig u, lahmarschig u, tranfunzelig u, waschlappig ● unbeständig, flatterhaft. → arbeitsunfähig, bequem. ▶ energisch.

energieloser Mensch Schlappier, Schlappschwanz, Schlappsack, Memme, Schisser u, Schmachtlappen, Hampelmann, Lahmer, Lahmarsch u, Jammerlappen, Flaps u, Laps u, Heini u, Laumann u, Leimsieder, Tranfunzel u, Trottel, Waschlappen, Suse u. ▶ Mann der Tat.

energisch streng, nachsichtslos, gebieterisch, entschieden, ausdrücklich, strikte, bestimmt, kurz und bündig, ohne Rücksicht, ohne viel Federlesens, mit der Faust auf den Tisch schlagen. → arbeitsam, bestimmt, derb, durchgreifend. ▶ energielos.

eng eingeengt, fest, zusammengezogen, schmal, eingeschränkt, beengt, hauteng, knapp, gepreßt, eingepreßt, zusammengedrängt. → arg, beklemmend, eingekeilt.▶weit.

Engagement Verpflichtung, Einstellung ● Interesse, Leidenschaft.

engagieren → anstellen, brauchen, chartern, dingen.

engagieren, sich verschreiben, binden sich, einlassen sich, einmieten lassen sich, einstellen lassen sich. ▶ ablehnen, lösen sich.

enganliegend → anliegend.

Enge → Begrenztheit, Beklemmung, Dilemma, Einengung, Engpaß.

Enge treiben, in die zurücktreiben, erschüttern, entkräften, schwächen, verstummen machen, zum Schweigen bringen.▶ fördern, Stange halten die.

enge → eng, eingekeilt.

Engel Cherub. → Fee.

Engel, gefallener → Dämon.

Engel, rettender → Befreier.

engelgleich vollendet, vollkommen, makellos, rein, fehlerfrei, tugendhaft, himmlisch. → anmutig, beseligend. ▶ häßlich, teufelhaft.

engelsfromm seelengut, gedankenrein, herzensrein, ohne Falsch. → arglos. ▶ teufelhaft.

Engelsgüte Gutmütigkeit, Milde, Sanftmut, Beherrschtheit, Langmut. → Duldsamkeit. ▶ Härte, Unduldsamkeit.

engherzig scheinheilig, bigott, pedantisch, engstirnig, grämlich, kleinlich, kleinkrämerisch, voreingenommen, unduldsam, spießig ● geizig, knickerig, habgierig. → bedürfnisvoll, beengt, befangen, begehrlich, bigott, bürokratisch, dumm, egoistisch, einseitig. ▶ großzügig.

Engherzigkeit → Denkart kleinliche, Egoismus, Eigennutz.

engmachen → einschnüren.

Engpaß *M* Paß, Wegenge, Schlucht, Enge, Flaschenhals, Beengtheit. → Durchbruch, Hindernis. ▶ Breite, Hilfe.

engstirnig verrannt, verkappt, vorurteilslos, borniert, unzugänglich, hartnäckig, intolerant. → albern, beengt, befangen, bigott, bürokratisch, dumm, einsichtslos, engherzig. ▶ großzügig, klug, tolerant.

Enkel → Abkomme, Anverwandte.

Enkelkinder → Abkomme.

enorm endlos, sehr viel, zahllos, gewaltig, erheblich, übergroß, ungeheuer. → ansehnlich, ausgedehnt, ausnehmend, außerordentlich. ▶ gering, winzig.

enragiert wütend, rasend, gereizt, böse, zornig, giftig, wild, grimmig, sehr aufgebracht. ▶ beherrscht, ruhig.

entarten ausarten, zurückgeben, abnehmen, verfallen, verschließen, tiefer sinken, aus der Art schlagen, schlechter werden. → abweichen. ▶ auffrischen, verjüngen.

entartet müde, abgelebt, hochmütig, eingebildet, blasiert, übersättigt, abgestumpft, mißgeartet, dekadent. → abgelebt, abgestumpft, dekadent, entarten. ▶ jung, kraftvoll, natürlich.

Entartung Niedergang, Abstieg, Dekadenz, Neige, Rückbildung, Atavismus, Rückschritt, Unheil, Verfall. → Degeneration, Dekadenz, Demoralisation. ▶ Erneuerung, Natürlichkeit, Verjüngung.

entäußern → begeben, Feld räumen das.

entäußern, sich abtreten, weggeben, veräußern, übergeben, aushändigen, geben, aus der Hand geben. → ausliefern. ▶ behalten.

entbehren mangeln, fehlen, kargen, verarmen, missen, vermissen, drumkommen, Not leiden, arm sein, Mangel leiden, entraten → ausgehen, darben, drumkommen, ermangeln, fehlen lassen es. ▶ auskommen, schlemmen.

entbehrlich überflüssig, unnötig, unnütz, nutzlos, überzählig, übrig. → disponibel. ▶ unentbehrlich.

Entbehrung Mangel, Ausfall, Dürftigkeit, Not, Armut, Verknappung, Übelstand, Manko ● Einbuße, Verlust. → Durst. ▶ Hülle und Fülle.

entbieten → befehlen.

entbieten, zu sich berufen, vorladen, vorfordern, einladen, bescheiden, heißen, fordern, beauftragen, verlangen, beordern, bestimmen. ▶ erscheinen, gehorchen.

entbinden gebären, abnabeln● befreien, erlösen, entheben, davonbringen, losbinden, entledigen, freisprechen, lossprechen ● schuldlos sprechen, von der Anklage entbinden. → abbinden, absondern, auflösen, auslösen, ausspannen, bahnen, begünstigen, bringen zur Welt, erlassen. ▶ einsperren, verbinden, verpflichten, verurteilen.

Entbindung Geburt, Niederkunft ● Lossprechung, Loslösung, Freispruch. → Ablaß, Befreiung, Beilegung, Dispensation, Erleichterung, Erlösung, Erzeugung. ▶ Verpflichtung, Verurteilung.

entblättern → abblättern, blättern, demaskieren.

entblöden, sich nicht erdreisten, herausnehmen sich, anmaßen sich, vermessen sich, erkühnen sich, gestatten sich, unverschämt sein, frech sein. ▶ fügen sich.

entblößen ablegen, abstreifen, auskleiden, exhibieren, ausziehen,entkleiden,sich frei machen, sich dekolletieren.→ abdachen, abstreifen, ausdehnen, ausziehen, blättern, dekolletieren sich, demaskieren, strip. ▶ anziehen.

entblößt tief ausgeschnitten bloß, bar, entkleidet, unbekleidet ● haarlos, unbefiedert. → blattlos, federlos, dekolletiert. ▶ behaart, (bekleidet).

Entblößung → Enthüllung.

entbrannt entflammt, begeistert, bezaubert, entzündet, ergriffen, gefesselt, gepackt, erregt, verliebt. → begeistert, entzündet. → gelangweilt, nüchtern.

entbrennen entflammen, ereifern sich, erglühen, erwärmen, hinreißen, sehen sich, begehren ● lieben, gern haben. → brennend, entbrannt. ▶ langweilen, verabscheuen.

entbunden entfesselt, losgelöst, gelöst, befreit, enthoben, überhoben, abgetan, freigesprochen, ungebunden, entlastet, entledigt. → behaglich, entlastet. ▶ eingesperrt, verbunden, verpflichtet.

entbürden erleichtern, abnehmen, entlasten, helfen, vermindern, abladen, befreien, leicht machen. → abnehmen, abwerfen, bahnen, befreien, begünstigen, bemänteln, Brücken bauen goldene, ebnen den Weg, entladen, entlasten, erleichtern. ▶ aufhalsen, erschweren.

entbürdend → entspannend.

Entbürdung → Entspannung, Erleichterung.

entdampfen entdünsten, evaporieren, verdunsten, ausdünsten, verdampfen, verflüchtigen, verrauchen, flüchtig werden. ▶ niedergeschlagen.

entdecken auffinden, aufspüren, aufstöbern, finden, gewahren, sehen, bemerken, erblicken, Braten riechen, bei Licht besehen, auskundschaften, austüfteln, ausklamüsern *u*, beriechen, herauskriegen, spitzkriegen, beschnuppern, dahinterkommen, herumknobeln *u* ● ergründen, erraten, enträtseln, erschließen, spitz haben, heraushaben. → auftreiben, ausfindig machen, ausschütten, beikommen, dahinterkommen, denken, eindringen in das Geheimnis, enträtseln, erforschen, erraten. ▶ nachforschen, übersehen, unerkennbar (sein).

Entdecker → Bahnbrecher.

Entdeckung Auffindung, Ausfindung, Erforschung, Aufspürung, Ausspürung. → Erfindung, Erforschung.

entdünsten → entdampfen.

Ente → Betrug.

entehren entweihen, entwürdigen, mißbrauchen, beflecken, herabsetzen, verleumden, verlästern, brandmarken, beschimpfen. → angreifen, begreifen, beschuldigen, besudeln, bloßstellen, diskreditieren, Ehre bringen um die, entweihen. ▶ ehren.

entehrend herabwürdigend, schamlos, verächtlich, schmählich, schimpflich, schandvoll, skandalös, unwürdig, nichtswürdig, anrüchig, anstößig. → charakterlos, despektierlich. ▶ ehrenhaft.

Entehrer → Casanova, Faun.

Entehrte → Courtisane, Dirne.

Entehrung Verleumdung, Beeinträchtigung, Ehrverletzung, Schmähung, Verunglimpfung, Brandmarkung, Verlästerung, Mißachtung, Beleidigung, Ehrabschneidung, Bemäkelung, Beschimpfung. → Beleidigung, Ehrenkränkung, Entweihung, Erniedrigung. ▶ Ehre, Ehrenhaftigkeit.

enteignen → berauben, bestehlen.

Enteignung Auslieferung, Wegnahme, Fortschaffung, Aneignung, Bemächtigung, Beschlagnahme, Konfiskation, Aussagung, Entziehung, Beraubung, Diebstahl, Expropriation. → Ausplünderung, Bemächtigung, Entfremdung, Entnahme. ▶ Wiedergutmachung.

enteilen davonlaufen, davoneilen, wegeilen, flüchten, entschlüpfen, entschwinden, verduften, verschwinden, davonspringen, davonrennen. → aufspringen, beschleunigen, desertieren, durcheilen, entfliehen. ▶ zurückkommen.

Entente f → Bündnis.

enterben → bemächtigen.

Enterbung → Bemächtigung.

entfachbar → entzündbar.

entfachen → anschwellen, anstecken, anzünden.

entfädeln entwirren, lösen, ordnen, auseinanderbringen, zurechtbekommen, entflechten. ▶ verwirren.

entfahren entschlüpfen, ent-

weichen, entrinnen, heraussprudeln, herausplatzen, herausfahren. ▶ verheimlichen, zurückhalten.

entfallen vergessen, verlernen, entschlüpfen, entschwunden, aus dem Sinn kommen, aus dem Gedächtnis kommen, sich nicht besinnen können, nicht mehr daran denken. → ausfallen. ▶ erinnern sich, wissen.

entfalten glätten, ebnen, ausfalten, glattmachen ● entschleiern, entmummen, enthüllen. → aufbauen, aufblühen, aufgehen, ausschlagen, ausschütten, bebauen, blähen, darbieten, dehnen, entrollen, erblühen, ergänzen. ▶ verblühen, zusammenlegen.

entfalten, sich zunehmen, ausdehnen, ausbreiten, entwickeln, aufgehen, knospen, aufschließen, wachsen, entsprossen, vervollständigen sich, entwickeln sich. → ändern, anschwellen, aufbauschen, bevölkern, dick werden, entwickeln sich. ▶ abnehmen, unentwickelt (sein), verblühen.

Entfaltung Entwicklung, Evolution, Erweiterung, Fortschritt, Wachstum, Ausbau ● Prunkentfaltung, Frachtsentfaltung, Gepränge. → Aufbau, Ausdehnung, Entwicklung, Entfaltungsmöglichkeit. ▶ Rückschritt, Verfall.

Entfaltungsmöglichkeit Spielraum, Ausdehnung, Bewegungsfreiheit, Wirkungskreis, Entfaltungsgebiet, Entfaltungsumfang. → Ausdehnung.

Entfaltungsumfang → Entfaltungsmöglichkeit.

entfärben bleichen, erblassen, verblassen, erbleichen. → ausgehen, bleichen, erblassen, erschrecken, Farbe wechseln. ▶ erröten, färben, unberührt (bleiben).

entfärbt → farblos.

Entfärbung → Blässe, Farblosigkeit.

entfernen abstreichen, wegschaffen, wegräumen, verlagern, abwischen, ausreißen, ausbrechen, ausrupfen, auszupfen, ausgraben, abräumen, platzmachen, ausschöpfen, aussaugen, vernichten, ausziehen, auspressen, ausringen, auswinden, ausdrücken, ausquetschen, auslaugen, abzapfen, entwässern, abziehen, abfüllen, schröpfen. → abbalgen, abblättern, abdachen, abdecken, ausziehen, beseitigen, beschneiden, davonmachen, maskieren, eliminieren, entladen, fernhalten. ▶ aufstellen,

füllen, hinzufügen, näherkommen, vermischen.

entfernen, sich abreisen, empfehlen, scheiden, verschwinden, abfahren, weggehen, fortgehen, abschwenken, abwandern, ausreisen, verduften, abbiegen, umkehren, entweichen, abrücken, ausziehen, aufmachen sich, abbauen u, abhauen u, abkratzen, abschieben, absokken u, abstinken u, ausbüxen u, von der Bildfläche verschwinden, einpacken u, kneifen, Leine ziehen u, sich auf die Lappen machen u, die Hasenpanier ergreifen, sich zum Kuckuck scheren, in den Sack hauen u, sich auf die Socken machen u, sich zum Teufel scheren, sich in die Büsche schlagen, in der Versenkung verschwinden, sich drücken, verdrücken, verkrümeln u, verdünnesieren u, sich empfehlen. → abweichen. ▶ zurückkommen.

entfernt abgelegen, einsam, entlegen, fern, fremd, weit, unerreichbar, weit weg. → abgelegen, abwesend, entlegen, fern. ▶ anwesend, nahe.

entfernt halten, sich → bleiben zurück, einspinnen sich.

entfernt sein → beikommen nicht, fehlen.

Entferntheit → Distanz, Entfernung, Entlegenheit.

Entfernung Wegschaffen, Elimination, Streichung, Weggang, Entferntheit, Ferne, Weite, Abstand, große Ecke u, ganzes Ende, Mordsweg u ● Ausreise, Auswanderung. → Abstand, Abtrennung, Abzug, Distanz, Entlegenheit, Fahnenflucht. ▶ Anwesenheit, Einzug, Nähe, Verbindung.

entfesseln losmachen, befreien, freisetzen, lösen, freimachen, entketten, losketten, entjochen. → abbinden, abwerfen, auslösen, bedingen. ▶ einsperren, verbinden.

entfesselt → entbunden.

entfiedern → abbalgen.

entflammen → anregen, aufregen, begeistern, begeistert, bewirken, drängen, elektrisieren, entbrennen, erwecken.

entflammend → anregen, antreibend, aufregen, drängen.

entflammt → entbrannt, entzündet.

entflechten → entfädeln.

entflecken → säubern.

entfliegen davonfliegen, wegfliegen, entweichen, fortfliegen. → entfliehen. ▶ zurückkommen.

entfliehen durchbrennen, davoneilen, entlaufen, desertieren, abdampfen, entschwinden, fliehen, enteilen, flüchten, entkommen. → abhauen, aufspringen, davonlaufen, davonmachen sich, davonschleichen, desertieren, entfernen, entgehen, entkommen, entlaufen, entziehen sich der Gefahr. ▶ zurückkommen.

entfließen entquellen, entspringen, herauskommen, fließen, ausmünden, entströmen, hervorbrechen. → auftauchen, austreten, ergießen sich. ▶ ablaufen, eindringen, füllen.

entfremden → abstoßen, auseinanderleben, benachteiligen, einbrechen.

entfremdet fremd, unnahbar, unzugänglich, auseinander, getrennt ● uneinig, entgegengesetzt, feindlich. → fern. ▶ befreundet, zugänglich.

Entfremdung Uneinigkeit, Zwietracht, Trennung, Mißverständnis, Entzweiung, Kälte ● Spannung, Weltentfremdung, Absonderung ● Diebstahl, Enteignung. → Abbau, Bemächtigung, Bitterkeit, Bruch, Disharmonie, Entzweiung, Feindschaft. ▶ Bekanntschaft, Einigkeit, Freundschaft, Zugänglichkeit.

entführen → bemächtigen, berauben, bestehlen.

Entführung → Bemächtigung, Beraubung.

entgegen entgegengesetzt, gegenwirkend, gegen, gegenüber ● abgeneigt, gegenteilig, gegnerisch, gegensätzlich, widersetzlich, ablehnend, abschlägig. → auseinander, contra, diametral, divergierend, doch. ▶ dafür, übereinstimmend.

entgegenarbeiten hemmen, hindern, verhindern, niederhalten, schwächen, erschweren, beschweren. → abwenden, aufhalten, beeinträchtigen, beirren, bekämpfen, dawider, dazwischentreten, eindämmen. ▶ helfen, unterstützen.

entgegenbringen → erweisen.

entgegeneilen nähern, anrücken, hinlaufen, herkommen, herbeilaufen, herbeirennen, entgegenkommen, entgegenlaufen, entgegengehen, heranlaufen ● treffen. ▶ fortlaufen.

entgegengehen → begegnen, entgegenstellen.

entgegengesetzt → anders, andersgeartet, contra, dagegen, dawider, diametral, divergierend, entfremdet, entgegen, feindlich.

entgegenhalten hinhalten, zeigen ● widersprechen, abschlagen, verweigern. → einkommen, fangen mit seinen eigenen Worten, gegen. ▶ bejahen, beistimmen.

entgegenhandeln zuwiderhandeln, aufbegehren, widerstehen, verweigern, weigern, widersetzen sich, ungehorsam sein. → ausfallen, brechen einen Vertrag, erheben sich. ▶ gehorchen, helfen.

entgegenjauchzen preisen, rühmen, besingen, entgegenjubeln, feiern, verherrlichen, Ehre bezeigen, Ehre erweisen. ▶ ablehnen, verabscheuen, verdammen.

entgegenjubeln → Ehre bezeigen, entgegenjauchzen.

Entgegenkommen Bereitwilligkeit, Gefälligkeit, Geneigtheit, Liebenswürdigkeit, Wohlwollen, Nachgiebigkeit, Willigkeit, Willfährigkeit, Freundlichkeit ● Näherkommen, Treffen. → Angebot, Beflissenheit, Bereitwilligkeit, Dienstwilligkeit, entgegeneilen, Einräumung, Erkenntlichkeit. ▶ Abzug, Herzlosigkeit, Ungefälligkeit, Widerspenstigkeit.

entgegenkommen zugreifen, helfen, willfahren, nachgeben, willig sein, unterwürfig sein. → begegnen, betragen sich, bieten Gelegenheit, breitschlagen, entgegeneilen, erwarten. ▶ beharren, entgegenstellen, fortlaufen, überheben sich.

entgegenkommend → angenehm, aufmerksam, dienstbereit, dulderisch, entgegenkommend, erbötig.

entgegenlaufen → entgegeneilen, entgegenkommen.

Entgegennahme → Erhaltung.

entgegennehmen annehmen, empfangen, erhalten, abnehmen, beziehen, mitnehmen, fassen u, kriegen u, erben. → annehmen, nehmen. ▶ ablehnen, geben.

Entgegennehmer → Empfänger.

entgegensehen vorherfühlen, ahnen, erwarten, vorhersehen, erhoffen, voraussehen ● hinsehen, ansehen. → ahnen, befürchten, erwarten ● abwenden sich, übersehen, zurückblicken.

entgegenstehen → bekämpfen, dawider, entgegenarbeiten, entgegenhandeln.

entgegenstellen → bekämpfen, brechen mit, dawider, Einspruch erheben, Protest erheben.

entgegenstellen, sich widerstehen, entgegentreten, entgegenwirken, widersprechen, widerstreben, trotzen, sauer reagieren, auflehnen sich, sträuben sich. → abwehren, auflehnen, entgegenarbeiten, entgegenhandeln. ▶ entgegenkommen, helfen.

entgegenstreben → einkom-

men, gegen, entgegenarbeiten, entgegenhandeln, entgegenstellen.

entgegenstrecken anbieten, reichen, übergeben.

entgegentreten → antworten, auflehnen, aufklären, bürgen, entgegenarbeiten, entgegenhandeln, entgegenstellen, ereifern sich.

entgegenwirken → abwehren, auflehnen, bekämpfen, benehmen die Lust, einkommen gegen, entgegenarbeiten, entgegenhandeln, entgegenstellen.

entgegnen → antworten, aufklären, beantworten, einfallen, einreden, einwerfen, erwidern.

Entgegnung → Abwehr, Antwort, Berichtigung, Einwand.

Entgehen → Entweichen.

entgehen entkommen, entschlüpfen, entwischen, entfliehen, an etwas herumkommen ● überhören, übersehen. → davonlaufen, entkommen, entschlüpfen. ▶ ereilen, erspähen, hereinfallen, hören.

entgeistert → baff, bange.

Entgelt Entlohnung, Lohn, Sold, Löhnung, Gehalt, Tagelohn, Tagegelder, Heuer *sm* ● Gabe, Erkenntlichkeit. → Abfindung, Ausgleich, Dank.

entgelten wiedervergelten, vergelten, wettmachen, ausgleichen, zurückgeben, vergüten, entschädigen, ersetzen, belohnen, entlohnen. → decken, erstatten. ▶ einheimsen, schädigen, verzeihen.

entgeltenlassen → erwidern.

Entgeltung → Belohnung, Erkenntlichkeit, Ersatz.

entgleisen scheitern, fehlschlagen, mißlingen, mißraten ● ausgleiten, straucheln, vergessen sich, taktlos sein. → abschwenken, abweichen, ausgleichen, brechen das Gesetz, bringen es nicht weit ● feststehen, gelingen, taktvoll (sein).

Entgleisung Verstoß, Fehltritt, Mißachtung, Schnitzer, Unschicklichkeit, Hinwegsetzung, Taktlosigkeit. → Extravaganz, Fehler, Fehltritt, Formlosigkeit. ▶ Fehlerlosigkeit, Höflichkeit, Takt.

entgleiten → abfallen, schwinden.

entglühen → entbrennen, entflammen.

enthalten einschließen, umfassen, zugehören, einbeziehen, fassen, halten. → abstehen, beigeordnet, bekämpfen, bestehen aus, bilden, entziehen sich, fassen, fassen in sich. ▶ ausschließen, ausschweifen, zugreifen.

enthalten, sich abstehen, unterlassen, zurückhalten, schweigen ● entziehen, verzichten, entsagen, versagen sich. → beiseite legen, bekämpfen, belassen, bewenden lassen, entwöhnen.

enthaltsam bedürfnislos, sparsam, genügsam, bescheiden, mäßig, anspruchslos ● opferungsfähig, opferwillig. → abstinent, anspruchslos, bedürfnislos, bezähmen. ▶ anspruchsvoll, ausschweifend, unbescheiden.

Enthaltsamkeit → Abstinenz, Askese, Beherrschung, Bescheidenheit, Diät.

Enthaltung Sparsamkeit, Bescheidenheit, Einfachheit, Genügsamkeit, Mäßigkeit, Beschränkung, Einschränkung, Abstinenz, Beherrschung, Bescheidenheit, Dispensation, Einstellung, enthaltsam, Entsagung, Entwöhnung. ▶ Ausschweifung, Unmäßigkeit, Verschwendung.

enthärten einweichen, aufweichen, schmelzen, erweichen, geschmeidig machen, biegbar machen, weich machen. → bähen, einweichen, erweichen. ▶ härten.

Enthaupten → Bestrafung.

enthaupten → bestrafen.

enthäuten → abbalgen.

entheben befreien, dispensieren, entledigen, davonbringen, lossprechen, erlösen, abberufen, ledig, sprechen, vom Amt entheben. → benehmen das Recht, entbinden, entledigen, erlassen. ▶ bevollmächtigen, verpflichten.

Enthebung → Befreiung, Dispensation.

entheiligen → entweihen.

Entheiligung → Entweihung.

enthoben → entbunden.

enthüllen → abblättern, angeben, anzeigen, aufklären, ausdehnen, auspacken, aussagen, ausschütten, äußern, ausziehen, beichten, bekennen, belehren, benehmen, blättern, bloßlegen, dartun, dekolletieren sich, demaskieren, entblößen, entfalten, entpuppen, entrollen, exponieren, Irrtum nehmen.

Enthüllung Entkleidung, Nacktheit, Auskleidung, Entblößung, Blöße, Abschälung, Schälung ● Bekanntgabe, Offenbarung, Eröffnung, Aufklärung, Kundgebung ● Geständnis, Beichte, Bekenntnis. → Beichte, Bekenntnis, Benachrichtigung, Berichtigung, Entlarvung. ▶ Verheimlichung, Verschleierung.

Enthusiasmus Tatkraft, Energie, Eifer ● Erregung, Feuer, Inbrunst, Ernst, Begeisterung, Leidenschaft, Herzlichkeit, Bewegung, Entzückung, Berauschung, Optimismus. → Affekt, Aufregung, Begeisterung, Bezauberung, Ekstase. ▶ Ernüchterung, Lei-

denschaftslosigkeit, Schwäche, Trägheit.

Enthusiast Phantast, Romantiker, Fanatiker, Schwärmer, Feuerkopf, Optimist, Hitzkopf. ▶ nüchtern(er), leidenschaftslos(er Mensch).

enthusiastisch → begeistert.

entjochen lösen, losbinden, abhalftern, ausschirren, absatteln, abschnallen, losschließen, befreien, losketten, freimachen. → abwerfen, ausspannen, entfesseln. ▶ anspannen, belasten.

entkeimen → entsprießen, entstehen.

entkeimt → entsprossend.

entketten → entfesseln.

entkleiden → abstreifen, aufheben, ausdehnen, ausziehen, benehmen das Recht, bequem, dekolletieren sich, demaskieren, entblößen.

entkleidet → entblößt.

Entkleidung → Enthüllung, Entlarvung.

Entkommen → Entweichen.

entkommen entschlüpfen, entweichen, entgehen, entrinnen, entfliehen, entlaufen, entwischen, fliehen ● überstehen, am Leben bleiben, aus dem Kerker brechen ● überrollen j. → davon auf und, davonlaufen, davonmachen sich, desertieren, durchkommen, entfliehen, entgehen, entlaufen, entschlüpfen. ▶ einfangen, erliegen.

entkorken → öffnen.

entkräften schwächen, erschöpfen, lähmen, unterdrücken, niederdrücken ● widerrufen, zurücknehmen. → abwenden, beeinträchtigen, berauben, bezwingen, drosseln, Enge treiben in die, fangen mit seinen eigenen Worten. ▶ bekräftigen, kräftigen.

entkräftend → aufreibend.

entkräftet widerlegt, hinfällig, aufgehoben, umgestoßen, abbefohlen, widerrufen, zurückgenommen. → abgespannt, bebend, dienstunfähig, entnervt, erholungsbedürftig. ▶ bekräftigend, frisch, kräftigend, stark.

Entkräftung Kraftlosigkeit, Ohnmacht, Schwäche, Unvermögen, Schwächung, Ermattung, Erschlaffung, Erschöpfung ● Widerlegung, Einspruch, Gegenzeugnis, Umstoßung, Gegenteil. → Abspannung, Beeinflussung, Beschwerde, Blutarmut, Ermattung, Erschöpfung. ▶ Bekräftigung, Kraft, Kräftigung.

entkrampfen → lösen.

entladen ausladen, abräumen, wegbringen, entfernen, abladen, entleeren, ausscheiden, löschen *sm* ● entlasten, erleichtern, entbürden, hel-

fen, beispringen. → ausladen. ▶ beladen, belasten.

Entladung Blitzschlag, Donner, Ausbruch, Gewitter, Erschütterung, Gewalt, Krach, Schlag, Knall, Krachen, Explosion. → Bewegungstrieb, Blitz, Detonation, Dynamik, Explosion.

entlang längs, neben, seitwärts, daneben, der Länge nach, von Ende zu Ende. ▶ mitten, mittendrin.

entlarven anzeigen, aufklären, ausdehnen, auspacken, auszeihen, bloßlegen, dahinterkommen, demaskieren, überführen.

Entlarvung Entkleidung, Enthüllung, Demaskierung ● Offenbarung, Aufklärung, Schaustellung. ▶ Verheimlichung, Verschleierung.

entlassen freisprechen, lossprechen ● entsetzen, beurlauben, verabschieden, abdanken, austreten ▶ abhauen, absägen, abservieren *u*, schassen, wippen *u*, den Laufpaß geben, zum Teufel jagen, wimmeln *u* ● fliegen, einen Tritt kriegen, gegangen werden *u* ● auf die Menschheit loslassen. → abbauen, abdanken, arbeitslos, auslösen, ausweisen, begnadigen, benehmen die Macht, entsetzen. ▶ einstellen lassen, verurteilen.

Entlassung Ausschließung, Versetzung, Ausschluß, Abschaffung ● Freilassung, Loslassung, Freigabe, Verabschiedung. → Abbau, Absolution, Amtsabtretung, Auflösung, Befreiung, Erlösung, Exil. ▶ Anstellung, Verurteilung.

entlasten beistehen, einstehen, beispringen, fürsprechen, helfen, rechtfertigen, entschuldigen. → abnehmen, abwehren, bahnen, befreien, begünstigen, beistehen, bemänteln, ebnen den Weg, entbürden, entladen, entledigen, entschuldigen, entspannen, erleichtern. ▶ belasten, erschweren, hemmen, hindern.

entlasten, sich → beichten.

entlastend → entspannend.

entlastet entbunden, frei, entspannt, sorglos, unbesorgt, gelöst. → angenehm, behaglich, entbunden, entspannt. ▶ belastet, erschwert, sorgenvoll, unfrei.

Entlastung Erleichterung, Befreiung ● Berichtigung, Rechtfertigung, Fürsprache, Beispringen, Hilfe. → Befreiung, Ehrenrettung, Entschuldigung, Entspannung, Erleichterung. ▶ Belastung, Erschwerung.

entlaufen entfliehen, entwischen, durchkommen, entkommen, flüchten, fliehen. → dannen gehen von, davonlaufen, desertieren, entfliehen, entkommen, entziehen sich der Gefahr. ▶ bleiben, zurückkehren.

entledigen befreien, erlösen, entheben, lösen, entlasten, losmachen, wegtun, sich vom Halse schaffen u, leicht machen. → ausrotten, befreien, bezahlen, entbinden, entheben. ▶ belasten, bevollmächtigen, erschweren.

entledigen, sich fahren lassen, vom Halse schaffen. → ausführen, betragen sich. ▶ aufhalsen.

entledigt → entbunden.

Entledigung Erledigung, Erlösung, Losmachen, Befreiung, Freimachung. → Ablauf, Befreiung, Bewerkstelligung, Erleichterung. ▶ Belastung, Erschwerung.

entleeren auswerfen, lösen j, kälken j, schmeißen j, stäuben j. → abladen, ausfließen, auspacken, drainieren, entladen, leeren.

Entleerung Leerung, Ausscheidung, Abtreibung, Absonderung, Erguß, Austritt, Auswurf, Ausdünstung, Stuhlgang, Losung j. → Auswurf, Erguß, Exkrement. ▶ Füllung.

entlegen entfernt, weit, fern, auswärtig, unerreichbar, unzugänglich, abgelegen, fremd, getrennt. → abgelegen, abseits, davon, einsam, entfernt, fern. ▶ nahe.

Entlegenheit Entfernung, Ferne, Entferntheit, Einsamkeit, Abgesondertheit, Unerreichbarkeit, Unzulänglichkeit, Abgelegenheit, am Ende der Welt, wo sich die Füchse gute Nacht sagen. → Distanz. ▶ Nähe.

entlehnen leihen, entleihen, borgen, pumpen, ausborgen, erborgen, einen Pump aufnehmen u. → aufnehmen. ▶ verleihen.

entleiben → töten.

entleihen → aufnehmen, beleihen, entlehnen.

entloben widerrufen, entsagen, aufgeben, abfallen, umkehren, verzichten, zurücknehmen, rückgängig machen, lösen. → abbrechen. ▶ binden sich.

Entlobung Entsagung, Aufkündigung, Rücknahme, Rückgängigmachung. → Abfall. ▶ Verlöbnis.

entlocken ausforschen, verhören, nachspüren, ausspüren, herauslocken, ausfragen, ermitteln, ausspionieren, erschnüffeln ● ablocken, erhaschen, erwischen, bekommen, kriegen. → bemächti-

gen, berauben, erschmeicheln. ▶ verheimlichen, verstecken.

entlohnen bezahlen, vergelten, wettmachen, wiedervergelten, ablohnen, abdingen. → abbauen, belohnen, bezahlen, entgelten. ▶ bediensten, erheben Anspruch, verdienen.

entlohnt bezahlt, abgelohnt, belohnt, besoldet, vergütet, vergolten, abgegolten, entschädigt, prämiiert, honoriert ● abgesetzt, ausgeschieden, ausgedient, abgedankt, abgebaut, entlassen, abgesägt, arbeitslos. ▶ bedienstet, eingenommen, gefordert.

Entlohnung Wiedervergeltung, Genugtuung, Vergeltung, Belohnung ● Ablohnung, Abschied ● Bezahlung, Zahlung, Auszahlung, Ausgleichung, Begleichung. → Belohnung, Bezahlung, Dank, Entgelt, entlohnen. ▶ Bestrafung, Forderung, Schulden, Undank.

entlüften ventilieren, frische Luft hereinlassen, die Luft erneuern, abziehen lassen, ausblasen, auslüften, durchblasen, durchwehen, klimatisieren, bewettern. → abziehen. ▶ verpesten.

Entlüfter → Fächer.

Entlüftung → Abzug.

entmachten → entkräften, entheben.

Entmachtung → Abbau, Amtsenthebung.

entmannen sterilisieren, schwächen, berauben, unfruchtbar machen, kastrieren, verschneiden, entkatern, wallachen, verstümmeln, verkrüppeln, zeugungsunfähig machen, eheunfähig machen ● klagen, wehklagen, jammern, sich die Haare ausraufen, die Hände ringen, sich im Staube wälzen, den Mut sinken lassen, zittern, schlottern, Angst schwitzen, in die Hosen machen, eine Memme sein, sich memmenhaft benehmen. → berauben. ▶ fortpflanzen, frohlocken, getrauen sich, kräftigen.

entmenscht grausam, unmenschlich, tierisch, bestialisch, gemein, mordlustig, blutgierig, teuflisch, satanisch. → barbarisch, bestialisch, brutal, charakterlos. ▶ gütig, menschenfreundlich.

entmischen sichten, klären, sieben, reinigen, filtrieren, destillieren, entfernen, aussondern, absondern, trennen, ausscheiden. → absondern, reinigen, trennen. ▶ mischen, schwängern.

Entmischung Läuterung, Reinigung, Klärung, Sichtung, Siebung, Seihung, Isolierung,

Trennung, Absonderung, Scheidung. ▶ Mischung.

entmummen → ausdehnen, ausziehen, bloßlegen, demaskieren, entfalten, enthüllen, entkleiden, entpuppen.

entmummt → bekannt.

entmündigen → benehmen die Macht.

entmutigen abraten, abmachen, hindern, hemmen, abweisen, abreden, mißbilligen, ängstigen, einschüchtern, verscheuchen, bange machen, schwarzmalen, demoralisieren. → anöden, ärgern, beeinträchtigen, bekämpfen, benehmen den Mut, deprimieren, erschüttern die Hoffnung. ▶ ermutigen.

entmutigend anödend, hemmend, hinderlich, lähmend, erschwerend, hindernd, mißbilligend. → beeinflussend. ▶ ermutigend.

Entmutigung Mutlosigkeit, Mißmut, Verzagtheit, Kleinmut, Depression, Hemmung, Hoffnungslosigkeit, Niedergeschlagenheit. → Beeinflussung, Bekümmernis, Depression, Hilflosigkeit. ▶ Ermutigung.

Entnahme Wegnehmen, Ergreifen, Bemächtigung, Diebstahl, Aneignung, Beschlagnahme ● Anleihe, Kredit, Beleihung, Belehnung, Pump, Borg. ▶ Enteignung, Entziehung. ▶ Rückgabe.

entnehmen ersehen, folgen, schließen, deuten, auslegen. → abziehen ● absprechen, zufügen, zurückgeben.

entnervt entkräftet, erschöpft, kraftlos, schwach, gelähmt, unfähig, hilflos, energielos, zerrüttet, abgespannt, enerviert. → bebend, feminin. ▶ kräftig, mannhaft.

Entnervung Erschöpfung, Schwäche, Kraftlosigkeit, Ermattung, Versagen, Schwächung, Kräfteverlust, Abspannung, Mattigkeit. → Erschöpfung. ▶ Stärkung.

entnommen festgestellt, gefolgert, geschlossen, erkannt ● abgehoben, verwertet, bezahlt, beglichen, überzogen ● abgesetzt, herausgenommen, genommen. ▶ hinzugefügt, unzutreffend, verkannt.

entölen entfetten, säubern.

entopisch → einheimisch.

entpflichten → befreien.

entpressen auspressen, ausrücken, pressen, ausquetschen, auskeltern ● abnehmen, erbeuten, abjagen, abpressen, bemächtigen. ▶ füllen, wiedergeben.

entpuppen enthüllen, aufdecken, entmummen, entschleiern, zeigen, verwandeln, die Maske fallen lassen. → auspacken, dahinter kom-

men, demaskieren. ▶ verhüllen.
entpuppt → bekannt.
entquellen → ableiten, abstammen, austreten, entfließen, entsprießen, ergießen sich.
entraten → entbehren.
enträtseln entdecken, erraten, auslegen, bestimmen, erkennen, erschließen, ergründen, ausspuren, auseinandersetzen, lösen, entziffern, dahinter kommen. → entdecken, entziffern, erraten. ▶ mißdeuten, unlösbar (sein).
entrechten → benehmen das Recht.
Entree → Eingang.
entreißen abjagen, ergreifen, losreißen, wegnehmen, abnehmen, erfassen, an sich reißen ● den Sieg entreißen. → bloßlegen, bringen zum Schweigen, erjagen, erlösen, erpressen. ▶ verteidigen, wiedergeben.
entreißen, Gefahr dem Untergang entrinnen, dem Tod entrinnen, mit heiler Haut davonkommen. ▶ Gefahr bringen sich in.
entreißen, Geheimnis auspressen, ergründen, aushören, ausspionieren, erforschen, ausfinden, herauslocken, ausfragen, in die Karten sehen, auf die Schliche kommen, hinter die Schliche kommen, die Würmer aus der Nase ziehen. ▶ ausschwatzen, verheimlichen.
Entremets → Essen.
entrichten → ausführen, ausgeben, einlösen, zahlen.
Entrichtung Abgabe, Begleichung, Bezahlung, Bereinigung, Spende, Obolus ● Erledigung, Ausführung. → Abtragung. ▶ Zahlungsunfähigkeit.
entrieren → einleiten.
Entrinnen → Entweichen.
entrinnen → bewegen sich, davonlaufen, desertieren, durchkommen, durchlaufen, entfahren, entkommen, entlaufen.
entrollen auflösen, aufrollen, entwirren, auseinanderlegen, auseinanderbreiten, entfalten ● deuten, auslegen, erläutern, ermitteln, beweisen, ergründen, enthüllen, ein Bild entrollen, ein Bild entwerfen. → aufdrehen, aufwinden, darstellen, entwirren, erraten. ▶ einrollen, mißdeuten.
entrückt entzückt, trunken, erregt, betört, begeistert, verzückt, überspannt, schwärmerisch, exaltiert ● anhimmeln, die Engel im Himmel pfeifen hören ● phantastisch. → befangen, berauscht, fern. ▶ nahe, nüchtern.

entrunzeln → ebnen, verschönern.
entrüsten empören, indignieren, reizen, anspornen, aufstacheln, schüren, aufbringen, anfeuern. → aufhetzen, ergrimmen. ▶ beruhigen, erfreuen.
entrüstet empört, indigniert, heftig, erhitzt, aufgebracht, wütend, rasend, toll, tobend, grimmig, wild, kochend. ▶ beruhigt, erfreut.
Entrüstung Empörung, Abscheu, Indignation, Zorn, Erbitterung, Erregung, Grimm, Groll, Wut, Rachsucht, Unwille, Aufgebrachtheit, Wildheit, Aufbrausen. → Bitterkeit, Erbostheit. ▶ Beruhigung, Freude.
entsagen verzichten, unterlassen, begrenzen, verneinen. → abbrechen, abfallen, ablassen, ablehnen, beiseite legen, breitschlagen, desertieren, entloben, enthalten sich, entwöhnen, versagen sich. ▶ Anspruch erheben, gewöhnen, selbstsüchtig (sein), unbescheiden (sein).
Entsagung Enthaltung, Weltflucht, Askese, Verneinung, Ablehnung, Verzicht, Uneigennützigkeit, Selbstlosigkeit, Zurücknahme. → Abstinenz, Bescheidenheit, Dispensation, Entlobung. ▶ Forderung, Gewöhnung, Selbstsüchtigkeit, Unbescheidenheit.
entsamend → entsprossen
Entsatz → Rettung.
entschädigen zurückgeben, abtragen, abgelten, tilgen, ablösen, vergüten, abfinden, ausgleichen ● sühnen, wieder gutmachen, ersetzen, ausbaden, wettmachen, abbüßen ● entlohnen, besolden, bezahlen, ablohnen, vergelten, honorieren, danken, erkenntlich zeigen, auszeichnen, anerkennen ● ein Pflaster kriegen u. → abbüßen, anerkennen, ausbaden, ausgleichen, begleichen, belohnen, büßen, decken, entbringen, entgelten, entlohnen, erkenntlich zeigen, erstatten. ▶ behalten, schulden, verdienen, verweigern.
entschädigend → ersetzend.
Entschädigung Vergütung, Wiedergutmachung, Erkenntlichkeit, Vergeltung. → Abfindung, Ausgleich, Berichtigung, Bestechung, Buße, Dank, Erkenntlichkeit, Ersatz, Käuflichkeit. ▶ Bestrafung, Entnahme, Forderung.
entschädigungspflichtig → ersatzpflichtig.
entschärfen → abstumpfen, entspannen.
Entscheid → Dekret.
entscheiden bestimmen, be-

urteilen, bewerten, beschließen, ein Wörtchen mitzureden oder zu sagen haben. → abschließen, austragen, befehlen, besiegeln, bestimmen. ▶ gehorchen, widersprechen, zögern.
entscheiden, sich überlegen, erwägen ● entschlossen sein, bestehen auf, entschließen sich, Wahl treffen, das Auge richten auf. ▶ unentschlossen (sein).
entscheidend entschieden, zwingend, auf des Messers Schneide, notwendig, unerläßlich, unausweichlich. → A und O, ausschlaggebend, beweisend, durchschlagend. ▶ nebensächlich.
Entscheidung Verfügung, Schiedsspruch, Verordnung, Dekret, Bestimmung, Entweder-Oder, Zwangslage, Alternative. → Auswahl, Bescheid, Drehpunkt, Entschluß. ▶ Unentschiedenheit.
Entscheidung bringen, zur beendigen, beenden, vollenden, durchführen, ein Ende machen, zum Austrag bringen ● zu einem Wendepunkt kommen, zum Schlusse kommen, es geht um die Wurst u, nicht auf die lange Bank schieben. → belassen. ▶ lassen fünf gerade sein, lassen sich Zeit, unterlassen.
Entscheidung, falsche Trugschluß, Unverstand, Fehlschluß, Irrtum, Widerspruch, Verrechnung, Unrichtigkeit, falsche Auslegung. ▶ Entscheidung.
Entscheidung gelangen, zur → Entscheidung bringen zur.
entschieden der Würfel ist gefallen. → absolut, achtamtisch, beglaubigt, bemüßigt, besiegelt, bestimmt, bevorstehend, charakterfest, definitiv, deutlich, durchaus, durchgreifend, ein für allemal, emphatisch, energisch, entschlossen, ernst, ernstlich, Faust auf eigene.
Entschiedenheit Energie, Entschlossenheit, Tatkraft, Unbeugsamkeit, Festigkeit, Ausdauer, Unveränderlichkeit, Beharrlichkeit, Unerbittlichkeit, Unerläßlichkeit, Widerstandskraft, Zähigkeit. → Beharrlichkeit, Standhaftigkeit. ▶ Unentschiedenheit.
entschlackt geläutert, gesiebt, geklärt, gereinigt, sauber. ▶ schmutzig, verschlackt.
Entschlackung Blutreinigung, Blutwäsche.
entschlafen entschlummern, sterben, erliegen, hinübergehen, verscheiden, scheiden, vergehen, erlöschen, einschlummern, versterben, das Zeitliche segnen. → ausatmen. ▶ leben.

entschlagen, sich der Sorge die Sorgen verscheuchen, Kummer fernhalten. ▶ sorgen sich.

entschleiern aufklären, ausdehnen, auskleiden, ausziehen, ausschütten, benehmen, entfalten, entlarven, entpuppen, offenbaren, Irrtum nehmen. → bloßlegen, dahinterkommen, demaskieren. ▶ verheimlichen, verhüllen.

entschleiert → bekannt.

entschließen, sich → entscheiden sich.

Entschließung → Entschluß.

entschlossen dabei bleiben, beherzt, entschieden, mannhaft, mutig, unbeugsam, charakterfest, männlich, zielbewußt, forsch ● unerbittlich, endgültig, unwiderruflich, hartnäckig. → besiegelt, brav, charakterfest, durchgreifend, ernst, ernstlich, erpicht, Faust auf eigene, felsenfest, fest. ▶ unentschlossen.

entschlossen sein → besiegeln, biegen.

Entschlossenheit Festigkeit, Standhaftigkeit, Unbeugsamkeit, Beharrlichkeit, Forsche u ● Mutigkeit, Beherztheit, Unerschrockenheit, Männlichkeit. → Antrieb, Begeisterung, Beharrlichkeit, Beständigkeit, Entschiedenheit, Entschlossenheit, Entschluß, Entschlußfähigkeit. ▶ Unentschlossenheit.

entschlummern → entschlafen.

entschlüpfen durchschlüpfen, entkommen, durchkommen, entgehen, entwischen. → abhauen, desertieren, enteilen, entfahren, entfallen, entgehen, entkommen, entrinnen. ▶ bleiben, einfangen, verschweigen.

entschlüpfen lassen → ausliefern, entfallen, entrinnen.

Entschluß Entschließung, Willensbestimmung, Entscheidung, Entschlossenheit. → Absicht, Anstoß, Entschiedenheit. ▶ Unentschlossenheit.

Entschlußfähigkeit Entschlossenheit, Inangriffnahme, Unternehmungsgeist, Tatkraft, Antrieb, Initiative, Wagemut. ▶ Unentschlossenheit, Wankelmut.

Entschlußfreude Bereitwilligkeit, Willfährigkeit, Willigkeit, Geneigtheit. → Bereitwilligkeit. ▶ Unwilligkeit.

entschuldbar verzeihlich, erlaßbar, verzeihbar, läßlich, erläßlich, gerechtfertigt, zulässig, zu verteidigen, zu rechtfertigen. ▶ unverzeihlich.

entschuldigen entlasten, erlassen, nachsehen, rechtfertigen, vergeben, verteidigen, verzeihen, abbitten, sich reinwaschen, Bedauern ausdrükken. → abwehren, beistehen, entlasten. ▶ beschuldigen, heimzahlen, verweigern.

Entschuldigung Ausrede, Vorwand, Ausflucht ● Verzeihung, Nachsicht, Vergebung ● Abbitte, Rechtfertigung, Entlastung. → Abbitte, Ausrede, Ausweg, Befriedigung, Behelf, Beilegung, Deckmantel. ▶ Beschuldigung, Unnachgiebigkeit, Vorwurf, Wahrheit.

entschuppen → abbalgen.

entschwinden → durchkommen, entfallen, entfliehen, entrinnen, entschlüpfen.

entschwunden → entfallen.

entseelt → tot.

entsenden abordnen, wegschicken, senden, fortschikken, hinsenden. → auslesen, beauftragen, berufen, beschäftigen, beschicken, delegieren, detachieren, ernennen, expedieren, senden. ▶ empfangen.

Entsetzen → Abscheu, Angst, Aufsehen, Bedenken, Bestürzung, Elend graues, Erstarrung.

entsetzen absetzen, verabschieden, ausschließen, versetzen, abschaffen. → abdanken, entlassen. ▶ aufnehmen, engagieren.

entsetzen, sich schaudern, erschrecken, grauen, gruseln, erzittern, erbleichen ● anwidern, anekeln, widerstreben. → ängstigen, bangen. ▶ erfreuen, mutig sein.

entsetzenerregend → entsetzlich.

entsetzlich entsetzenerregend, schrecklich, unselig, widerlich, widerwärtig, grausam, hart, bitter, markverzehrend, schauerlich, furchtbar, tragisch, verteufelt, fürchterlich, ekelerregend. → abschreckend, abstoßend, ärgerlich, barbarisch, beißend, beklemmend, bitter, blümerant, böse. ▶ tröstlich.

entsetzt → bange, bebend, bestürzt, erschrocken, erstarrt, Donner gerührt vom.

Entsetzung → Beraubung.

entseuchen → desinfizieren.

Entseuchung → Desinfektion.

entsichert ausschußbereit, drohend, gefährlich.

entsiegeln → öffnen.

entsinnen, sich erinnern, zurückrufen, zurückdenken, wiedererkennen, gedenken, auswendig wissen, im Gedächtnis haben, ins Gedächtnis rufen. → denken an, einfallen, erinnern sich, festhalten. ▶ vergessen.

Entsittlichung → Demoralisation.

entspannen entlasten, ausspannen, absatteln, freimachen, entzügeln, losketten, loslassen, losbinden. → befreien. ▶ arbeiten, einspannen.

entspannend lösend, befreiend, lindernd, entbürdend, entlastend. → erleichternd. ▶ aufreibend.

entspannt befreit, frei, los, ledig, entlastet. → angenehm, entlastet. ▶ belastet, drückend.

Entspannung Erholung, Sammlung, Muße, Rast, Ausruhen, Gelöstheit ● Befreiung, Ausspannung, Entlastung, Entbürdung. → Befreiung, entspannen, Erbauung, Erholung, Erleichterung, Erlösung, Ferien. ▶ Spannung.

entspinnen anfangen, beginnen, ereignen, geschehen, stattfinden, begeben, eintreten, vorkommen, einstellen. → anfangen, aufrollen, auftauchen, begeben sich, bestehen, erfolgen. ▶ beenden.

entsprechen übereinstimmen, passen, nähern, zusammenstimmen, gleichstehen, gleichkommen, gleichstellen. → ähneln, anbelangen, angehen, anpassen, behagen, belieben, eignen sich, willfahren. ▶ abweichen.

entsprechend vergleichbar, parallel ● genügend, hinreichend, angemessen, gemäß. → ähnlich, analog, angemessen, annehmbar, bezüglich, dementsprechend, derart, diesbezüglich, ein Gedanke und zwei Seelen, einschlägig, fachgemäß. ▶ beziehungslos, unähnlich, ungenügend.

entsprießen entkeimen, ausbrechen, auftauchen, entquellen, entspringen, entstehen, beginnen, anfangen. → ableiten, abstammen, auftauchen, entstehen. ▶ verblühen, verdorren.

entspringen → anfangen, aufgeh(e)n, aufrollen, auftauchen, ausfließen, austreten, davonmachen sich, entfließen, entspringen, erfolgen.

entsprossen herstammen, herkommend, entstammend, abstammend, entkeimt. → beruhen, entfalten sich, erfolgen.

entsprungen → entfliehen, entstehen.

entstammen → ableiten, abstammen.

entstauben ausstauben, abstauben, abwischen, abputzen, abfegen, saugen, sauber machen. → ausschütteln. ▶ stauben, verunreinigen.

entstehen entsprießen, entkeimen, auftauchen, erscheinen, entspringen. → anfangen, aufheben, aufrollen, auf-

tauchen, beruhen, entsprießen, erfolgen. ▶ beenden,
verblühen, vernichten (sein).
Entstehung Schöpfung, Geburt, Genesis, Erzeugung,
Erschaffung, Bildung, Formung, Herstellung, Errichtung, Keimung, Beginnen,
Herkunft. → Anfang, Aufbau,
Beginn, Bildung, Entwicklung.
▶ Abbau, Ende, Vernichtung.
Entstehungsstätte Ursprung,
Abkunft, Heimat, Herkunft,
Quelle, Schoß.
entstellen verunstalten, verzerren, verdrehen, beein-
trächtigen, mißdeuten, lügen,
verschlechtern, frisieren, eine
Sache drehen. → anführen,
anstoßen, bemänteln, be-
schädigen, deuteln. ▶ richtigstellen, verschönern.
entstellt einseitig, zurechtgemacht, verdreht, verzerrt,
zweckdienlich, zweckgefärbt
● häßlich. → blatternarbig,
einseitig. ▶ richtig, schön.
Entstelltheit → Entstellung.
Entstellung Verunstaltung,
Mißdeutung, Verfälschung,
Übertreibung, Verdrehung,
Verzerrung, Umkehrung,
Falschheit, Entstelltheit, Mißbildung, Verkrüppelung, Makel. → Ausrede, Auswuchs,
Behelf, Betrug, Darstellung
unrichtige, Deformation, Fehler, Einseitigkeit. ▶ Verschönerung, Wahrheit.
entströmen → abdanken, auftauchen, austreten, entfließen, ergießen sich.
entsühnen → lossprechen.
enttäuschen täuschen, erliegen, fehlschlagen, scheitern,
versagen, unbrauchbar sein,
sich nicht bewähren. → ärgern, entzaubern, ernüchtern.
▶ auszeichnen sich, erfreuen,
einschlagen.
enttäuschend → bitter.
enttäuscht getäuscht, ernüchtert, unbefriedigt, unzufrieden, mißgestimmt, hoff-
nungslos, verzweifelt, niedergeschlagen, ein langes Gesicht machen *u.* → ärgerlich.
▶ befriedigt, erfreut.
enttäuscht fühlen, sich →
beklagen.
Enttäuschung Hereinfall, Mißerfolg, Mißlingen, Schlag,
Pech, Täuschung, Mißge-
schick, Unglück, Fehlschlag
● Mißvergnügen, Unzufrie-
denheit, Niedergeschlagenheit, kalte Dusche *u.* → Ärgernis, Bitterkeit, Depression. ▶ Erfolg, Zufriedenheit.
Entthronung → Beraubung.
entvölkern leeren, räumen,
ausweisen, auswurzeln, verstoßen, ausschließen. ▶ bevölkern.
entvölkert unbevölkert, verlassen, leer, unbewohnt, öde,

einsam, unbesucht, allein. ▶
bevölkert.
Entvölkerung → Einöde.
entwachsen, der Rute erwachsen, herangebildet, reif,
volljährig, mündig, entwickelt.
▶ jung, unmündig, unreif.
entwaffnen lahmlegen, unterdrücken, schwächen ● be-
schwichtigen, begütigen. →
abrüsten, befrieden, begütigen, berauben, besänftigen,
bringen zum Schweigen. ▶
aufregen, bewaffnen.
Entwaffnung → Aussöhnung.
entwähren → beeinträchtigen,
entwerten.
Entwährung → Entwertung.
entwässern → abdämmen,
austrocknen, drainieren.
Entwässerung Austrocknung,
Trockenlegung, Abdäm-
mung, Eindämmung, Ablei-
tung, Verödung, Verstop-
pung. ▶ Zufluß, Zuleitung.
entweder beliebig, egal, gleich,
wählbar, nach Gutdünken,
eines oder das andere, so
oder so. ▶ bedingt, zwingend.
Entweder-Oder → Entscheidung.
entweichen → davonschleichen, durchkommen, durch-
eilen, entfahren, entfernen
sich, entfliehen, entfließen,
entkommen, entziehen sich
der Gefahr, fliehen.
Entweichen Entkommen, Entrinnen, Entgehen, Flucht,
Rückzug, Rettung. ▶ Aus-
flucht, Entleerung. ▶ Verhaftung.
Entweichung → Entleerung,
Befreiung.
entweihen mißbrauchen, entwürdigen, verderben, besudeln, verunreinigen, erniedrigen, entheiligen, schänden,
entehren. → berauben, entehren. ▶ ehren, würdigen.
Entweihung Beschmutzung,
Zerstörung, Schändung, Entehrung, Verfälschung, Entheiligung, Verunreinigung,
Entwürdigung, Besudelung,
Mißbrauch, Befleckung, Bemäkelung. ▶ Ehrung, Wür-
digung.
entwenden → aneignen, berauben, bestehlen, einbrechen.
Entwendung → Bemächtigung, Dieberei.
entwerfen → anordnen, aufbauen, ausarbeiten, ausdenken, ausdrücken, ausmalen,
beschreiben, ersinnen.
entwerfen, ein Bild beschreiben, schildern, erzählen, darstellen, ausmalen, zusam-
menstellen, berichten, ein
Bild entrollen, einen Gegenstand behandeln, ins einzelne
gehen.
Entwerfer → Erfinder.
entwerten herabsetzen, abwerten, erniedrigen, degradieren,

beeinträchtigen, entwähren.→
abbrauchen, abnutzen, be-
schädigen. ▶ bewerten, erhöhen, schonen, veredeln.
Entwertung Erniedrigung, Verminderung, Herabsetzung,
Verschlechterung, Herab-
würdigung, Degradierung, Beeinträchtigung ● Entwährung,
Einziehung. → Abnahme, Demütigung. ▶ Erhöhung, Würdigung.
entwichen → davon auf und.
entwickeln → anfertigen, anschwellen, ansetzen, auf-
bauen, aufblühen, aufgehen,
aufzeigen, ausbreiten, ausdehnen, ausdenken, aus-
schlagen, bilden, dehnen,
entfalten sich, erblühen.
entwickeln, sich heranwachsen, aufschließen, aufblühen,
entfalten sich, wachsen, zunehmen, aufgehen, den Kinderschuhen entwachsen ● in
Schwung kommen ● die
Karre laufen lassen, sehen
wie der Hase läuft. → ändern,
anfangen, anschwellen, auftauchen, entfalten sich. ▶
unentwickelt (sein), verblühen, vernichten.
entwickelt herangewachsen,
ausgebildet, fertig, reif, mündig, volljährig, mannbar, erwachsen, flügge. → durch-
dacht, entwachsen der Rute.
▶ unentwickelt.
Entwicklung Evolution, Anschwellung, Zunahme, Ent-
faltung, Fortschritt, Ausbildung, Schöpfung, Entste-
hung. → Ablauf, Arbeits-
segen, Aufbau, Ausbreitung,
Ausdehnung, Bildung,
Durchführung, Entfaltung. ▶
Abbau, Entwertung, Rück-
schritt, Unbildung, Vernichtung.
Entwicklungsjahre Jugend,
Reifung, Pubertät.
entwinden → wegnehmen.
entwirrbar lösbar, entzifferbar, zerlegbar, löslich, ausführbar, überwindbar, über-
steigbar, unschwer, gängig.
→ erklärbar. ▶ unentwirrbar.
entwirren lösen, auseinanderbekommen, auseinander-
reißen, losmachen, freimachen, auflösen, zerlegen, zergliedern, zerteilen, aufrollen,
auseinanderklamüsern *u.* →
anordnen, arrangieren, bahnen, entfädeln, entrollen, entziffern. ▶ verwirren.
entwirren, den Knoten den
Knoten lösen, den Knoten
durchhauen ● Hindernisse
wegräumen, den Weg glätten,
den Weg freimachen. → entwirren. ▶ verhindern, verknoten, verwirren.
entwischen → aufspringen,
davonlaufen, davonmachen
sich, desertieren, entfallen,
entgehen, entkommen, ent-

laufen, entrinnen, entschlüpfen, entziehen sich der Gefahr, Fersengeld geben.

entwöhnen abgewöhnen, aufgeben, einstellen, ablegen, ablassen, versagen sich, vermeiden, entsagen, verzichten, unterlassen, enthalten sich ● mit der Vergangenheit brechen. → abstreifen, brechen mit einer Gewohnheit ▶ angewöhnen.

Entwöhnung Einstellung, Abgewöhnung, Abbruch, Versagung, Enthaltung, Vermeidung, Verzicht. → Abstinenz, Befreiung, Diät, Einstellung. ▶ Gewöhnung.

entwürdigen → entehren, entweihen.

entwürdigen, sich → erniedrigen sich.

Entwürdigung → Beleidigung, Entweihung.

Entwurf Kopie, Skizze, Anform, Abbildung, Vorbild, Zeichnung, Design, Urform, Probe, Vordruck, Muster, Vorschrift, Plan. → Abguß, Absicht, Anordnung, Aufriß, Ausfertigung, Darstellung, Dessin.▶ Ausführung.

entwurzeln → abbrechen, ausmerzen.

entwurzelt heimatlos, asozial, einsam.

entzaubern enttäuschen, ernüchtern, täuschen, kränken ● Zauber austreiben, Zauber beschwören. → ernüchtern. ▶ verzaubern.

entziehen, sich ausweichen, meiden, bestehen, enthalten, vermeiden, nicht nachkommen, ausbleiben, umgehen, sich mit Händen und Füßen wehren, verweigern. → aufheben, brechen die Pflicht, erpressen. ▶ stellen sich.

entziehen, sich der Arbeit trödeln, faulenzen, bummeln, herumlungern, strolchen, keinen Finger rühren. ▶ arbeiten.

entziehen, sich der Gefahr entweichen, entfliehen, entlaufen, entwischen, ausreißen, durchbrennen, fortstehlen sich, drücken sich, sich aus dem Staube machen, das Hasenpanier ergreifen. ▶ stellen sich, verteidigen.

entziehen, sich der Schlinge die Bande sprengen, die Fesseln abwerfen, der Haft entkommen, dem Kerkergefängnis entfliehen, die Freiheit wiederhaben. → entziehen sich.▶ stellen sich.

Entziehung Abziehung, Entzug, Einschränkung, Schmälerung, Verlust, Abnahme, Einbuße, Beraubung, Entnahme, Aneignung, Beschlagnahme, Zuneigung. → Enteignung. ▶ Gewinn, Rückgabe, Wiedergutmachung.

entzifferbar → entwirrbar.

entziffern auseinandersetzen, enträtseln, dechiffrieren, entwirren, auslegen, erschließen, ausspüren, herausbuchstabieren, lösen, übersetzen, herauslesen, den Sinn ermitteln. → bedeuten, beweisen, deuten, dolmetschen, enträtseln, erklären. ▶ mißdeuten.

Entzücken Beglückung, Ergötzung, Fröhlichkeit, Beseligung, Gehobenheit, Frohsinn, Glücksgefühl, Heiterkeit, Jubel, Glück, Seligkeit, Wonne, Stimmung, Frohlocken. → Affekt, Befriedigung, Begeisterung, Eden. ▶ Gefühllosigkeit, Trübseligkeit.

entzücken erregen, beeinflussen, erfreuen, ergötzen, laben, erquicken, berauschen, erheitern, gefallen, beleben, fesseln, anregen, berücken, betören, blenden, verwirren. → ansprechen, befriedigen, bestricken, Cour schneiden. ▶ abstoßen, gefühllos sein, gleichgültig (sein).

entzückend köstlich, deliziös, schön, herrlich, hübsch, goldig, lieblich, holdselig, berückend, einnehmend, niedlich, wohlgestaltet, zierlich, nett, anziehend, köstlich, süß, reizend. → angenehm, anmutig, auserlesen, berauschend, bestrickend, charmant, fein. ▶ abstoßend, furchtbar, häßlich.

entzückt erfreut, befriedigt, froh, begeistert, zufrieden, gutgelaunt, berauscht, betört, erheitert, ganz wegsein u, enchantiert. → befangen, berauscht, beseligt, Blick mit leuchtenden, entrückt, entzücken. ▶ unbefriedigt.

Entzückung Erregung, Aufregung, Bezauberung, Berauschung, Zauber, Rausch, Begeisterung, Seligkeit, Beseligung. → Bezauberung, Enthusiasmus, Entzücken. ▶ Ernüchterung, Gleichgültigkeit.

Entzug → Entziehung.

entzügeln → entspannen.

entzündbar brennbar, erhitzbar, entfachbar, versengbar, verbrennbar. ▶ unentzündbar.

entzünden anfachen, aufflackern, schüren, anblasen, verbrennen, anfeuern, einfeuern, erhitzen, erwärmen, Feuer anblasen ● reizen, empören, anspornen, aufhetzen, aufstacheln, erregen. → anfeuern, anstecken, beruhigen. ▶ auslöschen, beruhigen.

entzündet entflammt, begeistert, ergriffen, entbrannt, gefesselt, gepackt, erhitzt, erwärmt ● eiternd, krank. → begeistert, entbrannt, erfreuen. ▶ anteillos, erloschen, geheilt.

entzündlich explosiv, krisenhaft, anfällig.

entzwei defekt, kaputt, zerrissen, zerbrochen, verletzt, zerstört, unbrauchbar, schadhaft, beschädigt, halbiert, zweigeteilt, gespalten, zertöppert u, aus dem Leim, in die Binsen u, hops gehen u, in die Brüche gehen, im Eimer u, kapores u. → auseinander, beschädigt, defekt. ▶ ganz.

entzweien auseinanderreißen, voneinanderbringen, trennen, verfeinden, brechen, erzürnen, anfeinden, abkehren sich, gegenüberstehen sich, entfremden sich, verkrachen sich, verkabbeln sich u ● mit jm. quitt sein. → absondern, aufhetzen, befehden, brechen mit, differieren, erkalten. ▶ versöhnen.

entzweigehen → bersten.

entzweireißen → durchreißen.

entzweit feindlich, feindselig, gegnerisch, haßerfüllt, verfeindet, getrennt, uneinig, geschieden. → feindlich. ▶ einig.

entzweiteilen → durchteilen.

Entzweiung Zerwürfnis, Entfremdung, Teilung, Zank, Streit, Nichtübereinstimmung, Mißverständnis, Spannung, Abneigung, Feindseligkeit, Erkaltung, Abwendung, Unversöhnlichkeit, Feindschaft. → Auflösung, Bitterkeit, Bruch, Disharmonie, Entfremdung, Feindschaft. ▶ Versöhnung.

Envoyé m → Abgesandter.

Enzyklika päpstliches Rundschreiben. → Befehl, Bekanntmachung.

Enzyklopädie systematische Zusammenfassung, alphabetische Zusammenfassung, Sammelwerk, Nachschlagewerk, Lexikon, Handbuch.

enzyklopädisch umfassend, universal.

Ephorus m → Arbeitnehmer.

epidemisch ansteckend, übertragbar, zerstörend, versuchend, verderblich, tödlich ● umgreifend, seuchenhaft. ▶ vereinzelt.

epigonenhaft nachgeahmt, abgeguckt, nachgemacht, abgeschrieben, übernommen, nachbetend. ▶ fortschrittlich, original, schöpferisch.

Episode Begebenheit, Begebnis, Ereignis, Zwischenfall, Vorkommnis, Zwischenspiel, Erlebnis, Begegnis, Begegnung. → Abenteuer, Begebnis, Erlebnis. ▶ Hauptsache.

episodisch eingeschoben, eingeschaltet, vereinzelt ● nebensächlich, belanglos, bedeutungslos, beiläufig, nebenbei. → berührungslos. ▶ wesentlich.

Epistel → Brief, Vorhaltung.

epochal weltbewegend. → epochemachend.

Epoche Zeitraum, Zeitalter, Ära, Zeitabschnitt, Verlauf, Zeit, Ablauf, Dauer ● Kunstrichtung.

epochemachend einmalig, unvergleichlich, bahnbrechend, einzigartig, hochbedeutend, aufsehenerregend, maßgebend, einflußreich, wichtig, erheblich. → A und O, ausschlaggebend. ▶ belanglos, einflußlos, unwichtig.

Erachten Ansicht, Einstellung, Auslegung, Erachtung, Gutdünken, Meinung, Standpunkt, Überzeugung, Ermessen, Schlußrichtigkeit.

erachten ermessen, folgern, erwägen, beurteilen, auslegen, erkennen, finden, halten für. → annehmen, denken. ▶ voreingenommen (sein).

erachten, dringend → beimessen.

erarbeiten erwerben, erlangen, aneignen, verschaffen, erkämpfen, verdienen, erobern, zueignen, erschaffen, erhalten. → beikommen, beschaffen, erwerben. ▶ bringen es nicht weit, verwirken.

Erbanlage → Begabung.

Erbarmen Milde, Sanftmut, Gnade, Huld, Güte, Mitleid, Schonung, Mitgefühl, Teilnahme, Erbarmung. → Barmherzigkeit, Charitas. ▶ Hartherzigkeit, Herzlosigkeit.

Erbarmen zeigen → bringen nicht übers Herz.

erbärmlich → abscheulich, arm, begrenzt, bejammernswert, beschämend, bestechlich, charakterlos.

Erbarmung → Erbarmen.

erbarmungslos rücksichtslos, hart, zügellos, viehisch, grimmig, schonungslos, rachsüchtig, unerbittlich. → barbarisch, entmenscht. ▶ barmherzig, versöhnlich.

erbarmungswürdig → kläglich.

erbauen erschaffen, errichten, herstellen, erzeugen, aufbauen, ausführen, aufrichten, arbeiten ● erbauen sich, stärken sich, aufrichten sich. → bekehren, beten, erbauen. ▶ vernichten, versündigen sich.

Erbauer Erschaffer, Erzeuger, Bauherr, Schöpfer, Gründer, Gestalter, Architekt, Errichter. → Arbeiter, Erschaffer. ▶ Zerstörer.

erbaulich andachtsvoll, weihevoll, feierlich, stärkend, aufrichtig, ehrerbietig, andächtig, fromm, beispielhaft, tugendhaft, nachahmenswert. → demütig. ▶ heuchlerisch, nichtssagend, sündhaft.

Erbauung Erzeugung, Bau, Errichtung, Herstellung,

Schöpfung, Gründung, Bildung ● Andacht, Sammlung, Feierstunde, Erholung, Entspannung. → Erfindung. ▶ Vernichtung, Zerstreuung.

Erbe → Besitzer.

erbeben beben, erschüttern, schwingen, erzittern, erschaudern, frösteln, frieren, durchzucken, durchbeben, bewegen, rühren, ergriffen werden ● zurückschrecken, zurückweichen. → berühren, erblassen, erschrecken, Farbe wechseln. ▶ bleiben gefaßt.

erbeben, im Innersten die Farbe wechseln, vor Scham vergehen, dem Blick ausweichen. → erbeben. ▶ schamlos (sein).

erbeigen → eigen.

erben erhalten, bekommen, empfangen, ererben, erlangen, einnehmen, einziehen, Erbschaft machen, Erbschaft antreten, nachrücken. → beerben, ersitzen. ▶ entrechten, kommen um etwas.

erbeten bitten, ersuchen, erbitten, begehren, aussuchen, anhalten, verlangen, aussprechen, anflehen, eine Bitte richten. → erheben die Hände. ▶ abschlagen, widerrufen, zurückweisen.

erbetteln betteln, ersuchen, beschaffen, auftreiben, einnehmen, verschaffen, zusammenscharren. → erbeten, erschmeicheln. ▶ abschlagen, Almosen (geben), zurückweisen.

erbeuten ergreifen, erobern, einheimsen, einsäckeln, zusammenscharren, erhaschen, ergattern, beschaffen, aneignen, nehmen, finden. → beerben, beikommen, bemächtigen, berauben, bestehlen, entpressen, erjagen, stehlen. ▶ einbüßen.

Erbeutung → Bemächtigung.

Erbfeind → Beelzebub, Feind.

Erbfolge → Aufeinanderfolge.

Erbgut → Bauernhof, Besitztum.

Erbhof → Bauernhof.

erbieten anpreisen, anbieten, erbötig sein, willig sein, sich anheischig machen, sich breit schlagen lassen, den Wünschen entgegenkommen. → bieten, darbieten. ▶ ablehnen.

erbitten → begehren, belagern, bemühen, betteln, bewerben sich, bitten, dringen, erbeten, erheben die Hände, erschmeicheln.

erbittern → abstoßen, anstoßen, betrüben.

erbittert verärgert, erregt, unzufrieden, mißgelaunt, mißgestimmt, verdrießlich, kratzig, giftig, empfindlich, in Harnisch geraten, fanatisch, ergrimmt, reizbar, bissig, un-

leidlich, grollend, verschnupft, ihm ist eine Laus über die Leber gelaufen. → aufgebracht, böse, cholerisch, erbost, feindlich. ▶ fröhlich, gutgelaunt, versöhnlich, zufrieden.

Erbitterung Gereiztheit, Animosität, Mißvergnügen, Verdrießlichkeit, Verbitterung, Murrsinn, Verdruß, Barschheit, Groll, Erzürnung, Mißmut, Unwille, Unmut, Aufgebrachtheit, Bitterkeit, Schärfe, feindliche Gesinnung. → Ärger, Anwandlung, Bedrücktheit, Bissigkeit, Bitterkeit, Bosheit, Entrüstung, Erbostheit, Feindschaft. ▶ Fröhlichkeit, Versöhnlichkeit, Zufriedenheit.

erblassen entfärben, bleichen, erbleichen, weiß werden, farblos werden, verfärben sich, fahl werden ● erzürnen, ärgern, wüten, erbeben, beben, fürchten, ängstigen, bangen, erschaudern, entsetzen sich. → ausgehen, berühren, bleichen, entfärben, erschrecken. ▶ erröten, freuen sich, furchtlos (sein).

erbleichen → ausgehen, berühren, entfärben, entsetzen sich, erblassen, erschrecken, Farbe wechseln.

erblich eigen, angeboren, vererbt, anerschaffen, innewohnend, anhaftend, ererbt, angestammt, übertragbar, hereditär. ▶ erworben.

erblicken → entdecken, ersehen, fallen in die Augen, fassen ins Auge, sehen.

Erblindung → Blindheit.

erblöden, sich nicht → entblöden sich nicht.

erblühen keimen, knospen, gedeihen, blühen, reifen, wachsen, sprießen, entfalten, aufblühen, ausbreiten, entwickeln. → aufblühen. ▶ verblühen.

erborgen → aufnehmen, borgen, entlehnen.

erborgte Federn erborgtes Wissen, fremde Federn. → Aufschneiderei. ▶ Bescheidenheit, eigengestalterisch.

erbosen ergrimmen, grollen, zürnen, nachtragen, verdrießen, verstimmen, kränken, beleidigen. → anstoßen, ärgern, aufregen, ergrimmen. ▶ beruhigen, erfreuen sich, verzeihen.

erbost wütend, grimmig, aufgebracht, erbittert, böse, unwillig, zornig. → ärgerlich, erbittert, feindlich. ▶ beruhigt, erfreut, friedfertig.

Erbostheit Ärger, Abneigung, Grimm, Wut, Zorn, Verübelung, Aufgebrachtheit, Ingrimm, Erbitterung,

Verdrossenheit, Entrüstung, Ungehaltenheit. → Feindschaft. ▶ Beruhigung, Fröhlichkeit, Freude, Gleichgültigkeit.

erbötig gefällig, beflissen, dienstwillig, entgegenkommend, aufmerksam, bereitwillig, dienstbereit, willfährig, zuvorkommend, verbindlich, hilfsbereit. → angenehm, dienstbereit. ▶ ungefällig.

Erbprinz → Adel.

Erbrechen → Auswurf.

erbrechen zerbrechen, öffnen, aufmachen, aufbrechen, aufsperren ● speien, geifern, herausbrechen, von sich geben, sabbeln, sabbern, kotzen, von sich geben, übergeben sich, sich erleichtern, Kotzebues Werke studieren u, die Fische füttern u. → bersten. ▶ schließen, schlucken.

erbringen → beschaffen.

Erbsaß → Besitzer.

Erbschaft → Errungenschaft, Erwerb.

Erbschleicher → Betrüger, Erpresser.

Erbteil → Besitz.

Erdachse → Achse.

Erdaufwurf → Barrikade.

Erdball → Erde.

Erdbeben → Ausbruch, Bewegungstrieb.

Erdbewohner → Kreatur, Mensch.

Erdboden Boden, Erde, Acker, Feld, Flur, Gelände, Grund, Land, Scholle, Weide, Gefilde. ▶ Himmel.

Erdboden, gleich machen → ebnen, zerstören.

Erde Weltkörper, Globus, Natur, Schöpfung, Raum, Erdball, Erdkugel, Erdfläche. → Erdboden. ▶ Himmel.

Erde bringen, unter die ärgern, bedrücken, Schmerzen verursachen. → begraben, töten. ▶ bringen zur Welt.

Erde verkriechen, sich in die → fürchten, schämen.

Erdenbürger → Mensch.

Erdenfreuden → Belustigung.

Erdengüter → Besitz.

erdenken → beikommen, ersinnen.

erdenklich → vorstellbar.

Erdentage Dasein, Leben, Lebenszeit, Wirklichkeit, Erdenwallen, Jammertal, Lebenstage. → Dasein. ▶ Jenseits, Tod.

Erdenwallen → Erdentage.

erdfahl → fahl.

Erdfläche → Erde.

erdgebunden → weltlich.

Erdgeschoß → Parterre.

erdhaft → irdisch, stofflich.

Erdhügel → Berg.

erdichten → ausdenken, erfinden, ersinnen, erträumen.

Erdichtung → Bekenntnis, Betrug, Erfindung, Falschheit.

Erdkugel → Ball, Erde.

Erdöl → Brennmaterial.

erdolchen → töten.

erdolchen, mit den Blicken ergrimmen, grollen, zürnen, nachtragen, verdrießen, verstimmen, kränken, beleidigen. ▶ Blick zärtliche, verzeihen.

erdolcht → blutbefleckt.

Erdreich → Erdboden, Erde.

erdreisten, sich unterfangen sich, erkühnen sich, unterstehen ● Gefahren trotzen, keine Furcht haben, mutig sein ● unverschämt sein, frech sein, entblöden sich nicht, erkecken, bescheiden (sich), bleiben lassen, feige (sein).

erdröhnen → dröhnen.

Erdrosseln → Bestrafung.

erdrosseln → abdämmen, drosseln, töten.

erdrücken belasten, beladen. → demolieren, drücken. ▶ aufrichten, entlasten.

erdrückende Sorge Bedrängnis, Unglück, Armut, Kummer, schlechte Verhältnisse. → Sorge. ▶ Überfluß, Wohlstand, Zufriedenheit.

erdrückender Macht, mit → mächtig, stark.

erdrückt geknechtet, unterjocht, unterworfen, rechtlos, belastet, vernichtet, zu Boden gedrückt. → angeschlagen. ▶ entlastet, frei, ganz.

Erdrutsch → Bewegung.

erdulden → abbüßen, ausstehen, befallen, dulden, Erfahrung machen bittere, erleben.

erdulden, Schmerzen → abbüßen, leiden.

ereifern, sich entgegentreten, einsetzen, disputieren, durchdrungen sein ● auffahren, aufbrausen, erhitzen sich, aufbringen, rastlos sein, entrüsten sich, in die Höhe fahren, außer sich kommen. → debattieren, diskutieren, disputieren, durchglühen, entbrennen. ▶ beruhigen (sich), erlahmen, gelassen (sein), versöhnen sich.

ereignen, sich geschehen, eintreten, widerfahren, stattfinden, passieren, erfolgen, vorkommen, vorfallen, zutragen sich, abspielen sich, einstellen sich ● was ist los?, wo brennts?, steigen. → begeben sich, begegnen, bestehen, darbieten sich, einstellen sich, entspinnen, erfolgen. ▶ unterbleiben.

Ereignis → Abenteuer, Angelegenheit, Begebenheit, Begebnis, Bescherung, Episode, Erlebnis.

ereignislos → langweilig.

ereignisreich wichtig, bedeutend, wesentlich, gewichtig, ausschlaggebend, maßgebend, bedeutungsvoll, erheblich, folgenreich, denkwürdig, bemerkenswert. → denkwür-

dig. ▶ unbedeutend, unwichtig.

ereilen → einholen, Ferse folgen auf der.

ereilt, vom Arm der Gerechtigkeit geahndet, bestraft, zur Verantwortung gezogen, den verdienten Lohn bekommen. ▶ entkommen.

Eremit → Einsiedler.

ererben → beerben, erben, ersitzen.

ererbt → angeboren, behaftet, Blut liegen im, erblich.

erfahren erleben, widerfahren, hören, kennen, wissen, bewandert, erfassen, unterrichtet sein, Bescheid wissen, zu Ohren kommen u, kenntnisreich, kundig. → abbüßen, anstellig, aufgeklärt, befallen, begegnen, bekommen Wind, belesen, beschlagen, dulden, eingeweiht, einziehen Erkundigungen, erleben. ▶ unerfahren.

Erfahrung Erkenntnis, Empirie, Geschicklichkeit, Fertigkeit, Einsicht, Verständnis, Scharfsinn, Bekanntschaft, Menschenkenntnis, Kenntnis, Übung, Vertrautheit, Wissen, ein Liedchen davon singen können, hinter die Kulissen sehen ● ein Haar in etwas finden ● sich die Hörner ablaufen. → Erlebnis, Fertigkeit. ▶ Unerfahrenheit.

Erfahrung machen, bittere erdulden, ärgern, durchmachen, erleiden, teuer bezahlen, eine bittere Pille schlucken, den bitteren Kelch leeren. ▶ gewitzigt.

erfahrungsgemäß erprobt, erwiesen, versuchsweise, erfahrungsmäßig, folglich, hierausfolgend, erwiesenermaßen, demgemäß, darausfolgend, daherkommend. → empirisch, experimentell. ▶ theoretisch, unerwiesen.

erfahrungslos ungeschickt, linkisch, unerfahren, schwerfällig, schülerhaft, stümperhaft, dumm, grün, noch nicht trocken hinter den Ohren, tölpelhaft, verkehrt, unreif, ungeeignet, unfähig, untauglich, unverständig, unbesonnen. ▶ gewitzigt (sein), Glück haben.

erfaßbar verständlich, logisch, ergreifbar, konkret, vorstellbar, ergründbar, denkbar, nachdenkbar. ▶ unlogisch, unverständlich.

Erfassen → Bemächtigung.

erfassen sammeln, auffassen, zusammenziehen, vereinigen, ergreifen ● verstehen, begreifen, denken, erkennen. → auffassen, ausbeuten, bemeistern, bleiben bei der Sache, denken, dingfest machen, durchschauen, einleuchten, entreißen, erfahren, erkennen, nehmen. ▶ beikommen nicht, bleiben zurück, loslassen, zerstreuen.

erfassen, die Gelegenheit erhaschen, ergreifen, die Gelegenheit beim Schopfe ergreifen, von der Gelegenheit Gebrauch machen, Anschluß bekommen, den richtigen Augenblick erfassen. ▶ verpassen.

erfassen, das Ruder steuern, führen, lenken, dirigieren, regieren, an die Spitze stellen. ▶ fügen sich, gehorchen.

erfinden schöpfen, erzeugen, erforschen ● brüten, ausdenken, ersinnen, erwägen, lügen, erdichten, verdrehen, täuschen, fälschen, fingieren. → ausdenken, ersinnen, erträumen. ▶ nachahmen, Wahrheit sprechen die.

Erfinder Urheber, Schöpfer, Gründer, Meister, Forscher, Erschaffer, Genie, Entwerfer. → Erschaffer. ▶ Nachbeter.

Erfindergeist → Erfindungsgabe.

erfinderisch scharfsinnig, ingeniös, sinnreich, schöpferisch, gestalterisch, phantasiereich, genial, schaffend, aufbauend, bildend. → anstellig. ▶ dumm, ungeschickt, (einfallslos).

Erfindung Sage, Erdichtung, Märe, Legende, Lüge, Verdrehung ● Schöpfung, Erbauung, Gründung ● Leistung, Entdeckung. ▶ Nachahmung, Wahrheit, Wirklichkeit.

Erfindungsgabe Erfindergeist, Bildungstrieb, Gestaltungstrieb, Auffassungskraft, Erfindungssinn, Fassungskraft, Befähigung, Geistesgabe. → Einbildungskraft.

erfindungsreich → findig.

Erfindungssinn → Erfindungsgabe.

erflehen beten, flehen, bitten, anrufen, erheischen, angehen, ansprechen. → erbeten, bitten. ▶ ablehnen, versagen.

Erfolg Leistung, Wirkung, Effekt, Ergebnis, Fortschritt, Vorwärtskommen, Lohn, Gelingen, Gedeihen, Gewinn, Durchbruch, Chancen, Massel u, Sieg, Erzeugnis, Nachwirkung. → Anerkennung, Ausgang, Effekt, Ergiebigkeit, Erzeugung. ▶ Mißerfolg.

Erfolg haben → bringen es zu etwas, bringen zuwege.

erfolgen vorfallen, entstehen, eintreten, ereignen, entspringen, resultieren, entsprossen, auslösen, ausfallen, stattfinden, einstellen, entspinnen, passieren, geschehen. → begeben sich, ereignen sich, ergeben sich. ▶ verursachen.

erfolglos ergebnislos, verfehlt, umsonst, mißglückt,

mißlungen, fehlgeschlagen, vergeblich, nutzlos, einflußlos, negativ, zwecklos. ▶ erfolgreich.

erfolglos bleiben → nicht beikommen.

erfolglos sein → Boden verlieren den, blamieren, bringen es nicht weit, durchfallen.

Erfolglosigkeit → Bekümmernis.

erfolgreich günstig, dienlich, zweckvoll, bedeutend, förderlich, fruchtbar, gewinnbringend, nutzbringend, vorteilhaft, gedeihlich, wirksam, glücklich, gelungen, erfolgversprechend, siegreich. → durchschlagend, ehrenvoll. ▶ erfolglos.

erfolgreich sein → bringen es zu etwas.

Erfolgsmensch → Glückskind, Favorit, Karrieremacher, Streber, Emporkömmling.

erfolgversprechend zweckmäßig, dienlich, zweckentsprechend, passend, geeignet, brauchbar, verwendbar, vorteilhaft, zukunftsträchtig.→ erfolgreich. ▶ unzweckmäßig.

erforderlich nötig, notwendig, dringend, unumgänglich, unerläßlich, durchaus, unentbehrlich ● verbindlich, verpflichtend, gefordert, obligatorisch, vorgeschrieben, auferlegt. → A und O. ▶ entbehrlich.

erforderlichenfalls → erforderlich.

erfordern bedürfen, brauchen, benötigen, verlangen, beanspruchen, begehren, erheischen, fehlen, vorschreiben, fordern. → bedingen, begehren, ermangeln können nicht. ▶ zufriedengeben sich.

Erfordernis Anforderung, Bedürfnis, Unentbehrlichkeit, Brauchen, Unerläßlichkeit, Notwendigkeit, Forderung. → Bedarf, Bedürfnis, Belieben. ▶ Überflüssigkeit.

erforschen ermitteln, nachforschen, eruieren, entdecken, suchen. → achtgeben, anfragen, ausfindig machen, ausforschen, durchforschen, durchleuchten, durchsuchen, eindringen in das Geheimnis, erfragen, ergrübeln, ergründen das Geheimnis, erkundigen. ▶ beantworten, denkfaul.

Erforschung Erwägung, Untersuchung, Prüfung, Entdeckung, Forschung, Zergliederung, Experiment.→Anstrengung, Ausforschung, Begriffsscheidung, Bemühung, Beobachtung, Betrachtung, Entdeckung, Forschung. ▶ Beantwortung, Stumpfsinn.

erfragen erforschen, befragen, anfragen, ausfragen, ermitteln, ausspüren, ergrün-

den, ausspionieren, nachfragen, erkundigen, erkunden, verhören, nachspüren.→ ausfindig machen, befragen. ▶ beantworten.

erfrechen → entblöden sich nicht.

erfreuen gefallen, freuen, anmuten, anlocken, befriedigen, erquicken, erfrischen, anregen, erregen, entzücken, erheitern, aufheitern, ergötzen, unterhalten, beglücken, vergnügen, zufriedenstellen. → amüsieren, ausnutzen, ansprechen, befriedigen, behagen, entzücken. ▶ abstoßen, ärgern.

erfreuen, sich behagen, ergötzen, befriedigen, laben, sonnen sich, gütlich tun, sich des Lebens freuen. → erfreuen. ▶ quälen sich, verdrießen.

erfreuen mit überraschen, beschenken, schenken, beglücken, froh machen, erheitern, eine Freude machen, glücklich machen. ▶ entgegennehmen, übergehen.

erfreuend anregend, erheiternd, ergötzlich, belustigend, unterhaltsam, zerstreuend, zusagend. → erfreulich. ▶ ärgerlich.

erfreulich lohnend, günstig, fruchtbar, gut, erfreuend, ertragreich, nutzbringend, vorteilhaft, nützlich, gewinnbringend, herrlich, wünschenswert, wohltuend, erwünscht. → amüsant, behaglich, charmant, dienlich, erfreuend, erwünscht. ▶ unerfreulich.

erfreut → beruhigt, entzückt, froh.

erfrieren → erkalten, gefrieren.

erfrischen, sich erholen, erquicken, stärken, laben, kräftigen, auffrischen, erneuern, wiederbeleben, ermuntern, letzen, anbieten etwas ● baden, waschen, schwimmen, frisch machen ● spazierengehen, lustwandeln, promenieren. → begütigen, behagen, beleben, delektieren, erfreuen, fächeln. ▶ ermüden.

erfrischend kräftigend, belebend, erquickend, stärkend, wohltuend, heilsam, erneuernd, anregend ● gut, lecker, köstlich, kühl, labend, saftig. → charmant, erleichternd. ▶ ermüden.

Erfrischung Erquickung, Kräftigung, Labsal, Genuß, Auffrischung, Kühlung, Belebung, Imbiß, Labung, Stärkung. → Aufenthalt, Auffrischung, Delikatesse, Erholung. ▶ Ermüdung.

erfüllbar ausführbar, erklärbar, löslich, möglich, zu verwirklichen, gängig, erledigbar, vollziehbar, vollführbar, vollbringbar.

→ erreichbar. ▶ unerreichbar, unmöglich.

erfüllen vollführen, vollstrecken, vollenden, durchbringen, erledigen, verrichten, verfertigen, halten, genügen, leisten, ausüben. → arbeiten, anfassen, ausfindig machen, ausführen, ausüben, beobachten, berücksichtigen, bezahlen, erfüllen die Hoffnung. ▶ unterlassen.

erfüllen, mit Bewunderung gefallen, Beifall ernten, guten Eindruck machen, zum Lobe gereichen, von jedermann geehrt werden, vom Lobe widerhallen ● Vorbild sein, Beispiel sein. ▶ kritisieren, tadeln.

erfüllen, die Hoffnung gelingen, gedeihen, erfüllen, ausführen, glücken, einschlagen, geraten, zufriedenstellen, gut anschlagen, die Erwartung erfüllen, den Zweck erreichen. ▶ enttäuschen.

erfüllen, seine Pflicht → beteiligen sich, bürgen.

erfüllen, jeden Wunsch → befriedigen.

erfüllt glücklich, freudig, beschwingt.

erfüllt von Entsetzen → bestürzt.

Erfüllung Durchführung, Vollführung, Ausführung, Vollzug, Erledigung, Beendigung, Fertigstellung, Vollziehung, Abschluß, Bewerkstelligung, Lösung. → Befreiung,Berücksichtigung, Bewerkstelligung. ▶ Mißlingen, Unterlassung.

erfunden unwahr, falsch, lügnerisch, unbegründet, unecht, erlogen, gefälscht, verdreht, irreführend, nichtig, lügenhaft, unrichtig, widersinnig. → falsch. ▶ wahr.

ergänzen vervollkommnen, entfalten, vervollständigen, vollenden, ausfertigen ● ausschmücken, ausmalen, darstellen, beilegen, beifügen, hinzufügen, hinzusetzen, anreihen, anschließen,anhaften, anhängen, beiordnen, ansetzen, hinzutun, anfügen, einpassen. → ausarbeiten, ausbessern, ausfüllen. ▶ aufbrauchen, ausfallen, weglassen, wegnehmen.

ergänzend → beifolgend, beiliegend, ferner.

Ergänzung Vervollständigung, Ganzheit, Beifügung, Ansetzung, Beiordnung, Zusatz, Zugabe, Hinzufügung, Vermehrung, Beischuß, Einschub,Anreihung.→Anhang, Anmerkung, Aufschlag, Beifügung, Beilage, Beitrag, Eindachung, Einkauf. ▶ Verbrauch, Verfall, Weglassung, Wegnahme.

Ergänzung, in → beifolgend.

ergattern → ausbeuten, be-

erben, beikommen, bemächtigen, beschaffen, erbeuten, erhandeln.

ergaunern → erlisten.

ergeben unterwürfig, fromm, bescheiden, devot, kriecherisch, knechtisch, hündisch ● gleichmütig, ruhig, gefaßt, gelassen, unberührt. → anhänglich, anspruchslos, befangen, begnügen sich, biegsam, demütig, untertänig, ehrfurchtsvoll, eingenommen. ▶ anspruchsvoll, aufgeregt, herrschsüchtig, hochmütig, selbstsicher.

ergeben, sich betragen, resultieren, erfolgen ● unterwerfen, übergeben, nachgeben, erliegen, beugen, demütigen, gehorchen, fügen, in sich fressen, herunterschlucken, sich nicht mucksen *u*, hinnehmen, das Maul halten *u*. → befolgen, befriedigen, beigeben, dareingeben sich, dulden. ▶ besiegen, entgegenhandeln, verteidigen sich.

Ergebenheit Neigung, Attachement, Kriecherei, Unterwürfigkeit, Bescheidenheit, Frömmigkeit, Devotion, Demut, Erniedrigung, Hingebung, Fügsamkeit, Botmäßigkeit, Unterordnung, Willfährigkeit, Dienstbarkeit. → Demut, Ehrfurcht. ▶ Feindseligkeit, Selbstsicherheit, Überheblichkeit.

Ergebnis Resultat, Ende, Folge, Wirkung, Schluß. → Anteil, Ausgang, Ausbeute, Auswirkung, Effekt, Ende, Endergebnis, Erfolg. ▶ Anfang, Ursache.

ergebnislos → erfolglos.

Ergebung → Dienstbarkeit, Duldsamkeit, Ergebenheit.

Ergehen Befinden, Aussehen, Fühlen, Behagen, Zustand, Stand, Beschaffenheit, Lage. → Befinden.

ergehen, sich lustwandeln, flanieren, promenieren, spazierengehen, schlendern, bummeln, Luft schöpfen, erfrischen sich. ▶ bewegen sich, redselig. ▶ abhetzen, schweigen.

ergiebig → ausgiebig, dankbar, empfehlenswert, erträglich.

Ergiebigkeit Ertrag, Wohlstand, Fruchtbarkeit, Segen, Genüge, Fülle, Hinlänglichkeit, Gedeihen, Glück, Erfolg, Befriedigung, Lohnarbeit. ▶ Kargheit, Mißerfolg.

ergießen, sich strömen, fluten, regnen, rieseln, auslaufen, entströmen, entfließen, entquellen. ▶ stauen.

erglühen leuchten, glänzen, funkeln, schimmern, scheinen, flackern, lodern, strahlen, glühen, blitzen, blinken ● erröten, röten ● entflammen,

begeistern, durchdringen, entbrennen, schwärmen, Feuer fangen. → durchglühen, entbrennen. ▶ erlöschen, maßhalten, verschmähen.

ergo → also.

Ergötzen Lust, Befriedigung, Genuß, Vergnügen, Kostbarkeit, Köstlichkeit, Freude, Wohlleben, Erheiterung, Ergötzlichkeit, Erholung, Festlichkeit, Hochgenuß. ▶ Langweiligkeit, Mißvergnügen.

ergötzen → amüsieren, anregen, ausnutzen, befriedigen, beglücken, belustigen, delektieren, entzücken, erfreuen, erfrischend.

ergötzlich → amüsant, behaglich, charmant, erfreuend, erfrischend.

Ergötzlichkeit Leckerbissen, Schmaus, Schmauserei, Schwelgerei. → Belustigung, Ergötzen. ▶ Fadheit, Mißvergnügen, Plage.

Ergötzung → Befriedigung, Drolligkeit, Entzücken, Ergötzen.

ergrauen → altern.

ergraut grau, grauköpfig, ausgedient, gealtert, hochbetagt, bejahrt, silberhaarig, weißhaarig, betagt. → alt. ▶ jung.

ergreifbar → erfaßbar.

Ergreifen → Bemächtigung, Entnahme.

ergreifen → aufregen, ausbeuten, befinden, beikommen, berühren, berauben, bemächtigen, dingfest machen, entreißen, erbeuten, erfassen, erfassen die Gelegenheit, erstürmen, fassen, nehmen.

ergreifen, das Herz erschauern, beeindrucken, durchschüttern, empfinden, erschüttern, sich ans Herz greifen, der Seele bemächtigen. ▶ kalt bleiben.

ergreifend erschütternd, erregend, bewegend, beeindruckend, beeinflussend, herzbewegend, rührend, ansprechend, nachdrücklich, packend, sprechend, schmerzend. → berauschend, erregend, faszinierend. ▶ eindrucksvoll, langweilig.

ergriffen gepackt, erschüttert, angesprochen, erregt, beeindruckt, bestürzt, in die Knochen gefahren *u*, an die Nieren gegangen *u*, durch Mark und Pfennig *u*, tragisch nehmen. → begeistert, bestürzt, blaß, entbrannt, entzündet, ergreifend. ▶ kalt, unberührt.

ergriffen von blinder Furcht → bestürzt.

Ergriffenheit → Spannung.

Ergrimmen → Grimm.

ergrimmen zürnen, wüten, poltern, grollen, toben, rasen, schäumen, entrüsten, zittern, beben, erbosen sich, in Wut ausbrechen, vor Wut schnauben. → aufregen, erbosen, erdolchen mit den Blicken. ▶ beruhigen (sich), gelassen (sein).

ergrimmt → cholerisch, wütend.

ergrübeln ergründen, herausfinden, ausschnüffeln, erforschen, ersinnen, denken, überlegen, nachgrübeln, ausgrübeln, ausklügeln, ermitteln. → ausfindig machen, erkundigen. ▶ nachahmen, übersehen.

ergründbar → erfaßbar.

ergründen → achtgeben, aufzeigen, ausfindig machen, ausforschen, begreifen, bloßlegen, Busch klopfen auf den, darstellen, demonstrieren, durchforschen, durchleuchten, durchstöbern, einleuchten, entdecken, enträtseln, entreißen Geheimnis, entrollen, erschließen, erfragen, ergrübeln, erraten, experimentieren, sondieren.

ergründen, das Geheimnis ausforschen, ausspionieren, herausbekommen, erforschen, nachspüren, nachforschen, dahinterkommen, nachgrübeln, nachsinnen. ▶ verheimlichen, übersehen.

Erguß Abfluß, Ausströmung, Ausmündung, Entleerung, Ejakulation, Ausguß, Abwässerung, Strömung ● Herzensergießung, Gefühlserguß, Wortschwall, Geständnis, Rede. → Abschweifung, Auswurf, Beichte, Bekenntnis, Congestion, Duft, Entleerung, Exkrement. ▶ Zufluß, Zuleitung, Wortkargheit.

erhaben überragend, hoch, droben, überlegen, unerreicht, würdevoll, ehrwürdig, weihevoll, stattlich, feierlich, edel, vornehm, fein ● hoch, aufgetrieben, emporragend, uneben, erhöht. ▶ gewöhnlich, eingebogen, natürlich, unedel.

erhaben sein → bewenden lassen.

erhaben, über überlegen, mehr, beispiellos, unübertrefflich, uns kann keiner u. → ausnehmend, erhaben. ▶ minderwertig, unterlegen.

Erhabenheit Würde, Erhöhung, Erhebung, Größe, Überlegenheit, Seelenadel, Reife, Hochsinn, Edelsinn, Weihe, Großmut, Haltung, Duldsamkeit ● Wölbung, Erhöhung, Erhebung, Relief. ▶ Mißgunst, Niedrigkeit, Unwürdigkeit.

Erhalt → Erhaltung, Ernte, Erwerb.

erhalten → aneignen, annehmen, aufheben, balsamieren,

beerben, beikommen, beispringen, beschaffen, bewahren, entgegennehmen, erarbeiten, erben, erlangen, erwerben, fassen.

Erhalter → Ernährer.

erhältlich vorrätig, vorhanden, verfügbar, bereit, gebrauchsfertig, gerichtet. → erkäuflich. ▶ vergriffen.

Erhaltung Bewahrung, Konservierung, Einmachen, Einwecken, Aufbewahrung, Räucherung ● Bestand, Erhalt, Erwerbung, Erlangung, Empfang, Aufnahme, Entgegennahme, Einnahme. → Aufrechterhaltung, Beständigkeit, Dauer. ▶ Abgabe, Veränderung, Verbrauch, Verderbnis.

erhandeln kaufen, erstehen, erkaufen, erwerben, ersteigern, anschaffen, abkaufen, ankaufen, abhandeln, abfeilschen, abmarkten, ramschen, ergattern, einheimsen. → bestellen. ▶ abbestellen, verkaufen, weggeben.

Erhängen → Bestrafung.

erhängen hängen, henken, aufknüpfen, strangulieren.

erhärten versteinern, härten, verhärten, stählen, verknöchern, versteifen, festigen, eindicken, dicken, erstarren, gerinnen, gefrieren, verdichten, verdicken, erkalten ● bekräftigen, bestärken, behaupten, besiegeln, bestätigen, bekennen, verbürgen, beharren, beeiden. → beeiden, beglaubigen, erkalten, festigen. ▶ enthärten, lockern, widersprechen.

Erhärtung Verhärtung, Versteinerung, Verknöcherung, Verknorpelung, Verdichtung, Verdickung, Festigung, Gerinnung, Erstarrung. → Argument, Bekräftigung, Beweis, Eid. ▶ Lockerung, Schmelzung, Widerlegung.

erhaschen fangen, einfangen, überlisten, bekommen, einholen, erwischen. → ausfindig machen, bekommen, entlocken, erbeuten, erfassen die Gelegenheit, fassen, nehmen. ▶ entlaufen, übersehen, zurückgeben.

erheben erhöhen, aufrichten, errichten, aufstocken, aufwinden, aufstreben, aufragen, aufgen, auftauchen, auftürmen ● auftreiben, einsäckeln, einheimsen, herausschlagen, eingattern, besteuern, regeln, fordern, entrichten, verpflichten, einziehen, anfordern, einfordern, eintreiben, einkassieren, umlegen, einstreichen. → anfragen, anstellen, aufrichten, aufziehen, ausiesen, aufwerfen, aufwinden, aufziehen, beschaffen, befördern, beherrschen, berufen, beschaffen,

einkassieren, erhöhen. ▶ beantworten, bezahlen, geringschätzen, niederreißen, zurücksetzen.

erheben, sich aufsteigen, aufschwingen, emporheben, emporfliegen, aufrichten, emporstreben ● zusammenrotten, entgegenhandeln, widersetzen, widerstehen, widerstreben, verschwören, aufstehen ● aufsein, auf den Beinen sein. → aufgehen, aufsteigen, empören sich. ▶ herunterkommen, unterliegen, unterwerfen.

erheben, sich nicht → bleiben sitzen.

erheben, Anspruch fordern, beanspruchen, zukommen, gehören, zueignen, verlangen, erzwingen, durchsetzen, sein Recht behaupten. → begehren. ▶ bewilligen, erheben die Hände, verwirken, zufrieden geben sich.

erheben, die Augen hochblicken, emporschauen, hochsehen, hochrichten, emporrichten, hochschauen, ansehen, anblicken. ▶ Blick zu Boden (richten).

erheben, das Geld → einkassieren.

erheben, die Hände bitten, ersuchen, anflehen, flehen, anhalten, erbeten, erbitten, bedrängen, eine Bitte richten. → bedrohen, beten. ▶ erheben Anspruch, gewähren.

erheben, bis in den Himmel → verehren.

erheben, Protest widersprechen, widerstreiten, entgegenstellen, sträuben, trotzen, Einspruch erheben, die Stirn bieten ● tadeln, rügen, Meinung sagen. ▶ einwilligen, loben.

erheben, den Stock → prügeln.

erheben, den Zeigefinger → Bedrohung.

erhebend → aufsteigend, epochemachend.

erheblich ziemlich, beträchtlich, höchlich, überaus, bemerkenswert, wesentlich, vorzüglich, beachtenswert, beachtlich, erwähnenswert, bezeichnend, bedeutend. → A und O, ansehnlich, ausgedehnt, beachtlich, enorm, ereignisreich, erstaunlich. ▶ unerheblich.

Erhebung Hügel, Berg, Erhöhung, Empore, Estrade, Anhöhe, Erhabenheit, Höhe, Steigung, erhöhter Platz ● Beförderung, Rang ● Elevation. → Anfrage, Angriff, Auflauf, Auflehnung, Ausforschung, Beförderung, Bewegung, Erhabenheit. ▶ Degradierung, Verteidigung, Vertiefung.

erheischen → beanspruchen, begehren, bemühen, betteln, erflehen, erfordern.

Erheischung → Erfordernis.

erheitern → amüsieren, anregen, aufrichten, beeinflussen, belustigen, entzücken, erfreuen, ergötzen.

erheiternd → amüsant, angenehm, erfreuend.

erheitert → aufgelegt, entzückt.

Erheiterung → Drolligkeit, Ergötzen, Freude.

erhellen bescheinen, beleuchten, anstrahlen, verklären ● aufklären, erklären, auslegen, reinen Wein einschenken, den richtigen Weg zeigen. → anstecken, anzünden, begründen, beibringen, beleuchten, dartun. ▶ auslöschen, verdunkeln, verschweigen.

Erhellung Helligkeit, Helle, Licht, Brand, Klarheit, Aufklärung, Erklärung, Beleuchtung, Erläuterung. → Argument, Beweis. ▶ Dunkelheit, Unklarheit, Widerlegung.

erheucheln → beschwindeln.

erhitzbar → entzündbar.

erhitzen anwärmen. → abbrühen, anregen, aufregen, begeistern, braten, dünsten, einheimsen, elektrisieren, entzünden, Feuer fangen.

erhitzen, sich entzünden, erwärmen, rösten, heiß werden, glühend werden, schmelzen, zerfließen, schwitzen, dörren, schmoren, rauchen. → ereifern, sich. ▶ abkühlen, kalt bleiben.

erhitzt → cholerisch, entrüstet, entzündet, heiß.

Erhitzung → Dürre, Erwärmung, Hitze.

erhoffen → entgegensehen, ersehnen, erträumen, erwarten, hoffen.

erhoffenswert → ersehnenswert.

erhöhen aufrichten, aufschlagen, aufstocken, emporbringen, erheben, steigern, aufwerten, verteuern, neppen, draufknallen u. → anschwellen, aufblasen, aufgehen, auftreiben, aufwerfen, aufziehen, auszeichnen, ehren, emporragen. ▶ erniedrigen.

erhöhen, sich vergrößern, aufblähen, prahlen, prangen, dicktun, großtun, einbilden sich, aufspielen sich, wichtig machen, vornehm tun, große Reden führen, dicke Töne reden. ▶ bescheiden (sein), erniedrigen sich.

Erhöhung → Aufsatz, Aufschlag, Auswuchs, Beförderung, Berg, Bewegung, Erhabenheit, Erhebung.

erholen, sich genesen, bessern, ausheilen, gesunden, wiederherstellen, aufleben, gedeihen, wiedergenesen, aufraffen, auftanken, sich herausmachen u, sich aufrappeln, auf den Damm kommen, sich herauskrabbeln, wieder auf die Beine kommen, abschalten. → aufblühen, aufstehen, ausruhen, beleben, erfrischen. ▶ arbeiten, erkranken.

erholend erholsam, wohltuend, erleichternd.

erholsam → erquickend.

erholt erfrischt, frisch, kräftig, bei Kräften, belebt, bei voller Gesundheit, wie ein Fisch im Wasser, auf Deck, es geht wieder, fit. ▶ ermattet.

Erholung Ausspannung, Erquickung, Entmüdung, Neubelebung, Entspannung, Kräftigung, Linderung, Ruhe, Erfrischung, Sammlung, Zerstreuung. → Atempause, Aufenthalt, Auffrischung, Besinnung, Einhalt, Entspannung, Erbauung, Erfrischung, Ergötzen, Erleichterung, Feierabend, Ferien. ▶ Ermattung.

erholungsbedürftig leidend, krank, schwach, müde, matt, erschlagen, abgespannt, überarbeitet, abgearbeitet, entkräftet, kraftlos, hinfällig, aufgerieben, ruhebedürftig, absein u, fertig sein u, erschossen sein u. → abgespannt. ▶ frisch, gesund.

Erholungsheim Kurhaus, Sanatorium, Pflegeanstalt.

Erholungszeit → Dämmerstündchen, Feier, Ferien.

erhören hören, zuhören, wahrnehmen ● gestatten, erlauben, einwilligen, einräumen, zustimmen, Gehör verleihen. ▶ ablehnen, hören wollen nicht, verbieten.

erinnerlich → eingedenk.

erinnern mahnen, auffordern, hinweisen, einprägen, anheimstellen, anregen, aufmerksam machen. → einschärfen, entsinnen sich, festhalten. ▶ abwarten, vergessen.

erinnern, sich entsinnen, denken, gedenken, zurückdenken, auffrischen, zurückrufen, einfallen, zurückblicken, nachsinnen, nachdenken, erkennen, im Gedächtnis haften bleiben, hängen bleiben u, sitzen u. → Blicke zuwerfen, denken an, einfallen. ▶ erinnerungslos (sein), vergessen.

erinnernd, an → ähnlich.

Erinnerung Wiedererneuerung, Gedenken, Denken, Zurückrufen, Zurückschauen, Betrachtung, Mahnung. → Andenken, Auffrischung, Begriff, Chronik, Dank, Dankbarkeit, Denkschrift, Denkzettel, Erinnerungszeichen. ▶ Vergeßlichkeit.

erinnerungslos vergeßlich, kopflos, zerstreut, ohne Erinnerung, ohne Gedächtnis. ▶ erinnerlich.

erinnerungswert → dankbar.

Erinnerungszeichen Widmung, Andenken, Erinnerung, Angebinde, Gedenken, Zeichen, Angedenken. → Andenken, Denkzettel, Erkennungszeichen.

erjagen jagen, erbeuten, rauben, abnehmen, abjagen, entreißen, erlegen, niederschießen, auf die Decke legen j, schlagen j, reißen j, strecken j, zur Strecke bringen j. → bekommen, erbeuten. ▶ fortlaufen, verlieren.

erkalten jagen, erfrieren, erstarren, erhärten ● brechen, entzweien, abwenden sich, abkehren sich, überwerfen sich, erkaltete Gefühle. → abkühlen, erhärten. ▶ erhitzen, erwärmen für, versöhnen sich.

erkälten, sich fiebern, erkranken, frieren, frösteln, schaudern, durchschütteln. → anstecken, erkalten.

Erkältung Schnupfen, Husten, Fieber, Grippe, Pips u. → Entzweiung, Krankheit.

erkämpfen anstrengen, mühen, erstreben, ringen, abarbeiten, erobern, plagen sich, schinden sich, ankämpfen gegen, schwer ankommen. → erarbeiten. ▶ faulenzen, verwirken, unterliegen.

erkaufen → bestimmen, erhandeln, erkämpfen, kaufen.

erkäuflich kaufbar, erschwinglich, billig, erschwinglich, möglich, erreichbar, erzielbar, erhältlich, erwerbbar, zugänglich, billig. ▶ kostspielig, Kraft über die, unmöglich.

erkecken herausnehmen, erkühnen, aufbegehren, erlauben sich, erdreisten sich, frech sein, ungezogen sein. → entblöden sich nicht. ▶ gehorchen, zurückhalten.

erkennbar feststellbar, faßlich, verständlich, faßbar, offenbar, offenkundig, vorstellbar, greifbar, klar, unverkennbar, augenfällig, sichtbar, deutlich. → anschaulich, bekanntermaßen, bemerkbar, deutlich, einleuchtend, erklärbar. ▶ unerkennbar.

Erkennen → Betrachtung.

erkennen jagen, erbeuten, identifizieren, anschauen, einsehen, verstehen, begreifen, erfassen, unterscheiden, abrunden sich. → auffassen, auftauchen, begreifen, bemeistern, charakterisieren, denken, deuten, durchblicken, durchschauen, eindringen in das Geheimnis, keine Knöpfe auf den Augen haben u, enträtseln, erachten, erfassen, erinnern, sich, ersehen. ▶

blind (sein), einsichtslos (sein), ersticken Stimme des Gewissens, verrechnen sich, widersprechen.

erkennen lassen zeigen, bloßstellen, verraten, offenbaren, anzeigen, darlegen, vorzeigen, wahrnehmen lassen, sehen lassen, bemerken lassen, hervorragen lassen, zu erkennen geben, dekuvrieren. → darlegen, darstellen. ▶ verheimlichen.

erkenntlich dankbar, zugetan, verbunden, dankwillig, dankbereit, dankerfüllt, verpflichtet, dankpflichtig, aufmerksam, verbindlich, zuvorkommend, liebenswürdig. → dankbar, dankenswert, erkennbar. ▶ unerkenntlich.

erkenntlich zeigen lohnen, belohnen, vergüten, entschädigen, abgelten, vergelten, ersetzen, erweisen, danken, anerkennen. → bestehen, danken. ▶ undankbar (sein), zurückweisen.

Erkenntlichkeit Dankbarkeit, Dankgefühl, Dankempfindung, Danksagung, Vergeltung, Dankesanerbieten, Vergütung, Entgeltung, Belohnung, Entschädigung, Ersetzung ● Aufmerksamkeit, Entgegenkommen, Gefälligkeit, Hilfsbereitschaft. → Anerkennung, Belohnung, Buße, Dank, Dankbarkeit, Entgelt, Entschädigung. ▶ Ungefälligkeit, Undankbarkeit.

Erkenntnis Verstand, Vernunft, Intellekt, Beurteilung, Gutachten, Klugheit, Scharfblick, Erleuchtung, Überzeugung, Einsicht, Urteilskraft, Verständnis, Kenntnis, Klarsicht. → Begriff, Einblick, Eindruck, Erfahrung, Fährte, Feingefühl. ▶ Begriffsmangel, Unkenntnis, Unvernunft.

Erkenntnisvermögen Denkvermögen, Scharfblick, Scharfsichtigkeit, Unterscheidungsgabe, Intelligenz, Schlußkraft, Denkschärfe, Begriffsvermögen, Verständnis, Auffassungsvermögen, Geisteskraft. → Begriffsvermögen, Denkvermögen, Erkenntnis, Beobachtungsgabe. ▶ Begriffsmangel.

Erkennungsmarke → Erkennungszeichen.

Erkennungswort → Anruf, Appell, Erkennungszeichen.

Erkennungszeichen Losung, Signal, Erkennungswort, Alarm, Anruf, Zuruf ● Erinnerungszeichen, Andenken, Kennzeichen, Merkmal, Andeutung, Stempel, Symbol, Merkzeichen, Ausweis, Paß, Nummer, Kennwort, Dienstabzeichen, Abzeichen, Erkennungsmarke ● Vermerkung, Inschrift, Meilenstein, Blink-

feuer, Verkehrsschild, Grenzmarke, Ordensband, Kerbzeichen, Muttermal ● Zeichensprache, Fingerzeig, Geste, Wink, Mienenspiel. → Bake, Emblem.

Erker Vorbau, Anbau, Vorsprung, Ausbauchung, Ausbau, Vorstoß, Ausbaufenster, Altan, Überbau. → Balkon.

erkiesen → ernennen.

Erkiesung → Erwählung.

erklärbar ableitbar, erklärlich, logisch, vernunftgerecht, verstandesgemäß, folgerichtig, erkennbar, anerkannt, lösbar, ausführbar, anschaulich, entwirrbar, beweisbar. → erfüllbar. ▶ unerklärlich.

erklären definieren, auslegen, erläutern, explizieren, verdeutlichen, deuten, ausdeuten, wiedergeben, entziffern, beleuchten, unterweisen, nahebringen, näher bestimmen, klar machen, unterscheidende Merkmale angeben. → antworten, aufklären, aufzeigen, ausdrücken, auseinandersetzen, auslegen, ausmalen, aussagen, bedeuten, beglaubigen, behaupten, beibringen, belehren, benachrichtigen, bestätigen, darlegen, darstellen, dartun, definieren, deuten, eingehen auf, erhellen, erleuchten, erörtern, erwidern, exponieren. ▶ fragen, irreleiten, mißdeuten.

erklären, sich vorsprechen, sprechen, aussprechen, freien, werben, versprechen sich, anhalten um die Hand, erklären seine Liebe. → darstellen sich, erklären. ▶ abweichen, enthalten sich.

erklären, sich gegen → Dach steigen auf das, entgegenarbeiten, entgegenhandeln.

Erklärer → Ausleger, Deuter.

erklärlich → erklärbar.

Erklärung Erläuterung, Auseinandersetzung, Sinndeutung, Aufschluß, Begriffsbestimmung, Kommentar, Beleuchtung, Anmerkung, Glosse, Aufklärung, Aussage, Angabe, Mitteilung, Bemerkung, Erwähnung. → Angabe, Anzeige, Argument, Auskunft, Auslegung, Begriffsbestimmung, Beispiel, Bekenntnis, Bekräftigung, Berichtigung, Bescheinigung, Beweis, Darlegung, Darstellung, Definition, Demonstration, Denkschrift, Einfügung, Einführung, Eröffnung, Erörterung, Erweis, Exempel. ▶ Entstellung, Mißdeutung, Problem, Verheimlichung.

Erklärungsversuch → Annahme, Erklärung.

erklecklich genügend, genügsam, ausreichend, gut, anständig, beträchtlich, be-

friedigend, vollauf, erträglich, leidlich, völlig, hinreichend, mittelmäßig, mäßig. ▶ wenig.

erklettern klettern, emporklimmen, klimmen, erklimmen, aufrichten, hochgehen, aufschwingen, emporkommen, emporstreben, emporsteigen, steigen. → aufsteigen, aufziehen, bahnen, besteigen, emporklimmen. ▶ heruntersteigen.

erklimmen → aufziehen, bahnen, erklettern.

erklingen klingen, widerhallen, dröhnen, nachklingen, tönen, hallen, schallen, ertönen, klirren, singen, läuten, trapsen. ▶ verstummen.

erkranken kränkeln, leiden, darniederliegen, fiebern, dahinschwinden, siechen, krankliegen, das Bett hüten, sich unwohl fühlen, verkümmern j, sich etwas holen, einen Knacks bekommen, auf den Hund kommen. → anstecken, darniederliegen, erkälten sich. ▶ gesunden.

erkrankt → krank.

Erkrankung Beschwerden, Anfall, Schwäche, Unpäßlichkeit, Siechtum, Unwohlsein, Übelkeit, Auszehrung, Abzehrung, Schwachheit, Gebrechen, Gebrechlichkeit, Unfall, Leiden, zerrüttete Gesundheit, Schmerzen, Angegriffenheit, kritische Tage, nicht gut im Schuß sein u, ich weiß nicht, was mir los ist u, etwas in den Knochen haben, es ist etwas im Anzug u.

erkühnen wagen, übereilen, überstürzen, Gefahr herausfordern, Gefahr aufsuchen, den Hals wagen, auf das Spiel setzen, sich in Gefahr stürzen. → einsetzen sein Leben, entblöden sich nicht, erdreisten sich, erkecken. ▶ hofieren, überlegen, vorsichtig sein, zurückschrecken.

erkunden → ausfindig machen, ausforschen, befragen, beikommen, durchforschen, durchleuchten, durchsuchen, eindringen in das Geheimnis, erforschen, erfragen.

erkundigen nachfragen, fahnden, ausfragen, fragen, befragen, aushorchen, horchen, auspumpen, ausquetschen, schnüffeln, auspressen, ergrübeln, ausgrübeln, ergründen, erforschen, vergewissern sich, zu erfahren suchen. → anfragen, ausfindig machen, befragen, erforschen, erfragen, eindringen in das Geheimnis. ▶ antworten, verheimlichen.

Erkundigung → Anfrage, Ausforschen, Auskunft, Beobachtung, Examen.

Erkundung → Ermittlung.

erkünstelt gekünstelt, affig, ete petete u, affektiert, unnatürlich, erzwungen, geckenhaft, albern, unecht, geziert, überfeinert, einstudiert, stutzerhaft, zimperlich, überzüchtet, überspannt. ▶ natürlich.
Erküren → Erwählung.
erküren → auslassen, ernennen, wählen.
erlaben → befriedigen, erfrischen, laben.
erlahmen ermatten, weichen, nachgeben, zurückweichen, abfallen, vergehen, nachlassen, abnehmen, abzehren, unterliegen, einschlafen, nachhinken, schleichen, lahmen, hinschleppen, taumeln, humpeln, stolpern, schlendern, hinken, ermüden, stokken, verzögern, erschlaffen, erschöpfen, schmachten, zusammenbrechen. → aufhören, bleiben zurück. ▶ aufmuntern, aufraffen sich, meistern, stählen sich, vorankommen.
Erlahmung → Beengung, Beschwerde, Ermattung.
erlangbar → ergreifbar, erreichbar.
erlangen erreichen, gewinnen, erringen, bekommen, erhalten, kriegen, empfangen, annehmen, erwerben, erzielen. → aneignen, beerben, beikommen, bemächtigen, bereichern, einkommen, erarbeiten, erben, erlangen, Reichtum erlisten, fassen. ▶ geben, mißlingen, verlieren.
erlangen, das Bewußtsein leben, atmen, bestehen, erwachen, wiedererwachen, zusichkommen, aus der Ohnmacht erwachen, zur Besinnung kommen. → denken, erkennen. ▶ Besinnung ohne (sein).
erlangen, unter falschem Vorwand → täuschen.
erlangen, Reichtum erwerben, einnehmen, erlangen, verdienen, reich werden, reich sein, Reichtum besitzen, den Beutel füllen, sich alles leisten können ● schmuggeln, schleichhandeln, handeln, betrügen. ▶ verarmen.
erlangen wollen oder suchen, zu → bestehen auf, bewerben sich.
erlangend → erwünscht.
Erlangung → Bemächtigung, Erhaltung.
Erlaß Kundmachung, Bekanntmachung, Verkündigung, Veröffentlichung, Ankündigung, Bekanntgabe, schriftliche Verordnung, Bestimmung, Ermächtigung, Befehl, Vollmacht, Ausruf, Anschlag, Ukas, Irade ● Straferlaß, Schulderlaß, Aufhebung, Amnestie, Freispruch, Begnadigung. → Ablaß, Befehl, Be-

kanntgabe, Bekanntmachung, Cirkular, Codex, Dekret, Diktat, Ermäßigung. ▶ Aufschlag, Bestrafung.
erlaßbar → entschuldbar.
erlassen anordnen, verordnen, auftragen, verhängen, aussprechen, vorschreiben, bestimmen, verfügen, Gesetz erlassen, Befehl erlassen ● entheben, entbinden, dispensieren, nachsehen, vergeben. → ablassen, befreien, entschuldigen. ▶ bestrafen.
erläßlich → entschuldbar, entbehrlich, verzeihlich.
Erlassung → Befreiung.
erlauben gestatten, bewilligen, zulassen, dulden, genehmigen, einwilligen, zugeben, vergönnen, einräumen, freistellen, ermächtigen, berechtigen, ermöglichen, lassen, zustimmen, willfahren, gewähren, billigen, gutheißen, erkennen. → anmaßen, befähigen, begünstigen, beipflichten, bewilligen, bieten, bringen nicht übers Herz, dürfen, einräumen, erhören, ermöglichen. ▶ verbieten.
erlauben, sich die Freiheit nehmen, gestatten sich, auf dem eigenen Willen bestehen, die Schranken überschreiten, die Grenzen übergehen, sich Freiheiten herausnehmen, sich Ungebührlichkeiten erlauben. → entblöden sich nicht, erkecken, erlauben. ▶ gehorchen, hofieren.
Erlaubnis Einwilligung, Genehmigung, Gestaltung, Bewilligung, Zugeständnis, Zulassung, Gewährung, Ermächtigung, Lizenz, Berechtigung, Bevollmächtigung. → Befugnis, Einräumung, Ermächtigung. ▶ Verbot.
Erlaubnisschein Eintrittskarte, Passierschein, Vollmacht. → Paß.
erlaubt zulässig, statthaft, gestattet, recht, berechtigt, gültig, unverboten, rechtlich, gestattet, bewilligt, unbenommen, eingeräumt, bewilligt. ▶ unerlaubt.
erlaucht hervorragend, auserlesen, ausersehen, herrlich, vortrefflich, ehrwürdig, ruhmvoll, ehrenwert, ehrsam, rühmlich, würdig, glänzend, schätzbar, achtbar. → adelig. ▶ gewöhnlich, minderwertig, unwürdig.
erlauschen → lauschen.
erläutern → aufklären, aufzeigen, auslegen, ausmalen, bedeuten, darlegen, darstellen, definieren, deuten, entrollen, erklären, erörtern.
Erläuterung → Anleitung, Anmerkung, Ausführungsbestimmung, Auslegung, Begriffsbestimmung, Beispiel,

Darstellung, Einfügung, Einführung, Erhellung, Erklärung, Ermittlung, Erörterung.
erleben durchmachen, erdulden, widerfahren, zustoßen, erfahren, fühlen, sehen, hören, empfinden, bemerken, spüren, verspüren, erleiden, leiden, dulden, ertragen. → befallen, begeben sich, begegnen, erfahren. ▶ gefühllos sein, langweilen (sich).
Erlebnis Ereignis, Begegnung, Erfahrung, Zufälligkeit, Episode, Erscheinung, Geschehen, Geschehnis, Vorkommnis, Vorfall, Abenteuer ● Festlichkeit, Feier. → Abenteuer, Begebenheit, Begebnis, Episode, Chance. ▶ Bagatelle, Unwichtigkeit.
Erlebnisbericht Tatsachen-, Abenteuerbericht.
erlebnishungrig → lebenshungrig
Erlebnisse → Chronik.
erledigbar → erfüllbar.
erledigen → abschließen, anfassen, arbeiten, ausführen, ausgleichen, ausrotten, austragen, bekümmern, berücksichtigen, beschäftigen, besorgen, bewältigen, bezahlen, bringen unter Dach, einlösen, erfüllen, expedieren.
erledigt bezahlt, bekommen, zurückgegeben, erstattet, abgetragen, abgetan, getilgt, quitt, entlastet, entbunden, losgesprochen, entgolten, vergütet ● zerstört, vernichtet, dahin, fort, verschwunden, verloren, aufgegeben, ausgerottet, todgeweiht ● leblos, abgestorben, hingeschieden, entseelt, atemlos, fertig, still, kalt ● aussichtslos, verzweifelt, am Boden liegen, im Dreck stecken, unrettbar, mutlos, niedergedrückt, geschlagen, verzagt, vernichtet, ohne Hoffnung, der Bart ist ab u, fertig ist die Laube u, unheilbar. → abgeschlossen, abgetan, angeschlagen, arm, aus, bankrott, dahin, fällig. ▶ bleibend, hoffnungsvoll, lebendig.
Erledigung → Ablauf, Ausführung, Befreiung, Beilegung, Besorgung, Durchführung, Einkauf, Elaborat, Entledigung, Entrichtung, Erfüllung, Leistung, Vernichtung.
erlegen → erjagen.
erleichtern entbürden, entlasten, abbürden, abladen, abnehmen, helfen, verringern, vermindern, wegnehmen, abnehmen, befreien ● lindern, trösten, beruhigen, besänftigen, beschwichtigen, aufheitern, aufmuntern, lockern, erlösen, loshelfen, losmachen, vereinfachen, glätten, Hindernisse wegräumen. →

abnehmen, befreien, begünstigen, begütigen, besänftigen, ebnen den Weg, entbürden, entladen. ▶ aufbürden, erschweren.
erleichtern, das Leben → erleichtern.
erleichternd lindernd, tröstlich, schmerzstillend, beruhigend, ermutigend, erquickend, erholend, erfrischend, entspannend, kräftigend, bessernd, fördernd, stärkend. → einschläfernd, ermutigend. ▶ erschwerend.
erleichtert → behaglich.
Erleichterung Entlastung, Entbürdung, Hilfe, Entledigung, Linderung, Tröstung, Heilmittel, Erlösung, Milderung, Abhilfe, Verbesserung, Erholung, Ruhe, Ausspannung, Entspannung ● Entbindung. → Baldrian, Befreiung, Beichte, Beistand, Beruhigung, Einräumung, Entlastung, Ermutigung. ▶ Belastung, Bürde, Erschwerung.
erleiden → abbüßen, befallen, begeben sich, begegnen, beeinträchtigen, dulden, Erfahrung machen bittere, erleben, leiden.
erleidend → duldend.
erlernen → auffassen, begreifen, bemeistern, lernen.
erlesen gut, vortrefflich, ausgezeichnet, wertvoll, schätzenswert, vorzüglich, kostbar, angenehm, schön, selten, makellos, edel, herrlich, glänzend, prächtig, prachtvoll, unvergleichlich, unbezahlbar, vollkommen, einwandfrei, tadellos, fehlerlos, meisterhaft, beispiellos, unübertrefflich, unvergleichlich, auserlesen, vollendet. → apart, distinguiert, eigen. ▶ fehlerhaft, schlecht, wertlos.
erleuchten beleuchten, veranschaulichen, erläutern, erklären, aufklären, anschaulich machen. → anzünden. ▶ verdunkeln.
Erleuchtung → Anschein, Einbildungskraft, Einblick, Einfall, Eingebung, Erkenntnis, Licht.
erliegen → ausatmen, bleiben zurück, dareingeben sich, entschlafen, enttäuschen, ergeben sich, erlahmen, ermatten, sterben, unterliegen.
erlisten erlangen, erschleichen, abheucheln, abgaukeln, ergaunern, herauslokken, ablocken, abschwindeln, ablisten, erluchsen, abluchsen. → überlisten. ▶ offen heraus sagen, verweigern.
erlogen → erfunden, falsch.
Erlös Einnahme, Ertrag, Erwerb, Gewinn, Verdienst, Lohn, Sold, Geld, Bezug, Erträgnis. → Absatz. ▶ Verlust.
erloschen verglimmen, erlö-

schen, verglühen. → abgeschlossen, dunkel, tot.
erlöschen → altern, ausatmen, ausgehen, dunkeln, einschlummern, entschlafen, sterben.
erlösen retten, erretten, befreien, freimachen, entreißen, loshelfen, lossprechen, freilassen, losketten, losbinden, loskaufen. → auslösen, befreien, entbinden, entheben, entledigen, erleichtern. ▶ aufgeben, bedrücken, fesseln, unterdrücken.
Erlöser → Befreier, Christus.
erlöst → entbunden, entspannt.
Erlösung Errettung, Befreiung, Freilassung, Freimachung, Lossprechung, Sicherheit, Entlassung, Entbindung, Linderung, Tröstung, Beruhigung, Trost, Entspannung. → Abklingen, Absolution, Ausweg, Balsam, Befreiung, Entledigung, Erleichterung. ▶ Bedrücktheit, Fesselung, Unterdrückung.
erlügen → erfinden, lügen.
ermächtigen bevollmächtigen, befugen, berechtigen, anvertrauen, genehmigen, zustimmen, ernennen, einsetzen, zukommen, gebühren, Vollmacht erteilen, Vollmacht verleihen. → beauftragen, begünstigen, berufen, erlauben. ▶ aufheben, entheben, verbieten.
ermächtigt → bedienstet.
Ermächtigung Bevollmächtigung, Befugnis, Auftrag, Beauftragung, Anweisung, Bestimmung, Vollmacht, Genehmigung, Berechtigung, Befähigung, Anrecht, Gewähr, Recht. → Anrecht, Befugnis, Berufung, Bestallung, Einräumung, Erlaß, Erlaubnis, Erwählung. ▶ Aufhebung, Enthebung, Verbot.
Ermächtigungsgesetz Notstandsgesetz, Ausnahmegesetz.
ermahnen → ankündigen, bedenken, beraten, einschärfen.
Ermahner Lehrer, Erzieher, Lehrender, Ratgeber, Mahnender, Berater, Warner ● Gewissen. → Beistand, Berater.
Ermahnerin → Erzieherin.
Ermahnung Anleitung, Anweisung, Aufklärung, Ratschlag, Belehrung, Unterweisung, Mahnung, Verweis, Zurechtweisung, Anhalt, Warnung, Mahnbrief, Verwarnung, Tadel, Rüge, Denkzettel, Rüffel, Anpfiff, Wischer u, Anschiß u, Zigarre u, Nasenstüber, Kopfwäsche, Gewissenspauke ● Ermutigung, Aufforderung. → Anleitung, Beeinflussung, Bevormundung, Di-

rektive, Ermunterung. ▶ Belobigung, Irreführung.
ermangeln entbehren, fehlen, kargen, missen, vermissen, benötigen, darben, mangeln, hungern, dürsten, schmachten, fasten, notleiden. → ausgehen, beeinträchtigen. ▶ ausreichen, strotzen, übersättigen.
ermangeln können, nicht brauchen, benötigen, bedürfen, erfordern, verlangen, beanspruchen, nötig haben, nicht entbehren können, nicht missen können, nicht umhin können, durchaus brauchen, unentbehrlich finden. → begehren, brauchen. ▶ ermangeln, entbehren.
Ermangelung, in fehlend, mangelnd, mangelhaft, mangels, unvollständig, unvollkommen ● anstatt, dafür, ersetzbar, an der Stelle von, als Ersatz für, in Vertretung von. ▶ vollständig.
ermannen, sich durchgreifen, durchsetzen, stählen sich, bekennen sich, aufraffen sich, zusammenraffen sich, getrauen sich, fürchten sich nicht, ein Herz fassen, Mut schöpfen, kurzen Prozeß machen, den Gefahren ins Auge sehen, sich aufrappeln u. ▶ schlapp machen, zurückweichen, fürchtsam (sein).
ermäßigen abziehen, heruntergehen, fallen, sinken, abschlagen, nachlassen, vermindern, abstreichen, verringern, kürzen, verbilligen, abrechnen, herabsetzen, Rabatt geben. → ablassen. ▶ steigern, verteuern.
ermäßigt herabgesetzt, unter dem Einkaufspreis ● billig, preiswert.
Ermäßigung Verminderung, Kürzung, Nachlaß, Erlaß, Abschlag, Preissenkung, Erniedrigung, Verringerung, Verbilligung, Vergünstigung, Rabatt, Ausverkauf, Räumungsverkauf, Schleuderpreis, Reduktion, Herabsetzung, Senkung. → Abzug. ▶ Aufschlag, Steigerung.
ermatten ermüden, erschlaffen, erschöpfen, schwächen, erliegen, pusten, schnaufen, lähmen, zehren, abnehmen, vergehen, nachlassen, aufgeben, versagen, abmüden. → benehmen die Lust, bleiben zurück, erlahmen. ▶ erholen sich, ermuntern, nachgeben nicht.
ermattend → aufreibend.
Ermattung Ermüdung, Müdigkeit, Erschöpfung, Erschlaffung, Erlahmung, Entkräftigung, Hinfälligkeit, Kraftlosigkeit, Abgespanntheit, Schwäche, Unkraft, Lähmung, Mattigkeit, Teilnahmslosig-

keit, Gebrechlichkeit, Versagen, Schwächung. → Abspannung, Anstrengung, Entkräftigung, Entnervung, Erschöpfung. ▶ Erholung.

ermessen prüfen, erwägen, erörtern, besinnen, bedenken, nachdenken, bemessen, einschätzen, ermitteln, feststellen, abwägen, beurteilen, begutachten, bewerten. → abmessen, beurteilen, charakterisieren, deuten, einschätzen, erachten. ▶ verkennen.

Ermessen → Annahme, Ansicht, Auswahl, Erachten.

Ermessen, freies → Bahn, Gutdünken.

Ermessen, nach eigenem → Erachten, Gutdünken.

Ermessung → Befinden.

ermitteln → anfragen, aufklären, aufwerfen, ausforschen, bedeuten, befragen, beikommen, belauern, beurteilen, beweisen, einziehen, Erkundigungen, entlocken, entrollen, erforschen, erfragen, ergrübeln, ermessen, erraten.

Ermittlung Auskunft, Erklärung, Aufklärung, Darstellung, Erläuterung, Erkundung, Bescheid, Nachricht, Nachforschung, Untersuchung, Umfrage, Nachfrage, Aushorcherei, Fragerei, Aufspürung, Untersuchung, Entdeckung. → Anfrage, Ausforschen.

ermöglichen erlauben, gestatten, in den Griff bekommen, befähigen, zulassen, gewähren lassen, helfen, Gelegenheit geben, in die Lage versetzen. → befähigen, bieten, erlauben. ▶ hemmen, verbieten.

ermorden → ausrotten, töten.

Ermordung → Anschlag, Beraubung, Bluttat, Tötung.

ermüden umfallen, ermatten, erschlaffen, erlahmen, erliegen ● schmachten, vergehen, schnaufen, schwitzen ● zurückfallen, zurückbleiben, zusammenbrechen, schlapp machen, absacken ● einschlafen, einduseln, schläfrig werden, müde werden, die Augen fallen zu. → anöden, bleiben zurück, erlahmen, ermatten. ▶ erholen sich, ermannen sich, ermuntern.

ermüdend → angestrengt, aufreibend, böse, einförmig, langweilig.

Ermüdung → Ermattung, Erschöpfung, Langeweile.

ermuntern anempfehlen, anhalten, anregen, anstoßen, aufdrehen, aufmöbeln u, aufpulvern, auf den Damm bringen, anfrischen j, fertig machen u. → aufrichten, aufrütteln, beeinflussen, beispringen, beschleunigen, Dampf dahinter machen, drängen, er-

freuen, Ermunterung, erwachen, fesseln. ▶ ermüden, lähmen.

ermunternd → ermutigend.

Ermunterung Antrieb, Anreiz, Ansporn, Anweisung, Ermutigung, Aufforderung, Stoß, Wink, Fingerzeig, Verlockung, Ermahnung, Herausforderung, Anregung. → Anstoß, Beeinflussung. ▶ Ermüdung, Hemmung.

ermutigen encouragieren. → anempfehlen, anhalten, anregen, aufheitern, anreizen, beeinflussen, befürworten, begütigen, beispringen, bestechen, bewirken, drängen.

ermutigend zusprechend, lindernd, tröstlich, helfend, erleichternd, anspornend, bestärkend, gönnerhaft, fördernd, ermunternd, kräftigend, aufrichtend, beruhigend. → erleichternd. ▶ entmutigend.

Ermutigung Trost, Aufrichtung, Beruhigung, Erleichterung, Besänftigung, Aufmunterung, Hilfe, freundlicher Zuspruch. → Baldrian, Beeinflussung, Beispiel, Ermahnung, Ermunterung. ▶ Entmutigung.

ernähren, sich essen, trinken ● handeln, wirken, schaffen, arbeiten, durchschlagen, Geschäft betreiben, den Kampf ums Dasein führen, ein Amt bekleiden, einen Beruf haben. → beispringen, durchbringen sich. ▶ faulenzen, hungern, verhungern.

ernähren, sich kümmerlich → ermangeln, darben, hungern.

Ernährer Vator, Nährvator, Erhalter, Versorger, Brotherr, Fütterer, Gastgeber, Brotgeber, Lohnherr ● Gott. → Arbeitgeber.

Ernährung Eßware, Lebensmittel, Nährmittel, Nahrung, Nahrungsmittel, Speise, Unterhalt, Verpflegung, Kost, Proviant, Diät.

ernennen wählen, auswählen, erküren, bestimmen, entsenden, erkiesen, auslesen, betrauen, bevollmächtigen, berechtigen, anerkennen, einsetzen, befördern, besetzen, versetzen, bestallen, beauftragen, beschäftigen. → auslesen, auszeichnen, beauftragen, berufen. ▶ ablehnen, degradieren, widerrufen.

Ernennung → Belohnung, Beförderung, Berufung, Bestallung.

Erneuerer Ausbesserer, Restaurator, Reformer.

erneuern renovieren, auffrischen, erfrischen, aufbauen, ausbauen, reformieren, umwandeln, modernisieren. → ändern, aufbauen, auferstehen, ausbessern, beleben, er-

frischen sich. ▶ verfallen (lassen).

erneuernd → erfrischend, kräftigend, Reform.

erneuert → neu.

Erneuerung Verjüngung, Renovation, Neuinstandsetzung, Wiederbelebung, Wiedererzeugung, Umwandlung, Reform, Veränderung, Auffrischung, Neuerung, Wiederkehr. → Arbeitssegen, Auffrischung, Erholung. ▶ Verfall.

erneut wieder, nochmals, wiederholt, wiederum, wiederkehrend, mehrmals, häufig, vielmals, fortwährend, noch einmal, von neuem. → abermals. ▶ vereinzelt.

erniedrigen verkleinern, vermindern, herabsetzen, verkennen, verachten, abwerten, herabwürdigen, geringschätzen, mißachten, verhöhnen, verunglimpfen, verleumden, beschimpfen, demütigen, herunterziehen, übersehen, unterschätzen, Blick zu Boden. → beschädigen, diskreditieren, Dreck treten in den, Ehre bringen um die, entweihen, entwerten. ▶ achten, erhöhen.

erniedrigen sich entwürdigen sich, herablassen sich, wegwerfen sich, demütigen sich, beugen sich, unterwerfen sich, herabwürdigen sich, klein machen sich ● sich etwas vergeben, ihm fällt eine Perle aus der Krone, ihm fällt ein Stein aus der Krone, er bricht sich eine Verzierung ab u, eine Zacke bricht aus der Krone. → demütigen sich, ducken sich. ▶ charaktervoll (sein), überheben sich.

erniedrigend → zynisch.

erniedrigt → geduckt.

Erniedrigung Herabsetzung, Verminderung, Herabziehung, Schmähung, Schimpf, Verkleinerung, Verleumdung, Geringschätzung, Verunglimpfung, Verachtung, Mißachtung, Herabwürdigung, Kränkung, Verächtlichkeit, Nachrede, Beleidigung, Entehrung, Ehrenkränkung, Demütigung ● Herablassung, Demut. ▶ Beleidigung, Demut, Demütigung, Entwertung, Ergebenheit, Ermäßigung. ▶ Achtung, Erhöhung, Steigerung, Überheblichkeit.

Ernst Willigkeit, Geduld, Eifer, Wille, Beherrschung, Eindringlichkeit, Ernstlichkeit, Nachdruck, Gewicht, Nachdrücklichkeit, Zucht, Barschheit, Härte, Heftigkeit, Sammlung, Würde, Besonnenheit, Gelassenheit, Bedacht, Gefaßtheit ● Traurigkeit, Trübsinn. → Begeisterung, Beherrschung, Besonnenheit,

Enthusiasmus. ▶ Heiterkeit, Unbesonnenheit.

ernst gelassen, ruhig, still, gemessen, geduldig, verständig, überlegt, bedachtsam, ernsthaft, feierlich, gesetzt, finster, trocken, entschlossen, entschieden, nachdrucksvoll ● trübsinnig, unfreundlich, unwirsch, herb. → aufgelegt, ausdrucksvoll, beachtlich, beherrscht, ernstlich. ▶ heiter, unbesonnen.

ernsthaft → bestimmt, ernst, ernstlich, gewichtig.

ernstlich nachdrucksvoll, ausdrücklich, deutlich, kategorisch, klar, entschieden, bestimmt, endgültig, streng, ernsthaft, entschlossen. → A und O, beachtlich, besiegelt, denkwürdig. ▶ beileibe nicht, irrtümlich, unentschlossen.

ernstnehmen würdigen, für voll nehmen. → beachten.

Ernte Einholung, Ertrag, Lese, Erzeugnis, Frucht, Einnahme, Erwerbung, Erhalt, Schnitt. → Anteil, Ausbeute, Erwerb, Erzeugung. ▶ Saat.

ernten mähen, schneiden, heuen, sicheln, lesen, einheimsen, herbsten, eintun, pflücken, sammeln, einsammeln, einernten, abernten, auflesen, aufraffen, abschneiden, aufstapeln, hereinbringen, anhäufen, aufheben, zusammenscharren, aufbewahren. → anhäufen, ausbeuten, eintun. ▶ säen.

ernten, ohne zu säen glücken, gedeihen, vom Glück verwöhnt werden, es zu etwas bringen, vom Fette des Landes leben. → stehlen. ▶ abmühen.

ernüchtern enttäuschen, überrumpeln, entzaubern, die schönsten Hoffnungen vernichten, unangenehm überraschen, jemanden hereinfallen lassen, die Erwartung nehmen. → abkühlen, entzaubern. ▶ bezaubern.

ernüchtert → enttäuscht.

ernüchtert sein → fallen aus allen Himmeln.

Ernüchterung → Beruhigung, Besinnung.

erobern unterwerfen, niederwerfen, überwältigen, überwinden, unterdrücken, bezwingen, siegen, besiegen, niederstrecken, übermannen, gelingen, vorrücken. → bahnen, beikommen, bemächtigen, besetzen, beschaffen, erarbeiten, erbeuten, erkämpfen, erstürmen, Feld behaupten das. ▶ abblitzen, zurückweichen müssen.

erobern, das Herz → abbuhlen, begeistern.

erobernd → bestechend.

Eroberung → Bemächtigung, Errungenschaft.

eröffnen → anfangen, aufklären, auftauchen, auseinandersetzen, auspacken, ausschütten, bahnen, begründen, beichten, bekennen, belehren, erzählen.

Eröffnung Mitteilung, Verkündung, Botschaft, Ausspruch, Erwähnung, Aussage, Erklärung, Meldung, Angabe ● Kampferöffnung, Gefechtseröffnung ● Neueröffnung, Einweihung. → Angabe, Angriff, Auskunft, Beginn, Beichte, Bekanntgabe, Benachrichtigung, Bericht, Brief, Einführung, Eingabe, Enthüllung. ▶ Beendigung, Verheimlichung.

Eröffnungsrede Jungfernrede, Antrittsvorlesung.

erörtern besprechen, auseinanderlegen, verhandeln, deuten, diskutieren, erklären, erläutern, beraten, erwägen, näher bestimmen, klar machen, auf die Tapete bringen. → aufwerfen, auseinandersetzen, beabsichtigen, begrüßen, beisammen, beraten sich, beratschlagen, beschäftigen, besinnen sich, besprechen, darstellen, debattieren, denken, diskutieren, disputieren, ermessen. ▶ beilegen, fehlschließen, mißverstehen.

erörternd → erwägend.

Erörterung Streitgespräch, Diskussion, Debatte, Besprechung, Wortstreit, Erklärung, Erläuterung, Auseinandersetzung, Beratung, Erwägung, Auseinanderlegung, Verhandlung. → Auskunft, Aussprache, Begriffsbestimmung, Darlegung, Debatte, Diskussion.

erotisch sinnlich, leidenschaftlich, begehrlich, lüstern, tierisch, animalisch, mannstoll, liebestoll, ungezügelt, verführerisch, fleischlich, wollüstig, schwül, wüst, lokker, leichtlebig, ungebunden, zügellos ● anreizend, scharfe Sache u. ● ausschweifend. ▶ beherrscht, kühl.

erotomanisch → liebestoll.

erpicht beharrlich, hartnäckig, unnachgiebig, ausdauernd, beständig, gierig, verbissen, versessen, entschlossen, eifrig, verbiestert. → ausdauernd, begehrlich, beharrlich. ▶ energielos, gleichgültig, wankelmütig.

erpicht sein auf → besessen.

erpressen erzwingen, durchsetzen, extorquieren, androhen, abnötigen, abtrotzen, wegnehmen, entreißen, entziehen, brandschatzen, aussagen, ausbeuten, schröpfen, rupfen, das Messer auf die Brust setzen, die Faust zeigen, mit Gewalt aufdrängen, zu Boden drücken. → aufdrücken, bedrohen, bemäch-

tigen, berauben, bestehlen, bringen an den Bettelstab, durchdrücken, erzwingen. ▶ dulden, ersetzen, freistellen, wiedergeben.

Erpresser Börsendieb, Börsenschneider, Räuber, Raubritter, Schmuggler, Erzlump, Halunke, Verbrecher, Wucherer, Hochstapler, Erbschleicher, Gangster, Blutsauger. → Bandit, Betrüger.

Erpressung → Ausplünderung, Bedrohung, Bemächtigung, Drohung.

erproben → ausforschen, erweisen, experimentieren, prüfen.

erprobt → anerkannt, anhänglich, ausgezeichnet, begründet, bekömmlich, charaktervoll, empfehlenswert, empfohlen, erfahrungsgemäß, experimentell, geschickt prüfen.

erquicken → abkühlen, aufheitern, aufrichten, befriedigen, begütigen, behagen, beleben, delektieren, entzücken, erfreuen, erfrischen, trösten.

erquickend → erfrischend, erleichternd.

erquicklich belebend, heilsam ● tröstlich, beruhigend, ermutigend ● erleichternd, lindernd, balsamisch. ▶ unerquicklich.

Erquickung → Auffrischung, Balsam, Erfrischung, Erholung.

erraffen → bemächtigen, berauben, sammeln, zusammenscharren.

erraten durchschauen, enträtseln, auslegen, erschließen, entdecken, herausfinden, ergründen, entziffern, ausspüren, ausgrübeln, finden, ermitteln, voraussehen, raten, herausbuchstabieren, entrollen, den Schleier lüften. → ahnen, bedeuten, deuten, entdecken, enträtseln, entziffern. ▶ mißdeuten, rätselhaft (bleiben).

errechnen berechnen, abzirkeln, abmessen, bemessen, wägen, überschlagen, taxieren, werten, vermessen, ausmessen. → auflösen, rechnen. ▶ annehmen.

erregbar reizbar, impressionabel, empfindlich, verletzbar, verletzlich, leidenschaftlich, erregt, überreizt, nervös, unbeherrscht, unbändig, unüberlegt, unbesonnen, vorschnell, cholerisch, aufbrausend, heißblütig, auffahrend, heftig, ungestüm, aufgeregt. → empfänglich, Fassung verlieren die. ▶ besonnen, ruhig, unempfänglich.

Erregbarkeit Reizbarkeit, Empfindlichkeit, Verletzlichkeit, Verletzbarkeit, Heißblütigkeit, Unbeherrschtheit, Überreizung, Temperament,

Heftigkeit, Aufregung, Überstürzung, Erregtheit, Übereifer. → Anwandlung, Empfindlichkeit. ▶ Besonnenheit, Ruhe, Unempfänglichkeit.

erregen anregen, herbeiführen, antreiben, anreizen, wecken, verursachen, veranlassen ● aufregen, wachrufen, erwecken, anfeuern, das Feuer schüren, anstacheln, entflammen, beleben, beseelen, entzücken, begeistern, berauschen ● den Kopf verlieren, Ruhe verlieren, auf die Palme bringen, auf die Tapete bringen, erhitzen sich, hitzig werden, Feuer fangen, aus dem Geleise geraten, aus der Fassung kommen, die Ruhe verlieren, aufbrausen, kochen, sieden ● Blut sieden machen, Rache schnauben, knirschen vor Zorn, vor Wut zittern, mit den Füßen stampfen, Feuer und Flamme speien, vor Wut schäumen, aufs Äußerste treiben. → anfeuern, anstoßen, aufhetzen, aufregen, auslösen, bedingen, befruchten, begeistern, berühren, beseelen, bilden, durchbeben, durchschüttern, elektrisieren, entzücken, entzünden, erfreuen, erwecken, Fahne fliegender mit, Farbe wechseln, Feuer gießen Öl ins. ▶ ablehnen, beschwichtigen, erlöschen, fügen sich.

erregen, Aufsehen → beeindrucken.

erregend aufregend, nervenzerfetzend u, aufreizend, wirkungsvoll, sinnverwirrend, hinreißend, unwiderstehlich, ergreifend, spannend, packend, anpackend, anregend, anspornend, antreibend. → antreibend, anziehend, berauschend, brennend, ergreifend, ersehnenswert, faszinierend. ▶ abstoßend, beruhigend, hemmend.

erregend, Lust → beeinflussend.

Erreger → Anlaß, Anstoß.

erregt → außer sich, erregbar, bebend, befangen, beschwingt, blaß, böse, ekstatisch, entbrannt, entrückt, ergriffen, aufgewühlt, Fassung verlieren die.

Erregtheit → Affekt, Aufregung, Erregbarkeit.

Erregung Exaltation, Blaßwerden, Aufregung, Beunruhigung, Erschütterung, Aufruhr, Herzklopfen, Herzbubbern u, Unruhe, Zorn, Erzürntheit, Gefühlsbewegung, Gefühlserschütterung, Heftigkeit, Ungestüm, Ärger, Wut, Ingrimm. → Affekt, Anwandlung, Ärger, Aufregung, Befruchtung, Begeisterung, Begierde, Bemächtigung, Be-

stürzung, Bewegung, Enthusiasmus, Entrüstung, Entzückung, Erregbarkeit, Erröten, Erstaunen. ▶ Beruhigung, Besonnenheit, Unempfänglichkeit.

erreichbar nahe, erlangbar, erschwinglich, erschwingbar, ausführbar, unschwer, leicht möglich, zugänglich, gängig, erfüllbar, ausführbar, anwendbar, denkbar. → ausführbar, bezahlbar, bezwingbar, denkbar, erkäuflich, leicht. ▶ unerreichbar.

Erreichbarkeit → Nähe.

erreichen → ankommen, ausführen, bahnen, beeinflussen, begegnen, beschaffen, besiegeln, bestehen, bewältigen, bewirken, bringen unter Dach, bringen zuwege, durchdrükken, durchkämpfen sich, emporarbeiten, erlangen, erwirken, Ferse folgen auf der, gewinnen.

erreichen, nicht → beikommen nicht.

erretten → erlösen, retten.

Erretter → Befreier.

Errettung → Erlösung, Rettung.

errichten → anfertigen, aufbauen, aufrichten, aufschlagen, bilden, erbauen.

Errichter → Erbauer.

Errichtung → Aufstellung, Bildung, Entstehung, Erbauung, Erzeugung.

erringen → aneignen, auftreiben, bahnen, bekommen, beschaffen, bewältigen, durchkämpfen sich, erlangen, ersitzen, erwerben, gewinnen.

Erröten Rotwerden, Verfärben, Erregung, Begeisterung, Wärme, Verwirrung, Herzklopfen, Bestürzung, Verlegenheit, Beengung, Anstrengung, Beschämung, Befangenheit, Schamgefühl, Schamröte, Schuldgefühl. ▶ Beruhigung, Blässe.

erröten → berühren, Farbe wechseln, verlegen.

Errungenschaft Erwerbung, Kauf, Erwerb, Gewinn, Einnahme, Erbschaft, Wertzuwachs, Eroberung, Wiedererlangung. ▶ Verlust.

Ersatz Behelf, Notbehelf, Notmittel, Ausweg, Surrogat, Hilfsmittel, Aushilfe ● Wiedergutmachung, Entschädigung, Ausgleich, Vergeltung, Entgeltung, Gegenleistung, Vergütung, Schadenersatz, Wiedererstattung, Ersetzung, Wiederherstellung, Genugtuung. → Abfindung, Ausgleich, Aushilfe, Austausch, Behelf.

Ersatz leisten → abbüßen, anerkennen, begleichen, büßen, decken.

Ersatzglied → Prothese.

Ersatzmann → Aushilfe, Beauftragter, Bevollmächtigter.

ersatzpflichtig pflichtig, haftpflichtig, entschädigungspflichtig, abgeldpflichtig, nicht umsonst, zur Vergütung.

ersatzweise → ersetzbar.

ersaufen ertrinken, versinken, untergehen, sterben, vergehen, hineinfallen, hineinstürzen, zugrunde gehen, versaufen, verenden, verrecken, enden, absterben. ▶ auftauchen, retten, schwimmen.

erschaffen erzeugen, schaffen, hervorrufen, hervorbringen, bewirken, ausführen, tun, machen, bilden, herstellen, formen, ausarbeiten, vorbereiten, vollenden. → anfertigen, aufbauen, befruchten, bilden, erarbeiten, erbauen. ▶ zerstören.

Erschaffer Erzeuger, Schöpfer, Erbauer, Urheber, Erfinder, Verfasser, Autor, Züchter, Künstler, Baumeister, Former, Bildner, Hersteller, Schaffender, Gründer, Macher, Meister ● Gott. → Erbauer, Erfinder. ▶ Zerstörer.

Erschaffung → Befruchtung.

erschallen → schallen.

erschaudern → erbeben, erblassen, ergreifen das Herz, erschrecken, schaudern.

erscheinen → anfangen, ankommen, aufgehen, aufsehen, auftauchen, auftreten, entstehen, ausschlüpfen.

Erscheinung Äußerlichkeit, Aussehen, Kennzeichen, Bild, Vorstellung, Wirklichkeit, Sichtbare das ● Geist, Schemen, Fantasie, Gespensterscheinung, Einbildung, Sinnestäuschung, Einbildung, Sinnestäuschung, Vorspiegelung, Täuschung, Scheinbild, Luftbild. → Anwesenheit, Anzeichen, Auswuchs, Begebenheit, Darbietung, Dunstbild, Erlebnis, Etwas. ▶ Abwesenheit, Unsichtbarkeit, Unwirklichkeit, Wirklichkeit.

Erschießen → Bestrafung.

erschießen → auswischen, bestrafen, durchschießen, töten.

erschlaffen → erlahmen, ermatten.

erschlaffend → aufreibend.

erschlafft ermattet, schläfrig, erledigt, ohne Kraft, ohne Kraft und Saft, nicht mehr weiter können. ▶ frisch.

Erschlaffung Lockerung, Schlaffheit, Laxheit, Kraftlosigkeit, Mattheit, Erweichung, Schlappheit, Weiche, Weichheit. → Abspannung, Beschwerde, Blutarmut, Coma, Dumpfheit, Entkräftigung, Ermattung. ▶ Härte, Kräftigung, Stärke.

erschlagen dumpf, lau, kaputt, matt, müde, krank, flau, angegriffen, erschöpft, nicht wohl. → ausrotten, beklemmend, erholungsbedürftig, töten. ▶ frisch.

erschleichen → beerben, beikommen, benachteiligen, erlisten, hintergehen, stehlen. **Erschleichung** → Bestechung, Betrug, Käuflichkeit.

erschlichen heimlich herangemacht, verstohlen, erlistend. ▶ offen.

erschließen → aufrollen, aufwerfen, durchbrechen, durchdringen, durchforschen, entdecken, enträtseln, entziffern, erforschen, erraten, öffnen, ergründen, herausfinden.

erschlossen → offen.

erschmeicheln verschaffen, erringen, erhalten, bekommen, erbetteln, abschmeicheln, schmeicheln, einschmeicheln, abschmarotzen, schmarotzen, abschwatzen, beschwatzen, bereden, herumscharwenzeln, erbitten, abnehmen, abtrotzen, entlocken, abluchsen, ablocken, herausschinden, nassauern. → breitschlagen. ▶ abschlagen.

erschnüffeln → ausfindig machen, entlocken.

erschöpfen → aufsaugen, ermatten, drosseln, entkräften, erlahmen, schwächen.

erschöpfend → anschaulich, bedeutungsvoll, Beziehung in jeder, eingehend.

erschöpft marode, fertig. → abgespannt, angeschlagen, entnervt, erschlagen.

Erschöpfung Kraftlosigkeit, Wehrlosigkeit, Ohnmacht, Unfähigkeit, Schwäche, Versagen, Entnervung, Hinfälligkeit, Kräfteverfall, Schwächeanfall, Entkräftung, Ermattung, Schwächung, Lähmung, Mattigkeit, Abspannung, Abzehrung, Verbrauch, Ermüdung. → Abspannung, Beengung, Entkräftung, Ermattung, Erschlaffung, Erzeugung. ▶ Erholung, Stärkung, Tatkraft.

erschossen → baff, blutbefleckt, tot.

erschrecken ängstigen, erbeben, beben, schaudern, erschaudern, grauen, gruseln, erbleichen, erblassen, zittern, erstarren, verzagen, zurückweichen, auffahren, zurückfahren, zusammenfahren, stutzen, scheuen, fürchten, beängstigen, beunruhigen, abschrecken, scheuchen, verblüffen, bestürzen, entfärben, verwirren, aufregen. → bestürzen, Bockshorn jagen ins, davonlaufen, ent-

setzen sich. ▶ beruhigen, bleiben gefaßt, mutig sein.

erschreckend → einschüchternd.

erschreckt → bebend, bestürzt, erschrecken, erstarrt.

erschreckt, zu Tode → bestürzt.

erschrocken entsetzt, schokiert, erschreckt, bestürzt, betäubt, starr, ängstlich, furchtsam, sprachlos, fassungslos, verstört, versteinert, bebend, schlotternd, zitternd, verwirrt, beunruhigt, totenblaß, leichenfahl, angstgrün, käsbleich. → bange, erblassen. ▶ unerschrocken.

erschüttern → aufrütteln, aufwerfen, bekämpfen, berühren, bestürzen, betäuben, bringen in Bewegung, dröhnen, durchbeben, durchschüttern, Enge treiben in die, erbeben, ergreifen das Herz.

erschüttern, die Gesundheit → übernehmen sich.

erschüttern, den Glauben → zweifeln.

erschüttern, die Hoffnung entmutigen, verzagen, niederdrücken, verzweifeln, zweifeln, grämen, abgrämen, bedrängen, die Hoffnung verlieren, Hoffnung sinken lassen, zur Verzweiflung treiben. ▶ ermutigen.

erschüttern, den Mut → entmutigen.

erschüttern, die Zuversicht → erschüttern die Hoffnung.

erschütternd → berauschend, ergreifend.

erschüttert → außer sich, bebend, bestürzt, blaß, ergriffen, erschrocken, erstarrt.

Erschütterung → Aufregung, Bestürzung, Betäubung, Bewegung, Bewegungstrieb, Detonation, Dynamik, Entladung, Erregung, Explosion.

erschweren → abwehren, abwenden, aufhalten, beeinträchtigen, bekämpfen, beschneiden, bezwingen, dawider, dazwischentreten, entgegenarbeiten, hindern.

erschwerend → belastend, entmutigend. ▶ erleichternd.

erschwert → belastend.

Erschwerung → Anstand, Ballast, Beschwernis, Hindernis.

erschwindeln → benachteiligen, beschwindeln, Decke unter der stecken.

erschwingbar → bezahlbar, bezwingbar, denkbar, erkäuflich, erreichbar, möglich.

erschwinglich → bezahlbar, denkbar, erkäuflich, erreichbar, möglich.

ersehen sichten, erspähen, bemerken, beäugen, bewahren, wahrnehmen, erkennen, erblicken ● folgern, schließen, entnehmen, deuten, aus-

legen. → auffassen, entnehmen, erwarten. ▶ übersehen, unverständlich (bleiben).

ersehnen, sich erhoffen, hoffen, erwarten, verlangen, erstreben, wünschen, begehren, gelüsten, erwünschen, haben wollen, Lust haben, Geschmack haben, Geschmack finden, Sehnsucht haben, erpicht sein, versessen sein. ▶ entsagen, geringschätzen.

ersehnenswert begehrenswert, wünschenswert, erstrebenswert, wertvoll, ansprechend, reizend, lockend, erwünscht, begehrt, teuer, lieb, erhoffenswert, hingeneigt, verlockend, anregend, erregend. → anziehend, begehrenswert. ▶ abstoßend, wertlos.

ersehnt → erwünscht.

ersetzbar gleichwertig, anstatt, für, in Vertretung, ersatzweise, vertretungsweise, aushilfsweise, an seiner Stelle, zur Not, als Ersatz für. → Ermangelung in. ▶ unersetzbar.

ersetzen abbüßen, anerkennen, auftreten für, ausbaden, ausfüllen, begleichen, belohnen, entgelten, erkenntlich zeigen, vergelten, vergüten, wiedergutmachen. → bezahlen, decken. ▶ wegnehmen, zurückweisen.

ersetzend entschädigend, wiedergutmachend, vergütend, vergeltend, ablösend, einlösend, lohnend, abgeltend, bezahlend.

Ersetzung → Erkenntlichkeit, Ersatz.

ersichtlich → anschaulich, auffallend, authentisch, bedeutungsvoll, beglaubigt, bemerkbar, einleuchtend, demnach, demzufolge, deutlich, erweislich, offenbar.

ersinnen erfinden, erdichten, erdenken, aussinnen, ausdenken, erwägen, nachgrübeln, grübeln, schöpfen, sinnen, überlegen, denken, beabsichtigen, entwerfen, ausarbeiten, vorbereiten, anbahnen, vorausberechnen, erzeugen, ausknobeln u, aushecken. → ausdenken, ausfindig machen, beikommen, erfinden, ergrübeln. ▶ nachahmen.

ersitzen erben, beerben, ererben, erringen, bekommen, empfangen, hereinbekommen, gelangen zu, in Besitz gelangen, eine Erbschaft antreten. ▶ leer ausgehen.

Erspähen → Beobachtung.

erspähen → ausfindig machen, ausforschen, durchstöbern, ersehen, sehen.

ersparen → abarbeiten, abdarben, anhäufen, aufheben,

aufspeichern, beiseite legen, erübrigen, sparen.

ersparen, sich die Mühe → unterlassen.

Ersparnis Vorrat, Schatz, Hamsterkiste, Rücklage, Rüstkammer, Speicher, Vorrathaus, Aufspeicherung, Hinterlegung, Sammelbecken, Vorratskammer, Einschränkung, Einsparung, Speisekammer ● Sparkasse, Sparbüchse, Hilfsquelle, Notgroschen, Rücklage, Notpfennig, Sparkassenbuch. → Einsparung. ▶ Verschwendung.

Ersparung → Bereicherung.

ersprießlich → annehmbar, dankbar, dankenswert, fruchtbar, nützlich.

erspüren → fühlen.

erst → beginnend.

erstarken wachsen, gedeihen, blühen, zunehmen, gelingen, glücken, aufleben, kräftigen, strotzen, stark werden, sich wohl befinden, auf dem Damm sein, kraftvoll sein, Lebenskraft in sich haben, größer werden. → aufblühen. ▶ erschlaffen, zugrunde gehen.

erstarren → abkühlen, durchbeben, erhärten, erkälten, erschrecken, festigen, gefrieren.

erstarrt entsetzt, erschüttert, fassungslos, sprachlos, starr, stumm, erstaunt, betroffen, stutzig, betäubt, erschreckt, bestürzt, versteinert, verstört, furchtsam ● fest, verhärtet, gefroren, kristallisiert. → baff, Donner gerührt vom. ▶ unerschütterlich, weich.

Erstarrung Festigkeit, Verdichtung, Verglasung, Kristallisation, Verdickung, Verhärtung, Gefrierung, Versteinerung, Vereisung, Kälte ● Betäubung, Starrsucht, Starre, Scheintod, Lähmung, Abhärtung, Unempfindlichkeit, Entsetzen, Bestürzung, Beklemmung, Furcht, Angst, Staunen, Verwunderung, Erstaunen, Verblüffung. → Betäubung, Erhärtung, Erstaunen. ▶ Unerschütterlichkeit, Wärme, Weichheit.

erstatten zurückgeben, zurückerstatten, abtragen, abgelten, vergüten, entgelten, ausgleichen, zurückerstellen, entschädigen, wiedergutmachen, tilgen. → ausgeben, decken. ▶ wegnehmen, zurückweisen.

Erstattung → Bezahlung, Bon.

Erstaunen Überraschung, Staunen, Verwunderung, Erstarrung, Betäubung, Fassungslosigkeit, Betroffenheit, Verblüffung, Überrumpelung, Unerwartetheit, Erregung, Bestürzung, Aufregung, Freude ● potztausend, Don-

nerwetter, Donnerkeil u, au Backe u, Bauklötze staunen u. → Befremden, Betäubung, Erstarrung. ▶ Erwartung, Gefaßtheit, Unerschütterlichkeit.

erstaunen staunen, anstaunen, starren, gaffen, glotzen, überraschen, verblüffen, auffallen, verwirren, wundern sich, verwundern sich, keine Worte finden, unerklärlich vorkommen, sein blaues Wunder erleben, die Maulsperre kriegen u, leicht gerührt sein. → begreifen, bestürzen. ▶ gefaßt bleiben, gewärtigen.

erstaunlich beträchtlich, ansehnlich, erheblich, bemerkenswert, merklich, vortrefflich, ordentlich, tüchtig, gehörig, weidlich, wacker, gründlich, ungewöhnlich, beispiellos, gewaltig, fabelhaft, unbeschreiblich, unvergleichlich, maßlos, aufsehenerregend, ungeheuerlich, wunderbar. → auffallend, ausnehmend, außerordentlich, beispiellos. ▶ alltäglich, gewöhnlich.

erstaunt außer sich, baff, erstarrt, Donner gerührt vom, überrascht, platt, perplex, verdutzt u, weg sein ● aus allen Himmeln/Wolken gefallen, die Luft bleibt einem fort u, ich werde verrückt u, hast du Worte u, hast du Töne u, mach keine Sachen u, du ahnst es nicht, du wirst lachen u. ▶ gefaßt, ruhig.

Erstausgabe Original, Erstdruck.

erstbeste unbeabsichtigt, zufällig, blindlings, leichtfertig, leichtsinnig, absichtslos, unbeteiligt, auf gut Glück, vom Zufall abhängig. ▶ beabsichtigt, überlegt.

Erstdruck Druck, Original. ▶ Kopie.

erste Geige spielen hervorheben, unterstreichen, den Ton angeben, Aufhebens machen, Wichtigkeit zuschreiben, im Mittelpunkt sein, erste sein, Takt angeben ● aufspielen sich, einmischen sich, überheblich sein, hochfahrend sein. ▶ bescheiden (sein), zurückziehen sich.

erstechen → auswischen, töten.

erstehen → abnehmen, anfangen, bestellen, erhandeln, kaufen.

ersteigen → erstürmen, erklettern.

ersteigern → erhandeln, erwerben.

erstellen → einlösen.

Erster Spitzenmann, Primus, Koryphäe, Genie, Vorkämpfer, Schrittmacher, Wegbereiter.

ersterben verstummen, versiegen, ersticken, beugen,

verbeugen, krümmen, kriechen, dienern, wortlos hinnehmen, nicht mucksen, in Demut ersterben, sich gefallen lassen, sich alles bieten lassen, unterwürfig sein. ▶ ertönen, überheben sich.

ersticken → abdämmen, abwenden, aufhalten, ausmerzen, bekämpfen, berauben, betäuben, drosseln, ersterben, sterben, unterdrücken, verstummen.

ersticken, Gefühle standhalten, ausstehen, überwinden, zurückhalten, zurückdrängen, hemmen, mäßigen, unterdrücken, verbeißen, abstumpfen, hängen lassen, leicht nehmen, die Gefühle einschläfern, taub sein für, in den Wind schlagen, nicht beachten, um nichts fragen, hart bleiben, das Gefühl abtöten, sein Herz verhärten. → betäuben. ▶ fühlen, Herzen gehen zu, erregen.

ersticken, Stimme des Gewissens das Gewissen betäuben, die innere Stimme einschläfern, das Gewissen ersticken, im Laster versinken, in Sünde verfallen, vom Pfade des Rechts abweichen, das Herz verstocken, keine Reue fühlen, bei der Sünde beharren, verhärten sich. ▶ bereuen, empfindungsvoll (sein), Herzen nehmen zu.

erstickt → belegt (Stimme), dumpf, tot.

erstklassig → A und O, ausgezeichnet, vorzüglich.

erstmalig neu, frisch, neuerdings, neuartig, ungewohnt, frisch gemacht, neuzeitlich, modern, taufrisch, modisch, ungebraucht, zeitgemäß, zum erstenmal. ▶ gewöhnlich, veraltet.

Erstmaligkeit Neuerscheinung, Neuheit, Neuerung, Neues, Fortschritt, Neugestaltung, Umwandlung, Einmaligkeit, Neuerrungenschaft. → erstmalig. ▶ Althergebrachtes, Rückschritt.

erstochen → blutbefleckt, tot.

erstrahlen ausstrahlen, Strahlen aussenden, aufleuchten, aufblinken, aufblitzen, erglühen. → leuchten. ▶ dunkel bleiben.

erstrangig → primär.

erstreben → beabsichtigen, Beste tun, erkämpfen, ersehnen, erwarten, wünschen.

erstrebenswert → anziehend, begehrenswert, ersehnenswert.

erstrecken, sich währen, dauern, hinauszögern, verzögern, verlängern, hinhalten, verschleppen, ausstrecken, recken, strecken, dehnen, langen, längen, ausziehen.

→ ausdehnen. ▶ drängen, kürzen, zusammenziehen.

Erstreckung Spanne, Auslängerung, Verlängerung, Länge, Spannung, Ausdehnung, Extension, Verzögerung, Streckung, Dehnung, Hinausschiebung, Vertagung. → Abstand, Ausdehnung. ▶ Abkürzung, Annäherung.

erstreiten → gewinnen.

erstürmen bestürmen, überfallen, überrumpeln, bedrängen, erobern, eindringen, ergreifen, anrücken, einziehen, besiegen, heranstürmen, ersteigen, stürmen, heranstürzen. → belagern. ▶ verteidigen, zurückweisen

Ersuchen → Beeinflussung.

ersuchen → angehen, anregen, begehren, bemühen, betteln, bewerben sich, bewirken, bitten, dringen, einkommen um, einstürmen, erbeten, erbetteln, erheben die Hände, zureden.

ertappen → überraschen.

ertappen, auf frischer Tat überraschen, erwischen, überführen, nachweisen, belasten, bezichtigen, anklagen, beschuldigen, verurteilen, den Verdacht lenken auf, zur Rechenschaft ziehen. ▶ freisprechen, rechtfertigen (sich).

erteilen → geben, zuteilen.

erteilen, Auftrag gebieten, befehlen, anordnen, auftragen, heißen, beauftragen, vorschreiben, anweisen, bestimmen, beschließen, verlangen, einen Befehl erlassen, Vorschriften machen, Verfügungen treffen, einen Auftrag geben. → befehlen. ▶ ausführen, widerrufen.

erteilen, Auskunft → mitteilen.

erteilen, Befugnis → erlauben, ermächtigen.

erteilen, Bewilligung → erlauben, ermächtigen.

erteilen, Order → befehlen.

erteilen, das Recht → ermächtigen.

erteilen, Unterricht → unterrichten.

ertönen → erklingen, tönen.

Ertrag → Anteil, Ausbeute, Ausgang, Beitrag, Beute, Effekt, Ernte, Erwerb, Einträglichkeit, Ergiebigkeit, Erlös, Gewinn.

Ertrag bringen einbringen, lohnen, rentieren.

ertragen → abbüßen, abfinden, dulden, erleben.

erträglich genügend, befriedigend, ergiebig, mittelmäßig, leidlich, ziemlich, alltäglich, gewöhnlich, anständig, ausreichend, genügsam, nichts Besonderes, den Verhältnissen entsprechend, ererklecklich. ▶ unerträglich.

Erträgnis → Erlös.

ertragreich → ausgiebig, erfreulich, fruchtbar, lohnend.

ertragsfähig → ertragreich.

ertragslos → ertragsunfähig.

ertragsunfähig → unfruchtbar.

ertränken → töten.

erträumen träumen, fiebern, hellsehen, einbilden, vortäuschen, vorspiegeln, vorgaukeln, phantasieren, schwärmen, erfinden, erdichten, erhoffen, in den Kopf setzen, von Einbildungen leben, Luftschlösser bauen. → ausdenken. ▶ entzaubern, erwirken, hoffnungslos (sein).

ertrinken → ersaufen.

ertrotzen beharren, ausharren, durchhalten, erzwingen, versteifen sich, harnäckig sein, halsstarrig sein, etwas abtrotzen, einen Kopf aufsetzen, an den Haaren herbeiziehen, den Willen durchsetzen, Hindernisse beseitigen, sein Ziel erzwingen. → erzwingen. ▶ nachgeben.

ertüchtigen befähigen, waffnen, kräftigen, stärken, stählen, rüsten, vorbereiten, abhärten, durchbringen, durchführen, durchhalten, eindrillen, dressieren, wappnen, die Macht erteilen, Kraft verleihen, seinen Mann stellen. → befähigen. ▶ schwächen, unterliegen.

erübrigen übrig bleiben, zurücklassen, übrig haben, sparen, absparen, bescheiden, zurücklegen, abknappen, zusammenkratzen, wirtschaften, haushalten, sparen, einschränken, bewahren, sparsam umgehen, gut hausen. → abarbeiten, abheben, aufheben, beseitelegen. ▶ ausgeben.

eruieren → ausfindig machen, ausforschen, erforschen.

Eruption → Ausbruch.

Erwachen → Besinnung.

erwachen wach werden, erwecken, ermuntern, reden, aufmerken, aufpassen, zuhören, lauschen, aufmerksam werden, die Augen öffnen, die Aufmerksamkeit wecken, den Geist sammeln, die Gedanken anspannen, das Augenmerk richten, volle Aufmerksamkeit schenken • tagen, dämmern. → erlangen das Bewußtsein, fesseln. ▶ einschlafen.

erwachsen → beruhen, entwachsen der Rute, entwickelt.

Erwachung → Besinnung.

erwägen → aufpassen, aufwerfen, ausdenken, ausforschen, beabsichtigen, bedenken, begrübeln, beherzigen, beraten sich, beratschlagen, besinnen sich, besprechen, beurteilen, charakterisieren, denken, deuten, diskutieren, entscheiden sich,

erachten, erfinden, ermessen, erörtern zu, ersinnen, überlegen.

erwägend durchdacht, nachdenklich, aufmerksam, bedächtig, gedankenvoll, behutsam, überlegt, vernünftig, überlegend, abschätzend, sachverständig, erwogen, beurteilend, abwägend, beratend, erörternd, besprechend. → charakterfest. ▶ unüberlegt.

Erwägung → Betrachtung, Denkart, Erforschung, Erörterung.

erwählen → wählen, erkiesen.

erwählt → erlesen, gewählt.

Erwählung Erkiesung, Erkürung, Wahl, Bevorzugung, Auszeichnung, Vorrang, Vergünstigung, Entscheidung, Beschluß, Vorhaben • Ermächtigung, Bevollmächtigung. → Ausnahme, Auswahl. ▶ Ablehnung, Enthebung.

erwähnen → anführen, angeben, ausdrücken, beitragen, benachrichtigen, einflechten, erzählen.

erwähnen, besonders → betonen.

erwähnenswert → erheblich, wichtig.

erwähnenswert, nicht → unwichtig.

erwähnt, schon vorerwähnt, gesagt, hingewiesen, vorgenannt, bemerkt, aufgewärmt, abermals, wiederum, wiederkehrend, abermalig, vorher, früher, altbekannt, bekannt, nichts Neues, ein und dasselbe, bemerken u. ▶ neu, unbekannt.

Erwähnung → Anmerkung, Auskunft, Berücksichtigung, Erklärung, Eröffnung, Mitteilung.

erwärmen → bähen, beeinflussen, begeistern, dünsten, einheizen, entbrennen, entzünden, wärmen.

erwärmen, für → durchglühen.

erwärmt → entzündet, warm.

Erwärmung Erhitzung, Heizung, Einheizung, Schmelzung, Auflösung, Verdunstung, Verflüssigung, Wärme, Eindampfung, Hitze, Bestrahlung, Strahlung. → Anwandlung, Erregung. ▶ Abkühlung, Erstarrung.

erwarten erhoffen, ersehnen, gewärtigen, entgegensehen, vorausblicken, vorherfühlen, warten, harren, abwarten, hoffen, entgegenkommen, lauern, erwünschen, erstreben, wünschen, bangen. → ahnen, befürchten, bevorstehen, entgegensehen, erwarten, fassen ins Auge. ▶ Hoffnung nehmen die, kalt bleiben, mißtrauen, passieren, verzichten, zurückblicken.

erwartend → ahnen, begierig.

erwartet → angenehm, fällig.

Erwartung Hoffnung, Annahme, Vermutung, Ahnung, Spannung, Vorgefühl, Vorausschau, Vorahnung, Vorfreude, Neugier, Sehnsucht, Verlangen, Begehr, Wunsch, Ungeduld. → Ahnung, Annahme, Aspekt, Aussicht stehen in, Befürchtung, Begeisterung. ▶ Hoffnungslosigkeit, Tatsache, Teilnahmslosigkeit.

erwartungslos → ahnungslos, hoffnungslos.

erwartungsvoll aufmerksam, wachsam, gespannt, glaubensstark, zuversichtlich, vertrauensvoll, vertrauensselig, auf der Hut, ganz Auge und Ohr, mit offenen Augen. → bedeutungsvoll, beflissentlich, begierig. ▶ teilnahmslos, unaufmerksam.

erwecken wecken, anregen, erregen, beleben, wiedererwecken, aufwecken, wachrufen, aufmuntern, anfeuern, packen, anstacheln, entflammen, aus der Ruhe bringen, in Aufregung bringen. → anregen, auslösen, bedingen, beeinflussen, befruchten, begeistern, beleben, bemächtigen, beseelen, bilden, bringen zum Bewußtsein, bringen auf andere Gedanken, erwachen, erwirken. → einschläfern.

Erweckung → Befruchtung.

erwehren → vereiteln, wehren.

erweichen enthärten, einweichen, aufweichen, schmelzen, biegen ● dauern, bemitleiden, beklagen, begreifen, bewegen, rühren, mitfühlen, mitleiden, mitempfinden, das Herz erweichen, bereden, beschwatzen, jemanden weichstoßen u. → abweichen, auslassen, begütigen, bemächtigen, besänftigen, dämpfen, enthärten. ▶ erhärten, lassen nicht locker, verrohen.

Erweichung → Erschlaffung.

Erweis Nachweis, Aufzeigung, Beweis, Bescheinigung, Beweisgrund, Beweismittel, Bescheid, Zeugnis, Zitat, Welle, Begründung, Beglaubigung, Darlegung, Bestätigung, Beleg, Diplom, Erklärung, Versicherung, Bekundung. ▶ Widerlegung.

erweisen beweisen, aufweisen, zeigen, bezeigen, aufzeigen, erproben, begründen, ausweisen, nachweisen, bekunden, erkennen, bringen, belegen, anführen, darlegen, bekräftigen, bestärken, angeben.

→ begründen, bewahrheiten, beweisen, erkenntlich zeigen. ▶ widerlegen.

erweisen, Aufmerksamkeiten grüßen, aufwarten, empfangen, Höflichkeit erweisen, Achtung erweisen, Anstand wahren, die Ehre erweisen, das Haupt entblößen, gesellschaftliche Formen wahren. ▶ ignorieren, verachten.

erweisen, Dienst → Daumen halten, Decke unter der stecken, helfen.

erweisen, schlechten Dienst übelwollen, schaden, kränken, Unheil stiften, Schaden zufügen, Böses zufügen, das Vergnügen verderben, einen Streich spielen, schlechten Gefallen erweisen. ▶ helfen, wohltun.

erweisen, Ehre → achten, anerkennen, auszeichnen.

erweisen, Gefallen → helfen.

erweisen, Gefälligkeit → bestechen, helfen.

erweisen, klug → verstehen.

erweislich nachweisbar, beweisend, folglich, demzufolge, ersichtlich, behauptbar, anschaulich, unwiderlegbar, stichhaltig, handgreiflich, überzeugend, beweisbar, logisch, demgemäß, demnach. ▶ unerwiesen.

erweitern → aufbauschen, ausbreiten, ausdehnen, blähen.

Erweiterung Zunahme, Vermehrung, Zuwachs, Anwachs, Steigerung, Verstärkung, Vergrößerung, Ausdehnung, Verbreitung, Anschwellung, Wulst, Breite, Ausbreitung, Dehnung, Aufblähung. ▶ Abbau, Einengung, Zusammenziehung.

Erwerb Ertrag, Gewinn, Zuwachs, Zugabe, Erhalt, Ernte, Erbschaft, Wertzuwachs, Nutzen, Ausbeute, Anteil, Empfang, Bezug, Einnahme, Lohn. → Anteil, Ausbeute, Einkommen, Erlös, Errungenschaft. ▶ Einbuße.

erwerbbar → erkäuflich.

erwerben ersteigern, gewinnen, verdienen, erarbeiten, erringen, beziehen, erhalten, gelangen zu, zueignen sich, es zu etwas bringen, eine Erbschaft antreten, an sich bringen, bringen zu Geld. → abnehmen, aneignen, auftreiben, ausbeuten, beanspruchen, beibringen, beikommen, bemächtigen, bereichern, beschaffen, bestellen, eindecken sich, erarbeiten, erhandeln, erlangen, erlangen Reichtum, kaufen. ▶ einbüßen.

Erwerber → Käufer.

erwerbsam rührig, tätig, rege,

unermüdlich, schaffig, betriebsam, fleißig, munter, regsam, ruhelos, rastlos, anstellig, wendig, beweglich, unruhig. → beflissentlich, beweglich. ▶ faul, untätig.

erwerbsfähig arbeitsdienstfähig. → gesund.

Erwerbskampf Konkurrenz, Wirtschaftskampf, Wettkampf, Kampf, Wettbewerb, Wettstreit, Daseinskampf, Kampf ums tägliche Brot. ▶ Daseinsfreude, (sorgenfreies Leben).

erwerbslos arbeitslos, brotlos, arm, elend, verlottert, schlimm, hungrig, geldlos, armselig, ärmlich, notleidend, unterernährt, hilfsbedürftig, ausgehungert, heruntergekommen, schäbig, dürftig, spärlich. → abgebrannt. ▶ bedienstet, bemittelt.

erwerbstätig beschäftigt, in Lohn und Brot. → berufstätig.

Erwerbszweig Wirkungskreis, Betätigungskreis, Arbeitsfeld, Geschäftszweig, Beschäftigung, Gewerbe, Handwerk, Broterwerb, Stellung, Tätigkeit. → Arbeit, Beruf.

Erwerbung → Abnahme, Bemächtigung, Bereicherung, Erhaltung, Ernte, Errungenschaft, Erwerbung, Kauf.

erwidern entgegnen, antworten, beantworten, sagen, rechtfertigen, äußern, meinen, mitteilen, erklären, einreden, reden, einwenden ● entgelten lassen, gutmachen, wiedergutmachen, vergelten. → antworten, aufklären, beantworten, einfallen. ▶ fragen, schweigen.

Erwiderung → Abwehr, Antwort, Auskunft, Bekenntnis, Berichtigung.

erwiesen klar, offensichtlich, tatsächlich, richtiggehend u, unanfechtbar, unbestreitbar, unbestritten, wirklich, zweifellos, unzweifelhaft, faktisch, feststehend, ausgemacht, bestätigt, bestimmt, offenkundig, sicher, unleugbar, gewiß, verbürgt, bezeugt, wahr, glaubwürdig, nachgewiesen, echt, bewiesen. → authentisch, beglaubigt, erfahrungsgemäß, feststehend. ▶ unerwiesen.

erwiesenermaßen → beweisend, definitiv, demnach, erfahrungsgemäß.

erwirken erzeugen, bewirken, hervorrufen, herbeiführen, erreichen, vollenden, gelangen, zuwege bringen, zustande bringen, verwirklichen, vollführen, bewerkstelligen, verursachen, erwecken. → ausführen, auslösen. ▶ aufgeben, unterlassen, zerstören.

erwischen → aufspringen, ausfindig machen, beikommen, bemächtigen, beschleichen, bestehen, entlocken, erhaschen, ertappen auf frischer Tat, überraschen.

erwogen → erwägend, geprüft, überlegt.

erworben ersessen, satzungsgemäß, verfassungsmäßig, von Rechts wegen ● gekauft, erhandelt, erstanden, ersteigert, auf- oder angekauft ● erhalten, empfangen, erhascht, geschnappt, erbettelt, erheiratet, verdient, verschafft, ergattert, erobert, erarbeitet ● anerzogen, erlernt.

erwünschen → bitten, ersehnen, erwarten.

erwünscht gefällig, ansprechend, zusagend, willkommen, wohltuend, erfreulich, wünschenswert, annehmbar, trefflich, köstlich, schön, anziehend, einnehmend, ersehnt, begehrt, begehrenswert, lieb, teuer, erwünschbar, lockend, verlockend, verlangend, den richtigen Weg weisen ● verfeinern, zivilisieren, kultivieren, Manieren beibringen. → angenehm, appetitlich, aufziehen, ausbilden, begehrenswert, bekehren, belehren, beschreiben, brechen das Stillschweigen, darstellen, detaillieren, drillen, erfreulich, ersehnenswert, fabeln, fabulieren. ▶ unerwünscht.

erwürgen → drosseln, töten.

Erzader → Ader.

erzählen berichten, melden, mitteilen, erwähnen, ausrükken, sprechen, aussprechen, eröffnen, auseinanderlegen, aussagen, darstellen, schildern, beschreiben, zusammenstellen, ausmalen, dichten, schreiben, veranschaulichen, äußern, offenbaren, reden, aussprechen, darlegen, plaudern, plauschen, schnacken u, klöhnen u, kakeln u, mit etwas hausieren gehen. → aufklären, benachrichtigen, zum besten geben, entwerfen ein Bild. ▶ fragen, schweigen.

erzählenswert → interessant.

Erzähler Schilderer. → Dichter.

Erzählung Bericht, Darstellung, Schilderung, Wiedergabe, Angabe, Beschreibung, Kunde, Dichtung, Prosadichtung, Novelle, Ballade, Märchen, Sage, Fabel, Gleichnis, Legende, Märe, Geschichte, Kurzgeschichte, Anekdote, Humoreske, Roman, Story *M*. → Bericht, Beschreibung, Darstellung, Dichtungsart. ▶ Frage, Verheimlichung.

erzböse → böse, charakterlos, diabolisch, eingefleischt.

erzeigen Ehre → achten, anerkennen, auszeichnen.

erzeugen → achten, anerkennen, anfertigen, arbeiten,

aufbauen, ausarbeiten, auslösen, bedingen, befruchten, bemächtigen, bilden, drechseln, durchbringen, erbauen, erfinden, erschaffen, ersinnen, erwirken.

Erzeuger → Arbeiter, Erbauer, Erschaffer, Schöpfer, Urheber.

Erzeugnis → Artikel, Erfolg, Ernte, Erzeugung, Ware.

Erzeugung Herstellung, Bearbeitung, Verarbeitung, Gewinnung, Fabrikation, Erzeugnis, Bau, Bildung, Formung, Errichtung, Urheberschaft, Gründung, Schöpfung, Erschöpfung, Erfolg, Ernte, Begebnis ● Fortpflanzung, Hervorbringung, Niederkunft, Entbindung, Empfängnis, Befruchtung, Züchtung. → Bewerkstelligen, Bildung, Entstehung, Erbauung. ▶ Unfruchtbarkeit, Zerstörung.

Erzfeind → Beelzebub.

Erzherzog → Adel.

erziehen schulen, vorbereiten, befähigen, disziplinieren, anhalten, anleiten, unterweisen, anraten, lehren, bilden, belehren, weisen, unterrichten, zurechtweisen, zurechtsetzen, einschulen, formen, gestalten, befähigen, heranbilden, schleifen, Benehmen, beibringen, Schliff geben, Mores lehren, die Flötentöne beibringen u, am Zeuge flicken u, in der Mache haben u. → bilden. ▶ verziehen.

Erzieher → Ermahner, Lehrer.

Erzieherin Bonne, Gouvernante, Kindergärtnerin, Kinderfräulein, Lehrerin, Ermahnerin, Ratgeberin, Beraterin, Hauslehrerin, Privatlehrerin, Kinderwärterin, Kinderfrau.

erzieherisch → pädagogisch.

Erziehung Belehrung, Schulung, Unterweisung, Aufklärung, Anweisung, Anleitung, Bildung, Leitung, Führung, Zurechtweisung, Mahnung, Bevormundung, Verweis, Vorbereitung, Ausbildung, Lehre, Lehrzeit, Unterrichtung, Benehmen. → Benehmen. ▶ Verbildung.

Erziehung, gute → Benehmen, Wohlerzogenheit.

Erziehung, Mangel an → Unhöflichkeit.

Erziehungsanstalt Schule, Bildungsstätte, Institut, Internat, Pensionat, Lehranstalt, Bildungsanstalt, Unterrichtsanstalt, Kostschule, Anstalt, Klosterschule, Besserungsanstalt, Bekehrungsanstalt, Fortbildungsanstalt.

erzielbar → ausführbar, bezwingbar, denkbar, erkäuflich.

erzielen → abwerfen, ausführen, ausnutzen, beschaffen,

durchdrücken, erlangen, gewinnen.

erzittern → entsetzen sich, erheben, erschrecken, Farbe wechseln.

Erzkämmerer → Adel.

Erzlump → Erpresser.

erzürnen → anstoßen, ärgern, aufhetzen, aufregen, beleidigen, betrüben, entzweien, erblassen, verletzen.

erzürnt → aufgebracht, böse, cholerisch, wütend.

Erzürnung → Bitterkeit, Erbitterung.

erzwecken beabsichtigen, bezwecken, anstreben, abzielen, hinzielen, vorhaben, wünschen, verlangen, ausgehen auf, hinsteuern auf, trachten nach, fahnden nach, bestreben sich, befleißigen um, im Sinne haben, im Schilde führen, Lust haben, aufs Korn nehmen, in den Kopf setzen sich. ▶ anheimstellen.

erzwingbar → bezwingbar.

erzwingen forcieren, durchsetzen, durchdringen, nötigen, bedrängen, abnötigen, abringen, ausführen, festhalten, beharren, abtrotzen, ertrotzen, bestehen auf, versteifen sich, das Messer auf die Brust setzen, mit Gewalt etwas durchsetzen, die Hand an die Gurgel legen, Zwangsmittel anwenden, mit dem Kopf durch die Wand rennen. → behaupten, bestehen auf, bewältigen, bewirken, biegen, brechen den Starrsinn, Dach steigen auf das, diktieren, durchdrücken, erheben Anspruch, erpressen, ertrotzen, festhalten. ▶ aufgeben, freistellen, nachgeben.

erzwingen oder behaupten sein Recht → begehren.

erzwungen → erkünstelt, gezwungenermaßen, unnatürlich.

Erzwungenheit → Getue, Mache, Mätzchen.

Eselei → Faselei.

Eselsbrücke → Ausweg, Behelf.

Eselsohr → Bruch.

Eselstritt → Dank schnöder.

Eskalation stufenweise Steigerung, schrittweise Ausweitung, gefährliche Entwicklung, Zuspitzung. → Krise.

Eskorte *f* → Bedeckung.

eskortieren → geleiten.

Esprit → Geist.

esoterisch → geheim.

Essay → Abhandlung, Arbeit, Aufsatz.

eßbar genießbar, bekömmlich, nahrhaft, nährend, zuträglich, gesund, gut, gar, bereit, mundgerecht, zubereitet, fein, saftig, lecker, wohlschmeckend, schmekkend, schmackhaft, weich,

mundend. → bekömmlich.
▶ ungenießbar.

Esse Feuerung, Heizkörper, Feuermauer, Herd, Rost, Ofen, Schornstein, Kamin, Schlot, Rauchfang, Ofenrohr, Luftloch, Schacht.

Essen Frühstück, Dejeuner, Gabelfrühstück, Lunch, Mittagessen, Diner, Dinner, Hauptmahlzeit, Jause, Brotzeit, Nachmittagskaffee, Nachtmahl, Souper, Bankett, Festessen, Festmahl, Vorspeise, Hors d'œuvre, Nachtisch, Dessert, Zwischengericht, Speise, Entremets, Abendbrot, Abendessen, Kost, Nahrung, Speisung, Beköstigung, Schleckerei, Eßware, Gericht, Mahl, Mahlzeit, Schmaus, Eßgelage, Bewirtung, Kommers, Gastmahl ● Fraß, Saufraß u ● Futterage, Futteralien u, Fressalien u. → Aufnahme, Beköstigung.

essen aufzehren, verzehren, beißen, kosten, schmausen, tafeln, schwelgen, prassen, dinieren, frühstücken, verspeisen, einhauen, gabelfrühstücken, knuspern, nagen, muffeln, zechen, kauen, aufspeisen, naschen, lecken, zusprechen, fressen, zu sich nehmen, Mahlzeit halten, verdrücken u, verputzen u, sich den Bauch vollschlagen, kacheln u, dreinhauen u, schlabbern u, knabbern u, schnabulieren u. → ernähren sich. ▶ fasten, hungern, trinken.

essentiell → wesentlich.

Essenz Extrakt, Getränk, Balsam, Trank, Lösung, Tinktur, Auszug, Aufguß, Heiltrank, Absud, Heilöl, Heilmittel, Medikament. → Abgang, Abriß, Abschied, Arznei, Auszug, Elixier.

Eßgelage → Bankett, Essen.

Eßlust Hunger, Magenknurren, Gefräßigkeit, Eßsucht, Unersättlichkeit, Gier, Heißhunger, Wolfshunger, Bärenhunger, Freßsucht, Freßgier, Verfressenheit u ● Völlerei, Zecherei, Prasserei, Schwelgerei, Schlemmerei, Freßgelage. → Appetit. ▶ Degout, Enthaltsamkeit, Übersättigung, Sattheit.

Eßsucht → Appetit, Eßlust.

Eßware → Bedarf, Ernährung, Essen, Speise.

Establishment herrschende Gesellschaft, - Klassen.

Estafette Läufer, Schnelläufer, Dauerläufer, Stafette, Stafettenlauf, Staffel, Streckenlauf ● Eilbote, reitender Bote, Eilbotenlauf ● Formation. → Bote.

estimieren → achten, schätzen.

Estrade → Erhebung.

etablieren → anordnen, aufstellen, begründen, einrichten.

Etablissement Einrichtung, Anlage, Betrieb, Niederlassung, Niederlage, Geschäftsstelle, Filiale, Depot, Geschäft, Zweigniederlassung.

Etagere f → Bücherbrett.

Etappe f → Abschnitt, Teil.

etappenweise → bedächtig.

Ethik Sittsamkeit, Sittenlehre ● Sittenreinheit, Sittlichkeit, Tugendlehre, Moral, Moralität.

Etikette Aufschrift, Schild, Zeichen, Bezeichnung, Warenzeichen, Marke, Bauchbinde ● Äußerlichkeit, Förmlichkeit, Form, Formenzwang, Mode, Maske, Gewohnheit, Regel, Üblichkeit, Tradition, Sitte, Zeremoniell, Formalität, Brauch, Hofsitte. → Benehmen, Brauch. ▶ Zwanglosigkeit.

etliche einige, etwelche, manche, mehrere, verschiedene, zahlreiche, mehrerlei, ein paar, mehr als einer. → allerhand, diverse. ▶ ein, wenig.

etliches → beiläufig, bloß.

Etui → Behälter, Dose, Futteral.

etwa → annähernd, nahezu, zirka.

etwa wie → als, ähnlich, gleichsam.

etwas → beiläufig, bloß, einigermaßen.

Etwas Ding, Gebilde, Gegenstand, Körper, Objekt, Sache, Stoff, Substanz, Bestehen, Vorhandensein, Erscheinung, Materie, Vorhandenes. → Ding, ▶ Nichts.

Etwas, das gewisse Anziehendes, Fesselndes, Interessantes, Bestechendes, Gewinnendes, Seltsames, Eigenartiges, Exotisches, Sex appeal, Lockendes, Sympathisches ● Beherrschendes, Tonangebendes, Einnehmendes, Hervorstechendes, Hervorragendes, Eigenwilliges.

Eule Nachtvogel, Nachteule, Schreckgespenst, Schreckgestalt, Scheusal ● langweiliger Mensch, Affengesicht ● Spottfigur, Kauz, Sonderling ● altes Weib, langweiliges Frauenzimmer, Schleiereule. → Kauz, Sonderling.

Eulen nach Athen tragen Wasser in den Fluß oder Teich gießen. → überflüssig.

Eulenspiegel Spaßmacher, Betrüger.

Eulenspiegelei verkehrte Welt, Fehlgriff, Verkennung, Verdrehung, Verzerrung, Entstellung, Advokatenkniffe ● Unsinn, Dummheit, Schelmenstück.

Evakuation f → Aussiedlung.

evakuieren → aussiedeln.

Evangeliarium → Bibel.

evaporieren → entdampfen.

Evasion f → Ausflucht, Entweichen.

Eventualität → Möglichkeit.

eventuell → vielleicht.

Evergreen Dauerbrenner, Erfolgsstück, Longseller. → Schlager.

evident → auffallend, augenfällig, einleuchtend, erwiesen, sichtbar.

Evolution → Entfaltung, Entwicklung.

Ewer → Boot.

ewig zeitlos, jenseits von Raum und Zeit, unsterblich, bleibend, unvergänglich, unzerstörbar, unvertilgbar, beständig, fortwährend, dauernd, unendlich, endlos, unaufhörlich, fortgesetzt, immerdar, fort und fort, unwandelbar, stetig, verharrend, andauernd. → allewege, andauernd, immer. ▶ vergänglich.

Ewigkeit Zeitlosigkeit, Unendlichkeit, Endlosigkeit, Stetigkeit, Unablässigkeit, Unaufhörlichkeit, Fortdauer, Unveränderlichkeit, Dauerhaftigkeit, Unvergänglichkeit, Unsterblichkeit, Langlebigkeit, Stete, Bestand ● Gott. → Beständigkeit, Dauer. ▶ Vergänglichkeit.

Ewigkeit, dauern → fortdauernd, immer.

exakt → akkurat, anschaulich, bedächtig, genau.

Exaltation f → Aufregung, Ekstase, Erregung.

exaltieren → aufregen, durchbeben, durchschüttern.

exaltiert → befangen, berauscht, entrückt, überspannt.

Examen Prüfung, Ausfragerei, Erkundigung, Anfrage, Untersuchung, Abitur, Abschluß, Doktorprüfung, Reifeprüfung, Wagnis, Glückssache, Kolloquium, Gesellenstück, Meisterprüfung. → Ausforschen.

examinieren → ausforschen, prüfen.

Exegete → Deuter.

Exempel Muster, Probe, Schulbeispiel, Musterbild, Musterform, Darstellung, Erklärung, Veranschaulichung, Fiktion, Annahme, Aufgabe. ● Beispiel, Darstellung. ▶ Gegenstück, Zerrbild.

Exempel statuieren → strafen.

Exemplar → Ausfertigung, Stück.

exemplarisch → abschreckend, musterhaft.

exerzieren → ausbilden, drillen.

Exhauster → Blasebalg.

Exil Ausschluß, Ausschließung, Ausschaltung, Abschaffung, Aussperrung, Verstoßung, Ausstoßung, Ausweisung, Verbannung, Bann, Ächtung, Exkommunikation, Entlassung, Bestrafung, Abschub, Deportation. ▶ Zugehörigkeit.

Existenz Anwesenheit, Vorhandensein, Dasein, Gegenwart, Bestehen, Sein, Wirklichkeit, Leben ● Beruf, Broterwerb, Tätigkeit, Beschäftigung, Wirkungskreis, Arbeitsfeld, Stellung, Aufgabe, Pflicht. → Amt, Anwesenheit, Arbeit, Beruf, Dasein. ▶ Leere, Nichts, Untätigkeit.

Existenzkampf → Daseinskampf.

existieren → atmen, aufhalten, da sein, leben.

existierend → bestehend.

Exitus *m* → Ableben, Ende, Tod.

exklusive → abgesehen, ausschließlich, außer, außerhalb, unnahbar.

Exkommunikation → Acht, Ächtung, Bann, Exil.

exkommunizieren → ächten, bannen.

Exkrement Ausscheidung, Austritt, Erguß, Abwasser, Absonderung, Kot, Ausbruch, Entleerung, Schmutz, Dreck, Unreinlichkeit, Müll, Kehricht, Unrat, Niederschlag, Schmiere, Bodensatz, Kahm, Spülwasser. → Absonderung, Auswurf.

Exkret *s* → Absonderung, Exkrement.

Exkurs *m* → Abschweifung.

Exkursion → Wanderung.

exorbitant → ansehnlich, außerodentlich, übertrieben.

exorzieren → beschwören.

exotisch → ausländisch.

Expansion *f* → Ausdehnung, Ausbreitung.

expatriieren → ausweisen.

expedieren befördern, fortschicken, fortsenden, wegschaffen, abfertigen, aufgeben, verfrachten, erledigen, vollstrecken, verschicken, entsenden, herausbringen ● den Laufpaß geben, zum Teufel jagen. → absenden. ▶ empfangen.

Expedition *f* → Absendung, Ausforschen, Ausmarsch, Wanderung.

Experiment → Abenteuer, Ausforschen, Erforschung, Versuch.

experimentalisch → empirisch.

experimentell versuchsweise, probeweise, probegemäß, ausprobiert, erprobt, erfahrungsgemäß, bestätigt, belegt, untersucht, geprüft. → empirisch.

experimentieren versuchen, probieren, prüfen, umherta-

sten, ergründen, erproben, untersuchen, proben, beobachten. → ausforschen, begründen, extemporieren.

Experte → Berater, Fachmann.

explizieren → auslegen, deuten, erklären.

explodieren platzen, zerknallen, losgehen, bersten, zerspringen, zerkrachen, in die Luft gehen, auffliegen ● toben, branden, schäumen, brausen, aufbrausen, auffahren, aufspringen, aufwallen, gären, wüten, zürnen. → fangen Feuer.

Explosion Erschütterung, Schlag, Stoß, Ruck, Katastrophe, Detonation, Heftigkeit, Entladung, Krach, Knall, Donner, Aufprall, Zusammenstoß, Druck, Bombenschlag, Schlag, Geknatter ● Sprengkraft, Brisanz. → Bewegungstrieb, Detonation, Entladung.

exponieren auseinandersetzen, erklären, bloßstellen, belichten, bestrahlen, enthüllen, entschleiern, aufhellen, bloßlegen, aufdecken, offenbaren. → erklären. ▶ schützen, verbergen.

exponiert → ausgesetzt, gefährdet.

Export Ausfuhr, Ausfuhrhandel, Ausfuhrgeschäft, Außenhandel, Überseehandel, Interzonenhandel ● Güteraustausch, Transithandel, Auslandsverkehr ● Transaktion, Transport über die Grenze ● Transfer. ▶ Einfuhr.

exportieren ausführen, transportieren, überführen, befördern ins Ausland, mit dem Ausland Geschäfte betreiben ● transferieren. ▶ einführen.

Exposé *s* → Bericht.

expreß absichtlich, vorsätzlich, gerade, zweckbestimmt, berechnend, eigens, ausdrücklich, darum, bezweckt, vorgenommen, vorgehabt, deswegen, angelegt. → schnell. ▶ schleppend, unabsichtlich.

expressiv → ausdrucksvoll.

Expropriation → Enteignung.

exquisit → ausgesucht.

Exsudat → Absonderung, Exkrement.

extemporieren einflechten, zusetzen, experimentieren, unvorbereitet sein, aus dem Stegreif, improvisieren. ▶ vorbereiten sich.

Extension → Erstreckung.

extenso, in → ausführlich.

exterminieren → ausweisen.

extern → auswärts, außen.

extra → absichtlich, ausdrücklich, außerordentlich, besonders, überdies.

Extragericht → Spezialität.

extrahieren ausziehen, rausziehen, auspressen, ausdrük-

ken, erschöpfen, aufbrauchen, verbrauchen, ausquetschen, auslaugen, einen Auszug machen. ▶ hinzufügen.

Extrakt Gedrängtheit, Zusammenpressung, Zusammenziehung, Abhandlung, Grundriß. → Abgang, Abriß, Abschied, Arznei, Auszug, Elixier, Essenz. ▶ Beiwerk.

extraordinär → außerordentlich.

extravagant → ausschweifend, bizarr, überspannt, übertrieben.

Extravaganz Übertriebenheit, Übertriebenheit, Überschwenglichkeit, Verstiegenheit, Übertreibung, Übersteigerung, Überladung, Hypermodernheit, Geschmacklosigkeit, Geschmacksverirrung, Unkultur, Entgleisung. → Ausschweifung. ▶ Einfachheit.

extrem → äußerst, übertrieben.

Extrem Grenze, Endpunkt, das Höchste, Äußerste, Letzte.

Extremitäten Glieder, äußere Körperteile.

exzellent → hervorragend.

Exzellenz → Anrede.

exzentrisch → abnorm, übertrieben.

Exzeption *f* → Ausnahme.

exzeptionell → abnorm, außerordentlich.

Exzeß *m* → Ausschreitung, Ausschweifung.

exzessiv → ausschweifend.

F

Fabel → Ausrede, Dichtungsart, Dunst, Erzählung.

fabelhaft → akkurat, anmutig, ausnehmend, außerordentlich, erstaunlich, wunderbar.

fabeln vorspiegeln, vorgaukeln, narren, täuschen, weismachen, lügen, erzählen, floppen, hänseln. → aufschneiden, fabulieren. ▶ Wahrheit sprechen die.

Fabelwelt → Dunstbild.

Fabrik → Anstalt, Betrieb.

Fabrikant Geschäftsmann, Industrieller, Kaufmann, Unternehmer, Fabrikherr, Fabrikbesitzer, Eigentümer, Besitzer, Inhaber. → Arbeitgeber.

Fabrikarbeiter → Arbeiter.

Fabrikat → Artikel, Erzeugnis, Produkt.

Fabrikation → Erzeugung.

Fabrikationsgut → Rohstoff.

Fabrikationsname Merkzeichen, Zeichen, Herstellungszeichen, Schutzzeichen, Bildzeichen, Wortmarke, Name, Fabrikzeichen, Herkunft, Aufschrift, Bezeichnung, Marke, Kennzeichen, Schriftzeichen.

Fabrikbesitzer → Fabrikant.

Fabrikherr → Fabrikant.
Fabrikmarke → Aufdruck, Marke.
Fabrikzeichen → Fabrikationsname.
fabrizieren → anfertigen, herstellen.
fabulieren dichten, reimen, fabeln, besingen ● plaudern, erzählen, schwatzen.
Fach → Abteil, Abteilung, Amt, Arbeit, Behälter, Beruf, Brett, Wirkungskreis.
Facharbeit Arbeit, Maßarbeit, Hausarbeit, Heimarbeit, Handarbeit, Handwerkserzeugnis. → Einzelarbeit. ▶ Dilettantismus, Konfektion.
Facharbeiter gelernter Arbeiter. → Fachmann.
Facharzt → Fachmann.
Fachberater → Fachmann.
fächeln flattern, wedeln, schlagen, schwingen, wehen, fächern, zuwehen, blasen, kühlen, erfrischen, erquicken. → abkühlen, blasen.
Fächer Wedel, Entlüfter, Lüfter, Blaser, Kühler, Schwinger, wehender Schleier.
fächerartig ausgestreckt, ausgedehnt, aufgebläht, aufgeblasen, zusammenlegbar, verästelt, platt, fächerförmig. → ausgedehnt, breit.
fächern → abkühlen, fächeln.
Fachgebiet → Sondergebiet.
fachgemäß einschlägig, richtig, entsprechend, geeignet, passend, angemessen, sachgemäß, gekonnt, anwendbar, sinngemäß, vernunftgerecht, gut, ordentlich, fachkundig, zunftgemäß, zünftig, gescheit. ▶ dilettantisch, unkundig.
Fachgröße → Berühmtheit, Fachmann, Kapazität.
fachkundig → fachgemäß.
Fachmann Experte, Könner, Sachverständiger, Kenner, Insider, Meister, Sachkenner, Spezialist, Kapazität, Fachgröße, Gutachter, Begutachter, Meisterkopf, Fachberater, Kanone u, alter Hase, vom Bau sein. ▶ Dilettant, Nichtswisser, Ungelernter.
fachmännisch → fachgemäß, richtig.
Fachpapst → Bonze.
fachsimpeln Fachsprache sprechen ● langweilen.
Fackel Flamme, Feuer, Licht, Leuchte, Lichtquelle, Kienspan, Fackellicht, Kalklicht, Feuersäule, Lampion, Nachtlicht, Geleucht.
Fackelei → Faselei.
fackeln umhertreiben, verlottern, schlampen, verlumpen, verludern, bummeln ● schusseln, herumfackeln, fickfakken, tappen, tapsen ● leuchten. ▶ bewähren sich, verlöschen, zusammenreißen sich.
fackeln, ohne zu zufassen,

zupacken, durchgreifen, bestimmen, kurzen Prozeß machen, nicht viel Federlesens machen, den Marsch blasen. ▶ zaudern.
Fackelschein → Fackel.
Fackelzug → Fackel.
Façon *f* → Art.
fade → abgedroschen, abgeschmackt, albern, alltäglich, anwidern, ausdruckslos, farcenhaft, langweilig, würzlos.
Faden Schnur, Bindfaden, Zwirn, Garn, Faser, Fussel *u*, Strang, Schnüre, Zwirnfaden, Lahn, Zaser, Bändel ● Länge (*sm* = 6 Fuß = 1,83 m). → Band, Bindfaden, Bindemittel.
Faden, dünner → Binse.
Faden hängen, an einem gefährden sich, Gefahr laufen, an einem Haar hängen, im Feuer stehen, auf einem Vulkan wohnen. → gefährlich. ▶ sicher, ungefährlich.
Faden, keinen trockenen am Leib → naß.
Faden, roter Hauptteil, Hauptsache, Schwergewicht, Kern, Markstück, der springende Punkt, der wesentliche Teil ● Verkettung, Zusammenhang, Aufeinanderfolge, Folge, Fortgang. ▶ Nebensache, Unterbrechung, zusammenhanglos.
Faden verlieren abschweifen, vergessen, verwirren, verheddern, vermengen, außer Ordnung kommen, aus dem Geleise kommen. ▶ konzentrieren.
fadenartig → capillar, dünn, faserig.
fadenförmig → aalförmig, aalglatt, drahtförmig, dünn.
fadenscheinig alt, abgenutzt, abgegriffen, morsch, altersschwach, schäbig, gewöhnlich, beschädigt, schadhaft, fehlerhaft, zerschlissen, minderwertig, unvollkommen. → defekt, dünn. ▶ dicht, ganz, neu.
fadenscheinig sein → durchscheinen.
Fadheit Geschmacklosigkeit, Geschmackleere, Gewürzlosigkeit, Schalheit, Flauheit, Saftlosigkeit, Flachheit, Eintönigkeit, Langweiligkeit, Alltäglichkeit, Plattheit, Plattitüde, Geistesstumpfheit, Witzlosigkeit, Lahmheit. ▶ Abwechslung, Schmackhaftigkeit.
Fadigkeit → Fadheit.
fähig tüchtig, ausgewiesen, qualifiziert, kapabel. → anstellig, denkfest, denkfähig, feinspürig, geschickt, klug.
fähig für → talentiert.
fähig halten für → können.
fähig machen → vorbereiten.
Fähigkeit Befähigung, Können, Meisterschaft, Talent, Macht, Wirksamkeit, Ge-

schicklichkeit, Anstelligkeit, Eignung, Auffassungskraft, Geschick, Scharfsinn, Anlage, Neigung, Eigenart, Wissen, Gelehrigkeit, Tüchtigkeit, Kraft. → Begabung, Beeinflussung, Brauchbarkeit, Charakter, Denkvermögen, Dienlichkeit, Fertigkeit, Fassungskraft. ▶ Unfähigkeit.
Fähigkeitsausweis Ausweis, Akte, Dokument, Beleg, Urkunde, Schriftstück, Zeugnis, Befähigungsausweis, Legitimation, Diplom, Meisterbrief. → Diplom.
fahl düster, grau, matt, glanzlos, dämmerig, unklar, gräulich, bleifarbig, erdfahl, bleich, leichenfahl, totenblaß, weiß, käsig, furchtsam, bange, beunruhigt. → blaß, bleiern, dämmerig, farblos. ▶ farbig, hell, klar.
fahnden → ausforschen, Busch klopfen auf den, erkundigen, suchen.
Fahne Flagge, Feldzeichen, Standarte, Wimpel, Adler, Zeichen, Symbol, Stoff, Tuch ● Bierfahne, Rausch, Trunkenheit, Weinseligkeit, Weinnebel. → Ausschmückung, Banner.
Fahne, mit fliegender desertieren, davonlaufen, abhauen, ausrücken, überlaufen, abfallen ● begeistern, erregen. ▶ bleiben, gleichgültig (bleiben).
Fahne schwören, zur zuschwören, angeloben, verpflichten sich, den Eid ablegen, Schwur leisten, zur Farbe schwören ● dienen, unter die Soldaten gehen, den Waffenrock anlegen, den Fahneneid schwören. ▶ fahnenflüchtig.
Fahnenflucht Flucht, Wegzug, Abzug, Ablehnung, Untreue, Willkür, Staatsentfremdung, Entfernung, Überlaufen, Übertritt, Abfall, Ungehorsam, Übertretung, Treubruch, Aufsage, Verletzung, Auflehnung, Widerstand, unerlaubte Entfernung. → Abfall. ▶ Pflichterfüllung, Treue.
fahnenflüchtig abtrünnig, eidbrüchig, eidvergessen, wortbrüchig, unverläßlich, verräterisch, treulos, ungetreu, gewissenlos, ehrlos, gemein, niedrig, feige, verbrechen das Gesetz, charakterlos. ▶ verläßlich.
fahnenflüchtig werden → desertieren.
Fahnenflüchtiger → Abtrünniger, Deserteur, Drückeberger.
fahrbar befahrbar, schiffbar, segelbar, steuerbar, bewegbar, lenkbar, brauchbar, möglich, fertig, geeignet, klar *sm*. ▶ seicht, unbeweglich.

Fährboot → Fahrzeug (Wasser-).

Fähre → Boot, Fahrzeug (Wasser-).

fahren fuhrwerken, kutschieren, steuern, lenken, rollen, radeln, sausen, flitzen, karjuckeln u, rollern, leiten, lotsen, schiffen, segeln, befahren, rudern, gondeln, paddeln, fliegen, befehligen. → begeben sich, bewegen sich, Bewegung, dampfen, davon machen sich. ▶ bleiben stehen, gehen.

fahren, in die Grube → sterben.

fahren, sich in die Haare → zanken.

fahren, aus der Haut → toben.

fahren, in die Höhe → toben.

fahren lassen aufsagen, absagen, fallen lassen, von sich stoßen, von sich weisen, sich lösen von, nichts davon hören wollen ● abtreten, preisgeben, wegwerfen, ausliefern, sich trennen von. → Bord werfen über. ▶ auffordern, benützen, verwenden.

fahren lassen, aus der Hand → verpassen, verschwenden.

fahren lassen, die Hoffnung → verzweifeln.

Fahrer → Chauffeur.

Fahrgast Passagier, Fahrtgenosse, Insasse, Mitfahrender, Reisegast, Reisender, Beifahrer, Durchreisender, Sozius, Sozia, Beiwagenfahrer, Klammeraffe u, Auspuffengel u, Anhalter.

fahrig unklar, zerstreut, nachlässig, bedachtlos, flüchtig, gedankenlos, lässig, leichtsinnig, oberflächlich, sorglos, unachtsam, unvorsichtig, zerfahren, abschweifend, wuselig, unbesonnen, unbedacht, ungenau, achtlos, übereilt, überstürzt, dusselig u, schusselig u, im Tran, nach Schema. ▶ aufmerksam, besonnen, sorgsam, überlegt.

Fahrigkeit → Fahrlässigkeit.

Fahrkarte Fahrtausweis, Billett, Ausweis, Nachweis, Fahrschein, Schein, Monatskarte, Wochenkarte, Jahreskarte, Sechserkarte.

fahrlässig → achtlos, fahrig, nachlässig, unvorsichtig.

Fahrlässigkeit Unterlassung, Pflichtvergessenheit, Unachtsamkeit, Unvorsichtigkeit, Zerstreutheit, Fahrigkeit, Oberflächlichkeit, Vernachlässigkeit, Nachlässigkeit, Unbesonnenheit, Schlamperei, Flatterhaftigkeit, Unaufmerksamkeit. → Bummelei. ▶ Achtsamkeit, Besonnenheit, Pflichterfüllung.

Fahrnis → Inventar.

Fährnis → Gefahr.

Fahrrad → Fahrzeug (Straße).

Fahrschein → Fahrkarte.

Fahrstraße → Chaussee.

Fahrstuhl Krankenstuhl, Rollstuhl, Rollsessel. → Aufzug.

Fahrt → Abfahrt, Bewegung, Reise.

Fahrtausweis → Fahrkarte.

Fährte Spur, Reihenfolge, Fußstapfen, Witterung, Spüre, Zeichen, Nachweis, Beleg, Erkenntnis, Richtung, Abtritt j, Spur, Burgstall j, Tappe j, Tritt, Trittspur, Kreuztritt j, Beitritt j, Schloßtritt j, Geläufe j, Insiegel j, Grimmen j.

Fährte, auf der → folgen.

Fährte, auf falscher → irren, verfehlen.

Fahrtgenosse → Fahrgast.

Fahrwasser → Bahn.

Fahrweg → Weg.

Fahrzeichen → Bake, Zeichen.

Fahrzeug, Luft- Luftschiff, Zeppelin, Kriegsluftschiff, Flugzeug, Flugmaschine, Luftfahrzeug, Eindecker, Zweidecker, Doppeldecker, Stuka, Postflugzeug, Kampfflugzeug, Jagdflugzeug, Segelflugzeug, Passagierflugzeug, Raketenflugzeug, Hubschrauber, Düsenflugzeug, Aeroplan, Ballon, Fesselballon ● Kahn u, Kiste, Mühle u.

Fahrzeug, Schienen- Eisenbahn, Bahn, Lokomotive, Dampfwagen, Eilzug, Schnellzug, D-Zug, Luxuszug, Personenzug, Bummelzug, Vorortzug, Frachtzug, Güterzug, Zug, Expreßzug, Straßenbahn, Elektrische, Tram, Bimbim u, Lumpensammler u, Trambahn, Pferdebahn, Stadtbahn, Ringbahn, Zahnradbahn.

Fahrzeug, Straßen- Auto, Fahrrad, Drahtesel, Stahlroß, Fuhrwerk, Gefährt, Handwagen, Lastwagen, Schubkarren, Leiterwagen, Wagen, Droschke, Kutsche, Fiaker, Kalesche, Karosse, Landauer, Jagdwagen, Einspänner, Zweispänner, Omnibus, Postkutsche, Karren, Kraftfahrzeug, Kraftwagen, Kiste u, Vehikel, Karre, Klapperkasten u, Blechkiste u, Rappelkasten u, Bruchkiste u, Knochenmühle u, Nuckelpinne u, Schabracke, Schlitten u, Kraftrad, Motorrad, Chausseewanze u, Hämorrhoidenschaukel u, Taxi, Zweirad, Dreirad, Straßenkreuzer, Roller, Motorroller, Moped.

Fahrzeug, Wasser- Schraubendampfer, Raddampfer, Zweimaster, Dreimaster, Turmschiff, Küstenfahrer, Küster, Dogger, Lugger, Heringsfänger, Fischerboot, Handelsschiff, Fähre, Fregatte, Schnellsegler, Brigg, Kutter, Fährboot, Schlepp-

kahn, Galeere, Paddelboot, Schiff, Kahn, Boot, Barke, Nauen, Nachen, Barkasse, Dampfer, Fähre, Floß, Gondel, Jacht, Schaluppe, Schlepper, Segler, Segelschiff, Dschunke, Einbaum, Ruderschiff, Ruderboot, Dampfschiff, Motorschiff, Faltboot, Klepperboot, Kanu, Kajak ● Arche.

fair → anständig.

Fairneß Anstand, Aufrichtigkeit, Redlichkeit, Offenheit.

Fäkalien f → Auswurf, Exkrement.

Fakir Zauberer, Feuerfresser, Schwarzkünstler, Weissager, Taschenspieler, Magier, Gaukler, Willensbeherrscher ● Asket, Mönch, Säulenheiliger.

Faksimile Abschrift, Abdruck, Abklatsch, Nachbildung, Ebenbild, Spiegelbild, Abzug, Wiedergabe, Abbildung, Reproduktion, Nachahmung, Vorlage. ▶ Original.

faktisch → anwesend, erwiesen, feststehend, tatsächlich.

Faktor Zahl ● Bewirkung, Einfluß, Funktion, Größe, Kraft, Macht, Potenz, Punkt, Sache, Tatsache, Träger, Triebkraft, Umstand, Wirksamkeit. → Anlaß, Beauftragter, Meister. ▶ Ergebnis, Gegenwirkung.

Faktotum → Helfer.

Faktum → Angelegenheit, Tatsache.

Faktura Rechnung, Belastung, Forderung, Warenrechnung, Verzeichnis, Liste, Warenverzeichnis. ▶ Auftrag.

Fakultät f → Abteilung.

fakultativ → freiwillig.

falb → beige, blaß, fahl.

fälbeln → falten.

Falkenauge → Auge.

Fall Sturz, Absprung, Abrutsch, Rutsch, Absturz, Einsturz, Zusammenbruch, Fußfall, Beugung, Demütigung. → Affäre, Angelegenheit, Bewegung, Kasus, Fehler, Fehlgeburt, Fehltritt, Tatsache. ▶ Aufstieg, Makellosigkeit, Stillstand.

Fall, böser → schlimm.

Fall bringen, zu vernichten, hinopfern, verderben, untergraben, zusammenschießen, in den Grund bohren ● hindern, hemmen, vereiteln, das Wasser abgraben, ein Schnippchen schlagen, das Genick brechen, den Hals umdrehen, einen Strich durchen, abschießen ● versuchen, vergehen sich, vergessen sich, die Ehre rauben. ▶ ehren, fördern, helfen.

Fall, in jedem → definitiv.

Fall, in keinem → nie.

Fall und Knall flugs, fix, blitzschnell, alsbald, sofort, sogleich, umgehend, plötzlich, unverhofft, unerwartet, unvorhergesehen, überraschend, wie der Blitz, stehenden Fußes, aus allen Himmeln gefallen, vom Donner gerührt, vom Blitz getroffen. ▶ langsam, träge.

Fall kommen, zu → bringen es nicht weit, fallen, scheitern, sündigen, unterliegen.

Fall der Not, im → Not.

Fall sein, der → zutreffen.

Fall setzen, den → vermuten.

Fall, trauriger → Unglück.

Fallbaum → Beschwernis.

Falle Hinterhalt, Lauer, Täuschung, Überlistung, Kniff, List, Büberei, Hinterhalt, Gefahr, Nachstellung, Tücke, Schlauheit, Verschlagenheit, Findigkeit, Hinterlist ● Schlinge, Fallstrick, Garn, Netz, Leimrute, Fallgrube, Falltüre, Falleisen, Fangeisen, Schwanenhals, Berliner Eisen *j*, Falkenrönnen *j*, Stoßgarn *j*, Fallnetz, Habichtskorb *j*, Habichtsstoß *j*, Wolfsangel *j*, Wolfsgrube *j*, Fangschnur, Fußangel, Diebesfalle, Angelrute, Fliegenleim. → Beschwerde, Danaergeschenk, Dilemma. ▶ Aufrichtigkeit, Hilfe, Sicherheit.

Falle gehen, in die → hereinfallen.

Fälle, für alle → gewiß.

Falle, im → bedingungsweise.

Falleisen → Falle.

fallen niederfallen, niederstürzen, niedersinken, hinsinken, umstürzen, abstürzen, herunterstürzen, heruntersinken, stolpern, straucheln, abrutschen, hinunterkollern, umfallen, hinhauen *u*, umwerfen, vergehen, sterben, zu Fall kommen ● neigen, abfallen, abschrägen, lehnen. → abfallen, absacken, ausgleiten, bleiben auf dem Platz, ermäßigen. ▶ erhöhen, steigen.

fallen, einem in die Arme → beeinträchtigen, hindern.

fallen, sich in die Arme → umarmen.

fallen, in die Augen auffallen, abheben, erblicken, bemerken, sichten, sehen, erspähen, beäugen, hervorragen, abstechen, den Blicken sich aussetzen, an den Tag kommen, zur Schau stellen. ▶ unauffällig.

fallen, zur Beute → knechten, übergeben.

fallen, zu Füßen → bitten, unterwerfen.

fallen, in die Grube → hereinfallen.

fallen, in die Hände → nehmen.

fallen, aus allen Himmeln ernüchtert sein, enttäuscht sein, überrumpelt werden, aus den Wolken fallen, aus einem Traum erwachen,

kommen zu sich ● verzagen, entmutigen, die Hoffnung nehmen, die Hoffnung verlieren. ▶ ahnen, ermutigen.

fallen, auf die Knie → beten, bitten, unterwerfen.

fallen lassen hinwerfen, umwerfen, umschmeißen, herunterwerfen, hinfallen, aufgeben, verlassen, drangeben, zurückweichen, verzichten, aufsagen, absagen, abwenden, abkehren, ablehnen, preisgeben, überlassen, anheimgeben, abtreten. → aufhören, Bord werfen über. ▶ beharren, festhalten.

fallen lassen, unter den Tisch → abblasen, unterlassen.

fallen, zur Last verlangen, verpflichten, fordern, belasten, ausbürden, vorhalten, vorwerfen, verantwortlich machen, zur Last legen, in die Schuhe schieben, zur Rechenschaft ziehen, lästig fallen, unangenehm sein, zuviel werden. ▶ entlasten.

fallen, schwer abarbeiten, abplagen, überarbeiten, ringen, anstrengen sich, quälen sich, abschleppen sich, ankämpfen gegen, schwer ankommen, Übermenschliches leisten, alle Kräfte anspannen, seine ganze Tatkraft aufbieten, Schwierigkeiten haben, gegen Schwierigkeiten ankämpfen, abmühen sich, mit Mühe erkämpfen. ▶ Hand glückliche, (fallen leicht).

fallen, in Stücke → zerbrechen.

fallen, mit der Tür ins Haus aufbrausen, auffahren, auffliegen, einstürmen, heranstürzen, übers Knie brechen, kein Blatt vor den Mund nehmen, sich den Mund verbrennen, reinen Wein einschenken, unverfälscht denken. ▶ beherrschen sich, zurückhalten.

fallen, in Ungnade erzürnen, verabscheuen, ablehnen, ausstehlich finden, Abneigung zeigen, das Gefühl erkalten lassen, das Herz abwenden, die Liebe abwenden, die Liebe verscherzen, nicht mehr leiden können. ▶ hochschätzen.

fallen, aus den Wolken → fallen aus allen Himmeln.

fällen umlegen, umholzen, abholzen, hinlegen, niederhauen, umhauen, umfällen, ansägen, absägen, umwerfen, herunterziehen, senken ● ein Urteil fällen. → abwerfen. ▶ aufrichten, stehen lassen.

fallend sinkend, eintauchend, untersinkend, abnehmend, ermäßigend, neigend, ausgleitend, auf den Hund kommen. ▶ steigend.

Fallgitter → Beschwernis.

Fallgrube → Falle.

fällig erledigt, zahlbar, längstens, spätestens, ehestens, binnen, bis, noch, planmäßig, erwartet, vermutlich, vorausgesehen, einkalkuliert. → befristet bis. ▶ andauernd.

Fälligkeitstag → Datum, Termin.

Fallnetz → Danaergeschenk.

Fallot → Betrüger.

Fallreep *sm* (Außenbordtreppe) → Brücke.

falls → allenfalls, bedingungsweise, wenn.

Fallstrick → Ausrede, Behelf, einmal ist keinmal, Falle, Danaergeschenk.

Falltür → Ausgang, Falle.

falsch meineidig, unehrlich, treulos, unaufrichtig, lügnerisch, verlogen, heuchlerisch, schadenfroh, heimtückisch, doppelzüngig, abgefeimt, unwahr, erfunden, erlogen, gefälscht, unecht, trügerisch, unredlich, unwahrhaft, pflichtvergessen, unrichtig, irrtümlich, fehlerhaft, unhaltbar, unlogisch, ungenau, widersinnig, irrig, mißverstanden, regelwidrig, übel, schlecht, vertippt, verhauen, listig. → aalglatt, arg, arglistig, bestechlich, bigott, böse, bubenhaft, bübisch, diplomatisch, doppelsinnig, erfunden. ▶ ehrlich, gut, richtig.

falsch darstellen → anführen, bemänteln, fälschen, lügen.

Falsch, ohne → arglos, bieder, brav, gut, wahr.

fälschen verfälschen, verdrehen, verstellen, heucheln, verhüllen, beschönigen, verblümen, klittern, umgehen, verhehlen, verschleiern, ablaugen, abgucken, nachmachen, betrügen, belügen, mogeln, beschwindeln, veruntreuen, falschmünzen, hinterziehen, unterschlagen, gaunern, nachahmen, falsifizieren, falsch darstellen. → bemänteln, benachteiligen, beschädigen, betrügen, borgen fremde Gedanken, Decke unter der stecken, Dunst vormachen, erfinden. ▶ bezeugen, ehrlich (sein), Wahrheit sprechen die.

Fälscher Zechpreller, Falschmünzer, Falschspieler, Münzfälscher, Wechselfälscher, Buchfälscher, Urkundenfälscher, Schieber, Devisenschieber, Heuchler, Schurke, Schelm. ▶ Bauernfänger, Betrüger. ▶ Betrogener.

falsches Zeugnis ablegen → lügen.

Falschgeld Blüte, Fälschung, Falschmünze.

Falschheit Denkfehler, Falschurteil, Fehlurteil, Widerspruch, Ungültigkeit, Verrechnung, Versehen, Irrtum, Fälschung, Irreführung, Schlauheit, Schliche, Täuschung, Umgehung, Ausweichung, Zweideutigkeit, Unwahrheit, Unrichtigkeit, Nichtigkeit, Fehler, Verstoß, Verdrehung, Bemäntelung, Betrug, Falschmünzerei, Nachahmung, Fehlgriff, Fehltritt, Übersehen, Trugschluß, Fehlschluß, Doppelzüngigkeit, Lügenhaftigkeit, Unaufrichtigkeit, Verschlagenheit, Verstellungskunst, Hinterhältigkeit, Unehrlichkeit, Hinterlist, Arglist, Verstellung, Verlogenheit, Heuchelei, Erdichtung, Lüge, Aufschneiderei, Unredlichkeit, Schurkerei, Charakterlosigkeit, Gemeinheit. → Bekenntnis, Betrug, Bosheit, Danaergeschenk, Dolchstoß, Entstellung. ▶ Aufrichtigkeit, Ehrlichkeit, Gutmütigkeit, Richtigkeit.

falschherzig → bestechlich, charakterlos, falsch.

fälschlich → falsch, unbegründet.

falschmünzen → benachteiligen, fälschen.

Falschmünzer → Betrüger, Fälscher.

Falschmünzerei → Betrug, Falschheit, Fälschung.

Falschspieler → Bauernfänger, Betrüger, Bube, Fälscher.

Fälschung Nachbildung, Falsifikat, Falsum, Falschmünzerei, Geldfälschung, Urkundenfälschung, Volksbetrug, Schein, Humbug, Unrechtmäßigkeit, falsche Angabe. → Bemächtigung, Betrug, Dieberei, Eid falscher, Falschheit. ▶ Original.

Falschurteil → Falschheit.

Falsifikat → Fälschung.

falsifizieren → fälschen.

Falstaff → Dickwanst.

Faltboot → Boot, Fahrzeug (Wasser-).

Falte Biegung, Einbiegung, Bruch, Falz, Klappe, Saum, Umschlag, Bug, Einbug, Einschlag, Knick, Kneif, Faltensaum, Rüsche ● Schrumpel u, Krünkel u. → Bruch. ▶ Glätte.

fälteln → falten.

falten fälteln, fälbeln, kräuseln, falzen, einschlagen, umschlagen, einbiegen, umbiegen, kniffen, knicken, umknicken, umschlagen, zusammenlegen, einwickeln, plissieren, börteln, zerknittern, runzeln. ▶ entfalten, glätten.

falten, die Stirn → runzeln.

faltenlos flach, runzellos, glatt, fugenlos, ausgespachtelt, geschliffen, spiegelglatt, aalglatt, seidenglatt, sammetartig, zart, weich, sanft,

gleich, gerade. → blank, eben. ▶ faltig.

Faltensaum → Falte.

Faltenwurf Bekleidung, Gewand, Überwurf, Überzug, Tuch, Toga, Umschlag, Bedeckung, Umhang, Vorhang, Cape, Umwurf.

faltig gefaltet, gefältelt, plissiert, geknickt, gekräuselt, zerknickt, umgeschlagen, gefalzt, umgebogen, runzelig, krünkelig u, schrumpelig u, narbig, uneben, knitterig.

Faltung → Falte.

Falz → Bruch, Falte.

falzen → falten.

Fama Gerücht, Klatsch, Geschwätz, Geklatsch, Stadtgespräch, Gerede, Nachrede, Kunde, Märe, Neuigkeit, Ruf, Märchen, Geflüster, Bekanntmachung, Gemunkel, üble Nachrede. ▶ Wahrheit, Tatsache.

familiär → privat.

Familie Sippe, Sippschaft, Geschlecht, Gattung, Haus, Schlag, Stamm, Verwandtschaft, Zusammenschluß, Zweig, Verbindung, Name, Glied, Zusammengehörigkeit, Gruppe, Vereinigung, Ehe, Stammbaum. → Anverwandte, Bagage.

Familie gründen → heiraten.

Familie, im Schoße der daheim, gemütlich, beschaulich, behaglich, zufrieden, zuhause, im Kreise der Seinigen, im trauten Kreis, in seinen vier Wänden, im traulichen Heim, vereint mit der Bagage, Familienleben, trauter Familienkreis, in Sicherheit, daheim. ▶ allein, auswärts, unbehaglich.

Familienbuch → Buch.

Familienleben → Familie, im Schoß der.

Familienzwist → Streit.

famos → ausgezeichnet.

Famulus Diener, Gehilfe, Begleiter, Betreuer, Knecht, Gefolgsmann, Helfer, Beistand ● Schüler, Hörer. → Arbeitnehmer.

Fan → Liebhaber.

Fanal s → Brandfackel.

Fanatiker Brausekopf, Hitzkopf, Eiferer, Haberecht, Heißsporn, Prinzipienreiter, Quadratschädel, Querkopf, Dickschädel, Rechthaber, Starrkopf, Streiter, Rigorist, hartnäckiger Mensch, unnachgiebiger Mensch, radikaler Mensch, intoleranter Mensch, verblendeter Mensch, Dickkopf, Stockpreuße oder -franzose. → Eiferer, Enthusiast. ▶ Lamm frommes, (toleranter Mensch).

fanatisch überzeugt, unduldsam, aufbrausend, auffahrend, beharrlich, beständig, bestimmt, blindgläubig, in-

tolerant, fest, radikal, hundertprozentig, konsequent, standhaft, stur, unabänderlich, unbeugsam, zäh, hartköpfig, blindwütig, bockbeinig, eifrig, eigensinnig, eigenwillig, halsstarrig, hartnäckig, leidenschaftlich, störrisch, unbeirrbar, unbekehrbar, unbeugsam, unduldsam, verrannt, versessen, verbohrt, verhärtet. → besessen. ▶ tolerant, versöhnlich.

fanatisieren → aufhetzen.

Fanatismus Voreingenommenheit, Vorurteil, Verblendung, Frömmelei, Unduldsamkeit, Intoleranz, Rechthaberei, Hartnäckigkeit, Verranntheit, Verbohrtheit, Verblendung, Wahnsinn. → Affekt. ▶ Gelassenheit, Sachlichkeit, Toleranz.

Fanfare Trompetenstoß, Trommelschlag, Geschmetter, Geräusch, Lärm, Jubel, Getöse, Signal, Zeichen, Meldezeichen, Gong, Schuß, Anzeichen, Ton, Alarm, Trompetengeschmetter, Schlachtlied, Trommelwirbel, Hornsignal, Tusch, Paukenschall.

Fanfarenstoß → Alarm, Fanfare.

Fang → Beute.

Fangarm → Fänge.

Fänge Fangarme, Tatze ● Fangball, Fangeisen, Fangleine, Fangmesser, Fangnetz, Fangreuse, Fangschnur. → Beeinflussung, Falle.

Fangeisen → Falle, Fänge.

fangen greifen, angeln, ausfindig machen, bekommen, berauben, einfangen, erhaschen, mausen j. ▶ befreien, loslassen.

fangen, Feuer aufbrausen, auffahren, gären, kochen, toben, schäumen, platzen, explodieren, aufregen, erhitzen, in Flammen geraten, den Kopf verlieren, aus der Fassung kommen ● verlieben, vergaffen, vergehen, schmachten, lichterloh brennen, einen Narren fressen. →bemächtigen.▶ erlöschen, ernüchtern, gefaßt bleiben.

fangen, Grillen sinnen, spintisieren u, grübeln, grämen, schwarz sehen, finster dreinschauen, den Kopf hängen lassen, die Flügel hängen lassen, den Blick auf den Boden heften, trübsinnig sein, ein Gesicht machen, sich Sorge machen, bedrückt sein, niedergedrückt sein, vor sich hinstarren. ▶ erfreuen sich, heiter (sein).

fangen, mit seinen eigenen Worten widerlegen, entgegenhalten, entkräften, lahmlegen, bestreiten, die Waffen umkehren, das Blatt wenden, das eigene Wort entgegen-

halten, Lügen strafen, zum
Schweigen bringen.
Fangleine → Fänge.
Fangmesser → Fänge.
Fangmittel → Anreiz, Falle.
Fangnetz → Falle, Fänge.
Fangreuse → Fänge.
Fangschnur → Falle, Fänge.
Fant → Baby, Bengel, Dandy.
Fantasie (Phantasie) → Chi-
märe, Dichtung, Dunstbild,
Erscheinung ● Musikstück,
Reiterkunststück.
Fantasieren → Delirium.
fantasieren spinnen, einbil-
den, vortäuschen, vorspie-
geln, vorgaukeln, vormachen,
flunkern, einreden, vorreden,
fiebern, schlafwandeln, hell-
sehen, Grillen fangen, der
Fantasie die Zügel schießen
lassen, von Einbildungen le-
ben, das Gras wachsen hö-
ren, Luftschlösser bauen. →
erträumen. ▶ klar sehen.
farbbeständig → farbecht.
Farbdruck Buntdruck, Burt-
schnitt, Dreidruck, Buntheit,
Farbenreichtum, Vielfarbigkeit, Farbenspiel, Farbenwechsel, Buntscheckigkeit,
Verschiedenheit. → Ab-
druck.
Farbe Färbung, Schattierung,
Kolorierung, Kolorit, Couleur,
Farbenglanz, Farbenreichtum,
Schimmer, Ton, Farbenton,
Anflug, Anhauch, Stich,
Farbstoff, Schminke, Tünche,
Anstrich, Beize, Naturfarbe,
Grundfarbe, Nebenfarbe,
Wasserfarbe, Ölfarbe, Bedek-
kung, Belag, Farbenpracht,
Farbengebung, Farbenver-
teilung ● Klangfarbe ● Würze, Schwung. ▶ Farblosigkoit.
Farbe bekennen → bekennen.
Farbe verlieren, die → bleichen.
Farbe wechseln wankelmütig sein, den Sinn ändern,
anderen Sinnes werden, den
Mantel nach dem Winde hängen, mit den Wölfen heulen,
den Spieß umdrehen, sich
anders besinnen ● erregen,
beunruhigen, erschauern,
entfärben, verfärben, erbeben, erzittern, bangen, ängstigen, erröten, einen Ballon
oder rote Rübe kriegen u, erblassen, erbleichen, Herzklopfen bekommen, Gänse-
haut kriegen, in Furcht sein.
▶ beharren, furchtlos (sein),
ruhig (sein).
farbecht farbbeständig, dauerhaft, lichtecht, haltbar, unveränderlich, waschecht, zuverlässig, bleibend, echt, beständig, langwährig, dauernd,
überdauernd, gleichbleibend,
verläßlich. ▶ unbeständig.
färben bemalen, anstreichen,
beizen, tünchen, weißen,
schminken. → bemalen, verändern. ▶ bleichen.

farbenblind → Sehmängel,
Wahn.
Farbenbrechung → Farbenton.
farbenfroh schillernd, bunt,
farbenreich, mannigfaltig,
vielfarbig, zierfarbig, prächtig,
regenbogenfarbig, schim-
mernd, glänzend, gleißend,
fleckig, scheckig, buntschek-
kig, gescheckt, gemustert,
gewürfelt, geblümt, gestreift,
kariert, gesprenkelt. ▶ farblos.
Farbengebung → Farbenpracht.
Farbenglanz Aufmachung,
Aufputz, Prunk, Herrlichkeit,
Prachtentfaltung, Pomp, Gepränge, Schimmer, Augen-
lust, Ausstattung. → Corso,
Farbe. ▶ Einfachheit, Farblosigkeit.
Farbenpracht Farbengebung,
Beleuchtung, Farbenwechsel.
→ Farbe, Farbenglanz, Farbenreichtum. ▶ Einfachheit.
farbenprächtig farbenfroh. →
bunt.
farbenreich bunt, farbig, vielfarbig, schillernd, fleckig,
scheckig, buntscheckig, gescheckt, gefleckt, geblümt,
gesprenkelt, getupft. → bunt,
buntscheckig, farbenfroh. ▶
eintönig, farblos.
Farbenreichtum Buntheit,
Buntfarbigkeit, Mannigfaltigkeit, Buntscheckigkeit, Vielfarbigkeit, Polychromie, Batik,
Mosaik, Marmorierung, Farbenspiel, Farbenwechsel. →
Farbdruck, Farbe. ▶ Farb-
losigkeit.
Farbenschwund → Farblosigkeit.
Farbensinn → Geschmack.
Farbenspiel → Farbendruck,
Farbe, Farbenreichtum.
Farbenton Färbung, Schattierung, Kolorierung, Kolorit,
Buntheit, Tinte, Schimmer,
Stich, Anflug, Anhauch, Farbenbrechung, Schminke, Anstrich. → Farbe.
Farbenverteilung → Farbe.
Farbenwechsel → Farbdruck,
Farbenpracht, Farbenreichtum, Gesinnungswechsel.
farbig gefärbt, bemalt, gestrichen, bunt, vielfarbig, lebhaft, frischfarbig, schreiend,
grell, blendend, knallig u. →
bunt, farbenreich. ▶ farblos.
Farbiger Neger, Mohr, Nubier,
Äthiopier, Mulatte, Mischling,
Indianer, Mestize, Chinese,
Japaner, Exote. ▶ Weißer.
farblos ungefärbt, unbemalt,
entfärbt, fahl, falb, matt,
verschlossen, verblichen, verwelkt, weiß, schwarz ● zart,
blaß, bleich, schneefarbig,
aschenfarbig, bleichfarbig,
bleifarbig, geisterhaft, blaßwangig, bleichsüchtig ● gehaltlos, ausdruckslos, inhalts-

los, nichtssagend, hohl, leer,
bedeutungslos, nicht Fleisch
noch Fisch ● achromatisch.
→ alltäglich, blaß. ▶ farbig.
Farblosigkeit Entfärbung,
Farbenschwund, Blässe,
Wasserhelle, Weiße, Schwärze, Dunkel ● Bedeutungslosigkeit, Ausdruckslosigkeit,
Hohlheit, Gemeinplatz,
Schlagwort, Phrase, Larifari,
leerer Schall, Schall und
Rauch, leeres Stroh. → Albino, Blässe, Bleichheit. ▶
Farbe, Farbenreichtum, Gedankentiefe.
Farbstoff → Farbe.
Färbung → Farbe, Farbenton.
Farce Posse, Füllsel, Burleske
● Dummheit, Streich, Tor-
heit, Unklugheit, Gedankenlosigkeit, Schnickschnack,
Quatsch, Schmus, Stuß.
farcenhaft possenhaft, burlesk, dumm, faxenhaft, fade,
geistesarm, geistlos, schal,
gehaltlos, platt, trivial, witzlos, blöd, simpel, weltfremd,
borniert, albern. → burlesk.
▶ geistvoll, überlegen.
Farm → Anwesen, Bauernhof, Besitztum.
Farmer → Bauer, Bevölkerung.
Fasces m → Bündel.
Faschine f → Bündel.
Faschismus Nationalsozialismus, Hitlertum, Despotismus, Tyrannei, Zwingherr-
schaft, Schreckensherrschaft,
Gewaltherrschaft, Willkürherrschaft, Alleinherrschaft,
Diktatur, Absolutismus, Ein-
herrschaft.
Faselei Gedankenlosigkeit,
Gedankenarmut, Sinnlosig-
keit, Geistesarmut, Torheit,
Leichtfertigkeit, Unsinn, Albernheit, Possen, Gicksgacks,
Blech, Stuß, Eselei, Ungereimtheit, Schrulle, Fackelei,
Larifari, Pfuscherei, Halbheit,
Dummheit. ▶ Gedankentiefe,
Überlegung.
faseln gedankenlos, träumen,
spinnen, Unsinn reden, Blech
reden, trunken, umherschwär-
men, albern reden, Scherz
treiben. → aufschneiden,
blamieren. ▶ nachdenken,
überlegen.
Faser Fiber, Haar, Schnur,
Hanf, Flachs, Jute, Spinnstoff, Fussel u. → Faden.
faserig borstig, haarig, haarförmig, verästelt, rauh, dünn,
haarfein, hauchdünn, zottig,
filzig, wollig, behaart, bärtig,
stoppelig, fransig. → blättrig,
capillar, dünn, federartig. ▶
glatt, massiv.
fasern fusseln, haaren ● zerzupfen, auszupfen. → auf-
lösen.
fashionable → fein.
Faß → Behälter.

Fassade Schauseite, Schaufenster, Umkleidung, Vorderseite, Stirnseite, Giebel. ▶ Rückseite.

faßbar dinghaft, körperlich, substantiell, dinglich, handgreiflich, greifbar, wesenhaft, bestimmbar, körperhaft, gegenständlich, stofflich, fühlbar, wägbar, materiell ● deutlich, verständlich, faßlich, einleuchtend, anschaulich, augenfällig, durchsichtig, unverkennbar, genau, scharf, abgerundet, unverhüllt, unbemäntelt, unverschleiert, handgreiflich, gemeinverständlich, unzweideutig, unmißverständlich, dinghaft. → erkennbar. ▶ unfaßbar.

Faßbarkeit → Faßlichkeit.

fassen verbinden, vereinigen, befestigen, binden, fesseln, heften ● umfassen, enthalten, umfangen, betragen, umranden ● auffassen, erlernen, bemeistern, bewältigen, bestreben sich, aneignen, greifen *j* ● ergreifen, packen, anbinden, festnehmen, einfangen, abfangen, auffangen, verhaften, ins Loch stecken, in Haft nehmen, in Ketten legen, beim Wickel nehmen, beim Schlafittchen kriegen, bei den Hammelbeinen nehmen, beim Krips fassen *u* ● erwerben, bekommen, erlangen, erhaschen, erhalten, ergreifen, empfangen, kriegen. → auffassen, enthalten. ▶ befreien, loslassen, trennen, unbegreiflich (sein).

fassen, sich Fassung bewahren, den Kopf oben halten, die Nerven nicht verlieren. → besänftigen, bessern, mäßigen.

fassen, ins Auge erwarten, gewärtigen, hoffen, befürchten, harren, in Aussicht haben ● sehen, erblicken, erspähen, wahrnehmen, bemerken, gewahr werden, sichten, beobachten, mustern, aufspüren, anstarren, anstieren, anglotzen ● beabsichtigen, bezwecken, sich vornehmen, ausgehen auf, anstreben, hinzielen, hinstarren, vorhaben, im Schilde führen, sich angelegen sein lassen, im Sinne haben, aufs Korn nehmen, sich in den Kopf setzen. → beobachten. ▶ anheimstellen, übersehen, vergessen.

fassen, in Gold → teuer.

fassen, ein Herz → Mut.

fassen, in sich einschließen, anschließen, einreihen, umfassen, enthalten, zuzählen, einbeziehen, mitrechnen, in sich begreifen ● inbegriffen, einbegriffen, eingeschlossen, verbunden, umfassend, einschließlich. ▶ ausschließen.

fassen, sich kurz schnod-

derig, ungeschliffen, ungalant, unschicklich, unanständig, unziemlich, ungebührlich, verletzend, kurz angebunden, einsilbig, unumgänglich, barsch, brummig, verdrießlich, kurzen Prozeß machen, nicht viel Worte machen, nicht viel Federlesens machen, kein Gehör schenken. ▶ höflich (sein), Fluß geraten in.

fassen, Wurzel → bleiben.

faßlich → anschaulich, deutlich, erkennbar, faßbar.

Faßlichkeit → Bestimmtheit, Deutlichkeit, Einfachheit.

Fasson → Form.

Fasson, nach eigener → Lebensart.

Fassung Umfassung, Umschließung ● Ausdruck, Ausdrucksweise, Form, Stil, Schreibart, Text, Wortlaut, Mitteilungsform, Manier ● Beherrschung, Haltung, Zucht, Geduld, Würde, Ernst, Besonnenheit, Leidenschaftslosigkeit, Ruhe, Gefaßtheit, Beherrschtheit, Unerschütterlichkeit, innerer Halt ● Mannhaftigkeit, Standhaftigkeit, Festigkeit, Beherztheit, Entschlossenheit, Tapferkeit, Mut, Unerschrockenheit, Furchtlosigkeit ● Haltung, Zurückhaltung, Selbstzucht, Seelenruhe, Großmut ● Umfang, Ausdehnung, Inhalt, Volumen. → Auffassung, Ausdruck, Ausdrucksweise, Beherrschung, Besinnung, Darstellung, Deutung, Diktion. ▶ Begrenztheit, Fassungslosigkeit, Furcht, Stillosigkeit.

Fassung, kurze bündig, kernig, gedrängt, lakonisch, kurz, knapp, einsilbig, brockenweise, barsch, kurz gefaßt, in Stichworten, in Brocken. ▶ weitschweifig.

Fassung verlieren, die leidenschaftlich, reizbar, erregbar, aufgeregt, ungeduldig, erregt, bewegt, stürmisch, ungestüm, hitzig, heftig, heißblütig, hitzköpfig, aufbrausend, auffahrend, cholerisch, unüberlegt, unbesonnen, vorschnell, überstürzt, unruhig, rastlos, kribbelig, aus dem Häuschen sein *u*, sich nicht einkriegen *u*. ▶ beherrschen sich.

Fassungskraft Kapazität, Volumen, Rauminhalt, Ausmaß ● Gelehrigkeit, Fähigkeit, Begabung, Talent, Auffassungsgabe, Geschicklichkeit ● Befähigung, Anlage, Eignung, Denkvermögen, Anstelligkeit. → Ausdehnung, Begriffsvermögen, Denkvermögen, Erfindungsgabe. ▶ Begrenztheit, Begriffsmangel, Fassungslosigkeit.

fassungslos haltungslos. → baff, bestürzt, betroffen, Donner gerührt, erschrocken, erstarrt, betäuben.

Fassungslosigkeit → Angst, Befremden, Beklemmung, Bestürzung, Betäubung, Blitz, Erstaunen.

Fassungsvermögen → Einfühlungsgabe, Raum.

fast ein bißchen, ein wenig, kaum, nur, eben, gerade, etwas, unerheblich, teilweise, nicht so ganz, genug, gegen, beinahe, mehr oder minder, ungefähr, gewissermaßen, einigermaßen, soso, ziemlich, nahezu, annähernd, annäherungsweise, schier, um ein Haar, haarscharf, in der Nähe von, sozusagen, in gewissem Maße. → annähernd, beiläufig, bloß, cirka, kaum, ungenau. ▶ genau.

Fasten → Askese, Diät.

fasten aushungern, darben, halten Diät, den Riemen enger schnallen, eine Hungerkur machen, Hunger leiden, am Hungertuch nagen, auf halbe Kost gesetzt sein ● fasten und beten, gottgefällig leben, sich vom Irdischen abkehren. → darben, ermangeln. ▶ schlemmen.

Fastenkost → Diät.

Fastnacht Fasching *m*, Karneval *m*, Mummenschanz.

Fasttag Hungerkur. → Diät.

Faszikel Akte, Bündel, Bund, Block, Heft, Sammelwerk, Band, Schnellhefter, Ordner, Zusammenstellung.

Faszination *f* → Bezauberung.

faszinierend bezaubernd, verhexend, erregend, ergreifend, packend, rührend, glückstrahlend, freudestrahlend, herrlich, köstlich, reizend, wunderbar, himmlisch, berauschend, bestrickend, berückend, lockend. → antreibend. ▶ abstoßend.

Fata Morgana → Auswuchs, Blendwerk, Täuschung.

fatal schicksalhaft, schicksalmäßig, unabwendbar, unabweislich, drohend, bedrohlich, gefahrbergend, nicht geheuer, unheilvoll, unselig, schlimm, verhängnisvoll, trostlos, unheilschwanger. → abscheulich. ▶ erfreulich, glückverheißend (sein).

Fatalismus Vorsehung, Los, Kismet, Prädestination, Verhängnis, Vorherbestimmung, Fügung, Zwangsvorstellung, Zwang. ▶ Willensfreiheit.

Fatalist Schicksalsgläubiger, Anhänger des Fatalismus, schicksalsgläubiger Mensch, ein Mensch, der sich gleichmütig dem Schicksal beugt.

Fatum → Schicksal.

Fatzke → Banause.

fauchen → aufregen, blasen, zischen.

faul träge, arbeitsscheu, bequem, stinkfaul, nichtsnutzig, tatenlos, schlaff, schlapp, matt, schwach, teilnahmslos, schwerfällig, langsam, energielos, phlegmatisch, lethargisch, müde, stumpf, langweilig, nachlässig, willenlos, lendenlahm, ohne Schneid ● schleppend, zögernd, schläfrig, bedächtig, gemächlich, lahm, saumselig ● ungenießbar, widerlich, tranig, verdorben, faulig, gärig, bitter, weich ● übelriechend, stinkend, stinkig, ranzig, muffig, moderig, aasig, denkfaul, träge, wurstig, blasiert ● schlecht, übel, minderwertig, abscheulich, schädlich, abträglich, gefährlich, ungesund, verrottet, verfault, giftig, madig, eitrig, brandig ● untätig, unbeschäftigt, arbeitslos, müßig, vagabundierend, mit verschränkten Armen, die Hände in den Schoß legen, Maulaffen feilhalten, den Tag stehlen, auf seinen Lorbeeren ausruhen, auf der Bärenhaut liegen, sich aufs Ohr legen, den Tag verschlafen, in den Tag hineinträumen. → aasig, arbeitsscheu, arbeitsunfähig, arg, bedächtig, behäbig, bequem, bleiben sitzen, bleiern, böse, bummelig, eitrig, energielos. ▶ fleißig.

faulen auflösen, zersetzen, zergehen, verfaulen, modern, zerfallen, verrotten, absterben, veröden, vermodern, verderben, eingehen, zergehen, untergehen ● zerstören, vernichten, auflösen sich, vergehen, umkommen, verschimmeln, krepieren, zugrunde gehen, in die Binsen gehen. → beeinträchtigen. ▶ (frisch bleiben).

faulenzen bummeln, lottern, herumlungern, gammeln, auf Arbeit verzichten, der Arbeit aus dem Wege gehen, Angst vor der Arbeit haben, Arbeit vom Leibe halten, die Hände in die Tasche stecken, die Hände in den Schoß legen, sich Träumen hingeben, kein Glied rühren, nichts tun, keinen Finger rühren, müßig gehen, untätig bleiben, auf der faulen Haut liegen, sich aalen, blau machen *u*, krank feiern, auf der Bärenhaut liegen, vor Faulheit stinken *u*. → beschäftigungslos, entziehen sich der Arbeit, gehen müßig. ▶ arbeiten.

Faulenzer → Ausbund, Bummler, Drückeberger, Faulpelz, Müßiggänger.

Faulheit → Müßiggang.

faulig → faul.

Fäulnis Auflösung, Zersetzung, Spaltung, Verfall, Verwesung, Gärung, Vernichtung, Austilgung, Tod, Zerfall, Verpestung, Vermoderung, Vergiftung, Brand, Vereiterung. → Beschädigung, Brand. ▶ Unversehrtheit.

Faulpelz Bummler, Tagedieb, Müdling, Faulenzer, Faulsack, Faultier, Nichtstuer, Taugenichts, Pflastertreter, Eckensteher, Vagabund, Strolch, Arbeitsscheuer, Herumlungerer, Drohne, Siebenschläfer, Träumer, Schläfer, fauler Sack *u*. → Arbeitsunfähiger, Bummler, Drückeberger. ▶ Arbeiter.

Faulsack → Faulpelz.

Faultier → Bummler, Faulpelz.

Faun Waldgott, Baumgott ● Wüstling, Wollüstling, Lebemann, Lüstling, Lustgreis, Hahnrei, Verführer, Schänder, Entehrer.

faunisch → ausschweifend.

Faust → Glied.

Faust aufs Auge, wie die → unpassend.

Faust ballen → Bedrohung, trotzen, verwünschen.

Faust, auf eigene eigenwillig, entschlossen, entschieden, allein, nach eigenem Ermessen ● willkürlich, eigenmächtig, unverantwortlich, außergesetzlich, unberechtigt, unbefugt. ▶ berechtigt, unentschlossen.

Faust, mit geballter → Bedrohung, wütend.

Faust, gepanzerte → Bedrohung.

Faustball → Ball.

Fäustchen lachen, sich ins → freuen sich, Heimlichkeit.

faustisch getrieben, rastlos, genial, suchend.

Faustrecht Gewalt, Terror, Naturrecht, Recht des Stärkeren.

Faustschlag → Bearbeitung, Bestrafung.

favorisieren → begünstigen.

Faxen → Streiche, Witz.

faxenhaft → farcenhaft.

Fazenda *f (bras.)* → Anwesen.

Fazit → Ende, Folge, Quintessenz.

Fechtbruder → Bettler.

fechten → abwehren, angreifen, balgen, befehden, betteln, bitten.

fechten gehen → betteln.

Fechter → Bettler, Bittsteller, Sportler.

Feder Deckschicht, Bekleidung, Gefieder, Schutz, Daune, Eiderdaunen, Flaum, Federbusch, Leichtigkeit, Unbeschwertheit, Flocke ● Druckfeder, Springfeder, Sprungfeder, Zeichenfeder, Schreibfeder, Federzug, Federkiel. → Ausdrucksweise, Ausschmückung, Bedeckung.

federartig befiedert, federig, buschig, bewimpert, flaumig, samtartig, faserig, geästelt, verästelt, zart, leicht, wollig, weich, aufgesträubt, fransig, seidig, samtglatt, sanft. ▶ rauh, schwer.

Federbusch → Ausschmückung, Feder.

Federfuchser → Berichterstatter, Pfuscher.

Federgewicht Leicht-, Fliegengewicht.

Federkiel → Feder.

Federkraft → Bewegungstrieb, Dehnung, Elastizität, Kraft, Spannkraft.

federkräftig → biegsam.

federleicht → ätherisch, leicht.

Federlesens machen, nicht viel durchgreifen, zupakken, beharren, nicht nachgeben, in der Hand behalten, kurzen Prozeß machen, den Marsch blasen, mit beiden Händen zufassen, keine Nachsicht üben, unnachsichtlich behandeln, den Rücken zukehren, sich unhöflich benehmen. ▶ Nachsicht üben, schöntun, zaudern.

federlos bloß, bar, ledig, unbefiedert, nackt, entblößt, kahl, gerupft, abgezogen, unflügge. ▶ gefiedert.

federn zurückspringen, zurückschnellen, abprallen, zurückprallen, schnellen, biegen, ausweichen, springen, elastisch sein. →aufspringen, dehnen. ▶ starr (sein).

Federn sich schmücken, mit fremden ● bunt zugehen, prahlen, protzen, täuschen.

federnd → biegsam, dehnbar, elastisch.

Federstrich → Strich, Zug.

Federstrich, mit einem unterzeichnen. → abschließen.

Federung → Elastizität.

Federzeichnung → Bild.

Federzug → Feder.

fedrig → elastisch, federartig.

Fee Gespenst, Geist, Undine, Melusine, Hexe, Waldgeist, Zauberin, Drude, Wassernixe, Grazie, Göttin, Engel, Erscheinung, Elfe, Nixe, Sirene, Dame, Wasserjungfrau, Unwesen, weise Frau.

feenhaft bezaubernd, märchenhaft, traumhaft, zauberhaft, phantastisch unnatürlich, unirdisch, gespenstisch, geisterhaft, spukhaft, schattenhaft, elfenhaft, koboldartig, unheimlich, verhext, überirdisch, himmlisch. ▶ irdisch, natürlich, unschön.

fegen → abblasen, abstauben, ausbürsten, bewegen sich, bürsten.

fegen, hinweg auskehren, auswischen, reinigen, säubern, wegkehren, wegnehmen, ausbürsten, wegscheuern ● fortlaufen, wegsausen, dahinlaufen, abschwenken, ausweichen, wegrasen ● überrennen, übergehen, abtun, geringschätzen, herabschauen, herabsehen. ▶ achten, beschmutzen, bleiben auf dem Platze.

Fehde → Duell, Feindschaft.

Fehl → Fehler.

Fehl, ohne → tugendhaft, zweifellos.

fehl am Platz → unangebracht.

Fehlanzeige Ente.→ Abwesenheit, Versagen.

Fehlbetrag Mangel, Unvollkommenheit, Versehen, Fehler, Einbuße, Schaden, Ausfall, Verderb, Minderung, Beeinträchtigung, Schädigung, Verlust. → Abnahme, Defizit. ▶ Überschuß.

Fehlbewertung → Fehler.

Fehlbitte → Verweigerung.

fehlen wegbleiben, schwänzen, fortbleiben, abwesend sein, fort sein, entfernt sein, verschwunden sein, verloren sein, über alle Berge sein, ade sein *u*, futsch sein *u*, hapern, verschüt sein *u*, futschikato *u* ● irren, fehlschießen, fehlgehen, verrechnen, übersehen, verfehlen, abirren, Böcke schießen ● versagen, sündigen, versäumen, verletzen, versumpfen, vom Weg der Rechtlichkeit abirren, einen Fehltritt tun, fehlen lassen es. → ausgehen, ausgleiten, ausstehen, mangeln, erfordern, ermangeln, entbehren. ▶ anwesend sein, erkennen, vorhanden (sein), tugendhaft (sein).

fehlen lassen, es ausfallen, mangeln, entbehren, missen, schmachten, ermangeln, unterlassen, nicht genügen, vorenthalten es. → fehlen. ▶ auskommen, anstrengen.

fehlend → abwesend, Ermangelung in.

Fehler Fehl, Unvollständigkeit, Unvollkommenheit, Mangelhaftigkeit, Stückwerk, Gebrechen, Schlußfehler, Denkfehler, Fehlurteil, Widersinn, Widerspruch, Begriffsverwirrung, Ungültigkeit, Verrechnung, Sprachfehler, Versehen, Irrtum, Irrigkeit, Nichtigkeit, Verstoß, Erztorheit, Fehlgriff, Fehlschlag, Fehlschluß, Trugschluß, Ausrutscher, Schnitzer, Fehlleistung, Bockmist, Tippfehler, Übersehen, Fehlbewertung, Unreife, Versager, Niete, Fehlgang, Fehlschritt, ● Makel, Mangel, Entstellung, Verunstaltung, Fehlfarbe, Fleck ● Untugend, Laster, Entgleisung, Ausartung, Schuld, Vergehen, Fall, Übertretung, Fehlwurf, Pudel *u*. → Auswuchs, Beschädigung, Bock, Defekt, Delikt, Dummheit, → Falsch-

heit, Fehlbetrag, Fehltritt. ▶ Fehlerlosigkeit.

Fehler aufsuchen → Dach steigen auf das.

Fehler machen einen Bock schießen, sich verhauen, daneben hauen, sich vertippen. → blamieren.

fehlerfrei untadelig, einwandfrei. → akkurat, artig, ausgesucht, blendend, engelgleich, tugendhaft.

fehlerhaft → abwegig, absurd, beschäftigt, charakterlos, defekt, dunkel, fadenscheinig, falsch.

Fehlerhaftigkeit → Beschädigung, Defekt, Fehler, Unvollkommenheit.

fehlerlos → ausführlich, brav, buchstäblich, erlesen, richtig, tugendhaft.

Fehlerlosigkeit Vollkommenheit, Richtigkeit, Genauigkeit, Gediegenheit, Gewissenhaftigkeit, Sorgfalt, Fleckenlosigkeit, Vertrauenswürdigkeit, Zuverlässigkeit, Ehrlichkeit, Unbestechlichkeit, Glaubwürdigkeit, Makellosigkeit, Unverdorbenheit, Lauterkeit. ▶ Fehlerhaftigkeit.

Fehlfarbe → Fehler, Unvollkommenheit.

Fehlgang → Fehler.

Fehlgeburt Abortus, Mißgeburt, Frühgeburt, Abgang ● Unfall, Schaden, Fall, Mißerfolg, Vereitelung, Unglück, Unheil, Schicksalsschlag, Unglücksfall, schlimme –, mißliche Wendung, schiefer Ausgang.

fehlgehen → abschwenken, fehlen, verirren.

fehlgeschlagen → erfolglos, mißglückt.

fehlgreifen → irren, versagen, verwechseln.

Fehlgriff → Bock, Falschheit, Fehler, Versagen.

Fehlkonstruktion Pfusch, Murks, Stümperei. → Unvollkommenheit.

fehlschießen → blamieren, fehlen, irren, verfehlen.

Fehlschlag → Dekadenz, Enttäuschung, Fehler, Mißerfolg.

fehlschlagen → bankrott, Boden verlieren den, entgleisen, enttäuschen, mißlingen.

Fehlschluß → Entscheidung falsche, Falschheit, Fehler, Mißerfolg.

Fehlschritt → Fehler.

Fehlspekulation → Irrtum.

Fehltritt Fall, Entgleisung, Fehler, Ungeschick, Mißgriff, Versehen, Schnitzer, Übersehen, Sünde, Schuld, Übertretung, Vergehen, Verletzung, Fauxpas. → Bewegung, Entgleisung, Falschheit, Fehler. ▶ Fehlerlosigkeit.

Fehltritt tun, einen → brechen das Gesetz.

Fehlurteil → Falschheit, Fehler, Rechtswidrigkeit, Versagen.

Fehlzündung Fehlstart ● Mißverständnis, lange Leitung, Begriffsstutzigkeit.

feien → schützen, sichern.

Feier Ruhezeit, Muße, Feiertag, Erholungszeit, Feierzeit, Feierlichkeit, Unterhaltung, Zerstreuung, Vergnügung, Ausspannung, Erheiterung, Fest, Festlichkeit, Feierstunde, Freudentag, Jubelfeier, Jahresfeier, Hochzeit, Taufe, Geburtstag, Gesellschaft, Festmahl, Bankett, Gesellschaftsabend, Gastmahl, Veranstaltung, Morgenfeier, Tanzabend, Lustbarkeit, Aufführung, Ball, Festball, Hausball, Kostümfest, Jubiläum, Ehrung, Einweihung ● Gottesdienst, Meßfeier. → Ehrenfest, Erlebnis.

Feierabend Schluß, Ende, Schlußakkord, Schicht, Ruhezeit, Rast, Freizeit, Erholung, Mußezeit, Abendstunde, Abendruhe, Abendfriede, Ausklang, Feierstunde, Ruhepunkt, Pause, Stille, Sammlung, Erbauungsstunde, Friede. → Abschluß, Dämmerstündchen. ▶ (Arbeitszeit), Morgenstunde.

feierlich → ausdrucksvoll, ehrenvoll, eidlich, erbaulich, erhaben, ernst, prächtig.

Feierlichkeit → Feier, Fest, Pracht.

feiern→ auszeichnen, begehen, begießen, bejubeln, besingen, Ehre bezeigen, ehrenvoll, entgegenjauchzen, erbaulich, erhaben, ernst, prächtig.

feiern mit → begehen, bitten.

Feierschicht → Freizeit.

Feierstunde → Erbauung, Feier, Feierabend.

Feiertag → Feier, Sonntag.

feige memmenhaft, feigherzig, zaghaft, kleinmütig, mutlos, furchtsam, scheu, verzagt, hasenherzig, weiblich, bangherzig, schwachherzig, unmännlich, pulverscheu, bedächtig, blöde, schreckhaft, unsicher, verzärtelt, vorsichtig, wehleidig, ängstlich, die Hosen voll haben *u*, den Schwanz einziehen *u* ● um gut Wetter bitten. → fahnenflüchtig. ▶ mutig.

Feigheit Memmenhaftigkeit, Feigherzigkeit, Furchtsamkeit, Kleinmut, Kleinmütigkeit, Verzagtheit, Zaghaftigkeit, Unsicherheit, Mutlosigkeit, Hasenherzigkeit, Schwachherzigkeit, Unmännlichkeit, Ängstlichkeit, Schreckhaftigkeit, Himmelangst, Kriegsfieber, Schüchternheit. → Angst, Bammel, Befangenheit. ▶ Mut.

Feigherz → Feigling.

feigherzig → feige.

Feigherzigkeit → Feigheit.

Feigling Memme, Feigherz, Hasenherz, Bangbüchse, Hasenfuß, Jämmerling, Pantoffelheld, Schlappschwanz, Angstmann, Schlappmacher, Ausreißer, Drückeberger, Duckmäuser, Mamakindchen, Waschlappen, Weib, Weichling, Piepmeier, Angsthase, Angstmeier, Schisser u, feiger Hund, Hundsfott u, Knakker u. ▶ Held.

feil → anrüchig, ausschweifend, bestechlich, charakterlos, dirnenhaft, verkäuflich.

feilbieten → absetzen, anbieten, feilschen, verkaufen.

feilen → abschaben, ausgleichen, glätten.

feilhalten → absetzen, anbieten, bieten, feilschen, verkaufen.

feilhalten, seine Reize → buhlen.

Feilheit Verkäuflichkeit, Käuflichkeit, Zugänglichkeit, Simonie, Unredlichkeit, Unehrlichkeit, Gewinnsucht, Wucher ● käufliche Liebe. → Bestechlichkeit. ▶ Ehrlichkeit, Redlichkeit, Unbestechlichkeit.

feilschen verhandeln, bedingen, markten, austauschen, umtauschen, schachern, mauscheln u, feilhalten, feilbieten, verkaufen, spekulieren, sich einigen, handelseinig werden. → bieten. ▶ ablehnen, Federlesens machen nicht viel, kaufen.

fein geschmackvoll, modisch, elegant, modegerecht, vornehm, adelsstolz, feudal, schön, fashionable, zart, gut, gesittet, sanft, nett, zierlich, schmuck, herrlich, lieblich, graziös, reizend, anmutig, einnehmend, hold, holdselig, entzückend, wohlgestaltet, blühend, hübsch, ausgezeichnet, kostbar, angenehm, prachtvoll, prächtig, köstlich, hochfein, piekfein u. → akkurat, angenehm, appetitlich, aromatisch, auserlesen, bestrickend, betragen sich brav, charmant, distinguiert, drahtförmig, dünn, erhaben, eßbar, feinsinnig. ▶ unfein.

Feind Widersacher, Gegenspieler, Gegner, Todfeind, Hasser, Scheinfreund, Verräter, Gegenpartei, Nebenbuhler, Rivale, Erbfeind, Gegenredner, Angreifer, Konkurrent, böser Nachbar, falscher Freund, schlimmer Kunde. ▶ Freund.

Feindesliebe → Großmut.

feindlich feindselig, verfeindet, entzweit, spinnefeind, verfehdet, unfreundlich, giftig, erbost, zwiespältig, gegnerisch, entgegengesetzt, un-

einig, unverträglich, zwieträchtig, gehässig, unversöhnlich, widerspenstig, borstig, übelgesinnt, streitsüchtig, boshaft, schlecht, böswillig, schadenfroh, rücksichtslos, lieblos, herzlos, rachsüchtig, widerlich, erbittert, nachhaltend, nachtragend ● Unfrieden stiften, stänkern, herumstänkern, herummeckern. → bissig, dawider, entfremdet, entzweit. ▶ freundlich.

Feindschaft Fehde, Gegnerschaft, Ungunst, Widerspruch, Entzweiung, Spannung, Zwietracht, Zwist, Streit, Hader, Händel, Krach, Unfreundlichkeit, Gefühlskälte, Verstimmung, Verstimmtheit, Entfremdung, Groll, Feindseligkeit, Erbitterung, Unversöhnlichkeit, Haß, Gegensatz, Zerwürfnis, Zwiespalt, Bruch, Riß. Mißverständnis, Unfriede, Kampf, böses Blut. → Abneigung, Bekämpfung, Bitterkeit, Bosheit, Brotneid, Entzweiung. ▶ Freundschaft.

feindselig → aufständisch, entzweit, feindlich.

Feindseligkeit Bekämpfung, Bitterkeit, Disharmonie, Dorn im Auge, Entzweiung, Feindschaft.

Feindseligkeiten eröffnen, die → brechen den Frieden.

feinfädig → dünn.

feinfühlend → besinnlich, empfindungsvoll, still.

feinfühlig → feinsinnig.

Feingebäck → Feinkost.

feingebildet → artig.

Feingefühl Feinheit, Geschmack, Kennerblick, Fingerspitzengefühl, Witterung, Klugheit, Scharfblick, Lebenskunst, Erkenntnis, Zartheit, Gemütstiefe, Empfindsamkeit, Einfühligkeit, Unterscheidungsvermögen, Taktgefühl. → Anstand, Charakterstärke, Delikatesse, Feinschmeckerei. ▶ Taktlosigkeit, Ungeschmack.

feingeistig → begabt.

Feingeschmack → Feinschmeckerei.

feingliedrig → zierlich.

Feinheit → Anmut, Feingefühl, Feinschmeckerei.

feinkörnig → fein.

Feinkost Extragericht, Leibgericht, Schmaus, Feingebäck, Leckerbissen, Näscherei, Götterspeise, Götterkost, Göttertrank, Gaumenkitzel, Wohlgeschmack, Würze, Lerchenzunge, lukullische Mahlzeit. → Delikatesse.

feinmachen, sich → schminken, schmücken.

feinnervig → feinsinnig, sensibel.

Feinschmecker Naschkatze, Gourmand, Fresser, Leckermaul, Lüstling, Nimmersatt,

Schlemmer, Vielfraß, Bauchdiener, Genießer, Prasser, Schwelger, Schlecker, Lukull ● Kenner, Kunstfreund, Schöngeist, Mäzen, Kunstschlemmer, Kunstjünger, Geschmacksrichter. ▶ Banause, Kostverächter.

Feinschmeckerei Leckerhaftigkeit, Naschhaftigkeit, Feingefühl, Gelüste, Feinheit, Feingeschmack, Genuß, Verweichlichung, Verhätschelei, Sinnenfreude, Gaumenfreude, Tafelfreude, Gastronomie, Kochkunst, Speisekunst, Kunstküche, Schlemmerei, Völlerei.

feinschmeckerisch wählerisch, heikel, schnuppig, fies u, verschnupft, leckermäulig, schleckerig, naschhaft, genießerisch, leckerhaft, verwöhnt, verzärtelt, verhätschelt, gewählt, gesucht, zimperlich, üppig, verschwenderisch, schlemmerisch, schwelgerisch. ▶ übersättigt.

feinsinnig kritisch, klug, fein, empfindsam, gefühlvoll, empfindungsvoll, zart, feinnervig, feinfühlig, sentimental, gefühlsselig, schwärmerisch, ästhetisch, stilgerecht, poetisch, künstlerisch, musisch, gewählt, gesucht. → artig, begabt. ▶ gefühllos, grob, stumpf.

feinspürig sinnig, überlegt, einsichtsvoll, einsichtig, weise, klug, fähig, gescheit, findig, scharfsinnig. → begabt. ▶ unbegabt.

feist aufgedunsen. → dick, dickwanstig, fettwanstig.

feist werden → dick werden.

Feistigkeit → Dicke.

feixen → schmunzeln.

Feld → Beruf, Besitztum, Erdboden.

Feld, freies → Bahn.

Feld behaupten, das siegen, obsiegen, erobern, bezwingen, meistern, übertrumpfen, das Spiel gewinnen, Triumphe feiern, Lorbeer ernten, die Palme erringen, den Gegner entwaffnen, in die Flucht schlagen, den Zweck erreichen, eine günstige Wendung geben, Anklang finden, Beifall ernten, erfolgreich sein, Schach bieten, aus dem Sattel heben, den Preis davon tragen, vorwärts kommen. ▶ Feld räumen das.

Feld räumen, das untergehen, zu Fall kommen, sich nicht halten können, im Nachteil sein, das bloße Nachsehen haben, den Boden unter die Finger schlüpfen lassen, aufs Trockene geraten, zwischen zwei Stühlen sitzen, auf den Hund kommen, preisgeben, entäußern, sich trennen von, überlassen, hergeben, Verzicht leisten, rückgängig machen. ▶ Feld behaupten das.

Feld rücken, ins → brechen den Frieden, kämpfen.

Feld und Wald Wald und Busch, Busch und Feld, Stadt und Land, in allen Landen, weit und breit, überall, allenorts, allenthalben, fern, weit, weit voneinander, über alle Berge, Flur, Mutter Grün, vor den Toren, in der Natur, draußen in der Einsamkeit. → Busch und Feld. ▶ nirgends.

Feld ziehen, ins → kämpfen.

Feldarbeit → Ackerbau.

Feldbau → Ackerbau.

Feldbestellung Bodenkultur, Landwirtschaft, Landbau, Akkerbau, Anbau, Felderwirtschaft, Bodenbearbeitung, Aussaat, Anpflanzung, Bauernarbeit.

Feldbett → Bett.

Felderwirtschaft → Feldbestellung.

Feldflasche → Behälter.

Feldfrevel → Raub.

Feldgeschrei → Zeichen.

Feldhüter → Büttel, Wächter.

Feldmark → Distrikt.

Feldscher → Bader.

Feldstecher Fernstecher, Fernrohr, Scherenfernrohr, Teleskop, Prismenglas, Opernglas, Krimstecher, Kieker *u*, Glas.

Feldwache → Bewachung.

Feldweg → Weg.

Feldzeichen → Banner, Fahne.

Feldzug → Kampagne.

Fell Haut, Balg, Schwarte, Pelz, Vlies, Wolle ● Häutchen, Blatt, Schicht ● Hülle, Decke, Kleid, Leder ● Zotte, Mähne, Haar. → Balg, Bedeckung.

Fell über die Ohren ziehen, das täuschen, betrügen, mogeln, irreführen, zum besten halten, übervorteilen, überlisten, einwickeln, beschwindeln, prellen, begaunern, übers Ohr hauen, Sand in die Augen streuen, ein X für ein U vormachen, in den Sack stecken, hinters Licht führen, Hörner aufsetzen, ein Schnippchen schlagen, ein Bein stellen, falsches Spiel treiben. → benachteiligen. ▶ entschädigen, Grube fallen in die, Wahrheit sprechen die.

Fellache *(ägypt.)* → Bauer.

Felleisen → Behälter, Bündel.

Fels Gestein, Stein ● Härte, Unempfindlichkeit, Festigkeit, Beharrlichkeit, Fortbestand, Beständigkeit, Unveränderlichkeit ● Berg, Grat, Wand, Fluh, Riff, Zacke. → Berg. ▶ Ebene, Sand, Unbeständigkeit.

felsenfest fest, hart, unverrückbar, unbeweglich, unzerstörbar, unvergänglich, feststehend, unwiderruflich, unentwegt, beharrlich, unbeirrt, stabil, wie aus Erz gegossen ● zielbewußt, hartnäckig, starrsinnig, trotzig, unnachgiebig, unerbittlich, zäh, unerschrocken, furchtlos, unverzagt, standhaft, entschlossen, unerschütterlich, ungebeugt, ungebrochen. → charakterfest. ▶ nachgiebig, weich.

felsenhart hart, steinhart, ehern, felsig, stählern, eisern ● streng, unbeugsam, unnachgiebig, rücksichtslos, unnachsichtlich, unerbittlich, unerschütterlich, hartnäckig, gestreng, herrisch, gebieterisch, unbarmherzig, mitleidlos, lieblos. ▶ nachgiebig, weich.

Felsennest → Bastion, Burg.

felsig → felsenhart, fest.

Felswand → Abgrund.

Feluke → Boot.

Feme → Rache.

Femgericht → Gericht.

feminin weiblich, mädchenhaft, jungfräulich, weibisch, zimperlich, schlapp, weichlich, entnervt, verzärtelt, verweichlicht, zart, nachgiebig, schwach. ▶ männlich.

Fenn → Bruch.

Fenster → Öffnung.

Fenster, Geld werfen durchs → verschwenden.

Fenster klirren, daß die → Lärm.

Fensterladen Laden, Blende, Jalousie, Rouleau, Rolladen. → Blende.

Fensterpromenade → Liebeswerbung.

Ferien Freizeit, Erholung, Erholungszeit, Reisezeit, Urlaub, Urlaubzeit, Betriebsferien, Entspannung, Muße, Rasttage ● Freiheit, Unabhängigkeit, Ungebundenheit, freie Bahn. ▶ Alltag, Gebundenheit.

ferm → fest.

Ferment Gärungsmittel, Gärme, Hefe ● Zersetzung, Gärung ● Lab, Gärstoff, Spaltpilz.

fern weit, entfernt, entfremdet, entlegen, fernliegend, weltweit, weit her, ab, fort, abseits, jenseits, auswärts, fremd, unzugänglich, unnahbar, unerreichbar, getrennt, auf und davon, über alle Berge, aus dem Wege, weit voneinander weg, dahin, geschieden von, weit entfernt ● isoliert, vereinzelt, verbindungslos, anders, neu, fremd, überraschend ● nichts dergleichen, ohnegleichen, bei weitem nicht, fern davon, in keiner Beziehung, ganz und

gar nicht, keineswegs, beileibe nicht. → abgelegen, abseits, breit, davon, einsam, entfernt, entlegen, Feld und Wald. ▶ bezüglich, einverstanden, nahe.

fern und nah überall, allgegenwärtig, allerorts, allerwärts, ringsum, allenthalben, zuweilen, in alle Winde, an allen Ecken, weit und breit, in allen Landen, in Feld und Wald, in Wald und Busch, in Haus und Hof, von Haus zu Haus, in Stadt und Land, international, hier und dort, wo man steht und geht, in Berg und Tal, oben und unten. ▶ nirgends.

fern von → beziehungslos.

fernab → fern.

fernbleiben entlassen, absetzen, entheben, beurlauben, hinauswerfen, fortjagen, heimleuchten, verscheuchen, herausekeln, verjagen, verbannen, ausgliedern, verfemen, aussperren, kaltstellen, verstoßen, ausstoßen, vertreiben, ausschließen, versetzen, kündigen, abberufen, verabschieden, stürzen, ausdingen, wegschicken, fortschicken ● sich zurückziehen, nicht teilnehmen, den Rücken kehren, verschwinden, sich drücken, kneifen, abstehen, davonschleichen, entfernt halten, verbergen sich, verleugnen lassen, verlassen, den Rücken zeigen ● verpassen, fehlen, versagen. ▶ engagieren, mitmachen.

Fernblick Scharfblick, Scharfsichtigkeit ● Gesichtskreis, Anblick, Panorama ● Spürnase, Riecher, Vorgefühl, sechster Sinn.

Ferne → Abstand, Entfernung, Entlegenheit.

ferner hinzugefügt, beigeschlossen, eingeschlossen, beiliegend, beifolgend, ergänzend, des weiteren, fürder, einschließlich, auch, gleichfalls, desgleichen, ebenfalls, ebenso, in Ergänzung, beiläufig, überdies, außerdem, zudem, weiterhin, nachträglich, obendrein, darüber, mit, sowohl als, nicht nur, sondern auch, und so weiter, zum Überfluß ● nebenbei, nachher, später, seit, darauf, worauf. → auch, beiläufig, eingerechnet, damit, daneben, darüber, desgleichen. ▶ abzüglich, ausgenommen.

fernerhin → außerdem, auch, dabei, dazu, desgleichen.

Ferngespräch → Benachrichtigung.

fernhalten entfernen, weggehen, fliehen, verlassen, abweisen, sich zurückziehen, Abstand wahren, sich fern halten, vom Leibe halten, die Finger davon lassen, ablehnen, kühl behandeln, den Rücken kehren, vom Halse halten. ▶ aufnehmen, erscheinen, mitmachen.

fernher weither, aus fernen Ländern, von jenseits des großen Teiches, von jenseits der Berge.

fernliegend → abseits, berührungslos, beziehungslos.

Fernrohr → Feldstecher.

Fernruf → Anruf.

Fernschreiben → Benachrichtigung.

fernsehen glotzen *u.*

Fernsehgerät → Apparat.

Fernsicht → Anblick, Aussicht, Blick, Blickfeld.

Fernsprecher → Draht.

Fernspruch → Benachrichtigung.

Fernstecher → Feldstecher.

fernstehend → berührungslos, beziehungslos.

Fernweh Reiselust, Wandertrieb, Wanderlust, Reisefieber, Sehnsucht nach der Ferne oder nach anderen Ländern. ▶ Heimweh.

Ferse, folgen auf der nachfolgen, nachkommen, folgen, anschließen sich, anhängen, auf der Spur bleiben, verfolgen, nachjagen, nachspüren, treiben, pirschen, auf den Hacken sein ● näherkommen, herankommen, beikommen, einholen, ereilen, treffen, erreichen. ▶ säumen, vorangehen, weglaufen.

Fersengeld geben davonlaufen, verduften, auskneifen, entwischen, fortschleichen, wegstehlen, drücken, pakken, verkrümeln, stiften, aufgeben, zurückziehen sich, das Hasenpanier ergreifen, aus dem Staube machen, Reißaus nehmen, im Stiche lassen, den .Rücken kehren, die Beine unter die Arme nehmen. ▶ Mann stellen seinen.

fertig → abgeschlossen, aus, befristet, definitiv, denkfest, durchdacht, ein für allemal, Ende gut alles gut, entwickelt, fahrbar ● erschöpft, kaputt.

fertig halten, sich sich bereit halten, Maßregeln treffen, die Augen offen halten, dem Frieden nicht trauen, sich außer Schußweite halten, sich nicht in Gefahr bringen, sich vor Gefahr hüten, sich vorsehen. ▶ Gefahr laufen, Gefahr aussetzen sich einer.

fertig werden mit verkraften. → meistern.

fertigbringen → schaffen.

fertigen → herstellen.

fertiggestellt → abgeschlossen, aus, besiegelt.

Fertigkeit Fähigkeit, Befähigung, Tauglichkeit, Tüchtig-

keit, Geschicklichkeit, Praxis, Gewandtheit, Anstelligkeit, Talent, Gelenkigkeit, Gefügigkeit, Flinkheit, Erfahrung, Übung, Kunstfertigkeit, Meisterhaftigkeit. → Behendigkeit, Erfahrung. ▶ Unerfahrenheit, Untüchtigkeit.

fertigmachen → ausführen, bezwingen, bringen unter Dach.

Fertigstellung → Bewerkstelligung, Coda, Endpunkt, Erfüllung.

fesch schmissig. → anmutig, artig, bestrickend, charmant.

Fessel → Anstand, Band, Bande, Beschwernis, Bindemittel, Hindernis.

Fesselballon → Ballon.

fessellos unbeherrscht, hemmungslos, maßlos, gierig, giererfüllt, happig, scharf ● frei, unabhängig, los und ledig, selbständig, zügellos, unbändig, ausgelassen, ungehemmt, unbegrenzt, ungebunden, unkontrolliert, zwangslos, ungeniert, außer Rand und Band. ▶ beherrscht, gefesselt.

fesseln unterdrücken, einengen, einzwängen, zwingen, verbieten, beschränken, ketten, befestigen, anbinden, anschließen, anketten, knebeln, festnehmen, verhaften, unschädlich machen, dingfest machen, kurz halten, in Bande schlagen, die Freiheit entziehen, koppeln *j* ● anziehen, gewinnen, hinreißen, aufhorchen, beobachten, anregen, ermuntern, erwachen, berühren, aufmerksam werden, ganz Aug und Ohr sein, Aufmerksamkeit schenken, mit den Augen verfolgen, nicht aus den Augen lassen, gespannt sein, die Ohren spitzen ● knechten, unterwerfen, unterdrücken, bemeistern, zähmen, in Fesseln schlagen, unter das Joch beugen ● in Fesseln legen, den Kopf verrücken, ins Netz locken, die Sinne verwirren, sich in das Herz einschleichen, um Liebe werben, das Herz gewinnen. → bändigen, beschneiden, berauben, beugen, bewegen lassen sich, bezwingen, binden die Hände, einfangen, entzücken, fassen. ▶ abstoßen, befreien, helfen, langweilen, unaufmerksam (sein).

Fesseln entledigen, sich der → davon machen sich.

Fesseln schlagen, in → fesseln.

fesselnd → amüsant, anziehend, interessant.

Fesselung Bindung, Einschließung, Umschnürung, Freiheitsentziehung, Ankettung. ▶ Befreiung.

Fest Bankett, Gesellschaft,

Einladung, Lustbarkeit, Festlichkeit, Veranstaltung, Feierlichkeit, Ball, Gastmahl, Gesellschaftsabend, Empfangsabend, Abendunterhaltung, Jubelfeier, Vergnügung, Fête, Budenzauber, Klimbim *u*, Festivität *u*, Party *m*. → Ball, Ehrenfest, Feier. ▶ Alltag.

fest hart, solid, undurchdringlich, knorrig, klotzig, dicht, dauerhaft, unzerbrechlich, untrennbar, unteilbar, unlösbar, unauflöslich, geronnen, gefroren, verschlackt, versteinert, erzen, ehern, stählern, eisern, felsig, verknöchert ● sehr, wohl, mächtig, recht, einzig, vortrefflich, ordentlich, tüchtig, gehörig, weidlich, wacker, stark, wirklich, riesig, richtig, gründlich ● anhaftend, klebrig, zähe, zugfest ● geregelt, stetig, verläßlich, zuverlässig, unverändert, unbeirrt, haltbar, widerstandsfähig, kräftig ● standhaft, entschlossen, charakterfest, ungebeugt, ungebrochen, ehrenfest, streng, unbestechlich, treu, lauter, unantastbar ● haltbar, schußfest, hiebfest, kugelfest, feuerfest, diebessicher, einbruchsicher, bombensicher, bombenfest, gefahrlos, sicher, fern, firm. → aufrecht, ausdauernd, beharrlich, charakterfest, dauerhaft, definitiv, dicht, dick, eng, ernstlich, erstarrt, fanatisch, felsenhart. ▶ lose, schwach, unbeständig, unregelmäßig, unsicher, wankelmütig, weich.

fest verbunden → aneinander.

Festball → Feier.

festbinden → anbinden, anketten, anmachen.

festbleiben → ausharren, besiegeln, biegen, dabei bleiben.

Feste → Befestigung, Burg.

Festessen → Essen, Fest.

festfahren → bleiben stecken.

Festfeier → Ehrenfest, Fest.

festgebannt → Donner gerührt.

festgefahren → bedenklich, beengen, betroffen, gehemmt, ungeschickt.

festgefügt → fest, verbunden.

festgelegt → geregelt.

festgenagelt → starr.

Festgepränge → Aufmarsch, Aufzug.

festgesetzt → abgemacht, dingfest.

festgestellt → anerkannt, bestimmt, beweisend.

festhalten knüpfen, verbinden, vereinigen ● beharren, behaupten, belassen, befestigen, bestimmen, ordnen, fixieren, durchhalten, fest im Sattel sitzen, bleiben dabei, durchsetzen, fest bleiben, erzwingen, sich versteifen, sich verbeißen, versessen sein ● merken, sich einbilden, einprägen, nicht aus dem Sinne kommen ● erinnern, entsinnen, gedenken, denken an, im Auge behalten, auswendig wissen, im Gedächtnis haben, zurückdenken, in der Vergangenheit leben, alte Wunden aufreißen ● festlegen, unbeweglich machen, sichern ● bedecken *j*. → anordnen, aufnehmen, behüten, beibehalten, bestätigen, charakterisieren, deuten, erzwingen, festlegen, verbinden. ▶ leicht nehmen, loslassen, nachgeben, schwanken, rückgängig machen, vergessen.

festheften → anmachen, broschieren.

festigen erhärten, stärken, verdichten, enger schließen, eindicken, gefrieren, erstarren, kondensieren, konsolidieren ● festlegen, beilegen, beidrehen, untermauern. → erhärten. ▶ enthärten, lockern, lösen.

Festigkeit Beständigkeit, Beharrlichkeit, Stetigkeit, Steifheit, Haltbarkeit, Härte, Unbeweglichkeit, Unveränderlichkeit, Dauerhaftigkeit, Beharrungsvermögen ● Konsolidierung ● Starrheit, Unnachgiebigkeit, Widerstand. → Ausdauer, Ausdruck, Beharrlichkeit, Beherrschung, Besen mit eisernem, Beständigkeit, Courage, Dichte, Entschiedenheit, Entschlossenheit, Erstarrung, Fassung, Fels, Gleichmut, Halt, Haltung, Nachdruck, Wille. ▶ Nachgiebigkeit, Unbeständigkeit, Wankelmut.

Festigung → Erhärtung, Festigkeit.

Festival M → Fest, Schauspiel.

Festivität → Belustigung.

festklammern → anmachen, broschieren.

festkleben stillstehen, stocken, stagnieren. → kleben.

Festkleid → Gewand.

festlaschen → verankern, verzurren.

festlegen abmachen, anordnen, bestimmen, festhalten, festsetzen, vereinbaren, binden sich, verpflichten sich. → abmachen, anhalten, anordnen, beidrehen, bestimmen, einigen, festhalten, festigen, vereinbaren. ▶ lösen, offen lassen.

Festlegung → Auslegung, Bandage, Definition, Dogma, Einigung, Vertrag.

festlich → feierlich.

Festlichkeit → Belustigung, Corso, Einladung, Ergötzen,

Erlebnis, Feier, Fest, Schmaus, Vergnügen.

festliegend festgelegt. → geordnet.

festmachen → anmachen, anschlagen, beschlagen, einkitten, einstampfen, einspannen.

Festmahl → Bankett, Essen, Feier.

festnageln → bestätigen, konstatieren.

festnehmen verhaften, greifen. → bemächtigen, berauben, fassen, fesseln.

festschrauben → einschrauben.

festsetzen → abmachen, aufhalten sich, befehlen, begehren. behaupten, beordern, besetzen, bevölkern, beweisen, bleiben, datieren, deponieren, einnisten, einquartieren sich, einschließen, festlegen.

Festsetzung → Abkommen, Bedingung, Convention, Einigung, Vertrag.

festsitzen festkleben, steckenbleiben, sich festfahren, nicht vom Fleck kommen, in der Tinte sitzen, auffahren, keinen Rat wissen, sich nicht zu helfen wissen, in den Nesseln sitzen, auf glühenden Kohlen sitzen. → fest, verbunden, festhalten. ▶ locker, beweglich.

Festspiel → Schauspiel.

feststecken → anmachen, außerstande sein, bleiben stecken.

feststehen gelten, umfassen, überwiegen, gleichbleiben, andauern, ausdauern, durchhalten, behaupten sich, durchsetzen, einwurzeln sich ● glauben, außer Zweifel stellen, beharren, aushalten, ausharren, bestehen auf, nicht schwanken, sich nicht abbringen lassen, einer Sache treu bleiben, dabei bleiben. → bestehen, bleiben aus dem Platze, festhalten. ▶ schwanken, umfallen, zweifelhaft (sein).

feststehend ausgemacht, erwiesen, faktisch, klar, offensichtlich, tatsächlich, unanfechtbar, unbestreitbar, unbestritten, unwiderruflich, wirklich, zweifelhaft, zweifellos ● bewegungslos, unbeweglich, verharrend, stabil, verankert. → erwiesen, felsenhart, fix, konstant, maßgeblich. ▶ lose, schwankend, zweifelhaft.

feststellbar → erkennbar, haltend.

feststellen → ableiten, anordnen, ausbedingen, aussagen, ausweisen, beglaubigen, behaupten, bekennen, beschuldigen, bestätigen, beweisen, bewerten, dartun, demonstrieren, denken, erkennen, ermessen, konstatieren,

schließen, verzeichnen, wahrnehmen, festhalten.

Feststellung → Bedingung.

Festtafel → Bankett.

Festtag → Ehrenfest.

festtreten → einstampfen.

Festung → Bastion, Befestigung.

Festungshaft → Bestrafung.

festverankert → befinden, fest.

Festzeit Feiertag, Volksfest, Maifeier, Erntefest, Winzerfest, Rosenfest, Kirchweih, Kirmes, Julfest, Fastnacht, Fasching, Vastelovend *(köln.)*, Rosenmontag, Ostern, Pfingsten, Weihnachten, Festspielzeit. ▶ Alltag.

Festzug → Aufmarsch, Aufzug.

Fetisch Zaubermittel, Amulett, Talisman.

Fett Fettigkeit, Talg, Speck, Feist *j*, Unschlitt, Inselt *j*, Schmalz, Butter, Margarine, Kunstbutter, Tran, Öl, Hirschtalg, Wachs, Erdöl, Pomade, Salbe, Schmiere, Bohnerwachs, Gleitwachs, Stauferfett.

Fett kriegen, sein → Vergeltung, Zwietracht.

fett → dick, schlüpfrig, unförmlich.

fett werden → dick werden.

fetten schmieren, einschmieren, ölen, einölen, einfetten, salben, speisen, wichsen, bohnern, glätten, einreiben, cremen. ▶ (entfetten).

fettig salbig, ölig, talgig, speckig, tranig, schmalzig, seifig, wachsig, schlüpfrig, glatt, schmierig. → aalglatt, butterig. ▶ trocken, rauh.

Fettigkeit → Fett.

fettleibig → dick.

Fettwanst → Bauch.

fettwanstig unförmig, formlos, mißförmig, mißgestaltet, feist, dickwanstig, dick, abstoßend, häßlich, aufgetrieben, entstellt, quabbelig *u*. → dickwanstig. ▶ mager.

Fetzen Brocken, Happen, Überbleibsel, Splitter, Stück, Teil, Abschnitt, Bruchteil, Stückchen, Kleinigkeit, Stoff, Lappen, Schnipsel, Schnitzel, Schnittchen, Schnitte. → Anteil, Bruchstück. ▶ Ganzheit.

feucht → dumpf, naß.

feucht machen → durchnässen.

feucht werden → beschlagen, naß.

Feuchte → Feuchtigkeit.

feuchte Umschläge machen → blähen.

feuchten → ausschlagen.

feuchtfröhlich → angeheitert, übermütig.

Feuchtigkeit Feuchte, Wässerigkeit, Nässe, Benetzung, Befeuchtung, Begießung, Bewässerung, Zuleitung, Niederschlag, Regen, Schauer, Nebel, Tau, Reif, Berieselung, Strichregen, Sprühregen, Staubregen, Platzregen, Gewitterregen, Schnee. → Dunst. ▶ Trockenheit.

feudal → adelig, fein, vornehm.

Feudel sm Aufwischtuch.

Feuer Licht, Glut, Brand, Flamme, Gezüngel, Feuergarbe, Feuermeer, Lohe, Qualm, Funke, Feuersbrunst, Hitze, Rotglut, Weißglut, Siedehitze, Brandopfer, Fieberglut, Freudenfeuer, Scheiterhaufen, Feuerzeichen, Feuersäule, Waberlohe, Verbrennung, Feuerschein, Feuerstrahl, Feuerwerk, Erhitzung, Entzündung, Verkohlung, Erwärmung, Wärme, Sonnenglut, Feuerausstrahlung, Feuerschlund. → Affekt, Aufruhr, Ausbruch, Bestimmtheit, Brand, Ehrgeiz, Enthusiasmus, Fackel. ▶ Asche, Beherrschtheit, Dunkel, Gemütsruhe, Gleichgültigkeit, Ruhe, Trägheit.

Feuer anfachen → Brand stecken.

Feuer anlegen → Brand stecken.

Feuer anmachen → Brand stecken.

Feuer der Begeisterung → Begeisterung.

Feuer bringen, in → anfeuern, reizen.

Feuer dahinter machen fördern, antreiben, aneifern, ermuntern, anspornen, aufmuntern, drängen, beschleunigen, anhalten zu, Dampf dahinter machen, einem Beine machen, alle Hebel in Bewegung setzen, seine Kraft aufbieten, vorwärts bringen, seine Zeit verbringen mit, keine Anstrengungen scheuen. ▶ hemmen, müßiggehen.

Feuer dämpfen → hemmen, löschen.

Feuer fangen → brennen, verlieben, zürnen.

Feuer fassen → Begeisterung.

Feuer und Flamme → Begeisterung.

Feuer und Flamme speien → zürnen.

Feuer geben → beschießen, bombardieren.

Feuer gehen durchs helfen, beistehen, fördern, stützen, einspringen, verteidigen, loshelfen, bestärken, ermutigen, den Rückzug decken, eine Lanze brechen, die Kastanien aus dem Feuer holen, an die Hand gehen, Gefallen erweisen, die Stange halten, auf den Händen tragen, Erleichterung gewähren, auf seine Seite treten, seine Partei ergreifen. ▶ erschweren, Stich lassen im.

Feuer gießen, Öl ins erregen, erschüttern, entzünden, aufregen, schüren, in heftige Bewegung bringen, Unruhe hervorrufen, Sturm, hervorrufen, auf die Spitze treiben, das Feuer schüren, die Fassung rauben. ▶ beruhigen.

Feuer legen anstecken, anzünden, zünden, einfeuern. schüren, anmachen, anblasen, einheizen, entzünden, anbrennen, Feuer anlegen, brandstiften. ▶ Feuer löschen.

Feuer löschen → löschen.

Feuer machen → Brand stecken, Feuer legen.

Feuer nehmen, unter → bombardieren.

Feuer schüren → Feuer gießen Öl ins.

Feuer spielen, mit dem wagen, stürmen, übereilen, überhasten, Gefahr herausfordern, den Hals wagen, auf das Spiel setzen, sich die Zunge verbrennen, in den Wind schlagen, sich blindlings in Gefahr stürzen, den Teufel versuchen, Gott versuchen, sich ins Verderben stürzen, sich nicht bedenken. ▶ vorsehen sich.

Feuer und Wasser gehen, durch durchgreifen, helfen, durchhalten, entschlossen sein, durch dick und dünn, den Teufel nicht fürchten, in die Schanze schlagen, sich vor die Bresche stellen, es mit der Gefahr aufnehmen, Gefahren trotzen, die Furcht unterdrücken, nicht wanken und nicht weichen, in das Feuer rücken ● Freud und Leid teilen, im Glück und Unglück zusammenhalten, nicht von der Seite weichen. ▶ ängstigen sich, mitleidlos (sein), unentschlossen (sein).

Feueralarm → Alarm.

Feuerbestattung → Bestattung, Einäscherung.

Feuereifer → Anstrengung, Begeisterung.

feuerfest unverkennbar, feuersicher, brennfest, unentzündbar, sicher, geschützt, gesichert. → fest. ▶ brennbar.

Feuerfresser → Fakir.

Feuergarbe → Brand, Feuer.

feuergefährlich → gefährlich.

Feuergefecht → Blutbad.

Feuergeist Tatmensch, Feuerkopf, Arbeitsmensch, Arbeitsbiene, Tummler, Kraftmensch, Betriebskraft, Enthusiast, begeisterter Mensch, tatenlustiger Mensch, lebensmutiger Mensch. → Enthusiast. ▶ Einfaltspinsel, Pessimist, Schlafmütze.

Feuerkopf → Enthusiast, Feuergeist.

Feuerlärm → Alarm.

Feuerleger → Brandstifter.

Feuermauer → Esse.

Feuermeer → Brand, Feuer.

feuern entlassen, rausschmeißen. → anzünden, beschießen, bombardieren.

Feuern, zwischen zwei unentschlossen, unzuverlässig, zwischen zwei Stühlen, zwei Herren dienen, zwei Eisen im Feuer, auf seinen Vorteil bedacht. ▶ entschlossen, gefeit (sein), zuverlässig.

Feuerpause → Beruhigung.

Feuerprobe → Abenteuer, Bewährung.

Feuerprobe bestehen wagen, unterfangen, bestehen, bewähren, überdauern, ausharren, aushalten, überstehen, die Probe bestehen, Abenteuer bestehen, das Wagnis bestehen, sich einer Prüfung unterziehen. ▶ unterliegen.

Feuerregen → Brand.

Feuersäule → Brand, Feuer.

Feuersbrunst → Brand, Brandstätte, Feuer.

Feuerschein → Brand, Fackel, Feuer.

Feuerschlund → Feuer.

Feuerschutz Brandverhütung, Imprägnierung ● Brandmauer, Asbest, Asbestmörtel, Schamott, Schamottziegel ● Wall, Schützengraben, Sperrfeuer, Feuervorhang, Feuerglocke, Salve.

feuersicher → feuerfest, sicher.

Feuersnot → Gefahr, Not.

Feuerstelle → Brandstätte.

Feuerstrahl → Feuer.

Feuersturm → Brand.

Feuertaufe → Abenteuer, Gefahr, Mut.

Feuerturm → Ausguck.

Feuerung Feuerstelle, Feuerherd, Herdstelle, Ofen, Herd, Backofen, Feuerbock, Brandstelle, Rost, Heizkörper, Kamin ● Brennstoff, Heizstoff, Brand, Zündstoff, Kohle, Holz, Reisig. → Brandstätte, Brennmaterial, Esse.

Feuerwasser → Getränk.

Feuerwehr Brandwache, Feuerschutzpolizei.

Feuerwerk → Brand, Feier.

Feuerzeichen → Brandfackel.

Feuerzeug Feuer, Zündhölzchen, Streichhölzchen, Zünder, Schwefelhölzchen, Phosphorhölzchen, Fidibus, Anzünder, Benzinfeuerzeug, Gasfeuerzeug, Kien.

Feuilleton Unterhaltungsteil, Unterhaltungsschrift, Schilderung, Darstellung, Bericht, Beschreibung, Aufsatz.

feuilletonistisch → unterhaltend.

feurig fackelnd, flackernd, glänzend, leuchtend, glühend, scheinend, hell, glitzernd ● hitzig, heftig, blitzig, heißblütig, aufbrausend, auffahrend, hitzköpfig, leidenschaftlich, reizbar, erregbar, kochend, siedend, gärend, schäumend, heiß.→begeistert, brillant. ▸ gelassen, ruhig, lichtlos.

Fex Geck, Stutzer, Gigerl, Alberhans, Dandy, Elegant, Modeherrchen, Fratz, Angeber, Zierpuppe, Zierbengel, Zieraffe, Alpenfex, Kleidermacher, Salontiroler, Schönling. ▸ Mensch feinsinniger.

Fiaker → Fahrzeug (Straßen-).

Fiasko → Abbruch, Mißerfolg.

Fibel Buch, Schulbuch, ABC-Buch, Handbuch, Anfangsgründe, Grundriß, Elementarbuch, Lehrbuch, Katechismus, Grammatik, Bibel.

Fiber → Faser.

fickfacken → herumfackeln.

Fideikommiß s → Anwesen, Bauernhof, Besitztum.

fidel → amüsant, froh, heiter, lustig.

Fidibus → Brennmaterial, Feuerzeug.

Fieber Krankheit, Erkrankung, Fieberanfall, Weh, Unpäßlichkeit, Wechselfieber, Wundfieber, Hitze, Fieberglut, Fieberhitze, Störung ● Einbildung, Verzückung, Rausch, Fieberwahn. → Aufregung, Ausbruch, Delirium.

Fiebererreger → Bazillus.

fieberhaft fiebrig, erregt, erschüttert, ungeduldig, schwärmerisch, gefühlsselig, trunken, überspannt, überreizt, unruhig, rastlos, ruhelos, hastig, gereizt, fanatisch, ungestüm. ▸ besonnen, gelassen, ruhig.

Fiebermittel → Arznei.

fiebern → darniederliegen, erkälten sich, erkranken, erträumen, fantasieren.

Fieberwahn → Auswuchs, Chimäre, Delirium, Fieber.

fiebrig → berauscht, fieberhaft, krank.

fieren sm ablaufen lassen, herablassen.

fies → anwidern, ekelhaft, häßlich.

fifty-fifty → halbpart.

Figur Form, Gestalt, Formung, Bildung, Wuchs, Gebilde, Bild, Guß, Schattenriß, Bronzefigur, Steinfigur, Büste, Standbild, Aussehen, Darstellung, Modell, Wachsfigur, Puppe, Abbildung, Nachahmung, Gipsabguß, Statue, Plastik, Torso, Herme. → Art, Aussehen, Bildhauerei, Erscheinung.

figurieren → formen, mustern.

Figurine → Bild.

figürlich körperlich, vorstellbar, bildlich, geformt, modelliert, gestaltet, dargestellt,

ausgemeißelt, gehämmert, vergleichbar, vorstellbar. → bildlich. ▸ geistig, geisterhaft, verzerrt.

Fiktion f Erdichtung, Erdachtes, erdachtes Gebilde. → Annahme, Exempel.

Filiale Büro, Depot, Geschäftsstelle, Niederlassung, Tochtergeschäft, Zweiggeschäft, Nebenstelle, Agentur. → Büro, Etablissement. ▸ (Hauptgeschäft).

Filigran Verschlingung, Verknotung, Verflechtung, Klöppelei, Häkelei, Netzwerk, Ziselierung, Filet.

Film Bildstreifen, Negativ, Movie, Spielfilm, Kino.

Filmapparatur Kino, Flimmerkiste, Filmapparat, Filmkamera, Wiedergabeapparat, Projektor. → Apparat.

filmen → aufnehmen.

Filmstar Schauspieler(in), Darsteller(in), Filmstern, Komödiant, Diva.

Filmtheater Kino, Kintopp u, Lichtbildtheater, Lichtbildbühne, Wochenschaukino, Aktualitätenschau, Premierentheater, Wanderkino.

Filou Schlauberger, Pfiffikus.

Filter Durchlaß, Trichter, Klärung, Sichtung, Läuterung, Reinigung, Säuberung, Trennung, Scheidung, Siebung.

filtrieren durchlassen, durchschlagen, durchpressen, durchsickern, durchsintern, reinigen, säubern, durchseihen, klären, läutern, raffinieren, sieben. ▸ abdichten, mischen.

Filz Hut, Haarfilz, Material, Filzhut, Filzunterlage, Filzsohle, Filzschuhe, Filzpantoffeln. → Geizhals.

filzen → durchsuchen.

filzig haarig, buschig, verfilzt, zottig, flockig, flaumig, wollig, stoppelig, stupfelig, weich, warm, eingelaufen. → bärtig, begehrlich, buschig, faserig, geizig. ▸ glatt, Hand offene, kahl.

Fimmel → Spleen.

Finale → Abschluß, Ausgang, Coda, Ende.

Finanzen → Geld.

Finanzgut → Kapital.

finanziell geldlich, geldmäßig, geschäftlich, pekuniär, bar, rechnerisch, wirtschaftlich, fiskalisch, gültig, wert, monetär, flüssig.

Finanzier Bankier, Finanzmann, Geldverleiher, Börsenmann, Aktionär, Aktieninhaber, Geldverwalter, Geldmakler, Börsenspieler, Finanzverwalter, Geschäftsvermittler, Geschäftsteilhaber, Geldwechsler, Fabrikant. → Kapitalist.

finanzieren vorstrecken, leihen, kreditieren, investieren.

Findelhaus → Charité.

finden → ableiten, auftreiben, ausfindig machen, beikommen, denken, entdecken, erbeuten, erraten.

finden, sein Auskommen → glücken.

finden, Beifall → befriedigen.

finden, Geschmack an genießen, behagen, befriedigen, erfreuen, ergötzen, vergnügen, ansprechen, gefallen, verlocken, erwünschen, erhoffen, erwarten, gelüsten, begehren, Lust haben. ▸ abstoßen, geringschätzen, versagen sich.

finden, Glauben → überzeugen.

finden, keinen Glauben → mißtrauen, zweifeln.

finden, seinen Mann kräftigen, stärken, ertüchtigen, durchhalten, aushalten, durchbringen, entgegenstellen, Gefahren trotzen, seinen Mann stellen, den Widerstand brechen, auf dem Platze bleiben, Mut haben, sich bereit halten. → vorsehen sich. ▸ gefährden sich, kneifen.

finden, seine Rechnung gewinnen, erzielen, abwerfen, lohnen, Nutzen abwerfen, zum Vorteil dienen, Vorteil einbringen, sein Ich nicht vergessen, seinen Vorteil wahrnehmen, sich zunutze machen, sich gesund machen, den Rahm abschöpfen. ▸ verrechnen sich.

finden, den Schlüssel → entziffern, lösen.

finden, sich in → gewöhnen.

finden, den Sinn → bedeuten, entziffern.

finden, den Weg zum Herzen beeindrucken, ergreifen, erfüllen, erwärmen, entflammen, bezaubern, entzücken, berücken, sich einschmeicheln, sich der Seele bemächtigen, durch die Seele dringen, die Liebe gewinnen, das Herz gewinnen, in Gunst kommen ● bereuen, zur Erkenntnis gelangen, bei sich Einkehr halten. ▸ gefühllos sein, verabscheuen, verhärten sich.

finden, keine Worte → sprachlos.

finden, Zeit ruhen, rasten, aufatmen, verschnaufen, ausruhen, einhalten, nachlassen, Muße finden, sich behaglich machen, der Ruhe pflegen, sich Ruhe gönnen, Feierabend machen, die Arbeit einstellen, Einkehr halten, die Hände in den Schoß legen, Atem schöpfen. ▸ abarbeiten.

finden, die Zeit lang → langweilig.

finden, zu hoch → bleiben zurück.

finden, sich zurecht unterscheiden, beurteilen, deuten, erkennen, wissen, kennen, durchschauen, finden, durchfinden, ausfinden, durchkommen, sich auskennen, Bescheid wissen, zwischen den Zeilen lesen. ▶ tappen im dunkeln.

Finderlohn → Belohnung.

findig ideenreich, einfallreich, spitzfindig, abgefeimt, gebildet, belesen, erfahren, bewandert, gewandt, wissend, beschlagen, aufgeklärt, sattelfest, geschickt, behend, flink, geschult, erfindungsreich, tauglich, brauchbar, anschlägig, verständig, befähigt, schlau, listig, pfiffig, gerieben, abgefeimt. → anstellig, feinspürig. ▶ gutmütig, schwerfällig, ungeschickt, unwissend.

Findigkeit Spürsinn, Spürnase, Scharfsinn, Fernblick, Einblick, Vertrautheit, Aufgeklärtheit, Erfahrenheit, Geschick, Geschicklichkeit, Gewandtheit, Anstelligkeit, Fertigkeit, Behendigkeit, Schlauheit, Pfiffigkeit, Verschlagenheit, List. → Falle. ▶ Einfalt, Unfähigkeit.

Findling Waise, Waisenkind, Mündel, Mündling, Schutzbefohlener, Schützling, Vögtling, Anvertrauter, Wesen, Kind, Aussetzung. → Stein.

Finesse → Feinheit, Schlauheit.

Finger → Daumen, Glied.

Finger deuten, mit dem → hinweisen.

Finger Gottes → Anzeichen.

Finger klopfen, auf die → strafen.

Finger sehen, auf die → Aufmerksamkeit, belauern.

Finger sehen, durch die vernachlässigen, übersehen, nachgeben, dulden, erlauben, alle beide Augen zumachen, blind sein für, Nachsicht üben, auf die leichte Achsel nehmen, sich kümmern um, durchgehen lassen, die Karre laufen lassen *u*. ▶ Finger sehen auf die.

Finger verbrennen, sich die plappern, ausplaudern, ausschwatzen, klatschen, sich den Mund verbrennen, der Zunge freien Lauf lassen, mit der Tür ins Haus fallen, sich die Zunge verbrennen, leichtsinnig sein ● hereinfallen, irren, einen Bock schießen. → Brennessel berühren. ▶ verschlossen, vorsehen sich, zügeln sich.

Finger wickeln, um den kleinen bewältigen, meistern, bemeistern, breitschlagen, die Oberhand haben, in der Gewalt haben, den Ton ange-

ben, die erste Geige spielen, jemanden herumbekommen, jemanden umstimmen können. ▶ unterliegen.

Fingerdeut → Fingerzeig.

fingerfertig → geschickt.

fingern → ausführen, bedingen.

Fingern hersagen, an den → aufzählen, können.

Fingern weisen auf, mit den → hinweisen.

Fingersatz → Ansatz.

Fingerspitzengefühl → Ahnung, Feingefühl, Takt.

Fingerzeig Fingerdeut, Auskunft, Bescheid, Aufschluß, Deut, Wink, Angabe, Aufklärung, Erklärung, Darlegung, Zeichen, Geste, Kopfnicken, Mimik, Mienenspiel, Anzeichen, Rat, Andeutung, Anweisung, Unterweisung, Maßregel, Warnung. → Angabe, Anleitung, Anspielen, Auslassung, Benachrichtigung, Demonstration, Denunziation, Direktiven, Erkennungszeichen, Ermunterung. ▶ Verheimlichung, Verschwiegenheit.

fingieren → annehmen, unterstellen, vortäuschen.

fingiert vorgetäuscht, erdichtet, eingebildet, vorgespiegelt, erfunden, unterstellt, falsch, erlogen, verstellt, unwahr, unbegründet, lügenhaft. ▶ wahr.

finish → aus.

Finne → Auswuchs.

finnig → blatternarbig.

finster → abstrus, boshaft, dämmern, dunkel, ernst, mürrisch, unverständlich.

finstern → dunkeln.

finstern tappen, im verirren, mißverstehen, verwirren, verdunkeln, nicht kennen, nicht verstehen, nicht fassen können, ungewiß sein, in dunkeln tappen, sich nicht auskennen, nicht definieren können, den Zusammenhang nicht kennen, etwas nicht begreifen, nicht ergründen können. ▶ erkennen, verstehen.

Finsternis → Dunkel.

Finte → Ausflucht, Ausrede, Ausweg, Behelf, einmal ist keinmal, Falle.

Firlefanz Kinderei, Tand. → Bagatelle, Bedeutungslosigkeit, Gerede, Kitsch.

firm → anstellig, fest.

Firma Geschäft, Laden, Bezeichnung, Geschäftsname, Gesellschaft, Handelsname, Haus, Unternehmen, Zusammenarbeit, Genossenschaft, Handelshaus, Vereinigung, Aktiengesellschaft, Kommanditgesellschaft, Fabrik, Handelsgesellschaft, Betrieb, Gebäude, Betriebsgemeinschaft, Trust, Handelsfirma.

Firmament → Himmel.

Firn → Gletscher.

Firnis → Anstrich, Bedeckung, Benehmen.

firnissen → bedecken, lackiert.

First Giebel, Dachstuhl, Sparre, Spitze, Dachreiter, Gipfel, Zinne, Dach, Ziergiebel, Vorsprung, Erhöhung, Firstziegel.

Fisch noch Fleisch, weder sinnlos, nichtssagend, unsinnig, ausdruckslos, nichts, gehaltlos, inhaltlos, mißverständlich ● unentschlossen, unschlüssig, unentschieden, energielos, nicht gehauen noch gestochen. ▶ ausdrucksvoll, energisch.

Fisch auf trockenem Land, wie ein Zwangslage, Bedrängnis, Klippe, Aussichtslosigkeit, Pech, Schmiere, peinlicher Fall, mißliche Angelegenheit, kitzliger Punkt, mißliche Sache, kitzliger Fall, falsche Stellung. ▶ Ausweg, Glück.

Fisch im Wasser, wie der → gesund.

Fischblut → Eisklumpen.

Fische, faule Winkelzug, Unaufrichtigkeit, Umgehung, Entstellung, Erfindung, Erdichtung, Dunst, Jägerlatein, Zeitungsente, Ammenmärchen, Flausen, Versteckspiel, Schlupfloch, Ausrede, Ausflucht, Finte, leere Phrasen. ▶ Aufrichtigkeit.

fischen → angeln.

fischen, im trüben hintergehen, überlisten, übertölpeln, umgarnen, spekulieren, etwas im Schilde führen, falsches Spiel treiben, der Frage ausweichen, Fallen stellen, sich zu drehen und zu wenden wissen, von Schnippchen schlagen, ins Garn locken. ▶ ehrlich (handeln).

Fischerboot → Fahrzeug (Wasser-).

Fischleim → Bindemittel.

Fischzug → Erfolg.

Fisimatenten → Ausflucht, Dummheit, Unsinn.

Fiskus öffentliche Hand, Staatssäckel.

Fistel → Ausweg, Krankheit, Ton.

fit → leistungsfähig.

Fittich → Flügel.

fix → bestimmt, Fall und Knall, feststehend, schnell.

fix und fertig vollführt, vollbracht, vollendet, beendet, geendigt, vollständig, abgeschlossen, vollzogen ● flugs, flink, schnell, fertig, bereit, abgerichtet, gestiefelt und gespornt ● ermattet, abgekämpft, schachmatt, erledigt, kaputt, erschöpft. ▶ gemächlich, munter, unvollendet.

fixieren → anschauen, festhalten.

fixiert → gemustert.

Fixigkeit → Schnelligkeit.
Fixum → Einkommen.
Fjord → Bai, Becken, Bucht.
flach → abgedroschen,̄ ausgebreitet, eben, falterlos.
flach machen → dielen.
Flachdruck → Druck.
Fläche Ausdehnung, Strecke, Ausbreitung, Platz, Raum, Weite, Breite, Gebiet, Bereich, Schicht, Oberfläche, Flur, Plan. → Ebene.
flächen → cannelieren.
Flächeninhalt → Flächenraum.
Flächenraum Raum, Areal, Flächeninhalt, Gebiet, Umkreis, Bereich, Bezirk, Gemarkung, Landbezirk. → Distrikt.
flachfallen ausfallen, überflüssig werden.
flächig → eben, flach.
Flachheit → Ebene, Fadheit.
Flachkopf → Banause.
Flachland Fläche, Flur, Platte, Tafelland, Ebene, Boden, Land, Hochland, Gefilde. → Ebene, Fläche. ▶ Gebirge.
flachlegen → ausstrecken, umwerfen, zusammenfalten.
Flachrelief → Bildhauerei.
Flachs → Bargeld, Faser, Pflanze, Unsinn.
Flachskopf Blondschopf.
Flackern → Brand.
flackern → brennen, emporlodern, erglühen.
flackernd → brillant.
Fladen Kuchen, Teig, Masse, Knollen, Hefemasse, Klumpen, flacher Kuchen, breiige Masse ● Kot, Unrat, Schmutz Dreck, Kuhfladen.
Flagge → Banner, Fahne.
Flagge segeln, unter der heißen, nennen, bezeichnen, benennen, betiteln, beim richtigen Namen nennen, unter einem Namen bekannt sein, unter einem Namen gehen. ▶ namenlos (sein).
Flagge streichen, die → unterliegen.
flaggen zieren, schmücken, bewimpeln, herausschmükken, bemasten, herausputzen, garnieren, fahnen, beflaggen, feiern, Wimpel aufstecken, Fahne aufstecken.
flagranti, in ertappt, schuldig erwischt, sündig, schuldbetroffen, schuldbeladen, schuldbewußt, betroffen, strafbar, straffällig, verboten, auf frischer Tat. ▶ unschuldig.
Flamme Flammenmeer, Flammensäule, Licht, Fackel, Funke, Brand, Feuergarbe, Feuerfunke, Gefunkel, Schein, Feuersglut, Glanz, Qualm, Feuersäule, Lohe, Feuersbrunst, Kerze, Lichtquelle, Kienspan, Feuermeer, Gezüngel, Scheiterhaufen, Feuerzeichen, Hitze, Glut. → Abgott, Brand, Buhle, Fackel, Feuer. ▶ Asche, Leidenschaftslosigkeit.

Flammen stehen, in → brennen.
Flammen übergeben, den → verbrennen.
flammen → brennen, dampfen, emporlodern, leuchten.
flammend heiß, lodernd, flakkernd, lichterloh, lohend, emporlodern, glimmend, glühend, brennend, erhitzt, brandig, rauchend, rauchgeschwärzt, dampfend, züngelnd, leuchtend, schillernd, funkelnd, schwelend, flimmernd. → aufsteigend. ▶ erlöschen, kalt.
Flammenmeer → Brand, Flamme.
Flammensäule → Flamme.
Flammenschrift → Warnung.
Flammentod → Bestrafung, Opfer.
Flaneur → Bummler, Müßiggänger.
flanieren faulenzen, herumschwärmen, herumzigeunern, umherlungern, schlendern, Pflaster treten, strolchen, herumschlendern, auf der faulen Haut liegen, die Zeit vergeuden. → beschäftigungslos, ergehen sich. ▶ beschäftigen sich.
Flanke Seite, Seitenlage, Weiche, Körperteil, Flügel, Hüfte, Dünnung *j*, Fläme *j*, Wamme *j* ● Turnübung. ▶ Rückseite, Vorderseite.
Flankenangriff → Angriff.
flankieren → decken.
flapsig albern, ungezogen, tölpelig.
Flasche Bouteille, Pulle. → Ballon, Behälter, Gefäß.
Flaschenzug → Aufzug, Elevator.
flatterhaft → begehrlich, beweglich, ein und aus, energielos, oberflächlich.
Flatterhaftigkeit Wankelmut, Unbeständigkeit, Oberflächlichkeit, Flattersinn, Energielosigkeit, Charakterlosigkeit, Veränderlichkeit, Wandelbarkeit, Zuchtlosigkeit, Haltlosigkeit, Unausgeglichenheit, Laune, Leichtsinnigkeit, Unvorsichtigkeit, Unordentlichkeit. → Fahrlässigkeit. ▶ Entschlossenheit, Ernst, Willensstärke.
flattern → bammeln, bewegen sich, fächeln, fliegen.
flatternd → wedeln(d).
Flattersinn → Flatterhaftigkeit.
flattieren → schmeicheln.
flau → anwidern, bedächtig, erschlagen, übel sein.
Flauheit Flaute, Geschäftsstille, Windstille, Brache, Gewürzlosigkeit, Ungeschmack, Trägheit, Kraftlosigkeit, Schwäche, Mattigkeit, Abspannung, Dumpfheit, Unbehaglichkeit, Übelbefinden, Hunger, Beklemmung, Stille, Zahlungsschwierigkeit,

Druck, Unterbilanz, Geldschwierigkeit, Geldmangel, schlechte Geschäfte. → Fadheit. ▶ Bemühung, Geschäftsaufschwung, Rührigkeit.
Flaum Flaumfeder, Haar, Glätte, Daune, Feder, Flocke, Weichheit, Zartheit, Eiderdaunen, Sanftheit, Pfirsichhaut, Plüsch, Samt, Seide. → Bart, Feder. ▶ Zotte.
flaumig → buschig, federartig, weich.
flauschig flockig, weich, wollig.
Flausen Fisimatenten. → Ausflucht, Ausrede, Laune.
Flausenmacher → Angeber, Chauvinist, Dreikäsehoch, Spaßmacher.
Flaute → Beruhigung, Dumpfheit, Flauheit, Stille, Ruhe.
Flechse → Befestigung, Bindemittel, Glied.
flechten verschlingen, verknoten, verflechten, durchschlingen, durchwirken, umranken, ineinanderschlingen, ineinanderfügen, verfilzen, verweben, ineinanderwirken, verhaspeln, einflechten, zusammenflechten, ineinanderflechten. ▶ entflechten.
Flechtwerk → Filigran, Geflecht.
Fleck → Fehler.
Flecken Fleck, Gebiet, Gemarkung, Ort, Platz, Stelle, Stätte, Punkt, Winkel, Marktflecken ● Fehler, Schmutz, Makel, Schmutzfleck, Schandfleck, Brandmal, Tupfer, Plack *u*, Plakat *u*. → Ansiedlung, Beschädigung, Defekt. ▶ Fleckenlosigkeit.
fleckenlos → adrett, rechtschaffen, rein.
Fleckenlosigkeit → Fehlerlosigkeit.
fleckig → farbenfroh, farbenreich, schmutzig.
Flegel → Barbar, Bärbeißer, Bengel, Bube.
Flegelei → Beleidigung, Unhöflichkeit.
flegelhaft → boshaft, brutal, derb, ungezogen, unhöflich.
Flegeljahre Jugendzeit, Pubertät, Jünglingsjahre, Wachstumsjahre, Trotzalter ● Unhöflichkeit, Ungebührlichkeit, Rücksichtslosigkeit, Ungezogenheit, Roheit, Pöbelhaftigkeit, Dickfelligkeit. ▶ Reife.
Flehen Bitte, Anliegen, Begehr, Ansuchen, Ansinnen, Ersuchung, Erflehung, Verlangen, Wunsch, Geheisch, Anrufung, Beschwörung, Gebet, Bittgesuch, Anflehen, Fußfall, Bittschrift, Bedürfnis. → Brandbrief. ▶ Ablehnung.
flehen → anbeten, anflehen, beten, Blick mit feuchtem, bitten, erflehen.
flehentlich flehend, fordernd, inständig, fußfällig, kniefällig, demütig, untertänig, bittend,

eindringlich, bettelnd, ersuchend. ▶ ablehnend.

Fleisch und Blut Blutsverwandte, Leib, Körper, Leben, Belebung, Lebenssaft, Geschöpf, Kreatur, Sein, Realität, Bestehen, Dasein, Organismus, Leib und Leben. ▶ Fremder.

Fleischbrühe → Brühe.

Fleisches gehen, den Weg allen → sterben.

Fleischeslust → Begierde.

fleischig → dick, dickwanstig.

fleischlich → erotisch.

Fleischlichkeit → Unkeuschheit.

fleischlos → dünn.

Fleischwerdung → Christus.

Fleiß → Arbeitslust, Augenmerk, Begeisterung, Bemühung, Ehrgeiz, Eifer, Elastizität, Emsigkeit.

fleißig → angestrengt, anstellig, arbeitsam, aufgeschlossen, ausdauernd, beflissentlich, begierig, beweglich, Damm sein auf dem, eilfertig, erwerbsam, tätig.

flektieren → beugen.

flennen → beklagen, beweinen, weinen.

fletschen, die Zähne → bedrohen.

fleucht, was da kreucht und → alles.

flexibel → biegsam, schmiegsam.

Flexion → Biegung.

flicken → anmachen, ausbessern, ausfüllen, basteln, reparieren, verbessern.

flicken, am Zeug → tadeln, vorwerfen.

Flickwerk Gehudel, Geschmier, Schmiererei, Sudelei, Stümperei, Mangel, Makel, Fehler, Schwäche, Unzulänglichkeit, Ausschuß, Unbrauchbarkeit, Schnitzer, Bock, Mißgriff, Pfuscherei, Pfuschwerk, Halbheit, Dummheit, Unkunde, Unerfahrenheit. → Chaos, Darstellung unrichtige. ▶ Brauchbarkeit, Fehlerlosigkeit, Vollendung.

Fliege Insekt, Stechfliege, Schmeißfliege, Aasfliege, Brummer, Mücke. → Bart, Bürste.

fliegen schweben, schaukeln, wippen, schwanken, schwingen, sich aufschwingen, auf Flügeln erheben, die Fittiche ausbreiten, zappeln, flattern, fortbaumen *j*, schrauben *j*, fortholzen *j*, fortstreichen *j*, fortstieben *j*, hochschwingen, stieben *j*, streichen *j* ● steigen, reisen, fahren, fortbewegen, bewegen sich, starten, kurven, aufsteigen, durch die Luft sausen, Flugsport betreiben. → bammeln, begeben sich, bewegen sich, fahren, rennen, schweben. ▶ ruhen, sinken, zu schwer sein.

Fliegengewicht Leicht-, Federgewicht.

Fliegenleim → Falle, Bindemittel.

fliehen entkommen, entweichen, entschlüpfen, entrinnen, entlaufen, entteilen, flüchten, abhauen, desertieren, durchbrennen, ausreißen, ausbrechen, davonlaufen, verduften, auskneifen, entwischen, fortschleichen, wegschleichen, fortstehlen, drücken, verkrümeln, stiften, zurückziehen sich, Fersengeld geben, das Hasenpanier ergreifen, sich auf die Beine machen, sich aus dem Staube machen, Reißaus nehmen, den Rücken kehren, entfernen, von dannen gehen, davonmachen sich, türmen *u*, in den Sack hauen *u*, lostürmen, loswetzen, Leine ziehen *u*, durch die Lappen gehen *u*, durchbrennen, stiften gehen, ausbüxen *u*, ausrücken, auskneifen, auskratzen *u*, über alle Berge sein, heidigehen *u* ● abreisen, scheiden, fortgehen, abfahren, wegziehen, abrücken ● meiden, abwenden sich, zurückschaudern, scheuen, ausweichen, aus dem Wege gehen, vermeiden. → aufspringen, bewegen sich, davonlaufen, entfliehen, entlaufen, entkommen, fernhalten. ▶ abgeben sich, kommen, zurückbleiben.

fliehend → rückwärts (gewendet).

Fließen → Bewegung.

fließen strömen, versinken, laufen, ausfließen, abfließen, zufließen, sprudeln, rinnen, sickern, plätschern, pladdern *u*, rauschen, rieseln, drieseln, tröpfeln, emporquellen, hervorquellen, hervorbrechen, fluten, spülen, umfluten, umwogen überschwemmen, austreten, bewegen sich, rühren. → bewegen sich, durchlaufen, hervorquellen, entfließen, quellen. ▶ still stehen.

fließend schwebend, schaukelnd, schlotterig ● redebegabt, sprachgewandt, redefertig, geläufig, harmonisch, verlaufend, leicht, rhythmisch, störungsfrei, unterbrochen, ohne zu stocken, fortreißend, ohne stecken zu bleiben, reden wie ein Buch. → beredt, ein und aus. ▶ stockend, umständlich.

flimmern – blinzeln, leuchten.

flimmern, vor den Augen flirren, schwirren, einen Schleier vor den Augen haben. → schwach.

flimmernd → brillant, pompös, strahlend.

flink → anstellig, arbeitsam, baldig, beflügelt, beizeiten,

beschwingt, eilends, fix, rasch, schnell.

Flinkheit → Behendigkeit, Fertigkeit.

Flinte → Büchse.

Flinte ins Korn werfen fürchten sich, ängstigen, bangen, die Fassung verlieren, den Kopf verlieren, den Mut verlieren, Leine ziehen, klein beigeben, die Flucht ergreifen, ins Bockshorn jagen lassen, ein Haar in der Suppe finden, verzagen, schlapp machen. ▶ durchhalten, mutig sein.

flirren → blinzeln.

flirten charmieren. → bekanntwerden, buhlen, kokettieren.

Flitscherl → Backfisch.

Flittchen → Backfisch, Halbwelt.

Flitter → Aufmachung, Ausschmückung, Dekoration.

Flitterwochen → Liebe, Vergnügen.

flitzen → fahren, rennen.

Flitzer Sportwagen, Rennwagen, schnelles Fahrzeug ● Herumtreibender, Ausbund.

Flocke Stück, Teil ● Flaum, Daune, Stäbchen, Schaum ● Geriesel, Schnee. → Feder, Flaum.

flockig schuppig, blättrig, zottig, flaumig, wollig, faserig, federig ● locker, aufgelockert, los, duftig, fein, zart. ▶ borstig, fest.

Floh ins Ohr setzen → verleumden.

Flöhe husten hören einbilden, vormachen, hellsehen, vorausschauen, das Gras wachsen hören.

Flop Fehlschlag. → Mißerfolg.

florieren blühen, strotzen, aufleben, erstarken, verjüngen sich, auf dem Damm sein, befinden sich wohl, gedeihen, gut anschlagen, gut gehen, wachsen, zunehmen ● glücken, einschlagen, gelingen, prosperieren, eine glückliche Hand haben, seinen Weg bahnen, vorwärts kommen, erfolgreich sein, eine günstige Wendung nehmen, seine Erwartungen erfüllt sehen, den Zweck erreichen, das Spiel gewinnen, das Feld behaupten. ▶ mißlingen, zurückgehen.

florierend → gedeihlich.

Floskel Gerede, Gefasel, Geschwätz, Wust, Blech, Gemeinplatz, Firlefanz, Beiwerk, Wortschwall, Sprachschnörkel, Wortblümchen, Schlagwort, Umschweife, Tirade, Umschreibung, Weitschweifigkeit, Schwulst. → Ausschmückung, Bedeutungslosigkeit, geflügeltes Wort. ▶ Bündigkeit, Gehalt.

Floß → Fahrzeug (Wasser-), Schiff.

Flosse Pfote, Tatze, Pratze,

Pranke, Fangarm, Schwinger.

flöten → anstimmen, musizieren.

flöten gehen → abhanden, verlieren.

flott fahrbereit, auslaufen, flott machen ● leicht, unbeschwert, flüchtig, luftig, üppig, verschwenderisch, unwirtschaftlich, unklug, schwelgerisch, schlemmerhaft, liederlich, ausgelassen, übermütig, leichtherzig, aufgeräumt, lustig, genußsüchtig, zügellos, ungezügelt, ungebunden, leichtsinnig, lose, windig, leichtlebig, derb, jugendlich, burschikos, patent, fesch. → adrett, anmutig, anstellig, arbeitsam, fix, sauber, schmuck, schnell. ▶ beschädigt, bieder, haushälterisch, schwerfällig.

flott erhalten → schonen.

flott von der Hand gehen → spielend.

flott leben → vergnügen sich.

flott machen → flott.

Flotte Schiffsverband, Geschwader, Kriegsflotte, Handelsflotte, Luftflotte, Luftgeschwader ● Flotille, Armada ● Seemacht, Marine.

Fluch Verwünschung, Verfluchung, Verdammung, Achterklärung, Bann, Ausstoßung, Fluchwort, Schimpfwort, Schmährede, Gotteslästerung ● Unglück, Mißgeschick, Verderben, Unheil, Vernichtung, Zusammenbruch. → Acht, Ächtung, Bekümmernis. ▶ Achtung, Glück, Gnade.

Fluch der bösen Tat → Schuld.

Fluchanordnung → Bannspruch.

fluchen verfluchen, verdammen, verwünschen, verurteilen, ächten ● wettern, lästern, schelten, schimpfen, schwören, geifern, donnern, Tod und Teufel wünschen, Tod und Verderben herabrufen, wie ein Stallknecht fluchen, Drohungen schleudern. ▶ begnadigen, wohltun.

Flucht Rückzug, Abzug, Abschied, Entrinnen, Entkommen, Abfall, Aufgabe, Feigheit, Untreue, Preisgabe ● Zurückziehung, zurückziehen, Rückzieher, Rückwärtsbewegung ● Reihe, Zeile, Kette. → Ausweg, Beschwerlichkeit, Entweichen, Fahnenflucht. ▶ Bereitschaft, Pflichterfüllung, Verteidigung, Vormarsch.

Flucht ergreifen → davonlaufen.

flüchten bewegen sich, davonlaufen, davonmachen sich, desertieren, enteilen, entfliehen, entlaufen, fliehen, losbrechen *j.* ▶ bleiben auf dem

Platze oder bei der Sache, verteidigen.

flüchtig andeutungsweise. → abtrünnig, ätherisch, äußerlich, beflügelt, beweglich, dampfförmig, davon auf und, duftig, dunstartig, ein und aus, fahrig, luftig, nachlässig, oberflächlich, vergänglich.

Flüchtigkeit → Dunst, Langsamkeit, Leichtfertigkeit, Vergänglichkeit.

Flüchtling → Auswanderer, Deserteur, Vertriebener.

Flug Luftfahrt, Luftsport, Segelflug, Gleitflug, Abflug, Fliegerei, Schwarm, Reise, Flugwesen, Flugsport, Sturzflug, Kunstfliegen, Rückenflug, Aeronautik, Blindflug, Verkehrsluftfahrt. → Bewegung, Blitz.

Flug der Gedanken Anschauungsvermögen, Vorstellungskraft, Gedankenfülle, Gedankenreichtum, Gedankenflug, Höhenflug, Gedankenaufschwung, Vorstellungsvermögen, lebhafte Vorstellung, bildhafte Anschauung. ▶ Gedankenarmut.

Flugball → Ball.

flugbereit fertig, bereit, fliegerisch, unternehmungsbereit, reisefertig, aeronautisch, marschbereit, flugfertig.

Flugblatt → Angebot, Druckschrift.

Flügel Fittich, Schwingen, Tragdeck, Pendel, Schleuder, Seitenflügel, Nebenflügel, Seite, Heeresflügel, Flanke, Glied, Flügelschlag, Fortbewegungsmittel ● Musikinstrument, Piano, Stutzflügel.

Flügel beschneiden schwächen, hemmen, hindern, entkräften, abschwächen, erschöpfen, lähmen, stutzen, entnerven, bremsen, erschweren, lahmlegen, hintertreiben, vereiteln, der Kraft berauben, ein Gebiß anlegen, das Handwerk legen, einen Riegel vorschieben. ▶ gewähren.

Flügel hängen lassen trauern, verzweifeln, verzagen, entmutigen, sich betrüben, das Herz schwer machen, finster dreinschauen, den Kopf hängen lassen, den Blick auf den Boden heften, saure Miene zeigen, ein Gesicht machen, sich in Sack und Asche hüllen, Grillen fangen, jede Hoffnung verlieren. ▶ erhoffen, unbesorgt sein.

Flügelkleid → Backfisch.

flügge → entwickelt.

Flughafen Airport, Landeplatz.

Flugmaschine → Fahrzeug (Luft-).

flugs → beflügelt, Blitz wie der, dann, eilend, Fall und Knall, schnell.

Flugschrift → Buch.

Flugzeug → Fahrzeug (Luft-).

Flugzeugführer → Pilot.

Fluh → Berg, Fels.

Fluidum → drum und dran.

Fluktuation Bewegung, Wechsel (auf dem Arbeitsmarkt), Stellungswechsel.

Flunkerei → Chauvinismus, Lüge.

Flunkerer → Angeber, Chauvinist, Lügner.

flunkerhaft → prahlerisch.

flunkern → angeben, aufschneiden, dick tun, fantasieren, lügen.

Flur → Diele, Erdboden, Feld und Wald, Korridor.

Flurwächter → Büttel.

Fluß Strom, Gewässer, Wasserstraße, Flußlauf, Hauptfluß, Nebenfluß, Ausfluß, Abfluß, Flußbett, Strombett, Bach, Gießbach, Wildbach, Durchlauf, Wasser ● Fortgang, Lauf, Redefluß, Redefolge, Fließbarkeit. → Ablauf, Bewegung. ▶ Stillstand.

Fluß, der Rede → Fluß geraten in, Rede.

Fluß geraten, in reden, schwätzen, schwatzen, loslegen, aussprechen, plaudern, ein gutes Mundwerk haben, mit sich fortreißen, eine gute Zunge haben, in Redefluß geraten, sich das Herz erleichtern ● bewegen, erweichen, erschüttern, zu Tränen rühren. ▶ fassen sich kurz, verstummen.

flußab → bergab.

flußabwärts → abwärts.

flußauf → bergauf.

flußaufwärts → aufsteigend, aufwärts.

Flußbad → Bad.

Flußbett → Bett, Fluß.

flüssig wäßrig, feucht, saftig, tauig, tropfbar, strömend, ungeronnen, geschmolzen, ungefroren, löslich, brühig, unverdickt, getaut. → bar. ▶ fest, flüchtig, mittellos.

flüssig machen → auflösen, ausgeben, begeben.

Flüssigkeit Getränk, Wässerigkeit, Tropfbarkeit, Lymphe, Feuchtigkeit, Feuchte, Trank, Trunk, Gerinnsel, Geriesel, Saft, Brühe, Lauge, Tunke, Soße, Schleim, Wasser, Blut, Tinktur, Gewässer, Serum, Lebenswasser, Elixier, Absud, Aufguß, Lösung. → Getränk.

Flüstern → Dämpfung.

flüstern lispeln, murmeln, einflüstern, zuflüstern, zischen, fispern, fispeln, tuscheln, munkeln, wispern, zischeln, rascheln, zusammentuscheln, soufflieren, anvertrauen, leise reden, leise sprechen, Heimlichkeiten treiben, ins Ohr sagen. → dämpfen die Stimme. ▶ schreien.

flüsternd → leise.

Flut Springflut, Sturmflut, Welle, Woge, Brandung,

Meer, Wasserflut, Salzflut, Erguß, Fluß, Sprudel, Strömung, Sturzbach, Wildbach, Strom, Seegang, Wasserfall, Gewässer, Sintflut, Überflutung, Hochwasser, Flutwelle, Wallung, Hochflut, Katastrophe, Umspülung, Ausströmung, Erguß. → Anzahl, Auswahl, Brandung, Überfluß. ▶ (Ebbe), Knappheit.

fluten strömen, zuströmen, umfluten, umspülen, überfluten, unterspülen, wogen, umwogen, umwallen, branden, strudeln, wirbeln, überschwemmen, sprudeln, rauschen, hervorbrechen. → emporquellen, ergießen sich. ▶ abdrosseln, stillstehen.

flutschen gut funktionieren. → gelingen.

Föderation f → Bund.

Föhle → Baby.

Fohlen Füllen, Pferdchen.

fohlen → belegen, befruchten, decken.

Folge Abfolge, Nachfolge, Gefolge, Reihenfolge, Anhang, Fortsetzung, Nachspiel, Nachwehen, Nachklang, Stufe, Rangfolge, Reihe, Richtung, Plan, Lauf, Fluß, Stetigkeit, Fortgang, Verkettung, Folgezeit, Folgerung, Schluß, Fazit, Ergebnis, Folgerichtigkeit, Sinn ● das Ende vom Liede. → Ablauf, Anzahl, Aufeinanderfolge, Ausgang, Auswirkung, Bedeutung, Beständigkeit, Causa, Dauer, Ergebnis, Faden roter. ▶ Grund, Regellosigkeit, Unterbrechung, Ursache.

Folge haben, zur ausbaden, sauer aufstoßen u. → erfolgen, folgen.

Folge, in der → darauf.

Folge, in steter → andauernd.

folgen erfolgen, nachfolgen, nachkommen, anschließen, anhängen, nachahmen, zusammenhängen, anreihen, fortfahren, fortschreiten, beobachten, übereinstimmen, begleiten, geleiten, hervorgehen, ausfallen, entspringen, entstehen, herkommen, herrühren, zutreffen, eintreffen, sich ereignen, auf der Fährte, nachziehen j, nachsteigen, nachzuckeln u. → beigesellen, beherzigen, auf den Fersen folgen, gehorchen, verfolgen. ▶ umkehren, unfolgsam (sein), verursachen, vorangehen.

folgend → danach, nachfolgend.

folgendermaßen → beispielsweise, so.

folgenreich → denkwürdig, ereignisreich.

folgenschwer → A und O, schlimm.

folgerecht → anschaulich, beweisend, demgemäß, dem-

nach, denkrecht, erklärbar.

folgerichtig → anschaulich, beweisend, daher, dementsprechend, demgemäß, demnach, denkgerecht, deshalb, erklärbar.

folgern → ableiten, annehmen, auslegen, aussagen, berühren, bringen in Verbindung, deduzieren, denken, deuten, disputieren, dokumentieren, erachten, entnehmen, ersehen, schließen.

folgernd → logisch.

Folgerung Schlußfolgerung, Syllogismus, Beweisführung, Darlegung, Schluß, Beweisgrund, Voraussetzung, Ergebnis, Ableitung, Tatsache, Folgerichtigkeit, Logik, Begriffsfolge. → Argument, Axiom, Betrachtung, Beweisführung. ▶ Fehlurteil, Grund, Widerlegung, Widerspruch.

folgewidrig denkunrichtig, denkwidrig, denkschwach, unlogisch, falsch, unhaltbar, fehlerhaft, verbogen, täuschend, trügerisch, unsachlich, schwach, vernunftlos, kindisch, einfältig, töricht. → absurd, abwegig, beziehungslos. ▶ folgerichtig.

folglich → also, dadurch, daher, daraus, dementsprechend, demgemäß, demzufolge, deshalb, erfahrungsgemäß, erweislich, logisch.

folgsam → aufmerksam, biegsam, gehorsam, hörig.

Folgsamkeit → Demut, Gehorsam.

folgt, wie → danach.

Foliant m → Buch.

Folie f → Blatt.

Folter Gerichtsverfahren, Kreuzverhör, Verhör, Inquisition, Strenge, Härte, Grausamkeit, Unnachsichtigkeit, Rücksichtslosigkeit, Schärfe, Gewalt, Gewalttätigkeit, Freiheitsberaubung, Zwangsmittel, Gewaltmittel, Marter, Strafe, Kerker, Ketten, Halseisen, Daumenschrauben, Handschelle, Knute, Stock, Marterwerkzeug, Folterwerkzeug, Tortur, Rad, Kreuz, Pfahl, Schafott, Schandpfahl, Pranger, Kummer, Schmerzen, Pein, Folterung, Züchtigung, Geißelung, Flüsterfolter ● Spannung, glühende Kohlen, auf die Folter spannen, neugierig machen. → Anstrengung. ▶ Begnadigung, Entspannung, Menschlichkeit, Nachsichtigkeit.

Folterbank → Bock.

foltern → bestrafen, bohren, durchbohren das Herz, Folter, quälen.

Folterung → Bestrafung, Folter.

Fond → Hintergrund.

Fontäne Springbrunnen, Wasserspiele ● Geiser, Spring-

quell, Sprudelquelle, artesischer Brunnen ● Wasserorgel.

foppen → anführen, anöden, aufziehen, auslachen, beeinträchtigen, bespötteln, besten halten zum, Dunst vormachen, düpieren, fabeln, nekken.

Fopperei → Belustigung, Spott.

forcieren → erzwingen.

Förde → Bai, Becken, Bucht.

Förderer → Helfer, Mäzen.

förderlich → anwendbar, brauchbar, dienlich, einträglich, erfolgreich, ermutigend, fördernd, nützlich.

Förderlichkeit → Dienlichkeit, Einträglichkeit, Nützlichkeit.

fordern → aufzwingen, beanspruchen, befehden, befehlen, begehren, bemühen, bestehen auf, betteln, bewerben sich, bitten, dirigieren, einfordern, entbieten zu sich, erfordern, erheben Anspruch, fallen zur Last, verlangen, postulieren.

fordern, nachdrücklich → beimessen, verlangen.

fordern, einen Preis → begehren.

fördern → abnehmen, bahnen, begünstigen, beispringen, beistehen, beraten, beschleunigen, bringen auf die Beine, einstehen, unterstützen.

fördernd behilflich, förderlich, einsatzbereit, hilfsbereit, begünstigend, hilfreich, gönnerhaft, geneigt, gefällig, helfend, unterstützend, wohlwollend, nützlich, nutzbringend, lohnend, verbessernd, fördersam. → antreiben, bahnbrechend, bekömmlich, erleichternd. ▶ hinderlich.

Forderung → Appell, Bedarf, Bedürfnis, Bettelei, Bewerbung, Brandbrief, Erfordernis, Faktura, Verlangen.

Förderung Hilfe, Beihilfe, Handreichung, Begünstigung, Unterhalt, Beförderung, Nachhilfe, Erleichterung, Zuschuß, Gönnerschaft, Gunstbezeigung, Stütze, Nutzen, Vorteil, Besserung, Verbesserung, Fortschritt. → Arbeitssegen, Aufbau, Ausdehnung, Auswirkung, Beihilfe, Beistand, Beitrag.

Förderwerk → Elevator.

Forke → Gabel.

Form Gestalt, Prägung, Formung, Schnitt, Bau, Figur, Umriß, Zustand, Beschaffenheit, Muster, Modell, Vorschrift, Einheitsform, Musterform, Körper, Schema, Gefüge, Bauart, Satzform, Kunstform ● Kuchenform ● Schliff, Schmiß, Protokoll, Benehmen. → Art, Art und Weise, Aufbau, Ausdruck, Aussehen, Bildung, Brauch, Charakter, Dessin, Etikette, Fasson, Fassung. ▶ Formlosigkeit.

Form annehmen → formen.

Form geben → behauen, formen.

Form, in dieser → dergestalt, dermaßen.

formal → äußerlich, förmlich.

Formalität → Etikette.

Formänderung → Verunstaltung.

Format Größe, Art, Maß, Kleinformat, Großformat, Ausmaß, Dimension, Gestalt, Umfang, Zuschnitt. → Ausdehnung, Bedeutung. ▶ Bedeutungslosigkeit.

Formation → Art.

formbar weich, teigig, breiig, tonig, knetbar, mürbe, biegsam, biegbar, geschmeidig, fügsam, fügbar, nachgiebig, schmiegsam, hämmerbar, schmiedbar, plastisch, bildsam. → biegsam, dehnbar. ▶ fest, unveränderlich.

Formblatt → Plan.

Formel → Vorschrift.

formell → eidlich, förmlich.

formen gestalten, bilden, ausarbeiten, drechseln, meißeln, ausschnitzen, ausschneiden, aushauen, hauen, modellieren, figurieren, prägen, behauen, entwerfen, erzeugen, hervorbringen, basteln, bauen, errichten, anfertigen, darstellen, verkörpern, veranschaulichen, schaffen, ausbilden, züchten, Form geben, gerade machen, Form annehmen, über einen Leisten spannen. → anfassen, anfertigen, anordnen, arbeiten, arrangieren, aufbauen, aufziehen, ausarbeiten, ausbilden, ausdenken, ausdrücken, behauen, bilden, drechseln, erschaffen, erziehen. ▶ umstoßen, unvollendet (sein), verziehen, zerstören.

Formenreichtum Vielfalt, Vielförmigkeit, Mannigfaltigkeit.

Formenzwang → Etikette.

Former → Arbeiter, Erschaffer.

Formfehler Entgleisung, Mißgriff, Fehler, Versehen, Verwechseln, Schnitzer, Sprachfehler, Ausdrucksfehler, Geschmacklosigkeit, Taktlosigkeit, Satzfehler, Verstoß, Verirrung. ▶ Formgefühl.

Formgefühl → Anstand, Höflichkeit.

formgewandt → artig, dienstfertig, diplomatisch, höflich.

formieren → bilden.

förmlich steif, geziert, gesucht, einstudiert, gespreizt, aufgesteift, salbungsvoll, unnatürlich, erzwungen, formell, formal, langweilig, erkünstelt, überfeinert, unecht. → diplomatisch, dünkelhaft. ▶ aufgeschlossen, natürlich.

Förmlichkeit → Brauch, Etikette.

formlos gestaltlos, amorph, unförmlich, mißgestaltet, unbehauen, roh, ungeformt, verkrüppelt, amorph, gewöhnlich, stillos, mißförmig, ungestalt, mißgewachsen, mißgebaut, unproportioniert. → fettwanstig, unhöflich. ▶ geformt, höflich.

Formlosigkeit Unform, Unförmigkeit, Gestaltlosigkeit, Mißgestalt, Verunstaltung, Entstellung, Verstümmelung, Verkrüppelung, Unschönheit, Mißform, Mißgebilde, Mißförmigkeit, Verbildung, Ungeschmack, Stillosigkeit, Unart, Unhöflichkeit, Entgleisung, Unbildung, Ungezogenheit, Verstoß, Taktlosigkeit. → Deformation. ▶ Form, Höflichkeit.

Formsache Formalität, Routine, Förmlichkeit.

formschön elegant, formvollendet, gut gestaltet, wohlproportioniert.

Formular Ausfüllblatt, Bogen, Formblatt, Leerdruck, Liste, Musterblatt, Schein, Verzeichnis, Vordruck, Rundschreiben, Entwurf, Anordnung, Papier, Fragebogen.

formulieren → ausarbeiten, ausdrücken, beschreiben.

Formulierung → Abfassung.

Formung → Aufstellung, Bildung, Entstehung, Erzeugung, Form.

forsch → anstellig, arbeitsam, charmant, flott.

forschen → aufwerfen, beobachten, durchforschen.

forschend gedankenreich, nachdenklich ● gedankenverloren, besinnlich, überlegend ● ermittelnd, dahinterkommend, entdeckend.

Forscher → Bahnbrecher, Erfinder.

forschlustig → wißbegierig.

Forschung Erforschung, Erkundigung, Ausforschung, Untersuchung, Prüfung, Nachforschung, Ausfragerei, Erfindung, Expedition, Erwägung, Entdeckung, Berechnung, Wissenschaft, Forschungsreise, Erdumsegelung, Beobachtung. → Analyse, Ausforschen, Begriffsscheidung, Beobachtung, Erforschung.

Forschungsanstalt → Anstalt.

Forschungsbetrieb → Laboratorium.

Forschungsgegenstand → Problem.

Forschungstrieb → Interesse.

Forst → Wald.

Fort → Bastion, Befestigung.

fort wegsein. → ab, abhanden,

abwesend, auf, aus, davon auf und, davon. fern.

fort, in einem → dauernd, ununterbrochen.

fortan → nachher.

fortbegeben, sich → weggehen.

Fortbestand → Beständigkeit ● Fels.

fortbestehen → bleiben, dauern.

fortbestehend → dauernd.

fortbewegen, sich → bewegen sich.

Fortbewegung → Bewegung.

Fortbildung Weiterbildung, Ausbildung, Weiterschulung, Qualifizierung.

Fortbildungsanstalt → Erziehungsanstalt, Schule.

fortbleiben → fehlen, wegbleiben.

fortbringen → wegbringen.

Fortdauer → Beständigkeit, Dauer, Ewigkeit.

fortdauern überdauern, fortbestehen, beharren, durchhalten, anhalten, aushalten, fortsetzen, verewigen, fortleben, überstehen, bleiben, Bestand haben, kein Ende nehmen. → ausharren, bleiben, dauern. ▶ vergehen.

fortdauernd andauernd, beständig, fortgesetzt, fortlaufend, fortwährend, immer, konstant, ständig, stets, unablässig, unaufhörlich, ohne Unterlaß, eine Ewigkeit dauern. → anhaltend. ▶ vergänglich.

Fortentwicklung → Fortschritt.

fortfahren nachfolgen, anschließen, fortsetzen, fortschreiten, fortführen, währen, fortdauern, weitermachen, beharren, fortgehen, ausdauern, ausharren, anhalten, bleiben, verweilen, wiederholen ● abreisen, scheiden, wegfahren, abdampfen, einschiffen, auslaufen, abfliegen, abrollen, starten, verlassen, ausziehen, auswandern, durchbrennen, fliehen, entfernen, verduften, Gas geben, sich davon machen, von dannen ziehen, von der Bildfläche verschwinden, die Zelte abbrechen, sich auf den Weg machen, eine Reise antreten, einen Zug besteigen, zum Bahnhof gehen, ein Flugzeug nehmen, Abschied nehmen. → bleiben bei der Sache, dabei bleiben, dauern. ▶ beginnen, bleiben.

Fortfall → Abtrennung, Auslassung, Weglassung.

fortfallen → fehlen.

fortfegen → wegschaffen.

fortfliegen entfernen, fortbewegen, fortlaufen, abreisen, ausfliegen, auffliegen, entfliegen, davonfliegen, wegflattern, verwehen, auf und davon, vom Winde fortgeführt, entweichen. → entfliegen, fortfahren. ▶ bleiben.

fortführen fortsetzen, weitermachen, beharren, betreiben, dabei bleiben, verweilen, seinem Ziele zustreben, unermüdlich sein, nicht locker lassen, zu Ende bringen, die Nachfolge antreten, beginnen wo jemand aufgehört hat. → bleiben bei der Sache, dabei bleiben, fortfahren.▶ aufhören, beginnen.

Fortgang → Ablauf, Durchführung, Faden roter, Folge, Geleise.

fortgebracht → dahin.

fortgehen→abhauen, von dannen gehen, empfehlen sich, entfernen sich.

fortgejagt → arbeitslos, kündigen, wegschicken.

fortgeschritten gereift, entwickelt, weiter gekommen.

fortgesetzt → andauernd, anhaltend, ausgedehnt, beständig, bis, chronisch, dauerhaft, dauernd, fortwährend, immer.

forthandeln → dabei bleiben.

forthelfen → helfen.

forthelfen, sich anstellen sich, verhalten, benehmen, fügen, anfangen etwas, bewähren sich, anfassen, schaffen, arbeiten, werken, durchfressen sich, sein Geschäft verstehen, alles anfassen, die Zügel ergreifen, seinen Mann stellen, nicht untergehen. ▶ unterliegen.

fortjagen → abbauen, aussiedeln, ausstoßen, ausweisen, benehmen das Recht, beseitigen, Bord werfen über, geben den Laufpaß, vertreiben.

fortkehren → räumen.

Fortkommen Auskommen, Unterhalt, Bestand, Fortentwicklung, Fortgang, Fortbildung, Ausbildung, Schulung, Werdegang, Entwicklung, Fortschritt, Entfaltung, Weiterentwicklung, Höherentwicklung, Gewinn. ▶ Mangel, Not, Rückschritt.

Fortkommen finden, sein glücklich, gedeihen, grünen, blühen, vom Glück begünstigt sein, vorwärts kommen, Karriere machen, sein Auskommen finden, im warmen sitzen, zu etwas bringen, vom Himmel gesegnet sein, vom Glück verwöhnt werden, zu etwas kommen, etwas werden, auf einen grünen Zweig kommen, aufsteigen, sein Glück machen. ▶ untergehen.

fortkommen → ausschreiten, gedeihen, vorrücken, wachsen.

Fortlassung → Abzug, Weglassung.

fortlaufen → abhauen, dannen gehen von, desertieren,

fegen hinweg, fortfahren, zerfließen.

fortlaufend → andauernd.

fortleben → bestehen.

fortlegen → abdecken.

fortnehmen → entfernen.

fortpflanzen → befruchten, bewegen, zeugen.

Fortpflanzung → Befruchtung, Empfängnis, Erzeugung, Vermehrung.

Fortpflanzungsfähigkeit Zeugungsfähigkeit, Potenz, Mannbarkeit, Reife.

forträumen → abdecken.

fortreißen, mit sich → beeinflussen.

fortschaffen → abschaffen, absondern, ausmerzen, beseitigen.

Fortschaffung → Enteignung, Räumung, Transport.

fortscheren, sich → hinausweisen, hinauswerfen.

fortschicken → entfernen, entsenden, expedieren.

fortschieben fortstoßen, fortdrücken, fortziehen, wegschupsen u, versetzen, umstellen, den Platz ändern ● sorglos leben, abwarten, an sich herankommen lassen.

fortschleichen, sich ▶ Fersengeld geben, verschwinden.

fortschreiten → ausschreiten, Dampf dahinter machen, marschieren.

fortschreitend → umwälzend, unausgesetzt.

Fortschritt Fortentwicklung, Entfaltung, Zunahme, Gewinn, Ausbildung, Schulung, Progression, Fortsetzung, Fluß, Lauf, Schnelle, Raschheit, Eile, Geschwindigkeit ● Neuheit, Neuerung ● Fortgang, Fortsetzung, Vormarsch, Wegbereitung, Anbahnung ● Erkenntnis, Erfahrung, Entdeckung, Erfindung, Aufklärung, Erleuchtung, Dämmerung, Erziehung, Geschicklichkeit, Fähigkeit, Kunst ● Besserung, Verfeinerung, Aufbau, Veredelung, Heilung, Hilfe, Förderung, Erleichterung, Erholung, Erfolg, Ergebnis, Vorwärtskommen, Gelingen, Arbeitssegen, Aufstieg, Erneuerung, Förderung, Segen, es herrlich weit bringen, Vermehrung, Wachstum, Zunahme. → Arbeitssegen, Aufbau, Entfaltung, Entwicklung, Erfolg, Erstmaligkeit, Kultur, Neuheit, Reform, Segen. ▶ Degeneration, Dekadenz, Rückgang.

fortschrittlich → aufgeschlossen, bahnbrechend, beherrschend, positiv, rege, strebsam, umwälzend, zeitgemäß.

fortschwemmen entfernen, abwaschen, fortwaschen, auswässern, wegschaffen, entziehen, auslaugen. ▶ (anschwemmen), zulaufen.

fortsein → fehlen.

fortsenden → expedieren.

fortsetzen fortfahren, fortführen, weitermachen, beharren, aushalten, betreiben, bleiben dabei, verweilen ● folgen, nachahmen, nachfolgen, in die Fußstapfen treten ● verewigen, fortdauern ● erfassen, ergreifen, verfolgen, arbeiten, befleißigen. → bleiben bei der Sache, dabei bleiben, dauern. ▶ aufhören, faulenzen, verschwinden, vorangehen.

Fortsetzung Nachfolge, Aufeinanderfolge, Reihenfolge, Fortgang, Fortführung, Ausführung, Dauer, Fortfahren, Folge, Beisatz, Zusatz, Zutat, Anfügung, Anhang. → Ablauf, Dauer, Durchführung. ▶ Einstellung, Schluß, Spitze, Unterlassung.

fortstehlen davon fortstehlen sich. → abhauen, begeben sich, bewegen sich, davonlaufen, davon machen sich, entziehen sich der Gefahr.

fortstehlen, sich → desertieren.

fortstellen → wegräumen, wegstellen.

fortstoßen → abstoßen, verstoßen.

fortstürmen → aufspringen, besessen, durcheilen.

fortstürzen → aufspringen, beschleunigen.

forttragen → austragen.

forttreiben wegtreiben, austreiben, wegjagen, entlassen, fortschieben, fortschaffen, wegräumen, entfernen, hinaustreiben, hinausjagen, ausquartieren, versetzen. ▶ belassen, unterbringen, zusammenhalten.

Fortuna Glück, Glückssache, Glücksrad, Glücksfall, Zufall, Zufälligkeit, Glückslos, Gewinn, Treffer, Glücksstern, Trumpfkarte, Erfolg, Gunst des Schicksals, günstiger Wind ● Göttin, Glücksgöttin. ▶ Pech, Unglück.

fortwähren → dauern, fortdauern.

fortwährend → fortgesetzt, dauernd, dauerhaft, ewig, endlos, unaufhörlich, unvergänglich, beharrlich, anhaltend, beständig, stetig, ununterbrochen, häufig, vielmals, immer, alltäglich, jahraus jahrein, jeden Tag, von Tag zu Tag. → andauernd, alltäglich, beharrlich, beständig, bis, chronologisch, dauernd, in einem fort, erneut. ▶ außergewöhnlich, flüchtig, regellos, selten, unbeständig.

fortwaschen → auslaugen.

fortwerfen wegschmeißen. → Eisen zum alten werfen.

fortziehen → ausziehen, ausdehnen.

Forum → Gericht.

fossil alt, altertümlich, vorweltlich, vorsintflutlich, tot, abgelagert, versteinert, hart, fest, vorzeitlich, verhärtet.

Foto Lichtbild → Bild.

Foul Regelwidrigkeit, Grobheit.

Fourage Lebensmittel, Mundvorrat, Futter, Nahrung, Zehrung, Bedarf, Lebensbedürfnis, Ration, Versorgung.

fouragieren → versorgen.

Foyer Raum, Vorzimmer, Vorhalle, Wandelhalle, Couloir, Wandelgang, Halle, Theaterwandelgang.

Fracht Transport, Fuhre, Ladung, Schub, Last, Versand, Inhalt, Schlepplast, Gut, Beförderung ● Bulkladung *sm* (lose Ladung, unverpackt), Decksladung *sm.* → Anfuhr, Aufschlag.

Frachtbrief Begleitpapiere, Seeladeschein, Konnossement *sm*, Bill of Lading.

Frachtzug → Fahrzeug (Schienen-).

Frack → Anzug.

Frage Nachfrage, Erkundigung, Anfrage, Zwischenfrage, Ausfragerei, Ausforschung, Prüfungsfrage, Umfrage, Kreuzverhör, Fragerei ● Fragebogen, Probebogen, Verhör, Statistik ● Fragestellung, Ungewißheit, Rätsel, Problem, Frageform, offene Frage, rhetorische Frage ● Fragezeichen. → Angelegenheit, Ausruf.

Frage, offene → diskutierbar.

Fragebogen → Frage.

Fragegespräch → Interview.

fragen → anfragen, anhalten, ausforschen, erkundigen.

Fragen aufwerfen → ausforschen.

fragen, nach nichts → betäuben, beikommen nicht, blasiert, leichtsinnig.

fragend → erwägen.

Fragerei → Ermittelung, Frage.

Fragesteller Späher, Ausforscher, Ausfrager, Untersucher, Erforscher, Inquisitor, Prüfer, Anfrager, Schnüffler.

fragil zerbrechlich, zart, gefährdet.

fraglich → bedenklich, dahingestellt, dehnbar, ungewiß.

fraglos → absolut, beglaubigt, bestimmt, definitiv, gewiß.

Fragment → Bruchstück.

fragmentarisch → bruchstückartig, stückweise.

fragwürdig → unsicher.

fragwürdig erscheinen → bezweifeln.

Fraktion Bruchteil, Bruchstück, Stück, Fragment ● Partei, Klub, Zusammenschluß, Vereinigung, Körperschaft, Verband, Verbindung. → Anhang. ▶ (Einzelgänger), Ganzes, Gegnerschaft.

Fraktur deutsche Druckschrift ● Bruch, Knochenbruch. ▶ Antiqua.

Fraktur reden → deutsch reden.

frank → frei.

frankieren → freimachen.

franko → frei.

Franse → Verzierung.

fransig faserig, gesträubt, stupfelig, zottig, bewimpert, wimperartig, flaumig, ästig, federartig, fedrig, haarig, befiedert, fusselig *u.* → faserig, federartig. ▶ glatt.

französisch, sich empfehlen verduften, auskneifen, entwischen, weggehen, verlassen, fortschleichen sich, wegschleichen sich, wegstehlen sich, drücken sich, verkrümeln sich, stiften gehen, packen sich. ▶ bleiben.

frappant → auffallend, verblüffend.

frappieren → auffallen, überraschen.

Fraß Essen, Fressen, Atzung, Fütterung, Beköstigung, Schmaus, Kost, Mast *j*, Völlerei, Unmäßigkeit, Schwelgerei, Fresserei, Prasserei, Ungezügeltheit, Übersättigung, Üppigkeit, Maßlosigkeit, Überladung ● Dreckfraß, Dreckessen. ▶ Leckerbissen, Mäßigkeit, Trunk.

fraternisieren → verbrüdern.

Fraternität *f* → Brüderlichkeit.

Fratz → Backfisch.

Fratze Grimasse, Visage, Zerrbild, Spottbild, Verunstaltung, Entstellung, Scherzzeichnung, Karikatur, Schmiererei, Ungestalt, Häßlichkeit, Mißgestalt, Schreckgestalt, Scheusal, Entstelltheit, Verbildung, Mißgebilde, Garstigkeit, Abscheulichkeit, Widerlichkeit, Fratzenhaftigkeit, Fratzengestalt ● Maske, Larve, Schwellkopf. ▶ Ebenmaß, Schönheit.

fratzenhaft → häßlich, teuflisch.

Frau Weib, Frauenzimmer, Weibsbild, Evastochter, Dame, Madame, Ehefrau, Gattin, Herrin, Gebieterin, Matrone, Mutter, Hausfrau, Hauswirtin, Gemahlin, Ehegespons, Eheidfrau, Femina, Weibsstück, Frauennatur, Frauenwesen, Krone der Schöpfung, bessere Hälfte, das schöne Geschlecht, Frau und Gebieterin, Fraumensch *u*, das Mensch *u*. → Ehefrau. ▶ Mann.

Frau und Gebieterin → Frau.

Frau, weise Geburtshelferin, Hebamme, Wehmutter, Wehfrau, Storchentante, Pflegerin, Heilkünstlerin.

Frauenemanzipation → Emanzipation.

frauenhaft → fraulich.

Frauenheld → Casanova.

Frauenlist → List.

Frauenmörder → Blaubart.

Frauenschänder → Blaubart, Casanova.

Frauenstimmrecht → Emanzipation.

Frauenzimmer → Dirne, Frau.

Frauenzimmer, liederliches → Buhle, Dirne.

Fräulein Demoiselle, Mädchen, Girl, Jungfer, Jungfrau, Maid, Mammsel, Mädel, Miß, Weibsstück, Weibsbild, Weib, Braut, Blaustrumpf, Kinderfräulein, Gouvernante, Lehrerin, Junggesellin, alte Jungfer, Hulda *u*, Kuh *u*, Reff *u*, Schachtel, Schraube, Vettel, Schlampe, Schlunze *u*, Trina, Tranfunzel *u*, Trampel *u*, Dragoner *u*, Schreckschraube *u*. → Dirne. ▶ Frau.

fraulich frauenhaft, weiblich, mütterlich, heiratsfähig, entwickelt, reif, feminin, zimperlich, weibisch, damenhaft, zart, schwach, blaustrümpfig. ▶ männlich, unweiblich.

Fraulichkeit Weiblichkeit, Mutterschaft, Schwachheit, Zartheit, Feinfühligkeit. → Frau. ▶ Männlichkeit.

frech → anmaßend, anrüchig, ausgelassen, blindlings, boshaft, burschikos, dummdreist, ungezogen.

Frechheit → Anmaßung, Beleidigung, Bissigkeit, Dreistigkeit, eherne Stirn.

Frechling Frechdachs, Großmaul, Rotz, Schnodder, Schnösel, Schraube, Prahler.

Fregatte → Fahrzeug (Wasser-).

frei ungebunden, emanzipiert, franko, frank, los, ledig, selbständig, autonom, unabhängig, fessellos, zügellos, ungehindert, ungehemmt, zwanglos, unbeaufsichtigt, unkontrolliert, unverheiratet, unverantwortlich, ungezwungen, flott, spontan, unbefangen, unbelastet, anstößig, anstandswidrig, unziemlich, ungeziemend, ungezogen, burschikos, freihändig. → absolut, allein, alleinstehend, arbeitslos, berührungslos, beziehungslos, blanko, diplomatisch, entlastet, entspannt fessellos. ▶ unfrei.

frei bewegen, sich → ungezwungen.

freibleibend zeitlos, ohne Zeitangabe, nach freiem Ermessen, zu keiner Zeit, niemals ● ohne Verpflichtung, nicht bindend. ▶ bis, gebunden, verpflichtet.

Freibord *sm* Höhe zwischen Wasserlinie und Oberdeck bei beladenen Schiffen.

frei gesinnt → frei, ungezwungen.

Freibrief→ Anrecht, Erlaubnis.

freidenkend freidenkerisch, freigeistig, gottesleugnerisch, ungläubig, konfessionslos, zweiflerisch, skeptisch, zweifelsüchtig, atheistisch, materialistisch, religionslos, heidnisch, kritisch, unreligiös, glaubenslos, gottlos, unchristlich, antichristlich, weltlich, lau, großzügig. ▶ gläubig.

Freidenker Freigeist, Gottesverleugner, Atheist, Ungläubiger, Heide, Gottloser, Gottesleugner, Gottesfeind, Unbekehrter, Glaubensloser, Zweifler, Zweifelsgeist, Religionsspötter, Religionsverächter, Materialist, Außenseiter. ▶ (Gläubiger).

freie Zeit → Dämmerstündchen.

freien → buhlen, ehelichen, erklären sich.

Freien, im außen, auswärts, draußen, auswendig, außerhalb, hinaus, heraus, außer dem Hause, in der freien Luft, unter freiem Himmel, in Gottes freier Natur. ▶ drinnen.

Freier → Antragsteller, Bewerber, Bittsteller.

freier Mut → Freimütigkeit.

Freiersfüße Werbung, Bewerbung, Freiung, Freite, Brautlauf, Antrag, Heiratsantrag, Liebeserklärung, Liebesbezeigung, Hofmacherei, Galanterie, Komplimente, Liebesdienst, Fensterpromenade.

freies Geleit → Sicherheit.

Freifrau → Adel.

Freifräulein → Adel.

freigeben → auslösen, begnadigen, scheiden.

freigebig edelmütig, generös, freigebig, großmütig, großzügig, edelherzig, mildtätig, wohltätig, gastfreundlich, sich nicht lumpen lassen *u*, hochherzig, barmherzig, hilfsbereit, nobel, spendabel, verschwenderisch, königlich, fürstlich, gütig, liebevoll, gutherzig, wohlwollend, huldreich, menschenfreundlich, selbstlos, opferfähig, opferfreudig, großherzig, bezahlen teuer ● spendieren, etwas springen lassen, eine Runde schmeißen *u*. → anständig, barmherzig. ▶ geizig, verhärtet, unbarmherzig.

Freigebigkeit Großmut, Mildtätigkeit, Gastfreundschaft, Wohltätigkeit, Opferfreudigkeit, Opfermut, Hochherzigkeit, Gutmütigkeit, Herzensgüte, Guttätigkeit, Liebesdienst, Selbstlosigkeit, Uneigennützigkeit, Edelmut, Edelsinn. → Barmherzigkeit. ▶ Geiz, Unbarmherzigkeit.

Freigebung → Befreiung, Dispensation, Entlassung.

Freigeist Freidenker, Atheist, Gottesleugner, Ungläubiger, Religionsloser. → Aufklärer.

freigeistig tolerant, aufgeklärt, liberal, weltoffen.

freigesprochen → entbunden, unschuldig.

freihalten → aufbewahren, bewirten.

freihändig → frei.

Freiheit Unabhängigkeit, Ungebundenheit, Selbständigkeit, Unverantwortlichkeit, Selbstbestimmung, Ungezwungenheit, Freiheitsdrang, Freiheitsdurst, Freiheitstrieb, Freiheitsgefühl, Freiheitsliebe, Gedankenfreiheit, Emanzipation, Freiheitlichkeit, Liberalismus, Freiheitssinn, Uneingeschränktheit, Zwanglosigkeit. → Bahn, Befreiung, Befugnis, Dispensation, Emanzipation, Ferien. ▶ Unfreiheit.

freiheitlich demokratisch, tolerant, großzügig, liberal.

Freiheitsberaubung → Arrest, Beraubung, Einkerkerung.

Freiheitsdrang → Freiheit.

Freiheitsdurst → Freiheit.

Freiheitsentziehung → Bestrafung, Einkerkerung, Fesselung.

freiheitsliebend freiheitlich, uneingeengt, freigesinnt, liberal, selbständig, autonom, unabhängig, zwanglos, befreit, vom Drang nach Freiheit beseelt, frei von Banden, aller Fesseln ledig. ▶ kriecherisch, unterwürfig, devot.

Freiheitsstrafe → Bestrafung, Einkerkerung.

frei heraus → offen.

Freiherr→ Adel.

freiherzig → aufrichtig, freigebig.

freikämpfen → aufrollen, bahnen, freimachen.

freikommen → loskommen.

freilassen → befreien, loslassen.

Freilassung → Befreiung, Dispensation, Entlassung, Erlösung.

freilich → allein, allerdings, dagegen, dennoch, zwar.

freimachen befreien, freisetzen, freisprechen, lossprechen, entledigen, erlösen, loshelfen, loseisen, abhalsen *j*, abkoppeln *j*, ablassen *j*, freilassen, lösen, entlassen, freigeben, aufbinden, entfesseln, loslassen, losketten, losschließen, losbinden, aufschließen, aufriegeln, abspannen, ausspannen, absatteln, entzügeln, entbinden, beurlauben, entbürden, entlasten, enthergen, erleichtern, frankieren. → abschrauben, abwerfen, bahnen, befördern, befreien, ebnen den Weg, einschreiben, entfesseln, entjochen,

entspannen, entwirren, erlösen. ▶ festmachen, festnehmen, hemmen, unterdrücken.

freimachen, sich → brechen einen Vertrag.

Freimachung → Befreiung, Entledigung, Erlösung.

Freimaurerei Verbindung, Bund, Klub, Vereinigung, Körperschaft, Gemeinschaft, Herrengesellschaft, Gesellschaft, Zusammenschluß, Logenbrüder.

freimütig → aufrichtig.

Freimütigkeit Freimut, Offenheit, Offenherzigkeit, Ehrlichkeit, Bekenntnis, Beichte, Zugebung, Bekennermut, Aufrichtigkeit, Wahrhaftigkeit, Wahrheitsliebe, Treuherzigkeit, Arglosigkeit, Natürlichkeit, Rechtlichkeit, Geradheit, freier Mut. ▶ Heuchelei, Verschlossenheit.

Freischar → Freischärler.

Freischärler Heckenschütze, Partisane, Franktireur, Freigänger, Streifschar, Guerilla, Raubgesindel, Heimatkämpfer, Verteidiger, Untergrundler, Gegner, Kämpfer.

freisetzen → auslösen, befreien, entfesseln, freimachen.

freisinnig → freiheitsliebend.

Freisitz → Bauernhof, Besitztum.

freisprechen → befreien, begnadigen, Brücke bauen goldene, entbinden, entlassen, freimachen.

Freisprechung Vergebung, Absolution, Freispruch, Lossprechung, Enthebung, Freigebung, Entlastung, Entbindung, Entledigung, Loslassung, Rechtfertigung, Ehrenrettung, Straffreiheit, Straflosigkeit, Begnadigung, Straferlaß. → Befreiung, Ehrenrettung. ▶ Verurteilung.

Freispruch → Ablaß, Absolution, Amnestie, Entbindung, Erlaß.

Freistätte → Asyl, Ausweg, Zuflucht.

freistehen → dürfen, können.

freistehend → beliebig.

freistellen → bieten Gelegenheit, dürfen, erlauben.

Freitod → Ende, Tod.

freiwillig willkürlich, ungezwungen, ungeheißen, unaufgefordert, fakultativ, frei, unbeschränkt, lustbetont, aus freiem Willen, aus freien Stücken, aus eigenem Antrieb, nach eigenem Wunsch, nach eigenem Gutdünken. → beliebig. ▶ unfreiwillig.

Freizeit Urlaub, Erholung, Rast, Ferien, Muße, Erbauung, Ruhe, Ausruhen, Zeit, Freiheit, Entspannung, Erleichterung, Ablenkung, Unterhaltung, Schulferien, Wochenende, Feiertage, Behaglichkeit. → Feierabend, Ferien. ▶ Arbeitstag.

freizügig sein → bewegen sich, dekolletieren sich, freigebig.

Freizügigkeit → Anstößigkeit, Freigebigkeit.

fremd → abgelegen, auswärts, beispiellos, beziehungslos, davon, dunkel, entfernt, entfremdet, entlegen, fern.

fremd, der Sache → unwissend.

fremdartig → abnorm, andersgeartet, ausländisch, befremdend.

Fremde Weite, Ferne, Entferntheit, Unbekanntheit, Fremdartigkeit, Unerreichbarkeit, Entfernung, Ausland, Abstand, Kluft, Entfremdung, Trennung. → Aufenthaltsort. ▶ Heimat.

Fremdenbuch → Album, Buch.

Fremdenführer → Cicerone.

Fremder Ausländer, Fremdling, Eindringling ● Unbekannter, Ungenannter, Dingsda. → Auswanderer, Eindringling. ▶ Bekannter, Inländer.

Fremdherrschaft Besatzung, Überwältigung, Bewältigung, Zwang, Gewalt, Herrschaft, Unfreiheit, Freiheitsentzug, Zucht, Unselbständigkeit. ▶ Freiheit.

Fremdkörper Abweichung, Ausnahme, Abart, Eigentümlichkeit, Eigenart, Regelwidrigkeit, Verirrung, Abirrung, Regellosigkeit, Schmutzkörper, Schmutzteil. → Auswanderer. ▶ Gleichartigkeit, Verwandtschaft.

fremdländisch → ausländisch.

Fremdling → Auswanderer, Eindringling.

Fremdwort Unklarheit, Lehnwort, Fremdwörterei, Fremdwörterunfug, Vermengung, Fehler, Sprachwidrigkeit, Verwechslung, Ausländerei, Sprachmengerei, Geschmacklosigkeit, Fremdwörtersucht, Bildungslosigkeit. ▶ Muttersprache.

frenetisch → leidenschaftlich.

frequentieren → benutzen, besuchen.

Frequenz Schwingungszahl, Periodenzahl, Zahl, Wiederkehr, Wiederholung, Mehrmaligkeit, Häufung, Häufigkeit. → Besuch. ▶ Seltenheit, (Wellenlänge).

Fresko → Bild, Malerei.

Freßbegier → Eßlust.

freßgierig → gefräßig.

Fressen → Fraß.

fressen → aasen, auffassen, einhauen, essen.

Fresser Vielfraß, Nimmersatt, Schwelger, Prasser, Schlemmer, Freßsack, Wanst, Dick-

wanst, Freßwanst ● Feinschmecker, Leckermaul, Lukull. → Bacchant, Feinschmecker. ▶ Kostverächter, Hungerleider.

Fresserei → Ausschreitung, Ausschweifung.

Freßgelage → Eßlust.

Freßgier → Eßlust.

Freßsucht → Eßlust.

Freude Freudenbezeigung, Freudenbotschaft, Freudenfeier, Freudenfeuer, Freudengefühl, Freudentaumel, Freudentränen, Freudentag, Erheiterung, Frohsinn, Heiterkeit, Spaß, Gaudi, Gaudium, Glücksgefühl, Hochgefühl, Freudigkeit, Vergnügen, Entzücken, Freudenbezeigung, Freudenleben, Wonne, Glück, Jubel, Glückseligkeit, Begeisterung, Rausch, Taumel, Ergötzlichkeit, Vergnügung, Festlichkeit, Glückstag, Feierlichkeit, Herzensfröhlichkeit, Stimmung, Lustigkeit, Lust, Gelächter, Scherz. → Befreiung, Befriedigung, Begeisterung, Ergötzen, Erstaunen. ▶ Schmerz.

Freud und Leid teilen → Freundschaft.

Freude bereiten → ansprechen.

Freude machen → befriedigen.

Freude verursachen → erfreuen.

freudestrahlend → aufgeräumt, berauscht, Blick mit leuchtendem, faszinierend.

freudetrunken → begeistert, Blick mit leuchtendem.

freudevoll → aufgelegt, aufgeräumt, beseligt.

Freudenbezeigung → Freude.

Freudenbezeugung → Beifall, Begeisterung.

Freudenbotschaft → Freude.

freudenerregt → froh.

Freudenfeier → Fest, Freude.

Freudenfeuer → Fest, Freude.

Freudengefühl → Freude.

Freudengeschrei → Beifall, Begeisterung, Freude.

Freudenhaus Dirnenhaus, Frauenhaus, Bordell, Puff, Zuhälterwirtschaft, Harem, Frauenzimmer, Venusberg, Venusdienst, Ausschweifung.

Freudenleben → Beseligung, Glück.

freudenleer → freudlos.

Freudenmädchen → Bajadere, Buhle, Dirne, Kurtisane.

freudenreich → froh.

Freudensprünge machen → bunt zugehen.

Freudenstörer Querkopf, Spielverderber, Störenfried, Quälgeist, Quäler, Quengler, Stänkerer, Plaggeist, Griesgram, Trauerkloß, Kopfhänger, Grillenfänger, Leichenbitter, Miesmacher, Unke, Brummbär. ▶ Haus lustiges.

Freudentag Feiertag, Wonnezeit, Hochzeit, Festlichkeit, Geburtstag, Ehrentag, Fest, Geselligkeit, Jubelfeier, Veranstaltung, Taufe, Jahresfest, Jubiläum, Volksfest, Feier, Ball, Aufführung, Festtag, Feierlichkeit, Festspiel, Jubel, Lustbarkeit. → Feier. ▶ Alltag.

Freudentaumel → Beifall, Begeisterung, Freude.

Freudentränen → Freude.

Freudentränen vergießen freuen sich, berauschen sich, ergötzen, erquicken, freudig begrüßen, Vergnügen genießen, die Freude auskosten, vor Freude weinen, in Seligkeit schwimmen, glückselig sein, vor Freude tanzen, der Freude freien Lauf lassen, Tränen lachen. ▶ trauern, wehklagen.

freudig → aufgeräumt, beseligt, froh, munter.

freudlos lustlos, unlustig, leidig, widrig, freudenleer, traurig, schmerzerfüllt, unglücklich, mißvergnügt, unzufrieden, unbefriedigt, leidvoll, schwer, verdrießlich, ärgerlich, überdrüssig, störend, unerfreulich, kränkend, betrübend, schlimm, böse, unerträglich, unausstehlich, unangenehm, unmutig, aufregend, peinigend, ermüdend, langweilig, kläglich, unglückselig, furchtbar, schrecklich, tragisch, hart, bitter, grausam, arg, fürchterlich, schauerlich, schauderhaft, scheußlich, häßlich, anstößig, ekelhaft, garstig. → arm, bedauerlich, beengend, langweilig, trübselig, unglücklich. ▶ freudig.

Freudlosigkeit Trübsinn, Niedergeschlagenheit, Bedrücktheit, Traurigkeit, Mutlosigkeit, Trübseligkeit, Freude leere, Lebensüberdruß, Schwermut, Melancholie, Verdüsterung, Verdrießlichkeit, Grämlichkeit, Ernst, Schwarzseherei, Weltschmerz, Pessimismus, Überdruß, Miesmacherei, Hypochondrie, Kopfhängerei, Wertstimmung, Kleinmut, Selbstqual, Selbstanklage, Verzweiflung, Trostlosigkeit, Tiefsinn, Bitterkeit, Übellaunigkeit, Verstimmung, Mißmut. ▶ Freude.

freuen, sich erfreuen, ergötzen, weiden, erquicken, berauschen sich, an, freuen sich auf, erwarten, hoffen, vergnügen, belustigen, frohlocken, genießen, jauchzen, jubeln, lachen, scherzen, schwelgen, strahlen, triumphieren, sonnen sich, fragen nach, ersehnen, erstreben, wünschen, guter Dinge sein, sich der Fröhlichkeit hingeben, froh sein, die Sorge abschütteln, Fäustchen lachen ins, vor Freude an die Decke springen. → belustigen, erfreuen, hoffen. ▶ freudlos (sein), trauern.

freuen, sich auf → sehnen sich, wünschen.

freuen, sich mit → teilnehmen.

freuen, sich über → vergnügen.

Freund Anhänger, Begleiter, Beistand, Gefährte, Genosse, Helfer, Intimus, Kamerad, Liebhaber, Tröster, Weggenosse, Busenfreund, altes Haus u, Gefolgsmann, Vertrauter, Spielkamerad, Schulkamerad, Studienfreund, Trinkgenosse, Kommilitone, Leibfuchs, guter Geist, Beschützer, getreuer Eckehart, Schatten, Famulus, Gönner, Schirmer, Schützer, Förderer, Verehrer, Freier, Geliebter, Spezi u. → Abgott, Anhänger, Begleitung, Beistand, Bekannter, Bruder, Buhle, Helfer. ▶ Ehemann, Feind, Freund falscher.

Freund, falscher Scheinfreund, Allerweltsfreund, Schranze, Höfling, Heuchler, Gleisner, Speichellecker, Schmeichler, Augendiener, Zuträger, Ohrenbläser, Katzelmacher, Honigmaul, Schmeichelzunge, Lobhudler. ▶ Freund.

Freund und Feind → A bis Z, A und O, ganz und gar.

Freunde werden → befreunden, brechen das Eis.

Freundin Busenfreundin, Herzensfreundin, Gefährtin, Kameradin, Vertraute, Gespielin ● Liebhaberin, Geliebte, Angebetete, Verehrerin, Liebling, Liebchen, Püppchen, Flamme, Herzensdame, Donna, Engel, Abgott, Buhle. → Buhle. ▶ Feind(in), Ehefrau.

freundlich höflich, artig, zutunlich, galant, formgewandt, geschliffen, wohlerzogen, ritterlich, nett, gefällig, zuvorkommend, liebenswürdig, liebreich, leutselig, zutraulich, verbindlich, aufmerksam, geschmeidig, einnehmend, hilfsbereit, behilflich, wohlwollend, geneigt, gönnerhaft, einträchtig, einig, verbunden, freundschaftlich, brüderlich, friedlich, gütig, nachsichtig, duldsam, einsichtsvoll, nachgiebig, huldreich, gnädig, langmütig, herzensgut, berückend, lieb, herzlich, zugeneigt, katzenfreundlich, vertraut, ergeben, zutunlich. → angenehm, anmutig, aufmerksam, barmherzig, befreundet, charmant, cordial, gefällig, höflich, lieb, nett, sympathisch. ▶ unfreundlich.

Freundlichkeit → Beflissenheit, Duldsamkeit, Dienstwilligkeit, Entgegenkommen, Gefälligkeit, Verbindlichkeit, Wohlwollen.

freundlos → alleinstehend, eins, hilflos, unbeliebt.

freundnachbarlich → befreundet.

Freundschaft Brüderlichkeit, Verbrüderung, Kameradschaft, Einigkeit, Gemeinschaft, Harmonie, Einvernehmen, Einverständnis, Kollegialität, Vertrautheit, Vertraulichkeit, Eintracht, Gegenliebe, Freundschaftsbande, Übereinstimmung, Sympathie, Freud und Leid teilen ● Bekanntschaft, Beziehung, Verbindung, zu jemandem Draht haben, Schwägerschaft, Verwandtschaft, Gemeinschaft, Freundschaftsbund, Kreis, Zirkel, Nachbarschaft gute. → Brüderlichkeit, Bruderschaft, Bündnis, Bund, Einheit. ▶ Feindschaft.

Freundschaft anknüpfen → bekanntwerden.

Freundschaft eingehen oder schließen → bekanntwerden, brechen das Eis.

freundschaftlich → anhänglich, befreundet, brüderlich, cordial, ein Herz und eine Seele, gesellig.

Freundschaftsbande → Bruderschaft, Freundschaft.

Freundschaftsdienst → Liebesdienst.

Frevel Übermut, Mutwille, Fürwitz, Leichtsinn, Unüberlegtheit, Unbedachtsamkeit, Unbesonnenheit, Unverstand, Unklugheit, Tollkühnheit, Vermessenheit, Waghalsigkeit, Frechheit, Dreistigkeit, Rücksichtslosigkeit ● Schuld, Rechtsbruch, Unrecht, Unfug, Unziemlichkeit, Ungebühr, Ungesetzlichkeit, Rechtsbeugung, Faustrecht ● Sünde, Pflichtverletzung, Fehltritt, Übertretung, Verbrechen, Untat, Übeltat, Missetat, Greueltat, Schandtat. ▶ Besonnenheit, Gesetzlichkeit, Makellosigkeit.

frevelhaft freventlich, frevelmütig, schlecht, falsch, böse, nichtswürdig, verbrecherisch, verräterisch, niedrig, abscheulich, unrühmlich, tadelnswert, häßlich, nichtsnutzig, unsittlich, ausgeartet, sündhaft, sittenlos, schändlich, hemmungslos, leichtsinnig, pflichtvergessen, gottlos, gotteslästerlich, sündig. → charakterlos. ▶ besonnen, gesetzlich, makellos, tugendhaft.

frevelmütig → charakterlos, frevelhaft.

freveln sündigen, vergehen sich, abirren, straucheln, aus-

gleiten, entgleisen, verlottern, bemakeln sich, fehlen, versumpfen, versündigen sich, sich der Sünde ergeben, dem Laster verfallen, vom rechten Weg abweichen, einen Fehltritt tun, auf abschüssige Bahn geraten, von Stufe zu Stufe sinken, die Stimme des Gewissens ersticken, in Sünde verfallen, auf abschüssigen Pfaden wandeln, vom Wege der Tugend abweichen, Anstoß erregen, über die Stränge schlagen, Gott verspotten, den Namen Gottes entweihen. → abweichen, begehen, brechen das Gesetz. ▶ rechtschaffen (sein), überlegen, unschuldig (sein).

Freveltat → Ärgernis, Bluttat.

Freveltäter → Brandstifter, Frevler, Sünder.

Frevelzunge → Ehrabschneider, Verleumder.

freventlich → charakterlos, frevelhaft.

Frevler Untermensch, Bösewicht, Schädling, Missetäter, Übeltäter, Verbrecher, Sünder, Gotteslästerer, Abtrünniger. → Abtrünniger, Bandit. ▶ Ehrenmann, Tugendmuster.

frevlerisch verbrecherisch, ruchlos, schlecht, gotteslästerlich, gottlos, gottvergessen, abscheulich, elend, erbärmlich, verächtlich, verworfen, verrucht, perfid, gemein, infam, niederträchtig, verabscheuenswürdig, verdammenswert, verderbt. ▶ anständig, rechtschaffen, unschuldig, unverdorben.

Friede → Ausgleich, Beruhigung, Einheit, Feierabend, Harmonie.

Frieden halten → vertragen.

Frieden herstellen → versöhnen.

Frieden leben, in → vertragen.

Frieden stiften → befrieden.

Friedensbruch → Aufruhr, Kampf.

Friedensfürst → Christus.

Friedensschluß Kriegsende, Friedensstiftung, Friedensangebot, Waffenruhe, Waffenstillstand, Vorfriede, Friedensvorschläge, Abrüstung, Entwaffnung, Übereinkunft, Vermittlung, Vereinbarung, Vergleich, Einstellung der Feindseligkeiten, Niederlegung der Waffen, die Waffen strecken. → Aussöhnung. ▶ Kriegszug, (Kriegserklärung).

Friedensstiftung → Friedensschluß, Versöhnung.

Friedensstörer → Störenfried.

Friedensstörung → Aufruhr, Streit, Widerspenstigkeit.

friedfertig nachgiebig, verträglich, versöhnlich, verständig, friedlich, sanftmütig, gütig, nachsichtig, christlich, friedliebend, ruhig, harmlos, schwach, unterwürfig, fügsam, lenksam, maßvoll, leidenschaftlich, sachlich, unbeeinflußt, unberührt, gleichgültig, nüchtern, kühl, besonnen, gesetzt, ruhevoll, ausgeglichen, sanft, kalt, zufrieden, geduldig. → besinnlich, still. ▶ unfriedlich, unverträglich.

Friedfertigkeit → Friedlichkeit.

Friedhof Gottesacker, Begräbnisfeld, Gräberanlage, Ehrenfriedhof, Soldatenfriedhof, Kirchhof, Waldfriedhof, Ruhestätte, Totenacker, Campo Santo.

friedlich → einfach, ein Herz und eine Seele, ruhig.

Friedlichkeit Nachgiebigkeit, Verträglichkeit, Sanftmut, Friedfertigkeit, Versöhnlichkeit, Friedensbereitschaft, Eintracht, Unterwürfigkeit, Fügsamkeit, Lenksamkeit, Duldsamkeit, Toleranz, Nachsicht, Güte. → Beruhigung. ▶ Unfriede, Unversöhnlichkeit.

friedliebend freundlich, freundschaftlich, brüderlich, friedlich, ein Herz und eine Seele ● nachgiebig, verträglich, versöhnlich, sanft, gütig, fügsam, lenksam, unterwürfig, kriegsmüde. ▶ unfriedlich, unverträglich.

friedlos verfemt, verbannt, geächtet, vogelfrei, ausgewiesen, ausgestoßen ● rastlos, beweglich, unruhig, nomadisch, vagabundisch, unstet, umherirrend, wuselig, irrlichterierend, quecksilbrig ● unfriedlich, unruhig, aufgeregt, ungemütlich, unbehaglich, störend, lärmend ● einsam, vereinsamt, freundlos, gemieden, verloren, unselig. → beweglich, ein und aus. ▶ friedlich, verbunden.

friedsam friedlich, ausgleichend, ruhig, still, harmlos, friedfertig, friedliebend, lammfromm, auf friedlichem Wege, in aller Ruhe ● nachgiebig, verträglich, versöhnlich, sanftmütig, gerecht, gütig, nachsichtig, verzichten, alles zum besten kehren, einen guten Mann sein lassen, Zurückhaltung üben, durch die Finger sehen. ▶ unfriedlich.

friedvoll → friedfertig.

frieren frösteln, kalt haben, schaudern, schlottern, zittern, vor Frost beben, eine Gänsehaut bekommen, bibbern *u*, wie ein Schneider frieren, Stein und Bein frieren ● abkühlen, erkalten, gefrieren, erstarren, erhärten, vergletschern, zu Eis werden, die Temperatur sinkt unter Null. → durchschüttern, erbeben, erkälten sich. ▶ schwitzen.

frigide gefühllos, gefühlskalt, unbeteiligt.

Frigidität → Gefühllosigkeit.

frisch neu, jung, frischfarbig, taufrisch, neugeboren, neugebacken ● neulich, kürzlich, kaum ● kühl, frostig, kalt, jüngst, unlängst, vorhin, frostklar, eisig, grimmig, bitter, schneidend, gefroren ● gesund, unverdorben, unbeschädigt, natürlich, unverfälscht, rein ● erfrischt, kräftig, belebt, erquickt, unermüdlich, erholt, gestärkt, entspannt, aufnahmefähig, wendig, lebhaft, munter, wohlgemut, angeregt, fröhlich, lebenslustig, übermütig. → arbeitsam, brillant, Damm sein auf dem, eisig, erstmalig, kalt, munter. ▶ alt, erschöpft, gleichgültig, hinfällig, lustlos, verdorben, warm.

frisch auf! drauf los, angepackt, angefaßt, ran, nun los, an die Arbeit, keine Müdigkeit vorgeschützt, vorwärts, hau ruck, nicht lange besonnen, mit frischer Kraft, mit Lust und Freude.

frisch von der Leber → offen, vertrauensselig, wahrhaftig.

Frische → Jugend, Kälte.

frischer Tat, auf → überführen.

frischgemacht → erstmalig, neu.

frischweg → rasch.

Friseur → Bader, Barbier, Coiffeur.

frisieren verschönern, herausputzen, kämmen, locken, kräuseln, brennen, wellen, einölen, bürsten, sauber machen, das Haar in Ordnung bringen, Wasserwellen legen, Dauerwellen machen, färben, festlegen, kreppen, ondulieren, zurechtmachen sich. → zurechtmachen. ▶ aufrichtig, ungepflegt (sein), verschandeln.

Frist Aufschub, Termin, Zeitspanne, Zeitraum, Zeitpunkt, Verlängerung, Weile, festgesetzter Tag, Gnade ● Galgenfrist, Matthäi am letzten *u*. → Bedenkzeit, Datum, Dauer, Gnade, Stundung, Termin, Zeit, Ziel. ▶ Fall und Knall, Vollzug.

fristen stunden, dauern, befristen, Frist setzen, Zeit geben ● in Armut leben, Mangel leiden, ein dürftiges Dasein führen, sich mühselig durchbringen, sich kümmerlich ernähren, von der Hand in den Mund leben, sich durchdarben, auf Almosen angewiesen sein, sein Brot erbetteln, am Daumen saugen, nichts zu nagen haben. ▶ schlemmen, vollstrecken.

fristgemäß pünktlich, prompt, rasch, hurtig, schnell, ungesäumt, unverzüglich, ohne Verzug, zur vereinbarten Zeit. ▶ unpünktlich.

fristlos sofort, plötzlich, auf einmal, ohne Zeitverlust, Knall und Fall, außer der Zeit.

Fristung → Stundung.

Frisur Haartracht, Haarschnitt. → Haare.

frivol ausschweifend, leicht, leichtfertig, leichtsinnig, liederlich, locker, lose, obszön, ungezügelt, unmäßig, unsolid, wüst, zügellos. → begehrlich. ▶ züchtig.

froh heiter, munter, frohgemut, freudig, sonnig, lebenslustig, frisch, fröhlich, erfreut, freudenerregt, freudenreich, vergnüglich, lustig, vergnügt, aufgeräumt, frohgestimmt, gutgelaunt, fidel, übermütig, ausgelassen, gehobenen Herzens, heilsfroh *u.* → aufgelegt, aufgeräumt, beruhigt, Blick mit leuchtendem, entzückt. ▶ niedergeschlagen.

Frohgefühl → Freude.

frohgemut → aufgeräumt, froh, wohlgemut.

fröhlich → aufgelegt, aufgeräumt, aufgeschlossen, charmant, frisch, froh, munter, aufgekratzt.

Fröhlichkeit Heiterkeit, Ausgelassenheit. → Begeisterung, Belustigung, Freude, Jubel, Stimmung.

frohlocken → freuen sich, jauchzen, lachen.

frohlockend → beschwingt.

Frohlockung Gejauchze, Jubel, Freudentaumel, Freudengeschrei, Freudenbezeugung, Begeisterung, Triumphgeschrei. → Begeisterung, Beifall, Entzücken. ▶ Niedergeschlagenheit.

frohmachen → erfreuen mit.

Frohmut → Freude, Lust.

Frohnatur Humor, Feuer, Tatkraft, Lebenslust, Lebensmut, Fröhlichkeit, Munterkeit, Aufgeschlossenheit, Heiterkeit, Ausgelassenheit, heiterer Sinn, lachende Augen, lustiges Huhn, ein Bruder Lustig, Schäker. ▶ Pessimist.

Frohsinn → Begeisterung, Belustigung, Entzücken, Freude, Lust, Stimmung, Vergnügen.

fromm religiös, andächtig, gottesfürchtig, gottesgläubig, gottgefällig, gottergeben, demütig, rein, unschuldig, glaubensvoll, christlich ● sanft, gutmütig, lammfromm, duldsam, tolerant, langmütig, seelengut, herzensrein, ohne Arg, tugendhaft, tugendlich, tugendvoll, gesittet, gut, brav, bieder, ehrenhaft, musterhaft, beispielhaft. → andächtig, charaktervoll, gläubig, brav, demütig, erbaulich, ergeben. ▶ gottlos.

Frömmelei → Anstrich, Betrug, Blendwerk, Fanatismus.

frömmelnd falsch, unaufrichtig, heuchlerisch, pharisäerisch, gleisnerisch, glattzüngig, bigott, maulfromm, frömmlerisch, verstellt, quisselig u, scheinheilig, scheinfromm, muckerisch, fanatisch, übereifrig. → bigott, engherzig. ▶ aufrichtig.

Frömmigkeit → Ergebenheit, Glauben.

Frömmler Scheinheiliger, Mucker, Heuchler, Augenverdreher, Gleisner, Pharisäer, Eiferer, Fanatiker, Betbruder, Philister. ▶ Mensch aufrechter, treuer.

frömmlerisch → bigott, frömmelnd, scheinfromm.

Fron Plackerei, Schinderei, Plage, Bürde, Druck, Dienst, Beschwerlichkeit, Mühsal, Sklaverei, Schwerarbeit, Joch, Fronarbeit, Frondienst, Überanstrengung, Pferdearbeit. → Abhängigkeit, Anstrengung. ▶ Nichtstun, Unabhängigkeit.

Fronarbeit, -dienst → Fron.

fronen roboten, nachlaufen, katzebuckeln, dienen, bedienen, aufwarten, in Diensten stehen, arbeiten, abhängig sein, krummen Rücken machen, seine Freiheit einbüßen, von der Gnade abhängen, nach der Pfeife tanzen, unter dem Befehle stehen, nichts zu melden haben, in Fesseln geschlagen sein, Frondienste leisten müssen, gehorchen müssen, geknechtet sein, hörig sein. ▶ faulenzen, herrschen.

frönen sich der Sünde ergeben, dem Laster verfallen, sich vergehen, abirren, einen Fehltritt tun, sich vergessen, bemakeln sich, versumpfen, schwelgen, huldigen, sich ganz hingeben. → begehen. ▶ beherrschen sich, versagen sich.

Front → Kampfplatz, Vorderseite.

Front machen → angreifen, dawider.

frontal von vorn, stirnseitig, direkt.

Froschnatur → Eisklumpen.

Froschperspektive Engstirnigkeit, mit Scheuklappen, Intoleranz.

Frost → Kälte.

frösteln → durchschüttern, erheben, erkälten sich, frieren, zittern.

frostig → abgebrüht, abgestumpft, eisig, kalt, unempfindlich.

Frostigkeit Beherrschtheit, Unerbittlichkeit, Ruhe, Gefaßtheit, Leidenschaftslosigkeit, Gelassenheit, Gleichmut, Gemütsruhe, Gleichgültig-

keit, Wurstigkeit, Geduld, Beherrschung, Seelenruhe. → Kälte. ▶ Wärme.

frostklirrend → kalt.

frottieren abreiben, abtrocknen, reiben, rubbeln, bürsten, schrubben.

frozzeln → auslachen.

Frucht → Ausbeute, Ausgang, Ernte, Wirkung.

fruchtbar ausgiebig, ergiebig, fruchtbringend, glücklich, wirksam, ersprießlich, ertragreich, Erfolg versprechend, formidabel. → aufbauend, ausgiebig, dankenswert, erfolgreich, erfreulich, ergiebig, ersprießlich, förderlich, gedeihlich, genial, lohnend, produktiv, schöpferisch. ▶ unfruchtbar.

Fruchtbarkeit → Empfänglichkeit, Erzeugung, Ergiebigkeit, Fülle, Gedeihen, Nützlichkeit.

Fruchtbonbon → Confitüre.

fruchtbringend → fruchtbar.

Früchtchen → Ausbund.

fruchten reifen, Frucht tragen, erbringen.

fruchtlos → nutzlos.

Fruchtlosigkeit Erfolglosigkeit, Nutzlosigkeit, Wirkungslosigkeit, Vergeblichkeit, Unfruchtbarkeit, vergebliche Liebesmühe, Tropfen auf einen heißen Stein, brotlose Kunst, totgeborenes Kind. ▶ Fruchtbarkeit.

frugal → abstinent, anspruchslos, einfach.

früh → baldig, beizeiten, einemmal mit, prompt, zeitig.

Frühdruck → Druck.

Frühe → Anfang, Dämmerung, Morgen.

früher vorher, zuerst, bevor, einst, einstens, eher, vorangehend, vorhergehend, einleitend, einführend, angekündigt, ehemals, vormals, damals, ehedem, seinerzeit, vordem, bis jetzt, bisher, bislang, zuvor, weiland, vorbei, vorüber, längst, dahin, in alter Zeit, in fernen Tagen, in verflossenen Stunden, in grauer Zeit, zu Olims Zeiten, bereits, vor langem, eines Tages, es war einmal. → als, bereits, bevor, damals, dermalen, ehedem, eher, erwähnt, einst, vergangen, vorher. ▶ später, zukünftig.

früher als → bevor.

früher oder später → bald.

frühestens → baldig, beizeiten, ehestens.

Frühgeburt → Fehlgeburt.

Frühjahr → Frühling.

Frühling Frühjahr, Lenz, Maienzeit, Wonnemonat, Blütezeit, Blumenzeit. ▶ Herbst.

frühmorgens frühzeitig, beizeiten, zeitig, morgendlich, in der Frühe, vor Sonnenaufgang, in der Morgenstunde,

sobald die Sonne sich hebt, beim Morgenrot, bei Tagesanbruch, wenn der Tag erwacht, wenn der Hahn kräht. → zeitig. ▶ abendlich.

frühreif → vorzeitig.

Frühschoppen → Vergnügen.

Frühstück → Essen.

frühstücken → essen.

Frühstunde → Anfang, Dämmer, Dämmerung, Morgen.

Frühzeit → Anfang.

frühzeitig → baldig, beizeiten, ehestens, prompt, zeitig.

Fuchs Reineke, Rotrock, Rotvoß, Rüde, Fähe j, Betze j ● Bursche, Hochschüler ● Schlaukopf, Schlauberger, Intrigant, Rechtsverdreher, Winkeladvokat, Federfuchser, Ränkeschmied, Leisetreter, Riemenstecher, geriebener Bursche, trockener Schleicher, Schieber, Halsabschneider, Jobber, Spitzbube, Schwindler, Freibeuter. ▶ Mensch aufrichtiger, treuer.

fuchsen → ärgern, aufregen.

füchsisch → diebisch.

Fuchtel → Strafe, streng.

fuchteln bewegen sich, eilen, schusseln, schieben, schwenken, stoßen, fegen, schweifen, wuseln, rütteln, schütteln, stolpern, aufbrausen. ▶ mäßigen sich, ruhig (bleiben).

fuchtig → wütend.

Fuder → Haufen.

Fug und Recht → Recht.

fügbar → fügsam.

Fuge Einschnitt, Kerbe, Riß, Ritze, Schlitz, Falz, Spalte, Sprung, Rille, Rinne, Riefe j, Naht, Verbindungsstelle, Lötstelle, Schweißnaht, Nut, Nute, Fügung ● Tonstück. → Bindemittel, Furche, Höhlung.

fügen verbinden, vereinigen, befestigen, verknüpfen, zusammenstecken, hinzufügen, zusammenstellen, ineinanderschlingen. → fügen sich, verbinden. ▶ trennen.

fügen, sich passen, übereinstimmen, zusammenstimmen, entgegenkommen, begegnen sich, schicken sich, vertragen sich, anpassen, in Einklang bringen, angleichen sich, nachgeben, entsagen ● ereignen sich, geschehen, stattfinden, zutragen sich, begeben sich, vorfallen, einstellen sich, entspinnen, eintreten, widerfahren, zustoßen, erleben, erfahren ● anstellen sich, verhalten, benehmen, aufführen, bewähren sich, betragen ● gehorchen, unterwerfen sich, einwilligen, willfahren, beugen sich, unterordnen, nachgeben, demütigen, keinen eigenen Willen haben, zu Kreuze kriechen, klein beigeben, die Segel streichen, das Knie beugen, den Schwanz einziehen u ● sich zufrieden geben, es dabei belassen, von der besten Seite nehmen, mit allem aussöhnen, jeden Wunsch erfüllen, ergeben, herablassen, die Flagge streichen, verkriechen sich, sich beherrschen, bezwingen, bemeistern, gefaßt bleiben, gute Miene machen zum bösen Spiel, sich nur wundern, die Fassung bewahren, ruhiges Blut bewahren, den Sturm dämpfen, sich selbst beherrschen ● kriechen, bücken sich, dienern, scharwenzeln, buckeln, hofieren, schweifwedeln, mit dem Strome schwimmen, den Mantel nach dem Winde hängen, auf den Knien rutschen, den Lakaien machen, kuschen u, spuren u, den Bären machen. → abfinden, anstellen, ausharren, befolgen, befriedigen, behelfen sich, belassen, betragen sich, dareingeben sich, ducken sich, dulden, einwilligen, ergeben sich, gehorchen, schicken. ▶ durchsetzen sich, trotzen, widersprechen.

fügen, sich in → fügen sich.
fügen, sich nicht → dawider.
fügen, hinzu → zusammentun.
fugenlos → faltenlos, nahtlos.
füglich schicklich, rechtsmäßig, ordnungsgemäß, mit Fug und Recht, sachgemäß, artig, ziemlich, harmonisch, zur Sache gehörig. → angemessen, schicklich. ▶ unschicklich, unvereinbar.
fügsam biegsam, geschmeidig, fügbar, nachgiebig, schmiegbar, dehnbar, bildsam, verträglich, versöhnlich, verständig, friedfertig, friedlich, sanft, gütig, lenksam, unterwürfig, gehorsam, folgsam, gefügig, ergeben, willig, willenlos, untertänig, sklavisch, hündisch. → aufmerksam, biegsam, demütig, dienstwillig. ▶ widerspenstig.
Fügsamkeit → Demut, Dienstbarkeit, Ergebenheit.
Fügung Bestimmung, Geschick, Schicksal, Schickung, Verhängnis ● Kreis, Kette, Glied, Lauf, Verkettung, Verbindung, Zusammenhang, Unheil, Ungemach, Heimsuchung, Übel, Prüfung, Unstern, Mißgeschick, Drangsal. → Betrübnis, Zufall, Fatalismus. ▶ Willensfreiheit, Willkür, Unterbrechung.
Fuhl → Kloake.
fühlbar bemerkbar, gewahr, bewußt, fühlend, eindringlich, eindrücklich, lebhaft, empfindlich, merklich, kitzelig ● körperlich, greifbar, faßbar, leiblich, wägbar. → ein-

schneiden, faßbar. ▶ empfindungslos, fühllos, unmerklich.
fühlen empfinden, gewahr werden ● betasten, befühlen, anfühlen, berühren, angreifen, anfassen, befingern, drücken, suchen, sondieren, verspüren ● sein Gefühl sprechen lassen, dem Innersten entstammen, dem Herzen entfließen, den Weg zum Herzen finden, von einem Gefühle beherrscht werden, in Anspruch genommen sein, durchdrungen, erleben. → erleben, spüren. ▶ abstumpfen.
fühlen, sich einherstolzieren, auftreten, einschätzen sich, rühmen sich, von sich überzeugt sein, den Kopf hoch tragen, sich etwas zugute halten, herabschauen auf, überschätzen sich, überheben sich, anmaßen, erlauben sich, gestatten sich, erdreisten sich, erfrechen sich, herausnehmen sich, sich nicht entblöden, den Herrn spielen, die Menschen einschüchtern, Ansprüche erheben, Grobheiten erlauben sich. → ausstechen, blähen, dick tun. ▶ bescheiden (sich), unterwerfen sich.
fühlen, sich heimisch → wohlfühlen.
fühlen, sich nicht wohl → ängstigen, darniederliegen.
fühlen, auf den Zahn → prüfen.
Fühler Versuch, Probe, Witterung, Fingerspitzengefühl, Vorhersicht, Voraussicht, Spürsinn, Erprobung, Erforschung, Vorstufe, der erste Schritt. ▶ Tür ins Haus fallen mit der.
Fühligkeit Gespür, feine Nase, Antenne, Sensibilität, Feinsinn.
fühllos → charakterlos, gleichgültig, unbelebt.
Fühlung nehmen → anbändeln.
Fuhre → Anfuhr, Transport.
führen lenken, navigieren, verwalten, lotsen, steuern, regieren, gebieten, deichseln, kommandieren, herrschen, befehligen, die Zügel ergreifen, bevormunden, in die Hand nehmen, die Leitung übernehmen, den Ton angeben, an der Spitze stehen, das große Wort führen, Bahn brechen ● belehren, lehren, beraten, ermahnen ● vorangehen, voranschreiten, anführen, den Reigen eröffnen. → anbahnen, anführen, aufbauen, ausstechen, bahnen, beeinflussen, bevormunden, dirigieren, erfassen, das Ruder leiten, organisieren, steuern, verwalten. ▶ folgen, irreführen, unterliegen.
führen, hinters Licht → balbieren, täuschen, verspotten.

führen, am Narrenseil → balbieren, verspotten.
führen, im Schilde → vorhaben.
führen, in Versuchung → abbuhlen, beeinflussen.
führend → bahnbrechend.
Führer → Chef, Cicerone, Demagoge, Direktor, Katalog.
führerlos → hilflos.
Führerschicht Elite, Oberschicht, herrschende Klasse.
Fuhrmann Fahrer, Wagenlenker, Kutscher, Pferdeknecht, Fuhrknecht, Postillon, Schwager. → Chauffeur.
Führung → Aufbau, Bevormundung, Direktion, Erziehung, Organisation, Vortrag.
Fuhrwerk → Chaise, Fahrzeug (Straßen-), Karren.
fuhrwerken → fahren.
Fülle Andrang, Anhäufung, Ansammlung, Flut, Fruchtbarkeit, Füllhorn, Gedränge, Haufen, Menge, Masse, Reichhaltigkeit, Überfluß, Üppigkeit, Vielfalt. → Anzahl, Ausbreitung, Ausmaß, Auswahl, Berg, Dicke, Dichte, Ergiebigkeit, Genüge, Herde, Inhalt, Masse, Reichtum, Segen, Vorrat. ▶ Armut, Leere, Magerkeit, Mangel, Wenigkeit.
füllen einfüllen, anfüllen, auffüllen, eingießen, tanken, einkriegen u, einschütten, verstopfen, zustopfen, vollstopfen, ausstopfen, wattieren, einführen, vollgießen, vollschütten, einspritzen, zuführen, hineingießen, tanken, einblasen, aufblasen, einschlürfen, saufen, sättigen, füttern, mästen. → ausfüllen, beladen, einschenken. ▶ ausgießen, entleeren.
Füllen → Fohlen.
füllend → sättigend.
Füllhorn → Glück, Fülle.
Füllsel → Farce.
Füllung Fütterung, Einfüllung, Auffüllung, Füllsel, Fülle, Ausfütterung, Einlage, Watte, Plombe, Ausfüllung, Aufspeicherung, Sättigung, Anhäufung. ▶ Entleerung.
fummeln → befingern.
Fund Lösung, Anhaltspunkt, Schlüssel, Erklärung, Auffindung, Deutung ● Zufall, Verlorenes. ▶ Nachforschung.
Fundament → Anfang, Grundlage.
fundamental → grundlegend.
Fundgrube → Bezugsquelle, Born, Quelle.
fundieren → rechtfertigen.
fundiert → begründet.
Fundierung → Nachweis, Rechtfertigung.
Fundus → Kapital.
fünf gerade sein lassen → belassen.
Fünfuhrtee → Ball, Geselligkeit.
fungieren → auftreten.

Funk Funkbericht, Übertragung, Rundfunk, Radio, Sendung, Drahtfunk, Sprechfunk, Telegraphie, drahtlose Übertragung, Radar. Ortung, Polizeifunk. → Blitz.

Funke → Feuer.

funkeln → emporlodern, erglühen, leuchten.

funkelnagelneu → neu.

funkelnd → strahlend.

funken senden, übertragen, drahten, morsen, vermitteln, weiterleiten ● schießen, Feuer geben, feuern, knallen, abschießen, beschießen, einschießen, ballern, eindecken, Kugeln wechseln, Geschütze bedienen. → benachrichtigen. ▶ bleiben kalt, bleiben neutral.

Funknachricht → Depesche.

Funkspruch → Benachrichtigung.

Funktion → Amt, Arbeit, Dienstpflicht, Faktor, Obliegenheit.

Funktion, außer → Lähmung, Stillstand, unwirksam.

Funktion, in → tätig, wirksam.

Funktionär → Bonze.

funktionieren → arbeiten, tätig, wirken, wirksam.

funktionslos → unnütz.

Funzel Öllampe, Petroleumlampe. → Lampe, Tranfunzel.

für in Vertretung von, Ersatz für, an seiner Stelle, zur Not, anstelle von, dafür.

für, an und – sich beiläufig, nebenbei, nebenher, so oder so.

für sich → ab, allein, auseinander, berührungslos, blättrig.

für und wider pro und contra.

fürbaß zu Fuß, per pedes, auf Schusters Rappen, marschfertig, marschbereit, reiselustig, unterwegs.

Fürbitte → Bewerbung, Dienst guter, Gebet.

Fürbitter → Antragsteller, Bewerber, Bittsteller.

Furche Falz, Fuge, Graben, Nute, Ritze, Spalte, Sprung, Spur Einschnitt, Schrunde, Riß, Schlitz, Rinne, Mulde. → Höhlung.

furchen → pflügen.

Furcht → Ahnung, Angst, Argwohn, Bammel, Bedenken, Beeinflussung, Beengung, Befangenheit, Beklemmung, Besorgnis, Bestürzung, Blitz, Erstarrung, Panik.

Furcht, ohne → arglos.

Furcht einflößen → ängstigen, benehmen den Mut.

Furcht einjagen → ängstigen, drohen.

Furcht ergriffen werden, von → ängstigen, benehmen den Atem.

Furcht erwecken → ängstigen, Bockshorn jagen ins.

Furcht sein, in → ängstigen, benehmen den Atem.

furchtbar furchteinflößend, fürchterlich, bänglich, beunruhigend, schrecklich, entsetzlich, furchterregend, greulich, schauerlich, gräßlich, entsetzenerregend, schreckensvoll, schaudervoll, unheimlich, haarsträubend, gruselig, grauenvoll ● sehr, hochgradig, bedeutend, besonders, ausgesprochen, beträchtlich, tüchtig, ordentlich, wirklich, arg, peinvoll, verdammt, verflucht, verteufelt, abscheulich, widerwärtig, abstoßend, blaß werden. → abgeschmackt, abschreckend, ärgerlich, beispiellos, beißend, beklemmend, blümerant, entsetzlich, häßlich, schmerzlich, sehr. ▶ anziehend, beruhigend, erfreulich, wohltuend.

furchteinflößend → beeinflussend, beklemmend, despotisch, einschüchternd.

fürchten ängstigen sich, bangen, beben, bekreuzen sich, grauen, gruseln, puppern, entsetzen sich, schaudern, schlottern, scheuen, schwanken, stutzen, zagen, zittern, zögern, kein Glied rühren können, die Hosen voll haben, Mores haben, blaß werden, in die Erde verkriechen, an allen Gliedern zittern, am ganzen Leibe beben, keine Traute haben, Himmelangst haben, Gänsehaut bekommen, mit den Zähnen klappern, mit den Knien schlottern, keines Wortes mächtig sein, Blut schwitzen, einen Bammel haben, Manschetten haben, Blut gerinnen machen ● erschrecken, zusammenfahren, zurückscheuen, entfärben sich, erblassen, erbleichen, erschauern, erzittern, den Mut verlieren, die Fassung verlieren, klein und häßlich werden, Schiß haben. → ängstigen, dämmern, davonlaufen, erblassen, erschrecken. ▶ Mann stellen seinen, mutig sein, vertrauen.

fürchtend → bebend.

furchterfüllt → bange, bebend, bestürzt, blümerant.

fürchterlich → abgeschmackt, abschreckend, abstoßend, beißend, beklemmend, beschämend, blümerant, böse.

furchterregend beunruhigend, angsterregend, drohend ● achtunggebietend, gewichtig, allgewaltig, überlegen, mächtig, stark ● grauenvoll, gruselig, haarsträubend. → furchtbar. ▶ beruhigend, erfreulich, lächerlich.

furchtlos → brav, felsenfest, herzhaft, mutig, optimistisch, sorglos.

Furchtlosigkeit → Courage, Fassung, Mut.

furchtsam → ängstlich, bange, bebend, befangen, drohend, erschrocken, erstarrt, fahl, feige.

Furchtsamkeit → Feigheit.

fürder → ferner.

fürderhin → auch, darüber.

Furie → Drachen.

furienhaft zornmütig, böse, grimmig, aufgebracht, fuchtig, grollend, erbittert, gereizt, giftig, gallig, unwirsch, wutverzerrt, zähneknirschend. ▶ sanftmütig.

fürlieb nehmen bescheiden sich, zurücktreten, bleiben im Hintergrund, stellen sein Licht unter den Scheffel, nach der Decke stecken. → belassen. ▶ aufblähen, beanspruchen.

Furnier → Bedeckung.

furnieren → bedecken.

Furore s → Aufsehen.

Furore machen → Aufsehen erregen, Bewunderung hervorrufen, in Erstaunen bringen, Überraschungen herbeiführen, Begeisterung hervorrufen, Taumel erregen, Verzückung erzeugen, begeistern, bezaubern, entzücken, hinreißen, berauschen, wahnsinnig machen, die Sinne verwirren, außer Fassung bringen, zur Schau stellen, Pracht entfalten, goldene Lorbeeren erringen, in jedermanns Munde sein. ▶ bescheiden (sich), bloßstellen sich, übersehen (werden).

Fürsorge → Bedacht, Behutsamkeit, Besonnenheit, Besorgnis, Besorgtheit, Obhut.

Fürsorgeanstalt → Bestrafung, Verwahrung.

fürsorglich vorsorglich, besorgt, häuslich, hilfsbereit, rührig, sparsam. → besorgt. ▶ unachtsam, verschwenderisch.

Fürsorglichkeit → Aufmerksamkeit, Besorgnis, Besorgtheit, Umsicht.

Fürsprache → Bewerbung, Dienst guter, Gunst.

fürsprechen → abwehren, beistehen, einsetzen sich, einstehen, entlasten, verteidigen.

Fürsprecher → Anwalt, Berater.

Fürst → Adel.

Fürstin → Adel.

fürstlich → adelig, edel, freigebig.

Furt Untiefe, Seichtheit, Versandung, Sandbank, Barre, Hungersteine, Weg, Durchgang, Übergang.

Furunkel → Auswuchs, Krankheit.

fürwahr traun! tatsächlich! → beglaubigt, bestimmt.

Fürwitz → Neugierde, Übermut.

Fusel Schnaps, Branntwein, Rachenputzer, Krätzer, Feuerwasser, Alkohol, Spirituose, schlechter Weinbrand.
Fusion → Anschluß, Vereinigung.
fusionieren → verbinden.
Fuß Maßeinheit, Längenmaß, Maß ● Grundlage, Unterlage, Basis, Fundament, Grundstein, Stütze, Sockel, Plattform, Rost, Lager, Unterteil ● Glied, Körperteil, Knochen, Gliedmaßen, Huf, Pfote, Tatze, Pratze, Latschen *j*, Ruder *j*, Pedal *u*, Quanten *u*, Quadratlatschen *u* ● Untersatz, Gestell, Befestigung ● Versfuß, Versmaß.
Fuß im Grabe, mit einem → krank.
Fuß leben, auf großem → Verschwendung.
Fuß, auf gutem → herzlich, vertraut.
Fuß fassen → aufhalten sich, bleiben, einwurzeln.
Fuß, zu → gehen.
Fußangel → Falle.
Fußball → Ball, Sport.
Fußblock → Block.
fusselig → faserig.
fusseln → auflösen.
fußen → basieren.
Fußes, stehenden → direkt.
Fußfall → Demut, Demütigung, Fall, Huldigung, Kriecherei.
Fußfall tun, einen → demütigen sich.
Fußgänger Wanderer, Wandersmann, Tourist, Pilger, Wegfahrer, Wallfahrer, Wandervogel, Bergsteiger, Hochtourist, Wanderbursche, Tippelbruder, Landfahrer, Zugvogel, Vagabund, Nomade, Läufer. ▶ (Fahrer).
Fußkugel → Beschwernis, Klotz, Strafe.
Fußnote → Anhang, Anmerkung, Auskunft, Randbemerkung.
Fußreise → Wanderung.
Fußsack → Bart, Pelzwerk.
Fußspur Spur, Fährte, Fußstapfen.
Fußstapfen → Fährte.
Fußtritt → Grobheit, Strafe.
Fußvolk → Heer.
Fußweg → Straße.
futsch(icato) → abhanden.
Futter Fütterung, Ausfütterung, Einlage, Watte, Füllung ● Nahrung, Kost, Beköstigung, Essen, Fraß, Schütte *s j*, Speisung, Bedarf, Mundvorrat, Lebensmittel, Furage, Zehrung. ▶ Trank.
Futteral Etui, Hülle, Hülse, Kapsel, Scheide, Schutz, Überzug. → Behälter, Beutel. Dose.
Fütterer → Ernährer.
Futtermittel → Bedarf.
füttern → füllen, nähren, unterlegen.

fütternd → aasen, ausfüllen, ausschlagen, sättigend.
Futterneid Brotneid, Mißgunst, Selbstsucht.
Fütterung → Beköstigung, Füllung.

G

Gabe Schenkung, Donation, Dotation, Stiftung, Heiratsgut, Geschenk, Beschenkung, Zuwendung, Zueignung, Spende, Liebesgabe, Opfergabe, Scherflein, Notopfer, Winterhilfe, Beisteuer, Abgabe, Angebinde, Aufmerksamkeit, Festgabe, Unterstützung, Mitgift, Aussteuer, Lohn. → Almosen, Andenken, Beitrag, Belohnung, Bestechung, Charakter, Dank, Darbringung, Entgelt, Käuflichkeit, Talent. ▶ Entgegennahme, Untauglichkeit.
Gabel Werkzeug, Gerät, Eßgerät, Besteck, Forke, Ackergerät ● Gabelung, Zweiteilung, Halbierung, Verzweigung, Spaltung, Halbung, Gaffe, Kreuzung.
gabelförmig gegabelt, zweiteilig, zweifach, zweigliedrig, verzweigt, gespalten, halbiert, gezackt, gezähnt, zackenförmig, sägenförmig, gebogen.
Gabelfrühstück → Essen.
gabelfrühstücken → essen.
gabeln halbieren, teilen, spalten, verzweigen, abzweigen, kreuzen, abbiegen, auseinandergehen, auseinanderlaufen, abweichen, abschwenken, abirren. ▶ zusammenlaufen.
Gabelung Verzweigung, Abzweigung, Abspaltung, Spaltung ● Schwenkung, Abschwenkung ● Scheideweg, Wegscheide, Straßengabelung ● Brechung, Verteilung, Abweichung ● Kreuzweg, Kreuzung.
gackern rufen, glucksen, piepsen, girren, lärmen, kollern, gicksen.
gacksen → ermatten, stammeln.
gaffen → anschauen, erstaunen.
Gage → Bezahlung, Belohnung.
gähnen klaffen, offenstehen, aufstehen, aufgehen, auffliegen ● ermatten, ermüden, langweilen, erschlaffen, erschöpfen, einduseln, schlapp machen. ▶ ermuntern, frisch (sein).
gähnend → offen.
Gala Aufmachung, Glanz, Kleiderpracht, Putz, Staat,

Wichs, Pracht, Gepränge, Prunk, Pomp, Hofstaat, Hoftracht, Prunkwagen, Prachtwagen, Schaufahrt, Festgepränge, Schaugepränge, Farbenglanz. ▶ Einfachheit.
Galan → Buhle, Liebhaber, Wüstling.
galant höflich, vornehm, ritterlich, formgewandt, fein, geschliffen, zuvorkommend, wohlerzogen, freundlich, liebenswürdig, aufmerksam, glatt, einnehmend, diplomatisch, kavaliersmäßig. → artig, betragen sich, freundlich. ▶ unfreundlich, unhöflich.
Galanterie → Bewerbung, Courschneiderei, Höflichkeit.
Galanummer → Anziehung, Attraktion.
Galavorstellung Aufführung, Oper, Operette, Schauspiel, Ausstattung, Feierlichkeit, Festlichkeit, Festgepränge, Prunkfest, Hoffest, Prachtentfaltung, Prunkentfaltung, Schaustück. → Attraktion.
Galeere → Fahrzeug (Wasser-).
Galeerensklave → Sklave.
Galerie Sammlung, Anhäufung, Überblick, Ausstellung, Bildergalerie, Gemäldeausstellung, Gemäldesaal, Gemäldehalle, Durchgang, Säulengang, Rang, Olymp *u*, Empore, Seitengalerie. → Ausstellung.
Galgen Schwebebaum, Hebebaum, Balken, Gerüst ● Bestrafung, Erhängen, Halsgericht, Hinrichtung, Vollstreckung, Entehrung, Marter, Pranger, Strang, Strick.
Galgenfrist → Bedenkzeit, Gnade.
Galgenhumor Sarkasmus, schwarzer, abgründiger Humor ● Selbstüberwindung, Trotz.
Galgenstrick → Bandit, Betrüger, Lump.
Galgenvogel → Bandit, Betrüger, Lump.
Galle Körperteil, Eingeweide, Gallenblase, Gallenflüssigkeit ` ● Bitterkeit, Ungeschmack, Ekel, Widerlichkeit, Geifer, Ingrimm, Groll, Erbitterung, Rachsucht, Mißmut, Zorn, Gift und Galle, finsterer Blick. → Bosheit. ▶ Gutmütigkeit, Liebenswürdigkeit.
gallertartig dicklich, geronnen, schwabelig, seimig, schleimig, pappig, kleistrig, geleeartig, gelatineartig, käsig. → dickflüssig. ▶ flüssig.
Galligkeit → Bosheit, Galle.
Galopp Schnelle, Geschwindigkeit, Hurtigkeit, Flinkheit, Raschheit, Behendigkeit, Schnelligkeit, Eile, Rennerei, Lauf, Schnellschritt, Laufschritt, Eilmarsch, Schnellauf, Siebenmeilenstiefel, Pferde-

gang ● Hopser, Tanz, Hupf. → Blitz. ▶ Trägheit, (Trapp).

galoppieren → beschleunigen, bewegen sich, durcheilen.

gammeln herumlungern, sich herumtreiben, strolchen. → faulenzen.

Gang → Art, Bahn, Bewegung, Direktion, Durchbruch.

Gang bringen, in antreiben, beginnen, anführen, anfangen, anbahnen, anfassen, angreifen, anpacken, vorgehen, übernehmen, einleiten, eröffnen, antreten, anfahren, ankurbeln, ankuppeln, in Bewegung bringen, in die Welt setzen, den ersten Schritt tun, Hand anlegen, in die Hand nehmen. ▶ hemmen.

gang und gäbe → bekannt, beständig, gewohnheitsmäßig.

Gangart Bewegung, Schritt, Trab, Galopp, Marsch, Lauf, Tanz, Rennen, Hopsen, Springen, Hüpfen, Promenieren, Trippeln, Schlendern, Hast, Torkeln, Schwanken.

gangbar offen, frei, aufgeschlossen, aufgesperrt, auf, unversperrt, begehbar, leicht, laufend, gütig, gängig, im Umlauf, courant. → anerkannt, angenehm. ▶ geschlossen, unangenehm, unmöglich.

Gängelband Wiegenband, Schoßkind, Leitseil, Zügel, Ruder, Schlüsselgewalt, Vollmacht, Drang, Druck, Zwangsmittel, Joch, Fessel, Kette, Freiheitsberaubung, Schürzenbändel, Bändigung, Zähmung. → Bande. ▶ Ungebundenheit

gängeln → bahnen, bevormunden, bürokratisch, leiten.

gängig → entwirrbar, erfüllbar, erreichbar, gangbar.

Gangster → Erpresser, Lump.

Gans Tier, Vogel, Haustier, Geschöpf, Getier, Zweifüßler, Wildgans ● Dummkopf, Pute, Einfaltspinsel, Gelbschnabel, Grünschnabel, Gimpel, Tölpel, dumme Gans, Schwätzer, Stadtklatsche, Schnattermaul, Plaudertasche.

Gänsehaut → Angst, Kälte.

Gänsemarsch → Aufeinanderfolge.

ganz alles, durchgängig, durch und durch, ganz und gar, gesamthaft, insgesamt, restlos, erschöpfend, total, unverkürzt, vollauf, gänzlich, völlig, vollkommen, unteilbar ● heil, intakt, unbeschädigt, unversehrt, in Ordnung, wohlbehalten, unberührt. → absolut, ganz, alles, arg, ausnahmslos, ausschließlich, bestehen aus, Beziehung in jeder, durchaus, einmal alle auf, vollständig. ▶ geteilt, lückenhaft.

ganz und gar gänzlich, alles, sämtlich, ausnahmslos, vollzählig, völlig, vollständig, vollkommen, insgesamt, restlos, total, unverkürzt, vollauf, ohne Ausnahme, durchweg, samt und sonders, Kind und Kegel, von Kopf bis zu Fuß, Freund und Feind, mit Haut und Haar, auf Gedeih und Verderb, mit Stumpf und Stiel. → A bis O, bestehen aus. ▶ ausgenommen, geteilt, nichts.

ganz und gar nicht → absprechen, aberkennen, nicht.

ganzen genommen, im → daher.

Ganzes → Bestandteil, Ganzheit.

Ganzheit Alles, Gesamtheit, Ganzes, Gesamtbetrag, Vollständigkeit, Masse, Vollzähligkeit, Fülle, Vollheit, Zusammengehörigkeit, Unteilbarkeit, Weltall, Unzertrennbarkeit. → Einheit, Ergänzung. ▶ Teil.

gänzlich → A bis O, bestehen aus, Beziehung in jeder, durchaus, durch und durch, vollständig.

gar aus, eßbar.

gar nicht → nicht.

Garage → Abstellraum.

Garant → Bürge.

Garantie Berechtigung, Anrecht, Bestätigung, Gewähr, Garantieschein, Recht, Gutsprechung, Gutschrift, Bürgschaft, Deckung, Gewährleistung, Haftung, Sicherheit, Unterpfand. ▶ Risiko.

garantieren → bürgen, einstehen, beglaubigen, versichern.

Garantieschein → Bescheinigung, Garantie.

Garaus Henkersmahlzeit, Vollstreckung, Tötung, Todesstoß, Mord, Totschlag, Ermordung, Meuchelmord, Blutvergießen, Raubmord, Vernichtung.

Garbe Bündel, Bund, Ballen, Gebund, Busch, Gebinde, Ähre, Strauß, Heuschober, Stapel, Getreide, Gelege, Korn, Frucht, Grummet, Ernte. → Bund. ▶ (Haufen loser).

Garde → Schutz.

Garderobe Aufbewahrung, Kleiderablage, Kleiderabgabe, Ankleideraum, Ankleidezimmer, Raum, Kleiderkammer, Beizimmer. → Anzug.

Garderobier → Aufseher.

Gardine → Behang.

Gardinenpredigt → Bestrafung.

gären → brausen, bunt zugehen, dröhnen, fangen Feuer.

gärig → faul.

Garküche → Butike.

Garn → Band, Bindemittel, Bindfaden, Danaergeschenk, Faden, Falle.

Garn locken, ins nachstellen, überlisten, erhaschen, eine Grube graben, eine Falle stellen, auf der Lauer liegen, eine Schlinge legen, eine Angel auslegen, ein Bein stellen. ▶ helfen, unterschlüpfen (lassen).

garnieren → ausschmücken, besetzen, dekorieren.

Garnierung → Ausschmückung, Besatz.

Garnison → Besatzung.

garnisonieren → belegen.

Garnitur *f* → Ausschmückung, Besatz.

garstig → abgeschmackt, bäurisch, beißend, beschämend, bestialisch, bitter, bitternarbig, böse, borstig, brennend, dickwanstig, dreckig.

Garstigkeit → Fratze, Häßlichkeit.

Gärstoff → Ferment.

Garten Park, Anpflanzung, Anlage, Lustgarten, Lustwäldchen, Palmengarten, Stadtgarten, Vorgarten, Kräutergarten, Obstgarten, Gemüsegarten, Baumgarten, Blumengarten, Steingarten, Gelände, Flur, Erdreich ● Tiergarten, Tiergehege, Freigehege, Zwinger, Zoo, Zoologischer Garten.

Gartenhaus → Cottage.

Gartenstück → Beet.

Gartenzwerg Wichtel, Wichtelmann, Männlein, Männchen ● halbe Portion, abgebrochener Riese ● Knirps, lächerliche Figur, Spottfigur.

Gärtner machen zum Bock falsche Entscheidung, Dummheit, Leichtfertigkeit, Unverständnis.

Gärtnerei › Baumschule.

Gärung → Ausbruch, Chaos, Fäulnis, Ferment.

Gärungsmittel → Ferment.

Gas Vergasung, Gasförmigkeit, Dunstartigkeit, Nebelgas, Giftgas, Gelbkreuz, Tränengas, Flüchtigkeit, Verflüchtung, Dampf, Rauch, Schwaden, Grubengas. ▶ Brennmaterial, Dunst. ▶ Flüssigkeit.

Gas geben → anfahren, bringen in Bewegung.

gasförmig → dampfförmig, dunstartig.

Gasse → Bahn, Bindemittel, Durchführung, Durchgang, Straße.

Gassenhauer → Schlager.

Gassenjunge Kerl, Bengel, Rüpel, Schlot, Bauernflegel, Lümmel, Bauernkerl, Michel, Flegel, Geselle, Bube, Range, Schusterjunge, Halbstarker, Bagage. ▶ (Mensch wohlerzogener).

gassenmäßig verwildert, roh, lausbubenhaft, ungepflegt, widerlich, falsch, schülermäßig, jungenhaft, ungezogen,

frech, laut, schlecht erzogen.
▶ wohlerzogen.
Gast Besucher, Kostgänger, Stammgast, Kunde, Ankömmling, Besuch, Angekommener, Geladener. → Eingeladener. ▶ Gastgeber.
Gast bitten, zu → bitten, einladen.
gastfreundlich gastfrei, gastlich, gesellig, einladend, umgänglich, zugänglich, leutselig, freigebig, großzügig, hochherzig, nett, freundlich, zuvorkommend. → Du und Du, einladend. ▶ ungastlich.
Gastfreundschaft Freigebigkeit, Gastlichkeit, Gebefreudigkeit, Geselligkeit, Höflichkeit, Leutseligkeit, Herzlichkeit, Freundschaftlichkeit, offenes Haus, offene Hand. ▶ Ungastlichkeit.
Gastgeber Bewirter, Wirt, Einlader, Hausherr, Gesellschafter, Spender, Geber, Schenker. → Ernährer. ▶ Gast.
Gasthaus → Ausschank, Gaststätte.
Gasthof → Ausschank, Gaststätte.
gastieren bewirten ● auftreten, vorstellen, darstellen, vorführen, spielen, herausbringen, eine Gastrolle geben, zu Gast sein.
gastlich → gastfreundlich.
Gastlichkeit → Gastfreundlichkeit.
Gastmahl → Bankett, Essen, Feier, Fest.
Gastrolle Einzelfall, Sonderfall, Einzelauftreten, Ausnahme, Einzelheit, Gastspiel, Aufführung, Vorstellung, einmaliges Auftreten. ▶ Ständigkeit.
Gastronomie → Feinschmekkerei.
Gastspiel Tournee. → Darbietung, Gastrolle.
Gaststätte Kaffeehaus, Kaffee, Konditorei, Restaurant, Gastwirtschaft, Schenke, Gasthaus, Speisehaus, Trinkstube, Bar, Weinstube, Weinhaus, Wirtschaft, Gasthof, Rasthaus, Absteighaus, Herberge, Unterkunft, Fremdenhof, Bleibe, Schankstube, Schenkstube, Straußwirtschaft, Kneipe, Bumslokal u, Spelunke, Kaschemme, Bumskneipe u, Bierhaus, Speisewirtschaft, Branntweinstube, Teestube. → Ausschank.
Gastwirt → Wirt.
Gastwirtschaft → Gaststätte.
Gatte → Bräutigam, Ehegenosse.
gattenlos → alleinstehend.
Gatter → Ausgang, Beschwernis, Demarkation, Zaun.
Gattin → Ehefrau, Frau.

Gattung → Abteilung, Art, Artikel, Charakter, Familie.
Gau → Bezirk, Distrikt.
Gauch → Bandit.
Gaudium Belustigung. → Ulk.
Gaukelei → Betrug, Scherz.
gaukeln → täuschen, zaubern.
Gaukelspiel → Blendwerk.
Gaukler → Betrüger, Fakir.
Gaul → Pferd.
Gaumen → Geschmack.
Gaumenfreude Sinneslust, Genußfreude, Befriedigung, Labung, Genuß, Behaglichkeit, Sinnenreiz, Gaumenkitzel, Schnabelweide, Genußmittel. → Feinschmeckerei. ▶ Degout, Entbehrung.
Gaumenkitzel → Delikatesse, Feinkost, Gaumenfreude.
Gauner → Bandit, Bauernfänger, Betrüger, Dieb.
Gaunerei Täuschung, Betrug, Betrügerei, Übertölpelung, Überlistung, Verrat, Blendung, Vorspiegelung, Gemeinheit, Unterschlagung, Bestechung, Schiebung, Fälschung, Schelmerei, Unredlichkeit, Falschheit, Schurkerei, Charakterlosigkeit, Hinterlist, Buberei, Lumperei, Aasgeschäft, Heimtücke, Prellerei, Diebstahl, Wucher, Spitzbüberei, Schwindel, Einbruch, Raub.→Bemächtigung, Beraubung, Dieberei. ▶ Ehrlichkeit, Redlichkeit.
gaunerhaft → bestechlich, charakterlos, gemein.
gaunerisch → diebisch.
Gaunersprache → Diebesjargon.
Gazette → Zeitung.
geachtet → achtbar, angesehen, bekannt, beliebt, berühmt.
geachtet sein → beneidenswert.
geächtet einsam, gemieden, geflohen, verloren, umherirrend, verbannt, unselig, vogelfrei, ausgestoßen, verfemt, ehrlos, rechtlos, verachtet, gerichtet, verhaßt, unbeachtet, ungeschätzt, unangesehen. ▶ angesehen.
geadert streifig, gestreift, gebändert, gewellt, gesprenkelt, punktiert, gerändert, gefleckt, fleckig, meliert. ▶ einfarbig.
gealtert → alt, ergraut.
geartet persönlich, innerlich, eigen, zueigen, erblich, artgemäß, vererbt, angeboren, eingewurzelt, eingepflanzt, eigentümlich, zugehörig, beschaffen, charakteristisch, kennzeichnend ● behaftet, bezeichnend, Blut liegen im, dergestalt. ▶ äußerlich, gewöhnlich.
geartet, so → dermaßen.
Geäst → Ast.
geästelt → federartig.
Gebäck Nachtisch, Nasch-

werk, Näscherei, Zuckerwerk, Leckerbissen, Delikatesse, Plätzchen, Konfekt, Kuchen, Leckereien, Biskuit, Torte, Süßes, Zuckerwaren, Backwerk, Backwaren, Zeltchen.
Gebälk → Balken.
geballt → haufenweise.
gebändert → geadert.
gebannt → besessen.
Gebärde Geste, Augenspiegel, Blick, Achselzucken, Kopfschütteln, Mienenspiel, Zeichensprache, Kopfnicken, Wink, Fingerzeig, Mimik, Fingersprache, Handbewegung. → Anspielung.
gebärden, sich → aufführen.
Gebärdenspiel → Pantomime.
Gebaren Allüren, Manier, Verfahren, Handhaben, Betätigung, Hantierung, Förmlichkeit, Gehabe(n), Handlungsweise, Aufführung, Haltung, Verhalten, Betragen, Benehmen. → Art und Weise, Ausdruck, Aussehen, Charakterfundament, Denkart. ▶ Formlosigkeit.
gebären → bringen zur Welt, entbinden.
gebaren, sich → aufführen, auftreten für.
Gebäude → Bau.
Gebein → Knochen.
gebaut, schön → ästhetisch.
geben erteilen, dotieren, schenken, zuteilen, spenden, gewähren, opfern, bescheren, darreichen, darbringen, zuwenden, verehren, überraschen, bewilligen, abtreten, stiften, unterstützen, beitragen, bezahlen, ausstatten, ausrüsten, versorgen, versehen, zustecken, verleihen, widmen, zueignen, überreichen, überlassen, anbieten, spendieren, ausgeben, verabfolgen, einhändigen, aushändigen, reichen, verteilen, austeilen, zuweisen, tun. → anbieten, beschenken, bewilligen, bezahlen für, darbieten, darbringen, darreichen, einträufeln, entäußern sich, die Kosten zahlen. ▶ nehmen.
geben, sich → anstellen, auftreten, aussehen, betragen sich.
geben, sich als → borgen, fremde Gedanken.
geben, den Anstoß → bringen in Gang.
geben, ein Aussehen sich aufblähen, brüsten, prahlen, großtun, übertreiben, sich einbilden, sich überschätzen, sich aufblasen, wichtig tun, groß machen, sich besser dünken, sich in die Brust werfen. ▶ klein machen sich.
geben, ein Beispiel vormachen, aneifern, eingreifen, durchsetzen, durchführen, anführen, wirken, leiten, vorstehen, erziehen, Eindruck

machen. ▸ müßig gehen, nachfolgen.

geben, zum besten erzählen, frotzeln, witzeln, scherzen, spaßen, necken, erheitern, zum Lachen bringen, Gelächter erregen, den Hanswurst machen, Possen treiben, Witze machen, einen Ulk erzählen. → geben. ▸ langweilen.

geben, an die Hand → Hand geben an die.

geben, aus der Hand → weggeben.

geben, den Laufpaß ausschließen, ausschalten, verstoßen, verweisen, beseitigen, aussperren, ausgliedern, fortjagen, hinauswerfen, verscheuchen, heimleuchten, bannen, verjagen. → Bord werfen über. ▸ anschließen, aufnehmen.

Geber Schenker, Spender, Gastgeber, Wohltäter, Unterstützer, Armenpfleger, Zahlmeister, Entlohner, Lohnherr, Brotgeber, Brotherr, Ernährer, Stifter, Gründer, Erbonkel, Helfer, Retter. ▸ Empfänger, Geizhals.

gebessert genesen, erholt, geheilt, gesundet, gelindert, wiederhergestellt, davongerafft, davongekommen, gerettet ● bekehrt, gereinigt, befreit, von der Sünde abgelassen, zu Kreuz gekrochen, ein neues Leben begonnen, den alten Menschen abgelegt, bei sich Einkehr gehalten, zu sich selbst zurück gefunden, zur Erkenntnis gekommen, sich vom Bösen abgewandt, sich zu Herzen genommen. ▸ verschlimmert.

Gebet Fürbitte, Bitte, Flehen, Bittgebet, Flehgebet, Bußgebet, Andacht, Stoßgebet, Dankgebet, Betstunde, Lobpreisung, Kirchengebet, Festgebet, Tischgebet, Schulgebet, Brevier, Anliegen, Ansuchen, Anrufung, Beschwörung, Ablaßgebet, Preis.

Gebet nehmen, ins → erforschen, strafen.

Gebetbuch → Bibel.

gebettet, nicht auf Rosen schwierig.

gebeugt gebückt, geduckt, angeschlagen.

Gebiet → Abteilung, Ausbreitung, Ausdehnung, Besitztum, Bezirk, Distrikt, Domäne, Fläche.

Gebieten → Beeinflussung.

gebieten → anführen, anregen, aufzwingen, befehlen, befehligen, beherrschen, bewirken, Dach steigen auf das, diktieren, erteilen Auftrag.

gebietend → ausschlaggebend, gebieterisch.

Gebieter → Besitzer, Chef, Dienstherr, Diktator, Direk-

tor, Despot, Efendi, Ehegenosse, Herrscher.

Gebieterin → Ehefrau, Frau.

gebieterisch entschlossen, befehlshaberisch, herrisch, verächtlich, überlegen, unzugänglich, selbstsicher, selbstbewußt. → anmaßend, bärbeißig, befehlerisch, beeinflussend, beherrschend, bemüßigt, besiegelt, charakterfest, despotisch, diktatorisch, energisch, ernstlich, felsenhart. ▸ energielos, kriecherisch, sanftmütig, vergnügt.

Gebilde → Bildung, Etwas.

gebildet gesittet, sprachgebildet, kultiviert, erzogen, zivilisiert, anständig, höflich, manierlich, formgewandt, geschliffen, wohlerzogen, freundlich, zuvorkommend, hilfsbereit, hoffähig. → anstellig, artig, belesen, betragen sich, bibelfest. ▸ ungebildet.

gebilligt → anerkannt.

Gebimmel → Mißklang.

Gebinde → Blumenstrauß, Bund, Garbe.

Gebirge → Berg.

gebirgig hoch, erhaben, emporragend, aufsteigend, steil, bergig, hügelig, uneben, luftig, oben, oberhalb, wolkenwärts, droben, höckerig, felsig, buckelig. ▸ flach.

Gebirgsmassiv → Berg.

Gebirgszug → Berg.

Gebiß → Zähne.

gebläht aufgebläht, dick, aufgetrieben, aufgedunsen, geschwollen, aufgeschlossen, aufgeblasen, ausgedehnt, breit, angeschwollen. ▸ zusammengezogen.

Gebläse → Blasebalg.

geblendet blind, lichtlos, gesichtslos, schneeblind, sonnenblind ● überrascht, entzückt, erstaunt, fassungslos, starr, festgebannt, betroffen, verwirrt, verblüfft. ▸ gefaßt, scharfsichtig.

geblümt → farbenfroh, farbenreich.

Geblüt → Art, Blut.

gebogen verbogen, umgebogen, gekrümmt, geschweift, wellig, bogenförmig, halbmondförmig, ankerförmig, eingebogen, ausgebogen, gekrümmt, gewunden, verschlungen, gelockt, ausgeschweift. → aalförmig, aalglatt. ▸ gerade.

geboren → lebendig.

geboren werden das Licht der Welt erblicken, zur Welt kommen, erscheinen, entbunden werden, ausschlüpfen, auskriechen, abgenabelt werden.

geborgen gerettet, erlöst, befreit, frei, heil, sicher, behaglich, geschützt, gesichert, gefeit, ungefährdet sein, im sicheren Hafen. ▸ gefährdet.

Gebot → Anordnung, Appell,

Auflage, Bande, Bedürfnis, Beeinflussung, Befehl, Codex, Dekret, Dogma, Ehrenpunkt.

Gebot stehen, zu → verfügen.

gebrandmarkt beschämt, gekränkt, geschändet, entehrt, verunglimpft, befleckt, beschmutzt, ehrlos, geächtet, niedrig, gedemütigt, erniedrigt, zurückgesetzt, verrufen, berüchtigt, bescholten. ▸ geachtet, unbescholten.

Gebräu Mischung, Vermischung, Vermengung, Brau, Bräu, Hexengebräu, Gemisch, Flüssigkeit, Getränk, Gesüff, Mischmasch, Mischgetränk, Gemengsel.

Gebrauch Benutzung, Anwendung, Nutzanwendung, Verwendung, Benützung, Ausnützung, Gewohnheit, Brauch, Gebrauchsanweisung, Vorschrift, Brauchtum, Sprachgebrauch, Gepflogenheit, Üblichkeit, Regel, Angewöhnung. → Anwendung, Behandlung, Benützung. ▸ Ablehnung, Enthaltung.

Gebrauch machen von → bedienen sich.

gebrauchen → anwenden, ausnutzen, bedienen sich, beschäftigen, brauchen, übergen.

Gebraucher Benützer, Anwender, Genießer, Nutznießer, Teilhaber, Teilnehmer, Partner, Beteiligter, Mitbesitzer, Eigentümer, Verfügungsberechtigter, Alleinbesitzer, Sachbesitzer, Wertbesitzer, Inhaber, Eigner, Gebieter ● Konsument, Käufer, Kunde, Abnehmer, Besteller, Ersteher. ▸ Hersteller.

gebräuchlich → allgemein, alltäglich, alt, anerkannt, behaftet.

Gebrauchsanweisung → Anleitung.

gebrauchsfertig gebrauchsbereit, bereit, fixfertig, mundgerecht, fertig, tischfertig, verwendungsbereit, gerichtet, parat, bereitgestellt, greifbar, vorhanden, benützbar. ▸ erhältlich. ▸ unvollendet.

Gebrauchsgegenstand Gerät, Ding, Gegenstand, Material, Utensil.

Gebrauchssprache Umgangssprache. → Dialekt.

Gebrauchsvorführung Vorführung, Schaustellung, Kundgebung, Kostprobe, Erklärung, Beweis, Demonstration, Ausstellung, Veranschaulichung. → Demonstration.

gebraucht benutzt, verwendet, verwandt, angewendet, ausgenützt, zunutze gemacht ● aufgebraucht, verfügt, verarbeitet, in Anspruch genommen, beschäftigt ● gehandhabt, Gebrauch gemacht ● alt, abgenutzt, abgegriffen, nicht mehr neu, fadenscheinig, morsch, altersschwach. → alt. ▶ ungebraucht.

gebräunt → braun.

Gebrause Getöse, Lärm, Geräusch, Gedröhne, Sturmgebraus, Radau, Geläute, Gerassel, Geklingel, Gepolter, Gestampfe, Geklirre, Krach. → Detonation. ▶ Lautlosigkeit.

Gebrechen → Befinden, Beschädigung, Beschwerde, Defekt, Fehler, Krankheit.

gebrechen an → entbehren, ermangeln.

gebrechlich → bebend, charakterlos, dienstunfähig, krank, schwach.

Gebrechlichkeit → Ermattung, Befinden.

Gebresten → Krankheit, Übel.

gebrochen → angeschlagen, blind, dämmerig, dienstunfähig, schwach, verzweifelt.

Gebröckel Brocken, Geröll, Geschiebe, Lockerkeit, Schutt, Grieß, Bröckeligkeit, Körnigkeit, Mulmigkeit, Mürbe, Mürbheit, Zerreibbarkeit, Splitter, Scherbe, Gekrümel, Spaltbarkeit, Auflockerung, Zerfall, Verwitterung. ▶ Festigkeit, (Stück in einem).

Gebrüder → Anverwandte.

Gebrüll Lärm, Gelärm, Geschrei, Gezeter, Tumult, Radau, Heidenlärm, Gejohle, Geräusch, Gebrause, Gedröhn, Judenschule, Gejauchze, Geschmetter, Kindergeschrei, Kindergebrüll, Gejammer, Weinerei, Geheul, Wehgeschrei, Getöse, Gesause. ▶ Geflüster.

Gebrumme Gemurmel, Gesumme, Gesumse, Grabesstimme, Getuschel, Raunen, Gesäusel, Gelispel, Geräusch, Geflüster, Gezischel, Ruf, Brummen, Murren. ▶ Gebrüll, Verständlichkeit.

Gebühr Abgaben, Gebühren, Pacht, Miete, Steuer, Pflichtteil, Einzahlung, Pflichtgebühr, Jahresgeld, Ausgaben, Zahlung, Rückengeld, Marktgeld, Opfergroschen, Beträge, Teilgebühr, Erhöhung, Verteuerung, Einschreibegebühr, Nachnahmegebühr, Briefgeld, Postgeld, Rundfunkgebühr, Gerichtsgebühr, Kosten, Auslagen, Unkosten. → Aufschlag, Beitrag. ▶ Nachlaß.

Gebühren → Gebühr.

gebühren beanspruchen, zukommen, gehören, zueignen, zufallen, nutznießen, zustehen, verlangen, erlangen ● geziemen, vorschreiben, sich gehören, nicht unterlassen, seine Schuldigkeit tun. → ermächtigen. ▶ anmaßen, unterlassen.

gebührend → angemessen, gebührlich.

gebührenfrei kostenlos. → umsonst, gratis.

gebührlich gehörig, gebührend, zustehend, zukommend, zuständig, zugehörig, angehörig, geziemend ● schicklich, brav, manierlich, wohlerzogen, nett, anständig, gesittet, angenehm, richtig. → angemessen, artig. ▶ ungebührlich.

Gebund → Bund.

gebunden verpflichtet, abhängig, verantwortlich, verschrieben, schuldig, verbindlich, benötigt, erforderlich, unterhaltungspflichtig, schadenpflichtig ● unfrei, eingesperrt, gefangen, eingekerkert, eingeschlossen, geknebelt, gefesselt, gehandicapt ● versprochen, angelobt, liiert, zugesagt, verlobt. ▶ ungebunden.

Gebundenheit Verpflichtung, Abhängigkeit, Bindung, Pflicht, Versprechung, Verlobung, Versicherung, Ehe, Unfreiheit, Einschränkung.

Geburt → Abkunft, Anfang, Beginn, Entbindung.

Geburtenregelung Empfängnisverhütung, Geburtenkontrolle.

gebürtig → abstammen, ansässig, daheim.

Geburtshilfe Entbindungshilfe, Hebammenkunst.

Geburtsjahr → Beginn.

Geburtsrecht → Anrecht.

Geburtsstätte → Aufenthaltsort, Elternhaus.

Geburtstag → Ehrentag, Feier.

Gebüsch Gehölz, Gesträuch, Gestrüpp, Unterholz, Gestäude, Dickicht, Busch, Baumgruppe, Hecke, Knieholz, Grünes. ▶ Wald.

Geck → Banause, Besserwisser, Dandy.

geckenhaft → dünkelhaft, erkünstelt.

Geckenhaftigkeit → Dünkel, Eitelkeit.

gedacht gedanklich, begrifflich, geistig, vorgestellt, verstandesmäßig, verstandesgemäß, bewußt, durchdacht, urteilsfähig ● geahnt, unwirklich, unsichtbar, ungeboren. ▶ begriffsstutzig, bestehend.

Gedächtnis Erinnerungsvermögen, Erinnerungsfähigkeit, Wiedererneuerung, Rückerinnerung, Rückblick, Rückschau, Gedächtniskraft, Gedächtnisfrische, Personengedächtnis, Farbengedächtnis, Ortssinn. ▶ Vergeßlichkeit.

Gedächtnisschwäche Amnesie, Gedächtnisschwund, Gedächtnisstörung, Vergeßlichkeit, Zerstreutheit, Gehirnschwund, Gedankenlosigkeit, Verwechslung, Erin-

nerungslosigkeit, Störung, Alterserscheinung, Gedächtnis wie ein Sieb, Verkalkung. ▶ Gedächtnis.

Gedächtnisstütze Erinnerungszeichen, Andenken, Notizbuch, Merkblatt, Anmerkung, Vormerkung, Aufzeichnung, Lesezeichen, Denkzettel, Eselsbrücke, Notiz, Bemerkung, Vermerk, Randbemerkung, Kalender, Knoten im Taschentuch. → Auskunft.

Gedächtnistafel → Chronik, Denkzettel.

Gedächtnistag Jahresfeier, Jahrestag, Jubelfeier, Jubeltag, Jubiläum, Gedenktag, Gründungsfeier, Wiegenfest, Geburtstag, Namenstag, Hochzeitstag, Todestag, Totensonntag, Staatsfeiertag, Wiederkehr, Kreislauf, Wechsel.

Gedächtnisübung → Auffrischung.

gedämpft → belegt (Stimme), dumpf, leise.

Gedämpftheit → Dämpfung, Dumpfheit.

Gedanke Gedankengut, Gedankengang, Gedankenflug, Gedankenfülle, Einfall, Idee, Vorstellung, Begriff, Sinn, Bedenken, Betrachtung, Tiefsinn, Reflexion, Grübelei, Besinnung, Geistesgut, Denkbereich, Gedankenwelt, Kopfarbeit, Gedankenarbeit, Anstrengung, Leistung, Vorstellungskraft, Denkvorgang, Gedankenfolge, Gedankenkette, Gedankenverbindung, Gedankenreihe, Vorstellungsablauf, Begriffsbildung, Gedankentiefe, Gedankenbild, Gedankending, Vorstellungsinhalt, Geistesschöpfung, Eingebung, Erkenntnis, Gedächtnis. → Absicht, Begriff, Bild, Einfall, Fiktion. ▶ Gedankenarmut, Gedankenlosigkeit.

Gedanken, glänzende → Gedankenfülle.

Gedanken, in → vertieft, zerstreut.

Gedanken kommen, auf andere → breitschlagen.

Gedanken sammeln, seine → denken.

Gedankenarbeit Kopfarbeit, Anstrengung, Leistung, Anregung, Vorstellungskraft, Denkvorgang, Denkarbeit, Erforschung, Erwägung, Prüfung, Entdeckung. → Begriffsscheidung, Gedanke. ▶ Gedankenarmut, Gedankenlosigkeit, Handarbeit.

Gedankenarmut → Faselei, Gedankenlosigkeit.

Gedankenaustausch → Aussprache, Austausch, Beratung, Debatte, Diskussion.

Gedankenbild → Begriff,

Dichtung, Gedanke, Ideen-
folge.

Gedankenblitz → Idee.

Gedankending → Begriff,
Dichtung, Gedanke.

Gedankenflug → Gedanke,
Gedankenfülle.

Gedankenflucht → Zerstreutheit.

Gedankenfreiheit Freiheit,
Unabhängigkeit, Selbstän-
digkeit, Freiheitssinn, Freiheitsdrang, Freiheitsdurst,
Freiheitstrieb, Freiheitsgefühl, Freiheitsliebe, Aufschwung, Aufflug, Gedan-
kenflug, Höhenflug, Recht.
▶ Knechtschaft, Unfreiheit.

Gedankenfülle Gedankentiefe, Gedankenbild, Gedankenflug, Gedankengut, Tiefsinn, Gedankenarbeit, Regsamkeit, Denksport, Einbildungskraft, Gedankenreichtum, Lebhaftigkeit, Anschauungsvermögen. → Betrach-
tung, Gedanke. ▶ Gedankenarmut.

Gedankengang → Begriffsscheidung, Betrachtung,
Denkart, Gedanke.

Gedankengut → Einbil-
dungskraft, Gedanke.

gedankenlos → albern, bedenklich, blindlings, dumm,
fahrig, faseln.

Gedankenlosigkeit Gedankenarmut, Sinnlosigkeit, Ungeistigkeit, Geistlosigkeit,
Geistesarmut, Flüchtigkeit,
Unaufmerksamkeit, Leicht-
sinn, Teilnahmslosigkeit,
Denkfaulheit, Sorglosigkeit,
Fahrlässigkeit, Gleichgültigkeit, Achtlosigkeit, Vergeßlichkeit, Zerstreutheit, Vergessenheit, Dusseligkeit u, Dusselei u, Schusseligkeit u. →
Blindheit, Dummheit, Farce,
Faselei. ▶ Gedankenfülle.

Gedankenreihe → Denkart.

Gedankensplitter Sinnspruch, Aphorismus, Lehr-
spruch, Sprichwort, Kern-
spruch, Geleitwort, Geleitspruch, Leitsatz, Leitwort,
Epigramm, Denkspruch.

Gedankentiefe → Begriffsscheidung, Gedanke, Gedankenfülle.

gedankenvoll nachdenklich,
gedankentief, reif, beschaulich, bedächtig, bedachtsam,
aufmerksam, durchdacht ●
zerstreut, in Gedanken vertieft, gedankenverloren. → erwägend. ▶ gedankenlos.

Gedankenwelt Denkbereich,
Gedankenarbeit, Vorstel-
lungswelt, Vorstellungskraft,
Ideenwelt, Begriffsbildung,
Denkart, Denkweise, Begriffsscheidung, Vorstellungsablauf, Vorstellungsreihe, Gedankenreihe, Ideenverbin-
dung, Ideenfolge, Bereich
des Geistigen. → Gedanke.

▶ Gedankenarmut, Geistes-
armut.

gedanklich → gedacht.

Gedeck → Couvert.

Gedeih und Verderb, auf →
ganz und gar.

Gedeihen Zunahme, An-
wachs, Zuwachs, Wachstum,
Entwicklung, Anschwellung,
Fruchtbarkeit, Kräftigung, Gesundheit, Erstarkung ● Erfolg, Gelingen, Vorwärtskommen, Segen, Lohn.→Arbeits-
segen, Aufbau, Erfolg, Ergiebigkeit. ▶ Abbau, Miß-
erfolg, Unfruchtbarkeit.

gedeihen fortkommen, zunehmen, vermehren, wach-
sen, ausdehnen, anschwel-
len, anwachsen, entfalten,
ausdehnen, hochschießen,
wachsen, florieren, blühen,
grünen, strotzen, gesunden,
kräftigen, stählen ● glücken,
gut einschlagen, Erfolg haben, der Erwartung entsprechen. → aufblühen, bessern
sich, dick werden, erblühen,
erfüllen die Hoffnung, erholen sich, ernten ohne zu säen,
erstarken. → mißlingen, veröden, schwinden.

gedeihlich fruchtbar, florierend, bekömmlich, kräftigend,
nahrhaft, wohltuend, zuträglich, heilsam, heilkräftig, heilend, wirksam, gesund, vorteilhaft, nützlich, erfolgversprechend. → ausgiebig, erfolgreich. ▶ mißlungen, unergiebig.

gedemütigt → gebrandmarkt.

Gedenkbuch → Album,
Buch.

Gedenken → Andenken,
Denkzettel, Erinnerung, Erinnerungszeichen, Gedächtnis.

gedenken → einfallen, entsinnen sich, erinnern sich,
festhalten.

Gedenkfeier Jahresfeier, Jubelfeier, Gedächtnistag, Gedenktag, Jahrhundertfeier,
Befreiungsfeier, Gründungsfeier, Gedenkstunde, Grün-
dungstag, Heldengedenktag,
Staatsfeiertag.

Gedenksäule → Bildhauerei.

Gedenkstunde → Gedenkfeier.

Gedenktafel → Chronik.

Gedenktag → Ehrenfest, Gedächtnistag.

gedenkwürdig → wichtig.

Gedicht Dichtung, Dicht-
kunst, Gedankendichtung,
Ballade, Sinngedicht, Epos,
Heldengedicht, Heldenlied,
Preislied, Lyrik, Liebeslied,
Vers, Reim, Kriegslied, Stu-
dentenlied, Gelegenheitsge-
dicht, Volkslied, Klagegesang,
Wahrspruch. → Dichtung,
Dichtungsart. ▶ Prosadich-
tung.

gediegen → achtbar, angesehen, dauerhaft.

Gediegenheit → Charakterstärke, Dauerhaftigkeit, Echtheit, Ehrbarkeit, Fehlerlosigkeit.

gediehen → gelungen.

Gedränge → Anzahl, Aufregung, Dichte, Fülle.

Gedränge geraten, ins einengen, drücken, zusammen-
drücken, stoßen, drängen,
drängeln, einklemmen, verklemmen, zusammenballen,
beengen ● Schwierigkeiten
haben, in Schwierigkeiten geraten, gegen Schwierigkeiten
ankämpfen, stecken bleiben,
sauer ankommen. ▶ ausein-
andergehen, leicht machen,
Wege gehen aus dem.

gedrängt dicht, gehäuft, an-
gehäuft, haufenweise, scharenweise, zahlreich, überfüllt,
übervölkert, voll, geschlossen,
widerstandsfest, volkreich,
eingeengt beengend ● kurz,
knapp, bündig, summarisch,
lakonisch. → arg, dicht, Fassung kurze, genötigt. ▶ breit,
weitschweifig, zerstreut.

Gedrängtheit → Begrenztheit, Compendium, Extrakt.

gedreht verschnörkelt, geschnörkelt, geschweift, krei-
selförmig, spiralförmig, gewunden, verschlungen, ge-
krümmt, gebogen, abgerun-
det, gerundet, gedrechselt,
walzenförmig, säulenförmig,
zylindrisch. ▶ gerade, schlicht.

Gedröhn → Detonation, Donner, Lärm.

gedrückt → arm, trübselig,
gequetscht.

Gedrücktheit → Bekümmernis, Depression, Trostlosigkeit.

gedrungen → dick, dickwanstig, kräftig.

geduckt verzagt, schüchtern,
unbeholfen, ängstlich, verschämt, scheu, furchtsam,
schämig, bedrückt, anspruchslos, bescheiden, erniedrigt,
niedergebeugt, gefügig, unterwürfig, gehorsam, ergeben.
▶ selbstbewußt, unbescheiden, ungehorsam.

Gedudel → Gefiedel.

Geduld Beherrschung, Besonnenheit, Gelassenheit,
Milde, Nachgiebigkeit, Sanftmut, Nachsicht, Schonung,
Gutmütigkeit, Lammesge-
duld, Rücksicht, Langmut,
Gelindigkeit, Sanftheit,
Gleichmut, Ergebung, Aus-
dauer, Beharrlichkeit, Unerschütterlichkeit, Ruhe, Gefaßtheit, Aufmerksamkeit,
Eifer, Lust. → Bedacht, Beherrschung, Bemühung, Be-
scheidenheit, Duldsamkeit,
Ernst, Erfassung. ▶ Unge-
duld.

gedulden warten, zuwarten,
abwarten, Zeit lassen, Geduld haben, aushalten, aus-

harren, dreinschicken sich, dreingeben sich, nicht aus der Ruhe bringen lassen, von der besten Seite nehmen, über sich ergehen lassen, zufrieden geben sich, fügen, ergeben, zurückhalten, an sich halten, mäßigen, zügeln, hinnehmen, erdulden, einstecken, verschmerzen. ▶ beunruhigen, drängen, gefackelt nicht, nervös, widersetzen sich.

geduldig → anspruchslos, behäbig, beharrlich, dulderisch, ernst, friedfertig, nachsichtig.

Geduldsprobe Belastung, Ungelegenheit, Druck, Beunruhigung, Quälerei ● Spannung, Ungeduld, Folter, Geduldsarbeit, Langeweile. ▶ Vergnügen, Wankelmut.

geehrt → achtbar, angesehen, bejubelt, charakterfest.

geeignet → angemessen, angenehm, annehmbar, brauchbar, einschlägig, erfolgversprechend.

Geeignetheit → Dienlichkeit.

Gefach → Brett.

gefackelt, nicht zugreifen, durchgreifen, zufassen, kurzen Prozeß machen, nichtviel Federlesens machen, den Marsch blasen, kurz angebunden. ▶ gedulden.

Gefahr Gefährlichkeit, Fahr, Fährlichkeit, Gefährdung, Drangsal, Tücke, Lebensgefahr, Todesgefahr, Unsicherheit, Bedrängnis, Notlage, Wagnis, Schutzlosigkeit, Wehrlosigkeit, Hoffnungslosigkeit, Notzeit, Kriegsgefahr, Seuchen, Feuertaufe, Feuersnot, Gefährdung, Gefahrenpunkt, Klippe, Hindernis, Schwierigkeit, Tücke, Verwicklung, Unsicherheit, Wagestück, Bomben, Wassernot, Seenot, Gefahrenzone, Dammbruch, Überschwemmung, SOS ● Damoklesschwert. → Abenteuer, Abgrund, Falle. ▶ Gefahrlosigkeit.

Gefahr aussetzen, sich einer → bloßstellen.

Gefahr bringen, sich in riskieren, wagen. → Brennnessel berühren, gefährden sich.

Gefahr laufen → Brennnessel berühren, gefährden sich.

Gefahr überwinden → bestehen.

gefährden, sich bloßstellen, wagen, Gefahr laufen, Gefahr aussetzen, sich in Gefahr bringen, auf Glatteis gehen, an einem Haare hängen, im Feuer stehen, auf einem Vulkan tanzen, sich in die Höhle des Löwen begeben, die Kastanien aus dem Feuer holen. → bloßstellen, Brennnessel berühren, einsetzen sein Leben,

Faden hängen an einem. ▶ schützen sich hinter, vorsehen sich.

gefährdet exponiert, bedrängt, unbehütet, unbeschützt, schutzlos, unbewehrt, in Gefahr, in Not, ihm brennt der Boden unter den Füßen, zwischen zwei Feuer kommen. → Achillesferse, ausgesetzt, gefährlich. ▶ ungefährdet.

gefahrdrohend → bedrohlich.

Gefährdung → Gefahr.

Gefahrenpunkt → Gefahr.

gefährlich feuergefährlich, bedrängt, unbewacht, unbehütet, unbeschützt, schutzlos, wehrlos, unbefestigt, unbewehrt, verteidigungslos, unsicher, gewagt, abenteuerlich, waghalsig, riskant, tollkühn, bedrohlich, verderblich, unheilvoll, gefahrbergend, baufällig, einsturzdrohend, unheilbringend, verderbenbringend, gefährdet, an einem Faden hängend, auf schiefer Bahn, brenzelig, haarig u, mulmig u, heißes Eisen, windige Ecke, Himmelfahrt, Himmelfahrtskommando. → abbrüchig, bedenklich, böse, diabolisch, doppelschneidig, drohend, faul. ▶ ungefährlich.

gefährlich werden → drohen.

Gefährlichkeit → Gefahr.

gefahrlos fest, sicher.

Gefahrlosigkeit → Dach und Fach unter, Sicherheit.

Gefährt → Fahrzeug

Gefährte → Anhänger, Begleitung, Bekannter, Bewachung, Bräutigam, Bruder, Complice.

Gefährtschaft Mitwirkung, Unterstützung, Zusammenspiel, Begleitung, Mitarbeit, Mithilfe, Teilnahme, Hilfe, Beteiligung, Mitempfinden. ▶ Ablehnung, Teilnahmslosigkeit.

gefahrvoll unsicher, gewagt, waghalsig, abenteuerlich, halsbrecherisch, bedrohlich, tollkühn, verderblich, gefahrbergend, nicht geheuer, todbringend, beängstigend, verderbenbringend. → abschüssig, glatt, schnell.

Gefälle Schräge, Schiefe, Neigung, Fall, Abfall, Böschung, Absturz, Abdachung, Abschrägung, Abhang, Steilhang, Senkung ● Wasserfall. ▶ Aufstieg.

Gefallen → Achtung, Anziehung, Befriedigung.

Gefallen erweisen → beistehen, helfen.

gefallen → angeschlagen, ansprechen, befriedigen, behagen, belieben, delektieren, eignen sich, entzücken, erfreuen, erfüllen mit Bewunderung.

gefallen lassen, sich hinnehmen, dulden, ausstehen.

gefallend → angenehm.

Gefallene → Courtisane, Dirne.

gefällig entgegenkommend, kulant, freundlich, behilflich, hilfreich, dienlich, förderlich, wohlwollend, geneigt, fügsam, willig, nachgiebig, zuvorkommend, ergeben, dienstwillig, angenehm. → akkurat, angenehm, anmutig, anständig, apart, artig, charmant, demütig, devot, dienstbereit, dienstfertig. ▶ ungefällig.

gefälligst bitte, gütigst, freundlicherweise.

gefällig sein → beistehen.

Gefälligkeit Hilfe, Behilflichkeit, Mithilfe, Handreichung, Pflege, Einsatzbereitschaft, Opfersinn, Fügsamkeit, Entgegenkommen, Bedienung, Liebenswürdigkeit, Freundlichkeit, Dienstbeflissenheit, Zuvorkommenheit, Herzlichkeit, Wohlwollen, Menschlichkeit, Liebesdienst, Mitgefühl. → Beflissenheit, Beihilfe, Beistand, Bemühung, Bereitwilligkeit, Dienst guter, Dienstleistung, Eleganz, Entgegenkommen, Erkenntlichkeit. ▶ Ungefälligkeit.

gefallsüchtig → aufgeblasen, dünkelhaft, eitel.

gefälscht → erfunden, falsch.

gefältelt, gefaltet → faltig.

gefalzt → faltig.

gefangen → dingfest, eingeschlossen.

Gefangenenwärter → Büttel.

Gefangener Kriegsgefangener, Häftling, Festungsgefangener, Sträfling, Strafgefangener, Knastschieber u, Zuchthäusler, Fürsorgezögling, Bagnosträfling, Kettensträfling, Galeerensklave, Unfreier, Gebrandmarkter. ▶ Wärter, (freier Mensch).

gefangenhalten → einsperren.

gefangennehmen → einsperren, einfangen, ansprechen.

Gefangenschaft → Arrest, Bemächtigung, Beraubung, Einkerkerung.

Gefängnis Bagno, Karzer, Kittchen, Zuchthaus, Knast u. → Anstalt, Bestrafung.

Gefängnis bringen, ins → dingfest machen.

gefärbt → bunt, farbig.

Gefasel Bedeutungslosigkeit, Ausdruckslosigkeit, Leerheit, Hohlheit, Halbwahrheiten, Sinnlosigkeiten, Geschwätz, Blödsinn, Unsinn, Wust, Blech, Wortschwall, Wortkrämerei, Nichts, Luft, Phrasendrescherei, Schall und Rauch. → Floskel. ▶ Bedeutung, Gehalt, Geist.

Gefäß Flasche, Ampulle, Boiler, Kanister, Behältnis, Geschirr, Topf, Pott u, Kump u, Blechnapf, Hafen, Pfanne, Kessel, Bottig, Kasserolle,

Napf, Trog, Bütte, Kübel, Kanne, Tasse, Meßglas, Zuber, Kufe, Wanne, Faß, Tonne, Kelch, Vase, Becher, Glas, Suppenschüssel, Schale, Gießkanne, Humpen, Pokal, Ciborium, Trinkhorn, Pulle *u*, Buddel *u*. → Behälter, Büchse, Dose, Eimer.

gefaßt gleichmütig, ruhig, besonnen, leidenschaftslos, unerschütterlich, ausgeglichen, gelassen, gesetzt, unberührt, unbeweglich, gleichgültig, kühl, regungslos, nüchtern, kalt, bezähmt ● in gutem Glauben, vertrauensvoll, erwartungsvoll, zuversichtlich, ohne Argwohn ● eingefaßt, verarbeitet, eingesetzt. → beherrscht, ergeben. ▶ aufgeregt, beunruhigt, lose.

gefaßt bleiben → bezähmen.

Gefaßtheit → Beherrschung, Beruhigung, Duldsamkeit, Ernst, Fassung.

Gefecht → Blutbad, Duell, Kampf.

gefedert → elastisch.

gefeiert → achtbar, angesehen, bejubelt.

gefeit → diebessicher, sicher.

gefesselt unfrei, eingesperrt, gefangen, eingeschlossen, eingekerkert, gebunden, geknebelt, beschränkt, dingfest, unschädlich, eingeengt, unter Gewahrsam, hinter Schloß und Riegel, sitzen, im Loch sitzen, hinter schwedischen Gardinen, unter Aufsicht. → begeistert, entbannt, entzündet. ▶ frei, gelangweilt.

Gefiedel Gedudel, Geräusch, Geklingel, Zirpen, Gejaule, Gezeter, Krach, Gerassel, Fiedelei, Lärm, Radiolärm, Gekratze.

Gefieder Kleid *j.* → Bedeckung, Feder.

gefiedert befiedert, bedeckt, flaumig, haarig, fedrig, wollig, belegt, weich, zart, warm, geschützt, umhüllt, eingemummt. ▶ unbefiedert.

Gefilde → Erdboden.

Geflecht Gewebe, Flechtwerk, Netzwerk, Haargeflecht, Flechte, Verwirrung, Verworrenheit, Verwicklung, Gespinst, Verschlingung, Verknotung, Verflechtung, Kranz, Korb, Matte, Gewirk.

gefleckt → buntscheckig, farbenreich.

Geflimmer → Brand, Licht.

Geflissenheit → Beflissenheit.

geflissentlich → absichtlich, aufmerksam, beabsichtigt, bedächtig, bedachtsam, bewußt.

geflohen → entkommen.

geflügeltes Wort Redensart, Redewendung, Floskel.

Geflunker Geschwätz. → Bombast, Gerede, Lüge, Prahlerei.

Geflüster Geräusche, Flüsterton, Gezischel, Getuschel, Gesäusel, Gelispel, Geplätscher, Gemurmel, Gesumme, Gesumse, Murmeln, Gebrumm, Dämpfung. → Fama. ▶ Donnerhall, Gebrüll, Wahrheit.

geflüstert gemurmelt, im Flüsterton, mit verhaltenem Atem, leise gesprochen. → klar machen.

Gefolge Anhängsel, Anhang, Jagdgefolge, Nachhut, Nachtrupp, Zug, Begleitung, Anschluß, Geleite, Schutz, Hofstaat, Dienerschaft, Gefolgschaft, Gefolgsleute, Gefolgsmann, Hof, Haushaltung, Belegschaft, Stab, Assistenten. → Arbeitnehmer, Begleitung, Bewachung, Dienstpersonal, Führung. ▶ Anführer, Führung (Vortrupp).

Gefolge haben, im → beziehen auf sich.

Gefolgschaft → Anhang, Gefolge.

Gefolgsmann → Anhang, Famulus, Freund, Gefolge.

gefoppt getäuscht, übervorteilt, übertölpelt, ruiniert, überwältigt, hintergangen, verulkt, geneckt, geschlagen, geuzt, verspottet, genarrt. ▶ loyal.

Gefoppter → Betrogener.

gefordert verlangt, ersucht, erbeten, erzwungen, gewünscht, beansprucht, befohlen, angeordnet, vorgeschrieben, beordert, beauftragt. → erforderlich. ▶ unerwünscht.

geformt gebildet, ausgebildet, plastisch, bildnerisch, bildlich, anschaulich, modelliert, geprägt, gemeißelt, ausgehauen, behauen, gestaltet, geschnitzt, geknetet, fertig. → denkfest, durchdacht, durchgebildet. ▶ ungeformt.

gefragt erwünscht, rar, begehrt, begrüßt, erwartet, verlangt, willkommen, gutgeheißen, wert, gelegen, zusagend, fehlend, bedürfend, benötigt, ersehnt, mangelnd. ▶ unerwünscht.

gefräßig unmäßig, maßlos, prasserisch, schwelgerisch, giererfüllt, naschhaft, genußsüchtig, unenthaltsam, ausschweifend, zügellos, ungezügelt, eßlustig, heißhungrig, freßgierig, freßsüchtig, verfressen *u*, den Hals nicht voll genug kriegen *u*, nimmersatt, unersättlich, schlemmend, schlemmerisch, unbeherrscht. → besessen. ▶ enthaltsam.

Gefräßigkeit → Eßlust.

gefrieren erstarren, frieren, einfrieren, zufrieren, erkalten, erhärten, vereisen, reifen, eisen, vergletschern, verdicken, versteinern, gerinnen, verglasen, glacieren. → erhärten,

erkalten, festigen, frieren. ▶ auftauen.

Gefrierung → Erstarrung.

gefroren → eisig, erstarrt, fest.

Gefrorenes Festigkeit, Verhärtung, Gerinnung, Verdickung, Geronnenes, Eisklumpen, Frische, Kälte, Kühle, Vereisung, Erstarrung ● Eis, Speiseeis. ▶ Flüssigkeit.

Gefüge Organismus. → Anordnung, Art und Weise, Aufbau, Bestand, Bildung, Konklave.

gefügig → demütig, devot, gehorsam, hörig.

gefügig machen → zwingen.

Gefügigkeit Biegsamkeit, Schwäche, Bereitschaft, Willigkeit, Entgegenkommen, Nachgiebigkeit, Zustimmung, Demut, Erniedrigung, Ergebenheit, Hingebung, Fügsamkeit, Zuvorkommenheit. → Demut, Fertigkeit, Gehorsam. ▶ Starrsinn, Ungehorsam.

gefügt abgeschlossen, undurchdringlich, ganz, einheitlich, fertig, aufgebaut, wohlgefügt, zusammengesetzt. → beschaffen. ▶ getrennt, offen.

gefügt, fest → dicht.

Gefühl Empfindung, Wahrnehmung, Sinnesempfindung, Sinnesreiz, Eindruck, Bewußtsein, Empfindlichkeit, Tastgefühl, Antenne, Wärmegefühl, Druckgefühl, Bewegung, Ursache, Triebfeder, Vorstellung, Reiz, Anwandlung, Gemüt, Gefühlsrichtung, Lebensgefühl, Lustgefühl, Unlustgefühl, Schamgefühl. → Anhaltspunkt, Begriff, Ehrgefühl, Eindruck.

gefühllos unbewegt. → abgebrüht, abgestumpft, barbarisch, dickhäutig, eindruckslos, unempfindlich, blasiert, frigide.

Gefühllosigkeit Empfindungslosigkeit, Abgestumpftheit, Fühllosigkeit, Dickfelligkeit, Erhärtung, Unempfänglichkeit, Stumpfheit, Teilnahmslosigkeit, Blasiertheit, Gefühlsleere, Gelassenheit, Lauheit, Regungslosigkeit, Roheit, Lieblosigkeit, Gleichgültigkeit, Erbarmungslosigkeit, Hartherzigkeit, Herzensverhärtung, Gefühlshärte, Mitleidlosigkeit, Kühle, Frostigkeit, Frigidität. → Coma, Dickfelligkeit, Egoismus. ▶ Gefühl.

gefühlsbetont sentimental. → empfindsam, emotional, gemütvoll.

Gefühlsbewegung → Erregung, Gefühl.

Gefühlsdichtung → Dichtung.

Gefühlsduselei → Sentimentalität.

Gefühlserguß Herzenserschließung, Ausschüttung,

Erleichterung, Mitleidenschaft, Herzlichkeit, Inbrunst, Wärme,·Begeisterung, Feuer, Pathos, Anteilnahme, Leidenschaft.→ Erguß. ▶ Gefühllosigkeit, Verschlossenheit.
Gefühlserkaltung → Betäubung, Feindschaft.
Gefühlserschütterung → Erregung, Gefühlserguß.
gefühlskalt → frigide.
Gefühlskälte → Barbarei, Feindschaft, Gefühllosigkeit.
Gefühlsleben Empfindungsleben, Vorstellungsleben, Gedankenleben, Bewußtsein, Allgemeingefühl, Gemütsbewegung, Eindruck, Lebensgefühl, Gefühlslage, Anteilnahme. → Gefühl. ▶ Gefühlsleere.
Gefühlsleere → Gefühllosigkeit.
gefühlsmäßig → unbewußt.
gefühlsselig sentimental. → feinsinnig, empfindungsvoll.
Gefühlsregung → Anwandlung.
gefühlvoll → besinnlich, still, empfindlich, schwärmerisch.
gefüllt → voll.
gefunden entdeckt, aufgefunden, herausgefunden, herausgebracht, herausgekriegt, ergründet, festgestellt, ermittelt, entziffert, erraten, enträtselt, eine Antwort oder Lösung gefunden. ▶ verloren, unentdeckt bleiben.
Gefunkel → Licht.
gefurcht gekerbt, gerillt.
gegabelt → gabelförmig.
gegeben zweckgebunden, bedingt, zwingend, vorliegend, unumgänglich, unerläßlich, unabweislich, entschieden, notgedrungen, vorliegend, greifbar, wahrnehmbar, wirklich, körperhaft, anschaulich. ▶ willkürlich.
gegebenenfalls → allenfalls.
Gegebenheit → Naturgesetz, Norm.
gegen → annähernd, anstatt, auseinander, beiläufig, cirka, contra, doch, entgegen, etwa, fast, wider.
gegenangehen → verhindern, verhüten.
Gegenbewegung Entgegenstellung, Widerspiel, Umschwung, Umkehrung. → Auflehnung, Gegenpol, Gegenseite.
Gegenbeweis Beweis, Entlastung, Gegenwehr, Rechtfertigung, Verteidigung, Abwehr, Alibi, Berichtigung, Berufung, Ehrenerklärung, Einrede, Einspruch, Einwand, Entgegnung, Entschuldigung, Erwiderung, Gegenvorstellung, Verwahrung, Zurückweisung. → Antwort, Einsprache, Gegenerklärung.
Gegenbild → Doppelgänger, Gegenstück.

Gegend → Distrikt, Lage, Region.
Gegendienst → Vergeltung.
Gegendruck → Widerstand.
Gegenerklärung Widerspruch, Einsprache, Einspruch, Gegenbeweis, Entgegnung, Einrede, Verwahrung, Berichtigung, Ablehnung, Weigerung, Abschwörung, Verleugnung, Leugnung, Verzichtleistung, Widerruf, Anfechtung, Verzicht, Zurücknahme, Abstreitung, Widerrufung, Ungültigkeitserklärung, Beeidigung, Verneinung. → Einsprache. ▶ Bestätigung, Zustimmung.
Gegengewicht Gleichstellung, Ausgleichung, Nivellierung, Gleichberechtigung, Gewichtsausgleich, Herstellung des Gleichgewichtes, Machtausgleich, Gleichschaltung, Gleichmachung, Gleichmacherei ● Schutz, Abwehr, Hemmung, Beschränkung, Verhinderung, Hintertreibung, Vereitelung, Verhütung, Sicherung, Deckung, Verteidigung. ▶ Schutzlosigkeit, Verschiedenheit.
gegengezeichnet → abgemacht.
Gegengift Antitoxin s. → Arznei, Gegenwirkung.
gegenläufig → contra, diametral.
Gegenleistung Anerkennung, Dankeszoll, Entschädigung, Erkenntlichkeit, Erwiderung, Dank, Geschenk, Gabe, Abgeltung, Vergeltung, Vergütung, Äquivalenz, Entgeltung, Entlohnung. → Abfindung, Ausgleich, Belohnung, Dank, Entschädigung, Erkenntlichkeit, Ersatz. ▶ Undankbarkeit.
Gegenliebe → Freundschaft.
Gegenmaßnahme → Dazwischentreten, Aufstand, Widerspruch, Widerstand.
Gegenmaßregel → Gegenwirkung.
Gegenmittel → Arznei, Gegenwirkung.
Gegenpartei → Feind, Gegner.
Gegenpol Gegenüber, Gegenüberstellung, Gegenpunkt, Gegenseite, Gegensatz, Entgegenstellung, Kontrast, Opposition. → Gegenbewegung.
Gegenrede → Widerrede.
Gegenredner → Feind, Gegner.
Gegensatz Antithese, Gegenpol, Gegenstück, Gegenteil, Kehrseite, Revers, Antagonismus, Diskrepanz, Divergenz, Gegensätzlichkeit, Kontrast, Polarität, Unstimmigkeit, Widerspruch, Widerstreit ● Abneigung, Einrede, Einsprache, Einspruch, Einwand, Feindschaft, Gegenhandlung, Gegenpartei, Ge-

genseite, Gegenwind, Gegenwirkung, Konflikt, Konkurrenz, Widerstand, Zusammenprall, Zusammenstoß, Abfall, Auflehnung, Aufruhr, Empörung, Erhebung, Widersetzlichkeit ● Gegenüberstellung, Ungleichheit, Unterschied, Verschiedenheit, Zwiespalt. → Auflehnung, Feindschaft. ▶ Gleichartigkeit, Gleichheit.
gegensätzlich abweichend, entgegengesetzt, adversativ, feindlich, gegenteilig, gegnerisch, kontradiktorisch, konträr, reaktionär, unfreundlich, ungünstig, unvereinbar, widerstrebend, widrig ● meuterisch, rebellisch, ungehorsam, widersetzlich, widerspenstig. → dawider, entgegen. ▶ gehorsam, gleichartig, übereinstimmend, verbunden.
Gegensätzlichkeit → Verschiedenheit.
Gegenschlag → Belohnung, Rache, Reaktion.
Gegenseite Gegenüber, Gegenpunkt, Gegnerschaft, Feind, Konkurrenz, Gegenpartei, Opposition, Feindschaft, Gegner, Gegenteil, Widerstreit, Widerspiel ● Rückseite, Kehrseite, Gegenstück, Gegenbild, Abart, Unterschied, Kontrast. ▶ Seite auf der gleichen.
gegenseitig rückbezüglich, relativ, bezüglich, wechselweise, beiderseitig, umtauschbar, vertauschbar, umschichtig, reziprok, einander. → abwechselnd, beiderseits, dementsprechend, einerseits, einförmig. ▶ beziehungslos, einerseits, einförmig.
Gegenseitigkeit Wechselseitigkeit, Gegenbeziehung, Wechselbeziehung, Korrelation, Wechsel, Abwechslung, Rückwirkung, Wechselfolge, Austausch, Auswechslung, Ausgleich, Austausch, Verschiedenheit ▶ (jeder oder jedes für sich).
Gegenspieler → Champion, Feind, Widersacher.
Gegenstand Ding, Gebilde, Körper, Objekt, Phänomen, Sache, Stoff, Substanz, Materie, Wesen ● Angelegenheit, Aufgabe, Begriff, Fall, Frage, Motiv, Problem, Sujet, Text, Thema, These, Vorschlag ● Geschichte, Klamotten u, Trumm u, ein Biest von ... u, ein Kerl von ... u. → Ding, Etwas, Sache. ▶ Nichts, Unwirklichkeit.
gegenständlich bestimmbar, dinghaft, körperlich, substantiell, faßbar, dinglich, handgreiflich, greifbar, körperhaft, wesenhaft, bestimmt, leibhaftig, gestaltet, wirklichkeitsnahe, materiell, stofflich, gegenwartsnahe, wesentlich, fühlbar, leiblich, wägbar, phy-

sisch. → dinghaft, faßbar. ▶ (abstrakt), unfaßbar, unwirklich.

gegenstandslos → bedeutungslos, wesenlos.

Gegenstimme → Antwort, Einspruch.

Gegenstoß → Gegenwirkung, Rückprall, Widerstand.

Gegenströmung → Beschwernis, Hemmung, Strömung.

Gegenstück Gegendruck, Gegenbild, Spiegelbild, Seitenstück, Schattenbild, Abklatsch, Ebenbild, Abbild, Spiegelung, Widerschein, Gegenschein ● Durchschlag, Abstrich, Kopie, Abdruck, Zweitschrift, Doppel, Umdruck, Abzug, Nachbildung, Vervielfältigung ● Abart, Gegenfüßler, Pendent, Kehrseite, Gegenteil. → Abbild, Doppelgänger, Vergleich. ▶ Einzelheit, Original, Ungleichheit.

Gegenteil → Entkräftung, Gegensatz.

Gegenteil, ganz im → dagegen.

gegenteilig → dawider, entgegen, gegensätzlich.

gegenüber nahe, benachbart, anstoßend, angrenzend, daneben, bei, nebenan, neben, dicht, beisammen, zusammen, nächst, anliegend, gegenüberliegend, entgegengesetzt, entgegen, gegenüberstehend, dabei. →angesichts, angrenzend, bei, contra, dabei, daneben, diametral, entgegen, nahe. ▶ außer, dafür, fern, getrennt.

gegenüberliegend → gegenüber.

gegenüberstehen → darbieten sich.

gegenüberstehend → gegenüber, gegnerisch.

gegenüberstellen → gegenüber, gegenübertreten, vergleichen, konfrontieren.

Gegenüberstellung Konfrontation.→Gegensatz,Vergleich.

gegenübertreten entgegenstellen, sperren, spreizen, sträuben, entgegenwirken, entgegenstreben, widersprechen, widersetzen sich, trotzen, entgegentreten, anfeinden, behindern, bekämpfen, hintertreiben, die Spitze bieten, die Zähne zeigen, ein Bein stellen, Front machen, einen Riegel vorschieben, Einspruch erheben, in den Weg treten, einen Plan vereiteln, den Handschuh hinwerfen, jemanden stellen, den Widerstand brechen. ▶ fördern, zustimmen.

Gegenwart → Anwesenheit, Dasein, Existenz, jetzt.

gegenwärtig jetzt, augenblicklich, soeben, sogleich,

derzeit, heute, heutigen Tages, heuer, diesjährig, heurig, im laufenden Jahr, momentan, nun, gerade, zur Stunde, zurzeit, eben ● anwesend, vorhanden, zugegen, hier, da, dort, zur Stelle, am Platz, zu Hause, daheim, vor Augen, unter den Augen. ● existierend, seiend, wirklich, tatsächlich. → aktuell, akut, anwesend, augenblicklich, befindlich, dabei, daheim, derzeit, derzeitig, diesjährig, dinghaft, dort, eben, modern, momentan. ▶ abwesend, unwirklich, vergangen, zukünftig.

gegenwärtig sein → dasein.

gegenwartsnah → leibhaftig, wirklichkeitsnah, zeitgemäß.

gegenwartsnahe → dinghaft.

Gegenwehr → Abwehr, Kampf.

Gegenwert → Preis.

Gegenwindung → Beschwernis.

gegenwirkend → entgegen.

Gegenwirkung Gegenmaßregel, Gegenstoß, Entgegenwirken, Widerstand, Widersetzlichkeit, Bekämpfung, Gegenwehr, Hinderung, Hemmung, Auflehnung, Gegenschlag, Anfechtung, Zuwiderhandlung, Gegensatz, Abneigung, Ablehnung, Zusammenstoß, Feindschaft, Zusammenprall. → Bewegungstrieb, Durchkreuzung. ▶ Beharrungsvermögen, Hilfsstellung, Mitwirkung, Stoß.

gegenzeichnen → annehmen, besiegeln.

Gegenzeugnis → Entkrättung.

geglänzt → poliert.

geglättet → poliert.

gegliedert geteilt, spaltig, vielspaltig, eingeteilt, gespalten, teilweise, stückweise, bruchstückweise, abgeteilt, zerpflückt, auseinandergeteilt. → geordnet. ▶ ungeordnet, verbunden.

Geglitzer Geflimmer, Glanz, Schimmer, Gefunkel ● Lichtreflexe.

geglückt → gelungen.

Gegner Widersacher, Gegenredner, Gegenpartei, Kontrahent, Gegenspieler, Nebenbuhler, Rivale, Verräter, Feind, Angreifer, Stänkerer, Wühler, Todfeind, Hasser, Scheinfreund, Bekämpfer, Ankläger, Kläger. → Feind. ▶ Freund, Helfer.

gegnerisch gegenüberstehend, entgegengesetzt, gegen, widerstrebend, gegensätzlich, feindselig, unfreundlich, ungünstig, quer, gehässig, gegenteilig, hinderlich, dagegen. → contra, dawider, entgegen, entzweit, feindlich. dafür, freundlich, vereint.

Gegnerschaft → Beschwernis, Feindschaft, Gegenwirkung.

Gegröle → Geschrei.

Gehabe → Art, Gebaren.

gehaben, sich → aufführen, auftreten, aussehen, betragen sich.

gehabt wie → unverändert.

Gehader Wortstreit, Wortwechsel, Disput, Wortgefecht, Wortkrieg, Zank, Zänkerei, Schimpferei, Gescheite, Weibergezänk, Keiferei, Zungenkampf, Maulgefecht, Gezänke, Gekreisch, Geschrei, Gekeife, Lärm, Kränkung, laute Worte. → Debatte. ▶ Einigkeit, Versöhnung.

Gehalt Inneres, Inhalt, Anschauung, Idee, Inbegriff, Wesentlichkeit, Seele, Herzstück, Beschaffenheit, Eigenheit, Eigentümlichkeit, Gepräge, Eigenart, Hauptgehalt, Wert. → Ausdehnung, Ausdruck, Begrenzung, Belohnung, Bezahlung, Dosis, Einkommen, Entgelt. ▶ Gehaltlosigkeit, Oberflächlichkeit.

gehalten → ernst, gemessen.

gehaltlos kraftlos, dünnblütig. → ausdruckslos, äußerlich, farblos, fade, farcenhaft, Fisch noch Fleisch weder, geistlos, unwichtig.

Gehaltlosigkeit Unwichtigkeit, Belanglosigkeit, Wertlosigkeit, Gleichgültigkeit, Unbedeutendheit, Bedeutungslosigkeit, Geringfügiges, Geringfügigkeit, Armut, Leere, Magerkeit, Albernheit, Bagatelle, Lappalie, Null, Pappenstiel, Schaum, Spreu, Kram, Quark, Flitter, Nichts, Dreck u, das macht den Kohl nicht fett u. → Bagatelle, Binse. ▶ Gehalt.

gehaltvoll → ansehnlich, durchdringend.

Gehänge Hang, Überhang, Schwebe, Hangendes, Wächte, Schneebrett ● Schweif, Schwanz, Aufhänger, Troddel, Schaukel, Schleier, Verzierung, Flitter, Girlande, Gewinde, Angehänge, Kette, Armband, Ohrring, Ohrgehänge, Franse, Quaste, Drapierung, Schleppe. → Blumenstrauß. ▶ Schmucklosigkeit.

gehässig haßerfüllt, todfeind, verfeindet, aufgebracht, neidisch, erbittert, unversöhnlich, bissig, scheelsüchtig, mißgünstig, kratzbürstig, abhold, boshaft, hämisch, rachsüchtig, widerlich, argwillig, schlecht, arg, finsterer Blick, odiös. → arg, bissig, böse, feindlich. ▶ freundlich, liebevoll.

Gehässigkeit → Bissigkeit, Bitterkeit, Bosheit.

gehaßt → verhaßt.

gehäuft → gedrängt.

Gehäuse → Bedeckung, Dose.

gehbar begehbar, gangbar, zugänglich, offen, geöffnet, unverschlossen, sicher, leicht auf, unversperrt, aufgesperrt, aufgeschlossen.

Gehege Umhegung, Umzäunung, Einzäunung, Einhegung, Schonung, Hain, Umschanzung, Umwallung, Hürde, Umfassung, Pflanzhecke.

geheilt → Damm sein auf dem, gesund, klug.

geheim esoterisch, verborgen, versteckt, verdeckt, inkognito, anonym, pseudonym, verstohlen, heimlich, erschlichen, geheimnisvoll, vertraulich, inoffiziell, unauffällig unbemerkt, undurchdringlich, verhüllt, verschleiert, verdunkelt, unentdeckbar, dunkel, verkappt, rätselhaft, unter dem Siegel der Verschwiegenheit, unter vier Augen. ▶ bekannt.

geheim halten → binden nicht auf die Nase, verbergen.

Geheimbund Geheimdienst, Heimlichkeit, Hinterhältigkeit, Versteck, Bespitzelung, Einverständnis, Schlupfwinkel, Vereinigung, Verbindung, Bund, Bündnis, Freimaurer, Verband, Klub, Zusammenschluß. ▶ Bund.

Geheimhaltung Verheimlichung, Verschweigung, Verhehlung, Verbergung, Schweigepflicht, Amtsgeheimnis, Dienstgeheimnis, Postgeheimnis, Briefgeheimnis, Heimlichkeit, Tarnung, Verschleierung, Deckung, Bemäntelung, Verkleidung, Vermummung, Verborgenheit, Dunkel, Geheimbund, Übername, Deckname, Versteck, Geheimfach, Geheimgemach, Vorbehalt, Hintertürchen. ▶ Bekanntgabe, Veröffentlichung.

Geheimmittel → Arznei.

Geheimnis Arkanum, Geheimniskrämerei, Geheimschrift, Geheimschlüssel, Geheimsinn, Knacknuß, Rätsel, Frage, Forschungsgegenstand, Wortspiel, Irrgarten, Irrgang, Beichte, Beichtsiegel, Beichtgeheimnis, Amtsgeheimnis, Dienstgeheimnis, Geheimlehren, Briefgeheimnis, Mysterium, Labyrinth, Dunkelheit, Heimlichkeit. ▶ Bekanntmachung, Neuigkeit, Veröffentlichung.

geheimnisvoll mystisch, eleusinisch, unverständlich, innerlich, esoterisch, dunkel, rätselhaft, unklar, unerklärlich, verhüllt, verschleiert, verkappt, verkapselt, unerklärbar, unerforschlich, fragwürdig, heikel, undurchsichtig, unglaublich, unbegreiflich, ungeklärt, kabbalistisch, nebelhaft, nebulös, orphisch, pythisch, problematisch, versteckt, zweideutig, unergründlich, unfaßbar, unlösbar, verschwommen, schleierhaft, finster, sibyllinisch, verschlungen. → abstrus, dunkel. ▶ bekannt, erklärlich.

geheimtun → verbergen.

Geheimzeichen → Blick, Chiffre.

Geheisch → Anordnung, Bettelei, Bewerbung.

Geheiß → Anordnung, Auftrag, Beeinflussung, Befehl, Dekret.

Geheiß tun → dienen.

geheißen → benannt.

geheißen werden → benamsen, heißen.

gehemmt gehindert, erschwert, entmutigt, festgefahren, hilflos, ratlos, beschwert, verrannt, weglos, pfadlos, niedergehalten, entkräftet, geschwächt, gelähmt, lahmgelegt, durchkreuzt, angefeindet, undurchführbar, unüberwindlich, ungebannt, beschwerlich, schwierig, bedenklich, unangenehm, an der Strippe liegen u, einen Klotz am Bein u, gehandicapt M. ▶ ungehemmt.

gehen bewegen, rühren, marschieren, fortbewegen, schreiten, traben, eilen, laufen, stelzen, schusseln, schlürfen, schluffen u, trippeln, trapsen, umherschweifen, umherirren, stromern, umhergeistern, umherziehen, umherstreunen, vorrücken, wandern, kommen, wandeln, durchkreuzen, pirschen, herumstreichen, schlendern, walzen, reisen, ausschreiten, lustwandeln, stolzieren, begehen, bewandern, besteigen, wallfahren, pilgern, ziehen, betreten, spazieren, promenieren, trotten, trappeln, staksen, aufbrechen, aufmachen, wallen, ergehen sich, gehen zu Fuß, durchziehen j, durchtreiben j, hoppeln j, steigen, tippeln, klabastern u, schlendern, latschen u, schlampen u, herumtigern u, auf Schusters Rappen, per pedes apostolorum. → aufspringen, ausschreiten, begeben sich, begehen, bewegen sich, davonmachen sich, einschlagen den Weg. ▶ bleiben auf dem Platze.

gehen, an die Hand → helfen.

gehen, eigene Wege verselbständigen, vereinsamen, selbständig machen, absondern sich, trennen sich, ausschließen sich, entfernen sich, entziehen sich, aussondern sich, lösen sich. ▶ befreunden sich mit, Ferse folgen auf der.

gehen, in sich bereuen, bedauern, beklagen, beweinen, erwachen, zu sich selbst finden, bei sich Einkehr halten, ein neues Leben beginnen, sich bessern, den Weg zu sich finden, wieder einlenken. ▶ verhärten sich.

gehen, ins einzelne → detaillieren.

gehen lassen → belassen.

gehen, seiner Wege → davonmachen sich, davonschleichen.

gehen, müßig faulenzen, herumstreichen, herumlungern, herumstreifen, schlendern, Pflaster treten, strolchen, auf der faulen Haut liegen, die Zeit verschwenden, nichts tun, untätig bleiben, kein Glied rühren, die Hände in den Schoß legen, keinen Finger rühren, sich der Arbeit entziehen, der Arbeit aus dem Wege gehen. ▶ bequem. ▶ arbeiten.

gehetzt gejagt, abgehetzt, müde, abgespannt, erschöpft, hilflos, wehrlos, erschlagen, erschlafft, ermattet, eilend, beflügelt, pfeilgeschwind. ▶ gemächlich, munter.

geheuer, nicht beunruhigend, unsicher, abenteuerlich, gewagt, verderblich, unheilvoll, gefahrbergend, verderbenbringend, unheilbringend, unglückbringend, furchteinflößend, bänglich, schaudervoll, gruselig, schreckensvoll, grauenvoll, haarsträubend, greulich, entsetzlich, furchtbar, totenblaß, verstört, starr, erschrecklich, furchterregend. → blümerant. ▶ beruhigend, sicher.

Geheul → Gebrüll.

Gehhilfe Stock, Krücken, Stütze.

Gehilfe → Arbeiter, Arbeitnehmer, Assistent, Aushilfe, Beistand, Commis, Complice, Diener, Famulus.

Gehirn Hirnkasten, Grützkasten u, Brägen u, Gehirnkasten, Köpfchen-Köpfchen u. → Verstand.

gehirnlos dumm, töricht, blöde, schwach, schwachköpfig, kopfschwach, beschränkt, geistesarm, geistesschwach, kopflos, verstandnislos, hirnverbrannt, einfältig, unentwickelt, unbegabt, dämlich, leichtsinnig, sorglos, unklug, übereilt, oberflächlich, nachlässig. ▶ klug.

gehoben → aufgeräumt, froh.

Gehobenheit → Begeisterung, Entzücken, Stimmung.

Gehöft → Anwesen, Ansied-

lung, Bauernhof, Besitztum.
Gehöhne → Spott.
Gehölz → Gebüsch, Wald.
gehopst wie gesprungen → gleich, gleichartig.
Gehör schenken → hören, zustimmen.
gehorchen folgen, befolgen, einwilligen, willfahren, nachfolgen, nachgeben, fügen, beugen, demütigen, beigeben, dienen, katzbuckeln, Befehle vollziehen, Geheiß tun, zu Kreuz kriechen, unterwerfen sich, fügen sich, unterordnen sich, unter dem Befehl stehen, den Lakaien machen, unter dem Pantoffel stehen, nach der Pfeife tanzen. → befolgen, beigeben, ducken sich, dareingeben sich, dienen, einwilligen, ergeben sich, fügen sich. ▶ befehlen, befreien sich, trotzen.
gehören → besitzen, eignen, erheben Anspruch.
gehören, sich → angemessen.
gehörig eignen, angehörig, zugehörig, angestammt, erbeigen, zu eigen ● schicklich, sittlich, sittengemäß, recht, geziemend, gebührlich, zustehend, zukommend, wohlverdient ● bestimmt, ordentlich, fest, ausdrücklich. → erstaunlich, fest. ▶ angelernt, ungehörig.
Gehörnter → Betrogener.
Gehorsam Folgsamkeit, Gefügigkeit, Willfährigkeit, Entgegenkommen, Widerstandslosigkeit, Fügsamkeit, Unterwerfung, Unterwürfigkeit, Demut, Nachgiebigkeit, Schmiegsamkeit, Botmäßigkeit, Unterordnung, Untertänigkeit, Huldigung, Pflichterfüllung, Aufwartung, Gefolgschaftstreue, Dienstbarkeit, Bedienung. → Bande, Demut, Dienstbarkeit. ▶ Ungehorsam.
Gehorsam fordern → Disziplin halten.
Gehorsam, hündischer → Byzantinismus, Demut, Kriecherei.
gehorsam folgsam, gefügig, fügsam, lenksam, willig, ergeben, willfährig, nachgiebig, gefällig, zuvorkommend, bereit, dienstwillig, diensteifrig, beflissen, pflichteifrig, pflichtgemäß, befehlsgemäß, unterwürfig, widerstandslos, untertänig, unselbständig, knechtisch, sklavisch, hündisch, kniefällig, demütig, kirre *u*, zerknirscht, kusch *u*, niedrig. → aufmerksam, biegsam, demütig. ▶ ungehorsam.
gehorsam sein → befolgen, ducken sich, gehorchen.
Gehrock → Anzug.
Gehudel → Darstellung unrichtige, Flickwerk.
Geierauge → Auge.

Geifer Schaum, Gischt ● Wut, Zorn, Grimm, Groll, Ingrimm, Erbostheit, Erbitterung, Erzürntheit, Aufregung, Hitze, Heftigkeit, Ereiferung, Ungestüm, Zank, Entrüstung, Rachsucht, Bosheit, Gift und Galle. → Bissigkeit. ▶ Freundlichkeit, Zahmheit.
geifern vergiften ● wüten, ergrimmen, erbosen, grollen, poltern, schauben, losfahren, verübeln, keifen, zanken, schimpfen, zürnen, anknurren, anfahren, murren, schelten, herunterputzen, toben, räsonieren, schmähen, zetern ● sabbern, seibern, sabbeln *u*. → aufregen, bekämpfen, bereden, brennend, erbrechen, fluchen. ▶ beschwichtigen, loben, schmeicheln, versöhnen sich.
geigen musizieren, aufspielen, spielen, begleiten aufstreichen, streichen, vortragen, einstimmen, einfallen, tönen, ertönen, erklingen, kratzen, fiedeln, stimmen.
Geige spielen, die erste → tonangebend.
geil → buhlerisch.
Geilheit → Begierde, Brunst.
geirrt denkwidrig, unlogisch, falsch, folgewidrig, fehlerhaft, irrtümlich, unbegründet, ungenau, widersinnig, unvernünftig, vernunftswidrig, irrig ● fehlgeschlossen, verrechnet, gefehlt, getäuscht, mißverstanden, fehlgegriffen, fehlgeschossen, fehlgegangen, abgeirrt, Bock geschossen, übersehen, versprochen, vorzählt, verschrieben, versehen, unrichtig, dargestellt, verwechselt, verdreht. ▶ denkrichtig, logisch.
Geisel → Bürge.
Geisha → Bajadere, Buhle.
Geißbock → Bock.
Geißel Rute, Stock, Fuchtel, Peitsche, Gerte, Knute, Staubbesen, Marter, Folter ● Leid, Kreuz, Bürde, Unglück, Schmerz, Geißelung, Züchtigung, Folterung. → Bandit, Berserker, Bestie, Plage ▶ Engel rettender, Erlösung.
geißeln → angreifen, anklagen, bestrafen.
Geißelung → Askese, Marter.
Geist Genie, Schöpferkraft, Schöpfergeist, Gestaltungskraft, Intuition, Ingenium, Bildungskraft, Gestaltungstrieb, Erfindergeist, Geistigkeit, Geistesmacht, Verstandesweisheit, Verstand, Geistesleben, Vernunft, Erkenntnisvermögen, Klugheit, Weisheit, Erfahrung, Scharfblick ● Witz, Esprit, Einfall, Geistesfunke, Geistreichigkeit, Schlagfertigkeit ● Schemen, Gespenst, Spukgestalt. →

Ausdruck, Begabung, Begriff, Bewußtsein, Charakter, Christus, Dämon, Erscheinung, Fee. ▶ Geistesarmut, Geistlosigkeit.
Geist, böser → Dämon.
Geist, guter Schützer, Beschützer, Freund, Geführte, Begleiter, Schutzheiliger, Schutzengel, Engel, Himmelsmacht, Gnadenengel, Himmelsgewalt, Friedensengel. ▶ Bösewicht, Feind, Freund falscher.
Geist in Anspruch nehmen, den → denken.
Geist, hervorragender → Denker.
Geist, unruhiger Wetterhahn, Wetterfahne, Schmetterling, Leichtfuß, Windhund, Windfahne, Rückfälliger, Mantelträger, Unsteter, Springinsfeld ● Gesinnungslump, Mitläufer, Mitgänger, Stimmvieh, Bonze. ▶ Charakter, Fanatiker, beständig(er Mensch).
Geisterbeschwörung Geisterfurcht. → Aberglaube.
geisterhaft unwirklich, unsichtbar, eingebildet, phantastisch, fabelhaft, märchenhaft, traumhaft, erdenfern, überirdisch, unkörperlich, übernatürlich, spiritualistisch, unnatürlich, gespenstisch, unirdisch, spukhaft, schattenhaft, elfenhaft, koboldartig, dämonisch, unheimlich. → abschreckend, farblos, feenhaft, ungeheuer nicht. ▶ natürlich, sichtbar, wirklich.
Geisterklopfen → Aberglaube.
geistesabwesend → befangen, zerstreut.
Geistesabwesenheit → Blindheit, Zerstreutheit.
Geistesarbeit → Gedankenarbeit.
geistesarm → beengt, begriffsstutzig, dumm, farcenhaft, gehirnlos.
Geistesarmut → Albernheit, Blödigkeit, Dummheit, Faselei, Gedankenlosigkeit.
Geistesbeschaffenheit → Art.
Geistesblitz → Einfall.
Geisteserzeugnis Gedanke, Idee, Vorstellung, Gedankengut, Sinn, Betrachtung, Studium, Denkbereich, Gedankenwelt, Kopfarbeit, Leistung, Begriffsbildung, Begriffsscheidung, Erforschung, Untersuchung, Prüfung, Gedankengang, Anstrengung. ▶ Geistesarmut, Nachahmung.
Geistesfriede Seelenfriede, Herzensruhe, Gemütsruhe, Zufriedenheit, Wohlgefühl, Befriedigung, Friede, Behagen, Wohlgefallen, Beruhigung, Lebensfreude, Ruhe,

Lebensgefühl, Genügsamkeit, Gleichgewicht, Heiterkeit, Lockerung, Gemächlichkeit, Wohligkeit. ▶ Unfriede, Unzufriedenheit.

Geistesfrische Gedächtniskraft, Gedächtnisfrische, Erinnerungsfähigkeit, Ortssinn, Ortsgedächtnis, Erinnerungsgabe, Phantasie, Einfallskraft, Wortgedächtnis, Personengedächtnis, Farbengedächtnis, Ortsgefühl, Aufmerksamkeit, Gedächtniskunst, Gedächtnisübung, geistig auf der Höhe. ▶ Gedächtnisschwäche, Geistesarmut, Geistlosigkeit.

Geistesfunke → Einfall, Geist, Idee.

Geistesgabe Vernunft, Einsicht, Verständnis, Urteilskraft, Unterscheidungsgabe, Unterscheidungskraft, Klugheit, Gehirn, Gescheitheit, Besinnlichkeit, Weisheit, Scharfblick, Sachlichkeit, Überlegung. → Denkvermögen, Erfindungsgabe. ▶ Gedächtnisschwäche, Geistlosigkeit, Talentlosigkeit.

Geistesgegenwart Gefaßtheit, Festigkeit, Beherrschtheit, Gleichmaß, Stete, Ernst, Würde, Besonnenheit, Gelassenheit, Gleichmut, Sammlung, Nüchternheit, Beherrschung, Haltung, Fassung, Zucht, klarer Blick, abwartende Ausdauer. ▶ Fassungslosigkeit, Schwachsinn, Unbeherrschtheit.

geistesgegenwärtig ruhig regungslos, begonnen, gefaßt, gelassen, sachlich, kühl, unerschütterlich, gemütsruhig, gesetzt, ausgeglichen, ernst, unberührt, gleichmütig, leidenschaftslos. → abgebrüht. ▶ (fassungslos), unbeherrscht, unruhig.

geistesgestört schwachsinnig, blöde, verblödet, idiotisch, idiotenhaft, krank, stumpfsinnig, verkindischt, kindisch, anormal, spleenig, umnachtet, närrisch, verrückt, irr, vernunftlos, besessen, toll, einen Hieb weghaben u, einen Hau haben u, nicht alle auf dem Christbaum haben u, bekloppt u, nicht richtig beieinander sein u, nicht alle beisammen haben u, eine weiche Birne haben u, nicht alle auf dem Brett haben u, einen Furz im Kopf haben u, eins mit dem Holzhammer gekriegt haben u, mit dem Klammerbeutel gepudert sein u, einen Knacks haben, nicht ganz richtig im Kopf sein, nicht ganz richtig im Oberstübchen sein u, einen Piep haben u, plemplem u, ein Rädchen ist locker, rappelig sein, eine Schraube ist

los u, spinnen, einen Stich haben u, einen Triller haben u, einen Vogel haben, einen Webfehler haben u, einen zuviel haben u, nicht alle auf dem Kasten haben u, einen Klaps haben u, nicht alle auf dem Koffer haben u, nicht alle auf der Latte haben u, nicht alle in der Reihe haben u, einen Sparren haben, einen Stich haben, einen weg haben u. ▶ vernünftig.

Geistesgröße → Denker.

Geistesgut → Gedanken.

Geisteshaltung → Art.

Geisteskraft → Erkenntnisvermögen, Geist, Verstand.

geisteskrank → geistesgestört.

Geisteskrankheit Geistesstörung, Verrücktheit, Irrsinn, Schwachsinn, Tollheit, Umnachtung, Wahnsinn, Geistesumnachtung, Geistesschwäche, Gehirnkrankheit, Stumpfsinn, Idiotie, Bewußtseinsstörung, Sinnesstörung, Sinnesverwirrung, Wahnvorstellungen, Zwangsvorstellung, Verfolgungswahn, Bewußtseinsspaltung, Gehirnerweichung, Verblödung, Tobsucht, Veitstanz, Tollwut, Koller, Raserei, Dachschaden u, Hau u, Rappel, Klaps u, Knacks u, Vogel u.

geistesmächtig geistreich, genial, eigengesetzlich, eigengestalterisch, aufgeweckt, begabt, gescheit, scharfsinnig, schöpferisch, talentiert, geistvoll, fruchtbar, selbstschöpferisch, überragend, vollkommen, klug, weise, verstandesbegabt, vernunftbegabt, vernünftig, verständig, schlau, urteilsfähig, fähig, befähigt. ▶ geistesschwach.

Geistesrichtung → Charakter, Denkart.

Geistesschöpfung → Dichtung, Gedanke.

geistesschwach → dumm, geistesgestört.

Geistesschwäche → Blödigkeit, Geisteskrankheit.

Geistesstörung → Delirium, Geisteskrankheit.

Geistesstumpfheit Witzlosigkeit, Fadheit, Fadigkeit, Torheit, Dummheit, Gedankenflachheit, Plattheit, Langweiligkeit, Blödheit, Schalheit, Ernst, faule Witze, banale Redensart, trockene Tatsache. → Fadheit. ▶ Geist.

Geistesträgheit → Albernheit, Gedankenlosigkeit.

geistesverwandt → ähneln, brüderlich, ein Herz und eine Seele.

Geistesverwirrung → Geisteskrankheit, Geistesstörung.

Geisteszustand Gemütszustand, Stimmung, Verfassung, Laune, Anwandlung, Dis-

position, Verstand, Verständnis, Auffassungsgabe, Schlußvermögen, Gescheitheit, Intelligenz, Einsicht, Scharfsinn, Schlauheit, Fähigkeit, Seelenleben, Gemütsverfassung, Empfindungsleben, Vorstellungsleben, Gemütsbewegung, Anteilnahme, Gedankenleben. → Affekt.

geistig unkörperlich, stofflos, immateriell, raumlos, zeitlos, irdisch, spiritualistisch, überkörperlos, unpersönlich, übernatürlich ● intellektuell, geistreich, genial, schöpferisch, verständig, logisch, urteilsfähig, gescheit, klug, weise, talentiert, gedacht ● unbegreiflich, übermenschlich, nicht von dieser Welt. ▶ geistlos, körperlich.

geistiges Eigentum Geistesgut, Idee, Urheberrecht.

Geistigkeit → Begriffsvermögen.

Geistlicher Kleriker, Priester, Pastor, Seelsorger, Pfarrer, Kaplan, Prediger, Pater, Hirte, Seelenhirt, Seelenretter, Beichtvater, Beichtiger, Pfaffe, Schwarzrock, Schwarzkutte, Mönch, Kuttenträger, Hofprediger, Kapitularherr, Bischof, Vikar, Pfarrverweser, Diakon, Katechet, Missionar, Bekehrer, Prälat, Kardinal, Erzbischof, Weihbischof, Domherr, Pfarrherr, Ordensgeistlicher, Ordensbruder, Abt, Probst, Oberpriester, Papst. ▶ Laie.

geistlos gehaltlos, unvernünftig, unverständig, vernagelt, verbohrt, gedankenlos, beschränkt, dumm, triebhaft, borniert, dämlich, unklug, töricht, kindisch, unbesonnen, unbedacht, schwerfällig, vernunftwidrig, sinnlos, hirnverbrannt, toll, geschmacklos, abgestumpft. → begriffsstutzig, dumm, einförmig, farcenhaft. ▶ geistreich.

Geistlosigkeit → Faselei.

geistreich klug, gescheit, weise, talentiert, talentvoll, scharfsinnig, geistig, schöpferisch, vernunftbegabt, einsichtig, überlegt, aufgeklärt ● witzig, launig, schlagfertig, stechend, beißend, schneidend, ironisch. → amüsant, begabt, denkend, geistesmächtig. ▶ geistlos.

geistvoll → begabt, eigengesetzlich, geistesmächtig.

Geiz Habgier, Habsucht, Geldgier, Gewinnsucht, Geschäftsgeist, Erwerbssinn, Besitzwille, Raubbau, Selbstsucht, Egoismus, Eigennutz ● Engherzigkeit, Hartherzigkeit, Schmutzigkeit, Neid, Mißgunst, Sparsamkeit, Fil-

zigkeit. → Selbstsucht. ▸
Freigebigkeit, Selbstlosigkeit.
geizen → abdarben, abarbeiten, anhäufen, darben, knausern.
Geizhals Egoist, Mammonsdiener, Pfennigfuchser, Pro-
fitmacher, Filz, Blutsauger,
Halsabschneider, Krawatten-
macher, Leuteschinder, Nimmersatt, Vampir, Wucherer,
weißer Jude, Knauser, Geizdrache, Geizkragen, Geizteufel, Knicker, Nassauer, Knakker u, Kümmelspalter, Rap-
penspalter, Geizhammel. ▸
Spender, Verschwender.
geizig knauserig, knickerig,
kniepig, knietschig, lumpig,
schäbig, schmutzig, schofel,
ruppig, dreckig, filzig, genau,
hungrig, berechnend, beutegierig, charakterlos, egoistisch, selbstsüchtig, eigennützig, engherzig, gewinnsüchtig, habgierig, herzlos,
kleinlich, mißgünstig, neidisch, selbstisch, poplig u,
schäbig u. → begehrlich,
engherzig, interessiert. ▸
freigebig, selbstlos.
gejagt → gehetzt.
Gejammer → Klage.
Gejauchze Jubel, Geschmetter, Lärm, Getöse, Frohlocken,
Lachen, Lustigkeit, Freudigkeit, Jubelgeschrei, Lustge-
schrei, Jubelruf, Jubelklang,
Freudentaumel, Freudenge-
heul, Triumphgeschrei, Lobpreisung, Jubellied, Beifalls-
bezeugung, Beifall, Fröhlichkeit, Heiterkeit, Frohlockung.
→ Begeisterung, Beifall. ▸
Lautlosigkeit, Teilnahmslosigkeit, Verzweiflung.
Gejohle → Getöse.
Gekeife → Debatte, Streit.
gekennzeichnet → benannt,
gezeichnet.
gekerbt → uneben.
gekettet unfrei, hörig, botmäßig, dienstbar, geknechtet,
willenlos, rechtlos, geknebelt,
gebunden, eingeengt, eingeschränkt, abhängig, unterjocht, in Banden, versklavt,
nach der Pfeife tanzen, von
der Laune abhängen, verhaftet. ▸ befreit, frei, ungebunden.
Gekicher → Lachen.
Gekläff Gekrächze, Geschrei,
Gebrüll, Gebell, Gewinsel,
Gekeife, Geknurre, Gebläff,
Gebrumm.
Geklapper Gerassel, Getrom-
mel, Getrampel, Geballere,
Gescharre, Gerumpel, Geroll.
▸ Lautlosigkeit.
geklärt → entschlackt, geläutert.
Geklatsche Geschwätz,
Klatsch, Schwätzerei, Ge-
rücht, Nachrede, Gerede,
Stadtgespräch, Bericht, Ge-
plapper, Gewäsch, Geschnat-

ter, Gesprächigkeit, Mitteilungsbedürfnis, Klatschhaf-
tigkeit, Geschwätzigkeit, Redseligkeit, Klatschsucht. →
Fama. ▸ Diskretion, Geheimnis, Verschwiegenheit.
Geklimper → Mißklang.
Geklirr → Geräusch.
Geknatter → Explosion, Geräusch.
geknebelt → gefesselt.
geknechtet → abhängig, erdrückt, gekettet.
geknickt faltig, gerippt, gefurcht, gekrümmt, gebogen,
eckig, winklig, zackig ● müde,
matt, marode, schwach, entkräftet, kraftlos, hinfällig, abgebrochen, übermüdet, abgearbeitet, abgespannt, abgehetzt, abgequält ● hoffnungslos, hoffnungsbar, lebensmüde, erledigt, traurig, mutlos,
verzagt, niedergedrückt, niedergeschlagen. → angeschlagen, faltig, verzweifelt. ▸ glatt,
hoffnungsvoll, munter.
gekocht → gar.
Gekommene, zu Fall → Dirne.
gekonnt → fachgemäß.
Gekose → Bewerbung, Liebkosung.
Gekröse Eingeweide, Innereien,
Gedärme.
Gekrächze Gequake, Gezischel, Geröchel, Gelispel,
Rabengeschrei, mit heiserer
Stimme, mit belegter Stimme,
mit hohlem Ton. ▸ Wohl-
klang.
gekränkt eingeschnappt. →
beleidigt.
gekränkt werden → beleidigt.
gekräuselt → faltig.
Gekreisch → Geschrei.
gekreuzt → diagonal, durchbrochen, winkeln, züchten.
Gekritzel Gekleckse, Geschmier, Gehudel, Geschreibsel, Sudelei, Augenpulver,
Krakelei, unleserliche Schrift,
Zusammenschmiere, Kra-
kelwerk, Gesudel, Gekratze.
▸ (Schrift deutliche).
gekrönt → adelig.
gekrümmt → eingebogen.
gekühlt geeist, tiefgekühlt, ab-
gekühlt, eingefroren.
gekündigt → arbeitslos, entkräftet, herausgesetzt.
gekünstelt → erkünstelt.
gekürzt gerafft, kurzgefaßt,
zusammengefaßt, ● kleiner
gemacht, abgeschnitten.
Gelächter Gekicher, Gemek-
ker, Jubel, Lache, Lachsalve,
Geschrei, Gejauchze, Lach-
krampf, Lustigkeit, Heiterkeit,
Fröhlichkeit, Aufgeräumtheit,
Freude, Stimmung, Gaudi ●
Hohngelächter, Spottgeläch-
ter, Hohnlachen, Spott, Hohn,
Verhöhnung, Verspottung,
Verachtung, Gespötte, Kränkung, Erniedrigung. → Belustigung. ▸ Ernst.
geladen → beduselt, zornig.

Geladener → Eingeladener,
Gast.
Gelage Orgie, Bacchanalien,
Bankett, Fest, Festessen,
Festmahl, Gastmahl, Knei-
perei, Saufgelage, Zecherei,
Trinkgelage, Schwelgerei,
Prasserei, Völlerei.
gelähmt → abgespannt, entnervt, krank.
Gelände → Erdboden.
Geländer → Stütze.
gelangen → erwirken, vollführen.
gelangen, ans Ziel → bringen zuwege.
gelangweilt → blasiert, überdrüssig.
Gelaß Gemach, Raum, Zimmer, Wohnraum, Kammer,
Saal, Stube, Boudoir, Kemenate, Kabinett, → Versteck.
gelassen → abgestumpft, anspruchslos, bedächtig, befangen, behäbig, beherrscht, besinnlich, demütig, dickhäutig,
Eile mit Weile, ergeben, ernst,
ruhig, still, stillschweigend,
unempfindlich.
Gelassenheit → Bedacht, Beharrlichkeit, Beherrschung,
Ernst.
geläufig → alltäglich, bekannt, beredt, fließend, perfekt, vertraut.
Geläufigkeit → Behendigkeit, Routine.
gelaunt froh, wohlig, zufrieden, heiter, vergnügt, lebensfroh, frohgemut, ungetrübt,
befriedigt, frohherzig, frohsinnig, in Stimmung ● mißgestimmt, unzufrieden, miesepetrig, unleidig, unlustig, verschnupft, verstimmt, verdrießlich, verdrossen, mißloidig,
mürrisch, versauert, verkatert,
verstört.
geläutert rein, sauber, lauter,
klar, fleckenlos, unbefleckt,
unbeschmutzt, nett, gewa-
schen, gesäubert, gereinigt,
blank, geklärt, echt. → entschlackt. ▸ unrein.
gelb gelblich, safranfarbig,
ockerfarbig, schwefelfarbig,
bernsteinfarbig, topasfarbig,
kanarienfarbig, zitronenfar-
big, chamois, elfenbeinfarbig,
teegelb, sandfarben. → beige.
gelbbräunlich → chamois.
gelbbraun → beige.
gelblich → beige.
gelbrot → chamois.
Gelbschnabel → Bube, Dummerian, Dummkopf.
Geld Finanzen, Geldstück,
Zahlungsmittel, Verkehrsmittel, Umsatzmittel, Barschaft,
Papiergeld, Gold, Silber,
Kleingeld, Bargeld, Hartgeld,
Münze, Geldrolle, Währung,
Vermögen, Habe, Gut, Schatz,
Barvermögen, Geldsumme,
Betrag, Kosten, Einkommen,
Gehalt, Überschuß, Zinsen,
Taschengeld, Nadelgeld,

Haushaltungsgeld, Geldschein, Wechsel, Dividende, Aktien, Geldumlauf, Notenumlauf, Zahlung, Gulden, Krone, Mark, Pfund, Sterling, Rubel, Franken, Drachme, Lire, Dollar, Zehner, Kreuzer, Sechser, Cent, Deut, Centime, Rappen, Schilling, Leu, Lew, Peseta, Dinar, Zloty, Escudo, Forint, Peso, Cruzeiro, Rupie, Rial, Yen, Groschen, Taler, Pfennig, Draht *u*, Kies *u*, Moos *u*, Marie *u*, Pinke *u*, Pinkepinke *u*, Zaster *u*, Klamotten *u*, Kröten *u*, Moneten *u*, Penunzen *u* ● Schweinegeld, Sündengeld, Kleingeld. → Besitz, Besitztum, Blech, Einkommen, Erlös. ▶ Mittellosigkeit, Ware.

Geld aufnehmen → beleihen.
Geld kommen zu erwerben, gewinnen, verdienen, erarbeiten, erringen, erben, beziehen, einnehmen, empfangen, bekommen, aneignen, verschaffen, in Besitz gelangen, sein Glück machen, es zu etwas bringen, zu Reichtum kommen. ▶ verarmen, verlieren.
Geld machen → bringen sein Schäfchen ins trockene, kommen zu Geld.
Geld und Gut → Eigentum.
Geld wühlen, im → reich.
Geldanlage → Belehnung.
Geldaristokratie → Adel, Kapitalist.
Geldbeutel → Beutel.
Geldeintreiber → Darleiher.
Geldfälschung → Fälschung.
Geldgeber → Gläubiger.
Geldgier Begehr, Geldlust, Begierde, Leidenschaft, Trieb, Drang, Habsucht, Reiz, Habgier, Geldhunger, Geldsucht, Raffgier, Gewinnsucht, Wucher, Schacher, Begehrlichkeit, Pfennigfuchserei, Engherzigkeit, Kleinlichkeit, Goldhunger, Golddurst. ▶ Freigebigkeit, Genügsamkeit.
geldgierig raffgierig, habgierig, geizig, überkarg, geizend, unfreigiebig, engherzig, versessen, habsüchtig, knauserig, knickerig, filzig, schäbig, begierig, begehrlich, gierig, verlangend, drängend, besessen, unersättlich, unstillbar, geldhungrig, den Hals nicht voll kriegen, auf den Pfennig aus sein. → begehrlich. ▶ freigebig, genügsam.
Geldkatze → Beutel.
Geldklemme → Not, Geldsorgen.
geldlich geldmäßig, finanziell, geschäftlich, pekuniär, rechnerisch, wirtschaftlich, bar, fiskalisch, gängig, laufend, wert, gültig, münztechnisch, gangbar.
geldlos → arm, erwerbslos.
Geldmacht → Kapital.
Geldmangel Geldschwierig-

keiten, Zahlungsschwierigkeit, Geldverlegenheit, Geldnot, Unterbilanz, Flaute, Zahlungsunfähigkeit, Konkurs, Bankrott, Börsenkrach, Börsensturz, Geschäftsaufgabe, Mittellosigkeit, Verknappung, Mangel, Klemme, Geldsorgen, Not, Elend, Bedrängnis. → Armut. ▶ Geldmittel.
geldmäßig → geldlich.
Geldmann Geldmagnat, Kapitalist, Nabob. → Krösus, Krösus.
Geldmittel → Einkommen, Geld.
geldprotzig → dünkelhaft, geldstolz.
Geldquelle Einkommen, Gehalt, Kapital, Mittel, Vermögen, Zinsen, Verdienst, Erwerb, Lohn, Honorar, Lebensunterhalt, Ertrag, Erbe, Erbschaft, Besitz, Guthaben, Gut, Habe, Dividenden, Aktien, Rente, Pension, Krankengeld, Ersparnis, Kassenvorrat, Anlage. ▶ Einbuße, Geldsorgen.
Geldschein → Bargeld, Geld.
Geldschrank Geldschrein, Kassenschrank, Spind, Aufbewahrungsschrank, Tresor, Silberschrank, Kassette, Geheimfach, Safe, Nummer Sicher *u*. → Behälter.
Geldschwierigkeit → Geldmangel.
Geldsorgen Geldnot, Geldmangel, Zahlungsunfähigkeit, Verschuldung, Zahlungseinstellung, Rückstand, Geldschuld, Mittellosigkeit, Bedürftigkeit, Verknappung, Mangel, Dürftigkeit, Geldverlegenheit. → Armut, Geldmangel. ▶ Geldquelle.
geldstolz stolz, hochnäsig, hochtrabend, hochfliegend, hochfahrend, dünkelhaft, eingebildet, hochmütig, eitel, hoffärtig, aufgeblasen, großtuerisch, dicktuerisch, wichtigtuerisch, ruhmsüchtig. → anmaßend. ▶ bescheiden.
Geldstück Bargeld, Geld.
Geldverlegenheit → Armut, Geldmangel.
Geldverleiher → Darleiher.
geleckt wie → sauber.
gelegen → annehmbar, befindlich.
gelegen sein zusagen, bekommen, entsprechen, munden, passen, treffen, eignen, taugen, übereinstimmen, einverstanden sein, gelegen kommen, günstig kommen, Wasser auf seine Mühle, rechtzeitig kommen, zeitgemäß sein, zweckmäßig sein, verwendbar sein, kommen im rechten Augenblick, dienlich sein. ▶ ungelegen.
Gelegenheit Rechtzeitigkeit, Zeitpunkt, Augenblick, Muße, Feierzeit, Feiertag, Anlaß, Zufall, Zufälligkeit, Möglichkeit, passende Zeit, rechte Zeit,

Gunst des Augenblicks, gut gewählte Zeit, Masche *u*, Okkasion. → Anlaß, Aussicht stehen in. ▶ Unzeit.
Gelegenheit bieten → befähigen, debütieren.
Gelegenheit geben → bieten.
Gelegenheitsdichter → Dichter.
Gelegenheitsgedicht → Dichtungsart.
Gelegenheitskauf Wohlfeilheit, Billigkeit, Freundschaftspreis, Schleuderpreis, Preisabbau, Preisermäßigung, Ausverkauf, Ausschußverkauf, Räumungsverkauf, Preisrückgang, Preiserlaß, Gelegenheit, Preisabschlag, Preisnachlaß, Verbilligung, Vergünstigung, Winterschlußverkauf, Sommerschlußverkauf, günstiger Zeitpunkt, vorteilhafter Kauf, wohlfeiles Angebot. ▶ Überforderung.
Gelegenheitsmacher → Duckmäuser, Lump, Zuhälter.
gelegentlich → ab und zu, bedingungsweise, beiläufig, damals, dann und wann, einige Male.
gelegt → befindlich.
gelehrig bildsam, geschickt, anstellig, verständig, aufmerksam, lernbegierig, fleißig, streberhaft, erziehlich, eifrig, emsig, betriebsam, lenkbar, lernend, bildungsfähig, leicht auffassend → wißbegierig, bezähmbar. ▶ ungelehrig.
Gelehrigkeit → Begabung, Eignung, Fähigkeit, Fassungskraft.
gelehrsam → gelehrt.
Gelehrsamkeit Gelehrtheit, Gelehrigkeit, Gründlichkeit, Ausbildung, Verständnis, Findigkeit, Fähigkeit, Belesenheit, Schicklichkeit, Bücherkenntnis, Vertrautheit, Erkenntnis, Einblick, Erfahrung, Betrachtung, Wahrnehmung, Vorstellung. ▶ Unwissenheit.
gelehrt bewandert, erfahren, wissend, aufgeklärt, vertraut, weise, gebildet, belesen, sattelfest, beschlagen, akademisch, klug, professoral, reden wie ein Buch. → belesen. ▶ ungelehrt.
Gelehrter Wissenschaftler, Forscher, Denker ● Professor, Doktor, Akademiker, Dozent, Magister ● Deuter, Künder, Ausdeuter, Ausleger. → Intelligenzler.
Gelehrtheit → Bildung, Gelehrsamkeit.
Geleier Mißklang, Mißton, Übelton, Gedudel, Singsang, Geklimper, Gebimmel, Wimmerholz, Katzenmusik, Monotonie, Langweiligkeit. ▶ Wohlklang.
Geleise Fortgang, Spur, Graben, Auskehlung, Richtung,

Lauf, Gang, Zweck, Bestimmung, Trott, Schienenweg, Schienenstrang, Strecke, Bahn, Bahnweg, Weg. → Bahn, Bindemittel.

Geleise geraten, aus dem abweichen, fehlgehen, verfehlen, irregehen, verlieren, entgleisen ● verwirren, erschrecken, beunruhigen, außer Ordnung kommen, aus den Fugen kommen, aus Reih und Glied bringen, in Unordnung kommen ● erbeben, aus der Fassung kommen, die Fassung verlieren. ▶ beruhigen, fassen sich (ins Geleise bringen), ordnen, zielsicher (sein).

Geleit → Bedeckung, Begleitung, Besatzung, Bewachung, Bürgschaft.

Geleitbrief → Bürgschaft, Sicherheit.

geleiten eskortieren, begleiten, folgen, anschließen, beigesellen, zugesellen, sichern, schützen, beschirmen, behüten, decken, bewachen, umhegen, beschützen, bemannen, behirten, betreuen, feien, in Schutz nehmen. → bringen nach Hause, decken. ▶ trennen.

Geleitwort Wahlspruch, Motto, Sinnspruch, Führerwort, Dichterwort, Leitspruch, Leitmotiv, Torspruch, Sittenspruch, Sentenz, Satz, Richtschnur, Lehrsatz, Kernspruch, Geleitspruch, Denkspruch, Schlagwort, Hinstimmung, Einführung.

Geleitzug Eskorte, Wache, Deckung, Schutz. → Geleit.

Gelenk → Befestigung, Bindemittel, Daumen.

gelenkig biegsam, geschmeidig, fedrig, elastisch, spannfähig, federnd, flink, behend, gewandt, geschickt, rasch, artistisch, handlich, fix. → anstellig. ▶ ungelenk.

Gelenkigkeit → Behendigkeit, Fertigkeit.

gelernt → einstudiert.

Geleucht → Fackel.

Gelichter → Auswurf, Bande, Clique.

gelichtet → karg, rar.

geliebt liebend, innig, zärtlich, herzlich, warm, liebevoll, zugeneigt, zugetan, eingenommen, treu, teuer, hochgeschätzt, angebetet, vergöttert, kostbar, verzärtelt, verhätschelt, wert, volksbeliebt, liebenswert, allerliebst. → beliebt. ▶ ungeliebt.

Geliebte Liebling, Liebchen, Schatz, Abgott, Engel, Angebetete, Püppchen, Freundin, Braut ● Konkubine, Buhle, Betthase, Bettschatz. → Abgott, Courtisane, Freundin.

Geliebter→ Bräutigam, Freund.

geliefert → arm, bankrott.

gelieren → eindicken.

gelinde → milde.

Gelingen → Erfolg, Gedeihen.

gelingen klappen, flutschen, gedeihen, blühen, siegen, erlangen, erreichen, gewinnen, erringen, sichern, vorrücken, emporkommen, durchkommen, bezwingen, erobern, überwinden, bewältigen, Erfolg haben, eine glückliche Hand haben, sich in die Höhe schwingen, den Preis davontragen. → durchkämpfen sich, erfüllen die Hoffnung, erobern, erstarken. ▶ mißlingen.

Gelispel Gemurmel, Flüstern, Geflüster, Gezischel, Flüsterton, Schwachheit, Gesäusel, Gesumme, Gesumse, leiser Ton, leiser Hauch, gedämpfte Laute. ▶ Getöse, Widerhall.

gellen → lärmen.

gellend → laut, schreiend.

geloben → beeiden, bejahen, beschwören, versprechen.

Gelöbnis → Eid, Ehrenschuld, Ehrenwort, Versprechen.

gelobt → beliebt, empfohlen.

gelockert → blättrig, locker.

gelöst → angenehm, entbunden, entlastet.

Gelöstheit → Entspannung.

gelt → bitte schön.

Gelte → Behälter.

gelten bestehen, feststehen, vorherrschen, dauern, andauern, nachhalten, durchhalten, verharren, einwurzeln, zutreffen, entsprechen, zusagen, Wert haben, gültig sein, Geltung haben. → feststehen. ▶ entwerten, zweifelhaft (sein).

geltend gültig, vorherrschend, allgemein, allgemeingültig, gewöhnlich, landläufig, offiziell, gesetzlich, ordentlich, amtlich, behördlich. → amtlich. ▶ ungültig.

geltend machen → anführen, ausweisen, auszeichnen, berufen sich, bestehen auf, betonen, bewirken.

geltend machen, mildernde Umstände → Brücken bauen goldene.

Geltung → Ansehen, Auswirkung, Bedeutung, Beeinflussung, Einfluß.

Geltungsbedürfnis Entwürdigung, Bettelhaftigkeit, Armseligkeit, Neid, Schwäche, Kriecherei, Herrschsucht, Herrensinn, Selbstbewußtsein, Stolz, Geltungsdrang, Großmannssucht, Größenwahn, Großsprecherei, Dünkel, Fimmel u, Bettelstolz, Überhebung, Anmaßung, Unverfrorenheit, Aufgeblasenheit. ▶ Bescheidenheit, Fügsamkeit, Würde.

Geltungsdrang, -sucht→ Gel-

tungsbedürfnis.

Gelübde → Eid, Ehrenwort, Versprechen.

Gelump → Pack.

gelungen geglückt, gediehen, vorteilhaft, wirksam, erfolgreich, gedeihlich, glücklich, fruchtbar, erfolgversprechend, preisgekrönt, sieghaft, siegreich, erreicht, errungen, gewonnen, ergebnisreich, geraten, nützlich. → erfolgreich. ▶ mißlungen.

Gelüst → Ausschweifung, Bedürfnis, Befriedigung, Begehr, Begierde, Belieben, Brunst, Drang.

Gelüste → Begierde, Feinschmeckerei.

gelüsten → bekommen Lust, brennend, ersehnen.

gemach → bedächtig, Eile mit Weile.

gemächlich adagio. → allmählich, behaglich, bequem, Eile mit Weile, faul, langsam.

gemacht, falsch → unrichtig.

Gemahl → Bräutigam, Ehegenosse.

Gemahlin → Ehefrau, Frau.

gemahnen an → ähneln, erinnern.

Gemälde Bild, Bildnis, Porträt, Skizze, Stilleben, Ölbild, Ölgemälde, Fresko, Malerei, Zeichnung, Pastellzeichnung, Seegemälde, Landschaftsgemälde, Ölmalerei, Ölfarbendruck. → Bild.

Gemarkung Gegend, Erdstrich, Bezirk, Gebiet, Bereich, Gemark, Feldmark, Stück, Flur, Acker, Feld, Landstück, Landstrich, Gewann, Ländchen, Gau, Grafschaft, Grenzmarke. → Distrikt.

Gemäß → Gefäß.

gemäß → angemessen, anläßlich, beziehungsweise, bezüglich, demgemäß, diesbezüglich, entsprechend, fachgemäß.

gemäßigt maßvoll, mäßig, nüchtern, leise, kühl, vernünftig, ruhig, still, gemessen, gesetzt, gelassen, verständig, ernst, geduldig, bedachtsam, überlegt. ▶ maßlos.

Gemecker Getön, Lärm, Spott, Besserwissen, Gehöhne, Gebrüll, Gejammer, Krach, Getöse, Geschrei, Gekeife, Gezänke, Gehader. ▶ Zustimmung.

gemein ehrwidrig, gaunerhaft, niedrig, gering, schlecht, böse, charakterlos, gewöhnlich, schmutzig, lumpig, lügnerisch, niederträchtig, roh, ungesittet, schuftig, lasterhaft, schurkenhaft, unanständig, ehrlos, gewissenlos, schofel u. → abstoßend, anrüchig, anstößig, arg, ausschweifend, bedauerlich, beschämend, bestechlich, böse, boshaft, brutal, buhlerisch,

charakterlos, cynisch, diabolisch, dreckig, dunkel, eingefleischt, empörend, entmenscht, fahnenflüchtig. ▶ ansprechend, anständig, charaktervoll, ehrenhaft, gut, tugendhaft.
Gemeinde Kommune. → Ansiedlung, Bezirk.
Gemeindegrund → Besitz.
Gemeinderat → Beauftragter, Bürgermeister.
Gemeindetag → Bund.
Gemeindevorsteher → Bürgermeister.
gemeingefährlich → gefährlich.
Gemeingut → Besitz.
Gemeinheit Unredlichkeit, Frechheit, Unehrlichkeit, Unlauterkeit, Falschheit, Schurkerei, Gewissenlosigkeit, Unehrbarkeit, Charakterlosigkeit, Verlogenheit, Hinterlist, Arglist, Bosheit, Buberei, Betrügerei, Fälschung, Untreue, Eidbruch, Niederträchtigkeit, Verworfenheit, Meineid, Sauerei *u*, Schweinerei *u*, Viecherei *u*, Lumperei *u*, Biesterei *u*. → Anstößigkeit, Ärmlichkeit, Beleidigung, Bosheit, Cynismus, Demimonde, Doppelrolle, dunkler Punkt, Falschheit, Niedertracht. ▶ Anstand, Lauterkeit.
gemeinhin → allgemein.
Gemeinnutz Gemeinbesitz, Allgemeinbesitz, Mitbesitz, Mitgenuß, Staatseigentum, Staatsbesitz, Staatsgeld, Volksvermögen, Gemeindegrund, Allmend, Flur, Gemeindefeld, Gemeindeacker, Gemeindeanger, Gemeindewiese, Gemeindewald, Gemeindetrift, Gemeindeholz, Genossenschaft, Flurgemeinschaft, Konsum, Zusammenschluß, Zusammengehörigkeit. ▶ Eigennutz.
Gemeinplatz → Bedeutungslosigkeit, Farblosigkeit.
gemeinsam zusammen, verbunden, vereinigt, vereint, gemeinschaftlich, bündig, verknüpft, untrennbar, unteilbar, insgesamt, jeder, alles, ausnahmslos, restlos, jedermann, uneingeschränkt, gemeinsame Sache machen, Kippe machen *u*, kollektiv. ▶getrennt.
Gemeinschaft Einigkeit, Gemeinschaftsarbeit, Zusammenarbeit, Kollektiv, Körperschaft, Volksgemeinschaft, Arbeitsgemeinschaft, Gemeinwirtschaft, Einheit, Gesamtheit, Zusammenschluß, Allgemeinheit, Staat, Volk, Familie, Sippe, Gesellschaftsgruppe, Freundschaft, Brüderlichkeit, Eintracht, Genossenschaft, Verbindung, Corps, Freundschaftsdienst, Bündnis, Team *M* ● Kette *j*, Gesperre *j*. → Band, Brüder-

lichkeit, Bruderschaft, Bündnis, Clique, Einheit. ▶ Isolierung, Trennung.
gemeinschaftlich → beisammen, ein Mann wie.
Gemeinschaftsarbeit Kooperation. → Zusammenarbeit.
Gemeinschaftsgesang → Chor.
Gemeinschaftssinn Korpsgeist, Gemeinschaftsgeist, Gemeinschaftstrieb, Gemeinschaftsverpflichtung, Gemeinschaftsbedürfnis, Gemeinsinn, Rassenbewußtsein, Klassenbewußtsein, Parteigeist, Kameradschaft. ▶ Eigennützigkeit.
Gemeinsinn Opfersinn, Bürgersinn, Staatsbudget, Treue, Einsatzbereitschaft, Zusammengehörigkeitsgefühl, Zusammenschluß, Zusammenhalt, Solidarität, Menschlichkeit, Nationalität, Heimatgefühl, Volkstum, Schicksalsgemeinschaft, Volkseinheit, Rasseneinheit, Staatsgesinnung, Gemeinschaftsgefühl, Einigkeit. → Barmherzigkeit. ▶ Eigennutz.
gemeinverständlich → anschaulich, deutsch auf gut, einleuchtend, faßbar.
Gemeinwohl Gemeinnutz, Gemeinsinn, Mitmenschlichkeit.
Gemenge Mischung, Mengung, Vermischung, Verbindung, Beimengung, Beimischung, Beifügung, Gemisch, Gebräu, Vereinigung, Zusammensetzung ● Buntheit, Durcheinander, Untereinander, Vermischtes, Gemengsel, Mischmasch, Sammelsurium, Kuddelmuddel *u*, Schlampamp *u*. → Conglomerat. ▶ Entmischung, Grundelement.
gemessen gehalten, vernünftig, ruhig, ernst, still, mäßig, kühl, nüchtern, maßvoll, besonnen, gefaßt, gesetzt, ausgeglichen, gelassen, feierlich, unbeirrt, unbeweglich, gemütsruhig. → bedachtsam, besinnlich, ernst, still. ▶ maßlos.
Gemetzel → Blutbad.
gemieden einsam, fremd, freundlos, ungesellig, verschlossen, unzugänglich, vereinzelt, verlassen, weltfremd, geflohen, unbekannt, verloren, abgeschieden, unselig, unwillkommen, ungeladen, umherirrend, mutterseelenallein, vereinsamt, verschmäht. → alleinstehend. ▶ gesucht, willkommen.
Gemisch Mixtur, Verschnitt. → Conglomerat, Gemenge.
gemischt vermischt, verschnitten, vermengt ● allerlei, allerhand, halb und halb, zusammen mit ● durcheinander, darunter● bunt.▶unvermischt.

Gemme → Bildhauerei.
gemsfarben → chamois.
Gemünde → Kloake, Mündung.
Gemunkel Gerücht, Gerede, Tratsch, Geflüster, Beleidigung, Beschuldigung, Vorwurf, Fabel, Bezichtigung, Makel, Schandmal, Schandfleck, Bloßstellung, Schande, Schmach, Mißkredit, Verworfenheit, Schimpf, Verachtung, Klatsch, Ehrenkränkung, Brandmarkung, Erniedrigung, Herabsetzung, Latrinenparole *u*, Scheißparole *u*. → Fama. ▶ Wahrheit.
Gemurmel Geräusch, Ton, Gelispel, Getuschel, Gesumme, Gesumse, Murmeln, Gebrumm, Grabesstimme, Geflüster, Flüsterton, Heimlichkeit, Heiserkeit. ▶ Getöse, Widerhall.
Gemurre → Beschwernis.
Gemüse Pflanze, Gewächs, Bodenerzeugnis, Speise, Nahrung, Eßware, Gericht, Zukost, Pflanzennahrung, Grünfutter, Pflanzenkost, Mahl, Essen, Gang, Gemüsespeise, Gemüsegericht, Beilage ● junges Gemüse. → unerfahren.
Gemüsepflanzung → Beet.
gemustert betrachtet, angesehen, angeblickt, angeschaut, beobachtet, beäugt, fixiert, angestarrt, angestiert, angeglotzt ● gewürfelt, gefleckt, bunt, getigert, geblümt, scheckig, fleckig, streifig, gestreift, schottisch, kariert, getupft, gesprenkelt, punktiert. → farbenfroh. ▶ einfarbig, übersehen.
Gemüt Art, Gemütsart, Gemütsrichtung, Anlage, Geistesrichtung, Sinnesart, Zustand, Verfassung, Eigenschaft, Beschaffenheit, Denkweise, Empfindungsleben, Herzenseinstellung, Herzenswallung, Seelenleben, Gefühlsrichtung, Gefühl, Hang, Neigung, Stimmung, Erbmasse, Laune, Temperament, Reizbarkeit, Empfänglichkeit, Phlegma, Melancholie, Optimismus, Pessimismus, Sanguinikerblut, Cholerikerblut, Gemütsbewegung, Eindruck, Erregung, Pathos, Feuer, Begeisterung, Wärme, Inbrunst, Teilnahme, Herzlichkeit, Innigkeit, Gefühlsgefühl. → Art, Charakter, Gefühl. ▶ Charakterlosigkeit, Gefühllosigkeit, Wille.
Gemüt, verhärtetes → Roheit.
Gemüt, verstocktes → Verstocktheit.
gemütlich innig, vertraut, intim, wohlig, mollig, behaglich, ungetrübt, unbesorgt,

befriedigt, zufrieden, behäbig, wohl, beschaulich, stimmungsvoll, lauschig, gemächlich, still, ruhig, bequem, geruhsam, dienstfrei, gesellig, kurzweilig, unterhaltend, unterhaltsam. → allmählich, amüsant, anspruchslos, aufgeräumt, behäbig, behaglich, daheim, Familie im Schoße der. ▶ ungemütlich.

Gemütlichkeit → Beruhigung, Wohlbehagen.

Gemütsanlage → Art, Denkart, Verfassung.

Gemütsbewegung → Charitas, Lebensgefühl, Gefühlsleben, Gemüt.

gemütskrank → trübsinnig.

Gemütsmensch Stoiker ● Unmensch, Barbar.

Gemütsruhe → Befriedigung, Beharrlichkeit, Beruhigung, Geduld.

Gemütsstimmung Laune, Weichheit, Wankelmut, Flattersinn, Grillenfängerei, Nachgiebigkeit, Begeisterung, Lust, Stimmung, Frohsinn, Heiterkeit, Optimismus ● Schwermut, Hypochondrie, Verbitterung, Enttäuschung, Heimweh, Pessimismus, Katerstimmung, Unstimmung, Mißlaune, Verdrießlichkeit, Unlust, Unbehagen, Sorge, Mißbehagen, Melancholie ● Gemütsrichtung, Denkweise, Empfindungsleben, Seelenleben, Gefühlsrichtung, Reizbarkeit, Lebensgefühl, Gefühlslage, Gefühlsleben. ▶ Beherrschung.

Gemütstiefe → Feingefühl.

Gemütszustand Laune, Stimmung, Verfassung, Disposition, Anwandlung, Geisteszustand, Affekt, Wallung. → Anwandlung, Temperament. ▶ Beherrschung, Willensschwäche, Willensstärke.

gemütvoll innerlich, ausgeglichen, seelisch, gesund, von Mensch zu Mensch, feinfühlig, seine Gefühle sprechen lassen, ergreifen, zu Herzen fließend, vom Gefühl beherrscht sein, empfindungsvoll, beseelt, seelenvoll, bewegend, mitleiderregend, sensitiv, mitmenschlich, gefühlvoll, zart, feinnervig, schwärmerisch, verträumt, sentimental, poetisch, empfindungsvoll.

genannt → benannt.

genant → verlegen, peinlich.

genäschig naschhaft, schleckerig, leckermäulig, genießerisch, begehrlich, wählerisch, gelüstig. ▶ übersättigt.

genau wörtlich, buchstäblich, Wort für Wort, imitiert, kopiert, nachgebildet, gespiegelt, nachgeäfft, durchgepaust ● exakt, gewissenhaft, gründlich, minuziös, ordent-

lich, pedantisch, peinlich, penibel, präzis, sorgfältig, sorgsam, sorglich, subtil, tippelig, getreu, überlegt, umsichtig, zuverlässig, aufs Haar, bis aufs Tüpfelchen, auf den Millimeter, mit dem Lineal gezogen, pünktlich, fehlerlos, ausführlich, deutlich, eindeutig, klar, richtig, scharf, treffend, treffsicher, wohlgezielt, absolut, gewiß, fehlerfrei, recht *sm* ● etepetete, kleinlich, philiströs, pingelig, pinselig, spießig, verbohrt, verknöchert ● sachlich, leicht verständlich, klipp und klar, kurz und bündig, klar und deutlich ● prompt, strikt, treu, bündig ● geizig, knauserig, knickerig, schäbig, lumpig, schofel. → akkurat, anschaulich, ausführlich, bedächtig, bedeutungsvoll, beflissentlich, buchstäblich, deutlich, deutsch auf gut, eingehend, entsprechend, faßbar, gründlich, klar, peinlich, richtig, sorgfältig, streng, verständlich. ▶ ungenau.

genau nehmen, es nicht so → brechen das Gesetz, vernachlässigen.

genau so → ein und dasselbe.

Genaues wissen, nichts → etwas läuten hören.

Genauigkeit → Bestimmtheit, Charakterstärke, Deutlichkeit, Fehlerlosigkeit, Gewissenhaftigkeit, Richtigkeit, Sparsamkeit, Strenge.

Gendarm → Büttel.

genehm sein → belieben.

genehmigen → annehmen, begünstigen, beipflichten, beitreten, besiegeln, bestätigen, bewilligen, billigen, delegieren, dürfen, einräumen, erlauben, ermächtigen, gutheißen.

genehmigen, sich einen → trinken.

genehmigt → abgemacht.

Genehmigung Approbation. → Befugnis, Bekräftigung, Bewilligung, Billigung, Convention, Einräumung, Erlaubnis, Ermächtigung, Konzession, Vollmacht.

geneigt bereit, bereitwillig, disponiert, gewogen, gestimmt, günstig gesinnt, hold, willens, wohlwollend, gelaunt, in Laune sein, Fühlt sich bemüßigt. → abschüssig, aufgeschlossen, befreundet, beschaffen, empfänglich, schräg. ▶ ablehnend.

Geneigtheit → Beflissenheit, Bereitwilligkeit, Dienstwilligkeit, Entgegenkommen, Entschlußfreude, Gefälligkeit, Stimmung, Willfährigkeit.

General → Chef.

Generalbaß → Baß.

Generaldirektor → Arbeitgeber, Stand.

Generalität → Chef.

Generalpardon → Ablaß, Amnestie.

Generation → Menschheit.

generell → allgemein.

generös → freigebig.

genesen → aufblühen, bessern sich, erholen sich, herstellen.

Genesis → Entstehung.

Genesung → Besserung, Erholung, Erleichterung, Erneuerung, Gesundung, Heilung, Linderung, Regeneration, Rekonvaleszenz, Verjüngung, → Auffrischung, Befinden, Befreiung, Wiederherstellung. ▶ Rückschlag, Verschlimmerung.

genial begnadet, eigengesetzlich, eigengestalterisch, fruchtbar, geistesmächtig, geistvoll, produktiv, selbstschöpferisch, talentvoll, überlegen, überragend, vollkommen ● bedeutend, befähigt, feinsinnig, findig, geistreich, gereift, gescheit, geweckt, helle, hervorragend, intelligent, klug, lebensklug, schlagfertig. → anstellig, aufbauend, bahnbrechend, eigengesetzlich, erfinderisch, schöpferisch. ▶ unfähig.

Genie → Begabung, Bahnbrecher, Dichter, Erfinder.

genieren, sich → schämen, sich.

genießbar → angenehm, appetitlich, bekömmlich, delikat, eßbar, gar, köstlich, schmackhaft.

genießen aalen sich, amüsieren sich, ausleben sich, freuen sich, sonnen sich, triumphieren, strahlen, in Wonne schwimmen, in Seligkeit schwelgen, sich behaglich fühlen, sielen, sich dem Genuß hingeben, sich gütlich tun, sich wohlfühlen, sich nichts abgehen lassen, den Sorgen ausweichen, sich's schmecken lassen, naschen, nippen, schlemmen, schwelgen, erfreuen, ergötzen, vergnügt sein, entzückt sein, wonnetrunken, vom Glück trunken ● beanspruchen, benützen, teilhaftig sein ● Carpe diem. → ausnutzen, bequem, finden Geschmack an, freuen sich, konsumieren, profitieren. ▶ entsagen, versagen sich.

Genießer Ästhet, Epikuräer, Genußmensch, Lebemann, Lebenskünstler, Lüstling, Nachtschwärmer, Feinschmecker, Gourmand, Leckermaul, Prasser, Schlemmer, Schwelger, Sybarit, Weichling, Weltkind, Wollüstling, kein Kostverächter. → Bacchant, Feinschmecker. ▶ Kostverächter.

genießerisch wählerisch, verwöhnt, verhätschelt, feinschmeckerisch, schlemmerisch, schwelgerisch, üppig, verschwenderisch, leckerhaft, genußfähig, kennerhaft, lebenslustig, sinnenfreudig, sinnenfroh, genußfroh, glückselig, glücklich, fröhlich, freudig, berauscht. → ausschweifend, begehrlich, feinschmeckerisch. ▶ blasiert, unbefriedigt, verdrießlich.

Genius, böser → Teufel.

Genius, guter → Himmelsmächte.

Genörgel → Nörgelei.

genormt → Regel nach der.

Genosse → Anhänger, Bekannter, Bruder, Complice, Freund, Kamerad, Mitglied.

Genossenschaft Konsortium. → Bruderschaft, Bund, Bündnis, Gemeinschaft, Vereinigung.

genötigt gedrängt, veranlaßt. → bemüßigt, gezwungen.

genötigt sein, sich behelfen müssen, sich beugen müssen, sich darein finden müssen, sich schicken müssen, gehalten sein müssen, sich verpflichtet fühlen, sich bemüßigt fühlen, nicht umhin können, keine Wahl haben, nichts weiter übrig bleiben, keinen Ausweg wissen, gezwungen werden, genötigt werden, terrorisiert werden, unterjocht werden. ▶ ungebunden (sein), wollen.

Genre s → Art, Bild.

genug ausreichend, befriedigend, genügend, hinlänglich, hinreichend ● aus, basta, fertig, halt, stopp, vorbei, vorüber, Schluß, punktum, genug für heute, aus der Traum ● aufhören, anhalten, einhalten, rasten, ruhen, Schluß machen, einen Strich machen, einen Punkt machen. → angemessen, aus, ausreichend, befristet. ▶ ungenügend, weiter.

genug haben → bekommen die Nase voll, bedient sein u.

Genüge Hinlänglichkeit, Fülle, Ergiebigkeit, Angemessenheit, Vollständigkeit, Sättigung, Sattheit. → Ergiebigkeit. ▶ Unzulänglichkeit.

genügen → auskommen, erfüllen.

genügend → angemessen, ausreichend, entsprechend, erklecklich, erträglich, genug, mittelmäßig.

genügsam → anspruchslos, bedürfnislos, behäbig, bescheiden, enthaltsam, erklecklich, erträglich, mittelmäßig.

Genügsamkeit → Abstinenz, Befriedigung, Beherrschung, Bescheidenheit, Diät, Enthaltung.

Genugtuung → Ausgleich,

Befriedigung, Dank, Duell, Entlohnung, Ersatz, Rache.

Genuß Labsal, Lust, Vergnügen, Annehmlichkeit, Augenweide, Gaumenfreude, Ohrenschmaus, Sinnenfreude, Wohlgefühl, Befriedigung, Erquickung, Behaglichkeit, Wollust, Kitzel, Sinnenreiz ● Wohlgeschmack, Schmackhaftigkeit, Würze, Hochgenuß, Leckerbissen, Näscherei, Götterspeise ● Vorteil, Nutzen, Ertrag, Gewinn, Ergebnis, Anteil, Lohn, Beute, Nutznießung, Nießbrauch, Erfolg, Segen, Anspruch, Recht, Titel. → Benützung, Bequemlichkeit, Delikatesse, Erfrischung, Ergötzen, Feinschmeckerei, Freude, Lust, Vergnügen. ▶ Ärgernis, Entbehrung, Enthaltsamkeit, Übersättigung.

Genußmensch → Bacchant, Genießer.

Genußmittel → Delikatesse.

genußreich genußfroh, unterhaltend, belustigend, erheiternd, gemütlich, behaglich, angenehm, kurzweilig, toll, geistreich, fesselnd, launisch, drollig, spaßig, witzig, beschaulich, tröstlich, trostreich, beruhigend, lindernd, erquicklich. ▶ abscheulich, langweilig.

genußfähig → genießerisch.

Genußsucht → Begierde.

genußsüchtig → ausschweifend, bedürfnisvoll, begehrlich.

geöffnet → offen.

geölt, wie → schnell.

geordnet ordnungsmäßig, festgelegt, organisiert, übersichtlich, klar, entschieden, einheitlich, gleichförmig, gleichmäßig, rhythmisch, gegliedert. → deutlich, geregelt, klar, regelmäßig. ▶ ungeordnet.

Geordnetheit → Disziplin.

gepaart → beide, beigeordnet, beisammen.

Gepäck → Ausrüstung, Bagage, Besitztum, Effekten.

Gepäck, unnötiges → Ballast.

gepackt → bebend, begeistert, entbrannt, entflammt, ergriffen, entzündet.

Gepäckträger → Träger.

gepanzert → ehern, unempfindlich.

gepeinigt schmerzlich, stechend, beißend, bohrend, martervoll, leidend, duldend, gequält, geplagt, belästigt, bedrängt, bedrückt, gedrückt, heimgesucht, gezüchtigt, mißhandelt, geschunden, gefoltert, gemartert, unglücklich, unglückselig. ▶ angenehm, glücklich, schmerzlos.

gepflegt formsicher, formfest, sprachrein, treffsicher ● rein, sauber, blitzblank, schön, hübsch, schmuck, graziös,

elegant, anmutig, adrett, proper, holdselig, reizend, bezaubernd, bestrickend, anziehend, stattlich, fesch, stilvoll, makellos, zurechtgemacht, geschniegelt, korrekt. ▶ ungepflegt.

Gepflogenheit Gewohnheit, Brauch, Etikette, Regel, Form, Schablone, Sitte, Trott, Üblichkeit, Übung, Zeremonie, Praxis, Geschäftsgebaren, Zug der Zeit, Macht der Gewohnheit, zweite Natur, Schlendrian, Tretmühle, Dauerzustand. → Angleichung, Brauch, Mode, Regel, Usus. ▶ Abart, Neuheit.

gepfropft → voll.

geplagt → gepeinigt.

Geplänkel → Plänkelei.

geplant → absichtlich, beabsichtigt.

Geplapper → Abschweifung, Beredsamkeit.

geplatzt zerborsten, zersprungen, zerkracht, losgegangen, aufgeflogen, zerrissen, aufgesprungen, zersplittert, zertrümmert, zerschellt, zerspalten, zerplatzt, zerknallt, zerklirrt, in Trümmer gegangen, in die Binsen gegangen. → bankrott, zerstört. ▶ ganz, zahlungsfähig.

Geplauder Unterhaltung, Gespräch, Meinungsaustausch, Gedankenaustausch, Besprechung, Beratung, Unterredung, Plauderei, Geplausch, Gerede, Schwatz, Klatsch, Geplapper, Gewäsch, Geschwätz, Geschnatter, Redefluß, Geschprächigkeit, Babbelei, Plausch, Klöhn u, Schnack u. → Redseligkeit. ▶ Stillschweigen, Wortkargheit.

Gepolter → Detonation, Donner, Getöse.

Gepräge → Anzeichen, Art, Art und Weise, Aufbau, Ausdrucksweise, Aussehen, Bildung, Charakter, Darstellungsweise, Form, Stil.

geprägt → denkfest, durchdacht, reif.

Gepränge → Aufwand, Entfaltung, Farbenglanz, Pracht.

Geprassel → Detonation, Geräusch.

gepreßt → eng, zusammengedrückt.

gepriesen → bejubelt.

geprüft begutachtet, erforscht, erprobt, versucht, erwogen, bewährt, brauchbar, gut, nützlich, tauglich, examiniert, heimgesucht, unglücklich, niedergedrückt, zu Boden gedrückt. → angemessen, erprobt, experimentell, sachlich. ▶ unbrauchbar, wohlgemut.

gequält → gepeinigt.

gequetscht gedrückt, eingeengt, verklemmt, beschränkt, eingeschränkt, begrenzt, ge-

preßt, eng, beengt, knapp, dünn, gedrängelt • zerstoßen, zerkleinert, zerstampft, zertrümmert, zermalmt, erdrückt, platt. ▶ flockig, ganz, geräumig.
Gerade → Linie.
gerade → ach, anständig, aufrecht, aufrichtig, ausdauernd, beharrlich, direkt, durchgehend, eben, expreß, faltenlos, freizügig, kürzlich, loyal, schlicht, senkrecht.
gerade so → ähnlich, als, demgemäß, dergestalt, dergleichen, gleichsam.
geradeaus → deutsch auf gut, direkt.
geradeausgehen der Nase nach gehen, nicht vom Wege abgehen, nicht links noch rechts.
geradebiegen ausrichten, strecken, ausstrecken, begradigen, ausbreiten • in Ordnung bringen.
geraderücken → ordnen.
geradeso → so.
geradestehen für eine Schuld → bürgen.
geradestehend → aufrecht.
geradewegs glattweg, geradeheraus. → direkt, durchgehend, Richtung auf.
geradezu → ausnehmend, direkt.
Geradheit Offenheit. → Charakterstärke, Freimütigkeit, Einfachheit.
geradheraus → unverhohlen.
geradlinig → direkt, durchgehend.
Geradlinigkeit Geradheit, Straffheit, Unbeugsamkeit, Flachheit, Ebenheit • Senkrechte, Waagrechte. ▶ Biegung.
gerafft → gekürzt.
Geraschel → Geräusch.
Gerassel → Detonation, Geräusch.
Gerät Gebrauchsgegenstand. → Apparat, Ausrüstung, Bedarf, Behälter, Besitztum, Material, Requisit, Utensilien.
geraten → durchschlagen, erfüllen die Hoffnung, gelungen.
geraten, außer sich aufregen sich, verlieren den Kopf, ereifern, erhitzen sich, hitzig werden, aus dem Geleise geraten, außer sich sein, in Leidenschaft geraten, außer Fassung kommen, die Ruhe verlieren, aufbrausen, die Geduld verlieren, den Kopf verlieren, in die Höhe fahren, den Verstand verlieren, sich nicht beherrschen können, sich wie toll gebärden, vor Wut schäumen, wüten, rasen, geifern, toben. ▶ beherrschen sich, beruhigen (sich).
geraten in Unordnung → bunt zugehen, Unordnung.
geraten unter die Räuber un-

ter die Räder kommen, vom Regen in die Traufe kommen, auf den Hund kommen • erpreßt werden, in schlechte Gesellschaft kommen, ausgenutzt werden, ausgeplündert werden, ausgeraubt werden, übers Ohr gehauen werden, übergangen werden, überlistet werden, übertölpelt werden, auf eine schlechte Bahn gebracht werden. ▶ gutmachen wieder, hüten sich, Ohr hauen übers, wehren sich.
Geratewohl → Chance, Lotterie, Risiko.
Geratewohl, aufs → blindlings.
Gerätschaften Gerät, Werkzeug, Einrichtung, Apparat, Maschine, Rüstzeug, Ausrüstung, Zubehör, Habe, Eigentum, Sachverhalt, Habseligkeiten, Plunder, Brocken, Siebensachen, Hausrat, Ausstattung, Fahrnis, Mobilien. → Bedarf, Besitztum, Utensilien.
geräumig → ansehnlich, ausgedehnt, breit, endlos, umfassend.
Geräumigkeit → Ausbreitung, Umfang.
geräumt → ausverkauft, demolierend.
geräumt, aus dem Wege → dahin.
Geraune → Stimmengewirr.
Geräusch Schall, Hall, Klang, Stimme, Geschmetter, Klamauk, Krach, Lärm, Radau, Spektakel, Tumult, Geklirr, Geknatter, Gebrause, Gebrüll, Gedröhne, Gepolter, Gerassel, Gesäusel, Donner, Nachhall, Nachklang, Widerhall, Rückschall, Echo, Resonanz, Gelünge *j*, Geräff *j*. → Akustik, Fanfare. ▶ Lautlosigkeit.
Geräusch, lautes → Detonation.
geräuschlos lautlos, leise, ruhig, schweigsam, still, stumm, unhörbar, unvernehmbar, mäuschenstill, schweigend. → unhörbar. ▶ hörbar, geräuschvoll.
geräuschvoll laut, grell, schallend, schrill, ohrenbetäubend, ohrenzerreißend, bellend, klatschend, knallend, krachend, knisternd, platzend, zerknallend, zerplatzend, polternd, knirschend, klappernd, dröhnend, donnernd, brausend, grollend, hallend, prasselnd, quietschend, rappelnd, rasselnd, ratschend, ratternd, rollend, rumpelnd, schnarchend, schnarrend, schnurrend, schwirrend, summend, tickend, trampelnd, trommelnd, gröhlend, gellend, jaulend, johlend, kläffend, krächzend, kratzend, kreischend, schrei-

end, rauschend, schlabbern. → laut. ▶ geräuschlos.
gerben → bestrafen.
gerben, das Leder → balgen.
gerecht → angemessen, billig, charakterfest, charaktervoll, objektiv, statthaft.
gerechtfertigt → entschuldbar, statthaft.
Gerechtigkeit → Beständigkeit, Charakterstärke, Rechtlichkeit, Vorrecht.
Gerechtsame → Anrecht, Befugnis, Bürgerrecht.
Gerede Geschwätz, Gefasel, Blech, leeres Sinnlosigkeit, Blech, Wortkrämerei, Wortdrescherei, Larifari, leeres Stroh, Klatsch, Schwätzerei, Geklatsch, Gerücht, Nachrede, Stadtgespräch, Gequassel *u* • Gestammel, Geflunker. → Fama, Floskel, Phrase. ▶ Ausdruck, Wahrheit.
Gerede kommen, ins mit Schimpf und Schande bedeckt werden, zum Gespött werden, dem Klatsch ausgesetzt sein, in Mißkredit geraten, in Verruf geraten, der Ehre verlustig gehen, bloßgestellt werden, Aufsehen erregen, Anstoß erregen, Schande auf sich laden, seinen Ruf aufs Spiel setzen, seinen Ruf schädigen, seinen Namen schänden, in Schande gebracht werden, geschmäht werden, verleumdet werden, beschimpft werden, dem Skandal ausgesetzt sein, gebrandmarkt werden, verrufen sein, berüchtigt sein, bekannt sein. ▶ Ehre bezeigen, geachtet sein, gereichen zur Ehre.
Gerede leeres → Bedeutungslosigkeit, Blech, Bombast, Gerede.
geregelt bestimmt, festgelegt, geordnet, ordnungsmäßig, organisiert, übersichtlich, ordnungsgemäß, ausgerichtet, methodisch, systematisch, ungestört, klar, im Lot, in Ordnung. → bestimmt, fest. ▶ unbestimmt.
gereichen zur Ehre Ehre machen, Ehre genießen, verweigen sich, einen Namen machen, Ruf erwerben, stolz sein, berühmt werden, gefeiert werden, etwas vorstellen, hervorstechen, hervortun sich, überstrahlen, Lorbeer ernten, die Palme erringen, sich Sporen verdienen, Beachtung finden, die Augen auf sich lenken, Aufsehen erregen, ausgezeichnet werden, anerkannt werden, beliebt sein, populär werden, sich mit Ruhm bedecken, von der Welt gepriesen werden, der Nachwelt unvergeßlich sein. ▶

Gerede kommen ins, gereichen zur Schande.

gereichen zur Schande seinen Namen schänden, seinen Ruf schädigen, seinen Ruf aufs Spiel setzen, Schande auf sich laden, Anstoß erregen, eine traurige Figur machen, zum Gespött werden, in Mißkredit geraten. → Gerede kommen ins. ▶ gereichen zur Ehre.

gereinigt → aufgeräumt, entschlackt, geläutert, rein, sauber.

gereizt → aufgebracht, böse, cholerisch, desperat, enragiert, zornig.

Gereiztheit → Anwandlung, Empfindlichkeit, Erbitterung.

gereuen bereuen, bedauern, beklagen, sich schuldig bekennen, zu Herzen nehmen, Reue empfinden, sich grämen, in sich gehen, Einkehr halten, schuldbewußt sein, bußfertig sein, zur Umkehr bereit sein. ▶ reuelos (sein), verhärten sich.

Gericht Gerichtshof, Feme, Femegericht, Freigericht, Forum, Justiz, Richterstuhl, Ring, Dingstätte. → Ding, Essen, Justiz, Speise.

Gerichte → Essen, Kost, Speise.

gerichtet bestraft, in Strafe genommen, zur Verantwortung gezogen, heimgezahlt, geahndet, hingerichtet, verwirkt, gehängt, aufgeknüpft, gelyncht, erschossen, enthauptet, guillotiniert ● ausgestoßen, geächtet, verachtet, verfemt, rechtlos, ehrlos, verhaßt. → erhältlich, verfügbar. ▶ geehrt, unbestraft.

Gerichtsanzeige → Klage.

Gerichtsbarkeit → Dienstweg, Justiz.

Gerichtsdiener → Büttel.

Gerichtsverfahren → Prozeß.

Gerichtsvollzieher Vollstreckungsbeamter, Büttel.

Gerichtswesen → Justiz.

gerieben → aalglatt, bübisch, diplomatisch, durchtrieben.

gerillt → uneben.

gering klein, winzig, geringfügig, geringhaltig, knapp, kurz, puppig, unansehnlich, unbedeutend, unbeträchtlich, unscheinbar, verkrüppelt, zierlich ● wenig, karg, selten, dünn, dürftig, spärlich, ein bißchen ● belanglos, kärglich, minderwertig, nichtig, schwach, untergeordnet, unwesentlich, unwichtig, winzig ● einfach, gemein, hergelaufen, niedrig, dranglos, schlicht, subaltern, vulgär, niedrig geboren, staubgeboren, unebenbürtig, armselig, elend, erbärmlich, gewöhnlich, pöbelhaft. → arm, ausdruckslos, begrenzt, bloß,

charakterlos, derb, kaum, mäßig, minderwertig, schwach, unbedeutend. ▶ groß, ungewöhnlich, viel, wichtig.

geringer sein → beikommen nicht, schlecht, wenig.

geringfügig → ausdruckslos, begrenzt, bloß, mäßig, nebensächlich, unbedeutend.

Geringfügiges → Dreikäsehoch, Gehaltlosigkeit, Spärlichkeit.

Geringfügigkeit → Bagatelle, Bedeutungslosigkeit, Begrenzung, Binse, Deut, Dunst leerer, Gehaltlosigkeit.

geringgehalten → despektierlich.

geringschätzen → ablehnen, bagatellisieren, beeinträchtigen, diskreditieren, erniedrigen, fegen hinweg, herabsetzen, verachten, vernachlässigen.

geringschätzig abschätzig, verächtlich. → anmaßend, despektierlich, dünkelhaft.

Geringschätzung → Abneigung, Abscheu, Achsel, Beleidigung, Bemerkung, Cynismus, Dünkel, dunkler Punkt, Erniedrigung, Verachtung.

Gerinne → Bett.

gerinnen → eindicken, erhärten.

Gerinnsel Geriesel, Gewässer, Lauf, Ausfluß, Abfluß, Zufluß, Bach, Ach, Rinnsal, Quelle, Born, Wasserfall, Wasserader.

Gerinnung → Erhärtung.

Gerippe → Knochen, Plan, Skizze, Stütze.

gerippt gefurcht, ausgekehlt, gereift, faltig, geriffelt, gefältelt. ▶ glatt.

gerissen → aalglatt.

gern bereitwillig, geneigt sein, gewillt sein, erbötig sein, willens sein, disponiert sein, standslos, mit Vergnügen, ohne weiteres, selbstverständlich, entgegenkommend, mit Lust und Liebe, mit vollen Segeln ● gewiß, jawohl, sicherlich, wahrlich, wirklich, abgemacht, einverstanden, zugestimmt, von mir aus, sehr wohl, bewilligt, gebilligt, genehmigt, gestattet, zugelassen, zugestimmt, abgemacht, schön, sehr wohl, gut, bon, meinetwegen, geht in Ordnung, bin dafür, so sei es, mit Wonne, mit Kußhand u. → anstandslos. ▶ ungern.

Gernegroß → Angeber, Besserwisser, Dreikäsehoch.

geronnen → dickflüssig, fest, verdickt.

Gerstensaft → Bier, Getränk.

Gerte → Rute.

gertenschlank → schlank.

Geruch → Duft, Gestank.

Geruch, ohne → duftlos.

geruchlos → duftlos.

Geruchsinn → Nase.

Gerücht → Fama, Gemunkel, Nachrede, Nachricht, Neuigkeit.

gerüchtweise → bekannt.

gerufen wie → rechtzeitig.

geruhen einwilligen, genehmigen, zustimmen, gestatten, willfahren, bewilligen, gewähren, einräumen, anerkennen, bestätigen, bekräftigen, geneigt sein, zur Verfügung stehen, begünstigen, unterstützen, beistehen, einen guten Dienst leisten, wohlwollend sein, aufmerksam sein, gefällig sein, großzügig sein. ▶ hart (bleiben), verbieten.

gerühmt → bejubelt.

gerührt bewegt, berührt, ergriffen, beeindruckt, beeinflußt, erschüttert, bestürzt, mitfühlend, teilnehmend, teilnahmsvoll, kein Auge bleibt trocken u. → blaß. ▶ ungerührt.

gerührt, zu Tränen → Blick mit feuchtem.

geruhsam ruhevoll, behaglich. → angenehm, beschaulich, besinnlich, gemütlich, ruhig, still.

Gerümpel → Ausschuß, Kitsch, Ramsch.

gerupft → federlos.

Gerupfter → Betrogener.

Gerüst Stützwerk, Gestell, Rüstung, Halt.

gesagt → erwähnt schon.

Gesalbter → Christus.

gesalzen salzig. → teuer.

gesammelt erfaßt, versammelt, zusammen, vereinigt, geordnet, zusammengescharrt, zusammengelesen, zusammengerafft, abgesammelt, abgefangen, eingefangen, geerntet, aufgeschichtet, aufgetürmt, aufgestapelt, zusammengepackt ● beherrscht, leidenschaftslos, gleichmütig, ruhig, besonnen, gefaßt, ausgeglichen, gelassen, still, sachlich, seelenruhig, geistesgegenwärtig. → beherrscht. ▶ unbeherrscht, verstreut.

gesamt → A bis O, alles, allgemein, ausnahmslos, bestehen auf, einmal alle auf, global, umfassend.

Gesamtheit → Einheit, Totalität, Zusammenschluß.

Gesamtmenschliche, das → Art.

Gesandter Ambassadeur → Abgeordneter, Beauftragter, Bevollmächtigter.

Gesang Lied, Melodie, Sang, Ton, Weise, Canto, Belcanto, Introitus, Chor, Vokalmusik, Begleitung, Rezitativ. → Cantus, Chor, Duett.

Gesang, zweistimmiger → Duett.

Gesangverein → Chor.

Gesäß vier Buchstaben, Arsch

u, Allerwertester *u,* Dokus *u,* Hinterteil, Hinterviertel *u,* Hinterquartier *u,* Po, Popo *u,* Podex *u.*

gesättigt angereichert, dicht, genug, genügend, hinreichend, ausreichend, hinlänglich, angemessen, befriedigend ● bemittelt, wohlhabend ● satt, voll, keinen Hunger mehr haben, vollgefressen, vollgestopft, vollgepfropft, vollgegessen, befriedigt, übersättigt ● überdrüssig, blasiert, abgestumpft, erhaben über, mehr als genug, mehr als zuviel, bis zum Überdruß. ▶ hungrig, unzureichend.

gesäubert → gereinigt.

Gesäusel → Dämpfung, Geräusch.

Geschädigter → Dulder, Opfer.

geschaffen hergestellt, erzeugt, erschafft, hervorgerufen, bewirkt, entwickelt, errichtet, angefertigt, vollendet ● organisiert.

Geschäft Firma, Betrieb, Haus, Laden, Kaufhaus, Kaufhalle, Stand, Salon, Zweiggeschäft, Nebenstelle, Filiale ● Bruchbude, Quetsche, Butike, Saftladen ● Goldgrube, Bombengeschäft, Business. → Beruf, Betrieb, Bezugsquelle, Dienst, Filiale, Firma, Handel, Kauf.

geschäftig wuselig, unstet. → angestrengt, anstelig, arbeitsam, aufgeschlossen, ausdauernd, beflissentlich, beweglich, Damm sein auf dem, dienstbeflissen, eifrig, lebhaft, rege.

Geschäftigkeit → Beflissenheit, Begierde, Eile.

geschäftlich angestrengt, angespannt, aufreibend, mühselig ● beruflich, dienstlich, amtlich, berufsmäßig ● bündig, kurz, knapp, einsilbig ● kaufmännisch, buchmäßig, rechnerisch. → dienstlich, finanziell. ▶ erholend, privat, weitschweifig.

Geschäftsaufschwung → Aufschwung.

Geschäftsbrief → Brief.

Geschäftsfreund → Kunde, Lieferant.

Geschäftsführer → Beauftragter, Bevollmächtigter, Direktor.

Geschäftsleben Wirtschaft, Handel, Business, Industrie, Geschäftswelt.

Geschäftsleiter → Arbeitgeber, Beauftragter, Bevollmächtigter.

Geschäftsmann → Fabrikant, Kaufmann.

geschäftsmäßig werkmäßig, handwerksmäßig, werkgerecht, kunstgerecht, geschäftskundig, handwerklich.

→ geschäftlich. ▶ laienhaft, privat.

Geschäftsname → Firma.

Geschäftsneid → Brotneid.

Geschäftsordnung Organisation, Planung.

Geschäftsraum → Büro.

Geschäftsreisender → Commis, Voyageur, Vertreter.

Geschäftsschild → Firma, Reklame, Werbung.

Geschäftssinn Unternehmungsgeist, Schaffenslust, Tatenlust, Arbeitslust, Arbeitsfreude, Fleiß, Eifer, Lust, Regsamkeit, Strebsamkeit, Betriebsamkeit, Tatkraft, Unternehmungslust, Emsigkeit, Geschäftstüchtigkeit, Rührigkeit, Lebhaftigkeit, Geschäftigkeit.

Geschäftsstelle → Büro, Depot, Etablissement, Filiale.

Geschäftsträger → Abgeordneter, Abgesandter, Beauftragter, Bevollmächtigter.

geschäftstüchtig → aufgeschlossen, fleißig, geschickt, sparsam.

Geschäftsübertragung → Bestallung.

Geschäftsverkehr → Handel.

Geschäftszweig → Erwerbszweig.

geschändet erniedrigt, gedemütigt, gebrandmarkt, ehrlos, ohne Ehre, unehrenhaft, verschrien, berüchtigt, entehrt, verunglimpft, befleckt, beschmutzt, ausgestoßen, geschmäht, herabgezogen, dem Gespött preisgegeben. ▶ geachtet.

Geschändete → Courtisane, Dirne, Straßendirne.

geschätzt → achtbar, angesehen, bekannt, beliebt, empfehlenswert.

gescheckt → farbenfroh, farbenreich.

geschehen → begeben sich, bestehen, entspinnen, ereignen sich, erfolgen, passieren, vorkommen.

Geschehen → Ablauf, Ereignis, Erlebnis.

Geschehnis → Abenteuer, Begebenheit, Erlebnis.

gescheit → begabt, denkend, feinspürig, geistreich, klug.

gescheitert gestrandet, schiffbrüchig, aufgefahren, aufgesessen, umgeworfen, abgeworfen, abgetakelt, schachmatt ● erfolglos, ergebnislos, verfehlt, mißglückt, mißlungen, fehlgeschlagen, verunglückt, schiefgewickelt, vergeblich, nutzlos, umsonst, zwecklos, fruchtlos, auf falscher Fährte, weit vom Ziel, verpfuscht, verkracht. → umsonst. ▶ gelungen.

Geschenk Andenken, Mitbringsel, Angebinde, Aufmerksamkeit, Beschenkung,

Bescherung, Darbringung, Dedikation, Douceur, Gabe, Spende, Trinkgeld, Widmung, Zueignung, Zuwendung. → Almosen, Aufmerksamkeit, Belohnung, Bestechung, Dank, Darbringung, Käuflichkeit. ▶ Entgegennahme, Undank.

geschenkt → bewilligt, Butterbrot für ein, gratis, umsonst.

Geschichte → Chronik, Dichtungsart, Erzählung, Vergangenheit.

Geschichte, verwickelte → Dilemma.

geschichtet → blättrig.

Geschichtsschreiber Chronist, Historiker.

Geschichtswerk Annalen, Chronik, Historie, Weltgeschichte, Zeitbericht.

Geschick → Begabung, Behendigkeit, Einfühlungsgabe, Fähigkeit, Fügung, Talent, Verständnis, Zufall.

Geschicklichkeit → Bedacht, Begabung, Behendigkeit, Eignung, Erfahrung, Fähigkeit, Fassungskraft, Fertigkeit, Findigkeit, Gabe, Routine.

geschickt bewährt, erprobt, findig, geschult, schlau, verschlagen, weltklug, witzig ● aalglatt, einsichtsvoll, gescheit, intelligent, klug, verständig, vorsichtig ● agil, anpassungsfähig, anstellig, begabt, bewandert, brauchbar, eingefahren, eingespielt, einsichtig, erfahren, erfinderisch fähig, geschäftstüchtig, fix, flink, fingerfertig, gelenkig, genial, geübt, gewandt, hochbegabt, praktisch, raffiniert, routiniert, scharfsinnig, sinnreich, talentiert, richtig, versiert, vielseitig, virtuos, vollendet, vollkommen, meisterhaft, mit Aweck *u.* → anstellig, begabt, beschlagen, brauchbar, diplomatisch, diskret, erfahren, findig, klug, praktisch, taktisch. ▶ ungeschickt.

geschieden → entzweit, gesondert.

Geschimpfe Schelte, Geschrei, Lästerung, Beschimpfung, Beleidigung, Kränkung, Anzüglichkeit, Schmährede, Scheltrede, Schimpfrede. ▶ Belobigung.

Geschirr Töpferware, Keramik, Fayence, Hausrat, Hausgerät, Werkzeug. → Behälter.

Geschirr legen, ins ausharren, aushalten, durchhalten, sich nicht irremachen lassen, einer Sache treu bleiben, sich hingeben, widmen, mit Leib und Seele dabei sein, auf ein Ziel lossteuern, Hindernisse beseitigen, Schwierigkeiten aus dem Wege räumen, den Willen durchsetzen, nicht nachlassen, erzwingen, sich versteifen, sich in den Kopf setzen ● sich anstrengen, sich abmühen, sich befleißigen, sich plagen, sich abplakken, die ganze Tatkraft aufbieten, alle Kräfte anspannen, alle Hebel ansetzen, Unmögliches möglich machen. ▶ schlapp machen, unterliegen.

geschlagen → demütig und wehmütig.

geschlagen, vor den Kopf verzweifelt, mutlos, verzagt, niedergedrückt, niedergebeugt, niedergeschlagen, ohne Hoffnung, abgestumpft, gottverlassen, vernichtet, geschlängelt. → aalförmig, aalglatt. ▶ zuversichtlich.

Geschlecht → Abteilung, Anverwandte, Familie.

geschlechtlich sinnlich, begehrlich, lüstern, fleischlich, wollüstig, geil, scharf sein *u*, in puncto puncti *u*, brünstig, tierisch, animalisch, erotisch, liebestoll, mannstoll, ausschweifend, leichtlebig, leichtsinnig, ungezügelt, zügellos, liederlich, wüst, pervers, schwül, schlüpfrig, zotig, obszön, schmutzig, schweinisch. ▶ keusch.

geschlechtslos neutral, nicht Fisch noch Fleisch, zwitterhaft, reizlos.

Geschlechtstrieb → Begierde, Brunst.

geschliffen → artig, blank, diplomatisch, faltenlos, freundlich, poliert, scharf.

Geschliffenheit → Delikatesse, Manieren.

geschlossen versperrt, zu, zugemacht, verstopft, verkapselt, unzugänglich, undurchdringlich, dicht, undurchlässig, ungeöffnet ● ganz, vollständig, unverletzt, unversehrt, unberührt einheitlich, gleichmäßig, beständig, kreisförmig, ringförmig, abgerundet, rund, kugelförmig ● abgeschlossen, gefügt, in sich geschlossen, hermetisch. → abgeschlossen, dicht. ▶ offen.

Geschlossenheit → Begrenztheit, Kernigkeit.

Geschmack Eleganz, Gout, Stilgefühl, Schönheitssinn, Kunstverständnis, Farbensinn, Kennerblick, Unterscheidungsvermögen, Gefühl für das Schöne, Schönheitsgefühl, Schönheitsbedürfnis, Schöngeistigkeit, Lebensart, Schliff, Benehmen, Kennerschaft, Fingerspitzengefühl, kritisches Urteil ● Geschmackssinn, Beigeschmack, Nachgeschmack, Nebengeschmack, Gaumen, Zunge. → Aroma, Ausdrucksweise, Delikatesse, Eleganz, Fein-

gefühl, Stil, Vorliebe. ▶ Geschmacklosigkeit.

Geschmack finden → delektieren, finden Geschmack an.

Geschmack von → Beigeschmack.

Geschmack, Mangel an → Degout, finden Geschmack an.

Geschmack, schlechter → Bitterkeit, Degout.

Geschmack, übler → Degout.

geschmacklos fade, schal, abgestanden, kraftlos, würzlos, geistlos, matt, wässerig, nichtssagend, reizlos, häßlich, scheußlich, furchtbar, grauenhaft, grauenvoll, greulich, abscheulich, fürchterlich, widerwärtig, abstoßend, abgeschmackt, unschön, gewöhnlich, stillos, gemein, übel, grobkörnig, vierschrötig, steif, hölzern, schwerfällig, derb, plump, ungepflegt, ungeläutert, unfein, unkultiviert, taktlos, taktwidrig, grob, albern, garstig, schlüpfrig, unschicklich, kitschig, verlogen, verschroben, aufgedonnert, herausgeputzt, grell, schreiend, bombastisch, aufgeblasen, überladen, unmodern, altmodisch, kleinstädtisch, unpersönlich, lächerlich, gesucht, erkünstelt, affig, unnatürlich, übertrieben, nichtssagend. → albern, anstößig, anwidern, bunt, ekelhaft, reizlos, stillos. ▶ geschmackvoll.

Geschmacklosigkeit → Blamage, Extravaganz, Fadheit. Fremdwort.

Geschmacksleere → Fadheit.

Geschmacksrichter → Feinschmecker.

Geschmacksrichtung → Stil, Urteilskraft.

Geschmacksverirrung → Demimonde, Extravaganz, Ungeschmack.

Geschmackswidrigkeit → Extravaganz, Ungeschmack.

geschmackvoll → apart, ästhetisch, auserlesen, charmant, elegant, fein, schön, stilvoll.

Geschmeichel → Bewerbung, Schmeichelei.

Geschmeide → Schmuck.

geschmeidig → aalglatt, anmutig, anmutsvoll, biegsam, chic, dehnbar, demütig, diplomatisch, elastisch, fügsam, graziös.

geschmeidig machen biegen.

geschmeidig sein → aalglatt, biegen.

Geschmeiß Kriecher, Speichellecker, Duckmäuser, Leisetreter, Katzelmacher, Schnüffler, Schleicher, Kreatur, Schmarotzer, Parasit, Schranze, Mietling, Bittstel-

ker, Bettler, Zuhälter. ▶ Charakter.

Geschmetter → Donner, Fanfare, Getöse.

Geschmiere Schmiererei, Sudelei, Gehudel, Stümperei, Kitsch, Krackelwerk, Stillosigkeit ● Entstellung, unrichtige Darstellung, Falschmeldung, Wortverdrehung ● Gekritzel, unleserliche Schrift, Gekleckse, Krähenfüße, Hieroglyphen. ▶ Deutlichkeit, Kunstwerk, Wahrheit.

geschmiert wie wie geölt, wie ein geölter Blitz. → schnell.

geschminkt überzogen, übermalt, überpudert, angestrichen, übertüncht, beschmiert, bepudert, gepudert, herausgeputzt, ausgeschminkt, schön gemacht, zurecht gemacht, make up, elegant, aufgedonnert, in Kriegsbemalung *u*. ▶ ungeschminkt.

geschmissen → baff, verloren.

geschmückt verziert, ausgezeichnet, dekoriert ● erfolgsgekrönt ● geziert, drapiert, herausgeputzt, aufgemacht, aufgedonnert. ▶ schmücken.

Geschmunzel Freudenbezeigung, Beifallsbezeigung, Lachen, Lächeln. → Schmunzeln. ▶ Traurigkeit.

Geschnatter → Beredsamkeit.

geschniegelt → gepflegt.

geschnitten wie aus → ähnlich.

Geschnörkel → Ausschmückung, Dekoration.

geschnörkelt → gewunden.

Geschöpf → Mensch, Tier.

Geschoß Stockwerk, Zwischenstock, Boden, Mansarde, Speicher, Etage, Mezzanin, Erdgeschoß, Parterre ● Munition, Patrone, Wurfgeschoß, Bolzen, Pfeil, Kugel, Bohne, Blei *j*, Harpune, Kanonenkugel, Granate, Handgranate, Leuchtspurgeschoß, Schrapnell, Kartätsche, Sprenggeschoß, Explosionsgeschoß, schwerer Brocken *u*, Sprengkugel, Brandkugel, Gasgranate, Nebelbombe, Blaukreuz, Gelbkreuz, Grünkreuz, Tränengasgeschoß, Torpedo, Rakete.

geschossen, wie aus der Pistole → schnell.

geschraubt → geschwollen.

Geschraubtheit → Manieriertheit.

Geschrei Angstruf, Gejaule, Gestöhn, Gewinsel, Händeringen, Jammer, Klage, Lamento, Schluchzen, Schmerzensruf, Seufzer, Schmerzensausbruch, Wehklage, Zetergeschrei, Ach und Weh ● Gekeife, Gekreisch, Debatte, Disput, Schimpfereien, Stänkereien, Weibergezänk,

Wortgefecht, Wortstreit, Wortwechsel, Zänkerei, Auftritt, Donnerstimme. → Angstruf, Klage. ▶ Gelächter, Sprachlosigkeit, Stille, Verträglichkeit.

Geschreibsel → Geschmiere.

geschult → beschlagen.

Geschützpark → Batterie.

Geschützsalve → Beschießung.

geschützt → diebessicher, einbruchsicher, sicher.

geschwächt → kraftlos.

Geschwächte → Dirne.

Geschwafel Schwafelei, Geschwätz, Geseire.

geschwängert versetzt mit, durchdrungen von, gesättigt mit, gemischt mit. ▶ ungesättigt.

geschwärzt → dunkel.

Geschwätz → Abschweifung, Bedeutungslosigkeit, Blech, Bombast, Fama, Gefasel, Schlagwort, Wirrwarr.

geschwätzig redselig, klatschmäulig, tratschig u, quasselig u. → redselig.

Geschwätzigkeit → Abschweifung, Beredsamkeit.

geschweift → krumm.

geschwind → bald, beflügelt, beschwingt, eilends, einemmal mit, fix, rasch, schnell.

Geschwindigkeit → Schnelligkeit.

Geschwister → Anverwandte.

Geschwisterkind → Anverwandte.

geschwollen aufgedunsen, aufgetrieben, aufgebläht, vollgepfropft, dickwanstig, pausbäckig, wassersüchtig, gewölbt, bauchig, wuchtig, blasig, aufgebauscht, aufgeblasen ● anmaßend, unverschämt, arrogant, dreist, keck, unverfroren, übertrieben, verletzend, überheblich, eingebildet, dünkelhaft. → anmaßend, ausdrucksvoll. ▶ bescheiden, gequetscht.

Geschwollenheit → Dicke.

Geschwulst Abszeß, Beule, Knubbel u, Eiterbeule, Blase, Blatter, Pocke, Pustel, Warze, Gerstenkorn, Geschwür, Furunkel, Karbunkel, Schwären, Knollen, Kropf, Überbein, Wucherung, Krebsgeschwür, Karzinom, Sarkom, Entzündung, Eiterung, Bernickel, Pickel, Hühnerauge. → Auswuchs, Wölbung.

Geschwür → Auswuchs, Geschwulst.

gesegnet → beneidenswert.

Geseire → Abschweifung.

Gesell → Arbeiter, Diener, Genosse.

gesellen, sich → anbändeln, verkehren.

Gesellenstück → Einzelarbeit, Examen.

gesellig leutselig. → amüsant,

angenehm, du und du, froh, gemütlich.

Geselligkeit Unterhaltung, Zerstreuung, Lustbarkeit, Festlichkeit, Veranstaltung, Party, Empfang, Freundschaft, Gastlichkeit, Herzlichkeit, Umgang, Verkehr, Ball, Fünfuhrtee, offenes Haus, Kameradschaft, Kränzchen, Zirkel, Klub, Abendgesellschaft, Tanzgesellschaft, Gesellschaftsabend, Visiten, Empfangstag. → Belustigung, Besuch, Einladung, Gastfreundschaft. ▶ Ungeselligkeit.

Gesellschaft → Ball, Bande, Bankett, Belustigung, Bund, Clique, Feier, Fest, Firma, Mahlzeit, Menschheit, Organisation, Vereinigung.

Gesellschaft geben → bewirten, bitten.

Gesellschafter → Commis, Hausherr, Plauderer, Kompagnon.

gesellschaftlich → sozial, zugänglich.

Gesellschaftsabend → Feier, Fest.

gesellschaftsfeindlich → unzugänglich, verbrecherisch, asozial.

Gesellschaftsverband → Vereinigung.

Gesetz → Artikel, Befehl, Codex, Grundsatz, Paragraph, Recht.

Gesetz nicht beachten, ein → brechen das Gesetz.

Gesetz, ungeschriebenes → Pflicht.

Gesetzbuch → Codex.

Gesetzes, außerhalb des außergesetzlich, auf eigene Faust, eigenmächtig, willkürlich, gewalttätig, despotisch, tyrannisch, polizeiwidrig, verbrecherisch, sträflich, gegen Gesetz und Recht. → ungesetzlich. ▶ gesetzlich.

Gesetzes, Mißachtung des → Delikt.

Gesetzeskraft → Recht.

Gesetzgeber → Chef, Obrigkeit.

Gesetzgebung → Codex, Recht.

gesetzlich → amtlich, behördlich, juristisch, legal, offiziell, rechtlich.

Gesetzlichkeit → Anrecht, Konzession, Recht.

gesetzlos anarchistisch, bindungslos, asozial ● von Gott und der Welt verlassen.

Gesetzlosigkeit Ungesetzlichkeit, Gesetzwidrigkeit, Rechtsbruch, Rechtsbeugung, Rechtsverdrehung, Gesetzesverachtung, Herrschaftslosigkeit, Pöbelherrschaft, Anarchie, Rechtlosigkeit, Willkürherrschaft, Despotismus, Gewalttätigkeit, Faustrecht, Selbsthilfe, Volksjustiz, Volksgericht, Lynch-

justiz, Verfassungsbruch, Tyrannei, Eigenmächtigkeit, Willkür. → Ungehorsam, Unfügsamkeit, Widersetzlichkeit, Pflichtvergessenheit, Aufsässigkeit, Widerstand, Auflehnung, Meuterei, Verschwörung, Staatsstreich, Umsturz, Revolution, Revolte, Komplott, Aufwiegelei, Aufstand, Empörung, Aufruhr, Erhebung, Tumult, Putsch. ▶ Gesetz.

gesetzmäßig unabänderlich, zwangsläufig. → normal, rechtlich.

Gesetzmäßigkeit Loyalität. → Naturgesetz, Norm, Recht.

gesetzt → alt, befindlich, beherrscht, ernst.

Gesetztheit → Beherrschung, Besonnenheit.

gesetzwidrig → charakterlos, strafbar.

gesichert → begründet, diebessicher, einbruchsicher, feuerfest, sicher.

Gesicht → Angesicht, Aussehen.

Gesicht, leidendes → Duldermiene.

Gesichter schneiden → Grimasse.

Gesichtsfeld, -kreis Horizont, Blickfeld, Fernblick, Fernsicht ● Anschauungsvermögen, Begriffskreis, Bereich, Fassungsvermögen, Gedankenwelt, Intelligenz, Urteilsfähigkeit, Verständnis. → Blickfeld, Fernblick. ▶ Begrenzung.

gesichtslos fade. → unscheinbar.

Gesichtspunkt Ausblick, Belang, Richtschnur, Satzung, Umsicht, Wechselbeziehung, Zusammenhang ● Ansicht, Begriff, Bild, Bezug, Denkweise, Entstellung, Gutbefinden, Meinung, Standpunkt, Blickwinkel, Stellungnahme. → Ansicht, Begriff, Berücksichtigung, Bezug, Hinsicht, Sicht. ▶ Begriffsmangel, Unsicherheit.

Gesichtsseite → Vorderseite.

Gesichtszug → Physiognomie.

gesiebt → entschlackt, getrennt, schlau.

Gesinde → Arbeitnehmer, Dienstpersonal.

Gesindel Pack, Krethi und Plethi, Bagage, Lumpenpack, Saubande u, Schweinebande u, Rasselbande u, Sakramenter u. → Auswurf, Canaille.

Gesinnung Denkweise, Mentalität, Seelenverfassung, Weltanschauung, Einstellung, Art, Gebaren, Handlungsweise, Ansicht. → Art, Ansicht, Charakter, Denkart. ▶ Charakterlosigkeit.

Gesinnung, sklavische → Byzantinismus, Demut.

Gesinnungslump Abtrünniger, Krieder, Kläffer, Windhund, Strolch, Ludrian, Taugenichts, Galgenstrick, Halunke, Schleicher, Gesinnungsschnüffler, Schlot, Hundsfott, Heuchler, Schelm, Strick, Schalk. ▶ Edelmensch.

Gesinnungsschnüffelei Sittenrichterei, Mäkelei, Nörgelei, Krittelei, Verleumdung, Beleidigung, üble Nachrede, Schmähsucht, Tadelsucht, Erpressung, Erbschleicherei, Verräterei, Verrat. ▶ Achtung, Rechtschaffenheit.

gesinnungstüchtig einsatzbereit, entschlußfertig, entschlußbereit, dienstfertig, entschlossen, opferwillig, treu, verläßlich, verantwortungsbewußt. ▶ unerläßlich.

Gesinnungswechsel Unbeständigkeit, Veränderlichkeit, Wandelbarkeit, Flatterhaftigkeit, Flattersinn, Wankelmut, Weichheit, Schwäche, Sinneswechsel, Abtrünnigkeit, Farbenwechsel, Abfall, Unfall, Fahnenflucht, Abkehr, Übertritt, Verleugnung, Abschwörung, Gesinnungslumperei, Niederträchtigkeit, Würdelosigkeit, Niedertracht, Gemeinheit, Hemmungslosigkeit, Heuchelei, Doppelzüngigkeit, Charakterlosigkeit, Unzuverlässigkeit, Unaufrichtigkeit, Hinterlist, Untreue, Treulosigkeit. ▶ Charakter, Stärke, Treue.

gesittet anständig, sittsam, wohlerzogen, zivilisiert, sittengemäß, sittig, menschenwürdig, herkömmlich, gebräuchlich, nach altem Brauch, schicklich, sittenstreng, sittenrein, gebildet, kultiviert. → adrett, anständig, artig, distinguiert, fein, gebildet, gebührlich, höflich, sauber. ▶ ungesittet.

Gesocks → Pöbel.

gesondert ohne Beziehung, belanglos, beziehungslos, besonders, für sich allein, verbindungslos, vereinzelt, geschieden, geteilt, getrennt, aufgelöst, lose, unzusammenhängend, separat, für sich, allein, abgerissen, uneinig, locker, einsam, berührungslos. → allein, außerdem, besonders, einzel, extra, separat. ▶ bezüglich, vereinigt.

gespalten → entzwei.

Gespann → Zweiheit.

gespannt (auf) wißbegierig, neugierig, ganz Ohr ● ungeduldig, auf glühenden Kohlen, fiebrig ● wachsam, hellhörig, erwartungsvoll. → beflissentlich, erwartungsvoll. ▶ entspannt, geduldig, geistesabwesend, teilnahmslos.

Gespanntheit → Feindschaft, Interesse.

gespendet → geschenkt.

Gespenst Blendwerk, Dämon, Geist, Spuk, Erscheinung, Kobold, Schreckbild. → Blendwerk, Fee, Mißgestalt.

Gespenster sehen → ängstigen, deuchten.

Gespenstererscheinung → Erscheinung.

Gespensterseherei → Aberglaube, Angst.

gespenstig schemenhaft. → abschreckend, feenhaft, geisterhaft, übersinnlich.

gespickt besteckt, dicht, voll.

Gespiel → Bekannter.

Gespinst → Geflecht.

gespitzt → eckig, scharf.

Gespons → Begleitung, Bräutigam.

Gespött → Beleidigung.

Gespräch → Aussprache, Beratung, Debatte, Disput, Einigungsgespräch, Unterhaltung.

gesprächig mitteilsam. → beredsam, beredt.

Gesprächigkeit → Beredsamkeit.

gesprächsweise → persönlich.

gespreizt → anspruchsvoll.

Gespreiztheit → Effekthascherei, Anmaßung.

gesprenkelt → farbenfroh, farbenreich.

gesprungen → beschädigt, springen, entzwei.

Gespür → Eingebung, Gefühl.

Gespusi → Abgott.

Gestade → Ufer.

gestählt → ehern.

Gestalt → Art, Ausbreitung, Ausdehnung, Aussehen, Figur, Form, Format, Umfang.

Gestalt annehmen → werden.

Gestalt, in dieser → dermaßen.

Gestalt, von gedrungener → derb.

gestalten → anfertigen, aufbauen, ausarbeiten, ausbilden, ausdenken, ausgestalten, erziehen, formen, konstruieren, malen, schaffen.

gestaltend → bahnbrechend.

Gestalter → Erbauer, Schöpfer.

gestalterisch → aufbauend, erfinderisch, schöpferisch.

gestaltet → körperhaft, wesenhaft.

gestaltet, so → dermaßen.

gestaltlos → formlos.

Gestaltlosigkeit → Formlosigkeit.

Gestaltung → Anordnung, Art, Art und Weise, Aufbau, Aussehen, Bestand, Bildung, Charakter, Form, Struktur.

Gestaltungsfreude, -kraft, -trieb Kreativität. → Erfindungsgabe, Intuition.

Gestaltungsweise → Kunstform, System.

Gestammel → Stammeln.

Gestampfe → Detonation.

geständig schuldig, offenbar, erklärend, bejahend, überführt, angezeigt, strafwürdig, bestätigend. ▶ verschlossen, verstockt.

Geständnis Bejahung, Bestätigung, Aussage, Behauptung, Erklärung, Angabe, Wort, Versicherung, Zeugenaussage, Bekenntnis, Beweis, Erweis, Nachweis, Anführung, · Eingeständnis, Überführung, Überweisung. → Aussage, Beichte, Bekenntnis, Berichtigung, Beweis, Einkehr, Enthüllung, Beleg. ▶ Verheimlichung, Verstocktheit.

Gestank Geruch, Fäulnis, Ranzigkeit, Verpestung, Dünste, Ausdünstung, Verwesung, Seuchenherd, Stinkbombe, Stinkmorchel, Stinkspargel, Stinktopf, Aas, Jauche, Mist, Gülle, Stinkerei, Ausfluß, Erguß, Schwängerung, Rauch, Dunst. ▶ Wohlgeruch.

gestatten erlauben, bewilligen, zulassen, dulden, genehmigen, willfahren, gewähren, leiden, zugeben, einräumen, einwilligen, vergönnen, freistellen, dürfen, freistehen, berechtigen, gutheißen, billigen, anerkennen, zugestehen, beipflichten, beistimmen. → befähigen, begünstigen, bewilligen, bieten, bringen nicht übers Herz, dürfen, einräumen, erhören, erlauben, ermöglichen. ▶ verbieten.

gestatten, sich → entblöden sich nicht, gestatten.

gestattet erlaubt, zulässig, statthaft, bewilligt, zugestimmt, genehmigt, zugelassen, eingeräumt, freigestellt, unverwehrt. → abgemacht, berechtigt, bewilligt, erlaubt. ▶ unerlaubt.

Gestattung → Billigung, Erlaubnis.

Geste Blick, Wink, Fingerzeig, Gebärde, Achselzucken, Kopfschütteln, Mienenspiel, Zeichensprache, Zeichen, Deut, Kopfnicken, Fingersprache, Mimik, Anzeigung, Augensprache. → Anspielen, Bewegung, Erkennungszeichen, Gebärde.

gestehen offenbaren, angeben, anzeigen, eröffnen, entdecken, verraten, zugeben, zugestehen, eingestehen, kundgeben, sagen, enthüllen, entschleiern, bloßlegen, mitteilen, bejahen, versichern, bekennen, bestätigen, beteuern, aussagen. → aufklären, beichten, bejahen, bekennen, bereuen. ▶ abstreiten, verheimlichen.

gesteigert besser, mehr, höher, maßlos, hervorragend, vermehrt, vergrößert, gewachsen, aufsteigend, entwickelt, zugenommen, verstärkt, angewachsen. → bühnengerecht, dramatisch. ▶ vermindert.

Gestein → Fels, Stein.

Gestell Einrichtungsgegenstand, Wandbrett, Wandgerüst, Bücherbrett, Bücherbord, Büchergestell, Aktengestell, Absatzgestell, Stufengestell, Stütze, Unterlage, Ablage, Dreifuß, Ständer, Stellage. → Behälter, Bock, Brett, Divan.

gestellt hingestellt, angebracht, aufgestellt, aufgerichtet, aufgepflanzt, untergestellt, abgelegt, beiseite gelegt ● überführt, überliefert, zur Rede gestellt. → befindlich, überführt. ▶ beikommen nicht, verstellt.

gestellt, zur Schau → Blick preisgeben dem.

gestern, nicht von → aalglatt, klug.

gestiefelt und gespornt → fix und fertig, geschmückt.

Gestikulation Gebärden, Zeichensprache, mit Händen und Füßen.

gestikulieren fuchteln. → deuten.

Gestimmtheit Temperament, Wesen, Lebhaftigkeit, Gemüt, Sinnesart, Empfindungswesen, Gefühlsrichtung, Laune, Stimmung, Verfassung, Zustand, Gemütsrichtung.

gestohlen nachgemacht, imitiert, nachgeäfft, unecht, gefälscht ● geraubt, weggenommen, entwendet, entführt, geklaut, wegstibitzt, gemaust, unterschlagen, angeeignet, weggeschleppt, begaunert, geplündert, veruntreut. ▶ erworben, schöpferisch.

Gestöhne Weinen, Klagen, Klageton, Jammern, Geschrei, Wehgeschrei, Geheul, Gebrüll, Gejammer, Aufschrei, Gewinsel, Weinerlichkeit, Laut, Schmerz, Weinkrampf, Schluchzer, Getöse. ▶ Gejauchze.

gestopft gepfropft, gedrängt, voll, angefüllt, besetzt, gefüllt, vollgestopft, satt, gesättigt, übervoll, vollgegessen, vollgefressen, übersättigt ● geflickt, repariert, genäht, zusammengenäht, überbrückt, geheftet, ausgebessert. ▶ hungrig, leer, zerrissen.

gestorben leblos, verstorben, abgestorben, verschieden, hingeschieden, verblichen, entseelt, atemlos, erloschen, still, kalt, fertig, mausetot, erledigt, erlöst, ausgelitten, ausgekämpft, befreit. → abgeschieden, tot. ▶ geboren, lebendig.

gestört verrückt, umnachtet, geisteskrank, wahnsinnig, irrsinnig, verschroben, närrisch, toll ● unterbrochen, gehindert, abgehalten, erschwert, eingedämmt, geschwächt, lahmgelegt, eingeschränkt. ▶ ungestört.

Gestotter → Stottern, Stammeln, zungenschwer, Zungenklaps, Gestammel, Geräusche, Sprachstörung, Heiserkeit, Gekrächze, Lallen, Anstoßen mit der Zunge, schwere Zunge.

gestrandet → bankrott, verunglückt.

gestreckt gedehnt, geweitet, ausgeweitet, lang, ausgezogen, länglich, erweitert, ausgestreckt, langgezogen. → ausgedehnt, lang. ▶ eingeengt, kurz.

gestreift streifig, schottisch, gebändert, beadert, kariert, getigert, gefleckt, gemustert, gewürfelt, vielfarbig. → farbenfroh. ▶ einfarbig.

gestreng → felsenhart, streng.

gestrichen getilgt, ausgestrichen, ausradiert, ausgekratzt, durchgestrichen, beseitigt, gekürzt, ausgemerzt, abgesetzt, abgeschafft, entlassen, abgebaut ● bestrichen, bemalt, bunt, streifig, gestreift, geadert, gebändert. → farbig. ▶ farblos, hinzufügen, unverändert.

gestricgelt geglättet, glatt, sanft, blitzblank, gebohnert, sauber, gesäubert, gereinigt, gebürstet, gebügelt, herausgeputzt, geschniegelt. → sauber. ▶ entstellt, rauh, unsauber.

gestrig vergangen, damalig, damals, früher, einstig, verflossen, vergessen, ehemals, ehedem, einst, zuvor, längst. vorbei, vorüber, dahin, verwichen, gewesen, unwiederbringlich, veraltet, vordem. ▶ gegenwärtig, zukünftig.

gestutzt beschnitten, verkleinert, vermindert, abgeschnitten, abgetrennt, klein, knapp, verkürzt, gekürzt, abgezwickt, ausgerissen, abgehackt, abgebrochen, verstümmelt, abgehauen, weggenommen, geschmälert ● gezaudert, gestockt, zurückgegebt, gescheut, erschrocken, erschaudert, verstimmt, zusammengefahren, stutzig geworden. ▶ unerschrocken, unvermindert, wuchernd.

gestützt aufgestützt, abgestützt, unterstützt, unterlegt, unterbaut, unterstellt, gehalten ● vertrauensvoll, zuversichtlich, verläßlich, vertrauend, anhängend. ▶ schwebend, unverläßlich, selbständig.

Gesuch Bitte, Anliegen, Be-

gehr, Ansuchen, Ansinnen, Ersuchung, Verlangen, Wunsch, Geheisch, Forderung, Anrufung, Bittschrift, Bittgesuch, Eingabe, Antrag, Bettelei, Anspruch, Aufforderung, Beschwörung, Petition. → Antrag, Beeinflussung, Begehr, Bettelbrief, Bewerbung. ▶ Ablehnung, Widerruf.

Gesuch machen → bewerben sich.

gesucht vielverlangt, gangbar, absetzbar, rar, kostbar, selten, vereinzelt, einmalig, knapp, spärlich, erlesen, wertvoll, gut ● nachgesucht, nachgespürt, ausspioniert, erfragt, erforscht. → feinschmeckerisch, feinsinnig. ▶ (gefunden), unerforscht, wertlos.

Gesudel → Geschmiere.

gesund blühend, geheilt, heil, wohl, pudelwohl, munter, frisch, kräftig, rüstig, forsch, derb, strotzend, gesundheitsstrotzend, kraftstrotzend, abgehärtet, widerstandsfähig, kerngesund, unverwüstlich, frischfarbig, rosenwangig, unversehrt, unbeschädigt, arbeitsfähig, erfreulich ● heilsam, heilkräftig, bekömmlich, kräftigend, zuträglich, nahrhaft, wie der Fisch im Wasser, obenauf sein u. → ausgezeichnet, bekömmlich, brillant, derb, eßbar, gedeihlich. ▶ krank, unbekömmlich.

gesund sein → beneidenswert, Damm sein auf dem, gesund.

gesund machen → bringen auf die Beine, gesunden.

Gesundbeter → Bader.

Gesundbrunnen Kur, Brunnenkur, Badekur, Wasserkur, Salzbrunnen, Sauerbrunnen, Dampfbad, Lehmbad, Moorbad, Sandbad, Kneippkur, Jungborn, Felkekur, Wickel, Packung, Bäderbehandlung, Seebad, Heilbad, Erholung, Badeort, Badeplatz, Heilmittel. → Bad.

gesunden genesen, herstellen, ausheilen, aufkommen, aufleben, gedeihen, wiederherstellen, erfrischen, auffrischen, aufraffen, wiederaufkommen, lindern, verjüngen, bessern, heilen, abhelfen, strotzen, erstarken. → erholen sich. ▶ erkranken.

Gesundheit Wohlsein, Wohlergehen, Wohlbefinden, Lebensfunke, Lebenssaft, Lebenskraft, Widerstandskraft, Befund, Konstitution, Kraftreserve, Mordsnatur, blühendes Aussehen, Saft und Kraft, rote Wangen, gesundes Blut. ▶ Krankheit.

Gesundheit leben, der vorbeugen, verreisen, sich pflegen, sich stählen, sich kräftigen, sich hüten, bekömmlich essen, sich ausschlafen, zuträglich leben, Vorkehrungen treffen. ▶ gesundheitswidrig (leben).

Gesundheit, zerrüttete → Befinden, Krankheit.

Gesundheitsmittel → Diät.

Gesundheitspflege Hygiene, Körperpflege, Jungbrunnen, Heilsamkeit, Kräftigung, Vorbeugung, Schutzmittel, Heilmittel, Schlaf, Ruhe, Erholung, Sport, Kaltwasser, Pflanzenkost, Rohkost.

gesundheitswidrig schädlich, unverdaulich, unbekömmlich, verderblich, zerstörend, unvorteilhaft, übel, ungünstig, nachteilig, gefährlich, verdorben. → ungesund. ▶ gesund, unschädlich.

Gesundheitszustand → Befinden.

Gesundung Genesung, Besserung, Erholung, Wiederholung, Erleichterung, Heilung, Linderung, Wiederherstellung, Rekonvaleszenz, Fortschritt, Wiederbelebung, Heilprozeß, Milderung. ▶ Erkrankung.

Getäfel → Bedeckung.

Getändel Liebkosung, Gekose, Kuß, Umarmung, Zärtlichkeit, Schmeichelei, Liebesgetändel, Liebesspiel, Gehätschel, Getätschel, Geschlecke, Geschnäbel, Augensprache, Liebesblicke, Augenaufschlag, Händedruck, Hofmacherei, Komplimente, Fensterpromenade, Liebesgabe, Liebespfand, Koseworte, Ständchen, Liebesbrief. → Bewerbung. ▶ Gefühlskälte.

getäuscht → betrogen, enttäuscht, gefoppt.

Getäuschter → Betrogener.

geteilt getrennt, geschieden, aufgelöst, unzusammenhängend, einzeln, vereinzelt, abgesondert, durchteilt, entzwei, durchschnitten, zerbrochen, stückweise, gegliedert, gespalten, vielspaltig. → allein, blättrig. ▶ ungeteilt.

getilgt erledigt, wettgemacht, ausgeglichen, gestrichen, ausgestrichen, ausradiert, wegradiert, ausgemerzt, erledigt, quitt, losgesprochen, entbunden, entlastet, ausgekratzt, zerstört. → abgetan. ▶ unerledigt.

Getöse Geschmetter, Gepolter, Gejohle, Lärm, Krawall, Tumult, Getümmel, Aufstand, Aufruhr, Tohuwabohu, Gelärm, Gebrüll, Geschrei, Gezeter, Skandal, Randal, Radau, Heidenlärm, Gejodel, Gedudel, Radiolärm, Geräusch, Gebrause, Gedröhn, Judenschule, Meßtrubel, Kirmeslärm, Gerassel, Ge-

klingel, Geläute, Geschmetter, Trubel, Gejauchze, Fanfaren, Trompetenstoß, Trommelschlag, Sirene, Gesause, Sturmgebraus, Windgebraus, Geklirr, Donner, Gepolter, Gestampfe, Krach, Knall, Verkehrslärm, Hupenlärm, Straßenlärm, Kindergeschrei, Kindergebrüll, Donnerschlag, Geknatter, Geprassel, Geroll, Gerumpel. → Chaos, Donner, Fanfare, Gebrüll. ▶ Lautlosigkeit.

Getränk Erfrischung, Trank, Trunk, Erquickung, Flüssigkeit, Labung, Stärkung, Schluck, Tropfen, Tröpfchen, Schoppen, Maß, Umtrunk, Heiltrank, Wasser, Sprudel, Selterswasser, Brause, Sodawasser, Limonade, Gesöff *u*, Zitronenwasser, Himbeersaft, Milch, Molke, Buttermilch, Magermilch, Joghurt, Kaffee, Tee, Kakao, Schokolade, Alkohol, Spirituosen, Schnaps, Branntwein, Feuerwasser, Gerstensaft, Weinbrand, Kognak, Cobbler, Cocktail, Steinhäger, Wein, Champagner, Chianti, Krätzer, Kratzenberger *u*, Rachenputzer *u*, Essig *u*, Drink, Bowle, Traubensaft, Rotwein, Wermuth, Apfelsaft, Sekt. → Bier, Essenz, Flüssigkeit, Fusel. ▶ Essen, Speise.

Getratsche → Tratsch.

getrauen, sich wagen, unterfangen, zusammenraffen, Mut schöpfen, ein Herz fassen, die Furcht unterdrücken, die Zähne zusammenbeißen, Gefahren trotzen, nicht ausweichen, nicht wanken, sich vor die Bresche stellen, die Feuerprobe bestehen, den Teufel nicht fürchten. → ermannen sich, wagen. ▶ ängstigen sich, kneifen.

getraut → ehelich.

Getreidekammer → Depot.

getrennt geteilt, gesiebt, gereinigt, geschieden, aufgelöst, gesondert, allein, entzweit, unverbunden, abgesondert, vereinzelt, gegliedert abgespalten, entfernt, einsam, fern, entlegen, fernliegend, weit, fremd, auswärts. → abgelegen, allein, auseinander, außerdem, blättrig, davon, einsam, einzeln, entfremdet, entlegen, entzweit, fern. ▶ verbunden.

Getreuer Gesinnungsgenosse, Nachfolger, Schatten, Begleiter, Schüler, Gefolgsmann, Freund, Helfer, Beschützer, Beistand, Gefährte, Beschirmer, Mitkämpfer, Kamerad, Bruder, Retter, Gönner, Förderer, Mitarbeiter. → Anhänger. ▶ Abtrünniger.

getreulich pünktlich, gewissenhaft, gradlinig, getreu,

treu, zuverlässig, sorgfältig, genau, ehrenhaft, streng, eifrig. → gewissenhaft. ▶ ungetreu.

Getriebe Anlage, Maschine, Maschinerie, Mechanismus, Triebwerk, Gerät, Instrument, Vorrichtung ● Beweglichkeit, Lebhaftigkeit, Bewegung, Rührigkeit, Regsamkeit, Eile, Hast, Verkehr, Unruhe, Gezappel, Ruhelosigkeit, Rastlosigkeit. → Anzahl, Apparat. ▶ Eintönigkeit, Langweiligkeit.

getrieben gestoßen, angestoßen, gedrängt, geschoben, gezerrt, gedrückt, geschubst, gejagt, fortgetrieben, weggetrieben, angetrieben. ▶ Wille freier, willens.

getroffen bedrückt, elend, arm, ruiniert, mutlos, verzagt, verzweifelt, unglücklich, betrübt, bitter, geplagt, gequält, gepeinigt, schmerzend, stechend, bohrend, leidend ● begegnet, angetroffen, angelangt, erreicht, eingeholt, eingetroffen, angekommen ● erschossen, erstochen, erschlagen, getötet. ▶ lebendig, munter, unberührt.

getrost hoffnungsvoll, getröstet, hoffnungsfreudig, zuversichtlich, vertrauensvoll, vertrauensselig, sorglos, furchtlos, sicher, günstig, unverzagt, gehoben, geschützt, ohne Furcht, guten Mutes. → arglos. ▶ bedenklich, gefahrvoll, hoffnungslos.

Getue Erzwungenheit, Mache, Ziererei, Vorspiegelung, Pose, Aufschneiderei, Angabe, Machenschaft, Mätzchen, Gehabe, Gesuchtheit, Gezier, Manieriertheit, Albernheit, Gezwungenheit, Vornehmtuerei, Geckenhaftigkeit, Afferei, Geschmacklosigkeit, Überladung, Gelehrttuerei, Geschraubtheit, Förmlichkeit, Zimperlichkeit. → Begierde. ▶ Natürlichkeit.

Getümmel Tumult, Auflauf, Aufregung, Trubel, Wirbel, Gewirre, Durcheinander, Allerlei, Unruhe, Rummel, Krawall, Aufruhr, Ansturm, Schlachtengetümmel, Kampfgetümmel, Störung, Gezänk, Ansammlung. → Auflauf, Anzahl, Chaos. ▶ Ordnung, Ruhe.

getüpfelt → buntscheckig.

getupft → farbenreich.

Getuschel Geflüster, Flüsterton, Flüstern, Wispern, Lispeln, Gelispel, Gezischel, Gezische, Gesäusel, Dämpfung, Summen, Heimlichkeit, Vertuschelung. → Gebrumme. ▶ Offenheit.

geübt geschickt, gewandt, anstellig, gelenk, behend, geschult, berufsmäßig, vorbereitet, gelernt, kunstfertig, gründlich, mustergültig, meisterhaft, erfahren, bewandert, erprobt, meisterlich, talentiert, tauglich, tüchtig, brauchbar, verwendbar, kundig, verständig. → anstellig, beschlagen. ▶ ungeübt.

Geübtheit Erfahrung, Tüchtigkeit, Schulung, Gewohnheit, Gewandtheit, Routine, Geschicklichkeit, Fertigkeit, Geläufigkeit, Übung, Leichtigkeit, Befähigung, Geschick, Anstelligkeit, Fähigkeit, Einsicht, Tauglichkeit, Bewährung. ▶ Ungeschicklichkeit.

Gewächs → Blume, Geschwulst, Pflanze.

gewachsen sein (einer Sache) bewältigen. → können.

Gewackel → Bewegung.

gewagt abenteuerlich, heikel, verwegen, unsicher, waghalsig, beunruhigend, halsbrecherisch, tollkühn, zweischneidig, verderblich, unheilvoll, gefahrbergend, unheilschwanger, unglückschwanger, um ein Haar. → drohend, gefährlich. ▶ ungefährlich.

gewählt → ästhetisch, elegant, feinschmeckerisch, feinsinnig.

gewahr bemerkbar, fühlbar, bewußt, fühlend, eindrücklich, lebhaft, entdeckt, offen, erblickt, klar, gesichtet, erspäht. ▶ übersehen, unentdeckt.

gewahr werden → denken, gewahren.

Gewähr Beweis, Sicherheit, Bestätigung, Bescheinigung, Bürge, Glaubwürdigkeit, Deglaubigung, Bürgschaft, Gewährleistung, Sicherung, Rückversicherung, Haftpflicht, Ermächtigung, Garantie. ▶ Risiko, Ungewißheit.

gewahren sehen, erspähen, erblicken, ansehen, wahrnehmen, bemerken, besichtigen, betrachten, beachten, beobachten, beäugeln, angucken, anstarren, anstieren, erkennen, sichten, auffinden, auftreiben, aufstöbern, hinsehen, begucken, gewahr werden, zu Gesicht bekommen, in Augenschein nehmen. → auftreiben, durchschauen, entdecken. ▶ entgehen, tappen im dunkeln, übersehen.

gewähren erlauben, gestatten, billigen, zulassen, dulden, genehmigen, einräumen, vergönnen, zugeben, geruhen, anheimstellen, berechtigen, willfahren, übereinstimmen, zugestehen, bejahen, gutheißen, zuerkennen, geben, schenken, zuwenden, verehren, darreichen. → anbieten, beipflichten, beschenken, bewilligen, bieten, bie-

ten Gelegenheit, darbringen, darreichen, dürfen, einräumen, erlauben, ermöglichen. ▶ verbieten.

gewähren, Obdach → bleiben, helfen.

gewährleisten gutstehen, garantieren, hinterlegen, sicherstellen, einstehen, haften, verbürgen, bürgen, verpflichten, Garantie geben, Verantwortlichkeit übernehmen, Bürgschaft stellen. → beglaubigen, bürgen, einstehen, eintreten für. ▶ ablehnen, verweigern.

Gewährleistung Kaution, Sicherheit, Bürgschaft, Haftung, Gewähr, Sicherstellung, Sicherung, Hinterlage, Deckung, Sicherheitsleistung, Unterpfand, Haftpflicht, Garantie, Verpflichtung. → Einstandspflicht, Garantie. ▶ Ablehnung, Verweigerung.

Gewahrsam Sicherheit, Haft, Gefängnis, Zuchthaus, Kerker, Arrest, Karzer, Strafanstalt, Aufsicht, Hut, Bewachung, Beschlagnahmung, Gefangenschaft, Verwahrung, Freiheitsberaubung. → Arrest, Bewachung, Einkerkerung.

Gewahrsam bringen, in → dingfest machen.

Gewahrsam, in → Dach und Fach unter, dingfest, sicher.

Gewährsmann → Denker.

Gewährung → Belohnung, Bewilligung, Erlaubnis.

Gewalt Nötigung, Unfreiheit, Zwangslage, Macht, Gewalttätigkeit, Zwangsmittel, Strafe, Knute, Vergewaltigung, Freiheitsberaubung, Druckmittel, Erpressung, Blockade, Willenslähmung, Zwangswirtschaft, Hypnose, Suggestion, Strenge, Härte, Unerbittlichkeit, Hartherzigkeit, Grausamkeit, Einschüchterung, Terror, Tyrannei, Despotismus, Rücksichtslosigkeit. → Anlauf, Aufruhr, Ausbruch, Beeinflussung, Befugnis, Bewegungstrieb, Drang, Dynamik. ▶ Freiheit, Milde, Ordnung, Ruhe.

Gewalt haben, in der → unterdrücken, zwingen.

Gewalt, höhere → Gewalt, Schicksal.

Gewalt, rohe → Despotismus, Gewalt.

Gewalt vorgehen, mit → brechen das Gesetz, nötigen.

Gewaltherr → Despot.

Gewaltherrschaft → Beeinflussung, Despotismus, Diktatur, Tyrannei.

Gewaltherrschaft antreten, eine → brechen das Gesetz.

Gewaltherrscher → Despot.

gewaltig übertrieben, exorbitant, stark, mächtig, überragend, allgewaltig, furchterre-

gend, überlegen, kraftvoll, kraftstrotzend, kräftig, groß, energisch, stämmig, riesig, gigantisch, athletisch, hünenhaft, reckenhaft, beträchtlich, ausgedehnt, bedeutend, übergroß, riesenhaft, riesengroß, bemerkenswert, unermeßlich, kolossal, massig, ansehnlich, dick, fett, stattlich, schwerfällig, plump, wohlbeleibt, vierschrötig, geschwollen ● Mordskerl, Mordsmädel, Staatskerl, Prachtexemplar. → ansehnlich, außerordentlich, ausgedehnt, beeinflussend, beherrschend, beispiellos, befehlerisch, despotisch, dick, diktatorisch, enorm, erstaunlich. ▶ schwach, unansehnlich, unbedeutend, unterlegen.

Gewaltmensch Schläger. → Athlet, Verbrecher.

gewaltsam gewalttätig, heftig, ungestüm, stürmisch, gärend, kochend, rasend, leidenschaftlich, wild, feurig, erhitzt, aufbrausend, zornig, zwingend, hart, unentrinnbar, genötigt, eisern, unbarmherzig, mitleidlos, drakonisch, blutig, herrisch, tyrannisch, unerbittlich. → eigenmächtig. ▶ freiwillig, gemäßigt.

Gewaltstreich → Gewaltstück.

Gewaltstück Gewaltstreich, Handstreich, Mannestat, Heldentat, Heldenstück, Wagnis, Wagemut, Waghalsigkeit, Tollkühnheit, Mutprobe, Abenteuer, Ungeheuerlichkeit, Meisterstreich, Schlag, Stoß, Streich, Unterfangen, Unternehmen, Feuerprobe, Husarenstückchen. → Coup. ▶ Feigheit, Gesetzlichkeit.

gewalttätig → dämonisch, diktatorisch, gewaltsam.

Gewalttätigkeit Heftigkeit, Gewalt, Zwang, Gemeinheit, Roheit, Strafe, Leiden, Heimsuchung, Schicksal, Bedrängnis, Niedergang, Zwangsmittel, Knute, Willensbeherrschung, Nötigung, Freiheitsberaubung, Despotismus. → Gewalt. ▶ Besonnenheit, Fügsamkeit, Gerechtigkeit, Schwäche.

Gewand Festkleid, Robe, Hülle, Kleid, Kleidung, Gewandung, Kostüm, Garderobe, Tracht, Bekleidung, Putz, Staat, Uniform, Kluft, Montur, Anzug, Dienstkleid, Ornat, Trauerkleid, Rock, Kutte, Kittel, Morgenrock, Überrock, Umhang, Mantel. → Anzug, Aufmachung, Faltenwurf.

gewandt geschickt, firm, anstellig, gelenk, gelernt, flink, rasch, betulich, behend, geübt, ungezwungen, ungeniert, weltgewandt, umgänglich, zwanglos, flott, sprachgewandt, ausdrucksgewandt. →

anstellig, beschlagen, betragen sich, diplomatisch, diskret, elegant. ▶ ungeschickt.

Gewandtheit Ausdrucksfähigkeit, Geschicklichkeit, Behendigkeit, Anstelligkeit, Fähigkeit, Pli *u*, Eignung, Findigkeit, Fertigkeit, Geschick, Gelenkigkeit, Flinkheit, Fixigkeit, Erfahrung, Übung, Tauglichkeit, Tüchtigkeit, Umgang, Umgänglichkeit, Höflichkeit. → Begabung, Behendigkeit, Fertigkeit. ▶ Ungeschicklichkeit.

Gewandung → Anzug, Gewand, Kleidung.

gewappnet → vorbereitet.

gewärtigen erwarten, entgegensehen, warten, harren, hoffen, herbeiwünschen, vorhersehen, ahnen, abwarten, befürchten, zählen auf, sich verlassen, mit etwas rechnen. → annehmen, befürchten, erwarten, fassen ins Auge. ▶ mißtrauen, überrascht sein, verzagen.

Gewäsch Geschwätz, Geplapper, Geklatsch, Geschnatter, Kaffeeklatsch, Maulfertigkeit, Redefluß, Wortreichtum, Redeschwall, Redseligkeit, Redewut, Gesprächigkeit, Geschwätzigkeit, Schwatzhaftigkeit, Plauderhaftigkeit, Zungenfertigkeit, Zungengeläufigkeit, Zungenbrecherei, Judenschule, Wust, Lästerbank, Aufschneiderei. → Abschweifung. ▶ Wahrheit, Wortkargheit.

gewaschen → adrett, sauber.

Gewässer Strom, Fluß, See, Meer, Wasserstraße, Bach, Flußlauf, Hauptfluß, Nebenfluß, Wasser, Teich, Kanal, Rinnsal, Wasserader, Ozean, Wasserlauf, Wasserweg, Weiher, Tümpel, Pfütze, Wasserfall, Stromschnelle, Flut, Brandung, Springquell, Sturzbach, Wildbach, Sprudel, Strömung, Meerenge, Sund, Seearm, Strudel. → Binnenmeer.

Gewebe Beschaffenheit, Geflecht, Gewirke, Flechtwerk, Netzwerk, Stoff, Stickerei, Klöppelei, Häkelei, Filigran, Strickerei, Substanz, Gespinst, Werg, Tuch, Zeug, Wesen ● Leinwand, Rips, Köper, Taft ● Batist, Damast, Leinen, Linnen, Weißzeug, Buckram ● Wollstoff, Bobinet, Buckskin, Cheviot, Kammgarn, Cotton, Gabardine, Homespun ● Popeline, Flanell, Frotté ● Brokat, Changeant, Chiffon, Crêpe de Chine, Krepp ● Naturseide, Rohseide, Ekrüseide, Eolienne, Greg-Seide, Grisaille, Halbseide, Kunstseide, Gaze, Voile, Grenadine, Egyptienne ● Kord, Samt, Plüsch, Creton-

ne, Drapé, Inlett, Elastik, Etamin, Everglaze, Perlon, Nylon, Dralon, Trevira, Zellwolle, Schleierstoff, Tüll, Zefir, Epinglé, Charmeuse, Dekorationsstoff, Vorhangstoff, Biber, Loden, Filet, Netzstoff, Filament, Filüre, Filz, Baumwollstoff, Kunstfasergewebe.

geweckt → begabt.

Gewecktheit → Intelligenz.

Gewehr → Büchse, Waffe.

Gewehrfeuer → Beschießung.

geweiht, dem Untergang → verfallen.

gewellt → wellig.

Gewerbe Beruf, Beschäftigung, Tätigkeit, Amt, Dienstbereich, Aufgabe, Erwerbszweig, Brot, Existenz, Handwerk, Broterwerb, Lebenserwerb, Erwerb, Posten, Stellung, Betrieb, Unternehmen, Geschäft. → Arbeit, Art, Beruf, Erwerbszweig.

Gewerbetreibender Unternehmer, Krämer, Ladenbesitzer, Händler, Geschäftsmann, Kaufmann, Handwerker, Arbeiter, Heimarbeiter, Facharbeiter, Maßarbeiter, Gewohnheitsarbeiter, Schwerarbeiter, Alltagsarbeiter, Handarbeiter. → Detaillist.

Gewerkschaft Vereinigung, Zusammenschluß, Verein, Verbindung, Verband, Union, Gemeinschaft, Bund, Genossenschaft, Körperschaft, Gemeinschaftsarbeit, Zusammenarbeit, Versammlung, Gesellschaftsverband, Gruppe, Schar ● Berufsvertretung, Arbeitsschutz.

gewesen vergangen, vergessen, verflossen, gestrig, damalig, einstig, einstens, früher, ehemals, vormals, vordem, zuvor, vorbei, vorüber, dahin, längst, in alter Zeit, vor Tagen, vor Jahren. → einstens. ▶ gegenwärtig, zukünftig.

gewichst geputzt, blank, glänzend, geglänzt, glatt, geglättet, geschniegelt, gestriegelt, lackiert, poliert, eingeschmiert, sauber, eingerieben, verschönert, eingefettet, eingeölt, gereinigt, blitzblank, gesäubert ● geschwungen, durchgehauen, gestraft, gezüchtigt. ▶ gelobt, ungepflegt.

Gewicht Schwere, Schwergewicht, Wuchtigkeit, Masse, Druck, Last, Ladung, Menge, Belastung, Fülle, Maß ● Inhalt, Nachdruck, Betonung, Ernst, Wesentlichkeit ● Übermacht. → Ansehen, Bedeutung, Ballast, Beeinflussung, Bremse, Bürde, Dichtigkeit, Eindringlichkeit, Einfluß, Ernst. ▶ Belanglosigkeit, Gewichtlosigkeit.

Gewicht fallen ins nützen, dienen, helfen, lohnen sich,

Zweck erfüllen, zum Vorteil gereichen, in die Waagschale legen. ▶ geringschätzen.

Gewicht, spezifisches → Dichte.

gewichtig wuchtig, schwer, massig, bleiern, lastend, aufliegend, stark, allgewaltig, mächtig, gewaltig, auserlesen, bedeutend, angesehen, geschätzt, ausgezeichnet, wichtig, ernsthaft, ernst, ruhig. → A und O, ausdrucksvoll, ausschlaggebend, beachtlich, bedeutsam, beeinflussend, beherrschend, bleiern, denkwürdig, dominierend, ereignisreich. ▶ gering, leicht.

Gewichtigkeit → Dichtigkeit, Macht.

Gewichtlosigkeit → Ärmlichkeit, Leichtigkeit.

Gewichtsabnahme Diät, Fasten, Askese, Schrumpfung, FdH (Friß die Hälfte).

gewichtslos → ätherisch, leicht.

gewickelt, schief → irren, nutzlos, umsonst.

gewiegt durchtrieben, raffiniert, schlau, listig, abgefeimt, verschlagen, pfiffig, gerieben, durchtrieben, verschmitzt, arglistig, berechnend, tückisch, heimtückisch, hinterlistig, grauenhaft, glatt, verräterisch, katzenfreundlich, bübisch. → aalglatt, begabt, durchtrieben. ▶ offenherzig, unverdorben.

Gewiegtheit → Routine.

gewillt bereitwillig, bereit, willfährig, willig, erbötig, entschlossen, beharrlich, zielbewußt, unbeugsam, unerbittlich, geneigt. ▶ ablehnend, gezwungen.

Gewimmel → Anzahl, Fülle, Masse.

Gewimmer Gejammer, Geseufze, Geächz, Gestöhn, Geheul ● Klageruf, Wehgeschrei, Schmerzensschrei ● Lamentation, Wehklage.

Gewinde → Ausschmückung, Blumenstrauß, Drehung.

Gewinn Fortschritt, Entfaltung, Zunahme, Lohn, Nutzen, Ertrag, fetter Braten *u*, Beute, Vorteil, Anteil, Genuß, Frucht, Erfolg, Rebbach *u*, Rebbes *u*, Reibach *u*, Ergebnis, Segen, Schores *u*, Schnitt *u*, Gelingen, Gedeihen, Einkünfte, Zuwachs, Umsatz, Einnahme, Arbeitssegen, Nutznießung, Verdienstspanne, Gewinst, Aufschlag, Zuschlag, Überschuß, Avantage, Dividende. → Anteil, Arbeitssegen, Aufschlag, Ausbeute, Auswirkung, Bemächtigung, Beute, bringen sein Schäfchen ins trockene, Einkommen, Einträglichkeit, Erlös, Errungenschaft, Erwerb. ▶ Verlust.

Gewinn einstecken → bringen sein Schäfchen ins trockene.

Gewinnanteil Beteiligung, Tantieme. → Anteil, Ausbeute, Dividende, Gewinn.

Gewinnaussicht Vorteil, Chancen, Treffer, Tip, Sieg, Fischzug, Schlager, Segen, Einschlag, Bombe u.

gewinnbringend → dankbar, dienlich, diplomatisch, einträglich, erfolgreich, erfreulich, förderlich, lohnend, rentabel.

gewinnen erzielen, ausnutzen, sich zunutze machen, auf seine Rechnung kommen, Oberhand behalten, Vorteil haben, sich gesund machen, schieben, erpressen, sich bezahlt machen, sich lohnen ● erlangen, erreichen, erringen, vorwärtskommen, vorrücken, siegen, überwinden, einnehmen, den Lorbeer erringen, Beifall ernten, besiegen, niederstrecken, auspunkten, den Sieg erringen, Beute machen ● erwerben, verdienen, erarbeiten, lösen, einheimsen, Gewinn einstreichen, scheffeln, bekommen, erhalten, anschaffen, sich verschaffen, in Besitz gelangen, sich zum Eigentum machen, einsäckeln, ergattern, hereinkommen. → abwerfen, aneignen, ausbeuten, ausnutzen, bahnen, begeistern, beikommen, bemächtigen, bemeistern, bereichern, beschaffen, bestehen, bringen zu Wege, einbringen, erlangen, erwerben, fesseln, Geld kommen zu, profitieren, siegen, werben. ▶ verlieren.

gewinnen, das Herz einschmeicheln sich, Liebkind machen, in Gunst gelangen, den Weg zum Herzen finden, in Gunst kommen, in Gunst stehen, ins Netz locken, bezaubern entzücken, betören, den Kopf verrücken, an sich fesseln, verführen das Herz, brechen, das Herz fesseln, Gefühle erwecken, Liebe erregen, Zuneigung fassen. → lieben. ▶ verabscheuen.

gewinnen, für sich das Herz erobern, mitreißen, mit fortreißen, überzeugen, Zustimmung erlangen, Anklang finden, übereinkommen, vereinbaren, überreden, bekehren, belehren, zur Einsicht bringen. ▶ ablehnen, mißtrauen, widersprechen.

gewinnen lassen, sich fesseln, hinreißen, bewegen lassen, Anteil nehmen, sich einspannen lassen, sich beirren lassen, sich hineinziehen lassen. ▶ ablehnen, gleichgültig (sein).

gewinnend → angenehm, an-

ziehend, artig, bestechend, einnehmend, reizvoll, sympathisch.

Gewinner → Sieger.

gewinngierig geizig, habgierig, raffgierig, eigennützig, erpicht, interessiert. ▶ uneigennützig.

Gewinnsucht → Eigennutz, Feilheit, Geiz.

gewinnsüchtig → bedürfnisvoll, begehrlich, bestechlich, egoistisch.

Gewinnung → Erzeugung, Bemächtigung.

Gewinnverteilung Ausschüttung, Dividende.

Gewirk → Geflecht, Gewebe.

Gewirre → Anzahl, Charivari.

gewiß bestimmt, besiegelt, jedenfalls, notwendig, unausbleiblich, unvermeidlich, unwiderruflich, gewißlich, unzweifelhaft, tatsächlich, zutreffend, sicher, unanfechtbar, handgreiflich, wirklich, entschieden, kategorisch, fraglos, für alle Fälle, unfehlbar, zweifellos, ohne Zweifel, unwiderleglich, unbestreitbar, zuverlässig, untrüglich, unstreitig, natürlich, wahrlich, fürwahr, ernstlich, deutlich, klar, allerdings, freilich, sicherlich, auf Treu und Glauben, unter allen Umständen, jawohl. → absolut, allerdings, augenscheinlich, beglaubigt, bestimmt, beweisend, definitiv, deutlich, erwiesen, freitig, natürlich, positiv, richtig, sicher. ▶ ungewiß.

gewisse Etwas, das → Etwas, das gewisse.

Gewissen → Befehl, Ermahner, Verantwortung.

Gewissen, nach bestem → überzeugt.

Gewissen, böses → Scham, Schuldgefühl.

Gewissen, gutes → Seelenfrieden.

gewissenhaft → akkurat, anständig, ausführlich, bedächtig, bieder, brav, buchstäblich, charakterfest, charaktervoll, eingehend, genau, gestreulich, loyal, peinlich, sorgfältig, streng.

Gewissenhaftigkeit → Behutsamkeit, Besonnenheit, Charakterstärke, Dekorum, Ehrenpunkt, Fehlerlosigkeit, Genauigkeit.

Gewissenhaftigkeit, mit strikter → buchstäblich.

gewissenlos → arg, arglistig, barbarisch, bübisch, charakterlos, fahnenflüchtig, niederträchtig.

Gewissenlosigkeit → Bestechlichkeit, Unredlichkeit.

Gewissensangst → Elend graues, Reue.

Gewissensbisse → Bedenken, Beeinflussung, Elend graues, Reue, Scham.

Gewissenssache → Ehrenpunkt, Pflicht.

gewissermaßen gleichsam, sozusagen, beinahe, etwa, ungefähr, vorausgesetzt, zufällig, je nach dem, möglicherweise, mehr oder minder, wie die Sache steht, den Umständen nach, im großen und ganzen, immerhin, möglichst, teilweise, fast, nicht ganz so. → ähnlich, als, bedingungsweise, beispielsweise, gleichsam, quasi. ▶ gewiß, tatsächlich.

Gewißheit → Tatsache.

gewißlich → beglaubigt, gewiß.

Gewitter → Ausbruch, Blitz, Donner, Entladung, Spannung.

gewitterschwer → bleiern.

gewitzigt geschickt, gewandt, anstellig, einsichtig, erfahren, klug, scharfsinnig, tüchtig, gescheit, vorsichtig. → begabt, erfahren, klug. ▶ dumm, unbegabt, ungeschickt.

gewitzt → anstellig, gewitzigt.

Gewoge → Bewegung.

gewogen → geneigt, hörig, zugetan.

gewogen, nicht abhold. → unfreundlich, verfehdet.

Gewogenheit → Achtung, Liebe.

gewöhnen anpassen sich, befreunden, einarbeiten, beobachten, bleiben dabei, einwurzeln, finden sich in, angewöhnen, einleben, eingewöhnen, einer Gewohnheit sich hingeben, sich der Umwelt anpassen, sich zurechtnachleben, abfinden sich. → anpassen, befolgen, beobachten. ▶ entwöhnen, freund (bleiben).

Gewohnheit Einfügung, Einordnung, Anpassung, Angleichung, Angewöhnung, Gebrauch, Übung, Regel, Sitte, Brauch, Rückfall, Rückkehr, Wiederholung, Trott, Mode, Zeremoniell, Komment, Manier, Herkommen, Väterart, Überlieferung, Brauchtum, Volkssitte, Dabeibleiben. → Angleichung, Beständigkeit, Brauch, Erfahrung, Etikette, Gebrauch, Gepflogenheit, Mode, Norm, Regel, Routine, Usus. ▶ Fortschritt, Neuheit.

gewohnheitsgemäß gewöhnlich, gewohnt, gebräuchlich, üblich, gang und gäbe, vertraut, alltäglich, althergebracht, eingebürgert, überbracht, eingewurzelt, fortwährend, modisch, dem Brauch gemäß, nach alter Schule, mechanisch, seelenlos, gefühllos, anteilslos,

stumpf, teilnahmslos, unbewußt, eingetrichtert, ständig, habituell. → alltäglich. ▶ ungewöhnlich.
Gewohnheitsrecht→Anrecht.
gewöhnlich → abgedroschen, alltäglich, beständig, derb, erträglich, fadenscheinig, gewohnheitsgemäß, häßlich, normal, regelmäßig, stillos.
gewohnt → alltäglich, alt, behaftet, besessen, beständig, gewohnheitsgemäß.
Gewöhnung → Gewohnheit, Routine.
gewölbt → bauchig.
gewollt künstlich, affektiert, gemacht, maniert.
Gewühl → Anzahl.
gewunden gebogen, schraubenförmig, geschweift, gekrümmt, umgebogen, verbogen, bogenförmig, bucklig, krumm, geschnörkelt ● kurvenreich. → aalförmig, aalglatt, gebogen. ▶ aufrichtig, gerade.
gewünscht → bewußt, verlangt.
gewürdigt → anerkannt.
gewürfelt → gemustert, farbenfroh.
Gewürge → Schlingbewegung, Unordnung.
Gewurstel → Unordnung.
Gewürzlosigkeit → Fadheit.
gewürzt → angenehm, brennend, scharf, schmackhaft.
gezackt → eckig, scharf.
gezähnt → eckig, scharf.
Gezänke Kabbelei. → Debatte, Streit.
Gezappel Gewackel, Wakkeln, Bewegung, Räkeln, Erschütterung, Gewedel, Regsamkeit, Hast, Eile, Rastlosigkeit. ▶ Besonnenheit, Ruhe.
gezeichnet todgeweiht, erledigt, sterblich, krank, gebrechlich ● schuldbetroffen, schuldbewußt, gebrandmarkt, verdammt, verurteilt ● gemalt, bemalt, entworfen, nachgezeichnet, abgezeichnet, gepinselt, skizziert, dargestellt. ▶ gesund, unschuldig.
gezielt → planvoll.
geziemen → angemessen, zukommen.
geziemend → angemessen, billig, schicklich.
geziert → anspruchsvoll, aufgeblasen, dünkelhaft, eitel, erkünstelt.
Geziertheit → Dünkel, Eitelkeit.
Gezischel Zischlaut, Geraschel, Zischen, Gekriesel, Knirschen, Geschwirre, Gebraus, Geräusch, Getuschel. → Gelispel. ▶ Lautlosigkeit.
Gezweig → Ast.
gezwungen betragen sich, dünkelhaft, schüchtern. → bemüßigt, dünkelhaft, gezwungenermaßen. ▶ ungezwungen.

gezwungenermaßen erzwungen, gezwungen, notgedrungen, unfreiwillig, zwangsweise, gewaltsam, zwingend, unfrei, unumgänglich, unerläßlich, unausweichlich, unabweislich, fordernd, aufgedrängt, abgenötigt, unvermeidlich, genötigt. ▶ freiwillig.
Gicksgacks → Faselei.
Giebel First, Dachreiter, Dach, Dachstuhl, Sparre, Spitze, Zinne, Ziergiebel, Turm, Stirnseite, Kuppe, Decke, Gesims, Kapitell, Glockenturm, Hausgiebel, Gewölbe. → Fassade.
Gier Verlangen, Lüsternheit, Gelüst, Begierde, Geile, Leidenschaft, Besessenheit, Sehnsucht, Wunsch, Unruhe ● Appetit, Eßlust, Hunger, Freßsucht, Gefräßigkeit, Heißhunger, Gähhunger. → Begierde, Drang, Eßlust. ▶ Genügsamkeit, Keuschheit.
gieren verlangen, bangen, harren, erwarten, zappeln, brennen auf, brennen nach, nicht erwarten können, haben wollen, unbedingt besitzen wollen ● forschen, herumschnüffeln, ausquetschen, aushorchen, belauschen, ausspionieren, umgucken, platzen vor Neugierde, sich nicht beherrschen können. ▶ beherrschen sich.
giererfüllt → besessen, fessellos, gierig.
gierig begierig, giererfüllt, gelüstig, happig, unbeherrscht, hemmungslos, maßlos, fessellos, triebhaft, tierisch, durstig, hungrig, entbrannt, instinktmäßig, lebensgierig, lüstern, freßgierig, heißhungrig, prasserisch, unersättlich, unmäßig, lechzend, begehrlich, brünstig, naschhaft, versessen, genäschig. → besessen, erpicht, fessellos. ▶ genügsam, keusch, beherrscht.
gießen bewässern, wässern, anfeuchten, berieseln, begießen, besprengen, eingießen, ausgießen, bespülen, ergießen, vergießen, anfüllen, vollschenken, einschenken ● anfertigen. ▶ austrocknen.
gießen, hinter die Binde → saufen.
gießen, Öl ins Feuer → Öl gießen ins Feuer.
Gießkunst → Bildhauerei.
Gift Giftstoff, Pflanzengift, Tiergift, Krankheitserreger, Schlangengift, Leichengift, Tollkirsche, Rattengift, Rauschgift ● Vergiftung, Ansteckung, Blutvergiftung, Bazillus, Bakterie, Seuchenüberträger, Krankheitsüberträger ● Alkohol, Nikotin, Koffein. → Geifer.
Gift und Galle → Bissigkeit, Geifer.

giften, sich → ärgern, aufregen.
giftig schädlich, unrein, gefährlich, ungenießbar, schlecht, ungesund, ansteckend, tödlich, lebenzerstörend, verderblich, unverdaulich, unbekömmlich, nachteilig, gesundheitswidrig ● gallsüchtig, böse, schlimm, gemein, niedrig, arglistig, neidisch, abscheulich, schändlich, elend, feindlich, gereizt, erbost, ärgerlich, aufgebracht, gärend, kochend, zornig, erzürnt, fuchtig, mißmutig, wütend. → böse, eitrig, enragiert, erbittert, faul, feindlich. ▶ gut, unschädlich.
Giftschlange → Drache.
Gig s → Boot.
Gigant → Dickwanst.
gigantisch großartig, riesig, groß, mächtig, unermeßlich, überragend, ungeheuer, kolossal, gewaltig, übermenschlich, titanisch, enorm, hünenhaft, reckenhaft, athletisch, hoch, erhaben, emporragend, aufsteigend, steil, riesengroß. → ansehnlich, außerordentlich, ausgedehnt, gewaltig. ▶ unscheinbar.
Gigerl → Dandy.
Gilde Zunft. → Bund, Vereinigung.
Gimpel → Banause, Betrogener, Dummerjan, Dummkopf.
Gipfel Höhepunkt, Krone, Muster, Meisterstück, Spitze, Vollendung, Ausmaß, Vorbild, Ziel, Hochziel, Vollkommenheit, Spitzenleistung, Schulbeispiel ● Gebirge, Berg, Kuppe, Höcker, Zinne, Scheitelpunkt, Wipfel, Zinken, Haupt, Kopf. → Ausbund, Berg, Beste, Clou. ▶ Tal, Tiefpunkt.
Gipfelleistung → Rekord.
Gipfelfresser → Bergsteiger.
Gipfelstürmer → Bergsteiger.
Gips → abbinden, Bindemittel.
Gipsabguß → Bildhauerei.
Girlande → Ausschmückung, Dekoration.
Giro, durch bargeldlos, bankmäßig.
girren → balzen, liebäugeln.
Gischt → Brodem, Schaum.
Gitter → Beschwernis, Zaun.
gitterförmig → durchbrochen.
Gladiator → Athlet.
Glanz Aufmachung, Kleiderpracht, Putz, Staat, Wichs, Pracht, Prunk, Herrlichkeit, Pomp, Schaugepränge, Farbenglanz, Augenlust, Hofstaat ● Schein, Erleuchtung, Helligkeit, Licht, Schimmer, Strahl, Strahlenkranz, Lichtstrom, Lichtschein, Funke, Geflimmer, Gefunkel ● Schönheit, Ruhm, Glorie,

Liebreiz, Holdseligkeit, Schmuck, Zierat. → Anziehung, Aufmachung, Ausschmückung. ▶ Einfachheit, Dunkelheit, Häßlichkeit, Ruhmlosigkeit.

glänzen brillieren. → bohnern, einherstelzen, erglühen, leuchten, prunken.

glänzend → auserlesen, blank, blendend, brillant, charmant, ehrenvoll, eindrucksvoll, erlaucht, erlesen, farbenfroh, prächtig.

Glanzleistung → Glanzstück.

glanzlos → blind, dämmerig, fahl.

Glanzpunkt → Clou, Glanzstück.

Glanzstück Seltenheit, Vollkommenheit, Auslese, Ausbund, Gipfel, Meisterstück, Meisterwerk, Spitzenleistung, Blickfänger, Schatz, Kleinod, Juwel, Perle, Tadellosigkeit, Vollendung, Hochziel, Ideal, das Beste, Glanzpunkt. → Anziehung, Attraktion. ▶ Unvollkommenheit.

glanzvoll → prächtig.

Glas → Behälter, Bier, Gefäß.

Glasdruck → Bild, Druck.

gläsern spröde, gebrechlich, zerbrechlich, spaltbar, brüchig, splittrig, mürbe, zerspringbar, empfindlich ● glasig, durchsichtig, durchscheinend, klar, glasklar, glashell, hell. ▶ undurchsichtig, widerstandsfähig.

glashart → brechbar, gläsern, hart.

glasiert → bereift, überzogen.

glasig → gläsern.

glasig sein → durchscheinen.

Glasmalerei → Bild, Malerei.

Glasur Überzug.

glatt → aalglatt, abgetan, ausgebreitet, blank, butterig, diplomatisch, eben, faltenlos.

Glätte Ebenheit, Glanz, Glasur, Politurglanz, Spiegelglätte, Schlüpfrigkeit, Glättung, Fettigkeit, Schmiere, Glasschliff, Spiegel, Flachheit ● Eisglätte, Eisspiegel, Eisbahn, Eisfläche, Schleifbahn, Schleife, Rutschbahn, Gleitbahn. → Ebene. ▶ Rauheit.

Glatteis → Eisbahn.

Glatteis führen, aufs → Eis führen aufs.

glätten gerade biegen, strekken, auffalten, aufdrehen, auseinanderlegen, ausbreiten, begradigen, ebnen, abplatten, plätten, bügeln ● schmieren, schleifen, abhobeln, striegeln, bohnern, blank machen, polieren, lakkieren, abziehen, spachteln, ausfugen, ausgießen, bahnen, über einen Leisten spannen ● einfetten, einölen, ölen, einschmieren, fetten, salben.

→ ausgleichen, bahnen, beruhigen, besänftigen, bohnern, bügeln, entfalten, erleichtern. ▶ biegen, rauhen.

glätten, den Weg → befördern.

glattmachen → ebnen, entfalten.

glattstreichen → ebnen, entfalten.

glattzüngig schmeichlerisch, schmeichelhaft, süßfreundlich, honigsüß, übergefällig, gleisnerisch, schöntuerisch, augendienerisch, katzenfreundlich, geschmeidig, diplomatisch, glatt ● abgefeimt, verstellt, falsch, arglistig, heuchlerisch, doppelzüngig, kriechend, ausweichend, lügnerisch. → aalglatt, arglistig, diplomatisch. ▶ arglos, aufrichtig, geradezu.

Glatze Kahlkopf, Platte, Eierkopf, Vollmond u, Mond u, Volltonsur u, Mondschein u, Bubikopf mit Spielwiese u, Kegelkugel u.

Glaube Frömmigkeit, Andacht, Gottvertrauen, Religiosität, Überzeugung, Gottesglaube, Kinderglaube, Gläubigkeit, Gottvertrauen, Ergebenheit ● Zutrauen, Vertrauen, Gewißheit, Sicherheit, Zuversicht, Ahnung, Vorahnung, Vermutung, Befürchtung, Glaubensstärke, Glaubensbedürfnis, Hoffnung, Mutmaßung, Hoffnungsstrahl, Versicherung. → Ahnung, Bekenntnis, Begriff, Dogma. ▶ Ungläubigkeit.

Glauben erschüttern zweifeln, bedenken, mißtrauen, anzweifeln, mißtrauen, schwanken, in Frage ziehen, die Meinung erschüttern, einen Floh ins Ohr setzen, im Doppellicht erscheinen, unsicher sein. ▶ glauben.

Glauben, im guten gewissenhaft, fehlerlos, unverfälscht, tatsächlich ohne Scherz, im vollen Ernste ● vertrauensvoll, vertrauensselig, zuversichtlich, glaubensstark, ohne Argwohn. ▶ gewissenlos, mißtrauisch, trügerisch.

Glauben, auf Treu und leichtgläubig, vertrauensselig, zutraulich, offen, naiv, harmlos, arglos, dumm, einfältig, treuherzig, auf seine schönen Augen hin, aufs pure Nichts hin, auf Ehr und Gewissen. ▶ mißtrauisch.

glauben meinen, vermuten, annehmen, wähnen, denken, einbilden, mutmaßen ● fromm leben, gläubig leben, Gott huldigen, Glauben stehen. → ahnen, annehmen, argwöhnen, befürchten, feststehen, vermuten. ▶ glauben nicht.

glauben, nicht → bezweifeln.

Glaubensbekenntnis → Bekenntnis, Religion.

Glaubenssatz → Dogma.

glaubensstark → erwartungsvoll, gläubig.

glaubhaft glaublich, vermutlich, denkbar, faßbar, klar, pausibel, anschaulich, begreiflich, erklärlich, faßlich, verständlich, einleuchtend, dem Anschein gemäß. ▶ unglaubhaft.

Glaubhaftigkeit → Charakterstärke, Wahrscheinlichkeit.

gläubig glaubensstark, glaubensselig, kindergläubig, vertrauensvoll, zutraulich, fromm, gottesfürchtig, gottergeben, rechtgläubig, religiös, strenggläubig, christlich, gottbegnadet, himmelstrebend, bekehrt, gebessert, geheiligt. → andächtig. ▶ ungläubig.

Gläubiger Geldgeber, Geldverleiher, Kreditgeber, Darleiher, Darlehensgeber, Schuldforderer, Geldeintreiber, Mahner.

Gläubigkeit → Glaube, Religion.

glaublich → denkbar.

glaubwürdig → authentisch, beglaubigt, bieder, charakterfest, erwiesen, wahr.

glaubwürdig, nicht → dahingestellt.

Glaubwürdigkeit Echtheit, Begründung, Wahrscheinlichkeit, Glaubhaftigkeit, Vermutung, Wahrheit, Überzeugungskraft, Wahrhaftigkeit, Gediegenheit, Genauigkeit, Wirklichkeit, Rechtschaffenheit, Vertrauenswürdigkeit, Aufrichtigkeit, Offenheit, Offenherzigkeit, Wahrheitsliebe, Geradheit, Geradheitssinn. → Bekräftigung, Fehlerlosigkeit. ▶ Verlogenheit.

gleich egal, gleichgültig, gleichartig, homogen, unvermischt, übereinstimmend, entsprechend, gleichbedeutend, gleichförmig, gleichgestellt, gleichstimmig, wesensgleich, identisch, unterschiedslos, homolog, gleichlautend, identisch, homophon, dasselbe, ebenso, groß, ebensoviel, einförmig, einheitlich, gleichwertig, regelmäßig, unterschiedslos, ebenso, gleichstehend, synonym, ununterscheidbar, einstimmig, zusammenstimmend, ineinanderfallend, geradeso, gleichlaufend ● sofort, sogleich, fix, schnell, alsobald, flugs, alsbald. → abgetan, analog, bald, beizeiten, beständig, dasselbe, dementsprechend, dergleichen, eben, und dasselbe, einheitlich, entweder, faltenlos. ▶ langsam, später, ungleich.

gleichartig derartig, vollwertig, übereinstimmend, gleichmäßig, entsprechend, ersetzend, angemessen, passend, gemäß, sachgemäß, kongruent, gleich, gleichförmig, regelmäßig. → demgemäß, derart, dergleichen, dermaßen, einheitlich, gleich. ▶ ungleichartig.

Gleichartigkeit → Einheitsform, Übereinstimmung.

gleichbedeutend → ebensoviel, gleich.

Gleichberechtigung → Emanzipation.

gleichbleiben → bestehen, feststehen.

gleichbleibend → farbecht, stetig.

gleiche, das → dasselbe, desgleichen, dieses.

gleichen, sich → aussehen wie.

gleichen, sich nicht → unähnlich.

Gleiches → Abbild.

gleichfalls → auch, desgleichen, eingerechnet, ferner.

Gleichform → Einheit, Übereinstimmung.

gleichförmig isomorph, schematisch. → dauernd, demgemäß, dergleichen, einheitlich.

Gleichförmigkeit → Beständigkeit, Einheitsform, Übereinstimmung.

gleichgerichtet → diesbezüglich.

gleichgesinnt einträchtig, vertraulich, gleichgestimmt, freundschaftlich, brüderlich, befreundet, gesinnungstüchtig, national, verbündet, einig, zusammen, volksverbunden, gemeinschaftlich. ▶ andersgeartet, entzweit.

gleichgestellt → ebenbürtig, entsprechend, gleich, parallel, verwandt.

gleichgestimmt → ähnlich, gleich, gleichgesinnt.

Gleichgewicht Waage, Balance, Gleichmäßigkeit, Gleichheit, Gleichförmigkeit, Übereinstimmung, Einklang, Gleichklang, Harmonie ● Wohlgefühl, Herzensruhe, Gemütsruhe, Geistesfriede, Seelenfriede, Behagen, Befriedigung, Wohlbehagen, seelisches Gleichgewicht, gehobene Stimmung, inneres Gleichgewicht. → Bilanz. ▶ Disharmonie, Mißbehagen.

Gleichgewicht, bringen ins ausgleichen, angleichen, austragen, auffüllen, decken, aufwiegen, in Einklang bringen, die Waage halten, die Wirkung aufheben. ▶ beunruhigen, verwirren.

gleichgroß → ebenso groß.

gleichgültig teilnahmslos, fühllos, apathisch, desinteressiert, wirkungslos, indifferent, unempfindlich, indolent, träge, wurstig, unberührt, denkfaul, stumpf, kalt, lau, gefühllos, abgestumpft, phlegmatisch, anteillos, abgestorben, müde, matt, schläfrig, abgehärtet, unbewegt, frostig, kaltblütig, gleichmütig, leidenschaftslos, gelassen, regungslos, widerwillig, abgeneigt, unwillig, abweisend, unentschieden, neutral, faul, bequem, schlaff, nachlässig, zerstreut, fahrlässig, nebensächlich, lässig, ausdruckslos, unlustig, unzufrieden, fragen nach nichts, verdrossen, piepegal *u*, schnurzegal *u*, piepe *u*, das ist mir Wurst *u*, Gottlieb Schulze sein *u*, schnuppe sein *u*, schnurz sein *u*, scheißegal *u*. → abgebrüht, abgestumpft, ausdruckslos, beherrscht, blasiert, dickhäutig. ▶ empfänglich, entschieden, fleißig, leidenschaftlich, wißbegierig.

Gleichgültigkeit Teilnahmslosigkeit, Apathie, Desinteressement, Indifferenz, Unempfindlichkeit, Trägheit, Indolenz, Faulheit, Stumpfsinn, Stumpfheit, Froschnatur, Wurstigkeit, Unachtsamkeit, Phlegma, Unbekümmertheit, Blasiertheit, Gefühlsleere, Gefühllosigkeit, Lauheit, Gelassenheit, Gleichmut, Kaltblütigkeit, Fischblut, Nachsicht, Langmut, Lammesgeduld, Widerwilligkeit, Unbeteiligtheit, Unentschiedenheit. → Abneigung, Achsel, Dumpfheit. ▶ Empfänglichkeit, Entschiedenheit, Fleiß, Leidenschaftlichkeit, Wißbegier.

Gleichheit Egalité, Gleichberechtigung, Wesensgleichheit, Übereinstimmung, Identität, Gleichform, Gleichförmigkeit, Gleichartigkeit, Gleichmaß, Gleichklang, Einstimmigkeit, Gleichlaut, Gleichläufigkeit, Gleichzeitigkeit. → Ähnlichkeit. ▶ Ungleichheit.

Gleichklang → Einheit, Einklang, Gleichheit.

gleichkommen → beikommen, entsprechen.

gleichkommend → ebensoviel, gleich.

Gleichlauf Gleichmaß, Gleichrichtung, Parallelismus, Zusammenwirken, Zusammentreffen, Gleichläufigkeit, Gleichzeitigkeit, Gleichtakt. → Berichtigung, Gleichheit. ▶ Divergenz, Ungleichheit.

gleichlaufend → parallel.

gleichlautend → entsprechend.

gleichliegen → entsprechen.

gleichmachen → ausgleichen, austragen, bahnen, ebnen.

gleichmachen, dem Erdboden → demolieren, Demolierung.

Gleichmachung Gleichstellung, Ausgleich, Ausgleichung, Entsprechung, Übereinstimmung, Einebnung, Gleichschaltung, Gleichmacherei, Gewichtsausgleich, Machtausgleich, Gleichgewicht, Nivellierung. → Berichtigung. ▶ Benachteiligung, Bevorzugung.

Gleichmaß Gleichklang, Harmonie, Regelmäßigkeit, Takt, Rhythmus, Regelmäßigkeit, Regel ● Seelenfriede, Ausgeglichenheit, Gleichmut, Beherrschtheit, Festigkeit, Stete, Würde, Erhabenheit. → Ausdauer. ▶ Kontrast, Ungleichmäßigkeit.

gleichmäßig → dauernd, einheitlich, regelmäßig.

Gleichmäßigkeit → Beständigkeit, Dauer, Gleichmaß.

Gleichmut Gelassenheit, Regungslosigkeit, Unbekümmertheit, Teilnahmslosigkeit, Unerschütterlichkeit, Beherrschtheit, Festigkeit, Ruhe, Gefaßtheit, Stete, Bedacht, Gemütsruhe, Gleichgewicht, Gleichmaß, Ausdauer, Lauheit, Wurstigkeit, Unempfindlichkeit, Unempfänglichkeit. → Bedacht, Beherrschung, Besonnenheit, Geistesgegenwart. ▶ Unbeherrschtheit.

gleichmütig → abgebrüht, beherrscht, ergeben, geistesgegenwärtig, ruhig.

Gleichnis Symbol, Andeutung, Bild, Sinnbild, Zeichen, Vergleich, Gegenüberstellung, Kontrast, Verbindung, Nebeneinanderstellung, Angleichung, Allegorie, Vergleichung ● Parabel, Fabel, Dichtung, Märchen, Schilderung, Lehrfabel, Erbauungserzählung. → Anspielen, Erzählung.

gleichrangig → ebenbürtig.

gleichsam ähnlich, sozusagen, verwandt wie, dergleichen, derlei, anklingend, solchermaßen, geradeso, analog, gleichlaufend, parallel, passend, gleisterverwandt, solch, als ob, etwa wie. → ähnlich als. ▶ unähnlich, ungleich.

Gleichschaltung Kopplung, Kommunikation. → Emanzipation, Gleichmachung.

Gleichschritt → Gleichmaß.

gleichsetzen → vergleichen.

gleichstehen → entsprechen, beikommen.

gleichstellen → entsprechen.

Gleichstellung → Anschluß, Aufnahme, Befreiung, Berichtigung, Bilanz, Emanzipation, Gleichmachung.

Gleichstimmung → Einklang, Harmonie.

Gleichtakt → Beständigkeit, Dauer, Gleichmaß.

gleichtun → nachmachen.

gleichviel → ebensoviel.

gleichwertig → angemessen, anwendbar, dasselbe, ebenbürtig, gleich.

gleichwohl → aber, allein, allerdings, demungeachtet, dennoch, dessenungeachtet, doch, immerhin, trotz.

gleichzeitig → als, indem.

Gleichzeitigkeit → Zusammentreffen.

Gleisnerei → Betrug, Heuchelei.

gleisnerisch → aalglatt, arglistig, bigott, buhlerisch.

gleißen → leuchten, schillern.

gleißend → farbenfroh, schillernd.

Gleiten → Bewegung.

gleiten → ausgleiten, bewegen sich.

Gletscher Firn, Frost, Kälte, Kühle, Ferner, Eisberg, Eisgang, Eisklumpen, Eisscholle, Eisdecke, Pasterze, Firner, Eisfeld.

Gletscherfloh → Bergsteiger.

glibberig → aalglatt.

Glied Teil, Körperteil, Muskel, Sehne, Gliedmaßen, Extremitäten, Gelenk, Ferse, Faust, Flechse, Zehe, Daumen, Finger, Bein, Schenkel, Arm, Elle, Hand, Klaue ● Familienglied, Zweig, Geschlecht, Sippe. → Ast, Ausläufer, Bein, Bindemittel, Daumen, Familie, Glied.

Glieder → Anzahl, Glied.

gliedern → absondern, anordnen, anschneiden, arrangieren, ausgestalten.

Gliederpuppe → Automat, Modell.

Gliederung Einordnung, Einreihung, Gruppierung, Zusammensetzung, Aufbau, Aneinanderfolge, Aufeinanderfolge, Kette, Ordnung, Zusammenhang, Zusammenstellung. → Anordnung, Aufbau, Einordnung. ▶ Gewirre, Regellosigkeit.

Gliedmaßen → Bein, Daumen, Glied.

glimmen → blaken, brennen, dampfen, schwelen.

glimpflich → einigermaßen, mittelmäßig.

glitschen → ausgleiten, bewegen sich, fallen.

glitschig → aalglatt, blank, fettig.

glitzernd → brillant, schillernd, strahlend.

global gesamt, zusammen, allgemein, verbunden, beisammen, ganz, sämtlich. → ganz, vollständig, zusammen. ▶ getrennt, teilweise.

Globetrotter → Bummler.

Globus → Ball, Erde, Kugel.

Glocke, an die große hängen offenbaren, angeben, anzeigen, eröffnen, aufdecken, verraten, zugeben, bezeigen, kundgeben, kundtun, enthül-

len, entschleiern, entlarven, demaskieren, bloßstellen, ans Licht bringen, zur Schau stellen, ausschwatzen, klatschen, in aller Öffentlichkeit darüber sprechen, auf die Nase binden, verkünden, in Umlauf setzen, zutragen, ausrufen, ausschreien, an das Sonnenlicht ziehen. ▶ tuscheln, verheimlichen.

Glöckner → Küster.

glorreich ruhmvoll, glänzend, brillant, strahlend, unvergänglich, unsterblich, ruhmbedeckt, ruhmwürdig, hervorragend, ausgezeichnet, auserlesen, herrlich, vortrefflich. → brillant. ▶ unberühmt, unrühmlich.

Glorienschein → Größe, Ruhm, Würde.

Gloriole Aureole, Strahlenkranz, Strahlenkrone ● Lichtschimmer, Ausstrahlung, Widerschein ● Heiligenkranz, Heiligenschein.

Glosse → Auskunft, Erklärung, Notiz.

glossieren ausdeuten, auslegen, erklären, erläutern, auseinandersetzen, darlegen, enthüllen ● Anmerkungen machen, Randbemerkungen anbringen ● verspötteln.

glotzen → anschauen, erstaunen, staunen.

Glück Erfolg, Freudenleben, Gedeihen, Glücksfall, Glücksstern, Glückswendung, Honigmond, Flitterwochen, Segen, Wohlergehen, Heil, Interesse, Lohn, Nutzen, Gewinn, Profit, Vorteil, Füllhorn ● Aufstieg, Preis, Sieg, Treffer, Trumpf, Gelegenheit, Massel u, Bonheur, Sauglück u, Mordsdusel u. → Arbeitssegen, Aussicht stehen, in, Befreiung, Beseligung, Chance, Dusel, Entzücken, Erfolg, Ergiebigkeit, Fortuna, Freude, Lust, Segen. ▶ Unglück.

Glück haben → beneidenswert.

Glück, auf gut → blindlings.

Glück bringen Glück spenden, gedeihen, günstig, erfreulich, mit vollen Händen, unter einem guten Stern. ▶ Pech haben, bringen.

Glück machen, sein → vorwärtskommen.

Glück wünschen mit Gott, Glück auf, Glück ab, niemals die Hoffnung aufgeben, alles Gute, man ran u, Hals- und Beinbruch, meinen Segen hast du, man tau u, gratulieren, der besten Segenswünsche, ich halte die Daumen.

Glucke → Mutter.

glücken gelingen, gedeihen, florieren, blühen, wachsen, einschlagen, glücklich ausgehen, gut anschlagen, finden

sein Auskommen, auf einen grünen Zweig kommen, ins warme Nest setzen, beruhigt der Zukunft entgegensehen, Karriere machen. → bahnen, bestehen, bringen es zu etwas, durchschlagen, erfüllen die Hoffnung, ernten ohne zu säen, erstarken, florieren. ▶ mißglücken.

gluckern plätschern, murmeln, rieseln, glucksen, tropfen ● strömen, fließen, sprudeln.

glücklich → aufgelegt, aufgeräumt, behaglich, beneidenswert, beruhigt, beseligt, erfolgreich, fruchtbar, gedeihlich, wonnetrunken.

glücklich ausgehen → bringen zu Wege.

glücklicherweise unberufen, Gott sei Dank, toi-toi-toi u.

glückselig → aufgelegt, aufgeräumt, beneidenswert, beseligt.

Glückseligkeit → Beseligung.

glucksen → schlingen.

Glücksfall → Chance.

Glücksgefühl → Entzücken, Freude.

Glücksgüter → Reichtum.

Glückskind Glückspilz, Schoßkind, Sonntagskind, Gewinner, Glücksmacher, Hans im Glück, Glücklicher ● Glücksritter, Karrieremacher, Pravenü. → Emporkömmling. ▶ Pechvogel.

Glückspilz → Emporkömmling, Glückskind.

Glücksritter → Börsenspieler, Emporkömmling, Spekulant.

Glückssache → Abenteuer, Chance, Examen, Risiko.

Glücksspiel Bakkarat, Hasard. → Abenteuer, Lotterie.

glückstrahlend → faszinierend, vergnügt, zufrieden.

Glückstraum → Herzenswunsch.

Glückswurf → Aussicht stehen in, Chance.

glückverheißend → ermutigend, günstig.

Glückwunsch Beglückwünschung, Gratulation, gute oder beste Wünsche ● Anteilnahme.

Glühbirne → Birne, Lampe.

glühen → beleuchten, emporkommen, leuchten, wärmen.

glühen für → anbeten.

glühen vor Zorn → zornig.

glühend → brennend, brillant, dämonisch, dampfend, drückend, feurig, flammend, strahlend, abgöttisch.

Glut → Affekt, Aufruhr, Ausbruch, Begeisterung, Bestimmtheit, Brand, Feuer, Flamme, Heftigkeit, Wärme.

Glutbecken → Brandstätte.

Gnade Huld, Güte, Mitleid, Erbarmen, Langmut, Rücksicht, Schonung, Begünstigung, Mitgefühl, menschliche

Rührung, Erbarmnis, Barmherzigkeit, Vergebung, Nachsicht, Frist, Galgenfrist, Amnestie, Begnadigung, Straferlaß. → Ablaß, Amnestie, Aussöhnung, Charitas, Christus, Erbarmen, Nachsicht, Segen. ▶ Ungnade.

Gnade finden geschont werden, milde oder nachsichtig behandelt werden, nicht verurteilt werden ● verzeihen, entschuldigen, nachsehen, die Strafe erlassen, vor Recht ergehen lassen, freisprechen. → vergeben. ▶ verurteilen.

Gnaden Euer → Anrede.

Gnadenbrot Gnadengehalt, Zuschuß, Zugabe, Freitisch, Stiftung, Unterstützung, Gabe, Geschenk, Spende, Zuwendung, Liebesgabe, Opfergabe, Scherflein, Beisteuer, Vermächtnis, Schenkung, Abfindung, Brosamen, Unterhalt, Zuteilung, Zuweisung, Belehnung, Vergünstigung. ▶ Gunst, Wohlwollen.

Gnadenfrist → Bedenkzeit.

gnadenlos → hart, herzlos.

gnädig → barmherzig, schonungsvoll.

Gobelin → Bild, Wandteppich.

Göhre → Backfisch.

Gold → Beste, Schmuck, Wert.

Goldfüchse → Bargeld.

goldene Brücken bauen → helfen.

goldig → anmutig, entzückend.

Goldwaage, legen auf die es genau nehmen, sorgfältig ebhandeln, Sorgfalt aufwenden, sich angelegen sein lassen, sich Mühe geben, sein Bestes tun, peinlich genau vorgehen oder entscheiden. ▶ nicht so genau nehmen.

Goldstickerei → Dekoration.

Golf → Bai, Becken, Bucht, Busen, Ball, Sport.

Goliath → Athlet, Riese.

Gondel → Boot, Fahrzeug (Wasser-).

gondeln → bewegen sich, fahren.

Gong → Fanfare, Schlagzeug.

gönnen zukommen lassen, verschaffen, gewähren, bestreiten, beispringen, helfen, fördern, behilflich sein, mithelfen, Beistand leisten ● wohlwollen, unterstützen, begünstigen, bemuttern, Verständnis zeigen, Gutes tun, gütig sein, bereitwillig sein, sich gefällig zeigen ● schädigen, mißgönnen, hintergehen, beeinträchtigen ● gestatten, willfahren, zugeben, zulassen, genehmigen, erlauben, nachgeben. ▶ mißgönnen.

Gönner → Abgott, Beistand, Bekannter, Helfer.

gönnerhaft → ermutigend, wohlwollend.

Gönnerschaft → Beistand, Protektion, Gunst, Wohlwollen.

Goodwill M → Wille guter.

Gör(e) Backfisch, Fratz, Schlingel.

Gosse → Kloake.

Gott Allah m (arab.), Brahma s (ind.), Buddha m (ind.), Erleuchteter, Allmächtiger, Allweiser, Schöpfer, Gerechter, Allgewaltiger, Gottvater, Gesalbter, Christus, Jesus, Gottessohn, Heiliger Geist, Divus m, Starker, Herr, Gottheit, Herrscher, Erhalter, Ernährer, König, Weltenlenker, Ewiger, Allgütiger, Weisheit, Gerechtigkeit, Allmacht, Allwissender, Allgegenwart, Ewigkeit, Unendlichkeit, Unendlicher. → Ein und Alles, Ernährer, Erschaffer, Ewigkeit.

Gott loben → danken.

Gott will, so → denkbar.

gottbegnadet begabt, befähigt, talentiert, talentvoll, gescheit, weise, klug, vernünftig, vernunftbegabt, fähig, verständig, aufgeweckt, schlau, scharfsinnig. → talentiert. ▶ unbegabt, unfähig.

gottergeben → anspruchslos, behäbig, devot, fromm.

götterhaft ausgezeichnet, mundgerecht, göttlich, gottvoll, aromatisch, gepfeffert, köstlich, angenehm, lieblich, schmackhaft, lecker, herrlich, saftig, fein. → appetitlich. ▶ irdisch, scheußlich, unappetitlich.

Götterkost Götterspeise, Göttertrank, Ambrosia, Leckerbissen, Gaumenkitzel, Hochgenuß, Met, Nektar, Wohlgeschmack, Schmaus, Näscherei, Feinkost, Salböl, Delikatesse, Speise, Dessert, Zuckerwerk, Süßspeise, Nachtisch, Naschwerk, Nachspeise, Göttertropfen, Rebensaft. → Feinkost. ▶ Fraß.

Götterspeise → Delikatesse, Feinkost, Götterkost.

Göttertrank → Feinkost, Götterkost.

Gottesacker → Friedhof.

Gottesdienst Gottesverehrung, Anbetung, Verherrlichung, Weihe, Segnung, Mysterium, Seelsorger, Erbauung, Brotverwandlung, Messe, Meßopfer, Opferdienst, Sühnopfer, Hochamt, Frühmesse, Stillmesse, Abendmahlsfeier, Wandlung, Totenamt, Totenmesse, Erbauungsstunde. → Feier.

Gottesfurcht → Ehrfurcht, Glaube.

gottesfürchtig → andächtig, demütig, devot, fromm.

Gottesgabe Gnade, Glück, Talent, Gedeihen, Gelingen, Wohlergehen, Wohlstand,

Zufriedenheit, Unterhalt, Fülle, Befriedigung, Ertrag, Fruchtbarkeit, Sättigung, Brot, tägliches Brot. ▶ Unsegen.

Gottesgeißel Krieg, Seuche, Pest, Überschwemmung, Hungersnot, Not, Mißernte, Dürre, Teuerung, Heimsuchung, Katastrophe, Kreuz, Leiden, Plage, Schicksalsschlag, Schiffbruch, Unglück, Unheil, Unsegen, Verhängnis, Verheerung, Zerstörungen, Krisis, Dilemma. → Barbar, Not. ▶ Segen.

gottesgläubig → fromm.

Gotteslästerer → Frevler.

gotteslästerlich → frevlerisch.

Gottesleugner → Abtrünniger.

Gotteslohn, um → umsonst, gratis, ehrenhalber.

gottgefällig → fromm.

Gottheit → Christus, Gott.

Göttin → Fee.

göttlich heilig, geheiligt, himmlisch, ewig, unendlich, einzig, allmächtig, allwissend, allgütig, vollkommen, übernatürlich, unbegreiflich, übermenschlich, überirdisch ● geistig, tadellos, unvergleichlich, beispiellos, unübertrefflich, unerreicht, engelgleich, auserkoren, auserlesen, herrlich, prachtvoll, mächtig, olympisch, ideal, majestätisch, makellos. → beispiellos, charmant, delikat. ▶ irdisch, scheußlich, unappetitlich.

göttliche Macht → allmächtig.

Göttlichkeit → Christus, Gott.

gottlob → bedanken.

gottlos → frevlerisch, sündig.

Gottlosigkeit Unglaube, Religionslosigkeit, Atheismus, Gottvergessenheit, Gottesverachtung, Gottesleugnung, Gottesverleugnung, Blasphemie ● Materialismus, Freigeisterei ● Sündhaftigkeit, Sittenlosigkeit, Lasterhaftigkeit, Abirrung.

Gottmensch → Christus, Gott.

gottvergessen → frevlerisch, gottverlassen.

gottverlassen verzweifelt, hoffnungslos, seelenwund, niedergedrückt, niedergebeugt, bejammernswert ● verlassen, allein, einsam, alleinstehend, gemieden, unselig, mutterseelenallein, verloren ● gottlos, frevlerisch, gotteslästerlich, heillos, entweiht, unfromm, verstockt, gottvergessen, glaubenslos, religionslos, gottverhaßt, gottverdammt. ▶ fromm, gesellig, hoffnungsvoll.

Gottvertrauen → Glaube, Vertrauen.

gottvoll → götterhaft, wunderbar.

Götzenbild → Abgott, Götzendienst.

Götzendienerei → Byzantinismus, Götzendienst.

Götzendienst Götzenverehrung, Götzendienerei, Abgötterei, Teufelsdienst, Teufelswerk, Hexerei, Dämonenverehrung, Dämonenkult, Heidentum, Ketzerei, Irrglaube, Molochdienst, Baaldienst, Sonnenanbetung, Sternanbetung, Feueranbetung, Aberglaube, Geisterglaube, Vielgötterei, Bilderanbetung, Bilderdienst, Feuerverehrung, Menschenopfer, Kinderopferung, Feuerprobe, Fetischismus.

Gourmand → Feinschmecker.

Gouvernante → Dienerschaft, Erzieherin, Fräulein.

Gouvernement → Bezirk.

Grab Grube, Ruhestätte, Begräbnisstätte, Grabstätte, Gruft, Totengruft, Totenhügel, Aschenhügel, Feuergrab, Seemannsgrab, Massengrab, Soldatengrab, Ehrengrab, Kriegsgrab, Mausoleum, Katakomben ● Grabstein, Totenmal, Leichenstein, Gedenkstein ● Beerdigung, Beisetzung, Begräbnis, Funeralien.

Grab, mit einem Fuße im → alt, krank.

Grab, über das → treu.

Graben Höhlung, Einbruch, Spalte, Schlucht, Furche, Einschnitt, Vertiefung, Hohlraum, Einbuchtung, Grube, Rinne, Einbauchung, Bucht, Schacht, Mulde, Becken, Nische, Auswaschung, Grotte, Höhle, Hohlrinne, Wasserführung, Gang, Wasserweg, Schützengraben. → Beschwernis, Bett, Kloake, Einbauchung. ▶ Damm.

Graben sein, über dem siegen, gelingen, gedeihen, erreichen, mit vollen Segeln fahren, sein Schäfchen ins trockene bringen, ins Schwarze treffen, auf einen grünen Zweig kommen, die Karten in der Hand behalten, ein gutes Ende finden. ▶ mißlingen.

graben buddeln, aushöhlen, vertiefen, schürfen, minieren, abteufen, schaufeln ● ans Tageslicht bringen ● ausheben, ausstechen, ausbaggern, ausbohren, wühlen, matschen *u*, furchen, pflügen, auskehlen, ausbuchten, aussparen, höhlen, ausspülen, auswaschen, cannelieren, schürfen, einbiegen, lochen, minieren. → ausheben, aufwerfen. ▶ aufhäufen.

graben, eine Grube nachstellen, überlisten, fangen, erhaschen, schaden, beeinträch-

tigen, übervorteilen, reinlegen, hintergehen, übertölpeln, betrügen, übers Ohr hauen, ins Verderben stürzen, einen Strick drehen, aufs Glatteis führen, ins Garn locken, eine Falle stellen, falsches Spiel treiben, ein Schnippchen schlagen. ▶ beschützen, einbringen, Grube fallen in die.

Grabesstille → Stille.

Grablegung → Bestattung.

Grad Ausbreitung, Ausdehnung, Ausmaß, Größe, Reichweite, Spielraum, Umkreis, Abstufung, Gradunterschied, Vergleichsgrad, Höchstgrad, Stufe ● Rang, Amtsstellung, Kategorie, Ordnungsstufe, Platz, Posten, Reihe, Stellung, Titel, Würde, Stand, Altersrang, Verdienst, Staffel, Vorrang. → Bedeutung, Charge, Fels.

Gradheit → Rechtschaffenheit, Wahrhaftigkeit.

gradheraus → offen.

gradlinig → akkurat, genau, sorgfältig.

Gradmesser → Maßstab.

Gradsinn → Rechtschaffenheit, Wahrhaftigkeit.

Graf → Adel.

Gräfin → Adel.

Gram → Bekümmernis, Schmerz.

grämen, sich verdrießen, ärgern, bedrücken, plagen, quälen, bekümmern, heimsuchen, schmerzen, ängstigen, abquälen, absorgen, durchmachen, leiden, martern, foltern, peinigen, schinden, erdulden. → bereuen, bessern sich, betrüben, deprimierend, erschüttern die Hoffnung, fangen Grillen. ▶ freuen sich.

gramgebeugt → schmerzbewegt.

grämlich → aufgelegt, bärbeißig, engherzig, trübsinnig, pedantisch.

Grammophon → Apparat.

Gran Kleinigkeit, Körnchen, Winzigkeit, kleine Menge, Krümelchen ● Gramm, Lot, Quentchen, Unze.

Grande *m* span. → Adel.

grandios → ausgedehnt, brillant, groß, pompös, prächtig.

grantig ö → ärgerlich, bärbeißig.

grupschen → greifen.

Gras wachsen hören, das einbilden, erträumen, einreden, vorreden, vortäuschen sich, vorspiegeln sich, vorgaukeln sich, am hellen Tag Gespenster sehen, von Hammelswürsten träumen ● die Flöhe husten hören, erraten, hellsehen, mutmaßen, prophezeien, unken, vorhersagen, wahrsagen, weissagen, warnen ● voraussehen, vorhersehen, vorsorgen, vorbeugen, vorherwissen, orien-

tiert sein, vermuten, ausschnüffeln, ausklügeln, aufspüren, aufstöbern, ergründen, erspähen, herausfinden, inne werden, wahrnehmen. ▶ feststellen, irren sich, taub (sein).

Grasaff → Backfisch.

grasen futtern, äsen, weiden, fressen, atzen, mästen, schlingen, herunterwürgen, hinabwürgen, schlucken, schnappen. → aasen, ausruhen.

grassieren → verbreiten, vorkommen.

gräßlich → abgeschmackt, abscheulich, abstoßend, bitter, blümerant, empörend, furchtbar, häßlich.

Grat Schärfe, Schneide, Kante, Zuspitzung, Gipfel, Erhöhung, Höcker, Vorsprung, Fels, Klippe, Felswand, Riff, Steile, Zacke, Steilhang, Kuppel, Buckel, Bühel, Fluh, Berg. ▶ Hang.

Gratifikation → Gabe, Prämie.

grätig verdrießlich, mürrisch, grantig.

gratis geschenkt, frei, umsonst, kostenlos, kostenfrei, gebührenfrei, unentgeltlich, bewilligt, erhalten, für nichts, als Zugabe, ohne Geld. ▶ (gegen Zahlung).

Gratulation Beglückwünschung, Glückwunsch, Glückwunschtelegramm, Händedruck, Neujahrswunsch, Geburtstagswunsch, Lebehoch, Frohlocken, Jauchzen, Jubel, Anteil, Mitgefühl, Mitfreude. → Aufwartung.

gratulieren → beglückwünschen.

grau → bleiern, ergraut, fahl.

Grauen Unlust, Mißbehagen, Unmut, Greuel, Bangen, Angst, Furcht, Schauder, Entsetzen, Gruseln, Bestürzung, Angstschweiß, Angstzustände, Verzagtheit, Scheu, Angstfarbe, Abscheu, Widerwille, Ekel, Gesausen. → Bedenken, Bammel. ▶ Behaglichkeit, Unverzagtheit.

grauen dämmern, düstern, trüben, eintrüben, einnachten, zunachten ● gruseln, fürchten, ängstigen, bangen, schaudern, erschrecken, erbeben, verzagen, zusammenfahren, scheuen, erblassen, erzittern, erbleichen, verfärben, entfärben, beben, poppern, zurückfahren, stutzen, Gespenster sehen, Furcht hegen, Gänsehaut kriegen. → auftauchen, entsetzen sich, erschrecken. ▶ strahlen, unverzagt (sein).

grauenhaft → abgeschmackt, abscheulich, abschreckend, ärgerlich, beißend, böse, furchtbar, häßlich.

grauenvoll abscheulich, beklemmend, blatternarbig. →

furchtbar, häßlich. ▸ erfreulich, schön.

grauhaarig → alt, bereift.

grauköpfig → alt, bereift, ergraut.

graulen → bangen, grauen.

gräulich → furchtbar, fahl.

Graupeln → Schnee.

Graus → Abscheu, Grauen.

grausam → arg, barbarisch, beißend, bejammernswert, bestialisch, blutgierig, brutal, diabolisch, entmenscht, entsetzlich.

Grausamkeit → Barbarei, Despotismus, Gewalt, Strenge, Tortur.

Grausen → Abneigung, Abscheu, Angst, Bammel, Bedenken, Grauen.

grausen ekeln, anekeln, verekeln, verabscheuen, scheuen, widerstreben, anwidern, zurückschaudern, zurückfahren, zurückschrecken, hassen, sich entsetzen, aus dem Wege gehen, Ekel erregen. → grauen. ▸ erfreuen, schmecken, unverzagt (sein).

grausig → abgeschmackt, abschreckend, furchtbar, häßlich.

gravieren → drucken.

gravierend schwerwiegend, schwer, massiv, wuchtig, ins Gewicht fallend, beachtlich, nicht zu übersehen, bedeutend, bedeutungsvoll, Folgen habend. → bedenklich, windig.

Gravität → Beherrschung, Ernst.

Gravitation → Anziehung.

Gravüre → Abdruck, Bild.

Grazie *f* → Anmut, Charme, Eleganz, Fee, Schönheit.

grazil → biegsam, graziös.

graziös grazil, geschmeidig, gelenkig, ebenmäßig, wohlgestaltet, holdselig, lieblich, schön, zart, fein, hübsch, reizend, bezaubernd, anziehend, nett, wohlgeformt, köstlich, entzückend, allerliebst, herzig, wie ein Reh, wie eine Gazelle. → angenehm, anmutig, anmutsvoll, biegsam, charmant, fein. ▸ ungraziös.

Greenhorn → Anfänger.

greifbar → anwesend, auffallend, augenfällig, befindlich, dabei, deutlich, dinghaft, dinglich, disponibel, dort, erkennbar, faßbar, fühlbar, gegeben, gegenständlich, konkret, real.

greifen betasten, tasten, befühlen, berühren, angreifen, anfassen, befingern, grapschen *u*, betatschen, ergreifen, hinlangen, zulangen, nehmen, erwischen, erhaschen, kriegen, schnappen, ergattern, mitnehmen. → anfühlen. ▸ (antasten nicht), liegen lassen.

greifen, um sich vergrößern,

---

ausdehnen, erweitern, zunehmen, vermehren, anschwellen, entfalten, gedeihen, strecken, keimen, aufblühen, aufgehen, wachsen, anwachsen, hochschießen, sich ausbreiten. → dehnen. ▸ zusammenziehen.

Greifer Griff, Halter ● Polizist, Häscher.

greinen → beklagen, beweinen, weinen.

greis → alt.

greisenhaft → alt, schwach.

grell → blendend, brennend, bunt, farbig, schrill.

grellfarbig → blendend, farbig, geschmacklos, schrill.

Gremium *s* → Bund, Vereinigung.

Grenze Umgrenzung, Schranke, Banngrenze, Gemarkung, Grenzlinie, Abgrenzung, Abzäunung, Grenzmarke, Grenzzeichen, Markstein, Grenzbach, Graben, Grenzfluß, Grenzgebirge, Sperre, Beschränkung, Einschränkung, Eingrenzung, Grenzschranke, Zollschranke, Grenzsperre, Scheide, Scheidelinie, Bereich, Einschließung, Umfassung, Einfassung, Enge, Grenzbaum, Angrenzung, Aufeinandergrenzung ● Limite, Extrem. → Begrenzung, Demarkation, Dunstkreis.

Grenze erreichen, die äußerste → bringen, aufs Blut.

grenzenlos sehr, ausgesprochen, besonders, bedeutend, hochgradig, abgrundtief, beträchtlich, ansehnlich, erheblich, höchlich, überaus, mächtig, außerordentlich, dermaßen, bemerkenswert, merklich, einzig, trefflich, ordentlich, tüchtig, gehörig, weidlich, wacker, stark, riesig, gründlich, ungewöhnlich, namenlos, unermeßlich, ungeheuer, unbeschreiblich ● aasig *u*, bannig *u*, entsetzlich, feste, fies *u*, haushoch, heidenmäßig, klotzig, katastrophal, nach Noten *u*, ochsig *u*, pyramidal *u*, sakrisch *u*, saumäßig *u*, verdammt *u*, verflixt, wüst, wie verrückt *u*, bis dort hinaus ● ad infinitum. → beispiellos. ▸ begrenzt.

Grenzfall → Ausnahme.

Grenzfluß → Demarkation.

Grenzlinie → Demarkation.

Grenzmarke → Erinnerungszeichen, Grenze, Markstein.

Grenzstein → Demarkation.

Grenzzeichen → Demarkation.

Greuel Mißbildung, Mißverhältnis, Widrigkeit, Ungestalt, Disharmonie, Häßlichkeit, Unschönheit, Verzerrung, Entstellung, Greuelhaftigkeit, Widerlichkeit, Fratzenhaftigkeit, Abscheulichkeit, Abscheu, Ekel, Grauen, Grausen, Widerstreben, Schau-

---

der, Entsetzen, Widerwillen, Überdruß, Unlust, Mißbehagen, Unmut, Unzufriedenheit, Öde, Langeweile, Abneigung. → Ärgernis, Dorn im Auge, Grauen, Häßlichkeit. ▸ Behaglichkeit, Freude, Harmonie.

greuelhaft → böse, greulich.

Greueltat Untat, Verbrechen, Übeltat, Freveltat, Missetat, Schandtat, Blutschuld, Mord, Brandstiftung, Diebstahl, Unterschleif, Unterschlagung, Veruntreuung, Täuschung, Landesverrat, Hochverrat, Majestätsverbrechen, Kainszeichen, Todsünde, Fehltritt, Fall, Versehen, Verschulden, Frevel, Pflichtverletzung. → Greuel.

greulich greuelhaft, fürchterlich, schreckensvoll, schauerlich, schauderhaft, entsetzlich, scheußlich, grauenhaft, furchtbar, schändlich, häßlich, garstig, wüst, ekelhaft, ekelerregend, anstößig, unflätig, verwünscht, unschön, gewöhnlich, geschmacklos, übel, mißförmig, mißgestaltet, grauenvoll, grausig, widernatürlich, ungeheuerlich, unheimlich, widerwärtig. → abgeschmackt, abscheulich, abstoßend, blatternarbig, blümerant, furchtbar, häßlich. ▸ erfreulich, gut, schön.

grienen → grinsen, lachen.

Griesgram → Bärbeißer.

griesgrämig → ärgerlich, aufgelegt, brummig, mürrisch.

grießig → bröcklig.

Griff Halter, Stiel, Schaft, Heft, Knopf, Henkel, Knauf, Klinke, Handhabe, Klinge, Brücke, Pflock, Helm, Gefäß *j* ● Sperre, Verfügung, Wegnahme, Aneignung, Entziehung ● heftiger Griff, Graps *u*.

Griff in die Kasse → stehlen, veruntreuen.

Griff, kühner → Gewaltstück, Wagnis.

griffbereit handbereit, vorbereitet, bereit, ordentlich, vorhanden, greifbar, faßbar, in Ordnung, an seinem Platz liegend. ▸ unauffindbar.

griffig → handlich.

Grill → Backofen.

Grille → Anwandlung, Auswuchs, Laune, Tier.

grillen rösten. → braten (auf dem Rost).

grillenhaft → albern, komisch, launisch.

Grillfest barbecue, Gartenparty.

Grimasse Gesichterschneiden, Possen, Faxen, Faxerei, Fratze, Ungestalt, Mißgestalt, Häßlichkeit, Gesichtsverzerrung, Zerrbild, Fratzengestalt, Schreckgestalt, Scheusal, Gebärde, Spötterei, Mißachtung, Zeichen, Beleidigung,

Beschimpfung, Kränkung, Verachtung, Anzüglichkeit. →
Fratze. ▶ Ebenmaß, Schönheit.
grimassenhaft → häßlich.
Grimm Ergrimmen, Groll, Erregung, Erbitterung, Entrüstung, Unmut, Unwille, Wut, Rache, Verbitterung, Bissigkeit, Gehässigkeit, Erbitterung, Erbostheit, Ärger, Verdrossenheit, Erzürntheit, Ungehaltenheit, Zank, Unerbittlichkeit, Unversöhnlichkeit ● Ressentiment. → Bitterkeit, Bosheit, Entrüstung, Erbostheit. ▶ Beruhigung, Friedlichkeit, Heiterkeit, Liebenswürdigkeit.
grimmig → aufgebracht, beißend, bestialisch, böse, dämonisch, enragiert, entrüstet, erbarmungslos, erbost.
Grind → Schorf.
grindig schorfig, rauh, warzig, knottig, runzelig, narbig ● schmutzig ● räudig, finnig.
grinsen lachen, kichern, schmunzeln, angrinsen, belächeln, schielen, verzerren, spotten, verspotten, narren, hänseln, lästern, veralbern, witzeln, verhöhnen, hohnlächeln, ausgrinsen, feixen u, hohnlachen, ironisieren, herabwürdigen. ▶ brummen, hochschätzen.
Grips haben → intelligent, verständig.
grob unsanft, unzart, unfein, ruppig, schroff, rauh, unwirsch, ausfällig, massiv, klotzig, hart, derb, plump, flegelhaft, ungebührlich, rücksichtslos, gröblich, bäurisch, pöbelhaft, saugrob, grob wie Bohnenstroh u, mit der Faust auf den Tisch schlagen ● gerade heraus, aufrichtig, natürlich, ohne Ziererei, ungeziert, bieder, offenherzig, freimütig ● uneben, rissig, holprig, splissig, fransig, faserig, ungehobelt, roh, unfertig, mangelhaft, unordentlich, ungeschliffen, primitiv, unbearbeitet, unfertig. → bärbeißig, bäurisch, brüsk, brutal, derb, eckig, rauh, rücksichtslos. ▶ eben, geziert, sanft, taktvoll.
Grobheit Roheit, Rücksichtslosigkeit, Unverschämtheit, Flegelei, Taktlosigkeit, Unart, Gemeinheit, Unhöflichkeit, Unzartheit, Rauheit, Härte, Derbheit, Unfeinheit, Boxerstil, Herzensroheit, Brutalität, Grobschlächtigkeit, Dickfelligkeit, Ungebührlichkeit, Pöbelei, Pöbelhaftigkeit, Flegeljahre, Ungeschliffenheit, Fußtritt, Tritt. → Beleidigung, Unhöflichkeit. ▶ Höflichkeit, Sanftheit, Takt.
Grobian Bauer, Rauhbein, Ochs, Rowdy. → Barbar.
grobknochig → derb, häßlich.

grobkörnig → dick, groß.
Grobzeug → Mob.
grobschlächtig → derb, häßlich.
gröblich → grob.
groggy → angeschlagen.
grölen → belfern, dröhnen.
Groll → Abneigung, Abscheu, Ärger, Bitterkeit, Bosheit, Entrüstung, Erbitterung, Feindschaft, Galle, Grimm.
Groll empfinden → ausstehen, hassen.
grollen → anfeinden, aufregen, balgen, belfern, betrüben, erbosen, erdolchen mit den Blicken, ergrimmen, geifern.
grollend → aufgebracht, böse, cholerisch, erbittert, furienhaft, zornig.
groß mächtig, beträchtlich, reichlich, stark, ausgedehnt, bedeutend, gewaltig, übertrieben, übergroß, riesig, ansehnlich, bemerkenswert, umfangreich, riesengroß, großformatig, marathonhaft, riesenhaft, unermeßlich, enorm, immens, stattlich, imperial, eindrucksvoll, imposant, grandios, großartig, kolossal, exorbitant, geräumig, gigantisch, kapital, majestätisch, massiv, monströs, monumental, titanisch, überwältigend, faustdick, höllisch, bannig u, baumlang, übermäßig, unbegrenzt, umfänglich, unbeschränkt, vielumfassend, voluminös, ungeheuerlich, weitreichend, zyklopisch. → ansehnlich, aufrecht, außerordentlich, ausgedehnt, beachtlich, gewaltig. ▶ geringfügig, klein.
groß und klein → A bis Z, auch A und O.
großartig → auserlesen, ausgedehnt, ehrenvoll, fabelhaft, gigantisch, prächtig.
Großbank → Bank.
großdünken, sich sich überschätzen, sich für etwas Besonderes halten, großtun sich, überheblich sein, sich aufspielen, sich aufblasen, prahlen. ▶ bescheiden.
Größe Format, Umfang, Bedeutung, Menge, Masse, Macht, Stärke, Mächtigkeit, Riesenmaß, Riesengröße, Riesenhaftigkeit, Überfülle, Großformat, Größenbegriff, Größenvorstellung, Ausdehnung ● Würde, Hochsinn, Erhabenheit, Heldengröße, Gesinnung, Heldentum, Großmut, Hingabe, Selbstlosigkeit, Entsagung, Edelmut, Edelsinn, Seelenadel. → Ausbreitung, Ausdehnung, Bedeutung, Dimension, Erhabenheit, Faktor, Format. ▶ Geringfügigkeit, Kleinheit.
Größe, geistige → Denker.
Großeltern → Ahnen.

großen und ganzen, im insgesamt, ausnahmslos, rundweg, sämtlich, überhaupt, durchgängig, völlig, vollständig, vollzählig, vollkommen, gesamt, ganz und gar, alles in allem. ▶ geteilt, teilweise, vereinzelt.
Größenverhältnis → Ausdehnung, Umfang.
Größenwahn → Geltungsbedürfnis, Irrsinn, Übertreibung.
größer → dominierend, überwiegend.
Großgrundbesitzer → Bauer.
Großhändler → Abgeber.
Großherzog → Adel.
Großherzogin → Adel.
Großindustrieller Wirtschaftskapitän, Großkaufmann.
großkopfet → anmaßend, ausschließend.
großkotzig → prahlerisch.
Großmaul Prahler, Prahlhans, Bramarbas, Großhans, Protz, Dicktuer, Großtuer, Wichtigtuer, Wichtigmacher, Schaumschläger, Marktschreier, Münchhausen, Maulaufreißer, Maulheld, Flunkerer, Großschnauze, Wortheld, Geschwollener, Übertreiber. → Angeber. ▶ Kapazität.
großmäulig → großtuerisch.
Großmogul → Efendi.
Großmut Würde, Haltung, Duldsamkeit, Selbsterziehung, Selbstzucht, Freigebigkeit, Mildtätigkeit, Gastfreundschaft, Gebefreudigkeit, Güte, Nachsicht, Dienstleistung, Barmherzigkeit, Feindesliebe, Selbstlosigkeit, Selbstaufgabe, Entsagung, Hingabe, Hochherzigkeit, Seelenadel, Seelengröße, Edelmut, Edelsinn, Milde, Noblesse. → Erhabenheit, Fassung. ▶ Niedrigkeit, Unbarmherzigkeit, Unnachsichtigkeit, Unwürdigkeit.
großmütig freigebig, freigiebig, großzügig, wohltätig, edelherzig, mildtätig, gastfreundlich, hochherzig, barmherzig, hilfsbereit, uneigennützig, selbstlos, edelsinnig, großherzig, neidlos, opferwillig, hochsinnig, opfermütig, opferbereit, opferfreudig, hingabefähig, edel. → anständig, barmherzig, freigebig, nobel. ▶ niedrig, unbarmherzig, unnachgiebig.
Großmutter → Anverwandte.
Großonkel → Anverwandte.
großsprechen → aufbauschen, aufdrehen, aufschneiden, dick tun, prahlen.
Großsprecher → Angeber, Aufschneider, Chauvinist, Dreikäsehoch, Großmaul.
Großsprecherei → Anmaßung, Bombast, Chauvinismus, Dünkel, Eigenlob.
großsprecherisch → an-

spruchsvoll, aufdringlich, dünkelhaft, ehrgeizig, prahlerisch, schwulstig.

großspurig → anspruchsvoll, aufdringlich, aufgeblasen, prahlerisch, schwulstig.

Großstadt City. → Ansiedlung, Stadt.

Großtante → Anverwandte.

Großtat → Heldentat.

Großtuer → Besserwisser, Großmaul.

großtuerisch großmäulig, großspurig. → anspruchsvoll, herablassend, prahlerisch.

Großtun → Chauvinismus, Dunst, Prahlerei.

großtun → angeben, aufbauschen, aufschneiden, ballen, blähen, blenden, dick tun, einbilden sich, erhöhen sich, geben ein Ansehen sich, prahlen.

Großvater → Anverwandte.

Großwesir → Efendi.

großziehen → aufziehen, züchten.

großzügig gönnerhaft, weitherzig, urban. → freigebig, großmütig,verschwenderisch.

Großzügigkeit Freigebigkeit, Hochherzigkeit, Großmut, Edelmut, Seelenadel, Seelengröße, Opferbereitschaft, Uneigennützigkeit, Selbstlosigkeit, Barmherzigkeit, Mildtätigkeit, Güte, Gutmütigkeit, Bereitwilligkeit, Herz haben, Gebefreudigkeit.

Großzügigkeit, keine → Denkart, kleinliche.

grotesk wunderlich, verschroben, ungewöhnlich, seltsam, grillenhaft, komisch, lächerlich, merkwürdig, drollig, possierlich, häßlich, mißförmig, ungestalt, fratzenhaft, grimassenhaft, geschmacklos, albern,phantastisch,sonderbar, fremdartig. → abgeschmackt, abnorm, absurd, albern, befremdend, bizarr, burlesk. ▶ geschmackvoll, gewöhnlich, normal, sinnvoll, schön, vernünftig, witzlos.

Grube → Einbauchung, Einschnitt, Falle, Graben, Höhlung.

Grube fallen, in die in die Schlinge gehen, auf jeden Schwindel hereinfallen, sich den Mund verbrennen, sich linkisch benehmen, einfältig sein, leichtgläubig sein, Einfalt üben, arglos sein, naiv sein. → graben eine Grube.

Grube graben, eine → graben eine Grube.

Grübelei Sinnen, Nachsinnen, Denken, Grübeln, Tiefsinn, Reflektion, Selbstbesinnung, Nachdenken, Nachgedanke, Betrachtung, Bedenken, Besinnung, Gedankenfolge, Rückblick, Erforschung, Erwägung, Prüfung. ▶ Gedankenarmut, Sorglosigkeit.

grübeln sinnieren. → beraten sich, besinnen sich, denken, ersinnen, fangen Grillen.

Grubenfahrer → Bergmann.

grüblerisch → besinnlich, gedankenvoll.

Gruft → Grab.

grün grünlich, grünend, erbsengrün, grasgrün, seegrün, olivengrün, flaschengrün, hellgrün, dunkelgrün, mattgrün, tiefgrün, gelbgrün, graugrün, blaugrün, hoffnungsgrün ● jung, halbwüchsig, unreif, unfertig, jugendlich, kindisch, fehlerhaft, unerfahren, dumm, unentwickelt, flegelhaft, bartlos. ▶ erwachsen, farblos, reif.

grün vor den Augen fürchten, bangen, beben, schaudern, erschrecken, grauen, gruseln, erzittern, erbleichen, erblassen, verfärben, entfärben, zusammenfahren, zurückfahren, schlottern, ohnmächtig werden, Besinnung verlieren, der Sinne nicht mächtig sein. ▶ Mann stellen seinen.

grün sein, einem nicht grollen, zürnen, hassen, verabscheuen, nicht gewogen sein, böse sein mit, Feindschaft hegen, nicht leiden können, nicht ausstehen können, zu allen Teufeln wünschen, Groll fühlen, Abneigung zeigen, unausstehlich finden. ▶ lieben, verehren.

Grund → Anlaß, Anstoß, Argument, Auswirkung, Berücksichtigung, Besitztum, Causa, Eigentum, Erdboden.

Grund, auf → anläßlich, dadurch, daher.

Grunde, aus diesem → anläßlich, dadurch, daher, darum, demzufolge, denn, deshalb.

Grund gehen, zu bringen es nicht weit. → sterben, verderben.

Grundbegriff → Schema.

Grundbuch Kasterbuch, Registrierung, Aufzeichnung, Verzeichnis, Katalog, Register, Liste, Bestandesaufnahme. → Buch.

Grundeigentum → Besitztum.

Grundelement → Element.

gründeln → tauchen.

gründen hervorrufen, bewerkstelligen, bewirken, erwirken, verursachen, veranlassen, herbeiführen, erwecken, anregen, erregen, bauen, erbauen, zusammenbauen, errichten, hinstellen, erstellen, siedeln, anbauen, ausbauen, bereiten, anleiten, gründieren, herstellen. → anfangen, erfinden. ▶ beenden, entwickeln, nachmachen.

Gründer → Erbauer, Erfinder, Erschaffer, Urheber.

Grundfarbe → Farbe.

Grundform → Anordnung, Aufriß, Schema.

Grundgedanke → Axiom, Begriff, Denkspruch, Chrie, Idee.

Grundherr → Besitzer, Eigentümer.

Grundlage Grundlinie, Sockel, Unterbau, Basis, Fundament, Bestand, Fundus, Ausgangspunkt, Ansatzpunkt, Stützpunkt, Unterlage, Voraussetzung, Vorbereitung, Vorkehrung, Vorbedingung, Grundstock, Sprungbrett, Vorlage, Anlage, Anfang, Beginn, Grundbedingung,Untergrund, Grundfläche, Grundstein, Boden, Stütze, Grundmauer, Untergestell. → Anfang, Ansatz, Bedeutung, Beginn. ▶ Ergebnis, Spitze.

grundlegend bedeutend, wichtig, zweckdienlich, maßgebend, hauptsächlich, wesentlich, grundsätzlich, beweisend, zutreffend ● zuunterst, unten, fundamental, beruhend, gestützt auf. → A und O, ausschlaggebend. ▶ oben, unbedeutend, unwichtig.

gründlich genau, sorgfältig, peinlich, überlegt, stetig, klug, vernünftig, vollständig, vollzählig, tadellos, erschöpfend, profund, vollauf, rundaus, sehr, besonders, richtig, wirklich. → A bis O, akkurat, ausführlich, bedächtig, durchdringend, eingehend, erstaunlich, fest. ▶ ungenau, unüberlegt.

grundlos → abgründig, beziehungslos, unbegründet.

Grundriß → Anordnung, Aufriß, Extrakt, Fibel, Plan, Schema.

Grundsatz Gesetz, Behauptung, Inbegriff, Prinzip, Regel, Richtsatz, Richtschnur, Überzeugung, Meinung, Kerngedanke, Einstellung, Weltanschauung, Begriff, Auffassung, Gutbefinden, Ermessen, Meinung, Einsicht. → Axiom, Codex. ▶ Lauheit, Ungereimtheit, Unsicherheit.

grundsätzlich grundlegend, zusammenfassend, eigentlich, allgemein, begreiflicherweise, prinzipiell, entscheidend, im allgemeinen, unter diesen Umständen, so betrachtet, unter dieser Bedingung, im Grunde genommen, somit, auf jeden Fall. ▶ bedingt.

Grundsätzlichkeit → Beständigkeit, Voraussetzung.

grundschlecht → bestechlich, böse, charakterlos, diabolisch, eingefleischt, schlecht.

Grundstein → Ansatz, Fuß, Grundlage.

Grundsteinlegung → Beginn.

Grundstock → Kapital.
Grundstoff Urstoff, Element, Ding, Materie, Grundstock, Inhalt, Thema, Urzelle, Stoff, Material, Substanz. → Bestandteil. ▶ Zutat.
Grundstück Liegenschaft, Immobilie, Platz, Bauplatz, Baustätte, Baustelle, Baugrund, Boden, Erde, Plan, Gebiet, Gemarkung, Gewann, Landstrich, Bereich, Bezirk. → Distrikt.
Gründung → Arbeit, Ausführung, Bildung, Erbauung, Erfindung, Erzeugung.
grundverschieden → andersgeartet.
Grundwahrheit → Maxime.
grünen → aufblühen.
Grünling → Anfänger, Dummerian, Dummkopf.
Grünschnabel Hitzkopf, Milchbart, Gelbschnabel, Halbgeback, Bengel, Schlingel, Flegel, Range, Anfänger, Erstkläßler, Einfaltspinsel, Grünling, Tölpel, Gimpel, Dummkopf. → Bube, Bursche. ▶ Kopf fähiger, Schlaukopf.
Gruppe → Abteilung, Anhang, Anzahl, Bande, Block, Bund, Clique, Konklave, Familie, Kategorie, Partei, Serie, Vereinigung, Zweig.
Gruppengesang → Chor.
gruppenweise abteilungsoder stufenweise, der Reihe nach, einer nach dem andern, der Größe oder Rangordnung nach ● zusammen, miteinander, verbunden, gruppiert, trauben- oder doldenweise ● mehrere, einige, manche, in Gruppen, in Gesellschaft. ▶ einzeln.
gruppieren zusammenstellen, aufstellen, ordnen, einrichten, einteilen, anordnen, aussuchen, zusammenkommen, beigesellen, hinzudrängen, zuströmen, hinzutreten, anhäufen, zusammenscharen, gestalten, bilden, formen, ausarbeiten. → anordnen, arrangieren, aufstellen, beigesellen. ▶ auseinandergehen, umstoßen, verwirren.
Gruppierung → Anordnung, Aufbau, Einordnung, Gliederung.
gruselig furchteinflößend, fürchterlich, bänglich, beunruhigend, schrecklich, entsetzlich, furchtbar, furchterregend, greulich, schauerlich, gräßlich, entsetzenerregend, schreckensvoll, schaudervoll, unheimlich, gespensterhaft, haarsträubend, grauenvoll. → beklemmend, geheurer nicht. ▶ behaglich, beruhigend, erfreulich, schön.
gruseln → ängstigen, bangen, entsetzen sich, erschrecken, grauen.
Gruß → Empfehlung, Höflichkeit.

grüßen begrüßen, salutieren, verbeugen, zuwinken, umarmen, zunicken, anlächeln, zulächeln, verneigen, empfangen, das Haupt entblößen, den Hut abnehmen, die Hand geben, die Hand schütteln, die Hand drücken, den Hut ziehen ● einen Diener machen, sich vorstellen. → anreden, bewillkommnen, drücken die Hand, erweisen Aufmerksamkeiten. ▶ Rükken kehren den, Schulter zeigen die kalte.
grußlos → unhöflich.
gucken → achtgeben, sehen.
guillotinieren → bestrafen.
gültig → abgeschlossen, anerkannt, dingfest, eingeführt, erlaubt, perfekt, statthaft.
Gültigkeit Geltung, Wirksamkeit, Legitimität.
Gummiarabikum → Bindemittel.
gummiartig biegbar, biegsam, dehnbar, elastisch, formbar, gelenkig, geschmeidig, plastisch, quabbig, reckbar, schlaff, schlapp, schmiegsam, schwammig, streckbar, weich, federig, nachgiebig. ▶ fest, hart.
Gummidruck → Druck.
Gunst Fürsprache, Förderung, Gönnerschaft, Güte, Beihilfe, Dienst, Hilfe, Mithilfe, Nachhilfe, Stütze, Unterstützung, Klüngel u ● Freundschaftsdienst, Gefälligkeit, Liebesdienst, Gewogenheit, Gnade, Hingezogenheit, Huld, Lust, Mitgefühl, Neigung, Schätzung, Sympathie, Vorliebe, Wechselneigung, Wohlgefallen, Zuneigung ● Auszeichnung, Beifall, Beliebtheit, Popularität, Vorzug. → Achtung, Anziehung, Befriedigung, Wohlwollen, Beistand, Interesse, Liebe. ▶ Ungunst.
Gunst erhalten, sich die sich jm. warm halten, sich gut mit einem stellen, den Hof machen, schmeicheln, umschmeicheln, schöntun, hofieren, lieb Kind machen.
Gunst des Augenblicks Gelegenheit, Rechtzeitigkeit, richtiger Zeitpunkt, gutgewählte Zeit, Macht des Augenblicks, Konjunktur. ▶ Unzeit.
Gunst des Schicksals Glück, Glücksstern, glückliche Wendung, Glückswurf, Treffer, Segen, Erfolg, Wohlstand, Wohlergehen. → Aussicht stehen in. ▶ Unglück.
Gunst stehen, in einen Stein im Brett haben, eine gute Nummer haben u, gut in Ruf stehen, Liebkind sein, Favorit sein, ein und alles sein, Gönner, Abgott, Freund, Intimus. → Liebhaber.
Gunst verloren haben, die

abgemeldet sein, unten durch sein, verschüttet haben u, einpacken können u, ausgeschissen haben u, es bei jm. verschissen haben u, erledigt sein, die Gefühle sind erkaltet, die Liebe verscherzt haben, verfemt sein, verfeindet sein.
Gunstbezeugung → Beistand, Hilfe.
Gunsten, zu → zugunsten.
günstig gelegen, rechtzeitig, zeitgemäß → erfreulich, gedeihlich, gesegnet, glücklich, himmlisch, paradiesisch, wonnig ● angenehm, dienlich, förderlich, gewinnbringend, gut, kostbar, nutzbringend, preiswert, vorteilhaft, wohlfeil, wünschenswert, zweckdienlich ● freundlich, geneigt, uneigennützig, wohlwollend, selbstlos ● aussichtsvoll, glückverheißend, vielversprechend, Wind in den Segeln. → dankenswert, dienlich, einträglich, empfehlenswert, erfolgreich, erfreulich, erprobt, förderlich, lohnend, preiswert, vorteilhaft. ▶ ungünstig.
Günstling Favorit, Protektionskind, Persona grata, Juwel, Liebling, Schoßkind ● Idol, Augapfel, Geliebter, Herzblatt, Goldkind, Zuckerjunge.
Günstlingswirtschaft Vetternwirtschaft, Vereinsmeierei, Nepotismus, Parteiwirtschaft, Parteiklüngel, Vorzimmerpolitik, Protektionismus.
gurgeln würgen, verschlukken ● ausspülen, kurieren, erleichtern, inhalieren ● trinken, zu sich nehmen, genehmigen. → trinken.
Gurt → Band, Bund, Bindemittel.
Gürtel → Band, Bund, Bindemittel.
Guß → Bad, Confitüre, Congestion, Regen.
Guß, aus einem vollständig, vollzählig, ganz, vollkommen, durch und durch, erschöpfend, tadellos, vom Scheitel bis zur Sohle, in jeder Beziehung ● einheitlich, in sich geschlossen, gefügt, undurchdringlich, undurchlässig ● vollwertig, vollendet, einwandfrei, fehlerfrei, makellos, meisterhaft, mustergültig, fertig. ▶ Flickwerk, getrennt, unfertig, unvollständig.
Gusto Geschenk, ganz nach meinem Geschmack, ganz nach meinem Sinn, nach meinem Wunsch, nach meinem Willen, meiner Art entsprechend, ausgezeichnet, einwandfrei, tadellos, fein, gut.
Gut → Anwesen, Bauernhof, Besitztum, Domäne, Kapital, Schatz.

gut dienlich, einträglich, ertragreich, heilbringend, lohnend, nützlich, profitlich, rentabel, vorteilhaft ● angenehm, erfreulich, geschätzt, gewinnbringend, günstig, kostbar, meisterhaft, schätzenswert, wertvoll, wohltätig, wünschenswert ● bewährt, echt, frisch, gediegen, gesund, kräftig, natürlich, rein, unbefleckt, unbeschädigt, unverdorben, unverfälscht, unverwelkt, ohne Falsch, wahr ● ersprießlich, förderlich, harmlos, heilsam, segensreich, unschädlich, unschuldig, wohltuend ● anständig, ausgezeichnet, bewundernswert, brillant, edel, einwandfrei, erstklassig, fabelhaft, fein, glänzend, hervorragend, himmlisch, hochwertig, hübsch, köstlich, lecker, makellos, blendend, dufte *u*, mundend, prächtig, prachtvoll, saftig, schmackhaft, schön, selten, solid, stark, tadellos, unbezahlbar, unschätzbar, unübertrefflich, unvergleichlich, vollkommen, vortrefflich, vorzüglich, währschaft, wundervoll, zuträglich, zuverlässig, non plus ultra, la, prima ● brauchbar, dauerhaft, empfehlenswert, haltbar ● empfohlen, nicht übel, nicht uneben, nicht mit Gold aufzuwiegen, über alles Lob erhaben, Klasse, vom Guten das Beste, klein aber oho, comme il faut, allright, bene ● abgemacht, sehr wohl, jawohl, gern, bon, meinetwegen, von mir aus, mit Vergnügen, geht in Ordnung, bitte schön, danke ja, einverstanden, ohne weiteres, bin dafür, bin dabei, so sei es, bin zufrieden, nicht schlecht, anerkannt, angenommen, dobsche *u*, ich pflichte bei, ich stimme bei, gebilligt, eingewilligt, erhört, erlaubt, genehmigt, gestattet, gewährt, mitgemacht, übereingekommen, zugebilligt, zugestanden, mein Wort, beim Wort nehmen. → aufrecht, auserlesen, bekömmlich, bieder, brav, brillant, charaktervoll, delikat, einwandfrei, empfehlenswert, empfohlen, erfreulich, erfrischend, erklecklich, erlesen, erprobt, eßbar, fachgemäß, fein, frisch, gediegen, kostbar, praktisch, saftig, unschädlich. ▶ böse, schlecht.

gut deutsch, auf geradeheraus, bündig, ungekünstelt, unverhüllt, aufrichtig, wahrhaftig, rückhaltlos, frisch, offen heraus, von der Leber weg ● sprachrichtig, der Regel entsprechend, genau, gewissenhaft, formsicher, sprachrein. ▶ unaufrichtig, ungenau.

gut gebaut → anmutig.

gut und gern einmütig, verbunden, einträchtig, einig, innig, freundschaftlich, brüderlich, friedlich, herzlich, zugetan, wohlwollend ● auf jeden Fall, gewiß, bestimmt, zweifellos, unzweifelhaft, verläßlich, sicher, sicherlich. ▶ uneinig, ungewiß.

gut machen, wieder zurückerstatten, zurückgeben, zurückbringen, abtragen, abgelten, tilgen, vergüten, entgelten, ausgleichen, ersetzen, schadlos halten, zurückstellen, entschädigen, wieder freigeben ● sühnen, Ersatz leisten, ausbaden, auswetzen, wettmachen, Abbitte leisten, um Verzeihung bitten, abbüßen, Buße tun. → büßen. ▶ schädigen, verhärten sich.

Gutachten → Attest, Auskunft, Befinden, Beweis, Bescheinigung, Bewertung, Dafürhalten, Erkenntnis, Zeugnis.

Gutachter → Fachmann, Sachverständiger.

gutartig gutmütig, ungefährlich. → harmlos.

Gutbefinden → Auslegung, Einstellung, Gesichtspunkt, Urteil.

Gutdünken → Ansicht, Auswahl, Belieben, Erachten, Urteil, Wahl, Wunsch.

gutdünken nach Belieben handeln, frei schalten, nach eigenem Ermessen entscheiden, sich frei entschließen, seine Wahl treffen, anheim stellen, die Wahl überlassen, freie Hand lassen, freies Ermessen, eigenes Ermessen. ▶ müssen.

Güte → Beste, Christus, Erbarmen, Qualität, Tugend, Wert, Wohlwollen, Zahlungsfähigkeit.

Güter → Besitz, Besitztum, Bestand, Ware.

Güteraustausch → Handel, Markt.

guter Dinge sein → heiter, hoffnungsvoll.

Güterzug → Fahrzeug (Schienen-).

gutgefügt → stark.

gutgeheißen → angenehm, genehm.

gutgelaunt aufgeräumt, in Form sein, in Fahrt sein, aufgedreht, aufgekratzt *u*, auf Draht sein, im Fahrwasser sein. → aufgeräumt, entzückt, froh.

gutgesinnt → loyal.

Guthaben → Kapital, Kredit.

Gutheißen → Bekräftigung, Billigung.

gutheißen übereinstimmen, anerkennen, annehmen, bejahen, beipflichten, beistimmen, bekräftigen, bestätigen, bewilligen, billigen, eingehen

auf, einräumen, einstimmen, einverstanden sein, einwilligen, erlauben, genehmigen, gestatten, ratifizieren, übereinkommen, willfahren, zulassen, zustimmen, den Wünschen entgegenkommen, die Auffassung teilen, sich nach den Tatsachen richten, sich den Gegebenheiten anpassen. → abgemacht, anerkennen, beipflichten, beitreten, beloben, bestätigen, bewilligen, billigen, delegieren, einräumen, einverstanden sein, erlauben, übereinstimmen. ▶ ablehnen, verbieten.

Gutheißung → Anklang, Beifall, Berücksichtigung, Bewilligung.

gutherzig gütig. → gutmütig.

Gutherzigkeit → Duldsamkeit.

gütig → barmherzig, freundlich, schonungsvoll, warm.

gütlich tun, sich sich etwas zugute tun, sich dem Genuß hingeben, flott leben, sich ausleben, sich des Lebens freuen, sich sonnen, sich das Leben leicht machen, die Sorgen abschütteln, sich das Dasein versüßen. → delektieren. ▶ ekeln, erschweren, (Mißbehagen empfinden).

gutmachen → abbüßen, ausbaden, begleichen, erwidern, reparieren.

gutmütig bescheiden, anspruchslos, einfach, genügsam, schlicht, zufrieden, gemütlich, ruhig, jovial, scheu, schüchtern, servil, still, verschämt, zurückhaltend ● freundlich, gefällig, gesprächig, hilfsbereit, leutselig, liebenswürdig, nachgiebig, sanft, verbindlich, gutherzig, zutraulich, zuvorkommend, blindgläubig. → dulderisch. ▶ boshaft, gehässig.

Gutmütigkeit Bescheidenheit, Blödigkeit, Einfachheit, Schüchternheit, Verschämtheit, Zurückhaltung ● Friedfertigkeit, Nachgiebigkeit, Versöhnlichkeit ● Arglosigkeit, Einfalt, Herzenseinfalt, Lammsgeduld, Unschuld, Unverdorbenheit, Güte, Edelsinn, Großmut, Hochherzigkeit, Nächstenliebe, Opfermut, Selbstlosigkeit, Toleranz. → Engelsgüte, Geduld. ▶ (Bosheit), Gehässigkeit.

Gutsager → Bürge.

Gutsagung → Bürgschaft, Kaution.

Gutsbesitzer → Bauer, Besitzer, Eigentümer.

Gutschein → Bon.

gutschreiben → abziehen, anrechnen, berücksichtigen, bezahlen, verrechnen.

Gutschrift → Berichtigung, Bescheinigung.

Gutshof → Ansiedlung, Anwesen.

gutsitzend → anliegend.
Gutsprechung → Garantie.
gutstehen → bürgen.
Guttat → Wohltat.
gutwillig folgsam, gehorsam.

H

Haar Borste, Stoppel, Bart, Zopf, Frisur, Haartracht, Coiffüre, Locken, Herrenwinker *u*, Schmachtlocke *u*, Mähne, Wuschelkopf, Tolle, Struwwelkopf *u* ● Fiber, Faden, Hanf, Flachs, Engelshaar ● Vlies, Balg, Pelz, Fell, Wolle, Feder, Bast, Mähne, Zottel, Schopf. → Bedeckung, Faser, Fell.
Haar, auf ein genauso, ebenso, ebenfalls, gewiß, sicherlich, wahrlich, fürwahr, vielmehr, wahrhaftig, wirklich ● fast, beinahe, nahezu, schier, etwa, um ein Haar, haarscharf. ▶ ganz und gar nicht.
Haar, es hängt an einem → auf gut Glück, vom Zufall abhängig, zufällig, vielleicht, etwa, beinahe, fast, um ein Haar. ▶ gefahrlos, vollständig, (weit davon entfernt).
Haar in der Suppe finden befürchten, Sorge hegen, erschrecken, zurückbeben, zurückschaudern, erschrecken vor, den Mut verlieren, klein beigeben, scheuen, stutzig werden ● mißbilligen, beanstanden, bemängeln, Einwendungen machen, verübeln, entgegenhalten, sich dagegen erklären, verurteilen, einen Fehler finden, einen Makel entdecken. ▶ beloben, mutig sein, zustimmen.
Haar, um ein knapp, dicht, beinahe, nahezu, bald, schier, fast, ungefähr, haarscharf ● an einem Haare hängen, an einem Faden hängen, drohend, unsicher, gewagt, gefahrbergend, am Rande des Abgrundes, zwischen zwei Feuern, in höchster Gefahr. ▶ fern, entgegengesetzt, gefahrlos.
haarartig → capillar.
Haarband → Band, Bindemittel.
Haarboden Kopfhaut.
Haarbürste → Bürste.
Haare lassen verlieren, einbüßen, Schaden erleiden, Nachteil haben, herhalten müssen, um etwas kommen, etwas loswerden, verscherzen, aufgeben müssen, Lehrgeld bezahlen, in die Binsen gehen, durch die Finger schlüpfen, Kosten bestreiten, aufkommen müssen, zahlen, bluten. ▶ gewinnen.

Haare machen bürsten, kämmen, frisieren.
Haare stehen zu Berge fürchten sich, ängstigen, bangen, erschrecken, entsetzen, erbeben, erschaudern, grauen, gruseln, erzittern, erbleichen, eine Gänsehaut kriegen, keines Wortes mächtig sein, versteinert stehen ● staunen, die Augen aufreißen, seinen Augen nicht trauen, an seinem Verstande irre werden, die Sprache verlieren, die Haare sträuben sich. ▶ gelassen (sein), mutig sein.
Haare auf den Zähnen → zanksüchtig.
haaren fußeln, fasern, zerfasern, abzupfen.
Haaren herbeiziehen, an den nötigen, sich durchsetzen, bestehen auf, aufdrängen, aufnötigen, abnötigen, abringen, gewaltsam herbeiziehen ● kleinlich, unwichtig, untergeordnet, bedeutungslos, belanglos, gleichgültig, nebensächlich, unwesentlich, nichtssagend, geringfügig. ▶ freiwillig, wesentlich, wichtig.
Haarfarbe brünett, blond, aschblond, strohblond, rot, kupferrot, tizianrot, braun, schwarz, pechschwarz, grau, greis, meliert, weiß.
haarfein genau, peinlich, sorgfältig, minuziös, präzis ● fein, dünn, eng, schlank. → capillar, faserig. ▶ dick, grob, ungenau.
Haarformer → Bader, Barbier.
haarförmig → aalförmig, aalglatt, capillar, drahtförmig, dünn, faserig.
haarig unwahrscheinlich, unfaßbar, unglaublich, erstaunlich, seltsam, unerhört, unbeschreiblich, unaussprechlich, ungeheuerlich, haarsträubend, befremdend, toll, blöd, verrückt, vernunftlos, närrisch, hirnverbrannt, spleenig. → bärtig, borstig, buschig, capillar, faserig. ▶ glatt, vernünftig.
Haarkünstler → Bader, Barbier, Coiffeur.
haarlos → entblößt.
Haarpfleger → Coiffeur.
haarscharf → beiläufig, nahezu, scharf.
Haarschmuck → Ausschmückung.
Haarschneider Friseur. → Barbier.
Haarschnitt → Frisur.
Haarspalter → Besserwisser.
Haarspalterei Wortklauberei, Rabulistik, Scholastik, Wortdeutelei, Zweideutelei, Kniffelei, Wortverdrehung, Verdreherei, Spitzfindigkeit, Geistreichelei ● Pedanterie, Engherzigkeit, Belanglosigkeit, Lappalie, Engstirnigkeit.

haarspalterisch → pedantisch.
haarsträubend → degoutiert, empörend, furchtbar.
Habe → Ausrüstung, Bagage, Besitz, Besitztum, Bestand, Effekten, Eigentum, Kapital, Vorrat.
haben → besitzen, eignen.
haben mit zu → berühren.
haben, zur Folge → bedingen, schließen.
haben, im Gefolge → bedingen.
haben, zum Narren → balbieren, verspotten.
haben, sich → angeben.
Habenichts Hungerleider, Bedürftiger, Mittelloser, arme Kirchenmaus, armer Lazarus, armer Schlucker, Bankrotteur, Bettler, Bettelsack, Krippenreiter, Heimatloser, verschämter Armer. → Bittsteller, Bruder. ▶ Kapitalist.
Haber, ihn sticht der → übermütig.
Haberecht → Dickkopf, Fanatiker.
Habgier → Egoismus, Eigennutz, Geldgier, Geiz.
habgierig → bedürfnisvoll, begehrlich, bestechlich, egoistisch, geizig, geldgierig, selbstsüchtig.
habhaft werden fangen, greifen, erlangen.
habituell → gewohnheitsmäßig.
Habitus → Art, Aussehen.
hablos arm, unbemittelt, mittellos, besitzlos, abgebrannt, abgerissen, zerlumpt ● ärmlich, dürftig, armselig, kümmerlich, kärglich, beschränkt, verarmt ● lumpig, schäbig, brotlos, ausgehungert, arm wie eine Kirchenmaus ● bedauernswert, hilfsbedürftig. ▶ reich.
Habseligkeiten → Bagage, Besitztum, Effekten.
Habsucht → Begierde, Geldgier, Wucher, Besitzgier.
habsüchtig geizig, geldgierig, raffgierig, filzig, schäbig, engherzig, knauserig, knickerig, zugeknöpft, habgierig, geizend ● bestechlich, käuflich, feil, gemein, besessen auf Geld, versessen auf Geld ● gewinnsüchtig, wucherisch, schmutzig, gewissenlos, unersättlich. ● besessen, geldgierig. ▶ selbstlos.
Hacienda *f*, *span.* → Anwesen, Bauernhof, Besitztum.
Hacke Ferse, Absatz ● Picke, Beil, Axt, Karst ● Harke, Egge, Forke ● Arbeitsgerät.
hacken auflockern, roden, ausroden, reuten, häufeln, jäten, harken, grubben, lockern.
Hader → Auseinandersetzung, Disharmonie, Fehde, Feindschaft.
Haderer Stänkerer, Streit-

hahn, Streitsucher, Rechthaber, Händelsucher, Raufbold, Raufer.

hadern keifen, grollen, böse sein. → austragen, balgen, befehden, brechen mit, streiten.

Hafen → Aufenthaltsort, Bekken, Behälter, Gefäß.

Hafen, im sicheren → diebessicher, geborgen.

Hafer, ihn sticht der → übermütig.

Haff → Bai, Becken, Binnenmeer, Bucht, Busen.

Haft → Arrest, Bestrafung, Einkerkerung, Gefangenschaft, Gewahrsam.

haftbar haftpflichtig, verantwortlich, rechenschaftspflichtig, verpflichtet, Verpflichtung zuschieben, zur Verantwortung ziehen, eine Pflicht übernehmen, verantwortlich sein, Verpflichtungen eingehen.

haften verkleben. → fest, bürgen, bleiben, einstehen.

haftend vereinigt, zusammenhängend, anhängend, verwachsen, ansaugend, unlösbar, unzertrennbar, dauerhaft, beständig, klebend. → dauerhaft, fest, haftpflichtig. ▶ brüchig, getrennt, löslich.

Haftgeld → Kaution.

Häftling → Gefangener.

haftpflichtig schadenpflichtig, unterhaltungspflichtig, verantwortlich, schuldig, verpflichtet, sicherheitspflichtig, haftend, bürgend, gutstehen für, haftbar. → ersatzpflichtig. ▶ (pflichtfrei).

Haftung → Einstandspflicht, Garantie, Gewährleistung, Verbindlichkeit.

Hag Gehege, Gemarkung, Schlag, Wäldchen.

Hagel → Niederschlag.

hageln prasseln ● überschüttet werden.

hager → aalförmig, aalglatt, dünn, häßlich.

Hagerkeit → Dürre, Häßlichkeit.

Hagestolz Junggeselle, Einzelgänger, Einspänner, Weiberfeind, Alleingänger, Einsiedler, Frauenfeind, Hinterwäldler, Kauz ● Menschenfeind, Eigenbrötler, Duckmäuser, Misanthrop, Original, Querkopf, Sonderling, Stubenhocker.

Hahn Ventil, Öffnung, Hydrant, Kran, Abfluß, Ausfluß, Verschluß, Zapfen, Spund, Verschließung, Sperre, Düse ● Tier, Vogel, Federvieh, Geflügel, Huhn, Gockel, Hahnrei, Puter, Truthahn, Kapaun, Auerhahn, Spielhahn, Birkhahn.

Hahn im Korb → beliebt.

Hahn, danach kräht kein → unwichtig.

Hahnrei → Betrogener, Faun.

Hain → Busch.

Haken → Angel, Beschwernis, Bindemittel.

halb → halbwegs, unvollendet, teilweise.

Halbbildung Scheinwissen, Afterweisheit, Dilettantismus, Buchgelehrsamkeit, Schulweisheit, Lexikonweisheit, unvergorenes Wissen, Allwisserei. ▶ Gelehrsamkeit, Wissen.

Halbblut → Bastard.

Halbdunkel → Dämmer.

halber → behufs.

halbfertig → unvollendet.

halbflüssig → breiig.

halbgelehrt → dilettantisch.

Halbgott Heros, Vorbild, Musterbild ● Held.

Halbheit Unvermögen, Unfähigkeit, Untauglichkeit, Untüchtigkeit, Ohnmacht, Nutzlosigkeit, Wirkungslosigkeit ● Pfuscherei, Schmiererei, Geschmier, Stümperei, Pfuschwerk, Flickwerk, Halberkram *u*, Geistesarmut, Dummheit, Torheit. → Faselei. ▶ Klugheit, Tauglichkeit, Vollkommenheit.

halbieren → abschneiden, durchreißen, durchteilen, teilen, entzweien.

Halbierung → Durchkreuzung, Durchschnitt, Teilung.

Halbinsel Landzunge, Kap.

Halblicht → Dämmerung.

halbpart → fifty-fifty.

Halbrelief → Bildhauerei.

Halbschlaf → Dusel, Schlummer.

Halbschlummer → Dusel, Schlummer.

Halbschwester → Anverwandte.

halbseitig → mitten.

Halbstarker Rocker, Rowdy, Teen. → Gassenjunge.

halbwach → schläfrig.

halbwegs halb ungefähr, annähernd, einigermaßen, gleich entfernt, zwischenliegend, halb und halb. → annähernd, einigermaßen.

Halbwelt Verlorene, Gefallene, Prostituierte, Mätze, Dirne, Flittchen, Hure, Weibsstück, Mensch, Freudenmädchen, Kokotte, Straßenmensch, Straßenmädchen, Weibsbild, Schlampe, Buhlerin, Asphaltblume ● Kupplerin, Gelegenheitsmacherin, Bordellmutter ● Zuhälter, Kuppler, Zubringer, Vermittler, Louis, Strizzi, Mädchenhändler. → Demimonde.

Halbweltdame → Kurtisane.

halbwertig → beikommen nicht, unterlegen.

Halbwissen → Anstrich, Unkenntnis.

Halbwisser → Dilettant.

halbwüchsig → jung.

Halbwüchsiger Bursche,

Jüngling, Junge, Unreifer, Göre, Fratz, Schnösel *u*, Rotznase *u*, Rotzbube *u*, Rotzgöre *u*, Halbstarker, Bengel, Lauser *u*, Lausbub, Lausebalg *u*, Haderlump, Luder, Lumpsack, Sproß, Sprößling, Gelbschnabel, Grünschnabel, Milchbart, Range, Schlingel, Flegel, grüner Junge.

Halde → Abgrund, Matte.

Hälfte → Mitte, Teil, Teilstück, Teilung.

Hälfte, bessere → Ehefrau.

Hälfte, größere Löwenanteil, das größere Stück, die größere Ration oder Portion. → Vorzug, Mehrheit.

Hälfte, je zur halbiert, zu Paaren, paarweise, zu zweien, zwei zu zwei ● halbpart machen, zu gleichen Teilen.

Hall → Akustik.

Halle → Diele.

hallen → erklingen, lärmen.

Hallodri → Arbeitsunfähiger, Ausbund.

Halloren *m* (Salzbergwerk) → Bergarbeiter.

Halluzination Sinnestäuschung, Trugbild, Wahnbild, Fata Morgana, Irrlicht, Blendwerk, Seifenblase, Traum, Verzückung, Wahn, Fieberwahn, Wunder, Einbildung, Täuschung, fixe Idee. → Blendwerk, Chimäre. ▶ Wirklichkeit.

Halm Stengel, Schaft, Stiel, Ranke, Reis, Rispe, Schoß, Sproß, Schößling, Trieb, Ableger, Absenker.

Hals heraushängen, zum satt, gesättigt, übersättigt, überfüttert, übernommen, vollgegessen, vollgefressen, vollgestopft, vollgepfropft, befriedigt, übervoll, überdrüssig, abgestumpft, erhaben über, bis zum Ekel, mehr als genug. ▶ erwünscht, interessiert.

Hals über Kopf schnell, geschwind, sofort, eilig, hastig, hurtig, flugs, rasch, unverzüglich, stracks, eilends, schleunig, stehenden Fußes, überhastet, überstürzt, blitzartig, sausend, mit Volldampf. → beflügelt, unüberlegt. ▶ gemächlich, überlegt.

Halsabschneider → Bandit, Blutsauger, Geizhals.

halsbrecherisch gewagt, waghalsig, tollkühn, abenteuerlich, kühn, wagemutig, forsch, verzweifelt. ▶ ungefährlich.

halsstarrig → bockig, eigensinnig, fanatisch.

Halsstarriger → Dickkopf.

Halsstarrigkeit → Eigensinn.

Halstuch Schal, Shawl, Nicki, Accessoires, Garnitur.

Halt Festigkeit, Bindekraft, Saugkraft, Klebekraft, Bindung, Haft ● Stillstand, Unterbrechung, Stockung, Rast, Pause, Atempause, Einhalt, Erholung, Muße, Ruhe, Stille ● Stütze, Stützung, Stützwerk, Stützpunkt, Lager, Unterlage, Bettung, Sockel, Unterteil, Grundlage, Unterstützung, Unterzug, Verpfählung, Eckstein, Grundstein, Säule, Pfeiler, Pfosten, Pfahl, Strebe, Spreize, Versteifung, Träger, Gebälk, Balkenwerk, Holm, Sparren, Gewölbe, Rückgrat ● Zucht, Ordnung, Einordnung, Mäßigung, Drill, feste Hand, Griff, Gleichmaß, Unerschütterlichkeit, Gleichmut, Kraft, Stärke, Hoffnung, Zuversicht, Vertrauen, Mut, Spannung ● Ankerplatz, Aufenthaltsort, Lager, Rastplatz, Haltestelle, Station. → Atempause, Aufenthalt, Ausdruck, Haltung, Hinsicht. ▶ Fortgang, (Haltlosigkeit), Heftigkeit, Lockerung, Ruhelosigkeit, Tätigkeit, Zuchtlosigkeit.

halt eben, nämlich. → befristet, genug, ruhe!

halt machen → anhalten.

haltbar dauerhaft, konserviert, eingemacht, gepökelt, geräuchert ● echt, beständig, farbecht, lichtecht, waschecht, winterhart, frosthart ● hiebfest, kugelfest, feuersicher, einbruchsicher ● massiv, solid, stabil, stark, strapazierfähig, unveränderlich, unverderblich, unverwüstlich ● verläßlich, währschaft, zuverlässig. → ausgezeichnet, beständig, dauerhaft, echt, farbecht, fest, gut, massiv, stark. ▶ verderblich, unecht, unsolide, unverläßlich.

Haltbarkeit → Beständigkeit, Dauerhaftigkeit.

Haltbarmachung Konservierung. → Erhaltung.

halten → anhalten, basieren, beibehalten, beobachten, berücksichtigen, einhalten, enthalten, erfüllen, stocken.

halten, an sich zügeln sich, beherrschen sich, im Zaume halten, zusammenreißen, sich an die Kandare nehmen, sich bemeistern, gegen sich angehen, sich bezwingen, sich Gewalt antun, Maß halten, mäßigen, zusammenraffen, beschwichtigen, sich fassen, zu sich selber kommen, den Kopf nicht verlieren, die Fassung bewahren, sich nicht anfechten lassen, kaltes Blut bewahren, sich nicht aus dem Gleichgewicht bringen lassen, Würde bewahren. ▶ Fassung verlieren die.

halten für → auslegen, denken.

halten, hinter dem Berge → verheimlichen.

halten, kurz →. binden die Hände.

halten, offen → aufbewahren.

halten, schadlos → danken, schadlos halten.

halten, sich → benehmen sich.

halten, sich vom Leibe faulenzen, bummeln, der Arbeit aus dem Wege gehen, die Hände in den Schoß legen, herumlungern, versagen ● distanzieren, ablehnen, fernhalten, zurückhalten, aus dem Wege gehen, abgeneigt sein, verhindern. ▶ arbeiten, zugetan (sein).

halten, die Stange → helfen.

halten, vor Augen → Dach steigen auf das, vorwarfen, warnen.

halten, die Waage → balancieren.

halten, sein Wort sein Versprechen erfüllen, sein Wort einlösen, zu seinem Wort stehen, Ansprüche befriedigen, seine Pflicht tun, nicht im Stiche lassen, treu bleiben, seinen Mann stehen, zuverlässig sein, sich ehrenhaft verhalten, gewissenhaft erfüllen, nicht wortbrüchig werden, nicht ableugnen. ▶ wortbrüchig (werden).

halten, im Zaume → betäuben, halten an sich.

halten, zueinander → beteiligen sich, helfen.

halten, zum besten → beeinträchtigen.

haltend festsitzend, überdauernd, beständig, unveränderlich, unwandelbar, fest, hart, unauflöslich, unauslöschlich, unbeweglich, unzerstörbar, unvergänglich, feststellbar, feststehend ● ruhend, bewegungslos, still, beharrend, verharrend, fixiert, wartend, unverrückbar, stabil, verankert ● haltbar, konserviert. ▶ beweglich, losgelöst.

Halter → Griff, Regal.

Haltestelle → Aufenthaltsort, Bahnhof, Station.

haltlos → albern, arg, leichtsinnig, schwach, unentschlossen.

Haltung Auftreten, Benehmen, Benimm, Betragen, Führung, Gang, Gebaren, Gehabe, Habitus, Allüren, Attitüde, Contenance, Manieren, Pose, Verhalten, Aufführung, Handlungsweise ● Ausdruck, Aussehen, Form, Zuschnitt ● Beherrschung, Fassung, Festigkeit, Halt, Rückgrat, Standhaftigkeit, Stellung, Attitüde. → Art, Art und Weise, Aufführung, Ausdruck, Ausdrucksweise, Aussehen, Benehmen, Bildung, Erhabenheit, Fassung, Stil, Verhalten. ▶ Ausdruckslosigkeit, Formlosigkeit, Unbeherrschtheit, Unerzogenheit.

Haltung zeigen → benehmen sich.

haltungslos → fassungslos.

Halunke → Bandit, Betrüger, Erpresser, Schurke.

hämisch → bärbeißig, zynisch, diabolisch, neidisch, verächtlich.

Hammel → Banause, Bock.

Hammer kommen, unter den → Konkurs.

hämmern → anschlagen, bohren, schlagen.

Hampelmann → Marionette.

hampeln zappeln, hopsen.

Hamsterkiste → Ersparnis.

hamstern → anhäufen, aufspeichern.

Hand Pfote *u*, Tatze *u*, Pranke *u*, Patsche *u*, Klaue *u*, Flosse *u*, Patschhand *u*, Patschhändchen *u*, Vorderflosse *u*, Knochen *u*, Lamäng *u*.

Hand anlegen → beistehen, handeln, tun.

Hand darauf legen, seine → bemächtigen.

Hand, feste Halt, Aufsicht, Hut, Zucht, Ordnung, Drill, harte Schule, starker Wille, Unnachgiebigkeit, Rückgrat, Entschlossenheit, Festigkeit. ▶ Schlapphelt, Zuchtlosigkeit.

Hand, freie - lassen erlauben, gestatten, bewilligen, zulassen, dulden, genehmigen, gewähren, einwilligen, nichts in den Weg legen, keinen Einspruch erheben, an die Hand geben, anheim stellen, frei stellen, Befugnis erteilen, befugen, berechtigen, ermächtigen. ▶ lenken, verbieten.

Hand und Fuß haben vernünftig, überlegt, einsichtsvoll, einsichtig, klug, gescheit, schön, gepflegt, formvollendet, tadellos, einwandfrei, fehlerfrei, meisterhaft, mustergültig, zünftig, unübertrefflich, ausgezeichnet, weitblickend. ▶ Hand noch Fuß nicht, unüberlegt.

Hand noch Fuß, nicht unvernünftig, dumm, borniert, wirr, geistlos, unklug, töricht, kindisch, lebensfremd, kurzsichtig, hirnverbrannt, toll, verbohrt, albern, unsinnig.

Hand geben, an die ermächtigen, berechtigen, befugen, anheim stellen. → Hand freie lassen, überlassen. ▶ enthalten, vorenthalten.

Hand gehen, zur → helfen.

Hand, glückliche Erfolg haben, siegen, meistern, deichseln *u*, heraushaben *u*, klar kriegen *u*, den Laden schmeißen *u*, zu Rande kommen, obenauf sein *u*, die Sache schmeißen *u*, weghaben, hinkriegen, das Spiel gewinnen, einen durchschlagenden Erfolg haben, den Zweck erreichen, Schwierigkeiten überwinden, den Bogen heraushaben, das Kind schaukeln *u*, aus dem ff kennen *u*, den Dreh herauskriegen *u*, die Drehe kriegen *u*, das Kind wird geschaukelt, die Kurve packen *u*, die Sache schaukeln *u*, seinen Weg machen, es zu etwas bringen, vorwärts kommen, in die Höhe kommen, den Preis davontragen, emporkommen, packen, den Rummel kennen, verkraften, ein Händchen dafür haben *u*, emporklimmen, die Lage meistern, ins Schwarze treffen, auf einen grünen Zweig kommen. ▶ mißlingen.

Hand in Hand → beisammen, beigeordnet, du und du, hilfreich, vereint.

Hand, kurzer entschlossen, entschieden, fest, männlich, kernhaft, beherzt, zielbewußt, unbeugsam, unerbittlich, unnachgiebig ● schnell, eilig, hurtig, kurz, ohne Umstände, ohne Verzug, schleunigst, umgehend, flink, hastig. ▶ unentschlossen.

Hand in den Mund, von der in den Tag hineinleben, den Herrgott einen guten Mann sein lassen, den Zufall entscheiden lassen, dem Schicksal anheimstellen, es darauf ankommen lassen ● gerade sein Auskommen, ein dürftiges Dasein führen, sich kümmerlich ernähren, sich mühselig durchbringen, darben, ohne Mittel dastehen. ▶ vorsorgen.

Hand nehmen, in die → beistehen, helfen.

Hand, offene freigebig, freigiebig, großmütig, großzügig, mildtätig, wohltätig, gastfreundlich, verschwenderisch, mit vollen Händen geben, hilfsbereit, die Spendierhosen anhaben, offenes Haus halten. ▶ geizig.

Hand, rechte → Beistand, Diener.

Hand im Spiel haben sich einmengen, sich einmischen, aufdrängen, vermitteln, eingreifen, einschreiten, dazwischentreten, sich verwenden, unterhandeln, verhandeln, vergleichen, beilegen, ausgleichen, zur Entscheidung bringen, schlichten, kuppeln. → bekümmern. ▶ einmischen sich nicht.

Hand, unter der gelegentlich, nebenbei, beiläufig ● erschleichen, handeln, tauschen, erhaschen, erjagen, von der Gelegenheit Gebrauch machen, günstig einkaufen, schwarz einhandeln. ▶ immer, verpassen.

Hand, eine - wäscht die andere → mitwirken.

Handarbeit Handfertigkeit, Facharbeit, Maßarbeit, Heimarbeit, Beschäftigung, Tätigkeit ● Einzelarbeit, Handwerkerzeugnis, Meisterarbeit ● Stickerei, Klöppelei, Häkelei, Strickerei, Handweberei. → Einzelarbeit, Facharbeit. ▶ Kopfarbeit.

Handball → Ball.

handbereit → griffbereit.

Handbewegung → Geste.

Handbuch Reiseführer, Wegweiser, Nachschlagebuch, Leitfaden, Lehrbuch, Abriß, Fibel, Hilfsbuch, Nachschlagewerk, Übersicht, Zusammenfassung, Zusammenstellung, Wörterbuch, Vademecum. → Compendium.

Handdruck → Dessin.

Hände ausstrecken nach aneignen, nehmen, ergreifen, sich bedienen, zunutze machen, aufgreifen, annektieren, erwischen, bekommen, kriegen, zulangen, sich bereichern, einsäckeln, sich bemächtigen, wegnehmen ● rauben, plündern, stehlen, erobern, erbeuten, besetzen, kapern, aufbringen, erpressen, aussaugen, ausbeuten, schröpfen, erraffen, mitnehmen. ▶ zurückgeben.

Hände reichen, die → versöhnen.

Hände ringen, die → klagen.

Hände in den Schoß legen → müßig gehen.

Händedruck → Bekenntnis, Gratulation.

Handel Tauschhandel, Geschäft, Umsatz, Umschlag, Absatz, Vertrieb, Veräußerung, Vermittlung, Verkauf, Einkauf, Export, Import, Einfuhr, Ausfuhr, Versand, Außenhandel, Zwischenhandel Freihandel, Warenverkehr, Warenvertrieb, Geschäftsverkehr, Güteraustausch, Wirtschaftsleben, Gewerbe, Besorgung, Kolportage, Kommerz, Kundendienst, Markt. → Markt. ▶ Herstellung.

Handel treiben → bieten, handeln.

Händel → Feindschaft, Streit.

Händel suchen → ballen, streiten.

handeln tun, wirken, schaffen, unternehmen, beschäftigen sich, verrichten, besorgen, erledigen, vollbringen, vollführen, leisten ● angreifen, anfassen, anpacken, beginnen, in Angriff nehmen, in die Hand nehmen, Hand anlegen, zugreifen, an die Arbeit gehen ● seine Pflicht erfüllen, sich darüber machen, in Gang bringen, stellen seinen Mann ● sich betätigen, beschäftigen ● wollen,

sich einsetzen, kämpfen, wagen, sich durchkämpfen, entgegentreten, ermannen sich ein Herz fassen ● Handel treiben, kaufen, verkaufen, tauschen, machen in einer Sache *u*. ● anfangen, anfassen, anstellen, arbeiten, auftreten, beistehen, bekümmern, beschäftigen, beteiligen sich, betragen sich, bewerkstelligen, durchbringen sich, erlangen Reichtum, erledigen, ernähren sich, machen, unternehmen. ▶ fünf gerade sein lassen, müßig gehen, Pflicht verletzen die, herstellen (sein), zurückschrecken.

handeln, gewalttätig → bunt zugehen, vergehen sich.

handelnd → aktiv.

handelseinig → abgemacht.

Handelsgesellschaft → Bund, Körperschaft.

Handelsname → Firma.

Handelsplatz → Markt.

Handelspreis → Preis.

Handelsschiff → Fahrzeug (Wasser-).

Händelsucher → Stänkerer.

Händelsucht → Zanksucht.

händelsüchtig → bissig, zänkisch.

Handelsverkehr → Markt.

Handelsvertreter → Reisender, Vertreter.

Händen tragen, auf den → bejubeln, unterstützen, vergöttern.

handfertig → anstellig, beschlagen.

handfest → derb, eisern.

Handgeld → Bezahlung.

handgemacht → handwerklich.

handgemein werden → balgen.

Handgemenge → Streit.

handgerecht → handlich.

handgreiflich dinghaft, körperlich, substanziell, faßbar, dinglich, greifbar, wesenhaft, bestimmbar, gegenständlich ● sichtbar, augenfällig, bemerkbar, deutlich, klar, ersichtlich, offenbar, offenkundig, erkennbar, erweislich, nachweisbar, auf der Hand liegend, sicher, wirklich, selbstverständlich, eindeutig, klipp und klar, einleuchtend, genau, unzweideutig, unmißverständlich. ▶ absolut, auffallend, augenfällig, authentisch, beglaubigt, bemerkbar, dinghaft, erweislich, faßbar, gegenständlich. ▶ unerwiesen, unklar, unsichtbar, wesenlos, zweifelhaft.

handgreiflich werden → angreifen.

Handgriff → Griff.

Handhabe → Mittel.

handhaben benützen, gebrauchen, brauchen, anwenden, verwenden, bedienen sich, in Gebrauch nehmen, in

Dienst stellen ● ausführen, betreiben, hantieren, manipulieren, umgehen mit, wirken, anfassen, werken, verfahren, vorgehen, betätigen. → anfassen, anstellen, anwenden, arbeiten, bedienen, betragen sich, dirigieren, machen, verrichten. ▷ unterlassen.

Handhabung → Anwendung, Behandlung, Besorgung, Direktion, Gebrauch, Leistung.

Handlanger → Arbeiter, Commis, Diener.

Händler → Abgeber, Detaillist, Gewerbetreibender, Kaufmann, Lieferant.

handlich durchdacht, geschickt, planvoll, praktisch, brauchbar, sachdienlich, griffig, benützbar, verwendbar, kunstgemäß, kunstvoll, dienlich, bequem, handgerecht, verwendungsbereit, passend, tauglich, ziemlich, sinnreich, habil. → dienlich, geeignet, tauglich, tragbar. ▷ ungeeignet.

handlicher machen → abrunden.

Handlung → Akt, Arbeit, Ausführung, Besorgung, Bewerkstelligung, Darbietung, Durchführung, Laden, Leistung, Schritt, Tat, Vollzug.

Handlung, strafbare → Delikt.

Handlungsfreiheit → Willensfreiheit.

Handlungsreisender → Commis voyageur, Reisender, Vertreter.

Handlungsweise Verhalten, Benehmen. → Charakterfundament, Denkart, Gebaren, Gesinnung.

Handpfleger → Coiffeur.

Handreicher → Commis, Hausknecht.

Handreichung Hilfe, Hilfeleistung, Hilfestellung, Mithilfe, Beihilfe, Beistand, Dienstleistung, Unterstützung, Bedienung, Erleichterung, Pflege, Mitwirkung. → Aufwartung, Beihilfe, Beistand, Dienstleistung, Mitwirkung, Vorschub. ▷ Ablehnung, Behinderung, Verweigerung.

Handschlag Shakehands M. → Abkommen, Ehrenwort.

Handschrift → Arbeit, Ausdrucksweise, Ausfertigung, Druckvorlage, Manuskript, Schein.

handschriftlich eigenhändig, schriftlich, brieflich, mit einem Handschreiben, urkundlich, schwarz auf weiß, geschrieben, unterschrieben, verfaßt, zu Papier gebracht.

Handstreich → Angriff, Blitz, Gewaltstück.

Handumdrehen, im augenblicklich, plötzlich, unvermu-

tet, auf einmal, sofort, mit einemmal, blitzartig ● auf Knall und Fall, Liebe auf den ersten Blick. → Blitz, Fall und Knall. ▷ langsam, träge.

Handvoll → Batzen, Dreikäsehoch, Diverses.

Handwagen → Fahrzeug.

Handwerk → Beruf, Erwerbszweig.

Handwerk legen, das verhindern, abwenden, aufhalten, beeinträchtigen, bekämpfen, eindämmen, entgegenarbeiten, entkräften, hemmen, hindern, hinhalten, hintertreiben, lahmlegen, parieren, sabotieren, stören, unterbinden, unterbrechen, unterdrücken, untersagen, verbieten, vereiteln, verhindern, verhüten, vorbeugen, zuvorkommen, dazwischentreten, eingreifen, einmengen sich, einmischen sich, einschreiten, blockieren, das Maul stopfen, das Wort entziehen, mundtot machen, das Wasser abgraben, in den Weg treten, einen Riegel vorschieben, in Schach halten, die Flügel stutzen, zu Fall bringen, im Keim ersticken, in den Arm fallen, einen Streich spielen. ▷ helfen, Stange halten.

Handwerker → Arbeiter, Diener, Fachmann.

handwerklich werkgerecht, kunstgerecht, fachgerecht, handwerksmäßig, handgemacht, zunftgemäß, werksmäßig, handgerecht. ▷ maschinenmäßig.

Handwerksbursche Fechtbruder, Tippelbruder, Fahrender, Pennbruder, Zunftbruder, Wanderbursch.

Handwerkszeug → Werkzeug.

Handzeichnung → Bild.

hanebüchen → unerhört.

Hanf → Faser.

Hang Tendenz, Berghang. → Abgrund, Anziehung, Bedürfnis, Begehr, Begierde, Belieben, Bereitwilligkeit, Bestreben, Charakter, Drang, Empfänglichkeit, Neigung, Vorliebe.

Hangar → Abstellraum.

Hängebauch → Bauch.

Hängebrücke → Brücke.

Hängematte → Bett, Liege.

hängen → bammeln, bestrafen, schweben.

hängen an → anbeten.

hängen bleiben → bleiben, sitzen.

hängen, an die große Glocke offenbaren, anzeigen, verraten, kundgeben, enthüllen, entschleiern, bloßlegen, aufdecken, an das Licht bringen, ausschwatzen, ausklatschen, zutragen, anvertrauen, kein Geheimnis machen, die Augen öffnen, kein Blatt vor den Mund nehmen, aus der Schu-

le plaudern, auf die Nase binden.

hängen lassen sich nicht kümmern, sich keine Sorge machen, gleichgültig bleiben, vernachlässigen, verabsäumen, verwahrlosen, nicht beachten, nicht fragen nach, nicht denken an, durch die Finger sehen, beiseite legen, liegen lassen ● faulenzen, die Hände in den Schoß legen, herumlungern, erlahmen, tatenlos zusehen, es sich bequem machen, auf der faulen Haut liegen, umherstreichen, der Arbeit aus dem Wege gehen, keinen Finger rühren, sich der Arbeit entziehen ● seine Pflicht nicht tun, die Arbeit von sich schieben, sein Versprechen nicht halten, seiner Pflicht entgegenhandeln, untreu werden, vertagen, anstellen lassen, fünfe gerade sein lassen ● laufen lassen, leicht nehmen, abstumpfen, auf die leichte Schulter nehmen, einlullen, die Achsel zucken ● sich entwürdigen, erniedrigen, sich vergessen, wegwerfen, im Staube kriechen, sich demütigen, sich selbst aufgeben. ▷ arbeiten, kümmern (sich), pflichtbewußt (sein).

hängen lassen, die Flügel nachgeben, die Nerven verlieren, versagen, unterliegen, schlapp machen, zurückweichen, aufgeben, kneifen, sich feige zeigen, den Mut sinken lassen, zittern, zu Kreuz kriechen, die Flinte ins Korn werfen. ▷ durchdrücken, Stirn bieten die.

hangen und bangen → bangen.

hängend → anhängig, schwebend.

Hans im Glück → Glückskind.

Hansa → Bund.

Hanse → Bund.

Hänselei → Belustigung.

hänseln → anführen, anöden, auslachen, beeinträchtigen, bespötteln, besten halten zum, Dunst vormachen, düpieren, foppen.

Hanswurst Harlekin.→Bajazzo.

Hanswursterei → Belustigung.

hantieren → anwenden, bedienen, beschäftigen, tun, verrichten.

Hantierung → Anwendung, Behandlung, Besorgung, Leistung.

hapern → fehlen.

Happen → Teil.

Happening am. verrücktes Fest, Fete.

happig gierig, giererfüllt, scharf auf, unbeherrscht, hemmungslos, maßlos, begierig, lüstern ● habgierig,

habsüchtig, raffgierig ● schäbig, versessen, geizig, filzig, zugeknöpft ● gemein, käuflich, feil. → fessellos, gierig. ▶ beherrscht, freigebig.
Happy end → Ende.
Harakiri → Ende, Beraubung.
Häresie → Ketzerei.
Häretiker *m* → Abtrünniger.
häretisch → abtrünnig.
harfen → musizieren.
Harke → Hacke.
harken → hacken.
Harlekin → Bajazzo.
Harm → Bekümmernis, Betrübnis, Bitternis.
härmen, sich betrüben sich, quälen sich, grämen sich, absorgen, abzehren sich, sich zu Herzen nehmen, die Flügel hängen lassen, den Kopf hängen lassen, verzweifeln, schwarz sehen, vergraulen, sich Sorge machen, Grillen fangen, sich graue Haare wachsen lassen, leiden, Trübsal blasen, bedrückt sein, niedergedrückt sein, kleinmütig sein, sich dem Gram hingeben, sauertöpfisch werden, sich selbst peinigen, mit der Welt verfallen. → deprimieren.
harmlos arglos, seelengut, ohne Arg, lauter, rein, unschuldvoll, fehlerfrei, tadellos, unverdorben ● leichtgläubig, vertrauensselig, zutraulich, offen, einfältig, dumm ● unschädlich, ungiftig, ungefährlich, gefahrlos, ohne Nachwirkung, ohne Folgen, mild, leicht ● einfältig, ungekünstelt, einfach, natürlich, naiv, treuherzig, ehrlich, redlich, gutartig, trübt kein Wässerchen *u.* → arglos, dumm, friedfertig, unschädlich. ▶ gefährlich, verdorben, zweiflerisch.
Harmonie Gleichförmigkeit, Übereinstimmung, Gleichstimmung, Gleichklang, Einklang, Zusammenklang ● Einigkeit, Eintracht, Friede, Verträglichkeit ● Wohlklang, Ebenmaß, Wohllaut ● Anmut, Lieblichkeit, Einträchtigkeit, Ausgeglichenheit, Zufriedenheit, Abgewogenheit. → Anmut, Brüderlichkeit, Charme, Einklang, Freundschaft, Gleichmaß, Schönheit. ▶ Disharmonie.
harmonieren harmonisieren, anpassen, sympathisieren, übereinstimmen, sich verbrüdern, sich verstehen, sich vertragen, zusammenstimmen, zusammenwirken, im Einverständnis handeln, gute Freundschaft halten, Frieden halten, ein Herz und eine Seele sein, am gleichen Strang ziehen. ▶ anfeinden, hadern, unterscheiden sich.
harmonierend ausgeglichen, ebenmäßig, einheitlich, har-

monisch, harmonisierend, kongenial, übereinstimmend. → ein Herz und eine Seele.
harmonisieren in Einklang bringen.
harmonisch → befreundet, cordial, ebenmäßig, stilvoll.
harnen pissen, schiffen *u,* Wasser lassen, nässen *j,* stallen *j.*
Harnisch geraten, in erzürnen sich, wild werden, in Zorn geraten, Feuer fangen, ergrimmen, sich aufregen, in Wut ausbrechen, geifern, grollen, poltern, auffahren, hochgehen, seinem Ärger Luft machen, aufbegehren, in die Höhe fahren, explodieren, wüten, toben, schäumen, rasen, außer sich geraten, die Geduld verlieren, die Fäuste ballen, vor Zorn zittern, Gift und Galle speien, mit den Füßen stampfen, vor Wut bersten, in Feuer und Flamme geraten. ▶ beherrschen sich.
harren → erwarten, fassen ins Auge, gewärtigen, hoffen.
harsch rauh, streng, hart, bissig.
hart fest, steinhart, glashart, ehern, erzen, felsig, stählern, eisern, hornig, knochenhart, knüppelhart, versteinert, verknöchert, hart wie Stein ● stetig, unauflöslich, unauslöschlich, unvergänglich, standhaft, unbeirrt, unwiderruflich, unentwegt, unverrückbar, unbeweglich ● zäh, widerstandsfähig, undurchlässig, dicht ● gefühllos, abgestumpft, unberührt, anteillos, abgebrüht, abgehärtet, unbewegt, dickhäutig, stahlhart, kaltblütig, frostig, steinern, hartherzig, mitleidlos ● grob, ruppig, klotzig, massiv, schroff, ausfällig, unwirsch, rauh, dickfellig, stur, robust, rücksichtslos, brutal, derb, ungebührlich ● schonungslos, erbarmungslos, kalt, eisig, roh, unmenschlich, barbarisch. → arg, barbarisch, bejammernswert, bestialisch, bestimmt, bitter, blind, böse, brechen das Herz, brutal, drakonisch, ehern, eisern, entsetzlich, erbarmungslos, erstarrt, felsenfest, felsenhart, fest, kompakt, rücksichtslos, schonungslos, starr. ▶ weich.
hart bleiben sich durchsetzen, abwehren, eintreten für, sich stählen, seine Macht zeigen, durchdrücken, durchhalten ● zugreifen, anpacken ● sein Herz verhärten, keine Nachsicht oder kein Erbarmen zeigen, verfolgen, ans Messer liefern. → verfolgen. ▶ bringen nicht übers Herz.
Härte Festigkeit, Starrheit, Widerstand, Kompaktheit,

Dichte, Zusammenhalt, Sprödigkeit, Glashärte. → Barbarei, Bärbeißigkeit, Beharrlichkeit, Besen mit eisernem, Dichte, Ernst, Fels, Gewalt, Strenge. ▶ Weichheit.
härten → dichten, erhärten, stählen.
Hartgeld → Bargeld.
hartgesotten → ungehorsam.
hartherzig → barbarisch, rücksichtslos.
Hartherzigkeit → Strenge.
harthörig → verstockt.
hartköpfig → fanatisch, starrsinnig.
hartmäulig → bockig.
hartnäckig obstinat. → ausdauernd, beengt, beharrlich, bockig, charakterfest, durchgreifend, eigensinnig, engstirnig, entschlossen, erpicht, fanatisch, felsenfest, felsenhart, ungehorsam, zäh.
Hartnäckigkeit → Auflehnung, Ausdauer, Beharrlichkeit, Beständigkeit, Bosheit, Denkart kleinliche, Egoismus, Eigennutz, Eigensinn, Fanatismus, Trotz.
harzig zäh, rauh, herb. → breiig, dickflüssig.
Hasardeur → Glücksjäger, Spieler, Seiltänzer.
haschen nach locken, ködern, angeln, nachstellen, fangen, fahnden, fischen, erhaschen, überlisten, greifen, sich heranmachen, eine Falle stellen, auf Fang ausgehen. ▶ abstehen.
Häscher → Büttel, Scherge.
Haselstock → Bambus.
Hasenfuß → Feigling.
hasenherzig → feige.
Hasenherzigkeit → Feigheit.
Hasenpanier ergreifen, das → entfliehen.
haspeln → aufrollen, aufwinden, drehen.
Haß Abgunst, Verbitterung, Gehässigkeit, Feindseligkeit, Bosheit, Böswilligkeit, Unversöhnlichkeit, Groll, Grimm, Unmut, Abneigung, Widerwille, Unausstehlichkeit, Zanksucht, Angriffslust, Hetzerei, Bissigkeit, Leidenschaft, Wut, Wildheit, Gereiztheit, Mißgunst, Schadenfreude, Arglist, Feindschaft, böser Blick. → Abneigung, Abscheu, Bitterkeit, Bosheit, Dorn im Auge, Feindschaft, Verachtung, Zorn. ▶ Liebe.
hassen grollen, zürnen, wüten, anfeinden, verabscheuen, Groll hegen, mit Blicken erdolchen, unausstehlich finden, einem nicht grün sein, einem nicht gewogen sein, nicht leiden können, nicht ausstehen können, zu allen Teufeln wünschen, in den Haaren liegen mit, von Haß erfüllt sein, Todfeind sein, Groll empfinden, Blut wallen

machen. → ausstehen, anfeinden. ▶ lieben.

hassenswert → abscheulich, böse, diabolisch, verachtet.

Hasser → Feind.

haßerfüllt → entzweit, feindlich, gehässig.

Haßgefühl → Haß.

häßlich ärgerlich, bemühend, beschwerlich, beunruhigend, beängstigend, böse, empörend, entsetzlich, erbärmlich, fürchterlich, furchtbar, garstig, gemein, grauenhaft, grimmig, herzzerreißend, grauenvoll, gräßlich, grausig, greulich, fies, kläglich, kümmerlich, peinlich, quälend, schauerlich, schaurig, schlecht, schlimm, schmerzhaft, schmerzlich, stechend, störend, tragisch, traurig, unangenehm, unausstehlich, unbequem, unerfreulich, unerquicklich, unerträglich, ungemütlich, unleidlich, ungenießbar, widerwärtig, widrig, aasig ● abscheulich, abstoßend, ekelerregend, ekelhaft, hassenswert, infam, nichtswürdig, niederträchtig, schändlich, scheußlich, schmutzig, schnöde, unflätig, verächtlich, verdammenswert, verrucht, verwünscht, widerlich ● abgezehrt, ärmlich, dürr, hager, plump, grobknochig, grobschlächtig, reizlos, schwerfällig, unschön, häßlich wie die Nacht u, grimassenhaft, vierschrötig ● blatternarbig, buckelig, einäugig, kahlköpfig, plumpfüßig, krummbeinig, runzlig, schiefmäulig, schiefnasig, triefäugig, verwachsen ● dreckig, heruntergekommen, salopp, schlampig, schlotterig, schmierig, schmutzig, schmuddelig, stachelig, struppig, sudelig, unflätig, ungekämmt, ungewaschen, unsauber, verkommen, verlottert, verwahrlost, wüst, zerlumpt. →abstoßend, beißend, blatternarbig, borstig, böse, charakterlos, eckig, entstellt, fettwanstig, geschmacklos, stillos. ▶ schön.

Häßlichkeit Garstigkeit, Unschönheit, Mißverhältnis, Verunstaltung, Entstelltheit, Unförmlichkeit, Mißbildung, Entstellung, Verzerrung, Verbildung, Abscheulichkeit, Widerlichkeit, Scheußlichkeit, Geschmacklosigkeit, Ungeschlachtheit, Plumpheit, Steifheit, Widrigkeit, Greuel, Disharmonie ● Mißgestalt, Ungestalt, Fratze, Schreckgestalt, Scheusal, Ungeheuer, Mißgeburt, Monstrum, Zerrbild, Verunstaltung, Verschandelung ● Hagerkeit, Hängebauch, Spitzbauch, Dickwanst, Wasserkopf,

Sprachfehler ● schlechte Aussprache, Schreiton, Jahrmarktston, Gassenhauer, vulgäre Sprache. → Deformation. ▶ Schönheit.

Hast → Begierde, Bewegung, Eifer, Eile, Getriebe, Jagd, Übereilung.

hasten → beeilen, beschleunigen, drängen, eilen, rennen.

hastig → achtlos, auf einmal, augenblicklich, beflügelt, blindlings, eilends, kurzerhand, plötzlich.

hätscheln → liebkosen.

Hatz → Eile, Hetze, Jagd.

Haube → Bedeckung.

Haube kommen, unter die → verheiraten.

Hauch → Brodem, Dunst, Luft, Wenigkeit.

hauchdünn → faserig, zart.

hauchen → atmen.

Haudegen → Draufgänger.

hauen → angreifen, balgen, dreschen, durchschlagen.

hauen, übers Ohr → auswischen, benachteiligen.

häufeln → anhäufen, bedecken.

Haufen → Anzahl, Ausmaß, Auswahl, Bande, Berg, Bestand, Bund, Clique, Conglomerat, Dickwanst, Diverses, Fülle, Masse.

häufen, sich vermehren, anwachsen, zunehmen, überhandnehmen, vervielfältigen ● zusammenrotten, zusammenballen, anhäufen sich, drängen, schwärmen, wimmeln, bevölkern, mehren ● vergrößern, anschwellen, auflaufen, anlaufen, vervielfachen, aufblähen, um sich greifen, sich ausbreiten, ansammeln, sich versammeln, zusammenziehen, vereinigen, sich scharen, zuströmen, zusammenkommen, hinzutreten. ▶ abnehmen, abteilen, auseinandergehen, vereinzelt.

haufenweise scharenweise, zahlreich, häufig, volkreich, überfüllt, gehäuft, geballt, gedrängt, dicht, beisammen, zusammen, versammelt ● mehrere, viele, mehr als einer, etliche, einige, vielerlei, mehrfach, massenhaft, endlos, unzählig, schockweise, unerschöpflich, noch viele andere, oft, überall, zu jeder Zeit. ▶ selten, vereinzelt.

häufig → beständig, diverse, erneut, massenhaft, oft. ▶ selten.

Häufigkeit Menge, Masse, Haufen, Fülle, Überfluß, Anhäufung, Ansammlung, Rudel, Herde, Horde, Schwarm, Unmasse, Zusammenrottung, Gewühl, Gewimmel, Gedränge, Bande, Rotte, Vielheit, Mannigfaltigkeit, Unzahl, Unsumme, Wiederholung,

Wiederkehr, Mehrmaligkeit, Kreislauf, Reihenfolge, Runde. ▶ Seltenheit, Vereinzelung.

Häufung Zusammenballung, Ansammlung, Anhäufung, Zustrom, Zulauf, Zuzug, Zusammenrottung, Versammlung.

Haupt Scheitel, Spitze, Kopf, Schädel, Schopf, Grind s, j ● Hauptmann, Häuptling, Mann an der Spitze, Chef, Führer, Unternehmer, Leiter, Verwalter, Verweser, Statthalter, Leithammel, Rädelsführer, Anführer, Baas, Bandenführer, Befehlshaber, Exponent, Gebieter, Herr, Meister, Autokrat, Diktator, Gewalthaber, Herrscher, Landesfürst, Landesherr, Landesvater, Machthaber, Monarch, Oberherr, Potentat, Regent, Serenissimus, Souverän, Staatsoberhaupt, Tyrann, Zwingherr ● Direktor, Vorsteher, Kommandant, Gouverneur, Oberaufseher, Obermeister, Obmann, Präses, Präsident, Vorsitzender, Vorstand. → Chef, Herrscher. ▶ Fuß, Untertan.

Hauptanziehung → Clou.

Hauptausfertigung → Original.

Hauptbestandteil → Substanz.

Hauptereignis → Clou.

Hauptgedanke → Chrie, Leitgedanke.

Hauptgehalt → Hauptsache.

Hauptgut → Kapital.

Häuptling → Bonze, Chef, Haupt.

Hauptmahlzeit → Essen.

Hauptperson → Direktor, Leiter.

Hauptsache Hauptgrund, Kern, Kernpunkt, der springende Punkt, Leitmotiv, Pointe, das A und O, Kernstück, Knalleffekt, Hauptgehalt, Inbegriff, Mark, Quintessenz, Schwergewicht, Schwerpunkt, Wesenheit, Wesensgehalt, des Pudels Kern, der Witz der Sache, Clou des Ganzen u ● da liegt der Hund begraben u, da liegt der Hase begraben u, das ist der ganze Witz u ● Charakter, Faden roter. ▶ Nebensache.

hauptsächlich besonders, insbesondere, vor allem, vornehmlich, vorwiegend, vorzüglich, vorzugsweise, wesentlich, wichtig, zentral, in erster Linie, namentlich, notwendig, bedeutungsvoll, ausschlaggebend, bemerkenswert, beherzigenswert, beachtenswert, erwähnenswert, bezeichnend, maßgebend, tonangebend, nötig, erforderlich, selbstverständlich, unumgänglich, unerläßlich, unentbehrlich, unabweislich, kardinal. → A und O, ausnehmend, besonders, darüber, speziell. ▶ nebensächlich.

Hauptseite → Vorderseite.
Hauptstraße → Chaussee, Straße.
Hauptteil → Faden roter, Kapital.
Haus Obdach, Unterkunft, Asyl, Behausung, Bleibe, Domizil, Elternhaus, Geburtsstätte, Heimstätte, Penaten, Quartier, Sitz, Stammsitz, Unterschlupf, Vaterhaus, Wohnsitz, Wohnung, Zufluchtsort, Heim, Zuhause das, in den vier Wänden ● Bau, Affenkasten *u*, Butike *u*, Baude, Blockhaus, Bude, Bungalow, Bunker, Gelaß, Grotte, Höhle, Horst, Hütte, Schutzhütte, Sennhütte, Kabuse, Kasten *u*, Scheißhaus *u*, Kate, Kaue, Kraal, Laden, Lager, Logis, Nest, Wigwam, Zelle, Zwinger ● Bauwerk, Gebäude, Etablissement, Mietskaserne, Wolkenkratzer, Hochhaus, Zinshaus, Eigenheim, Hinterhaus, Gartenhaus, Wohnlaube, Wohnstatt, Einfamilienhaus, Geschäftshaus, Landhaus, Reihenhaus, Wochenendhaus, Stadthaus, Villa, Chalet *schw.*, Pensionshaus, Boardinghouse, Palais, Palast, Casa, Holzhaus, Burg, Halle, Herrenhaus, Kastell, Luftschloß, Pavillon, Pfalz, Rotunde, Schloß, Turm ● Krankenhaus, Spital, Charité ● Garage, Hangar, Schober, Magazin, Remise, Scheuer, Scheune, Schuppen, Baracke, Speicher, Stadel, Verschlag, Vorhaus, Fertighaus ● Anwesen, Bauernhof, Gehöft, Gut, Gutshof, Hazienda, Klitsche, Bruchbude, Niederlassung, Pächterei, Vorwerk.→Besitztum, Familie, Firma, Heim.

Haus bestellen, sein anordnen, ordnen, verfügen, Anordnung treffen, in Ordnung bringen, sein Haus beschicken, aufräumen, seine letzten Verfügungen treffen. ▶ vernachlässigen.
Haus zu Haus, von zerstreuen, verstreuen, ausstreuen, verbreiten, unter die Leute bringen, austragen, austeilen, verteilen, überbringen, übermitteln. ▶vereinigen, verschweigen.
Haus und Herd → Heim.
Haus und Hof → A bis Z, A und O, Heim.
Haus, lustiges vergnügtes Huhn, Bruder Lustig, Schäker, Spaßvogel, Spaßmacher, Witzbold, Spötter, Schalk, Kauz, Büttenredner, vergnügtes Haus, Schwerenöter, Tausendsasa, Komiker,

Hanswurst, Lustigmacher, Harlekin, Bajazzo, Pulcinell, Clown, Possenreißer, Flausenmacher. ▶ Griesgram.
Hausangestellte Dienstmädchen, Bolzen *u*. → Untergebene.
Hausarbeit → Facharbeit, Tätigkeit.
Hausarrest → Bestrafung.
hausbacken → abgeschmackt, anspruchslos, bedürfnislos, brav, bürgerlich.
Hausball → Ball, Feier.
Häuschen → Cottage, Haus.
Hausdrache → Drache.
Hause, zu → dort, drinnen.
Hause sich fühlen, zu → daheim.
hausen → beiseite legen, einsparen, sparen, wohnen.
Hausflur → Diele.
Hausfrau → Ehefrau.
Hausfreund → Abgott, Freund.
Hausfriede Eintracht, Einigkeit, Einklang, Harmonie, Übereinstimmung, Einstimmigkeit, Einhelligkeit, Einvernehmen, Verträglichkeit, gutes Einvernehmen, Zusammenklang, Ruhe, Friede, Familienglück, gute Nachbarschaft. ▶ Disharmonie, Feindschaft.
Hausgang → Diele.
hausgemacht bürgerlich, echt, gediegen, nahrhaft, schlicht, deftig, schmackhaft, einfach, schmucklos, sorgfältig, währschaft, hausbacken, wohlschmeckend. ▶ luxuriös.
Hausgenosse → Arbeitnehmer, Mitbewohner.
Hausgerät → Einrichtung, Hausrat.
Haushalt Häuslichkeit, Haus und Herd, Haushaltung, Hausstand, Hauswirtschaft, Heim, eigener Herd, häuslicher Herd, Reich der Frau, Schoß der Familie ● Haushaltungsplan, Etat, Budget, Kostenanschlag, Finanzausweis, Voranschlag. → eigener Herd.
Haushalt führen → haushalten.
haushalten einteilen, häuslich sein, Haushalt führen, Heim pflegen, sorgen ● sparen, wirtschaften, schonen, haushälterisch umgehen, aufbewahren, verfügen, sich nach der Decke strecken, einen Notgroschen beiseite legen, an seine alten Tage denken, Geld auf die hohe Kante legen, sich bescheiden, beisammen halten, kargen, geizen, abknappen, sich einschränken, bescheiden leben. → abdarben, abarbeiten, beiseite legen, erübrigen, sparen. ▶ verschwenden.
Haushälterin Wirtschafterin, Haushaltshilfe, Hausdame.

haushälterisch achtsam, genügsam, mäßig, schlicht, sorgsam, sparsam, wirtschaftlich, puritanisch, spartanisch. ▶ verschwenderisch.
Haushaltplan Haushaltungsplan, Budget, Etat, Staatshaushalt, Kostenanschlag, Finanzplan, Vermögensplan, Jahresausweis, Rechenschaftsbericht, Jahreshaushalt, Aufstellung, Voranschlag, Finanzausweis.
Haushaltung → eigener Herd, Haushalt.
Hausherr Eigener, Inhaber. Grundherr, Gutsherr, Gutsbesitzer, Patron ● Unternehmer, Fabrikant, Gastwirt, Hotelier, Herbergsvater, Budenbesitzer ● Hauswirt, Gastgeber, Gesellschafter. → Besitzer, Eigentümer, Gastgeber.
Haushilfe Heimkraft, Hausangestellte, Magd, Dienerin, Raumpflegerin, Waschfrau, Mädchen für alles.
haushoch → hoch, überlegen.
hausieren → anbieten, verkaufen.
Hausierer Kolporteur. → Abgeber, Ausrufer, Verkäufer.
Hausknecht Handlanger, Hausdiener, Laufbursche, Besorger, Austräger, Gepäckträger, Schlepper, Zubringer, Bedienter, Dienstbote, Knecht, Hausmeister, Portier, Schließer, Aufwärter, Kuli. → Arbeitnehmer.
Hauslehrerin → Erzieherin.
Häusler → Bauer.
häuslich einfach, schlicht, gediegen, bürgerlich, hausbacken, zurückgezogen, selbstgenug, zurückhaltend, fürsorglich, zwanglos. → besorgt, bürgerlich, daheim, fürsorglich. ▶ gesellig, prunkhaft.
häuslich sein → haushalten.
häuslicher Herd → Haushalt.
Häuslichkeit Einfachheit, Schlichtheit, Prunklosigkeit, Gemütlichkeit ● eigener Herd, Haus und Herd, zu Haus ● Sparsamkeit, Genügsamkeit, Wirtschaftlichkeit, Mäßigkeit. → Bescheidenheit, Haushalt. ▶ Vergnügungssucht, Verschwendung.
Hausmarke → Spezialität.
Hausmeister Hauswart, Portier, Pedell.
Hausrat Hausgerät, Geschirr, Möbel, Hauseinrichtung, Wohnungseinrichtung, Mitgift, Brautschatz, Aussteuer, Eigentum, Vermögenswerte, Sachwerte, Habe, Geld und Gut, Besitzstand, irdisches Gut. → Besitztum, Geschirr.
Hausstand → Haushalt.
Hausteufel → Blut heißes, Drache.
Hauswirt → Besitzer, Eigentümer.

Hauswirtschaft → Haushalt.
Hauszierde → Ehefrau.
Haut → Balg, Bedeckung, Fell, Hülle.
Haut, dicke dickes Fell, Dickfelligkeit, Grobheit, Rauheit, Härte, Derbheit, Unfeinheit, Roheit, Rücksichtslosigkeit, Brutalität, Grobschlächtigkeit. ▶ Feingefühl.
Haut und Haar, mit ganz, ganz und gar, gänzlich, überhaupt, sämtlich, durchgängig, ausnahmslos, allesamt, samt und sonder, völlig, vollständig, vollzählig, von Anfang bis zu Ende, mit Stumpf und Stil, von Kopf bis zu Fuß, einer wie alle, von Hacken bis Nacken, alles in allem. → A bis Z, A und O. ▶ ganz und gar nicht, teilweise.
Haut zu Markte tragen durchs Feuer gehen für, den Rücken decken, die Kastanien aus dem Feuer holen, für die Rechnung aufkommen, helfen unter eigener Gefahr, sich in eine gefährliche Sache einlassen, sich gefährden, aufs Glatteis gehen, im Feuer stehen, ein Wagnis eingehen. ▶ drücken sich, verhindern.
Häutchen → Fell, Hülle.
häuten → abbalgen, enthüllen, entkleiden.
hauteng straff, enganliegend, knapp. → eng.
Havarie sm Zusammenstoß. → Anprall, Bekümmernis, Mißerfolg, Unglück.
Hazienda f → Ansiedlung, Anwesen, Haus.
Haxe Ferse, Bein, Fuß.
Hebamme Geburtshelferin. → Berater, Frau weise.
Hebe → Elevator.
Hebel Ansatzpunkt. → Apparat, Werkzeug.
Hebel ansetzen Dampf dahinter machen, alles aufbieten, keine Anstrengungen scheuen, sein möglichstes tun, sich bemühen, sich anstrengen, vorwärts treiben, vorwärts bringen, sich befassen mit, sich betätigen, tun, handeln, schaffen, arbeiten, wirken, rühren sich, regen sich, tummeln sich, sich kümmern um, in Angriff nehmen, in die Hand nehmen, Hand anlegen, sich vornehmen, gehen, seine Pflicht erfüllen, sich etwas angelegen sein lassen, die Hand an den Pflug legen, die Zügel in die Hand nehmen, sich darüber machen, in Gang bringen. ▶ bewenden lassen, faulenzen, Zeit haben.
Hebemaschine Aufzug, Flaschenzug, Winde, Hebe, Fahrstuhl, Hebewerk, Kran, Davits sm (Kräne für Boote), Schiffswinde, Gangspill, Rolle, Elevator, Lift. → Elevator.

heben erhöhen, intensivieren, steigern, verschärfen, verstärken ● aufheben, aufrichten, aufwinden, aufziehen, baggern, emporbringen, hissen, hochschrauben, lüften, lüpfen, wuchten, türmen, fördern, kultivieren, läutern, verbessern, veredeln, verfeinern, verschönern, vertiefen, vervollkommnen, zivilisieren, entfalten, wachsen lassen, Entwicklung fördern, Vorzüge verleihen ● aufgehen. → aufgehen, auftauchen, aufwerfen, aufwinden, steigern, verbessern. ▶ senken, rollen, verunstalten.
heben, einen → trinken.
Heber Sauger, Pumpe, Saugrohr, Stechheber, Getreideheber, Hebewerk, Saugleitung ● Wagenheber, Aufzug, Kran, Ladebaum, Winde, Flaschenzug.
Hebewerk → Aufzug, Elevator.
Hebung → Betonung.
Hechelei → Belustigung, Spott, Verleumdung.
Heck sm hinterer Teil des Schiffes, Schiffsende.
Heckenschütze → Freischärler.
Heckpfennig Sparpfennig, Spargroschen, Hungergroschen, Notgroschen, Ersparnis, Erübrigtes, Ersparungen. → Bargeld.
Heer Masse, Haufen, Zusammenrottung, Rotte, Heerschar, Truppe, Armee, Militär, Truppenmacht, Kriegsmacht, Kriegsvolk, Streitmacht, Wehrmacht, Bürgerwehr, Heervolk, Heerbann, Heerhaufen, Feldschar, Fußvolk, Truppenkörper, Heeresgruppe, Truppengattung, Division, Brigade, Legion, Kohorte, Garnison, Armeegruppe, Hauptheer, Heersäule, Armeekorps, Gros. → Anzahl, Aufgebot, Commis.
Heeresbericht → Bekanntgabe, Nachricht.
Heerstraße → Chaussee.
Hefe → Abfall, Auswurf, Ferment.
Heft → Band, Buch, Bund, Faszikel, Griff.
heften → anmachen, broschieren, fassen.
heftig ungestüm, stürmisch, wild, feurig, toll, rasend, leidenschaftlich, temperamentvoll, heißblütig, hitzig, impulsiv, lebhaft, hemmungslos, unbändig, gewaltsam, eifrig, begeistert, aufgebracht, wütend, zornig, verbissen ● scharf, aufbrausend, jähzornig, kochend, tobend ● jählings, hastig, plötzlich, rasch, unsanft ● reizbar, erregbar, ungeduldig, cholerisch, unbeherrscht, unlenkbar, haltlos, maßlos, zügellos, wut-

entbrannt, wutschnaubend, schäumend, besessen, grimmig. → arg, auf einmal, aufgebracht, augenblicklich, beißend, böse, brennend, cholerisch, entrüstet, erregbar, Fassung verlieren die, feurig, gewaltsam, plötzlich, rücksichtslos, zornig. ▶ gelassen, gutmütig, maßvoll, sanft.
heftig werden → bersten, zürnen.
Heftigkeit Ungestüm, Wildheit, Aufwallung, Siedehitze, Feuer, Glut, Gärung, Unruhe, Hast, Getümmel, Aufruhr, Wut, Krampf, Zorn, Plötzlichkeit, Ausbruch, Gewalt, Sturm, Donnerwetter, Gewitter, Orkan, Wirbelwind, Unwetter, Erdbeben, Erschütterung ● Kraft, Stoß, Ansturm, Entladung, Aufprall, Dynamik ● Leidenschaftlichkeit, Erregbarkeit, Temperament, Heißblütigkeit, Unbeherrschtheit, Haltlosigkeit, Eifer, Unrast, Rausch, Taumel, Ekstase ● Tatkraft, Energie ● Strenge, Härte, Rücksichtslosigkeit, Barschheit, Rauheit ● Raserei, Berserkerwut, Koller, Tollwut, Tobsucht. → Aufregung, Ausbruch, Bewegungstrieb, Blitz, Dynamik, Ernst, Erregbarkeit, Erregung, Explosion. ▶ Gelassenheit, Gutmütigkeit, Rückprall, Sanftheit.
Hege Tierpflege, Tierschutz, Wild- oder Vogelhege ● Tierliebe ● Blumen oder Pflanzenhege. → Beistand, Obhut.
hegen züchten, aufziehen, heranziehen, kreuzen, verbessern, pflegen, warten, hüten, füttern ● helfen, beistehen, beispringen, betreuen, fördern, dienen, zur Seite stehen, Sorge tragen, versorgen, unterhalten, beherbergen ● umhegen, mit Liebe umgehen, verhätscheln, verzärteln, verziehen. → aufziehen, begünstigen, beistehen, bringen auf die Beine. ▶ grün sein einem nicht, hemmen, zugrunde gehen.
Hehler Spießgeselle, Gauner, Schwindler, Helfershelfer, Anonymus, Unbekannter, Ungenannter, Schlepper, Hintermann, Schieber, Betrüger, Schwärzer, Mann im Hintergrund, Halsabschneider, Gangster. ▶ Dieb.
hehr → edel, erhaben, groß, schön.
Heide Ungetaufter, Ungläubiger. → Freigeist.
Heidenangst → Angst, Bammel, Bedenken.
Heidentum → Götzendienst, Ketzerei.
heidnisch andersgläubig, irrgläubig, ketzerisch, ungläu-

big, atheistisch, panthei-
stisch, götzendienerisch, gottlos, antichristlich, unbekehrt.
▶ (christlich).
heikel knifflig. → ärgerlich, bedenklich, delikat, drohend,
fein, feinschmeckerisch, gefährlich, kompliziert, peinlich,
schwierig, unangenehm.
heil → Damm sein auf dem,
ganz.
Heiland → Befreier, Christus,
Gott.
Heilanstalt Krankenhaus. →
Bad.
Heilbad → Bad.
heilbar rettbar, verbesserbar,
besserungsfähig, behand-
lungsfähig, noch nicht verloren, wieder gesund zu machen, wieder herzustellen,
dem Leben zurückzugeben,
dem Tode entreißen, die Lebensgeister zu wecken, von
Krankheit zu befreien, außer
Gefahr bringen. ▶ unheilbar.
heilen helfen, kurieren, wiederherstellen, verarzten, in
Ordnung bringen, wieder auf
die Beine stellen, die Gesundheit wiedergeben, über den
Berg bringen, aufpäppeln, beleben, lindern, mildern, stärken, neubeleben, den Schmerz
stillen, trösten. → begütigen,
bekämpfen. ▶ verschlim-
mern.
heilen, den Bruch → befrieden.
Heiler → Heilkünstler.
heilig weihevoll, ehrwürdig,
erhaben, fromm, sittlich, tugendrein, engelhaft, himmlisch, gottähnlich, über alles
Lob erhaben, göttlich, geheiligt, vollkommen, überirdisch,
gottbegnadet, gotterwählt,
beseligt, selig, gottgeweiht,
gottesvoll, von göttlicher
Gnade erfüllt. ▶ sündhaft.
heilig sprechen → dekorieren.
Heiligenbild → Bild.
Heiligenschein → Corona.
Heiligkeit, S. → Anrede.
Heiligtum Kultstätte, Tempel.
Heilkost → Diät.
heilkräftig heilsam, gesund,
zuträglich, wohltuend, be-
kömmlich, bekräftigend, ge-
deihlich, nahrhaft, heilend,
krankheitsverhütend, prophy-
laktisch. ▶ ungesund.
Heilkunde, Heilkunst → Me-
dizin.
Heilkünstler Arzt, Doktor,
Mediziner, Anatom, Chirurg,
Kliniker, Zahnarzt, Augenarzt,
Zahntechniker, Tierarzt, Vieh-
doktor, Veterinär ● Naturarzt,
Heilpraktiker, Homöopath,
Magnetiseur ● Kurpfuscher,
Chiropraktiker, Quacksalber,
Medizinmann, Scharlatan,
Feldscherer ● Geburtshelfer,
Hebamme, Wehmutter, weise
Frau. → Bader, Dentist. ▶
Kurpfuscher.

heillos undienlich, untauglich, vergeblich, überflüssig,
fruchtlos, erfolglos, unergiebig, zwecklos ● verdorben,
ungenießbar, wertlos, nichtig, eitel, minderwertig, kümmerlich, schwach, kläglich,
beschämend, nutzlos, un-
nütz ● gottlos, gottverlassen,
sündhaft, frevelhaft. ▶ dienlich, erfolgreich, gottgefällig.
Heilmittel → Arznei, Baldrian, Balsam, Dosis, Elixier, Erleichterung, Essenz,
Mittel.
Heilöl → Essenz.
Heilpraktiker → Bader, Heilkünstler.
Heilquelle Gesundbrunnen.
→ Bad, Brunnen.
heilsam → bekömmlich, erfrischend, eßbar, gedeihlich,
gesund, gut, heilkräftig, kräftigend, tröstlich.
Heiltrank → Arznei, Auszug,
Elixier, Essenz.
Heilung → Abklingen, Behandlung, Genesung, Ge-
sundung.
Heilverfahren → Kur, Mittel.
Heim Behausung, Familie,
Haus, Haus und Hof, Haus
und Herd, Heimstätte, Nest,
Obdach, Vaterhaus, Woh-
nung, vier Wände, Zuflucht ●
Asyl, Blindenheim, Krüppel-
heim, Altersheim, Obdach-
losenasyl, Armenhaus, Waisenhaus, Findelhaus, Kinderhort, Kindergarten, Säug-
lingsheim, Mütternheim, Ent-
bindungsanstalt. → Asyl,
eigener Herd, Elternhaus,
Haushalt.
Heim, im traulichen → daheim.
Heimarbeit → Facharbeit,
Tätigkeit.
Heimat → Aufenthaltsort,
Entstehungsstätte, Ursprung,
Vaterland.
heimatberechtigt → ansässig, daheim, eingesessen.
Heimatberechtigter → Bevölkerung, Eingeborener,
Einwohner.
Heimatgefühl Heimatliebe,
Heimatstolz, Heimweh, Nestgefühl, Vaterlandsliebe, Hei-
mattreue, Verbundenheit,
Zusammengehörigkeitsge-
fühl, Liebe zur Scholle, Volksbewußtsein ● Chauvinismus.
▶ Patriotismus.
heimatlich → bodenständig.
heimatlos verfemt, verstoßen, ausgewiesen, ausgetrie-
ben, vertrieben, flüchtig, ver-
jagt, abgeschoben, verbannt.
entwurzelt. ▶ beheimatet.
Heimatloser Ausgewiesener,
Entrechteter, Verfemter, Verstoßener, Flüchtling, Vertriebener, Verbannter, Abge-
schobener, der Ewige Jude,
Ahasver. ▶ Ansässige.
Heimatrecht → Bürgerrecht.

heimbringen → bringen nach
Hause, einbringen, Schutz
nehmen in.
heimelig → behaglich, gemütlich.
heimführen → bringen nach
Hause, ehelichen, heiraten.
Heimgang → Ableben, Tod.
heimgehen → ausatmen,
sterben, zurückkehren.
heimgeigen → anfahren.
heimgesucht → gepeinigt,
geprüft.
heimisch → ansässig, bodenständig, eingesessen.
Heimkehr → Ankunft, Rückkehr.
heimleuchten hinauswerfen,
fortjagen, geben den Laufpaß, den Stuhl vor die Tür
setzen, an die Luft setzen,
ausschließen, verweisen,
vertreiben, aussperren, kalt
stellen, verbannen, zurückweisen, hinausekeln, anlaufen lassen ● die Wahrheit sagen, zurechtweisen, Vorlesung halten, zurechtstutzen,
die Meinung sagen, zur Rede
stellen, einem Irrtum entgegentreten. ▶ bewillkommen,
einladen, enthalten sich.
heimlich unsichtbar, schleichend, still und leise, unter
vier Augen, geheim, stek-
kum u, stickum u, klamm-
heimlich u ● unauffällig, unbemerkbar, unbemerkt, versteckt, verborgen, verhüllt,
verschleiert ● allein, ohne
Zeuge, unter der Hand, hinten herum, einzeln, einsam,
vereinzelt, mutterseelenallein.
→ diebisch, geheim.
sichtbar.
Heimlichkeit Dunkelheit,
Schweigen, Unsichtbarkeit,
Verschlossenheit, Versteckspiel, Zurückhaltung ● Geheimniskrämerei, Hinterhalt,
Hinterlist, Verschlagenheit ●
Augenspiel, Mienenspiel,
Geflüster, Liebesgeflüster,
Getusche, Gerede, Gerücht,
Klatscherei, Fäustchen lachen
ins. → Dunkel. ▶ Offenheit.
Heimlichtuer Geheimtuer,
Geheimniskrämer, Schweiger,
Hehler, Nichtwisser ● Angeber, Ohrenbläser, Drahtzieher, Aufpasser ● Zuträger,
Spitzel, Spion, Kundschafter,
Späher, Horcher, Lauscher.
▶ Mensch aufrechter, treuer.
heimschicken → ansässig.
Heimstätte → Aufenthaltsort, Elternhaus, Heim, Obdach.
heimsuchen bedrängen, bittere Stunden durchmachen,
bedrückt werden, erleiden,
erdulden, ertragen, den Kelch
bis zur Neige leeren, im Unglück sitzen, in der Tinte
sitzen, verfolgt werden, trübe
Zeiten durchstehen, schwere
Prüfungen erleiden. ▶ er-
freuen, glücken.

Heimsuchung Kreuz, Leid, Übel, Unfall, Unglück, Unheil, Mißgeschick, Panne, Reinfall, Fiasko, Schaden, Verlust, Einbuße, böse Zeiten, Plage, Qual, Unannehmlichkeiten, Verdruß, Verlegenheit, Widerwärtigkeit ● Leiden, Leidensweg, Marter, Mißgeschick, Not, Leidenskelch, kümmerliches Dasein, quälender Kummer, Hölle auf Erden. → Ärgernis, Armut, Bekümmernis, Betrübnis, Fügung. ▶ Freude, Glück.

Heimtücke → Anschlag, Arglist, Bosheit, Doppelsinn.

heimtückisch → aalglatt, arglistig, bestechlich, bitter, böse, bübisch, charakterlos, diabolisch, falsch, boshaft, hinterlistig, verräterisch, verfänglich.

heimwärts → nach Hause gehen.

Heimweg Rückweg, Wiederkehr.

Heimweh Sehnsucht, Bekümmernis, Unlust, Katerstimmung, Öde, Unfreude, Unstimmung, Mißbehagen, Verbitterung, Enttäuschung, Liebe, Trieb, Drang, Verlokkung, Begierde, Verlangen, Gelüst, Herzenswunsch, Liebe zu Scholle, Heimatgefühl. → Drang. ▶ Gefühllosigkeit, (Fernweh), Lebensfreude.

heimzahlen zurückzahlen. → abrechnen, ahnden, anstreichen, belohnen, eintränken, empören sich, rächen.

Heimzahlung → Bestrafung, Buße, Belohnung, Rache.

Heirat → Ehe.

heiraten ehelichen, heimführen, eine Familie gründen, freien, zum Traualtar führen, zur Frau oder zum Mann nehmen, fürs Leben heimführen, zum Standesamt schleppen, trauen, verbinden, sich kriegen *u*, vermählen, antrauen, beweiben, kopulieren, kuppeln, verheiraten, zusammengeben, unter die Haube kommen *u*. → ehelichen. ▶ ledig (bleiben).

Heiratsantrag Liebeswerbung, Umwerbung, Freiung, Brautlauf, Liebeserklärung. → Bewerbung, Liebeswerbung.

heiratsfähig mündig, mannbar, volljährig, herangewachsen, flügge, reif, entwickelt, fraulich, frauenhaft, männlich, aus den Kinderschuhen herausgewachsen. → erwachsen. ▶ minderjährig.

Heiratsgut → Aussteuer.

heiratslustig → ehelustig.

Heiratsvertrag → Ehe.

heischen → beanspruchen, befehlen, beherrschen, beordern, bewirken, bitten.

heiser → belegt (Stimme).

heiß glühend heiß, brühheiß, mordsheiß, erhitzt, drückend, tropisch, südlich, sonnig, sommerlich, schwül, warm, mollig, mild, lind. ▶ gefühllos, kalt, sanft.

heiß sein → dampfen, schwitzen.

heiß werden, zu → braten, schmoren.

heißblütig → aufgebracht, cholerisch, dämonisch, erregbar, Fassung verlieren die, heftig.

Heißblütigkeit → Anwandlung, Erregbarkeit, Leidenschaftlichkeit, Liebe.

heißen benamsen, benennen, betiteln, bezeichnen, kundmachen, rufen, einen Namen geben, namhaft machen, sich schreiben, sich schimpfen *u* ● anweisen, beauftragen, befehligen, beordern, berufen, bescheiden, entbieten, bestellen, vorfordern, vorladen, zitieren, geheißen, werden ● aufheben, untersagen, verbieten ● anordnen, auferlegen, auftragen, befehlen, bestimmen, dirigieren, diktieren, einschärfen, fordern, gebieten, heischen, veranlassen, verfügen, verlangen, verordnen, vorschicken, vorschreiben ● hochziehen *(sm)*. anregen, aufzwingen, befehlen, benamsen, benennen, beordern, bestellen, bewirken, Dach steigen auf das, entbieten zu sich, erteilen Auftrag. ▶ erlauben, trotzen, unbenannt (sein).

Heißhunger → Appetit, Eßlust

heißhungrig → besessen, gefräßig

Heißsporn → Blut heißes, Brausekopf, Choleriker, Drache, Fanatiker.

heißt das → beispielsweise.

heiter wohlgemut, munter, frohgemut, freudig, aufgeheitert, sonnig, sonnenhaft, humorvoll, lebensfroh, quietschvergnügt, lebenslustig, frisch, fröhlich, vergnüglich, lustig, aufgeräumt, gut gelaunt, fidel, ausgelassen, übermütig, übersprudelnd, leichtherzig, feuchtfröhlich, guter Dinge sein, zufrieden, wohlig, klaglos, sorgenfrei, kummerlos ● hell, leuchtend, klar, unbewölkt, wolkenlos, strahlend, glänzend. → amüsant, aufgelegt, aufgeräumt, aufgeschlossen, behäbig, beruhigt, beschwingt, Blick mit leuchtendem, ergötzlich, froh, munter, wohlgelaunt. ▶ traurig, todernst, todtraurig, tierischer Ernst.

Heiterkeit Fidelitas. → Entzücken, Freude, Jubel, Lebensfreude, Stimmung.

heizen erhitzen, erwärmen, entzünden, anzünden, anstecken, einheizen, anfeuern, Feuer machen, Feuer anblasen, Feuer legen, in Brand stecken, schüren. → anstekken, einheizen. ▶ kühlen.

Heizkessel → Feuerung, Ofen.

Heizkörper → Esse, Feuerung, Ofen, Herd.

Heizstoff → Brennmaterial.

Heizung Ofen, Heizkörper, Kamin. → Brand, Erwärmung, Wärme.

Hekatombe → Opfer.

hektisch → hartnäckig, übersteigert.

Held Haudegen, Degen, Kämpfer, Kampfhahn, Streithahn, Mann der Tat ● Bekenner, Berühmtheit, Heros, Preiskämpfer, Überwinder, Eroberer ● Darsteller, Schauspieler, Tragödie, Miene, Heldendarsteller, Komödiant, Opernsänger. → Berühmtheit, Draufgänger, Sieger. ▶ Feigling, Maulheld.

heldenhaft heldenmütig, heroisch, mutig, tapfer, beherzt, brav, wacker, herzhaft, unerschrocken furchtlos, kühn, waghalsig, trutzig, unbezwingbar, unbesiegbar, unüberwindlich, grimmig, reckenhaft, verwegen ● mannhaft, männlich, standhaft, entschlossen. ▶ feige.

Heldenhaftigkeit Mannhaftigkeit, Mannesmut, Löwenmut, Heroismus, Kriegsmut, Heldentum, Todesverachtung, Tapferkeit, Wagemut, Mutigkeit, Beherztheit, Kühnheit, Unerschrockenheit, Furchtlosigkeit, Verzweiflungsmut, Tollkühnheit, Bekennermut. → Courage. ▶ Feigheit.

heldenmütig → brav, heldenhaft, opferbereit.

Heldensinn → Courage, Mannhaftigkeit.

Heldentat Mutprobe, Heldenstück, Wagestück, Husarenstück, Mannestat, Handstreich, Abenteuer, Großtat, Waffentat. → Gewaltstück. ▶ Feigheit.

Heldentum → Heldenhaftigkeit.

Heldin Heroine. → Berühmtheit, Held.

helfen beistehen, beispringen, unterstützen, fördern, klüngeln *u*, behilflich sein, zur Seite stehen, mithelfen, Beistand leisten, beschützen, förderlich sein, beraten, durchschleppen, zur Hand sein, durchziehen, unter die Arme greifen, Gefallen erweisen, versorgen, erste Hilfe leisten, pflegen, unterhalten, beherbergen, bewirten ● zukommen lassen, beitragen, zuschießen, gewähren ● einspringen, nützen, retten, befreien, zusprechen, mitwirken, loseisen, ins Schlepptau nehmen, flottmachen, an die Hand gehen, die Stange halten, Vorschub leisten, unter die Fittiche nehmen, auf die Beine helfen ● ermuntern, ermutigen, bestärken, begünstigen, Partei ergreifen ● zusammentun, verbünden, verbinden, zusammenarbeiten, sich verschwören, sich verbrüdern, auf die Seite schlagen, einen Bund schließen, eine Partei bilden ● nützen, von Nutzen sein, behilflich sein, gute Dienste leisten, Dienst erweisen einen, lindern, anraten, zusammengehen, forthelfen, goldene Brücke bauen, halten zueinander, halten die Stange, Hand gehen an die, Hand nehmen in die ● durchhelfen, sich über Wasser halten, durchbeißen, einen Gefallen erweisen, Obdach gewähren. → abnehmen, abwehren, arbeiten, aufziehen, bedienen, begütigen, beispringen, beistehen, beraten, bringen auf die Beine, bugsieren, Daumen halten, dienen, ebnen den Weg, einlassen sich, einstehen, eintreten für, entbürden, entgegenkommen, entladen, entlasten, erleichtern, ermöglichen, Feuer gehen durchs, Feuer und Wasser durchgehen, hegen, nützen, unternehmen, verbünden, verteidigen. ▶ entmündigen, hemmen, verhindern.

helfen, auf die Beine → bringen auf die Beine.

helfend → ermutigend, förderlich, fördernd.

Helfer Gefährte, Getreuer, Freund, Gesinnungsgenosse, Mitkämpfer, Kamerad, Kommilitone, Sekundant, Beistand ● Erlöser, Erretter, rettender Engel, Helfer in der Not, Retter, Wohltäter, Schirmer, Schützer, Zuarbeiter, Menschenfreund, Gönner, Förderer ● Anhänger, Jünger, Schüler, Verehrer, Sekretär, Famulus, Adjutant, Vertreter, Mitarbeiter, Helfershelfer, Verbündeter, Bundesgenosse, Vasall ● Hilfskraft, Hilfsarbeiter, Stütze, Faktotum, Diener, rechte Hand, Aushilfe, Bote, Gehilfe, Adlatus, Pfleger, Wächter, Träger, Beiträger ● Talisman. → Anwalt, Assistent, Befreier, Beistand, Berater, Beschützer, Bruder, Diener, Komplize, Famulus, Freund, Getreuer, Kamerad. ▶ Verderber.

Helfershelfer Söldling. → Complice, Helfer.

Heliogravüre → Druck.

hell blank, feurig, gestirnt, glänzend, heiter, klar, leuchtend, poliert, licht, sonnig, spiegelblank, tagheli, umstrahlt, unbewölkt, wolkenlos, wolkenklar ● gläsern, durchsichtig, transparent, ungetrübt ● bleich, käsig, schneeig, silbern, silberig, weiß, weißlich, kreidebleich, schlohweiß, schneeweiß, silberweiß ● frei von, lauter, pur, rein, schier ● adrett, fleckenlos, gewaschen, nett, reinlich, sauber, unbefleckt, unbeschmutzt, blitzsauber ● genau, hörbar, leicht, lesbar, offen, licht, kristallklar, klipp und klar, klar und deutlich, sinnfällig, sonnenklar, unverschleiert, unzweideutig, verständlich. → beredt, einleuchtend, feurig, intelligent, klar, lauter, rein, strahlend, verständlich. ▶ dunkel, unklar, unsauber.

hell werden → brechen durch die Wolken, hell.

hellblond → blond.

helle → klug.

Helle → Erhellung, Licht, Verstand.

Heller → Batzen, Teil.

hellhörig deutlich, hörsam, hörbar ● aufmerksam, achtsam, bedachtsam, umsichtig, klüglich, weislich, vorsichtig, ängstlich, wachsam, gespannt, erwartungsvoll, auf der Hut, mit offenen Augen. ▶ taub, unachtsam.

Helligkeit Erhellung, Helle, Klarheit, Leuchtkraft, Lichtstrom, Lichtstreifen, Strahl, Strahlung, Strahlenkegel, Lichtkegel, Lichtstrahl, Feuerstrahl, Sonnenstrahl, Lichtschein ● Tag, Tageslicht, Sonnenlicht, Sonnenschein, Lichtermeer, Lichtflut, Dämmerung, Morgenrot, Tagesanbruch, Morgengrau, Abendsonne, Abendröte, Mondschein, Mondlicht, Sternklarheit, Feuergarbe, Flammenmeer, Feuermeer, Feuersäule, Feuerschein, Feuerglut ● Schimmer, Glanz, Geflimmer, Gefunkel, Ausstrahlung, Strahlenkranz, Gloriole, Reflex, Widerschein, Spiegelung. → Erhellung, Licht. ▶ Dunkelheit, Lichtlosigkeit.

hellsehen ankünden, erraten, mutmaßen, prophezeien, unken, vorhersagen, wahrsagen, warnen, weissagen, in die Zukunft schauen, Gedanken erraten, Gedanken lesen, ahnen, ankündigen, dämmern, erträumen, fantasieren, Gras wachsen hören. ▶ ahnungslos (sein).

Hellseher Ahnung. → Aberglaube, Vorhersagung.

hellsichtig ahnungsvoll, ahnungsschwanger, feinfühlig, verinnerlicht, ahnungs-

bang, hellseherisch. ▶ ahnungslos (sein), irren sich.

Helmbusch → Ausschmückung, Heraldik.

Hemdenmatz Hosenmatz, Nackedei, Nackespatz, Nacktfrosch. → Kind.

hemdsärmelig lässig, salopp, nachlässig, rigoros.

hemmen abhalten, anhalten, aufhalten, behindern, bremsen, einengen, einhalten, erschweren, halten, stoppen, im Wege stehen, unterbrechen, einkesseln j, einkreisen j, einlappen j ● beunruhigen, desorganisieren, durcheinanderschütteln, erschüttern, stören, umherstreuen, umherwerfen, umkehren, umstürzen, verdrehen, verhaspeln, verheddern, verlegen, verrücken, verschlampen, vertauschen, verwechseln, verwirren, zerwühlen, Unordnung machen ● abwarten, aufhalten sich, bedenken sich, bummeln, drucksen, hindern, humpeln, krebsen, kriechen, lahmen, latschen, mähren, motschen, nachhinken, nachzucken, säumen, schleichen, schlendern, trödeln, verweilen, zaudern, zögern, zotteln, zurückbleiben ● erlahmen, erschlaffen, schlapp machen ● hinausschieben, hinziehen, lahmlegen, hinhalten, retardieren, sabotieren, stauen, verlangsamen, verschieben, die lange Bank schieben ● verschleppen, vertrösten, auf beirren, belasten, einschließen, entgegenarbeiten, erschweren, aufsitzen lassen, in den Weg stellen, in die Arme fallen, den Weg verlegen, einen Plan durchkreuzen. → abkühlen, abwehren, aufhalten, beeinträchtigen, begütigen, beherrschen sich, bekämpfen, benachteiligen, benehmen sich, benehmen die Lust, beruhen lassen, besänftigen, beschränken, betäuben, bezähmen, dämpfen, dämpfen das Feuer, dämpfen die Stimme, dawider, dazwischentreten, durchkreuzen, einmengen sich, Einspruch erheben, entgegenarbeiten, entmutigen, Fall bringen zu, schleppen, stören, Unordnung machen, verbieten, verhindern. ▶ fördern, helfen.

hemmend → beeinflussend, entmutigend, hinderlich.

Hemmnis → Anstand, Arrest, Barriere, Beschlagnahme, Beschwernis, Durchkreuzung, Einhalt, Hindernis.

Hemmschuh Beschwerde, Bürde, Fessel, Gewicht, Keil, Klotz, Last, Radschuh, Radsperre, Sperrkette, Riegel, Verbot, Zwang. → Bremse. ▶ Bewegungstrieb, Förderung.

Hemmung Abhaltung, Entkräftigung, Gegengrund, Gegenströmung, Verhinderung, Stau ● Abmachung, Anstände, Beherrschung, Einhalt, Entmutigung, Furcht, Gewissensbisse, Skrupel, Vorstellungen, Zaum, Zügel, Kandare, Nachsicht, Weichheit, Widerwille, Tadel. → Bedenken, Bremse, Depression, Einwand, Entmutigung, Gegengewicht, Gegenwirkung, Tadel, Widerwille. ▶ Ermutigung, Hilfsstellung.

hemmungslos → aufgebracht, begeistert, fassungslos, heftig, zügellos, rücksichtslos, unbekümmert.

Hemmvorrichtung → Bremse, Hemmschuh.

Hengst (kastrierter) Wallach.

Henkel → Griff.

herab → abwärts, bergab, drunten, unten.

herabfallen → fallen.

herabgekommen arm, heruntergekommen, hungrig, ausgehungert, ausgemergelt, abgemagert, unterernährt ● hilfsbedürftig, arbeitslos, erwerbslos, notleidend ● unversorgt, mager, dürr, krank, nothaft, schäbig, dürftig, armselig, ärmlich. → dünn. ▶ reich, versorgt, (vorwärtsgekommen).

herablassen, sich → erniedrigen sich.

herablassend gnädig, gönnerhaft ● arrogant, affektiert, affig, aufgeblasen, dummstolz, dünkelhaft, hochtrabend, eingebildet, eitel, geschwollen, stolz, trotzig ● großsprecherisch, hochnasig, steif, förmlich, wichtigtuend, anmaßend, aufdringlich, dreist, großkotzig, keck, naseweis, patzig, rücksichtslos, schnippisch, überheblich, unverfroren, unbescheiden, verschämt, vorlaut. ▶ bescheiden, freundlich, unaufdringlich.

Herablassung Bequemung. → Demut, Erniedrigung, Eitelkeit.

herabschauen → fegen hinweg, überheben sich.

herabschauen, von oben → dick tun.

herabsehen → fegen hinweg, überheben sich.

herabsetzen senken, hinablassen, abnehmen, herunternehmen, herunterstellen, herunterdrücken, hinunterstoßen ● herabwürdigen, deklassieren, geringschätzen, mißachten, unterschätzen, verkleinern, erniedrigen, verachten, in den Schmutz ziehen, beleidigen, verächtlich machen, verlästern, verunglimpfen, wegwerfen, von sich

werfen, in den Dreck treten ● verleumden, anprangern, bloßstellen, durchhecheln, entwerten, loszeihen, die Ehre abschneiden, bemängeln, brandmarken, geißeln, entehren, heruntermachen, bespötteln, besudeln, beflecken, begeifern, verkleinern, in den Kot ziehen, in schlechten Ruf bringen, Schlechtes nachreden, diskreditieren, diskriminieren ● aussondern, ausstoßen, im Preis heruntersetzen, verschleudern, verramschen. → ablassen, bagatellisieren, beeinträchtigen, begeifern, beleidigen, beschuldigen, besudeln, Dreck treten in, dienern, diskreditieren, Ehre bringen um die, einlegen Schande, entehren, entwerten, ermäßigen, erniedrigen, hinablassen, tadeln. ▶ ehren, heben, hofieren, schätzen, verteuern.

herabsetzen, sich → demütigen sich.

Herabsetzung Deklassierung, Diskriminierung, Aussonderung, Entwertung, Verachtung. → Achsel, Angriff, Beleidigung, Demütigung, Dezimierung, Entwertung, Ermäßigung, Erniedrigung, Reduktion, Verachtung. ▶ Achtung, Würdigung.

herabsteigen hinuntersteigen, hinuntergehen, herunterkommen, herunterfallen, herabspringen, abspringen, absteigen, absitzen, sinken, niederschmettern. ▶ aufsteigen.

herabwürdigen → bagatellisieren, beeinträchtigen, beleidigen, bloßstellen, diskreditieren, erniedrigen, herabsetzen.

herabwürdigen, sich → erniedrigen sich.

herabwürdigend → zynisch, despektierlich, entehrend.

Herabwürdigung → Demütigung, Ehrenkränkung, Entwertung, Erniedrigung, Verleumdung.

herabziehen → bagatellisieren, verleumden.

Herabziehung → Erniedrigung, Verleumdung.

Heraldik Wappenkunde, Fahne, Flagge, Banner, Standarte, Feldzeichen, Wimpel, Gösch, Adler, Wappenvogel, Aar, Greif, Löwe, Einhorn, Krone ● Wappenschild, Feld, Sparren, Helmzier, Hoheitszeichen, Abzeichen, Merkzeichen.

heran → bis.

heranbilden → erziehen.

herandrängen näher kommen, nahekommen, nahen, herannahen, heranziehen. → aufdrängen, herankommen.

heraneilen → ankommen.

heranführen heranziehen, bei-

ziehen, an sich ziehen, anlocken, zuziehen.

herangebildet → entwachsen, der Rute.

herangehen → herankommen, heranziehen.

herangewachsen → entwickelt.

heranholen → beibringen, beschaffen.

herankommen → begegnen, bevorstehen, Ferse folgen auf der, näherkommen. ▶ fortgehen.

herankommen lassen → zögern.

heranlaufen → eilen heran, entgegeneilen.

Herannahen → Anzug.

herannahen → bevorstehen.

herannahend → bevorstehend.

heranschaffen → beschaffen, einholen.

heranschleichen, sich → auflauern.

heranstehlen → beschleichen, einstehlen.

heranstürmen → besessen, einstürmen, erstürmen.

heranstürzen sausen, aufspringen, stürmen, anstürmen ● eilen, beeilen sich, stieben, fliegen, blitzen, schnellen, herausschießen, herbeistürzen, jagen, rasen, laufen, rennen, galoppieren, traben, tummeln sich, ausgreifen, lange Beine machen, die Beine unter die Arme nehmen, überstürzen ● angreifen, bedrängen, überfallen, überrumpeln. → einstürmen, erstürmen, fallen mit der Tür ins Haus. ▶ abwehren, beherrschen sich, lassen sich Zeit.

heranwachsen → aufblühen, entwickeln sich, aufschießen.

heranziehen → anziehen, aufziehen, eilen heran, vergleichen, züchten.

heranzüchten → aufziehen.

herauf → aufwärts, aufsteigend, bergauf.

heraufbeschwören den Teufel an die Wand malen. → auslösen, bedingen, verursachen, zeitigen.

heraufgehen → besteigen.

heraufziehen von Gefahr → bedräuen.

heraus hinaus, draußen, außen. → bravo. ▶ drinnen.

herausbekommen → auftreiben, ausfindig machen, durchschauen, entdecken, ergründen das Geheimnis.

herausbilden, sich → ändern.

herausbrechen entfernen, ausbrechen, ausreißen, ausrupfen, auszupfen, wegräumen. → erbrechen.

herausbringen → ausfindig machen, expedieren, ermitteln, sagen.

herausbuchstabieren → be-

deuten, dolmetschen, entziffern, erraten.
herausfahren → entfernen, reisen, sagen.
herausfinden → aufzeigen, ausdenken, beikommen, ergrübeln, ermitteln, erraten, erschließen.
herausfordern anrempeln, behelligen, belästigen, auffordern, brüskieren, fordern, herausbitten, trotzen, zu nahe treten, aufs Blut reizen, dick tun, groß tun, sich in die Brust werfen, Satisfaktion fordern, Rechenschaft verlangen, Kampf antragen, Fehde ansagen, Streit heraufbeschwören, in die Schranken fordern, Genugtuung verlangen, die Spitze bieten, Trotz bieten, Streit vom Zaune brechen. → anrempeln, ärgern, ballen, befehden, befeinden, dick tun. ▶ achten, verschonen, vertragen sich.
herausfordernd → drohend, trotzig, verächtlich.
Herausforderung → Bedrohung, Beeinflussung, Drachensaat, Drohung, Duell, Ermunterung.
herausfuttern, sich → ansetzen.
Herausgabe Drucklegung, Veröffentlichung, Edition, Ausgabe, Nachdruck, Neudruck, Ankündigung. → Ausgabe.
herausgeben → ankündigen, drucken, geben, veröffentlichen.
Herausgeber Verleger, Editor.
herausgeputzt → bunt, schmücken.
herausgesetzt abgesetzt, ausgesperrt, gekündigt, auf die Straße gesetzt, herausgeworfen, entlassen, abgebaut, abgesägt, abgehalftert. ▶ eingesetzt, geschätzt.
heraushängen zum Halse → anöden, langweilen, lästig.
herausholen → ausfindig machen, sichtbar machen.
herauskommen → entfließen, kommen ans Sonnenlicht.
herauskriegen → ausfindig machen.
herauslassen → einlassen, setzen in Freiheit.
herauslaufen → auslaufen.
herauslesen → bedeuten, entziffern.
herauslocken → ausfindig machen, beschwindeln, bloßlegen, entlocken, entreißen das Geheimnis, erlisten, ermitteln.
herausnehmen → anmaßen, auspacken, entblöden sich nicht, erkecken, fühlen sich.
herausplatzen → entfahren, lachen.
herausputzen → ausschmücken, blähen, dick tun, verschönern.

herausquellen → anschwellen.
herausragen hervorstehen.
herausreißen ausziehen, abziehen, entfernen, wegschaffen, wegräumen, ausbrechen, ausreißen, ausrupfen, auszupfen, ausgraben, ausscharren. → rechtfertigen. ▶ beschuldigen, einpflanzen.
herausreißen, jemanden → Brücke bauen goldene.
herausrücken → ausgeben, bekennen, zugeben.
herausrufen → bejubeln, schreien.
heraussägen → ausschneiden.
herausschaffen → einkommen um, wegschaffen.
herausschälen → abbalgen, blättern, demaskieren.
herausschlagen → abwerfen, ausnutzen, einbringen, profitieren.
herausschwindeln → benachteiligen, erlisten, herauswinden.
herausspringen → herauskommen, wölben.
herausprudeln → entfahren, quellen.
herausstaffieren → auftakeln, behängen.
herausstaffieren, sich → dekorieren.
herausstehen → vorspringen.
herausstellen auswärtskehren, zur Schau stellen, an die Oberfläche bringen ● heranziehen ● sich herausstellen, sich zeigen, sich in den Mittelpunkt stellen.
herausstreichen → angeben, anpreisen, auftakeln, befürworten, besingen, dekorieren, empfehlen.
heraustreiben hinauswerfen, vertreiben, exmittieren, ausweisen, ausstoßen, beseitigen, ausgliedern, kaltstellen, ächten, verbannen, zurückweisen, hinausekeln, verjagen, entlassen, fortjagen, verscheuchen, aus der Reihe treiben, ins Elend stoßen ● fortschaffen, verpflanzen, fortbringen, wegjagen, ausquartieren, wegfahren, entwurzeln, verwehen, auspochen j, austrommeln j, ausräuchern j, ausbrennen j. → herausreißen, räumen. ▶ hineintreiben.
heraustretend → plastisch, quellend.
heraustüfteln → ausfindig machen.
herauswachsen → wölben, schwellen, reifen.
herauswickeln → abblättern, öffnen.
Herauswicklung → Befreiung.
herauswinden befreien, freisetzen, freisprechen, erlösen, entledigen, loshelfen, loseisen, loslassen, entfes-

seln, entjochen, losketten, losbinden, freimachen, entschlüpfen, laufen lassen, herausziehen, ausspannen, entbinden, entbürden, entlasten, entheben, erleichtern, rückgängig machen. ▶ belasten, einsperren, erschweren, festmachen.
herausziehen → herausreißen, herauswinden.
herauszukriegen → ausforschen.
herb dry. → anwidern, bärbeißig, bitter, ernst, sauer.
herbeibringen holen, anschleppen, herbeitrommeln, einholen, herantreiben, auftreiben, zubringen, zutragen, anbringen ● geben, übergeben. → herbeischaffen. ▶ wegbringen.
herbeiführen → ableiten, auslösen, bedingen, bestimmen, bringen unter Dach, erregen, erwirken, schließen, verursachen, zeitigen.
herbeiholen → beschaffen.
herbeikommen → eilen heran.
herbeilassen → geruhen.
herbeilaufen → entgegeneilen.
herbeirennen → entgegeneilen.
herbeirufen → zusammentrommeln.
herbeischaffen → einkommen um, einholen.
herbeistürmen → besessen, heranstürzen.
herbeiwünschen → hoffen, sehnen, suchen.
herbeiziehen heranholen, heranziehen, heranlocken, herbeiführen, anziehen, ziehen ● an den Haaren herbeiziehen, irreführen, täuschen, trügen, ausweichen, beschönigen, bemänteln ● fehlschließen, klügeln, verdrehen, blauen Dunst vormachen, unsachlich sein. ▶ erkennen, folgern, wegschicken.
herbeizitieren → rufen, zusammentrommeln.
Herberge Gasthof, Hotel, Pension, Han türk., Hospiz, Pilgerherberge, Hotel garni, Bleibe, Nachtquartier. → Gaststätte.
herbergen → wohnen.
Herbheit Herbe, Herbigkeit, Bitterkeit, Säure, Schärfe, beißender Geschmack, Salzgeschmack ● Schlichtheit, Schmucklosigkeit, Natürlichkeit, Einfachheit, Sprödigkeit ● Härte, Strenge, Unerbittlichkeit, Hartherzigkeit, Ernst, Rauheit, Barschheit, Heftigkeit. → Bärbeißigkeit, Bissigkeit. ▶ Fröhlichkeit, Herzlichkeit, Süßigkeit.
Herbst → Jahreszeit.
herbsten → ernten.
herbstlich welkend, unfreund-

lich, kühl, neblig, vergehend, sterbend, verwehend, stürmisch, alternd, erlöschend, verdämmernd, versinkend, verlöschend, zur Ruhe gehen, entschwindend, die Blätter fallen, der Wald färbt sich, abgeerntet, Felder liegen brach, Drachen steigen, die Vögel ziehen fort. ▶ (frühlingshaft), sommerlich.

Herd Brandstätte, Feuerung, Glutbecken, Kamin, Heizkörper, Ofen, Rost, Backofen, Esse, Rauchfang ● Nährboden. → Backofen, Brandstätte, Esse, Feuerung, Haushalt.

Herde Haufen, Legion, Unmenge, Menge, Fülle ● Anhäufung, Ansammlung, Rudel, Horde, Schwarm, Brut, Zug, Kette, Auftrieb, Rotte j, Sprung j ● Volk, Versammlung, Gewühl, Gewimmel, Gedränge, Bande, Rotte, Schar, Truppe, Heer. → Anzahl, Bande, Masse.

Herdentrieb Massenseele, Masseninstinkt, Massenwahn, Volkstrieb, Gewohnheitstrieb ● Geschmacklosigkeit, Willenlosigkeit ▶ Eigenart, Individualität.

hereditär → erblich.

hereinbekommen → ersitzen, gewinnen.

hereinbringen → ernten, holen.

Hereinfall → Enttäuschung.

hereinfallen verlieren, verrechnen sich, den kürzeren ziehen, übel ankommen, Pech haben, im Dreck liegen, Verluste haben, Schaden nehmen, herhalten müssen, Einbuße erleiden, Nachsehen haben ● blamieren sich, entgleisen, irren sich, reinfallen, versieben, verpatzen, fehlschießen ● auflaufen, aufsitzen, hereinrasseln, auf den Leim kriechen, in die Falle gehen, in die Grube fallen, betrogen werden ● hereinfliegen, hereinsausen, hereinschliddern, schuldig werden. → Finger verbrennen sich die, verrechnen, erliegen. ▶ vorsehen sich.

hereinlassen empfangen, aufnehmen, einladen, heranlassen, hereinholen, einführen, zulassen. ▶ heraustreiben.

hereinlegen betrügen. → hineinlegen.

hereinplatzen → überraschen, überrumpeln.

Hergang → Affäre, Verlauf, Vorkommnis.

hergeben aufgeben, fahren lassen, fallen lassen, enteignen sich, abtreten, überlassen, abgeben, herausrücken, preisgeben, abliefern, ausliefern, entäußern, trennen sich von, schenken, ver-

schenken, verschleudern, vertun, durchbringen, spendieren, verschwenden, verprassen ● herleihen, verleihen, ausborgen, auf Borg geben, kreditieren, Kredit geben, vorschießen, vorstrecken, verschreiben, verpfänden, belehnen, anlegen, deponieren, unterbringen. → beleihen, das Feld räumen. ▶ entleihen, nehmen.

Hergebetener → Eingeladener.

hergehen, bunt → bunt zugehen.

hergelaufen fremd, ungebeten.

herhalten → ausgeben.

herhalten müssen → büßen, verlieren.

Heringsfänger → Fahrzeug (Wasser-).

Herkommen → Abkunft, Brauch, Deszendenz, Regel, Sitte, Usus.

herkommen ableiten, abquellen, entsprießen, entspringen, entstammen, herleiten, hervorgehen, zurückgreifen, zurückgehen, zurückkommen, herrühren, zuschreiben, beimessen, beilegen, beziehen sich auf. → ableiten, abstammen, beruhen, entgegeneilen, folgen. ▶ ergeben sich, verursachen, weglaufen.

herkömmlich → behaftet, schicklich.

Herkules → Athlet.

Herkunft → Abkunft, Born, Deszendenz, Entstehung, Entstehungsstätte, Fabrikationsname, Marke, Quelle, Ursprung.

herleihen verleihen, leihen, borgen, ausborgen, pumpen u, verpumpen u, geben, hergeben, vorstrecken. → beleihen. ▶ entleihen.

herleiten → ableiten, abstammen, beimessen, denken, herkommen, schließen.

Herme → Bildhauerei.

hermetisch → abgeschlossen, dicht, geschlossen.

hernach zukünftig, künftig, nachher, bald, nächstens, in absehbarer Zeit, voraussichtlich, schließlich, später, danach, nachher, vermutlich ● sofort, sogleich, früher oder später, im Laufe der Zeit, hierauf. → dereinst. ▶ vorher.

hernehmen → anfahren, nehmen.

heroisch → heldenhaft.

Herold m → Ausrufer.

Heros → Berühmtheit, Held.

Herr → Besitzer, Dienstherr, Direktor, Efendi, Eigentümer, Haupt.

Herr, hoher → Adel.

Herr im Haus Hausherr, Besitzer, Eigentümer, Meister, Gebieter, Herr, Grundherr ● Vater, Familienvorstand,

Familienoberhaupt, Erzieher, Ernährer, Hausvater.

Herr von → Adel.

Herr werden → bewältigen, durchsetzen.

Herrendienst → Abhängigkeit.

Herrenhof → Anwesen.

herrenlos frei, unabhängig, selbständig, ledig, los, unbeaufsichtigt, unbegrenzt, allein, unkontrolliert, frei von Banden, aller Fesseln ledig. → frei. ▶ unfrei, unselbständig.

Herrenmensch Tonangeber, Übermensch, Spitze, Überwinder, Held, Sieger, Tatmensch, Kraftmensch, Kraftnatur ● Bedrücker, Herrscherseele, Herrensinn, Herrennatur, Überheblichkeit, Selbstherrlichkeit, Geringschätzung, Hochmut. ▶ Knecht, Kriecher, Masse, (Herdenmensch).

herrichten → anordnen, arrangieren, bebauen, zubereiten, zusammenstellen.

Herrin Donna. → Ehefrau.

herrisch → anmaßend, bärbeißig, beeinflussend, befehlerisch, beherrschend, brüsk, despotisch, dünkelhaft, felsenhart, gebieterisch, überheblich.

herrlich → anmutig, anmutsvoll, angenehm, auserlesen, behaglich, bestrickend, charmant, delikat, entzückend, erfreulich, erlauscht, erlösen, faszinierend, fein, köstlich.

Herrlichkeit Gloria, Glorie. → Anziehung, Ausschmückung, Schönheit.

Herrschaft Vorherrschaft, Hegemonie, Oberherrschaft, Imperialismus, Großherrschaft, Herrscherrecht, Herrscherwürde, Führertum, Führergedanke, Gewalt, Selbstherrlichkeit, Lehnsherrschaft, Alleinherrschaft, Regentschaft, Kaisertum, Königtum, Fürstentum, Volksherrschaft, Macht, Regierung, Gerichtsbarkeit, Thronbesteigung, Regierungsgewalt, Präsident, schaft, Reich, Adelsherrschaft, Beamtenherrschaft, Demokratie, Oligarchie. → Bauernhof, Beeinflussung, Besitz, Besitztum, Domäne. ▶ Untertänigkeit.

Herrschaft an sich reißen, die → bemächtigen.

herrschaftlich freiherrlich, gräflich, köstlich, kaiserlich, königlich, höfisch, päpstlich, aristokratisch, monarchistisch, feudal, absolut, reichsfrei. → vornehm. ▶ bürgerlich.

herrschen gebieten, walten, verwalten, lenken, leiten, befehlen, vorschreiben, anführen, regeln, steuern, beaufsichtigen, überwachen, befehligen, regieren, kommandieren, den Vorsitz führen, die Zügel halten, die Herrschaft haben, sich der Herrschaft bemächtigen, die Gewalt an sich reißen, die Vorschriften machen, Verfügungen erlassen, Gehorsam fordern, das Zepter führen, die Hosen anhaben *u*, den Pantoffel schwingen *u*, unterm Pantoffel haben *u*. → anführen, beherrschen, wüten. ▶ gehorchen.

herrschend → anmaßend, beeinflussend, befehlerisch, despotisch, herrschsüchtig.

Herrscher Haupt, Gebieter, König, Kaiser, Herzog, Großherzog, Zar, Sultan, Kurfürst, Führer, Befehlshaber, Vorsteher, Staatsoberhaupt, Landesherr, Alleinherrscher, Monarch, Statthalter, Gouverneur, Imperator, Gewaltherrscher, Diktator, Zwingherr, Fürst, Markgraf, Prinz, Regent, Reichsverweser, Gewalthaber, Khan, Khedive, Despot. ▶ Untertan.

Herrschersitz → Divan.

Herrschsucht → Anmaßung, Geltungsbedürfnis, Stolz, Überhebung.

herrschsüchtig gebieterisch, gebietend, beherrschend, selbstherrlich, befehlshaberisch, allgewaltig, überheblich, gemein, stolz, anmaßend, herrisch, hochfahrend, hochnäsig, hochmütig. → anmaßend, stolz. ▶ gehorsam, untertänig.

herrühren erwachsen, herkommen, herstammen, folgen, entstehen, hervorgehen, entspringen, beruhen, entsprossen, erfolgen, abhängen, eintreffen, zutreffen, herleiten, zurückgehen, zurückkommen, entstammen, beimessen, zuschreiben, ergeben sich, im Gefolge haben, zuziehen sich. → beruhen. ▶ ergeben sich, verursachen.

hersagen wiederholen, aufsagen, sagen, vortragen, nachsagen, aufzählen, sprechen, reden, aussprechen, im Gedächtnis haben, auswendig lernen, dem Gedächtnis einprägen, an den Fingern aufsagen, auswendig hersagen. → deklamieren. ● schweigen.

herstammen → beruhen, herrühren.

herstammend → daheim, entsprossen.

herstellen fabrizieren, hervorbringen, erzeugen, erschaffen, hervorrufen, bewirken, bilden, formen, weben, schmieden, basteln, drechseln, meißeln, bauen, errichten, aufrichten, zusammenstellen, vollenden, arbeiten, erzielen, entwickeln, einrichten, ausarbeiten, anfertigen ● genesen, erholen, erfrischen, erneuern, bessern, erquicken, wiedergenesen, wiederherstellen, besser werden. → anfertigen, arbeiten, aufbauen, ausbessern, bilden, drechseln, erbauen, erschaffen. ▶ erkranken, verkaufen, vernichten.

Hersteller → Abgeber, Erschaffer.

Herstellung → Aufstellung, Bildung, Entstehung, Erbauung, Erzeugung.

Herstellungszeichen → Fabrikationsname, Marke.

herum → allseitig.

herumdoktern quacksalbern, doktern, herumkurieren, salbadern, pflastern, kurpfuschen, pfuschen, herummachen. ▶ abstehen.

herumführen, an der Nase → balbieren, täuschen.

herumgeistern herumspuken, herumstreunen, schusseln, wuseln, huschen, schleichen, umherschleichen, stromern, flüstern ● tummeln, regen, ausüben, wirken, schaffen, arbeiten, rühren sich ● herumjagen, streunen *j*, streinen *j*. ▶ faulenzen, lärmen, rasten.

herumkalbern → belustigen.

herumkriegen herumbekommen, umstimmen, bereden, überreden, abschmeicheln, gewinnen, breitschlagen, ersuchen, ködern, beschwatzen, bestechen, verleiten, verführen, anstiften, aufdrängen. ▶ standhalten.

Herumlungerer → Arbeitsunfähiger, Faulpelz.

herumlungern herumstreichen, faulenzen, bummeln, herumstreifen, herumschleichen, herumziehen, troddeln, lottern, verlottern, herumtreiben, zigeunern, herumstreunen, untätig sein. → betteln, beschäftigungslos, entziehen sich der Arbeit, faulenzen. ▶ arbeiten.

herumscharwenzeln → erschmeicheln.

herumschleichen anhimmeln, tändeln, liebäugeln, schöntun, hofieren, kokettieren, promenieren, herumscharwenzeln, betören, berücken, Fensterpromenade machen, den Kopf verdrehen, ins Netz locken. → herumgeistern. ▶ arbeiten, lärmen, verabscheuen.

herumschnüffeln → auskundschaften.

herumsprechen bekanntmachen, ausposaunen, ausschellen, ausschreien, aussprengen, äußern, kundtun, preisgeben, verbreiten, verkünden, veröffentlichen, weitertragen, verlautbaren ● auftauchen, sich wie ein Lauffeuer verbreiten, ruchbar werden, in Umlauf bringen. ▶ verheimlichen.

herumstehen → aufhalten sich, da sein, verweilen, zusehen.

herumstottern → faulenzen, stottern.

herumstreichen → besuchen, bewegen sich, herumlungern, wandern.

herumtollen herumspringen, hochspringen, hopsen, tanzen, Luftsprünge machen, Freudensprünge machen, herumtanzen. → tollen.

herumtreiben, sich → gammeln.

Herumtreiber → Ausbund, Bacchant, Bandit.

Herumtreiberin → Dirne.

herumwursteln herumwirtschaften, herummimen, herumhantieren, herumfipsen, herummurksen, herumschusseln, herumstehen, herumtigern, arbeiten, herummodeln, herumschaffen. ▶ faulenzen.

herunter → drunten.

herunterbringen herunterwirtschaften, abwirtschaften, zerstören, ruinieren, verderben, vernichten, zerrütteln, zugrunde richten, beeinträchtigen, entwerten, verschlechtern, verunstalten, herunterschaffen, scheitern, verkommen. → abnutzen, beschädigen. ▶ aufbauen, erneuern, schonen.

herunterdrücken → drücken den Preis, erniedrigen, heruntermachen.

herunterfallen → durchfallen, fallen.

heruntergehen heruntersteigen, herabsteigen, runtergehen. → ablassen, ermäßigen. ▶ aufsteigen, heraufsteigen, verteuern.

heruntergekommen → abgebrannt, arm, erwerbslos.

heruntergekommen sein → darniederliegen, herunterkommen.

herunterholen ernten, pflücken.

herunterkommen heruntergehen, hinabsteigen, die Treppe hinunterlaufen ● nachlassen, faulen, scheitern, sinken, umkommen, verkommen, verbauern, verschlimmern, verderben, verblöden, verdorren, verfallen, verflachen, vermodern, veröden, zerfallen, verschimmeln, zurückgehen, schlechter werden, tiefer sinken, baufällig werden, auf die abschüssige Bahn gelangen, unter die Räder kommen. ▶ aufsteigen, heraufkommen.

heruntermachen herunterputzen, herunterreißen, heruntersetzen, herunterziehen, beschimpfen, diffamieren, tadeln, angreifen, bloßstellen, verdammen, geißeln, verschreien, brandmarken, festnageln, hofmeistern, korrigieren, kritisieren, nörgeln, räsonieren, verspotten, verlästern, verlachen, verhöhnen, abkanzeln, zerpflücken, zerzausen, verunglimpfen, bemängeln, abspeisen, anschnauzen, losfahren, losziehen, Übles nachreden, mit Schimpfworten überschütten. → anfahren, beschuldigen, Dach steigen auf das, lösen. ▶ loben.

herunternehmen senken, hinablassen, herablassen, hinunterlassen, heruntersetzen, herunterlegen. → entfernen. ▶ hinaufziehen.

herunterputzen → anfahren, heruntermachen.

herunterreißen → auspakken, erniedrigen, heruntermachen, lösen.

herunterreißen, die Maske → dahinterkommen.

herunterschlagen → abhauen.

herunterschlucken schlucken, verkraften, verdauen, sich abfinden.

heruntersetzen → bloßstellen, erniedrigen, heruntermachen.

heruntersinken → fallen, herunterstürzen.

herunterspringen herabsteigen, herabkommen, herabfallen, sinken, absteigen, absitzen, abspringen, herabspringen ● zerspringen, bersten, absplittern, zersplittern, abbröckeln, abbrechen, abplatzen. ▶ aufsteigen.

heruntersteigen bleiben, verweilen, aufhalten sich, einkehren ● absteigen, hinabklettern, ankommen, eintreffen. → herabsteigen, herunterspringen.▶ heraufgehen, weggehen.

herunterstürzen heruntersinken, herunterfallen, hinfallen, niederfallen, niedersinken, absacken, straucheln, hinstürzen, herabkollern, hinunterkollern, hinsinken, ausgleiten, ausrutschen.→fallen, durchfallen. ▶ aufrichten.

herunterwerfen → fallen lassen.

herunterwirtschaften → herunterbringen.

herunterziehen → begeifern, bereden, Ehre bringen um die, erniedrigen, fällen, heruntermachen.

hervorbrechen → austreten, ausfließen, emporquellen, entfließen, herkommen.

hervorbringen erzeugen, erschaffen, hervorrufen, anfertigen, bewirken, erwirken, bewerkstelligen, ausführen, aufrichten, errichten, erzielen, erarbeiten, entwerfen, ausar-

beiten, zubereiten, vorbereiten, anregen, erregen, basteln, formen, zustandebringen, vollenden, schaffen, ausbrüten, aushecken, ins Leben rufen. → anfertigen, bemächtigen, demonstrieren, erschaffen. ▶ vernichten.

Hervorbringung → Erzeugung.

hervorgehen → beruhigen, folgen, herrühren.

hervorgehoben → deutlich.

hervorheben unterstreichen, erwähnen, bemerken, beleuchten, betonen, anzeigen, dartun, andeuten, berühren, hochhalten, kundmachen, hinzeigen, hindeuten, verdeutlichen, veranschaulichen, erklären, herausstreichen, bekräftigen, einschärfen, anstreichen, Wichtigkeit zumessen, Aufhebens machen, Gewicht legen auf, Beachtung schenken. → A und O, ausdrücken, beimessen, betonen, darlegen, dartun, einschärfen, erste Geige spielen. ▶ liegen lassen links, unterdrücken.

hervorragend exzellent → A und O, auffallend, auserlesen, außerordentlich, ausgezeichnet, ausnehmend, beachtlich, besonders, denkwürdig, dominierend, durchschlagend, eindrucksvoll, erlaucht, vortrefflich.

hervorrufen → anfangen, anfertigen, arbeiten, auslösen, bemächtigen, bedingen, bilden, drechseln, erschaffen, erwirken.

hervorrufen, Bewunderung → beeindrucken.

Hervorrufung → Befruchtung, Erzeugung.

hervorstechen hervortreten, herausragen, sich abheben, wetteifern, hervortun, überstrahlen, überragen, ausstechen, gewinnen, erringen, hervorragen, übertreffen, meistern, überbieten, verdunkeln, auszeichnen, überwiegen, Ehren genießen, einen Namen machen, den Vorrang ablaufen, die höchsten Stufen erreichen, Beachtung finden. → emporragen. ▶ bleiben zurück, (bleiben im Hintergrund), heruntersetzen.

hervorstechend → auffallend, überragend.

hervorstehend → auffallend, augenfällig, ausgezeichnet.

hervortreten → anschwellen, hervorstechen.

hervortretend → plastisch, überragend, überwiegend.

hervortun, sich → ausstechen, auszeichnen, bewähren, emporragen, hervorstechen. ●

Herz Eingeweide, Muskel ● Wesen, Inneres, Gehalt, Herzstück, Brennpunkt, Haupt-

sache, Kern, Seelenleben, Innenleben, Mittelpunkt, Zentrum, Gemüt, Gemütssitz, Sinnesart, Sinnesverfassung, Gefühlsrichtung, Herzensbedürfnis, Gefühl, Geneigtheit, Empfindungsleben, Hang, Neigung, Seelenstärke, Beherztheit ● Liebe, Herzlichkeit, Feuer, Anziehungskraft, Zauber, Zärtlichkeit, Herzenswärme, Innigkeit, Entzückung, Verliebtheit, Verehrung, Vergötterung. → Bewußtsein, Charakter. ▶ Herzlosigkeit, Verstand.

Herz ausschütten erzählen, aussprechen, erleichtern, ausschwatzen, offenbaren, enthüllen, bloßlegen, anvertrauen, beichten, ausplaudern, im Vertrauen mitteilen, das Herz erleichtern, das Gewissen erleichtern, kein Geheimnis machen. ▶ verheimlichen, verschließen sich.

Herz ergreifen, das → ergreifen das Herz.

Herz erobern, das gewinnen, überzeugen, mit fortreißen, Anklang finden, den Weg zum Herzen finden, jemanden bestechen, Zustimmung einholen ● einschmeicheln, verehren, anbeten, fesseln, Liebe hervorrufen, die Neigung gewinnen, in Bande schlagen, die Sinne verwirren, das Herz gewinnen, Liebe erregen. ▶ zurückweisen, verabscheuen.

Herz auf dem rechten Fleck gemütvoll, gutmütig, gutherzig, gefällig, wohlwollend, sein Gefühl sprechen lassen, von Fleisch und Blut sein, ein Herz haben, jemandem helfen, von Herzen kommend, Verständnis zeigen, Wohlwollen zeigen, jemandem beistehen, Wohltaten erweisen. ▶ böse, hartherzig.

Herz, fühlendes → herzensgut.

Herz haben → Beileid, herzensgut.

Herz und Hand, mit einmütig, einträchtig, einig, innig, verbunden, vereint, brüderlich, friedlich, freundschaftlich, ergeben, treu, aufrichtig, bewährt, erprobt, warm, verläßlich, ein Herz und eine Seele, Hand in Hand, Arm in Arm. ▶ feindlich, uneins.

Herz auf der Zunge haben → offenherzig.

herzbetörend → beseligend, verwirrend.

herzbewegend → bejammernswert, berauschend, böse, brechen das Herz, ergreifend.

Herzblut → Blut, Leben.

herzbrechend → bejammernswert, schrecklich.

Herzeleid → Schmerz.

herzen → Blicke zärtliche,

bunt zugehen, drücken ans Herz, liebkosen.
Herzen gehen, zu tragisch nehmen. → herzergreifend.
Herzen nehmen, sich zu → bekehren, bereuen.
Herzen, von gern, willig, hilfsbereit, ergriffen, bewegt, gefühlvoll, beseelt, seelenvoll, gefühlsinnerlich, von ganzem Herzen, vom Grunde des Herzens, mit Leib und Seele, mit Herz und Hand, bis zum letzten Atemzug. ▶ ungern.
Herzensbedürfnis Bedürfnis, Notwendigkeit, Erfordernis, Forderung, Gebot, Verpflichtung, Pflicht, Ehre, Dienstbarkeit, Dankbarkeit, Liebesdienst, Gefälligkeit, Liebeswerk, Liebesgabe, Wohltat, Liebestätigkeit, Wohltätigkeit, Herzenszug, Neigung, Herzenseinstellung, Gesinnung.
Herzensbrecher Schürzenjäger, Hofmacher, Anbeter, Salonlöwe, Don Juan, Casanova, Verehrer, Liebhaber, Freier, bel-ami, Courschneider, Süßholzraspler, Schmeichler.
Herzensdame → Abgott.
Herzensdieb → Abgott.
Herzensergießung → Bekenntnis, Erguß.
Herzensfreund → Bekannter, Freund.
herzensgut gut, gütig, menschlich, wohlmeinend, wohlwollend, liebreich, herzlich, zärtlich, liebenswürdig, freundschaftlich, menschenfreundlich, zuvorkommend, gefällig, bereitwillig, hilfsbereit, huldreich, barmherzig, freigebig, großzügig, erkenntlich, weichherzig, zartfühlend, selbstlos, aufopfernd, wohltätig, mildtätig, fühlendes Herz, Herz haben. ▶ böse, schlecht.
herzensrein → engelsfromm, rein.
Herzensruhe → Befriedigung, Beruhigung, Zufriedenheit.
Herzenswärme → Herz, Liebe.
Herzenswunsch Glückstraum, Wunsch, Hochziel, Sehnsuchtsbild, Neigung, Wunschbild, Vorliebe, Liebhaberei, Steckenpferd, Verlangen, Abgott, Idol, Reizmittel, Magnet, Traum, Anliegen, Begehr, Lust, Geschmack, Hang, Liebe, Sympathie, Wohlgefallen, Zuneigung, Himmel, Seligkeit, Götze, Sehnsuchtstraum. → Bedürfnis, Begehr, Belieben.
herzergreifend jämmerlich, gottsjämmerlich u, jammerreich, herzbewegend, traurig, rührend, herzzerreißend, schmerzlich, trauervoll, tränenselig, kläglich, jammervoll, schmerzbewegt, schmerzdurchdrungen, Herzen ge-

hen zu. → schmerzlich. ▶ erfreulich.
herzfesselnd → beseligend.
herzhaft furchtlos, beherzt, entschlossen, freimütig, mutig, tapfer, stark, starkherzig, tatkräftig, stark, standhaft, mannhaft, kriegerisch, kühn, keck, trotzig, unbesiegbar, wacker, tüchtig, unverzagt, verwegen, unerschrocken, unerschütterlich ● offenherzig, rückhaltlos, freimütig, wahrhaftig, unverhohlen, offenkundig, unverschleiert, deutlich. → brav, derb. ▶ ängstlich, verschlossen.
herziehen über → heruntermachen, klatschen, spotten.
herzig → angenehm, anmutig, artig, charmant.
Herzklopfen → Beengung, Beklemmung, Erregung, Erröten.
herzlich fühlend, empfindend, gefühlvoll, beseelt, seelenvoll, innig, hilfsbereit, zuvorkommend, freundschaftlich, zugeneigt, zugetan, wohlwollend, vertraut, vertraulich, liebenswürdig, reizend, gewinnend, verlockend, gesellig, gastfreundlich, leutselig, zugänglich, nachbarlich, gefällig, verbindlich, aufmerksam, einnehmend, höflich, Fuß auf gutem. → aufrichtig, cordial, freundlich, inbrünstig. ▶ gefühllos, unaufrichtig, unfreundlich.
Herzlichkeit Innigkeit, Teilnahme, Wohlwollen, Zuvorkommenheit, Anteilnahme, Gefühlserguß, Mitleidenschaft, Freundschaftlichkeit, Vertraulichkeit, Einverständnis, Hilfsbereitschaft, Hingebung, Schätzung, Achtung, Gewogenheit, Begeisterung, Geselligkeit, Gastfreundlichkeit, Leutseligkeit, Händedruck, Kameradschaft, Höflichkeit, Liebenswürdigkeit, Gefälligkeit, Willfährigkeit, Sanftmut, Gutmütigkeit, Verbindlichkeit, Umgänglichkeit. → Begeisterung, Enthusiasmus, Gefühlserguß. ▶ Gefühllosigkeit, Unaufrichtigkeit, Unfreundlichkeit.
herzlos → abgebrüht, abgestumpft, arg, barbarisch, böse, charakterlos, diabolisch, egoistisch, feindlich, roh, rücksichtslos.
Herzlosigkeit → Barbarei, Egoismus, Eisklumpen, Roheit.
Herzpochen → Beengung, Beklemmung, Verwirrung.
herzstärkend → behaglich, charmant, köstlich, wohltuend.
Herzstärkung → Balsam, Medizin, Tröstung.
Herzstück → Brennpunkt, Drehpunkt, Herz.

Herzweh → Schmerz.
herzzerreißend → bejammernswert, böse, brechen das Herz, herzergreifend.
Hesperien → Abendland.
Hetäre f → Bajadere, Buhle.
heterogen → andersgeartet.
heteromorph → andersgeartet.
Hetze Hetzerei, Aufwiegelung, Aufwiegelei, Auflehnung, Unruhestiftung, Krawall, Empörung, Aufruhr, Tumult, Auflauf, Zusammenrottung ● Eile, Schnelligkeit, Geschwindigkeit, Hast, Hurtigkeit, Eiligkeit, Unrast, Überhastung, Überstürzung, Übereilung, Beschleunigung, Treiberei, Aneiferung, Übereile, Jagd, Fahrigkeit. ▶ Beruhigung, Langsamkeit, Trägheit.
hetzen sticheln, lästern, aufwiegeln. → angreifen, aufhetzen, belasten, bunt zugehen, eilen, jagen.
Hetzer Meuterer, Empörer, Rebell, Aufrührer, Unruhestifter, Abtrünniger, Wühler, Verschwörer, Volksverführer, Anführer, Rädelsführer, Revolutionär, Aufhetzer, Auflehner, Anarchist, Streikführer, Demagog, Jakobiner. ▶ Sklavenseele.
Hetzerei → Drachensaat, Hetze.
Hetzjagd → Hetze, Jagd.
Heuchelei Scheinfreundlichkeit, Schönfärberei, Lobhudelei, Kriecherei, Augendienerei, Scharwenzelei, Schöntuerei, Katzenfreundlichkeit, Getue, Mache u, Theater u, Scheinheiligkeit, Schlangenfreundlichkeit, Speichelleckerei, Gleisnerei, Unredlichkeit, Unehrlichkeit, Frömmelei. → Anstrich, Betrug, Blendwerk, Doppelrolle, Falschheit. ▶ Aufrichtigkeit, Ehrlichkeit, Offenheit, Wahrhaftigkeit.
heucheln fälschen, verfälschen, verstellen, vormachen, erheucheln, ausweichen, blenden, verdrehen, verhüllen, beschönigen, verblümen, umgehen, verhehlen, verleugnen, erschleichen, kriechen, bemänteln, täuschen, betrügen, hintergehen, begaunern, übervorteilen, scheinheiligen, flattieren, schweifwedeln, Theater machen oder vorspielen u, beschwatzen, schwänzeln, herumkriechen ● krank spielen ● jemandem dumm kommen. → benachteiligen, Einverständnis heimliches, fälschen.
Heuchler Pharisäer, Philister, Mucker. → Betrüger, Duckmäuser, Fälscher, Freund falscher.
heuchlerisch → arglistig, bigott, bubenhaft, falsch, glattzüngig, scheinfromm.

heuer → derzeit, diesjährig, gegenwärtig.

heuern → anstellen, brauchen, chartern, dingen.

heulen → beklagen, bellen, beweinen, klagen, tönen.

Heulsuse Memme, Tränentier, Klageweib.

heurig → aktuell, gegenwärtig.

Heuschober → Abstellraum, Schober.

heute → augenblicklich, derzeitig, gegenwärtig, momentan.

heutig → aktuell, derzeitig, gegenwärtig, modern.

Hexe → Fee, Zauberer.

hexen → heeilen, zaubern.

Hexenglauben → Aberglaube.

Hexenmeister → Fakir, Zauberer.

Hexerei → Aberglaube, Schnelligkeit, Zauberei.

Hieb → Bearbeitung, Beleidigung, Schlag, Spott.

Hiebe → Prügel, Schlag.

hiebfest sicher, unangreifbar, sattelfest, gefeit, unverletzbar, unverletzlich, haltbar, ungefährdet, ungeschädigt, gefahrlos. → begründet, fest. ▶ unbegründet, unsicher.

hier → daselbst, diesseits, dort, gegenwärtig.

hier und da → dann und wann.

hierauf bald, schließlich, später, nachher, danach, nachdem, allmählich, vermutlich, wahrscheinlich, sofort, sogleich, ferner, von nun an, hinfort, nach kurzer Zeit. ▶ vorher.

hieraus → darum, daraus.

hierausfolgend → erfahrungsgemäß.

hierher → da, hier angekommen, am Platz.

hierüber dieserhalb, daher, darum, deshalb, demgemäß, demnach, folglich ● sonach, somit, so also, schließlich, endlich.

hiesig → ansässig.

Hilfe Abhilfe, Befreiung, Erleichterung, Fortbildung, Linderung, Milderung ● Arbeit, Beistand, Beihilfe, Dienst, Mithilfe, Mitwirkung, Vermittlung, Zustimmung ● Aushilfe, Beisteuer, Beitrag, Unterhalt, Versorgung, Unterstützung, Zuschuß ● Einsatz, Ersatz, Nachschub, Verstärkung ● Empfehlung, Begünstigung, Beziehung, Verbindung, Bemühung, Gefälligkeit, Gunst, Gunstbezeugung, Halt, Protektion, Referenz, Schutz, Versicherung, Schirm ● Balsam, Labsal, Linderungsmittel, Narkotikum, Palliativ, Stärkungsmittel ● Alarm, Hilferuf, Hornsignal, Lärmruf, Notruf, Warnruf, Sirene, Nebelhorn, Bergfeuer, Raketensignal ● Diener,

Magd, Stütze, Wärterin, Perle, Wirtschafterin, Bonne, Kindermädchen, Hausangestellte, Personal. → Anstrengung, Arbeit, Ausweg, Behelf, Bemühung, Dienst guter, Dienstleistung, Entlastung, Erleichterung, Ermutigung, Gefälligkeit, Gunst, Handreichung, Personal, Ratschlag, Teilnahme, Vorschub. ▶ Beeinträchtigung, Hilflosigkeit, Hintertreibung.

Hilfe, mit → durch.

Hilfeleistung → Aushilfe, Beihilfe, Beistand, Dienstleistung, Handreichung.

Hilfestellung → Hilfe.

Hilferuf → Alarm, Angstruf.

hilflos bedrängt, freudlos, führerlos, hoffnungslos, bedeppert u, wie der Ochs vor dem Berge stehen u, wie die Kuh vor dem Scheunentor stehen u, schirmlos, schutzlos, unbehütet, unbeschützt, unbewacht, wehrlos ● schwach, altersschwach, anfällig, ausgedient, ausgemergelt, bresthaft, energielos, entkräftet, entnervt, erschöpft, flau, gebrechlich, gebrochen, hinfällig, invalid, kraftlos, lahm, blind, machtlos, da ist Holland in Not u, mit seinem Latein zu Ende sein, was tun – sprach Zeus u, marklos, matt, mutlos, ohnmächtig, schlaff, schwächlich, siech, unfähig, unvermögend, verpäppelt ● arm, armselig, bedauernswert, beklagenswert, deprimiert, elend, freudlos, erbittert, erregt, gedrückt, niedergedrückt, niedergeschlagen, schwermütig, traurig, trostlos, trübselig, unglücklich, unglückselig, untröstlich, verzagt, verwundt, sorgenvoll, kummervoll, da sitzen wie ein Kind vorm Dreck u, nicht hott noch hü wissen u. → abgerissen, abgespannt, arm, bebend, bedenklich, bejammernswert, böse, entnervt, krank, schwach. ▶ bewacht, glücklich, kräftig.

Hilflosigkeit Ratlosigkeit, Entmutigung, Furcht, Bedenken, Gewissensbisse, Krankheit, Angst, Minderwertigkeitsgefühl, Schreckenskunde, Schrecklichkeit, Schrecken, Willenslähmung, Komplexe, Zwangsvorstellungen, Entkräftung, Behinderung. → Schwäche, Unglück. ▶ Glück, Tatkraft.

hilfreich behilflich, nützlich, förderlich, hilfsbereit, einsatzbereit ● freundlich, wohlwollend, geneigt, günstig, gefällig, gönnerhaft, Hand in Hand, an die Hand gehen, gute Dienste leisten, Vorschub leisten, die Stange halten, auf Händen tragen, zu

Hilfe kommen. → gefällig, treu. ▶ ablehnend, ungefällig.

hilfsbedürftig → arm, bejammernswert, erwerbslos.

hilfsbereit → barmherzig, besorgt, dienstbeflissen, erbötig, freigebig, freundlich.

Hilfsbereitschaft → Barmherzigkeit, Erkenntlichkeit, Tugend.

Hilfsdienst Hilfe, Hilfsstellung, Hilfswerk, Handreichung, Dienstleistung, Stütze, Unterstützung, Bedienung, Pflege, Nothilfe, Einsatzbereitschaft, Gefälligkeit, erste Hilfe, Mission, Charitas, Rotes Kreuz ● Aufmunterung, Befreiung, Aufrichtung, Zuspruch, Ermutigung, Trost, Beruhigung ● Liebeswerk, Fürsorge, Wohltat, gutes Werk, Wohlfahrt. → Beihilfe, Beistand, Vorschub. ▶ Entmutigung, Ungefälligkeit.

Hilfskraft Assistent, Beistand, rechte Hand, Adjutant, Mitarbeiter, Nebenmann, Hintermann, Kamerad, Gefährte, Freund, Bruder, Getreuer, Sekundant, Schirmer, Schützer, Gönner, Förderer. → Diener, Helfer, Rechtsbeistand, Vertreter.

Hilfsmittel → Aushilfe, Behelf, Ersatz, Requisit, Utensilien.

Hilfsquelle → Aushilfe, Ersparnis, Mittel, Reichtum.

Hilfsstellung Einsatzbereitschaft, Hilfsbereitschaft, Opferbereitschaft, Schutz, Sicherung, Deckung, Bedeckung, Sicherheitsvorkehrung, Abschirmung, Befestigung, Erdwerk, Wehr, Rüstung, Schutzwall, Schutzwand, Schutzdach, Wehrgang ● Hilfeleistung, Hilfe, Beihilfe, Stütze, Beistand, Vorschub, Unterstützung. ▶ Schutzlosigkeit, Ungefälligkeit.

Himmel Firmament, Himmelsgewölbe, Sternenhimmel, Nachthimmel, Himmelsweite, Himmelsgürtel, Sternenall, Sternengewölbe, Sternenmeer, Sternendecke, Sternendom, Sternengefilde, Sternenzelt, Sternenraum, Sternenheer ● Begeisterung, Beseligung, Wonne ● Verlangen, Wunschbild, Stern, Sehnsuchtsbild, Sehnsuchtstraum ● Himmelreich, Ewigkeit, Freudenleben, Anschauung Gottes, himmlisches Königreich, himmlisches Paradies, ewiges Leben, besseres Jenseits. → All. ▶ Erde, Hölle.

Himmel, am → droben.

Himmel erheben, in den übertreiben, überheben, überspitzen, überschreiten, überschätzen, überladen, aufputschen, ausschmücken, prahlen, überzüchten, über-bilden, hervorheben, preisen, loben. ▶ tadeln.

Himmel heben, in den → be-jubeln, loben.

Himmel preisen, den → dan-ken, loben.

Himmel schreien, zum → schreien zum Himmel.

Himmel, unter freiem drau-ßen, außerhalb, auswärts, außen, außer dem Hause, im Freien, in der freien Luft, in der Natur ● obdachlos, aus-gewiesen, heimatlos, verlas-sen, wandernd, alleinstehend, ohne Dach über dem Kopf.

Himmelangst → Beengung, Feigheit.

Himmelblau → Blau.

himmelhochjauchzend hei-ter, frohgemut, wohlgemut, freudig, aufgeheitert, son-nenhaft, lebenslustig, lebens-froh, frisch, fröhlich, frohge-stimmt, aufgeräumt, ausge-lassen, fidel, übermütig, über-sprudelnd, vergnügt, jubelnd, jauchzend, in Wonne und Freude, in gehobener Stim-mung, herrlich und in Freu-den, fröhlich wie ein Zeisig. ▶ unglücklich.

Himmelskörper Erde, Ster-ne, Sonne, Mond, Fixstern, Wandelstern, Planet, Stern-bild, Komet, Schweifstern, Meteor, Sternschnuppe, Sternnebel, Nebelfleck, Satel-lit, Nova, Planetoide, Him-melsraum, Milchstraße, Leuchte, Lichtquelle. → Him-mel.

Himmelsmächte Engel, Erz-engel, Heerscharen, Geister, Schutzengel, Schutzgeister, Friedensengel, Gnadenengel, Kinder des Lichts, überirdi-sche Geister, höhere Gewal-ten, Seraphim, Cherubim ● Genius guter. ▶ Teufel.

Himmelsraum → Himmel.

himmelschreiend unglaublich, skandalös, erschütternd, bo-denlos.

Himmelsstürmer Brause-kopf, Brausewind, Tollkopf, Teufelskerl, Wagehals, Aben-teurer, Tausendsassa, Zeisig, Luftikus ● Forscher, Sucher, Wunschnatur, Begehrnatur, Stürmer, Forderer. ▶ Schlaf-mütze.

himmlisch ambrosisch. → beseligend, blendend, brillant, charmant, delikat, elysisch, engelgleich, faszinierend, feenhaft, göttlich, schön.

hin → ab, abhanden, fort, weg.

hin und her beweglich, rast-los, unruhig, friedlos, ruhe-los, unstet, fahrig, flüchtig, wuselig, käferig, quecksilbe-rig, umherirrend, springlebensdig, auf und nieder, ein und aus, in ewiger Bewegung ● herumfuhrwerken, hin- und

herbewegen, fummeln *u*, fuchteln *u*, wibbelig sein *u*, zappelig sein, Hummeln im Hintern haben *u*. → ein und aus. ▶ unbeweglich.

hin und wieder → dann und wann, manchmal.

hinab → abwärts, bergab, drunten.

hinabklettern absteigen, her-untersteigen.

hinablassen senken, neigen, herabsetzen, bücken, beugen, erniedrigen, nieder-nehmen, herunternehmen, herunterstellen, hinunter-schieben, hinunterstoßen, herunterwerfen, herunter-schleudern ● verbeugen, krie-chen, dienern, die Fahne ein-ziehen, klein beigeben, einen Fußfall tun. → beugen. ▶ heben, überheben sich.

hinablassen, sich → demü-tigen sich.

hinabwürgen → schlucken.

hinauf → auf, aufsteigend, aufwärts, bergauf, darüber, droben, oben.

hinaufangeln → besteigen.

hinauffahren → besteigen.

hinaufgehen → besteigen.

hinaufschwingen → bestei-gen.

hinaus raus, nichts wie raus, ab nach Kassel *u*, marsch, abhauen, vor die Tür, nicht mehr unter die Augen kom-men, nun aber los. → außen.

hinausekeln hinausjagen, hinauswerfen, fortjagen, ver-scheuchen, zurückweisen, kaltstellen, ausweisen, ver-treiben, ausschließen, aus-schalten, beseitigen, verja-gen, versetzen, den Laufpaß geben, einem den Stuhl vor die Türe stellen, an die Luft setzen. ▶ einladen, einlassen.

hinausjagen → forttreiben, hinausekeln.

hinausschieben schieben, fort-schieben, hinausbringen, sto-ßen, fortrücken, fortstellen, abrücken, verstellen. → auf-schieben, bedenken, besin-nen sich. ▶ erledigen, herein-bringen, übereilen.

hinausschiebend → dilato-risch.

Hinausschiebung → Erstrek-kung, Verzögerung.

hinausschmeißen → hinaus-werfen.

hinaustragen → abdecken, transportieren.

hinausweisen an die Luft setzen, den Stuhl vor die Tür setzen, hinauswerfen, hin-ausfeuern *u*, abwimmeln *u*, hinauswimmeln *u*, zum Tem-pel hinausjagen. → hinaus, ▶ einladen.

hinauswerfen → aussiedeln, ausweisen, ausstoßen, geben den Laufpaß, hinausekeln, transportieren, vertreiben.

hinauszögern → aufschie-ben, erstrecken sich.

hinbiegen in Ordnung bringen, beeinflussen, erziehen.

Hinblick → Hinsicht.

Hinblick auf, im → bezüglich.

hinbrummen, vor sich → brummen.

hinbrüten hindösen, stieren, starren, gleichgültig sein, hin-dämmern, stumpf blicken, teilnahmslos aussehen, un-berührt blicken, lau vor sich hinsehen, gedankenlos sein, träge sein, energielos sein, tatenlos sein, gelangweilt vor sich hinschauen. ▶ hinreißen.

hinderlich hemmend, er-schwerend, lästig, ungünstig, gegen, dagegen, abgeneigt, zurückhaltend, abredend, ent-mutigend, abhaltend, abra-tend, entgegen, verhütend, aufhaltend, entgegenarbei-tend, lähmend, schwächend, entkräftend, untergrabend, drückend, ermüdend, unge-legen, unbequem, zuwider, mißlich, schwierig, unerfreu-lich, unvorteilhaft, hindernd. → beeinflussend, entmuti-gend. ▶ ausschlaggebend, einflußreich, fördernd.

hindern verhindern, binden, erschweren, verhüten, ab-halten, hinhalten, aufhalten, verzögern, entgegenarbeiten, vorbauen, vorbeugen, hem-men, niederhalten, entkräften, schwächen, lähmen, beschwe-ren, lahmlegen, hintertreiben, vereiteln, unterbinden, durch-kreuzen, stören, unterbre-chen, bekämpfen, einschrän-ken, untergraben, entgegen-stehen, entgegenhandeln, entgegenwirken, hintertrei-ben, einem in die Arme fallen, die Flügel stutzen, den Hemm-schuh anlegen, den Wind aus den Segeln nehmen, einen Riegel vorschieben, den Plan durchkreuzen. → abwehren, anhalten, beeinträchtigen, be-irren, bekämpfen, beschnei-den, dawider, dazwischen-treten, durchkreuzen, ein-dämmen, einmengen sich, entgegenarbeiten, entmuti-gen, Fall bringen zu. ▶ för-dern, helfen.

hindernd → entmutigend, hinderlich.

Hindernis Erschwerung, Hemmnis, Fessel, Behinde-rung, Verhinderung, Klemme, Widerstand, Schwierigkeit, Verstrickung, Schranke, Grenze, Anstoß, Einhalt, Sperre, Gegnerschaft, Hem-mung, Störung, Beschrän-kung, Hintertreibung, Verei-telung, Durchkreuzung, Be-kämpfung, Verhütung, Aus-schließung, Verbot, Einmi-schung, Zwangslage, Sack-gasse, Unlösbarkeit, Zwang,

Sperrung, Zollsperre, Hungerblockade, Barrikade, Hürde, Verhau, Mauer, Gitter, Wehr, Graben, Schlagbaum. → Anstand, Arrest, Barriere, Beschlagnahme, Beschwerde, Beschwernis, Durchkreuzung, Einhalt. ▶ Förderung, Hilfe.

Hindernisse übersteigen bezwingen, bemeistern, überwinden, bewältigen, siegen, besiegen, obsiegen, erobern, die Oberhand erlangen, das Spiel gewinnen, übertrumpfen, das Feld behaupten, Hindernisse aus dem Wege räumen, seinen Weg machen, vorwärtskommen, emporkommen, emporklimmen, ersteigen, meistern. → bestehen auf. ▶ unterliegen.

Hindernisse aus dem Weg räumen vernichten, umstürzen, ein Ende machen, aus der Welt schaffen, ausmerzen, erledigen, beseitigen, aus dem Wege schaffen, beiseite räumen, wegfegen, auswischen, niederschlagen. → bringen es zu etwas, Hindernisse übersteigen. ▶ bahnen, hemmen.

Hinderung → Depression, Hindernis, Verbot.

hindeuten → bedeuten, berühren, darlegen, hervorheben, weisen.

hindurch → durch.

hineilen → eilen heran.

hineinbekommen hineinkriegen, einrammen, einflechten ● schließen. → hineintreiben.

hineinblicken → einsehen.

hineinbrauen → beibringen, beifügen, einmengen.

hineinfallen → ersäufen, reinfallen.

hineinfinden, sich → anpassen.

hineinfressen, in sich → hinunterwürgen.

hineingeben → einbetten.

hineingehen → betreten, einkehren, einstellen, hineinkommen.

hineingeraten → außerstande sein, reinfallen.

hineinklettern → besteigen, hineinkommen.

hineinkommen hineingehen, eintreten, hineinfahren, hineinreiten, eindringen, einsteigen, einschleichen, einmarschieren, einziehen, betreten, beziehen, eintreffen, einrücken, einkehren. ▶ herauskommen.

hineinlegen hineindeuten, erklären, auslegen, deuten, erläutern, erschließen, beleuchten, veranschaulichen, enträtseln, entziffern, kommentieren, einen Sinn hineinlegen ● reinlegen, schaden, übervorteilen, benachteiligen,

schädigen, beeinträchtigen, eine Falle stellen, übers Ohr hauen, ein Bein stellen, Verlust bringen. → einbetten. ▶

helfen, mißdeuten.

hineinleuchten → erhellen, untersuchen.

hineinschauen → einsehen.

hineinschlittern → fallen, hineinstürzen, hineintreiben.

hineinschreiben → einschreiben.

hineinsehen → einsehen.

hineinstecken → durchstecken, einbetten, einbeziehen, einkoffern, einschachteln.

hineinstellen ausstatten, möblieren, einrichten ● abstellen.

hineinstopfen → aasen, einhauen, hineintreiben, zwängen.

hineinstürzen hineinfallen, hineinschlittern, ausrutschen, ausgleiten, hinfallen, herunterstürzen, herunterfallen, fallen, hinsinken, stolpern, niederstürzen, straucheln, hinunterkollern, herabfallen, hinunterkugeln. → ersaufen. ▶ auftauchen, herauskommen.

hineintreiben einfügen, einschalten, einführen, einrükken, einschachteln, einreihen, einsetzen, hineinpressen, hineinzwängen, hineinklemmen, einklemmen, eindrängen, einkeilen, einrammen, einflechten, hinzufügen, hineinjagen, hereintreiben, hinjagen, hineinstoßen ● hineinschlittern, hineinkommen, unvorhergesehen in eine Sache geraten, in eine Sache verwickelt werden. ▶ hinaustreiben.

hineinwachsen → anpassen, lernen, wachsen.

hineinwerfen → eintauchen, einwerfen.

hinfahren → befördern, nähern.

hinfallen → absacken, fallen, fallen lassen.

hinfällig → abgelebt, alt, bebend, dienstunfähig, dunkel, entkräftet, erholungsbedürftig, hochbetagt, schwach, vergänglich.

hinfällig sein → darniederliegen.

Hinfälligkeit → Befinden, Beschwerde, Ermattung, Erschöpfung, Vergänglichkeit.

hinfliegen → absacken, fliegen.

hinführen → einlenken, werden.

Hingabe Aufopferungsfähigkeit, Begeisterungsfähigkeit, Edelmut, Hingebung, Nächstenliebe, Opferfreudigkeit, Opfermut, Selbstlosigkeit, Opferwille, Uneigennützigkeit, Gläubigkeit, Vertrauen, Fleiß, Aufmerksamkeit, An-

teilnahme, Liebe, Behutsamkeit, Zuversicht, Entsagung, Großmut, Hochherzigkeit, Freigebigkeit, Selbstverleugnung, Altruismus, Selbstaufgabe. → Arbeitslust, Augenmerk, Beflissenheit, Begeisterung, Behutsamkeit, Eifer. ▶ Müßiggang, Selbstsucht, Teilnahmslosigkeit.

Hingabe, mit → aufmerksam, angelegentlich.

Hingang → Ableben, Tod.

hingeben, sich → befreunden, bestehen auf, dabei bleiben, opfern.

Hingebung → Achtung, Demut, Ergebenheit, Hingabe.

hingebungsvoll → anschmiegsam, gern, opferbereit.

hingegen obwohl, obzwar, obgleich, aber, trotz, trotzdem, indessen, dagegen, wider, immerhin, gleichwohl, zwar, wenngleich, wenn auch. → allein, dennoch. ▶ Regel nach der, weil.

hingehauen gemurkst. → klecksen, schlagen.

hingeneigt → disponiert, ersehnenswert, geneigt.

hingeschieden → gestorben.

hingestellt → gestellt.

hingestreckt → ausgedreitet, eben, gestorben, waagrecht.

hinhalten → aufhalten, aufschieben, ausdehnen, ausstehen, bedenken, besinnen sich, bleiben neutral, entgegenhalten, erstrecken sich, verzögern.

hinhaltend aufschiebend, hinausschiebend, vertagend, bedenkend, besinnend, verweilend, langsam, gemächlich, bedächtig, zögernd, verzögernd, schwankend, unentschlossen, zweifelnd, zaudernd, ausweichend. → dilatorisch. ▶ sofort, sogleich.

hinhauen → absacken, fallen, florieren, stürzen.

hinhören → horchen.

hinhört → allenthalben.

hinken → erlahmen, ermüden.

hinlangen → anfühlen, greifen, tasten.

hinlänglich → angemessen, ausreichend, genug, mittelmäßig.

Hinlänglichkeit Genüge, Auskommen, Zulänglichkeit, Angemessenheit, Genügsamkeit, Ergiebigkeit, Ertrag, Bedarf, Mäßigkeit, Mittelmaß, Mittelmäßigkeit, Unterhalt, Befriedigung, Sättigung, täglich Brot. → Ergiebigkeit. ▶ Mangel, Mangelhaftigkeit.

hinlaufen → entgegeneilen.

hinlegen → ausgleiten, fällen, legen.

hinlenken hinlotsen, hinsteuern, hinziehen, hinführen, beabsichtigen, bezwekken, hinzielen, vorhaben, erzwecken, anstreben, abzielen, daraufbringen, das Auge richten auf. → einlenken. ▶ ablenken, abzweigen.

Hinlenkung → Blickfang.

hinlotsen → einlenken, hinlenken.

hinmachen → ausrotten.

hinnehmen → abfinden, ausharren, ausstehen, dulden, verschmerzen.

hinnehmend erleidend, erduldend, unbewegt, gleichmütig, leidenschaftslos, unerschütterlich, gemütsruhig, ruhig, besonnen, gefaßt, gesetzt, ausgeglichen, gelassen, unberührt, unbeweglich, sanftmütig, geduldig, friedfertig, regungslos. → duldend. ▶ (abwehrend), unduldsam.

Hinneigung → Anziehung, Begeisterung, Bestreben, Liebe, Wohlwollen.

hinnen gehen, von abreisen, weggehen, scheiden, fortgehen, fortfahren, fortziehen, abrücken, verlassen, ausziehen, auswandern, entfliehen, durchbrennen, entfernen, verduften, abmarschieren, abtreten, abgehen, sich verabschieden, sich auf den Weg machen, das Lager abbrechen. → sterben. ▶ ankommen, leben.

hinopfern → ausrotten, Fall bringen zu, töten, zerstören.

hinraffen sterben, töten.

hinreden, für sich → brummen.

hinreichen genügen, auskommen, ausreichen, hinlangen, klappen, langen, auslangen, reichen. → auskommen, geben. ▶ mangeln.

hinreichend → ausreichend, angemessen, entsprechend, erklecklich, genug.

hinreißen → aufregen, beseelen, bestricken, entbrennen, fesseln, Furore machen, gefallen.

hinreißend umschmeißend, unerhört. → antreibend, auserlesen, beseligend, erregend, schön.

hinrennen → eilen heran.

hinrichten hängen, erschießen, einen Kopf kürzer machen. → ausrotten, bestrafen, einschlagen den Weg, töten.

Hinrichtung Todesstrafe, Vollzug, Vollstreckung, Todesstoß, Gnadenstoß, Halsgericht, Erhängen, Enthauptung, Köpfen, Erschießen, Kreuzigung, Flammentod, Erdrosselung, Pfählung, Sakkung, Galgen. → Beraubung, Bestrafung.

hinsausen → absacken, fallen, rennen.

hinscheiden → ausatmen, sterben.

Hinscheiden → Ableben, Tod.

Hinschied *schw.* → Ableben, Tod.

Hinschlachten → Blutbad.

hinschlagen → absacken, ausgleiten, fallen.

hinschleppen → erlahmen.

hinschmeißen → absacken, wegwerfen.

hinsehen → anschauen, entgegensehen, erheben die Augen.

hinsenden → entsenden.

hinsetzen (sich) → setzen.

Hinsicht Hinblick, Gesichtspunkt, Belang, Halt, Betracht, Betrachtungsweise, Beziehung, Bezug, Betreff, Meinung, Erklärung, Punkt, Sinn, Wortbedeutung, Zusammenhang, Bezugnahme, Richtung, Ausdruck, Gehalt, Bedeutung. → Berücksichtigung, Bezug.

Hinsicht, in → betreffend, beziehungsweise, diesbezüglich, hinsichtlich.

hinsichtlich bezüglich, betreffs, gemäß, rücksichtlich, insofern, dementsprechend, rückgreifend, rückgehend, was das betrifft, in Hinsicht, in Anbetracht, in punkto, in diesem Punkte. → beziehungsweise. ▶ beziehungslos.

hinsinken → fallen.

hinstarren → fallen ins Auge, starren.

hinsteuern → beabsichtigen, einlenken, einschlagen den Weg, hintreiben.

Hinstimmung → Beeinflussung, Einwirkung, Geleitwort.

hintangesetzt fühlen, sich → beleidigt.

Hintansetzung → Achsel, Beleidigung.

hinten endend, abschließend, hinterher, dahinter, danach, nach, zuletzt, zuhinterst, hinter, rückwärts, abseits, nach, zurück, hinterrücks, zurückgeblieben ● achten *sm.* → dahinter. ▶ vorn.

hintenherum intrigant, ränkevoll, versteckt, verdeckt, anonym, verstohlen, geheimnisvoll, dunkel, verdunkelt, unredlich, unaufrichtig, hinterlistig, hinterhältig, betrügerisch, gaunerisch, verlogen, verheimlichend, hinter dem Rücken, bei verschlossener Tür. → arglistig, heimlich, hinterrücks. ▶ geradezu.

hinter → danach, hinten.

Hinterbliebene Nachkomme, Erbe, Nachfolge, Nutznießer, Stammhalter, Sprößling, Sohn, Tochter, Familie, Frau, Mann, Verwandtschaft, Besitzer.

hinterbringen → angeben, anzeigen, aussagen, bedeuten, belehren, benachrichtigen, bestätigen, einweihen in das Geheimnis, klatschen, melden.

hintereinander nachfolgend, folgend, nacheinander, sukzessiv, dahinter, hinterher, darauf, folglich, aufeinanderfolgend, zusammenhängend, der Reihe nach, im Schlepptau, im Gänsemarsch, in Reih und Glied, in Aufeinanderfolge. ▶ nebeneinander.

hinterfötzig (hinterfortzig) → arglistig.

hintergangen → betrogen.

Hintergangener → Betrogener.

Hintergedanke Verdacht, Argwohn, Mißtrauen, Anspielung ● Falschheit, Unwahrheit, Verschlagenheit, Hinterhältigkeit, Unehrlichkeit, Täuschung, Unredlichkeit, Verstellungskunst, Hinterlist, Arglist, Verlogenheit, Heuchelei ● Heimlichkeit, Geheimniskrämerei, Versteckspiel, Einverständnis, Hinterhalt. → Absicht, Doppelsinn. ▶ Aufrichtigkeit, Offenheit, Vertrauen.

hintergehen erschleichen, täuschen, betrügen, belügen, mogeln, foppen, narren, beschwatzen, bereden, einwikkeln, prellen, benachteiligen, bewuchern, überfordern, übervorteilen, veruntreuen, unterschlagen, erschleichen, ergaunern, heucheln, bemänteln, übersteuern, überlisten, übertölpeln, trügen, umgaunern, schädigen, verderben, beeinträchtigen, Sand in die Augen streuen, übers Ohr hauen, hinters Licht führen, verschaukeln *u.* → bemänteln, beschwindeln, drehen eine Nase, drehen und zuwenden wissen, Dunst vormachen, fischen im trüben, intrigieren. ▶ begünstigen, ehrlich (sein), Wahrheit sprechen die, Wein einschenken reinen.

Hintergehung → Bestechung, Betrug, Blendwerk, Käuflichkeit, Täuschung.

Hintergrund Rückseite, Hinterseite, Rückteil, Hinterwand, Rückwand, Kulisse, Bühnenwand, Szenerie, Raumtiefe, Bühnenwirkung, Bühnenbild, Ausstattung, Dekoration, Staffage, Raumwirkung, Leinwand ● Zurückhaltung, Zurückziehung, abseits, Einsamkeit. → drum und dran. ▶ (Vordergrund).

hintergründig → arglistig.

Hinterhalt Hinterhältigkeit, Falle, Lauer, Schlinge, Schlupfwinkel, Versteck, Nachstellung, Gefahr, Tarnung, Tücke, Teufelei, Heimlichkeit, Horchposten, Hintergedanke, Vorbehalt, Geheimniskrämerei, Geheimbund, Täuschung, Gefährdung, Bedrängnis, Doppelzüngigkeit,

Unaufrichtigkeit, Verschlagenheit, Verstellungskunst, Unehrlichkeit, Unredlichkeit, Hinterlist, Arglist, Heuchelei, Verlogenheit, Blendung, Verheimlichung, Vertuschelung. → Abenteuer, Angriff, Arglist, Danaergeschenk, Falle. ▶ Aufrichtigkeit, Offenheit.

hinterhältig → arglistig, heimlich, intrigant.

Hinterhältigkeit → Falschheit, Hinterhalt.

hinterher a posteriori. → dahinter, danach, nachher.

Hinterlage → Kaution.

hinterlassen zurücklassen, dalassen, verderben, übriglassen, stehenlassen, lassen, bleiben, zurückbleiben, geben, abgeben, schenken, spenden, zuwenden, abtreten, stiften, zuschießen, widmen, zueignen, überlassen, übermachen, verabreichen, versorgen, versehen, verschreiben, vermachen, vererben, zuweisen ● Nachricht hinterlassen. → beschenken. ▶ mitnehmen, unterlassen.

hinterlegen → aufstellen, bürgen, deponieren.

Hinterlegung → Ersparnis, Kaution, Vorrat.

Hinterlist → Arglist, Dolchstoß, Doppelrolle, Doppelsinn, Falle, Falschheit, Gemeinheit, Hinterhalt, Täuschung.

hinterlistig → aalglatt, arg, arglistig, bestechlich, böse, charakterlos, durchtrieben, intrigant, verschlagen.

Hinterlistigkeit → Arglist, Danaergeschenk, Dolchstoß.

Hintermann Strohmann, Helfershelfer, Hehler.

hinterrücks meuchlings, falsch, gemein, heuchlerisch, treulos, glattzüngig, heimtückisch, arglistig, doppelzüngig, abgefeimt, listig, glatt, heimlich, versteckt, verstellt, schleichend, unoffen, unaufrichtig, katzenartig. ▶ aufrichtig, rückhaltlos.

Hinterseite → Rückseite.

Hinterteil → Schluß.

Hintertreffen, geraten ins → beikommen nicht.

hintertreiben → abwenden, aufhalten, beeinträchtigen, bekämpfen, benehmen die Hoffnung, bezwingen, dawider, dazwischentreten, durchkreuzen, hemmen, hindern.

Hintertreibung → Beschwernis, Durchkreuzung, Hindernis.

Hintertüre Hintertürchen, Notausgang, Ausfalltor, Durchschlupf, Hintertreppe, Nebentreppe, Durchgang ● Heimlichkeit, Vorbehalt, Rückhalt, Hinterhalt, Hinterlist, Falle, Tarnung, Verbergung, Verschleierung, Geheimhaltung

● Schleichweg, Ausweg, Kunstgriff, Winkelzug, Fußangel, List, Kniff, Finte. → Danaergeschenk. ▶ Aufrichtigkeit, Offenheit.

hinterziehen → fälschen, täuschen.

Hinterziehung → Betrug, Täuschung.

hintritt → allenthalben.

hinüber und herüber → hin und her.

hinübergehen → ausatmen, entschlafen, überqueren, sterben.

hinunter → abwärts, bergab, drunten.

hinunteressen → beherrschen sich, schlucken.

hinunterkollern → fallen, hineinstürzen.

hinuntersteigen hinabsteigen, herabsteigen, hinuntergehen, herabgehen, herunterkommen, absteigen, herabspringen, herunterlaufen, herunterkriechen, bergabsteigen, herunterrennen, heruntersausen, einen Abstieg machen. ▶ heraufgehen.

hinunterstürzen → hineinstürzen, trinken.

hinunterwürgen → beherrschen sich, schlucken.

Hinterwäldler → Kleinbürger.

hinweg → ab, davon auf und, fort.

hinwegfegen → zerstören.

Hinwegsetzung → Entgleisung, Verstoß.

Hinweis Zeichen, Tip, Wink, Deut, Geste, Gebärde, Fingerzeig, Anspielung, Wink mit dem Zaunpfahl, Anweisung, Unterweisung, Maßregel, Andeutung, Anleitung, Ratschlag, Auskunft, Angabe, Mitteilung, Erklärung, Eröffnung, Enthüllung, Offenbarung, Bericht, Meldung, Veranlassung, Wegweiser, Auskunftsstelle, Belehrung, Eingebung. → Angabe, Anspielen. ▶ Verheimlichung, Verschwiegenheit.

hinweisen andeuten, ausdrücken, beleuchten, bemerken, einflechten, erwähnen, betonen, dartun, hervorheben, sagen, unterstreichen, zeigen, angeben, ansagen, eröffnen, äußern, sprechen, aufzeigen, enthüllen, erweisen, aufweisen, heranziehen, anführen ● Finger deuten mit dem, Finger weisen auf mit dem. → angeben, aufzeigen, aufklären, ausdrücken, äußern, befürworten, betonen, bloßlegen, dartun, deuten, demonstrieren, einschärfen, erinnern. ▶ unterlassen, verheimlichen, verschweigen.

hinweisend → demonstrativ.

hinwenden → einschlagen den Weg, zuneigen.

hinwerfen → fallen lassen.

Hinz und Kunz Durcheinander, Wirrwarr, Allerlei, Sammelsurium, Mischmasch ● Dummkopf, Narr, Holzkopf, Blödkopf ● Niemand, Null, Pöbel, Bettelvolk, Unbekannter, Krethi und Plethi. → dunkle Abkunft.

hinzeigen → deuten.

hinziehen, sich → ausdehnen, dauern.

hinzielen → beabsichtigen, bestreben sich, erzwecken, fassen ins Auge, steuern, streben.

hinzudrängen → beigesellen, hinzufügen.

hinzufügen hinzudrängen, anfügen, beifügen, einflechten, addieren, angliedern, hinzusetzen, hinzutun, bemerken, beitragen, erwähnen, verbinden, vermehren, vergrößern, erweitern, verstärken, vereinigen, ansetzen, beilegen, anschließen, einreihen, anhängen, beipacken, beiordnen, hineintun, hinzuzählen. → anmachen, ausdehnen, beifügen, beigesellen, beitragen, beschlagen, dazukommen, einflechten, einmengen, einrangieren, einrechnen, einverleiben, ergänzen. ▶ abziehen, verringern, weglassen, wegnehmen.

Hinzufügung → Anhang, Auskunft, Beifügung, Einmischung, Einschluß, Ergänzung, Nachtrag, Notiz.

hinzugefügt hinzugetan. → beifolgend, beigeordnet, beiläufig, beiliegend, dabei, damit, ferner.

hinzugefügt werden → dazukommen, hinzufügen.

hinzukommen → dazukommen, beigesellen, hinzufügen.

hinzunehmen → abfinden.

hinzusetzen → beifügen, beitragen, dazukommen, einflechten, einrechnen, ergänzen, hinzufügen.

hinzuströmen → beigesellen, hinzufügen.

hinzutreten → beigesellen, beitreten, hinzufügen.

hinzutun → beitragen, einverleiben, ergänzen, hinzufügen.

hinzuzählen → beiordnen, einbeziehen, hinzufügen.

hinzuziehen → einbeziehen.

Hiobsbotschaft → Alarm, Schreck.

Hiobspost → Alarm, Schreck.

Hippe → Bock.

Hippodrom → Bahn.

Hirn Schädel, Kopf, Gehirn, Bregen u, Denkorgan, Empfindungssitz, Geweih. → Verstand. ▶ Unverstand.

Hirnarbeit → Intelligenz.

Hirngespinst Nichts, Schein, Dunst, Schatten, Einbildung,

Halluzination, Traum, Flause, Luftschloß, Luftbild, Trugbild, Sinnestäuschung, Erscheinung, Scheinbild, Phantom, Phantasmagorie, Fata Morgana, Blendwerk, Irrtum, Täuschung, Selbstbetrug, Phantasiegebilde, Grille, Utopie, Wunderland, Spuk, Träumerei, Vision, Wachtraum, Tagtraum, Verzückung, Fieberwahn, Zwangsvorstellung, Überspanntheit, Romantik. → Auswuchs, Dunstbild, Dunst leerer, Chimäre. ▶ Wahrheit, Wirklichkeit.

hirnverbrannt dumm, töricht, blöde, einfältig, unentwickelt, dämlich, hohlköpfig, schwachköpfig, gehirnlos, stumpfsinnig, geistesarm, geisteschwach, vernagelt, verbohrt, sinnlos, verständnislos, kopflos, borniert, hirnrissig, toll, albern, vernunftwidrig ● idiotisch, krank, unmoralisch, geistesgestört, umnachtet, verrückt, närrisch. → absurd, bedenklich, dumm. ▶ geistvoll, klug, real.

Hirte → Aufseher, Begleitung, Beschützer, Bewachung, Wächter.

hissen → aufsteigen, aufziehen, heben.

Historie → Geschichtswerk.

Hit Schlager, Renner, Bestseller, Evergreen.

Hitze Wärme, Siedehitze, Schwüle, glühender Hauch, heißer Brodem, Affen-, Bären- oder Bullenhitze *u* ● Erhitzung, Entzündung, Verkohlung, Einäscherung ● Glut, Lohe, Fieberglut, Temperatur, Siedeglut, Siedepunkt, Weißglut, Hochglut. → Affekt, Aufregung, Begeisterung, Brand, Erwärmung, Geifer. ▶ Kälte.

Hitze geraten, in → bemächtigen, hitzig.

hitzig leidenschaftlich, reizbar, aufgeregt, ungeduldig, erregt, stürmisch, wild, ungestüm, in Hitze geraten, feurig, heißblütig, aufbrausend, heftig, hitzköpfig, gewalttätig. → aufgebracht, blindlings, cholerisch, Fassung verlieren die, heftig. ▶ besonnen, ruhig.

Hitzkopf → Brausekopf, Blut heißes, Drache, Choleriker, Enthusiast, Fanatiker.

hitzköpfig → blindlings, cholerisch, feurig.

hobeln → glätten.

Hobby Freizeitbeschäftigung, Freizeitgestaltung, Steckenpferd ● Vergnügung, Spiel, Zeitvertreib ● Lieblingsbeschäftigung, Liebhaberei.

hoch hochgradig, in hohem Grade, beträchtlich, ansehnlich, erheblich, überaus, mächtig ● empor, erhaben, emporragend, aufsteigend, steil, oben, darüber, über,

hinauf, himmelan, wolkenwärts, haushoch, turmhoch, kolossal, gigantisch. → ausgedehnt, bravo, darüber, droben, erhaben, gigantisch, luftig. ▶ niedrig.

hoch, dreimal → bravo.

hoch und heilig eidlich, unfehlbar, kategorisch, gewiß, sicherlich, jedenfalls, auf Ehre, auf Treue, auf Treu und Glauben, bei meinem Wort, bei Gott, Hand und Siegel. ▶ ungewiß.

hoch zu Roß → Hochmut.

hochachten → achten, anbeten, anerkennen, schätzen.

Hochachtung → Achtung, Begriff, Ehrenplatz, Verehrung.

hochachtungsvoll ehrerbietig, ehrfurchtsvoll, ehrwürdig, geachtet, geehrt, gewürdigt, ehrfürchtig, untertänig, höflich ● achtungsvoll, ergeben, mit ergebenem Gruße, mit freundlichen Empfehlungen, mit besten Empfehlungen, sehr ergeben, ergebenst. ▶ verächtlich.

Hochadel → Adel.

Hochbahn → Bahn.

Hochbau → Baukunst.

hochbedeutend → epochemachend.

hochbegabt → anstellig.

hochbetagt alt, bejahrt, betagt, bei Jahren, in den Jahren, grauköpfig, silberhaarig, weißlockig, überaltet, verrostet, verkalkt, ausgedient, hinfällig, dienstunfähig, abgelebt, steinalt, greisenhaft, senil, verkindscht. → bereift, ergraut. ▶ jung.

hochblicken → erheben die Augen.

hochbringen → ärgern, aufregen.

Hochdruck Spannung, Anspannung, Spannkraft, Kraftgefühl, Tatendrang, Trieb, Ungeduld, Hochspannung ● Eifer, Schwung, Hetze, Begeisterung, Energie, Feuer, Hast, Übereilung, Arbeitslust, Fleiß, Vehemenz, Übereifer, Schnelligkeit, Nachdruck, Eile. → Atmosphäre, Druck, Dynamik. ▶ Entspannung, Kraftlosigkeit, Langsamkeit, Zug.

Hochebene → Ebene.

Hochehrwürden → Anrede.

hochfahrend → anmaßend, aufgeblasen, befehlerisch, dünkelhaft, ehrgeizig, eitel.

hochfliegend überschwenglich, übertrieben, überspannt, verstiegen, exzentrisch, extravagant, abenteuerlich, übersteigert, bombastisch, schwulstig, überspitzt, eitel, dummstolz, hochmütig, eingebildet, dünkelhaft, selbstgefällig, selbstbewußt, aufgeblasen, aufgebläht, großtuerisch, großsprecherisch,

prahlerisch, verblendet, dumm, dicktuerisch. → ehrgeizig. ▶ bescheiden.

Hochflut → Berg, Strömung.

Hochform Höchstform, Rekordform ● fit sein, in bester körperlicher Verfassung, durchtrainiert ● auf dem Posten, leistungsfähig.

Hochgebirge → Berg.

hochgeboren → adelig.

Hochgefühl → Affekt, Lebensgefühl.

hochgehen aufsteigen, auffliegen, aufschwingen, emporsteigen, emporklimmen, aufbäumen, aufflammen, emporlodern, explodieren, emportauchen, hochkommen, hochschweben ● ärgern, erregen, erzürnen, verstimmen, aufreizen, rasen, toben, schäumen, platzen, aus der Haut fahren, sich vergessen, vor Wut zittern, aufschäumen, die Geduld verlieren, Feuer fangen, Gift und Galle speien, in Zorn ausbrechen, in die Luft gehen. → erklettern. ▶ beruhigen, heruntersinken.

hochgehend → aufgebracht, heftig.

hochgemut → ehrsinnig, stolz.

Hochgenuß → Befriedigung, Ergötzen, Leckerbissen, Schmaus.

hochgeschätzt → angesehen, beliebt, berühmt.

hochgestellt → adelig, Rang von hohem.

hochgestochen → übertrieben.

hochgewachsen groß, baumlang, stattlich.

hochgradig hoch, höchst, enorm, bedeutend, besonders, außerordentlich, ausnehmend, äußerst, überdurchschnittlich, in hohem Grade, beträchtlich, erheblich, unerreicht, non plus ultra, unübertrefflich, überlegen, möglichst. → ausnehmend, außerordentlich. ▶ gewöhnlich, minderwertig, unbedeutend.

hochhalten achten, verehren, schätzen, hochschätzen, bewundern, anbeten, vergöttern, preisen, rühmen, anerkennen, Lob spenden, bewundern, ehren, wertschätzen, verherrlichen, schwärmen, herausstreichen. → A und O. ▶ erniedrigen, heruntermachen.

hochherzig → charakterfest, freigebig, großmütig, selbstlos.

Hochherzigkeit Selbstlosigkeit, Uneigennützigkeit, Hingabe, Opferwilligkeit, Großmut, Freigebigkeit, Seelenadel, Edelsinn, Milde, Ritterlichkeit. ● Barmherzigkeit, Großmut. ▶ Hartherzigkeit, Unbarmherzigkeit.

hochkomisch → bizarr.

hochkommen → emporklimmen, hochgehen.

Hochkonjunktur (Wirtschafts-)Blüte ● Hochzeit, Sternstunde, günstige Zeit, Aufschwung.

Hochland → Berg.

hochleben lassen auszeichnen, huldigen, feiern, zujubeln, preisen, rühmen, verherrlichen, auf die Schulter heben, zutrinken, anprosten, einen Toast ausbringen, ein Hoch ausbringen. ▶ beschimpfen.

höchlich → erheblich.

Hochmut Selbstüberhebung, Selbstvergötterung, Selbstgefälligkeit, Selbstherrlichkeit, Hoffart, Adelsstolz, Einbildung, Dünkelhaftigkeit, Spleen, Aufgeblasenheit, Ruhmsucht, Eigenliebe ● Großmannssucht, Größenwahn, Übermut, Dummheit, Großtuerei, hoch zu Roß. → Anmaßung, Dünkel, Eitelkeit. ▶ Bescheidenheit.

hochmütig herablassend, hochtrabend. → abgelebt, abgestumpft, anmaßend, aufgeblasen, ausschließend, bärbeißig, blasiert, dekadent, entartet, eingebildet, eitel.

hochmütig sein → dick tun.

hochnäsig → anmaßend, dünkelhaft, geldstolz, eitel.

hochnehmen heben. → bemühen, drängen, verspotten.

Hochrelief → Bildhauerei.

hochrichten → erheben die Augen, heben.

Hochruf Hurra! Lebe hoch! Eljen! Eviva! Bravo! Bravissimo! Heil, hoch soll er leben! dreimal hoch! Tusch! Viva! ▶ Pfuirufe.

hochrund → bauchig.

hochschätzen → anbeten, hochhalten.

hochschauen → erheben die Augen.

Hochsinn Adel, Erhabenheit, Größe, Stolz, Haltung, Großmut, Tugend. → Erhabenheit, Selbstlosigkeit. ▶ Niedrigkeit, Unwürdigkeit.

hochsinnig → edel.

Hochsitz → Anstand.

höchst → ausnehmend, hochgradig.

Hochstapelei → Betrug.

Hochstapler → Bandit, Bauernfänger, Canaille, Erpresser.

höchsten Grade, zum → bringen aufs äußerste.

höchstens → äußerst.

Höchstgeboren, Euer → Anrede.

Hochstimmung → Glück.

Höchstleistung → Rekord, Spitze.

hochstrebend aufsteigend, auffliegend, aufflatternd, aufschwingend, emporsteigend, kletternd, emporklimmend, erklimmend, aufstehend, aufrichtend, aufbäumend, hochkommend, emporkommend, emporstrebend, rankend ● empor, auf, herauf, bergauf. → ideal. ▶ niederfallen(d), herunter.

höchstwahrscheinlich → vermutlich, wahrscheinlich.

Hochtourist → Bergsteiger.

hochtrabend protzig. → anspruchsvoll, ausdrucksvoll, ausschließend, eitel, herablassend, prahlerisch.

hochtreiben → aufschlagen, blähen.

hochverdient → ausgezeichnet, verdient.

Hochverräter → Abtrünniger.

Hochwasser → Flut.

hochwertig → gut, vorteilhaft, vortrefflich.

Hochwohlgeboren, Euer → Anrede.

Hochzeit → Ehe, Ehrentag, Feier.

hochziehen heißen (hissen) sm, aufziehen, flaggen, hieven sm (Last hochziehen).

Hochziel → Denkbild, Herzenswunsch, Ideal.

Hocken → Bund.

Höcker → Auswuchs, Berg, Wölbung.

höckerig gewölbt, uneben, buckelig, bossiert, knotig, warzig, holprig, knollig, zerklüftet, rissig. → blatternarbig. ▶ eingebogen, glatt.

Hockey → Ball.

Hof Durchgang, Durchfahrt, Lichtschacht, Hinterhof ● Lichthof, Lichtschein, Lichterscheinung, Sonnenring, Mondhof ● Gefolge, Gefolgsleute, Vasallen, Hofhaltung, Cour, Stab. → Ansiedlung, Anwesen, Bauernhof, Besitztum.

Hofdame → Adel.

hoffähig → adelig, betragen sich, elegant, vornehm.

Hoffart → Anmaßung, Eitelkeit.

hoffärtig → eitel.

hoffen anstreben, herbeiwünschen, erhoffen, harren, erwarten, sich freuen auf, entgegensehen, verlassen sich, versprechen sich, Erwartung hegen, Mut fassen, gewärtigen, spitzen auf, bauen auf etwas, zählen auf, rechnen auf, frohen Mutes sein, zuversichtlich sein, der besten Hoffnung sein, sich an einen Strohhalm klammern, im Vertrauen leben ● ersehnen, wünschen, erstreben, begierig sein, sehnsüchtig sein, etwas für verlockend halten. → ahnen, annehmen, entgegensehen, ersehnen, erwarten, fassen ins Auge, freuen sich, gewärtigen. ▶ verzweifeln.

hoffentlich wahrscheinlich, vermutlich, glaublich, denkbar, mutmaßlich ● hoffnungsvoll, zuversichtlich, erwartungsvoll, bevorstehend, voraussichtlich. ▶ unwahrscheinlich.

Hoffnung Zuversicht, Vertrauen, Mut, Zutrauen, Annahme, Vermutung, Mutmaßung, Voraussetzung, Ahnung, Spannung, Vorgefühl, Erwartung, Optimismus, Vertrauensseligkeit, Glaube, Selbstvertrauen, Lichtblick, Hoffnungsanker, Hoffnungsstrahl, Hoffnungsfreude, Hoffnungsglanz, Hoffnungsschimmer, Hoffnungsfunke. → Ahnung, Annahme, Aussicht stehen in, Erwartung, Glaube. ▶ Verzweiflung.

Hoffnung hegen zuversichtlich sein, optimistisch sein. → hoffnungsvoll (sein).

Hoffnung nehmen, die → benehmen die Aussicht.

Hoffnung, ohne → desperat.

Hoffnung setzen, auf jemanden auf jemanden große Stücke halten, Vertrauen haben.

Hoffnung haben, falsche sich Schwachheiten einbilden, sich schneiden u.

Hoffnungsanker → Hoffnung, Lichtblick.

Hoffnungsfreude → Hoffnung, Vertrauen.

hoffnungsfreudig → hoffnungsvoll, optimistisch.

hoffnungslos aussichtslos, erwartungslos, verzweifelt, gedrückt, niedergebeugt, niedergeschlagen, ohne Hoffnung, gottverlassen, vernichtet, unheilbar, unersetzbar, unwiederbringlich, leidvoll, untröstlich ● elend, erbärmlich, jämmerlich, demütig, beklagenswert, niederschmetternd, entsetzlich, gedrückt, lastend ● ohne Aussicht, unmöglich, unerreichbar, unüberwindlich, kein Gedanke daran. → absprechen, aberkennen, abgründig, ausgeschlossen, aussichtslos, betrogen, desperat, enttäuscht, geknickt, gottverlassen, hilflos, unmöglich, verzweifelt. ▶ hoffnungsvoll.

hoffnungslos machen → benehmen die Hoffnung.

Hoffnungslosigkeit → Depression, Entmutigung, Trostlosigkeit, Verzweiflung.

Hoffnungsseligkeit → Hoffnung, Vertrauen.

Hoffnungsstrahl → Hoffnung, Lichtblick.

hoffnungsvoll hoffnungsfreudig, vertrauensvoll, zuversichtlich, getrost, optimistisch, vertrauensselig, sorglos, furchtlos, arglos, zutraulich, frohgestimmt, erfreulich, guter Dinge sein. → arglos, bedeutungsvoll, getrost, optimistisch, vertrauensvoll. ▶ hoffnungslos.

hofieren schöntun, kokettieren, flirten, tändeln, kosen, vergaffen, werben, flattieren, schmeicheln, schweifwedeln, Hof machen, Kur schneiden. → buhlen, einschleichen sich in die Gunst, Kur schneiden, schmeicheln. ▶ verabscheuen.

höfisch gebildet, kultiviert, gesittet, zivilisiert, schicklich, sittsam ● hofmännisch, diplomatisch, geschmeidig, katzenfreundlich, augendienerisch, glattzüngig, schöntuerisch, schmeichlerisch, gleisnerisch. → aalglatt. ▶ geradezu, ungebildet.

höflich ritterlich, galant, gesittet, freundlich, ehrfurchtsvoll, ehrerbietig, formgewandt, erzogen, manierlich, zutunlich, vornehm, kultiviert, fein, geschliffen, wohlerzogen, bescheiden, nett, brav, gebührlich, anständig, schicklich, gefällig, zuvorkommend, liebenswürdig, leutselig, verbindlich, hoffähig, einnehmend, bereitwillig, hilfsbereit, willfährig, aufmerksam, willig, erbötig, herzlich, ergeben. → angenehm, artig, betragen sich, dienstbereit, dienstfertig, elegant, galant. ▶ unhöflich.

Höflichkeit Ehrerbietung, Formgefühl, Galanterie, Gruß, Wohlerzogenheit, Artigkeit, Bildung, Manierlichkeit, Schicklichkeit, Sitte, Schliff, Vornehmheit, Weltgewandtheit, Schmeichelei, Hofmacherei, Courschneiderei, Courtoisie, Liebenswürdigkeit, Gefälligkeit, Willfährigkeit, Dienstbeflissenheit, Dienstfertigkeit, Zuvorkommenheit, Verbindlichkeit, Wohlwollen, Herzlichkeit, Gutmütigkeit, Freundlichkeit, Umgänglichkeit, Gesellschaftsform, Benehmen, Betragen, Gesellschaftlichkeit. → Anstand, Benehmen, Courschneiderei, Demut. ▶ Unhöflichkeit.

Höflichkeitsbesuch machen → besuchen.

Höfling → Adel.

Hofmacher → Courmacher.

Hofmacherei → Bewerbung, Courschneiderei.

hofmännisch → aalglatt, höfisch.

hofmeistern → Dach steigen auf das, schulmeistern.

Hofnarr → Bajazzo.

Hofsitte → Etikette.

Hofstaat → Gefolge.

Hofwürdenträger → Adel.

Hofzwerg → Bajazzo.

Höhe Anhöhe, Erhebung, Erhöhung, Größe, Wuchs, Erhabenheit, Steigung, Aufstufung, Gebirge, Hügel, Gipfel, Hochgebirge, Höhenweg, Kuppe, Spitze, Steile, Berg, Kirchturm, Turm ● Bedeutung, Rang, Ehre, Ruhm, Titel, Gewicht, Glanz, Würde, Berühmtheit, Beförderung, Grad, Posten, Platz, Klasse, Stelle ● Gesundheit, Wohlgefühl, Zufriedenheit. → Bedeutung, Berg, Erhebung. ▶ Tiefe.

hohe Persönlichkeit → Adel.

Hoheit → Anrede.

hoheitsvoll würdevoll, königlich, ehrwürdig, groß, erhaben, hehr, hochehrwürdig, majestätisch, heilig, weihevoll, stattlich, feierlich, mit Würde, mit Würde und Hoheit ● Grandezza. → königlich. ▶ niedrig, würdelos.

Hoheitszeichen → Emblem, Titel.

Höhenzug → Berg.

Höhepunkt Krisis, Gipfel, Clou, Knalleffekt u, Klimax, Gipfelpunkt, Zenith. Kulmination, Spitze, Koppe, Kuppe, Scheitelpunkt, Wipfel, Wendepunkt, Drehungspunkt, Schopf, Zinne, Abschluß, Schluß, Ende, Ziel, Steigerung. → Ausbund, Clou, Gipfel. ▶ Mittelmäßigkeit, Tiefpunkt.

höher → darüber, dominierend, überwiegend.

hohl → ausdruckslos, blähen, eingebogen, farblos, unbedeutend.

Höhle Kaverne. → Einbauchung, Höhlung.

Hohlheit → Bedeutungslosigkeit, Blindheit, Eintagsfliege, Farblosigkeit, Schaum.

Hohlkopf → Banause, Dummerian, Dummkopf.

Höhlung Fuge, Furche, Grube, Höhle, Loch, Lücke, Einschnitt, Einbauchung, Graben, Mulde, Luke, Nische, Schacht, Vertiefung, Hohlraum, Rinne, Bucht, Aushub, Krater, Trichter, Auswaschung, Schlucht, Tal, Grotte, Erdbruch, Tiefe, Untiefe, Brunnen, Abgrund, Schlund. → Einbauchung. ▶ Wölbung.

hohlwangig eingefallen, abgezehrt, mager, kränklich.

Hohlweg → Durchbruch, Weg.

Hohn → Anspielen, Spott.

höhnen bewitzeln, verspotten, nachspotten, verlachen, auslachen, bespötteln, narren, hänseln, necken, foppen, aufziehen, frotzeln, lästern, veralbern, verhöhnen, hohnlachen, hohnlächeln, grinsen, nachäffen, witzeln, ironisieren, zum Gespött machen, zum Narren halten, durch die Hechel ziehen. → aufziehen, belächeln, bespötteln. ▶ bewundern.

Hohngelächter → Gelächter, Spott, Verachtung.

höhnisch spöttisch, ironisch, stichelig, neckisch, spottsüchtig, spottgewohnt, verlacht, ungezogen, zudringlich, unverschämt, schnippisch, vorwitzig, bissig, zänkisch, zynisch, verächtlich, gemein, überheblich, niederträchtig, schändlich, schimpflich. → anmaßend, zynisch. ▶ jubelnd, verbindlich.

hohnlachen → höhnen.

hökern → anbieten.

Hokuspokus → Aberglaube, Blendwerk, Täuschung.

hold gewogen. → angenehm, anmutig, ästhetisch, charmant, fein, freundlich, geneigt, schön.

Holdinggesellschaft → Bund.

holdselig → angenehm, anmutig, bestrickend, charmant, entzückend, fein, freundlich, schön.

Holdseligkeit → Anmut, Charme, Schönheit.

holen bringen, herbeibringen, herbringen, reichen, erreichen, einbringen, hereinbringen, befördern, schicken, senden, zubringen, hintragen, zutragen, zuführen, herschaffen, herräumen, abgeben, fortschaffen, abholen, wegholen, entfernen, übergeben, nehmen ● einkaufen, einholen, kaufen ● abholen, treffen, antreffen. → beschaffen. ▶ nehmen.

Holla! → beachtlich.

Hölle Höllenreich, Höllenpfuhl, Schwefelpfuhl, Abgrund, Feuer, Hades, Inferno, Schattenwelt, Totenreich, Unterwelt, Nebelheim, Nebelreich, Nacht, Finsternis, Dunkelheit, Sitz der Höllenfürsten, Aufenthalt der Unseligen, Ort der Verdammnis, Ort der Pein, die ewige Strafe, höllisches Feuer, Reich des Pluto, das stygische Gewässer, Hades. ▶ Himmel.

Hölle, Bewohner der → Dämon, Teufel.

Hölle auf Erden → Verdruß, Mißbehagen.

Hölle heißmachen zanken, geifern, keifen, schimpfen, anknurren, anfahren, zürnen, wüten, grollen, murren, drohen, einschüchtern, verängstigen, androhen, bedrohen, fluchen, quälen, martern, peinigen, pisacken, plagen, schikanieren, zwiebeln, foltern, malträtieren, das Leben zur Hölle machen. ▶ beruhigen, loben, schonen.

Höllenbraughel → Chaos.

Höllendrache → Bestie, Teufel.

Höllenfürst → Beelzebub, Teufel.

Höllenhund → Bandit, Teufel.

Höllenkunst → Aberglaube, Zauberei.

Höllenpein → Schmerz.
Höllenspuk → Dämon, Gespenst.
Höllenwerk → Dämon, Gespenst.
Höllenwesen → Dämon, Gespenst.
höllisch → abscheulich, bestialisch, böse, charakterlos, dämonisch, diabolisch, teuflisch.
holpern → stolpern.
holprig → rauh, uneben.
holterdiepolter → durcheinander.
Holz → Baustoff, Bestand, Brennmaterial.
holzen → pfuschen.
hölzern holzig, starr, tot, steif, unbiegsam, unbiegbar, unnachgiebig, straff, strack, stramm, spröde, drahtig, stakig *u*, staksig *u*, stocksteif, wie der Storch im Salat *u*, stelzenhaft, ein Besenstock oder ein Ladestock verschluckt haben *u*, ein Lineal verschluckt haben *u*, hart, fest, bewegungslos, plump, unbeweglich, unschmiegsam ● ungeschliffen, ungeschickt, roh, unreif, ungeeignet, tölpelhaft, unfähig ● langweilig, fade, schal, unförmig, witzlos, häßlich, humorlos, schwerfällig, derb, ungraziös, unbehilflich, ungeschlacht, störrisch. ▶ anmutig, biegsam, geschickt, unterhaltend.
holzig → hölzern.
Holzkohle → Brennmaterial.
Holzkopf → Dickkopf.
Holzschnitt → Abdruck, Bild.
Holzschnitzerei → Bildhauerei.
Holzweg, auf dem → irren.
homogen → gleich.
homolog → ähneln, gleich.
homo novus → Emporkömmling.
homophil homoerotisch, homosexuell, schwul.
honett → anständig, artig, ehrenhaft.
Honig → Confitüre, Schmeichelei.
honigsüß → glattzüngig, schmeichlerisch.
honorabel → ehrenhaft.
Honorar → Belohnung, Bezahlung.
Honoratioren Herrenschicht, Patriziertum, Direktoren, Aristokratie, Industrielle, Professoren, Gelehrte, Fürsten, hohe Persönlichkeiten, Hofwürdenträger, Spitzen der Gesellschaft, der erste Stand, die oberen Zehntausend, Männer von Rang. ▶ Masse.
honorieren → belohnen, einbringen.
honorig → ehrenhaft.
hoppla Achtung! halt! hallo! tschupp, fertig los! eins, zwei, drei! ruck! zuck! wie

da! Hände weg! Vorsicht! Augen auf! oha! → abbitten.
hops gehen bankrott, sterben.
hopsen → springen.
Hopser → Sprung, Tanz.
hörbar → deutlich, laut.
Hörbarkeit → Deutlichkeit.
horch Achtung! heda! holla! oho! pst! schau! sieh da! hört, hör! Ruhe! still! auf der Hut sein, acht geben, Obacht geben, mit verhaltenem Atem, gespannt wie ein Regenschirm, die Ohren spitzen. → beachtlich.
horchen aushorchen, hinhören, ausfragen, ausquetschen, auspressen, schnüffeln, belauschen, ausspionieren, aufspüren, herausriechen, herumhorchen, herumgucken, herumhören. → charakterlos, erkundigen, hören. ▶ charaktervoll (sein), Ohren predigen tauben, taub (sein).
Horcher Hörer, Zuhorcher, Lauscher, Zuhörer, Späher, Schwarzhörer, Ausspäher, Kundschafter, Spitzel, Aufpasser, Zubläser, Ohrenbläser, Spion, Agent, Zuträger, Zwischenträger, Horcher an der Wand. → Heimlichtuer, Kreatur gemeine. ▶ Sprecher, Mensch aufrechter, treuer.
Horchposten Versteck, Versteckplatz, Lauer, Hinterhalt, Schlinge, Schlupfwinkel, Schleichweg, Höhle, Loch, Heimlichkeit, Hinterhältigkeit, Geheimdienst, Schwarzsender. → Bewachung.
Horde → Bande, Clique, Masse.
hören lauschen, zuhören, anhören, zu Ohren kommen, horchen, zuhorchen, behorchen, aufhorchen, wahrnehmen, vernehmen, erhören, aufmerken, aufpassen, beachten, belauern, lauschen, Gehör schenken, Aufmerksamkeit schenken, spannen *u*, die Löffel aufsperren *u*, achtgeben, aufschnappen ● gehorchen, folgen, befolgen, willfahren, nachgeben, beugen, dienern, nachfolgen, einwilligen, zu Kreuze kriechen, unter dem Befehl stehen. → bekommen Wind, erfahren, erhören, erleben. ▶ hören wollen nicht, Ohren predigen tauben, sprechen, widersetzen sich.
hören wollen, nicht → blind für.
Hörer → Famulus, Horcher, Student.
hörig unselbständig, untergeordnet, unfrei, leibeigen, eigen, botmäßig, fügsam, fügig, untertänig, gutsherrlich, dienstbar, unterwürfig, knechtisch, sklavenhaft, skla-

visch, geknechtet, schutzlos, rechtlos, wehrlos, willenlos. → abhängig, gekettet. ▶ unabhängig.
Höriger → Gefolge, Knecht, Werkzeug willenloses.
Hörigkeit → Dienstbarkeit, Knechtschaft.
Horizont → Aussicht, Blickfeld, Gesichtskreis, Sicht.
horizontal → ausgebreitet, waagrecht.
Hörner ablaufen, die erlernen, Kenntnis sammeln, Erfahrung sammeln, sich in der Welt umblicken, sich die Hörner abstoßen, Schule durchmachen, Wissen sammeln, zur Vollkommenheit kommen, geschicklich werden ● ruhig werden, vernünftig werden, maßvoll werden, kühl denken, gelassen sein, sich bezähmen, abstumpfen, besonnen sein, abkühlen, leidenschaftslos sein. ▶ irren sich, Mund verbrennen den.
Hörner aufsetzen, einem → benachteiligen, täuschen.
hornig → erstarrt, fest.
Hornisse → Biene.
Hornochs → Banause, Dummerian.
Hornsignal → Alarm, Fanfare.
Hornvieh → Banause, Vieh.
Horror *m* → Abscheu.
Hörsaal → Auditorium.
Horst Hort, Nest, Heim, Obdach.
horsten → bewohnen, einnisten.
hört! hört! → beachtlich, bravo, horch!
Hort → Besitz, Obdach, Schatz.
horten → anhäufen, aufspeichern, bereichern.
Hose Beinkleider, die Unaussprechlichen, *u* Buxe, Harmonikahose *u*, Korkenzieherhose *u*, Krachlederne, Schinkenbeutel *u*, Knie-, Bund-, Reit-, Pluder-, Pump-, Sport-, Unterhose, Schwimmhose, Badehose, Dreieckhose, Trikot, Slipper *M*, Shorts *M*, Knickerbocker, Breeches, Jeans, Blue jeans.
Hose wie Jacke ebenso, auf dieselbe Art und Weise, so lang wie breit, Wurst wider Wurst, gehopst wie gesprungen, gebetet wie gesungen, Strumpf wie Niederschuh ● fünf grad sein lassen, ist mir alles eins. ▶ interessiert, verschieden.
Hosenband → Band, Bindemittel.
Hosenmatz Nacktspatz, Nacktfrosch, Nackedei, Hemmatz, Nesthupferle, Nesthäkchen, Wickelkind, Wiegenkind, Säugling, Lutschkind, Knirps, Küken, Schoßkind, Blag, Balg, Schelm, Fant, Sprößling, Kind.

Hosenträger → Band, Bindemittel.

Hospital → Anstalt, Krankenhaus.

hospitieren zuhören, anhören, aufpassen, beobachten, aufmerken, zusehen, praktizieren, ansehen, anschauen, lernen, beiwohnen, bleiben, verweilen, beschäftigen.

Hospiz → Charite, Krankenhaus.

Hotel Einkehrhaus, Absteigehaus, Absteigeort, Quartier, Gaststätte, Unterkunft, Herberge, Hospiz, Gasthof, Gasthaus, Rasthaus, Fremdenhof, Bleibe, Übernachtungsstätte, Standort, Unterschlupf, Zufluchtsort, Pension.

Hotte → Behälter.

Hub Anhub, Sog ● Anhebung, Zug.

hübsch → bestrickend, charmant, entzückend, fein, gepflegt, nett, schön, adrett.

Hubschrauber → Fahrzeug (Luft-).

Hucke Trage, Kiepe, Behälter.

hudeln schlampen, bummeln, verlottern, verludern, verlumpen, pfuschen, stümpern, stöpseln, klecksen, schmieren, sudeln, wackeln, fackeln, schusseln, tappen. → blamieren. ▶ genau (ausführen).

Hufe Schalen *j*. → Besitztum.

Hügel → Berg, Erhebung.

hügelig → gebirgig.

Huhn, blindes Faselhans, Faseler, Tolpatsch, Tölpel, Esel, Träumer, Leichtsinniger, Tor, Gedankenloser, dummes Huhn ● ein blindes Huhn findet auch ein Korn, vorgetan und nachgedacht, Glück haben, der Zufall eines Augenblicks.

Hühnchen zu rupfen haben, mit → auseinandersetzen, streiten.

Hühnerauge → Auswuchs.

Huld → Achtung, Erbarmen, Charitas, Gunst, Liebe, Milde.

huldigen → achten, anbeten, anflehen, auszeichnen, beten, beugen, frönen.

Huldigung Auszeichnung, Ehrung, Ehrenerweisung, Verherrlichung, Begeisterung, Feier, Feierlichkeit, Fackelzug, Ehrenwache, Ritterschlag, Ehrenverleihung, Achtung, Ehrfurcht, Ehrerbietung, Wertschätzung, Hochachtung, Würdigung, Bewunderung, Kniebeugung, Fußfall, Ehrfurchtsbezeigung, Höflichkeitserweisung, Untertänigkeit, Gefolgschaftstreue, Preis, Ehre, Anerkennung, Billigung, Beifall, Ovation, Lobpreisung, Belohnung. → Anerkennung, Aufwartung, Beifall, Ehrenpforte. ▶ Verachtung.

huldreich → freundlich, milde.

Hülle Hülse, Packung, Umhüllung, Haut, Häutchen, Umschlag, Überzug, Verpakkung, Bedeckung, Futteral, Decke, Briefumschlag, Buchhülle, Einschlag, Papierhülle, Tüte ● Äußeres, Oberfläche, Tarnung, Mantel, Umhang, Schleier, Behang, Maske. → Aufmachung, Balg, Bast, Bedeckung, Behälter, Couvert, Decke, Dose, Einband, Einschlag, Fell. ▶ Inhalt.

Hülle und Fülle → A bis Z, auch A und O, Überfluß.

hüllenlos → nackt.

Hülse → Bedeckung, Dose, Futteral, Hülle.

human → barmherzig, gut, menschlich.

Humanität → Barmherzigkeit, Charitas, Kultur, Menschlichkeit.

Humbug Unvernunft, Borniertheit, Albernheit, Vernunftlosigkeit, Torheit, Narrheit, Einfalt, Tölpelhaftigkeit, Ungeschick, Sinnlosigkeit, Kinderei, Blödsinn, Possen, Lächerlichkeit, Unfug, Unsinn, Mißgriff, Mist, Käse ● Gleisnerei, Fälschung, Bluff, Schaumschlägerei, Schwindel, Täuschung, Vorspiegelung, Falschheit. ▶ Wahrheit, Vernunft.

Hummel → Biene.

Hummel, dicke → Dickwanst.

Humor → Stimmung, Witz.

Humoreske → Erzählung.

humoristisch drollig, humorig, humorvoll, komisch, lustig, launig, neckisch, witzig, unterhaltsam, spaßhaft, scherzhaft, schelmisch, possierlich, putzig, lächerlich, kurzweilig, grotesk, burlesk. ▶ witzlos.

humorlos → hölzern.

humorvoll → heiter, humoristisch.

humpeln → bleiben zurück, erlahmen.

Humpen → Behälter, Gefäß.

Hund Tier, Haustier, Köter, Tölpe, Welpe, Rüde, Dogge, Polizeihund, Jagdhund, Hofhund, Haushund, Kläffer, Leithund, Meute, Pudel, Windhund, Schäferhund, Bluthund, Neufundländer, Spitz, Dackel, Fox, Terrier, Bracke, Wauwau *u*, Köter, Töle *u*. Promenadenmischung ● Hundeseele, Knechtseele, Sklavenseele, Bedientenseele, Lump, Bestie, Blutmensch, Schurke, Aas, Schuft, Spitzbube.

Hund kommen, auf den verlieren, verschlechtern, verfallen, herunterkommen, sinken, absinken, verblühen, eingehen, Schaden haben, Bankrott machen, Unglück haben, Pech haben, auf keinen grünen Zweig kommen. ▶ glücken, Glück haben.

Hund vom Ofen locken, keinen → unwichtig.

Hundegebell → Alarm.

Hundepack → Canaille.

hundertprozentig → A bis O, fanatisch.

Hundevolk → dunkle Abkunft.

Hundewetter Dreckwetter, Sauwetter.

hündisch → aufdringlich, biegsam, buhlerisch, charakterlos, demütig, ergeben, gehorsam, kriechend.

Hundsfott → Bandit, Lump.

hundsgemein → schurkisch.

Hüne → Athlet, Riese.

hünenhaft → groß, riesig.

Hunger Magenknurren, Hungertage, Hungerkur, Fastenkost, Bußtag, Mangel, Kohldampf *u*, Bärenhunger, Mordshunger *u*, Hunger bis unter beide Arme, Wolfshunger ● Verlangen, Begehren, Wunsch ● Not, Hungerleiderei, Verarmung, Elend, Ärmlichkeit, Drangsal, Bettlerbrot, Armut ● Appetit, Eßlust. ▶ Degout, Durst, Schwelgerei, Sättigung.

Hungerkur → Diät.

Hungerleider Armer, Bedürftiger, Besitzloser, Mittelloser, Kirchenmaus, Habenichts, Armenhäusler, Häusler, Kätner, Bettler, Bettelsack, Pfründner, Kleinrentner, Hungerkünstler, Kohldampfschieber. → Bittsteller.

hungern fasten, aushungern, darben, mangeln, missen, entbehren, schmachten, kargen, schröpfen, benötigen, leiden, gebrechen, Schmalhans Küchenmeister, nichts zu nagen und zu beißen haben, am Hungertuch nagen ● verlangen, begehren, sehnen, ersehnen, wünschen, streben, lechzen, dürsten, verschmachten, Vergehen, bedürfen, kümmerlich ernähren, Kohldampf schieben *u*, nichts in den Rippen haben *u*. → darben, ermangeln. ▶ essen, schwelgen.

Hungersnot → Armut, Katastrophe, Mangel.

Hungerstreik → Bedrohung, Streik.

hungrig heißhungrig, eßlustig, arm, darbend, karg, mangelhaft, herabgekommen, heruntergekommen, ausgehungert, hungrig wie ein Wolf, hungrig wie ein Scheunendrescher *u*, abgemagert, ausgemergelt, unterernährt, hilfsbedürftig, notleidend, dürftig, knapp, kärglich, spärlich, nüchtern ● gierig, besessen, entbrannt, durstig, erfüllt, begehrlich, verlangend, lüstern, vergessen, leer *j*. → erwerbslos. ▶ satt.

Hunne → Barbar.
hupen → lärmen, warnen.
hüpfen → aufsteigen, bewegen sich, springen.
hüpfend → aufsteigend.
Hürde → Hindernis.
Hure → Bajadere, Buhle.
huren → buhlen.
Huri → Bajadere, Buhle.
Hurrastimmung → Affekt, Stimmung.
hurtig → arbeitsam, anstellig, baldig, beflügelt, beizeiten, beschwingt, eilend, prompt, rasch.
Hurtigkeit → Behendigkeit, Galopp, Schnelligkeit.
Husarenstück → Angriff, Blitz, Gewalt, Streich, Streiche, Tollheit, Tollkühnheit.
huschen → schleichen.
husten, einem etwas → mißachten.
husten hören, Flöhe → Flöhe husten hören.
Hut Bedeckung, Kopfbedeckung, Sporthut, Herrenhut, Damenhut, Zylinder, Narrenhut, Filzhut, Banamahut, Sonnenhut, Regenhut, steifer Hut, Melone, Koks *u*, Bibi *u*, Strohhut, Deckel *u*, Kreissäge *u*, Schabbesdeckel *u*, Humber *M*, Baskenmütze, Barett, Mütze, Schiffermütze, Schiffchen ● Panama, Florentiner, Stumpen, Topfhüte, Glockenhüte, Kappen. → Bedeckung, Bewachung, Chapeau, Sicherheit.
Hut abnehmen, den → grüßen, schätzen.
Hut, auf der → bedachtsam, vorsichtig.
hüten → achtgeben, aufheben, aufziehen, behüten, beistehen.
hüten, sich sich verwahren, in acht nehmen, auf der Hut sein, achtgeben, sich vorsehen, sich bedenken, Sorge tragen, Vorsichtsmaßregeln treffen, die Augen offen halten, vorbeugen, Vorkehrungen treffen, verhüten. ▶ gefährden sich.
Hüter → Aufseher, Begleitung, Beschützer, Bewachung.
Hütte → Haus.
Hüttenwesen → Bergbau.
Hutze Überzug, Decke, Haube, Futteral.
Hyäne → Bestie, Drache.
Hybris → Überheblichkeit.
Hygiene → Gesundheitspflege, Körperpflege.
hygienisch → sauber, unschädlich, sanitär.
hygroskopisch → anziehend.
Hymne → Dichtungsart.
hyper → super.
Hypermodernheit → Extravaganza.
Hypnose → Beeinflussung, Dämon, Unfreiheit.
Hypochondrie → Freudlosigkeit, Krankheit, Trübsinn.

hypochondrisch zerrissen, selbstquälerisch, splenetisch, gramselig, galsüchtig, milzsüchtig, sauertöpfisch, weinerlich, vergrämt, griesgrämig, freudlos, niedergeschlagen, seelenwund. →aufgelegt, trübsinnig. ▶ lebenslustig.
Hypothek → Darlehen.
Hypothekenbank → Bank.
Hypothese Annahme, Voraussetzung, Theorie, Unterstellung, Meinung, Erklärungsversuch, Vermutung, Konjektur, Möglichkeit, Lehre, Methode, Ableitung, Darstellung, Darlegung, Mutmaßung, Auffassung, Ansicht, Anschauung, Möglichkeit. → Annahme, Aufstellung. ▶ Tatsache.
hypothetisch angenommen, bedingungsweise, vorausgesetzt, bedingt, mutmaßlich, vermutlich, problematisch, fraglich, dehnbar, schwankend, anfechtbar, antastbar, bestreitbar, vielleicht, willkürlich, wahrscheinlich, möglicherweise, sozusagen, theoretisch, provisorisch, imaginär, bedacht, fiktiv, gedacht, künstlich. ▶ tatsächlich.
Hysterie Trübseherei, Schwarzseherei, Weltschmerz, Verrücktheit, Miesmacherei, Grübelei, Grillenfängerei, Verfolgungswahn, Gespensterseherei, Kopfhängerei, Selbstanklage, Selbstquälerei, Verzweiflung, Tiefsinn ● Heftigkeit, Tobsucht, Ungestüm, Kampfeswut, Erregbarkeit, Tollwut, Racoroi. → Krankheit. ▶ Bedachtsamkeit, Heiterkeit.
hysterisch hitzig, heißblütig, heftig, hochgradig, hochgehend, verrückt, übergeschnappt, jähzornig, leidenschaftlich, tobsüchtig, überspannt, toll, krank, unbändig, verzweifelt, zornig, zügellos, besinnungslos, brutal, blind, rasend, melodramatisch, übernervös, überreizt ● hypochondrisch, kleinmütig, kopfhängerisch, lebensüberdrüssig, selbstquälerisch, schwermütig, verrannt, verbohrt, verschroben, wahnsinnig, verdreht. → aufgebracht. ▶ bedachtsam, heiter, ruhig.

I

Ich Dasein, Bestehen, Vorhandensein, Vorkommen, Ichvorstellung, Ichbewußtsein, Seele, Seelenleben, Gedankenleben, Bewußtsein,

Leben, Geist, Herz, Inneres, Selbst, Charakter, Person, Innenwelt, Subjekt, Gesinnung, Individualität, Mentalität, Natur, Psyche, Seelenhaltung, Wesen, Konstitution, Einzelmensch, meine Wenigkeit *u*. → Bewußtsein. ▶ (Du, Nichtseiende das).
Ich, zweites → Anhänger, Bekannter, Freund.
Ichbewußtsein → Bewußtsein, Ich, Selbstbewußtsein.
ichbezogen → egoistisch.
Ichsucht → Egoismus, Eigennutz, Selbstsucht.
ichsüchtig → egoistisch, selbstsüchtig.
Ideal Hochziel, Vollkommenheit, Musterbild, Wunschbild, Krönung, Leitstern, Inbegriff, Krone, Denkbild, Gipfel, Zukunftstraum, Vollendung, Makellosigkeit, Idee, Zielbild, Vorbild, Muster, Spitzenleistung, Ziel, Höhepunkt, Phantasiebild, Schönheit, Ende, Bestimmung, Zielpunkt. → Anziehung, Auswuchs, Beste, Denkbild. ▶ Häßlichkeit, Unvollkommenheit.
ideal hochstrebend, vorbildlich, vollkommen, vollendet, mustergültig, erhaben, edel, einwandfrei, tadellos, meisterhaft, untadelig, beispiellos, vollwertig, fehlerfrei, fehlerlos, fleckenlos, makellos, unerreicht, unübertrefflich, unvergleichlich, ersehnt, fabelhaft, märchenhaft, unwirklich, schön, idealistisch, bewundernswert, perfekt, imaginär. → anmutig. ▶ häßlich, unvollkommen.
idealisieren → anbeten.
Idealismus Menschheitsideal, Bildungsideal, Menschenwürde, Menschenbild, Hochsinn, Adel, Edelsinn, Erhabenheit, Großmut, Würde, Haltung, Grundsatz, Lebenshaltung, Selbstaufopferung, Hingabe, innerer Schweinehund überwinden *u*, Glaube, Werturteil ● Dichtungsart, Stilart. ▶ Begeisterung. ▶ Materialismus.
Idealist → Edelmensch, Phantast.
idealistisch → ideal, schön.
Idee Eingebung, Einfall, Geistesfunke, Grundgedanke, Meinung, Plan, Vorstellung, Entschluß, Entwurf, Bild, Begriff, Erleuchtung, Ansicht, Absicht, Anregung, Auffassung, Gedachtes, Gedankending, Gedankengut, Gedanke, Geistesschöpfung, Geistesblitz, Abstraktum, Erkenntnis, Schema, Eindruck ● Illusion, Schein, Kleinigkeit, Minimum, Ideechen, Hauch, Spur, Urteil, Häppchen, Stückchen, Fin-

gerhut voll. → Absicht, Auffassung, Begriff, Bild, Drang, Einfall, Gedanke, Gehalt. ▶ Gedankenarmut, Menge.

Idee fixe → Wahnvorstellung.

ideell vorbestellt, geistig, gedanklich, gedacht, begrifflich, körperlos, geistig, immateriell, unkörperlich, transzendent, raumlos, zeitlos, stofflos, körperlos, entsinnlicht, übernatürlich, überirdisch, unwirklich, unsichtbar, entkörpert. ▶ materiell.

Ideenfolge Ideenverbindung, Ideenkette, Denkvorgang, Denkarbeit, Gedankenfolge, Gedankenkette, Gedankenverbindung, Gedankengang, Vorstellungsablauf, Vorstellungsreihe, Begriffsbildung, Gedankenbild, Vorstellung, Gedankenwelt, Beobachtung, Reflexion. → Begriffsscheidung.

Ideenkette → Begriffsscheidung, Ideenfolge.

ideenreich → findig.

Ideenverbindung → Begriffsscheidung, Ideenfolge.

Ideenwelt → Gedankenwelt.

idem → dasselbe, dieses.

identifizieren → erkennen.

Identifikationskarte → Paß.

identisch → dasselbe, ein Gedanke und zwei Seelen, ein und dasselbe, gleich.

Identität → Gleichheit.

Idiom Spracheigentümlichkeit, Sprachmerkmal, Merkmal, Mundart, Besonderheit, Attribut, Zeichen, Eigenart, Eigenheit, Eigentümlichkeit, Kennzeichen.

Idiot Tor, Tölpel, Schwachkopf, Hohlkopf, Wasserkopf, Verrückter, Toller, Irrsinniger, Blödsinniger, Nervenkranker, Wahnsinniger, Narr, Esel, Huhn, Kalb, Kamel, Kuh, Null, Riesengroß, Simpel, Trottel, Depp, Mondkalb, Schussel, Tranfunzel, Oberroß, Rindvieh, Trampeltier, Frese u, Schaute u. → Banause, Dummerjan, Dummkopf.▶ Denker, Könner.

idiotenhaft → dumm, geistesgestört, hirnverbrannt.

idiotensicher leicht zu handhaben, narrensicher, risikolos.

Idiotie → Geisteskrankheit, Schwachsinn.

idiotisch → dumm, geistesgestört, hirnverbrannt.

Idol s → Abgott.

idyllisch → einfach, ruhig.

Ignorant Nichtswisser, Nichtskönner, Unwissender, Analphabet, Anfänger, Neuling, Grünling, Stümper, Halbgelehrter, Dummkopf, Tropf, Holzbock, Laie, Tölpel, Greenhorn, Halbwisser, Hohlkopf. → Banause. ▶ Denker, Könner, Schöngeist.

ignorieren → Achsel ansehen

über die, verachten, verkennen.

Ikon → Bild.

illegal → anmaßen, ungesetzlich.

illegitim → ungesetzlich.

illoyal → ungesetzlich, unredlich.

illuminieren → beleuchten.

Illusion Wunschbild, Vorspiegelung, Unwirklichkeit, Phantasie, Traum, Täuschung, Luftschloß, Einbildung, Dunstbild, Scheinbild, Schein, Dunst, Geist, Wahnbild, Betörung, Selbsttäuschung, Hoffnung, Utopie, Zauberland, Ideal, Idee. → Blendwerk, Einbildung, Idee, Ideal. ▶ Wirklichkeit.

illusorisch imaginär, eingebildet, vorgestellt, scheinbar, schattenhaft, flüchtig, gedacht, falsch, unzutreffend, unrichtig, folgewidrig, ungenau, erdacht, utopisch, unecht, trügerisch, unbegründet, unwahrscheinlich, irrig, blendend, betrüglich. ▶ wirklich.

Illusionist → Zauberer.

Illustration → Beispiel, Bild, Darstellung, Darlegung.

illustrativ → darstellerisch, verdeutlicht.

illustrieren bebildern, veranschaulichen, erklären, beleuchten, erläutern, deuten, klar machen, kommentieren, schildern, auseinanderlegen, darlegen, darstellen, vorstellen, formen, auseinandersetzen, definieren, näher bestimmen, den Sinn wiedergeben, anschaulich erläutern, bildhaft erklären, mit Bildern ausschmücken. → auseinandersetzen, ausschmücken, darlegen.

Image → Persönlichkeitsbild, -wert, Ansehen.

imaginär eingebildet, wesenlos, körperlos, unkörperlich, gegenstandslos, inhaltslos, ideell, geistig, stofflos, raumlos, zeitlos, erdacht, gedacht, illusorisch, schattenhaft, täuschend, utopisch, unwirklich, angenommen, künstlich, theoretisch, fiktiv, hypothetisch. ▶ wirklich.

Imbiß → Erfrischung, Speise.

Imitation Nachbildung, Nachahmung, Ersatz, Nachmacherei, Wiederholung, Nachäfferei, Abklatsch, Wiedergabe, Fälschung, Zerrbild, Heuchelei, Darstellung, Faksimile, Nachdruck, Abzug, Anleihe, Anklang, Entlehnung, Echo. ▶ Original.

imitieren → abbilden, nachahmen.

immateriell → ideell, körperlos.

Imme → Biene.

immens → groß.

immer fortgesetzt, allzeit, immerzu, ewig, andauernd,

beständig, anhaltend, endlos, fortwährend, immerfort, ständig, ewig, stetig, stets, unablässig, unaufhörlich, ununterbrochen, stetsfort, regelmäßig, unendlich, unvergänglich, bleibend, ewig und drei Tage u, unsterblich, unzerstörbar, unzertilgbar, immergrün, unausrottbar, immerdar, eine Ewigkeit dauern, ohne Unterlaß, jahraus - jahrein, fort und fort, von Tag zu Tag, von Jahr zu Jahr, egal. → tagaus-tagein, allabendlich, allewege, andauernd, beharrlich, beständig, bis, dauernd, einem fort in, fortwährend. ▶ niemals.

immer wieder → beständig, dauernd, fortwährend, immer.

immerdar → allewege, immer.

immerfort → allewege, beständig, chronologisch, chronisch, dauernd, einem fort in, fortwährend, immer.

immergrün → dauerhaft, immer.

immerhin gleichwohl, aber, obschon, obwohl, trotz, zwar, jedoch, meinetwegen, dessenungeachtet, jedenfalls, ja, demungeachtet, dennoch, wenn auch, bestenfalls, mindestens. → aber, allein, allerdings, dagegen, doch. ▶ keineswegs.

immerwährend → allewege, andauernd, chronisch, dauernd, einem fort in, immer.

immerzu → allewege, andauernd, fortwährend, immer.

imminent → bevorstehend, drohend.

Immobilien → Grundstück.

immun geschützt. → unempfänglich.

Immunität Schutz, Vorzugsrecht, Ausnahmerecht, Ausnahmegesetz, Ausnahmestellung, Ausnahmezustand, Befugnis, Gefeitheit, Geschütztheit, Sicherheit, Gepanzertheit. ▶ Schutzlosigkeit.

Imperator → Despot.

imperatorisch → befehlerisch, despotisch.

impertinent → anmaßend, ungezogen.

Impertinenz f → Anmaßung.

impfen einführen, einspritzen, injizieren, zuführen, geben, eingeben, einstechen, schutzimpfen, vorbeugen, immunisieren, heilen, helfen, kurieren. → einimpfen.

implizieren → einschließen.

impliziert → einschließlich.

imponieren → angeben, beeindrucken, blenden, Eindruck machen.

imponierend imposant, eindrucksvoll, beeindruckend, blendend, achtunggebietend, achtungsvoll, einschüchternd, gewichtig, ehrwürdig, einzigartig, bewundernswert, erhaben, erregend, ergreifend, fabelhaft, glänzend, groß, prima, schnittig, prachtvoll, prächtig, vollendet, untadelhaft, empfehlenswert, lobenswert, rühmlich.→ eindrucksvoll. ▶ endrucksios. verächtlich.

Import → Einführung, Handel.

importieren → einlassen.

imposant → ansehnlich, außerordentlich, eindrucksvoll, groß, imponierend, prächtig.

impotent unschöpferisch, zeugungsunfähig. → kraftlos, unvermögend.

imprägnieren → dichten, undurchlässig machen.

Impression → Eindruck.

impressionabel → erregbar.

Improvisation → Stegreif.

improvisieren → extemporieren.

improvisiert unausgerüstet, unfertig, unausgestattet, unorganisiert, primitiv, unbehauen, freihändig, unvorbereitet, unausgearbeitet, unreif, unmethodisch, frei, aus freier Hand, auf Anhieb, aus dem Stegreif, aufs Geratewohl, aus dem Handgelenk, ex tempore, ohne Umstände, ins Blaue. ▶ vorbereitet.

Impuls → Affekt, Antrieb, Aufregung.

impulsiv → antreibend, aufgebracht, begeistert, heftig, triebhaft.

imstande sein → ausüben, können.

in → darunter, drinnen, innen.

in sich gehen › gehen in sich.

in spe → dereinst, künftig.

inaktiv → untätig.

Inangriffnahme → Angriff, Entschlußfähigkeit, Initiative.

Inbegriff → Gehalt, Grundsatz, Hauptsache, Ideal.

inbegriffen einbegriffen, inklusive, eingeschlossen, mitgerechnet, mit, darinnen, einschließlich, mitenthalten ineinander, zugehörig, umfassend, alles, angeschlossen, beigeordnet, alles in allem, im ganzen genommen, in sich fassend, in Bausch und Bogen, mit Einschluß. → beigeordnet, bestehen aus, fassen in sich, inklusive. ▶ ausgenommen, inbegriffen nicht.

inbegriffen, nicht → ausschließlich.

Inbetriebnahme → Angriff.

Inbild Urbild, Idee, Archetypus.

Inbrunst → Affekt, Begeisterung, Enthusiasmus.

inbrünstig durchdrungen, herzlich, begeisternd, ergriffen, bewegt, gefühlvoll, empfindend, fühlend, erschüttert, warm, seelenvoll, tiefgehend. ▶ gefühllos, oberflächlich.

indem gleichzeitig, inzwischen, während, als, zugleich, sobald, solange, seit, nachdem, bis, ehe, bevor, indessen, da, zugleich, allzumal, allemal, allezeit, weil, wegen, deshalb. → als, behufs, da, dadurch, desgleichen. ▶ hin und wieder, mithin, sodann.

indessen indes, derweil. → aber, allein, dagegen, dennoch, doch.

Index Anzeiger, Namensverzeichnis, Sachverzeichnis, Verzeichnis, Liste, Kennzeichen, Kennzahl, Schlüsselzahl, Wertweiser, Bezeichnung, Standzahl, Meßziffer, Bücherverzeichnis, Schriftenverzeichnis.

Indianer → Farbiger.

indifferent → gleichgültig.

Indifferenz → Gleichgültigkeit.

indigen → einheimisch.

Indignation → Entrüstung, Unwille.

indignieren → entrüsten.

indigniert → entrüstet.

Indigo → Blau.

Indikator m → Anzeiger.

indirekt andeutungsweise, mittelbar, vermittelt, über, durch, umständlich, mittels, vermittels, vermöge, kraft, aus zweiter Hand, auf Umwegen, zwischen den Zeilen, mit Hilfe von, durch Vermittlung. ▶ direkt.

indiskret unvorsichtig, vermessen, gewagt, frech, dreist, achtlos, unbekümmert, unüberlegt, vorlaut, unbedacht, taktlos, überheblich, verletzend, unverschämt, vorwitzig, keck, unhöflich, abstoßend, ungebührlich, unmöglich, rücksichtlos, unbeherrscht, vorlaut, schwatzhaft, klatschhaft. → aufdringlich. ▶ diskret.

Indiskretion Unvorsichtigkeit, Unzartheit, Taktlosigkeit, Übereiltheit, Vertrauensbruch, Unüberlegtheit, Unbedachtheit, Frechheit, Rücksichtslosigkeit, Dreistigkeit, Schamlosigkeit, Unverschämtheit, Anmaßung, Arroganz, Unhöflichkeit, Unbildung, Ungesittetheit, Verstoß, Entgleisung, Ungezogenheit, Zudringlichkeit, Unbeherrschtheit, Schwatzhaftigkeit, Klatscherei. ▶ Diskretion.

individualisieren bezeichnen, bestimmen, angeben, absondern, ausführlich aufzählen, ins einzelne gehen, vereinzeln, einzeln anführen, besonders anführen. ▶ verallgemeinern.

Individualist Außenseiter, Sonderling, Original, Persönlichkeit, Charakter, Einzel-

gänger, Hagestolz ● Exzentriker, Spielverderber, Störenfried, Querkopf, Trotzkopf, Krakeeler.

Individualität Besonderheit, Eigenart, Einmaligkeit, Eigentümlichkeit, Persönlichkeit, Charakter, Merkmal, Kennzeichen, Ausnahme, Einzelheit, Einzelfall, Sonderfall, Einzigkeit, Sonderheit, selbständige Persönlichkeit. → Art. ▶ Masse.

individuell persönlich, besonders, eigenartig, einzig, leiblich, menschlich, unterschiedlich, verschieden, verschiedenartig, vielfältig, ungleich. → besonders, eigen, einzel. ▶ unpersönlich, allgemein.

Individuum → Mensch.

Indizien Beweis, Nachweis, Tatsache, Kennzeichen, Augenzeuge, Anführung, Angabe, Taten, Anschuldigung, Beschuldigung, Belastungsmoment, Verdachtsgründe, Verdachtspunkte, Anzeichen, Verdacht erregender Umstand, Anzeichenbeweis, Anzeige, Klage, schlagender Beweis, Corpus delicti. ▶ (Entkräftigung), Widerlegung.

indizieren → anzeigen.

indolent → abgebrüht, bedächtig, gleichgültig, untätig.

Indolenz → Arbeitsunfähigkeit, Gleichgültigkeit.

Induktion → Ausforschen, Betrachten, Beweisführung.

Industrie Herstellung, Anfertigung, Erzeugung, Bau, Aufbau, Schöpfung, Arbeit, Schaffen, Betätigung, Regsamkeit, Handwerk, Schwerarbeit, Tätigkeit, Geschäftigkeit, Handelswelt, Geschäft, Bildung, Gründung, Erzeugungsschlacht, Produktion, Großgewerbe. ▶ Handel.

Industrieller → Fabrikant, Kaufmann.

induzieren → ableiten, schließen.

ineinander → bums, inbegriffen.

ineinanderfallend → ein und dasselbe.

ineinanderflechten → flechten.

ineinanderschlingen → flechten.

infam → abscheulich, arg, bestechlich, böse, bübisch, dämonisch, gräßlich.

Infamie → Bosheit, Unredlichkeit.

Infant m → Adel.

infantil kindisch, kindlich, unreif.

Infantin f → Adel.

Infektion Infektionsstoff, Ansteckung, Inkubation, Schädlichkeit, Auswurf, Gift, Krankheit, Blutvergiftung, Eiterung, Seuchenherd, Giftstoff, Unreinheit, Unsauberkeit,

Schmutz. → Gift. ▶ Desinfektion.

infernalisch → arg, bestialisch, böse, diabolisch.

Infiltration → Eindringen, Einlagerung.

infiltrieren → eindringen.

infizieren → anstecken.

in flagranti → flagranti in.

Inflation Geldwertverfall, Geldentwertung, Preissteigerung, Preisverfall.

infolge → ähnlich, aus, darum, darauf.

infolgedessen → also, anläßlich, dadurch, daher, darum, dementsprechend, deshalb, folglich.

Information Auskunft, Erkundigung, Mitteilung, Nachfrage, Nachricht, Botschaft, Angabe, Erklärung, Aufklärung, Orientierung, Nachforschung, Umfrage, Berichterstattung, Aussage, Erwähnung, Anzeige, Belehrung, Instruktion, Erläuterung. → Ausforschung, Auskunft. ▶ Verschleierung.

informieren → anschreiben, anzeigen, belehren.

ingeniös → erfinderisch.

Ingredienz → Bestandteil.

Ingrimm → Ärgernis, Aufregung, Bitterkeit, Bosheit, Erbostheit, Erregung, Wut, Zorn.

ingrimmig → böse, wütend.

Inhaber → Besitzer, Eigentümer, Fabrikant.

inhaftieren festnehmen, einsperren, einkerkern, einschließen, ergreifen, packen, verhaften, fesseln, ketten, anschließen, anschmieden, anketten, knebeln, erfassen, einpferchen, unschädlich machen, gefangen halten, ins Gefängnis bringen, in Haft nehmen, unter Aufsicht stellen, in Arrest führen, hinter Schloß und Riegel setzen, hinter schwedische Gardinen in Gewahrsam bringen. → bewachen. ▶ frei lassen.

Inhaftnahme → Bemächtigung, Verhaftung.

inhalieren → einatmen.

Inhalierung → Aufnahme.

Inhalt Fülle, Gehalt, Begriff, Kern, Sinn, Wesen, Zusammensetzung, Inneres, Stoff, Inbegriff, Hauptsache, Wesentlichkeit, Substanz, Seele, Herzstück, Herz, Kernpunkt, Einschließung, Begriffsumfang, Bedeutung, Geist, Wortbedeutung, Darstellung, Meinung, Erklärung, Nachdruck ● Ladung, Last, Fracht, Schlepplast, Kargo, Güter, Ballen, Einlage, Schwere, Gewicht, Masse, Menge, Stoff. → Aufnahme, Ausdehnung, Ausdruck, Begrenzung, Beifügung, Beilage, Bestand, Charakter, Fassung, Gehalt. ▶ Ausdrucks-

losigkeit, Begriffsmangel, Geistesstumpfheit, Hülle, Unbedeutendheit.

Inhaltsangabe Zusammenfassung, Abriß, Essenz, Resümee, Übersicht.

inhaltslos → ausdruckslos, farblos, unbedeutend.

inhaltsreich → bedeutsam, sinnvoll.

Inhaltsverzeichnis Abriß, Grundriß, Übersicht, Sammlung, Leitfaden, Hilfe, Auszug, Erklärung, Darlegung, Verzeichnis, Zusammenstellung, Zusammenfassung, Wortweise, Liste, Sachverzeichnis, Register, Katalog, Einteilung, Tabelle, Kartei, Blattweiser, Nachweis. → Register.

inhibieren → abwenden, verbieten, verhindern.

Initiant → Urheber.

Initiative Begeisterung, Inangriffnahme, Entschlossenheit, Tatkraft, Wagemut, Mumm *u*, Vorgehen, Unternehmungsgeist, Entschlußfähigkeit, Einsatz, Entschluß, Eifer, Gesinnung, Pflichtgefühl, Aufopferung, Neigung, Opferbereitschaft, Einsatzbereitschaft, Arbeitslust, Tatenlust, Unternehmungsgeist, Spannkraft, Lust, Tatenfreude. → Anstoß, Antrieb, Entschlußfähigkeit. ▶ Unentschlossenheit.

Injektion Einspritzung. → Arznei, Beruhigungsmittel, Eindringung.

Injurie → Beleidigung, Schimpf.

Inkasso Einziehung, Einzug, Eintreibung, Einziehungskosten, Einnahme, Betrag, Gelder, Kapitalien, Bezüge, Kosten, Erhebung, Einziehung von Geldforderungen.

inklusive einschließlich, einberechnet, eingeschlossen, inbegriffen, einbegriffen, mitgerechnet, mit, mitenthalten, ineinander, allumfassend, zugehörig, mitgerechnet, zugeordnet, alles in allem, mit Einschluß, im ganzen genommen, in sich fassend, im Bausch und Bogen. → eingerechnet, einschließlich, inbegriffen. ▶ exklusive.

inkognito → geheim.

inkommodieren → belästigen.

inkonsequent denkunrichtig, denkwidrig, unlogisch, falsch, unhaltbar, folgewidrig, fehlerhaft, täuschend, kindisch, vernunftlos, widersinnig, widerlegbar, hinfällig, widersprechend, gegenteilig, irrig, unerwiesen. → widerspruchsvoll. ▶ konsequent.

inkorrekt → falsch, inkonsequent.

inkriminieren → anschuldigen.

Inkunabel → Druck.

Inländer → Eingeborener.

inländisch → einheimisch.

inmitten → binnen, darunter, dazwischen, innen.

innehaben → bekleiden, eignen.

innehabend → daheim.

innehalten → abstehen, anhalten, aufhören, ausruhen, aussetzen, bleiben auf dem Platz, einhalten, schließen.

innen in, inmitten, drinnen, darin, innerhalb, innerlich, intern, inwendig, zuinnerst, binnen, inwärts, einwärts, eingepflanzt, eingeschlossen, beiliegend, anbei, zwischen, daheim, tief drinnen, in seinen vier Wänden, zu Hause, unter der Haut. → binnen, dazwischen, drinnen, einwärts. ▶ außen, draußen.

Innenleben → Art, Inneres.

Innenwelt → Bewußtsein, Inneres.

inner → innen, mitten.

Inneres Kernpunkt, Mittelpunkt, Zentrum, Seele, Gehalt, Schwerpunkt, Herz, Gemüt, Wesen, Charakter, Art, Wesentlichkeit, Substanz, Herzstück, Gemütsart, Gemütslage, Innenleben, Innenwelt, Geistesrichtung, Sinnesart, Natur, Eigenschaft, Beschaffenheit, Erbmasse, Seelenleben, Denkweise, Gefühlsrichtung. → Bewußtsein, Busen, Charakter, Inhalt. ▶ Ausdruckslosigkeit, Äußerlichkeit, (Außenseite), Gedankenarmut, Hülle, Unbedeutendheit.

innerhalb → binnen, drinnen, innen.

innerlich → besinnlich, gemütvoll, innen, still.

innervieren → anregen.

innewerden → wahrnehmen.

innewohnen enthalten, bergen, tragen, ausdrücken, aussprechen, haben, besitzen, zugehören, aufweisen, zukommen, anhaften, anhängen, gehören, ausmachen, einschließen, umfassen. → Blut liegen im. ▶ äußerlich, wesensfremd (sein).

innewohnend wesentlich, innerlich, eigen, innen, eingewurzelt, eingepflanzt, eingefleischt, bezeichnend, kennzeichnend, erblich, vererbt, angeboren, anerschaffen, anerzogen, persönlich, charakteristisch, tief in der Natur, im Blut, in der Art, in der Rasse. → behaftet, eingefleischt, erblich, innen. ▶ oberflächlich, wesensfremd.

innig innen, friedlich, einmütig, verbunden, freundschaftlich, abgöttisch, heiß, herzlich, zugeneigt, ergeben, aufrichtig, getreu, einträchtig, liebend, zärtlich, liebevoll, anhänglich, treu. → Herz und

Hand, mit warm. ▶ kalt, uneinig, unfreundlich, schwach.
Innigkeit → Begeisterung, Liebe, Wärme.
inliegend → anbei, eingeschlossen.
Innung → Bund.
inoffiziell → geheim.
inquirieren → befragen.
Inquisition → Ausforschen, Gericht.
Insasse → Besitzer, Fahrgast, Passagier.
insbesondere → ausdrücklich, ausnehmend, darüber, speziell.
Inschrift Grabinschrift, Gedenken, Aufschrift, Bezeichnung, Kennzeichen, Merkmal, Symbol, Grabmal, Gedenkschrift, Gedächtnistafel, Gedächtnisstein, Rune, Schrifttafel, Dokument, Urkunde, Bilderschrift, Text, Bemerkung. → Erkennungszeichen.
Insekten Kerbtier, Kerfe, Urinsekten, Gliedertiere, Hautflügler, Netzflügler, Gradflügler, Zweiflügler, Halbflügler, Larve, Raupe, Made, Puppe, Käfer, Schmetterling, Fliege, Mücke, Ungeziefer. → Biene.
Inserat → Angebot, Anzeige.
Inserent m → Anzeiger.
inserieren → ankündigen, anzeigen, einrücken, werben.
Insertion → Anzeige.
insgesamt mitsamt, en bloc, pauschal, in corpore. → alles, ausnahmslos, durch und durch, ganz, rundweg.
Insichgehen → Einkehr.
Insider Eingeweihter. → Fachmann.
inskribieren → einschreiben.
Insofern → betreffend, beziehungsweise, dementsprechend, deshalb, hinsichtlich.
insofern als → dementsprechend.
insolent → anmaßend, unhöflich.
Insolenz f → Anmaßung, Unhöflichkeit.
insolvent zahlungsunfähig, überschuldet, verschuldet, rückständig, schuldig, unbezahlt, zahlungspflichtig, säumig, bankrott, uneinbringbar, uneintreibbar, Schulden haben, am Bettelstab, im Rückstand sein, Geldschwierigkeiten haben. ▶ solvent.
insonderheit → ausdrücklich, speziell.
Inspektion Besichtigung, Aufsicht, Musterung, Prüfung, Überwachung, Betrachtung, Beobachtung, Forschung, Besehung, Beaufsichtigung, Nachfrage, Nachforschung, Nachprüfung, Erkundung, Ausfragen, Beurteilung, Würdigung, Kritik. → Aufsicht.
Inspektor → Arbeitnehmer, Aufseher, Bauer.

Inspiration → Begriff, Einbildungskraft, Einfall, Eingebung, Intuition.
inspirativ → intuitiv.
inspirieren → beseelen, eingeben.
inspirierend → antreibend.
inspiriert belebt, beseelt, begeistert, bezaubert, entzückt, hingerissen, berauscht, erregt, beeindruckt, entzündet, ergriffen, eingenommen, entflammt, schöpferisch, angesprochen. ▶ (gedankenarm), gleichgültig, stumpf (lassen).
Inspizient m → Aufseher.
inspizieren → beaufsichtigen.
Installation Anlage, Einbau, Einsetzung, Einrichtung, Unterbringung, Anweisung, Montage, Platzanweisung, Verlegung, Besetzung, Anschluß, Einweisung, Einbürgerung. → Einbau, Einrichtung. ▶ Abbau, Ausbau, Räumung.
installieren → einrichten.
instandhalten → pflegen.
inständig flehend, flehentlich, fordernd, verlangend, demütig, bittend, untertänig, kniefällig, bettelnd, bettelhaft, heischend, aufdringlich, fußfällig, hündisch, zudringlich, auf den Knien, bitte schön. → eindringlich.
instandsetzen → ausbessern, reparieren.
instandstellen → arrangieren.
Instanz Behördenstelle, Gerichtsstelle, Dienstweg, Rechtsstufe, Rechtsweg, Rechtszug, Gerichtsstand, Gericht, Behörde, Gerichtshof, Gerichtsbarkeit, Senat. → Dienstweg.
Instinkt Tierseele, Unvernunft, Trieb, Triebhaftigkeit, Hundeseele, Unterbewußtsein, Innengefühl, Hundeverstand, Antrieb, Reiz, Bewegungsgrund, Triebfeder, Veranlassung, Empfindung, Vorstellung, Gefühl, Erhaltungstrieb, Fortpflanzungstrieb, Natur, Naturtrieb, Drang, Streben, Riecher, Witterung, Nase, Fingerspitzengefühl, Eingebung. → Ahnung, Drang. ▶ Vernunft.
instinktartig → angeboren, behaftet, Blut liegen im, triebhaft.
instinktiv → triebhaft.
instinktmäßig → angeboren, behaftet, blind, blindlings, Blut liegen im.
Institut Einrichtung, Anstalt, Bildungsstätte, Forschungsanstalt, Studienanstalt, Schule, Lehranstalt, Unterrichtsanstalt, Bildungsanstalt, Pensionat, Internat, Kostschule, Klosterschule, Frauenschule, Fachschule, Kunstschule, Musikschule, Konservatorium, Besserungsanstalt, Be-

kehrungsanstalt, Hochschule, Laboratorium, Heimschule, Seminar, Gebäude, Forschungsabteilung. → Erziehungsanstalt.
Institution → Anstalt, Betrieb, Einrichtung.
instruieren → aufklären, ausbilden, belehren, lehren, unterweisen.
instruierend → belehrend.
Instruktion → Anleitung, Belehrung.
instruktiv anschaulich, erklärend, überzeugend, bildend, lehrreich, belehrend, aufklärend, lehrhaft, unterrichtend, unterweisend, lehrend, einübend. → anschaulich, belehrend. ▶ irreführend, unverständlich.
Instrument Musikinstrument, Tonwerkzeug, Tonerzeugung, Spielinstrument, Saiteninstrument, Geige, Harfe, Mandoline, Laute, Cello, Bratsche, Tasteninstrument, Klavier, Harmonium, Flügel, Orgel, Windinstrument, Akkordeon, Blasinstrument, Blechinstrument, Trompete, Posaune, Horn, Flöte, Schlagzeug, Trommel, Tamburin, Kastagnetten ● Gerät, Werkzeug, Apparat, Einrichtung. → Apparat.
Insubordination f → Auflehnung.
Insult → Beleidigung.
insultieren → beleidigen.
Insurgent m → Aufständischer.
insurgierend → aufwieglerisch.
Insurrektion f → Aufstand.
inszenieren → anordnen, aufführen.
Intaglio → Bildhauerei.
intakt einwandfrei, wohlbehalten, ganz, unversehrt, unverletzt, vollständig, vollkommen, unzerbrochen, unvermindert, unverkürzt, heil, unberührt, unzerschnitten, ungeteilt, ungetrennt, unbeschädigt, gut, gebrauchbar. → ganz. ▶ kaputt.
Integration M vervollständigen zu einer Einheit, Verbindung, zu einer Ganzheit, Zusammenführung, Zusammenschluß.
Intellekt → Erkenntnis, Verstand.
intellektuell → geistig, intelligent.
Intellektueller Geistesarbeiter, Wissenschaftler, Gelehrter, Künstler, schöpferischer Geist oder Kopf, Erfinder, Gestalter, Studierter, Schriftsteller, Dichter ● Stubenhocker, Bücherwurm, Kopfarbeiter.
intelligent intellektuell, klug, verstandesbegabt, vernunftbegabt, zurechnungsfähig, vernünftig, verständig, fähig,

befähigt, aufgeweckt, scharfsinnig, schlau, begabt, talentiert, talentvoll, gescheit, geistreich, weise, durchdacht, helle, lebenstüchtig, pfiffig. → begabt, geschickt. ▶ dumm, unbegabt, ungeschickt.

Intelligenz Klugheit, Geist, Weisheit, Scharfblick, Verstand, Urteilskraft, Gescheitheit, Einsicht, Kopf-, Hirnarbeit, Scharfsinn, Denkkraft, Denkschärfe, Denkvermögen, Fassungskraft, Begriffsvermögen, Erkenntnisvermögen, Verständnis, Helle, Gewecktheit,Schlußvermögen,Schlußkraft, Begabung, Klarsicht, Unterscheidungsgabe. → Begabung, Denkvermögen, Erkenntnisvermögen, Urteilskraft. ▶ Dummheit, Geistesarmut.

Intelligenz, hohe → Denkvermögen.

intensiv angestrengt, angespannt, nachhaltig, nachdrücklich, ausgeprägt, tief, eindringlich, gründlich, wirksam, ausgesprochen, stark, straff, stramm,verstärkt,sehr, sorgfältig, genau, vollständig, tiefgehend, eindringend, betont, besonders, erschöpfend. → angespannt, angestrengt. ▶ schwach.

intensivieren → anfeuern, ankurbeln, heben, steigern.

Intention f → Absicht.

Interdikt → Acht, Ächtung, Bann, Bannspruch, Verbot.

interessant anregend, zusagend, unterhaltsam, unterhaltend, spannend, seltsam,reizvoll, packend, merkwürdig, wissenswert, kurzweilig, lehrreich, eigenartig, bedeutungsvoll, fesselnd, beachtenswert, lohnend, wichtig, bemerkenswert, denkwürdig, hervorragend, vorzüglich, erwähnenswert, erzählenswert, bezeichnend, angenehm, einnehmend, unwiderstehlich. → A und O, amüsant, anziehend. ▶ uninteressant.

Interesse Wißbegierde, Wissensdurst, Streben, Eifer, Lust, Begierde, Wunsch, Verlangen, Hang, Sucht, Gefallen, Geschmack, Vorliebe, Liebhaberei, Steckenpferd, Fleiß, Beachtung, Hingabe, Liebe, Leidenschaft, Forschungstrieb, Gespanntheit, Gunst ● Belange ● Eigennutz, Eigenliebe, Selbstliebe, Gewinnsucht, Selbstelei. → Anteil, Aufmerksamkeit, Augenmerk, Beflissenheit, Glück. ▶ Gleichgültigkeit, Nachteil, Teilnahmslosigkeit, Uneigennützigkeit.

interesselos → gleichgültig, passiv.

Interessengruppe → Anhang.

Interessenkampf → Konkurrenz.

Interessent → Bewerber.

interessieren → anregen, anhalten, bekommen Lust, bestreben sich, Blick richten auf.

interessiert beflissen, wißbegierig, unersättlich, gespannt, teilnehmend, beteiligt, begierig, betroffen, berechnend, versessen, erpicht, neugierig, ungeduldig, fragselig, fraglustig, aufmerksam, geflissentlich, achtsam ● geizig, gewinngierig, eigennützig, auf Vorteile bedacht. → betroffen, eingenommen, gewinngierig. ▶ gleichgültig, teilnahmslos.

Interim → Zwischenzeit.

interimistisch → einstweilig.

intern → drinnen, innen.

Internat → Anstalt, Erziehungsanstalt, Institut,Schule.

international völkerumfassend, allumfassend, überstaatlich, zwischenstaatlich, weltumspannend, staatenverbindend, allerseits, allverbindend, zusammenhaltend, ordnend. → fern und nah. ▶ (national).

internieren → inhaftieren.

Interpellation f → Anfrage, Ausforschen, Einsprache.

interpellieren → anfragen.

Interpret m → Ausleger.

Interpretation → Ausführungsbestimmung, Auskunft, Auslegung, Beispiel, Darstellung.

interpretieren erklären, erörtern, auseinanderlegen, auseinandersetzen, herausfinden, ergründen, deuten, auslegen, darstellen, veranschaulichen, ausdeuten, bestimmen, erschließen, kommentieren, erläutern, den Sinn wiedergeben. → auslegen. ▶ mißdeuten, verschleiern.

Interregnum → Zwischenzeit.

Intervall → Zeitraum, Zeitspanne.

intervenieren → dazwischentreten.

Intervention Dazwischenkunft, Einspruch, Einmischung, Vermittlung. → Eingriff.

Interview Fragegespräch, Ausfragung, Audienz, Befragung, Unterredung, Besuch, Zusammenkunft, Konferenz, Unterhaltung, Gespräch, Zwiegespräch, Gedankenaustausch, Besprechung, Verabredung, Beratung, Verhandlung, Ausfrage. → Besuch.

interviewen → befragen.

interzedieren → dazwischentreten.

intim → befreundet, cordial, innig, vertraulich.

Intimität → Einverständnis, Freundschaft, Vertrautheit.

Intimus → Bruder, Freund.

intolerant → engstirnig, fanatisch.

Intoleranz Unduldsamkeit, Rechthaberei, Hartnäckigkeit, Fanatismus, Vorurteil, Voreingenommenheit, Beschränktheit, Einseitigkeit, Verblendung, Betörung, Härte, Unnachgiebigkeit, Rücksichtslosigkeit, Unnachsichtigkeit, Selbstherrlichkeit,Beharrlichkeit,Ausdauer, Beständigkeit, Radikalismus, Dogmatismus, Zähigkeit, Störrigkeit, Pedanterie, Sturheit, Frömmelei, Heuchelei, Parteigeist, Einkapselung. → Fanatismus. ▶ Toleranz.

Intrigant Feinspinner, Pfiffikus, Schlaukopf, Schlaufuchs, Ränkeschmied, Leisetreter, Riemenstecher, Klügler, Jesuit, Federfuchser, Rechtsverdreher, Renommist, Hetzer, Wichtigtuer, Streber, Kuppler, Gleisner, Denunziant, Duckmäuser, Spitzbube, Halunke, Schelm, Bube. → Fuchs. ▶ Mensch aufrechter, treuer.

intrigant ränkevoll, ränkesüchtig. → aalglatt, arglistig.

Intrige → Anschlag, Arglist.

intrigieren überlisten, anfeinden, schleichen, hintergehen, übertölpeln, zutragen, beaunern, umgarnen, betrügen, hinterbringen, einfädeln, ausknobeln, verklatschen, falsches Spiel treiben, Ränke schmieden, ins Garn locken, eine Grube graben, sich einmengen, sich einmischen, sich einlassen, dazwischentreten, eingreifen, vermitteln. ▶ offen heraussagen, Wahrheit sprechen die, Wein einschenken reinen.

Intuition Gedanke, Eingebung, Erleuchtung, Gestaltungstrieb, Idee, Inspiration, Schöpfung, Anschauung, Gestaltungskraft, Bildungskraft, Bildungstrieb, Erfindungsgabe, Erfindergeist, Künstlergeist, Innenschau, Einfall, Erkenntnis, Inngefühl, Instinkt. → Einfall. ▶ Geistesträgheit, Nachahmung, Vorbedacht.

intuitiv gefühlsmäßig, geistig, schöpferisch, gestaltungsfähig, bildungsfähig, instinktiv, naturgemäß, unwillkürlich, phänomenologisch, eingegeben, gedanklich, inspirativ. ▶ bewußt.

invalid → alt, arbeitsunfähig, krank.

Invalide → Arbeitsunfähiger.

Invalidität f → Arbeitsunfähigkeit, Krankheit.

Invasion Angriff, Vorstoß,

Gegenstoß, Berennung, Erstürmung, Überfall, Einfall, Einbruch, Raubzug, Verwüstung, Überrumpelung, Einmarsch, Einmarschieren, Anmarsch, Krieg, Feindseligkeit, Überfall, Besetzung, Eroberung, Vormarsch, Kriegszug, Heereszug, Durchbruch. ▶ Flut, Rückzug, Verteidigung.

Invektive → Beleidigung.

Inventar Ausstattung, Befund, Fahrnis, Einrichtung, Möbel, Mobilien, Lagerbestand, Vorrat, Vorratsregister, Bestandliste, Lagerverzeichnis, Inhalt, Inventarium, Hausgerät, Aufstellung, Inventur. → Bestand, Bestandesverzeichnis.

Inventur Bestandsaufnahme, Lageraufnahme, Bestandsverzeichnis, Lagerverzeichnis, Inventurausverkauf, Räumungsausverkauf, Preisermäßigung, Preisabbau, Nachlaß, Ausverkauf, Vorzugspreis, Nachsaison, Zwangsversteigerung, Schleuderpreis, Sachverzeichnis, Vorratsregister.

investieren anlegen, finanzieren, einbringen.

Investierung Investition, Kapitalanlage, Aufwendung, Einsatz, Einlage, Teilhaberschaft, Hypothek, Darlehen, Verleih, Verschreibung, Geldverleih, Kredit.

Investition → Einlage, Investierung.

inwärts → einwärts, innen.

inwendig intus. → drinnen, einwärts, innen.

Inwendiges → Busen, Inneres.

Inzest → Blutschande.

inzwischen während, währenddessen, währenddem, unterdessen, einstweilen, mittlerweilen, binnen, seither, solange, indem, seit, nachdem, bevor, bis, dazwischen, zwischenliegend, in der Zwischenzeit, bis dahin, eine Zeitlang. → als, binnen, bis, dazwischen, einstweilen. ▶ immer, ringsum, später.

irdisch chthonisch. → leiblich, vergänglich.

irgendwann zu irgend einer Zeit, zu unbestimmter Zeit, eines Tages, bei Gelegenheit, ein andermal, früher oder später, einerlei wann.

irgendwas etwas, je nachdem, in gewissem Maße, gewissermaßen, ungefähr, was immer es auch sein könnte.

irgendwer irgend jemand, irgendwelcher, irgendeiner, irgendetwas, unbestimmt, ungenau, dahingestellt, ungewiß, unentschieden, ausdruckslos, dehnbar, fraglich, vielleicht, ausstehend, je-

mand, einer ● Dingsda u, Dingskirchen u, Dings u. ▶ (dieser).

irgendwie wahllos, beliebig, unausgewählt, von ungefähr, nach Belieben, unbestimmt, irgendwann, irgendwo, dehnbar, fraglich, rätselhaft, unschlüssig, schwankend, ungenau, unentschieden, ungewiß, zweideutig, doppelsinnig, sozusagen, vielleicht, dunkel. ▶ bestimmt.

irgendwo ins ungewisse, ins dunkle, unbestimmt wohin, da und dort, überall, in Dingsda u, Dingskirchen u, Buxtehude u, Posemuckel u, wo sich die Füchse gute Nacht sagen. → irgendwie.

irisieren opalisierend, schillernd, regenbogenfarbig, opalfarbig, prismatisch, hinüberspielend, mannigfarbig.

irisierend → buntscheckig.

Ironie Doppelsinn, Zweideutigkeit, Spitzfindigkeit, Witz, Spott, Schimpf, Spötteleil, Gehöhn, Hohn, Spötterei, Verspottung, Stichelei, Anzüglichkeit, Hohnrede, Spottrede, Hieb, Ausfall, Hechelei, Hohngelächter, Sarkasmus, Spottsucht, Spottnatur, Gemeinheit, Bissigkeit, Spitze, Doppelschneidigkeit, Schlagfertigkeit, Schärfe, Treffer. →Spott. ▶ Aufrichtigkeit, Ernstlichkeit.

ironisch schlagfertig, stechend, beißend, schneidend, spitz, doppelschneidig, scharfzüngig, gemein, spöttisch, höhnisch, sticheln, spottsüchtig, bloßstellend, auslachend, herunterputzend, häßlich, zynisch, höhnend, anspielend, hechelnd, lästernd, sarkastisch, hämisch, nachäffend, anzüglich, zweideutig, beleidigend, satirisch, scharf, vernichtend, bissig, lästernd, abscheulich, schadenfroh ● dreckig lachen u. → bissig, zynisch. ▶ aufrichtig, ernsthaft.

ironisieren → auslachen, verspotten.

irr → bestürzt, betroffen, geistesgestört, hirnverbrannt, verrückt.

irreal → unwirklich.

irreführen hinters Licht führen, überspielen, irreleiten. → anführen, Anstrich, balbieren, benachteiligen, beschwindeln, bunt zugehen, Decke unter der stecken, düpieren, Einverständnis heimliches, Fell über die Ohren ziehen das, täuschen.

irreführend → blendend, erfunden, scheinbar.

Irreführung → Ausflucht, Betrug, Falschheit, Lüge.

irregeführt irregeleitet.

irregehen → irren.

irreleiten → beschwindeln, Bock als Gärtner, täuschen.

irre machen lassen, sich nicht durchhalten, aushalten, ausharren, sich nicht abbringen lassen, sich nicht beirren lassen, durch dick und dünn gehen, fest daran glauben, feststehen, nicht wanken. → glauben, gläubig. ▶ aufgeben, sich beirren lassen.

irren fehlgreifen, fehlschießen, irregehen, abweichen, verwirren, entgleisen, abirren, fehlen, fehlgehen, verrechnen, verschreiben, sich verquatschen u, sich verbabbeln u, sich vergaloppieren u, übersehen, vernachlässigen, mißverstehen, versprechen, verzählen, verfahren, versehen, pfuschen, stümpern, irrlichtern, umherirren, schief gewickelt u, sich verhauen u, verhaspeln, verhauen, verheddern, vergreifen, mißdeuten, verwechseln, einen Bock schießen, auf falscher Fährte, auf dem Holzweg sein, in die Irre gehen, sich eine Blöße geben, die Rechnung ohne den Wirt machen, sich schneiden u, im Kreis herumgehen, nach dem Spiegelbild greifen. → ausgleiten, fehlen. ▶ erkennen, wissen.

irren, sich danebengreifen, verwechseln, verfehlen, übersehen, mißverstehen, fehlgehen, fehlschießen u, mißdeuten, sich verrechnen, sich täuschen, sich verschreiben, sich versprechen, falsch auslegen, unrichtig beurteilen, mißverstehen, hineinfallen, hineinrasseln, hineinsegeln, hineinplumpsen u, auf den Leim gehen oder kriechen u, Böcke schießen u. → irren. ▶ erkennen, wissen.

Irrenanstalt, -haus → Anstalt.

Irrgang → Chaos, Verwirrung.

Irrgarten → Labyrinth.

Irrglaube → Ketzerei.

irrgläubig → abtrünnig, heidnisch.

Irrgläubiger → Abtrünniger.

irrig → albern, abwegig, absurd, falsch, illusorisch, unbegründet.

irrig angeben → anführen, bemänteln, lügen.

Irrigkeit → Fehler, Ketzerei.

irritieren → ärgern, stören.

irrlichtern → bewegen sich.

Irrsinn Größenwahn, Verrücktheit, Unsinn, Albernheit, Unvernunft, Torheit, Haltlosigkeit, Lächerlichkeit, Wahnwitz, Faselei, Aberwitz, Geschwätz, Mist, Blödsinn, Schwachsinn, Geistesschwäche, Gehirnkrankheit, Idiotie, Geistesstörung, Geistesumnachtung, Sinnesstörung, Sinnesverwirrung, Bewußtseinsstörung, Wahnvorstellung, Bewußtseinsspaltung, Verfolgungswahn, Schwermut, Komplex, Gehirnerweichung, Stumpfsinn, Verblödung, Tollwut, Tobsucht, Raserei, Koller. → Delirium, Geisteskrankheit. ▶ (Geistesklarheit), Klugheit.

irrsinnig verrückt, irre, umnachtet, geistesgestört, verdreht, närrisch, toll, besessen, unnormal, hirnverbrannt, spleenig, kindisch, idiotisch, idiotenhaft, verblödet, blöde, stumpfsinnig, verkindscht, krank, geistesschwach ● dumm, borniert, beschränkt, dämlich, wirr, vernagelt, verbohrt, gedankenlos, läppisch, unbesonnen, leichtsinnig, kleinstirnig. ▶ (geistesklar), klug.

Irrsinniger Geisteskranker, Verrückter, Wahnsinniger, Blödsinniger, Nervenkranker, Idiot, Tollhäusler, Toller, Narr, Irrer, Besessener, Tobsüchtiger, Schwachsinniger ● Dummkopf, Schafskopf, Schafsnase, Bock, Trottel, Tölpel, Tor. → Dummerian, Dummkopf. ▶ Kopf fähiger.

Irrtum Bock, Delikt, Entscheidung falsche, Falschheit, Fehler, Fehlspekulation, Mißverständnis, Unterlassung, Verwechslung.

Irrtum beheben, einen → bekämpfen, zurückweisen.

Irrtum nehmen → benehmen, Irrtum nehmen.

irrtümlich irrig, versehentlich, falsch, unwahr, trügerisch, unbegründet, grundlos, eingebildet, unwahrscheinlich, hinfällig, unhaltbar. → falsch. ▶ richtig.

Irrung Verirrung, Schwäche, Schwachheit, Ausartung, Abirrung, Fehler, Sündhaftigkeit, Abweg, Entgleisung, Laster, Ablenkung, Schwenkung ● Irreführung, Bock, Unsinn, Verführung, Betörung, Verlockung, Verdrehung, Mißdeutung. ▶ Aufklärung, Fehlerlosigkeit, Richtung, Vortrefflichkeit, Zielrichtung.

Irrweg Abweg, Umweg, Abirrung, Fehlgang, Irrgang, falsche Fährte, falsche Spur ● Unsicherheit, Irreführung, Irreleitung. ▶ Aufklärung, Zielrichtung.

Irrwisch Irrlicht, Elmsfeuer ● Täuschung, Irrtum, Mißdeutung, Trugbild, Wandbild, Seifenblase ● Brausekopf, Brausewind, Hitzkopf, Spautzteufel, Zankteufel, Heißsporn, Polterer, Haderkatze. ▶ Wirklichkeit, ruhig(er) Mensch).

isolieren vereinzeln, losma-

chen, scheiden, teilen, trennen, abteilen, abgliedern, abtrennen, absondern, befreien, entbinden, entfesseln, freisetzen. → abschneiden, absondern. ▶ verbinden.

isolieren, sich losmachen sich, absondern sich, zurückziehen sich, abschließen sich, abgeschieden leben, einsam leben, verleugnen lassen sich, die Gesellschaft fliehen, einpuppen sich, einspinnen sich, von der Welt lossagen sich, den Verkehr abbrechen, vereinsamen, aus dem Wege gehen, lösen sich, befreien sich, loskommen, lossagen sich, abdanken, entlassen, forttreiben, abschieben, fortschieben, wegtreiben. ▶ gesellen sich.

isoliert verbindungslos, vereinzelt, episodisch, getrennt, geteilt, lose, frei, für sich, abgesondert, allein ● einsam, abgesondert, entzweit. → abgeschieden, allein, berührungslos, beziehungslos, fern. ▶ zusammen, verbunden.

Isolierung Absonderung, Trennung, Teilung, Scheidung, Spaltung, Lockerung, Verlegung, Zergliederung, Lostrennung, Loslösung, Beseitigung, Verstreuung, Entbindung ● Abgeschiedenheit, Entzweiung, Uneinigkeit, Unverbundenheit, Abschluß, Vereinsamung, Einsamkeit, Verlassenheit, Zurückgezogenheit, Ungeselligkeit, Ungastlichkeit, Weltfremdheit, Eigenbrötelei, Menschenscheu, Weltangst ● Stille, Leere, Ruhe, Einkehr. → Absonderung, Bruch, Einsamkeit. ▶ Verbindung.

ist das → beispielsweise.

Item → Bedingung, Voraussetzung, Vorbehalt.

item ebenso, ebenfalls, ferner, falls, wenn, fernerhin, also, gleichfalls. ▶ ausgenommen.

J

ja ach ● ei, nun, na ja, ja gewiß, jawohl, natürlich, freilich, sicherlich, allerdings. ▶ nein.

Ja sagen Ja und Amen sagen, bejahen, versichern, behaupten, erklären, bekennen, bestehen, verbürgen, beharren, betonen, zugeben, bewilligen, bleiben dabei ● erhärten, bekräftigen, bezeugen, beteuern. → bejahen. ▶ verneinen.

Ja und Amen sagen → befriedigen, Ja sagen.

Jacht → Fahrzeug (Wasser-), Schiff.

Jacke Joppe, Jackett, Blazer, Anorak. → Anzug.

Jagd Fang, Jägerei, Jagdwerk, Weidwerk, Hatz, Hetzjagd, Treibjagd, Pirsch, Halali, Parforcejagd, Spürjagd, Fuchsjagd, Anstand, Hubertusjagd ● Verfolgung ● Hast, Unruhe, Unrast, Treiberei, Eile, Rastlosigkeit, Drang, Hetze, Aneiferung, Eifer, Betriebsamkeit, Tatkraft, Wettstreit, Wetteifer, Wettlauf, Wettbewerb, Geschäftigkeit, Schnelligkeit ● Revier, Jagd eigene, Wald, Feld. → Anstand, Anstrengung, Beflissenheit, Birsch, Hetze. ▶ Bummelei, Saumseligkeit.

Jagdflugzeug → Fahrzeug (Luft-).

Jagdfrevel → Beraubung.

Jagdgewehr → Büchse.

Jagdschein → Anrecht.

Jagdwagen → Chaise, Fahrzeug (Straßen-).

Jagdwerk Gejaid s j. → Beraubung, Weidwerk.

jagen schießen, ankörnern, aufschrecken, hetzen, hatzen, treiben, verfolgen, pirschen, locken, ködern, nachstellen, fangen, fischen, überlisten, fahnden, eine Schlinge legen, eine Falle stellen, die Angel auswerfen, aufscheuchen ● sputen, überhasten, überstürzen ● aneifern, anspannen, anspornen, ermuntern, drängen, betreiben, beschleunigen, spornen, steigern, hochtreiben, zu Tode hetzen, buschieren j, frettieren j. → angeln, ankurbeln, davonmachen sich, eilen, erjagen, rennen. ▶ bummeln.

jagen, ins Bockshorn → bedrohen.

jagen, nach etwas → Dampf dahinter (machen, setzen) nachstellen.

Jäger Gebirgsjäger, Alpenjäger, Fußsoldat, Panzerjäger, Fallschirmjäger, Kampfflieger → Verfolger, Weidmann.

jäh abgründig, abschüssig, auf einmal, aufrecht, augenblicklich, blindlings, hitzig, plötzlich, schräg.

Jähe → Berg, Schräge.

jählings → ahnungslos, auf einmal, augenblicklich, heftig, stürmisch, wild.

Jahr, in diesem → diesjährig.

Jahr zu Jahr, von immerdar, Tag zu Tag, jahraus jahrein, seit Jahr und Tag, fort und fort, in einem fort, ohne Unterlaß, dauernd, endlos, unaufhörlich, fortwährend, fortgesetzt, ewig, unvergänglich, unsterblich, beständig. ▶ niemals.

Jahr und Tag, nach längstens, spätestens, binnen, mit Frist ● nach langer Zeit, hinfort, von nun an, früher oder später, dereinst, im Laufe der Zeit, allmählich, nachdem, hernach, nachher, schließlich, bald. → Jahr zu Jahr von. ▸ niemals, plötzlich.

jahraus → dauernd.

jahraus jahrein täglich, jährlich, oft, abermals, immer wieder, wiederholt, wiederkehrend ● dauernd, endlos, unaufhörlich, unablässig, lebenslang, in einem fort, durchs ganze Leben, immerdar, seit Jahr und Tag, ohne Unterlaß, fort und fort ● öfters, wieder neu, neuerdings, zu jeder Zeit, gang und gäbe. → beständig. ▸ niemals.

Jahrbuch Kalender, Almanach, Annalen, Chronik, Tagebuch, Stundenbuch.

jahrelang Jahr für Jahr, all die Jahre, die ganze Zeit ● andauernd, unaufhörlich, endlos, schon immer, viele Jahre ● auf die Dauer, auf die Länge.

Jahres, laufenden → diesjährig.

Jahresfeier → Ehrenfest, Feier, Jubiläum.

Jahreskarte → Fahrkarte.

Jahrestag → Ehrenfest, Jubiläum, Rückblick.

Jahreszeit Zeitabschnitt, Frühjahr, Frühling, Blütezeit, Blumenzeit, Maienzeit, Lenz, Wonnemonat, Rosenzeit, Rosenmond ● Sommer, Erntezeit, Reisezeit, Heumahd ● Herbst, Obstzeit, Weinmonat, Spätjahr, Altweibersommer, Nachsommer, Martini, Kirmes, Kirchweih ● Winter, Christzeit, Christmond, Julfest, Julfeier, Weihnachten, die heiligen zwölf Nächte, Rauhnächte, Sonnenwendfeier.

jahreszeitlich zeitbedingt.

Jahrgang → Zeitmaß.

Jahrgeld → Rente.

jährlich → jahrein jahraus, regelmäßig.

Jahrmarkt Markt, Kirmes, Kirchweih, Martini, Weihnachtsmarkt, Messe, Oktoberfest, Wurstmarkt, Schützenfest, Dult, Kerb, Kilbe, Kirbe, Wiese.

Jähzorn → Anwandlung, Aufregung, Zorn.

jähzornig → aufgebracht, cholerisch, heftig.

Jakobiner → Aufständiger.

Jalousie → Fensterladen.

Jammer → Armut, Beschwerlichkeit, Klage.

Jammergeschrei erleben, ein → beklagen.

Jammerlappen → Schwächling.

jämmerlich → abscheulich, aufgelegt, bejammernswert, beschämend, bestechlich, böse, charakterlos, demütig und wehmütig, kläglich, niederträchtig.

jammern → ächzen, Blick mit feuchtem, klagen.

Jammertal → Erdentage.

jammervoll → ärgerlich, bejammernswert, demütig und wehmütig, herzergreifend, schmerzlich.

japsen → schnaufen.

Jargon Kauderwelsch, Gassendeutsch, Gassensprache, Gewelsch, Rotwelsch, Gaunersprache, Diebessprache, Kundensprache ● Fachsprache, Berufssprache, Standessprache, Verkehrssprache, Jägersprache, Kaufmannssprache, Kaufmannsdeutsch, Aktendeutsch, Juristendeutsch, Soldatensprache, Studentensprache, Pennälersprache, Backfischsprache, Kindersprache, Ammendeutsch ● Mundart, Dialekt, Platt, Slang. ▸ (Hochsprache), Schriftdeutsch.

jäten harken, roden, säubern, putzen, ausrotten. ▸ pflanzen.

Jauche Dung, Mist, Aale, Gülle ● Ausscheidung, Abwässer, Kot, Urin, Kuhfladen, Senkgrubenwasser, Abort ● Gestank, Verpestung, Seuchenherd, Miasma ● Pfuhl, Unrat, Schmutz. → Auswurf.

jauchen düngen, odeln.

jauchzen frohlocken, jodeln, johlen, jubeln, jubilieren, juhuen, kichern, lachen, losplatzen, quietschen, krähen u, wiehern ● zujauchzen, entgegenjubeln, preisen, rühmen, verherrlichen, empfangen, begrüßen, hochleben lassen, ein Hoch ausbringen. → freuen sich. ▸ jammern, trauern.

jaulen → belfern.

Jause Brotzeit, Halbabendbrot, Imbiß, Nachmittagskaffee, Fünfuhrtee, Vesper. → Essen.

jawohl → allerdings, freilich, gewiß, ja, natürlich.

Jawort → Versicherung, Versprechung.

je einmal, zuweilen, manchmal, hier und da, hin und wieder, dann und wann, gelegentlich, bisweilen. → selten. ▸ immer, niemals.

je eher je lieber erwünscht, begehrt, begehrenswert, hoffentlich, lieber, teuer, um so besser. → wünschenswert. ▸ unerwünscht.

jede → all.

jeden Abend → allabendlich.

jedenfalls → aber, allerdings, anscheinend, augenscheinlich, dagegen, demungeachtet, denkbar, dennoch, des-

senungeachtet, doch, ein für allemal, gewiß, immerhin, mindest, tatsächlich.

jeder alle, unsereiner, ausnahmslos, jedermann, landläufig, restlos, überwiegend, unbeschränkt, gewöhnlich, ganz allgemein, ohne Einschränkung. → all, ein Mann wie, einer wie alle. ▸ keiner.

jeder einzelne → einer für alle.

jedermann → ein Mann wie, einer wie alle, jeder.

jederzeit → allewege.

jedesmal vielmals, unaufhörlich, häufig, oft, öfters, zahlreich, immer wieder, abermals, neuerdings, mehrmals, fortwährend, in einem fort, überall, auf Schritt und Tritt, gewöhnlich, gemeinhin, zu jeder Zeit, beständig. ▸ niemals.

jedoch → aber, allein, allerdings, dagegen, dem ungeachtet, dennoch, dessenungeachtet, doch, immerhin, schließlich.

jedweder → all, jeder.

jeglicher → all, jeder.

Jemand → Mensch.

jemand einer, irgendwer, irgendwelcher, irgendeiner, ein Mensch, eine Person, wer, ein Individuum, ein Unbekannter, ein Fremder. ▸ niemand.

je nachdem → allenfalls, bedingungsweise, eventuell, gewissermaßen, unmöglicherweise.

jenes das andere, nicht dasselbe, widersprechend. → unterschiedlich. ▸ dieses.

jenseitig → drüben, jenseits.

Jenseits Ideenreich, Ideenwelt, jenseitige Welt, Welt der Ahnungen, Unsichtbarkeit, Unwirklichkeit ● Himmel, Himmelreich, Reich Gottes, Thron Gottes, Paradies, Eden, Ewigkeit, Abrahams Schoß ● Olymp, Elysium, elysische Gefilde, Insel der Seligen, Nirwana, Walhalla, Asenburg ● Tod. ▸ Dasein, (Diesseits).

jenseits → abseits, beiseite, daneben, drüben, fern, seitlich, unkörperlich.

jesuitisch → aalglatt, arglistisch, spitzfindig.

Jesus → Christus.

jetzig → aktuell, modern.

jetzt → akut, augenblicklich, derzeit, diesjährig, eben, gegenwärtig, momentan.

jeweilig zuweilen, bisweilen, manchmal, mitunter, dann und wann, hin und wieder, gelegentlich. ▸ immer, niemals.

jeweils → einigemal, jeweilig.

Job → Arbeit, Arbeitsplatz, Beruf.

Jobber → Schwindler, Spekulant, Spieler.

Joch → Bande, Fron, Zweiheit.
jodeln → anstimmen, jauchzen, singen.
johlen → beleidigen (das Ohr), jauchzen, lärmen.
Jolle → Boot.
Jongleur Artist, Geschicklichkeitskünstler, Equilibrist, Äquilibrist ● Dreher, Verdreher. → Pfiffikus.
Joppe → Anzug.
Journal → Anzeiger, Zeitung.
Journalismus → Presse.
Journalist → Berichterstatter.
jovial heiter, fröhlich, sonnig, munter, lustig, aufgeräumt, gut gelaunt, schmunzelnd, vergnüglich ● gönnerhaft, geneigt, freundlich, günstig, hilfsbereit, wohlwollend ● eingebildet, geschwollen, herablassend, überheblich, verletzend. ▶ bescheiden, griesgrämig, unfreundlich.
Jubel Trubel, Tumult, Radau, Gejohle, Gejodel, Gedudel, Gebrause, Gedröhne, Geschmetter, Gejauchze ● Fröhlichkeit, Heiterkeit, Begeisterung, Frohlockung, Gelächter, Hallo, Frohsinn, Vergnügtheit, Munterkeit, Laune, Stimmung, Lust, Tollen, Gaudium ● Beifall, Freudenbezeigung, Freudengeschrei, Freudentaumel, Freudengeheul, Jubelgeschrei, Jubelruf, Triumphgeschrei, Hochrufe, Beifallssturm, Zustimmung ● Beräucherung, Beweihräucherung, Schmeichelei, Lobhudelei. → Begeisterung, Beifall, Entzücken, Fanfare, Freude, Frohlockung. ▶ Stille, Trauer.
Jubelfeier → Feier, Fest, Gedenkfeier.
jubeln→ freuen sich, jauchzen.
jubelnd erregt, ausgelassen, beglückt, frohlockend, heiter, lustig, triumphierend. → beschwingt. ▶ traurig.
Jubeltag → Ehrenfest, Jubiläum.
Jubiläum Ehrenfest, Ehrentag, Festfeier, Festtag, Gedenktag, Geburtstag, Gründungsfeier, Jahresfeier, Jahrestag, Jahrhundertfeier, Jubeltag, Staatsfeiertag, Hochzeitstag, Tag der silbernen oder goldenen Hochzeit, Wiederkehr. → Ehrenfest, Feier, Gedächtnistag.
jubilieren → frohlocken, jauchzen.
juchzen → jauchzen.
jucken kitzeln, kille kille machen u, stechen, brennen, beißen, kribbeln, krabbeln, reizen.
Judaskuß → Dolchstoß, Verrat.
Jugend Kindheit, Knabenjahre, Jünglingsjahre, Mädchenjahre, Wachstumsjahre, Unreife, Schuljahre, Studienjah-

re, Flegeljahre, Pubertät ● Frische, Spannkraft, Jugendmut, Kraftgefühl, Sturm und Drang, Tatendrang ● Verspieltheit. ▶ (Alter), Entkräftung.
Jugendblüte → Anmut.
Jugendeselei → Albernheit.
jugendfrisch → jung.
jugendlich → jung.
jung blutjung, jugendlich, jugendfrisch, jungenhaft, knabenhaft, kindlich, kindisch, mädchenhaft ● blühend, frisch, unerfahren, dumm, grün, unreif ● flegelhaft, halbwüchsig, noch nicht trocken, noch feucht hinter den Ohren, kaum flügge. → frisch, grün. ▶ alt.
Jungborn → Jungbrunnen, Körperpflege.
Jungbrunnen Jungborn, Gesundheitspflege, Hygiene, Sport, Kur, Kaltwasserkur, Entschlackung, Schonkost, Hungerkur, Badereise, Landaufenthalt, Erholung, natürliche Lebensweise ● Enthaltsamkeit, Mäßigung, Genügsamkeit, Nüchternheit. → Elixier, Körperpflege. ▶ Gift, Schwelgerei, Übermaß.
Junge → Bengel, Bube, Bursche.
Junge, dummer Affe, Lakkel, Laffe, Lauser, Lausejunge, Lümmel, Lump, Luder, Bengel, Flegel, Flabes, Grasaff, Bazi, Esel, Simpel, Heupferd, Rotznase, Klotz, Dämelack, Rotzbengel, Saudackel, Drecksack, Mistvieh, Misthaken, Saukerl, Kaffer, Schleimscheißer.
jungen → bringen zur Welt, entbinden.
jungenhaft → bubenhaft, kindlich.
Jünger → Anhänger, Famulus.
Jungfer → Dirne.
Jungfernrede → Eröffnungsrede.
Jungfrau Jungfer, Backfisch, Mädchen, Maid, Dirndl, Mamsell, Fräulein, altes Mädchen. → Dirne. ▶ Frau.
jungfräulich → feminin, weiblich.
Junggeselle Jüngling, Bursche, Lediger, Unverheirateter, Einspänner u. → Hagestolz.
Jüngling Knabe, Junge, Bube, Bursche, Kerl, junger Mann oder Herr, Twen. ▶ Mann.
Jünglingsjahre → Flegeljahre.
jüngst → bereits, dahin, damals, frisch, kürzlich.
Junker → Adel.
Jurist → Anwalt, Berater, Rechtswahrer.
juristisch anwaltlich, gesetzlich, rechtlich, rechtskundlich, rechtswissenschaftlich, richterlich, juridisch, nach

dem Recht, nach dem Gesetz. → rechtlich.
Jury Begutachter, Beurteiler, Preisrichter, Preisgericht, Begutachtungsinstanz, Prüfungskommission. → Ausschuß.
just → kürzlich.
Justitiar → Anwalt.
Justiz Gericht, Gerichtsbarkeit, Gerichtswesen, Rechtsbehörde, Rechtsordnung, Rechtspflege, Rechtssprechung, Rechtsverfahren, Rechtsverwaltung, Rechtswesen.
Justizirrtum Fehlurteil, Rechtswidrigkeit, Unrecht.
Jute → Faser.
Juwel Edelstein, Geschmeide, Kleinod, Perle, Prunkstück, Schatz, Schmuck, Schmucksache, Zierde ● Krone, Vorbild, Auslese, Auswahl, Gipfel, Glanzstück, Meisterstück, Meisterwerk, Vollkommenheit. → Ausschmückung, Beste, Edelstein, Liebling. ▶ Talmi, Tand, Unvollkommenheit.
Jux → Belustigung, Spaß, Witz.

K

(siehe auch C und Z)

Kabale Schlauheit, Listigkeit, Durchtriebenheit, Verschlagenheit, Arglist, Hinterlist, Heimtücke, Intrige, Anschlag, Schikane, Falle, Schlinge, Schliche, Ränke, Tücke, Heimtücke, Umtrieb, Gaunerei, Lug, Trug, Schleichweg, Hintertüre. → Anschlag. ▶ Offenheit, (Vertrauensseligkeit).
kabalistisch → geheimnisvoll.
Kabarett Kleinkunstbühne, Brettl, Überbrettl.
kabbeln, sich → streiten.
Kabel Draht, Seil, Leitung, Strang, Verbindung, Band, Bindung, Schnur, Drahtseil, Verbindungsstück, Bindeglied, Verbindungsweg, Verbindungsschnur. → Benachrichtigung, Bindemittel, Draht.
kabeln → benachrichtigen, bestätigen.
Kabelsendung → Depesche.
Kabine Kajüte, Kombüse, Schiffsraum, Aufenthaltsraum, Schlafraum, Mittschiff, Luxuskabine, Schiffskabine, Badekabine, Koje.
Kabinett Zimmer, Raum, Gemach, Frauengemach, Alkoven, Schlafgemach ● Behörde, Obrigkeit, Regierung, Magistrat, Versammlung, Kammer, Tagung, Ministe-

rium, Vertretung. → Bureau.

Kachel Ofenkachel, Klinker, Platte, Stein, Füllung, Verputz, Badekachel, Tonware, Ton, Keramik, Majolika, Glasur, Zierde, Schmuck, Verzierung. → Bestand.

Kacke → Aas.

Kadaver → Aas.

Kader *M* Kreis, Einheit, Verband, Gemeinschaft.

Kadi → Richter.

Kaff → Nest.

Kaffeehaus Konditorei, Einkehrhaus, Teestube, Teeraum, Tea-room, Gaststätte, Rasthaus, Bleibe, Imbißkaffee, Mokkastube, Erfrischungshalle, Espresso.

Kaffeeklatsch Kaffeestündchen, Kaffeeschlacht *u*, Fünfuhrtee, Schmaus, Behaglichkeit, Genuß, Erfrischung, Belebung, Klatsch, Gerede, Geschwätz, Unterhaltung, Treffen, Geplausch, Plauderei, Schwatz, Plauderstündchen, Tischgespräch, Besuch.

Kaffeetante Genießer, Kaffeeschwester, Schwätzerin, Plaudertasche, Schnattermaul, Kannegießerin, Gevatterin, Stadtklatsche, alte Base, Lästermaul, Klatschbase, Lästerzunge, Schmäherin, Schandmaul, Schwatzbase.

Kaffer → Tor.

Käfig Vogelkäfig, Vogelbauer, Nistkasten, Zwinger, Pferch, Gitter, Vogelhaus, Voliere, Vogelgitter ● Verlies, Gefängnis, Karzer, Gewahrsam, Kerker, Arbeitshaus. ▶ Freiheit.

kahl ▶ blattlos, federlos, nackt.

Kahlkopf → Glatze.

kahlköpfig unbehaart, haarlos, kahlhäuptig, bloß, bar, nackt, verunstaltet, häßlich, abstoßend, schrecklich, plattköpfig, eine Glatze haben. ▶ behaart.

Kahm Kahmhaut, Pilzhaut, Bakterienhaut. → Exkrement.

Kahn → Boot, Fahrzeug (Wasser-).

Kai → Landungsplatz.

Kaiser Imperator, Zar, Cäsar, Herrscher.

Kajak → Fahrzeug (Wasser-).

Kajüte → Kabine.

Kalamität → Unglück.

Kalauer → Witz.

Kalb, goldenes Götze, Abgott, Götzenbild, Moloch, Fetisch, Baal, Pagode, Gott ● Mammon, Geld, Münzen, Gold, Silber, Goldfuchs, Moneten, Reichtum. ▶ Armut.

kalbern räkeln, verrohen, verbauern, entgleisen, bunt zugehen, Blödsinn machen, sich albern benehmen, Unsinn treiben. ▶ ärgern, vernünftig (sein).

kälbern → bunt zugehen, kalbern.

kalbrig kälbermäßig, tierhaft, tierisch, animalisch, jung, grün, unfertig, unausgewachsen, unfähig, unreif, dumm, unerfahren, dämlich, ungelenk. ▶ ausgewachsen, ernst, vernünftig.

Kalender → Buch, Chronik, Jahrbuch.

Kalesche → Chaise, Fahrzeug (Straßen-).

kalfaktern → Unsinn machen.

kalfatern → abdichten, ausfüllen.

Kaliber Durchmesser, Maß, Weite, Größe, Innenraum, Bohrung, Umfang, Beträchtlichkeit, Fassungskraft, Größenverhältnis, Stattlichkeit, Ausmaß ● Art, Schlag ● Geschützweite, Kugeldurchmesser, Geschoßdurchmesser.

Kalk → Baustoff, Bindemittel.

Kalklicht → Fackel.

Kalkulation Berechnung, Kostenanschlag, Voranschlag, Zählung, Auszählung, Überschlag, Bemessung, Verrechnung, Bewerten, Veranschlagung, Schätzung, Ausrechnung.

kalkulieren veranschlagen, ausrechnen, überschlagen, schätzen, überrechnen, bemessen, berechnen, taxieren, schließen, bewerten, zusammenrechnen, vermessen, prüfen, erwägen.

kalt frostig, frisch, eisig, kühl, winterlich, vereist, starr, frostklar, frosthart, grimmig, bitter, schneidend, beißend, hundekalt, saukalt *u*, schaurigkalt, eiskalt, lausekalt *u*, bereift, beeist, frierend, gefroren, erfroren, arktisch ● still, entseelt, erloschen, tot, leblos ● empfindungslos, unberührt, abgehärtet, unempfindlich, abgestumpft, teilnahmslos, unachtsam, stumpf, lau, gleichgültig, gefühllos, kaltblütig, steinern, hart, herzlos, mitleidlos, kaltlächelnd, unfreundlich, unversöhnlich, kaltherzig, roh, böse, grausam, tierisch, unmenschlich, marmorkalt, glashart, eisig bis ins Herz. → barbarisch, beherrscht, eindrucksvoll, eisig. ▶ heiß, gefühlvoll.

kalt bleiben beherrschen sich, zügeln sich, gleichmütig sein, bezähmen sich, zurückhalten, mäßigen sich, unterdrücken, beruhigen sich, besonnen sein, gelassen sein, an sich halten, die Geistesgegenwart nicht verlieren, ruhiges Blut bewahren, sich nicht aus dem Gleichgewicht bringen lassen, den Kopf klar halten ● gleichgültig sein, teilnahmslos sein, herzlos sein, abgestumpft sein, abgebrüht sein, kalt sein, mit-

leidlos sein, abgehärtet sein, unbewegt sein. → beikommen nicht, betäuben, bezähmen. ▶ ergreifen das Herz, erhitzen sich.

kaltblütig → abgebrüht, beherrscht, bestialisch, kalt, roh.

Kaltblütigkeit Unberührtheit, Gefühlsroheit, Fischblut, Froschnatur, Herzensverhärtung, Gefühlshärte, Herzlosigkeit, Mitleidlosigkeit, Kühle, Frostigkeit, Kaltsinn, Gleichmut, Gelassenheit, Beherrschtheit, Geistesgegenwart, Unerschütterlichkeit, Selbstbeherrschung ● Grausamkeit, Unbarmherzigkeit, Bosheit, Roheit, Niedertracht, Schadenfreude, Unmenschlichkeit, Lieblosigkeit. → Beharrlichkeit. ▶ Empfindlichkeit, Feigheit, Gutmütigkeit, Unbeherrschtheit.

Kälte Frost, Frische, Gänsehaut, Affen-, Bären-, Hunde- oder Mordskälte *u*, Kühle, Vereisung, Erstarrung, Eispunkt, Gefrierpunkt, Frostwetter, Eis, Schnee, Reif, Schüttelfrost, Schauer, Zähneklappern, Frösteln, Schauder, Hagel, Wind, Rauhreif, Eisdecke, Winter ● Gefühllosigkeit, Gefühlsleere, Ablehnung, Frostigkeit, Unempfänglichkeit, Unzulänglichkeit, Gelassenheit, Kühle, Kaltsinn, Fischblut, Mitleidlosigkeit, Unempfindlichkeit, Lauheit, Indolenz, Apathie, Gleichgültigkeit, Teilnahmslosigkeit, Abneigung, Ungnade, Ungunst, Ungeneigtheit, Verdrossenheit, Wut, Lieblosigkeit, Unfreundlichkeit, Ungefälligkeit. → Beherrschung, Dickfelligkeit, Entfremdung, Erstarrung. ▶ Hitze.

kalte Aufnahme → Absage.

kaltherzig → bestialisch, kalt, roh.

kaltlächelnd → bestialisch, kalt, roh.

Kaltleim → Bindemittel.

kaltmachen → ausrotten, töten.

kaltstellen → ächten, Bord werfen über, boykottieren, hinausekeln, hinaustreiben, verachten, ausbooten.

Kamarilla → Bande, Clique.

Kamee → Bildhauerei.

Kamellen Kleinigkeit, Pappenstiel, Bagatelle, Ausschuß, Blödsinn, Unwichtigkeit, Bedeutungslosigkeit, Witzlosigkeit, Gewichtslosigkeit, Nichtigkeit, Wertlosigkeit, Geschwätz, Altbekanntes, taube Nuß, fauler Witz, dumme Redensart, Mist, Kinkerlitzchen, Käse. ▶ Wichtigkeit.

Kamerad Genosse, Kumpel, Helfer, Gefährte, Begleiter,

Vertrauter, Freund, Getreuer, patentes Haus *u*, patenter Kerl *u*, Beteiligter, Anhang, Schatten, Leibfuchs, Jünger, Weggenosse, Beistand, Verbündeter, Bruder, Mitkämpfer, Mitgeselle, Blutsfreund, Mitbruder, Gespiel, Spielkamerad, Schulkamerad, Tischgenosse, Studienfreund, Fellow, Kommilitone, Studiengenosse. → Anhänger, Begleitung, Bekannter, Getreuer, Helfer. ▶ Einsiedler, Feind, Gegner, Unbekannter.

Kameradschaft → Brüderlichkeit, Bruderschaft, Freundschaft.

kameradschaftlich freundschaftlich, kollegial.

Kameralia (Cameralia) Staatsverwaltung, Oberleitung, Oberaufsicht.

Kamin → Ausweg, Brandstätte, Esse.

Kamm Spitze, Krone, Gebirgskamm, Gipfel, Koppe, Helmbusch, Schädel, Zacke, Grat, Zinne, Höhepunkt, Kopf ● Hahnenkamm ● Gerät, Säuberungsgerät, Haarkamm, Lauseharke *u*, Lauserechen *u*. ▶ Bürste, Ebene, Schlucht.

kämmen reinigen, säubern, striegeln, bürsten, durchkämmen, durchbürsten, glatt machen, rein machen. ▶ verwirren.

Kammer Raum, Gemach, Zimmer, Wohnraum, Bodenkammer, Speisekammer, Rumpelkammer, Vorratskammer, Aufkammer, Schlafkammer, Dachkammer, Mädchenkammer ● Photokammer, Spiegelreflexkammer, Rollfilmkammer. → Abstellraum, Kabinett.

Kammerdiener → Commis.

Kämmerer → Adel.

Kammergut → Besitztum.

Kammerherr → Adel, Commis.

Kammerzofe Kammerjungfer, Kammermädchen, Zimmermädchen, Dienerin, Untergebene, Bedienerin, Hoteldienerin, Aschenbrödel, Angestellte, Magd, Dienstmädchen, Hausangestellte, Stütze, Mädchen. → Dienerschaft. ▶ Herrin.

Kampagne Feldzug, Vormarsch, Bekämpfung, Reklameplan, Bekriegung, Befehdung, Kriegszug, Heereszug, Heerwesen, Streifzug, Bewegungskrieg ● Landgut, Feld. ▶ Friedensschluß, Verteidigung.

Kämpe → Draufgänger.

kampeln, sich → streiten.

Kampf Gegenwehr, Gefecht, Friedensbruch, Streit, Fehde, Feindschaft, Abwehr, Mühsal, Krieg, Mühe, Widerstand, Zwist, Anstrengung, Ringen,

Strauß, Rauferei, Balgerei, Faustkampf, Aufruhr, Ringkampf, Aufstand, Glaubenskampf, Entgegenwirkung, Bekämpfung, Gegenschlag, Gegenstoß, Abwehrstellung, Protest, Abneigung, Schlacht, Überfall, Einfall ● sittlicher Kampf, Macht des Gemüts, Selbstzügelung, Überwindung. → Anstrengung, Aufgebot, Auseinandersetzung, Bewerbung, Duell, Erwerbskampf, Feindschaft. ▶ Einigung, Freundschaft, Friede.

Kampf ums Dasein Leben, Erdentage, Lebenskampf, Jammertal, Plackerei, Schinderei, Plage, Arbeit, Beschwerde, Arbeitsbürde, Sorge, Pflicht, Beschwerlichkeit, Arbeitsüberhäufung, Belastung, Geschäftslast, Beruf. ▶ (Erlösung vom Übel), Ruhe, Untergang.

Kampfansage → Herausforderung.

Kampfbahn → Arena.

kampfbereit tatkräftig, wehrhaft, standhaft, mannhaft, stramm, mutig, stählern, eisern, derb, unüberwindlich, bereit, gerüstet ● kampflustig, angriffslustig, angriffsbereit, streitig, zanksüchtig, zanklustig, kratzbürstig, stößig, ungestüm, aufgebracht, zornig, zornmutig, voreilig, radaulustig, rechthaberisch, streitsüchtig. ▶ schwach, versöhnlich.

kämpfen durchkämpfen, ringen, streiten, bekriegen, befeinden, aneinandergeraten, anfahren, bekämpfen, befehden, zanken, raufen, balgen, hauen, prügeln, entgegenstehen, anfeinden, ankämpfen, entgegentreten, entgegenhandeln, Feld ziehen ins ● anstrengen sich, erkämpfen, schwitzen, ankämpfen gegen, quälen sich, abkämpfen, abschleppen sich → abmühen, angreifen, anstrengen, befehden, brechen den Frieden. ▶ faulenzen (leben in Eintracht), versöhnen sich.

kämpfen, mit sich → überwinden, zaudern.

Kämpfer Streithahn, Streitsucher, Stänkerer, Händelsucher, Raufer, Raufbold, Raudi, Rowdy, Rauhbein, Friedensstörer, Schläger, Kämpe, Duellant, Kombattant, Zweikämpfer ● Verteidiger, Streiter, Soldat, Scharfschütze, Schützer, Verfechter, Abwehr, Sicherheitspolizei, Mann der Tat, Haudegen ● Champion *m*, Crack *m*, Meister im Sport. → Draufgänger, Held. ▶ Schwächling.

kämpferisch angriffig, stürmisch, sturmreif, streitig,

streitsüchtig, unfriedlich, kriegerisch, tapfer, kühn, mutig, heldenhaft, herzhaft, soldatenmäßig, streitbar, kriegsbereit, militant. → kampfbereit, martialisch. ▶ feige, friedfertig, schwach.

Kampferöffnung → Eröffnung.

Kampfesweise → Benehmen.

Kampfflugzeug → Fahrzeug (Luft-).

Kampfhahn → Blut heißes, Brausekopf, Choleriker, Drache, Draufgänger.

Kampfplatz Kampfzone, Kriegsschauplatz, Schlachtfeld, Front, Kriegsplatz, Kriegsbühne, Aufmarschgebiet, Etappengebiet, Kriegsgebiet, Schlachtort, Walstatt, Feldlager ● Kampfbahn, Stadion, Arena, Amphitheater, Sportfeld, Wettplatz, Fechtboden, Rodelbahn, Skibahn, Rennbahn, Reitschule, Turnhalle, Boxerring.

kampieren sich aufhalten, sich befinden, verbleiben, verweilen, bleiben, besetzen, belegen, quartieren, wohnen, biwakieren, zelten, horsten, sein Lager aufschlagen, einen Platz einnehmen. ▶ entfernen sich.

Kamuffel → Banause.

Kanaille (Canaille) Schmarotzer, Lump, Hochstapler, Hundepack, Schurke, Gesindel. ▶ Mensch aufrechter treuer.

Kanal Gewässer, Wasserstraße, Zufluß, Stromregelung, Stromregulierung, Stromgradierung, Schleuse, Wasserführung, Wasserweg, Ablaß, Abfluß, Rinne, Flußbett, Graben, Fleet *sm*, Verbindung, Kanalanschluß, Zuleitung, Zufluß, Meerenge, Furt, Durchstich, Wasserlauf, Wasserader → Abzug, Ausweg, Abdemittel, Durchfahrt. ▶ Barriere.

kanalisieren → austrocknen, drainieren.

Kanapee belegte Schnitten (Plural). → Divan.

Kandare Zügel, Halfter, Zaum, Maulkorb, Gebißstange, Seil, Strick, Zwangsjacke, Schlinge, Leitseil, Spannseil, Behinderung, Hemmung, Einengung, Zügelung, Einhalt, Hemmschuh. ▶ Antrieb, Freiheit.

Kandelaber → Leuchter.

Kandidat Anwärter, Prüfling, Bittgänger, Begehrer, Suchender, Ansucher, Forderer, Heischer, Neuling, Schüler, Kadett, Absolvent. → Antragsteller, Bewerber.

Kandidat, unsicherer Unwissender, Unsicherer, Nichtwisser, Wenigwisser, Kantonist, Laumann, Flaumann, Zauderer, Zögerer, unzuver-

lässiger Mensch, unentschiedener Mensch, bedenklicher Mensch. ▶ Kopf fähiger, Mensch aufrechter.
kandidieren → balgen, bewerben sich.
kandieren verzuckern, zukkern, süßen, versüßen, überzuckern, süß machen.
Kandiszucker → Confitüre, Süßigkeit.
Kanister Behälter, Tank.
Kanne → Behälter, Gefäß.
kannelieren (cannelieren) kerben, auskerben, zähnen, riffeln. ▶ einebnen, glätten.
Kannibale→Menschenfresser.
kannibalisch → wild, wohl.
Kanon Gesang, Wechselgesang, Lied, Melodie, Weise, Vertonung, Komposition, Chor, Rundgesang, Wanderlied, Jägerlied. → Befehl.
Kanonade → Beschießung, Bombardement.
Kanone → Meister, Waffe.
Kanonen nach Spatzen schießen, mit → übermäßig, überspitzt, übertrieben.
Kante Rand, Einfassung, Abschluß, Ecke, Spitze, Spitzwinkel, Schnabel, Nase, Zacke, Schärfe, Schneide, Grat, Zuspitzung.→ Biegung, Bord, Grat. ▶ Mitte, Rundung.
kantig → eckig, scharf.
Kantine Kasino, Treffpunkt, Versammlungsplatz, Kasernenkantine, Werkskantine, Ausschank, Speiseraum, Abfütterungsraum, Beköstigungsraum, Eßraum, Halle, Erfrischungsraum, Soldatenschenke, Arbeiterschenke. → Ausschank, Butike.
Kanton → Bezirk.
kantonieren → belegen.
Kantonist, unsicherer → Kandidat unsicherer.
Kantus (Cantus) Melodie, Gesang, Wohlklang, Vertonung, Komposition, Lied, Volkslied, Kunstlied, Weise, Kirchengesang.
Kanu → Boot, Fahrzeug (Wasser-).
Kanzel Predigtstuhl, Erhöhung, Tribüne, Predigtort, Verkündungsort, Lehrkanzel, Lehrstuhl ● Schanze, Skischanze, umgitterter Raum.
Kanzlei Amtshaus, Amtsstube, Büro, Bürgermeisterei, Rathaus, Schreibzimmer, Rechenstube, Kanzleistube, Amtszimmer, Rechtsanwaltskanzlei. → Bureau.
Kap Vorsprung, Überhang, Ausladung, Spitze, Nase, Horn, Zunge, Zuspitzung, Landzunge, Landspitze, Vorgebirge, Bergnase, Horn. → Berg.
Kapazität Befähigung, Fassungsvermögen, Fassungskraft, Fähigkeit, Verständnis, Können, Kraft ● Meister,

Könner, Fachmann, Fachgröße. → Ausbreitung, Ausdehnung, Berühmtheit, Fachmann, Fassungskraft. ▶ Begrenztheit, Nichtskönner.
Kape (Cape) → Faltenwurf.
Kapelle Orchester, Symphonieorchester, Tanzkapelle, Damenkapelle, Streichkapelle, Blaskapelle, Jazzkapelle, Vereinigung, Militärkapelle, Kurkapelle, Band. → Kirche.
kapern → bemächtigen, berauben, bestehlen.
Kaperung → Bemächtigung, Beraubung.
kapieren → auffassen, verstehen.
kapillar (capillar) faserig, haarig, haarfein, haarartig, haarförmig, fadenartig, röhrenartig.
Kapital Geld, Vermögen, Anlage, Schatz, Barschaft, Reichtum, Besitztum, Kassenvorrat, Ersparnis, Hauptteil, Finanzgut, Hauptgut, Geldmacht, Habe, Guthaben, Grundstock, Fundus, Gut. → Besitz, Geldquelle. ▶ Kapitalnot, Schulden.
kapital → groß.
Kapitalist Geldaristokrat, Reicher, Geldmann, Börsenkönig, Millionär, Großkapitalist, Nabob, Geldprotz, Plutokrat, Timokrat, Raffke, Finanzier, Bankier, Aktionär, Geldverleiher. ▶ Schlucker armer.
Kapitalnot→ Armut.
Kapitalanlage → Investierung, Einlage.
Kapitän Seefahrer, Bootsmann, Fährmann, Küstenfahrer, Schiffer, Führer, Oberster, Schiffsführer, Lenker, Leiter, Wortführer, Offizier, Schiffsoffizier, Steuermann. → Chef.
Kapitel Stück, Bruchstück, Teil, Absatz, Paragraph, Artikel, Beitrag, Posten, Anteil, Punkt, Abschnitt, Stelle, Vers ● Domkapitel, Ordinariat, Kirchenrat, Kardinalsversammlung.
Kapitulation → Unterwerfung.
kapitulieren → aufgeben.
Kaplan → Diener Gottes, Geistlicher.
Kappe Mütze, Baskenmütze, Bedeckung, Kopfbedeckung, Wärme, Schutz, Zipfelmütze, Barett, Haube, Deckel u, Kapuze, Käppi, Turban, Fez, Skikappe, Pelzkappe, Hauskäppchen, Hülle, Deckung. → Hut. ▶ Blöße, Hut.
kappen → abschneiden, absondern.
Kaprice → Laune.
Kapriole → Sprung.
kapriziös → eigensinnig, launisch.
Kapsel → Bedeckung, Behälter, Büchse, Dose, Futteral.

kaputt → bankrott, beschädigt, entzwei, erschlagen.
Karabiner → Büchse.
Karaffe Kanne, Flasche, Krug, Gefäß, Behälter, Karaffine, Wasserkaraffe, Weinkaraffe.
Karambolage → Anprall.
Karawane Reisegesellschaft.→ Aufzug, Aufmarsch, Zug.
Karbunkel → Auswuchs.
Kardinal → Diener Gottes, Geistlicher.
Kardinalversammlung → Konklave.
karessieren tätscheln, befummeln, befingern, drücken, küssen, umarmen. → liebkosen.
karg dünn, dünn gesät, knapp, kümmerlich, schütter, spärlich, unergiebig, wenig, dürftig, unfruchtbar, ungenügend, mangelhaft, kärglich, unzureichend. → abstinent, anspruchslos. ▶ ausgiebig, viel.
kargen → abdarben, abarbeiten, Brotkorb höher hängen, entbehren, haushalten, hungern.
Kargheit Ungenüge, Mangel, Unzulänglichkeit, Unvollkommenheit, Unvollständigkeit, Not, Armut, Dürftigkeit, Knappheit, Spärlichkeit, Sparsamkeit, Einschränkung, Entbehrung, Beengtheit, Hunger, Elend, Hungersnot, Drangsal, Ärmlichkeit, Beschränktheit, Verknappung. → Bedeutungslosigkeit, Dürre. ▶ Überfluß.
kärglich bescheiden, kümmerlich, knapp, ungenügend, notdürftig, unzulänglich, unvollständig, karg, mangelhaft, armselig, schäbig, notleidend, spärlich, ärmlich, arm, beschränkt, dürftig. → beengend, begrenzt, bloß. ▶ ausgiebig, reichlich.
kärglich bemessen → Brotkorb höher hängen.
Kärglichkeit → Armut, Kargheit.
kariert gewürfelt. → durchbrochen, farbenfroh.
Karikatur Zerrbild, Parodie, Travestie, Nachahmung ● Maßlosigkeit, Mißgestaltung, Häßlichkeit, Verzerrung, Fratze, Entstellung, Verunstaltung, Sudelei, Geschmier, Verbildung, Mißform, Verschandelung ● Satire, Spott, Hohn, Spötterei, Verhöhnung, Verspottung, Neckerei, Spaßerei, Schmähung. → Bild, Darstellung unrichtige, Fratze, Nachahmung, Spott, Verunstaltung. ▶ Darstellung, Schönheit.
karikieren → auslachen, verspotten.
karikiert → bloßgestellt, verspottet.
Karneval Fastnacht, Faselnacht, Fasching, Vastelo-

vend, Rosenmontag, Narrenfest, Narrenschanz, Mummenschanz, Narrentag. ▸ (Fastenzeit).

Karre in den Dreck fahren etwas falsch machen, etwas falsch betreiben, (perf.: die Karre ist verfahren). → versagen.

Karren Fuhrwerk, Verkehrsmittel, Fahrzeug, Gefährt, Handwagen, Schubkarren, Wagen, Lastwagen, Kalesche, Stellwagen, Rollwagen, Schiebkarren, Lore, Schlitten, altes Kraftfahrzeug, Dreirad, Rikschah. → Chaise, Fahrzeug (Straßen-).

Karriere Eile, Hast, Rennerei, Hetzjagd, Hatz, Sturmlauf, Trab, Galopp ● Flug, Eilfertigkeit, Raschheit, Rührigkeit, Behendigkeit, Schnelligkeit ● Laufbahn, Fortschritt, Erfolg, Vorwärtskommen, Werdegang, Entwicklung, Verbesserung, Aufstieg, Fortkommen, Beförderung, Erhebung, Ernennung. → Blitz. ▸ Langsamkeit, Rückschritt.

Karriere machen glücken, vom Glück begünstigt sein, vorwärts kommen, sein Fortkommen finden, sich zum Besten wenden, beruhigt in die Zukunft sehen, es zu etwas bringen, im trockenen sitzen, zu Ehren gelangen, etwas vorstellen, den Preis davontragen, Beachtung finden, Aufsehen erregen. → bringen es zu etwas. ▸ bringen es nicht weit, mißglücken.

Karte Plan, Landkarte, Wegekarte, Wanderkarte, Autokarte, Seekarte, Meßtischblatt, Atlas, Generalstabskarte, Lagezeichnung ● Speisekarte, Speisefolge, Getränkekarte, Weinkarte ● Ausweis, Fahrkarte, Freikarte, Eintrittskarte, Visitenkarte, Besuchskarte ● Postkarte, Ansichtskarte, Bildwerk, Darstellung, Anschauungsbild ● Spielkarte. ▸ Brief.

Karte abgeben, seine → besuchen.

Kartei → Register.

Kartell → Duell, Vereinigung.

Kartenhaus → Mißerfolg, Schwäche, Zusammenbruch.

Kartoffeln Knolle, Erdäpfel, Grundbirne, Bramburi.

Karton Zeichnung, Entwurf, Vorwurf, Bild ● Behälter, Kasten, Behältnis, Kassette, Schachtel, Pappschachtel, Kästchen, Dose. → Bild. ▸ Papier.

kartonieren → broschieren.

Kartothek Zettelkasten, Kartei.

Karussell Ringelspiel, Laufring ● Drehscheibe, Göpel ● Kreisel.

Karzer → Bestrafung.

käsbleich → erschrocken.

Kaschemme → Ausschank.

kaschieren → Mantel der christlichen Nächstenliebe bedecken mit dem, verbergen.

Kasematte Festungswerk, Bollwerk, Verschanzung, Vorwerk, Festung, Befestigung ● Kerker, Gewahrsam, Zwinger, Zwinghof, Verlies, Fronfeste, Bastille.

Kaserne Standort, Quartier, Lager, Kasematte, Baracke, Gebäude ● Mietskaserne, Miethaus, Massenquartier.

käsig dicklich, geronnen, seimig, teigig, pappig ● käsbleich, angstgrün, blümerant, fahl, totenblaß, weiß wie die Wand, bleich vor Furcht, bleich vor Schrecken, angstvoll, fassungslos, verstört, bangend, kleinmütig, verzagt, bebend, zitternd. → dickflüssig, fahl. ▸ flüssig, frischfarbig, mutig.

Kasino → Kantine.

Kaskade → Wasserfall.

Kassation → Abbau.

Kasse Gut, Kapital, Vermögen, Habe, Masse, Schatz, Barvermögen, Geldsumme, Geldvorrat ● Sparkasse, Sparbank, Sparbüchse, Tresor feuerfester, Geldschrein, Geldschrank, Bank, Geldkiste, Geldlade ● Barzahlung, Entrichtung, Begleichung, Vorauszahlung, Bezahlung, Einzahlung, Bezahlung ● Behältnis, Kassette, Kiste, Kasten, Schrein, Truhe, Dose. → Bank, Bargeld, Behälter.

Kassenschrank → Kasse.

Kassenvorrat → Kapital.

Kasserolle → Behälter.

Kassette → Behälter.

kassieren einnehmen, einheimsen, einsammeln, erheben, umlegen, pfänden, einziehen, nachnehmen, einkassieren, einstreichen ● entlassen, absetzen, verabschieden, kündigen, verabfolgen, pensionieren, fortjagen, in den Ruhestand versetzen, vom Throne stürzen, kaltstellen, über Bord werfen, den Stuhl vor die Tür setzen. → abbauen, aufhören, einkassieren. ▸ ausgeben, beauftragen.

Kastanien aus dem Feuer holen → helfen.

kastanienbraun → braun.

Kästchen → Behälter.

Kaste → Abteilung, Charge, Clique, Klasse.

kasteien → sühnen.

Kasteiung → Askese, Sühne.

Kastell → Bastion, Befestigung, Besitztum, Burg.

Kasten Behälter, Kiste, Koffer, Schachtel, Schrank, Schrein, Schatulle, Truhe, Dose, Box, Vitrine. → Bedeckung, Behälter, Büchse, Dose.

Kastengeist Vorurteil, Befangenheit, Voreingenommenheit, Parteilichkeit, Einseitigkeit, Beschränktheit, Unduldsamkeit, Intoleranz, Chauvinismus, Lokalpatriotismus, Korpsgeist, Zunftgeist, Vetternwirtschaft, Standesdünkel, Abschließung. ▸ Toleranz, Vorurteilslosigkeit.

Kastration → Abtrennung.

kastrieren → beschneiden.

kasuistisch spitzfindig, jesuitisch, sophistisch, rabulistisch, trügerisch, folgewidrig, unlogisch, denkwidrig, denkunrichtig ● unmoralisch, pflichtvergessen, verantwortungslos, unverantwortlich ● fallweise, spezifisch. ▸ arglos, logisch.

Kasus → Fall.

Katafalk → Bahre.

Katakombe → Grab.

Katalog Inventar, Kartei, Liste, Nachweis, Preisbuch, Register, Sachregister, Tabelle, Verzeichnis, Zusammenstellung. → Angebot, Buch, Führer, Register.

katalogisieren einordnen, erfassen, registrieren.

Katapult → Schleuder.

Katarakt → Stromschnelle.

katastrophal → schrecklich.

Katastrophe Ende, Schluß, Ausgang, Schlußstrich, Nachspiel, Wendepunkt ● Umsturz, Umschwung, Umwälzung, Empörung, Revolte, Revolution, Erschütterung, Explosion, Sturz, Sturm, Erdbeben, Erdstoß, Felssturz, Lawine, Flut, Orkan, Sintflut, Untergang, Abgrund, Unglück, Unstern, Verhängnis, Schicksal, Unheil, Unsegen, Kreuz, Fluch, Drangsal, Not, Tücke, Unglücksfall, Betriebsunfall, Straßenunfall, Flugzeugunfall, Schiffbruch, Havarie, Zusammensturz, Hungersnot, Mißernte, Wassernot, Krieg, Vernichtung, Seuche, Verheerung, Zerstörung, Ruin, Niedergang, Untergang, Blitzschlag. → Armut, Explosion, Flut, Niedergang, Unglück. ▸ Glück, Spannung.

Kate → Anwesen, Haus.

Kategorie Abteilung, Art, Einordnung, Einteilung, Fach, Gattung, Gruppe, Kaste, Klasse, Ordnung, Rang, Sorte, Zustand, Zweig, Schlag, Rasse. → Abteilung, Art, Art und Weise, Klasse, Ordnung, Rang, Regel, Zustand.

kategorisch absolut, ausdrücklich, ausgemacht, bestimmt, definitiv, endgültig, entschieden, ernstlich, erwiesen, fest, fraglos, gebieterisch, handgreiflich, nachdrücklich, offenkundig, sicher, streng, unbedingt, unbestreitbar, unstreitig, untrüglich, unumstößlich, unwiderleglich, unwidersprochen, unzweideutig, unzweifelhaft, wirklich, zuverlässig, zweifellos ● angeordnet, auferlegt, befohlen, diktiert, gefordert, geboten, verfügt, vorgeschrieben. → absolut, bestimmt, ein für allemal, ernstlich. ▶ bedingterweise, unbestimmt, unentschieden.

Kater Tier, Katze ● Katzenjammer, Nachwehen, Nachwirkung, Haarspitzenkatarrh, Brummschädel, Übelkeit.

Kateridee Marotte, Schnapsidee, Schrulle.

Katerstimmung → Stimmung.

Katheder Lehrstuhl, Pult, Lehrkanzel ● Lehrstelle.

Kathedrale → Kirche.

katzbalgen → balgen, streiten.

Katzbuckelmacherei → Courschneiderei, Kriecherei.

katzbuckeln → buhlen, kriechen.

Katze Tier, Raubtier, Mieze, Dachhase u, Kater ● Katze falsche, Evastochter, Schmeichelkätzchen, Schmeichelzunge, Schmeichler, Liebedienerin ● Geldkatze, Geldbörse, Geldbeutel.

Katze, für die erfolglos, fruchtlos, müßig, nutzlos, unfruchtbar, unnötig, unnütz, vergeblich, verlustbringend, wertlos, wirkungslos, zwecklos, sich den Mund fusselig reden, fehl am Platz sein, sich erübrigen, in den Wind reden, tauben Ohren predigen, gegen Windmühlen kämpfen. ▶ nutzbringend.

Katze im Sack kaufen fehlgehen, fehlgreifen, fehlschießen, verhauen sich, verrechnen sich, verzählen sich, danebengreifen, unrichtig beurteilen, Böcke schießen, auf dem Holzweg sein, in die Irre gehen, schief gewickelt sein, unbesehen kaufen, übertölpeln lassen sich, betrügen lassen sich, übers Ohr gehauen werden. ▶ prüfen eingehend.

katzenartig schleichend, hinterhältig, meuchlings, unsichtbar, heimlich, auf Katzenpfoten. ▶ hörbar, offen.

katzenfreundlich → aalglatt, listig, scheinheilisch.

Katzenfreundlichkeit → Heuchelei, Schlauheit, Schmeichelei.

Katzenjammer Übersättigung, Überladung, Ekel, Kater ● Trübsinn, Niedergeschlagenheit, Gedrücktheit, Mutlosigkeit, Seelennot, Lebensüberdruß, Trübseligkeit, Weltschmerz, Pessimismus, Kleinmut, Selbstanklage, Selbstquälerei, Verzweiflung,

Trostlosigkeit, Murrsinn, Bitterkeit, Mißstimmung, Verstimmung, Unstimmung, Mißmut. → Kater, Trübsinn. ▶ Fröhlichkeit, Nüchternheit.

Katzenmusik → Dissonanz, Geleier, Mißklang.

Katzensprung → nahe.

katzenzüngig → aalglatt, falsch.

katzig kratzbürstig, giftig, erbost, gereizt, verstimmt, unfreundlich, zänkisch, streitsüchtig, händelsüchtig, gallig, gehässig, bissig, bösartig, kratzig, stachelig, stichelig, ausfällig, angriffslustig, kampflustig, streitig, zanklustig. → erbittert. ▶ freundlich.

Kauderwelsch Gewelsch. → Jargon, Unklarheit, Unsinn.

Kaue → Haus.

kauen → äsen, essen.

kauern liegen, kriechen, knien, beugen, niedersitzen, hocken, niederhocken, sich ducken, niederknien. ▶ stehen.

Kauf Einkauf, Ankauf, Aufkauf, Notkauf, Angstkauf, Bestellung, Besorgung, Hamsterei, Verkauf, Abnahme, Anschaffung, Bezug, Erwerbung, Geschäft, Übernahme ● Ausgabe, Auslage, Aufwand, Kosten, Unkosten, Belastung. → Abnahme, Einkauf, Errungenschaft, Gelegenheit. ▶ Verkauf.

kaufbar → erkäuflich.

kaufen erkaufen, erstehen, abkaufen, erwerben, ersteigern, bestellen, anschaffen, in Auftrag geben, beziehen, einkaufen, nehmen, übernehmen, aufkaufen, abhandeln, abfeilschen, abschachern, ramschen, hamstern, beschaffen, sich eindecken. → abnehmen, aneignen, beschaffen, bestellen, erhandeln, nehmen. ▶ verkaufen.

Käufer Kunde, Abnehmer, Auftraggeber, Ersteher, Erwerber, Konsument, Verbraucher, Besteller, Auftraggeber, Benützer, Bezüger, Bezieher, Abonnent. ▶ Verkäufer.

Kaufhalle → Detailgeschäft, Laden.

Kaufhaus → Bezugsquelle, Detailgeschäft, Laden.

Kaufherr → Kaufmann.

Kaufkraft → Wert, Nachfrage.

käuflich bestechlich, feil, gemein, gewinnsüchtig, schmutzig, gewissenlos, habgierig, treulos, unredlich, gewissenlos, pflichtvergessen, niedrig, unanständig, verächtlich, ehrlos, infam. → ausschweifend, bestechlich, charakterlos, dirnenhaft. ▶ treu, unbestechlich, unverkäuflich.

Käuflichkeit Bestechlichkeit, Zugänglichkeit, Feilheit,

Schmutzerei, Schäbigkeit, Unredlichkeit, Unehrlichkeit, Unlauterkeit, Gemeinheit, Falschheit, Unehrbarkeit, Gewissenlosigkeit, Schurkerei, Gewinnsucht, Unrechtlichkeit, Betrügerei, Schiebung, Lumperei, Gaunerei, Vertrauensmißbrauch, Untreue, Treulosigkeit, Pflichtvergessenheit, Verrat, doppeltes Spiel, Hintergehung ● Geschenk, Gabe, Angebinde, Beschenkung, Zuwendung, Spende, Abgabe, Unterstützung, Pfründe, Zuschuß, Entschädigung, Vergütung. → Bestechlichkeit, Bestechung, Feilheit. ▶ Treue, Unbestechlichkeit.

Kauflust → Bedarf, Bedürfnis, Nachfrage.

Kaufmann Kaufherr, Geschäftsmann, Großhändler, Kleinhändler, Zwischenhändler, Ladenbesitzer, Krämer, Detaillist, Händler, Butiker u, Handelsmann, Gewerbetreibender, Krauter u, Koofmich u, Hausierer, Kolporteur, Kümmelspalter u, Höker, Trödler, Aufkäufer, Marketender, Lieferer, Vermittler, Spediteur, Exporteur, Importeur, Unternehmer, Fabrikant, Industrieller, Bankier, Volkswirt, Wirtschaftsführer. → Detaillist, Fabrikant, Geschäftsführer, Gewerbetreibender, Prokurist, Verkäufer.

kaufmännisch geschäftlich, handelsmäßig, krämermäßig, spekulativ, merkantil.

kaufwürdig preiswert, preiswürdig, wohlfeil, billig, spottbillig, brauchbar, empfehlenswert, erprobt, zum halben Preis, günstig, für die Hälfte des Wertes, um ein Butterbrot, halb geschenkt, herabgesetzt, verschleudert, verramscht. ▶ teuer.

kaum gering, selten, spärlich, vereinzelt, wenig, nur, bloß, just, knapp, etwas, unerheblich, in geringem Grade ● undenkbar, unwahrscheinlich, kaum denkbar → dünn, dann und wann, rar, undenkbar, wenig. ▶ dauernd, denkbar, immer.

Kaution Bürgschaft, Sicherheit, Sicherheitsleistung, Gutsagung, Haftgeld, Hinterlage, Hinterlegung, Garantie, Unterpfand, Gewährleistung, Sicherstellung, Pfand, Haftung, Rückversicherung, Deckung, Verbindlichkeit, Verpflichtung, Verschreibung, Vertrag. → Gewährleistung. ▶ Ablehnung, Verweigerung.

Kauz, närrischer Eigenbrötler, Sonderling, Außenseiter, Hagestolz, Witzbold, Witzkopf, Schalk, Spaßvogel,

Original. → Dummerian, Dummkopf. ▶ Bärbeißer, Schlaukopf, Weltmann.
kauzig → schrullig.
Kavalier Weltmann, Herr, Gesellschaftslöwe, Schwerenöter, Gesellschafter, Tänzer, Ritter, Chevalier. → Begleitung. ▶ Bärbeißer, Klotz.
Kebsehe → Ehe wilde.
keck draufgängerisch, schmissig, schneidig, flott, keß, munter. → anmaßend, anspruchsvoll, burschikos, dreist, geschwollen, herzhaft, ungeniert, unhöflich.
Keckheit → Anmaßung, Dreistigkeit, eherne Stirn, Frechheit.
kegeln kugelstoßen. → umwerfen.
Kehle, trockene durstig, trinklustig, sauflustig, saufgierig, weinfroh, verdursten, verschmachten, begehren, lüstern sein, gelüsten, ersehnen, erwünschen, verlangen, lechzen nach, die Zunge hängt zum Munde heraus, vor Durst vergehen. ▶ enthalten sich, gesättigt, trinken.
Kehraus → Abschluß, Ausgang.
Kehre → Kurve.
kehren → abstauben, ausbürsten, bürsten, drehen, fegen, putzen.
kehren, den Rücken fliehen, flüchten, sich davonmachen, ausreißen, davonlaufen, abkehren, Fersengeld geben, sich auf die Beine machen, verduften, auskneifen, fortschleichen, wegschleichen, fortstehlen, drücken, verkrümeln ● verlassen, im Stiche lassen, sich zurückziehen, aufgeben, drangeben, fallen lassen, abwenden. ▶ hinwenden.
kehren, sich – an → halten an, kümmern um, hören.
Kehricht → Abfall, Asche, Dreck, Exkrement.
Kehrseite → Gegensatz, Gegenseite, Gegenstück, Rückseite.
kehrtmachen → umkehren.
keifen → anfahren, balgen, belfern, geifern, Hölle heiß machen, schmollen.
Keiferei → Gehader, Zanksucht.
Keiferer → Choleriker, Zankteufel.
Keiferin → Blut heißes, Drache, Xanthippe.
Keil → Beschwernis, Werkzeug.
keilen → austragen, balgen, prügeln.
Keim → Anlaß, Anstoß, Samen.
keimen anfangen, beginnen, einsetzen, ansetzen, entstehen, anbahnen, entspringen,

ausbrechen, erscheinen, aufgehen, entfalten, entfließen, entströmen, entquellen, ins Leben rufen, aufkeimen, knospen, schwellen, sprießen, strecken, vermehren, aufsprießen, aufblühen, anschwellen, gedeihen, entwikkeln, wachsen. → aufblühen, aufgehen, auftauchen, dehnen, entwickeln, erblühen. ▶ aufhören, verblühen, verkümmern, verwelken.
keimfrei frei von –, steril, aseptisch ● antiseptisch, keimtötend, desinfiziert.
Keimling Sproß, Knospe, Schößling, Ableger.
Keimung → Entstehung.
Keimzelle → Samen, Anlaß.
kein Aas → abwesend.
keine Seele → abwesend.
keiner → niemand.
keinesfalls → absprechen, aberkennen, beileibe nicht, nie.
keineswegs nie, niemals, nicht, keinesfalls, unmöglich, nimmermehr, nimmer, unausführbar, durchaus nicht, kein Gedanke daran, nicht im geringsten, ganz und gar nicht, ohne Aussicht, unter keinen Umständen, bestimmt nicht, in keiner Beziehung, fern davon. → absprechen, aberkennen, fern, nie. ▶ immer.
Kelch Blumenkelch, Blütenkelch ● Meßkelch, Pokal, Trinkhorn, Weinkelch, Schale, Trinkgerät, Glas, Becher. → Behälter, Bier, Gefäß.
Kelch, bitterer → Schmerz, Verdruß.
Kelle Schöpfer ● Spartel, Spatel, Fugeisen.
Keller Raum, Kellerwohnung, Kartoffelkeller, Weinkeller, Vorratskeller, Tiefe, Kellerloch, Vertiefung, Kohlenkeller. → Abstellraum. ▶ Boden, Dachkammer.
Kellner Ober u, Bediener, Untergebener, Angestellter, Gehilfe, Aufwärter, Hotelkellner. ▶ Gast, Gastwirt.
Kellnerei → Ausschank, Gastwirtskellner, Ober, Aushilfe.
keltern → ausdrücken.
Kemenate → Zimmer.
kennen erkennen, wissen, auskennen, durchschauen, verstehen, entdecken, können, meistern, bemeistern, deichseln, taugen, erlernen, begreifen, einsehen, erfassen, unterscheiden, beherrschen, überblicken, Bescheid wissen, im klaren sein, den richtigen Grund kennen, bewandert sein, beschlagen sein, kennen etwas wie seine Hosen- oder Westentasche u, gewahr werden. → befreunden, erfahren. ▶ begreifen nicht, unbekannt (sein),

unwissend (sein), verfeinden sich.
kennenlernen, sich annähern sich, anschließen sich, befreunden sich, einlassen mit, liebgewinnen sich, verbrüdern sich, bekannt werden, Freundschaft eingehen, in nähere Beziehung treten, Zuneigung fassen, Umgang pflegen, zusammenkommen, in Verbindung stehen, den Arm geben, in Verkehr stehen, sich suchen, sich treffen, aufsuchen, Besuch abstatten, bei jemandem vorsprechen, sich vorstellen, sich einführen lassen. → begegnen, brechen das Eis. ▶ gehen eigene Wege, gehen seiner Wege, verfeinden sich.
Kenner → Fachmann, Feinschmecker.
Kennerblick Kennerschaft, Blick, Feingefühl, Fühler, Geschmack, Gefühl, Fingerspitzengefühl, Gutachten, Befund, Beurteilung, Würdigung, innerer Sinn, feine Witterung, Handfertigkeit, Kunstfertigkeit, Kunstgriff, Scharfsinn, Einsicht, Begabung, Findigkeit, Raschheit, Meisterhaftigkeit, Eignung, Routine, Übung, Weltkenntnis, Verständnis, Lebensart, Kennermiene, Genießermiene, Feingefühl. ▶ Unerfahrenheit.
kennerhaft → genießerisch.
Kennermiene → Feingefühl, Kennerblick.
Kenntnis Erkenntnis, Erkennen, Verständnis, Einblick, Wissen, Vertrautheit, Einsicht, Bekanntschaft, Erfahrung, Erleuchtung, Schimmer, Kunde, Begriff, Bild, Können, Geschicklichkeit, Gewandtheit, Anstelligkeit, Fähigkeit, Tauglichkeit, Begabung, Geschick, Raschheit, Tüchtigkeit, Befähigung, Fassungskraft, Kunstfertigkeit, Meisterschaft. → Begabung, Einblick, Erfahrung, Erkenntnis. ▶ Unkenntnis.
kenntnisreich → erfahren.
Kennwort Erkennungszeichen, Chiffre.
Kennzeichen Merkmal, Abzeichen, Besonderheit, Bezeichnung, Kennwort, Chiffre, Kennbuchstabe, Emblem, Hoheitszeichen, Sinnbild, Zeichen, Fabrikationszeichen, Beifügung, Attribut, Ziffer, Anzeiger, Mal, Index, Insignie, Unterscheidungszeichen, Andeutung, Anzeichen, Vorzeichen, Gepräge, Darstellung, Symbol, Versinnlichung, Fingerabdruck, Vermerkung, Name, Namenszug, Stempel, Schriftzeichen, Zahlzeichen, Nummer, Zahl, Bezifferung,

Beschriftung, Kerbzeichen, Einschnitt, Schutzzeichen, Spitzmarke, Marke, Dienstzeichen, Gradzeichen, Erkennungsmarke, Ehrenzeichen, Schein, Paß, Urkunde, Zeugnis, Kennzeichen, Gepräge, Äußeres, Unterscheidungszeichen. → Anzeichen, Aufdruck, Bake, Charakter, Emblem, Erkennungszeichen, Erscheinung, Fabrikationsmarke. ▶ Allgemeingültigkeit.

kennzeichnen → charakterisieren, deuten, durchlochen.

kennzeichnend → bezeichnend, Blut liegen im, charakteristisch.

Kennzeichnung → Benennung, Kennzeichen.

kentern → absacken.

Keramik → Bildhauerei.

Kerbe → Einschnitt, Fuge, Kennzeichen, Zeichen, Einbuchtung.

Kerbe hauen, in dieselbe → übereinstimmen.

Kerbholz haben, auf dem einen nicht leiden können, Feindschaft hegen, böse mit jemandem sein, einen nicht grün sein, leben wie Hund und Katze ● schuld haben, etwas ausgefressen haben, Dreck am Stecken haben, sein Gewissen fühlen, zu Boden sehen, die Farbe wechseln, dem Blick ausweichen, im Innersten erbeben. ▶ befreunden, Gewissen gutes (haben), Wässerchen trüben kein.

Kerbtier → Insekten.

Kerbzeichen → Erkennungszeichen, Kennzeichen.

Kerker Freiheitsberaubung, Verhaftung, Gefangenschaft, Gewahrsam, Fessel, Kette, Einsperrung, Gefängnis, Arrest, Verlies, Zuchthaus, Arbeitshaus, Zwinger, Karzer, Käfig, Spritzenhaus, Schuldturm, Henkerturm, Strafhaus, Strafanstalt, Zelle, Loch, Besserungsanstalt, Untersuchungshaft, Konzentrationslager, Terror, Halseisen, Zwangsmittel ● Strafe, Bestrafung, Strafvollzug, Ahndung, Vergeltung, Buße. → Bestrafung, Kasematte.

Kerkermeister Aufseher, Beschließer, Wärter, Wachmann.

Kerl Kraftmensch, Gewaltmensch, Bulle, Haudegen, Recke, Riese, Hüne ● Flegel, Bursche, Bengel, Lümmel, Range, Gassenjunge, Schusterjunge, Schlot, Bauernflegel, Gesell, Bauernkerl, Michel, Lump, Pack, Bande, Horde, Lumpengesindel, ungeleckter Bär, frecher Kerl. → Bursche. ▶ Ehrenmann, Schwächling.

Kern → Ausdruck, Brennpunkt, Charakter, Faden ro-

ter, Inhalt, Mark, Substanz, Wesen, Zentrum.

Kern des Pudels Inneres, Wesen, Inbegriff, Verkörperung, Kern, Hauptsache, Wesentlichkeit, Substanz, Ding an sich, Herzstück, Gehalt, Seele, Herz, Brennpunkt, der springende Punkt, wesentlicher Teil, Verkörperung. → Inhalt. ▶ Gehaltlosigkeit, Nebensache.

Kerngedanke Grundgedanke, Kernpunkt, Betracht, Betreff, Grundbegriff, Inneres, Kern, Hauptsache, Wesentlichkeit, Brennpunkt, Gehalt, Seele, Herzstück, Gehalt, Seele, Substanz, Inbegriff, Eigentümlichkeit, Kernproblem, Hauptgedanke, Hauptteil, Markstück, Kernstück, Hauptsache, Hauptgehalt, Schwergewicht, Idee, der springende Punkt, Thema, wesentlicher Teil. → Grundsatz. ▶ Beiwerk, Nebensache.

kerngesund → Damm sein auf dem, gesund.

kernhaft → aufrecht, stark.

Kernhaftigkeit → Charakterstärke, Kernigkeit.

kernig → Fassung kurze, stark.

Kernigkeit Geschlossenheit, Kernhaftigkeit, Bündigkeit, Gedrängtheit, Knappheit, Beschränkung, Gedrungenheit, Sparsamkeit, Schlichtheit, Schmucklosigkeit, Einfachheit, Natürlichkeit, Dürre, Gesundheit. → Bestimmtheit, Herbheit. ▶ Schlaffheit, Weitschweifigkeit.

Kernpunkt → Brennpunkt, Hauptsache, Kerngedanke.

Kernspruch → Axiom, Denkspruch, Devise, Sinnspruch.

Kernstück → Kerngedanke, Mark.

Kerze → Licht.

kerzengerade → aufrecht.

Kerzenhalter → Leuchter.

keß → forsch, dreist.

Kessel → Abgrund, Becken, Behälter, Gefäß.

Kette → Anzahl, Aufeinanderfolge, Band, Bande, Bindemittel, Reihe, Schmuck.

Kette, goldene Ehre, Auszeichnung, Ehrenzeichen, Ehrenverleihung, Orden, Ordensband, Ordensverleihung, Kette, Amtskette, Ehrenkette, Domherrnschmuck, Bürgermeisterkette.

ketten → bändigen, berauben, beschneiden, binden die Hände, fesseln, nehmen gefangen.

Ketten legen, in → verhaften.

Kettenkugel → Beschwernis, Waffe.

Ketzer → Abtrünniger.

Ketzerei Heidentum, Irrglaube, Irrlehre, Häresie, Irrgläubigkeit, Ketzerglaube,

Freigeisterei, Ungläubigkeit, Heidenglaube, Götzenverehrung, Bilderanbetung, Bilderdienst, Bilderverehrung, Götzendienerei, Vielgötterei, Gottesleugnung, Freidenkerei. ▶ (Rechtgläubigkeit).

ketzerisch → abtrünnig, heidnisch.

Keuchen → Beengung, Beschwerde.

keuchen schnauben, schnaufen, atmen, blasen, fauchen, schnoben, erlahmen, pusten, ermüden, ermatten, abrakkern, zurückbleiben, erschöpfen, erschlaffen, erliegen, vergehen, schmachten, verschmitzen, außer Atem kommen, nicht nachkommen können, nach Luft schnappen, den Atem verlieren. ▶ kräftigen, vorankommen.

Keule → Prügel, Waffe.

keusch anständig, rein, enthaltsam, schamhaft, unschuldig, sittsam, züchtig, jungfräulich, mädchenhaft, unberührt, unverletzt, unbefleckt, platonisch, ehescheu, unverdorben, heilig, kalt, ehrbar, tugendhaft, tugendsam, zimperlich, spröde, schüchtern, sittig, sittlich, tugendlich, unnahbar, verschämt. ▶ unkeusch.

Keuschheit Reinheit, Anstand, Unschuld, Zucht, Schamgefühl, Sittlichkeit, Züchtigkeit, Jungfräulichkeit, Mädchenhaftigkeit, Schamhaftigkeit, Zartgefühl, Unverletztheit, Unberührtheit, Anständigkeit, Ehrbarkeit, Wohlerzogenheit, Sittsamkeit, Josephsehe, Ehelosigkeit, Enthaltsamkeit, Keuschheitsgelübde, Zölibat, Mönchsgelübde, Priestergelübde, Jungfernschaft, keuscher Lebenswandel. → Anstand. ▶ Unkeuschheit.

kichern → belächeln, grinsen, lachen.

kieken → anschauen.

Kielwasser Achter, Lee, Fahrwasser, Strömung, Trift, Lauf, Wegweiser, Richtungszeiger, Radwellen, Wellen, Sprudel, Schaumkrone, Wirbel.

Kienspan → Fackel.

Kiepe Beförderungsmittel, Trage, Tragkorb, Postsack, Hucke, Krätze, Reff, Ranzen, Ränzel, Tasche, Bündel, Felleisen, Brotsack, Rucksack, Tornister, Quersack, Traglast, Gepäck, Korb.

Kies → Bargeld, Baustoff.

Kiesel → Stein.

kiesen → wählen.

kiesig → bröcklig.

killen → ausrotten, töten.

Kimmung → Blickfeld.

Kind Hemdenmatz, Schreihals u, Titi u, Wurm u, Baby, Bambino, Bankert, Göre, Infant, Hosenmatz, Kleines, Junge, Mädchen, Stammhalter, Sproß, Sprößling, Racker u, Kroppzeug u, Trabanten u, Abkömmling, Liebespfand, Nebenkind, Beikind, Pflegekind, Säugling, Wickelkind, Wiegenkind, Knirps, Balg, Blag u, Fratz u, Krott u, Panz u, Put u, Nackedei, Nesthupfer, Nesthäkchen, Nestkücken, Nachkomme, Erbe●Unschuld. →Abkomme, Ableger, Anverwandte, Baby, Balg, Bengel. ▶ Eltern, (Erwachsener).

Kind sein, lieb → schmeicheln.

Kind beim rechten Namen nennen → charakterisieren, offenbaren.

Kind, totgeborenes Leiche, Fehlgeburt ● Unglück, Schmerz, Verzweiflung, Hoffnungslosigkeit, Niedergeschlagenheit, Pech, hoffnungsloser Fall, trostloser Fall, böser Fall, verlorener Posten, böses Zeichen ● Blödsinn, Dummheit, Geistlosigkeit, Vernageltheit. ● Glück, Hoffnung, Klugheit.

Kind und Kegel → A bis Z, A und O.

Kindbett Geburt, Niederkunft, Entbindung, Wochenbett, Kindelbett, Säuglingsheim, Mütterheim, Entsagung, Entbehrung, Aufopferung, Frauenschaft, Frauenlos.

Kinder → Bagage, Kind.
Kinderballon → Ballon.
Kinderbett Wiege, Eia u, Heia u, Gitterbett.
Kinderei → Humbug.
Kinderfrau Kindermädchen, Nurse. → Erzieherin.
Kindergärtnerin → Erzieherin.
Kinderhort Kinderschule, Kindergarten, Kinderheim, Kleinkinderbewahranstalt, Kleinkinderschule, Heim, Findelhaus, Waisenhaus, Säuglingsheim, Wohltätigkeit, Kinderfürsorge, Pflegeanstalt. → Charité.
kinderleicht → leicht.
kinderlos → einsam, unfruchtbar.
Kindermädchen→Kinderfrau.
kinderreich fruchtbar, vielgebärend, ehefähig, zeugungsfähig, fortpflanzungsfähig, ergiebig, reich, viele Kinder, wie die Orgelpfeifen. ▶ kinderlos.
Kindersegen Nachkommenschaft, Nachwuchs, Ehesegen, Sprößling, Nachkomme, Nachfolge, Abkömmling, Erben, Familie, Sippe, Fortpflanzung, Kinder, Kindschaft. ▶ Einsamkeit, Unfruchtbarkeit.
Kinderspiel→ Bagatelle, Spiel.
Kinderwärterin → Erzieherin.

Kindeskind → Abkomme.
Kindheit → Jugend.
kindisch → absurd, albern, arglos, beengt, dumm, töricht.
kindisches Wesen → Blödigkeit.
kindlich → jung, schlicht.
Kindskopf→ Milchbart, Grünschnabel, Gelbschnabel, Halbgeback, Lausbub, Balg, Bengel, Erstkläßler, Anfänger, Abc-Schütze, Fratz, Range, Flegel, Nichtswisser, Nichtskönner, Neuling, Dummkopf, Schwachkopf, Dummerian, Stümper, Einfaltspinsel, Faselhans, Grünling. ▶ Schlaukopf.
Kinkerlitzchen → Bagatelle, Kamellen.
Kinnhaken Niederschlag, Knockout, Schwinger.
Kino Lichtspiele, Lichtspieltheater, Lichtspielhaus, Film, Filmtheater, Vorführung, Veranstaltung, Bildervorführung, Filmvorführung, Aufführung, öffentliche Lustbarkeit.
Kinokarte → Einlaßkarte.
Kiosk → Bude.
Kippe → Rückschlag, Stummel.
kippelig schwankend, wackelig, auf der Kippe, schlapp, schotterig, schaukelnd, pendelnd. → labil.
kippen abkippen, kappen, abkappen, stutzen, kupieren, beschneiden, abschneiden, weghauen, verkürzen ● umkippen, entleeren, auskippen, umdrehen ● einen heben, einen kippen, einen leeren, einen schnäpseln, einen trinken. ▶ aufsetzen, enthalten sich, längen, stellen.
Kirche Kathedrale, Kapelle, Dom, Tempel, Münster, Basilika, Gotteshaus, Bethaus, Hauptkirche, Dorfkirche, Stadtkirche, Pfarrkirche, Burgkirche, Bergkirche, Waldkirche, Schloßkirche, Synagoge, Moschee, Andachtsort, Bettempel, Heiligtum, Kultstätte ● Bekenntnis, Glaubensrichtung, Glaubensbekenntnis, Konfession ● Gottes Staat, Kirchenregiment, Kirchenverfassung, Papsttum, Kirchenbehörde, Priesterherrschaft.
Kirche im Dorf lassen klar schauen, Vernunft walten lassen, der Sinne mächtig sein, bei vollem Verstand, dem gesunden Menschenverstand folgen, nicht weitschweifig sein, sich nicht beirren lassen, nicht übertreiben. ▶ (Himmel stürmen).
Kirchenbann → Acht, Ächtung, Bannspruch.
Kirchenberatung → Konklave.
Kirchendiener → Küster.
Kirchenfest Kirchenbrauch,

Feierlichkeit, Zeremonie, Weihnachten, Dreikönigstag, Ostern, Pfingsten, Fronleichnam, Kirchweih, Kirmes, Ruhetag, Feiertag, Fest, Feierlichkeit, Prozession, Erbauung, Festtag, Sonntag, Feierzeit, Freizeit. → Kirchweih.
Kirchenfluch → Bannfluch.
Kirchengesang → Cantus, Chor.
Kirchenlicht → Denker.
Kirchenlied (Choral) → Chor.
Kirchenmaus, arm wie eine → arm.
Kirchenrat → Konklave.
Kirchenraub → Beraubung, Dieberei, Schändung.
Kirchenversammlung → Konklave.
Kirchhof→ Friedhof.
kirchlich klerikal, geistlich, priesterlich, mönchisch, klösterlich, bischöflich, christlich, theokratisch, gläubig, kirchentreu, religionstreu, fromm, bibelgläubig, kirchenfreundlich, bekenntnistreu, religiös, gottesgläubig, frommgläubig, gottbegeistert. ▶ weltlich.
Kirchweih Gebräuche, Ritus, Feierlichkeit, Feiertag, Freudentag, Jahrestag, Gedenktag, Gedächtnistag, Einweihung ● Kirmes, Vergnügen, Schaubuden, Karussell, Winzerfest, Volksfest, Volksfeier, Festlichkeit, Kerb, Scherz, Spaß. → Kirchenfest.
Kirke → Bajadere, Buhle.
Kirmes → Kirchweih.
kirre machen → unterwerfen.
Kismet → Fatalismus, Schicksal.
Kissen → Polster.
Kiste → Ball, Bedeckung, Behälter, Kasten.
Kitsch Gerümpel, Firlefanz, Blödsinn, Humbug, Greuel, Entstellung, Verunstaltung, Stillosigkeit, Krackelwerk, Stümperei, Sudelei, Geschmier, Schmiererei, Gehudel, Flickwerk, Plunder, Dreck, Unwert, Wertlosigkeit, Schund, Seichtigkeit, Schulze, Schmarren, Verdorbenheit, Mist, Abschaum, Ausschuß, Pfennigromane, Warenhausschund, Bruch, Groschenheft, Geschmacklosigkeit, Abfall. ▶ Kunst, Wert.
kitschig → geschmacklos, stillos, schnulzig.
Kitt → Bindemittel, Brei.
Kittchen → Gefängnis.
Kittel Arbeitskittel, Arbeits- oder Berufskleidung, Schutzkleidung, Schürze, Kittelschürze, Overall.
kitten → anmachen, einkitten.
Kitzel → Begierde, Genuß.
kitzelig kitzlig, empfindlich, empfindsam, anfällig, reizbar, bemerkbar, fühlend, lachbereit. ▶ unempfindlich.

kitzeln → jucken.
kitzeln, den Gaumen → schmecken.
klaffen gähnen, spalten, spreizen, ein Loch haben.
kläffen → bellen.
klaffend gähnend, gespalten, gesprungen, unterbrochen.
Kläffer Hund, Köter, Rüde, Meute ● Kriecher, Windhund, Trottel, Schwätzer, Wichtigtuer, Schmäher, Lästerer, Krakeeler, Räsonierer, Verleumder, Lästerzunge, Lästermaul, Frevelzunge, Ehrenräuber, Tadler, böses Maul, ungewaschenes Maul, böse Zunge. ▶ Lobhudler.
Klage Seufzer, Schmerzensruf, Jammer, Laut, Geschrei, Angstruf, o weh!, au wai! u, Ruf, Notschrei, Schrei, Schmerz, Schmerzensausbruch, Wehklage, Geseufze, Gestöhn, Ächzen, Gewimmer, Geheul, Schluchzer, Stoßseufzer, Todesschrei, Klageruf, Gejammer, Händeringen ● Gerichtsanzeige, Anklage, Tadel, Vorwurf, Einwand, Verweis, Einspruch, Verwahrung, Vorhaltung, Vorwurf, Bemängelung, Beschwerde, Beanstandung, Bezichtigung, Anzeige, Mahnung, Protest, Rüge, Reklamation, Zeihung, Anschuldigung, Beschuldigung, Klageweg. → Anzeige, Berufung, Beschwernis, Beschwerde, Geschrei. ▶ Belobigung, Freude, Rechtfertigung.
Klage ausbrechen, in → beklagen, klagen.
Klage vorbringen → belangen.
Klagebrief → Brief.
Klagegesang → Dichtungsart.
Klagen → Gestöhne, Klage.
klagen wehklagen, jammern, heulen, schreien, seufzen, schluchzen, zetern, stöhnen, weinen, winseln, wimmern, ächzen, betränen, trauern, in Klage ausbrechen, Hände ringen die ● beschuldigen, anklagen, prozessieren, anzeigen, angeben, überführen, überweisen, Anzeige erstatten, jemanden anzeigen, Klage einbringen, sein Recht bei Gericht suchen, den Rechtsweg betreten. ▶ ächzen, beklagen. ▶ freuen sich, rechtfertigen sich.
klagend → böse, demütig und wehmütig, elegisch, traurig.
Kläger Ankläger, Beschuldiger, Staatsanwalt, Angeber, Anzeiger, Sittenrichter, Gegner, Zeuge, Tadler. ▶ Angeklagter, Verteidiger.
Klagesache → Prozeß.
Klageweib Heulsuse, Tränentier.
kläglich jämmerlich, herb, schlimm, betrüblich, mißlich, erbärmlich, düster, trostlos,

schändlich, übel, finster, schmerzlich, betrübend ● langweilig, ermüdend, gehaltlos, geistlos, schlecht, unwert, beschämend, schwach, minderwertig, leer, seicht ● mühselig, ledig, unselig, verdrießlich, qualvoll, quälend, peinigend, unerträglich. → abbrüchig, abgerissen, albern, ärgerlich, bedauerlich, demütig und wehmütig, freudlos. ▶ erfreulich, geistreich, glücklich.
klaglos → anspruchslos, zufrieden.
Klamauk → Geräusch, Spaß.
Klamm Enge, Engpaß, Engweg, Engtal, Hohlweg, Schlucht, Wegenge, Tiefe, Höhlung, Tal, Höhle, Grotte, Auswaschung, Einschnitt, Erdbruch, Nische, Erdfall. → Becken.
klamm → dumpf, kalt, naß.
Klammer Zusammenhalt, Bindung, Verankerung, Verbindungsstück, Schnalle, Riegel, Einschließung, Einschluß, Zusammenschluß, Parenthese, Einschiebsel, Anschluß, Einklammerung, Einschaltung ● Stütze, Halter, Wäscheklammer, Hefter, Büroklammer. → Bindemittel.
klammern, sich → festhalten, hoffen.
Klamotten → Bargeld, Kleidung.
Klang Schall, Laut, Ton, Modulation, Geräusch, Resonanz, Stimme, Tonfarbe, Klangfarbe, Widerhall, Klangfülle, Verlautbarkeit, Hörbarkeit, Vernehmlichkeit, Tonwelle, Schallwelle, Betonung, Anklang, Ausklang, Rückschall, Echo, Geläute, Glokkenklang, Glockenspiel, Sprechton, Tonfall, Wohlklang, Sprachlaut, Nachdruck, Ausdruck, Lautsprache. ▶ Lautlosigkeit.
Klangfarbe → Farbe, Klang.
Klangfülle → Klang.
klanglos, sang- und → geräuschlos, still, unbemerkt, unhörbar.
klangreich → wohlklingend.
klangvoll → laut.
klapp → bums.
Klappe Einbug, Einschlag, Umbiegung, Umschlag, Ecke, Bruch, Knick, Saum, Scharnier, Verschluß, Köhlen, Ventil, Hahn, Drosselklappe, Schließung, Verschließung, Schloß, Zapfen, Pflock ● Mundwerk, Mund, Maul. ▶ Falte. ▶ Öffnung.
klappen → gelingen.
klapperdürr → dünn.
klappern → dröhnen.
Klapphut → Chapeau.
Klaps Schlag, Patsch, Kopfnuß.
Klaqueur (Claqueur) Lobpreiser, Beifallspender, Lobred-

ner, Ruhmverkünder, Beifallklatscher, Lobhudler, Reklamemacher, Marktschreier, gedungener Beifallklatscher.
klar hell, lauter, licht, geordnet, genau, deutlich, unverkennbar, unterscheidbar, durchsichtig, ungetrübt, entschieden, übersichtlich, faßbar, rein, faßlich, sichtig, offensichtlich, ungefälscht, unverfälscht, schlicht, einfach, ebenmäßig, regelmäßig ● heiter, unbewölkt, entwölkt, wolkenlos, strahlend, glänzend, sonnig, leuchtend, durchscheinend, glasklar, transparent ● augenfällig, handgreiflich, unübersehbar, manifest, bemerkbar, verständlich, ausdrücklich, erklärlich, erklärbar, einleuchtend. → adrett, arglos, auffallend, aufrichtig, augenfällig, ausführlich, ausschließlich, bedeutungsvoll, bekannt, bekanntermaßen, bemerkbar, beredt, definitiv, deutlich, deutsch auf gut, dinghaft, eidlich, einleuchtend, emphatisch, erkennbar, ernstlich, erwiesen, feststehend, geläutert, gläsern, heiter. ▶ unklar.
klar machen → aufklären, auseinandersetzen, ausweisen, beweisen, darlegen, darstellen, dartun, deuten.
klar sehen → denken.
klar sein → durchscheinen, verständlich.
klar werden, sich abrunden sich, verstehen, erkennen, begreifen, dahinterkommen, einsehen, erfassen, bewußt werden sich, durchscheuen, einen Überblick erlangen, Bescheid wissen, entdecken, ein Licht aufgehen, dämmern, durchblicken. ▶ fehlschießen, zögern.
kläraugig → klug.
klären läutern. → abmachen, absondern, anordnen, arrangieren, besprechen, bleichen, filtrieren, durchseihen, scheiden.
Klarheit Helle, Helligkeit, Klare, Leuchten, Lichtstrom, Lichtkegel, Strahlenkegel, Sonnenlicht, Lichtflut, Sonne, Sichtbarkeit, Wahrnehmbarkeit, Anschaulichkeit, Bemerkbarkeit, Deutlichkeit, Bestimmtheit, Veranschaulichung, Erscheinung, Verständlichkeit, Begreiflichkeit, Genauigkeit, Bildkraft, Faßlichkeit ● Reinheit, Sauberkeit, Lauterkeit, Fleckenlosigkeit, Läuterung ● Nachdrücklichkeit, Entschlossenheit, Unerschütterlichkeit, Zielsicherheit, Beständigkeit. → Bestimmtheit, Deutlichkeit, Durchsichtigkeit, Erhellung. ▶ Unklarheit.
klarlegen → aufklären, auslegen, dartun, illustrieren.

klarmachen, den Standpunkt → Dach steigen auf das, tadeln.

Klarsicht → Denkvermögen, Erkenntnis, Urteilskraft, Verständnis.

klarstellen klären, berichtigen, reinen Tisch machen.

Klärung → Auslegung, Definition, Läuterung.

Klasse Kategorie, Kaste, Abteilung, Einordnung, Gattung, Stand, Zunft, Gilde, Sekte, Schlag, Rasse, Klasseneinteilung, Gruppe, Kreis, Amt, Stellung ● Güte, Meisterwerk, Meisterstück, Prachtstück, Wert, Geschätztheit ● Schulklasse, Volkshochschulklasse. → Abteil, Abteilung, Band, Charge, gut. ▶ Unbedeutendheit, Wertlosigkeit.

klassenbewußt → stolz.

Klassendünkel → Stolz.

Klassengeist → Kastengeist, Standesdünkel, Zunftgeist, Vornehmheit, Würde, Titel, Rangordnung, Stellung, Amt, Stolz, Abschließung, Vorrechte, Selbstbewußtsein, Eigenbewußtsein, Standesehre, Berufsehre, Klassenehre, Selbstgefühl, Adelsstolz, Einbildung, Hochmut. ▶ Toleranz, Vorurteilslosigkeit.

Klassenhaß Klassendünkel, Parteidünkel, Klassenunterschied, Stolz, Hochmut, Klassenfeindschaft, Bosheit, Unversöhnlichkeit, Abneigung, Ablehnung, Ungeneigtheit, Ungunst, Kampfbereitschaft, Widerspruchsgeist, Kastenhaß, Feindschaft. ▶ Toleranz, Vorurteilslosigkeit.

Klassifikation Einteilung, Sonderung, Einordnung, Sichtung, Bestimmung, Auswahl, Plan, Ordnung, Aufteilung, Absonderung, Rangordnung. → Einschätzung.

klassifizieren → bewerten, einordnen.

klassisch alt, schwungvoll, vollendet, schön, hochentwickelt, human, humanistisch, verfeinert, kulturell, zivilisatorisch, stilmäßig. ▶ modern.

Klatsch Tratsch, Geschwätz, Getratsche, Geflunker. → Abschweifung, Fama, Geklatsche, Gemunkel, Gerede.

klatsch → bums.

Klatschbase → Angeber, Schwätzer.

Klatsche → Angeber, Pritsche, Schwätzer.

Klatschen → Beifall.

klatschen hinterbringen, reden, schwatzen, angeben, schwätzen, offenbaren, eröffnen, verraten, plappern, plaudern, ausplaudern, ausschwatzen, ausklatschen, tratschen, zutragen, einflüstern, schnattern, wäschen, babbeln *u*, schmähen, lästern, herziehen,

über, bubbeln *u*, Bubbelwasser getrunken haben *u*, quasseln *u*, Quasselwasser getrunken haben *u*, quatschen ● applaudieren, beglückwünschen, beklatschen, loben, anerkennen, zujubeln, die Hände klatschen, Beifall klatschen, Lob spenden. → aufklären, auspacken, Finger verbrennen die, Glocke an die große hängen. ▶ protestieren, schweigen.

Klatscherei → Geklatsche, Gerede, Heimlichkeit.

klatschhaft → indiskret, klatschsüchtig.

klatschsüchtig gesprächig, redefroh, wortreich, redegewaltig, geschwätzig, schwatzhaft, plauderhaft, redselig, mitteilsam, klatschhaft, langatmig, verleumderisch, schmähsüchtig, lästersüchtig, spitzzüngig, scharfzüngig, boshaft, kränkend, gewissenlos. ▶ verschlossen.

Klaue Pfote, Tatze, Pranke, Kralle, Pratze, Tierfuß, Fang *j* ● Krümmung ● Schmiererei, Geschuddel, Kleckserei, Geschmier, Gesudel, unleserliche Schrift. ▶ Lesbarkeit.

klauen → stehlen.

Klause Zelle, Einsiedlerklause, Klosterzelle, Einsiedelei, Höhle, Einzelzelle, Mönchszelle, Kate ● Ungeseligkeit, Einsamkeit, Stille, Ruhe, Einkehr, Zurückgezogenheit, Verlassenheit, Abgeschiedenheit, Eingezogenheit, Isolierung, Absonderung. ▶ Geselligkeit.

Klausel Bemerkung, Bedingung, Zusatz, Vorbehalt, Maßgabe, Notiz, Einschränkung, Vereinbarung, Paragraph, Absatz, Abschnitt, Bestimmung, Satzung, Verfügung, Verordnung, Teil, Partikel, Übereinkommen, Abmachung, Festsetzung. → Abkommen, Bedingung, Paragraph. ▶ (Vorbehaltlosigkeit).

Klausner → Einsiedler.

Klausur Klosterzwang, Freiheitsberaubung, Einmauerung, Isolierung, Einschließung, Einschränkung, Mönchswesen, Nonnenstand, Orden, Bruderschaft, Klosterleben, Abgeschlossenheit ● Arbeit, Übungsarbeit, schriftliche Arbeit. ▶ (Aufsichtslosigkeit).

Klavier Piano, Pianoforte, Drahtkommode *u*, Klimperkasten, Wimmerkasten *u*.

kleben haften, anhaften, ansaugen, zusammenschließen, zusammenleimen, verbinden, hängen bleiben, zusammenkitten, zusammenfügen, ankleistern, anleimen. → ausharren. ▶ losmachen.

kleben, an Formen → bürokratisch.

kleben bleiben ankleben, anhaften, haften, kleben, sitzen, Sitzfleisch (haben).

klebend → haftend, klebrig.

klebrig kleistrig, schmierig, schmutzig, anhaftend, haftend, harzig, zusammenziehend, zähe, breiig, pappig, sulzig, klebend, teigig, leimig, pechig, gallertartig, seimig. → breiig, dickflüssig, fest. ▶ flüssig, sauber.

Klebstoff Kleb, Leim, Kleister, Stärkegummi, Dextrin, Pappe, Knochenleim, Alleskleber, Kitt, Wasserglas, Trockenleim, Fischmehl, Glutin, Gallert, Harz, Kleber, Emulsion, Kunstharzkleber, Alleskleber ● Breiigkeit, Zähflüssigkeit, Klebrigkeit, Schleimigkeit, Harzigkeit, Zähigkeit, Dickflüssigkeit, Pappigkeit.

Klecks Dreck, Fleck, Verunreinigung.

klecksen schmieren, schmirakeln, sudeln, sauen *u*, wutzen, verdrecken, verdrecksen, vollmachen, vollschmieren, beschmutzen, beflecken, verunreinigen, beschmieren, besudeln, hudeln, stümpern, pfuschen, stöpseln. → blamieren. ▶ können, radieren, sauber (halten).

Kleckser → Schmierer.

Kleeblatt → Dreiblatt, Freundschaft.

Kleid → Fell, Kleidung.

kleiden sich anziehen, sich etwas überwerfen, etwas antun, sich in Gala werfen, sich in Kluft werfen, sich in Schale schmeißen *u*, sich staats machen, sich in Staat werfen *u*, sich in Wichs werfen *u*, sich aufdonnern *u*, sich auftakeln *u*, sich aufkratzen *u*, sich mustern *u*, in vollem Dreß werfen *u*, geschniegelt und gebügelt sein *u*.

Kleiderablage → Aufbewahrung.

Kleiderbürste → Bürste.

Kleidernarr → Dandy.

Kleiderpracht → Gala.

Kleiderwart → Aufseher.

kleidsam passend, hübsch, tragbar.

Kleidung Äußeres, Anzug, Gewand, Gewandung, Ausrüstung, Bekleidung, Garderobe, Hülle, Tracht, Uniform, Kostüm, Staat, Kleid, Montur, Klamotten, Putz, Schale *u*, Fähnchen *u*, Ausgehrock *u*, Festkleidung, Ornat, Talar, Staatskleid *u*, Sonntagsstaat *u*, Dienstkleidung, Trauerkleid ● Rock, Jacke, Mantel, Bluse, Weste, Wäsche, Strümpfe, Schuhe, Kopfbedeckung, Mönchskleid, Schwesternkleid, Amtstracht, Hoftracht, Kledage *u*, Kluft *u*, Pelle *u*,

Wichs u, Schale u, Räuberzivil u, Kilt. → Bedeckung.

klein bißchen, winzig, wenig, etwas, kurz, unbeträchtlich, schwächlich, geringfügig, spärlich, kärglich, beschränkt, nur, beengt, knapp, bescheiden, kümmerlich, stäubchengroß, unbemerkbar, zwergartig, knirpsartig, halbe Portion u, zwergenhaft, abgebrochener Riese u, putzig ● erbärmlich, gemein, charakterlos, niederträchtig, nichtswürdig, kleinlich, befangen ● demütig, zerknirscht, demutsvoll, erniedrigt, niedergebeugt, gehorsam. → ausdruckslos, begrenzt, bloß, dünn, eingeschränkt, gering. ▶ groß.

klein aber oho → gut.

Kleinarbeit Routine, Tüftelei.

klein beigeben → gehorchen, nachgeben.

Kleinbürger Durchschnittsmensch, Alltagsmensch, Mann auf der Straße, Spießer, Philister, Hinterwäldler. ▶ Persönlichkeit.

kleinbürgerlich einfach, unauffällig, schlicht, subaltern, bürgerlich, ohne Rang und Namen, spießig, philisterhaft. ▶ großzügig, prominent.

kleindenkend → selbstsüchtig.

kleiner machen → dezimieren.

kleiner machen, sich → dienern.

Kleines → Baby, Kind.

Kleingeld → Bargeld.

Kleinhandel → Detailhandel, Einzelhandel.

Kleinheit → Bedeutungslosigkeit, Begrenzung.

Kleinigkeit Geringheit, Kleinheit, Etwas, Knappheit, Kleinformat, Wenigkeit, Geringfügigkeit, Zwerghaftigkeit, Mundvoll, Handvoll, Erbsengröße, Spur, Stipp, Kleinkram, Bröselchen, Körnchen, Stäubchen ● Unwichtigkeit, Bedeutungslosigkeit, Kinderspiel, Spaß, Spielerei, Nichtigkeit, Bagatelle, Unbedeutendheit, Lappalie, Pappenstiel u, Idee, Dreck ● für einen Apfel und ein Ei u, für ein Butterbrot u. → Bagatelle, Batzen, Begrenzung, Binse, Bruchstück, Dreikäsehoch, Fetzen. ▶ Größe, Schwierigkeit, Wichtigkeit.

Kleinigkeitskrämer Schulfuchser, Rechthaber, Besserwisser, Spiegelfechter, Wortkrämer, Rabulist, Pedant, Stänkerer, Wicht, Krämerseele, Heringsseele, Trottel, Kläffer, Haarspalter, Kümmelspalter, Erbsenspalter u, Korinthenkacker u, Spießer, Pfennigfuchser, Opponierer, kleinlicher Mensch. → Besserwisser. ▶ Könner.

Kleinigkeitskrämerei Haar-

spalterei, Kümmelspalterei, Kinderei, Kleinlichkeit, Unwichtigkeit, Belanglosigkeit, Gehaltlosigkeit, Wortkrämerei, Spiegelfechterei, Schulfuchserei, Rechthaberei, Wortklauberei, Wortdeutelei, Besserwisserei, Stänkerei, Engherzigkeit, Engstirnigkeit, Silbenstecherei, Schulweisheit, Korinthenkackerei u. → Dunst leerer. ▶ (Großzügigkeit).

Kleinkind → Baby, Kind.

Kleinkinderbewahranstalt → Charite, Kinderhort.

Kleinkram → Kleinigkeit.

Kleinkrämer → Detaillist.

kleinkrämerisch → engherzig, pedantisch.

kleinkriegen, nicht nicht beizukommen, nicht unterzukriegen, nichts anhaben können, nichts machen können, nicht drankommen, nichts dagegen unternehmen können ● nicht verstehen, nicht einsehen, nicht mitkommen, zu hoch finden, es gebricht an Verstand, im dunkeln tappen. ▶ unterdrücken, verstehen.

Kleinkunst Brettl, Kabarett, Tingeltangel.

kleinlaut → ängstlich, bange, schweigsam.

kleinlich → albern, beengt, befangen, begrenzt, bigott, bürokratisch, egoistisch, eingeschränkt, engherzig, pedantisch, selbstsüchtig.

Kleinlichkeit → Bedeutungslosigkeit, Dunst leerer, Denkart kleinliche, Deut, Geiz, Kleinigkeitskrämerei.

klein machen, sich sich ducken, sich beugen, sich erniedrigen, sich fügen, sich bescheiden, sich unterwerfen, sich verkriechen, sich nicht mucksen ● entkommen, davonlaufen, abhauen, entfliehen, weglaufen, wegeilen, entweichen, flüchten, durchbrennen, ausreißen, entspringen, Fersengeld geben, Hasenpanier ergreifen, die Beine unter die Arme nehmen. → demütigen sich. ▶ überheben sich.

Kleinmut → Angst, Bammel, Bangheit, Demut, Depression, Entmutigung, Feigheit, Niedergeschlagenheit.

kleinmütig mutlos, furchtsam, schüchtern, unsicher, verzagt, zaghaft, vorsichtig, schreckhaft, bedrückt, niedergeschlagen, geknickt, scheu. → aufgelegt, ängstlich, bange, feige, hysterisch. ▶ großmütig.

kleinmütig machen → deprimieren.

Kleinmütigkeit → Angst, Feigheit.

Kleinod Bijou. → Edelstein, Juwel, Schatz, Schmuck.

Kleinstadt Dorf, Nest, Lausenest u, Posemuckel u, Kuhdorf u, Beamtenstädtchen, Hintertupfingen u.

kleinstädtisch krähwinklig, altmodisch, altväterlich, unmodern, veraltet, überladen, lächerlich, verschroben, seltsam, fremdartig, sonderbar, unpassend, geschmacklos, geschmackswidrig, bäuerlich, bäurisch. ▶ elegant, (großstädtisch).

Kleister Bindemittel. → Klebestoff.

kleistern kleben, befestigen, verkleben, verkleistern, zuschmieren, pappen, kitten, verbinden, anheften, zusammenkleben, anleimen, leimen, ankleben, ankleistern, zusammenfügen. → anmachen. ▶ loslösen.

kleistrig → breiig, dickflüssig, klebrig.

Klemme Enge, Beengtheit, Raummangel, Einengung, Engpaß ● Gefahr, Gefährdung, Unsicherheit, Bedrängnis, Blöße, Krisis, Gefahrenzone, Hoffnungslosigkeit, Schwierigkeit, Zwangslage, Sackgasse, Unlösbarkeit, Unentwirrbarkeit, Verwirrung, Knoten, Labyrinth ● Geldsorgen, Not, Armut, Verlegenheit. → Anstand, Art und Weise, Beschwerde, Dilemma, Geldmangel, Hindernis. ▶ Geräumigkeit, Hoffnung, Sicherheit.

klemmen einklemmen, quetschen, einquetschen, verklemmen, beklemmen, einengen, anecken, begrenzen, kürzen ● wehtun, stoßen, anstoßen, drücken, petzen, zwicken, kneifen. → stehlen. ▶ ausdehnen, lösen.

Klemmer → Brille.

Klepper Pferd, Mähre, Roß, Schindmähre, Kracke, Gaul, Kutscherpferd, Zuchttier, Häuter, Saumroß ● Skelett, Gerippe, Knochengerippe, Schatten.

Klepperboot → Boot, Fahrzeug (Wasser-).

Kleptomanie Krankheit, Manie, Diebssucht, Diebeshang, Stehlsucht, Trieb, Drang, Reiz, Unterbewußtsein, Triebhandlung, Hang, Verbrechergehirn, Aneignung, Zugriff, Erbeutung, Schwachsinn.

klerikal → kirchlich.

Kleriker → Geistlichkeit.

Klette Gewächs, Pflanze, Schlingpflanze, Kletterpflanze, Kriecher, Beharrung, Stachlichkeit, Klebrigkeit ● Anhang, Hinterherlauferei, Ankleberei, Kleberei, Hundeseele, Anhänglichkeit.

Kletterer → Bergsteiger.

klettern aufsteigen, emporsteigen, erklettern, entern sm, steigen j, treten zu j, beklet-

tern, emporklimmen, besteigen, kraxeln, krackseln, aufsitzen, ersteigen, bergsteigen, hochgehen, emporkommen, aufranken, klimmen, erklimmen, erheben sich. → aufgehn, emporklimmen, erklettern. ▸ heruntergehen.
kletternd → aufsteigend, bergauf.
Klient Mündel, Mündling, Schutzbefohlener, Schützling, Schürzenkind, Vögtling, ● Kunde, Kranker, Patient.
Klima Witterung, Wetter, Atmosphäre, Luftdruck, Luft, Lage, Wetterbeobachtung, Längengrad, Breitengrad, Zone, Wind, Gegend, Landstrich.
Klimax → Höhepunkt.
Klimbim → Drum und Dran.
klimmen → erklettern, klettern.
Klimperei → Anschlag, Musik.
klimpern mißklingen, mißtönen, leiern, musizieren, vorspielen, spielen, tönen, anstimmen, begleiten, einfallen, einstimmen, Klavier spielen, die Tasten mißhandeln.→ anstimmen. ▸ wohlklingend (sein).
Klinge Gerät, Werkzeug, Messerklinge, Schärfe, Spitze, Degen, Kurzschwert, Stichwaffe, Jagdmesser.
Klinge springen lassen, über → abbauen, Bein stellen, töten, vernichten.
Klingel Schelle, Glocke, Bimmel u, Klöppel.
klingeln → läuten.
klingen → dröhnen, erklingen.
Klinik → Anstalt, Krankenhaus.
Klinke Griff, Halter, Knauf, Türklinke, Knopf, Riegel, Öffner, Türöffner, Anfasser.
Klinken putzen → betteln.
Klinker → Bestand, Kachel, Stein.
klipp und klar → anschaulich, bedeutungsvoll, deutlich, drastisch, einleuchtend, unverhohlen, verständlich.
Klippe Riff, Felsenriff, Felsen, Stein, Spitze, Grat, Felsenwand, Zacke, Fluh, Steile ● Gefahr, Gefährlichkeit, Hindernis, Tücke, Schwierigkeit, Anstoß, Falle, Gefahrenpunkt, Verwicklung, Engpaß, Zwangslage, Bedrängnis. → Berg.
Klipper → Boot, Fahrzeug (Wasser-).
Klique (Clique) Anhang, Bande, Schwefelbande, Rasselbande, Schweinebande u, Saubande u, Sauhaufen u, Gruppe, heimliche Interessengruppe, Kamarilla, Klüngel, Sippe, Sippschaft, Mischpoke u, Schutz- und Trutz-

bündnis, Vereinigung, Gesellschaft, Gemeinschaft, Klub, Verband, Verbindung, Kaste, Horde, Trupp, Schar, Haufe, Schwarm, Rotte, Bagage, Blase u, Geschmeiß, Brut, Gelichter, Mannschaft, Verein. → Anhang, Bande. ▸ Gegnerschaft, (selbständige Persönlichkeit).
klirren → erklingen, lärmen.
Klischee Druck, Abdruck, Abklatsch, Abschrift, Abzug, Vervielfältigung, Doppelausfertigung, Wiedergabe, Abbildung, Nachbildung, Abguß ● Schablone, Pappe, Gravierung, Ätzung, Ätzbild, Stahlstich, Holzschnitt.
Klitsche → Ansied(e)lung, Haus.
klittern → fälschen.
Kloake → Abort.
klönen → schwatzen, schwätzen.
klopfen pochen, anklopfen, stoßen, schlagen, anschlagen, verklopfen, hauen, prügeln, hämmern, poltern, lärmen. → angeben, anschlagen, durchschlagen, prügeln.
klopfen, auf die Finger prügeln, tadeln.
klopfen, auf den Busch prüfen.
Klöppel → Beschwernis.
Klosett → Abort.
Kloß Knolle, Bolle ● Fleischklößchen, Boulette, Gerbenknödel, Mehlknödel ● Klumpen, Verdickung, ein Kloß im Halse, belegte oder rauhe Stimme ● Angstzustand.
Kloßbrühe, klar wie → unklar.
Kloster Eskorial, Abtei, Stiftung, Konvent, Stift, Priorei, Mönchskloster, Nonnenkloster, Frauenkloster, Zufluchtsort ● Einsamkeit, Zelle, Einsiedelei, Zurückgezogenheit, Abgeschiedenheit, Verlassenheit, Isolierung, Vereinsamung, Klosterleben.
Klosterbruder → Einsiedler, Mönch.
Klosterfrau Nonne, Schwester, Ordensschwester, Klosterschwester ● Stiftsfräulein ● Himmelstochter, Gottesbraut, Braut Christi, Laienschwester, Novizin ● Äbtissin, Oberin, Priorin.
Klosterschule → Erziehungsanstalt, Schule.
Klotz Fußkugel, Klumpen, Scheit, Stück, Haufen, Knollen, Masse, Holz, Block, Verdichtung ● Grobian, Trampeltier, Elefant, Bengel, Bär, Ruppsack, Grobsack, ungehobelter Mensch. → Bärbeißer, Beschwernis, Block, Bremse, Bürde, Knorren, Konglomerat. ▸ Weltmann.
klotzig grob, ruppig, unfein, unzart, grobkotzig, massiv, grobschlächtig, dickfellig,

hölzern, ungeschlacht, robust, derb, plump, bäurisch, flegelhaft, pöbelhaft, grob wie ein Klotz. → allerhand, boshaft, fest. ▸ gebildet, wenig, zart.
Klown → Bajazzo, Spaßmacher.
Klub Gemeinschaft, Einigkeit, Bund, Verbindung, Verband, Vereinigung, Versammlung, Gesellschaft, Geselligkeit, Zirkel, Kränzchen, Treffen, Beziehung. → Klique.
Kluft → Abgrund, Anzug, Bruch, Kleidung, Lücke, Uniform.
klug gewitzigt, geschickt, gescheit, helle, klaräugig, fähig, begabt, bedacht, talentiert, belesen, überlegt, etwas loshaben u, gewiegt, urteilsfähig, lebenstüchtig, verständig, vernunftbegabt, verstandesbegabt, zurechnungsfähig, vernünftig, befähigt, schlau, oberschlau, ausgekocht, scharfsinnig, geistreich, weise, talentvoll, einsichtsvoll, einsichtig, gewandt, aufmerksam, besonnen, geheilt, mehr können als Brot essen, nicht aus Dummbach sein u, Grütze im Kopfe haben, nicht auf den Kopf gefallen sein u, sein Licht leuchten lassen. → aufgeklärt, bedächtig, begabt, durchdacht, feinsinnig, feinspürig, gelehrt, genial, gewitzigt, Hand und Fuß haben, Grütze im Kopf haben, intelligent, lebenstüchtig. ▸ dumm.
klügeln vernünfteln, tifteln, heraustifteln, herausfinden, herausbekommen, probieren, grübeln, tüftelnd sinnen, spitzfindig denken, herumprobieren, herumdoktern, deuteln, Worte klauben, Kümmel spalten, Haar spalten. ▸ (gradlinig denken).
Klugheit → Bedacht, Begabung, Behutsamkeit, Besonnenheit, Erkenntnis, Feingefühl, Geistesgabe, Intelligenz, Verstand.
klüglich → bedächtig, beflissentlich, klug.
Klugscheißer → Angeber.
Klumpen → Auswuchs, Berg, Block, Dickwanst, Fladen, Klotz, Konglomerat.
klumpig → verhärtet.
Klüngel Parteiwirtschaft. → Anhang, Bande, Klique.
Klunker → Anhang, Ausschmückung.
Klüver sm Vorsegel.
knabbern → essen.
Knabe → Bengel, Bube, Jüngling, Kind.
knabenhaft → bubenhaft, jung, schlank.
knacken → bersten, brechen.
Knacknuß → Aufgabe, Problem.
Knacks → Schaden.
Knall → bums, Detonation,

Donner, Entladung, Explosion.

Knall und Fall → Fall und Knall.

Knalleffekt → Wirkung.

knallen → dröhnen, lärmen, schießen.

knallend donnernd, krachend, mit einem Knall, detonierend, lärmend.

knapp beschränkt, wenig, kurz, bündig, ungenügend, gedrängt, eng, schroff, notdürftig, zusammengedrängt, dünn, eingeschränkt, beengt, gequetscht, gekürzt, verkürzt, klein, kaum, bescheiden, unmerklich, nur, unerheblich, unbeträchtlich, gering, geringfügig, kärglich, spärlich, kümmerlich, unbefriedigend, schwächlich ● arm, armselig, mager, karg, unzureichend, unzulänglich, unvollständig, lückenhaft, unvollkommen. → annähernd, arg, beengend, dünn, eingekeilt, einigermaßen, Fassung kurze, gedrängt, geschäftlich, karg, kärglich. ▶ reichlich, üppig.

Knappe → Begleitung.

knappen → abdarben, abarbeiten.

Knappheit → Armut, Bedeutungslosigkeit, Dürre, Not.

Knappsack → Behälter.

knarren → lärmen.

Knast → Gefängnis.

knattern → lärmen.

Knäuel Wollknäuel, Ball, Kugelform, Kugelgestalt, Ineinanderverschlungenes, Gewurstel, Durcheinander, Unordnung, Wirrnis, Wirrsal, Tumult, Menschenknäuel, Menge, Zusammenrottung. → Anzahl. ▶ Entwirrung, Faden, Faden roter.

Knauf → Griff.

Knauser → Geizhals.

knauserig knickrig. → bedürfnisvoll, egoistisch, geizig, geldgierig, genau, habsüchtig, selbstsüchtig.

knausern geizen, kargen, sparen, abgeizen, absparen, knicken, filzen, abkargen, schinden, am Gelde hängen, vom Mund abgeizen, sich aus den Fingern saugen, zusammenkratzen, raffen, am Geld kleben, geizig sein, steif halten *u*, den Daumen auf etwas halten. ▶ verschwenden, verteilen.

Knebel Hemmung, Hemmschuh, Verhinderung, Behinderung, Entkräftung, Zügel, Halfter, Maulkorb, Beißkorb, Zaum, Knebeltrense, Schloß, Fessel, Abschnürung, Kandare, Gebiß, Zwangsjacke. → Bart. ▶ Befreiung, Freigabe.

knebeln würgen, ersticken, stillen, beschwichtigen, schweigen machen, ketten,

fesseln, fangen, einsperren, einschließen, bezwingen, einzwängen, einengen, erpressen, verhaften, überfallen, die Lippen versiegeln, den Mund stopfen, ein Schloß vor den Mund legen. → bändigen, binden die Hände, dingfest machen, fesseln, unterdrücken, kujonieren. ▶ auffordern, entfesseln.

Knecht → Arbeiter, Commis, Diener, Famulus.

knechten unterjochen, niederwerfen, überwältigen, bezwingen, zwingen, unterdrücken, überwinden, kirren, übermannen, unterwürfig machen, besiegen, fronen, beaufsichtigen, bemeistern, zähmen, fesseln, binden, unter das Joch beugen, in die Enge treiben, in die Knie zwingen, zu Boden werfen, drangsalieren, schulmeistern, bevormunden, einengen, zur Beute fallen. → bändigen, berauben, beugen, bezähmen, fesseln. ▶ befreien, trotzen, überheben sich.

knechtisch biegsam, buhlerisch, charakterlos, ergeben, kriechend.

Knechtschaft Hörigkeit, Abhängigkeit, Willenslähmung, Unterordnung, Leibeigenschaft, Dienstbarkeit, Zwangspflicht, Lehndienst, Verpflichtung, Zwingherrschaft, Zwang, Ausnützung, Sklaverei, Knechtung, Joch, Unterwerfung, Unterjochung, Freiheitsberaubung, Unterwürfigkeit, Untergebenheit, Untertänigkeit. → Abhängigkeit, Bande. ▶ Freiheit.

Knechtung → Despotismus, Knechtschaft.

kneifen kneipen, petzen, zwicken, wehtun, foltern, einschneiden, peinigen, martern, rädern ● fortlaufen, auskneifen, entweichen, zurückziehen, trollen, verschwinden, davonschleichen, verdrücken sich, drücken sich, abhauen, abrücken, ausrücken, herumdrücken sich vor etwas, sich vor etwas vorbeidrücken, ausreißen, zurückweichen, sich feige zeigen, schlapp machen. ● bohren, hängen lassen die Flügel. ▶ ausharren, kitzeln.

Kneipe Destille, Kaschemme. → Ausschank, Butike, Gaststätte.

kneipen → bohren, kneifen, trinken.

Kneiperei → Gelage.

Kneippsche Kur → Bad.

knetbar → weich.

kneten → anfertigen, mischen, massieren.

Knick → Falte.

knicken → falten, brechen.

Knicker → Geizhals.

Knickerei → Geiz.

knickerig → bedürfnisvoll, begehrlich, engherzig, geizig.

Knicks → Höflichkeit, Verbeugung.

Knie brechen, übers unbesonnen, heftig, schnell, hitzig, unüberlegt, ungestüm, stürmisch, vorschnell, bedachtlos, unbeherrscht, unklug, übereilt, überstürzt, oberflächlich, ungenau, unvernünftig, leichthin, gedankenlos, unbedacht, töricht, unweise, vorschnell. ▶ überlegen.

Knie beugen, das → gehorchen, verehren.

Knieband → Band, Bindemittel.

Kniefall Fußfall, Verbeugung, Herablassung, Verneigung ● Ergebenheit, Unterwerfung, Demutsbezeugung, Achtungsbezeugung.

kniefällig → aufdringlich, inständig, kriechend.

Knien liegen, auf den → demütig und wehmütig.

knien niederknien, kauern, kriechen, beugen, verbeugen, neigen ● schmeicheln, bedrängen, bitten, einen Fußfall tun, sich auf die Knie werfen, um etwas anklopfen ● scharwenzeln, dienern, buckeln, katzebuckeln, sich bücken, auf den Knien rutschen ● beten, sich bekreuzigen, andächtig sein, fromm sein. ▶ erzwingen, hochmütig sein, liegen, stehen.

knietief → abgründig.

Kniff Blendung, Blendwerk, Trick, Falle, Fallstrick, Täuschung, Schliche, Finte, Taschenspielerei, Zauber, Gaukelspiel, Ränke, Heimtücke, Betrug, Windbeutelei, Garn, Netz, Leimrute, Hinterhalt, Lüge, Schlauheit, Pfiffigkeit, Listigkeit, Hinterlist, Schliche, Fußangel, Winkelzug, Arglist, Tücke, Umgarnung ● Faltung. → Ausweg, Blendwerk, Falle. ▶ Aufrichtigkeit.

Kniffelei Spitzfindigkeit, Pedanterie.

kniffen → falten.

knifflig → kompliziert.

knill → angeheitert.

knipsen → aufnehmen, durchlochen.

Knirps → Baby, Bengel, Dreikäsehoch.

knirschen zischen, zischeln, rascheln, rauschen, knistern, lärmen, tönen, fauchen, schnoben, brausen ● zürnen, wüten, ergrimmen, erbosen, hochgehen, auffahren, losfahren, toben, rasen, kochen, sieden, bersten, die Zähne fletschen, vor Zorn knirschen, mit den Füßen stampfen. ▶ beruhigen (sich).

knistern → brennen, knirschen.

knittern rascheln, knistern, rauschen, zischeln, zerknittern, Falten schlagen, krünkeln *u.* → falten. ▶ glätten.

knitterig → faltig.

Knobelbecher Soldatenstiefel, Kanonenstiefel, Marschschuh ● Würfelbecher.

knobeln grübeln, ausdenken, nachdenken, sinnen, brüten, nachsinnen, ausknobeln, herausbekommen ● losen, wetten, würfeln, spielen, wagen. ▶ (keine grauen Haare wachsen lassen).

Knochen Gerippe, Körperteil, Muskel, Knorpel, Mark, Sehne, Skelett, Knochengerüst, Wirbelsäule, Rippe, Gebein, Zusammenhalt, Härte, Festigkeit, Massigkeit, Widerstandskraft, Verknöcherung, Verknorpelung. → Bein. ▶ (Fleisch).

Knochenfraß → Brand, Krankheit.

Knochengerippe → Bohnenstange, Dürre, Knochen.

Knockout *am.* K. o., besiegen, schlagen ● kaputt, geschafft. → Kinnhaken.

Knollen → Auswuchs, Block.

knollig rund, dick, buckelig, pilzförmig, kugelig, knotenförmig, birnenförmig, eiförmig, oval, apfelförmig, plump, gewölbt. → blatternarbig.

Knopf Bouton, Verschluß, Verbindungsstück, Schließe, Riegel, Schloß, Bindeglied, Bouton, Kragenknopf, Manschettenknopf, Schmuckknopf, Druckknopf, Zierde ● Knauf, Griff, Halt, Klingelknopf ● Rundheit, Rundung. → Bindemittel.

Knöpfe → Bargeld.

knöpfen → schließen.

Knorren Ast, Geäst, Wurzel, Gezweig, Zacke, Verästelung, Verkrümmung, Kante, Klotz, Holz.

knorrig → bärbeißig, fest.

Knospe Pflanze, Gewächs, Keim, Blumenknospe, Sproß, Sprößling, Wölbung, Geschwulst, Auswuchs, Entwicklung, Werdegang, Fortschritt, Evolution. → Auge, Auswuchs.

knospen → ansetzen, aufblühen, aufgehn, ausschlagen, dehnen, entfalten sich, erblühen, keimen.

Knote → Barbar.

Knoten → Auswuchs, Beschwernis, Bindemittel, Chaos, Wölbung.

knoten → verknüpfen.

Knotenpunkt Sammelpunkt, Brennpunkt, Mittelpunkt, Schnittpunkt, Zusammentreffen, Sammelplatz, Sammelort, Versammlungsplatz, Versammlungsort, Eisenbahnknotenpunkt, Hauptstelle, Haupttreffpunkt.

knotig → blatternarbig.

Know-how *am.* gewußt wie, Erfahrung ● Patent, Verfahren.

Knuff → Bearbeitung, Schlag.

knuffen → kneifen, schlagen.

Knüller *M* Sache, Schlager, Überraschung, Aufsehenerregendes, Interessantes, Wichtiges, Bedeutsames, Gewicht, Wesentlichkeit, Erregendes, Hauptsache, Hauptpunkt, Kernpunkt, Farbiges, Geistesfunke, Witz, Einfall, Würze, Pointe, Spitze, Treffer.

knüpfen befestigen, binden, anbinden, verbinden, schnüren, verschnüren, knüpfen, zusammenknüpfen, schnallen, zusammenstecken, zusammenheften, verflechten, zusammenflechten, festmachen, einheften, einknüpfen. → festhalten.

Knüppel → Prügel, Stecken.

Knüppel zwischen die Beine werfen → entkräften, vereiteln.

knüppeln → bestrafen, schlagen.

knurren murren, brummen, brummeln, brutteln, brömmeln, hummen, knaunzen, schnurren, heulen, kläffen, bellen, bläffen, belfern ● zanken, anknurren, anfahren, zürnen, grollen, keifen, wüten, sich beklagen, belfern, bellen. ▶ lachen, vertragen sich.

knuspern kauen, zermahlen, zernagen, fletschern, knakken, knabbern, essen, futtern, schmatzen, beißen, krachen, verspeisen, aufessen. → aasen, essen. ▶ saugen, trinken.

knusprig resch. → appetitlich.

Knute → Geißel, Zwang.

Koalition → Bund, Verband, Föderation, Vereinigung.

Kobold Geist, Spuk, Erscheinung, Nachtgeist, Spukgebilde, Schreckbild, Erdgeist, Zaubergeist, Glasmännlein, Inkubus, Mahr, Alp, Poltergeist, Troll, Puck, Nöck, Ungeheuer, Unhold, Wichtelmännchen, Gnom, Berggeist, Haulenmännchen, Klabautermann, Zwerg, Butzemann, Alraun, Feuermännchen, Heidemann, Waldmann, Heinzelmännchen.

koboldartig → feenhaft.

Koch Smutje *sm,* Küchenbulle *u,* Küchenchef ● Köchin, Küchenfee *u,* Küchendragoner *u.*

Kochen → Bearbeitung.

kochen → abbrühen, aufregen, aufspringen, branden, brodeln, brühen, dampfen, dünsten, fangen Feuer, schäumen, wärmen, zubereiten.

kochend → entrüstet, warm.

Köcher → Behälter, Büchse.

kochfest → unveränderlich.

Kochkunst → Feinschmekkerei, Gastronomie.

Koda (Coda) Ende, Schluß, Beendigung, Abschluß, Beschluß, das Letzte, das Äußerste, Grenze, Fertigstellung, Vollendung, Endergebnis, Ausgang, Nachspiel, Schlußstein, Ziel, Finale. → Anhang, Ausgang, Beifügung.

Köder → Anreiz, Anziehung, Beeinflussung, Blickfang, Lockmittel.

ködern → abbuhlen, begeistern, beeinflussen, befürworten, benachteiligen, bewirken, herumkriegen, täuschen.

Kodex Gesetzbuch, Rechtsbuch, Rechtsspiegel, Gesetzessammlung, Gesetzesordnung, Sachsenspiegel, Schwabenspiegel, bürgerliches Gesetzbuch, Korpus Juris, Gesetzgebung, Gesetz, Rechtssatzung, Grundsatz, Verfügung, Erlaß, Gebot, gesetzliche Form.

Koexistenz Nebeneinander, Mitvorhandensein, Zusammenleben ● Gleichlauf.

Koffer → Behälter, Bündel, Kasten.

Kofferraum → Behälter.

Kohl bauen, seinen seinen Kohl pflanzen, sein eigenen Dreck machen, sich einpuppen, alleine leben, sich nicht um andere kümmern, sich abschließen, sich zurückziehen, sich nicht von anderen dreinreden lassen, für sich alleine stehen. ▶ wichtigtun.

Kohldampf → Appetit.

Kohle → Brennmaterial.

Kohlen, auf glühenden gespannt, ungeduldig, unruhig, nervenzerrüttend, zappelig, gehetzt, gejagt, neugierig, mit verhaltenem Atem, in atemloser Spannung, auf die Folter gespannt, zum Wahnsinn getrieben, wartend, lauernd, auf die Nerven gehend. ▶ abtun, geduldig (sein), leichtnehmen.

kohlen → blaken, lügen.

Kohorte → Truppe.

Koje → Kabine.

Kokain Koks *u.* → Beruhigungsmittel, Laster.

Kokarde → Ausschmückung, Laster.

kokett putzsüchtig, eitel, gefallsüchtig, geziert, aufgedonnert, auffällig, anlockend, übertrieben, überladen, aufgesteift, flirtend, liebäugelnd, gespreizt, albern, augenverdrehend, äugelnd, verführerisch, unanständig, aufreizend. → anmaßend. ▶ bescheiden, zurückhaltend.

kokettieren flirten, liebäu-

geln, sich zieren, sich spreizen, verführen, anlocken, berücken, betören, blenden, verdrehen, verwirren, verstrik-
ken, hofieren, schön tun, werben, umschmeicheln, girren,
scharwenzeln, die Augen verdrehen, Liebesblicke zuwerfen, den Fächer spielen lassen, Theater spielen, Komödie spielen, Äuglein machen,
Blicke zuwerfen, mit dem Blick
verfolgen. → bekanntwerden,
Blicke zärtliche, buhlen, hofieren. ▶ verabscheuen, zurückziehen sich.
Kokotte → Bajadere, Halbwelt.
Kokke → Bazillus.
Koks→Brennmaterial, Rauschgift.
Kolben → Behälter, Waffe.
Kolik → Krankheit, Schmerz.
Kolk → Bruch.
Kollaps Anfall, Koller, Kräfteverlust, Kräfteverfall, Erschöpfung, Schwäche, Un-
fähigkeit, Kraftlosigkeit, Untauglichkeit, Entnervung,
Nervenschwäche, Hinfälligkeit, Gebrechlichkeit, Syn-
kope, Apoplexie.
kollationieren → vergleichen.
Kolleg Hörstunde, Hörsaal,
Zusammenkunft, Stunde, Vorlesung, Zusammentreffen, Zusammenkommen, Kolloquium,
Besprechung, Unterhaltung.
Kollege Mitarbeiter, Beistand,
Beigeordneter, Verbündeter,
Mitspieler, Nebenmann,
Nachbar, Mitkämpfer, Kamerad, Gefährte, Freund, Getreuer, Gefolgsmann, Partner, Geschäftspartner, Mit-
botoiligtor, Amtsgenosse,
Berufsgenosse, Amtsbruder,
Genosse, Kumpan, Schick-
salsgenosse. ▶ Vorgesetzter.
kollegial freundschaftlich,
verbunden, hilfsbereit, befreundet, brüderlich, vereint,
verbündet, genossenschaft-
lich, gemeinschaftlich, zugeneigt, zugetan, wohlwollend,
hilfreich, vertraut, willkommen, erprobt, zuvorkom-
mend. ▶ feindlich, gegne-
risch.
Kollegialität Fairneß. →
Freundschaft.
Kollegium Lehrerschaft, Besprechung, Zusammenkunft,
Versammlung, Seminar, Sitzung, Beratung, Tagung, Einberufung, Körperschaft, Ausschuß, Komitee, Kommission.
→ Anstalt, Ausschuß,
Beirat, Beratung.
Kollekte Opferspende, Opfergabe. → Spende.
Kollektion Zusammenstellung, Auswahl, Muster, Vorführungsmuster, Bemuste-
rung, Mustersammlung, An-
ordnung, Exemplar, Musterblatt, Beispiel, Auslese, Mo-

dell, Vorbild, Probe, Vorlage
● Musterkoffer, Verdrußkiste
u. → Auswahl.
Kollektiv → Gemeinschaft.
kollektiv → gemeinsam, zu-
sammen.
Koller → Affekt, Anwandlung, Ärgernis, Aufregung,
Heftigkeit, Schwachsinn.
kollern → fallen, wüten.
Kolli → Behälter.
kollidieren → bums, überschneiden, zusammenfallen.
Kollier Halskette, Halsanhän-
ger. → Schmuck.
Kollision → Widerstreit,
Zwiespalt.
Kolloquium → Examen, Zusammenkunft.
Kolonie → Ansied(e)lung.
Kolonisation → Erschließung.
kolonisieren → besetzen.
Kolonist → Bauer, Siedler, Bevölkerung.
Kolonnade (Colonnade) Säulengang, Säulenhalle, Säulenreihe, Säulenkette, Säulengefüge, Säulenverkettung,
Säulenzug, Nacheinanderfolge, Aufeinanderfolge, Reihe.
Kolonne Zusammenlauf, Haufen, Menge, Gedränge, Rotte,
Zusammenmarsch, Auf-
marsch, Zug, Marschordnung,
Marschkolonne, Heereskol-
lonne, Gruppe, Armee, Heervolk, Schar, Truppe, Legion,
Mannschaft, Bataillon, Heer,
Korps, Division, Kompagnie,
Brigade, Belegschaft, Ar-
meekorps, Abteilung, Vor-
hut, Nachhut, Regiment.
kolorieren → anstreichen.
Kolorierung → Farbe, Farbenton.
Kolorit ▶ Farbe, Farbenton.
Koloß ▶ Dickwanst, Riese.
kolossal → ansehnlich, ausgedehnt, außerordentlich,
dick, gewaltig, gigantisch,
groß, hoch.
kolportieren → anbieten, verkaufen.
Kolumne Spalte, Rubrik, Artikel.
Kolumnist Journalist, Leitarti-
ler, Kommentator.
Koma (Coma) Empfindungslosigkeit, . Schlafsucht, Unempfindlichkeit, Eindruckslosigkeit, Stumpfheit, Gefühllosigkeit, Starrsucht, Lähmung, Betäubung, bleierner
Schlaf, Schläfrigkeit, Leblosigkeit, Unbeweglichkeit, Erschlaffung, Abgespanntheit,
Ermüdung, Mattigkeit, Dusel,
Scheintod, Ohnmacht, Be-
wußtlosigkeit. ▶ Lebenskraft.
Kombination Verknüpfung,
Vereinigung, Verbindung,
Begriffsverknüpfung, Einbeziehung, Stoffverknüpfung,
Zusammensetzung, Vermi-
schung, Überlegung, Schätzung, Berechnung, Verquikkung, Synthese, Überschla-

gung, Komposition. ▶ Irrung,
Trennung.
kombinieren → verknüpfen.
Kombüse Schiffsküche. →
Küche.
Komik Possierlichkeit, Al-
bernheit, Seltsamkeit, Drol-
ligkeit, Wunderlichkeit, Pos-
senhaftigkeit, Hanswurstiade,
Groteske, Possenspiel,
Schrullenhaftigkeit, Posse,
Allotria. → Drolligkeit. ▶
Ernstlichkeit, Witzlosigkeit.
Komiker Schauspieler, Humo-
rist, Karikaturist, Spaßvogel,
Possenreißer ● Hanswurst,
Bajazzo, Harlekin, Pulzinello.
Clown ● Schalk, Witzbold,
Kauz ● Satiriker.
komisch grillenhaft, verrückt,
blöde, seltsam, burlesk, grotesk, possierlich, lächerlich,
drollig, spaßig, spaßhaft, humoristisch, sonderbar, wunderlich, absonderlich ● fauler
Witz. → albern, bühnenge-
recht, burlesk, humoristisch.
▶ ernsthaft, witzlos.
Komitee → Kollegium.
Kommandeur → Chef.
kommandieren → befehlen,
beherrschen, diktieren, Disziplin halten, herrschen.
Kommandostelle → Brücke.
kommen herkommen, näherkommen, hinkommen, an-
kommen, hereilen, hinwan-
dern, reisen, fahren, gehen,
reichen, nähern, herankommen, nahen, vorrücken, anrücken, anmarschieren, hinzutreten ● harren, bevorstehen, erwarten, entgegensehen, im Anzug sein. → an-
kommen, auftauchen, besu-
chen, bevorstehen, eilen heran. ▶ vorbeigehen, weggehen.
kommen, an den Bettelstab
→ abbrennen.
kommen auf den Hund →
abbrennen.
**kommen, auf einen grünen
Zweig** → Reichtum, Vor-
wärtskommen.
kommen, aus dem Geleise
verirren, abweichen, abirren,
verhaspeln, verwirren, verheddern, verwickeln, durch-
einandersein, zerstreut sein,
verblüffen, außer Fassung
kommen, bestürzt sein, sich
versprechen, sich verlesen,
kopflos sein, außer Ordnung
kommen, aus Rand und Band
geraten. → bestürzen. ▶ beherrschen sich, gefaßt bleiben, überwinden.
kommen, ans Sonnenlicht
herauskommen, ans Tages-
licht kommen, an den Tag
kommen, dahinterkommen,
spitzkriegen, offenbaren,
bloßstellen, aufdecken, aufhellen, bloßlegen, an den
Tag legen, in die Augen fallen,
kein Geheimnis mehr sein. ▶
unbekannt (bleiben).

kommen, ans Ziel erreichen, erlangen, erzielen, beendigen, krönen, vollenden, ankommen, Erfolg haben, gelingen, gewinnen, erringen, seinen Weg bahnen, den Zweck erreichen, seine Erwartungen erfüllt sehen, einen Preis davontragen, sich in die Höhe schwingen, Glück haben, Ergebnis haben. → bestehen. ▶ mißlingen.

kommen und gehen → ein und aus.

kommen, heran- → Anzug, kommen, näherkommen.

kommen, in den Sinn einfallen, vorstellen, auffallen, erkennen, nachsinnen, überlegen, nachdenken, ausdenken, einen Einfall haben, einen Gedanken haben, eine Idee haben. ▶ vergessen.

kommen, in Teufels Küche → Verdruß, Zwietracht.

kommen sehen → ahnen.

kommen, um etwas → verlieren.

kommen, zu Hilfe → bringen auf die Beine, helfen, unterstützen.

kommen, zu kurz → unterliegen.

kommen, zu sich einsehen, verstehen, erkennen, zu Verstand kommen, zu Vernunft kommen ● leben, beleben, wiederbeleben, zur Besinnung kommen, das Bewußtsein erlangen, aus der Ohnmacht erwachen, sich des Lebens freuen, aufwachen. ▶ ohnmächtig (werden), versteifen sich.

kommen, zum äußersten → schäumen, wüten.

kommen, zur Ruhe sich beruhigen, sich legen, still sein, ruhig sein, ruhen, ausruhen, rasten, sitzen, aufatmen, sich verschnaufen, einhalten, der Ruhe pflegen, sich Ruhe gönnen, die Hände in den Schoß legen, beilegen, bekalmen, die Arbeit einstellen, ausspannen. → befreien. ▶ arbeiten, aufbrausen.

Komment → Benehmen, Brauch.

Kommentar → Anmerkung, Ausführungsbestimmung, Auskunft, Auslassung, Darlegung, Einfügung, Erklärung, Randbemerkung.

Kommentator → Ausleger.

kommentieren → auseinandersetzen, begründen, darlegen, diskutieren, disputieren, illustrieren, interpretieren.

Kommers → Zusammenkunft.

Kommilitone Studienfreund, Studiengenosse, Waffenbruder, Leibfuchs, Bundesbruder, Korpsbruder. → Freund, Kollege.

Kommis (Commis) Diener, Untergebener, Untertan, Un-

tergeordneter, Abhängiger, Gesinde, Gesellschafter, Begleiter, Handreicher, Aufwärter, Bursche, Gehilfe, Assistent, Höfling, Kammerherr, Kammerdiener, Lakai, Leibjäger, Dienstbote, Mietling, Lohndiener, Knecht, Handlanger, Zuträger, Tagelöhner, Treiber, Türsteher, Bürodiener, Ladendiener, Büroschreiber, Beschließer ● Commisvoyageur, Geschäftsreisender, Reiseonkel, Reisender, Umherreisender, Handlungsreisender ● Heer, Soldatenstand, im Dienst als Soldat, Barras, die Preußen u.

Kommissar → Beauftragter.

Kommission → Ausschuß, Beirat, Beratung.

Kommode → Behälter, Möbel.

Kommunikation → Verbindung.

kommunizieren → korrespondieren.

Komödiant Schauspieler, Gaukler, Schaumschläger, Zauberkünstler, Schwarzkünstler ● Betrüger, Spitzbube, Schwindler, Gauner, Zigeuner, Lügner, Schelm, Heuchler, Schurke ● Vornehmtuer, Zierbengel, Theaterheld, Schöntuer.

komödiantenhaft schauspielerisch, komödiantisch, darstellerisch, theatralisch, melodramatisch ● aufspielerisch, nicht ernst zu nehmen.

Komödie Lustspiel, Posse, Farce, Burleske, Travestie, komische Oper, Singspiel, Tragikomödie ● Bühnenstück.

Kompagnon Gesellschafter, Teilhaber, Sozius, Handelsgenosse, Mitbeteiliger, Geschäftsbeteiliger, Partner, Teilnehmer, Gefährte, Genosse, Berufsgenosse, Fachgenosse, Schicksalsgenosse, Amtsbruder, Amtsgenosse, Aktionär, Mitteilhaber, Parteimann. ▶ Gegner, Konkurrent.

kompakt dicht, fest, hart, geschlossen, gedrängt, widerstandsfähig, widerstandsfest, kräftig, undurchlässig, undurchdringlich, einheitlich, ganz, solid, dauerhaft, zusammenhängend, untrennbar. ▶ dünn, locker, morsch.

Kompanie Wehrmachtsteil ● Teilhaberschaft, Mitbesitz ● Anteil, Genossenschaft, Verein.

Kompendium (Compendium, Abriß, kurzes Lehrbuch, Ge)drängtheit, Auszug, Abkürzung, Kürzung, Zusammenpressung, Zusammenziehung, Leitfaden, Handbuch-Übersicht, Übersichtstafel.

Kompensation → Entschädigung, Reaktion.

kompensieren wettmachen, aufheben, entschädigen, auf-

wägen, verrechnen, ausgleichen, decken, abverdienen, vorholen, nachholen, tilgen, ersetzen, abgelten. → aufheben, ausgleichen. ▶ differieren.

kompetent zuständig, anerkannt, befugt, urteilssicher, berechtigt, tonangebend, sachkundig, maßgebend. → ausschlaggebend, berechtigt, maßgebend. ▶ unberechtigt, unmaßgeblich.

komplett → A bis O, ausverkauft, voll, vollständig.

Komplex Bezirk, Bereich, Gebiet, Mark, Gemarkung, Landstrich, Land, Kanton, Teil ● Koller, Manie, Wahn, Zwangsvorstellung, Sinnesstörung, Sinnesverwirrung, Minderwertigkeitskomplex, Schwermut, Trübsinn, Hemmung, Schüchternheit, Furcht, Behinderung, Scheu, Empfindlichkeit. ▶ Einzelheit, Wirklichkeit.

Komplikation Verworrenheit, Verwicklung, Ungewißheit, Unverständlichkeit, Schwierigkeit, Unbegreiflichkeit, Unfaßbarkeit, Hindernis, Zwangslage, Knoten, Verstrickung, Klippe, Klemme, Krisis, Unmöglichkeit, Kopfzerbrechen, kitzlicher Punkt ● Rückgang, Verschlechterung. → Dilemma. ▶ Besserung, Erleichterung, Klarheit.

Kompliment → Beifügung, Bewerbung, Courschneiderei, Empfehlung, Getändel, Höflichkeit.

Komplize (Complice) Helfer, Helfershelfer, Unterstützer, Diener, Beistand, Gehilfe, Partner, Mitarbeiter, Verbündeter, Bundesgenosse, Mitspieler, Mitkämpfer, Vertrauter, Genosse, Mitbruder, die rechte Hand, Anhänger, Nachfolger, Mitbeteiliger, Spießgeselle, Mitschuldiger, Gefährte. ▶ Gegner.

kompliziert knifflich, weitläufig, schwer, verwickelt, verzwickt, verworren, umständlich, schwierig, unklar, verschlungen, unverständlich, unentzifferbar, unverständlich, unerforschlich, undurchdringlich, mühevoll, beschwerlich, verwirrend, heikel. → bedenklich. ▶ einfach.

Komplott → Anschlag, Ungehorsam, Zwietracht.

Komponist → Musiker.

Komposition Dichtung. → Arbeit, Ausdrucksweise, Cantus, Zusammensetzung.

komprimieren → abrunden, zusammenpressen.

Kompromiß Schlichtung, Vermittlung, Ausgleich, Diplomatie, Schlichtungsverfahren, Vergleichsverfahren, Lösung, Regelung, Erledigung, Beilegung, Angleichung, Annäherung, Mittelweg, Zwischenlösung, Halblösung, Kuhhandel *u*, Abfindung. → Beilegung. ▶ Ablehnung, Unnachgiebigkeit, Zerwürfnis.

kompromittieren verleumden, entehren, herziehen über, erniedrigen, demütigen, geringschätzen, brandmarken, entadeln, beschämen, durch die Mäuler ziehen, in Schande bringen, die Ehre abschneiden, mit Füßen treten, an den Pranger stellen, heruntermachen, in Unehre bringen, durch den Kot ziehen, ins Gerede bringen, in Mißkredit geraten. ▶ ehren, loben, schätzen.

kondensieren → dichten, festigen.

Kondensierung → Dichte.

Konditorei → Café, Kaffeehaus.

Kondolenzbesuch → Beileid.

kondolieren Beileid bekunden.

Kondukt Trauerzug, Trauergeleit, Trauerparade, Leichenkondukt.

Konfekt → Süßigkeit.

Konfektion Anfertigung, Kleideranfertigung, Bekleidungsindustrie, Fertigkleidung, Handel, Bekleidungsgewerbe ● Massenartikel, Anzug von der Stange, Fabrikarbeit. ▶ (Maßarbeit).

Konferenz Unterhaltung, Unterredung, Gespräch, Besprechung, Zusammenkunft, Verhandlung, Zusammenkommen, Beratung, Meinungsaustausch, Lehrerbesprechung, Sitzung, Beratschlagung, Versammlung, Konferenzbeschluß, Symposium, Kolloquium, Kongreß ● Seminar, Kurzlehrgang. → Ansage, Beratung, Besprechung.

konferieren beratschlagen, erörtern, besprechen, überlegen, sich beraten, bedenken, erwägen, beurteilen, bereden.

Konfession → Bekenntnis, Kirche, Religion.

Konfirmation → Ehrentag.

Konfiskation → Ausplünderung, Bemächtigung, Beschlagnahme, Enteignung.

konfiszieren → bemächtigen, berauben, beschaffen.

Konfitüre (Confiture) Süßigkeit, Kandiszucker, Sirup, Honig, Zuckerwerk, Backwerk, Eingemachtes, kandierte Früchte, Fruchtbonbon, Näscherei, Plätzchen, Guß.

Konflikt Gegensatz, Gegnerschaft, Antagonismus, Widerstreit, Streit, Meinungsverschiedenheit, Wortstreit, Wortgefecht, Wettstreit, Zank, Unfriede, Händel, Entgegengesetztheit, Verschiedenheit der Ansichten. → Ausein-

andersetzung, Gegensatz. ▶ Übereinstimmung, Versöhnung.

Konfliktstoff Drachensaat, Streit.

konform → übereinstimmend.

konfrontieren gegenüberstellen, gegenüberstehen, Auge in Auge, kontrastieren, entgegensetzen, vor jemanden treten, anblicken, von Angesicht zu Angesicht, gegenüber, vis-à-vis. ▶ verbergen.

konfus verwirrt, durcheinander, verworren, zerstreut, fahrig, verzwickt, zusammenhanglos, wirr, unmethodisch, sturm, unklar, kunterbunt, wüst, fassungslos, betreten, betroffen, unbeständig, flatterhaft, vermischt, vermengt. → durcheinander. ▶ gefaßt, gescheit, Kopf klarer.

Konfusion → Unordnung.

kongenial → harmonieren.

Kongestion (Congestion) Blutandrang, Überfluß, Überfülle, Andrang, Überschuß, Übermaß, Anhäufung, Anschwellung, Wassersucht, Schwulst, Erguß, Schwall, Überflutung, Guß.

Konglomerat (Conglomerat) Verdickung, Verhärtung, Verkittung, Gemisch, Gemenge, Klumpen, Haufen, Geröll. ▶ Grundelement, Zerfall.

Kongreß Treffen, Zusammenkunft, Tagung, Versammlung, Sitzung, Besprechung, Beratung, Fachversammlung, Berufsversammlung. → Zusammenkunft.

kongruent → übereinstimmend.

König Majestät, Gebieter, Monarch.

königlich gebietend, gewaltig, herrschend, gebieterisch, regierend, monarchisch, absolut ● großzügig, freigebig, mildtätig, hochherzig, nobel, verschwenderisch, edelherzig, wohltätig, ritterlich, groß, großherzig, edelsinnig, großmütig, würdevoll, ehrwürdig, erhaben, majestätisch, hoheitsvoll, hehr, stattlich, weihevoll, gewaltig. ▶ gewöhnlich, kleinlich, schäbig, würdelos.

Konjugation → Biegung.

konjugieren → biegen.

Konjunktur → Aufschwung.

Konklave Zusammenschluß, Gefüge, Gruppe, Versammlung, Zusammenkunft, Zusammenberufung, Körperschaft, Konvent, Konzil, Synode, Kirchenversammlung, Besprechungsversammlung, Wahlversammlung, Kirchenberatung, Kardinalsversammlung, Kirchenrat. → Beratung.

Konkordanz → Einheit, Übereinstimmung.

Konkordat → Abkommen.

konkret greifbar, verständlich, faßbar, anschaulich, wahrnehmbar, gegeben, wirklich, körperhaft, sinnlich, gegenständlich, stofflich, bestimmbar, substantiell, materiell, wesenhaft, handgreiflich, evident, lebendig, anwesend, fühlbar, kompakt, real. → anschaulich, anwesend, augenfällig, dinghaft, erfaßbar. ▶ abstrakt, allgemein, unklar.

Konkubinat → Ehe wilde.

Konkubine → Buhle, Dirne.

Konkurrent Gegner, Gegenpartei, Geschäftsgegner, Gegenspieler, Nebenbuhler, Rivale, Mitbewerber, Nebenmann, Feind. → Feind. ▶ Freund, Helfer, Teilnehmer.

Konkurrenz Wirtschaftskampf, Ausschreibung, Wettstreit, Interessenkampf, Erwerbskampf, Wettbewerb, Mitbewerber, Wettkampf, Gegenseite, Gegenpartei, Opposition, Ablehnung, Kampf, Feindschaft, Nebenbuhlerschaft, Brotneid, Lohnkampf, Gladiatorenkampf. → Bewerbung, Erwerbskampf.

konkurrenzlos unvergleichlich, einzigartig, monopolistisch.

konkurrieren entgegenstehen, wetteifern, mitbewerben, zusammentreffen, entgegenwirken, entgegenhandeln, entgegenarbeiten, disputieren, sich bewerben, rivalisieren, wettfahren, wettlaufen, wettrennen, wettschießen, sich messen, auszustechen trachten, zu überbieten suchen. → balgen. ▶ (außer Wettbewerb), beistehen.

Konkurs Bankrott, Zusammenbruch, Niedergang, Zahlungseinstellung, Stundung, Zahlungsunfähigkeit, Zahlungsschwierigkeit, Geldschwierigkeit, Geldmangel, Geldnot, Unterbilanz, Flaute, Konkursansage, Konkursmeldung, Börsenkrach, Börsensturz, Zwangsversteigerung, schlechte Geschäfte, Hammer kommen unter den, Pleite *u*. ▶ Zahlungsfähigkeit.

können ausüben, dürfen, vermögen, wissen, freistehen, für fähig halten, imstande sein, Fingern hersagen an den, zulassen, erlauben ● erkennen, durchschauen, durchblicken, begreifen, erfassen, Bescheid wissen, Schulung besitzen, sich auskennen, ausüben, besorgen, anfassen, handhaben, wirken, werken, schaffen, sich geschickt anstellen, begabt sein, gewachsen sein, den Nagel auf den Kopf, treffen, Bescheid wissen, im allen Sätteln gerecht sein, handfertig sein. → ausüben, befähigen, dürfen.

Könner → Berühmtheit, Fachmann, Kapazität.
Konsens → Übereinstimmung.
konsequent → denkgerecht, folgerichtig, logisch.
konsequentermaßen → also, logisch.
Konsequenz → Ausgang, Wirkung.
Konsequenzen ziehen, die auf ein Ziel lossteuern, Schwierigkeiten beseitigen, ins Geschirr legen, den Willen durchsetzen, etwas beharrlich durchführen, fest entschlossen sein, nicht nachoder ablassen, fest bleiben, den Kopf durchsetzen, auf seinem Kopfe bestehen, auf sein Recht pochen, den Zweck nicht aus dem Auge verlieren, einer Sache treu bleiben, Hindernisse beseitigen, erzwingen, die Folgen ziehen, nicht nachlassen.
Konservatismus → Beständigkeit.
konservativ beständig, bleibend, anhänglich, unverändert, unwandelbar, bodenständig, dauernd, überdauernd, festhalten, altmodisch, beharrlich, stetig, unabänderlich, hartnäckig, eigenwillig, eigensinnig, unnachgiebig, unbelehrbar, unbekehrbar, zähe, ausdauernd, traditionsgebunden, mit eiserner Beharrlichkeit. ▶ modern, unbeständig, wankelmütig.
Konserve Konservierung, Büchse, Eingemachtes, Einmachobst, Einmachfrüchte, Gemüsekonserve, Fleischbüchse, Büchsenobst, Büchsengemüse, Büchsenmilch, Pökelfleisch, Heringsdose, Dauerwurst, Obstmus, Erhaltung, Aufbewahrung, Einpökelung, Geräuchertes, Dauerware. ▶ (Frischware).
konservieren → aufheben, balsamieren, einpökeln, frosten.
konserviert → haltbar.
Konservierung → Erhaltung, Konserve.
Konsilium (Consilium) → Besprechung.
Konsistenz Gedrängtheit, Kürze, Zusammenziehung, Zusammenpressung, Bündigkeit, Knappheit, Geschlossenheit, Verkürzung, Beschränkung, Einschränkung ● Bestand, Festigkeit, Haltbarkeit, Zusammenhalt. ▶ Ausdehnung, Lockerung.
Konsole → Stütze.
Konsolidierung Festigung. → Festigkeit.
Konsorte Genosse, Bruder, Gefährte, Teilnehmer, Bande, Clique, Mittäter, Mitangeklagter, Bursche, Kerl. → Bekannter. ▶ Gegner.
konspirieren → verschwören.

konstant feststehend, zusammenhängend, beharrlich, immerfort, fortwährend, unablässig, stets, ständig, ununterbrochen, unaufhörlich, anhaltend, unablässig, immerzu, immer, unaufhaltsam, fortgesetzt, fortlaufend, dauernd, ohne Unterlaß, fort und fort, in einem fort. → andauernd, fortdauernd. ▶ unbeständig, zusammenhangslos.
konstatieren festnageln, feststellen, festhalten, bejahen, vermerken, bekennen, versichern, bekräftigen, bestätigen, bekunden, behaupten, betonen, hervorheben, zugeben. → bejahen, bestätigen. ▶ widersprechen, zurücknehmen.
Konstellation Stellung, Sternenstellung, Lage, Zusammentreffen, Sternbild, Sternenbahn, Planetenstellung, Kometenbahn, Stellung der Gestirne zueinander.
Konsternation → Verwirrung.
konsterniert → baff, verwirrt.
konstituieren einsetzen, festsetzen, bestimmen, zusammentreten, bestallen, anordnen, belangen, zusammenschließen, Staatsverfassung bestimmen. ▶ auflösen.
Konstitution Staatsordnung, Staatswesen, Staatseinrichtung, Staatsform, Verfassung, Regierungsweise, Regierungsform, Verfassungsstaat, Vertrag, Staatsgrundgesetz, Gesetz, Grundgesetz. → Art.
konstruieren zusammensetzen, anordnen, aufbauen, errichten, ausdehnen, erzeugen, aushecken, formen, einrichten, gestalten, entwerfen, zusammenfügen, schaffen, herstellen, hervorbringen, erschaffen, leisten, anfertigen, ausarbeiten, bewirken, bilden, machen, tun, ausführen. → annehmen, aufbauen, ausdenken. ▶ zerlegen.
Konstruktion Gestaltung, Anfertigung, Herstellung, Formung, Bildung, Errichtung, Bau, Gründung, Aufbau, Zubereitung, Bereitung, Zuschnitt, Struktur, Prägung, Einrichtung, Zusammenstellung, Aufstellung, Zusammensetzung. ▶ Abbruch, Zerlegung.
Konsul → Beauftragter, Bevollmächtigter.
Konsulent → Anwalt.
konsultieren befragen, besprechen, beraten, anfragen, erfragen, ratschlagen, erörtern, aushorchen, bedenken, um Rat fragen, um Rat angehen, sich Rat holen. ▶ (selbst alles besser wissen), unterlassen.
Konsument → Käufer, Verbraucher.

konsumieren aufbrauchen, verzehren, anwenden, verbrauchen, aufessen, leeren, genießen, brauchen, umsetzen, verwenden, verschleißen, ausgeben, aufzehren, verzehren, vertun, benutzen, abtragen, verwerten, verarbeiten. ▶ aufheben, versorgen.
Kontakt Berührung, Nähe, Angrenzung, Verbindung, Aneinandergrenzung, Nebeneinanderstellung, Zusammentreffen, Verkehr, Anreihung, Begegnung, Anlehnung, Anstoßung, Fühlung, Annäherung, Tuchfühlung, Vereinigung ● Einschalter, Schalter. ▶ Einsamkeit, Kluft, Unterbrechung.
kontaktarm kontaktschwach, kontaktlos. → getrennt, los.
kontaktlos → kontaktarm.
Kontemplation → Beschaulichkeit.
Konterbande → Beraubung, Beute.
konterfeien → malen.
kontinental festländisch ● europäisch, abendländisch.
Kontingent → Anteil, Zuweisung.
kontinuierlich → andauernd.
Kontinuität Stetigkeit, Fluß, Lauf, Gang, Abwicklung. → Beständigkeit.
Konto Guthaben, Bankkonto, Haben, Besitz, Geld, Kapital, Kontobuch, Sparkassenbuch, Rechnung, Depot, Buchführung, Rechnungsablage, Jahresbilanz. → Besitztum.
Kontokorrentbuchhalter → Buchhalter.
Kontor → Büro.
Kontoristin Bürokraft, Buchhalterin.
kontra (contra) entgegengesetzt, verschieden sein, abstechend, widersprechend, zuwiderlaufend, in sich uneins, zuwider, entgegen, dagegen, verkehrt, auseinander, divergierend, divergent, konträr, wie Tag und Nacht, wie Schwarz und Weiß, ganz im Gegenteil, gegenüber, gegnerisch, gegen, wider. ▶ dafür, Hand in Hand.
kontradiktorisch → widersprechend.
Kontrahent → Gegner.
Kontrakt → Abkommen.
konträr → andersgeartet, dawider, gegensätzlich.
Kontrast → Gegenpol, Gegensatz, Gegenseite, Vergleich.
kontrastieren → abweichen.
Kontrolle Untersuchung, Begutachtung, Überwachung, Beobachtung, Prüfung, Probe, Durchsicht, Zensur, Zoll, Besichtigung, Musterung, Betrachtung, Nachfrage ● Gegenrechnung, Gegenprobe. → Aufsicht, Ausforschen,

Behandlung, Beschlagnahme, Durchsicht. ▶ Fahrlässigkeit.
Kontrolleur Schnüffler, Aufpasser. → Wächter.
kontrollieren → anschauen, ausforschen, mustern, prüfen.
Kontroverse → Streit.
Kontur → Art, Aussehen, Linie.
konvenieren zusagen, behagen, gefallen, passen, belieben, entsprechen, sich eignen, bequem sein, genehm sein, dienlich sein, brauchbar sein. → behagen, belieben. ▶ ablehnen.
Konvent → Konklave.
Konvention (Convention) Übereinkunft, Abkommen, Vereinbarung, Vertrag, Einvernehmen, Abmachung, Bestimmung, Festsetzung, Verabredung, Verhandlung, Genehmigung, Bestätigung, Unterzeichnung, Vollzug, Abschluß.
konventionell vertragsgemäß, üblich, herkömmlich, überbracht, gewohnt, alt, gebräuchlich, eingebürgert, gewohnheitsmäßig, altherkömmlich, überkommen, dem Brauch gemäß, gang und gäbe, gemeinhin ● korrekt, steif, förmlich. ▶ ungewöhnlich.
Konversation Unterhaltung, Unterredung, Gespräch, Wechselrede, Gedankenaustausch, Meinungsaustausch, Plauderei, Geplauder, Schwatz, Tischgespräch, geselliges Gespräch. → Aussprache. ▶ Wortkargkeit.
Konvoi Geleit, Geleitzug. → Bedeckung, Begleitung.
konvulsivisch → heftig.
konzedieren → einräumen, zugestehen.
Konzentration Zusammenziehung, Sammlung, Zusammenfassung, Zusammenstellung, Einkehr, Konzentrierung, Aufmerksamkeit, Ansammlung, Anhäufung, Beharrlichkeit, Ausdauer, Geistesgegenwart, Haltung. ▶ Auflösung, Zerstreutheit.
Konzentrationslager → Bestrafung.
konzentrieren vereinheitlichen, zusammenziehen, zusammenschließen, sammeln, vereinigen, erfassen, sättigen, zusammenfließen, aufmerken, anreichern, gehaltreich machen, geistig sammeln. ▶ auflösen, zerstreuen.
konzentriert angereichert, stark. → aufmerksam.
Konzept → Ausfertigung.
Konzeption *M* Zielsetzung, Entwurf, Zukunftsbild, Auslegung, Vorhaben. → Absicht, Entschluß, Plan.
Konzern → Vereinigung, Zusammenschluß.
Konzertkaffee → Café.

Konzession Zugeständnis, Vorrecht, Verleihung, Berechtigung, Erlaubnis, Bewilligung, Genehmigung, Einräumung, Gesetzlichkeit, Gestattung, Zulassung, Gewährung, Privilegium, Recht, Ermächtigung, Gutheißung, Freiheit, Zuweisung, Belehnung. → Anrecht, Bedingung, Befugnis. ▶ Eigenmächtigkeit, Enthebung, Verbot, Widerrufung.
Konzil → Ausschuß, Konklave.
Konzilium → Beirat, Beratung.
konzipieren verfassen, entwerfen, überlegen, denken, ausklügeln, ausdenken, ersinnen, festhalten, abfassen, niederschreiben, darstellen, wiedergeben, schildern, schreiben, behandeln, ausarbeiten ● empfangen, schwanger werden. ▶ faseln, Stegreif aus dem.
koordinieren abstimmen, zuordnen.
Kopf Oberstübchen, Verstandskasten, Dach *u*, Ballon *u*, Birne *u*, Bregen *u*, Dez *u*, Gehirnkasten, Giebel *u*, Globus *u*, Grützkasten *u*, Hirnkasten, Kürbis *u*, Rübe *u*. → Begabung, Beginn, Hirn, Verstand.
Kopf aufsetzen, seinen beharren, ausharren, bestehen auf, nicht schwanken, sich nicht irre machen lassen, festbleiben, erzwingen, hartnäckig bestehen, halsstarrig bestehen, sich versteifen, auf seinem Kopf bestehen, etwas ertrotzen, widerspenstig sein, verstockt sein, unnachgiebig sein, zäh sein, ausdauernd sein, querköpfig sein, störrig sein, bockbeinig sein. ▶ nachgeben.
Kopf, beschränkter → dumm, vernunftlos.
Kopf, fähiger → Denker.
Kopf bis Fuß, von → A bis Z, A und O, vollständig.
Kopf, klarer sachlich, bestimmt, gradlinig, vorurteilsfrei, verständig, klug, helle, klaräugig, lebenstüchtig, schlau, vernünftig, verstandesbegabt, scharfsinnig, aufgeweckt, begabt, weise, gescheit, befähigt, urteilsfähig, pfiffig, bedacht, einsichtsvoll. ▶ unbedacht, unvernünftig.
Kopf, mit rotem fleißig, verbissen, hartnäckig, eifrig, regsam, unermüdlich, strebsam, tatkräftig, energisch, mit roten Wangen ● fuchtig, wütend, zornig, aufgebracht, wutentbrannt, erregt, aufgeregt, hitzig, aufbrausend, auffahrend, hitzköpfig, kochend, siedend, glühend, giftig, ärgerlich, grimmig, heißmütig, entzündlich ● verschämt,

beschämt, errötend, sich verfärbend, sich genierend, bestürzt, verwirrt, heiß, schwitzend. ▶ beherrscht, faul, sanftmütig, (unbefangen).
Kopf durch die Wand gehen, mit dem → Kopf aufsetzen den.
Kopf waschen, den → tadeln.
Kopf zurechtsetzen, den mißbilligen, tadeln, vorhalten, beanstanden, vorwerfen, bemängeln, eindringlich zureden, entgegenhalten, ernstlich vorstellen, ins Gebet nehmen, den Standpunkt klarmachen, eines Besseren belehren, eine Pille zum Schlukken geben, ausschimpfen, auszanken, den Marsch blasen, zur Vernunft bringen. → bekämpfen. ▶ billigen, loben.
Kopfarbeit Denkarbeit. → Begriffsscheidung, Gedankenarbeit.
Kopfbedeckung → Chapeau, Kappe.
Köpfchen → begabt, klug, Kopf klarer.
Köpfen → Bestrafung.
köpfen → töten, verurteilen.
Kopfhänger → Duckmäuser.
Kopfhängerei → Bekümmernis, Trübsinn.
kopfhängerisch → aufgelegt, trübsinnig.
Kopfhaut Haarboden.
kopflos → dumm, erinnerungslos, zerstreut.
Kopflosigkeit Gedankenlosigkeit. → Unaufmerksamkeit, Verwirrung.
Kopfnicken → Bejahung, Geste, Gruß, Zustimmung.
Kopfnuß → Bearbeitung, Bestrafung.
Kopfputz → Ausschmückung.
kopfscheu → argwöhnisch, vernunftlos, zerstreut.
Kopfschmerzen Migräne, Brummschädel, Katzenjammer, schwerer Kopf, Kopfdruck, Kopfstechen.
Kopfschütteln → Geste, Mißbilligung, Verneigung, Wink.
kopfüber gegenüber, entgegen, Aug in Auge, von Angesicht zu Angesicht, gegenüberstehend ● eilig, schnell, hastend, ungestüm, übereilig, fieberhaft, übereilt, flink, beschwingt, unbedacht, schleunigst, hitzig, hastig, ohne Bedenken, sofort, blitzartig, flugs, Hals über Kopf, Eile haben, keinen Augenblick verlieren, ein der Hitze des Gefechts. ▶ gemächlich, seitab.
Kopfzerbrechen → Arbeit, Beschwerde, Mühe.
Kopie Abschrift, Wiedergabe, Abzug, Vervielfältigung, Doppel, Reproduktion, Duplikat, Nachbildung, Durchschlag,

kopieren Bild, Druck, Abbildung, Abdruck, Zweitschrift, Doppelausfertigung, Nachschrift. → Abdruck, Abklatsch, Abzug, Bild, Durchschlag, Entwurf, Gegenstück. ▶ Original.

kopieren → abbilden, vervielfältigen.

Koppel Gurt, Gürtel, Leibriemen ● Einzäunung.

koppeln → anmachen, berühren, verbinden.

kopulieren veredeln, zusammenbringen, zusammenstecken, verbinden, verbessern, anreihen, hinzufügen, zusammensetzen, anfügen, hinzufügen, aneinandersetzen ● trauen, vermählen, verheiraten, zusammengeben, antrauen, ehelich verbinden, vereinigen. → beigesellen. ▶ trennen.

Korb Ablehnung, Abweisung, Zurückweisung, Verschmähung, Verneinung, Gegenbescheid, Aufsage, Widerrufung, Zurücknahme, Verweigerung, Versagung, Entlobung, abschlägige Antwort, ausweichende Antwort. → Behälter, Geflecht. ▶ Zusage.

Korbball → Ball, Spiel.

Kordel → Bindfaden.

kordial (cordial) freundschaftlich, freundlich, befreundet, brüderlich, einträchtig, einig, harmonisch, zugeneigt, zugetan, wohlwollend, herzlich, vertraulich, auf gutem Fuße, gut, bekannt, vertraut, intim. ▶ uneinig, unfreundlich, zurückhaltend.

Kordon → Absperrung.

kören auswählen, decken, fohlen, rammeln, bespringen, jungen, befruchten, prüfen, wählen, Tiere zur Fortpflanzung auswählen, stiften. → balzen, decken. ▶ unfruchtbar (sein).

Korken Stöpsel. → Verschluß.

Korn nehmen, aufs beabsichtigen, bezwecken, vorhaben, im Schilde führen, auf dem Kicker haben, auf dem Rohre haben, auf dem Strich haben, ins Auge fassen ● überlisten, hintergehen, übertölpeln, ins Garn locken, ein Schnippchen schlagen, eine Grube graben, eine Nase ziehen, ins Netz locken, das Fell über die Ohren ziehen, eine Falle stellen. ▶ anheimstellen, Wein einschenken reinen.

Körnchen, ein → bloß, wenig.

körnig → bröcklig.

Kornspeicher → Depot.

Korona (Corona) Kranz, Krone, Heiligenschein, Kreisform, Strahlengebilde um die Sonne, Stirnband, Diadem, Blumengewinde, Sonnenrad, Kreis, Runde, Rundheit, Strahlenkegel, Sonnenring,

Strahlenkranz, Ausstrahlung.

Körper Leib, Balg, Pelz u, Leichnam u, Geripp, Form, Ding, Etwas, Materie, Stoff, Geschaffenes, Geschöpf, Gestalt, Figur, Gestell u, Vorhandenes, Ganzes, Rumpf, Ganzheit, Masse, Tierkörper, Substanz, Fleisch und Blut ● Körperschaft, Gemeinschaft, Genossenschaft, Vereinigung, Bund, Verband. → Balg, Ding, Element, Etwas, Gegenstand. ▶ Geist, Seele.

Körperbildung → Körper, Körperpflege.

Körperfehler Mißbildung, Entstellung, Häßlichkeit.

körperhaft gestaltet, geformt, gegeben, körperlich, konkret, wirklich, sinnlich, wahrnehmbar, greifbar, leiblich, materiell, substantiell, dinghaft, bestimmt, faßbar, irdisch, gegenständlich, gegenwartsnahe, wirklichkeitsnahe, stofflich, fühlbar. → dinghaft, faßbar, leiblich. ▶ geistig, körperlos, wesenlos.

Körperkultur → Körperpflege, Sport.

körperlich → dinghaft, durchgebildet, faßbar, gegenständlich, körperhaft, leiblich.

körperlos immateriell, inhaltslos, unkörperlich, wesenlos, leer, hohl, haltlos, nichtssagend, luftig, eitel, raumlos, zeitlos, stofflos, unpersönlich, geistig, unsinnlich, überirdisch, ätherisch, übernatürlich. → geistig, ideell. ▶ körperhaft.

Körperpflege Jungborn, Jungbrunnen, Hygiene, Kosmetik, Körperbildung, Zuträglichkeit, Sport, Körperkultur, Kur, Sauberkeit, Pflanzenkost, Rohkost, Nahrungspflege, Blutauffrischung, Bewegung, Wanderung, Ruhe, Erholung, Ferien, Muße, naturgemäßes Leben, Sonne, Luft, Höhensonne, Medizin. → Gesundheitspflege. ▶ Unsauberkeit, Vernachlässigung.

Körperschaft Zusammenschluß, Verbindung, Genossenschaft, Bund, Verband, Vereinigung, Gruppe, Versammlung, Handelsgesellschaft, Partei, Fachgemeinschaft, Fachschaft, Ausschuß, Baugenossenschaft, Siedlungsgenossenschaft, Gewerkschaft, Arbeitsgemeinschaft, Interessengemeinschaft, rechtliche Körperschaft. → Bund, Bündnis, Konklave, Gewerkschaft.

Körperteil → Arm, Bein, Daumen, Fuß, Galle, Inneres, Leib, Lichter, Mähne, Miene, Mund, Muskel, Nacken, Nase, Ohr, Pelz, Rumpf, Rücken, Schädel, Schlund, Schwanz,

Steiß, Tatze, Weiche, Wolle.

Korporation → Bund, Körperschaft.

Korpsgeist → Kastengeist, Gemeinschaftssinn.

korpulent → dick.

Korpulenz Dicke, Beleibtheit, Leibesfülle, Feistigkeit, Geschwollenheit, Aufblähung, Wulstigkeit, Stärke, Dickbauch, Schmerbauch, Tonne, Klumpen, Faß, Koloß, Wanst, Falstaff, Hummel, Leibesumfang, Breite, Stattlichkeit. → Bauch, Dicke. ▶ Magerkeit.

korrekt → artig, perfekt, richtig.

Korrektheit → Zuverlässigkeit, Genauigkeit.

Korrektur → Bearbeitung, Berichtigung, Durchsicht, Verbesserung.

Korrelation → Gegenseitigkeit.

Korrespondent → Berichterstatter.

Korrespondenz Briefwechsel, Schriftwechsel, Mitteilung, Zuschrift, Nachricht, Briefschaften, Schreiben, Schrift, Bericht, Brief, Sendschreiben, Rundschreiben, Vermittlung, Gedankenaustausch, Meinungsaustausch, Bescheid, Bekanntmachung ● Trauerbrief, Geschäftsbrief, Mahnbrief. → Belege.

korrespondieren entsprechen, übereinstimmen, gleich liegen, kommunizieren ● schreiben, brieflich verkehren, Briefe wechseln, Bericht erstatten, sich schreiben, antworten, beantworten. ▶ enthalten sich, konträr.

Korridor Flur, Hausgang, Eingang, Hausflur, Gang, Diele, Zimmerflucht, Vorhof, Durchgang, Fläche, Vorflur, Garderobe, Kleiderablage, Raum, Deise. ▶ Zimmer.

korrigieren ändern, verbessern, berichtigen, überarbeiten, durchsehen, nachsehen, richtigstellen, bessermachen, bessern, ausbessern, bereinigen, ergänzen, nachbessern, abschleifen, restaurieren, abhelfen, wiedergutmachen ● kritisieren, tadeln, rügen, zurechtweisen. → ändern, ausbessern, berichtigen, durchsehen. ▶ stehen lassen, unterlassen, loben.

Korruption Bestechung, Bestechlichkeit, Verfall, Verderbnis, Verwahrlosung, Veruntreuung, Unterschlagung, Unterschleif, Staatsbetrug, Büberei, Erschleichung, Schiebung, Steuerhinterziehung, Überlistung, Übertölpelung, Betrügerei, Unredlichkeit, Treulosigkeit. ▶ Ablehnung, Ehrlichkeit, Treue.

Korsar → Bandit.

Korsarentum → Beraubung.

Korsett Zwangsjacke, Schnürleib, Mieder.

Korso (Corso) Schau, Ausstellung, Schaustellung, Prunkentfaltung,Farbenglanz, Festlichkeit, Bühnenschau, große Auffahrt, Schaufahrt.

Koryphäe → Berühmtheit.

koscher → rein, tauglich.

kosen → liebkosen.

Kosename → Anrede, Beiname.

Kosewort Koserei, Gekose, Schmeichelei, Galanterie, Komplimente, Hofmacherei, Liebesbezeigung, Liebesdienst, Liebesgetändel, Liebesspiel, Liebeswerbung, Liebeswerben, Umwerbung. ▶ Schmährede.

Kosmetik Schönheitspflege, Verschönerung, Massage, Schminkerei, Auffrischung, Körpererhaltung. → Körperpflege. ▶ Vernachlässigung.

kosmisch irdisch, weltumfassend, weltlich, tellurisch, tellestrisch, geognostisch, allumfassend, himmlisch, raumumfassend, weltraumumfassend, gesamtumfassend, das Weltall betreffend.

Kosmos Weltall, Weltenraum, Universum,Natur,Schöpfung, Weltgebäude, Unendlichkeit, Makrokosmos, Weltkreis, Weltball, Weltkörper, Weltkugel. → All, Welt.

Kost Beköstigung, Ernährung, Essen, Speise, Verköstigung, Bedarf, Eßware, Gerichte, Nahrung, Nahrungsmittel, Unterhalt, Speisung, Mahlzeit, Schmaus, Futter, Rohkost. → Beköstigung, Ernährung, Essen, Fraß. ▶ Trunk.

Kost, angepaßte → Diät.

Kost, schmale → Armut, Diät.

kostbar gut, gediegen, echt, edel, selten, wertvoll, prächtig, makellos, unbezahlbar, vortrefflich, schön, hervorragend, köstlich, herrlich, glänzend, prachtvoll, unschätzbar, fein, hübsch, angenehm, ausgezeichnet, teuer. → auserlesen, ausgesucht, brillant, delikat, erlesen, fein, gut. ▶ wertlos.

Kostbarkeit → Beste, Echtheit, Edelstein, Ergötzen.

Kosten Geld, Gebühr, Preis, Auslagen, Unkosten, Kostenpunkt, Voranschlag, Kostenbemessung, Ausgaben, Aufwand, Belastung, Miete, Haushaltungskosten, Lebensunterhalt, Nebenausgaben, Erhaltungskosten, Bestreitung, Bedürfnis, Extraauslagen, Zeitungsgeld, Abgaben, Zuschlag, Erhöhung, Unkosten, Reisekosten, Steuer, Reiseauslagen. → Aufschlag, Beitrag, Gebühr. ▶ Gewinn.

kosten versuchen, naschen, essen, schmecken,schlecken, probieren, nippen, proben, den Gaumen kitzeln ● wert sein, seinen Preis kosten, einen Preis fordern, einen Preis verlangen, einen Preis begehren, einen Preis behaupten. → ausforschen, essen.

kosten lassen, sich etwas anlegen, ausgeben, draufgehen lassen, verschwenden, verschleudern, vergeuden, vertun, verspielen, verjubeln, mit vollen Händen ausgeben, nicht kleinlich sein, großzügig zeigen sich. ▶ haushalten, sparen.

Kostenanschlag → Kalkulation.

Kostenbemessung → Kosten.

kostenfrei → gratis, umsonst.

kostenlos → gratis, umsonst.

Kostenplan → Angebot.

Kostenpunkt → Kosten.

Kostensteigerung → Aufschlag, Verteuerung.

Kostenvoranschlag → Angebot.

Kosthaus → Gaststätte.

köstlich appetitlich, aromatisch, delikat, fein, genießbar, kräftig,lecker,pikant,schmackhaft,verlockend,wohlschmeckend, würzig, zart ● bezaubernd, fesch, flott, göttlich, himmlisch, reizend, schön, verführerisch, verlockend, wonnig, wunderbar ● angenehm, annehmbar, ansprechend, begehrenswert, behaglich, deliziös, einladend, erfreulich,erfrischend,ergötzlich, erquicklich, erwünscht, gefällig, gemütlich, genußreich,geschmackvoll, herrlich, herzerfrischend, bekömmlich, labend, lauschig, stimmungsvoll, süß, traulich,trefflich, willkommen, wohltuend ● amüsant, belustigend, charmant, unterhaltend, vergnüglich ● abgestimmt, ansprechend, ausgezeichnet, prikkelnd, vortrefflich, herrlich, herzstärkend, mächtig ● ätherisch, adrett, allerliebst, anmutig, anmutsvoll, ansehnlich, anziehend, apart, berückend, berauschend, bestrickend, bewundernswert, blitzsauber, einnehmend, blendend, blühend, brillant, duftig, echt, eindrucksvoll, einmalig, einzigartig, elegant, elfenhaft, engelhaft, engelschön, entzückend, ergreifend, erhaben, erregend, exquisit, exzellent, fabelhaft, fehlerfrei, formvollendet, frisch, ganz groß, gefällig, goldig, göttlich, graziös, hehr, herzig, keß, klassisch, knorke, knusperig, kö-

niglich, kühn, künstlerisch, lebendig, leuchtend, liebenswürdig, lieblich, liebreizend, malerisch, majestätisch, mondän, naiv, niedlich, packend, patent, pfundig, picobello, pikant, piekfein, prachtvoll, pyramidal, raffiniert, rank,rassig, resch, sauber, schick, schmissig, schnieke, stilvoll, süperb, sympathisch, tipptopp, todschick, unwiderstehlich, vielversprechend, vornehm, wirkungsvoll, wohlgeformt, wohlgestaltet, wohlgewachsen, wonnig, wunderbar, wunderschön, wundersam, wundervoll, zauberhaft, zierlich. → amüsant, angenehm, anmutig, appetitlich, aromatisch, ästhetisch, auserlesen, bestrickend, blendend, brillant, charmant, delikat, entzückend, erfrischend, erwünscht, exquisit, faszinierend, fein, prima, schmackhaft. ▶ abscheulich, unappetitlich.

Köstlichkeit → Ergötzen, Lust, Pracht, Schönheit, Wohlgeschmack.

Kostprobe → Beweis, Demonstration, Muster.

Kostschule → Erziehungsanstalt.

kostspielig aufwendig. → happig, horrend, kostbar, teuer, unerschwinglich, gepfeffert.

Kostspieligkeit → Luxus.

Kostüm → Anzug, Gewand, Kleid.

Kostümfest → Feier.

kostümieren → verbergen, verkleiden.

Kostverächter Mäkler, Tadler, Quengler u. Nörgler, Räsonierer u, Unzufriedener, schlechter Esser, übersättigter Mensch.

Kot → Aas, Absonderung, Auswurf, Brühe, Dreck, Exkrement, Unrat.

Kotau machen beugen sich, biegen sich, bücken sich, dienern, einschmeicheln sich, katzbuckeln, kriechen, krümmen sich, scharwenzeln, schmarotzen, verbeugen sich, winden sich, auf den Knien rutschen, Diener machen, Lakai spielen, alles gefallen lassen sich, Liebkind machen sich, nach dem Munde reden, unterwerfen sich, gehorsam sein, gehorchen,sich verslaven lassen, sich knechten lassen. ▶ überheben sich.

Kotelett → Bart, Speise.

Köter Hund, Kläffer, Töle, Hofhund, Kettenhund, Schoßhund, Bastard, Promenadenmischung.

Koterie → Clique.

kotig → dreckig, unrein.

Kötter → Bauer.

kotzen → erbrechen.

Kourage (Courage) Mut,

Schneid, Tapferkeit, Wagemut, Beherztheit, Kühnheit, Entschlossenheit, Unerschrockenheit, Furchtlosigkeit, Unverzagtheit, Verwegenheit, Tollkühnheit, Verzweiflungsmut, Männlichkeit, Standhaftigkeit, Festigkeit, Heldensinn, Männerherz, Mannesmut, Löwenmut, Heldenhaftigkeit, Todesverachtung, Kriegsmut, Schlachtenmut. ▶ Angst.

krabbeln → aufhalten sich, jucken.

Krach → Aufsehen, Auseinandersetzung, bums, Detonation, Donner, Entladung, Explosion, Feindschaft, Gebrause, Geräusch, Szene.

Krachen → Detonation, Entladung, Lärm.

krachen → brechen, dröhnen, lärmen.

Krächzen → Charivari, Zischen.

krächzen schreien, grölen, jaulen, heulen, knurren, kläffen, fauchen, brummen, grunzen, quietschen, quaken, krähen, glucksen, räuspern, prusten, schnarchen, näseln, kratzen, zischen. ▶ schweigen, singen.

Kraft Leistung, Energie, Stärke, Force, Gewalt, Federkraft, Wirkungsvermögen ● Macht, Fähigkeit, Gabe, Einfluß, Vermögen, Eignung, Begabung, Wirksamkeit ● Rückgrat, Kraft und Saft, Bizeps, Mannhaftigkeit, Lebenskraft, Mut, Seelenstärke, Arbeitskraft, Tatkraft, Betätigungsdrang. → Anlauf, Anstrengung, Atmosphäre, Aufruhr, Ausbruch, Beharrlichkeit, Beherrschung, Bestimmtheit, Deutlichkeit, Dynamik, Energie, Fähigkeit, Faktor, Halt, Heftigkeit, Kapazität, Macht, Mark, Nachdruck, Vermögen, Wichtigkeit. ▶ Schwäche.

Kraft nehmen, die → benehmen, die Kraft nehmen.

Kraft rauben, die → benehmen die Aussicht.

Kraft, Saft und → Kraft.

Kraft treten, in abschließen, unterzeichnen, unterschreiben, gegenzeichnen, besiegeln, fertigstellen ● erlassen, verordnen, verfügen, genehmigen, zum Gesetz erheben, zu Recht bestehen. ▶ beraten, brechen aus den Reihen.

Kraft, über die unmöglich, ohne Aussicht, aussichtslos, hoffnungslos, unausführbar, unerreichbar, unüberwindlich, unfähig sein dazu, kein Gedanke daran, ein Wunder müßte geschehen. ▶ ausführbar, erreichbar.

kraft → anläßlich, aus, vermittels.

Kraftausdruck Derbheit, Grob-

heit ● unanständiges Wort, Pöbelwort, Straßenausdruck, Kraftwort, Fluch, Schimpfwort, Scheltwort, Schmähwort, vulgäres Wort.

Kraftbrühe → Brühe.

Kräfte haben → können, stark, vermögen.

Kräfteverbrauch → Anstrengung.

Kräfteverfall → Erschöpfung.

Kräfteverlust → Entnervung, Erschöpfung.

Kraftfahrzeug → Fahrzeug (Straßen-).

Kraftfülle → Kraft, Übermut.

Kraftgefühl → Spannung, Übermut.

kräftig kraftstrotzend, mächtig, machtvoll, kraftvoll, gewaltig, stark, stählern, wirksam, wirkungsvoll, gewichtig, männlich, derb, handfest, stämmig, sehnig, hünenhaft, reckenhaft, nicht von Pappe, nicht von schlechten Eltern, Murr in den Knochen u ● gut, lecker, saftig, würzig, anregend, ansprechend ● schreiend, grell, blendend, satt, frischfarbig, lebhaft ● verwendbar, nützlich, nutzbringend ● rüstig, forsch, gesund, griffig, kernig, wetterhart, munter, frisch, blühend, gesundheitsstrotzend, kerngesund, unverwüstlich, erfrischt ● gedrungen, untersetzt, dick, pausbäckig, deftig. → angenehm, appetitlich, aufrecht, bekömmlich, bunt, derb, diensttauglich, drastisch, eisern, fest, gut, kompakt, massiv, saftig, schmackhaft, stark. ▶ kraftlos, schwächlich.

kräftigen → aufrichten, beleben, beruhigen, bringen auf die Beine, drängen, erfrischen sich, erstarken, ertüchtigen.

kräftigend stärkend, stählend, abhärtend, anregend, aufbauend, belebend, erfrischend, erneuernd, erquickend, fördernd, heilsam, heilkräftig, wohltuend, bekömmlich, gedeihlich, nahrhaft, kraftspendend, krankheitsverhütend, regenerierend, stärkend, verjüngend, gesund, vorbeugend. ● erfrischend, erleichternd, ermutigend.

Kräftigung → Auffrischung, Erfrischung, Erholung.

Kräftigungsmittel Stärkungsmittel, Stimulans, Belebungsmittel, Roborans.

kraftlos machtlos, ohnmächtig, unfähig, impotent, untauglich, untüchtig, fruchtlos, wirkungslos, erfolglos, unvermögend, schwach, mickrig u, schwächlich, geschwächt, gebrechlich, hinfällig, entnervt, gelähmt, hinkend, lahm, entkräftet, abgenutzt, marklos, morsch ● faul, verfault, hilfsbedürftig, abgezehrt, abge-

magert, verrottet, dünn, ausgemergelt, ausgepumpt ● wehrlos, waffenlos ● unbegabt, untauglich, ausgedient, amtsmüde, herunter sein, aus dem letzten Loch pfeifen, schlapp machen, abbauen. → abgedroschen, abgespannt, arm, bebend, blaß, dienstunfähig, entnervt, erholungsbedürftig, energielos, hilflos, krank, reizlos, schwach. ▶ kräftig, stark.

kraftlos sein → darniederliegen, schwach.

Kraftlosigkeit → Abspannung, Beschwerde, Blutarmut, Entkräftung, Entnervung, Ermattung, Erschlaffung, Erschöpfung.

Kraftmeierei → Schwung, Stärke.

Kraftmensch Bulle, Bullenkerl, Bursche wie ein Baum, Dragoner, Feger, Riese, Kraftmeier, Kraftprotz, Akrobat. → Athlet, Feuergeist.

Kraftnatur → Herrenmensch.

Kraftprobe Kraftanstrengung, Kräfteverbrauch, Kraftgefühl, Sturm und Drang, Tatendrang ● Geduldsprobe, Prüfung, Spannkraft, Anspannung, Arbeit, Rekord ● Jagd, Endrunde, Kräftemessen, Willensdurchsetzung, Daraufankommenlassen, Versuch, Experiment, Wagnis, Unterfangen, Belastungsprobe, Mutprobe, Husarenritt, Tollkühnheit, Wettlauf, Spiel mit dem Feuer, Handstreich. ▶ Erschlaffung, Zusammenbruch.

Kraftprotz Angeber, Muskelmann, Herkules, Schläger, Bodybuilder. → Kraftmensch.

Kraftquelle → Anlaß, Anstoß, Born, Ursache.

Kraftrad → Fahrzeug (Straßen-).

Kraftspeicher → Batterie.

kraftspendend → bekömmlich, kräftigend.

Kraftspender → Batterie.

kraftstrotzend → stark.

kraftverzehrend → schwierig.

kraftvoll → derb, durchschlagend, durchgreifend, stark.

Kraftwagen → Fahrzeug (Straßen-).

Kragen, um Kopf und – kommen → Klinge springen über die, verlieren.

krähen kreischen. → schreien.

Krahn → Hahn.

Krakeel → Auseinandersetzung, Zwietracht.

krakeelen → streiten, zanken.

Krakeeler → Blut heißes, Brausekopf, Choleriker, Drache, Zänker.

krakelig → unleserlich.

Kral → Haus.

Kralle Pfote, Tatze, Pranke, Pratze, Klaue, Sporn, Fänge, Fangarm.

Kram → Abfall, Ausschuß, Bagatelle, Ramsch, Kruscht.
Krämer Trödler. → Detaillist, Kaufmann.
Krämerseele → Banause, Pedant, Wicht.
Krämervolk → dunkle Abkunft, Pöbel.
Krampf → Bosheit, Qual.
krampfhaft stoßweise, ruckweise, schlagartig ● gewaltsam, gewalttätig, konvulsivisch, plötzlich, hastig, rasch, überstürzt, unsanft, unzart, roh, überspannt, übereifrig. ▶ fortwährend, gelöst, langsam, überlegt.
Kran → Elevator, Hebemaschine.
krank ungesund, erkältet, verkühlt, speiübel, verschnupft, kränklich, hinfällig, anfällig, befallen von, erkrankt, heruntergekommen, unheilbar, unrettbar, todkrank, sterbenskrank ● nervös, matsch u, baufällig, klapprig, pimelig u, nicht kapitelfest u, müde, abgespannt, abgezehrt, angegriffen, behaftet mit, bettlägerig, bresthaft, erschöpft, fiebrig, Fuß im Grabe mit einem, gelähmt, gebrechlich, hilflos, invalid, kraftlos, leidend, matt, siech, übel, unpäßlich, unwohl. → dekadent, dienstunfähig, entzündet, erholungsbedürftig, erschlagen. ▶ gesund.
krank sein auf der Nase liegen, etwas in den Knochen haben u, erkranken ● krank spielen, heucheln, in keiner guten Haut stecken, nicht auf der Höhe sein, pimpeln u. → darniederliegen.
kränkeln → auszehren, darniederliegen, erkranken, krank.
kranken → leiden.
kränken → angreifen, anstoßen, ärgern, aufregen, auswischen, beeinträchtigen, beleidigen, betrüben, bloßstellen, demütigen, diskreditieren, durchbohren das Herz, entzaubern, erbosen, erdolchen mit den Blicken, erniedrigen, auf den Fuß oder die Hühneraugen treten u, auf die Schlappen oder den Schlips treten u, auf die Zehen treten, einen Tort antun.
kränkend → abbrüchig, beleidigend, böse, verletzend.
Krankenhaus Klinik, Hospital, Spital, Heilanstalt, Siechenhaus, Krankenheim, Lazarett, Poliklinik, Ambulanz, Kuranstalt, Kurhaus, Erholungsheim, Sanatorium, Entbindungsheim, Irrenanstalt, Nervenheilanstalt, Pflegeanstalt, Charité. → Anstalt.
Krankenkost → Diät.
Krankenpfleger → Beschützer, Pfleger.
Krankenstuhl Fahrstuhl, Bahre.

Kranker Patient, Leidender, Siecher, Siechling, krankes Huhn u, Pflegling, Badegast, Kurgast, Hilfsbedürftiger, Verwundeter, Verletzter, Verunglückter, Invalider, Krüppel, Opfer. ▶ (Gesunder).
krankhaft siech, blutarm, bresthaft, gebrechlich, hinfällig, paralytisch, neurasthenisch, gebrochen, erschüttert, abgelebt, verkalkt, greisenhaft, schwach, heillos, verdorben, kraftlos, wertlos. ▶ gesund.
Krankheit Kränklichkeit, Siechtum, Hinfälligkeit, Gebrechlichkeit, Schwachheit, Verfall, Altersschwäche, Verkalkung, Abzehrung, Auszehrung, Gesundheit zerrüttete ● Schwäche, Anfall, Weh, Unpäßlichkeit, Unwohlsein, Übelsein, Schmerzen, Erkrankung, Beschwerden, Kolik ● Seuche, Epidemie, Ansteckungskrankheit, Fieber, Vergiftung, Sepsis, Leukämie, Brand, Sucht, Verwundung, Verletzung, Wunde, Quetschung, Hysterie, Hypochondrie, Gebrechen, Gebresten, Invalidität, Furunkel, Fistel, Knochenfraß. → Beschwerde, Brand, Infektion, Übel. ▶ Gesundheit.
Krankheit behandeln, eine → bekämpfen, wiederherstellen.
Krankheitskeim Ansteckungsstoff, Miasma, Bazillus, Bakterie, Virus, Spore, Pilz, Seuchenträger, Krankheitsüberträger, Gifthauch.
Krankheitsträger → Bazillus, Krankheitskeim.
Krankheitszeichen → Anzeichen, Symptom.
kränklich morbid, schwach, mickrig. → blaß, böse, eitrig, krank.
Kränkung → Angriff, Bekümmernis, Beleidigung, Demütigung, Erniedrigung, Lästerung.
Kranz → Ausschmückung, Corona.
Kränzchen → Ball.
kraß → abnorm.
Krater → Abgrund, Becken.
Kratzbürste → Bürste, Drache, Zankteufel.
kratzbürstig → gehässig.
kratzen reiben, schaben, scharren, scheuern, schrappen u, sich schubben u, wetzen ● jucken, krippeln, krabbeln, beißen, brennen, stechen, kitzeln, drücken, reizen, beizen, ätzen ● schnurren, knurren, surren, knistern, krächzen, leiern, klimpern, mißklingen, dudeln, das Ohr verletzen. ▶ gefühllos sein, glätten, polieren, streicheln, wohlklingend (sein).
Kratzer Schramme, Riß, Biß, Wunde, Schmiß, Narbe,

Ritze, Schlitz, Scharte, Kerbe, Einschnitt, Verletzung. ▶ (Unversehrtheit).
Kratzfuß → Courschneiderei, Schmeichelei.
kratzig scharf, beißend, beizend, brennend, ätzend, herb, gewürzt, gepfeffert, versalzen, gepökelt, salzig, rauh, derb ● zänkisch, streitsüchtig, gallig, übelnehmerisch, bösartig. → bissig. ▶ mild, verträglich.
krauchen kriechen, krabbeln, robben.
krauen → liebkosen.
kraulen → liebkosen, schwimmen.
kraus → rauh.
kräuseln → aufrollen, falten, krümmen, locken.
Kraut und Rüben Vermengung, Verquickung, Gemenge, Gemisch, Gemengsel ● Durcheinander, Drunter und Drüber, Wirrwarr, Sammelsurium, Mischmasch, Allerlei, Unordnung, polnische Wirtschaft ● Schlamperei, Wurstelei, Verworrenheit, Unsauberkeit, Schlottrigkeit, Nachlässigkeit. ▶ Absonderung, Ordnung, Sauberkeit.
Kräutchen Rühr-mich-nicht-an Mimose, Zärtling, Schwärmgeist, Werther, Schwarmgeist, überempfindlicher Mensch, leicht verletzbare Natur. ▶ Barbar.
Krauter → Sonderling.
Krautjunker → Adel, Bauer.
Krawall Radau. → Angriff, Auflauf, Auflehnung, Aufruhr, Bestürzung, Getöse.
kraxeln → klettern, kritzeln.
Kreativität Gestaltungskraft, Phantasie, Ideenreichtum.
Kreatur Mensch, Tier, Geschöpf, Lebewesen. → Dirne, Kreatur gemeine. ▶ Stoff.
Kreatur, gemeine Kriecher, Speichellecker, Leisetreter, Katzelmacher, Schmarotzer, Schleicher, Horcher, Bauchkriecher, Lauscher, Gesinnungsschnüffler, Parasit, Weiberknecht, Scharwenzler, Zuhälter, Duckmäuser, Handlanger ● Kuppler, Zuträger, Dirne. → Ausbund, Wüstling. ▶ Mensch aufrechter treuer.
Krebsgang → Degeneration, Demoralisation, Rückschritt, Verschlimmerung.
Krebsschaden → Abbruch, Übel, Verschlechterung.
kredenzen → anbieten, aufwarten, darbieten, einschenken.
Kredit Aktiva, Ansehen, Außenstände, Belehnung, Borg, Forderung, Guthaben, Pump, Stundung, Vertrauen, Vorschuß, Wechsel, Akkreditiv, Zutrauen. → Darlehen, Einfluß.
Kredit nehmen → anschreiben, aufnehmen, Kreide stehen in der.

Kreditanstalt → Bank.
kreditieren borgen, ausborgen, leihen, verleihen, herleihen, Kredit geben, vorschießen, vorstrecken, verschreiben, verpfänden, beleihen, belehnen, lombardieren.
Kreide stehen, in der verschuldet sein, in Schulden stecken, Schulden machen, Geld borgen, Kapital aufnehmen, aufschreiben lassen, in Rückstand sein, Verbindlichkeiten eingehen, in Raten zahlen, Darlehen nehmen, auf Rechnung kaufen, auf Konto kaufen, borgen, pumpen. ▶ bezahlen.
kreidebleich → verfärben, weiß.
Kreidezeichnung → Bild.
kreieren schöpfen, schaffen, erfinden, entwerfen.
Kreis Bucht *sm* (= Kreis der aufgeschossenen Leine). → Anzahl, Bruderschaft, Bezirk, Corona, Distrikt, Freundschaft, Rahmen, Region, Serie, Vereinigung, Zyklus.
Kreisbewegung → Bewegung.
kreischen → beklagen, beleidigen (das Ohr), beweinen, dröhnen, lachen, lärmen.
Kreise der Seinen, im trauten → daheim.
Kreisel Spiel, Tanzknopf, Dilldopp, Dopp, Hurrlebub, Hurrlidurrle, Rolle, Spule, Spindel, Triesel, Torl, Turl ● Umlauf, Wirbel, Strudel, Drehung, Windung.
kreisen → drehen.
Kreisform Rad, Ring, Zirkel, Kreis, Gürtel, Krone, Kranz, Girlande, Oval, Zykloide, Scheibe, Ringel, Kringel, Karussell, Runde, Rundheit. → Corona.
Kreislauf Kreisbewegung, Zirkulation, Kreiswendung, Umkreisung, Umlauf, Umschwung, Umdrehung, Drall, Schwenkung ● Rundfahrt, Rundreise, Kreisbahn, Rad, Bogen ● Ringelspiel, Ringelstecken, Ringelrennen, Ringelreihen, Karussell ● Erdbahn, Sonnenbahn, Planetenbahn, Elektronenbahn, Blutkreislauf, Uhrzeiger. → Umweg, Wiederkehr. ▶ Stillstand, Unregelmäßigkeit.
Kreissparkasse → Bank.
Kremation → Bestattung, Einäscherung.
Krematorium Feuerofen, Verbrennungsofen, Einäscherungshalle, Einäscherungsanstalt.
kremieren → bestatten.
Krempe Rand, Einfassung, Reif, Rahmen, Saum.
Krempel Plunder, Trödelkram.
Kremser → Fahrzeug (Straßen-).

krepieren → bleiben auf dem Platz, brechen den Hals, faulen, sterben.
Krethi und Plethi → Auswurf, Hinz und Kunz.
Kretin Schwachkopf, Hohlkopf, Wasserkopf, Dummkopf, Schafskopf, Schafsnase, Rindvieh, Esel, Narr, Idiot, Trottel, Tölpel. ▶ Denker.
kreucht und fleucht, was da vogelfrei, wie ein Vogel in den Lüften. → alles.
Kreuz → Armut, Bekümmernis, Beschwerlichkeit, Betrübnis, Bitternis, Elend, Geißel, Not, Schmerz, Übel.
Kreuz kriechen, zu → beigeben, bekehren, nachgeben.
Kreuz machen, das → bekreuzigen, vergessen.
Kreuz schlagen, das → bekreuzigen.
Kreuz tragen, sein demütigen sich, fügen, ergeben, die Flagge streichen, klein beigeben, bescheiden sich, verkriechen sich ● beugen sich, die Fäuste in die Taschen stecken, hinnehmen, sich nicht mucksen, nach der Pfeife tanzen ● Leid tragen, Not auf sich nehmen, Mühsal ertragen, mit Widerwärtigkeit fertig werden, durchschlagen sich.
kreuz und quer konfus, kunterbunt, planlos, quer, regellos, sprunghaft, unrhythmisch, unklar, unordentlich, unregelmäßig, turbulent, unübersichtlich, verworren, wirr, wüst, wuselig ● verwirrt, verwickelt, verschlungen, vertgitert, netzförmig, kreuzweise. ▶ planvoll, überlegt.
kreuzen → abschwenken, abweichen, beigesellen, Blut auffrischen, decken, durchkreuzen, mischen, züchten.
Kreuzer → Geld, Schiff.
Kreuzfeuer Kreuzverhör, Verhör, Ausfragung, Zeugenaussage ● Trommelfeuer, Störfeuer, Sperrfeuer, Feuervorhang, Feuerglocke, Feuerschutz, Feuerüberfall, Kanonen- oder Geschützduell.
kreuzfidel → lustig.
kreuzigen → bestrafen, peinigen.
Kreuzigung → Bestrafung.
Kreuzung Mischung, Zusammensetzung, Verbindung, Vermischung, Verschmelzung, Beimischung, Beifügung, Vermengung, Paarung, Gattung, Blutmischung ● Gabelung, Kreuzweg, Abschwenkung, Ecke ● Durchkreuzung, Durchquerung, Durchschneidung, Querteilung, Querschnitt, Netzwerk, Geflecht ● Mischblut, Befruchtung, Fortpflanzung, Veredelung, Pfropfung. → Bastard. ▶ (Gleichrichtung).

Kreuzverhör → Ausforschen, Kreuzfeuer.
Kreuzweg Kreuzung, Straßenkreuzung, Straßeneinmündung, Straßen- oder Weggabelung ● Abzweigung, Gespenster- oder Geisterort ● Leidensweg.
kribbelig → Fassung verlieren die, nervös.
kribbeln → jucken.
Kricket → Ball.
kriechen am Boden kriechen, robben, unten liegen ● säumen, zaudern, aufhalten, zurückbleiben, nachhinken, schleichen, lahmen, hinschleppen, humpeln, taumeln, trödeln, bummeln ● kauern, knien, beugen, neigen ● zögern, sich Zeit nehmen, Umstände machen, verschleppen, aufschieben ● katzbuckeln, im Staube kriechen, demütigen sich, verächtlich machen, bücken sich, auf den Knien rutschen, krümmen sich, winden sich, beugen sich, scharwenzeln, dienern, zu Kreuze kriechen, den Lakaien machen, sich alles gefallen lassen, schweifwedeln, nach der Flöte tanzen, den Mantel nach dem Winde hängen. → bleiben zurück, buhlen, demütigen sich, dienern, einschleichen sich in die Gunst, ersterben, heucheln, hinablassen. ▶ aufstehen, laufen, rennen, überheben sich, widersetzen sich.
kriechen, zu Kreuz → kriechen, nachgeben.
kriechen, auf den Leim erwischen lassen sich, an der Nase herumführen lassen, in die Falle gehen, in die Schlinge stolpern, sich überlisten lassen, sich übertölpeln lassen, sich täuschen lassen, sich das Fell über die Ohren ziehen lassen, sich übers Ohr hauen lassen. ▶ Braten riechen.
kriechend hündisch, knechtisch, kniefällig, unterwürfig, knechtswillig, niedrig, kriecherisch, schmarotzerisch, speichelleckerisch, sklavisch, lakaienhaft, unwürdig. → buhlerisch, charakterlos, langsam, würdelos. ▶ charaktervoll, schnell, überheblich.
Kriecher Speichellecker, Leisetreter, Katzelmacher, Schmarotzer, Parasit, Schleicher, Kreatur, Gesinnungsschnüffler, Höfling, Weiberknecht, Bettler. → Geschmeiß. ▶ Mensch aufrechter treuer.
Kriecherei Fußfall, Gehorsam hündischer, Katzebuckelmacherei, Knechtsseligkeit, Gesinnung, sklavische, Fügsamkeit, Sklavensinn, Speichelleckerei, Liebedienerei,

Unterwürfigkeit, Willfährigkeit niedrige, Demut, Angst.
→ Byzantinismus, Demut, Ergebenheit, Heuchelei. ▶ Charakter, Überheblichkeit, Widersetzlichkeit.
kriecherisch → buhlerisch, charakterlos, demütig, ergeben, dienstbar.
Krieg → Angriff, Auseinandersetzung, Bekämpfung, Gottesgeißel, Kampf.
Krieg ziehen, in den → brechen den Frieden.
kriegen → bemächtigen, entlocken, erlangen, fassen, Hände ausstrecken nach.
Krieger → Soldat.
kriegerisch streitbar, mannhaft, militärisch, mutig, kühn, wacker, tapfer, heldenhaft, kämpferisch ● herzhaft, ritterlich ● unfriedlich, streitsüchtig ● tauglich, mannbar, waffenfähig, kriegtüchtig. ▶ feige, friedliebend, versöhnlich.
Kriegsbeil begraben → befrieden.
Kriegsbemalung → Aufmachung.
Kriegserklärung Konflikt, Herausforderung, Kampfansage, Kampfbereitschaft, Fehdebrief, Aufforderung, Zweikampf.
Kriegsfuß, auf uneins, feindselig, zerstritten.
Kriegsgeschrei Kriegsruf, Kampfgeschrei, ● Hetze, Aufhetzung, Bedrohung ● Alarm, Weckruf.
Kriegsgewinnler Schieber, Betrüger, Lump, Volksschädling, Blutsauger, Otterngezücht ● Raffke, Protz, Schlemmer, Schwelger, Neureicher. ▶ (Kriegsgeschädigter).
Kriegsmut → Courage.
Kriegsschauplatz → Kampfplatz.
Kriegsursache Feindschaft, Machtpolitik, Gewalttätigkeit, Annexionsgelüste, Chauvinismus, Nationalismus, Rassenhaß, Freiheitswille, Unterdrückung, Rache, Vergeltung, Sühne, Selbsthilfe, Mißtrauen, Argwohn, Geschäftsneid, Haß, Neid, Niedertracht, Habgier, Volksnot, Raumnot, Rechtsbruch, Unmenschlichkeit, Blutdurst, Boykott, Erniedrigung, Erbstreitigkeiten, Hausmachtgelüste, Eroberungswille. → Drachensaat.
Kriegszug → Kampagne.
kriminell ungesetzlich, gesetzwidrig, rechtswidrig, unerlaubt, ungesetzmäßig, unbefugt ● frevlerisch, verbrecherisch, schmugglerisch, straffällig, strafbar, sträflich, schuldig, strafwürdig. ▶ gesetzlich, unschuldig.
Kringel → Kreisform.
Krippe → Behälter.

Krippenreiter → Bettler, Bittsteller.
Krise Entscheidung, Gefahr, Krisis, Notlage, Notzeit, Schwierigkeit, Spannung, Störung, Ungewißheit, Unsicherheit, Verknappung, Verwicklung, Wendepunkt, Wirren, Verfall ● Höhepunkt, Reaktion, Rückkehr, Rücklauf, Wiederherstellung, Umkehr ● Bedrängnis, Bloßstellung, Klemme, Zuspitzung, Eskalation, Ratlosigkeit, Dilemma, Verstrickung. → Schwierigkeit.▶ Entspannung, Erleichterung, Sicherheit.
Krisis → Höhepunkt, Klemme, Krise, Umkehr.
Kristallisation → Erstarrung.
kristallisiert → erstarrt.
kristallklar → anschaulich, beredt, klar.
Kriterium Merkmal, Kennzeichen, Unterscheidungszeichen, Richtschnur, Prüfstein, Probierstein.
Kritik Beurteilung, Prüfung, Urteil, Meinung, Besprechung, Begutachtung, Würdigung, Wertung, Bewertung, Anerkennung, Untersuchung, Abwägung, Scharfsinn, Erkenntnisvermögen, Urteilskraft, Unterscheidungsvermögen, Schiedsspruch, Gutachten ● Tadel, Bemäkelung, Mißbilligung, Ablehnung, Aburteilung, Anstoß, Bekrittelung, Verriß, Einwand, Einwendung, Einrede, Einspruch, Korrektur ● Rüge, Verweis, Rüffel, Wischer, Ausputzer, Klage, Beanstandung. → Anstoß, Besprechung, Bewertung, Tadel. ▶ Anerkennung, Urteilslosigkeit.
Kritiker Kenner, Berater, Denker, Schiedsrichter, klarer Kopf ● Schöngeist, Kunstkenner, Kunstrichter, Kunstfreund ● Tadler, Sittenrichter, Quengler, Nörgler, Beckmesser, Räsonierer, Lästermaul, Kritikaster, Krittler, Lästerer. → Censor. ▶ Lobredner, Philister.
kritiklos arglos. → leichtgläubig.
kritisch → argwöhnisch, beachtlich, bedenklich, feinsinnig, pedantisch, unglaubig.
kritisieren → ablassen, ablehnen, auseinandersetzen, aussetzen, beanstanden, besprechen, beurteilen, bloßstellen, Dach steigen auf das, diskutieren, durchsehen, einwenden, glossieren, heruntermachen, korrigieren.
Krittelei Tadelsucht, Sittenrichterei, Nörgelei, Mäkelei, Schmähsucht, Gesinnungsschnüffelei, Widerspruchsgeist, Verleumdung, Ver-

höhnung, spitze Zunge. ▶ Lobhudelei.
kritteln tadeln, vorhalten, vorwerfen, bemängeln, beanstanden, aussetzen, mäkeln, kritisieren, rügen, nörgeln, schmähen, geifern, räsonieren, verlästern. → tadeln. ▶ loben.
krittlig → ärgerlich, pedantisch, tadelsüchtig.
kritzelig undeutlich, unleserlich, krakelig, schmierig.
kritzeln schreiben, malen, kraxeln, nachschreiben, schmieren, schreiben, unleserlich, beschmieren, bekritzeln, krakeln. ▶ (schreiben leserlich).
Krocket → Ball.
Krone → Ausbund, Auswahl, Corona, Gipfel, Ideal, Juwel.
Krone des Lebens → Sieg.
Krone der Schöpfung → Weib.
krönen enden, beenden, beschließen, abschließen, vollenden, erreichen, besiegeln, vollführen, erfüllen, vollstrecken, fertigstellen, ausbauen, vervollkommnen, zuwege bringen, die letzte Hand anlegen, das Werk krönen, den Kranz aufsetzen, das Endziel erreichen, zum Schluß kommen, Richtfest feiern. → begrenzen, berufen, besiegeln. ▶ beginnen, mißlingen.
Kronprinz → Adel.
Krönung → Abschluß, Berufung, Ideal, Schlußwort.
Kropf → Auswuchs.
Krösus Nabob, Millionär, Milliardär, Kapitalist, Geldmann, Finanzmagnat, Börsenkönig, Wirtschaftsführer, Industriekapitän, Großindustrieller, Kohlenbaron, Ölkönig, Geldaristokrat. ▶ Hungerleider.
Kröten → Bargeld.
Krücke Stütze, Halter, Stock, Stab, Stecken, Stelze, Holzbein, Prothese.
krude rauh, grob, rüde.
Krug → Ausschank, Behälter, Bier, Gefäß.
Krümchen, ein → bloß.
Krume → Batzen, Bruchstück, Erdboden.
krümelig → bröckelig.
krümeln bröseln, bröckeln, zerfallen, zerbröckeln.
krumm gebogen, geschweift, gewunden, bogenförmig, bucklig, gekrümmt, verdreht, verzogen ● schief, mißförmig, unförmig, verbogen, mißgeformt, abnormal, mißgestaltet, verwachsen, wie ein Fragezeichen u. → eingebogen, gewunden. ▶ gerade.
krumm nehmen einschnappen, sich zu Herzen nehmen, sich aufregen, zu Herzen gehen, berührt werden, übel nehmen, falsch verstehen ● grollen, streiten, böse sein.

anfeinden, entzweien sich, entfremden, verübeln, erbosen sich. ▶ beneiden. ▶ kalt bleiben, (nichts fragen nach).

krummbeinig mißgestaltet, unförmig, häßlich, entstellt, verunstaltet, verschandelt, verkrüppelt, krüppelig.

krumme Wege betrügen, belügen, mogeln, irreführen, beschwatzen, verwirren, überlisten, ködern, einwickeln, beschwindeln, prellen, bewuchern, überfordern, schieben, unterschlagen, veruntreuen, stehlen, schmuggeln, ablocken, abschwindeln, ablisten, abluchsen ● sündigen, vergehen sich, abirren, einen Fehltritt tun, straucheln, auf abschüssige Bahn geraten, verkommen, in Sünde verfallen, den Sündenweg wandeln, versumpfen, über die Stränge schlagen. ▶ ehrlich (sein), tugendsam (sein).

krümmen beugen, biegen, winden, zusammenkrümmen, locken, kräuseln, ringeln, abweichen, krumm werden, drehen, aufrollen, aufringeln. → abbiegen, abweichen, aufrollen, beugen, biegen, einbiegen, ersterben, kriechen, winden. ▶ dehen, längen, strecken, überheben sich.

Krümmung → Biegung, Drehung, Einmündung.

Krüppel Mißgestalt, Mißgeburt, Mißgebilde, Monstrum, Schreckgestalt, Spottgeburt, Ungetüm, Zerrbild, krummes Gestell u, Buckliger, Vogelscheuche, Fratze, Karikatur, Fratzengestalt ● Kranker, Siecher, Hilfsbedürftiger, Kriegsbeschädigter, Kriegsverletzter, Invalide, Verwundeter, Prothesenträger, Kiefernverletzter, Kriegsblinder.

krüppelhaft verkrüppelt, lahm, gelähmt, verwundet, kriegsbeschädigt ● verunstaltet, verschandelt, mißgestaltet, krummbeinig, krummnasig, schiefnasig, schiefmaulig, klumpfüßig. → verunstaltet. ▶ wohlgestaltet.

Kruscht Kram, Gerümpel, Abfall, Unordnung.

Kruste → Ansatz.

krustig verkrustet, rindig, borkig ● resch, hart, fest.

Kübel → Behälter, Eimer.

Kubus Würfel. → Dickwanst.

Küche Kochnische, Kombüse *sm*.

Kuchen Gebäck, Torte, Cakes, Biskuit, Backware, Backwerk, Waffel, Lebkuchen, Näscherei, Zuckerwerk, Patisserie, Süßigkeit. → Fladen.

Kuchenblech → Blech.

Kuckuck zum fortscheren, verwünschen, verstoßen, ausstoßen, hinausweisen, hinauswerfen, verdammen, Tod und Teufel, hol dich der Teufel, zur Hölle, die Pest über dich.

Kufe → Behälter, Schiene.

Kugel Ball, Blase, Erdkugel, Globus, Sphäre, Knäuel, Rundheit, Rundgang. → Ball, Bohne, Geschoß.

kugelfest → fest, sicher, verhext.

kugelig kugelförmig, knollig, rund, oval, perlenförmig, eiförmig, birnenförmig, apfelförmig, gedreht. ▶ eckig.

kugeln → drehen, stoßen.

Kugelregen → Blutbad.

Kuh, melkende → Quelle.

Kuhhandel → Kompromiß.

Kuhhaut, es geht auf keine übersteigen, überschreiten, im Übermaß, ein Übergriff, eine Überhebung, eine Maßlosigkeit, über das Ziel hinaus, zu straff gespannt, schrankenlos, unglaublich, unerhört, eine Zumutung, eine Sinnlosigkeit, kaum glaublich, unfaßbar, unbegreiflich, über die Hutschnur gehen. → überschreiten. ▶ begreiflich, Mäßigkeit.

kühl → abgestumpft, beherrscht, eisig, erfrischend, frisch, kalt, unempfindlich.

Kuhle → Einbuchtung.

Kühle → Abneigung, Gefühllosigkeit, Kälte.

kühlen → abkühlen, fächeln.

Kühler Weinkübel, Eiskübel, Kühlschrank, Kühlapparat, Motorkühler, Fächer.

Kühlung Abkühlung, Wärmeentziehung, Erkaltung, Temperaturabnahme, Abendkühle, Kaltluft. → Erfrischung. ▶ Erwärmung.

kühn mutig, tapfer, waghalsig, forsch, abenteuerlich, halsbrecherisch, kriegerisch, mannhaft, kämpferisch, herzhaft, heldenhaft, beherzt, brav, wacker, tüchtig, unerschrocken, furchtlos, unverzagt, sieghaft, keck, unternehmend, selbstsicher, verwegen, vermessen, wagemutig, tollkühn. → ausgelassen, brav, heldenhaft, kämpferisch. ▶ furchtsam.

Kühnheit → Begeisterung, Bestimmtheit, Kourage, Mut.

kujonieren → ärgern, befeinden, betrüben.

Küken Hühnchen. → Baby, Nesthäkchen, Tier.

kulant zuvorkommend, angenehm, willfährig, aufmerksam, verbindlich, bereitwillig, liebenswürdig, dienstbereit, höflich, entgegenkommend, gefällig, erbötig, willig, gutherzig, herzlich, huldreich, freigebig, großzügig, wohlwollend. → aufmerksam. ▶ grob, unaufmerksam, unhöflich.

Kuli → Arbeiter, Hausknecht.

kulinarisch lecker, knusprig, fein, saftig, genießbar, wunderbar, wundervoll, herrlich, schmackhaft, gut, appetitlich, ausgezeichnet, götterhaft, aromatisch, angenehm, lieblich, wohlschmeckend, göttlich, gottvoll, prima. ▶ unappetitlich.

Kulisse Szenerie, Staffage, Bühnenwand, Theaterhimmel, Vorhang, Scheidewand. → Hintergrund. ▶ (Vordergrund).

Kullerchen → Bargeld.

kullern → rollen.

Kulmination → Höhepunkt.

Kult Kultus, Brauch, Verordnung, Feierlichkeit, Zeremonie, Ritus, Übung, Ausübung, Feier, Fest, Vorschrift, Amtshandlung, Liturgie, Form, Regel, Verrichtung, Handlung, Weise. → Brauch.

kultivieren → ackern, erziehen, heben, verbessern.

kultiviert → artig, ausgemacht, betragen sich, distinguiert, fein, gebildet, gesittet, höflich, schön.

Kultstätte → Kirche.

Kultur Zivilisation, Fortschritt, Humanität, Bildung, Menschentum, Entwicklung, Verfeinerung, Anstand, Erziehung, Haltung, Benehmen, Betragen, Gesittung, Brauchtum, Sitte, Volkssitte, Gesellschaftsform, Lebensform, Manieren, Lebensart, Ästhetik, Geschmack ● Bodenkultur, Landwirtschaft, Feldbestellung, Anbau, Bodenbearbeitung. → Anmut, Anstand. ▶ Barbarei, Unkultur.

kulturfeindlich rassefeindlich, barbarisch, bolschewistisch, rückschrittlich, entartet, verkommen, rücklaufend, öde, verlottert, ausgeartet, verwildert, unzivilisiert, unkultiviert, volksfeindlich, entsittlicht. ▶ kultiviert.

Kultus → Kult.

Kümmelspalter → Besserwisser.

Kümmelspalterei → Dunstleerer.

Kummer → Ärgernis, Bekümmernis, Besorgnis, Betrübnis, Bitterkeit, Bitternis, Dorn, Gram, erdrückende Sorge, Leid, Schmerz, Depression.

kümmerlich mickrig, unterentwickelt, zurückgeblieben. → abgerissen, arm, beengend, demütig, dünn, hungrig, karg, schwach, wehmütig.

kummerlos wohlig, behaglich, froh, ungetrübt, unbesorgt, befriedigt, zufrieden, heiter, lebensfroh, lebenslustig, frohherzig, frohsinnig, sorgenfrei, klaglos, gemütlich, lauschig, behäbig, beschaulich, mollig. → aufgeräumt, beruhigt. ▶ kummer-voll.

kümmern → beschäftigen, beteiligen sich, betrüben, dazwischentreten, eindrängen sich, leiden, scheren.

kümmern, sich nicht um nicht sehen nach, sich nicht befassen mit, sich nicht einlassen, sich nicht widmen, sich nicht einmischen, sich nicht einmengen, nicht dazwischentreten, nicht eingreifen, nicht einschreiten, alles laufen lassen, alles gleich sein lassen, alles ruhig treiben lassen, sich nicht bemühen, nichts tun. → beikommen nicht. ▶ eingreifen.

Kümmernis → Armut, Bedrücktheit, Besorgnis, Betrübnis, Bitternis, Elend, Not, Schmerz.

kummervoll verdrießlich, qualvoll, betrübt, sorgenvoll, traurig, trübselig, unglücklich, verdrossen, unbefriedigt, unglückselig, erbärmlich, kläglich, unerträglich, unausstehlich, entmutigend, mißvergnügt, verstimmt, verstört, unleidig, mürrisch, ärgerlich, übel. ▶ kummerlos.

Kumpan → Bekannter, Bruder.

Kumpel → Arbeiter, Bergarbeiter, Bergmann.

Kunde Geschäftsfreund, Käufer, Abnehmer, Bezüger, Auftraggeber, Besteller, Ersteher, Kundschaft ● Kenntnis, Neuigkeit, Nachricht, Wissen, Bekanntschaft, Erfahrung, Entdeckung, Bekanntmachung, Meldung, Anzeige, Aussage, Erklärung, Ansage, Kundmachung, das Neueste, Gerede, Nachrede, Gerücht. → Anzeige, Auskunft, Ausruf, Bekanntgabe, Benachrichtigung, Bericht, Beschreibung, Chronik, Depesche, Einblick, Erzählung, Fama, Käufer, Klient, Zirkular. ▶ Geheimhaltung, Unkenntnis, Verkäufer.

Kunde, fauler Zahlungsunfähiger, Wechselreiter, Wechselfälscher, Bursche, Schuldner, Durchbrenner, Gauner, Bankbrüchiger, Schlot, Kerl, Bankrotteur, Ganterer, Leiher, Borger, Kreditnehmer, Verschuldeter ● Schlampe, Huschel *u*, Huschelpeter *u*.

Kundendienst Entgegenkommen, Gefälligkeit, Dienstbarkeit, Service, Höflichkeit, Beflissenheit, Aufklärung, Empfehlung, Hilfsbereitschaft, Freundlichkeit. → Dienst guter, Kundenwerbung. ▶ Unfreundlichkeit.

Kundenfang → Kundenwerbung.

Kundenwerbung Werbung, Reklame, Propaganda, Emp-fehlung, Bekanntmachung, Beeinflussung, Kundenfang, Kundendienst, Anlockung, Werbekunst, Werbetätigkeit, Anpreisung, Anpreiserei, Kundenfängerei, Verführungskünste, Verlockung, Bedarfsweckung.

Künder Mahner, Seher, Weissager, Prophet. → Dichter.

kundgeben kundmachen, offenbaren, anzeigen, angeben, eröffnen, entdecken, enthüllen, plappern, plaudern, ausklatschen, zutragen, anvertrauen, eingestehen, mitteilen, verkünden, bekanntmachen, ankündigen, veröffentlichen, ausrufen, ausklingeln, in Umlauf setzen. → ankündigen, aufzeigen, ausdrücken, äußern, beweisen, bloßlegen, bloßstellen, demonstrieren, drahten. ▶ verheimlichen.

Kundgebung Enthüllung, Bekenntnis, Geständnis, Verkündigung, Bekanntmachung, Kundmachung, Bekanntgabe, Veröffentlichung, Verordnung, Erklärung, Ausrufung, Aussprache, Aussage, Rede, Offenheit ● Aufmarsch, Prozession, Straßenaufzug, Fakkelzug, Vorbeimarsch, Schweigemarsch. → Aufgebot, Bekanntgabe, Demonstration, Enthüllung. ▶ Verheimlichung.

kundig → geübt, offenbar.

kündigen absetzen, abschaffen, beseitigen, abbefehlen, entlassen, verabschieden, aberufen, aufsagen, fortjagen, ausweisen, fortweisen, wegschicken, ausscheiden, sich zurückziehen, abbrechen, streiken, abmustern *sm*. → abbauen, abdanken, aufhören, ausziehen, ausdehnen, benehmen das Recht, Bord werfen über, kassieren. ▶ beschäftigen, engagieren.

Kündigung Absetzung, Entlassung, Enthebung, Abberufung, Rückberufung, Aufhebung, Abweisung, Absage, Abruf, Abschied, Verzicht, Dienstenthebung, Amtsverweisung, Disqualifikation, Strafversetzung, Verabschiedung, Arbeitseinstellung, Abbruch, Streik.→ Abbau, Amtsabtretung, Brief. ▶ (Einstellung), Ermächtigung.

kundmachen → bedeuten, darstellen, kundgeben, veröffentlichen.

Kundmachung → Anzeige, Ausruf, Bekanntgabe, Erlaß, Kundgebung, Zirkular.

Kundschaft Erkundung, Auskundschaft, Nachprüfung, Späherei, Spioniererei, Aufsicht ● Kunde, Nachricht, Bekanntgabe, Verkündigung, Meldung, Anzeige, Ansage, Aussage ● Käufer, Kunde, Besteller, Auftraggeber, Zulauf, Ersteher. ▶ Auskunft, Verheimlichung, Verkäufer.

Kundschaften Bemühung, Beobachtung, Kundschaft.

Kundschafter Auskundschafter, Späher, Aufpasser, Lauscher, Horcher, Spitzel, Zuträger, Zwischenträger, Ohrenbläser, Erzähler, Spürhund, Neuigkeitskrämer, Spion, Melder, Entdecker, Herausfinder, Untersuchungsrichter, Ermittler. → Beobachter, Dabeistehender.

kundtun → ankündigen, ausdrücken, Glocke an die große hängen, kundgeben.

künftig hinfort, in spe, späterhin, zukünftig, künftighin, bevorstehend, bald, nahe, nächstens, herannahend, nachher, später, danach, nachdem, wahrscheinlich, dereinst, sofort, sogleich, ferner, hierauf, von nun an, von jetzt an, von morgen an, vom nächsten Tag an. → hernach. ▶ heutig, vergangen.

künftighin → zukünftig.

Kunst Findigkeit, Fähigkeit, Belesenheit, Geschicklichkeit, Ausbildung, Gründlichkeit, Wissen, Bilderbeschreibung, Malerei, Abbildung, Nachbildung, Zeichnung, Bildhauerei, Theaterkunst, Dichtkunst, Handhabung, Behandlungsweise, Redekunst, Fertigkunst, Talent, Kunstfertigkeit, Meisterhaftigkeit, Meisterschaft, Kenntnis, Gelehrtheit, Weisheit. ▶ Kitsch, Unkenntnis, Ungeschicklichkeit.

kunstfertig → anstellig.

Kunstfertigkeit → Fertigkeit.

Kunstform Gestaltungsweise, Art, Mitteilungsform, Manier, Stil, Verfahren, Technik, Schilderung, Bilderbeschreibung, Sprachform, Ausdrucksweise, Ausdrucksform, Vortragskunst, Redensart, Verzierung, Steigerung, Anschaulichkeit. → Ausdrucksweise, Darstellungsweise. ▶ Stillosigkeit.

Kunstfreund → Ästhet, Blaustrumpf, Dilettant, Feinschmecker.

Kunstgegenstand → Kunstwerk.

kunstgemäß → stilvoll.

kunstgerecht künstlerisch, bildschön, packend, vollendet, gebührend, meisterhaft, gebührlich, mustergültig, geschickt, werkgerecht, geschäftskundig, gewandt, handgerecht, gelernt, artistisch, meisterlich, vollkommen, ausgezeichnet, kunstreich, talentiert. → anstellig. ▶ dilettantisch, stümperhaft.

Kunstgriff Handgriff, Kunstfertigkeit, Übung, Geschick, Anstelligkeit, Findigkeit,

Tauglichkeit, Eignung, Fähigkeit, Raschheit, Flinkheit, Leichtigkeit, Meistergeist, Meisterhand, Meisterstreich. → Bestechlichkeit, Käuflichkeit. ▶ Unfähigkeit.
Kunsthandwerk Kunstgewerbe, Volkskunst.
Kunstjünger → Feinschmecker, Künstler.
Kunstkenner → Ästhet, Meister.
Kunstkritiker → Ästhet.
Künstler Kunstjünger, Maler, Zeichner, Bildhauer, Kunstschüler, Plastiker, Goldschmied, Schöpfer, Erzeuger, Bildner, Komponist, Verfasser, Baukünstler, Meister, Modellierer, Herrgottschnitzer, Genie, Geist, Schöpferkraft, Schöpfergeist, Artist, Bastler, Schauspieler, Akteur, Mime, Könner, Meisterkopf, Wunderkind, Kunstverständiger ● Diva, Star. → Blaustrumpf, Erschaffer. ▶ Stümper.
künstlerisch → ästhetisch, charmant, feinsinnig, kunstgerecht.
Künstlername → Beiname.
künstlich synthetisch, nachgeahmt, nachgebildet, nachgeformt, unecht, nachgeäfft. ▶ natürlich, ungekünstelt.
Kunstliebhaber → Ästhet, Blaustrumpf, Dilettant.
Kunstlied → Cantus.
kunstreich → kunstvoll.
Kunstrichter → Kritiker.
Kunstrichtung → Ausdrucksweise, Stil, Epoche.
Kunstschlemmer → Feinschmecker.
Kunststück Schwabenstreich, Großtat, Gewaltstreich, Streich, Schlag, Staatsstreich, Handstreich, Hauptstreich, Diplomatenstück ● Kunstwerk, Meisterschaft, Meisterhaftigkeit, Kunstfertigkeit ● Zauberei, Jonglierkunst, Trapezkunst, Zirkuskunst, Akrobatik. ▶ Unfähigkeit.
Kunstverständnis → Geschmack.
kunstvoll kunstreich, stilgemäß, schulgerecht, methodisch, kunstgemäß, schulgemäß, lehrgerecht, stilvoll ● wertvoll, schön, verziert, formvollendet, meisterhaft, schmuck, plastisch, anschaulich, prächtig, herrlich, wirkungsvoll, malerisch, prachtvoll, bewundernswert. → anstellig. ▶ einfach, dilettantisch, stümperhaft.
Kunstwerk Kunststück, Kunstgegenstand, Meisterhaftigkeit, Vorzüglichkeit, Ausgezeichnetheit, Vollkommenheit, Geschmack, Tadellosigkeit, Vollendung, Glanzstück, Meisterstück, Meisterwerk, Spitzenleistung, Makellosigkeit ● Gemälde, Denkmal. →

Arbeit. ▶ Kitsch, Mache, Stillosigkeit.
kunterbunt → abwechselnd, allerhand, chaotisch, durcheinander, mannigfach, verwirrt.
Küpe → Behälter.
Kupee → Abteil.
Kupfer Bräune, Braunton, Brauntönung, Bronze, Schokoladenfarbe, Braun, Rotbraun, Orangenfarbe ● Metall, Leichtmetall. → Bargeld.
kupferbraun → braun.
Kupferdruck → Bild.
Kupfergeld → Bargeld.
Kupferstich → Abdruck, Bild.
kupieren abkürzen, wegnehmen, verkürzen, vermindern, stutzen, beschneiden, abkappen, schmälern, wegschneiden, abschneiden, weghauen, abhauen abstoßen. ▶ längen, verlängern.
Kupon (Coupon) Abschnitt, Rentenschein, Zinsschein, Zuweisung, Anweisung, Teil, Anteil, Portion, Zinsanweisung, das Zugewiesene, Prämie, Papier. → Abschnitt, Anteil.
Kuppe → Berg, Spitze, Wölbung.
Kuppel → Höhe, Wölbung.
Kuppelei Sittenlosigkeit, Verkuppelung, Mädchenhandel, Ehestiftung, Verbindung, Annäherung, Paarung, Verbrechen, Zuhälterwirtschaft, Freudenhaus, Bordell, Dirnenhaus. ▶ Keuschheit, Trennung.
kuppeln verbinden, verkoppeln, zusammenfügen, zusammenbringen, zusammenhängen, hinzufügen, aneinanderbringen ● verkuppeln, zuführen, Gelegenheit machen, zubringen, Ehe vermitteln. → anmachen, berühren, Hand im Spiele haben. ▶ enthalten sich, trennen.
Kuppler Vermittler, Zwischenhändler, Unterhändler, Ehestifter, Freiwerber, Mädchenfänger, Mädchenjäger, Gelegenheitsmacher, Zubringer, Mädchenhändler, Bordellmutter, Zuhälter. → Buhle, Kreatur gemeine.
Kur Heilverfahren, Heilmittel, Hilfsmittel, Stärkung, Diät, Krankenkost, Schonkost, Brunnenkur, Badekur, Wasserkur, Hungerkur, Bestrahlung, Heilquelle, Lebensreform, Jungbrunnen, Felkekur, Kneippsche Kur, Roß- oder Pferdekur u, Rohkost, Salzbad, Moorbad, Lehmbad, Luftbad, Bäderbehandlung, Pakkung, Stärkung, Erleichterung, Linderung, Belebung. → Behandlung.
Kuranstalt → Bad.
kurant anerkannt, gängig,

gültig, eingeführt, landläufig, gangbar, marktläufig, wert, im Umlauf, gang und gäbe, laufend, vollwertig. ▶ ungebräuchlich, wertlos.
Kuratel → Bevormundung, Sicherheit.
Kurator → Aufseher, Beauftragter, Begleitung, Bevollmächtigter.
Kurbad → Bad.
Kurbel Winde, Rolle, Kreisel, Driller, Drillbohrer, Leier, Schraube, Tretmühle, Drehring, Draht, Zapfen, Rad, Spirale, Ringel, Spule, Winde, Rotationsmaschine, Drehscheibe, Bohrwinde.
Kurbelkasten → Apparat.
kurbeln ankurbeln, aufkurbeln, rollen, winden, abrollen, drillen, wirbeln, drehen, wenden, aufdrehen, wälzen, schrauben, andrehen. → aufnehmen.
küren → wählen.
Kurfürst → Adel.
Kurgast → Kranker, Vergnügungsreisender.
Kurier → Bote.
kurieren wiederherstellen, pflegen, betreuen, bedienen, heilen, behandeln, aufhelfen, erleichtern, verarzten, eingeben, einspritzen, operieren, betäuben, schutzimpfen, kurieren, bessern, kräftigen, stützen, verjüngen, wiederbeleben, in Ordnung bringen, die Gesundheit wiedergeben ● die Karre aus dem Dreck ziehen u, aufhelfen, auf die Sprünge oder Strümpfe helfen u. → heilen. ▶ (krank machen), verschlimmern.
kurierend → heilkräftig.
kurios eigenartig, wunderlich, absonderlich, skurril, komisch, ungewohnt, auffallend, ungewöhnlich, merkwürdig, seltsam, drollig, schrullig, sonderbar, eigentümlich, außergewöhnlich, befremdend, fremdartig, ungeheuerlich, erstaunlich. → abgeschmackt, albern. ▶ gewöhnlich.
Kuriosität → Abnormität.
Kurmacher (Courmacher) Bewunderer, Anbeter, Verehrer, Bewerber, Hofmacher, Courschneider, beständiger Begleiter. → Draufgänger.
Kurort → Bad.
kurpfuschen → herumdoktern.
Kurpfuscher → Bader, Betrüger.
Kurs → Preis, Richtung.
Kurs abkommen, vom verfliegen, vom Wege abweichen, fehlgehen, den Weg verfehlen, die Richtung ändern, sich verirren, aus der Bahn kommen, abirren, abfallen, abdrehen, ausscheren, abschwenken, wenden, irregehen. ▶ Richtung auf.

Kurschneider (Courschneider) → Courmacher.

Kurschneiderei (Courschneiderei) Höflichkeit, Wohlerzogenheit, Artigkeit, Liebenswürdigkeit, Dienstbeflissenheit, Dienstfertigkeit, verbindliches Wesen, Galanterie, Komplimente, Schmeichelreden, Schmeichelworte, süße Worte, Hofmacherei, Kratzfuß, Katzenbuckelmacherei, Buckelkrümmung, Untertänigkeitsbezeugung. → Cour schneiden. ▶ Verachtung.

kursieren lassen → umlaufen.

kursierend umlaufend. → bekannt.

Kursus Lehrgang, Unterricht, Einführung, Schulung, Übung, Vorlesung, Stunde, Vortrag, Bildungsgelegenheit, Erziehung, Instruktionsstunde, Nachhilfeunterricht, Kollegium.

Kurswert → Preis.

Kurtisane (Courtisane) Allerweltsliebchen, Allermannsliebchen, liederliches Frauenzimmer, Verlorene, Gefallene, Geschändete, Entehrte, Entjungferte, Prostituierte, Dirne, öffentliche Person, Freudenmädchen, Straßenmädchen, feiles Mädchen, Liebedienerin, Buhlerin, Halbweltdame, Konkubine, Geliebte, Mätresse, Liebchen, Kokotte.

Kurve Kehre, Drehung, Biegung, Windung, Bogen, Schleife, Schwenkung, Wellenlinie, Schlinge, Schlangenlinie, Krümmung, Einbiegung, Abweichung, Wendung, Einschwenkung, Seitenwendung, Schneckenwindung, Gewundenheit, Neigung. → Biegung, Drehung. ▶ (die Gerade).

kurven → fliegen.

kurvenreich → gewunden.

kurz abgeschnitten, vermindert, gedrängt, schmal, gestutzt, knapp, zusammengedrängt, klein, verkürzt, gekürzt ● flüchtig, schnell, geschwind, vergänglich, kurzlebig, eilig, kurzerhand ● bündig, kernig, geschäftlich, einsilbig. → gedrängt, Fassung kurze. ▶ lang, langatmig, langsam.

kurz angebunden entschieden, bündig, barsch, streng, herrisch, unerbittlich, bestimmt, überreizt, aufgebracht, unhöflich, knapp, grob, unmanierlich, unartig, ungebührlich, unliebenswürdig, ungefällig, einsilbig, eisig, abstoßend, brummig, murrig, unumgänglich. ▶ freundlich, weitschweifig.

kurz und bündig → bestimmt, kurz angebunden, streng.

kurz und dick → dickwanstig.

kurz und gut knapp, unaus-

weichlich, unwiderruflich, endgültig, ein für allemal, entschlossen, unerschütterlich, bestimmt, ohne lange zu fackeln, kurz angebunden. ▶ unentschlossen.

kurz halten einschränken, beschränken, einengen, unterdrücken, anbinden, zwingen, einsperren, eine Zwangsjacke anziehen, unter Aufsicht stellen, Schranken ziehen ● sparen, wirtschaften, haushalten, kargen, geizen, nicht genügend geben, den Brotkorb höher halten. ▶ entbürden, erlauben, verschwenden.

kurz kommen, zu → unterliegen.

kurz machen → beschneiden, kurzerhand, schnell.

Kürze Kleinheit, Begrenztheit, Gemessenheit, Gedrängtheit, Kurzstil, Abkürzung, Zusammenziehung, Beschränkung, Einschränkung, Zusammenpressung, Kleinigkeit, Spärlichkeit, Knappheit, Kleinformat, Lakonismus, (Zusammen-) Raffung, ● Vergänglichkeit, Flüchtigkeit, Kurzlebigkeit, Schnelligkeit, Wandelbarkeit, Unbestand, Kurzzeit ● Bündigkeit, Kernigkeit, Gedrungenheit, Geschlossenheit, Wortverkürzung, Geschäftsstil, Telegrammstil, Minutenstil, Brokkenstil, Einsilbigkeit, Dürre. ▶ Länge.

Kürze, in → demnächst.

kürzen → abrunden, behauen, beschneiden, beschränken, dürren, einschränken, ermäßigen.

kürzeren ziehen, den → unterliegen.

kurzerhand schnell, flink, geschwind, schleunigst, umgehend, postwendend, hurtig, beschleunigt, ohne Umstände, ohne Verzug, lapidar. → kurz. ▶ langsam.

Kurzfassung → Abriß, Skizze, Übersicht.

Kurzgeschichte → Erzählung.

kurzhalten strenges Regiment führen, andere Seiten aufspannen, kurzen Prozeß machen, streng oder schonungslos behandeln. → einschränken.

kurzlebig → vergänglich.

kürzlich just, jüngst, gerade, vorhin, eben, letzthin, neulich, unlängst, soeben, vor kurzem, dieser Tage, zuletzt, ehestens, vorgestern, gestern, vor kurzer Zeit, gerade eben, kaum vorbei, bevor, eben noch, am Vortag, den Tag zuvor, gestrig, neuerlich. → bereits, damals, frisch. ▶ demnächst.

Kurzschluß → Mißgriff, Unterbrechung.

Kurzschlußhandlung → Kopflosigkeit, Verzweiflung.

kurzsichtig → beengt, blind auf einem Auge, dumm, einsichtslos, Hand noch Fuß nicht.

Kurzsichtigkeit Schwachsichtigkeit, Augenschwäche, Blödsichtigkeit, Sehschwäche, Augenflimmern, Krankheit, Sehmangel, Trübung, Sehstörung. → Blödigkeit. ▶ Fürsorglichkeit, (Weitsichtigkeit).

kurztreten Abstriche machen. → einschränken, sparen.

Kürzung → Abzug, Compendium, Dezimierung, Ermäßigung, Kürze.

kurzweg → spontan.

Kurzweil → Ablösung, Abschweifung, Abwechslung, Belustigung, Unterhaltung, Vergnügen.

kurzweilig → amüsant, anziehend, genußreich, interessant, unterhaltend.

kuschen ducken, unterordnen.

Kusin(e) (Cousin(e). → Anverwandte.

Kuß Baiser. → Liebkosung.

küssen knutschen, busseln. → bewillkommen, liebkosen.

Küste Rand, Gestade, Strand, Kante, Land, Festland, Binnenland, Deich, Mole, Insel, Marschland, Schwemmland, Düne, Gest, Küstensaum, Küstenrand, Landzunge, Bank, Bord, Grund, Kai. ▶ (offenes Meer).

Küstenfahrer → Fahrzeug (Wasser-).

Küstensee → Becken, Binnenmeer.

Kuster Kirchendiener, Aufseher, Wächter, Hüter, Meßner, Gehilfe, Kirchner, Kirchenwart, Glöckner. → Fahrzeug (Wasser-).

Kutschbock → Bock.

Kutsche Equipage. → Chaise, Fahrzeug (Straßen-).

Kutscher → Arbeitnehmer, Chauffeur, Fuhrmann.

kutschieren → bewegen sich, fahren.

Kutte Bekleidung, Kleidung, Gewand, Anzug, Chorrock, Talar, Mönchgewand, Amtstracht, Ornat, Ordenskleid, Priesterkleidung, Priesterrock, Umhang.

Kutter → Fahrzeug (Wasser-).

Kuvert (Couvert) Besteck, Gedeck ● Decke, Deckel, Hülle, Einschlag, Umschlag, Verpackung, Umhüllung, Überzug, Briefumschlag, Einband.

Kyklop → Zyklop.

L

Lab → Ferment.

labbern schlabbern, schlürfen, sudeln, sabbern, lecken, schmatzen, glucksen, schlapfen, quabsen, schlappen. → abschweifen. ▶ (reden bündig), (trinken geräuschlos).

laben erlaben, erquicken, erfreuen, erleichtern, erfrischen, gewähren, behagen, entzükken, ergötzen, anregen, beleben, mildern, lindern, besänftigen, beruhigen, stillen, stärken, helfen, einflößen, unterstützen, heilen. → aufrichten, begütigen, behagen, beleben, delektieren, entzücken, erfreuen sich, erfrischen sich, erfrischen. ▶ ermatten, erschöpfen, plagen, verdrießen.

labend → behaglich, erfrischend, kräftigend.

labern schwatzen, einfältig reden.

labil unstabil, kipp(e)lig. → beweglich, empfänglich, veränderlich.

Laboratorium Forschungsbetrieb, Forschungsstätte, Wirkungsbereich, Versuchsanstalt, Arbeitsplatz, Werk, Labor. → Anstalt, Atelier.

laborieren versuchen, erforschen, tüfteln.

Labsal → Auffrischung, Balsam, Belustigung, Bequemlichkeit, Erfrischung, Stärkung, Labung.

Labung → Labsal.

Labyrinth Irrgarten, Verknotung, Verwicklung, Verworrenheit, Wirrung, Windung, Verschlungenheit, Krümmung, Irrgang, Verschlingung ● Chaos, Geheimnis, Rätsel, Wortspiel, Schwierigkeit, Wirrwarr, Netz, Verstrickung, Sackgasse, Hindernis, Bedrängnis.

Lache Pfütze. → Becken, Gewässer, Kloake.

Lächeln Lachen, Gelächter, Gemecker, Gekicher, Gelassenheit, Schmunzeln ● Lustigkeit, Schäkerei, Spaß, Ergötzlichkeit, Freude, Freudigkeit, Gaudium. ▶Ernst, Gejammer.

lächeln → lachen.

Lachen Gelächter, Gekicher, Gejauchze, Hallo, Jubel, Gemecker, Lachlust ● Freudentaumel, Freudengeheul, Triumphgeschrei, Frohlocken, Jauchzen, Freudentränen ● Tollerei, Scherz, Spaß, Schäkerei, Lustigkeit. → Lächeln. ▶ Ärgernis, Ernst, Gejammer.

lachen frohlocken, gackern, gickeln, grinsen, grölen, herausputzen, kichern, kugeln sich, lächeln, losplatzen, losprusten, quieken, quietschen, kreischen, brüllen, sich einen Ast lachen u, sich den Buckel voll lachen u, halbkrank lachen, schief lachen u, totlachen, kaputt lachen, kugelig lachen, kringeln vor Lachen u,

krumm lachen u, sich kugeln vor lachen u, schmunzeln, wiehern ● wälzen sich, laut aufschreien, Tränen lachen, sich ins Fäustchen lachen, in die Hände klatschen, nicht verbeißen können, sich den Bauch halten, vom Stuhle fallen ● freuen, jubeln, kalbern, schäkern, scherzen, spaßen, triumphieren, guter Dinge sein, vor Freude tanzen, freuen sich scheckig, belustigen ● belächeln, feixen u, bejubeln. → bunt zugehen, belustigen, freuen sich, grinsen. ▶ ärgern, jammern, weinen.

lachen, sich ins Fäustchen Verstecken spielen, tuscheln, Heimlichkeiten treiben, auf der Lauer liegen, heranmachen, herauslocken, eine Falle stellen. → lachen, übertölpeln. ▶ offenbaren, zugeben.

lächerlich komisch, tragikomisch, närrisch, wunderbar, wunderbar, spaßig, spaßhaft, putzig, drollig, schnurrig, possierlich, burlesk, grotesk, lächerbar u ● geschmacklos, unfein, ungebildet, unpassend, unanständig, roh, abgeschmackt, albern, garstig, stillos, verschroben, übertrieben, phantastisch, befremdend, seltsam, sonderbar, abscheulich ● aufgedonnert, herausgeputzt, auffällig, schreiend, überladen ● altmodisch, veraltet, unmodern, zopfig, kleinstädtisch → verbohrt, vernagelt, dumm, borniert, beschränkt, dämlich, töricht, läppisch, geistlos, kindisch, unbesonnen, kurzsichtig, engstirnig, kleinlich, da lachen die Hühner u.→ abgeschmackt, albern, befremdend, bizarr, dumm, grotesk, komisch. ▶ ernst, geistvoll, geschmackvoll, modern.

lächerlich machen → aufziehen, blamieren, bloßstellen, narren.

Lächerliche ziehen, ins dem Gelächter preisgeben, lächerlich machen, verspotten, verlachen, auslachen, bespötteln, hänseln, necken, foppen, zum besten halten, narren, zum Narren halten, sich lustig machen, belustigen, sticheln, frotzeln, durchhecheln, veralbern, zum Stadtgespött machen. → belächeln. ▶ bewundern.

Lächerlichkeit Seltsamkeit, Wunderlichkeit, Komik, Drolligkeit, Ausgelassenheit, Possenspiel, Hallotria, Affenspiel ● Ungereimtheit, Albernheit, Fackelei, Faselei, Spiegelfechterei, Schrulle, Gefackel, Larifari, Wahnwitz ● Kinderei, Blödsinn, Unfug, Humbug, Dummheit, Unsinn, Tölpelei,

Torheit, Kurzsichtigkeit, Vernunftlosigkeit, Borniertheit, Unvernunft.→ Blamage, Drolligkeit, Humbug. ▶ Ernstlichkeit, Klugheit, Vernunft.

Lachgas → Beruhigungsmittel.

lachhaft → albern, absurd.

Lachsalve → Gelächter.

Lack → Anstrich, Bedeckung.

lackieren überziehen, bestreichen, firnissen, verschönern, ausputzen, polieren, schmuck machen, wichsen, Glanz verleihen. → anstreichen, bedekken. ▶ verschandeln.

Lackierer → Anstreicher.

lackiert bedeckt, überzogen, bemalt, verschönert, gefirnißt, glänzend, schimmernd, herausgeputzt ● prächtig, herrlich, pompös, aufgedonnert, gebügelt, gestriegelt, geschniegelt, glitzernd, schimmernd, flimmernd. → poliert. ▶ einfach, natürlich, verschandelt.

Lackierung Beschichtung, Überzug, Überguß, Auflage ● Oberschicht, Schutzüberzug, Anstrich, mit Lack, Schellack oder Firnis überziehen, transparente Schicht auftragen.

Lackl Flegel, Kaffer, Lausbub, Lauser, Lausejunge, Mondkalb, Simpel, Affe, Bazi, Flabes, Saudackel, Stadtfrack, Dämlack, Haderlump, Lump, Mistvieh, Rotzbengel, Schleimscheißer.

Lade → Behälter.

Laden Bazar, Bude, Detailgeschäft, Geschäft, Geschäftsstelle, Handlung, Kaufhalle, Kaufhaus, Magazin, Niederlage, Warenhaus, Zweiggeschäft, Filiale, Bezugsquelle ● Fensterladen, Blende. → Butike, Detailgeschäft, Fensterladen.

laden verladen, verschiffen, verfrachten, einfüllen, versenden, verschicken, verschieben, aufladen, beladen, abladen, ausladen, fortschaffen, belasten, aufbürden, bebacken, überladen ● aufhalsen, aufjochen, aufpacken ● vorladen, anklagen, beschuldigen, anschuldigen, vorhalten, verantwortlich machen, Vorladung schicken, vor Gericht fordern, verklagen, vernehmen ● einladen, zu Gast laden, aufwarten, bewirten, frei halten. ▶ ausladen, empfangen, entlasten.

laden, sich auf den Hals arbeiten, schaffen, wirken, handeln, sich widmen einer Sache, sich beschäftigen mit, sich einschalten, eine Rolle spielen, ein Amt übernehmen, eine Aufgabe erfüllen, ein Geschäft betreiben, durchschlagen sich, durchbringen sich,

einen Wirkungskreis schaffen, ein Arbeitsfeld sich erobern, betätigen sich, eine Sache anfassen, durchführen, ein Ehrenamt übernehmen, etwas ehrenhalber tun. ▶ ablehnen.
Ladenbesitzer Ladeninhaber. → Detaillist, Kaufmann.
Ladendiener Gehilfe, Angestellter, junger Mann, Handlungsgehilfe, Ladengehilfe, Ladenschwengel, Ladner, Ellenreiter, Tütendreher, Heringsbändiger. → Commis. ▶ Inhaber.
Ladenhüter → Ausschuß, Ramsch.
Ladenschwengel → Ladendiener.
Ladenverkauf → Detailhandel, Einzelhandel.
lädieren → beeinträchtigen.
lädiert → beschädigt, defekt.
Ladung → Anfuhr, Bagage, Ballast, Bestand, Charge, Fracht, Transport.
Laffe → Bengel, Bube, Bursche, Lackl.
Lage Ort, Punkt, Platz, Position, Richtung, Stellung, Bereich, Bezirk, Gegend ● Belag, Flöz, Maser, Platte, Schicht, Tafel ● geographischer Ort, Breitengrad, Längengrad, Kimmung, Örtlichkeit, Sitz, Standort, Standpunkt, Stätte, Gegend, Stelle, trigonometrischer Punkt ● Ausgang, Begebnis, Begebenheit, Lauf, Wendung, Tatsache, Umstand, Fall ● Befinden, Bewandtnis, Beschaffenheit, Feststellung, Festsetzung, Realität, Sachverhalt, Stand, Verfassung, Zustand. → Fall, Konstellation, Ort, Region, Sachlage.
Lage, bedrängte → Armut, Lage schiefe.
Lage, in dieser → dergestalt.
Lage, schiefe Stellung schiefe, Vertrauensfrage, Mißtrauensvotum, Verdacht, Argwohn, Mißtrauen, Mißerfolg, Mißlingen, Fehlschlag, schlimme Wendung, Verlegenheit, Verlust, Zusammenbruch, Hereinfall, Niederlage, Enttäuschung, Unglück. → Mißerfolg. ▶ Aufstieg, Erfolg, Vertrauen.
Lager Ansammlung, Aufspeicherung, Bestand, Lagerplatz, Lagerhaus, Magazin, Warenlager, Stapel, Stock, Vorrat, Speicher, Schatzkammer, Zeughaus, Vorratshaus, Maschinenlager, Rollenlager, Kugellager, Bronzelager ● Feldlager, Freilager, Biwak, Camp, Zeltlager, Gefangenenlager, Konzentrationslager, Wochenendlager, Camping, Lagerstadt ● Ruhebett, Bett, Himmelbett, Ehebett, Feldbett, Diwan, Kautsch, Chaise-

long, Polster, Luftbett, Klappbett, Matratze, Schlafstuhl, ● Lug s, *j*, Loch, Pott *j*, Sasse w, *j*. → Aufenthaltsort, Bank, Besitztum, Bestand, Bett, Camp, Depot, Distrikt, Diwan.
Lageraufnahme → Inventar.
Lagerbestand → Inventar.
Lagerhaus → Depot, Lager.
Lagerplatz → Lager.
lagern speichern. → anhalten, aufhalten sich, ausruhen, besetzen, bleiben, campieren, einlegen, einnisten, ruhen.
Lagerstatt → Lager.
Lagerung Einlagerung, Niederlage, Aufenthaltsort, Lager, Besetzung, Einquartierung, Unterbringung, Installation, Ruhestand, Aufschub, Rast, Ausruhen ● Aufbewahrung, Ansammlung, Aufspeicherung, Hinterlegung. → Anordnung, Lager. ▶ Räumung.
Lagerverzeichnis → Inventar.
Lagune → Bai.
lahm steif, hinkend, invalid, verkrüppelt, krüppelhaft, geflügelt *j*. → arbeitsscheu, arbeitsunfähig, bedächtig, bequem, begriffsstutzig, faul, schwach, unentschlossen, untätig.
lahmarschig träge, faul, langsam.
lahmen → erlahmen.
lähmen → aufhalten, beeinträchtigen, bekämpfen, berauben, beschneiden, bezwingen, binden die Hände, dazwischentreten, drosseln, entkräften, ermatten, Flügel beschneiden, schwächen.
lähmend → entmutigend.
lahmgelegt → gehemmt, gestört.
lahmlegen kalt stellen. → aufhalten, betäuben, entwaffnen, fangen mit seinen eigenen Worten, hindern.
Lähmung Hemmung, Hinderung, Einhalt, Abhaltung, Verhinderung, Entkräftung, Willenslähmung, Halt, Kandare, Zügel, Entmutigung, Einwand, außer Funktion. → Angst, Betäubung, Ermattung, Erschöpfung, Erstarrung, Fadheit, Koma. ▶ Förderung, Kraft, Mut, Vertrauen, Zielstrebigkeit.
Laie Nichtkundiger, Nichtfachmann, Ungelehrter, Nichtwisser, Anfänger, Unfachmann, Pfuscher, Grünling, Schmierer, Stümper, Nichtskönner, Unerfahrener, Einfaltspinsel, Schafskopf, Dummkopf, Autodidakt, blutiger Laie ● Nichtpriester, weltlicher Stand. → Dilettant. ▶ Fachmann, Künstler, Priester.
laienhaft → dilettantisch, weltlich.
Lakai → Kommis, Untergebener.

lakaienhaft → biegsam, buhlerisch, unterwürfig.
Lake → Beize.
Laken Bettuch, Leinentuch, Linnen.
lakonisch → Fassung kurze, gedrängt.
Lallen → Gestotter.
lallen stammeln, stottern, schreien, rufen, gacksen, stocken, sprechen in der Kindersprache ● betrunken sein, mit schwerer Zunge lallen. ▶ (deutsch) sprechen.
lallend undeutlich, stotterig, stammelnd, stockend, abgebrochen, zitternd ● angeheitert, berauscht, betrunken, mit lallender Zunge. → bebend. ▶ deutlich.
Lama Tier, Schafkamel ● Mönch, Klosterbewohner, buddhistischer Oberpriester ● langweiliger Patron, lahmer Mensch, langsamer Mensch, bedächtiger Mensch. ▶ (Aktivist).
Lamelle → Blatt.
lamentieren → wehklagen.
Lamento → Geschrei.
Lametta → Band.
Lamm, frommes Tugendbold, Musterknabe, Unschuldslamm, Musterbild, Unschuldsengel, Unschuldiger, Tugendmuster, Tugendbeispiel, Engel, Unschuldsseele, Tugendspiegel, Heiliger, sanfte Taube. ▶ Übeltäter.
lammfromm gutmütig, sanft, sanftmütig, zart, gelinde, mild, nachsichtig, duldsam, einsichtsvoll, nachgiebig, langmütig, gütig, gnädig, dulderisch, harmlos, unschuldsvoll, seelengut, wohlgesinnt, fromm wie die Taube, wie der Engel im Paradies. ▶ aufbrausend, rücksichtslos.
Lammsgeduld → Beherrschung, Duldsamkeit, Engelsgüte.
Lampe Licht, Ampel, Leuchter, Leuchte, Laterne, Funzel *u*, Tranfunzel *u*, Latüchte *u*, Birne, Glühbirne, Blinklicht, Leuchtturm, Scheinwerfer, Lichtquelle, Lampenlicht, Lüster, Kronleuchter, Armleuchter, Leuchtgerät, Kandelaber, Gaslicht, Öllicht, Petroleumlampe, Stehlampe, Hängelampe, Nachttischlampe, Schreibtischlampe, Taschenlampe, Grubenlicht, Stablampe, Autolampe, Fahrradlampe ● Hase, Kaninchen, Meister Lampe. → Birne.
Lampenfieber Furcht, Angst, Beklemmung, Zittern, Beben, Herzklopfen, Angstschweiß, Angsttropfen, Himmelangst, Bangigkeit, Mutlosigkeit, Scheu, Zweifel, Bestürzung, Unruhe, Beunruhigung, Be-

engung, Feigheit, Mangel an Selbstvertrauen, bange Ahnung. → Bedenken, Bammel.
▶ Entschlossenheit, Mut, Selbstvertrauen.
Lampenschirm → Bedeckung, Schirm.
Lampion → Fackel.
lancieren vom Stapel lassen, in Gang bringen, in Umlauf setzen, geschickt einführen.
Land Festland, Grund, Erde, Staat, Boden, Erdschicht, Erdkruste, Binnenland, Schwemmland, Marschland, Neuland, Küste, Ufer, Strand, Gest, Düne, Gestade, Insel, Acker, Flachland, Feldland, Weideland ● Eigentum, Besitz, Grundvermögen, Scholle, Bodenbesitz, Liegenschaften, Grundeigentum, Grund und Boden, Gutsbesitz. → Distrikt, Erdboden.▶ Wasser.
Land und Leute → Bevölkerung.
landab landauf, landab und landauf, ringsum, allerorten, allerorts, überall, allenthalben, ringsum, an allen Ecken und Enden, nah und fern, weit und breit, über Berg und Tal, von Ort zu Ort.
Landarbeiter → Arbeiter, Bauer.
Landauer → Chaise, Fahrzeug (Straßen-).
landauf → landab.
Landaufenthalt Eingezogenheit, Zurückgezogenheit, Abgeschiedenheit, Weltflucht, Absonderung, Abschluß, Försterhaus, Jägerhaus, Menschenleere ● Ferien, Urlaub, Erholung, Ausruhen, Ausspannung, Erfrischung, Ferienheim.
Landbau → Anbau, Feldbestellung.
Landbesitz → Land.
Landbestellung → Anbau, Feldbestellung.
Landbewohner → Bauer, Bevölkerung.
Landbote → Beauftragter.
Landbrücke → Landenge.
landen → anhalten, ankommen, beidrehen, bleiben.
Landen, in allen → überall.
Landenge Meerenge, Meereszunge, Holm, Mole, Nehrung, Halbinsel, Erdzunge, Landzunge, Isthmus, Landbrücke, Wegenge, Enge, Beschränkung, Begrenzung. → Bindemittel. ▶ Meerenge.
Länderbank → Bank.
Landeskind → Eingeborener.
Landeskinder → Bevölkerung.
Landesteil → Distrikt, Region.
Landesverrat → Verrat.
Landesverräter → Abtrünniger.
Landesverteidiger → Soldat.
Landfahrer → Wanderer.
Landflucht Abgang, Weg-

zug, Weggang, Wegtritt, Abmarsch, Abwanderung, Auswanderung, Räumung, Auszug, Ausmarsch, Verlassen, Abzug, Nimmerwiedersehen.
▶ Zuwanderung.
Landgut → Ansiedlung, Anwesen.
Landhaus Gutshof. → Besitztum, Cottage.
landläufig → allgemein, anerkannt, eingeführt, gebräuchlich, kurant.
ländlich bäuerlich, bodenständig, bewaldet, ackerbar, altmodisch, heimatlich, vorstädtisch. → einfach.
Landmann → Bauer, Eingeborener.
Landnahme Erwerbung, Erhalt, Besitznahme, Eroberung, Vermehrung, Einverleibung, Wegnahme, Errungenschaft, Beute. → Anbau. ▶ Enteignung, Räumung.
landsässig → ansässig.
Landschaft Gegend, Aussehen, Bezirk, Landstück, Landstrich, Gebiet, Umkreis, Landbezirk, Kanton, Bereich, Gemarkung, Gau, Grafschaft, Provinz, Ländchen, Bodenstück, Natur, Waldlandschaft. → Distrikt, Region.
Landsitz → Landhaus.
Landsknecht Haudegen, Draufgänger, Söldner, Rabauke ● Strauchdieb, Stromer, Strolch, Landstörzer.
Landsleute Landsmann, Eingeborener, Volksgenosse, Nationgenosse, Mitbürger, Staatsangehöriger, Bürger, Genosse, Heimatberechtigter, Mitbewohner, Bevölkerung, Freunde, Nachbarn, Bundesgenosse. ▶ Fremdling.
Landsmann → Landsleute.
Landstraße → Chaussee.
Landstreicher → Bandit, Dieb, Schurke.
Landstrich → Landschaft.
Landstück → Gemarkung.
Landung Annäherung, Ankunft, Eingang, Zugang, Anfahrt, Berührung, Eintritt, Abstieg, Landbetretung, Schiffslandung, Besuch, Aussteigen, Anstoß, vor Anker gehen. ▶ Abfahrt.
Landungsplatz Landungssteg, Anlegeplatz, Haltestelle, Schiffsgelände, Absteigeplatz, Kai, Ankerplatz, Hafen, Flet, Mole, Reede, Werft, Dock, Schiffslände, Anlegebrücke ● Flugplatz, Flughafen.
Landungssteg → Landungsplatz.
Landweg → Weg.
Landwirt → Bauer.
Landwirtschaft → Anbau, Anwesen, Bauernhof, Besitztum, Feldbestellung, Kultur.
landwirtschaftlich bäuerlich ● forstwirtschaftlich ● ländlich.

Landzunge → Kap, Landenge.
lang gestreckt, ausgedehnt, endlos, ausgezogen, unendlich, länglich, linear, ausgestreckt, verlängert, längs, dauernd, unaufhörlich, unablässig, lebenslang, immer, immerfort, schrittweise, zollweise, longitudinal, langwährend, jahraus jahrein, langfristig. → ausgedehnt, breit. chronisch, dauerhaft. ▶ kurz, schmal.
langatmig ausholend, wortreich, langfädig, weitschweifig, schwulstig, umständlich, beredt, fließend, zungenfertig, rednerisch, schlagfertig, redselig, mitteilsam, plauderhaft, geschwätzig, gesprächig, klatschhaft, lang und breit, breit quetschen, eine lange Brühe machen u, eine Oper reden u, langen Senf machen u. → diffus.
Länge → Abstand, Ausdehnung, Erstreckung.
langen → auskommen, erstrecken sich, hinreichen, schlagen.
längen strecken, verlängern, ausstrecken, dehnen, ausdehnen, ziehen, ausziehen, spannen, anspannen, recken, ausspinnen, auswalzen, aushämmern, ausdehnen, erstrecken sich. ▶ kürzen.
Langeweile Widerwille, Ermüdung, Abscheu, Überdruß, Ekel, Übersättigung, Niedergeschlagenheit, Erschlaffung, Mißvergnügen, Nichtstun, Untätigkeit, Tagdieberei, Zeitverschwendung, Trägheit, Eintönigkeit, Öde, Einförmigkeit, Gähnsucht, Alltagsleben, Einerlei, Tretmühle, Belanglosigkeit, Muße, Fadheit, Unlust, Verdrossenheit, Faulheit, Alltag. ▶ Abwechslung. Beschäftigung, Unterhaltung.
Langweiler → Schlafmütze.
langfädig → langatmig.
Langfinger → Dieb.
langfingrig → beutegierig, diebisch.
langfristig → lang.
langgezogen → gestreckt.
langjährig mehrjährig, überjährig, dauernd, beständig, bleibend, haltbar, winterbeständig, frosthart, verläßlich, unwandelbar, stetig, festsehend, überdauernd, unverändert, unbeirrt, von echtem Schrot und Korn. ▶ (kurzfristig).
langlebend → dauerhaft.
langlebig → dauerhaft.
Langlebigkeit → Dauerhaftigkeit, Ewigkeit.
länglich → ausgedehnt, lang.
Langmut → Beherrschung, Charitas, Duldsamkeit, Engelsgüte, Geduld, Nachsicht.

langmütig nachsichtig, duldsam, tolerant, mitleidig, huldreich, gütig, schonend, mild, gutmütig, gelinde, sanftmütig, zart, friedfertig, engelgleich, verträglich, taubenfromm, geduldig. → dulderisch. ▶ unduldsam, unnachsichtig.

längs → entlang.

langsam kriechend, gemächlich, sachte, abschnittweise, etappenweise, schleppend, zögernd, schläfrig, bedächtig, bequem, verschleppt, schwerfällig, lahm, hinkend, saumselig, träge, faul, lau, nachlässig, säumig, tatenlos, widerwillig, bleiern, phlegmatisch, langweilig, bummelig, trödelig, pomadig, drämelig *u*, schlaff, schlapp, nach und nach, in Etappen, zurückbleibend ● Bummelant, Bummelfritze *u*, Suse *u*, Tunte *u*, Trödelfritze oder -suse *u*. → allmählich, bedächtig, behäbig, bequem, bleiben zurück, bummelig, Eile mit Weile, energielos, faul. ▶ schnell.

langsam handeln bummeln, trödeln, kurz treten, herumdrucksen, drämeln *u*, schlendern, tunteln *u*.

langsamer Mensch → Banause, langsam, Schlafmütze.

Langsamkeit Gemächlichkeit, Schneckengang, Schneckenpost, Zeitlupe, Schlaffheit, Untätigkeit, Trägheit, Faulheit, Phlegma, Mattigkeit, Tranigkeit, Trödelei, Bummelei, Verzögerung, Saumseligkeit, Kraftlosigkeit, Schwäche, Teilnahmslosigkeit, Träumerei, Lässigkeit, Zögern, Zauderei, Unbeweglichkeit, Schlendrian, Stockung, Schlappheit, Pomadigkeit *u*, Flüchtigkeit. → Bewegung. ▶ Schnelligkeit.

Langschläfer Schlafratte pder -ratz, Pennbruder *u*, Faultier. → Faulenzer.

längsseits → daneben.

längst → bereits, früher, vorher.

längstens → beiläufig, fällig, Jahr und Tag nach.

langstielig → abgeschmackt, langatmig.

langwährig → dauernd, farbecht, langjährig.

langweilen → anöden, einschläfern, ermüden, gähnen.

langweilig freudlos, eintönig, ermüdend, fad, gehaltlos, belanglos, trocken, monoton, nüchtern, schal, geistlos, müde, geisttötend, albern, blöde, stumpfsinnig, einschläfernd, witzlos, abgeschmackt, einförmig, ereignislos, gleichgültig, matt, reizlos, uninteressant, langwierig, ledern, lahm, langstielig, ledern, tranig *u*, trauerklötig *u*, transusig *u*, tran-

funzlig *u*, finden die Zeit lang, ennuyant, → arm, beklemmend, böse, einförmig, einschläfernd, faul. ▶ beschäftigt, unterhaltend.

Langweiligkeit Witzlosigkeit, Fadheit, Fadigkeit, Geistesstumpfheit, Feierlichkeit, Eintönigkeit, Monotonie, Schalheit, Plattheit, Einförmigkeit, Ermüdung, Unerträglichkeit, Unausstehlichkeit, Binsenwahrheit, Einerlei, Tretmühle, Leierei, Belanglosigkeit. → Bummelei, Fadheit, Langeweile. ▶ Abwechslung, Beschäftigung.

langwierig → chronisch, dauerhaft.

langziehen → ausdehnen.

Lanze brechen, eine → beistehen, verteidigen.

lanzettförmig lanzenförmig, pfeilförmig, nadelspitz, spitzig, spitz, scharf, schneidig.

Lappalie → Bagatelle, Gehaltlosigkeit, Unwichtigkeit.

Lappen Lappländer, Nordländer ● Ohrlappen, Ohrwaschel, Lauscher, Windfang, Löffel, Luser, Behang. → Bargeld, Bruchstück, Fetzen.

Lapperei Kinderei, Lumpenzeug, Schwindel, Schrulle, Blech, Schmarren, Kitsch, Lappalie, Ramsch, Schund, Gerümpel, Bettel, Firlefanz, Ungeschmack, Flickwerk, Flickerei, Kleinigkeit. → Kitsch. ▶ Ernstlichkeit, Feingefühl, Vernunft.

läppern, sich → anschwellen.

läppisch → abgeschmackt, irrsinnig, unvernünftig.

Lapsus Entgleisung, Ungeschicklichkeit, Schnitzer, Verschulden, Fehltritt, Mißachtung, Verstoß, Hinwegsetzung, Mißverhalten, Übertretung, Pflichtverletzung, Fehler, Mißgeschick, Unhöflichkeit. ▶ Fehlerlosigkeit, Geschicklichkeit, Höflichkeit.

Larifari → Bagatelle, Fahrlosigkeit, Faselei, Gerede.

Lärm Krachen, Gedröhn, Geschrei, Getöse, Donner, Laut, Geräusch, Schall, Ton, Gelärm, Gebrüll, Gezeter, Tumult, Radau, Gejohle, Gejodel, Geduddel, Radiolärm, Gebrause, Gejauchze, Judenschule, Meßtrubel, Kirmeslärm, Gerassel, Geklingel, Geläute, Geschmetter, Fanfaren, Sirenen, Trommelschlag, Sturmgebraus, Knall, Krach, Gestampfe, Gepolter, Geklirr, Hupenlärm, Straßenlärm, Kindergeschrei, Kindergebrüll, Verkehrslärm, Trompetenstoß, Katzenmusik ● Streit, Zänkerei, Schimpferei, Geschelte, Weibergezänk, Keiferei, Gehader, Gekeife,

Krach, Krakeel *u*, Klamauk *u*, Klimbim *u*, Randal *u*, Spektakel, Tamtam *u*, Trara *u*, Zimbumm *u*, Mordskrach *u*, Gekreisch, Gezänke, Disput, Debatte, Fenster klirren daß die, Stimmengewirr, Lärm wie in einer Judenschule *u*. → Aufregung, Donner, Fanfare, Gebrause, Gefiedel. ▶ Lautlosigkeit, Ruhe.

lärmen kreischen, krachen, johlen, hallen, gellen, hupen, klirren, knallen, knarren, knattern, schmettern, tosen, dröhnen, schreien, rufen, jodeln, brüllen, zetern, randalieren, krakeelen, grölen, plärren, poltern, schlagen, klopfen, takken, rattern, rumpeln, trampeln, trommeln, hämmern, pochen, prasseln, raballern, Krach machen, spektakeln *u*, bullern *u*, Lärm schlagen, rasseln, schellen, schrillen, explodieren, aufschlagen, bumsen. → quietschen, beleidigen das Ohr, dröhnen. ▶ lautlos oder still werden, verstummen.

lärmend → laut.

larmoyant jammernd, weinerlich, klagend.

Lärmruf → Alarm.

Lärmschlagen → Alarm, lärmen.

Larve Gesicht, Verhüllung, Schleier, Maske, Vorhang, Visier, Heimlichkeit, Vermummung, Verkleidung, Deckung, Tarnung, Geheimhaltung, Verborgenheit, Dunkel, Kappe, Hülle, Antlitz ● Tierlarve, Puppe, Insektenlarve, Engerling, Made, Raupe.

lasch lau, lahm, schlaff.

Laschheit → Schlaffheit, Weichheit.

lassen → ablassen, aufhören, erlauben, ermöglichen, geben.

lassen, nicht aus den Augen bewachen, beobachten, hinsehen, anblicken, beäugeln, begucken, begaffen, betrachten, anschauen, im Auge behalten, den Blick verfolgen, den Blick heften auf, ins Auge fassen, bei einer Sache bleiben, Sorgfalt aufwenden, nach einem bestimmten Ziel streben. ▶ übersehen.

lassen, fünf gerade sein übersehen, vernachlässigen, bummeln, hängen lassen, nicht beachten, an nichts denken, durch die Finger sehen, sich nicht kümmern um, nachlässig sein, darüber hinwegsehen, etwas versäumen, seine Pflicht vernachlässigen ● alles durchgehen lassen, Nachsicht üben, alle beide Augen zudrücken, milde behandeln, sich um die Finger wickeln lassen. ▶ bemühen sich, entschließen sich, genau (sein), handeln, verbieten.

lassen, nicht locker streng, unbeugsam, unnachgiebig, bestimmt, rücksichtslos, unerbittlich, unduldsam, hartnäckig, nachdrücklich, zäh, beharrlich, ausdauernd, stetig, zielbewußt, unabänderlich, unbelehrbar, mit eiserner Beharrlichkeit, mit eisernem Fleiß. ▶ lässig, nachsichtig.

lassen, sitzen → lassen im Stich.

lassen, im Stich sitzen lassen, entfliehen, entlaufen, entkommen, wegrennen, durchbrennen, ausreißen, durchreißen, sich verkrümeln, sich drücken, wegschleichen, entwischen, entweichen, wegstehlen sich ● jemanden aufgeben, jemanden fallen lassen, den Rücken kehren. → desertieren.

lassen, keine Wahl drängen, zwingen, nötigen, abnötigen, erpressen, bestehen auf, abringen, aufdrängen, die Hand an die Gurgel legen, die Pistole auf die Brust setzen, in eine Zwangslage bringen, nichts anderes übrig lassen, nichts anderes mehr können, der Notwendigkeit weichen, unter Druck stehen. ▶ freistellen.

lassen, sich Zeit zögern, zaudern, trödeln, herumtrödeln, säumen, verschleppen, stokken, erlahmen, kriechen, troddeln, bummeln ● sich Zeit nehmen, Umstände machen, an sich herankommen lassen, sich sträuben, aufschieben. ▶ beschleunigen, hasten.

lässig salopp, nonchalant. → arbeitsscheu, fahrig, nachlässig, untätig.

Lässigkeit → Bummelei, Fahrlässigkeit, Langsamkeit, Trägheit.

läßlich → entschuldbar, verzeihlich.

Lasso Wurfleine, Wurfschlinge, Fangleine, Fangseil.

Last → Anfuhr, Anstrengung, Arbeit, Armut, Ballast, Bedrücktheit, Beschwerde, Beschwernis, Bremse, Bündel, Bürde, Elend, Gewicht, Mühe, Not, Schwere, Transport, Schmerz.

Last fallen, zur plagen, quälen, peinigen, lästig fallen, auf dem Halse haben, einen Klotz am Bein haben, mit jemandem sein Kreuz haben, auf der Hucke haben u, auf der Pelle sitzen u, an der Schürze hängen, auf der Tasche liegen. → lästig fallen.

Last legen, zur → belangen.

lasten erschweren, erdrükken, bedrücken, erfahren, ausstehen, plagen, heimsuchen, mißbehagen, schmerzen, peinigen, quälen, aufreizen, verdrießen, ärgern, be-

lästigen, bedrängen, kränken, bekümmern, erdulden. ▶ erleichtern.

lastend drückend, belastend ● beunruhigend, erschwerend ● schwerwiegend, gravierend.

Laster Untugend, Schwäche, Unsitte, Schwachheit, Ausartung, Fehler, Verirrung, Sünde, Lieblingslaster, Abweg, Entgleisung, Lockerheit, Entsittlichung, Sittenverfall, Hemmungslosigkeit, Lasterhaftigkeit, Gemeinheit, Unart, Schandfleck, Schändlichkeit, Ausschweifung, Lotterleben, Verruchtheit, Schlechtigkeit, Schande, Frevel, Schuld, Vergehen, Verstoß, Missetat ● Kokain, Opium, Spiel, Morphium, Nikotin, Koffein, Rauschgift, Sucht, Trieb. → Demoralisation, Fehler. ▶ Tugendhaftigkeit.

Lästerer Kritiker, Lästermaul, Tadelsüchtiger, Nörgler, Räsonierer, Sittenrichter, Tadler, Splitterrichter, Verleumder, Schmäher, Schmähredner, Schmährichter, Lästerzunge, Frevelzunge, Kläffer, Krakeeler, ungewaschenes Maul u, böse Zunge ● Gotteslästerer, Ungläubiger, Abtrünniger, Sünder, Fanatiker. ▶ Lobpreiser, Schmeichler.

lasterhaft → diabolisch, niederträchtig.

Lasterhöhle Spielhölle, Opiumhöhle, Kokainhölle, Morphiumhölle, Orgien, Seuchenherd, Pestbeule, Ausschweifung, Bordell, Entsittlichung, Babel, Sodom und Gomorra, Lasterpfuhl, Lasterpfad, Sündenbabel, Anstoß, Ärgernis, Zuchtlosigkeit, Sittenverfall.

lästerlich sündhaft, sündlich, frevelhaft, gotteslästerlich, sündig, scheinheilig, fluchend, schändlich, gemein, gottlos, unfromm, unheilig, gottverlassen → charakterlos, niederträchtig. ▶ tugendhaft.

Lästermaul → Ehrabschneider, Lästerer.

lästern → angreifen, begeifern, belächeln, bereden, bespötteln, bloßstellen, diskreditieren, klatschen, spotten, verleumden.

Lästerrede → Lästerung.

Lästerung Lästerrede, Beschimpfung, Spötterei, Gespötte, Pfuirufe, Geringschätzung, Erniedrigung, Schmähung, Entweihung, Beleidigung, Kränkung, Anzüglichkeit, Veleumdung, Verlästerung, Verunglimpfung, Bemäkelung, Schmährede, Ehrenrührigkeit, Ehrenschändung, Beschmutzung, Besudelung, Herabsetzung, Hechelei, Schändung, Befleckung, Verkleinerung, Nach-

rede, Klatsch ● Gotteslästerung, Blasphemie, Verwünschung, Fluch, Fluchwort, Verfluchung, Unfrömmigkeit, Verruchtheit, Sündhaftigkeit, Lästerlichkeit, Verhöhnung, Entweihung. ▶ Lob, Schmeichelei, Tugend.

Lästerzunge → Ehrabschneider, Lästerer.

lästig belastend, zuwider, beschwerlich, ungelegen, drükkend, ungeeignet, ermüdend, unbrauchbar, hinderlich, unbequem, mühsam, unangenehm, nachteilig, schwierig, verdrießlich, ärgerlich, unerwünscht, unerfreulich, unliebsam, störend, unleidig, übel, alt, blöde, oll u, widerlich, ungemütlich, erdrückend, mühevoll, mühselig, mißlich, anstrengend, ermattend, blutsauer u, aufreibend, unpassend, auf die Nerven fallen. → angestrengt, ärgerlich, aufreibend, bedenklich, beklemmend, böse, hinderlich. ▶ bequem, erfreulich, gelegen, leicht.

lästig fallen → ärgern, aufdrängen, belagern, lästig, reizen, quälen.

lästige Person Quälgeist, Klette, Brechmittel u, einer von der siebten Bitte u.

Lastwagen → Fahrzeug.

latent → gebunden, unerkennbar, unsichtbar, versteckt.

Latenz Verborgenheit, Verstecktheit, schlummernde Anlage, ruhende Kraft ● geheime Quelle ● Passivität.

Laterne → Leuchter.

Latifundium → Besitztum.

Latrine Abort, Grube, W. C., Abtritt, Lokus, Klosett, Kloake, Senkgrube, Jauchegrube, Örtchen, Ort, Häuschen, Bedürfnisanstalt, Pissoir, Austritt, Reinigungsort.

Latschen Pantoffeln, Hausschuhe, Pantinen ● Kiefern.

latschen → gehen, hemmen.

Latte Lineal, Stab, Stange, Stecken, Stock, Streifen ● Gerippe, Skelett, Latte lange, Linie moderne, Bohnenstange, Goliath, Riese, Riesentier, Schlaks, Laban, langes Elend, Lulatsch, Schragn ö, Fregatte.

lau → abgestumpft, erschlagen, mild, sachte, unempfindlich, unentschlossen, lasch.

Laub → Blatt.

Laubbaum → Baum.

Laube Gartenhaus, Wohnlaube, Verschlag, Nebengebäude, Liebeslaube, Sommerhaus.

Lauer → Danaergeschenk, Falle, Hinterhalt.

lauern auflauern, abpassen, abfassen, im Hinterhalt liegen, Heimlichkeiten treiben, Versteckenspielen, eine Falle legen, beschleichen, heranschleichen, heranstehen, heranmachen ● ins Garn locken, eine Schlinge legen, auf der Lauer liegen, nachstellen, fahnden, überlisten, auf Fang ausgehen ● aushorchen, ausfragen, ausquetschen, schnüffeln, belauschen, ausspionieren, aufspüren, belauern, an der Tür horchen ● schielen, Stielaugen machen, beneiden, mißgönnen. → erwarten. ▶ behüten, entschlüpfen lassen, gönnen, Grube fallen in die, vertrauen.

Lauf Branken *j*, Branten *j*, Pranken *j*, Pranten *j*. → Ablauf, Begebenheit, Bewegung, Direktion, Ereignis, Folge, Lage, Strömung.

Lauf, freier freie Bahn, Spielraum, Raum, freies Feld, Freiheit, Ungezwungenheit, Ungebundenheit, Unabhängigkeit, Selbständigkeit. → Bahn. ▶ Abhängigkeit.

Laufbahn → Beruf, Karriere.

Laufbursche → Bote.

laufen fließen, ergießen sich, herausquellen, hervorbrechen, perlen, plätschern, quellen, rauschen, rieseln, rinnen, schwitzen, sickern, sintern, sprudeln, strömen, stürzen, tröpfeln, tropfen, überfließen, überlaufen, überschwappen, umfluten, umspülen, wälzen sich, wogen, gurgeln, bewegen sich, bummeln, eilen, fahren, fliegen, fliehen, gehen, gleiten, glitschen, gondeln, herumtreiben sich, marschieren, pilgern, regen sich, reisen, rollen, rühren sich, schieben, schlängeln sich, schlendern, schnüren, schweifen, spazieren, stapfen, steigen, stiefeln, stolzieren, strolchen, stromern, tänzeln, tippeln, trampeln, trampen, trappen, trotten, vagabundieren, vagieren, wandeln, wandern, waten, wechseln, ziehen, zuckeln, klettern, latschen, schlenkern, socken, staksen, stelzen, schüren *j*, tapern, trudeln, zigeunern ● ausgreifen, ausreißen, davonlaufen, entlaufen, fortlaufen, weglaufen, durchgehen, hasten, hetzen, huschen, jagen, promenieren, sich die Beine oder Hacken ablaufen, von Pontius zu Pilatus laufen *u*. → ausschreiten, aufspringen, begeben sich, bewegen sich, beeilen, beschleunigen, davonmachen, durcheilen, durchlaufen, eilen, fließen, gehen, quellen, rennen. ▶ fahren, kriechen, ruhen, stocken.

laufen, heran → Anzug.

laufen lassen hängen lassen, kümmern sich nicht, Sor-

ge machen sich keine, gleichgültig bleiben ● vernachlässigen, verabsäumen, übergehen, geringschätzen, auf die leichte Achsel nehmen, nicht beachten, nicht fragen nach, nicht denken an, durch die Finger sehen, in den Wind schlagen, zum alten Eisen werfen, beiseite legen, aussondern, ausrangieren ● die Achsel zucken, hinnehmen, verschmerzen, gefaßt bleiben ● die Ruhe bewahren, freilassen, befreien, freisetzen, entlassen, freigeben, losketten, entschlüpfen lassen, entkommen lassen ● entlasten, entbinden. ▶ einsperren, lassen nicht locker, schätzen, Sorge tragen, aufregen sich.

laufend kurrent. → andauernd, ständig.

Läufer → Sport, Teppich.

Lauffeuer, wie ein bekannt werden, aussprengen, verbreiten, weitergeben, weitertragen, von Mund zu Mund gehen, von Ohr zu Ohr tragen, Staub aufwirbeln, ein öffentliches Geheimnis sein → schnell, geschwind, sofort, rasch, flugs, unverzüglich, blitzartig, schnellfüßig, beflügelt, beschwingt, pfeilgeschwind, schnell wie der Wind. → beflügelt. ▶ langsam, vertuschen.

läufig geil, hitzig, heiß *j*, begattungsreif.

Laufpaß geben abbauen, abberufen, absägen, abservieren, absetzen, degradieren, entlassen, entlohnen, entthronen, fortjagen, kaltstellen, kündigen, suspendieren, verabschieden, wegschicken, wegloben, den Abschied geben, in den Ruhestand versetzen, fallen lassen, über Bord werfen, in die Wüste schikken, den Stuhl vor die Tür setzen, aus dem Sattel heben, aus dem Amt bringen. ▶ beauftragen, einbeziehen.

Lauge → Abguß, Aufguß, Brühe.

Laufstall Ställchen, Laufgitter.

Laufzettel → Zirkular.

Lauheit → Gleichmut.

Laune Hang, Lust, Neigung, Stimmung ● Allüren, Anwandlung, Einfall, Flausen, Grille, Kaprize, Manie, Marotte, Schelmerei, Scherz, Schrulle, Mucken, Zicken *u*, Sparren, Spleen, Tick ● Affekt, Disposition, Gemütsverfassung, Geisteszustand, Verfassung ● Empfindlichkeit, Reizbarkeit ● Affekt, Anwandlung, Ärger, Begehr, Begeisterung, Belieben, Bitterkeit, Einfall, Flatterhaftigkeit, Gemütsstimmung, Gemütszustand, Jubel, Stim-

mung, Unbeständigkeit. ▶ Ausgeglichenheit, Lebensfreude, Selbstzucht, Stetigkeit.

Laune bringen, in gute erheitern, aufheitern, aufmuntern, beleben, beseelen, anregen. → breitschlagen. ▶ ärgern.

Laune, schlechte → Bissigkeit, Mißbehagen, Unhöflichkeit, Zanksucht.

launenhaft beweglich, brummig, launisch.

Launenhaftigkeit → Anwandlung, Ungezogenheit, Wankelmut.

launig → geistreich, humoristisch.

launisch beweglich, charakterlos, flatterhaft, flüchtig, haltlos, inkonsequent, launenhaft, leichtsinnig, unbeständig, unstet, untreu, unzuverlässig, veränderlich, treulos, wandelbar, wankelmütig, wetterwendisch, windig, zerfahren, grillenhaft, kapriziös. → eigensinnig, veränderlich. ▶ ausgeglichen, harmonisch.

Laus in den Pelz setzen sich schädigen, Unheil stiften, Abbruch tun, einen Floh ins Ohr setzen, die Suppe versalzen, verderben. ▶ nützen.

Lausbub Kind, Junge, Knabe, Bursche, Sproß, Sprößling, grüner Junge, Gelbschnabel, Bengel, Schlingel, Flegel, Range, Fratz, Fant, Knirps, Balg, Schelm, Wicht, Wisch, Spitzbube, Lapp, Gauner, Lackel. → Lackel.

lausbübisch läppisch, unerfahren, unreif, kindisch, grün, bubenhaft, spitzbübisch. ▶ erwachsen, reif.

lauschen hören, aufhorchen, zuhorchen, behorchen, anhören, zuhören, die Ohren spitzen, erlauschen, horchen, abhorchen, eine Falle stellen, im Hinterhalt liegen, spionieren, beobachten, erwachen. ▶ liegen lassen links, taub (sein), unachtsam (sein).

Lauscher → Anwesender, Beobachter, Dabeistehender, Heimlichtuer, Kreatur gemeine, Kundschafter.

lauschig → angenehm, behaglich, bequem, daheim, gemütlich.

Lausejunge → Junge dummer, Lackel, Lausbub.

Lauser → Junge dummer, Lackel, Lausbub.

lausig verlaust ● kläglich, schäbig, nachteilig, schlimm, arg, übel, böse, schlecht, abscheulich, furchtbar, schrecklich, bedauernswert. → bedenklich, jämmerlich.

Laut Klang, Ton, Schall, Stimme, Geräusch, Resonanz, Schrei, Gebrüll, Gebell,

Gewinsel, Getriller, Gezwitscher. ▶ Lautlosigkeit.

laut geräuschvoll, hörbar, lärmend, schallend, schrill, vernehmbar, vernehmlich, volltönend, deutlich, klingend, tönend, ohrenbetäubend, daß die Wände wackeln *u*, gellend, donnernd, schreiend, dröhnend ● gemäß, entsprechend, im Sinne von, nach, in bezug auf, hinsichtlich betreffs, bezüglich. → anläßlich, aufdringlich, deutlich, durchdringend, gemäß, geräuschvoll. ▶ lautlos, leise, undeutlich.

lauten heißen. → läuten.

läuten ertönen, erschallen, klingen, schellen, klingeln, tönen, schallen, bimmeln, dröhnen, anschlagen. → erklingen. ▶ verstummen.

lauter klar, rein, hell, unverfälscht, echt, schlicht, einfach, natürlich, unvermischt, unvermengt, unversetzt, frei, von ● sauber, blitzblank, unbeschmutzt, unbefleckt, fleckenlos, durchsichtig ● rechtschaffen, ehrlich, ehrbar, gedankenrein, unbescholten, eine weiße Weste haben, gediegen, wacker, bieder, brav, arglos, unbestechlich ● harmlos, fromm, herzensrein, seelengut ● alle, nur, ausschließlich. → achtbar, adrett, angesehen, anständig, arglos, artig, ausschließlich, fest, klar, loyal, sauber. ▶ unlauter.

Lauterkeit → Beständigkeit, Charakterstärke, Fehlerlosigkeit, Tugend.

läutern → durchseihen, wachsen, sühnen, klären.

läutern, sich → sühnen.

Läuterung Reinigung, Waschung, Säuberung, Klärung, Sichtung, Siebung, Entmischung, Trennung. → Desinfektion, Sühne. ▶ Reuelosigkeit, Trübung, Vermischung.

lauthals schreiend, gellend. → laut.

lautlos → geräuschlos, unhörbar, beruhigen.

Lautlosigkeit → Ruhe, Stille.

lautstark → vernehmbar.

lauwarm → warm.

lavieren → abschwenken, abweichen, bleiben neutral, kreuzen.

Lawine → Bewegung.

lax fahrlässig, lässig, säumig, unverantwortlich, unzuverlässig, verantwortungslos. ▶ verantwortungsbewußt, zuverlässig.

Laxheit Lässigkeit, Pflichtverletzung, Schuld, Versäumnis. → Erschlaffung. ▶ Verantwortungsgefühl, Zuverlässigkeit.

Lazarett Militärkrankenhaus, Hospital, Spital, Klinik, Feldlazarett, Verbandsplatz, Unfallstation, Krankenanstalt.

lazarettfähig → krank.

Lazarus Armer, Dürftiger, Bedürftiger, Besitzloser, Mittelloser, Unbemittelter, Hungerleider, Kirchenmaus, Habenichts, armer Schlucker, armer Teufel, Armenhäusler, Almosensammler, Kranker. → Bittsteller.

lebe hoch → bravo.

Lebemann Bonvivant, Windhund, Playboy *M.* → Bacchant, Casanova, Faun.

Leben Belebung, Bildungskraft, Lebensbejahung, Lebensgefühl, Lebendigkeit, Lebensfunke, Lebensflamme, Lebenssaft, Herzblut, Lebenszeit, Lebensinhalt, Dasein, Erdentage, Erdenwallen, Erdentreiben, Lebenswandel, Jammertal, Hundeleben *u*, Bestehen, Vorhandensein, Bestand, Wirklichkeit, Wahrheit, Welt, Weltlauf ● Anschaulichkeit, Wirklichkeitsnähe. → Bestand, Dasein, Erdentage, Existenz, Fleisch und Blut. ▶ Tod.

Leben genießen, das → belustigen.

Leben einflößen, neues → bekämpfen, kurieren.

Leben erleichtern, das → erleichtern.

Leben, gottloses Sünderleben, Lotterleben, Frevelsinn, Sündhaftigkeit, Laster, Gottvergessenheit, Verruchtheit, Verstocktheit, Gotteslästerung, Kirchenfrevel, Kirchenschändung, Totenschändung, Charakterlosigkeit, Apostasie, Gemeinheit, Niederträchtigkeit, Unfrömmigkeit, Gottvergessenheit, Leben in Sünde. ▶ Frömmigkeit.

Leben rufen, ins erfinden, schöpfen, hervorbringen, anfangen, beginnen, anheben, einsetzen, entstehen, den Anfang machen, den Anstoß geben, Bahn brechen, einführen, einleiten, eröffnen, von vorne anfangen ● belegen, bringen zur Welt. ▶ vernichten.

leben existieren, atmen, bestehen, fortleben, sein, dasein, erscheinen, dastehen, werden, vorstellen, überdauern, überleben, verharren, sich behaupten, durchhalten, ausdauern, erhalten, erstarken, aufleben, weilen, wohnen, zugegen sein. ● achten, atmen, aufhalten sich, bestehen, dasein, erlangen das Bewußtsein. ▶ sterben.

leben in den Tag hinein dahindämmern, gleichgültig sein, teilnahmslos sein, unberührt sein, anteillos sein, abgestumpft sein, unzugänglich sein, unempfänglich sein, alles egal sein lassen, das Gefühl ertöten, das Gewissen

betäuben, die innere Stimme einschläfern, sich um nichts kümmern, auf die leichte Schulter nehmen, taub sein für, in den Wind schlagen, von nichts berührt werden. → verschwenden. ▶ empfinden, interessieren, sorgen, sparen.

leben, über die Verhältnisse → verschwenden.

lebendig geboren, vorhanden, leben, belebt, atmend, lebensfähig, lebenskräftig, kernhaft, wirklich, körperlich, körperhaft, leibhaftig, gegenständlich, wirklichkeitsnahe, greifbar, wesenhaft, substantiell ● lebhaft, tätig, angriffig, unermüdlich, kraftvoll, energisch, stark, wirksam, durchschlagend, rührig, fix ● erinnerlich, unvergeßlich, unverwischbar, unauslöschlich, eingedenk, frisch im Gedächtnis. → arbeitsam, bühnengerecht, dramatisch. ▶ tot.

lebendig sein → bestehen, lebendig.

Lebendigkeit Lebhaftigkeit, Dynamik, Lebenswille, Beweglichkeit, Unternehmungsgeist, Schnelligkeit, Raschheit, Frische, Stärke, Energie ● Geschäftigkeit, Betriebsamkeit, Rührigkeit, Unruhe, Quecksilbrigkeit ● Lebenskraft, Lebensflamme, Vitalität, Lebenstrieb ● Aufgeschlossenheit, Frohsinn, Frohmut, Heiterkeit, Munterkeit, Aufgeräumtheit, Lebenslust.

Lebens sich freuen, des → vergnügen sich.

Lebensabend Lebenslage, Alter, Greisenalter, Greisenlos, Bejahrtheit, Hinfälligkeit, Ruhezeit, Ruhestand, Ruhe, Lebensende, Todesahnung, Verfall, Lebensherbst, Kräfteverlust, Gebrechlichkeit, Kräfteverfall, Schwäche. ▶ Jugend.

Lebensabriß → Curriculum vitae.

Lebensanschauung Weltbild, Lebensart, Lebenserfahrung, Lebensauffassung, Lebensklugheit, Lebensform, Überzeugung, Gesinnung, Standpunkt.

Lebensarbeit Beruf, Aufgabe, Laufbahn, Lebensberuf, Lebensstellung, Gewerbe, Existenz, Lebenswerk, Lebensinhalt, Beschäftigung, Amt, Arbeitsbereich, Arbeitsbezirk, Unternehmen, Arbeit, Werk, Bau, Bestimmung, Posten, Platz, Tätigkeit. → Erwerbszweig. ▶ Untätigkeit.

Lebensart Lebenshaltung, Erziehung, Bildung, Anstand, Manieren, Weltton, Umgangston, Geschmack, Takt, Beneh-

men, Fingerspitzengefühl, Einfühligkeit, Urteilskraft, Sitte, Schicklichkeitsgefühl, Lebensstil, Wesen, Betragen, Haltung, Würde, Rücksicht, Fasson nach eigener, Mores. → Anstand, Benehmen, Brauch. ▸ Sittenlosigkeit, Taktlosigkeit, Unbildung.
Lebensart zeigen → benehmen sich.
Lebensaufgabe → Beruf, Berufung, Lebensarbeit.
Lebensbahn → Lebenslauf.
Lebensbedingung→Tatsache.
Lebensbedürfnis → Lebensmittel.
Lebensbejahung → Daseinsfreude, Lebensfreude.
Lebensberaubung → Bluttat, Mord.
Lebensberuf → Beruf, Lebensarbeit.
Lebensbeschreibung Biographie. → Curriculum vitae, Chronik, Denkschrift.
lebensecht lebensnah, echt, wahr, wirklich, real, natürlich, naturnah.
Lebenselixier → Elixier.
Lebensende → Tod.
lebenserfahren alt genug sein, Bescheid wissen, ein Liedchen singen können, mitreden können, hinter allen Hecken gelegen haben, sich auskennen, vertraut sein, die Menschen durchschauen können, einen Blick dafür haben, sich den Wind um die Ohren haben blasen lassen, auf allen Meeren Bescheid wissen. → erfahren. ▸ unerfahren.
Lebenserfahrung Erfahrung, Gewohnheit, Übung, Betriebserfahrung, Schulung, Wissen, Erkenntnis, Kenntnis, Einsicht, Vertrautheit, Klugheit, Weisheit, Lebenskunst, Scharfblick, Urteil, Lebensklugheit, Geschick, Gewandtheit, Fähigkeit, Auskennen. ▸ Unerfahrenheit.
Lebenserinnerung → Chronik, Denkschrift.
lebensfähig daseinsfähig, lebenskräftig, lebend, beständig, gesund, überdauernd, überlebend, hell, unversehrt, leistungsfähig, unbeschädigt, unverkrüppelt. ▸ kraftlos, krank, verfallen.
Lebensform → Leben, Lebensart.
lebensfremd lebensfern, schwerfällig, kurzsichtig, unvorsichtig, weltfern, weltfremd, menschenscheu, zurückgezogen, unzugänglich, alleinstehend, vereinsamt ● ungeschickt, linkisch, umständlich, ungelenk, ungewandt, unerfahren, ratlos, hilflos, ungewohnt, ungeübt. → Hand noch Fuß nicht. ▸ erfahren, lebenstüchtig, weitblickend.

Lebensfreude Heiterkeit, Behagen, Zufriedenheit, Daseinsfreude, Lebensgefühl, Lebensbejahung, Lebensmut, Lebenslust, Wohlgefühl, Urbehagen, Frohsinn, Frohgefühl, Hochgefühl, Schaffensfreude, Schaffenslust, Wohlbehagen, Behaglichkeit, Befriedigung, Vergnügtheit, Tatkraft, Frohnatur. → Daseinsfreude. ▸ Lebensüberdruß.
lebensfroh → froh, wohlgemut.
Lebensgefahr → Gefahr.
lebensgefährlich → bedenklich, gefährlich.
Lebensgefährte → Bräutigam, Ehegenosse.
Lebensgefährtin → Ehefrau.
Lebensgefühl Gemütsbewegung, Körpergefühl, Gefühlslage, Gefühl, Lebenskraft, Lebendigkeit, Lebensfunke, Lebensflamme, Lebenslust, Lebensmut, Zufriedenheit, Lust, Beglückung, Urbehagen, Behagen, Daseinsfreude, Heiterkeit, Befriedigung, Lebensgeister. →Lebensfreude, Art, Daseinsfreude.
Lebensgeister → Lebensgefühl, Tatkraft.
Lebensgemeinschaft → Ehe.
Lebensgeschichte → Curriculum vitae, Lebenslauf.
Lebensgesetz → Naturgesetz.
lebensgierig lebenshungrig, unersättlich, unstillbar, begehrlich, lüstern, besessen, versessen, lechzend.
Lebensglück → Glück.
Lebenshaltung Lebensweise, Lebensführung, Lebenskunst, Ordnung, Lebensstandard, Lebensstil, Lebensstand, Lebensunterhalt. → Lebensart.
lebenshungrig lebensgierig, lebensdurstig, unbefriedigt, unersättlich, verlangend, begehrend, begierig, sehnsüchtig, unzufrieden, abenteuerhungrig, triebhaft, lustig, erlebensgierig, weltoffen. ▸ lebensmüde.
Lebensinhalt → Beruf, Lebensarbeit.
Lebenskampf → Kampf ums Dasein.
Lebensklugheit → Lebenserfahrung.
Lebenskraft Lebensbejahung, Lebensgefühl, Lebensfunke, Lebensflamme, Lebendigkeit, Vitalität, Lebenswille, Selbsterhaltungstrieb, Widerstandskraft, Bildungstrieb, Entfaltung, Drang, Keimkraft, Arterhaltung. → Gesundheit, Leben, Lebenstrieb. ▸ Kraftlosigkeit, Krankheit.
Lebenskunst → Feingefühl, Lebenserfahrung
Lebenskünstler → Bacchant, Genießer.

lebenskundig → denkfest, reif.
lebenslang → dauerhaft, lang.
Lebenslauf Lebensabriß, Lebensgeschichte, Curriculum vitae, Lebensbeschreibung, Beschreibung, Entwicklungsgang, Leben, Lebensinhalt, Lebenszeit, Abriß. → Chronik, Curriculum vitae.
Lebenslicht ausblasen, das → töten.
Lebenslust → Daseinsfreude, Lebensfreude, Tatkraft.
lebenslustig → aufgeräumt, beschwingt, bubenhaft, froh, genießerisch, himmelhochjauchzend, kummerlos, zufrieden.
Lebensmittel Lebensbedürfnis, Nahrung, Ernährung, Nährmittel, Versorgung, Mundvorrat, Futter, Futterage, Delikatesse, Zehrung, Speisung, Essen, Unterkunft, Kost, Beköstigung, Nahrungsmittel, Eßware, Bedarf, Material, Verstärkung. → Ernährung.
lebensmüde lebensüberdrüssig, unzufrieden, traurig, freudeleer, unbefriedigt, mißvergnügt, unbehaglich, unglücklich, leidvoll, trübsinnig, mutlos, betrübt, bekümmert, abgehärmt, lebenssatt, sterbensfroh, gebrochen, seelenwund, melancholisch, niedergeschlagen, kleinmütig, schwermütig. ▸ lebenshungrig.
Lebensmut → Energie, Freude, Lebensfreude, Tatkraft.
Lebensnähe → Echtheit.
Lebensneige → Lebensabend.
Lebensraub → Beraubung, Tötung.
Lebensraum Wirkungsbereich, Umkreis ● Reichweite, Ausdehnung, Expansion ● Standort, Brutbereich, Nestbereich.
Lebensregel → Maxime.
Lebensretter Retter, Helfer, Rettungsschwimmer ● Schützer, Verteidiger, Schutzengel ● Schäferhund, Polizeihund, Lawinenhund. ▸ Beschützer, Polizeikräfte.
Lebenssaft → Blut, Gesundheit.
lebenssatt → aufgelegt, lebensmüde.
Lebensstandard → Lebenshaltung, Existenzniveau.
Lebensstil → Lebensart, Lebenshaltung.
Lebenstage → Erdentage.
Lebenstrieb Erhaltungstrieb, Fortpflanzungstrieb, Antrieb, Instinkt, Unterbewußtsein, Lebenssaft, Lebenskraft, Bildungstrieb, Wachstum, Zeugungstrieb, Geschlechtstrieb, Betätigungsdrang. ▸ Bewußtsein, Kraftlosigkeit, Verfall.

lebenstüchtig klug, erfahren, vernünftig, einsichtsvoll, geschickt, anstellig, gewandt, lebenskundig, bewandert, bewährt, erprobt, tauglich, verwendbar, befähigt, tatkräftig, wirksam, unermüdlich, tüchtig, arbeitsfähig. ▶ lebensfremd, unerfahren.

Lebensüberdruß → Bekümmernis, Trübsinn.

lebensüberdrüssig → aufgelegt, lebensmüde.

Lebensunterhalt Beruf, Stellung, Existenz, Erwerb, Einkommen, Einnahme, Gehalt, Lohn, Lebensstellung, Vermögen, Geld, Haushaltungskosten, Lebensmittel, Betrag, Lebenshaltungskosten.

lebensverneinend → pessimistisch.

Lebenswahrheit Lebensnähe, Wirklichkeitssinn, Tatsache, Realität, Gewißheit. ▶ Trugbild, Zerrbild.

Lebenswandel → Erdentage, Leben.

Lebensweise → Lebensart.

Lebensweisheit → Lebenserfahrung, Lebenshaltung.

Lebenswerk → Beruf, Lebensarbeit.

lebenswichtig → A und O, ausschlaggebend, nötig.

Lebenswille → Lebenskraft.

Lebenszeit → Dasein, Erdentage, Leben.

lebenszerstörend → schädlich.

Lebensziel Bestimmung, Sinn, Endzweck, Erfüllung.

Leber, frisch von der → offenherzig.

Lebewelt High Society, Große Welt, Jet-set, obere Zehntausend.

lebewohl → ade.

lebhaft geschäftig, betriebsam, unternehmend, lebendig, beweglich, rastlos, nachdrücklich, rege, energisch, forsch, einschneidig, eifrig, beflissen, gewandt, ruhelos, rührig, temperamentvoll, stürmisch, unermüdlich, unternehmend, unruhig, quecksilbrig, munter, impulsiv, ungeduldig, aufgeregt, leidenschaftlich ● springlebendig, übermütig, vergnügt, froh, fidel, heiter, lustig ● Stehaufmännchen, Quirl, Zappelfritze u. → aktiv, anstellig, antreibend, arbeitsam, aufgeräumt, aufgeschlossen, begeistert, beweglich, bühnengerecht, bunt, dramatisch, farbig. ▶ phlegmatisch, ruhig, niedergeschlagen.

Lebhaftigkeit → Aktivität, Begeisterung, Behendigkeit, Bestimmtheit, Temperament.

Lebküchner → Bäcker.

leblos → abgeschieden, bleiern, tot.

Leblosigkeit → Ohnmacht, Tod.

lechzen schmachten, unterliegen, erschöpfen, erschlaffen, ermatten, schwitzen, erliegen, dürsten, begehren, wünschen, verlangen, ersehnen, erstreben, sehen, gelüsten, erpicht sein, vergessen sein, trachten, verschmachten, entbrennen, vergehen. → hungern. ▶ laben.

lechzend → gierig.

Leck → Bruch, Öffnung.

leck → durchlässig sein, offen.

lecken rinnen, durchlassen, durchsickern, durchsintern, herauslaufen, entfließen, herauslassen, ein Loch haben ● schmecken, schlecken, kosten, verkosten, proben, versuchen, schleckern, lutschen, schmatzen, schnuppern, nippen, naschen ● ablecken, herzen, küssen, drücken, abschmatzen, schnäbeln, kosen, liebkosen. → essen. ▶ dichten, verschmähen.

lecker mundend. → angenehm, appetitlich, aromatisch, auserlesen, delikat, erfrischend, eßbar, köstlich, saftig, schmackhaft.

Leckerbissen Schmackhaftigkeit, Wohlgeschmack, Gaumenkitzel, Ambrosia, Hochgenuß, Schmaus, Näscherei, Götterspeise, Götterkost, Göttertrank, Feinkost, Feingebäck, Lerchenzunge, Ergötzlichkeit, Schmauserei, Schwelgerei, Auster, Kibitzei, Schwalbennest, Schnepfendreck, Schnabelweide, Dessert, Delikatesse, Naschwerk, Näscherei, Süßspeise, Nachtisch, Nachspeise, Schleckerei, Zuckerwerk. → Delikatesse, Ergötzlichkeiten, Feinkost. ▶ Fraß, Widerlichkeit.

Leckerei → Süßigkeit.

leckerhaft → feinschmeckerisch, genießerisch.

Leckerhaftigkeit → Feinschmeckerei.

Leckermaul → Feinschmecker.

leckermäulig → feinschmeckerisch, genießerisch.

Leder Haut, Außenhaut, Bedeckung, Hülle, Umhüllung, Schutzschicht, Belag, Volleder, Spaltleder, Narbenleder, Rindsleder, Schweinsleder, Ziegenleder, Schafsleder, Boxcalf, Chevreau, Chromleder, Chagrin, Glacé, gegerbtes Leder, Krokodilleder, Eidechsleder, Schlangenleder, Hirschleder. → Balg, Ball, Bedeckung, Fell.

Leder gerben → schlagen.

ledern → abgeschmackt, langweilig, zäh.

ledig alleinstehend, unverheiratet, frei, ehelos, allein,

unverehelicht, unvermählt, unbeweibt, gattenlos, ehescheu, einspännig u, los, bar, befreit, unabhängig, selbständig, unbeschränkt, ungebunden, ungehemmt ● noch zu haben sein. → allein, alleinstehend, entspannt, federlos, frei. ▶ unfrei, verehelicht.

lediglich → nur.

leer → abwesend, aus, ausdruckslos, blank, blanko, entvölkert, farblos, unbedeutend.

leer ausgehen bekommen nichts, beziehen nichts, empfangen nichts, einnehmen nichts, vergessen werden, erhalten nichts, kriegen nichts, erwerben nichts, geschenkt bekommen nichts. → bringen es nicht weit. ▶ bekommen, bringen es weit.

Leerdruck → Formular.

Leere Vakuum. → Abwesenheit, Gehaltlosigkeit, Lücke.

leeren entleeren, ausleeren, leer machen, räumen, fortschaffen, wegfegen, beseitigen, hinwegschaffen, aufräumen, erleichtern, ausgießen, ausströmen, abfließen, ausschenken, austrinken, absondern, schlürfen, bechern, verputzen u, wegputzen u, aufkriegen u, saufen, kippen. ● abladen, ausladen, ausschütten, entvölkern. ▶ beladen, füllen.

Leerheit → Bedeutungslosigkeit.

Leerlauf Fehlbetrag, Verlustgeschäft, Schaden, Abnahme, Einbuße, Ausfall, Schwund, Verminderung, Verfall, Vermögensschwund, Vermögensabzug, Schrumpfung, Rückgang, Niedergang, Auflösung, Stillstand, Stillegung, Leere ● Willenspause, Lähmung, Ausschaltung, Trägheit, Willensschwäche, Schlaffheit. ▶ Aufschwung, Gewinn, Willensstärke.

leerstehend unbewohnt, unbesetzt, zu vermieten.

Leerung → Aussiedlung, Entleerung.

legal gesetzlich, ordentlich, koscher u, legitim, rechtmäßig, verfassungsgemäß, rechtlich, gesetzmäßig, rechtskräftig, konstitutionell, statutengemäß, ordnungsgemäß, nach Gesetz, mit Fug und Recht. ▶ illegal.

legalisieren genehmigen, gutheißen, ratifizieren, verordnen, beschließen, verfügen, erlassen, vorschreiben, Gesetzeskraft verleihen, zum Gesetz erheben, Gesetz erlassen, rechtskräftig machen. ▶ ein Gesetz verdrehen oder aufheben.

Legat Nachlaß, Hinterlassenschaft, Vermächtnis, Testament, Erbe, Erbschaft, Erbteil,

Vermachung, Gabe, Schenkung. → Beauftragter.

legen hinlegen, sich niedertun *j*, sich einschicken *j*, unterbringen, aufstellen, zurechtlegen, schichten, anordnen, einteilen, niederlegen, ausruhen, kauern, liegen, zusammenlegen, falten, betten, ablegen, deponieren, verlegen ● jungen, Eier legen. → ausruhen, bequem. ▶ arbeiten, stehen, stellen.

legen, in Asche → abbrennen.

legen, in die Hände → belehnen, geben.

legen, das Handwerk → hindern.

legen, klar → deuten.

legen, zur Last → belangen.

legendär → sagenhaft.

Legende → Dichtungsart, Erfindung, Erzählung.

leger umgänglich, leutselig, herzlich, jovial, zugänglich, zutraulich, ungeniert, flott, zwanglos, ungezwungen, unbefangen, unverlegen, weltgewandt, nonchalant, ohne Umstände, ohne Zeremoniell, gesellschaftlich frei. ▶ gezwungen, unzugänglich.

legieren bilden, verschmelzen, mischen, verdicken, vereinigen, verquicken, amalgamieren, einschalten, einlegen, binden, einflechten, einschieben, untermengen, beimengen, anreichern, bespritzen, überschütten ● verordnen, stiften, Vermächtnisse machen. → beifügen. ▶ scheiden.

Legierung Verschmelzung, Mischung, Bindung, Metallmischung, Vermengung, Zusammensetzung, Zumischung, Beimengung, Beifügung, Gemisch, Gemenge, Amalgam, Messing, Talmigold, Chinasilber, Tombak. → Bronze. ▶ Scheidung, (Reinmetall).

Legion Heer, Söldnerschar, Truppe, Streitmacht, Soldaten, Heervolk, Feldschar, Kriegerschar, Armee, Militär, Fremdenlegion, Zug, Kohorte, Rotte, Kompagnie, Bataillon, Kolonne, Zenturie. → Anzahl.

legislativ gesetzgebend, gesetzgeberisch, verordnungsmäßig, verfassungsmäßig, statutarisch, konstitutionell, gesetzmäßig, satzungsgemäß. ▶ exekutiv.

legitim → legal.

Legitimation → Belege, Bescheinigung, Bestallung, Fähigkeitsausweis.

Legitimationskarte → Paß.

legitimieren → ausweisen, beglaubigen.

Lehen → Bauernhof, Besitz, Besitztum, Belehnung.

Lehensgut → Bauernhof, Besitztum.

Lehnsherr → Besitzer, Eigentümer.

Lehensmann → Besitzer.

lehenspflichtig → abhängig.

Lehmbad → Bad.

lehmig → breiig, dickflüssig.

Lehne Stütze, Abstützung, Halter, Anlehnung, Rückhalt, Stuhllehne, Lehnsessel, Lehnstuhl ● Schräge, Schiefe, Berglehne, Wand, Hang, Abseite, Böschung, Neigung, Neige, Schräglage, Senkung, Bergmatte, Halde. → Abgrund.

lehnen, sich anliegen, anlehnen, auflehnen, ruhen, stützen, abstützen, aufstützen, unterstützen, zurücklehnen, neigen, überhangen, abbiegen, beugen, abdachen, abböschen, abschrägen, abfallen. → fallen.

Lehnwort → Fremdwort.

Lehranstalt → Anstalt, Erziehungsanstalt.

Lehrart → Art.

Lehrauftrag Berufung, Ruf.

Lehrbub → Arbeiter, Lehrling.

Lehrbuch → Abriß, Fibel.

Lehre Belehrung, Schulung, Instruktion, Unterweisung, Aufklärung, Anweisung, Anleitung, Anregung, Bildung, Einschärfung, Erklärung, Erläuterung, Einschulung, Übung, Drill ● Ermahnung, Anhalt, Verweis, Zurechtweisung, Mahnung, Bekehrung, Bevormundung, Predigt, Erbauung ● Vortrag, Vorlesung ● Dogma, Doktrin. → Bekenntnis, Erziehung, Lehrjahre, Rat, Vorschrift. ▶ Verbildung.

Lehre vom Licht → Optik.

Lehre vom Schall → Akustik.

lehren anleiten, aufklären, ausbilden, befähigen, beibringen, beigeben, belehren, bilden, dozieren, dressieren, drillen, einweihen, ertüchtigen, erziehen, formen, instruieren, leiten, schulen, trainieren, unterrichten, unterweisen, vorbereiten, ziehen ● informieren, demonstrieren, durchnehmen, einbleuen, einfuchsen, einpauken, einhämmern, einprägen, einschärfen, einläutern, einstudieren, vormachen, zeigen, schleifen, pauken, schulmeistern, umschulen ● einreden, überreden, überzeugen, glauben machen, inspirieren, witzigen. → aufklären, aufziehen, ausbilden, auseinandersetzen, beibringen, bekehren, belehren, erziehen. ▶ verbilden, verwirren.

Lehrender → Ermahner, Lehrer.

Lehrer Lehrender, Lehrperson, Pädagoge, Erzieher, Ju-

gendbildner, Jugendführer, Volkserzieher, Schulmann, Schulmeister, Pauker, Mentor, Ratgeber, Arschpauker *u*, Steißtrommler *u*, Trainer, Unterweiser, Ausbilder, Volksschullehrer, Hauptlehrer, Oberlehrer, Studienassessor, Studienrat, Ordinarius, Oberstudienrat, Oberstudiendirektor, Direx *u*, Zeus *u*, Schulleiter, Hochschullehrer, Professor, Dozent, Rektor, Direktor, Hauslehrer, Turnlehrer, Musiklehrer, Tanzlehrer, Gewerbelehrer, Hodscha (Islam), Insrukteur, Lektor, Leiter, Vorsteher ● Lehrerin ● Meisterin, Lehrherr, Lehrmeister. → Berater, Direktor, Ermahner. ▶ Schüler.

lehrerhaft lehrermäßig, gedantisch, schulmeisterlich, professorenhaft, didaktisch. → lehrhaft. ▶ schülerhaft.

Lehrerin → Erzieherin, Lehrer.

Lehrgang → Art, Kursus.

Lehrgeld geben Lehrgeld bezahlen, sich in Wagnisse stürzen, lernen, Erfahrungen sammeln ● einbüßen, Schaden erleiden, Nachteile haben, herhalten müssen, Haare lassen, aufkommen müssen, teuer zu stehen kommen, in den Mond schauen, ein blaues Auge davontragen, unter die Räuber fallen. ▶ gewinnen, können, wissen.

lehrhaft belehrend, lehrreich, anschaulich, bildend, gelehrt, akademisch, professoral, erziehungsmäßig, erzieherisch, methodisch, erziehlich, didaktisch, schulisch, schulmäßig, erläuternd ● trocken, schlicht, spröde, schmucklos, einförmig. → langweilig, lehrreich. ▶ (von der Erfahrung ausgehend), interessant.

Lehrherr → Cicerone, Meister.

Lehrjahre Lehre, Lehrzeit, Lernzeit, Wanderjahre, Schulzeit, Studienzeit, Werdegang ● Vorbereitung, Vorarbeit, Ausbildung, Abrichtung, Schulung. ▶ Herrenjahre.

Lehrjunge → Arbeiter, Bursche, Diener, Lehrling.

Lehrling Anfänger, Anwärter, Greenhorn, Hammel, Kadett, Neuer, Neuling, Novize, Rekrut, Stift ● Anlernling, Bursche, Kandidat, Präparand, Prüfling. → Schüler. ▶ Gesell.

Lehrmeinung Dogma, Richtung, Schule, herrschende Auffassung.

Lehrmeister → Direktor, Lehrer, Meister.

lehrreich → anschaulich, belehrend, instruktiv, interessant.

Lehrsatz Denkspruch, Devise, Dogma, Gebot, Gesetz, Grundgedanke, Grundregel, Grundsatz, Kanon, Kerngedanke, Kernspruch, Leitgedanke, Lehre, Leitmotiv, Leitstern, Maxime, Motto, Norm, Postulat, Prinzip, Regel, Reglement, Richtlinie, Richtschnur, Satzung, Sentenz, Statut, Substrat, These. → Axiom.

Lehrspruch → Axiom, Lehrsatz.

Lehrstuhl Katheder. → Kanzel.

Lehrweise → Art, System.

Lehrzeit → Erziehung, Lehrjahre.

Leib Körper, Körperteil, Balg, Rumpf, Gebein, Bauch. → Balg, Fleisch und Blut. ▶ Seele.

Leib und Leben Wohl und Wehe, ganz ● Kampf ums Dasein, Jammertal, Lebenswandel, Erdentage, Dasein, Lebensinhalt, Leben, Lebenskraft.

Leib und Seele, mit ganz, gesamt, vollständig, durch und durch, vollkommen, gründlich, erschöpfend, vollauf, in jeder Beziehung, vom Scheitel bis zur Sohle, in jeder Weise. → A bis O, A bis Z. ▶ mangelhaft, (uninteressiert).

Leibe gehen, zu angreifen, anfallen, anpacken, überfallen, beschleichen, überrumpeln, bedrängen, in die Enge treiben, Schach bieten, bestürmen, bezwingen, in die Flucht jagen ● bekämpfen, befehden, beleidigen, beschimpfen, sticheln, necken ● anfeinden, tätlich werden, hauen, schlagen, treten. ▶ abwehren, verteidigen (sich).

leibeigen → abhängig.

Leibeigenschaft → Abhängigkeit.

Leiberbe → Abkomme.

Leibesfrucht Embryo, Sproß, Keim, werdendes Leben, Ungeborenes.

Leibesfülle Umfang, Beleibtheit, Feistigkeit, Korpulenz ● Wanst, Faß, Koloß, Tonne, Schmerbauch, Dickbauch, Falstaff ● Leibesumfang, Schwergewicht, Kaliber, Fülle ● Elefantiasis, Hypertrophie. → Bauch. ▶ Magerkeit.

Leibeskraft, aus was das Zeug hält, mit voller Kraft. → Leibe gehen zu. ▶ Schwäche.

Leibesübung → Anstrengung, Bewegung, Gymnastik, Jungbrunnen, Sport, Turnen, Training.

Leibgericht Leibspeise.→Feinkost, Spezialität.

leibhaft → leibhaftig.

leibhaftig dinghaft, effektiv, essentiell, faktisch, faßbar, gegenwartsnah, greifbar, handgreiflich, handhaft, körperhaft, konkret, lebendig, leibhaft, materiell, real, richtiggehend, sinnfällig, sichtbar, substantiell, tatsächlich, unanfechtbar, unleugbar, wirklich, zweifellos. → dinghaft. ▶ imaginär.

Leibhaftige → Beelzebub, Dämon.

Leibjäger → Commis, Untergebener.

leiblich irdisch, körperhaft, körperlich, materiell, physisch, somatisch, stofflich, fühlbar, greifbar, faßbar, wägbar. ▶ seelisch.

Leibrock → Anzug.

Leibspeise → Leibgericht.

Leibwache → Beschützer, Wächter.

Leiche Leichnam, Gebeine, Mumie, Skelett, Toter, Verblichener, Entschlafener, Asche, Staub, Erde ● Tierleiche, Aas, Luder, Kadaver.

Leichenbegängnis → Bestattung, Einäscherung.

Leichenbittermiene → Trübsinn.

leichenfahl → erschrocken.

leichenfarbig → blaß.

Leichenfeier → Bestattung.

leichenhaft leblos, starr, steif, erkaltet, leichenblaß.

Leichenwagen Schragen, Totenbahre, Totenbrett, Begräbniswagen.

Leichnam Leiche, Toter, sterbliche Hülle, toter Körper ● Tierleiche, Kadaver, Aas, Luder ● Entschlafener, Verschiedener, Verewigter, Abgeschiedener, Verstorbener.

leicht ätherisch, beschwingt, duftig, flott, flüchtig, gewichtslos, gewandt, graziös, luftig, schwimmend ● ausführbar, durchführbar, einfach, erreichbar, erschwinglich, kinderleicht, wie geschmiert, aus dem Handgelenk, fazil, mühelos, fließend, es geht am Schnürchen, zugänglich ● locker, lösbar, gelöst ● erlöst, befreit, behaglich, entbunden, entlastet, unwägbar, erleichtert, bequem ● allgemeinverständlich, begreiflich, deutlich, einfach, faßlich, verständlich, klipp und klar. → angenehm, anschaulich, bequem, deutlich, dirnenhaft, erreichbar, faßlich, federartig, fließend, grazil, lösbar, mäßig, sachte. ▶ schwer.

leicht machen → bahnen, Brücke bauen goldene.

leicht nehmen verletzen die Pflicht, unterlassen, nicht nachkommen, entziehen sich, versäumen, verfehlen, ausweichen, umgehen, außer acht lassen, in den Wind schlagen, vernachlässigen, auf die leichte Schulter nehmen ● geringschätzen, mißachten, abtun, abweisen, ablehnen, verwerfen. ▶ nachkommen seiner Pflicht.

leichtern → verladen.

leichtfaßlich → deutlich, einfach, populär.

leichtfertig gedankenlos, leichthin, leichtsinnig, fahrlässig, flüchtig, gleichgültig, lässig, nachlässig, oberflächlich, rücksichtslos, saumselig, sorglos, übereilt, unbedacht, unbedenklich, unbesonnen, ungenau, unklug, unüberlegt, unvernünftig, unvorsichtig, vorschnell, zerfahren, zerstreut ● frivol, ausgelassen, flatterhaft, genießerisch, genußsüchtig, liederlich, locker, leichtlebig, über die Schnur hauen, über die Stränge schlagen, ungezügelt, vergnügungssüchtig, zügellos ● achtlos, hitzköpfig, jäh, hitzig, blind. → achtlos, ausschweifend, bedenklich, beiläufig, blindlings, dummdreist, erste beste, unbedenklich. ▶ nachdenklich, sorgfältig, tugendhaft, verantwortungsbewußt, vernünftig, vorsichtig.

Leichtfertigkeit Gedankenlosigkeit, Torheit, Unsinn, Albernheit, Flüchtigkeit, Unaufmerksamkeit, Leichtsinn, Sorglosigkeit, Lässigkeit, Nachlässigkeit, Achtlosigkeit, Fahrlässigkeit, Fahrigkeit, Unklugheit, Flüchtigkeit, Übereiltheit, Unvorsichtigkeit ● Schlüpfrigkeit, Frivolität. ● Faselei, Unvernunft. ▶ Nachdenklichkeit, Sorgfalt, Tugendhaftigkeit, Verantwortungsgefühl, Vernunft.

Leichtfuß unruhiger Geist, Windhund, Wetterfahne, Wetterhahn, Mantelträger ● Herumtreiber, Vagabund, Schlawiner, Ludrian, Luderjan, Taugenichts, Luftikus u, loser Vogel, Tunichtgut, Tagedieb, Strolch, Stromer, Schubjak, Wicht, Strick, Schelm, Filou, Racker, Früchtchen, Flitschchen u. ▶ Edelmensch, Fanatiker, Mensch aufrechter treuer.

leichtfüßig → beflügelt, beschwingt.

Leichtgewicht → Federgewicht.

leichtgläubig einfältig, harmlos, kindisch, naiv, unverdorben ● vertrauensselig, für bare Münze nehmen, kritiklos, offen, weichherzig, treuherzig, offenherzig, gutmütig. → arglos, dumm. ▶ skeptisch, verschlossen.

leichtherzig →froh, wohlgemut.

leichthin → leichtfertig, oberflächlich, unbedenklich.

Leichtigkeit Gewichtslosigkeit, Unschwere, Leichtgewicht, Tragbarkeit, Schwimmfähigkeit ● Unbeschwertheit. ● Behendigkeit, Feder, Mühelosigkeit, Übermut. ▶ Schwere, Schwierigkeit.

leichtlebig unbeschwert. →anrüchig, ausschweifend, dirnenhaft, erotisch, flott.
Leichtsinn → Blindheit, Gedankenlosigkeit, Nachlässigkeit, Pflichtvergessenheit, Schwäche, Sorglosigkeit, Übermut, Zuchtlosigkeit.
leichtsinnig gedankenlos, unverständlich, täppisch, unüberlegt, unbedacht, töricht, nachlässig, unachtsam, fahrlässig, schlampig, unbesonnen, unvorsichtig, sich in Gefahr bringen, haltlos, fragen nach nichts ● triebhaft, borniert, wirr, geistlos, kindisch ● toll, launenhaft, wetterwendisch, fahrig ● unreif, unfertig ● lüstern, verliebt, verbuhlt, liederlich. → achtlos, anrüchig, ausschweifend, bacchantisch, bedenklich, bedürfnisvoll, begehrlich, beiläufig, blind, blindlings, Brennnessel berühren, dumm, dummdreist, erste beste, fahrig, leichtfertig, gefährden sich, nachlässig, unbedenklich, unvorbereitet. ▶ bedachtsam, reif, tugendhaft, überlegt, vernünftig, vorsichtig.
Leid Trübsal, Herzweh, Herzeleid, Liebeskummer, Gram, Verbitterung, Kummer, Seelennot, Trauer, Verlassenheit, Trostlosigkeit, hoffnungslose Lage. → Armut, Betrübnis, Bitternis, Bürde, Elend, Not, Schaden, Schmerz, Verdruß. ▶ Freude.
Leid tragen → beklagen.
leid lustlos, unlustig, lästig, widrig, unangenehm, unerfreulich, unerquicklich, unbehaglich, peinlich. ▶ angenehm, erfreulich.
leid tun → bereuen.
Leiden → Anwandlung, Ärgernis, Beengung, Befinden, Bekümmernis, Beschwerde, Beschwerlichkeit, Betrübnis, Übel.
leiden sich ängstigen, sich ärgern, ausstehen, kümmern, sich quälen, schmerzen, sich sorgen, trauern, verzweifeln, wehe tun, ertragen, kranken, schwernehmen, erdulden, eine bittere Pille schlucken, sich grämen, Sorgen haben, sein Päckchen zu tragen haben, der Schuh drückt ● krank liegen, das Bett hüten, kränkeln, fiebern, siechen, erdulden Schmerzen ● erleiden, büßen, herhalten müssen, ausbaden müssen, verlieren ● erlauben, dulden, zulassen, genehmigen, gewähren, einräumen, nichts in den Weg stellen, keinen Einspruch erheben, anheimstellen, freistellen. → ausstehen, auszehren, darniederliegen, dulden, erkranken, erleben. ▶ freuen sich, überwinden.

leiden, Hunger → darben.
leiden mögen, nicht im Magen haben, nicht riechen können, gefressen haben u, nicht verputzen können u, nicht verknausen können u. → Dorn im Auge, hassen.
leidend → abgespannt, blaß, erholungsbedürftig, krank.
Leidender → Dulder.
Leidenschaft → Affekt, Aufregung, Ausbruch, Begeisterung, Enthusiasmus, Erregung, Herzenswunsch, Interesse, Liebe, Temperament.
Leidenschaft geraten, in → bemächtigen, verlieben.
Leidenschaft hemmen → bekämpfen, mäßigen sich.
leidenschaftlich aufbrausend, heißblütig, feurig, ungestüm, stürmisch, wild, unbeherrscht, haltlos, zügellos, heftig, wutentbrannt ● begeistert, frenetisch, schwärmerisch, berauscht, trunken, verzückt, entrückt, übertrieben, überspannt, verstiegen ● ungeduldig. → aufgebracht, begeistert, brennend, buhlerisch, cholerisch, dämonisch, erotisch, erregbar, fanatisch, Fassung verlieren die, feurig, heftig, hitzig, zornig. ▶ gleichmütig, leidenschaftslos, kalt, keusch, teilnahmslos.
Leidenschaftlichkeit Heftigkeit, Heißblütigkeit, Wildheit, Erregbarkeit, Leidenschaftlichkeit, Gereiztheit, Überreizung, Rausch, Taumel, Überschwang, Ekstase, Empörung. → Anwandlung ▶ Leidenschaftslosigkeit.
leidenschaftslos gleichmütig, unerschütterlich, gemütsruhig, ruhig, besonnen, gefaßt, ausgeglichen, gelassen, still, sachlich, gleichgültig, kühl, nüchtern, kalt, regungslos, nachsichtig, sanft, langmütig, seelenruhig, zufrieden, teilnahmslos, abgestumpft. → beherrscht, blasiert, friedfertig, geistesgegenwärtig. ▶ leidenschaftlich.
Leidenschaftslosigkeit → Beherrschung, Besonnenheit, Fassung, Teilnahmslosigkeit, Unerschütterlichkeit.
Leidensgang → Bekümmernis, Beschwerlichkeit, Unglück, Verdruß.
Leidensgenosse → Dulder, Opfer.
Leidenskelch → Bekümmernis, Beschwerlichkeit, Heimsuchung, Unglück, Verdruß.
Leidensmiene → Duldermiene.
Leidensschule → Armut.
Leidensweg Dornenpfad.→Armut, Bekümmernis, Beschwerlichkeit, Unglück, Verdruß.
leider bedauern, bereuen, leid tun, nicht recht sein, schade, jammerschade, ewig

schade, leider Gottes, schad sein, es ist eine Sünde und Schande, mit geteiltem Herzen, mit gemischten Gefühlen, mit einem lachenden und einem weinenden Auge. → ach, bereuen. ▶ gut.
leidig → unangenehm, unheilvoll, unleidlich.
leidlich → alltäglich, erklecklich, erträglich, mäßig, mittelmäßig, ungenügend.
Leidtragender → Dulder, Opfer.
leidvoll trostlos, sterbensleid, sterbensweh, leidsam, weh, sterbensfroh, hoffnungslos, untröstlich, armselig, elend, erbärmlich, vergrämt, verzweifelt, bejammernswert, beklagenswert, peinvoll. ▶ freudvoll.
Leidwesen → Besorgnis, Verdruß.
Leier → Gepflogenheit, Kurbel, Musikinstrument.
Leier, die alte → Wiederholung.
Leierei → Anschlag, Langweiligkeit.
Leiermann Leierkastenmann, Drehorgler, Orgeldreher, Drehorgelmann, Straßenmusikant, Bettelmusikant.
leiern drehen, kurbeln, ableiern, dudeln, herunterleiern, heruntersagen, die Leier drehen, monoton aufsagen. → anstimmen. ▶ deklamieren, stocken, verstummen.
Leihbibliothek → Bibliothek.
leihen → aufnehmen, entlehnen, kreditieren.
Leihgeding → Besitztum.
leihweise geborgt, geliehen, auf Borg, gegen Sicherheit, auf Pfand ● kreditiert, vorgeschossen, vorgestreckt, aushelfend.
Leim → Bindemittel, Klebstoff.
Leim kriechen, auf den → hereinfallen.
leimen → anmachen, kleistern, täuschen.
leimig → breiig.
Leimrute → Falle.
Leimsieder → Banause.
Leine → Band, Bindemittel.
Leine ziehen davonlaufen, fortlaufen, kneifen, ausreißen, zurückweichen, abhauen, verzagen, feige sein, Angst haben, schlappmachen, klein beigeben, sich verstecken, sich davonmachen, den Mut verlieren. ▶ bleiben, entgegentreten.
Leinwand Linnen, Gewebe, Leinen ● Batist, Halbleinen, Damast, Sackleinen, Gitterleinen, Stramin ● Projektionswand, Silberwand, Breitband, Perlwand, Filmwand.
leise flüsternd, gedämpft, still, ruhig, lautlos, sachte, douce, schwach, tonlos,

lispelnd, erstickt, geheim, unvernehmlich, unvernehmbar, unhörbar, schweigsam, wortlos, geräuschlos, piano, pianissimo, mit verhaltenem Atem. → belegt (Stimme). ▶ laut.

leisetreten beschleichen, huschen, herumgeistern, herumspuken, heranschleichen, einschleichen, schweigen ● kriechen, scharwenzeln, dienern, schweifwedeln, katzebuckeln, schmiegen, den Lakaien machen, sich ducken. ▶ lärmen, überheben sich.

Leisetreter → Duckmäuser, Intrigant.

Leiste → Brett, Körperteil.

Leisten Spanner, Schuhleisten.

Leisten, über einen schlagen über einen Kamm scheren. → glätten, formen, gleichmachen.

leisten → arbeiten, ausführen, erfüllen, hergeben, herstellen, verrichten.

leisten, Abbitte → abbüßen.

leisten, Beistand → befreunden, helfen.

Leistung Handhabung, Handlung, Hantieren, Arbeit, Werk, Erfüllung, Verrichtung, Schöpfung, Vollendung, Tat, Vollzug, Verdienst, Schaffen, Erforschung, Untersuchung, Unternehmung, Vorgehen, Bewerkstelligung ● Kunststück, Schlag, Streich, Gewaltstreich, Großtat, Bombenleistung u, Heldentat, Durchführung ● Befriedigung, Genugtuung, Bezahlung, Erledigung. → Akkord, Akt, Arbeit, Ausführung, Bemühung, Besorgung, Bewerkstelligung, Erfindung, Erfolg, Kraft. ▶ Geistesarmut, Kraftlosigkeit, Mißerfolg, Müßiggang, Nichtstun, Unterlassung, Versagen.

leistungsfähig fit. → anstellig, gesund, reich.

Leistungssport Konkurrenz, Wettkampf.

Leitartikler Kolumnist, Schriftleiter.

leitbar → lenkbar.

leiten führen, gängeln, lenken, steuern, vorstehen, anführen, dirigieren, bewegen, lotsen, wenden, beaufsichtigen, befehlen, herrschen, gebieten, überwachen, richten, regieren, kommandieren, befehligen, verwalten, beraten, unterweisen, anleiten, belehren, regeln, bevormunden, den Weg vorzeichnen, das Steuer erfassen, den Vorsitz führen, an der Spitze stehen, den Ton angeben, Bahn brechen, in die Hand nehmen, die Zügel ergreifen, bugsieren. → anbahnen, anführen, bahnen, bearbeiten, beherr-

schen, beeinflussen, bevormunden, dirigieren, Disziplin halten, fahren. ▶ folgen, irregehen.

Leiter Führer, Lenker, Manager, Macher, Mann an der Spritze u, Organisator, Betreuer, Spiritus rector, Veranstalter, Geist, Seele, Anführer, Hauptperson ● Chorführer, Dirigent, Kantor, Meister ● Lektor, Chef, Direktor, Erzieher, Magister, Lehrer, Mentor, Pauker, Rektor, Trainer ● Impresario ● Regisseur, Sachwalter, Vormund, Verwalter ● Faktor, Inspektor, Intendant, Präsident, Sprecher, Vorstand, Vorsitzender, Versammlungsleiter, Werkführer, Werkmeister, Prinzipal ● Lenker, Lotse, Pilot, Schaffner, Schwager, Chauffeur, Gondolier ● Herrscher, Statthalter, Schulze, Bürgermeister, Gouverneur, Kommandant, Verweser, Rat, Oberherr, Hahn im Korb u, Hauptperson ● Tritt, Stufe, Treppe, Stiege. → Chef, Cicerone, Dienstherr, Direktor, Herrscher. ▶ Untergebener.

Leiterwagen → Fahrzeug (Straßen-).

Leitfaden Wegleitung, Vademekum. → Abriß, Compendium, Fibel, Handbuch.

Leitgarde → Bewachung.

Leitgedanke Hauptgedanke, Lebensregel, Richtschnur, Bruch, Kerngedanke, Grundwahrheit, Grundsatz, Zielgedanke, Gedankenkzeil, Geleitwort, Führerwort, Dichterwort, Vorspruch, Sittenspruch, Leitspruch, Sentenz, Satz, Leitmotiv, Wahlspruch, Sinnspruch, Motiv, Leitsatz, Satzung, Vorschrift, Wahrspruch, Lehrspruch, Gedankensplitter, Prinzip, Grundbegriff, Glaubenssatz, Gebot. → Devise, Chrie. ▶ Nebensache.

Leithammel Anführer, Zugpferd, Antreiber, Vorläufer, Vordermann, Vorhut, Wegbereiter, Bahnbrecher, Vorgänger, Vorbote, Leithund, Spitzenpferd, Vorreiter, Stangenreiter, Stangenpferd, Spurer, Führung, Spitze, Leitung, Anführung. → Cicerone. ▶ Herde, Nachfolger.

Leitmotiv → Hauptsache, Leitgedanke.

Leitsatz → Axiom, Devise, Leitgedanke, Norm.

Leitspruch → Leitgedanke.

Leitstern Denkbild, Idee.

Leitstrahl Richtstrahl, Peilstrahl ● Funkpeilung, Radar, Richtstrahl.

Leitung → Aufsicht, Beeinflussung, Behandlung, Bevor-

mundung, Direktion, Draht, Erziehung, Kabel.

Leitung übernehmen, die → dirigieren, lenken.

Leitung, lange → dumm.

Lektion Übungsstück, Lehrstück, Aufgabe, Unterricht, Lehre, Bevormundung, Belehrung, Schulung, Unterweisung, Aufklärung, Anweisung, Anleitung, Übung, Etüde, Zurechtweisung, Mahnung, Predigt.

Lektüre Schriftgut, Dichtung, Dichtungswerk, Erbauung, Lesestoff, Werk, Belehrung, Novelle, Erzählung, Roman, Schriftstück, Gedichtband, Band, Schulbuch, Lehrbuch, Broschüre. → Buch.

lendenlahm → bleiern, faul.

lenkbar folgsam, steuerbar, regierbar, manipulierbar, leitbar, schmiegsam, unterwürfig, willfährig, willig, anstellig, aufmerksam. → biegsam, fahrbar, nachgiebig. ▶ unlenkbar.

lenken → anführen, aufbauen, bahnen, bändigen, beeinflussen, bevormunden, beherrschen, dirigieren, Disziplin halten, erfassen das Ruder, fahren, leiten.

Lenker → Chef, Cicerone, Direktor ● Lenkrad, Steuer.

lenksam → aufmerksam, biegsam, gehorsam.

Lenksamkeit Nachgiebigkeit, Biegsamkeit, Geschmeidigkeit, Schmiegsamkeit, Zugänglichkeit, Folgsamkeit, Willfährigkeit, Entgegenkommen, Fügsamkeit, Botmäßigkeit, Unterordnung, Widerstandslosigkeit, Weichheit, Versöhnlichkeit, Verträglichkeit, Sanftheit, Sanftmut, Pflichterfüllung. → Friedlichkeit. ▶ Unlenksamkeit.

Lenkung → Beeinflussung, Bevormundung, Direktion.

Lenz → Frühling.

Lerchenzunge → Feinkost.

lernbar → verständlich.

lernbegierig eifrig, fleißig, emsig, betriebsam, anstellig, aufmerksam, lenkbar, gelehrig, bildungsfähig, lernend, verständig, streberhaft, geschickt, bildsam, wissensdurstig, strebend, bildungshungrig, gewissenhaft. ▶ dumm, faul.

Lerneifer → Eifer.

lernen erlernen, einlernen, einstudieren, auffassen, erfassen, bemeistern, bewältigen, leisten, einüben, einbleuen, eindrillen, ochsen, durchkauen, büffeln, schanzen, studieren, aneignen, einlesen, rechnen, streben, aufnehmen, hören, sich Kenntnisse sammeln, die Schulbank drücken, Wissenschaft erwerben, bimsen *u*, pauken *u*, einbleuen *u*, eintrichtern ● auswendig lernen, einpauken, einochsen *u*, einschustern *u*, sich auf die Hosen setzen *u*, dem Gedächtnis einprägen. → abrichten, begreifen, bilden, durcharbeiten, einleuchten. ▶ lernen nichts.

lernen nichts → bleiben zurück, dumm.

lernfähig → gelehrig.

Lesart → Auffassung, Auslegung, Begriffsbestimmung, Darstellung, Definition, Deutung, Version.

lesbar → deutlich, unterhaltend.

Lesbarkeit → Deutlichkeit.

lesbische Liebe → Unkeuschheit.

Lese → Ernte.

lesen blättern, entziffern, durchlesen, durchnehmen, durchschauen, auslegen, herauslesen, erraten, erklären, deuten, ablesen, vorlesen, nachlesen, nachsehen, überarbeiten ● dozieren, unterrichten, lehren, Vorlesungen halten ● schmökern. → durcharbeiten, ernten. ▶ schreiben.

lesen, den Text ins Gebet nehmen, ins Gewissen reden, zurechtweisen, predigen, überzeugen, die Leviten lesen, den Standpunkt klarmachen, die Meinung sagen, hart anfassen, andonnern.

lesen, zwischen den Zeilen entziffern, enträtseln, herauslesen, erraten, deuten, auseinandersetzen, auslegen, ausdeuten, beurteilen, erkennen, Bescheid wissen, sich zurechtfinden, einen Sinn hineinlegen, einen Sinn herauslesen, verstehen, dahinterkommen. ▶ mißverstehen.

lesenswert fesselnd, interessant, wissenswert.

Leser Leseratte, Bücherwurm ● Bezieher, Abonnent.

leserlich → deutlich.

Lesestoff → Buch, Dichtung, Lektüre.

Lesezeichen → Denkzettel.

Lesung → Beratung, Besprechung, Devise.

letal → tödlich.

Lethargie → Betäubung, Trägheit.

lethargisch → faul.

Letter Buchstabe, Schriftzeichen, Lautzeichen, Schriftsymbol, Druckbuchstabe, Type.

letzen → delektieren, erfrischen.

letztemal, zum ein für allemal, endlich, schließlich, punktum, anschließend, bis hierher und nicht weiter. → definitiv.

letzter zuletzt, hinten, hinterher, dahinter, der allerletzte, der letzte, abschließend, beschließend, endend, am Ende,

am Schluß, spät, letzt ● schlechtester, dümmster, faulster, schwächster, unbegabtester, untalentiertester. ▶ (erster), fleißig, klug.

letzteres → danach.

Letztes → Neige, Schluß.

letzthin → kürzlich.

letztlich → eigentlich.

letztmöglich → möglicherweise.

Leuchte → Birne, Fackel, Leuchter.

Leuchte der Wissenschaft → Denker.

leuchten glühen, blinken, strahlen, blitzen, schwelen, brennen, schimmern, flakkern, schillern, flimmern, scheinen, funkeln, lohen, glänzen, lodern, gleißen, glimmern, fackeln, aufleuchten, aufblitzen, blenden, prunken, prangen. → erglühen. ▶ erlöschen.

leuchtend → blank, blendend, brillant, charmant, flammend, strahlend.

Leuchter Leuchte, Laterne, Licht, Ampel, Scheinwerfer, Birne, Lampe, Fackel, Kerze, Kerzenhalter, Flamme, Lichtquelle, Petroleumlampe, Lüster, Leuchtgerät, Kandelaber, Kronleuchter, Armleuchter, Bogenlampe, Taschenlampe, Leuchtkörper. → Lampe.

Leuchtturm Blinklicht, Scheinwerfer, Lichtzeichen, Signal, Licht, Lichtquelle, Nachtlicht, Seeleuchte, Pharus, Feuerzeichen, Merkzeichen, Richtungszeichen, Feuerschiff, Richtungszeiger, Hilfe, Orientierungszeichen. → Ausguck.

leugnen verneinen, verleugnen, widerrufen, abstreiten, abschwören, absprechen, aberkennen, abrufen, widersprechen, ausweichen, verdrehen, verhehlen, umgehen, verblümen, beschönigen, verhüllen, nicht wahrhaben wollen, in Abrede stellen, ungültig erklären, sich verwahren, die Wahrheit verhüllen. ▶ zugeben.

Leugner Neinsager, Verneiner, Absprecher, Hehler, Betrüger, Umgeher, Verhüller, Aberkenner, Verleugner, Widersprechender. ▶ (Gestehender, Bereuender).

Leumund → Ansehen, Ruf.

Leumund bringen, in üblen → besudeln.

Leute Pack, Bande, Brüder *u*, Meute *u*, Krethi und Plethi, Volk, Kadetten *u*, Korps der Rache *u*, Mischpoke *u*, Pappenheimer ● Zuschauer, Zuhörer. → Menschheit.

Leuteschinder → Blutsauger.

leutselig → du und du, einladend, freundlich, gesellig.

Leutseligkeit Freundlichkeit, Gesprächigkeit, Herab-

lassung, Zuvorkommenheit, Höflichkeit, Geselligkeit, Gastfreundlichkeit, Herzlichkeit, Händedruck, Liebenswürdigkeit, Wohlwollen, Verbindlichkeit, Umgänglichkeit, Gefälligkeit, Dienstbeflissenheit, Manierlichkeit, Zutunlichkeit, Güte, Bereitwilligkeit. ▶ Stolz, Unnahbarkeit.

Lexikon ABC, Nachschlagewerk, Enzyklopädie.

liberal freiheitlich, freiheitsliebend, fortschrittlich, freigesinnt, freisinnig, duldsam, tolerant, human, liberalistisch, aufgeklärt. ▶ knechtisch, reaktionär.

Liberalismus → Freiheit.

licht hell, strahlend.

Licht Helligkeit, Geflimmer, Gefunkel, Klarheit, Leuchtkraft, Lichtstrom, Lichtstreif, Lichtquelle, Lichtmeer, Lichtpunkt, Strahlung, Strahlenkegel, Lichtkegel, Lichtstrahl, Feuerstrahl, Tageslicht, Sonnenlicht, Himmelslicht, Lichtflut, Mittagslicht, Abendlicht, Nordlicht, Wetterleuchten, Funke, Flamme, Blitzstrahl, Flammenmeer, Feuermeer, Schein, Flut, Schimmer, Glanz, Ausstrahlung, Beleuchtung, Kerze, Lampe, Lichterzeichen, Blinklicht, Signallicht, Sichtbarkeit, Leuchtturm, Scheinwerfer, Schlußlicht, Warnzeichen. → Brand, Erhellung, Fackel. ▶ Dunkel, Lichtlosigkeit.

Licht aufgehen, ein → denken, verstehen.

Licht aufstecken, ein aufklären, veranschaulichen, den Irrtum bekämpfen, den Irrtum beseitigen, erklären, kommentieren, darlegen, entrollen, beleuchten, deuten, auslegen, auseinandersetzen, auseinanderlegen, klarmachen ● reinen Wein einschenken, die Wahrheit sagen, nicht zurückhalten, Farbe bekennen, Zeugnis ablegen, der Wahrheit die Ehre geben. → bekämpfen. ▶ irreführen, mißdeuten, verheimlichen.

Licht der Welt erblicken → leben.

Licht führen, hinters → benachteiligen, täuschen.

Licht kommen, an das offenbar werden, in die Augen fallen, an den Tag kommen, entdeckt werden, eingestanden werden, anzeigen, in die Öffentlichkeit kommen, in Umlauf kommen, bekannt werden, kein Geheimnis mehr sein. → brechen durch die Wolken. ▶ verborgen (bleiben).

Licht verbreiten → beleuchten.

Lichtbild → Bild.

Lichtblick Hoffnungsanker,

Hoffnungsstrahl, Lichtpunkt, Erleichterung, Anhalt, Zuversicht, Vertrauen, Mutmaßung, Erhellung, Mut, Stütze, Stab, Halt, Hoffnungsfunke, Hoffnungsschimmer, Hoffnungsglanz, Vermutung, Ahnung, Erwartung, Optimismus, Vertrauensseligkeit. → Aussicht stehen in, Hoffnung. ▶ Hoffnungslosigkeit.

Lichtdruck → Bild.

lichtecht → farbecht.

lichten aussondern, vermindern, verringern, verkleinern, zusammenziehen, sondieren, verdünnen, ausdünnen, abschwächen, erleichtern, einschränken, schmälern, lockern, weiten, weniger werden, dünner werden ● den Anker lichten. → beschneiden, dezimieren. ▶ anlegen, hinzufügen, vermischen.

Lichter → Auge, Licht.

lichterloh flackernd, lohend, brennend, rauchend, glimmend, rauchgeschwärzt, lodernd, heiß, angezündet, angesteckt, feurig, fackelnd, glühend, leuchtend, auflockernd, emporlodernd, aufblitzend. ▶ erlöschen(d), schwelen(d).

lichtlos → blind, dunkel.

Lichtlosigkeit → Blindheit, Dunkel.

Lichtmeer → Licht.

Lichtpunkt → Hoffnung, Lichtblick.

Lichtquelle → Fackel, Leuchter, Licht.

lichtscheu augenkrank, schneeblind, farbenblind, schwachsichtig ● häßlich, schlecht, furchtsam, abscheulich, charakterlos, niedrig, gemein, unangenehm, heimlich, sich drücken, sich verstekkend, sich verbergend, das Tageslicht scheuen. ▶ charaktervoll, gut, scharfsichtig.

Lichtschutz → Blende.

Lichtspiele → Kino.

lichtstark beständig, schleierfrei, lichthoffrei, kräftig, bleibend. → hell. ▶ dunkel, unbeständig.

Lichtung Zwischenraum, Lücke, Kluft, Abstand, Unterbrechung, Einlage, Hohlraum, Rodung, Waldlichtung, Schneise, Ausblick, Weitblick, Waldschneise, Schlag, Einschnitt, Platz. ▶ (Dickicht), Fülle, Gedrängtheit.

Lichtstrahl Lichtschein, Lichtschimmer, Einstrahlung, Lichtstreif, Lichtkegel, Reflex, Lichtquelle, Sonnenstrahl, Scheinwerferstrahl ● Flamme, Lohe, Feuer, Feuerschein, Feuersäule, Feuermeer ● Sterngefunkel. → Hoffnung, Lichtblick.

Lid → Bedeckung.

lieb freundlich, beliebt, teuer,

angenehm, erwünscht, begrüßt, wert, kostbar, hochgeschätzt, verehrt, vergöttert, geliebt, liebevoll, gefällig, hilfsbereit, zuvorkommend, einladend, herzig, herzlich, ansprechend, zusagend, willkommen, artig, einnehmend, anziehend, anregend, reizend, begehrenswert, begehrt, wünschenswert, wünschbar. → achtbar, angesehen, begehrenswert, charmant, ersehnenswert, erwünscht. ▶ abstoßend, reizlos, unbedeutend, unerwünscht, unhöflich, verächtlich.

lieb gewinnen → befreunden, lieben.

lieb Kind machen einschmeicheln sich, einschleichen sich, bezaubern, entzücken, berükken, ins Netz locken, in Gunst kommen, sich in das Herz einschleichen, Gnade in den Augen finden, flattieren, schöntun, schweifwedeln, hofieren, Artigkeiten sagen, die Ohren kitzeln, Süßholz raspeln, um den Bart streichen, mit Schmeicheleien betören, einem zu Gefallen reden, Weihrauch opfern. ▶ aufbegehren, Abneigung haben.

liebäugeln girren, hofieren, kokettieren, flirten, umschmeicheln, schöntun, scharwenzeln, hätscheln, anlächeln, anschwärmen, herumschleichen, anhimmeln, liebeln, nachsteigen, werben, verfolgen, betören, verführen, mit den Augen verfolgen, Augen machen, die Augen verdrehen. → Blicke zärtliche, kokettieren. ▶ unterlassen, verabscheuen.

Liebchen Gespuse u, Flamme u, Flitschchen u, Donna u, Dulzinea u, Thusnelda u, Poussache u, Poussage u. → Abgott, Buhle, Courtisane, Dirne, Freundin.

Liebe Huld, Gunst, Gewogenheit, Herzenswärme, Hinneigung, Innigkeit, Flitterwochen, Heißblütigkeit, Leidenschaft, Begierde, Liebesverlangen, Erotik, Sexualität, Sexus, Geschlechtstrieb, Sinnlichkeit, Liebeswahnsinn, Liebestreue, Liebesglanz, Feuer, Glut, Flamme, Herzlichkeit, Hingebung, Aufopferung, Schätzung, Neigung, Elternliebe, Gattenliebe, Familienliebe, Mutterliebe, Vaterliebe, Kindesliebe ● Fleiß, Emsigkeit, Eifer, Lust, Begeisterung, Beharrlichkeit. →

Abgott, Anziehung, Drang, Herz, Interesse. ▶ Abneigung, Haß.

Liebe, freie → Liebschaft, Unkeuschheit.

Liebe, platonische → Keuschheit.

Liebedienerei → Kriecherei, Schmeichelei, Speichelleckerei, Liebedienerin.

liebdienern → schmeicheln.

Liebedienerin → Bajadere, Dirne.

liebedienerisch schmeichlerisch, schleimig, ölig, kriecherisch, unterwürfig. → kriecherisch. ▶ Mensch aufrechter.

Liebelei Liebschaft, Verliebtheit, Liebesgefühle, Liebesgeflüster, Flirt, Blumensprache, Verzauberung, Oberflächlichkeit, Techtelmechtel u, Schwärmerei, Hofmacherei, Kokettiererei, Liebesfrühling, Sinnlichkeit, Erotik, Begierde. ▶ Abneigung, Beherrschtheit, Haß.

liebeln → tändeln.

lieben begehren, verlangen, liebäugeln, flirten, vergöttern, hochachten, hochschätzen, verlieben, entbrennen, schmachten, vergehen, gern haben, kosen, anhimmeln, innig lieben, auf den Händen tragen, gewinnen das Herz, in Liebe erglühen, Liebe empfinden, den Pfeil im Herzen tragen, die Neigung gewinnen, zarte Gefühle erwecken, Blut wallen machen ● anbandeln, sich einen zulegen oder anschaffen u, miteinander gehen, poussieren, es mit jemandem haben u ● Gefallen finden, in seinem Element sein, im Fahrwasser sein, das sein Fall. → achten, anbeten, balzen, begünstigen, bevorzugen, brennend, entbrennen. ▶ Abneigung haben, hassen.

lieben, bis zur Raserei → brennend.

liebenswert → angenehm, bestrickend, freundlich, lieb, nett, sympathisch.

liebenswürdig → angenehm, anmutig, artig, bestrickend, charmant, erkenntlich, galant, gutmütig, lieb, nett, sympathisch.

Liebenswürdigkeit → Bereitwilligkeit, Courschneiderei, Duldsamkeit, Entgegenkommen, Gefälligkeit.

lieber → je eher je lieber.

Liebesbande → Liebe.

Liebesbeweis → Liebesdienst.

Liebesbezeigung → Bewerbung, Kosewort, Liebesdienst.

Liebesblick → Liebeswerbung.

Liebesblicke zuwerfen → Blicke zärtliche, liebäugeln.

Liebesbrief → Bewerbung, Brief, Liebeswerbung.
Liebesdienst Entgegenkommen, Freundschaftsdienst, Liebesbeweis, Liebesbezeigung, Gutmütigkeit, Liebenswürdigkeit, Gefälligkeit, Mitgefühl, Menschlichkeit, Wohlwollen, Gutherzigkeit, Güte, Edelmut, Mildtätigkeit, Hilfsbereitschaft, Freundschaft, Gegenliebe, Kameradschaft. → Dienst guter, Dienstleistung, Gefälligkeit. ▶ Hartherzigkeit, Ungefälligkeit.
Liebesdurst → Durst, Liebesglut.
Liebeserklärung → Bewerbung, Freiersfüße, Heiratsantrag.
Liebesfeuer → Liebe, Liebesglut.
Liebesgabe → Bestechung, Bewerbung, Darbringung, Käuflichkeit.
Liebesgeflüster → Heimlichkeit, Liebelei.
Liebesgetändel → Kosewort.
Liebesglut Liebesfeuer, Liebesdurst, Begierde, Sinnenlust, Liebesverlangen, Liebesreize, Liebesnetz, Liebesgefühl, Leidenschaft, Feuer, Glut, Flamme, Anziehungskraft, Liebeswut, Liebestollheit, Liebeswahnsinn, Erotomanie, Geilheit,Raserei,Liebe, Liebelei, Liebeskünste. ▶ Abneigung, Beherrschtheit, Haß.
Liebesinsel → Bett.
liebeskrank unglücklich, bedrückt, liebeshungrig, liebesdurstig, verliebt, verschossen, schmachtend, liebeverlangend, verlangend, entflammt, schwermütig, melancholisch, trübsinnig, niedergebeugt, betrübt, niedergeschlagen, kopflos, untröstlich, hoffnungslos, trostlos. ▶ beherrscht, glücklich, selig.
Liebeskummer Liebesnöte, Liebesqual, Liebesschmerz, Schmerz, Traurigkeit, Trostlosigkeit, Herzweh, Herzeleid, Herzenskummer, Seelennot, Niedergeschlagenheit, Weltschmerz, Kopfhängerei, Verzweiflung, Verlassenheit, Verdrießlichkeit, Seelenwundheit, Schwermut, Melancholie, Mißstimmung. ▶ Seligkeit, Trost.
Liebeskünste Schmeichelei, Verführung, Lockmittel, Verlockung, Verleitung, Betörung, Kitzel, Trieb, süße Worte, Komplimente, Liebeserklärung, Werbung, Köder, Sinnenreiz, Benebelung, Anlockung, Anreiz, Verführungskünste, Hofmacherei.
Liebeslied → Dichtungsart.
Liebeslust → Liebe, Liebesglut.
Liebesmühe, vergebliche Vergeblichkeit, Erfolglosig-

keit, Fruchtlosigkeit, Nutzlosigkeit, Wirkungslosigkeit, Unfruchtbarkeit, Tropfen auf einen heißen Stein, Flöhe hüten, den Bock melken, da ist Hopfen und Malz verloren, auf Sand bauen, Eulen nach Athen tragen, gegen Windmühlen kämpfen, in den Wind reden, tauben Ohren predigen, von Pontius zu Pilatus laufen, das Pferd am Schwanze aufzäumen, Bier nach München tragen, in den Rauch schreiben. ▶ Erfolg, Wirksamkeit.
Liebesnöte → Liebeskummer.
Liebespfand → Kind.
Liebesqual → Liebeskummer.
Liebesschmerz → Liebeskummer.
Liebesspiel → Getändel, Liebeswerbung.
liebestoll liebesiech, liebekrank, entflammt, entbrannt, erglüht, bezaubert, gefesselt, leidenschaftlich, mannstoll, buhlerisch, verbuhlt, liebeverlangend, erotomanisch, sinnlich, vernarrt, begehrlich, lüstern, schwül, fleischlich, geschlechtlich, ausschweifend, geil, tierisch. → anrüchig, ausschweifend, dirnenhaft, buhlerisch, erotisch. ▶ beherrscht, haßerfüllt, kühl.
Liebestöter → Unterhosen (lange).
Liebesverlangen → Begierde, Brunst, Durst.
Liebeswerbung Heiratsantrag, Liebesblick, Liebesbrief, Liebesspiel, Fensterpromenade, Liebeswerben, Bewerbung, Umwerbung, Freiung, Brautlauf, Freiersfüße, Liebeserklärung, Liebesbezeigung, Komplimente, Galanterie, Liebesdienst, Minnedienst. ▶ Abneigung, Korb.
Liebeswerk → Hilfsdienst.
Liebeswut → Begierde, Brunst.
liebevoll liebenswürdig, angenehm, anziehend, allerliebst, liebenswert, gut, gutherzig, herzensgut, herzlich, zärtlich, freundschaftlich, menschenfreundlich, barmherzig, aufopfernd, hilfsbereit, entgegenkommend, gefällig, wohlmeinend, wohlwollend, mitleidig, mitfühlend, gütig, liebreich. → barmherzig. ▶ lieblos.
liebgewinnen → befreunden, zuneigen.
Liebhaber Galan, Liebender, Geliebter, Anbeter, Verehrer, Fan, Hausfreund, Ritter, Hofmacher, Freier, Bewerber, Liebesnarr,Poussierstengel u, Gönner ● Kunstliebhaber, Schöngeist, Mäzen, Kunstfreund, Kunstjünger, Kenner, Kunstschlemmer, Feinschmecker. → Amateur, Bräutigam, Buhle, Dilettant, Freund. ▶ Hasser, Verächter.

Liebhaberei Steckenpferd, Hobby, Fachgebiet, Sonderfach, Vorliebe, Bevorzugung, Hang, Lust, Interesse, Neigung, Leidenschaft ● Voreingenommenheit, Parteilichkeit, Parteinahme ● Lieblingsbeschäftigung, Herzenswunsch, Wohlgefallen. → Anziehung. ▶ Gleichgültigkeit.
liebkosen herzen, kosen, küssen, busseln, tätscheln, umarmen, umschlingen, krauen, kraulen, streicheln, tändeln, girren, hätscheln, schmusen, turteln, anschmiegen, drükken, abschmatzen, schnäbeln, an die Brust ziehen, in den Arm nehmen, knutschen, umfangen, umhalsen, abknutschen, karessieren ● liebeln j, abliebeln j, beloben, ei-ei-machen u. → drücken ans Herz. ▶ verabscheuen.
Liebkosung Gekose, Kuß, Busserl, Dauerbrenner u, Fünfminutenbrenner u, Kosewort, Liebesgetändel, Zärtlichkeit, Gehätschel, Geknutsche, Umarmung, Umschlingung, Getätschel, Wangenkneifen, Streicheln, Geschlecke, Geschnäbel, Schmatz, Gedrücke, Wangenkuß, Stirnkuß, Händedruck. → Getändel. ▶ Abneigung.
lieblich zierlich. → angenehm, anmutig, bestrickend, charmant, delikat, entzückend, fein, reizend, schön.
Lieblichkeit → Anmut, Schönheit.
Liebling Schatz, Juwel, Goldkind, Geliebte, Darling, Dulcinea, Stern, Flamme, Puppe, Abgott, Favorit, Favoritin, Herzenskind, Herzblatt, Zukerkind, Perle, Kleinod, Augapfel, Herzchen, Herzenssöhnchen. → Abgott, Freundin. ▶ Dorn im Auge.
lieblos → barbarisch, böse, feindlich, felsenhart, roh, streng, unempfindlich.
Lieblosigkeit → Barbarei, Bosheit, Haß, Gefühllosigkeit, Kälte, Strenge.
liebreich → barmherzig, freundlich, liebevoll, tröstend.
Liebreiz → Anmut, Charme, Schönheit.
liebreizend → angenehm, anmutig, ästhetisch, charmant, schön.
Liebschaft Liebelei, freie Liebe, Begierlichkeit, Lust, Verlangen, Verhältnis, Triebbefriedigung, Sinnenlust, Verliebtheit, Neigung, Liebesbeziehung, Liebesverhältnis, dreieckiges Verhältnis u, Zusammenleben, Beziehung, Erotik, Buhlschaft. → Liebelei, Abgott. ▶ Abneigung, Feindseligkeit, Keuschheit.
Lied Schlager, Chanson, Arie, Volkslied, Kunstlied, Gesang,

Tanzlied, Couplet, Loblied, Duett, Cantus, Kanon, Volksweise, Schifferlied, Matrosenlied, Melodie, Song, Barkarole, Soldatenlied, Wanderlied, Schlaflied, Schlummerlied, Wiegenlied, Marschlied, Weise, Psalm, Chorlied, Studentenlied, Weihnachtslied, Gassenhauer. → Cantus, Dichtungsart, Duett.

Liederjan verbummeltes Genie, Saufbold, Sumpfhuhn, Schürzenjäger, Lotterbube u. → Bacchant.

liederlich verschwenderisch, unwirtschaftlich, flottlebend, schlemmerhaft, ungezügelt, lose, leichtsinnig, flatterhaft, oberflächlich, schlampig, unordentlich, ausschweifend, schlecht, locker, unsolid, toll, ausgelassen ● schlampen, sumpfen, lumpen, in Saus und Braus leben, versacken u, über die Schnur hauen. → anrüchig, arg, ausschweifend, bacchantisch, buhlerisch, dirnenhaft, flott, frivol, nachlässig. ▶ anständig, einfach, sittlich, tugendhaft, züchtig.

Liederlichkeit Schluderei. → Ärgernis, Ausschreitung, Ausschweifung, Schlendrian, Nachlässigkeit, Unordentlichkeit.

Lieferant Abgeber, Vermittler, Händler, Geschäftsfreund, Verkäufer, Lieferer, Hersteller, Fabrikant, Exporteur, Geber. → Abgeber, Bezugsquelle. ▶ Annehmer, Käufer.

Lieferer → Abgeber, Lieferant.

liefern → abgeben, absenden, absetzen, abtreten, beispringen, einliefern, feilbieten, verkaufen, zerstören.

liefern, ans Messer → töten, Unglück stürzen ins.

Lieferung Zustellung, Austragung, Bringen, Auslieferung, Abgabe, Sendung, Beförderung, Überbringung, Übersendung, Versand, Verfrachtung, Transport, Ablieferung, Versendung, Verschickung. → Absendung.

Liege Hängematte, Lehnstuhl, Liegebett, Ruhelager, Sofa, Couch, Kanapee, Chaiselongue, Diwan, Ottomane, Lager, Pritsche, Matte, Bank, Schlafstelle, Bett, Streu, Strohsack, Polster. → Bett.

Liegebett → Diwan, Liege.

liegen ruhen, schlafen, rasten, strecken sich, befinden sich, verweilen, ausruhen, daliegen, belegen, niederliegen, besetzen, kauern ● da liegt es, pardauz u. ▶ aufstehen.

liegen, am Boden darniederliegen, hinlegen, zu Füßen liegen, knien, niederdrücken ● besiegt. → erledigt.

liegen, auf der Bärenhaut → faul, müßig, untätig, schlafen.

liegen, im Dreck → erledigt, hereingefallen.

liegen, in den Haaren → streiten.

liegen, auf der Hand nachweisbar, erweislich, begründet, deutlich, offensichtlich, offenbar, klar, anschaulich, handgreiflich, unwiderlegbar, überzeugend, durchschlagend, stichhaltig, behauptbar, beweisbar. ▶ unerwiesen.

liegen, auf der Lauer → beobachten.

liegen, in der Luft → bevorstehen.

liegen lassen → nachlässig, vergessen.

liegen lassen, links mißachten, herabwürdigen, geringschätzen, verkennen, verkleinern, verachten, beleidigen, vernachlässigen, abweisen, verschmähen, verabschmähen, in den Dreck treten, sich nicht kümmern um, kalt sein, kalte Schulter zeigen, keines Blikkes würdigen. → bagatellisieren. ▶ achten, verehren.

liegenbleiben übrig sein ● ausschlafen.

Liegenschaft → Besitztum.

Liegeplatz Werft, Schiffswerft, Ankerplatz, Reede, Mole, Kai, Dock, Hafen ● Nothafen, Zuflichtsort, Zuflucht, Unterschlupf, Obdach, Nest, Lager, Schlupfwinkel, Ruheplatz.

Liegestuhl → Diwan, Bett, Liege.

Lift → Aufzug, Hebemaschine.

Liga → Vereinigung.

liiert → gebunden.

lila violett, kardinalrot, pflaumenblau, fliederfarben, zartlila, rotblau, blaurot, stiefmütterchenfarben.

lind → leise, mild.

lindern mäßigen, dämpfen, schwächen, helfen, hemmen, eindämmen, stillen, zähmen, befriedigen, begütigen, beschwichtigen, mildern, bessern, heilen, wiederherstellen, trösten, auffrischen, erfrischen, erquicken, erleichtern, beruhigen. → bändigen, begütigen, besänftigen, dämpfen, einschläfern, erleichtern, helfen. ▶ aufregen, niederdrücken, verschlimmern.

lindernd → einschläfernd, entspannend, erleichternd, ermutigend, heilkräftig, lösend, tröstlich.

Linderung → Abklingen, Auffrischung, Baldrian, Befreiung, Beistand, Beruhigung, Erholung, Erleichterung, Erlösung, Erquickung, Genesung, Hilfe, Trost.

Linderungsmittel → Baldrian.

Lindwurm → Drache.

linear langgestreckt, langgezogen, länglich, ausgestreckt,

ausgezogen, ausgedehnt, längs. → lang, ausgedehnt. ▶ (kubisch).

Linie Kontur, Strich, Zug, Umriß, Streifen, Strahl, Verbindungslinie, Zeile, Schnur, Gerade, Luftlinie, Schmalheit, Haarbreite, Ader, Maser, Außenlinie, Grenze, Schriftlinie, Diagonale, Radius ● Seitenlinie, Nebenlinie, Seitenzweig. →Aufeinanderfolge. ▶ Fläche.

Linie, große → Plan.

Linienführung Ausdrucksweise, Pinselstrich.

linkerhand → links.

linkisch → albern, bäurisch, dienstunfähig, erfahrungslos, unbeholfen, ungeschickt.

links linkerhand, linkswärts, backbord, linksseitig, Herzenseite, zur Linken, linke Seite. ▶ rechts.

linksseitig → links.

Linolschnitt → Bild.

linsen → anschauen.

Lippen lecken, die schmachten, lecken, begehren, begierig sein, mit den Augen verschlingen, trachten nach, Interesse haben, gereizt werden, Lust haben zu, Vorgeschmack haben, schon im Geiste erleben. ▶ beherrschen sich, enthalten sich.

Liquidation Kostenrechnung, Abrechnung, Auseinandersetzung, Auflösung, Abwicklung, Bereinigung, Liquidationsverhandlung, Begleichung, Ausgleichung. ▶ Schulden, Zahlungsunfähigkeit.

liquidieren → abschaffen, aufhören, auflösen, veräußern.

lispeln → dämpfen die Stimme, flüstern, stammeln.

lispelnd → bebend, leise.

List Schlauheit, Listigkeit, Pfiff u, Masche u, Kniff, Dreh u, Pfiffigkeit, Verschmitztheit u, Geriebenheit, Durchtriebenheit, Verschlagenheit, Findigkeit, Bauernschlauheit, Überlistung, Heimtücke, Schachzug, Spitzfindigkeit, Übertölpelung, Schlinge, Falle, Intrige, Kunstgriff, Büberei, Täuschung. → Ausweg, Bedacht, Begabung, Betrug, Falle. ▶ Ehrlichkeit, Offenheit.

Liste → Faktura, Formular, Katalog, Inhaltsverzeichnis, Nachweis, Register, Tabelle.

Liste, schwarze Ausschluß, Ausschließung, Verwerfung, Verstoßung, Ausschaltung, Beseitigung, Ausscheidung, Ausstoßung, Bann, Verweisung, Acht, Streichung, Ablehnung. ▶ Anerbieten, Einschluß, (Vorzugsliste).

listig schlau, abgefeimt, verschlagen, gerieben, pfiffig, raffiniert, hinterlistig, durchtrieben, arglistig, verschlagen, verschmitzt *u,* tückisch, heimtückisch, berechnend, verräterisch, katzenfreundlich, verstellt, ränkevoll, glatt, gaunerhaft, betrügerisch, bübisch, ein Ding drehen *u.* → aalglatt, arglistig, bübisch, durchtrieben, falsch, gewiegt. ▶ ehrlich, offen.

Liter → Behälter, Bier, Maß.

Literatur Schrifttum. → Buch, Dichtung, Lektüre.

Lithographie → Abdruck, Bild.

Liturgie → Kult.

Litze Streifen, Schleife, Ordensband, Achselklappe, Achselband ● Verzierung, Schmuck, Putzwerk, Borte, Einfassung, Galon, Tresse, Randschnur, Band, Besatz, Garnitur, Garnierung, Franse. → Band, Besatz.

Lizenz → Erlaubnis.

Livree → Anzug, Uniform.

Lob Preis, Ruhm, Verherrlichung, Würdigung, Empfehlung, Belobung, Lobrede, Vorschußlorbeeren, Auszeichnung, Ehrung, Achtung, Bewunderung, Huldigung, Wertschätzung, Zustimmung, Gutheißung, Anklang, Applaus, Lobpreisung, Ehrenerweisung, Dank, Vergeltung, Erwiderung. → Anerkennung, Beifall, Belohnung, Bemerkung, Dank, Ehre. ▶ Tadel.

Lob erteilen → beloben, loben.

Lob singen, eigenes → dick tun sich.

Lob spenden → anerkennen, beloben, loben.

Lob zollen → beloben, loben.

Lobbyist Interessenvertreter, Agent, Hintermann.

loben ehren, preisen, rühmen, anerkennen, schätzen, bewundern, würdigen, hochschätzen, lobhudeln, hochhalten, verherrlichen, herausstreichen, über den grünen Klee loben, lobsingen, billigen, werthalten, applaudieren, beklatschen, Himmel heben in den, Himmel preisen in den, Lob spenden, sein Lob verbreiten, mit Lob überschütten, Lob erteilen, Lob zollen. → anbieten, anerkennen, auszeichnen, befürworten, bejubeln, besingen, Himmel erheben in den. ▶ tadeln.

lobenswert löblich, rühmlich, preislich, preiswürdig, liebenswert, verdienstvoll, geschätzt, gut, ordentlich, gewissenhaft, untadelig, musterhaft, ehrenhaft, tadellos, charaktervoll, echt, tugendhaft, gesittet, rein, wahr, redlich. → charaktervoll, empfehlenswert. ▶ tadelnswert.

Lobhudelei → Chauvinismus, Eigenlob, Schmeichelei.

lobhudeln → loben, schmeicheln.

Lobhudler → Claqueur, Schmeichler.

löblich → achtbar, angesehen, lobenswert.

lobpreisen → anbeten, anpreisen, besingen, beten, loben, preisen.

Lobpreiser → Claqueur, Schmeichler.

Lobpreisung → Christabend, Huldigung, Lob.

Lobrede Eloge. → Ehre, Huldigung, Lob, Schmeichelei.

Lobredner → Claqueur, Schmeichler.

lobsingen → besingen, beten, loben, preisen.

Loch Hohlraum, Lücke, Kluft, Leck *sm,* Öffnung, Vertiefung, Graben, Grube, Trichter, Krater, Durchlochung, Durchlaß, Nadelöhr, Mauseloch, Schlüsselloch, Rille, Schlupfloch, Versteck, Höhle. → Einbauchung, Kerker. ▶ Verschluß, Wölbung.

Lochbohrer → Durchlocher.

Locheisen → Durchlocher.

lochen → durchlochen.

löchern lochen, durchstechen ● anbetteln.

löchrig → durchlässig sein.

locken wellen, kräuseln, drehen, zwirbeln, aufwickeln, auflocken, brennen ● nachstellen, ködern, lauern, überlisten, erwischen, locken in die Falle ● rufen, herbeilocken, herlocken, heranrufen, bisten *j.* → anziehen, aufrollen, haschen nach. ▶ gehen in die Falle, glätten, wegschicken.

löcken, wider den Stachel den eigenen Kopf aufsetzen, vermessen sich. → trotzen.

lockend → anziehend, ersehnenswert, erwünscht, faszinierend.

locker → anrüchig, ätherisch, ausschweifend, bacchantisch, begehrlich, blättrig, buhlerisch, dirnenhaft, erotisch.

locker lassen, nicht bestehen, beharren, zwingen, nötigen, keine Nachsicht kennen, keine Schonung kennen, streng verfahren, die Zügel kurz halten, keine Widerrede gelten lassen, kurzen Prozeß machen, unter der Rute halten. → brechen den Starrsinn, diktieren. ▶ nachgeben.

lockern → abmachen, erleichtern, lösen.

lockern, sich → aufspringen, lösen.

Lockerung → Auflösung, Dezentralisation, Erschlaffung.

lockig gewellt, gekräuselt, aufgelockt, aufgewellt, kruselig, geringelt, gebogen, wellig, wellend, gedreht, aufgewickelt. ▶ glatt.

Lockmittel Köder, Anreiz, Anlockung, Blendwerk, Fangmittel, Lockmittel, Lockvogel, Verleitung, Reizmittel, Kitzel, Lockspeise, Brocken *j,* Antrieb, Versuchung, Falle, Mätzchen, Zauber. → Anreiz. ▶ (Abschreckmittel).

Lockruf Balzruf, Locklaut ● Warnruf, Anruf. → Ruf.

Lockspeise → Anziehung, Beeinflussung, Blickfang, Lockmittel.

Lockspitzel Spitzel, Agent, Heimlicher, Aushorcher, Ausspionierer, Spion, Aufpasser, Drahtzieher, Späher, Ausspäher, Lauscher, Horcher, Kundschafter.

Lockung → Lockmittel, Verlockung.

Lockvogel → Anreiz, Bauernfänger, Danaergeschenk, Lockmittel.

lodern → emporlodern.

lodernd → aufsteigend, flammend.

Löffel Hausrat, Haushaltgerät, Schöpfer, Kelle, Schaff, Gerätschaft, Besteck, Kaffeelöffel, Suppenlöffel, Suppenkelle, Vorlegelöffel, Dessertlöffel ● Ohren, Lauscher, Lappen, Behang, Luser. → Behälter.

Log *sm* Geschwindigkeitsmesser.

Loge Hofloge, Theaterplatz ● Geheimbund, Freimaurerei ● Vereinigung, Klub.

logieren → aufhalten sich, bewohnen, einkehren.

Logik Urteilskraft, Denkkraft, Denkvermögen, Folgerungsvermögen, Schlußvermögen, Schlußkraft, Schlußrichtigkeit, Denkschärfe, Vernunft, Begriffsvermögen, Schlußfolgerung, Schlagkraft, Beweiskraft, Klugheit, Verständnis, Scharfblick, Einsicht, Klarsicht, Gehirn, Folgerichtigkeit, Denkrichtigkeit, Denkgründlichkeit. → Beweisführung. ▶ Begriffsmangel, Trugschluß.

Logis Bleibe, Wohnung ● Asyl, Unterkunft, Logierhaus, Kabine, Kajüte, Koje.

logisch folglich, folgernd, konsequent, konsequentermaßen, folgerichtig, denkrichtig, genau, urteilsgenau, vernunftgemäß, klar, haarscharf, schlußrichtig, erwiesen, folgerecht, stichhaltig, unwiderleglich, überzeugend, beweiskräftig, zwingend, durchschlagend, entscheidend, klug, scharfsinnig, verstandesmäßig, durchdacht, urteilsfähig, verstandesgemäß, gedacht. → denkgerecht, erfaßbar, erklärbar, erweislich. ▶ unlogisch.

logischerweise → also, darum, demnach, deshalb, folglich.

Lohe → Feuer, Flamme.

lohen leuchten, brennen, flakkern, glühen, lodern, scheinen, schwelen, strahlen, glimmen, knistern, rauchen, emporlodern, aufflackern, aufblitzen. → emporlodern. ▶ erlöschen, glimmen.

lohend → aufsteigend, flammend.

Lohn → Ausbeute, Ausgleich, Belohnung, Bestrafung, Bezahlung, Buße, Einkommen, Entgelt, Erfolg, Erlös, Erwerb.

Lohnarbeiter → Kuli.

Lohnbarkeit → Ergiebigkeit.

Lohndiener → Arbeitnehmer, Commis, Untergebener.

lohnen auszahlen sich. → ahnden, anerkennen, belohnen, danken, einbringen, erkenntlich zeigen, zahlen.

lohnend ertragreich, gewinnbringend, fruchtbar, günstig, dienlich, förderlich, nützlich, nutzbringend, ersprießlich, lukrativ, einträglich, dankbar, erkenntlich, wert, passend, wirksam, brauchbar, ausgiebig, gedeihlich, rentabel. → ausgiebig, dankbar, dankenswert, einträglich, erfreulich, ersetzend. ▶ ungünstig, (unlohnend).

Lohnherr → Arbeitgeber, Ernährer.

Löhnung → Ausbeute, Ausgleich, Belohnung, Bezahlung, Einkommen, Entgelt.

Lokal Diele, Bar, Tanzlokal, Dancing *M*, Bums *u*, Bumslokal *u* → Gaststätte.

lokalisieren einordnen. → orten.

Lokomotive → Fahrzeug (Schienen-).

Lokus → Abort.

Lombardbank → Bank.

lombardieren → kreditieren.

Lorbeer Siegespreis, Ehrenkrone, Ehrenkranz, Lorbeerkrone, Lorbeerkranz, Siegerkranz, Orden, Tapferkeitsauszeichnung, Ehrenpreis, Huldigung, Belohnung, Ehrung, Ehrenerweisung, Ehrenzeichen ● Pflanze, Gewächs, Immergrün, Gewürz. ▶ Mißbilligung, Mißerfolg.

Lorbeerkranz → Dekoration, Lorbeer.

Lord → Adel, Anrede.

Lorgnette, Lorgnon → Brille.

Los Schicksal, Geschick, Schickung, Verhängnis, Bestimmung, Zufall, Geratewohl, Ungefähr, Grundlosigkeit, Sinnlosigkeit, Zufälligkeit ● Glückslos, Lotteriegewinn, Treffer. → Anteil, Chance.

Los, das große Glück, Fortuna, Glücksstern, Glücksfall, Glückswurf, Trumpf, Treffer, Glückslos, Glückslotterie, Erfolg, Glücksstand, Gunst des Schicksals, Freudenleben, Gewinn, Goldregen, Geldregen, Lotteriegewinn, Zufall, Schicksal. ▶ Mißgeschick, Pech.

Los gezogen haben, das große → beneidenswert, Los das große.

los getrennt, aufgelöst, gelockert, gesondert, unzusammenhängend, abgesondert, gelöst, locker, losgelöst, zersprengt, abgelöst, schlaff, einzeln, verstreut, vereinzelt, unverbunden, aufgelockert, flockig, schwammig ● frei, ledig, unabhängig, ungebunden, befreit, erlöst. → ab, alle Wörter mit der Vorsilbe «ab-», entspannt. ▶ abhängig, verbunden.

los und ledig frei, unabhängig, selbständig, unbeschränkt, unverhindert, ungehemmt, unbegrenzt, ungebunden, unbeaufsichtigt, zwanglos, unkontrolliert, zügellos, fessellos, herrenlos, aller Fesseln ledig, wie der Vogel in der Luft, frei von Banden, aller Pflichten ledig. ▶ gebunden.

lösbar leicht, ausführbar, entzifferbar, erreichbar, löslich, möglich, erklärbar, zerlegbar, scheidbar, vollendbar, teilbar, auflösbar, schmelzbar, zersetzbar, zergliederbar, unschwer. → entwirrbar, erfüllbar, erklärbar. ▶ unlösbar.

losbinden → abbinden, absondern, auflösen, ausspannen, entbinden, entjochen, entspannen, erlösen, freimachen.

losbrechen → aufbrechen, aufspringen.

löschen ausladen, Ladung löschen ● unterdrücken, dämpfen, abschrecken, kaltmachen, Feuer dämpfen, Feuer löschen ● auswischen, auslöschen, reinigen, abwischen, wegwischen ● bereinigen, bezahlen, erledigen, zurückerstatten, Schulden löschen. → abladen, abschaffen, aufhören, ausgehen, ausladen, austragen, bezahlen, dämpfen das Feuer, decken. ▶ beladen, schulden.

losdampfen → aufbrechen.

lose fein, locker, abnehmbar, unfest, schlaff, schlapp, zart, flockig, schwammig, brüchig, körnig ● baufällig, wacklig ● abgesondert, einzeln, sporadisch, vereinzelt, auseinander, beziehungslos ● ausgelassen, ausschweifend, begehrlich, flatterhaft, frech, frivol, gemein, leicht, leichtfertig, leichtsinnig, liederlich, maßlos, naschhaft, sinnlich, süchtig, triebhaft, ungezügelt, ungebunden, unmäßig, unsolide, vergnügungssüchtig, zügellos ● entzwei, abgerissen, davon ● allein, frei, für sich, besonders, gesondert, allein ● zerstreut, verstreut, versprengt, verteilt ● beweglich, gleitend, schwenkbar, lenkbar, bewegen sich lassen. → anrüchig, auseinander, ausschweifend, bacchantisch, blättrig, dirnenhaft, charakterlos, dünn, flott, gelockert, los. ▶ fest.

loseisen → absondern, herauswinden, lösen.

losen knobeln, spielen, wagen, wetten, ziehen ● sehen, mutmaßen, prophezeien, unken, vorhersagen, ankünden, weissagen, warnen ● hören, lauschen, horchen, schnüffeln, lauern, neugierig sein. ▶ bestimmen, blind für, unterlassen.

lösen losmachen, abkriegen *u*, loshaben *u*, lockern, abschreiben, trennen, aufwinden, loswinden, entfernen, loslösen, loseisen *u*, freimachen, zerteilen, abtrennen, absondern, abbinden, losbinden, abzwicken, losreißen, heruntermachen, herunterreißen, befreien, entbinden, entfesseln, loslassen, entwirren, erbrechen, auflockern, entkrampfen, zersetzen, verflüssigen, auflösen, auftauen, aufdröseln ● herausbekommen, enträtseln, entziffern, herausbuchstabieren, durchschauen, erschließen, entdecken, entrollen, herauslesen, finden den Schlüssel ● erleichten, entlasten, freisetzen, entfesseln, scheiden ● ab sein, quitt sein ● mit etwas nicht verheiratet sein. → abbinden, abblättern, abbrechen, abhauen, abschneiden, abschrauben, absondern, ausschneiden, auflösen, bewältigen, detachieren, entfädeln, entfesseln, entjochen, entledigen, entloben, enträtseln, entwirren, entziffern. ▶ befestigen.

lösen, sich → gehen eigene Wege.

lösen, die Bremsen → bringen in Bewegung.

lösend befreiend, lindernd, wohltätig, heilsam, wohltuend, zuträglich, heilkräftig, gesundheitlich, bekömmlich, kräftigend, blutdrückend, heilend, erlösend ● schmelzend, verdünnend, verflüssigend. → entspannend. ▶ schädlich, verhärtend.

losfahren → anfahren, anziehen, bekämpfen, Dach steigen auf das, losgehen.

losgehen platzen, krachen, explodieren, bersten, zerbersten, zerspringen, zerkrachen, auffliegen, auffahren, aufspringen, entzünden ● beginnen, anfangen, starten, anheben, ansetzen, einsetzen. → abhauen. ▶ beenden, beherrschen sich.

losgelöst → blättrig, entbunden, los.

losgeschlagen → ausverkauft, los.

losgondeln → aufbrechen.

loshelfen → erleichtern, erlösen.

Loskauf → Absolution, Befreiung.

loskaufen aufkaufen, bezahlen, zahlen, befreien, freisetzen, freikaufen, freigeben, freilassen, auslösen, ausliefern. → ausliefern, auslösen, erlösen. ▶ behalten, fesseln, verhindern.

loskaufen, sich → ausbaden, büßen.

losketten → abwerfen, auslösen, entfesseln, entjochen, entspannen, erlösen, lösen.

loskommen freikommen, durchwischen, entschlüpfen, abhauen, davonlaufen, befreien sich, entbinden sich, entketten sich, losketten sich, retten sich, freimachen sich, etwas abwerfen, etwas abstreifen. → auflösen. ▶ fesseln, verhindern.

loslassen freigeben, aufbinden, losmachen, losketten, aufschließen, freilassen, freisetzen, befreien, weglassen, fortlassen, erlösen, loshelfen, freimachen, entjochen, erleichtern, entketten, ausspannen, entzügeln. → entfesseln, entspannen. ▶ einspannen, einsperren, fesseln.

Loslassung Freimachung, Erlösung, Befreiung, Errettung, Entlassung, Freigabe, Freilassung, Begnadigung, Freiheit, Freispruch, Freisprechung, Lossprechung, Entbindung, Enthebung, Entlastung, Aufhebung. → Befreiung, Entlassung, Freiheit. ▶ Freiheitsentziehung.

loslaufen → aufbrechen.

loslegen → anfangen, reden.

löslich → entwirrbar, erfüllbar, lösbar.

loslösen → abschrauben, anschneiden, aufwinden, detachieren, lösen, trennen.

Loslösung → Absonderung, Bruch, Dezentralisation, Entbindung, Isolierung.

losmachen → abbeißen, abbinden, abschneiden, abschrauben, absondern, anfangen, anschneiden, aufdrehen, auflösen, aufwinden, ausspannen, entfesseln, entledigen, erleichtern, lösen.

losmachen, sich → isolieren sich, trennen sich.

lospilgern → aufbrechen.

losplatzen → aufspringen, lachen.

losreißen → entreißen, lösen, loskommen.

lossagen, sich freimachen sich, losmachen sich, lösen sich, absagen, aufsagen, spalten sich, trennen sich, zurückziehen sich, abschließen sich. → brechen mit, isolieren sich. ▶ verbinden sich, versöhnen sich.

Lossagung Entsagung, Verzicht, Verzichtleistung, Widerruf, Absage, Zurücknahme, Rückkauf, Lösen, Zurückziehen, Weigerung, Aberkennung. → Aberkennung, Absage. ▶ Anerkennung, Zusage, Zustimmung.

losschießen → anfahren, anfangen, entjochen, lösen.

losschlagen → absetzen, schlagen, verkaufen.

losschnüren → auflösen, lösen.

losschrauben → absondern, aufdrehen, lösen.

lossprechen entsühnen. → begnadigen, bemänteln, entbinden, entheben, entlassen, erlösen.

Lossprechung → Absolution, Ehrenrettung, Entbindung, Erlösung, Freisprechung.

losstrampeln → abdecken, fahren.

losstürmen → abhauen, vorgehen.

Lostrennung → Isolierung, Trennung.

Losung Devise, Leitsatz, Motto, Richtschnur, Merksatz, Kernspruch, Denkspruch ● Parole, Erkennungswort, Signal, Alarm, Schlachtruf ● Kot, Geschmeiß j, Gestüber j, Lorbeeren j. → Erkennungszeichen.

Lösung Ergebnis, Gelingen, Resultat, Schlüssel, Erklärung, Begründung, Entzifferung, Herausbekommen, Enträtselung ● Flüssigkeit, Lauge, Brühe, Lymphe, Wasser. → Anguß, Aufguß, Befreiung, Ei des Kolumbus, Erfüllung, Essenz, Flüssigkeit. ▶ Arbeit, Spannung.

Losungswort Parole, Kennwort, Kennziffer, Chiffre, Stichwort, Erkennungszeichen, Ausweiswort, Losung.

loswerden → drumkommen, verlieren.

loswinden → abschrauben, aufwinden, lösen.

losziehen → anfahren, bekämpfen, bereden, gehen, verleumden, vorgehen.

loszittern → abhauen.

Lot Gewicht, Kleinheit, Bißchen, Knappheit ● Messung, Tiefe, Lotung. ▶ Bindemittel.

Lot, im klar, ordentlich, ordnungsgemäß, ordnungsmäßig, unverwirrt, übersichtlich, geregelt, geordnet, ausgerich-

tet, regelmäßig, ruhig, ruhigen Ganges, in Ordnung. ▶ schwankend, unklar.

loten auspeilen, einsenken, versenken, vermessen, messen, eintauchen, herunterlassen, die Tiefe messen.

löten → verbinden.

lotrecht → aufrecht, senkrecht.

lotsen → anführen, bahnen, bevormunden, bugsieren, dirigieren, fahren.

Lotterbett Bärenhaut, Schlummerkissen, Ruhekissen, Müßiggang, Nichtstun, Faulenzerei, Schlendrian, Untätigkeit, Faulheit, Trägheit, Zeitverschwendung. → Bett. ▶ Arbeit, Fleiß.

Lotterbub Liederjan, Windhund, Schürzenjäger, Lustgreis, Bruder Liederlich, Mädchenjäger, Mädchenfänger ● Müßiggänger, Faulenzer, Faulpelz, Faultier, Nichtstuer, Taugenichts, Tagedieb, Herumlungerer, Arbeitsscheuer, Bummler, Faulsack, Eckensteher, Vagabund, Strolch. → Ausbund. ▶ Musterknabe.

lotterhaft → pflichtvergessen.

Lotterie Geratewohl, Zufall, Glücksrad, Wagnis, Glücksspiel, Verlosung, Spekulation, Schicksal, Glückssache, Glücksfall, Spiel, Würfel, Knobelbecher, Karte, Zufälligkeit, Sinnlosigkeit, Wette, Lotteriespiel, Lotto, Toto, Totalisator, Glücksgreifen, Los. ▶ Absicht, Sicherheit.

Lotterietreffer → Chance, Glück, Los das große.

Lotterleben → Laster, Leben gottloses.

lottern umhertreiben, verlottern, verludern, verlumpen, bummeln, schlampen, sich gehen lassen, sich treiben lassen, sich hängen lassen, unter die Räder kommen, sich ausleben. → faulenzen. ▶ arbeiten, maßhalten.

Lotterwirtschaft → Unordnung.

Louis → Buhle, Halbwelt.

Löwe Tier, Geschöpf, Getier, Bestie, Leu, Raubtier, Raubwild, Fleischfresser, König der Tiere ● Held, Kämpfer, Haudegen, Siegfried, Wappentier. → Draufgänger.

Löwenanteil mehr als die Hälfte, über die Hälfte, Mehrheit, Majorität ● guter Fang oder Griff, Glück, Glücksfall, das größte Stück, die größte Zuteilung oder Zuweisung.

Löwenmut → Courage, Mut.

loyal anständig, lauter, gewissenhaft, ehrlich, gutgesinnt, gerade, pflichtgetreu, treu, vertrauenswürdig, redlich, unbestechlich, unvoreingenommen, unparteiisch, pflichtbewußt, rechtschaffen,

verantwortungsbewußt, unbescholten, ehrenfest, wakker, zuverlässig, erprobt. → anhänglich. ▶ pflichtvergessen, unanständig.

Luchsauge → Auge.

Lücke Kluft, Leere, Bresche, Abwesenheit, Daseinslücke, Nichts, Öde, Mangel, Hohlraum, Luft, Lückenhaftigkeit, Blöße, Zwischenraum, Abstand, Bruch, Sperre, Unterbrechung, Spalte, Schlucht, Graben, Öffnung, Loch, Durchstich ● Unkenntnis, Leerheit, Hohlheit, Verdummung, Unwissenheit, Unfähigkeit, Schwäche ● Gebrechen, Makel, Zahnlücke. → Ausfall, Beschädigung, Bruch. ▶ Geschlossenheit, Klugheit, Verbindung, Wissen.

Lückenbüßer → Behelf, Ersatz.

lückenhaft → beschädigt, defekt, durchlässig sein, ungenügend.

lückenlos dicht, unporös, geschlossen, undurchlässig, widerstandsfähig, ganz, widerstandsfest, kräftig, zusammenstehend, zusammenhängend, vollständig, unverletzt, unversehrt, tadellos, heil ● ausnahmslos, sämtlich, rundweg, völlig, alle. ▶ lückenhaft.

Luder → Aas, Bacchant.

Luderleben → Laster, Leben gottloses.

Ludrian → Gesinnungslump, Lotterbub.

Luft Hauch, Äther, Atmosphäre, Atem, Puste u, Fahne u ● Durchzug, Sturm, Wind, Zug, Dunst, Ozon, Luftkreis, Dunstkreis, das Freie, Luftleere, Luftdruck, Nichts, Leere, Hohlraum, Ungreifbares, Niemand, Null, Himmel, Firmament ● Duft, Schaum, Flaum, Seifenblase, Pappenstiel, leere Luft, Schnickschnack, Firlefanz, Pfifferling. → Atmosphäre, Dunst, Dunstkreis. ▶ (Körper fester), Vorhandensein, Wasser, Wichtigkeit.

Luft bekommen → atmen, bessern sich.

Luftholen einatmen, schnaufen, hecheln, japsen, keuchen.

Luft machen, sich → schimpfen.

Luft schnappen, nach → atmen, wüten.

Luftangriff → Blutbad, Bombardement.

Luftbad → Bad.

Luftbett → Bett.

Luftbild → Blendwerk, Chimäre, Dunst leerer, Erscheinung.

luftdicht → abgeschlossen, dicht.

Luftdruck → Atmosphäre.

Luftdruckmesser → Barometer.

lüften fächern, fächeln, zuwehen, durchwehen, auslüften, durchlüften, Luftaustausch, durchziehen ● auflockern, herunternehmen, abnehmen, wegnehmen, abziehen, herunterziehen, den Hut lüften. → aufziehen, heben. ▶ aufsetzen, verpesten, zumachen.

Lüfter → Fächer.

Luftfahrzeug → Fahrzeug (Luft-).

luftförmig → dampfförmig, dunstartig.

Luftgebilde → Phantasie.

Luftgewehr → Büchse.

Lufthauch → Durchzug.

Lufthülle → Atmosphäre, Luft.

luftig flüchtig, duftig, gasförmig, dunstartig, lufthaltig, luftgefüllt ● hoch, oben, droben, oberhalb, aufwärts, himmelan, wölkenwärts, darüber ● ausgehöhlt, blasig, hohl ● leicht, unschwer, gewichtslos, federleicht, ätherisch ● kühl, windig, böig, zügig, stürmisch, wehend, fächelnd. → dunstartig. ▶ dumpfig, fest, heiß, unten.

Luftikus Verschwender, Vergeuder, Schlemmer, Bruder Lustig, leichtsinniges Huhn ● Draufgänger, Teufelskerl, Tollkopf, Draufgänger.

Luftkreis → Dunstkreis, Luft.

luftleer leer, hohl, inhaltsleer, körperlos, nichts, gegenstandslos. ▶ faßbar, voll.

Luftloch → Esse.

Luftröhre → Esse, Körperteil.

Luftschicht → Atmosphäre, Luft.

Luftschiff → Ballon, Fahrzeug (Luft-).

Luftschloß → Auswuchs, Chimäre, Dunstbild, Illusion.

Luftschlösser bauen → erträumen, phantasieren.

Luftschutzkeller → Befestigung, Sicherheit.

Luftspiegelung → Blendwerk.

Luftsprung → Freude, Sprung.

Lüftung Entlüftung, Durchzug, Ventilation.

Luftzug → Wind.

Lug und Trug → Lüge.

Lüge Unwahrheit, Lug und Trug, Lumperei, Irreführung, Erdichtung, Erfindung, Unterschiebung, Falschmeldung, Ente, Kohl u, faule Fische u, Dunst, Roman, Truggewebe, Lügengewebe, Jägerlatein, Ammenmärchen, Münchhausiade, Täuschung, Seemannsgarn, Leugnung, Ausflucht, Notlüge, Umgehung, Verdunkelung, Verhüllung, Entstellung, Winkelzug, Unaufrichtigkeit, Meineid, Falschheit, Fälschung, Sünde, Unredlichkeit, Charakterlosigkeit, Betrug, Trug, Unrecht, Schwindel, Schein, Hinterlist, Gemeinheit, Heuchelei, Niedertracht, Unglaub-

würdigkeit, Falschheit. → Ausflucht, Ausrede, Ausweg, Bekenntnis, Dichtung, Dunst, Eid falscher, Erfindung, Falschheit. ▶ Wahrheit.

lugen sichten, spähen, peilen, äugen, sehen, schauen, beobachten, Ausschau halten, auslugen, wahrnehmen, erkunden. → anschauen. ▶ Augen schließen die, übersehen.

lügen betören, täuschen, entstellen, verdrehen, fälschen, erdichten, erfinden, flunkern, erlügen, kohlen u, vorfaseln, vorflunkern, vorkohlen u, vormachen, umgehen, ankohlen, vorfabeln, vorplaudern, vorgaukeln, schwindeln, aufschneiden, verdunkeln, vertuschen, benebeln, ableugnen, irrig angeben, Wind machen, falsch darstellen, falsches Zeugnis ablegen, falsch schwören, Sand in die Augen streuen, einen Bären aufbinden, blauen Dunst vormachen, die Wahrheit verhehlen, Ausflüchte machen, aus den Fingern saugen ● das ist gestunken und gelogen u, jemanden die Hucke voll lügen u, lügen wie gedruckt, Papier ist geduldig, lügen daß sich die Balken biegen. →bemänteln, blenden, entstellen, erfinden, fabeln. ▶ Wahrheit sprechen die.

Lügen strafen → widerlegen.

lügenhaft → arglistig, bubenhaft, charakterlos, erfunden, verlogen.

Lügenhaftigkeit → Falschheit, Lüge.

Lugger → Fahrzeug (Wasser-).

Lügner Flunkerer, Lügenmaul, Lügenhaut, Lügenhansel u, Betrüger, Heuchler, Schurke, Schelm, Scheinheiliger, Schlange, Hintergeher, Schwindler, Schwindelmeier u, Spitzbube, Gauner, Urkundenfälscher, Gleisner, Gleißner, Versteller, Erfinder, Erdichter, Gaukler, Aufschneider, Verdunkler, Vertuscher, Leugner, Schaumschläger, Komödiant, Schwindelhuber, Schauspieler. → Betrüger, Fälscher. ▶ Mensch aufrechter treuer.

lügnerisch → arglistig, charakterlos, erfunden, falsch, verlogen.

Luke → Ausgang, Öffnung.

lukrativ → lohnend.

Lukull → Feinschmecker.

lullen → besänftigen.

Lümmel Rüpel, Bengel, Knoten u, Kloben, ungesitteter Mensch. → Barbar, Gassenjunge.

Lümmelei → Beleidigung, Unhöflichkeit.

lümmelhaft → brutal, ungezogen, unhöflich.

Lump Halunke, Hundsfott, Galgenstrick, Galgenvogel, Gangster, Landstreicher, Strolch, Herumtreiber, Vagabund, Schlawiner, Zigeuner, Ludrian, Nichtsnutz, Taugenichts, Tunichtgut, Tagedieb, Leichtfuß, Laumann, Stromer, Gauner, Lumpsack, Saufsack, Spitzbube, Lumpenkerl, Kujon, Lumpengesindel, Galgenfutter, Schuft, Schurke, Elender, Erzlump, Schwindelhuber, Schwindler, Gelegenheitsmacher, Schleicher, Gesinnungslump, Schlot, Heuchler, Gleisner, Verbrecher, Schelm, Wicht, Kerl, Strick, Filou. → Ausbund, Betrüger, Canaille, Dieb, Gelegenheitsmacher, Hund. ▶ Mensch aufrechter treuer.

Lumpen → Abfall.

Lumpengesindel → Bettler, Pöbel.

Lumpenkerl → Bettler, Lump.

Lumpenpack → Bettler, Lump.

Lumpenstrick → Bettler, Lump.

Lumpenzeug → Abfall, Kitsch.

Lumperei Gemeinheit, Niedertracht, Kriecherei, Schande, Schurkerei, Falschheit, Unredlichkeit, Pflichtvergessenheit, Verlogenheit, Schwindel, Betrügerei, Büberei, Ränke, Hinterlist, Gaunerei, Unzuverlässigkeit, Feilheit, Käuflichkeit, Schiebung, Verrat, Treulosigkeit. → Schäbigkeit, Unmäßigkeit. ▶ Redlichkeit, Zuverlässigkeit.

lumpig → geizig, gemein, schäbig.

lungern gammeln, strolchen, sich herumtreiben.

Lunte → Brennmaterial, Schwanz.

Lupe Vergrößerungsglas, Linse.

lupfen heben, aufheben, anheben, aufrichten, erhöhen, hinaufheben, emporheben, hochstellen, emporbringen, winden, aufrollen, hebeln. ▶ bleiben auf dem Platz, niedersetzen.

lüpfen aufstecken, entblößen, enthüllen, öffnen, entkleiden, ausgleiten, herausschälen, entmummen, entlarven, abstreifen, auswickeln, aufsperren, entsiegeln, aufwickeln, auspacken. → lupen, offenbaren. ▶ verhüllen.

Lust Bereitschaft, Disposition, Geneigtheit, Gewohnheit, Hang, Laune, Neigung, Begehren, Verlangen, Stimmung, Vorliebe ● Regung, Empfindung, Faible, Gefühl, Trieb, Libido, Leidenschaft ● Kostbarkeit, Köstlichkeit, Genuß, Freudentaumel, Freude, Frohsinn, Frohmut, Heiterkeit, Entzücken, Vergnügen, Wonne, Labsal, Hochgenuß, Glück, Seligkeit, Zauber, Lustgefühl.

→ Anziehung, Befreiung, Begierde, Belieben, Bereitwilligkeit, Drang, Eifer, Empfänglichkeit, Ergötzen, Freude, Genuß, Neigung, Stimmung Vergnügen, Vorliebe. ▶ Unlust.

Lust und Laune → Neigung.

Lust und Liebe → Beflissenheit, Neigung.

Lust, fleischliche → Brunst.

Lust haben → bekommen Lust.

Lust haben, keine → bringen nicht übers Herz.

Lust nehmen, die → benehmen: die Lust nehmen.

Lustbarkeit → Belustigung, Feier, Fest, Vergnügen.

lustbetont erfreulich, wonnevoll, wonnig, freudig, freudestrahlend, froh, heiter, erheitert, aufgeräumt, entzückt, beseligt, bezaubert, glücklich, glückselig, glückstrahlend. ▶ unlustig.

Lustdirne → Buhle.

Lüste → Ausschweifung, Brunst, Zuchtlosigkeit.

Lüster → Lampe.

lüstern → anrüchig, ausschweifend, besessen, buhlerisch, erotisch, hungrig.

lüstern, nach → brennend.

Lüsternheit → Begierde, Durst, Sinnlichkeit.

Lustfahrt → Partie, Reise.

Lustgefühl Lebenslust, Schaffensfreude, Glücksgefühl, Wohlgefühl, Hochgefühl, Vergnügen, Freude, Heiterkeit, Stimmung, Wonne, Behaglichkeit, Seligkeit, Glück, Zufriedenheit, Entzücken, Befreiung ● Glückseligkeit, Liebeslust, Verzückung, Rausch, Taumel, Wollust. ▶ Trübsal, Unlustgefühl.

Lustgreis → Casanova, Faun, Wüstling.

lustig unterhaltend, amüsant, heiter, fidel, aufgeräumt, ausgelassen, berauscht, beseligt, freudig, glücklich, jovial, kummerlos, selig, freudestrahlend, sorgenfrei, unbesorgt, zufrieden, wonnetrunken, aufgekratzt, gemütlich, kurzweilig, lebenslustig, lebhaft, sonnig, spaßhaft, übermütig, unbeschwert, vergnügt, gut gelaunt, prachtvoll aufgelegt, spaßig, toll. → amüsant, aufgelegt, aufgeräumt, beschwingt, Blick mit leuchtendem, ergötzlich, froh, heiter, humoristisch. ▶ unlustig.

lustig machen, sich → aufziehen, belächeln, belustigen.

Lustigkeit Spaß, Scherz, Tollerei, Schäkerei, Gaudium, Gelächter, Jubel, Lust, Taumel, Rausch, Übermut. → Drolligkeit. ▶ Unlustgefühl.

Lüstling → Bacchant, Blaubart, Casanova, Faun, Feinschmecker, Wüstling.

lustlos → ärgerlich, freudlos.

Lustspiel → Komödie.

lustwandeln → bewegen sich, einherstelzen, erfrischen sich, ergehen sich, spazieren.

lutschen nuckeln. → lecken.

luxuriös → schwelgerisch, teuer, verschwenderisch.

Luxus Überfluß, Üppigkeit, Reichtum, Schwelgerei, Schlemmerei, Prasserei, Übersättigung, Verschwendung, Vergeudung, Aufwand, Leichtsinn, Unmäßigkeit ● Bequemlichkeit, Wohlstand, Annehmlichkeit, Kostbarkeit, Kostspieligkeit, Überteuerung, Überfeinerung, Wohlleben. → Aufwand, Unmäßigkeit. ▶ Bescheidenheit, Einfachheit.

Luzifer → Dämon, Teufel.

lynchen → abrechnen, ausrotten, rächen.

Lyrik → Gedicht.

Lyriker → Dichter.

lyrisch liedhaft, klangvoll, dichterisch.

M

Machart → System, Verfahren.

Mache Erzwungenheit, Angabe, Ziererei, Aufschneiderei, Getue, Mätzchen, Machenschaft, Pose, Schein, Vorspiegelung, Gaukelspiel, Windbeutel, Zauber, Blendwerk, Gesuchtheit, Geziertheit, Gezier, Manieriertheit, Vornehmtuerei, Geschraubtheit, gespreiztes Benehmen. → Blendwerk, Getue. ▶ Natürlichkeit, Wahrheit.

machen handeln, tun, leisten, wirken, handhaben, besorgen, schaffen, ausrichten, arbeiten, ausführen, unternehmen, vollführen, vollbringen, erledigen, verrichten, besorgen, angreifen, anfangen, anfassen, beginnen, anpacken, ausfüllen, erfüllen, erzeugen, herstellen, formen, hervorrufen, nachgehen, verwirklichen, vollstrecken, vorbereiten, tätigen, aufbauen, ausüben, bemühen, beschleunigen, anstreben, ausfeilen, bereiten, betreiben, bewerkstelligen, durchführen. → anfassen, anfeuern, anfertigen, arbeiten, ausüben, befruchten, bereichern, bestellen, bilden, drechseln, erschaffen, konstruieren. ▶ beginnen, faulenzen, ruhen, unterlassen, zerstören.

machen, ausfindig → bedeuten, entdecken.

machen, eine Ausnahme auffallen, aus der Rolle fallen, abweichen, unterscheiden sich, abstechen von, gegen die Regel verstoßen, sich anders benehmen, sich herausheben, sich abheben, hervorragen, überragen, aus der Reihe fallen, aus dem Rahmen fallen, eine Ausnahme bilden, aus der Reihe tanzen, ist einzig in seiner Art ● zulassen, einräumen, beschränken, ausnehmen, vorbehalten. → befremdend. ▶ gebräuchlich (sein), gelten, entsprechen, übereinstimmen, untersagen, wiederholen.

machen, Dampf → beeilen.

machen, sich davon entweichen, entlaufen, entschlüpfen, entrinnen, entfliehen, enteilen, entspringen, flüchten, durchschlagen, desertieren, durchbrennen, ausreißen, ausbrechen, davonlaufen, verduften, entwischen, wegschleichen, fortstehlen, verkrümeln sich, Fersengeld geben, aus dem Staube machen sich. → dannen gehen von. ▶ bleiben, zurückkommen.

machen, ein Ende enden, beenden, beendigen, erledigen, schließen, abschließen, vollenden, ausführen, aufhören, abbrechen, einstellen, anhalten, innehalten, zur Entscheidung bringen, zu einem Ende bringen, nachlassen, ablassen, beschließen, Kehraus machen ● sich töten, Selbstmord verüben. → destruieren. ▶ anfangen.

machen, eine Erbschaft → beerben.

machen, sich groß aufblähen sich, überschätzen sich, brüsten sich, aufblasen sich, sich etwas einbilden, prahlen, spreizen sich, großtun, dicke tun, prangen, vergrößern sich, herausstreichen sich, großsprechen, aufbauschen, aufprotzen, dicke Töne reden, sich in die Brust werfen, sich breit machen. ▶ bescheiden (sein.)

machen, lächerlich → beeinträchtigen, herabsetzen, verspotten.

machen, lustig → bunt zugehen, herabsetzen, verspotten.

machen, niedriger oder kleiner → beengen, herabsetzen.

machen, selbständig freimachen sich, auf eigenen Füßen stehen, eigener Herr sein, keinen über sich haben, niemandem unterworfen sein, nach niemanden zu fragen haben, nach Belieben schalten, nach eigenem Gutdünken handeln, autonom sein, sich selbstverantwortlich sein, ungebunden sein, unkontrolliert sein. → befreien. ▶ angestellt (sein), dienen.

machen, sich auf den Weg

→ dannen gehen von, weggehen.

machen, ein Wettrennen wettrennen, stürmen, sausen, schnellen, eilen, fortstürmen, jagen, rasen, laufen, wettlaufen, wettstreiten, wetten, ringen, auszustechen trachten, zu überbieten suchen, konkurrieren. → balgen. ▶ zurückhalten sich.

machen, sich zunutze ausnutzen, ausbeuten, beanspruchen, nehmen, genießen, gewinnen, erzielen, sichern sich, schieben, herausschinden, schnappen, erpressen, auswerten, seinen Vorteil wahrnehmen, seine Rechnung finden, sich gesund machen, den Rahm abschöpfen, sich Vorteile verschaffen, sich bezahlt machen, sich lohnen. → bedienen sich. ▶ ausbaden.

Machenschaft → Mache.

Macher → Erschaffer, Dandy.

Macht Kraft, Stärke, Gewalt, Einfluß, Ansehen, Bedeutung, Übermacht, Machtgefühl, Durchschlagskraft, Druck, Schwergewicht, Beherrschung, Übergewicht, Vorherrschaft, Befugnis, Amtsgewalt, Befehlsgewalt, Anmaßung, Gewichtigkeit, Größe, Last, Masse, Menge, Riesenmacht, Wirkungsvermögen, Vollmacht, Tatkraft, Härte, Hauptmacht, Stütze, Gewicht, Geltung, Herrschaft, Beherrschung, Nachdruck, Wucht, Staatsmacht, Machtbereich. → Ansehen, Beeinflussung, Befugnis, Dynamik, Einfluß, Fähigkeit, Faktor, Gewalt, Größe, Herrschaft. ▶ Machtlosigkeit.

Macht mehr haben, keine → breitschlagen, schwach.

Macht nehmen, die → benehmen: die Macht nehmen.

Macht über sich selbst → Zucht.

Macht der Verhältnisse Zwangslage, Notlage, Enge, Bedrängnis, Drang, Einschränkung, Schwierigkeit, Abhängigkeit, Zwang, Notwendigkeit, Gebundenheit, Druck, höhere Gewalt, Unfreiheit, Verpflichtung, Willensunfreiheit. ▶ Unabhängigkeit, Willensfreiheit.

Machtausgleich → Gegengewicht.

Machtbereich Wirkungskreis, Betätigungsfeld, Arbeitsfeld, Bezirk, Arbeitsbereich, Dienstbereich, Macht, Herrschaft, Geltung, Einfluß, Einflußbereich, Stellung, Ansehen, Regiment, Bestimmung, Lebensberuf, Existenzbereich, Posten, Platz. → Beruf, Charge.

Machtbewußtsein Durchset-

zungskraft, Autoritätsanspruch, Machtanspruch, Herrschaftsanspruch. → Selbstbewußtsein.

Machtentziehung → Beraubung.

Machtergreifung Usurpation, Regierungsantritt, Thronbesteigung ● Selbstherrschaft ●Ernennung zum Präsidenten oder Kanzler, Bestallung zum Direktor oder Generaldirektor ● Übernahme der Regierungsgewalt ● Führerschaft.

Machtfülle Autorität, Einfluß, Übergewicht, Überlegenheit, Vormacht, Vormachtstellung. → Herrschaft.

Machtgefühl → Macht, Stärke.

Machtgier Machtbesessenheit, Machtwahn, Egozentrik, Herrschsucht, Imperialismus.

Machthaber Herrscher, Gebieter, Führer, Befehlshaber, Vorsteher, Unternehmer, Industriekapitän, Schornsteinkönig, Kapitalist, Staatsoberhaupt, Landeshaupt, Kaiser, König, Herzog, Fürst, Diktator, Imperator, Tyrann, Zar, Cäsar, Sultan. → Bonze.

mächtig stark, gewaltig, überlegen, überragend, allgewaltig, allvermögend, furchterregend, achtunggebietend, herrschend, eisern, groß, einflußreich, vorherrschend, tonangebend, beherrschend, ausschlaggebend, maßgebend, angesehen, beträchtlich, bedeutend, wirksam, machtvoll, kraftvoll ● umfänglich, dick, umfangreich, umfassend, kolossal, massig, beträchtlich, ansehnlich, geschwollen, mit Macht erdrückend, ● außerordentlich, ausgedehnt, beherrschend, dick, diensttauglich, eisern, fest, furchterregend, gewaltig, groß. ▶ machtlos.

Mächtigkeit → Dicke, Stärke.

machtlos → bebend, bemüßigt, kraftlos, schwach.

Machtlosigkeit → Schwäche.

Machtpolitik Faustrecht, Rechtlosigkeit, Selbsthilfe, Vergehen, Schuld, Rechtsbruch, Rechtswidrigkeit, Unrecht, das Recht des Stärkeren, Willkür, Ungerechtigkeit, Überschreitung. → Kriegsursache. ▶ Milde, Recht, Rechtsgültigkeit.

Machtprobe → Macht, Stärke.

Machtspruch → Strenge.

machtvoll → mächtig.

Machtvollkommenheit → Befugnis, Bemächtigung, Stärke.

Machtwort → Strenge.

Machwerk → Blendwerk, Mache.

Mädchen → Backfisch, Dirne, Fräulein, Jungfrau.

Mädchen für alles → Faktotum, Untergebener.

Mädchenfänger → Casanova, Wüstling.

mädchenhaft → feminin, jung, keusch, weiblich.

Mädchenhaftigkeit Jugend, Jugendzeit, Mädchenalter, Jungfräulichkeit, Weiblichkeit, Fraulichkeit, Keuschheit, Reinheit, Schamhaftigkeit, Züchtigkeit, Anstand, Ehrbarkeit, Sittsamkeit, Zucht, Wohlerzogenheit, Sprödigkeit. → Bescheidenheit. ▶ (Alter), Männlichkeit, Unkeuschheit.

Mädchenjäger → Casanova, Herzensbrecher, Wüstling.

Mädchenjahre → Kindheit.

Made → Larve.

madig → faul, schlecht.

madonnenhaft → rein.

Magazin Illustrierte, Heft, Filmrevue, Filmzeitung, Modeheft, Unterhaltungsschrift, Revue, Bildheft. → Abstellraum, Detailgeschäft, Lager, Vorrat.

Magd → Aushilfe, Dienerschaft, Untergebener.

Magen Pansen *j*, Wanst, Waidsack *j*.

Magen haben, einen guten Steine verdauen können, etwas vertragen können.

Magen verderben, sich den den Magen sich verrenken *u*, den Magen verkorksen *u*, Magenschmerzen, Koliken, Magenentzündung, Magenschleimhautentzündung, schlechter Magen, Magenweh, Völlegefühl.

Magen liegen, im beunruhigen, ängstigen, kümmern, erbittern, vergällen, beschweren, verdrießen, belästigen, anwidern, quälen, foltern, peinigen ● verabscheuen, nicht leiden können, einem nicht grün sein, nicht ausstehen können, nicht gewogen sein, im Magen haben. ▶ erfreuen, verehren.

Magenknurren → Eßlust.

mager schmächtig, hager, spindeldürr. → aalförmig, aalglatt, biegsam, dünn, wenig.

Magerkeit Dünne, Dünnheit, Zartheit, Feinheit, Schmalheit, Schmächtigkeit, Schlankheit, Hagerkeit, Kleiderständer *u*, Bohnen- oder Hopfenstange, Klappergestell *u*, lange Latte *u*, langer Lulatsch *u*, langes Register *u*, Stange, Schlacks *u*, langes Gestell *u*, langer Laban *u* ● Geripppe, Knochengerüst *u* ● Gehaltlosigkeit, Armut, Geringfügigkeit, Belanglosigkeit, Wertlosigkeit. → Dürre. ▶ Dicke.

Magie → Aberglaube, Zauberei.

Magier → Fakir, Zauberer.

magisch unwirklich, überirdisch, geisterhaft, geheimnisvoll, ahnungsbang, bedrückend ● zauberisch, schwarzkünstlerisch, besessen, bezaubert. ▶ wirklich.

Magister Gelehrter, Studierter, Dozent, Lehrer, Lehrender, Lektor, Lehrherr, Lehrperson, Schulmeister, Meister, Berater, Ratgeber. ▶ Schüler.

Magistrat Behörde, Amt, Verwaltung, Verwaltungsstelle, Stadtverwaltung, Bezirksamt, Magistratur, Schulamt, Zivilbehörde, Regierungsstelle, Amtsperson, Obrigkeit. → Bürgermeister.

Magnat → Adel, Oberschicht.

Magnet Anziehung, Anziehungskraft, Reiz, Blickfang, Zugkraft, Anziehungsmittel, Reißer, Schlager, Anlockung ● Magnetnadel, Werkzeug, Pendel. → Anziehung, Bann, Blickfang. ▶ (Abstoßung).

magnetisch → anziehend.

Magnetismus Heilmittel, Hilfsmittel, Heilverfahren, Behandlung, Krankenpflege, Elektrotherapie. → Anziehung, Anziehungskraft.

Magnetopath → Bader.

Magnifizenz → Anrede.

mahagonibraun → braun.

Mahd Ernte, Schnitt, Ertrag, Heuernte, Grummet, Heuet, Öhmd, Grasschnitt, Abmähen, Futterernte, Grünfutterernte.

Mähder → Bauer.

mähen → abscheiden, ernten.

Mahl → Essen, Mahlzeit.

mahlen pulverisieren, granieren, zermahlen, zermalmen, zerschlagen, zerklopfen, zerstoßen, zerkleinern, zerreiben, verreiben, verkleinern, pulvern, zermülmen, granulieren, ausmahlen. ▶ (unverarbeitet lassen).

Mahlstrom → Brandung.

Mahlzeit Mahl, Schmaus, Essen, Gastmahl, Speise, Speisung, Verköstigung, Mittagessen, Abendessen, Mittagbrot, Abendbrot, Mittagmahl, Abendmahl, Gericht, Diner ● Tafelfreuden, Bankett, Fest, Festessen, Einladung, Gesellschaft, Gastmahl, Henkersmahlzeit, Schwelgerei ● Gruß, Begrüßung. → Essen.

Mahnbrief → Auflage, Brief, Ermahnung.

Mähne Körperteil, Haar, Borste, Wolle, Pelz, Locke, Zottigkeit, Struppigkeit, Pferdemähne, Behaarung. → Fell.

mahnen ermahnen, auffordern, hinweisen, bewegen, erinnern, einschärfen, einfordern, belehren, einprägen, predigen, moralisieren, tadeln, vorhalten, bemängeln, beanstanden, rügen, verweisen, mäkeln, angreifen, verwerfen, abraten, abreden, monieren, ins Gewissen reden.

zu Gemüte führen, vor Augen halten, treten *u*, die Wahrheit sagen, den Kopf zurechtsetzen, aufs Dach steigen, einen Rüffel erteilen, nicht hinter dem Berg halten, Vorstellungen machen, eines Besseren belehren, auf die Finger schauen, Einspruch erheben, Einwendungen erheben, Einwendungen machen, Vorwürfe machen, ins Gebet nehmen. → beschuldigen, Dach steigen auf das, drohen, eindringlich zureden, billigen, ermutigen, Hand freie lassen, loben, rechtfertigen, vergessen.

Mahner Geldeintreiber, Forderer, Schuldforderer, Gläubiger ● Gewissen, innere Stimme, warnende Stimme, das ungeschriebene Gesetz, zehn Gebote. → Ermahner. ▶ Pflichtvergessenheit, Schuldner.

Mahnmal → Warnung, Zeichen.

Mahnruf → Anruf, Appell, Warnung.

Mahnung → Anzeichen, Appell, Diktat, Ermahnung, Erziehung, Vorwurf, Warnung.

Mahr → Beklemmung, Qual.

Mähre → Klepper.

mähren säumen, zögern, kriechen, herumkriechen, zurückbleiben, schleichen, trödeln, trotteln, bummeln, zaudern, lahmen, nachhinken, schlendern, herummähren, langsam sein. → hemmen. ▶ beeilen (sich).

Maid → Backfisch, Dirne.

Maiden → Backfisch, Dirne.

Maienzeit ▶ Frühling.

Maitresse Geliebte, Liebchen, Freundin, Schatz, Konkubine, Halbwelt, Kameliendame, Freudenmädchen, Frauenzimmer, Gefallene, Verlorene, Kokotte, Dirne, Bajadere, Hetäre, Messalina, Buhlerin, Kreatur, Lustdirne, Sirene, Schlafgängerin, Bettschatz.

Majestät → Anrede, Titel, Würde.

majestätisch → königlich, prächtig, stolz.

Majoratsgut → Besitztum, Bauernhof.

Majoratsherr → Besitzer.

majorisieren überstimmen, nötigen, zwingen, tyrannisieren.

make up *M* → bemalen, geschminkt.

Makel → Auswuchs, Blamage, dunkler Punkt, Entstellung, Fehler, Mangel.

Mäkelei → Krittelei, Tadel.

makellos → arglos, artig, auserlesen, beispiellos, blendend, brillant, charmant, engelgleich, erlesen, kostbar, lauter, rein, schön, vollkommen.

Makellosigkeit → Beste,

Fehlerlosigkeit, Schönheit, Vollkommenheit.

mäkeln → Dach steigen auf das, kritteln, tadeln, nörgeln.

Makler → Abgeber, Agent, Beauftragter, Bevollmächtigter, Vermittler.

Makrokosmos → All, Welt.

Makulatur → Abfall.

Mal Wunde, Narbe, Schnitt, Verletzung, Riß ● Merkzeichen, Merkmal, Mahnmal, Zeichen, Bezeichnung, Erkennungszeichen, Gepräge, Grenzpfahl, Ehrenmal, Markstein, Landmarke ● Muttermal, Fliegenmal, Hexenmal, Schönheitspflästerchen, Kainszeichen, Feuermal, Leberfleck ● Grabmal, Grabstein, Gruft. → Bake.

Mal, ein anderes → dereinst.

mal so, mal so → wetterwendisch.

malen gestalten, konterfeien, bilden, entwerfen, formen, pinseln, zeichnen, radieren, nachbilden, bemalen, stechen, ausmalen, abkonterfeien, skizzieren, darstellen, tuschen, stricheln, schraffieren, färben, anmalen. → anstreichen, ausmalen, bemalen, durchpausen, kritzeln.

malen, den Teufel an die Wand vorhersagen, prophezeien, weissagen, voraussehen, unken, beschreien, berufen, Unglück voraussehen, Unglück verkünden, befürchten, fürchten, die Hoffnung verlieren, entmutigen, Angst machen, Befürchtung erregen, Furcht erwecken, die Hölle heiß machen, Schrecken einjagen, Grausen einflößen. ▶ beruhigen, ermutigen.

Maler Künstler, Zeichner, Graphiker, Kunstmaler, Schöpfer, Bildner, Farbenklekser u, Erzeuger. → Anstreicher.

Malerei Fresko, Glasmalerei, Bildkunst, Zeichnung, Federzeichnung, Kreidezeichnung, Ölmalerei, Pastellmalerei, Ölfarbendruck, Kupferdruck, Porträtmalerei, Farbengebung, Farbenpracht, Strichelung, Skizzierung, Aquarell, Stiche, Wachsmalerei, Porzellanmalerei, Pinselführung. → Arbeit, Dekoration.

Malerin → Blaustrumpf, Maler.

malerisch → anmutig, ästhetisch, bilderreich, blendend, charmant, schön.

maliziös boshaft, schlecht, arg, übel gesinnt, heimtückisch, mißgünstig, böswillig, bösartig, niederträchtig, teuflisch, hämisch, gehässig, unausstehlich, abscheulich, zuwider, scharfzüngig, scheelsüchtig, übeltätig, giftig. →

böse. ▶ freundlich, gutmütig, schmeichlerisch.

malmen zermalmen, schmatzen, kauen, zernagen, verspeisen, verzehren, essen, fletschern, aufspeisen, aufessen, zerkleinern, zermülmen, zermahlen. ▶ (unverarbeitet lassen).

malnehmen → multiplizieren.

malträtieren → ärgern, quälen.

Malzbier → Bier, Getränk.

Mama → Anverwandte, Mutter.

Mamakindchen → Feigling.

Mammi → Anverwandte, Mutter.

Mammon → Bargeld, Geld, Reichtum.

Mammonsdiener Geldhungriger, Mammonsknecht, Nimmersatt, Goldliebhaber, Egoist, Geizhals, Materialist, Raffke, Geizteufel, Filz, Knauser.▶ Idealist, Verschwender.

Mammonsdienst Geldgier, Geldsucht, Geldhunger, Raffgier, Gewinnsucht, Goldhunger, Golddurst, Geiz, Begehrlichkeit, Engherzigkeit, Hungerleiderei, Knickerei, Schäbigkeit, Geldliebe, Götzendienst. ▶ Freigebigkeit, Idealismus, Verschwendung.

Mammut → Dickwanst, Tier.

Mamsell Wirtschafterin, Frauenzimmer, Weibsbild, Mädchen, Fräulein, Jungfer, Jungfrau, Maid, Mägdlein, Kinderfräulein, Dienstmädchen, Hausangestellte, Faktotum, Küchenmädchen, Hilfe, Stütze, Dirn, Aushilfe, Küchendragoner.

managen → organisieren, unternehmen.

Manager → Leiter.

Managerkrankheit Überarbeitung, Streß, Arbeitswut, Dystonie, Überanstrengung, Durchdrehen.

manche einige, gewisse, verschiedene, verschiedenartige, mancherlei, verschiedenerlei, vielerlei, paar, etwelche, mehrerlei, mehrere, allerhand, welche, eine Handvoll, diverse, allerlei, mehrfach. → diverse, etliche. ▶ alle, ein, niemand, (wenige).

mancherlei → allerhand, manche.

manches einiges, etwas, verschiedenes, irgend etwas, mancherlei, allerlei, vieles, vielerlei, alles mögliche. → allerhand. ▶ alles, nichts, wenig.

manchmal hin und wieder, einige Male, etliche Male, dann und wann, öfters, je, jeweils, zuweilen, bisweilen, mitunter, gelegentlich, sprungweise, wiederholt, wiederkehrend, nicht so oft, beiläufig, ab und zu, bei Gelegenheit, gegebe-

nenfalls. → ab und zu, dann, dann und wann, einigemal, je. ▶ immer, niemals.

Mandant Auftraggeber, Klient, Schutzbefohlener, Kunde, Anempfohlener, Schützling.

Mandat Anordnung, Befehl, Geheiß, Gebot, Auftrag, Vorschrift, Verfügung, Sendung, Zuweisung, Mission, Vollmacht. → Befugnis, Berufung.

Mandatar → Beauftragter.

Mandel Pflanze, Gewürz, Geschmack, Gewächs, Würze, Beigeschmack, Frucht ● Körperteil, Drüse. → Bund, Maß.

Manen Geister, Totengeister, Mythos, Geister der Abgeschiedenen, Unterwelt.

Mangel Blöße, Makel, Schönheitsfehler, Ausfall, Wegfall, Dürftigkeit, Verknappung, Entbehrung, Unvollständigkeit, Fehler, Übelstand, Gebrechen, Schwäche, Lücke, Nachteil, Manko, Armut, Ungenügen, Mangelhaftigkeit, Unzulänglichkeit, Unvollkommenheit, Not, Knappheit, Spärlichkeit, Einschränkung, Ärmlichkeit, Bedrängnis, Verelendung, Leere, Ebbe, Drangsal, Verlegenheit, Geldmangel, Mittellosigkeit, Fehlerhaftigkeit, Schadhaftigkeit, Flecken. → Abnahme, Abwesenheit, Armut, Ausfall, Auswuchs, Beschädigung, Defekt, Defizit, Dürre, Elend, Entbehrung, Fehlbetrag, Flickwerk, Kargheit. ▶ Fülle, Vollkommenheit.

Mangel an Erziehung Unhöflichkeit.

Mangel an Geist → Dummheit.

Mangel an Mut → Angst, Bammel, Befangenheit, Feigheit.

Mangel an Selbstvertrauen → Bammel, Befangenheit, Feigheit.

Mangel an Wissen → Dummheit, Unkenntnis.

mangelhaft → abwegig, absurd, beengend, beschädigt, charakterlos, defekt, Ermangelung in, kärglich, minderwertig, schwach, ungenügend.

Mangelhaftigkeit Mangel, Unvollständigkeit, Unvollkommenheit, Lückenhaftigkeit, Kargheit, Knappheit, Spärlichkeit, Dürftigkeit, Unzulänglichkeit, Stückwerk, Fehlerhaftigkeit, Versehen, Schadhaftigkeit, Ungenügen, Schadhaftigkeit, Minderwertigkeit, Fehler, Flickwerk, Unfertigkeit. → Fehler. ▶ Vollkommenheit, Vollständigkeit.

mangeln durchmangeln, glätten, drücken, zusammendrücken, pressen, glattmachen, durchdrehen, zusammenpres-

mangelnd sen, Wäsche durch die Mangel drehen. → ausgehen, entbehren, ermangeln, fehlen, fehlen lassen es. ▶ vorhanden sein.

mangelnd → Ermangelung in, gefragt, ungenügend.

mangels → Ermangelung in.

Mangelware → Ausfall.

Manie Sucht, Wahnsinn, Hang, Neigung, Vorliebe, Leidenschaft, Bevorzugung, Gelüste, fixe Idee, Verrücktheit, Trieb, Drang, Besessenheit.

Manier → Art, Art und Weise, Ausdrucksweise, Bildung, Diktion, Fassung, Gebaren, Gewohnheit.

Manieren Geschliffenheit, Schliff haben, Wohlerzogenheit, gute Erziehung, Anstand, Schicklichkeit, Sitte, Takt, Haltung, Weltgewandtheit, Form, Ritterlichkeit ● Unbeholfenheit, Unliebenswürdigkeit, Taktlosigkeit, Unbildung, Ungesittetheit, Unziemlichkeit, Unschicklichkeit, Ungezogenheit, schlechte Kinderstube, Flegelhaftigkeit, schlechte Formen, Unbeherrschtheit, Rüpelhaftigkeit, Flegelei, Lümmelei, Anstandswidrigkeit, Formlosigkeit. → Aufführung, Benehmen, Haltung, Höflichkeit, Lebensart. ▶ Unmanierlichkeit.

Manieren, gute → Dekorum, Manieren, wohlerzogen.

Manieriertheit Geschraubtheit, Ziererei, Gesuchtheit, Getue, Gehabe, Mätzchen, Machenschaft, Pose, Vorspiegelung, Erzwungenheit, Schein, Gezier, Vornehmtuerei, Aufschneiderei, Steifheit, Zimperlichkeit, künstliche Haltung, Angabe, erzwungenes Benehmen. → Mache. ▶ Natürlichkeit.

manierlich → anständig, artig, freundlich, gebildet, gebührlich, höflich.

Manierlichkeit → Höflichkeit.

Manifest Kundgebung, Erklärung, Kundmachung, Bekanntgabe, Veröffentlichung, Bekanntmachung, Ankündigung, öffentliche Erklärung, Verkündigung, Verlautbarung.

manifest → klar.

manifestieren ausdrücken, kundtun, verkünden, erlassen, bezeigen, darlegen, dartun, offenbaren, kundgeben, bekunden, bezeugen, verkündigen, kundmachen, bekanntmachen, veröffentlichen. → ausdrücken. ▶ geheimhalten.

Manipulation Handhabung, Verführung. → Schlich.

manipulierbar → lenkbar.

manipulieren → ausüben, bedienen, handhaben.

manisch → verrückt.

Manko → Ausfall, Entbehrung, Mangel, Unvollkommenheit.

Mann Herr, Bursche, Gentleman, Monsieur, Efendi, Grandseigneur, Mannsvolk, Mannsbild, Männlichkeit, Ehemann, Eheherr, Mannbarkeit, Bräutigam, Jungmann, Junggeselle, Hagestolz, Gatte, Vermählter, Gemahl, Gespenst, Gefährte, Greis ● Dingsda, Dingerich u, der Dings u. → Bräutigam, Draufgänger, Ehegenosse. ▶ Frau.

Mann bekommen, einen verloben, anlachen, abkriegen u, heiraten, sich verheiraten, unter die Haube kommen u.

Mann bekommen, keinen sitzen bleiben, den Anschluß verpassen, Mauerblümchen bleiben, abgetakelt sein u.

Mann für Mann → alle, zusammen.

Mann und Maus → A bis Z, A und O.

Mann stellen, seinen durchhalten, durchbringen, durchführen, nicht wanken, nicht ausweichen, sich bewähren, sich auszeichnen, ein Leben einsetzen, ausharren, auf dem Platze bleiben, es mit der Gefahr aufnehmen, die Furcht bezwingen, die Zähne zusammenbeißen, nicht weichen. ▶ Flinte ins Korn werfen, weichen.

Mann, stiller Toter, Kind des Todes, Gestorbener, Abgeschiedener, Verschiedener ● ruhiger Mensch, zurückhaltender Mensch, verschlossener Mensch, zurückgezogener Mensch, geruhsamer Mensch, in sich gekehrter Mensch. ▶ (Lebender), Schwätzer.

Mann der Tat Tatmensch, Vollender, Arbeitsmensch, Arbeitsbiene, Arbeitstier, Schaffer, Tummler, Kraftmensch, Betriebskraft, Werktätiger, Pflichterfüller, Anpacker, Zugreifer, Bewerkstelliger, Vollbringer, Vollführer, Kraftnatur, Geschäftiger, Aktivist. ▶ Nichtstuer.

Mann, wie ein → tapfer, übereinstimmend.

Mann, ein Wort, ein → Wahrhaftigkeit, Zuverlässigkeit.

Manna → Beste, Speise.

mannbar → entwickelt, reif, tapfer.

Männerfang auf den Strich gehen, einen Mann anlachen, buhlen, verrückt machen u, sich anhauen u, umgarnen, in ein Netz verstricken.

Männerherz → Courage, Mut.

männertoll → ausschweifend, buhlerisch, ehelustig, erotisch.

Männerwerk → Tat, Wagnis.

Mannes genug sein sich bezwingen, sich bezähmen, sich enthalten, sich mäßigen, Maß halten, sich in Schranken halten, sich etwas verbeißen können, sich überwinden können, verzichten können, seine Leidenschaft bekämpfen, den Schmerz verbeißen, Maß bewahren, sich begnügen können, sich etwas versagen können. ▶ begehren.

Manneskraft Zeugungskraft, Zeugungsfähigkeit. → Lebenskraft, Lebenstrieb.

Mannesmut → Courage, Heldenhaftigkeit, Mut.

Mannestat → Heldentat, Tat, Wagnis.

Manneswort → Ehrenwort.

Manneswürde Mannesehre, Selbstachtung, Ehrgefühl, Anständigkeit, Wertschätzung, Ehrbarkeit, Ehrsamkeit, Persönlichkeit, Reife, Charakter, Beherrschung, Stolz. → Bart.

Manneszucht → Ordnung, Zucht.

mannhaft → brav, entschlossen, herzhaft, rechtschaffen, reif, tapfer.

Mannhaftigkeit Heldensinn, Kraft, Mut, Tapferkeit, Manneskraft, Zeugungskraft, Vollkraft, Stärke, Beherztheit, Herzhaftigkeit, Kühnheit, Männlichkeit, Männerherz, Mannesmut, Festigkeit, Seelenstärke, Heldenhaftigkeit, Reife, Aufrichtigkeit, Kernhaftigkeit, Charakterstärke. → Fassung, Heldenhaftigkeit, Kraft, Mut, Rechtschaffenheit. ▶ Furcht, Gewissenlosigkeit, Kraftlosigkeit.

mannigfach kunterbunt, mannigfaltig, unterschiedlich, abwechselnd, vielförmig, abwechslungsreich, verschieden, vermischt, verschiedenartig, unterscheidbar, vielfältig, vielfach, vielstimmig, bilderreich, mehrfach, ungleich, unstimmig, allerhand, allerlei. → abwechselnd, bilderreich. ▶ einförmig, unterschiedslos.

mannigfaltig → abwechselnd, mannigfach.

Mannigfaltigkeit → Centaur, Farbenreichtum, Häufigkeit, Reichtum, Verschiedenheit.

mannigfarbig → bunt, farbenfroh.

männiglich → all.

männlich maskulin, mannbar, reif, zeugungsfähig, herangewachsen, erwachsen, entwickelt, tauglich, mannhaft, heldenhaft, muskulös, stämmig, kräftig, entschlossen, charakterfest, kernhaft, mutig, beherzt, willensstark, beharrlich, tapfer, tüchtig. → charakterfest, entschlossen,

kräftig, mutig, rechtschaffen. ▶ weiblich.
Männlichkeit → Courage, Entschlossenheit, Mann, Mut, Rechtschaffenheit.
Mannschaft → Belegschaft, Besatzung, Clique, Gemeinschaft.
mannstoll → anrüchig, ausschweifend, buhlerisch, ehelustig, erotisch.
Mannweib Abweichung, Unnatur, Amazone, Zwitter, Eigentümlichkeit, Eigenheit, Ausnahme, Unweiblichkeit, Schnurrbartsweib, Kraftweib, urwüchsige Person. → Bastard.
Manöver Finesse, Finte, Winkelzug, Advokatenstreich, Kunstgriff, Hintertüre, Schliche, Ränke, Kniffe, Schleichweg, Netz, Heimtücke, List, Geriebenheit, Findigkeit, Klügelei ● Übung, Kriegsmanöver, Kriegsspiele, Friedenskrieg, Geländeübung, Geschützbedienung, Seemanöver, Flugübungen. → Ausweg. ▶ (Ernstfall), Geradheit, Krieg.
manövrieren → führen, leiten.
mauschen → mischen.
Manschette → Aufschlag.
Mantel der christlichen Nächstenliebe bedecken, mit dem bemänteln, geheimhalten, hehlen, kaschieren, tarnen, verdunkeln, verdecken, verheimlichen, verbergen, verschleiern, verschweigen, vertuschen, vorenthalten, irreführen, täuschen, narren. ▶ verraten, Wahrheit sprechen die.
Mantel nach dem Winde hängen nach einer Seite wenden, sich nach dem Winde drehen, mit der Wurst nach der Speckseite werfen, nach dem Munde reden, seinen Vorteil wahrnehmen. → bringen Schäfchen ins Trockene, einordnen, vorsorgen.
Manual → Tastatur.
Manuskript Aufzeichnung, Urschrift, Druckvorlage, Satzvorlage, Niederschrift, Handschrift, Werk, Schrift, Abfassung, Fassung, Formulierung ● Arbeit, Ausfertigung, Druckvorlage ● Treatment *M* (Vorform eines Drehbuches), Drehbuch, Vorwurf, Entwurf, Exposé *M*. ▶ Druckschrift.
Mappe Tasche, Aktendeckel. → Behälter.
Märchen → Ausrede, Dichtungsart, Erzählung, Fama, Unwahrheit.
märchenhaft → fabelhaft, feenhaft, phantastisch, schön.
Märchenland Märchenwelt, Feenland, Fabelland, Wunderland, Schlaraffenland, Hexenreich, Halbgötterwelt, Einbildung, Traum, Trugbild,

Unwirklichkeit, Dunstbild, Wolkenkuckucksheim, Feenreich, Feenwelt, Zauberland, Zauberreich, Wunderland, Phantasiegebilde. → Auswuchs. ▶ Wirklichkeit.
Marchese → Adel.
Märe → Erfindung, Erzählung, Dichtungsart, Fama.
Marga → Spielraum, Preisspanne, Verdienstspanne, Schnitt, Spanne.
Marge Gewinnspanne, Erlös, Schnitt.
Marginale → Randbemerkung.
Marine → Seemann.
marinieren → aufheben.
Marionette Marionettenkunst, Puppe, Figur, Gliederpuppe, Wachsfigur, Hampelmann, Statist, Nachbildung, Nachahmung, Steifheit, Unbeweglichkeit, Unselbständigkeit, Willenlosigkeit, Drahtpuppe. ▶ Mann der Tat, Selbstsicherheit.
Mark Inneres, Kern, Kernstück, Kraft, Rückgrat, Wiederstandskraft, Saft und Kraft, Hauptsache, Hauptgehalt, Hauptteil, Herzstück, Markstück, Schwergewicht, Nerven, Mark und Bein, Mark und Pfennig, Inhalt, Dicksaft, Pflanzenmark, Knochenmark ● Gebiet, Gemarkung, Feldmark, Bezirk, Land, Landstück, Landstrich, Kreis, Gegend, Distrikt, Gau, Grafschaft ● Geldstück, Geldschein, Währung, Zahlungsmittel, Geld, Eier *u*, Märker, Zaster *u*, Meter *u*, Emmchen *u*, Fränkli *schw.* ▶ Oberfläche, Schwäche.
markant geprägt, ausgeprägt, hervorstechend, hervorhebend, ausdrucksvoll, ausdrücklich, augenfällig, bezeichnend, auffällig, auffallend, scharfgeschnitten, klar, deutlich, kennzeichnend. ▶ ausdruckslos, unauffällig, undeutlich.
Marke Herkunft, Herkunftszeichen, Fabrikmarke, Fabrikzeichen, Herstellungszeichen, Bezeichnung, Aufschrift, Merkzeichen, Sorte, Fabrikationsname, Schutzzeichen, Gütezeichen, Kennzeichen, Merkmal, Erkennungszeichen, Fabrikname ● Kerl, Possenreißer, Bürschchen, Alberhans, Marke für sich ● Briefmarke, Freimarke, Postwertzeichen, Stempelmarke ● Dienstmarke, Erkennungsmarke, Ausweis, Nachweis, Hundemarke ● Tiefgangsmarke, Aming *sm.* → Art, Aufdruck, Bon, Etikette, Fabrikationsname.
markerschütternd → durchdringend, ohrenzerreißend.
markieren anzeigen, abstrei-

chen, kennzeichnen, andeuten, bezeichnen, vermerken, einzeichnen, einmalen, einkerben, einschreiben, ein Zeichen machen, eingravieren, eindrucken ● so tun als ob, etwas vormachen, nichts dahinter, vortäuschen, angeben, sich verstellen. → einzeichnen. ▶ richtig (darstellen), verdecken, wahrhaftig (sein).
markig → stark.
Markise Schutzdach, Sonnendach, Sonnensegel, Jalousie, Rolladen, Regenschutz, Lichtschutz, Sonnenschutz. → Bedeckung, Schutz.
Markstein Grenzmarke, Gemarkung, Zeichen, Merkzeichen, Meilenstein, Landmarke, Grenzstein, Grenzzeichen, Mal, Merk, Steinhaufen, Kilometerstein, Abgrenzung, Graben, Grenzlinie ● Entscheidung, Wendepunkt, Höhepunkt, Entwicklung, einmaliges Erlebnis, entscheidendes Ereignis, bemerkenswertes Geschehen. → Demarkation. ▶ Bedeutungslosigkeit.
Markt Güteraustausch, Handel, Handelsverkehr, Börse, Handelsplatz, Messe, Umschlagsplatz, Warenverkehr, Warenvertrieb, Wirtschaftsleben, Umsatz, Umschlag, Kundendienst, Geschäftsverkehr, Verkauf, Basar, Geschäftsplatz, Kaufplatz, Jahrmarkt, Lager, Speicher, Lagerplatz, Gemüsemarkt, Stapelplatz, Kleinhandel, Großhandel, Stand, Absatz, Vertrieb. ▶ Produktion.
Marktanalyse Produktanalyse, Ausfragung, Marktuntersuchung, Bedarfsanalyse, Marktforschung, Befragung, Bedarfsforschung, Marktbeobachtung.
Marktaufseher → Büttel.
Marktbeobachtung → Marktanalyse.
markten → bieten, feilschen.
Marktforschung → Marktanalyse.
marktgängig gefragt, gut, verkäuflich, begehrt, eingeführt.
marktgerecht marktfähig, absetzbar, umsetzbar, verkäuflich, handelsüblich.
Markthalle → Depot.
Markthöcker → Abgeber.
marktläufig ● anerkannt, eingeführt, kurant.
Marktpreis → Preis.
Marktschreier Angeber, Schreier, Aufschneider, Prahler, Schaumschläger, Scharlatan, Maulheld, Schnauze, Großschnauze, Wortheld, Großsprecher, Wichtigtuer, Großhans. → Chauvinist, Claqueur. ▶ Mann stiller.
Marktschreierei → Blendwerk, Prahlerei, Täuschung.

marktschreierisch → aufdringlich.
Marktuntersuchung → Marktanalyse.
Marktwert → Preis.
markverzehrend → beißend, schrecklich.
marmorieren → bemalen, betupfen.
Marmorierung → Farbenreichtum.
marmorn → hart.
marode → beklemmend, geknickt, matt.
Marotte → Laune.
Marquis → Adel.
marsch fort! fertig! ab! los! hopp! weg! hau ab! pack dich! ab marsch! sofort! schnell! augenblicklich! ▶ (halt!).
Marsch Fortbewegung, Wanderung, Ausflug, Schritt, Marschieren, Aufmarsch, Aufmarschieren, Aufzug, Vorbeimarsch ● Marschland, Boden, Schwemmland. → Bewegung.
Marsch blasen → schimpfen, tadeln.
Marschall → Adel, Stand.
marschbereit → reisefertig.
marschfertig → reisefertig.
marschieren schreiten, vorangehen, fortschreiten, vorankommen, gehen, wandern, tigern u, kilometern u, vorwärtskommen, laufen, eilen, schweifen, durchwandern, durchqueren, durchstreifen, traben, Schritt halten, einen guten Schritt am Leibe haben u, im Schritt gehen. → ausschreiten, begeben sich, bewegen sich, gehen, laufen. ▶ fahren, halten.
Marter Quälerei, Qual, Pein, Drangsal, Heimsuchung, Leidensweg, Mißgeschick, Belastung, Kreuz, Unglück, Unbill, Widerwärtigkeit, Trübsal, Elend, Schmerz, Leiden, Geißelung, Züchtigung, Folterung, Märtyrium, Tantalusqualen, Leidenskelch, Dornenkrone, Bestrafung, Hiebe, Kreuzigung, Flammentod, Erhängen, Peitschenhiebe, Vierteilung, Prügel, Pfählung, Erdrosselung, Tortur, Daumenschrauben, Fessel. → Ärgernis. ▶ Glück, Tröstung.
martern → befeinden, bestrafen, bohren, quälen.
martervoll → beißend, böse, drakonisch, streng, schrecklich.
martialisch kriegerisch, kämpferisch, soldatenmäßig, militärisch, mannhaft, streitbar, feldgrau, herzhaft, kühn, eisenfresserisch, mutig, tapfer, heldenhaft, gerüstet. ▶ feige.
Märtyrer Blutzeuge, Bekenner, Heiliger, Sühner, Opfer, Schlachtopfer, Dulder, Gedemütigter, Leidender, Gequälter, Gekreuzigter.

Martyrium → Marter.
Masche Schleife, Strickmaschine, Häkelmaschine, Windung, Verbindung, Laufmasche, Verschlingung, Verkettung, Schlinge ● Netz, Wirrwarr, Verworrenheit, Fadenverschlingung, Knoten, Maschennetz, Maschenpanzer ● Trick, Kniff, Pfiff, Praktik, Dreh. → Band, Bindemittel.
Maschine Lokomotive, Dampfmaschine, Heißluftmaschine, Hochdruckmaschine, Niederdruckmaschine, Antrieb, Werkzeug, Einrichtung, Bewegungsmittel, Nähmaschine, Gerät, Getriebe, Anlage, Triebwerk, Krafterzeuger. → Apparat, Maschinerie. ▶ (Lebewesen), Mensch, Tier.
maschinell → maschinenmäßig.
maschinenmäßig mechanisch, anteillos, unbewußt, eingetrichtert, teilnahmslos, gefühllos, stumpf, gewohnheitsmäßig, seelenlos, maschinell, abgestumpft, nach Schema F u, unberührt, entgeistert, dickhäutig, gleichgültig, unzugänglich, unbewegt, unselbständig. ▶ empfindlich, empfindungsvoll.
Maschinenschreiberin Stenotypistin, Tippfräulein u, Tippmamsell u, Tippeuse u, Klapperschlange u, Schreibkraft, Sekretärin.
Maschinerie Triebwerk, Mechanismus, Mechanik, Getriebe, Gehwerk, Schlagwerk, Bewegungsmittel, Vorrichtung, Werk, Kraftquelle, Triebkraft, Triebkraft, Antrieb, Zugkraft, Dampfkraft, Wasserkraft, Motor, Benzinmotor, Elektromotor, Wassermotor, Kraftanlage, Kraftwerk, Einrichtung, Betrieb, Anlage, Vorrichtung, Instrument, Räderwerk, Mühlenwerk, Transmission, Uhrwerk, Hebewerk, Zubehör, Zahnrad, Kran, Hebel, Flaschenzug, Riemen. → Apparat.
Maske Fasnachtsmaske, Schleier, Visier, Larve, Maskerade, Verkleidung, Vermummung, Behang, Hülle, Verborgenheit, Dunkel, Rätselhaftigkeit, Unerkenntlichkeit, Verhüllung ● Schein, Täuschung, Hinterhältigkeit, Verstellung, Vorwand, Deckmantel, Vorspiegelung. → Anzug, Etikette, Larve. ▶ Enthüllung, Offenheit.
Maske abnehmen, die → demaskieren, Maske fallen lassen die.
Maske fallen lassen die offenbaren, gestehen, eingestehen, zugeben, zugestehen, kundgeben, bezeigen, eröffnen, angeben, verraten, losle-

gen, entpuppen sich, entlarven, enthüllen, entschleiern, die Wahrheit eingestehen, Farbe bekennen, an das Licht bringen. → benehmen der Irrtum, demaskieren. ▶ verheimlichen, verhüllen.
Maske herunterreißen, die → demaskieren, Maske fallen lassen die.
Maskenball → Ball.
maskenhaft → starr.
Maskerade → Anzug, Maske, Verkleidung.
maskieren verkleiden, verschleiern, verhüllen, tarnen, verstecken, vertuschen, verkappen, verheimlichen, verbergen, verdecken, geheimhalten, bemänteln, verkappen, verschweigen, irreführen, narren, blenden, prellen, verwirren, in Unwissenheit halten. ▶ enthüllen, offenbaren.
Maskierung → Anzug, Maske, Verkleidung.
Maskotte f Glücksbringer, Beschützer, Anhänger, Fetisch, Götze. → Aberglaube.
maskulin → männlich.
masochistisch selbstquälerisch, pervers, autoaggressiv.
Maß Ausmaß, Längenmaß, Raummaß, Eichmaß, Zeitmaß, Versmaß, Taktmaß, Höhe, Breite, Tiefe, Weite, Gewicht, Inhalt, Gemäß, Gramm, Kilo, Zentner, Tonne, Karat, Meter, Meile, Wegstunde, Knoten sm (1 Seemeile), Faden sm) 6 Fuß = 1,83 m), Werst, Logg, Elle, Zoll, Fuß, Rute, Morgen, Ar, Hektar, Geviertmeter, Festmeter, Raummeter, Kubikmeter, Ster, Sester, Scheffel, Malter, Fuder, Pfund, Dekagramm, Gran, Quäntchen, Lot, Unze, Liter, Humpen, Pinte, Schoppen, Schnitt, Viertel, Achtel ● Umfang, Maßeinheit, Meßgerät, Metermaß, Meßglas, Volt, Ampère, Ohm ● Phon, Dosis, Quantum ● Gefaßtheit, Stete, Würde, Ernst, Festigkeit, Beherrschtheit, Gleichmaß, Bedacht, Besonnenheit, Gleichmut, Haltung. ● Richtmaß, Norm, Vorschrift, Regel, Bestimmung. → Abstinenz, Anteil, Behälter, Bier, Dosis. ▶ Leidenschaftlichkeit, Übermaß.
Maß, mit → Mäßigkeit.
Massage → Behandlung.
massakrieren → ausrotten, quälen.
Maßarbeit → Facharbeit.
Masse Herde, Horde, Haufen, Gewimmel, Fülle, Menge, Bevölkerung, Anhäufung, eine ganze Litanei u, Ansammlung, Schwarm, Volksmenge, Gedränge, Rotte, Pulk, Umfang, Zusammenrottung Größe, Hauptteil, Rudel, Bande, Gewühl, Mob, Stofflichkeit,

Stoff, Substanz, Materie, Quantität ● Klumpen, Bürde, Ladung, Blei, Zentnergewicht, Zentnerlast, Schwere ● Brei, ein Matsch u, Teigmasse, Knetmasse, Modelliermasse, Verdichtung, Zusammenziehung. → Anzahl, Ausdehnung, Ausmaß, Ausstellung, Auswahl, Bevölkerung, Block, Brei, Dichtigkeit, Gewicht, Größe, Herde. ▶ Bruchstück, Einzelheit, Individualität, Kleinheit, Leichtigkeit, Wenigkeit.

Massenerhebung → Angriff, Auflauf.

massenhaft häufig, massenweise, viel, ein Sack voll, einen Rattenschwanz von, zig u, heidenmäßig u, bannig u, x u, zahlreich, scheffelweise, vielfach, zahllos, unerschöpflich, wimmelnd, unzählig, mehrere, mehrfach, vielerlei, schockweise, tonnenweise, fuderweise, übervölkert, gedrängt, dicht, en masse. → allerhand. ▶ wenig.

Masseninstinkt → Herdentrieb.

Massenkundgebung → Demonstration.

Massenseele → Herdentrieb, Masse.

Massentrieb, -wahn → Herdentrieb, Masse.

massenweise → massenhaft.

Maßgabe → Bedingung, Klausel.

maßgebend kompetent, ausschlaggebend, tonangebend, wichtig, bedeutend, richtungweisend, einflußreich, wesentlich, entscheidend, vorwiegend, vorzugsweise, belangreich, bedeutungsvoll, beträchtlich, gewichtig, stark. → A und O, ausnehmend, ausschlaggebend, beachtlich, beeinflussend, beherrschend, berechtigt, denkwürdig, dominierend, epochemachend, ereignisreich, mächtig. ▶ unmaßgeblich.

maßgeblich feststehend, überkommen, althergebracht, überliefert, üblich, erlaubt, zulässig, tonangebend, zeitgemäß, statthaft, gestattet. ▶ eigenmächtig, ungewöhnlich.

maßhalten beherrschen sich, bezwingen sich, besiegen sich, meistern sich, mäßigen sich, zügeln sich, zusammenreißen sich, an sich halten, erziehen sich, gegen sich angehen, standhalten, verwinden sich, zurückhalten sich, überwinden sich, Selbstbeherrschung üben. ▶ ereifern sich, übertreiben.

massieren kneten, abreiben, schrubben, frottieren, streichen, reiben, einreiben ●

kneipen, müllern, mensendiecken ● fit machen.

massig → dick, groß, massiv.

Massigkeit → Dichte, Dicke.

mäßig gering, geringfügig, leidlich, leicht, bescheiden, wenig, beschränkt, unbeträchtlich, eingeschränkt, unbedeutend, klein, unscheinbar, maßvoll, sparsam, mangelhaft, mittelmäßig, erträglich, alltäglich, fade, langweilig, schwach, angreifbar ● kühl, gemäßigt, maßvoll, gelassen, ruhig, gemessen, gesetzt, enthaltsam, nüchtern, genügsam, bedürfnislos, anspruchslos, bescheiden. → abstinent, anspruchslos, bedürfnislos, begrenzt, bloß, einfach, einigermaßen, enthaltsam, gemäßigt. ▶ bedeutend, gut, maßlos, viel.

mäßigen beruhigen, eindämmen, beschränken, hemmen, zügeln, besänftigen, zurückhalten, bezwingen, bezähmen, unterdrücken, stillen, dämpfen, befrieden, entwaffnen, begütigen, beschwichtigen, mildern, hindern, schwächen, abschwächen, ersticken, zurückdrängen, abstumpfen, mindern, bringen zur Ruhe, bringen zur Besinnung. → abnehmen, beruhigen, besänftigen, beschränken, bezähmen, dämpfen, dämpfen das Feuer, dämpfen die Stimme, eindämmen, ersticken Gefühle, halten an sich. ▶ aufbrausen, beunruhigen, erregen.

mäßigen, sich beherrschen sich, beruhigen sich, bezähmen sich, bezwingen sich, zurückhalten sich, zügeln sich, hemmen sich, fügen sich, verwinden sich, enthalten sich, maßhalten, Leidenschaft hemmen, einen Zaum anlegen, an sich halten, versagen sich etwas, seinen Ärger verbeißen, überwinden sich, Maß bewahren, sich in Schranken halten, die Grenzen nicht überschreiten, die Bahn nicht überschreiten. ▶ ereifern sich, übertreiben.

Mäßigkeit Sparsamkeit, Genügsamkeit, Beschränkung, Einschränkung, Einfachheit, Enthaltsamkeit, Selbstverleugnung, Abtötung, Selbstbezwingung, Bedürfnislosigkeit, mit Maß. → Bescheidenheit, Mäßigung. ▶ Maßlosigkeit, Unbescheidenheit, Unmäßigkeit, Verschwendung.

Mäßigung Mäßigkeit, Beherrschung, Besonnenheit, Zahmheit, Enthaltsamkeit, Genügsamkeit, Selbstüberwindung, Selbstbezwingung, Askese, Selbstbeherrschung, Entsagung, Beschränkung, Bezwingung, Vermeidung, Nüch-

ternheit, Sammlung, Maß, Gelassenheit, Zurückhaltung, Haltung, Fassung, Zucht, Selbsterziehung. → Beruhigung, Besinnung, Besonnenheit, Diät, Enthaltung, Jungbrunnen. ▶ Leidenschaftlichkeit, Unmäßigkeit.

Massiv → Berg.

massiv kräftig, massig, dicht, fest, solid, schwer, haltbar, stark, voll, echt, widerstandsfähig, zähe, hart, widerstandsfest ● grob, schroff, rauh, unwirsch, robust, mürrisch, derb. → dauerhaft, groß. ▶ höflich, hohl, leicht, porös.

Maßkrug → Bier, Gefäß, Maß.

maßlos übermäßig, wucherisch, übersteigert, zügellos, unbeherrscht, unmäßig, zuviel, verrannt, ausgelassen, heftig, groß, hochgradig, beträchtlich, erheblich, mächtig, überaus, grenzenlos, unermeßlich, furchtbar, ungeheuer, fürchterlich, haltlos, unbeherrscht, zügellos. → außerordentlich, ausnehmend, bacchantisch, begehrlich, erstaunlich, happig. ▶ maßvoll.

Maßlosigkeit Übertriebenheit, Ungeheuerlichkeit, Übertreibung, Übersteigerung, Tollpunkt, Ausgelassenheit, Zügellosigkeit, Fessellosigkeit, Zuchtlosigkeit, Unmäßigkeit, Übermaß, Unenthaltsamkeit, Ausschweifung, Ungezügeltheit, ● Getue, Krampf u, Zirkus u, Affentheater u, Klimbim u, Manöver, Mätzchen, Baselemanes u. → Ausschreitung, Begierde. ▶ Mäßigkeit.

Maßnahme → Akt, Ausführungsbestimmung, Maßregel.

maßnehmen anmessen, zurichten, zielen, vorbereiten.

Maßregel Maßnahme, Vorkehrung, Ausführungsbestimmung, Bestimmung, Anordnung, Vorbereitung, Wegweisung, Richtlinie, Verhaltungsmaßregel, Wegweiser, Anweisung, Vorsichtsmaßregel, Anordnung, Verfügung, Warnung, Aufforderung, Anweisung. → Direktive. ▶ Glückssache, Unbedachtsamkeit, Zufall.

maßregeln → abrechnen, ahnden, bevormunden, tadeln.

Maßregelung Zurechtweisung, Tadel, Bestrafung, Warnung, Abrechnung, Vorhaltung, Vorwurf, Mahnung, Rüge, Verweis, Ahndung, Schelte, Beanstandung. → Disziplin. ▶ Belobigung.

Maßstab Gradmesser, Richtschnur, Norm ● Bewertung, Wertbestimmung, Benotung, Schätzung, Abschätzung.

maßvoll → bedachtsam, billig, Blume, gemäßigt, mäßig.

Maßziffer → Index.

Mast Höhe, Bugsprit, Schiffsmast, Vordermast, Segelmast, Segelstange, Besanmast ● Mästung, Stopfung, Sättigung, Fütterung, Füllung, Nahrungszufuhr, Mastfutter, Atzung, Vollstopfung, Ätzung. ▶ Hungerkur.

mästen → anschwellen, ansetzen, ausfüllen, dick werden, füllen.

mästen, sich → ausschweifen.

Mastkorb → Ausguck.

Mästung → Mast.

Match Kampf, Partie, Schlagabtausch, Fight.

Material Substanz, Gerät, Bedarf, Zeug, Rohstoff, Stoff, Werkstoff, Ware, Baustoff, Güter, Mittel, Brennstoff, Sachen, Schreibmaterial ● Unterlagen, Belege, Anhaltspunkte, Sammlungen. → Anhaltspunkte, Bedarf, Belege, Bestand, Grundstoff. ▶ Produkt, Werkzeug.

Materialismus Erdensinn, Sinnlichkeit, Vielseitigkeit, Nüchternheit, Tierhaftigkeit, Egoismus, Weltlichkeit, Besitzesliebe, Gottlosigkeit, Rücksichtslosigkeit, Geldliebe. ▶ Idealismus.

Materialist Egoist, Mammonsdiener, Geldliebhaber, Rücksichtsloser, Gottesleugner, Freidenker, Freigeist, Ungläubiger, Sinnlicher, diesseitiger Mensch. → Bacchant. ▶ Edelmensch, (Idealist).

materialistisch irdisch gesinnt, diesseits gerichtet, glaubenslos, unreligiös, gottesleugnerisch, unchristlich, gewinnsüchtig, egoistisch, tierähnlich, weltlich, rücksichtslos. ▶ idealistisch.

Materie → Ding, Etwas, Gegenstand, Körper, Substanz.

materiell → faßbar, gegenständlich, konkret, leibhaftig, leiblich.

Matinee Morgenfeier, Morgenveranstaltung, Veranstaltung, Matineevorführung, Matineevorführung, Aufführung, Kulturfilmvorführung, Unterhaltung, Morgenkonzert, Zerstreuung, Frühvorstellung, Morgenunterhaltung ● Morgenkleid. ▶ Abendunterhaltung.

Matratze Unterbett, Strohsack.

Mätresse → Kurtisane.

Matrize Hohlform, Gießform, Pappform, Stanzform, Modell, Schablone, Vordruck, Vorlage, Musterform, Original, Urform, Urbild, Musterblatt, Muster, Vorbild, Musterbild, Druckform. ▶ Kopie, (Patrize).

Matrone Frau, Greisin, Großmutter, Ahne, Mütterchen,

Bejahrtheit, Herrin, Gebieterin, Oma, alte Dame. ▶ Mädchen.

Matrose → Seemann.

Matsch völliger Spielverlust. → Dreck, Schlamm, Schmutz, Sumpf.

matsch völlig verloren ● geschlagen, schlapp, keinen Stich machen.

matt marode, schwach, krank, ermattet, müde, abgehetzt, abgespannt, überarbeitet, abgearbeitet, entkräftet, kraftlos, hinfällig, gewelkt, übermüdet, gerädert, gekreuzigt, schwächlich, lax, schlaff, ohnmächtig, nichtssagend, geistlos, fade, schal, abgestanden, wässerig, fahl, glanzlos, trübe, düster, lau, laff, ledern, abgeschmackt, langweilig, einförmig, dumpf, langsam, teilnahmslos, energielos. → abgeschmackt, abgespannt, albern, arbeitsunfähig, beklemmend, belegt (Stimme), blaß, blind, erholungsbedürftig, dämmerig, dunkel, erschlagen, fahl, farblos, faul. ▶ frisch.

matt sein → darniederliegen, matt.

matt setzen → überwinden.

Matte Teppich, Fußmatte, Strohmatte, Bodenbelag, Läufer, Vorleger, Vorlage, Bettvorlage, Gewebe, Flechtwerk, Gespinst ● Garnier sm ● Halde, Wiese, Weide, Gelände, Gefilde, Bergmatte, Alm, Senne, Trift. → Geflecht. ▶ Kahlheit, Wald.

Mattheit → Erschlaffung, Schwäche.

Mattigkeit → Beschwerde, Blutarmut, Dumpfheit, Entnervung, Ermattung, Erschöpfung.

Mätzchen Erzwungenheit, Pose, Machenschaft, Schein, Gehabe, Angabe, Getue, Ziererei, gespreiztes Benehmen, Blendwerk, Vorspiegelung, Manieriertheit. → Anreiz, Mache. ▶ Natürlichkeit.

Mauer Grundmauer, Mauerwerk, Einzäunung, Wand, Schutz, Umhegung, Umfassung, Umschließung, Einfassung, Ringmauer, Festungsmauer, Festungsgürtel, Umschanzung, Verschanzung, Umwallung, Schranke, Gemäuer, Abschluß, Schacht ● Klagemauer. → Bastion, Beschwernis, Demarkation.

mauern bauen ● sich verschanzen, stoppen, zurückhalten.

Mauern, hinter vier eingesperrt, abgeschlossen, einsam, verlassen, mutterseelenallein, gemieden, geflohen, abgeschieden, abgelegen, weltfremd, einschichtig, eingängig, ungesellig, zurückgezogen, einsiedlerisch, häuslich, zurückhaltend, unzu-

gänglich, ungastlich, abweisend, unfrei. ▶ frei, gesellig.

Mauerblümchen Jungfer, Blaustrumpf, Sitzenbleiberin, Unbeliebte, unansehnlicher Mensch, Unschöne, Spießerin.

Maul Fang j, Aser j, Äser j. → Klappe, Mund, Öffnung.

Maul aufreißen, das schimpfen, schreien, keifen, schelten, krakeelen, toben, wüten, rasen, streiten, zanken, nörgeln, tadeln, kritisieren, erregen, unzufrieden sein ● staunen, starren, gaffen, glotzen, sich verwundern, den Mund aufreißen, seinen Augen kaum trauen. ▶ beherrschen sich, gleichgültig (sein), Maul stopfen den.

Maul hängen lassen, das → trübsinnig.

Maul stopfen, das Mores lehren, Respekt lehren, einen anfahren, den Stolz benehmen, jemanden demütigen, jemanden erniedrigen, jemanden vertreiben, den Stolz brechen, jemanden anschreien, mit kaltem Wasser begießen, geringschätzig behandeln, jemanden beschämen, beschimpfen, jemandem Bescheid sagen, eine auswischen, ein Schloß vor den Mund legen, einen Maulkorb anlegen, schweigen machen, die Lippen versiegeln, hindern, den Redefluß hemmen, den Hemmschuh anlegen. ▶ Maul aufreißen den.

Maul, ungewaschenes unhöflich, vorlaut.

Maulaffe Tier ● Müßiggänger, Faulenzer, Eckensteher, Zeitverschwender, Nichtstuer, Faulpelz, Faulsack, Faultier, Tagedieb, Taugenichts, Bummler, Pflastertreter, Eckensteher, Strolch, Murmeltier, Siebenschläfer, Arbeitsscheuer, Herumlungerer, Schnüffler, Topfgucker. ▶ Arbeiter.

Maulaffen feilhalten faulenzen, verlottern, herumlungern, schlendern, strolchen, herumschwärmen, herumzigeunern, duseln, dem lieben Gott den Tag wegstehlen, auf der Bärenhaut liegen, die Zeit töten, der Arbeit aus dem Wege gehen, die Zeit verschwenden, die Hände in die Taschen stecken, keinen Finger rühren, seine Nase in alles stecken, herumglotzen, das Maul aufreißen, neugierig sein. ▶ arbeiten, gleichgültig (sein).

maulen meckern, sich auflehnen, sich entrüsten, sich empören, kritisieren, mäkeln, tadeln, kritteln, verbessern, bemängeln, mißbilligen, nörgeln, räsonieren, zetern, schmähen, herummäkeln,

bemäkeln, beleidigt sein, unzufrieden sein. → aufregen, balgen. ▶ hinnehmen.
maulfaul → schweigsam.
Maulfertigkeit → Abschweifung, Beredsamkeit.
maulfromm → bigott, falsch.
Maulgefecht → Bissigkeit, Debatte, Streit.
Maulheld → Angeber, Chauvinist, Prahler.
Maulkorb anlegen → Maul stopfen das.
Maulschelle → Bestrafung.
maulschellen → bestrafen.
Maultasche → Bestrafung.
Maulwerk Mundwerk, Klappe, Maulfertigkeit, Zungengeläufigkeit, Zungenfertigkeit, Gesprächigkeit, Redewut, Zungendrescherei, Wortreichtum, Wortschwall, Wortpracht, Redseligkeit, Schwatzhaftigkeit, Frechheit, Grobheit, Redefluß, Gewäsch, gutes Mundwerk, Judenschule, Kannegießerei. ▶ Wortkargheit.
Maus, Mann und → A bis Z, A und O.
Mäuse sehen, weiße den Verstand verlieren, torkeln, einen Rausch haben ● halluzinieren, verrückt. → betrunken, verdreht.
Mäuse tanzen die Katz ist aus dem Hause, aus den Augen, aus dem Sinn, nicht da, abwesend.
mauscheln kaudern, welschen, radebrechen, nuscheln, undeutlich reden, schlecht sprechen, stöpseln, verballhornen, schnodderig reden, unverständlich sprechen, jüdeln, schachern ● glückspielen. ▶ deutlich (sprechen).
mäuschenstill → leise.
mausen → bemächtigen, berauben, bestehlen, einbrechen.
Mauser Entblößung, Mauserung, Kahlheit, Enthaarung, Entfederung, Schälung, Enthüllung, Enthülsung, Enthaartheit, Abschälung, Blöße, Schuppung, Abstreifung, Häutung, Federlosigkeit. → Büchse.
Mauserei → Bemächtigung, Beraubung, Dieberei, Einbruch.
mausern, sich schuppen, entfiedern, häuten, schälen, enthüllen, mausen sich, entblättern, abstreifen, abgalgen, entblößen, entfernen, entkleiden, bloßmachen, verfedern *j*, verfärben *j*, das Haarkleid wechseln. ▶ bedecken.
mausetot → tot.
mausig machen, sich → prahlen, übermütig.
Mausoleum → Grab.
Maut → Zoll.
mauzen klagen → nörgeln.
maximal → äußerst.
Maxime Grundwahrheit, Bin-

senwahrheit, Lebensregel, Spruch, Kerngedanke, Gebot, Grundsatz, Leitgedanke, Richtschnur, Wahrspruch, Prinzip, Satzung, Sinnspruch, Geleitwort, Glaubenssatz, Grundbegriff, Lehrspruch, Denkspruch, Hauptgrundsatz, Motto, Geleitspruch, das ist ihm Evangelium. → Axiom, Lehrsatz.
Maximum Höchstwert, Höchstpunkt, Gipfelpunkt, Höhe, Höchstmaß, das Höchste, Klima, Hochdruck. ▶ Minimum.
Mäzen Kunstfreund, Kunstliebhaber, Förderer, Schöngeist, Kunstkenner, Gönner, Spender, Kunstjünger, Kunstschlemmer. ▶ Banause.
mechanisch → blindlings, eingetrichtert, maschinenmäßig.
mechanisieren motorisieren, automatisieren, technisieren, rationalisieren.
Mechanismus → Apparat, Maschinerie.
meckern murren, mucken. → bläken, maulen.
Medaille → Auszeichnung, Geld, Kennzeichen.
mediatisieren ein Gebiet einverleiben, ein Land unterwerfen, gewaltsam an sich reißen, erbeuten, sozialisieren, sich etwas aneignen.
Medikament → Arznei, Essenz, Medizin.
Meditation → besinnlich, Besinnlichkeit.
meditieren nachdenken, nachsinnen, grübeln, überlegen, sinnen, denken, sich vertiefen, sich hingeben, erdenken, sich beschäftigen mit, in Gedanken versunken sein, brüten über, ein geistiges Leben führen, gedankenvoll sein. ▶ zerstreut (sein).
Medium Bindeglied, Zwischenglied ● okkultischer Mittler, Spiritist, Kabbalist. → Mittel.
Medizin Herzstärkung, Arznei, Heilmittel, Heilverfahren, Mittel, Drogen, Chemikalien, Medikament, Verordnung, Vorbeugungsmittel, Linderungsmittel, Stärkungsmittel, Erleichterungsmittel, Beruhigungsmittel, Betäubungsmittel, Hilfsmittel● Wissenschaft, Arzneikunst, Arzneikunde, Gesundheitslehre, Heilkunde, -kunst, Heilwesen, Chirurgie, Wunderarzneikunst, Zahnarzneikunde, Anatomie, Geburtskunde, Dermatologie, Gynäkologie, Gerichtsmedizin. → Arznei, Auszug, Elixier.
Mediziner Gelehrter, Wissenschafter, Akademiker, Studierter, Doktor, Arzt, Chirurg, Anatom, Kliniker, Zahnarzt, Wundarzt, Augenarzt, Heilkünstler, Tierarzt, Heil-

meister, Geburtshelfer, Kinderarzt, Naturarzt, Hautarzt, Internist, Frauenarzt. → Berater.
Meer See, Ozean, Salzflut, Salzwasser, Welle, Woge, Brandung, Widersee, Sturmflut, Springflut, Flut, Gezeiten, Gewässer, Wasser, Wassermenge, Meeresarm, der große Teich, Seewasser. ▶ Land.
Meerbusen → Bai, Becken, Bucht, Busen.
Meerenge → Bindemittel, Bucht.
Meeting → Versammlung.
Megäre → Drache.
mehlig pulverförmig, zermahlen.
Mehr → Beifügung.
mehr → darüber, dominierend, erhaben über, super, überwiegend.
mehr oder minder → gewissermaßen.
mehrdeutig → doppelsinnig.
mehren → ansetzen, ausbreiten, ausdehnen, vergrößern, vervielfältigen.
mehrere → allerhand, diverse, einige, etliche, manche.
mehrerlei mehrere, viele, gewisse, manche, einige, verschiedene, verschiedenartige, vielerlei, mehrfach, vielfach, unzählig, massenhaft, häufig. → etliche. ▶ einerlei, wenig.
mehrfach → allerhand, oft.
mehrfarbig → bunt.
mehrförmig vielförmig, mehrteilig, vielteilig, verschiedenartig, unterschiedlich, unterscheidbar, ungleich, mannigfach, vielfältig, mehrstimmig, abwechselnd, bilderreich, anders, vielfach. ▶ einförmig.
Mehrheit Menge, Masse, Haufen, Überzahl, Mehrzahl, Vielheit, Unzahl, Unsumme, Vielfältigkeit, Plural, Pluralität, Mannigfaltigkeit, Wahlmehrheit, Stimmenmehrheit. ▶ Minderheit.
mehrheitlich → überwiegend.
mehrmals → erneut, oft.
mehrstimmig polyphon, zweistimmig, dreistimmig, mannigfach, mehrfach, abwechselnd, verschieden, verschiedenartig, unterschiedlich ● unstimmig, nicht einig, ungleich, unpassend. ▶ einstimmig.
mehrteilig vielteilig, vielförmig, mehrförmig, teilbar, auflösbar, ungebunden, zahlreich, gelockert, lose, unzusammenhängend. ▶ einteilig.
meiden ausweichen, scheuen, wegbleiben, abrücken, sich entfernt halten, aus dem Wege gehen, sich abwenden, sich verschließen, sich zurückziehen, sich verbergen, sich abschließen, die Gesellschaft meiden, das Leben fliehen, entsagen, abgewöhnen, ent-

wöhnen, ablassen, abstellen, ablegen, aufgeben, einstellen, fliehen, verabscheuen, sich sträuben, nicht leiden können, im Stich lassen, nicht mögen, von sich weisen, einer Sache überdrüssig werden, aussperren, sich entfremden, gram sein. → entziehen sich. ▶ aufsuchen.

Meierei → Molkerei, Ansied(e)-lung, Bauernhof, Besitztum.

Meilenstein → Erkennungszeichen, Markstein.

Meineid → Bekenntnis, Betrug, Eid falscher.

meineidig → arglistig, bestechlich, charakterlos, falsch, unredlich.

meinen → ahnen, annehmen, argwöhnen, äußern, befürchten, denken, entgegnen, erwidern, sprechen, vermuten.

meinerseits bezüglich, betreffs, hinsichtlich, rücksichtlich, gemäß, was mich betrifft, in Hinsicht auf, in Rücksicht auf, dementsprechend, in Verbindung mit mir. ▶ beziehungslos.

meinetwegen gleichwohl, doch, aber, immerhin, obschon, trotz, dessenungeachtet, obwohl, zwar, meinethalben, wegen mir, immerzu, jedenfalls, ja, bewilligt, willig, unverwehrt. ▶ dagegen.

Meinung → Ahnung, Anhaltspunkt, Annahme, Ansicht, Ansichtssache, Ausdruck, Auskunft, Auslegung, Befürchtung, Begriff, Bescheid, Dafürhalten, Darlegung, Erachten, Gesichtspunkt, Grundsatz, Hinsicht, Idee, Urteil, Vorschlag.

Meinung, fremde Unsicherheit, Abhängigkeit, Unentschiedenheit, Vorsicht, Bedenken, innere Unfreiheit, Massengeschmack, öffentliche Meinung, Kriecherei, das Urteil der Menge, Charakterlosigkeit, Bedenklichkeit. ▶ Bestimmtheit, Charakter, Selbstsicherheit.

Meinung, hohe Achtung, Ehrerbietung, Hochachtung, Wertschätzung, Würdigung, Bewunderung, gute Meinung, hoher Begriff, Verehrung, Ehrfurcht, Pietät. ▶ Verachtung.

Meinung, öffentliche → Presse.

Meinung sagen, jemandem seine → Dach steigen auf das, tadeln.

Meinung sein, einer → dafür, übereinstimmen.

Meinungsaustausch → Aussprache, Austausch, Beratung, Debatte, Disput, Konversation.

Meinungsverschiedenheit → Auseinandersetzung, Bruch,

Differenz, Disharmonie, Disput, Mißverständnis.

meißeln → anfertigen, ausarbeiten, behauen, bilden, formen.

meisten, am vor allem, zumeist, weitaus, bei weitem, darüber hinaus, weit mehr, weit größer, im höchsten Grad, außerordentlich, äußerst, ausnehmend, sehr oft, bemerkenswert. ▶ (am wenigsten).

meistens zumeist, meist, fast immer, größtenteils.

Meister Könner, Rekordler, Kanone, Lehrherr, Lehrmeister, Kunstkenner, Faktor, Künstler, Sachkenner, Sachverständiger, Kenner, Meisterkopf, Fachmann, Fachberater, Innungsmeister, Weltwunder, Meisterhand, Begutachter, Erzieher, Arbeiter, Werkmeister, Betriebsmeister, Baumeister, Leiter, Oberaufseher, Obermeister, Abteilungsmeister, Größe, Persönlichkeit, Hausmeister. → Anrede, Arbeiter, Arbeitgeber, Berühmtheit, Besitzer, Champion, Chef, Cicerone, Dienstherr, Direktor, Eigentümer, Erfinder, Erschaffer, Fachmann. ▶ Lehrling, Nichtkönner.

Meisterbrief → Fähigkeitsausweis.

meisterhaft → anstellig, außerordentlich, beispiellos, erlesen, kunstgerecht, sinnreich, vortrefflich.

Meisterhaftigkeit → Fertigkeit.

Meisterkopf → Denker, Fachmann, Meister.

meisterlich → geübt, sinnreich.

meistern → auffassen, ausstechen, bahnen, bewältigen, durchsetzen, das Feld behaupten, eindämmen, Hand glückliche.

meistern, sich zügeln sich, beherrschen sich, bezwingen sich, zähmen sich, erziehen sich, zusammenreißen sich, selbst besiegen sich, gegen sich angehen, in Zucht nehmen sich, an die Kandare nehmen sich, an die Zügel nehmen sich. → mäßigen sich. ▶ aufbrausen.

Meisterprüfung → Examen.

Meistersang → Dichtungsart.

Meistersänger → Dichter.

Meisterschaft → Fähigkeit, Kunst, Stärke, Wissen.

Meisterstreich → Coup, Erfolg, Glanzstück.

Meisterstück → Ausbund, Beste, Einzelarbeit, Glanzstück, Vollkommenheit.

Meisterwerk → Einzelarbeit, Beste, Glanzstück, Handarbeit, Vollkommenheit.

Melancholie Schwermut,

Trübsinn, Niedergeschlagenheit, Seelenwundheit, Düsterkeit, Lebensüberdruß, Weltschmerz, Mutlosigkeit, Gedrücktheit, Seelennot, Traurigkeit, Pessimismus, Trostlosigkeit, Tiefsinn, Gemütskrankheit, Grämlichkeit. ▶ Lebensfreude.

melancholisch trübsinnig, mutlos, traurig, schwermütig, schwerblütig, grüblerisch, seelenwund, sterbensfroh, lebenssatt, lebensmüde, wehmütig, krank, gemütskrank, leidmütig, hintersinnig, lebensüberdrüssig, niedergeschlagen, betrübt. → aufgelegt, elegisch. ▶ lebensfroh.

melden hinterbringen, anzeigen, verständigen, angeben, berichten, aussagen, enthüllen, bekanntgeben, mitteilen, erklären, dartun, benachrichtigen, unterrichten, erzählen, erwähnen, auseinanderlegen, aufdecken, beibringen, kundgeben, anmelden ● knipsen, mit dem Finger melden, rufen, sich bemerkbar machen ● einen Laut von sich geben, anschlagen, bellen. → aufklären, auseinandersetzen, aussagen, benachrichtigen, bestätigen, drahten, erzählen. ▶ schweigen, verheimlichen.

melden, sich → abkommen, aufhalten sich, melden.

Meldezeichen Hörzeichen, Ruf, Warnruf, Anruf, Zuruf, Klingeln, Pausezeichen, Gong, Signal, Warnzeichen, Fahrzeichen, Haltezeichen, Lichtzeichen, Blinkfeuer, Blinksignal, Verkehrsschild, Feuerzeichen, Leuchtkugel, Warnungstafel, Flammenschrift, Alarm, Hornsignal, Notsignal. → Fanfare.

Meldung → Angabe, Anzeige, Auskunft, Auslassung, Benachrichtigung, Bericht, Chronik, Depesche, Eröffnung, Notiz, Rapport.

Melodie → Cantus, Duett, Gesang, Lied.

melodisch wohlklingend, harmonisch, wohllautend, melodiös, musikalisch, klangreich, liedmäßig, singbar, silberhell, glockenklar, tonsicher, hinzaubernd, hinreißend, stimmreich, schmelzend, rhythmisch. → anklingend. ▶ unharmonisch.

melodramatisch → bühnengerecht.

Melusine → Fee.

memento (mori) gedenke des Todes, Mahnung, Mahnruf, Erinnerung, Einkehr, Gewissenserforschung, Buße, Reue, Insichgehen, Buße tun, mit der Sünde brechen, zur Erkenntnis gelangen, an das Lebensende denken.

Memme → Feigling.

memmenhaft → feige.
Memmenhaftigkeit → Feigheit.
Memoiren Erinnerungen, Lebenserinnerungen, Lebensbeschreibungen, Aufzeichnung, Darstellung, Schilderung, Beschreibung, Erlebnisse, Erfahrungen, Denkwürdigkeiten. → Chronik, Denkschrift.
Memorandum Erwähnenswertes, Denkschrift, Merkbuch, Tagebuch, Aufzeichnung, Anmerkung, Eintragung.
memorieren auswendig lernen, einlernen, einpauken, lernen, einstudieren, sich einprägen, sich aneignen, einüben, sich einbleuen, sich eindrillen. ▶ verlernen.
Menagerie Tierschau, Zirkus ● Zwinger.
Menge → Anteil, Anzahl, Ausmaß, Auswahl, Bestand, Bevölkerung, Masse, Ration.
mengen → mischen.
Mengung → Gemisch.
Mensch Erdenbewohner, Erdenbürger, Geschöpf, Individuum, Jemand, Person, Typ, Patron, Nummer *u*, Haus *u*, Haut *u*, Sorte, Nudel *u*, Huhn *u*, Sterblicher, Mitmensch, Erdgeschöpf, Erdensohn, Erdenwurm, Erdenkloß, Herr der Schöpfung, Ebenbild Gottes, Wesen, Kreatur ● Schimpfwort, Straßenmensch, Frauenzimmer, Straßendirne, Weibsstück, Megäre, Furie, Straßenmädchen, Beschimpfung, Beleidigung, Kränkung, Erniedrigung, Herabwürdigung ● Biest, Dreckfink, Drecksau, Dreckspatz, Dreckschwein, Ferkel, Mistfink, Sau, Sauigel, Saumagen, Saunickel, Schmutzfink, Schwein, Schweinekerl, Schweinigel, Schweinehund. → Kreatur. ▶ Tier.
Mensch, aufrechter, treuer → Charakter.
Mensch, feinsinniger → Ästhet.
Mensch, lederner → Banause.
Menschenfeind → Einsiedler, Hagestolz.
menschenfeindlich menschenscheu, nachtragend, einsiedlerisch, mißtrauisch, ungesellig, weltfremd, zurückgezogen, ungastlich, abweisend, unwirsch, geflohen, gemieden, freundlos, meidend. ▶ menschenfreundlich.
Menschenfresser Kannibale, Kopfjäger ● Unhold, Barbar. Wilder. → Bestie.
Menschenfreund → Helfer, Wohltäter.
menschenfreundlich philanthropisch, altruistisch. → freigebig, barmherzig, freundlich.

Menschenfreundlichkeit → Charitas, Liebe, Wohlwollen.
Menschenfurcht →Menschenscheu.
Menschengeschlecht → Menschheit.
Menschenhasser → Einsiedler, Hagestolz.
Menschenkenntnis → Erfahrung.
Menschenklasse Menschenstand, Menschenkreis, Berufsstand, Volksklasse, Gruppe, Menschenblock, Verband, Masse, Vereinigung, Menge, Gesellschaftsklasse. → Charakter.
Menschenkreis → Menschheit.
menschenleer → einsam.
Menschenliebe Menschlichkeit, Nächstenliebe, Humanität, Selbstlosigkeit, Menschenfreundlichkeit, Güte, Humanismus, Wohltätigkeit, Christentum, Opfersinn, Liebeswerk, Liebestätigkeit, Barmherzigkeit, Liebe, Herzlichkeit, Aufopferung, Gewogenheit, Mitgefühl, Milde, Selbstaufgabe, Opferwilligkeit, Freigebigkeit, Großmut, Hochherzigkeit, Edelmut, Seelenadel, Seelengröße, Uneigennützigkeit, Altruismus, Selbstverleugnung. → Barmherzigkeit, Charitas. ▶ Haß.
Menschenrecht Volksrecht, Naturrecht, Vernunftrecht, sittliche Ordnung, Gerechtigkeit, Gesetzlichkeit, Rechtsgefühl, Rechtssinn, Glück, Arbeit, Freiheit, Unantastbarkeit, freie Religionsausübung, Recht auf Lohn, Recht auf menschenwürdige Behandlung.
Menschenscheu Weltfremdheit, Weltflucht, Weltangst, Eigenbrötelei, Einzelleben, Abschluß, Absonderung, Vereinsamung, Eingezogenheit, Einsamkeit, Verlassenheit, Zurückgezogenheit, Menschenangst, Ungeselligkeit, Mißtrauen, Ängstlichkeit, Menschenfurcht, Lebensfurcht, Lebensfremdheit, Verfolgungswahn, Angstzustände, Verklemmtheit, Platzangst. ▶ Furchtlosigkeit, Geselligkeit, Zutrauen.
menschenscheu → einsam, lebensfremd, menschenfeindlich.
Menschenschinder → Barbar, Drache.
Menschenschlag → Menschenklasse, Nation.
menschenunwürdig abscheulich, häßlich, niedrig, gemein, verworfen, lasterhaft, verdorben, unehrlich, grundschlecht, schuftig, schurkisch, ehrlos, treulos, gewissenlos, entmenscht, unmenschlich, bestialisch, tie-

risch, teuflisch, satanisch, verrucht, erzböse, boshaft, bösartig, bösherzig, argwillig, abgefeimt, niederträchtig, spitzbübisch, verachtungswert, verdammenswert, verabscheuungswürdig, verbrecherisch, verworfen. → schlecht. ▶ menschenwürdig.
Menschenverächter → Einsiedler, Hagestolz.
Menschenverstand, gesunder Vernunft, Aufgewecktheit, Intelligenz, Wirklichkeitssinn, Grips, Grütze, Nüchternheit, Cleverness, Einsicht, Witz, Köpfchen.
Menschenwürde → Kultur, Menschlichkeit, Würde.
menschenwürdig → barmherzig, herzensgut, menschlich.
Menschheit Bevölkerung, Völker, Gesellschaft, Menschengeschlecht, Generation, Leute, Gruppe, Masse, Menschenkreis, Menschentum, Welt, Ahnen, Geschlecht, Nationen, Rassen, Staaten, Volksgemeinschaft.
Menschheitsideal Menschenbild, Bildungsideal, Erhabenheit, Menschenwürde, Humanität, Gottähnlichkeit, Seelenadel, innere Reife, Hoheit, reine Menschlichkeit, Heldentum, Vorbild, Ziel, Musterbild, Edelmensch.▶ Charakterlosigkeit, Unmenschlichkeit.
menschlich persönlich, individuell, leiblich, erdgeboren, staubgeboren ● human, menschenwürdig, humanitär, selbstlos, menschenfreundlich, wohltätig, gütig, wohlwollend, liebevoll, zartfühlend, freigebig, hilfsbereit, mildtätig, aufopfernd, gutherzig, gut, liebenswürdig, warm, innig, herzlich, freundlich, zuvorkommend, aufmerksam, gefällig, bereitwillig. → barmherzig, herzensgut. ▶ unmenschlich.
Menschlichkeit Humanität, Menschenwürde, Menschenliebe, Wohlwollen, Menschenfreundlichkeit, Entgegenkommen, Gefälligkeit, Liebenswürdigkeit, Mildtätigkeit, Opfersinn, Mitgefühl, Barmherzigkeit, Güte, Großmut, Hilfsbereitschaft, Sanftmut, Nächstenliebe, Humanismus, Notlinderung, Teilnahme, Erbarmung, Milde, Heldengröße, Heldentum, Hochsinn, Seelenadel, Persönlichkeit, Mitempfindung, Erbarmnis, Tröstung, Besänftigung. → Charitas. ▶ Unmenschlichkeit.
Menschwerdung → Christus.
Mensur → Duell, Sport.
Mentalität → Art, Charakterfundament, Denkart, Gemüt, Gesinnung.
Mentor → Beirat, Berater.

mephistophelisch → diabolisch.
Merkblatt Stichwortunterlage. → Ausführungsbestimmung.
Merkbuch → Gedächtnisstütze.
merkantil geschäftlich, kaufmännisch.
merken → ausfindig machen, empfindsam, festhalten, handhaben, wahrnehmen.
merken, sich → aufpassen, Blick nicht lassen aus dem.
Merkfähigkeit → Gedächtnis.
merklich → erstaunlich, fühlbar.
Merkmal → Anzeichen, Aufdruck, Aussehen, Bake, Beifügung, Brand, Charakter, Erkennungszeichen, Kennzeichen, Kriterium, Mal, Symptom, Zeichen.
Merksatz → Devise.
merkwürdig → A und O, anziehend, beachtlich, befremdend, beispiellos, bezeichnend, bizarr, denkwürdig, kurios.
Merkzeichen → Bake, Chiffre, Emblem, Erkennungszeichen, Fabrikationsname, Marke, Zeichen.
Mesmerismus → Aberglaube.
Messalina → Bajadere, Buhle.
meßbar → berechenbar.
Meßbuch → Bibel.
Messe → Ausstellung, Feier, Markt.
messen → abmessen, loten, vergleichen.
messerscharf → scharf.
Messias Heiland. → Christus.
Mestize → Bastard, Farbiger.
Metall Bronze, Messing, Kupfer, Zinn, Eisen, Stahl, Gold, Silber, Platin, Leichtmetall, Schwermetall, Hartmetall, Weichmetall, Edelmetall, Halbmetall, Legierung, Radium, Stoff, Material, Rohstoff. → Bestand. ▶ Holz.
metallisch hart, leitend, erzen, ehern, stählern, eisern, fest, unbelebt, steinern, leblos, anorganisch, gefühllos, metallhaltig, metallähnlich, klangvoll. ▶ organisch, weich.
Metallplatte → Blech.
Metapher → Bild, Vergleich.
metaphysisch → übersinnlich.
Meteorologe Wetterfrosch, Windaffe u, Regenmacher u.
Methode → Art, Ordnung, System, Weg.
methodisch systematisch, planvoll, geregelt, ordentlich, geordnet, ausgerichtet, ordnungsmäßig, ordnungsgemäß, regelmäßig, übersichtlich, ruhig, klar, stufenweise, stetig, allmählich, schrittweise, Schritt für Schritt, schulmäßig, pädagogisch, didaktisch, lehrmäßig, planmäßig, schulgerecht, schul-

gemäß. → durchdacht, geregelt, kunstvoll, planvoll, systematisch. ▶ unmethodisch.
Metier → Beruf.
Metropole Haupt-, Weltstadt.
Metze → Bajadère, Buhle, Dirne.
Metzelei → Blutbad, Bluttat.
Meuchelmord → Anschlag, Attentat, Blutbad, Bluttat.
Meuchelmörder → Bestie, Mörder.
meucheln → ausrotten, töten.
meuchlings → hinterrücks.
Meute → Anzahl, Bande.
Meuterei → Angriff, Anschlag, Auflauf, Auflehnung, Aufstand.
Meuterer Rebell, Revolutionär, Empörer, Aufrührer, Abtrünniger, Wühler, Unruhestifter, Verschwörer, Aufwiegler, Hetzer, Anführer, Barrikadenmann, Blusenmann, Jakobiner, Streikführer, Aufständischer. ▶ Aufständischer. ▶ Gefolgsmann, Sklavenseele.
meuterisch → aufständisch.
meutern sich widersetzen, trotzen, widerstehen, übertreten, entgegenhandeln, aufmucken, abfallen, wühlen, aufwiegeln, aufhetzen, streiken, sich auflehnen, sich erheben, sich empören, sich zusammenrotten, sich verschwören, losbrechen, aufstehen, den Gehorsam verweigern, Trotz bieten. → anzetteln, bekämpfen, dawider, empören sich. ▶ gehorchen.
Miasma → Auswurf, Bazillus, Jauche.
mickrig kümmerlich, schwach.
Mieder Kleidungsstück, Korsett, Schnürleib, Zwangsjacke.
Mief schlechte oder verbrauchte Luft, Schweißgeruch, Ausdünstung. → Gestank.
Miene Antlitz, Angesicht, Gesicht, Ausdruck, Form, Gesichtszüge, Körperteil, Mienenspiel, Gesichtszeichen, Mimik, Augensprache, Gesichtsverziehung, Andeutung, Kopfnicken, Augenblinzeln, Wink, Gebaren, Mienensprache. → Aussehen.
Mienenspiel → Erkennungszeichen, Gebärde.
Miesmacher Griesgram, Trauerkloß, Jammerer, Wehklager, Kopfhänger, Grillenfänger, Leichenbitter, Milzsüchtiger, Brummbär, Nörgler, Ekel, Unke, Eule, Familienekel, Melancholiker, Pessimist, Defaitist, Jammergestalt, Trauerweide. → Freudenstörer. ▶ Optimist.
Miete Bezahlung, Zahlung, Einzahlung, Ausgabe, Hausmiete, Wohnungsmiete, Aus-

lagen, Zins, Pacht, Abgabe ● Kartoffelmiete, Ausgrabung, Überwinterung, Eindeckung. → Belehnung.
mieten heuern, pachten, chartern, benutzen, wohnen, bewohnen, einmieten, unterbringen, einsetzen, behausen, logieren, gebrauchen, anstellen, einstellen, engagieren, dingen, in Dienst nehmen, in Pacht nehmen. → besetzen, chartern, dingen. ▶ vermieten.
Mieter Zimmerherr, Untermieter, Bewohner, Ansiedler, Einlieger, Einwohner, Inwohner, Pächter, Hausmieter, Mietbewohner, Mietsleute, Einmieter, Aftermieter, Nachmieter, Pensionsmieter, Schlafgänger. → Besitzer. ▶ (Vermieter).
Mietling → Commis, Untergebener.
Mietskaserne → Haus, Kaserne.
mikroskopisch atomgroß, klein, stäubchengroß, winzig, zwergenartig, blutwenig, erbsengroß, linsengroß, gering ● genau, deutlich, exakt, präzis. ▶ riesenhaft.
Milch und Blut, wie → gesund, jung, schön.
Milchbart → Bursche.
milchig flüssig, dickflüssig, weißlich, unklar, halbklar, schleierig, neblig, undurchsichtig, blaß, bleich, käsig. ▶ klar.
Milchmädchenrechnung Versehen, Irrtum, Verrechnung, Rechnungsfehler, Irrigkeit, Trugschluß, Dummheit, Unverstand, Übersehen, Schnitzer, Fehler, Rechnungsfehler, Fehlgriff ● Leichtsinn, Einfalt, Oberflächlichkeit, Leichtfertigkeit. ▶ Klugheit, Überlegung, Verstand.
mild warm, lau, lind, lauwarm, sommerlich, mäßig ● huldreich, gelinde, zahm, nachsichtig, mildernd, tolerant, sanft, sanftmütig, zart, gütmütig, lammfromm, einsichtsvoll, maßvoll, gütig, nachgiebig, gnädig, schonend, freundlich, mitleidig, langmütig, dulderisch, weich, mildtätig. → barmherzig. ▶ eisig, kalt, streng, unnachsichtig.
milde sein → mild, schonen.
Milde Huld, Nachsicht, Sanftheit, Sanftmut, Nachgiebigkeit, Schonung, Gutmütigkeit, Gnade, Mitleid, Rücksicht, Güte, Erbarmung, Toleranz, Gelindigkeit, Friedfertigkeit, Liebe, Persönlichkeit, Vergebung, Verzeihung, Geduld, Ergebung, Freundlichkeit, Zuvorkommenheit, Höflichkeit, Mitgefühl, Teilnahme, Mildtätigkeit, Menschlichkeit, Zartgefühl, Duldung.

→ Barmherzigkeit, Charitas, Demut, Engelsgüte, Erbarmen. ▶ Strenge.

mildern modifizieren. → begütigen, bemänteln, beruhigen, besänftigen, dämpfen, lindern, trösten.

Milderung → Abklingen, Befreiung, Beruhigung, Erleichterung, Mäßigung, Tröstung.

Milderungsgrund Erleichterungsgrund, Linderungsgrund, Entlastungsmoment, Entschuldigungsgrund, mildernde Umstände, milderndes Licht, mildere Auffassung, Entlassung. ▶ Erschwernis.

mildtätig → freigebig, herzensgut, mild.

Mildtätigkeit → Barmherzigkeit, Charitas, Dienstleistung.

Milieu Umwelt, Umgebung, Lebensluft, Mitte, Bereich, Lebensbereich, Wohnung, Wirkungskreis, Familie, Herkunft, Herkommen, Platz, Raum, Ort, Spielraum, Boden, Stätte, Kinderstube, Zeitverhältnisse. ▶ Inneres.

Militär Soldaten, bewaffnete Macht. → Heer.

Militarismus Militärherrschaft, Imperialismus, Gewaltherrschaft, Schreckensherrschaft, Despotismus, Tyrannei, militärische Vorherrschaft ● Waffengewalt, Schonungslosigkeit, Rücksichtslosigkeit, Grausamkeit ● Säbelrasselei, Kriegshetzer ● Soldatentum.

Militarist Herrenmensch, Tatenmensch, Kraftmensch, Kraftmeier, Säbelraßler, Despot, Imperialist, Tyrann, Bedrücker, Unterdrücker, Zuchtmeister, Friedensbrecher ● Soldat, Büttel.

Miliz Bürgerwehr, Bürgergarde, Volksheer, Söldnerheer, Landsknechtheer.

Mime Schauspieler, Darsteller, Komödiant.

millionenfach → allerhand.

mimen darstellen, sich verstellen, schauspielern, täuschen, simulieren.

Mimik → Gebärde.

mimosenhaft → empfindlich, zart.

minder weniger, unmerklich, kleiner, geringer, geringfügig, mäßig, niedriger, schlechter, schlimmer, bergab, rückwärts, verschlimmert, ärger, erschwerend. ▶ gebessert, mehr, riesig.

minderbemittelt → arm.

Minderheit → Wenigkeit.

minderjährig unmündig, jung, jugendlich, kindlich, blutjung, unreif, klein, knabenhaft, mädchenhaft, grün, bartlos, noch nicht flügge, noch nicht trocken hinter den Ohren. ▶ volljährig.

mindern → abnehmen, abrunden, verkleinern.

Minderung Verkleinerung, Verkürzung, Abkürzung, Schmälerung, Verringerung, Einengung, Zusammenziehung, Abnahme, Rückgang, Rückschritt, Abbau, Verdünnung, Wegnahme, Verstümmelung, Verlust, Einbuße, Schaden, Ausfall, Beeinträchtigung. → Fehlbetrag. ▶ Aufbau, Vergrößerung, Zugabe.

minderwertig gering, wertlos, unbrauchbar, mangelhaft, unvollkommen, unergiebig, untauglich, schlecht, beschissen *u*, das ist Scheiße *u*, nichtig, unwert, kläglich, kümmerlich, seicht, eitel, Bruch, Zeug, Krempel *u*, Sauzeug *u*, Mistzeug *u*, Mistkram *u*, Scheibenkleister *u*, Scheißdreck *u*, Scheißkram *u*, Zimt *u* ● untergeordnet, unwürdig, nichtswürdig, niedrig, charakterlos, ungut, unvorteilhaft, niederträchtig, inferior. → charakterlos, fadenscheinig, faul. ▶ charaktervoll, wertvoll.

Minderwertigkeit → Übelstand, Unvollkommenheit.

Minderwertigkeitsgefühl Minderwertigkeitskomplex, Behinderung, Hemmschuh, Hemmung, Unlust, Unbehagen, Beklemmung, Beschämung, Mißbehagen, Kleinmut, Scham, Komplex, Selbstanzweiflung, Unsicherheit, Befangenheit, Schwäche, Schamgefühl, Zaudern, Zaghaftigkeit, Verlegenheit, Unschlüssigkeit. ▶ ()berheblichkeit.

Minderwertigkeitskomplex → Minderwertigkeitsgefühl.

mindest(-ens) zumindest, jedenfalls, wenigstens, bestenfalls, immerhin, bestenfalls, möglichst, möglichenfalls, geringst, kleinst, wenigst, zirka. ▶ außerordentlich, höchst.

Mindestforderung Mindestmaß, Kleinheit, Geringheit, Geringfügigkeit, Nichtigkeit, Minderwert, Kargheit, Einschränkung, Wenigkeit, geringe Umfassung, Mindestgrad, Minimum. ▶ Maximum.

Mindestgrad → Mindestforderung.

Mindestmaß → Begrenzung, Mindestforderung.

Mine Durchstich, Stollen, Durchgang, Schacht, Gang, Goldader, Goldmine, Trumm, Goldquelle, Schatz, Reichtum, Vermögen, Fundgrube ● Gefahr, Sprengkörper, Sprengladung, Minenfeld, Flattermine, Tretmine, Mine ● Bleistifteinlage, Bleistiftmine. → Bergbau.

mini klein, winzig, unscheinbar.

Mineral → Bestand.

Miniatur → Bild.

minieren unterhöhlen, untergraben, ausbuchten, durch-

bohren, graben, wühlen, ausheben, ausstechen, aushöhlen, vertiefen, auskehlen, einen Stollengang anlegen. ▶ bedecken, (zuschütten).

Minimum → Mindestforderung, Wenigkeit.

Minister Regierungsmitglied, Staatslenker, Kanzler, Staatsmann, Politiker, Staatsminister, Premierminister, Ministerpräsident, Würdenträger, Vorsteher, Verwalter, Finanzminister, Gesundheitsminister, Postminister usw.→Chef.

Ministerium → Amt.

Minne → Liebe.

Minnedienst → Liebeswerbung.

Minnesang → Dichtungsart.

Minnesänger Sänger, Troubadour, Barde, Musiker, Balladensänger, Meistersinger, Dichter, Künder, Skalde, Lyriker, Reimschmied, Gelegenheitsdichter, Stegreifdichter. → Dichter.

Minus → Abzug, Abnahme.

minus → abzüglich.

Minute → Augenblick.

Minute, auf die → beizeiten, pünktlich.

minuziös → haarfein, pedantisch.

Mirakel → Wunder.

Misanthrop → Hagestolz.

mischen mengen, mixen, kneten, kreuzen, verschneiden, vermengen, panschen, manschen, mantschen *u*, verbinden, verquicken, umrühren, einverleiben, durcheinanderkneten, versetzen mit, vermischen, einrühren, beirühren, durcheinanderschaufeln, zusammenbrauen, einschalten, schwängern, durcheinanderwerfen, untermengen, zusammenschütten, zusetzen, zusammenschütten, anreichern, zumengen, eingießen, beimengen, einflechten, anrühren, einschieben, hineinbrauen, versetzen mit, amalgamieren, legieren. ▶ beibringen, legieren. ▶ klären, trennen.

Mischgetränk → Gebräu.

Mischling → Bastard, Farbiger.

Mischmasch Sammelsurium. → Chaos, Durcheinander, Gemenge.

Mischpoke *jüd.* → Anverwandte.

Mischung → Beifügung, Gemenge, Gemisch, Legierung, Verschiedenheit, Verbindung, Synthese.

miserabel → charakterlos, niederträchtig, schlecht.

Misere → Trostlosigkeit, Unlust.

mißachten erniedrigen, sich abwenden, verschmähen, nicht beachten, wegdenken, verunglimpfen, abspeisen, gesellschaftlich schneiden, nachlässig behandeln, übersehen, husten einem etwas, keine Notiz nehmen, keines Blickes würdigen, den Rücken zukehren, herabwürdigen, unterschätzen, herunterziehen, demütigen, geringschätzen, auspfeifen, auszischen, kränken, beleidigen, verhöhnen, schmähen, beschimpfen, schmälern, verachten, verabscheuen, abweisen, ablehnen, kalt stellen, verächtlich machen, herabsetzen. → auspfeifen, bagatellisieren, beeinträchtigen, beleidigen, erniedrigen, liegen lassen links. ▶ hochachten.

Mißachtung→Abneigung, Abscheu, Angriff, Beleidigung, Entehrung, Entgleisung, Erniedrigung, Nichtachtung, Verachtung, Verstoß, Zynismus.

Mißbehagen Mißvergnügen, Übelbefinden, Unwohlsein, Überspannung, Anspannung, Unlust, Unfreude, Verdruß, Verdrießlichkeit, Bleichsucht, Ärger, Verbitterung, Murrsinn, Unzufriedenheit, Gekränktheit, Bekümmernis, Beschwerlichkeit, Unannehmlichkeit, Unmut, Unbefriedigung, Überdruß, Verstimmung, Niedergeschlagenheit, Unwille, Mutlosigkeit, Kummer, Herzeleid, Bitternis, Ekel, Widerwillen, Pein, Hölle auf Erden, Laune schlechte. → Ärger, Ärgernis, Beengung, Beklemmung, Bitterkeit, Dumpfheit. ▶ Behagen.

Mißbildung → Auswuchs, Entstellung, Häßlichkeit.

mißbilligen mäkeln, verdrießen, schmollen, verübeln, enttäuschen, tadeln, murren, brummen, unbefriedigt sein, seine Unzufriedenheit zeigen, vorhalten, vorwerfen, beanstanden, bemängeln, kritisieren, angreifen, anfechten, einen Denkzettel geben, abkanzeln, kopfschütteln, Fehler finden, Mißbilligung äußern, den Stab brechen über. → ablehnen, beanstanden, bekommen die Nase voll, Dach steigen auf das, einwenden, entmutigen. ▶ billigen.

mißbilligend → entmutigend, ungünstig.

Mißbilligung → Abneigung, Absage, Anstoß, Beschwerde, Beschwernis, Einwand, Klage, Kritik, Mißfalien.

Mißbilligung erregen → anecken.

Mißbilligung zeigen → Dach steigen auf das, tadeln.

Mißbrauch Übertreibung, Entweihung, Entheiligung, Schändung, Besudelung, Gotteslästerung, Entehrung, Entwürdigung, Unfug, Unsitte, Vergeudung, Ver-

schwendung, Mißgriff, Verdrehung, Verfälschung, Verzerrung, Entstellung, Pfuscherei. → Entweihung. ▶ Anständigkeit, (Harmlosigkeit), Nützlichkeit, Unschädlichkeit, Wertschätzung, Zuverlässigkeit.

mißbrauchen hintergehen, entweihen, entehren, schänden, entwürdigen, verschwenden, falsch anwenden, verkehrt verwenden, vergeuden, verschleudern, betrüben, vergewaltigen, jemandem auf der Nase herumtanzen, mit jemandem Schindluder treiben *u*, schwächen, sich versündigen, den Namen Gottes mißbrauchen. → entehren, entweihen. ▶ verehren, verzichten, würdigen, (rechtlichen Gebrauch machen).

mißdeuten → deuten, entstellen, irren sich.

Mißdeutung Mißgriff, Fehlgriff, Mißverständnis, Irrtum, Verwechslung, Fehler, Verkennung, Verfänglichkeit, Widerspruch, Schnitzer, Übersehen, Verrechnung, Doppelsinn, Doppeldeutigkeit, Deutelei, Irreführung, Irrweg, Fehlschluß, Trugschluß.→Entstellung. ▶ Aufklärung, Wahrheit.

Mißehe → Ehe wilde.

missen → entbehren, ermangeln, fehlen lassen es, hungern.

Mißerfolg Fehlschlag, Fiasko, Fehlschluß, Kartenhaus, Havarie, Lage schiefe, Blatt wenden, Mißlingen, Mißernte, Fehljahr, Mißgeburt, Fehlgeburt, Unfall, Verlust, Unglück, Nachteil, Essig *u*, Schaden, Schiffbruch, Niedergang, Verderben, Zusammensturz, Untergang, Zusammenbruch, Hereinfall, Niederlage, Fall, Durchfall, Reinfall, Flop, Fehltritt, Fehlgriff, Unstern, Mangel, Drangsal, Heimsuchung, Prüfung, Not, Schicksalsschlag, Sorge, Mühsal, Armut, Ruine Mißerfolg haben, durchfallen, abstinken *u*, nicht durchkommen, erledigt sein, keinen Blumentopf gewinnen können ● Pechvogel. → Dekadenz, Enttäuschung, Fehlgeburt, Lage schiefe. ▶ Erfolg.

Mißernte Heimsuchung.→Mißerfolg.

Missetat → Bluttat, Delikt, Frevel, Greueltat, Schuld.

Missetäter → Bandit, Berserker, Brandstifter.

Mißfallen Mißbilligung, Widerwille, Tadel, Verstimmung, Mißmut, Unzufriedenheit, Unmut, Mißbehagen, Unbehagen, Unbefriedigung, Kummer, Abscheu, Ekel, Widerstreben, Ablehnung, Haß, Sträuben, Abneigung,

Unwille, Vorwurf, Verwerfung, Verurteilung. → Abneigung, Abscheu, Achsel, Ärger, Bedenken, Dorn im Auge. ▶ Behagen, Gefallen.

Mißfallen erregen → anekeln, mißfallen.

mißfallen verdrießen, beschweren, verletzen, abstoßen, beleidigen, vergällen, betrüben, erbittern, empören, beunruhigen, entrüsten, anwidern, anekeln, schmerzen, peinigen, quälen, Mißfallen erregen, das Gefühl beleidigen, auf die Nerven gehen, einen schlechten Eindruck machen, Mißfallen erregen, nicht erbaut sein, sich im Grabe herumdrehen *u*. → anekeln, dick haben etwas. ▶ behagen, gefallen.

mißfällig → abstoßend, anstößig, degoutiert, verdrießlich, widerwärtig.

Mißfälligkeit → Demütigung, Mißfallen, Verdruß.

Mißform → Auswuchs, Häßlichkeit.

mißförmig → blatternarbig, fettwanstig, häßlich, krumm.

Mißgebilde → Definition, Häßlichkeit, Mißgestalt.

Mißgeburt → Fehlgeburt, Mißerfolg.

mißgelaunt → ärgerlich, aufgelegt, erbittert.

Mißgeschick → Armut, Ärgernis, Beschwerlichkeit, Betrübnis, Bürde, Enttäuschung, Lapsus, Übel, Unglück.

Mißgestalt Mißgebilde, Verunstaltung, Entstellung, Verzerrung, Fehler, Mangel, Makel, Ungestalt, Fratze, Schreckgestalt, Gespenst, Mißgeburt, Ungeheuer, Scheusal, Grimasse, Häßlichkeit, Mißform, Verbildung, Mißbildung, Garstigkeit. → Auswuchs. ▶ Wohlgestalt.

mißgestaltet → blatternarbig, häßlich.

Mißgestaltung → Deformation, Fehler, Häßlichkeit, Mißgestalt.

mißgestimmt → ärgerlich, aufgelegt, cholerisch, enttäuscht, erbittert, gelaunt, unzufrieden.

mißglücken → Boden verlieren den, scheitern.

mißglückt fehlgeschlagen, mißraten, mißlungen, verunglückt, traurig, gescheitert, erfolglos, ergebnislos, fruchtlos, verfehlt, zwecklos, unvollkommen, vernichtet, aufgefahren, geschlagen, aufgesessen, vergeblich, nutzlos, unwirksam, wirkungslos, umsonst, vergebens, totgeboren, geplatzt *u*, flach gefallen *u*. → erfolglos. ▶ geglückt.

mißgönnen → beneiden.

Mißgriff → Bock, Fehler, Fehl-

tritt, Formfehler, Verwechslung, Verstoß.
Mißgriff machen → blamieren, irren sich.
Mißgunst → Ärgernis, Bosheit, Brotneid, Eifersucht, Geiz, Selbstsucht.
mißgünstig bedürfnisvoll, begehrlich, böse, selbstsüchtig.
mißgünstig sein → beneiden, bersten.
mißhandeln → quälen.
Mißhandlung → Bosheit, Roheit.
mißhellig → diskrepant, uneinig.
Mißhelligkeit → Auseinandersetzung, Mißverständnis, Streit.
Mission → Auftrag, Berufung, Hilfsdienst.
Mißklang Zwiespalt, Dissonanz, Kakophonie *f*, Katzenmusik, Mißton, Disharmonie, Übellaut, Gebimmel, Geklimper, Abweichung, Übelton, Getöse, Gegröle, Gefidel, Geleier, Bardengebrüll, Gedudel, Singsang, Tonwidrigkeit, Tonverwirrung, Taktwidrigkeit, Heiserkeit. → Charivari, Disharmonie, Dissonanz, Zwietracht. ▶ Wohlklang.
mißklingen mißtönen, kratzen, ächzen, bimmeln, dudeln, leiern, klimpern, herunterorgeln, pipsen, das Ohr beleidigen, brüllen, grölen, jaulen, schreien, toben, jammern, quietschen, wimmern, winseln. ▶ wohlklingend (sein).
Mißkredit → Unehre, Verruf.
mißlaunig → ärgerlich, cholerisch, trübsinnig.
mißlich → bitterlich, böse, kläglich, schlimm, ungünstig, unangenehm.
Mißlichkeit – Notlage.
Mißlingen → Enttäuschung, Mißerfolg, Unglück.
mißlingen scheitern, mißglücken, mißraten, fehlschlagen, fehlen, versagen, hängen bleiben, straucheln, ausgleiten, entgleisen, untergehen, unerfüllt bleiben, nicht in Erfüllung gehen, das Ziel verfehlen, nicht zustande bringen, nichts ausrichten, schief gehen, vorbeigelingen, daneben gehen, zu Essig werden *u*, in die Brücke gehen. → beeinträchtigen, entgleisen, scheitern, entgleisen.
mißlungen → erfolglos, mißglückt, nutzlos, umsonst.
Mißmut → Abneigung, Ärger, Bekümmernis, Bitterkeit, Entmutigung, Erbitterung, Galle, Trübsinn.
mißmutig → ärgerlich, aufgelegt, bärbeißig, cholerisch, trübselig, verdrossen, verstimmt.
mißraten → entgleisen, scheitern, mißlingen.

Mißstand → Übelstand.
Mißstände aufrollen hineinleuchten, die Wahrheit erforschen, einen Irrtum klar stellen, die Wahrheit sagen, Zeugnis ablegen, ein Licht aufstecken, nicht zurückhalten, reinen Wein einschenken, beteuern. → wahren sein Recht. ▶ vertuschen.
Mißstimmung Meinungsverschiedenheit, Zwiespalt, Unstimmigkeit, Abweichung, Verschiedenheit, Uneinigkeit, Mißhelligkeit, Mißklang, Disharmonie, Widerspruch, Trübsinn, Übellaunigkeit, Mißmut, Verstimmung, Unstimmung, Streit, Bitterkeit. → Ärgernis, Disharmonie, Disput. ▶ Übereinstimmung.
Mißton → Charivari, Disharmonie, Mißklang.
mißtönen → kratzen, mißklingen.
mißtönend → beleidigen (das Ohr), diskrepant.
Mißtrauen → Anstand, Argwohn, Befürchtung, Besorgnis, Disharmonie, Eifersucht, Hintergedanke, Lage schiefe, Verdacht, Zweifel.
mißtrauen argwöhnen, zweifeln, anzweifeln, beargwöhnen, belauern, Argwohn hegen, das Vertrauen versagen, Verdacht fassen, dem Frieden nicht trauen, finden keinen Glauben, eifersüchteln ● wer's glaubt wird selig. → argwöhnen, beargwohnen, befürchten, bezweifeln, diskreditieren, Glauben erschüttern. ▶ vertrauen.
mißtrauisch → ängstlich, argwöhnisch, befangen, vorsichtig, eifersüchtig.
mißtrauisch machen jemandem eine Laus in den Pelz setzen, argwöhnisch machen, vorsichtig machen, jemandem einen Floh ins Ohr setzen, hellhörig machen, aufstacheln.
Mißvergnügen → Ärgernis, Enttäuschung, Erbitterung, Übel, Untätigkeit.
mißvergnügt → ärgerlich, aufgelegt, böse, unzufrieden.
Mißverhalten → Lapsus, Verstoß.
Mißverhältnis → Auswuchs, Disharmonie, Häßlichkeit.
mißverstanden → falsch.
mißverständlich → dehnbar, dunkel.
Mißverständnis Irrtum, Meinungsverschiedenheit, Mißhelligkeit, Verwechslung, Schnitzer, Fehler, Fehlgriff, Versehen, Mißdeutung, Verkennung, falsche Auslegung, Verfälschung, Mißgriff, Verfänglichkeit, Widerspruch, Übersehen. → Auseinandersetzung, Bruch, Differenz, Entfremdung, Entzweiung,

Feindschaft, Zwietracht. ▶
Aufklärung, Übereinstimmung, Wahrheit.
mißverstehen das Wort im Munde verdrehen. → irren, verkennen.
Mißwirtschaft Wurstelei, Schlamperei ● Pfuscherei, Stümperei ● Durcheinander, Unordnung, Luderei, Schuldenmacherei.
Mist → Aas, Abfall, Auswurf, Dreck, Jauche, Schmutz, Unvollkommenheit.
misten → säubern.
Mistgrube → Kloake.
mit → beisammen, beifolgend, ferner, inklusive.
mit Bedacht → andächtig, bedächtig.
mit einemmal → ahnungslos, plötzlich.
mit Hingabe → andächtig.
Mitarbeit → Arbeit, Bereitwilligkeit.
mitarbeiten → arbeiten, beteiligen sich.
Mitarbeiter Mithelfer, Beiträger. → Arbeiter, Assistent, Beistand, Belegschaft, Diener, Hilfskraft, Kollege, Komplice, Mitglied.
mitbekommen mitkriegen, mitanhören ● abkriegen, erben.
mitbesitzen → besitzen, beteiligen sich.
mitbestimmen → teilnehmen.
mitbeteiligen → beteiligen sich.
Mitbeteiligter → Komplice, Mitglied.
Mitbewerber Gegner, Gegenpartei, Nebenbuhler, Rivale, Konkurrent, Wettbewerber, Nebenmann. → Konkurrenz.
Mitbewohner Hausgenosse, Hausgemeinschaft, Einwohner, Pächter, Mieter, Mietsleute, Zimmerherr, Einmieter, Untermieter, Inwohner, Insasse, Aftermieter, Nachmieter, Pensionsmieter, Hausgast ● Mitbürger.
Mitbringsel → Geschenk.
Mitbruder → Bruder, Komplice, Freund.
Mitbürger → Mitbewohner.
miteinander → zusammen.
miteins → ahnungslos, plötzlich.
mitempfinden → bemitleiden, Blick mit feuchtem, erweichen.
Mitempfinden → Charitas, Teilnahme.
Mitempfindung → Charitas, Teilnahme.
Mitfahrender Beifahrer. → Fahrgast, Passagier.
mitfreuen, sich → Blick mit feuchtem, freuen sich.
mitfühlen → beglückwünschen, bemitleiden, dauern, erweichen.
mitfühlend → barmherzig,

mild, mitleidig, schonungsvoll.
mitgehen heißen → aneignen, stehlen.
Mitgefühl → Anziehung, Barmherzigkeit, Beileid, Charitas, Duldsamkeit, Erbarmen, Teilnahme, Wohlwollen.
Mitgefühl haben → bemitleiden, dauern.
Mitgefühl, ohne → Roheit.
mitgenießen → beteiligen sich.
mitgenommen → beschädigt, brechen das Herz, defekt, krank.
mitgerechnet → beigeordnet, bestehen aus, inklusive.
mitgerissen werden → bemächtigen.
Mitgesell → Bekannter, Freund.
Mitgift Vermögen, Brautschatz, Brautgeschenk, Morgengabe, Malschatz, Mußteil, Heiratsgut, Liebgeding, Gabe, Aussteuer, Beisteuer, Brautausstattung, Mitbringsel, Geld, Möbel, Hausrat, Wäsche, Wohnungseinrichtung, Vorsorge, Vorkehrung, Anschaffung, Grundstock, Besitz. → Aussteuer. ▶ Mittellosigkeit.
Mitglied Genosse, Mitarbeiter, Mitbeteiligter, Gefährte, Verbündeter, Gehilfe, Teilnehmer, Mithelfer, Teilhaber, Sozius, Partner, Zuhörer, Beteiligter, Nutznießer, Geschäftsteilhaber, Handelsgenosse, Kumpan, Kollege, Amtsbruder, Aktionär, Kamerad, Anhang. ▶ (Nichtmitglied), (Einzelgänger).
Mitgliedschaft Beteiligung, Zugehörigkeit.
Mitglied werden → Beitritt.
mithalten → beteiligen sich.
mithelfen → beispringen, beteiligen sich, dienen, helfen.
Mithelfer → Helfer, Mitglied.
Mithilfe → Behelf, Beihilfe, Gefährtschaft, Hilfe, Mitwirkung.
mithin → also, dadurch, daher, darum, dementsprechend, deshalb, folglich.
mitjammern → Blick mit feuchtem, klagen, weinen.
Mitkämpfer → Helfer, Komplice.
mitkommen, nicht zurückbleiben, erlahmen, nachhinken, bummeln, schlapp machen, trödeln, trotteln, langsam gehen, saumselig sein ● nicht verstehen, begriffsstutzig sein, sich dumm anstellen, zu hoch finden, an Einsicht mangeln lassen, es geht über den Horizont, versagen. ▶ ausharren, mithalten, verstehen.
Mitläufer Parteigenosse, Schicksalsgenosse, Anhänger, Mitschuldiger, Parteigänger, Teilnehmer, Kumpan,

Genosse, Anhängsel, Nutznießer, Gefährte, Partner, Stab, Kamerad ● willensschwacher Mensch, sein Mäntelchen nach dem Wind hängen. ▶ Gegner, (Individualist), Persönlichkeit.
Mitleid Mitgefühl, Teilnahme, Anteilnahme, Mitempfindung, Mitempfinden, Mitleidenschaft, Erbarmen, Weichherzigkeit, Erbarmung, Erbarmnis, Barmherzigkeit, Mildtätigkeit, Menschenliebe, Menschlichkeit, Schonung, Milde, Huld, Gnade, Rührung, Hilfe. → Barmherzigkeit, Charitas, Erbarmen, Gnade, Teilnahme. ▶ Gefühlskälte, Roheit.
Mitleid erregen auf die Tränendrüse oder -tube drücken u, sich klein machen, das Herz erweichen.
Mitleid haben → beklagen, bemitleiden, dauern.
mitleiden → bemitleiden, erweichen.
Mitleidenschaft → Nachteil, Unglück.
mitleiderregend → abgerissen, arm, demütig und wehmütig, unglücklich.
mitleidig mitfühlend, gütig, milde, gutmütig, langmütig, einsichtsvoll, freundlich, huldreich, gerührt, teilnehmend, teilnahmsvoll, liebreich, liebevoll, gnädig, barmherzig, weichherzig, weichmütig, nachsichtig, schonungsvoll, gutherzig, zartfühlend, mildtätig, aufopfernd. → barmherzig. ▶ gefühllos, mitleidlos, roh.
mitleidlos → abgebrüht, barbarisch, bestimmt, despotisch, felsenhart, gewaltsam, roh.
Mitleidlosigkeit → Eisklumpen, Roheit.
mitmachen → beteiligen sich.
Mitmensch → Mensch.
mitmenschlich → menschlich.
mitnehmen → aufregen, einsäckeln, einsacken, stehlen.
mitnichten → absprechen, aberkennen.
mitrechnen → beiordnen, einbeziehen, fassen in sich.
mitreißen → gewinnen für sich.
mitreißend → antreibend.
mitsamt → insgesamt.
mitschaffen → beteiligen sich.
mitschleppen → einsacken, helfen, tragen.
Mitschuldiger → Komplice.
mitschwingend mitschwebend, mitschwankend, mitbaumelnd, vibrierend, mitbewegend, mitpendelnd, oszillierend, wiegend, mitwippend ● empfindsam, teilnehmend, empfindungsvoll. ▶ feststehend, gefühllos.

mitsingen → anstimmen, singen.
mitspielen → anstimmen, befeinden, benachteiligen, beteiligen sich.
Mitspieler → Helfer, Komplice.
Mittag Tageshälfte, Halbzeit, Mahlzeit.
Mittagessen → Essen.
Mitte → Brennpunkt, Zentrum.
mitteilen sagen, melden, eröffnen, erwähnen, erzählen, erklären, aussagen, auseinanderlegen, dartun, angeben, Bericht erstatten, eine Auskunft erteilen, Bescheid bringen, schreiben, sprechen, reden, äußern, mit grobem Geschütz auffahren, mit der Türe ins Haus fallen, telegrafieren, anrufen, zurufen, durchgeben, drahten, jemandem etwas stecken u, unterrichten. → angeben, anschreiben, antworten, aufklären, ausdrücken, auseinandersetzen, aussagen, benachrichtigen, drahten, erwidern, erzählen, kundgeben. ▶ verheimlichen.
mitteilsam → beredt, offenherzig.
Mitteilsamkeit → Offenheit, Redseligkeit.
Mitteilung Erwähnung, Nachricht, Bescheid, Bemerkung, Bekanntmachung, Bekanntgabe, Berichterstattung, Botschaft, Meldung, Eröffnung, Verkündigung, Anzeige, Erklärung, Zeitung, Warnung, Ausspruch, Mahnung, Brief, Telegramm, Telefonanruf. → Angabe, Antwort, Ausforschen, Auskunft, Auslassung, Bekanntgabe, Benachrichtigung, Bericht, Bescheid, Brief, Denunziation, Eingabe, Erklärung, Eröffnung. ▶ Frage, Stillschweigen, Verheimlichung, Verschwiegenheit.
Mitteilungsform → Ausdrucksweise, Fassung, Kunstform, Stil.
Mittel Medium, Hilfsquelle, Quelle, Ersatzmittel, Auskunftsmittel, Hilfe, Handhabe, Notbehelf, Notanker, Behelf, Maßnahme, Schritte, Maßregel ● Einkommen, Geld, Vermögen, Besitz, Geldquelle, Kapital ● Heilmittel, Heilverfahren ● Durchschnitt, Mitte, Querschnitt, goldene Mitte, Mittelweg, Mittelstraße, Mittelmaß, Durchschnittsmaß, Mittelding, Durchschnittsgröße, Durchschnittszahl, Durchschnittspreis, Überschlag. → Basis, Mittellosigkeit, (Überdurchschnittlichkeit), Untüchtigkeit.
Mittel legen, sich ins → dazwischentreten.
Mittel und Wege → Mittel.

mittelbar → drum und dran, indirekt.

Mittelding → Durchschnitt.

Mittelklasse → Mittelstand.

mittellos → abgebrannt, abgerissen, arm, beengend, hablos.

Mittellosigkeit → Armut.

Mittelmaß → Durchschnitt.

mittelmäßig genügend, genügsam, glimpflich, ausreichend, hinlänglich, erträglich, befriedigend, leidlich, ziemlich, passabel, durchwachsen *u*, flau, lila *u*, das ist nicht weither, gering, unbedeutend, bescheiden, kümmerlich, angemessen, vollauf, sattsam, mäßig, nicht aufregend, nicht berühmt, nicht berauschend, es geht so-so *u*, nicht gehauen und nicht gestochen, den Verhältnissen entsprechend. → alltäglich, begrenzt, erklecklich, erträglich. ▶ überdurchschnittlich, ungenügend.

Mittelmäßigkeit → Bedeutungslosigkeit, Hinlänglichkeit, Wenigkeit.

Mittelpunkt → Brennpunkt, Drehpunkt, Zentrum.

mittels → aus, durch, indirekt, vermittels.

Mittelsmann → Agent, Vermittler.

Mittelsperson → Eindringling, Vermittler.

Mittelstand Bürgerstand, Mittelklasse, Beamtenstand, Lehrstand, Kaufmannsstand, Gelehrtenstand, Handwerker, Künstler, Pfarrer, Steuerzahler, Kernstand, Lehrerstand, Angestellter, Unternehmer.

Mittelweg → Durchschnitt, Kompromiß.

mitten mittel, innen, inmitten, inner, halbseitig, halbschichtig, mittendrin, darin, innerhalb, inwendig, inwärts, inne, konzentrisch, zentripetal, innerlich, drinnen, zuinnerst, im Herzen. → dazwischen. ▶ seitab.

mittendrin → binnen, dazwischen, mitten.

mittendurch → direkt.

Mittler → Christus, Vermittler.

mittlerweile → als, einstweilen, indem, inzwischen.

mittragen → beteiligen sich, tragen.

mittrauern → Blick mit feuchtem, trauern.

mittun → arbeiten, beteiligen sich, Decke stecken unter der.

mitunter → ab und zu, einigemal, gelegentlich, jeweilig, manchmal.

mitwandern → geleiten, wandern.

mitweinen → Blick mit feuchtem, trauern, weinen.

Mitwelt → Menschheit, Welt.

mitwirken mithelfen, zusammenwirken, arbeiten, zusammenarbeiten, zusammenhalten, helfen, sich verbünden, sich zusammenschließen, dienen, fördern, unterstützen, nützen, beistehen, zusprechen, einspringen, beispringen, begünstigen, beitreten, zueinanderhalten, eine Hand wäscht die andere. → arbeiten, beistehen, beteiligen sich, unternehmen. ▶ entgegenwirken, faulenzen.

Mitwirkung Mithilfe, Handreichung, Dienstleistung, Hilfe, Hilfeleistung, Unterstützung, Mitarbeit, Beihilfe, Beistand, Stütze, Zusammenspiel, Einsatzbereitschaft, Förderung, Zusammenarbeit, Zusammenwirken, Teilnahme, Einsatz, Einverständnis, Zusammenschluß, Aushilfe, Erleichterung, Vereinigung. → Anwesenheit, Beihilfe, Beistand, Beitrag, Bemühung, Einschluß. ▶ Gegenwirkung.

mitwissend → eingeweiht.

mitziehen fortziehen, mitgehen, mitreisen, mitrennen, mitwandern, mitkommen, mitstreifen, mitmarschieren, umherschlendern, mitlaufen, mitfahren. → helfen, unterstützen. ▶ ablehnen, davonlaufen, entgegenarbeiten, hemmen.

mixen → mischen.

Mixer Mischbecher, Mischglas, Mixbecher, Shaker ● Barmixer, Barkeeper.

Mixtur Tinktur, Lösung, Mischung, Gemenge ● Gebräu, Mischgetränk, Mixgetränk, Bargetränk ● Heilmittel, Medizin.

Mob Volk, Volksmenge, Volkshaufe, Herde, Plebs, Pöbel, Pack, Gesindel, Grobzeug, Horde, Gelichter, Bagage, Bande, Lumpengesindel, Abschaum, Auswurf der menschlichen Gesellschaft, Menge, Masse, Gewimmel, Gewühl, Gedränge, Rotte, Schar, Proletarier, Bettelvolk. → Bande.

Möbel Wohnungseinrichtung, Hauseinrichtung, Besitz, Eigentum, Inventar, Besitztum, Mobilien, Gerät, Habseligkeiten, Ausstattung, Schrank, Bett, Tisch, Stuhl, Sessel, Kommode, Vitrine, Sofa, Schreibtisch, Nachttisch. → Besitztum, Einrichtung, Hausrat.

mobil machen → bedrohen, mobilisieren.

Mobilien → Besitztum, Inventar, Möbel.

mobilisieren beweglich machen, in Bereitschaft sein, in Bereitschaft halten, mobil machen, rüsten, aufrüsten, sich vorbereiten, bewaffnen, bewähren, ausrüsten, bewappnen,

zu den Waffen rufen ● einberufen, anwerben, rekrutieren, mustern, ausheben, einmustern, einreihen ● Geld flüssig machen. → abmühen. ▶ abrüsten.

möblieren → einrichten.

Modalität → Art, Art und Weise.

Mode Gepflogenheit, Gewohnheit, Allgemeingeschmack, Zeitgeschmack, Zeiterscheinung, Zeitstil, Zeitsitte, Allerweltsgeschmack, Massengeschmack, Tagesgeschmack, Sitte, Usus, Üblichkeit, Herkommen, Brauch, Äußerlichkeit, Anpassung, Fashion *f*, letzter Schrei, dernier cri *m*, Kleidung, Putz, Ziererei, Kleidermode, Modekleid, Staat, Modenarrheit, Modetorheit. → Brauch, Etikette, Gewohnheit.

Mode sein, in → beliebt, modern.

Modebild → Bild.

modegerecht → fein, modern.

Modeherrchen → Dandy.

Modell Muster, Form, Vorschrift, Vorbild, Einheitsform, Beispiel, Entwurf, Vorlage, Schnitt, Original, Musterbild, Gliederpuppe, Wachsfigur, Puppe ● Modellkleid, Staatsrobe, Einmaligkeit ● Photomodell. → Abguß, Art, Beispiel, Dessin, Form.

modellierbar formbar, dehnbar, biegsam, elastisch, weich, bildbar, behaubar, bearbeitbar, schnitzbar, knetbar, plastisch, drehbar, drechselbar, gießbar. ▶ (unformbar).

modellieren modeln. → anfertigen, ausarbeiten, behauen, drechseln, formen.

Modellierkunst → Bildhauerei.

modelliert → durchgebildet, plastisch.

modeln → modellieren.

Modenarr → Dandy.

Modepuppe Dämchen *u*. → Dandy.

Moder Rest, Überrest, Überbleibsel, Schlacke, Dreck, Schimmel, Spor, Kahm, Modergeruch, Schmutz, Staub, Unreinigkeit, Vermoderung, Schmutzigkeit, Unsauberkeit, Fäulnis. ▶ Sauberkeit, Wohlgeruch.

moderig → dreckig, faul.

modern → faulen.

modern zeitgemäß, modisch, modegerecht, gegenwärtig, heutig, jetzig, neu, aktuell, neuzeitlich, fortschrittlich, neumodisch, ungewohnt, üblich, affig, mondän ● aktuell, derzeitig, elegant, erstmalig. ▶ unmodern.

modernisieren erneuern, auf den neusten Stand bringen, anpassen.

modisch → aktuell, erstmalig, fein, gewohnheitsmäßig, modern, neu, zeitgemäß.

Modulation → Aussprache, Betonung, Klang.

modulierbar → dehnbar.

Modus → Art und Weise, Art, Bildung, Form.

Mogeln → Anstrich, Täuschung.

mogeln → benachteiligen, beschwindeln, borgen, fremde Gedanken, fälschen, Fell über die Ohren ziehen, täuschen.

mögen → wollen, wünschen.

möglich erschwingbar, erreichbar, denkbar, tunlich, angängig, vertretbar, erzielbar, erschwinglich, überwindbar, erzwingbar, bezwingbar, besiegbar, vielleicht, möglicherweise, wahrscheinlich, wohl, lösbar, unschwer, zugänglich. → anwendbar, ausführbar, bedeutungsvoll, bedingungsweise, denkbar, erfüllbar, erkäuflich, erreichbar, fahrbar. ▶ unmöglich.

möglich machen → bieten Gelegenheit.

möglicherweise wahrscheinlich, jenachdem, letztmöglich, wohl, eventuell, vermutlich, allenfalls, gewissermaßen, möglich, denkbar, zufällig, etwa. → allenfalls, anscheinend, bedingungsweise, möglich. ▶ unwahrscheinlich.

Möglichkeit Handhabe. → Anlaß, Aussicht stehen in, Chance, Gelegenheit, Weg.

möglichst → hochgradig.

mokieren, sich → auslachen, necken, spotten.

Mole → Landungsplatz.

Molkerei Milchverarbeitungsbetrieb, Meierei, Milchwirtschaft.

Mollenfriedhof → Bauch.

mollig → behäbig, dick.

Moloch → Barbar, Kalb goldenes.

Moment → Augenblick, Wichtigkeit, Zeit.

momentan gegenwärtig, heute, jetzt, zunächst, vorderhand, vorläufig, im Augenblick, soeben, gerade, heuer, nun, derzeitig, akut, eben, diesjährig, sogleich. → aktuell, akut, augenblicklich, derzeit, derzeitig, eben. ▶ später.

monatlich wiederholt, wiederkehrend, oft, wiederum, mehrmals, einigemal, regelmäßig, wiederkehrend, immer wieder, jahraus-jahrein. ▶ einmal.

Monatskarte → Fahrkarte.

Monatsschrift Schrift, Druckschrift, Broschüre, Heft, Abhandlung, Zeitschrift, Zeitung, Illustrierte, Roman, Modeheft, Fachblatt, Blatt, Kirchenblatt, Schrifttum, Lesestoff, Frauenzeitung, Jahresblatt, Literaturblatt. → Denkschrift.

Mönch Klosterbruder, Geist-

licher, Kuttenträger, Kleriker, Priester, Ordensgeistlicher, -bruder, Pater, Frater, Abt, Klausner, Zellenbruder, Barfüßer, Bettelmönch, Prediger, Einsiedler, Büßer, Eremit. → Fakir.

Mönchsleben → Askese.

mondän → auffallend, elegant, köstlich, modern.

Mondhof Kreisform, Ring, Nebelring, Nebenzirkel, Beikreis, Lichterscheinung, Lichtkreis, Helligkeit. → Hof.

Mondkalb → Banause.

Moneten → Bargeld.

monieren → mahnen.

Monokel Einglas, Scherbe u.

Monolog Selbstgespräch. ▶ Dialog.

Monopol Patentanspruch, Alleinherrschaft. → Anrecht, Vorrecht.

monoton → abgeschmackt, einförmig, einschläfernd, langweilig.

Monotonie → Langweiligkeit.

monströs → außerordentich, unförmig.

Monstrum → Bedrücker, Berserker, Bestie, Bluthund, Krüppel, Unnatur.

Montag, blauer → Müßiggang.

Montage → Einbau, Installation.

Montgolfiere → Ballon.

montieren ausrüsten, aufbauen, aufstellen, zusammenbauen, festmachen, zusammensetzen, einsetzen, ansetzen, zusammenstellen, hinzufügen, anfügen, zusammenbringen, zusammenkoppeln, anmontieren, verbinden. → aufbauen. ▶ abbauen.

Montur → Anzug, Kleidung, Uniform.

Monument Denkmal, Denksäule, Standbild, Statue, Bildsäule, Statuette, Büste, Figur, Plastik, Bildhauerkunst, Modellierkunst, Gießkunst, Gipsabguß, Metallgießerei, Kriegerdenkmal, Ehrung, Hochachtung, Erinnerung, Widmung, Ehrensäule.

monumental → außerordentlich, groß, prächtig.

Moor → Bruch, Sumpf.

Moos → Bargeld, Bedeckung, Bruch, Pflanze, Sumpf.

mopsen → stehlen.

mopsen, sich → langweilen.

moralisch → sittlich, tugendhaft.

Moralist Philister, Sittenlehrer, Sittenrichter ● Pedant, Banause, Spießer, Kleinbürger.

Morast → Brühe, Sumpf.

Moratorium → Stundung.

morbid → kränklich.

Mord Lebensberaubung, Tötung, Bluttat, Ermordung, Blutschuld, Raubmord, Meuchelmord, Attentat, Mordan-

schlag, Dolchstoß, Blutbad, Blutvergießen, Gemetzel, Vernichtung, Metzelei ● Selbstmord, Freitod, Ritualmord, Kindsmord, Kinderopferung, Harakiri. → Attentat, Beraubung, Blutbad, Bluttat.

Mord und Totschlag → Streit.

Mord, politischer → Attentat, Mord.

Mordanschlag → Anschlag, Attentat, Mord.

Mordbrenner → Bandit, Bestie, Mörder.

morden → ausrotten, töten.

Mörder Meuchelmörder, Meuchler, Halsabschneider, Mordbube, Mordbrenner, Kehleabschneider, Raubmörder, Lustmörder, Totschläger, Würger, Schächer, Attentäter, Königsmörder, Vatermörder, Gangster, Bombenwerfer, Droßler, Bestie, Verbrecher. → Bandit.

mörderisch → bestialisch, blutgierig, diabolisch.

Mordgier Blutdurst, Bestialität, Grausamkeit.

Mordio! Alarm! Hilfe! Dieb! Mordgeschrei, Jammerruf, Gejammer, Hilferuf, Notruf, Sturmgeläute, Sturmglocke, Feuerglocke, Zeter und Mordio, Notsignal.

mordlustig brutal. → bestialisch, blutgierig, entmenscht.

Mordskerl Tausendsassa, Draufgänger, Himmelstürmer.

Mores lehren → tadeln.

Morgen Frühe, Frühstunde, Morgenstunde, Vormittag, Tagesanbruch, Morgenrot, Sonnenaufgang, Dämmerung, Morgengrauen, Hahnenruf, Tagesgrauen, Tagesbeginn, Morgenanbruch ● Flächenmaß, Maß, Rute, Hektar. → Anfang, Dämmerung. ▶ Abend.

Morgen bis Abend, vom → fortwährend, immer.

morgen zukünftig, künftig, bevorstehend, herannahend, nahe, nächstens, bald, später, am nächsten Tag, im Anzug. → bald. ▶ gleich.

Morgenanbruch → Dämmer, Dämmerung, Morgen.

Morgendämmerung → Dämmer, Dämmerung, Morgen.

Morgenfeier → Feier, Matinee.

Morgengabe → Aussteuer, Gabe.

Morgengrauen → Dämmer, Dämmerung, Morgen.

Morgenrot → Dämmerung, Morgen.

morgens früh, frühzeitig, beizeiten, zeitig, morgendlich, frühestens, rechtzeitig, vormittags, ehest, zur Frühstunde, beim ersten Hahnenschrei. ▶ (abends).

Morgenstunde → Anfang, Dämmerung, Morgen.

Moritat Gassenhauer, Moritatenlied, Bänkelsängerlied ● Lied ● Mordtat, Schandtat, Schuld, Missetat, Übeltat, Freveltat, Greueltat, Schaudertat.

morsch → alt, brechbar, fadenscheinig, spröde, schwach.

morsen signalisieren, mitteilen.

Mörser Tiegel, Stampfer, Stampfgefäß, Schroter, Zerkleinerer ● Waffe.

Mörtel → abbinden, Baustoff, Bedeckung, Bestand, Bindemittel.

Mosaik → Bild, Farbenreichtum, Schmuck.

Moschee → Kirche.

Motel Autohotel, Raststätte.

Motiv → Anhaltspunkt, Anlaß, Anstoß, Chrie, Gegenstand, Leitgedanke, Ursache.

motivieren begründen ● beeinflussen. → anregen.

Motor Antrieb, Triebwerk, Raketentriebwerk, Strahltriebwerk, Düsenmotor, Luftstrahltriebwerk, Staustrahltriebwerk, Turbine, Strahlturbine, Diesel-, Benzinmotor, Gasmotor, Gasturbine. → Anlaß, Anstoß, Apparat, Maschinerie, Wille.

Motorboot → Boot.

Motorfahrzeug → Fahrzeug (Straßen-).

Motorrad → Fahrzeug (Straßen-).

Motorschiff → Fahrzeug (Wasser-).

Motte Kleinheit, Wenigkeit, Winzigkeit, kleines Wesen, Kleinlichkeit ● Flatterhaftigkeit, Oberflächlichkeit, Sorglosigkeit ● die Motten kriegen, Verärgerung, Wutausbruch. → Tier, Laune.

Motto → Axiom, Denkspruch, Devise, Lehrsatz, Maxime, Zeichen.

Mücke → Bart, Tier.

mucken → trotzen.

Mucker → Frömmler.

mucksen, sich nicht → befolgen.

müde ermattet, abgehetzt, zerschlagen, abgespannt, schlapp, erschöpft, entkräftet, marode, abgequält, gehetzt, matt, überarbeitet, abgearbeitet, schwach, schläfrig, schlafbedürftig, übermüdet, nachgebend *j*, schmachtend, halbtot, herunter sein *u* ● übersättigt, dekadent, abgelebt, erschossen *u*, fertig, lahm, hundemüde, marode, todmüde, schachmatt *u*, kein Mensch mehr sein *u*. → abgelebt, abgespannt, abgestumpft, arbeitsunfähig, beklemmend, blasiert, dekadent, entartet, erholungsbedürftig, erschlagen, faul, gehetzt. ▶ frisch, munter.

Müdigkeit → Abspannung, Beschwerde, Ermattung.

muffeln → essen.

muffig übelriechend, stinkend, stinkig, modrig, vermodert, faul, riechend, staubig, pestilenzialisch, ungelüftet, verstaubt, widerlich, unangenehm, schlecht riechend. → faul. ▶ frisch.

Mühe Lästigkeit, Kraftbeanspruchung, Last, Kopfzerbrechen, Anstrengung, Mühsal, Schwierigkeit, Schinderei, Beschwerde, Beschwerlichkeit, Mühseligkeit, Ratlosigkeit, Plackerei, Plage, Arbeit, Belastung, Strapaze, harte Arbeit. → Amt, Anstrengung, Arbeit, Aufgebot, Bemühung, Beschwerde. ▶ Mühelosigkeit.

Mühe geben, sich → anstrengen sich.

Mühe scheuen, die → müßig, unterlassen.

Mühe sparen, sich → müßig, unterlassen.

mühelos → angenehm, bequem, leicht.

Mühelosigkeit Leichtigkeit, Möglichkeit, Ausführbarkeit, Handlichkeit, Kinderspiel, Kleinigkeit, Spaß, Spielerei, Erleichterung, Lösbarkeit, Anwendbarkeit, Ausführbarkeit, Gemächlichkeit, Bequemlichkeit, Zugänglichkeit, ebener Weg, glatte Bahn, günstiger Wind. ▶ Mühe.

mühen, sich → anstrengen sich, arbeiten, erkämpfen.

mühevoll → angestrengt, Ei gehen auf, lästig, schwierig.

Mühle, Wasser auf seine → gelegen sein.

Mühlrad im Kopf → ungeschickt, verwirrt.

Muhme → Anverwandte.

Mühsal → Anstrengung, Arbeit, Aufgebot, Bedrücktheit, Bemühung, Beschwerde, Betrübnis, Bürde, Kampf, Mühe, Unglück.

mühsam → angestrengt, aufreibend, lästig, schwierig.

mühselig → angestrengt, aufreibend, bedauerlich, böse, schwierig.

Mühseligkeit → Anstrengung, Bekümmernis, Bemühung, Beschwerde, Betrübnis, Mühe, Unglück.

Mulatte → Bastard, Farbiger.

Mulde Senke. → Becken, Behälter, Einbauchung, Furche, Graben, Höhlung, Einbuchtung.

Müll → Abfall, Dreck, Exkrement.

Müllgrube → Kloake.

Mulm → Schmutz.

mulmig zermalmt, zerfallen, brüchig, pulvrig, mehlig, staubig, zerrieben, zerkrümelt, pulverförmig ● gefährlich, beunruhigend, brenzlich, heikel, bedrohlich, unsicher, dicke Luft. ▶ fest, sicher.

multiplizieren malnehmen, vergrößern, rechnen, vervielfältigen, vervielfachen, zunehmen, vermehren, erweitern, erhöhen, hinzufügen, verstärken, anhäufen. → anschwellen. ▶ (dividieren), teilen.

Mumm → Bargeld, Mut.

Mummenschanz → Belustigung, Karneval.

Mumpitz → Unsinn.

Münchhausiade → Blendwerk, Chauvinismus, Lüge.

Mund Körperteil, Gesichtsteil, Öffnung, Maul, Gosche, Gusche *u*, Zugang, Schnauze, Rachen, Schlund, Kehle, Fresse, Klappe, Schnabel, Schnute, Babbelmaul *u*, Gefräß *u*, Futterluke *u*, Rüssel ● Mündung, Stollenmund, Spalte.

Mund, mit offenem → starren, staunen.

Mund verbrennen, den plappern, plaudern, ausschwatzen, ausklatschen, zutragen, anvertrauen, sich die Finger verbrennen, herausplatzen, mit der Tür ins Haus fallen, zu offen sein, deutsch mit jemandem reden, reinen Wein einschenken, kein Blatt vor den Mund nehmen. ▶ schweigen.

Mund voll nehmen, den → prahlen.

Mund wäßrig machen, den → reizen.

Mund zu Mund, von Neuigkeit, Neuheit, Kunde, Nachricht, das Allerneueste, Gerücht, Schwatzerei, Geschwätz, Gerede, Klatsch, Geklatsch, Stadtgespräch, Skandal, öffentliches Geheimnis. ▶ Geheimhaltung.

Mundart → Dialekt, Idiom, Jargon.

mundartlich landläufig, dialektisch, jargonartig, platt.

Mündel Patenkind. → Schützling.

mündelsicher risikolos.

munden → schmecken, zusagen.

münden fließen, hineinfließen, heraustreten, entströmen, entfließen, entquellen, entspringen, hervorbrechen, ausbrechen, verlassen, einmünden. ▶ entspringen.

mundend → angenehm, eßbar, gut, saftig, lecker, schmackhaft.

mundfaul → schweigsam.

mundgerecht lecker. → angenehm, appetitlich, eßbar, delikat, gar, gebrauchsfertig, schmackhaft.

Mundharmonika Mundhobel, Maulhobel, Fotzenhobel *u*, Lutschknochen *u*.

mündig → entwachsen der Rute, entwickelt, erwachsen.

Mündigsprechung → Bereifung, Emanzipation.

mündlich → persönlich.

Mundstück, gutes → Beredsamkeit, Klappe, Redseligkeit.

mundtot machen beschwätzen, totreden, totquasseln, reden wie ein Wasserfall, stille machen, das Wort ersticken, die Rede abschneiden, ins Wort fallen, den Mund stopfen, Stillschweigen auferlegen, die Lippen versiegeln, den Mund verbieten, zum Schweigen bringen, den Maulkorb umbinden, das Wort unterbinden. ▸ ermuntern.

Mundtuch Serviette, Latz, Schlabberlätzchen u.

Mündung Gemünd, Einmündung, Zufluß, Zuleitung, Eintritt, Einfluß, Zulaß, Zugang, Zutritt, Flußmündung, Ausmündung, Delta, Ausfluß, Abfluß. → Abzug, Ausgang, Kloake. ▸ Quelle.

Mundvoll → Speise, Wenigkeit.

Mundvorrat → Bedarf, Beköstigung, Proviant, Speise.

Mundwerk → Klappe.

Munition Patronen. → Geschoß.

munkeln → flüstern.

Münster → Kirche.

munter fröhlich, frisch, heiter, freudig, vergnügt, gesund, aufgeschlossen, lebhaft, betriebsam, wohlgemut, aufgedreht, rege, rührig, unterhaltend, lustig, frohgemut, aufgeweckt, schlagfertig, sonnenhaft, frohherzig, lebenslustig, lebensfroh, regsam, beweglich, wendig, fidel, witzig, gesellig, unterhaltsam, ausgelassen, mitreißend. → anstellig, arbeitsam, aufgeräumt, aufgeschlossen, beweglich, Damm sein auf dem, frisch, froh. ▸ müde.

Munterkeit → Beflissenheit, Begierde, Freude.

Münze, heimzahlen in gleicher → gleichartig, gleichen sich.

Münze, Kehrseite der → Gegensatz.

Münze, kleine → Deut.

Münze, nehmen für bare → leichtgläubig.

Münzfälscher → Fälscher.

mürbe → brechbar, spröde, weich.

murksen fummeln. → pfuschen.

Murmeln → Geflüster, Spiel.

murmeln → brummen, dämpfen die Stimme, flüstern, sprechen, nuscheln.

Murmeltier → Bummler, Müßiggänger, Tier.

Murren → Gebrumme.

murren → beklagen, belfern, brummen, knurren, trotzen.

mürrisch finster, griesgrämig, unzufrieden, versauert, mißleidig, mißvergnügt, verdrießlich, verdrossen, verkatert, verschnupft, miesepetrig u,

muffig u, sauertöpfisch, vermickert u, verstimmt, bissig, launisch, grimmig, lustlos, sauertöpfig, grämlich, übellaunig, mißlaunig, grantig u, mopsig, verdreht, einen Flunsch ziehen u, mißmutig, mißgestimmt, unfreundlich, unwirsch, ärgerlich, ungefällig, murrsinnig, barsch, abstoßend, brummig, widerwärtig, schnippisch, verbittert, düster, störrisch, unliebenswürdig, ruppig, zänkisch. → ärgerlich, aufgelegt, bärbeißig, brummig, cholerisch, reizbar. ▸ freundlich, fröhlich.

Murrkopf Brummbär, Knurrhahn, Miesepeter u, Muffel u, Sauertopf. → Bärbeißer.

Murrsinn → Bitterkeit, Erbitterung, Trübsinn.

Mus → Brei.

Muse Kalliope (Epos), Terpsichore (Tanz), Thalia (Komödie), Euterpe (Lied), Polyhymnia (Musik), Melpomene (Trauerspiel), Klio (Geschichte), Erato (Liebesdichtung), Urania (Sternkunde).

Museum → Ausstellung.

Musik Klangwelt, Klangreich, Komposition, Tonreich, Melodie, Vertonung, Lied, Gesang, Tanzmusik, Bumsmusik u, Gedudel, Dudeln, Katzenmusik, Jazz, Klaviermusik, Konzert, Streichmusik, Blasmusik, Blechmusik, Schrammelmusik, Zigeunermusik, Negermusik. → Musikwerk.

musikalisch musikbegabt, musisch.

Musiker Tonkünstler, Tonsetzer, Komponist, Spieler, Organist, Pianist, Klavierspieler, Geiger, Lautenspieler, Flötist, Bläser, Streicher, Trompeter, Cellist, Trommler, Dirigent, Kapellmeister, Musikdirektor, Generalmusikdirektor, Konzertmeister.

Musikstück Duo, Trio, Quartett, Tanz, Unterhaltungsmusik, Ouvertüre, Oper, Opera buffa, Operette, Singspiel, Sonate, Sonatine, Sinfonie, Orchesterwerk, Klavierstück, Solo, Übungsstück, Etüde, Studie, Vorspiel, Einleitung, Capriccio, Introduktion.

musisch → empfindsam, feinsinnig.

musizieren vorspielen, vortragen, spielen, anstimmen, einstimmen, singen, begleiten, aufstreichen, aufspielen, tönen, harfen, flöten, pfeifen, geigen, trällern, dudeln, leiern, trompeten. → klimpern.

Muskel Körperteil, Knochen, Knorpel, Mark, Nerv, Sehne, Bizeps, Flechse, Fleisch, Gelenk. → Daumen. ▸ Knochen.

Muskete → Büchse, Waffe.

muskulös → derb, stark.

Muße Ruhe, Beschaulichkeit,

Freizeit, Erholung, Pause, Ruhezeit, Sonntagsruhe, Mußezeit, Feiertag, Festtag, Erholungszeit, Urlaubszeit, Ferien, Gelegenheit, Feierabend, Mußestunde. → Aufenthalt, Atempause, Entspannung, Feier, Ferien. ▸ Hetzerei.

Muße, mit aller → bequem.

müssen sollen, gezwungen werden, genötigt werden, unter Zwang stehen, keine andere Wahl haben, in der Zwangslage handeln, unfrei sein, verpflichtet sein, verlangt werden, gedrängt werden. ▸ behelfen sich. ▸ freiwillig (tun), wollen.

Mußezeit → Dämmerstündchen, Feierabend, Muße.

müßig frei, träge, untätig, faul, langsam, schläfrig, matt, unbeschäftigt, dienstfrei, schulfrei, arbeitslos, beschäftigungslos, schlaff, schlapp, geruhsam, passiv, lendenlahm, die Hände im Schoß, außer Tätigkeit, liegen auf der Bärenhaut, Mühe sparen sich, Mühe scheuen die. → arbeitsscheu, arbeitsunfähig, dienstfrei, faul, umsonst, untätig. ▸ fleißig.

müßig gehen untätig bleiben, kein Glied regen, nichts tun, nichts leisten, sich der Arbeit entziehen, Hände in den Schoß legen, keinen Finger rühren, faulenzen, auf der faulen Haut liegen, die Zeit verschwenden, die Zeit vergeuden, bummeln, verbummeln, schlenzen u, herumstrolchen, die Zeit töten, der Arbeit aus dem Wege gehen, herumlungern, Pflaster treten, schlendern, herumschwärmen, die Augen schließen, Maulaffen feilhalten, sich aufs Ohr legen, auf der Bärenhaut liegen, Tag leben in den. → beschäftigungslos. ▸ arbeiten.

müßig sein → ausruhen, müßig.

Müßiggang Müßiggängerei, Nichtstun, Tatenlosigkeit, Untätigkeit, Tagedieberei, Zeitverschwendung, Faulenzerei, Schlendrian, Montag blauer, Faulheit, Bärenhaut, Arbeitsflaute, Mattigkeit, Dumpfheit, Trägheit, Arbeitseinstellung, Winterschlaf, Schlaraffenleben, Tatenunlust, Lotterbett, Schlummerkissen, dolce far niente, Faulfieber u. → Arbeitsunfähigkeit. ▸ Fleiß.

Müßiggänger Flaneur, Murmeltier, Faulenztier, Faulpelz, Strolch, Faulsack, Nichtsnutz, Faultier, Nichtstuer, Tagedieb, Taugenichts, Zeitverschwender, Pflastertreter, Bummler, Bummelant, Asphaltspucker u, Eckensteher, Vagabund, Herumlungerer,

Arbeitsscheuer, Schulschwänzer, Drohne, Schläfer, Siebenschläfer. → Arbeitsunfähiger, Bummler. ▶ Arbeiter.

Muster Kostprobe, Beispiel, Probe, Modell, Musterbild, Musterblatt, Musterform, Vorschrift, Versuchsstück, Schulbeispiel, Vorlage, Zeigestück, Auslese, Auszug, Vorbild, Vordruck, Auswahl, Schriftsatz ● Verzierung, Schmuck. → Abguß, Art, Art und Weise, Aufriß, Ausbund, Ausfertigung, Auslese, Ausschmükkung, Beispiel, Beste, Dessin, Entwurf, Exempel, Vollkommenheit. ▶ Fehlerhaftigkeit, Gegenbild, Nachbildung, Zerrbild.

Musterbild → Beispiel, Denkbild, Edelmensch, Exempel, Muster, Vollkommenheit.

Musterblatt → Dessin, Formular, Muster.

Musterform → Abguß, Einheitsform, Exempel, Modell.

mustergültig → anstellig, einwandfrei, ideal, kunstgerecht, vortrefflich.

musterhaft exemplarisch, beispielhaft ● tugendhaft, tugendsam, brav, tugendlich, gesittet, sittsam, vollkommen, wacker, bieder, lobenswert, tadellos, charaktervoll, gewissenhaft, unvergleichlich, bewunderungswürdig, pflichttreu. → auserlesen, bieder, charaktervoll. ▶ charakterlos, geschmacklos.

Musterknabe Tugendbold, Tugendschaf, Tugendengel, Lamm, Taube, Unschuldsengel, Tugendmuster, Musterbild, Tugendbeispiel, Tugendspiegel, Heiliger. ▶ Schaf räudiges.

mustern figurieren, durchmustern, beobachten, prüfen, ausfinden, beäugeln, fixieren, begucken, angaffen, anstarren, anstieren, anglotzen, beluchsen, besichtigen, betrachten, anblicken, ansehen, in Augenschein nehmen, im Auge behalten, den Blick heften auf ● eine Musterung abhalten, Soldaten mustern. → achtgeben, aufpassen, bedenken, beschauen, Blick nicht lassen aus dem, Blick richten auf, durchbohren, fassen ins Auge. ▶ übersehen.

Mustersammlung → Auswahl, Kollektion.

Musterung → Aufmarsch, Aufsicht, Bearbeitung, Beobachtung, Bewertung, Durchsicht, Inspektion, Kontrolle.

Musterzeichnung → Dessin, Modell, Muster.

Mustopf kommen, aus dem überrascht -, verblüfft sein, aus allen Wolken fallen.

Mut Schneid, Courage, Löwenmut, Kühnheit, Furchtlo-

sigkeit, Traute *u*, Männerherz, Mannesmut, Mannhaftigkeit, Männlichkeit, Mumm, Tapferkeit, Herzhaftigkeit, Wagemut, Forsche *u*, Mutigkeit, Beherztheit, Entschlossenheit, Unerschrockenheit, Unverzagtheit, Verwegenheit, Tollkühnheit, Selbstvertrauen, Standhaftigkeit, Festigkeit, Heldensinn, Seelenstärke, Heldenhaftigkeit, Ritterlichkeit, Kriegsmut, Schlachtenmut, Heldentum, Todesverachtung, Kraft, Stärke, Gewalt, Feuertaufe, Mutprobe, fassen ein Herz. → Beharrlichkeit, Beherrschung, bieten die Stirne, Courage, Fassung, Hoffnung, Mannhaftigkeit. ▶ Mutlosigkeit.

Mut fassen → hoffen.

Mut, leichter → Übermut.

Mut nehmen, den → benehmen: den Mut.

Mut zusprechen → aufheitern, helfen.

Mütchen kühlen, das → vergelten.

mutieren mißtönen, mißklingen, ächzen, kratzen, mit der Stimme überschnappen, im Stimmbruch sein, die Stimme wechseln, abändern. → abweichen.

mutig furchtlos, männlich, tapfer, beherzt, forsch *u*, brav, wacker, tüchtig, herzhaft, unerschrocken, unverzagt, verwegen, mannhaft, charakterfest, entschlossen, kühn, waghalsig, heldenmütig, grimmig, unbezwingbar, kriegerisch, willensstark, unzagbar, mutig, kernhaft, zielbewußt, unerschütterlich, sieghaft, hartnäckig, heftig, heldenhaft, reckenhaft, Stirn bieten, ran wie Blücher *u*, ran an den Speck *u*, ran an die Gewehre *u*, immer feste auf die Weste *u*, ran in die Höhle des Löwen wagen. → brav, charakterfest, entschlossen, herzhaft, kriegerisch, kühn, männlich. ▶ feige, mutlos.

mutig sein → ausharren, mutig.

Mutigkeit → Entschlossenheit, Mut.

mutlos → abgespannt, aufgelegt, bebend, feige, geknickt, hilflos, kleinmütig, lebensmüde, pessimistisch, schwach, unglücklich.

mutlos machen → deprimieren.

mutlos werden verbleffen *j*, die Flinte ins Korn werfen, das Herz fällt in die Hose, sich hängen lassen, das Maul hängen lassen *u*. → benehmen den Aussicht, pessimistisch.

Mutlosigkeit → Angst, Bammel, Befangenheit, Bekümmernis, Bitterkeit, Depression,

Entmutigung, Feigheit, Freudlosigkeit, Niedergeschlagenheit.

mutmaßen → ahnen, ankündigen, argwöhnen, befürchten, glauben, schätzen, vermuten.

mutmaßlich → hoffentlich, vermutlich.

Mutmaßung → Annahme, Befürchtung, Glaube, Vermutung, Voraussetzung.

Mutprobe → Gewaltstück, Heldentat, Mut, Wagnis.

Mutter Mama, alte Dame, Mutsch *u*, Mami, Mutti, Mütterlein, Mütterchen, Hausmütterchen, Ehegattin, Gattin, Gemahlin, Frau, Hausfrau, Gebärerin, Kindbetterin, Mütterlichkeit, Glucke, Mutterschaft ● Schraube, Schraubenmutter, Bolzen. → Anverwandte, Frau. ▶ Vater.

Mutterfreuden Mutterschaft, Vergnügen, Befriedigung, Annehmlichkeit, Köstlichkeit, Glückstage, Zauber. ▶ Muttersorgen.

Mutterherz Gutmütigkeit, Liebenswürdigkeit, Aufopferung, Opferfreudigkeit, Großmut, Edelmut, Engelsgüte, Opfermut, Wohltätigkeit, Barmherzigkeit, Hilfsbereitschaft, Mutterliebe, Menschlichkeit, Sanftmut, Herzensgüte, Liebesdienst. ▶ Haß, Unmenschlichkeit.

Mutterlaut → Sprache.

mütterlich → fraulich, verwandt.

Mutterliebe → Liebe, Mutterherz.

Muttermal → Erkennungszeichen, Zeichen.

Mutterschaft Mutterfreuden, Muttersorgen, Mutterpflichten, Mutterliebe, Aufopferung, Entsagung, Entbehrung, Frauenschaft, Frauenlos, Frauenschicksal, Mütterlichkeit, Reife.

mutterseelenallein → allein, einsam, gottverlassen, heimlich.

Muttersöhnchen Weichling, Schwächling, Trottel, Butterkind, Jammergestalt, Mutterknabe, Pimpelhans, Laffe, Pantoffelheld, Zuckerkind, Herzenssöhnchen, Ofenhocker, Schoßkind, Goldkind, Herzblättchen, Augapfel, Memme. ▶ Kraftmensch, Tatmensch.

Muttersorgen → Mutterschaft, Schmerz.

Muttersprache → Sprache.

Mutterwitz → Begabung, Schlauheit, Verstand.

Mutti → Anverwandte, Mutter.

Mutung Gesuch um Belehnung, Antrag auf Verleihung des Bergwerkseigentums, Anspruch auf bergmännische Ausbeutung. → Vermutung.

Mutwill treiben → bubenhaft.
Mutwille → Anmaßung, Anwandlung, Frevel, Überhebung, Übermut.
mutwillig → absichtlich, bubenhaft, überheblich, übermütig.
Mütze → Kappe.
Mylord → Anrede.
mysteriös vertraulich, dunkel, rätselhaft, unklar, unerklärlich, unentdeckbar, verhüllt, inkognito, versteckt, verdeckt, heimlich, verborgen, anonym, geheim, verschleiert, getarnt, vertuscht. → geheimnisvoll. ▶ bekannt, klar.
Mysterium Geheimnis, Verborgenheit, Dunkel, Rätsel, Rätselhaftigkeit, Geheimhaltung, Dunkelheit. → Geheimnis. ▶ Klarheit.
Mystik Geheimlehre, Gottschau, Gottsuchen, Wunderglaube, Glaubensschwärmerei, Religion, Theosophie, Wundersucht, Frömmigkeit, Glaube, Glaubenseifer, Seligkeitsrausch, Inbrunst, Verzückung, Gottesbegeisterung, Beseligung.
mystisch → geheimnisvoll.
Mythos Urglaube, Urreligion, Götterlehre, Gottheitsahnung, Naturreligion, Volksglaube, Gottheitsdämmerung, Göttersage, Götterdichtung, Aberglaube, Fabelland, Wunderwelt, Götterwelt, Halbgötterwelt, Hexenreich, Hexenkult, Wunderkräfte, Waldkult, Feldkult, Götzendienst, Heidentum.

N

na also → also.
na na trau, schau, wem; vielleicht, wer weiß, ob's stimmt, ä ä, wer's glaubt wird selig, abwarten und Tee trinken, das kannst du deiner Großmama erzählen, Ansichtssache, so ganz ist es nicht zu glauben, Bedenken bekommen, Argwohn haben, Mißtrauen hegen. ▶ glauben, klar.
Nabe → Drehpunkt.
Nabel Nabelgegend, Körperteil, Mitte, Vertiefung, Loch, Mittelpunkt, Zentrum. → Brennpunkt.
Nabob → Krösus, Reichtum.
nach gemäß, laut, entsprechend, im Sinne von. → danach, darauf. ▶ entgegen, vorher.
nach und nach langsam, saumselig, träge, allmählich, zögernd, bedächtig, schleppend, gemächlich, langweilig, flau, mit der Schneckenpost, bequem, kriechend, in die Länge gezogen, im Schneckengang, zögernden Schrittes. ▶ unverzüglich.

nachäffen → auslachen, aussehen wie, nachahmen, verspotten.
nachahmen nachmachen, ablernen, ablauschen, abgucken, nachdrucken, wiederholen, abdrucken, nachformen, imitieren, reproduzieren, nachmalen, nachbilden, nachäffen, nachspotten, fälschen, karikieren, parodieren, darstellen, anhängen, nachzeichnen, sich verstellen, schauspielern, spielen. → abbilden, aussehen wie, borgen fremde Gedanken, durchpausen, fälschen. ▶ erfinden, gestalten.
nachahmenswert → erbaulich, gut, wichtig.
Nachahmer Epigone, Nachbeter, Plagiator, Imitator, Fälscher.
Nachahmung Nachbildung, Nachmacherei, Verdoppelung, Wiederholung, Nachäfferei, Abklatsch, Wiedergabe, Verstellung, Fälschung, Parodie, Zerrbild, Karikatur, Nachahmungssucht, Nachahmungstrieb, Spottsucht, Travestie, Heuchelei, Gleisnerei, Faksimile. → Abbild, Abklatsch, Bemächtigung, Darstellung, Echo, Faksimile, Falschheit, Imitation. ▶ Original, Schöpfung.
Nachahmungstrieb → Nachahmung, Spott.
nacharbeiten aufarbeiten, aufholen.
Nachbar Anwohner, Anlieger, Grenznachbar, Umwohner, Anrainer, Flurnachbar, der Nächste, Anwohnerschaft, Zimmernachbar, Nebenmann, Nebenhausbewohner, Mitbewohner, Hausbewohner. → Bekannter. ▶ Fremder.
nachbarlich anwohnend, benachbart, angrenzend, daneben, nebenan, gegenüber, beisammen, anstoßend, bei ● hilfsbereit, hilfreich, gut bekannt, auf gutem Fuße, zugetan, zugeneigt, wohlwollend, zugänglich. → befreundet. ▶ fremd, getrennt.
Nachbarschaft → Nachbar, Nähe.
nachbeten schwanken, kriechen, nachmachen, seinem eigenen Urteil mißtrauen, an seinem Geschmack zweifeln, nachahmen, wiederholen, abgucken, wiederkäuen, wiedergeben, sich mit fremden Federn schmücken, naturgetreu wiedergeben, aufwärmen. → abschreiben. ▶ erfinden, gestalten.
nachbetend → epigonenhaft.
Nachbeter Nachahmung, Nachmeister, Nachäffer, Papagei, Echo, Widerhall, Epigone, Simulant, Wiederkäuer, Nachempfinder, Kopist, Plagiator, Nachfahrer, Abschreiber, Wiederholer, Reproduzierer, Imitator. ▶ Schöpfer.
nachbilden → abbilden, auferstehen, durchpausen, nachahmen.
Nachbildung Attrappe. → Abklatsch, Durchschlag, Faksimile, Fälschung, Imitation, Kopie.
nachdem → binnen, da, danach, darauf.
nachdem, je → allenfalls.
nachdenkbar → erfaßbar.
Nachdenken Anstrengung, Begriffsscheidung, Bemühung, Denkart, Grübelei.
nachdenken → begrübeln, beschäftigen, beraten sich, beratschlagen, besinnen sich, denken, erinnern sich, ermessen, überlegen.
nachdenklich → besinnlich, erwägend, gedankenvoll, still.
Nachdenklichkeit Bedenken, Betrachtung, Tiefsinn, Grübelei, Besinnung, Aufmerksamkeit, Überlegung, Gedankentiefe, Besinnlichkeit, Erwägung, Erforschung, Prüfung, Untersuchung. → besinnlich, Besinnlichkeit. ▶ Gedankenlosigkeit.
Nachdruck Nachahmung, Wiederholung, Fälschung, Doppel, Nachschrift, Neuauflage, Neudruck, Wiedergabe, Reproduktion, Nachbildung, Abschrift, Kopie, Ebenbild ● Kraft, Festigkeit, Bestimmtheit, Schärfe, Eindringlichkeit, Betonung, Wucht, Schwung, Eifer, Gewicht, Überzeugungskraft, Akzent, Einfluß, Übergewicht, Überlegenheit, Wirksamkeit, Bedeutsamkeit. → Abdruck, Abklatsch, Auflage, Bestimmtheit, Betonung, Buch, Dieberei, Druck, Eindringlichkeit, Energie, Ernst, Gewicht. ▶ Lässigkeit, Original, Schwachheit, Unwichtigkeit.
Nachdruck verleihen → betonen.
nachdrucken → abbilden, nachahmen.
nachdrücklich → absolut, angespannt, anschaulich, bedeutungsvoll, beeinflussend, deutlich, deutsch auf gut, dringend, eindringlich, emphatisch ergreifend, kategorisch, intensiv, streng.
Nachdrücklichkeit → Besen mit eisernem, Ernst, Nachdruck, Strenge.
nachdrucksvoll → A und O, deutlich, emphatisch, ernst, ernstlich, streng.
nacheifern → nachmachen.
nacheilen nachlaufen, nachrennen, hinterhereilen, nachgehen, nachfolgen, folgen,

verfolgen, nachjagen, nachspüren, aufspüren, einholen, nacheisen, hinter jemandem her sein, auf den Socken sein, hinterherflitzen, nachsausen, nachspringen, bewegen sich. ▶ davonlaufen, vorangehen, zurückbleiben.

Nacheinander Nacheinanderfolge, Hintereinander, Verlauf, Reihenfolge, Ablauf, Zeitraum, Dauer, Folge, Aufeinanderfolge, Fortlauf, Kette, Zusammenhang, Dauerhaftigkeit. ▶ (Gleichzeitigkeit), (Nebeneinander).

nacheinander → hintereinander.

Nacheinanderfolge → Colonnade, Nacheinander.

nachempfinden mitfühlen, nachfühlen, begreifen.

Nachen → Boot, Fahrzeug (Wasser-), Schiff.

nacherzählen → wiederholen.

Nachfahre → Abkomme, Anverwandte.

Nachfolge → Aufeinanderfolge, Folge.

nachfolgen nachkommen, nachgehen, folgen, anschließen, anhängen, auf der Spur bleiben, verfolgen, nachjagen, nacheilen, nachspüren, auf den Fersen folgen, nachrennen. → Ferse folgen auf der. ▶ davonlaufen, vorangehen, zurückbleiben.

nachfolgend folgend, anknüpfend, folglich, nächst, später, darauf, nachdem, schließlich, nach, anschließend, dereinst, nachkommend, hinterher, später hernach, in der Folge. → danach, darauf, dereinst, nachher. ▶ vorangehend, zurückbleibend.

Nachfolger Nachläufer, Hintermann, Schatten, Begleiter, Stab, Betreuer, Anhänger, Schüler, Gefolgschaft, Gefolge, Gefolgsmann, Nachkomme, Erbe, Hinterbliebener, Nachhut, Thronfolger, Rechtsnachfolger, Regierungsnachfolger ● Verfolger, Jäger, Treiber. → Besitzer, Complice. ▶ Führer, Gründer.

nachformen → abbilden, nachahmen.

nachforschen → anfragen, befragen, eindringen in das Geheimnis, erforschen, ergründen das Geheimnis, suchen, verfolgen.

Nachforschung → Anfrage, Beobachtung, Ermittlung, Nachfrage.

Nachfrage Nachforschung, Erkundigung, Frage, Anfrage, Zwischenfrage, Ausforschung, Suche, Untersuchung, Umfrage, Erhebung, Vernehmung, Verhör, Nachprüfung, Erkundung, Auskundschaft ● Kauflust, -kraft, Zuspruch, Bedarf, Bedürfnis,

Beachtung. → Ausforschen, Auskunft, Bedarf, Bedürfnis, Bemühung, Ermittlung. ▶ Angebot, Auskunft.

nachfragen → anfragen, befragen, erfragen, erkundigen.

nachfühlen → begreifen, einleuchten, verstehen.

nachgeahmt parodiert, travestiert, karikiert, dargestellt, gefälscht, abgesehen, simuliert, nachgeäfft, nachgemacht, abgelauscht, nachgedruckt, abgeguckt, abgemalt, reproduziert, nachgebildet. → epigonenhaft, falsch. ▶ geformt, (vorgemacht).

nachgeben klein beigeben, kriechen zu Kreuz, ein Auge zudrücken, etwas annehmen, sich erweichen lassen, Nachsicht üben, durch die Finger sehen, nach des andern Pfeife tanzen, weichen, weich werden, zurückweichen, sich ausdukken, sich fügen, entsagen, nachlassen, ausweichen, unterliegen, sich unterwerfen, gehorchen, sich beugen, klein und häßlich werden, sich demütigen, willfahren, sich unterordnen. → abstehen, aufhören, beobachten, beugen, biegen, bringen nicht übers Herz, darein geben sich, ducken sich, entgegenkommen, ergeben sich, erlahmen, Finger sehen durch die, fügen sich, gehorchen, hängen lassen die Flügel. ▶ nachgeben nicht, widersetzen sich.

nachgeben, nicht nicht locker lassen, sich versteifen, sich steif halten u, darauf bestehen, unnachgiebig sein. → ausharren, biegen, trotzen.

nachgehen → achtgeben, anfassen, nacheilen, suchen.

nachgehen, auf Schritt und Tritt nachfolgen, nachlaufen, nachrennen, aufsuchen, nachjagen, verfolgen, anhängen, anhänglich sein, ankleben, am Schürzenbändel hängen, hündisch ergeben sein, hinterherlaufen. ▶ ablehnen, (lassen in Ruhe), vorangehen.

nachgehen, dem Beruf arbeiten, schaffen, handeln, wirken, sich betätigen, sich beschäftigen, sich befassen mit, sich bemühen, sich anstrengen, einem Dienst nachgehen, einem Amt vorstehen, seine Zeit verbringen mit, Geld verdienen, seinen Lebensunterhalt verdienen, sein Brot verdienen, sich einer Tätigkeit widmen. ▶ faulenzen.

nachgemacht → epigonenhaft, falsch, gestohlen.

nachgeprüft überprüft, nachgesehen, geprüft, besehen, gesehen, überblickt, nachgerechnet, berechnet, nachge-

messen, beurteilt. → authentisch. ▶ zweifelhaft.

Nachgesang → Wiederholung.

Nachgeschmack → Aroma, Beigeschmack.

nachgewiesen → authentisch, erwiesen, nachgeprüft.

nachgiebig lenkbar, biegsam, willfährig, folgsam, willig, formbar, regierbar, unterwürfig, gefügig, schmiegsam, gehorsam, verträglich, versöhnlich, friedlich, nicht so sein u, schwach, wehrlos, fügsam, nachgebend, verständig, weich, schleimig u, widerstandslos. → barmherzig, biegsam, dehnbar, empfänglich, feminin, friedfertig, gefällig, gehorsam, gummiartig, gutmütig, schwach. ▶ unnachgiebig.

nachgiebig sein → breitschlagen, nachgiebig.

Nachgiebigkeit → Bereitwilligkeit, Entgegenkommen, Friedlichkeit, Gefügigkeit, Gehorsam, Gutmütigkeit, Lenksamkeit, Schwäche.

nachgraben forschen, aufspüren, wühlen.

Nachgrübeln → Anstrengung, Begriffsscheidung, Betrachtung, Denken, Nachdenklichkeit.

nachgrübeln → ausdenken, begrübeln, denken, ergrübeln, ergründen das Geheimnis, ersinnen.

Nachhall → Echo.

nachhalten → ausharren, bleiben, dauern, verübeln.

nachhaltend → dauerhaft, feindlich, intensiv.

nachhaltig → fortwährend, intensiv, stark.

nachhangen nachhängen, an etwas denken, sich erinnern, zurückblicken, zurückrufen, entsinnen, gedenken, ins Gedächtnis rufen, im Auge behalten, im Gedächtnis haben, zurückträumen, vergangene Zeiten aufrollen, nicht vergessen. ▶ vergessen.

nachhause gehen heimgehen, umkehren, umdrehen, heimkehren, heimfinden, umbiegen, zurückgehen, zurückfahren, zurückkehren, zurückkommen, zurücklaufen, sich zurückfinden, wiederkehren, sich wenden, zurückweisen, sich heimwärts wenden, ins Vaterhaus gehen, in seine vier Wände gehen. ▶ abreisen, bleiben, weggehen.

nachhelfen → antreiben.

nachher fortan, hinfort, hinterher, nachfolgend, dann, seitdem, einmal, später, darauf, danach, in der Folge, zukünftig, zunächst, ferner, nachkommend, künftig, bevorstehend, nächstens späterhin, bald, hierauf. → -danach, darauf, dereinst, ferner, hernach, Jahr und Tag nach. ▶ vorher.

Nachhilfe → Beihilfe, Beistand, Hilfe, Vorschub.

nachhinken → besinnen sich, bleiben zurück, erlahmen, mähren.

nachholen lernen, wiederholen, rekapitulieren, erneuern, aufholen, zurückgreifen, eintrichtern, einbleuen, eindrillen, arbeiten, bearbeiten, sich abmühen, nachkommen, beikommen, das Pensum erreichen, sich einprägen, sich Versäumtes aneignen. ▶ wissen.

Nachhut → Abteilung, Bewachung, Schluß, Soldat.

nachjagen → auskundschaften, belauern, durchstöbern, Ferse folgen auf der, nacheilen, verfolgen.

Nachklang → Echo, Folge, Schluß.

nachklingen → erklingen, tönen.

Nachkomme → Abkomme, Ableger, Anverwandte.

nachkommen → anpassen, ausüben, bewerkstelligen, bezahlen, einlösen Wort, Ferse folgen auf der, folgen, nacheilen.

nachkommen können, nicht → bleiben zurück.

nachkommen, nicht → entziehen sich, bleiben zurück.

nachkommen, seiner Pflicht → bürgen, tätig.

nachkommend → danach, nachher.

Nachkommenschaft Nachwuchs, Ehesegen, Kindersegen, Familie, Sprößling, Kind, Sohn, Tochter, Nachkomme, Abkömmling, Leibeserben, Stammhalter, Erbe. → Abkomme, Deszendenz.

Nachlaß → Abzug, Ermäßigung, Rabatt, Reduktion.

Nachlassen → Abkürzung, Beruhigung, Reduktion, Rückschritt.

nachlassen zurückgehen, absinken, schwinden, stillstehen, ruhen, rasten, stocken, einstellen, verfallen, schrumpfen, abnehmen, sich verringern, sich vermindern, schlechter werden, verschlampen, schwächer werden, altern, abbauen, welken ● ermäßigen, sinken, heruntergehen, abschlagen, verbilligen, herabgehen ● vergeben, herabsetzen, nachsehen, absorbieren, Strafe erlassen, Ablaß gewähren ● abhalsen j. → abflauen, ablassen, abnehmen, abstehen, aufhören, beruhigen, beugen, biegen, drücken, den Preis, erlahmen, ermäßigen, ermatten. ▶ bleiben bei der Sache, zunehmen.

nachlässig leichtsinnig, säumig, fahrlässig, lässig, flüchtig, oberflächlich, unvorsichtig, unverläßlich, schlampig, unbedenklich, äußerlich, zerstreut, zerfahren, bedachtlos, gedankenlos, hudelig u, bummelig, lotterig u, liederlich, schluderig u, unachtsam, rücksichtslos, sorglos, huschelig u, leichtfertig, gleichgültig, verträumt, pflichtvergessen, unzuverlässig, fahrig, ungenau, unbedacht, liegen lassen, schlotterig u, schlampig, schlunzig u. → achtgeben, arbeitsunfähig, bequem, fahrig, faul. ▶ aufmerksam, sorgfältig.

Nachlässigkeit Leichtsinn, Zerstreutheit, Unaufmerksamkeit, Unachtsamkeit, Achtlosigkeit, Unbedacht, Windbeutelei, Sorglosigkeit, Gedankenlosigkeit, Schlottrigkeit, Bummelei, Rücksichtslosigkeit, Flüchtigkeit, Vernachlässigung, Versäumnis, Nichtachtung, Lässigkeit, Fahrigkeit, Oberflächlichkeit, Schlamperei, Schlampigkeit, Hudligkeit u, Dämelei u, Dusselei u, Bequemlichkeit, Lauheit, Saumseligkeit, Träumerei. → Abneigung, Dumpfheit, Fahrlässigkeit, Leichtfertigkeit. ▶ Aufmerksamkeit, Sorgfalt.

nachlaufen → folgen, nacheilen, nachgehen auf Schritt und Tritt.

nachleben folgen, sich zum Vorbild nehmen, nachstreben.

nachlesen → ausforschen, durchblättern, lesen.

nachmachen nachahmen, nachdrucken, nacheifern, gleichtun, nachbilden, wiederholen, ablauschen, abgucken, ablernen, absehen, abschreiben, abschmieren, abdrucken, nachmalen, reproduzieren ● nachäffen, nachspotten, sich verstellen, fälschen, darstellen, parodieren, karikieren, travestieren, simulieren, heucheln. → nachahmen. ▶ erfinden, gestalten.

nachmalen → abbilden, malen, nachahmen, nachmachen.

Nachmittagskaffee Kaffee, Imbiß, Jause, Vesper, Erfrischung, Aufmunterung, Lunch ● Einladung, Festlichkeit, Zusammenkunft, Kaffeeklatsch, Plauderei. → Essen.

nachprüfen → achtgeben, ausforschen, beobachten, fragen, prüfen.

Nachprüfung → Ausforschung, Inspektion.

nachrechnen → demonstrieren, rechnen.

Nachrede Schlußwort, Nachwort, Epilog, Nachruf, Abgesang, Nachspiel, Nachschrift ● Fama, Bloßstellung, Schande, Schmach, Gerede, Gemunkel, Tratsch, Klatsch, Beleidigung, Beschuldigung, Schandmal, Bezichtigung, Erniedrigung, Ehrenkränkung, Degradierung, Verleumdung, Beleidigung, Verhöhnung, Beeinträchtigung, Schmähsucht, Verlästerung, Verunglimpfung, Schmähung, Hechelei, Lästerung, Herabsetzung, Beschmutzung, Besudelung, Befleckung, Verkleinerung, Lästerrede, Schmährede, üble Nachrede. → Erniedrigung, Fama, Lästerung. ▶ Ansehen, Vorwort, Wahrheit.

Nachrede, üble → Beleidigung, Nachrede, Verleumdung.

nachreden → verleumden.

nachrennen → folgen, nacheilen, nachgehen auf Schritt und Tritt.

Nachricht Botschaft, Mitteilung, Bescheid, Bericht, Bemerkung, Berichterstattung, Auskunft, Heeresbericht, Zeitung, Angabe, Notiz, Bekanntmachung, Bekanntgabe, Rundschreiben, Verkündigung, Eröffnung, Aussage, Erwähnung, Telegramm, Brief, Post, Schriftstück, Verlautbarung, Ankündigung, Kundmachung, Veröffentlichung, Umlaufschreiben, Erlaß, Kunde, Ausruf, Meldung, Tagesbericht, Flugblatt ● Gerücht, Nachrede. → Angabe, Anhaltspunkt, Antwort, Auskunft, Bekanntgabe, Benachrichtigung, Bescheid, Bericht, Brief, Chronik, Denunziation, Depesche, Ermittlung, Kunde, Zirkular. ▶ Verheimlichung.

Nachricht geben → anschreiben, benachrichtigen.

Nachrichtendienst Auskunftei, Auskunftsstelle, Auskunftsbüro, Beratungsstelle, Verkehrsbüro, Auskunftsschalter, Zeitung, Anzeige, Auskunft, Meldung, Nachrichtenagentur, Brief, Telefon, Telegramm, Radio, Post, Draht, Fernapparat, Fernsprecher, Nachrichtenbüro ● Geheimdienst, Bespitzelung, Schwarzsender, Morseapparat.

nachrücken folgen, erben.

Nachruf Nachrede, Schlußwort, Nachwort, Grabrede, Leichenrede, Totenklage, Leichengedicht, Würdigung ● Anzeige, Trauernachricht, Todesanzeige, Annonce, Verkündigung, Nekrolog.

Nachruhm → Nachwelt.

nachsagen → hersagen, verleumden.

nachsagen, Übles oder Böses → begeifern, verleumden.

nachsagen, Schlechtes → diskreditieren, verleumden.

Nachsatz → Anhang, Beifügung, Schluß.

nachschallen wiederschallen, wiederhallen, zurückschallen, nachklingen, nachtönen.

Nachschlagebuch Nachschlagewerk, Schrift, Buch, Heft, Wörterbuch, Lexikon, Reiseführer, Opernführer, Lehrbuch, Fremdwörterlexikon, Zitatenlexikon, Handbuch, Hilfsbuch, Schulbuch ● Verzeichnis, Wortweiser, Ratgeber, Hilfe, Erklärung, Berater, Anweisung, Belehrung.

nachschlagen → aufschlagen, ausforschen, durchblättern, durchsehen, durchstöbern, suchen.

Nachschlagewerk → Handbuch, Nachschlagebuch.

nachschleifen → ziehen.

Nachschrift → Anhang, Beifügung, Beilage, Diktat.

Nachschub → Versorgung.

nachsehen → begnadigen, begraben, blind für, durchsehen, durchsuchen, entschuldigen, erlassen, korrigieren.

nachsenden nachschicken, liefern.

Nachsicht Gnade, Duldsamkeit, Langmut, Milde, Sanftmut, Nachgiebigkeit, Toleranz, Duldsamkeit, Rücksicht, Erbarmen, Schonung, Gutmütigkeit, Verträglichkeit, Duldung, Friedfertigkeit, Versöhnlichkeit, Mitgefühl, Barmherzigkeit, Vergebung, Erlassung. → Aussöhnung, Barmherzigkeit, Bescheidenheit, Charitas, Duldsamkeit, Engelsgüte, Entschuldigung, Gnade, Milde. ▶ Unnachsichtigkeit.

Nachsicht haben → blind für, nachsichtig.

Nachsicht üben → bringen nicht übers Herz, schonen.

Nachsicht üben, keine → brechen den Starrsinn, bringen ins Unglück, diktieren.

nachsichtig geduldig, verträglich, versöhnlich, friedfertig, friedlich, dulderisch, langmütig, nachgiebig, sanft, mild, zart, gelinde, gutmütig, tolerant, freundlich, huldreich, gnädig, gütig, liebevoll, weichherzig, schonungsvoll, verzeihend ● ein Auge zudrücken, durchlassen, durch die Finger sehen, fünf gerade sein lassen ● das kommt in den besten Familien vor u. → barmherzig, friedfertig, langmütig. ▶ unnachsichtig.

nachsichtig sein → blind für, nachsichtig.

nachsichtslos → Besen mit eisernem, bestimmt, despotisch, diktatorisch, ein für allemal, energisch.

Nachsinnen → Anstrengung, Begriffsscheidung, Betrachtung, Denkart, Erinnerung, Nachdenklichkeit.

nachsinnen begrübeln, beraten sich, beschäftigen, denken, diskutieren, ergründen das Geheimnis, erinnern sich, knebeln, meditieren. ▶ faseln.

nachsitzen brummen, nachochsen u.

Nachspeise Dessert. → Nachtisch, Speise.

Nachspiel Ende, Schluß, Epilog, Ausklang, Nachklang, Beschluß, Abschluß, Neige, Schlußakkord, Finale, Endrunde ● Nachwehen, Folgerung, Folge, böses Ende. → Coda. ▶ Vorspiel.

nachspionieren → verfolgen, nachspüren, nachstellen.

nachspüren → achtgeben, auskundschaften, befragen, belauern, nachspionieren, Busch klopfen auf den, durchstöbern, einziehen Erkundigungen, entlocken, erfragen, ergründen das Geheimnis, Ferse folgen auf der, verfolgen.

nächst → angrenzend, annähernd, dabei, danach, darauf, nahe.

Nächste, der → Nachbar, verwandt.

nachstehen unterliegen, nachhinken, untergehen, zurückbleiben, zurückkommen, zurückstehen, nicht mitkommen, zu kurz kommen, nachgeben. ▶ überragen.

nachstehend → danach.

nachsteigen → anreden, liebäugeln.

nachstellen jagen, verfolgen, hetzen, locken, ködern, lauern, auflauern, fischen, fahnden, haschen, erhaschen, überlisten, aufschrecken, anschießen, treiben, ein Bein stellen, eine Grube graben, jagen nach etwas, die Angel auswerfen, auf der Lauer liegen, auf Fang ausgehen, eine Schlinge legen. → haschen nach, locken. ▶ beschützen.

Nachstellung → Falle.

Nächstenliebe → Barmherzigkeit, Gutmütigkeit, Hingabe, Liebe, Menschenliebe, Menschlichkeit.

nächstens zukünftig, bald, nächsthin, vorstehend, demnächst, künftig, künftighin, in Kürze, in absehbarer Zeit, dieser Tage, später, nächst, hernach, danach. → bald, bevorstehend, demnächst, künftig. ▶ sofort.

nachsuchen → anfragen, angehen, anhalten, begehren, betteln, bewerben sich, bitten, durchforschen, durchleuchten, durchstöbern, durchsuchen, suchen.

Nacht → Dunkel.

Nächte, schlaflose → Sorge.

Nachteil Hemmnis, Mitleiden, schaft, Verlust, Beeinträchtigung, Fehler, Einbuße, Schaden, Schlag, Reinfall, Pech, Not, Schädigung, Unglück, Mißgeschick, Leid, Übel, Böses, Verderben, Abbruch, Zusammenbruch, Rückgang, Unkosten, Mißerfolg, Fehlschlag, Unfall, Niedergang, Untergang, Niete, Börsenkrach, Sturz, Zusammensturz, Umsturz, Enttäuschung. → Ärgernis, Ausfall, Diskont, Mangel. ▶ Vorteil.

Nachteil kommen, in hineinfallen, hineinrasseln, hineinplumpsen, hineinsegeln, hineinschlittern, hineinfliegen, abkriegen, ihm blüht etwas, mit einem blauen Auge davonkommen, das hätte ins Auge gehen können u, einen Hintertreffen geraten, einen Knacks abbekommen u.

Nachteil wittern Lunte oder den Braten riechen, Böses ahnen, nicht geheuer vorkommen, da stimmt etwas nicht.

nachteilig abträglich. → abbrüchig, böse, lästig, schädlich, unangebracht, unzweckmäßig.

Nachtessen → Abendessen.

nächtigen → schlafen.

Nachtisch Dessert. → Speise.

nächtlich → dunkel.

Nachtlicht → Fackel, Licht.

Nachtmahl → Abendessen.

nachtmahlen → essen.

nachtönen → nachschallen.

Nachtquartier Nachtlager. → Herberge.

Nachtrag Hinzufügung, Vermehrung, Ergänzung, Zusatz, Beigabe, Folge, Vergrößerung, Fortsetzung, Steigerung, Einschluß, Anreihung, Beischluß, Zuschuß, Zuschlag, Zutat, Zugabe, Einlage, Fußnote, Anmerkung, Anhang, Erläuterung, Nachschrift, Anhängsel, Einschiebsel, Beiwerk, Randbemerkung, Zwischenbemerkung, Zubehör, Beifügung, Beiblatt, Beiheft, Nebenausgabe. → Anhang, Beifügung, Beilage. ▶ (Einbeziehung).

nachtragen → abrechnen, erbosen, erdolchen mit den Blicken, hinzufügen, verübeln.

nachtragend → böse, feindlich, rachsüchtig.

nachträglich → ferner, später.

Nachtschwärmer → Bacchant.

Nachtschwärmerei → Ausschreitung, Laster.

nachts → dunkel.

Nachtseite Düsterkeit, Trübung, Dunkelheit, Schattigkeit, Finsternis, Düster, Verdüsterung, Nebelhaftigkeit, Eintrübung, Trübe, Schummrigkeit ● Nachtseite der Natur, Geheimnis, Wunder, Ahnung, Vorgefühl, Ahnungsvermögen, Schattenseite. ▶ (Sonnenseite).

Nachtwächter → Banause, Büttel.

Nachtwandler Schlafwandler, Verzückter, Mondanbeter, Gespensterseher, Träumer, Phantast, Schwärmer, Wolkenschieber, Hellseher, Mondsüchtiger.

Nachwehen Schmerzen, Beschwerden, Übel, Übelkeit, Kater, Brummschädel, Katzenjammer, Anfall, Weh, Geburtswehen, Reißen, Zucken ● Folgen, Auswirkungen, Ergebnis, Nachwirkung, Konsequenz, Ende, Resultat ● katerig, verkatert. → Ausgang. ▶ Grund, Wohlergehen.

nachweinen → trauern.

Nachweis Bescheinigung, Beglaubigung, Aufschluß, Beweisgrund, Begründung, Beweismittel, Anführung, Beweisschrift, Bestätigung, Schein, Buchung, Dokument, Akte, Diplom, Darlegung, Auskunft, Mitteilung, Beleg, Liste, Urkunde, Kartei, Quelle, Zeugnis, Meldezettel, Erweis, Zitat, Geburtsschein, Erklärung, Protokoll, Überlieferung, Fundierung. → Argument, Erweis, Fahrkarte, Fährte, Indizien. ▶ Entkräftigung, Widerlegung.

nachweisbar beweisbar, nachweislich, verbürgt, nachweislich, ausweislich, zugestanden, überzeugend, stichhaltig, unwiderlegbar, demgemäß, demnach, demzufolge, erwiesenermaßen, ersichtlich, begründet, eindringlich, bündig, auf der Hand. → bekannt, beweisend, erweislich, handgreiflich. ▶ (unnachweisbar), widerlegt.

nachweisen → ableiten, anführen, aufzeigen, ausweisen, beglaubigen, begründen, beibringen, belehren, beschuldigen, beweisen, bringen zum Schweigen, darlegen, dartun, denken, dokumentieren, ertappen auf frischer Tat, erweisen, schließen.

nachweislich → nachweisbar.

Nachwelt Nachkommenschaft, Nachkomme, Erbe, Zukunft, Nachruhm, Nachfolge, Nachwuchs, Abkömmling, Geschlecht, Nachzeit, die nach uns lebenden Menschen. ▶ Vorzeit.

Nachwirkung → Ausgang, Effekt, Erfolg, Folge, Nachwehen, Wirkung.

Nachwort → Nachruf, Nachtrag, Schlußwort.

Nachwuchs → Kindersegen, Nachkommenschaft.

nachzählen → prüfen.

Nachzahlung → Abfindung,

Auflage, Aufschlag, Geld, Zahlung.

nachzeichnen → darstellen, durchpausen, malen, nachahmen.

Nachzügler Trottel, Verspäteter, Unpünktlicher.

Nacken Körperteil, Rumpf, Hals, Anke, Genick, Rückenmark, Kragen, Schulterhöhe, Glied, Muskel ● Stiernacken, Kraft, Stärke. → Bindemittel.

Nacken beugen, den → beigeben.

nackend → nackt.

nackt hüllenlos, kahl, bar, bloß, entkleidet, pudelnackt, barfuß bis an den Hals u, ungekleidet, splitternackt, nackkend, offen, ausgezogen, entblößt, im Adamskostüm u, im Evakostüm u, barfuß ● haarlos, räudig, bartlos, federlos, unbefiedert, rindenlos, geschält, enthaart. → Akt, blattlos, federlos. ▶ behaart, (bekleidet).

Nacktbadestrand Abessinien, FKK-Strand.

Nacktheit → Entblößung, Enthüllung, Natürlichkeit.

Nadel Spitze, Schärfe, Dorn, Spieß, Stecknadel, Nähnadel, Sonde, Stift, Werkzeug, Gerät, Schusternadel, Sicherheitsnadel, Ahle, Stachel ● Haarnadel, Lockennadel ● Tannennadel, Fichtennadel, Lärchennadel. → Ahle, Bindemittel, Dorn.

Nadelgeld → Bargeld, Geld.

Nadelöhr → Loch, Öffnung.

Nagel Halt, Stift, Niete, Haken, Bolzen, Zapfen, Aufhänger, Spitze, Zuspitzung, Zahn, Zinken ● Fingernagel, Fußnagel, Horn. → Bindemittel.

Nagel hängen, an den → belassen, unterbrechen.

Nagel auf den Kopf treffen verstehen, verdeutlichen, veranschaulichen, erklären, auseinandersetzen, auslegen, klarmachen, herausbuchstabieren, entziffern, erschließen, auflösen, den Schlüssel finden, den Sinn ausfinden, ins Schwarze treffen, geschickt sein, einen guten Griff tun, die Gelegenheit beim Schopf fassen, mit allen Wassern gewaschen sein, Bescheid wissen, Erfahrung besitzen. ▶ (daneben gehen), irren sich.

Nägel mit Köpfen machen meistern, verstehen, klar sehen, weit blicken, mit Verstand arbeiten, etwas Nützliches schaffen, das Leben verstehen, es hat Hand und Fuß, weiter sehen als die Nase lang ist, die Karten in der Hand haben, die Wurst am richtigen Zipfel anschneiden, Verständnis haben, mit Scharfblick beobachten. ▶ Hand noch Fuß nicht.

Nagel zum Sarg → ärgern, quälen, verdrießen.

Nagelbohrer → Durchlocher, Werkzeug.

nageln hämmern, verbinden, zusammennageln, festnageln, annageln, befestigen, anheften, schlagen, einschlagen, festmachen, klopfen, einkloppfen. ▶ bohren, lockern.

Nagelprobe → Beweisführung.

nageln → aasen, essen.

nagen → essen.

nagen, am Hungertuch → arm, schmachten, ungenügend.

nah und fern → überall.

Nähe Nachbarschaft, Anwohner, Angrenzung, Reichweite, Erreichbarkeit, Umkreis, Vordergrund, Umgegend, Umgebung, Wurfbereich, Steinwurf, Stimmbereich, Haarbreite, Tuchfühlung, Armeslänge, Spanne, Sonnennähe, Erdnähe, Annäherung, Berührung, Stadtkreis, Stadtbezirk. ▶ Ferne.

Nähe, in nächster → dabei, nahe.

nahe gegenüber, nächst, anliegend, neben, benachbart, anstoßend, dicht, nebenan, angrenzend, dabei, nahestehend, beisammen, zusammen, aneinandergereiht, berührend, in nächster Nähe, Katzensprung ● bald, zukünftig, herannahend, nächstens, bevorstehend. → angrenzend, bei, beisammen, dabei, dicht, dabei, gegenüber. ▶ fern.

nahe kommen → berühren, näher kommen, nähern.

nahebei → an, nahe.

nahebringen → nahe kommen, erklären.

nahelegen → beauftragen, anregen.

naheliegen → berühren.

naheliegend → angrenzend.

nahen → ankommen, Anzug, begegnen, beikommen, eilen, heran, kommen, näherkommen, nähern.

nähen → verbinden.

nahe sehen → ahnen.

nahend → Anzug.

näher abkürzen, nahestehend, nächst, benachbart, anstoßend, angrenzend, daneben, dicht, beisammen, zusammen, berührend, nahe, Seite an Seite, dicht bei dicht, Schulter an Schulter ● bald, bevorstehend, nach kurzer Zeit. ▶ entfernt, weit.

näher beleuchten → Blick richten auf, erklären.

Näherkommen → Entgegenkommen.

näherkommen herankommen, herankommen, heran, nahe, nähern, herangehen, heraneilen, heranlaufen, herandrängen, herantreiben, entgegenkommen, entgegengehen entgegenlaufen, vorrücken, anrücken, anmarschieren, hinzutreten, eintreffen, heranschleichen, besuchen, berühren, anlehnen, angrenzen, annähern, nähern sich, nahekommen, kommen. → begegnen, beikommen. ▶ entfernen sich.

nähern hinfahren, nahen, entgegeneilen, entgegengehen, entgegenkommen, begegnen, herankommen, annähern, nahekommen, herandrängen, anmarschieren vorrücken, eintreffen, kommen, heranschleichen, anstoßen, treffen. → begegnen, beikommen, entgegeneilen, entsprechen, näherkommen. ▶ davonlaufen, entfernen sich.

nähern, sich → ankommen, Auszug, aussehen wie, bevorstehen, eilen heran, kommen, näherkommen, nähertreten.

nähernd → Anzug.

nahestehend → Anzug, verwandt.

nahezu haarscharf, etwa, beinahe, ungefähr, cirka, fast, schier, angrenzend, sozusagen, dicht, einigermaßen, annäherungsweise, gleichsam, um ein Haar, dabei. → als, an, annähernd, Anzug, beiläufig, bloß, dicht dabei, einigermaßen, Haar auf ein. ▶ genau.

Nährboden Acker, Grund, Scholle, Kultur.

nähren füttern, stillen, ernähren, geben, ersorgen, eintun, versehen, helfen, speisen, pflegen, hegen, bewirten, beherbergen, zuschießen, zu essen geben, mästen, verköstigen, auftafeln, auftischen, vorsetzen. ▶ aushungern.

nähren, sich kümmerlich → darben.

nährend, nahrhaft → bekömmlich, eßbar, kräftigend, sättigend.

Nährmittel → Ernährung, Speise.

Nahrung → Bedarf, Beköstigung, Ernährung, Essen, Futter, Kost, Lebensmittel, Speise.

Nahrungsmittel → Ernährung, Lebensmittel, Speise.

Nahrungssorgen → Not.

Nährvater → Ernährer.

Naht Saum, Rand, Stich, Abschluß, Einsäumung, Einfassung, Steppnaht, Saumnaht, Randnaht, Nahtrand, Strumpfnaht ● Unsinn, Blödsinn, dummes Zeug, eine Naht zusammenquasseln ● einem auf die Naht gehen, ihm scharf zu Leibe gehen. → Fuge.

nahtlos fugenlos, blank, einfach, saumlos, randlos, durchgewoben, unzusammengenäht, durchgehend, nicht durchbrochen, ohne Naht, in

einem Stück. ▶ zusammengesetzt.

Nahtstelle Grenze, Verbindungsstelle, Trennstelle, Bruchstelle. → Verbindung.

naiv unkritisch. → albern, arglos, harmlos, leichtgläubig.

Naivität → Ahnungslosigkeit, Albernheit.

Name → Beiname, Fabrikationsname, Familie, Ruf.

Namen geben → benamsen, Benennung.

Namen machen, sich einen hervortun, sich verewigen, den Ruf erwerben, hervorragen, hervorstechen, überstrahlen, etwas vorstellen, Lorbeeren ernten, Beachtung finden, Aufsehen erregen, von sich reden machen, zu den Unsterblichen zählen, in den Schatten stellen, berühmt werden, eine glänzende Erscheinung sein, aus dem Rahmen fallen, sich Verdienste erwerben. ▶ namenlos (sein), (unbeachtet bleiben).

namenlos unbekannt, unbedeutend, unbenannt, dunkel, anonym, unberühmt, ungenannt, inkognito, pseudonym, versteckt, verborgen ● viel, außerordentlich, ausnehmend, unermeßlich, grenzenlos, ungeheuer, unbeschreiblich, maßlos, unbändig, unvergleichlich, groß, schwer, untragbar, unerträglich. → ausnehmend. ▶ berühmt.

Namenstag → Ehrentag.

Namensverzeichnis → Index, Liste.

namentlich → ausdrücklich, hauptsächlich, speziell.

namhaft → berühmt, wichtig.

nämlich folgendermaßen, das heißt, wie folgt, das ist, mit anderen Worten, in kurzen Worten, genauer gesagt, im besonderen, insbesondere ● denn, weil, darum, uneigentlich. → beispielsweise. ▶ allgemein, eigentlich.

nämliche, das → dasselbe, dieses.

Napf → Behälter, Gefäß.

Narbe → Mal, Verunstaltung, Wunde.

narbig → blatternarbig, faltig, häßlich, verunstaltet.

Narkose → Betäubung.

Narkotika → Beruhigungsmittel.

Narkotikum → Arznei.

narkotisch betäubend, einschläfernd, beruhigend, chloroformierend, empfindungslos, bewußtlos, gefühllos, berauschend ● giftig, schädlich, ungesund, nachteilig, gesundheitsschädlich, verderblich, gefährlich. ▶ belebend, unschädlich.

narkotisieren → betäuben.

Narr → Banause, Besserwis-

ser, Betrogener, Dummerian, Dummkopf, Idiot.

Narren fressen, einen lieben, gernhaben, anbeten, bewundern, schätzen, verehren, vernarrt sein, schmachten, vergehen, schwärmen, den Hof machen, mit dem Blick verfolgen, ein Auge auf jemanden haben, lichterloh brennen, Feuer fangen, den Pfeil im Herzen fühlen, in Liebespein vergehen, sich aufzehren nach, verwöhnen, verzärteln. ▶ verabscheuen.

Narren halten, zum → benachteiligen, narren, täuschen, verspotten.

narren anführen, foppen, hänseln, täuschen, vorspiegeln, vorgaukeln, vorschwatzen, vorfabeln, weismachen, betrügen, einwickeln, betören, ködern, bereden, zum besten halten, übers Ohr hauen, Sand in die Augen streuen, eine Nase drehen, ein Schnippchen schlagen, an der Nase herumführen, hinters Licht führen, das Fell über die Ohren ziehen, lächerlich machen, einem Hörner aufsetzen, am Narrenseil herumführen, ausspotten, verlachen, zum Narren halten, sich lustig machen, Schabernack treiben, zum Gespött machen. → anführen, auslachen, bespötteln, besten halten zum, Dunst vormachen, düpieren, eintauchen, fabeln, hintergehen, verspotten. ▶ (ernst nehmen), Wahrheit sprechen die.

Narrenfest → Karneval.

narrensicher → idiotensicher.

Narretei Narrenpossen, Unfug, Allotria, Spaßlust, Witzelei, Faxen, Hanswursterei, Possenreißerei, Gaukelei, Gelächter, Drolligkeit, Spaßigkeit, Possierlichkeit, Gesichterschneiderei, Späße, Unsinn, Schnurren, Schwank, Streich, Scherz, Witze, Blödsinn. → Belustigung. ▶ Feierlichkeit, Witzlosigkeit.

Narrheit → Blödsinn.

närrisch → absurd, beengt, dumm, hirnverbrannt.

narzißtisch → selbstsüchtig.

naschen → berauben, bestehlen, essen, lecken, genießen, kosten.

Näscherei → Confiture, Feinkost, Genuß, Leckerbissen.

naschhaft → feinschmeckerisch, gefräßig, genäschig.

Naschhaftigkeit → Feinschmeckerei, Unmäßigkeit.

Naschkatze → Feinschmecker.

Naschwerk → Confiture, Feinkost, Genuß, Leckerbissen.

Nase Körperteil, Gesichtsteil, Zinken, Gurke u, Erker,

Balkon *u*, Rüssel *u*, Schnorchel *u*, Giebel *u*, Riecher, Riechkolben *u*, Gesichtserker *u*, Kartoffelnase, Stupsnase, Himmelfahrtsnase, Lötkolben *u*, Glühbirne *u*, Rotznase *u*, Nasenbein, Nasenknochen, Nasenrücken, Vorsprung, Ausbauchung, Vorbau, Wölbung, Adlernase, Hakennase, Höcker, Nüster, Luftröhre, Luftloch ● Geruchssinn, Geruchsorgan. → Ahnung.
Nase begießen, die → saufen.
Nase binden, nicht auf die → binden nicht auf die Nase.
Nase drehen, eine → narren, täuschen, verspotten.
Nase hängen lassen, die die Flügel hängen lassen, den Schwanz hängen lassen, ein saures Gesicht machen, die Flinte ins Korn werfen, das Maul hängen lassen, ein Gesicht machen, das Gesicht verziehen, sich betrüben, schmollen, grollen, sich grämen, unken, mißmutig sein, die Stirne runzeln, saure Miene zeigen. ▶ freuen sich, hoffen.
Nase herumführen, an der → benachteiligen, narren, täuschen, verspotten.
Nase hineinstecken → Neugierde.
Nase hoch tragen → stolz.
Nase machen, lange → verachten, spotten.
Nase rümpfen → stolz, verachten.
näseln nuscheln, schnüffeln, singen, durch die Nase sprechen, undeutlich sprechen. ▶ deutlich (sprechen).
Nasen lang, alle → fortwährend, immer.
Nasenstuber → Schlag, Strafe, Tadel.
Naseweis Vorwitz, Wunderfitz, Frager, Horcher, Topfgucker, Schnüffler, Spitzel, Spürnase, Stielaugen, Rotznase *u*, Riechernase, Unbeherrschtheit, Neugierde, Fragelust, Ungeduld, Wißbegier, Kinderaugen, Kinderfragen.
naseweis † anmaßend, burschikos, vorwitzig.
nasführen → narren, täuschen.
naslang, alle → ständig.
naß feucht, wäßrig, flüssig, regnerisch, tauig, saftig, pudelnaß, triefend, betaut, taufrisch, angefeuchtet, bewässert, berieselt, begossen, bespritzt, überschwemmt, eingetaucht, besprengt, keinen trockenen Faden am Leibe, patschnaß, klatschnaß *u*, klitschnaß *u* ● sumpfig, modrig, schlammig, weich, morastig, humid. ▶ trocken.
naß machen → benetzen, durchnässen.
nassauern → benachteiligen, betteln, täuschen.

Nässe → Feuchtigkeit.
nässen → ausschlagen, bespritzen, durchnässen, netzen.
Nation Staat, Volk, Menschenschlag, Rasse, Stamm, Vaterland, Land, Reich, Bevölkerung, Volkstum, Heimat, Staatsordnung, Schicksalsgemeinschaft, Volksgemeinschaft, Gemeinschaft, Volkseinheit, Rasseneinheit.
national vaterländisch, staatlich, heimatbewußt, heimatverbunden, stammesbewußt.
Nationalismus Gemeinschaftsgefühl, Volksgefühl, Gemeinsinn, Staatsgesinnung, Volksempfinden, Rassepflege, Staatsempfinden, Zugehörigkeitsgefühl, Volksgemeinschaft, Zusammengehörigkeitsgefühl, Gemeinschaftssinn, Gemeinschaftsgeist, Volksseele. → Kriegsursache.
Nationalität Staatszugehörigkeit, Volkszugehörigkeit.
Natur Schöpfung, Urkraft. → All, Art, Aufbau, Aussehen, Charakter, Erde, Gemüt, Kosmos, Welt.
Naturalisation → Bürgerrecht.
naturalisieren eingliedern, einbürgern, einfügen, einsiedeln, niederlassen, aufnehmen lassen, gewöhnen, einordnen, sich anpassen, einwurzeln, einführen. ▶ ausstoßen, fremd (bleiben).
Naturell → Art.
Naturfarbe → Farbe.
Naturgabe → Begabung, Talent, Verstand.
naturgemäß natürlich, zuträglich, unverfälscht, selbstverständlich, so wie die Sache ist, dem Umstand entsprechend, in der Art der Sache, arteigen, echt, offensichtlich, unverdorben, gesetzmäßig. ▶ naturwidrig, unnatürlich.
Naturgesetz Gesetzmäßigkeit, Ordnung, Lebensgesetz, Folgerichtigkeit, Gegebenheit, Regelung, Einordnung, Stete, Wiederkehr, Gewohnheit, Kreislauf, Naturzustand, Rhythmus, Reihenfolge, Lauf.
naturgetreu ähnlich, gleich, wie, dergleichen, verwandt, analog, geradeso, gleichsam, scheinbar, nahezu, wie aus den Augen geschnitten, wie aus dem Gesicht geschnitten, zum Verwechseln ähnlich, zum Sprechen ähnlich, wie aus einem Stück geschnitten, wie aus einer Form gegossen, ähnlich wie ein Tropfen Wasser dem anderen. ▶ naturwidrig, unähnlich.
natürlich jawohl, gewiß, freilich, selbstverständlich, begreiflicherweise, folgerecht, offensichtlich, angeboren,

arteigen, eigentümlich, ursprünglich, echt ● begründet, infolge, wirklich, notwendigerweise, logisch, zutreffend, schlechterdings, wahrlich, bestimmt ● ungekünstelt, unverdorben, ursprünglich, einfach, unverfälscht, schlicht, unaffektiert, arglos, treuherzig, offenherzig, naiv, ungezwungen. → anspruchslos, aufrichtig, ausschließlich, beglaubigt, bieder, brillant, bürgerlich, gewiß, lauter.
natürlich sein → deutsch reden mit jemandem, natürlich.
Natürlichkeit → Echtheit, Einfachheit, Freimütigkeit, Wahrhaftigkeit, Kernigkeit.
Naturprodukt → Rohstoff.
Naturrecht Faustrecht. → Menschenrecht.
naturrein → rein.
Naturtrieb → Ahnung, Instinkt, Trieb.
naturwidrig unregelmäßig, regellos, regelwidrig, gesetzwidrig, abweichend, abnormal, ungleichförmig, willkürlich, unnatürlich, zwitterhaft, außergewöhnlich, seltsam, fremdartig, befremdend, erstaunlich, unvereinbar, sonderbar, merkwürdig, aus der Reihe fallend, aus dem Naturgesetz fallend. → chaotisch. ▶ gewohnt, natürlich.
Naue → Schiff.
Nebel Dampf, Wolke, Gewölk, Vernebelung, Trübe, Eintrübung, Rauch, Schummer, Verschwommenheit, Nebelschleier, Tarnung, Einnebelung. → Ausrede, Brodem, Dichtigkeit, Dunst.
nebelhaft dunkel, verworren, rätselhaft, undurchsichtig, schleierhaft, unverständlich, undeutlich, unklar, unerfindlich, undurchdringlich, schleierig, schattenhaft, nebelig, unfaßbar, unergründlich, unerklärlich, unerkennbar, unerkenntlich, unbegreiflich, unlesbar, wirr, unerforschlich. ▶ klar.
Nebelhaftigkeit Verschwommenheit, Eintrübung, Milchigkeit, Undurchsichtigkeit, Schattenhaftigkeit, Unklarheit, Schleierhaftigkeit, Dunst, Trübung, Rätselhaftigkeit, Unbestimmtheit, Zusammenhangslosigkeit, Dunkelheit, Verworrenheit ● Ferne, Weite. → Dämmer. ▶ Klarheit.
nebelig → blind, dämmerig, dunkel, nebelhaft.
nebeln feuchten, nieseln, sprühen, dunsten, nässen, sich beziehen, einnebeln.
neben → an, angrenzend, beiseite, dabei, diesseits, entlang, nahe.
nebenan → angrenzend, bei, beisammen, dabei, daneben, dicht dabei, nahe.

Nebenarbeit Beschäftigung, Zusatzarbeit, Betätigung, Tätigkeit, Heimarbeit, Mitwirkung, Stunden geben, Handarbeit, Nähen, Erwerbszweig, Gewerbe, Broterwerb, Aushilfe, Dienst, Nebenverdienst, Nebenstunden, Nebenberuf, Nebentätigkeit, Zuschuß, Einnahme ● Nebenumstände, das Drum und Dran. ▶ (Hauptarbeit).

Nebenausgabe Ausgaben, Auslagen, Belastung, Kosten, Unkosten, Ausstattung, Mitgift, Bestreitung, Taschengeld, Extraauslagen, Beisteuer, Hilfsgeld, Geschenk, Trinkgeld, Biergeld, Beitrag, Gabe, Spende, Schweigegeld, Abfindungssumme, Belohnung. ▶ (Hauptausgabe).

nebenbei en passant, notabene, übrigens, am Rande (erwähnt). → außerdem, bei, beiläufig, daneben, dicht dabei, episodisch, ferner, Hand unter dir.

Nebenbestimmung → Bedingung, Klausel.

Nebenbuhler Gegner, Gegenpartei, Widersacher, Gegenspieler, Rivale, Mitbewohner, Konkurrent, Wettbewerber, Nebenbuhlerschaft, Mißgünstiger, Neidischer, Stänkerer. → Feind. ▶ Freund.

Nebenbuhlerei → Brotneid, Nebenbuhler.

Nebenbuhlerschaft → Bewerbung, Brotneid, Nebenbuhler.

nebeneinander → abseits, beiseite, diesseits, parallel, seitlich.

nebeneinanderstellen → stellen, vergleichen.

Nebenfarbe → Farbe.

Nebenflügel → Dependance, Teil.

Nebenfluß → Zustrom.

Nebengebäude → Anbau, Dependance.

Nebengedanke Nebenabsicht, Hintergedanke ● Berechnung, Wunschziel, Vorbedacht ● Absicht, Ziel.

Nebengeschmack → Aroma, Beigeschmack.

Nebengüter → Besitztum.

Nebenhandlung → Zwischenfall.

Nebenhaus → Anbau, Dependance.

nebenher → berührungslos.

nebenher bemerkt → beziehungslos.

nebenherlaufen nebenherrennen, flankieren, begrenzen, danebenstehen, danebenlaufen, zur Seite stehen. → begleiten.

Nebenmann Nachbar, Nebenstehender, Dabeistehender, Beifahrer, Teilnehmer, Mitbeteiligter, Begleiter, Anhänger, Gefährte, Hintermann,

Kamerad, Kollege, Amtsgenosse, Partner, Klassenkamerad, Kommilitone, Mitarbeiter. ▶ (Vordermann), Vorgesetzter.

Nebensache → Bagatelle, Unwichtigkeit.

nebensächlich bedeutungslos, unwesentlich, belanglos, unwichtig, gleichgültig, unbedeutend, geringfügig, untergeordnet, nichtssagend, wertlos, nebenbei, alltäglich, gehaltlos, töricht, beiläufig, nebenbei. → ausdruckslos, beiläufig, daneben, episodisch, Haaren herbeiziehen an den. ▶ hauptsächlich.

Nebenstehender → Dabeistehender, Nebenmann.

Nebenstelle → Filiale.

Nebenteil → Anbau, Zweig.

Nebenumstand Nebensache, Nebenerscheinung ● Beiwerk, Nebenwerk, Zusatz ● Begleiterscheinung ● Unwichtigkeit.

Nebenverdienst → Nebenarbeit.

Nebenwirkung Folge. → Begleiterscheinung, Nebenumstand.

nebst → außerdem, darüber, eingerechnet.

necken verspotten, witzeln, foppen, spaßen, sich lustig machen, mokieren sich, einen Possen treiben, auslachen, narren, frotzeln, anflachsen, auf den Arm nehmen, flachsen, hänseln, hochnehmen, zum Narren halten, veräppeln u, hänseln, ausspotten, nachspotten, Schabernack treiben, uzen, in den April schicken, füchseln j, mit jemandem den Affen machen u, an der Nase herumführen, veruzen, verhohnepipeln u. → anöden, aufziehen, auslachen, bespötteln, besten halten zum, Eis führen aufs, spotten. ▶ (lassen in Ruhe), nehmen ernst, witzlos (sein).

Neckerei → Anspielen, Beeinflussung, Belustigung, Spott.

neckisch → humoristisch.

Neffe → Anverwandte.

Negation → Aberkennung, Einsprache, Verneinung.

negativ verwerflich, ablehnend, nichtig, erfolglos, verneinend, ergebnislos, verwerfend, verneint, abschlägig, kein ● schlecht, nicht gut. → erfolglos. ▶ positiv.

Neger → Farbiger.

negerfarbig → dunkel.

negieren → aberkennen, ablehnen.

Negierung → Verneinung.

Negligé Hauskleid, Haustracht, Morgenrock, Morgenkleid, Bekleidung, Gewand, Hausanzug, Hausrock.

nehmen erhaschen, ergreifen, erfassen, entgegenneh-

men, sich aneignen, ergattern, einheimsen, aufgreifen, erwischen, schnappen, bekommen, kriegen, zulangen, einsäckeln, wegnehmen, enteignen, wegschnappen, abnehmen, erbeuten, säkularisieren, einziehen, konfiszieren, kaufen, an sich reißen, abjagen, erobern, zusammenkratzen, wegschleppen, einnehmen, zusammenraffen, er ist vom Stamme Nimm u, beziehen, empfangen, annehmen, in die Hände fallen, stehlen, kapern, an sich nehmen an der Hand. → abnehmen, aneignen, ausnutzen, bemächtigen, bestehlen, bestellen, chartern, dingen, entgegennehmen, erbeuten, greifen. ▶ geben.

nehmen, in Angriff → arbeiten, bringen in Gang.

nehmen, Anteil → Blick mit feuchtem, trauern.

nehmen, auf sich → debütieren, tragen.

nehmen, die Beine unter den Arm → beeilen, Fersengeld geben, rennen.

nehmen, in Dienst einstellen, engagieren, unterbringen, einsetzen, verpflichten, anstellen, beschäftigen, dingen, in Anspruch nehmen, verfügen über, ins Haus nehmen, brauchen, sich zunutze machen. → brauchen. ▶ entlassen.

nehmen, ernst verstehen, glauben, Anteil nehmen, trauen, für voll nehmen, für bare Münze nehmen, Vertrauen entgegenbringen, nicht lächerlich machen über ● schwer nehmen, tragisch nehmen, sich einprägen, sich um etwas kümmern, sich um etwas bemühen, etwas Wert zumessen. → beimessen. ▶ necken, leicht nehmen.

nehmen, ins Gebet → befragen, tadeln.

nehmen, gefangen fangen, einsperren, einschließen, einkerkern, ketten, fesseln, ergreifen, anbinden, festnehmen, einpferchen, einstecken, in Bande schlagen, die Freiheit entziehen, hinter Schloß und Riegel setzen, festhalten, Handschellen anlegen, ins Gefängnis bringen, in den Kerker bringen, hinter schwedische Gardinen setzen, unschädlich machen, unter Aufsicht stellen. → blenden. ▶ loslassen.

nehmen, den guten Willen für die Tat → Brücken bauen goldene.

nehmen, in die Hand → arbeiten, bringen in Gang. →

nehmen, sich zu Herzen → aufregen, deprimieren, nehmen ernst.

nehmen, die Hoffnung →
deprimieren.

nehmen, krumm → verübeln.

nehmen, die Lust → deprimieren.

nehmen, den Mund voll →
prahlen.

nehmen, für bare Münze
glauben, trauen, leichtgläubig sein, einfältig sein, vertrauensselig sein, zutraulich
sein, arglos, Vertrauen schenken, harmlos, für wahr halten.
▶ zweifeln.

nehmen, den Mut → deprimieren.

nehmen, ins Schlepptau →
bugsieren, helfen.

nehmen, von der besten Seite
hinnehmen, sich fügen, sich
ergeben, sich dreinschicken,
sich nichts draus machen,
sich nicht aus der Ruhe bringen lassen, sich zufriedengeben, über sich ergehen lassen, die Pille schlucken,
Selbstbeherrschung üben, die
Ruhe bewahren, mit allem aussöhnen, die Wurst nach der
Speckseite werfen. ▶ auflehnen, (etwas schwer nehmen),
murren.

nehmen, die Sicht hemmen,
hindern, behindern, erschweren, vereiteln, hintertreiben,
die Aussicht nehmen, stören,
sich vor jemanden stellen,
sich groß machen, einen
Strich durch die Rechnung
machen. → blenden. ▶ helfen, (sichtbar machen).

nehmen, ins Tau → bugsieren, helfen.

nehmen, den Zauber enttäuschen, ernüchtern, die schönste Hoffnung vernichten, entzaubern, die Erwartungen
nehmen, keinen Gefallen tun,
sich nicht kümmern. ▶ bezaubern, (Hoffnung machen).

nehmen, den Zweifel → ausweisen, ermuntern.

Neid → Ärgernis, Bitterkeit,
Bosheit, Brotneid, Eifersucht,
Geiz, Selbstsucht.

neiden → beneiden.

Neider Neidhammel, Nebenbuhler, Rivale, Scheelsüchtiger, Mißgünstling, Futterneider.

neidisch hämisch, mißgünstig, begehrlich, scheelsüchtig, gehässig, abhold, boshaft, abgeneigt, erbittert, verfeindet, böse, übelgesinnt,
heimtückisch, arggesinnt,
arglistig, giftig, bissig, gelb
vor Neid ● Neidhammel. ▶
bedürfnisvoll, begehrlich, böse, giftig. ▶ großzügig, gütig,
teilnehmend.

neidisch sein → beneiden,
neidisch.

neidlos nicht mißgünstig. →
großmütig.

Neige Abfall, Neigung, Fall,
Gefälle, Abdachung, Hang,

Abseite, Senkung, Abschrägung ● Letztes, Ausklang,
Abnahme, Schluß, Ende, Rest,
Niedergang, Verschlechterung, Rückgang, Zusammensturz, Verfall ● Tagesende,
Tagesneige, Dämmerung,
Sonnenuntergang. → Ausgang, Dekadenz, Entartung.
▶ Aufstieg, Menge, Morgen.

neigen schrägen, überhangen, lehnen, beugen, abfallen,
abbiegen, abschrägen, sinken, untergehen, niedersinken, bücken, verneigen, verbeugen, dienern, erniedrigen
● wollen, streben, gern tun,
tendieren, wünschen, zugreifen. → demütigen sich, fallen, hinablassen. ▶ ablehnen,
aufsagen, gerade stehen(d),
überheben sich.

neigt sich der Tag → neigen.

Neigung Schräge, Schiefe,
Fall, Gefälle, Neige, Abfall,
Senkung, Strömung ● Verbeugung, Beugung, Demütigung, Herabwürdigung, Herabsetzung ● Lust, Hang, Lust
und Laune, Lust und Liebe,
Geneigtheit, Anlage, Bereitschaft, Hauptneigung,
Wunsch, Regung, Sucht,
Wohlgefallen, Geschmack,
Liebhaberei ● Liebe, Sympathie, Hinneigung, Zuneigung, Gewogenheit, Bewunderung, Vorliebe, Gegenneigung, Wechselneigung,
Ergebenheit, Anhänglichkeit.
→ Absicht, Anteil, Anziehung,
Bedürfnis, Befriedigung, Begehr, Begierde, Belieben, Bereitwilligkeit, Bestreben, Bewegung, Direktion, Drang,
Empfänglichkeit, Ergebenheit,
Fähigkeit, Gunst, Liebhaberei,
Lust, Manie. ▶ Abneigung,
Ebene, Überheblichkeit.

Neigung fassen zu → brechen das Eis, lieben.

nein → beileibe nicht, negativ, nie.

Nekromantie → Aberglaube.

Nektar → Beste, Speise.

nennen → anführen, angeben.

**nennen, das Kind beim
rechten Namen** → offen,
wahr.

Nenner bringen, auf einen
→ übereinstimmen.

Nennung → Angabe, Benennung.

neppen → aufschlagen, übervorteilen.

Nerven gehen, auf die →
ärgern, aufdrängen, lästig,
quälen, reizen.

Nerven verlieren, die →
schwach, zornig.

Nervenzusammenbruch Anfall, Schock, Krise, Kollaps.

nervig → stark, zäh.

nervös erregt, kribbelig, verstimmt, aufgeregt, unlustig,
abgespannt, übel, zitterig,

heftig, unruhig, wusselig,
rapplig u, rappelköpfig, wibbelig u ● Zappelphilipp u,
Wibbelsterz u, hastig, übereilt, überreizt, überzüchtet,
rasend, gehetzt, auf glühenden Kohlen, zappelig, gejagt,
müde, abgespannt. → erregbar. ▶ gelassen, ruhig.

Nervus rerum → Bargeld.

Nesseln setzen, sich in die
in Schwierigkeiten geraten,
ins Gedränge kommen, nicht
vom Fleck kommen, steckenbleiben, festsitzen, sich festfahren, in der Tinte oder
Patsche sitzen, auf glühenden
Kohlen sitzen, keinen Ausweg
mehr wissen, erledigt sein.

Nest Vogelreich, Horst, Nistkasten, Vogelnest, Nistplatz,
Geniste, Brutstatt, Gelege j,
Kobel j ● Bleibe, Örtchen,
Haus, Stätte, Dorf, Kaff,
Kleinstadt ● Liebesnest. →
Ansiedlung, Aufenthaltsort.

Nestel → Bindemittel.

Nestgefühl → Heimatgefühl.

Nesthäkchen Kind, Kleines,
Sproß, Sprößling, Kücken,
Jüngstes, Hosenmatz, Schoßkind, Guck in die Welt, Knirps,
Nesthupfer, Balg, Grünschnabel, Range, Schlingel. →
Baby.

Nestor → Beirat, Berater.

Nestwärme Geborgenheit, Sicherheit, Heimatgefühl. →
Schutz.

nett zierlich, ansprechend,
hübsch, schön, süß, einnehmend, freundlich, höflich,
artig, brav, gefällig, niedlich,
liebenswürdig, angenehm,
zusagend, zart, schmuck,
hold, bezaubernd, bestrickend, wohlgestaltet, wohlgeformt, schnieke u, herzig, goldig, keß, neckisch. → adrett,
angenehm, anmutig, artig,
charmant, entzückend, fein,
schön. ▶ abstoßend, häßlich,
plump, unfreundlich.

Netz Gewebe, Netzwerk, Geflecht, Haarnetz, Einkaufsnetz,
Fangnetz, Fischernetz, Garn j,
Rönne f, j, Schlinge, Handnetz, Stellnetz, Behältnis ●
Verstrickung, Verworrenheit,
Knoten, Masche, Wirrwarr ●
Netzzuleitung, Netzanschlußgerät, Lichtnetz ● Netzhaut.
→ Falle. ▶ Ausweg, Klarheit.

Netzball → Ball, Spiel.

netzen feuchten, anfeuchten, befeuchten, besprengen,
spritzen, gießen, nässen, berieseln, begießen, bewässern,
betauen, triefen, einspritzen,
einsprengen.

netzförmig → durchbrochen,
kreuz und quer.

Netzhaut → Filigran, Geflecht.

neu frisch, fabrikneu, taufrisch,
jungfräulich, neuwertig, gemacht, funkelnagelneu, unbeansprucht, erstmalig, er-

neuert, modern, modisch, neuzeitlich, neuartig, ungebraucht, jung, neugebacken, frisch, ungewöhnlich, ungewohnt, fremd, ungetragen, unbenutzt, selten. → aktuell, apart, beispiellos, derzeitig, erstmalig, fern, frisch. ▶ alt, gebraucht, unmodern.

neuartig → andersgeartet, beispiellos, erstmalig, modern, neu, umwälzend.

Neubelebung → Auffrischung, Erholung.

Neubildung → Regeneration.

Neubürger Neuling, Zugereister, Neusiedler, Zuwanderer.

Neudruck → Abdruck, Auflage, Buch.

neuem, von → wieder.

neuerdings → erstmalig, wieder.

neuerlich → abermals.

Neueröffnung → Eröffnung.

Neuerrungenschaft → Erstmaligkeit, Neuheit.

Neuerscheinung → Erstmaligkeit, Neuheit.

Neuerung → Erneuerung, Erstmaligkeit, Fortschritt, Neuheit, Reform, Veränderung.

Neuerungssucht → Mode, Veränderung.

Neues → Erstmaligkeit, Neuheit.

Neueste, das → Mode, Neuigkeit.

neugebacken → frisch, neu.

neugeboren → frisch, jung, gesund, neu.

Neugestaltung → Abweichung, Erstmaligkeit, Neuheit, Reform.

Neugier Wißbegier, Ungeduld, Spannung, Erwartung, Vorfreude, Wissensdrang, Wissensdurst, Hoffnung, Spannkraft, Folter, Qual, Geduldsprobe, Wunsch, Hochspannung ● Unbeherrschtheit, Fürwitz, Vorwitz, Naseweis, Taktlosigkeit, Fragerei, Forscherei, Schnüffelei, Gefrage, Klatschsucht, Spioniererei. → Neugierde. ▶ Diskretion, Gleichgültigkeit, Takt, Zurückhaltung.

Neugierde Spannung, Spürsinn, Kitzel, Fragelust, Forschungseifer, Taktlosigkeit, Unbeherrschtheit, Naseweisheit, Fragerei, Aushorcherei, Spürnase, Stielaugen, Neuigkeitsriecherei, Neuigkeitssucht, Eifer, Ausfragung, Ausforschung, Nase hereinstekken die. → Erwartung, Neugier.

neugierig sein wißbegierig, naseweis, fragend, forschend, fragselig, fraglustig, unbeherrscht, vorwitzig, fürwitzig, gespannt wie ein Flitzebogen u, gespannt wie ein Regenschirm u, unbescheiden, taktlos, dreist, frech, seine Nase in jeden Dreck stecken u, mit der Nase überall dabei sein, wunderfitzig, ungeduldig, zappelig, erpicht, versessen, unersättlich, spürsinnig ● ungeduldig ● Maulaffen feilhalten. → eindringen in das Geheimnis, interessiert, Kohlen auf glühenden.

Neuheit Fortschritt, Neuerung, Neuerscheinung, Aktualität, Nouveauté, Novum, Neuerrungenschaft, Neues, Neugestaltung, Abweichung, Umstellung, Wechsel, Erstmaligkeit, Umwandlung, Erneuerung, Zeitgeist, Neuzeit, Ungewohntheit, Ausnahme, dernier cri, der letzte Schrei. → Erstmaligkeit.

Neuigkeit Mitteilung, Meldung, Anzeige, Kunde, Nachricht, Botschaft, Bericht, Heeresbericht, Brief, das Allerneueste, das Neueste ● Gerücht, Klatsch, Geschwätz, Nachrede, Gerede, Stadtgespräch, Schwätzerei. → Depesche, Fama. ▶ (Allbekanntes), Geheimnis.

Neuinstandsetzung → Erneuerung.

Neuland Schwemmland, Marschland, Anschwemmung, Boden ● Unsicherheit, Ungewißheit, Unbekanntheit, Unbestimmtheit, Unschlüssigkeit, Ratlosigkeit ● Neues, Ungewohnheit, neues Land. ▶ Gewißheit, (Gewohntes), Vertrautheit.

neulich → bereits, damals, kürzlich.

Neuling → Anfänger, Dilettant, Emporkömmling.

neumodisch → modern, neu, ungewohnt.

Neureicher → Emporkömmling.

neutral parteilos, ohnseitig, unbeteiligt, unwirksam, gleichgültig, indifferent, passiv, tolerant, unbestimmt, willensschwach, unentschieden ● sachlich. → gleichgültig. ▶ aktiv, entschlossen, fanatisch, parteiisch, unsachlich.

neutral bleiben → bewenden lassen, neutral sich verhalten.

neutral verhalten, sich → bewenden lassen, passiv bleiben, geschehen lassen, vom Leibe halten, sich entfernt halten, aus dem Wege gehen, sich die Mühe ersparen, den lieben Gott walten lassen, unter den Tisch fallen lassen, sich gleichgültig verhalten, sich nicht um die andern kümmern, eine Festlegung vermeiden. ▶ aktiv (sein), einmischen sich, kümmern, parteiisch sein.

neutralisieren der Beeinflussungsmöglichkeit entziehen, unwirksam machen, wirkungslos machen, ein Land von andern abschließen, kein Bündnis mit anderen schließen, vom Krieg ausnehmen. → abwenden.

Neutrum Niemand, Nichts, Null, Unbekannt, Anonymität.

neuwertig → neu.

neuzeitlich gegenwärtig. → aktuell, derzeitig, erstmalig, modern, neu, zeitgemäß.

nicht negativ, nichts, nein, nie, durchaus, nicht, kein, weit entfernt, fern davon, gar nicht, ganz und gar nicht, keineswegs, niemals, keinesfalls, bestimmt nicht, nimmer, nimmermehr, verneint, entgegengesprochen, widersprochen, nicht im geringsten. → beileibe nicht. ▶ gewiß, ja, jedenfalls, positiv.

nicht annehmen → absagen.

nicht aufregend → alltäglich.

nicht, durchaus → beileibe nicht, nicht.

nicht im geringsten → absprechen, aberkennen, nicht.

nicht nachlassen → dabei bleiben.

nicht übel → alltäglich, mäßig.

nicht überwältigend → alltäglich.

nicht weltbewegend → alltäglich.

nicht nur sondern auch auch, ferner, außerdem, dann, als auch, zusammen, sowohl, überdies, zudem, nebst, mit, miteinander, insbesondere, obendrein, erst recht. ▶ abzüglich, ausgenommen, ohne.

Nichtachtung Nachlässigkeit, Versäumnis, Vernachlässigung, Verabsäumung, Nichtbeachtung, Überschreitung, Unbekümmertheit, Nichtbeobachtung, Nichteinhaltung, Nichteinmischung, Entweihung, Verachtung, Dreistigkeit, Gleichgültigkeit, Geringschätzung, Unehrerbietigkeit, Pflichtvergessenheit. → Beleidigung. ▶ Achtung, Pflichtbewußtsein, Sorgfalt.

Nichtbeachtung → Nichtachtung.

Nichtbefolgung → Eigensinn, Nichtachtung.

Nichtberufener → Anfänger, Dilettant.

Nichte → Anverwandte.

Nichteinhaltung → Nichtachtung.

Nichteinmischung Neutralität, Unabhängigkeit, Nichtachtung, Untätigkeit.

Nichterfüllung Nichteinhaltung, Vernachlässigung, Nachlässigkeit, Unaufmerksamkeit, Fahrlässigkeit, Versäumnis, Unterlassung, Nichtausführung ● Versager, Mißgriff, Fehlgriff.

Nichtfachmann → Dilettant, Laie.

nichtig → albern, ausdruckslos, erfunden, gering, nega-

tiv, unbedeutend, unbegründet.
Nichtigkeit → Ärmlichkeit, Bagatelle, Deut, Falschheit, Fehler, Schwäche, Ungültigkeit.
Nichtigkeitsbeschwerde → Berufung.
Nichtkundiger → Anfänger, Dilettant, Laie.
nichtöffentlich geheim, inoffiziell, vertraulich, hinter verschlossenen Türen.
Nichts → Bagatelle, Chimäre, Dunst leerer, nichts.
nichts null, niemand, keiner, Leere, Lücke, Öde, Mangel, Wüste, überhaupt nichts, gar nichts, keine Spur, kein Funke, Vakuum, rein gar nichts, keinen Deut, nicht die Bohne *u*, einen Dreck *u*, nix *u*, keinen Schuß, Schmarren *ö*, keinen Pfifferling, nichts und wieder nichts. → bloß. ▶ etwas, jemand, viel.
nichts als → bloß.
nichts dahinter, es ist → unwichtig.
nichts für ungut → abgemacht, einhellig, gebilligt, lassen es dabei.
nichts tun → bequem, beschäftigungslos, faulenzen.
nichtsahnend → arglos, sorglos.
nichtsdestoweniger → aber, allein, dagegen, doch.
Nichtskönner Nichtswisser, Unwissender, Laie, Analphabet, Anfänger, Neuling, Grünling, Grünschnabel, Abc-Schütze, Stümper, Null *u*, Blindgänger *u*, Held *u*, Gelbschnabel, Grasaffe, Grünschnabel, Grünzeug, Schnösel *u*, Kindskopf, Kudler, Dummkopf, Einfaltspinsel, Tölpel, Holzbock, Sonntagsjäger, Tropf, blutiger Laie, Simpel, Laffe. → Banause. ▶ Fachmann, Kapazität, Könner, Meister.
Nichtsnutz Galgenstrick, Tagedieb. → Ausbund, Lump.
nichtsnutzig → arg, bübisch, charakterlos, diebisch, faul, frevelhaft.
nichtssagend gehaltlos. → abgedroschen, albern, alltäglich, ausdruckslos, äußerlich, farblos, Haaren herbeiziehen an den, nebensächlich, reizlos, unbedeutend.
Nichtstuer → Arbeitsunfähiger, Bummler, Faulpelz, Maulaffe, Müßiggänger.
Nichtstun → Dämmerstündchen, Müßiggang.
Nichtswisser → Dilettant, Dummerian, Dummkopf, Ignorant, Nichtskönner.
nichtswürdig → abbrüchig, abscheulich, anrüchig, arg, bedauerlich, beschämend, bestechlich, böse, bübisch, charakterlos, diabolisch, ent-

ehrend, minderwertig, niederträchtig.
Nichtswürdigkeit → Bestechlichkeit, Niedrigkeit.
Nichtübereinstimmung → Differenz, Disput, Entzweiung, Streit.
Nickel Metall, Material, Schwermetall, Nickelkies, Nickelstahl, Nickellegierung, Neusilber, Nickelbronze, Vernickelung Nickelplattierung ● Knirps, Kobold, Kurzform für Nikolaus ● Racker, Weibsstück. → Bargeld.
nicken → bestätigen, grüßen, schlafen.
Nickerchen → Schlaf.
nie keinesfalls, keineswegs, nimmer, niemals, unmöglich, in keinem Fall, kaum, jemals, bestimmt nicht, nimmermehr, zu keiner Zeit, unter keinen Umständen, gar nie, wohl nie, nicht, nein, im ganzen Leben nicht, zu keiner Zeit, niemals, kaum, noch nie dagewesen, eher bricht die Welt zusammen. → keineswegs. ▶ Fall in jedem, gern, häufig, immer.
nie und nimmer → beileibe nicht, nie.
nieder → abwärts, unten.
niederbrennen → abbrennen, brandschatzen, demolieren.
niederdrücken → anöden, bändigen, deprimieren, entkräften, erschüttern die Hoffnung, unterwerfen.
niederfallen → abfallen, absacken, ausgleiten, bitten, fallen, herunterstürzen, stürzen.
Niedergang Katastrophe, Rückgang, Abstieg, Zusammenbruch, Verfall, Verhängnis, Mißerfolg, Untergang, Unheil, Fehlschlag, Rückschritt, Neige, Unstern, Entartung, Hereinfall, Zusammensturz, Unglück, Bedrängnis, Verheerung, Schaden, Ruin, Zerstörung, Vernichtung, Verderben, Schicksalsschlag. → Ende böses, Entartung. ▶ Aufstieg, Fortschritt, Glück.
niedergebeugt → demütig, trübsinnig, verzweifelt.
niedergedrückt → pessimistisch, trübsinnig, verzweifelt.
niedergeschlagen → angeschlagen, aufgelegt, beschlagen, bitter, enttäuscht, lebensmüde, melancholisch, trübsinnig, verzweifelt, down *engl.*
Niedergeschlagenheit Kleinmut, Mutlosigkeit, Bedrücktheit, Verzagtheit, Gedrücktheit, Traurigkeit, Düsterkeit, Trübsinn, Trübseligkeit, Entmutigung, das graue Elend, Leichenbittermiene, Seelennot, Freudlosigkeit, Schmerz, Übellaunigkeit, Verdrießlich-

keit, Verdüsterung, Zerknirschung, Enttäuschung, Trostlosigkeit, Aussichtslosigkeit. → Beklemmung, Bekümmernis, Besorgnis, Depression, Entmutigung, Enttäuschung, Trübsinn, Verzweiflung. ▶ Ermutigung, Freude, Hoffnung.
niedergeschmettert fassungslos, verblüfft, ernüchtert, enttäuscht, verstört, entzaubert, aus allen Wolken gefallen, aus dem Traum erwacht, entgeistert, überrascht, entsetzt, platt, verdutzt, starr, verdattert, versteinert, verwundert, perplex, sprachlos, erschossen, fassungslos. → bestürzt. ▶ gefaßt, übermütig.
niederhalten → beeinträchtigen, bekämpfen, beschneiden, bezwingen, entgegenarbeiten, unterdrücken.
niederhauen → fallen, unterwerfen.
Niederkunft → Entbindung, Erzeugung, Geburt.
Niederlage Unterwerfung, Niederwerfung, Besiegung, Bezwingung, Schlappe, Ergebung ● Mißerfolg, Hereinfall, Fall, Sturz, Fehltritt, Verzicht, Schaden ● Ort, Dorf, Niederlassung, Aufenthaltsort, Einlagerung, Anlage, Quartier. → Büro, Depot, Etablissement, Filiale, Lager. ▶ Sieg.
niederlassen → ausruhen, besetzen, einbürgern, einwandern.
niederlassen, sich → anhalten, aufhalten sich, besetzen, bevölkern, bewohnen, bleiben, einkehren, einquartieren sich.
Niederlassung Ansiedlung, Depot, Etablissement, Filiale.
niederlegen → abbrennen, abdanken, abwerfen, auflegen, ausruhen, beiseite legen, betten, Bord werfen über, deponieren, dielen, dareingeben sich, quittieren.
niederlegen, die Arbeit → abbrechen, abdanken, bequem, streiken.
niedermachen → ausrotten, töten, zerstören.
niedermähen → abbrechen, ausmerzen, demolieren, destruieren, töten, zerstören.
niedermähend → demolierend.
niederreißen → abbrechen, abschaffen, ausmerzen, zerstören.
niederschießen → ausmerzen, erjagen, töten.
Niederschlag Tau, Nebel, Hagel, Schnee, Dunst. → Ansatz, Ausgang, Dreck, Exkrement, Wirkung, Wetter, Regen, Feuchtigkeit.
niederschlagen absondern, spalten, entbinden, freisetzen,

lösen, ausscheiden, entdampfen, absetzen, ablösen ● trennen, unterbrechen, abstehen, die Sache an den Nagel hängen, Abstand nehmen, einstellen, beseitigen, unter den Tisch fallen lassen, zum Schweigen bringen, in den Papierkorb werfen ● betauen, regnen, rieseln, triefen, gießen, spritzen, besprengen ● hindern, verhindern, abwenden, eindämmen, niederhalten, lahmlegen, ersticken, Riegel vorschieben, bekämpfen. → abbrechen, ausrotten, hemmen, zerstören.

niederschmettern umwerfen, umhauen, niederhauen, fällen, niederstoßen ● bestürzen, beugen, niederschlagen, erniedrigen, enttäuschen, demütigen, beschämen, tadeln, ernüchtern, anfahren, den Stolz nehmen, den Dünkel austreiben, den Marsch blasen, Mores lehren. → herabsteigen. ▷ aufrichten, überheben sich.

niederschmetternd → arg, bejammernswert, beschämend, Blitz getroffen wie vom, niedergeschmettert, schmerzlich.

niederschreiben → abfassen, aufnehmen, beschreiben, deponieren, schreiben.

Niederschrift → Arbeit, Druckvorlage, Manuskript, Text, Bandaufnahme.

niedersetzen ausruhen, hinsetzen, kauern, beugen, hinlegen, dasitzen, niedersinken, lagern, rasten, ruhen, verschnaufen, einhalten, sich's bequem machen, die Hände in den Schoß legen. → bleiben auf dem Platze. ▷ arbeiten, aufstehen.

niedersinken → fallen, niedersetzen.

niederstimmen → überstimmen.

niederstrecken → ausrotten, bewältigen, töten, unterwerfen.

niederstürzen → fallen.

Niedertracht → Anstößigkeit, Bosheit, Niedrigkeit, Schande.

niederträchtig ehrlos, infam, gemein, jämmerlich, miserabel, nichtswürdig, gewissenlos, lasterhaft, lästerlich, teuflisch, niedrig, charakterlos, erbärmlich, klein, armselig, gewöhnlich, unwürdig, würdelos, hemmungslos, poplig u, böse, schlecht, boshaft, arg, tückisch, unredlich, unmoralisch, verdorben, verrucht, hämisch, spitzbübisch, übel, berüchtigt, elend, verachtungswürdig, verdammenswert, verworfen, hundsgemein, schändlich, schandbar, unfair. → abbrüchig, abscheulich, anrüchig, anstößig, arg, bedauerlich, beißend, beschämend, bestechlich, böse, bübisch, charakterlos, dämonisch, diabolisch, dunkel, gemein, klein, zynisch. ▷ charaktervoll, gut, nobel.

Niederträchtigkeit → Bosheit, dunkler Punkt, Niedrigkeit, Schande.

Niederung Tiefland, Flachland, Tiefebene, Unterland, Tal ● Geest, Geestland, Marsch, Marschland ● Küstenland, Küste. → Niedrigkeit.

niederwärts → drunten, unten.

niederwerfen, niederzwingen → abwerfen, bewältigen, dareingeben sich, erobern, unterwerfen.

niedlich → angenehm, anmutig, charmant, entzückend, nett, schön.

niedrig flach, eben, ebenerdig, tief, drunten, zuunterst, unten, abwärts, niederwärts, hinunter, herunter, am Boden, zu Füßen. → beschämend, bestechlich, böse, charakterlos, demütig, diabolisch, dunkel, fahnenflüchtig, gemein, menschenunwürdig, minderwertig, niederträchtig. ▷ charaktervoll, gut, hoch.

niedrigdenkend → alltäglich, charakterlos, gemein.

niedriger hängen → erniedrigen, verachten.

Niedrigkeit Tiefpunkt, Untiefe, Tiefstand, Seichtigkeit, Uferland, Niedergang, Flachheit, Ebenerdigkeit ● Nichtswürdigkeit, Niederträchtigkeit, Niedertracht, Unwürdigkeit, Lumpengesinnung, Charakterlosigkeit, Armseligkeit, Gemeinheit, Laster, Schande, Unredlichkeit, Lumperei, Erniedrigung, Untertänigkeit, Unterwürfigkeit, Selbsterniedrigung, Gefügigkeit, Ergebenheit, Demütigung. → Schande. ▷ Charakterfestigkeit.

niemals → keineswegs, nie.

niemand keiner, nicht eine lebende Seele, keinerlei, gar niemand, Leere, Lücke, Mangel, Abwesenheit, Öde, unbesetzt, unbewohnt, menschenleer, unausgefüllt, unbevölkert, verlassen, einsam, entvölkert, Anonymus, keine Menschenseele, kein Aas, kein Mensch, kein Schwanz, keine Maus, kein Hund, keine Kuh u, kein Pferd u, kein Schwein u, gähnende Leere, rein gar nichts, nichts und wieder nichts, Null Komma nichts, nichts weit und breit, Vakuum. → abwesend. ▷ alle, anwesend, viele.

Nieren gehen, an die → ärgern, aufregen, bemächtigen.

nieseln → regnen.

Nießbrauch → Benützung.

niet- und nagelfest, nicht mitgehen heißen, lange Finger machen, die Taschen leeren, kaufen wenn niemand im Laden ist, sich unrechtmäßig zueignen, stehlen, entwenden, wegnehmen, mausen, verschwinden lassen, beiseite schaffen. ▷ rechtschaffen (sein).

Niete → Bindemittel, Fehler, Versager.

Nihilismus Gesetzlosigkeit, Anarchie, Verneinung.

Nihilist Leugner, Verneiner, Materialist, Anarchist, Umstürzler, Verleugner, Ungläubiger, Leugner des Daseinszweckes, Leugner des Daseinssinns. → Bandit, Brandstifter.

Nimbus Wolke, Regenwolke ● Ruhmesglanz, Strahlenglanz, Heiligenschein, Glorienschein, Verherrlichung, Überschüttung, Pracht, Prunk, Pomp, Gepränge. → drum und dran. ▷ Ruhmlosigkeit, Sonnenschein.

nimmer → keineswegs, nie.

Nimmersatt → Blutsauger, Feinschmecker, Mammonsdiener.

nimmersatt → gefräßig.

Nimmerwiedersehen, auf → dahin, fort, weg.

nippen → genießen, kosten, probieren, trinken.

nirgends irgendwo, entfernt, vermißt, hinweg, verschollen, verloren, verschwunden, abwesend, fort, überhaupt nicht, gar nicht, an keinem Ort, im Nirwana, weg, sonstwo, da muß man weit laufen, in Lethes Fluten, wo die Hunde mit dem Schwanz bellen, in Nirgendheim, da kannste lange warten. → abwesend. ▷ überall.

nirgendswo → nirgends.

Nische Vertiefung, Höhlung, Mauervertiefung, Wandvertiefung, Einbauchung, Einschnitt, Fuge, Loch, Lücke, Zimmernische, Zimmerecke.

nisten → besetzen, einnisten.

Niveau Fläche, Höhe, Höhenlage, Stand, Rang, Stufe, Bildungsstand, Gesichtskreis, Horizont, Wert, Geisteshöhe ● Wasserstand, Meeresspiegel, Höhengleichheit. ▷ Geistesarmut, Unwert.

nivellieren → ausgleichen.

Nivellierung → Gleichmachung.

Nixe Undine, Wasserjungfer, Seejungfer, Meerweib, Schwanenjungfrau, Wassergöttin, Meergöttin, Quellengöttin, Stromgöttin, Flußgöttin, Seegöttin, Sirene, Wassergeist. → Fee.

nobel gesinnungsflott, großmütig, freigebig, großzügig, gastfreundlich, hochherzig, edelherzig, wohltätig, hilfsbereit, königlich, fürstlich, verschwenderisch, leutselig, gefällig, liebenswürdig, großherzig. → adelig, anständig, betragen sich, königlich. ▶ niederträchtig.

Noblesse→Edelmut, Großmut, Eleganz.

noch → außerdem, beiläufig, dabei, damit, darüber, dazu, ferner.

noch einmal → abermals, doppelt, erneut, wieder.

nochmals → abermals, erneut, wieder.

nomadisch umherziehend, friedlos, ruhelos, unstet, flüchtig, fahrig, umherschweifend, vagabundisch, umherstromernd, umhergeisternd, unständig, reiselustig, unbeständig, ewig unterwegs, in ewiger Bewegung, unruhig, rastlos, beweglich. ▶ seßhaft.

nominieren benennen, ernennen, bezeichnen, anführen, heißen.▶ widerrufen.

nonchalant → salopp, lässig, leger.

non plus ultra nicht darüber hinaus, unübertroffen, unübertrefflich, überlegen, beispiellos, erhaben, auffallend, unbeschreiblich, außergewöhnlich, selten, aufsehenerregend, prima. ▶ gewöhnlich, schlecht, unterlegen.

Nonne → Klosterfrau.

Nonsens → Unsinn.

Nörgelei Nörgelsucht, Genörgel, Widerspruchsgeist, Quängelei. → Kritik, Tadel.

nörgelich → zanksüchtig.

nörgeln mauzen. → ablehnen, beanstanden, einwenden, mäkeln, tadeln.

Nörgler Kritiker, Kritikaster, Miesmacher, Meckerer u, Stänker, Nörgelpeter u, Quengler, Quengelpeter u.

nörglerisch → spitzfindig.

Norm Gesetzmäßigkeit, Gewohnheit, Regel, Gegebenheit, Vorschrift, Richtschnur, Gebrauch, Sitte, Brauch, Schablone, Grundlage, Vorschrift, Bestimmung, Vorbild, Muster, Musterbild, Ordnung, Richtmaß, Gesetz, Regulativ, Schema, Prinzip, Motto. → Brauch, Regel. ▶ Abart, Neuheit.

normal gewöhnlich, gesetzlich, alltäglich, durchschnittlich, vorschriftsmäßig, gebräuchlich, ordentlich, unverdorben, gesetzmäßig, üblich, nach der Regel, nach Adam Riese, regelmäßig, genormt ● senkrecht.

normalisieren Ordnung schaffen, an seinen Ort stellen, organisieren, regeln. → regulieren.

Not Leid, Last, Knappheit, Kreuz, Kümmernis, im Fall der Not, Dreck, Klemme, Patsche u, Scheiße u, Brühe u, Suppe u, Schwulität u, Pein, Qual, Elend, Armut, Bedrängnis, Unheil, Verknappung, Mangel, Druck, Zwangslage, Schaden, Mißgeschick, Übel, Gefahr, Schwierigkeit, Unglück, Unruhe, Feuersnot, Kummer, Gottesgeißel, Schmerz, Notlage, Jammer, Gram, Drangsal, Unheil, Verderben, Mittellosigkeit, Geldklemme, Dürftigkeit, Veredelung. → Ärgernis, Elend, Beschwerde, Elend, Entbehrung, Geldmangel, Kargheit. ▶ Überfluß, Glück.

Not gehorchen, der → ungern, widerwillig.

Not sein, in aufgeschmissen sein, im Elend sitzen, in der Tinte oder Brühe stecken u, im Druck sein, im Dreck sitzen, in der Patsche oder auf dem Pfropfen sitzen u, auf dem Trockenen oder in der Scheiße sitzen u, in die Nesseln geraten sein, es regnet in die Bude u, es brennt unter dem Nagel, Holland in Not.

notabene → nebenbei.

Notanker → Ausweg, Behelf, Ersatz, Rettung.

Notar → Bevollmächtigter.

Notausgang → Hintertüre.

Notbehelf → Aushilfe, Ausweg, Ersatz, Behelf, Mittel.

Notdurft Entleerung, kleines oder großes Geschäft u, ein Ei legen u, Aa machen u, Pipi machen u, etwas machen u, abschlagen, sich rückwärts in die Büsche schlagen u, verschwinden, aufs Häuschen gehen u, sich erleichtern, kacken, einen Kaktus pflanzen u, ein menschliches Rühren verspüren, Stuhldrang haben ● Notdurft verrichten.

notdürftig → annähernd, begrenzt, eingeschränkt, einigermaßen, kärglich, ungenügend.

Note Fußnote, Anmerkung, Anhang, Erläuterung, Nachschrift, Anhängsel, Nachtrag, Ergänzung ● Musiknote, Tonzeichen, Notensystem, Tonleiter ● Gutachten, Zeugnisnote, Begutachtung, Zensur, Ergebnis, Beschluß, Beurteilung ● Banknote, Geld, Papiergeld, Währung ● Schriftstück. → Ausfertigung.

Noten, nach schlagen, verdreschen, verhauen, verklopfen, tadeln, das Fell gerben, überlegen, schimpfen ● geübt, geschickt, virtuosenhaft, geschult, gewandt, kunstfertig, gründlich, mustergültig, meisterlich, vollendet, vollkommen, ausgezeichnet, loben, ungeschickt.

Notfall → Beschwerde, Schwierigkeit.

notgedrungen unfreiwillig, zwangsweise, unumgänglich, zweckbedingt, so oder so, gezwungen, zwingend, keine Wahl haben, unabwendbar, unerläßlich, unausweislich, unabweislich, genötigt, keine andere Wahl haben. → gezwungenermaßen. ▶ freiwillig.

Notgroschen → Ersparnis, Heckpfennig.

notieren → aufnehmen, schreiben, verzeichnen.

nötig lebenswichtig, unerläßlich, notwendig, erheischt, unentbehrlich, unumgänglich, erforderlich, vonnöten, dringend, durchaus, unabweislich, verlangt, brotnötig, blutnötig, unbedingt, auf jeden Fall, es bedürfen, es brauchen, es benötigen. → besiegelt, dringend, erforderlich.

nötigen erpressen, erzwingen, abnötigen, beschwatzen, abringen, aufnötigen, aufdrängen, die Pistole auf die Brust setzen, mit Gewalt vorgehen, die Hand an die Gurgel legen ● anspornen, ermutigen, anfeuern, aufmuntern, anregen, antreiben, aneifern, bestimmen, begeistern für, bewegen, bewirken, veranlassen, einflüstern, zureden, anraten, ersuchen, überreden, bereden, einreden ● die Faust zeigen, abtrotzen, abdrohen, die Daumenschrauben anlegen, an die Wand drücken, den Starrsinn brechen, zur Vernunft bringen, den eigenen Willen aufzwingen ● lästig fallen, ausfragen, auspumpen, auspressen, ausquetschen, belauern. → anbieten, aufdrängen, aufzwingen, bemühigen, bestimmen, durchdrücken, erzwingen, lassen keine Wahl, zwingen. ▶ anheimstellen, bitten, entmutigen, nachsichtig sein.

nötigenfalls → schließlich, wenn.

Nötigung → Gewalt, Gewalttätigkeit, Unfreiheit, Ursache.

Notiz Glosse, Hinzufügung, Anmerkung, Meldung, Vermerk, Erwähnung, Randbemerkung, Fußnote, Angabe, Aufzeichnung, Bemerkung, Auskunft, Ergänzung, Bericht, Bescheid, Mitteilung, Nachricht, Bekanntmachung, Veröffentlichung, Abhandlung ● Kenntnis, Kenntnisnahme. → Anmerkung, Artikel, Chronik, Gedächtnisstütze.

Notizblock → Block.

Notlage Mißlichkeit. → Dilemma, Krise, Macht der Verhältnisse, Not, Schwierigkeit, Unglück, Verlegenheit.

notleiden kümmern *j.* → arm, ermangeln.

notleidend → abgebrannt, abgerissen, arm, beengt, erwerbslos, herabgekommen.

Notlösung Behelf, Ausweg, Ersatz.

Notlüge → Ausflucht, Ausrede, Ausweg, Behelf, Deckmantel, einmal ist keinmal.

Notmast → Behelf, Ersatz, Gefahr.

Notmittel → Notlösung.

Notnagel → Aushilfe, Behelf.

notorisch → sicher.

Notpfennig → Ersparnis.

Notruf → Alarm, Angstruf, Mordio!

Notschrei → Alarm, Angstruf, Klage, Mordio!

Notstand → Ermächtigung.

Notwehr Selbsthilfe, Verteidigung, Selbstverteidigung, Abwehr, Gegenwehr, Selbsterhaltung, Sicherung, Widerstand ● Notlage, Dilemma, Bedrängnis, Gefahr, Lebensgefahr, Unsicherheit, Schutzlosigkeit, Notfall, Schwierigkeit, Wehrlosigkeit, Zwangslage, Ratlosigkeit. ▶ Handlungsfreiheit.

notwendig nötig, erforderlich, erheischt, unumgänglich, unerläßlich, lebenswichtig, unvermeidlich, unabwendbar, unabweislich, fordernd, dringend, unentbehrlich, brotnötig, unentrinnbar, zwangsläufig. → besiegelt, dringend. entscheidend, erforderlich, hauptsächlich, nötig.

notwendigerweise → bemüßigt, nötig, notwendig.

Notwendigkeit → Bedarf, Bedürfnis, Drang, Erfordernis, Gebot.

Notzeit → Niedergang, Not, Unglück.

Notzucht Gewalt, Zwang, Vergewaltigung, Schändung, Schwächung, Entehrung, Mißbrauch, Befleckung, Verführung, Entjungferung. → Beraubung.

notzüchtigen überfallen, zwingen, vergewaltigen, mißbrauchen, schänden, verführen, schwächen, nötigen, Notzucht treiben. → berauben. ▶ achten, schonen.

Novelle Neuigkeit, das Allerneueste, Kunde, Nachricht, Neuheit ● Nachtragsgesetz, Umgestaltung, Ausgestaltung. → Dichtungsart, Erzählung.

Novität → Neuheit.

Novize Neuling, Nonne, Schwester, Gottesbraut, Himmelsbraut, Klosterfrau, Klosterschwester, Laienschwester, Stiftsfräulein, Verlobte Christi, Ordensschwester, Klosterfräulein. → Anfänger.

Nu → Augenblick, Knall und Fall.

Nuance Abstufung, Abschattung, feiner Übergang, Feinheit, Ton, Spur, Kleinigkeit, Abtönung, Tönung, Wenigkeit, Kleinigkeit, Grad ● etwas, kleinwenig, geringfügig ● höchstens.

nuancieren abschattieren, unterscheiden.

Nubier → Farbiger.

nüchtern → abgeschmackt, abgestumpft, anspruchslos, beherrscht, bedürfnislos, friedfertig, langweilig, mäßig.

Nüchternheit → Abstinenz, Beherrschung, Beruhigung.

nudeln mästen, füttern, dick machen, stopfen, sättigen, befriedigen, übersättigen, überfüllen, überfüttern, überladen, satt machen. → anstetzen, dick werden. ▶ aushungern, hungern (lassen).

Null → Bagatelle, Dunst leerer, Nichts, Nulpe.

null und nichtig gar nicht, abgeschafft, aufgehoben, gegenstandslos ● nirgendwo.

Nullpunkt Gefrierpunkt, Ende, Schwelle, Stockung.

Nulpe Null, kein Kirchenlicht, Wenigkeit, Blödian, Dummkopf, Einfaltspinsel, Esel, Schaf, Simpel, Mondkalb, Quatsch, Unsinn, Stuß, Mist, Schussel, Trine, lange Leitung. ▶ Kopf kluger.

numerieren → zählen.

numerisch zahlenmäßig, arithmetisch, der Zahl nach, hintereinander, geordnet, aufeinanderfolgend, anschließend, in der Folge. ▶ (wertmäßig).

Numero Sicher → Gefängnis, Sicherheit.

Nummer → Absatz, Art, Ausfertigung, Chiffre, Erkennungszeichen, Lump, Paragraph, Teil, Zahl, Zeichen.

nun gegenwärtig, augenblicklich, jetzt, eben, soeben, gleich, gerade, derzeit, heute, heuer, im Begriff, heutigen Tages, heurig, nunmehr, jetzt, derzeit. → momentan.

nunmehrig → aktuell, derzeitig, momentan, nun.

Nuntius → Beauftragter, Bevollmächtigter.

nur wenig, gering, lediglich, knapp, kaum, bloß, ein bißchen, bescheiden, unmerklich, etwas, fast, unzulänglich, unerheblich, noch, ein wenig, in geringem Grad, minder, teilweise ● allein, nichts als, nichts anderes. → bloß. ▶ alle, viel.

nuscheln → murmeln.

Nuß → schwierig, unverständlich, unwichtig.

Nute → Furche.

Nutzanwendung → Benutzung.

nutzbar → verwendbar.

Nutzbarmachung → Benutzung.

nutzbringend → einträglich, erfolgreich, erfreulich, günstig, lohnend.

Nutzen → Anteil, Aufschlag, Ausbeute, Dienlichkeit, Einträglichkeit, Erwerb, Gewinn, Nützlichkeit, Vorteil.

nutzen → nützen.

nützen helfen, frommen, abwerfen, eintragen, nutzen, einbringen, Gewinn bringen, Vorteil bringen, Nutzen abwerfen, zugute -, zustatten kommen, dienen, von Nutzen sein, zusagen, Wert haben, gute Dienste leisten, sich lohnen, sich bezahlt machen, Gewinn abwerfen, behilflich sein, den Zweck erfüllen. → abwerfen. ▶ hemmen, wertlos (sein).

Nutzholz → Baum.

nützlich ersprießlich, förderlich, günstig, dienlich, anwendbar, passend, wertvoll, gut, lohnend, vorteilhaft, ertragreich, wirtschaftlich, nutzbar, nutzbringend, Geld einbringend, brauchbar, benützbar, zweckmäßig, griffig, geeignet ● hilfsbereit, behilflich, hilfreich, einsatzbereit. → annehmbar, dankbar, dankenswert, dienlich, opportun, dienstfähig, einträglich, empfehlenswert, erfreulich. ▶ nutzlos, verlustig.

Nützlichkeit Nutzen, Fruchtbarkeit, Förderlichkeit, Brauchbarkeit, Wohl, Wert, Gewinn, Ertrag, Verwendbarkeit, Einträglichkeit, Vorteil, Wirksamkeit, Lohn, Nutzbarkeit, Güte, Fähigkeit. → Auswirkung, Bedeutung, Brauchbarkeit, Dienlichkeit, Eignung, Einträglichkeit. ▶ Nutzlosigkeit.

nutzlos furchtlos, gescheitert, mißlungen, mißglückt, erfolglos, zwecklos, totgeboren, vergeblich, verfehlt, wirkungslos, überflüssig, unnütz, wertlos, undienlich, untauglich, wirkungslos, unbrauchbar, verkehrt, mißraten, fehlgeschlagen, umsonst, das ist für die Katze ● in den Wind reden ● keinen Hund mit etwas hinter dem Ofen hervorlocken, da ist Hopfen und Malz verloren, da ist alle Mühe umsonst. → dienstunfähig, entbehrlich, erfolglos, Katze für die. ▶ nützlich.

Nutzlosigkeit → Fruchtlosigkeit, Liebesmühe vergebliche, Unwert.

nutznießen benutzen, benützen, ausnützen, beanspruchen, das Recht genießen, besitzen, teilnehmen, sich beteiligen, beitreten, sich verbünden, sich vereinigen, aus einer Schüssel essen, Gemeinschaft haben mit, gebrauchen. → profitieren. ▶ (Gebrauch machen keinen), verscherzen.

Nutznießer → Besitzer, Hinterbliebene, Teilnehmer.

Nutznießung → Benutzung, Gebrauch.

Nutzung Anwendung, Verwertung, Gebrauch, Nießbrauch.

Nymphe Meerjungfrau, Nixe.

O

Oase Wüstenland, Leben, Rastplatz, Grünfläche.

ob, so tun als sich verstellen, markieren, sich geben als, heucheln, sich ausgeben für, aufschneiden, gaukeln, täuschen, düpieren, sich einen falschen Anschein geben, betrügen, hintergehen, hochnehmen, irreführen, ein Schnippchen schlagen.

Obacht Aufmerksamkeit, Achtsamkeit, Augenmerk, Beachtung, Beobachtung, Wahrnemung, Achtung, Wachsamkeit, Sorgfalt, Umsicht, Vorsicht, Betracht, Berücksichtigung, Augen auf. ▶ Unachtsamkeit.

Obdach Bleibe, Aufenthaltsort, Wohnstätte, Zufluchtsort, Unterschlupf, Schlupfwinkel, Wohnung, Haus, Heimstätte, Behausung, Unterkunft, Schutzdach, Hort, Quartier, Lager, Gaststätte, Zuflucht, Heim,Wohnbereich, Unterkommen, Herberge, Asyl, Sicherheit, Freistätte, Schlupfloch, Loch, Dreckloch u, Hundeloch u, Spelunke, vier Wände. → Asyl, Aufenthaltsort, Ausweg, Charite, Elternhaus, Klause. ▶ Himmel unter freiem.

obdachlos → arm, Himmel unter freiem.

oben hinauf, auf, droben, aufwärts, empor, darüber, hoch, obenauf, über, oberhalb, himmelan, wolkenwärts, haushoch, turmhoch, erhaben, emporragend, aufsteigend. → auf, darauf, droben, luftig, sicher, stark.

obendrein → außerdem, darüber, desgleichen, ferner, überdies.

oben herab, von hochmütig, eingebildet, eitel, stolz, hochfahrend, überhebend, anmaßend, herrisch, gebieterisch, verächtlich, höhnisch, hochnäsig, großtuerisch, befehlerisch. ▶ bescheiden, demütig, gutmütig, leutselig.

obenhin → oberflächlich.

Ober → Kellner.

Oberaufsicht → Aufsicht, Cameralia, Direktion.

Oberbürgermeister → Bürgermeister.

Oberfläche Äußeres, Außenschein, Schale, Kleid, Unwesentliches, Äußerlichkeit, Außenseite, Außenbild,Oberschicht, Überzug, Decke, Bedeckung, Einschlag, Umschlag ● Fläche, Ebene, das Äußere, Erdoberfläche. → Decke. ▶ Inneres.

oberflächlich flatterhaft, flattersinnig, flüchtig, hineinriechen, ungenau, leichthin, obenhin, ungefähr, gehaltlos, ungenau, unvollständig, seicht, nichtssagend, nachlässig, zerstreut, gewissenlos, unachtsam, schlampig, unverläßlich, im Husch-Husch, nach Schnauze u, im Hurra u, über den Daumen gepeilt, leichtsinnig, übereilt ● äußerlich, außerhalb, auswendig, auswärts, von außen, draußen, auf der Außenseite. → außen, äußerlich, bedenklich, dilettantisch, fahrig, leichtfertig. ▶ gewissenhaft, innerlich, (kernhaft).

Oberflächlichkeit → Fahrlässigkeit, Milchmädchenrechnung.

oberhalb → darauf, darüber, droben.

Oberhand haben übertreffen, überstimmen, führen, beherrschen, überwältigen, überragen, überholen, überbieten, überstrahlen, ausstechen, verdunkeln, das Übergewicht haben, den Vorrang behalten, Oberwasser haben, in den Sack stecken, den Vogel abschießen, meistern, sich auszeichnen. ▶ unterliegen.

Oberhaupt Führer, Kopf, Lenker, Oberleitung, Leiter, Hauptperson, Vorstand, Arbeitsherr, Chef, Direktor, Geschäftsführer, Werkführer, Staatslenker, Herrscher, Präsident, Feldherr, Heerführer, Kapitän, Papst, Aufseher, Bürgermeister, Statthalter, Respektsperson, Amtsperson,Anführer, Minister, Obermeister, Prinzipal, Verwalter. → Chef, Direktrice. ▶ Untergebener.

Oberherrschaft Oberhoheit, Leitung, Führung, Verantwortung.

Oberleitung Leitung, elektrische Leitung, Betriebsanlage, Kraftanlage, Autobusleitung. → Cameralia, Direktion, Oberhaupt.

Oberschicht Stand, Herrenschicht, Regierungskreise, Offizierskaste, Patriziertum, Gelehrtenwelt, Professorenstand, Aristokratie, Magnat, Direktorstand, Herrscher-

tum, die oberen Zehntausend, die Spitze der Gesellschaft, Industriebesitzer.→Anstrich, Bedeckung, Decke, Oberfläche. ▶ Masse, Pöbel.

Oberseite → Oberfläche, Vorderseite.

Obersteiger → Bergmann.

Oberstübchen, nicht richtig im → dumm, schwachsinnig.

Oberwasser behalten → gewinnen.

obgleich → allein, dagegen, dennoch, doch, trotz.

Obhut Fürsorge, Obsorge, Betreuung, Schutz, Pflege, Bewachung, Geleit, Sicherheit, Hut, Deckung, Bedeckung, Gefahrlosigkeit, Leitung, Schutzwache, Sicherung, Beschützung, Verteidigung, Sicherheitswache. → Bedeckung, Bewachung. ▶ Schutzlosigkeit.

Objekt → Ding, Etwas, Gegenstand.

objektiv gerecht, sachlich, unparteiisch, parteilos, unbefangen, vorurteilsfrei, vorurteilslos, unverborgen, verständig, unbeeinflußt, angemessen, sachdienlich, unvoreingenommen, tatsächlich, wirklich. ▶ individuell, ungerecht, unsachlich.

objektivieren ins rechte Licht rücken, für sich betrachten.

Objektivität Sachlichkeit, Unparteilichkeit, Gerechtigkeit, Unvoreingenommenheit, Vernünftigkeit, gerechtes Urteil, Klarheit, Unbefangenheit, Einsicht, Vorurteilslosigkeit, Folgerichtigkeit, Unverborgenheit, Verständigkeit, Angemessenheit. ▶ Ungerechtigkeit, Unsachlichkeit.

obliegen zukommen, gebühren, geziemen, sich gehören, als Pflicht ansehen, seine Schuldigkeit tun, nicht unterlassen, sollen, die Nötigung fühlen, sich selbst schuldig sein, sich verpflichtet fühlen, die Forderung fühlen, die Verantwortung übernehmen, eine Pflicht antreten. ▶ anmaßen, vernachlässigen.

Obliegenheit Funktion, Dienstleistung, Arbeit, Amt, Pflicht, Aufgabe, Angelegenheit, Schuldigkeit, Auftrag, Verrichtung,Sache, Geschäft, Beschäftigung, Pflichtmäßigkeit, Verpflichtung, Bindung, Amtspflicht, Verbindlichkeit, Mission, Last. → Amt, Angelegenheit, Arbeit, Aufgabe, Beruf, Dienstpflicht.▶ Pflichtvergessenheit, Übergriff.

obligatorisch verpflichtend, angeordnet, verbindlich, bestimmungsgemäß, pflichtmäßig, vorgeschrieben, bindend, erforderlich, obliegend, von Amts wegen, auferlegt, aufgebürdet, pflichtig, ord-

nungsgemäß, ordnungsmäßig, nötigend. → erforderlich. ▶ freiwillig, unverbindlich.
Obligo Verbindlichkeit, Verpflichtung, Haftung, Gewähr, Soll, Rückstand, Verschuldung, Schuldigkeit. ▶ Guthaben.
Obmann → Chef, Oberhaupt.
Obolus → Entrichtung, Gabe.
Obrigkeit Ordnung, Gewalt, Verfassung, Staatsordnung, Behörde, Amt, Geschäftsstelle, Ministerium, Gesetzgebung, Verwaltung, Gericht, Staat, Staatsleitung, Amtsperson, Kabinett, Magistrat, Regierung, Staatsgewalt, Verwaltungsbehörde, Präsidium, Senat. → Amt, Behörde, Bürgermeister, Dienstweg. ▶ Untertan.
obschon obgleich, wenngleich, obwohl. → allein, dagegen, demungeachtet, dessenungeachtet, dennoch, doch, immerhin, meinetwegen, trotz.
Observanz Beobachtung, Ritus, Herkommen, Gewohnheitsrecht, Zeremonie, Gebräuche, Rituale, Kultusgebrauch, Ordensregel, Übung, Gepflogenheit, Zeremonial, Rituale, Verordnung.
obsiegen → ausstechen, bewältigen, das Feld behaupten, überbieten.
obskur → dunkel.
Obsorge → Obhut.
Obstbaum → Baum.
Obstruktion → Hindernis.
obszön → anrüchig, ausschweifend, abstoßend, frivol, geschlechtlich, unanständig.
obwaltend leitend, tonangebend.
obwohl → allein, dagegen, dennoch, dessenungeachtet, doch, hingegen, obschon, trotz, obzwar.
obzwar → obwohl.
Ochs vor dem Tor, wie ein → dumm.
ochsen → bewältigen, lernen.
Ochserei Lernen, Paukerei, Büffelei, Studium, Lerneifer.
Ode → Dichtungsart.
Öde → Einöde, Nichts.
öde verfallen, einsam, verlassen, baufällig, verwildert, unfruchtbar, karg, dürr, wüst, trocken, ertragsunfähig, ertragslos, unergiebig, baumlos, kahl, leer ● langweilig, quälend, ermüdend, gehaltlos, trocken, monoton, schal, blöde, trostlos, trist, einschläfernd, hölzern, prosaisch, geistlos ● abwesend. ▶ belebend, fruchtbar, heiter.
oder entweder, so oder so, eines oder das andere, beliebig. ▶ und, weder noch.
oder auch → außerdem.
Odium Makel, Schandfleck, Schandmal, Schande ● Haß, Gehässigkeit, Feindseligkeit,

Ungunst, Abgunst, Verbitterung, Abneigung, Unwille, Feindschaft, Zurücksetzung, Widerwille, Unwille, Ablehnung, Ungeneigtheit, Verhaßtheit, Haßgefühl. ▶ Anerkennung, Hochachtung, Makellosigkeit, Zuneigung.
Ofen Feuerstelle, Feuerung, Herd, Rost, Kamin, Heizkörper, Heizkessel, Kachelofen, Mantelofen, Brandstelle, Feuerherd, Herdstelle, Backofen, Heizofen, Wärmequelle ● Hochofen, Schmelzofen. → Backofen, Brandstätte, Esse.
Ofenhocker → Muttersöhnchen, Stubenhocker.
Ofenrohr → Esse.
Ofenschirm → Bedeckung, Schutz.
offen gähnend, leck, sperrangelweit, geöffnet, auf sein, gangbar, frei, unversperrt, aufgeschlossen, aufgesperrt, auf, hohl, zugänglich, begehbar, erschlossen, unverschlossen ● gradheraus, wahrhaft, ehrlich, freimütig, unverhohlen, unumwunden, natürlich, unverfälscht, offenherzig, treuherzig, unverdorben, arglos, grade, echt, aufrichtig, unverstellt, unverblümt, rundheraus, redlich, unverborgen, unverhüllt, bündig, ungeheuchelt, frisch von der Leber, nennen das Kind beim Namen, offen heraus sagen ● geöffnet bleiben, auf bleiben ● geöffnet halten, auf haben. → anschaulich, arglos, aufrichtig, charakterfest, deutsch auf gut.
offen halten → reservieren.
offen heraus sagen → bekennen, gestehen.
offen lassen auf lassen, in der Schwebe lassen, dahingestellt sein lassen, aus dem Wege gehen, im dunkeln lassen, der Frage ausweichen, dem Kern der Sache ausweichen, sich nicht festlegen, keine Antwort geben, die Auskunft verweigern, in Unwissenheit halten, von nichts wissen, sich verschließen, ein Schloß vor den Mund legen, den Nichtwisser spielen, die Lösung nicht sagen, die Antwort verweigern, sich aus schweigen, zurückhalten, verschweigen. ▶ aufklären, erklären.
offenbar ersichtlich, kundig, deutlich, erwiesen, sichtbar, schaubar, augenfällig, bemerkbar, offenkundig, auffällig, erkennbar, handgreiflich, unverkennbar, unterscheidbar, augenscheinlich, entschieden, unverhohlen, kundig, unverschleiert, bekanntlich. → anscheinend, auffallend, augenfällig, augenscheinlich, bekanntermaßen,

bemerkbar, deutlich. einleuchtend, erkennbar, liegen auf der Hand.
offenbaren mitteilen, angeben, dartun, äußern, sprechen, reden, hinweisen, aufzeigen, enthüllen, ergründen, zeigen, anzeigen, eröffnen, aufdecken, entdecken, auseinandersetzen, entschleiern, entlarven, lüften, bloßstellen, bloßlegen, offenlegen, aufhellen, darlegen, kein Blatt vor den Mund nehmen, ans Licht bringen, das Kind beim rechten Namen nennen, die Karten aufdecken, die Katze aus dem Sacke lassen. → aufklären, aufzeigen, ausdrükken, ausschütten, beichten, belehren, benehmen den Irrtum, bloßlegen, bloßstellen, darstellen, demaskieren, demonstrieren, eingestehen, erkennen lassen, erzählen, exponieren, gestehen, hängen an die große Glocke, kommen ans Sonnenlicht, manifestieren, Maske fallen lassen. ▶ verheimlichen.
Offenbarung Apokalypse, Weissagung, Voraussage, Bescheid, Orakel ● Offenheit, Mitteilung, Auskunft, Eröffnung, Aufklärung, Angabe, Darlegung, Offenherzigkeit, Bekanntgabe ● göttliche Offenbarung, Bibel, Heilige Schrift, Wort Gottes. → Bekenntnis, Demonstration, Enthüllung, Entlarvung. ▶ Verheimlichung, Unwissenheit.
Offenbarungseid → Schwur.
offene Tür, Politik der → offen, wahr.
offenhalten, die Augen → aufpassen.
Offenheit Mitteilsamkeit, Vertraulichkeit, Gesprächigkeit, Offenherzigkeit, Herzensergießung, Geständnis, Bekenntnis, Beichte, Enthüllung, Ausschüttung, Erleichterung, Verkündigung, Wahrhaftigkeit, Aufrichtigkeit, Natürlichkeit, Treuherzigkeit, Ehrlichkeit, Redlichkeit. → Aufrichtigkeit, Bestimmtheit, Charakterstärke, Deutlichkeit. ▶ Verschlossenheit.
offenherzig frei, dekolletiert, weit ausgeschnitten, freigebig ● mitteilsam, offen, freimütig, gesprächig, Herz auf der Zunge haben, kein Blatt vor den Mund nehmen, seinen Gefühlen freien Lauf lassen, aus der Schule plaudern, das Herz auf der Zunge haben, aus seinem Herzen keine Mördergrube machen, reden wie einem der Schnabel gewachsen ist, frisch von der Leber sprechen, auf die Nase binden, deutsch mit jemandem reden, ein aufgeschla-

nes Buch. → aufrichtig, charakterfest, derb, offen. ‣ verschlossen.
Offenherzigkeit → Freimütigkeit, Offenheit.
offenkundig → auffallend, augenfällig, augenscheinlich, bekanntermaßen, bemerkbar, bestimmt, deutlich, erkennbar, erwiesen, sicher.
offenlegen → bloßlegen, offenbaren.
offenliegen → erkennbar, offen, klar, verständlich.
offensichtlich → augenscheinlich, deutlich, erwiesen, feststehend, klar, liegen auf der Hand, natürlich.
Offensive → Angriff, Ausfall.
offenstehen → gähnen, offen.
offenstehend → dahingestellt, offen.
öffentlich → amtlich, behördlich, bekannt, coram publico, offiziell.
Öffentlichkeit → Bevölkerung.
offerieren → anbieten, bewerben sich.
Offerte → Angebot.
Office → Büro.
officio, ex → dienstlich.
offiziell gesetzlich, öffentlich, amtlich, ordentlich, behördlich, feierlich, authentisch, geltend, staatlich, förmlich, ernsthaft, offiziös, beglaubigt, verbürgt, von der Behörde ausgehend. → amtlich, beglaubigt, behördlich, bestimmt, dokumentarisch, eidlich. ‣ unbestimmt, ungesetzlich.
Offizier Truppenführer. → Chef, Soldat.
offiziös halbamtlich, nicht verbürgt, mit Wissen des Amtes, auf amtlichen Mitteilungen beruhend, umlaufend. → offiziell, gesetzlich, geltend. ‣ amtlich, illegal.
öffnen erschließen, aufschließen, aufsperren, aufkriegen *u*, aufmachen, aufschlagen, auffalten, erschließen, aufdecken, schlitzen, aufschneiden, aufdrehen, aufbrechen, aufsprengen, aufknacken, entknoten, entriegeln, entsiegeln, entstöpseln, anzapfen, anstechen, durchstechen, aufstechen, durchstechen, einstoßen, aufreißen, aufschieben, einschlagen, durchschlagen, auftun, bersten, aufspringen, platzen, sprengen ● auspacken, aufpacken, aufwickeln, aufrollen, aufschürzen, herauswickeln ● öffnen die Augen. → aufbrechen, aufdrehen, aufgehen, aufmachen, aufrollen, aufwinden, bersten, bohren, einlassen, erbrochen. ‣ schließen.
öffnen, die Augen → bedeuten, belehren.
öffnen, die Tore → dareingeben sich, öffnen.

Öffnung Zwischenraum, Lücke, Loch, Durchlaß, Leck, Luke, Bresche, Durchstich, Eingang, Erschließung, Ausgang, Ausstieg, Fenster, Bullauge, Türe, Tor, Pforte, Hohlraum, Höhlung, Einbruch, Austritt ● Mund, Maul, Mündung, Stollenmund, Schlund, Schnauze, Rachen, Kehle, Spundloch, Hahn, Düse, Röhre, Bohrloch, Einstich, Durchlochung, Durchbohrung ● Schlüsselloch, Mauseloch, Nadelöhr. → Ausguß, Bruch, Durchfahrt, Durchgang, Loch. ‣ Verschluß.
oft häufig, fortwährend, beständig, mehrfach, mehrmals, wiederholt, wiederkehrend, öfters, unaufhörlich, vielmals, jedesmal, alltäglich, vielfach, zahlreich, ewig, abermalig, erneut, immer, wiederum, x- oder zig-mal *u*, abermals. → beständig, haufenweise, jedesmal. ‣ hin und wieder, nie, oft nicht.
oft, nicht → dann und wann.
öfters → beständig, jedesmal, oft.
oftmals → häufig, gelegentlich, oft.
oh → ach, au, Überraschung.
Oheim → Anverwandte.
ohne → ab, abgesehen, abzüglich, außer, ausgenommen, ausschließlich, exklusive.
ohne Unterlaß → andauernd, selbstverständlich, stillschweigend.
ohne weiteres vorbehaltlos. → direkt, gern.
ohnedem, ohnedies → sowieso.
ohnegleichen › dasselbe, beispiellos, einmalig, fern, unvergleichlich.
ohnehin → absolut, sowieso.
Ohnmacht → Bedeutungslosigkeit, Beengung, Beklemmung, Beschwerde, Coma, Einflußlosigkeit, Entkräftung, Erschöpfung, Schwäche.
ohnmächtig → abgespannt, bebend, besinnungslos, energielos, schwach.
Ohr Körperteil, Gesichtsteil, Ohrläppchen, Ohrmuschel, Gehörsinn, Gehörorgan, Ohrtrompete, Trommelfell, Gehörgang, Gehörschnecke → Knick, Eselsohr, Bruch, Ecke, Umschlag ● Lauscher, Löffel, Horcher, Lauser, Lappen, Schüsseln, Behang *j*, Teller *j*.
Ohr flüstern, ins mitteilen, anzeigen, eröffnen, verraten, auseinandersetzen, enthüllen, bloßstellen, bloßlegen, im Vertrauen mitteilen, in ein Geheimnis einweihen, einblasen, zutragen, einflüstern, jemandem die Augen öffnen, ausschwatzen, plaudern. → verleumden. ‣ verheimlichen.
Ohr, ganz wißbegierig, fragend, forschend, fragselig, ausforschend, aufmerksam, zuhörend, aufpassend, wachsam, hellhörig, gespannt, umsichtig, mit offenen Augen, ganz Auge und Ohr, mit verhaltenem Atem. ‣ unaufmerksam.
Ohr hauen, übers → täuschen.
Öhr Schlaufe, Schlinge, Öse ● Ring, Kreis, Reif.
Ohrbeleidigung → Charivari, Beleidigung.
Ohren, hinter den → arglistig, falsch, schlau.
Ohren kommen, zu → erfahren, hören.
Ohren predigen, tauben → unempfänglich.
Ohren spitzen, die → belauern, neugierig.
ohrenbeleidigend → laut.
ohrenbetäubend → laut.
Ohrenbläser → Angeber, Heimlichtuer, Schmeichler.
Ohrenbläserei → Byzantinismus, Schmeichelei, Verleumdung.
Ohrenschmaus → Genuß.
ohrenzerreißend → laut, schrill.
Ohrenzeuge → Beobachter.
Ohrfeige Maulschelle, Watsche *u*, Ohrwatsche *u*, Backenstreich, Dachtel *u*, Handschrift *u*. → Bearbeitung, Bestrafung.
ohrfeigen → bestrafen, dreschen.
okkult heimlich, verborgen, getarnt, geheim, dunkel, verhüllt, versteckt, verdeckt, rätselhaft, verdunkelt, verschleiert, unklar ● übersinnlich, okkultistisch. ‣ begreiflich, nüchtern.
Ökonom → Bauer.
Ökonomie Sparsamkeit, Wirtschaftlichkeit, Wirtschaftskunde, Landwirtschaft, Landwirtschaftsbetrieb, Bodenkultur, Bodenbearbeitung, Ackerbau, Haushaltung. → Bauernhof, Besitztum. ‣ Verschwendung.
ökonomisch haushälterisch, landwirtschaftlich, wirtschaftlich, sparsam, sorgfältig, geschäftstüchtig, genau, wirtlich. ‣ verschwenderisch.
Okzident → Abendland.
Öl ins Feuer gießen das Feuer schüren, Unruhe hervorbringen, auf die Spitze treiben, aufreizen, in Feuer und Flamme bringen, aufstacheln, aufhetzen, aufregen, das Blut zum Kochen bringen, anstacheln, entflammen, eindringen, zum Rasen bringen, das Blut in Wallung bringen, anfeuern, einen Streit heraufbeschwören, antreiben. ‣ beruhigen.
ölen schmieren, einfetten, einölen, einschmieren, fetten,

salben, wichsen, wischen, glätten ● trinken, tanken, schnäpseln, zechen, bechern, kneipen. → bohnern.

Ölfarbe → Farbe.

Ölgötze → Banause, Tor.

ölig → aalglatt, butterig, fettig.

Olims Zeiten → alt.

Olymp → Eden, Vergnügen.

Oma → Anverwandte.

Omega → Endpunkt.

Omen → Anzeichen.

ominös schlimme Vorbedeutung, bedenklich, verdächtig, anrüchig. → unheilvoll.

Omnibus → Fahrzeug (Straßen-).

Onkel → Anverwandte.

Onkelehe Rentenkonkubinat.

Opa → Anverwandte.

opalisierend → irisieren, schillernd.

Operation Heilverfahren, Eingriff, Wundgeschäft, Aderlaß, Unternehmung, Verfahren. → Behandlung.

operieren eingreifen, schneiden, verfahren, einschneiden, behandeln, schröpfen, wiederherstellen, Blut entziehen, zur Ader lassen, verarzten, kurieren ● unternehmen, arbeiten.

Opernglas → Feldstecher.

Opfer Beitrag, Darbringung, Sühne, Drangabe, Scherflein, Gabe, Spende ● Verlust, Einbuße, Entbehrung, Schaden, Beschlagnahme ● Notopfer, Opfergeld, Opfergroschen, Hilfe, Zuwendung, Liebesgabe, Fürsorge, Unterstützung, Gottesdienst, Messe, Meßopfer, Opferdienst, Rauchopfer, Brandopfer, Sühnopfer, Hekatombe, Opferung ● Menschenopfer, Kinderopferung, Witwenverbrennung, Flammentod ● Leidensgenosse, Geschädigter, Betroffener, Dulder, Leidtragender, Betrogener, Schlachtopfer, Blutzeuge, Märtyrer. → Beitrag, Hingabe, Märtyrer. ▶ Betrüger, Selbstsucht.

opferbereit heldenmütig, opfermütig, opferwillig, hingebungsvoll, hingebungsfreudig, opferungsfähig, selbstlos, einsatzbereit, treu, verläßlich, gesinnungstüchtig, bereitwillig, fürsorglich, barmherzig, hilfsbereit, menschenfreundlich, freigebig, spendefreudig, gefällig, uneigennützig, aufopferungsbereit, aufopferungsfähig, hingabefähig. → großmütig, selbstlos. ▶ kleinlich, selbstsüchtig, ungefällig.

Opferbereitschaft → Bereitwilligkeit, Selbstlosigkeit.

Opferfreudigkeit → Hingabe, Selbstlosigkeit.

Opfergabe → Gabe, Opfer.

Opfermut → Hingabe, Selbstlosigkeit.

opfermütig → nobel, opferbereit, selbstlos.

opfern hinopfern, aufopfern, hingeben sich, geben, bluten u, spenden, schenken, zuwenden, reichen, beschenken, zahlen, versorgen, spendieren, erteilen, zuteilen, ausstatten, verabfolgen, übergeben, verabreichen ● Opfer darbringen, weihen, Opfer halten. → abbüßen, ausbaden, ausliefern, begleichen, beschenken, Bord werfen über, beißen, darbringen, geben. ▶ behalten, entgegenstellen sich, nehmen, Vorteil haben seinen.

Opfersinn → Bereitwilligkeit, Gemeinsinn, Liebe, Selbstlosigkeit.

Opferung → Brandopfer, Opfer, Tötung.

opferungsfähig → enthaltsam, opferbereit, selbstlos.

Opferwille → Hingabe, Selbstlosigkeit.

opferwillig → anständig, barmherzig, enthaltsam, freigebig, opferbereit, selbstlos.

opponieren entgegenstehen, entgegenwirken, widerstreben, widerstehen, widersprechen, widerstreiten, entgegenstellen, trotzen, gegenübertreten, sich widersetzen, entgegenstreben, entgegenarbeiten, in Opposition treten, ablehnen, entgegenreden, die Spitze bieten, anfechten, Einspruch erheben. ▶ zustimmen.

Opposition → Auflehnung, Gegenpol, Gegenseite.

optieren sich für etwas entscheiden, wünschen, wählen, erwählen, abstimmen, auswählen, seine Ansicht kundgeben, anerkennen, eine Staatsangehörigkeit wählen. ▶ widerrufen.

opportunistisch pragmatisch, beweglich, erfolgsorientiert. → wetterwendisch.

optimal → bestmöglich.

Optimismus → Enthusiasmus, Hoffnung, Vertrauen.

Optimist Hoffnungsvoller, Zuversichtlicher, Vertrauensseliger, Schönseher, Selbstvertrauender, Sorgloser, Lebensfroher, Lebensbejahender, Stehaufmännchen u, Hoffnungsseliger. → Enthusiast. ▶ Pessimist.

optimistisch furchtlos, hoffnungsfreudig, getrost, vertrauensvoll, zuversichtlich, sorglos, zukunftsgläubig, sicher, unverzagt, gehoben, guten Mutes, Günstiges voraussehend, vertrauensselig, ohne Furcht, aussichtsvoll, arglos, hoffnungsselig, selbstvertrauend, froh, heiter, der Himmel hängt voller Geigen. → ermutigend, hoffnungsvoll. ▶ pessimistisch.

optische Täuschung Sinnestäuschung, Vision, Täuschung, Trübung, Sehstörung, Gesichtsverwirrung, Schwindel, Taumel, Irrung, Fehler, Irrglauben, Trugbild, Wahnbild, Selbsttäuschung. → Wirklichkeit.

opulent → prächtig, reich.

Orakel → Ahnung, Bescheid, Weissagung.

Orchester → Kapelle.

Orden Abzeichen, Stern, Ordensband, Achselklappe, Wappen, Medaille, Gradabzeichen, Schmuck, Ehre, Auszeichnung, Epaulette, Helmzier, Ehrenverleihung, Ehrenzeichen, Lorbeer, Ordensverleihung, Lametta u, Blechladen u, Klempnerladen u, Christbaumschmuck u ● Klosterorden, Mönchswesen, Bruderschaft, Nonnenstand. → Ausschmückung, Belohnung, Bruderschaft.

Orden verleihen → auszeichnen, dekorieren.

Ordensband → Band, Erkennungszeichen, Orden.

Ordensbruder → Mönch.

Ordenskleid → Kutte.

ordentlich → akkurat, artig, bedächtig, erstaunlich, fachgemäß, fest, gehörig, griffbereit, legal, normal, offiziell, sorgfältig.

Ordenverleihung → Ehre, Dekoration.

Order → Anordnung, Auftrag.

ordinär gewöhnlich, herausfordernd, überladen, unerzogen, unanständig, grob, gemein, abscheulich, unkultiviert, ungebildet, anzüglich, schlüpfrig, unartig, taktwidrig, taktlos, verdorben, verworfen, anrüchig, lasterhaft, unmoralisch, nichtswürdig. → abstoßend. ▶ anständig, anziehend, gebildet.

Ordinariat → Kapitel, Kirche.

ordinieren → einweihen, verordnen.

ordnen einreihen, zusammenstellen, vorkehren, regeln, bearbeiten, vorarbeiten, zurechtlegen, regeln, leiten, zurüsten, ausrichten, gliedern, abstufen, aussuchen, in Reih und Glied stellen, Maßregel treffen, organisieren, anordnen, gerademachen ● bezahlen, ausgleichen, begleichen, entrichten, bereinigen. → anordnen, aufbauen, aufstellen, bearbeiten, bahnen, belohnen, beschicken, bestimmen, bezahlen, bringen ins Geleise, einstufen, entfädeln, festhalten. ▶ offen lassen, Unordnung machen.

Ordner Lenker, Regler, Weltenlenker, Anordner, Ausrichter, Einrichter, Gestalter, Planer, Anweiser, Zusammensteller, Leiter, Führer, Sonderer,

Auswähler, Einordner, Verteiler, Einteiler ● Heftordner, Briefordner, Mappe. → Faszikel.

Ordnung Regelung, Ordnungsbegriff, Kategorie, Methode, Anordnung, Verordnung, Gleichmaß, Gleichmäßigkeit, Regel, Weltgesetz, Weltordnung, Verkehrsordnung, Unterordnung, Manneszucht, Zucht, Selbstzügelung, Übung, Drill, Schulzucht ● Plan, Programm, Folge, Führung, Leitung, sittliche Ordnung, Satzung, Pflichtgebot, Gerichtsordnung, Handelsordnung, Strafprozeßordnung. → Art, Aufeinanderfolge, Disziplin, Gliederung, Halt. ▶ Unordnung.

Ordnung halten → Disziplin halten.

Ordnung kommen, außer durcheinander. → brechen aus den Reihen.

Ordnung stören, die → brechen aus den Reihen.

Ordnungsbegriff → Kategorie, Ordnung.

ordnungsgemäß → anwendbar, derart, füglich, Lot im, richtig.

ordnungslos → chaotisch, unordentlich.

ordnungsmäßig → geregelt, rationell.

Ordnungsruf → Tadel.

Ordnungsstufe → Rang.

ordnungswidrig → chaotisch, ungesetzlich, unordentlich.

Organ Sprechwerkzeug, Glied, inneres Organ, Körperteil, Stimme, Sinneswerkzeug, Teil, Hilfsmittel ● Beauftragter, Fachblatt, Vereinsblatt, Handhabe, Mittel.

Organisation Vorkehrung, Einteilung, Führung, Einrichtung, Gefüge, Gesellschaft, Gestaltung, Zusammensetzung, Plan, Aufstellung, Einordnung, Verteilung, Struktur, Gliederung, Verband, Vorbereitung, Anpassung, Verfügung, Verfassung, Versorgung, Anlage. → Anordnung, Art, Aufbau, Betrieb. ▶ Abbau, (Desorganisation), Unordnung.

Organisator → Leiter.

organisch belebt, lebendig, gewachsen, gegliedert, natürlich, naturgeworden, anatomisch, geordnet, wuchshaft. → allmählich. ▶ (anorganisch).

organisieren aufbauen, einrichten, gestalten, gliedern, eingliedern, anordnen, ausbauen, ausgestalten, vorkehren, führen, managen, leiten, planen, verfügen, schöpfen, vorzeichnen. → anordnen, beschaffen. ▶ abbauen, einbüßen, umstoßen, verwirren.

organisiert → geordnet, geregelt.

Organismus Ganzheit, Gesamtheit, Ganzes ● Einheit, einheitliches Gefüge, zusammenwirkendes Gefüge, Lebewesen.

Orgasmus → Affekt.

Orgien → Ausschreitung, Ausschweifung, Gelage, Unkeuschheit.

orientieren richten, einrichten, hinrichten, einstellen, orten, ordnen, zurechtlegen, zurechtfinden sich, franzen sich, wiedererkennen ● unterweisen, unterrichten, veranschaulichen, hinweisen, klarmachen, klarlegen, dartun, erklären, aufzeigen. → aufklären. ▶ (Richtung verlieren).

Orientierung → Angabe, Ausforschen, Auskunft, Information.

Orientierung verlieren, die → blenden, irren sich, verirren.

Orientierungsvermögen → Ortssinn.

Orientierungszeichen → Leuchtturm, Licht, Zeichen.

Original Erstdruck, Hauptausfertigung, Urbild, Vorlage, Entwurf, Urschrift, Schriftstück, Urform, Vorbild, Musterbild, Vordruck, Urdruck, Urstück, Urhandschrift ● Bodenständiges, Wurzelhaftes, Ursprüngliches, Wirkliches, Echtes, Urwüchsiges, Ursprache. → Ausfertigung, Echtes, Kauz närrischer. ▶ Kopie.

original → echt.

originell eigentümlich, eigenartig, neu, ureigen, einmalig, arteigen, selbstschöpferisch, apart, sonderartig, überdurchschnittlich, unvergleichlich ● komisch, gottvoll, köstlich, grotesk, possierlich, gelungen, amüsant, drollig, urkomisch. → apart, eigengesetzlich. ▶ alltäglich, gewöhnlich, witzlos.

Orkan → Aufruhr, Heftigkeit, Wind.

Ornament → Aufschlag, Dekoration, Schmuck.

ornamentieren → ausschmücken, dekorieren.

Ornat Festkleidung, Festgewand, Amtstracht ● geistliche Tracht, Priestergewand.

Ort Platz, Stelle, Stätte, Statt, Punkt, Flecken, Fleck, Winkel, Dorf, Standort, Bestimmungsort, Ansiedlung, Ortschaft, Kanton, Provinzstadt, Landstadt, Vorort, Wohnort, Dorfschaft, Schifferdorf, Fischerdorf, Weberdorf, Bereich, Ecke, Gebiet, Örtlichkeit, Raum ● Lage, Stellung, Sitz, Ortsangabe, mathematischer Ort, Kante ● Schusterahle, Pfriem, Spitze ● Münzteil, Gewichtsteil, Maßteil. → Ab-

ort, Ansiedlung, Distrikt, Ecke.

Ort zu Ort, von allerorts, allerwärts, überall, ringsum, allenthalben, in allen Landen, von Pol zu Pol, von fern und nah, Feld und Wald, Haus und Hof, von Haus zu Haus, in Stadt und Land ● umherwandernd, umherziehend. ▶ seßhaft.

Örtchen → Abort.

orten entdecken, finden, lokalisieren.

orthodox rechtgläubig, strenggläubig, altgläubig, religiös, gläubig, gottesfürchtig, konfessionell. ▶ ungläubig.

Örtlichkeit → Ort, Raum.

Ortschaft → Ansiedlung, Ort.

Ortssinn Findigkeit, Gespür, Orientierungsvermögen.

Ortsveränderung → Bewegung.

Öse → Öhr.

Oszillation → Bewegung.

Otterngezücht Schlangengezücht, Viper, Natter, Teufelsbrut, Satansbrut, Ausgeburt der Hölle, Schlangenbrut, Blutsauger, Rabenvieh. Verbrecher, Unheilstifter, Unglückstifter, Landfriedensbrecher, Wühler, Schieber, Schuft, Gesindel, Bande, Lumpenpack.

Ouverture → Anfang, Musik.

oval länglich, eirund, elyptisch, birnenförmig, langrund, gestreckt, ausgezogen. ▶ eckig, rund.

Overall Arbeitskleid, Arbeitskittel, Überanzug, Schutzkleid, Schutzanzug, Monteuroder Schlosseranzug.

oxydieren verbrennen, beschlagen, rosten verwittern, zersetzen, anfressen, verfärben, verkohlen, Sauerstoff aufnehmen, mit Sauerstoff verbinden.

Ozean → Gewässer, Meer.

P

Pa → Anverwandte.

Paar → Eheleute, Zweiheit.

paar, ein → einige.

paaren → beigesellen, decken, verbinden, züchten.

Paaren treiben, zu → unterwerfen.

paarig → beide.

paarmal, ein mehrfach, mehrmals, häufiger, öfter ● gelegentlich, mehr als einmal, vorkommend.

Paarung → Kreuzung, Verbindung.

paarweise → beide, beiderseits.

Pacht → Belehnung, Besitz, Miete.

pachten → mieten.
Pächter → Besitzer, Mieter.
Pachtgut → Bauernhof, Besitztum.
Pachthof → Bauernhof, Besitztum.
Pachtung → Besitztum.
Pack Last, Packen, Bürde, Ladung, Ballen, Masse, Bündel, Bund, Paket, Gebund ● Bande, Pöbel, Mob, Plebs, Gesindel, Bagage, Horde, Krethi und Plethi, Gelichter, Lumpengesindel. → Anzahl, Auswurf, Bande, Bund. ▸ Einzelheit, Entbürdung, Gewichtslosigkeit, Oberschicht.
Packen → Pack.
packen einpacken, einwickeln, zusammenpacken, zusammenwickeln, verschließen, einstecken, verstauen, zumachen, zubinden, zudecken, auspacken, aufpacken, aufwickeln, aufrollen, aufschürzen ● ergreifen, nehmen, kriegen, schnappen, einheimsen, aufgreifen, erhaschen, erwischen, anfassen ● erregen, aufregen, erschüttern, rühren, eindringen, durchziehen, anstacheln, entflammen, bewegen, erweichen, mit sich reißen ● sich packen, abhauen, flüchten, sich davon machen, entweichen, entfliehen, enteilen, sich verdrücken, sich verkrümeln. → anhalten, begeben sich, bemächtigen, berühren, betäuben, einkoffern, erwecken, fassen, Fersengeld geben. ▸ auspacken, loslassen, ungerührt (bleiben).
packen, die Gelegenheit beim Schopf zur rechten Zeit zupacken oder handeln, den richtigen Augenblick erfassen, die Zeit ausnutzen ● den Vorteil wahrnehmen.
packen, den Stier bei den Hörnern die Gefahr verachten, den Teufel nicht fürchten, die Stirn bieten, seinen Mann stehen, sich ein Herz fassen, Mut aufbringen ● alle Kräfte anspannen, sich ins Geschirr legen, alle Hebel in Bewegung setzen ● sich verteidigen, die Gefahr abwenden, den Feind angehen, vorwärtsstürmen, drauflos gehen.
packen, seine sieben Sachen abreisen, abmarschieren, fortgehen, fortziehen, fortlaufen, davongehen, weggehen, ausziehen, sich entfernen, sich fortbewegen, Abschied nehmen, seiner Wege gehen, Abgang nehmen, sich aufmachen, verlassen. ▸ bleiben, zurückkehren.
packend → anschaulich, antreibend, anziehend, beeinflussend, ergreifend, erre-

gend, faszinierend, interessant, reizvoll.
Packesel Lasttier, Zugtier, Tragesel, Maulesel, Maultier, Saumtier, Nutztier, Paßgänger ● Schlepper, Träger, Hilfe.
Packung Verpackung, Gehäuse, Hülle, Kapsel, Tüte, Papier, Umschlag, Hülse, Überzug, Umwicklung, Schutzumschlag, Rolle, Papierhülle, Kasten ● Wickel, Umschlag. → Ballast, Hülle. ▸ Inhalt.
Packzeug → Emballage, Packung.
Pädagoge → Lehrer.
pädagogisch lehrgerecht, schulgerecht, schulgemäß, schulisch, klug, wegweisend, planvoll, planmäßig, methodisch, erziehungsgerecht, wirkungsvoll, lehrreich, gründlich, kunstgerecht, vollendet, ausgezeichnet, vollkommen. ▸ (unpädagogisch).
Pädagogium → Anstalt.
Paddelboot → Fahrzeug.
paddeln rudern, abpaddeln, üben, trainieren, anpaddeln, gondeln, treiben, fahren, segeln, steuern, befahren, durchsegeln, sich abhärten, Wassersport betreiben. → fahren.
paffen → rauchen.
Page Edelknabe, Knappe. → Diener.
Paket Pack, Bündel, Kiste, Kasten, Kästchen, Ballen, Block, Gebund, Last, Frachtgut, Eilgut, Postgut, Päckchen, Carepaket.
Pakt → Abkommen, Vertrag.
paktieren übereinkommen, abmachen, sich verbinden, sich verbünden, Vertrag schließen, gemeinsame Sache machen, handelseinig werden, ein Bündnis schließen, einen Pakt schließen, etwas festsetzen. → annehmen. ▸ ablehnen, streiten.
paktiert → abgemacht.
Palais → Besitztum, Schloß.
Palast → Besitztum, Schloß.
palavern schwadronieren, schwatzen, plappern, schnattern, quasseln u, babbeln u ● die Köpfe zusammenstecken, sich besprechen, sich beraten, unterhandeln, verhandeln ● sich unterhalten, ein Gespräch führen.
Palisade → Barrikade, Hindernis.
Palliativ Palliativmittel, Linderungsmittel, Beruhigungsmittel, Heilmittel, Vorbeugungsmittel, Hinhaltungsmittel, oberflächliche Heilung. ▸ Reizmittel.
Pampe → Schlamm.
Pamphlet Flugschrift, Flugblatt, Pasquill, kleine Schrift, Schmähschrift, Spottgedicht, Lästerschrift, Beleidigung,

Äußerung, Schmähgedicht. ▸ Auszeichnung, Lobhudelei.
Pan Gott, Waldgott, Weidengott, Flurgott, Berggott, Waldvater, Feldgott.
Pandora, Büchse der → Übel, Unglück.
panieren → bedecken, einbröseln.
Panik Furcht, Grausen, Verzweiflung, Lähmung, Beben, Zittern, Angstzustände, Platzangst, Gedränge, Himmelangst, Aufschrecken, Erschrecken, wilder Schrecken, panischer Schrecken. → Angst, Bestürzung. ▸ Gefaßtheit.
Panne Betriebsstörung.
Panorama → Ausblick, Aussicht, Blick, Fernblick.
panschen planschen, spritzen, spielen, bespritzen, naßspritzen, aufs Wasser schlagen ● verdünnen, wässern, verfälschen, mischen. → mischen. ▸ verbessern, trennen.
Panslavismus → Chauvinismus.
Pantoffel, unter dem → Feigheit, Pantoffelheld.
Pantoffelheld Schwächling, Waschlappen, Jammerlappen, Pimpelhans, Laffe, Jammergestalt, Butterkind, Memme, Feigling, Schlappschwanz, Angstmann, Angsthase, Hasenfuß, unter dem Pantoffel. → Feigling.
Pantomime Gebärdenspiel, Gebärdensprache, Ballett, Pantomimenspiel, Aufführung, Kunst, Schauspielkunst, Gestenspiel, Mimik, Mienenspiel. → Ballett.
Pantry Speiseraum, Anrichteraum, Messe.
Panzer Tierpanzer, Tierschutz, Schildkrötenpanzer, Horn ● Waffe, Tank, Panzerspähwagen, Panzergeschütz, Panzerkanone, Tankwaffe, Panzerwagen, Panzerzug, Kugelfang ● Harnisch, Rüstung, Schutz, Sicherheit, Panzerhemd, Panzerkleid, Schuppenpanzer, Brünne, Ringpanzer.
panzern → schützen.
Papa → Anverwandte.
Papier Pappe, Pappendeckel, Bogen, Schreibblatt, Briefpapier, Folie, Zettel, Pergament, Leinenpapier, Büttenpapier, Schreibpapier ● Urkunde, Wisch, Nachweis, Beleg, Briefsachen, Schriftliches ● Ausweis, Paß, Papiergeld, Staatspapier, Banknote, Wertpapier, Aktien, Anteilscheine, Bankpapiere, Börsenpapiere, Zinsschein ● Klosettpapier, Toilettenpapier ● Butterbrotpapier, Einwickelpapier, Zeitungspapier, Packpapier, Silberpapier. → Blatt, Coupon, Einband, Einschlag.

Papiergeld → Bargeld.
Papierkrieg Akten, Verwaltung. → Bürokratie.
Papiervogel → Drache.
Papp → Brei.
Pappe → Brei, Klebstoff, Papier.
pappen kleben, verkleben, befestigen, leimen, verpappen, verbreien, festkleben, ankleben, zuleimen, verleimen, kleistern. → anmachen, essen. ▶ hungern, lösen.
Pappenstiel → Bagatelle, Eintagsfliege, Schaum.
pappig → breiig, dickflüssig.
Pappschachtel → Karton.
Papst Pontifex, Primas, Kirchenfürst, Würdenträger, Oberster, Stellvertreter Christi, Oberhaupt der Kirche, Vorsteher der Kirche, höchste Instanz der Kirche. → Diener Gottes.
päpstlich kirchlich, geistlich, klerikal, priesterlich, ultramontan, kirchenrechtlich, kirchengesetzlich, kanonisch, christlich, katholisch, unfehlbar, unanfechtbar, dogmatisch.
Papsttum → Kirche.
Parabel Kegelschnitt, mathematische Figur, Wurflinie, Bogenform, Bogen. → Anspielung, Dichtungsart.
Parade → Aufmarsch, Aufstellung, Aufzug.
paradieren aufmarschieren, vorüberziehen, parademäßig vorbeischreiten, aufstellen, aufziehen, zusammenkommen lassen, vorbeimarschieren, vorbeiziehen, ein Pferd kurz halten. → blenden, prunken. ▶ stillstehen.
Paradies Himmel, Eden, Elysium, Dorado, Eldorado, Land der Seligen, Olymp, Himmelreich, Stätte des Glücks, Ort der Wonne, Beseligung, Freudenleben, Wonneleben, die elysischen Gefilde, Glückseligkeit, Anschauung Gottes, Freude, Lust, Arkadien, Paradiesesgarten, Lustgefilde, Wonnegarten ● Vorbau, Portalvorbau, Vorhof, Vorhalle, Altrium. → Eden. ▶ Hölle.
paradiesisch → beseligend, elysisch.
paradox → abstrus, absurd, widersprechend.
Paragraph Abschnitt, Teil, Absatz, Artikel, Satzung, Bestimmung, Ziffer, Gesetz, Nummer, Verordnung, Klausel, Verfügung, Einzelabschnitt, Kapitel, Vers, Anhängsel, Partikel. → Absatz, Artikel.
parallel gleichlaufend, nebeneinander, gleichgestellt, gleichgerichtet, entsprechend, Seite an Seite, in gleicher Richtung, Reihe an Reihe ●

vergleichbar, ähnlich, verwandt, passend, analog, erinnernd, annäherungsweise, nahezu. → analog, entsprechend. ▶ (auseinanderstrebend), entgegengesetzt. (sich schneidend).
paralysieren → schwächen.
paraphieren → annehmen, zeichnen.
paraphiert → abgemacht, unterzeichnet.
Parasit Schmarotzer, Nassauer, Schleicher, Bauchkriecher, Kreatur, Speichellecker, Kriecher, Leisetreter, Augendiener, Duckmäuser, Bittsteller, Schmeichler, Schmiegsamer, Fügsamer ● Schmarotzerpflanze, Schmarotzertier, auf Kosten der andern lebend. → Bettler.
parasitenhaft parasitisch, schmarotzerisch, speichelleckerisch, lakaienhaft, hündisch, charakterlos, bäuchlings, kriecherisch, schmiegsam, biegsam, niedrig, geschmeidig, kriechend, auf Kosten der andern lebend. ▶ charaktervoll.
parat → fertig, verfügbar.
Pardon → abbitten, Ablaß, Barmherzigkeit, bitte schön, Vergebung.
Parfüm → Duft.
parfümiert → duftig.
parieren zurückschlagen, abweisen, verteidigen, auffangen, standhalten, fechten, zurückwehren. → abwehren, gehorchen. ▶ angreifen, trotzen, widersetzen sich.
paritätisch gleichgestellt, gleichberechtigt, gleichgeordnet, gleichstehend, gleichkommend, gleichartig, unterschiedlos, ebenbürtig, ebensoviel wert. ▶ ungleich.
Park Tiergarten, Tiergarten, Zoo, Tiergehege ● Stadtgarten, Stadtpark, Palmengarten, Lustgarten, Volkspark, Volksgarten, Orangerie, Kurgarten, Grünanlage ● Depot, Armeepark, Artilleriepark oder -depot, Arsenal, Zeughaus, Rüstkammer.
parken unterbrechen, stoppen, anhalten, abstellen, Fahrt unterbrechen, parkieren, stationieren.
Parkett Fußboden, Bodenbelag, Bodenplatte, Parkettfußboden ● Tanzfläche, Tanzboden ● Theaterplatz, Zuschauerraum ● auf glattem Parkett, Schliff, Umgangsform, Benehmen, sich korrekt verhalten können, gesellschaftlich gewandt.
Parkplatz Abstellplatz, Stellplatz, Garage.
Parlamentarier → Abgeordneter.
Parodie → Darstellung, Karikatur, Nachahmung, Spott.

parodieren → auslachen, nachahmen, spotten.
Parole → Anruf, Appell, Losung.
Partei → Anhang, Block, Vereinigung.
Partei bilden, eine → beitreten, vereinigen sich.
Parteigänger → Anhänger, Mitglied.
Parteigenosse → Mitglied, Mitläufer.
parteiisch voreingenommen, vorurteilsvoll, einseitig, engherzig, engstirnig, befangen, ungerecht, unduldsam, fanatisch, stur, hartnäckig, kleinlich, pedantisch, verrannt, parteilich, eingenommen, ungehörig, unbillig. → befangen, einseitig. ▶ vorurteilsfrei.
parteiisch sein → besessen, einseitig, parteiisch.
Parteiklüngel Vetternwirtschaft, Parteiwirtschaft, Bonzenwesen, Bonzenwirtschaft, Zusammenarbeit, Sippe, Sippschaft, Clique, Anhang, Mitwirkung. ▶ Sauberkeit.
parteilich → befangen, parteiisch.
parteilos → neutral, sachlich.
Parteimann → Anhänger, Mitglied.
Parterre Erdgeschoß, Kellergeschoß, Hochparterre ● Theaterplatz, Zuschauerraum, Parkett ● Parterre sein, verloren, verspielt, nicht mehr weiter können, ausgestoßen.
Partie Landpartie, Lustfahrt, Abstecher, Wanderung, Ausflug, Streifzug, Spaziergang, Fußreise, Fußwanderung, Landfahrt ● Verbindung, Ehe, Ehebund, Eheband, Verheiratung, Heirat ● Abschnitt, Teil, Anzahl, Zahl, Gruppe, Vorrat, Menge, Stoß, Pack, Rest, Posten ● Rolle, Gesangsrolle ● Spiel. → Ausflug.
partiell → teilweise.
Partikel → Teil.
Partisan → Aufständiger, Freischärler.
Partner Genosse, Gefährte, Kamerad, Mitglied, Geschäftspartner, Beteiligter, Aktionär, Teilnehmer, Geschäftsteilhaber, Berufsgenosse, Fachgenosse, Amtsbruder ● Tanzpartner, Sportpartner, Spielpartner, Tanzstundenherr ● Ehepartner, Ehegenosse, Ehegefährte, Lebensgefährte, Ehegespons, Gemahl, Gatte, Mann, Ehewirt, Eheherr. → Kollege, Komplize, Nebenmann. ▶ Gegner.
Party Gesellschaft, Zusammensein, Zusammenkunft, Zirkel, Kreis, Kränzchen, Lustbarkeit, Veranstaltung, Gesellschaftsabend, Empfang, Herrenabend, Teege-

sellschaft, Feier, Ball, Hausball, Tanzabend.

Parvenü Emporkömmling, Neureicher, Raffke, Glückskind, Glückspilz, Glücksritter, Karrieremacher, Glückmacher. → Glückskind. ▶ Oberschicht, Pechvogel, Schöngeist.

Parzelle → Beet, Teil.

parzellieren zerstückeln, ausgliedern, zergliedern, teilen, aufteilen, verteilen, einteilen, abteilen, vereinzeln, einreihen, auseinanderstückeln, in Teilen verkaufen, zerlegen, zerteilen. ▶ verbinden.

Pascha Machthans, Großmaul, Geschwollener, Überheblicher, herrischer Mensch, rücksichtsloser Mensch, Selbstherrlicher. → Efendi, Herr.

paschen schmuggeln, mogeln, täuschen, schwindeln, prellen, schwärzen, schieben, veruntreuen, nassauern, gaunern, doppeln ● würfeln ● in die Hände klatschen, in die Hände schlagen. → bemächtigen.

Paspel → Aufschlag, Rand.

Paß Identifikationskarte, Legitimationskarte, Ausweis, Urlaubsschein, Kennkarte, Erlaubnisschein, Reisepaß, Passierschein, Papier, Dienstabzeichen, Dienstausweis, Personalien, Personalausweis, Personenbeschreibung, Paßkarte, Vollmacht ● Weg, Durchgang, Übergang, Engpaß, Durchgangsmöglichkeit, Paßgang, Paßstraße, Hohlweg, Durchfahrt, Durchweg, Bergübergang ● Wechsel *j*, Riegel *j*, Gang. → Engpaß, Erkennungszeichen.

passabel → mittelmäßig.

Passage Durchgang, Durchfahrt, Gang, Überfahrt, Durchlaß ● Tonlauf, Gang in einem Musikstück ● Schritt in der Reitkunst.

Passagier Insasse, Mitfahrender, Fahrgast, Reisender, Reisegast, Fahrgenosse, Mitfahrer, Geschäftsreisender, Handlungsreisender, Durchreisender, Fluggast. → Fahrgast.

Passanten Verkehrsstrom, Vorübergehende, Fußgänger.

passé → dahingegangen, vorüber.

passen ähneln, behagen, belieben, eignen sich, entsprechen, gelegen sein, konvenieren, stimmen, zusagen ● klappern, das haut hin *u.* ▶ abstechen, unliebsam (sein), unterscheiden sich.

passend annehmbar, zweckmäßig, bequem, brauchbar, willkommen, verwendbar, dienlich, sachdienlich, entsprechend, geeignet, recht,

übereinstimmend, gleichwertig, angemessen, anwendbar, gemäß, zweckdienlich, zweckentsprechend, formgerecht, gutsitzend, enganliegend, angemessen, wie angegossen ● schicklich, konvenabel. → angemessen, angenehm, anliegend, annehmbar, anwendbar, bequem, brauchbar, dementsprechend, derart, diesbezüglich, ein Gedanke und zwei Seelen, einschlägig, erfolgsversprechend, fachgemäß, handlich. ▶ unliebsam, unpassend.

passieren geschehen, erfolgen, vorfallen, ereignen, stattfinden, sich zutragen, sich begeben, sich abspielen, sich einstellen, widerfahren, zustoßen, vorgehen, eintreten, sich zutragen, werden ● überqueren, überschreiten, durchgehen, übergehen, vorbeigehen, durchreisen. → betroffen, ereignen sich, erfolgen. ▶ unterbleiben.

Passierschein → Paß.

Passion Leidenschaft, Hang, Exaltation, Vorliebe, leidenschaftliche Hingabe, Begeisterung, Enthusiasmus, Neigung, Begierde, Eifer, Liebe ● Leiden, Leiden Christi, Leidensgeschichte. ▶ Animosität, Leidenschaftslosigkeit.

passiv interesselos, widerstandslos, ablehnend, unwirksam, untätig, abwartend, unbewegt, duldend, ruhend, erleidend, unbeteiligt, hinnehmend, träge, schläfrig, faul, nachgiebig, müßig, bleiern. → neutral. ▶ aktiv.

Passiva → Schuld.

Passivität schlummernde Anlage, ruhende Kraft, Inaktivität ● Tatenlosigkeit, Untätigkeit, Widerstandslosigkeit, Hemmung. → Trägheit, Verborgenheit.

Passivum grammatische Form, Leideform des Verbs ● Ausfall, Einbuße, Schwund, Verlust, Abnahme, Defizit, Verringerung, Verminderung. ▶ (Aktivum).

Paste Pomade, Fett, Schmiere, Balsam, Creme.

Pastell → Bild.

Pate Patin, Taufzeuge, Firmpate, Gevatter, Gotte, Patenschaft.

Patenkind Mündel. → Schützling.

Patenschaft Betreuung, Pflegeschaft, Vormundschaft, Kuratel ● Protektion, Gönnerschaft ● Bürgschaft, Sicherheit, Gewähr, Gewährleistung, Gutsage.

Patent Urkunde, Schutzrecht, Schutzbrief, Erfindungsberechtigung, Bestätigung, Patentschutz, Bestallungsurkunde, Bestallungs-

brief, Offizierspatent, Ernennungsschreiben, Lizenz, Vollmacht, Beglaubigungsschreiben ● Patentverschluß. → Bestallung, Diplom.

patent sauber, nett, geschniegelt, glatt, brauchbar, tüchtig, praktisch, geschickt, flink, meisterlich, tauglich, verständig, brauchig, kundig, gewitzt. → anmutig, artig. ▶ häßlich, schlecht, schwerfällig, untüchtig.

patentieren verbriefen, schützen, zustimmen, genehmigen, bescheinigen, anerkennen, rechtskräftig machen, anvertrauen, berechtigen, befugen, ermächtigen, die Befugnis erteilen, Patent erteilen. ▶ verwerfen.

Paternoster → Aufzug, Gebet.

pathetisch → ausdrucksvoll.

Pathos Leidenschaft, Gefühlserregung, Schwung, Feierlichkeit, Ausdrucksfülle, Feuer, Begeisterung, Gefühlserguß, Wärme, Inbrunst, hochtrabende Redensart. ▶ Gefühllosigkeit, Leidenschaftslosigkeit, Schlichtheit.

Patient → Kranker.

Patina Überzug, Schicht, Edelrost, Überzug auf Kupfer, Bedeckung, Belag, Emaille, Masse, Ansatz, Farbe.

patriarchalisch ehrwürdig, altehrwürdig, altväterlich, nach Altväterweise, hochbetagt, weißhaarig, bejahrt. ▶ jung, modisch.

Patriotismus Vaterlandsliebe, Vaterlandssinn, Zusammengehörigkeitsgefühl, Vaterlandsbejahung, Heimatgefühl, Volksbewußtsein, Staatsbewußtsein, Bürgersinn, Gemeinsinn, Bürgertugend, Staatstugend, Einsatzbereitschaft, Nationalitätsgefühl, Abstimmungsgefühl, Opfersinn, Zusammenhaltsgefühl, Zusammenschlußgefühl.

Patrizier Adel.

Patron Schutzherr, Schutzheiliger, Heiliger, Gönner, Förderer, Kirchenherr, Kirchenpatron, Lehnsherr, Gebieter ● Grundherr, Schiffsherr, Handlungsherr. → Besitzer, Hausherr, Patron unangenehmer, Patron schlauer.

Patron, schlauer Feinspinner, Fuchs, Schlaukopf, Schlaufuchs, Pfiffikus, Reineke, geriebener Bursche, Federfuchser, Winkeladvokat, Ränkeschmied, listiger Bursche, Bauernfänger. ▶ Gimpel, Mensch aufrechter.

Patron, unangenehmer Klotz, Brummbär, Murrkopf, Trampeltier, Knurrhahn, Flegel, Ekel, unangenehmer Mensch, ungehobelter Mensch, Drängler, Quengler, Querulant, Pöbel, Elefant im Porzellanladen,

ungeleckter Bär, unangenehmer Zeitgenosse. ▶ Mensch aufrechter.
Patrone → Geschoß.
patrouillieren schützen, begehen, auf und ab gehen, beschirmen, auf Wache stehen, Wache halten.
Patsche Schlag, Klaps, Ohrfeige, Handstreich, Strafe, Bestrafung, Wichse ● Hand, Pratze, Pranke, Patschhand, Klaue, Tatze ● Klatsche, Fliegenklatsche, Schlaggerät, Brandlöscher ● Dreck, Straßenkot, Schneeschlicker, Schmutz, Matsch ● Verlegenheit, Not, Notlage, Klemme, Bedrängnis, Schwierigkeit, Zwangslage, Panne, Sackgasse, Enge, Mühsal, Zwickmühle, Schlamassel, Ratlosigkeit, Dilemma. ▶ Glück, Sauberkeit, Sicherheit.
patschen → bestrafen, schlagen.
patzig → anmaßend, herablassend, vorlaut, ungezogen.
Pauke hauen, auf die Trubel machen, sich ins Vergnügen stürzen, energisch vorgehen, drauflosgehen.
Pauken und Trompeten, mit mit Volldampf, mit klingendem Spiel, mit fliegenden Fahnen. → vollständig.
pauken musizieren, die Pauke schlagen, Lärm machen, spielen, Krach machen ● fechten, schlagen, sich duellieren ● lernen, ochsen, büffeln, sich eindrillen, einbleuen, einüben, sich plagen, studieren, streben ● predigen, tadeln. → abmühen, lehren. ▶ faulenzen.
pausbäckig → dick.
pauschal → insgesamt.
Pause Unterbrechung, Rast, Ruhe, Ruhezeit, Einhalt, Stillstand, Einstellung, Unterbruch, Aufschub, Erholung, Frühstückspause, Atempause, Werkpause, Mußezeit, Ruhepunkt, Innehaltung, Intervall, Zwischenzeit, Halbzeit, Stockung ● Durchzeichnung, Durchpausung, Durchschlag, Durchdruck, Pauszeichnung, Abzug, Wiedergabe, Kopie, Abdruck, Abschrift. → Abklatsch, Abschluß, Atempause, Aufenthalt, Ausgang, Bedenkzeit, Einhalt, Einstellung, Feierabend. ▶ Original, Tätigkeit.
pausen → anhalten, bequem, durchpausen.
pausenlos → andauernd, ununterbrochen.
pausieren unterbrechen, aufhören, innehalten. → ablassen, aufhören, aussetzen, einhalten, ruhen.
Pavillon Gartenhaus, Rotunde, Laube, Festzelt, Festgebäude, Rondell, Gebäude-

teil, Gartenzelt, Lusthäuschen. → Haus.
Pech Harz, Teer, Judenpech, Bergpech, Erdpech, Schwärze, Schwärzlichkeit, Dunkel, Pechfackel, Pechblende, Pechdraht, Pecherz ● Unglück, Unheil, Nachteil, Hindernis, Sackgasse, Unstern, Bedrängnis, Prüfung, Heimsuchung, Not, Geschick, Übel, Klage, Unannehmlichkeit, Unbill, Schaden, Kreuz, Mißgeschick, Notlage, Klemme. → Bekümmernis, Beschwerde, Einbuße, Enttäuschung, Fisch auf trockenem Land. ▶ Glück.
Pech haben → bringen es nicht weit, Pechvogel.
Pechsträhne → Unglück, Verhängnis.
Pechvogel Unglücksvogel, Unglücksmensch, Pechmarie, Spielball des Glücks, Ungeschickter, Mann der verpaßten Gelegenheiten, Tolpatsch, Unglückshand, Unglücksrabe, Umstandskrämer, Linkshänder, Leidender, Heimgesuchter, Bedrängter, Geplagter. ▶ Glückspilz.
Pedant Rechthaber, Kleinigkeitskrämer, Fanatiker, Dickkopf, Haberecht, Krämerseele, Bücherwurm, Blaustrumpf, kleinlicher Mensch, Philister, Schneiderseele, Schusterseele, Lederseele, Umstandskrämer, Haarspalter, Schulfuchs, Schulmeister, Kupferstecher, Sittenrichter, Silbenstecher, Nörgler, Splitterrichter. → Banause, Besserwisser, Kleinigkeitskrämer. ▶ (Mensch großzügiger).
Pedanterie Wortkrämerei, Übertreibung, Schulfuchserei, Vielwisserei, Abstraktionsfimmel, Büchersucht, Wissensballast, Steifheit, Haarspalterei, Gravität, Silbenspalterei, Kleinigkeitskrämerei, Professorenweisheit, Getue, Verschrobenheit, Umstandskrämerei. → Denkart, kleinliche. ▶ Großzügigkeit.
pedantisch engherzig, überpeinlich, akkurat, bürokratisch, engstirnig, grämlich, genau, silbenstecherisch, lehrerhaft, haarspalterisch, mürrisch, kleinlich, kleinkrämerisch, minutiös, langweilig, hölzern, philisterhaft, verschroben, steif, sauertöpfisch, griesgrämig, eng, spießig, spitzfindig, verbohrt, pingelig, philiströs, versauert, verknöchert, unduldsam, verbissen. → akkurat, bedächtig, bürokratisch, engherzig, genau, lehrerhaft. ▶ großzügig.
pedes, per zu Fuß. → gehen.

peilen bestimmen, abpeilen, hinpeilen, anpeilen, abmessen, abzirkeln, messen, ausmessen, bemessen, vermessen, schätzen, abschätzen, taxieren, ausrechnen, loten, pegeln, die Himmelsrichtung bestimmen, Wassertiefe bestimmen, Richtung einer Funkstation bestimmen.
Pein → Armut, Beschwerde, Betrübnis, Dorn, Elend, Marter, Not, Schmerz, Übel.
peinigen kneifen, kreuzigen, martern, bohren, quälen, foltern, stechen, rädern, ärgern, belästigen, bekümmern, kränken, plagen, heimsuchen, plakken, bedrängen, verletzen, schmerzen, wehetun, übelwollen, beleidigen, beunruhigen, schikanieren, kujonieren, schinden, schaden, mißhandeln. → angreifen, bedrükken, befeinden, betrüben, bohren, durchbohren das Herz, Magen liegen im, quälen. ▶ aufheitern, ergötzen, wohltun.
peinigend → aufreibend, beißend, böse, schmerzlich, zynisch.
peinlich genau, heikel, gewissenhaft, korrekt, delikat, sorgfältig, sauber, genauestens, zuverlässig, proper ● unangenehm, genarrt, unerfreulich, ärgerlich, widrig, betrübend, verdrießlich, penibel, schwierig. → akkurat, ärgerlich, ausführlich, bedächtig, bedenklich, beflissentlich, beschämend, bitterlich, böse, buchstäblich, leid. ▶ ehrenhaft, erfreulich, gut, nachlässig, unachtsam.
Peinlichkeit → Charakterstärke, Rechtschaffenheit.
peinvoll → leidvoll, schmerzlich.
Peitsche Strafmittel, Stock, Rute, Gerte, Reitpeitsche, Ochsenziemer, Hagenschwanz, Knute, Karbatsche, Pferdepeitsche ● Antrieb, Anstachelung, Ansporn, Antreibung ● Zwangsmittel, Härte, Strenge, Bestrafung. → Geißel.
peitschen → ankurbeln, bestrafen, prügeln, strafen.
pekuniär → finanziell, geldlich.
Pelle -> Haut.
pellen → schälen.
Pelz Körperteil, Behaarung, Fell, Balg, Wolle, Vlies, Borste, Haut, Bedeckung, Haar ● Wärme, Schutz, Pelzmantel, Pelzjacke, Bekleidungsstück, Fuchspelz, Persianer, Hermelin, Nerz, Breitschwanz, Pelzkragen, Pelzrock. → Balg, Bedeckung, Fell.
pelzen → beifügen.
Pelzwerk Pelz, Pelzverbrämung, Schmuck, Hermelin,

Zobel, Ausstaffierung, Putz, Fußsack. → Pelz.

Penaten Schutzgötter, Hausgötter, Heimgötter, Staatsgötter, Wohngötter, Laren, Schutzgeister. → Aufenthaltsort, Haus.

Pendant → Gegenstück.

Pendelbewegung → Bewegung.

pendeln → bammeln, schweben.

penibel → akkurat, ärgerlich, bedächtig, genau, peinlich.

Penne → Anstalt, Schule.

Pension Altersversorgung. → Anstalt, Einkunft, Einnahme, Gaststätte, Rente.

Pensionat → Erziehungsanstalt, Institut, Schule.

pensionieren absetzen, entlassen, verabschieden, kündigen, abberufen, aufsagen, in den Ruhestand versetzen, den Abschied erteilen, vom Amte entheben, wegschikken, fortschicken, entlohnen, ausweisen, ausdingen, abdingen, ablohnen. → abhauen. ▶ einstellen lassen sich.

pensioniert im Ruhestand, ausgedient, entlassen, abgedankt, gestrichen, abgebaut, verabschiedet, gekündigt, vom Amte enthoben, fortgeschickt, ausgewiesen, entlohnt. → arbeitslos. ▶ beschäftigt.

Pensionierung → Abbau, Amtsabtretung, Arbeitsunfähigkeit.

Pensum → Aufgabe.

perennierend ausdauernd, überdauernd, überwinternd, winterbeständig, frostbeständig, dauernd, beständig, haltbar, überjährig. ▶ vergänglich.

perfekt abgemacht, abgeschlossen, gültig, erledigt, vollzogen ● ganz, geläufig, korrekt, fließend, vollkommen, sicher, vollendet, virtuos, gewandt, vollständig, vollwertig, mustergültig, untadelig, tadellos, einwandfrei, fehlerfrei, fehlerlos, geschickt, erfahren, tüchtig, ausgebildet ● fertig, vollbracht, beendet. → abgeschlossen, ideal. ▶ schlecht, Schwebe in der, unfertig, unvollendet.

perfid → arglistig, bestechlich, böse, falsch, frevlerisch, unredlich.

Pergament Pergamentpapier, Pergamentbogen, Tierhaut, Handschrift, Dokument, Urkunde, Pergamentrolle, Überlieferung, Pergamentdruck, Pergamentleder. → Bedeckung.

Periode Satzgebilde, Satzreihe, Zeitabschnitt. → Zeitmaß, Zeitraum.

Periodizität → Regelmäßigkeit, Wiederkehr.

peripher → äußerlich.

Peripherie Umfang, Grenzlinie, Randlinie, Umfassungslinie, Rand.

Perle → Ausbund, Beste, Juwel, Liebling, Schmuck, Vollkommenheit.

perlen → brausen, schäumen.

permanent → andauernd, ununterbrochen.

per pedes gehen, wandern, schreiten, wandeln, wallen, durchkreuzen, durchqueren, durchstreifen, durchstreichen, traben, trotten, umherschlendern, reisen, walzen, marschieren, trippeln, spazieren gehen, laufen, zu Fuß gehen. → fahren.

perplex → baff, niedergeschmettert, überrascht.

Persiflage Parodie, Zerrbild, Satire, Spott.

persiflieren → auslachen, verspotten.

Person → Mensch.

Person, öffentliche → Dirne.

persona gratissima gerngesehener Mensch, in Gunst stehender Mensch, Günstling, Abgott, Liebling, Augapfel, Juwel, Perle, Kleinod, Schatz, Engel, Gönner, Angebetener. ▶ (Geächteter), (Verachteter).

Personal Dienstpersonal, Hauspersonal, Hilfe, Dienstmädchen, Putzfrau, Hausgehilfin, Waschfrau, Köchin, Zimmermädchen, Kindermädchen, Halbtagsmädchen, Hausmädchen, Chauffeur, Gärtner, Untergebener, Magd, Dienstbote, Hausangestellte, Wirtschafterin, Beschließerin, Erzieherin, Stütze, Bonne, Gouvernante, Bedienter, Knecht, Kutscher, Hausmeister, Portier, Hausdiener, Hoteldiener, Ladengehilfe, Kammerdiener ● Belegschaft, Arbeiter, Angestellte. ▶ Chef.

persönlich eigen, selbst, gesprächsweise, mündlich, direkt, individuell, unmittelbar, menschlich, einzel, besonders, leiblich, in persona ● auffällig, angriffig, unsachlich, gehässig, streitig, gemein. → apart, bahnbrechend, bissig, eigen, eigenhändig, einzel, individuell, menschlich. ▶ unpersönlich.

persönlich werden → beleidigen.

Persönlichkeit → Art, Charakter, Manneswürde, Mensch.

Persönlichkeitspflege Selbsterziehung, Selbstzucht, Haltung, Zurückhaltung, Großmut, Duldsamkeit, Selbstkritik, Selbstprüfung, Hochsinn, Gesinnungsadel, Heldengröße, Selbstzügelung, Mäßigung, Manneszucht, Kinderstube, Erziehung,

Schulzucht, Selbstbeherrschung, Selbstüberwindung. ▶ Charakterlosigkeit.

Perspektive → Anblick, Aspekt.

Perücke Haar, Bedeckung, Kopfbedeckung, Unechtheit, Haaraufsatz, Perückenkopf, Lockenperücke, Kopfputz, Haartracht ● Verkleidung, Maskenaufputz. → Ausschmückung.

pervers abartig. → abnorm, andersgeartet, anrüchig, ausschweifend.

pesen → rennen.

Pessimismus Schwarzmalerei, Untergangsstimmung. → Freudlosigkeit, Trübsinn.

Pessimist → Miesmacher.

pessimistisch lebensverneinend, mutlos, niedergedrückt, mutlos werden, verzagt, bedrückt, schwarzseherisch, unheilverkündend, düster, trübe, ohne Hoffnung, mißvergnügt, in steter Verzweiflung, grämlich, griesgrämig, sauertöpfisch, übellaunig, mißlaunig, verdrießlich, unmutig, freudlos. → aufgelegt, trübsinnig. ▶ optimistisch.

Pestilenz Seuche, Pest, Pesthauch, Gestank, Seuchenherd, Dünste, Übelgeruch, Giftgeruch, Kerkerluft, Gifthauch, Ungesundheit, Unreinheit, Schädlichkeit, Unsauberkeit, Fäulnis, schlechte Luft, Unreinlichkeit, Miasma. ▶ Sauberkeit, Wohlgeruch.

pestilenzialisch übelriechend, stinkend, stinkig, muffig, modrig, mephitisch, faul, aasig, ungesund, schädlich, gesundheitswidrig, verderblich, giftig, unrein, dumpf. → bestialisch. ▶ sauber, unschädlich, wohlriechend.

Petition → Antrag, Bettelbrief, Bewerbung, Gesuch.

Petroleum Erdöl, Steinöl, Mineralöl, Schmierigkeit, Öligkeit, Petroleumspiritus, Benzin. → Brennmaterial.

petschieren → besiegeln.

petto haben, in → beabsichtigen.

petzen kneifen, kneipen, zwicken, zwacken, ärgern, wehe tun, peinigen, quälen, schmerzen, belästigen, reizen. ▶ anzeigen, aufklären. ▶ brechen eine Lanze, unterlassen, verschweigen.

Pfad → Bindemittel, Weg.

Pfadfinder Scout, Wegweiser, Pionier.

pfadlos unzugänglich, undurchdringlich, undurchlässig, versperrt, verschlossen, zu, ungeöffnet, unbegehbar, weglos, beschwert, verrannt, hinderlich, erschwerend. ▶ begehbar.

Pfaffe → Geistlichkeit.

pfäffisch → aalglatt, bigott, eitel, falsch.

Pfahl Strafmittel, Marterpfahl, Schandpfahl, Pranger, Staupsäule, Folterpfahl, Schafott, Blutgerüst, Guillotine, Galgen ● Pfosten, Poller. → Balken, Block, Pfeiler.

Pfahl im Fleisch → Dorn.

pfählen → bestrafen, einräumen, stützen, töten.

Pfahlwerk Stütze. Abstützung, Stützwerk, Halt, Pfahlbau, Unterstützung, Unterzug, Pfahlrost, Verpfählung, Balkenwerk, Gerüst, Holzwerk, Pfosten, Strebe. → Balken.

Pfand Strafgeld, Strafe, Beitrag, Beisteuer, Spielpfand, Bürgschaftsgegenstand, Sicherheitsgegenstand, Pfandbrief, Schuldschein, Unterpfand ● Liebespfand, Hoffnungspfand, Lichtblick, Hoffnungsanker, Andenken.→Eid.

Pfand geben, in → beleihen.

Pfandbriefanstalt → Bank.

pfänden verpfänden, sperren, in Beschlag nehmen, abnehmen, zwingen, umlegen, einziehen, erheben, einsammeln, einheimsen, wegnehmen, sicherstellen. ▶ freigeben.

Pfanne Dachziegel, Hohlziegel, Krummziegel, Bedeckungsmittel ● Gelenkpfanne, Knochenvertiefung. → Behälter, Gefäß.

Pfarrei → Bezirk.

Pfarrer → Diener Gottes, Geistlichkeit.

Pfeffer, hier liegt der Hase im des Pudels Kern.→deswegen.

pfeffern → hinauswerfen, würzen.

Pfeife Trillerpfeife, Flöte, Musikinstrument, Hirtenflöte, Hirtenpfeife, Querflöte, Blockflöte, Vogelflöte, Orgelpfeife, Blasinstrument ● Tabakspfeife, Friedenspfeife, Stinktiegel, Wasserpfeife, Tonpfeife, Porzellanpfeife, Meerschaumpfeife ● Versager, Feigling.

Pfeife tanzen, nach der sich beugen, sich erniedrigen, sich unterwerfen, Beleidigungen hinnehmen, sich nicht mucksen, einen Fußfall tun, Staub fressen, nachgeben, den Lakaien machen, zu Kreuze kriechen, den Prügelknaben spielen, die Rute lecken, sich demütigen, sich fügen, sich demütigen, sich ergeben, den Schranzen machen, sich unterwürfig zeigen. → gehorchen. ▶ widersetzen sich.

pfeifen → anstimmen, musizieren.

pfeifen, auf dem letzten Loch ermüden, ermatten, schachmatt sein, müde sein, nicht mehr japsen können, kaum atmen können, kaputt sein ●

röcheln, in den letzten Zügen liegen, mit einem Fuß im Grabe stehen, am Rande des Grabes sein, mit dem Tod kämpfen. ▶ Damm sein auf dem.

Pfeil Bogengeschoß, Geschoß, Bolzen, Wurfgeschoß, Waffe, Schußwaffe, Handwaffe, Spitze, Pfeilspitze, Schärfe ● Richtungsweiser, Orientierungszeichen ● Liebespfeil. → Blitz.

Pfeiler Stütze, Säule, Träger, Querpfeiler, Eckpfeiler, Pfosten, Grundpfeiler, Abstützung, Stützwerk. Unterstützung, Pilaster. → Balken, Pfahl. ▶ Mauer.

pfeilgeschwind → beflügelt, schnell.

Pfennig, auf Heller und sparsam, wirtschaftlich, gefällig, haushälterisch, sorgsam, achtsam, genügsam, genau, akkurat, geschäftstüchtig, geschäftskundig, peinlich, gewissenhaft, getreulich, zuverlässig. ▶ unehrlich, unzuverlässig, verschwenderisch.

Pfennige → Bargeld.

Pfennigfuchser Geizhals, Geizdrache, Geizteufel, Filz, Geiziger, Mammonsknecht, Raffer, Knauser, Knicker, Sparhals, Geizhammel, Raffke, Nimmersatt, Hungerleider, Schmutzfink, Jude, Blutsauger, Wucherer, engherziger Mensch, Egoist, kleinlicher Mensch, knauseriger Mensch.→Geizhals. ▶ Spender, Verschwender, Wohltäter.

pferchen zusammendrängen, zwängen, stauen, pressen, einsperren.

Pferd Haustier, Gaul, Zugtier, Zugpferd, Rennpferd, Reitpferd, Wagenpferd, Jagdpferd, Klepper, Stute, Hengst, Schimmel, Rappen, Mähre, Roß, Fuchs, Kutscherpferd, Schindmähre, Hafermotor *u*, Hottehott *u*, Hottepferd *u*, Schabracke, Rosinante *u*, Lasttier, Nutztier, Ackergaul, Saumroß, Falbe, Füllen, Fohlen, Sattelpferd, Vollblut, Halbblut ● Trampel, Elefantenbaby, Dragoner, tölpelhafter Mensch, Trampeltier.

Pferd setzen, aufs falsche → fehlgreifen.

Pferd setzen, aufs hohe → eitel, prahlen.

Pferd am Schwanz aufzäumen, das → dumm, unvernünftig.

Pferdearbeit → Anstrengung.

Pferdebahn → Bahn, Fahrzeug (Schienen-).

Pferdefuß → Dämon, Teufel.

Pferdekraft → Dynamik, Stärke.

Pfiff Pfeifen, pfeifender Ton, Schrillton, Zugpfeifen, Laut, Ruf, Bemerkbarmachung, Vo-

gelpfiff, Stimme, Zeichen ● etwas Geringes, Deut, Kleinheit, Dreck ● kleines Flüssigkeitsmaß. → Ausweg. ▶ Größe, Schrei.

Pfifferling Pilz, Eierpilz, Gelbling, Pfefferschwamm, Waldpflanze, Edelpilz. → Bagatelle, Dunst leerer. ▶ Bedeutung, Wichtigkeit.

pfiffig → aalglatt, bübisch, durchtrieben, findig, gewiegt, intelligent, listig, schlau.

Pfiffigkeit → Findigkeit, List.

Pfiffikus Schlauer, geriebener Bursche, schlauer Patron, Schlaufuchs, Schlauberger, Schelm, Feinspinner, Fuchs, Reineke, Klügler, verschmitzter Mensch, pfiffiger Mensch, verschlagener -, geriebener Mensch, Riemenstecher, Leisetreter, abgefeimter Spitzbube. ▶ Gimpel.

Pflanze Gewächs, Bodenerzeugnis, Bodengewächs, Bodenwuchs, Baumpflanze, Staude, Strauch, Gemüse, Getreide, Blume, Heilkräuter, Unkraut, Waldpflanze, südliche Gewächse, Flachs, Moos → Berliner Pflanze, Göre. → Backfisch, Blume. ▶ Tier.

pflanzen anbauen, setzen, anpflanzen, säen, bebauen, erzeugen, bepflanzen, bewirtschaften, bestellen, ackern, besäen, einsetzen, vermehren, hochziehen, hochzüchten, urbar machen, pflügen, eggen, veredeln, hervorrufen, gründen, verpflanzen ● den Frieden pflanzen, Argwohn ins Herz pflanzen, sich wohin pflanzen, aufpflanzen, sich aufstellen. → ackern, bestellen. ▶ ernten, roden.

Pflanzenwelt Flora, Vegetation (Feld/Wald/Wiese).

Pflanzer → Bauer, Bevölkerung, Siedler.

Pflanzung → Ansiedlung, Bauernhof, Baumschule, Besitztum.

Pflaster Steine, Straßenbelag, Bodenbelag, Pflastersteine, Asphalt, Beton, Zement, Stampfasphalt, Gußasphalt, Bedeckung, Oberdecke, Schicht, Schotterdecke, Straße ● Schutzpflaster, Heilmittel, Zugpflaster, Hilfsmittel, Verbandmittel, Bindemittel, Heftpflaster, Wundmittel ● Schönheitsmittel, Schönheitspflästerchen. → Arznei.

pflastern ausbessern, belegen, mit Pflastersteinen versehen, setzen, eine Straße machen ● verbinden, heilen, herumdoktern, salbadern, kurpfuschen, quacksalbern ▶ schlagen.

Pflastertreter → Faulpelz.

Pflaume Obst, Steinobst ● Weichling, Versager.

pflaumenweich → kraftlos.

Pflege → Anwendung, Aufrechterhaltung, Bedarf, Behandlung, Beistand, Obhut.

Pflegeanstalt, Altersheim. → Anstalt, Krankenhaus.

pflegen etwas gewohnt sein, etwas betreiben, sich etwas angelegen sein lassen, etwas immer tun, etwas was gewöhnlich geschieht, sich hingeben, sich widmen ● umsorgen, sich einer Sache annehmen, instandhalten. →aufziehen, bedienen, beistehen, behüten, umsorgen, bringen auf die Beine, hegen, helfen, kurieren, nähren. ▶ ausrotten, erschweren, verderben, verhindern, unterlassen.

pflegen, der Ruhe → bequem, ruhen, schlafen.

Pfleger Krankenpfleger, Säuglingsschwester, Wehmutter, Wehfrau, Hilfe, Helfer, Stütze, Schwester, Krankenschwester, Wohltäter, Armenpfleger, Krankenbruder, Diakonisse, Rotkreuzschwester, Fürsorgerin, Fürsorgeschwester, Karbol- oder Lysolmäuschen *u,* Krankenwärter, Wohlfahrtspfleger. → Aushilfe, Beistand, Beschützer.

pfleglich → sorgfältig.

Pflicht Verpflichtung, Gewissenssache, Ehrensache, Pflichtgebot, Satzung, Ordnung, sittliche Forderung, Pflichtmäßigkeit, Pflichtgefühl, Pflichtbewußtsein, Pflichttreue, Pflichtübung, Selbstverantwortung, Gewissenhaftigkeit, Pflichterfüllung, Amtspflicht, Bindung, Obliegenheit, Gehorsam, Gesetzespflicht, Bürgerpflicht, Pflichtbegriff, ungeschriebenes Gesetz, Gebundenheit, Abhängigkeit, Arbeit, Pflichtenkreis, Zwang, Muß, Unerläßlichkeit, Schuldigkeit. → Amt, Angelegenheit, Arbeit, Aufgabe, Beharrlichkeit, Beruf, Beschwerde, Charge, Dekorum, Dienst, Dienstpflicht, Existenz, Herzensbedürfnis, Obliegenheit, Raum. ▶ Pflichtvergessenheit.

Pflicht verletzen, die → brechen die Pflicht.

pflichtbewußt pflichteifrig, pflichtgetreu, rechtschaffen, gewissenhaft, pflichtschuldig, sorgfältig, bieder, zuverlässig, beständig, charakterfest, verläßlich, pünktlich, mannhaft, aufrichtig, gerade, gehorsam, pflichtgemäß, beflissen, gefällig. → bieder. ▶ pflichtvergessen.

Pflichtbewußtsein → Pflicht, Pflichtgefühl, Tatkraft.

pflichteifrig → demütig, dienstbereit, pflichtbewußt.

pflichtenlos → leichtfertig.

Pflichterfüllung → Charakterstärke, Dienststärke, Ehrenpunkt, Treue.

Pflichtgefühl Pflichtbewußtsein, Verantwortung, Verantwortlichkeit, Treue, Gewissenhaftigkeit, Berufstreue, Pflichtauffassung, Pflichttreue, Gehorsam, Schweigepflicht, Verantwortungsgefühl, Charakterstärke, Redlichkeit, Lauterkeit, Rechtschaffenheit, Zuverlässigkeit, Anständigkeit, Unbestechlichkeit, Bravheit, Wackerheit. → Anstand. ▶ Pflichtverletzung.

pflichtgemäß → charakterfest.

pflichtgetreu → anständig, brav, charaktervoll, pflichtbewußt.

pflichtig → ersatzpflichtig.

pflichtmäßig → obligatorisch, pflichtbewußt.

pflichtschuldig pflichtbewußt, verpflichtet.

pflichttreu → anständig, brav, charaktervoll, pflichtbewußt, rechtschaffen.

pflichtvergessen lotterhaft. → achtlos, bestechlich, bummelig, falsch, leichtfertig, ungehorsam.

Pflichtvergessenheit Leichtsinn, Schlamperei, Leichtfertigkeit, Achtlosigkeit, Pflichtversäumnis, Lässigkeit, Unterlassung, Versäumnis, Ausflucht, Vernachlässigung, Verantwortungslosigkeit, Laxheit, Nichtbeobachtung, Verstoß, Pflichtverletzung, Übertretung, Mißbrauch, Überschreitung, Zuwiderhandlung, Ungehorsam, Untreue, Unfolgsamkeit. → Bestechlichkeit, Bruch, Bummelei, Fahrlässigkeit, Käuflichkeit, Unterlassung. ▶ Pflicht.

Pflichtverletzung, Pflichtversäumnis → Ärgernis, Pflichtvergessenheit, Schuld, Verstoß.

Pflock Holzstift, Holznagel ● Zapfen ● Halterung, Haltegriff, Klinke, Drücker.

pflücken → ernten.

pflügen roden, bebauen, ackern, eggen, bestellen, brachen, furchen, bewirtschaften, urbar machen, aushöhlen, auskehlen. → ackern, graben. ▶ brachliegen.

Pforte → Ausgang, Durchgang, Einfahrt, Eingang, Öffnung, Tor.

Pförtner Türhüter. → Portier.

Pfosten Poller. → Balken, Pfahl.

Pfote Klaue, Fuß, Tatze, Pranke, Pratze ● Patsche, Faust, Gliedmaß ● schlechte Pfote haben, schlechte Schrift, un-

leserlich schreiben ● in den Pfoten haben. → besitzen.

Pfoten davon lassen, die nicht anrühren, nicht berühren, nicht belästigen, sich nicht darum kümmern.

Pfriem → Ahle, Durchlocher, Werkzeug.

Pfropfen Kork, Verschluß, Stöpsel, Stopfen.

pfropfen → veredeln.

Pfründe Unterhalt, Einkommen, Stiftung, Unterstützung, Lebensmittel, Zuschuß, Zugabe, Gabe, müheloses Einkommen ● Stelle im Stift, Stelle im Hospital, Stelle in einem Versorgungsheim ● Einkommen eines Kirchenamts, Pfarre. → Bestechung, Käuflichkeit.

Pfuhl Sumpf, Pfütze, Tümpel, Entenpfuhl, Ried, Bruch, Morast, Moor, Schlick, Unreinheit, Unsauberkeit, Lache, Schlamm, Gestank, Miasma, Kot ● Sündenpfuhl, Hölle.

Pfuirufe → Schimpf, Tadel.

pfundig → anmutig, prima.

Pfusch → Unvollkommenheit.

pfuschen schludern, holzen, murksen, schustern. → blamieren, hudeln.

Pfuscher Nichtskönner, Nichtswisser, Stöpsler, Hudler, Nichtfachmann, Stümper, Halbwisser, Schlumpschütze, Sonntagsjäger, Einfaltspinsel, Dummkopf, Tölpel, Schmierer, Farbenkleckser, Schablonenmaler, Schablonenmensch, Ausschuß, Federfuchser, Verderber, Ölgötze, Holzbock, Tropf, Laie, Grünling, Anfänger, Neuling, Mogler. ▶ Könner.

Pfuscherei → Blamage, Blendwerk, Faselei, Flickwerk.

Pfütze → Becken, Gewässer, Kloake.

Phänomen Erscheinung, Bild, Darstellung, Geist, Naturerscheinung, Wunder, Zeichen, Vorzeichen, Anzeichen, Vorbedeutung ● Könner, Persönlichkeit, überragender Mensch ● Ungeheuer, Unmöglichkeit, Wunderding, Monstrum. ▶ Pfuscher, Wirklichkeit.

Phantasie Einbildungskraft, Vorstellungsvermögen, Schöpferkraft, Erfindungsgabe, Vorstellungskraft, Bildkraft, Anschauungsvermögen, Eingebung, Dichtergabe, Dunstbild, Übertreibung, Wahn, Trugbild, Schwärmerei, Überspannung, Überspanntheit, Überschwenglichkeit, Übersteigerung, Überschwang, Luftbild, -gebilde, Auswuchs, Hirngespinst, Fabel, Märchen, Erdichtung, Musikstück. → Einbildungskraft, Fantasie. ▶ Gedankenlosigkeit, Wirklichkeit.

phantasiebegabt → aufbauend, erfinderisch, schöpferisch.

Phantasiebild → Ideal.

phantasielos → dumm, engstirnig, geistlos.

phantasiereich → erfinderisch, schöpferisch.

phantasieren träumen, fiebern, krank sein, die Besinnung verlieren, das Bewußtsein verlieren, dahinschwinden, darniederliegen, leiden, das Bett hüten, krank liegen, irrereden ● prahlen, großsprechen, erdichten, lügen, plagieren, großtun, flunkern, zusammenreimen. → Blech. ▶ nüchtern (sein), überlegen, wohlbefinden sich.

phantasievoll → schöpferisch, phantasiebegabt.

Phantasmagorie → Blendwerk, Hirngespinst.

Phantast Wolkenschieber, Schwärmer, Träumer, Romantiker, Verzückter, Erdichter, Gespenterseher, Aufschneider, Hellseher, Utopist. → Enthusiast. ▶ (Realist).

phantastisch märchenhaft, wunderbar, himmlisch, zauberisch, bezaubernd, traumhaft, zauberhaft, feenhaft, wunderlich, herrlich, prima, erdenfern, utopisch ● absonderlich, verstiegen, grotesk, übertrieben, närrisch, überspannt, sonderbar, eigenartig. → befremdend, bizarr, ekstatisch, entrückt, feenhaft, geisterhaft, grotesk. ▶ natürlich, abscheulich, gewohnt.

Phantom → Gespenst, Hirngespinst.

Phantomen nachjagen → erträumen, phantasieren, träumen.

Pharisäer Falscher, Heimtücker, Betrüger, Heuchler, Scheinheiliger, Großtuer, Prahler, Eitler, Pfau, Pfingstochse, Hochmutsnarr, Arglistiger ● Angehöriger einer jüdischen Partei. ▶ Mensch aufrechter treuer.

pharisäisch → arglistig, bigott, falsch, scheinfromm.

Phase Lage, Situation ● Wechsel, Wandlung, Schwankung, Umbildung.

Philippika → Bestrafung.

Philister → Banause, Pedant.

philisterhaft → einseitig, kleinlich, trocken.

Philosoph Weisheitsfreund, Weiser, Weltweiser, Begriffsforscher, Denker, Weisheitslehrer, Gelehrter, Forscher, Wissenschaftler, Geistesritter ● Lebenskünstler, Stoiker, Gemütsmensch. ▶ Brausekopf, Schwachkopf.

Phlegma → Bummelei, Dickfelligkeit, Dumpfheit, Gleichgültigkeit, Trägheit.

Phlegmatiker Gemüts-

mensch, Trottel, langweiliger Bruder *u*, Laumann *u*.

phlegmatisch → bedächtig, behäbig, bequem, bleiern, energielos, faul, langsam.

Phonetik Lautkunde, Sprachlautkunde, Stimmlehre, richtiger Gebrauch der Stimme, Artikulation, Lautlehre, Vokalisation, Aussprache, Sprachlaut. → Akustik.

Phonograph → Apparat.

Phosphor → Brennmaterial, Licht.

Phosphorregen → Brand.

Photo → Abbild.

Photoapparat Photokamera, Lochkamera, Filmkamera, Camera obscura, Plattenkamera, Rollfilmkamera, Apparat, Balgkamera, Spiegelreflexkamera, Kleinbildkamera. → Apparat.

Photographie Lichtbildkunst, Lichtbildnerei, Schwarzweißkunst, Farbaufnahmen, Licht und Schatten, Nahaufnahmen, Fernaufnahmen, Schnappschuß, Freilichtaufnahmen, Bildentwicklung, Bildvergrößerung. → Bild.

photographieren knipsen. → aufnehmen.

Phrase Schwulst, Gerede, Bombast, Redewendung, Redeblume, Redensart, Getue mit Worten, Inhaltslosigkeit, Blödsinn, Gehaltlosigkeit, Gefasel, Blech, Wortschwall, Wortkrämerei, lose Redensart, Überschwenglichkeit, toter Buchstabe, Hohlheit, Leerheit, Phrasendrescherei, Hohlbläserei. → Art und Weise, Bedeutungslosigkeit, Farblosigkeit. ▶ Gedankentiefe, Wortbedeutung.

Phrase, leere → Blech.

Phrasendrescherei → Bedeutungslosigkeit, Blech, Bombast, Phrase.

phrasenhaft nichtssagend, leer, hohl, gehaltlos, gestaltungsarm.

Phryne → Bajadere.

Physiognomie Gesichtszug, Ausdruck, Aussehen, Außenlinie, Gesicht, Mienenspiel, Miene ● Ausdruck eines Tieres, Ausdruck einer Gegend. → Angesicht, Art, Ausdruck. ▶ Ausdruckslosigkeit.

physisch → gegenständlich, leiblich.

piano → leise.

picheln → besaufen.

Pickel Pocke, Quaddel, Pustel, Finne, Warze, Mitesser, Bläschen ● Haue, Hacke, Spitzhacke, Picke.

pickelig pustelig, knotig, blasig.

picken prickeln, krabbeln, kribbeln, beißen, brennen, stechen.

Picknick → Ausflug (mit Essen im Freien).

picobello → anmutig, sauber.

pieken stechen, sticheln.

piekfein → anmutig, artig.

piepsen schilpen, zwitschern, zirpen, gicksen, rufen, quieken, girren, glucksen, gackern, lärmen, pfeifen. ▶ schreien.

piesacken → bedrücken, Hölle heiß machen, quälen.

Pietät Achtung, Ehrfurcht, Ehrerbietung, Hochachtung, Scheu, hohe Meinung, Würdigung, Verehrung, Schätzung, Wertschätzung, Ehrenplatz, Verbeugung, Ehrfurchtsbezeugung, Achtungserweisung, Achtungsbezeigung. ▶ Pietätlosigkeit, Schimpf.

Pietätlosigkeit → Schimpf.

piff-paff → bum, schießen.

Pigmentmangel → Albino.

pikant → anmutig, anrüchig, appetitlich, aromatisch, köstlich.

Pike → Waffe.

Pilgerfahrt → Bittgang, Bußgang.

pilgern wallfahren, wandern, gehen, marschieren, wandeln, wallen, schreiten, unternehmen, ausschreiten, traben, laufen, in einer Prozession ziehen ● beten, bitten, singen, anflehen ● begehren, bewegen sich. ▶ fahren.

Pilgerung → Bittgang, Bußgang.

Pille → Arznei, Betrübnis, Dosis.

Pille, bittere → Verdruß.

Pilot Flugzeugführer, Flieger, Luftschiffer, Luftschiffahrer, Flugkapitän, Segelflieger, Steuermann, Lotse.

Pilz → Auswuchs, Bazillus, Pflanze.

Pimpf Jungmannschaft, Jungschar, Jugendverband, Jungen, Buben, Halbwüchsige, Burschen, Wandervögel, Trupp, Schar, Horde. ▶ Mann.

Pinasse → Boot.

pingelig → genau.

Pinkepinke → Bargeld.

Pinsel Malgerät, Malwerkzeug, Malerpinsel, Gerätschaft, Anstreicherpinsel ● Haarbüschel, Borstenbüschel, Schwanz ● Einfaltspinsel, Tropf, einfältiger Mensch, Simpel, Dummerian. → Betrogener.

pinseln → malen, weinen.

Pinunzie → Bargeld.

Pionier → Bahnbrecher.

Pirat → Bandit.

Piratentum → Beraubung.

pirschen → gehen, jagen.

Piste Abfahrt. → Bahn.

Pistole auf die Brust setzen → zwingen.

Pistole geschossen, aus der → genau, heftig, schnell.

Plache → Decke.

placken → abmühen, anstrengen, bedrücken.
placken, sich → anstrengen.
Plackerei → Anstrengung, Aufgebot, Bemühung, Beschwerde, Mühe.
pladdern → regnen.
plädieren → rechtfertigen, verteidigen.
Plage → Anstrengung, Arbeit, Ärger, Ärgernis, Armut, Bekümmernis, Beschwerde, Beschwerlichkeit, Bürde, Dorn, Elend, Fron, Kampf ums Dasein, Mühe, Not, Übel, Unglück.
Plagegeist → Quälgeist.
plagen → abmühen, anöden, anstrengen sich, bedrücken, befeinden, beschäftigen, bestreben sich, betrüben, binden sich selbst eine Rute, Brotkorb höher hängen, erkämpfen, quälen.
Plagiat Borg, erborgte Federn, Beraubung, Aneignung, Dieberei, geistiger Diebstahl, Nachahmung, Nachdruck, Fälschung, Eingriff in fremde Rechte, Gaunerei, Schwindel, Betrug.→Abklatsch, Bemächtigung.▶ Original.
Plagiator → Nachbeter.
plagieren → abbilden, borgen fremde Gedanken.
Plakat → Affiche, Angebot, Anschlag, Aushang.
Plakette Platte, Gedenktafel, Denkmünze, Anstecknadel, Ansteckmarke, Medaille, Schaugroschen, Schaumünze, Gedenkmünze, Abzeichen, Parteiabzeichen.
plan flach, eben, glatt.
Plan Formblatt, Grundriß, Gerippe, Linie große, Anordnung, Wegweiser, Skizze, Projekt, Übersicht, Entwurf, Darstellung, Absicht, Entschluß, Vorschlag, Reiseplan, Urlaubsplan, Vorsatz, Vorhaben, Vorbedacht, Karte, Lagezeichnung, Lagebestimmung, Stadtplan, Wanderkarte, Reisehandbuch, Reiseführer, Leitfaden, Landkarte, Vordruck, Denkspruch, Dessin, Entwurf, Karte. ▶ Ausführung, Zufall.
Plandruck → Druck.
Plane → Decke.
Plänemacher Planer, Ordner, Gestalter, Projektmacher, Entwerfer, Wegweiser, Anordner, Kartenzeichner, Kartenstecher, Erfinder, Skizzierer, Ausarbeiter, Vorzeichner, Vorbereiter, Anbahner. ▶ Nichtkundiger, Nichtskönner.
planen → anbahnen, ausgestalten, beabsichtigen, einfädeln, organisieren, vorbereiten.

Planer → Ordner, Plänemacher.
Planet → Stern.
planieren ebnen, einebnen, nivellieren, waagrecht machen, flächen, ausflächen, abflachen, bahnen, ausplatten, glattmachen. ▶ aufwerfen.
Planke → Bohle, Diele.
Plänkelei Geplänkel, kleines Feuergefecht, Streit, Scharmützel, Fehde, Kampf, Streitigkeit, Händel, Strauß, Zwist, Handgemenge, Rauferei, Keilerei, Zusammenstoß, Prügelei, Faustkampf. ▶ Verträglichkeit.
plänkeln → angreifen, beschießen.
planlos unvorbereitet, sinnlos, unbedacht, unbedachtsam, primitiv, unausgearbeitet, unversorgt, unausgerüstet, unordentlich, unmethodisch, ordnungslos, regellos, mangelhaft, schlecht, ungeeignet, improvisiert, aus dem Stegreif, systemlos. ▶ planvoll.
planmäßig → A bis O, durchdacht, fällig, planvoll.
planschen spritzen, baden, tauchen, eintauchen, untertauchen, spielen, patschen, platschen, plantschen, panschen, manschen u, aufs Wasser schlagen.
Plansoll Auflage, Richtlinie, Vorschlag. → Plan.
Plantage → Bauernhof, Baumschule, Besitztum.
planvoll methodisch, gezielt, planmäßig, vorbereitet, ausgeklügelt, überlegt, berechnet, systematisch, durchdacht, klug, schulgerecht, sorgsam, ausgearbeitet. ▶ planlos.
plappern (dahin)labern, schwatzen, einfältig reden. → abschweifen, auspacken, reden, sprechen.
plärren → beklagen, beweinen, weinen.
Pläsier → Vergnügen.
Plastik → Bildhauerei, Figur.
plastisch heraustretend, hervortretend, bildlich, modelliert, abgehoben, durchgebildet, anschaulich, körperlich, geformt, deutlich hervortretend, gebildet, formgebend, bildnerisch, formbar. → anschaulich, durchgebildet, formbar, gummiartig. ▶ fest, formlos.
Plateau → Ebene.
platonisch stoisch, gefühllos, gelassen, achtlos, unberührt, enthaltsam, keusch, rein, unbefleckt. ▶ gefühlvoll, triebhaft.
plätschern → fließen, laufen, planschen.
Platt → Dialekt, Jargon.
platt breit, gedrückt, ausgestreckt, ausgedehnt, wie ein Pfannkuchen, flach, untief,

seicht, eben, gerade, schildförmig, plan ● oberflächlich, nichtssagend, alltäglich, breitgetreten, geistlos, abgedroschen, witzlos, blöde, langweilig, fad, schal, abgeschmackt, trocken ● überrascht, erstaunt, verwundert, stutzig, starr, fassungslos, sprachlos, betroffen, entgeistert, verblüfft. → abgedroschen, abgeschmackt, eben, fächerartig, farcenhaft, mundartlich, niedergeschmettert. ▶ dick, geistvoll, hoch, schmal, senkrecht.
Plättchen → Diele, Platte.
plattdrücken zusammenquetschen, pressen.
Platte Teller, Glasplatte, Schale, Brotplatte, Fleischplatte, Salatplatte, Käseplatte, Silberplatte ● Schicht, Tafel, Brett, Decke, Belag, Diele, Bohle, Metallplatte, Photoplatte, Schallplatte ● Glatze, Kahlkopf, Kahlheit. → Behälter, Diele, Ebene. ▶ Abhang.
plätten → bügeln.
Plattenspieler → Apparat.
Plattform Abplattung, flaches Dach, Rednerbühne, Podium, Außenstehplatz, Straßenbahnplatz, Ebene, Platte, Postament, Unterbau, Unterlage, Basis, Stützpunkt. → Anfang, Brett.
Plattheit → Demimondo, Fadheit, Geistesstumpfheit.
Platz → Ansiedlung, Bedeutung, Beruf, Distrikt, Ecke, Flächenraum, Ort, Quartier, Rang, Raum, Region.
Platz an der Sonne → Glück.
Plätzchen → Konfitüre, Ort, Quartier.
platzen → aufgehen, aufmachen, außer sich, bersten, brechen, fangen Feuer, losgehen, öffnen.
platzen vor Wut → außer sich, toben, wüten.
Platzgeld → Aufschlag, Geld.
platzmachen → ausweichen, entfernen.
Platzmangel Beengtheit, Raummangel, Begrenztheit, Raumknappheit, Enge, Kargheit, Bedrängung, Kleinheit, wenig Platz, Gedrängtheit, Zusammengedrängtheit. → Begrenzung, Einengung. ▶ Geräumigkeit, Platz.
Plauderei → Aussprache, Geplauder, Unterhaltung.
Plauderer Gesellschafter, Causeur, Gegenüber, Tischherr, Tanzherr, Unterhalter, Weltmann, Hofmacher, Gesellschaftslöwe, Erheiterer, Zerstreuer ● Plaudertasche, Schwätzer, Kanngießer, Zungendrescher, Schnattermaul, Schwatzbase. ▶ Mensch lederner.
Plauderhaftigkeit → Beredsamkeit, Redseligkeit.

plaudern → abladen, brechen das Stillschweigen, debattieren, erzählen, fabulieren, Mund verbrennen den, reden, sprechen.

Plaudertasche → Angeber, Kaffeetante, Plauderer, Schwätzer.

plauschen → plaudern, unterhalten sich.

plausibel → anschaulich, deutlich, einleuchtend, glaubhaft.

Plauze → Bauch.

Playback → Wiederholung.

Playboy → Dandy, Salonlöwe.

plazieren → aufstellen, deponieren, stellen.

plebejisch gewöhnlich, niedrig, proletarisch, gassenmäßig, pöbelhaft, proletenhaft, gemein, gering, unedel, bettelhaft, schäbig, armselig, erbärmlich, elend, schmutzig, unfein, ungebildet, roh, ungeschliffen, ungesittet, barbarisch, unzivilisiert. → unhöflich. ▶ vornehm.

Plebs → Mob.

pleite → bankrott.

Plethi und Krethi → Hinz und Kunz.

plissieren → falten.

plissiert → faltig.

plombieren füllen, heilen, Plombe einsetzen, zumachen, verschließen, in Ordnung bringen, eine Zahnfüllung machen ● siegeln, blokkieren, verkitten, versiegeln, zollamtlich verschließen. → absperren. ▶ öffnen, aufbohren.

plötzlich jäh, hastig, heftig, mit einemmal, unerwartet, blitzartig, übereilt, schnell, rasch, überraschend, überhastet, jählings, schlagartig, schroff, ungestüm, unsanft, unversehens, wie von der Tarantel gestochen u, unvermittelt, unvermutet, flugs, blitzschnell, überstürzt, stürmisch. → auf einmal, augenblicklich, beizeiten, Blitz getroffen wie vom, Handumdrehen im, Knall und Fall. ▶ langsam, überlegt.

Plötzlichkeit → Blitz, Knall und Fall, Schnelligkeit.

plump schwerfällig, wie ein Elefant im Porzellanladen, unzart, grob, unbeholfen, ungeschliffen, ungelenk, ungeschlacht, ungeschickt, hölzern, steif, linkisch, ungewandt, tölpelhaft, ungehobelt, eckig, deftig u, klobig, klotzig, faustdick, ungalant, unritterlich ● plumper Mensch: Klotz, Dragoner, Elefantenkücken u. → abstoßend, derb, dick, dickwanstig, geschmacklos. ▶ anziehend, geschickt, geschmackvoll, gewandt.

plumpsen → abfallen, absakken, fallen.

Plunder → Abfall, Ausschuß, Bagatelle, Kitsch, Ramsch.

Plünderer → Bandit, Dieb.

plündern → demolieren, stehlen.

Plünderung → Ausplünderung, Beraubung, Dieberei.

Plus Überschuß, Überhang, Saldo ● Reingewinn, Gewinst, Mehrwert, Vorsprung. → Beifügung.

plustern, sich → eitel, prahlen.

Plutokrat → Kapitalist.

Po → Gesäß.

Pöbel Lumpengesindel, Krämervolk, Gesocks, Masse, Pack, Plebs, Mob, Gesindel, Gelichter, Bagage, Horde, Bande, Hefe, Abschaum, Bettelvolk, Zigeuner, Proletarier, Diebesgesindel, Krethi und Plethi. → Auswurf, Bande, Hinz und Kunz, Mob, Pack.

Pöbelei → Unhöflichkeit.

pöbelhaft → abstoßend, brutal, plebejisch.

Pöbelhaftigkeit → Demimondo, Unhöflichkeit.

Pöbelherrschaft → Gesetzlosigkeit.

pochen → begehren, bestehen auf, bohren, klopfen, lärmen.

Pocken → Auswuchs, Krankheit.

Podium → Plattform.

Poesiealbum → Album, Buch.

poesielos nüchtern, langweilig, fad, unromantisch, prosaisch, ledern, ermüdend, geistlos, einschläfernd, eintönig, ernüchternd, hölzern, schal, realistisch. ▶ poetisch.

Poet → Dichter.

poetisch → ästhetisch, feinsinnig, schwärmerisch.

Pointe → Hauptsache, Witz.

pointieren punktieren, tüpfeln, zuspitzen, betonen, geistreich antworten, auf eine Karte setzen. ▶ langweilen, witzlos (reden und schreiben).

Pokal → Behälter, Kelch.

Pökel → Bad, Beize, Würze.

pökeln einsalzen, einlegen, einmachen, einlaugen, aufbewahren, einpökeln, in Pökel legen, erhalten, marinieren, aufheben, räuchern, einwecken, sulzen.

pokern (bluffen) → spielen.

pokulieren → besaufen.

Pol Drehpunkt, Kräftepunkt, Achsenendpunkt, Gegenpol, Nord, Süd, Angelpunkt, Mittelpunkt, Wendungspunkt, Polhöhe, Himmelpol, Polkreis, Ruhepunkt. ▶ Äquator.

Pol, der ruhende → Beherrschung, Friede, Stille.

Polarität → Gegensatz.

Polder → Sumpf.

Polemik → Debatte, Streit.

polemisieren → balgen, debattieren.

polieren → bohnern, dekorieren.

poliert geglänzt, glänzend, geglättet, geschliffen, lakkiert, blank, gewichst, glatt, geglättet, leuchtend, sauber. → blank, gewichst. ▶ rauh, ungepflegt, unsauber.

Politik Staatsführungslehre, Berechnung, Wissenschaft, Staatskunst, Weltklugheit, Politikmacherei, Schlauheit, List, Diplomatie, Durchtriebenheit, Staatshändel, Führung, Leitung, Weltweisheit.

politisch diplomatisch, schlau, klug, gerissen, berechnend, vorsorgend, fähig, einsichtsvoll, raffiniert, förmlich, geschmeidig, höflich, verbindlich, formgewandt ● staatsklug, staatsmännisch, weltklug. ▶ unpolitisch.

Politur Schliff, Hochglanz, Lack, Satinierung, Glätte, Anstrich, Glasur, Politurglanz, Fettigkeit, Überzug, Glättstoff, Glättung, Poliermittel, Schönheit, Pracht, Schimmer. → Benehmen. ▶ Rauheit, Unbildung.

Polizeikräfte Sicherheitsvorkehrung, Sicherheitsvorrichtung, Sicherheitsmaßnahmen, Polizei, Polente u, weiße Mäuse u, Polyp u, Constabler, Schutz, Mannschaft, Verkehrspolizei, Aufsicht, Bewachung. → Aufgebot.

polizeiwidrig → abscheulich, ungesetzlich.

Pollen Blütenstaub, Spore ● Zier, Keim.

Poller Pfahl, Pfosten.

Polo → Ball, Spiel.

Polster Weichheit, Matratze, Ruhelager, Lager, Polstersessel, Polsterstuhl, Lehne, Gummi, Schaumgummi, Daunen, Watte, Federung, Holzwolle, Roßhaar, Werg, Seegras, Kapok, Federbett, Rükkenpolster, Kissen. → Bett.

polstern auspolstern, auswattieren, wattieren, füttern, füllen, ausfüllen.

Polterer Schreier, Krakeeler, Geiferer, Lärmhansel u.

poltern → dröhnen, ergrimmen, geifern, lärmen, Harnisch geraten in.

Polychromie → Farbenreichtum.

Polygamie Vielweiberei, Vielmännerei, Mehrehe, Doppelehe, Polyandrie, Haremswirtschaft, Mormonentum, Blaubarterei, Bigamie, Digamie, Serailwirtschaft, Ungesetzlichkeit, Unrechtmäßigkeit. ▶ (Monogamie).

Polyp Vielfuß, Vielarm, Kopffüßer, Tintenfisch, Hohltier, Fangarmtier, Weichtier, Qualle ● Organ, Nasengewächs, Wucherungen ● Polizeibeamter, Schutzmann.

Pomade → Paste.

pomadig fett, ölig, glatt, schmierig, speckig, glänzend, talgig, eingeschmiert, glitschig, fettig. → allmählich, bedächtig. ▶ forsch, schnell, trocken.

Pomp → Aufwand, Farbenglanz, Glanz, Pracht.

Pompadour Marquise, Geliebte, Mätresse, Liebhaberin, Konkubine, Buhlerin, Kameliendame. → Beutel.

pomphaft → anmaßend, pompös.

pompös flimmernd, grandios, pomphaft, geschmückt, strahlend, aufgedonnert, prunkhaft, schimmernd, blendend, prangend, prächtig, herausgeputzt, glänzend, glitzernd, dekoriert, verziert, theatralisch, feierlich, stattlich. → auffallend, brillant. ▶ schlicht.

Popanz Schreckgestalt, Schreckgespenst, Teufel, Gespenst, Bulemann, Butzemann, Wauwau, Geist, Spuk, wilder Mann, Greuelmärchen, Schreckbild, Geistererscheinung, Nachtgespenst, Ungeheuer, Hausgeist.

populär beliebt, volksbeliebt, bestgehaßt, verehrt, volkstümlich, teuer, wert, hochgeschätzt, angebetet, gefeiert, berühmt, geschätzt, geachtet, bedeutend, ausgezeichnet, ehrenwert, verdient, hervorragend ● leicht faßlich, gemeinverständlich. → angesehen, anschaulich, berühmt.

Pore Hautöffnung, Öffnung, Loch, Schweißloch.

Pornographie → Schweinerei.

porös → atmen, dünn, durchlässig sein.

Portal → Ausgang, Einfahrt, Eingang, Öffnung, Tor.

Portemonnaie Geldbeutel, Börse, Brieftasche.

Portier Angestellter, Schließer, Hausmeister, Werksportier, Hotelportier, Wächter, Türhüter, Türsteher, Pförtner, Concierge, Torwächter, Torschreiber, Aufseher. → Untergebener.

Portion → Anteil, Coupon, Dosis, Ration Teil.

Porträt → Abbild, Bild.

porträtieren → abbilden, malen.

Porzellanmalerei → Bild.

Pose → Art und Weise, Bildung, Haltung, Mache.

Position → Lage, Ort, Posten, Stellung.

positiv bejahend, wirklich, gewiß, fortschrittlich, zusagend, aufbauend, bestimmt, gewißlich, unzweifelhaft, entschieden, tatsächlich, sicher, zweifellos, unfraglich, selbstverständlich ● plus, größer als Null. → bestimmt. ▶ negativ.

Positur → Pose.

Posse Theaterstück, Bühnenstück, Bühnenwerk, Lustspiel, Komödie ● Übermut, Schlemmerei, Scherz, Flausen, Heiterkeit, Humor, Belustigung, Lustigkeit, Lustbarkeit, Ausgelassenheit, Schnurre, Jux, Spaß, Ulk, Schwank, Narretei. → Belustigung, Drolligkeit, Farce. ▶ Tragödie, Trübseligkeit.

Possen Blödsinn, Lächerlichkeit, Unfug, Unsinn, Scherz, Schabernack, Spaß, Schnurre, Jux, Drolligkeit, Possenspiel, Allotria, Ausgelassenheit, Bärentanz, Faxen, Narrenpossen, Narreteien, Possenreißerei, Hanswursterei, Spaßigkeit, Späße. → Faselei. ▶ Ernstlichkeit, Gedankentiefe, Trübseligkeit.

Possen spielen, einen ärgern, aufziehen, spotten, verspotten, sich lustig machen, zum besten halten, einen Possen treiben, zum Narren haben, hereinlegen, hänseln, narren, Schabernack treiben, in den April schicken, zum Gespött machen, zum Stichblatt machen, hinters Licht führen. ▶ erfreuen, langweilen.

Possen treiben → belustigen, Possen spielen einen.

possenhaft lächerlich, närrisch, drollig, lachenswert, komisch, lustig, spaßig, spaßhaft, possierlich, grotesk, hanswurstartig, zwerchfellerschütternd, neckisch, hochkomisch. → farcenhaft. ▶ ernsthaft, witzlos.

Possenhaftigkeit → Drolligkeit, Narretei.

Possenreißer → Bajazzo, Spaßmacher.

Possenreißerei → Narretei.

Possenspiel → Drolligkeit, Narretei, Posse.

possierlich → anmutig, klein, originell, possenhaft.

Postament → Grundlage.

Postbote → Briefträger.

Posten Teil, Ware, Maß, Beitrag, Bestandteil, Position, Anteil, Stoß, Pack, Menge, Vorrat ● Standpunkt, Bewachung, Wache, Aufpasser, Torhüter ● Geld, Grundstock, Geldsumme, Betrag, Guthaben, Geldschuld ● Schildwache, Wachhaltender, Wachmannschaft, Soldatenwache. → Amt, Anzahl, Aufgabe, Batzen, Bedeutung, Beruf. ▶ Absetzung, (Bewachter), Fehlbetrag, Ganzes.

Pusten haben, einen → bekleiden, Beruf.

Posten sein, auf dem → beobachten, gesund.

Postflugzeug → Fahrzeug (Luft-).

Postille → Bibel.

Postillon Fahrer, Kutscher, Reiter, Kurier, Fuhrmann, Wagenlenker, Rosselenker, Bote, Briefbote, Zwischenträger, Liebesbote.

Postkarte → Benachrichtigung.

Postkutsche → Chaise, Fahrzeug (Straßen-).

Postskriptum s → Anhang, Beifügung.

Postulat → Axiom, Lehrsatz.

postulieren fordern, voraussetzen.

postwendend → eilends, rasch, schnell.

potent mächtig, vermögend, leistungsfähig, zeugungsfähig, fruchtbar, kräftig, bildungsfähig, fortpflanzungsfähig, entwicklungsfähig.

Potentat Machthaber, Fürst, Herrscher, Kaiser, König, Gebieter, Monarch, Herr, Landesherr, Herzog, Gewalthaber, Befehlshaber, Regierender. → Haupt. ▶ Unterdrückter, Untertan.

Potenz → Dynamik, Faktor, Macht, Zahl.

potenzieren → anschwellen, rechnen, steigern.

potztausend Donnerwetter, ach was, nein so was, aber nein, sieh an, was Sie sagen, du lieber Himmel, du liebe Gott, nanu, alle Welt, allerhand, ei der Tausend, Menschenskind, au Backe, nun schlägt's dreizehn, da schau her, sieh mal an, ach geh, ist das möglich, nicht möglich, hast du Worte, schwerenot, gibt's dös a.

Poussage Anbetung, Hingebung, Sehnsucht, Verlangen ● Liebschaft, Liaison, Verhältnis, Schwärmerei, Bekanntschaft. → Abgott.

poussieren den Hof machen, umwerben, liebeln, flirten, kokettieren, hofieren, katzebuckeln, flattieren, die Cour schneiden, schöntun, tändeln, schwärmen, nachschleichen, herumschleichen, anhimmeln, nachsteigen. → buhlen. ▶ verabscheuen.

Pracht Köstlichkeit, Pomp, Gepränge, Feierlichkeit, Prachtentfaltung, Prunk, Herrlichkeit, Prunkentfaltung, Schaugepränge, Farbenglanz, Schimmer, Augenlust, Staat, Gala, Glanz, Putz, Stattlichkeit, Hofstaat, Aufputz, Festlichkeit, Festgepränge, Festschmuck, Prunkfest, Schönheit, Wohlgestalt, Reichtum, Kostspieligkeit, Aufwand, Eleganz. → Armut, Anziehung, Aufmachung, Ausschmückung, Charme, Gala, Glanz, Nimbus.

Prachtentfaltung → Entfaltung, Farbenglanz, Pracht.

prächtig feierlich, festlich,

glänzend, glanzvoll, grandios, großartig, imposant, majestätisch, monumental, opulent, vorzüglich, ausgesucht, eindrucksvoll, kostbar, prachtvoll, wunderschön, schön, unübertrefflich, schillernd, prunkhaft, blendend, strotzend, schimmernd, herrlich, flimmernd, pomphaft, prunkvoll, vortrefflich, selten, köstlich, makellos, edel, stattlich, brillant. → artig, auserlesen, bestrickend, brillant, bunt, charmant, erlesen, farbenfroh, fein, gut, imponierend. ▸ einfach, häßlich.

prachtliebend prunksüchtig, prunkliebend, putzsüchtig, putzliebend, pompsüchtig, pompliebend, geldliebend, übertrieben, glanzliebend, effektliebend, eitel, schönheitsliebend, theatralisch. ▸ bescheiden, einfach.

Prachtstück Meisterstück, Meisterwerk, Wertarbeit, Unübertrefflichkeit, Unschätzbarkeit, Vollkommenheit, Kostbarkeit, Vorzüglichkeit, Vortrefflichkeit, Ausgesuchtheit, Kleinod ● Prachtkleid, Gala, Staat, Hofstaat, Hoftracht. → Klasse, Pracht. ▸ Tand, Wertlosigkeit.

prachtvoll → artig, auserlesen, bestrickend, blendend, brillant, charmant, erlesen, fein, prächtig, schön.

Prädestination → Fatalismus, Schicksal, Vorherbestimmung.

Präfix → Anhang, Beifügung.

prägen → anfertigen, ausarbeiten, formen.

Prägung → Art, Aufdruck, Aussehen, Figur, Form, Geld, Stempel.

prahlen flunkern, brüsten, blagieren, großsprechen, großtun, strunzen, plustern sich, mit fremden Federn schmücken sich, aufs hohe Pferd sich setzen, mausig machen, Mund voll nehmen den, schwadronieren, ausposaunen, eine Klappe riskieren u, das Maul aufreißen, auf die Pauke hauen u, eine große Schnauze haben u, aufschneiden, angeben, prangen, dicke tun, sich batzig machen u, große Bogen spucken, renommieren, Staat machen, Wind machen u, sich breit machen, sich groß tun, eine Stange angeben u, angeben wie zehn nackte Wilde u, den dicken Wilhelm markieren u, sich aufblähen, vergrößern, protzen, strotzen, stolzieren, aufbauschen, aufprotzen, viel Aufhebens machen, sich in die Brust werfen, das große Wort führen, sich etwas einbilden, sich etwas anmaßen, übertreiben, sich dünken,

sich überschätzen, sich ein Ansehen geben wollen, sich spreizen, den Mund voll nehmen, sabbeln, sich erhöhen, dicke Töne reden, die erste Geige spielen, in seinem eigenen Überschwang ersticken, sich aufblähen wie ein Pfingstochse. → angeben, aufbauschen, aufschneiden, blähen, dick tun, einbilden sich, erhöhen sich, geben ein Ansehen sich, Himmel erheben in den, machen sich groß. ▸ bescheiden (sein), Wahrheit sprechen die.

Prahler Maulheld, Prahlhans, Großmaul, Großschnauze u, Kraftprotz, Geschwollener, Großhans, Knallprotz, Großtuer, Dicktuer, Wichtigtuer, Wichtigmacher, Blender, Angeber, Schwadroneur, Aufschneider, Schaumschläger, Flausenmacher, Marktschreier, Scharlatan, Münchhausen, Flunkerer, Wortheld, Maulaufreißer, Großschnauze, Pfingstochse, Pfau, Großsprecher, Bogenspucker u, Vornehmtuer, Windbeutel, Hochtraber, Berliner, Schnauze, Bühnenheld, Renommist, Geldprotz, Großklotz u, Sexualprotz. → Angeber, Besserwisser, Chauvinist, Großmaul, Marktschreier. ▸ (Mensch bescheidener, zurückhaltender).

Prahlerei Prunksucht, Wichtigmacherei, Wichtigtuerei, Ruhmredigkeit, Dicktuerei, Großsprecherei, Großschnauzigkeit, Großkotzigkeit u, große Klappe u, Protzentum, Übertreibung, Chauvinismus, Großmannssucht, Renommisterei, Windbeutelei, Aufgeblasenheit, Windmacherei, Schwadronage, Aufschneiderei, Münchhausiade, Geflunker, Jagdgeschichte, Flunkerei, Seemannsgarn, Jägerlatein, Geschrei, Marktschreierei, Tamtam, Werbetrommelei, Dünkelhaftigkeit, Putzsucht, Anmaßung, Aufschnitt u, Großtuerei, Angabe, Prahlen, Bravade. → Anmaßung, Bombast, Chauvinismus, Dunst, Überheblichkeit. ▸ Schlichtheit, Zurückhaltung.

prahlerisch angeberisch, dicktuerisch, hochtrabend, flunkerhaft, großkotzig, großsprecherisch, großspurig, großtuerisch, großschnauzig, anspruchsvoll, geldprotzig, aufgeblasen, dicktuerisch, marktschreierisch, aufgebläht, aufgeplustert, hochredig, bombastisch, windbeutelig, eingebildet, eitel, hochfahrend, dünkelhaft geringschätzig, hoffärtig, bettel-

stolz, wichtigtuerisch, verblendet, übertrieben, hochnäsig, selbstgefällig, unbescheiden, maßlos. → anmaßend, dünkelhaft, geldstolz, hochfliegend. ▸ bescheiden, einfach, schlicht, zurückhaltend.

Prahlhans → Angeber, Chauvinist, Dreikäsehoch, Prahler.

Praktik Verfahren, Dreh, Kniff, Trick.

praktikabel machbar, durchführbar.

praktisch gut, geschickt, verwendbar, ausgedacht, vernünftig, brauchbar, tauglich, sinnreich, ausgeklügelt, kunstgerecht. sinnvoll, benützbar, griffig, zweckmäßig, handgerecht, nützlich. → angenehm, anstellig, bequem, handlich. ▸ unpraktisch.

praktizieren praktisch tätig sein, eine Praxis ausüben, Patienten behandeln, verarzten, ärztlich verordnen, ordinieren ● betreiben, Werk setzen ins, fortschaffen. → hospitieren. ▸ studieren.

prall → dick, voll.

Prämie Gratifikation, Auszeichnung, Zusatzgewinn, Beigabe, Zugabe, Beitrag, Vergütung, Geld, Treffer, Entgelt, Siegerkranz, Preis, Gebühr, Gabe, Weihnachtsgeld, Zulage, Versicherungsgebühr. → Anteil, Belohnung, Coupon. ▸ Buße, Gehalt.

prämieren → auszeichnen.

Prämisse Vorausgeschicktes, Vordersatz, Urteilsvordersatz, Voraussetzung, Vorausschickung. ▸ Folgerung, Schluß.

prangen in Pracht stehen, grünen, blühen, strotzen, gedeihen, wachsen, in voller Blüte stehen, entfalten sich. → blähen, blenden, dick tun, erhöhen sich. ▸ bescheiden (sein), welken.

Pranger → Bestrafung, Block, Pfahl.

Pranger stellen, an den → strafen, verspotten.

Pranke → Pfote.

Präparat → Artikel, Produkt.

präparieren → balsamieren, vorbereiten.

präsent → anwesend.

Präsentation → Darbietung.

präsentieren → anbieten, darbieten, zeigen.

präsentieren, das Gewehr achten, huldigen, Achtung erweisen, Ehre zollen, Haltung bewahren, Anstand zeigen, geziemende Haltung zeigen, Ehrenbezeugung machen, das Gewehr vorhalten, stillstehen, strammstehen. ▸ verunglimpfen.

Präses → Haupt.

Präsident → Direktor, Haupt.

präsidieren vorsitzen, den Vorsitz führen, vorstehen, an der Spitze stehen, anführen, den Ton angeben, die Leitung übernehmen, die Zügel ergreifen, beaufsichtigen, überwachen, das erste Wort führen, lenken, leiten. ▶ mitwirken.

prasseln knistern, rasseln, lärmen, tosen, knattern, rumpeln, raballern, pochen, dröhnen, erdröhnen, klopfen ● brennen ● regnen, niederfallen, tropfen, in Strömen regnen. ▶ aufklären (sich), verstummen.

prassen → ausschweifen, essen, verschwenden.

Prasser → Bacchant, Fresser, Feinschmecker, Verschwender.

Prasserei → Ausschreitung, Ausschweifung, Eßlust, Gelage, Verschwendung.

prasserisch → ausschweifend, bacchantisch, begehrlich, verschwenderisch.

Pratze → Pfote.

Praxis Ausübung, Anwendung, Erfahrung, Geschäftskreis, Geschicklichkeit, Betätigung, Fachtätigkeit, Betrieb, Brauch ● Ausübung des Arztes, Ausübung des Anwalts. → Beruf, Fertigkeit. ▶ Theorie.

präzis → akkurat, anschaulich, ausführlich, bedächtig, buchstäblich, genau, haarfein.

predigen Predigt halten, von Gott sprechen, das Wort Gottes verkündigen, von der Kanzel reden, das Predigeramt ausüben, als Priester reden, lehren, belehren. → einbringen, einschärfen, mahnen, schimpfen, tadeln.

predigen, tauben Ohren in den Wind reden, gegen Windmühlen kämpfen, in den Bauch schreiben, da ist Hopfen und Malz verloren, vergebliche Liebesmühe, auf Sand bauen, den Bock melken, völlig umsonst, keinen Einfluß besitzen, kaltes Eisen hämmern, einem Ochsen ins Horn petzen, in der Wüste predigen, scheitern. ▶ Herzen nehmen sich zu.

Predigt Kanzelrede, Erbauungsrede, Mahnrede, Abendmahlsrede, Hochzeitsrede, Leichenrede, Leichenpredigt, Belehrung, Anleitung, Unterweisung, Mahnung, Zurechtweisung, Bevormundung, Anhalt, Verweis, Rede, Vortrag. → Rede, Tadel.

Predigtstuhl → Kanzel.

Preis Handelspreis, Kurs, Kurswert, Marktpreis, Marktwert, Gegenwert, Wert, Kosten, Bemessung, Taxe, Gebühr, Geld, Verrechnung, Tarif, Prämie ● Siegerkranz, Belohnung, Vergütung, Auszeichnung, Lohn, Gewinn,

Ehrenpreis, Orden, Lorbeerkrone, Siegespalme, Ehrenkette. → Beitrag, Belohnung, Dank, Ehre, Lob. ▶ Mißerfolg, Tadel, Ware.

Preis davontragen Erfolg haben, gelingen, emporkommen, bewerkstelligen, das Ziel erreichen, sich in die Höhe schwingen, die Palme erringen, Beifall ernten, den Kranz davontragen, Triumphe feiern, Lorbeeren pflücken, gut abschneiden, sich durchsetzen, ein Glückskind sein, das große Los ziehen, einen Treffer machen, den Vogel abschießen, ins Schwarze treffen, den Nagel auf den Kopf treffen, das Rennen machen, bemeistern, übertrumpfen. ▶ mißlingen, unterliegen.

Preis drücken, den herunterdrücken, heruntergehen, herunterhandeln, abdrücken, abpressen, abmarkten, abfeilschen, unterbieten, den Markt herabdrücken, Rabatt gewähren, Nachlaß gestatten, billiger machen, herabgehen, billiger verkaufen, zu Schleuderpreisen verkaufen, zu herabgesetzten Ladenpreisen verkaufen. ▶ steigern, verteuern.

Preis, um halben → Butterbrot für ein.

Preis, um jeden jedenfalls, jawohl, auf alle Fälle, fürwahr, gewißlich, wahrlich, bei Gott, mit tödlicher Sicherheit, zweifelsohne, ganz bestimmt, ganz gewiß, dafür lasse ich mich totschlagen, da kannst du Gift darauf nehmen, wetten daß so sicher wie zwo mal zwo vier ist, wie das Amen in der Kirche. → definitiv. ▶ Fall in keinem, nie.

Preis, unter krumme Preise machen. → Butterbrot für ein.

Preisangabe Bewertung, Auszeichnung, Deklaration.

Preisangebot → Kalkulation, Kosten, Preis.

Preisanstieg → Aufschlag, Verteuerung.

Preise, gesalzene → teuer.

preisen lobpreisen, lobsingen, ehren, verehren, huldigen, loben, rühmen, anerkennen, schätzen, bewundern, würdigen, hochschätzen, Lob spenden, Lob zollen, zujubeln, hochrufen, zujauchzen, auszeichnen, feiern, Ehre bezeigen. → achten, anbieten, anpreisen, auszeichnen, befürworten, bejubeln, besingen, Ehre bezeigen, Himmel erheben in den, hochhalten, loben. ▶ tadeln, verachten.

Preisermäßigung Wohlfeilheit, Billigkeit, guter Handel, gedrückter Preis, Freundschaftspreis, Schleuderpreis, Preisrückgang, Preisnach-

laß, Gelegenheitskauf, Ausverkauf, Preisabbau, Abschlag, Nachlaß, Verbilligung, Vergünstigung, Ermäßigung, Räumungsverkauf, Winterschlußverkauf, Sommerschlußverkauf. ▶ Preistreiberei, Verteuerung.

preisgeben → abbrechen, ankündigen, ausliefern, Bord werfen über, fahren -, fallen lassen, Feld räumen das.

preisgeben, dem Gelächter → verspotten.

preisgeben, dem Verderben → ausliefern, fahren lassen, fallen lassen.

preisgekrönt erfolgreich, gelungen, glücklich, fruchtbar, sieghaft, siegreich, sieggekrönt, lorbeergeschmückt, gut, mit Erfolg verbunden, wunderbar, rühmenswert, lobenswert. → gelungen. ▶ erfolglos.

Preisgericht → Ausschuß, Jury.

Preiskämpfer → Athlet, Champion, Held.

Preislage → Preis.

preislich kostenwertmäßig.

Preisliste → Katalog.

Preisrichter → Ausschuß, Jury.

Preissenkung Verbilligung, Vergünstigung. → Ermäßigung.

Preisspanne → Marge.

Preissteigerung → Aufschlag, Verteuerung.

Preistreiberei Überforderung, Überteuerung, Übervorteilung, Wucherei, Schieberei, Gaunerei, Schieberpreis, Schiebergeschäft, Aufschlag, Erhöhung, Verteuerung, Kostspieligkeit, hoher Preis, Prellerei, Ungesetzlichkeit. ▶ Preisermäßigung.

preiswert günstig, billig, angemessen, wohlfeil, preiswürdig, empfehlenswert, vorteilhaft, nicht teuer, gangbar, gesucht, begehrt, nachgefragt, spottbillig, kaufwürdig, herabgesetzt, halb geschenkt. → Butterbrot für ein, empfehlenswert, günstig, kaufwürdig. ▶ kostspielig.

preiswürdig lobenswert, preislich, lobenswürdig, rühmlich, löblich, verdienstvoll, geschätzt, empfehlenswert, untadelig, tadellos, ehrenhaft, tugendhaft, brav, erprobt, bewährt, musterhaft, verdienstvoll, bewundernswürdig, beispielhaft. → angemessen, Butterbrot für ein, preiswert. ▶ tadelnswert.

prekär → unsicher, schwankend, unsicher.

Prellball → Ball.

Prellbock Anhalt, Aufleger, Bock, Gegenhalttau, Rücklaufgrenze, Eisenbahnbock, Aufhalter, Bremse, Prellstein ● Blitzableiter.

prellen → anschlagen, balbieren, benachteiligen, berühren, beschwindeln, besten halten zum, betrügen, Fell über die Ohren ziehen das, hintergehen, täuschen.
Preller → Betrüger.
Prellerei → Betrug, Schlauheit, Täuschung.
preschen → rennen.
Presse öffentliche Meinung, Zeitungswesen, Journalismus, Blätterwald, Zeitung, Anzeiger, Nachrichtenblatt, Tagesblatt, Verkündigungsblatt, Literaturblatt, Staatsanzeiger, amtliche Nachrichten, Gesamtheit des Nachrichtenwesens ● Kelter, Werkzeug, Fruchtpresse ● Buchdruckerpresse, Rotationsmaschine ● Klemme, Quetschmaschine ● Lehranstalt.
pressen → entpressen, mangeln, quetschen, umarmen, übervorteilen.
pressieren dringlich sein, eilen.
Prestige → Ansehen.
preziös geziert, gezwungen, überfeinert, äffisch, gesucht, ausgesucht, unnatürlich, gekünstelt, stutzerhaft, theatralisch, einstudiert, kostbar. ▶ ungezwungen.
prickelnd → angenehm, aromatisch, auserlesen, beißend, brennend, saftig, schäumend, schmackhaft.
Priester → Berater, Geistlichkeit.
prima köstlich, pfundig, toll, hervorragend, ausgezeichnet, vorzüglich, fein, erstklassig, vom Besten, ausgesucht, makellos, himmlisch, prachtvoll, prächtig, meisterhaft, bewundernswert, brillant, herrlich, phantastisch, einzigartig, hübsch, unvergleichlich. → ausgezeichnet, kulinarisch. ▶ schlecht, unappetitlich.
Primaballerina → Ballerina.
Primadonna → Berühmtheit.
primär wesentlich, ursprünglich, ursächlich, erst, die Grundlage, bildend, anfänglich, genetisch. ▶ sekundär.
Primas Erster, Oberster, erster Bischof, der Vornehmste, oberster Vertreter der katholischen Kirche, Geistlicher, Würdenträger, Pontifex, Kirchenfürst ● Vorgeiger, Zigeunerprimas. → Adel, Geistlichkeit.
primitiv urzuständlich, urtümlich, dürftig, arm, ursprünglich, unvollkommen, niedrig, unbearbeitet, derb, unausgearbeitet, ungeschliffen, grob, natürlich, naturnah. → albern, dumm, einfach. ▶ anspruchsvoll, klug, vollkommen.
Prinz → Adel, Abgott.
Prinzessin → Adel.
Prinzip → Axiom, Begriff,

Betrachtung, Denkspruch, Dogma, Grundsatz, Ursprung.
prinzipiell → grundsätzlich.
Prinzipienreiter → Fanatiker.
Prise → Beute, Wenigkeit.
Prismenglas → Feldstecher.
Pritsche Klatsche, Holzgerät, Werkzeug ● Reitsattel, leichter Wagen ● Holzpritsche, Lagerstatt, Lager, Schlafstelle, Bett, Streu, Strohsack. → Bank, Bett.
privat außeramtlich, nichtöffentlich, geheim, persönlich, häuslich, eigen, amtlos, familiär, für sich, vertraulich, vertraut. ▶ öffentlich.
Privatbank → Bank.
privatisieren der Ruhe pflegen, als Rentner leben, die Arbeit einstellen, sich vom Geschäft zurückziehen, sich pensionieren lassen, in den Ruhestand begeben, sich ausruhen, sich Ruhe gönnen ● zurückgezogen leben, im engsten Kreise leben, seinen Kohl pflanzen, ein Muschelleben führen. ▶ arbeiten.
Privatleben Einzelleben, Häuslichkeit, Abgeschiedenheit, Einsamkeit, Stilleben, Zurückgezogenheit, Eingezogenheit, stille Häuslichkeit. ▶ Beruf, Geselligkeit.
Privatlehrerin → Erzieherin.
Privileg Sonderrecht. → Anrecht, Ausnahme, Vorrecht.
privilegiert → berechtigt.
Privilegium → Anrecht, Ausnahme, Befugnis, Konzession, Vorrecht.
Probe Versuchsstück, Experiment, Versuch, Versuchsballon, Prüfung, Kontrolle, Untersuchung, Erforschung, Probefahrt, Probezeit, Probeblatt, Probeseite, Proberolle, Unterlage, Muster, Beweiszeichen, Vorübung, Versuch, Richtigkeitserforschung, Theaterprobe, Probe aufs Exempel ● Nagelprobe. → Abenteuer, Analyse, Beispiel, Bewährung, Beweisführung, Entwurf, Exempel, Muster.
probegemäß → experimentell.
proben einstudieren, spielen, etwas versuchen, sich aneignen, vorspielen, üben, probieren. → experimentieren, kosten, probieren, tüfteln.
probeweise → beginnend, einstweilig, experimentell, provisorisch, versuchsweise.
Probezeit → Bedenkzeit, Bewährung, Probe.
probieren versuchen, nippen, begutachten, prüfen, proben, kosten, schmecken, anwenden, umhertasten, experimentieren, ergründen, erproben, sein möglichstes tun, erforschen, verkosten. → ausforschen, begründen, debütieren, experimentieren, klügeln, kosten.

Problem Forschungsgegenstand, Knacknuß, der springende Punkt, Grundgedanke, Aufgabe, Frage, Geheimnis, Rätsel, Thema, Schwierigkeit, Stein der Weisen, Buch mit sieben Siegeln, ungelöste Aufgabe, Fragestellung, kritischer Punkt, Angelegenheit, Problemstellung, Problemlage, Streitfrage, Rebus, weißer Fleck. → Angelegenheit, Aufgabe, Ausforschen, Ei des Kolumbus, Frage. ▶ Gewißheit, Lösung.
problematisch fraglich, zweifelhaft, unentschieden, kritisch, offenstehend, unerprobt, dunkel, unsicher, unklar, schwierig, unverständlich, unerklärlich, verworren, unbestimmt, rätselhaft, ungenau, dehnbar, hypothetisch. → abstrus. ▶ sicher.
Problemlösung Bewältigung. → Ei des Kolumbus.
Problemstellung → Aufgabe.
Produkt Artikel, Fabrikat, Präparat, Ware, Gebilde, Werkstück, Erzeugnis, Werkarbeit, Ergebnis, Warengattung, Werk, Schöpfung, Stoff, Ertrag, Frucht, Wirkung, Erfolg ● Zahl, Zahlenwert, Summe, Artikel. ▶ Ausgangspunkt, Material.
Produktanalyse → Marktanalyse.
Produktion → Erzeugung.
produktiv fruchtbar, schöpferisch, ergiebig, ersprießlich, erträglich, schaffenskräftig, tätig, hervorbringend, ertragreich, erzeugend, schaffend, herstellend, hervorrufend, entwickelnd, produzierend. ▶ unproduktiv.
Produzent Hersteller, Fabrikant, Erzeuger.
produzieren → anfertigen, arbeiten, herstellen.
profan unheilig, weltlich, ungeweiht, alltäglich, nichtkirchlich ● fad, platt, geistlos, schal, gehaltlos, einförmig, stumpfsinnig, ledern, langweilig, öde, gemeinhin. ▶ geistvoll, heilig.
Profession → Beruf.
Professor Dozent, Pädagoge, Erzieher, Gelehrter, Forscher, Wissenschaftler, Studierter, Magister, Dekan, Privatdozent, Lehrer, Studienprofessor, Erklärer, Lehrender, Lektor, Hochschullehrer, Künstler. → Anrede.
Profi Professioneller, Fachmann, Experte.
Profil Seitenansicht, Seitenbild, Querschnitt, Längsschnitt, Seitenlage, Lotschnitt, Schattenriß, Silhouette, Umriß ● Profilierung, Profilreifen. → Art, Aussehen. ▶ Vorderseite, (en face).
profiliert → ausgeprägt.

Profit → Einträglichkeit, Glück.

profitieren genießen, herausschlagen, gewinnen, erzielen, absahnen, ausnützen, nehmen, seinen Vorteil wahrnehmen, sich zunutze machen, etwas ausnutzen, eintragen, sich sichern, sich gesund machen, erwerben, Nutzen tragen, Vorteil herausziehen. → ausnutzen. ▶ verlieren.

Profitler Profitjäger, Nutznießer, Raffke, Schieber, Emporkömmling, Geldmensch, (Kriegs-)Gewinnler.

profitlich → gut, sparsam.

profund → gründlich.

Prognose Vorhersage, Vorauserkennung, Vermutung, Vorausbestimmung, Voraussage, Annahme, Mutmaßung, Vorahnung, Vordeutung, Meinung. → Ahnung. ▶ Ahnungslosigkeit, Regellosigkeit, Unwissenheit.

Programm Ordnung, Reihenfolge, Entwurf, Darlegung, Inhalt, Übersicht, Theaterprogramm, Kinoprogramm, Spielplan, Plan, Anordnung, Wegweisung, Parteiprogramm, Radioprogramm, Einteilung, Sendefolge, Funkplan, Vortragsfolge, Verzeichnis, Liste, Festordnung. → Arbeit.

Progression → Aufeinanderfolge, Fortschritt.

progressiv → andauernd.

Projekt → Absicht, Anordnung, Plan.

projektieren → beabsichtigen.

Projektor → Apparat.

projizieren übertragen, abbilden, spiegeln, an die Wand werfen.

Proklamation Erlaß, Verkündigung, Erklärung, Kundmachung, Bekanntgabe, Verlautbarung, Bekanntmachung, Bestimmung, Veröffentlichung, Ansage, Aufgebot, öffentliche Bekanntmachung. ▶ Diskretion, (geheime Sache).

Prokurist → Beauftragter, Bevollmächtigter.

Prolet breite Masse, Massenseele, Proletarier, Arbeiter, Industriearbeiter, Schichtarbeiter, Lohnarbeiter, Gelegenheitsarbeiter, Kommunist, Sozialist ● Ungebildeter, Unerzogener, Rohling, Polterer, Schmieriger, Grobian. → Arbeiter, Barbar, Pöbel.

proletarisch, proletenhaft → plebejisch, roh.

Prolog Einleitung, Vorrede, Vorspiel, Einführung, Beginn, Anfang, Vorwort, Präludium, Vorarbeit, Vorderteil, Vorausschickung, Anfangsteil, Vorbemerkung. ▶ (Epilog), Schlußwort.

prolongieren → aufschieben, ausdehnen, verschieben.

Promenade → Allee, Spaziergang, Weg.

Promenadenmischung → Bastard.

promenieren → einherstelzen, erfrischen sich, ergehen sich, gehen.

prominent groß, bedeutend, ansehnlich, einflußreich, hervorragend, maßgebend, der Elite angehörig.

Prominenz Größe, Hoheit, hohes Tier, Stern, Star, Diva ● Hauptperson, Koryphäe, Sportgröße, Sportkanone, Berühmtheit, Tagesberühmtheit ● Mann von Verdienst ● verdienter Mann ● Künstler ● Führerpersönlichkeit, Persönlichkeit, Staatsmann.

Promotion Promovierung, Doktorarbeit, Dissertation, Ehrendiplom, Doktordiplom, Doktorat, Doktorhut, Doktortitel, Diplom, Doktorwürde, Beförderung.

prompt bereit, hurtig, früh, frühzeitig, sofort, schnell, ungesäumt, gleich, jetzt, rasch, pünktlich, unverzüglich, rechtzeitig, schlagfertig, ohne Verzug, zur vereinbarten Zeit. → baldig, beizeiten, eilends, einmal mit, fristgemäß, genau, rasch, schnell. ▶ verspätet.

Propaganda → Einflüsterung, Kundenwerbung, Werbung.

Propaganda machen → anbieten, werben.

propagieren → aufklären, werben.

proper → gepflegt.

Prophet Jünger, Heiliger, Begnadeter, Erleuchteter, Seher, Weissager, Prophezeier, Hellseher, Wahrsager, Vorbote, Zukunftseher, Vorhersager, Vorausahner.

prophetisch erleuchtet, begnadet, vorausahnend, weissagend, vorausahnend, hellseherisch, vorhersagend, verkündend, gottbegnadet, begeistert.

prophezeien → ankündigen, bedeuten, hellsehen, malen den Teufel an die Wand.

Prophezeiung Weissagung, Voraussage, Vorausdeutung, Vorherverkündigung, Orakel, Horoskop, Offenbarung, Bescheid, Warnung, Vorahnung, Mutmaßung, Hellseherei, Sehergabe, Wahrsagekunst. → Ahnung.

prophylaktisch krankheitsverhütend, verhütend, abwendend, vorbeugend, heilsam, gesund, zuträglich, wohltätig, wohltuend, erhaltend. → heilkräftig. ▶ (versäumend).

proportional verhältnismäßig, vergleichsweise, verhältnis-

gleich, verwandt, annähernd, im Verhältnis zueinander stehend. ▶ beziehungslos.

Proppen → Pfropfen.

Prosadichtung → Erzählung.

prosaisch trocken, begeisterungslos. → abgeschmackt, poesielos.

Prospekt Hintergrund, Bühnenhintergrund, Fernsicht, Zeichnung, Sicht. → Angebot, Plan, Verzeichnis.

prosperieren → florieren.

prosten → bejubeln, trinken.

prostituieren bloßstellen, schänden, öffentlich preisgeben, zur Schande ausstellen, sich verkaufen, mißbrauchen, verführen, entehren, entweihen, entwürdigen, sich vergehen, sich vergessen, sich anbieten. ▶ enthalten sich, sittsam (sich verhalten).

prostituiert → ausschweifend, dirnenhaft.

Prostituierte → Buhle, Courtisane, Dirne, Halbwelt.

Protektion Gönnerschaft, Gunst, Obhut, Gunstbezeigung, Stütze, Beistand, Schutz, Unterstützung, Fürsprache, Halt, Förderung, Vermittlung, Wohlwollen, Parteilichkeit, Parteiwirtschaft, Günstlingswirtschaft, Bevorzugung, Begünstigung, Hintertreppenpolitik. → Hilfe. ▶ Behinderung, Gegnerschaft.

Protest → Ablehnung, Absage, Berufung, Brotneid, Einwand, Klage, Widerstand.

protestieren → aberkennen, ablehnen, widersprechen.

Prothese Kunstglied, Gliedersatz, Zahnersatz, Ersatz, Stütze, Stelze, Holzbein, Kunstbein, Gestell, Hilfe, Notbehelf, Hilfsmittel, Notmittel. → Krücke.

Prothesenträger → Krüppel.

Protokoll Buchung, Aufschreiben, Nachweis, Beleg, Statistik, Niederschrift, Aufzeichnung, Eintragung, Nachbericht, Nachschrift, Klausel, Akten, Urkunde, Beweisaufnahme, Verhandlungsbericht. → Abkommen, Anzeige, Chronik.

protokollieren → aufnehmen, schreiben.

Protz → Angeber, Großmaul, Prahler.

protzen angeben, prahlen, prangen, großtun, großreden, großsprechen, dicktun, sich aufblähen, sich spreizen, sich aufspielen, strotzen, stolzieren, flunkern, renommieren, sich in die Brust werfen, das Maul voll nehmen, sich mit fremden Federn schmücken ● maulen, trotzen, patzig sein. → angeben, aufbauschen, blähen, blenden, prahlen. ▶ bescheiden (sein), Wahrheit sprechen die, zurückhaltend (sein).

Protzentum → Bombast, Chauvinismus, Prahlerei.

protzig → anmaßend, anspruchsvoll, eitel, prahlerisch, schwulstig.

Proviant Mundvorrat, Beköstigung, Ration, Zehrung, Rücklage, Versorgung, Verpflegung, Rucksackfüllung, Eßzeug, Wegzehrung, Futter, Futterage u, Futteralien u, Speisung, Lebensmittel, Essen, Nahrungsmittel. → Beköstigung, Ernährung, Ration, Speise.

Provinz → Bezirk.

Provision Vergütung, Maklerlohn, Vermittlungsgebühr, Reisegeld, Taggeld, Reisevergütung, Fürsorge, Tagessatz, Werbeanteil, Umsatzteil, Anteil, Einkommensteil. → Aufschlag.

provisorisch vorläufig, zunächst, einstweilen, zeitweilig, vorübergehend, behelfsweise, probeweise, versuchsweise, aushilfsweise, zeitlich begrenzt. ▶ dauernd.

Provokation Herausforderung. → Beleidigung, Drohung.

Prozedur → Verfahren.

Prozente → Beifügung, Geld.

Prozeß Vorzug, Verlauf, Durchführung, Entwicklungsgang ● Rechtsstreit, Rechtshandel, Gerichtsverfahren, Klagesache, Rechtsfall, Rechtssache, Rechtsangelegenheit, Streitsache, Rechtsweg, Rechtsverhandlung, Verhandlung, Klageweg, Straffall, Skandalprozeß, Sensationsprozeß, Erbschaftsprozeß, Bagatellprozeß, Hinterlassenschaftsprozeß. → Auseinandersetzung, Streit. ▶ Unveränderlichkeit, Versöhnung.

Prozeß machen → befehden, belangen, klagen.

Prozeß machen, kurzen zufassen, durchgreifen, erzwingen, Gewalt anwenden, nicht lange fackeln, die Faust zeigen, keine Widerrede gelten lassen, keine Entschuldigung hören, die Zügel kurz halten, den Brotkorb höher hängen, sich nichts gefallen lassen, nicht viel Federlesens machen, den Marsch blasen, mit beiden Händen zugreifen. ▶ nachgeben, schieben auf die lange Bank.

prozessieren → balgen, befehden, klagen.

Prozession → Aufmarsch, Aufzug, Bittgang, Bußgang, Durchzug.

prüde → spröde.

Prüderie Sprödigkeit, Steifheit, Geschraubtheit, Unnatürlichkeit, Zimperlichkeit, Förmlichkeit, falsche Zurück-

haltung, Tugendhaftigkeit, Gezwungenheit, Gezier, Ziererei, falsche Scham. ▶ Natürlichkeit.

prüfen abwägen, ausfragen, aushorchen, nachfragen, examinieren, untersuchen, befingern u, befummeln u, beurgrunzen u, durchfilzen u, besehen, fragen, nachprüfen, erproben, kontrollieren, testen, checken, nachzählen, nachwiegen, nachforschen, ausmitteln, erkunden, besichtigen, abhören, fühlen, auf den Zahn, jemandem den Puls fühlen u, auf Herz und Nieren prüfen, ins Gebet nehmen ● heimsuchen. → achtgeben, anschauen, aufwerfen, ausforschen, beaufsichtigen, begründen, beraten sich, beratschlagen, beschäftigen, beschauen, besinnen sich, besprechen, beurteilen, Blick richten auf, Busch klopfen auf den, diskutieren, durchforschen, ermessen, experimentieren, hören, mustern, versuchen. ▶ übersehen.

prüfen, eingehend → anschauen, examinieren, prüfen.

Prüfling → Kandidat.

Prüfung → Analyse, Anstrengung, Armut, Aufsicht, Ausforschen, Begriffsscheidung, Bekümmernis, Bemühung, Beobachtung, Berücksichtigung, Betrachtung, Betrübnis, Darlegung, Durchsicht, Erforschung, Examen, Fügung, Inspektion, Kontrolle, Probe, Schicksal, Übel.

Prüfungskollegium Prüfungskommission, Prüfungsausschuß, Unterrichtsministerium, Beisitzer, Prüfender, Examinator, Gutachter, Fachmann, Abnahmekommission, Begutachter, Instanz, Beurteilungsstelle. → Jury.

Prügel Stock, Knüppel, Knüttel, Strafmittel, Rohrstock, Rute, Peitsche, Gerte, Knute, Geißel ● Hiebe, Schläge, Auspeitschung, Strafe, Abreibung, Bimse u, Dresche, Haue, Keile u, Kloppe u, Senge u, Wichse u, Schmisse u, Zunder u, Geißelung, Streiche, Züchtigung, Keile, Abkühlung u, Fänge, Abzug, Körperstrafe, Faustschlag, Bastonade. → Bearbeitung, Bestrafung, Denkzettel, Dusche, Strafe, Waffe. ▶ Belobigung, Belohnung, Versöhnung.

Prügelei → Streit.

Prügelknabe Prügeljunge, Prügelknecht, Aschenputtel, Aschenbrödel, Sklave, Leibeigener, Knecht, Sündenbock, armer Hund, armer Teufel, Blitzableiter, armes Würstchen, einer der nichts zu melden hat. ▶ Persönlichkeit.

prügeln schlagen, hauen, klopfen, geißeln, abreiben, vermöbeln, züchtigen, durchklopfen, verklopfen, verhauen, knuffen, zurichten, durchhauen, peitschen, knüppeln, durchwichsen, dreschen, verdreschen, gerben, abschmieren, walken, verwalken, ohrfeigen, patschen, maulscheilen, boxen, bleuen, bengeln, klopfen auf die Finger, keilen, den Stock erheben. → austragen, auswischen, balgen, beeinträchtigen, bestrafen, beuteln, dreschen, durchschlagen, strafen. ▶ belohnen, loben, versöhnen sich.

Prügelstock → Bambus, Prügel.

Prunk → Aufwand, Dekoration, Farbenglanz, Luxus, Pracht.

prunken prangen, glänzen, paradieren, einherstelzen, stolzieren, protzen, strotzen, spreizen, blenden, protzend, prangen, pomphaft auftreten, Eindruck machen wollen, Pracht entfalten, mit etwas Staat machen. → aussehen, ausstechen, blähen, blenden, einherstelzen, prangen. ▶ bescheiden (sein), zurückhaltend (sein).

Prunkentfaltung → Corso, Entfaltung, Pracht.

prunkhaft → brillant, pompös, prächtig.

prunklos → anspruchslos, bescheiden, einfach.

Prunklosigkeit → Bescheidenheit.

Prunkstraße → Allee.

Prunkstück → Edelstein, Juwel, Pracht, Prachtstück.

Prunksucht → Eitelkeit, Prahlerei.

prunksüchtig → anmaßend, dünkelhaft, eitel, prahlerisch.

prunkvoll → prächtig.

prusten schnauben, schnaufen, räuspern, husten, pusten, niesen, atmen, blasen, durchatmen, hüsteln, röcheln, pfeifen ● lachen, losbersten, loslegen, sich Luft machen. → ausatmen.

prutzeln braten, backen, brodeln, sieden, dünsten, kochen, blähen, rösten, schmoren, aufwärmen, wärmen, verhutzeln.

Pseudonym Doppelname, Deckname, Künstlername, Übername, Namenszulegung, Beiname, Namenswechsel, Scheinname, Umbenennung, Umbezeichnung, Schriftstellername, Umtaufe. → Beiname.

Psyche → Art, Seele.

psychologisch seelenkundlich, innerlich, menschlich, seelisch, anlagebedingt, menschenkundlich, auf die Psychologie bezüglich, vom Menschen aus gesehen, vom Menschen aus beurteilt, den Menschen betrachtend. ▶ (physiologisch).

Pubertät Mannwerdung, Geschlechtsreife, Entwicklung. Mannbarkeit, Reifezeit, Reife, Mannhaftigkeit, Wachstumsjahre, Veränderung, Umwandlung. → Jugend. ▶ Reife.

Publikation → Anzeige, Buch, Veröffentlichung.

Publikum Leute, Öffentlichkeit, Zuhörer, Zuhörerschaft, Volk, Zuschauer, Menschenmasse, Volksversammlung, Andrang, Menschenmenge, Menschenstrom, Rotte, Häufung, Schwarm, Bande.

publizieren → ankündigen, aufklären, drucken, veröffentlichen.

Publizist Journalist, Redakteur, Schriftsteller.

Pudel, wie ein begossener außer Fassung, den Kopf hängen lassen, eine traurige Figur abgeben, eine armselige Rolle spielen, Scham empfinden, sich in die Erde verkriechen mögen, sich bloßgestellt sehen, bestürzt dastehen, verspottet werden, die Augen niederschlagen, sich erniedrigt fühlen, an den Pranger gestellt werden, verlegen sein. ▶ gefaßt, überheben sich.

pudelwohl → Damm sein auf dem, froh, gesund.

Puder → Anstrich, Bedeckung, Pulver.

pudern → bestäuben.

Puff Bordell, Freudenhaus, Dirnenhaus, Frauenhaus, rote Laterne, Venusberg, Bums, Eroscenter ● Puffärmel, Kissen, Bausch, Wäschepuff. → Bearbeitung, bums, Prügel, Stoß, Strafe.

puff → bum.

puffen → schießen, schlagen, stoßen, strafen.

Pulk → Menge.

Pulle → Behälter, Flasche.

pulsieren → bewegen, schlagen.

Pulsschlag → Bewegung, Leben, Wiederkehr.

Pult Gestell, Katheder, Schreibpult, Bank, Tisch, Platz, Schreibtisch, Schreibfläche, Betpult, Schulbank, Kanzel. → Behälter.

Pulver Schießpulver, Schwarzpulver, Munition, Material ● Pulverform, Pulverförmigkeit, Staub, Mehl, Puder, Körnigkeit ● Heilmittel, Arznei, Medizin, Schlafpulver, Kopfwehpulver, Waschpulver, Backpulver, Mottenpulver. → Arznei, Bargeld, Dosis. ▶ (Körper fester).

Pulver nicht erfunden → dumm.

pulverig → bröcklig.

pulverisieren → mahlen.

pulverscheu → feige.

pummelig → dick.

Pump Borg, Entlehnung, Anleihe, Anlehen, Schulden, Kredit, Wechsel, Geliehenes, Anlage, Beleihung, Belehnung, Ausleihen. → Darlehen. ▶ Bargeld, Besitz.

pumpen heraufpumpen, auspumpen, hochpumpen, hochziehen, entleeren, schöpfen, ableiten, Wasser pumpen, lenzen *sm*, sich einer Pumpe bedienen. → beleihen, entlehnen, Kreide stehen in der. ▶ besitzen, quellen.

Punkt → Faktor, Hinsicht, Lage, Ort, Pause, Schluß, Wenigkeit, Zeichen.

Punkt, dunkler Ungewißheit, Unbestimmtheit, Unsicherheit, offene Frage, Zweifelhaftigkeit, Rätselhaftigkeit, Dunkel, Dunkelheit, Nebel, Dämmerung ● Anrüchigkeit, Schande, Übel, Unehre, Schmach, Gemunkel, Schandmal, Schandfleck, Makel, dunkle Vergangenheit. → Dämmerzustand, Dunkel. ▶ Ehrbarkeit, Gewißheit.

Punkt, springender → Hauptsache.

punktieren tüpfeln, betüpfeln, bemalen, stricheln, mit Punkten versehen, unterstreichen, ein Zeichen setzen, markieren ● untersuchen, einen Abstrich machen, öffnen durch Stich. → betupfen.

pünktlich rechtzeitig, beizeiten, frühzeitig, zeitig, zuverlässig, sorgfältig, gewissenhaft, den rechten Zeitpunkt wahrnehmen, den Dreh finden, verläßlich, ohne Verspätung, genau, auf die Minute genau, zur rechten Zeit, zur vereinbarten Zeit. → baldig, bedächtig, beizeiten, charakterfest, fristgemäß, getreulich. ▶ unpünktlich.

pünktlich kommen → beeilen, pünktlich.

Pünktlichkeit Pünktlichsein, Genauigkeit, Rechtzeitigkeit, Gewissenhaftigkeit, Sorgfältigkeit, Frühzeitigkeit, Zuverlässigkeit, Verläßlichkeit, Geschwindigkeit, Schnelligkeit, Exaktheit, Zurechtkommen, Strenge. → Charakterstärke. ▶ Unpünktlichkeit, Versäumnis.

Punktum → ein für allemal, genug, Schluß.

punzen prägen, einprägen, stanzen, punzieren, einhämmern, stempeln, einzeichnen, aufprägen, einstampfen, brandmarken, karatieren, eichen, aufdrucken, eingravieren, einätzen, bedrucken.

Puppchen → Abgott, Baby, Puppe.

Puppe Spielzeug, Babypuppe, Schlafaugenpuppe, Püppchen ● Puppchen, Baby,

Menschlein, Knirps, Zwerg, Säugling, Wicht ● Figur, Modell, Schneiderpuppe, Gliederpuppe, Wachsfigur, Marionette, Büste ● Geliebte, Liebling, Kosename ● Modepuppe ● Garbe, Binsenbündel, Reiserbündel, Getreidepuppe. → Baby, Backfisch, Larve.

puppern → bangen, schlagen, zittern.

pur → ausschließlich, hell, rein.

Purgativ → Arznei.

purgieren abführen, ablassen, laufen lassen ● säubern, reinigen, destillieren, klistieren, filtrieren, auslaugen, rein machen. ▶ verunreinigen.

puritanisch → abstinent, anspruchslos, bedürfnislos, einfach, haushälterisch.

Purpur Farbe, Rot, Dunkelrot, Scharlachrot, Rubinrot, Tiefrot, Karminrot, Purpurröte ● Herrschaftszeichen, Krönungsmantel, Schmuck, Würdezeichen, Prunk, Prachtentfaltung, Schönheit, Glanz, Kostbarkeit, Staat, Aufmachung, Purpurgewand, Purpurglanz, Purpurmantel, Priesterumhang. → Pracht.

Pürsch → Birsch.

Purzelbaum → Freude, Spiel.

purzeln → ausgleiten, fallen.

pussieren flirten, schmusen. → kokettieren.

Pustel → Auswuchs, Krankheit.

pusten → ausatmen, ermatten, prusten.

pusten, dir etwas da kannst du lange warten, darum kümmere ich mich nicht, heimleuchten, fortjagen, Laufpaß geben, nicht erfüllen, nicht nachgeben, nicht drauf einlassen, nicht drauf eingehen sich mit. ▶ helfen.

Putsch → Auflauf, Aufstand, Bürgerkrieg, Revolution.

Putschist → Aufständiger.

Putz → Aufmachung, Ausschmückung, Band, Besitztum, Dekoration, Gala, Garnitur, Kleidung, Mode, Pracht, Schmuck.

putzen kehren, wischen, abstauben, säubern, ausbürsten, scheuern, schrubben, fegen, reinigen, reiben, wichsen, striegeln, verschönern, waschen, schwenken, ausklopfen, zurechtmachen, wegschaffen, verputzen, reinmachen, ausputzen ● sich schmücken, sich schön machen, sich herausstaffieren, sich fein machen, sich aufputzen, sich hübsch machen, sich in Gala werfen. → abstauben, ausbürsten, besetzen, bürsten, dekorieren. ▶ verunreinigen, verunstalten.

Putzfrau Reinemachefrau, Aufräumerin, Raumpflegerin. → Haushilfe.

putzig possierlich, süß, goldig, niedlich, lieb, nett, reizend, drollig, klein, winzig, zwerghaft, knirpsartig, daumengroß, erbsengroß, putzwunderlich, sonderbar, eigenartig. → klein. ▶ groß, riesenhaft, witzlos.
Putzsucht → Eitelkeit.
putzsüchtig → eitel, prahlerisch.
Putzwerk → Ausschmückung, Schmuck.

Q

Quacksalber → Bader, Heilkünstler.
quacksalbern → herumdoktern.
Quadratschädel → Fanatiker.
quaken rufen, schreien, lärmen, quapsen, klappern, quäkern, unken ● quängeln, drängeln. ▶ verstummen, zufrieden geben sich.
Qual Krampf, Alpdruck, Mahr, Mühe, Anstrengung, Belastung, Pein, Entbehrung, Schmerzgefühl, Leiden, Beschwernis, Körperqual, Übelbefinden, Unbefriedigung, Weh, Anfall, Krankheit, Leiden, Beschwerden, Klage, Last, Kreuz, Bürde, Unbill, Beunruhigung, Bedrückung, Druck, Mühsal, Betrübnis, Drangsal, Gram, Kummer, Jammer, Notlage, Sorge, Heimsuchung, Beklemmung → Anstrengung, Ärger, Armut, Bekümmernis, Beschwerde, Beschwerlichkeit, Dorn, Elend, Not, Schmerz. ▶ Bequemlichkeit, Freude, Glück, Nichtstun, Sorglosigkeit, Wohlbefinden, Zufriedenheit.
quälen foltern, peinigen, piesacken, plagen, die Hammelbeine lang ziehen *u*, malträtieren, martern, massakrieren, mißhandeln, Nagel zum Sarg, auf die Nerven gehen, verletzen, verdrießen, beleidigen, betrüben, belästigen, schaden, schikanieren, schuriegeln *u*, sekkieren *ö*, triezen *u*, zwiebeln *u*, kujonieren, schinden, plagen, bedrücken, schlagen, bedrängen, hetzen, stören, verstimmen, erbittern, hinopfern. → abmühen, anöden, auswischen, bedrücken, beeinträchtigen, befeinden, betrüben, bohren, durchbohren das Herz, grämen sich, peinigen. ▶ erfreuen, erheitern, erleichtern, faulenzen, freuen sich, versöhnen.

quälen, sich → ängstigen, anstrengen, ausstehen, Beste tun, binden sich selbst eine Rute, fallen schwer, kämpfen, leiden.
quälend → aufreibend, langweilig, lästig, schmerzlich.
Quälerei → Beeinflussung, Besorgnis, Bosheit, Marter, Roheit, Verdruß.
Quälgeist Quängler, Plaggeist, Quäler, Störenfried, Stänkerer, Querkopf, Spielverderber, Peiniger, Sadist, Tyrann, Haustyrann, Schinder, Hausdrache, Teufel, Quälteufel, Quälender, Ausfrager, Neugieriger. ▶ Helfer.
Qualifikation → Eignung.
Qualifizierung → Eignung, Fortbildung.
Qualität Art, Güte, Sorte, Wert, Beschaffenheit, Eigenschaft, Marke, Rang, Ansehen, Vortrefflichkeit, Vorzüglichkeit, Ausgesuchtheit, Kostbarkeit, Echtheit, Gediegenheit, Wertarbeit, Vollkommenheit, Qualitätsware, Qualitätsarbeit. → Art. ▶ (Quantität), Schund.
Qualle → Polyp.
Qualm → Dunst, Rausch.
qualmen → rauchen.
qualvoll → schmerzlich.
Quantität Anzahl, Menge, Masse, Zahl.
quantité négligeable → Bagatelle.
Quantum → Anteil, Dosis, Ration, Teil.
Quarantäne Sperrzeit. → Acht, Bewachung.
Quark → Gehaltlosigkeit, Speise.
Quartal Vierteljahr.
Quartier Platz, Standort, Stadtviertel, Gegend, Lager, Stadtbezirk ● Wohnung, Herberge, Heim, Unterkunft, Wohnstätte, Wohnsitz, Bleibe, Zufluchtsort, Schlupfwinkel, Obdach, Schlupfwinkel, Sommerquartier, Logis ● Hauptquartier. → Aufenthaltsort, Hotel. ▶ Himmel unter freiem, Räumung.
quartieren logieren, belegen, behausen, beherbergen, einstellen, einquartieren, aufhalten sich, verweilen, wohnen, festsetzen, biwakieren, zelten, parken, einnisten. → kampieren. ▶ räumen.
quasi als ob, angeblich, annähernd, einigermaßen, etwa, wie, gewissermaßen, gleichsam, gleich wie, scheinbar, solchermaßen, sozusagen. → als. ▶ bestimmt.
quasseln → reden.
Quasselstrippe → Schwätzer, Quaste Troddel, Franse, Zopf, Locke, Tupfer, Bummel-Pinsel ● Gehänge, Garnierung, Ausschmückung, Dekoration, Klunker, Putz, Zier,

Zierat, Zierwerk, Verzierung. → Ausschmückung.
Quatsch → Farce.
quatschen → abschweifen.
quecksilbrig → beweglich, hin und her.
Quell → Born, Quelle.
Quelle Anfang, Ausgangspunkt, Auslauf, Beginn, Born, Entstehung, Geburt, Herkunft, Ursache, Ursprung, Verursachung ● Kuh melkende ● Bezugsort, Fundgrube, Lieferant ● Bericht, Beleg, Bibliothek, Fährte, Nachweis, Spur, Überlieferung, Sammlung, Unterlage, Zeugnis. → Anfang, Anlaß, Abstoß, Beginn, Born, Brunnen, Buch, Entstehungsstätte, Nachweis, Ursprung. ▶ (Mündung), Wirkung.
Quelle, aus amtlicher Urkunde, Zeugnis, Überlieferung, Dokument, Aktenvermerk, Chronik, Jahrbuch, Annalen, Bericht, Stammrolle, Grundbuch, Geburtsregister, Sterberegister, Eintragung, Verbuchung, Protokoll, Statistik, Logbuch, Vertrag, Verschreibung, Denkschrift, Weißbuch, Staatsakte, Geheimakte, Kapitularien, Dekretalien, Schriften, Archive, Sammlungen.
Quelle, aus erster → direkt.
Quelle sitzen, an der → einflußreich, bedienen sich, bereichern sich.
quellen abfließen, anschwellen, aufquellen, austreten, fließen, herausquellen, herausprudeln, hervorbrechen, hervortreten, rieseln, rinnen, plätschern, sickern, sprudeln, strömen, tropfen, tröpfeln. ▶ ausfließen, laufen. ▶ austrocknen, (stagnieren), stocken.
quellend fließend, flutend, heraustretend, nieselnd, rieselnd, sprudelnd, strömend, tropfend. → aufsteigend. ▶ (ausgetrocknet), (stagnierend).
quellenmäßig → authentisch, wahr.
Quengelei Nörgelei, Zwängerei, Stänkerei. → Streit.
quengelig mißlaunig, nörgelig, unlustig.
Quengler Plaggeist, Quäler, Querkopf, Stänkerer, Freudenstörer. ▶ Helfer, Lobhudler.
Quentchen Gramm, Gran, Unze, Lot ● Wenigkeit, Geringfügigkeit, Spärlichkeit, Bißchen, Krümel, Prise. ▶ Gewicht, Masse schwere.
quer gegensätzlich, gegnerisch, entgegengesetzt, feindselig, feindlich, unfreundlich, gehässig, bockig, leidig, unleidlich, ungünstig, hinderlich, dagegen, dwars *sm* = quer ab. → schräg. ▶ gerade, parallel.

Quere kommen, in die hindern, verhindern, entgegenarbeiten, das Handwerk legen, hemmen, lahmlegen, vereiteln, unterbinden, durchkreuzen, stören, dämpfen, dazwischentreten, einmischen, einmengen sich, den Weg abschneiden, blockieren, im Wege stehen, ein Schnippchen schlagen, einen Streich spielen, das Wasser abgraben, einen Strich durch die Rechnung machen, im Wege stehen. ▶ helfen.

querfeldein → ziellos.

quergeln schnattern, gackern, krähen, quicken, meckern, knurren, kläffen, heulen ● greinen, weinen, jammern, seufzen, stöhnen, quengeln, weinerlich sein, nörgeln, tadeln, herummäkeln, zetern, räsonieren, schmähen. ▶ zufrieden geben sich.

Querkopf → Quengler.

querköpfig hartnäckig, eigensinnig, eigenwillig, widerspenstig, trotzig, starrsinnig, ungehorsam, unlenksam, verstockt, bockbeinig, halsstarrig ● unfreundlich, rücksichtslos, ungefällig, unliebenswürdig, störrisch, barsch, verdreht, unduldsam, ungezogen, unverschämt, flegelhaft, gesellschaftlich unmöglich, ungehobelt, verschroben. ▶ freundlich, willig.

querschießen vereiteln. → stören.

Querschnitt Durchschnitt, Überschlag, Mittelmaß, Durchschnittsmaß ● Breitenmaß, Quere ● Querteilung ● Ausschnitt, Überblick, Übersicht, Profil, Darstellung, Ansicht. ▶ Ganzheit, Umriß.

Querulant Klotz, ungehobelter Patron, unangenehmer Streitbold, Krakeeler, Quengler, Mensch, Brummbär, Ekel, Zankteufel, Hitzkopf, Widerspruchsgeist, Stänkerer. ▶ Helfer, Lobhudler.

Quetsche Presse, Kelter, Filter ● Klemme, Not, Bedrängnis, Gefahr, Schwierigkeit, Sackgasse, Enge, Zwangslage, Labyrinth, Dilemma, Klippe, Verstrickung ● Kleinbetrieb, Saftladen, Werkstätte ● Zwetschge, Pflaume. ▶ Ausweg, (Großbetrieb), Handlungsfreiheit.

quetschen drängen, drücken, einengen, prägen, pressen, walzen, durchwinden, zusammendrücken, klemmen. ▶ ausdehnen, erweitern.

Quetschung Pressung, Verdichtung, Verdickung, Einengung, Einschnürung ● Verletzung, Verwundung, Verstümmelung. → Wunde. ▶ Ausdehnung, Erweiterung, Heilung.

quieken → Tierstimme.

quietschen gicksen, pipsen, wimmern, winseln ● kichern, wiehern, frohlocken, losplatzen, auflachen, jubeln, lärmen. → lärmen, Tierstimme. ▶ lautlos (sein), verdrießen.

quietschfidel lustig, heiter, beglückt, ausgelassen, aus dem Häuschen, freudig erregt, puppenlustig, vergnügt, munter, aufgeräumt, frohgestimmt, übermütig, freudestrahlend, himmelhochjauchzend. ▶ verdrossen.

Quintessenz Inbegriff, Kern, Schlußfolgerung, Fazit, Substanz, Wesentliches, springender Punkt, Gehalt, Mark, Schwergewicht, Wesensgehalt, Hauptstück, Hauptteil, Kernstück, Wesen, roter Faden ● Auszug. → Hauptsache. ▶ Nebensache.

quitt erledigt, abgetan, getilgt, ausgeglichen, glatt, gleich, entlastet, entbunden, wettgemacht, fertig, los und ledig. ▶ unerledigt.

quitt sein abtragen, abgelten, tilgen, ablösen, wiedergutmachen, ausgleichen, ersetzen, entschädigen. → quitt. ▶ (schuldig bleiben).

quittieren ausschneiden, zurückziehen sich, demissionieren, Abschied nehmen, in Pension gehen, niederlegen, aufgeben, verlassen ● anerkennen, bescheinigen, bestätigen, unterschreiben, eine Quittung ausstellen, den Empfang bescheinigen. ▶ beginnen, einstellen lassen sich, protestieren.

Quittung Bescheinigung, Bestätigung, Empfangsschein, Schein, Gutzettel ● Abschluß, Erfüllung, Vollzug, Leistung ● Dankzettel, Lohn, Dank ● schnöder, Eselstritt. ▶ Dank, Protest.

Quiz Rätsel, Rätselfrage, Frage- und Antwortspiel, Intelligenzprüfung, Gedächtnistest.

Quizmaster Spielleiter, Rätselmeister, Moderator, Unterhalter, Fernsehstar, Maître de plaisir.

Quote Teilgenuß, Anteil, Anteilschein, Beitrag, Dividende, Einlage, Rate, Teil, Zahlung, Zuteilung, Zuweisung.

R

Rabatt Abschlag, Abstrich, Abzug, Agio, Diskont, Erlaß, Ermäßigung, Minus, Nachlaß, Prozente, Skonto, Vergünstigung, Vergütung. → Abzug, Bon, Ermäßigung. ▶ Aufschlag, Verteuerung.

Rabatte → Beet.

Rabe, weißer Sonderling, Kauz, Hagestolz, Eigenbrötler, Außenseiter ● Musterbild, Edelmensch ● Tatmensch, Mann von echtem Schrot und Korn, einer unter Tausenden, Tugendmuster, Unschuldsengel, Unschuldiger, Musterknabe, Tugendbold. ▶ Taugenichts.

Rabeneltern Rabenvater, Rabenmutter, Rabenvieh, böser Geist, Tyrann, Wüterich, Otterngezücht, Grobian, Rohling, Barbar, Bösewicht, Hausdrache, Hausteufel, Keifer, Raufbold, Giftkropf. ▶ (Eltern gute), Menschenfreund.

Rabenmutter → Rabeneltern.

rabiat aggressiv, aufbrausend, auffahrend, aufgebracht, böse, cholerisch, erbost, ergrimmt, erregt, erzürnt, fuchsteufelswild, furios, gereizt, giftig, grandig, grimmig, heftig, hitzköpfig, jähzornig, kribbelig, mißlaunig, mißmutig, übellaunig, unwillig, wild, wütend, zornig, zornsprühend. → zornig. ▶ beherrscht, gutmütig.

Rabulistik → Haarspalterei.

rabulistisch kritisch, jesuitisch, sophistisch, spitzfindig, kleinlich, folgewidrig, denkwidrig, rechtsverdreherisch, wortklauberisch, wortverdreherisch. ▶ denkgerecht.

Rachbegierde → Anwandlung, Rache, Zorn.

Rache Haß, Rachgier, Rachsucht, Grimm, Unerbittlichkeit ● Heimzahlung, Genugtuung, Gegenschlag, böses Blut, Feme, Abrechnung, Gegenstreich, Lohn, Vergeltung, Wiedervergeltung, Blutrache, Verschwörung, Vendetta, Ahndung, Satisfaktion, Blutgericht, Blutschuld, rächendes Geschick ● Wurst wider Wurst, Blut für Blut, Schlag für Schlag, Aug um Auge, Zahn um Zahn, wie du mir so ich dir. → Blut heißes. ▶ Versöhnlichkeit, Zuneigung.

rachedurstig rachsüchtig, rachgierig, racheschnaubend, feindselig, blutdürstig ● erbittert, unerbittlich, nachtragend, nachhaltend, unversöhnlich, erbarmungslos. → brennend. ▶ versöhnlich.

rachegierig → brennend, rachedurstig.

Rachegott Gott strafender, Gott der Rache, Rächer, Rachegöttinnen, Eumeniden, Erinnyen, Furien. → Dämon. ▶ Engel rettender.

Rachen Mund, Maul, Schnauze ● Öffnung, Spalte ● Gosche u, Fresse j, Klappe u, Schnute u.

rächen abrechnen, ahnden,

ankreiden, heimzahlen, lohnen, lynchen, nachtragen, vergelten, Genugtuung verlangen, Genugtuung verschaffen sich, Rache sinnen, sein Mütchen kühlen, Rachgier stillen, ein Hühnchen rupfen, Arges sinnen. → abrechnen, ahnden. ▸ versöhnen sich, verzeihen.

Rächer Vergelter. → Verfolger.

Rachgier → Anwandlung, Bosheit, Rache.

rachglühend → brennend, zornig.

Rachsucht → Anwandlung, Bosheit, Entrüstung, Zorn.

rachsüchtig bösartig, boshaft, gehässig, hämisch. haßerfüllt, mißgünstig, nachtragend, neidisch, tückisch ● entrüstet, erbittert, feindselig, unerbittlich, unversöhnlich, wütend, zornig. → erbarmungslos, feindlich, gehässig. ▸ gut, gutmütig, versöhnlich.

Racker → Ausbund, Leichtfuß.

rackern → abmühen, anstrengen.

Rad Reif, Ring, Drehring, Räderwerk, Rolle, Spule, Transmission, Welle, Winde, Kardan, Maschine, Tretrad, Fahrrad, Motorrad, Moped, Roller, Hochrad, Veloziped, Laufrad.

Rad am Wagen, fünftes überflüssig, zuviel, unnütz, übrig, belanglos, wertlos, minderwertig, beschämend, kläglich, unterschätzig, nutzlos, untauglich, zwecklos, unbrauchbar, für die Katze. ▸ geschätzt, nötig.

Radau → Gebrause, Geräusch.

Radball → Ball.

Raddampfer → Fahrzeug (Wasser-).

radebrechen stottern, stöpseln, kaudern, wechseln, unsicher sein, stümperhaft reden, abgehackt sprechen, formwidrig sich ausdrücken, verballhornen, sprachwidrig sich ausdrücken ▸ deutsch auf gut, (Sprache) beherrschen.

radeln → bewegen sich, fahren.

Rädelsführer Anstifter, Drahtzieher, Führer, Funktionär, Haupt, Leiter, Lenker, Macher, Demagog, Volksverführer, Volksschädling, Räuberhauptmann, Anführer. → Aufständiger, Chef. ▸ Bande, Nachfolger.

Räder, unter die verlieren, verwirken, Nachteil haben, herhalten müssen, Haare lassen, um etwas kommen, teuer bezahlen, Lehrgeld zahlen, verspielen, unter die Räuber geraten, beraubt werden, verdrängt werden, an den Bettelstab gebracht werden, ausgeplündert werden, erpreßt werden, ausgesaugt werden, ausgebeutet werden. → verunglückt. ▸ gesunden, gewinnen, vorsichtig sein.

Rädern → Bestrafung.

rädern → bestrafen.

Räderwerk → Apparat, Maschine.

radfahren → bewegen sich.

radieren → durchstreichen, malen, zeichnen.

Radierung → Abdruck, Bild, Zeichnung.

radikal durch und durch, durchgreifend, endgültig, gänzlich, gebieterisch, kategorisch, nachdrücklich, rücksichtslos, streng, tiefgreifend, unbedingt, unumstößlich, völlig, vollständig ● gründlich, eingewurzelt, wurzelhaft, ursprünglich ● hartköpfig, bockbeinig, bockig, eigenwillig, fanatisch, hartnäckig, leidenschaftlich, starrsinnig, steifköpfig, störrisch, trotzig, unbekehrbar, unbeugsam, unduldsam, unerbittlich, unlenkbar, unnachgiebig, verbissen, verbohrt, verhärtet, verstockt, widerspenstig ● bis zum äußersten, bis auf die Wurzel. → A bis O, durchgreifend, fanatisch. ▸ energielos, gutmütig, lässig, nachsichtig, stoisch.

radikalisieren → bearbeiten, verhetzen.

Radio Rundfunkapparat, Empfänger, Empfangsgerät, Gradeausempfänger, Superhet, Volksempfänger, Musiktruhe, Ein-, Zwei- usw. Röhrenapparat, Überlagerungsempfänger. → Apparat.

Radioröhre → Birne, Röhre.

Radius Reichweite, Einflußbereich, Umkreis.

Radschuh → Bremse, Beschwernis.

Radsperre → Beschwernis, Bremse.

raffen ziehen, zerren, reffen, reißen, anheben ● nehmen, ergattern, an sich reißen, Besitz ergreifen, aneignen sich, einheimsen, packen, annektieren, erhaschen, schnappen, kriegen, zulangen, sammeln, einsäckeln, bemächtigen sich, bereichern sich, wegnehmen, beschlagnahmen, rauben, ausbeuten, rupfen, schieben, wuchern ● sparen, wirtschaften, beisetelegen, geizen, abknappen, zusammenfassen. ▸ geben, loslassen.

Raffer Geizhals, Geizteufel, Filz, Schmutzfink, Geizhammel, Nimmersatt, Knauser, Knicker ● Halsabschneider, Blutsauger, Schubjak, Wucherer. → Pfennigfuchser. ▸ Spender.

Raffgier Engherzigkeit, Pfennigfuchserei, Schmutzerei, Knickerei, Knauserei, Filzerei, Hungerleiderei, Schmutzigkeit, Gewinnsucht, Geldhunger, Begehrlichkeit, Habgier, Habsucht, Geiz. → Mammonsdienst. ▸ Freigebigkeit, Idealismus, Verschwendung.

raffgierig ▸ begehrlich, geldgierig, gewinngierig, interessiert.

raffinieren → reinigen.

raffiniert → aalglatt, durchtrieben, gewiegt, rein.

Raffke → Banause, Barbar, Emporkömmling, Kriegsgewinnler, Parvenü.

ragen emporragen, hochragen, recken sich, aufrichten, emporrichten ● ansteigen, aufschwingen sich, aufstreben, erheben sich, überragen, hervorheben sich, hervorstehen, auszeichnen sich. → aufsteigen. ▸ fallen, unterliegen.

ragend hoch, riesig, hochaufgeschossen, hochgewachsen, kerzengerade, turmhoch, gigantisch, luftig, groß. ▸ klein, niedrig.

Ragout Durcheinander, Frikassee, Gemansche, Gemenge, Gemisch, Haschee, Mischmasch, Mixtur, Sammelsurium, Salat, Allerlei, Mischgericht, Wirrwarr, Kraut und Rüben, Potpourri.

rahmen → einrahmen.

Rahmen Einfassung, Einsäumung, Kreis, Rand, Reif, Ring, Saum, Umgrenzung ● Drum und Dran, Fluidum, Hintergrund, Nimbus, Umkreis, Weichbild. → Aufgabenkreis, drum und dran

Rain → Trennung.

Raison bringen zur Vernunft oder Besinnung bringen, die Augen öffnen, abkühlen, ernüchtern, beruhigen.

räkeln, sich drehen sich, ausruhen, winden sich, strecken sich ● flegeln, sich rüpelhaft benehmen, sich ungezogen betragen, sich ungehobeltaufführen, gegen den guten Ton verstoßen, lümmeln, sich ungeschliffen hinpflanzen. ▸ arbeiten, Erziehung gute.

Rakete → Bewegungstrieb.

Raketenflug → Bewegung.

Raketenflugzeug → Fahrzeug (Luft-).

Rammbock → Bock, Prellbock.

Ramme Rammbock, Rammmaschine, Mauerbrecher, Widder, Fallklotz, Fallhammer, Rammklotz, Rammschiff.

rammeln beschälen, belegen, kören, fohlen, bespringen, balzen, begatten.

rammen → einrammen.

Rampe Geländer, Brüstung, Auffahrt, Bühne, Verladeplatz, Halteplatz.

ramponieren → abbrechen, anstoßen, verderben.

ramponiert → beschädigt, defekt.

Ramsch Altware, Ausschuß, Ausschußware, Gerümpel, Kram, Ladenhüter, Lumpen, Plunder, Reststücke, Schleuderware, Schund, Trödelkram, unverkäufliche Ware, Kitsch. → Ausschuß. ▶ Qualität.

ramschen → erhandeln, verschleudern.

Rand Kante, Saum, Einfassung, Abschluß, Einsäumung, Paspel, Biese, Vorstoß, Borte, Krempe, Reif, Rahmen, Naht ● Küste, Gestade, Strand, Ufer ● Weichbild, Umkreis, Vorort, Peripherie. → Bord, Demarkation, Kante, Krempe. ▶ Mitte.

Rand und Band, aus ausgelassen, unbeherrscht, unbehindert, ungehemmt, ungebunden, unkontrolliert, unbeaufsichtigt, zwanglos, frei, los und ledig, unabhängig ● übermütig, toll, leichtsinnig, unbekümmert, sorglos, unbeschwert ● verwegen, hitzköpfig, jäh, wild, vermessen, waghalsig, frech, dreist. ▶ besonnen.

randalieren lärmen, schreien, brüllen, kreischen, grölen, poltern ● krakeelen, raballern, Krach machen, toben. → anzetteln, balgen. ▶ beruhigen, verstummen, vertragen sich.

Randbemerkung Anmerkung, Einfügung, Einschaltung, Einschiebung, Erklärung, Erläuterung, Fußnote, Kommentar, Marginale, Randglosse, Vermerk, Zwischenbemerkung, Zwischenruf. → Anmerkung, Auskunft, Darlegung, Einfügung, Notiz. ▶ Kerngedanke.

Randbescheid → Randbemerkung.

Rande, am → nebenbei.

Randglosse → Anmerkung, Darlegung, Randbemerkung.

Randschnur → Besatz.

Randvermerk → Randbemerkung.

randvoll → voll.

Rang Einfluß, Geltung, Gewicht, Glorie, Nimbus, Prestige, Renommee, Ruhm, Weltruf, Weltruhm ● Amt, Kaste, Klasse, Schicht, Stand, Stellung, Würde ● Kategorie, Ordnungsstufe, Platz, Wertmaß, Reihe, Rangstufe, Folge. → Achtung, Anrede, Bedeutung, Charakter, ● Charge, Dienstgrad, Ehre, Erhebung, Grad, Höhe, Stand, Würde. ▶ Ächtung, Bedeutungslosigkeit, Niedrigkeit, Unehre.

Rang ablaufen → zuvorkommen.

Rang haben, einen → bekleiden.

Rang, von hohem hochgestellt, berühmt, gefeiert, ausgezeichnet, gewichtig, verdient, hochgeboren, gekrönt, adlig, fürstlich, aristokratisch, blaublütig, von hoher Abkunft, von erlauchter Geburt, nobel. ▶ (aus bescheidenen Verhältnissen) pöbelhaft.

Range → Backfisch, Bengel, Gassenjunge, Grünschnabel, Kerl.

Rangerhöhung—Beförderung.

Rangfolge → Folge.

ranggleich gleichrangig. → ebenbürtig.

ranglos subaltern, untergeordnet, unbetitelt, ohne Titel, unedel, niedrig, gemein.

Rangordnung → Klassifikation.

Rangstufe → Ebene, Reihe.

rank → anmutig.

Ränke → Arglist, Kabale, Manöver.

Ränke schmieden → intrigieren.

ranken → aufsteigen.

rankend → aufsteigend.

Ränkeschmied → Intrigant, Spielverderber.

ränkevoll → aalglatt, arglistig, bübisch, charakterlos.

Ränzel → Bündel.

Ranzen → Balg, Behälter, Bündel.

ranzig → anwidern, ekelhaft, faul.

Ränzlein → Bauch.

rapid → rasch.

Rappel→ Anwandlung.

rappeln raballern, rasseln, rumpeln, klappern, trampeln, scharren, schnarren, trommeln ● sputen sich, beeilen sich, zusammennehmen sich. ▶ bummeln, verstummen.

Rapport Bericht, Bescheid, Tätigkeitsbericht, Rechenschaftsbericht, Nachricht, Meldung, Auskunft. → Anzeige, Auskunft, Benachrichtigung, Bericht. ▶ Verheimlichung.

rar selten, sonderbar, einmalig, gelegentlich, gesucht, kaum, kostbar, knapp, spärlich, schütter, vereinzelt, wenig, stellenweise, zuweilen, hie und da, dann und wann, ab und zu, hin und wieder, bisweilen, nicht oft. → auserlesen, ausgesucht, gefragt. ▶ gebräuchlich, häufig, immer.

rasant → rasch.

rasch schnell, ohne Säumen, ohne Zeitverlust, geschwind, sofort, sogleich, eilig, hastig, hurtig, flink, frischweg, flugs, unverzüglich, stracks, postwendend, prompt, blitzartig, schleunig, behend, rührig, beflügelt, beschwingt, alsobald, augenblicklich, baldigst, eilends, auf einmal, gleich, im Handumdrehen, im Nu, kur-

zen Prozeß machen, schleunigst, schnellfüßig, auf der Stelle, stehenden Fußes, umgehend, ungesäumt, unverweilt, ungestüm ● geschickt, gewandt, anstellig, gelenk, gelenkig, befähigt, klug, sicher, brauchbar. → anstellig, auf einmal, augenblicklich, beflügelt, beschwingt, eilends, einemmal mit, fix, gewandt, Hals über Kopf, plötzlich, rasant, rapid, prompt. ▶ langsam, schwerfällig.

rasch fertig → leichtfertig, schnell.

rascheln rauschen, schwirren, knistern, surren ● sausen, säuseln, sirren, summen, sumsen, zischeln, zischen. → brausen, knittern. ▶ lautlos (sein), verstummen.

Raschheit → Behendigkeit.

Rasen Grasfläche, Grassteppich, Alm, Alp, Matte, Senne, Trift, Weide, Halde, Grasland, Aue, Anger, Wiese, Erddecke, Boden, Scholle, Grünfläche. ▶ Acker, Beet, Fels.

rasen → aufregen, aufspringen, branden, ergrimmen, geraten außer sich, rennen, toben, zürnen.

rasend → aufgebracht, begeistert, brennend, enragiert, entrüstet, heftig.

Raserei → Anwandlung, Ärgernis, Aufregung, Ausbruch, Besessenheit, Delirium, Liebesglut, Tollheit, Zorn.

rasieren → ausmerzen, balbieren, barbieren, beschneiden.

Rasierer → Bader, Barbier.

räsonieren schimpfen, nörgeln, schmähen, bemäkeln, herummäkeln, zetern, geifern, am Zeuge flicken, den Sittenrichter spielen, hofmeistern ● klug reden. ▶ beruhigen (sich), loben.

Räsonierer Tadler, Kritiker, Sittenrichter, Quengler, Nörgeler, Beckmesser, Lästermaul, Krittler, Lästerer, Schmäher, Krakeeler. → Kläffer. ▶ Lobhudler.

Raspel → Reibe.

raspeln → reiben.

Rasse → Art, Nation.

rasseln → prasseln.

rassig → anmutig.

rassisch ursprünglich, echt, arteigen, blutgemäß, artgetreu, artgemäß, rassewandt, gleicherbig, reinerbig, rassenmäßig ● arisch, dinarisch, negrisch, negroid, nordisch, ostisch, westisch. ▶ vermischt.

Rast → Atempause, Aufenthalt, Einhalt, Entspannung, Feierabend, Halt, Muße, Pause.

rasten → abstehen, anhalten,

aufhören, ausruhen, befristet, bequem, bleiben, bleiben auf dem Platze, einhalten, finden Zeit, liegen, schließen.

Rasthaus → Aufenthaltsort.

rastlos beweglich, emsig, fleißig, flüchtig, friedlos, lebendig, wuselig, mobil, nomadisch, ruhelos, tätig, unablässig, unermüdlich, stundenlang mit wachsender Begeisterung ● alert, arbeitsam, beflissen, betriebsam, diensteifrig, fieberhaft, flink, flott, forsch, frisch, geschäftig, lebhaft, leistungsfähig, munter, rege, regsam, rührig, temperamentvoll, unternehmend, zielbewußt. → aktiv, anstellig, arbeitsam, ausdauernd, begierig, beweglich, Damm sein auf dem, eifrig, eilfertig, ein und aus, erwerbsam, Fassung verlieren die, fieberhaft, hin und her, lebhaft. ▶ bewegungslos, faul, träge.

Rastlosigkeit → Aktivität.

Rastplatz → Aufenthaltsort, Halt.

Rasttage → Ferien, Ruhezeit.

Rat Fingerzeig, Belehrung, Unterweisung, Wink, Vorstellung, Lehre, Einschärfung, Verhaltungsmaßregel, Richtschnur, Warnung, Anleitung, Anweisung ● Ermunterung, Ermutigung, Empfehlung, Bitte, Überredung, Aufforderung ● Erwägung, Ratschlag, Willenslenkung ● Versammlung, Sitzung, Beratung, Konferenz, Kollegium, Körperschaft, Kommission ● Staatsrat, Botschaftsrat hoher Rat, Viererrat, Elternrat, Schülerrat, Betriebsrat, Triumvirat. → Ausschuß, Beeinflussung, Bescheid, Besprechung, Fingerzeig, Titel. ▶ Ratlosigkeit, Vorschrift.

Rate → Abzahlung, Anteil, Beitrag, Quote.

Rate gehen, mit sich zu → denken.

raten → anbieten, anempfehlen, befürworten, binden auf die Seele, empfehlen, erraten, suchen.

raten, drum herum im dunkeln tappen, sich nicht zu helfen wissen, unsicher sein, unwissend sein, unschlüssig sein, etwas für fraglich erachten, einem Problem nachjagen, einem rätselhaft vorkommen, einem fraglich erscheinen. ▶ wissen.

raten lassen, sich sich belehren lassen, sich nicht beirren lassen, die Vernunft walten lassen, dem inneren Trieb folgen, dem gesunden Menschenverstand folgen, sich beeinflussen lassen, auf jemanden hören, nicht eigensinnig sein, sich nicht starrköpfig zeigen, einem Rat-

schlag folgen, einen Rat nicht in den Wind schlagen. ▶ starrsinnig (sein).

ratenweise → teilweise.

Ratenzahlung → Bezahlung.

Ratgeber → Anwalt, Beirat, Beistand, Berater, Chef, Ermahner.

Rathaus Bürgermeisterei, Amtei, Amtshaus, Kanzlei, Gemeindehaus, Stadthaus, Hotel de ville.

ratifizieren → anerkennen, annehmen.

ratifiziert → abgemacht.

Ration Bedarf, Dosis, Maß, Portion, Menge, Quantum, Teil, Zuteilung, Zuweisung, Zuwendung ● Klacks, Schlag ● Brocken, Bruchstück, Bruchteil, Fetzen, Flocken, Happen, Kontingent, Krümel, Krume, Mundvoll, Ranken, Scheibe, Stück, Trumm. → Anspruch, Anteil, Proviant. ▶ Ganzes.

rationalisieren einsparen, planen, anpassen. → vereinfachen.

rationell ausgeklügelt, dienlich, erfolgreich, ordnungsmäßig, planvoll, sparsam, verständig, wirtschaftlich, wohldurchdacht, zweckmäßig. ▶ (unrationell), verschwenderisch.

ratlos perplex, bedeppert u. → hilflos, ungeschickt.

ratlos machen → beirren.

Ratlosigkeit Unentschlossenheit, Unentschiedenheit, Unschlüssigkeit, Unsicherheit, Verlegenheit, Zaudern, Schwanken, Bedenken, Hemmung, Furcht, Hilflosigkeit ● Schwierigkeit, Sackgasse, Enge, Zwangslage, Bedrängnis, Klemme, Krisis, Verwirrung, Verwicklung, Verstrickung, Klippe. → Dilemma. ▶ Rat.

ratsam annehmbar, anwendbar, empfehlenswert.

ratschen → abschweifen.

Ratschlag Andeutung, Anweisung, Belehrung, Ermunterung, Ermutigung, Fingerzeig, Lehre, Unterweisung, Verhaltungsmaßregel, Warnung, Wink ● Bitte, Beschwörung, Überredung, Aufforderung. → Anleitung, Ermahnung, Hinweis. ▶ Irreführung, Starrköpfigkeit.

Rätsel → Aufgabe, Frage, Problem, Quiz.

rätselhaft → abstrus, dämonisch, dunkel, geheimnisvoll, irgendwie, mysteriös, nebelhaft, problematisch, unbegreiflich.

Rätselhaftigkeit → Dämmerzustand, Dunkel, Mysterium.

Rattenkönig Verkettung, roter Faden, Folge, Aufeinanderfolge, Reihe, Gefolge ● Übelstand, Unannehmlichkeiten, Verdruß, Ärgernis, Sorge,

Plage, Unglück, Widerwärtigkeit, Unbill, Not, Mißgeschick, Demütigung, Heimsuchung, Leidensweg, Leidenskelch, Wirrwar. ▶ Freude, Gelingen, Unterbrechung.

rattern rumpeln, poltern, dröhnen, knattern, klirren, krachen, erdröhnen, lärmen, aufschlagen, anschlagen. ▶ lautlos (sein), verstummen.

Raub Beraubung, Erbeutung, Diebstahl, Kaperung, Entführung, Verschleppung, Gewaltraub, Gewalttat, Feldfrevel ● Beute, Fang, Prise, Anteil Konterbande, Strandgut ● Übergriff, Eingriff, Eigenmächtigkeit, Rechtsbruch, Willkür. → Ausplünderung, Bemächtigung, Beraubung, Beute. ▶ Erwerbung, Gabe, Kauf, Wiedergutmachung.

Raubbau Ausbeutung, Ausnützung ● Überschreitung, Übergriff.

rauben → bemächtigen, berauben, bestehlen, einbrechen, erjagen, nehmen.

rauben, die Fassung ärgern, erregen, verblüffen, aufregen, erzürnen, aufbringen, aus dem Geleise bringen, um den Verstand bringen, aus der Fassung bringen, den Kopf verlieren, außer sich geraten. ▶ beruhigen, erfreuen.

Räuber → Bandit, Dieb, Erpresser.

Räuber geraten, unter die unter die Räder geraten, außer Rand und Band gehen, aus den Fugen gehen, vom Pferd auf den Esel kommen, auf den Hund kommen, vom Regen in die Traufe kommen, auf abschüssige Bahn geraten, an den Abgrund kommen, an den Bettelstab kommen. ▶ erholen sich, erwerben, sichern sich.

Räuberei → Beraubung, Dieberei.

Räuberhauptmann → Bandit, Cicerone.

Räuberhöhle Löwengrube, Bärenzwinger, Drachennest, Wespennest, Lasterhöhle ● Tohuwabohu, Durcheinander, Unordnung, Unordentlichkeit, wie bei den Hottentotten. ▶ Ordnung, Zuflucht.

räuberisch raubgierig, raublustig, beutegierig, diebisch, begehrlich, langfingrig, trügerisch, verstohlen, gierig, raffgierig, habsüchtig, griffbereit, plündernd, gaunerisch, erpresserisch. → beutegierig. ▶ ehrlich, selbstlos.

Raubgesindel Plünderer, Streifschar, Freischärler, Lumpengesindel, Mob, Pleps, Zigeunergesindel, Pack, Gelichter, Abschaum, Bettelvolk, Diebszeug, Gesindel, Horde, Bande, Flintenweiber, Masse.

▶ Mensch aufrechter treuer, Tugendbeispiel.

raubgierig → begehrlich, räuberisch.

raublustig → beutegierig, diebisch, räuberisch.

Raubritter → Bandit, Dieb, Erpresser.

Raubritterburg → Burg.

Raubschütz → Bandit, Dieb.

Raubtier Wildes Tier. → Bestie.

Raubvogel Greifvogel.

Raubzug Plünderung, Beraubung, Anschlag, Vorstoß, Verwüstung, Überrumpelung, Einfall, Berennung, Überfall, Streifzug, Straßenraub, Beutezug, Kaperei, Räuberei. → Angriff. ▶ Abwehr, Gabe, Kauf, Wiedergutmachung.

Rauch Qualm, Dampf, Dunst, Verräucherung, Brodem, Hauch, Schwaden, Gas, Gewölk ● Schall und Rauch, Plunder, Schnickschnack, Schund, Unwichtigkeit, Schaum, Nichts, Null, Luft, Seifenblase, Pappenstiel. → Brodem, Dunst. ▶ Klarheit, (Rauchlosigkeit), Wert.

rauchen qualmen, rauchen wie ein Schlot, schmoken u, sich eine anstecken, sich eine ins Gesicht stecken u, paffen, schmauchen, verräuchern, einräuchern, vernebeln, einnebeln, glimmen, flammen, verbrennen, schmoren, plotzen, Dampf von sich geben, ziehen, aufsteigen. → brennen, dampfen. ▶ verlöschen.

Raucher Schmöker, Schmaucher, Schmauchteufel, Schwelger, Genießer, Süchtiger. ▶ (Nichtraucher).

räucherig trübe, rauchig, geschwängert, dunstig, qualmig, verräucht, vernebelt, eingenebelt, eingeräuchert, rußig ● beißend, brennend, schmerzend, erstickend. ▶ frisch, klar.

räuchern einräuchern, anräuchern, würzen, verräuchern, ausräuchern, desinfizieren, vernebeln, überziehen, bewölken, beweihräuchern, durchräuchern, durchduften. → aufheben, einpökeln, rauchen

Räucherung Anräucherung, Durchziehung, Durchlüftung, Weihrauch, Würzung, Schwängerung, Wohlgeruch, Räucherwerk, Myrrhe. → Erhaltung.

Rauchfang → Ausweg, Esse.

rauchig → räucherig.

räudig haarlos, entblößt, kahl, geschunden, bloß, bar, struppig, verkommen, abgezogen ● unsauber, eklig, unrein, garstig, wüst, schmutzig, dreckig. ▶ behaart, gepflegt, sauber.

Raufbold Streithahn, Streitbolzen, Streitzuber, Stänke-

rer, Händelsucher, Rechthaber, Raufer, Friedensstörer, Schläger, Eisenfresser, Hauschild, Zänkerer, Keiferer, Lärmmacher, Polterer, Streitbold, Rüpel, Flegel. → Blut heißes, Brausekopf. ▶ Lamm frommes, Tugendbeispiel.

raufen → austragen, balgen, beuteln, schlagen, streiten.

Rauferei → Kampf, Streit.

rauh kraus, grob, harsch, holprig, schroff, stachlig, struppig, uneben, unzart, zerklüftet, zerrissen, rissig, rauhaarig, derb, salzig, hart, scharf, beißend ● einschneidend, kalt, unangenehm. → belegt (Stimme), blatternarbig, borstig, derb, faserig, hart, unhöflich. ▶ glatt, höflich, weich.

Rauhbauz → Bärbeißer.

Rauhbein → Bärbeißer.

Rauheit Unebenheit, Ungleichheit, Runzeligkeit, Zerklüftung, Schroffheit, Zerrissenheit, Holprigkeit, Höckerigkeit, Stoppelfeld, Struppigkeit, Belegtheit, Heiserkeit ● Grobheit, Unzartheit, Härte, Derbheit, Rücksichtslosigkeit, Grobschlächtigkeit, Strenge, Barschheit, Schärfe. → Bärbeißigkeit, Strenge. ▶ Glätte, Höflichkeit, Weichheit.

rauhen aufrauhen, aufreißen, aufkräusen, auffasern, einätzen, rauh machen, einkratzen, bearbeiten, aufreiben. ▶ glätten.

Raum Örtlichkeit, Platz, Ort, Stelle, Gebiet, Bereich, Winkel, Gegend, Zwischenraum, Räumlichkeit, Kabelgat sm (Raum für Tauwerk), Kettenkasten (Raum für Ankerkette), Piek (dreieckiger Raum im Vor- und Achterschiff), Pflicht (gedeckter Raum), Poop (Hütte auf dem Achterdeck), Loge ● Zimmer, Wohnbereich, Aufenthaltsraum, Kabuff u, Schlafraum, Werkraum ● Rauminhalt, Raummeter. → Ausdehnung, Distrikt, Erde, Flächenraum, Kammer. ▶ Zeit.

räumen fortschaffen, forträumen, wegschieben, fortstellen, ausräumen, fortschikken, delogieren, verlegen ● aufräumen, fortkehren, heraustreiben, entfernen, fortspülen, beseitigen, sauber machen, putzen, umstellen. → abladen, ausladen, aussiedeln, entvölkern. ▶ bleiben, einquartieren.

Raumgehalt → Ausdehnung, Umfang.

Rauminhalt → Ausdehnung, Fassungskraft.

Raumknappheit → Einengung, Platzmangel.

räumlich raumhaft, lokal, geräumig, ausgedehnt, ausgebreitet, weit, weitläufig,

geometrisch, örtlich bestimmt, örtlich. ▶ zeitlich.

Räumlichkeit → Raum, Zimmer.

raum- und zeitlos unkörperlich, stofflos, körperlos, unpersönlich, transzendental, geistig, übernatürlich, überirdisch, unendlich, ewig, unirdisch. ▶ körperlich.

Raummangel → Einengung, Platzmangel.

Raummaß → Ausdehnung.

Raumpflegerin → Haushalthilfe, Putzfrau.

Raumtiefe Perspektive, Hintergrund, Raumverteilung, Raumsicht, Sehweite, Tiefenwirkung. ▶ Raummangel.

Räumung Abschub, Wegnahme, Versetzung, Entfernung, Verlegung, Rückzug, Entleerung, Beseitigung, Ausweisung, Vertreibung, Ausschaltung, Evakuierung, Absendung, Entsendung, Wegräumung. → Abzug, Aussiedlung. ▶ Ansied(e)lung, (Besetzung), Zuwanderung.

Räumungsverkauf → Abzug, Ermäßigung.

Raumverhältnis Raumverteilung, Körperstellung, Körperlage, Zustand, Verhältnis, Lage, Standort, Platz, Stelle, Ortsangabe. ▶ (Zeitverhältnis).

Raumwirkung Raumtiefe, Szenerie, Staffage, Dekoration, Kulisse, Bühnenwirkung, Bühnenbild, Bühne, Ausschmückung, Hintergrund. → Raumtiefe. ▶ (Flächenwirkung).

Raunen Flüstern, Stille, Heimlichkeit, Gelispel, Mattheit, gedämpftes Geräusch, Verborgenheit, Summen, Zuflüsterung, Einflüsterung, Sumsen, Schwirren, Murmeln. → Gebrumme. ▶ Gepolter, Schrei.

raunzen → schimpfen.

Raupe → Ausschmückung, Tier.

Rausch Stich, Trunkenheit, Berauschung, Besoffenheit, Weinnebel, Benebelung, Affe, Bettschwere u, Zopf u, Kanonenrausch u, Räuscherl, Fahne, Kater, Katzenjammer. → Affekt, Aufregung, Ausbruch, Befriedigung, Begierung, Begierde, Betäubung, Delirium, Dusel, Ekstase, Entzückung, Fahne, Freude, Leidenschaftlichkeit, Lustigkeit. ▶ Beschwichtigung, Gemütsruhe, Mißfallen, Nüchternheit.

Rauschebart → Bart.

rauschen plätschern, rieseln, fließen, sprudeln, strömen, umfluten, laufen, zischen, emporquellen, hervorbrechen, fluten ● rascheln, wirren, zischeln, säuseln, sau-

sen, brausen, stürmen. →
brausen. ▶ eindämmen, verstummen.
Rauschgift Droge, Genußgift, Narkotikum, Opiat, Koks, Shit, Schnee, Stoff.
räuspern husten, hüsteln, prusten, knistern, krächzen, beffzgen, stören, kratzen, murren, brummeln, zischeln. → ausatmen.
Raute Parallelogramm, Rhombus, Pyramide, Facette, Rosette, Flechtwerk, Geflecht, Viereck.
Razzia Plünderungszug, Streifzug, Fahndungsstreife, Überrumpelung, Umstellung, Einengung, Überführung, Einkreisung, Säuberung, Aushebung. → Angriff.
reagieren → aufführen, benehmen sich, verhalten sich.
Reaktion Aufhebung, Zusammenstoß, Gegenschlag, Widerstand, Erschütterung, Gegenstoß, Rückwirkung, Gegenwirkung, Rückprall, Reflex, Kompensation, Gegenströmung, Gegendruck, Rückschlag, Rückschritt, Umsetzung. → Ausgang, Effekt, Krise. ▶ Fortschritt, Grund, Ursache.
reaktionär rückschrittlich, rückständig, gegenwirkend, rücklaufend, verkehrt, rückgängig. → gegensätzlich. ▶ fortschrittlich.
Reaktionsvermögen Flexibilität. → Schnelligkeit.
real greifbar, bestehend, wirklich, dinglich, wahr, tatsächlich, wesenhaft, existierend, vorhanden, zugegen, anwesend, vorliegend, gegenwärtig, sachlich, wahrlich, faßbar, fühlbar, stofflich, körperlich, konkret, sinnlich, anwesend. ▶ unwirklich.
Realität → Lebenswahrheit, Tatsache, Wahrheit.
Rebell m → Aufständiger, Hetzer, Meuterer.
rebellieren aufwiegeln, aufhetzen, wühlen, meutern, streiken, sich auflehnen, sich erheben, sich empören, sich verschwören, sich zusammenrotten, sich widersetzen, trotzen, die Arbeit einstellen, die Waffen erheben, den Gehorsam verweigern, aufmucken, Trotz bieten, entgegenhandeln. → anzetteln. ▶ beugen sich, gehorchen.
Rebellion w → Aufstand.
rebellisch → aufständisch, gegensätzlich.
Rechenschaft Abrechnung, Verpflichtung, Aufschluß, Verbindlichkeit, Aufklärung, Verantwortung, Auskunft, Rechtfertigung, Begründung, Belastung, Berechtigung, Darlegung, Berichtigung, Beweis. → Auskunft, Beweis.

▶ Entbindung, Einwand, Verschwiegenheit, Widerlegung.
Rechenschaft ziehen, zur zur Verantwortung ziehen, verantwortlich machen, belangen, fordern, stellen, um Abstellung bitten, zur Last legen, in die Schuhe schieben, Beweis fordern, für verantwortlich halten, eine Rechtfertigung fordern ● anklagen, beschuldigen, belasten, zuschreiben, bezichtigen, beimessen. ▶ rechtfertigen.
rechnen errechnen, nachrechnen, lernen, bemessen, messen, abzirkeln, ausmessen, berechnen, verrechnen, ausrechnen, nach Adam Riese, vermessen, teilen, malnehmen, addieren, subtrahieren, kalkulieren, überrechnen, schätzen, veranschlagen, zählen, abzählen, nachzählen, abrechnen, abziehen, zuzählen, dividieren, potenzieren, wurzelziehen, mit dem Stab arbeiten, auf der Rechenmaschine tippen. → abmessen, multiplizieren.
rechnen auf → ahnen, erwarten, hoffen.
rechnen mit → erwarten, hoffen.
rechnend, nicht mit den Tatsachen → blindlings.
rechnerisch → finanziell.
Rechnung Aufstellung, Abrechnung, Forderung, Belastung, Faktur, Nota, Aufrechnung, Berechnung, Schuldforderung, Geldschuld, Verpflichtung, Anforderung, Rückstand, Bemessung ● Rechenaufgabe, Grundrechnung, Bruchrechnung, Prozentrechnung, Zinsrechnung, Gleichung. → Faktura.
Rechnung, falsche → Fehler.
Rechnung tragen Rücksicht nehmen, berücksichtigen, begreifen, ergründen, bedenken, überlegen, Sorge tragen, sich vorsehen, auf der Hut sein, sich in acht nehmen, Milde walten lassen, Nachsicht üben, die Augen zudrücken. ▶ Rücksicht ohne, rücksichtslos (sein).
Rechnung ohne den Wirt machen fehlschließen, fehlgehen, sich irren, sich verrechnen, einen Bock schießen, übersehen, hereinfallen, zu Fall kommen, mißlingen, mißraten, fehlschlagen, das Nachsehen haben, im Nachteil sein, einen Mohren weiß waschen, Wasser in ein Sieb schöpfen. ▶ gelingen.
Rechnungsführer → Buchhalter.
Recht Gesetz, Gesetzlichkeit, Gesetzmäßigkeit, Gesetzgebung, Gesetzeskraft, Fug und Recht, Volksrecht, Menschenrecht, Naturrecht, Vernunft-

recht, Anrecht, Ehrenrecht, Freiheit, Berechtigung, Frauenstimmrecht, Vorzugsrecht, Ausnahmerecht, Vorrecht, Bürgerrecht, Heimatrecht ● Anspruch, Anwartschaft, Befugnis, Rechtskraft. → Anrecht, Beeinflussung, Befugnis, Ermächtigung. ▶ Unrecht.
Recht des Stärkeren → Strenge, Ungesetzlichkeit.
Recht beugen, das → brechen das Gesetz.
Recht nehmen, das → benehmen: das Recht nehmen.
Recht verschaffen, sich selbst → brechen das Gesetz.
recht → angenehm, annehmbar, anwendbar, begehrenswert, echt, erlaubt, fest, gebührend, genehm, lieb, passend, richtig.
recht sein, nicht nicht passen, nicht gefallen, nicht genehm sein, nicht angenehm sein, keine Freude machen. → ablehnen, ärgern, bereuen, verdrießen. ▶ (recht sein).
recht behalten recht haben, voraussehen, sich durchsetzen, richtig einkalkulieren, das Ziel erreichen, Beachtung finden, es vorher schon wissen, vorher einen Einblick haben, richtig schließen. ▶ irren.
rechte Hand → Helfer.
rechten fordern, beanspruchen, verlangen, auf sein Recht bestehen, auf sein Recht pochen, sein Recht behaupten, sein Recht erzwingen, von seinem Recht Gebrauch machen, Ansprüche geltend machen, beharren, Ansprüche durchsetzen, einklagen, sich herumstreiten, sich herumschlagen. ▶ entrechten, nachgeben.
rechterhand → rechts.
rechtfertigen herausreißen, plädieren, fundieren, eine Lanze brechen, helfen, beistehen, entlasten, entbürden, freisprechen, lossprechen, verteidigen, sich seiner Haut wehren, verantworten, Fürbitte tun, die Unschuld beweisen, entkräften, den Fürsprecher machen, für jemanden kämpfen, jemandes Sache führen, eine Sache verfechten, jemanden weiß waschen, entschuldigen, bemänteln. → abwehren, antworten, begründen, beistehen, bemänteln, Brücken bauen goldene, entlasten, entschuldigen, erwidern, verteidigen. ▶ beschuldigen, Rechenschaft ziehen zur.
Rechtfertigung Entschuldigung, Fundierung, Verteidigung, Entlastung, Freisprechung, Wiederherstellung, Milderung, Verantwortung,

Widerlegung, Gegenwehr, Berichtigung, Genugtuung, Vergeltung, Sühne, Entschädigung. → Abwehr, Auskunft, Aussöhnung, Ehrenerklärung, Ehrenrettung, Entlastung, Entschuldigung, Freisprechung, Gegenbeweis. ▶ Beschuldigung, Verleumdung, Verschwiegenheit, Verurteilung.

rechtgläubig → orthodox.

Rechthaber → Dickkopf, Eiferer, Fanatiker, Haderer.

Rechthaberei → Anmaßung, Denkart kleinliche, Dreistigkeit, Fanatismus, Intoleranz.

rechthaberisch streitsüchtig, unverträglich, besserwisserisch, intolerant, unduldsam, unversöhnlich, fanatisch, kleinlich, händelsüchtig, unnachgiebig, unversöhnlich, engherzig, starrköpfig, pedantisch, beharrlich, unbekehrbar, unbelehrbar, bockbeinig, verstockt, steifköpfig, unlenksam. → bärbeißig. ▶ nachgiebig.

rechtlich gesetzmäßig, gesetzlich, juristisch, legal, zulässig, rechtmäßig, nach Recht und Gesetz ● ehrbar, wacker, rechtschaffen, redlich, brav, unbescholten, bieder, aufrecht, zuverlässig, treu ● gestattet, bevollmächtigt, unanfechtbar, erlaubt, statthaft, zulässig, rechtskräftig, ordentlich. → adrett, bieder, charakterfest, erlaubt, dingfest, juristisch. ▶ charakterlos, ungesetzlich.

Rechtlichkeit Geradheit, Ehrlichkeit, Zuverlässigkeit, Biedersinn, Treue, Aufrichtigkeit, Gerechtigkeit, Redlichkeit, Ehrbarkeit, Geradheitssinn, Billigkeitssinn, Rechtlichkeitssinn, Unbestechlichkeit, Ehrenhaftigkeit, Lauterkeit, Wackerheit, Bravheit. → Charakterstärke, Ehrbarkeit, Rechtschaffenheit. ▶ Bestechlichkeit, Charakterlosigkeit, Unredlichkeit.

rechtlos rechtungültig, unbefugt, unberechtigt, widerrechtlich, unerlaubt, unrechtmäßig, rechtswidrig, ungesetzlich ● unfrei, abhängig, unterprivilegiert, schutzlos, wehrlos, waffenlos, ausgeliefert, willenlos, verachtet, ausgestoßen, ehrlos, geächtet, gemieden, vogelfrei. → erdrückt, gerichtet. ▶ frei, geachtet, legal, rechtlich.

Rechtlosigkeit → Gesetzlosigkeit.

rechtmäßig → füglich, gebührend, legal, rechtlich.

Rechtmäßigkeit Vernünftigkeit, Gesetzlichkeit, Billigkeit, Gerechtigkeit, Schicklichkeit, Unparteilichkeit, Befugtheit, Erlaubtheit, Gut-

heißung, Gutsprechung, Bestätigung. ▶ Rechtlosigkeit.

rechts rechterhand, rechtsseitig, steuerbord, zur Rechten, Ehrenseite, rechtshändig, rechter Flügel, grüne Seite, schöne Hand, Rechte. ▶ links

Rechtsangelegenheit Rechtsfrage. → Prozeß.

Rechtsanwalt → Anwalt, Berater.

Rechtsbehörde → Justiz.

Rechtsbeistand Hilfskraft, Berater, Sachwalter, Rechtswalter, Anwalt, Justiziar, Syndikus, Rechtsanwalt, Rechtsberater, Verteidiger, Vertreter, Rechtskundiger, Gesetzeskundiger, Beistand, Helfer, Ratgeber, Schützer, Schirmer, Advokat, Fürsprecher, Sachführer. → Anwalt, Berater, Helfer. ▶ Ankläger, Richter.

Rechtsberater → Anwalt, Berater, Bevollmächtigter.

Rechtsbeugung → Rechtsbruch, Ungesetzlichkeit.

Rechtsbruch Anmaßung, Rechtsbeugung, Eigenmächtigkeit, Rechtswidrigkeit, Eingriff, Fälschung, Ungesetzlichkeit, Gesetzwidrigkeit, Gesetzesbruch, Rechtsverdrehung, Rechtsverletzung, Mißachtung, Umgehung, Strafbarkeit, Strafwürdigkeit, Ungerechtigkeit, Verbrechen. → Beraubung, Frevel. ▶ Gesetzmäßigkeit.

Rechtsbuch → Kodex.

Rechtsgelehrter Jurist, Rechtskundiger.

rechtschaffen fleckenlos, mannhaft, männlich, pflichtgetreu, achtbar, pflichttreu, zuverlässig, redlich, freimütig, arglos, unverstellt, gewissenhaft, unbescholten, ehrenfest, wacker, brav, aufrecht, gerecht, charaktervoll, gerade, hochsinnig, verläßlich, pünktlich, untadelig, unbestechlich, beständig, gesetzt, vertrauenswürdig, wahrheitsliebend, erprobt.→ achtbar, angesehen, anständig, arglos, aufrichtig, bieder, brav, charakterfest, charaktervoll, ehrsam, loyal. ▶ bestechlich, charakterlos, unredlich.

Rechtschaffenheit Zuverlässigkeit, Rechtlichkeit, Peinlichkeit, Männlichkeit, Mannhaftigkeit, Gradheit, Redlichkeit, Unbescholtenheit, Ehrsamkeit, Biederkeit, Unantastbarkeit, Charakterstärke, Glaubwürdigkeit, Aufrichtigkeit, Wahrhaftigkeit, Lauterkeit, Wackerheit, Treue, Beständigkeit, Gewissenhaftigkeit, Pünktlichkeit, Genauigkeit, Sorgfalt, Anständigkeit, Ge-

rechtigkeit, Unbestechlichkeit. → Beständigkeit, Charakterstärke, Ehrbarkeit, Fehlerlosigkeit. ▶ Charakterlosigkeit, Unredlichkeit.

Rechtsfall → Prozeß.

Rechtsgefühl Rechtssinn, Rechtsbewußtsein, Objektivität, Gerechtigkeit, Unparteilichkeit, Rechtmäßigkeit, Vernünftigkeit, Schicklichkeit, gerechtes Urteil, Ehrenhaftigkeit. ▶ Charakterlosigkeit, Unehrenhaftigkeit.

rechtsgültig verbindlich, legal. → rechtskräftig.

Rechtsgültigkeit Legitimität, Gesetzeskraft, Legalität, Gültigkeit, Gesetzlichkeit, Gesetzmäßigkeit, Rechtsschutz, Rechtszustand, Rechtskraft. ▶ Ungesetzlichkeit.

Rechtshandel → Auseinandersetzung.

Rechtskraft → Rechtsgültigkeit.

rechtskräftig urkundlich, gesetzlich, rechtsgültig, beglaubigt, ermächtigt, bevollmächtigt, gesetzmäßig, rechtsmäßig, verfassungsmäßig, ordentlich, rechtlich. → legal. ▶ ungesetzlich, untersagt.

Rechtskundiger → Anwalt.

rechtskundlich → juristisch.

Rechtsordnung Gerichtszwang, Gerechtigkeit, Gesetzlichkeit, Rechtsgültigkeit, Legitimität, Rechtsschutz, Staatsnotwendigkeit, Rechtssatzung, Rechtspflege, gesetzliche Form. Rechtszustand. ▶ (Rechtsunsicherheit).

Rechtspflege → Justiz.

Rechtssache → Prozeß.

Rechtssatzung → Kodex.

Rechtsschutz → Sicherheit, Gesetz, Gesetzmäßigkeit, Gesetzlichkeit, Rechtsgültigkeit, Rechtskraft, Hilfe, Patent, Gewähr, Sicherung.

rechtsseitig → rechts.

Rechtsspiegel → Codex.

Rechtsprechung Gericht, Gerichtsbarkeit, Gerichtswesen, Rechtsbehörde, Rechtswesen, Rechtsverfahren, Rechtsverwaltung, Ordnung, Gerichtsgebaren, Durchführung, Gerichtsordnung, Rechtsordnung, Rechtsgebaren, Handhabung. → Justiz.

Rechtsspruch → Urteil.

Rechtsstreit Streitfall. → Prozeß.

Rechtstitel → Anrecht, Befugnis, Konzession.

Rechtsverdreher Ränkeschmied, geriebener Bursche, Federfuchser, Winkeladvokat, Intrigant, Jesuit, Winkelschreiber, Rabulist, Ferkelstecher, Schleicher, Baldower, Klügler, Riemenstecher, Leisetreter, verkappter Jude, Machiavell. ● Lamm frommes, Rechtswahrer.

Rechtsverdrehung → Eigenmächtigkeit, Rechtswidrigkeit, Ungesetzlichkeit.

Rechtsverfahren → Justiz, Rechtssache.

Rechtsverletzung → Eigenmächtigkeit, Rechtswidrigkeit, Ungesetzlichkeit.

Rechtsvertreter → Anwalt, Bevollmächtigter, Rechtsbeistand.

Rechtswahrer Jurist, Rechtsanwalt, Richter, Sittenrichter, Rechtsvertreter, Gesetzeshüter, Gesetzesausleger, Rechtskundiger, Rechtskenner, Sachwalter, Rechtswalter, Berater, Advokat, Verteidiger, Staatsanwalt, Jugendrichter, Schiedsrichter. ▶ Rechtsverdreher.

Rechts wegen, von eigentlich, an und für sich, der Gerechtigkeit entsprechend, nach Recht und Billigkeit, mit Fug und Recht, gleiches Maß und Gewicht, nach allen Regeln. ▶ rechtswidrig.

Rechtsweg → Instanz, Justiz, Prozeß.

Rechtswesen → Justiz.

rechtswidrig → anmaßend, charakterlos, unerlaubt, ungesetzlich, unrecht.

Rechtswidrigkeit Rechtsverdrehung, Rechtsverletzung, Übergriff, Eigenmächtigkeit, Ungesetzlichkeit, Eingriff, Ungerechtigkeit, Fehlurteil, Strafbarkeit, Frevel, Rechtsbiegung, Überschreitung, Gesetzwidrigkeit, Gesetzesmißachtung. → Anmaßung, Beraubung, Eigenmächtigkeit, Rechtsbruch, Ungesetzlichkeit. ▶ Recht.

rechtswissenschaftlich → juristisch.

Rechtszustand Rechtsmäßigkeit, Gesetzlichkeit, Rechtsschutz, Gesetzeskraft, Gesetzmäßigkeit, Gerichtsstand, Rechtskraft, Gesetz, Legalität, Rechtsgang. ▶ Ungesetzlichkeit.

rechtwinklig → senkrecht.

rechtzeitig → baldig, beizeiten, prompt, pünktlich, zeitig.

rechtzeitig fertig oder da sein → beeilen.

rechtzeitig fortgehen, nicht länger bleiben, kleben bleiben, Hütten bauen, Sitzfleisch haben, Pech an der Hose haben. → bleiben.

reckbar → biegsam, dehnbar, gummiartig.

Recke Kraftmensch, Gewaltmensch, Gewaltnatur, Kerl, Haudegen, Riese, Übermensch, Hüne, Siegfried, Herkules, Zyklop, Athlet, Goliath, Samson, Held, Kämpfer, Ritter, Krieger, Hektor, Löwe, Tiger ● Werkzeug, Stangengerüst, Lattengerüst, Brettergestell, Reckbank, Reckeisen,

Längenmaß. ▶ Schwächling.

recken → ausspannen, ausdehnen, erstrecken sich, längen.

recken, sich strecken sich, hochrecken sich, ausstrecken sich, ausdehnen sich, längen sich, erstrecken sich, aufblähen sich, verbreitern sich, ausrecken sich, anwachsen, überragen, ausruhen sich, Kraft schöpfen. → aufsteigen. ▶ zusammenfassen.

reckenhaft → gigantisch, groß, heldenhaft.

Redakteur Schriftleiter, Presseangestellter, Zeitungsmann, Verlagsangestellter, Berichterstatter, Sonderberichterstatter, Zeitungsherausgeber, Zeitschriftenherausgeber, Zeitungsverleger, Reporter, Hauptschriftleiter, Chef vom Dienst, Journalist, Korrespondent, Nachrichtenmann, Editor, Herausgeber, Verantwortlicher, Bearbeiter.

Redaktion Schriftleitung, Geschäftsstelle, Leitung, Oberleitung, Oberaufsicht, Beaufsichtigung, Überwachung, Pressewesen, Verlag, Herausgabe, Nachrichtenbüro, Pressestelle, Informationsbüro.

Rede Sprache, Verständigung, Austausch, mündlicher Verkehr, Antwort, Vortrag, Anrede, Predigt, Gerede, Plauderei, Gespräch, Erguß, Fluß der Rede, Wort, Aussprache, Sermon, Wechselrede, Gedankenaustausch, Aussage, Referat ● Redeschwung, Redeteil, Redeweise, Redewendung, Redeschwulst, Redeschwall, Redeschmuck, Redekunst, Redefloskel, Redeblüte, Redeblume, Redebild ● Salbader, Salm u. → Anrede, Erguß, Vortrag. ▶ (Schreibe die), Stillschweigen, Wortkargheit.

Rede fallen, in die jemanden unterbrechen, sich nicht beherrschen können, unhöflich sein, nicht abwarten können, ungezogen sein, schwatzhaft sein, redselig sein, taktlos sein, sich nicht zurückhalten können, den anderen nicht aussprechen lassen. ▶ aussprechen (lassen).

Redebild → Ausschmückung, Bild, Rede.

Redeblume → Anspielen, Floskel, Phrase, Rede.

redefertig → beredsam, fließend.

Redefluß → Abschweifung, Beredsamkeit, Redseligkeit.

Redegabe → Beredsamkeit.

redegewandt sprachbegabt, sprachgewandt, rednerisch, redefertig, geläufig, wohlredend, beredsam, ausdruck-

gewandt, fließend, mundfertig, schlagfertig. → beredsam. ▶ schweigsam, unbeholfen.

Redekunst → Beredsamkeit.

reden loslegen, plaudern, plappern, sprechen, anfangen, schnattern, schwarten, erzählen, eröffnen, erklären, erläutern, hinzufügen, hinzusetzen, offenbaren, mitteilen, sagen, unterhalten, vortragen, betonen, äußern, aufklären, darlegen, babbeln, wiedergeben, tratschen u, schwadronieren u, leeres Stroh dreschen, faseln, schwätzen, quasseln u, sabbeln u, eine Rede schwingen oder halten, eine Rede von Stapel lassen u, Phrasen dreschen, Sprüche machen, Rederitis haben u, das Maul voll nehmen, salbadern u, schlabbern u, schmusen u, schwabbeln u, seichen, ungewaschenes Zeug reden, blödeln u, Makulatur reden u, großen Qualm oder Seich machen u. → ausdrücken, äußern, brechen das Stillschweigen, debattieren, deklamieren, diskutieren, erwidern, erzählen, Fluß geraten in, offenbaren, sprechen. ▶ schreiben, schweigen.

reden, deutsch mit jemandem → deutsch reden mit jemandem.

reden, erstickt → dämpfen die Stimme.

reden, gedämpft → dämpfen die Stimme.

reden, offen mit jemandem → deutsch reden mit jemandem.

reden, unterdrückt → dämpfen die Stimme.

Redensart → Blech, Phrase, Schlagwort, geflügeltes Wort.

Redensarten, bloße → Blech, Phrase, Schlagwort.

redescheu → schweigsam, still.

Redeweise → Ausdrucksweise.

Redewendung → Phrase, geflügeltes Wort.

Redewut → Abschweifung, Beredsamkeit, Redseligkeit.

redlich achtbar, angesehen, anständig, aufrichtig, bieder, ▶ loyal, rechtschaffen, wakker. ▶ unredlich.

Redlichkeit → Beständigkeit, Charakterstärke, Rechtschaffenheit, Tugend.

Redner Sprecher, Wortführer, Vortragender, Sprechkünstler.

rednerisch → beredsam, redegewandt.

Redoute Befestigungswerk, Bollwerk, Bastion, Schanze, Verschanzung, Sicherung, Vorwerk, Verhau, Mauer, Kurtine. → Ball.

redselig plauderhaft, schwatzhaft, redefroh, wortreich, geschwätzig, mitteilsam, klatschhaft, klatschsüchtig, zungenfertig, schlagfertig, langatmig, weitschweifig, beredt, schwülstig, fließend, geläufig. → beredsam, beredt. ▶ schweigsam.

Redseligkeit Mitteilsamkeit, Geplauder, Plauderhaftigkeit, Redefluß, Redewut, Gesprächigkeit, Mitteilungsbedürfnis, Schwatzhaftigkeit, Geschwätzigkeit, Zungengeläufigkeit, Zungenfertigkeit, Zungendrescherei, Maulfertigkeit, Wortreichtum, Wortschwall, Redeschwulst, Judenschule, Geschnatter, Gewäsche, Kaffeeklatsch. → Beredsamkeit. ▶ (Schweigsamkeit), Wortkargheit.

Reduktion Herabsetzung, Nachlaß, Nachlassen, Ermäßigung, Rückgang, Abbau, Zusammenziehung, Abzug, Schwund, Abnahme, Verminderung, Kürzung, Senkung, Verkleinerung, Verringerung, Einschränkung, Dezimierung ● Umrechnung ● chemischer Prozeß. → Ermäßigung. ▶ Zunahme.

reduzieren → abrunden, verkleinern.

Reede → Aufenthaltsort, Landungsplatz.

reell redlich, zuverlässig, anständig, vertrauenswürdig, vollwertig, bewährt, gediegen, unverfälscht, sauber, rein, waschecht, richtiggehend ● rechtlich ● wirklich, wirklich vorhanden. → rechtschaffen, anständig. ▶ unreell.

Referat → Artikel, Auslegung, Rede, Vortrag.

referieren → reden, sprechen, vortragen.

Reff Haderkatze, Kratzbürste, Furie, Xanthippe, Hausdrache, Hausteufel, Böse Sieben, Keiferer, altes Reibeisen, altes Weib, Zankapfel, Zankteufel, Zankeisen ● Gerippe ● Neidhammel. → Behälter, Schiff.

reffen, Segel → beidrehen.

reflektieren → beanspruchen, denken, zurückwerfen.

Reflex → Ausgang, Effekt, Helligkeit, Reaktion, Wirkung.

Reflexion → Begriffsscheidung, Gedanke, Helligkeit, Ideenfolge.

Reform Aufbau, Wiederbelebung, Neugestaltung, Umbildung, Verbesserung, Fortschritt, Neuerung, Umwandlung, Veränderung, Erneuerung, Fortentwicklung, Auffrischung, Neuaufbau. → Berichtigung, Erneuerung. ▶ Reaktion, Revolution.

Reformer Pionier, Schrittmacher, Initiator. → Erneuerer.

reformieren → erneuern, verbessern.

Regal Halter, Büchergestell, Träger, Fach, Stütze, Schaft, Stützwerk, Bücherbord, Bücherbrett, Warengestell, Wandbrett, Wandgerüst, Fachgestell, Schriftkastengestell ● Riege, Reihe, Linie ● Hoheitsreich. → Bücherbrett. ▶ Schrank.

rege fortschrittlich, geschäftig, arbeitsam, regsam, beweglich, aufgeschlossen, rührig, tätig, fleißig, unternehmend, betriebsam, angreifig, unermüdlich, betulich, munter, anstellig, wendig ● jüdische Hast, Krampf machen u. → aktiv, anstellig, arbeitsam, aufgeschlossen, beweglich, erwerbsam, lebhaft. ▶ träge.

Regel Kategorie, Gewohnheit, Bestimmung, Sitte, Durchschnitt, Übung, Alltag, Gebrauch, Maß, Norm, Formel, Ordnung, Grundsatz, Richtmaß, Satzung, Statut, Richtschnur, Üblichkeit, Vorschrift ● Menstruation, Tage, Unwohl, Monatsblutung. → Anwendung, Art und Weise, Axiom, Brauch, Etikette, Gepflogenheit, Norm. ▶ Abart, Abweichung, Neuheit, Zwanglosigkeit.

Regel, goldene → Denkspruch, Regel.

Regel, nach der genormt, gewohnheitsmäßig, üblich, durchschnittlich, landläuflich, ordnungsgemäß, herkömmlich, geordnet, regelmäßig. ▶ abweichend, neuartig, ungebräuchlich.

regelhaft → regelrecht.

regellos unstetig. → chaotisch, durcheinander, verwirrt.

Regellosigkeit → Chaos, Unordnung.

regelmäßig gewöhnlich, geordnet, geregelt, gleichmäßig, einheitlich, rhythmisch, regulär, wiederkehrend ● immer, stets, ständig, alljährlich, jahrein, jahraus. → beständig, chronologisch, dauernd, einförmig, eins um das andere, monatlich. ▶ regellos, unregelmäßig.

Regelmäßigkeit Gleichmaß, Zyklus, Periodizität, Wiederkehr, Rhythmus, Wiederholung, Takt, Gleichförmigkeit, Ablösung, Kreislauf, Pulslauf, Regel, Ständigkeit, Beständigkeit. → Beständigkeit, Dauer, Einheitsform. ▶ Unregelmäßigkeit.

regeln → abbezahlen, abmachen, abzahlen, anordnen, arrangieren, bearbeiten, bezahlen, bringen ins Geleis, dirigieren, ordnen.

regelrecht ebenmäßig, übersichtlich, richtunggebend, ungestört, klar, ordnungsgemäß, regelhaft, methodisch, systematisch, regelmäßig, im

Lot. → derart, regelmäßig, richtig. ▶ regellos, unrichtig.

Regelung → Behandlung, Direktion, Disziplin, Ordnung.

regelwidrig regellos, unstetig. → abnorm, befremdend, chaotisch, demungeachtet, dennoch, falsch, naturwidrig.

Regen Feuchtigkeit, Guß, Nassauer, Niederschlag, Wasser, Feuchte, Nässe, Plätschern, Befeuchtung, Rieseln, Bindfäden, Schauer, Landregen, Gewitterregen, Strichregen, Platzregen, Pladdern u, Platschregen u, Regenfall, Staubregen, Sprühregen, Wolkenbruch, Nebelregen, Regenwetter, Regenguß, Hundewetter, Unwetter, Regenwasser, Regenwind ● Fluß. → Dusche. ▶ Sonnenschein.

Regen in die Traufe, vom Pech haben, auf den Hund kommen, das Nachsehen haben, in die Grube fallen, vom Pferd auf den Esel kommen, es schlechter antreffen als vorher, ein Pechvogel sein, tiefer sinken, sich im Kreise drehen, zwischen zwei Feuern, am falschen Ort, mit Müh und Not, im dunkeln tappen, in der Patsche sitzen, Brennesseln anfassen, sich selbst im Lichte stehen. ▶ Glück haben, glücken.

regen → aufspringen, beschleunigen, bewegen sich, durcheilen, erwachen.

regen, sich → arbeiten, bewegen sich, erregen sich.

regenbogenfarbig → buntscheckig, farbenfroh.

Regeneration Wiedererzeugung, Wiederauffrischung, Erneuerung, Neubildung, Wiedergeburt, Wiederbelebung, Besserung, Verbesserung, Restauration, Verjüngung. ▶ Degeneration, Verfall.

regenerierend → kräftigend.

Regent Herrscher, Verweser, Gebieter, Führer, Staatslenker, Vorsteher, Oberhaupt, Kaiser, König, Fürst, Prinz, Herzog, Monarch, Landesherr, Landesvater, gekröntes Haupt, stellvertretender Herrscher. → Haupt. ▶ Untertan.

Regentschaft → Herrschaft, Bevollmächtigung.

Regie Leitung, Spielleitung ● Regiebetrieb, Staatsmonopol, Monopol, Monopolverwaltung.

regierbar → biegsam, nachgiebig.

regieren lenken, leiten, führen, vorstehen, befehligen, herrschen, gebieten, anführen, befehlen, verwalten, regeln, steuern, das Zepter führen, die Obergewalt führen, die Obergewalt haben, an der Spitze stehen, den Ton angeben, den Weg vorzeichnen. → beherrschen, erfassen das Ruder, herrschen, leiten. ▶ folgen, gehorchen.

Regierung → Amt, Behörde, Herrschaft, Kabinett.

Regierung, türkische → Divan.

Regime -→ Regierung.

Regiment Heer, Trupp, Truppenabteilung, Truppe, Bataillon, Division, Abteilung, Schar, Korps ● Herrschaft, Führung, Leitung, Verwaltung, Regierung.

Region Gegend, Kreis, Platz, Rayon, Lage, Landesteil, Landschaft, Bezirk, Raum, Zone, Revier, Ort, Bannkreis, Distrikt, Gebiet, Erdstrich, Umkreis, Bereich, in der Drehe u ● Luftschicht.

Register Inhaltsverzeichnis, Katalog, Liste, Kartei, Registratur, Sammelaktei, Bestand, Tabelle, Sichtung, Einteilung, Übersicht, Wortweiser, Verzeichnis, Zusammenfassung, Eingetragenes ● Tastenbrett, Tastatur, Stimmenzug der Orgel, Orgelpfeifenzug, Manual. → Bestand, Chronik.

Registratur Ablage.-→Register.

registrieren → datieren, schreiben, verzeichnen.

reglos ruhig. → regungslos.

regnen pladdern, platschen u, gießen, strömen, benetzen, nässen, schauern, nieseln, fisseln, rieseln, niederfallen, durchnässen, fusseln, bewässern, begießen.

regnerisch → naß, trübe.

regsam ▶ aktiv, angestrengt, anstellig, arbeitsam, begierig, beweglich, Damm sein auf dem, erwerbsam, rege.

Regsamkeit → Aktivität, Arbeitslust, Beflissenheit, Bestreben, Dienstwilligkeit, Eifer, Eilfertigkeit, Emsigkeit, Fleiß.

regulär → regelmäßig, legal.

Regulativ → Norm.

regulieren regeln, normalisieren, einrichten, ordnen. begradigen, begleichen, bereinigen, berichtigen, verbessern, einböschen. ▶ Unordnung machen, unterlassen.

Regulierung Regelung, Begradigung, Begleichung, Bereinigung, Berichtigung, Verbesserung, Ordnen, Ausbesserung, Stromregulierung, Stromregelung, Strombegradigung.

Regung → Anwandlung, Atmosphäre, Aufregung, Bewegung, Empfänglichkeit, Neigung.

regungslos → ruhig, still, tot, unerschütterlich.

Regungslosigkeit → Ruhe, Stille, Unerschütterlichkeit.

rehabilitieren wiedereinstellen. → rechtfertigen, wiederherstellen.

Rehbock → Bock, Tier.

Reibach → Gewinn.

Reibe Feile, Reibeisen, Werkzeug, Raspel, Kartoffelreiber, Schleifmittel, Reibschale, Gerätschaft, Mandelreibe, Brotreibe, Rauheit, Obstreibe, Reibholz, Reibnapf, Reibstein, Reibzeug, Reibahle.

Reibeisen → Blut heißes, Drache, Raufbold, Reibe.

Reibeisen, altes → Blut heißes, Drache, Raufbold.

reiben raspeln. → abstauben, ausbürsten, bohnern, frottieren, kratzen, putzen, streiten.

Reiberei → Streit.

Reibung Widerstand, Rauheit, Unebenheit, Reibungsfläche, Ungleichheit, Schroffheit, Rauhfläche ● Streit, Meinungsverschiedenheit, Zank, Zwietracht, Stänkerei, Mißverständnis, Riß, Bruch, Mißklang, Krach, böses Blut ● Friktion. ▶ Glätte, Versöhnlichkeit.

Reibungsfläche → Reibung.

reibungslos still, ruhig, reglos, ohne Aufregung, ohne Krach ● glatt, poliert, geglättet, geölt, gefettet, gehobelt, wie geschmiert. ▶ aufgebracht, hemmend, rauh.

reich opulent, leistungsfähig, begütert, vermögend, gut situiert, wohlhabend, steinreich, stockreich, zahlungsfähig, leistungsfähig, unabhängig, sorgenfrei, Geld wühlen im, wie ein Krösus, mit Glücksgütern gesegnet, etwas an den Füßen haben u, Geld wie Dreck oder Heu u, bei Groschen u, es haben u, ein Goldfisch oder Krösus sein, betucht u, bezastert u, stinkreich u, in Abrahams Schoße sitzen, im Fett sitzen, es dicke haben u, in der Wahl der Eltern vorsichtig gewesen sein, warm sitzen, nach Geld stinken u, in der Wolle sitzen u ● ertragreich, üppig, fruchtbar, kinderreich. → bemittelt. ▶ arm.

reich sein → beneidenswert, reich.

reichen → auskommen, geben, hinreichen.

reichen bis → auskommen, bis.

reichen, die Hand -→ grüßen, helfen, verhelfen, versöhnen.

Reicher → Kapitalist.

reichhaltig → allerhand, ausgiebig, bunt, reichlich.

Reichhaltigkeit → Auswahl, Fülle, Reichtum.

reichlich viel, genug, ausreichend, reichhaltig, vollauf, sehr, beträchtlich, unerschöpflich, umfänglich, überreich-

lich, dicke u, nicht zu knapp. → allerhand, angemessen, ansehnlich, außerordentlich, ausgedehnt, ausnehmend. ▶ wenig.

Reichsacht → Acht.

Reichsbank → Bank.

Reichtum Fülle, Mannigfaltigkeit, Glücksgüter, Hilfsquelle, Mammon, Reichhaltigkeit, Anhäufung, Geld, Vermögen, Kapital, Überfluß, Vielfalt, Wohlstand, Vielförmigkeit, Wohlhabenheit, Üppigkeit, Geldüberfluß, Krösus, kommen auf einen grünen Zweig. → Arbeitssegen, Besitz, Kalb goldenes, Kapital, Luxus, Pracht. ▶ Armut.

Reichweite → Ausbreitung, Ausdehnung, Ausmaß, Nähe, Umfang.

Reif Rahmen, Kreisform, Rad, Stirnreif, Diadem, Ring, Schmuckstück, Armreif, Armspange ● Kälte, Kühle, Frische, Schneeüberzug, Eis, Niederschlag, Frost, Rauhfrost.

reif erwachsen, mündig, volljährig, flügge, ausgebildet, mannhaft, lebenskundig, mannbar, ausgereift, ausgewachsen, herangewachsen ● denkfest, vorbereitet, durchdacht, geprägt, fertig, geformt, entwickelt, gedankentief, ernst. → aus, denkfest, entwachsen der Rute, entwickelt, gedankenvoll, heiratsfähig. ▶ unreif.

Reife Mannbarkeit, Mütterlichkeit, Mutterschaft, Reifezeit, Mannheit, Mannhaftigkeit, Mündigkeit, Volljährigkeit, Reifezeugnis, Ehofähigkeit, Heiratsalter ● Charakterreife, Vollkommenheit, Ausreifung, Reifung, innere Reife, sittliche Reife. → Erhabenheit. ▶ Unreife.

Reifen Pneu, Autoreifen, Hochdruckreifen, Niederdruckreifen, Gürtelreifen, Schneereifen, Eisreifen ● Entwicklung, Wachsen. → Reife, Ring.

reifen ausreifen, überragen, aufblühen, heranreifen, auswachsen, fruchten, entwickeln, erzielen, ermannen, Früchte tragen, mündig werden, zur Folge haben, zur Reife bringen ● vereisen, gefrieren, frieren. → altern, ändern, aufblühen, ausbacken, erblühen. ▶ entfrosten (tauen), umkommen, unreif bleiben.

Reifeprüfung Abitur, Maturum, Qualifizierung.-→Examen.

Reifezeit → Pubertät, Reife.

Reifezeugnis Reifebescheinigung, Abiturzeugnis, Abiturium, Abgangszeugnis, Mündigkeitszeugnis, Volljährigkeitsbescheinigung.

Reifung → Reife.

Reigen Tanz, Rundtanz, Reihen, Dreher, Figurentanz, Kreistanz, Kettentanz, Reihentanz, Ringeltanz, Ringelreihen.

Reih und Glied, in → Reihe.

Reihe Aufeinanderreihung, Zeile, Linie, Anzahl, Stufenleiter, Aufeinanderfolge, in Reih und Glied, Ordnung, Folge, Kette, Rangstufe, Gliederung, Reihenfolge, Gänsemarsch, Aufstellung, Zusammenstellung, Anordnung, Richtung, Sitzreihe ● Satzreihe, Kettenschluß, geometrische Reihe, arithmetische Reihe, logische Reihe. → Anzahl, Aufeinanderfolge, Beständigkeit, Kolonnade. ▶ Regellosigkeit, Kraut und Rüben, Trennung, (Zusammenhanglosigkeit).

Reihe nach, der nacheinander, hintereinander, danach, abwechselnd, aufeinander, regelmäßig, folgend, in der Reihenfolge, im Gänsemarsch, in regelmäßiger Ordnung, einer nach dem anderen ● an der Reihe sein, daran sein, am dransten sein u. → danach. ▶ gleichzeitig.

Reihe, außer der naturwidrig, auffallend, regellos, willkürlich, regelwidrig, abweichend, unregelmäßig, ungewohnt. ▶ regelmäßig.

Reihe tanzen, aus der unterscheiden sich, abstechen, auffallen, aus der Reihe fallen, in die Augen fallen, anders sein, sich anders benehmen, auf einem anderen Platz stehen, Aufsehen erregen ● nicht gehorchen, sich absondern, etwas anderes wollen, Extrawurst haben wollen, sich nicht fügen wollen, eigensinnig sein. ▶ fügen sich, übereinstimmen.

reihen anreihen, einreihen, aufschichten, ordnen, regeln, aneinanderreihen, anschließen, folgen, nähen, in einer Reihe aufstellen ● tanzen, hüpfen, einen Reigen tanzen. ▶ trennen, unterbrechen.

Reihenfolge → Ablauf, Aufeinanderfolge, Aufzug, Fährte, Folge, Programm, Wiederkehr.

Reim Gedicht, Vers, Kehrreim, Stabreim, Gleichklang, Spruch, Halbreim, Gleichlaut, Schüttelreim, Reimsilbe, Reimspruch, Reimgedicht, Reimprosa, weibl. Reim, männl. Reim, gleitender Reim, Reimzeile, Reimwort.

reimen → dichten, fabulieren.

reimlos → prosaisch, ungereimt.

Reimschmied → Dichter.

rein pur, hell, gereinigt, makellos, fleckenlos, klar, lauter, blitzblank, säuberlich, durchsichtig, unbefleckt, gewaschen, gesäubert, koscher, naturrein, unverfälscht, schier ● gedankenrein, herzensrein. brav, tugendsam, unschuldig, tugendhaft, wahr, unberührt, jungfräulich, madonnenhaft, züchtig, anständig, sittsam, ehrbar. → adrett, arglos, ausschließlich, blank, engelgleich, geläutert, gut, keusch, sauber. ▶ unrein.

rein und raus → ein und aus.

Reinemachefrau → Haushilfe, Putzfrau.

Reinertrag → Anteil, Ausbeute, Dividende.

Reinfall Schlag, Pech, Einbuße, Beeinträchtigung, Schädigung, Nachteil, Mißgeschick, Leid, Mitleidenschaft, Kummer, Betrübnis, Bedrängnis, Schaden, Fehlschlag, Niete, Niederlage, Sturz, Fall, Fiasko, Enttäuschung, Verrechnung, Ernüchterung. ▶ Glück.

reinfallen hineinfallen, ausbaden, zahlen, leiden, übervorteilt werden, benachteiligt werden, den Schaden haben, den kürzeren ziehen, Pech haben, hineintölpeln, sich getäuscht sehen, in die Grube fallen, Einbuße erleiden, in Nachteil kommen, teuer bezahlen müssen. → hereinfallen. ▶ glücken.

reinhauen → einhauen, essen, schlagen.

Reinheit → Anmut, Anstand, Beständigkeit, Keuschheit, Klarheit, Mädchenhaftigkeit, Sauberkeit.

reinigen säubern, spülen, wegwaschen, wieder auffrischen, reinwaschen, reinmachen, waschen, baden, schwenken, fegen, scheuern, reiben, schrubben, ausspülen, ausschwenken, auswaschen, ausbeizen, durchseihen, raffinieren, läutern, klären, filtern, entlausen, ausräuchern, entrosten, abklären, abschäumen ● weißwaschen, unschuldig erklären. → ablassen, abstauben, ausbürsten, auslaugen, ausschütteln, auswischen, bohnern, desinfizieren, durchseien, fegen hinweg, filtrieren, kämmen, putzen. ▶ verunreinigen.

reinigen, sich → beichten, rechtfertigen, reinigen, waschen.

Reinigung Läuterung, Aufschönung, Säuberung, Abführung, Entschlackung, Purgierung, Reinigungsprozeß, Bad, Abwaschung, Hausputz, Wäsche, Bleiche, Entlausung, Desinfektion, Entkeimung ● Beichte, Erlösung, Tilgung, Lossprechung, Abbüßung, Entsündung. → Bearbeitung, Berichtigung, Desinfektion, Filter, Läuterung. ▶ Verunreinigung.

Reinigungsprozeß → Desinfektion, Reinigung.

reinlegen hintergehen, übertölpeln, schaden, beeinträchtigen, benachteiligen, übervorteilen, übers Ohr hauen, ein Bein stellen, eine Grube graben, ins Verderben stürzen, an der Nase herumführen, zum Narren halten, hinters Licht führen, eine Nase drehen, ein Schnippchen schlagen, das Fell über die Ohren ziehen, einem Hörner aufsetzen, ein X für ein U vormachen, irreführen, eine Falle stellen, aufs Korn nehmen, falsches Spiel treiben. ▶ helfen.

reinlich → hell, rein, sauber.

reinmachen → fegen, putzen, reinigen.

reinstecken → aufwenden, einschachteln.

reinwaschen → reinigen, waschen.

reinwaschen, sich → beichten, entschuldigen, rechtfertigen, reinigen, waschen.

reinweg → absolut, vollauf.

Reis → Abkommen, Ableger, Pflanze.

Reise Fahrt, Lustfahrt, Abstecher, Ausfahrt, Wanderung, Ausflug, Ausmarsch, Tour, Trip, Wanderschaft, Expedition, Auslandreise, Seereise, Landreise, Erholungsreise, Urlaubsreise, Ferienreise, Landfahrt, Sommerreise, Winterreise, Bahnfahrt, Durchreise, Abreise, Einreise, Weltreise, Schiffsreise, Ausreise, Spritztour, Türchen u, Rutsch u. → Abstecher, Besuch.

Reise tun, eine → beneidenswert, reisen.

Reiseerlaubnis → Paß.

Reisebericht Schilderung, Darstellung, Bericht, Reisebuch, Beschreibung, Erinnerung, Erfahrungen, Erzählung, Schriftgut, Landesbeschreibung, Landbeschreibung, Erlebnisse ● Arbeitsbericht, Vorlegung, Nachweis. → Auskunft.

reisefertig gerüstet, ausgerüstet, ausstaffiert, reiselustig, marschbereit, wanderlustig, marschfertig, bereit, fertig, vorbereitet. ▶ unvorbereitet.

Reisefieber Lampenfieber, Aufregung, Erregung, Wandertrieb, Wanderlust, Reiselust, Begeisterung, Unrast, Überreizung, Fieberwahn, Ungeduld, Spannung, Erwartung, Vorfreude, Feuer und Flamme. ▶ Beruhigung.

Reisegast → Fahrgast, Passagier.
Reisegeld → Geld.
Reisegepäck → Bagage.
Reisegut → Ausrüstung, Bagage.
reiselustig → reisefertig, unternehmend.
reisen fahren, herausfahren, verreisen, durchreisen, fortreisen, aufbrechen, wegreisen, wegfahren, abreisen, fortfahren, eine Reise tun, eine Reise unternehmen, einen Rutsch machen *u*, auf Rutsch gehen *u*, rutschen *u*, sich den Wind um die Nase oder die Ohren wehen lassen. → begeben sich, besuchen, bewegen sich, davonmachen sich. ▶ daheim (bleiben).
Reisender Handlungsreisender, Geschäftsreisender, Weinonkel, Reiseonkel, Reisetante, Weltreisender, Forschungsreisender, Vertreter, Weltenbummler, Herumfahrer, Reisegast, Fahrgast, Verkäufer. → Abgeber, Agent, Arbeitnehmer, Commis voyageur, Fahrgast, Passagier.
Reiseonkel → Commis voyageur, Reisender.
Reiseziel Urlaubsziel, Ferienziel, Bestimmungsort, Aufenthaltsort, Reiseende, Endzweck, Reisezweck, Beschluß, Abschluß, Endziel, Beendigung.
Reisig → Brennmaterial.
Reißaus nehmen fliehen, flüchten, entkommen, entweichen, entrinnen, entlaufen, enteilen, entschlüpfen, entfliehen, entspringen, durchkommen, sich davonmachen, durchbrennen, ausreißen, ausbrechen, davonlaufen, auskneifen, entwischen, verduften, mit den Fersen zeigen, das Hasenpanier ergreifen, sich aus dem Staub machen, die Beine unter die Arme nehmen, sich auf die Beine machen, sich fürchten, sich ängstigen, bange sein. ▶ bleiben, einfangen, zurückkehren.
reißen fortreißen, ziehen, anziehen, einreißen, zerreißen, Tau ziehen, zerren, trennen, durchreißen, aufreißen, losreißen, losmachen, abtrennen, teilen, zerreißen, zerteilen. ▶ stoßen, verbinden.
reißen, an sich → bemächtigen, stehlen.
reißen, mit sich → begeistern.
Reißer Kriminalroman, Schund, Kitsch, Schlager, Zugkraft, Anziehungsmittel, Anziehungskraft, Reizmittel, Lockmittel. → Anziehung, Anziehungskraft, Reiz.
reißerisch anziehend, anlok-

kend, gerissen, zugkräftig, durchschlagend, werbekräftig, anreißerisch, marktschreierisch, aufreizend, herbeilockend, blendend, verleitend, verlockend, verführerisch, unsachlich. ▶ langweilig, sachlich.
Reißverschluß → Bindemittel.
Reitbahn → Bahn.
reiten traben, galoppieren, jagen, springen, durchreiten, sprengen, trotten, kantern, im Schritt gehen, hüpfen, sich aufrichten, sich aufbäumen, üben, bereiten, zureiten, Sport treiben, trainieren. → bewegen sich. ▶ laufen.
Reiz → Anstoß, Anziehung, Anziehungskraft, Attraktion, Begriff, Charme, Drang, Gefühl, Lust, Magnet, Schönheit, Wunsch.
Reiz, anmutiger → Anmut, Schönheit.
Reiz nehmen, den → bekämpfen, benehmen: den Reiz, nehmen den Zauber.
reizbar → ärgerlich, bärbeißig, böse, brummig, empfänglich, erbittert, erregbar, Fassung verlieren die, heftig, ungezogen.
reizbar, leicht → aufregen, ärgerlich, bärbeißig, böse, brummig, empfänglich, erbittert, erregbar, Fassung verlieren die, heftig, ungezogen.
Reizbarkeit → Anwandlung, Ärger, Bitterkeit, Empfindlichkeit, Erregbarkeit, Heftigkeit.
reizen anlocken, verlocken, anfachen, aufbringen, aufreizen, affizieren, anspornen, entzünden, erregen, aufstacheln, empören, aufbringen, herausfordern, verdrießen ● kitzeln, ätzen, beißen, brennen ● bewegen, aufpeitschen, ködern, entflammen, verführen, Begierde anfachen, in Feuer bringen, den Mund wäßrig machen, auf die Nerven gehen ● beim Skat reizen, ansagen, herausfordern. → abbuhlen, anfeuern, anstoßen, aufhetzen, begeistern, bewegen lassen sich, entrüsten, entzünden, stacheln. ▶ beruhigen, beschwichtigen, hemmen.
reizend lieblich, reizvoll, gefällig, nett, köstlich, herrlich, geschmackvoll, schön, wunderbar, hübsch, graziös, anmutig, anmutsvoll, entzückend, bestrickend, anziehend, schmuck, fein, herzig, allerliebst, süß, gewinnend, bezaubernd, verlockend, gottvoll, himmlisch, knusprig, zum Fressen *u*, keß. → angenehm, anmutig, antreibend, beeinflussend, begehrenswert, bestrickend, charmant,

ersehnenswert, faszinierend, fein, putzig, reizvoll, schön. ▶ reizlos.
reizlos fade, matt, geschmacklos, kraftlos, nichtssagend, uninteressant, langweilig, ledern, würzlos, schal, wirkungslos, ungewürzt, schwach, wäßrig, unvermögend, nichtgebend, flach, platt, witzlos, geistlos, abgeschmackt, einförmig. → arm, einförmig, häßlich, langweilig. ▶ reizend, reizvoll.
Reizmittel → Blickfang, Lockmittel, Mittel.
Reizung Entzündung, Bewirkung, Veranlassung, Ursache. → Verlockung.
reizvoll packend, gewinnend, reizend, anregend, vielsagend, ansprechend, vielbietend, anziehend, unterhaltend, belebend, spannend, bewegend, sehenswert, ergreifend, gefällig, erregend. → apart, interessant, reizend, schön. ▶ langweilig, reizlos.
rekeln → aalen, bewegen sich, ungezogen.
rekapitulieren wiederholen. → durchdenken.
Reklamation Einspruch, Einsprache, Einwand, Beschwerde, Widerspruch, Zurückforderung, Anfechtung, Verwerfung, Beanstandung, Klage, Einwendung, Belangung, Bemängelung, Mißbilligung, Vorhaltung, Zurückweisung, Tadel, Verwahrung, Verweis. ▶ Zustimmung.
Reklame Anpreisung, Empfehlung, Werbung, Werbeschrift, Propaganda, Gebrauchsgraphik, Kundendienst, Aufklärung, Wettbewerb, Beeinflussung, Hinstimmung, Lockmittel, Kauflenkung, Marktbeeinflussung, Anbietkunst, Bedarfslenkung, Kauflustweckung, Geschäftsschild, Aufmachung, Inszenierung, Sirenengesang, Stimmungsmache, Agitation, Anpreiserei, Kundenfang, Kundenfängerei, Werbekunst, Klamauk, Zimmbumm *u*, Tamtam *u*, Trara *u*, Mauloffensive. → Kundenwerbung, Werbung.
Reklame machen → anbieten, werben.
Reklamemacher → Claqueur, Werber, Werbeberater.
Reklameplan → Kampagne.
Reklamesatz → Schlagwort, Slogan.
rekognoszieren → ausforschen.
Rekommandation Empfehlung, Fürsprache, Hilfe, Beistand, Unterstützung, Schutz ● Einschreibesendung. ▶ Ablehnung.
Rekonvaleszenz → Gesundung.

Rekord Höchstleistung, Spitzenleistung, Meisterstück, Vorrang, Bestleistung, Glanzstück, Vollendung, Vollkommenheit, das Beste, Zielbild, Gipfelleistung ● Anstrengung, Schwierigkeit, Anforderung, Beanspruchung. → Kraftprobe. ▶ Durchschnitt, (Minderleistung).

rekrutieren → ausheben.

Rektor → Direktor.

relativ bedingterweise, verhältnismäßig, beziehungsweise, bezüglich, vergleichsweise, entsprechend, im Hinblick auf, mit Rücksicht auf, hinsichtlich, in Verbindung mit, in Zusammenhang mit. ▶ absolut, beziehungslos.

relegieren ausweisen, verweisen, zurückweisen, ausgliedern, ausschließen, vertreiben, verbannen, verjagen, entlassen, hinauswerfen, fortjagen, aussperren, ausschalten, abweisen, ausstoßen, verweisen von der Schule, verweisen von der Universität. ▶ aufnehmen, einbeziehen.

Relief Skulptur, Hochrelief, Tiefrelief, Flachrelief, Basrelief, Halbrelief ● Aufwölbung. → Erhabenheit.

Reliefdruck → Druck.

Religion Bindung, Überzeugung, Glauben, Gläubigkeit, Glaubensbekenntnis, Konfession, Bekenntnis, Glaubensbedürfnis, Glaubenstreue, Frömmigkeit, Religiosität, Gottesglaube, Gottvertrauen, Kinderglaube, Ehrfurcht, Demut, Erkenntnis, Gotterkenntnis. → Bekenntnis.

religionslos gottlos, ungläubig, glaubenslos, konfessionslos, unreligiös, unchristlich, gottesleugnerisch, zweiflerisch, materialistisch, nihilistisch, freigeistig, freidenkerisch.

religiös → andächtig, fromm, kirchlich.

Religiosität → Glaube, Religion.

Reling → Bord.

Reminiszenz Erinnerung, Anklang, Entlehnung, Rückblick, Rückschau, Gedächtniskraft, Gedenken, Angedenken, Rückerinnerung, Gedächtnis, Erinnerungsvermögen, Wiedererneuerung. ▶ Vergeßlichkeit.

Remise Wagenschuppen, Schuppen, Abstellraum.

remittieren zurückschicken, zurückweisen.

Renaissance Wiedergeburt, Restauration, Regeneration, Wiederbelebung, Wiedererweckung, Wiedereinführung, Wiedererzeugung, Erneuerung ● Stil, Stilrichtung, Entwicklungsstufe. ▶ Degeneration, Rückschritt, Verfall.

Rendez-vous → Verabredung.

Rendez-vous geben, ein → bekanntwerden, treffen.

Renegat → Abtrünniger.

renitent → aufständisch, widerspenstig.

Renitenz Auflehnung, Widerspenstigkeit, Widerstand, Widersetzlichkeit, Entgegenwirkung, Eigensinn, Ungehorsam, Nichtbefolgung, Unfolgsamkeit, Verletzung, Hartnäckigkeit, Nichtbeachtung, Unfügsamkeit, Starrköpfigkeit, Unbezähmbarkeit, Opposition, Starrsinn, Empörung. ▶ Gehorsam.

Rennbahn Piste. → Bahn, Kampfplatz.

Rennen → Bewegung, Sport.

rennen hasten, jagen, laufen, flitzen, rasen, fliegen, sausen, hinausrasen, nehmen die Beine unter die Arme, dahinschwirren, eilen, überhasten, überstürzen, Eile haben, sich sputen, hetzen, tummeln sich, türmen, stürmen, springen, spritzen, rühren sich, huschen, pesen, preschen, galoppieren, losmachen, ein Rennen mitmachen. → aufspringen, beeilen, beschleunigen, davonmachen sich, durcheilen. ▶ bleiben auf dem Platze, bummeln, säumen, zaudern.

Rennerei Lauferei, Hetzjagd, Wirbel, Gerenne ● Unrast, Eile, Eilerei.

Renommée → Ruf.

renommieren → angeben, aufbauschen, blähen, protzen.

renommiert bekannt, angesehen, berühmt, populär, berüchtigt, geschätzt, trefflich, großartig, auserlesen, ausersehen, geehrt, bedeutend, ausgezeichnet. ▶ unbedeutend, unbekannt.

Renommist → Angeber, Chauvinist, Prahlhans.

renovieren → ausbessern, erneuern, reparieren, wiederherstellen.

renoviert → neu.

Renovierung Instandsetzung, Wiederherstellung, Reparatur, Auffrischung.

rentabel gewinnbringend, einträglich, lohnend, zinstragend, ertragreich, vorteilhaft, einbringend, abwerfend, eintragend, rentierend, ergiebig, verdienstlich, dankbar, hochverzinslich. → gut, lohnend. ▶ (unrentabel), verlustbringend.

Rente Hilfsquelle, Kriegsrente, Ruhegehalt, Witwengeld, Pension, Jahrgeld, Altersversorgung, Versorgung, Bezug, Zehrgeld, Einkommen, Verzinsung, Einkunft, Zahlung. → Einkunft, Geld, Geldquelle.

Rentenbank — Bank.

Rentenschein — Coupon.

rentieren, sich → lohnen.

Rentner Pensionär, Pensionist, Veteran, Rentier, Rentenempfänger ● Auszügler ● Unterstützungsempfänger, Wohlfahrtsempfänger.

reorganisieren neueinrichten, umgestalten, wiederbeleben, wiederherstellen, wiederaufbauen, erneuern, umwandeln, auffrischen, ausbilden, aufrüsten, verjüngen, verwandeln, umformen, umarbeiten. ▶ verfallen.

Reparatur Ausbesserung, Verbesserung, Überarbeitung, Berichtigung, Wiederherstellung, Flecken, Flicken, Riester, Bearbeitung, Abschleifung, Aufpolierung, Abhilfe, Bereinigung. → Bearbeitung. ▶ Zerstörung.

reparieren flicken, instand setzen, gutmachen, renovieren, auffrischen, verbessern, stopfen, aufpolieren, erneuern, ergänzen, ausbessern, sohlen, abhelfen, bereinigen, bearbeiten, berichtigen, wiederherstellen, überholen, restaurieren, neu machen, zurechtmachen, verarzten u, in Schuß bringen, herumdoktern u. → ausbessern. ▶ zerstören.

repariert → ganz, gestopft, wiederhergestellt.

Replik → Antwort, Auskunft.

replizieren → antworten, entgegnen.

Reporter → Berichterstatter.

Repräsentant → Abgeordneter, Beauftragter, Bevollmächtigter.

Repräsentation Stellvertretung, Ermächtigung, Auftrag, Beauftragung, Befugnis, Auftreten, Würde, Aufwand, Erscheinung, Darstellung, Vorstellung, Vertretung. → Bevollmächtigung.

repräsentativ → charakteristisch, typisch.

repräsentieren vertreten, auftreten, vorstellen, erscheinen, verkörpern, darstellen, die Standeswürde wahrnehmen, mit Würde auftreten. → auftreten.

Repressalien Gegenmaßregel, Vergeltungsregel, Ahndung, Vergeltungsmaßnahme, Druckmittel, Rache, Heimzahlung, Vergeltungsrecht, Abrechnung. ▶ Nachgiebigkeit, Versöhnlichkeit.

Reprise Wiederaufnahme, Wiederholung ● Kurssteigerung ● Wiedereroberung.

Reproduktion → Abdruck, Abzug, Durchschlag, Faksimile, Kopie, Nachdruck.

reproduzieren → abbilden, nachahmen.

requirieren herbeischaffen,

auftreiben, eintun, einheimsen, besorgen, versorgen, aufstapeln, aufspeichern ● anfordern, zurückfordern, rupfen, sozialisieren, sich zueignen, konfiszieren, nehmen, sich aneignen. ▶ freigeben, zurückgeben.

Requisit Gerät, Hilfsmittel, Zubehör, Bedarf, Rüstzeug, Erfordernis, Unerläßlichkeit, Gerätschaft, Handwerkszeug, Theatergerät.

resch knusprig, lecker, schmackhaft, köstlich, krachig, hart ● munter, lebhaft, frisch, heiter, gesund, rührig, quicklebendig, jung ● steil. → anmutig. ▶ häßlich, unschmackhaft.

Reservat → Abteilung, Anrecht.

Reserve Vorrat, Ansammlung, Speicher, Stapel, Niederlage, Hamsterkiste, Brotsack, Rücklage, Anlage, Vorratskammer, Aufspeicherung, Sammelbecken, Erspartes ● Truppe, Ersatzmannschaft ● Zurückhaltung, gemessenes Benehmen, Verschlossenheit, Zugeknöpftheit. ▶ Verbrauch, Wichtigmacherei, Zuneigung.

reservieren zurücklegen, sparen, versparen, aufsparen, verwahren, bereithalten, aufbewahren, belegen, sicherstellen, vorbehalten, vermerken, offenhalten, freihalten, vorbestellen. → aufbewahren. ▶ besetzen, verbrauchen.

reserviert → zurückhaltend.

Reservoir → Behälter, Brunnen.

Residenz Wohnsitz, Wohnort, Fürstensitz, Hoflager, Hauptstadt, Sitz, Hofhaltung, Aufenthalt, Residenzstadt, Wohnstätte, Wohnstadt. → Aufenthaltsort.

Resignation Ergebung, Entsagung, Dreingabe, Geduld, Verzicht, Verzichtleistung, Abdankung, Selbstaufgabe, Stoizismus, Teilnahmslosigkeit, Interesselosigkeit, Gleichgültigkeit, Fatalismus, Apathie. ▶ Auflehnung, Hoffnung, Selbstsicherheit.

resigniert ergeben, gelassen, entsagend, gefaßt, nüchtern, gesetzt, sachlich, besonnen, unerschütterlich, beherrscht, stoisch, seelenruhig, widerstandslos, mutlos, verzichtend, apathisch, geruhig, gleichmütig. → behäbig. ▶ aufbrausend, hoffnungsvoll, selbstsüchtig, ungeduldig.

Resistenz Abwehr(kraft), Widerstandsfähigkeit.

resolut → anstellig, arbeitsam, durchgreifend.

Resolution Auflösung, Zerteilung ● Entschlossenheit, Beschluß, Entschließung,

Durchgreifen, Beherztheit, Entschiedenheit, Unbeugsamkeit, Entschlußkraft, Willenskraft. ▶ Unentschlossenheit, Willenlosigkeit.

Resonanz → Echo, Klang.

Respekt → Achtung.

respektieren achten, ehren, verehren, hochhalten, anerkennen, bewundern, in Ehren halten, Achtung erweisen, Ehre erweisen. Anstand wahren, Höflichkeit zeigen, einen hohen Begriff haben, hochschätzen, huldigen, würdigen. ▶ verachten.

respektlos → beschämend, respektwidrig, ungezogen.

Respektsperson → Autorität.

respektvoll achtungsvoll, anhänglich, ehrerbietig, ehrfurchtsvoll, folgsam, feierlich, höflich, untertänig, hochachtungsvoll. ▶ respektlos.

respektwidrig respektlos, unhöflich, ungezogen, unerzogen, nachlässig, unehrerbietig, grob, entehrend, herabwürdigend, verächtlich, nachlässig, schnöde, schmählich, gleichgültig, hämisch, spöttisch. ▶ höflich, respektvoll.

Ressentiment → Grimm.

Rest → Abfall, Anzahl, Asche, Ausläufer, Bruchstück, Neige, Partie, Rückstand, Schlacke.

Restanz → Rückstand.

Restaurant → Gaststätte.

Restauration Erneuerung, Instandsetzung, Umwandlung, Wiederherstellung, Wiedereinsetzung. → Berichtigung, Gaststätte. ▶ Verfall.

restaurieren ▶ aufbauen, auferstehen, ausbessern, erfrischen, erneuern.

restlich übrig, überzählig, übrigbleibend, außerdem, zurückbleibend, ferner, noch, unverkauft, überdies, dazu, unverkäuflich. ▶ vollzählig.

restlos → A bis O, absolut, alles, ausnahmslos, durchaus, durch und durch, ganz, ganz und gar, jeder.

Reststücke → Ausschuß, Ramsch.

Resultat → Ablauf, Ausgang, Auswirkung, Effekt, Erfolg, Ergebnis, Lösung, Wirkung.

resultieren → erfolgen, ergeben sich.

Resümee Quintessenz, Abriß. → Zusammenfassung.

retardieren → aufhalten, hemmen, verzögern.

retirieren → zurückziehen sich.

rettbar → heilbar.

retten erretten, bergen, befreien, erlösen, freimachen, freigeben, freisprechen, in Sicherheit bringen, dem Untergang entreißen, sanieren, dem Tod entrinnen, der Gefahr entreißen, herausziehen,

herauswickeln, entlasten, entbürden, aufriegeln, entjochen, freisetzen, loslassen, loskaufen, auf freien Fuß setzen. → beistehen, erlösen. ▶ fallen lassen, gefährden.

Retter → Befreier, Beschützer, Helfer.

Rettung Errettung, Befreiung, Erlösung, Loslösung, Freispruch, Sicherheit, Bergung, Notanker, Rettungsanker, Retten, Entsatz, Loskauf, Freiheit, Bergungsdampfer, Hilfe. → Aufrechterhaltung, Ausweg, Befreiung, Entweichen. ▶ Gefahr, Untergang.

rettungslos aufgegeben, verloren, gezeichnet, schlimm, erschwerend, verschlimmert, krank, bergab, schlecht, rückwärts, ohne Hoffnung, unrettbar, rettlos, hoffnungslos, erledigt. ▶ rettbar.

Retusche Veredelung, Schminke.

retuschieren überarbeiten, verbessern, nachbessern, übertuschen, nacharbeiten, nachtuschen, bearbeiten, abhelfen, aufarbeiten, berichtigen, bessern, verschönern. ▶ (unbearbeitet lassen).

Reue Gewissensangst, Gewissensbisse, Buße, Zerknirschung, Einkehr, Selbsterkenntnis, Geständnis, Reumütigkeit, Reuegefühl, Reueempfindung, Schuldbewußtsein, Schulderkenntnis, Schuldgefühl, Gewissenswurm, Selbstvorwurf, Selbstanklage, Selbstverdammung, Selbstverurteilung, Gewissensregung, Bußfertigkeit, Bedauern, Nachgeschmack, Beschämung, Beklemmung, Schamgefühl, Schamröte ● Widerruf, Zurücknahme, Abschwörung. → Buße, Einkehr. ▶ Reuelosigkeit.

Reuegefühl → Reue.

reuelos → unverbesserlich.

Reuelosigkeit Verstocktheit, Verstockung, Herzensverhärtung, Herzenshärtigkeit, Hartnäckigkeit, Hartherzigkeit, Halsstarrigkeit, ungerührtes Gewissen, verstocktes Gemüt, Schamlosigkeit, Unbußfertigkeit, Verblendung, Unnachgiebigkeit, Störrigkeit, Trotz, Widerspenstigkeit, Eigensinn, Starrsinn, Gottlosigkeit, Verworfenheit. ▶ Reue.

reuig → bußfertig.

reumütig → bußfertig.

Revanche → Rache, Vergeltung.

revanchieren, sich → anstreichen, belohnen, rächen, vergelten.

Reverenz → Achtung, Aufwartung, Verbeugung.

Reverenzbezeugung → Ehrenplatz.

Revers Rückseite, Münzenrückseite ● Aufschlag ● Ge-

genverpflichtung, Verpflichtungsschein, Verzichtschein, Erklärung. ▶ Vorderseite.

revidieren nachsehen, prüfen, nachprüfen, mustern, durchsehen, nachsuchen, untersuchen, besehen, ausfinden, fixieren, anschauen, überprüfen. ▶ übersehen.

Revier Gehege *j.* → Distrikt, Region.

Revision Durchsicht, Prüfung, Musterung, Nachprüfung, Untersuchung, Fixiechen, Besehen, Nachsehen, Überprüfung. → Berufung. ▶ Billigung, Unterlassung.

Revolte → Angriff, Auflauf, Auflehnung, Revolution.

revoltieren auflehnen sich, erheben sich, empören sich, verschwören sich, streiken, meutern, abfallen, aufmucken, widersetzen sich, trotzen, widerstehen, entgegenhandeln, zusammenrotten sich, den Gehorsam verweigern, Trotz bieten, die Hand erheben, die Waffen erheben. ▶ gehorchen, unterwerfen sich.

Revolution Umsturz, Umschwung, Umwälzung, Empörung, Aufstand, Kampf, Bürgerkrieg, Putsch, Revolte, Staatsstreich, Unruhe, Wirren, Widerstand, Bekämpfung, Verschwörung, Ungehorsam, Auflehnung, Meuterei, Abfall, Gehorsamsverweigerung, Verfassungsbruch, Krawall, Komplott, Aufruhr, Tumult, Zusammenrottung, Massenerhebung. → Aufstand, Bürgerkrieg. ▶ Gehorsam, Ruhe, Unterwerfung.

Revolutionär → Aufständiger, Meuterer.

revolutionär → aufständisch, umwälzend.

revolutionieren → anzetteln, aufwiegeln, revoltieren.

Revolver Pistole, Colt, Handfeuerwaffe.

Revolverpresse → Skandalblatt, Verleumdung.

Revolverschnauze → Prahlhans, Verleumder.

Revue Musterung, Heerschau, Truppenschau ● Zeitschrift, Magazin ● Theater, Revuebühne, Unterhaltung, Vorführung, Aufführung, Variété, Ausstattungsstück, Operettentheater, Revuefilm.

Rezension Buchbesprechung, Buchaufsicht, Begutachtung, Einschätzung, Beurteilung, Beschluß, Kritik, Bewertung, Entscheidung, Gutbefinden ● Besprechung.

Rezept → Arznei, Verordnung.

rezitieren → deklamieren, reden, sprechen, vortragen.

Rhetorik → Beredsamkeit.

rhetorisch → ausdrucksvoll.

Rhombus → Raute.

rhythmisch → fließend, regelmäßig.

Rhythmus → Betonung, Naturgesetz, Gleichmaß, Regelmäßigkeit, Takt.

richten → bahnen, ordnen, orientieren, verurteilen, vorbereiten.

richten, den Blick zu Boden → Demut, Scham.

Richter Kadi, Urteilsschöpfer, Urteilsfinder, Gerichtshalter, Landrichter, Amtsrichter, Feldrichter, Schiedsrichter, Friedensrichter, Untersuchungsrichter, Strafrichter, Schöffe, Laienrichter, Rechtswahrer, Gesetzeshüter, Gesetzeskundiger, Gesetzesausleger, Jurist, Staatsanwalt, scharfer Hund *u*, Paragraphenmüller *u.* → Censor, Chef, Christus. ▶ Angeklagter, Kläger, Verteidiger.

richterlich → juristisch.

richtig fachmännisch, korrekt, ordnungsgemäß, genau, fehlerlos, recht, gewiß, regelrecht, am rechten Ort, zutreffend, angebracht, stichhaltig, begründet, wahr, logisch, zutreffend, gerecht, passend, wirklich, unzweifelhaft, ungelogen. → anwendbar, ausführlich, billig, buchstäblich, einschlägig, fachgemäß, fest, genau. ▶ falsch, unrichtig.

richtig im Kopfe, nicht ganz → dumm, schwachsinnig.

richtig liegen rechthaben, ins Schwarze treffen.

Richtigkeit Gründlichkeit, Denkschärfe, Genauigkeit, Tatsache, Wirklichkeit, Fehlerfreiheit, Wahrhaftigkeit, Realität, Lebensnähe, Lebenswahrheit, Wesentlichkeit, Tatsächlichkeit, Fall. ▶ Fehlerlosigkeit, Tatsache. ▶ Fehlerhaftigkeit, Unrichtigkeit.

richtigstellen → ändern, berichtigen, durchsehen, korrigieren.

Richtlinie → Bestimmung, Grundsatz, Norm, Richtschnur.

Richtmaß Richtlinie. → Regel, Vorschrift, Norm.

Richtsatz → Devise, Grundsatz, Maßregel, Norm, Regel.

Richtschnur → Ausführungsbestimmung, Axiom, Befehl, Betrachtung, Denkspruch, Devise, Gesichtspunkt, Grundsatz, Leitgedanke, Maßregel, Norm, Regel.

Richtung Ziel, Zielpunkt, Richtungspunkt, Richtungslinie, Zielrichtung, Zielangabe, Zug, Flug, Bestimmung, Lauf, Gang, Kurs, Fortgang, Strecke, Geleise ● Wegweiser, Richtungszeiger. → Ablauf, Absicht, Bahn, Beziehung in jeder, Direktion, Durchführung, Fährte, Folge, Geleise,

Neigung, Weg. ▶ Abweichung, Verirrung, Umweg.

Richtung auf geradeswegs, gerade, vorwärts, heimwärts, zielsicher, zielbewußt, hinlenkend, geradeaus, unmittelbar, zielklar, unbeirrt. → bis, direkt. ▶ abweichend.

richtunggebend → ausschlaggebend, maßgebend.

Richtungspunkt → Richtung, Ziel.

richtungweisend → ausschlaggebend, maßgebend.

riechen duften, wohlriechen ● schnüffeln, beschnüffeln, beschnuppern, schnuppern, wittern, Geruch haben, reisern *j*, winden *j* ● stinken, ausdünsten, stänkern, verpesten, transpirieren, muffeln, verpesten, die Nase beleidigen, drei Meilen gegen den Wind, eine Fahne haben, muffeln *u.* → duften. ▶ Geruch ohne (sein).

riechen, den Braten Verdacht fassen, Argwohn hegen, Lunte riechen, dem Landfrieden nicht trauen, ausspüren, auf die Spur kommen, Wind bekommen, auskundschaften, auf die Spur kommen, hinter das Geheimnis kommen, Fährte bekommen, spitz kriegen, sich Gewißheit verschaffen, auf die Schliche kommen, ausfindig machen, es fällt wie Schuppen von den Augen. ▶ harmlos (sein), vertrauen.

Riecher → Ahnung, Fernblick, Instinkt.

Ried → Bruch, Gewässer.

Riedgras → Binse.

Riedstock → Bambus.

Riege Abteilung, Block, Gruppe.

Riegel → Beschwernis, Bindemittel, Verschluß.

Riegel, Schloß und Gefängnis, Kerker, Arrest, Karzer, Gewahrsam, Loch, Zwinger, Nummer Sicher, schwedische Gardinen, Kittchen, Einzelhaft, Strafhaus, Spritzenhaus, Turm, Gefangenschaft, Vater Philipp, Bleidächer von Venedig. → Gefangenschaft. ▶ Freiheit, Freilassung.

riegeln zuriegeln, verriegeln, abriegeln, schließen, zumachen, absperren, zusperren, einschließen, verschließen, verrammeln. ▶ öffnen.

Riemen → Band, Bindemittel, Ruder.

Riese Hüne, Goliath, Koloß, Mordskerl, Riesentier, langer Kerl, Großer, langer Laban, Mammut, Untier, Bulle, Athlet, Herkules, Viech, Hildegestalt, Ungeheuer, Riesengröße, Riesenhaftigkeit, Schlaks, Bohnenstange, Lulatsch, langes Laster. → Berg, Dickwanst, Keri. ▶ Zwerg.

rieseln → befeuchten, ergießen sich, fallen, fließen, laufen, quellen.

riesenhaft → außerordentlich, ausgedehnt, gewaltig, riesig.

Riesenroß → Banause, Riese.

riesig gigantisch, hünenhaft, übergroß, riesengroß, riesenhaft, gewaltig, ausgedehnt, stark, groß, beträchtlich, unbeschreiblich, grenzenlos, ungeheuer, ungewöhnlich, überragend, erstaunlich, kraftstrotzend, heldenhaft, stählern, athletisch, reckenhaft, kolossal, ragend, baumlang, haushoch, hochgewachsen, hochaufgeschossen, kerzengerade, turmhoch. → ansehnlich, außerordentlich, ausgedehnt, ausnehmend, fest, gigantisch, grenzenlos, groß. ▶ klein, mikroskopisch.

Riff → Berg, Fels, Spitze.

Rigorist → Fanatiker.

rigoros hemmungslos, gebieterisch, streng, diktatorisch.

Rille → Fuge.

rillen furchen, gruben, harken, ziehen, durchziehen, vertiefen, auskehlen, aussparen, graben, ritzen, eine Rille machen. → rillen. ▶ glätten.

Rind Tier, Rindvieh, Kuh, Melkkuh, Milchkuh, Haustier, Zuchttier, Zweihufer, Zuchtvieh, Wiederkäuer, Säugetier, Kalb, Ochse, Bulle, Stier ● Dummkopf, Idiot, Tor, Einfaltspinsel, Tölpel, Rindskopf, Blödian, Zementbulle, Tolpatsch, Hutsimpel, Holzbock, Ölgötze, Heupferd, Grünschnabel, Geck, Esel, Trottel, Narr.

Rinde Borke. → Schutz, Umhüllung.

rindig → borkig.

Ring Reifen, Schmuckstück, Ehering, Reif, Brillantring, Verlobungsring ● Genossenschaft, Vereinigung, Kartell, Gesellschaft, Kreis, Ringverein, Korps, Verbindung, Verein, Körperschaft, Handelsgenossenschaft, Trust ● Kampfplatz, Boxerring ● Jahresring, Baumring. → Damm, Kreisform, Mondhof, Reifen, Vereinigung.

Ringbahn → Fahrzeug (Schienen-).

Ringelform → Drehung, Schnörkel.

ringeln → drehen, krümmen.

Ringen → Anstrengung, Aufgebot, Auseinandersetzung, Daseinskampf, Kampf, Sport.

ringen kämpfen, erkämpfen, fechten, ankämpfen, streiten, erringen, erstreben, einstehen, sich anstrengen, Schwierigkeiten überwinden, Sport treiben, aneinandergeraten, balgen, sich herumschlagen, sich durchschlagen, sich abarbeiten, sich

kampeln, sich beuteln, sich messen, raufen, sich prügeln. → abmühen, anstrengen, balgen, befehden, bekämpfen, erkämpfen, fallen schwer. ▶ schwächlich sein, unterlassen, unterliegen, versöhnen sich.

Ringer → Athlet, Sportler.

ringförmig → rund.

Ringkämpfer → Athlet, Sportler.

ringsum → allenthalben, allseitig, Busch und Feld, fern und nah, Ort zu Ort von, überall.

ringsumher, von → Ecke, von allen Ecken und Enden.

Rinne → Furche, Graben, Höhlung, Kloake, Röhre.

rinnen → ausfließen, austreten, emporquellen, durchlaufen, fließen, laufen, quellen.

Rinnsal → Gerinnsel, Gewässer.

Rinnstein Rand, Kante, Bordstein, Einfassung, Abschluß, Bord ● Kloake, Rinne, Gosse, Abzugskanal.

Rippenstoß → Bearbeitung, Bestrafung.

Risiko Glückssache, Geratewohl, Zufall, Zufälligkeit, Ungefähr, Glücksfall, Wagnis, Gefährlichkeit, Wagestück, Gefahr, Unternehmen, Tollkühnheit, Spiel mit dem Feuer, Belastungsprobe, gewagte Sache, Einsatz, Gefährdung, Gefährlichkeit, Unsicherheit. ▶ Berechnung, Sicherheit.

risikolos totsicher, mündelsicher, völlig ungefährlich.

riskant risikovoll. → gefährlich.

riskieren → wagen.

Riß Bruch, Disharmonie, Feindschaft, Kratzer, Plan, Skizze, Wunde, Zeichnung, Zwiespalt.

rissig → rauh.

Ritter Kavalier, Hofmacher, Verehrer, Bewerber, Anbeter, Weltmann, Gesellschaftslöwe, Casanova, Bewunderer, Courschneider, Galan. → Adel, Begleitung, Recke. ▶ Bauer, Knappe, Soldat.

Rittergut → Anwesen, Besitztum.

ritterlich → adrett, anständig, artig, chevaleresk, galant, königlich.

Ritual → Brauch, Kirche, Kult.

Ritualmord → Beraubung, Tötung.

rituell liturgisch, zeremonial, kulturell, eucharistisch, geweiht, religiös, vorschriftsmäßig, gebräuchlich, erbauend, feierlich, kirchlich, zum Ritus gehörig, durch den Ritus geboten. ▶ ungebräuchlich, (unfeierlich).

Ritus → Brauch, Kult.

Ritze → Bruch, Fuge, Öffnung.

ritzen kratzen, strammen, reißen, kerben, einkerben, auskerben, schnitzen, schnitzeln, zähnen, einschneiden, einkratzen, einritzen, furchen, schaben. → rillen. ▶ glätten.

Rivale → Feind, Gegner, Konkurrent, Mitbewohner, Nebenbuhler.

robben → kriechen.

Robe → Gewand.

Robot Frondienst, Leibeigenschaft, Dienst, Zwangspflicht, Schufterei, Knechtschaft, Unterordnung, Joch, Knechtung, Ausnützung, Zwang, Zwingherrschaft, Sklaverei, Unterjochung, Unterwerfung. ▶ Freiheit, Unabhängigkeit.

roboten → fronen.

Roboter Schablonenmensch, Maschinenmensch. → Arbeiter, Automat.

robust kräftig, derb, handfest, stämmig, wuchtig, muskulös, kraftvoll, unbesiegbar, unbezwingbar, kraftstrotzend, unerschütterlich, stark, vierschrötig, ungeschlacht, grobschlächtig, massiv, grob, klotzig, schroff, dickfellig, plump. ▶ schwach.

röcheln → ausatmen, sterben.

Rock → Anzug, Gewand.

rodeln fahren, sausen, gleiten, glitschen, rutschen, schlittern, schlusern, schliefen, schlittenfahren, Wintersport treiben, sich abhärten. → bewegen sich.

roden → abmachen, ackern, jäten, pflügen.

Rodung Pflanzung, Anpflanzung, Anlage, Urbarmachung, Pflanzstätte, Anbaufläche, Ackerland, Acker, Feld, Land, Neuland. → Lichtung.

roh herzlos, kaltblütig, kaltherzig, kaltlächelnd, lieblos, brutal, mitleidlos, proletarisch, proletenhaft, ungeschliffen, bestialisch, barbarisch, rücksichtslos, unzart, unfein, wirr, chaotisch, durcheinander, ungeordnet, gemein, entmenscht, unmenschlich, viehisch, schonungslos, erbarmungslos, wild, gefühllos, unempfindlich, hart, grausam, bösgesinnt, mordlustig, kalt, erbärmlich, elend, niederträchtig, nichtswürdig, ungesittet, grobknochig, unzivilisiert, geschmacklos. → barbarisch, bäurisch, bestialisch, brutal, derb, formlos, gassenmäßig. ▶ gefühlvoll.

Roheit Bestialität, Brutalität, Ungeschliffenheit, Herzlosigkeit, Mißhandlung, Quälerei, Mitleidlosigkeit, Gemüt verhärtetes, Mitgefühl ohne, Ärgernis, Plattheit, Unkultur, Bildungslosigkeit, Unmenschlichkeit, Gefühlsroheit, Herzensroheit, Verrohung, Ruchlosigkeit, Gefühllosigkeit,

Lieblosigkeit, Gleichgültigkeit, Erbarmungslosigkeit, Teilnahmslosigkeit, Hartherzigkeit, Härte, Barbarei, Mordlust, Grausamkeit, Verfolgung, Metzgernatur, Schlächterseele, Mordgier, Zerstörungswut, Grobheit, Derbheit, Boxerstil, Pöbelei. → Ärgernis, Barbarei, Beleidigung, Bosheit, Gewalttätigkeit, Kaltblütigkeit. ▶ Empfindsamkeit.

Rohling → Barbar, Ausgearteter.

Rohmaterial → Rohstoff.

Rohr Röhre, Leitung, Zuleitung, Ableitung, Abfluß, Abzug, Wasserrohr, Rinne, Dachtraufe, Schlauch, Wasserführung, Ablauf ● Pflanze, Schilf, Riedgras, Binse, Röhricht, Risch, Segge, Rausch ● Strafmittel, Bambusrohr, spanisches Rohr, Haselstock, Rute, Fuchtel, Prügel, Stock ● Geschleif *j*, Geschleppe *j.* → Büchse.

Rohr, spanisches → Bambus, Rohr.

Röhre Rohr, Rinne, Leitung, Zuleitung, Ableitung, Luftröhre, Öffnung, Loch, Durchlaß, Durchlochung, Durchbohrung, Durchgang, Kamin, Schlot ● Radioröhre, Röhrenapparat ● Sonde, Katheter, Nichts, Null.→ Backofen, Behälter, Birne, Rohr.

röhren brüllen, schreien, lärmen, klagen, rufen, jammern, stöhnen, angeben, brünstig sein.

röhrenartig → capillar, rund.

Röhricht → Pflanze, Rohr.

Rohrspatz, schimpfen wie ein → schimpfen.

Rohrstock → Bestrafung, Prügel, Rohr.

Rohstoff Rohmaterial, Naturprodukt, Fabrikationsgut, Werkstoff, Material, Zeug, Bedarf, Baustoff. → Bedarf, Bestand, Metall. ▶ Produkt.

Rolladen → Fensterladen.

Rollbahn → Bahn, Bindemittel.

Rolle Rundheit, Trommel, Bobine, Säule, Rundung, Runde, Kugelform, Winde, Spanne, Aufrolle, Kurbel, Spule, Fadenrolle, Drahtrolle, Seilrolle, Driller, Haspel ● Stammrolle, Liste ● Wagen, Handwagen, Schiebkarre, Lore ● Papierrolle, Pergamentrolle, Papyrusrolle ● Laufbahn, Bestimmung, Sendung, Lebensstellung, Beruf, Bedeutung, Schwergewicht, Spielrolle, Einsatzplan *sm*, Verteilungsplan ● Mangel, Drehrolle. → Amt, Arbeit, Beruf, Besorgung, Charge, Leistung, Walze.

rollen kullern. → aufrollen, bewegen sich, drehen, fahren.

Roller Spielzeug, Kinderroller, Fahrzeug, Tretroller, Holzroller ● Vespa, Lambretta, Gogo, Motorroller, Rad, Kabinenroller. → Rad.

rollern → fahren.

Rollsessel → Fahrstuhl.

Rollstuhl → Fahrstuhl, Bahre.

Rollwand Wandschirm, spanische Wand.

Roman → Dichtung, Dichtungsart, Buch, Lüge.

Romancier → Dichter.

Romantik Traumwelt, Traumzustände, Phantasie, Ichwelt ● Stil, Stilrichtung, Neuromantik, Dichtungsart, Edelmenschentum, Poesie ● Schwärmerei, Sentimentalität, Empfindelei, Weltschmerz, Empfindsamkeit, Gefühligkeit, Verträumtheit, Schönheitelei. ▶ Nüchternheit.

Romantiker → Enthusiast, Phantast.

romantisch verschwärmt, schwärmerisch, berauscht, verzückt, verstiegen, übertrieben, verschroben, überspannt, trunken, betört, gefühlvoll, schwungvoll, elegisch, verträumt, empfindend, überschwenglich, sentimental, musisch. ▶ natürlich, real.

Romanze Musikstück, Tonstück, Musikwerk, schwärmerisches Stück, Lied, erzählendes Lied. → Dichtungsart.

röntgen → ausforschen, durchleuchten.

rosa rosig, gelbrot, blaßrot, mattrot, hellrot, rosafarben, rötlich, rosenrot, pfirsichfarben, rosenfarbig, blaßrosa ● rosenwangig, lieblich, zart, beschwingt.

Rosen gebettet, nicht auf → Armut, Not, Schwierigkeit, Sorge.

Rosen, Tage der Rosenzeit, Maienzeit, Rosenmond, Wonnemond, Lenz, Lenzeslust, Blumenzeit, Blütenzeit, Blühemond, Vorsommer ● Jugend, Jugendzeit, Liebesfrühling, Schwärmerei, Verliebtheit Verzauberung. ▶ (Alter), (Tage trübe).

Rosenmontag → Karneval.

rosenwangig → Damm sein auf den, gesund.

Rosenzeit → Rosen Tage der.

Rosette → Dekoration.

rosig → optimistisch, rosa.

Rosinen Gewächs, Pflanze, getrocknete Weinbeere, Korinthen, Sultaninen, Backzutaten, Beigabe, Zugabe, Süße ● Einbildung, Phantasie, Dünkel, Hochmut, Selbstüberhebung, Spleen, Aufgeblasenheit, Hoffart.→Bargeld. ▶ Schlichtheit.

Roß → Klepper, Tier.

Roßkur → Pferdekur, Quacksalberei, Heilung, Kurpfuscherei, Verordnung, Be-

handlung, Bearbeitung, Gewalt, Heftigkeit, Gewaltmittel, Härte, Rücksichtslosigkeit, Unzartheit, Roheit, Grobheit.

Roßtäuscher Betrüger, Gauner, Spitzbube, Schwindler, Bauernfänger, Beutelschneider, Schieber, Roßkamm, Schwärzer, Schurke, Heuchler, Schaumschläger, Schelm, Aufschneider, Erbschleicher, Baldower. ▶ Betrogener, Mensch aufrechter treuer.

Rost Verderb, Schimmel, Zahn der Zeit, Zersetzung, Oxydation, Verwitterung, Überzug, Edelrost, Ansatz, Vermoderung, Grünspan, Patina, Masse, Eisen. → Backofen, Brandstätte, Esse, Feuerung.

rosten → anlaufen, bedecken, beeinträchtigen, durchfressen, ruhen.

rösten → austrocknen, braten, dünsten, zubereiten.

rostfarben → chamois, rostig.

rostig schimmlig, modrig, dumpf, zerfressen, unrein, verrostet, rostfarben, schmutzig, gefleckt, verkommen, zerstört, abblätternd, überzogen, unansehnlich, unbrauchbar, eingefressen. → schlecht, unschön. ▶ (rostfrei).

rot kirschrot, weinrot, karminrot, scharlachrot, purpurrot, tiefrot, hochrot, zinnoberrot, rubinrot, dunkelrot, ziegelrot, erdbeerrot, rosenrot, bor→deauxrot, laxrot, rötlich, fuchs, blutrot, gelbrot, feuerrot, hellrot, krebsrot, lippenrot ● zornrot, erzürnt, erhitzt, gereizt, leidenschaftlich, fruchtig, aufgebracht ● schamrot, schämig, verschämt, reuig, beschämt, befangen, erglühend, errötend, unbeholfen, scheu ● sozialistisch, kommunistisch, links.

Rotation → Bewegung, Umdrehung.

Rotationsdruck → Druck.

rotblond → blond.

rotieren → drehen.

rötlich → chamois, rosa, rot.

rotsehen → zürnen.

Rotte → Anzahl, Bande, Clique, Kolonne, Masse.

Rottenfeuer → Beschießung.

Rotwelsch → Diebesjargon.

Rotwerden → Erröten, Scham.

Rotzbengel Rotznase, Schmieriger, Lümmel, Lauser, Lausejunge, Balg, Lausbub, Affe, Esel, Hammel, Bazi, Saudakkel, Lackel, Lumpsack, Drecksack, Mistvieh, Schweinigel, Luder, Schweinehund, Bettpisser, Flabes, Mondkalb.

rotzig schleimig, frech.

Rouleau → Fensterladen.

Route → Weg.

Routine Gewohnheit, Ge-

wöhnung, Gewiegtheit, Geschicklichkeit, Geübtheit, Erfahrung, Gewandtheit, Fertigkeit, Schulung, Tüchtigkeit, Übung, Anstelligkeit, Handfertigkeit, Geschick, Auffassungskraft, Tauglichkeit, Kennerblick ● Tretmühle, Verknöcherung. → Geläufigkeit, Kennerblick. ▶ Unerfahrenheit, Ungeschicklichkeit.
routiniert → anstellig, beschlagen, erfahren, geschickt.
Rowdy → Bärbeißer.
rubbeln → scheuern.
Rübezahl Berggeist, Waldmann, Waldgeist, Waldschratt, Geist, Erdgeist, Bergkönig, Zaubergeist, Helfer, Zauberer. → Bergmann, Dämon.
Rubrik Titelkopf, Titelaufschrift ● Abteilungslinie, Spalte, Klasse, Fach, Bereich, Reihe, Schubfach, Spezies, Linie. → Abteilung.
ruchbar → bekannt.
ruchlos → arg, arglistig, barbarisch, niederträchtig.
Ruchlosigkeit → Barbarei, Bosheit, Roheit, Unredlichkeit, Untugend.
Ruck → Anlauf, Bewegung, Detonation, Explosion, Stoß.
ruck → hoppla.
Rückantwort → Antwort, Auskunft, Echo.
ruckartig → plötzlich.
Rückartung → Rückschritt.
Rückäußerung → Antwort, Auskunft, Bekenntnis.
Rückberufung → Abbau, Amtsabtretung.
rückbezüglich rückblickend, ursprünglich, damals, vormals, zuvor, früher, ehemals, rückbezogen, zurückgewandt, umgewandt, rückläufig, zurückgreifend, zurückgehend, rückwärts gerichtet. → gegenseitig. ▶ nachher.
Rückbildung → Entartung, Niedergang.
Rückblick Umschau, Erinnerung, Überblick, Gedanken, Gedenktag, Rückschau, Gedenkstunde, Jahrestag, Rückerinnerung, Altjahresabend, Wiedererneuerung, Überschau, Phantasie, Erinnerungsvermögen, Gedächtniskraft, Gedächtnisübung, Lebensbetrachtung, Angedenken. → Auffrischung. ▶ Vorausschau, Vergeßlichkeit.
rückblickend betrachtend, umschauend, rückwärtsblickend, beschauend, rückbezüglich, vergangen, umgewandt, zurückgewandt, rückwärtsgerichtet, zurückgreifend, zurückgehend. ▶ voraussehend.
rucken wippen, stoßen, rükken, hin- und herrucken, wakkeln, sich bewegen ● gurren,

lärmen, rufen. ▶ bleiben auf dem Platze, verstummen.
Rücken Körperteil, Wölbung, Rückseite, Rückteil, Kehrseite, Schlußseite, Buckel, Hökker, Kreuz, Bogen, Buchtung, Rundung, Erhöhung, Rückgrat. → Berg. ▶ Bauch, Brust.
Rücken decken, den → einstehen, eintreten für.
Rücken kehren, den → verachten
Rücken stärken, den → einstehen, eintreten für, beistehen, helfen.
rücken zusammenrücken, verrücken, sich regen, sich bewegen, sich rühren, fortrücken, aneinanderrücken, auseinanderrücken, Platz machen ● einrücken ● rücken einem zu Leibe, auf die Pelle rücken. ▶ abkehren sich, bleiben auf dem Platze.
Rückendeckung Rückhalt, Absicherung, Deckung, Protektion.
rückenlahm kreuzlahm.
Rückerinnerung → Auffrischung, Denkzettel, Rückblick.
Rückfall Wiederkehr, Wiederholung, Wiedererscheinung, Wiederaufnahme ● Rückschritt, Rückbildung, Rücklauf, Krebsgang, Verfall, Rückartung, Entwertung, Verschlechterung, Verschlimmerung, Verheerung, Laster, Entgleisung, Schwachheit, Abirrung. → Dekadenz. ▶ Fortentwicklung, Fortgang, Genesung, Sittsamkeit.
rückfällig unverbesserlich, gottlos, verdammt, verworfen, verloren, unrettbar, verhärtet, verstockt, unbußfertig, störrisch ● wiederkehrend, erneuert, wiederholt, wiederum, mehrmals, rückschrittlich ● fällig, überfällig. ▶ gebessert, standhaft.
Rückfälliger → Abtrünniger, Deserteur.
Rückgabe Erstattung, Zurückerstattung, Wiedererstattung, Zurückgabe, Ablieferung, Abtragung, Abgeltung, Schadenersatz, Wiedergutmachung, Ersetzung, Ersatzleistung, Rückzahlung, Rücksendung, Einlösung, Vergeltung, Entschädigung, Vergütung, Übertragung, Gegenrechnung. ▶ Aneignung, Schädigung.
Rückgang → Bewegungstrieb, Degeneration, Dekadenz, Demoralisation, Depression, Diskont, Ende böses, Minderung, Niedergang, Rückschritt.
rückgängig rückläufig, zurück, von hinten, rückwärts gekehrt, rückwärts bewegend ● rückgängig machen, aufheben, annullieren, abblasen,

ausladen, einmal hott und einmal hü sagen u, rin in die Kartoffeln - raus aus die Kartoffeln u, für nichtig erklären, für ungültig erklären. ▶ belassen es dabei, vorangehend, zunehmend.
rückgängig machen → breitschlagen, desertieren, rückgängig.
Rückgrat Wirbelsäule. → Ausdruck, Haltung, Hilfe, Mark, Tatkraft.
Rückgrat besitzen → charakterfest.
Rückgrat, ohne → Schwäche.
Rückgrat brechen, das → unterdrücken.
Rückgratlosigkeit → Schwäche.
Rückgriff Rücknahme, Zurückziehung, Rückwärtsbewegung, Rückwendung, Rückzieher, Rückbeziehung, Rückgreifen ● Ersatz, Ausgleich, Verantwortung, Bürgschaft. ▶ (Vorgriff).
Rückhalt Stütze, Zuflucht, Zufluchtsort, Freistätte, Schutz, Hilfe, Unterstützung, Kraftquelle, Anhalt, Haltepunkt, Hilfeleistung, Beistand, Förderung, Background, Hilfsstellung ● Hinterhalt, Heimlichkeit ● Schlinge. → Born. ▶ Falle, Offenheit, Unvermögen.
rückhaltlos → aufrichtig, bedeutungsvoll, derb, deutsch auf gut, offen, wahr.
Rückkehr Heimkehr, Umkehr, Rückwendung, Rückweg, Rückmarsch, Rückfahrt, Rückreise, Wiederkehr, Heimfahrt, Nachhauseweg, Wiedersehen ● Wiederholung, Wiedererscheinung, Kreislauf ● Comeback M. → Ankunft. ▶ Abreise, Einzelfall, Weggang.
Rücklage → Depot, Ersparnis, Geld, Proviant, Vorrat.
Rücklaß → Asche.
Rücklauf → Bewegungstrieb, Rückkehr, Rückschritt, Umkehr.
rückläufig → rückfällig, rückgängig.
Rückprall Gegenstoß, Stoß, Rückschlag, Rückwirkung, Reaktion, Gegenwirkung, Aufprall, Anprall, Ruck, Gegenschlag, Zusammenstoß, Rückstoß, Rücksprung, Rücklauf. → Bewegung, Bewegungstrieb, Echo. ▶ Beharrungsvermögen, Stillstand.
Rucksack Affe u. → Behälter, Beutel, Bündel.
Rucksackfüllung → Proviant.
Rückschall → Echo.
Rückschau → Gedächtnis, Reminiszenz, Rückblick.
Rückschlag Rückprall, Rückstoß, Rücklauf, Rücksprung, Rückwirkung, Gegenwirkung, Reaktion, Aufprall, Anprall ● Wende, Wendung, Kippe, Abkehr, Umschlag, Rückweg,

Rückkehr, Umkehr ● Rückgang, Rückschritt, Rückfall, Krebsgang, Wendepunkt. → Atavismus, Verlust. ▶ Beharrungsvermögen, Gewinn, Stillstand.
Rückschritt Dekadenz, Krebsgang, Nachlassen, Rückartung, Rückgang, Rücklauf, Degression. → Dekadenz, Entartung, Niedergang, Rückschlag. ▶ Fortschritt.
rückschrittlich hinterwälderisch. → kulturfeindlich, reaktionär.
Rückseite Kehrseite, Hinterseite, Rücken, Rückenteil, Schlußseite, Hinterteil, Popo, Revers. → Rücken. ▶ Vorderseite.
Rücksicht Hinsicht, Gesichtspunkt, Belang, Betracht, Betreff, Bezug, Beziehung, Verhältnis ● Grund, Voraussetzung, Bedingung, Beweggrund, Antrieb, Bedeutung, Wichtigkeit, Berechtigung ● Duldsamkeit, Erbarmen, Geduld, Güte, Mäßigung, Milde, Nachgiebigkeit, Nachsicht, Sanftmut, Schonung, Toleranz, Vergebung, Verzeihung ● Überlegung, Behutsamkeit, Vorsicht, Sorgfalt, Klugheit, Besonnenheit, Selbstbeherrschung ● Schicklichkeit, Lebensart, Verfeinerung, Anstand, Erziehung, Benehmen, Betragen, Haltung, Aufführung, Höflichkeit, Zurückhaltung, Manierlichkeit, Schliff, Zuvorkommenheit, Gefälligkeit, Verbindlichkeit, Gutmütigkeit, Umgänglichkeit, Freundlichkeit. → Berücksichtigung. ▶ Rücksichtslosigkeit.
Rücksicht auf, mit → beziehungsweise, dementsprechend.
Rücksicht, ohne → diktatorisch.
rücksichtlich dessen →dementsprechend.
Rücksichtnahme → Behutsamkeit, Berücksichtigung, Besonnenheit, Besorgnis, Entgegenkommen, Besorgtheit, Diskretion.
rücksichtslos hartherzig, heftig, grob, herzlos, brutal, drakonisch, eisern, eisig, empfindungslos, entmenscht, erbarmungslos, gefühllos, gewissenlos, grausam, hart, kalt, kaltschnäuzig, kalt wie eine Hundeschnauze, mit jemandem Schlitten fahren, lieblos, mitleidlos, roh, rüde, schonungslos, unerbittlich, streng, ohne Nachsicht, teilnahmslos, unbarmherzig, unnachgiebig, unnachsichtig, unversöhnlich, zynisch, barsch ● derb, formlos, flegelhaft, frech wie Oskar u, vom Leder ziehen, scharf schießen u, frech,

gemein, klobig, lümmelhaft, pöbelhaft, roh, taktlos, unachtsam, unbedacht, unbedenklich, unbekümmert, fort mit Schaden u, mir nichts dir nichts, kurzen Prozeß machen, nicht viel Federlesens machen u, unanständig, unartig, ungalant, ungebührlich, ungehobelt, ungeschlacht, ungeschliffen, ungesittet, ungezogen, unkultiviert, kein Blatt vor das Maul nehmen u, Fraktur schreiben u, scharf ins Zeug gehen, unmanierlich, unverfroren, unverschämt, unziemlich, schäbig, schmutzig, selbstsüchtig ● barbarisch, barsch, bedürfnisvoll, befehlerisch, blind, boshaft, derb, deutsch auf gut, drakonisch, durchgreifend, egoistisch, erbarmungslos, feindlich, felsenhart, nachlässig, radikal, roh, schonungslos, selbstsüchtig, unbedenklich, unhöflich. ▶ rücksichtsvoll.
Rücksichtslosigkeit → Beleidigung, Dreistigkeit, Egoismus, eherne Stirn, Eigennutz, Grobheit, Haut dicke.
rücksichtsvoll → diskret, galant, schonungsvoll.
Rücksprache → Aussprache, Besprechung.
Rückstand Rest, Überbleibsel, Überrest, Übriges, Trümmer, Scherbe, Bruchstück, Fragment, Asche, Schlacke, Moder, Schlamm, Ablagerung, Moräne, Anspülung, Stumpf, Stummel, Kippe, Stoppel, Abfall, Rücklaß, Ausschuß, Auswurf, Abschaum, Bodensatz, Brocken, Hefe, Treber, Trester, Restanz ● Absonderung ● Verschleppung, Verzögerung, Saumseligkeit, Langsamkeit, Aufschiebung ● Schuld, Verbindlichkeit, Soll, Obligo, Schuldigkeit, Passiva, Defizit, Verpflichtung, Verschuldung, Schuld schwebende. → Abfall, Asche. ▶ Einbeziehung, Ganzes, Guthaben, Schnelligkeit.
rückständig entbehrlich, restlich, rudimentär, überzählig, übrig ● unbezahlt, schuldig, überschuldet, verschuldet, säumig, bankrott, zahlungsunfähig. → abgetan, kulturfeindlich, reaktionär, unmodern. ▶ bezahlt, fortschrittlich, kultiviert, modern.
Rückstoß → Bewegungstrieb, Rückschlag.
Rücktritt → Abbau, Amtsabtretung, Zurücknahme.
Rückvergütung → Rückzahlung.
Rückversicherung Bürgschaft, Garantie, Gewähr, Haftpflicht, Haftung, Kaution, Parole, Sicherung, Unterpfand, Verbindlichkeit, Verpflichtung, Versicherung ●

Eigentumsvorbehalt, Garantieschein, Hypothek, Kontrakt, Schuldschein, Urkunde, Vertrag, Zeugnis ● Geleit, Schutzbrief, Sicherheitswache, Besatzung, Schildwache, Runde, Nachhut, Vorhut, Horchposten, Patrouille ● Gewährleistung, Pfand, Gutsagung, Eintragung. ▶ Wagnis.
Rückwand → Hintergrund.
rückwärts achtern, hinten, nachher, zurück, hinterrücks, meuchlings, zuhinterst, hinter dem Rücken, retour ● entgegengesetzt, retrograd, rückläufig, rückschrittlich, verkehrt. → dahinter. ▶ vorwärts.
rückwärts sein → bleiben zurück.
Rückwärtsbewegung → Bewegung.
ruckweise stückweise, abwechselnd, sprunghaft, unzusammenhängend, abgerissen, unstet, abwechsend, sprungweise, gelegentlich ● zuweilen, manchmal, mitunter, bisweilen, hin und wieder, dann und wann ● rhythmisch, schrittweise, umsichtig, der Reihe nach ● krampfhaft, schlagartig, plötzlich, stoßweise, stürmisch. ▶ immerzu, stetig.
rückwirken einwirken, aufeinanderwirken, gegenseitig ersetzen, aufeinander beziehen, wechseln ● rückbilden, zurückgehen, zurückschreiten, absinken, absacken, nachlassen ● verderben, entarten, auflösen, zergehen, untergehen ● umkehren, wenden, umdrehen, umschlagen, umfallen, zurücknehmen, zurücktreten, zurücklaufen, rückbeziehen. ▶ beziehungslos (sein), fortschreiten, wirkungslos (bleiben).
Rückwirkung Wechselseitigkeit, Wechselfolge, Wechselbeziehung, Gegenseitigkeit. → Echo, Reaktion, Rückschlag, Rückschritt. ▶ Beziehungslosigkeit, Fortschritt, Gewinn, Grund.
Rückzahlung Abtragung, Abzahlung, Ausgleich, Begleichung, Bereinigung, Entrichtung, Erstattung, Rückgabe, Tilgung, Überweisung, Vergütung, Wiederstattung, Zurückgabe ● Vergeltung, Quittung, Buße. → Abtragung, Ausgleich, Bezahlung, Bon, Einzahlung. ▶ Einnahme, Schulden, Stundung, Vergebung.
Rückzieher machen zurückweichen, der Gewalt weichen, nachgeben, fügen sich, entsagen, die Flinte ins Korn werfen, die Flügel hängen lassen, den Schwanz einziehen, erlahmen, abfallen, sich zurückziehen, den Rücken

kehren, sich abwenden ●
vorbehalten, sich sichern ●
sich erweichen lassen, ein
Auge zudrücken, durch die
Finger sehen, die Fahne nach
dem Winde drehen, den Herr-
gott einen guten Mann sein
lassen. ▶ beharren.
Rückzug → Abzug, Aus-
weg, Entweichen, Räumung,
Verzicht.
rüde →• barbarisch.
Rudel → Anzahl, Herde.
Ruder Riemen, Steuer, Stan-
ge ● Schwinge, Flosse ● Füh-
rung, Leitung, Vorsitz, Kom-
mando, Zügel, Lenkung, Herr-
schaft.
Ruderboot → Boot, Fahrzeug
(Wasser-).
rudern → bewegen sich, fah-
ren.
Rudiment → Abfall.
Ruf Anruf, Appell, Aufruf,
Befehl, Lockruf, Forderung,
Gebot, Geheiß, Mahnung,
Meinung, Notruf, Zuruf ●
Ansehen, Prestige, Renom-
mée, Leumund, Name,
Ruhm, Weltgeltung, Welt-
ruf ● Ausruf. Schrei,
Anschrei ● Jagdruf, Halali
● Halleluja, Hosianna, so
Gott will, Inschallah ●
Heureka, Hurra, Heil, Eljen ●
Hände hoch, Hände weg,
Hands up, Hands off ● ich
hab's gefunden. → Achtung,
Anerkennung, Bedeutung,
Ehre, Fama, Meldezeichen,
Rang. ▶ Ächtung, Bedeu-
tungslosigkeit, Mißbilligung,
Niedrigkeit, Tatsache, Un-
ehre, Verunglimpfung.
Ruf bringen, in üblen →
diskreditieren, verleumden.
rufen → benamsen, locken,
röhren, schreien.
rufen, ins Leben → befruchten, bringen in Gang.
rufen, zur Ordnung → befehlen.
Rufer Mahner, Warner, Seher,
Prophet.
Rüffel → Tadel.
rüffeln → anfahren, korrigieren, tadeln, anschießen u.
Rufname → Vorname.
Rugby → Ball.
Rüge → Beschwerde, Ermahnung, Klage.
rugeln → drehen.
rügen → ablehnen, anfahren,
anklagen, aussetzen, beanstanden, beschuldigen, bloßstellen, Dach steigen auf das,
eindringlich zureden, korrigieren, kritteln, mahnen, tadeln.
Ruhe Lautlosigkeit, Schweigen, Stille, Stillschweigen,
Stummheit ● Untätigkeit, Regungslosigkeit, Mattigkeit,
Rast, Schlendrian, Faulenzerei, Tatenlosigkeit, Nichtstun,
Müßiggang ● Friede, Friedlichkeit, Eintracht, Freund-

schaft, Waffenstillstand, Ge-
fechtspause. → Atempause,
Aufenthalt, Ausgang, Be-
herrschung, Beruhigung, Besonnenheit, Beständigkeit,
Erholung, Erleichterung, Fassung, Halt, Horch, Muße,
Pause. ▶ Ruhelosigkeit.
Ruhe bewahren → beherrschen sich.
Ruhe, in aller → bequem.
Ruhe verlieren →• erregen.
Ruhe bringen, zur → anhalten,
besänftigen.
Ruhe setzen sich, zur → abdanken.
**Ruhe bringen lassen, sich
nicht aus der** → beherrschen.
Ruhe setzen, sich zur ausscheiden, zurückziehen sich,
sich ins Privatleben zurückziehen, sich pensionieren lassen, sich auf sein Altenteil
setzen, demissionieren, seinen Abschied nehmen, sich
in den Ruhestand versetzen
lassen, aus dem Amt aus-
scheiden, seinen Beruf aufgeben. ▶ arbeiten.
Ruhe vor dem Sturm Spannung, Reizung, Hochdruck,
Erwartung, Gewitter, Schwüle. → Beengung. ▶ Entspannung.
ruhebedürftig → erholungsbedürftig.
Ruhebett Ottomane. → Bett,
Diwan.
Ruhegehalt → Rente.
Ruhelager → Bett, Diwan.
ruhelos → anstellig, arbeitsam, beweglich, Damm sein
auf dem, ein und aus, erwerbsam, friedlos, rastlos.
Ruhelosigkeit → Begierde,
Gezappel, Unruhe.
ruhen anlehnen sich, anliegen, basieren, bauen auf,
beruhen, fußen, gründen sich
auf, sitzen, stehen, still liegen, wurzeln, halten, stützen,
tragen, unterstützen ● ankern, bleiben, rasten, stagnieren, verweilen, stocken, stoppen, unterbrechen, anhalten,
aussetzen, einhalten, innehalten, legen sich, pausieren,
schließen, stunden, verschieben, ausspannen, lagern j,
niederlegen j, einbetten, einlagern ● sich's bequem ma-
chen, die Arbeit einstellen,
sich zurückziehen, auf seinen
Lorbeeren ausruhen, zu Bett
gehen ● beschwichtigen, einlullen, einschläfern, einwiegen, zur Ruhe bringen, es
sich behaglich machen, der
Ruhe pflegen, lagern ● brachliegen, rosten. → abstehen,
anhalten, aufhören, ausruhen,
aussetzen, basieren, befristet, beruhigen, bleiben auf
dem Platz, einschlafen, kommen zur Ruhe, liegen, niedersetzen, schließen, stocken.
▶ anfangen, arbeiten, auf-

wachen, aufstehen, fortfah-
ren.
ruhend → passiv.
Ruheort → Aufenthaltsort.
Ruhepunkt Ruhepol. → Feier-
abend, Stütze.
Ruhesitz → Stützpunkt, Zu-
fluchtsort.
Ruhestand → Abbau, Auf-
enthalt, Lebensabend.
Ruhestand, im → pensio-
niert.
Ruhestätte → Bank, Diwan,
Grab, Obdach.
Ruhestörung Krach, Lärm. →
Störung.
ruhevoll → friedsam, gemütlich.
Ruhezeit Rasttage, Pause,
Freizeit, Erholung, Muße,
Feiertag, Erholungszeit, Ur-
laubszeit, Ferien, Werkpau-
se, Ladenschluß, Festzeit ●
Sauregurkenzeit ● Bettruhe,
Schlaf, Schlummer, Siesta,
Nickerchen, Winterschlaf ●
Feierabend, Abendruhe,
Abendstunde, Feierstunde,
Wochenende ● Lebensabend,
Ruhestand, Wartezeit. →
Dämmerstündchen, Feier,
Feierabend. ▶ (Arbeitszeit).
ruhig bedachtsam, beschau-
lich, besonnen, friedlich, gedämpft, gefaßt, gelassen, gemach, gemütlich, geruhsam,
gleichmütig, lauschig, leise,
maßvoll, sanft, schweigsam,
still, unhörbar, regungslos,
idyllisch, gefaßt bleiben. →
abgebrüht, angenehm, be-
dächtig, beherrscht, Eile mit
Weile, ergeben, ernst, friedsam, gemessen, gemütlich,
geräuschlos, hinnehmend,
leidenschaftslos, leise, Lot
im, sachte, stillschweigend,
unhörbar. ▶ unruhig.
Ruhm Ehre, Ansehen, Ehrung,
Berühmtheit, Glorie, Nimbus,
Glanz, Weltruhm, Weltruf,
Unsterblichkeit, Gewichtigkeit, Bedeutsamkeit, Popularität, Beliebtheit, Volksgunst,
Ruf, Name. → Achtung, Ar-
beitssegen, Ehre. ▶ Ruhm-
losigkeit.
ruhmbedeckt → glorreich.
rühmen anerkennen, auszeichnen, bewundern, ehren,
empfehlen, loben, preisen,
schätzen, Beifall zollen, Lob
spenden, verehren, verherrlichen, vergotten, herausstreichen, besingen, anpreisen,
anschwärmen, anhimmeln ●
schmeicheln. → anbeten, anpreisen, befürworten, bejubeln, begrüßen, Ehre bezeigen, entgegenjauchzen, hoch
leben lassen, loben. ▶
schmähen.
rühmen, sich → dick tun.
Ruhmesglanz → Nimbus.
rühmlich → erlaucht, imponierend, lobenswert.
Ruhmlosigkeit Unberühmtheit, Namenlosigkeit, unbe-

kannte Größe, Verborgenheit ● Unwürdigkeit, Ehrlosigkeit, Verächtlichkeit, Schmach und Schande, Schandmal, Vergangenheit dunkle, Schandfleck, Makel, Unehre, Schande, Schmach. ▶ Ruhm.
ruhmredig → aufdringlich.
Ruhmredigkeit → Dünkel.
Ruhmsucht → Ehrgefühl.
ruhmsüchtig → ehrgeizig.
ruhmreich verdient, achtbar.
ruhmvoll → brillant, ehrenvoll, erlaucht.
rühren → aufregen, aufspringen, beschleunigen, betäuben, bewegen sich, drehen, erheben, erweichen, packen.
rühren, sich → arbeiten, bewegen sich, eilen.
rühren, das Herz → dauern.
rühren, die Trommel alarmieren, Alarm schlagen, Lärm machen, zu den Waffen rufen, die Sturmglocke läuten ● beunruhigen, aufschrecken, in Bestürzung versetzen, warnen ● prahlen, dick tun, groß tun, brüsten sich, aufblähen sich, aufschneiden, viel Wind machen, aufspielen sich, protzen, sich in die Brust werfen, das große Wort führen, renommieren, den Mund voll nehmen, dicke Töne reden ● werben, anpreisen, ködern, Reklame machen, Propaganda machen, Kunden fangen, beschwatzen. ▶ befrieden, bescheiden (sein).
rührend → anspruchslos, bejammernswert, ergreifend, faszinierend, innig.
rührig → aktiv, angestrengt, anstellig, arbeitsam, aufgeschlossen, beflissentlich, beflügelt, begierig, besorgt, beweglich, Damm sein auf dem, dienstbeflissen, eifrig, eilfertig, erwerbsam, fix, fürsorglich, lebendig, lebhaft, rastlos, rege, strebsam.
Rührigkeit → Aktivität, Anstrengung, Arbeitslust, Beflissenheit, Begierde, Behendigkeit, Bemühung, Bestreben, Eifer, Emsigkeit.
Rühr-mich-nicht-an-Miene → Duldermiene.
rührsam → empfindsam.
Rührstück → Schnulze.
Rührung → Affekt, Aufregung, Begeisterung, Erregung, Teilnahme.
Ruin → Abbruch, Armut, Beschwerlichkeit, Verlust.
Ruine → Bruchstück, Trümmer, Überrest.
ruinieren verderben, vernichten, zugrunde richten, brotlos machen, um das Vermögen bringen, herunterwirtschaften, zerrütten, jemandem den Rest geben, in die Pfanne hauen *u*, das bringt ihn auf den Hund, auf den Hund oder vor die Hunde gehen ● zer-

stören, verwüsten. → abbrechen, anstoßen, ausmerzen, herunterbringen, zerstören.
ruiniert → abgebrannt, abgerissen, arm, getroffen, unglücklich.
rülpsen → aufstoßen.
Rummel → Aufregung, Trubel.
Rumor Lärm, Geschrei, Getöse, Tumult, Radau, Krach, Gedröhne, Gepolter, Gestampfe, Getümmel, Geprassel. ▶ Stille.
Rumpelkammer → Abstellraum.
rumpeln → rattern.
Rumpf Körper, Körperteil, Leib, Menschenleib, Brustkasten, Gerippe, Knochengerüst, Skelett, Gebein, Glieder ● Schiffskörper, Schiffsraum.
rümpfen, die Nase → verachten.
Run → Ansturm.
rund eirund, elliptisch, gerundet, geschlossen, kreisförmig, kreisrund, oval, radlinig, reifförmig, ringförmig, röhrenartig. → an, annähernd, bauchig, dick, etwa, geschlossen, kugelig, summarisch.
rundaus vollauf, erschöpfend, gründlich, durch und durch, ganz, gesamt, vollständig ● vermutlich, glaublich, denkbar, dem Anschein nach, wohl, wie anzunehmen ist ● ernstlich, ausdrücklich, deutlich, klar, entschieden, bestimmt, untrüglich, tatsächlich, gewiß, sicherlich ● rundweg, angemessen, billig, gerecht, begründet, gebührend, geziemend, wohlverdient. ▶ durchaus nicht, undenkbar, ungewiß, unglaublich.
Rundbild Panorama, Rundblick, Ansicht, Fernsicht, Perspektive, Raumtiefe.
Rundblick → Aussicht.
Runde → Bewachung, Corona, Umtrunk, Wache, Wanderung, Wiederkehr.
Runde geben, eine Umtrunk halten, Salamander reiben, zutrinken, bewirten, freihalten, einladen, spendieren, aufwarten.
runden abrunden, abzirkeln ● umkreisen, umgeben ● drechseln, drehen, Kugelform geben, kugeln, ballen, rollen, knäueln.
Runderlaß → Bekanntgabe, Zirkular.
Rundfunk Hörfunk, Radio, Sender, Empfänger.
Rundgang → Ausflug, Ausmarsch, Reise, Wache.
Rundheit → Corona, Kreisform, Kugel.
rundheraus → offen.
rundherum → rings.
rundlich → dick.
Rundschreiben → Angebot, Bekanntmachung, Zirkular.

Rundspruch → Benachrichtigung.
Rundung Rundheit, Runde, Bogen, Gewölbe, Kugelgestalt, Kreisform, Zylinderform, Sphäre, Sphäroid, Ellipsoid, Birnenform ● Anmut, Lieblichkeit, Gefälligkeit, Harmonie, Stil fließender, Wohlklang, Abrundung, Endrundung. ▶ Ecke, Kante, Zacke.
rundweg alles, durchaus, durchgängig, durchweg, ganz, gänzlich, ganz und gar, insgesamt, reinweg, sämtlich, samt und sonders, ungeteilt, vollauf, völlig, vollends, ohne Ausnahme, in Bausch und Bogen, von Anfang bis Ende, von A bis Z, vom Scheitel bis zur Sohle, mit Haut und Haar ● barsch, entschieden, kurz und gut, kurz und bündig, kategorisch. ▶ langatmig, (nachgebend), teilweise.
Runzel Falte, Krähenfüße, Rauheit, Runzeligkeit, Zerknitterung.
runzelig → blatternarbig, faltig.
runzellos → blank, eben, faltenlos.
runzeln falten, fälteln, kräuseln, zerknittern, verrunzeln, falten die Stirne. → falten. ▶ glätten.
runzeln, die Stirne das Gesicht verziehen, eine saure Miene machen, ein Gesicht ziehen, die Nase hängen lassen, sich graue Haare wachsen lassen, sich betrüben, sich sorgen, sich grämen, sich abhärmen, schmollen, finster dreinschauen, unzufrieden sein, böse werden, Bedenken haben, ungeduldig werden. → brummen. ▶ erfreuen sich, (Miene verziehen keine).
Rüpel → Barbar, Bärbeißer, Gassenjunge.
Rüpelei → Unhöflichkeit.
rüpelhaft → bäurisch, unhöflich.
Rupfen → Bemächtigung, Stoff.
rupfen → aufschlagen, bemächtigen, berauben, bestehlen, bewuchern, erpressen.
rupfen, ein Hühnchen entgelten lassen, erwidern, eintränken, wiedervergelten, heimzahlen, revanchieren sich, den Spieß umdrehen, das Blatt wenden. ▶ verteidigen (sich), verziehen.
ruppig pöbelhaft, unfein, niederträchtig, nichtswürdig, ungeschliffen, barbarisch, ungesittet, gewöhnlich, roh, ungezogen, unterzogen, klobig, ungehobelt, rücksichtslos, brutal, derb, stur, dickfellig, grobschlächtig, plump, ungebührlich, bäurisch, flegel-

haft. → klotzig. ▶ wohlerzogen.
Rüsche → Falte.
Ruß → Abfall, Auswurf, Dreck, Schmutz, Schwärze.
Russe Iwan u, Rußki u.
rußen → blaken.
Rüssel Nase, Zinken, Höcker, Gurke ● Schnauze, Schnute, Maul, Schnabel, Gebrech j.
rußig unrein, schmutzig, befleckt, rauchig, dreckig, schmierig, garstig, schwarz, schwärzlich, geschwärzt. → dreckig. ▶ sauber.
rüsten → angreifen, auftakeln, befähigen, ertüchtigen, mobilisieren, wappnen.
rüstig → Damm sein auf dem, gesund, stark.
rustikal deftig, bäuerlich, ländlich, derb, zünftig.
Rüstkammer Magazin, Arsenal, Munitionskammer, Lagerhaus, Lagerstätte, Aufbewahrungsort, Armeedepot, Zeughaus.
Rüstung Harnisch, Panzer, Panzerhemd, Kettenhemd, Kettenpanzer, Brustpanzer, Brünne, Küraß ● Aufrüstung, Kriegsvorbereitung, Mobilisierung, zu den Waffen rufen, Verteidigung.
Rüstzeug → Ausrüstung, Requisit.
Rute Maß, Ausmaß, Längenmaß, Flächenmaß ● Schwanz, Schweif, Wedel, Sterz, Glied, Körperteil ● Gerte, Zweig, Stab, Stock, Trieb, Schoß, Schößling, Stengel, Stiel, Glied, Fruchtglied j.→ Prügel.
Rute binden, sich eine ein Kreuz aufladen sich, anstrengen sich, abmühen, eine große Aufgabe stellen sich, abrackern, schinden sich, plagen sich, placken, abarbeiten, übernehmen sich, überladen sich, überlasten sich, überbürden sich, quälen sich, Übermenschliches leisten, sich in den Kopf setzen. ▶ (Bein ausreißen sich kein), halten sich vom Leibe.
Rutenbündel → Bündel.
Rutsch → Fall.
Rutsche Rutschbahn, schiefe Ebene, Gleitbahn, Schüttelrinne, Transportbahn ● Schaukel bayr.
rutschen gleiten, schleifen, ausgleiten, glitschen, ausrutschen, schlittern, schliddern, schliefen, kascheln, rodeln ● schieben, niederfallen, stürzen, absacken, hinsinken, umfallen, abstürzen, stolpern, straucheln, das Gleichgewicht verlieren, hinunterkollern, herabkugeln. ▶ gehen, halten, stehen.
rutschen auf den Knien kriechen, sich verächtlich machen, sich in den Staub werfen, sich krümmen, sich

winden, sich beugen, scharwenzeln, dienern, zu Kreuz kriechen, den Hof machen, den Lakaien spielen, schweifwedeln, nach der Flöte tanzen, schranzen, den Mantel nach dem Winde hängen ● sühnen, Abbitte tun, um Verzeihung bitten, abbüßen, Buße tun, bereuen, Buße leisten, bußfertig sein. ▶ überheben sich.
rütteln → aufrütteln, aufwerfen, stoßen.

S

Saal Raum, Zimmer, Gemach, Salon, Tanzsaal, Kronsaal, Prachtssaal, Festsaal, Vorsaal, Staatssaal, Audienzsaal, Wartesaal, Aula, Auditorium, Hörsaal, Räumlichkeit. → Zimmer.
Saat Aussaat, Gesätes, Samen, Anbau, Bodenbestellung, Ackersaat, Feldsaat, Keim ● Anfang, Ursprung. ▶ Ernte, Wirkung.
sabbeln → erbrechen, prahlen.
sabbern → seibern.
Säbel rasseln, mit dem → drohen, Strenge.
säbeln schneiden, schnippseln.
Säbelgerassel → Angabe, Bedrohung, Strenge.
säbelrasselnd → drohend.
Säbelraßler → Angeber.
sabern → erbrechen.
sabotieren → aufhalten, hemmen, stören.
sachdienlich → annehmbar, handlich, objektiv, passend, zweckmäßig.
Sachdienlichkeit Anwendbarkeit, Zulässigkeit, Geeignetheit, Angemessenheit, Tauglichkeit, Zweckmäßigkeit, Schicklichkeit, Füglichkeit, Verwendbarkeit, Tunlichkeit, Eignung. → Dienlichkeit. ▶ Zwecklosigkeit.
Sache Ding, Etwas, Dingsda u, Kiste u, Laden u, Zeugs, Chose, Pfundssache, Mistding, Gegenstand, Begriff, Angelegenheit, Stoff, Masse, Material, Anliegen, Belang, Fall, Begebenheit, Obliegenheit, Auftrag, Lade ● Straffall, Strafsache, Streitsache, Klagesache, Rechtsfall, Rechtshandel, Rechtsstreit ● Tatsache, Substanz, Objekt, Motiv, Hauptgedanke, Moment, Geschichte u, Grundgedanke ● Hauptschwierigkeit. → Angelegenheit, Aufgabe, Charge, Ding, Beruf, Etwas, Faktor, Gegenstand, Obliegenheit, Sachwerte. ▶ (Körperlosigkeit) Nichts, Unsichtbarkeit.

Sache liegt, wie die → dementsprechend, deshalb.
Sache treu bleiben, einer → dabei bleiben.
Sachen → Besitztum, Bagage, Effekten, Kleidung, Sache, Sachwerte.
sachgemäß → anwendbar, denkrichtig, diesbezüglich, einschlägig, fachgemäß, logisch.
Sachkenner → Fachmann, Sachverständiger.
sachkundig sachverständig, fachmännisch, angemessen, gutachtlich, geprüft, klug, sachlich, erwogen, urteilssicher, zutangebend, zuständig, verständig, einsichtsvoll, befähigt, meisterhaft, kunstgerecht, geübt, geschult, meisterlich, erfahren, bewandert, bewährt, fähig, erprobt. → kompetent. ▶ laienhaft, unerfahren.
Sachlage Lage, Bewandtnis, Sachverhalt, Umstand, Zusammenhang, Standpunkt, Verhältnis, Stand, Situation, Zustand, Umstand, Konstellation, Stadium, Tatsache, Verfassung. → Art und Weise. ▶ Folge.
sachlich parteilos, objektiv, erwogen, geprüft, vorurteilsfrei, unparteiisch, geradlinig, angemessen, wesentlich, schlicht, unbefangen, unbeeinflußt, einfach, zur Sache gehörig, konsequent, sinngemäß, vernunftgerecht, verstandesgemäß, unvoreingenommen, unbefangen, sachdienlich, gerecht, vorurteilslos, folgerichtig, streng, verständig ● dinglich, gegenständlich, eine Sache betreffend. → denkrichtig, gesammelt, Kopf klarer, leidenschaftslos. ▶ unsachlich.
Sachlichkeit Unparteilichkeit, Klarheit, klares Urteil, klarer Begriff, Bestimmtheit, Einsicht, Gradsinn, Festigkeit, Billigkeit, Vernunft, Verständnis, Überlegung, Klarsicht, Ruhe, Besinnlichkeit, Scharfblick, Umsicht, Bedacht, Objektivität, Toleranz, Schlichtheit, Unbefangenheit. → Objektivität. ▶ Unsachlichkeit.
Sachregister → Katalog.
sachte leicht, ruhig, lau, gelinde, leise, mild, verhalten, sanft, tonlos, unmerklich, still, unhörbar, weich, zaghaft, lautlos, geräuschlos, unhörbar, unvernehmbar, beruhigend, doucement. → allmählich, bedächtig, langsam. ▶ grob, hurtig, schnell.
Sachverhalt → Art und Weise, Lage, Sachlage.
sachverständig → erwägend, sachkundig.
Sachverständiger Experte,

Fachmann, Gutachter, Begutachter, Kenner, Fachgröße, Könner, Meister, Sachkenner, Spezialist, Kunstverständiger, Meisterkopf, Meisterhand, Fachberater, gerichtlicher Sachverständiger. → Experte, Fachmann. ▸ Laie, Nichtfachmann, Nichtskönner.

Sachverzeichnis → Inventar, Katalog.

Sachwalter → Anwalt, Beauftragter, Bevollmächtigter.

Sachwerte Sachen, Eigentum, Besitztum, Vermögenswerte, Gesamtvermögen, Besitzstand, Habe, Geld, Gut, Vermögensstand, irdisches Gut, Kleider, Schmuck, Juwelen, Einrichtung, Mobiliar, Güter, Fahrnis, Wertsachen, Barvermögen, Mitgift, Ausstattung, Barschaft. ▸ (Gebrauchswert).

Sack Beutel, Tasche, Kartoffelsack, Getreidesack, Behälter, Behältnis, Leinensack, Strohsack, Geldsack, Sackleinen ● Sackrock, Anzug, Gewand ● Dicksack, Fettsack, Dickbauch, Schmerbauch ● Getreidemaß (holländ.), Gewicht (engl. und russ.). → Balg, Behälter, Beutel. ▸ Kiste.

Sack und Pack → Bagage, Besitz.

Sack stecken, in den übertreffen, überwältigen, überragen, überholen, überbieten, überstrahlen, ausstechen, schlagen, über jemandem sein, den Vogel abschießen, den Rang ablaufen, stärker sein ● zum Narren halten, hinters Licht führen, eine Nase drehen, ein Schnippchen schlagen, das Fell über die Ohren ziehen, einem Hörner aufsetzen, übers Ohr hauen. ▸ helfen, unterliegen

Säckel → Beutel, Sack.

Sackgasse → Dilemma, Ei des Kolumbus, Hindernis, Klemme, Schwierigkeit, Weg.

Sackrock → Anzug.

sadistisch quälerisch, gemein, gehässig, pervers, teuflisch.

säen → bestreuen, einstreuen, pflanzen.

Safe Geldschrank, Geldtruhe, Geldkassette, Panzerschrank, Sicherheitsschrank, Geheimschrank, Tresor, Schließfach, Stahlfach, Panzergewölbe, Schutzgewölbe, Geldkassette, Kassenschrank, Schatzkammer, Schatzhaus.

Saft Flüssigkeit, Wässerigkeit, Feuchtigkeit, Gerinnsel, Brühe, Soße, Obstsaft ● Inneres, Mark, Blut. → Brühe.

Saft und Kraft Kraft, Mark, Tatkraft, Energie, Einsatz, Mut, Eifer, Stahl und Eisen, Thors Hammer, Kernpunkt,

Nerv, Stärke, Macht, Kernigkeit. → Mark.

saftig kräftig, erfrischend, mundend, fein, lecker, voller Saft, prickelnd, satt, schwer, voll, gehaltvoll, würzig, köstlich, schmeckbar, nahrhaft ● geistreich, zotenhaft, schmutzig. → erfrischend, eßbar, gut, naß. ▸ saftlos.

saftlos → abgedroschen, reizlos, schwach, trocken.

Saftlosigkeit Schalheit, Lauheit, Fadheit, Schwachheit, Kraftlosigkeit, Geschmacklosigkeit, Geschmacksleere, Trockenheit, Ungewürztheit, Welkheit, Kümmerlichkeit, Gehaltlosigkeit, ohne Mark. → Feuchte, Kraft, Schmackhaftigkeit.

Sage → Erfindung, Erzählung.

sagen sprechen, reden, plaudern, schwatzen, fallenlassen, die Lippen voneinander tun, die Lippen öffnen, den Schnabel auftun, das Stillschweigen brechen, erzählen, ausdrücken, äußern, kundtun, darstellen, erklären, hervorheben, herausbringen, herausfahren, durchblicken lassen, verdeutlichen, anzeigen, bemerken, offenbaren, die Augen öffnen, einen Wink geben, enthüllen. → angeben, ausdrücken, äußern, benachrichtigen, bestätigen, bestellen, betonen, deklamieren, erwidern, hinweisen, hinzufügen, reden, sprechen. ▸ schreiben, schweigen, verheimlichen.

sägen absägen, ansägen, einsägen ● schnarchen. → schnaufen, schneiden.

sagenhaft mythologisch, mythisch, fabelhaft, unwahrscheinlich, sagenmäßig, phantasiereich, erfinderisch, poetisch, ausgefahren, romantisch, legendär. ▸ (historisch), wahr.

Sahne Rahm, Obers, Schmand, Dickmilch, Süßrahm, Schlagsahne, Schlagobers, saurer Rahm, Sahneeis, Sahnekuchen, Sahnekäse. → Speise.

Saison Zeitraum, Jahreszeit, Zeitmaß, Zeitabschnitt, Hauptgeschäftszeit, Hauptverkehrszeit, Haupturlaubszeit, Hauptzeit. ▸ (Vor-, Nachsaison).

Saite Tonsaite, Strang, Faser, Flechse, Violinsaite, Darmsaite, Metallsaite, Faden, Bespannung.

Saiten aufziehen, andere züchtigen, zur Vernunft bringen, den Brotkorb höher hängen, Steine statt Brot geben, mit eisernem Besen kehren, den Starrsinn brechen, die Daumenschrauben

anlegen, nicht viel Federlesens machen, die Faust zeigen, Gewalt anwenden, kurzen Prozeß machen, unter der Rute halten, zu Boden drücken, ein gestrenges Regiment führen, ohne Schonung verfahren, keine Nachsicht üben, mit dem Säbel rasseln, strenge sein. ▸ dulden, nachgeben.

sakral geistlich, gottgeweiht.

Sakrament Gnadenmittel, Heilmittel, Kirchenmittel, Kommunion, Beichte, Firmung, Sterbesakrament, Ehesakrament, Priesterweihe, Taufe. → Beichte.

Sakrileg s Kirchenraub, Gotteslästerung, Diebstahl, Beraubung, Plünderung, Räuberei, Einbruch, Entwendung, Gaunerei, Unfrömmigkeit, Sünde, Ruchlosigkeit, Frevel, Kirchenfrevel, Kirchenschändung, Religionsfrevel. ▸ Gottesfurcht, (Heiligung), (Weihe).

Säkularisation Verweltlichung, Aneignung, Besitznahme, Wegnahme, Entnahme, Entziehung, Diebstahl, Beschlagnahme, Verdrängung, Vertreibung, Klosterraub. → Bemächtigung.

säkularisieren enteignen, beschlagnahmen, einziehen, wegnehmen, sich bemächtigen, sich zueignen, entrechten. → bemächtigen. ▸ zurückgeben (der Kirche).

Salär → Einnahme, Gehalt.

Salat Pflanze, Kopfsalat, Feldsalat, Lattich, Endivie, Zichorie, Rapunzel, Pflücksalat, Speise, Gericht, Nahrungsmittel ● Bescherung, dickes Ende, Reinfall, Pech, Mißgeschick, Schlag, Verderben, Fehlschlag, unangenehme Überraschung. → Wirrwarr.

Salbaderei → Abschweifung, Redseligkeit.

salbadern quacksalbern, herumdoktern, herumkurieren, pflastern, kurpfuschen ● schwätzen, reden, plappern, kannegießern, abschweifen, ausbreiten, ausdehnen, schnattern, wäschen, palavern, babbeln, schwadronieren, zerreden. ▸ heilen, schweigen.

Salbe → Arznei.

salben ölen, schmieren, einschmieren, glätten, einreiben, einfetten, einölen, einsalben, frisieren, pomadisieren ● einbalsamieren ● bestechen, anschmieren, betrügen ● einweihen.

salbig → butterig, fettig.

Salbung Vornehmtuerei, Mache, Umschweife, Ziererei,

Gezier, Maniriertheit, Gesuchtheit, Gezwungenheit, Gebaren ● Weihe, Weihung, Heiligung, Einsalbung, Einweihung. ▶ Natürlichkeit, Schändung.

salbungsvoll übertrieben, überladen, theatralisch, gesucht, gemacht, umschweifend, manieriert, verschroben, weitschichtig, weitschweifig, hochtrabend, aufgeblasen, förmlich, großspurig, gezwungen, pathetisch, gemessen. → ausdrucksvoll. ▶ ausdruckslos, natürlich.

saldieren → abschließen.

Saldo Bilanz, Abschluß, Schlußrechnung, Übertrag, Ergebnis, Transport, Überschuß, Überhang.

Salon Besuchszimmer, Gesellschaftszimmer, Empfangszimmer, Staatszimmer, Putzstube, Prangstube, Rauchsalon, Wohnzimmer, Gemach, Gelaß, Raum, Herrschaftszimmer, Wohnraum ● Frisiersalon, Schönheitssalon, Modesalon.

salonfähig gesellig, gesellschaftlich, gewandt, weltgewandt, unbefangen, unverlegen, ungezwungen, zwanglos, ungeniert, wohlerzogen, manierlich, formgewandt, geschliffen, einnehmend, galant, gebildet, höflich, artig, kultiviert, gesittet, hoffähig. ▶ ungesittet, unerzogen.

Salonfähigkeit Höflichkeit, Wohlerzogenheit, Artigkeit, Bildung, Manierlichkeit, Schicklichkeit, Schliff, Weltgewandtheit, Weltkenntnis, Manieren, Lebensart, Geselligkeit, Umgänglichkeit, Umgangsform, Ritterlichkeit, Zuvorkommenheit. → Dekorum. ▶ Ungeschicklichkeit, Weltfremdheit.

Salonlöwe Don Juan, Ballkönig, Stern, Gesellschafter, Lebemann, Tänzer, Kavalier, Galan, Ritter, Hahn im Korb, Herzensbrecher, Unterhalter, flotter Bursche, Playboy ● Zecher, Spieler.

Salontiroler → Dandy.

salopp ungezwungen, wüst, lässig, schlampig, unfein, nonchalant, ungepflegt, schmutzig, dreckig, schmierig, ungewaschen, sudelig, ungekämmt, struppig, stachelig. → bäurisch, häßlich. ▶ elegant, gehemmt, gezwungen, tadellos.

Salü → ade.

salutieren → grüßen, präsentieren das Gewehr.

Salut Ehrensalve, Ehrensalut, Salutschuß ● militärische Ehren, Ehrerweisung, Huldigung.

Salve Geknatter, Schuß, Ehrenschuß, Geprassel, Krach,

Knall, Schlag, Ehrenerweisung, Kanonenschuß ● Begrüßung, Ausruf, Willkommensheißung, Gruß.

salzen → würzen.

salzig scharf, bitter, herb, rauh, versalzen, gepökelt, gewürzt, verpfeffert, beißend, brennend, hart, beizend, kratzig, ätzend, salzhaltig. ▶ salzlos, süß.

salzlos würzlos, geschmacklos, fad, schal, kraftlos, unschmackhaft, übelschmeckend ● geistlos, witzlos, flach, platt, reizlos, langweilig, abgeschmackt, matt, einförmig, ledern.

Sämann → Bauer.

Samariter → Helfer, Wohltäter.

Samen Keim, Pflanzenkeim, Blütenstaub, Pollen, Spore, Ursprung, Anfang, Beginn, Ursache, Saat, Embryo, Zeugungsstoff ● Sämereien. → Abkomme.

sämig → dickflüssig.

Sammelband → Album.

Sammelbecken Zusammenlauf, Sammelpunkt, Treffpunkt, Gedränge, Auflauf, Konzentration, Konzentrierung, Schnittpunkt, Treffpunkt, Wasserbecken, Wasserstation, Brunnenstube, Aufspeicherung, Hintergrund, Talsperre. ▶ Ersparnis. ▶ Ablauf.

Sammelbegriff Gesamtheit, Zusammengehörigkeit, Allgemeinbegriff, Gattungsbegriff, Gemeinschaft, Umfassung, Sammlung, Begriffseinheit, Sprachfamilie, Wortfamilie, Zusammenschluß, Zusammenfassung, Zusammenstellung, Allgemeinheit. ▶ (Einzelbegriff).

sammeln anhäufen, zusammenscharren, aufbewahren, zusammenlegen, aufhäufen, zulegen, aufheben, auflesen, sich verschaffen, auftreiben, vereinigen, behalten, eraffen, erfassen, einsammeln, einziehen, erhalten, versammeln, sich, anreihen, aufschichten, auftürmen, aufstapeln, die Gedanken sammeln. → anhäufen, aufbewahren, aufheben, aufspeichern, bereichern, beschreiben, betteln, einfangen, einsäckeln, erfassen, ernten. ▶ verschwenden, verstreuen.

sammeln, sich konzentrieren sich, Einkehr halten, überlegen, zügeln sich, an sich halten, mäßigen sich, besinnen sich, bedenken sich ● versammeln sich, vereinigen sich, scharen sich, zusammenkommen, treffen sich, zusammenziehen. → bessern sich. ▶ auseinandergehen,

Fassung verlieren die, zerstreut (sein).

Sammelpunkt → Brennpunkt, Depot, Drehpunkt, Sammelstelle, Zentrum.

Sammelstelle Sammelpunkt, Sammelort, Sammelplatz, Knotenpunkt, Brennpunkt, Schnittpunkt, Mittelpunkt, Ausgangspunkt, Versammlungsplatz, Treffpunkt, Aufenthaltsort, Lager, Lagerplatz, Standort, Einkehrhaus, Quartier. → Depot, Zentrum.

Sammelsurium → Chaos, Durcheinander, Ragout.

Sammelwerk → Depot, Faszikel, Überblick.

Sammler Sucher, Forscher, Himmelstürmer, Aufbewahrer, Begehrer, Liebhaber, Steckenpferdbetreiber, Kenner, Spezialist ● Akkumulator.

Sammlung → Anhaltspunkt, Anzahl, Auffrischung, Ausstellung, Beherrschung, Belege, Bereicherung, Beruhigung, Besinnung, Denkschrift, Entspannung, Erbauung, Erholung, Ernst, Feierabend, Galerie, Serie, Überblick.

Samt Glätte, Glanzstoff, Weichheit, Zartheit, Fügsamkeit, Geschmeidigkeit, Stoff, Schmuck, Plüsch, Seidensamt.

Samt und Seide → Pracht, Schmuck.

samt → außerdem, beigeordnet, beisammen.

samt und sonders → A bis Z, auch A und O, Haut und Haar mit. rundweg.

samtartig → aalglatt, faltenlos, federartig, weich.

samtig weich, zart, schmiegsam, edel.

sämtlich → A bis O, alles, einmal alle auf, Haut und Haar mit. rundweg.

Sanatorium Heilanstalt, Spital, Hospital, Krankenhaus, Krankenheim, Siechenhaus, Klinik, Erholungsheim, Kuranstalt, Heilbad, Seebad, Badeort, Badeplatz, Irrenanstalt, Nervenanstalt, Gesundbrunnen.

Sand Geröll, Geschiebe, Gebröckel, Flugsand, Düne, Kies, Verwitterungsschutt, Quarz, Lockerheit, Körnigkeit, Pulverform, Pulverförmigkeit, Schutt, Staubmehl, Meeressand ● Scheuersand, Feuerschutz, Putzmittel. ▶ Fels.

Sand in die Augen streuen → balbieren, täuschen.

Sand bauen, auf scheitern, Wasser in ein Sieb schöpfen, ein Fiasko erleben, den Boden unter den Füßen verlieren, zu Essig werden, zu Schaden kommen, eine Dummheit begehen, einen Fehler machen, unüberlegt handeln, das Nachsehen haben, den Bock melken, da ist Hopfen und Malz verloren, Flöhe hüten, Eulen nach Athen tragen, Bier nach München tragen, das Pferd am Schwanz aufzäumen, keine Seide spinnen, kleine Brötchen backen, einen Mohren weiß waschen, Wasser in den Rhein tragen. ▶ gelingen, (sicher gehen).

Sand am Meer, wie viel, vielerlei, zahlreich, massenhaft, überzählig, endlos, unzählig, scheffelweise, tonnenweise, gedrängt, übervölkert, volkfuderweise, unerschöpflich, reich, dicht, eingeengt, beengend, wie die Sterne am Himmel, zahllose Scharen. ▶ selten.

Sandbank Untiefe, Versandung, Seichtigkeit, Seichtheit, Land, Boden, Grund, Anschwemmung ● Gefahr, Falle, Tücke. → Bank. ▶ Gefahrlosigkeit, Tiefe.

Sande verlaufen, sich im → scheitern.

sandfarben → beige.

sandig → bröcklig.

Sandsack → Ballast.

Sanduhr Meßglas, Standglas, Uhr, Eieruhr, Sandglas, Stundenglas, Zeitmessung. ▶ Federwerk, Pendeluhr, Sonnenuhr.

Sandwich Häppchen, Schnitte, Zwischenmahlzeit.

sanft → anklingend, barmherzig, besinnlich, faltenlos, federartig, fein, gutmütig, lammfromm, mild, ruhig, sachte, still.

Sänfte Tragstuhl, Tragsessel, Beförderungsmittel, Tragbahre ● Sanftheit, Sanftmut. → Bahre. ▶ Wagen, Wut.

Sanftheit → Besonnenheit, Duldsamkeit, Engelsgüte, Erbarmen, Geduld, Milde, Nachsicht.

Sanftmut → Demut, Duldsamkeit, Engelsgüte, Erbarmen, Geduld, Milde, Nachsicht.

sanftmütig → barmherzig, demütig, friedsam, mild.

Sang → Gesang.

Sang und Klang, ohne sang- und klanglos, leise, tonlos, still, unvernehmlich ● unberühmt, ruhmlos, namenlos, unbedeutend, ungenannt, ungekannt, unbemerkt, unrühmlich, von dunkler Vergangenheit.▶ auffallend, berühmt,laut.

Sänger Tenor, Buffo, Bariton, Bassist, Skalde, Barde, Straßensänger, Hofsänger, Opernsänger, Operettensänger, Kabarettsänger, Chansonnier, Konzertsänger, Bänkelsänger, Künstler, Chansonnier, Troubadour, Volkssänger, Balladensänger, Vorsänger, Jodler, Chansonette. →

Baß, Dichter, Minnesänger. ▶ (Schauspieler), Sprecher.

Sanguiniker Hitzkopf, Brausekopf, Spaßteufel, Giftkropf, Zornkropf, Unband, Übereifriger, Erregbarer, Heftiger, Heißblütiger, Unbeherrschter, Eifriger, Heißsporn, Aufbegehrer, leicht erregbarer Mensch. ▶ (Melancholiker), (Stoiker).

sanguinisch hitzköpfig, aufbrausend, auffahrend, heftig, hitzig, ungestüm, feurig, stürmisch, wild, blitzig, bewegt, erregt, reizbar, erregbar, leidenschaftlich, leichtblütig, lebhaft. ▶ melancholisch, stoisch.

sanieren → retten.

sanitär hygienisch, gesundheitsgemäß.

Sanitäter Helfer, Hilfskraft, Beistand, Pfleger, Heilgehilfe, Wärter, Krankenträger, Krankenbruder, Rotkreuzmann, Lazarettgehilfe, Pflasterkasten u, Sanitätsoffizier.

Sanktion Zwangsmaßnahme, Vollzug, Bestätigung, Sicherungen, Sicherungsbestimmungen, Erteilung der Gesetzeskraft, Gutheißung, Festsetzung, Abmachung, Vereinbarung, Übereinkommen ● Sanktionierung, Weihe, Weihung, Heiligung. → Abkommen. ▶ Ablehnung.

sanktionieren bestätigen, gutheißen, genehmigen, abmachen, festsetzen, Gesetzeskraft erteilen, unterzeichnen, zum Gesetz erheben. ▶ ablehnen, verbieten.

Sarabande → Tanz.

sardonisch krampfhaft, hämisch, höhnisch, hohnlächelnd, ironisch, spöttisch, belächelnd, schmähend, verkrampft, bitter, verzweifelt. ▶ ernsthaft, froh, gelöst.

Sarg Totenschrein, Totenkiste, Totenlade, Baumsarg, Steinsarg, Sarkophag, Totenbahre, Totenbrett, Trauergerüst, Leichengerüst, Ehrenbett, Katafalk ● Urne, Aschenkrug, Totenurne. → Bahre.

Sargnagel Zigarre, Zigarette, Glimmstengel, Giftnudel ● Kummer, Plage, Kreuz, Bürde, Sorge, Last, Stachel, Dorn, Pfeil, Geschwür, Krebs, Wunde, bittere Pille, Galle und Wermut, Pein, Leid.

Sarkasmus → Ironie, Spott.

sarkastisch scharfzüngig, ironisch, bitter, hämisch, spöttisch, scharf, stichelig, höhnisch, spottsüchtig, karikierend, zynisch, gefährlich, satirisch, höhnisch, lästernd, beißend.▶ freundlich.

Sarkophag → Bahre, Sarg.

Satan → Barbar, Beelzebub, Bestie, Dämon, Teufel.

satanisch → böse, dämonisch, diabolisch, entmenscht, roh.

Satellit → Begleitung, Stern.

satinieren glätten, polieren, schleifen, bimsen, striegeln, bohnern, firnissen, lackieren, glasieren, wienern, wichsen, einschmieren, fetten, einölen, salben, glatt machen. ▶ rauhen.

Satire → Persiflage.

Satiriker Spötter, Lästermaul, Lästerer, Kritiker, Nörgler, Absprecher, Höhnender, Schmäher, Tadelsüchtiger, Hohnredner, Bespöttler, Sarkast, Zyniker, Schmähredner, Lästerzunge, Frevelzunge, Beleidiger.

satirisch → sarkastisch, spöttisch.

Satisfaktion Genugtuung, Vergeltung, Gutmachung, Sühne, Entschädigung, Sühnung, Ersatz. ▶ Vergebung.

satt gesättigt, voll, vollgefressen, vollgepfropft, genudelt u, pappsatt u, knüppelsatt u, nicht mehr papp sagen können u, zum Halse herauskommen u, bis hierher u, befriedigt, übervoll, übersättigt, gefüllt ● überdrüssig, leid, etwas über haben, genug, es müde sein, etwas satt bekommen, einer Sache überdrüssig werden ● tief, sattgrün, sattfarben. → gesättigt, Hals heraushängen zum. ▶ hungrig.

Sattel heben, aus dem → abwerfen, bringen zu Wege.

Sattel sitzen, fest im → festhalten.

Sätteln gerecht sein, in allen → können, wissen.

sattelfest → belesen, sicher.

satteln → einspannen.

sättigen sattmachen, stopfen, mästen, füttern, speisen, befriedigen, überfüllen, überfüttern, stillen, laben, erquicken, erfrischen, saturieren, übersättigen. → konzentrieren. ▶ hungern (lassen), verdünnen.

sättigend füllend, fütternd, nährend, nahrhaft, bodenlegend, labend, stopfend, mästend, erfrischend, hinhaltend, erquickend, speisend, kräftig, ausreichend, genügend, hinreichend.

Sättigung Erquickung, Labung, Erfrischung, Sattmachen, Speisen, Befriedigung, Erholung, Fülle, Übersättigung ● Überdruß, Langweiligkeit, Stumpfheit ● Konzentriertheit, chemische Sättigung. → Genüge. ▶ Hunger, (Verdünnung).

sattsam genügend, hinreichend, völlig, voll, vollauf, vollständig, satt, genug, ge-

nügsam, ausreichend, befriedigend, angemessen, erklecklich. → angemessen. ▶ ungenügend, wenig.
saturieren → sättigen, zufriedenstellen.
Satz Aussage, Urteil, Redeteil, Satzgefüge, Satzgebilde, Satzreihe, Satzaufbau, Satzform, Satzfassung, Ausdruck, Ausdrucksweise, Einkleidung ● Sinnspruch, Wahlspruch, Denkspruch, Grundsatz, Sentenz ● Garnitur, Pack, Anzahl ● Kaffeesatz, Niederschlag, Rest, Kaffeegrund, Abfall ● Sprung, Luftsatz, Luftsprung, Hupf ● Schriftsatz. → Bewegung. ▶ Auflösung, Einzelheit, Stillstand, Wort.
Satzendung → Endung.
Satzung Denkspruch, Dogma, Gebot, Gesichtspunkt, Grundsatz, Ordnung, Paragraph, Regel, Bestimmung, Anordnung, Vorschrift.
Satzvorlage → Arbeit, Druckvorlage, Manuskript.
Sau → Beleidigung, Tier.
sauber adrett, rein, blitzblank, blank, blitzsauber, aus dem Ei gepellt u, schmuck, lauter, nett, ordentlich, hygienisch, gestriegelt, gereinigt, gewaschen, picobello, pieksauber u, wie geleckt u, reinlich, fleckenlos, gesäubert, klar ● flott, gesittet, anständig, stubenrein, rechtlich, ehrlich, ehrenhaft, ritterlich ● ordentlich, sachlichrichtig, gerecht ● schön, herrlich, prächtig, hübsch, fein, zierlich, nett, herzig, entzükkend, fesch, blühend, leuchtend, glänzend, köstlich, bewundernswert, makellos, vollendet. → adrett, akkurat, anmutig, appetitlich, arglos, artig, aufgeräumt, charmant, entschlackt, gestriegelt, gewichst, hell, lauter, patent, rein. ▶ schmutzig, unsauber.
sauber machen → abblasen, ausbürsten, auslaugen, ausschütteln, auswischen, bohnern, bürsten, desinfizieren, fegen hinweg, filtrieren, putzen, reinigen, waschen.
Sauberkeit Saubersein, Reinheit, Reinlichkeit, Nettigkeit, Klarheit, Lauterkeit, Fleckenlosigkeit, Unbeflecktheit ● Anständigkeit, Redlichkeit, Rechtschaffenheit, Ehrlichkeit. → Klarheit. ▶ Schmutz.
säuberlich → rein.
säubern entflecken, misten. → abblasen, ausbürsten, auslaugen, auschütteln, bohnern, bürsten, desinfizieren, fegen, fegen hinweg, filtrieren, putzen, reinigen, waschen.
Säuberung → Desinfektion, Reinigung.
sauer herb, säuerlich, würzig,

scharf, hart, zusammenziehen, gewürzt, ätzend, brennend, unangenehm ● unreif, grün ● sumpfig, feucht ● unhöflich, eisig, sauertöpfisch, finster, mürrisch, grämlich, verdrießlich. ▶ freundlich, reif, süß, trocken.
sauer reagieren → entgegenstellen sich.
Sauerei → Schweinerei.
säuerlich → sauer, unfreundlich, unhöflich.
Säuerlichkeit Säure, Säuerung, Essig, Weinstein, Sauergärung, Holzapfel, Sauerbraten, Sauerbrunnen, Sauerfleisch, Sauerkäse, Sauerkirsche, Sauerkohl, Sauerkraut, Sauerklee, Sauerteig ● Unfreundlichkeit, Unhöflichkeit, Sauertöpfigkeit, Grämlichkeit, Verdrießlichkeit, Mürrischkeit, Bissigkeit. → Unhöflichkeit. ▶ (Base), Freundlichkeit, Höflichkeit, Süßigkeit.
sauertöpfisch → aufgelegt, brummig, sauer, unhöflich.
saufen trinken, bechern, schlürfen, einschlürfen, zechen, schnäpseln, ölen, tanken, kneipen, nippen, vertrinken, sich betäuben, sich besaufen, tierisch trinken, im Übermaß trinken, einen heben, einen kippen, leeren, hinuntergießen, hinter die Binde gießen, die Nase begießen, eine Flasche ausstechen, zu tief ins Glas sehen. → trinken. ▶ beherrschen sich, entsagen, fressen.
Säufer → Bacchant, Trinker.
Sauferei Saufgesellschaft, Zecherei, Schwelgerei, Unmäßigkeit, Kneiperei, Saufgelage, Trinkerei, Trinkgelage, Besäufnis, Sauferei, Suff u, Zechgelage, Kommers, Völlerei, Berauschung. → Ausschreitung, Ausschweifung. ▶ Entsagung, Fresserei, Nüchternheit.
Saufgelage → Ausschreitung, Ausschweifung, Sauferei.
saufgierig → ausschweifend, bacchantisch, besessen.
sauflustig → ausschweifend, bacchantisch.
saugen → einsaugen, trinken.
saugen, sich aus den Fingern schwindeln, lügen, erfinden, vorgaukeln, aufschneiden, flunkern, vorplaudern, vorfabeln, erdichten, Romane erzählen ● sparen, knausern, vom Munde abgeizen, das letzte zusammenkratzen, sich aus dem Daumen saugen, ▶ Fenster Geld werfen durchs, Wahrheit sprechen die.
säugen tränken, nähren, ernähren, stillen, aufziehen, auffüttern ● befriedigen, speisen,

füttern, sättigen, sattmachen, erquicken, erfrischen. ▶ dürsten, hungern, trinken.
Saugkraft Saugfähigkeit, Hubkraft, Anhaftungsfähigkeit, Anziehungsfähigkeit, Haltfähigkeit, Haftfähigkeit, Spannung, Klebekraft, Haltekraft, Bindekraft, Zusammenhalt, Adhäsion. ▶ Lockerung, Schwungkraft.
Säugling → Baby, Kind.
Säule Obelisk. → Pfeiler.
Säulengang → Colonnade, Galerie.
Säulengefüge → Colonnade.
Säulenhalle → Colonnade.
Säulenheiliger → Einsiedler, Fakir.
Säulenkette → Colonnade.
Säulenreihe → Colonnade.
Säulenverkettung → Colonnade.
Säulenzug → Colonnade.
Saum Saumpfad, Saumweg. → Falte, Naht, Rand.
säumen umgeben, einfassen, umsäumen, einrahmen, einfriedigen, umschließen, begrenzen ● nähen, sticheln. → aufhalten sich, bedenken, faulenzen, lassen sich Zeit, stocken, zaudern. ▶ aufmachen, eilen, entschlossen sein, handeln, trennen.
Säumen, ohne → rasch.
säumig → achtlos, bedächtig, langsam, lax, nachlässig, spät.
saumlos → nahtlos.
saumselig → achtlos, allmählich, arbeitsscheu, arbeitsunfähig, bedächtig, dilatorisch, faul, langsam, spät, untätig.
Saumseligkeit → Abneigung, Bummelei, Dumpfheit, Rückstand, Unterlassung.
Sauna → Bad.
Sauregurkenzeit Hochsommer, Hundstage, Zeit ohne Ereignisse, Wochen der Stille und Ruhe, nachrichtenarme Zeit, Ferienstimmung.
saures Gesicht machen, ein → Nase hängen lassen die.
Saus und Braus Gastmahl, Gelage, Schwelgerei, Zecherei, Tafelfreuden, Prasserei, Schlemmerei, Völlerei, Saufgelage, Unmäßigkeit, Verschwendung, Unersättlichkeit, Üppigkeit, kulinarische Genüsse, üppiges Leben. ▶ Einfachheit.
säuseln → brausen, dämpfen die Stimme, rauschen.
sausen → brausen, fahren, rennen.
Sauseschritt → Schnelligkeit.
Savanne → Einöde.
schaben → barbieren, kratzen.
Schabernack → Anspielen, Spott, Ulk, Witz.
schäbig dürftig, arm, schlecht, dünn, fadenscheinig, abgetragen, abgegriffen,

notdürftig, elend, spärlich, karg, ärmlich, heruntergekommen ● lumpig, gemein, schnöde, armselig, erbärmlich, schofel, schmutzig, filzig, niederträchtig, nichtswürdig, kleinlich, nichts wert ● räudig, grindig. → abgerissen, arm, bedürfnisvoll, beengend, begehrlich, bestechlich, böse, charakterlos, dünn, erwerbslos, fadenscheinig, geizig, habsüchtig. ▶ dick, charaktervoll, großzügig, gutmütig, reich.

Schäbigkeit Geiz, Schmutzigkeit, Lumperei, Kleinlichkeit, Knickerei, Knauserei, Filzerei, Engherzigkeit, Undank ● Abgetragenheit, Fadenscheinigkeit, Spärlichkeit, Ärmlichkeit. ▶ Charakterstärke, Großmut, Luxus.

Schablone → Art, Art und Weise, Aufriß, Matrize, Muster.

schablonenhaft → abgedroschen.

Schablonenmensch Holzkopf, Hohlkopf, Leerheit, Schablonenmaler, Ausschuß, Stümper, Tropf, Holzbock, Simpel, Dummkopf, Schmierer, Nichtswisser, Nichtskönner, Pfuscher, Bürokrat, Spießer. ▶ Genie, Könner, Meister.

Schach bieten erlangen, erreichen, gewinnen, Erfolg haben, die Karten in der Hand behalten, auf einen grünen Zweig kommen, Glück haben, aus dem Sattel heben, mit vollen Segeln fahren, über dem Graben sein, die Palme erringen, den Zweck erreichen ● entgegenstellen, entgegenwirken, in den Arm fallen, widersprechen, widersetzen sich, gegenübertreten, trotzen, die Spitze zeigen, Front machen, in den Weg treten, den Plan vereiteln, hintertreiben, durchkreuzen, den Widerstand brechen, die Suppe versalzen, den Handschuh hinwerfen, die Stirn bieten, ein Bein stellen, sich auf die Hinterbeine stellen, die Zähne zeigen, Einhalt gebieten, das Wasser abgraben, die Flügel stutzen, in die Quere kommen, den Hemmschuh anlegen, dazwischentreten, zuvorkommen, einmengen sich, das Handwerk legen. ▶ mißlingen, nachgeben, unterliegen.

Schacher Schacherhandel, Schacherei, Wucher, Schmutzigkeit, Güterschlächterei, Raffgier, Pfennigfuchserei, Feilscherei, Ausbeute, Hausierhandel, gewinnsüchtiger Handel. ▶ Freigebigkeit, (Makler ehrlicher), Opferfreudigkeit.

Schächer → Verbrecher.

schachern → bieten, feilschen.

Schachfigur Spielzeug, Marionette, Puppe.

schachmatt sein → pfeifen auf dem letzten Loch.

Schachspiel → Brett, Spiel.

Schacht → Ausweg, Bergwerk, Durchbruch, Esse, Höhlung, Tiefe.

Schachtel → Behälter, Beleidigung, Dose, Kasten.

Schachtfahrer → Bergmann.

Schachzug Zug, Ruck, Schub, Stoß ● Spitzfindigkeit, Schlauheit, Verschlagenheit, Klügelei, Durchtriebenheit, geschickter Zug, überlegter Zug. → List. ▶ Ehrlichkeit, Offenheit, Stockung.

Schädel Körperteil, Haupt, Kopf, Hirn, Gehirn, Hirnschale, Hirnkasten, Hirnschädel, Scheitel, Kürbis, Birne u, Quadratschädel ● Einsicht, Verstandssitz ● Dickschädel, Holzschädel. ▶ Fuß, Wetterfahne.

Schaden Leid, Nachteil, Verlust, Einbuße, Pech, Not, Reinfall, Schädigung, Unglück, Mißgeschick, Mitleidenschaft, Unheil, Schlag, Beeinträchtigung, Knacks u, Mißerfolg, Niedergang. → Abbruch, Bekümmernis, Beschwerlichkeit, Bürde, Einbuße, Fehlbetrag, Fehlgeburt, Nachteil, Übel, Unglück. ▶ Nutzen.

schaden beschädigen, schädigen, beeinträchtigen, reinlegen, benachteiligen, übervorteilen, ein Bein stellen, übers Ohr hauen, Unheil stiften, Böses zufügen, Schaden verursachen ● zum Schaden gereichen, büßen, ausbaden, Einbuße erleiden, Verluste haben, das Nachsehen haben, sich die Finger verbrennen, sich in die Finger schneiden, sich ins eigene Fleisch schneiden, sich die Pfoten oder das Maul verbrennen u, sich in die Nesseln setzen, in ein Wespennest greifen. → erweisen schlechten Dienst. ▶ nützen.

Schadenersatz Ausgleich. → Ersatz, Rückgabe.

Schadenfeuer → Brand.

Schadenfreude → Bosheit, Spott.

schadenfroh → böse, diabolisch, falsch, feindlich, ironisch, spöttisch, zynisch.

schadenpflichtig verpflichtet, ersatzpflichtig, zinspflichtig, gebunden, genötigt, verbindlich, verantwortlich, verschrieben, schuldig, unterhaltungspflichtig, in Schuld. ▶ entlastet.

schadhaft → beschädigt, defekt, entzwei, fadenscheinig, unvollendet.

Schadhaftigkeit → Beschädigung, Defekt.

schädigen → auswischen, bedrücken, benachteiligen, hineinlegen, hintergehen, schaden.

Schädigung → Dieberei, Fehlbetrag, Nachteil, Schaden, Verlust.

schädlich lebenzerstörend, nachteilig, unannehmbar, unträglich, abträglich, zerstörend, minderwertig, verderblich, übel, verlustbringend, ungünstig, unvorteilhaft, gesundheitswidrig, unbekömmlich, ungesund, schadend, da ist der Wurm drin u. → abbrüchig, böse, eitrig, faul, gesundheitswidrig, giftig, schlecht. ▶ bekömmlich, nützlich.

Schädlichkeit → Nachteil, Schaden, Schlechtigkeit.

Schädling → Nachteil, Raupe, Unkraut, Schmarotzerpflanze ● Volksschädling, Übeltäter, Unheilstifter, Abzocker, Zerstörer, Unglücksstifter, Verderber, Landesverräter, Vaterlandsverräter, Umsturzmann, Blutsauger, Schieber, Störenfried, Schadenfleck, Bösewicht, Missetäter, Jämmerling, Neidling. → Frevler. ▶ Edelmensch, Menschenfreund, Retter.

schadlos halten entschädigen, zurückgeben, vergüten, entgelten, abliefern, abgelten, ausgleichen, ersetzen, honorieren, prämiieren ● übervorteilen, hintergehen, begaunern, übertölpeln, täuschen, sich gesund stoßen. → decken, gut machen wieder. ▶ ehrlich (sein), schädigen.

Schadloshaltung → Abfindung, Ausgleich, Entschädigung.

Schaf Tier, Haustier, Vierfüßler, Säugetier, Wiederkäuer, Schafbock, Mutterschaf, Lamm, Widder, Hammel, Schnucke, Bähschaf u, Mähschaf u, Wolltier ● Schäfchen, Schäfchenwolken, Federwolken ● Tor, Schafskopf, Dummer, Schafsnase, Dummkopf, Schafshirn, Pfarrkinder, Böcke und Schafe.

Schaf, räudiges Bösewicht, Gauner, Stromer, Lump, Strolch, Kerl, Schlawiner, Galgenstrick, Galgenvogel, Elender ● Sünder, Außenseiter.

Schafbock → Bock, Schaf.

Schäfchen ins trockene bringen glücken, gewinnen, Erfolg haben, ins Schwarze treffen, über dem Graben sein, mit vollen Segeln fahren, Glück haben, den Zweck erreichen ● ausnutzen, sein Schäflein scheren, die Wurst nach der Speckseite werfen, sein Ich nicht vergessen, sein persönliches Wohl im Auge haben, nur an sich denken, dem Egoismus huldigen, seinen Vorteil wahrnehmen, sich gesund machen. ▶ mißlingen.

Schäferei → Ansiedlung, Anwesen, Bauernhof.

Schäfergedicht → Dichtungsart.

schaffen arbeiten, bewirken, fertigbringen, bewerkstelligen, befördern, wirken, schöpfen, zeugen, erschaffen, bilden, formen, erdenken, gestalten, ersinnen, erfinden, erzeugen, herstellen, schmieden, tun, machen, unternehmen. → anfassen, anfertigen, arbeiten, aufbauen, ausarbeiten, ausdenken, beistehen, bekümmern, berufstätig, beschäftigen, bilden, durchbringen sich, ernähren sich, erschaffen, können, machen, nachgehn dem Beruf. ▶ faulenzen, zerstören.

schaffen, sich vom Halse abstoßen, fortjagen, forttreiben, wegjagen, abschütteln, abweisen, von sich stoßen, wegwerfend behandeln, vor die Tür setzen, unter den Tisch fallen lassen, nichts wissen wollen, über Bord werfen, die kalte Schulter zeigen. → drücken sich. ▶ beglücken, heranziehen.

schaffen, aus der Welt → beseitigen, vernichten.

schaffend → aufbauend, erfinderisch, schöpferisch.

Schaffender → Arbeiter, Erschaffer.

Schaffensfreude → Fleiß, Lebensfreude, Lustgefühl.

Schaffenskraft → Energie.

schaffenskräftig kreativ. → produktiv, schaffig.

Schaffenslust → Arbeitslust, Eifer, Emsigkeit, Fleiß, Initiative.

Schaffer → Arbeiter, Mann der Tat.

schaffig schaffenskräftig, emsig, arbeitsam, wirksam, unermüdlich, werktätig, fleißig, kraftvoll, energisch, tatkräftig, eifrig, rührig, strebsam, betriebsam, tätig, betulich. erwerbsam. ▶ faul.

Schafott Gerüst, Hinrichtungsgerüst, Blutbühne, Blutgerüst, Guillotine, Galgen, Block, Bock, Folter, Marter, Pfahl, Tortur. → Bock.

Schafskopf → Banause, Irrsinniger, Schaf, Spiel.

Schaft → Griff, Pflanze, Regal, Stengel, Werkzeug.

Schah → Efendi.

Schäker Schelm, Schalk, Spaßmacher, Heiterkeitsapostel, Vergnügter, Spaßvogel, Flausenmacher, Humorist, Witzbold, Witzkopf, Bruder

Lustig, Bruder Immerfroh, lustiges Haus. → Spaßmacher. ▶ Griesgram.

Schäkerei Stimmung, schäkern, Heiterkeit, Lustigkeit, Aufgeräumtheit, Scherzhaftigkeit, Gelächter, Unterhaltung, Ausgelassenheit, Jux, Spaß, Scherz, Tändelei. ▶ Brummigkeit, Ernstlichkeit, Trübseligkeit.

schäkern spaßen, scherzen, erheitern, unterhalten, aufheitern, tändeln, Unsinn machen, Gelächter hervorrufen, zum Lachen bringen, ausgelassen sein. ▶ klagen, langweilen.

schal geschmacklos, fade, abgestanden, würzlos, kraftlos, geistlos, nichtssagend, matt, wäßrig, reizlos, langweilig, ermüdend, einförmig, ledern, blöde, platt, trocken, hölzern, nüchtern, gehaltlos, salzlos, schmalzlos, tot. → abgedroschen, abgeschmackt, albern, ekelhaft, farcenhaft, geschmacklos, öde, platt, poesielos, profan, reizlos. ▶ geistreich, heiter, klug, poetisch, würzig.

Schal Brusttuch. → Halstuch.

Schale → Anzug, Aufmachung, Bedeckung, Behälter, Dose, Gefäß, Kelch, Kleidung, Oberfläche, Platte.

schälen abziehen, abschälen, abschaben, abschneiden, abkratzen, abreiben, abhobeln, schaben, kratzen, schmälern, dünnen, pellen ● herausschälen, enthüllen, entnummen, entschleiern, ausschälen ● sich häuten. → beschneiden. ▶ (ungeschält lassen), bedekken.

Schalheit → Fadheit, Geistesstumpfheit.

Schalk → Schäker, Spaßmacher, Unsinn, Witz.

schalkhaft übermütig, schelmisch, schäkernd, fidel, ausgelassen, belustigend, kurzweilig, scherzhaft, leichtherzig, übersprudelnd, aufgeräumt, frohgestimmt, lustig, witzig, launig, drollig, spaßhaft, unterhaltend, spaßig, komisch. → humoristisch. ▶ langweilig, witzlos.

Schall → Akustik, Echo, Klang, Laut, Nichts.

Schall, leerer → Bedeutungslosigkeit, Blech, Chauvinismus, Nichts.

Schall und Rauch → Bedeutungslosigkeit, Blech, Eitelkeit, Nichts.

schallen erschallen, tönen, klingen, lärmen, ertönen, widerhallen, läuten, schellen, klingeln, tosen, nachklingeln, nachschallen. → dröhnen, erklingen. ▶ verstummen.

schallend → laut.

Schallplatten Tonkonserven,

Opernplatten, Operettenplatten, Schlagerplatten, Konzertplatten, Plattenmusik, Grammophonplatte, Tonplatte, Sprechplatte, Langspielplatte, Füllschriftplatte. ▶ (Tonband).

schalten ankurbeln, aufdrehen, denken, walten.

schalten und walten → beliebig, tun.

Schalter Schiebefenster, Wandöffnung, Fensterverschluß, Fensterladen ● Postschalter, Auskunftsschalter, Annoncenschalter, Abfertigungsstelle, Ausfertigungsstelle, Bankschalter ● Lichtschalter, Anknipser, Vorrichtung, Druckknopf, Hebel, Taste, Taster.

Schälung → Enthüllung.

Schaluppe → Fahrzeug (Wasser-), Schiff.

Scham Schamgefühl, Schamröte, Beschämung, Schuldgefühl, Schuldbewußtsein, Reue, Rotwerden, böses Gewissen, den Blick zu Boden richten ● Keuschheit, Unschuld, Schamhaftigkeit, Zartgefühl, Tüchtigkeit, Unberührtheit, Sprödigkeit, Sittsamkeit, Sittlichkeit. → Anstand, Keuschheit. ▶ Schamlosigkeit.

Scham, falsche Gezwungenheit, Prüderie, Sprödigkeit, Gezier, Geziertheit, Scheinsprödigkeit ● Selbstdemütigung, Kriecherei, Unterwürfigkeit, Kleinmut. → Demut. ▶ Überheblichkeit, Ungezwungenheit.

Scham vergehen, vor → schämen sich.

Schambock → Bestrafung, Bock.

schämen, sich erröten, erbleichen, sich genieren, bescheiden sich, vor Scham vergehen, Staub fressen, Scham empfinden, sich in die Erde verkriechen wollen, seinen Unwert fühlen, die Hände vors Gesicht halten, sich die Augen aus dem Kopf schämen, ein Mauseloch suchen, die Schamröte ins Gesicht steigen, Blick zu Boden richten ● bedauern, bessern, einsehen, Reue empfinden. ▶ schamlos (sein).

Schamgefühl → Erröten, Keuschheit, Scham.

schamhaft → befangen, demütig, keusch.

Schamhaftigkeit → Bescheidenheit, Keuschheit.

schämig → befangen, bescheiden, demütig, keusch.

schamlos → anrüchig, arg, bedauerlich, buhlerisch, charakterlos, diabolisch, entehrend, unkeusch.

Schamlosigkeit → Ausschweifung, Beleidigung, Bestechlichkeit, Bosheit, eherne Stirn, Unkeuschheit.

Schampus → Sekt.

schamrot beschämend, schämig, verschämt, beschämt, reuig, errötend, erglühend, befangen, ängstlich, spröde, bescheiden, zerknirscht, bußfertig, schuldbewußt. ▶ anmaßend, schamlos.

Schamröte → Erröten, Scham.

schandbar → niederträchtig.

Schandbube → Brandstifter, Verbrecher.

Schande Unehre, Niedertracht, Niederträchtigkeit, Niedrigkeit, Gemeinheit, Verruf, Schimpf, Anstößigkeit, Schmach, Beschämung, Blamage, Schandfleck, Schandmal, Makel, Skandal, Verrufenheit, Mißkredit, Verunehrung, Geringschätzung, Beleidigung, Nichtachtung, Verachtung, Mißachtung, Ruhmlosigkeit, Verruf, Ehrlosigkeit, Verschiß, Verworfenheit, geschändeter Name, über Leumund. → Anstößigkeit, Beleidigung, Blamage, dunkler Punkt. ▶ Ehre.

schänden sich vergehen an. → begeifern, berauben, beschuldigen, besudeln, Ehre bringen um die, entweihen, vergewaltigen, verleumden.

Schänder Entweiher, Zuhälter, Ehebrecher, Blutschänder, Wüstling, Sittenloser, Schamloser, Bösewicht, Mißbraucher, Entwürdiger, Besudler, Schmäher ● Kirchenschänder, Kirchenräuber, Gottloser, Gotteslästerer. → Faun. ▶ Ehrenmann.

Schandfleck Schandmal, Makel, Unehre, übler Leumund, schlechter Ruf, befleckter Name, Ruhmlosigkeit, Verdorbenheit, Schlechtigkeit, Lasterhaftigkeit, Schändlichkeit, Laster, Lotterleben, Dunkelmann, unbekannte Größe. → Ausbund, Punkt dunkler, Odium. ▶ Ehre, Ehrbarkeit.

schändlich → abbrüchig, abscheulich, anrüchig, anstößig, arg, arglistig, bedauerlich, beschämend, böse, charakterlos, diabolisch, lästerlich, niederträchtig, schlecht, schmachvoll.

Schändlichkeit → Punkt dunkler, Schande, Schlechtigkeit, Unkeuschheit.

Schandmal → Punkt dunkler, Schandfleck.

Schandmaul Lästerer. → Verleumder.

Schandpfahl → Block, Schafott.

Schandtat → Ärgernis, Frevel, Mordtat, Schändigung, Schuld.

Schändung Schandtat, Entweihung, Entheiligung, Mißbrauch, Erniedrigung, Entwürdigung, Verspottung,

Schändlichkeit, Verleumdung, Schmähung, Beeinträchtigung, Lästerung, Entehrung, Befleckung, Beschimpfung, Bemäkelung, Vergewaltigung ● Kirchenraub. → Blutschande, Demoralisation, dunkler Punkt, Entweihung, Ehrenkränkung, Mißbrauch. ▶ Ehrbarkeit, Ehrung, Hochachtung, Sittlichkeit, Wertschätzung, Würdigung.

schandvoll → bedauerlich, beschämend, entehrend, schlecht.

Schankstube → Butike, Gaststätte.

Schanktisch Theke, Tresen.

Schanze Schutt, Verschanzung, Wall, Mauer, Vorwerk, Redoute, Sicherung, Bastion, Turmschanze, Hohlschanze, Brückenwerk, Schützengraben, Schutzbefestigung, Kastell, Achterkastell, Schanzwerk, Schanzzeug. → Barrikade.

Schanze schlagen, in die sein Leben einsetzen, dran wagen, sein Leben in die Waagschale werfen, einen verlorenen Posten beziehen, auf sich nehmen, unterfangen, sich aufladen, sich aufbürden, sein Leben aufs Spiel setzen, helfen. ▶ entziehen sich der Gefahr, verzagen.

schanzen graben, aufschichten, auftürmen, vertiefen, aushöhlen, ausheben, ausstechen, auskehlen, aussparen, ausbuchten, schuften, sich abmühen, schwer arbeiten, einen Wall bauen. → abmühen, arbeiten, beschäftigen, lernen. ▶ einebnen, faulenzen.

Schar → Clique, Masse, Vereinigung.

scharen, sich sammeln, zusammenkommen, versammeln sich, vereinigen sich, zugesellen, beigesellen, zuströmen, hinzutreten, gruppieren, anhäufen, zusammenscharen. ▶ auseinandergehen.

scharenweise → allerhand.

scharf salzig, bitter, beißend, versalzen, brennend, verpfeffert, herb, kratzig, ätzend ● eingreifend, heftig, schneidig, hitzig, heiß, erhitzt, aufbrausend ● geschliffen, gespitzt, gezackt, gezähnt, kantig, haarscharf, scharfkantig, schnittig, spitz, zugespitzt ● lüstern, gierig, vergessen, gelüstig, happig, giererfüllt, verrückt auf ● scharfzüngig, messerscharf, trennscharf, bissig, sarkastisch. → anschaulich, anwidern, ausführlich, beißend, bissig, bitter, brennend, deutlich, deutsch auf gut, doppelschneidig, drastisch, eckig, einschneidend, faßbar, derb,

fessellos, kratzig, salzig. ▶ stumpf, unscharf.

Scharfblick → Bedacht, Begabung, Blick, Denkvermögen, Erkenntnis, Erkenntnisvermögen, Feingefühl, Fernblick, Geist, Geistesgabe, Intelligenz, Urteilskraft, Beobachtungsgabe.

Schärfe Schneide, Grat, Kante, Zuspitzung, Spitzigkeit, Stacheligkeit, Spitze, Stachel, Dorn, Distel, Nadel, Spieß, Speer, Lanze, Dolch, Sporn, Nagel, Stift. → Beleidigung, Besen mit eisernem, Bestimmtheit, Bissigkeit, Despotismus, Energie, Erbitterung, Strenge. ▶ Unschärfe.

schärfen spitzen, wetzen, schleifen, scharf machen, dengeln, abziehen, feilen, anspitzen, zuspitzen, würzen, pikant machen, salzen. ▶ (stumpf machen).

scharfkantig spitz, scharfeckig, haarscharf, schnittig, schneidig, scharf, eckig, spitzig, zugespitzt, nadelspitz, nadelscharf, zackig, gezackt, dornig, stachelig, gezähnt. ▶ stumpf, unscharf.

Schärflein → Beitrag, Gabe, Hilfe, Opfer, Wenigkeit.

scharfmachen aufgeilen. → aufhetzen.

Scharfmacher Heißsporn, Brausewind, Wirbelwind, Hessenblut, Hetzer, Aufhetzer, Ansporner, Bullenbeißer, Tiger ● Verlocker, Anstachler, Antreiber ● Wetzmesser, Wetzstein, Schleifstein. ▶ Mensch aufrechter treuer.

scharfsichtig fernblickend, klaräugig, adleräugig, durchdringend, gesund, sehkräftig, fernsichtig, weitsichtig, visuell ● aufmerksam, durchschauen, unterscheiden. ▶ blind, unaufmerksam.

Scharfsichtigkeit → Augenmerk, Erkenntnisvermögen, Fernblick, Urteilskraft.

Scharfsinn → Bedacht, Begabung, Denkvermögen, Erfahrung, Fähigkeit, Findigkeit, Kennerblick, Kritik.

scharfsinnig → anstellig, begabt, denkend, Eltern nicht von schlechten, erfinderisch, feinspürig, geistreich, gewitzigt, klug, Kopf klarer, logisch, sinnreich.

scharfzüngig boshaft, spitzzüngig, klatschsüchtig, schmähsüchtig, lastersüchtig, verleumderisch, verkleinerungssüchtig, kränkend, beleidigend, sarkastisch, scharf, spitz, verletzend, böswillig, schneidend, häßlich, zynisch. → beredt, scharf. ▶ schmeichlerisch, wortkarg.

Scharlatan → Heilkünstler, Marktschreier.

Scharmützel → Blutbad, Plänkelei, Streit

Scharnier → Bindemittel.

Schärpe Schmuckbinde, Schleife, Gürtel, Bund, Gehänge, Feldbinde, Ehrengürtel, Dienstgürtel, Gurt, Binde, Schultergehänge, Degengehänge, Umgürtung, Umschnürung • Schmuck, Putz, Aufmachung, Verschönerung, Zierde. → Schmuck.

scharren mißfallen, ablehnen, auflehnen, abweisen, verhöhnen, hinausweisen, nicht gefallen. → kratzen, lärmen. ▶ Beifall spenden, verstummen.

Scharte → Bruch, Einschnitt.

schartig → unscharf.

scharwenzeln → bereden, einschleichen sich in die Gunst, fügen sich, leisetreten, liebäugeln.

schassen → vertreiben.

Schatten Schaum, Schemen, Kartenhaus, Momentsache, Vergänglichkeit, Dunst, Eintagsfliege, Seifenblase • Lichtschatten, Kernschatten, Schattierung, Schlagschatten, Dämmer, Dämmerung, Dämmerlicht, Düsternis, Halbdunkel, Halblicht, Trübheit • Gespenst, Schemen, Fabel, Blendwerk • Traurigkeit, Betrübnis, Nachteiliges, dunkler Fleck, Belastung, Bedrückung, Niederdrückung. → Aufseher, Begleitung, Bekannter, Bewachung, Dunkel, Famulus. ▶ Beständigkeit, Ding, Freude, Licht, Sonnenschein.

Schatten, ständiger → Anhänger.

schattenhaft → feenhaft, häßlich, unsichtbar.

Schattenriß → Bild, Profil.

Schattenseite Schwäche, schwache Stelle, Flaute, Unterlegenheit, Achillesferse, Minderzahl, Minderwert • Kummer, Sorge, Last, Leid, Plage, Unglück, Übel, Bedrängnis, Trostlosigkeit, Erdentage, Jammertal • Nachtseite, Schatten. ▶ Freude, Glück, Sonnenschein, Tag.

schattieren → dunkeln, malen.

Schattierung → Abstufung, Abweichung, Ausdehnung, Farbe, Farbenton.

schattig düster, trübe, dunkel, matt, dämmerig, fahl, abgedunkelt, beschattet, umschattet • kühl, erfrischend, erholsam, belebend, erquickend, angenehm, sonnenlos. → dunkel. ▶ heiß, lichtstark, sonnig.

Schatulle → Kasten.

Schatz Gut, Hort, Kleinod, Besitz, Geld, Vermögen, Kapital, Mittel, Juwel, Perle, Edelstein, Kostbarkeit, Wertstück, Vorrat, Anhäufung, Bestand, Antiquität. → Abgott, Besitz, Bestand, Edelstein, Ersparnis, persona gratissima. ▶ Armut, Dorn im Auge, Mangel, Wertlosigkeit.

schätzbar → angesehen, ehrbar, ehrsam, erlaucht.

schätzen abwägen, werten, annehmen, vorausberechnen, begutachten, veranschlagen, einschätzen, mutmaßen, bemessen, taxieren, über den Daumen schätzen oder peilen, beurteilen, bestimmen, überschlagen • achten, würdigen, mit Verstand genießen, hochachten, estimieren, bewundern, verehren, anerkennen, loben, Hut abnehmen den, Huldigung anbringen • abwiegen, abzirkeln, bewerten, abschreiten • huldigen, auszeichnen, adeln, feiern. → A und O, abmessen, achten, anerkennen, annehmen, auszeichnen, beurteilen, bestimmen, bewerten, hochhalten, preisen, rühmen. ▶ verabscheuen.

schätzenswert → angesehen, ausgezeichnet, bekömmlich, brillant, ehrsam, erlesen, gut, vortrefflich.

Schatzkammer Vorrat, Aufbewahrungsort, Speicher, Rücklage, Anlage, Niederlage, Geldhorst, Kasse, Tresor, Geldschein • Staatssack, Staatssäckel, Reichsbank, Sparkasse, Rentenkammer, Finanzamt. → Lager.

Schätzung → Achtung, Anschlag, Berücksichtigung, Betrachtung, Bewertung, Kombination.

schätzungsweise → an, annähernd, etwa.

Schau → Ausblick, Ausstellung, Korso.

Schau stellen, zur → demonstrieren, zeigen.

Schau tragen, zur → täuschen, zeigen.

Schaubühne → Theater.

Schauder → Angst, Grauen, Kälte.

schauderhaft → abscheulich, abstoßend, beengend, beißend, bitter, böse, entsetzlich, furchtbar, greulich.

schaudern zittern, frösteln, frieren, puppern, schlottern, bibbern, sich schütteln • sich ekeln, anwidern, anekeln • fürchten, erschaudern, durchschaudern, gruseln, bangen, beben, zagen, Angst haben. → ängstigen, bangen, benehmen den Atem, durchschüttern, entsetzen sich, erkälten sich, erschrecken, fürchten. ▶ genießen, mutig sein, schwitzen.

schaudervoll → abscheulich, abstoßend, blümerant, entsetzlich, furchtbar, greulich.

schauen bemerken, sehen, erblicken, beobachten, vorschweben, erkennen, betrachten, wahrnehmen, besehen, aufblicken, anblicken, gewahr werden, sich bewußt werden, ins Auge fassen • verstehen, durchschauen, geistig schauen • verwundern sich, Augen machen, staunen, überrascht sein, groß gucken, platt sein. → achtgeben, anschauen, aufpassen. ▶ übersehen.

Schauer → Angst, Dusche, Entgelt, Kälte, Regen.

schauerlich → beengend, beißend, beschämend, böse, entsetzlich, furchtbar, greulich, gruselig.

schauervoll → entsetzlich, furchtbar, greulich, gruselig.

Schaufahrt → Aufmarsch, Korso.

Schaufel Spaten, Schippe.

schaufeln → graben.

Schaufensterwerbung Auslage. → Dekoration.

Schaufläche → Vorderseite.

Schaukel Wippe, Wiege, Schaukelpferd, Schaukelreck, Schaukelstuhl, Spielzeug, Turngerät, Schunkel, Reidel, Klunker, Gautsche, Gureize.

schaukeln deichseln, fertigbringen, fertigstellen, können, hinbringen, erreichen, erzielen • hin- und herbammeln, baumeln, flattern, schunkeln, schlenkern, schlingern, schwanken, pendeln, schwingen, stampfen, schwappen, wippen, wackeln, wanken, zappeln, zittern, sich wiegen, taumeln, schwänzeln, wogen, kippen, erschüttern. → bammeln, bewegen sich, schwanken. ▶ anhalten, aufgeben.

Schaum Gischt, Geifer, Blase, Flugwasser, Seifenschaum, Bierschaum, Stehkragen u, Feldwebel u • Hohlheit, Pappenstiel, Augenblickssache, Vergänglichkeit, Seifenblase, Unbedeutendheit, Eintagsfliege, Geflunker • Bagatelle, Dunst, Geifer. ▶ Beständigkeit, Brei, Festigkeit, Schwere, Wichtigkeit.

schäumen perlen, moussieren, kochen, wallen, sieden, sprudeln, zischen, gären, brausen, schwären • toben, wüten, aufbrausen, rasen, bersten, geifern, erregen sich, vor Wut schäumen, kommen zum Äußersten. → aufregen, aufspringen, branden, brausen, brennend, ergrimmen, fangen Feuer. ▶ beherrschen sich.

schäumend schaumig, prickelnd, brausend, sprudelnd, kochend, moussierend, wallend, zischend, siedend, umtost • wütend, geifernd, rasend, tobend, aufgebracht, gärend, grimmig. ▶ dickflüssig, ruhig, unerschütterlich.

Schaumschläger → Gerät,

Lügner, Marktschreier, Prahler.

Schaumwein Sekt, Schampus, Champagner.

Schauplatz Kriegsschauplatz, Kriegsbühne, Front, Kampfzone, Aufmarschgebiet, Schlachtfeld, Schlachtort, Walstatt, Walplatz, Kriegsgebiet. → Szene.

schaurig → schrecklich.

Schauseite → Fassade, Vorderseite.

Schauspiel Bühnenspiel, Bühnendichtung, Bühnenwerk, Drama, Trauerspiel, Tragödie, Lustspiel, Komödie, Singspiel, Charakterstück ● Vergnügen, Veranstaltung, Aufführung, Festspiel, Theater, Schmiere. → Darbietung, Pracht, Vorkommnis. ▶ (Oper), Singspiel.

Schauspieler → Komödiant.

schauspielern → nachahmen, täuschen.

Schaustellung → Corso, Demonstration, Entlarvung.

Schaustück → Meisterwerk, Pracht.

Scheck → Devise, Geld.

scheckig → buntscheckig, farbenfroh, farbenreich.

scheel schielend, triefäugig, schwachsichtig, augenkrank, verunstaltet, entstellt ● scheelsüchtig, boshaft, mißgünstig, neidisch, gehässig, böswillig, haßerfüllt, geizig, begierig, begehrlich, hämisch, gelb vor Neid, grün vor Mißgunst. → boshaft. ▶ gütig, herrlich.

scheelsüchtig → begehrlich, boshaft, scheel.

Scheffel Maß, Getreidemaß, Feldmaß, Meßgerät, Maßeinheit, Hohlmaß, Fuder, Festmeter, Kubikmeter.

scheffeln schaufeln. → gewinnen.

scheffelweise → massenhaft.

Scheibe Schnitte, Schnittchen, Stück, Teil, Brotscheibe, Schicht, Kreisform, Trommel, Fensterscheibe, Glasscheibe, Schuppe, Platte, Schallplatte, Planke, Fläche, Drehscheibe, Diskus, Schießscheibe, Zielscheibe, Wurfscheibe, Zielpunkt, Richtungspunkt. ▶ Brocken, Kugel.

Scheide → Bedeckung, Futteral, Grenze.

Scheidelinie → Demarkation, Grenze, Hindernis, Trennung.

Scheiden und Meiden Trennung, Abschied, Weggang, Entfernung, Lebewohl, Abreise, Abschiedsbecher, Abschiedstrunk, Abzug, Auszug, Ausmarsch, Abfahrt. → scheiden. ▶ Heimkehr.

scheiden klären, entmischen, entfernen, sichten, vereinfachen, ausscheiden, abscheiden, trennen, teilen, zerteilen, lösen, befreien ● weg-

gehen, abziehen, abreisen, fortgehen, fortfahren, fortziehen, sich auf den Weg machen, von dannen gehen, die Reise antreten ● sterben, verscheiden, hinscheiden, absterben, entschlafen, hinübergehen, einschlummern, enden ● scheiden die Ehe, freigeben, auflösen, die Ehe trennen, von Tisch und Bett verstoßen. → abhauen, absetzen, absondern, aufspringen, Bord gehen an, dannen gehen von, empfehlen sich, entfernen sich, entschlafen, isolieren. ▶ leben, verbinden sich, vermischen, zurückkommen.

scheiden, sich → scheiden, unterscheiden.

Scheidewand → Beschwernis, Grenze, Hindernis, Trennung.

Scheideweg Gabelung, Zweiteilung, Halbierung, Spaltung, Verzweigung, Verdoppelung ● Wahl, Belieben, Willkür, Wahlfreiheit, Wahlrecht, Entscheidung. ▶ Einmündung, Unfreiheit, Zwangslage.

Scheidung → Absonderung, Analyse, Auflösung, Ausschluß, Barriere, Bruch, Dezentralisation, Trennung.

Schein Nichts, Null, Niemand, Dunst, Schatten, Einbildung, Hirngespinst, Geist ● Anschein, Analogie ● Licht, Helligkeit, Feuerschein, Helle, Klarheit, Lichtschein, Sonnenschein, Tageslicht, Heiligenschein, Ausstrahlung, Aura ● Handschrift, Schriftstück, Zettel, Papier, Versicherungsschein, Ausweis, etwas Schriftliches, Fahrschein, Geldschein, Kassenschein ● Windbeutelei, Aufschneiderei, faule Fische, fauler Zauber, erborgte Feder, Gaukelspiel, Blendwerk, Unredlichkeit, Gleisnerei, Kitsch, Maske. → Anstrich, Attest, Bescheinigung, Betrug, Empfangsschein, Fahrkarte, Fälschung, Illusion, Licht, Masche, Maske, Quittung. ▶ Etwas, Natürlichkeit, Wahrheit, Wirklichkeit.

Scheinangriff → Angriff.

scheinbar anscheinend, fragwürdig, irreführend, unsicher, täuschend, widersinnig, trügerisch, unlogisch, verfänglich, zweifelhaft, unentschieden, fraglich, dahingestellt, ungenau, schattenhaft, imaginär, anfechtbar. → als, anscheinend, dergleichen. ▶ unzweifelhaft.

Scheinbild → Erscheinung, Schein.

scheinen anmuten. → aussehen, blenden, deuchten. dün-

ken, durchscheinen, emporlodern, erglühen, leuchten.

scheinend → strahlend.

Scheinfreund → Feind.

scheinfromm frömmlerisch, selbstgerecht, heuchlerisch, scheinheilig, pharisäisch, salbungsvoll, bigott, unfromm, gottlos, gleisnerisch, muckerisch, maulfromm, mundfromm, frevelhaft, heillos, gottverlassen, unheilig, ungeheiligt. → bigott. ▶ fromm.

Scheingrund → Ausrede, Ausweg, Vorwand.

scheinheilig → arglistig, bigott, engherzig, frömmelnd, scheinfromm.

Scheinheiliger → Betrüger, Frömmler, Lügner, Pharisäer.

Scheinheiligkeit Unfrömmigkeit, Bigotterie, Verruchtheit, Unheiligkeit, Lästerlichkeit, Unfug, Frömmelei, Scheinfrömmigkeit, Muckerei, Muckertum, Lippenandacht, Augendienerei, Heuchelei, Augenverdreherei, Gleisnerei, Äußerlichkeit, Anschein, Pharisäertum. → Anstrich, Betrug. ▶ Frömmigkeit, Natürlichkeit, Offenheit.

scheinkünstlerisch → stillos.

Scheinname → Pseudonym.

Scheintod → Erstarrung.

scheintot → besinnungslos.

Scheinwerfer Licht, Blinkfeuer, Leuchter, Sichtbarkeit, Lichtzeichen, Signal, Blinklicht, Wahrnehmbarkeit, Bemerkbarkeit, Beleuchtung, Autoscheinwerfer, Aufheller, Spotlight, Punktstrahler, Breitstrahler. → Licht, Leuchter.

Scheinwissen → Anstrich, Schein.

Scheiße Mist, Dreck, Blödsinn, Bescherung, Verhängnis, Malör, Mißgeschick, Verheerung ● Gestank, Kot, Katzendreck, Aas, Jauche, Löwenmist, Stinkadores, Fladen, Rieselfeld. ▶ Aas.

Scheit Teil, Stück, Holzscheit, Spalt, Span, Brennmaterial, Scheitholz.

Scheitel Spitze, Gipfel, Koppe, Kuppe, Scheitelpunkt, Schroffe, Wipfel, Zinken, Horn, Höhe, Kamm, Krone, Knopf, Knauf, Schopf, Läuseallee u, Poposcheitel u, Mittelscheitel, Haupt, Schädel. → Haupt, Spitze. ▶ Sohle.

Scheitel bis zur Sohle von Kopf bis Fuß, von Ende zu Ende, der Länge nach, von oben bis unten, vom Hacken bis Nacken, von Anfang bis Ende ● mit Stumpf und Stiel, groß und klein, Mann und Maus, Freund und Feind, Kind und Kegel, Haus und

Hof, Stock und Stein, Hülle und Fülle, mit Haut und Haar. ▶ begrenzt, teilweise.
Scheitelpunkt → Scheitel, Spitze.
scheitern mißglücken, sich im Sande verlaufen, mißlingen, mißraten, zu Fall kommen, fehlschlagen, versagen, fehlen, nicht in Erfüllung gehen, schlecht davonkommen, übel ankommen, es nicht weit bringen, zurückweichen müssen, nichts zustande bringen, das Ziel verfehlen, verunglücken, zugrunde gehen, herunterkommen, zuschanden werden, sich selbst im Wege stehen, im Nachteil sein, aufsitzen, auffahren. → bankrott, beikommen nicht, blamieren, Boden verlieren den, entgleisen, enttäuschen, herunterkommen, Sand bauen auf. ▶ gelingen, glücken.
schellen klingeln. → läuten.
Schelm → Bandit, Bauernfänger, Bengel, Betrüger, Bube, Fälscher, Roßtäuscher, Schäker, Spaßmacher.
Schelmerei Streich. → Belustigung, Betrug, Schlauheit.
schelmisch → humoristisch, schalkhaft.
Schelte → Geschimpfe, Schimpf, Tadel.
schelten → anfahren, belfern, bellen, Dach steigen auf das, fluchen, schimpfen, tadeln.
Scheltname → Beiname, Schimpf, Tadel.
Schema Anleitung, Grundbegriff, Grundform, Einteilung, Muster, Entwurf, Schablone, Form, Wegweisung, Vorbild ● Schema F, Abrichtung, Dressur, alte Schule, Leier, Tretmühle, Amtsschimmel, Macht der Gewohnheit. → Anordnung, Aufriß.
schematisch gleichförmig, schablonenhaft.
schematisieren erleichtern, ordnen. → vereinfachen.
Schemel → Bank, Bock.
Schemen → Erscheinung, Geist, Schatten.
schemenhaft → gespenstig, undeutlich.
Schenke Bodega. → Butike, Gaststätte.
schenken geben, anbieten, bescheren, zueignen, widmen, weihen, verleihen, verabreichen, gewähren, darbringen, spendieren, spenden, stiften, überraschen, verehren, zuwenden, angedeihen lassen, beschenken, opfern. → ablassen, anbieten, beschenken, bestechen, bewilligen, darbieten, darbringen, darreichen, geben. ▶ nehmen.
Schenkstube → Ausschank, Butike, Gaststätte.
Schenkung → Beitrag, Belehnung, Bestechung, Darbringung, Gabe, Käuflichkeit, Legat.
scheppern klappern, krachen, klirren, lärmen.
Scherbe Fragment, Bruchstück, Trümmer, Übriges, Rest, Rückstand, Brocken, Überbleibsel, Überrest, Glasscherben, Rücklaß, Blumenscherbe, Splitter, Gebröckel ● Blumentopf ● Einglas, Monokel. ▶ Ganzheit.
scheren schälen, abschneiden, beschneiden, sichten, schröpfen, schmälern, abscheren, entfernen, wegnehmen, abziehen, rasieren, schaben, abschaben, entblößen, enthaaren, vermindern. → barbieren.
Scherenfernrohr → Feldstecher.
Scherflein → Gabe.
Scherge Häscher, Büttel, Scharfrichter, Henker, Profoß, Henkersknecht, Folterknecht, Fänger, Amtsgehilfe, Stockmeister, Vogt, Weibel, Landjäger, Schnapper, Polizeidiener, Gerichtsdiener, Helfer.
Scherz Gaukelei, Witz, Schabernack, Scherzrede, Scherzhaftigkeit, Ulk, Streich, Narretei, Schwank, Jux, Schnurre, Spaß ● Heiterkeit, Lustigkeit, Lachlust, Vergnügtheit, Stimmung, Jubel, Trubel, Gelächter, Lust, Übermut, Unterhaltung, Ausgelassenheit, Schäkerei, Scherzerei, Lachen. → Belustigung, Drolligkeit, Possen. ▶ Ernst, Witzlosigkeit.
scherzen spaßen, belustigen, lachen, erheitern, aufheitern, aufmuntern, beleben, Unsinn machen, schäkern, tändeln, dummes Zeug treiben, Mutwillen treiben, ergötzen, vergnügen, zerstreuen, narren, necken, aufziehen, Possen treiben. → belustigen, freuen sich, lachen, schäkern. ▶ ernst (sein).
scherzhaft → humoristisch, schalkhaft.
Scherzhaftigkeit → Possen, Scherz, Unsinn, Witz.
Scherzname Uzname, Spitzname, Spottname, Beiname, Übername, Umbenennung, Umtaufe, Namenswechsel, Namenstausch.
Scherzzeichnung → Karikatur.
Scheu Schüchternheit, Blödigkeit, Befangenheit, Bänglichkeit, Bedenklichkeit, Einschüchterung, Zurückhaltung ● Mißtrauen, Menschenscheu, Menschenfurcht, Ungeselligkeit, Menschenbrötelei, Unzugänglichkeit, Unnahbarkeit ● Furcht, Angst, Besorgnis, Schauder, Angstzustände, Platzangst, Verfolgungswahn, Ängstlichkeit, Unschlüssigkeit, Beunruhigung, Verzagtheit, Feigheit, Bedenken ● Bescheidenheit, Selbstunterschätzung, Verschämtheit, Sprödigkeit, Unbeholfenheit ● heilige Scheu, Ehrfurcht, Hochachtung, Anbetung, Vergötterung. → Abneigung, Bammel, Bedenken, Befangenheit, Bescheidenheit. ▶ Furchtlosigkeit, Überheblichkeit, Verspottung, Vertrauen.
scheu → ängstlich, bange, bebend, befangen, feige.
scheuchen → erschrecken, jagen.
scheuen widerstreben, ablehnen, bocken, sperren sich, widersetzen sich, im Wege stehen, hemmen, lähmen, entziehen sich, sträuben sich, abstehen, aus dem Wege gehen, sich drehen und wenden, sich zurückziehen ● fürchten sich, erschrecken, ängstigen sich, bangen, erbeben, erzittern, aufhören, bangen, befürchten, erschrecken, Haar in der Suppe finden. ▶ furchtlos (sein), helfen.
scheuen, sich ekeln, verabscheuen, widerwärtig finden, Anstoß nehmen, eklig finden, widerstreben, anwidern, anekeln, Übelkeit erregen ● sich entfernt halten, ausweichen, meiden, scheuen vor, zurückfahren, erschrecken, erschaudern, sich entsetzen vor, aus dem Wege gehen. → bangen, befürchten, bringen nicht übers Herz, erschrecken. ▶ furchtlos (sein), überwinden (sich).
Scheuer → Abstellraum, Depot.
Scheuerbürste → Bürste.
scheuern rubbeln. → ausbürsten, ausstauben, bohnern, fegen, putzen, waschen.
Scheuklappen Kopflosigkeit, Gedankenlosigkeit, Blödsinn, Brett vor dem Kopf, Dummheit, Verkehrtheit, Hirnverbranntheit, Sturheit, Beschränktheit, enger Horizont, Unverstand, Geistesarmut, lange Leitung, Gehirnschwund, Unverständnis, geistige Armut, Verdummung, Leere, Unfähigkeit. → Blende. ▶ Klugheit, Verständnis.
Scheune → Abstellraum, Depot.
Scheusal → Bandit, Bestie, Fratze, Mißgestalt.
scheußlich → abgeschmackt, abscheulich, abstoßend, beißend, beklemmend, beschämend, bitter, blatternarbig, blümerant, böse, brennend, entsetzlich, freudlos, greulich, häßlich, schauerlich, schlimm, unangenehm.

Scheußlichkeit → Häßlichkeit.

Schicht Schluß, Schichtwechsel, Feierabend, Schichtarbeit, Torschluß, Ruhezeit, Feierschicht, Einteilung ● Volksschicht, Herrenschicht, Oberschicht, Volksschichtung, Kernschicht, Arbeiterschicht ● Auflage, Platte, Schuppe, Maser, Belag, Bedeckung. → Decke, Ebene, Feierabend, Fell, Patina. ▶ Anfang, Arbeit, Fortgang.

schichtartig → blättrig.

schichten ordnen, einteilen, einordnen, anordnen, einrichten, zurechtstellen, zurechtsetzen, zurechtlegen, häufen, anhäufen, einreihen, stufen, abstufen, staffeln, aufeinander stellen, aufschichten, stapeln. ▶ verwirrns.

Schichtung → Anordnung, Schicht, Struktur.

Schick Eleganz, Wichs, Grazie, Harmonie, Wohlklang, Sexappeal, Schönheit, Modernheit, Augenweide, Geschmack, geschmackvolles Äußeres, Feinheit, Vollendung ● Geschick, gute Lebensart, Schicklichkeit, Anstand. ▶ Geschmacklosigkeit, Ungezogenheit.

schick elegant, bezaubernd, anziehend, berauschend, bestrickend, bewundernswert, exquisit, entzückend, fabelhaft, herrlich, raffiniert, schnafte *u*, dafte *u*, schnieke *u*, mondän, toll, todschick, tipptopp, fesch, keß, tadellos, vollendet, phantastisch, modern, dernier cri, fein. → anmutig. ▶ geschmacklos, häßlich, unelegant.

schicken senden, übermitteln, absenden, beilegen, befördern, zustellen, zugehen lassen, fortschicken, zuleiten, verfrachten, zubringen, verschicken, einschicken, einsenden, fortschaffen, wegtragen, versenden ● von Pontius zu Pilatus schicken. → absenden, austragen, befördern, detachieren, einschicken. ▶ empfangen.

schicken, sich anpassen, fügen sich, befreunden sich, entgegenkommen, übereinkommen, abfinden sich, dareinfinden sich, behelfen sich, in das Schicksal einfügen, geduldig sein, aushalten, ausharren, gefallen lassen sich, dreinschicken sich, über sich ergehen lassen, von der besten Seite nehmen, zufrieden geben sich. → abfinden, ausharren, fügen sich. ▶ widersetzen sich.

schicklich füglich, geziemend, herkömmlich, angebracht, gebührlich, gehörig, angemessen, höflich, an-

ständig, ziemlich passend, sachdienlich, tauglich, tüchtig, sittengemäß, stubenrein, menschenwürdig, sittig, sittsam, gesittet, sittenrein, schämig ● nichts dabei finden, da ist nichts dabei. → angemessen, anständig, artig, füglich, gebührlich, gehörig, höfisch. ▶ unschicklich.

schicklich sein → benehmen sich, schicklich.

Schicklichkeit → Benehmen, Dekorum, Salonfähigkeit, Zweckmäßigkeit.

Schicksal Geschick, Schickung, Verhängnis, Los, Vorherbestimmung, Vorsehung, Fügung, Mißgeschick, Fatalität, Prädestination, Unannehmlichkeit, Verstrickung, Verkettung, Fatum, höhere Gewalt, Bekümmernis, Bedingtheit, Unvermeidlichkeit, Notwendigkeit, Willenlosigkeit, Zufall, Bestimmung, Ungefähr, Zufälligkeit ● Unheil, Unstern, Unglück, Unsegen, Heimsuchung, Drangsal, Bedrängnis, Übel, Ungemach, Schicksalsschlag, Schlag, Strafe des Himmels, Prüfung. → Bekümmernis, Berufung, Betrübnis, Chance, Fügung, Los, Zufall. ▶ Glück, Lebensfreude, Sorglosigkeit.

schicksalhaft schicksalsbedingt, fatal, unangenehm, umgänglich, unabwendbar, vorbestimmt, unabweislich, gefügt, unentrinnbar, entschieden, zwingend, unvermeidlich, beschlossen, unausbleiblich, unwiderruflich, bestimmt, gewiß, jedenfalls.→ fatal.▶ erfreulich, überwindbar.

schicksalsbedingt → schicksalhaft.

Schicksalsgefährtschaft → Gemeinschaft.

Schicksalsgemeinschaft → Bündnis, Gemeinschaft, Staat.

Schicksalsgenosse Gefährte, Kumpan, Genosse, Kamerad, Kriegsgefährte, Kriegskamerad, Partner, Kommilitone, Mitbeteiligter, Mitschuldiger, Amtsgenosse, Berufsgenosse, Fachgenosse ● Ehegenosse, Ehegefährte, Ehegatte, Mann, Ehemann. ▶ Fremder.

Schicksalsschlag → Armut, Bekümmernis, Beschwerlichkeit, Ende böses, Fehlgeburt, Mißerfolg, Übel, Unglück.

Schickung → Fügung, Schicksal, Zufall.

schieben drücken, stoßen, deuen *u*, schupsen, drängen, treiben, anstoßen, bewegen, befördern, ziehen, verrücken, vorwärtsschieben ● werfen, schubweise befördern, zwangsweise befördern, aufschieben, hinauszögern,

verschieben ● herausschinden, täuschen, betrügen, hintergehen, begaunern, Schiebergeschäfte machen, Teuerung ausnützen. → ankurbeln, anstoßen, bemächtigen, benachteiligen, bewegen sich, Decke unter der stecken, krumme Wege. ▶ bremsen, ehrlich (sein), hemmen, still stehen, verlieren.

schieben, auf die lange Bank hinhalten, säumen, zögern, verzögern, zaudern, sich aufhalten, hinschleppen, verschleppen, trödeln, bummeln, verschieben, zurücklegen, hinausschieben, vertagen, sich bedenken, abwarten, Zeit lassen, besinnen sich, zurückstellen. ▶ ausführen, überstürzen.

Schieber → Betrüger, Dieb, Emporkömmling, Fälscher, Kriegsgewinnler.

Schieberei → Beraubung, Betrug, Dieberei, Gaunerei, Preistreiberei.

Schiebung → Bemächtigung, Beraubung, Bestechung, Betrug, Dieberei, Gaunerei, Käuflichkeit, Kniff, Preistreiberei.

schiech → arm, häßlich, schlecht.

Schiedsgericht Zwischenkunft, Vermittlung, Einmischung, Vermittler, Mittelsperson, Zwischenträger ● Einigkeit, Übereinstimmung, Einvernehmen, Schlichtung, Einspruch, Schiedsrichteramt, Schlichtungsverfahren, Fürsprache, Friedensgericht, Einigungsamt, Vermittlungsamt, Gütestelle. → Auseinandersetzung, Unterhandlung.

Schiedsmann → Schiedsrichter.

Schiedsrichter Unparteiischer, Schiedsmann. → Censor, Chef, Vermittler.

Schiedsspruch → Entscheidung, Urteil.

schief schräg, windschief, geneigt, absteigend, abfallend, krumm ● unförmig, unebenmäßig, mißförmig, verzerrt, verdreht, verbogen, buckelig, höckerig, mißgeformt, häßlich, verwachsen, schief gebaut, verunstaltet ● böse, scheel, mißgünstig, verdrossen, mißmutig, falsch, schlecht. → einseitig, krumm, schräg. ▶ frohgemut, gerade, gut, wohlgestaltet.

schief gehen schief liegen. → Boden verlieren den, irren, scheitern.

schief gewickelt mißglückt, mißraten, mißlungen, fehlgeschlagen, verunglückt, unheilvoll, traurig, totgeboren, zerronnen ● im Irrtum, verkehrt gedacht, sich getäuscht haben, auf dem Holzweg sein, ins Blaue schießen, die Rechnung ohne den Wirt machen, über die eigenen Füße stolpern, lange warten müssen. ▶ gelungen, obsiegen.

schief liegen irren. → schief gehen.

schiefrig → brechbar, spröde.

Schielauge Schieler, Triefauge, Schwachsichtigkeit, Tränenauge, Verunstaltung, Häßlichkeit, Augenschwäche ● Geizhals, Neidhammel, Scheelsüchtiger, Neidwurm, Habsüchtiger. → Auge. ▶ Geber, Scharfsichtigkeit.

schielen mißgönnen, beneiden, neiden, vergönnen, lauern, vor Neid platzen, scheele Augen machen, auf den Teller gucken, Stielaugen machen ● unvollkommen sehen, zwinkern, einen Nebel vor den Augen haben, schräg sehen. → blinzeln. ▶ gönnen, scharfsichtig (sein).

Schiene Geleise, Strang, Schienenstrang, Schienenweg, Spur, Bahn, Strecke, Route, Richtungslinie, Kufe, Führungsstrang ● Bandage, Verband, Schienung, Brett, Leiste.

schienen bandagieren, verschnüren, einschnüren, Verband anlegen, mit Schienen versehen ● vermessen. ▶ aufwickeln, losbinden.

Schienenstrang → Schiene.

Schienung → Bandage, Schiene.

schier → Anzug, Haar auf ein, nahezu, rein, schön, zirka.

schießen knallen, puffen, feuern, funken, abschießen, beschießen, einschießen, ballern, Feuer geben, Kugeln wechseln, pflastern *u*, eins auf den Pelz brennen, die Geschütze bedienen, mit Kugeln eindecken, piffpaff, zielen, abdrücken, treffen, laden, pfeffern, enthahnen *j* ● rennen, flitzen, sausen, rasen, hervorschießen ● emporquellen, hervorbrechen, treiben, sprießen, wachsen, aufschließen, heranwachsen ● schleudern, werfen, hinwerfen ● es ist zum Schießen, lachen, totlachen sich, Gelächter hervorrufen, ulkig sein. ▶ langweilen, stechen, verkümmern, versiegen, zögern.

schießen, ins Kraut → Vermehrung, wachsen.

Schießprügel → Büchse.

Schießwaffe → Büchse, Waffe.

Schiff Dampfschiff, Jacht, Nachen, Naue, Schaluppe, Reff, Floß, Dampfer, Segelschiff, Küstenfahrzeug, Ruderschiff, Fregatte, Schlachtschiff, Kreuzer, Linienschiff, Flugzeugträger, Tanker, Galeere, Galeone, Kahn, Boot,

Barke, Motorschiff, Fischerboot, Rennschiff, Kutter, Zweimaster (*sm* Brigg), Dreimaster (*sm* Bark), Beiboot (*sm* Barkasse), Küstenfahrzeug (*sm* Ewer), Dschunke, Eindecker, Dreidecker, Viermaster, Fischerboot, Handelsschiff, Klipper, Polizeiboot, Schlepper, Leichter, Schute, Kasten *u* ● Kirchenschiff, Hauptschiff, Nebenschiff ● Schiffchen, Webgerät ● Sternbild. → Fahrzeug (Wasser-). ▶ Bahn.

schiffbar → fahrbar.

Schiffbruch → Armut, Bekümmernis, Unglück, Zerstörung.

Schiffbrücke → Brücke.

schiffen → bewegen sich, fahren.

Schiffseigner → Besitzer.

Schiffseite Steuerbord *sm* (rechte Seite), Backbord *sm* (linke Seite).

Schiffsraum → Kabine, Tonnage.

Schiffsschnabel → Bug.

Schikane Gemeinheit, Quälerei, Marter, Tortur, Überlistung, Bedrückung, Tücke, Heimtücke, Verschlagenheit, Geriebenheit, Durchtriebenheit, Prellerei, Gaunerei, Büberei, Ränke, Finte, Kniff, Finesse, Pfiff, Schliche, Manöver, Winkelzug. ▶ Gutmütigkeit, Offenheit.

schikanieren → ärgern, bedrücken, Hölle heiß machen, peinigen, quälen.

Schild Platte, Ebene, Fläche ● Abzeichen, Plakette, Tafel, Firmenschild, Namenstafel ● Decke, Bedeckung, Visier, Rüstung, Panzerhaud, Schutzwaffe, Wappenschild, Schirm, Schutz. ● Bedeckung, Etikett(e). ▶ Schutzlosigkeit.

Schildbürger Spießbürger, Till Eulenspiegel, Dummkopf, Einfaltspinsel, Hanswurst, Leichtgläubiger, hinter dem Mond daheim. ▶ Kopf fähiger.

Schildbürgerstreich → Schwabenstreich.

Schilderer Erzähler. → Dichter.

schildern erzählen, berichten, ausmalen, verkörpern, spielen, vorstellen, veranschaulichen, nachmalen, beschreiben, darstellen, sagen, ein Bild entrollen, nachberichten, zusammenstellen, herausstellen, überliefern, wiedergeben, ausspinnen, beklatschen, aufzählen. ● aufzeigen, ausarbeiten, ausdrücken, auseinandersetzen, ausmalen, beschreiben, darstellen, detaillieren, entwerfen, ein Bild erzählen. ▶ verheimlichen.

Schilderung → Bericht, Be-

schreibung, Chronik, Darstellung, Denkschrift, Dessin, Erzählung, Reisebericht.

Schildträger → Begleitung, Bewachung.

schillern abweichen, verändern, irrlichterieren, flakkern, fluten, wechseln ● gleißen, schimmern, glänzen, leuchten, strahlen, blenden, herausputzen, strotzen, flimmern. → blenden, leuchten. ▶ erlöschen, farblos (sein), gleichbleiben.

schillernd glitzern, gleißend, opalisierend, bunt, glänzend, farbenfroh, kräftig, schimmernd, veränderlich, wechselnd, leuchtend, prächtig, herrlich, prunkhaft, prismatisch, irisierend. → bunt, buntscheckig, farbenfroh, farbenreich, irisierend, changierend. ▶ farblos, gleichbleibend, schlicht.

schilpen → piepsen.

Schimmel Pferd, Tier, Roß, Mähre, Haustier, Gaul, Klepper, Saumroß, Hengst, Fohlen, Stute, Füllen, Vollblut, Halbblut, Schimmelgespann, Esel ● Graukopf, Greis ● Schimmelpilz. → Moder. ▶ (Rappe).

schimmelig moderig, madig, dumpf, ansteckend, pestilenzialisch, trüb, unrein, schmutzig, befleckt, staubig, dreckig, schmierig, garstig, vergoren, bedeckend, stinkend. → dreckig. ▶ einwandfrei, sauber.

Schimmer → Anmut, Ahnung, Anziehung, Ausschmückung, Einblick, Farbe, Farbenglanz, Farbenton, Pracht, Schatten, Schein.

schimmern → emporlodern, erglühen, leuchten, schillern.

schimmernd → brillant, farbenfroh, pompös, schillernd.

Schimpf Unehre, Schande, Schmach, Verrufenheit, Verschiff, Mißkredit, Unwürdigkeit, Schmählichkeit, Fluch, Ruhmlosigkeit, Erniedrigung, Entehrung, Pfuiruf, Pietätlosigkeit, Niedertracht, Injurie ● Tadel, Schelte, Scheltname, Spott, Hohn, Lästerung, Geschrei, Beschimpfung, Beleidigung, Kränkung, Verspottung, Schmähung, Schmährede, Schimpfrede, Schimpfname, Schimpfwort, Schimpfschrift, Ehrverletzung. → Achsel, Anstößigkeit, Beleidigung, dunkler Punkt, Erniedrigung, Schande, Spott.→Ehrerbietung, Lob.

schimpfen schelten, predigen, tadeln, beschimpfen, beleidigen, verhöhnen, kränken, schänden, lästern, verunglimpfen, herabwürdigen, erniedrigen, demütigen, wie ein Rohrspatz schimpfen, den Marsch blasen, Luft machen sich, toben, donnern, auffahren, aufbrausen, Bescheid sagen, zanken, keifen, kollern u, bölken u, bullern u, räsonieren, wettern, schnauzen, Krach schlagen, toben wie ein Wilder u, raunzen, schnauzen, anknurren, anfahren, knurren, zürnen, mahnen, verweisen, beanstanden, makeln, kritisieren, die Leviten lesen, den Standpunkt klar machen, Vorstellungen machen, ausschimpfen, herunterputzen, rüffeln, auszanken, Gericht halten. → belfern, demütigen, fluchen, Hölle heiß machen, räsonieren. ▶ achten, loben, vertragen sich.

Schimpferei Zänkerei, Geschelte, Keiferei, Gezänke, Gekreisch, Maulgefecht, Gehader, Gekeife, Lärm, Schimpf, Beschimpfung, Beleidigung, Kränkung, Schelte, Schmährede, Tadel, Rüge, Verweis, Rüffel, Strafpredigt, Gardinenpredigt, Bemäkelung, Vorwurf, Mäkelei, Nörgelei, Geschimpfe, Bußpredigt, Mahnung, Schimpfreden. → Schimpf, Tadel. ▶ Ehrerbietung, Lob, Verträglichkeit.

schimpflich verwerflich, unehrenhaft, ehrenrührig. → abstoßend, anrüchig, anstößig, arglistig, bedauerlich, beschämend, bestechlich, charakterlos, entehrend, niederträchtig.

schimpflich reden → diskreditieren.

Schimpfname → Beiname, Beleidigung, Schimpf.

Schimpfwort → Beleidigung, Diebesjargon, Fluch, Schimpf, Spott.

Schindanger Schinderwasen, Abdeckerei, Aasplatz.

schinden → abmühen, anstrengen, arbeiten, bedrükken, befeinden, beschäftigen, bestrafen, bestreben sich, binden sich selbst eine Rute, erkämpfen, quälen.

Schinder Placker, Quäler, Wucherer, Peiniger, Unterdrücker, Bedrücker, Ausnützer, Halsabschneider. → Abdecker. ▶ Wohltäter.

Schinderei → Anstrengung, Arbeit, Aufgebot, Beschwerde, Mühe.

Schinderhannes → Bandit.

Schindluder treiben verspotten, verhöhnen, nachäffen, parodieren, belächeln, karikieren, ironisieren, travestieren, zum besten halten, eine Nase drehen, zum Narren halten, an den Pranger stellen, in den April schicken, hinters Licht führen, einen Streich spielen, zum Stich-blatt machen, dem Gelächter preisgeben, auf den Arm nehmen, ins Lächerliche ziehen, an der Nase herumführen, am Narrenseil führen. → ausbeuten. ▶ helfen, verteidigen.

Schippe Schaufel, Spaten ● Flunsch, Schmollmund.

schippeln → schieben.

Schirm Regenschirm, Sonnenschirm, Lampenschirm, Röntgenschirm, Bildschirm ● Schutz, Sicherheit, Sicherung, Geleit, Deckung, Beschützung, Beschirmung, Obdach, Hut, Obhut. ▶ Schutzlosigkeit.

Schirm und Schutz, in → Dach und Fach unter, sicher.

schirmen → aufheben, bringen unter Dach, helfen, schützen.

Schirmer → Beschützer.

Schirmherr → Beschützer.

Schirmherrschaft Präsidentschaft, Ehrenvorsitz, Protektorat ● Hilfe, Förderung, Mitwirkung ● Einflußbereich, Machtbereich, Hoheitsbereich, Herrschaftsgebiet ● Schutzherrschaft, Schutzmacht ● Einfluß.

schirmlos → hilflos.

Schisma Abfall, Spaltung, Kirchenspaltung, Separatismus, Glaubensabfall, Trennung, Bruch, Schnitt, Teilung, Scheidung, Zwiespalt, Entzweiung, Uneinigkeit, Meinungsverschiedenheit, Unstimmigkeit, Widerrede, Widerspruch, Apostasie. → Bruch. ▶ Übereinstimmung, Vereinigung, Zusammenhang.

schismatisch → abtrünnig.

Schiß → Angst, Bammel, Bedenken, Befangenheit, Scheiße.

schlabbern → seibern.

Schlacht Bataille. → Angriff, Blutbad, Kampf.

schlachten → ausrotten, töten.

Schlächter → Berserker, Bestie, Bluthund.

Schlachtfeld → Kampfplatz.

Schlachtgewühl → Blutbad.

Schlachtlied → Fanfare.

Schlachtopfer → Brandopfer.

Schlachtordnung → Aufstellung.

Schlacke Rest, Abfall, Unrat, Absonderung, Asche, Schaum, Schmutz, Bodensatz, Abschaum, Unreinheit, Unwert, Staub, Spreu, Schale, Ruß, Schmiere. → Abfall, Asche, Auswurf, Dreck. ▶ Brennmaterial.

schlackern schlenkern, rutteln. → stoßen.

Schlaks → Riese.

Schlaf Apathie, Empfindungslosigkeit, Lähmung ● Halbschlaf, Schlummer, Ruhe, Ruhezustand, Einhalt, Rast, Erholung, Traum, Unterbrechung, Stockung, Hemmung, Entspannung, Bettruhe, Schläfchen, Siesta, Nickerchen, Winterschlaf, Stärkung, Erfrischung, Labsal ● letzter Schlaf, Tod. ▶ Leben, Ruhelosigkeit, (Wachzustand).

schlafbedürftig → müde.

Schläfchen → Dusel, Schlaf.

schlafen duseln, einlullen, niederlegen, rasten, einnikken, ausruhen, schlummern, träumen, ruhen, nicken, schnarchen, stilliegen, müßig sein, der Ruhe pflegen, liegen auf der Bärenhaut, pennen u, nächtigen, sich nicht rühren, untätig sein, faulenzen, unaufmerksam sein, ausschlafen sich ein Nickerchen machen, durchschlafen, durchpennen u, heia machen u, wie ein Bär oder Dachs schlafen, wie eine Ratte oder ein Ratz schlafen, sich einen Stiefel zusammenschlafen u, bis in die Puppen schlafen ● brach liegen. → ausruhen, beruhigen, übernachten. ▶ arbeiten, aufwachen, munter (sein).

Schläfer → Faulpelz.

schlaff locker, lose, weich, schlotterig, hängend, schwammig, schlapp, morsch, nachgiebig, schmiegsam, biegsam. → abgespannt, kräfteunfähig, bequem, energielos, faul, langweilig, matt. ▶ arbeitsfähig, fest, frisch, energisch, kräftig.

Schlaffheit Willenlosigkeit, Weichheit, Unkraft, Charakterschwäche, Nachgiebigkeit, Trägheit, Willensschwäche, Langsamkeit, Trödelei, Schläfrigkeit, Schlappheit, Verzögerung, Bummelei, Lendenlahmheit, Faulheit, Schwäche, Lockerung, Mattheit, Laxheit, Abspannung. → Erschlaffung. ▶ Kraft, Willenskraft.

Schlafhaube → Arbeitsunfähiger, Faulpelz.

Schlafkautsch → Bett.

schlaflos ruhelos, rastlos, munter, regsam, wendig, beweglich, unruhig, unermüdlich, arbeitsam, rührig, tätig, angreifig, rege, schaffig, betulich, unruhig wie Quecksilber, von morgens bis abends ● krank, überanstrengt. ▶ schläfrig.

Schlafmittel → Arznei, Beruhigungsmittel.

Schlafmütze Langweiler. → Arbeitsunfähiger, Banause, Bummler, Faulpelz.

Schlafpulver → Arznei, Beruhigungsmittel.

schläfrig halbwach, schlaftrunken, müde, gähnend, matt, ermattet, lendenlahm, übermüdet, kraftlos, entkräftet, abgespannt, aufgerieben,

ruhebedürftig, benommen. →
arbeitsunfähig, bedächtig, behäbig, behaglich, bequem,
betäubt, bleiern, bummelig,
einschläfernd, faul, müde. ▶
schlaflos, wach.

Schläfrigkeit Ermattung, Ermüdung, Müdigkeit, Erschöpfung, Erschlaffung, Erlahmung, Entkräftung, Hinfälligkeit, Kraftlosigkeit, Abgespanntheit, Schwäche, Übermüdung ● Faulheit, Saumseligkeit, Trägheit, Phlegma,
Langsamkeit. → Bummelei.
▶ Arbeitsfreude, Kraft, Ruhelosigkeit.

Schlafsessel → Divan.

Schlafsucht → Schwäche.

Schlaftrunk → Arznei, Baldrian.

schlaftrunken → müde,
schläfrig.

schlafwandeln → fantasieren.

Schlag Hieb, Knuff, Hau u,
Strich, Stoß, Schub, Druck,
Prügel, Nasenstüber, Ohr-
feige, Schelle, Handschrift,
Tachtel u, Kopfnuß ● Ruck,
Explosion, Sturz, Fall, Erd-
beben, Erdstoß, Laut, Kata-
strophe ● Rasse, Sippe, Art,
Volksart, Gattung ● Acker,
Flur, Feldmark, Stück, Boden,
Lichtung, Baumschlag, Ro-
dung, Schneise ● Unheil, Unglück, Übel, Reinfall, Pech,
Zerstörung, Vernichtung, Be-
einträchtigung, Unglücksfall,
Mühsal, Unglücksstern, Un-
gemach, Plage, Schicksals-
schlag, Schickung, Fügung
● Enttäuschung, Ernüchte-
rung, Fehlschlag, harter
Schlag ● Coup, überra-
schende Tat. → Abteilung,
Art, Art und Weise, Armut,
Aussehen, Bekümmernis, Beleidigung, Beschwerlichkeit,
Bewegungstrieb, Betrübnis,
bums, Charakter, Coup, Donner, Entlassung, Enttäu-
schung, Explosion, Familie,
Kaliber, Patsche, Übel, Unglück.▶ Erfolg,Ganzes,Glück,
Lautlosigkeit, Lebensfreude,
Sorglosigkeit, Zufriedenheit.

schlagartig → auf einmal, augenblicklich, plötzlich.

Schlagball → Ball, Spiel.

Schlagbaum → Beschwernis, Grenze, Hindernis.

Schlagbrücke → Brücke.

Schläge →Bestrafung,Prügel.

Schlagen → Bearbeitung, Bestrafung, Bewegung.

schlagen durchhauen, raufen, reinhauen, ein loses
Handgelenk haben, hauen
daß die Fetzen fliegen, zusammenhauen, die Hosen
stramm ziehen, knallen, tit-
schen u, auf den Hut geben
u, eine verpassen u, pfeffern
u, patschen u, eine langen,
gerben das Leder, knuffen,
knüppeln, klopfen, hauen,

prügeln, puffen, losschlagen
● aus der Armenkasse kriegen u, eine aufs Dach kriegen u, ein paar hinten drauf
geben u ● das Fell juckt, der
Buckel juckt ● hämmern, peitschen, dreschen, anschla-
gen, strafen, bestrafen, maulschellen, abschwarten u,
bleuen u, zu Brei hauen, eins
auf den Deckel geben u,
durchbleuen u, durchwalken,
durchwichsen, frikassieren u,
gleich gibt es etwas, da ist
etwas gefällig u, holzen, die
Jacke ausklopfen, die Knochen entzwei schlagen, in
der Mache haben u, ein paar
aufdenPelzbrennen u,schmie-
ren u, ein paar überziehen,
verbleuen, verhauen, ver-
prügeln, versohlen, ver-
kamisölen u, vermöbeln u,
vertobaken u, vertrommeln u,
verwamsen u, wichsen, wamsen u, zerbleuen u, züchtigen, bearbeiten, zurichten,
zerschlagen, walken, durchbeuteln, wamsen, eine Holz-
hammernarkose geben u,
eins auswischen u, in die
Fresse hauen u, die Fresse
polieren u, keilen, patschen,
ohrfeigen, boxen, traktieren,
abreiben, bimsen u, braun
und blau hauen, eine aufs
Dach geben u, durchhauen,
durchwansen u, das Fell gerben, heimleuchten, die Hucke
voll hauen u, keilen, das Leder gerben, zu Mus hauen u,
hauen daß die Schwarte
knackt u, verbimsen, verdreschen, verholzen, verkeilen,
versohlen, vertrimmen u, verwalken, verwichsen, walken,
windelweich hauen, zusam-
menhauen ● übertreffen, hinter sich lassen, überlegen
sein, ausstechen, überstrahlen, überbieten, überholen,
überragen, gewinnen, in den
Sack stecken, den Rang ablaufen ● wogen, branden ●
pulsieren, puppern ● stampfen. → ankreiden, anschlagen, auswischen, balgen, beeinträchtigen, bestrafen, beuteln, dreschen, fächeln,
pflastern,prügeln.▶abprallen,
loben, still stehen, unterlassen, unterliegen.

schlagen, sich → angreifen,
schlagen, streiten.

schlagen, an die Brust →
bereuen.

schlagen, ins Gesicht in die
Schnauze oder Fresse schlagen u, die Fassade lackieren u,
ohrfeigen, einen Backen-
streich geben u, eine herunterhauen.

**schlagen, sich zu einer
Partei** → beteiligen sich.

schlagen, in die Schanze →
wagen.

schlagen, ein Schnippchen

übertölpeln, überlisten, aufs
Korn nehmen, übers Ohr
hauen, eine Nase drehen, falsches Spiel treiben, das Fell
über die Ohren ziehen, eine
Falle stellen, eine Grube graben, Sand in die Augen
streuen, zum Narren halten,
einen in den Sack stecken,
hinters Licht führen, einem
Hörner aufsetzen, auf falsche
Spur bringen. → balbieren.
▶ ehrlich (sein).

schlagen, über die Stränge
frech werden, entgegenhandeln, übertreten, bocken, aufmucken, trotzen, widerstehen, ungezogen sein, die
Hörner zeigen, ungehorsam
sein, den Gehorsam verweigern, Trotz bieten, über die
Grenze schlagen, gegen den
Stachel löcken, sich wider-
stellen, sich auflehnen. ▶
gehorchen, unterlassen, unterwerfen sich.

schlagen, um sich → toben,
wüten.

schlagen, in den Wind nicht
hören, sich nicht kümmern,
von sich stoßen, entgehen
lassen, versäumen, unge-
nützt lassen, keinen Gebrauch
machen, von der Hand wei-
sen, unterlassen, vernachlässigen, wegwerfend be-
handeln, über Bord werfen,
unter den Tisch fallen lassen,
sich vom Hals schaffen, mit
tauben Ohren zuhören, einem
Ochsen ins Horn petzen. ▶
Gebrauch machen von, ge-
horchen, zunutze machen
sich.

schlagend beweisend, zwingend, durchschlagend, un-
widerleglich, entscheidend,
überzeugend, stichhaltig, folgerichtig, logisch, denklich,
tig, wirksam, anschaulich,
treffend, verblüffend, überraschend, frappant, treffend,
den Nagel auf den Kopf getroffen, gut gebrüllt Löwe u.
→ absolut, anschaulich, derb,
durchschlagend. ▶ falsch,
unlogisch, widersprechend.

Schlager Gassenhauer, Lied,
Schund, Kitsch, Chanson,
Schnulze u, Gesang ● Fischzug, Einschlag, Bombe, Anziehung, Attraktion, Zug-
stück, Magnet, Zugkraft, Anziehungsmittel, Reißer, Reiz,
Treffer, Evergreen. → Anziehung, Anziehungskraft, Attraktion, Lied. ▶ Niete.

Schläger Fechter, Kämpfer,
Duellant, Rapier, Degen,
Tennisschläger ● ausschla-
gendes Pferd, schlagender
Singvogel. → Raufbold. ▶
Lamm frommes.

Schlägerei → Streit, Tätlichkeit.

schlagfertig → beredt, plötzlich, prompt, redegewandt.

Schlagfertigkeit → Geist, Redseligkeit, Witz.

Schlagkraft Wirkung, Wirksamkeit, Durchschlagskraft, Wirkungsvermögen, Nachdruck ● Logik, Urteilskraft, Denkkraft, Schlagfertigkeit, Überzeugungskraft, Beweiskraft, Verständlichkeit, Bündigkeit, Beweisführung ● Treffsicherheit, Bildkraft, Wucht, Redekunst, Eindringlichkeit. ▶ Unverstand, Unwirksamkeit.

Schlagseite Übergewicht, Schräglage, Schräge, Schrägrichtung, Neigung, Rutsche, Kränkung ● Schlagseite haben. → betrunken.

Schlagwort Geschwätz, Redensart, Reklamesatz, Gemeinplatz, Phrase, Schlagzeile, Slogan, Werbeschlagwort, nachgeplapperte Dummheit, Unsinn, Sprachfehler, Versehen, Verwechslung, Entgleisung, Mißgriff, Sprachunart, Leere, Hohlheit, Wortkrämerei, Gefasel, Schwulst, Jahrmarktswort, Jahrmarktston. → Blech, Farblosigkeit. ▶ Denkkraft, Stilgefühl.

Schlagzeile → Schlagwort, Titel.

Schlagzeug Musikinstrument, Tonerzeuger, Trommel, Pauke, Kastagnetten, Tamburin, Gong, Tamtam, Zimbel, Bekken, Kesseltrommel, Glockenspiel, Triangel.

Schlamassel → Armut, Chaos, Patsche, Unglück.

Schlamm Schlick, Pampe. → Abfall, Brei, Brühe, Dreck, Schlacke, Schmutz.

schlammig → breiig, schmutzig.

Schlampe Schlendrian, Schlappschwanz, Schlumpe, Schlunze, Vettel, Struwwelpeter, Dreckliese, Schmutzliese, Dreckspatz, Drecksack, Schmutzfink, Schmierfink, Ferkel, Witz, Unflat, Schweinematz, Rübenschwein, Wuschelkopf, Hutzelkopf, liederlicher Mensch, unordentlicher Mensch. → Buhle. ▶ (Mensch ordentlicher sauberer).

schlampen → fackeln, hudeln.

Schlamperei → Fahrlässigkeit, Pflichtvergessenheit, Unordentlichkeit, Zuchtlosigkeit.

schlampig → nachlässig, unordentlich.

Schlange Tier, Kriechtier, Reptil, Lindwurm, Ringelnatter, Otter, Viper, Königsschlange, Boa ● Betrüger, Scheinheiliger, Schurke, Heuchler, Lügner, Schelm, Gleisner, Schleichhändler, Täuscher, Fälscher, Natternbrut, Otterngezücht, falscher Freund ● Geschütz, Feldschlange ● Schlangenlinie,

Schlängelung, Schleife, Wellenlinie, Windung, Drehung. → Anzahl. ▶ Freund, Mensch aufrechter.

schlängeln, sich → aufrollen, drehen.

schlängelnd → aalförmig, aalglatt.

Schlängelung → Biegung, Kurve, Schlange.

schlangenartig → aalförmig, aalglatt, falsch.

schlangenförmig → aalförmig, aalglatt, dünn.

Schlangengezücht → Otterngezücht.

Schlangenlinie → Biegung, Kurve, Schlange.

schlank schmal, knabenhaft, schmächtig, biegsam, dünn, dürr, fleischlos, geschmeidig, gertenschlank, grazil, hager, klapperdürr, knochig, mager, rank, spindeldürr, storchbeinig, unterernährt, zart, fadenförmig, lang, länglich. → aalförmig, aalglatt, biegsam, dünn. ▶ beleibt, dick.

schlanker Mensch → Bohnenstange.

Schlankheit → Dürre, Magerkeit.

schlankweg → direkt, durchgehend.

schlapp → abgespannt, arbeitsunfähig, bedächtig, bequem, faul, feminin, langsam, müde, schlaff, schwach, unentschlossen.

schlapp machen erlahmen, erliegen, ermatten, ermüden, erschlaffen, nachlassen, niederbrechen, überarbeiten sich, unterliegen, versagen, zurückbleiben, zurückfallen, ohnmächtig werden, schläfrig werden, außer Atem kommen, zusammenknacken, zusammenbrechen, umsinken, abbauen, blümerant werden, nicht mehr können, flau werden. ▶ durchhalten.

Schlappe Reinfall, Fehlschlag. → Niederlage.

schlappen schlürfen, sabbern, schlabbern, schlappern, schlarfen, latschen, schmatzen, schnalzen.

Schlappheit → Erschlaffung, Schlaffheit.

Schlappschwanz Jammerlappen, Muttersöhnchen, Schwachmatikus, Schwächling, Weichling, Wrack, Schlappier ● Hampelmann, Leimsieder, Puppe, Schneiderseele, Wetterfahne, Zweifler. → Feigling, Pantoffelheld. ▶ Draufgänger, Held.

Schlaraffenleben → Wohlleben.

schlau klug, geschäftstüchtig, listig, gewitzigt, pfiffig, nicht aus Dummbach u, taktisch, zielbewußt, zielklar, findig, verschlagen, weltklug, witzig ● achtsam, aufmerk-

sam, bedacht, bedachtsam, bedächtig, behutsam, besonnen, umsichtig, verschlossen, verschmitzt, vorsichtig, wachsam ● abgefeimt, ausgekocht, bauernschlau, bübisch, durchtrieben, falsch, gerieben, gerissen, gewieft, gewitzt, hinterlistig, hintertrieben, gesiebt, intrigant, katzenfreundlich, raffiniert, ränkevoll, spitzfindig, tückisch, vif, faustdick hinter den Ohren. → aalglatt, diplomatisch, durchtrieben, findig, gistesmächtig, geschickt, gewiegt, intelligent, listig. ▶ dumm, unklug.

schlau sein → drehen und zu wenden wissen.

schlau wie ein Fuchs aalglatt.

Schlauberger → Pfiffikus.

Schlauch → Behälter, Röhre.

schlauchen anstrengen, ermüden.

Schlaufe → Schlinge.

Schlauheit Betrug, Falschheit, List, Tücke, Schliche, Büberei, Prellerei, Finesse ● Klugheit, Köpfchen u, Pfiff, Geistesgegenwart, Rücksichtnahme, Umsicht, Vorsicht, Blut ruhiges ● Durchtriebenheit, Mutterwitz, Findigkeit, Verschmitztheit, Spitzfindigkeit, Ränke, Winkelzug, Schelmerei, Katzenfreudigkeit. → Begabung, Betrug, Falle, Falschheit, Kniff, List, Schachzug. ▶ Dummheit, Unklugheit.

Schlaukopf Aas, Filou, Fuchs, Gehänge, Schlauberger, Leisetreter, Schelm, Schlaumeier, Schlitzohr, Spitzbube, stilles Wasser, Spiegelberg ● Schlange. → Patron schlauer, Pfiffikus. ▶ Dummerian.

Schlawiner Vagabund, Zigeuner, Ludrian, Luderjan, Nichtsnutz, Taugenichts, Tunichtgut, Lump, Strolch, Tagedieb, Leichtfuß, Stromer, Gauner, Gauch, Schubjack, Halunke, Laumann, Lumpenkerl, schlechter Kerl, Galgenvogel, Schwindler, Gesinnungslump, Schnüffler, Schleicher, Schelm, Racker, Strick, Schalk, Wicht.

schlecht abscheulich, böse, elend, furchtbar, gemein, heimtückisch, kläglich, lumpig, niedrig, niederträchtig, nichtswürdig, schändlich, schandvoll, schlimm, dreckig, haarig, hanebüchen u, hundemäßig, hundsmiserabel u, unter aller Kanone u, klaterig u, Krampf u, lausig u, lieblich u, matsch u, obermies u, unter aller Sau u, saumäßig, übel, ungut, ungünstig, verlustbringend, da ist der Wurm drin u ● ängstlich, jämmerlich, minderwertig, tadelnswert, unartig, ungezogen, unverbesserlich, verworfen, grundschlecht, schadenfroh ● gottlos, höllisch, teuflisch, unmenschlich, menschenunwürdig, verbrecherisch, unvorteilhaft, unglücklich, schrecklich, beklagenswert, verheerend, beschissen *u*, traurig, schmerzlich, kränkelnd, unheilvoll ● unheilbar, schädlich, nachteilig, abträglich, das ist Bruch *u*, mau *u*, nicht empfehlenswert, gefährlich, wund, ungesund, verdorben, verrottet, verfault, faul, stinkend, giftig, madig, eitrig, tranig, kränklich, tödlich, brandig, absterbend ● rostig ● verrufen, unter das Fußvolk geraten *u*, vor die Hunde gehen *u*, unter die Räder kommen, versacken, versumpfen, verludern, verlottert, unsittlich, unmoralisch, miserabel, schiech ● dilettantisch, unkünstlerisch, unästhetisch ● stumpf, düster, schattig, regnerisch, neblig, muffig ● geringer sein ● Unheil anstiften, Unheil anrichten, Böses verursachen, faule Kunde, unsicherer Kantonist, krank machen, aus den Fugen gehen. → abbrüchig, anrüchig, arg, bedauerlich, bestechlich, betragen sich, bitter, böse, charakterlos, dämonisch, diabolisch, falsch, faul, feindlich, gemein, minderwertig, niederträchtig, planlos, schäbig, schief. ▶ gut.

schlecht und recht mittelmäßig, einigermaßen, so durchwachsen, so la la, ziemlich, so gerade, eben, mit Ach und Krach, mit Mühe und Not, ● auf gut deutsch, frisch von der Leber weg, ein Mann ein Wort ● teils teils, halb und halb, schlicht, klar, lauter, unverfälscht, einfach, natürlich, schlechtweg, schlechterdings. ▶ auserlesen, berechnend, (gekünstelt).

schlecht schmecken → anwidern.

schlechterdings schlechtweg, durchaus, gewiß, unzweifelhaft, tatsächlich, wirklich, unzweideutig, zweifellos, zweifelsohne, unbestreitbar, erwiesenermaßen, augenscheinlich, unstreitig, selbstverständlich, wahrlich, fürwahr, rundaus, bestimmt, jedenfalls, natürlich.→schlecht und recht. ▶ zweifelhaft.

schlechtgelaunt brummig, grantig, verdreht, kiebig *u*, mickerig *u*, mit dem linken Bein zuerst aufgestanden, eine Laus ist über die Leber gelaufen, einer auf der Höhe sein, miesepetrig *u*, stinkgelaunt *u*, nervös, ungut, komisch, geladen. ▶ gutgelaunt.

schlechthin ohne weiteres, wohl, sehr, immerhin, eben, ganz und gar, grade, gänzlich, absolut, ausnahmslos, platterdings, kurzweg. → A und O, schlechterdings. ▶ keineswegs, zweifelhaft.

Schlechtigkeit Bösartigkeit, Heillosigkeit, Giftigkeit, Schädlichkeit ● Bosheit, Tücke, Heimtücke, Abgunst, Schändlichkeit, Schadenfreude, Neid, Arglist, Niedertracht, Gehässigkeit, Bissigkeit, Unmenschlichkeit, Lieblosigkeit, Unbarmherzigkeit, Schäbigkeit, Übelwollen ● Gottlosigkeit, Sündhaftigkeit, Schwachheit, Schwäche, Unsitte, Sittenlosigkeit, Hemmungslosigkeit, Unanständigkeit, Schamlosigkeit, Würdelosigkeit, Nichtswürdigkeit, Unverschämtheit ● Laster, Sünde, Büberei, Verderbtheit, Verdorbenheit, Verruchtheit, Schuftigkeit, Niederträchtigkeit, Unehrlichkeit. → Bosheit. ▶ Anstand, Anständigkeit, Güte.

schlechtmachen bloßstellen, abkanzeln, diskreditieren, miesmachen.

schlecken → lecken.

Schlecker → Feinschmecker.

Schleckerei → Essen, Süßigkeit.

schleichen huschen, herumgeistern, beschleichen, heranstehlen, einschleichen, leisetreten, überlisten, sich zu drehen und zu wenden wissen, übertölpeln. → aufhalten sich, auflauern, begeben sich, bewegen sich, erlahmen, herumgeistern, kriechen. ▶ rennen.

schleichen, sich fort wegschleichen, wegstehlen, drücken, verkrümeln, entwischen, verduften, auskneifen, sich auf französisch empfehlen, Reißaus nehmen, aus dem Staube machen, Fersengeld geben, davonlaufen, ausreißen, durchbrennen, abhauen, sich davonmachen, abtrennen, entweichen, entkommen, flüchten. ▶ zurückkommen.

schleichend → charakterlos, chronisch, katzenartig.

Schleicher → Duckmäuser, Kreatur gemeine, Parasit.

Schleichhandel Schmuggel, Schmuggelei, Frevel, Verbrechen, Schwarzhandel, Bückware *u*, Flüsterware *u*, Schwarzmarktgeschäfte, Volksschädigung, Mißbrauch, Ungesetzlichkeit, Gesetzwidrigkeit, Wucher.

schleichhandeln → erlangen, Reichtum.

Schleichhändler Schwarzhändler, Schieber, Schwindler, Spitzbube, Betrüger,

Schwärzer, Schmuggler, Pascher, Gauner. ▶ Kaufmann (ehrlicher).

Schleichware → Beute.

Schleichweg Jägerpfad, Schleichpfad ● Hintergedanken, Heimlichtuerei, Geheimniskrämerei, Hinterhältigkeit, Versteckespiel ● Hintertüre, Ausweg, Kunstgriff, Winkelzug, Finte, krumme Tour, Finesse, Ränke, Heimtücke, Arglist, Hinterlist ● Schlauheit, Danaergeschenk. ▶ Offenheit.

Schleier → Behang, Blende, Brodem.

schleierhaft → nebelhaft.

Schleifbahn → Eisbahn.

Schleife → Ausschmückung, Band, Bindemittel, Eisbahn, Kurve, Masche.

schleifen drillen. → abschaffen, ausmerzen, bedrücken, bewegen sich, bohnern, einstampfen, schleppen.

Schleifmühle → Tretmühle.

Schleim → Abfall, Abguß, Brei, Brühe.

schleimig → breiig, dickflüssig, unterwürfig.

Schleimigkeit Breiigkeit, Dickflüssigkeit, Zähflüssigkeit, Klebrigkeit, Harzigkeit, Zähigkeit, Brei, Mus, Schlamm, Morast, Emulsion. → Unterwürfigkeit. ▶ Flüssigkeit, Überheblichkeit.

schlemmen → ausschweifen, genießen.

Schlemmer → Feinschmecker, Fresser, Genießer.

Schlemmerei → Eßlust, Feinschmeckerei.

schlemmerhaft üppig, genußfreudig, genießerisch, schwelgerisch, verschwenderisch, unwirtschaftlich, liederlich, lüderlich, flott. ▶ bescheiden, genügsam.

schlemmerisch → feinschmeckerisch, genießerisch.

schlendern → aufhalten sich, bleiben zurück, ergehen sich, erlahmen, laufen, Maulaffen feilhalten, spazieren.

Schlendrian Arbeitsscheu, Phlegma, Beharrungsvermögen, Müßigkeit, Liederlichkeit, Unordentlichkeit, Langsamkeit. ▶ Arbeitsfreude, Ordnung, Schnelligkeit.

schlendrig → unwirtschaftlich, lebenslustig, verschwenderisch, großzügig, freigebig ● fahrig, lässig. ▶ geizig, schnell, überlegt.

schlenkern → schlackern.

schleppen aufhalten, aufschieben, bremsen, hemmen, innehalten, verlangsamen, verzögern, zaudern ● schleifen, zerren, ziehen ● tragen, wegtragen, forttragen, wegräumen, befördern, verschieben, beladen, aufladen, fortschaffen, holen. → bugsieren, verzögern, ziehen. ▶ beschleunigen, helfen, stoßen, unterlassen.

schleppend → allmählich, bedächtig, chronisch, dilatorisch, faul.

Schlepper Lockvogel, Bauernfänger, Beutelschneider, Verführer, Schieber, Betrüger. → Fahrzeug (Wasser-), Packesel, Schiff, Träger.

Schleppkahn → Fahrzeug (Wasser-).

Schlepptau, im der Reihe nach, hintereinander, in den Fußstapfen ● nachfolgen, folgen, nachkommen, anschließen sich, anhängen, nachahmen, nachklappern ● verfolgen, nachjagen, nachspüren, hinter jemandem her sein. ▶ entkommen, nebeneinander, vorangehen.

Schleuder Spanner, Katapult, Bogen, Wurfgeschoß, Schwungwaffe, Gummizug ● Küchenmaschine, Waschmaschine, Wäschetrockner, Küchengerät, Mixer, Zentrifuge, Mischer. → Bewegungstrieb.

Schleuderball → Ball.

schleudern → aufrütteln, bombardieren, schütteln.

Schleuderpreis → Ermäßigung, Gelegenheitskauf.

Schleuderpreis, zu einem → Butterbrot für ein.

Schleuderware → Ausschuß, Ramsch.

schleunig → beflügelt, eilends, rasch.

schleunigst → rasch, schnell.

Schleuse Wehr, Schütt, Staudamm, Stauwehr, Talsperre, Durchlauf, Kanal, Tor, Abschluß, Abfluß. → Kloake.

schleusen durchschleusen, die Schleuse öffnen, durchlassen ● bewässern, regulieren.

Schlich List, Trick, Nebenweg, Schleichweg, Intrige, Machenschaft, Manipulation, Ränke, Umtriebe, Kunstgriff. → Schlauheit. ▶ Offenherzigkeit.

Schliche → Ausweg, Betrug, Falschheit, Manöver, Schlich.

schlicht echt, einfach, gerade, kindlich, klar, natürlich, phrasenlos, ungekünstelt. → anschaulich, anspruchslos, bedürfnislos, bescheiden, bürgerlich, einfach, hausgemacht, klar, natürlich, sachlich, weich. ▶ bombastisch, elegant, unbescheiden.

schlichten → ausgleichen, aussöhnen, befrieden, befriedigen, bieten, dazwischentreten, Einklang bringen, einlegen gute Worte, einrenken, einschreiten, vermitteln.

Schlichtheit → Einfachheit.

Schlichtung → Abkommen, Auseinandersetzung, Beilegung, Einigungsgespräch, Unterhaltung.

Schlick → Schlamm.

schliddern gleiten, glitschen, rutschen, ausrutschen, schlittern, schleifen, rodeln.

Schließe Schnalle. → Bindemittel.

schließen zuriegeln, zusperren, zumachen, zuklappen, zuknallen, zuschmeißen, zukriegen, verriegeln, blockieren, abschneiden, verstopfen, versiegeln, verkleben, plombieren, verkorken, verkitten, vermauern, zukleben, zuschieben, zunähen, zunageln, zudrehen, vorhängen, zuschließen, zuschnallen, zuschnüren, zuschrauben, zustecken, zustopfen ● abbrechen, ablassen, abschließen, abstehen, aufgeben, aufhören, aussetzen, beendigen, bewenden lassen, einstellen, einmotten, einwecken, einwickeln, einstecken, innehalten, nachgeben, nachlassen, rasten, ruhen, unterbrechen, vollenden ● ableiten, annehmen, denken, feststellen, finden, folgern, herbeiführen, herleiten, induzieren, nachweisen ● zur Folge haben. → abdichten, ableiten, absperren, aussagen, deduzieren, disputieren, dokumentieren, entnehmen, ersehen, kalkulieren, riegeln. ▶ öffnen.

schließen auf → denken.

schließen, enger → festigen.

schließen, in sich → bilden.

schließen, in das Herz → befreunden.

Schließer → Portier.

Schließfach → Safe.

schließlich später, in der Folge, darauf, hinter, nach, nachdem, zunächst ● abschließend, allenfalls, am Ende, doch, endend, endlich, jedoch, immerhin, nötigenfalls, wenn auch, zuletzt, zum letztenmal, zum Schluß, im Laufe der Zeit, nach langer Zeit, nach Jahr und Tag ● so oder so, in der Zwangslage ● abschließend, beendigend. → allenfalls, daher, dahinter, danach, darauf, endlich, hierauf. ▶ keinesfalls, sofort, voran, vorher.

Schließung Abschließung, Verschließung, Abdichtung, Eindämmung, Verdämmung, Isolierung, Imprägnierung, Verstopfung, Verriegelung, Versiegelung, Sperrung, Blockade.

Schliff Politur, Hochglanz, Glätte, Spiegelglätte, Glanz ● Oberfläche, Überzug, Obersicht, Firnis. → Anstand, Benehmen, Höflichkeit. ▶ Rauheit, Unhöflichkeit.

Schliff haben → benehmen sich.

schlimm mißlich, leidig, kläg-

lich, elend, beklagenswert, bedauernswert, verhängnisvoll, folgenschwer, unheilvoll, böser Fall, es wird den Hals nicht kosten, trostlos ● peinlich, ärgerlich, unangenehm, unerfreulich, böse, unerträglich, entmutigend, furchtbar, schrecklich, tragisch, hart, bitter, grausam, schwer, arg, fürchterlich, schauderhaft, entsetzlich, scheußlich, grauenhaft, verwünscht. → abbrüchig, bedauerlich, bedenklich, beißend, bitterlich, böse, diabolisch, erwerbslos, fatal, kläglich, schlecht, schwierig. ▶ gut.

schlimmer verschlimmert, erschwerend, schlechter, ärger ● geringer, minder. → schlimm. ▶ gebessert.

Schlingbewegung Schluckbewegung, Gewürge, Aufschluck, Japser, Schluck ● Brandung, Mahlstrom, Strudel, Wirbel, Kielwasser, Sog, Sprudel.

Schlinge Schlaufe. → Band, Beschwerde, Bindemittel, Dilemma, Falle, Hinterhalt, Kurve, Netz.

Schlinge gehen, in die in die Falle gehen, in die Grube fallen, auf einen Schwindel hereinfallen, leichtfertig handeln, zu vertrauensselig sein, den Mund verbrennen, sich einfältig benehmen, hereinschlittern, hereinfallen. ▶ aufpassen, Schlinge legen eine.

Schlinge legen, eine eine Falle stellen, ins Garn locken, eine Angel legen, ein Netz stellen, an der Nase herumführen, auf den Leim kriechen lassen, locken, verlocken, verführen, ködern, fischen, nachstellen ● wildern. → überlisten. ▶ offenherzig (sein), Schlinge gehen in die.

Schlingel → Bengel, Bube, Bursche.

schlingen schlucken, schnappen, pressen, essen, glucksen, würgen, hinabwürgen ● erbrechen, verschlucken, gurgeln ● gierig sein. ▶ ausspucken, beherrschen sich.

schlingern → schaukeln.

Schlingung → Drehung.

Schlips Binder, Krawatte, Schleife, Fliege, Schmetterling, Plastron ● Krause, Bäffchen.

Schlittenbahn → Eisbahn.

schlittenfahren ausschimpfen, schelten, herunterputzen, heruntermachen, beschimpfen, die Meinung sagen, Vorwürfe machen, Vorstellungen machen, eindringlich zureden, eine Vorlesung halten, vornehmen, den Standpunkt klar machen, die Meinung geigen, Gericht halten, ins Gericht gehen, einen Denkzettel ge-

ben, ins Gewissen reden, die Wahrheit ins Gesicht schleudern, aufs Dach steigen, den Kopf waschen, auf die Finger klopfen, auf die Finger sehen, ins Gebet nehmen, eine Gardinenpredigt halten, ordentlich Bescheid sagen, vorknöpfen, verwarnen, tadeln, rüffeln. → rodeln. ▶ loben.
schlittern → bewegen sich, rutschen.
Schlitz → Furche, Spalte.
schlitzen → öffnen.
schlitzohrig → aalglatt.
Schloß Verschluß, Riegel, Schließe ● Palais, Palast, Burg, Prunkhaus, Remter, Kastell, Feste, Herrenhaus, Fürstenhaus, Jagdhaus. → Besitztum, Bindemittel.
Schloß vor den Mund legen → schweigen, verbieten, verheimlichen.
Schloß und Riegel Gewahrsam, Gefängnis, Nummer Sicher, Festung, Kerker, Zuchthaus, Strafanstalt, Spritzenhaus, Turm, Zelle, Loch, Verlies, Kotter, Karzer, Zwinger, Bauer ● Narrenhaus, Anhaltelager, Konzentrationslager, Arbeitshaus, Spinnhaus, Besserungsanstalt, Fürsorgeanstalt. ▶ Freiheit, Freilassung.
Schlot → Esse, Kunde fauler.
schlotterig → dreckig, ungepflegt, zuchtlos.
schlottern flattern, schwanken, schütteln, rütteln, taumeln, stolpern, schleppen, bibbern. → bangen, frieren, fürchten. ▶ mutig (sein), schwitzen, stehen.
schlotternd → erschrocken, schwankend.
Schlucht → Abgrund, Becken, Engpaß, Graben.
schluchzen → ächzen, beklagen, beweinen, klagen.
Schluck Teil, Kleinigkeit, Brocken, Mundvoll, Tropfen ●Schälchen, Maß.. → Schlingbewegung. ▶ Unmaß.
schlucken schlingen, schnappen, pressen, essen, trinken, einnehmen, saufen, würgen, hinabwürgen, hinunterwürgen, hinunteressen. →dulden, einnehmen. ▶ ausspucken, entgegentreten.
schlucken, eine bittere Pille hinnehmen, sich dreinschikken, über sich ergehen lassen, sich fügen, einstecken, hinunterwürgen, hineinfressen, verbeißen ● gleichmütig bleiben, erdulden, beherrschen sich, bemeistern sich, ruhig bleiben, zusammenraffen, Ruhe bewahren, den Kopf nicht verlieren, sich nicht anfechten lassen. ▶ entgegentreten, wüten.
Schlucker, armer → Bittsteller, Bruder.

Schluderei → Liederlichkeit.
schluderig → liederlich.
schludern → hudeln.
Schlummer Halbschlummer, Halbschlaf, Ruhe süße, Nikkerchen, Schläfchen ● Labsal, Erfrischung, Stärkung. → Schlaf. ▶ Ruhelosigkeit, Schlaflosigkeit.
schlummern schlafen, einduseln, still liegen, einnicken, die Augen schließen, träumen ● ruhen, ausruhen, ausschlafen, behaglich machen, der Ruhe pflegen. → ausruhen, schlafen. ▶ arbeiten, ruhelos (sein), wachen.
schlummernd schlafend, ruhend, still liegend, träumend ● unentdeckt, unerforscht, mystisch, geheimnisvoll, unerklärlich, unter der Oberfläche liegend, unerweckt. → betäubt. ▶ ruhelos, wach.
Schlund Körperteil, Mund, Maul, Schnauze, Schnabel, Drossel, Kropf, Gurgel, Rachen, Kehle, Hals, Kragen ● Spundloch, Loch, Öffnung ● Hohlraum, Höhlung, Eingang, Bresche, Spalte, Schlucht, Furche, Riß, Schlitz, Ritz, Kluft, Scharte. → Abgrund.
Schlupfhafen → Bucht.
Schlupfloch → Asyl, Ausweg, Behelf, Deckmantel.
schlüpfrig blank, glatt, geschliffen, spiegelglatt, aalglatt, glitschig u, gebohnert, gewichst, gewienert, schmierig, geschmiert ● fett, ölig, gesalbt, salbig, talgig, spekkig, tranig, schmalzig, butterig, seifig, wachsig ● geschmacklos, gewöhnlich, unfein, unzart, gemein, unpassend, unanständig, taktlos, garstig, anzüglich, unschicklich ● zotig, anstößig, unflätig, lose, zweideutig, obszön, schweinisch, schmutzig, frech, wollüstig. → aalglatt, anrüchig, butterig, dehnbar, dirnenhaft, fettig, ordinär, unkeusch. ▶ anständig, rauh, tugendhaft.
Schlüpfrigkeit → Glätte, Unkeuschheit.
Schlupfwinkel → Asyl, Ausweg, Hinterhalt, Obdach, Zuflucht.
schlurfen → gehen.
schlürfen → trinken.
Schluß Abschluß, Ausgang, Ausklang, Beendigung, Ende, ab der Bart u, aus, dein treuer Vater u, Hinterteil, Letztes, Nachhut, Nachklang, Nachsatz, Neige, Punkt, Punktum, Schlußstein, Schwanzende, Vollendung, Ziel, Schlußstrich ● Befund, Begriffsfolge, Begründung, Bestätigung, Beweisführung, Ergebnis, Folgerung, Schlußfolgerung, Urteil. → Abschluß, Ausgang, Ausläufer, Axiom, befristet,

Betrachtung, Beweisführung, Coda, Ende, Ergebnis, Feierabend, Folge, Neige. ▶ Beginn.
Schluß machen → aufhören.
Schlußakkord → Ende, Feierabend, Schluß.
Schlüsse ziehen → denken.
Schlußeffekt → Endeffekt.
Schlüssel Drücker, Dietrich, Klinke, Öffner, Schließe, Knochen u, Violinschlüssel, Baßschlüssel. → Auskunft, Begriffsbestimmung, Lösung. ▶ Begriffsmangel, Nachfrage, Schloß, Unlösbarkeit, Verdrehung.
Schlüsselstellung → Ausgang.
Schlüsselzahl → Index.
Schlußfehler Denkfehler, Fehlurteil, Folgewidrigkeit, Begriffsverwirrung, Urteilstrübung, Widersinn, Widerspruch, Verrechnung, Rechnungsfehler, Milchmädchenrechnung, Unsinn, Versehen, Irrtum ● Trugschluß, Zirkelschluß, Dilemma, Sophismen, Syllogismus ● Spalterei, Zweideutigkeit, Rabulistik, Kasuistik, Jesuitismus, Schliche, Täuschung. → Fehler. ▶ Urteilskraft.
Schlußfolgerung Fazit, Quintessenz. → Argument, Beweis, Beweisführung, Folgerung, Schluß, Urteil.
schlußfolgern → ableiten.
schlüssig → bestimmt.
Schlußkraft → Erkenntnisvermögen.
Schlußrechnung → Bilanz, Rechnung.
schlußrichtig → denkgerecht, folgerichtig.
Schlußrichtigkeit → Beweisführung, Erachten, Schluß, Urteilskraft.
Schlußseite → Rückseite.
Schlußstein → Endpunkt.
Schlußstrich → Ende, Schluß.
Schlußsumme → Ende.
Schlußteil → Ende, Schluß.
Schlußvermögen → Beweisführung, Logik.
Schlußwort Abschiedswort, Abschluß, Ausklang, Epilog, Krönung, Nachschrift, Nachruf, Nachspiel, Nachwort, Überblick, Verabschiedung, Zusammenfassung, Nekrolog. ▶ Vorwort.
Schmach → Achsel, Anstößigkeit, Bekümmernis, Beleidigung, Betrübnis, Demütigung, Schande, Schimpf.
Schmachten → Begeisterung, Begierde, Drang, Durst.
schmachten verwelken, verdorren, vertrocknen ● brennen vor Begierde, begehrliche Augen machen, mit Blicken entkleiden, lechzen nach, lüstern sein, nagen am Hunger-

tuch, dürsten nach, hungern nach, darben, missen ● schwärmen, Feuer fangen, lichterloh brennen, himmeln, verhimmeln, lieben, liebeskrank sein, werben, entbrennen, mit den Blicken verzehren, in Liebe vergehen, verliebte Augen machen, anhimmeln, den Hof machen, hofieren, schöntun, nachstürzen. → brennend, Brotkorb höher hängen, darben, erlahmen, ermangeln, fangen Feuer, fehlen lassen es, hungern, lechzen. ▶ erblühen, gesättigt (sein), verabscheuen.

schmächtig → aalförmig, aalglatt, dünn, schlank, zart, zerbrechlich.

Schmachtlappen Hungerleider, Kadett, Kohldampfschieber, Habenichts, armer Schlucker, armer Teufel, Krippenreiter ● Liebeskranker, Liebessüchtiger, Höriger, dummer Kerl.

schmachvoll verächtlich, unwürdig, schmählich, schändlich, beschämend, niedrig, gemein, elend, schlecht, schandvoll, schimpflich, skandalös, anstößig, anrüchig. ▶ gut, würdig.

schmackhaft abgestimmt, angenehm, auserlesen, ausgezeichnet, blumig, eisfrisch, fein, frisch, gar, genießbar, gewürzt, göttlich, gottvoll, herrlich, köstlich, kräftig, lekker, lieblich, mundend, mundgerecht, prickelnd, reif, vortrefflich, wohlschmeckend, zusagend. → appetitlich, aromatisch, bekömmlich, delikat, eßbar, exquisit, fein, gut, hausgemacht, köstlich, resch. ▶ unschmackhaft.

Schmackhaftigkeit → Delikatesse.

schmähen → angreifen, ärgern, begeifern, bekämpfen, belächeln, beleidigen, belfern, bereden, beschuldigen, besudeln, demütigen, diskreditieren, Ehre bringen um die, erniedrigen, verleumden.

schmähend → sardonisch.

Schmäher → Ehrabschneider.

schmählich → abscheulich, anrüchig, anstößig, beschämend, böse, entehrend, niederträchtig, zynisch.

Schmählichkeit Verächtlichkeit, Unwürdigkeit, Schmach und Schande, Ruhmlosigkeit ● Erniedrigung, Entehrung, Schimpf, Mißkredit, Schmach, Schande ● Beleidigung, Skandal, Makel, Schandfleck, Schandal. → Zynismus. ▶ Anständigkeit, (Bedeutsamkeit), Wertschätzung, Würde.

Schmährede → Bedrohung, Bemerkung, Ehrenkränkung, Fluch.

Schmähredner → Ehrabschneider.

Schmähschrift → Pamphlet.

schmähsüchtig tadelsüchtig, zanksüchtig, streitbar, spöttisch, verleumderisch, boshaft, klatschsüchtig, scharfzüngig, spitzzüngig. → tadelsüchtig. ▶ schmeichlerisch, zurückhaltend.

Schmähung → Ächtung, Beleidigung, Ehrenkränkung, Entehrung, Erniedrigung, Karikatur, Nachrede, Schimpf, Verleumdung.

schmal → aalförmig, aalglatt, arg, beklemmend, dünn, eng, kurz, schlank.

schmälern → abnehmen, abrunden, bagatellisieren, beschränken, dezimieren, einschnüren, einschränken.

Schmälerung → Abkürzung, Abnahme, Entziehung, Minderung.

Schmalheit → Begrenztheit.

schmalzig → butterig, fettig, süßlich.

schmarotzen → betteln, erschmeicheln.

Schmarotzer → Bettler, Bittsteller, Canaille, Geschmeiß, Parasit, Wucherer.

schmarotzerisch → charakterlos, parasitenhaft.

Schmarren → Kitsch, Speise.

schmatzen beißen, einhauen, essen, fressen, futtern, glucksen, kauen, knuspern, nagen, naschen, schlappen, verspeisen, verzehren, zermalmen, schnalzen. → schmecken.

schmauchen → rauchen.

Schmaus Ergötzlichkeit, Festlichkeit, Gastmahl, Gelage, Hochgenuß, Leckerbissen, Leckerei, Schmauserei, Schwelgerei, Tafelei. → Delikatesse, Ergötzlichkeit, Essen, Feinkost, Mahlzeit. ▶ Fadheit, Trunk, Widerlichkeit.

schmausen → essen.

Schmauserei → Ergötzlichkeit, Schmaus.

schmecken abschmecken, lecken, versuchen, auf die Zunge nehmen ● munden, bekommen, zusagen, kitzeln den Gaumen, schmatzen. → kosten, probieren. ▶ ekeln.

schmecken, gut → delektieren.

schmeckend → eßbar.

Schmeichelei Geschmeichel, Honig, Liebedienerei, Lobhudelei, Lobrede, Ohrenbläserei, Katzenfreundlichkeit, Kratzfuß, süße Worte, Schmus u, Schmeichelrede, Schönfärberei, Anbiederei, Wohldienerei, Kriecherei, Scharwenzeln, Speichelleckerei ● Liebesbezeugung, Koserei, Liebesdienst, Hofmacherei, Liebkosung, Getändel, Gehätschel, Zärtlichkeit

● Lobpreisung, Lobeshymne, Anpreisung, Werbung, Umwerbung, Beweihräucherung. → Beeinflussung, Beleidigung, Bewerbung. ▶ Charakterstärke, Grobheit, Schmährede, Schmähung.

schmeichelhaft rühmlich, lobenswert, verdienstvoll, empfehlenswürdig, staunenswert, gut ● ehrenvoll, angenehm, schön, wohltuend, befriedigend, dankenswert. ▶ schmählich.

schmeicheln huldigen, verehren, auf den Knien liegen, die Hand küssen, den Hof machen, umschmeicheln, die Cour schneiden, schöntun, ablieben j, Honig um den Mund schmieren u, katzbukkeln, schmusen u, verneigen sich, bekomplimentieren, hofieren, flattieren ● Liebkind sein, lobhudeln, mit Lob überschütten, Beifall zollen, bejubeln, anpreisen ● um den Bart gehen, anbiedern sich, schweifwedeln, liebdienern, in den Arsch kriechen u, Brei um den Mund schmieren u, hinten hineinkriechen u, sich Liebkind machen, Süßholz raspeln, einseifen u, ums Maul gehen u, im Staube liegen, beweihräuchern, verhimmeln, vergöttern, scharwenzeln, kriechen, bauchpinseln u ● sich geschmeichelt fühlen u. → bereden, Blicke zärtliche, buhlen, erschmeicheln, hofieren. ▶ schmähen.

Schmeichelreden, -worte → Courschneiderei, Schmeichelei.

Schmeichler Schmeichelzunge, Schmeichelkätzchen, Honigmaul, Katzenmacher, Zuträger, Augendiener, Wohldiener, Lakai, Kreatur, Hofmacher, Liebediener, Courschneider, Schranze, Höfling, falscher Freund, Katze, Lobhudler, Lobpreiser, Lobredner, Ohrenbläser, Speichellecker, Kriecher, Schmuser, Schmuspeter, Schmuskopf, süßes Heu u, Süßholzraspler, Schleimscheißer u, Arschkriecher u, Arschlecker u, Schmarotzer, Heuchler, Angeber. ▶ Schmähredner.

schmeichlerisch schöntuerisch, geschmeidig, glatt, ölig, schleimig, falsch, katzenfalsch, katzenfreundlich, honigsüß, einschmeichelnd, gleisnerisch, augendienerisch, schranzenhaft. → aalglatt, buhlerisch, devot, glattzüngig. ▶ schmähsüchtig.

Schmeißen → werfen.

Schmelz → Anmut, Ausschmückung.

schmelzen → abnehmen, abweichen, auflösen, auslassen, einschmelzen, enthärten, erweichen, verflüssigen, vergehen.

schmelzend bezaubernd, hinreißend, harmonisch, wohlklingend, wohllautend, melodiös, klangreich, silberhell, klar, schön, fein, herrlich, voll, weich, sonor. → biegsam. ▶ (erstarrend), kratzig.
Schmelzglas Überzug, Emaille, Glasur, Mosaik. → Bedeckung.
Schmelzung → Erwärmung.
Schmerbauch → Bauch, Dickwanst.
schmerbäuchig → dick.
Schmerz Kreuz, Kümmernis, Last, Bürde, Plage, Sorge, Trauer, Trübsinn, Not, Mühsal, Unglück, Belastung, Jammer, Heimsuchung, Leidensweg, Fegefeuer ● Leid, Gram, Herzeleid, Herzweh, Kelch bitterer, Kummer, Qual, Harm, Bitternis, Muttersorgen ● Körperqual, Wehweh *u*, Kolik, Leiden, Krankheit, Kopfweh, Zahnweh, Leibweh, Krämpfe, Wehen, Wundschmerz, Marter, die Engel im Himmel pfeifen hören, Hören und Sehen vergehen, Folterqual, Höllenpein, Züchtigung, Geißelung, Todeskampf ● Tantalusqual. → Beengung, Bekümmernis, Beschwerde, Beschwernis, Betrübnis, Bitternis. ▶ Jubel, Unempfindlichkeit, Wohlgefühl.
Schmerz erdulden → demütigen sich, schmerzen.
Schmerz ertragen → demütigen sich, schmerzen.
schmerzbewegt → Blick mit feuchtem, demütig und wehmütig, schmerzdurchdrungen.
schmerzdurchdrungen jammervoll, tränenreich, trauervoll, herzbewegend, herzergreifend, herzzerreißend, rührend ● schmerzbewegt, demütig und wehmütig, schmerzerstickt, händeringend, mit Tränen in den Augen, tränengebadet, weinerlich, mit nassen Augen, wehklagend, wehrufend, blindgeweint, haareraufend, im Staube wälzend, den Kopf verhüllt. ▶ freudenvoll.
schmerzen quälen, peinigen, verletzen, beleidigen, betrüben, erbittern, empören, heimsuchen, alte Wunden aufreißen ● Schmerzen erdulden, Schmerzen ertragen ● wehe tun, kneifen, brennen, kneipen, jucken, schneiden, stechen, beißen, foltern, martern, rädern, bohren, peinigen, züchtigen, mißhandeln, schinden ● ertragen, erdulden, erleiden, verwunden ● blaß werden, ohnmächtig

werden, die Besinnung verlieren. → betrüben, bohren, leiden. ▶ erfreuen, überwinden, vergnügen, wohltun.
schmerzempfindlich anfällig, allergisch, sensibel, wehleidig, verletzlich, dünnhäutig.
schmerzend stechend, bohrend, beißend, martervoll, leidend, duldend, gequält, gepeinigt, geplagt ● qualvoll, quälend, peinigend, peinlich, unerquicklich, lästig, verdrießlich ● kränkend, unangenehm, unerträglich, unausstehlich, schlimm, böse. → beißend, bejammernswert, bitterlich, böse. ▶ erfreuend, schmerzlos, schmerzstillend, wohltuend.
Schmerzensgeld → Sühne.
Schmerzensruf → Klage.
schmerzerfüllt → bejammernswert, böse, schmerzdurchdrungen.
schmerzerstickt → bejammernswert, Blick mit feuchtem, schmerzdurchdrungen.
Schmerzgefühl → Beklemmung, Qual, Schmerz.
schmerzhaft → beißend, schmerzlich.
schmerzlich ärgerlich, beängstigend, bitter, böse, entsetzlich, furchtbar, grauenhaft, herzergreifend, jammervoll, kläglich, niederschmetternd, qualvoll, peinigend, peinvoll, quälend, verdrießlich, widerwärtig, widrig. → abbrüchig, ärgerlich, bejammernswert, beschämend, böse, brechen das Herz, demütig und wehmütig, elegisch. ▶ erfreuend, schmerzstillend.
schmerzlos klaglos. → unempfindlich, zufrieden.
schmerzstillend → erleichternd, tröstlich.
schmerzvoll → bejammernswert, schmerzlich.
schmettern → lärmen.
schmieden → anfertigen, bilden, schaffen.
schmiegen, sich biegen, beugen, nachgeben, nachlassen ● kriechen, verächtlich machen, bücken sich, krümmen sich, winden sich, scharwenzeln, dienern, katzebuckeln, in Demut ersterben, sich alles gefallen lassen, sich alles bieten lassen, mit dem Strome schwimmen, die Fahne nach dem Winde drehen ● sich kuscheln, anlehnen. ▶ abstoßen, widersetzen sich.
schmiegsam veränderlich, biegsam, flexibel, zart, teigig, tonig, knetbar, schlaff, schlapp, geschmeidig, fügsam, fügbar, dehnbar, streckbar, reckbar, hämmerbar, schmiedbar, formbar, bildsam ● biegsam, diplomatisch, elastisch, fein, nachgiebig, schmeichlerisch. ▶ starr,

unschmiegsam, widersetzlich.
Schmiegsamkeit Biegsamkeit, Elastizität, Gelenkigkeit, Dehnbarkeit, Streckbarkeit, Formbarkeit ● Leichtigkeit, Gefügigkeit, Folgsamkeit, Lenksamkeit, Willfährigkeit, Nachgiebigkeit, Zugänglichkeit, Gehorsamkeit, Unterwürfigkeit ● Wohldienerei, Speichelleckerei, Liebedienerei. → Demut, Schmeichelei. ▶ Starrheit, Widersetzlichkeit.
Schmiere Glätte, Fettung, Salbung, Schmierigkeit ● Schleifmittel, Schmirgel, Schleifpulver, Bimsstein, Schleiföl, Schmieröl, Maschinenöl, Wagenschmiere, Seife, Pomade, Öl, Salbe, Wichse, Wachs, Erdöl, Steinöl, Mineralöl, Fett ● Gelenkwasser. → Abfall, Beschwerde, Dreck, Exkrement, Posten, Theater. ▶ (Entfettung), Puder, Reibung, Reinheit.
schmierbar → weich.
Schmiere stehen aufmerken, aufpassen, beobachten, gukken, horchen, belauern, lauschen, spähen, mustern, spannen, Posten stehen, im Auge behalten, die Ohren spitzen.
schmieren → beschenken, bestrafen, blamieren, bunt zugehen, fetten, glätten, klecksen, salben.
schmieren, die Hand → bestechen.
Schmierer Kleckser, Stümper, Sudeler, Pfuscher, Nichtskönner, Hudler, Simpel, Schmierfink, blutiger Laie, Anfänger, Dilettant. → Schmierfink. ▶ Könner.
Schmiererei → Blamage, Darstellung unrichtige, Geschmiere, Halbheit, Stümperei.
Schmierfink Schmutzfink, Dreckspatz, Drecksack, Schwein, Rübenschwein, Ferkel, Sau, Schlampe. → Schmierer.
Schmiergeld → Bestechung.
schmierig → aalglatt, dreckig, fettig, unrein.
Schmierigkeit → Schmutz, Schmutzerei, Widerlichkeit, Zuchtlosigkeit.
Schminke → Anstrich, Bedeckung, Farbe, Farbenton, Schönheitsmittel.
schminken → anstreichen, bedecken, bemalen, zurechtmachen.
Schmiß Schramme, Kratzer, Riß, Wunde, Narbe, Kerbe, Verletzung ● Mutprobe, Husarenstück, Wagnis, Kühnheit, Waghalsigkeit, gewagte Sache, Tat, Heldenstück, Forschheit, Schwung, Elan. ▶ Furchtsamkeit, Trägheit.

Schmiß haben forsch, waghalsig, schmissig, gewagt, kühn, wagemutig, Elan haben, mit Schwung. ▶ furchtsam (sein), träge (sein).

Schmöker → Buch, Raucher.

schmökern → aufschlagen, durchblättern.

schmollen → beklagen, brummen, Nase hängen lassen die, trotzen, die Lippen aufwerfen.

Schmollwinkel Unnahbarkeit, Trotzecke, Schmollecke, Unzugänglichkeit, Eigenbrötelei, Zugeknöpftheit, Lästerecke, Drachenfels, Verbitterung, Kummer, Katzenjammer, Unbehagen. → Unzufriedenheit. ▶ Eintracht, Geselligkeit, Zufriedenheit.

schmoren braten, backen, bähen, rösten, dünsten, brühen, kochen, dämpfen, sieden, brodeln, dampfen, rauchen, glühen ● bräunen, sonnen, schwitzen, heiß werden zu, anbrennen. → braten, brodeln, dünsten.

Schmu → Betrug.

Schmuck Gold, Kette, Bijouterie, Anhänger, Kollier, Ornament, Geschmeide, Kleinod, Perle, Putz, Putzwerk, Schärpe, Samt und Seide, Garnitur, Beiwerk, Verschönerung, Zier, Verzierung, Aufputz, Zierat, Mosaik, Staat, Glanz, Prunk, Schimmer, Vergoldung, Zierwerk, Schnörkel, Tischverzierung, Tischschmuck, Schmuckpflanze, Ausstaffierung ● Redeschmuck, Redebild, Beiwort ● Schmucksache, Schmuckwerk, Pomp, Gepränge, Gala, Prunk, Politur, Flitter. → Aufmachung, Besatz, Besitztum, Dekoration, Edelstein, Juwel, Schmucksache. ▶ Schmucklosigkeit.

schmuck flott, adrett, wohlgefallend, sauber, nett, stattlich, anmutig, wirkungsvoll, einnehmend, wohlgefällig, herrlich, gewinnend, bestrickend, wohlgestaltet, anmutsvoll, reizend, hübsch, zart, fein, bezaubernd, allerliebst, herzig. → adrett, ästhetisch, angenehm, anmutig, bestrickend, charmant, fein, nett, sauber, schön. ▶ schmucklos, unschön.

schmücken herausputzen, aufputzen, herausschmücken, zieren, verschönern, besetzen, garnieren, betressen, bestikken, bordüren, herausstaffieren, dekorieren, bemasten, bewimpeln, beflaggen, bekränzen, polieren, lackieren, vergolden, schmuck machen, schniegeln, einölen, salben, locken, kräuseln, ornamentieren, putzen, verzieren, auftakeln, aufmachen, anord-

nen, ausschmücken, beflaggen, behängen. ▶ verunstalten.

schmücken, sich mit fremden Federn prahlen, aufblähen, sich in die Brust werfen, sich wie ein Truthahn aufplustern, sich aufs hohe Roß setzen, sich überschätzen, dicke tun, groß tun, sich brüsten, alles Verdienst für sich in Anspruch nehmen, sich selbst erhöhen, sich heraussstreichen, viel Aufhebens machen, vornehm tun, sich aufspielen, die große Trommel rühren, sich vergrößern, das Wort führen, den Mund voll nehmen, dicke Töne reden, die erste Geige spielen, sein eigenes Lob singen. ▶ bescheiden (sein), ehrlich (sein).

schmucklos → einfach.

Schmucklosigkeit → Einfachheit.

Schmucksache Berlocke, Bracelet, Brasselett, Collier, Diadem. → Schmuck.

Schmuckstück → Anhängsel, Juwel, Schmuck.

schmuddelig → schmutzig.

Schmuggel → Betrug, Schleichhandel, Ungesetzlichkeit.

schmuggeln beschwindeln, prellen, schwärzen, veruntreuen, hintergehen, unterschleifen, unterschlagen, täuschen, hinterziehen, betrügen, belügen, mogeln, baldowern, gaunern, erschleichen, übervorteilen, freveln, das Gesetz brechen, eigenmächtig handeln. → benachteiligen, bunt zugehen, erlangen Reichtum, paschen. ▶ (verzollen), Wein einschenken reinen.

Schmuggler Schwärzer. → Bandit, Erpresser, Schleichhändler.

Schmund → Sahne.

Schmunzeln → Geschmunzel, Lächeln.

schmunzeln → belächeln, lachen.

Schmus → Schmeichelei.

schmusen → liebkosen.

Schmutz Dreck, Quatsch u, Patsch u, Saudreck, Matsch u, Mulm, Ruß, Mist, Schlamm, Schmierigkeit, Abfall, Abschaum, Unreinheit, Unrat, Bodensatz, Rest, Absonderung, Unsauberkeit, Schmutzigkeit, Sauerei, Schmierage, Schmuddel, Schmuddelei, Schweinerei, Sudelei, Trübung, Sudelküche, Müll, Kehricht, Niederschlag, Unwert, Plunder, Gerümpel, Schrot, Unflat, Drecktzeug, Dreckwetter, Dreckloch, Dreckling u ● Unsittlichkeit, Schamlosigkeit, Schlüpfrigkeit. → Abfall, Dreck, Exkrement, Flecken, Patsche, Schlacke. ▶ Sauberkeit.

Schmutz ziehen, in den → erniedrigen, verleumden.

Schmutzerei Schmierigkeit, Unsauberkeit, Unreinheit ● Schäbigkeit, Knickerei, Knauserei, Filzerei, Engherzigkeit, Kleinlichkeit, Pfennigfuchserei, Käuflichkeit, Bestechlichkeit, Mammonsdienst, Raffgier, Gemeinheit. → Schmutz. ▶ Charakterstärke, Rechtschaffenheit, Sauberkeit.

Schmutzfink Schmierfink, Schmutzliese, Sudelkopf, Dreckspatz, Drecksau, Dreckschwein, Dreckfink, Mistfink, Dreckhammel, Sudler, Sau, Saumagen, Saunickel, Schmierkittel, Schmierlappen, Schmutzkittel, Drecksack, Schlampe, Ferkel, Schweinematz, Rübenschwein, Struwwelpeter, Wutz, Schweinigel ● Geizhals, Filz, Geizdrache, Geizteufel, Geizhammel, Nimmersatt, Knauser, Knicker, Raffer. ▶ (Mensch sauberer).

schmutzig fleckig, schlammig, unrein, schmuddelig, patschig u, klaterig u, nicht mit der Zange anfassen können, in Dreck und Speck, befleckt, staubig, rußig, trüb, schmierig, ungewaschen, unflätig, ungekämmt, wüst, lumpig, schäbig, schofel, elend, unfein ● geizig, knickerig, gewissenlos, unersättlich, gewinnsüchtig, wucherig, knauserig, käuflich, gemein, bestechlich, selbstsüchtig, schäbig, engherzig, mißgünstig, feil ● obszön, anstandswidrig, unanständig, schweinisch, gewöhnlich, anrüchig, unverschämt, unflätig, zweideutig. → abscheulich, anrüchig, beschämend, bestechlich, blatternarbig, borstig, böse, dirnenhaft, dreckig, häßlich, klebrig, räudig, rußig, saftig, schlecht. ▶ sauber.

Schmutzigkeit → Schäbigkeit, Schmutz.

Schmutzteil → Fremdkörper.

Schnabel Freßwerkzeug, Mund, Maul, Schnauze, Stecher j ● Spitze, Zacken, Zinken, Schärfe, Spitzigkeit, Nase, Horn ● Schiffsvorderteil, Schiffsschnabel. → Ausguß.

schnäbeln → liebkosen.

schnabulieren essen ● kosen.

Schnack → Anstrich, Ausrede, Vorwand.

Schnalle → Bindemittel.

schnallen, den Riemen enger → darben.

schnalzen zischeln, knallen, lärmen, zischen, schmatzen, schnarren, murksen, glucksen, schnuppern.

schnappen fressen, schlukken, schlingen, begehren, schmachten, trachten nach ● herausschinden, schieben, erpressen ● nehmen, fangen, erschnappen, fassen, bekommen, kriegen, erbeuten, mitnehmen, ergattern, erfassen, packen, erwischen, erhaschen, zulangen, in die Hände fallen, die Hand darauf legen ● nach Luft schnappen, einatmen. → nehmen, packen. ▶ ausatmen, loslassen, verschmähen.

schnappen, nach Luft → bestürzen, schnappen.

Schnapphahn → Bandit, Bauernfänger.

Schnappschuß → Photographie.

Schnaps → Fusel, Getränk.

schnarchen → schlafen, schnaufen.

schnarren brummen, schelten, schnattern, pfupfern, schnoben, schlappen, schlapfen, näseln, nuscheln, nuseln, stocken, brabbeln.

Schnattermaul → Schwätzer.

schnattern zittern, beben, bubbern, schauern, erschauern, vor Kälte schnattern, wie Espenlaub zittern ● girren, lärmen, rufen, klappern ● reden, quasseln, tratschen, ratschen, schwatzen, abschweifen, totreden, plappern, daherreden, babbeln, quatschen. ▶ schwitzen, verstummen, zurückhaltend sein.

schnauben → aufregen, ausatmen, blasen, prusten, schnaufen, toben, wüten.

Schnaufen → Beengung, Beschwerde.

schnaufen keuchen, japsen, hecheln, schnarchen, schnauben, blasen, atmen, schnoben, fauchen, pusten, prusten, labbern ● schnarchen, sägen u. → blasen, ermatten, keuchen.

Schnauze Öffnung, Mund, Maul, Rachen, Kehle, Rüssel, Freßwerkzeug, Schnute, Muffel, Klaffe. → Schnauze freche.

Schnauze, freche Großschnauze, Wortheld, Maulaufreißer, Marktschreier, Großtuer, Angeber, Dicktuer, Knallprotz, Fatzke, Zungendrescher, Zungenheld, Schnattermaul, Revolverschnauze, ungewaschenes Maul, ungezogener Mensch. ▶ Hofmanier, Höfling, Speichellecker, Weltmann.

schnauzen → schimpfen.

Schnecke Schraube, Winde, Weife, Haspel, Spindel, Spule, Windung, Spirale, Krümmung, Schneckengang, Schneckenlinie, Volute, Schraubengang, Schraubengewinde, Wendeltreppe ● Gehörschnecke, Gehörgang ● Zurückgezogenheit, Schneckenleben, Isolierung ● Bummler, Tier. → Schraube.

schneckenförmig gewunden, gebogen, verschlungen, ge-

krümmt, spiralförmig, gedreht, geschnörkelt, wurmförmig, gekräuselt, arabeskenartig, ausgeschweift, verschnörkelt. ▶ geradlinig.

Schneckengang, -tempo Schneckenlinie, Schraubenlinie, Schraubengang, Schraubengewinde, Verschlingung, Krümmung, Wendeltreppe ● Langsamkeit, Bummelei, Verzögerung, Schneckenpost, Schneckentempo, Zeitlupe, Saumseligkeit, Phlegma, Nachlässigkeit. → Schnecke. ▶ Schnelligkeit.

Schnee Frost, Kälte, Kühle, Frische, Schneeflocke, Frostwetter, Winter, Geriesel, Niederschlag, Graupeln, Eis, Eiskristalle, Weiß ● Eierschnee, Schaum, Sahne. → Flocke. ▶ Regen, Sonnenschein, Wärme.

Schneeball → Eisklumpen.

schneebedeckt verschneit, weiß, winterlich.

Schneeklumpen → Eisklumpen.

Schneid → Courage, Energie, Mut, Wille.

Schneidbohrer → Durchlocher.

Schneide Schärfe, Grat, Kante, Zuspitzung, Spitzigkeit, Spitze, Dorn, Spieß, Speer, Lanze, Haken, Schneidewerkzeug, Schnittseite, Messerschneide ● Flurgrenze. → Einschnitt, Grat. ▶ Griff, Schlucht, Unschärfe.

schneiden trennen, abschneiden, abtrennen, abzwicken, zerschneiden, einschneiden, zerstückeln, sägen, säbeln u, herumsäbeln u ● kreuzen u ● operieren, schröpfen, herausschneiden, weh tun ● ignorieren, überhören, übersehen, totschweigen, verleugnen, keine Notiz nehmen, wie Luft behandeln, links liegen lassen, die kalte Schulter zeigen, mißachten. → abschneiden, Achselzucken, aufnehmen, barbieren, ernten. ▶ Ehre erweisen, verbinden, verbinden sich.

schneidend → beißend, bissig, ironisch, kalt scharfzüngig, spitz.

schneidig scharf, -wirksam, einschneidend, durchschlagend, durchgreifend, energisch, kraftvoll, unermüdlich, kernhaft, fleißig, tatkräftig ● schnittig, haarscharf, spitzig, zackig, gezackt ● flott, entschlossen, männlich, resolut, stramm, willensstark, hartnäckig, entschieden, mutig, keck, trutzig, couragiert. → arbeitsam. ▶ kraftlos, träge, unmännlich.

Schneidigkeit Mut, Courage, Tollkühnheit, Forschheit, Furchtlosigkeit, Beherztheit,

Unerschrockenheit, Dreistigkeit, Kühnheit, Unternehmungslust, Unüberwindlichkeit, Uneingeschüchtertheit, Heftigkeit. → Courage, Mut. ▶ Furchtsamkeit.

Schneise → Lichtung, Weg.

schnell fix, flott, flugs, prompt, pfeilgeschwind, eilig, gewandt, expreß, flink, rasch fertig, postwendend, Pistole geschossen aus der, Null Komma nichts u, übers Knie brechen, kurzen Prozeß machen, geflügelt, rasen, rasch, blitzartig, blitzhaft, rasant, schnellfüßig, schleunig, behend, rührig, hurtig, zügig, zusehends, hastig, stracks, unverzüglich, schnell, wie der Wind, mit vollen Segeln, einen Zahn darauf haben u, blitzig, umgehend, schleunigst, kopfüber ● übereilt, ungestüm, übereifrig, fieberhaft, rastlos, ruhelos ● flüchtig, oberflächlich, kurz machen ● wie ein Donnerwetter, wie die Feuerwehr, wie der Teufel, ruckzuck, im Heidi u, dalli u, im Hui u, im Hurra u, wie ein geölter Blitz, mit affenartiger Geschwindigkeit, husch-husch u, wie das Katzenficken u. ● anstellig, arbeitsam, auf einmal, augenblicklich, baldig, beflügelt, beizeiten, beschwingt, Blitz wie der, dringend, eilends, einemmal mit, Hals über Kopf, kopfüber, prompt, rasch. ▶ träge.

schnell wie der Wind → beflügelt, rasch, schnell.

Schnelldruck → Druck.

Schnelle → Galopp, Schnelligkeit.

schnellen → federn, heranstürzen, springen.

schnellfassend → intelligent.

schnellfüßig → beflügelt, beschwingt, rasch, schnell.

Schnellhefter → Faszikel.

Schnelligkeit Hurtigkeit, Fixigkeit, Hexerei, Plötzlichkeit, Sauseschritt, Schnelle, Raschheit, Blitzesschnelle, Geschwindigkeit, Flüchtigkeit, Eilfertigkeit, Behendigkeit, Reaktionsvermögen, Beschleunigung, Flug, Eile, Hast, Übereilung, Übereile, Überstürzung, Wettrennen, Hetzjagd, Höllentempo, Höllengeschwindigkeit, Wuppdizität u, Rennerei ● Vergänglichkeit, Kurzlebigkeit, Kürze. → Bewegung. ▶ Trägheit.

Schnellkraft → Elastizität.

Schnellsegler → Fahrzeug (Wasser-).

Schnellzug → Fahrzeug (Schienen-).

schneuzen putzen, abwischen, sauber machen, rotzen.

schnicken schnellen, zukken, schwingen, werfen, knallen, knipsen, bewegen, fuchteln, wackeln, schütteln, rukken, schleudern, schlagen. → ankurbeln. ▶ streicheln, ziehen.

Schnickschnack → Bagatelle, Farce, Unwichtigkeit.

schniegeln herausputzen, aufdonnern, salben, wichsen, putzen, pomadisieren, frisieren, einölen, locken, verschönern, zieren, ausstaffieren, in Wichs stecken, in Galawerfen, geschniegelt und gebügelt. ▶ verunstalten.

schnieke u. → schick.

Schnippchen schlagen, ein übers Ohr hauen, zum Narren halten, über den Löffel balbieren, hinters Licht führen, eine Nase drehen, das Fell über die Ohren ziehen, auf falsche Spur bringen, Sand in die Augen streuen, einen Plan vereiteln, einen Strich durch die Rechnung machen, in die Quere kommen, einen Streich spielen, Schabernack treiben, das Wasser abgraben. → täuschen. ▶ ehrlich (sein).

schnippen schnellen, schnikken.

Schnipsel → Schnitzel.

schnippisch → anmaßend, herablassend, ungezogen, unhöflich, zynisch.

Schnitt Trennung, Teilung, Scheidung, Spaltung, Zerlegung, Zerstückelung, Entzweiung ● Scherenschnitt, Holzschnitt, Zuschnitt, Modeschnitt, Schnittmuster, Form, Formung. → Art, Art und Weise, Behälter, Bildung, Durchschnitt, Ernte, Figur, Mahd, Marge, Modell, Wunde. ▶ Saat, Unförmigkeit, Verbindung.

Schnitte Brotscheibe, Stulle.

Schnitter → Bauer, Tod.

schnittig → scharf, schneidig, spitz.

Schnittpunkt Treffpunkt, Sammelpunkt, Zusammenstoß, Begegnung, Zusammenlauf, Brennpunkt, Mittelpunkt, Sammelplatz, Sammelort, Ausgangspunkt, geometrischer Ort. → Knotenpunkt.

Schnitzel Schnipsel, Fleischstück. → Bruchstück, Fetzen, Speise.

schnitzeln zerschneiden, zerkleinern, zerstückeln, zergliedern, zerlegen, abtrennen, zerreißen, einreißen, zerpflükken, durchschneiden, zerteilen, zertrennen, kleinmachen, auseinanderbringen. → abschneiden, durchreißen. ▶ verbinden.

schnitzen → anfertigen, drechseln, formen.

Schnitzer Künstler, Holzschnitzer, Herrgottsschnitzer,

Bildner, Behauer, Bildschneider. → Bock, Entgleisung, Fehler, Fehltritt, Formfehler, Lapsus, Verstoß. ▶ Fehlerlosigkeit, Formgefühl, Geschicklichkeit, Höflichkeit.

schnoben → schnaufen.

schnodderig flegelhaft, vorlaut, unverschämt, ungezogen, bengelhaft, lümmelhaft, unhöflich, frech, lümmelig, flegelig, großsprecherisch, anmaßend, vorwitzig, dreist, keck, vorschnell, voreilig, burschikos, unbescheiden, grob, unzart, unziemlich, ungebührlich, unschicklich, ungehörig, taktlos. → fassen sich kurz. ▶ bescheiden, höflich, langatmig.

schnöde verächtlich, erbärmlich, gering, wertlos, schlecht, schäbig, schändlich, undankbar, unangenehm, widerwärtig, peinlich, rücksichtslos, niederträchtig, boshaft, niedrig, ärmlich, dankvergessen, unerkenntlich.→abscheulich. befehlerisch, böse, zynisch. ▶ dankerfüllt, gut.

Schnörkel Ringelform, Windung, Verschlungenheit, Arabeske, Verschlingung, Beiwerk, Schneckenlinie, Schlinge, Geschnörkel, Krakel u. → Ausschmückung, Drehung, Schmuck.

schnörkelig verschlungen, ineinandergreifend, arabesk, gewunden, geringelt, krakelig u.

Schnorrer → Bettler.

Schnorrerei → Bettelei.

Schnösel Halbstarker, Lackaffe, unreifer Mensch.

Schnüffelei Bespitzelung, Riecherei. Stielaugen, Neugierde, Neugierigkeit, Spürnase, Kitzel, Aushorcherei, Gefrage, Fragerei, Naseweisheit, Vorwitz, Taktlosigkeit, Unbeherrschtheit, Wißbegier, Neugierde, Fragelust, Ausspionierung, Ermittlung, Ausquetscherei, Belauerei. ▶ Beherrschung, Gleichgültigkeit, Teilnahmslosigkeit.

schnüffeln → erkundigen, horchen, riechen.

Schnüffler Naseweis, Ausfrager, Frager, Horcher, Topfgucker, Spionierer, Spitzel, Auskundschafter.

Schnulze Rührstück.→Kitsch.

schnupfen einführen, eingeben, einziehen, heraufziehen, priemen, ziehen, eine Prise nehmen.

schnuppern wittern, riechen, schnüffeln, beschnüffeln, beschnuppern, schnauben, atmen, schnoben, schnalzen ● naschen, nippen, lecken, genießen, versuchen, probieren, herumschnuppern.

Schnur → Ausschmückung, Band, Bindemittel, Bindfaden, Faden, Faser, Schmuck.

Schnur hauen, über die bis zum äußersten treiben, über die Schranke hauen, sich die Freiheit herausnehmen, sich viel erlauben, sich austoben, es nicht so genau nehmen, nach niemandem fragen, nach Belieben schalten, sich ungebunden glauben ● ungehorsam sein, über die Stränge schlagen, aufbegehren, auftrotzen, sich entgegenstellen. ▶ gehorchen, mäßigen sich.

Schnürchen, am in Ordnung, am Bändchen, in Zucht, wie geschmiert, gekonnt, meisterhaft, gut klappen, gut gelernt, ohne Stocken, ohne Unterbrechung, ohne zu zögern, ohne zu stammeln, ohne einzuhalten. ▶ unordentlich, unterbrochen.

Schnüre Ausschmückung, Band, Bindemittel, Bindfaden, Faden, Faser, Schmuck.

schnüren binden, zubinden, zuknüpfen, festmachen, zumachen, verbinden, einpakken, einengen, einpressen, verschnüren, zuschnüren, die Luft nehmen ● gehen, laufen, schnurren, traben ● aufknüpfen, hängen, anschnüren. ▶ einschnüren. ▶ lockern.

Schnürleib → Korsett.

Schnurrbart → Bart, Bürste.

Schnurre → Drolligkeit, Spaß, Ulk.

schnurren brummen, knurren, miauen, raulen, murren, rufen, spinnen, surren, schnarren, knaunzen ● schrumpfen, einschrumpfen, zusammenschnurren, kleiner werden. ▶ ausdehnen, bellen.

schnurrig → burlesk, witzig.

Schnurrpfeiferei → Spaß, Ulk, Witz.

Schnürsenkel → Band, Bindemittel.

Schnute → Ausguß, Mund, Schnabel, Schnauze.

Schober Heuschober, Scheune, Speicher, Stadel, Hütte ● Bund, Stoß, Stapel, Hocken, Stiege, Haufe, Garbe, Mandel, Büschel, Ansammlung, Anhäufung, Ballen, Gebund, Gebinde, Bündel.

Schock Maß, Maßeinheit, Maßmittel, Sechzig ● Haufe, Menge ● Nervenanfall, Anprall, Stoß, Schrecken, Schauder, Zusammenzucken, Gänsehaut, Erschrecken, Heidenangst, Kleinmut, Beängstigung ● Unglücksbotschaft, Hiobspost, Schreckensbotschaft, Schreckschuß. ▶ Freudenbotschaft, Gleichgültigkeit.

schockiert → erschrocken.

schockweise → allerhand.

schofel u anrüselig, kümmerlich, beschämend, gemein, niederträchtig, elend, gewöhnlich, schäbig, niedrig, erbärmlich, lumpig, nichtswürdig, pöbelhaft, unredlich, knickerig, knauserig, kleinlich, undankbar, würdelos, unlauter, schimpflich, charakterlos, ehrlos, gewissenlos. → schnöde. ▶ charaktervoll, ehrlich, freigebig.

schokoladenbraun → braun.

Scholle → Besitztum, Erdboden, Tier.

schon → bereits, eher, zeitig.

schön hübsch, geschmackvoll, himmlisch, hinreißend, hold, holdselig, idealistisch, lieblich, liebreizend, makellos, malerisch, schier, märchenhaft, niedlich, prachtvoll, reizend, schmuck, nett, angenehm, anziehend, einnehmend, gewinnend, wohlgestaltet, wohlgeformt, köstlich, prächtig, graziös, zart, fein, wirkungsvoll, wonnig, anmutsvoll, herzig, berückend, bestrickend, wunderschön, engelschön, blühend, delikat, erwünscht, erlesen, brillant, entzückend, ästhetisch, goldig, wie ein Gedicht, ein wahrer Staat, schnieke u, piekobello u, das ist Sache u. → angenehm, ästhetisch, behaglich, bestrickend, brillant, charmant, delikat, entzückend, erlesen, erwünscht, fein, gepflegt, gut, köstlich, prächtig. ▶ häßlich.

schön machen → dekorieren, schmücken.

schonen nachsehen, milde sein, verschonen, Nachsicht üben, verzeihen, vergeben, mildern, entschuldigen, übersehen, nachlassen, durch die Finger sehen, ein Auge schließen, in Vergessenheit geraten ● sparen, haushalten, wirtschaften, vor Schaden behüten, wenig beanspruchen, sorgsam behandeln, nicht abnützen, Sorge bewahren, sorgsam umgehen, flott erhalten ● schonen sich, sich gesund halten, sich zurückhalten, sich nicht anstrengen. → haushalten. ▶ abnutzen. ahnden, arbeiten, verschwenden.

schonend → durch die Blume, barmherzig, diskret, gelinde, mild.

Schoner → Bedeckung, Teppich, Schiff, Schutz.

Schönfärberei → Heuchelei, Schmeichelei.

Schöngeist → Ästhet, Blaustrumpf, Feinschmecker, Mäzen.

Schöngeisterei → Ästhetik.

Schönheit Geschmacksvollendung, Wunschbild, Zierbild, Anmut, Grazie, Liebreiz, Lieblichkeit, Niedlichkeit, Holdseligkeit, Liebenswürdigkeit, Zartheit, Feinheit, Jugendblüte, Glanz, Schimmer, Wohl-

gestalt, Ebenmaß, Stattlichkeit, Regelmäßigkeit, Charme, Eleganz, Reiz, Beauté, Harmonie, Schick ● schöne Frau, Beauty, Venus. → Charme, Pracht. ▶ Häßlichkeit.

Schönheitsfehler → Mangel.

Schönheitslehre → Ästhetik.

Schönheitsmittel Schminke, make up, Puder, Lippenstift, Dauerwelle, Schönheitspflege, Kosmetika, Hilfsmittel, Lack, Creme, Parfüm, Packungen, Massage, Gesichtswasser, Auffrischung, Neubelebung, Verjüngung, Gesichtskorrekturen.

Schönheitspflege → Kosmetik.

Schönheitssinn → Delikatesse, Eleganz, Geschmack.

Schonkost → Diät.

schönmachen (sich) – verschönen.

schöntuend → aalglatt, diplomatisch.

Schöntuerei → Schmeichelei, Byzantinismus, Heuchelei.

schöntuerisch → aalglatt, höfisch.

schöntun → bereden, Blick zärtlicher, Cour schneiden, einschleichen sich in die Gunst, liebäugeln, poussieren, schmeicheln.

Schonung → Barmherzigkeit, Besorgnis, Charitas, Diskretion, Erbarmen, Gnade, Milde, Nachsicht, Rücksicht, Wald.

Schonung, ohne → Besen mit eisernem, schonungslos.

schonungslos hart, unverhohlen, nichts verschweigen, roh, ohne Schonung, wild, grob, viehisch, streng, hartherzig, grausam, glashart, steinhart, unmenschlich, gefühllos, herzlos, mitleidlos, kaltlächelnd, eisig, unempfindlich, kalt, marmorkalt. → barbarisch, blind, erbarmungslos, roh, rücksichtslos. ▶ schonungsvoll.

Schonungslosigkeit Besen mit eisernem, Despotismus, Roheit, Strenge.

schonungsvoll gütig, behutsam, mitfühlend, gnädig, duldsam, rücksichtsvoll, mild, nachsichtig, sachte, vorsichtig, teilnahmsvoll, teilnehmend, gerührt, mitleidig, mild, liebreich, liebevoll, sanft, zart, weichmütig, weichherzig, versöhnlich, mitleidsvoll. → barmherzig. ▶ schonungslos.

Schopf Mähne, Strähnen, Zotteln.

schöpfen füllen, einfüllen, einschöpfen, geben, eingießen, vollschöpfen, auffüllen, hineinfüllen, vollgießen, dazugeben, hineingießen, einschenken ● herausnehmen, wegnehmen, ausschöpfen, leerschöpfen, heben ● atmen, Luft holen, einatmen,

Luft schöpfen. → anfertigen, arbeiten, ausarbeiten, ausdenken, erfinden, ersinnen, formen, schaffen. ▶ ausgießen, eingießen, nachahmen, zerstören.

schöpfen, Luft atmen, einatmen, schnaufen, japsen, keuchen, einziehen, einsaugen, erfrischen sich, neu beleben sich, Luft holen ● promenieren, spazieren gehen, in die frische Luft gehen, erholen sich. → blasen. ▶ arbeiten, ausatmen, ersticken.

schöpfen, aus dem vollen genug haben, erübrigen können, übrig haben, überfließen, Überfülle haben, Überschuß haben, schwelgen, schlemmen, keine Not kennen, Vermögen haben, Besitz haben, reich sein. ▶ darben, entbehren.

Schöpfer Gestalter, Erzeuger, Urheber, Erfinder, Gründer, Erschaffer, Züchter, Genie, Meister, Künstler, Former, Erbauer, Bildner, Komponist, Verfasser, Autor, Hersteller, Macher, Schaffender, Unternehmer. → Arbeiter, Bahnbrecher, Behälter, Christus, Erbauer, Erfinder, Erschaffer, Löffel. ▶ (Nachahmer), Zerstörer.

schöpferisch gestalterisch, phantasiebegabt, phantasiereich, schaffend, genial, fruchtbar, aufbauend, bildend, gestalterisch, formend, erzeugend, bildungsfähig, tätig, geistreich, erfinderisch, kunstreich, hochbegabt, sinnreich, talentiert, tauglich, produktiv, begnadet, eigenwüchsig, intuitiv, klug. → anstellig, aufbauend, bahnbrechend, begabt, denkend, eingesetzlich, erfinderisch, geistesmächtig, genial, inspiriert, intuitiv, produktiv. ▶ dumm, phantasielos, unbegabt, ungeschickt.

Schöpferkraft → Begabung, Begriffsvermögen, Born, Einbildungskraft, Phantasie, Tatkraft.

Schöpfung Kreation. → All, Arbeit, Ausführung, Bewerkstelligung, Bildung, Einfall, Entstehung, Entwicklung, Erbauung, Erde, Erfindung, Erzeugung, Intuition, Leistung, Produkt, Tat, Welt.

Schoppen → Behälter, Bier, Gefäß.

Schöps → Banause, Bock.

Schorf Unreinlichkeit, Unsauberkeit ● Krankheit, Entzündung, Eiterung, Grind, Schrunde, Kruste, Krätze, Räude, Flechten, Ausschlag, Aussatz, Hautkrankheit, Verunstaltung, Pustel. → Dreck.

Schornstein → Esse.

den verlieren, einbüßen, verwirken, Schaden erleiden, entbehren müssen, Nachteile haben, herhalten müssen, um etwas kommen, Haare lassen, teuer bezahlen, ein blaues Auge davontragen, Lehrgeld bezahlen müssen, in den Mond gucken, in die Binsen gehen, in die Brüche gehen, durch die Finger schlüpfen. ▶ bekommen, gewinnen, glücken.

Schoß Ursprung, Born, Quell, Anfangspunkt, Ursache, Kraftquelle, Entstehung, Herkunft, Mutterschoß, Heimatstätte, Ausgangspunkt, Fruchtbarkeit, Entstehungsort, Inneres, Leib, Körperteil ● Pflanzenteil, Sproß, Trieb, Halm, Zweig, Schößling, Ranke. → Auge, Born, Entstehungsstätte, Rute, Ursprung.
Schoß der Familie → Heim.
Schoß, Hände legen in den → faulenzen.
Schoßhund Tier, Hund ● Schützling, Schürzenkind, Schutzbefohlener, Schmarotzer, Kreatur, Verwöhnter, Verzogener, Aufgepäppelter.
Schoßkind → Baby, Liebling, Nesthäkchen.
Schößling → Abkomme, Schoß.
Schott sm Querwand, Schutzwand, Abtrennung, Abdichtungswand.
Schotter Straßenschotter, Schottersteine, Belag, Straßenbelag, Bedeckung, Pflasterung, Auflage, Schotterdecke, Steinmaterial, Geröll, Kies, Bruchstücke. ▶ Sand.
schottisch kariert, bunt, farbenreich, mehrfarbig, mannigfarbig, gemustert, würfelt, streifig, gestreift, gebändert ● englisch. ▶ einfarbig, (gepunkt).
schräg schief, geneigt, abfallend, abschüssig, jäh, aufsteigend, schroff, überhängend, quer, steil, windschief, abgedacht, überlehnend, bergauf, spitz, diagonal, überzwerch ● unehrlich ▶ betrunken. → abschüssig. ▶ gerade.
Schräge Jähe, Schiefe, Neigung, Fall, Gefäll, Abfall, Schräglinie, Abweichung, Winkelform, Schrägrichtung, Schräglage, Abdachung, Abschrägung, Absturz, Abhang, Steilhang, Uferböschung, Abseite, Senkung, Felswand, Berglehne. → Neigung. ▶ Ebene, Gleichlauf.
Schragen → Bahre.
Schramme → Kratzer.
schrammen ritzen, reißen, schnitzen, schneiden, einschneiden, schlitzen, einreißen, anreißen, weh tun ● anstreifen, anstoßen. ▶ glätten.

Schrank → Behälter, Kasten.
Schranke → Anstand, Barriere, Beschwernis, Demarkation, Einhalt, Hindernis.
Schranken ziehen → binden die Hände.
schrankenlos unbegrenzt, unbeschränkt, bodenlos, unendlich, endlos, raumlos, zeitlos, grenzenlos, unermeßlich, unberechenbar, unergründlich, unzählbar. ▶ begrenzt.
Schranze → Helfer, Schmeichler.
schranzenhaft → schmeichlerisch.
Schraube Winde, Haspel, Schnecke, Rolle, Spule ● Windung, Wickelung, Gewinde, Spirale, Schneckengang, Schneckenlinie, Spindel, Spill, Welle, Bohrer ● Schiffsschraube, Flügel, Propeller ● Antrieb. → Bindemittel. ▶ Mutter, Niete.
Schraube locker, eine dumm, töricht, blöd, einfältig, dämlich, hohlköpfig, begriffsstutzig, schwachköpfig, beschränkt, unbegabt, stumpfsinnig, geistig arm, geistig schwach, vertrottelt, unentwickelt, zu kurz gekommen ● verbohrt, kopflos, hirnverbrannt, vernagelt, saudumm, ein Brett vor dem Kopf, Tinte gesoffen, einen Sparren zuviel. ▶ klug, überlegt, vernünftig.
schrauben drehen sich, wirbeln, winden, spulen, ringeln, ranken, bohren, locken ● sticheln, aufziehen, herziehen, necken, foppen, hänseln, frozzeln, veralbern. → anmachen. ▶ lösen, nageln, (nieten), (schweißen).
schraubenförmig → gewunden.
Schraubendampfer → Fahrzeug (Wasser-).
Schrebergarten Garten, Land, Acker, Scholle, Pflanzstätte, Laubenkolonie, Kleingarten.
Schreck Angst, Entsetzen, Furcht, Grauen, Beklemmung, Bestürzung, Schauder, Gruseln, Sorge, Besorgnis, Beängstigung, Zittern, Beben, Himmelangst, Todesschreck, Hiobspost, Hiobsbotschaft, Lähmung, Verzweiflung. ● Aufsehen, Beengung, Bestürzung, Blitz, Knall und Fall, Panik. ▶ Beruhigung, Furchtlosigkeit, Gefaßtheit.
Schreckbild Alp, Lampenfieber, beängstigendes Gefühl, Unruhe, Ahnung, Beengung, Befürchtung ● Schreckgespenst, Schreckschuß ● Geist, Spuk, weiße Frau, Poltergeist, Nachtgespenst, Hexe, Werwolf ● Höllenwerk, Kettengerassel, Hexengepolter, Höllenspuk,

Höllenmusik, Blendwerk, Gespenstererscheinung. → Popanz. ▶ Beruhigung, Furchtlosigkeit, Gefaßtheit.
Schrecken → Abscheu, Angst, Schock, Schreck.
Schrecken, panischer Himmelangst, Panik, Hasenherzigkeit, Zaghaftigkeit, Verzagtheit, Kleinmut, Kleinmütigkeit, Furchtsamkeit, Feigheit, Memmenhaftigkeit, Mutlosigkeit. → Schreck. ▶ Wirklichkeit, Wunschbild.
schrecken hemmen, abhalten, abreden, entmutigen, verleiden, zu bedenken geben, warnen ● erregen, aufregen, ergreifen, bewegen, an die Nieren gehen, die Sinne verwirren, außer Fassung bringen, aufschrecken, aus dem Geleise bringen, die Sprache verlieren, nach Luft schnappen, erstarren, versteinern ● ängstigen, erschrecken, Furcht erwecken, alarmieren, aufschrecken, Angst einjagen, aufscheuchen, abschrecken, einschüchtern, bange machen, bestürzen, den Teufel an die Wand malen, die Hölle heiß machen, Furcht und Schrecken verbreiten ● abkühlen, härten, erstarren machen, löschen, auslöschen. → bedrohen, drohen. ▶ beruhigen, ermutigen, erwärmen, helfen.
Schreckensherrschaft → Despotismus, Strenge.
Schreckensherrscher → Despot.
Schreckenskunde Schreckensbotschaft, Unglücksbotschaft, Todesnachricht, Schreck, Hiobsbotschaft, Alarm, Unglücksdepesche, Trauerbrief. → Freudenbotschaft.
schreckensvoll → abschreckend, einschüchternd, schrecklich.
Schreckgespenst → Gespenst, Schreckgestalt.
Schreckgestalt Schreckgespenst, Mißgestalt, Fratze, Ungestalt, Häßlichkeit, Zerrbild, Scheusal, Ungeheuer, Gespenst, Ungetüm, Mißgeburt, Fratzengestalt, Vogelscheuche, Kinderschreck, Butzemann, Scheußlichkeit, Garstigkeit. → Häßlichkeit. ▶ Schönheit, Wirklichkeit.
schreckhaft → feige, ängstlich.
Schreckhaftigkeit → Feigheit, Bammel.
schrecklich fürchterlich, herzbrechend, markverzehrend, katastrophal, entsetzlich, kläglich, mitleiderregend, qualvoll, schmerzhaft, verdrießlich, peinigend, quälend, mißlich, schauerlich, schaurig, schauderhaft, scheußlich,

grauenhaft, grauenvoll, greuelhaft, verdammt, verflucht, verwünscht, gräßlich, grausig, haarsträubend, gruselig, horrend, horribel. → abbrüchig, abgeschmackt, abscheulich, abschreckend, bedauerlich, beißend, beklemmend, böse, diabolisch, entsetzlich. ▶ erfreulich, schön.

Schreckschuß → Alarm.

Schrei Laut, Notschrei, Hilfeschrei, Geschrei, Klageton, Wehgeschrei, Weineton, Gejammer, Aufschrei, Gestöhn, Geheul, Gebrüll, Gewinsel, Schmerz ● Freudenschrei, Frohlocken, Jubel ● Tierschrei, Menschenschrei, Vogelschrei. → Ausruf, Ruf. ▶ (Flüsterton), Lautlosigkeit.

Schreibart → Ausdrucksweise, Darstellungsweise, Diktion, Fassung, Stil.

Schreiben → Benachrichtigung, Brief, Eingabe.

schreiben niederschreiben, notieren, aufschreiben, hinschreiben, protokollieren, registrieren, aufnehmen, ausstellen, aufzeichnen, berichten, verzeichnen, beurkunden, festhalten, eintragen, abschreiben, nachschreiben, mitteilen, unterschreiben, gegenschreiben, gegenzeichnen, aufsetzen, verfassen, ausarbeiten, hinhauen, herunterhauen, pinnen *u*, krakeln *u*, schmieren, sudeln, klauen *u*, tippen, sich einen Stiefel zusammen schreiben ● dichten, reimen. → angeben, ausarbeiten, beantworten, benachrichtigen, dichten, erzählen, korrespondieren, kritzeln. ▶ lesen, reden.

schreiben, in den Schornstein → Schornstein schreiben.

Schreiber Berichter, Mitteiler, Federheld, Schriftführer, Stadtschreiber, Buchhalter, Maschinenschreiber, Bücherschreiber, Verfasser, Büchermacher, Erzähler, Schilderer, Aufzeichner, Zeitungsschreiber, Aktuar, Gerichtsschreiber, Tintenkuli *u*, Tintenspion *u*, Federfuchser, Schmierfink, Schmierlappen, Schmierant *u*. → Berichterstatter, Dichter. ▶ (Leser), (Redner).

Schreibfeder → Feder.

Schreibkraft Stenotypistin, Tippfräulein, Tippse *u*.

Schreibstube → Bureau.

Schreibtisch → Pult.

Schreibweise → Art, Ausdrucksweise, Fassung, Stil.

Schreibzimmer → Kanzlei.

schreien rufen, lärmen, toben, krähen, kreischen, zetern, brüllen, johlen, krakeelen, randalieren, plärren, gröhlen, poltern ● meckern, mursen *j*, girren *j*, schnalzen, böl-

ken, trensen *j*, mahnen *j*, quarren *j*, locken *j*, murren *j*, kröchen *j*, orgeln *j*, knören *j*, röhren *j*, kollern *j*, pfeifen *j*, klagen *j*, piepen *j*, melden *j*, rudeln *j* ● zetern, die Lunge aus dem Hals schreien, brüllen als ob er am Spieß steckte, Zetermordio schreien ● wehklagen, jammern, weinen, klagen, aufschreien, stöhnen, winseln, vor Schmerzen stöhnen. → ächzen, belfern, bläken, dröhnen, krächzen, Maul aufreißen das, röhren. → beherrschen sich, flüstern, verstummen.

schreien, zum Himmel Unrecht tun, unbillig handeln, parteiisch sein, sich vergreifen, ungerecht sein, Winkelzüge machen, das Recht beugen, Macht geht vor Recht, krumme Wege gehen, Hintertreppen benutzen, gegen Recht und Billigkeit ● wehklagen, jammern, weinen, klagen, schreien, aufschreien, stöhnen, ächzen. ▶ beherrschen sich, gerecht (sein), unparteiisch (sein).

schreiend → blendend, brennend, bunt, farbig, laut.

Schreier Maulheld, Großmaul, Angeber, Großschnauze *u*, Radaubruder, Hetzer, Krakeeler.

Schrein Totenschrein, Sarg ● Geldschrank, Geldschrein, Spind, Kasten, Lade, Aufbewahrungsort. → Behälter, Kasten, Sarg.

schreiten → begeben sich, gehen.

Schrift Handschrift, Krakel, Klaue, Pfote *u*, Schmiererage *u*, Druckschrift, Fraktur, Grotesk, Antiqua, Versalien, Augenpulver. → Buch, Denkschrift, Druckschrift, Monatsschrift, Text.

Schriftbild Satz. → Text.

Schriftdeutsch Schriftsprache, Hochsprache, Bühnensprache, Hochdeutsch, Literatur, Schriftschöpfung, Einheitssprache ● Umgangssprache, Landessprache, Volkssprache.

Schriftgut → Buch, Dichtung, Lektüre.

Schriftleiter → Redakteur.

schriftlich aufgeschrieben, aufgezeichnet, geschrieben, handschriftlich, niedergeschrieben, nachweisbar, brieflich, schwarz auf weiß. ▶ mündlich.

Schriftsteller Autor, Herausgeber, Federfuchser, Verfasser, Bücherschreiber, Gelehrter, Memoirenschreiber, Reiseberichter, Romanschriftsteller, Erzähler, Bearbeiter. → Dichter, Schreiber.

Schriftstück → Bekräftigung, Belege, Bescheinigung, Brief,

Diplom, Fähigkeitsausweis, Urkunde.

Schrifttum → Literatur.

Schriftwechsel → Korrespondenz.

schrill grell, laut, durchbohrend, lärmend, schallend, hoch, ohrenzerreißend, gellend, geräuschvoll, quietschend, klirrend, dröhnend, markerschütternd, steinerweichend, betäubend. → durchdringend, laut. ▶ gedämpft.

schrillen → lärmen.

Schritt Gang, Bewegung, Vorwärtsgehen, Marsch, Lauf, Verrückung, Fortbewegung, Marschtritt, Schlenderschritt, Bummel, Wandel ● Schritte, Handlung, Vorgehen, Entscheidung, Maßregel, Tat, Versuch, Mittel, Weg, Maßnahme, Hilfe. ▶ Stillstand, Unentschlossenheit.

Schritt, der erste → versuchen.

Schritt und Tritt, auf folgend, nachfolgend, anklammernd, anheftend, nachlaufend, anschmiegend ● überall, zu jeder Zeit, immer, ständig, beständig, stets, unaufhörlich, jedesmal, in einem fort. ▶ gelegentlich, selten, zurückbleiben(d).

Schritte tun, die ersten Hand anlegen, in Gang bringen, die Gelegenheit wahrnehmen, Hand an den Pflug legen, die Zeit benützen ● entgegenkommen, verzeihen, bitten, sich erbieten, sich versöhnen, entgegengehen, sich herablassen, sich demütigen, um etwas werben, die Hände reichen ● anfangen zu laufen, laufen lernen, die Beine gebrauchen ▶ grollen, (rühren sich nicht), stillstehen.

Schrittmacher → Bahnbrecher.

schrittweise → allmählich, bedächtig, behäbig, ruckweise.

schroff → abgründig, abschüssig, auf einmal, aufrecht, augenblicklich, barsch, boshaft, knapp, plötzlich, rauh, roh, schräg, unhöflich.

Schroffheit → Bärbeißigkeit, Schräge, Unhöflichkeit.

Schröpfen → Bemächtigung, Blut ablassen.

schröpfen zur Ader lassen, Blut ablassen ● nehmen, wegnehmen, aussaugen, abzapfen, ausbluten, ausbeuten, ausquetschen, ausfressen, abnehmen, schädigen, entrechten, enteignen, den letzten Blutstropfen abschröpfen ● aufschlagen, bemächtigen, berauben, bestehlen, bewuchern, erpressen. ▶ ehrlich (sein), einspritzen, geben.

Schrot und Korn, von echtem kernig, tatkräftig, kernhaft, herzhaft, energisch, stramm, stark, stählern, derb ● beständig, zuverlässig, wahr, redlich, unverdorben, verläßlich, unwandelbar, rechtschaffen, bieder, wakker, solid, brav, aufrecht, unbestechlich, ohne Falsch, ein Mann ein Wort. → rechtschaffen. ▶ charakterlos, schwach, unbeständig, unredlich, unzuverlässig.

Schrott → Abfall.

schrubben → ausbürsten, bürsten, fegen, frottieren, putzen.

Schrubber → Bürste.

Schrulle Narretei, Anwandlung. → Faselei, Laune.

schrullenhaft schrullig, komisch, sonderbar, seltsam, sonderlich, eigenartig, wunderlich, launisch, verschroben, absonderlich, grillenhaft, närrisch, einsiedlerisch. → bizarr, burlesk. ▶ aufgeschlossen, natürlich.

schrullig → albern, grotesk, kurios, schrullenhaft.

schrumpelig → faltig.

schrumpfen sich zusammenziehen, eingehen, sich verringern, zusammenschrumpfen, austrocknen, schwinden, verkleinern, vermindern, zusammenfallen, abmagern, austrocknen, welken, dörren, verfallen, abnehmen, eingehen, abbauen, abzehren. → abnehmen, altern, auszehren. ▶ ausdehnen, knospen, zunehmen.

Schrumpfung → Schwund.

Schrunde → Furche.

Schub → Anzahl, Bewegung, Stoß, Transport.

Schubfach → Abteil, Abteilung, Behälter.

Schubjak Bettler, Schuft, Wicht, Herumtreiber, Halunke, Lump, Lumpenkerl, Lumpsack, Tunichtgut, Elender, Niederträchtiger, Erbärmlicher, Filou, Strick. → Bandit. ▶ Edelmensch.

Schubkarren → Fahrzeug (Straßen-), Karren.

Schublade → Behälter.

Schubs → Anprall, Stoß.

schubsen → stoßen.

schüchtern ängstlich, unsicher, gehemmt, scheu, geduckt, befangen, blöde, beengt, bänglich, bescheiden, verzagt, unbeholfen, furchtsam, feig, errötend, verschämt, zurückhaltend, gezwungen, schämig, genieren, spröde. → ängstlich, bange, befangen, geduckt. ▶ dreist.

Schüchternheit → Bammel, Befangenheit, Bescheidenheit, Feigheit, Scheu.

Schuft → Bandit, Bauernfänger, Dieb, Hund, Lump, Schurke.

schuften → abarbeiten, abmühen, anstrengen sich, arbeiten.

Schufterei → Anstrengung.

schuftig → arg, bestechlich, bübisch, charakterlos, gemein, niederträchtig.

Schuftigkeit Gemeinheit, Niedertracht, Bosheit, Bubenstück, Unredlichkeit, Treulosigkeit, Pflichtvergessenheit, Wortbruch, Betrügerei, Unterschlagung, Schwindel, Schofeltat, Ehrlosigkeit, Schändlichkeit, Verruchtheit, Schurkenhaftigkeit, Verderbtheit, Verdorbenheit, Frevelhaftigkeit. → Bosheit. ▶ Rechtschaffenheit, Vollkommenheit.

Schuhe Stiefel, Halbschuhe, Langschäfte, Knobelbecher u, Galoschen, Stiefeletten, Latschen, Sandalen, Kähne u, Quadratlatschen u, Geigenkasten u, Pumps, Bottine, Sandaletten, Hausnummer u.

Schulbank → Bank.

Schulbeispiel → Ausbund, Beispiel, Exempel, Gipfel, Muster.

Schularbeiten Aufgaben, Hausarbeiten.

Schulbuch → Buch, Fibel.

Schuld Missetat, Pflichtverletzung, Pflichtversäumnis, Schandtat, Sünde, Sündenschuld, Abweg, Fluch der bösen Tat, Täterschaft, Fall, Jugendsünde, Straffall, Gesetzesbruch, Verbrechen, Mittäterschaft, Übeltat, Culpa, Blutschuld ● Verpflichtung, Verschuldung, Haftung, Geldschuld, Debet, Schuldbetrag, Belastung, Verantwortlichkeit, Rückstand, Schuldigkeit, Passiva, Defizit ● Fehler, Mißverhalten. → Delikt, Ehrenschuld, Fehler, Fehltritt, Frevel, Rückstand, Verbindlichkeit. ▶ Darlehen, Pflichterfüllung, Tilgung, Unschuld.

Schuld abwälzen → beschuldigen.

schuldbeladen → charakterlos, schuldig.

schuldbewußt verschämt, reuig, schamrot, demütig, zerknirscht, sündig, reumütig, bereuend, bußfertig, selbstanklägerisch, schämig, besserungsbereit. → schuldig. ▶ überheblich, unschuldig.

Schuldbewußtsein → Reue, Scham.

Schulden Geldschuld, Schuld, Verpflichtung, Verbindlichkeit, Rückstand, Verschuldung, Überschuldung, Schuldigkeit, Zechschulden, Saufschulden u, Geldsorgen, Geldnot ● Darlehen, Anleihe, Kredit, Schuldschein, Schuldbrief, Wechsel, Borg, Entlehnung, Pump, Beleihung, Geldanlage. ▶ Guthaben.

schulden verdanken, verantworten, dienen, verpflichtet sein, abhängen von ● im

Rückstand sein, Schulden haben, verschuldet sein, Geldschulden haben, fremder Leute Brot essen, auf der Latte haben u, bis über die Ohren in Schulden stecken, ein Loch aufmachen und das andere schließen, pumpen, in der Kreide stehen, auf Borg leben. ▶ pflichtenlos (sein), schuldenfrei (sein).

Schuldenforderer → Darleiher.

schuldenfrei sicher, unabhängig, geborgen, unverschuldet, sorgenfrei, zahlungsfähig, unverpflichtet. → reich. ▶ abhängig, verschuldet.

Schuldenmacher Borger, Leiher, Entlehner, Pumper, Ausleiher, Schuldner, Kreditholer, Verschuldeter, Verpflichteter, Abhängiger, Unfreier. ▶ Gläubiger.

Schulderlaß → Erlaß.

schuldfrei → unschuldig.

Schuldgefühl Gewissen böses, Reue, Schuldbewußtsein, Gewissensangst, Gewissenswurm, Gewissensqual, Selbstvorwurf, Selbstanklage, Reuegefühl, Reueempfindung, Reumütigkeit, Scham, Schamgefühl, Demut, Beschämung, Gewissensbisse. → Erröten, Scham, Schuld. ▶ Gewissenlosigkeit, Reuelosigkeit, Schamlosigkeit.

schuldhaft → schuldig.

schuldig schuldhaft, schuldbeladen, schuldbewußt, verantwortlich, strafwürdig, straffällig, verurteilt, das Karnickel sein u, derjenige welcher u ● verpflichtet, gebunden, verschrieben, abhängig, unfrei ● rückständig, verschuldet, überschuldet. → charakterlos. ▶ bezahlt, ungebunden, unschuldig.

schuldig bleiben Zahlung einstellen oder unterlassen, nicht abdecken, verschieben, prolongieren, ausstehen lassen, säumig bleiben, um Stundung nachsuchen, auf später vertrösten, einen Vergleich machen, Konkurs machen, pleite u. ▶ heimzahlen, wiedergeben, zahlen.

schuldig sprechen → anklagen, verurteilen.

Schuldigkeit → Amt, Aufgabe, Beharrlichkeit, Dienstpflicht, Obliegenheit, Pflicht, Schuld.

schuldlos → unschuldig.

Schuldner → Kunde fauler, Schuldenmacher.

Schuldschein → Bekräftigung, Bescheinigung, Bürgschaft, Pfand, Schuld, Sicherheit.

Schuldspruch → Urteil.

Schuldsumme → Anleihe, Schuld.

Schuldverschreibung → Anleihe, Schulden.

Schule Internat, Klosterschule, Penne, Pennal, Presse, Quetsche u, Gänsestall u, Affenkasten u, Pensionat, Institut, Kinderschule, Volksschule, Hilfsschule, Mittelschule, Oberschule, Realschule, Gymnasium, Realgymnasium, Lyceum, Handelsschule, Lehranstalt, Bildungsstätte, Erziehungsanstalt, Technikum, technische Hochschule, Volkshochschule, Hochschule, Universität, hohe Schule, Kolleg, Haushaltungsschule, Frauenschule, Fachschule, Meisterschule, Akademie, Berufsschule, Fahrschule, Tanzschule ● Gebäude, Schulhaus, Schulgebäude ● Unterricht, Disziplin, Zucht, Belehrung, Schulung, Drill, Vorbereitung, Ausbildung ● Gemeinschaft, Zucht ● Gewohnheit, das macht Schule, Vorbild, Musterbild, Stil. → Anstalt, Erziehungsanstalt, Institut, Zucht.

Schule, harte → Zucht.

schulen einschulen, belehren, erziehen, erklären, bilden, unterweisen, unterrichten, anleiten, anweisen, ausbilden, formen, gestalten, vorbereiten ● trainieren, dressieren, abrichten, üben, zähmen, eindrillen, abhärten. → abrichten, aufklären, aufziehen, ausbilden, bekehren, belehren, drillen, erziehen. ▶ lernen, vorbereiten sich, verlottern, verziehen.

Schüler Horer, Zögling, Kadett, Scholar, Eleve, Gymnasiast, Abiturent, Pennäler, Hochschüler, Student, Musterschüler, ABC-Schütze, die Schulbank drücken, höhere Tochter ● Anfänger, Lehrling, Lehrjunge, Stift ● Jünger, Anhänger, Nachwuchs. → Famulus. ▶ Lehrer.

schülerhaft unreif, jung, unerfahren, ungeschickt, stümperhaft, ratlos, dumm, unbeholfen, ungeschult, hilflos, verkehrt, tölpelhaft. → erfahrungslos. ▶ erfahren, reif.

Schulfall → Beispiel.

Schulfuchser Haarspalter, Kümmelspalter, Kniffler, Tüpfler, Wortverdreher, Deutler, Wortreiter, Wortklauber, Silbenstecher, Silbenreiter, Spiegelfechter, Pedant, Kleinigkeitskrämer. → Besserwisser.

Schulfuchserei Haarspalterei, Kümmelspalterei, Tüftelei, Deutelei, Wortreiterei, Wortklauberei, Silbenstecherei, Spiegelfechterei, Kleinigkeitskrämerei, Pedanterie. ▶ Großzügigkeit.

schulgemäß → pädagogisch.

schulgerecht → kunstvoll, pädagogisch.

schulisch → lehrhaft, pädagogisch.

schulmäßig → lehrhaft, pädagogisch, wegweisend.

Schulmeister Lehrer, Magister, Schulleiter.

schulmeisterlich besserwissend, rügend, tadelnd, verbessernd, hofmeisternd, kleinlich, überheblich, wegwerfend, intolerant, überklug, herrisch, gebieterisch, verletzend, geringschätzig. ▶ großzügig, tolerant.

schulmeistern hofmeistern, anschreien, tadeln, rügen, zurechtweisen, einschüchtern, anfahren, bemuttern, geringschätzen, Vorhaltungen machen, anmaßen sich, knechten, belehren, sein Wissen zur Schau tragen, vermessen sich, befehlen, herumstoßen, anschnauzen, verächtlich behandeln. ▶ anerkennen, loben.

Schulter zeigen, die kalte ablehnen, zurückweisen, verwerfen, verschmähen, beleidigen, abkehren von, faul sein ● verachten, den Rücken zeigen, von oben herab, übersehen, Luft sein, keines Blickes würdigen, zu Tode schweigen, nicht einen Strohhalm krümmen. → verachten. ▶ achten, befreundet sein, einverstanden sein.

Schulter, auf die leichte unbedenklich, pflichtvergessen, oberflächlich, unverantwortlich, verantwortungslos, pflichtenlos, schlampig, unbekümmert, dienstvergessen. → leicht nehmen. ▶ pflichtbewußt.

Schultern tragen, auf den heben, auf den Buckel nehmen, asten u, auf die Ast nehmen u. → Verantwortung. ▶ (abwälzen).

Schultheiß → Bürgermeister.

Schulung → Abrichtung, Anleitung, Bearbeitung, Bildung, Disziplin, Erziehung, Geübtheit, Routine, Schule, Zucht.

Schulweisheit Gemeinplatz, Nullwörter, Unkenntnis, Nichtigkeit, Bedeutungslosigkeit, Nichts, Null, Ausdruckslosigkeit, Gefasel, Binsenwahrheit, Blech, Kleinlichkeit ● Buchgelehrsamkeit, Lexikonweisheit, Afterweisheit, Halbbildung, Halbgelehrtheit, Scheinwissen, Scheingelehrsamkeit, unvergorenes Wissen ● Kraftlosigkeit, Zahmheit, Ausdruckslosigkeit, Einförmigkeit, Langweiligkeit, Fadigkeit, Würzlosigkeit. → Binse, Dunst leerer. ▶ Bedeu-

tung, Gelehrsamkeit, Überzeugungskraft, Wissen.

Schulze → Bürgermeister.

schummeln → betrügen.

schummerig → dunkel.

schummern dämmern, dunkeln, grauen, einnachten, zunachten, dunkel werden, düstern, beschatten, trüben, eintrüben. ▶ aufklären (sich), hell werden.

Schummerstunde → Abend.

Schund → Ausschuß, Kitsch, Ramsch, Reißer, Schlager.

Schuppe Plättchen, Häutchen, Belag, Kopfschuppen, Fischschuppe, Horn, Bedeckung, Schmutz, Absonderung, Schinnen ● Schutz, Haut.

Schuppen → Abstellraum, Bude, Lager.

schuppen → blättern.

schuppenförmig → blättrig.

schuppig → blättrig.

schüren → aufhetzen, einheizen, entrüsten, entzünden, Feuer gießen ins Öl, heizen.

schürend → antreibend.

schürfen → graben.

schürgen → schieben.

schurigeln → anfahren.

Schurke Betrüger, Spitzbube, Schwindler, Gauner, Beutelschneider, Bauernfänger, Hochstapler, Verführer, Lockvogel, Zigeuner, Dieb, Landstreicher ● Lump, Halunke, Hundsfott, Schubbejack, Kujon, Hanake u, Schuft, Schelm, Strolch, Vagabund, Wicht, Schlawiner, Nichtsnutz, Taugenichts, Stromer, Galgenstrick, Lumpenkerl, Erzlump, Galgenvogel, Schleicher, Gesinnungslump, Schlot. → Bandit, Bauernfänger, Bestie, Betrüger, Bube, Canaille, Dieb, Fälscher, Lump. ▶ Betrogener, Tugendbeispiel.

schurkenhaft → diebisch, niederträchtig, schurkisch.

Schurkerei → Ärgernis, Bosheit, Dolchstoß, Doppelrolle, Falschheit, Gemeinheit, Lumperei, Schuftigkeit.

schurkisch hundsgemein, schurkenhaft, elend, gemein, unehrlich, unredlich, lumpig, betrügerisch, spitzbübisch, käuflich, dienstvergessen, schändlich, verräterisch, entmenscht, niedrig, schuftig, abscheulich, verworfen, verdorben, lasterhaft, ruchlos, schamlos, treulos, verbrecherisch. → arglistig, charakterlos, niederträchtig. ▶ arglos, aufrichtig, charaktervoll.

Schürze hängen, an der folgen, nachlaufen, nachfolgen, hinterherlaufen, ankleben, andrängen, wie ein Hund folgen, auf Schritt und Tritt folgen, nicht loslassen, hörig sein ● ein Schoßkind sein, ein Muttersöhnchen sein, sich verwöhnen, feige sein, unselb-

ständig sein. ▶ selbständig (sein), wagen.
schürzen binden, verknoten, schlingen, verschlingen, hochschürzen, losschürzen ● raffen, hochziehen, durchschlingen, verflechten, ineinanderschlingen, ineinanderfügen. ▶ trennen.
Schürzenjäger → Casanova, Wüstling.
Schuß Maß, Sog, Schluck, Menge, Strahl, Eingießung ● Ausschuß, Ramsch, Bruch, Dreck, Zeug, Luder, Trödelkram ● Gewebefaden, Einschuß, Durchschuß. → bums, Fanfare, Salve. ▶ Fülle, Hieb, Kette, Qualität.
schußbereit→fertig, entsichert.
Schüssel → Behälter, Gefäß, Inhalt, Speise.
schusseln fuchteln, sich bewegen, rühren, ausweichen, wuseln, stromern, schweifen ● ungeschickt sein, herumfackeln, tappen, tapsen, tapern, faseln, sich blöde stellen, versieben, fahrig sein, unaufmerksam sein, schwerfällig sein, unbeholfen sein, sich plump benehmen, sich hölzern benehmen, sich hilflos verhalten, sich albern anstellen, dumm tun, ratlos sein, verkehrt machen. → fackeln. ▶ still stehen, überlegen.
schußfest → fest.
Schußwaffe → Waffe.
Schuster Handwerker, Handwerksmann, Werktätiger, Schuhmacher, Arbeitsmann, Gewerbemann, Facharbeiter, Meister, Ausbesserer, Flikker ● Nichtskönner, Stümper, Hudler, Angeber, Denunziant ● Schabe, Weberknecht, Afterspinner, Schleie, Bockkäfer. ▶ Könner.
schustern → pfuschen.
Schusterseele Krämerseele, Lederseele, Schniederseele, Pedant, Leimsieder, Philister, Seifensieder, Transuse, Gevatter, Stumpfbold, Kleinigkeitskrämer. → Schuster. ▶ (Mensch, großzügiger).
Schutt Schmutz, Bruchstück, Sprengstück, Schotter, Splitter, Ruinen, Dreck, Geröll, Gebröckel, Steine, Zerklüftung, Rest, Bruch, Abfall, Müll, Trümmer, Schutthalde, Schutthaufen, Schuttkegel.
Schütte Speicher, Kornspeicher, Sammelpunkt, Scheuer, Schütthaus, Kornboden, Schüttboden, Tenne, Niederlage, Scheune● Haufen, Bund, Aufeinandergeschüttetes ● Schaufel, Schippe, Kübel.
schütteln schleudern, werfen, stoßen, bewegen, erschüttern, rucken, mischen, mengen, durcheinanderschütteln, durcheinanderwerfen,

vermischen, vermengen, rütteln ● frösteln, erschauern, schaudern, schlottern, bibbern, bibbern ● ekeln sich. → aufrütteln, aufwerfen, beibringen, beuteln. ▶ anhalten, gern (tun), schwitzen, stokken, versöhnen.
schütteln, aus dem Ärmel hervorzaubern, gut verstehen, begreifen, erfassen, denken, erkennen, Grütze im Kopf haben, begabt sein, mehr können als Brot essen, fähig sein, aufgeweckt sein, nicht auf den Kopf gefallen, Verständnis zeigen, Talent haben, vernunftbegabt sein. ▶ unfähig sein.
Schüttelrinne → Rutsche.
schütten gießen, ausschütten, leeren, ausleeren, entleeren, herunterschütten, herunterstürzen, trinken, werfen, einschenken, einschütten ● regnen, fließen, schauern, strömen, prasseln, niederfallen.
schütter → karg, rar.
Schutz Sicherheit, Gefahrlosigkeit, Sicherung, Deckung, Rinde, Bedeckung, Markise, Beschützung, Hut, Nestwärme, Obhut, Schutzbrief, Waffe, Geleit, Sicherheitswehr, Feldwache, Sicherheitsvorkehrung, Hilfe, Beistand, Hilfsstellung, Stütze, Beschirmung, Verteidigung, Befestigung, Bollwerk, Verschanzung, Schanze, Wall, Mauer, Graben, Fürsprache, Vormundschaft, Schutzherrschaft, Schirmherrschaft, Aufsicht, Macht ● Buchschoner, Buchhülle, Umschlag, Schoner, Ofenschirm, Regenschirm, Schutzbrille, Schutzblech, Schutzärmel, Schutzdach, Schutzengel, Schutzfarbe, Schutzgatter, Schutzheiliger, Schutzmarke, Schutzzoll, Schutzmann ● Fender *sm* (= Schutzkissen), Persenning *sm* (= Segeltuch als Schutzhülle). → Abwehr, Bedeckung, Beistand, Bewachung, Chapeau, Feder, Futteral, Hilfsstellung, Immunität, Obhut, Protektion, Rückhalt, Sicherheit. ▶ Schutzlosigkeit.
Schutz, in → Dach und Fach, unter, sicher.
Schutz finden Schirm finden, Obdach finden, Unterkunft finden, Unterschlupf finden, Beistand finden, Hilfe finden, ein Heim finden, einen Zufluchtsort haben, beschützt werden, unterkommen. ▶ schutzlos (sein).
Schutz nehmen, in heimbringen, geleiten, behüten, bewachen, decken, bewahren, beschützen, schützen, in

Schirm nehmen, betreuen, behirten ● verteidigen, abwehren, verfechten, einlegen für, eintreten für, eine Lanze brechen für, die Partei ergreifen für. → schützen. ▶ preisgeben.
schutzbedürftig hilflos, wehrlos.
Schutzbrief Charta. → Bürgschaft, Sicherheit.
Schutzdach → Asyl, Charite, Bedeckung, Obdach, Schutz.
Schutzdecke → Bedeckung, Schutz.
Schütze → Soldat, Weidmann.
schützen feien, schirmen, beschirmen, beschützen, sichern, bewachen, bewahren, abschirmen, bergen, verschanzen, abwehren, versorgen, geleiten, begleiten, bemannen, betreuen, behirten, in Schirm nehmen, in Schutz nehmen, mit dem Schilde decken, panzern, verteidigen, hüten, schonen, umhegen, hudern *j.* → abwehren, achtgeben, aufheben, beistehen, bewachen, bewahren, einstehen, patentieren. ▶ angreifen, bekämpfen, Gefahr laufen, preisgeben.
schützen hinter, sich → dekken sich.
schützend davorstellen, sich → verteidigen.
Schutzengel → Beschützer, Himmelsmächte, Schutz, Schützer.
Schützer Beschirmer, Hirte, Hüter, Schutzgeist, Schutzengel, Beschützer, Verteidiger, Wächter, Aufseher, Bewahrer, Vormund, Wärterin, Helfer, Hilfskraft, Beistand, Freund, Kamerad, Begleiter, Gefährte, guter Geist, Schutzheiliger ● Befreier, Begleitung, Bekannter, Bewachung. ▶ Bedrücker, Feind, Schützling, Widersacher.
Schutzgeist → Beschützer, Schutz, Schützer.
Schutzgötter → Penaten.
Schutzherr → Patron.
Schutzherrschaft → Schirmherrschaft.
Schutzhülle → Einband, Schutz.
Schützling Schutzbefohlener, Mündling, Mündel, Patenkind, Vögtling, Klient, Schürzenkind, Anvertrauter, Günstling.
schutzlos → abgründig, gefährdet, gefährlich, hilflos, rechtlos.
Schutzlosigkeit Schirmlosigkeit, Wehrlosigkeit, Entwaffnung, Hoffnungslosigkeit, Verletzbarkeit, Blöße, Gefahr, Gefährlichkeit, Gefährdung, Rechtlosigkeit, Unsicherheit, Hilflosigkeit, Frondienstbarkeit, Leibeigenschaft, Knechtung, Abhängigkeit, Willen-

losigkeit, Waffenlosigkeit, Ausgeliefertsein. ▶ Schutz.

Schutzmann Polizei, Amtsperson, Polizist, Polizeimann, Wachtmeister, Gendarm, Landjäger, Schupo, Auge des Gesetzes, Blauer *u*, Grüner *u*, Abführmittel *u*, Schutz, Sicherheitsvorkehrung. → Polyp, Schutz.

Schutzmarke → Fabrikationsname, Marke, Zeichen.

Schutzraum → Bedeckung, Befestigung.

Schutzumschlag Hülle, Buchhülle, Deckel, Einband.

Schutzwand → Bedeckung, Schutz.

Schutzzeichen → Fabrikationsname, Marke.

Schwabenstreich Streich, Schildbürgerstreich, Schlag, törichter Streich, Tat, Dummheit, Blödheit, Borniertheit, Denkfehler, Unverständnis, lange Leitung, Beschränktheit, Unsinn, Milchmädchenrechnung, Nichtigkeit, Schlußfehler, Einfalt, Albernheit. ▶ Klugheit, Überlegung.

schwach kraftlos, machtlos, auf tönernen Füßen, mangelhaft, mau *u*, haltlos, hilflos, gebrechlich, gebrochen, gering, greisenhaft, hinfällig, mickrig *u*, kümmerlich, marklos, morsch, saftlos, leidend, mutlos, ohnmächtig, schlapp, matt, lahm, Nerven verlieren die, keine Macht mehr haben, müde, abgespannt, anfällig, unfähig, ausgemergelt, unterernährt, entkräftet, entnervt, schwächlich, untauglich, gelähmt ● verweichlicht, pimpelig *u*, quengelig *u*, verquengelt *u*, nachgiebig, zart, weibisch, altersschwach, tappisch ● dumm, einfältig, unentwickelt, dämlich, begriffsstutzig, kopfschwach, schwachköpfig, geistesschwach, beschränkt, unbegabt ● unentschlossen, unentschieden, wankelmütig, veränderlich, an einem Seidenfaden, energielos, teilnahmslos, phlegmatisch, kläglich, leichtsinnig, hemmungslos. → abgespannt, arm, bebend, belegt (Stimme), charakterlos, dämmerig, dienstunfähig, dunkel, energielos, entnervt, erholungsbedürftig, faul, feminin, geknickt, gering, hilflos, matt, reizlos, unentschlossen. ▶ stark.

Schwäche Schlafsucht, Hilflosigkeit, Machtlosigkeit, Ohnmacht, Mattheit, Nichtigkeit, Erschöpfung, Schwächeanfall, Energielosigkeit, Anspannung, Schlaffheit, ohne Rückgrat, Laxheit, Erschlaffung, Lockerung ● Zügellosigkeit, Nachgiebigkeit, Faible, Leichtsinn, Kartenhaus,

Schürzenwirtschaft, Pantoffelherrschaft, Weiberregiment ● Unvermögen, Untauglichkeit, Unfähigkeit, Wehrlosigkeit, Machtlosigkeit, Mangel, Fehler, Anfall, Gebrechlichkeit, Kränklichkeit, Tatterich, Hinfälligkeit, Altersschwäche, Verfall, Ermüdung, Müdigkeit, Ermattung, Entkräftung ● menschliche Schwäche, Abirrung, Ausartung, Entgleisung, Lieblingslaster, Lasterhaftigkeit, Schwachheit, Rückgratlosigkeit, Untugend. ● Anspannung, Anwandlung, Bedeutungslosigkeit, Befinden, Beschwerde, Blutarmut, Einflußlosigkeit, Entkräftung, Entnervung, Ermattung, Erschöpfung, Flauheit, Gefügigkeit, Irrung, Kollaps, Minderwertigkeitsgefühl, Schlaffheit. ▶ Stärke.

Schwächeanfall → Erschöpfung, Schwäche.

schwächen erschöpfen, entkräften, unterdrücken, lähmen, hemmen, angreifen, zerstören, paralysieren, abschwächen, entnerven, verkrüppeln, stutzen, beschneiden, unfähig machen, schwach machen, lahmlegen, ersticken, abtöten, die Kraft benehmen, vermindern, schmälern, mindern, verkleinern, entfernen, ermüden, ermatten, langweilen, erschlaffen, abmüden, erlahmen, plagen, placken, abhetzen zuschanden reiben, niederhalten, hindern, stürzen, hintertreiben, unterwühlen, vereiteln, niederschlagen, unterbinden, durchkreuzen, untergraben ● schänden, mißbrauchen, verführen. → abnehmen, aufhalten, beeinträchtigen, bekämpfen, berauben, beschneiden, bezwingen, dazwischentreten, drosseln, Eisen treiben in die, entgegenarbeiten, entkräften, ermatten, entwaffnen, lindern. ▶ stärken.

schwächend → auftreibend.

Schwachheit → Befinden, Blutarmut, Einflußlosigkeit, Entkräftung, Ermattung, Erschöpfung, Gefügigkeit, Rückfall, Saftlosigkeit, Schlaffheit, Schwäche.

schwachherzig → feige, krank.

Schwachherzigkeit → Feigheit.

Schwachkopf → Banause, Dummerian, Dummkopf, Kretin.

schwachköpfig → beengt, dumm, gehirnlos.

schwächlich → abgespannt, bebend, begrenzt, schwach.

schwächlich sein → darniederliegen, krank, schwach.

Schwächling Weichling, Süchtling, Muttersöhnchen,

Trottel, Zwitter, Eunuch, Müdling, Mutterkind, Pimpeliese *u*, das heulende Elend, Heulpeter, Tränentier *u*, Flennliese *u*, Heulliese *u*, Heulsuse *u*, Tränenliese *u*, Tränensuse *u*, Jammergestalt, Waschlappen, Jammerlappen, Pantoffelheld, Waschweib, Laffe, Schürzenkind, Weib, Pimpelhans, Feigling, Memme, Schleimscheißer, Korinthenknacker, Schwächlicher, Schwachmatikus *u*, Paulchen *u*, Wrack, Fingerbiebche, Bubi. → Schlappschwanz. ▶ Kraftmensch.

schwachsichtig sein → blind auf einem Auge.

Schwachsinn Geistesschwäche, Gehirnkrankheit, Stumpfsinn, Idiotie, Blödsinn, Geistesstörung, Geistesumnachtung, Irrsinn, Wahnsinn, Verrücktheit, Bewußtseinsstörung, Sinnesverwirrung, Koller, Komplex, Schwermut, Trübsinn, Verblödung, Gehirnerweichung, Gehirnkrämpfe, Tobsucht, Tollwut, Raserei ● Dummheit, Hirnverbranntheit, Vernunftlosigkeit, Minderwertigkeitskomplex. → Begriffsmangel, Blödigkeit. ▶ Begriffsvermögen, Klugheit.

schwachsinnig blöde, verblödet, idiotisch, idiotenhaft, stumpfsinnig, trokelig *u*, krank, greisenhaft, kindisch, unmoral, spleenig, hirnverbrannt, geistesgestört, umnachtet, verrückt, närrisch, irr, vernunftlos, verdreht, besessen, toll, hintersinnig, melancholisch, nicht ganz richtig im Kopf, eine Schraube locker, im Oberstübchen nicht ganz richtig, aus dem Tollhaus entsprungen, vertrottelt. → geistesgestört, dumm. ▶ klug, vernünftig.

Schwächung → Beraubung, Dekadenz, Démoralisation, Desorganisation, Entkräftung, Entnervung, Ermattung, Erschöpfung, Schwäche.

Schwaden Dampf, Dunst, Brodem, Nebelschwaden, Dunstartigkeit, Rauch, Vernebelung, Verräucherung. → Rauch. ▶ Klarheit.

Schwadroneur → Angeber, Marktschreier, Prahler.

schwadronieren → abschweifen, angeben, aufbauschen, aufschneiden.

Schwager Anrede, Postillon, Kutscher ● Hausfreund. → Anverwandter.

Schwägerin → Anverwandte.

Schwäher → Anverwandter.

schwalchen → blaken.

Schwall Anschwellen, Flut, Dünung, Masse, Menge, Fülle, Nebenkanal, Rinnsal, Schwalch, Schwulst, Erguß

● Redeschwall, Wortschwall, Redseligkeit, Redefluß, Wust, Salbaderei. → Congestion, Redseligkeit. ▶ (Ebbe), Wortkargheit.

Schwamm Mauerschwamm, Verderb, Schimmel, Fäulnis, Zersetzung ● Saugkraft, Aufsaugung, Sog ● Wassertier ● Gewächs, Pilz, Schwammerl, Bovist ● Badeschwamm, Waschmittel, Gummischwamm, Schulschwamm. → Auswuchs, Brennmaterial.

schwammartig → durchlässig sein, weich.

schwammig → dick, weich.

schwanen → deuchten.

Schwanengesang → Abschluß, Ausgang, Tod.

schwanger gehen guter Hoffnung sein, schwanger sein, in anderen Umständen sein, trächtig sein.

schwängern durchtränken, sättigen, anräuchern, ausdünsten, desinfizieren, ausräuchern, beweihräuchern, bespritzen, besprengen, übergießen. → befruchten, belegen, decken. ▶ abtreiben, entmischen.

schwängern mit → beibringen, beifügen, schwängern.

Schwängerung Befruchtung, Zeugung, Empfängnis, Begattung ● Geruch, Dunst, Rauch, Erguß, Ausdünstung, Weihrauch, Tränkung, Beräucherung, Duft, Gerüche. → Befruchtung, Beifügung. ▶ Entmischung.

Schwank Fabliau, Posse, Burleske, Lustspiel, Farce, Stück, Komödie, Schnurre, Jux, Narretei, Streich, Spaß, Scherz, Witzigkeit, Schabernack, Ulk, Spott, Humor, Spaßigkeit, Drolligkeit, Schalkheit, Lustigkeit, Groteske, Satire. → Witz. ▶ Trauerspiel, Witzlosigkeit.

schwanken beben, zittern, flattern, schwingen, wackeln, wogen, zappeln, schusseln, stürzen, umfallen, erschüttern, schweben, wippen, wabbeln u, schuckeln u, schlottern, baumeln, humpeln, taumeln, Schlagseite haben u, stolpern, wogen, schwenken, schlängeln, wuseln ● unschlüssig sein, sich bedenken, im dunkeln tappen, zaudern, zweifeln, sich besinnen, sich überlegen, sich nicht entschließen können, sich drehen und wenden, hinhalten, vertagen, abwarten, darauf ankommen lassen, unsicher sein, in Frage ziehen, widerstreben, sich anders besinnen, sich abseits halten, sich schwer entschließen. → abweichen, ausgleiten, bammeln, bangen, bedenken, befürchten, besinnen sich, blei-

ben neutral, dämmern, dunkeln lassen im. ▶ entschließen sich, stillstehen.

schwankend schlotternd, schaukelnd, prekär, zitternd, wackelnd, fallend, wetterwendisch, launenhaft, unschlüssig, unzuverlässig, wogend, beweglich, rastlos, friedlos, ruhelos, wankelmütig, unstet, flüchtig, flatterhaft, veränderlich, wandelbar, vergänglich, unentschlossen, unsicher, schwindlig, schwach, energielos, Mäntelchen nach dem Wind hängen. → beweglich, ein und aus, einem zum andern von. ▶ entschlossen, regungslos.

Schwankung Schwanken, Wallung, Gewoge, Gewackel, Schwingung, Schaukel, Schlingern, Zappeln, Schwenken, Woge ● Preisschwankung, Unsicherheit. → Bewegung. ▶ Entschlossenheit, Regungslosigkeit.

Schwanz Tierschwanz, Lunte, Körperteil, Schweif, Wedel, Fisel, Steiß, Anhang, Anhängsel, Bürzel, Sterz, Schwanzfeder, Schwanzhaar, Blume j, Standarte j, Rute, Fahne j, Pürzel j, Zain j, Stoß j ● Ende, Schluß, Beschluß, Schwanzende, Hinterteil, Hinterstücke, Schnörkel, Kehrseite, Schlußglied ● Anzahl, Menge. → Rute. ▶ Anfang, Kopf.

schwänzeln → bereden, freuen sich, schmeicheln.

schwänzen → fehlen.

Schwanzende → Schluß, Schwanz.

schwappen plätschern, wogen, schlagen, branden.

Schwären → Auswuchs.

schwären gären, wölben, schwellen, herauswachsen, dick werden, aufladen, treiben, blähen, sich mit Eiter füllen ● zischen, brausen, sprudeln, wallen, mussieren, perlen, schäumen, sieden, kochen. ▶ heilen, verstummen, zurückgehen.

Schwarm → Abgott, Clique, Herde, Masse.

schwärmen → ausdenken, außer sich, ausschweifen, bewegen sich, drängen, erträumen, fliegen, hochhalten, Saus und Braus, schmachten, träumen.

Schwärmer Utopist, Träumer. → Enthusiast, Phantast, Tier.

Schwärmerei → Affekt, Begeisterung, Bezauberung, Delirium, Liebe, Übertreibung.

schwärmerisch poetisch, romantisch, verschwärmt, berauscht, trunken, entrückt, entzückt, träumerisch, versunken, erregt, ekstatisch, empfindungsvoll, phantasievoll, feinsinnig, enthusiastisch. → ästhetisch, befangen, be-

rauscht, ekstatisch, empfindungsvoll, entrückt, feinsinnig, romantisch. ▶ empfindungslos, kaltherzig.

Schwarte Haut, Tierhaut, Menschenhaut, Balg ● Buch, Schweinsleder, altes Buch, Schmöcker ● Mundwerk, Maul, Schnauze ● Baumrinde, Überzug, Speckschwarte. → Fell. ▶ (Fleisch), (Taschenbuch), Literatur.

schwarz dunkel, kohlenähnlich, schmutzig, düster, pechoder rabenschwarz, pechrabenschwarz, kohlpechrabenschwarz, finster, traurig, trübe, unheilbringend ● überfüllt, angefüllt, voll ● heimlich, verboten. ▶ farbenfroh, leer, weiß.

schwarz auf weiß → schriftlich.

Schwärze Schwarz, Schwärzlichkeit, Dunkel, Bleifarbe, Kohlestift, Ruß, Pech, Tinte, Tusche, Ofenschwärze, Stiefelwichse, Mohr, Neger, Rappe, Rabe, Schwarzsein ● Düsterheit, Abscheulichkeit, Verworfenheit ● Hopfenkrankheit. → Dunkel, Farblosigkeit. ▶ Helligkeit.

Schwarze treffen, ins Nagel auf den Kopf treffen, geschickt sein, sich bewähren, einen guten Griff tun, mit allen Hunden gehetzt sein, mit allen Wassern gewaschen sein, seine Augen offen haben, etwas gewinnen, Bescheid wissen, Verständnis zeigen, Glück haben, Kenntnis zeigen, Geschicklichkeit zeigen, treffsicher sein, sicher gehen, gut durchführen es, zur Vollkommenheit bringen, Erfahrung besitzen, das Richtige tun, Erfolg haben. ▶ Stroh dreschen leeres, unerfahren (sein).

schwärzen → anschwärzen, bemächtigen, benachteiligen, dunkeln, paschen, schmuggeln.

Schwärzer → Betrüger.

Schwarzhändler → Schleichhändler.

Schwarzkünstler → Fakir.

schwärzlich → dunkel, rußig, schwarz.

schwarzmalen → entmutigen.

schwarzsehen unken, vertrauern, trüb sehen, den Blick auf den Boden heften, die Flügel hängen lassen, etwas voraussehen, sich graue Haare wachsen lassen, pessimistisch sein, den Teufel an die Wand malen, das Gras wachsen hören, sich etwas schwarz ausmalen, entmutigen, verzagen, verzweifeln, sich abzehren, sich grämen. → fangen Grillen. ▶ hoffen.

Schwarzseher Pessimist, Vorahner, Vorhersager, Warner,

Vorbote, Unke, Kassandra, Trübsinniger, Vorausdeuter, Seher, Zukunftsseher, Mißmutiger, Eule, Leichenbitter, Trauerkloß, Melancholiker, Selbstpeiniger, Hintersinner, Brummbär, Miesmacher, Kopfhänger, Grillenfänger, Griesgram. ▶ Optimist.

Schwarzseherei → Bekümmernis, Trübsinn.

schwarzseherisch → pessimistisch.

Schwatz → Geplauder.

schwatzen → brechen das Stillschweigen, debattieren, Fluß geraten in, reden, sprechen.

schwätzen → abschweifen, auspacken, klatschen, reden, sprechen.

Schwätzer Klatschbase, Klatsche, Babbelmaul u, Faselhans, Maulheld, Phrasendrescher, Schaumschläger, Schmuser, Schmuskopf, Schmuspeter u, Plaudertasche, Schnattermaul, Scharlatan, Zungendrescher, Elster, Kaffeeschwester, Kannegießer, Predigthalter, Stundenhalter, Wohlredner, Moralprediger, Laffe, Langweiler ● Lästerzunge, Lästermaul, Krakeeler, Räsonierer, Ehrabschneider, Revolverschnauze, Schmäher, Frevelzunge, Klapperschlange u, Klatschmaul, Klatschtante, Klatschtrine u, Quasselkopf u, Quasselstrippe u, Quatschkopf u, Quatschmichel u, Tratsche u, Tratschmauk u, Waschweib, Salbaderer u, Schlabberschnute u, Schwabbolfritze u, Schwabelmeier u, Schwadroneur. → Banause. ▶ Schöngeist, (Schweiger).

Schwätzerei → Geklatsche.

Schwätzerin → Kaffeetante.

schwatzhaft plauderhaft, gesprächig, redefertig, geläufig, redselig, redefroh, wortreich, geschwätzig, redegewaltig, klatschhaft, klatschsüchtig, zungenfertig, mitteilsam, schlagfertig, rednerisch, langatmig, weitschweifig, schwülstig, beredt, fließend. → ausholend, beredsam, beredt. ▶ schweigsam.

Schwatzhaftigkeit → Beredsamkeit, Indiskretion, Redseligkeit.

Schwebe, in der → hoffen, unsicher.

Schwebebahn → Bahn.

schweben fliegen, hangen, pendeln, baumeln, bammeln, schwimmen, schwingen, schaukeln, wippen, schlottern, flattern, schwanken, vibrieren, wiegen, wedeln, oszillieren, schwänzeln, tanzen, treiben, huschen, schnellen. → bammeln, bewegen sich,

fliegen. ▶ fallen, ruhen, sinken, stehen.

schwebend hängend, unerledigt, anhängig, ausstehend, fraglich, unbestimmt, zweifelhaft, unentschieden, ungeklärt, unsicher, fragwürdig, dahingestellt, unergründlich ● schwingend, wackelnd, tanzend, flatternd, schaukelnd, wiegend, baumelnd, pendelnd, eingehackt, fließend, fliegend. → anhängig. ▶ (fallend), feststehend.

Schwefelholz Streichholz, Zünder, Zündstoff, Feuer, Zündholz, Phosphorhölzchen, Anzünder, Anstecker. → Brennmaterial.

Schweif → Schwanz, Stern.

schweifen denken, sinnen, grübeln, nachdenken, die Gedanken herumschweifen lassen ● ausschneiden, bogenförmig ausschneiden ● schwingen, spülen, ausschweifen, waschen. → bewegen sich, gehen. ▶ begradigen, denkfaul (sein), still stehen.

schweifwedeln kriechen, sich krümmen, sich bücken, sich biegen, sich winden, sich schmiegen, sich beugen, scharwenzeln, dienern, katzebuckeln, hofieren, einschmeicheln, den Lakaien machen, sich alles gefallen lassen, in Demut ersterben, anschmarotzen, nach der Geige tanzen, sich in jede Laune fügen, den Mantel nach dem Wind hängen, mit dem Strome schwimmen, sich anbiedern, die Füße lecken. → fügen sich, leisetreten. ▶ trotzen, überheben sich.

Schweigegeld → Bestechung, Käuflichkeit.

Schweigen ▶ Ruhe, Tod.

Schweigen, dumpfes → Bestürzung, Ruhe.

schweigen verstummen, ruhen, Schloß vor den Mund legen, den Mund stopfen, ausklingen, Stille bewahren, nicht reden, geschweigen, stillschweigen, sich beherrschen, das Maul halten, die Fresse halten u, die Luft anhalten, die Plautze halten u, die Zunge im Zaun halten, den Mund nicht aufmachen, still werden, bumsstillsein, den Mund nicht öffnen, nicht mucksen, sich lieber die Zunge abbeißen, sich auf die Lippen beißen, kein Sterbenswort sagen, kuschen, einen Punkt machen u, den Rand halten u ● quatsch nicht Krause u, darüber schweigt des Sängers Höflichkeit, betüten sein. → abschließen, bezähmen, enthalten sich. ▶ schwatzen.

schweigend → schweigsam.

Schweigepflicht Geheimhaltung, Amtsgeheimnis, Dienstgeheimnis, Postgeheimnis, Briefgeheimnis, Verbergung, Verpflichtung, Gebundenheit, Arztgeheimnis, Gewissenssache, Gebot, Bindung, Amtspflicht, Rechenschaft, Obliegenheit, Verbindlichkeit, Forderung, Schuldigkeit, Ehrensache. ▶ Mitteilung, Pflichtverletzung.

schweigsam kleinlaut, maulfaul, redescheu, still, wortkarg, zugeknöpft, kurz angebunden, mundfaul, verschlossen, einsilbig, zurückhaltend, reserviert, zurückhaltend, taktvoll, unmitteilsam, stumm, schweigend, lautlos, ruhig, geräuschlos, wortlos, verstummt, unvernehmbar, leise ● vornehm, eingebildet, ernst. → diskret, einsilbig. ▶ schwatzhaft.

Schweigsamkeit Wortkargheit, Verschwiegenheit, Stillschweigen, Redescheu, Zugeknöpftheit, Zurückhaltung, Herbe, Verschlossenheit, Verstocktheit, Schweigen, Einsilbigkeit, Reserviertheit, Stummheit ● Weigerung, Zurückhaltung ● Geheimhaltung, Verheimlichung, Heimlichkeit, Verbergung, Verschleierung. ▶ Offenheit, Redseligkeit.

Schwein Tier, Haustier, Borstenvieh, Wildschwein, Sau, Keiler, Eber, Bache, Wildeber, Wutz, Ferkel, Spanferkel, Frischling, Mutterschwein ● Glück, Erfolg, Dusel, Glückswendung, Glücksfall. → Beleidigung, Schweinehund. ▶ Belobigung, Unglück.

Schweinehund Feigling, Memme, Wicht, Schlappschwanz, Schwein, Schuft, Kerl, Gemeiner, Niederträchtiger, Lausebengel, Lump, Rotzbengel, Schweinigel, Rübenschwein, Mistvieh, Sau, Sauluder, Schleimscheißer, Bettpisser, Drecksack, Lumpsack, Haderlump, Schlunze, Schlumpe, Saudackel. → Schurke, Verbrecher.

Schweinehund besiegen, den sich bezähmen, sich bekämpfen, sich zügeln, sich erziehen, sich an die Kandare nehmen, sich zusammenreißen, sich selbst besiegen, sich bezwingen, sich in Zucht nehmen, sein eigener Herr sein, Selbstbeherrschung üben ● die Feigheit bezwingen, Gefahren trotzen, nicht ausweichen, seinen Mann stellen, auf dem Platze bleiben, es mit dem Feind aufnehmen, in das Feuer rücken, die Zähne zusammenbeißen. ▶ egoistisch (sein), schlapp machen, unterliegen, zurück weichen.

schweinemäßig schweinisch, saumäßig, unsauber, unordentlich, schmutzig, dreckig, wüst, hudlerisch, stümperhaft, säuisch ● schlüpfrig, unflätig, zotig, zweideutig, obszön, schändlich, gemein, gewöhnlich, frech, anzüglich, anstandswidrig, schamlos, unanständig, unehrbar, unmoralisch. → anrüchig. ▶ anständig, sauber, tadellos.

Schweinerei Sauerei, Unflätigkeit, Zote, Schweinigelei, Sudelei, Schmutzigkeit, Sudelküche, Unreinheit, Schmierigkeit, Schlammigkeit, Fäulnis ● Unzucht, Schändung, Zuchtlosigkeit, Sittenlosigkeit, Anstandswidrigkeit, Anzüglichkeit, Unflat, Schmutz, Pornographie, Zotenreißerei, Unkeuschheit, Schlüpfrigkeit, Nackttanz, Zweideutigkeit, Feilheit ● Mißglücken, Erfolglosigkeit, Pech. ▶ Erfolg, Sauberkeit.

Schweinestall Stall, Unterschlupf, Behausung, Ferch ● Unsauberkeit, Schmutz, Dreck, Schmutzigkeit, Unflat, Augiasstall, Gestank, Pfuhl, Schmiere, Schlammigkeit, Schmierigkeit, Unordentlichkeit, Nachlässigkeit, Sudelei. ▶ Sauberkeit.

Schweinigelei → Schweinerei.
schweinisch → anrüchig, unanständig, schweinemäßig.

Schweiß Absonderung der Hautporen bei Fieber, Hitze, Überanstrengung, Nervosität; Angstschweiß ● Blut des Wildes. *j.* [Daher auch bei Schweißarbeit wird der Schweißhund zur Nachsuche auf die Schweißspur (Blutspur) angesetzt, bis er das Schweißbett (Wundbett), das ist die Stelle, an die sich ein angeschossenes (angeschweißtes) Wild hinlegt, gefunden hat; Schweißfährte ist die Wund- oder Rotfährte; Schweißhund ist ein Jagdhund, der auf die Schweißfährte angesetzt ist *j.*]

schweißen bluten *j.* → verbinden.
schweißtreibend anstrengend, heilsam.
schweißtriefend schweißgebadet, lechzend, schmachtend, erhitzt, atemlos, keuchend, übermüdet, entkräftet, abgehetzt, aufgerieben, gerädert, gekreuzigt, abgequält, abgepeinigt, abgespannt, überarbeitet, abgearbeitet, kraftlos, schwach, lendenlahm ● naß, feucht, patschnaß, verschwitzt. ▶ geruhsam, trocken.

schwelen glimmen, lodern, lohen, brennen, flackern, rau-

chen, glosen, dampfen, dunsten, verdunsten, glühen. ▶ erlöschen.

schwelgen prassen, schlemmen, genießen, fressen, tafeln, schmausen, zechen, sich anessen, sich überfressen, essen, sich anstopfen, sich vollpropfen, sich anfüllen, begehren, verprassen, den Bauch pflegen, es mit der Schüssel halten. → essen, freuen sich, genießen, schöpfen aus dem vollen. ▶ darben, maßhalten.

Schwelger → Bacchant, Feinschmecker.
Schwelgerei → Ausschreitung, Ausschweifung, Ergötzlichkeiten, Eßlust, Sauferei, Saus und Braus, Schmaus.

schwelgerisch luxuriös, prassend, schlemmend, fressend, schlemmerisch, unersättlich, nimmersatt, freßgierig, freßsüchtig, leckerhaft, leckermäulig, unbeherrscht, üppig, heißhungrig, feinschmeckerisch, lukullisch, unersättlich. → ausschweifend, bacchantisch, bedürfnisvoll, begehrlich, feinschmeckerisch, genießerisch, schlemmerhaft. ▶ bescheiden, hungrig

schwellen → anschwellen, ansetzen, aufgehen, ausbuchten, ausschlagen, blähen, keimen.

Schwelle Türschwelle, Türrahmen ● Eingang, Eintritt, Zugang ● Grenze, Grenzfall, Grenzbegriff ● Begrenzung.

schwellend prall, federnd, ausdehnend, aufgeblasen, aufgebläht, verbreitert, verstärkt, entfaltet, vermehrt, keimend, sprießend, knospend, aufschwellend, aufgehend, anschwellend, gedeihend, vergrößernd, wachsend, entwickelnd, dick, erweitert. ▶ (eintrocknend), schlaff, zusammengezogen.

Schwellung → Auswuchs, Wölbung.
Schwemme Viehtränke, Pferdetränke, Schwemmteich, Wasser, Tümpel, Gewässer. → Butike.
Schwemmland → Marsch, Neuland.
schwenken einschwenken, abschwenken, umschwenken, sich bewegen, marschieren, sich regen, verrücken, gehen, tanzen ● schwingen, schlenkern, schwanken, wackeln, zappeln, wogen ● wegjagen, fortjagen, davonjagen, abwehren ● die Fahne schwenken. → ausschütteln, waschen. ▶ bleiben stehen, bleiben bei der Sache.
Schwenkung → Bewegung, Drehung, Kurve, Wandlung.
schwer → arg, beachtlich, be-

jammernswert, bleiern, böse, gewichtig, kompliziert, massiv, schwierig.
schwerblütig träge. → melancholisch.
Schwere Belastung, Schwergewicht, Gewichtigkeit, Wuchtigkeit, Schwerkraft, Gravitation, Druck, Last, Ladung, Masse, Ballast, Blei, Zentnerlast ● Luftdruck, Atmosphäre ● Fülle, Dicke, Kaliber, Weite, Leibesfülle. → Anziehung, Bedeutung, Dichtigkeit, Gewicht, Wichtigkeit. ▶ Leichtigkeit.
Schwerenöter → Casanova, Haus lustiges, Spaßmacher.
schwerfallen → schwierig.
schwerfällig langsam, langweilig, schläfrig, verschlafen, müde, unbeweglich, bleiern, schlaff, stumpf, abgestumpft, leblos, schleppend, ungelenk, plump, unbehilflich, gemächlich, bequem, träge, säumig, saumselig, zögernd, bummelig, lahm, unentschlossen, ratlos, hilflos, zaghaft, träge, passiv, energielos, willenlos, schwach, teilnahmslos, dickfellig, phlegmatisch ungeschickt, linkisch, unbeholfen, umständlich, steif, hölzern, tölpelhaft, tapprig, täppisch, schläfrig. → arbeitsunfähig, bedächtig, beengt, begriffsstutzig, behäbig, bequem, bleiern, bummelig, derb, dick, dickwanstig, dumm, Eiern gehen auf, faul, häßlich, plump.
Schwerfälligkeit Lässigkeit, Bequemheit, Trägheit, Faulheit, Langsamkeit, Bummelei, Phlegma, Stumpfheit, Plumpheit, Dumpfheit, Schläfrigkeit, Mattigkeit, Verdrossenheit, Erschöpfung, Energielosigkeit, Stockung, Unbeweglichkeit, Trödelei, Schlappheit, Schlaffheit, Ungeschicklichkeit, Steifheit, Unbeholfenheit, Ungeschlachtheit, Tölpelhaftigkeit, Untauglichkeit, Umständlichkeit, Ungelenkigkeit, Sturheit. ▶ Leichtigkeit.
Schwergewicht → Faden roter, Gewicht, Hauptsache, Kerngedanke, Quintessenz.
schwerhörig harthörig, undeutlich, unhörbar, gehörlos, taub ● krank, leidend ● ungehorsam, unfolgsam. ▶ folgsam, hellhörig.
schwermachen, das Herz → betrüben, Hoffnung nehmen die.
Schwermut → Bekümmernis, Freudlosigkeit, Melancholie, Trübsinn.
schwermütig → aufgelegt, böse, demütig und wehmütig, elegisch, lebensmüde, melancholisch, trübsinnig.
schwernehmen → leiden.
Schwerpunkt Brennpunkt, Drehpunkt, Kernpunkt, Mittel-

punkt, Zentrum, Stützpunkt ● Nachdruck, Kern, Schwergewicht, Hauptgehalt, Mark, Wesensgehalt, **Bedeutsamkeit, Inbegriff, Schwerkraft, Druck,Größe,Gewicht,Hauptsache,Kerngedanke.**▶ Bedeutungslosigkeit, Nebensache.
schwerwiegend → gravierend.
Schwester Krankenschwester, Rotkreuzschwester,Pflegerin, Säuglingsschwester, Kinderschwester, Fürsorgeschwester, Diakonisse, Nonne, Klosterschwester, Klosterfrau, Gottesbraut, Himmelsbraut, Novize, Laienschwester, Oberin, Äbtissin, Priorin, Ordensschwester, Ordensfrau, Klosterfräulein, Stiftsfräulein. → Anverwandte, Beschützer. ▶ Bruder.
schwesterlich verwandt, versippt, verschwistert, blutgebunden, blutsverwandt, artgemäß. → barmherzig, gut, mild. ▶ brüderlich, fremd, gefühllos.
Schwieger → Anverwandte.
Schwiegermutter → Anverwandte.
Schwiegersohn → Anverwandte.
Schwiegertochter → Anverwandte.
Schwiegervater → Anverwandte.
Schwiele → Auswuchs, Wölbung.
schwiemeln feiern, ludern.
schwierig schwer, knifflig *u*, tüftelig *u*, knibbelig *u*, schwere Geburt *u*, es in sich haben, mühevoll, mühsam, schwerfallen, mühselig, prekär, schlimm,kraftvorzehrend,heikel, ermüdend, harte Nuß, lästig, aufreibend, beschwerlich, unverständlich, undeutlich, unangenehm, nicht auf Rosen gebettet, mißlich, drückend, unfügsam, verwickelt, verwirrend, kompliziert, kritisch, bedenklich, verfänglich, diffizil ● unlenkbar, unlenksam, schwerfällig, bockig, störrisch, knorrig, zäh, hart ● dunkel, finster, verworren, rätselhaft, verhüllt, verkappt, verschleiert, problematisch, die Sache hat einen Haken, unerklärlich. → angestrengt, ärgerlich, kompliziert, peinlich,.unangenehm, ungünstig. ▶ leicht.
Schwierigkeit Unmöglichkeit, Unlösbarkeit,Hindernis,Sackgasse, Enge, Zwangslage, Bedrängnis, Gedränge, Klemme, Dilemma, Knoten, Haken, Verstrickung, Klippe, Wirrwarr, Verworrenheit, Umstände, Kopfzerbrechen, Kniffligkeit *u*, Mühe, harte Nuß, kitzlicher Punkt, Notlage, Anstrengung, Mühseligkeit, Plage, Last, Lästigkeit, Mühsal,

Belastung, Beschwerde, Beschwerlichkeit, Schinderei, Bürde, Druck, Plackerei, Strapaze, Überanstrengung, Schranke, Widerstand, Behinderung, Anstand, Klippe, Tücke, Wirren, Kraftbeanspruchung, Problem, wenn alle Stränge oder Stricke reißen, Schwulität ● eine harte Nuß knacken müssen. → Anstand, Anstrengung, Arbeit, Aufgabe, Aufgebot, Beschwerde, Dilemma, Hindernis, Klippe, Komplikation, Krise, Mühe, Patsche, Problem, Übelstand, Verlegenheit. ▶ Leichtigkeit.
Schwimmbad → Bad.
Schwimmen → Bewegung.
schwimmen krawlen, planschen, tauchen, baden, untertauchen, eintauchen, untertunken, sich hineinstürzen, springen, wassertreten, sich abhärten, üben, Sport treiben ● durchschwimmen, durchrinnen *j* ● verschwimmen, ineinanderfließen, fahren lassen, sein lassen, sich nicht mehr drum kümmern ● unsicher sein, nicht viel wissen. → durcheilen die Wogen, erfrischen sich. ▶ feststehen, sinken, wissen.
Schwindel Taumel, Gleichgewichtsstörung, Drehwurm *u*, Rausch, Schwindligkeit, Augenflimmern, Drehkrankheit, Anfall, Kreislaufstörung, Bergkrankheit, Höhenangst, Störung, Platzangst ● Betrug, Schwindelei, Gaunerei, Täuschung, Gemeinheit, Lüge, Betrügerei, Büberei, Übertölpelung, Unredlichkeit, Unrechtlichkeit, Falschheit, Schurkerei ● Humbug, Mist, Dreck, Kitsch, Schmarren, Kinderei, Schrulle, Blech, Lumpenzeug, → Bemäntelgung, Betrug, Blech, Dieberei, Kitsch, Lumperei, Plagiat. ▶ Ehrlichkeit, (Schwindelfreiheit), Wahrheit.
schwindelig → schwankend, wanken.
Schwindelmeier → Lügner.
schwindeln lügen, verulken, vertuschen, kohlen, heucheln, herausschwindeln, abschwindeln, erschwindeln, bemänteln, belügen, umgehen, erfinden, erdichten, vorfabeln, vorplaudern, vorgaukeln, aufschneiden, flunkern, beigebeln, betören, die Unwahrheit sagen. → angeben, Bock als Gärtner, borgen fremde Gedanken, lügen, saugen sich aus den Fingern. ▶ Wahrheit sprechen die.
schwinden zergehen. → abflauen, abnehmen, dezimieren, nachlassen, schrumpfen.
Schwindler Lügner, Betrüger, Spitzbube, Gauner, Beutel-

schneider, Zechpreller, Jobber, Heuchler, Schurke,Windbeutel, Schelm, Aufschneider, Schwindelhuber, Schwindelmeier, Scheinheiliger, Erschwindler, Erzschwindler, Lump, Strolch, Tunichtgut, Strick, Gelegenheitsmacher. → Bandit, Bauernfänger, Betrüger, Bube, Lügner, Roßtäuscher. ▶ Betrogener, Tugendbeispiel.
schwindlerisch → charakterlos, diebisch.
schwindlermäßig → charakterlos, diebisch.
Schwinge Fittich, Flügel, Schwungfedern, Fangarm, Fortbewegungsmittel.
schwingen oszillieren. → aufsteigen, bammeln, sich bewegen, dröhnen, erheben, fächeln, schaukeln, schwanken.
Schwinger → Fächer, Schlag, Sportler.
Schwingung → Bewegung.
Schwingungszahl→Frequenz.
Schwippschwager→Anverwandte.
Schwips→Dusel.
schwirren schwärmen, fliegen, schwingen, brausen, sausen, raschen, zischeln, rauschen, surren, flattern ● umherschwirren, herumlaufen, sich bewegen, sich herumtreiben, wirbeln. → brausen, dämpfen die Stimme, rascheln. ▶ stillstehen.
schwitzen ausdünsten, verflüchtigen, transpirieren, ausschwitzen, heiß sein, braten, schmoren, sich anstrengen, sich schinden, sich abrackern, sich quälen, schlapp machen, erlahmen, ermatten, schnaufen, schwitzen wie ein Bär *u* ● Angst haben, schlottern, zittern, das Herz in den Schuhen haben ● triefen, naß sein, sich mit Feuchtigkeit beschlagen, anlaufen. → abmühen, dampfen, keuchen, schmoren. ▶ abkühlen, beruhigen (sich), mutig sein.
schwofen → tanzen.
schwören beteuern, beeiden, bezeugen, geloben, bekennen, bestätigen, erhärten, bekräftigen, aussagen, Gott zum Zeugen anrufen, einen Eid schwören, Stein und Bein schwören, als absolut wahr behaupten, beschwören ● fluchen, verwünschen, jemandem Verderben schwören, donnern ● auf etwas schwören, daran glauben, felsenfest überzeugt sein ● die Treue schwören, das Jawort geben, sich in den Ehestand begeben. → beeiden. ▶ abschwören, (Aussage verweigern).
schwul → homophil.
schwül → beengend, bleiern, dirnenhaft, drückend, erotisch, heiß.

Schwüle → Brodem, Hitze.
Schwulität → Schwierigkeit.
Schwulst → Ausschmückung, Auswuchs, Bombast, Chauvinismus, Congestion, Floskel, Phrase, Schlagwort, Übertreibung, Ziererei.
schwulstig großsprecherisch, großspurig, protzig, übersteigert, übertrieben, aufgeblasen, prahlerisch, anspruchsvoll, zuviel, übermäßig, schwülstig, großkotzig, dicktuerisch, großtuerisch, überbetont, herausgeputzt, überladen, stillos, exorbitant. → anspruchsvoll, aufdringlich, aufgeblasen. ▸ anspruchslos, natürlich.
schwülstig → barock, schwulstig.
Schwulstigkeit → Ausschmückung, Bombast, Floskel, Phrase, Übertreibung.
Schwund Schrumpfung. → Abkürzung, Abnahme, Reduktion.
Schwung Stoß, Anstoß, Anhub, Schub, Wuppdich *u*, Durchschlagskraft, Triebkraft, Kraftmeierei, Schwenkung, Kurve, Bogen ● Glut, Feuer, Wärme, Lebhaftigkeit, Aufschwung, Eindrucksfähigkeit, Eindringlichkeit, Kühnheit, Lebendigkeit, Nachdruck, Überzeugungskraft, Wucht, Eifer, Temperament, Schneid, Kraft, Dampf, Verve. → Anlauf, Anprall, Begeisterung, Bestimmtheit, Bewegung, Bewegungstrieb, Dynamik, Farbe, Hochdruck, Pathos, Schmiß. ▸ Hemmung, Lässigkeit, Stillstand.
Schwungkraft → Elastizität, Schwung.
schwunglos lahm, verschlafen, verträumt, drämelig *u*, hinkend, die Ruhe weg haben. ▸ schwungvoll.
schwungvoll temperamentvoll, gefühlvoll, pathetisch, lebendig, lebhaft, schlagkräftig, nachdrücklich, eindringlich, eindrucksfähig, kraftvoll, überzeugend, durchschlagend, feurig, phantasievoll, schmissig, mit Schmiß, mit Aweck *u*. ▸ lahm, lässig, träge, schwunglos.
Schwur Ehrenwort, Wort, Eid, Gelöbnis, Gelübde, Bekräftigung, Bestätigung, Zeugnis, Erhärtung, Bezeugung, Jawort, Behauptung, Erklärung, Aussage, Handschlag, Manneswort, Fahneneid, Versicherung, Verpfändung, Verpflichtung, Eidesformel, Beschwörungsformel, Beteuerung, Offenbarungseid ● Fluch. → Aussage, Bekenntnis, Bannspruch, Bekräftigung, Ehrenwort, Eid. ▸ Eidbruch, Eid falscher.
Sechserkarte → Fahrkarte.

See → Gewässer.
See stechen, in → abfahren.
Seebad → Bad.
Seegang → Flut.
Seele Anlage, Gemütsart, Gemütsanlage, Beschaffenheit, Empfindungsleben, Herz, Gewissen, Wesen, Inbegriff, Herzstück, Gehalt, Innenleben, Eigenart, Eigenheit, Eigentümlichkeit, Veranlagung, Hauptsache, Hauptteil, Zentrum, Schwerpunkt, Psyche, Markt, Innenwelt, Geist, Selbst. → Art, Bewußtsein, Charakter, Inneres, Kerngedanke. ▸ Gefühllosigkeit, Hülle, Leib, Nebensache.
Seele binden, auf die einschärfen, zureden, anempfehlen, raten, beraten, überzeugen, belehren, Vorstellungen machen, ans Herz legen, anflehen, ersuchen, anhalten, ansuchen, beschwören, bedrängen, quälen, jemanden angehen um, erheischen. ▸ abraten, verschweigen, widerrufen.
Seele von Menschen Edelmensch, Vollmensch, Musterbild, Ehrenmann, Tatmensch, Unschuldiger, Unschuldsengel, Tugendbeispiel, Rechtschaffener, Tugendspiegel, Gutmütiger, Milder, Tugendsamer, Wackerer, Ehrenhafter, Helfer. ▸ Schweinehund, Seelenverkäufer.
Seelen und ein Gedanke, zwei Übereinstimmung, ein Herz und eine Seele, zweites Ich, Wesenseinheit, Einstimmigkeit, Einklang, Harmonie, Zusammenklang, Einigkeit, Eintracht, Einverständnis, Übereinkunft, Anpassung, gleiche Brüder – gleiche Kappen, Verträglichkeit, Anpassung. ▸ Disharmonie.
Seelenadel → Erhabenheit, Großmut, Hochherzigkeit.
Seelenfriede Wohlgefühl, Wohlbehagen, Behagen, Friede, Zufriedenheit, Geistesfriede, Herzensruhe, Gemütsruhe, Heiterkeit, gutes Gewissen, sorgenfreier Sinn, Selbstzufriedenheit. ▸ Gewissen böses, Gewissensangst, Unzufriedenheit.
Seelengröße → Erhabenheit, Großmut, Hochherzigkeit, Selbstlosigkeit.
seelengut → arglos, engelsfromm, gut, lammfromm, selbstlos.
Seelenhaltung → Art, Gemütszustand.
Seelenherrschaft → Dämon.
Seelenhirt → Berater, Geistlichkeit.
seelenkundlich → psychologisch.
Seelenlage → Stimmung.
Seelenleben → Art, Gefühlsleben, Gemüt.

seelenlos unbeseelt. → eingetrichtert, gewohnheitsmäßig, maschinenmäßig, niederträchtig, roh.
Seelenmassage Predigt, Suggestion, Manipulation, Gehirnwäsche, Werbung.
Seelenqual → Bekümmernis.
Seelenruhe → Fassung, Frostigkeit, Seelenfriede.
seelenruhig ausgeglichen, majestätisch, feierlich, ernst, gesetzt, würdevoll, ruhig ● unerschütterlich, gleichmütig, leidenschaftslos, gemütsruhig, gelassen, unbeeinflußt, unberührt, unbewegt, kaltblütig, frostig, kühl, nüchtern, regungslos, gleichgültig, besonnen, gefaßt, sachlich, stoisch. ▸ aufgeregt, heißblütig, unausgeglichen.
Seelenstärke Seelenkraft, Stärke, Zucht, Überwindung, Mannhaftigkeit, Selbstlosigkeit, Charakter, Disziplin, Seelenadel, Würde, Selbsterziehung, Heldengröße, Duldsamkeit, Ehrgefühl, Opferwilligkeit, Hingabe, Selbstaufgabe. ▸ Egoismus, Kleinmütigkeit.
Seelenverfassung → Art, Charakterfundament, Denkart, Gemüt, Gemütszustand, Gesinnung.
seelenvergnügt → froh, vergnügt.
Seelenverkäufer Bösewicht, Lotterbube, Windhund, Menschenmäkler, Mädchenhändler, Zubringer, Zuträger, Zuhälter, Gelegenheitsmacher, Vermittler, Lüdrian. → Boot. ▸ Seele von Menschen, Tugendbeispiel.
seelenvoll gefühlvoll, beseelt, gefühlsinnig, empfindend, fühlend, beeinflußbar, mitfühlend, ergriffen, beeindruckt, bewegt, berührt, durchdrungen, warm, empfindsam, gutmütig. → ausdrucksvoll, besinnlich, still. ▸ gefühllos, unempfindlich.
seelenwund → melancholisch, trübsinnig.
seelisch innerlich, eigen, psychisch, ichhaft, subjektiv, psychologisch, unkörperlich, vorbestellt, metaphysisch, körperlos, geistig, gedacht, ideell, transzendent. ▸ äußerlich, körperlich, materiell.
Seelsorger → Berater, Geistlichkeit.
Seemann Schiffer, Seefahrer, Schiffsmann, Bootsmann, Schiffsjunge, Küstenfahrer, Kanalschiffer, Steuermann, Matrose, Maat, Seebär, Teerjacke, Marine, Kapitän, Schiffsmannschaft, Bemannung, Schiffsfahrer, Wasserratte ● fliegender Holländer.

Seemannsgarn Erdichtung, Erfindung, Lügengewebe, Jägerlatein, Münchhausiade, Ammenmärchen, Aufschneiderei, Prahlerei, Flunkerei, Geflunker, blauer Dunst, Windmacherei, Großsprecherei, Klabautermann. → Lüge. ▶ Wahrheit.

Seeräuberei → Beraubung.

Seesperre → Barriere.

Seeungeheuer → Chimäre.

Seezeichen → Bake.

Segel setzen die Segel hissen, die Anker lichten, die Leinen loswerfen, absegeln, ablegen, auslaufen, Fahrt aufnehmen, den Wind nutzen, manövrieren, lavieren, vor dem oder am Winde segeln.

Segel streichen → unterwerfen sich.

Segel, mit vollen vor dem Winde segeln ● wie der Wind. → gern.

segelbar → fahrbar.

Segelflugzeug → Fahrzeug (Luft-).

Segeln, Wind in den → günstig.

Segeln, nehmen den Wind aus den die Hände binden oder fesseln, Handschellen anlegen, fesseln, außer Gefecht setzen, mattsetzen, das Rückgrat brechen, den Hals brechen, Knüppel zwischen die Beine werfen. → hindern.

segeln schiffen, befahren, durchsegeln, beschiffen, umschiffen, dampfen, treiben ● Sport treiben, üben, sich ertüchtigen, trainieren ● fliegen, gleiten ● heruntersegeln, fallen. → bewegen sich, fahren. ▶ dampfen, rudern, (mit Motorkraft fahren oder fliegen).

segeln, unter einer Flagge unter einem Namen bekannt sein, auf einen Namen hören ● in einem Heere dienen, einem Herrscher dienen, vereint schlagen ● unter einer Decke stecken, zusammenhalten, zusammen etwas ausheken, gemeinsame Sache machen. ▶ entgegenhandeln.

Segelschiff → Fahrzeug (Wasser-).

Segelstange → Mast.

Segen Fülle, Sattheit, Ergiebigkeit, Ertrag, Fruchtbarkeit, Wohlstand, Genüge, Erfolg, Glück, Fortschritt, Fortkommen, Gelingen, Gedeihen, Gewinn, Lohn, Vorwärtskommen, Gottesgabe, Wohlergehen, Arbeitssegen, Fischzug, Preis ● Gnade, kirchlicher Segen, Absolution, Segensspruch, Leichensegen, Einsegnung. → Arbeitssegen, Ergiebigkeit, Fortschritt, Gunst des Schicksals. ▶ Unsegen.

segenbringend erfolgreich,

gedeihlich, glückbringend, glückspendend, ergebnisreich, vorteilhaft, siegreich, wirksam, fruchtbar, günstig, erfreulich, beneidenswert, begünstigt, nutzbringend. → günstig. ▶ unheilvoll.

segensreich → günstig, gut, segenbringend.

Segler → Fahrzeug (Wasser-), Schiff, Sportler.

Segment Kreisabschnitt, Kugelabschnitt, Bogenabschnitt, Halbzirkel, Teil, Stück, Sektor, Bogenschnitt, Teilstrecke, Abschnitt, Ausschnitt. ▶ Ganzes.

segnen → auflegen, einweihen, ergießen sich.

Segnung Handauflegung, Weihe, Einweihung, Segensspruch, Einsegnung, Beweihräucherung. → Segen. ▶ Verdammung.

sehen gucken, erblicken, erspähen, Blick heften auf, schauen, bemerken, beobachten, wahrnehmen, gewahr werden, gewahren, betrachten, besichtigen, beachten, anblicken, ansehen, besehen, ausspähen, beäugeln, fixieren, angaffen, anstarren, anstieren, anglotzen, beluchsen, erkennen, durchschauen, fernsehen, durchsehen, besehen, in Augenschein nehmen, sehen, Stielaugen machen u. → anschauen, auftauchen, durchsehen, einsehen, entdecken, fallen in die Augen, fassen ins Auge, gewahren, schauen. ▶ hören, übersehen.

sehen, bessere Tage sich verschlechtern, herunterkommen, abgleiten, verfallen, zurückgehen, verderben, vom Pferd auf den Esel, auf den Hund kommen, unter die Räder kommen, Pech haben, trübe Zeiten durchmachen, den Krebsgang gehen, an den Bettelstab kommen, die Armut kennen, hart mitgenommen werden, am Hungertuch nagen, Mangel leiden, ein dürftiges Dasein haben, von der Hand in den Mund leben, ohne Mittel dastehen. ▶ Karriere machen.

sehen, durch die Finger milde sehen, blind sein für, Nachsicht üben, schonen, alle beide Augen zudrücken, sich nicht drum kümmern, seinen eigenen Weg gehen lassen, nachgiebig sein, nachsichtig sein, gelinde sein, die Zügel schlaff halten ● entgleiten, verlieren, entfallen, zerrinnen, entschwinden, schwinden. ▶ gewinnen, unnachsichtig (sein).

sehenswert → anziehend, interessant, reizvoll.

sehenswürdig → anziehend, interessant, reizvoll.

Sehenswürdigkeit Kunst, Theater, Veranstaltung, Aufführung, Baudenkmäler ● Sensation, Schlager, Tagesgespräch, Erlebnis, Ereignis, Mittelpunkt, Schwerpunkt, Kern, Imposantes, Großes.

Seher Prophet, Weissager, Wahrsager, Zukunftsseher, Vorhersager, Sterndeuter, Magier, Vorbote, Warner, Schwarzseher, Sphinx, Augur. → Auge.

Sehergabe Wahrsagekunst, Sterndeuterei, Hellseherei, Astrologie, Weissagung, Voraussage, Prophezeiung, Vordeutung, Mutmaßung, Vorherverkündung. → Aberglaube.

seherisch → ahnen.

Sehkraft Sehvermögen, Sehschärfe, Augenlicht.

Sehmängel Farbenblindheit, Schwachsichtigkeit, Augentäuschung, Kurzsichtigkeit, Fernsichtigkeit, Weitsichtigkeit, Lichtscheue, Augenschwäche, Verzerrung, Tränenauge, Triefauge, Augenfluß, Blödauge, Doppelsehen, Gesichtstäuschung, Augenflimmern.

Sehne Bindegewebsbündel, Strang, Flexe, Bindemittel, Band, Faser ● Gerade. → Befestigung.

sehnen herbeiwünschen, wünschen, wollen, verlangen, ersehnen, erstreben, möchten, schmachten, lechzen, dürsten, hungern, hangen, bangen, bedürfen, brauchen, vermissen, benötigen, Lust haben zu, brennen auf, gieren, sich interessieren. → hungern. ▶ verabscheuen, verwünschen.

sehnen, sich streben nach, freuen sich auf, trachten nach, seufzen um, brennen auf, ersehnen, erstreben, verlangen, wollen, wünschen, sich interessieren, schmachten, vor Sehnsucht vergehen, sich verzehren. → sehnen. ▶ verabscheuen, verwünschen.

sehnig → elastisch, stark.

Sehnsucht → Begeisterung, Begierde, Drang, Erwartung, Liebe.

sehnsüchtig begierig, sehnlich, sehnsuchtsvoll, bangend, verlangend, erpicht, wünschenswert, begehrenswert, hoffend, trachtend, wollend, versessen, durstig, lüstern. ▶ ablehnend, teilnahmslos.

sehnsuchtsvoll → sehnsüchtig.

sehr viel, beträchtlich, beachtlich, überaus, außerordentlich, weitaus, unermeßlich, ungeheuer, bodenlos, ansehnlich, bemerkenswert, gehörig, weidlich, anständig, fabelhaft, höllisch, kolossal, ordentlich, rasend, sündhaft, turmhoch, wüst, als ob er es bezahlt bekäme, nicht von schlechten Eltern, Stein und Bein, riesig, erheblich, hochgradig, besonders, vollauf, höchlich, mächtig, dermaßen, merklich, vortrefflich, ziemlich, ausnehmend. → außerordentlich, fest, grenzenlos. ▶ begrenzt, wenig.

Sehschärfe, -vermögen → Sehkraft.

Sehwinkel Perspektive, Raumsicht, Sehweite, Augenweite, Augenpunkt, Fernzeichnung, Parallaxe, Gesichtswinkel.

seibern schlabbern, sabbern, seifern, auströpfeln, ausscheiden, fließen, sudeln, vollmachen, beschmieren, sich beflecken, sich verdrekken, schlackern, beschmutzen ● babbeln, schwatzen, plappern, schnattern, klappern, wäschen, kannegießern. ▶ schlucken, wortkarg (sein).

seicht flach, niedrig, untief, versandet, ausgetrocknet, gesunken. → albern, äußerlich, oberflächlich, platt. ▶ ernsthaft, innerlich, tief.

Seichtheit Oberflächlichkeit, Äußerlichkeit, Flüchtigkeit, Gehaltlosigkeit, Unvollständigkeit, Ungenauigkeit, Leichtsinn, Albernheit, Unsinn, Faselei, Blech, Stuß, Stumpfheit, Geistesarmut, Gicksgacks, Torheit, Blödsinn, Dummheit, Gedankenlosigkeit, Gedankenarmut, Hohlheit, Verblödung, Verdummung. → Sandbank. ▶ Gedankentiefe, Tiefe.

Seidel → Behälter, Gefäß.

Seidenfaden, an einem → schwach, vielleicht.

seidenglatt → faltenlos, seidig.

seidig glatt, zart, weich, sanft, seidenartig, glänzend, fließend, faltenlos, eben, schmiegsam, satinartig, atlasartig, leicht. → federartig. ▶ rauh, steif.

seiend → gegenwärtig.

Seifenblase → Bagatelle, Eintagsfliege, Irrwisch, Nichts, Schaum.

Seifensieder Arbeiter, Werktätiger, Seifenkocher ● Philister, Pedant, Spießer, Banause, Holzkopf, Krämerseele, Schusterseele, Langweile.

seifig seifenartig, glatt, schlüpfrig, verschmiert, schmierig, schaumig, weich, salbig, talgig, säubernd. → fettig. ▶ rauh, trocken.

seihen sieben, sichten, durchschlagen, durchpressen, durchsickern, durchsintern, filtrieren, durchlaufen lassen, säubern, klären, reinigen. ▶ vermengen.

Seil Strick, Tau, Strang, Leine, Schnur, Fessel, Bindeglied, Lahn, Hanf, Jute, Haltemittel, Schlinge. → Band, Draht, Kabel. ▶ Kette.

Seilbahn Bergbahn, Sessel-, Schwebebahn.

seilen anbinden, anseilen, fesseln, anknüpfen, festmachen, befestigen, festhalten, verschnüren, anschnallen. → aufwinden. ▶ lösen.

seillaufen → balancieren.

seiltanzen wagen, sich erkühnen, sich vermessen, Gott versuchen, die Gefahr lieben, sein Leben aufs Spiel setzen, mit dem Feuer spielen, waghalsig sein, tollkühn sein, etwas Halsbrecherisches tun, → wagen. ▶ feige (sein).

Seim → Abguß, Aufguß, Brei.

seimig → dickflüssig.

Sein → Dasein, Ding, Existenz.

Sein oder Nichtsein → Schicksal.

sein existieren, dasein, anwesend sein, vorhanden sein, wohnen, weilen, sich befinden, sich aufhalten, zugegen sein, sich vorfinden, auftreten, begegnen, stattfinden, vorkommen, vorliegen, von Fleisch und Blut. → atmen, bestehen, leben. ▶ werden, (nicht sein).

seinerzeit → früher.

seinesgleichen solche. → ebenso.

Seinigen, im Kreise der → daheim.

seit → ferner, inzwischen, nach.

seitab → abseits, beiseits, daneben, seitlich.

seitdem → nach, nachher.

Seite Körperseite, Seitenlage, Flügel, Profil, Breitseite, Windseite, Flanke, Flügel, Körperhälfte ● Buchseite ● Richtung, Teil, Hälfte. → Bord, Flanke, Rückseite, Vorderseite.

Seite, auf der gleichen → diesseits.

Seite, schwache Schwachheit, Fehler, Ausartung, Schwäche, Lieblingslaster, Abweg, Entgleisung, Unsitte, Lockerheit, Lasterhaftigkeit, Laster, Abirrung, verborgene Sünde. → Schwäche, Untugend. ▶ Seite starke.

Seite, starke Stärke, Hingabe, Großmut, Hochherzigkeit, Tugend, Größe. → Vollkommenheit. ▶ Seite schwache.

Seite an Seite → beigeordnet, beisammen.

Seite stehen, zur → dienen, helfen.

Seitenansicht → Profil.

Seitenbild → Bild, Profil.

Seitengebäude → Anbau, Dependance.

Seitenhaus → Anbau.

Seitensprung → Unkeuschheit, Verstoß.

Seitenstück → Abbild, Ähnlichkeit.

seither → bereits, dahin, inzwischen, nachher.

seitlich jenseits, nebeneinander, abseits, seitwärts, seitab, daran, Seite bei Seite, nebenan, neben, daneben, aneinander, längs, längsseits, lateral. → abseits, beiseite, daneben. ▶ gegenüber.

seitwärts → abseits, beiseite, daneben, entlang, seitlich.

sekkieren ö → bedrücken, quälen.

Sekret Geheimsiegel, geheimes Fach ● Ausscheidung, Absonderung, Ausfluß, Austritt, Aussonderung, Erguß, Abfluß. → Abguß.

Sekretär Schreibtisch, Pult, Schreibpult, Rollpult, Schreibschrank ● Schreiber, Schriftführer, Stadtschreiber, Angestellter, Beamter, Kanzleischreiber, Gerichtsschreiber, Kontorist, Assistent, rechte Hand.

Sekretariat Anmeldung, Vorzimmer.

Sekt Schaumwein, Schampus, Champagner.

Sekte → Vereinigung.

Sektierer → Abtrünniger.

Sektion Abschnitt, Abteilung, Teil, Teilung, Gau, Riege, Zweig, Ortsgruppe ● Leichenöffnung, Sektionsbefund. → Abteilung. ▶ Ganzes.

Sektor M Teil, Bruchstück, Ausschnitt, Abschnitt, Kugelausschnitt, Kreisausschnitt, Abteilung ● Einteilung, Stadtteil, Aufteilung, Zergliederung. ▶ Ganzes.

Sekundant → Helfer.

sekundär → zweitrangig.

Sekunde → Augenblick.

sekundieren → helfen.

selbander zu zweit, zu zweien, zu zwei und zwei, paarweise, miteinander.

selber → selbst.

Selbst → Bewußtsein.

selbst → auch, eigenhändig, persönlich.

Selbstachtung Würde, Persönlichkeit, Menschenwürde, Ehrgefühl, Stolz, Eigenbewußtsein, Selbstsicherheit, Selbstzufriedenheit, Standesehre, Berufsehre, Handwerkerstolz. → Manneswürde, Selbstbewußtsein. ▶ Selbsterniedrigung, Selbstgefühl Mangel an, Unwürdigkeit.

selbständig autonom, absolut, unabhängig, eigenständig, frei, ungebunden, unbeaufsichtigt, zwanglos, unbeherrscht, ungehemmt, unbegrenzt, selbstsicher, freiberuflich, willensstark. → fessellos. ▶ unselbständig.

Selbständigkeit → Bahn, Emanzipation, Freiheit.

Selbstanklage Selbstbekenntnis, Selbstvorwurf, Selbstverdammung, Schuldbewußtsein, Schulderkenntnis, Schuldgefühl, Reue, Reuegefühl, Gewissensregung, Zerknirschtheit, Schuldgeständnis, Beichte, Bußfertigkeit, Umkehr, Verzweiflung ● einen Moralischen haben *u*, das arme Tier haben *u*, sich an der Nase fassen *u*.→ Katzenjammer. ▶ Reuelosigkeit, Unbekümmertheit.

Selbstaufgabe → Resignation.

Selbstaufopferung → Selbstlosigkeit.

Selbstbedienung Cash and carry.

Selbstbeherrschung → Beherrschung, Behutsamkeit, Besinnung, Besonnenheit, Persönlichkeitspflege, Zucht.

Selbstbekenntnis → Beichte, Selbstanklage.

Selbstbestimmung → Auswahl, Emanzipation, Freiheit, Recht, Wahl.

Selbstbestimmungsrecht → Emanzipation.

Selbstbetrug → Täuschung, Vorwand.

selbstbewußt selbstsicher, überlegen, unzugänglich, zugeknöpft, ahnenstolz, hochgemut, anmaßend, herrisch, überhebend, verächtlich, geschwollen, klassenbewußt. → gebieterisch.▶ demütig, feige.

Selbstbewußtsein Ichbewußtsein, Selbstachtung, Stolz, Eigenbewußtsein, Selbstsicherheit, Selbstzufriedenheit, Stattlichkeit, innere Ehre, Standesehre, Berufsehre, Gelehrtenstolz, Herrensinn, Ehrgefühl, Herrscherseele, Selbstgefühl. → Bewußtsein, Stolz. ▶ Selbsterniedrigung, Unsicherheit.

Selbstbezähmung Selbstbezwingung, Selbstverleugnung, Selbstüberwindung, Selbstentsagung, Askese, Strenge, Selbstbesiegung, Haltung, Fassung, Zurückhaltung, Ruck, Selbstbeziehung. → Beherrschung, Zucht. ▶ Unbeherrschtheit, Zuchtlosigkeit.

Selbstbezwingung → Diät, Selbstbezähmung, Zucht.

Selbstentsagung → Beherrschung, Selbstlosigkeit.

Selbsterhaltungstrieb Lebenshunger. → Lebenskraft.

Selbsterkenntnis → Einkehr, Reue, Scham, Selbstanklage.

Selbsterniedrigung → Demut, Selbstlosigkeit.

Selbsterzeugnis → Eigenerzeugnis.

Selbsterziehung → Beher-

schung, Persönlichkeitspflege, Selbstbezähmung, Zucht.

selbstgefällig → anmaßend, aufgeblasen, dünkelhaft, eitel.

Selbstgefälligkeit → Eitelkeit.

Selbstgefühl → Selbstbewußtsein, Stolz.

Selbstgefühl, Mangel an Schüchternheit, Selbstunterschätzung, Selbstverleugnung, Verzagtheit, Befangenheit, Verschämtheit, Sprödigkeit, Scheu, Zurückhaltung, Unbeholfenheit, Blödigkeit, Minderwertigkeitskomplexe, Bescheidenheit, Selbstbescheidung. ▶ Selbstachtung.

selbstgenug → allein, ungesellig.

selbstgerecht → eitel, scheinfromm, überheblich.

Selbstgerechtigkeit → Eitelkeit, Überheblichkeit.

Selbstgetriebe → Automat.

selbstherrlich → eitel, überheblich.

Selbstherrlichkeit → Egoismus, Eitelkeit, Überheblichkeit.

Selbstherrscher → Alleinherrscher.

Selbsthilfe → Freiheit, Notwehr.

selbstisch → bestechlich, selbstsüchtig.

Selbstkritik Selbstprüfung, Selbsterziehung, Selbsterkenntnis, Urteil, Bemängelung, Würdigung, Selbstbeurteilung, Selbsteinschätzung, Selbstbewertung. → Kritik. ▶ Überheblichkeit.

Selbstliebe → Egoismus, Eitelkeit, Selbstsucht.

Selbstlob → Eigenlob, Eitelkeit.

selbstlos hochherzig, opferbereit, opfermütig, altruistisch, opferwillig, seelengut, uneigennützig, unegoistisch, großmütig, edelsinnig, edelmütig, freigebig, großherzig, nobel, fürstlich, aufopferungsbereit, opferfreudig, selbstverleugnend, hingabefähig, hingebend, unbestechlich, gut, gütig, gutmütig, wohltätig, mildtätig, barmherzig, großzügig, gefällig, menschlich, hilfsbereit. → anständig, freigebig, opferbereit. ▶ selbstisch.

selbstlos sein → bezähmen, selbstlos.

Selbstlosigkeit Hochsinn, Opferbereitschaft, Opferfreudigkeit, Opfermut, Opfersinn, Opferwille, Seelengröße, Selbstaufopferung, Selbstentsagung, Selbsterniedrigung, Selbstverleugnung, Uneigennützigkeit, Nächstenliebe, Menschenliebe, Altruismus, Entsagung, Hingabe, Freigebigkeit, Großmut, Hochherzigkeit, Seelenadel, Edelmut, Edelsinn, Selbst-

aufgabe, Selbstverleugnung, Gutmütigkeit, Barmherzigkeit, Menschlichkeit, Humanität. → Entsagung. ▶ Selbstsucht.

Selbstmord → Beraubung, Ende, Tötung.

Selbstquälerei → Bekümmernis, Trübsinn.

selbstquälerisch masochistisch. → trübsinnig, verzweifelt.

selbstredend → selbstverständlich.

selbstschöpferisch → apart, eigengesetzlich, genial, originell.

selbstsicher → ehrsinnig, selbstbewußt, stolz.

Selbstsicherheit → Selbstbewußtsein, Stolz, Übermut.

Selbstsucht Ichsucht, Geiz, Egoismus, Ausbeutung, Selbstliebe, Neid, Mißgunst, Eigenliebe, Eigennutz, Rücksichtslosigkeit, Selbstsüchtigkeit, Ichbegierde, Selbstelei, Eigennützigkeit, Selbstgenüge, Gewinnsucht, Habgier, Ausnützung, Übervorteilung, Unfreigebigkeit, Schmutzigkeit, Kleinlichkeit, Engherzigkeit, Hartherzigkeit, Selbstvergötterung, Selbstverherrlichung, Knauserei, Knickerei, Filzerei. → Egoismus, Eigennutz. ▶ Selbstlosigkeit.

selbstsüchtig habgierig, ichsüchtig, kleindenkend, kleinlich, knausrig, mißgünstig, selbstisch, neidisch, egoistisch, eigennützig, eigensüchtig, narzißtisch, gewinnsüchtig, beutesüchtig, vorteilsüchtig, scheelsüchtig, beutegierig, engherzig, schäbig, rücksichtslos, schutzig, bestechlich, unfreigebig. → bedürfnisvoll, egoistisch. ▶ selbstlos.

Selbsttäuschung → Chimäre, Dunstbild, Illusion.

Selbstüberhebung → Eitelkeit, Stolz, Überheblichkeit.

Selbstüberwindung → Mäßigung, Bescheidenheit, Zucht.

Selbstverantwortung sittliche Kraft, innere Freiheit, Selbstkritik, Reife, gefestigter Charakter, Größe, Persönlichkeit.

Selbstvergötterung → Eigenlob, Eitelkeit, Selbstsucht.

Selbstverherrlichung → Eigenlob, Eitelkeit, Selbstsucht.

Selbstverleugnung → Bescheidenheit, Demut, Selbstlosigkeit.

selbstverständlich gewiß, bestimmt, unzweifelhaft, sicher, gewißlich, zweifelsohne, selbstredend, natürlich, jawohl, unfraglich, wirklich, ohne weiteres, von selbst, eo piso *u*, entschieden, erwiesenermaßen, klar, ausgemacht, eindeutig, selbstredend, naturgemäß, wahrlich, jedenfalls, fürwahr, auf alle Fälle, um jeden Preis, mit tödlicher Sicherheit, absolut, allemal, ja, sicherlich, unbedingt, zweifellos, eisern *u*, klar, sowieso, klärchen *u*. → anstandslos, beglaubigt, gern, handgreiflich, naturgemäß, natürlich. ▶ unerwiesen, ungewiß.

Selbstverständlichkeit Entgegenkommen, guter Wille, Natürlichkeit, Bestimmtheit, Sicherheit, Gewißheit, Klarheit, Eindeutigkeit, Wirklichkeit, Deutlichkeit, Unerläßlichkeit, Notwendigkeit, Erfordernis, Anforderung, Unentbehrlichkeit, Schicklichkeit. ▶ Unentschiedenheit, Ungewißheit.

Selbstvertrauen → Mut, Selbstbewußtsein.

Selbstvertrauen, Mangel an → Bescheidenheit, Scheu, Selbstgefühl Mangel an.

Selbstvorwurf → Reue, Selbstanklage.

Selbstzucht → Beherrschung, Fassung, Persönlichkeitspflege, Zucht.

Selfmademan Autodidakt, Erfolgsmensch, Emporkömmling, homo novus.

selig verstorben, tot, geheiligt, beseligt, auferweckt, himmlisch ● beglückt, beglückend, froh, glückselig, heiter, wonnig, jubelnd, frohgemut, vergnügt, entzückt, freudig, glücklich, wonnevoll, paradiesisch, arkadisch, bezaubert, beraucht, fröhlich, freudestrahlend. → angeheitert, aufgelegt, aufgeräumt, beduselt, beruhigt, beseligt, elysisch, froh. ▶ traurig.

Seligkeit → Beseligung, Entzücken, Entzückung, Freude, Liebe, Lust.

seligmachend → elysisch.

selten wenig, rar, dünn gesät, kaum, vereinzelt, zuweilen, manchmal, einmalig, je, hie und da, dann und wann, ab und zu, hin und wieder, alle Jubeljahr, gelegentlich, bisweilen, nicht oft, eine oder das anderemal, spärlich, karg ● kostbar, erlesen, einmalig, ungewohnt, neu, vortrefflich, makellos, wertvoll ● selten kommen, sich rar machen. → abnorm, auserlesen, ausgesucht, einmalig, erlesen, kaum, kostbar, rar. ▶ häufig.

Seltenheit Wenigkeit, Einmaligkeit, Ausnahme, Besonderheit, weißer Rabe, Spärlichkeit, Ungewohnheit, Abweichung, Rarität. → Beste, Glanzstück. ▶ Gewohnheit, Häufigkeit.

seltsam → abnorm, anziehend, befremdend, beispiellos, frappant, grotesk, interessant,

komisch, kurios, naturwidrig, ungewohnt, matt.

Seltsamkeit Eigentümlichkeit, Eigenart, Widersinn, Unnatur, Kuriosum, Kuriosität, Regellosigkeit, Abweichung, Abart, Lächerlichkeit, Schrullenhaftigkeit, Absonderlichkeit, Wunderlichkeit, Verschrobenheit, Grillenhaftigkeit, Grillenfängerei, Laune, Stimmung, Anwandlung, Ungewöhnlichkeit, Befremdung, Wunderding, wunderlicher Heiliger. → Drolligkeit. ▶ Natürlichkeit, Norm.

Seminar → Anstalt, Schule.

Senator Ratsherr, Senatsmitglied, Politiker, Parlamentarier, Abgeordneter, Würdenträger, Staatsmann. → Bürgermeister.

Sendbote Missionar, Geheimbote, Meldegänger, Überbringer, Eilbote ● Gesandter, Botschafter, Abgeordneter, Abgesandter, Legat, Sendling, Nuntius, Stellvertreter ● Engel. → Bevollmächtigter. ▶ Empfänger.

senden schicken, abschicken, befördern, zustellen, übermitteln, verschicken, zuschicken, einschicken, wegschicken, zuleiten, zuführen, zubringen, aufgeben, weiterbefördern, hinaussenden, versenden. → absenden, austragen, beauftragen, befördern, einschicken, entsenden, funken, holen, schicken. ▶ empfangen.

Sendung Beförderung, Abschickung, Überbringung, Übersendung, Versand, Verfrachtung, Eilbrief, Brief, Wertsendung, Drucksache, Gut, Fracht, Paket, Kolli, Kiste, Ballen, Waggon, Ladung, Zuladung, Versendung, Absendung, Weiterbeförderung, Entsendung, Erledigung ● Funkspruch, Rundfunksendung, Wellenübertragung, Sendefolge, Funkbericht, Ansage. → Ausbreitung, Berufung, Emission. ▶ Empfang.

Senge → Prügel.

sengen versengen, verkohlen, erhitzen, entzünden, glimmen, knistern, brennen, rauchen, dampfen, bräunen, absengen, qualmen, schwelen ● riechen unangenehm. → abbrennen.

sengen und brennen → abbrennen, sengen.

senil → abgelebt, alt, hochbetagt.

Senke → Mulde.

senken → ablassen, abwerfen, ermäßigen, fällen, hinablassen.

Senkgrube → Abort, Kloake.

senkrecht gerade, aufrecht, vertikal, lotrecht, rechtwinklig, steil, normal, aufsteigend,

seiger, scheitelrecht, aufgerichtet, geradestehend, straff, stramm, strack, kerzengerade. → aufrecht. ▶ waagrecht.

Senkung → Abzug, Betonung, Bewegung, Depression, Ermäßigung, Neigung, Reduktion.

Sensation → Anziehung, Anziehungspunkt, Attraktion, Ereignis.

sensationell → beispiellos.

sensibel empfindungsvoll, empfindlich, empfindsam, empfänglich, erregbar, feinfühlig, gefühlvoll, feinnervig, sensitiv, fühlig, reizbar, mimosenhaft, leicht verletzbar, zart besaitet, zartfühlend, zartgestimmt ● rohes Ei, Prinzessin auf der Erbse, Rührmichnichtan, aufgeschlossen, besinnlich, still, empfänglich. ▶ empfindungslos, gefühllos.

Sensibilität → Empfindlichkeit.

sensitiv → besinnlich, still, empfänglich, empfindlich, sensibel.

Sentenz Wahrspruch, Kernspruch, Denkspruch, Sinnspruch, Betrachtung, Ausspruch, Rechtsspruch, Lehrspruch, Leitsatz, Lehrsatz, Grundgedanke, Ausspruch, Satz, Lehre, Gedanke, Meinung, Motto, Satzung, Urteil, Weisheitsspruch. → Aphorismus, Gedankensplitter.

sentimental → empfindungsvoll, feinsinnig, gemütvoll, romantisch.

Sentimentalität Empfindsamkeit, Rührseligkeit, Gefühlsseligkeit, Gefühligkeit, Empfindelei, Romantik, Schwärmerei, Weltschmerz, Seelenwundheit, Wertherstimmung, Verträumtheit, Gefühlsduselei, Melancholie. ▶ Gefühlskälte, (Realistik).

separat gesondert, getrennt, abgetrennt, für sich, einzeln, geteilt, abgesondert, vereinzelt. → allein, besonders, einzel, gesondert. ▶ verbunden, zusammen.

Separation → Absonderung, Auflösung, Trennung.

separieren → absondern, trennen.

Serenade Abendmusik, Ständchen, Musikstück, Nachtmusik, Tonsatz, Melodie, Weise, Ton, Gesang, Nocturno. → Bewerbung.

Serie Sammlung, Anzahl, Reihe, Gruppe, Folge, Masse, Kreis, Kette, Zahlenfolge, Serienbild, Zusammenhang, Zusammenfassung, Aufeinanderfolge, Verkettung. → Anzahl. ▶ Einzelfall, Einzelheit.

Serienprodukt vom Fließband, Massenware, von der Stange.

seriös → achtbar, schätzenswert.

Sermon → Rede.
Serpentine → Kurve, Windung.
Service → Kundendienst.
servieren kredenzen, aufwarten mit. → anbieten, auftragen.
servil → unterwürfig.
Servus ö → ade.
Sessel Klubsessel, Ohrensessel, Sitzgelegenheit, Sitzmöbel, Thron, Armsessel, Lehnstuhl, Schlafsessel, Großvatersessel, Ruhestuhl, Stuhl, Ledersessel, Polstersessel, Fauteuil *m*. ▶ Liege,
seßhaft → ansässig, daheim, eingesessen.
seßhaft machen, sich siedeln, sich ansiedeln, niederlassen, setzen, anbauen, wohnen, einlogieren, einstallen, bebauen, kolonisieren, sich einpflanzen, besetzen, bemannen, belegen. → aufhalten sich, bewohnen. ▶ auswandern, ausziehen.
seßhaft sein → ansässig, aushalten sich, bewohnen, eingesessen.
Seßhaftigkeit Aufenthalt, Einsiedlung, Seßhaftsein, Einquartierung, Einwurzelung, Einlehung, Fuß fassen, Beharrungsvermögen, Ansiedlung, Aufhalten, Festsetzung, Einnistung ● Einhalt, Anhalt. ▶ (Auswanderung), Veränderung.
setzen niedersitzen, niedersetzen, kauern, legen, beugen, hinsetzen, stellen, hinstellen, schichten, absetzen, unterbringen, zurechtsetzen, zurechtlegen, zurechtstellen, ausruhen, ruhen, anhalten, bleiben, sich's bequem machen, einschwingen *j*, fußen *j*, sich platzen *j* ● brüten, ausbrüten, stillsitzen. → ausruhen, besetzen, pflanzen, stellen. ▶ aufstehen, stehen.
setzen, sich festigen, erhärten, verdicken, verdichten, erstarren, versteinern, ablagern, verglasen, zusammenziehen, kondensieren, schlacken. → anhalten, ausruhen, bleiben. ▶ aufstehen, schweben.
setzen, in Bewegung → anfahren, Dampf dahinter machen, gehen.
setzen, in Freiheit herauslassen, freilassen, befreien, freisetzen, erlösen, loshelfen, freigeben, loslassen, entlassen, entfesseln, entjochen, losketten, losbinden, freimachen, aufschließen, aufriegeln, aufbinden, laufen lassen. ▶ einsperren.
setzen, sich in den Kopf beharren, durchhalten, bestehen auf, ausharren, nicht schwanken, sich nicht abbringen lassen, dabei bleiben, einer Sache treu bleiben, sich hingeben, auf ein Ziel lossteuern, den Willen durch-

setzen, nicht nachlassen, erzwingen, halsstarrig sein, sich versteifen, auf seinem Sinne bestehen, ertrotzen, versessen sein auf, abtrotzen, auf sein Recht pochen. ▶ nachgeben.
setzen, eine Laus in den Pelz schädigen, Böses verursachen, Unheil stiften, das Wasser abgraben, ein Bein stellen, einem eins auswischen, einen Floh ins Ohr setzen, die Suppe versalzen, die Suppe verbittern, die Suppe verderben, etwas antun ● sich schädigen, Pech haben, Nachteil haben, Schaden haben. ▶ gut machen wieder, helfen.
setzen, an die Luft hinauswerfen, fortjagen, verscheuchen, heimleuchten, verstoßen, vertreiben, verweisen, ausschalten, ausschließen, verbannen, ausgliedern, kaltstellen, verjagen, den Laufpaß geben, den Stuhl vor die Türe setzen, ins Elend stoßen, aus dem Weg räumen, hinaustreiben, forttreiben, wegtreiben, wegjagen, fortschicken. ▶ einladen, hereinlassen.
setzen, sich aufs hohe Roß → eitel, Pferd aufs hohe sich setzen.
setzen, sich zur Ruhe ausscheiden, sich zurückziehen, privat leben, kündigen, aufsagen, weggehen, fortgehen, demissionieren, sich auf Rente setzen, auf sein Altenteil setzen, von der Pension leben, seinen Abschied nehmen. ▶ arbeiten.
setzen, aufs Spiel → wagen.
setzen, sich zur Wehr → verteidigen.
setzen, in die Welt erzeugen, niederkommen, gebären ● erschaffen, hervorrufen, zustande bringen, bewirken, ausführen, tun, machen, herstellen, bilden, vollenden, schaffen, unternehmen, verrichten, handeln, ins Leben rufen, in Bewegung bringen ● Gerücht in die Welt setzen. ▶ unterlassen, zerstören.
Seuche → Gottesgeißel, Krankheit, Pestilenz.
Seuchenträger → Krankheitskeim.
Seuchenüberträger → Bazillus.
seufzen → ächzen, atmen, beklagen, klagen.
Seufzer → Klage, Schmerz, Ton.
Sex geschlechtliche Anziehung, - Betätigung, Geschlechtlichkeit. → Sinnlichkeit.
Sex-Appeal Charme, Brunst, Sexualität, Triebhaftigkeit.
sexuell sinnlich, erotisch,

fleischlich, geschlechtlich ● tierisch, unanständig ● begehrlich, lüstern, gierig, geil, brünstig, buhlerisch, verbuhlt, verführerisch, liebestoll, mannstoll, weibstoll.
Sezession → Absonderung.
sezieren → ausforschen, schneiden.
Shake-hands *M* Handschlag, Händeschütteln, Begrüßung, Freundschaftsbezeugung, Abschiednehmen.
Share → Anteil.
Shorts → Hosen.
Show Schau, Darbietung, Spektakel, Theater, Sensation ● Ausstellung.
sibyllinisch → geheimnisvoll.
sicheln → ernten, schneiden.
sicher gewiß, offenkundig, ausdrücklich, wirklich, wahr, bestimmt, tatsächlich, gewiß, bezeugt, erwiesen, überzeugt, unleugbar, unbestreitbar, unerschütterlich, unumstößlich, bestätigt, unzweideutig, unzweifelhaft, verbürgt, sicherlich, unbeweislich, selbstverständlich, siegessicher, wahrlich, ausgemacht, fürwahr ● feuersicher, gefahrlos, gesichert, gefeit, geschützt, sattelfest, in Gewahrsam, kugelfest, obenauf, getrost, zuversichtlich, erprobt, verläßlich, zuverlässig, unangreifbar, unverletzbar, unbezwinglich, unbedroht, ungefährdet, sorglos, die Luft ist rein. → absolut, augenscheinlich, beglaubigt, beruhigt, bestimmt, dauerhaft, diebsicher, einbruchsicher, erwiesen, fest, feuerfest, getrost, gewiß, haltbar, handgreiflich, optimistisch, perfekt, positiv, stabil. ▶ unsicher.
Sicherheit Schutz, Schutzbrief, Luftschutzkeller, Geleitbrief, Gefahrlosigkeit, Hut, freies Geleit, Nummer Sicher, Kuratel, Sicherung, Unbezwingbarkeit, Uneinnehmbarkeit, Unverwundbarkeit, Unverletzlichkeit, Festigkeit, Obhut, Sicherheitswache, Sicherheitswehr, Sicherheitsvorkehrung, Schutzvorrichtung, Rettung ● Bürgschaft, Schuldschein, Haftung, Unterpfand, Kaution, Sicherheitsleistung, Rückversicherung, Pfand ● Bestimmtheit, Gewißheit, Überzeugung, Glaube, Zutrauen, Unbesorgtheit, Vertrauen, Sichersein, Sorglosigkeit. → Bedeckung, Bürgschaft, Einstandspflicht, Erlösung, Garantie, Gewährleistung, Kaution, Schutz. ▶ Unsicherheit.
Sicherheit, in → Dach und Fach unter, sicher.
Sicherheitsleistung → Bürgschaft, Garantie, Kaution.

Sicherheitstruppe → Besatzung, Schutz, Sicherheit.
Sicherheitswache → Besatzung, Schutz, Sicherheit.
Sicherheitswehr → Besatzung, Schutz, Sicherheit.
sicherlich → absolut, allerdings, definitiv, freilich, gewiß, Haar auf ein, selbstverständlich, sicher.
sichern feiern, beschirmen, hüten, schonen, beschützen, bergen, bewachen, behüten, decken, umhegen, verteidigen, bewahren, abschirmen, aufheben, geleiten, begleiten, betreuen, behirten ● verhoffen *j*, prüfen. → abwerfen, abdichten, achtgeben, aufheben, beikommen, bewachen, bewahren, bringen unter Dach, festhalten, geleiten, schützen. ▶ achtlos (sein), aufmachen, preisgeben, prüfen *j*, verhoffen *j*.
sichern, sich → machen sich zunutze.
sicherstellen → aufbewahren, bürgen, deponieren, gewährleisten, pfänden, reservieren.
Sicherstellung → Bürgschaft, Sicherheit.
Sicherung → Bake, Gegengewicht, Rückversicherung, Schutz, Sicherheit, Ventil.
Sicht Anblick, Überblick, Aussicht, Horizont, Fernsicht, Gesichtspunkt, Wahrnehmung, Sichtbarkeit, Klarheit, Übersicht, Vogelschau, Raumsicht, Deutlichkeit, Wahrnehmbarkeit, Anschaulichkeit, Bemerkbarkeit, Sichtweite ● in Sicht sein. → Aussicht. ▶ Unsichtbarkeit.
sichtbar evident, sehbar, erkennbar, erblickbar, durchschaubar, augenscheinlich, deutlich, bemerkbar, dinghaft, augenfällig, sichtlich, unterscheidbar, offenbar, ersichtlich, unterscheidbar, unverkennbar. → augenfällig, augenscheinlich, bemerkbar, deutlich, dinghaft, erkennbar, handgreiflich, offenbar. ▶ unsichtbar.
sichtbar machen herausholen, offenbaren, darlegen, zeigen, anzeigen, vorzeigen, bloßstellen, veranschaulichen, preisgeben, ausstellen, auslegen, aufweisen, erklären. → darlegen, darstellen. ▶ unsichtbar machen, verheimlichen.
Sichtbarkeit → Aussicht, Deutlichkeit, Sicht.
sichten durchgehen, durchsehen. → absondern, auftauchen, ausschalten, beurteilen, charakterisieren, eliminieren, ersehen, fallen in die Augen, fassen ins Auge, scheiden, sehen, seihen.
sichtig → deutlich, klar, sichtbar.

sichtlich → augenfällig, bestimmt, sichtbar.
Sichtung → Auslassung, Einordnung, Klassifikation, Register, Tabelle.
sickern → fließen, quellen.
sieben → absondern, durchpressen, filtrieren, seihen, Zahl.
Siebensachen → Bagage, Bedarf, Besitztum, Gerätschaften, Utensilien.
Siebenschläfer → Bummler, Faulpelz, Tier.
Siebung → Abtrennung, Filter.
siech → bebend, krank.
siechen → abnehmen, auszehren, darniederliegen, erkranken, leiden.
Siechhaus → Charite.
Siechtum → Krankheit.
Siedehitze, bis zur aufgeregt, gespannt, rasend, unruhig, zappelig, aufgehetzt, krippelig, wütend, hitzig, erregt, heißblütig, hitzköpfig, aufbrausend, auffahrend, ungeduldig, stürmisch, zornmütig, kochend, siedend, schäumend, wutentbrannt, schnaubend, zornig, wahnwitzig, entzündlich, grimmig, ungebändigt, außer Fassung. → heftig, wütend. ▶ ruhig.
siedeln → seßhaft machen sich, wohnen.
sieden → abbrühen, aufregen, brennend, brodeln, brühen, dampfen, dünsten, schäumen, wärmen, wüten.
siedend → heftig, schäumend, wütend.
Siedepunkt Siedehitze, Hitze, Erhitzung, Entzündung, Tropenhitze, Glut, Weißglut, Verbrennungsprodukt, Verbrennungshitze, Temperatur, Hochglut, Rotglut, Kochhitze, Backhitze, Schmelzhitze. ▶ Gefrierpunkt, Kälte.
Siedler Kolonist, Pflanzer, Ansiedler, Farmer, Bauer ● Schrittmacher, Wegbereiter, Bahnbrecher, Bereiter, Vorbereiter, Vorläufer, Vorarbeiter, Quartiermacher. → Auswanderer.
Siedlung → Ansied(e)lung.
Sieg Erfolg, Fortschritt, Vorwärtskommen, Segen, Gelingen, Gewinn, Meisterzug, Meisterstreich, Rekord, Anerkennung, Preis, Trumpf, Treffer, Leistung, Sportsieg, Krönung, Endsieg, Zugstück, Prämie, Aufstieg, Erfüllung, Ergebnis, Eroberung, Vorteil, Krone des Lebens, Gedeihen, Glückswurf, Glück. → Auswirkung, Erfolg. ▶ Niederlage.
Siegel → Aufdruck, Bescheinigung, Sicherheit, Stempel, Verschluß.
Siegel und Hand → Schwur, Versprechen.
Siegel der Verschwiegenheit

Dienstgeheimnis, Amtsgeheimnis, Beichtsiegel, Beichte, Beichtgeheimnis, Geheimnis, Verschweigung, Schweigepflicht, Briefgeheimnis, Verbergung, Geheimhaltung. → Geheimnis. ▶ Auskunft, Offenbarung.
siegeln versiegeln, Stempel aufdrücken, mit einem Siegel versehen, beurkunden, unterschreiben, besiegeln, verbürgen, gewährleisten, beglaubigen, bescheinigen, legitimieren ● schließen, verschließen, sichern, zumachen, zusiegeln, sichern. → bestätigen. ▶ öffnen, ungültig (erklären), verweigern.
siegen meistern, beherrschen, besiegen, ausstechen, bewältigen, übertreffen, triumphieren, die Oberhand behalten, überwinden, auspunkten, übermannen, obsiegen, erobern, einnehmen, bezwingen, überwältigen, unterjochen, niederwerfen ● erlangen, erreichen, erringen, gelingen, übertrumpfen, Erfolg haben. → bewältigen, erobern, Feld behaupten das, gewinnen, unterwerfen. ▶ unterliegen.
Sieger Held, Meister, Gewinner, Eroberer, Überwinder, Preiskämpfer, Sportler, Wettkämpfer, Spielführer, Weltmeister, Weltbester, Triumphator. ▶ (Besiegter).
Siegeskranz → Lorbeer, Prämie.
siegesbewußt mannhaft, aufrecht, mutig, herzhaft, unwiderstehlich, unerschütterlich, unbezwingbar, heldenhaft, unbesiegt, unbesiegbar, ungebeugt, unerschüttert, standhaft ● lebensfroh, lebenslustig, heiter, hoffnungsvoll, frohgemut, frohherzig, wohlgemut, selbstsicher, siegessicher, sorgenfrei. ▶ bedrückt, ohmächtig.
Siegespreis → Lorbeer, Prämie.
siegessicher → sicher, wohlgemut.
Siegeswille Entschlossenheit, Entschlußkraft, Willenskraft, Siegerwille, Wehrgeist, Kriegsgeist, Entschiedenheit, Ehrgeiz, Heldensinn, Heldenhaftigkeit, Siegeszuversicht, Heroismus, Kriegsmut, Schlachtenmut, Wagemut, Selbstvertrauen, Unerschrockenheit, Unverzagtheit. → Mut. ▶ Feigheit, Kraftlosigkeit, Unentschlossenheit.
sieggekrönt siegreich, erfolgreich, gelungen, glücklich, gedeihlich, preisgekrönt, lorbeergeschmückt, triumphierend, sieghaft, vorteilhaft, wirksam, erfolgversprechend, fruchtbar, lohnend, nutzbar, ertragreich, nutzbringend.

→ lohnend. ▶ (besiegt), erfolglos.

sieghaft → sieggekrönt, stolz.

siegreich → sieggekrönt.

sieh da → horch.

Siel Durchlaß, Ablaß, Deichschleuse, Senkloch, Abzugskanal, Entwässerung, Ableitung, Ablaufvorrichtung, Kotschleuse, Jauchegrube, Mistgrube, Müllgrube. → Abort, Kloake.

sielen → genießen.

Siesta → Ruhezeit.

Siesta halten ausruhen, erholen, erfrischen, unterbrechen, rasten, sitzen, aufatmen, sich verschnaufen, sich's bequem machen, einnicken, Nachmittagsschläfchen halten, schlummern, duseln, der Ruhe pflegen, die Arbeit einstellen, einlullen. ▶ arbeiten, erwachen.

Signal → Alarm, Bake, Brand, Erkennungszeichen, Fanfare, Meldezeichen, Scheinwerfer, Zeichen.

signalisieren → bestätigen, Zeichen geben.

signieren kennzeichnen. → zeichnen.

Silbenfall → Betonung.

silbenstecherisch → pedantisch.

silberhaarig → alt, ergraut.

silberhell melodiös, melodisch, glockenhell, glockenklar, klangreich, wohllautend, wohlklingend, harmonisch, schmelzend, bezaubernd, hinreißend, tonsicher, klangrein, flötend, sangvoll. ▶ dumpf.

silberlockig → alt, bereift, ergraut.

Silhouette Schattenriß, Schattenbild, Umrißlinie, Profil, Seitenansicht, Seitenbild, Skizze, Scherenschnitt.

Silo *m* Speicher, Getreidespeicher, Kornhaus, Großspeicher, Lager, Lagerhaus. → Behälter.

Simonie *f* → Feilheit, Käuflichkeit.

Simpel → Banause, Beleidigung, Dummerian, Nichtskönner, Nulpe, Pinsel, Tor.

simpel einfach, bescheiden, schlicht, kunstlos, ungeziert, schmucklos, einförmig, unansehnlich, ungeputzt, bürgerlich, hausbacken, hausgemacht ● einfältig, leichtgläubig, läppisch, dumm, offenherzig, dämlich, blöde, unvernünftig, beschränkt, minderbemittelt, begriffsstutzig, verbohrt, vernagelt, hirnverbrannt. → dumm, einfach, farcenhaft. ▶ elegant, geistvoll, klug.

Sims → Vorsprung.

Simson → Athlet.

Simulant Heuchler, Epigone, Nachahmer, Nachäffer, Betrüger, Tartüff, Schauspieler, Komödiant, Scheinkranker, Scheinheiliger, Gleisner, Gaukler, Schaumschläger, Schwindler, Versteller, Krankheitsheuchler.

simulieren → denken, täuschen.

singen einstimmen, jodeln, mitsingen, trällern, leiern, summen, trillern, anstimmen, jubeln, tönen, vortragen, einfallen, schleifen, ziehen, jauchzen, juhuhen, brummen, grölen, sich einen Stiefel zusammen singen *u*, lobsingen, psallieren, psalmodieren, schreien, perlen, ertönen, erklingen, klingen, die Stimme erheben. → anstimmen, erklingen. ▶ sprechen.

Singspiel Märchenspiel, Operette, Bühnendichtung, Bühnenwerk, Stück, Schäferspiel. → Dichtungsart.

Singstimme → Stimme.

Sinken → Bewegung.

sinken versinken, untergehen, eintauchen, untertauchen, untersinken, eintunken, ertrinken, ersaufen. → abnehmen, ausgleiten, ermäßigen, herunterkommen, Hund kommen auf den, neigen, verschlimmern. ▶ aufsteigen, auftauchen, schwimmen.

Sinn → Ausdruck, Begriff, Bereitwilligkeit, Charakter, Hinsicht, Inhalt, Interesse, Wesen, Verständnis, Zweck.

Sinn, gerader Sachlichkeit, Festigkeit, Charakter, Haltung, Einsicht, Klarheit, Gradsinn, Standpunkt sachlicher, Unparteilichkeit. → Wahrhaftigkeit. ▶ Fanatismus, Unaufrichtigkeit.

Sinn haben, im beabsichtigen, bezwecken, anstreben, ausgehen auf, vorhaben, im Schilde führen, hinzielen, hinsteuern, sich tragen mit, darauf aus sein, es anlegen auf, aufs Korn nehmen, Lust haben, ins Auge fassen, in den Kopf setzen, bestrebt sein, trachten, wünschen. → wollen. ▶ absehen, ziellos (sein).

Sinn kommen, in den → deuchten.

Sinn wiedergeben, den → deuten, dolmetschen.

Sinn des Wortes, im → buchstäblich.

sinnberauschend → beseligend.

sinnberauscht → Blick mit leuchtendem, verliebt.

sinnberückend → charmant, wunderbar.

Sinnbild Bild, Merkmal, Gleichnis, Allegorie, Parabel, Attribut, Kennzeichen, Beifügung ● Vergleichung, Sinnvertauschung, Personifikation, Vermenschlichung, Um-

schreibung, Wendung, Übertragung, Anspielung. → Aar, Beifügung, Emblem, Symbol. ▶ Ding, Sache.

sinnbildlich allegorisch, bildlich, symbolisch, figürlich, metaphorisch, übertragen, uneigentlich. ▶ eigentlich.

Sinndeutung → Auslegung, Definition, Erklärung.

Sinnen → Absicht, Betrachtung, Neigung.

sinnen sinnieren. → begrübeln, denken, ersinnen, fangen Grillen, überlegen.

Sinnfreude → Delikatesse, Feinschmeckerei, Genuß.

Sinnenreiz Sinnenlust, Sinnenfreude, Genußfreude, Augenweide, Gefühl, Lust, Wollust, Kitzel. → Delikatesse. ▶ Degout.

sinnentsprechend → sinngemäß, sinnvoll.

Sinnesänderung → Abfall, Absage, Unbeständigkeit.

Sinnesart → Art, Ausdruck, Aussehen, Charakter, Wesen.

Sinneslust → Brunst, Sinnenreiz, Wollust.

Sinnesrausch → Begierde, Brunst.

Sinnesrichtung → Ansicht.

Sinnestaumel Sinnesrausch, Sinneslust, Liebeswut, Gelüste, Liebesbegier, Begier, Begehrlichkeit, Wollust, Erregung, Erregtheit, Kitzel. → Brunst.

Sinnestäuschung → Auswuchs, Blendwerk, Chimäre, Delirium, Dunstbild, Einbildung, Ekstase, Erscheinung, Halluzination, optische Täuschung.

Sinnesverwirrung → Blendwerk, Delirium.

Sinneswechsel → Abfall, Wankelmut.

sinnfällig → anschaulich.

Sinngebung Zielsetzung. → Deutung.

Sinngedicht → Dichtungsart.

sinngemäß sinnentsprechend, → buchstäblich, denkrichtig, fachgemäß, logisch.

sinnieren → sinnen

sinnig überlegt, einsichtsvoll, einsichtig, weise, klug, gescheit, fähig ● gefühlvoll, tief. → feinspürig. ▶ dumm, oberflächlich.

sinnlich → ausschweifend, bacchantisch, begehrlich, buhlerisch, dirnenhaft, erotisch, geschlechtlich, konkret.

Sinnlichkeit Liederlichkeit, Zügellosigkeit, Vergnügungssucht, Unmäßigkeit, Genußsucht ● Glut, Hingebung, Leidenschaft, Liebesfeuer, Liebeslust, Sex, Liebesglut, Verlangen, Ekstase ● Lüsternheit, Schamlosigkeit, Schlüpfrigkeit, Unsittlichkeit, Unzucht,

Schmutz, Unflat.→ Ausschreitung, Ausschweifung, Begierde, Unkeuschheit. ▶ Mäßigung, Sauberkeit, Sittenstrenge.

sinnlos → absurd, albern, ausdruckslos, beengt, blindlings, dumm.

Sinnlosigkeit → Charivari, Faselei, Torheit, Zufall.

sinnreich meisterhaft, meisterlich, scharfsinnig, ausgedacht, zweckmäßig, vollendet, kunstgerecht, praktisch, findig, scharfsinnig, ingeniös, erfinderisch, vollkommen, vernünftig, kunstreich, ausgezeichnet. → anstellig, erfinderisch, praktisch, sinnvoll. ▶ sinnlos.

Sinnspruch Kernspruch, Gedankensplitter, Epigramm, Aphorismus, Wahrspruch, Kerngedanke, Sentenz, Lehrspruch, Sprichwort, Betrachtung, Satz, Wahlspruch, Denkspruch, Leitsatz, Richtschnur. → Denkspruch, Dichtungsart, Gedankensplitter, Maxime.

sinnverwirrend aufregend, überwältigend, haarsträubend, hinreißend, unwiderstehlich, aufreibend, erregend, konfus machend, verwirrend, bestürzend. → erregend. ▶ langweilig, öde.

sinnvoll inhaltsreich, folgerichtig, tief, vollwertig, bedeutsam, vielsagend, richtig, zweckmäßig, natürlich, überzeugend, sinnreich, meisterhaft, tauglich, verwendbar, planvoll, sinngemäß, sinnentsprechend, zielgerecht, sinngerecht. → bedeutsam, praktisch, sinnreich.

sinnwidrig → falsch.

Sippe → Anhang, Anverwandte, Bagage, Bande, Blut, Bruderschaft, Clique, Familie, Glied, Parteiklüngel.

Sippschaft → Anhang, Anverwandte, Bagage, Bande, Bruderschaft, Clique, Familie.

Sire → Anrede.

Sirene → Alarm, Bajadere, Buhle, Fee.

Sirenengeheul → Alarm.

Sirup → Confitüre.

Sitte Herkommen, Gewohnheit, Usus, Gesittung, Übereinkunft, Gesellschaftsform, Lebensform, Brauchtum, Volkssitte, Volksbrauch, Schicklichkeitsgefühl, Selbstverständlichkeit, Sittenreinheit, Sittsamkeit, Lebensart, Lebensstil, Benehmen, Betragen, Gesinnung, Haussitte, Haltung, Moral, Ethik, Ethos. → Anstand, Anwendung, Benehmen, Brauch, Etikette, Gepflogenheit, Gewohnheit, Kultur, Lebensart, Norm, Regel, Usus, Keuschheit, wohlerzogen. ▶ Sittenlosigkeit.

Sitten, schlechte → Demoralisation, Unhöflichkeit, Unkeuschheit, Untugend.

sittenfest → charaktervoll, keusch, sittlich.

sittenlos → anrüchig, arg, buhlerisch, diabolisch, charakterlos, unanständig.

Sittenlosigkeit → Demoralisation, Schlechtigkeit, Unkeuschheit.

sittenrein → sittlich.

sittenstreng catonisch. → charaktervoll, keusch, sittlich.

Sittenstrenge → Anstand, Benehmen, Keuschheit, Tugend.

Sittenstrolch Sittlichkeitsverbrecher, Herumtreiber, Voyeur, Exhibitionist.

Sittenverfall → Ärgernis, Demoralisation, Unkeuschheit, Untugend.

sittig → gesittet, sittlich.

sittlich moralisch, ethisch, sittenstreng, sittig, sittengemäß, menschenwürdig, schicklich, schämig, sittenrein, sittsam, gesittet, kultiviert, geziemend, tugendsam, tugendrein, keusch, rein. → anständig, charaktervoll, keusch. ▶ unsittlich.

Sittlichkeit Moral. → Anstand, Keuschheit, Sitte, Tugend.

sittsam → anständig, bescheiden, brav, demütig, gesittet, musterhaft, schicklich, sittlich.

Sittsamkeit → Anstand, Benehmen, Bescheidenheit, Keuschheit, Mädchenhaftigkeit, Scham, Sitte.

Situation → Lage, Sache, Zustand.

Sitz → Art, Aufenthaltsort, Divan, Ort, Residenz.

sitzen brüten, aufsitzen, warmhalten, ausbrüten, legen, jungen, blocken u ● passen, wie angegossen sitzen, stimmen, hereinpassen, tauglich sein. → niedersetzen, ruhen. ▶ (nicht passen), stehen.

sitzen, in der Wolle → reich.

sitzenbleiben übrigbleiben, sich ablagern, überzählig oder überflüssig sein ● das Ziel nicht erreichen, nicht versetzt werden, zurückversetzt werden, durchfallen, versagen, durchrasseln, nicht bestehen, durchplumpsen ● scheitern, keinen Erfolg haben, fehlschlagen ● ledig bleiben, alleinstehen, alleinbleiben, Mauerblümchen sein ● nicht aufstehen.

Sitzfleisch Beharrungsvermögen, Seßhaftigkeit, Ruhezustand, Unterbrechung, Wartenkönnen, Trägheit, Phlegma, Bummelei, Faulheit.

Sitzung → Beratung, Besprechung, Konferenz.

situiert, gut → reich.

Skala Gradmesser, Gradmaß, Skale, Gradeinteilung ● Ton-

leiter, Stufenleiter, Wellenskala, Spannungsregler, Wellenscheider.

Skalde → Dichter, Minnesänger.

Skandal Lärm, Krach, Tumult, Geschrei, Gezeter, Heidenlärm ● Gerede, Ärgernis, Anstoß, Gerücht, Nachrede, Prozeß, Szene, Zusammenstoß, Schande, Unehre, Schmach. → Ärgernis, Aufsehen, Schmählichkeit. ▶ Lauterkeit, Lautlosigkeit.

skandalös → anrüchig, bedauerlich, entehrend, schmachvoll.

Skelett Gerippe. → Knochen.

Skepsis → Zweifel.

Skeptiker Zweifler, Argwöhner, Ungläubiger, Zweifelgeist, Zweifelsüchtiger ● Freidenker, Unbekehrter, Religionsverächter. ▶ Optimist.

skeptisch → argwöhnisch, ungläubig.

Sketch Posse, Parodie.

Skizze Gerippe, Formblatt, Entwurf, Layout, Riß, Vordruck, Umriß, Andeutung, Handzeichnung, Plan, Vorbereitung, Zeichnung, Aufriß, Abriß, Grundriß, Skizzierung. → Anordnung, Entwurf, Plan. ▶ Reinzeichnung, Vollendung.

skizzenhaft umrissen, umschrieben, skizziert ● knapp, unvollständig, unvollendet, unfertig, andeutungsweise.

skizzieren gestalten, planen, hinwerfen, entwerfen, bilden, ersinnen, erdenken, vorzeichnen, vorbereiten, anbahnen, anlegen. → ausarbeiten, ausdenken, formen. ▶ vollenden.

skizziert → gezeichnet.

Sklave Galeerensklave, Helote, Unfreier, Untertane, Abhängiger, Fronknecht, Leibeigener, Willenloser, Höriger, Gemeiner, Paria, Prügelknabe, Knecht, Odaliske. ▶ Herr, (Mensch freier).

sklavenhaft unfrei, abhängig, unselbständig, leibeigen, untergeordnet ● knechtisch, kriechend, sklavisch ● schutzlos, wehrlos, rechtlos, ausgeliefert, waffenlos, geknechtet. → hörig, kriechend. ▶ frei, herrisch, unabhängig.

Sklavenleben → Übel.

Sklavenseele Hundeseele, Knechtesseele, Bedientenseele, Schranzentum, Willenlosigkeit, Kriecherei, Unterwürfigkeit, 'Botmäßigkeit, Augendienerei, Wohldienerei, Liebedienerei. ▶ Selbständigkeit, Selbstbewußtsein.

sklavisch → buhlerisch, charakterlos, kriechend, sklavenhaft.

Skrupel → Bedenken, Hemmung, Zweifel.

skrupellos → unbedenklich.

Skulptur Bildwerk, Figur, Steinbild, Marmorbild, Holzskulptur, Bildhauerei, Plastik, Bildnerei, Bildhauerkunst, Formkunst. → Arbeit. ▶ Gemälde.

skurril → kurios.

Skylight sm Oberlicht.

Slang → Dialekt, Jargon.

Slogan Werbeschlagwort, Reklamesatz, Schlagwort, Reklamevers, Anpreisung, Werbung, Anziehungswort, Lockvers, Werberuf.

Smog → Dunst.

Snob → Angeber, Dandy, Prahler.

snobistisch anmaßend, blasiert.

so folgendermaßen, solch, geradeso, vorliegend, ebenso, sozusagen, dasselbe, sonach, schließlich, also, endlich, in dieser Art. → derart, dergestalt, dermaßen. ▶ unterschiedlich.

so oder so → beliebig, notgedrungen.

sobald → da, wenn.

Sockel → Fuß, Grundlage.

sodann → auch, außerdem, damals, dann, überdies.

soeben → direkt, eben, kürzlich.

sofern → allenfalls, falls, vorausgesetzt, wenn.

sofort → baldig, beizeiten, Blitz wie der, direkt, eilends, mit einemmal, fristlos, im Handumdrehen, Knall und Fall, prompt, rasch.

Sog Zug, Saugkraft, Zugkraft, Wirbel, Abfluß, Strömung ● Hinneigung, Anziehung.

sogar → aber, allein, auch, dagegen, demungeachtet, dennoch, dessenungeachtet, doch.

sogenannt heißend, namens, besagend, meinend, so bedeutend, so bezeichnet, allgemein so geheißen, benannt, bekannt, namhaft, dem Namen nach. ▶ unbenannt.

sogleich → Blitz wie der, eilends, gegenwärtig, hernach, Knall und Fall, nun, prompt, rasch.

Sohle Schuhsohle, Strumpfsohle, Gummisohle, Ledersohle, Unterlage, Stützpunkt, Grund, Unterteil ● Fuß, Ferse, Ballen, Hornhaut, Fußsohle ● Bodenfläche, Rinne, Bergsohle, Wassersohle. ▶ Oberfläche, Oberteil.

sohlen → ausbessern.

Sohn → Abkomme.

solange → da, einstweilen, inzwischen.

solch → demgemäß, dergestalt, gleichsam, so.

solchermaßen → daher, darum, derart, dergleichen, dermaßen, so.

Sold → Belohnung, Einnahme, Entgelt, Erlös.

Soldat Kommiß, Landesverteidiger, Nachhut, Offizier, Krieger, Militärperson, alter Knochen u, Zwölfender u, Waffenträger, Frontkämpfer, Landser, Schütze, Landsknecht, Frontsoldat, Streiter, Fechter, Heimatschutz, Befreier, Angreifer, Verteidiger ● beim Haufen sein u. ▶ (Politiker), Zivilist.

Soldatenstand → Commis.

Söldling → Helfer.

Sole Salzwasser, Mineralwasser, Heilwasser.

solid → anständig, dauerhaft, fest, gut, haltbar, kompakt, massiv, rechtschaffen.

Solidarität → Gemeinschaft.

Soll → Schuld, Zwang.

sollen müssen, verlangen, zwingen, abzwingen, drängen, erheischen, verpflichtet sein, schuldig sein ● geziemen, gebühren, sich gehören, einem zukommen, eine Pflicht haben. → müssen. ▶ wollen.

solo → allein sein.

solvent → reich, zahlungsfähig.

somatisch → leiblich.

somit → also, dadurch, daher, darum, deshalb, grundsätzlich.

Sommer Heumond, Brachmond, Heumahd, Erntezeit, Reisezeit ● Trockenheit, Dürre, Sommerhitze, Sonnenglut, Hundstage, Schwüle, Tropenhitze ● Lebenssommer, Reifezeit. → Jahreszeit. ▶ Winter.

sommerlich → warm.

sonach → also, behufs, dadurch, daher, darum.

Sonde → Nadel, Werkzeug.

Sonderart → Charakteristik, Eigenart.

sonderartig → abnorm, befremdend, originell.

Sonderausbildung Spezialisierung.

sonderbar → abartig, abnorm, abstrus, absurd, befremdend, burlesk, frappant, kurios, naturwidrig, wundersam, seltsam, merkwürdig, phantastisch, schrullenhaft.

Sonderbarkeit → Charakter, Eigenart.

Sonderdruck → Abdruck.

Sonderfach → Sondergebiet.

Sonderfall → Ausnahme, Einmaligkeit, Einzelfall.

Sondergebiet Fachgebiet, Sonderfach, Spezialgebiet, Steckenpferd, Eigentümlichkeit, Besonderheit. → Eigenerzeugnis, Spezialität. ▶ (das Allgemeine), Regel.

sondergleichen → auserlesen.

Sonderheit → Ausnahme, Drolligkeit, Einmaligkeit, Einzelfall.

sonderlich → ausnehmend, befremdend, besonders, schrullenhaft.

Sonderling Krauterer, Eigenbrötler, Außenseiter, Hagestolz, Kauz, Einzelgänger, Original, Menschenverächter, Einspänner, Weiberfeind, Einsiedler, Junggeselle. → Abtrünniger, Kauz närrischer. ▶ Gesellschafter.

sondern → aber, doch, abschneiden, absondern, beurteilen, charakterisieren, trennen.

Sonderrecht → Privileg.

sonders, samt und → alles.

Sonderstellung → Ausnahme, Eigenart.

Sonderung → Auflösung, Dezentralisation, Einordnung, Klassifikation, Trennung.

Sonderzuschlag → Aufschlag.

sondieren → abmessen, achtgeben, anfragen, ausforschen, beurteilen, fühlen, lichten, suchen.

Sondierung → Anfrage, Ausforschen, Umfrage.

Song → Lied.

sonnen, sich bräunen, sich aalen, baden, behaglich machen, in die Sonne legen, sich die Sonne auf den Pelz brennen lassen u ● zufrieden sein ● prunken, sich rühmen, schwelgen, strahlen, genießen, triumphieren. → freuen sich. ▶ beklagen (sich), (im Schatten liegen).

Sonnenaufgang → Anfang, Morgen.

Sonnenglut → Dürre, Sommer.

sonnenklar → anschaulich, bedeutungsvoll, klar, verständlich.

Sonnenrad → Corona, Licht.

Sonnenring → Corona, Hof, Licht.

Sonnenschein Helle, Helligkeit, Licht, Lichtflut, Lichtmeer, Glanz, Flimmern ● Wärme, Hitze ● Glück, Freudenleben, Wonne, Wohlsein, Wohlergehen. ▶ Dunkelheit, (Bewölkung), Nebel, Regen, Unglück.

Sonnenuntergang → Abend.

sonnenverbrannt → braun.

sonnig besonnt. → heiter, jovial, strahlend, warm.

Sonntag Feiertag, Festtag, Ruhetag, Kirchtag, Sonntagsruhe, Arbeitseinstellung, Rasttag, Erholungszeit, Weekend. → Feierzeit. ▶ Alltag.

Sonntagskind Glückskind, Glücklicher, Glückspilz, Goldmarie, Gewinner, Glücksritter, Glücksmacher, Karrieremacher, Fortunas Liebling. ▶ Pechvogel.

sonor klangvoll, volltönend, melodisch, klangreich, wohlklingend, durchdringend, sangvoll, taktmäßig, klar, tonsicher, vernehmbar, schallend, lautstark, hörbar, klingend, tönend. ▶ mißtönend, undeutlich.

sonst → anders, außerdem, bereits, früher.

sonstig → anderweitig.

sonstwo → abwesend, nirgends.

sophistisch spitzfindig, kleinlich, rabulistisch, kasuistisch, unecht, trügerisch, irrig, anfechtbar. ▶ erwiesen, großzügig, offen.

Sorge Verdruß, Ärgernis, Mißvergnügen, Leid, Unannehmlichkeit, Last, Kreuz, Plage, Bürde, Unglück, Unbill, Kümmernis, Mühsal, Not, Kummer, Trübsal, Belastung, Gram, Qual, Pein, Jammer, Schmerz ● Sorgfalt, Besorgtheit, Bedacht, Umsicht ● Furcht, Angst, Besorgnis, Unruhe, Entsetzen, Beklemmung ● erdrückende Sorge, schlaflose Nächte, nicht auf Rosen gebettet. → Angst, Argwohn, Bammel, Bedenken, Bedrücktheit, Befangenheit, Bekümmernis, Bemühung, Besonnenheit, Besorgnis, Betrübnis, Schmerz, Übel. ▶ Sorglosigkeit.

Sorge entschlagen, sich der sich freuen, spaßen, scherzen, guter Dinge sein, schmunzeln, lachen, froh sein, die Sorgen abschütteln, die Sorgen verscheuchen, sich Mut machen, durch die sonnige Brille sehen, optimistisch sein, sich das Leben erleichtern, die Bürde abwerfen, ein Stein fällt vom Herzen, einer Sorge ledig werden. ▶ Sorge tragen, sorgen sich.

Sorge tragen → beistehen, helfen, hegen, schonen.

sorgen versorgen, vorbauen, helfen, planen, vorbeugen, vorkehren, vorsehen, vorsorgen, treffen, beschaffen, anschaffen, zusehen, aufsparen, besorgen, aufspeichern, wirtschaften, ausstatten, sparen. → beklagen, haushalten. ▶ hemmen, sorglos (sein), verschwenden.

sorgen, sich → abbüßen, ängstigen, ausstehen, bangen, leiden.

sorgenfrei sich keine grauen Haare wachsen lassen, sich keine Kopfschmerzen machen. → aufgeräumt, behaglich, beneidenswert, beruhigt, reich. ▶ sorgenvoll.

sorgenvoll → kummervoll.

Sorgfalt → Aufmerksamkeit, Augenmerk, Bedacht, Behutsamkeit, Besorgtheit, Besorgnis, Charakterstärke, Fehlerlosigkeit, Fleiß, Obacht, Rücksicht, Umsicht.

sorgfältig gewissenhaft, genau, gradlinig, ordentlich, peinlich, pfleglich, behutsam, gründlich, getreulich, pünktlich, zuverlässig, buchstäblich, sorglich, aufmerksam, besonnen, eingehend. → akkurat, aufmerksam, ausführlich, bedächtig, bedachtsam, beflissentlich, buchstäblich, charakterfest, Eiern gehen auf, eingehend, genau, gründlich, peinlich, pflichtbewußt, vorsichtig. ▶ sorglos, unordentlich.

sorglich → ängstlich, bedächtig, behutsam, besinnlich, still, sorgfältig.

sorglos unbedacht, zerstreut, unüberlegt, flüchtig, achtlos, unachtsam, blind, nachlässig, fahrlässig, unverläßlich, schlampig, gedankenlos, unbedenklich, leichtfertig, leichtsinnig, unbesonnen, leichthin, oberflächlich ● furchtlos, getrost, optimistisch ● in Abrahams Schoß sitzen, Gott einen guten Mann sein lassen, herrlich und in Freuden leben, in Saus und Braus leben, in der Wolle sitzen, leben wie die Fürsten, fein heraus sein, wie die Laus im Grind sitzen u, leben wie Gott in Frankreich. → achtlos, arglos, blind, blindlings, entlastet, fahrig, leichtfertig, nachlässig, optimistisch, reich, unbedenklich, vertrauensvoll. ▶ kummervoll, sorgfältig.

Sorglosigkeit Leichtsinn, Leichtfertigkeit, Fahrlässigkeit, Fahrigkeit, Gedankenlosigkeit, Zerstreutheit, Oberflächlichkeit, Unbedenklichkeit, Unachtsamkeit, Gleichgültigkeit, Lässigkeit, Wurstigkeit, Achtlosigkeit, Windbeutelei Mißachtung, Torheit. → Beharrlichkeit, Blindheit, Gedankenlosigkeit. ▶ Sorge.

sorgsam → akkurat, bedächtig, beflissentlich, Eiern gehen auf, eingehend, Pfennig auf Heller und, sorgfältig.

Sorgsamkeit → Charakterstärke, Sorge, Zuverlässigkeit.

Sorte → Art, Kategorie, Klasse, Marke, Qualität.

sortieren → absondern, anordnen, arrangieren, ausscheiden, ordnen.

Sortiment → Auswahl ● Buchhandlung.

Soße → Brühe, Saft.

soufflieren vorsagen, einblasen, zuflüstern, vorflüstern, eingehen, ansagen, vorsprechen, hinsagen, hinflüstern, reden, helfen, einspringen. ▶ (stillschweigen).

Souper → Abendessen, Essen.

Souvenir → Andenken.

soviel so und so viel, nochmal soviel, zweimal so viel ● um soviel, annähernd, fast, nahezu, nicht mehr, genügend ● eine Menge, Masse oder Haufen.

sowieso ohnehin, bestimmt, doch, ohnedem, ohnedies, gewiß, natürlich, jedenfalls, auf jeden Fall, unter allen Umständen. ▶ keineswegs, vielleicht.

sowohl als → auch, ferner.

sozial gesellschaftlich, menschlich, bürgerlich, gemeinbetreffend ● hilfsbereit, gemeinnützig, gütig, helfend, opferwillig. ▶ (unsozial).

Sozius → Kompagnon, Mitglied.

sozusagen → ähnlich, als, beispielsweise, dergleichen, eigentlich, gewissermaßen, gleichsam, quasi.

spachteln herausstechen, ebnen, ausfügen, ausgleißen, ausgleichen, verstreichen, bearbeiten. → essen. ▶ rauhen.

spack → dünn.

spähen → achtgeben, anschauen, aufpassen, belauern, beobachten, Schmiere stehen, sehen.

Späher → Agent, Anwesender, Beobachter, Heimlichtuer, Lockspitzel.

Späherei → Beobachtung.

spaltbar → brechbar, spröde.

Spalte Schlitz, Lücke, Zwischenraum, Kluft, Bruch, Loch, Einbruch, Öffnung, Schlucht, Schlund, Furche, Ritz, Einschnitt, Riß, Fuge, Rille, Rinne, Falz, Scharte ● Spaltung, Trennung ● Teil einer Druckseite. → Bruch, Fuge, Rubrik, Scheit. ▶ Seite, Verbindung, Verschluß, Zeile.

spalten → aufhetzen, durchkreuzen, durchteilen, trennen.

Spaltpilz → Ferment, Pflanze.

Spaltung → Absonderung, Auflösung, Disharmonie, Disput, Durchbruch, Durchkreuzung, Fäulnis, Fehde, Gabel, Schisma, Streit, Trennung.

Span → Anteil, Bruchstück, Diele, Feuer, Scheit, Teil.

Spange Klemmer, Haarspange, Bindemittel, Zusammenhaltmittel, Schuhspange, Schnalle, Haken, Verschlußmittel, Ansteckspange.

Spanne Zeit, Zeitabschnitt, Strecke, Kürze, Flüchtigkeit, Unbestand, Wenigkeit, Kleinheit, Augenblick ● Länge, Breite, Haarbreite, Armeslänge, Reichweite, Wurfbereich ● Fußteil, Wölbung. ● Marge, Gewinnspanne. → Erstreckung.

spannen → aufpassen, längen, Schmiere stehen.

spannen, sich → dehnen.

spannend → anziehend, bühnengerecht, dramatisch, erregend, interessant, reizvoll,

Spannkraft Federkraft, Spannfähigkeit, Spannbarkeit, Elastizität, Fedrigkeit, Prallkraft, Schwingkraft, Springkraft, Schnellkraft ● Kraft, Energie, Wirksamkeit, geistige Spannkraft, Wille, Regsamkeit, Ausdauer, Fleiß, Unternehmungslust. → Begeisterung, Bemühung, Elastizität, Hochdruck, Jugend. ▶ Faulheit, Kraftlosigkeit, Steifheit, Trägheit, Versagen.

Spannung Reizung, Gereiztheit, Hochdruck, Anspannung, Steigerung, Erwartung, Ergriffenheit, Neugier, Vorfreude, Fieber, Folter, Ungeduld, Gewitter, Qual, Ahnungsdrang ● Kraftgefühl ● Lichtspannung, Stromspannung. → Ärger, Ausdehnung, Befürchtung, Begeisterung, Bruch, Dehnung, Differenz, Disharmonie, Distanz, Drang, Dynamik, Entfremdung, Entzweiung, Erwartung, Feindschaft, Folter, Spannkraft, Streit, Verstimmung, Zwietracht. ▶ Entspannung, Freundschaft, Harmonie, Starrheit, Teilnahmslosigkeit.

Spanten sm Schiffsrippen.
Sparbank → Bank.
Sparbüchse → Behälter, Ersparnis.
sparen hausen, haushalten, wirtschaften, erübrigen, weglegen, zurücklegen, ersparen, aufheben, bewahren, aufsparen, beiseite legen, einschränken, kargen, abzwacken, von der Hand in den Mund leben u, sich bescheiden, sich absparen, auf die hohe Kante legen u, zusammenhalten, geizen, einsparen. → anhäufen, aufheben, beiseite legen, bereichern, beschränken, bewahren, erübrigen, haushalten, raffen. ▶ verschwenden.
Spargroschen → Geld, Heckpfennig.
Sparkasse → Bank, Ersparnis.
Sparkassenbuch → Ersparnis.
spärlich → beengend, begrenzt, bloß, dünn, einigermaßen, erwerbslos, gering, karg, kaum, rar, schlecht, wenig.
Spärlichkeit Geringfügiges, Kleinheit, Mangel, Knappheit, Not, Beschränktheit, Wenigkeit, Handvoll, Mundvoll, Ungenüge, Unzulänglichkeit, Unvollständigkeit, Kargheit, Beengtheit, Ärmlichkeit. → Armut, Verknappung, Wenigkeit. ▶ Reichtum, Überfluß.
Sparpfennig → Ersparnis, Geld, Heckpfennig.
Sparren → Balken.
Sparrenwerk → Balken.
sparsam profitlich, geschäftstüchtig, wirtschaftlich, wirtlich, sorgsam, haushälterisch,

achtsam, genügsam, spartanisch, akkurat, geschäftskundig, rührig, häuslich, bescheiden, einfach, schlicht ● geizend, kniepig u, kargend, knickerig, engherzig, zähe, zugeknöpft. → anspruchslos, bescheiden, besorgt, eingeschränkt, enthaltsam, fürsorglich, ökonomisch, mäßig, rationell. ▶ verschwenderisch.
Sparsamkeit Wirtschaftlichkeit, Genügsamkeit, Genauigkeit, Einschränkung, Sorgfalt, Umsicht, Beschränkung, Notpfennig, Rücklage, Ersparnis, Vorsorge ● Kurzheit, Bündigkeit, Einsilbigkeit, kurze Fassung der Worte. → Bescheidenheit, Besorgtheit, Besorgnis, Enthaltung, Geiz, Häuslichkeit, Mäßigkeit. ▶ Verschwendung.
spartanisch → abstinent, anspruchslos, enthaltsam, sparsam, streng.
Sparte Bereich, Fach, Fakultät, Gebiet.
Spaß Jux, Klamauk, Schnurre, Schnurrpfeiferei, Unsinn, Narretei, Schabernack, Streich, Allotria, Schwank, Schalkhaftigkeit, Fez u, Gaudi ö, Gaudium, Mordsfreude, Uz u, Scherzhaftigkeit, Hanswursterei, Gaukelei, Lustigkeit, Heiterkeit, Gelächter, Blödsinn, Übermut, Ausgelassenheit, Kurzweil, Neckerei, Fopperei, Hänselei. → Bagatelle, Belustigung, Freude, Kleinigkeit, Possen, Scherz. ▶ Ernst, Witzlosigkeit.
spaßen Unsinn machen, scherzen, hänseln, necken, verspotten, aufziehen, witzeln, Witze reißen oder machen, spielen, Possen treiben, zum Narren haben, zum besten halten, sich lustig machen, frotzeln, veralbern, sticheln, belustigen. → belustigen, bunt zugehen, schäkern, scherzen. ▶ (ernst nehmen), witzlos (sein).
spaßhaft → amüsant, humoristisch, komisch, lustig, possenhaft.
spaßig → amüsant, burlesk, genußreich, komisch, lustig, possenhaft.
Spaßmacher Spaßvogel, Flausenmacher, Possenreißer, Schäker, Schalk, Schelm, Schwerenöter, Clown, Hofnarr, Narr, Witzbold, Witzkopf, Witzling, Witzjäger, Spötter, Tausendsassa, Humorist, Komiker, Mimiker, Hampelmann, Harlekin, Bajas u, Uzvogel u, dummer August. → Bajazzo, Haus lustiges, Schäker. ▶ Trauerkloß.
Spaßvogel → Haus lustiges, Spaßmacher.
spät säumig, saumselig, rückständig, verspätet, unpünkt-

lich, unzuverlässig, zuletzt, langsam, verzögert, endlich, erst. ▶ zeitig.
Spaten Schaufel, Schippe.
später nachher, bald, nachdem, nach, nachkommend, nachfolgend, hinter, hierauf, anknüpfend, nächstens, dereinst, morgen, sofort, sogleich, nachträglich, ferner, worauf, darauf, nachher, seitdem. → danach, darauf, demnächst, dereinst, ferner, hernach, morgen, nachfolgend, nachher, nächstens, schließlich. ▶ früher.
späterhin → nachher, künftig.
spätestens → beiläufig, fällig, Jahr und Tag nach.
Spätnachmittag → Abend.
Spatzen von dem Dach, pfeifen die stadtbekannt ● anöden, langweilen, lästig sein, schlecht unterhalten, dasselbe erzählen, zum Ekel werden, überdrüssig werden, einen Bart haben. → vertraut. ▶ unvertraut (sein).
Spatzen unter dem Hut → Dummheit, Eitelkeit.
Spatzengehirn → Dummheit, Unvernunft.
Spauzteufel → Choleriker.
spazieren spazierengehen, lustwandeln, schlendern, bummeln, ergehen sich, promenieren, flanieren, sich erfrischen, gehen, schreiten, umherschlendern, herumbummeln, trödeln, ada gehen u, zockeln u, zuckeln u, stiefeln u. → bewegen sich, erfrischen sich, ergehen sich, gehen. ▶ fahren, rennen, still stehen.
spazieren gehen → begeben sich, erfrischen sich, ergehen sich, per pedes, spazieren.
Spaziergang Promenade, Streifzug, Lustwandel, Gang, Ausflug, Bummelei, Bummel, u, Katerbummel u, Spazierweg, Schlenderei, Picknick, Vergnügungstour, Erfrischung, Luftschöpfen. → Abstecher. ▶ (Spazier-)Fahrt.
spe, in → dereinst.
speckig → butterig, dick, fettig.
Speckseite werfen, nach der das Mäntelchen nach dem Winde hängen, nach dem Munde reden, mit der Wurst nach der Speckseite werfen, seinen Vorteil wahrnehmen, auf seinen Vorteil bedacht sein, sich gesundmachen, im trüben fischen, etwas herausschinden, etwas ausnutzen, die Gelegenheit beim Schopfe fassen.
spedieren → absenden, befördern.
Spediteur Fuhrherr, Frachter, Rollführer, Versender, Beförderer, Ausfuhrhändler, Einfuhrhändler, Verschicker. ▶ Empfänger.

Speibecken → Ausguß.
Speichel Flüssigkeit, Saft, Brühe, Spucke, Seiber, Sabbel u, Sabber u, Ausscheidung, Absonderung, Mundflüssigkeit.
Speichellecker Scharwenzel, Bedientenseele.→Freund falscher, Geschmeiß, Kriecher.
Speichelleckerei → Byzantinismus, Demut, Kriecherei, Schmeichelei.
speichelleckerisch → buhlerisch, charakterlos.
Speicher → Abstellraum, Depot, Ersparnis, Lager.
speichern → lagern.
speien → erbrechen.
Speise Gericht, Nachspeise, Dessert, Manna, Schüssel, Eßware, Essen, Imbiß, Mundvoll, Mundvorrat, Nachtisch, Nährmittel, Nahrung, Nahrungsmittel, Nektar, Proviant, Unterhalt, Verpflegung, Lebensmittel, Schmaus, Gang, Schnabelweide ● Mörtel. → Beköstigung, Brei, Ernährung, Essen, Kost. ▶ Trunk.
Speisekammer → Abstellraum.
Speisekunde → Feinschmeckerei, Gastronomie.
Speisemaß → Ration.
speisen schmieren, einfetten, ölen, einschmieren, salben ● dinieren, nähren, stillen, füttern, beköstigen, eingeben, versehen, versorgen mit. → essen. ▶ abziehen, hungern, trinken.
Speiseraum → Kantine.
Speisung Schmierung, Einfettung, Schmiere, Salbung, Ölung, Einreiben, Zuführung. → Bedarf, Beköstigung, Essen. ▶ Entziehung.
speiübel → krank, übel sein.
Spektakel → Geräusch.
Spekulant Glücksritter, Jobber, Wager, Abenteurer, Hasardspieler, Börsenspekulant, Knobler, Wagehals, Draufgänger. → Börsenspieler.
Spekulation Berechnung. → Lotterie, Wagnis.
spekulieren → ahnen, feilschen, spekulieren auf, überlegen.
spekulieren auf auf seinen Vorteil sinnen, sich spitzen auf, ins Auge fassen, haben wollen, versessen sein auf, auf dem Sprung stehen, vorbereiten, erpicht sein auf, danach trachten. ▶ zurücktreten.
spendabel → freigiebig.
Spende → Almosen, Andenken, Beitrag, Bestechung, Darbringung, Entrichtung, Gabe, Geschenk, Gnadenbrot, Käuflichkeit, Opfer.
spendefreudig → opferbereit.
spenden → anbieten, austeilen, beschenken, bewilligen, darbringen, darreichen, geben, schenken.

Spender → Mäzen, Wohltäter.
spendieren → anbieten, austeilen, beschenken, bewilligen, bewirten, darreichen, geben, hergeben, Runde geben eine, schenken.
Sperre → Absperrung, Ausschluß, Barriere, Barrikade, Beschlagnahme, Beschwernis, Blockade, Einhalt, Embargo, Hindernis.
sperren → abdrosseln, ausschalten, bekämpfen, schließen, verbieten.
sperren, sich → abwehren, auflehnen, dawider, trotzen, widerstehen.
Sperrkette → Beschwernis, Hindernis.
Sperrung → Schließung.
Spesen Unkosten, Aufwand, Reisespesen, Gebühren, Auslagen, Kosten, Ausgaben, Nebenverdienst, Belastung. → Aufschlag.
spezialisieren, sich sich beschränken, - festlegen, - ausrichten.
Spezialist → Fachmann, Sachverständiger, Sammler.
Spezialität Leibgericht, Extragericht, Feinkost ● Besonderheit, Eigentümlichkeit, Steckenpferd, Liebhaberei, Fachgebiet, Sondergebiet, Sonderfach, Eigenerzeugnis, Hausmarke, Lieblingsfach. → Eigenerzeugnis. ▶ Standard.
speziell besonders, eigens, ausschließlich, einzeln, extra, insbesondere, hauptsächlich, vorzugsweise, namentlich, vor allem, vornehmlich. → ausdrücklich, außerdem, ausnehmend, besonders. ▶ gewöhnlich, regelmäßig.
Sphäre → Aufgabenkreis, Ball, Kugel, Rahmen, Welt.
spicken bestechen, durchstechen, zufügen, bearbeiten, verschönern, schmackhaft machen, zubereiten, einstecken ● abschreiben, abgucken, schmieren, abspähen.
Spicknadel → Ahle, Werkzeug.
Spiegel Glas, Glätte, Schliff, Glanz, Helle, Hohlspiegel, Rasierspiegel, Frisierspiegel ● Meeresspiegel ● weiße Fellstelle, After ● Musterbild, Vorbild. → Beste. ▶ Unebenheit, Unvollkommenheit.
Spiegelbild → Abklatsch, Faksimile, Gegenstück.
Spiegelfechterei Torheit, Albernheit, Dummheit, Blendwerk, Larifari, Blödsinn ● Wortklauberei, Haarspalterei, Kümmelspalterei, Kniffelei, Spitzfindigkeit, Wortspalterei. ▶ Sachlichkeit.
spiegelglatt → eben, faltenlos.
spiegeln reflektieren, wiedergeben, abbilden.
Spiegelung Lichtbrechung, Strahlenbrechung, Farben-

brechung, Zurückwurf, Wiedergabe, Abbild, Ausstrahlung, Spiegelbild, Abglanz, Ebenbild, Gegenschein, Widerschein. ▶ Dunkel, (Unähnlichkeit).
Spiel Zeitvertreib, Unterhaltung, Gesellschaftsspiel, Stich, Kartenspiel, Kurzweil, Brettspiel, Würfelspiel, Glücksspiel, Hasard ● Theater, Aufführung, Stück ● Schauspiel, Musikstück ● Sport, Wettspiel ● Leichtigkeit, Spaß, Kleinigkeit, Mühelosigkeit, Einfachheit ● Spielraum, freie Bahn ● auf dem Spiel stehen, gefährdet sein, aufs Spiel setzen ● sein Spiel treiben, jemanden nach seiner Laune behandeln. → Aufführung, Belustigung, Darbietung, Lotterie. ▶ Arbeit, Ernst, Mühe.
Spiel mit Worten Doppelsinn, Doppeldeutigkeit, Doppellösung, Zweideutigkeit, Fraglichkeit, Halbwahrheit, Doppellicht, Anspielung, Doppelwort, Geheimniskrämerei, Spitzfindigkeit, Geistreichelei, Wortspiel, Kalauer. ▶ Klarheit, Offenheit.
Spielart → Abart, Ausnahme, Eigenart.
spielen sich zerstreuen, sich unterhalten, skaten, sich ergötzen, sich belustigen, sich vergnügen ● schäkern, tändeln, flirten, kokettieren, zum Narren halten, etwas vormachen ● wetten, wagen, riskieren, pokern, knobeln, losen, würfeln, Skat dreschen u, wagen. → anstimmen, auftreten, beschäftigen, darstellen, losen, musizieren. ▶ arbeiten, nehmen ernst.
spielend leicht, flott von der Hand gehend, mühelos, tunlich, einfach, ausführbar, kinderleicht ● musizierend, anstimmend, geigend, flötend, sich vergnügend, sich belustigend, sich ergötzend. ▶ schwer, schwerfällig.
Spieler Jobber, Hasardspieler, Wager, Glücksspieler, Knobler, Würfler, Spielteufel, Spielratte ● Musiker, Spielmann, Organist.
Spielerei → Bagatelle, Mühelosigkeit, Spiel.
Spielfeld Spielraum, Spielplatz, Sportplatz, Arena, Tummelplatz ● Fußballplatz, Tennisplatz, Rollschuhbahn, Kampfbahn, Eisbahn, Kunsteisbahn ● Zone, Bereich, Bezirk ● Bannmeile, Bannkreis, Viertel. → Region.
Spielfreund → Bekannter, Spieler.
Spielplatz Sportplatz, Kampfbahn, Rennbahn, Stadion, Fußballplatz, Golfplatz, Tennisplatz, Rollschuhbahn, Eis-

platz, Eisbahn, Kunsteisbahn ● Kinderspielplatz, Spielstraße.

Spielraum Ausdehnung, Entfaltungsmöglichkeit, Bereich, Bewegungsfreiheit, Gebiet, Wirkungskreis, Umfang, freie Bahn, freier Lauf, Feld, Freiheit. → Ausbreitung, Ausdehnung, Ausmaß, Entfaltungsmöglichkeit, Freiheit, Lauf freier, Marge, Umfang. ▶ Enge.

Spielverderber Störenfried, Querkopf, Quälgeist, Quäler, Quängler, Stänkerer, Plaggeist, Freudenstörer, Trotzer, Beleidigter, Motzer, Mucker. ▶ Spießgeselle.

Spielzeug Spielerei, Spielsachen, Kram, Flitter, Nippsachen, Unterhaltungsmittel, Tand, Kinderspiel, Spielwerk. → Puppe, Roller, Spiel.

spießbürgerlich kleinbürgerlich, kleinlich. → pedantisch.

Spießer → Banause, Bürger, Pedant, Seifensieder.

Spießgeselle → Anhänger, Bekannter, Bruder, Complice, Hehler.

spießig → abgeschmackt, pedantisch.

Spießruten → Bestrafung.

Spießruten laufen → Bestrafung.

Spind → Behälter, Schrein.

Spindel Werkzeug, Spinnvorrichtung, Knuckel, Haspel, Fadenrolle, Schraube ● Bohnenstange, hagere Person, Latte. → Werkzeug.

spindeldürr → dünn, trocken.

spinnefeind → feindlich.

spinnen anfertigen, arbeiten, weben, ausziehen, verarbeiten. → fantasieren, faseln, schnurren. ▶ überlegen, weben.

Spinner Tier, Falter, Schmetterling, Nachtschmetterling ● Verrückter, Phantast, Übergeschnappter, Märchenerzähler ● Spinnender, Arbeiter, Weber.

Spinnstoff → Faser.

spintisieren → ausdenken.

Spion → Agent, Anwesender, Beobachter, Dabeistehender, Kundschafter, Lockspitzel.

Spionage Geheimdienst, Auskundschaftung, Ermittlungsdienst, Horchposten, Bespitzelung, Geheimbund, Agententum ● Verrat, Landesverrat. → Beobachtung. ▶ Abwehr.

spionieren → auskundschaften, belauern, beschleichen.

Spioniererei → Beobachtung, Spionage.

Spirale → Schnecke, Schraube, Windung.

spiralförmig → gedreht, schneckenförmig.

Spirochäte → Bazillus.

Spital → Anstalt, Charite.

spitz schneidend, schnittig, scharf, kantig, scharfeckig, spitzig, zugespitzt, nadelspitz, stachelig, zackig, gezähnt ● dünn, mager, spindeldürr. → scharf, scharfkantig, scharfzüngig. ▶ stumpf.

Spitzbart → Bart.

Spitzbauch → Bauch.

Spitzbube Filou. → Bandit, Betrüger, Bube, Dieb.

Spitzbubenstreich Spitzbüberei, Frechheit, Gemeinheit, Unrecht, Frevel, Dieberei, Betrügerei, Schwindel, Hintergehung, Schädigung, Gaunerei, Schiebung, Kniff, Überlistung, Übertölpelung, Fallstrick. → Betrug, Täuschung, ▶ Rechtlichkeit, Treue.

Spitzbüberei → Betrug, Spitzbubenstreich, Täuschung.

spitzbübisch → arglistig, charakterlos, gemein, niederträchtig.

Spitze Krone, Gipfelpunkt, Spitzenleistung, Vollkommenheit ● Anfang, Führung, Leitung, Kopf, Haupt, Vorstand ● Gipfel, Riff, Koppe, Kuppe, Scheitel, Zinken, Schroffe, Wipfel, Höhepunkt ● Besatz, Krause, Rand, Borte, Stickerei, Zierde, Spitzenstoff, Schmuck. → Ausbund, ausnehmend, Ausschmückung, Auswahl, Beginn, Berg, Dorn, Ecke, Gipfel, Höhepunkt, Kamm, Kante, Schärfe, Scheitel, Schneide. ▶ Tiefe, Unvollkommenheit, Wurzel.

Spitze stehen, an der → dirigieren.

Spitze treiben, auf die aufs äußerste treiben, Öl ins Feuer gießen, Unruhe hervorrufen, zu weit gehen, erregen, erzürnen, übers Knie brechen, ins Feuer bringen, antreiben, wild machen. ▶ beruhen lassen, beruhigen.

Spitzel → Angeber, Denunziant, Heimlichtuer, Horcher, Kundschafter, Lockspitzel, Schnüffler.

spitzeln → belauern, beschatten.

spitzen lauschen, aufmerken, zuhören, die Ohren spitzen, achtgeben, aufpassen, schnüffeln. → schärfen, spitzen auf. ▶ stumpf (machen), taub (sein).

spitzen auf spekulieren, rechnen damit, ins Auge fassen, sich Hoffnung machen, sich verstehen auf, etwas erhoffen, sich verlassen auf, erwarten, Erwartung hegen. ▶ zurücktreten.

Spitzenleistung → Gipfel, Rekord, Vollkommenheit.

Spitzenwein → Ausbruch, Getränk, Gipfel, Vollkommenheit.

spitzfindig jesuitisch, ausgeklügelt, kleinlich, kasuistisch, rabulistisch, findig, abgefeimt, scharfsinnig, schlau, feinspürig, gerieben, pfiffig, verschlagen, diplomatisch, gewiegt, raffiniert, arglistig, tückisch. → aalglatt, kasuistisch. ▶ großzügig.

Spitzfindigkeit → Ausrede, Doppelsinn, Ironie, Kniff, Schlauheit.

spitzig → scharf, spitz.

Spitzname → Beiname, Scherzname, Spott.

spitzzüngig → klatschsüchtig, scharfzüngig, schmähsüchtig, spitz.

Spleen → Eitelkeit, Hochmut, Laune, Übertreibung.

spleenig → haarig, irrsinnig, verrückt.

spleißen spalten, trennen.

Splitter → Anteil, Bruchstück, Fetzen, Scherbe, Teil.

splittern → brechen, teilen.

splitternackt → bloß, nackt.

splittrig → brechbar, gläsern, spröde.

spontan kurzweg, unvermittelt, ungeheißen, von selbst, aus eigenem Antrieb, von innen heraus, freiwillig, ungezwungen, unaufgefordert, unwillkürlich, instinktmäßig. ▶ bedacht, gezwungenermaßen.

sporadisch zerstreut, vereinzelt, unzusammenhängend, gesondert, allein, gelockert, aufgelöst, besonders, ungebunden. ▶ immer, regelmäßig.

Sporen verdienen, sich die Lorbeeren ernten, die Palme erlangen, zu Ehren kommen, siegen, die höchsten Stufen erklimmen, den Preis davontragen, Beachtung finden, hervorstechen, überstrahlen, gewinnen, ausstechen, in den Schatten stellen. ▶ unterliegen.

Sporn Stachel, Anreiz.

spornstreichs → eilends, prompt, rasch.

Sport Spiel, Leichtathletik, Leibesübung, Ertüchtigung, Turnen, Wettkampf, Wettspiel, Turnier, Zweikampf, Fünfkampf, Olympische Spiele, Körperkultur, Training, Stählung, Übung. → Jungbrunnen.

Sportler Wettkämpfer, Preiskämpfer, Turner, Springer, Sprinter, Ringer, Boxer, Boxmeister, Athlet, Schnelläufer, Wettläufer, Langstreckenläufer, Kurzstreckenläufer, Sprinter, Radler, Rodler, Skifahrer, Schwinger, Reiter, Fechter, Pauker, Flieger, Wassersportler, Paddler, Segler, Ruderer, Taucher, Sportfex *u* ● Spielwart, Schiedsrichter, Kampfrichter, Trainer, Sportlehrer, Turnwart,

Sportplatz Sportfeld, Kampfplatz, Kampfbahn, Stadion, Arena, Wettplatz, Rennplatz, Turnplatz, Fechtboden, Übungsplatz, Trainingsplatz.

Spott Hechelei, Hieb, Gehöhne, Hohn, Ironie, Parodie, Schadenfreude, Spitzname, Karikatur, Nachahmungstrieb, Neckerei, Sarkasmus, Schabernack, Hohn, Spöttelei, Spötter, Flachs *u*, Verhohnepipelung *u*, Verhöhnung, Verspottung, Anzüglichkeit, Stichelei, Fopperei, Schmähung, Spottrede, Hohnlachen, Spottlied, Spottvers. → Anspielen, Belustigung, Ironie, Karikatur, Schimpf. ▶ Ernstlichkeit, Witzlosigkeit.

Spottbild → Fratze, Karikatur.

spottbillig → Butterbrot für ein, preiswert.

Spöttelei → Anspielen, Belustigung, Ironie, Spott.

spötteln → bespötteln.

spotten lästern, necken, parodieren, herziehen über, mokieren sich, verhöhnen, bloßstellen, verlachen, verspotten, höhnen, nachspotten, auslachen, narren, hänseln, sticheln, durchhecheln, frozzeln, veralbern, an den Pranger stellen, zum Gespött machen, hohnlachen, witzeln. → anöden, aufziehen, grinsen. ▶ ernsthaft (reden), (lassen in Ruhe).

Spötter → Satiriker.

Spötterei → Beleidigung, Belustigung, Ironie, Spott.

Spottgedicht → Pamphlet.

spöttisch satirisch, schadenfroh, höhnisch, ironisch, stichelnd, neckisch, spottsüchtig, lachend, hämisch, grob, schnöde, verächtlich, ätsch *u*. → ärgerlich, höhnisch, ironisch, sarkastisch. ▶ ernsthaft, freundlich, verbindlich.

Spottname → Beiname, Beleidigung, Scherzname, Spott.

Spottpreis Schleuderpreis, Tiefstpreis.

spottsüchtig → ironisch, sarkastisch, spöttisch.

sprachbegabt → beredsam, beredt.

Sprache Mutterlaut, Muttersprache, Zunge, Rede, Volkssprache, Landessprache, Umgangssprache, Bühnensprache, Fremdsprache, Mundart, Gassensprache, Jägersprache, Diplomatensprache, Verkehrssprache, Soldatensprache, Gaunersprache ● Stimme, Ton, Ansprache, Verständigung, Laut.

Sprache verlieren, die bestürzt sein, erschrocken sein, aufgeregt sein, versteinern, erstarren, sich verwundern, den Mund offen haben, kaum glauben können, nach Luft schnappen, der Worte beraubt sein, aus dem Geleise kommen, erschrecken, umwerfen, betäuben. → sprachlos. ▶ gefaßt bleiben.

Spracheigentümlichkeit → Idiom.

Sprachendung → Endung.

Sprachfehler → Fehler.

Sprachgefühl Ausdruckskraft, Beredsamkeit, Stil, Wortgewandtheit, Redekunst, Zungenfertigkeit.

sprachgewandt → fließend, redegewandt.

Sprachgewirre → Charivari.

sprachlos still, lautlos, wortlos, verstummt ● überrascht, platt, verwundert, bestürzt, erregt, versteinert, starr, erstaunt, verblüfft, betroffen, fassungslos, festgebannt, keine Worte finden, die Sprache verlieren ● baff, bange, bestürzt, Donner gerührt, erschrocken, erstarrt, platt. ▶ sprachgewandt, unerschütterlich.

Sprachlosigkeit Lautlosigkeit, Stummheit ● Fassungslosigkeit, Erstarrung, Bestürzung, Verwirrung, Betroffenheit, Versteinerung, Erschütterung, Schlag aus heiterem Himmel. → Überraschung. ▶ Unerschütterlichkeit.

sprachrein → gepflegt, gut deutsch auf.

Sprachstörung → Gestotter.

Sprachweise → Ausdrucksweise.

sprechen meinen, murmeln, rezitieren, plappern, plaudern, reden, referieren, sagen, schwatzen, aussprechen, mitteilen, bemerken, äußern, öffnen, ausdrücken, vortragen, aufsagen, hersagen, aussprechen, vorlesen ● immer dieselbe Platte *u*, einmal eine andere Walze *u*, aufs Tapet bringen *u*, zur Sprache bringen oder kommen. → äußern, betonen, erklären sich, erzählen, reden. ▶ schweigen, singen, verstummen, zuhören.

spechen, leise → dämpfen die Stimme.

sprechend redend, vortragend, sagend, lesend ● ansprechend, plaudernd ● ansprechend, ausdrucksvoll, anzeigend. → anschaulich, ansprechend. ▶ schreiben(d), (unanschaulich), verstummen(d).

Sprecher Vortragender, Vortragskünstler, Ansager, Diseur, Diseuse, Conferencier, Plauderer, Unterhalter, Wortführer, Redner, Vorredner. → Anwalt, Ausleger, Berater. ▶ Sänger, Zuhörer.

Sprechstunde Beratung, Verhandlung, Auskunft, Untersuchung, Besprechung, Zusammentreffen, Verabredung, Zusammenkunft.

Sprechzimmer Sprechsaal, Audienzsaal, Beratungszimmer, Raum, Arztzimmer, Untersuchungsraum, Ordinationszimmer. ▶ (Wartezimmer).

spreizen, sich sich zieren, übertreiben, geschraubt sein, zimperlich tun, vornehm tun, sich gezwungen benehmen. → angeben, aufbauschen, auflehnen, einbilden sich, trotzen, widerstehen. ▶ helfen, natürlich sein, zusammenhalten.

Sprengel Kirchensprengel, Gemeinde, Kirchspiel, Pfarre, Pfarrei, Pfarrbezirk, Pastorat ● Bevölkerung, Körperschaft.

sprengen einsprengen, einspritzen, besprengen, naß machen, begießen, bewässern ● reiten, dahinsprengen, traben. → aufgeben, aufmachen, bewegen sich, öffnen, zerstören. ▶ abschließen, gehen, trocknen.

Sprengung Öffnung, Trennung, Zerstörung, Explosion, Zersprengung, Zersplitterung, Detonation, Vernichtung, Zerberstung. ▶ Aufbau.

sprenkeln bemalen, tüpfeln, flecken, marmorieren, bemustern, streifen, besprenkeln, batiken. → bespritzen. ▶ entfärben.

Spreu Vergänglichkeit, Schaum, Dunst, Luft, Staub, Strohhalm, Spreu vor dem Winde ● Unschwere, Leichtigkeit, Gewichtlosigkeit ● Leere, Rest, Häckerling, Überrest. → Abfall. ▶ Beständigkeit, Schwere, Wert.

Sprichwort Lehrspruch, Sinnspruch, geflügeltes Wort, Kernspruch, Denkspruch, Betrachtung, Gedankensplitter, Satz, Bemerkung, Wahlspruch ● Grundwahrheit, Weisheit.

sprichwörtlich ausdrücklich, offenbar, zutreffend, unwiderleglich, absolut, wahrhaft, tatsächlich, zweifellos, fürwahr, buchstäblich, wahrheitsgemäß. → bekanntermaßen. ▶ unzutreffend.

sprießen → ändern, anfangen, ansetzen, aufblühen, aufgehen, erblühen, keimen, schießen.

Springbrunnen Fontäne, Wasserspiele, Kaskade.

springen hüpfen, schnellen, aufspringen, hopsen, tanzen, walzen, aufschwingen, herumtollen, jumpen *sm* ● Luftsprung machen, freuen sich, Freudensprung machen ● gehorsam sein, eilen, gehorchen, befolgen. → aufsteigen, bewegen sich, brechen, eilen, federn. ▶ ärgern (sich), still stehen, trotzen.

springende Punkt, der → Hauptsache.

Springfeder → Bewegungstrieb, Feder.

Springflut → Berg, Brandung.

Springinsfeld → Geist unruhiger.

springlebendig → gesund, lustig, unruhig.

Spritze Schlauch, Wasserspritze, Zuleitung, Gerät, Gartengerät. → Beruhigungsmittel.

spritzen besprengen, begießen, anspritzen, bewässern, nässen, anfeuchten, befeuchten, betauen ● betäuben, einspritzen, beruhigen, unempfindlich machen ● eilen, flitzen, sausen, rasen, rennen, schnellen. → planschen. ▶ langsam (gehen), trocknen.

spritzig flink, anregend, witzig.

spröde morsch, mürbe, splitterig, schiefrig, gläsern, brüchig, gebrechlich, spaltbar, zerbrechlich, glashart ● pröde, zimperlich, altjüngferlich, gespreizt, förmlich, geschraubt, abweisend, steif, schämig, zurückhaltend, tugendhaft. → brechbar. ▶ biegsam, elastisch, stabil.

Sprödigkeit Zerbrechlichkeit, Spaltbarkeit, Zerreibbarkeit, Mürbigkeit, Bröseligkeit, Glashärte, Springhärte. → Herbheit, Prüderie, Scham falsche. ▶ Biegsamkeit.

Sproß → Abkomme, Ableger, Anverwandte, Baby, Knospe, Nesthäkchen.

Sprosse → Stufe.

sprossen → anfangen.

Sprößling → Abkomme, Anverwandte, Baby, Kind.

Spruch Sinnspruch, Wahrspruch, Leitsatz, Kernspruch, Denkspruch, Lehrspruch, Sprichwort, Gedankensplitter ● Gedicht, Vers, Weise, Reim ● Urteilsspruch, Richterspruch. → Maxime.

Spruchband → Band.

Sprüchemacher → Angeber.

spruchreif → aktuell, derzeitig, fertig.

Sprudel Getränk, Limonade, Selterswasser, Spritzwasser, Mineralwasser ● Quelle, Sole, Heilbrunnen ● Schaum, Blase, Brause. → Bad, Brunnen.

sprudeln → brausen, emporquellen, fließen, quellen, schäumen, reden.

sprühen vor Freude sprühen, lachen, quietschen, toben, herumtollen, erregt sein, jubeln, lustig sein, brillieren, vergnügen sich, freuen sich, munter sein, vibrieren ● Funken sprühen, sprayen, lohen, glimmen ● nässen, feucht werden, regnen, versprühen, nieseln, tauen, zersprühen. ▶ trauern, trocknen.

Sprung Hopser, Luftsprung, Kapriole, Satz, Hupfer, Kreuzsprung, Bogensprung, Hochsprung, Weitsprung, Stabsprung, Galopp ● Differenz, Spaltung, Disharmonie, Entfremdung ● Kratzer, Bruch, Zerbrechlichkeit, Brüchigkeit. → Bewegung, Bruch, Furche. ▶ Festigkeit, Harmonie, Stillstand.

Sprung ausholen, zum nachstellen, ein Bein stellen, eine Grube graben, überlisten, fangen, ködern, locken ● eine Falle stellen, startbereit sein, hintergehen, umgarnen, ins Netz locken, aufs Korn nehmen, Minen legen, vernichten, zu Boden werfen, rächen sich. ▶ beispringen, Grube fallen in die.

Sprung stehen, auf dem überlegen sich, gerüstet sein, ins Auge fassen, sich nicht überraschen lassen, startbereit sein, sich vorbereiten, sich rüsten ● es eilig haben, schnell fort müssen, aufbrechen, weggehen, sich entfernen, keine Zeit haben. ▶ unüberlegt (sein), Zeit haben.

Sprungbrett Start, günstige Basis.

Sprungfeder → Feder.

sprunghaft unstetig. → ruckweise, unstet.

spucken speien, ausspucken, hineinspucken, ausspeien, auswerfen, brechen, erbrechen, seibern, besabbern ● vor Wut spucken, Gift und Galle spucken, toben, wüten, erregt sein ● große Töne spucken, prahlen, protzen, dicke Töne reden, angeben. ▶ bescheiden (sein), schlucken.

Spuk → Angst, Dämon, Gespenst, Kobold, Schreckbild.

spukhaft gespenstisch, gespensterhaft, geisterhaft, unirdisch, koboldartig, dämonisch, nicht geheuer, unheimlich, unnatürlich, schattenhaft. → feenhaft. ▶ natürlich.

Spülbecken → Ausguß.

Spule Bobine → Rad, Rolle, Walze.

spulen → aufdrehen, aufrollen, drehen.

spülen umspielen, unterspülen, abspülen, auswaschen ● bespülen, berieseln, bewässern. → reinigen, sauber machen, säubern.

Spülstein → Ausguß.

Spülwasser → Abfall, Dreck.

Spund → Verschluß.

Spur → Bahn, Fährte, Geleise, Furche, Wenigkeit, Weg, Zeichen.

Spur kommen, auf die ausspüren, aufspüren, herausbekommen, entdecken, aus-schnüffeln, ausspionieren, ermitteln, ausfindig machen, Wind bekommen, den Braten riechen, auskundschaften. ▶ übersehen.

spuren aufspüren, eine Spur suchen, einer Fährte folgen ● auf etwas eingehen, gehorchen, sich einfügen, nachkommen, befolgen. ▶ trotzen.

spüren bemerken, empfinden, fühlen, verspüren, gewahr werden, erleben ● schmerzen, beißen, brennen, kitzeln, jukken, drücken, kratzen, stechen, reißen, stoßen, weh tun. → erleben. ▶ übersehen, unempfindlich (sein).

spurlos unbemerkbar, unsichtig, weg, unsichtbar, versteckt, verborgen, unauffindbar, vermißt, abhanden, fort, verschwunden. ▶ bemerkbar, sichtbar.

Spürnase Spürsinn, Riecher, Vorgefühl, Findigkeit, Wagemut, Neugierde, Scharfsinn, Forscherblick, Entdeckergeist. → Fernblick, Schnüffler. ▶ (Ahnungslosigkeit).

Spürsinn → Fernblick, Spürnase.

Spurt Anlauf, Tempobeschleunigung, Endspurt, Ansatz, Anstrengung, Start, Ablauf, Anfang, Beginn. ▶ Trägheit, Ziel.

spurten beschleunigen, Tempo steigern.

sputen → eilen, jagen, rennen.

Staat Schicksalsgemeinschaft, Volk, Land, Nation, Volksgemeinschaft, Volkseinheit, Rasse, Verwaltungseinheit, Bund, Reich, Rechtsstaat, Machtstaat, Republik, Imperium, Königreich, Kaiserreich, Kirchenstaat. → Anzug, Aufmachung, Ausschmückung, Gala, Glanz, Kleidung, Nation, Pracht, Schmuck. ▶ Bürger, Einfachheit, Schmucklosigkeit.

Staatenbund → Bund.

staatenverbindend → international.

staatlich → amtlich, behördlich, offiziell.

Staatsangehöriger → Bevölkerung, Eingeborener.

Staatsangehörigkeit Nationalität.

Staatsbürger → Bürger.

Staatsdiener → Beamter.

staatsmännisch diplomatisch, politisch, weitblickend, findig, verständig, gewandt, weltgewandt, tauglich, vorausblickend, vorspringend.

Staatsoberhaupt Staatsmann, Führer, Herrscher, Leiter, Kanzler, Minister, Präsident, Vorsteher, Befehlshaber, Kaiser, König, Landesherr, Regent, Zar, Gewalthaber, Diktator. ▶ Bürger, Untertan.

Staatspapiere → Effekten.

Staatsstreich → Anschlag, Aufstand, Bürgerkrieg, Revolution, Ungehorsam, Tat.
Staatstugend → Gemeinsinn.
Stab Stock, Stütze, Halt, Stekken ● Alpenstock ● Würdenträger, Gefolge, Gefolgschaft, Begleitung, Offiziersstab, Adjutant, Führung ● Würdenstab, Marschallstab. → Hof, Rute.
Stab brechen, den mißbilligen, tadeln, verdammen, bloßstellen, geißeln, verübeln ● sich zurückziehen, aufgeben, verurteilen, brandmarken, verbannen, ausschließen. → tadeln. ▶ anerkennen, billigen.
stabil solid, sicher, fest, beständig, dauerhaft, steif, unveränderlich, zuverlässig, widerstandsfähig, haltbar, massiv, strapazierfähig, unverwüstlich, beständig, dauerhaft, felsenfest, feststehend, haltbar. ▶ (labil), zerbrechlich.
Stabilität → Ausdauer, Beständigkeit, Dauerhaftigkeit.
Stachel → Betrübnis, Dorn, Nadel, Schärfe, Schmerz, Werkzeug.
Stachel löcken, wider den → trotzen.
Stacheldraht → Barrikade, Hindernis.
stachelig stichelig, kratzig, kratzbürstig, giftig, zanksüchtig, streitig, zänkisch, gallig, übellaunisch, gehässig, keifend. → borstig, eckig, rauh, spitz. ▶ glatt, nachgiebig, stumpf.
Stacheligkeit → Dorn, Schärfe.
stacheln anstacheln, aufstacheln, antreiben, bohren, aufhetzen, anspornen, aufputschen, aufreizen, reizen, erregen. ▶ beruhigen.
stacksen → gehen, stammeln.
Stadion → Kampfplatz, Sportplatz.
Stadt Großstadt, Kleinstadt, Weltstadt, Hauptstadt, Universitätsstadt, Reichsstadt, Garnisonstadt, Bäderstadt, Residenzstadt, Kurort, Provinzstadt, Kreisstadt, Handelsstadt, Hansastadt, Vorstadt, Hafenstadt ● Nest, Drecknest, Klatschnest, teures Pflaster, Sündenbabel ● Wohnplatz, Häusermeer. → Ansiedlung. ▶ Dorf.
Stadtbahn → Fahrzeug (Schienen-).
Stadtbezirk → Quartier.
Städter → Bevölkerung, Bürger, Einwohner.
Stadtgespräch → Fama, Stadtklatsch.
Stadtklatsch Stadtgespräch, Gerücht, Stadtgeschwätz, Basengewäsch, Nachrede,

Tratsch, Lästerrede, Ehrenkränkung, Besudelei, Verleumdung, Hechelei, Lästerung.
Stadtrand Stadtgebiet, Stadtkreis, Vorstadt, außerhalb, Umkreis, Umgebung, Dunstkreis, Gesichtskreis, Randsiedelung, außerhalb der Mauern, ganz weit draußen, am Ende der Welt. ▶ Zentrum.
Stadtverwaltung → Magistrat.
Stadtviertel → Quartier.
Stafette Meldereiter, Eilbote ● Eilbotenlauf, Schnellauf, Stafettenlauf, Streckenlauf, Staffellauf, Sport.
Staffage Ausschmückung, Beiwerk, Szene, Drum und Dran, Ausstattung, Szenerie, Dekoration, Nebensächliches. → Kulisse. ▶ Hauptsache.
Staffel → Ehre, Sport, Stufe.
staffeln → schichten.
Staffelung Schichtung, Anordnung, Ordnung, Folge, Aufeinanderfolge, Abstufung, Klasse, Stufengang, Einordnung. → Stufe.
Stagnation Stillstand, Stokkung, Stop.
stagnieren → anhalten.
stählen härten, kräftigen, abhärten, ertüchtigen, stärken, erhärten, üben, Sport treiben, trainieren. → befähigen, drängen, erhärten, ertüchtigen. ▶ enthärten, schwächen, verweichlichen, entmutigen.
stählen, sich → ermannen sich, stählen.
stählern → derb, diensttauglich, eisern, felsenhart, fest, metallisch.
stahlhart dickhäutig, stahlgepanzert, undurchdringlich, abgehärtet, abgebrüht, unbeweglich, gefühllos, kalt, kühl, steinern, eisern, hart, mitleidlos. → eisern, felsenhart, fest, metallisch, streng. ▶ biegsam, empfindsam, schwach.
Stahlstich → Bild.
staken schreiten, rudern. → bewegen sich.
Staket → Hindernis, Zaun.
Stall Stallung, Tierhaus, Koben, Ausspann, Ausspannung, Hütte, Schlag, Stock, Gehege, Käfig, Zwinger, Bauer. → Auslauf.
Ställchen → Laufstall.
Stamm Baumstamm, Schaft, Halt, Rinde, Holz ● Wortstamm, Stammwort, Wortendung. → Deszendenz, Familie, Nation. ▶ Ableitung, Ast, (Nebenlinie).
Stammbaum → Aufeinanderfolge, Familie.
Stammbuch Ausweis, Geschlechterbuch, Sippenbuch, Familienbuch, Beurkundung, Geburtsregister. → Album.
Stammeln Gestammel, Stot-

tern, Gestotter, Zungenschwere, Zungenklaps, Sprachstörung, schwere Zunge, Anstoßen mit der Zunge. ▶ Deutlichkeit.
stammeln gacksen, lispeln, stottern, stacksen, stocken, kaudern, lallen, japsen, stekken bleiben ● quasseln. → lallen, stocken. ▶ deutlich (sprechen).
stammelnd → stockend.
stammen → herkommen.
Stammgast Gast, Besucher, Kostgänger, Erholungsreisender, Dauermieter, Stammmieter, Abonnent. ▶ Fremder, (Laufkunde).
Stammgut → Anwesen, Bauernhof, Besitztum.
Stammhalter → Anverwandte, Baby.
stämmig → derb, dick, dickwanstig, kräftig, robust.
Stammrolle Nachweis, Beleg, Dokument, Geschlechterliste, Urkunde, Geburtsregister, Eintragung, Verbuchung.
Stammtisch Tisch-, Diskussionsrunde.
stampfen → schaukeln, schlagen, zerhauen.
Stampfer Kartoffelstampfer, Zerkleinerungsmittel, Gerät, Stößel, Gerätschaft, Mörser, Pochwerk, Klopfer. → Schiff, Werkzeug.
Stand Rang, Volksschicht, Kaste, Rangordnung, Stellung, Amt, Gelehrtenstand, Professorenstand, Adelsstand, Mittelstand, Lehrstand, Gewerbetreibender, Beamtenstand, Handwerker, Bürgerstand, ' Arbeiterstand, Bauernstand ● Sachlage, Bestand, Zustand, Befinden, Fall, Lage, Beschaffenheit ● Stillstand, Halt, Bewegungslosigkeit. → Beruf, Bude, Butike, Charge, Ergehen, Klasse, Lage, Niveau, Oberschicht. ▶ Bewegung, Pöbel, Umstand, Veränderung.
Standard Normalmaß, Richtschnur, Richtmaß, Allgemeingültigkeit, Regel, Grundform, Typus, Musterform, Mustergültiges, Standardwerk, Meisterstück, Glanzstück, Meisterwerk, Werkarbeit, Vortrefflichkeit ● Lebensstandard, Lebenshaltung. ▶ Abweichung, Besonderheit, Minderwertigkeit, Verfall.
Standardwerk → Gipfel, Standard, Vollkommenheit.
Standarte → Banner, Fahne.
Standbild → Bildhauerei, Figur, Monument.
Ständer → Gestell.
Standesdünkel → Eitelkeit, Kastengeist, Klassengeist.
standesgemäß zurückgezogen, vornehm, hochgestellt, hochgeboren, aristokratisch,

hoffähig, nobel, von hohem Rang. ▶ pöbelhaft, unsolide.

standhaft→aufrecht, fanatisch, beherrscht, brav, felsenfest, fest, hart, stark, tapfer.

standhaft sein → ausharren.

Standhaftigkeit → Ausdruck, Beständigkeit, Courage, Beharrlichkeit, Beherrschung, Entschlossenheit, Fassung, Haltung, Wille.

standhalten → abwehren, aushalten, ausstehen, bestehen, durchhalten, ersticken die Gefühle, parieren, verteidigen.

ständig laufend, dauernd, immer, fortwährend, stets, unbeirrt, regelmäßig, immerfort, oft, immerzu, andauernd, naslang alle ● auf dem laufenden sein, auf der Höhe sein.→allewege, andauernd, immer, konstant, regelmäßig, unbeirrt. ▶ gelegentlich, unregelmäßig.

Ständigkeit Stete, Dauerhaftigkeit, Gleichmäßigkeit, Beharrlichkeit, Wiederkehr, Regelmäßigkeit, Gewohnheit, Gleichförmigkeit, Brauch, Stetigkeit, Ausdauer. ▶ Einmaligkeit, Unregelmäßigkeit.

Standort → Kaserne, Ort, Quartier.

Standpauke → Ermahnung.

Standpunkt → Ansicht, Art und Weise, Auslegung, Begriff, Erachten, Gesichtspunkt, Ort, Sachlage, Urteil.

Stange Barre, Stock, Rohr, Latte, Pfahl, Mast, Höhe, Stab ● Bohnenstange, Hopfenstange ● Geweih ● bei der Stange bleiben, bei einer Sache bleiben. → Bier. ▶ abkehren sich, Brett, Dickwanst, Klotz.

Stange halten, die → helfen.

Stänkerei → Drachensaat, Geschrei, Streit, Zwietracht.

Stänkerer Händelsucher, Krachmacher, Querulant, Querkopf, Störenfried, Gegner, Quälgeist, Plaggeist, Streithahn, Kampfhahn, Haderer, Friedensstörer, Krakeeler, Aufbegehrer. → Demagog, Freudenstörer, Gegner, Haderer, Querulant. ▶ (Mensch friedfertiger).

stänkern → riechen, stören, streiten.

stanzen → punzen.

Stanzform → Matrize.

Stapel Unterlage, Schiffsbaugerüst, Reede, Dock, Werft. → Auswahl, Bund, Fülle, Lager, Vorrat. ▶ Einzelheit, Mangel, Zerstreuung.

stapeln → schichten.

Stapelplatz → Depot, Markt.

Star Tier, Vogel, Singvogel, Starmatz ● grauer Star, schwarzer Star, Augenkrankheit, Blendung ● Stern, Filmgröße, Bühnengröße, Virtuose, Theatergröße, Vedette,

Diva ● Elster, Schwätzer, Klatscher. → Berühmtheit, Blindheit. ▶ Unberühmtheit.

stark riesenhaft, herkulisch, kraftvoll, markig, kraftstrotzend, kapital *j*, ein Dragoner sein *u*, biestig *u*, ein Bulle sein *u*, ein Bär von einem Menschen, kernig, haltbar, muskulös, gutgefügt, nachhaltig, abgehärtet, rüstig, sehnig, muskulös, oben auf, mit Macht erdrückend ● bedeutend, mächtig, wirksam, einflußreich, energisch, einschneidend ● lautstark ● unverschämt, ungebührlich, frech, starkes Stück ● seelenstark, beherrscht, charaktervoll, willensstark. → angestrengt, aufrecht, beeinflussend, beherrschend, bitter, dauerhaft, derb, dick, dickwanstig, dienstfähig, diensttauglich, drastisch, eisern, fest, furchterregend, gewaltig, gewichtig, grenzenlos, groß, herzhaft, kräftig, nervig, mächtig, maßgebend. ▶ schwach.

Stärke Kraftmeierei, Machtgefühl, Mächtigkeit, Machtprobe, Machtvollkommenheit, Meisterstück, Pferdekraft, Intensität, Kraft, Gewalt, Durchschlagskraft ● Stellung, Einfluß, Schwergewicht, Bedeutung, Ansehen, Übergewicht ● Charakterstärke, Gefaßtheit, Ernst, Selbstbeherrschung, Haltung, Fassung, Zucht, Ruck, Mannesmut, Festigkeit ● starke Seite, Neigung, Talent, Leistungsfähigkeit ● Kraftmehl, Kartoffelmehl, Stärkemittel, Wäschestärke. → Bedeutung, Beeinflussung, Beherrschung, Bestimmtheit, Dicke, Dynamik, Größe, Macht, Mannhaftigkeit, Seelenstärke. ▶ Schwäche.

stärken → aufrichten, befähigen, begütigen, beleben, erfrischen, ertüchtigen, festigen, laben, abhärten.

stärken, sich →beleben erfrischen sich, essen, laben.

stärkend → erbaulich, erfrischend, erleichternd, kräftigend.

starkherzig →heldenhaft.

Stärkung Labsal, Labung, Auffrischung, Erquickung, Belebung, Erholung, Kräftigung, Erneuerung, Wiederherstellung, Neubelebung, Erleichterung ● Linderung, Trost, Zuspruch, Tröstung, Aufmunterung, Ermutigung, Herzensstärkung. ● Auffrischung, Getränk, Schlaf. ▶ Schwächung.

Stärkungsmittel → Arznei, Stärke, Stärkung.

starr festgenagelt, bewegungslos, scheintot, empfindungs-

los, bewußtlos, steif, leblos, besinnungslos, totengleich, totenähnlich, maskenhaft ● hart, hölzern, straff, unnachgiebig, ungelenk, plump ● apathisch, untätig, stumpf. → baff, bange, bebend, besinnungslos, bestimmt, bestürzt, bleiern, coma, dickhäutig, ehern, eisig, erschrokken, erstarrt. ▶ beweglich, biegsam, interessiert, nachgiebig.

Starre → Betäubung, Erstarrung, Starrheit, Trägheit.

starren hinstarren, glotzen, gucken, sehen, fixieren, gaffen, schauen, anstieren, anstarren, mit offenem Mund, überrascht sein, staunen. → anschauen, erstaunen, staunen. ▶ gefaßt bleiben, übersehen.

starrgläubig → bigott.

Starrheit Härte, Trägheit, Unbiegsamkeit, Unbiegbarkeit, Steifheit, Unnachgiebigkeit, Starre ● Stillstand ● Bockigkeit, Eigensinn, Widerspruchsgeist, Quersinn. ▶ Beweglichkeit, Biegsamkeit, Nachgiebigkeit.

Starrkopf → Dickkopf, Eiferer, Fanatiker.

Starrköpfigkeit → Eigensinn.

Starrsinn → Beharrlichkeit, Beständigkeit, Eigensinn.

starrsinnig hartköpfig, starrköpfig, verbohrt, beharrlich, steifköpfig, hartnäckig, eigenwillig, widerspenstig, ungehorsam, hartmäulig, unbelehrbar, unbekehrbar, verstockt, bockbeinig.→bockig, eigensinnig, felsenfest, querköpfig, ungehorsam. ▶ nachgiebig.

Starrsucht →Erstarrung.

Start → Anfang, Beginn.

starten → abhauen, anfahren, anfangen, ankurbeln, losgehen, anlassen.

Startschuß Signal, Anpfiff.

Station Haltestelle, Bestimmungsort, Halt, Bahnhof, Bushaltestelle, Standort, Aufenthaltsort ● Abschnitt, Abteilung, Krankenhausabteilung. → Aufenthalt, Aufenthaltsort, Bahnhof.

stationär standörtlich, bleibend, grundfest, stillstehend, beständig, ständig, dauern, stets, immer. → ständig. ▶ beweglich, unregelmäßig.

Statistik → Nachweis, Quelle aus amtlicher.

statt anstatt, für, gegen, an Stelle von, als Ersatz für, in Ermangelung von. ▶ stetig.

Stätte → Ort.

stattfinden → begeben sich, bestehen, einstellen sich, entspinnen sich, ereignen sich, erfolgen, fügen sich, passieren, sein, vorkommen.

stattgeben → entsprechen,

ereignen sich, erfolgen, erlauben.

statthaft gültig, gerecht, gerechtfertigt, erlaubt, zulässig, gestattet, beanspruchbar, gebührlich, unbestritten. → bewilligt, erlaubt. ▶ unstatthaft.

stattlich ansehnlich, charmant, dick, erhaben, gewaltig, groß, hoheitsvoll, pompös, schmuck, schön.

Stattlichkeit → Anziehung, Ausdehnung, Pracht, Schönheit, Umfang.

Statue → Bildhauerei, Bronze, Figur, Monument.

Statuette → Figur, Monument.

Statur Körpergröße, Wuchs, Form, Gestalt, Formung, Aussehen. → Art, Aussehen. ▶ Mißgestalt.

Status → Zustand.

Statut → Befehl, Dekret, Regel.

statutarisch satzungsgemäß, statutengemäß, verfassungsmäßig, rechtskräftig, gesetzlich, gesetzmäßig, rechtlich, verordnungsmäßig, gesetzgebend. ▶ ungesetzlich.

Stau → Hemmung.

Staub → Abfall, Dreck, Eintagsfliege, Vergänglichkeit.

Staub werden, zu → abblühen, sterben.

Staub aufwirbeln in Umlauf kommen, Stadtgerücht werden, bekanntwerden, von Mund zu Mund, von Haus zu Haus kommen, sich wie ein Lauffeuer verbreiten ● Anstoß erregen, Staub machen, hinter eine Sache schauen, Krach schlagen. ▶ bemänteln, entschuldigen (sich), verheimlichen.

Staub kriechen, im kriechen sich schmiegen, katzebuckeln, den Lakaien machen, sich bücken, schweifwedeln, sich in jede Laune fügen, sich alles gefallen lassen, anschmarotzen, schranzen, sich krümmen, sich im Staub winden, zu Kreuz kriechen. ▶ demütigen, überheben sich.

Staub machen, sich aus dem fliehen, flüchten, weglaufen, wegrennen, davonlaufen, ausreißen, durchbrennen, desertieren, verduften, auskneifen, entwischen, Reißaus nehmen, die Beine unter die Arme nehmen, sich verkrümeln, stiften, entschlüpfen, Fersengeld geben. ▶ bleiben.

stauben schmutzen, schmieren, dreckig werden, befleckt werden, staubig werden. ▶ reinigen.

staubgeboren erdgeboren, leiblich, menschlich ● unedel, gering, niedrig, ranglos, ahnenlos, unfein, proletarisch ● demütig, bescheiden, untertänig, gefügig, sich im Staub wälzen. ▶ edel, überheblich, überirdisch.

staubig → dreckig, schmutzig.

stauchen aufschichten, erhöhen, aufrichten, aufstülpen ● zusammenpressen, kleiner machen, hineinstopfen, hineinstoßen ● hemmen, stauen ● zusammenstauchen, anfahren, tadeln, zurechtweisen. ▶ ausdehnen, loben, senken.

stauen → aufhalten, hemmen.

Staunen → Befremden, Betäubung, Erstarrung, Erstaunen.

staunen glotzen, starren, mit offenem Mund, schauen, erstaunen, überrascht sein, sprachlos sein, sich verwundern, anstaunen, seinen Augen nicht trauen, wundernehmen, es nicht fassen können, kaum glauben können. → erstaunen, Haare stehen zu Berg, schauen. ▶ gefaßt bleiben.

staunenswert überraschend, seltsam, sonderbar, staunenswürdig, haarsträubend, auffallend, erstaunlich, unfaßlich, unerklärlich ● gut, lobenswert, rühmlich. ▶ gewöhnlich, tadelnswert, unrühmlich.

stäupen → quälen, schlagen, strafen.

Staupsäule → Bestrafung, Block.

Steak → Beefsteak.

stechen pieken. → angreifen, einstechen, bohren, fahren, malen, öffnen, quälen.

stechend → beißend, böse, scharf, spitz, spöttisch.

Steckbrief Bekanntmachung, Anschlag, Fingerabdruck, Abbild, Suchanschlag, Verhaftungsbrief, Verfolgungsbrief.

Stecken Stock, Stab, Krücke, Stelze, Wanderstab, Spazierstock, Knüppel, Alpenstock, Stütze, Gehhilfe.

stecken einführen, einfügen, einstecken, hineinstecken, anstecken, pflanzen, einreihen, hineinstopfen, durchschießen, einpressen, einklemmen, einkeilen, einrammen, pfählen, pflöcken, einflechten ● hinzufügen, dazutun. → aufklären. ▶ herausziehen, verheimlichen.

stecken bleiben → stammeln.

stecken, unter einer Decke → beteiligen sich.

stecken, die Nase, in neugierig sein, schnüffeln, spionieren, vorwitzig sein, gieren, abgucken, umgucken, umhören, abhorchen, lauschen, belauern, begaffen, glotzen, lästig fallen, platzen vor Neugierde, sich um jeden Quark kümmern, in die Töpfe schauen. ▶ (heraushalten sich), neutral bleiben, übergehen.

stecken, in den Sack übertreffen, beherrschen, meistern, obsiegen, zuvortun,

überragen, den Vorrang haben, Oberwasser haben, überholen, überflügeln, überbieten, den Vogel abschießen, über sein, ausstechen. → balbieren. ▶ unterliegen.

Steckenpferd Hobby, Liebhaberei. → Spezialität, Vorliebe.

Steg → Brücke, Weg.

Stegreif, aus dem Improvisation, unvorbereiteter Vortrag, aus dem Groben, aus dem Handgelenk, ex tempore, frei reden, ursprünglich, ungekünstelt. ▶ vorbereitet.

Stegreifdichter → Dichter.

Stehbierhalle → Butike.

stehen → anhalten, basieren, bleiben auf dem Platze.

stehen bleiben → ausruhen, feststehen, stammeln, verweilen.

stehen, entfernt abstehen, abheben sich, hervorstehen, hervorstechen, herausragen ● fremd, unbekannt, unkundig ● weit, fern, entlegen, fernliegend, abseits, weit ab, weit her, unzugänglich, weit voneinander. ▶ anliegen, bekannt, durchschnittlich (sein), nahe.

stehen, auf gutem Fuß → befreunden.

stehen, in Gunst → befreunden.

stehen lassen aufgeben, niederlegen, einstellen, beiseite legen, ablegen, von sich stoßen, im Stiche lassen ● abschütteln, über Bord werfen, wegwerfend behandeln, verschmähen, hintansetzen ● keinen Gebrauch machen, nicht anrühren, versäumen, außer acht lassen, versparen, versagen sich ● davon abkommen, vernachlässigen, unterlassen, vermeiden. ▶ achten, benützen, helfen.

stehen, an der Spitze vorangehen, voranschreiten, führen, vorgehen, die Führung übernehmen, das Kommando führen, Oberwasser haben, den Weg bahnen, nach sich ziehen, anführen. → überlegen. ▶ nachfolgen.

stehen, auf dem Sprung beabsichtigen, es eilig haben, sich tragen mit, im Schilde führen, trachten nach, bestreben sich, im Sinne haben, ins Auge fassen, in den Kopf setzen, es abgesehen haben, wollen. ▶ unterlassen, Zeit haben.

stehend, am Ende → dahinter.

stehlen erbeuten, ernten ohne zu säen, erschleichen, Griff in die Kasse, klauen, klemmen, mitnehmen, plündern, reißen an sich, büxen, entwenden, wegnehmen, aneignen, betrügen, stibitzen, verschwinden lassen, mausen, beiseite schaffen, krumme oder lange Finger machen,

abstauben *u*, krampfen *u*, organisieren *u*, mopsen, mitgehen heißen. → bemächtigen, benachteiligen, berauben, bestehlen, borgen fremde Gedanken, einbrechen, nehmen. ▶ zurückgeben.
Stehler → Dieb.
steif → betragen sich, dauerhaft, dünkelhaft, ehern, ernst, förmlich, hölzern, konventionell, pedantisch, plump, stabil, starr.
steifen, sich beharren, ausharren, aushalten, bestehen auf, nicht schwanken, eisern bleiben, darauf bestehen, nicht irre machen lassen, einer Sache treu bleiben, dabei bleiben, sich nicht abbringen lassen, halsstarrig darauf beharren, festhalten, nicht nachlassen. ▶ nachgeben.
Steifheit → Festigkeit, Manieriertheit, Pedanterie.
steifköpfig → bockig, eigensinnig.
Steifsinn → Eigensinn.
Steig → Brücke.
steigen aufschwingen sich, aufstehen, aufstreben, emporkommen, erheben sich, klettern, klimmen. → anschwellen, aufgehen, aufziehen, bewegen sich, emporkommen, erklettern, fliegen. ▶ fallen, heruntergehen, senken, still stehen.
steigend → aufsteigend, bergauf.
Steiger → Bergarbeiter, Bergmann.
steigern anfachen, anfeuern, erhöhen, heben, verstärken, vermehren, intensivieren, vergrößern, potenzieren, verteuern, hochtreiben, schrauben, schnellen, übertreiben, forcieren, aktivieren, mehr anspannen, eindringlicher werden. → anfeuern, aufbauschen, aufwinden, erhöhen, heben, jagen. ▶ beschwichtigen, erniedrigen, senken, verbilligen, vermindern.
steigernd → belastend, verstärkend.
Steigerung Zunahme, Wachstum, Entwicklung, Ausdehnung, Ausbreitung, Aufstufung, Erweiterung, Förderung, Vergrößerung, Erhöhung, Schwellung, Anschwellung, Anspannung, Zuwachs. Wertzuwachs, Kräftigung. → Ausdehnung, Erweiterung. ▶ Verminderung.
Steigung → Berg, Erhebung, Steigerung.
steil → abschüssig, aufrecht, hoch, schräg, senkrecht.
Steile → Berg.
Steilheit Höhe, Steigung, Steigerung, Steilhang, Schräge, Neigung, Neige, Gefälle, Senkung, Lehne, Steile, Jähe, Schüssigkeit. ▶ Ebene.

Stein Findling, Gestein, Klinker, Fels, Urgestein, Donnerkeile, Granit, Basalt, Kiesel, Schiefer, Sandstein, Lava ● Denkmal, Mahnmal, Grabstein, Ehrenmal. → Baustoff, Fels, Kachel. ▶ Holz.
Stein des Anstoßes → Dorn im Auge.
Stein, Herz von → steinhart.
Stein werfen auf, einen → verdächtigen.
steinalt → hochbetagt.
Steindruck → Bild.
steinern → ehern, hart.
steinerweichend betäubend, markerschütternd, ohrzerreißend, falsch, mißtönend, unharmonisch ● erschütternd, aufrührend, ergreifend, herzbewegend, rührend, packend. ▶ gefühllos, harmonisch, melodisch.
steinhart hart, fest, erzen, ehern, felsig, stählern, eisern, hart wie Stein ● unempfänglich, stumpf, gefühllos, abgestumpft, teilnahmslos, unberührt, anteillos, abgebrüht, frostig, hartherzig, kalt, mitleidlos, lächelnd, roh, brutal. → hart, felsenhart. ▶ weich.
steinig felsig, kahl, wüst, karg.
steinigen → töten.
Steinkohle → Brennmaterial.
Steinpfeiler → Bildhauerei.
steinreich → reich.
Steiß Körperteil, Bürzel, Sterz, Schwanz, Schweif, Wedel, Schlepp ö, Ziemer, Blume, Fahne, Rute, Lunte, Pinsel, Steißbein, Körperende ● Hintern, Vier Buchstaben, Popo, Arsch, Fott *u*. ▶ Kopf.
Stelldichein → Verabredung.
Stelle → Arbeitsplatz, Ort.
stellen plazieren, nebeneinanderstellen, setzen, abstellen, anbringen, aufstellen, ausstellen, deponieren, einstellen, hinterlegen, lagern, legen, unterbringen, stützen, halten, betten. → anreden, setzen. ▶ übersehen, wegbringen.
stellen, ein Bein → auswischen.
stellen, auf den Kopf gründeln *j* ● durcheinandermachen, verwirren, zerstreuen, verdrehen ● berauschen sich vergnügen, austoben, feiern.
stellen, seinen Mann → durchhalten, handeln.
stellen, an den Pranger → bestrafen, demütigen.
stellen, sich gegenüberstellen, anblicken, darbieten sich ● verteidigen, schützen, entgegentreten, wehren sich, abwehren, parieren, standhalten, Widerstand leisten, abschlagen, zurückweisen, den Rükken decken, eintreten für ● stellen sich auf, kosten, bemessen, bewerten. ▶ anklagen, Rücken kehren den, weggehen.

stellen, sich zur Verfügung → Daumen halten, verfügen.
stellenweise → rar.
Stellung → Amt, Arbeit, Art und Weise, Bedeutung, Beeinflussung, Beruf, Charge, Erwerbszweig, Existenz, Grad, Konstellation, Rang.
Stellung sein, in → dienen.
Stellung nehmen entscheiden, seine Ansicht sagen, seine Meinung kundtun, seinen Mann stellen, sich ein Urteil bilden, meinen, erachten, denken, einen Standpunkt einnehmen, sich äußern, behaupten ● bestimmen, festbleiben, beharren, führen, sich aufraffen, zusammennehmen. ▶ abwarten, zweifeln.
Stellung, schiefe schiefe Lage, Vertrauenskrise, Mißtrauensvotum, Vertrauensmißbrauch, schlecht angeschrieben sein, in Verdacht stehen, in Schwierigkeiten geraten, in Gefahr kommen, in Verruf kommen.
Stellungnahme → Ansicht, Auslegung, Einstellung, Gesichtspunkt.
stellungslos → arbeitslos.
Stellungswechsel Ortsveränderung. → Fluktuation.
Stellvertreter → Assistent, Aushilfe, Beauftragter, Bevollmächtigter.
Stellvertretung → Bevollmächtigung.
stelzen bewegen sich, fortbewegen, traben, trippeln, schusseln, schnurren, watscheln, stolzieren, mit steifen Beinen gehen.
stemmen, sich entgegenstehen, entgegenhandeln, widerstreben, entgegenwirken, widersetzen sich, sträuben, entgegenstellen, entgegentreten, Front machen, auf die Hinterbeine stellen, in den Weg treten, Einspruch erheben, vereiteln, durchkreuzen, bekämpfen, verhindern, zuwiderhandeln, anfeinden, dagegen sein ● zögern, Bedenken haben, zaudern, sich Zeit lassen, säumen, trödeln, bummeln, aufschieben, sträuben sich, Umstände machen. ▶ durchführen, nachgeben.
Stempel Aufdruck, Aufschrift, Fabrikmarke, Kennzeichen, Merkmal, Musterbild, Prägung, Siegel, Zeichen ● Einheitsform, Urform, Matrize, Modell, Klischee, Druckstock ● Stiel, Blütenstempel, Fruchtstempel ● Punze, Bolzen. → Anzeichen, Art, Aufdruck, Bescheinigung, Erkennungszeichen.
stempeln schlagen, bosseln, hämmern, prägen, punzen ● eichen, zeichnen, siegeln. → drucken, punzen.

Stengel Schaft, Stamm, Stiel, Halm.

stenographieren → aufnehmen.

Stenotypistin → Schreibkraft.

Steppe → Einöde.

sterben erlöschen, erliegen, ersticken, in die Grube fahren, den Weg alles Fleisches gehen, Grund gehen zu, hinscheiden, heimgehen, hinübergehen, röcheln, Staub werden zu, entschlafen, eingehen, einschlummern, ausatmen, verröcheln, verscheiden, vollenden, das Zeitliche segnen, abfahren *u*, abkratzen *u*, draufgehen *u*, himmeln *u*, hops gehen *u*, krepieren, fallen *j*, zur Hölle fahren, in den Himmel kommen, ein Engel werden, von hinnen gehen, enden, hinraffen, verludern *j*, ins Gras beißen, daran glauben müssen, verrecken *u*, um die Ecke gehen. → ausatmen, bleiben auf dem Platze, brechen den Hals, einschlummern, entschlafen, ersaufen, fallen, scheiden. ▶ leben.

Sterbender Todeskandidat, Hinsiechender, Hinscheidender, Hinschlummernder, Verschlummernder, Entschlafender, mit dem Tod Ringender.

sterbenskrank → bedenklich, todkrank.

sterblich todgeweiht, gezeichnet, erledigt ● vergänglich, unbeständig, zeitlich, begrenzt, kurzlebig, vergehend, verwelkend, zu Staub werden, irdisch. ▶ unsterblich.

Sterblicher → Mensch.

Sterblichkeit Tod, Lebensende, Untergang, Absterben, Todeshauch, Erlösung, Würger, Würgengel ● Vergänglichkeit, Kurzlebigkeit, Wandelbarkeit, Endlichkeit, Unbestand. ▶ Unsterblichkeit.

stereotyp → einförmig.

steril immun, unfruchtbar, zeugungsunfähig, dürr, trocken ● keimfrei, bakterienfrei. ▶ fruchtbar, infizieren(d).

sterilisieren abkochen. → einlegen, entmannen.

sterilisierend → bakterientötend.

Stern Satellit, Schweif, Gestirn, Himmelskörper, Sternenmeer, Kosmos, Sternbild, Trabant, Haarstern, Sonne, Komet, Planet, Mond, Fixstern, Sternnebel, Meteor, Asteroid, Nebelfleck, Wandelstern ● Lichtquelle, Himmelslicht. → Ausschmückung, Berühmtheit, Orden, Schmuck.

Sternchen → Anmerkung.

Sternenhimmel → All.

sternenlos → dunkel.

Sternenzelt → Himmel.

Sternstunde Schicksalsstunde, hohe Zeit, Wende, Wendepunkt, glückhafte Zeit, der große Augenblick, der rechte Zeitpunkt.

stet verläßlich, unwandelbar, unfehlbar, zuverlässig, unveränderlich, dauernd. → stetig, unerschütterlich. ▶ unstet.

stetig stet, beständig, dauernd, unveränderlich, unwandelbar, dauerhaft, fest, hart, unsterblich, unvergänglich, unwiderruflich, unbeirrt, gleichmäßig, gleichbleibend. → allmählich, andauernd, ausdauernd, beharrlich, beständig, chronologisch, einem fort in, fest, fix, fortwährend, immer, unbeirrt. ▶ ungleichmäßig.

Stetigkeit → Aufeinanderfolge, Ausdauer, Beständigkeit, Dauer, Ewigkeit.

stets → allewege, anhaltend, andauernd, fortwährend, immer, konstant, unbeirrt.

stetsfort → immer, regelmäßig.

Steuer Steuerrad, Lenker, Volant, Ruder, Pinne, Höhensteuer, Tiefensteuer ● Lenkung, Leitung, Führung, Regierung, Kommando. → Abgabe, Aufschlag, Beeinflussung, Beitrag.

Steuerbanderole → Band.

steuerbar → fahrbar, lenkbar.

Steuerberater → Berater.

Steuerbord → Bord, rechts.

Steuerhelfer → Berater.

Steuermann → Chauffeur, Kapitän, Pilot.

steuern befehligen, einschlagen, fahren, führen, gebieten, hinzielen, leiten, lotsen, richten, an der Spitze stehen, dem Ziel zuführen, zielen ● eindämmen ● entgegenarbeiten, hindern, unterbinden, verhüten, vorbeugen, den Riegel vorschieben ● abzielen, hinsteuern, hinzielen, sich tragen mit, vorhaben, bestrebt sein, sich in den Kopf setzen ● bahnen, dirigieren, Disziplin halten, eindämmen, erfassen das Ruder, fahren, leiten. ▶ abkommen von, gehorchen, hemmen, verweigern den Gehorsam.

Steuerung Lenkung, Leitung, Führung, Wendung, Strömung, Fahrwasser, Kielwasser, Trift, Neigung ● Kommando, Zügel, Steuer, Volant, Oberleitung, Regelung, Kontrolle, Ruder, Befehl, Überwachung, Kuratel. → Behandlung. ▶ Abweichung, Gehorsam, Verirrung.

steupen → bestrafen.

Steward Gästebetreuer.

stibitzen → bemächtigen, berauben, bestehlen.

Stich → Bild, Farbe, Farbenton, Naht, Spiel, Rausch, Wunde.

Stich lassen, im verlassen, aufgeben, fallen lassen, in den Rücken fallen, den Rücken kehren, zurückziehen sich, desertieren, ausreißen, davonlaufen, aus dem Staube machen ● unterlassen, abschütteln, verschmähen, untätig sein, vernachlässigen, über Bord werfen ● hintergehen, verraten. ▶ helfen.

Stichelei → Anspielen, Belustigung, Ironie, Spott, Stickerei.

stichelig → stachelig.

sticheln → anfeinden, anöden, bespötteln, Lächerliche ziehen ins.

stichelnd → bissig.

stichfest → unangreifbar.

stichhaltig anschaulich, ausschlaggebend, beweisend, begründet, beweiskräftig, bündig, durchschlagend, eindringlich, entscheidend, folgerichtig, triftig, überzeugend, unwiderleglich, zwingend. → beweisend, erweislich, nachweisbar, richtig, schlagend. ▶ unbegründet.

Stichprobe → Ausforschen.

Stichwort Kennwort, Paßwort, Merkwort, Anruf, Parole, Treffwort ● Nachricht, Mitteilung, Anhaltspunkt, Wink, Fingerzeig, Ruf ● Notiz, Kurzstil, Aufzeichnung, Telegrammstil, Brockenstil ● Ansage, Zuruf, Anfangswort. ▶ Verschlossenheit, Weitschweifigkeit.

sticken → durchlochen, durchwirken, verzieren.

Stickerei Handarbeit, Gewirke, Gewebe, Stichelei ● Verzierung, Schmuck, Putz, Zierat, Zierwerk, Garnierung. → Ausschmückung.

stickig erstickend, bedrückend, ungelüftet, dumpf, dämpfig.

stieben eilen, blitzen, sausen, schnellen, rasen, laufen, rennen, traben, tummeln, rühren, regen, schießen, stürzen ● flocken, nieseln, niedergehen, fallen, regnen, nässen. ▶ aufklären, zögern.

Stiefel → Schuh.

stiefeln → laufen.

Stiefmutter → Anverwandte.

stiefmütterlich ungut, freundlos, freudlos, bissig, kratzbürstig, ungütig, unfreundlich, abhold, neidisch, hämisch, boshaft, feindlich, gehässig, abgewiesen ● vernachlässigt, entfremdet, abscheulich, unausstehlich, verächtlich, abweisend, zurücksetzend, lieblos, ohne Herz, ohne Gefühl, verletzend. ▶ bevorzugt, freundlich.

Stiefsohn → Anverwandte.

Stieftochter → Anverwandte.

Stiege → Treppe.

Stiel → Griff, Stengel.

Stielauge Mißgestalt, Ungestalt, Scheusal, Häßlichkeit, Garstigkeit, Verunstaltung, Mißform, Mißbildung, Entstellung, Verbildung ● Spürnase, Klatschsüchtiger, Schnüffler, Horcher, Naseweis ● Scheelsüchtiger, Neider, Neidhammel, Neidwurm, Eifersüchtiger, Verliebter, Argwöhner, mißtrauischer Mensch. → Auge. ▶ Wohlgestalt.

Stielaugen machen → wundern sich.

Stier → Bock.

stieren → anschauen, hinbrüten.

Stiesel → Banause.

Stift → Ahle, Asyl, Bindemittel, Kloster, Lehrling, Nadel, Nagel.

stiften → anbieten, austeilen, beschenken, Fersengeld geben, geben, schenken.

stiften, Frieden → befrieden.

stiftengehen → fliehen.

Stifter Geber, Spender, Schenker, Gastgeber, Gönner, Mäzen, Wohltäter, Unterstützer ● Erbauer, Gründer ● Erblasser, Testator, Erbonkel. ▶ Geizhals, (Nehmer).

Stiftung → Darbietung, Gnadenbrot, Vermächtnis.

Stigma → Zeichen.

Stil Art und Weise, Ausdrucksart, Ausdrucksform, Darstellungsweise, Formgefühl, Gepräge, Griffel, Geschmack, Geschmacksrichtung, Haltung, Kunstform, Kunstrichtung, Mitteilungsform, Schreibart, Schreibweise, Ton, Verfahren ● Mode, Directoire s, Ductus m, Empire s, Klassik, Expressionismus, Impressionismus, Futurismus, Kubismus, Jugendstil, Gotik, Naturalismus, Romantik, Romanioohor Stil, Barock, Renaissance, Rokoko ● Schwulst, Euphuismus. → Anmut, Anstand, Art, Ausdrucksweise, Aussehen, Bildung, Charakteristik, Darstellungsweise, Diktion, Eigenart, Fassung, Form, Kunstform. ▶ Stillosigkeit.

Stilgefühl → Geschmack.

stilgemäß → kunstvoll.

stilgerecht → ästhetisch, auserlesen, feinsinnig, stilvoll.

stilisieren formen, gestalten, vereinfachen, glätten.

Stilist Wortkünstler, Sprach-künstler, Rhetoriker, Schriftsteller, Dichter, Lyriker, Schriftkünstler, Schöngeist, Ästhetiker. ▶ Nichtskönner.

still friedfertig, sanft, gelassen, gemessen, nachdenklich, geruhsam, redescheu ● mucksmäuschenstill, ganz ruhig, kein Laut, lautlos ● regungslos, bewegungslos, unbeweglich, verharrend, erstarrt. → aufmerksam, bedachtsam, beherrscht, besinnlich, einsilbig, ernst, friedsam, gemessen, kalt, leise, sachte,

Sang und Klang ohne, schweigsam, unhörbar, zurückhaltend. ▶ laut, vorlaut, unbeherrscht.

still und leise → heimlich.

still liegen nichts tun, untätig sein, tatenlos zusehen, nichts leisten, ruhen, rasten. → ruhen. ▶ arbeiten.

still stehen aussetzen, stokken, bleiben, rasten, ruhen, verweilen, aufhalten, niederlassen, sitzen, setzen sich, liegen, ruhen lassen, hemmen, bremsen, stoppen, unterbrechen, festlegen, beidrehen. ▶ bewegen sich.

Stille Halt, Bewegungslosigkeit, Rast, Ruhe, Stockung, Beruhigung, Hemmung, Regungslosigkeit ● Lautlosigkeit, Schweigen, Stummheit, Totenstille, Geräuschlosigkeit, Schweigsamkeit, Unhörbarkeit, Grabesstille ● Flaute, Schicht, Nichtstun, Müßiggang, Tatenlosigkeit, Untätigkeit, Trägheit, Mattigkeit, Dumpfheit, Leblosigkeit ● Leere, Abgeschiedenheit, Einsamkeit, Verlassenheit, Menschenferne, weitab vom Großstadtgetriebe, Waldesruhe, Natur. → Atempause, Dämpfung, Dumpfheit, Feierabend, Halt, Ruhe. ▶ Arbeitsfreude, Geselligkeit, Lärm.

Stilleben → Absonderung, Bild, Einsamkeit.

stillegen → abdrosseln, ausschalten.

Stillegung Abbau, Schrumpfung, Schwund, Niedergang, Auflösung, Stillstand, Leerlauf, Verfall. → Stillstand. ▶ Aufbau, (Inbetriebnahme).

stillen → abbinden, bändigen, begütigen, besänftigen, bezähmen, dämpfen, dämpfen das Feuer, eindämmen, erlösen, laben, lindern, nähren, säugen, sättigen, trinken.

stillhalten → abfinden, stunden.

stillos abgeschmackt, formlos, geschmacklos, gewöhnlich, häßlich, kitschig, scheinkünstlerisch, stilwidrig, unharmonisch, unkünstlerisch, unpassend, wahllos. → abgeschmackt. ▶ stilvoll.

Stillosigkeit → Darstellung, unrichtige, Formlosigkeit, Kitsch, Ungeschmack.

Stillschweigen → Ruhe.

stillschweigend gelassen, ohne Erklärung, ohne weiteres, ruhig, unausgedrückt, unausgesprochen, ungesagt. ▶ nicht unwidersprochen lassend, unbeherrscht.

Stillstand Einstellung, Unterbrechung, Aufenthalt, Stokkung, Ruhe, Rast, Pause, Stille, Stillegung ● Schrumpfung, Rückgang, Schwund, Niedergang, Funktion außer,

Leerlauf, Leere ● Bewegungslosigkeit, Halt, Hemmung. → Atempause, Aufenthalt, Einstellung, Halt, Pause. ▶ Bewegung.

stillstehen → halten, stocken.

Stillung Linderung, Befriedung, Beendigung.

stilvoll auserlesen, angemessen, ausgesucht ausgewählt, ästhetisch, echt, einwandfrei, fein, geschmackvoll, harmonisch, künstlerisch, kunstgemäß, passend, schön, stilgerecht, tadellos, wohlgegliedert. → ausdrucksvoll, gepflegt, kunstvoll. ▶ stillos.

stilwidrig → stillos.

Stilwidrigkeit Ungeschmack, Geschmacksverirrung, Geschmackswidrigkeit, Abgeschmacktheit, Geschmacklosigkeit, Plattheit, Kitsch, Barbarei, Rohheit, Unkultur, Ungeist, Formlosigkeit, Drahtkultur, Flitterwerk, Trödel, Makkaronistil, Stilbruch ● Prahlerei, Großtuerei, Berlinerei, Gipsprunk. ▶ Stil.

Stimme Laut, Sprache, Gesang, Singstimme, Fistelstimme, Mordsstimme u, Gelalle, Klage, Notschrei, Ausruf ● Geräusch ● Bedeutung, Einfluß, Wert, Gewicht, Macht, Stärke, Übergewicht, Ansehen, Rolle ● Wahlstimme, Ermächtigung, Auftrag, Anweisung, Bevollmächtigung. → Organ. ▶ Lautlosigkeit, Unbedeutendheit.

Stimme, mit erhobener → drohen, laut.

Stimme, innere Gewissen, Ingefühl, Warner, Eigengefühl, Verantwortungsgefühl, Pflichtgefühl. → Stimme warnende. ▶ Pflichtvergessenheit.

Stimme, warnende Warnung, Ermahnung, Verwarnung, Wink, Kassandra, warnender Finger. → Stimme innere. ▶ Übermut.

stimmen besaiten, klangrein machen, Saiten aufziehen ● abstimmen, erwählen, wählen, seine Stimme abgeben ● passen, richtig sein. ▶ (sich der Stimme enthalten), verstummen.

Stimmeneinheit → Einklang, Einstimmigkeit.

Stimmengewirr Geraune. → Lärm.

stimmhaft stimmlich, lautlich, tönend, ausgesprochen, hörbar. ▶ stimmlos.

stimmlos unhörbar, verstummt, lautlos, wortlos, leise, unausgesprochen, untönend ● stumm. → belegte Stimme. ▶ stimmhaft.

stimmreich → melodisch.

Stimmung Laune, Lust, Hurrastimmung, Heiterkeit, Frohsinn, Fröhlichkeit, Gehobenheit, Humor, Geneigtheit, Anwandlung, Seelenlage, Anfall, Freudigkeit, Begeisterung, Mumm *u*, Hochgefühl, Gemüt, Geneigtheit, Spaßlust ● Galgenhumor ● Stimmungskanone *u*. → Affekt, Anwandlung, Atmosphäre, Begeisterung, Belieben, Bereitwilligkeit, Entzücken, Geisteszustand, Gemütsstimmung, Gemütszustand, Jubel, Laune, Lust. ▶ Stimmung üble.

Stimmung, üble → Bissigkeit.

stimmungsvoll → gemütlich.

stimulierend antreibend, anfachend, bewegend, anspornend, anregend, erregend, reizend, belebend. → antreibend. ▶ hemmend.

stinken → beleidigen die Nase, riechen.

stinkend brenzlig, stinkig, schweißig, ranzig, übelriechend, muffig, moderig, faul, pestilenzialisch, schlecht riechend, widerlich, unangenehm, übel, die Nase beleidigend. → aasig, böse, eitrig, faul, pestilenzialisch, schlecht. ▶ duftend, wohlriechend.

stinkig → aasig, faul, muffig, pestilenzialisch, schlecht.

Stinkstiefel Schleimscheißer, Kolonnenmensch, Schweißquanten, Schmutzkerl, Dreckkerl, Schmierfink, Etappenschwein.

Stinkwut → Aufregung, Wut.

stippen → eintauchen.

Stirn bieten, die → trotzen, widerstehen.

Stirnseite → Fassade, Vorderseite.

stöbern durchsuchen ● säubern.

Stock Pflanzenstamm, Wurzelstock, Topfpflanze, Blumenstock ● Grundstock, Grundmasse, Grundlage, Kapitalgrundstock ● Holzschnitt, Holzschnittform. → Prügel, Rute, Stockwerk.

Stöckel Absatz, Stöckelschuh, Holzstück, Schuhteil, Erhöhung.

stocken halten, stillstehen, ruhen, säumen, zaudern, zögern, trödeln, abbrechen, erlahmen, bummeln, aussetzen, aufhören, einhalten, kriechen ● stottern, stammeln, gacksen, den Faden verlieren. → anhalten, aussetzen, bleiben, stecken, erlahmen, ruhen, zögern. ▶ bewegen sich, reden.

stockend langsam, bummelig, saumselig, schwerfällig, gemächlich, zögernd, schläfrig ● stammelnd, stotternd, zitternd, bebend, lallend ● erstarrt, stoppend, unbeweglich, bewegungslos, still, verharrend, ruhend ● versiegend, unergiebig, karg, ausbleibend ● unterbrochen, abgerissen,

sprunghaft, lückenhaft ● zuweilen, manchmal, bisweilen, hin und wieder, dann und wann, gelegentlich, mitunter, ruckweise, sprungweise.

stockfinster → dunkel.

Stockhiebe → Bestrafung.

Stockstreiche → Bearbeitung, Bestrafung.

Stockung → Atempause, Aufenthalt, Embargo, Halt.

Stockwerk Etage, Beletage, Zwischenstock, Unterhaus, Dachgeschoß, Mansarde, Entresol, Erdgeschoß, Stock, Obergeschoß, Dachstuhl, Mezzanin. → Stock.

Stoff Stofflichkeit, Urstoff, Ding, Bestand, Grundstoff, Element, Werkstoff, Baustein, Substanz, Materie, Etwas ● Zeug, Gewebe, Textil, Leinen, Kessel, Rupfen, Gewebe, Gespinst, Seide, Nylon, Perlon, Samt, Everglaze, Taft, Chiffon, Tuch, Werg, Organza ● Thema, Motiv, Text, These, Gegenstand, Inhalt. → Artikel, Bestand, Ding, Element, Etwas, Fahne, Fetzen, Grundstoff, Masse, Material, Samt, Substanz. ▶ Gedankenarmut, Nichts.

Stoffel Tölpel, Blöderian, Kamuffel, Elefantenbaby, Michel, Mondkalb, Simpel, Unhöflicher, Hammel, Unerzogener. ▶ Schlaukopf.

stofflich → dinghaft, faßbar, gegenständlich, konkret, leiblich.

Stofflichkeit → Ding, Masse, Stoff, Substanz.

stofflos → imaginär, raum- und zeitlos.

stöhnen → ächzen, beklagen, beweinen, klagen.

stoisch → abgebrüht, bedürfnislos, beherrscht, eindruckslos, Eile mit Weile.

Stollen Gang, Schacht, Bohrung, Aushub, Höhle, Ader, Mine, Trumm, Durchgang, Durchstich ● Kuchen, Weihnachtsstollen ● Hufeisenvorsprung, Messerklingenabsatz ● Minnesangstrophe. → Ausweg, Mine.

stolpern holpern, straucheln, rutschen, fallen, ausrutschen, taumeln, glitschen, humpeln, schlottern, ausgleiten, schwanken, purzeln, tapsen, schusseln, fickfackern ● scheitern, entgleisen, ein böses Ende nehmen, ausgleiten, bankrott, bewegen sich, einknicken, erlahmen, fallen, rutschen. ▶ bewähren, feststehen, vorwärtskommen.

Stolz Herrschsucht, Klassendünkel, Selbstbewußtsein, Selbstgefühl, Selbstsicherheit, Selbsterhebung, Eigenbewußtsein, Herrensinn, Herrscherseele, Herrennatur, Standesstolz, Trutzigkeit,

Hochmut, Geltungsdrang, Stattlichkeit, Würde, Zuversicht, Arroganz. → Hochsinn, Klassengeist, Selbstbewußtsein. ▶ Bescheidenheit, Selbsterniedrigung, Untertänigkeit.

stolz überheblich, herrschsüchtig, selbstbewußt, klassenbewußt, sieghaft, hochgemut, hochmütig, selbstsicher, eingebildet, majestätisch, die Nase hochtragend, die Nase rümpfend, arrogant, zugeknöpft, herrisch, anmaßend, verächtlich, höhnisch, hochfahrend, gebieterisch ● würdig, ehrcinnig, unbeugsam. → anmaßend, anspruchsvoll, aufrecht, ehrsinnig, oben herab von. ▶ bescheiden, selbstlos, untertänig.

Stolz, brechen den → demütigen.

stolzieren → bewegen sich, blähen, blenden, einherstelzen, laufen, prunken.

Stopfen → Verschluß.

stopfen → ansetzen, ausbessern, ausfüllen, nudeln.

stopfend → sättigen.

stopp halt. → aus, genug.

stoppelig → bärtig, faserig, rauh.

Stoppeln Rest, Stummel, Abfall, Rückstand ● Feldstoppeln, Rauheit, Unebenheit, Ungleichheit, Stoppelfeld ● Bärtigkeit, Behaarung, unrasiert, Struppigkeit, Bartstoppeln. → Bart.

stoppen bremsen, hindern, stillstehen, halten, aufhören, ablassen, nachlassen, einstellen, stocken, abbrechen, anhalten. → abdrosseln, anhalten, aufhalten, aufhören, ausschalten, beidrehen, bleiben stehen, hemmen. ▶ antreiben, fahren.

Stöpsel Verschluß, Pfropfen, ● Stecker, Keil ● kleine Person, dicke Person. ▶ Bohnenstange, Öffnung.

stören hemmen, hindern, aufhalten, abhalten, behelligen, erschweren, bedrängen, madig machen, mies machen *u*, versalzen *u*, vermiesen *u*, in die Suppe spucken *u*, durchkreuzen, querschießen, irritieren, dazwischentreten, behindern, lästig fallen, sich einmengen, Ungemach bereiten ● stänkern, streiten, anfeinden, bekämpfen. → abwehren, anstoßen, aufhalten, aufwerfen, beeinträchtigen, dawider, dazwischentreten, durchkreuzen, einmengen sich, Handwerk legen das, hemmen, hindern, Quere kommen in die. ▶ bewegen sich.

störend lästig, unangenehm, widrig, unbehaglich, unerfreulich, ungemütlich, kränkend, unerträglich, schlimm ● lärmend, laut, unruhig, unfriedlich, lärmselig. → böse, laut. ▶ helfend.

Störenfried Friedensstörer, Querkopf, Spielverderber, Quäler, Nörgeler, Stänkerer, Quengler, Plaggeist, Quälgeist, Ekel, Brummbär, Unke, Eule, Wühler, Bilderstürmer. →Brandstifter, Freudenstörer, Miesmacher, Quälgeist.

Stores → Behang.

Störrigkeit → Eigensinn.

störrisch → bockig, eigensinnig, fanatisch, schwierig, unverbesserlich.

Störung Unzulänglichkeit, Unstimmigkeit, Mangel, Defekt, Absonderlichkeit, Panne ● Belästigung, Behinderung. → Auflauf, Beschwernis, Desorganisation, Durchkreuzung, Hindernis, Krise.

störungsfrei unbehindert, frei, unbelästigt, ungehemmt, geräuschlos, ununterbrochen, stockungslos. → fließend. ▶ gestört, hinderlich.

Story → Erzählung.

Stoß Puff, Deuh *u*, Bums, Schubs, Stups, Schwupp *u*, Schwups *u*, Schupf *u*, Schupp *u*, Druck, Boxer, Anstoß, Anhub, Schneller, Antrieb, Knuff ● Erschütterung, Krach, Geräusch, Aufprall ● Menge, Last, Pack, Anzahl, Schicht, Stapel. → Anlauf, Anprall, Anstoß, Anzahl, Bearbeitung, Bewegungstrieb, bums, Bund, Coup, Detonation, Ermunterung, Explosion, Rückprall, Schlag ● Kicks. ▶ Einhalt, Einzelheit, Entmutigung, Rückschlag, Wenigkeit.

stoßen puffen, knuffen, anrempeln, deuhen *u*, schubsen, stupsen, antreiben, bewegen, rütteln, drücken, drängen, erschüttern, schlackern, kugeln, schieben, wälzen, kicken ● sich stoßen, anecken, sich wehtun. → angreifen, anstoßen, auswischen, geraten ins Gedränge, rucken, schieben. ▶ schlagen, verteidigen.

stoßen, ins Elend von sich weisen, fortjagen, hinauswerfen, verscheuchen, verjagen, an die Luft setzen, den Laufpaß geben, entlassen, verfemen, ausgliedern, kaltstellen. ▶ fördern.

stoßen, von sich wegwerfen, vom Halse schaffen, im Stich lassen, sich nicht mehr drum kümmern, die kalte Schulter zeigen, die Hand abwenden, sich abkehren, den Rücken zeigen, nichts mehr damit zu tun haben wollen. ▶ befreunden, einladen.

Stoßkraft Elastizität, Betriebskraft, Antrieb, Wirksamkeit, Durchschlagskraft, Schwung-kraft, Schwingkraft, Tatkraft. → Drang.

Stoßseufzer → Klage, Schmerz.

stoßweise → ruckweise.

Stoßzeit Hauptgeschäfts(Verkehrs)zeit.

stottern → bleiben stecken, radebrechen, stammeln, stocken, drucksen.

stracks → direkt, durchgehend, eilends, rasch.

Strafanstalt → Bestrafung, Kerker.

Strafaufschub → Amnestie.

strafbar gesetzwidrig, widerrechtlich, unbefugt, unrechtmäßig, unerlaubt, ungesetzlich, rechtswidrig, ungesetzmäßig, unberechtigt, polizeiwidrig, frevlerisch, straffällig, verbrecherisch. → böse, charakterlos. ▶ erlaubt.

Strafe Fußtritt, Prügel, Puff, Fußkugel, Fuchtel, Nasenstüber, Rutenlaufen, Brandmal, Züchtigung, Ahndung, Abrechnung, Sühne, Strafvollzug, Vergeltung, Lohn, Heimzahlung, Geldstrafe. → Bestrafung, Brandopfer, Buße, Denkzettel, Ende böses, Prügel. ▶ Belohnung.

strafen schlagen, puffen, peitschen, hauen, stäupen, prügeln, durchrütteln, ein Exempel statuieren, auf die Finger klopfen, ins Gebet nehmen, an den Pranger stellen, ahnden, bestrafen, heimzahlen, vergelten, züchtigen. → abrechnen, ahnden, durchschlagen. ▶ belohnen.

Straferlaß → Amnestie, Erlaß, Freisprechung.

Strafermäßigung →Amnestie.

straff strack, aufrecht, gerade, stramm, zackig, die Knochen zusammenreißen *u*, ruckzuck, ungebeugt, fest, unbiegsam, unnachgiebig. ▶ biegsam, gekrümmt, nachgiebig, schlaff.

straffällig → schuldig.

Straffheit Steife, Unbiegsamkeit, Steifheit, Unbiegbarkeit, Festigkeit, Zähigkeit ● Frische, Ausdauer. ▶ Biegsamkeit, Nachgiebigkeit, Schlaffheit.

Straffreiheit → Freisprechung.

sträflich → anstößig, kriminell, schlecht, strafbar.

Sträfling → Bandit, Gefangener.

straflos freigesprochen, straffrei, unschuldig, frei, unbestraft, ungeahndet, ungesühnt. ▶ strafbar, sträflich.

Strafmaß → Verurteilung.

Strafnachlaß → Amnestie.

Strafpredigt Strafrede, Standpauke, Moralpauke, Gewissenspauke, Gardinenpredigt. → Bestrafung, Schimpferei.

Strafversetzung → Deportation.

strafwürdig → charakterlos, kriminell, strafbar.

Strahl Lichtstrahl, Feuerstrahl, Schimmer, Glanz, Ausstrahlung, Helligkeit, Blitzstrahl, Schein, Sonnenstrahl ● Radius, Schenkel ● Wasserstrahl, Spritzer ● Tierläufe, Tritte, Ständer. → Schein.

strahlen → emporlodern, freuen sich, leuchten.

strahlend flimmernd, hell, leuchtend, scheinend, sonnig, glitzernd, glühend, funkelnd, glänzend, klar, licht, prächtig. → blank, blendend, brillant, glorreich, heiter, klar, schön. ▶ dunkel, erlöschen(d), traurig.

Strahlenkranz → Corona, Helligkeit, Schein.

Strahlung → Erwärmung, Licht, Schein, Strahl.

Strähne → Strang.

stramm → angestrengt, aufrecht, schneidig, Schrot und Korn von echtem, straff.

strampeln →treten, zappeln.

Strand → Rand, Ufer.

stranden → auflaufen.

Strandgut herrenloses Gut, Angeschwemmtes, Beute, Schiffsüberrest, Sachen. ▶ Eigentum.

Strandsee → Becken, Binnenmeer.

Strang Strähne. → Band, Bestrafung, Bindemittel, Draht, Faden, Kabel, Schiene, Sehne, Strafe.

Strang ziehen, an einem zusammenhalten, sich verbinden, übereinstimmen, harmonieren, sich verstehen, sich verbrüdern, zusammenwirken, im Einverständnis handeln, auf einen Gedanken eingehen, zusammenpassen, gute Kameradschaft halten. ▶ entgegenhandeln.

strangulieren → bestrafen, quälen, strafen.

Strapaze → Anstrengung, Arbeit, Aufgebot, Bemühung, Beschwerde, Mühe.

strapazieren abtragen, abschaben, oft gebrauchen, oft anziehen, abnutzen ● sich plagen, sich placken, sich anstrengen, sich mühen, sich sorgen, schuften, sich abstrapazieren, überbeanspruchen, sich quälen, sich überlasten. ▶ schonen.

strapazierfähig → dauerhaft, haltbar.

Strapazierfähigkeit → Dauerhaftigkeit.

Straße Weg, Landstraße, Hauptstraße, Chaussee, Boulevard, Autobahn, Ring, Allee, Autostraße, Ring, Rollbahn, Fernstraße, Broadway, Gasse, Platz, Heerstraße, Fahrweg, Uferstraße, Nebenstraße, Seitenstraße, Reichsstraße, Fußweg, Wanderweg.

→ Allee, Bahn, Bindemittel, Durchführung, Durchgang.
Straßenaufzug → Kundgebung.
Straßenbahn → Bahn, Fahrzeug (Schienen-).
Straßenbelag → Pflaster.
Straßendirne Dirne, Straßenmädchen, Verlorene, Gefallene, Geschändete, Prostituierte, Allermannsliebchen, Metze, Frauenzimmer, Entehrte, Entjungferte, Weibsstück, Lustdirne, Freudenmädchen, Gassendirne. → Courtisane, Dirne.
Straßenjunge → Gassenjunge.
Straßenkreuzung → Kreuzung.
Straßenmädchen → Dirne.
Straßenraub → Beraubung, Dieberei.
Straßenräuber → Bandit, Dieb.
Straßenschmutz → Schmutz.
Strategie Kriegskunst, Feldherrenkunst, Kriegswissenschaft, Schlachtenlenkung, Schlachtenplan, Taktik, Kriegshandwerk, Waffenhandwerk.
strategisch kriegskundig, taktisch, lenkungsfähig, gefechtsmäßig, schlachtenkundig, diplomatisch. ▶ planlos.
sträuben, sich → ablehnen, abwehren, auflehnen, dawider, entgegenstellen sich, widerstehen, zögern.
Strauch → Busch.
Strauchdieb → Bauernfänger, Betrüger, Dieb.
straucheln → abweichen, ausgleiten, bankrott, bewegen sich, blamieren, brechen das Gesetz, bringen es nicht weit, einknicken, entgleisen, fallen, freveln, scheitern, stolpern, sündigen.
Strauß → Busch, Kampf, Plänkelei, Schmuck, Streit, Tier.
Strebe → Balken, Stütze.
Streben Trieb, Eifer, Beflissenheit, Geflissenheit, Unruhe, Beweglichkeit, Neugierde, Betriebsamkeit, Forschungstrieb oder -eifer, Wissensgier, Fleiß, Tatendrang oder -lust, Schaffensfreude, Regsamkeit, Strebsamkeit, Unternehmungsgeist, Tatkraft, Lust und Liebe, Wetteifer, Begeisterung, Tüchtigkeit ● Sucht, Hang, Neigung, Gefallen, Wille, Begehr, Verlockung, Sehnsucht, Verlangen, Regung, Vorliebe, Leidenschaft, Besessenheit, Hunger ● Habsucht, Habgier, Geldgier. → Absicht, Anstrengung, Anteil, Begierde, Begriffsscheidung, Beharrlichkeit, Bemühung, Bestreben, Betrachtung, Bewerbung, Drang, Ehrgeiz, Fleiß. ▶ (Faulheit), Willensschwäche.
streben forschen, hinzielen,

schaffen, bezwecken, vorhaben, wünschen, planen, unternehmen, beabsichtigen ● suchen, neigen, gedenken, sich plagen, fleißig sein, sich eindrillen, lernen, pauken, arbeiten, erstreben. → abmühen, bewerben sich. ▶ faul (sein), unterlassen.
Streber Pauker, Büffler, Ochser, Schaffer, Wühler, Lerner, Schufter, Unternehmer ● Schüler. ▶ Faulenzer, Leichtfuß.
streberhaft fleißig, lernbegierig, paukend, lernend, strebsam, beharrlich, ochsend, arbeitswütig, büffelnd, beflissen, pflichtbewußt, ehrgeizig. ▶ träge.
strebsam rührig, beflissen, tätig, fleißig, erpicht, schaffig, wißbegierig, aufmerksam, unternehmend, vorwärtsdrängend, eifrig, regsam, betriebsam, ehrgeizig, unermüdlich, forschend. → ehrgeizig, schaffig. ▶ träge.
Strebsamkeit → Arbeitslust, Eifer, Fleiß.
streckbar → biegsam, dehnbar, weich.
Strecke → Abschnitt, Abstand, Bahn, Entfernung, Geleise, Schiene, Teil.
strecken ausdehnen, ausweiten, verbreitern, auswalzen, ausbreiten, aufblähen ● wachsen, entwickeln, in die Höhe schießen ● verlängern, in die Länge strecken, Speise ausgiebiger machen, Vorrat ausnützen, verdünnen, pantschen, verwässern. → ausdehnen, dehnen, erstrecken sich, recken sich. ▶ stauchen, zusammenziehen.
strecken, sich nach der Decke sparen, haushalten, gut wirtschaften, einen Notpfennig hinlegen, ersparen, sich einschränken, geizen, kargen, sich abknappen, erübrigen, bescheiden leben, sich bescheiden, sich begnügen. ▶ verschwenden.
Streckung → Ausdehnung, Dehnung, Erstreckung.
Streich → Albernheit, Beleidigung, Bewegungstrieb, Coup, Farce, Gewaltstück, Narretei, Scherz, Schlag, Schlauheit, Schwank, Stoß, Strafe, Streiche, Tat, Übel.
Streiche Faxen, Torheiten, Eseleien, Blödsinn, Gicksgacks, Albernheiten, Possen, Scherze, Flausen, Schelmereien, Übermut, Narreteien, Schnurren, Narrenpossen, Hanswurstereien, Possenreißereien, Eskapade. → Strafe, Unsinn. ▶ Belohnung, Ernst.
streicheln → liebkosen.
streichen auslassen, weglassen, fortlassen, beseitigen,

ausmerzen, ausradieren, durchstreichen, kürzen, beschränken ● tilgen, löschen, auswischen, abtragen, bezahlen ● glattstreichen, ebnen, glätten, ausgleichen, verstreichen ● weißen, anstreichen, tünchen, verdrängen, von der Liste streichen, nicht mehr einladen, entlassen, kündigen. → ablassen, anstreichen, streifen. ▶ hinzufügen, rauhen.
streichfähig weich, schmierbar.
Streichung → Entfernung, Rückzahlung.
Streifen Stück, Strich, Länge, Linie, Maser, Ader, Faser, Band, Strang ● Verzierung, Ausschmückung, Abzeichen, Litze, Raupe, Orden ● Feldstreifen, Gendarm. → Litze.
streifen anstoßen, anecken, anrempeln, fühlen, in Berührung kommen mit ● gehen, umherstreifen, durchwandern, durchstreifen, abpirschen, umherschlendern, durchkreuzen, durchqueren ● färben, bemalen, stricheln, bemustern, besprengen. → bewegen sich. ▶ entfernt halten sich, still stehen.
streifig → gestreift.
Streifzug → Abstecher, Angriff, Ausmarsch, Durchzug, Partie, Razzia, Reise, Wanderung.
Streik Einstellung, Stockung, Stillstand, Arbeitseinstellung, Arbeitsniederlegung, Versäumnis, Abbruch, Weigerung, Kündigung ● Auflehnung, Widerstand, Empörung, Putsch, Auflauf, Trotz, Gehorsamsverweigerung, Aufsage, Widersetzlichkeit, Geldforderung, Lohnerhöhungsforderung ● Hungerstreik, Sitzstreik. → Angriff, Auflauf, Auflehnung, Bedrohung, Chaos, Demonstration. ▶ Arbeitslust, Gehorsam, Unterwerfung.
streiken sich widersetzen, trotzen, den Gehorsam verweigern, die Arbeit niederlegen, sich empören, aufmucken, Ansprüche stellen, aufkündigen, nichts mehr tun, Forderungen stellen, sich erheben, sich auflehnen, aufhören, einhalten, einstellen. → bunt zugehen, meutern, rebellieren, revoltieren. ▶ arbeiten, gehorchen, unterwerfen.
Streit Handgemenge, Maulgefecht, Mißhelligkeit, Prügelei, Stänkerei, Scharmützel, Nichtübereinstimmung, Spaltung, Prozeß, Spannung, Streiterei, Reiberei, Händel, Schlägerei, Keilerei, Holzerei u, Tanz u, Mord und Totschlag, Gezänke, Gekeife, Friedensstörung, Rauferei, Hader, Szene, Zank, Strauß,

Kontroverse, Familienzwist, Feindschaft, Feindseligkeit, Balgerei, Skandal ● Wortstreit, Wortwechsel, Disput, Wortgefecht, Polemik, Wortkrieg, Streitfrage, Debatte ● Wettstreit, Konflikt, Konkurrenz. → Auseinandersetzung, Aussprache, Debatte, Disput, Duell, Entzweiung, Fehde, Feindschaft, Kampf, Plänkelei, Reibung, Szene, Zwietracht. ▶ Versöhnung.
streitbar → diskutierbar, feindlich, martialisch.
Streitbold → Dickkopf, Eiferer, Fanatiker, Raufbold.
streiten raufen, stänkern, sich schlagen, sich hauen, reiben, Händel suchen, krakeelen, liegen sich in den Haaren, hadern, beunruhigen, sich anfeinden, sich bekriegen, sich überwerfen, sich nicht leiden können, zanken, ringen, kämpfen, aneinandergeraten, sich befeinden, sich befehden, einen Streit entfesseln, einen Streit vom Zaune brechen, anbinden, sich in die Haare geraten, sich an die Köpfe kriegen, sich in die Wolle geraten, sich mit jemandem haben *u* ● disputieren, debattieren, polemisieren, sich ereifern für, diskutieren. → austragen, balgen, ballen, befehden, belfern, besprechen, beunruhigen, beuteln, brechen den Frieden, brechen mit, debattieren, diskutieren, disputieren, kämpfen, ringen, verteidigen. ▶ versöhnen sich.
Streiter → Dickkopf, Eiferer, Fanatiker, Kämpfer.
Streitfall → Prozeß, Streit, Zwiespalt.
Streitfrage → Problem, Zwietracht.
Streitgespräch → Auseinandersetzung, Debatte, Diskussion, Erörterung, Streit.
Streithahn → Dickkopf, Draufgänger, Eiferer, Fanatiker, Raufbold.
streitig → bissig, dahingestellt, diskutierbar, feindlich, kampfbereit, kratzig.
Streitigkeit → Auseinandersetzung, Bruch, Debatte, Differenz, Disput, Streit, Zwietracht.
Streitmacht → Heer.
Streitsache → Auseinandersetzung, Prozeß, Streit.
Streitsucht Zanksucht, Zankteufel, Händelsucht, Kampfgelüste, Streitgelüste, Hadersucht, Geifersucht, Radaulust, Hetzerei, Bissigkeit, Rechthaberei, Unnachgiebigkeit, Angriffslust, Zornmut, Gärung, Wut, Grimm, Gehässigkeit, Gereiztheit, üble Laune. → Wut. Zwietracht. ▶ Versöhnlichkeit.

streitsüchtig → arglistig, bissig, feindlich, kampfbereit, kämpferisch, kratzig, rechthaberisch, wütend.
streng genau, nachsichtslos, drakonisch, gewissenhaft, nachdrücklich, spartanisch, nachdrucksvoll, martervoll, kurz und bündig, gestreng, stahlhart, lieblos, unter Fuchtel haltend, unbeugsam, ernst, unnachgiebig, bestimmt, energisch, andere Seiten aufziehen, ins Gebet nehmen, unbedingt, rücksichtslos, herrisch, entschieden, kategorisch, eisern, hartnäckig, mitleidlos, unnachsichtlich, barsch, unbarmherzig ● gerecht, sachlich, vorurteilsfrei ● bitter, herb, salzig. → ausschließlich, bärbeißig, bemüßigt, Besen mit eisernem, buchstäblich, despotisch, diktatorisch, einschneidend, energisch, ernst, ernstlich, felsenhart, fest, radikal, rechtschaffen, schonungslos. ▶ mild, nachgiebig.
Strenge Härte, Hartherzigkeit, Lieblosigkeit, Machtspruch, Machtwort, Nachdrücklichkeit, Rauheit, Recht des Stärkeren, Grausamkeit, Säbelgerassel, Schärfe, Gewalt, Schonungslosigkeit, Schreckensherrschaft, Unerbittlichkeit, Unerschütterlichkeit, Unnachsichtigkeit, Zucht, Disziplin, Genauigkeit, Amtsmiene. → Bärbeißigkeit, Energie, Rechtschaffenheit. ▶ Milde, Nachgiebigkeit.
strenggläubig → orthodox.
Streß Anspannung, Druck, Körperalarm.
streuen verstreuen, zerstreuen, ausstreuen, umherstreuen, ausbreiten, säen, aussäen, verteilen, besäen. → sammeln.
streuen, Sand in die Augen → täuschen.
Streuung → Verbreitung.
Streuwirkung Sprengwirkung, Ausbreitung, Verteilung, Geschützweite, Verbreitungsweite.
Strich Gerade, Federstrich, Zeichen, Merkzeichen, Unterstreichung, Strichelung, Bleistiftstrich ● gegen den Strich gehen, etwas zuwider sein, nicht mögen, gegen die Absicht ● in einem Strich, ununterbrochen, dauernd, laufend, anhaltend ● nach Strich und Faden, tüchtig, sehr. → Linie. ▶ mögen, Punkt, unterbrechen, untüchtig.
Strich haben, auf dem scharf ins Auge fassen, es auf etwas abgesehen haben, es anlegen auf, im Sinne haben, auf dem Rohre haben, sich in den Kopf gesetzt haben, auf dem Sprung

stehen, rechnen mit. ▶ nachsehen, Strich unter die Rechnung, verzichten.
Strich unter die Rechnung aufhören, nachlassen, beenden, ablassen, Schluß machen, ein Ende machen, einen Rückzieher machen, etwas aufgeben, etwas streichen ● vergessen, begraben, Verzeihung. ▶ nachtragen, Strich haben auf dem.
stricheln schraffieren, abschatten, schattieren, abschattieren, streichen, pinseln, malen, ausmalen.
strichweise örtlich, partiell.
Strick → Ausbund, Band, Bandit, Bindemittel, Bindfaden, Schlawiner, Seil, Strafe.
Strick drehen, einen hereinlegen, hintergehen, eine Grube graben, aufs Glatteis führen, übers Ohr hauen, jemanden gefährden, überlisten, zum Narren halten, einen drankriegen, Sand in die Augen streuen, täuschen. ▶ helfen.
stricken handarbeiten, arbeiten, durchstechen, verschlingen, aneinanderreihen, schlingen, ineinanderschlingen, winden, verflechten, ineinanderfügen. ▶ aufwickeln.
striegeln → ausbürsten, bürsten, putzen.
strikt → bemüßigt, bestimmt, energisch, genau, streng.
Strippe → Band.
strittig → diskutierbar.
Stroh dreschen, leeres eine Fehlbitte tun, tauben Ohren predigen, etwas vergeblich tun, etwas umsonst tun ● Wind machen, Schaum schlagen, es steckt nichts dahinter, Unsinn reden, Plattheiten sagen, Fadheiten sprechen, Abgedroschenes erzählen, Witzlosigkeiten besprechen, nicht viel wissen, ein Dummkopf sein. ▶ erreichen, lohnend (sein), Wichtigkeit beimessen, witzig (sein).
Strohdach → Bedeckung.
strohdumm → dumm.
Strohhalm hängen, an einem eine wackelige Angelegenheit sein, nicht viel dahinter sein, schwanken, zittern, beben, wackeln, an einem Fädchen hängen, leicht brechbar sein, eine unsichere Sache sein, bei dem ersten Windstoß umfallen, einen Stoß vertragen können. ▶ feststehen, sicher (sein).
Strohkopf → Banause, Dummerian, Dummkopf.
Strohmann → Behelf, Doppelgänger, Dummkopf, Ersatz, Unwichtigkeit.
Strolch → Arbeitsunfähiger, Ausbund, Bandit, Betrüger, Dieb, Faulpelz, Schlawiner.
strolchen → beschäftigungs-

los, betteln, entziehen sich der Arbeit, flanieren, gehen müßig.
Strom → Bewegung, Strömung, Überfluß, Wasser.
Strom schwimmen, gegen den gegenwirken, entgegenstehen, entgegenhandeln, widerstehen, entgegenwirken, widerstreben, Stirn bieten die, nicht alles mitmachen, nicht mit den Wölfen heulen, anders tun als die Mitwelt, sich nicht treiben lassen, sich entgegenstellen. ▶ helfen, mitmachen, treiben lassen sich.
stromabwärts → abwärts, bergab.
stromauf — aufsteigend, bergauf.
stromaufwärts → aufsteigend, aufwärts, bergauf.
strömen → bewegen sich, durchlaufen, emporquellen, ergießen sich, fließen, quellen, rauschen.
Stromer → Bandit, Dieb, Lump, Schlawiner.
stromern herumlaufen, bummeln, umherschweifen, regen, herumgeistern, sich herumtreiben, umherziehen, walzen, herumstreichen. → streichen. ▶ arbeiten, bleiben.
stromlinienförmig schnittig, strömungsgünstig, winderprobt, elegant.
Stromschnelle Katarakt, Gefälle, Fall, Wasserfall, Gießbach, Wildbach, Wasserstrahl, Erguß ● Gefährlichkeit.
Stromspeicher → Batterie.
Strömung Lauf, Strom, Bewegung, Hochflut, Gang, Gegenströmung, Stromlauf, Richtung, Wasserdruck, Golfstrom, Fluß, Zustrom, Wasser, Gewässer, Wallung, Springflut, Strudel, Wirbel, Wellen, Schaumkrone, Kielwasser, Drift ● Zeitströmung, Mode, Zeitstil. → Bahn, Bewegung, Erguß, Flut. ▶ Stillstand.
strotzen → aufblühen, blähen, Damm sein auf dem, erstarken, florieren, gedeihen, prunken, triefen.
strotzend prahlerisch, prunkend, großtuerisch, dicktuerisch, aufgebläht, aufgeplustert, geldprotzig. → dick, dickwanstig, gesund, stark. ▶ bescheiden, dünn.
Strudel → Auflauf, Brandung, Chaos, Cyklon, Strömung, Verwirrung.
strudeln → emporquellen, fließen, quellen, schäumen.
Struktur Gestaltung, Schichtung, Anordnung, Aufbau, Formung, Zusammensetzung, Lagerung, Gefüge, Wesen, Beschaffenheit, Bildung, Bau, Grundform, Einrichtung, Gebilde, Zusammenstellung.

→ Anordnung, Aufbau, Aussehen, Bildung, Figur.
Strumpfband → Band, Bindemittel.
strunzen → prahlen.
struppig → borstig, räudig, rauh.
Stube → Zimmer.
Stubenhocker Ofenhocker, Bücherwurm, Sterngucker, Brillenschlange, Eckenhocker, Schulmeister, Zurückgezogener, Einzelgänger.
Stück Exemplar, Muster, Teil, Bruchstück, Bruchteil, Schnitte ● Faß ● Bodenstück, Grundstück, Landstück, Wingert ● Theaterstück, Bühnenstück, Bühnenwerk, Charakterstück, Rührstück. → Abschnitt, Anteil, Ausfertigung, Ausläufer, Batzen, Bruchstück, Darbietung, Dependance, Dosis, Fetzen, Klotz, Teil. ▶ Ganzes.
Stückakkord → Akkord.
Stuckatur → Anstrich, Bedeckung, Schmuck.
stückeln anstückeln, einsetzen, ansetzen, flicken, verbinden, hinzufügen, zusammenstellen, zusammennähen, überbrücken, einnähen, zusammensetzen. → trennen.
Stücken, aus freien freiwillig, ungezwungen, ungeheißen, unaufgefordert, aus freiem Willen, aus eigenem Antrieb, ohne Druck, ohne Zwang, willens, willig. ▶ unfreiwillig.
Stücklohn → Bezahlung.
stückweise teilweise, bruchstückweise, ruckweise, geteilt, fragmentarisch, unterbrochen, lückenhaft, unständig, unstet, unverbunden ● unvollständig, nicht fertig. → einerseits, ruckweise, teilweise. ▶ immerfort, zusammenhängend.
Stückwerk → Bruchstück, Chaos, Fehler, Mangelhaftigkeit, Stümperei, Unwert.
Student Hochschüler, Hörer, Akademiker, Fuchs, Bursche, Korpsbruder, Burschenschaftler, Farbenträger, Werkstudent, Seminarist, Kandidat, Prüfling, Schüler, Gymnasiast, Abiturent.
Studie → Bild, Skizze.
Studienanstalt → Anstalt, Institut, Schule.
studieren → achtgeben, begrübeln, beikommen, beobachten, beschäftigen, besinnen sich, denken, erlernen, lernen, pauken, überlegen, verfolgen.
studiert → belesen.
Studio → Anstalt, Atelier.
Studium → Anstrengung, Arbeit, Aufmerksamkeit, Begriffsscheidung, Bemühung, Betrachtung, Erkenntnis, Mühe, Wissenschaft.
Stufe Sprosse, Staffel, Staffelung, Abstufung, Reihe, Grad, Klasse, Stufengang,

Stufenleiter, Speiche, Stiege, Leiter, Treppenstufe, Auftritt, Trittbrett, Trittling ● Altersstufe, Rangstufe, Stellung, Posten, Platz. → Abschnitt, Ebene, Grad.
Stufenleiter → Aufeinanderfolge, Stufe, Zusammenhang.
stufenweise stufenartig, geordnet, abgestuft, abteilungsweise, gruppenweise, rangweise, abgeteilt, graduell, hintereinander, chronologisch. ▶ gleichzeitig, plötzlich, ungeordnet.
Stuhl Sessel, Schaukelstuhl, Sitzgelegenheit, Sitzplatz, Klavierstuhl, Ruhemöbel, Hocker, Liegestuhl, Küchenstuhl, Großvaterstuhl, Ohrenstuhl, Ruhestätte, Lehnstuhl, Fauteuil. → Bank. ▶ Tisch.
Stuhlgang → Entleerung.
Stuka → Fahrzeug (Luft-).
stülpen vorstülpen, wenden, umkehren, umwenden, umstülpen ● aufsetzen, aufstülpen.
stumm → bebend, erstarrt, schweigsam, stimmlos, verwundert.
stumm und steif passiv, faul, bleiern, phlegmatisch, lendenlahm, müßig, schlapp, arbeitslos, leblos, unbeschäftigt, arbeitslos. → faul. ▶ beweglich, fleißig.
Stummel Rest, Übriges, Überrest, Stumpf, Ende, Stoppel, Stumpel, Rückstand ● Zigarrenstummel, Zigarettenstummel, Kippe. ▶ Ganzes.
Stummheit Schweigsamkeit, Stimmlosigkeit, Sprachlosigkeit, Lautlosigkeit, Stille, Schweigen, Ruhe, Stillschweigen, Redescheu, Verschwiegenheit. → Ruhe, Verwunderung. ▶ Lärm, Redseligkeit, Stimme.
Stümper → Banause, Dilettant, Dummerian, Dummkopf, Nichtskönner, Pfuscher.
Stümperei Entstellung, Schmiererei, Verdrehung, Zerrbild, Kitsch, Geschmier, Flickwerk, Sudelei, Gehudel, Geklecks, Krakelei, Ungeschicklichkeit, Tölpelei, Pfuschwerk, Halbheit, Stümperhaftigkeit. ▶ Blamage, Darstellung unrichtige. ▶ Meisterschaft.
stümperhaft → erfahrungslos, falsch, schweinemäßig, ungeschickt.
stümpern → blamieren, hudeln.
Stumpf → Bruchstück, Stamm, Stummel.
stumpf → abgedroschen, abgeschmackt, abgestumpft, betäubt, dickhäutig, dumpf, dumpf brütend, eingetrichtert, faul, maschinenmäßig, unempfindlich.
Stumpf und Stiel, mit → A bis Z, A und O.

Stumpfheit → Abspannung, Betäubung, Blödigkeit, Coma, Gefühllosigkeit, Schwerfälligkeit, Seichtheit.

Stumpfsinn → Beharrlichkeit, Betäubung, Blödigkeit, Dummheit, Langeweile.

stumpfsinnig → dumm, geistesgestört, langweilig, schwachsinnig.

Stunde, zur → augenblicklich, derzeit.

stunden abwarten, zuwarten, aufschieben, einstellen, befristen, verlängern, Zeit geben, stillhalten, Frist setzen. → aufschieben, datieren. ▶ drängen, bezahlen.

Stundenglas → Sanduhr.

stundenlang → lang.

Stündlein, letztes → Tod.

stündlich → beständig, oft.

Stundung Fristung, Moratorium, Frist, Zahlungsfrist, Aufschub, Unterbrechung, Einstellung, Wartezeit, Gestundung. → Bedenkzeit. ▶ Bezahlung, Knall und Fall.

stupfen anstoßen, schubsen.

stupid → albern, dumm.

Stups → Anprall, Stoß.

stur verbohrt, verrannt, engstirnig, verschroben, verkappt, fanatisch, unduldsam, intolerant, unzugänglich, unnachsichtig, unnachgiebig, hartnäckig, starr, stier ● dickfellig, ungeschlacht, rücksichtslos, derb, grob, brutal. → fanatisch. ▶ rücksichtsvoll, tolerant.

Sturm Wind, Orkan, Schneesturm, Blizzard, Hurrikan, Wirbelsturm, Tornado, Windhose, Bö, Sturmwind, Ungewitter, Windsbraut, Drehsturm, Hundewetter ● Brausen, Heulen, Krachen, Lärmen ● Sturmangriff, Erstürmung, Überfall ● Leidenschaftlichkeit, Glut, Erregtheit, Siedehitze, Wut, Erregung. → Aufruhr, Chaos. ▶ Windstille.

stürmen toben, rasen, wüten, blasen, wehen, winden, rauschen, krachen, sausen, brausen. → angreifen, beschießen, beschleunigen, blasen, erstürmen, heranstürzen. ▶ verteidigen, zurückweichen, (windstill sein).

Stürmer → Himmelsstürmer, Kämpfer.

stürmisch wehend, windig, böig, blasend, rauschend, luftig, heftig, zugig, tobend, tosend, lärmend ● schnell, jählings, überhetzt, übereilt, eilig, vorschnell ● hitzig, gereizt, leidenschaftlich, aufgeregt, erregt. →aufgebracht, begeistert, einmmal mit, Fassung verlieren die, gewaltsam, heftig, hitzig, leidenschaftlich, plötzlich. ▶ regungslos, (windstill).

Sturmlauf Schnelligkeit, Geschwindigkeit, Hurtigkeit, Flinkheit, Raschheit, Schnelllauf, Eile, Hetzjagd, Lauf, Hetze, Rennerei, Raserei, Übereilung, Galopp. → Blitz. ▶ Langsamkeit.

sturmreif → fertig.

Sturmwind → Sturm.

Sturz Fall, Rutsch, Absturz, Umsturz, Zusammenbruch ● Verfall, Verderben, Zerstörung, Leere, Einsturz, Zusammensturz, Unglück, Übel ● Umkehrung, Umstülpung ● Mißerfolg, Schaden, Fehlschlag, Niete, Hereinfall, Kladderadatsch u, Fehltritt ● Absetzung, Enthebung, Regierungssturz ● Schwanz. → Bewegung, Einsturz, Fall. ▶ Aufbau, Aufstieg, Erfolg, Erhebung, Errichtung.

stürzen absetzen, abschaffen, beseitigen, umstoßen, aussatteln, kündigen, kaltstellen ● umstülpen, umkehren, umwenden ● fallen, ausgleiten, niederhauen, hinschlagen, ausrutschen. → abfallen, absacken, ausgleiten, fallen, rutschen. ▶ aufsteigen, gelingen.

stürzen, ins Verderben schädigen, überlisten, schaden, beeinträchtigen, beschädigen, benachteiligen, reinlegen, übervorteilen, ein Bein stellen, übers Ohr hauen, übertölpeln, hintergehen, eine Falle stellen, eine Grube graben. ▶ gewinnen, helfen.

Stuß → Farce, Faselei, Unwichtigkeit.

Stütze Balken, Strebe, Stützpunkt, Stützwerk, Halter, Träger, Sockel, Konsole, Gestell, Pfeiler, Stützstein, Ruhepunkt, Grundlage, Gerippe, Geländer, Lehne. → Anhaltspunkt, Aushilfe, Balken, Behelf, Beihilfe, Bein, Beistand, Bock, Diener, Dienstleistung, Diwan, Gestell, Grundlage, Halt, Hilfsstellung, Rückhalt.

Stutzen → Büchse.

stutzen → ängstigen, ausschneiden, bangen, befürchten, behauen, beschneiden, dezimieren, erschrecken, Flügel beschneiden der, fürchten, staunen, zögern.

stützen pfählen, unterstützen, tragen, unterstellen, unterbauen, anlehnen, abstützen, aufstützen, verstreben, riegeln, unterlegen ● helfen, trösten, beistehen. → ausharren, basieren, beispringen, bugsieren, lehnen sich, ruhen. ▶ behindern, fallen lassen.

stützen, sich sich anlehnen, aufstützen, ruhen, sich zurücklehnen, sich betten ● vertrauen, zutrauen, glauben, hoffen, erwarten. → lehnen

sich. ▶ aufrecht (stehen), mißtrauen.

Stutzer → Dandy, Kleidung.

stutzerhaft → erkünstelt.

stutzig → argwöhnisch, baff, Donner gerührt vom, erstarrt, verwundet.

stutzig werden → befürchten, überrascht, verwundert.

Stützpunkt Ruhesitz, Abstützung, Auflage, Unterlage, Bettung, Sockel, Unterteil, Grundmauer, Grundbau ● Anfangspunkt, Ansatzpunkt, Schwerpunkt, Anhalt ● Truppenstützpunkt, Festung. → Anhaltspunkt, Bein, Stütze.

Stützwerk → Pfahlwerk, Stütze, Stützpunkt.

subaltern → ranglos, untergeordnet.

Subjekt Wesen, Mensch, Person, Kreatur ● Gegenstand, Satzgegenstand ● Verkommener, Beleidigung, Verachtung, Schimpfwort. → Bewußtsein, Mensch. ▶ Edelmensch, Objekt.

subjektiv persönlich, seelisch, innerlich, gefühlsbetont, vom Ich aus gesehen ● einseitig, vorurteilsvoll, beeinflußt, unfrei, unsachlich, parteiisch. ▶ objektiv, unparteiisch, unpersönlich.

Subordination → Unterwerfung.

Substanz Hauptbestandteil, Kern, Materie, Stoff, Stofflichkeit, Urgrund, Bestand, Masse, Wesenheit, Vermögen, Körper, Etwas, Gegenstand, Ding, Quintessenz, Zugrundeliegendes, Bestandteil, Zeug. → Bestand, Ding, Etwas, Gehalt, Gewebe, Inhalt, Masse, Quintessenz. ▶ Äußerlichkeit, Illusion, Nichts.

substanziell → anwesend, dinghaft, faßbar, gegenständlich, handgreiflich, lebendig, leibhaftig.

subtil zart, fein, sorgsam ● spitzfindig, verschlagen, tückisch, gerieben, raffiniert, hinterlistig, schwierig. → bedächtig, genau. ▶ aufrichtig, grob, unverbogen.

subtrahieren abziehen, entfernen, wegnehmen, ausschließen, ausschalten, dezimieren, abrechnen, vermindern, verkleinern, kleiner machen, verringern, rechnen, abstreichen, ausrechnen, errechnen. ▶ hinzufügen.

Subtraktion → Abzug.

Subvention Beihilfe, Unterstützung, Zuwendung.

Suche → Ausforschen, Umfrage.

suchen fahnden, nachgehen, nachschlagen, nachsuchen, ergründen, sondieren, nachforschen, aufsuchen, aufspüren, raten, erkunden, erschließen, durchstöbern, er-

fragen, ausspionieren, schwärmen *j* ● wünschen, herbeisehnen, versessen sein auf, haben wollen, trachten nach, erpicht sein auf, sich bewerben ● spüren *j*, fährten *j*, abfährten *j*. → ausforschen, durchforschen, durchsuchen, erforschen. ▸ finden.
Suchender → Antragsteller, Kandidat, Suchender.
Sucher Forscher, Begehrer, Forderer, Heischer, Begehrernatur, Sammler, Bewerber, Nachforscher, Kundschafter● Lupe, Rahmensucher, Bildsucher
Sucht → Laster, Manie, Wunsch.
Sudelei Geschmier, Gehudel, Gekleckse, Unsauberkeit, Schmutzigkeit, Kritzelei, Flickwerk, Schmiererei. → Gekritzel, Stümperei. ▸ Deutlichkeit, Fertigkeit.
sudelig → dreckig, häßlich, unsauber.
sudeln schmieren, klecksen, beflecken, beschmutzen, verdrecken, beschmieren, besudeln, pfuschen, schnuddeln, stümpern ● schlecht kochen. → hudeln. ▸ können, säubern.
Suff Besäufnis, Alkoholsucht.
süffig → appetitlich, gut.
suggerieren → bearbeiten, beeinflussen.
Suggestion → Anziehung, Bann, Beeinflussung, Unfreiheit.
suggestiv eindringlich, überzeugend, zwingend.
suhlen → wälzen.
Sühne Sühnung, Aussöhnung, Versöhnung, Genugtuung, Rechtfertigung, Vergeltung, Befriedigung ● Strafe, Ersatz, Entschädigung, Schmerzensgeld, Schadenersatz, Sühnegeld, Loskauf, Tilgung, Entschuldigung, Abbitte ● Buße, Bußübung, Sühnopfer. → Aussöhnung, Buße, Opfer. ▸ Reuelosigkeit, Schuld, Vergehen.
sühnen gutmachen, Ersatz leisten, ersetzen, abtragen, austilgen, entschädigen, sich loskaufen, wettmachen, ausbaden, auslösen, abbüßen, sich reinigen, sich läutern, wallfahren, sich kasteien. → abbüßen, ausbaden, begleichen, bekennen, bereuen, büßen, gutmachen wieder. ▸ vergehen sich, verhärten sich.
sühnend → bußfertig.
Sühnopfer → Brandopfer, Sühne.
Sühnung → Brandopfer, Buße, Sühne.
Sujet → Gegenstand.
summarisch zusammengefaßt, abgekürzt, rund, gedrängt, kurzerhand, allgemein, bün-

dig, in Bausch und Bogen. → alles, ausnahmslos. ▸ einzeln, einzeln gehen ins.
Summe Ganzes, Alles, Gesamtbetrag, Gesamtheit, Masse, Menge ● Ergebnis, Endsumme, Schlußsumme, Gesamtzahl. → Geld. ▸ Bruchteil.
summen zirpen. → anstimmen, brausen, dämpfen die Stimme, singen.
Sumpf Moor, Morast, Moos, Gewässer, Luch, Watt, Brühl, Bruch, Pfuhl, Fenn, Kolk, Tümpel, Ried, Schlick, Brackwasser, Polder. → Bruch, Pfuhl. ▸ Steppe.
sumpfig feucht, schlammig, modrig, matschig, dumpfig, morastisch, schmutzig, klebrig, weich, moorähnlich. ▸ trocken.
Sund → Bai, Becken, Bucht.
Sünde → Delikt, Demoralisation, Fehltritt, Laster, Schuld, Untugend.
Sündenbekenntnis → Beichte.
Sündenbock → Prügelknabe.
Sündenregister → Schuld.
Sünder Bösewicht, Schuldner, Täter, Übeltäter, Sündenbock, Schädling, Verbrecher, Frevler, Freveltäter, Gotteslästerer, Ungerechter, Götzendiener, Unfrommer, Untugendsamer, Galgenvogel, Gefangener, Sträfling. → Frevler. ▸ Tugendspiegel.
sündhaft → arg, böse, charakterlos, diabolisch, lästerlich, niederträchtig, sündig.
sündig sündhaft, gottlos, schuldig, frevelhaft, unrecht, verbrecherisch, schuldbeladen, hartgesotten, schlecht, schlimm, unfromm, gottverlassen, sündlich, gotteslästerlich. → arg, böse, diabolisch, schlecht. ▸ keusch, tugendhaft, unschuldig.
sündigen straucheln, zu Fall kommen, verkommen, entsittlichen, fehlen, versumpfen, dem Laster verfallen, die Gebote übertreten, sich vergehen, abirren, einen Fehltritt tun, Böses tun, entgleisen, ausgleiten, den Weg allen Fleisches gehen, vom Weg der Tugend abweichen. → ausgleiten, begehen, bunt zugehen, fehlen, freveln. ▸ tugendhaft (sein), Wässerchen trüben kein.
sündlos → unschuldig.
super hyper, mehr, äußerst, über, ober, darüber, übergenug, mehr als genug, viel, über und über. ▸ minder, normal, wenig.
Superlativ Gipfel, Spitze.
Suppe → Brühe, Speise.
Suppe eingebrockt, eine Pech haben, Schaden leiden, auf den Hund kommen, miß-

lingen, in der Tinte sitzen, nicht wissen was tun ● schädigen, beeinträchtigen, eine Grube graben, täuschen, heimsuchen. ▸ Glück haben, helfen.
Suppe versalzen, die schaden, eins auswischen, ärgern, schädigen, Unheil stiften, ein Bein stellen, einen Floh ins Ohr setzen, die Suppe verbittern, schlecht behandeln, etwas antun. ▸ erfreuen, helfen.
Suppenbrühe → Brühe, Speise.
Supplement → Beifügung.
Support Werkzeugträger, Stütze, Unterlage.
surren drehen, sich bewegen ● tönen, lärmen, gurren, rauschen, rattern, glucken, knurren, schnurren, knarren, reiben, schaben, schwirren. ▸ still stehen, verstummen.
Surrogat → Abklatsch, Aushilfe, Ersatz.
suspekt → verdächtig.
suspendieren aufheben, aufschieben, zeitweise einstellen, vertagen, unterdrücken ● des Amtes entheben, absetzen, entlassen, kündigen, abschaffen, verabschieden, abberufen, pensionieren. → abhauen. ▸ einsetzen.
suspendiert → arbeitslos.
Suspendierung → Abbau, Amtsabtretung, Arbeitsunfähigkeit.
süß zuckrig, überzuckert, gesüßt, honigsüß, verzuckert, süßlich, kandiert, zuckersüß. → angenehm, anmutig, auserlesen, charmant, delikat, entzückend, köstlich, reizend. ▸ bitter, salzig, sauer.
süßen zuckern, verzuckern, überzuckern, versüßen, kandieren, bestreuen, süßmachen, würzen. ▸ versalzen.
süßfreundlich → aalglatt.
Süßholz raspeln → schmeicheln.
Süßigkeit Leckerei, Bonbon, Kandiszucker, Konfekt, Süßes, Süßspeise, Süßstoff, Verzuckerung, Überzuckerung, Zuckerzusatz, Zucker, Honig, Zuckerwerk, Schleckerei, Backwerk, Waffeln, Kuchen, Plätzchen, Pralinen, Schokolade, Marzipan, Näscherei, Drops, Fondant, Karamel ● Süßigkeit des Lebens, Leckerhaftigkeit, Ergötzlichkeit, Vergnüglichkeit. → Confitüre, Torte. ▸ Säuerlichkeit.
süßlich widerlich, fad, eklig, unangenehm ● geziert, zimperlich, gespreizt, aalglatt, zu höflich. → süß. ▸ salzig, säuerlich.
Sutane Kutte, Ordenskleid.
sylphenhaft → ätherisch.
Symbol Sinnbild, Gleichnis, Andeutung, Bild, Zeichen,

Symbolisierung ●Bekenntnis.
→ Aar, Anspielen, Erkennungszeichen, Fahne, Kennzeichen.
symbolisch sinnbildlich, gleichnisweise, andeutungsweise, bildlich, symbolisiert. → anschaulich, tief. ▶ wirklich.
symmetrisch ebenmäßig, regelmäßig, wohlgeformt, gleichförmig, passend, wohlgestaltet, abgestimmt, abgerundet. → schön. ▶ (asymmetrisch), unregelmäßig.
Sympathie → Anziehung, Freundschaft, Liebe, Neigung.
sympathisch gewinnend, liebenswert, liebenswürdig, freundlich, nett, anziehend, einnehmend, ansprechend, angenehm, wohlwollend, entgegenkommend, höflich. → angenehm, anziehend, einnehmend. ▶ abstoßend, unangenehm.
Symptom Merkmal, Krankheitszeichen, Zeichen, Erscheinung, Vorbote, Anzeichen, Kennzeichen, Vorzeichen. → Anzeichen, Zeichen. ▶ Phantom.
symptomatisch → bezeichnend.
Synagoge → Kirche.
Syndikat → Gemeinschaft, Vereinigung.
Syndikus → Anwalt.
Synode → Conclave.
Synonym Begriffsverwandtschaft, Sinnverwandtschaft, Ähnlichkeit, Anpassung, Begriffspaar, Begriffsreihe, Doppelwort, Wortreihe. ▶ Gegensätzlichkeit.
Synthese Zusammenfügung, Zusammensetzung, Verbindung, Vereinigung, Verknüpfung, Begriffsverbindung, Einbeziehung ● chemischer Vorgang. → Kombination. ▶ Analyse, Antithese, Trennung.
synthetisch → künstlich
System Lehrweise, Methode, Schnitt, Machart, Gestaltungsweise, Ausführungsart, Einteilung, Einordnung, Zusammenhang, Ordnung, Verfahren, Manier, Plan, Zusammenstellung, Lehrart, Lehrgang, Stil, Vorgang, Weise. → Art, Art und Weise, Bestand.
systematisch methodisch, zielgerecht, planvoll, absichtlich, wohlbewußt, sinnvoll, zusammenhängend, geflissentlich, planmäßig, berechnet, klug, wegweisend, zielgerecht, stilvoll. → A bis O, geregelt, planvoll. ▶ planlos.
Szene Schauplatz, Bühne, Anblick, Ort, Aussicht ● Akt, Aufzug, Bild, Teil, Abschnitt, Ausschnitt ● Szene-

rie, Kulisse, Staffage ● Krach, Streit, Ungewitter, Wortwechsel, Zank, Handgemenge, Auftritt. → Affäre, Streit. ▶ Versöhnung.
Szenerie → Blick, Kulisse, Szene.
szenisch → bühnengerecht.

T

Tabak, ein starker Knaster, Tabak, Kraut, Eigenbau ● Unkultur, Geschmacklosigkeit, schlechter Spaß, Entgleisung, Bärentanz, Albernheit, Blödigkeit, starkes Stück, Plattheit, Geschmacksverirrung, Abgeschmacktheit, schlechter Scherz, Formlosigkeit, Grobheit, Rüpelei, Gemeinheit, Frechheit, Dreistigkeit, Unverschämtheit, Barschheit, Querköpfigkeit, Ungezogenheit, Unanständigkeit. → Tadel, Übertreibung. ▶ Aufrichtigkeit, Belobigung, Erziehung gute, Feinheit.
Tabelle Liste, Aufstellung, Zusammenstellung, Sichtung, Nachweis, Verzeichnis, Tafel, Übersicht, Register, Rubrik, Übersichtstafel, Reihe. → Register.
Tablett Präsentierbrett, Servierbrett, Auftragsbrett, Speisetablett, Brett, Tasse ö.
Tablette Pille, Arznei.
tabu → verboten.
Tadel Kritik, Pfuirufe, Predigt, Schimpferei, ein starker Tabak, Mäkelei, Nasenstüber, Nörgelei, Rüffel, Schelte, Scheltname, Vorhaltung, Vorwurf, Mahnung, Ordnungsruf, Warnung, Gardinenpredigt, Zurechtweisung, Bemäkelung, Verweis, Beschwerde, Ablehnung, Mißbilligung, Anschiß u. → Abneigung, Anstoß, Bemerkung, Ermahnung, Klage, Kritik, Maßregelung, Mißfallen, Strafe. ▶ Lob.
tadellos → artig, auserlesen, bieder, blendend, brav, brillant, charmant, dauerhaft, einwandfrei, erlesen, gut, ideal.
tadeln kritteln, mäkeln, maßregeln, Mores lehren, Marsch blasen, Stab brechen den, predigen, herabsetzen, den Standpunkt klarmachen, auf die Finger klopfen, räsonieren, die Leviten lesen u, den Kopf waschen, nörgeln, pfeifen, auspfeifen, rüffeln, Mißbilligung bezeigen, meistern, ins Gebet nehmen, am Zeug flicken, jemandem seine Meinung sagen, vorhalten, vorwerfen, ausstellen, bemängeln, mißbilligen, einwenden, kritisieren, meckern u, her-

ummeckern u, quengeln u, bloßstellen. → ablehnen, anklagen, aussetzen, beanstanden, bereden, beschuldigen, bloßstellen, Dach steigen auf das, eindringlich zureden, heruntermachen, Kopf zurechtsetzen den, kritteln, mißbilligen, quergeln, schimpfen, schulmeistern. ▶ loben.
tadelnswert → anstößig, böse, charakterlos, niederträchtig, schlecht.
Tadelsucht → Krittelei, Tadel, Unhöflichkeit.
tadelsüchtig krittlig, schmähsüchtig, absprechend, absprecherisch, vorstellig, beißend, vorwurfsvoll, scharf, mißfällig, abfällig, schneidend, bitter, streitbar, spitz, mit Lob geizend. → bärbeißig, schmähsüchtig. ▶ loben(d), preisen(d).
Tadelsüchtiger → Kritiker, Räsonierer.
Tadler → Kritiker, Räsonierer.
Tafel Fläche, Ebene, Brett, Platte, Schultafel, Schreibtafel, Schiefertafel, Board ● Tisch, Back sm, Bankett, Festtafel, Eßgelage, Festmahl ● Gesetzestafel, Gedächtnistafel, Gedenktafel. → Bankett, Brett, Lage.
Tafelfreuden Schwelgerei, Festfreuden, Freßgelage, Saufgelage, Zecherei, Schlemmerei, Prasserei, Bauchdienerei, lukullische Genüsse, Feinschmeckerei ● Bankett, Gastmahl, Einladung. → Feinschmeckerei. ▶ Enthaltsamkeit, Mäßigung.
Tafelland → Ebene.
tafeln → essen.
täfeln → dielen, verkleiden.
Tafelrunde Tischrunde, Gesellschaft, Stammtisch, Tischgesellschaft ● Gemeinschaft, Klub, Bund, Versammlung, Zusammenschluß, Verbindung, Herrengesellschaft, Kränzchen, Kaffeeklatsch, Brüderschaft.
Täfelung → Bedeckung, Schmuck.
Tag Wochentag, Zeitmaß, Termin, Zeit, Zeitraum, Zeitabschnitt, Weile, Etmal sm (= astr. Tag) ● Tageslicht, Helligkeit, Dämmerung, Morgen, Tagesanbruch, Morgengrauen ● Ehrentag, Geburtstag, Festtag, Feiertag, Namenstag ● Nachmittag, Mittag ● Gericht, Ding. ▶ Nacht.
Tag bringen, an den mitteilen, erzählen, eröffnen, berichten, anzeigen, melden, erwähnen, sagen, reden, erklären, angeben, aussprechen, aufdecken, in Umlauf bringen, an das Sonnenlicht bringen, an die Öffentlichkeit bringen, an die Öffentlichkeit ziehen. ▶ verschweigen.

Tag, guten → Glück, grüßen.

Tag kommen, an den offenbar werden, herauskommen, in die Augen fallen, enthüllen, entschleiern, ans Licht kommen, entmummen, aufgedeckt werden, kein Geheimnis mehr sein. ▶ unbekannt (bleiben), verheimlichen.

Tag leben, in den → müßig gehen, verschwenden.

Tag, schwarzer dies irae, Pech, Unglück, Übel, Mißgeschick, Unheil, Unsegen, Heimsuchung, Prüfung, Fatum, Unglücksfall. → Unglück. ▶ Glück, (Glückstag).

Tag zu Tag, von → anhaltend, immer, oft.

tagaus, tagein → immer.

Tage, dieser → demnächst, kürzlich.

Tagebuch Kalender ● Bericht, Aufzeichnung, Mitteilung, Erinnerung, Lebenserinnerung, Lebensbeschreibung, Darstellung, Beschreibung, Erlebnisse, Schilderung, Erfahrung ● Memoiren, Kriegstagebuch, Reisebericht, Reisebuch, Logbuch *sm*, Diarium. → Buch, Chronik.

Tagedieb Gammler, Nichtsnutz, Taugenichts. → Arbeitsunfähiger, Ausbund, Bandit, Betrüger, Bummler, Faulpelz, Maulaffe, Müßiggänger, Schlawiner.

Tagegeld → Belohnung, Entgelt, Geld.

tagen stattfinden, plazieren, treffen, zusammenkommen ● grauen, dämmern, anfangen, beginnen, anheben, aufhellen, aufklären, hell werden. → auftauchen. ▶ abbrechen, auseinandergehen, dunkeln.

Tages, eines schönen einst, einstens, es war einmal, einmal, irgendwann, an irgendeinem Tag, zu irgendeinem Zeitpunkt ● unbestimmt, sonstwann. ▶ bestimmt, heute.

Tagesanbruch → Anfang, Dämmer, Dämmerung, Morgen.

Tagesbefehl → Ausruf, Bekanntgabe.

Tagesbericht → Bekanntgabe, Bericht.

Tagesberühmtheit → Berühmtheit, Star.

Tagesende → Abend.

Tagesgeschmack Allgemeingeschmack, Massengeschmack, Allerweltsgeschmack, Herdentrieb, Modenarrheit, Modeteufel, Zeitgeschmack, Zeitsitte. → Mode. ▶ Tradition.

täglich → anhaltend, beständig, immer, oft.

Taglohn → Belohnung, Entgelt.

Taglöhner → Arbeiter, Commis.

tagtäglich → anhaltend, beständig, immer, oft.

Tagung → Besprechung, Kongreß, Versammlung.

Taille Körpermitte, Bauchumfang.

Takelwerk → Ausrüstung, Werkzeug.

Takt Fingerspitzengefühl, Anstand, Benehmen, Höflichkeit, Wohlerzogenheit, Bildung, Manieren, Schliff, Zurückhaltung, Schicklichkeitsgefühl, Feingefühl, Zartgefühl ● Rhythmus, Wiederkehr, Dreivierteltakt, Zweivierteltakt, Metrum. → Anstand, Bedacht, Diskretion, Lebensart, Regelmäßigkeit. ▶ Taktlosigkeit.

Takt angeben, den → erste Geige spielen.

taktfest taktmäßig, rhythmisch, sangbar, wohlklingend, wohllautend, tonsicher, harmonisch, melodisch, klangrein, klangreich. → taktvoll. ▶ taktlos, (unmusikalisch).

Taktgefühl → Takt.

Taktik Aufstellungslehre ● Kampfesweise, Strategie, Feldherrnblick, Feldherrnauge, Kriegshandwerk, Gefechtskunst, Kriegskunst ● List, Schlauheit, Geschicklichkeit, Klugheit, Vorsicht, Überlegung ● Handhabung, Plan, Verfahren. → Benehmen. ▶ Sinnlosigkeit, Unklugheit.

taktisch geschickt, zweckdienlich, klug, wohlberechnet, planvoll, überlegt, einsichtsvoll, schlau, besonnen, überdacht, listig, gerissen. ▶ sinnlos, unklug.

taktlos → aufdringlich, ausgelassen, bäurisch, boshaft, brutal, geschmacklos, indiskret, neugierig sein auf, rücksichtslos, unanständig, unflätig, unangebracht, unhöflich.

Taktlosigkeit → Beleidigung, Blamage, Demimonde, Entgleisung, Formfehler, Formlosigkeit, Grobheit, Indiskretion, Unhöflichkeit.

taktvoll verschwiegen, zurückhaltend, diskret, rücksichtsvoll, anständig, höflich, gebildet, wohlerzogen. → artig, diskret. ▶ taktlos.

Taktwidrigkeit → Dissonanz, Unhöflichkeit.

Tal Senkung, Einsenkung, Bergeinschnitt, Mulde, Schlucht, Klamm, Canon, Enge, Nische, Auswaschung, Höhlung ● Erdreich, Land, Boden, Ebene, Gelände ● Tiefe, Tiefstand. → Abgrund, Becken, Ebene. ▶ Berg.

talabwärts → abwärts.

Talent Geschick, Begabung, Naturgabe, Tauglichkeit, Fähigkeit, Gewandtheit, Anlage,

Eignung, Gelehrigkeit, Geschick, Verstand, Auffassungsvermögen, Erkenntnisvermögen, Fassungskraft, Einsicht, Lerngabe, Geistesgabe, Anstelligkeit, Veranlagung ● Gewicht, Geldsumme. → Begabung, Begriffsvermögen, Denkvermögen, Fähigkeit, Fassungskraft, Gabe, Kunst. ▶ Dummheit, (Talentlosigkeit), Ungeschicklichkeit.

talentiert gottbegnadet, fähig für, tauglich, befähigt, klug, talentvoll, gescheit, anstellig, tüchtig, verständig, brauchig, verwendbar, einsichtsvoll. → anstellig, begabt, denkend, Eltern nicht von schlechten, geistesmächtig, geistreich, geschickt, intelligent, klug, tauglich. ▶ talentlos.

talentlos → albern, dumm, ungeschickt.

Taler → Bargeld.

talgig → butterig, fettig.

Talisman Amulett, Zaubermittel, Galgenmännlein, Retter, Helfer, Zaubergehänge, Zauberstab, Schutz, Autoanhänger ● Aberglaube.

Talmi vergoldetes Messing, Gemisch, Talmigold, Legierung ● Talmischmuck, Talmiware ● Unechtheit, Billigkeit, Wertlosigkeit ● Blendwerk, falsche Pracht, Schein. ▶ Echtheit, Edelstein, Gold.

talwärts → bergab.

Tamtam → Lärm, Prahlerei, Werbung.

Tand Eitles, Wertloses, Unwichtigkeit, Firlefanz, Bedeutungslosigkeit, Kram, Flitter, Nippsachen, Luft, Lirum-Larum, Tandwerk, Zierat ● Possen, Geschwätz, Drum und Dran, Umschweife. → Aufmachung, Dekoration. ▶ Gediegenheit, Wert.

tändeln liebeln, scharwenzeln, flirten, kokettieren, liebäugeln, spielen mit, girren, kosen, umschmeicheln, fensterln, locken, anschwärmen. → Blick zärtlicher, bummeln, scherzen. ▶ arbeiten, langweilen, verabscheuen.

Tank Kanister. → Behälter, Panzer.

tanken → füllen, trinken.

Tante → Anverwandte, Beleidigung.

Tantieme → Gewinnanteil.

Tanz Hopser, Bewegung, Drehung, Rhythmus, Springen, Reigen, Schwof ● Gemeinschaftstanz, Kriegstanz, Liebestanz, Maskentanz ● Kulttanz, Tempeltanz ● Volkstänze, Schuhplattler, Bauerntanz ● höfischer Tanz, Kontertanz, Gavotte, Française ● Nationaltanz, Mazurka, Krakowiak, Csardas, Fandango, Bolero, Habanera, Tarantella, Polka, Rheinländer, Contre ●

Ballett, Spitzentanz, Schautänze, Revue, Bühnentanz, Step, Onestep, Solotanz, Ausdruckstanz ● Turniertanz ● Gesellschaftstanz, Walzer, Foxtrott, Rhumba, Swing, Tango, Cancan, Boogie-woogie, Schieber, rock and rolls, English Waltz, Slow-Foxtrott, Baiao, Samba, Twist.

Tanz ums goldene Kalb dem Mammon dienen, geizen, knausern, wuchern, das Geld lieben, dem Geld nachjagen, am Geldsack kleben, seine Seele verschreiben, das Geld anbeten. → Geiz. ▶ Freigebigkeit.

Tanzabend → Ball, Feier.

tanzen hopsen, hüpfen, springen, reihen, sich drehen, schwofen u, fegen u, einen Tanz hinlegen, das Tanzbein schwingen, eine kesse Sohle aufs Parkett legen u, scherbeln u, walzen ● schaukeln, flattern, baumeln, wackeln, wedeln ● sich unterhalten, sich belustigen, sich verlustieren, sich ergötzen, feiern. → bammeln, belustigen. ▶ langweilen, still stehen.

tanzen, aus Freude → freuen sich.

tanzen, auf der Nase beleidigen, beschimpfen, anschnauzen, ärgern, anfahren, nicht zu Wort kommen lassen, ins Wort fahren, einem etwas husten, mit einem alles tun, jemanden traktieren, unehrerbietig behandeln. ▶ achten, tanzen nach der Pfeife.

tanzen nach der Pfeife folgen, einwilligen, sich demütigen, sich unterwerfen, den Lakaien machen, den Schranzen machen, zu Kreuze kriechen, klein beigeben, sich nicht mucksen. → befolgen, gehorchen. ▶ tanzen auf der Nase, widersprechen.

Tänzerin → Bajadere, Ballerina.

tänzerisch → bühnengerecht.

Tanzoper → Ballett.

Tanzspiel → Ballett.

tapern → fackeln, tasten, ungeschickt.

Tapet bringen, aufs → erörtern.

Tapete → Dekoration.

Tapete, wechseln die → verändern.

tapezieren auskleiden, verkleiden.

tapfer mannhaft, mutig, mannbar, wie ein Mann, heldenhaft, kämpferisch, wacker, kühn, kriegstüchtig, heldenhaft, starkherzig, furchtlos, beherzt, entschlossen ● ernst. → brav, heldenhaft, herzhaft, kriegerisch, männlich, mutig. ▶ feige.

Tapferkeit Bravour. → Courage, Fassung, Mannhaftigkeit, Mut.

tappen → fackeln, gehen, tappen im Dunkeln, tasten, ungeschickt.

tappen, im Dunkeln nicht finden, im Finstern tappen, sich nicht auskennen, umherirren, stolpern, fallen, straucheln, torkeln. ▶ finden sich zurecht, unterscheiden.

tappen, im dunkeln nicht verstehen, mißverstehen, verwechseln. ▶ erkennen, wissen.

tapperich → schwach.

täppisch → albern, dienstunfähig, ungeschickt.

tapsen → fackeln, gehen, tasten, ungeschickt.

tapsig → ungeschickt.

Tarif Gebührensatz, Lohnsatz, Tarifordnung, Einordnung, Gehaltsordnung. → Preis, Stufe.

tarnen → anpassen, Mantel der christlichen Nächstenliebe bedecken mit dem, maskieren, schützen, sichern, verschweigen.

Tarnung → Geheimhaltung.

Tartüff Lustspiel, Komödie ● Heuchler, Scheinheiliger, Versteller, Täuscher, Betrüger, Lügner, Schlange, Gleisner, Wolf im Schafskleid, Schwindler. ▶ Betrogener, Trauerspiel, Wohltäter.

Tasche → Behälter, Beutel, Bündel.

Tasche stecken, in die in der Gewalt haben, den Ton angeben, der Stärkere sein, die erste Geige sein, schalten und walten, die Oberhand behalten, der Herr sein, überlegen sein, um den kleinen Finger wickeln, übermeistern. ▶ unterliegen.

Tasche, leere → arm, karg.

Taschengeld → Bargeld.

Taschenspieler → Fakir, Zauberer.

Taschenspielerei → Aberglaube, Blendwerk, Kniff, Täuschung, Zauberei.

Tasse → Behälter, Gefäß, Tablett.

Tastatur Griffbrett, Klaviatur, Tastenbrett, Fußtaste, Pedal, Manual, Register, Tastenwerk. → Register.

tasten hinlangen, angreifen, greifen, anfühlen, befingern, befühlen, berühren, abtasten, anfassen, betasten ● tapern, tappen, tapsen ● wackeln, schusseln, unsicher gehen. → anfühlen, greifen.

Tastenbrett → Register, Tastatur.

Tat Handlung, Schöpfung, Arbeit, Zugriff, Werk, Aufbau, Ausführung, Verrichtung, Gründung, Unternehmung, Leistung, Akt, Eingriff ● Mannestat, Männerwerk, Streich, Staatsstreich, Angriff, Schwabenstreich, Wohltat, Heldentat, Übeltat, Groß-

tat. → Arbeit, Bewerkstelligung, Leistung, Schritt, Werk, Wirkung. ▶ Untätigkeit.

Tatbestand → Tatsache.

Tate jüd. → Anverwandte.

Tatendrang → Arbeitslust, Eifer, Fleiß, Kraftprobe.

tatenlos müßig, unbeschäftigt, beschäftigungslos, unbeteiligt, arbeitslos, bleiern, phlegmatisch, faul ● schwach, machtlos, widerstandslos. → faul, schwach. ▶ tätig.

Tatenlust → Arbeitslust, Beflissenheit, Dienstwilligkeit, Eifer, Eilfertigkeit, Fleiß.

Täter Verbrecher, Schuldiger, Schädling, Übeltäter, Sünder, Sündenbock, Dieb, Einbrecher, Bösewicht, Galgenvogel. → Schuldiger, Verbrecher. ▶ (Unschuldiger), Unschuldsengel.

tätig fleißig, in Funktion sein, arbeitend, wirkend, unermüdlich, beschäftigt, schaffig, betriebsam, berufstätig, rührig, angriffig, rege, wendig, rastlos, seiner Pflicht nachkommend. → aktiv, angestrengt, anstellig, arbeitsam, Damm sein auf dem, dienstbeflissen, eilfertig, erwerbsam, lebendig, rastlos, rege. ▶ tatenlos, untätig.

tätig sein → bekümmern, berufstätig, tätig.

tätigen → anfassen, arbeiten, ausführen, machen, tun.

Tätigkeit Aktion, Hausarbeit, Heimarbeit, Beruf, Dienst, Verrichtung, Funktion, Handarbeit, Betätigung, Kopfarbeit, Beschäftigung, Handlung, Betriebsamkeit, Geschäftigkeit, Wirksamkeit, Arbeit, Manöver u. → Aktivität, Amt, Arbeit, Bemühung, Beruf, Besorgung, Eifer, Erwerbszweig, Existenz, Fleiß, Leistung. ▶ Untätigkeit.

Tätigkeitsbereich → Beruf, Wirkungskreis.

Tätigkeitsbericht → Auskunft, Bericht, Rapport.

Tatkraft Lebensgeister, Lebenslust, Lebensmut, Pflichtbewußtsein, Rückgrat, Schöpferkraft, Tatwille, Energie, Entschlußkraft, Nachdruck, Standhaftigkeit, Verantwortungsbewußtsein, Einsatzfähigkeit, Mut, Kraft, Nerven, Charakter, Wirksamkeit, Schärfe, Schneid, Angriffslust. → Aktivität, Anstrengung, Antrieb, Arbeitslust, Ausdauer, Energie, Enthusiasmus, Entschiedenheit, Entschlußfähigkeit, Fleiß, Initiative, Kraft, Saft und Kraft, Wille. ▶ Faulheit, Kraftlosigkeit, Schwachheit.

tatkräftig schmissig, dynamisch. → aktiv, durchgreifend, Kopf mit rotem, schaffig, schneidig, tätig.

tätlich werden → angreifen.
Tätlichkeiten → Angriff, Beleidigung, Streit.
Tatmensch → Feuergeist, Herrenmensch, Mann der Tat.
tätowieren → bemalen.
Tatsache Faktum, Fall, Fait, Tat, Tatbestand, Realität, Gewißheit, Angelegenheit, Richtigkeit, Bewandtnis, Ereignis, Bestimmtheit, Unwiderlegbarkeit, Wirklichkeit, Ergebnis, Tatsächlichkeit, Lebensbedingung, Sicherheit, Untrüglichkeit, Unfehlbarkeit. → Angelegenheit, Affäre, Begebenheit, Begebnis, Bestimmtheit, Dasein, Faktor, Lage, Richtigkeit, Sache, Wahrheit. ▶ Unwahrheit.
tatsächlich wirklich, faktisch, effektiv, de facto, in praxi, vorliegend, vorherrschend, bestimmt, sicher, sicherlich, unumstößlich, gewißlich, unzweifelhaft, unanfechtbar, unstreitig, bezeugt, jedenfalls, vorgefallen. → absolut, beglaubigt, bestimmt, dinglich, dokumentarisch, durchaus, effektiv, eigentlich, erwiesen, feststehend, objektiv, real, schlechterdings, sicher, wahr, wahrhaftig. ▶ unwahr.
Tatsächlichkeit → Dasein, Fall, Faktor, Tatsache.
tätscheln → begreifen.
Tatterich → Schwäche.
Tatwille → Energie, Fleiß, Tatkraft, Wille.
Tatze Körperteil, Pranke, Klaue, Pratze, Pfote, Pratze, Kralle, Tierfuß. → Klaue.
Tau Nässe, Feuchte, Feuchtigkeit, Benetzung, Niederschlag, Tautropfen, Nebelregen, Blumentau ● Bändsel *sm* (= dünnes Tau), Leinen *sm*, Trosse, Stütztaue, Wanten *sm*. → Band, Bindemittel, Kabel. ▶ Trockenheit.
taub gehörlos, taubstumm, schwerhörig, harthörig, stocktaub, leidend, krank. → abgestumpft, unempfindlich. ▶ empfindlich, hellhörig.
Taubenschlag Vogelhaus, Nisthaus ● Menge, Schwarm, Rudel, Anhäufung, Brut, Massen, Gewimmel, Gedränge.
tauchen schwimmen, untertauchen, kraulen, baden, eintauchen, gründeln, untertunken, planschen. → eintauchen. ▶ auftauchen.
tauen ziehen, schleppen, in Tau nehmen, bugsieren, pilotieren, zerren, reffen, lotsen, reißen ● schmelzen, verflüssigen, auftauen, auflösen, zerrinnen, zerlaufen, zergehen ● Tau fallen. → bugsieren. ▶ frieren, stoßen.
Taufe Sakrament, Wiedergeburt, Taufakt, Taufhandlung, Segnung, Bespritzung, Sal-

bung ● Äquatortaufe, Bluttaufe. → Bad, Benennung, Feier.
taufen salben, segnen, bespritzen, eintunken ● vermischen, verdünnen, verfälschen, mindern. → benamsen, benennen.
taufrisch → erstmalig, jung, naß, neu.
taugen helfen, passen, dienen, zukommen, ansprechen, anstehen, gelegen kommen ● geschickt sein, erlernen, sich bewähren, sich schicken, können, kennen. ▶ hemmen, untauglich (sein).
Taugenichts → Arbeitsunfähiger, Faulpelz, Leichtfuß, Lump, Schlawiner, Tagedieb.
tauglich handlich, koscher, brauchig, bequem, dienlich, brauchbar, passend, verwendbar, zweckmäßig, nützlich, geeignet ● talentiert, geschickt, einsichtsvoll. → annehmbar, anstellig, brauchbar, dienstfähig, geeignet, gut, handlich, patent, praktisch. ▶ untauglich.
Tauglichkeit → Begabung, Brauchbarkeit, Dienlichkeit, Eignung, Fertigkeit, Sachdienlichkeit, Talent.
tauig → naß.
Taumel → Affekt, Aufregung, Begierde, Betäubung, Delirium, Ekstase, Erregung, Freude, Leidenschaftlichkeit, Lustigkeit, Schwindel.
taumeln betrunken sein, benebelt sein, berauscht sein, angesäuselt sein, bekneipt sein. → abfallen, erlahmen, fallen, schwanken. ▶ nüchtern (sein), stehen.
Tausch Umtausch, Wechsel, Auswechslung, Vertauschung, Wechselfolge, Handel, Gegenseitigkeit, Gegenbeziehung, Tauschhandel. → Austausch. ▶ Kauf.
tauschen austauschen, umtauschen, vertauschen, wechseln, erneuern, übertragen, verändern, umwandeln, umgestalten, umformen, umwechseln, handeln, verhandeln, eintauschen, vermakeln, *u.* abgeben, absenden, begeben, einhandeln, Hand unter der. ▶ behalten, kaufen.
tauschen, die Rollen ändern, abändern, umändern, verändern, austauschen, auswechseln, umwenden, verdrehen, umgestalten, eine andere Wendung geben, andere Saiten aufziehen ● in jemandes Haut fahren oder stecken. ▶ durchhalten, festbleiben.
täuschen irreführen, ankohlen *u*, bekohlen *u*, verkohlen *u*, etwas aufhängen *u*, hineinlegen, blauen Dunst vormachen, auf den Leim führen, übertölpeln, Menkenken machen *u*,

schummeln *u*, pfuschen, etwas vormachen, leimen, irreleiten, ködern, mogeln, nassauern, hintergehen, gaukeln, hinterziehen, an der Nase herumführen, sich mit fremden Federn schmücken, sein Wort brechen, hinters Licht führen, unter falschem Vorwand erlangen, ein Schnippchen schlagen, zum Narren halten, schauspielern, überfahren, simulieren, Sand in die Augen streuen, eine Nase drehen, übers Ohr hauen, zur Schau stellen. → anführen, Anstrich, balbieren, benachteiligen, beschwindeln, besten halten zum, betrügen, bewuchern, blenden, borgen Gedanken, Decke unter die stecken, Dunst vormachen, düpieren, Einverständnis heimliches, entzaubern, enttäuschen, erfinden, fabeln, Fell über die Ohren ziehen das, heucheln, lügen, narren, paschen, schadlos halten. ▶ ehrlich (sein).
täuschen, sich → irren sich.
täuschend ähnlich, geradeso, annäherungsweise, gleichsam, sozusagen ● trügerisch, unecht, unrichtig, verfänglich, irreführend. → blendend, scheinbar. ▶ zutreffend.
Tauschhandel → Austausch.
Täuschung Büberei, Doppelspiel, Hintergehung, Hinterlist, Hinterlistigkeit, Hokuspokus, Mogeln, Prellerei, Selbstbetrug, Spitzbüberei, Spitzbubenstreich, Taschenspielerei, Marktschreierei, Betrug, Kniffe, Überlistung, Bestechung, blauer Dunst, Humbug *u*, Leim *u*, Reinfall, Kinkerlitzchen *u* ● Dreh, Finte, Kniff, Täuschungsverfahren, Zauber ● Sinnestäuschung, Schein, Halluzination, Irrtum, Wahn, Nichtigkeit, Widerspruch, Trugbild, Camouflage, Phantasie, Fabel. → Anschein, Ausflucht, Betrug, Blendwerk, Chimäre, Doppelsinn, Enttäuschung, Erscheinung, Falle, Falschheit, Gaunerei, Hintergedanke, Illusion, List, Lüge. ▶ Wahrheit, Wirklichkeit.
Tausendsassa → Draufgänger, Haus lustiges, Himmelsstürmer.
Tauwetter Matschwetter, Frühling.
Tauziehen Hick-Hack, Hin und Her, Unentschiedenheit.
Taxe → Abgabe, Aufschlag, Preis.
Taxi → Fahrzeug (Straßen-).
taxieren → abmessen, abwägen, bewerten, einschätzen, errechnen, kalkulieren, schätzen, urteilen.
Team Gruppe, Arbeits- oder Werksgruppe, Forschungsgruppe, Gemeinschaft, Ver-

einigung, Crew, Stab, Mannschaft, Arbeitsgemeinschaft, Kollegenschaft, Trupp, Verband ● Teamwork, Gemeinschaftsarbeit, Partnerschaft, Zusammenschluß, Gruppenarbeit.

Technik Verfahren, Wesensform, Art, Manier, Malweise, Handhabung, Weise, Praxis ● Geschick, Fingerfertigkeit, Routine ● Wissenschaft, Technologie, Ingenieurwesen, Maschinenwesen. → Kunstform.

Technikum → Anstalt.

technisch maschinenmäßig ● artistisch, kunstfertig, geübt, handfertig, geschickt, praktisch, kunstgerecht, verwendbar, brauchbar. ▶ handgemacht, ungeschickt.

Techtelmechtel → Liebeswerbung.

Tee Getränk, Erquickung, Labung, Aufmunterung, schwarzer Tee. → Arznei.

Teenager junge Leute. →Backfisch.

Teer → Pech.

teeren → abdichten, ausfüllen, bunt zugehen, töten.

Teich → Becken, Binnenmeer, Gewässer, Kloake.

Teig Masse, Knetmasse, Kuchenteig, Brotteig, Modelliermasse, Weichheit, Fügsamkeit, Papp. → Brei.

teigig pappig, klebrig, kleistrig, zähe, dickflüssig, ziehend. → dickflüssig, faul. ▶ flüssig.

Teil Portion, Etappe, Splitter, Nummer, Strecke, Stück, Happen, Partikel, Span, Quantum, Anteil, Kleinigkeit, Fetzen, Brocken, Bissen, Hälfte, Mundvoll, Brosamen ● Gebäudeteil, Nebengebäude, Straßenteil. → Abschnitt, Anspruch, Anteil, Anzahl, Ast, Ausfertigung, Ausschnitt, Batzen, Beitrag, Bestandteil, Bruch, Bruchstück, Coupon, Dependance, Dosis, Komplex, Partie, Ration, Schluck, Sektor. ▶ Ganzes.

Teilabschnitt → Abschnitt.

teilbar trennbar, lösbar, ungebunden, durchschneidbar, locker, reißbar, schneidbar. → berechenbar, lösbar. ▶ unteilbar.

teilen halbieren, splittern, zerteilen, verteilen, stückeln, einteilen, abteilen, absondern, trennen, zumessen, zusprechen, zergliedern, zuteilen, zerschneiden ● dividieren, berechnen ● sich spalten, anfeinden, sich streiten ● fifty-fifty u, Kippe machen u. → abbeißen, abbinden, abschneiden, ausschütten, brechen, detachieren, durchkreuzen, durchreißen, durchteilen, einteilen, gabeln, par-

zellieren, scheiden. ▶ verbinden, zusammenschließen.

Teilgenuß → Anteil, Dividende.

teilhaben Anteil nehmen, mitmachen, mitbesitzen, mitmischen ● dazugehören, gehören zu, teilnehmen, mit von der Partie sein. ▶ alleinstehen.

Teilhaber → Kompagnon, Mitglied.

Teilhaber werden → Beitritt.

Teilhaberschaft → Investierung.

teilhaftig beteiligt, betroffen.

Teilnahme Hilfe, Mitempfinden, Mitempfindung, Mitgefühl, Mitleid, Rührung, Anteilnahme, Menschlichkeit, Mitarbeit, Milde, Gefährtschaft, Erbarmen ● Mitwirkung, Gegenwart, Beteiligung, Zusammenschluß. → Anwesenheit, Anziehung, Aufmerksamkeit, Bemühung, Barmherzigkeit, Charitas, Erbarmen, Herzlichkeit, Mitleid, Mitwirkung, Tätigkeit. ▶ Ausschluß, Gefühlskälte.

teilnahmslos → barbarisch, bequem, blasiert, eingetichtert, faul, gleichgültig, leidenschaftslos, maschinenmäßig, roh, unempfindlich, unerschütterlich.

Teilnahmslosigkeit Leidenschaftslosigkeit, Gleichgültigkeit, Apathie, Trägheit, Stumpfsinn, Faulheit, Phlegma, Lässigkeit, Froschnatur, Wurstigkeit, Gedankenlosigkeit, Fahrlässigkeit, Unaufmerksamkeit, Sorglosigkeit, Roheit, Gefühlsleere, Unempfindlichkeit. → Betäubung, Ermattung, Gefühllosigkeit, Kälte. ▶ Teilnahme.

teilnahmsvoll → mitleidig, schonungsvoll.

teilnehmen mitfühlen, mitdenken, erwärmen, beglückwünschen, sich freuen mit, trösten, lindern, ergreifen, erweichen, Mitgefühl zeigen ● Mitglied sein, anwesend sein, da sein, mitmachen, mitbestimmen, teilhaben, mitspielen. → beglückwünschen, nutznießen. ▶ ausschließen, teilnahmlos (sein).

teilnehmend → barmherzig, interessiert, mitleidig, mitschwingend, warm.

Teilnehmer Anhänger, Zuhörer, Begleiter, Nutznießer, Gefährte, Mitglied, Mitläufer, Beteiligter, Weggenosse, Nebenmann, Genosse, Kamerad, Kollege. → Bewerber, Mitglied, Partner. ▶ Gegner, (Unbeteiligter).

Teilnehmer werden → Beitritt.

teils → einerseits, teilweise.

teils teils → schlecht und recht, teilweise.

Teilstrecke → Abschnitt, Teil.

Teilstück → Bruchstück, Detail, Einzelheit, Muster, Teil.

Teilung Halbierung, Trennung, Verteilung, Einteilung, Austeilung, Zuteilung, Schnitt, Spaltung, Zerlegung, Zerstückelung, Zersprengung ● Entzweiung, Streit, Zwiespalt, Schisma. → Absonderung, Analyse, Auflösung, Bruch, Durchbruch, Durchschnitt, Entzweiung, Isolierung, Schnitt, Streit, Trennung. ▶ Verbindung, Zusammenschluß.

teilweise stückweise, halb und halb, ratenweise, teils, teils teils, geteilt, zuweilen, nicht uneingeschränkt, partiell, tropfenweise, manchmal, zum Teil, nicht ganz, in mancher Hinsicht, einsteils. → einerseits. ▶ ganz und gar.

Teilzahlung → Abzahlung, Bezahlung.

Telefonat → Anruf, Benachrichtigung.

Telefongespräch → Anruf, Benachrichtigung.

telefonieren → benachrichtigen, bestätigen, drahten.

telefonisch fernmündlich.

Telefonleitung Fernsprechleitung, Strippe u, Quasselstrippe u.

telegrafieren → benachrichtigen, bestätigen, drahten.

Telegramm → Benachrichtigung, Depesche.

Teller → Behälter, Gefäß, Platte.

Tempel → Kirche.

Temperament Lebhaftigkeit, Gemütszustand, Loidon schaftlichkeit, Charaktermischung, Schwung, Gestimmtheit, Schneid, Wesensform, Gefühlsrichtung, Empfänglichkeit, Sonderart, Typ. → Anwandlung, Art, Aufregung, Charakter, Erregbarkeit, Schwung. ▶ Temperamentlosigkeit.

Temperament, heißes Leidenschaftlichkeit, Erregbarkeit, Wildheit, Heißblütigkeit, Unbeherrschtheit ● Glut, Flamme, Feuer, Schwung, Ruhelosigkeit, Rastlosigkeit, Ungeduld, Lebendigkeit, Heißmut, Erregtheit, Rausch, Taumel.

temperamentlos phlegmatisch, melancholisch, leidenschaftslos, unerschütterlich, gemütsruhig, ruhig, gelassen, unbeweglich, träge, nüchtern, kalt, regungslos, gemütsarm, ernst, still, beherrscht, gleichmütig, gefaßt. → leidenschaftslos. ▶ temperamentvoll.

Temperamentlosigkeit Beherrschtheit, Unerschütterlichkeit, Gefaßtheit, Ernst, Bedacht, Besonnenheit, Nüchternheit, Mäßigung, kaltes Blut, Gleichgültigkeit, Wurstigkeit, Seelenruhe, Teilnahmslosigkeit, Apathie, Phlegma, Blasiertheit, Frostigkeit. → Leidenschaftslosigkeit. ▶ Temperament heißes.

temperamentvoll → begeistert, heftig, lebhaft, schwungvoll.

Temperatur → Hitze.

Temperaturabnahme → Kühlung.

Tempo Zeitmaß, Schnelligkeit, Lebhaftigkeit, Raschheit, Fixheit, Geschwindigkeit, Schnelle. ▶ Langsamkeit.

temporär → vergänglich.

Tendenz → Absicht, Neigung, Zweck.

tendenziös absichtlich, zweckgefärbt, einseitig, zweckdienlich, entstellt, zurechtgemacht, unsachlich, verdreht. ▶ objektiv, unabsichtlich.

tendieren → neigen, streben.

Tenne → Schütte.

Tennis → Ball, Sport.

Teppich Bodenbelag, Schoner, Läufer, Wandteppich, Bildteppich, Bouclé, Gobelin, Vorlage, Vorleger, Bettumrandung, Brücke, Unterlage, Belag, Perserteppich ● Rasenteppich, Blumenteppich. → Bedeckung, Brücke, Matte.

Termin Frist, Fälligkeitstag, Datum, Zeitpunkt, Wartezeit, Zeit, Zeitgrenze, Ziel, Zeitabschnitt, Festsetzung. → Datum, Frist.

Terrain → Bezirk.

Terrasse Balkon, Altan, Dach, Anbau, Aufsatz, Vorbau, Söller, Loggia, Veranda ● Stufenbau, Erhöhung, Terrassenland. → Erker.

Terrine Suppenschüssel.

Territorium → Bezirk.

Terror Anarchie. → Bedrohung, Gewalt, Strenge.

terrorisieren → bedrohen, zwingen.

Terzett Trio, Dreiergruppe.

Test Probe, Versuch, Experiment, Prüfung, Ausforschung, Befragung ● Erkennungszeichen. → Versuch.

Testament machen, sein testieren, geben, hinterlassen, schenken, bestimmen, zuweisen, vererben, zum Erben einsetzen, aussetzen, auswerfen, bedenken mit. → sterben.

testen → versuchen.

teuer kostspielig, luxuriös, wertvoll, kostbar, übertrieben, gesalzene Preise, gesalzen *u,* happig *u,* klotzig, gepfeffert *u,* Apothekerpreis, reißt ins Geld, zu hoch bemessen ● begehrt, begehrenswert, erwünscht, wünschenswert, verlockend ● lieb, fassen in Gold, wert,

hochgeschätzt, verehrt, angebetet. → ersehnenswert, erwünscht, unerschwinglich, lieb. ▶ billig, teuer nicht.

teuer, nicht → bezahlbar.

Teuerung Hungersnot, Mißernte, Elend, Armut, Verknappung, Rohstoffmangel ● Preiserhöhung, Überforderung, Ansteigung, Kostspieligkeit, Überteuerung, Preistreiberei, Preiswucher. ▶ Preisermäßigung, Wohlstand.

Teufel Bösewicht, Höllenbewohner, Höllenfürst, Höllendrache, Höllenhund, Luzifer, Satan, Pferdefuß, Genius böser, Antichrist, Diavolo, Urian, Diabolus, Mephistopheles, Deibel *u,* Kuckuck *u,* Widersacher, Versucher, Verderber, Erzfeind, Höllenbraten. → ach, Bandit, Barbar, Beelzebub, Bestie, Dämon. ▶ Edelmensch, Engel.

Teufel, armer → Bittsteller, Bruder.

Teufel an die Wand malen Angst machen, Furcht einflößen, das Gras wachsen hören, etwas Schlimmes voraussehen, unken, ins Bockshorn jagen, alarmieren, erschrecken, Unruhe einjagen, Bestürzung verbreiten, warnen. ▶ ermutigen.

Teufels Pferdefuß, Pech und Schwefel. → Falschheit, Hinterhalt.

teufelhaft → diabolisch, teuflisch.

Teufelsdienst → Götzendienst.

teuflisch höllisch, satanisch, diabolisch, teufelsmäßig, verteufelt, dämonisch, teufelhaft, mephistophelisch ● grausam, roh, bestialisch, elend, schlimm, schlecht, niederträchtig, gemein, schurkisch, erzböse. → barbarisch, bestialisch, böse, charakterlos, dämonisch, diabolisch, eingefleischt, entmenscht, niederträchtig, roh, schlecht. ▶ gut.

Text Schrift, Niederschrift, Abfassung, Fassung, Wortlaut, Wortgefüge, Formulierung, Inhalt, Manuskript, Urschrift, Thema, Motiv, Stoff, Aufschrift, Anmerkung, Schriftsatz, Schriftbild, Urtext. → Inschrift.

Textilien Gewebe, Webwaren, Stoffe, Kleidung.

Theater Bühne, Oper, Schauspiel, Vorstellung, Stück, Schaubühne, Freilichtbühne, Schmiere, Hoftheater, Staatstheater, Festspielhaus ● Erheiterung, Unterhaltung, Festlichkeit ● Affentheater, Klamauk, Krach, Lärm, Aufregung. → Darbietung.

Theaterkarte → Einlaßkarte.

Theater spielen → aufführen, fabeln, lügen.

theatralisch → anmaßend, bühnengerecht, dramatisch, pompös, salbungsvoll.

Theke Schanktisch, Tresen.

Thema → Angelegenheit, Aufgabe, Gegenstand, Problem.

theoretisch gedacht, logisch, begrifflich, angenommen, hirnlich, gemeint, sozusagen, gewissermaßen, als ob, wenn. ▶ praktisch, tatsächlich.

Theorie → Annahme, Art, Aufstellung, Hypothese.

Therapeut → Heilkünstler.

Therapie Dienst, Heilkunde, Krankheitsbehandlung, Mittel, Heilverfahren, Behandlung, Krankenpflege, Medizin.

Thermalbad → Bad.

These → Lehrsatz, Text.

Thron Thronsitz, Thronsessel, Herrschersitz ● Oberherrlichkeit, Oberherrschaft, Machtvollkommenheit, Staatslenkung, Regentschaft.

Tick Stich, Grille, Schrulle, Knall, Klaps, Spleen, Drall, Vogel, Triller, Fimmel ● Verrücktheit, Blödigkeit, Idiotie ● tickende Berührung, tickendes Geräusch. ▶ Natürlichkeit.

ticken → schlagen.

tief tiefliegend, versenkt, unterirdisch, kellertief, bodenlos, knietief, grundlos, unten, drunten ● bedeutungsvoll, tiefschürfend, symbolisch, umfassend, unendlich, tiefgründig, vielsagend, versunken, schwer, herzlich, durchdrungen, gründlich, tiefgehend. → abgründig, bedeutsam, durchdringend, niedrig, sinnig, sinnvoll. ▶ hoch.

tief ausgeschnitten → entblößt.

tief unten → drunten.

Tiefdruck → Druck.

Tiefe Vertiefung, Untiefe, Senkung, Einsenkung, Bodenlosigkeit, Höllentiefe, Unergründlichkeit ● Höhle, Brunnen, Schacht, Abgrund, Krater, Schlund ● Gedankentiefe, Tiefsinn, Reflexion, Grübelei. → Born. ▶ Höhe.

Tiefe, in der → drunten.

Tiefebene → Ebene.

tiefgehend → durchdringend.

tiefgreifend → A und O, durchgreifend, radikal, tief.

tiefgründig → durchdringend.

tiefkühlen frosten, eisen, vereisen ● konservieren.

Tiefland → Ebene.

tiefliegend → durchdringend, tief.

Tiefpunkt → Tiefe, Trübsinn.

tiefschürfend → durchdringend, tief.

Tiefsinn → Betrachtung, Gedankenfülle, Nachdenklichkeit, Trübsinn.

tiefsinnig grübelnd, sinnend, nachdenklich, nachdenkend, selbstquälerisch, schwermütig, denkend. → aufgelegt, melancholisch, trübsinnig. ▶ fröhlich, oberflächlich.

Tiefstand → Niedrigkeit, Trübsinn.

Tier Geschöpf, Kreatur, Biest u, Viehzeug, Beute, Getier, Bestie, Säugetier, Zweifüßler, Vierfüßler, Sohlengänger, Zehengänger, Zuchtvieh, Wiederkäuer, Haustier, Jagdtier, Raubtier, Vogel, Insekt, Kriechtier, Fisch, Fähe j, Föhe j, Betze j. → Kreatur. ▶ Mensch, Pflanze.

Tiergarten Zoo, Gehege, Tierpark, Freigehege.

tierhaft animalisch. → ausschweifend, bestialisch, blutgierig, brutal, cerabral, entmenscht, erotisch, roh.

tierisch → ausschweifend, bestialisch, blutgierig, brutal, cerebral, entmenscht, erotisch, unkeusch.

Tierreich Tierwelt, Fauna.

Tierstimme quieken, quietschen, brüllen, schreien, jaulen, grölen, brummen, miauen, bellen, heulen, knurren, wiehern, winseln, schnurren, fauchen, bähen, rufen, zwitschern, lärmen, zirpen, gakkern, krähen, krächzen, quaken, schnattern, blasen, schleifen j, kollern j, kullern j, rödeln j, grudeln j, kudern j. ▶ lachen, singen, sprechen.

tifteln → ausdenken.

tilgen → abbezahlen, abbüßen, aberkennen, abzahlen, ausbaden, ausführen, ausrotten, begleichen, bezahlen, büßen, einlösen, erstatten.

Tilgung → Abtragung, Ausgleich, Befriedigung, Bewerkstelligung, Bezahlung, Einzahlung, Reinigung, Rückzahlung.

Tingeltangel Schmiere, Schmierentheater, Schaubude, Jahrmarkttheater ● Tanzbude, Vorstadt-Tanzboden ● Lärmbude.→Kleinkunst.

Tinktur → Abguß, Aufguß, Essenz, Farbe.

Tinte Flüssigkeit, Schreibflüssigkeit, Füllertinte ● in der Tinte sitzen, Pech haben, in der Klemme sitzen, hereingefallen sein, Beschwerde. → Farbenton. ▶ (Bleistift), Glück haben, glücken.

Tip → Anleitung, Wink.

tip-top → anmutig, artig, köstlich, schick.

tippeln → laufen.

tippen → schreiben, wetten.

Tirade → Ausschmückung, Floskel, Redseligkeit.

Tisch → Speise, Tafel.

Tisch, am grünen auf dem Dienstweg, über das Amt, über die Verwaltung, Paragraphenmühle, Schema F, Schreiberwirtschaft, Amts-

schimmel, Bürokratismus ● theoretisch, nicht im Leben stehend, nicht aus der Praxis, nicht in der Wirklichkeit zu gebrauchen, leichter gesagt als getan. ▶ (empirisch), großzügig, praktisch.

Tisch machen, reinen → anordnen, entscheiden sich, Konsequenzen ziehen, verständigen.

tischfertig → fertig, fixfertig.

Tischrücken → Aberglaube.

titanisch → gigantisch.

Titel Ehrentitel, Titulatur, Anrede, Hoheitszeichen, äußere Ehre, Rangliste, Dienstbezeichnung, Ehrenbenennung, Adelsdiplom, Pairswürde, Auszeichnung, Majestät, Sire, Hoheit, Exzellenz, Eminenz, Heiligkeit, Durchlaucht, Doktor, Professor, Rat ● Überschrift, Schlagzeile, Thema, Bezeichnung, Aufschrift ● Rechtsgrund, Gesetzesabschnitt. → Anrede, Bedeutung, Belohnung, Charakter, Effekten. ▶ Inhalt, Spitzname.

Titulatur → Anrede, Titel.

Toast Röstschnitte, Röstbrot ● einen Toast ausbringen, ein Hoch ausrufen, hochleben lassen, einen Trinkspruch ausbringen.

toben krachen, lärmen, tosen, trampeln, gären, kochen, sausen, brausen, rauschen ● explodieren, schnauben, rasen, um sich schlagen, vor Wut platzen, in die Höhe fahren, aus der Haut fahren, Gift und Galle speien, zornig sein, wüten, zürnen, stampfen, zureden, aufbrausen, knirschen vor Zorn, die Fäuste ballen. → aufregen, außer sich, brennend, ergrimmen, fangen Feuer, geraten außer sich, Harnisch geraten in, lärmen, schäumen, schimpfen, wüten. ▶ beruhigen.

tobend → brennend, entrüstet, laut, wütend, zornig.

Tobsucht → Besessenheit, Delirium, Wahnsinn, Zorn.

tobsüchtig → aufgebracht, krank, verrückt, wütend, zornig.

Tobsüchtiger Kranker, Besessener, Verrückter, Toller, Tollhäusler, Wahnsinniger, Irrsinniger, Amokläufer.

Tochter → Abkomme, Anverwandte.

Tochtergeschäft → Filiale.

Tochtermann → Anverwandte.

Tod Ableben, Verlust, Ende, Todesfall, Weggang, Sterben, Verscheiden, Hinschied, Hinscheiden, Hingang, Exitus, Lebensende, letztes Stündlein, Schwanengesang, Leblosigkeit, Auflösung, Blutstockung, Herzschlag, Todeshauch, Feuertod, Kältetod,

Freitod, Schweigen ● Schnitter, Sensenmann, Würger, Gevatter Tod, Knochengerippe. → Ableben, Fäulnis, Jenseits. ▶ Leben.

todbringend → tödlich, gefährlich.

Todesfall → Ableben, Tod.

Todeskampf Agonie. → Tod.

Todesstrafe → Hinrichtung.

Todfeind → Feind, Teufel.

todfeind verfeindet, entzweit, spinnefeind, feindselig, feindlich, entfremdet, verhaßt, abgeneigt, unerbittlich, bissig, haßerfüllt, unverweichlich, unnachgiebig. ▶ befreundet.

todgeweiht aufgegeben, verloren, erledigt, krank, sterbenskrank, gezeichnet, sterblich.→ krank, todkrank. ▶ gesund, genesen.

todkrank sterbenskrank, im Sterben liegen, nicht mehr lange machen, Matthäi am letzten sein u, todgeweiht, siech, leidend, abgezehrt, unrettbar, unheilbar, lebensgefährlich, invalid, bettlägerig. → bedenklich, gefährlich, krank. ▶ gesund.

tödlich letal, todbringend, lebensgefährlich, schlimm, ungesund, übel, nachteilig, heimtückisch, verdorben, schlecht, schädlich, bösartig, lebenzerstörend, epidemisch, gesundheitswidrig ● schmerzhaft, abscheulich, widerlich, unausstehlich, peinvoll. → arg, epidemisch, giftig. ▶ bekömmlich, gesund, wirkungslos.

todsicher → absolut sicher.

Toga → Faltenwurf.

Toilette → Abort.

tolerant gerecht, sachlich, duldsam, verständig, nachsichtig, entgegenkommend, weitherzig, gütig, friedlich, verträglich, versöhnlich, maßvoll, verständnisvoll, einsichtsvoll. →aufgeklärt, barmherzig. ▶ engherzig, unsachlich, unversöhnlich.

Toleranz → Friedlichkeit, Gutmütigkeit, Nachsicht, Rücksicht.

toll → abscheulich, absurd, aufgebracht, entrüstet, hysterisch, irrsinnig, Rand und Band aus, schick, verrückt.

tollen jubeln, springen, umhertollen, hüpfen, sich freuen, sich kugeln, toben, sprühen, tanzen, trampeln, jodeln, ausgelassen sein, wagen, sich erkühnen. → freuen sich, toben. ▶ beruhigen, betrüben (sich).

Toller → Irrsinniger, Tobsüchtiger.

Tollerei → Lustigkeit, Tollheit.

Tollhaus Narrenhaus, Irrenhaus, Zwangsjacke, Heilan-

stalt, Sanatorium, Heim, Verrücktenanstalt.

Tollheit Raserei, Wahnsinn, Narrheit, Tollwut, Veitstanz ● Übermut, Mutwille, Tollerei, Dreistigkeit,Ausgelassenheit. → Besessenheit, Delirium, Verrücktheit, Zorn. ▶ Beherrschung.

tollkühn → ausgelassen, blindlings, gefährlich, gewagt, halsbrecherisch, mutig, übermütig.

Tollkühner → Draufgänger.

Tollkühnheit → Begeisterung, Courage, Dreistigkeit, Heldenhaftigkeit, Mut, Risiko, Übermut, Wagnis.

Tolpatsch Nichtskönner, Tölpel, Bock, Kalb, Knote u, Kalb Moses u, Klotz, Ölgötze u, Schlacks u, Stockfisch u, Stoffel, Taps, Duseltier, Unglücksrabe, Linkshänder, Unglückshand, Pechvogel, Umstandskrämer, Bär, Stümper, Elefant. → Dummkopf, Dummerian. ▶ Könner.

Tölpel → Barbar, Dummerian, Dummkopf, Irrsinniger, Nichtkönner, Tolpatsch.

tölpelhaft → bäurisch, beengt, dumm, erfahrungslos, ungeschickt.

Tölpelhaftigkeit → Blödigkeit, Schwerfälligkeit.

Ton Seufzer, Fistel, Ruf, Klage, Laut, Lärm, Geräusch, Schall ● Gesang, Tonzeichen, Tonart, Note ● Erdreich, Mergel, Tonerde, Knetmasse, Brenngut.→Ausdrucksweise, Benehmen, Bestand, Brauch, Fanfare, Farbe, Klang, Laut, Mode. ▶ Lautlosigkeit, Ungezogenheit.

Ton angeben, den → dirigieren.

Ton, erregter → Streit, Wut, Zorn.

Ton, guter → Anstand, Benehmen, Brauch.

tonangebend → ausschlaggebend, beeinflussend, beherrschend, dominierend, kompetent, maßgebend, überlegen ● erste Geige spielen.

Tonbandgerät → Apparat.

tonen → anstreichen, stimmen, tönen.

tönen ertönen, nachklingen, widerhallen, schallen, schellen, klingen, lärmen, anstimmen, singen, heulen. → anstreichen, dröhnen, erklingen, läuten, schallen.▶ verklingen, verstummen.

tönernen Füßen, auf auf Sand gebaut. → schwach.

Tonfall → Aussprache, Betonung.

Tonfarbe → Klang.

tonig → weich.

Tonfolge Thema, Passage, Melodie.

Tonkünstler Tonsetzer. → Musiker.

Tonlauf → Passage, Ton.

tonlos still, leise, sachte, schweigsam, ruhig, lautlos, geräuschlos, mäuschenstill, stumm, verstummt, unvernehmbar, gedämpft. ▶ tönen(d).

Tonnage Schiffsraum, Tonnengehalt, Tonnengeld, Schiffskörper, Laderaum, Kielraum.

Tonne → Behälter, Dickwanst, Maß.

Tonstufe Intervall.

Tonsur → Glatze.

Tonverwirrung → Charivari, Dissonanz.

Topf → Behälter.

Topf werfen, in einen → absurd, unordentlich, vermengen.

Töpferkunst → Bildhauerei.

Töpferware → Geschirr.

Tor Kaffer, Ölgötze, Simpel, Blöder, Narr, Alberhans, Einfaltspinsel, Tölpel, Tolpatsch, Wasserkopf, Ochs, Blödian, Trottel, Schaf, Depp ● Pforte, Portal, Eingang, Durchgang, Türe, Einlaß, Ausfahrt ● Fußballtor, Ziel, Gewinn. → Ausgang, Ausweg, Dummkopf, Durchgang, Einfahrt, Eingang, Idiot, Öffnung, Schaf. ▶ Könner, Kopf fähiger.

Torheit Unsinn, Albernheit, Blödheit, Sinnlosigkeit, Dummheit, Leichtsinn, Possen, Gicksgacks, Eselei, Unklugheit, Oberflächlichkeit, Unvernunft, Kurzsichtigkeit, Kinderei, Narrheit, Einfall, Tölpelhaftigkeit. → Blödigkeit, Dummheit, Farce, Humbug, Irrsinn.▶ Klugheit.

töricht unklug, unüberlegt, zerstreut, blind, gedankenlos, dumm, tappisch, leichtsinnig,leichtfertig,unbedacht, borniert,verbohrt, beschränkt, dämlich, läppisch, unreif, lebensfremd, kurzsichtig, engstirnig, albern, flapsig, unsinnig, toll, wirr, geistlos, kopfscheu, unvernünftig, verblendet, eine Dummheit machen, sich ein Stück leisten u. → absurd, albern, beengt, dumm, gehirnlos, geistlos, hirnverbrannt, leichtsinnig.▶ klug.

torkeln → abfallen, tappen im dunkeln, schwanken.

Törn sm Drehung, Verdrehung, Umdrehung.

Tornister → Behälter.

Torso → Bildhauerei, Bruchstück, Figur.

Torte → Kuchen.

Tortur Marter, Qual, Pein, Bitternis, Schmerz, Greuel, Kreuz, Unbill, Plage, Bürde, Unheil, Bedrückung, Kümmernis, Elend, Weh, Drangsal, Jammer. → Beklemmung, Strafe. ▶ Belohnung, Bequemlichkeit, Linderung.

Torweg → Ausgang, Durch-

gang, Durchlaß, Eingang, Öffnung, Weg.

tosen → außer sich, dröhnen, lärmen, toben.

tosend → ungehemmt.

tot erstickt, erschossen, erloschen, gestorben, leblos, mausetot, regungslos, kalt, abgeschieden, still, dahingegangen, verstorben, gefallen, verschieden, selig, erlöst, entseelt, atemlos, unbelebt, ausgelitten, ausgekämpft ● tot sein, hops sein u, mausetot sein, um die Ecke sein u, ihn hat es erwischt u ● öde, unfruchtbar ● düster, matt, glanzlos ● abgeschieden, betäubt, gestorben, kalt, unempfindlich. ▶ lebendig.

total → A bis O, alles, ausnahmslos, durch und durch, ganz, ganz und gar, vollständig.

totalitär → diktatorisch.

Totalität Alles, Ganzes, Ganzheit, Gesamtheit, Gesamtumfang, Vollständigkeit, Vollkommenheit, Gesamtbetrag, Bausch und Bogen, von Anfang bis Ende. ▶ Einzelheit.

töten erdrosseln, erdolchen, ums Leben bringen, unter die Erde bringen, entleiben, ermorden, erstechen, ertränken, erwürgen, kaltmachen, umlegen, ins Jenseits befördern, abservieren u, fertig machen u, killen, köpfen, schlachten, niederstechen, pfählen, hinopfern, steinigen, hinrichten, das Lebenslicht ausblasen, ans Messer liefern, meucheln, morden, umbringen, niedermachen,niedermähen,niederschießen, abschießen, abmurksen, lynchen, abfedern j, abrücken j, abschlagen j, abknallen j. → ausmerzen, ausrotten, durchschießen. ▶ (am Leben lassen).

totenähnlich → besinnungslos, bleiern.

totenblaß → erschrocken, fahl.

totenbleich → besinnungslos, bleiern.

Totenfeier → Einäscherung.

totenstill lautlos, still, ruhig, tonlos, mäuschenstill, leise, verstummt, stumm, sachte, unvernehmbar, sprachlos, wortlos, schweigsam, geräuschlos. ▶ lärmend.

Toter → Leiche, Mann stiller.

totgeboren → nutzlos, umsonst.

totgehen → sterben.

Toto → Lotterie.

totpeitschen → ausrotten, quälen, strafen, töten.

totprügeln → ausrotten, quälen, strafen, töten.

totquälen → ausrotten, quälen, strafen, töten.

totreden → mundtot machen, tratschen.

Totschlag → Attentat, Beraubung, Blutbad, Bluttat, Tötung.

totschlagen → ausrotten, quälen, töten.

Totschläger → Mörder.

totschweigen → übersehen, ignorieren, schneiden, überhören, verleugnen, keine Notiz nehmen, die kalte Schulter zeigen, links liegen lassen, wie Luft behandeln ● tarnen, geheimhalten, bewahren, verbergen, verdecken, verschweigen. ▶ auspacken, erzählen, schätzen.

Tötung Ermordung, Mord, Totschlag, Meuchelmord, Opferung, Ritualmord, Lebensberaubung, Bluttat, Gemetzel, Attentat, Raubmord, Dolchstoß, Blutbad, Vernichtung ● Hinrichtung, Vollstreckung, Henkersmahlzeit, Garaus ● Selbstmord, Freitod, Harakiri. → Beraubung, Bluttat.

Toupet Perücke, Zweitfrisur.

Tour → Ausflug, Ausmarsch, Reise.

Tournee Gastspielreise.

Toxine Giftstoffe. → Beruhigungsmittel.

Trabant Nebenstern, Nebenplanet, Stern, Satellit, Planetenbegleiter, Mondbegleiter. → Anhänger, Assistent, Begleitung, Schlawiner. ▶ Abtrünniger.

traben laufen, galoppieren, reiten, davonspringen, marschieren, gehen, wandern, sprengen, trotten, trollen *j*. → bewegen sich. ▶ still stehen.

Tracht → Anzug, Bearbeitung, Bestrafung, Kleidung.

Trachten → Absicht, Beflissenheit, Begierde, Bemühung, Bestreben, Betrachtung, Bewerbung, Drang.

trachten nach → beabsichtigen, bewerben sich, Lippen lecken nach, schnappen.

trächtig schwanger, körig, rossig, stierig, geil, fruchtbar, ergiebig, wuchernd, ertragreich, gesegnet, dick *j*, innehaben *j*, beschlagen *j*, hochbeschlagen *j*, tragend. ▶ unfruchtbar.

Tradition → Brauch, Etikette, Mode, Sitte, Überlieferung.

Tragbahre → Bahre.

Tragbalken → Balken.

tragbar handlich, zusammenlegbar, beweglich, leicht versetzbar, gangbar, transportierbar ● leicht, gewichtlos, unschwer ● aushaltbar, erträglich. ▶ unerträglich, schwer.

träge → arbeitsscheu, arbeitsunfähig, behäbig, bequem, bleiben sitzen, bummelig, energielos, faul, langsam, passiv, schwach, unentschlossen.

tragen mitschleppen, mittragen, halten, schleppen, wegtragen, forttragen, austragen, abtragen, buckeln *u*, Huckepack tragen *u*, heben ● stützen, unterstützen ● auf sich nehmen, ertragen, belastet sein, buckeln ● helfen, unter die Arme greifen ● um den Hals tragen, anhaben, anhängen, umhängen, umhaben *u* ● auf dem Kopf tragen, aufhaben *u*. → basieren, ruhen, schleppen. ▶ aufbegehren, empfangen, entbürden, hemmen, stellen.

tragen, Eulen nach Athen Wasser in den Fluß tragen, Bäume in den Wald tragen, im Überfluß haben, genug davon haben, Sinnloses tun, den Bock melken, Bier nach München bringen, das Pferd am Schwanz aufzäumen. ▶ sinnvoll (handeln).

tragen, auf den Händen lieben, verehren, anbeten, vergöttern, hochachten, hochschätzen, alles für jemanden tun, jeden Wunsch erfüllen, immer zur Seite stehen, mit Liebe umgeben, verhätscheln, verwöhnen, verziehen, bevorzugen, hochhalten, innig lieben. → befreunden. ▶ schlecht (behandeln), verabscheuen.

tragen, mit sich → beabsichtigen.

Träger Überbringer, Besorger, Austräger, Laufbursche, Briefträger, Briefbote, Zubringer, Schaffner, Kofferträger, Gepäckträger, Dienstmann, Schlepper ● Anhaltspunkt, Balken, Faktor, Packesel, Regal ● Konsole. ▶ Empfänger.

Tragesel → Packesel.

Trägheit Lässigkeit, Leblosigkeit, Lethargie, Phlegma, Starre, Starrheit, Passivität, Faulheit, Müßiggang, Unfleiß, Arbeitsscheue, Bequemlichkeit, Dumpfheit, Schwerfälligkeit, Abspannung, Schläfrigkeit, Saumseligkeit, Nachlässigkeit. → Arbeitsunfähigkeit, Bummelei, Dumpfheit, Flauheit, Gleichgültigkeit, Langeweile, Langsamkeit, Schlaffheit, Untätigkeit. ▶ Arbeitsfreude, Geisteskraft, Schnelligkeit.

tragikomisch → bühnengerecht, lächerlich.

tragisch → bühnengerecht, dramatisch, entsetzlich, freudlos, schlimm.

Tragkorb → Kiepe.

Tragödie Trauerspiel, Bühnenstück, Drama, Schauspiel, Rührstück, Charakterstück, Bühnenkunst, Dramenkunst ● Unglück, Übel, Unheil, Unstern, Schrecklichkeit. ▶ Glücksfall, (Lustspiel).

Tragsessel → Sänfte.

Tragstuhl → Bahre, Sänfte.

Tragweite Reichweite, Entfernung, Ferne, Weite, Abstand, Armeslänge, Strecke ● Belang, Bedeutung, Wirkungskraft, Geltung. ▶ Begrenzung, Unbedeutendheit.

Trainer → Lehrer, Sportler.

trainieren üben, schulen, ertüchtigen, abhärten, dressieren, exerzieren, Sport treiben, hart arbeiten, einüben, zum Wettkampf rüsten, fit machen. → ausbilden, drillen. ▶ bleiben zurück, verlottern, verziehen.

Training → Ausbildung, Vorbereitung.

Traktat Abhandlung, Schrift, Flugschrift, Untersuchung, Beitrag, Bearbeitung, Dissertation, Erklärung ● Vertrag, Übereinkommen, Festsetzung, Abmachung.

traktieren bewirten, aufwarten, geben, behandeln. → balgen, bestrafen, quälen, schlagen. ▶ belohnen, vertragen sich, unterlassen.

trällern → anstimmen, singen.

Trambahn → Bahn, Fahrzeug (Schienen-).

Trampel Trampeltier, Elefant, Bär, Tölpel, Schwerfälliger, Klotz, Plumpsack, Dicker, Bullenkalb, Meister Petz, Linkischer, Elefantenbaby, schwerfälliger Mensch, Elefantenkücken, Holzkopf, Maschine *u*, Dampfwalze *u*, Dragoner *u*. → Pferd, Tolpatsch.

trampeln → toben, treten.

trampen landstreichen, umherziehen, umherstreichen, wandern, bewandern, durchziehen, gehen, per Anhalter fahren. → laufen.

Trance Entrückung, Traumzustand, Erregung, Verzückung, Rausch, Taumel, Überschwang, Trancezustand, Koller, Wonnerausch, Wallung, Hochgefühl, Schwärmerei, Verblendung. ▶ (Wachzustand), Wirklichkeit.

tranchieren → abschneiden, teilen.

Träne → Zähre.

Tränen schwimmen, in → beklagen.

tränenreich → schlimm, schmerzlich.

Tränensaat → Drachensaat.

Tränentier → Tranfunzel.

Tranfunzel Schlafmütze, Bummler, Tränentier, Transuse, Schnecke, Faultier, Kriechtier, Schildkröte, Bärenhäuter, Schlampe. → Banause. ▶ (Mensch aufgeweckter).

tranig → bedächtig, faul, fettig.

Tranigkeit → Langsamkeit, Trägheit.

Trank Frischung *j*. → Aufnahme, Essenz, Getränk.

tränken → säugen.

transparent durchsichtig,

durchlässig, licht, durchscheinend, ungetrübt, klar, reinsichtig, durchschimmernd, hell. → hell. ▶ undurchsichtig.

Transparenz → Durchsichtigkeit.

Transport Ladung, Fortschaffung, Beförderung, Versendung, Verladung, Verschikkung, Fuhre, Last, Hieve *sm*, Fracht, Schub, Überführung, Zuleitung, Versand, Übersendung, Verfrachtung, Verschiffung. → Anfuhr, Fracht. ▶ Einlagerung, Empfang.

transportabel → tragbar.

Transportband → Rutsche.

transportieren befördern, hinaustragen, hinauswerfen, senden, versenden, verladen, verfrachten, verschiffen, verschicken, fortschicken, fortschaffen. → absenden. ▶ empfangen, stehen lassen.

transzendent → raum-zeitlos, seelisch.

trappeln → laufen, traben.

trapsen → erklingen, gehen.

Tratsch → Beleidigung, Gemunkel, Nachrede, Unehre.

tratschen klatschen, knatschen, babbeln, kannegießern, schnattern, plappern, schwatzen, seibern, palavern, in Fluß kommen. → abschweifen, reden. ▶ schweigen.

trau, schau, wem überlegen, achtgeben, skeptisch sein, Bedenken haben, mißtrauisch sein, es ist nicht alles Gold was glänzt, nicht auf alles hereinfallen, sich die Leute genau ansehen, sich nichts vormachen lassen, sich keinen Sand in die Augen streuen lassen. → unsicher, zweifeln. ▶ glauben, vertrauen, trauen.

trauen heiraten, kopulieren, nehmen ernst, nehmen für bare Münze, vertrauen, wagen. ▶ trau schau wem.

Trauer Kummer, Unglück, Unbill, Herzweh, Übel, Gram, Unmut, Leid, Weh, Harm, Herzeleid, Unheil ● Trauerfall, Todesfall, Seelennot. → Beschwerde, Schmerz. ▶ Freude.

Trauerkloß → Miesmacher.

trauern mittrauern, mitweinen, klagen, Anteil nehmen, jammern, nachweinen, Trübsal blasen, den Blick zu Boden richten, leiden, sich abhärmen, verzweifeln, erleiden, ertragen, erdulden, Kummer haben, sich betrüben, vertrauern, sich bekümmern, sich grämen, sich abzehren. → beklagen, leiden. ▶ freuen sich.

Trauerspiel → Theater, Tragödie.

Traufe Dachrinne, Regenrinne, Wasserableitung, Dachtraufe

● vom Regen in die Traufe, in der Tinte sitzen, Mißerfolg haben, verhängnisvoll, daneben gegangen, entmutigend, erschwerend.

träufeln tropfen, rieseln, drieseln, sickern, fließen, tröpfeln, laufen. ▶ versiegen.

traulich → angenehm, gemütlich.

Traum → Delirium, Dämmerzustand, Dunstbild, Illusion, Schönheit, Wunsch.

Trauma Erschütterung (seel.), Schädigung. → Wunde.

träumen schwärmen, erträumen, phantasieren, sich einbilden, spinnen ● müßig sein, duseln, schlafen, nichts tun, vor sich hinträumen, verdösen *u*, faulenzen. → ausfallen, erträumen, faseln, phantasieren, schlummern. ▶ arbeiten, aufwachen, überlegen, (wachen).

Träumer → Bummler, Faulpelz, Phantast.

Träumerei Geistesabwesenheit, Verträumtheit, Zerstreutheit, Flüchtigkeit, Unaufmerksamkeit ● Leichtsinn, Traumgebilde, Unsinn, Faselei, Spinnerei. → Auswuchs, Chimäre. ▶ Wachsamkeit.

träumerisch → schwärmerisch, zerstreut.

Traumgebilde → Illusion, Träumerei, Utopie, Wunsch.

traumhaft → anmutig, dämonisch, feenhaft, phantastisch, schön.

Traumwelt → Auswuchs, Dunstbild, Hirngespinst, Illusion, Träumerei, Traumzustand, Utopie.

Traumzustand Traumwelt, Traumgebilde, Träumerei, Vision, Wachtraum, Entrücktheit, Ekstase, Erdenferne, Verträumtheit, Überspanntheit, Fieberwahn, Vorstellung, Erscheinung, Einbildung, Halluzination. → Trägheit, Träumerei, Zerstreutheit.

traurig klagend, bekümmert, niedergedrückt, trüb, leidmütig, weinend, seelenwund, tränenreich, herzbewegend, trauervoll, lustlos, bedripst *u*, mißvergnügt, abgehärmt, gebrochen, gramzerfetzt *u*, desolat ● schlecht, schlimm, unglücklich, unheilvoll, schrecklich. → arm, aufgelegt, beschämend, bitter, böse, brechen das Herz, wehmütig, elegisch, freudlos, hilflos, kummervoll, schmerzlich, unglücklich. ▶ fröhlich.

Traurigkeit → Bekümmernis, Ernst, Freudlosigkeit, Niedergeschlagenheit, Schmerz, Trübsinn, Unglück.

traut → angenehm, freundlich, gemütlich.

Treck Flüchtlingszug.

Treffen Kongreß, Meeting,

Tagung, Versammlung, Zusammenkunft, Beisammensein ● Treff, Verabredung ● Gefecht, Scharmützel, Entgegenkommen. ▶ Trennung.

treffen berühren, anstoßen, bewerfen, beschießen ● ein Rendevous geben, ankommen, sich verabreden, erreichen, sich einfinden, sich einstellen, zusammentreffen, kommen, begegnen, eintreffen ● entsprechen, zusagen, passen, gelegen kommen. → begegnen, begrenzen, beigesellen, beleidigen, berühren, entgegeneilen, Ferse folgen auf der, tagen. ▶ abirren, scheiden, trennen.

treffen, ins Herz wehe tun, kränken, quälen, in die Seele treffen, in Verzweiflung stürzen, die Hoffnung benehmen, ärgern, auslachen, necken, seinen Spott treiben, boshaft sein. → beleidigen, quälen. ▶ beglücken.

treffen, den Nagel auf den Kopf ins Schwarze treffen, den Sinn wiedergeben, den Schlüssel dazu finden, etwas herausbekommen, richtig auf etwas schließen, Bescheid wissen, einen guten Griff tun, geschickt sein, mit allen Hunden gehetzt, nicht auf den Kopf gefallen, nicht verlegen sein, sich zurechtfinden. ▶ tappen im dunkeln.

treffen, eine Verfügung → befehlen.

treffend → anwendbar, ausführlich, frappant, genau, gut, passend, schlagend.

Treffer → Fortuna, Los, Los das große, Prämie, Schlager, Zufall.

trefflich → behaglich, charmant, delikat, erfreulich, erwünscht, gut, renommiert, vortrefflich.

Treffpunkt → Gaststätte, Ort, Sammelstelle.

treffsicher → ausführlich, entsprechend, genau.

treiben wachsen, grünen, sprossen, anschwellen, sich entfalten, hochschießen ● hochgehen, sich aufblähen ● drängen, reizen, anreizen, anstacheln. → ankurbeln, anregen, anstoßen, Anzug, ausschlagen, beeilen, bewegen sich, drängen, drücken, eilen, Ferse folgen auf der, jagen, nachstellen, schieben, schießen, segeln. ▶ verdorren, zurückhalten.

treiben, bis zum äußersten erregen, aufhetzen, anstacheln, aufregen, erhitzen, das Feuer schüren, Öl ins Feuer gießen, aus der Fassung bringen, die Ruhe rauben ● zu weit gehen, über die Stränge schlagen, sich zu viel herausnehmen, sich nicht um andere kümmern. ▶ beruhigen.

treiben, in die Enge überwinden, niederwerfen, bezwingen, zu Paaren treiben, zu Fall bringen, besiegen, in die Klemme treiben, kirre machen, knechten, in die Knie zwingen, unterwürfig machen, in den Staub drücken. ▶ unterliegen.

treiben lassen, sich sich gehen lassen, sich hängen lassen, verlottern, verludern, verlumpen, sich herumtreiben, unter die Räder kommen, den Herrgott einen guten Mann sein lassen, seinen Trieben leben ● schwimmen, den toten Mann machen. ▶ hinsteuern, zügeln.

treibend antreibend, aufhetzend, anstachelnd, erregend, aufregend, reizend, verlockend ● schwimmend, segelnd. → ausschlaggebend, entscheidend. ▶ beruhigend, hemmend.

Treiber Jagdgehilfe, Jäger, Verfolger, Umzingler, Schütze, Weidmann ● Anstifter, Antreiber, Aufhetzer, Anstachler ● Leuteschinder, Antreiber, Sklavenhalter. → Commis.

Treiberei Eile, Schnelligkeit, Unrast, Überhast, Überstürzung, Übereile, Übereilung.→ Hetze, Jagd. ▶ Bedächtigkeit, Lässigkeit.

Treibkraft Getriebe, Triebkraft, Antrieb, Vorrichtung, Zugkraft, Batterie, Elektrizität, Kraftquelle. → Maschinerie.

Treibstoff Kraftstoff, Sprit, Benzin.

Trend Tendenz, Richtung, Zug, Verlauf, Strömung, Hinlenkung, Entwicklung, Kurs, Zielrichtung.

trennbar tellbar, lose, locker, ungebunden, auflösbar, lösbar, unzusammenhängend, scheidbar, spaltbar, zergliederbar. ▶ untrennbar.

trennen loslösen, separieren, dezentralisieren, sondern, spalten, sich losmachen, scheiden, teilen, zerteilen, verteilen, abteilen, einteilen, abtrennen, zerlegen, abschneiden, abnabeln, absplittern, durchscheiden, zersplittern ● auflösen, eine Ehe trennen ● von jemandem gehen, sich streiten, die Freundschaft brechen. → abheißen, abbinden, abhauen, abschneiden, abschrauben, absondern, anschneiden, aufhetzen, ausrotten, ausschalten, ausschneiden, beiseite legen, brechen, detachieren, differenzieren, durchbrechen, durchreißen, durchschlagen, durchteilen, entzweien, lösen, reißen,

scheiden, schneiden, streiten. ▶ verbinden.

trennscharf → klar, logisch, scharf.

Trennung Lostrennung, Scheidelinie, Rain, Scheidewand, Sonderung, Separation, Spaltung, Teilung, Streit, Zwiespalt, Entzweiung, Auflösung, Lockerung, Scheidung, Uneinigkeit, Zersetzung. → Absonderung, Abtrennung, Auflösung, Ausschluß, Bruch, Dezentralisation, Differenz, Disharmonie, Durchbruch, Durchschnitt, Durchstich, Entfremdung, Filter, Isolierung, Schnitt, Schisma, Zwietracht. ▶ Verbindung.

Trennwand Scheidewand, Hindernis, Wandschirm, Grenze.

Treppe Stiege, Stufe, Sprosse, Freitreppe, Aufgang, Eingang, Stufengang, Treppenleiter, Auftritt, Treppenhaus.

Treppenwitz → Wiederholung.

Tresor Behälter, Geldschrank, Kasse, Vorrat.

Tresse → Ausschmückung, Band, Besatz, Litze.

treten stampfen, strampeln, trampeln, auftreten, knarren, gehen, hintreten ● Wasser treten. → angreifen, ankurbeln, auswischen, beeinträchtigen, diskreditieren, quälen, strafen. ▶ aufrichten, still stehen, verteidigen.

treter, mit Füßen aufbegehren, sich erdreisten, grob sein, den Herrn spielen, roh sein, die Leute anfahren, poltern, sich aufspielen, keine Nachsicht kennen ● willkürlich handeln, das Recht mit Füßen treten, Macht geht vor Recht. ▶ parieren, unterliegen.

treten, zu nahe → beleidigen, überheblich.

treten, zur Seite auf die Seite gehen, sich etwas entfernen, sich zurückhalten, nicht im Vordergrund stehen, bescheiden sein. ▶ vordrängen sich.

Tretmühle Schleifmühle, Kurbel, Turbine, Wasserrad ● Leier, Einerlei, Langweiligkeit, Eintönigkeit, Alltag, Sauregurkenzeit, Stumpfsinn, Kehrreim, Alltagsgeist, Binsenwahrheit, Abgesang, Gewohnheit. → Alltag, Routine, Schema. ▶ Abwechslung.

treu sich selbst treu, echt, wahr, ursprünglich ● bereit, hilfsbereit, brav, lieb, zuvorkommend, genau, unverfälscht, hilfreich, zuverlässig, gewissenhaft, verläßlich, peinlich ● ergeben, warm, innig, ewig treu, unvergänglich, unveränderlich, einig, über das Grab. → anhänglich, anständig, bieder, brav, charakterfest, fest, getreulich,

Herz und Hand mit, loyal, rechtschaffen. ▶ untreu.

treu bleiben, einer Sache beharren, aushalten, ausführen, standhalten, durchhalten, festhalten, nicht ablassen, nicht locker lassen, nicht schwanken, seinen Willen durchsetzen, bei der Stange bleiben, sich nicht irre machen lassen. ▶ abwenden sich.

Treu und Glauben, auf leichtgläubig sein, ernst nehmen, aufs pure Nichts hin vertrauen, für bare Münze nehmen, auf den Leim gehen, trauen, hereinfallen. → Glauben auf Treu und. ▶ mißtrauen.

Treubruch → Bekenntnis, Bruch, Dolchstoß, Eid falscher, Fahnenflucht, Ungehorsam.

Treue Pflichterfüllung, Pflichttreue, Treupflicht, Verläßsigkeit, Ausdauer, Beständigkeit, Biedersinn, Ehrlichkeit, Geradsinn, Bekennermut ● Gelöbnis, Gelübde, Zusage, Versprechen, Schwur, Handschlag, Wort ● Vaterlandstreue. → Ausdauer, Bande, Beständigkeit, Charakterstärke, Ergebenheit, Liebe, Rechtlichkeit. ▶ Untreue.

Treuhänder → Beauftragter, Bevollmächtigter.

treuherzig → arglos, bieder, charakterfest, Glauben auf Treu und, leichtgläubig, offen, wahrhaftig.

Treuherzigkeit Leichtgläubigkeit, Arglosigkeit, Einfalt, Kurzsichtigkeit ● Biedersinn, Natürlichkeit, Offenheit, Geradheit ● Frömmigkeit, Offenheit. ▶ Mißtrauen, Verschlossenheit.

treulos → abtrünnig, arg, bestechlich, charakterlos, fahnenflüchtig, falsch.

Treulosigkeit → Dolchstoß, Doppelrolle, Eid falscher, Falschheit.

treusinnig → bieder, rechtschaffen, treu, wahrhaftig.

Tribunal Gericht, Kadi, Gerichtshof, Gerichtsbarkeit, Instanz, Gerichtsstand, Richterstuhl, Richterkollegium.

Tribüne Erhöhung, Treppe, Zuschauerbühne, Rednerpult, Aufstockung, Aufrichtung, Aufsatz, Dach. → Kanzel.

Tribut Steuer, Abgabe, Zoll, Auferlegtes, Beisteuer, Lehensgeld. → Beute, Gabe, Einnahme.

Trichter Durchlaß, Loch, Krater, Sprengloch, Granattrichter, Höhle, Kessel, Vertiefung ● Nürnberger Trichter. → Behälter.

Trick Trickaufnahme, Dayverfahren, Matteverfahren ●

Dreh, Ausweg. → Kniff, Schlich.

Trieb Naturtrieb, Instinkt, Unterbewußtsein, Ingefühl, innerer Drang, Antrieb, Reiz, Eingebung, Anreiz ● Eifer, Streben, Forschungsdrang, Ahnungsdrang ● Begierde, Lust, Wunsch, Neigung, Begehren ● Keim, Sproß, Keimkraft ● Trift, Weideplatz, Weiderecht, Herde, Schar. → Begierde, Charakter, Drang, Instinkt, Neigung, Rute, Schoß. ▶ Beherrschung, Keuschheit, Lässigkeit, Unfruchtbarkeit.

Triebfeder → Anlaß, Anstoß, Auswirkung, Gefühl, Drang, Instinkt, Ursache.

triebhaft impulsiv, instinktmäßig, instinktiv, spontan, unwillkürlich, unbewußt ● geil, tierisch, erotisch, ausschweifend, sinnlich, unkeusch. → angeboren, bacchantisch, blind, blindlings, gierig. ▶ beherrscht, keusch.

Triebkraft Agens. → Anlauf, Bewegungstrieb, Drang, Faktor, Triebkraft, Schwung.

Triebleben Instinkt, Hundeseele, Erhaltungstrieb, Fortpflanzungstrieb, Ingefühl, Antrieb, Unterbewußtsein ● Begierde, Begehrlichkeit, Sinnlichkeit, Verlangen. → Instinkt, Trieb. ▶ Beherrschung, Keuschheit.

Triebwerk → Apparat, Getriebe, Maschinerie, Treibkraft.

triefäugig blödsichtig, scheel, augenkrank, lichtscheu, blinzelnd, tränend. → häßlich.

triefen gießen, regnen, rieseln, durchnässen, benetzen, feucht sein, durchnäßt sein, tröpfeln, tropfen. → ausschlagen, befeuchten, schwitzen. ▶ trocken (sein), trocknen.

triefend → naß.

triezen → bedrücken, quälen.

Trift Seetrift, Strömung, Fahrwasser, Kielwasser, Triftströmung ● Weide, Weideplatz, Gras. → Rasen.

triftig → A und O, ausschlaggebend, beachtlich, beeinflussend, beherrschend, beweisend, folgerichtig, stichhaltig, wichtig.

trillern → anstimmen, singen.

trimmen üben, trainieren, abhärten ● striegeln.

Trinität → Dreieinigkeit.

trinken kneipen, zechen, nippen, saufen, prosten, saugen, schlürfen, tanken, einen heben, hinunterstürzen, gurgeln, sich einen genehmigen, einen kippen, bechern, hinter die Binde gießen, einen durch die Gurgel jagen u, einen schmettern u, zu sich nehmen, einen verlöten u, einen stemmen u, ein leeres Glas nicht leiden können,

schnapsen u, einen guten Stiefel trinken, begießen, einen guten Zug am Leibe haben, nicht auf dem Trockenen sitzen können, einen blasen u, gluckgluck machen u, noch einen zum Abgewöhnen u, die nötige Bettschwere haben, sich einen zu Gemüt führen u, die Gurgel schmieren u, einen unter das Jackett brausen u, die Kehle schmieren u, einen hinter die Krawatte gießen u, kümmeln u, verkümmeln u, einen auf die Lampe gießen u, picheln u, pietschen u, pötten u, saufen wie ein Loch u, saufen wie ein Bürstenbinder oder eine Senke u, süffeln u, einen zischen u, einen zwitschern u, schöpfen j, tränken sich j, schnäpseln, ölen, sich betrinken, sich berauschen ● austrinken, aussaufen, auspicheln u, einer Flasche den Hals brechen ● sich erquicken, sich laben, sich erfrischen ● Bibamus. → betäuben, einsaugen, ernähren sich. ▶ enthalten sich, essen.

Trinker Säufer, Alkoholiker, Schluckbruder, Trunkenbold, Saufbold, Saufigel, Saufloch, versoffene Nudel u, Süffel u, Schnapsbruder, durstige Seele ● Schnapsnase u, Lötkolben u, Saufbruder oder -kumpan, Zecher, Zechbruder, Bacchusbruder, Schnapsteufel, Falstaff, Betrunkener, Gewohnheitstrinker. ▶ (Esser), (Abstinenzler).

trinkfest trinklustig, weinfroh, bierliebend, alkoholliebend, versoffen, sauflustig, schluckbegierig, ewig durstig.

Trinkgelage → Sauferei.

Trinkgeld Bedienungsgeld, Botenlohn. → Almosen, Belohnung, Bestechung, Gabe, Geld.

Trinkgenosse → Bekannter, Trinker.

Trinkhorn → Behälter, Gefäß.

Trinklieder → Dichtungsart.

Trinkschale → Behälter, Gefäß.

Trinkstube → Ausschank, Gaststätte.

Trio Orchester, Musikkapelle, Musiker. → Dreiheit.

Trip Fahrt. → Reise.

trippeln auf Eiern gehen, stelzen. → bewegen sich, gehen.

trist → öde.

Tritt Stoß, Schlag, Bestrafung, Behandlung, Angriff, Bearbeitung, Mißhandlung, Tätlichkeit, Fußtritt. → Bearbeitung, Bewegungstrieb, bums, Strafe.

Tritte Ruder, Ständer, Läufe, Strahl, Tierfüße. → Bearbeitung, Strafe.

Triumph → Ehre, Freude, Jubel.

Triumphbogen → Ehrenpforte.

Triumphgeschrei → Beifall, Begeisterung, Freude, Jubel.

triumphieren → ausstechen, freuen sich, siegen, unterwerfen.

triumphierend → jubelnd.

Triumphpforte → Ehrenpforte.

Triumphzug → Aufmarsch, Aufzug.

trivial → abgeschmackt, albern, alltäglich, farcenhaft, unwichtig.

trocken regenarm, dürr, niederschlagsfrei, ausgetrocknet, saftlos, kraftlos, fleischlos, karg, ertraglos, baumlos, verdorrt ● philisterhaft, spindeldürr, knochig, klapperdürr, pedantisch, vertrocknet, steif, zugeknöpft, langweilig, mürrisch. → blattlos, ernst, lehrhaft, öde, unfruchtbar. ▶ naß.

trocken hinter den Ohren, nicht → jung, unreif.

Trockene, das im Warmen, im Trocknen, in der Wolle, im Fett sitzen, zu etwas gebracht haben, Erfolg gehabt haben ● sein Schäfchen ins trockene bringen, Gewinn ziehen, sich die Taschen füllen, gewinnen, nur an sich selbst denken, seinen Vorteil wahrnehmen ● auf dem Trockenen sitzen, sein Ziel verfehlt haben, scheitern, keinen Erfolg haben, sitzenbleiben ● ins Gedränge kommen, in Schwierigkeiten geraten, in den Nesseln sitzen.

trockene bringen, sein Schäfchen ins sein Ich nicht vergessen, gut abschneiden, vorsorgen, sein Schäfchen scheren, für seinen Vorteil sorgen, sich gesund machen, Seide spinnen, seinen Vorteil wahren, sich zunutze machen, es zu etwas bringen. ▶ verlieren.

trockenen, auf dem verbraucht, ausgegeben, abgenützt, weg, fort, Ebbe in der Tasche, kein Geld mehr vorhanden, ohne Mittel dastehen, schlecht bei Kasse sein, am Hungertuche nagen, in der Klemme sitzen, keinen roten Pfennig mehr haben ● ohne Getränke dasitzen. ▶ besitzen, schweigen.

Trockenheit → Dürre, Saftlosigkeit.

trockenlegen → abtrocknen, austrocknen, drainieren, trocknen.

Trockenlegung → Entwässerung.

trocknen trockenlegen, entwässern, eintrocknen, welken, dichten, ableiten, kanalisieren, abdeichen ● dürren, dörren, einbalsamieren, räuchern, aufheben. → abblühen, abtrocknen, aufheben, beeinträchtigen. ▸ befeuchten.

Troddel Abzeichen, Gradabzeichen, Achselklappe, Schmuck. → Ausschmückung, Quaste.

Trödel → Abfall, Ramsch.

Trödelkram Plunder, Krempel. → Ramsch, Unwert.

trödelig → langsam.

trödeln → bummeln, entziehen sich der Arbeit, hemmen, lassen sich Zeit, mitkommen nicht, schieben auf die lange Bank.

Trödler → Krämer.

Trog → Behälter.

trollen, sich → begeben sich, bewegen sich, davonmachen sich.

Trommel Musikinstrument, Schlagzeug, Kesseltrommel, Gong, Tamtam, Trommelschlag ● Zeichen, Trommelwirbel, Alarm, Geschmetter ● Gehörtrommel. → Rolle, Walze.

trommeln hämmern, schlagen, lärmen, rumpeln, tönen, tosen ● zusammentrommeln, rufen, Alarm schlagen. → werben, wiederholen.

Trommelschlag → Fanfare.

Trommelwirbel → Alarm, Fanfare.

trompeten → musizieren.

Trompetengeschmetter → Fanfare.

Trompetenstoß → Fanfare.

Tropf → Betrogener, Nichtskönner, Pfuscher, Pinsel.

tröpfeln fließen, rieseln, plätschern, tropfen, sprudeln, drieseln, strömen, auslaufen. → fließen. ▸ versiegen.

tropfen → fließen, tröpfeln.

Tropfen Schluck, Wenigkeit, Fingerhut, Mundvoll, Teil, Kleinigkeit ● Blase, Wassertropfen ● Tank, Trunk, Tröpfchen, Wein. ▸ Menge, Überfluß.

Tropfen, ein guter Trank, Trunk, Wein, Schoppen, Maß, Glas ● Sinnenlust, Gaumenfreude, Gaumenlust, Gaumenkitzel, Erfrischung, Erquickung, Belebung.

Tropfen auf einen heißen Stein Schall und Rauch, Wenigkeit, Knappheit, Geringfügigkeit, Krümelchen, Jota, Senfkorn, Lot, Löffel voll, Stecknadelknopf, Andeutung, Hauch. ▸ Überfluß.

tropfenweise → teilweise.

Trophäe Siegespreis. → Beute.

tropisch südlich, heiß, brennend, glühend, schwül. ▸ kalt.

Troß Bagage, Pack, Train, Gepäck, Heergepäck, Menge, Proviant ● Nachhut, Nachzug, Gefolge.

Trosse Tau, Seil, Drahtseil, Pechdraht. → Bindemittel.

Trost Linderung, Tröstung, Erleichterung, Beruhigung, Milderung, Besänftigung, Beschwichtigung, Hilfe, Zuspruch, Aufrichtung, Ermunterung, Erquickung, Lichtblick. → Baldrian, Balsam, Erlösung, Ermutigung, Erquikkung, Hilfsdienst. ▸ Trostlosigkeit.

Trost spenden → aufheitern, bringen auf andere Gedanken, trösten.

Troste, nicht bei → verrückt.

trösten erquicken, mildern, lindern, helfen, beruhigen, besänftigen, zusprechen, ermutigen, aufheitern, erleichtern, beschwichtigen, unterstützen, die Tränen trocknen, Mut zusprechen. → aufheitern, begütigen, bringen auf andere Gedanken, erleichtern, erlösen. ▸ quälen.

tröstend liebreich, erleichternd, trostreich, lindernd, ermutigend, stärkend, aufrichtend, helfend, heilsam, belebend. → tröstlich. ▸ trostlos.

Tröster → Beistand, Christus.

tröstlich heilsam, lindernd, schmerzstillend, tröstend, trostreich, balsamisch, ermutigend, aufrichtend, belebend, helfend, erleichternd, beruhigend, zusprechend, erquickend. → erleichternd, ermutigend. ▸ untröstlich.

trostlos → abgerissen, arm, aufgelegt, aussichtslos, bedauerlich, bejammernswert, beschämend, bitter, böse, elegisch, fatal, kläglich, leidvoll, öde.

Trostlosigkeit Hoffnungslosigkeit, Misere, Gedrücktheit, Unglück, Leiden, Unheil, Jammer, Pech, Schicksalsschlag, Verzweiflung, Aussichtslosigkeit, Enthoffnung, Niedergeschlagenheit, Verzagtheit, Weltschmerz, Mutlosigkeit → Freudlosigkeit, Verzweiflung. ▸ Trost.

trostreich → tröstend.

Tröstung Herzstärkung, Milderung, Trost, Erquickung, Belebung, Aufrichtung, Hilfe, Ermutigung, Besänftigung, Beschwichtigung. → Baldrian, Beileid, Charitas, Erleichterung, Erlösung, Trost. ▸ Trostlosigkeit, Verzweiflung.

Trott → Alltag, Bewegung, Geleise, Tretmühle.

Trottel Banause, Dummerian, Dummkopf, Idiot, Irrsinniger, Nachzügler.

trotten → bewegen sich, bummeln, gehen.

Trotz Hartnäckigkeit, Dickköpfigkeit, Halsstarrigkeit, Auflehnung, Widerstand, Unbotmäßigkeit, Widerspenstigkeit, Ungehorsam, Starrsinn, Steifsinn, Eigensinn, Störrig-

keit, Unnachgiebigkeit, Verstocktheit, Verhärtung, Verblendung, Fanatismus. → Auflehnung, Bärbeißigkeit, Eigensinn. ▸ Nachgiebigkeit, Willfährigkeit.

Trotz bieten → ballen, empören sich, trotzen.

trotz gleichwohl, obgleich, obschon, obwohl, obzwar, dennoch, wenn auch, trotzdem, ungeachtet, immerhin, doch, jedoch, dessen ungeachtet, demungeachtet, nichtdestotrotz. → bei, dagegen, demungeachtet, dennoch, dessen ungeachtet, doch, hingegen, immerhin. ▸ dafür, demnach, folglich, (um so mehr), weil.

trotz allem → dennoch, dessenungeachtet, trotz.

trotzdem → aber, allein, dennoch, dessen ungeachtet, doch, trotz.

trotzen mucken, murren, aufbegehren, schmollen, spreizen sich, sperren sich, entgegenhandeln, nachgeben nicht, die Faust ballen, auflehnen sich, die Stirne bieten, Trotz bieten, wider den Stachel löcken, widerstehen, widersetzen sich, empören sich, meutern, halsstarrig sein, hartnäckig sein, rebellieren, aufbegehren, Krach schlagen, eine Lippe riskieren u, die Zähne zeigen, sich auf die Hinterbeine stellen, auftrumpfen. → auflehnen, ballen, entgegenstellen sich, erheben Protest, gegenübertreten, herausfordern, meutern, rebellieren, widerstehen. ▸ nachgeben.

trotzig → aufständisch, bockig, eigensinnig, felsenfest, herablassend, herzhaft, querköpfig, ungehorsam.

Trotzkopf → Dickkopf.

Troubadour Sänger, Minnesänger, Barde, Balladensänger, Hofsänger. → Dichter.

trübe regnerisch, verhangen, düster, funzlig u, tranfunzlig u, schummerig, glanzlos, neblig, undurchsichtig, matt, fahl, verschwommen, bewölkt, dunstig, schlecht, unfreundlich, wolkig, bewölkt, häßlich. → blind, dämmerig, dunkel, matt, pessimistisch, schwarz, traurig, trübsinnig. ▸ heiter.

Trubel Rummel, Aufregung, Wirrwarr, Tumult, Geräusch, Treiben, Verkehr, Lärm, Gedränge, Betrieb, Krawall, Getöse, Wirbel, Radau, Affenstall u, Meßtrubel, Kirmestrubel, Unruhe. → Aufregung, Betrieb, Getöse, Getümmel, Jubel. ▸ Lässigkeit, Ruhe.

trüben fischen, im → den Frieden stören, Händel stiften, das Feuer schüren, den Funken entfachen, Öl ins Feuer gießen, Zwietracht säen, Aufruhr erregen, zur Feindschaft anstacheln, ins Garn locken, schlau wie ein Fuchs sein, eine Grube graben, eine Falle stellen, falsches Spiel treiben, Minen legen ● seinen Vorteil wahrnehmen, unredlich handeln, täuschen, hintergehen. ▶ ehrlich (sein), versöhnen.

trüben, kein Wässerchen → unschuldig.

Trübsal → Bekümmernis, Beschwerlichkeit, Bitternis, Leid, Trostlosigkeit, Unglück, Verdruß.

Trübsal blasen → langweilig, trauern.

trübselig freudlos, gedrückt, mißmutig, traurig, niedergeschlagen, mutlos, seelenwund. lustlos, niedergebeugt, übellaunig. → arm, trübsinnig, unglücklich. ▶ heiter.

Trübseligkeit → Depression, Freudlosigkeit, Niedergeschlagenheit, Trübsinn.

Trübsinn Katzenjammer, Kopfhängerei, Lebensüberdruß, Mißmut, Pessimismus, Hypochondrie, Murrsinn, Schwermut, Selbstquälerei, Tiefsinn, Tiefpunkt, Tiefstand, Traurigkeit, Trübseligkeit, Leichenbittermiene, Niedergeschlagenheit, Schwarzseherei, Gedrücktheit, Grämlichkeit, Verdrießlichkeit, Verdüsterung, Mutlosigkeit. → Bekümmernis, Ernst, Katzenjammer, Melancholie, Niedergeschlagenheit, Schmerz, Verstimmung. ▶ Frohsinn, Heiterkeit.

trübsinnig hypochondrisch, gemütskrank, grämlich, kopfhängerisch, mißlaunig, niedergebeugt, niedergedrückt, niedergeschlagen, pessimistisch, schwermütig, seelenwund, selbstquälerisch, tiefsinnig, trübe, trübselig, das Maul hängen lassen, freudlos, leidmütig, traurig, lustlos, aussehen wie bestellt und nicht abgeholt u. → aufgelegt, ernst, melancholisch, pessimistisch, traurig. ▶ heiter.

Trübung → Dichtigkeit, Dunst, Verunreinigung.

trudeln rollen, kullern, kreisen, würfeln.

Trug → Ausflucht, Ausrede, Lüge, Unredlichkeit.

Trug und Lug → Lüge, Täuschung.

Trugbild → Anschein, Begriff, Blendwerk, Chimäre, Einbildung, Hirngespinst, Irrwisch, optische Täuschung, Schein, Täuschung.

trügen → betrügen, täuschen.

trügerisch vorgetäuscht, fiktiv. → beziehungslos, falsch, folgewidrig, irrtümlich, scheinbar.

Truggewebe → Danaergeschenk, Lüge, Schein, Schlauheit, Täuschung.

Trugschluß → Anstrich, Doppelsinn, Entscheidung falsche, Falschheit, Fehler, Milchmädchenrechnung, Mißdeutung.

Truhe → Behälter, Kasten.

Trumm → Bergbau, Bruchstück, Stück.

Trümmer Ruine, Rest, Überbleibsel, Überrest, Nachlaß, Wrack, Fragment, Schutt, Teil, Scherbe, Splitter, Trumm, Trümmerfeld. → Bruchstück, Scherbe. ▶ Ganzheit.

Trümmerfeld → Demolierung, Trümmer, Zerstörung.

Trumpf → Erfolg, Prämie, Treffer.

Trunk → Aufnahme, Getränk, Tropfen, Tropfen guter.

trunken angeheitert, beduselt, befangen, berauscht, betrunken, entrückt, schwärmerisch.

Trunkenbold → Trinker.

Trunkenheit Betrunkenheit, Rausch, Dusel, Suff u, beschmortheit u, besoffener Kopf u, Benebelung, Weinlaune, Angetrunkenheit, Besoffenheit. → Fahne, Verzückung. ▶ Nüchternheit.

Trunksucht Völlerei, Versoffenheit, Unmäßigkeit, Suff u, Besäufnis, Dauersuff u, Sauflust, Versoffenheit u, Schnapsteufel, Säuferwahnsinn, Trinkbedürfnis, Durst, Brand, Gelüste, Unbeherrschtheit, Ausschweifung. → Durst. ▶ Enthaltsamkeit, Nüchternheit.

Trupp → Bande, Clique, Truppe, Vereinigung.

Truppe Armee, Stoßtrupp, Trupp, Garde, Heer, Soldaten, Leibwache, Einheit, Brigade, Militär, Kerntruppe, Fliegertruppe, Schar, Mannschaft ● Menge, Kohorte, Masse, Haufen, Schwarm ● Ensemble. → Kolonne, Gemeinschaft.

Truppenmacht → Aufgebot.

Trust → Vereinigung.

trutzig mutig, tapfer, kühn, waghalsig, keck, dreist, unbändig, heroisch, heldenmütig, trotzig, grimmig, heldenhaft, reckenhaft, mannhaft, starkherzig, beherzt, brav, wacker, furchtlos, unerschrocken, entschlossen, verwegen, unerschütterlich, unverzagt. ▶ feige, verzagt.

tschilpen zwitschern, piepsen, zirpen.

Tube → Behälter.

Tube, drücken auf die → beschleunigen.

Tuberkel → Bazillus.

Tubus → Walze.

Tuch Stoff, Gewebe, Gespinst, Webstoff, Zeug, Loden. → Fahne, Faltenwurf, Gewebe.

Tuchfühlung Nähe, Nachbar-

schaft, Reichweite, Berührung, Zusammentreffen, Berührungspunkt, Verbindung. ▶ Abstand.

tüchtig tauglich, fit, knuffig u, patent, zünftig, fähig, arbeitsfähig, kräftig, mächtig, gewaltig, gewichtig, energisch, herzhaft, aufrecht, männlich, mannhaft, standhaft ● sehr, nachdrücklich, beträchtlich, erheblich, hoch, schwer, tief, merklich, rundweg, trefflich, ordentlich, gehörig, weidlich, wacker, fest, stark, herzhaft, herzlich, wahrlich, wirklich, vollauf, gründlich ● nach Noten, nicht von Pappe, nach Strich und Faden, nach Takt und Noten, auf Teufel komm heraus u ● füglich, ziemlich, angemessen, sachdienlich, brauchbar, verwendbar ● geschickt, gewandt, anstellig, behend, flink, fleißig, rasch, geschult, vorbereitet, geübt, mustergültig, meisterhaft, erfahren, bewandert, in allen Sätteln gerecht, fähig, talentiert, begabt, scharfsinnig, klug, verständig, vernünftig, gescheit, einsichtsvoll, nicht auf den Kopf gefallen, weitblickend, sicher, vorsichtig, findig, diplomatisch, gewitzigt ● kühn, unternehmend, mutig, tapfer, brav, beherzt, entschlossen ● tüchtiger Kerl, Mordskerl, Mordsmädel, Prachtkerl, Prachtmädel, Prachtexemplar, Teufelskerl, Teufelsmädel. → anstellig, arbeitsam, brav, fix, fest, gediegen, geübt, perfekt, patent, lebenstüchtig, trutzig. ▶ untüchtig.

Tüchtigkeit → Brauchbarkeit, Fähigkeit, Fertigkeit, Initiative, Geübtheit, Gewandtheit, Routine, Zweckmäßigkeit.

Tücke → Arglist, Bekümmernis, Betrug, Bosheit, Falle, Gefahr, Klippe, Schlauheit, Schlechtigkeit.

tückisch → aalglatt, arglistig, bärbeißig, bestechlich, bitter, boshaft, bübisch, charakterlos, zynisch, diabolisch, falsch.

tüfteln proben, ausdenken, ersinnen, tifteln, ausklügeln, knobeln, ausknobeln, ausbrüten, ausbrüten, spintisieren → ausdenken.

Tüftler → Bastler.

Tugend Aufrichtigkeit, Edelsinn, Güte, Lauterkeit, Redlichkeit, Selbstbeherrschung, Sittenstrenge, Sittlichkeit, Unverdorbenheit, Vollkommenheit, Verdienstlichkeit, Vortrefflichkeit, Meriten ● Frömmigkeit, Glaube, makelloser Lebenswandel ● Sittsamkeit, Hausehre, Aufopferung, Entsagung, Mutterliebe,

Vaterpflicht, Elternpflicht. ▶ Untugend.

Tugendbeispiel → Edelmensch.

Tugendbold → Edelmensch.

tugendeifrig → charaktervoll.

tugendhaft tugendsam, tugendlich, tugendvoll, tugendliebend, gesittet, moralisch ● gut, fromm, brav, vollkommen, wacker, bieder, gerecht, rechtschaffen ● ehrenhaft, pflichttreu, sittlich, sittenfest, gewissenhaft, fehlerfrei, fehlerlos, Fehl ohne ● tugendrein, tugendreich, musterhaft, unvergleichlich, verdienstvoll, beispiellos, beispielhaft, bewunderungswert ● echt, redlich, würdig, rein, wahr, einzig ● keusch, unschuldig, unberührt, mädchenhaft, jungfräulich, unbefleckt, züchtig, ehrbar, schamhaft, schämig, verschämt, schamvoll, sittig, sittsam, anständig, hausbacken, bescheiden ● sündlos, demütig, gottesfürchtig, religiös, gottesfromm, gottgefällig, gottergeben, begnadet. → artig, bieder, brav, charaktervoll, engelgleich, erbaulich, keusch, musterhaft. ▶ lasterhaft, niederträchtig, unkeusch, verstockt.

Tugendhaftigkeit Lauterkeit, Gewissenhaftigkeit, Pflichtgefühl, Pflichttreue, Redlichkeit, Vollkommenheit ● Reinheit, Jungfräulichkeit, Makellosigkeit, Unverdorbenheit, Sündlosigkeit, Herzensunschuld, Arglosigkeit, Einfalt, Keuschheit, Schamhaftigkeit, Zartgefühl, Wohlerzogenheit, Sittsamkeit, Bescheidenheit, Ehrbarkeit, Anständigkeit, Enthaltsamkeit ● Frömmigkeit, Gottesfurcht, Religiosität, Glaubenseifer, Demut, Gottvertrauen, Ergebenheit, Gläubigkeit. → Tugend. ▶ Niederträchtigkeit, Unkeuschheit, Verstocktheit.

tugendlich → charaktervoll, tugendhaft.

tugendliebend → charaktervoll, tugendhaft.

tugendlos → charakterlos.

Tugendmuster → Edelmensch.

tugendreich → charaktervoll, tugendhaft.

tugendrein → tugendhaft.

tugendsam → brav, charaktervoll, rein, tugendhaft.

Tugendspiegel → Edelmensch.

tugendvoll → charaktervoll, tugendhaft.

Tülle → Ausguß.

tummeln, sich → aufspringen, beschleunigen, besessen, durcheilen, eilen, Hebel ansetzen, heranstürzen, wirken.

Tummelplatz Auslauf, Weide,

Alm, Wildgehege, Wildgatter ● Vergnügungsplatz, Festplatz, Festwiese, Festanger, Vergnügungspark, Tanzboden, Vergnügungsstätte, Bumslokal ● Versammlungsort. → Spielraum.

Tümpel → Becken, Gewässer, Pfuhl.

Tumult → Angriff, Auflauf, Auflehnung, Aufregung, Aufruhr, Bestürzung, Chaos, Getöse, Getümmel, Lärm, Rumor, Trubel, Unordnung.

tun handeln, wirken, schaffen, arbeiten, machen, unternehmen, beschäftigen sich, hantieren, tätigen, Hand anlegen, erledigen, vollbringen, ausführen, ausrichten, besorgen, beginnen, anfangen, angreifen, anfassen, zugreifen, zupacken ● Pflicht erfüllen, bemühen sich, Gelegenheit wahrnehmen, seinen Weg gehen, schalten und walten, Geschäfte machen, eine Rolle spielen, Werte schaffen, sein Bestes tun, einer Arbeit nachgehen, alles aufbieten ● einmischen sich, einmengen, eindrängen, kümmern sich, einschreiten, einlassen, Finger im Spiele habe. → anfassen, arbeiten, begehen, bekümmern, beschäftigen, beteiligen sich, bewerkstelligen, bilden, drechseln, handeln, machen, schaffen. ▶ nichts tun.

tun als ob → annehmen, blenden, täuschen.

tun, nicht → belassen, bewenden lassen.

tun, schön → buhlen.

tun, den ersten Schritt → bringen in Gang.

tun, seine Schuldigkeit → bürgen.

tun, unrecht unbillig handeln, bevorzugen, parteiisch handeln, begünstigen ● vergreifen sich, schädigen, beeinträchtigen, hintergehen, betrügen, erpressen, belügen ● krumme Wege gehen, Winkelzüge machen, Hintertreppen benutzen, täuschen, irreführen ● Unrecht verüben, sündigen, Sünde begehen, verschulden, versündigen sich, freveln. ▶ ehrlich (sein), (recht tun).

tun, vornehm spreizen sich, groß tun, wichtig tun, aufblasen, prahlen, sich ein Ansehen geben, übertreiben, Sand in die Augen streuen, blenden, brüsten sich, so tun als ob, protzen, eitel tun, große Rosinen im Kopfe haben, Reichtum zeigen, Pracht entfalten, auf großem Fuße leben, sich schniegeln, angeben, ein großes Haus machen, zieren sich, sich affig benehmen, Theater spielen,

schöntun, sich ein Ansehen geben. ▶ natürlich sein, (sein).

Tünche → Anstrich, Bedeckung, Farbe, Schein.

tünchen → anstreichen, ausmalen, bemalen.

Tüncher → Anstreicher.

Tunichtgut → Ausbund, Betrüger.

Tunke → Abguß, Beize, Dip, Brühe.

tunken → eintauchen.

tunlich → angemessen, angenehm, bequem.

tunlichst möglichst, immerhin, jedenfalls, doch, höchstens, wenigstens, mindestens ● nachdrücklich, besonders, ordentlich, gehörig, weidlich, fest, tüchtig, gründlich. ▶ keinesfalls, oberflächlich.

Tunnel → Durchbruch, Durchfahrt, Durchgang, Durchstich, Verbindung.

tuntig prüde, jüngferlich, zimperlich.

tüpfeln → betupfen, punktieren.

Tupfer Pflaster, Wischer, Wattebausch. → Flecken.

Türangel → Angel.

Türe → Ausgang, Ausweg, Einfahrt, Eingang, Öffnung.

Türe und Angel, zwischen so oder so, entweder - oder, eines oder das andere, anheimstellen, freistellen, nach Belieben ● verwirrend, verwickelt, schwer, nicht leicht, unklar, verfänglich, gefährlich, heikel, peinlich, schlimm ● unvorbereitet, schnell, so im Vorübergehen, beim Weggehen, auf dem Sprung, im Handumdrehen, fix, auf die Schnelle ● will überlegt sein, mit Überlegung, mit Bedacht, bedarf reichlicher Überlegung. ▶ klar, müssen, unüberlegt, vorbereitet.

Türe ins Haus fallen, mit der zur unrechten Zeit, belästigen, übel ankommen, den richtigen Zeitpunkt nicht abwarten können, unzeitgemäß, unpassend, ungünstig, zu früh, unzeitig, ungelegen, unschicklich, ungeschickt, zudringlich, übers Knie brechen ● ungestüm, wild, stürmisch, leidenschaftlich, hitzig, gewaltsam, jählings, überraschend, plötzlich, Hals über Kopf, wie aus der Pistole geschossen, losplatzen, explodieren ● sich die Finger verbrennen, sich den Mund verbrennen, zutappen, schwerfällig, blöd, dumm, gedankenlos, undiplomatisch, unklug, unüberlegt, rücksichtslos, unbesonnen, ungeschliffen, unhöflich, töricht. ▶ diplomatisch, erwünscht, gelegen, überlegt, vorbereitet.

Türgriff → Klinke.

Turm Bergfried, Bastion,

Zinne, Feste ● Glockenturm, Kirchturm, Campanile *m* ●
Aussichtsturm. → Bastion.
Turmbau, babylonischer → Chaos.

türmen erhöhen, aufrichten, aufstocken, aufschichten, aufeinanderstellen. → abhauen, aufziehen, aufsteigen. ▶ abbrechen, bleiben, nebeneinanderstellen.

turmhoch hoch, steil, luftig, himmelan, wolkenwärts, haushoch, gigantisch, kolossal, aufsteigend, emporsteigend, emporragend. ▶ niedrig.

turnen Sport treiben, ertüchtigen, abhärten, üben, trainieren, exerzieren, Gymnastik betreiben, sich geschmeidig erhalten. → bewegen sich.

Turnier Streit, Kampf, Fehde, Ringen, Wettstreit, Wettspiel, Regatta, Wettkampf, Zweikampf, Duell, Preiskampf, Olympische Spiele ● Wortgefecht, Wortstreit, Diskussion, Disput ● Schauspiel, Szene, Fest.

Turnus Wechsel, Abwechslung, Ablösung, Reihenfolge, Runde, Kreis, Rhythmus, Takt, Wende, Umdrehung. ▶ Unregelmäßigkeit.

Türsteher → Portier.

turteln → liebkosen.

Turteltäubchen → Abgott.

Tusch → bravo, Fanfare.

tuscheln → flüstern.

tuschen tönen, färben, einfärben, nachtuschen, bunt machen, überarbeiten, malen, ausmalen, darstellen, zeichnen, stricheln, abschatten, abschattieren, Lichter aufsetzen, klecksen, schmieren.

Tüte → Behälter, Beutel, Pakkung.

tuten → beleidigen das Ohr, blasen.

Typ → Art, Aufbau, Aussehen, Charakter.

Type Letter, Schrift, Buchstabe, Matrize, Initiale, Minuskel ● komischer Mensch, Nudel, Sonderling, Einzelgänger, Eigenbrötler, Hagestolz, Außenseiter.

typisch besonders, einmalig, persönlich, eigentümlich, charakteristisch, repräsentativ, befremdend, sonderbar, selten, kennzeichnend, seltsam, ohnegleichen, bezeichnend, merkwürdig, auffallend ● allgemeingültig, gemeinsam, gang und gäbe. → anschaulich, charakteristisch. ▶ ungewöhnlich.

typisieren gleichmachen, normen. → vereinfachen.

Typus *m* Urbild, Vorbild, Erscheinungsform, Grundgestalt, Original, Musterbild, Eigenform, Eigenart, Urform. → Art. ▶ Abart, Nachbildung.

Tyrann → Alleinherrscher, Bedrücker, Despot.

Tyrannei Gewaltherrschaft, Despotismus, Diktatur ● Verfassungsbruch, Gewalttätigkeit, Rechtlosigkeit, Gesetzlosigkeit, Rechtswidrigkeit, Zuchtrute ● Militärherrschaft, Militarismus, Mißregierung, Willkürherrschaft, Parteiherrschaft, Imperialismus, Fremdherrschaft, Terror ● Hartherzigkeit, Unerbittlichkeit, Strenge, Härte, Grausamkeit, Rücksichtslosigkeit, Unduldsamkeit, Intoleranz, Unnachsichtigkeit, Machtwahn. → Beeinflussung, Despotismus, Diktatur, Gesetzlosigkeit. ▶ Demokratie, Gesetzlichkeit, Nachsicht.

tyrannisch → anmaßend, despotisch, diktatorisch, Gesetzes außerhalb des.

tyrannisieren nötigen, streng handeln, unnachsichtlich vorgehen, ohne Schonung verfahren, strenges Regiment führen, keine Widerrede gelten lassen, unter die Rute nehmen, Gewalt anwenden, abnötigen, abdrohen, erzwingen, bezwingen, die Pistole auf die Brust setzen. → beherrschen. ▶ nachgeben, unterwerfen sich.

tz, bis zum genug, weidlich, über und über, bis dort hinaus, zum Davonlaufen, zum Lachen, zum Weinen, was das Zeug hält, nach Strich und Faden, aus dem ff, wie der Teufel, daß einem die Augen übergehen, fuchswild, zu arg, happig, cheibemäßig *schw.*, saumäßig, hanebüchen, hochgradig, irrsinnig, lausig, verteufelt, verwünscht. ▶ gern, wenig, witzlos.

U

U-Bahn → Bahn.

Übel Kreuz, Gebresten, Leiden, Streich, Schicksalsschlag, Krankheit, Sorge, Mißgeschick, Schlag, Mißvergnügen, Pein, Prüfung, Sklavenleben, Plage, Schaden, die Büchse der Pandora, Krebsschaden, Bürde, Beeinträchtigung, Nachteil, Pech, Widerwärtigkeit, Unbill, Unannehmlichkeit, Ungemach, Unheil, Heimsuchung, Böses, Not, Elend, Unstern, die sieht der Pferdefuß heraus. → Ärgernis, Befinden, Bekümmernis, Beschwerde, Dorn, Not, Übelbefinden. ▶ Glück, Gesundheit, Heiterkeit, Lebensfreude.

übel → abbrüchig, abgeschmackt, böse, degoutiert, dreckig, ekelhaft, falsch, faul, greulich, häßlich, kläglich, schädlich, schlecht, Tür ins Haus fallen mit der.

übel ankommen büßen, benachteiligen, ausbaden, erleiden, teuer bezahlen, Verlust haben, Schaden haben, Einbuße erleiden, herhalten müssen, schlecht aufstoßen ● schaden, beeinträchtigen, ein Bein stellen, verlieren, verrechnen sich, leiden. ▶ Vorteil wahrnehmen seinen.

übel schmecken → beleidigen, den Geschmack verletzen.

übel sein flau, speiübel, schlecht, unpäßlich, unwohl, verschnupft, leidend, schwach, angegriffen, matt, kränklich, nicht gut ● müde, erschlagen, krank, siech, übel, elend, erkältet, bettlägerig, schwächlich, hinfällig, anfällig, heruntergekommen, blümerant, kraftlos, todkrank, sterbenselend ● unleidig, nicht wohl, nervös, abgespannt, verkatert, verstimmt, verstört, mißvergnügt, verdrossen, ärgerlich, verdrießlich, mürrisch, unbehaglich. ▶ heiter (sein), wohlbefinden sich, wohlfühlen.

Übelbefinden Bedürfnis, Qual, Weh, Unbefriedigung, Unbehaglichkeit, Schmerz, Leiden, Übelkeit, Krankheit, Beschwernis, Beklemmung, Kopfweh, Abspannung, Gebrechlichkeit, Unpäßlichkeit, Schwäche, Übel. → Anwandlung, Befinden, Schmerz, Übel. ▶ Wohlbefinden.

übelbeleumdet in schlechtem Ruf oder Geruch stehen, schlecht beurteilt, kein Ansehen genießen, schlechter Mensch, finsterer Geselle, nicht mit der Zange anzufassen. ▶ angesehen.

übelgesinnt → arglistig.

Übelkeit Ekel, Abscheu, Widerwille, Widerstreben, Brechreiz, Überdruß, Aberwille ● Schlechtigkeit, Bösartigkeit, Nachteiligkeit, Giftigkeit. → Abscheu, Ekel, Übelbefinden.

übellaunig gallig, gehässig, reizbar, zänkisch, streitsüchtig, wütend, bissig, bösartig, radaulustig, krittelig, übelnehmerisch, angriffslustig, kratzig, stichelig. → aufgelegt, cholerisch, trübselig, trübsinnig. ▶ heiter.

übellaunisch → übellaunig.

Übellaut → Charivari, Dissonanz, Mißklang.

übelnehmen → beneiden, krumm nehmen, schimpfen, tadeln, zanken.

übelnehmerisch zornig, beleidigt, verletzt, bösartig, gekränkt, unversöhnlich, trotzig, patzig, gallig, grollend, übellaunisch, streitsüchtig, aufgebracht, stachelig, gehässig. → übellaunig. ▶ gutmütig, heiter.

übelriechend → aasig, faul, pestilenzialisch.

übelschmeckend → beleidigen (den Geschmack verletzen).

Übelstand Mißstand, Schwierigkeit, Minderwertigkeit, Fehler, Unvollkommenheit, Hindernis, Untunlichkeit, Mißbrauch, Mangel, Nachteil, Schadhaftigkeit, Unreife, Makel, Mangelhaftigkeit ● Klemme, Ratlosigkeit, Wirrwarr, Verstrickung. → Ausfall, Entbehrung, Mangel. ▶ Vorteil, Wohlstand.

Übeltat → Bluttat, Bosheit, Frevel, Schuld, Tat.

Übeltäter Bösewicht, Verräter, Lump, Dieb, Schuldiger, Teufel, Sünder, Missetäter, Betrüger, Galgenvogel, Erzspitzbube, Täter. → Angeklagter, Bandit, Dämon, Schädling, Täter. ▶ Wohltäter.

übelwollen → bedrücken, Bein stellen ein, beneiden, benachteiligen, erweisen einen schlechten Dienst, quälen, schädigen, täuschen.

übelwollend → arglistig, böse, diabolisch, niederträchtig, schlecht.

üben lernen, arbeiten, musizieren, ochsen, einüben, einbleuen, schuften ● drillen, exerzieren, trainieren ● befolgen, beobachten, dabei bleiben. ▶ vernachlässigen.

über → ausnehmend, bis, darauf, darüber, droben, fort, oben, indirekt, super.

über alle Berge entfernt, weit, fort, weg, davon, unerreichbar, auf und davon, fortgerannt, abgerückt, verduftet, dahin, ab. ▶ nahe.

über haben → überdrüssig.

über Hals und Kopf schnell, hastig, überstürzt, überhastet, übereilt, flink, vorschnell, rasch, gewaltsam, wie besessen, plötzlich, zu eilig, unüberlegt, unbesonnen ● geschwind, sofort, sogleich, unverzüglich, blitzartig, stehenden Fußes, schleunigst, mit Volldampf, von der Tarantel gestochen, nun aber ran. ▶ langsam, überlegt.

überall rings, ringsum, nah und fern, Landen in allen, allenthalben, allerorts, in allen Ecken und Enden, in jeder Gegend, wo immer, auf Schritt und Tritt, in Dorf und Stadt, allerwärts, ringsumher, unbegrenzt, weit und breit, in Raum und Zeit. → allenthalben, ausnahmslos, Busch und Feld, Feld und Wald,

fern und nah, jedesmal. ▶ nirgends.

überallher, von → Ecken und Enden von allen.

überaltert steinalt, hinfällig, abgelebt, verlebt, senil, greisenhaft, bemoost ● altmodisch, überholt, überlebt. → abgetan, alt. ▶ jung, neuartig.

Überangebot Masse, Vielheit, Warenmenge, Vielzahl, Unmenge ● Verlustgeschäft, billiger Absatz, Ausverkauf, Angebot. ▶ Mangelware.

überanstrengen → abarbeiten, abmühen, anstrengen sich.

Überanstrengung Plackerei, Schinderei, Mühe, Arbeit, Plage, Anstrengung, Last, Beschwerde, Beschwerlichkeit, Belastung, Bürde, Druck, Taglöhnerei, Schwerarbeit, Fronarbeit, Pferdearbeit, Joch, Strapaze. → Anstrengung. ▶ Faulheit, Lässigkeit.

überantworten übertragen, abtreten, ablassen, aushändigen, geben, veräußern, übergeben, überweisen, einhändigen. → ausliefern, begeben. ▶ aberkennen, nehmen.

überarbeiten → abarbeiten, abmühen, ändern, anstrengen sich, ausbessern, durchsehen, fallen schwer, korrigieren, retuschieren, tuschen.

überarbeitet → erholungsbedürftig.

überaus → außerordentlich, enorm, erheblich.

überbeanspruchen → strapazieren.

Überbein → Auswuchs.

überbelegt knallvoll. → voll.

überbewerten → überschätzen.

überbieten obsiegen, besiegen, ausstechen, zuvortun, den Rang ablaufen, übertreffen, die Spitze halten, überlegen sein, sich auszeichnen, überholen, überflügeln, überstrahlen, auftrumpfen, den letzten Trumpf ausspielen, das Maul stopfen u, in die Pfanne hauen u, an den Wagen fahren lassen. → ausstechen, auszeichnen, bewähren, Oberhand in den, Sack stecken in den, siegen. ▶ unterbieten.

Überbleibsel Funde, geschichtliche Reste, Altertümer, Spur, Grabfunde ● Neige. → Abfall, Asche, Bruch, Bruchstück, Fetzen, Rückstand. ▶ Fülle, Ganzheit.

Überblick Sammlung, Sammelwerk, Einsicht, Übersicht, Zusammenfassung, Voranschlag, Überschlag, Verständnis ● Aussicht, Ausblick, Vogelschau. → Anschlag, Ausschnitt, Aussicht, Ausstellung, Blickfeld, Querschnitt, Rückblick, Schluß-

wort, Sicht. ▶ Detail, Unverständnis.

überblicken → anschauen, ansehen.

überbracht → behaftet, gebräuchlich, konventionell.

überbringen geben, hinbringen, übergeben, zuleiten, abgeben, zubringen, hintragen, austragen, forttragen. → geben. ▶ annehmen, stehen lassen.

Überbringer → Bote, Briefträger.

überbrücken → verbinden.

überbürden → abarbeiten, anstrengen sich.

Überbürdung → Anstrengung, Arbeit, Beschwerde, Überanstrengung.

überdachen → bedachen, bedecken.

überdauern fortdauern, fortbestehen, ausharren, anhalten, durchhalten, anhalten, fortsetzen, andauern, sich behaupten, währen. ▶ vergehen.

überdauernd → farbecht, perennierend.

überdecken → ausschlagen, bedachen, bedecken, behängen.

überdenken → denken.

überdies extra, auch, noch, obendrein, sodann, außerdem, ferner, zudem, dazu, fernerhin → auch, außerdem, darüber, desgleichen, eingerechnet, ferner, nicht nur sondern auch. ▶ abzüglich, ausgenommen, nicht, ohne.

Überdruß → Abneigung, Abscheu, Bitterkeit, Degout, Ekel, Faulheit, Langeweile, Sättigung, Unlust.

überdrüssig gelangweilt, lästig, unangenehm, widerlich, greulich, satt, ekelhaft, leid, unerwünscht, ermüdend, übersatt, müde, einschläfernd, übervoll, abhold, dick haben, bis zum Halse haben, die Nase voll haben, den Kanal voll haben u, die Schnauze voll haben u, es steht mir bis hier, etwas über haben, dick kriegen, etwas über kriegen. → böse, Hals heraushängen zum, satt. ▶ hungrig, wünschenswert.

überdurchschnittlich → außerordentlich, ausnehmend, hochgradig, einzigartig.

Übereifer Rastlosigkeit, Ruhelosigkeit, Unruhe, Ungeduld, Gereiztheit, Unrast, Aufregung, Hast ● Fanatismus, Unduldsamkeit. → Aufdringlichkeit, Eile, Ekstase. ▶ Geduld, Lässigkeit, Überlegung.

übereifrig übereilt, überhastet, schnell, ungestüm, hastig, atemlos, geschwind, hitzig, unbedacht, heftig, kopfüber, fieberhaft, rastlos, ruhelos ●

fanatisch, religionswütig. ▸ lässig, ruhig, überlegt.
übereignen überschreiben, überlassen, auflassen, vermachen, vererben ● verpachten, vermieten, übergeben, überantworten ● verkaufen. ▸ belassen.
übereilen stürmen, tollen, unbesonnen sein, sich überhetzen, rasen, sich überhasten, flitzen, ganz aus dem Häuschen sein, vorschnell handeln, unüberlegt handeln, voreilig sein, blindlings etwas tun. → beeilen, beschleunigen, drängen, erkühnen. ▸ säumen, überlegen.
übereilt → achtlos, auf einmal, augenblicklich, bedenklich, beizeiten, blindlings, fahrig, Fassung verlieren die, fieberhaft, leichtfertig, plötzlich, vorzeitig.
Übereiltheit → Blitz, Eile, Indiskretion.
Übereilung → Begierde, Blitz, Eile, Treiberei.
Übereinkommen → Abkommen, Ausgleich, Aussöhnung, Aussprache, Beilegung, Einigung, Klausel, Vertrag.
übereinkommen → abmachen, beipflichten, beitreten, bestätigen, bewilligen, einigen, Einklang bringen, einverstanden sein, gutheißen, paktieren, vereinbaren.
Übereinkunft → Abkommen, Aussprache, Bedingung, Beilegung, Berichtigung, Convention, Einigung, zwei Seelen und ein Gedanke, Vertrag.
übereinstimmen passen, zusammenstimmen, sich fügen, zusagen, entsprechen, gefallen, sich vertragen, anpassen sich, übereinkommen, angleichen ● gutheißen, gefallen, erlauben, sich richten nach, einer Meinung sein, in dieselbe Kerbe hauen, auf einen Nenner bringen, bejahen, anerkennen, zugeben ● wohlklingen, harmonieren. → anpassen, beitreten, billigen, decken sich, eignen sich, eingehen auf, entsprechen, korrespondieren. ▸ widersprechen.
übereinstimmend konform, ansprechend, kongruent, passend, austauschbar, entsprechend, angemessen, sachgemäß ● harmonisch, gleichartig, geistesverwandt, gleich, wie ein Mann. → demgemäß, demzufolge, derart, dergleichen, diesbezüglich, ebenbürtig, ein Gedanke und zwei Seelen, einhellig, ein Herz und eine Seele, entsprechend, gleichartig, passend. ▸ widersprechend.
übereinstimmend, nicht → beziehungslos, divergierend.

Übereinstimmung Gleichartigkeit, Gleichform, Gleichförmigkeit, Konkordanz, Kongruenz, Konsens, Einklang, Gleichlaut, Einigkeit, Eintracht, Zusammenfall, Wesenseinheit, Zusammenklang, Einförmigkeit, Wohlklang. → Berichtigung, Beruhigung, Billigung, Einheit, Einklang, Einstimmigkeit, Gleichgewicht, Harmonie. ▸ Widerspruch, Unstimmigkeit.
überempfindlich empfindsam, feinfühlig, zartbesaitet, hochempfindlich ● reizbar, anfällig, erregbar, sensibel, nervös ● verletzlich, mimosenhaft, überspannt ● heikel, kritisch ● verhätschelt, verwöhnt ● peinlich genau, übergenau, kleinlich. → unempfindlich.
überfahren überrollen. → täuschen, verletzen.
Überfahrt → Chaussee, Passage, Reise.
Überfall → Anfall, Angriff, Beschießung, Invasion, Raubzug.
überfallen → anfallen, angreifen, beschleichen, einhauen, erstürmen.
überfällig → verlustig, verspätet.
überfeinert → erkünstelt, preziös.
Überfeinerung Übersteigerung, Gesuchtheit, Überzüchtung, Ziererei, Verweichlichung, Übertreibung, Überschwang, Verstiegenheit, Verschwendung, Maßlosigkeit. ● Luxus. ▸ Natürlichkeit.
Überflieger Genie, Erfolgsmensch.
überfließen überlaufen, überschreiten, überfluten, überkochen, überschütten, übertreten, überschwanken, überschwappen ● strotzen, übrig haben. → üppig. ▸ drinnen (bleiben), mangeln, stehen.
überflügeln übertreffen, einholen, überholen, hinter sich lassen, besser sein, in den Sack stecken, meistern, obsiegen, überbieten, jemanden an die Wand drücken, jemandem den Rang ablaufen. → überbieten. ▸ unterliegen.
Überfluß Hülle und Fülle, Flut, Strom, Überfülle, Andrang, Überschuß, Auswuchs, Reichtum, keine Sorgen, Überfüllung, Überflutung, Anschwellung, Unzahl, Unmenge, Unmasse, Unerschöpflichkeit, Vielheit, Wohlstand, Üppigkeit, Menge. → Auswahl, Congestion, Fülle, Luxus, Reichtum, Verschwendung.
überflüssig wertlos, zuviel, nicht notwendig, überzählig, nutzlos, unnütz, wirkungslos, überladen, unnötig, übervoll, überreichlich, erdrückend ● vergeblich, zwecklos, frucht-

los, erfolglos. → beiläufig, entbehrlich, nutzlos, Rad fünftes am Wagen. ▸ nötig, unentbehrlich, wenig, wertvoll.
Überflüssigkeit Nutzlosigkeit, Erfolglosigkeit, Wirkungslosigkeit, Fruchtlosigkeit, Vergeblichkeit, Nachteil, Pech, vergebliche Liebesmüh, Unwert. → Überfluß. ▸ Nützlichkeit, Unentbehrlichkeit.
überfluten überschwemmen, überströmen, bedecken, bewässern, steigen, überlaufen, übertreten, übersteigen. → bleiben, drücken den Markt, emporquellen, fließen, überfließen. ▸ eindämmen, mangeln, stehen.
Überflutung → Congestion, Flut, Überfluß, Überschreitung.
überfordern prellen, übertreiben, zuviel ● überlasten. → aufschlagen, balbieren, benachteiligen, beschwindeln, bewuchern, täuschen, abarbeiten.
Überforderung Überlastung, Streß ● Preistreiberei, Überteuerung, Wucher, Übervorteilung, Schieberpreis, Schiebergeschäft ● Schwindel, Täuschung, Prellerei, Gemeinheit. → Betrug. ▸ Schleuderpreis.
überführen nachweisen, erwischen, ertappen, zur Rechenschaft ziehen ● zur Last legen, festnageln, den Hals brechen, das Genick brechen, beschuldigen, anklagen, bezeihen, bezichtigen. → ausliefern, begründen, bekehren, beweisen, ertappen auf frischer Tat. ▸ entlasten, rechtfertigen, widerlegen.
überführt gestellt, erwischt, beschuldigt, ertappt, angeklagt, gebrandmarkt, belastet, ergriffen, verdächtigt, vorgeladen, bezichtigt, angezeigt ● überzeugt, geschlagen, berichtigt. ▸ unschuldig, widerlegt.
Überführung Ergreifung, Belastung, Beschuldigung, Anzeige, Verdacht, Überweisung, Gefängnisüberführung ● Leichenüberführung. → Argument, Beweis, Beweisführung, Berichtigung, Brücke, Transport. ▸ Rechtfertigung, Trennung, Widerlegung.
Überfülle → Congestion, Luxus, Masse, Überfluß.
überfüllen überladen, vollstopfen, übersättigen, überwuchern, strotzen, übertreiben, überwiegen, stopfen, mästen, überfüttern, sich übergessen, sich übernehmen. → drücken den Markt. ▸ entleeren, mangeln, mäßigen sich.
überfüllt gerammelt voll, vollgestopft, dichtgedrängt wie in einer Sardinenbüchse *u*, keine

Überfüllung Stecknadel kann fallen, stehen wie die Heringe u, vollgefüllt, kein Platz mehr. ▶ leer.

Überfüllung Sättigung, Übermaß, Übersättigung, Maßlosigkeit, Schwelgerei, Anhäufung, Überladung, Überschreitung, Anschwellung, Schwulst, Unmasse, Unmenge. → Überfluß. ▶ Leere, Mangel, Mäßigung.

überfüttern → nudeln, sättigen, übersättigen.

Übergabe → Aufgabe, Gabe, Niederlage, Transport.

Übergang Farbübergang, Abstufung, Abtönung, Schattierung ● Bindeglied, Vermittlung, Fuge, Übergangsglied ● Umwandlung, Umformung ● Übertritt, Wechsel ● Übertragung, Besitzwechsel. → Brücke, Furt, Paß. ▶ Stetigkeit, Trennung.

übergangslos direkt, unvermittelt.

übergeben speien, brechen, kotzen u, spucken, rülpsen ● abgeben, weggeben, übertragen, veräußern, überweisen, geben, abtreten, überantworten lassen ● unterwerfen, erliegen, unterliegen, nachgeben, beigeben. → abgeben, absenden, abgehen, abtreten, anvertrauen, ausliefern, austeilen, beauftragen, begeben, berufen, bewilligen, beschäftigen, beschenken, dareingeben sich, delegieren, entäußern sich, ergeben sich. ▶ annehmen, behalten, trotzen.

übergehen meiden, unterlassen, vernachlässigen, übersehen, auslassen, hintenansetzen, aufsagen, außer acht lassen ● desertieren, überlaufen, abschwören. → abfallen, bekehren, fegen hinweg, umgehen. ▶ bleiben, trachten (nach), verwerten.

übergehen, zum Feind → desertieren.

übergenau → genau, pedantisch.

übergenug → übermäßig.

übergeschnappt → hysterisch, verrückt.

Übergewicht Schlagseite, Ungleichheit. → Beeinflussung, Einfluß, Macht, Überlegenheit.

übergießen → begießen, beifügen, bespritzen.

Übergriff Frechheit, Unverschämtheit, Beleidigung, Gewalttätigkeit, Unverfrorenheit, Maßlosigkeit, Gemeinheit. → Eigenmächtigkeit, Frechheit, Rechtswidrigkeit. ▶ Zurückhaltung.

übergroß → enorm.

überhandnehmen zu weit gehen, sich ausdehnen, sich vergrößern, sich vermehren, sich summieren, sich anhäufen, zunehmen, wuchern, zu viel

werden. → anschwellen, ausdehnen, nicht beikommen, vervielfältigen. ▶ verringern.

Überhang Rest, Rückstand, Schwebe, Überschuß ● Klippe ● Plus, Saldo. → Abhang, Gehänge, Überrest.

überhängen vorspringen, vorstehen, vorragen, überragen, herausragen, heraushängen, vorhängen, sich vorstülpen, hervorragen. → bedecken. ▶ abdecken.

überhängend → abschüssig, schräg.

Überhast → Anstrengung, Begierde, Eile, Hetze.

überhasten sich beeilen, sich überstürzen, rasen, hetzen, flitzen, jagen, hasten, zu schnell sein, sich erregen, kopflos sein, zu schnell handeln, unüberlegt handeln, sich wie toll gebärden, sich beschleunigen. ● Dampf dahinter machen, eilen. ▶ säumen, überlegen.

überhastet → auf einmal, augenblicklich, blindlings, plötzlich, übereilt, vorzeitig.

überhaupt → A und O, all, A bis Z.

überheben, sich herabschauen, herabsehen, sich überschätzen, übertreiben, sich anmaßen, sich einbilden, sich aufblähen, überladen, arrogant sein, einherstolzieren, sich rühmen, sich vermessen, sich erdreisten, den Herrn spielen, von oben herab ● sich einen Bruch heben, zu viel tragen. → blähen, dick tun, fühlen sich. ▶ bescheiden (sein), unterwerfen sich.

überheblich mutwillig, selbstgerecht, selbstherrlich, eingebildet, arrogant, herrisch, zu nahe treten, unverschämt, dreist, hochfahrend, verletzend, geschwollen, verächtlich, geringschätzig, dünkelhaft. → anmaßend, eitel, stolz. ▶ bescheiden, unterwürfig.

Überheblichkeit Selbstgerechtigkeit, Selbstherrlichkeit, Selbstüberhebung, Hybris, Vermessenheit, Einbildung, Absprecherei, Prahlerei, Titanenstolz, Übermut, Dünkelhaftigkeit, Pfaffendünkel, Hochmut, Junkerherrlichkeit, Dünkel, Verachtung, Geringschätzung, Mißachtung. → Anmaßung, Dünkel, Eitelkeit, Stolz, Überlegenheitsanspruch. ▶ Bescheidenheit, Unterwürfigkeit.

Überhebung Herrschsucht, freventlicher Mutwille, Anmaßung, Arroganz, Vermessenheit, Unverschämtheit, Aufsässigkeit, Unverfrorenheit, Prahlerei, Geringschätzung. → Anmaßung, Dünkel, Frechheit, Geltungsbedürfnis,

Überheblichkeit. ▶ Bescheidenheit, Unterwerfung.

überhöht überteuert, zu hoch, übertrieben, teuer, kostspielig, übertrieben hoch. → billig.

Überhöhung Übertreibung, Aufblähung, Schwellung, Anschwellung, Verdickung, Wucherung ● Preissteigerung, Kurserhöhung ● Zuwachs, Zunahme. ▶ Abnahme.

überholen einholen, zurücklassen, vorbeigehen, hinter sich lassen, abstauben u ● übertreffen, schlagen, obsiegen, meistern. → ausbessern, ausschreiten, ausstechen, beeinträchtigen, einholen, entgehen, durchgehen lassen, überbieten. ▶ folgen, unterliegen, verwahrlosen.

überholt repariert, wiederhergestellt, nachgesehen, ausgebessert, geflickt, gereinigt. → überaltert, vergangen. ▶ modern, verkommen.

überhören abhören. → übersehen, vernachlässigen.

überirdisch unkörperlich, zeitlos, stofflos, raumlos, geistig, übernatürlich, jenseitig, transzendent, göttlich, unbegreiflich, übermenschlich, himmlisch. → ätherisch, beseligend, elysisch, feenhaft, magisch. ▶ irdisch.

überklug das Gras wachsen hören, eine Leuchte sein, die Flöhe husten hören, überkandidelt u, klug scheißen u, die Weisheit mit Löffeln gefressen haben u, eine Kanone sein u, andere in den Sack stecken, jemanden über sein. ▶ dumm.

überkommen überwinden, beseitigen, sich seinen Weg bahnen, vorrücken, erringen, gewinnen, meistern ● überliefert, übernommen ● ein Gedanke überkommt einen, etwas einfallen, an etwas denken. ▶ unterliegen, vergessen, verlieren.

überladen → abgeschmackt, anstrengen sich, drücken den Markt, überfüllen, voll.

Überladung → Ausschmückung, Bombast, Extravaganz, Luxus, Überfluß.

Überlagerung Störung, Funkstörung.

überlassen geben, hergeben, abtreten, anheimgeben, schenken, anvertrauen, entäußern, vergeben, verschenken, gewähren, zuwenden, bewilligen, ablassen, an die Hand geben. → abgeben, absenden, abgehen, anvertrauen, ausliefern, austeilen, fallen lassen, das Feld räumen, hergeben, übergeben. ▶ annehmen, behalten, verschweigen.

überlassen, sich sich hingeben, dabei bleiben, sich widmen, sich einwurzeln, sich kümmern um, sich eingewöhnen, einer Gewohnheit hingeben, nicht davon loskönnen. ▶ entziehen sich.

Überlassung Entäußerung, Verzicht, Abtretung, Gabe, Geschenk, Schenkung, Aufgabe, Übergabe, Überschreibung, Übermachung, Überweisung, Verschreibung. ▶ Entgegennahme.

überlasten schinden, plagen, placken, aufbürden, schikanieren, überbürden, quälen, anstrengen, einspannen. → abarbeiten, anstrengen sich, überfordern. ▶ schonen (sich).

Überlaufen → Fahnenflucht.

überlaufen → abfallen, ausfließen, bekehren, brechen das Gesetz, desertieren, Fahne fliegender mit, überfließen.

Überläufer → Abtrünniger, Deserteur, Drückeberger.

überleben → bestehen, bleiben, überdauern, überstehen.

Überlebender Hinterbliebener, Nachkomme.

überlebt zeitwidrig, unmodern, nicht zeitgemäß. → abgetan, alt, überaltert, vergangen.

überlegen erwägen, nachdenken, sinnen, sich vorsehen, studieren, spekulieren, denken, spintisieren, ausklügeln, erörtern, ermessen, planen, verfügen, bedenken, beschlagen, abwägen ● haushoch, turmhoch, jemanden in die Tasche stecken, jemanden überfahren, jemanden beherrschen, tonangebend, an der Spitze stehend, unübertrefflich, unbesiegt, ausschlaggebend, Hahn im Korb, unerreichbar. → achtgeben, anmaßend, anschauen, aufpassen, ausdenken, beabsichtigen, bedenken, begrübeln, beherzigen, beherrschend, beisammen, beraten sich, beratschlagen, beschäftigen, besinnen sich, besprechen, Beste tun, bleiben bei der Sache, denken, diskutieren, entscheiden sich, ergrübeln, erhaben über, erhaben, ersinnen, konferieren, mächtig, Rechnung tragen, sammeln sich, verfolgen, wägen. ▶ überhasten, unbesonnen, unterlegen, unterwürfig.

überlegen sein → ausnehmend, auszeichnen, überklug.

überlegend → charakterfest, erwägend.

Überlegenheit Übergewicht, Vorrang, Vorteil, Hauptstärke, Vorzugsstellung, Ausnahmestellung, Führung, Meisterschaft, Spitze, Einfluß, Bedeutung. → Beeinflussung, Einfluß, Erhabenheit, Vorzug. ▶ Unterordnung.

überlegt erwogen, sorgfältig, durchdacht, vorsichtig, behutsam, klug, gründlich, vernünftig, planvoll, einsichtsvoll, gescheit, weise, vorsorgend, diplomatisch ● listig, raffiniert, feinspürig. → akkurat, aufmerksam, bedächtig, bedachtsam, begabt, begründet, durchdacht, ernst, erwägend, feinspürig, planvoll, taktisch, vorsichtig. ▶ unüberlegt.

Überlegung → Absicht, Aufmerksamkeit, Augenmerk, Bedacht, Beflissenheit, Begriffsscheidung, Behutsamkeit, Berücksichtigung, Besonnenheit, Besorgtheit, Besorgnis, Betrachtung, Denkart, Kombination, Taktik, Umsicht.

überleiten anknüpfen, verbinden, weiterspinnen.

überliefern → beschreiben, einliefern, geben, schenken.

überliefert traditionell, überkommen, angenommen, übernommen ● abgeliefert, abgegeben, hingebracht, weggeben. → maßgeblich. ▶ empfangen, modern.

Überlieferung Quellen, Zeugnis, Beleg, Nachweis, Funde, Überbleibsel ● Aufrechterhaltung, Tradition, Etikette, Konservatismus, Herkommen, Komment, Zeitsitte. → Brauch, Chronik, Quelle aus amtlicher. ▶ Neuerung.

überlisten erlisten, Schlinge legen, täuschen, eine Falle stellen, betrügen, foppen, narren, bestricken, übervorteilen, baldowern, begaunern, umgarnen, ins Garn locken → Anstrich, balbieren, benachteiligen, beschwindeln, bringen zum Schweigen, drehen eine Nase, drehen und zu wenden wissen, düpieren, erhaschen, Fell über die Ohren ziehen das, fischen im trüben, Garn locken ins, graben eine Grube, krumme Wege, schlagen ein Schnippchen, täuschen. ▶ ehrlich (sein).

Überlistung → Betrug, Danaergeschenk, Falle, Gaunerei, Schlauheit, Täuschung.

übermachen → darbringen, darreichen, geben, schenken.

Übermacht → Dämon, Macht, Überlegenheit.

übermalen → anstreichen, bedecken.

übermannen → bewältigen, erobern, siegen, unterwerfen.

Übermaß → Ausschreitung, Ausschweifung, Begierde, Congestion, Exzeß, Masse, Maßlosigkeit, Überfluß, Überfüllung, Überschreitung.

übermäßig allzuviel, übergenug, verschwenderisch, maßlos, unmäßig, übertrieben, ungeheuer, unsättlich, zügellos, prasserisch, schwelgerisch, ausschweifend, ungezügelt, vielverlangt. → ausschweifend, barock, bedürfnisvoll, maßlos. ▶ mäßig, wenig.

Übermensch → Christus, Herrenmensch, Recke.

übermenschlich → allmächtig, überirdisch.

übermitteln entrichten, einsenden, senden, schicken, entledigen, erfüllen, einlösen, anweisen, zahlen, bezahlen, ordnen, zukommen lassen ● auftragen, einschärfen, befehlen, gebieten, anordnen, heißen, beauftragen, vorschreiben, begehren, verlangen, heischen ● grüßen, sagen, ausrichten, entbieten, Kenntnis geben. → absenden, bestellen, schicken. ▶ empfangen, verschweigen.

Übermittlung → Absendung.

übermüdet → matt, müde.

Übermüdung Ermattung, Ermüdung, Müdigkeit, Erschlaffung, Hinfälligkeit, Erschöpfung, Erlahmung, Schwäche. → Schläfrigkeit. ▶ Kraft, Munterkeit.

Übermut Mutwille, Beherztheit, Keckheit, Unbekümmertheit, Heiterkeit, Leichtsinn, Unüberlegtheit, leichter Mut, Selbstsicherheit, Tollkühnheit, Ausgelassenheit, Verwegenheit, Waghalsigkeit ● Überheblichkeit, Frechheit, Fürwitz. → Anmaßung, Lustigkeit, Überhebung. ▶ Besonnenheit, Niedergeschlagenheit, Schwachheit.

übermütig mutwillig, feuchtfröhlich, beschwingt, lustig, ausgelassen, tollkühn, der Haber sticht, der Hafer sticht, ihm schwillt der Kamm, batzig u, toll, unbedacht, unklug, unbeschwert, heiter, fidel, vermessen, verwegen, selbstherrlich, unvorsichtig. → anmaßend, burschikos, lustig, quietschfidel, Rand und Band außer, überheblich. ▶ feige, niedergeschlagen, schwach, überlegt.

übernachten absteigen, einkehren, logieren, Quartier nehmen, nächtigen, schlafen.

übernächtigt → müde.

Übernahme → Abnahme, Kauf.

übernatürlich → allmächtig, körperlos, überirdisch, übersinnlich.

übernehmen → abnehmen, aufschlagen, debütieren, kaufen, nehmen.

übernehmen, sich schädigen, erschüttern die Gesundheit, zuviel arbeiten, sich überanstrengen, sich zuviel zumuten, sich abrackern, schuften, schinden, sich placken, sich plagen, sich überladen, sich überlasten. → abarbeiten, anstrengen sich, betrinken, dick

haben etwas. ▶ faulenzen, schonen (sich).
überordnen → voranstellen.
überpeinlich → pedantisch.
überpflastern → bedecken.
überprüfen → prüfen.
überprüft → nachgeprüft.
Überprüfung → Revision.
überqueren hinübergehen, überschreiten, passieren, übergehen, hinüberlaufen, kreuzen, schreiten, gehen. → passieren. ▶ umkehren.
überragen → aufsteigen, ausstechen, auszeichnen, beherrschen, hervorstehen, Oberhand haben, ragen, schlagen, überbieten, überhängen.
überragend hervorstehend, hervortretend, ausstechend, überlegen, übertreffend, besiegend, maßgebend, sich abhebend ● groß, riesig, enorm. → außerordentlich, ausgedehnt, ausnehmend, beherrschend, dominierend, erhaben, gewaltig, genial, gigantisch, überwiegend, vortrefflich. ▶ klein, nichtssagend, unterlegen.
überranken → überwachsen.
überraschen frappieren, erwischen, ertappen ● stutzig machen, befremden, auffallen, verblüffen, verwirren, enttäuschen, vereiteln, überfallen, bestürzen, erschrecken, verlegen machen, aus dem Geleise bringen, versteinern, Bestürzung hervorrufen, Verwunderung hervorrufen ● eine Freude bereiten, eine Überraschung bereiten, ein Schlag aus heiterem Himmel. → aufsehen, begreifen, beschenken, bestürzen, enthüllen, erfreuen mit, erstaunen, ertappen auf frischer Tat, geben, schenken, verwundern. ▶ ahnen, wissen.
überraschen lassen, sich ahnungslos sein, es nicht vermuten, es nicht annehmen, es nicht fassen können, nichts vorher wissen, aus allen Himmeln fallen, unvorbereitet sein, aus den Wolken fallen, überrumpeln. ▶ überraschen lassen sich nicht.
überraschen lassen, sich nicht überlegen, voraussehen, vorbereitet sein, abwägen, erwägen, nicht schlafen, auf dem Sprung stehen, nüchtern sein, nicht träumen, einen klaren Blick haben, wissen was man will, entgegensehen, bedenken, rechnen auf. ▶ überraschen lassen sich.
überraschend → ahnungslos, anders, auffallend, auf einmal, augenblicklich, beispiellos, Blitz getroffen vom, einmalig, fern, frappant, Knall und Fall, plötzlich.
überrascht perplex, stutzig

werden, baff, erstaunt, verwundert, stutzig, verblüfft, verlegen, verwirrt, wirr, betroffen, stumm, verstummt, sprachlos, fassungslos, festgebannt, außer sich, versteinert, erstarrt, entsetzt, bestürzt. → baff, Donner gerührt vom, geblendet, platt. ▶ ahnend, gefaßt.
überrascht sein → benehmen den Atem, betäuben, staunen, überrascht.
Überraschung Oh, potztausend ● Sprachlosigkeit, Staunen, Erstaunen, Verwunderung, Erstarrung, Betäubung, Bestürzung, Erschütterung, Verwirrung, Fassungslosigkeit, Betroffenheit, Verblüffung, Überrumpelung ● Schreck, Plötzlichkeit, Entsetzen, Unerwartetheit ● da haben wir den Salat oder da Bescherung, da haben wir es. → Aufsehen, Befremden, Bestürzung, Betäubung, Blitz, Erstaunen, Verwunderung. ▶ Ahnen, Wissen.
überrechnen → kalkulieren, rechnen.
überreden überzeugen, bekehren, gewinnen, belehren, verleiten, zureden, bewegen, anhalten zu, einreden, einflüstern, drängen, auffordern, bereden, beschwatzen, nötigen, anempfehlen, antreiben, begeistern für, anraten, mit Worten besoffen machen u, beschmusen u, breit schlagen, herumkriegen, keilen u, platt schlagen, überfahren. → beeinflussen, befürworten, bekehren, bestimmen, bewirken, Dach steigen auf das, eindringlich zureden, empfänglich machen, gewinnen für sich. ▶ abhalten, abreden, hemmen.
überreden, lassen sich → breitschlagen lassen sich.
Überredung Bitte, Beschwörung, Anempfehlung, Rat, Überzeugung, Aufforderung, Ermunterung, Ermutigung, Nötigung, Zureden, Einflüsterung. → Beeinflussung. ▶ Hemmung.
Überredungskraft Überredungskunst, Überzeugungskraft, Rednergabe, Schmeichelei, Verlockung, Beschwatzung, Verleitung, Einflüsterung, Benebelung, Zuflüsterung, Suggestion, Gewandtheit. → Schmeichelei, Überredung.
überreichen → abgeben, abgehen, absenden, abtreten, anvertrauen, beschenken, darbringen, darreichen, einliefern, geben, schenken, übergeben.
überreichlich sehr, viel, üppig, wuchernd, strotzend, unzählig, verschwenderisch, über-

laden, erdrückend, viel zu viel, in Hülle und Fülle, unermeßlich, vollauf, ungeheuer, erstickend, pfropfenvoll, genug. → allerhand. ▶ wenig.
überreizen → aufregen.
überreizt verdrießlich, ärgerlich, übelgelaunt, mißmutig, aufgebracht, kochend, siedend, entzündlich, nervös, giftig, böse, gallsüchtig, gärend, wütend, zornig, empfindlich. → erregbar. ▶ ruhig.
Überreizung → Aufregung, Erregbarkeit.
überrennen → fegen hinweg.
Überrest Ruine, Rest, Übriges, Überhang, Nachlaß, Trümmer, Wrack, Scherben, Fragment, Schlacke, Ende, Stummel, Abfall, Rücklaß, Ausschuß. → Abfall, Asche, Bruchstück, Rückstand. ▶ Ganzheit.
Überrock → Anzug.
überrollen → überfahren.
überrumpeln → angreifen, aufspringen, beschleichen, bestürzen, einhauen, ernüchtern, erstürmen, heranstürzen, überraschen.
Überrumpelung Umsturz, Umwälzung, Plötzlichkeit, Überfall, Berennung, Einfall, Handstreich, Erstürmung, Überraschung. → Angriff, Erstarrung, Blitz, Erstaunen, Invasion, Überraschung. ▶ Verteidigung, Ahnung, Wissen.
überrunden → überholen, zurücklassen.
übersät dicht besetzt, gespickt, voll.
übersättigen überladen, überstopfen, überfüllen, anfüllen, überwuchern, übertreiben, überschreiten, überfluten, mästen, pfropfen ● langweilen, anekeln. → drücken den Markt, nudeln, sättigen. ▶ aufnahmefähig (sein), maßhalten, versorgen sich.
übersättigt vollgestopft, angefüllt, vollgefressen, erstickend, voll, angesättigt, befriedigen, satt, übervoll, pfropfenvoll ● amerikamüde, überdrüssig, blasiert, abgestumpft, verlebt, müde, verbraucht. → abgelebt, abgestumpft, blasiert, dekadent, eingebildet, entartet. ▶ aufnahmefähig, einfach, enthaltsam, mäßig, natürlich.
Übersättigung Aufblähung. → Abscheu, Ekel, Langeweile, Überfluß, Überfüllung.
überschätzen überheben, zu hoch anschlagen, einen zu hohen Begriff haben, eine zu hohe Meinung haben, zuviel Wichtigkeit beilegen, übertreiben, zuviel Ansehen zuschreiben, überbewerten. → A und O, dick tun. ▶ unterschätzen.
überschätzen, sich → blähen,

einbilden sich, machen sich groß.

Überschätzung Überhebung, Übertreibung, Einbildung, Lobhudelei, Dünkel, überspannte Ansicht ● Selbstüberhebung, Selbstlob, Eigenlob, Selbstgerechtigkeit, Selbstverherrlichung. → Chauvinismus, Dünkel. ▶ Unterschätzung.

überschaubar → übersichtlich.

überschäumen → beeinträchtigen, freuen sich, überfließen.

Überschlag Kalkül. → Anschlag, Plan, Querschnitt, Sport, Überblick.

überschlagen zurückrufen, erinnern, einfallen, auffrischen ● blättern, umwenden, umblättern. → abmessen, annehmen, errechnen, kalkulieren, schätzen. ▶ feststehen, (genau) errechnen.

überschlagen, sich → ausgleiten, fallen.

überschmeckend → anwidern.

überschnappen mit der Stimme überschnappen, mißklingen, mißtönen, kratzen ● irre werden, irre gehen, irre reden, spinnen, verrückt sein, verblöden, verkindschen ● überspannt sein ● einbilden sich etwas, freuen sich maßlos, überrascht sein. → überraschen lassen sich. ▶ natürlich (sein), überlegen, wohlklingen(d).

überschneiden kreuzen, kollidieren, zusammenfallen, durchkreuzen, durchschneiden, überschneiden, überkreuzen, zur selben Zeit sein, überschreiten. ▶ parallel, trennen.

überschreien einschüchtern, laut sein, schreien, nicht ausreden lassen, nicht zu Wort kommen lassen, poltern, sich erdreisten, unhöflich sein, kreischen, taktlos sein, kein Benehmen haben, sich herausnehmen. ▶ benehmen sich, unterliegen, verstummen.

überschreiten übersteigen, übertreten, überfluten, überladen, übertreiben, überspitzen ● auf keine Kuhhaut gehen, das Recht überschreiten, sich nicht um das Verbot kümmern, vernachlässigen, seine Pflicht verletzen. → beeinträchtigen, dick tun, passieren, überqueren. ▶ umkehren, mäßigen.

Überschreitung Überflutung, Übersteigerung, Übergang, Überfahrt, Übergehung, Überfüllung, Übersättigung, Maßlosigkeit ● Übergriff, Überhebung, Überspitzung, Eingriff, Ungebührlichkeit. → Ausschweifung, Eigenmächtigkeit. ▶ Berechtigung, Mäßigung.

Überschrift → Anrede, Titel.

überschuldet → bankrott, insolvent.

Überschuldung Verschuldung, Geldschuld, Rückstand, Schulden, Zahlungsunfähigkeit, Geldsorgen, Geldnot, Zahlungseinstellung, Ausfall, Konkurs, Bankrott. ▶ Guthaben.

Überschuß → Abfall, Congestion, Plus, Saldo, Überfluß, Überhang, Überrest.

überschüssig → überzählig.

überschütten → bedecken, loben, überfließen.

Überschwang Überschwenglichkeit, Überspanntheit, Übertreibung, Verrücktheit, Phantasie, Schwärmerei, Verstiegenheit, Spleen, Bombast, Überspannung ● Tollpunkt, Ausgelassenheit, Taumel, Maßlosigkeit, Begeisterung, Feuer, Exaltation. → Affekt, Aufregung. ▶ Beherrschtheit, Natürlichkeit, Mäßigung.

überschwemmen → ausbreiten, beeinträchtigen, besprizen, bleiben, drücken den Markt, überfließen, überfluten.

Überschwemmung Überflutung, Überströmung, Hochwasser, Bewässerung, Hochflut, Überschreitung. → Demolierung, Überfluß. ▶ Abnahme, Rückgang, Trockenheit.

überschwenglich → barock, schwulstig, überspannt.

Überschwenglichkeit → Extravaganz, Überschwang.

Übersehen → Achsel, Falschheit, Fehltritt.

übersehen → beiseite legen, blind für, durchgehen lassen, einschätzen, erniedrigen, fehlen, Finger sehen durch die, irren sich, schneiden, totschweigen, vernachlässigen.

übersetzen → bedeuten, beeinträchtigen, erklären, dolmetschen, entziffern.

Übersetzer Deuter, Auslandskorrespondent, Ausleger, Erklärer, Entzifferer, Dragoman, Kommentator, Dolmetscher. → Deuter.

Übersetzung Deutung, Erklärung, Auseinanderlegung, Übertragung, Wiedergabe, Erläuterung, Darstellung, Umschreibung, Verdolmetschung, Ausdeutung → Fahrradübersetzung.

Übersicht → Abriß, Anordnung, Ausschnitt, Bericht, Beschreibung, Compendium, Darstellung, Handbuch, Inhaltsverzeichnis, Plan, Programm, Querschnitt, Tabelle, Überblick.

übersichtlich überschaubar. → deutlich, genau, geregelt, klar, Lot im, sorgfältig.

Übersichtstafel → Abriß, Compendium, Plan, Tabelle.

übersiedeln umziehen. → aussiedeln.

übersinnlich metaphysisch, übernatürlich, gespenstisch, unheimlich, dämonisch, geisterhaft, unverständlich, unerklärbar, transzendent, jenseitig, überirdisch. → okkult, überirdisch. ▶ natürlich.

überspannt exaltiert, extravagant, verstiegen, überschwenglich, übertrieben, schwulstig, überzüchtet, überfeinert, verrannt, hochfliegend, überspitzt, anormal, geckig, blöde, eingebildet, affig, verschroben, nicht ganz bei Troste. → abnorm, absurd, aufgebracht, ausgelassen, ausschweifend, barock, befangen, befremdend, bizarr, ekstatisch, entrückt, erkünstelt, grotesk, hochfliegend, maßlos, phantastisch. ▶ beherrscht, natürlich.

Überspanntheit Überspannung, Spleen, Verrücktheit, Idiotie, Verstiegenheit, Übertreibung, Schwulstigkeit. → Ausschweifung, Blödigkeit, Bombast, Chimäre, Delirium, Dünkel, Extravaganz, Überschwang. ▶ Beherrschtheit, Mäßigung, Natürlichkeit.

Überspannung → Aufregung.

überspielen überdecken, übertönen.

überspitzt maßlos, überspannt, übertrieben, hochfliegend, verstiegen, verkünstelt, überladen, überzüchtet, verrannt. → maßlos, überspannt. ▶ maßvoll, natürlich.

überspringen im Sprung nehmen, überfliehen *j*, überfallen *j*. → beeinträchtigen, durchblättern, entgehen, überschlagen, vernachlässigen.

übersprudelnd überfließend, überschäumend, überlaufend, überkochend, auslaufend. → aufgeräumt, froh, lustig. ▶ traurig, zurückgehend.

überstaatlich → international.

überstehen aushalten, durchhalten, sich durchbeißen, durchmachen, ausstehen, bestehen, erfahren, erleiden, überleben, davonkommen, über den Berg sein. → bessern sich, entkommen, überwinden. ▶ Gefahr laufen, unterliegen, verschlechtern sich.

übersteigen → aufsteigen, bedecken, beeinträchtigen, beherrschen, überschreiten.

übersteigert → äußerst, maßlos, schwulstig, überspitzt.

Übersteigerung → Extravaganz, Überschreitung, Überschwang.

überstimmen mundtot machen, überwältigen, überbieten, jemandem über sein, überschreien, überragen, niederstimmen, klein kriegen, aus-

stechen, der Erste sein. →
bringen zum Schweigen. ▶
unterliegen.
überstrahlen → ausstechen,
emporragen.
überstreichen → bedecken.
Überstunden Mehrarbeit, Zu-
satzverdienst, Spätdienst.
überstürzen → beeilen, beschleunigen, besessen,
Dampf dahinter machen, drängen, durcheilen, eilen, erkühnen, Hals über Kopf, übereilen
sich.
überstürzt → bedenklich, beizeiten, blindlings, dumm-
dreist, fahrig, Hals über Kopf,
vorzeitig.
Überstürzung → Begierde,
Blitz, Eile, Erregbarkeit, Hetze,
Schnelligkeit, Hals über Kopf.
überteuern → aufschlagen,
bewuchern.
Überteuerung Kostspieligkeit,
Teuerung, Erhöhung, Über-
forderung, Wucher, Preis-
treiberei, Schieberei, Schieberpreis. → Überforderung.
▶ Verbilligung.
übertölpeln überlisten, hineinlegen, leimen u, überfahren, in die Tasche stecken,
schlau vorgehen, baldowern,
begaunern, umgarnen, eine
Falle stellen, eine Grube graben, ein Bein stellen, ins
Garn locken, ein falsches
Spiel treiben, auf den Leim
locken, verdummteufeln u,
ein Schnippchen schlagen,
sich ins Fäustchen lachen
● übertölpeln lassen, ins Garn
gehen, auf den Leim gehen,
sich die Butter vom Brot nehmen lassen u. → benachteiligen, betrügen, drehen eine
Nase, drehen und zu wenden
wissen, reinlegen, schadlos
halten, täuschen, überlisten.
übertölpelt → gefoppt.
Übertölpelung → Betrug, Danaergeschenk, Schlauheit,
Täuschung.
übertragbar ansteckend, ungesund, schädlich, verderblich, bösartig, epidemisch,
tödlich, gefährlich ● veräußerlich, absetzbar, verkäuflich,
umsetzbar. → epidemisch,
erblich. ▶ unübertragbar.
übertragen → abbilden, begeben, beleihen, dolmetschen,
einräumen (Recht), sinnbildlich, tauschen, überantworten.
Übertragung Annahme, Übergabe, Übergang, Überlas-
sung, Überschreibung, Verkauf, Überweisung, Übermachung, Veräußerung, Ver-
schreibung, Amtsübertra-
gung, Verleihung, Sendung
● Übersetzung ● Sinnüber-
tragung, Metapher. → Anordnung, Beifügung, Bestal-
lung. ▶ Enthebung, Weglassung.

übertreffen → ausstechen,
auszeichnen, beeinträchtigen,
beikommen nicht, bewähren,
hervorstechen, Sack stecken
in den, siegen, überbieten.
übertreffen, sich selbst wagen, sich ermannen, sich bewähren, sich auszeichnen,
sich hervortun, sich bemeistern, die Feuerprobe bestehen, etwas sehr gut machen,
vollkommene Arbeit leisten.
→ auszeichnen sich. ▶
schlapp machen, zurückweichen.
übertreiben → anführen, aufbauschen, aufdrehen, auf-
schneiden, bemänteln, blähen, dehnen, deuteln, dick
tun, überschreiten.
Übertreibung Größenwahn,
Schwärmerei, Schwulst,
Schwulstigkeit, Ausgefallenheit, Spleen, ein starker Tabak, Übertriebenheit, Bombast, Aufgeblasenheit, Überheblichkeit, Aufschneidung,
Entstellung, Verzerrung, Ungeschmack, Prahlerei, Wichtigmacherei, Windmacherei,
Flunkerei, Tamtam. → Aus-
schweifung, Auswuchs,
Bombast, Chauvinismus,
Darstellung unrichtige, Dünkel, Dunstbild, Entstellung,
Extravaganz, Exzeß, Phantasie, Überspanntheit, Überschwang. ▶ Natürlichkeit,
Wahrheit.
übertreten → abweichen, beeinträchtigen, desertieren,
sündigen, überfluten, überschreiten.
Übertretung → Delikt, Eigenmächtigkeit, Fahnenflucht,
Fehler, Fehltritt, Ungehorsam,
Verstoß.
übertrieben exorbitant, extravagant, extrem, exzentrisch,
überschwenglich, verstiegen,
bombastisch, überspannt,
hochgestochen, überladen,
zuviel, verschwenderisch, erdrückend, üppig, überreichlich ● aufgeschnitten, verzerrt, entstellt, jüdische Hast,
großen Qualm machen u,
einen Laden aufziehen u, →
Menkenken machen u. → ab-
geschmackt, anspruchsvoll,
aufdringlich, ausschweifend,
äußerst, barock, bizarr, phantastisch, prahlerisch, schwulstig, übermäßig. ▶ natürlich,
schlicht.
Übertriebenheit → Ausschweifung, Extravaganz, Maßlosigkeit, Übertreibung.
Übertritt Übergang, Glaubens-
wechsel, Parteiwechsel, Absage, Zurücknahme, Wider-
ruf, Verleugnung, Abschwörung ● Abtrünnigkeit, Abtrünnigkeit, Fahnenflucht. ▶ Wankelmut, Wechsel. ▶ Beständigkeit.

übertrumpfen → ausstechen,
bemeistern, Feld behaupten
das, siegen.
übertünchen → bedecken,
korrigieren, malen.
Übervölkerung Überbesied-
lung, Gedränge. → Platzmangel.
übervoll → gestopft, überfüllt, übersättigt.
übervorteilen neppen, pressen, begaunern, betrügen, beschwindeln, baldowern, überlisten, schädigen, beeinträchtigen, drankriegen, prellen,
übers Ohr hauen, mogeln,ver-
wirren, beschwatzen, überteuern, überfordern, fangen.→
balbieren, benachteiligen, beschwindeln, betrügen, be-
wuchern, Fell über die Ohren
ziehen das, hineinlegen, hintergehen, täuschen. ▶ aufrichtig (sein), ehrlich (sein),
entschädigen.
Übervorteilung → Betrug,
Preistreiberei, Schlauheit,
Täuschung, Überteuerung.
überwachen belauern, äugen,
im Auge behalten. → anführen, beschatten, bevormunden,
dirigieren, leiten, verwalten.
überwachsen bedecken, überranken, überwuchern.
Überwachung → Aufsicht,
Berücksichtigung, Bewa-
chung, Direktion, Durchsicht,
Inspektion, Kontrolle.
überwältigen → aufdrängen,
bahnen, bändigen, beherr-
schen, bemeistern, bewältigen, drücken zu Boden,
durchgreifen, durchkämpfen
sich, emporarbeiten, erobern,
unterwerfen, zwingen.
überwältigend → aufregend,
außerordentlich, berau-
schend, demolierend, fabelhaft, phantastisch.
überweisen → abgeben, abgehen, absenden, abtreten-
ausgeben, überantworten,
überführen.
Überweisung → Abgabe,
Absendung, Abtragung, Be-
stechung, Käuflichkeit, Rückzahlung, Überführung.
überwerfen mit, sich entzwei-
en sich, sich verfeinden, sich
abkehren, sich abwenden,
sich entgegenstellen, sich verfeinden, sich zanken, sich lossagen, disputieren. → balgen,
befehden, brechen mit, erkalten, streiten. ▶ versöhnen
sich, vertragen sich.
überwiegen vorherrschen, do-
minieren, überstimmen, überbieten, mehr da sein, in der
Mehrheit sein. → feststehen,
nicht bekommen. ▶ Minder-
heit (sein in der), unterliegen.
überwiegend überragend,
größer, höher, hervortretend,
mehr, mehrheitlich, vorwiegend, vorherrschend. → ausnehmend, ausschlaggebend,

dominierend. ▶ bedeutungslos, weniger.

überwindbar → bezwingbar, entwirrbar.

überwinden mattsetzen, bezwingen, unterwerfen, obsiegen, unterdrücken, knechten, kirre machen, niederstrecken, bemeistern, bewältigen, übertrumpfen ● überwinden sich, aushalten, ausharren, sich bezähmen, sich dreinschikken. → ausstehen, bahnen, bemeistern, bewältigen, demolieren, dulden, durchgreifen, durchsetzen, emporarbeiten, erobern, ersticken die Gefühle, gewinnen, überstehen. ▶ Fassung verlieren die, unterliegen, verlieren.

Überwindung → Beherrschung, Zucht.

überwölken → beschatten, bewölken, dunkeln.

überwölkt → dunkel.

überwuchern → überwachsen.

Überwurf → Faltenwurf.

Überzahl Mehrheit, Mehrzahl, Übergewicht, Überlegenheit, Übermacht, Führung, Oberherrschaft. ▶ Minderheit.

überzählig überschüssig. → darüber, diverse, entbehrlich, restlich, überflüssig.

überzeugbar → empfänglich.

überzeugen beweisen, versichern, überreden, bekehren, für sich gewinnen, zur Einsicht bringen, Anklang finden, Glauben finden. → anempfehlen, ausweisen, beeinflussen, begeistern, bekehren, bestimmen, Dach steigen auf das, empfehlen, gewinnen für sich. ▶ zweifeln.

überzeugen, sich → bestätigen, konstatieren.

überzeugend → anschaulich, authentisch, beeinflussend, belehrend, bestechend, beweisend, durchschlagend, erweislich, schlagend, stichhaltig.

überzeugt sicher, gewiß, zuversichtlich, ohne Zweifel, ohne Schwanken, in der festen Überzeugung, nach bestem Gewissen, durchdrungen. → beglaubigt, beruhigt, fanatisch, sicher. ▶ ungewiß, zweifelhaft.

Überzeugung → Ansicht, Auslegung, Begriff, Dafürhalten, Dogma, Einstellung, Erachten, Erkenntnis, Glaube, Grundsatz, Religion, Urteil.

Überzeugungskraft → Beweisführung, Eindringlichkeit, Nachdruck, Urteilskraft, Wahrheit.

Überzeugungskunst → Beweisführung.

überziehen → anziehen, bedecken, einmummen.

überzogen glasiert, bedeckt, bestreut, bestrichen, beschmiert, lackiert, belegt, ge-

firnißt, beklebt, vergoldet, versilbert, beworfen, übermalt. → bereift, bewölkt, regnerisch, häßlich, unfreundlich, düster, dunkel, trübe, fahl, bleifarben, dämmerig, dunstig, überwölkt, grau, eingetrübt, nebelig. ▶ (unbedeckt), wolkenlos.

überzüchtet zart. → dekadent.

Überzug → Ansatz, Anstrich, Bast, Bedeckung, Couvert, Decke, Einband, Faltenwurf, Futteral, Hülle, Packung, Patina, Rost, Schmelzglas.

üblich → allgemein, alltäglich, behaftet, gebräuchlich, gewohnheitsmäßig, konventionell, maßgeblich, normal.

Üblichkeit → Brauch, Etikette, Gepflogenheit, Regel, Tradition, Usus.

übrig → entbehrlich, restlich.

übrig haben → erübrigen.

übrigens → nebenbei.

übriglassen → hinterlassen.

Übung → Beobachtung, Brauch, Erfahrung, Fertigkeit, Geübtheit, Gepflogenheit, Gewandtheit, Lebenserfahrung, Lektion, Manöver, Regel, Religion, Routine, Usus, Zucht.

Übungsstück → Lektion.

Ufer Gestade, Küste, Strand, Land, Deich, Mole, Ländte, Schwemmland, Marschland, Sand, Rand, Saum, Kante.

uferlos → endlos, weit.

Uhr Zeitanzeiger, Chronometer, Stundenanzeiger, Wanduhr, Standuhr, Taschenuhr, Zwiebel u, Kartoffel u, Ticktack u, Spieluhr, Kirchenuhr, Turmuhr, Armbanduhr, Wasseruhr, Sonnenuhr, Stoppuhr. → Sanduhr.

Uhrenabzwicker → Dieb.

ui → ach.

Ukas → Befehl, Bekanntmachung.

Ulk Gaudium, Schabernack, Scherz, Schnurre, Schnurrpfeiferei, Spaß, Unsinn, Narretei, Posse, Schwank, Spott, Jux, Faxen, Drolligkeit, Hanswurstiade. → Anspielen, Scherz, Witz. ▶ Ernst, Witzlosigkeit.

ulkig lustig, witzig, spaßig, spaßhaft, blöde, drollig, lächerlich, putzig, komisch, neckisch, albern, scherzhaft, grotesk, burlesk. → albern. ▶ witzlos.

Ultimatum letzte Erklärung, letzte Antwort, Verbindlichkeit, Erpressung, Druckmittel, Unfreiheit, Bedingung. → Antrag, Bedrohung. ▶ Verhandlung, Willensfreiheit.

um rundum, um etwas herum, um eine bestimmte Zeit, in der Gegend von oder um... ● aus einem bestimmten Grund, wegen irgend etwas, deswegen, deshalb, darum,

weil. → darum. ▶ in, warum.

um zu → damit, deshalb.

umarbeiten → ändern.

umarmen pressen, sich in die Arme fallen, drücken, an die Brust ziehen, an das Herz drücken, hätscheln, streicheln, küssen, abküssen, kosen. → bewillkommnen, drücken ans Herz, liebkosen. ▶ Rücken kehren den, verabscheuen.

Umarmung → Liebkosung.

Umbau → Einbau, Veränderung.

umbauen erweitern, ändern, renovieren.

umbiegen → einbiegen, einknicken, einlenken, falten.

umbilden → ändern.

umbinden → anziehen.

umblättern → blättern.

umbringen → ausrotten, töten.

umdrehen kehrt machen, umschwenken, Rad schlagen, nach hinten schauen, sich umblicken ● umstülpen. → ändern, blättern, bleiben zurück, kippen. ▶ unterlassen, vorangehen.

Umdrehung Wendung, Rotation, Inversion, Kreiswendung, Kreisbewegung, Achsendrehung, Umlauf, Windung. → Drehung, Kreislauf.

Umfall Umsturz, Umschwung, Fall ● Änderung, Wechsel, Wandel, Umstellung, Umschlag, Rückziehen, Rückkauf, Rücknahme, Absage, Umkehr, Abfall. ▶ Beharrlichkeit.

umfallen verdrehen, umstellen, umkehren, verkehren, umstülpen, umwerfen, umstürzen, purzeln, stürzen, kentern, zurückfallen ● müde, ermatten, ohnmächtig werden, zusammenbrechen, zusammensacken, einnicken, einschlafen, schlapp machen, zurückbleiben, nachhinken, vergehen, erliegen, unterliegen, den Atem verlieren, zusammenbrechen, nicht mehr weiter können, auf der Strecke bleiben, nicht nachkommen können ● im Vergleich machen, Konkurs ansagen, in Konkurs gehen, Bankrott machen, liquidieren, die Zahlung einstellen, aufgeben sich, unter den Hammer kommen, unter Geschäftsaufsicht kommen. → abfallen, absacken, ändern, ausgleiten, fallen, besinnen, einlenken, ermüden. ▶ beharren, bezahlen, erstarken, stehen.

umfällen → fällen.

Umfang Reichweite, Raumgehalt, Spielraum, Stattlichkeit, Gestalt, Geräumigkeit, Größenverhältnis, Ausbreitung, Weite, Ausdehnung, Umkreis, Ausmaß, Größe, Fassungskraft, Grad, Gebiet. → Ausdehnung, Ausmaß, Dicke, Dimension, Format,

Größe, Leibesfülle, Masse, Spielraum. ▶ (Durchmesser), Inhalt, Wenigkeit.
umfangen → enthalten, fassen, liebkosen.
umfänglich → ausgedehnt, durchdringend, reichlich, tief, umfassend.
Umfänglichkeit → Dicke, Umfang.
umfangreich → ausgedehnt, ansehnlich, dick, groß, umfassend, wichtig, aufgedunsen.
umfassen → bilden, enthalten, fassen, fassen in sich, feststehen, liebkosen.
umfassend gesamt, ansehnlich, umfänglich, geräumig, umfangreich, ausgedehnt, reichlich, universal, vielumfassend, komplex. → alles, ansehnlich, ausgedehnt, ausnahmslos, dick, durchdringend, eingehend, fassen in sich, gründlich, tief. ▶ begrenzt, oberflächlich, wenig.
Umfaßtes → Inhalt.
Umfassung Umhegung, Umzäunung, Einfassung, Einschließung, Fassung, Umwallung, Einhegung, Gitter, Zaun, Gatter, Geländer, Hecke, Mauer. → Begrenzung, Blockade, Demarkation, Fassung. ▶ Öffnung.
Umfassungsbereich → Blickfeld.
umformen verformen. → ändern, bekehren, beruhigen, reorganisieren, tauschen, verwandeln.
Umfrage Suche, Ausforschung, Untersuchung, Befragung, Erforschung, Sondierung, Erhebung, Prüfung, Erkundigung, Nachfrage, Anfrage, Musterung, Volkszählung. → Ausforschen, Bemühung, Beobachtung, Ermittlung, Information, Nachfrage. ▶ Beantwortung.
umfriedigen → einfassen, umgeben.
Umgang → Aufnahme, Geselligkeit.
umgänglich unterhaltend, nett, lieb, gesellig, gesprächig, redselig, mitteilsam, angenehm, offenherzig ● patentes Haus oder Kerl u. → du und du auf. ▶ unzugänglich.
Umgangsformen → Anstand, Benehmen, Etikette.
Umgangssprache → Dialekt.
umgarnen → drehen eine Nase, schmeicheln.
umgeben einfassen, einschließen, umfriedigen, umkreisen, umringen, umranken, in sich begreifen, umzingeln, umhegen, umzäunen, einmauern, einpferchen, einschließen ● rund herum liegen. → begrenzen, belagern, bereift, einfassen, einrahmen. ▶ ausdehnen, öffnen.

umgebogen → eingebogen, faltig.
umgebracht → blutbefleckt, tot.
Umgebung Nachbarschaft, Nähe, Stadtgebiet, Vorstadt, Vorwerk, Landbezirk, Blickfeld, Weichbild, Umgrenzung, Umkreis, Ring, Gesichtskreis, Umgegend. → Atmosphäre, Aufgabenkreis, drum und dran, Dunstkreis, Milieu, Nähe, Rahmen. ▶ Ferne, Weite.
Umgegend → Nähe, Umgebung.
umgehen übergehen, meiden, vermeiden, ausweichen, außer acht lassen, vernachlässigen, sich versagen, nicht beachten, sich drücken, verblümen, hinhalten ● begegnen, verkehren, Umgang pflegen. → auftauchen, bemänteln, benachteiligen, drehen und zu wenden wissen, drücken sich, entziehen sich, fälschen, handhaben, täuschen. ▶ anschließen, ehrlich (sein), entgegengehen, erörtern, helfen.
umgehen mit → bedienen, beigesellen, handhaben, verkehren.
umgehen, das Gesetz, oder es verdrehen → brechen das Gesetz.
umgehen, sparsam → beiseite legen.
umgehend → Blitz wie der, eilends, Knall und Fall, kurzerhand, rasch.
Umgehung → Ausrede, Ausweg, Behelf, Deckmantel, Falschheit, Lüge, Täuschung.
umgekehrt → anders, verdreht.
umgeschlagen gefaltet, gefältelt, geknickt, zerknickt ● sprunghaft, unruhig, wetterwendisch, launenhaft, unzuverlässig ● wankelmütig, veränderlich, wandelbar, wankend, wechselnd, schwankend, ausgewechselt ● verdorben, verändert, schlecht geworden, ungenießbar, wertlos, schlecht, faul, stinkend, schädlich. → faltig, schlecht, verdorben. ▶ beharrlich, besonnen, genießbar, glatt, unveränderlich.
umgestalten → ändern, bekehren, beruhigen, reorganisieren, verwandeln.
Umgestaltung Wandel, Wechsel, Veränderung, Neuerung, Umformung, Änderung, Umstellung, Umbildung, Verwandlung, Umbau. → Veränderung. ▶ Unveränderlichkeit.
umgestoßen umgestaltet, verwandelt, verdreht, zerstört ● umgestürzt, umgehauen, niedergeworfen, niedergeschmettert, gefällt, umgeworfen, herabfallend, herabhängend ● beseitigt, für ungültig erklärt, null und nichtig, zurückgenommen, entkräftet, verwor-

fen, entzogen, widerrufen, zurückgepfiffen. → entkräftet. ▶ unveränderlich.
umgetrieben → rastlos.
umgewandelt verändert, umgeformt, umgebildet, umgestaltet, erneuert, verwandelt, anders ● was ist mit dir los?, was ist in dich gefahren?. → neu. ▶ unverändert.
Umgrenzung → Demarkation, Dunstkreis, Rahmen, Umhegung, Umgebung.
umgürten → begrenzen, belagern, einfassen, umgeben.
Umgürtungslinie → Demarkation, Umhegung.
Umhang Kapotte. → Behang, Blende, Faltenwurf.
umhängen → anziehen, verdecken.
umhauen → absacken, ausgleiten, fällen, niederschmettern, töten.
umhecken → begrenzen, einfassen, umgeben.
umhegen → aufheben, begrenzen, bewahren, einfassen, schützen, umgeben.
Umhegung Umgrenzung, Brüstung, Umzäunung, Einzäunung, Zaun, Hürde, Gehege, Einhegung, Umschließung, Fassung, Schonung, Umfassung ● Sicherung, Deckung, Hut, Obhut. → Gehege. ▶ Öffnung, Umfang.
umher → allseitig.
umherlungern → flanieren.
Umherreisender → Commis voyageur, Weltbummler.
umherschlendern → bewegen sich, bummeln, flanieren, umherstreichen.
umherschweifen → bummeln, ein und aus, flanieren, umherstreichen.
umherschwirren → bummeln, flanieren, schwirren, umherstreichen.
umherstreichen gehen, einherschlendern, durchkreuzen, bummeln, wandern, durchstreifen, walzen, stromern, herumlungern, herumlatschen u, herumschlurfen u, umherreisen, herumgondeln, flanieren, herumstehen. → beschäftigungslos, betteln, bummeln, flanieren. ▶ beschäftigen sich, eilen.
umherstreifen → betteln, bummeln, flanieren, umherstreichen.
umherstreuen → ausschütten, bestreuen.
umhertasten → ausforschen, experimentieren, probieren, tasten, versuchen.
umhertreiben → bummeln, fackeln, flanieren, lottern, umherstreichen.
umherziehen → bummeln, flanieren, trampen, umherstreichen.
umherziehend → nomadisch, Ort zu Ort von.
umhin können, nicht müs-

sen, sollen, verlangen, drängen, brauchen, bedürfen, benötigen, nicht anders können, nicht entbehren können, nicht missen können, es nötig haben. ▶ wollen.
umholzen → fällen.
umhören horchen, sich erkundigen, erkunden, umgukken, acht geben, schnüffeln, lubschen, aufmerken, neugierig sein, belauschen, ausspionieren, belauern. ▶ Augen schließen die.
umhüllen → anziehen, ausschlagen, bedecken, behängen, decken, einbinden, einmummen, einpacken.
Umhüllung → Bandage, Bast, Couvert, Decke, Einband, Einschlag, Emballage, Packung.
Umkehr Rückkehr, Rückfahrt, Rückreise, Rücklauf, Rückgang, Rückmarsch, Rückziehung ● Sinneswechsel, Krisis, Verwandlung, Reaktion. → Abfall, Wandlung. ▶ Beharrlichkeit, Weggang.
umkehren → abfallen, ändern, bekehren, bereuen, besinnen sich, bleiben zurück, breitschlagen, desertieren, einlenken wieder, entfernen sich, entloben, nachhause gehen.
umkehren, den Spieß den Sinn ändern, die Farbe wechseln, andere Saiten aufziehen, seine Meinung ändern, sich überreden lassen ● sich rächen, alte Scharten auswetzen, ans Messer liefern, seine Rache befriedigen, wettmachen. → vergelten. ▶ beharren, verzeihen.
Umkehrung → Gegenstück.
umkippen → umfallen.
umklammern umfassen, umfangen, festhalten, halten, einschließen, zupacken, anklammern, greifen, verketten, anspannen, mit hartem Griff. ▶ loslassen.
Umklammerung → Absperrung, Blockade, Einkreisung, Clinch.
umkleiden → decken, einbinden, einkapseln, anziehen.
Umkleidung → Bekleidung, Decken, Fassade.
umknicken → einknicken, fallen, falten.
umkommen → beeinträchtigen, bleiben auf dem Platze, brechen den Hals, faulen, sterben, tot.
Umkreis → Ausbreitung, Ausdehnung, Ausmaß, Nähe, Region, Umfang, Umgebung.
umkreisen → begrenzen, belagern, umgeben.
umkrempeln → ändern, falten, verwandeln.
Umlage Steuer, Steuererhebung, Gelderhebung, Steuereinnahme, Gebühren. → Beitrag, Geld. ▶ Einnahme.

Umlauf → Bekanntgabe, Cirkular, Drehung, Kreislauf, Wunde.
umlaufen umgehen, bekannt sein, verkündet werden, verbreitet werden, zirkulieren, kursieren lassen, kundgemacht werden, veröffentlicht werden, von Haus zu Haus, von Mund zu Mund ● haben, im Umlauf sein. ▶ geheimhalten, stillstehen.
umlaufend kursieren. → bekannt, gangbar.
Umlaufschreiben → Bekanntmachung, Cirkular.
umlegen → absacken, anziehen, ausrotten, fällen, töten.
umleiten ableiten, verlegen, herumführen.
ummodeln → ändern.
umpflanzen → ändern, einpflanzen.
umnachtet → verrückt.
umrahmen → einrahmen.
umranden → einfassen, fassen.
umreißen → abbrechen, ausmerzen, erklären.
umringen → angreifen, begrenzen, belagern, einrahmen, umgeben.
Umriß → Aufriß, Form, Linie, Plan, Profil, Skizze.
Umrißlinie → Linie, Silhouette.
umrühren → aufwerfen, mischen.
umsatteln den Beruf wechseln, umschulen.
Umsatz → Absatz, Handel.
Umsatzmittel → Bargeld.
umsäumen → einfassen, säumen, umgeben.
umschaffen → ändern.
umschalten → umschwenken. · › wechseln, die Farbe.
umschatten → beschatten.
umschattet schattig, beschattet, kühl, bedeckt, luftig. → dunkel, verrückt. ▶ sonnig, vernünftig.
Umschau → Rückblick.
umschauen, sich → drehen sich um.
umschauend → rückblickend.
umschichtig abwechselnd, regelmäßig, der Reihe nach, eines ums andere, abwechselnd, wechselweise, einer nach dem andern, in regelmäßigen Abständen. → abwechselnd. ▶ vereinzelt, zusammen.
Umschlag Verband, Kompresse, Heilmittel, Aufschlag ● Rückschlag, Änderung, Umschwung, Wechsel, Wandel. → Absatz, Aufschlag, Bast, Bedeckung, Couvert, Decke, Einband, Einschlag, Emballage, Falte, Faltenwurf, Packung, Veränderung. ▶ Beharrlichkeit, (Briefbogen) Unveränderlichkeit.
umschlagen → ändern, anziehen, befördern, falten.
Umschlagplatz → Markt.
umschließen → begrenzen, belagern, einfassen, einrahmen, umgeben.

Umschließung → Blockade, Fassung, Umhegung, Verschluß.
Umschlingung → Einkreisung, Fesselung, Liebkosung, Windung.
umschmeicheln scharwenzeln. → begünstigen, kokettieren, schmeicheln, tändeln.
Umschnürung → Absperrung, Blockade, Einkreisung, Fesselung.
umschreiben → auslegen, einkleiden in Worte, erklären.
Umschreibung Erklärung, Deutung, Darstellung, Wiedergabe, Auslegung ● Abschweifung, Umständlichkeit, Schwulst, Ausdehnung, Wortkrämerei, Weitschweifigkeit, Umstand. → Anspielen. ▶ Geradheit, Mißdeutung, Kürze.
umschrieben programmatisch, skizzenhaft, umrissen, begrenzt, schattenhaft, in den Grundzügen festgelegt ● so als ob, unklar, angedeutet, bildhaft ausgedrückt.
umschulen → umsatteln.
Umschweif Weitschweifigkeit, Weitschichtigkeit, Überladung, Wortpracht, Zungendrescherei, Redefluß, Wortfülle, Wortkrämerei, Umständlichkeit, Brimborium, Hokuspokus *u* ● wie die Katze um den heißen Brei. → Bewegung, Umständlichkeit. ▶ Geradheit, Kürze, Starrheit.
Umschweife, ohne → deutsch auf gut, klipp und klar.
umschwenken → abfallen.
Umschwung → Revolution, Veränderung, Wandlung.
umsehen, sich → drehen sich um, kokettieren, suchen, überrascht.
umsetzen → abgeben, absenden, absetzen, ändern, begeben, konsumieren, verkaufen.
Umsicht Sorgfalt, Überlegung, Bedacht, Fürsorglichkeit, Verstand, Verständnis, Wachsamkeit, Besorgtheit. → Aufmerksamkeit, Augenmerk, Bedacht, Beflissenheit, Behutsamkeit, Beobachtung, Besonnenheit, Besorgnis, Diskretion, Obacht, Schlauheit. ▶ Leichtfertigkeit, Unverständnis.
umsichtig → akkurat, ängstlich, aufmerksam, bedächtig, bedachtsam, still, charakterfest, schlau, vorsichtig.
umsichtig sein → achtgeben.
umsiedeln → aussiedeln.
Umsiedlung → Aussiedlung.
umsinken → fallen, schlapp machen.
umsonst geschenkt, kostenlos, kostenfrei, gratis, unentgeltlich, wohlfeil, für nichts, für einen Apfel und ein Ei ● mißlungen, erfolglos, resultatlos, vergebens, vergeb-

lich, mißglückt, verfehlt, nutzlos. → erfolglos. ▶ bezahlt, gelungen.
umsonst, halb → Butterbrot für ein.
umsorgen → behüten, pflegen.
umspannen enthalten, umfassen.
Umstand → Affäre, Angelegenheit, Dilemma, Faktor, Fall, Lage, Sachlage, Schwierigkeit, Umschweif, Vorfall.
Umstände machen schwanken, sich drehen und wenden, nicht wissen was tun, unentschlossen sein, sich überlegen, zögern, zaudern, Geschichten oder Sperenzien machen *u*, Tamtam oder Trara machen *u*, unschlüssig sein ● Vorbereitungen treffen, sich richten, auf jemanden warten, sich Arbeit machen, Unbequemlichkeiten auf sich nehmen. ▶ entschlossen sein, unvorbereitet sein.
Umstände machen, keine ohne Umstände, ohne Apparat *u*, auf kaltem Wege *u*. → entschlossen, schnell.
Umständen, unter allen auf jeden Fall, jedenfalls, ganz bestimmt, gewiß, gewißlich, sicherlich, so wahr wie ich hier stehe. → dagegen, dennoch, definitiv, dessenungeachtet. ▶ keineswegs, unentschieden.
umständehalber → bedingungsweise.
umständlich → kompliziert, langatmig, ungeschickt.
Umständlichkeit Schwulst, Kompliziertheit, Dehnung, Umschreibung, Wortschwall, Überladung, Umstandskrämerei, Weitschweifigkeit, Λb wegigkeit, Drum und Dran, Abweg, Umweg, Unzweckmäßigkeit, Langatmigkeit, Ungeschick, Langsamkeit, Schwerfälligkeit. → Pedanterie, Unbeholfenheit, Umschweif, Zeremonie. ▶ Entschlossenheit, Geschicklichkeit.
Umstandskrämer → Banause, Besserwisser, Tolpatsch.
Umstandskrämerei → Pedanterie, Umständlichkeit.
umstellen → ändern, räumen, umgeben.
Umstellung → Einkreisung, Neuheit, Razzia, Veränderung, Wandel.
umstimmen → ändern, aufklären, erhören, herumkriegen, überreden.
umstoßen stürzen, umwerfen, niederschmettern ● widerstreifen, entkräften, zurücknehmen. → ändern, abwerfen, besinnen sich, breitschlagen, entkräften. ▶ anerkennen, aufstellen, gleichbleiben.
Umstoßung → Absage, Entkräftung, Revolution.
umstülpen umkehren, umdrehen, umwenden, umblät-

tern, herumdrehen, anders aufsetzen. → ändern. ▶ gleichbleiben.
Umsturz → Aufstand, Bürgerkrieg, Demagogie, Demolierung, Einsturz, Revolution, Unglück, Zerstörung.
umstürzen → absacken, abbrechen, ändern, ausmerzen, Bord werfen über, brechen aus den Reihen, demolieren, fallen, umstoßen, zerstören.
Umstürzler → Aufständiger, Brandstifter, Schädling.
umtaufen umbenennen, umnennen, ein Pseudonym annehmen, einen andern Namen zulegen. → ändern.
Umtausch → Austausch, Tausch.
umtauschen → einhandeln, eintauschen, feilschen, tauschen.
umtost → bejubelt, schäumend.
Umtrieb → Kabale, Schlauheit, Schlich, Umständlichkeit, Ungelegenheit.
Umtrunk Runde, Zecherei, Sauferei, Gelage, Kneiperei, Trinkerei, Kommers, Schoppen, Bierabend. → Getränk.
Umwallung → Bastion, Damm.
umwälzend neuartig, revolutionär, fortschreitend, fortschrittlich, ändernd, umwandelnd, aufbauend, das Alte verdrängend, neue Ausblicke eröffnend. ▶ althergebracht, unverändert.
Umwälzung → Aufstand, Drehung, Revolution, Veränderung.
umwandeln → ändern, beruhigen, erneuern, tauschen, verwandeln.
umwandelnd → umwälzend.
Umwandlung → Abweichung, Erneuerung, Erstmaligkeit, Neuheit, Reduktion, Reform, Veränderung.
umwechseln auswechseln, umsatteln, sich verändern, übertreten ● wechseln, einwechseln, flüssig machen, Geld wechseln. ▶ gleichbleiben.
Umweg Abweichung, Abirrung, Fehlgang, Irrgang, Umschweif, Abweg, Kreislauf, Zickzack, Bogenweg, das ist um *u* ● Weitläufigkeit. → Abstecher, Ausweg, Bewegung. ▶ Kürze, (Weg gerader.)
Umweg, ohne → direkt, durchgehend.
Umwelt → Milieu.
umwenden → ändern, blättern, drehen sich um.
umwerben → kokettieren, liebkosen, schmeicheln, tändeln.
Umwerbung → Liebeswerbung, Liebkosung, Schmeichelei.
umwerfen → abbrechen, aufwerfen, ausgleiten, Bord wer-

fen über, demolieren, destruieren, fällen, fallen lassen, umstoßen, zerstören.
umwerten neubewerten.
umwickeln → anziehen, einmummen, einpacken.
Umwickelung → Bandage, Einband, Einfassung, Emballage, Packung.
Umwindung → Umschlingung, Windung.
Umwohner → Nachbar.
Umwölkung → Dunkel.
Umwurf → Faltenwurf.
umzäunen → begrenzen, einfassen, umgeben.
umziehen verziehen, ausziehen, wegziehen, fortziehen, sich verändern, versetzen, zuziehen, wegziehen, seinen Wohnsitz verlegen, die Tapete wechseln *u*. → ändern, räumen. ▶ bleiben.
umzingeln → angreifen, begrenzen, drohen, umgeben.
Umzingelung → Angriff, Einkreisung.
Umzug Verlegung, Auszug, Auswanderung, Räumung, Versetzung, Wegzug, Tapetenwechsel *u*, Zuzug, Fortzug, Entfernung, Veränderung ● Aufmarsch, Korso, Festzug, Aufzug, Fastnachtszug, Rosenmontagszug, Prozession, Straßenaufzug. → Aufzug.
unabänderlich → definitiv, fanatisch, feststehend, rechtlich.
unabdingbar unanfechtbar, unaufhebbar, unabhängig. → unabwendbar.
unabhängig independent. → beherrschend, beziehungslos, fessellos, ledig, los, los und ledig, reich, selbständig, stark.
unabhängig von unbeschadet, ungeachtet.
Unabhängigkeit → Bahn, Emanzipation, Ferien, Freiheit, Gedankenfreiheit.
unabkömmlich benötigt, erforderlich, gebraucht, begehrt, notwendig. ▶ unnötig.
unablässig → andauernd, anhaltend, chronisch, dauerhaft, dauernd, einem fort in, immer, konstant, rastlos.
unabsichtlich absichtslos, unbeabsichtigt, unbezweckt, ungewollt, vorsatzlos, blindlings, ohne Willen, aus Versehen. → absichtslos. ▶ absichtlich.
unabweislich → besiegelt, bevorstehend, durchaus, fatal, schicksalhaft, sicher.
unabwendbar → besiegelt, bevorstehend, fatal, notwendig, schicksalhaft.
unachtsam → blind, blindlings, fahrig, kalt, nachlässig, rücksichtslos, zerstreut.
Unachtsamkeit → Bummelei, Fahrlässigkeit, Unterlassung, Zerstreutheit.
unähnlich verschieden, ungleich, abweichend, verschiedenartig, unterschiedlich,

fremd, entgegengesetzt, anders, ohne sich zu gleichen. → anders. ▸ ähnlich.

unanfechtbar → angemessen, bestimmt, erwiesen, feststehend, klar, logisch.

unangebracht nicht ratsam, unzeitig, unschicklich, entgleisen, das sind keine Sachen *u*, mach keine Sachen *u*, nachteilig, undienlich, ungehörig, am falschen Ort, taktlos, ungeeignet, unangemessen, verfehlt, unpassend, unzweckmäßig, übel, unratsam, unbotmäßig. ▸ angebracht.

unangefochten → unbehelligt.

unangemessen → unangebracht.

unangenehm leidig, scheußlich, heikel, schwierig, lästig, widerlich, ärgerlich, ekelerregend, widerwärtig, betrüblich, verwickelt, peinlich, verdrießlich, unerfreulich, unliebsam, mißlich, ungelegen, störend, unbehaglich, unerquicklich, bescheiden, beschissen *u*, bitter, aasig, alt, blöde, brenzelig, dumm, niedlich, obermies *u*, sakrisch *u*, schweinisch, vertrackt, verflixt, das ist ja heiter *u*, das geht gegen den Strich *u*, da haben wir die Bescherung, da haben wir den Salat, da haben wir es ● eine Pille schlucken müssen, sich in die Tinte setzen, in die Tinte geraten, sich eine Suppe einbrocken, in die Suppe geraten, in des Teufels Küche kommen ● unerträglich, es ist eine Affenschande, es ist zum Bebaumölen *u*, jetzt wirds zu bunt, jetzt schlägt's dreizehn, das schlägt dem Faß den Boden ein, es ist nicht mehr feierlich, da kann man aus der Haut fahren, himmelschreiend, das geht über die Hutschnur, es ist zum Kotzen *u*, da könnte man krepieren, jetzt hat's geschellt oder eingeschlagen *u*, das ist ein starkes Stück, da hört die Weltgeschichte auf, es ist um auf die Bäume oder Akazien zu klettern, es ist zum Davonlaufen, da hört doch die Gemütlichkeit auf, das ist die Höhe, da kann man doch die Kränke kriegen *u*, das setzt allem die Krone auf, jetzt ist der Ofen am Dampfen *u*, Schreck laß nach *u*, da kann man die Wände hoch gehen *u*, so etwas lebt - und Schiller mußte sterben *u*. → ärgerlich, ausgelassen, bedenklich, beengend, bitter, brennend, degoutiert, delikat, ekelhaft, lästig, peinlich, schlimm, schwierig. ▸ angenehm.

unangreifbar stichfest. → begründet, diebessicher, einbruchsicher, logisch, sicher.

unannehmbar → schädlich.

Unannehmlichkeit → Ärger, Bescherung, Beschwerde, Bürde, Demütigung, Übel, Unglück, Verdruß.

unansehnlich verdorben, wertlos, übel, geringfügig, bedeutungslos ● unschön, häßlich, garstig, anmutslos, unfein, gewöhnlich, reizlos, ungestalt ● scheinbar, einfach, schmucklos, schlicht. → dreckig, häßlich, rostig, simpel. ▸ ansehnlich.

unanständig obszön, sittenlos, unzüchtig, unschicklich, schamlos, anstößig, schweinisch, dreckig *u*, saftig, nicht stubenrein, anzüglich, unsittsam, anstandswidrig, unehrbar, unmoralisch, unverschämt, schlüpfrig, lümmelhaft, schnoddrig, unflätig, lose, zweideutig, zotig, schmutzig, gemein, schändlich. → abstoßend, anrüchig, arg, ausgelassen, bestechlich, brutal, buhlerisch, charakterlos, empörend, fassen sich kurz, ordinär, schlüpfrig, schweinemäßig, unhöflich, unkeusch. ▸ anständig.

Unanständigkeit → Anstößigkeit, Bosheit, Demimonde, Sünde, Tabak ein starker, Unhöflichkeit, Unkeuschheit.

unantastbar → fest, rechtschaffen, unschuldig.

unanwendbar → beziehungslos, falsch.

unappetitlich unschmackhaft, übelschmeckend, geschmacklos, fad, würzlos, salzlos, kraftlos, flau, ungenießbar, widerlich, ekelerregend, schlecht, ekelhaft, faul, verdorben. → anwidern, ekelhaft, schlecht. ▸ appetitlich.

unaromatisch → duftlos.

Unart → Beleidigung, Frechheit, Ungezogenheit, Unhöflichkeit.

unartig unmanierlich, ungezogen, unhöflich, frech, böse, lümmelhaft, vorwitzig, unverschämt, flegelhaft, aufdringlich, neugierig, unstetig, vorlaut, ungebührlich. → arg, ausgelassen, böse, boshaft, schlecht, ungezogen, unhöflich, ungehorsam. ▸ artig.

unästhetisch → häßlich.

unaufdringlich → anständig, diskret, distinguiert.

unauffällig heimlich, versteckt, unbemerkt, verdeckt, dunkel, ungesehen, verstohlen, geheim. → bescheiden, diskret, einfach. ▸ auffallend.

unauffindbar vermißt, weg, fort, verschwunden, verlegt, abwesend, verloren, verborgen, versteckt, nicht zu finden, es hat Beine gekriegt *u*, wie weggeblasen. ▸ (auffindbar).

unaufgefordert freiwillig, ungeheißen, ungezwungen, aus freien Stücken, aus freiem Willen, aus eigenem Antrieb,

aus sich heraus, nach eigenem Ermessen. ▸ widerstrebend.

unaufgeklärt → blind, dilettantisch, unkundig.

unaufhaltsam → andauernd, anhaltend, beständig, dauernd, fortwährend, unausgesetzt.

unaufhörlich → andauernd, ausdauernd, ausgedehnt, beharrlich, beständig, chronisch, chronologisch, einem fort in, dauernd, fortwährend, immer, Jahr zu Jahr von, konstant, oft, Schritt und Tritt auf.

unaufmerksam achtlos, unachtsam, unbedacht, dusselig *u*, im Tran *u*, verpennen *u*, verdöst *u*, benommen, abgelenkt, unüberlegt, lässig, verträumt, verschlafen, flüchtig. → blind, zerstreut. ▸ aufmerksam.

Unaufmerksamkeit → Fahrlässigkeit, Nachlässigkeit, Teilnahmslosigkeit, Träumerei, Zerstreutheit.

unaufrichtig → bestechlich, bubenhaft, charakterlos, falsch, hintenherum, unredlich, verlogen.

Unaufrichtigkeit → Betrug, Falschheit, Lüge, Schwindel, Täuschung.

unaufschiebbar → dringend.

unausbleiblich gewiß, unumgänglich, bestimmt, sicher, jedenfalls, besiegelt, unwiderruflich, beschlossen, entschieden, unvermeidlich. → abhängig, besiegelt, bevorstehend, schicksalhaft. ▸ ungewiß.

unausführbar → absprechen, aberkennen, ausgeschlossen, aussichtslos, Kraft über die, schwer, unmöglich.

unausgefüllt leer, unbesetzt, unbewohnt, menschenleer, unbevölkert, verlassen, blank ● einsam, inhaltsleer, unbeansprucht, ungebraucht, unausgefülltes Inneres → blank, blanko. ▸ (erfüllt), gebraucht, gesellig, voll.

unausgeglichen ungleichmäßig, ungleich, verschieden, holprig ● fahrig, unzufrieden, einmal so und einmal so, einmal Hü und einmal Hott, nicht wissen was tun, heute so und morgen so, uneins mit sich selber, ungefestigt, unreif. ▸ ausgeglichen.

unausgegoren → unreif.

unausgerüstet → unvorbereitet.

unausgesetzt fortschreitend, dauernd, anhaltend, fortwährend, konstant, unermüdlich, ununterbrochen, ewig, fortdauernd, beständig, beharrlich, in einem fort. → andauernd, ausdauernd, dauernd, konstant. ▸ unterbrochen.

unausgesprochen → stillschweigend.

unausgewählt → zufällig.

unauslöschlich immerwährend, unverrückbar, unauflöslich, unentwegt, feststehend, unbeweglich, eingedenk, erinnerlich, unverwischbar, lebendig, unvergeßlich, ergreifend, erfassend, bewegend. → eingedenk. ▶ eindruckslos, veränderlich, vergessen.

unausrottbar unsterblich, bleibend, dauerhaft, ewig, immergrün, beständig, unvergänglich, immer, unvertilgbar, unzerstörbar, langlebig. ▶ sterblich, vergänglich.

unaussprechlich unausdrückbar, unausgedrückt, unsagbar, stillschweigend ● fabelhaft, herrlich, schön, wunderbar, ergreifend, himmlisch, bewegend, phantastisch. ▶ ausdruckslos, (aussprechbar), unwichtig.

unausstehlich → abscheulich, abstoßend, beißend, böse, degoutiert, empörend.

Unausstehlichkeit → Bitterkeit, Cynismus, Dorn im Auge.

unausweichlich → bemüßigt, besiegelt, charakterfest, entscheidend, schicksalhaft, unausbleiblich.

unbändig → aufgebracht, ausgelassen, begeistert, erregbar, fessellos, namenlos, ungezügelt, voreilig, wild.

unbarmherzig → barbarisch, bestimmt, diktatorisch, felsenhart, grausam, roh, streng.

Unbarmherzigkeit → Barbarei, Roheit, Strenge.

unbeabsichtigt → absichtslos, beiläufig, erste beste, unabsichtlich.

unbeachtet unsichtbar, spurlos, unbemerkt, unbemerkbar, heimlich, unauffällig, unwahrnehmbar, verborgen, versteckt ● übersehen, ausgelassen, ungeprüft, übersprungen ● geringschätzig, schneiden, den Rücken kehren, wie Luft behandeln, wie durch Luft oder Glas hindurchsehen, links liegen lassen ● unfreundlich, abhold, hämisch ● abwenden sich, keine Beachtung schenken, keines Blickes würdigen, keine Notiz nehmen, etwas husten *u*, etwas niesen *u*. ▶ (beachtet).

unbeansprucht → arbeitslos, disponibel, neu.

Unbearbeiteter Rohling, Ungehobelter, Unkultivierter, Unzivilisierter, Ungeschnitzter, Elefant, Tolpatsch, Unmanierlicher, Grober, Klotz, Kerl, Unhöflicher.

unbeaufsichtigt frei, allein, unbeobachtet, ledig, selbständig, ungehemmt, ungebunden, unkontrolliert, zwanglos, schulfrei, losgelassen. ▶ (beaufsichtigt), unfrei.

unbedacht unklug, unachtsam, nachlässig, gedankenlos, fahrlässig, unverläßlich, schlampig, flüchtig, leichtsinnig, leichtfertig, unbesonnen, unverständig, leichthin, oberflächlich, rücksichtslos, dumm, töricht, kindisch, geistlos, blind, vernagelt, verbohrt, engstirnig, kurzsichtig. → achtlos, blind, blindlings, dumm, dummdreist, fahrig, Knie brechen übers, kopfüber, leichtfertig, rücksichtslos. ▶ bedacht.

Unbedachtsamkeit → Fahrlässigkeit, Nachlässigkeit, Träumerei, Unvernunft.

unbedankt → dankvergessen.

unbedarft schlicht. → einfältig.

unbedenklich leichthin, skrupellos, sorglos, leichtfertig, leichtsinnig, bedenkenlos, unbesonnen, ohne Scheu, rücksichtslos, gewissenlos, ohne zu zögern, unverantwortlich, gedankenlos. → leichtfertig, rücksichtslos. ▶ bedenklich.

unbedeutend hohl, leer, gering, geringfügig, inhaltslos, nichtssagend, ausdruckslos, wirkungslos, bedeutungslos, wertlos, belanglos, unwirksam, fade, unwesentlich, farblos, untergeordnet, gehaltlos, unbeträchtlich, gleichgültig, nichtig, klein, dünn, minderwertig. → albern, alltäglich, begrenzt, bloß, dunkel, gering, mäßig, nebensächlich, nichts. ▶ bedeutend.

Unbedeutendheit → Bagatelle, Deut, Dunkel, dunkle Abkunft, Gehaltlosigkeit.

Unbedeutsamkeit → Bagatelle, Deut, Dunkel, dunkle Abkunft, Gehaltlosigkeit, Schaum.

unbedingt auf jeden Fall, gewiß, wirklich, ausschließlich, bestimmt, völlig, durchaus, bis auf die Knochen *u*, unerläßlich, vollständig, absolut, gänzlich, unabhängig ● streng, ohne Gnade. → absolut, ausschließlich, bestimmt, deutlich, durchaus, streng. ▶ bedingt.

unbedroht → einbruchsicher, sicher.

Unbeeinflußbarkeit Abgeschlossenheit, Widerstandskraft, Zähigkeit, Beständigkeit, Unnachgiebigkeit, Starrsinn, Festigkeit, Standhaftigkeit, Beharrlichkeit, Ausdauer. → Wille. ▶ (Beeinflußbarkeit).

unbeeinflußt → beherrscht, objektiv, selbständig.

unbeendet → unvollendet.

unbefähigt → dumm, ungeschickt.

unbefangen → ungeniert.

unbefestigt unsicher, gefährlich, unbeschützt, unbewacht, schutzlos, gefährdet, unbewehrt, unheilvoll, baufällig, gefahrbergend, einsturzdro-

hend ● lose, locker. → gefährlich. ▶ (befestigt), fest.

unbefiedert → entblößt, federlos.

unbefleckt → adrett, blank, rein, unschuldig.

unbefriedigend verdrießlich, langweilig, unschön, unerquicklich, unangenehm, ermüdend, kläglich, mäßig ● mißfällig, getadelt, ungünstig, nicht genügend. → unangenehm, ungenügend. ▶ befriedigend.

unbefriedigt → ärgerlich, aufgelegt, böse, enttäuscht, unzufrieden.

unbefugt → eigenmächtig, Faust auf eigene.

Unbefugtheit → Eigenmächtigkeit, Verstoß.

unbegabt untalentiert. → beengt, dienstunfähig, dumm, gehirnlos.

unbegleitet → allein, einschichtig, vereinzelt.

unbegreiflich rätselhaft, unfaßbar, unbeschreiblich, unglaublich, unerklärlich, unerforschlich, unerfindlich, unklar, unverständlich, nicht für möglich zu halten, erstaunlich, überraschend, du ahnst es nicht, es ist nicht zu fassen, bis dort hinaus, hanebüchen *u*, es geht auf keine Kuhhaut ● göttlich, übernatürlich. → abstrus, ausgeschlossen, bedenklich, beispiellos, dahingestellt, dunkel, unerhört. ▶ begreiflich.

unbegrenzt ausgedehnt, zahllos, unendlich, unnennbar, unermeßlich, unzählbar, unerschöpflich, ohne Grenze ● ohne Zaun, ohne Gitter, frei, unverschlossen. → ausgedehnt, endlos, fessellos, groß, schrankenlos. ▶ begrenzt.

unbegründet grundlos, irrig, nichtig, erfunden, unlogisch, falsch, unsachlich, folgewidrig, leer, ohne Anhaltspunkt, aus der Luft gegriffen, unklar, unverständlich. → erfunden. ▶ begründet.

Unbehagen → Abspannung, Ärger, Ärgernis, Schmerz, Übel, Verdruß, Verstimmung.

unbehaglich übel, lästig, nicht wohl, unlustig, abgespannt, verstimmt, unwohl, verdrossen, verdrießlich, mißleidig, ungemütlich, unwohnlich, störend. → aufgelegt, beklemmend. ▶ behaglich.

unbehauen → formlos.

unbehelligt unbelästigt, unangefochten. → unwidersprochen.

unbeherrscht → brutal, erregbar, fessellos, gierig, maßlos, Rand und Band aus, ungezogen.

Unbeherrschtheit Neugierde, Taktlosigkeit, Vorwitz, Fragerei ● Unbildung, Unerzogenheit, Unart, Reizbarkeit, Leidenschaftlichkeit, Launenhaftigkeit. → Erregbarkeit, Temperament heißes. ▶ Beherrschtheit.

unbeholfen → dienstunfähig, linkisch, holperig, plump, schülerhaft, schwach, ungeschickt.

Unbeholfenheit Bescheidenheit, Dummheit, Schwerfälligkeit. → Umständlichkeit.

unbehütet → hilflos, unbeaufsichtigt, unbefestigt.

unbeirrt fest, zuverlässig, stetig, ständig, zielbewußt, stets, unwandelbar, unentwegt, unerschütterlich, ohne Wanken, fanatisch, verläßlich, unverändert. → fanatisch, felsenhart, fest. ▶ wankelmütig.

unbekannt → dunkel, einsam, namenlos.

Unbekannte, der große Gott, der Herr, der Allmächtige, Allvater, das höchste Wesen, Gottheit, Herrscher, Schöpfer, Erhalter, Unendlicher, Weltenlenker ● Mann im Hintergrund, Drahtzieher, Urheber, Spitzel, Spion, Angeber, Aufpasser, Ungenannter, Anonymus, Dritter Mann.

Unbekannter → Dingsda.

unbekehrbar → beharrlich, bockig, fanatisch.

unbekehrt abtrünnig, unbelehrt, unüberzeugt, unbelehrbar, widersprechend ● gottlos, unreligiös, heidnisch, verstockt, atheistisch, unchristlich. ▶ (bekehrt), gläubig, überzeugt.

unbekleidet → entblößt, nackt.

unbekömmlich → gesundheitswidrig, schädlich.

unbekümmert → abgebrüht, achtlos, behaglich, rücksichtslos, übermütig.

Unbekümmertheit → Nachlässigkeit, Nichtachtung, Übermut.

unbelastet → frei, unschuldig.

unbelästigt → unbehelligt.

unbelebt anorganisch, leblos, unfühlend, fühllos, sinnlos, steinern, metallisch, vulkanisch, tot, ohne Leben, erstarrt ● leer, menschenleer, einsam. ▶ belebt.

unbelehrbar → beharrlich, bockig, fanatisch, unbekehrt.

Unbelehrbarkeit Verbohrtheit, Beharrlichkeit, Fanatismus, Haltlosigkeit, Flatterhaftigkeit, Willensschwäche. → Fanatismus. ▶ Belehrbarkeit.

unbeleibt → dünn.

unbelesen → dilettantisch, dumm.

unbeliebt freundlos, unangenehm, lästig, unpopulär, verhaßt, verabscheut, ungeliebt, entfremdet, vernachlässigt, unausstehlich, unleidlich, zuwider. ▶ beliebt.

unbeliebt machen → abstoßen.

unbemalt → farblos.

unbemäntelt → anschaulich, bedeutungsvoll, faßbar, klar, offen, unverhohlen, verständlich.

unbemerkt unbeobachtet, ungesehen, unbeachtet, heimlich, verstohlen, versteckt, verdeckt, verborgen, Hinterwege, still und leise, klammheimlich u, auf kaltem Wege, leise, weinend, sang- und klanglos, steckum u, stickum u. → unbeaufsichtigt. ▶ bemerkbar.

unbemittelt → abgebrannt, abgerissen, arm, beengend, hablos.

unbenannt → namenlos.

unbenommen → erlaubt.

unbenutzt → disponibel, neu.

unbequem → lästig, unangenehm, unbehaglich.

unberaten ratlos, unkundig, schülerhaft, ungeschickt, unerfahren, tölpelhaft, ungeschult, ungeübt, unreif, jung, hilflos. ▶ beraten.

unberechenbar → schwer, unbegrenzt, unmöglich.

unberechtigt → anmaßend, eigenmächtig, Faust auf eigene.

unberücksichtigt → eigenmächtig, nachlässig, rücksichtslos, unbedenklich.

unberühmt → dunkle Abkunft, Dunkel.

unberührt empfindungslos, unempfindlich, apathisch, abgestumpft, kalt, unempfänglich, unbeeindruckt, gleichgültig, teilnahmslos, blasiert ● unerschütterlich, gleichmütig, beherrscht, gelassen ● unbenutzt, intakt, unbeansprucht, unverwendet. → dunkle Abkunft, eindruckslos, ergeben, kalt, keusch, namenlos, rein, tugendhaft. ▶ berührt.

Unberührtheit Sauberkeit, Reinheit, Klarheit, Lauterkeit ● Unbenutztheit ● Gelassenheit, Teilnahmslosigkeit, Beherrschtheit, Gleichgültigkeit, Empfindungslosigkeit, Gleichmut, Unerschütterlichkeit. → Keuschheit. ▶ Gefühlsbewegung, Unsauberkeit.

unbeschädigt → ganz, intakt.

unbeschäftigt → beschäftigungslos, dienstfrei, faul.

unbescheiden → anmaßend, anspruchsvoll, ehrgeizig, eitel, neugierig sein.

Unbescheidenheit Eitelkeit, Überheblichkeit, Einbildung, Dünkelhaftigkeit, Pfaffendünkel, Hochmut, Professorenton, Geringschätzung. → Dreistigkeit, Eitelkeit, Frechheit, Unhöflichkeit. ▶ Bescheidenheit.

unbeschmutzt → adrett, rein.

unbescholten → achtbar, angesehen, anständig, brav, ehrbar, lauter, rechtschaffen.

Unbescholtenheit → Charakterstärke, Rechtschaffenheit.

unbeschönigt → deutsch auf gut, offen, unverhohlen.

unbeschränkt → frei, unbegrenzt.

unbeschreiblich → beispiellos, erstaunlich, riesig, unbegreiflich.

unbeschützt → gefährlich, hilflos, unbefestigt.

unbeschwert leicht, gewichtlos, ätherisch ● sorglos, ausgelassen, heiter, unbekümmert, froh, mutwillig, leichtherzig, sonnenhaft. → flott, übermütig. ▶ bekümmert.

unbeseelt → seelenlos.

unbesehen unbedingt, auf jeden Fall.

unbesetzt frei, leer, unbelegt, blank, unbewohnt, verlassen, unausgefüllt, unbesessen. → abwesend, unausgefüllt. ▶ besetzt.

unbesonnen → ausgelassen, blindlings, dumm, erfahrungslos, erregbar, fahrig, Fassung verlieren die, kopfüber, unbedenklich.

Unbesonnenheit → Blamage, Dreistigkeit, Eile, Erregung, Fahrlässigkeit, Übermut.

unbesorgt → angenehm, aufgeräumt, beruhigt, entlastet, gemütlich, wohl.

unbesprochen darauf komme ich zurück, das steht auf einem andern Blatt, darüber muß noch geredet werden, unerörtert, unausgesprochen, unerwogen. ▶ (besprochen).

unbeständig wechselhaft, sprunghaft. → abtrünnig, beweglich, chaotisch, einem zum andern von, energielos, unstet, veränderlich.

Unbeständigkeit Unbestand, Laune, Sinnesänderung, Abfall, Untreue, Wechsel, Flatterhaftigkeit, Vergänglichkeit, Veränderlichkeit, Unentschlossenheit, Launenhaftigkeit, Flattersinn, Schwäche, Widerruf, Abschwörung. ▶ Beständigkeit.

unbestechlich → achtbar, angesehen, anständig, bieder, brav, charakterfest, fest, loyal, rechtschaffen.

Unbestechlichkeit → Charakterstärke, Fehlerlosigkeit, Pflichtgefühl, Rechtschaffenheit.

unbestimmt circa. → ausdruckslos, dahingestellt, dehnbar, diskutierbar, doppelsinnig, dunkel, ungewiß, vage.

Unbestimmtheit → Dämmerzustand, Dunkel, Ungewißheit.

unbestraft nicht vorbestraft, frei, straflos, straffrei, schuldlos, freigesprochen, unschuldig, losgesprochen, freigesprochen, entlastet. ▶ (bestraft).

unbestreitbar → absolut, angemessen, augenscheinlich, beglaubigt, bestimmt, erwiesen, freistehend, sicher.

unbestritten → erwiesen, feststehend, sichern, statthaft.

unbesucht → einsam, entvölkert.

unbeteiligt → beschäftigungslos, erst beste, neutral, passiv, tatenlos.

unbeträchtlich → ausdruckslos, begrenzt, bloß, mäßig, unbedeutend, wenig.

unbetretbar → unzugänglich.

unbeugsam → aufrecht, bestimmt, bockig, despotisch, drakonisch, ehrsinnig, entschlossen, fanatisch, felsenhart, radikal, stolz, streng.

Unbeugsamkeit → Beständigkeit, Entschiedenheit, Entschlossenheit, Strenge, Trotz, Wille.

unbevölkert → entvölkert.

unbewacht → gefährlich, hilflos, unbeaufsichtigt.

unbewaffnet hilflos, wehrlos.

unbewandert → entvölkert, unkundig.

unbewegbar → bleiern, starr, unbeweglich.

unbeweglich unerschütterlich, gleichmütig, gefaßt, unberührt, gleichgültig, regungslos, kühl, unbeeinflußt, beherrscht. → arbeitsunfähig, beherrscht, bleiern, charakterfest, felsenhart, feststehend, starr, stabil, unerschütterlich. ▶ beweglich.

unbewegt → gefühllos, ruhig.

unbeweibt → alleinstehend.

unbewohnbar unberührt, außer Gebrauch, untauglich ● verlassen, entvölkert. ▶ (bewohnbar).

unbewohnt → abwesend, einsam, entvölkert, unbesetzt.

unbewußt ungewollt. → absichtslos, beiläufig, blind, instinktmäßig, maschinenmäßig, triebhaft.

unbezahlbar → erlesen, kostbar.

unbezähmbar widersetzlich, widerspenstig, eigensinnig, wild, unnachgiebig, unfügsam, unlenksam, starrsinnig, starrköpfig, halsstarrig, revolutionär. → bockig, ungehorsam, wild. ▶ bezähmbar.

unbezweckt → absichtslos, blindlings.

unbezwingbar unerschütterlich, unwiderstehlich, unbesiegbar, heldenhaft, ungebeugt, stählern ● gesichert, geschützt, sicher, unüberwindlich, uneinnehmbar. → unbezähmbar. ▶ bezwingbar.

unbezwinglich → bockig, diebessicher, sicher, unbezähmbar, unbezwingbar.

unbiegsam → ehern, starr.

Unbildung Unkultur, Ungeschmack, Taktlosigkeit, Unbelesenheit, Unart, Unschicklichkeit, Verstoß, Banausentum, Ungeist, Bildungslosigkeit. → Dummheit, Unhöflichkeit. ▶ Bildung.

Unbill → Bekümmernis, Beleidigung, Betrübnis, Bitternis, Marter, Qual, Übel, Verdruß.

unbillig ungerecht, unrecht, ungebührlich, rechtswidrig, ungehörig, unschicklich, unpassend, unziemlich, unredlich, unlauter. → charakterlos, eigenmächtig, unredlich. ▶ billig.

unbotmäßig → aufständisch, bockig, unangebracht, unartig, unfügsam, ungebärdig, ungehörig, ungehorsam. ▶ brav.

Unbotmäßigkeit → Auflehnung, Trotz, Ungehorsam.

unbrauchbar → abgetan, beschädigt, Bock als Gärtner, charakterlos, defekt, dienstunfähig, entzwei, lästig, minderwertig, unzweckmäßig, veraltet, wertlos.

unchristlich atheistisch, gottlos, heidnisch, ungläubig, gottesleugnerisch, ketzerisch, abtrünnig, glaubenslos, religionslos, antichristlich, weltlich, lau, fleischlich ● gemein, niederträchtig, roh, grausam, sündig, teuflisch. → materialistisch. ▶ (christlich), gut.

und → auch, außerdem, beigeordnet.

Undank → Dank schnöder.

undankbar → dankvergessen, schnöde.

Undankbarkeit → Dank schnöder.

undefinierbar dunkel, unbestimmt, undurchdringlich, unergründlich, unfaßbar, unerforschlich, verhüllt, unklar, zweideutig, rätselhaft, versteckt. → dehnbar, doppelsinnig, dunkel, unverständlich. ▶ erklärlich.

undenkbar kaum, keinesfalls, keineswegs, unmöglich, unwahrscheinlich, mitnichten, in keiner Weise ● unerhört, unausführbar, unglaublich. → absprechen, aberkennen, ausgeschlossen, aussichtslos, kaum, unmöglich. ▶ denkbar.

undeutlich schemenhaft, verwaschen → abstrus, bebend, dehnbar, doppelsinnig, dumpf, nebelhaft, schwierig, unverständlich.

Undeutlichkeit → Doppelsinn, Dunkel.

Undichte Lockerheit, Dünnheit, Dünne, Porosität, Schwammigkeit, Löchrigkeit, Durchlässigkeit, Unfestigkeit, Wasserdurchlässigkeit, Leck. ▶ Dichte.

undienlich → unangebracht, unzweckmäßig, wertlos.

undifferenziert → einfach.

Unding Hirngespinst, Chimäre, Idee, Illusion, Traum, Luftschloß, Trugbild, Luftbild, Unmöglichkeit, Undenkbarkeit, Unausführbarkeit, Aussichtslosigkeit, Wunder, Träumerei. ▶ Wahrheit, Wirklichkeit.

undiplomatisch einfältig, leichtgläubig, offen, redselig, arglos, unpolitisch, unerfahren, ungeübt, ungeeignet, tölpelhaft, unfähig, untauglich, dumm, ungeschickt. ▶ diplomatisch.

undiszipliniert zuchtlos, unordentlich, zwanglos, haltlos, fahrig, formlos, schlampig, ohne Zucht, regellos, unvorbereitet, ordnungslos, wild, planlos, unmethodisch. ▶ Disziplin halten, (diszipliniert).

unduldsam engstirnig, verbohrt, vorurteilsvoll, intolerant, unsachlich, voreingenommen, verkappt, stur, ungerecht, befangen, hartnäckig, kleinlich, zähe, verrannt, pedantisch, parteiisch. → beengt, befangen, befehlerisch, bigott, bürokratisch, dumm, engherzig, fanatisch, streng. ▶ duldsam.

Unduldsamkeit → Denkart kleinliche, Fanatismus, Intoleranz, Strenge, Tyrannei.

undurchdringlich → abgeschlossen, abstrus, dicht, dickhäutig, fest, geheimnisvoll, unverständlich.

Undurchdringlichkeit Dichte, Dichtigkeit, Masse, Verdichtung, Undurchlässigkeit, Abdichtung, Festigkeit, Widerstand, Geschlossenheit, Einheitlichkeit, Härte, Verstopfung ● Unklarheit, Verworrenheit, Unverständlichkeit, Dunkel, Unbegreiflichkeit, Nebel. ▶ Klarheit, Undichte.

undurchführbar → schwierig, unmöglich.

undurchlässig → abgeschlossen, dicht.

undurchlässig machen → imprägnieren.

undurchlässig sein → dichten.

Undurchlässigkeit → Undurchdringlichkeit.

undurchsichtig opak. → beschlagen, blind, dämmerig, geheimnisvoll, unverständlich.

Undurchsichtigkeit → Dichtigkeit, Dunkel.

uneben holprig, knubbelig u, hubbelig u, buckelig u, knotig, verwittert, zerrissen, rissig, zerklüftet, schroff, gefurcht, stachelig, höckerig, buckelig, runzlig, gerillt, gekerbt, knollig, bollig ● blatternarbig, faltig, rauh. ▶ eben.

unebenbürtig niedrig, unedel, ungleich, ungeadelt, ranglos, gewöhnlich, einfach, staubgeboren, von niedriger Abkunft, ohne Stammbaum, unbetitelt, untergeordnet. ▶ ebenbürtig.

Unebenheit Reibung, Rauheit, Ungleichheit, Runzligkeit, Zerklüftung, Schroffheit, Zerrissenheit, Holprigkeit, Knubbel u, Wubbel u, Höckerigkeit, Haarigkeit, Stoppelfeld, Rauhfläche. ▶ Ebene, Glätte.

unecht talmi. → erfunden, erkünstelt, falsch.

unedel! → niedrig, unebenbürtig.

unehelich außerehelich, illegal.

unehrbar → charakterlos, unehrenhaft, unkeusch.

Unehre Nachrede, Mißkredit, Schande, übler Ruf, Schmach, Verrufenheit, Gerücht, Gerede, Ehrlosigkeit, Makel, Schandmal, Erniedrigung, Tratsch, Namenlosigkeit, übler Leumund, Tadel, Beschuldigung. → Anstößigkeit, dunkler Punkt, Schande. ▶ Ehre.

unehrenhaft ehrlos, ehrenrührig, verächtlich, unwürdig, ehrwidrig, schlecht, nichtswürdig, niederträchtig, schändlich, gemein, niedrig, schandvoll, schimpflich, verwerflich, anrüchig. → charakterlos, niederträchtig, unredlich. ▶ ehrenhaft.

Unehrenhaftigkeit → Bestechlichkeit, Unredlichkeit.

unehrerbietig ehrfurchtslos, achtungswidrig, schnöde, schmählich, ungezogen, unhöflich, entehrend, verächtlich, geringschätzig, gleichgültig, hämisch, schnoddrig u, spöttisch, leichthin. ▶ ehrerbietig.

Unehrerbietigkeit → Beleidigung.

unehrlich falsch, meineidig, treulos, unaufrichtig, lügnerisch, verlogen, heuchlerisch, jesuitisch, gleisnerisch, arglistig, heimtückisch, doppelzüngig, glattzüngig, katzenartig, abgefeimt, frömmlerisch, verstellt, lügenhaft, kriecherisch, glatt, ausweichend, listig ● unredlich, schlecht, schurkisch, schuftig, lumpig, betrügerisch, verschmitzt ● unrühmlich, ehrlos, ehrenrührig, gemein, niedrig, schändlich, nichtswürdig, schlecht. → anstößig, bestechlich, bubenhaft, charakterlos, diplomatisch, doppelsinnig, falsch, unredlich, verlogen. ▶ ehrlich.

Unehrlichkeit → Bestechlichkeit, Betrug, Falschheit, Feilheit, Lüge, Täuschung, Unredlichkeit.

uneigennützig → freigebig, selbstlos.

Uneigennützigkeit → Entsagung, Hingabe, Hochherzigkeit, Selbstlosigkeit.

uneingeengt → beherrschend, fessellos, frei, ledig, los.

uneingerechnet → außer, ausgenommen.

uneingeschränkt → absolut, durchaus, fessellos, ledig, los, selbständig, unbegrenzt.

uneingeweiht → blind, unkundig.

uneinheitlich wirr, durcheinander, kunterbunt, regellos, ungleich, ungleichartig, mannigfaltig, allerhand, vielerlei, vielförmig, mehrfach, bald so bald so. ▶ einheitlich.

uneinig mißhellig, entgegengesetzt, abweichend ● zwiespältig, uneins, unverträglich, streitig, feindlich, gehässig, unversöhnlich, widerspenstig, gegnerisch, zwieträchtig. → entzweit, feindlich. ▶ einig.

Uneinigkeit → Absonderung, Auflösung, Auseinandersetzung, Bruch, Disharmonie, Disput, Streit, Trennung, Zwietracht.

uneinnehmbar → diebessicher, sicher.

uneins → entfremdet, uneinig.

uneintreibbar verschuldet, arm, zahlungsunfähig, mittellos, uneinkassierbar, uneinbringbar, bankrott, uneinlösbar, rückständig, säumig. ▶ (eintreibbar).

unelastisch starr, unbeweglich.

unelegant → einfach, häßlich, schlicht.

unempfänglich steril ● immun, abgetötet, apathisch, gefühllos, unberührt, unbeeindruckt, empfindungslos, teilnahmslos, anteillos, abgestorben, unbewegt, kühl, kalt, unzugänglich, lau, stumpf ● tauben Ohren predigen, einen Ochsen ins Horn petzen. → blasiert. ▶ empfänglich.

Unempfänglichkeit Gefühllosigkeit, Unzugänglichkeit, Apathie, Stumpfheit, Laubheit, Gelassenheit, Fischblut, Gleichmut, Teilnahmslosigkeit, Kaltblütigkeit, Wurstigkeit, Empfindungslosigkeit, Unempfindlichkeit, Eindruckslosigkeit, Immunität ● Sterilität, Anästhesie. → Kälte. ▶ Empfindlichkeit.

unempfindlich frostig, taub, gepanzert, stumpf, gelassen, kühl, anteillos, abgestumpft, teilnahmslos, dickfellig, ein dickes Fell haben, kalt wie eine Hundeschnauze, dickhäutig, tot, gefühllos, frigid, gleichgültig, nüchtern, starr, ungerührt, empfindungslos, kaltschnäuzig, totengleich, totenähnlich ● lieblos, hartherzig, roh, herzlos, eisig, glashart ● schmerzlos ● abgehärtet, etwas vertragen können, seinen Mann stehen, gesund, stark. → abgebrüht, barbarisch, beherrscht, besinnungslos, blasiert, coma, dickhäutig, starr. ▶ empfindlich.

Unempfindlichkeit → Beharr-

lichkeit, Betäubung, Coma, Dauerhaftigkeit, Dickfelligkeit, Erstarrung, Fels, Roheit, Unempfänglichkeit.

unendlich → allmählich, ausgedehnt, endlos, lang, raum- und zeitlos, schrankenlos, tief, unbegrenzt.

unendliche Macht → allmächtig

Unendlicher → Christus, Gott.

Unendlichkeit → Ein und Alles, Ewigkeit.

unentbehrlich → dringend, durchaus, erforderlich, nötig, notwendig.

Unentbehrlichkeit → Bedarf, Bedürfnis, Erfordernis.

unentdeckt → geheimnisvoll, schlummernd.

unentgeltlich → gratis, umsonst.

unenthaltsam → ausschweifend, maßlos, unkeusch, verschwenderisch.

unentrinnbar unabwendbar, unvermeidlich, genötigt, gezwungen, unumgänglich, unerläßlich, unausbleiblich, unabweislich. → besiegelt, bevorstehend schicksalhaft. ▶ entrinnen (können).

unentschieden → dahingestellt, diskutierbar, doppelsinnig, problematisch, ungewiß, unvollendet.

Unentschiedenheit → Dämmerzustand, Dilemma, Dunkel, Unentschlossenheit, Ungewißheit, Zweifel.

unentschlossen schwankend, wankelmütig, energielos, lau, haltlos, dumpf, lahm, ergeben, schwach, weich, ratlos, schlapp, unselbständig, unschlüssig, ohnseitig, neutral, fackelig u, zwischen zwei Stühlen sitzen, zweiflerisch. → bedenken, ein und aus, Fisch noch Fleisch weder. ▶ entschlossen.

Unentschlossenheit Unentschiedenheit, Unbestimmtheit, Gleichgültigkeit, Unsicherheit, Unschlüssigkeit, Ratlosigkeit, Zaudern, Verlegenheit, Bedenken, Schwanken. → Bammel, Bedenken, Ratlosigkeit. ▶ Entschlossenheit.

unentschuldbar → unverzeihlich.

unentwegt → anhaltend, ausdauernd, eifrig, fanatisch, felsenhart, unbeirrt, zäh.

unentwickelt unterentwickelt. → beengt, dumm, jung, schwach, unkundig.

unentwirrbar → chaotisch.

unentzündbar lahm, interessenlos, passiv, unerregbar, unleidenschaftlich, ruhig, gesetzt, besonnen, unantreibbar, unanspornbar. → feuerfest. ▶ entzündbar.

unerbeten → unerwünscht.

unerbittlich → arg, barbarisch, bemüßigt, bestimmt, bockig,

charakterfest, despotisch, drakonisch, durchgreifend, ein für allemal, eisern, entschlossen, erbarmungslos, felsenhart, streng.
Unerbittlichkeit → Besen mit eisernem, Bitterkeit, Entschiedenheit, Frostigkeit, Härte, Rache, Strenge.
unerfahren → blind, dienstunfähig, dilettantisch, dumm, erfahrungslos, ungeschickt, unkundig.
Unerfahrenheit → Blindheit, Dummheit, Ungeschicklichkeit, Unkenntnis.
unerfindlich → abstrus, nebelhaft, unbegreiflich, unverständlich.
unerforschlich → abstrus, dunkel, geheimnisvoll, unbegreiflich, unverständlich.
unerforscht unentdeckt, unerfunden, fraglich, offen, offenstehend, unentschieden, frageweise, unbeantwortet, strittig, unbekannt, geheimnisvoll. → diskutierbar, dunkel, nebelhaft. ▶ bekannt.
unerfreulich → anstößig, ärgerlich, beschämend, bitter, lästig, peinlich, unangenehm, verdrießlich.
unerfüllbar → unmöglich.
unergiebig → charakterlos, karg, minderwertig, unfruchtbar.
unergründlich schleierhaft. ● abgründig, abstrus, beispiellos, geheimnisvoll, nebelhaft, tief, ungewiß, unverständlich.
unerheblich → karg, mäßig, wenig.
unerhört bodenlos, gemein, ungemein, hanebüchen. →abnorm, absurd, außerordentlich, ausgeschlossen, ausnehmend, beispiellos. enorm, unmöglich, wunderbar.
unerkannt unentdeckt, übersehen.
unerkennbar nebelhaft, verschwommen, finster, undeutlich, wirr, verworren, verhüllt, versteckt, verborgen, verwickelt, unlesbar, unkenntlich, rätselhaft, verhüllt, zweideutig, unklar. → abstrus, dunkel, nebelhaft. ▶ erkennbar.
unerkenntlich → dankvergessen, unerkennbar.
unerklärlich → abstrus, dunkel, nebelhaft, unbegreiflich, unverständlich.
unerläßlich → ausschließlich, bemüßigt, durchaus, entscheidend, erforderlich, notwendig, unbedingt.
Unerläßlichkeit → Bedarf, Bedürfnis, Entschiedenheit, Erfordernis, Gebot, Requisit, Selbstverständlichkeit.
unerlaubt → eigenmächtig, rechtlos, strafbar, ungesetzlich.
unerledigt → anhängig, offen, schwebend.
unerleuchtet → dunkel.

unermeßlich → außerordentlich, ausgedehnt, beispiellos, enorm, gigantisch, unbegrenzt.
unermüdlich → aktiv, anstellig, arbeitsam, ausdauernd, beharrlich, erwerbsam, rastlos, schaffig.
Unermüdlichkeit → Ausdauer, Begeisterung, Bemühung, Eifer, Elastizität, Fleiß.
unerquicklich → bitter, schlecht, traurig, unangenehm, verdrießlich.
unerregbar → beherrscht, eindruckslos.
unerreichbar → abgelegen, abseits, absprechen, aberkennen, ausgeschlossen, aussichtslos, davon, entfernt, entlegen, fern, Kraft über die, schwierig, unmöglich.
Unerreichbarkeit → Unmöglichkeit, Utopie, Vollkommenheit.
unerreicht → beikommen nicht, beispiellos, dominierend, erhaben, entfernt, kostbar, vollkommen.
unersättlich gefräßig, freßgierig, nimmersatt, schlemmend, prasserisch, unbeherrscht, üppig, heißhungrig, unstillbar, anspruchsvoll, begehrlich, begierig, genießerisch, versessen, erpicht ● wißbegierig, fragselig. → begehrlich, besessen, unmäßig. ▶ beherrscht.
unerschöpflich → allerhand, massenhaft, reichlich, unbegrenzt, unversieglich.
Unerschöpflichkeit → Born, Masse, Überfluß.
unerschrocken tapfer, mutig, verwegen, beherzt, wacker, tüchtig, herzhaft, furchtlos, unverzagt, entschlossen, unerschütterlich, ungebeugt, sieghaft, unternehmend, heldenmütig, grimmig, standhaft → brav, felsenfest, trutzig. ▶ erschrocken.
Unerschrockenheit → Courage, Dreistigkeit, Entschlossenheit, Fassung, Mut.
unerschütterlich unbeweglich, regungslos, teilnahmslos, stet, unbeirrt, unbeirrbar, unverblüfft, unverrückt, unbestürzbar, willensstark, mutig, standhaft, beharrlich, bierruhig u, unveränderlich, zielbewußt ● sich steif halten, die Ohren steif halten, das kann einen Seemann nicht erschüttern u ● unbeugsam, unerbittlich, unnachgiebig. → abgebrüht, beherrscht, besiegelt, charakterfest, durchgreifend, felsenfest, felsenhart, rechtschaffen, robust, seelenruhig, sicher, streng, unbeirrt. ▶ beweglich, schwankend, teilnahmsvoll, wirr.
Unerschütterlichkeit → Regungslosigkeit, Leidenschaftslosigkeit, Beherrschung, Fas-

sung, Unbeugsamkeit, Gleichmut, Beständigkeit, Festigkeit, Bierruhe u, Gleichmaß, Stete, Würde, Gefaßtheit, Stärke, Bedacht, Besonnenheit, Ruhe, Nachsicht, Langmut. → Ausdauer, Beharrlichkeit, Beherrschung, Fassung, Kaltblütigkeit. ▶ Beweglichkeit, Unbeherrschtheit, Ungeduld.
unerschüttert → beherrscht, felsenhart, stark, unempfindlich, unerschütterlich.
unerschwinglich → teuer.
unersetzbar verloren, unrettbar, unheilbar, unwiederbringlich, aussichtslos, hoffnungslos, vergebens, verzweifelt, vernichtet, übel, benachteiligt ● wertvoll, erlesen, kostbar. → böse, kostbar. ▶ ersetzbar.
unersetzlich → aussichtslos, unersetzbar.
unersprießlich → unzweckmäßig, wertlos.
unerträglich → beißend, böse, brechen das Herz, lästig, schlecht, unangenehm.
unerwartet → auf einmal, augenblicklich, beizeiten, Blitz getroffen wie vom, Knall und Fall, plötzlich, überraschend, vorzeitig.
unerweckt → schlummernd.
unerwidert → dankvergessen.
unerwiesen hinfällig, grundlos, unglaubhaft, zusammenhanglos, unlogisch, widerlegbar, irrig, fehlerhaft, unklar, zweifelhaft. ▶ erwiesen.
unerwünscht unerbeten. → lästig, überdrüssig, unangenehm, ungebeten, verdrießlich.
unerzogen → unartig, ungehorsam, ungezogen, unhöflich.
Unerzogenheit Unmanierlichkeit, Ungebildetheit, schlechte Erziehung, schlechte Kinderstube, Ungesittetheit, Taktlosigkeit, Unbeholfenheit, Tölpelei, linkisches Benehmen, Entgleisung, Ungezogenheit, Unart, Flegelei, Flegelhaftigkeit, Rüpelei, Lümmelei, Bauernmanieren, Formlosigkeit, Steifheit. ▶ Erziehung gute.
unfähig → abgespannt, bebend, bleiben sitzen, dienstunfähig, dumm, energielos, entnervt, erfahrungslos, kraftlos, schwach, ungeschickt, unwissend.
unfähig sein nicht viel los haben, sich im Armutszeugnis ausstellen, laß dich begraben u. → bleiben zurück, durchfallen.
Unfähigkeit Unvermögen, Schwäche, Untauglichkeit, Ungeeignetheit, Versagen, Wirkungslosigkeit, Unkenntnis, Ungeschick, Unkunde,

Unbeholfenheit, Talentlosigkeit, Geistlosigkeit, Unerfahrenheit. → Anstrich, Dummheit, Erschöpfung, Schwäche. ▶ Fähigkeit.

unfair grob, unredlich, unsportlich.

Unfall → Affäre, Fehlgeburt, Schaden, Übel, Unglück.

unfaßbar → abstrus, außerordentlich, ausnehmend, nebelhaft, unbegreiflich, unverständlich.

unfaßlich → nebelhaft, unbegreiflich, unverständlich, wunderbar.

unfehlbar unangreifbar, dogmatisch, unleugbar, fraglos, unumstößlich, unwidersprochen, apodiktisch, kategorisch, unanfechtbar, unweigerlich, wahrhaftig, unerschütterlich. → beglaubigt, besiegelt, bestimmt, hoch und heilig. ▶ (fehlbar).

unfein → ausgelassen, häßlich, niederträchtig, ruppig, unartig, ungezogen.

unfertig → dumm, erfahrungslos, jung, unvollendet.

Unflat → Auswurf, beleidigen das Gefühl, Schmutz, Schweinerei, Unkeuschheit.

unflätig → abscheulich, anrüchig, bestialisch, böse, unkeusch.

unflügge → federlos, jung.

unfolgsam → schwerhörig, unartig, ungehorsam, ungezogen.

Unfolgsamkeit → Eigensinn, Renitenz, Trotz, Ungehorsam, Ungezogenheit.

unförmig monströs, fett, dick, plump, schwerfällig, klobig ● ungeformt, formlos, ungefüge, ungestaltet, gestaltos, unförmlich, mißgestaltet, unbehauen, mißförmig, schief. → fettwanstig, krumm. ▶ wohlgeformt.

Unförmigkeit → Deformation, Formlosigkeit.

unförmlich → häßlich, krumm, plump, unförmig.

unfraglich → absolut, beglaubigt, bestimmt, sicher.

unfrei → abhängig, eingeschlossen, gebunden, hörig.

unfreigebig geizig, zugeknöpft, knauserig, filzig, hart, knickerig, kleinlich, karg, happig, schäbig. → egoistisch, engherzig. ▶ freigebig.

Unfreigebigkeit → Egoismus, Geiz.

Unfreiheit Knechtschaft, Abhängigkeit, Hörigkeit, Unterordnung, Zucht, Frondienst, Leibeigenschaft, Joch, Lehndienst ● Verhaftung, Knebelung, Gefangennahme, Freiheitsentziehung, Zwang, Einschränkung ● Willenlosigkeit, Nötigung, Suggestion, Hypnose. → Abhängigkeit, Denkart kleinliche, Fremdherrschaft. ▶ Freiheit.

unfreiwillig → notgedrungen, widerwillig.

unfreundlich säuerlich, sauertöpfisch, nicht gewogen, feindselig, ungünstig, mürrisch, übellaunig, grämlich, launig, verstimmt, miesepetrig, kratzbürstig, giftig, erbost, kalt, empfindlich, häßlich, lieblos, böse, grob, schnippisch, auffahrend. → abstoßend, bärbeißig, brummig, brüsk, dawider, ernst, feindlich, trübe, ungezogen, unhöflich. ▶ freundlich.

Unfreundlichkeit → Abneigung, Beleidigung, Bosheit, Feindschaft, Ungezogenheit, Unhöflichkeit.

Unfriede → Feindschaft, Streit, Zwietracht.

unfriedlich → feindlich, unbehaglich, unfreundlich, verdrießlich.

unfruchtbar infertil, trocken, unergiebig, ertragsunfähig, brach, dürr, kahl, karg, steril, öde, wüst, nutzlos, immun, baumlos ● zeugungsunfähig, eheunfähig, kinderlos. → öde. ▶ fruchtbar.

Unfruchtbarkeit Unvermögen, Sterilität, Zeugungsunfähigkeit ● Ertraglosigkeit, Unsegen, Unergiebigkeit, Kargheit, Wüste, Wildnis, Steinacker, Trockenheit. → Liebesmühe vergebliche. ▶ Fruchtbarkeit.

Unfug Possen, Allotria, Blödsinn, Torheit, Kinderei, Humbug, Unsinn ● Mißbrauch, Unsitte, Ungemach, Ungehörigkeit, Ungebührlichkeit, Ungelegenheit, Unschicklichkeit, Unrecht. → Frevel, Narretei, Possen. ▶ Ernst, Erziehung gute, Witzlosigkeit.

unfügsam → bockig, fanatisch, unartig, unbotmäßig, ungehorsam, widerspenstig, wild, zäh.

ungalant → brüsk, fassen sich kurz, plump, unhöflich.

ungastlich ungesellig, unzugänglich, unfriegebig, abweisend, unfreundlich, verstimmt, einspännig, unnahbar, zurückhaltend, unwirsch. → unfreigebig, unfreundlich. ▶ gastlich.

Ungastlichkeit → Egoismus, Einöde, Geiz, Unhöflichkeit.

ungeachtet ehrlos, rechtlos, namenlos, verachtet, verfemt, gerichtet, verhaßt, ausgestoßen, gesellschaftlich tot, verhöhnt, verlacht, verspottet, verstoßen, herabgewürdigt. → dennoch, despektierlich, trotz. ▶ geachtet.

ungeachtet dessen → demungeachtet, trotz.

ungeadert → blank.

ungeahnt → auf einmal, augenblicklich, plötzlich.

ungebärdig ungesittet, unge-

hobelt, ungezogen, ungefüge. → bockig, unartig, unbotmäßig, ungehorsam, wütend, zornig.

ungebeten unerwünscht, unbegehrt, unerwartet, ungelegen, unangenehm, plötzlich, überraschend, unverlangt, ungewollt, ungewünscht, nicht nach Wunsch. ▶ erwünscht.

ungebeugt → felsenhart, felsenfest, fest, unbeirrt, unerschütterlich.

ungebildet böotisch. → bäurisch, dilettantisch, dumm, ordinär, plebejisch, unwissend.

ungebräuchlich → ausländisch, befremdend, ungewohnt.

ungebraucht → erstmalig, neu.

ungebrochen → fest, unbeirrt, unerschütterlich.

Ungebühr → Ausschreitung, Ausschweifung, Beleidigung, Exzeß, Frechheit, Frevel, Ungesetzlichkeit, Verstoß.

ungebührlich → abstoßend, derb, fassen sich kurz, ruppig, ungesetzlich, ungezogen, unhöflich.

ungebührlich werden → beleidigen, ungezogen.

Ungebührlichkeit → Beleidigung, Eigenmächtigkeit, Frechheit, Frevel, Unfug, Ungesetzlichkeit, Verstoß.

ungebunden → allein, alleinstehend, ausschweifend, berührungslos, blättrig, entbunden, erotisch, fessellos, frei, los, selbständig.

Ungebundenheit → Bahn, Ferien, Freiheit.

Ungeduld Voreiligkeit, Heftigkeit, Temperament, Ruhelosigkeit, Rastlosigkeit, Haltlosigkeit ● Aufregung, Spannung, Unruhe, Eifer blinder, Übereifer, Gereiztheit, Neugierde, Unrast, Hochdruck, Anspannung, Vorfreude, Folter, Last, Qual, Steigerung, Erwartung, Wißbegier, Kinderaugen ● Unbeherrschtheit, Taktlosigkeit, Vorwitz. → Erwartung, Neugier. ▶ Geduld.

ungeduldig → Fassung verlieren die, fieberhaft, gespannt, leidenschaftlich, neugierig.

ungeeignet → dienstunfähig, erfahrungslos, unangebracht, unzweckmäßig, wertlos.

Ungefähr → Chance, Zufall.

ungefähr → an, annähernd, bei, beiläufig, cirka, einigermaßen, etwa, fast, gewissermaßen, halbwegs, nahezu, oberflächlich, zufällig, nach Augenmaß.

ungefähr, von → beliebig, blindlings, etwa, zufällig.

ungefährdet → einbruchsicher, geborgen, sicher. ▶

ungefährlich → geborgen, harmlos, sicher.

ungefällig inkulant, eigenwillig, verschlossen, lieblos, widerstrebend, störrisch, unartig, unzuvorkommend, bissig, nicht hilfsbereit, unfreundlich, derb, grob, unerzogen, widerlich, verdrießlich, mürrisch, brummig. → böse, unhöflich, ungern, widerwillig. ▶ gefällig.

Ungefälligkeit Bosheit, Eigenwilligkeit, Störrigkeit, Unzuvorkommenheit, Unfreundlichkeit, Bissigkeit, Unart, Barschheit, Frechheit, Verdrießlichkeit, Brummigkeit, Unerzogenheit, Derbheit, Grobheit, Ablehnung, Widerspenstigkeit, Widerstand, Inkulanz. → Bosheit, Unhöflichkeit. ▶ Gefälligkeit.

ungeformt ungestaltet. → formlos, unförmig.

ungefügig → unförmig.

ungehalten → aufgebracht, bissig, böse, wütend, zornig.

Ungehaltenheit → Erbostheit, Unmut, Wut, Zorn.

ungeheißen → freiwillig, spontan.

ungehemmt hemmungslos, tosend. → ausgelassen, fessellos, frei, heftig, herzhaft, los und ledig, übermütig, ungeniert.

Ungeheuer → Bandit, Bedrücker, Berserker, Bestie, Bluthund, Dämon, Dickwanst, Drache.

ungeheuer → außerordentlich, ausgedehnt, beispiellos, enorm, erstaunlich, gigantisch, riesig, übermäßig.

ungeheuerlich überladen, übertrieben, überspannt, übersteigert, schwulstig, bombastisch, maßlos, übermäßig, zuviel. → abgeschmackt, abschreckend, enorm, erstaunlich, gigantisch, übermäßig. ▶ klein, schlicht.

ungehindert → angenehm, ausgelassen, bequem, entbunden, frei.

ungehobelt knorrig, unziemlich, unbotmäßig. → bäurisch, barsch, derb, plump, unhöflich.

ungehörig → abgeschmackt, unangebracht, unartig, unbotmäßig, ungesetzlich, ungezogen, unhöflich.

Ungehorsam Unfolgsamkeit, Unbotmäßigkeit, Übertretung, Trotz bieten, Unfügsamkeit, Widerspenstigkeit, Eigensinn, Eigenwille, Pflichtvergessenheit, Widerstand, Auflehnung, Trotz, Aufsässigkeit, Gehorsamsverweigerung ● Verschwörung, Revolte, Krawall, Treubruch, Putsch ● Starrsinn, Steifsinn, Unnachgiebigkeit, Verstocktheit, Gegenwirkung. → Auflehnung, Eigensinn, Fahnenflucht, Renitenz, Trotz, Unterlassung. ▶ Gehorsam.

ungehorsam hartgesotten,

starrsinnig, starrköpfig, unartig, ungebärdig, unbezähmbar, ungezogen, unfolgsam, unfügsam, hartnäckig, meuterisch, pflichtvergessen, halsstarrig, widersetzlich, widerspenstig, unlenksam, unlenkbar, wild, unnachgiebig, rebellisch, aufrührerisch. → aufständisch, bockig, eigensinnig. ▶ gehorsam.

Ungeist → Dummheit, Unhöflichkeit, Verstoß.

ungekämmt → borstig, dreckig.

ungeklärt ungelöst. → dunkel, offen, schwebend, ungewiß.

ungekünstelt → anspruchslos, aufrichtig, deutsch auf gut, echt, einfach, freiherzig, natürlich, offen, schlicht.

ungekünstelt reden → deutsch reden mit jemandem, natürlich, offen.

Ungekünsteltheit → Einfachheit.

ungeladen → frei, lästig, unangenehm, ungebeten.

ungeleckt → bäuerisch.

ungelegen → lästig, unangenehm, ungünstig.

Ungelegenheit Unzeit, Unschicklichkeit, Pech, ungelegene Stunde, Unbequemlichkeit, Ungebührlichkeit, Ungehörigkeit, Unangemessenheit ● Unfug, Kummer, Leid, Sorgen. → Unfug. ▶ Freude, Schicklichkeit.

ungelehrig → dumm, gehirnlos, ungeschickt.

ungelehrt → dumm, unkundig, unwissend.

Ungelehrter → Dilettant, Laie.

ungelenk → derb, dienstunfähig, Eiern gehen auf, plump, schwerfällig, starr, ungeschickt.

ungelernt → dienstunfähig, dilettantisch, dumm, erfahrungslos, unwissend.

Ungelernter → Dilettant, Laie.

ungeliebt gehaßt, verabscheut, unbeliebt, vernachlässigt, entfremdet, abscheulich, widerlich, unangenehm, schlecht gelitten, freundlos, unbeachtet, ungeschätzt, verschmäht, abgewiesen. → betrogen. ▶ geliebt.

ungelöst → ungeklärt.

ungelüftet → stickig.

Ungemach → Bedrücktheit, Bekümmernis, Betrübnis, Bitternis, Beschwerlichkeit, Übel, Unfug, Unglück, Verdruß.

ungemasert → blank, einfarbig.

ungemein → außerordentlich, ausnehmend, eminent, enorm.

ungemütlich → böse, lästig, unangenehm, unbehaglich, verdrießlich.

ungenau → abwegig, absurd, dilettantisch, diskutierbar, fahrig, falsch, leichtfertig, nachlässig, oberflächlich, ungewiß.

ungeneigt unwillig, widersprechend, widerstrebend, unüberzeugt, unbelehrbar, da-

gegen, entgegengesetzt, abweichend, abwendig, abgeneigt. ▶ geneigt.

ungeniert keck, ungehemmt, frei, zwanglos, freimütig, zutraulich, natürlich, vertrauensvoll, offen, ungezwungen, unabhängig, frank und frei, ungehindert, unverlegen, naiv, unaffektiert, unbefangen. → ausgelassen, fessellos, herzhaft. ▶ gehemmt, gezwungen.

ungenießbar → anwidern, bitter, degoutiert, ekelhaft, faul, schädlich, schlecht.

ungenügend leidlich, lückenhaft, mangelhaft, mangelnd, am Hungertuche nagen, notdürftig, unbefriedigend, unvollständig, unzulänglich, wenig, unzureichend, unvollkommen, spärlich, karg, knapp, kärglich, armselig, notleidend, unversorgt. → beengt, karg, knapp. ▶ genügend.

Ungenügsamkeit Unzufriedenheit, Unbegnügsamkeit, Unersättlichkeit, Hemmungslosigkeit, Neid, Maßlosigkeit, Verschwenderei, Verprasserei. ▶ Genügsamkeit.

ungenutzt brachliegend, unwirksam.

ungeöffnet → geschlossen.

ungeordnet → durcheinander, verwirrt.

ungepaart → allein.

ungepflegt schlotterig, schlampig, schmutzig, schmierig, dreckig, zerlumpt, unfein, garstig, geschmacklos, unelegant, salopp, schmuddelig ● grob, derb, formwidrig, bäurisch. → dreckig. ▶ gepflegt.

ungerade → krumm.

ungerechnet beiläufig, überdies, außerdem, noch, dabei, dazu, zudem, ferner, obendrein ● ohne, ausgenommen, abgesehen davon ● ungelöst, nicht ausgerechnet. → abgesehen, außerhalb, ausschließlich, ferner, hinzugefügt.

ungerecht unrecht, rechtswidrig, ungebührlich, rechtlos, einseitig, parteilich, unsachlich, ungesetzlich, unziemlich, unerlaubt, rechtlos ● unfromm, gottverlassen. → beengt, befangen. ▶ gerecht.

ungerechtfertigt belastend, unverantwortlich, unverzeihlich, unhaltbar, erschwerend, hoffnungslos, nicht zu rechtfertigen. → ungerecht. ▶ gerechtfertigt.

Ungerechtigkeit Unbilligkeit, Ungebühr, Rechtsbruch, Rechtswidrigkeit, Parteilichkeit, Begünstigung, Gunst, Bevorzugung, Gönnerschaft, Unrecht, Frevel, Unfug, Unziemlichkeit, Machtpolitik, Schuld, Vergehen, Faustrecht. → Bosheit. ▶ Gerechtigkeit.

ungereimt reimlos, verslos, prosaisch, unpoetisch, erzählend, nüchtern, ungebunden ● unharmonisch, unangemessen, auseinandergehend, abweichend, mißtönend. → absurd, albern, beziehungslos, bizarr, wunderlich. ▶ (gereimt), harmonisch, poetisch, vernünftig.

Ungereimtheit → Faselei.

ungereinigt → dreckig.

ungern widerwillig, abgeneigt, unwillig, abweisend, ablehnend, ungefällig, widerstrebend, verleidet, mit schwerem Herzen, der Not gehorchend, ohne Lust, unfreiwillig. → abgeneigt, widerwillig. ▶ gern.

ungerührt → abgebrüht, abgestumpft, dickhäutig, unempfindlich, unerschütterlich.

ungesalzen fade, geschmacklos, salzlos.

ungesättigt hungrig, ausgehungert, heruntergekommen, unernährt, ausgemergelt ● arm, dünn, kümmerlich, karg, mangelhaft, spärlich, wenig, ungenügend, unzureichend, unzulänglich, nicht angereichert. ▶ gesättigt, satt.

ungesäumt ungenäht, nicht umstochen, fransig ● unordentlich, schlampig. → prompt, rasch. ▶ (gesäumt), langsam, ordentlich, später.

ungeschätzt → cynisch, ungeliebt.

ungeschehen ungetan, der Erledigung harrend, unverrichtet, halbvollendet, unfertig, unbeendigt, unvollendet, schwebend. ▶ geschehen.

Ungeschick → Bock, Dummheit, Fehltritt, Ungeschicklichkeit, Unglück.

Ungeschicklichkeit Ungeschick, Unerfahrenheit, Umständlichkeit, Schwerfälligkeit, Steifheit, Unbeholfenheit, Tölpelhaftigkeit, Tapsigkeit, Stakigkeit, Schlaksigkeit, Tolpatschigkeit, Bock, Fehler, Unbrauchbarkeit, Untauglichkeit, Mißgriff, Geschmiere, Pfuscherei, Schnitzer, Ungelehrigkeit, Dummheit, Torheit, Flickwerk, Versager, Fehlzug. → Entgleisung, Verstoß. ▶ Geschicklichkeit.

ungeschickt festgefahren, linkisch, unberaten, undiplomatisch, stümperhaft, schwerfällig, täppisch, talentlos, ratlos, ungelenk, ungelehrig, tölpelhaft, umständlich, blöde, dumm, steif, ledern, schlaksig, stakig, stocksteif, stoffelig, taperig, tappig, tolpatschig, plump, unbefähigt, unerfahren, unfähig, unbeholfen ● ungeschickt benehmen: tapern, zwei linke Hände haben u. → bäurisch, dienstunfähig, dumm, erfahrungslos, plump, Türe ins Haus fallen mit der. ▶ geschickt.

Ungeschickter → Tolpatsch.

ungeschlacht → bäurisch, bleiern, brüsk, derb, dickwanstig, häßlich, plump, robust, ungeschickt.

ungeschliffen → abstoßend, bäurisch, brüsk, brutal, derb, fassen sich kurz, formlos, plebejisch, plump, roh, ungeschickt, unhöflich.

Ungeschmack Stillosigkeit, Geschmacksverirrung, Geschmackswidrigkeit, Abgeschmacktheit, Plattheit, Geschmacklosigkeit, Taktlosigkeit, Unkultur, Unbildung, Unart, Formlosigkeit, Kitsch, Kram, Überladung, Banausentum ● Fadheit, Ekel, übler Geschmack, Ungenießbarkeit. ▶ Geschmack.

ungeschmälert → unverkürzt, zulässig. ▶ alles

ungeschminkt → einfach, offen, schlicht, unverhohlen, wahr.

ungeschoren, laß mich laß mich in Ruhe! mache deine Arbeit! es geht dich nichts an! geh du deinen Weg! kümmere dich einen Dreck um mich!

ungeschult → dienstunfähig, dilettantisch, unkundig, unwissend.

ungeschützt hilflos, ungesichert, unbehütet.

ungesellig selbstgenug, einsam, menschenscheu, weltfremd, einschichtig, entfremdet, einsiedlerisch, häuslich, zurückgezogen, vereinsamt, freundlos, unzugänglich, abweisend, unwirsch, kurz angebunden, zugeknöpft u. → einsam, menschenfeindlich, ungastlich, asozial. ▶ gesellig.

Ungeselligkeit → Absonderung.

ungesetzlich illegal, illoyal, illegitim, gesetzwidrig, ordnungswidrig, polizeiwidrig, rechtswidrig, unerlaubt, ungebührlich, ungehörig, unschicklich, unbefugt, unberechtigt, unstatthaft, unverantwortlich, widerrechtlich, verfassungswidrig, unbillig, außergesetzlich, willkürlich, eigenmächtig. → strafbar. ▶ gesetzlich.

Ungesetzlichkeit Rechtsbeugung, Rechtsverletzung, Rechtsverdrehung, Rechtswidrigkeit, Schmuggel, Ungebühr, Ungebührlichkeit, Recht des Stärkeren, Gesetzwidrigkeit, Gesetzesbruch, Rechtsbruch, Verstoß, Schleichhandel, Steuerhinterziehung, Eigenmächtigkeit. → Eigenmächtigkeit. ▶ Gesetzlichkeit.

ungesittet → abstoßend, ausgelassen, bäurisch, brutal, ruppig, unartig, ungezogen, unhöflich.

Ungestalt → Häßlichkeit, Mißgestalt.

ungestaltet → unförmig.

ungestört unverwirrt, regelrecht, ordentlich, übersichtlich, klar, geordnet, methodisch, systematisch, geregelt, in Ordnung, ruhig, ruhigen Ganges. ▶ gestört.

Ungestüm → Aufregung, Blitz, Eile, Erregung, Heftigkeit, Hetze.

ungestüm → aufgebracht, augenblicklich, begeistert, blindlings, dämonisch, einem Male mit, erregbar, Fassung verlieren die, gewaltsam, heftig, plötzlich, rasch, sanguinisch.

ungesühnt → straflos.

ungesund gesundheitswidrig, nachteilig, schlecht, schlimm, unheilbringend, krankheitsbringend, verfault, giftig, abträglich. → böse, eitrig, faul, krank, schädlich, schlecht. ▶ gesund.

ungesund sein → darnieder liegen, krank, ungesund.

ungeteilt → A bis O, A und O, A bis Z, all, ganz, rundweg.

ungetrennt → A bis Z, A und O, ganz.

ungetreu → abtrünnig, bestechlich, fahnenflüchtig.

ungetrübt → klar, rein, zufrieden.

Ungetüm → Aufruhr, Dämon, Drache, Häßlichkeit, Mißgestalt.

ungeübt → erfahrungslos, ungeschickt.

Ungewandtheit → Ungeschicklichkeit.

ungewaschen → dreckig, schmutzig.

ungewiß fraglich, unbestimmt, unentschieden, unergründlich, ungeklärt, ungenau, dunkel, dahingestellt, unsicher, schwebend, fragwürdig, zweifelhaft, verhüllt ● ungewiß halten: zappeln lassen u. → dahingestellt, dämonisch, dehnbar, diskutierbar. ▶ gewiß.

Ungewißheit Unbestimmtheit, Unentschieden, dunkler Punkt, Unsicherheit, offene Frage, Zweifelhaftigkeit, Unschlüssigkeit, Zaudern, Zweifel, Doppelsinn, Rätselhaftigkeit, Trügbarkeit, Unklarheit, Undeutlichkeit. → Argwohn, Befürchtung, Dämmerzustand, Doppelsinn, Dunkel, Frage, Krise, Verdacht, Zweifel. ▶ (Gewißheit), Tatsache.

Ungewitter Gewitter, Hundewetter, Regen, Donner, Blitz, Unwetter, Wettersturz, Wolkenbruch, Wetterleuchten, Krach, Hagel, Schauerwetter, Regenwetter, Sturm. → Streit, Szene. ▶ Sonnenschein, Verträglichkeit.

ungewöhnlich → abnorm, ansehnlich, außerordentlich, ausländisch, befremdend, bizarr, enorm, erstaunlich, fabelhaft, grotesk, kurios, neu.

ungewohnt neumodisch, selt-

sam, ungebräuchlich, ungewöhnlich, außergewöhnlich, ungeübt, fremdartig, ausländisch, selten, befremdend, neu, sonderbar, unüblich, seltsam, merkwürdig. → abnorm, erstmalig. ▶ gewohnt.
ungewollt → unbewußt.
ungewürdigt unterschätzt, verachtet, herabgesetzt, ungeschätzt, verächtlich, vernachlässigt, mißachtet, verkannt, verkleinert, herabgewürdigt, erniedrigt. → cynisch. ▶ gewürdigt.
ungewürzt → fad, reizlos.
ungezählt → allerhand, gigantisch, massenhaft, unbegrenzt.
ungezähmt → wild.
Ungeziefer Unbrauchbarkeit, Schmutz, Dreck, Unreinheit, Flechten, Schimmel, Schmutztiere, Kahm, Grind, Moder, Seuchenherd, Schorf ● Laus, Floh, Milbe, Wanze, Schabe, Insekt, Kerbtier, Besuch u, Bewohner u, Einquartierung u. ▶ Sauberkeit.
ungeziert → aufrichtig, derb, einfach, freiherzig, natürlich, offen, schlicht.
ungezogen unartig, frech, ungesittet, böse, ungehörig, flegelhaft, impertinent, schnippisch, katzig, rotznäsig, frech wie Oskar u, frech wie eine Laus im Grind u, ungebührlich, unerzogen, unbeherrscht, respektlos, unfein, unfolgsam, unfreundlich, sich rekeln, bengelhaft, aufdringlich, störrisch, sich vorbeibenehmen u, sich viel herausnehmen. → abstoßend, arg, ausgelassen, bäurisch, böse, boshaft, gassenmäßig, respektwidrig, rücksichtslos, ruppig, schlecht, schnodderig, unhöflich. ▶ artig.
Ungezogenheit Unart, Unfolgsamkeit, Unfreundlichkeit, Launenhaftigkeit, Frechheit, Bosheit, Lümmelhaftigkeit, Gemeinheit, Flegelhaftigkeit, Mißton, Verstoß, Respektlosigkeit, Schnoddrigkeit. → Beleidigung, Dreistigkeit, eherne Stirn, Frechheit, Tabak starker, Unhöflichkeit. ▶ Artigkeit.
ungezügelt → anrüchig, aufständisch, ausgelassen, ausschweifend, bacchantisch, bedürfnisvoll, begehrlich, bestialisch, dirnenhaft, erotisch, fessellos, unbändig, unkeusch.
ungezwungen frei gesinnt, frei bewegen sich, ungeheißen, unaufgefordert, freiwillig ● ungeniert, einfach, natürlich, unaffektiert, schlicht, naiv, ungeziert, ungekünstelt. → anspruchslos, ausgelassen, frei, freiwillig, herzhaft, leger, natürlich, salopp, ungeniert. ▶ gezwungen.

Ungezwungenheit Ungekünsteltheit, Einfachheit, Geradheit, Treuherzigkeit, Offenheit, Arglosigkeit, Unaffektiertheit, Natürlichkeit, Schlichtheit. → Freiheit, Recht. ▶ Manieriertheit.
ungiftig → harmlos.
Unglauben, abschwören dem → bekehren.
unglaubhaft → absurd, ausgeschlossen, dahingestellt, erstaunlich, unbegreiflich, unverständlich.
ungläubig freidenkend, kritisch, heidnisch, skeptisch, zweiflerisch, schwachgläubig, unüberzeugbar, zweifelsüchtig, abtrünnig, gottesleugnerisch, unchristlich, atheistisch, unbelehrbar, verloren, glaubenlos, freigeistig. ▶ gläubig.
Ungläubiger Skeptiker, Zweifler, Gottesleugner, Unbekehrter, Atheist, Monist, Freigeist, Freidenker, Heide, Glaubensloser, Zweifelgeist, Zweifelsüchtiger ● Beschnittener, Dissident, Giaur, Positivist, Relativist, Ketzer, Sektierer, Renegat, Pantheist, Häretiker, Antichrist, Apostat, Freimaurer. ▶ (Gläubiger).
Ungläubigkeit → Anstand, Eifersucht, Zweifel.
unglaublich → außerordentlich, ausgeschlossen, ausnehmend, bedenklich, beispiellos, dahingestellt, erstaunlich, haarig, unbegreiflich, unverständlich.
unglaubwürdig → falsch, unglaubhaft, unredlich, verlogen.
ungleich verschiedenartig, heterogen. → anders, andersgeartet, beikommen nicht, beziehungslos, diskrepant, divergierend, mehrförmig.
ungleichartig → anders, andersgeartet.
Ungleichartigkeit → Differenz, Disharmonie.
ungleichförmig → abnorm, anders.
Ungleichheit → Abnormität, Abweichung, Differenz, Gegensatz, Verschiedenheit.
ungleichmäßig ungleich, abweichend, auseinandergehend, beziehungslos, anders, verschieden, verschiedenartig, andersartig, widerstrebend, asymmetrisch, unvergleichbar. → anders, andersgeartet. ▶ gleichmäßig.
Ungleichmäßigkeit → Differenz.
unglimpflich unrühmlich, ungeschätzt, ungeachtet, verachtet, herabgewürdigt, ungesehen, unbeachtet, ungeehrt, verächtlich, gering gehalten. ▶ glimpflich.
Unglück Havarie, Kalamität, Mißgeschick, schwarzer Tag,

Unfall, Katastrophe, Untergang, Plage, Traurigkeit, Trübsal, Unannehmlichkeit, Niederlage, Hereinfall, Pech, Hilflosigkeit, Mühsal, Mühseligkeit, Ungeschick, Leidensgang, Leidensweg, Leidenskelch, Notlage, Notzeit, die Büchse der Pandora, trauriger Fall, Schlamassel, Ungemach, Mißlingen, Schaden, Mitleidenschaft, Schiffbruch, Schlag, Malheur, Panne, Schicksalsschlag, Unstern, Verhängnis, Unheil, Unsegen, Unglücksfall, dies ater. → Ärgernis, Armut, Bedrücktheit, Bekümmernis, Beschwerlichkeit, Beschwernis, Betrübnis, Bürde, Enttäuschung, erdrückende Sorgen, Fehlgeburt, Fluch, Katastrophe, Lage schiefe, Not, Pech, Schaden, Schicksal, Schlag, Tag schwarzer, Tragödie, Übel. ▶ Glück.
Unglück, stürzen ins ans Messer liefern, eine Grube graben, beeinträchtigen, eine Schlinge legen, seine Hilfe versagen, hintergehen, ausbeuten, kirre machen, niederdrücken ● im Unglück sitzen, Pech haben, trübe Zeiten durchmachen, schwere Prüfungen erleiden, mit der Not kämpfen. ▶ Glück haben.
unglücklich mutlos, kreuzunglücklich, todunglücklich, traurig, freudlos, ruiniert, mitleiderregend, arm, trostlos, elend, unselig, verzagt, verzweifelt, fatal, verunglückt, kläglich, bedauernswert, beklagenswert, schwer geprüft, heimgesucht, verhärmt, jämmerlich, schlimm, unheilvoll, übel.→abbrüchig, abgerissen, arm, aufgelegt, bedauerlich, bejammernswert, bekümmert, böse, brechen das Herz, traurig, unzufrieden, verdrießlich. ▶ glücklich.
Unglücksbote Hiobsbote, Unheilbringer.
unglückselig verhängnisvoll, schädlich, schrecklich, arg, übel, unglücklich, schmerzlich, nachteilig, furchtbar, hoffnungslos, gräßlich, mißlich. → bejammernswert, böse, schlimm, schmerzlich, traurig, verdrießlich. ▶ glückselig.
Unglücksfall → Fehlgeburt, Unglück.
Unglücksrabe → Pechvogel, Tolpatsch.
Unglücksstern → Pech.
Ungnade Unwille, Ablehnung, Widerwille, Kälte, Ungunst, Ungeneigtheit, Verdrossenheit, Mißfallen, Verhaßtheit, Unausstehlichkeit, Haß, Abneigung, Widerwille. ▶ Gnade.
ungnädig → ungünstig.
ungraziös → derb, häßlich, plump, schwerfällig.

ungültig wertlos, bedeutungslos, verfallen, nutzlos, undienlich, untauglich, verjährt, annulliert, unbrauchbar, zwecklos, rechtsungültig. → falsch, wertlos. ▶ gültig.

Ungültigkeit Nichtigkeit, Absage, Streichung, Hinfälligkeit, Falschheit, Aufhebung, Ausstreichung, Belanglosigkeit, Wertlosigkeit. → Falschheit, Fehler. ▶ (Gültigkeit), Richtigkeit.

Ungültigkeitserklärung → Absage.

Ungunst → Feindschaft, Ungnade.

ungünstig erschwerend, mißlich, hinderlich, schwierig, lästig, unerfreulich, unratsam, verlustbringend. ungelegen, abfällig, unvorteilhaft, widrig ● mißbilligend, ungnädig, mißfällig, abfällig. →anstößig, böse, hinderlich, lästig, schädlich, schlecht. ▶ günstig.

ungut → arg, schimpflich.

unhaltbar → falsch, lästig.

unharmonisch mißtönend, mißklingend, tonwidrig, unmelodisch, atonal, taktwidrig, ohrenzerreißend, steinerweichend, grell, markerschütternd ● nicht schön, unpassend, feindlich. → beleidigen das Ohr. ▶ harmonisch.

Unheil → Armut, Bekümmernis, Beschwerlichkeit, Elend, Entartung, Fehlgeburt, Fluch, Niedergang, Not, Pech, Übel, Unglück, Verdruß.

unheilbar hoffnungslos, aussichtslos, verzweifelt, unrettbar, unwiederbringlich, verloren, aufgegeben, sterbenskrank, schwach, todkrank, lebensgefährlich, unrettbar, bedenklich. → aussichtslos, bedenklich, bedrohlich, böse, fatal, schädlich, schlecht, unheilvoll. ▶ heilbar.

unheilbringend → abbrüchig, böse, diabolisch, fatal, schädlich, schlecht, unheilvoll.

unheildrohend → bedrohlich, fatal, schlimm, unheilvoll.

unheilig ketzerisch, sündig.

unheilschwanger → bedrohlich, fatal.

Unheilstifter → Berserker, Brandstifter, Schädling.

unheilverkündend → pessimistisch.

unheilvoll leidig, unheilbringend, unheildrohend, gefährlich, bedrohlich, beunruhigend, verderblich, gefahrbringend, gefahrbergend, schlimm, todbringend, unheilschwanger, ominös, übel, mißlich. → böse, fatal, schlimm, unglücklich. ▶ gefahrlos, glücklich, gut.

unheimlich → abschreckend, beklemmend, böse, drohend, feenhaft, geheuer nicht, gruselig, übersinnlich.

unhöflich keck, rüpelhaft, taktlos, unanständig, unartig, unerzogen, ungalant, ungeschliffen, ungezogen, ungehörig, flegelhaft, formlos, grußlos, insolent, lümmelhaft, plebejisch, rauh, grob, saugrob u, ungesittet, säuerlich, sauertöpfisch, frech, schnippisch, ungebührlich, ungefällig, schroff, unfreundlich, ungehobelt, finsterer Blick, ungewaschenes Maul, gemein, rücksichtslos, unmanierlich, unkultiviert, unschicklich, unhöflicher Mensch: Kaffer u, Knoten u, Bauer, Ruppsack. → boshaft, brummig, Türe ins Haus fallen mit der, ungezogen. ▶ höflich.

Unhöflichkeit Mangel an Erziehung, keine Kinderstube, Flegelei, Grobheit, Insolenz, Lümmelei, Rüpelei, Unbescheidenheit, Unbildung, Ungefälligkeit, Taktwidrigkeit, Unanständigkeit, Unfreundlichkeit, Ungastlichkeit, Ungeist, schlechte Laune, Ungezogenheit, Taktlosigkeit, Pöbelei, Pöbelhaftigkeit, Säuerlichkeit, Schroffheit, Ruppigkeit, schlechte Sitten, Tadelsucht, Roheit, Rücksichtslosigkeit, Unverschämtheit, Gemeinheit. → Bissigkeit, Beleidigung, Frechheit, Lapsus, Ungezogenheit. ▶ Höflichkeit.

Unhold → Bandit, Bestie, Dämon, Mißgestalt.

unhörbar leise, lautlos, geräuschlos, ruhig, still, unmerklich, unvernehmbar, schweigsam, tonlos, wortlos, stumm, totenstill, sacht, undeutlich. ▶ hörbar.

uni → einfarbig.

Uniform Bekleidung, Kluft, Livree, Montur, Kleidung, Anzug, Waffenrock, Dienstanzug ● Gleichheit, Gleichförmigkeit, Einheit ● Ehrenkleid. → Anzug, Kleidung. ▶ Verschiedenheit, (Zivil).

uniformiert → einheitlich.

Unikum Einmaligkeit, Einzigartigkeit, Einzigkeit, Original, Einheit, nur einmal vorhanden.

uninteressant → langweilig, lästig.

Union → Anschluß, Bund, Gemeinschaft, Vereinigung.

universal → allgemein.

Universität → Anstalt.

Universum → All, Welt.

unkameradschaftlich unfair, egoistisch, rücksichtslos.

Unke Warner, Voraussager, Schwarzseher, Schwarzmaler, Kassandra, Vorbote, Unheilbote, Unheilverkünder, Eule, Käuzchen, Rabe, altes Weib, Miesmacher, Pessimist. → Tier. ▶ Optimist.

unken → ankündigen, beschreien, malen den Teufel an die Wand, schwarz sehen.

unkenntlich → unerkennbar.

Unkenntnis Halbwissen, Unerfahrenheit, Mangel an Wissen, Unwissenheit, Unkunde, Blindheit, Unfähigkeit, Untauglichkeit, Scheinwissen, Halbgelehrtheit, Dilettantismus, Lexikonsweisheit, Dummheit, Hohlheit, Leerheit, Verdummung. → Dummheit. ▶ Kenntnis.

unkeusch schamlos, unflätig, unehrbar, schlüpfrig, tierisch, unanständig, unenthaltsam, ungezügelt, unsittlich, zweideutig, lüstern, unrein, sittenlos, ohne Scham, unmoralisch, lose, zotig, obszön, schmutzig, schweinisch, schändlich, gemein, verbuhlt, geil, wollüstig, locker, leichtlebig, liederlich, wüst. → anrüchig. ▶ keusch.

Unkeuschheit Sinnlichkeit, Sitten schlechte, Sittenlosigkeit, Unflat, Fleischlichkeit, Liebe lesbische, Liebe freie, Liebedienerei, Orgien, Schamlosigkeit, Schändlichkeit, Schlüpfrigkeit, Seitensprung, Sittenverfall, Unanständigkeit, Zweideutigkeit, Unzucht, Zuchtlosigkeit, Unflätigkeit, Unsittigkeit, Anstößigkeit, Zote, Schweinerei, Schmutz, Geilheit, Geile, Wollust, Buhlerei, Lüsternheit, Gelüst, Fleischeslust, Brunst. ▶ Keuschheit.

unklar → abstrus, blind, chaotisch, dämmerig, dunkel, durcheinander, einseitig, fahl, fahrig, kompliziert, konfus, milchig, problematisch, ungreiflich.

Unklarheit Blindheit, Leerheit, Unkenntnis, Kauderwelsch, Hohlheit ● Zeug verworrenes, Rotwelsch, Dunkelheit, Unverständlichkeit, Verworrenheit, Wust, Geschwätz, Wortgewirr, Undeutlichkeit ● Schimmer, Verschwommenheit, Trübe, Nebel, Dunst, Rauch, Zwielicht, Dämmerung ● Milchigkeit, Schleierigkeit ● Tarnung, Schleierigkeit ● Unfaßbarkeit, Unerklärlichkeit, Unbegreiflichkeit, Undeutlichkeit, Rätselhaftigkeit, Zweideutigkeit, Ungewißheit ● Dunkel, Einseitigkeit, Nebelhaftigkeit, Wirrwarr. ▶ Klarheit.

unklug → achtlos, bedenklich, blindlings, gehirnlos, töricht, Türe ins Haus fallen mit der, unbedacht.

Unklugheit Torheit, Oberflächlichkeit, Sorglosigkeit, Fahrigkeit, Fahrlässigkeit, Lässigkeit, Unvorsichtigkeit, Unbedachtsamkeit, Unbesonnenheit, Nichtachtung, Nachlässigkeit, Vernachlässigung ● Unverstand, Unvernunft, Urteilslosigkeit, Blindheit, Beschränktheit, Borniertheit, Dummheit, Albernheit, Kurzsichtigkeit, Narrheit, Einfalt, Horizont, beschränkter, Einfältigkeit, Tölpelhaftigkeit, Ungeschick, Sinnlosigkeit, Wahnwitz, Leichtfertigkeit, Leichtsinn, Haltlosigkeit, Blödsinn, Kinderei, Unfug, Humbug, Unsitte, Mißgriff, Lächerlichkeit • Übermut, Mutwille, Wagemut, Leichtlebigkeit, Unüberlegtheit, Fürwitz, Flüchtigkeit, Übereiltheit. → Farce. ▶ Klugheit.

unkompliziert → anspruchslos, einfach.

unkontrolliert→ fessellos, frei.

unkonzentriert → zerstreut.

unkörperlich jenseits, körperlos, inhaltslos, wesenlos, nichts, eitel, hohl, leer, gegenstandslos, trügerisch, phantastisch • raum- und zeitlos, transzendent, stofflos, überirdisch, übernatürlich, ideell, spiritualistisch, ätherisch. → geistig. ▶ körperlich.

Unkosten → Beitrag, Gebühr, Kosten, Spesen.

Unkraut → Abfall.

unkritisch → naiv.

unkultiviert → abstoßend, ausgelassen, bäurisch, betragen sich, geschmacklos, kulturfeindlich, unhöflich.

Unkultur Rückschritt, Verfall, Dekadenz, Entwertung sittliche, Rückartung, Auflösung, Verdummung, Unbildung, Abstieg, Tiefstand, Verrohung, Barbarei, Verschandelung, Verbildung • Ungeschmack, Geschmacksverirrung, Geschmackswidrigkeit, Geschmacklosigkeit, Plattheit, Gemeinheit, Taktlosigkeit, Roheit, Banauserei, Ungeist • Unart, Unhöflichkeit, Unanständigkeit, Entgleisung, Verstoß, Formlosigkeit. → Blamage, Extravaganz. ▶ Kultur.

unkundig unaufgeklärt, unberaten, unbewandert, uneingeweiht, unentwickelt, unerfahren, ungelehrt, ungeschult, unvertraut, unwissend, fremd, ununterrichtet, unkundig, bildungsbedürftig. → blind.

unkünstlerisch → stillos.

unlängst → bereits, dahin, damals, eher, kürzlich.

unlauter unredlich, unehrlich, schlecht, schuftig, lumpig, betrügerisch, unwahrhaftig, unaufrichtig, falsch, hinterlistig, hinterhältig, ränkevoll, lügenhaft, lügnerisch, unglaubwürdig, schwindlerisch, heuchlerisch, gaunerhaft, faul u, versteckt, verschmitzt, kriecherisch, schimpflich, schäbig, schofel, armselig, würdelos, charakterlos, un-

anständig, verächtlich, parteiisch, ehrlos. ▶ lauter.

unleidlich unfreundlich, leidig, widrig, gegenteilig, bokkig, unbeugsam, feindselig • lustlos, unlustig, lästig, unangenehm, unerfreulich, unerquicklich, unbehaglich, ungemütlich, unheimlich, betrübend, peinlich, mißfällig, traurig, mißvergnügt, unzufrieden, schwer, peinvoll, quälend, abstoßend, häßlich, gräßlich, unausstehlich, anwidernd, ekelhaft. → abstoßend, böse, degoutiert. ▶ leidlich.

unlenkbar → aufständisch, heftig, schwierig, ungehorsam.

unlenksam → bockig, eigensinnig, querköpfig.

Unlenksamkeit → Eigensinn.

unleserlich krakelig, undeutlich, unlesbar, unverständlich, unfaßbar, unbegreiflich, unentzifferbar, unlösbar, unergründlich, unauffindlich, dunkel, wirr, nebelhaft, unklar, rätselhaft, verwickelt. ▶ lesbar.

unleugbar → augenscheinlich, authentisch, beglaubigt, erwiesen, sicher.

unliebenswürdig → brummig, mürrisch.

unliebsam → ärgerlich, unangenehm, lästig.

unlogisch ungereimt. → absurd, abwegig, beziehungslos, dunkel, falsch, folgewidrig, inkonsequent, kasuistisch, scheinbar.

unlösbar → abstrus, fest, unverständlich.

Unlösbarkeit → Dilemma.

Unlust Mißbehagen, Mißfallen, Mißvergnügen, Unbehagen, Unmut, Unzufriedenheit, Unbefriedigung, Überdruß, Leere, Misere, Verstimmung, Niedergeschlagenheit, Unfreude, Langweile, Beklommenheit, Harm, Kummer, Bitternis, Bitterkeit, Herzeleid, Verbitterung, Beklemmung, Unwille, Ekel, Widerwille, Abscheu • Trägheit, Faulheit, Bequemlichkeit, Energielosigkeit, Teilnahmslosigkeit, Dumpfheit, Erschöpfung, Abspannung, Verdrossenheit, Tatenlosigkeit, Arbeitsscheu • Katerstimmung, Murrsinn, Ärger, Gekränktheit • Lustlosigkeit, Appetitlosigkeit, Lauheit, Wunschlosigkeit. → Ärgernis, Bedenken, Bitterkeit, Mißbehagen. ▶ Lust.

Unlustgefühl → Unlust, Verstimmung.

unlustig → arbeitsunfähig, aufgelegt, freudlos, unbehaglich.

unmanierlich → abstoßend, ausgelassen, bäurisch.

Unmanierlichkeit → Beleidi-

gung, Blamage, Demimonde, Unerzogenheit.

unmännlich → feige.

Unmännlichkeit → Feigheit.

Unmaß → Anzahl.

Unmasse → Anzahl.

unmaßgeblich unbefriedigend, notdürftig, spärlich, wenig, dürftig, kümmerlich, unvollkommen, unzureichend, nicht entsprechend, ungenügend, mangelhaft. → albern. ▶ maßgeblich.

unmäßig → bacchantisch, bedürfnisvoll, begehrlich, beispiellos, besaufen, gefräßig, maßlos, übermäßig.

Unmäßigkeit Übermäßigkeit, Maßlosigkeit, Übermaß, Üppigkeit, Luxus, Wohlleben, Genußsucht, Verschwendung, Vergnügungssucht, Lebenslust, Gelüst, Geilheit, Sinnlichkeit, Ausschweifung, Zügellosigkeit, Ungezügeltheit, Liederlichkeit, Naschhaftigkeit, Saus und Braus, Lumperei, Übersättigung, Überladung, Lotterleben, Völlerei. → Luxus, Trunksucht. ▶ Mäßigkeit.

Unmenge → Anzahl, Überangebot, Überfüllung.

Unmensch → Bandit, Barbar, Bedrücker, Berserker, Bestie, Bluthund.

unmenschlich → abscheulich, bestialisch, blutgierig, brutal, charakterlos, dämonisch, diabolisch, eingefleischt, entmenscht, schlecht.

Unmenschlichkeit → Barbarei.

unmerklich → allmählich, behäbig, sachte, unhörbar.

unmeßbar unendlich, unzählbar, zahllos, ungezählt, unberechenbar, unbegrenzt, unermeßlich, endlos, unerschöpflich, unergründlich, unbestimmbar, ad infinitum, bis ins Unendliche, bis in die Puppen, immensurabel. ▶ meßbar.

unmethodisch → durcheinander, konfus, planlos.

unmißverständlich→ deutsch auf gut, drastisch, faßbar, verständlich.

unmitteilsam → einsilbig.

unmittelbar immediat, direkt. → direkt, durchgehend, persönlich.

unmodern rückständig, gewohnt, eingewurzelt, überbracht, alt, althergebracht, eingebürgert, gebräuchlich, üblich, gang und gäbe, herkömmlich, ländlich, alltäglich, unmodisch, alte Schule • geschmacklos, barbarisch, unfein, gemein, ungepflegt, unkultiviert, unpassend, roh, abgeschmackt, garstig, grotesk, befremdend, sonderbar. → abgetan, veraltet. ▶ modern.

unmöglich hoffnungslos, unberechenbar, undenkbar, undurchführbar, unerhört, untragbar, unerreichbar, aussichtslos, unausführbar, unvernünftig, unwirklich, schwierig, geächtet ● keineswegs, keinesfalls, gar nicht, durchaus nicht, ganz und gar nicht, mitnichten, nicht im geringsten, kein Gedanke, nie ● unwirklich, phantastisch, utopisch, verwunderlich, traumhaft, abenteuerlich ● schwer, nicht leicht, reichbar, unerfüllbar ● ausgestoßen, verfemt, gerichtet, verachtet. → absurd, aussichtslos, ausgelassen, ausgeschlossen, nie. ▶ möglich.

Unmöglichkeit Unerreichbarkeit, Undenkbarkeit, Unausführbarkeit, Unüberwindlichkeit, Aussichtslosigkeit, Hoffnungslosigkeit, Unding, hoffnungsloser Fall, über die Kraft, Wunder ● Schwierigkeit, Unlösbarkeit, Hindernis, Anstand, Sackgasse, Ratlosigkeit, Klemme, verwikkelte Geschichte, Verstrikkung, Klippe, Verlegenheit, Verworrenheit, harte Nuß, Kopfzerbrechen, kitzliger Punkt. ▶ Möglichkeit.

unmoralisch → anrüchig, arg, charakterlos, dirnenhaft, schlecht, unkeusch.

unmotiviert → absichtslos.

unmündig → minderjährig.

Unmut → Abneigung, Ärger, Bitterkeit, Erbitterung, Grimm, Haß, Mißfallen, Verstimmung, Zorn.

unmutig → pessimistisch, zornig.

unnachahmlich ursprünglich, echt, eigentümlich, original, originell, kennzeichnend, charakteristisch, einzig, einmalig, unvergleichbar, genial. → bahnbrechend. ▶ unecht, vergleichbar.

unnachgiebig → barbarisch, bockig, charakterfest, eigensinnig, eisern, erpicht, felsenfest, felsenhart, lassen nicht locker, radikal, starr, stur, streng, todfeind.

Unnachgiebiger → Eiferer.

Unnachgiebigkeit → Wille.

unnachsichtig → barbarisch, bestimmt, drakonisch, stur.

Unnachsichtigkeit → Besen mit eisernem, Strenge.

unnachsichtlich → felsenhart, streng.

unnahbar fern, weit, entfernt, entfremdet, entlegen, fremd, unzugänglich, unerreichbar, getrennt, einsam ● verlassen, exklusiv, vereinsamt, gemieden, mutterseelenallein, freundlos, abgeschlossen, geschieden. → einsam, entfremdet, fern. ▶ leutselig.

Unnahbarkeit Ungesellígkeit, Unzugänglichkeit, Einsam-

keit, Eigenbrötelei, Menschenscheu, Weltangst, Weltflucht, Flucht vor der Welt, ungeselliges Wesen, Alleinsein, Freundlosigkeit, Ungastlichkeit, Lieblosigkeit, Abschluß, Absonderung, Vereinsamung, Eingezogenheit, Zurückgezogenheit, Abgeschiedenheit, Verlassenheit, Mönchsleben, Einkehr. ▶ Leutseligkeit.

Unnatur Monstrum, Ungeheuer, Hydra, Mannweib, Hermaphrodit, Minotauros, Zyklop ● Widersinn, Verirrung, Abirrung, Unmöglichkeit, Wunderding, Wunderwelt, Mirakel, Kuriosum, Kuriosität, Zauber ● Unregelmäßigkeit, Abart, Spielart, Ausnahme, Fremdkörper ● Überspitzung, Überschwenglichkeit, Schwulst, Bombast, Verbildung ● Gesuchtheit, Geziertheit, Ziererei, Verkünstelung. ▶ Natürlichkeit.

unnatürlich gesetzwidrig, abweichend, abnormal, naturwidrig, aus der Reihe fallend, regellos, willkürlich, eigenartig, eigentümlich, übernatürlich, überspannt, ungeheuerlich, wunderbar, erstaunlich, außergewöhnlich, ungewöhnlich, beispiellos, selten, rar, sonderbar, befremdend, merkwürdig, seltsam ● häßlich, entstellt, verschandelt, verunstaltet, mißgestaltet, verzerrt ● gesucht, gemacht, erkünstelt, affektiert, einstudiert, geziert, preziös, überfeinert, albern, aufgeblasen, auffällig, aufgedonnert, steif, gespreizt, verschroben, erzwungen. → abnorm, befremdend, dünkelhaft, erkünstelt, feenhaft, förmlich, geisterhaft, naturwidrig, schlecht. ▶ natürlich.

Unnatürlichkeit Abnormität, Regellosigkeit, Willkürlichkeit, Überspanntheit, Wunder, Seltenheit, Rarität, Merkwürdigkeit, Mißgestalt, Sonderlichkeit, Theater u, Affenteheater u, Krampf u, Mache u, Angabe u. ▶ (Natürlichkeit).

unnennbar → unbegrenzt.

unnormal → unnatürlich, verrückt.

unnötig → entbehrlich, überflüssig.

unnütz funktionslos, unnötig, überflüssig. → Bock als Gärtner, entbehrlich, nutzlos, überflüssig, unzweckmäßig.

unordentlich ordnungslos, ordnungswidrig, schlampig, Topf werfen in einen, aus den Fugen aus den Geleise, aus Reih und Glied, aus Rand und Band, aus dem Häuschen, ungeordnet, regellos, ordnungswidrig, unmethodisch, unsystematisch, naturwidrig, kun-

terbunt, oberst zuunterst, Hals über Kopf, verwirrt, wirr, unentwirrbar, irre, zerstreut, vermengt, verwüstet, verwikkelt, verworren, verdreht, unklar, verkehrt ● zuchtlos, haltlos, schlapp, weichlich, fahrig, flatterhaft, hudlig u, im Hurra u, im Hopphopp u, klüngelig u, nachlässig, formlos, unsauber, schlotterig ● grob, ungeschliffen, derb, unfertig. → chaotisch, durcheinander, kreuz und quer, oberflächlich, verwirrt. ▶ ordentlich.

Unordentlichkeit Wirrwarr. Wirrsal, Gewirre, Durcheinander, Sammelsurium, Verwirrung, Schlamperei, Schlampigkeit u, Liederlichkeit, Trubel, Tumult, Regellosigkeit ● Zuchtlosigkeit, Willensschlaffheit, Haltlosigkeit, Zwanglosigkeit, Unordnung, Unsauberkeit, Schmiererei, Schlendrian, Hudelei, Nachlässigkeit, Lotterleben. → Oberflächlichkeit, Schlendrian. ▶ Ordnung, Sauberkeit.

Unordnung Durcheinander, Gewurstel, Knäuel, Konfusion, Tumult, Wirren, Wirrnis, Wirrsal, Gewirge, Regellosigkeit, bunt zugehen, Drunter und Drüber, Klüngel u, Lotterwirtschaft, polnische Wirtschaft, Saustall u, Sauwirtschaft u, Sauhaufen u. → Auflösung, Chaos, Desorganisation, Kraut und Rüben, Unordentlichkeit. ▶ Ordnung.

Unordnung machen hemmen, treiben lassen, gehen lassen, hängen lassen, schlampen, bummeln, fackeln, verlumpen, verstreuen, verwirren, vermengen, beunruhigen, erschrecken, in Wallung bringen, durcheinanderwerfen, alles liegen lassen, in einen Topf werfen, aus Reih und Glied bringen, aus dem Geleise bringen, aus den Fugen bringen. ▶ beruhigen, helfen, ordnen, räumen.

unorganisch anorganisch, unbelebt, leblos, steinern, metallisch ● sinnlos, fühllos ● uneinheitlich, ungegliedert, unnatürlich, zweckentbunden. ▶ organisch.

unparfümiert → duftlos.

unparteiisch → anständig, aufgeklärt, loyal, objektiv, sachlich.

Unparteilichkeit → Recht, Sachlichkeit.

unpassend ungleich, widersprechend, widerstrebend, unvereinbar, unverträglich, fremd, abwegig, ungehörig, unschicklich, unzulässig, zeitfremd, volksfremd, unzeitgemäß, zeitwidrig ● abweichend, ungelegen, Faust aufs Auge wie die ● unzeitig, ungelegen, ungünstig, irrtümlich, falsch, zu spät, zu früh ● ungeeignet, unbrauchbar, übel, unverwendbar, untauglich ● kitschig, abscheulich, abgeschmackt, grell, schreiend, übertrieben, überladen, unanständig, taktlos, unbillig, ungerecht, rechtwidrig, parteiisch, unziemlich, deplaciert, nicht in Ordnung, im Unrecht, unsittlich, unmoralisch, schlecht, unkultiviert, keine Art, Mangel an Erziehung, unerzogen, frech, keck. → ausgelassen, bäurisch, berührungslos, divergierend, stillos, Türe ins Haus fallen mit der, unangebracht, unzweckmäßig. ▶ passend.

unpassierbar → unzugänglich.

unpäßlich verdrießlich, verstimmt, nicht aufgelegt, indisponiert, nicht wohl, unlustig, nervös, unwohl, verkatert, verdrossen, ärgerlich, mißleidig, übersättigt, unbehaglich, unfriedlich. → abgespannt, krank. ▶ gesund, wohlbefinden sich.

Unpäßlichkeit Verdrießlichkeit, Verstimmung, Indisposition *f*, Störung, Unlust, Unwohlsein, Unfreude, Unstimmung, Verdruß, Ärger. → Übelbefinden. ▶ Wohlbefinden.

unpersönlich ohne persönliche Note, allgemein, gewöhnlich, gang und gäbe, landläufig ● üblich, altherkömmlich, modisch, modern, nach der Mode, wie jedermann, affig, ohne eigene Note ● förmlich, kühl, brummig, bitter, unhöflich, ohne Wärme, ohne Herz, ohne Anteilnahme, steif, aufgeblasen, gespreizt, gezwungen, gesucht. ▶ persönlich.

Unpersönlichkeit Allgemeingültigkeit, Allseitigkeit, Verallgemeinerung, Masse, Herde ● Entkörperung ● Förmlichkeit, Gewohnheit, Etikette, Zeremoniell, Komment, Formalität ● Salbung, Gesuchtheit, Ziererei, Gezier, Verschrobenheit, Gezwungenheit, Steifheit, Albernheit. → Bitterkeit. ▶ Persönlichkeit.

unpolitisch unklug, töricht, unbesonnen, gedankenlos, dumm, beschränkt, leichtsinnig, leichtfertig, vorschnell, engstirnig, undiplomatisch, lebensfremd, kurzsichtig, unvorsichtig, kleinlich, unvernünftig ● ungeschickt, linkisch, unbeholfen, umständlich, steif, schwerfällig, unberaten, unerfahren, ungeschult, roh, ungeschliffen, ungeeignet ● neutral, parteilos, ungebunden, frei, wirtschaftlich, kulturell, religiös, ohne mich. ▶ politisch.

unpopulär verhaßt, unbeliebt, unangenehm, gemieden ● abscheulich, empörend, widerlich, schauderhaft, ekelerregend, unleidlich. ▶ populär.

unpraktisch unzweckmäßig, ungeeignet, unbrauchbar, unnütz, undienlich, wirkungslos, hinderlich, nachteilig, unnötig, unangebracht, unbequem, unratsam, unverwendbar, zweckwidrig, zwecklos, fehlerhaft, untauglich, übel, schlecht, für die Katze, sinnlos, unüberlegt. ▶ praktisch.

unproduktiv unfruchtbar, unergiebig, ertragslos, ertragsunfähig, dürr, öde, steril, immun ● wertlos, nichtig, eitel, minderwertig, kümmerlich, schwach, kläglich, nutzlos, unnütz, undienlich, untauglich, wirkungslos, verlustbringend, überflüssig, fruchtlos, erfolglos, zwecklos, für die Katze, nicht Werte schaffend. ▶ produktiv.

unpünktlich verspätet, langsam, saumselig, säumig, rückständig, endlich, zuletzt, erst, in letzter Minute, gemächlich, eintrudeln, sich Zeit nehmen, nachhinkend. → spät. ▶ pünktlich.

Unpünktlichkeit Verspätung, Saumseligkeit, Säumigkeit, Versäumnis, Pomadigkeit, Unzuverlässigkeit, Unzeit, Ungehörigkeit, Panne, Zeitversäumnis. ▶ Pünktlichkeit.

Unrast ● Eifer, Eile, Jagd, Übereifer.

Unrat Staub, Müll, Kehricht, Unreinlichkeit, Asche, Ruß, Bodensatz, Schmiere, Schlamm, Kot, Haufen, Kacke *u*, Köttel *u*, Schiet *u*, Pfuhl, Abwässer, Spülwasser, Mist, Spülicht, Jauche, Moder *u*, Patsch *u*, Scheiße, Scheißdreck, Seuchenherd. → Abfall, Auswurf, Dreck, eherne Stirn, Exkremente, Kloake, Schlacke, Schmutz. ▶ Sauberkeit.

Unratgrube → Kloake.

unrationell umständlich, ungünstig, unwirtschaftlich, kompliziert.

unratsam → ungünstig.

Unrecht Untreue, Treulosigkeit, Treubruch, Verrat, Heimtücke, Ränke, Pflichtverletzung, Täuschung, Fälschung, Lüge, Verdrehung, Verschlagenheit, Hinterhältigkeit, Arglist, Verstellung, Verlogenheit, Heuchelei, Scheinheiligkeit, Unaufrichtigkeit, Ungerechtigkeit, Ungebühr, Rechtsbruch, Parteilichkeit, Günstlingswirtschaft, Hintertreppenpolitik, Rechtlosigkeit, Mißhandlung, Unfug, Sittenlosigkeit, weites Gewissen, Machtpolitik, Faustrecht, Vergehen, Schuld, Untat, Übeltat, Missetat, Greuel-

tat, Veruntreuung, Täterschaft, Fehler, Irrtum, Unterlassungssünde. ▶ Recht.

Unrecht tun → brechen das Gesetz.

unrecht ungerecht, rechtswidrig, unbillig, ungebührlich, ungehörig, parteiisch, einseitig, unsittlich, unmoralisch, ungerechtfertigt, unzulässig, im Unrecht, unziemlich, unpassend ● lästig, fehlerhaft, zwecklos, unzeitig, unbequem, unnötig, unangebracht, übel ● aufsässig, unverfroren, übertrieben, frech ● schuldig, unverantwortlich, frevelhaft, nicht zu rechtfertigen ● ungesetzlich, unerlaubt, unberechtigt, willkürlich, eigenmächtig, gewalttätig, sträflich. → böse, charakterlos. ▶ recht.

unrechtlich → bestechlich, charakterlos.

unrechtmäßig → unrecht, strafbar.

Unrechtmäßigkeit Gesetzwidrigkeit, Rechtsbeugung, Rechtsverletzung, Rechtsverdrehung, Gewalttätigkeit, Faustrecht ● Unbilligkeit, Ungebühr, Unfug, Ungerechtigkeit, Selbsthilfe, Unziemlichkeit, Frevel, Begünstigung. → Fälschung, Unrecht. ▶ Rechtmäßigkeit.

unredlich illoyal, meineidig, perfid, unaufrichtig, unehrlich, unbillig, unehrenhaft, unglaubwürdig, schlecht, schurkisch, schuftig, lumpig, betrügerisch, spitzbübisch, unwahrhaftig, falsch, hinterhältig, ränkevoll, unreell, unsolid, gaunerhaft, heuchlerisch, versteckt, schofel, schäbig, unlauter, würdelos, schimpflich, niedrig, verächtlich, elend, unschön, ehrlos, gemein, gewissenlos, falsch, verstohlen, verlogen, arglistig, heimtückisch, glattzüngig, bigott, versteift, unecht, listig, glatt. → bestechlich, charakterlos, falsch. ▶ redlich.

unredlich sein → bewuchern.

Unredlichkeit Gewissenlosigkeit, Infamie, Ruchlosigkeit, Lug, Unehrenhaftigkeit, Unehrlichkeit, Unlauterkeit, Gemeinheit, Falschheit, Schurkerei, Unehrbarkeit, Charakterlosigkeit, Unzuverlässigkeit, Unglaubwürdigkeit, Verlogenheit, Heuchelei, Ränke, Hinterlist, Feilheit, Käuflichkeit, Bestechlichkeit, Pflichtvergessenheit. ▶ Bestechlichkeit, Falschheit, Feilheit, Schwindel. ▶ Redlichkeit.

unreell → bestechlich, unredlich.

unregelmäßig sporadisch, launenhaft. → auseinander, chaotisch.

Unregelmäßigkeit → Abart, Abnormität, Ausnahme, Centaur, Chaos, Anomalie.

unreif unvollkommen, mangelhaft, schwach, unflügge, halbwüchsig, trocken hinter den Ohren nicht ● minderwertig, fade, geschmacklos, sauer, grün ● unvorbereitet, unfertig, ungebildet, linkisch, ungeschickt, tapsig, täppisch, unbeholfen, ungelenk, hölzern, steif, plump, schwerfällig, hilflos, roh, unbesonnen ● unentwickelt, kindlich, unausgegoren, unerwachsen, unmündig. → albern, erfahrungslos, jung, kalbrig, minderjährig, sauer, schülerhaft, vorzeitig. ▶ reif.

Unreife → Fehler, Jugend.

unrein kotig, moderig u, patschig u, schmierig, befleckt, faul, garstig, schmutzig, staubig, schlammig, rußig, rauchig, trüb, schleimig, ungewaschen, wüst, unflätig ● zotig, schlüpfrig, schweinisch, gemein, schändlich ● unkeusch, unzüchtig, anstößig ● ansteckend, verpestet, gefährlich, giftig, schädlich ● verstimmt ● Hochdeutsch mit Streifen u. → anrüchig, blatternarbig, dreckig, schimmlig. ▶ rein.

Unreinheit → Schlacke, Unrat, Unreinlichkeit.

Unreinlichkeit Unreinheit, Unsauberkeit, Schmutzigkeit, Sudelei, Trübung, Trübheit, Schlammigkeit, Fäulnis ● Schweinerei, Schmutz, Dreck, Staub, Müll, Kehricht. → Exkrement, Unrat. ▶ Sauberkeit.

unrentabel unwirtschaftlich, nicht lohnend.

unrettbar → aussichtslos, bedenklich, rettungslos.

unrichtig irrig, anfechtbar, unwahr, trügerisch, ungenau, fehlerhaft, falsch gemacht, mangelhaft ● unzeitig, ungelesen, unpassend, ungünstig, falsch ● unlogisch, widersinnig, unvernünftig, widerspruchsvoll, denkwidrig, folgewidrig, unhaltbar, verbogen, einfältig ● mißverständlich, stümperhaft, falsch gedacht, falsch gedeutet, falsch übersetzt, falsch gerechnet. → absurd, abwegig, erfunden, falsch, täuschend, unbegründet. ▶ richtig.

unrichtig berichten → anführen, bemänteln.

Unrichtigkeit → Entscheidung falsche, Falschheit.

unromantisch → poesielos.

Unruhe Ruhelosigkeit, Bewegung, Beweglichkeit, Lebhaftigkeit, Rührigkeit, Unrast, Regsamkeit, Rastlosigkeit, Eile, Gezappel, Hin und Her, Hast ● Beunruhigung, Störung, Gärung, Erregung,

Konvulsion, Herzklopfen, Anfall, Aufregung, Aufruhr, Auflauf, Getümmel, Sturm ● Verwicklung, Fassungslosigkeit, Chaos, Kraut und Rüben, Kopflosigkeit, Verwirrung ● Flucht, Wandelbarkeit, Unbeständigkeit, Unbestand, Launenhaftigkeit, Unstetigkeit, Wetterfahne. → Angst, Anwandlung, Auflauf, Aufregung, Aufruhr, Aufstand, Bammel, Bedenken, Befangenheit, Beklemmung, Bekümmernis, Besorgnis, Bewegung, Bürgerkrieg, Charivari, Erregung, Getriebe, Gier, Not, Sorge, Streben, Trubel, Veränderlichkeit, Verwirrung. ▶ Ruhe.

Unruhe einjagen → Bockshorn jagen ins.

Unruhe erzeugen → bringen in Bewegung.

Unruhestifter → Hetzer, Meuterer.

unruhig → bange, bebend, befangen, beweglich, ein und aus, erwerbsam, Fassung verlieren die, hin und her, Kohlen auf glühenden, nervös, schlaflos, veränderlich.

unrühmlich → charakterlos, frevelhaft, unehrlich, verrufen.

unsachlich → einseitig, persönlich, tendenziös, unbegründet.

Unsachlichkeit → Einseitigkeit.

unsagbar → außerordentlich, enorm.

unsäglich → außerordentlich, enorm.

unsanft → grob, plötzlich.

unsauber sudelig, unrein, schmutzig, befleckt, staubig, schlammig, rußig, rauchig, trüb, schleimig, dreckig, kotig, schmierig, ungewaschen, ungekämmt, ungepflegt, garstig, unflätig, wüst, grindig ● nachlässig, formlos, unordentlich, schlampig, schlunzig, schlotterig ● blutig, eitrig, wund, zerfressen, häßlich, verschandelt, verunstaltet. → borstig, schweinemäßig. ▶ sauber.

Unsauberkeit → Pestilenz, Schmutz, Schmutzerei.

unschädlich gut, harmlos, hygienisch, mild, nicht gesundheitsschädlich, rein, unschuldig, unverderblich, unverfälscht, zuträglich, bekömmlich, gedeihlich, heilsam, nicht ansteckend. → bekömmlich, gesund, harmlos. ▶ schädlich.

unschädlich machen → dingfest machen.

unscharf stumpf, abgestumpft, schartig ● abgeschliffen, abgenützt, rauh, rund ● weich, verschleiert, verwackelt ● mild, freundlich, gutmütig, zahm, liebig ● undeutlich,

unverständlich, fehlerhaft. → formlos. ▶ scharf.

Unschärfe Abstumpfung, Scharte, Stumpfheit, Abschleifung, Abnutzung, Rundung ● schlechte Einstellung, Schleier, Schlieren, Verschleierung. → Freundlichkeit, Nachsicht, Rundung, Sanftmut, Versöhnung, Zufriedenheit. ▶ Schärfe.

unschätzbar gut, fein, hübsch, selten, makellos, wertvoll, vorzüglich, schätzenswert, kostbar, gewinnbringend, angenehm, günstig, erfreulich, wünschenswert, dienlich, zweckdienlich, nicht zu verachten, von unschätzbarem Wert, nicht mit Gold aufzuwiegen, einmalig, herrlich, edel, prächtig, unvergleichbar, unbezahlbar, vollkommen, über alles Lob erhaben, nonplusultra, unvergleichlich. ▶ schätzbar.

unscheinbar einfach, schlicht, kunstlos, unansehnlich, schmucklos, ungeziert, ungekünstelt, natürlich, ungezwungen, ungeschminkt, wahr, gediegen, prunklos, hausbacken, hausgemacht, bürgerlich ● klein, winzig, unbeträchtlich, unbedeutend, gering, schwächlich, spärlich, kärglich, beengt, unvollkommen, knapp, mikroskopisch, unendlich klein, unbemerkbar, unsichtbar, gesichtslos, verschwindend, blutwenig, zwergenhaft, putzig. ▶ auffallend, bedeutend, überheblich.

unschick nachlässig, schlampig.

unschicklich → ausgelassen, bäurisch, fassen sich kurz, Türe ins Haus fallen mit der, unangebracht.

Unschicklichkeit Unhöflichkeit, Unbildung, Ungesittetheit, Taktlosigkeit, Unart, Mangel an Schliff, Rücksichtslosigkeit, Unmanierlichkeit, Verstoß, unfeines Benehmen, Ungeist, Unziemlichkeit, Zudringlichkeit, Ungezogenheit, Unanständigkeit, Flegelhaftigkeit, Gemeinheit, Unbeherrschtheit, Schroffheit, Unfreundlichkeit, Rüpelei, Barschheit, Bissigkeit, Brummigkeit, Bärbeißigkeit, Widerspruchsgeist, Frechheit, Dreistigkeit, Unverschämtheit, Unbescheidenheit. → Demimonde, Entgleisung. ▶ Schicklichkeit.

unschlüssig → schwankend.

unschlüssig sein → belassen, bleiben neutral, dämmern, schwanken.

Unschlüssigkeit → Bedenken, Besorgnis, Dämmerzustand, Dilemma, Dunkel, Verlegenheit, Zweifel.

unschmackhaft → anwidern, degoutiert.

unschmiegsam → starr.

unschön häßlich, grauenvoll, furchtbar, schrecklich, gräßlich, scheußlich, fürchterlich, entsetzlich, greulich, widernatürlich, ungeheuerlich, unheimlich, gespenstisch, abscheulich, widerwärtig, abstoßend, unsauber, unrein, schmutzig, schmierig, dreckig, ungewaschen, ungepflegt, struppig, stachelig, borstig, ekelhaft, widerlich, rostig. → abstoßend, arm, blatternarbig, charakterlos, geschmacklos, greulich, häßlich, unredlich. ▶ schön.

Unschönheit → Formlosigkeit, Häßlichkeit, Unredlichkeit.

unschöpferisch → unvermögend.

Unschuld → Anstand, Edelmensch, Einfachheit, Keuschheit.

unschuldig freigesprochen, schuldenfrei, schuldlos, straflos, unbestraft ● unbefleckt, unantastbar, trüben kein Wässerchen, fehlerfrei, sündenlos, lauter, vorwurfsfrei, rein, unschuldsvoll, sündlos, unbelastet, untadelhaft, tadellos, unbescholten, unverdorben, unfehlbar, ohne Fehl, seine Hände in Unschuld waschen ● gut, vortrefflich, ausgezeichnet, schätzenswert, natürlich, unverfälscht, edel, echt ● jemanden weiß waschen. → keusch, tugendhaft, unschädlich. ▶ schuldig.

Unschuldigkeit → Fehlerlosigkeit.

Unschuldsengel → Musterknabe.

unschuldsvoll → unschuldig.

unschwer → angenehm, bequem, entwirrbar, erreichbar, leicht.

Unsegen → Bekümmernis, Beschwerlichkeit, Unglück.

unselbständig → abhängig, unentschlossen, untertänig.

unselig → abgerissen, bedauerlich, böse, entsetzlich, fatal, unglücklich.

unsereiner → jeder.

unsicher unglaublich, bedenklich, unbegreiflich, geheimnisvoll, fraglich, fragwürdig, unentschieden, dahingestellt, zweifelhaft, verfänglich, scheinbar, prekär, dubios, schwankend, in der Schwebe, auf der Kippe stehen u, trau schau wem. → dehnbar, doppelsinnig, Eiern gehen auf, ein und aus, feige, gefährlich, mulmig, scheinbar, schüchtern, unwahrscheinlich, ungewiß. ▶ sicher.

unsicher sein → bezweifeln.

Unsicherheit → Bedenken, Dämmerzustand, Dilemma, Dunkel, Feigheit, Krise, Minderwertigkeitsgefühl, Risiko, Verlegenheit, Zweifel.

unsichtbar dunkel, undeutlich, unterscheidbar, verwischt, verschleiert, verhüllt, unklar, schattenhaft ● klein, wenig, unerträglich, gering, verschwindend, blutwenig, unbemerkbar, mikroskopisch, atomhaft, winzig ● unentdeckbar, unwahrnehmbar, verkappt, verkapselt, im Inneren, unter der Asche, eingemummt ● heimlich, geheim, verstohlen, verborgen, versteckt, verdeckt, ungesehen, unoffen, still und leise ● geschlossen, versperrt. ▶ sichtbar.

unsichtbar machen → blenden.

unsichtbar werden → benehmen die Aussicht.

Unsichtbarkeit → Dunkel, Verborgenheit.

unsichtig → unsichtbar.

Unsinn Gedankenlosigkeit, Sinnlosigkeit, Ungeistigkeit, Torheit, Albernheit, Mucken, Gicksgacks, dummes Zeug, Stuß, Faselei, Fisimatenten, Flachs, Nonsens, Mumpitz, Blech u, blühender oder höherer Blödsinn u, Bockmist u, Edelquatsch u, Kappes u, Käse u, Kohl u, Mist u, Mumpitz u, Quark u, Quatsch u, ein Schmarren u, Sums u, dummes Zeug, Schalk, Scherzhaftigkeit, Streich ● Denkfehler, Fehlurteil, Dummheit, Falschheit, Schlagwort, Kauderwelsch, Irrigkeit, Nichtigkeit, Unverstand, Blöße ● Wahnwitz, Ungereimtheit, Schrulle, Gefackel, Aberwitz, Geschwätz, Babbelei, Einbildung, Haltlosigkeit, Lächerlichkeit, Einfältigkeit, Sinnlosigkeit, Borniertheit. → Bedeutungslosigkeit, Blech, Dummheit, Faselei, Gefasel, Humbug, Schwabenstreich. ▶ Sinn.

Unsinn machen in die Welt hineinleben, Unsinn reden, Blech reden, sündigen, herumalbern, Torheiten machen, Witze reißen, zum Narren halten, unachtsam vorgehen, unüberlegt handeln, es an Einsicht fehlen lassen, Dummheiten machen, etwas im Schilde führen, unbeliebt machen, ohne Überlegung handeln, waghalsig sein, ungeschickt sein, unbesonnen handeln ● verschwenden, vergeuden, verschleudern, sein Geld zum Fenster hinauswerfen, sein Pulver verknallen, falsch handeln, gegen die Wand anrennen, gegen den Strom schwimmen ● sich selbst schädigen, sich in Mißkredit bringen, mit seinem Leben abschließen wollen, sein Leben fortwerfen wollen, alles hinter sich werfen wollen. → spaßen. ▶ ernst (sein), sparen, vernünftig (handeln).

Unsinn reden → blamieren, blödeln.

unsinnig → absurd, ausdruckslos.

Unsitte → Auswuchs, Seite schwache.

unsittlich → anrüchig, schlecht, unanständig, unkeusch.

Unsittlichkeit → Ärgernis, Sinnlosigkeit, Unkeuschheit.

unsolide → arg, ausschweifend, bacchantisch, bestechlich, liederlich, verschwenderisch.

unsozial asozial. → eigennützig.

unsportlich → weichlich.

unstabil → labil.

unstatthaft → ausgeschlossen, eigenmächtig, verboten.

unsterblich → berühmt, dauernd, ewig.

unsterblich machen → auszeichnen.

Unsterblichkeit → Beständigkeit, Ewigkeit, Ruhm.

Unstern → Bekümmernis, Betrübnis, Dekadenz, Mißerfolg, Niedergang, Pech, Übel.

unstet unterbrochen, abgerissen, lückenhaft, sprunghaft, unbeständig, wuselig, unzusammenhängend. → beweglich, ein und aus, friedlos, nomadisch. ▶ stet.

unstetig → regellos, regelwidrig, sprunghaft.

unstillbar → versessen.

unstimmig ungleich, unpassend, unterschiedlich, verschiedenartig ● widersprechend, widerstreitend, unvereinbar, unverträglich, unangemessen ● entgegengesetzt, mißhellig, uneinig, abfällig, unwillig, ungeneigt, unbelehrbar, abtrünnig, unbelehrt, feindlich. ▶ einig, gleichartig, zutreffend.

Unstimmigkeit Mißhelligkeit, Uneinigkeit. → Differenz, Disharmonie, Disput, Dissonanz.

Unstimmung Unfreude, Mißbehagen, Abspannung, Überspannung, Übelbefinden, Laune schlechte, Mißlaune, Verdrießlichkeit, Ärger, Murrsinn, Unbehagen, Ungemütlichkeit, Unfriede, Bekümmernis, Trübsinn, Traurigkeit, Niedergedrücktheit, Seelennot, Mutlosigkeit, Seelenwundheit, Freudlosigkeit, Schwarzseherei, Melancholie, Schwermut, Weltschmerz, Miesmacherei, Überdruß, Grillenfängerei, Kopfhängerei, Kleinmut, Minderwertigkeitsgefühl, Verzweiflung, Bitterkeit, Verstimmung, Mißmut, Mißstimmung. ▶ Stimmung.

unstreitig → absolut, authentisch, beglaubigt, bestimmt, definitiv, tatsächlich.

unsühnbar unverzeihlich, tadelhaft, unverbesserlich, niedrig, abscheulich, unrühmlich, häßlich, nicht wieder gut zu machen. → charakterlos. ▸ sühnend, verzeihlich.

Unsumme → Anzahl, Diverses, Masse.

unsystematisch → unordentlich.

untadelig → akkurat, artig.

untalentiert → unbegabt.

Untat → Frevel, Greueltat.

untätig lahm, müßig, saumselig, liegen auf der Bärenhaut, lässig, indolent, außer Dienst, pensioniert, den Rentner spielen, arbeitsscheu, bequem, faul, träge, inaktiv. → arbeitslos, arbeitsscheu, arbeitsunfähig, beschäftigungslos, dienstfrei, energielos, faul, passiv, starr. ▸ tätig.

untätig bleiben → bewenden lassen.

Untätigkeit Langeweile, Mißvergnügen, Drohnendasein, Müßiggang, Nichtstun, Tagedieberei, Trägheit, Zeitverschwendung, Faulheit, Nichteinmischung, Beharrung. → Ruhe, Trägheit. ▸ Tätigkeit.

untauglich → albern, arbeitsunfähig, Bock als Gärtner, charakterlos, dienstunfähig, erfahrungslos, minderwertig, schwach, unzweckmäßig.

Untauglichkeit → Schwäche.

unteilbar → fest, ganz.

unten abwärts, drunten, herab, nieder, niederwärts, unterhalb, zu tiefst, zuunterst, in der Tiefe, tief, tiefliegend, versenkt, unterirdisch, bodenlos, unergründlich, grundlos, knietief. → drunten, niedrig. ▸ oben.

unter → bei, darunter, drunten.

unter den Tisch fallen lassen → belassen.

Unterabteilung Teil, Stück, Einzelabteilung, Abteilung, Glied, Abschnitt, Ausschnitt, Sektor, Segment, Teilstrecke, Nebenstelle, Zweigstelle, Filiale, Tochtergesellschaft. → Dependance. ▸ Ganzheit.

Unterbau → Grundlage.

unterbauen → stützen.

unterbewerten → unterschätzen.

Unterbewußtsein → Drang, Triebleben.

unterbieten → drücken den Markt, Preis drücken den.

unterbinden → abdrosseln, ausschalten, eindämmen, steuern.

unterbleiben → belassen, bewenden lassen.

unterbrechen einhalten, anhalten, aussetzen, abbrechen, dazwischentreten, abblasen, stillegen, stillsetzen,

trennen, streiken, Nagel hängen an den, aufhören, stocken, stoppen, dazwischenreden, in die Rede fallen. → abdrosseln, abstehen, anhalten, aufhalten, aufhören, ausfallen, ausschalten, aussetzen, ausstehen, beeinträchtigen, beruhen lassen, bleiben, einfallen, ruhen, schließen, stocken. ▸ beginnen, fortdauern, fortsetzen.

Unterbrechung → Ablösung, Abschweifung, Abwechslung, Atempause, Aufenthalt, Ausfall, Bedenkzeit, Beruhigung, Einhalt, Einstellung, Halt, Lücke, Pause, Stundung.

unterbreiten → anbieten.

unterbringen → anbieten, anordnen, arrangieren, auflegen, aufstellen, beherbergen, belegen, besetzen, bewohnen, bleiben, bringen unter die Haube, deponieren, einfügen, einlogieren, einschachteln, stellen.

Unterbringung → Depot, Installation.

unterbrochen → abgerissen, gestört, unstet.

unterdessen → als, beständig, bis, da, einstweilen, indem, inzwischen.

unterdrücken erdrücken, Gewalt haben in der, ersticken, niederhalten, unterwerfen, das Rückgrat brechen, demütigen, überwältigen, bezwingen, zu Boden werfen, in die Enge treiben, zu Paaren treiben, aufs Haupt schlagen, besiegen, unter das Joch zwingen ● schwächen, stutzen, lähmen, beschneiden die Flügel, die Kraft nehmen, übermannen, lahmlegen, ersticken, zerstören, abtöten, abdrängen ● sich etw. verkneifen. → bändigen, begütigen, beherrschen sich, besänftigen, betäuben, beugen, bewältigen, bezähmen, dämpfen das Feuer, drosseln, drücken zu Boden, eindämmen, entkräften, entwaffnen, erobern, ersticken Gefühle, fesseln, schwächen, verschmerzen. ▸ ermutigen, trotzen, unterliegen.

Unterdrücken → Beherrschung, Demolierung.

Untereinander → Gemisch.

unterentwickelt zurückgeblieben. → dumm, unentwickelt, veraltet.

unterernährt → erwerbslos, schwach

Unterernährung Not, Armut, Kargheit, Knappheit, Ärmlichkeit, Elend, Entbehrung, Entkräftung, Verelendung, Blutarmut, Schwäche, Hunger, Hungerleiderei, Schmalhans, Drangsal. ▸ Schwelgerei.

Unterfangen → Absicht.

unterfangen, sich → debütieren, erdreisten sich, getrauen sich, wagen.

unterfertigen unterzeichnen, ratifizieren, gegenzeichnen, Unterschrift geben, unterschreiben, abmachen, annehmen, verpflichten, übereinkommen, handelseinig werden, abschließen, zu einem Abschluß kommen, zu einem Einverständnis kommen, sich vertraglich binden, signieren, besiegeln, verbriefen, petschieren, ausfertigen. ▸ ablehnen, unterlassen.

Untergang → Bekümmernis, Niedergang, Unglück, Verlust, Zerstörung.

Untergebener Untertan, Abhängiger, Knecht, Sklave, Gefolgsmann, Gesinde, Diener, Bediener, Dienstbote, Handlanger, Kutscher, Hausmeister, Portier, Mädchen für alles, Leibjäger, Hausangestellte, Lakai, Lohndiener, Magd, Mietling, Hausdiener, Hausknecht, Packesel, Kuli, Aschenbrödel, Angestellter, Arbeiter, Ladengehilfe, Verkäufer, Schreiber, Sekretär, Dienerin, Koch, Dienstbote, Kindermagd, Bonne, Amme, Zofe. → Arbeitnehmer, Commis, Diener. ▸ Gebieter, Vorgesetzter.

Untergebenheit → Dienstbarkeit.

untergebracht → ausverkauft, versorgt.

untergehen → abbrennen, beikommen nicht, Boden verlieren den, ersaufen, faulen, räumen das Feld, scheitern, sinken.

untergeordnet abhängig, unselbständig, unfrei, lehnspflichtig, leibeigen, hörig, botmäßig, untertänig, dienstbar, geketted ● kleiner, geringer, niedriger, weniger, minder ● unwichtig, nebenbei, in zweiter Linie, bedeutungslos, unbedeutend, belanglos, nebensächlich, unwesentlich, ausdruckslos, nichtssagend, geringfügig ● gemein, subaltern, ranglos, ohne Titel, bürgerlich, einfach, unedel. → abhängig, ausdruckslos, gering. ▸ unabhängig, überlegen, wichtig.

Untergeordneter → Commis, Diener.

Untergeschoß Keller, Souterrain.

untergraben → angreifen, aufhalten, aufwerfen, beeinträchtigen, bekämpfen, dawider, diskreditieren, durchfressen, durchkreuzen, Fall bringen zu, minieren, verderben, zerstören.

unterhalb → abwärts, drunten, unten.
Untergrund → Basis.
Unterhalt → Aufrechterhaltung, Ernährung, Speise, Zuwendung.
unterhalten → amüsieren, anregen, beispringen, beköstigen, belustigen, besten geben, debattieren, erfreuen, helfen, sprechen, zuwenden.
unterhalten, freundliche Beziehungen → befreunden.
unterhaltend erbaulich, kurzweilig, feuilletonistisch, lesbar, lustig, ergötzlich, verlustrierend, unterhaltsam, gemütlich, gesellig, angenehm, possierlich, fidel, munter, witzig, geistreich, anziehend, einnehmend, fesselnd, hinreißend, toll, ausgelassen, unwiderstehlich,unverbesserlich, vergnüglich. → amüsant, angenehm, charmant, ergötzlich, genußreich, humoristisch, interessant, köstlich, lustig, reizvoll. ▶ langweilig.
unterhaltsam → angenehm, anziehend, erfreuend, ergötzlich, gemütlich, interessant, unterhaltend, abendfüllend.
Unterhaltung Aussprache, Beratung, Besprechung, Causerie f, Diskurs m, Diskussion f, Divertimento s, Erörterung, Gedankenaustausch, Geplauder, Gespräch, Meinungsaustausch, Plauderei, Unterredung ●Spaß,Zerstreuung. → Auseinandersetzung, Aussprache, Belustigung, Besprechung, Debatte, Erbauung, Feier, Geplauder, Geselligkeit, Konversation.
Unterhaltsfürsorge Alimentation f. → Unterhaltungsbeitrag.
Unterhaltungsbeitrag Zahlung, Aliment, Gefälligkeit, Pflicht, Haftung, Haftpflicht, Verpflichtung, Verbindlichkeit, Schadenspflicht, Zahlungspflicht, Wechsel, Haushaltungsgeld, Sold, Gehalt. → Unterhaltung.
Unterhaltungsstoff → Buch, Dichtung, Feuilleton, Zeitung, Zeitschrift.
unterhandeln → ausgleichen, besprechen, vermitteln.
Unterhändler → Abgeordneter, Agent, Anwalt, Beauftragter, Bevollmächtigter, Vermittler.
Unterhandlung Aussprache, Gespräch, Beratung, Auseinandersetzung, Schiedsgericht, Verhandlung, Vermittlung, Schlichtung, Verbindung, Zusammenkunft, Einigung. → Bearbeitung, Besprechung.
unterhöhlen unterwühlen. → minieren.
Unterhosen Schlüpfer, Höschen.

unterirdisch versenkt, unten, unterhalb, kellertief, unergründlich, in der Erde, bodenlos, tiefliegend. → tief. ▶ oben.
unterjochen → bändigen, beinträchtigen, beherrschen, berauben, beugen, bewältigen,bezähmen, drücken zu Boden, knechten, unterwerfen.
unterjocht → erdrückt, gekettet.
Unterjochung → Despotismus, Unterwerfung.
unterkommen → Schutz finden.
unterkriegen besiegen, unterwerfen.
Unterkunft Bleibe, Wohnstätte, Aufenthaltsort, Herberge, Hütte, Zelt, Obdach, Zufluchtsort, Unterschlupf, Schlupfwinkel, Behausung, Heimstätte, Schutzhütte. → Aufenthaltsort, Gaststätte, Hotel, Quartier.
Unterlage Dokumentation, Druckschrift, Akte. → Anhaltspunkt, Balken, Belege, Bock, Diwan, Grundlage, Material.
Unterlaß, ohne → anhaltend, dauernd, immer, ununterbrochen.
unterlassen abstehen, die Mühe ersparen sich, sich etwas schenken u, unter den Tisch fallen lassen, versäumen, absehen von, zu leicht nehmen, vernachlässigen, verbummeln u, verschlampen u, verschwitzen u, verdusseln u, verschlappern u, von sich schieben, nicht tun, ausbleiben, vertagen, verschmähen, abbrechen, ausweichen, aufheben, ablehnen, sich entziehen. → ablassen, ablehnen, aufhören, ausfallen, bekämpfen, beiseite legen, belassen, bewenden lassen, Bord werfen über, durchgehen lassen, enthalten sich, entsagen, entwöhnen, fehlen lassen es, schlagen in den Wind, versagen. ▶ ausführen, tun.
Unterlassung Pflichtvergessenheit, Saumseligkeit, Unachtsamkeit, Ungehorsam, Zuwiderhandlung, Versehen, Versäumnis, Absage, Ablehnung, Verzicht, Widerstand, Weigerung, Ausfall. → Fahrlässigkeit, Pflichtvergessenheit. ▶ Ausführung.
Unterlassungssünde → Delikt, Fahrlässigkeit, Schuld.
unterlegen betten, lagern, stützen, abstützen, aufstützen, eine Unterlage geben, unterstellen, grundieren ● halbwertig, besiegt, unterworfen, schwach, einpacken können u, an etwas nicht tippen können u, gegen jemanden ein Waisenknabe sein u, jemandem das Wasser nicht reichen kön-

nen, bet sein u, angreifbar ● füttern, aufliegen, ausrüsten, ausstaffieren, herrichten, ausstatten, satteln, vorbereiten. ▶ überlegen.
unterliegen erliegen, zu Fall kommen, die Flagge streichen, den kürzeren ziehen, nachstehen, zurückbleiben, versagen, nachgeben, schlapp machen, erlahmen, ermatten, ermüden, sich unterwerfen, klein beigeben, sich beugen, die Waffen strecken, die Tore öffnen, die Schlüssel überreichen. → dareingeben sich, erlahmen. ▶ unterdrücken.
untermauern → festigen.
unterminieren → anfeinden, angreifen, aufwerfen.
Unternehmen → Arbeit, Beruf, Firma, Gewerbe, Plan, Werk, Wirkungskreis.
unternehmen handeln, in die Hand nehmen, mitwirken, anfassen, anpacken, angreifen, in Angriff nehmen, wirken, arbeiten, schaffen, vorgehen, beispringen, planen, eingreifen, helfen, Hand anlegen, tun, machen, managen. → arbeiten, ausüben, bekümmern, beschäftigen, bewerkstelligen. ▶ unterlassen.
unternehmend reiselustig, kühn, waghalsig, unternehmungslustig, betriebsam, schaffig, tatkräftig, regsam, eifrig, aufgelegt, emsig, rührig, geschäftig. → anstellig, arbeitsam, aufgeschlossen, lebhaft, rege, strebsam. ▶ faul, träge, ungeschickt.
Unternehmer Manager. → Fabrikant, Kaufmann.
Unternehmung → Abenteuer, Arbeit, Bemühung, Besorgung, Bewerkstelligung, Leistung, Plan, Tat.
Unternehmungsgeist → Bestreben, Beflissenheit, Entschlußfähigkeit, Fleiß, Geschäftssinn, Initiative.
unternehmungslustig → beflissentlich, lebhaft, unternehmend.
unterordnen, sich → befolgen, dareingeben sich, gehorchen.
Unterordnung Subordination, Einordnung, Gehorsam, Mannszucht, Disziplin, Hörigkeit, Unterstellung, Knechtschaft, Ergebung, Botmäßigkeit, Demut, Willfährigkeit, Folgsamkeit. → Abhängigkeit, Demut, Dienstbarkeit, Ergebenheit, Gehorsam, Knechtschaft. ▶ Überheblichkeit, Zwiesprache.
Unterpfand → Kaution, Pfand, Rückversicherung, Sicherheit.
unterprivilegiert benachteiligt. → rechtlos.
Unterredung → Auslassung, Aussprache, Besprechung, Debatte, Disput, Interview, Unterhaltung.

Unterricht Unterweisung. → Belehrung, Erziehung, Lehre.

unterrichten Unterricht erteilen, bilden, lehren, schulen, erziehen, unterweisen, belehren, dozieren, beibringen, einbleuen, eintrichtern, einprägen, einschärfen, eindrillen, pauken, einpauken, üben, einschulen, disziplinieren, erklären, erleuchten. → angeben, anschreiben, anzeigen, aufklären, ausbilden, aussagen, beibringen, bekehren, belehren, benachrichtigen, benehmen den Irrtum, bestätigen, bilden, einweihen in das Geheimnis, lehren, melden, mitteilen, orientieren, schulen. ▶ irreführen, verschweigen, verwirren.

unterrichtend → belehrend, instruktiv.

unterrichtet → aufgeklärt, belesen, bibelfest, eingeweiht.

Unterrichtsanstalt → Anstalt, Erziehungsanstalt, Schule.

untersagen → aufhalten, aufheben, befehlen, beschneiden, verbieten.

untersagt → definitiv, verboten.

Untersagung → Beschwernis, Durchkreuzung, Verbot.

unterschätzen unterbewerten. → bagatellisieren, beeinträchtigen, erniedrigen, herabsetzen, verkennen, verkleinern.

Unterschätzung Herabsetzung, Erniedrigung, Verunglimpfung, Verkleinerung, Beeinträchtigung, Verleumdung, Beleidigung, Geringschätzung, Mißachtung, Herabwürdigung, Verkennung, Vernachlässigung. ▶ Überschätzung, Unterdrückung.

unterscheidbar → anders, andersgeartet, bemerkbar, klar.

unterscheiden beurteilen, sich zurechtfinden, zwischen den Zeilen lesen, deuten, Bescheid wissen, erkennen, sondern, sichten, charakterisieren, auswählen ● ausfeinden, sehen, durchschauen, klarsehen, verstehen, scharfsichtig. → abweichen, anschauen, begreifen, beurteilen, charakterisieren, denken, deuten, durchblicken, erkennen, verstehen, wägen. ▶ gleichen sich, Sand in die Augen streuen, tappen im dunkeln, täuschen sich.

unterscheiden, sich → abweichen.

unterscheidend → charakteristisch.

Unterscheidung Beurteilung, Prüfung, Urteil, Entscheidung, Bescheid, Meinung, Würdigung, Geschmack, Kennerblick, Kennerschaft, Fühler, Blick, Witterung, Gutachten, Befund, Fingerspitzengefühl. → Unterschied.

Unterscheidungsgabe → Denkvermögen, Erkenntnisvermögen, Urteilskraft, Verständnis.

Unterscheidungsvermögen → Feingefühl, Geschmack, Kritik, Urteilskraft.

Unterscheidungszeichen → Differenz, Unterschied, Zeichen.

unterschieben → täuschen, unterstellen.

Unterschiebung → Bekenntnis, Betrug, Lüge, Täuschung.

Unterschied Abstand, Wesensmerkmal, Abweichung, Verschiedenheit, Besonderheit, Unterscheidungszeichen, Differenz, Ungleichheit, Divergenz, Unstimmigkeit, Abart, Unähnlichkeit, Ungleichheit, Schied unter u. → Abweichung, Differenz, Gegensatz, Marge. ▶ Dunkel, Übereinstimmung.

unterschiedlich → abwechselnd, anders, andersgeartet, mannigfach.

Unterschiedlichkeit → Abweichung, Gegensatz, Unterschied, Verschiedenheit.

unterschiedslos → chaotisch, dasselbe, ebenso groß, ebensoviel, einförmig, einheitlich, ein und dasselbe, gleich.

unterschlagen → bemachtigen, benachteiligen, berauben, bestehlen, betrügen, Decke stecken unter einer, einschmuggeln, fälschen, mißbrauchen, täuschen, übervorteilen.

Unterschlagung → Beraubung, Betrug, Dieberei, Täuschung, Ungesetzlichkeit.

Unterschleif → Betrug, Schuld, Ungesetzlichkeit, Unrealichkeit, Verstoß.

unterschleifen → bemächtigen, benachteiligen, berauben, bestehlen, Decke stecken unter einer, einschmuggeln, täuschen.

Unterschlupf → Asyl, Ausweg, Charite, Obdach, Unterkunft.

unterschlupfen Obdach finden, Schutz finden, Zuflucht finden, Schirm finden, Unterkunft haben, Unterschlupf finden, eine Herberge finden. ▶ nachstehen, Schlinge gehen in die.

unterschreiben → anerkennen, annehmen, besiegeln, bestätigen, quittieren.

unterschrieben → abgemacht.

Unterschrift Autogramm. → Bekräftigung, Bescheinigung.

untersetzt → derb, dick, dickwanstig, plump.

untersinken ertrinken, ersaufen, untertauchen, versinken, einsinken, untergehen, hineinfallen, sterben. ▶ auftauchen, schwimmen.

unterspülen → auswaschen.

unterst → drunten.

Unterstand → Befestigung.

unterstehen → erdreisten sich.

unterstellen unterbauen, unterlegen, unterstützen, betten, lagern, abstützen ● unterschieben, fingieren, erdichten, lügen, fabeln, vorplaudern, einreden ● einstellen, sicherstellen, trockenstellen. → annehmen. ▶ entfernen, (freilegen), hemmen, lockern sich, nehmen.

Unterstellung → Annahme, Hypothese, Lüge.

unterstreichen anstreichen, anzeichnen, punktieren, markieren, kennzeichnen, vermerken, stricheln. → A und O, ausdrücken, besiegeln, betonen, dartun, erste Geige spielen, hervorheben, hinweisen. ▶ ausstreichen.

Unterstreichung Betonung, Nachdruck.

unterstützen stützen, abstützen, unterstellen, bauen, tragen, halten, aufstützen, unterlegen ● zu Hilfe kommen, mitziehen, auf Händen tragen, dienen, helfen, befürworten, sich einsetzen für, behilflich sein. → beeinflussen, begünstigen, beispringen, beistehen, beraten, besiegeln, beschenken, beteiligen sich, bringen auf die Beine, Daumen halten den, Decke stecken einer, dienen, eintreten für, ermuntern, helfen, tragen. ▶ freilegen, hemmen.

Unterstützung → Aufrechterhaltung, Aushilfe, Auswirkung, Behelf, Beihilfe, Beistand, Beitrag, Bemühung, Bestechung, Dienstleistung, Diwan, Erhaltung, Gabe, Geld, Handreichung, Mitwirkung, Vorschub.

untersuchen → aufklären, aufpassen, aufwerfen, ausforschen, befragen, beratschlagen, abklopfen, charakterisieren, deuten, diskutieren, durchforschen, punktieren, revidieren, verfolgen.

Untersuchung → Analyse, Arbeit, Artikel, Ausforschen, Auslegung, Begriffsscheidung, Bemühung, Beobachtung, Betrachtung, Darlegung, Denkart, Durchsicht, Erforschung, Ermittlung, Kontrolle, Kritik, Probe, Revision, Umfrage.

Untertan → Diener, Untergebener.

untertan → abhängig, untertänig.

untertänig unselbständig, unfrei, botmäßig, geknechtet, dienstbar, lehenspflichtig, gutsherrlich ● unterwürfig, sklavenhaft, schutzlos, wehrlos, ausgeliefert, widerstands-

los, hündisch. → abhängig, charakterlos, demütig, devot, dienstbeflissen, dienstbereit, ehrfurchtsvoll. ▶ herrschsüchtig, überheblich.
Untertänigkeit → Demut, Gehorsam, Knechtschaft, Unterwerfung.
untertauchen → eintauchen, untersinken.
unterteilen → zergliedern.
Unterton → Beigeschmack.
untertreiben abschwächen. → abmildern.
unterwegs fort, weg, auf Trab sein, auf den Beinen sein, verreist, auf Reisen, wandernd, unstet, umherschweifend, reiselustig, unständig, en route ● auf halbem Weg, draußen, auf halber Strecke ● wuselig, friedlos, ruhelos, nomadisch, vagabundisch, umherirrend, zu Fuß, per Bahn, per Schiff, im Auto, mit dem Rad, fürbaß. ▶ anwesend, seßhaft.
unterweisen lehren, bilden, anraten, anleiten, anhalten, weisen, Unterricht erteilen, Anweisung geben, Lehre erteilen, abrichten, erziehen, einschulen, präparieren, vorbereiten, befähigen, einpauken, dressieren, eindrillen, einschustern, einexerzieren, einüben ● raten, anempfehlen, Rat erteilen, zureden, abreden, einreden, ermuntern, ermutigen, zuraten, anraten, eintrichtern, unterweisen, überzeugen, eines Bessern belehren. → aufklären, ausbilden, beibringen, bekehren, belehren, beraten, dozieren, einschärfen, erklären, erziehen, lehron, orientieren, unterrichten. ▶ irreführen, verschweigen, verwirren.
unterweisend → belehrend.
Unterweisung → Anleitung, Belehrung, Bevormundung, Direktive, Einführung, Ermahnung, Erziehung, Lehre, Ratschlag.
Unterwelt → Demimonde, Dunkel, Hölle.
unterwerfen kirre machen, niederdrücken, niederwerfen, niederhauen, niederstrecken, überwältigen, unterjochen, unterkriegen u, übermannen, obsiegen, besiegen, siegen, zu Paaren treiben, bedrücken, in die Knie zwingen, überwinden, knechten, erobern, verhauen u ● fallen zu Füßen, fallen in die Knie, sich unterwerfen, unterliegen, sich beugen, sich demütigen. → aufdrängen, bändigen, belehnen, bestehen auf, beugen, bezähmen, drücken zu Boden, durchdrücken, erobern, fesseln, übergeben, zwingen. ▶ auflehnen, überheben sich.
unterwerfen, sich Segel streichen. → befolgen, beigeben, demütigen sich, ducken sich, ergeben sich, erniedrigen sich, klein machen sich.
Unterwerfung Unterjochung, Untertänigkeit, Niederwerfung, Niederlage, Besiegung, Waffenstreckung, Bezwingung, Gewaltfrieden, Joch, Diktat ● Kapitulation, Übergabe, Ergebung, Abtretung, Verzicht. → Abhängigkeit, Dienstbarkeit, Niederlage. ▶ Aufstand, Befreiung.
unterworfen → abhängig, erdrückt.
unterwühlen → schwächen, unterhöhlen.
unterwürfig schleimig, lakaienhaft, untertänig, radfahren u, knechtselig, niedrig, schmiegsam, geschmeidig, kriechend, bäuchlings, biegsam, servil, hündisch, parasitenhaft, unwürdig, entschuldigen Sie, daß ich geboren bin u. → befangen, biegsam, buhlerisch, charakterlos, demütig, devot, ergeben, geduckt, gehorsam, kriechend, nachgiebig. ▶ überheblich.
Unterwürfigkeit Schleimigkeit, Kriecherei, Bauchrutsch u, Knechtseligkeit, Willfährigkeit, Fügsamkeit, Schmiegsamkeit, Wohldienerei, Geschmeidigkeit, Augendienerei, Speichelleckerei, Schmarotzerei, Liebedienerei, Demut, Selbsterniedrigung. → Byzantinismus, Demut, Dienstbarkeit, Ergebenheit, Knechtschaft, Schmiegsamkeit. ▶ Überheblichkeit.
unterzeichnen unterschreiben, annehmen, vollziehen, stempeln, abschließen, gegenzeichnen, besiegeln, ratifizieren, petschieren, mit einem Federstrich. → annehmen, besiegeln, bestätigen, quittieren, sanktionieren. ▶ ablehnen, ausstreichen, unterlassen.
unterzeichnet paraphiert, verbrieft, besiegelt, abgeschlossen, abgemacht, handelseinig, verglichen, ausgehandelt, übereingekommen, zum Abschluß gebracht, verpflichtet, unterschrieben. → abgemacht. ▶ widerrufen.
Unterzeichnung Bestätigung, Unterschrift, Annahme, Signatur, Vollzug, Stempelung, Abschluß, Besiegelung. → Convention. ▶ Widerrufung.
unterziehen, sich der Sühne → büßen.
unterziehen, sich → debütieren, machen, tun, wagen.
Unterzug → Balken, Grundlage, Pfahlwerk, Strömung.
untief → platt, seicht.
Untiefe Tiefe, Versenkung, Einsenkung, Unergründlichkeit, Bodenlosigkeit, Schacht

● Gefahr, Gefährlichkeit. → Bank, Furt, Sandbank. ▶ Tiefe.
Untier → Dickwanst, Drachen, Häßlichkeit, Mißgestalt.
untragbar → unmöglich.
untrennbar → einheitlich, einhellig, fest, verbunden.
untreu → ehebrechen, falsch, unredlich.
Untreue → Bekenntnis, Doppelrolle, Eid falscher, Fahnenflucht, Falschheit, Unbeständigkeit, Ungehorsam, Unredlichkeit, Wankelmut.
untröstlich → aufgelegt, böse, traurig, trostlos.
untröstlich sein → beklagen.
untrüglich → absolut, authentisch, beglaubigt, bestimmt, beweisend, definitiv, echt, wahrhaftig.
untüchtig → erfahrungslos, ungeschickt, unkundig, unzweckmäßig, wertlos.
Untüchtigkeit → Ungeschicklichkeit, Unkenntnis.
Untugend Ruchlosigkeit, schlechte Sitten, Sittenverfall, schwache Seite, Sünde, Gottlosigkeit, Schwäche, Abirrung, Ausartung, Fehler, Sündhaftigkeit, Abweg, Entgleisung, Lockerheit, Entsittlichung, Laxheit, Unanständigkeit, Gemeinheit, Laster, Liederlichkeit, Schandfleck, Lotterleben, Schurkerei, Abscheulichkeit, Schlechtigkeit, Verderbtheit, Verruchtheit. → Fehler. ▶ Tugend.
untunlich → ausgeschlossen, schwierig, unmöglich.
unübereilt → charakterfest, Eile mit Weile.
unüberlegt Hals über Kopf, vorschnell, eilig, hetzend, gedankenlos, aufgeregt, täppisch, verwirrt, unbedacht, geistlos, zerstreut, schnell, achtlos, unachtsam, erregt, eilfertig, darauflos u. → achtlos, blind, blindlings, dumm, dummdreist, erregbar, Fassung verlieren die, Knie brechen übers, Kopf über Hals. ▶ überlegt.
unübersehbar → deutlich.
unübersteigbar → schwierig, unmöglich.
unübertragbar unverkäuflich, ersessen, erbeingesessen, erblich, unveränderlich, bleibend, unverletzlich. ▶ übertragbar.
unübertreffbar → nonplusultra, prächtig, vollkommen, wunderbar.
unübertrefflich → erhaben über, erlesen, köstlich, prächtig, vollkommen, wunderbar.
unübertroffen → beispiellos, dominierend, vollkommen, vortrefflich.
unüberwindlich → beherrscht, schwierig, sicher, unmöglich,

unüblich → ungewohnt.

unumgänglich → besiegelt, bevorstehend, brummig, erforderlich, fassen sich kurz, notgedrungen, nötig, schicksalhaft.

unumschränkt gebietend, allgewaltig, beherrschend, unabhängig, vorstehend, gebieterisch, berechtigt, anerkannt, selbständig. ▷ abhängig, beschränkt.

unumstößlich → authentisch, beglaubigt, bestimmt, definitiv, sicher, tatsächlich.

unumwunden → bedeutungsvoll, direkt, natürlich, offen, unverhohlen.

ununterbrochen permanent, ohne Unterlaß, pausenlos, fort und fort, beständig, am laufenden Band, ungeschmälert, mit konstanter Bosheit u, stetig, dauernd, anhaltend, unaufhörlich, ständig, immer, fortwährend, fortgesetzt, alle Naselang, in einer Tour u, auf einen Sitz u, unermüdlich, ewig, beharrlich. → andauernd, ausdauernd, chronologisch, dauernd, einem fort in, fließend, fortwährend, immer, konstant. ▷ unterbrochen.

Ununterbrochenheit → Beständigkeit, Dauer, Ewigkeit.

ununterrichtet → unkundig, unwissend.

ununterscheidbar → dunkel, ein und dasselbe, unsichtbar, unverständlich.

unveränderlich unabänderlich, unwandelbar, beständig, kochfest, dauerhaft, unaufhörlich, stetig, beharrlich, unbeirrt, unverrückbar, feststehend, unvergänglich, standhaft, gleichmäßig. → besiegelt, charakterfest, dauerhaft, definitiv, farbecht, haltbar, stabil, unbeirrt. ▷ veränderlich.

Unveränderlichkeit → Beharrlichkeit, Beständigkeit, Christus, Dauer, Dauerhaftigkeit, Entschiedenheit, Ewigkeit, Fels.

unverändert gleich, dasselbe, unbeirrt, feststehend, verläßlich, genauso, unwandelbar, zuverläßlich, anhänglich, bleibend, beständig, echt, haltbar, dauernd. → fest, gleich. ▷ verändert.

unverantwortlich unvertretbar. → bestechlich, charakterlos, eigenmächtig, Faust auf eigene, frei, Schulter auf die leichte, unbedenklich.

Unverantwortlichkeit → Dispensation, Eigenmächtigkeit, Freiheit, Pflichtvergessenheit.

unveräußerlich → unübertragbar.

unverbesserlich reuelos, störrisch, halsstarrig, verstockt, hartgesotten, schlecht, nichts-

würdig, unheilbar, unbußfertig, nichtsnutzig, schwach, unverzeihlich, tadelhaft, abscheulich, freventlich, verdorben, verderbt, abgehärtet, gewissenlos, unzerknirscht, ungebessert, gottlos, verloren, ohne Einsicht, dagegen ist kein Kraut gewachsen. → böse, charakterlos, rückfällig. ▷ charaktervoll, reumütig.

unverbildet → natürlich.

unverbindlich nicht verpflichtet, nicht gebunden, ungebunden, pflichtenlos, ledig, nicht pflichtig, pflichtfrei ● unhöflich, schroff. ▷ verbindlich.

unverblümt ungeniert. → anschaulich, derb, deutsch auf gut, offen, unverhohlen.

unverbogen ungekünstelt, einfach, unverfälscht, echt, gerade, schlicht, unaffektiert, ungezwungen, arglos, offen, natürlich, naiv. → einfach, sachlich, schlicht. ▷ unnatürlich, verbogen.

unverborgen → offen.

unverbrennbar → feuerfest.

unverbunden → getrennt, los.

unverdächtig gewiß, unzweifelhaft, tatsächlich, sicher, wirklich, ohne Fehl, zweifellos, zweifelsohne, ohne Zweifel, fraglos, zuverlässig, ehrlich, offen, treu, stubenrein, wahrhaftig. ▷ verdächtig.

unverderblich → dauerhaft, haltbar, unschädlich.

unverderbt → brav, rechtschaffen, unschuldig.

unverdorben → aufrichtig, bieder, brav, brillant, charakterfest, ehrsam, frisch, gut, haltbar, harmlos, natürlich, normal, rechtschaffen, unschuldig.

Unverdorbenheit → Fehlerlosigkeit, Rechtschaffenheit, Tugend, Tugendhaftigkeit.

unverdrossen → anstellig, arbeitsam, ausdauernd, eifrig, rege.

unverehelicht → alleinstehend, ledig.

unvereinbar disparat. → beziehungslos, diskrepant, gegensätzlich.

unverfälscht → arglos, aufrichtig, ausschließlich, echt, gediegen, gesund, lauter, naturgemäß, natürlich, reell, unschädlich, wahrhaftig.

unverfroren → abstoßend, dreist, unhöflich, unverhohlen.

Unverfrorenheit → Beharrlichkeit, Frechheit, Überhebung, Unhöflichkeit.

unvergänglich → chronisch, dauerhaft, ewig, felsenfest, fortwährend, unveränderlich.

Unvergänglichkeit → Beständigkeit, Dauer, Dauerhaftigkeit, Ewigkeit.

unvergeßlich → anmutig, eingedenk, unauslöschlich.

unvergleichbar → anders, andersgeartet, außerordentlich, beziehungslos.

unvergleichlich → anders, auserlesen, außerordentlich, bahnbrechend, brillant, einmalig, enorm, epochemachend, erlesen, erstaunlich, schön, vollkommen, konkurrenzlos.

unverhältnismäßig → anders, außerordentlich, beziehungslos, enorm, erstaunlich.

unverheiratet → alleinstehend, ledig.

unverhofft unerwartet, unvermutet, überraschend, unversehens, unvorhergesehen, plötzlich, unangemeldet, gegen alle Erwartungen. → Blitz getroffen wie vom, Knall und Fall, plötzlich. ▷ erwartet, vorbereitet.

unverhohlen unbemäntelt, unbeschönigt, unumwunden, unverblümt, unverfroren, klipp und klar, anschaulich, frank und frei, eindeutig, unverkennbar, wahrheitsgetreu, rückhaltlos, freimütig, geradeheraus, unverschleiert, offenkundig. → anmaßend, offen, schonungslos. ▷ schonend, verschlossen.

unverhüllt → anschaulich, augenfällig, bedeutungsvoll, deutlich, deutsch auf gut, faßbar, nackt, offen, unverhohlen, verständlich.

unverkäuflich → bleiben sitzen, restlich.

unverkennbar → absolut, anschaulich, augenfällig, bedeutungsvoll, beglaubigt, deutlich, deutsch auf gut, einleuchtend, erkennbar, faßbar, klar, offenbar, sicher, unverhohlen, verständlich.

unverkürzt unvermindert, ungeschmälert, unverkleinert, unverringert, unzerbrochen, unzerschnitten, ungetrennt, nicht abgeschnitten, unversehrt, heil, ungeteilt. → A und O, A bis Z, all, ganz. ▷ verkürzt.

unverläßlich nachlässig, schlampig, gedankenlos, unbedenklich, flüchtig, leichtsinnig, überlegt ● schwankend, wankelmütig, unstet, unzuverlässig, wetterwendisch, fahrig, untreu, wandelbar, flatterhaft, eidvergessen, treulos → doppelsinnig, fahnenflüchtig. ▷ verläßlich.

unverletzlich ungeschmälert, unübertragbar, unveräußerlich, unverjährbar, rechtlich, gesetzlich, satzungsgemäß, unangreifbar, gesetzmäßig, rechtmäßig. → sicher. ▷ übertragbar, ungesetzlich, unsicher.

unverletzt → ganz, gesund, intakt, keusch.

unverlierbar → diebessicher, sicher.

unvermählt → alleinstehend, ledig.

unvermeidlich → absolut, besiegelt, bevorstehend, schicksalhaft, unausbleiblich.

unvermindert → A und O, A bis Z, all, unverkürzt.

unvermischt → ausschließlich, klar, lauter, rein.

unvermittelt übergangslos. → augenblicklich, direkt, plötzlich, spontan.

Unvermögen Kraftlosigkeit, Wehrlosigkeit, Machtlosigkeit, Ohnmacht, Untauglichkeit, Untüchtigkeit, Unfähigkeit, Schwäche, Versagen, Ungeeignetheit, Wirkungslosigkeit, Erfolglosigkeit, Nutzlosigkeit, Erschöpfung, Entnervung. → Bedeutungslosigkeit, Einflußlosigkeit, Entkräftung, Schwäche. ▶ Bedeutung, Kraft.

unvermögend impotent, schwach, kraftlos, untauglich, schwächlich, unfähig, hinfällig, entkräftet ● unfruchtbar, steril, immun ● arm, unbemittelt, mittellos. → arm, Bock als Gärtner, reizlos, schwach, unkundig. ▶ bedeutend, kraftvoll, vermögend.

unvermutet → augenblicklich, Blitz getroffen wie vom, plötzlich, unerhofft.

unvernehmbar → leise, tonlos, unhörbar.

unvernehmlich → dumpf, leise, tonlos.

Unvernunft Leichtfertigkeit, Spatzengehirn, Unbedachtsamkeit, Dummheit, Idiotie, Torheit, Blödheit, Borniertheit, Unverstand, Urteilslosigkeit, Beschränktheit, Albernheit, Vernunftlosigkeit, Einfalt, Ungeschick, Hundeseele, Unsinn, Possen. → Dummheit. ▶ Vernunft.

unvernünftig läppisch, dumm, vernagelt, verbohrt, unverständig, idiotisch, blöde, unbesonnen, dämlich, borniert, unklug, unweise, hirnverbrannt, toll, voreilig, sinnlos, kurzsichtig, gedankenlos, unbedacht, das Pferd am Schwanze aufzäumen. → absurd, ausgeschlossen, bedenklich, begriffsstutzig, blindlings, dumm, dummdreist, unmöglich. ▶ vernünftig.

unverrichtet → erfolglos, schwebend, unvollendet.

unverrückbar → felsenfest, starr, unbeirrt, unbeweglich, unveränderlich.

unverschämt → abstoßend, anmaßend, anrüchig, arg, aufdringlich, boshaft, brutal, höhnisch, rücksichtslos, ungezogen, unhöflich.

Unverschämtheit → Anmaßung, Beleidigung, Bissigkeit, Bosheit, Dreistigkeit, Dünkel, Frechheit, Tabak ein starker, Ungezogenheit, Unhöflichkeit.

unverschleiert → anschaulich, deutsch auf gut, faßbar, nackt, offen, unverhohlen.

unverschlossen → frei erzig, offen, redselig.

unverschuldet → absichtslos, schuldenfrei.

unversehens → ahnungslos, augenblicklich, Blitz getroffen wie vom, plötzlich, unverhofft.

unversehrt → ganz, gesund, intakt.

unversiegbar unerschöpflich, überreichlich, üppig, voll, strotzend, fließend, überzählig, vollauf, überladen, angefüllt, ungeheuerlich. → enorm, fließend. ▶ spärlich.

unversöhnlich → barbarisch, böse, feindlich, gehässig, rachsüchtig, verbissen.

Unversöhnlichkeit → Entzweiung, Feindschaft.

unversorgt arm, karg, ärmlich, in Not, spärlich, notdürftig, unbemittelt, unbefriedigt, ohne Vorrat, unzureichend, armselig, hilfsbedürftig, notleidend, ausgehungert, unausgerüstet, unausgestattet, unversehen. → arm. ▶ versorgt.

unversperrt → offen.

Unverstand → Blödigkeit, Dummheit, Entscheidung falsche, Unsinn, Unvernunft.

unverständig → beengt, blindlings, dumm, einsichtslos, erfahrungslos, ungeschickt, unvermögend.

unverständlich abstrus, verworren, unlösbar, finster, unergründlich, unfaßbar, unerklärlich, unfaßlich, unglaubhaft, dunkel, Buch mit sieben Siegeln, böhmische Dörfer, das ist mir spanisch, das sind spanische Dörfer, unglaublich, harte Nuß, undeutlich, undurchdringlich, unklar, undefinierbar, undurchsichtig, unerfindlich, unerforschlich, wirr ● brummen, nuscheln u, in den Bart brummen, die Zähne nicht voneinander nehmen, den Mund nicht öffnen, durch die Zähne wispern. → delikat, diskutierbar, dunkel, kompliziert, nebelhaft, schwierig, unbegreiflich. ▶ verständlich.

Unverständnis → Dummheit, Unvernunft.

unverstellt unverrückt, unverändert, am gleichen Ort, an derselben Stelle. → anspruchslos, aufrichtig, derb, deutsch auf gut, einfach, echt, offen, wahrhaftig. ▶ verstellt.

unverträglich verstritten, streitig, böse, gehässig, mißhellig, gegnerisch, widerspenstig, ungezogen, unversöhnlich, streitsüchtig, zwiespältig, zwieträchtig, feindlich, boshaft, katzig, kiebig u, kratzbürstig ● mit ihm ist nicht gut Kirschen essen ● unverträglicher Mensch: Drache, Furie, Kratzbürste, Brummbär, Beißzange, Rüppel. → feindlich. ▶ verträglich.

unvertretbar → unverantwortlich.

unverwandt → andauernd.

unverwehrt → bewilligt, erlaubt.

unverweilt → andauernd, eilends, rasch.

unverwendbar → unzweckmäßig, wertlos.

unverwendet unbenutzt, unbrauchbar, unberührt, unbeansprucht, zur Verfügung, entbehrlich, außer Gebrauch. → arbeitslos, disponibel, neu. ▶ gebraucht, unentbehrlich, (verwendet).

unverwischbar → eingedenk, unauslöschlich.

unverwundbar immun, gefeit, sicher, kugelfest.

unverwüstlich → ausdauernd, Damm sein auf dem, dauerhaft, gesund, haltbar, zäh.

unverzagt → brav, felsenfest, optimistisch, unbeirrt, unerschrocken.

Unverzagtheit → Begeisterung, Mut.

unverzeihlich unverantwortlich, hoffnungslos, ungerechtfertigt, belastend, erschwerend ● schlimm, lasterhaft, schlecht, böse, schändlich, sündhaft, tadelhaft, unsühnbar, unmoralisch, abscheulich, niederträchtig, verbrecherisch, frevelhaft, todeswürdig, unentschuldbar, unrecht, nicht zu rechtfertigen. ▶ verzeihlich.

unverzüglich → eilends, prompt, rasch, schnell.

unvollendet halb, halbfertig, unbeendet, unentschieden, unfertig, unverrichtet, schwebend, unvollkommen, unvollständig, fehlerhaft, halbvollendet, ungetan, anhängig, in der Schwebe. → bruchstückartig, schwebend. ▶ vollendet.

unvollkommen → abwegig, absurd, beengt, begrenzt, charakterlos, einigermaßen, Ermangelung in, fadenscheinig, minderwertig, schwach, schwebend, unvollendet.

Unvollkommenheit Fehlerhaftigkeit, Fehlfarbe, Manko, Mist, Minderwertigkeit, Unvollständigkeit, Mangelhaftigkeit, Ausfall, Stückwerk, Unzulänglichkeit, Pfusch, Murks, Leere, Lücke, Gebrechen, Ungenüge, Mangel, Schadhaftigkeit, Mittelmäßigkeit, Übelstand, Unreife, Makel, Unfertigkeit, Fehlkonstruktion. → Defekt, Fehlbetrag, Fehler, Mangelhaftigkeit, Übelstand. ▶ Vollkommenheit.

unvollständig → beschädigt, bruchstückartig, defekt, Ermangelung in, oberflächlich, ungenügend, unvollendet.

Unvollständigkeit → Ausfall, Fehler, Lücke, Mängel, Mangelhaftigkeit, Übelstand, Unvollkommenheit.

unvorbereitet leichtsinnig, unausgerüstet, gedankenlos, unbedacht, unvorsichtig, unfertig, undiszipliniert, unausgestattet, unversorgt, unversehen, planlos, improvisiert, ex tempore ● frei, ursprünglich, natürlich, unbewußt. → improvisiert, planlos, Türe und Angel zwischen. ▶ vorbereitet.

unvoreingenommen → loyal, objektiv, sachlich.

unvorhergesehen → absichtslos, blindlings, Blitz getroffen wie vom, Knall und Fall, unverhofft.

unvorsätzlich → absichtslos, beiläufig.

unvorsichtig fahrlässig, nachlässig, sorglos, gedankenlos, unbedenklich, unbesonnen, leichthin, unbedacht, unvernünftig, töricht, vorschnell, leichtfertig, unklug, unbekümmert, übermütig, wagemutig, verwegen, vermessen. → achtlos, bedenklich, blindlings, fahrig, leichtfertig, nachlässig, übermütig, unbedenklich. ▶ vorsichtig.

Unvorsichtigkeit → Fahrlässigkeit, Indiskretion, Übermut.

unvorstellbar → außerordentlich, empörend, enorm, fabelhaft, unbegreiflich, unverständlich.

unvorteilhaft → abbrüchig, böse, schädlich, schlecht, ungünstig, unzweckmäßig.

unwägbar → leicht, ungewiß.

unwahr → charakterlos, erfunden, falsch, irrtümlich, verlogen.

unwahrhaft → charakterlos, erfunden, falsch, unredlich, verlogen.

unwahrhaftig → charakterlos, falsch, verlogen.

Unwahrheit Märchen, Erfindung, Fabelei, Erdichtung, Lüge, Unrichtigkeit, Irrtum, Trugbild, Blendwerk, Falschheit, Dunst, Roman, Lügengewebe, Jägerlatein, Seemannsgarn. → Ausflucht, Ausrede, Bekenntnis, Dichtung, Entstellung, Falschheit, Lüge. ▶ Wahrheit.

unwahrnehmbar → unsichtbar.

unwahrscheinlich → kaum, undenkbar, ungewiß.

unwandelbar → ausdauernd, beharrlich, chronisch, dauerhaft, dauernd, ewig, unbeirrt, unveränderlich.

Unwandelbarkeit → Beständigkeit, Dauer, Ewigkeit.

unwegsam unzugänglich, unfahrbar, ungebahnt, unübersteigbar, kompliziert, heikel, schlimm, undurchführbar, unerreichbar, knorrig, verwickelt. → kompliziert, schwierig. ▶ begehbar.

unweiblich männlich, anormal, unzart, verschroben, sonderbar, befremdend, abstoßend, derb, geschmacklos, roh, grob, unmädchenhaft, unpassend. ▶ weiblich.

unweigerlich gewiß. → unfehlbar.

unweit → nahe.

Unwert Nutzlosigkeit, Stückwerk, Trödel, Trödelkram, Belanglosigkeit, Wertlosigkeit, Nichtigkeit, Seichtigkeit, Wirkungslosigkeit, Erfolglosigkeit, Plunder, Gerümpel, Lumpen, Abfall, Luder, Überreste, Kitsch, Schleuderware, Dreck, Schmutz, Deut ● Unwürdigkeit, Lumpengesinnung, Würdelosigkeit. ▶ Wert.

unwesentlich → ausdruckslos, gering, nebensächlich, unbedeutend, unwichtig.

Unwetter → Ausbruch, Blitz, Donner, Ungewitter.

unwichtig gehaltlos, nicht erwähnenswert, trivial, unwesentlich, kein Hahn kräht danach, leere Nuß, es ist nichts dahinter, kein Hund vom Ofen zu locken damit, nebenbei, untergeordnet, bedeutungslos, gleichgültig, nebensächlich, schwach, ausdruckslos, nichtssagend, geringfügig, kleinlich, alltäglich, gemein, schal, fad. → albern, ausdruckslos, gering, nebensächlich, unbedeutend. ▶ wichtig.

Unwichtigkeit Lappalie, Nebensache, Schnickschnack, Stuß, Strohmann, Belanglosigkeit, Wertlosigkeit, Unbedeutendheit, Gleichgültigkeit, Bedeutungslosigkeit, Gehaltlosigkeit, Geringfügigkeit, Unansehnlichkeit, Kinderei, Bagatelle, Pfifferling, Pappenstiel, Firlefanz, Schaum, Flitter. → Ärmlichkeit, Bagatelle, Bedeutungslosigkeit, Binse, Deut, Dummheit, Dunst leerer, Kamellen. ▶ Wichtigkeit.

unwiderlegbar → bestimmt, beweisend, demnach, erweislich, klar, logisch, nachweisbar, stichhaltig.

Unwiderlegbarkeit → Tatsache, Wahrheit.

unwiderleglich apodiktisch. → absolut, bestimmt, beweisend,

klar, logisch, schlagend, stichhaltig, wahr.

unwiderruflich → besiegelt, charakterfest, definitiv, entschlossen, felsenfest, feststehend, schicksalhaft.

unwidersprechbar → kategorisch.

unwidersprochen angenommen, einstimmig, einverstanden, abgemacht, einmütig, einig, dafür, bejahend, einhellig, verständnisinnig. → absolut, beifällig, bestimmt, einhellig. ▶ dawider, unsicher.

unwiderstehlich zwingend, unerläßlich, verlockend, angelockt, unwiderruflich, stark, angereizt, drängend ● unergisch, aufrecht, unbesiegbar. → erregend, stark. ▶ kraftlos, nachgiebig, uninteressant.

Unwiderstehlichkeit → Anziehung.

unwiederbringlich verloren, fort, weg, dahin, unrettbar, abhanden, ade, auf Nimmerwiedersehen ● vergangen, vorbei, vorüber, längst, zuvor, einst. → aussichtslos, einstig. ▶ gewinnbringend, hoffnungsvoll, wiederkehrend, zukünftig.

Unwille Indignation, Unlust, Widerwille, Unwilligkeit, Widerstreben, Sträuben, Ekel, Unbehagen, Unfreude, Wut, Verdruß, Unmut, Grimm, Groll, Ingrimm, Bitterkeit, Gift und Galle, Erbitterung, Erzürntheit ● da hört doch alles auf, da hört die Gemütlichkeit oder Weltgeschichte auf, das ist allerhand, das ist eine Affenschande u, das ist ein starkes Stück. → Abneigung, Abscheu, Bitterkeit, Entrüstung, Grimm, Zorn. ▶ Lust.

unwillig → cholerisch, erbost, widerwillig, wütend, zornig.

unwillig machen → benehmen die Lust.

Unwilligkeit → Abneigung, Ärger, Bosheit, Unwille, Verstimmung, Widerwille.

unwillkürlich → spontan, triebhaft.

unwirklich eingebildet, imaginär, trügerisch, illusorisch, vortäuschend, nichtig, irreal, unsichtbar, geisterhaft, unerschaffen, nicht vorhanden, gedacht, unkörperlich, entsinnlicht, unpersönlich, phantastisch, utopisch, unmöglich, irreal. → begrifflich, bizarr, ideell. ▶ wirklich.

Unwirklichkeit → Anschein, Dunstbild, Illusion, Schein.

unwirksam außer Funktion, unvermögend, schwach, impotent, unfähig, wirkungslos, nutzlos, erfolglos, machtlos, kraftlos, einflußlos, belanglos, abgeklappert, abgeleiert, vergebens, vergeblich, das zieht nicht. → ausdruckslos, passiv, nutzlos, unbedeutend, unvermögend. ▶ wirksam.

Unwirksamkeit → Einflußlosigkeit, Bedeutungslosigkeit.

unwirsch → ärgerlich, brummig, cholerisch, ernst, furienhaft, grob, unhöflich, unzufrieden.

Unwirtschaftlichkeit Verschwendung, Unsparsamkeit, Vergeudung, Verschleuderung, Überfluß, Leichtsinn, Überfülle, Prasserei, Schlemmerei, Schwelgerei, Aufwand. → Luxus. ▶ Wirtschaftlichkeit.

unwissend fremd einer Sache, unfähig, ungebildet, ungelehrt, ungelernt, ungeschult, ununterrichtet, unvertraut, unkundig, fremd, unaufgeklärt, dumm, unerfahren, uneingeweiht, unbelesen, dilettantisch, laienhaft, beschränkt, borniert, keine blasse Ahnung, keinen Dunst haben, keinen Schimmer haben, auf dem Mond leben, das weiß der Himmel oder der Kuckuck, von Tuten und Blasen keine Ahnung haben, desorientiert, nicht den Schimmer einer Ahnung haben, keine Idee davon haben, nicht riechen können ● absichtslos. → bäurisch, blind, dumm, einsichtslos, erfahrungslos, unhöflich, unkundig. ▶ wissend.

Unwissender → Nichtskönner.

Unwissenheit Unerfahrenheit, Unkunde, Halbbildung, Bildungslosigkeit, Afterweisheit, Buchgelehrsamkeit, Schulweisheit, Dilettantismus, Oberflächlichkeit, Leerheit, Hohlheit, Wissenslücke, Scheinwissen, Ignoranz. → Blindheit, Dummheit, Unkenntnis. ▶ Wissen.

unwohl → abgespannt, krank, schlecht, übel.

Unwohlsein → Befinden, Beschwerde, Mißbehagen, Übelkeit.

unwohnlich → unbehaglich.

unwürdig → bedauerlich, charakterlos, entehrend, minderwertig, niederträchtig, schmachvoll, unredlich.

Unwürdigkeit → Demoralisation, Schmählichkeit, Unehre, Unredlichkeit, Unwert.

Unzahl → Anzahl, Diverse, Masse, Überfluß.

unzählbar → enorm, Sand am Meere wie, unbegrenzt.

unzählig → enorm, massenhaft, Sand am Meere wie, unversiegbar.

unzart → plump, rauh, unhöflich, unweiblich, wild.

Unzartheit → Indiskretion, Unhöflichkeit.

Unzeit Ungelegenheit, Un-

schicklichkeit, Pech, ungelegene Stunde, Beeinträchtigung, Ungünstigkeit, Unpassendheit, Unzweckmäßigkeit, Ungeschicklichkeit, Unangemessenheit. ▶ Gunst des Augenblicks, Schicklichkeit.

unzeitgemäß → abgetan, beziehungslos, Türe ins Haus fallen mit der, ungünstig, veraltet.

unzeitig → unangebracht, ungünstig, unzweckmäßig.

unzerbrechlich → dauerhaft, fest, haltbar.

unzerbrochen → A und O, A bis Z, all, ganz, intakt.

unzerschnitten → A und O, A bis Z, all, ganz, unverkürzt.

unzerstörbar → chronisch, dauerhaft, felsenfest, fest, gut, haltbar.

Unzerstörbarkeit → Beständigkeit, Dauerhaftigkeit.

unzerstört → A und O, A bis Z, all, ganz, intakt.

unzertrennlich fest, verbunden, unteilbar, unzerschnitten, unzerschneidbar, unzerbrechbar, unauflöslich, unauflösbar, untrennbar, dauerhaft ● befreundet, vertraut, zusammen, einhellig, einmütig. → befreundet, fest. ▶ lose, trennbar, verfeindet.

unziemlich ungehörig, unartig, unschicklich, unanständig, ungeziemend, ungebührlich, anstandswidrig, unzart, unsittlich, unzart, unbillig, flegelhaft, unmoralisch, buberhaft. → abstoßend, ausgelassen, bäurisch, fassen sich kurz, frei, ungezogen, unhöflich. ▶ höflich, schicklich.

unzivilisiert geschmacklos, ungebildet, roh, unkultiviert, barbarisch, unzart, gemein, tierisch, gewöhnlich, proletenhaft, ungeschliffen, ungehobelt, unfein, unmöglich, taktlos. → unhöflich, unwissend. ▶ zivilisiert.

Unzucht → Schuld, Sinnlichkeit, Unkeuschheit.

unzüchtig → anrüchig, arg, ausschweifend, begehrlich, charakterlos, unflätig, unkeusch.

unzufrieden mißgestimmt, mißvergnügt, unbefriedigt, unglücklich, unwirsch, ärgerlich, verdrossen, enttäuscht, mürrisch, unlustig, freudeleer, leidvoll, herb, schwer, unleidlich, unausstehlich, verdrießlich, quengelig u, schlecht gelaunt ● maulen, meckern, herummeckern, quengeln u. → ärgerlich, aufgelegt, böse, enttäuscht, erbittert, freudlos, mürrisch, unglücklich, verdrießlich. ▶ zufrieden.

Unzufriedenheit Unbefriedi-

gung, Unmut, Unlust, Mißfallen, Mißvergnügen, Unbehagen, Niedergeschlagenheit, Verdrießlichkeit, Ärger, Ungenügsamkeit, Unersättlichkeit, Verbitterung, Schmollwinkel. → Abneigung, Achsel, Ärger, Bitterkeit, Enttäuschung, Mißbehagen, Mißfallen, Unwille, Verstimmung. ▶ Zufriedenheit.

unzugänglich unpassierbar, unbetretbar. → abgelegen, abseits, ärgerlich, ausschließend, befangen, dicht, einsam, engstirnig, entfremdet, entlegen, fern, geschlossen, pfadlos, schwierig, ungesellig.

Unzugänglichkeit → Denkart kleinliche, Entlegenheit, Kälte, Teilnahmslosigkeit.

unzulänglich → beengend, karg, schwach, ungenügend, wenig.

Unzulänglichkeit → Bedeutungslosigkeit, Lücke, Mangel, Mangelhaftigkeit, Nachteil, Unvollkommenheit.

unzulässig → unrecht, verboten.

unzurechnungsfähig → dumm, gehirnlos, schwach.

unzureichend → beengt, karg, ungenügend, wenig.

unzusammenhängend → abgerissen, allein, beziehungslos, blättrig, los, unstet, vereinzelt.

unzutreffend → absurd, falsch, illusorisch.

unzuverlässig wankelmütig, unstet, unsicher, unbeständig, treulos, untreu, charakterlos, veränderlich, wetterwendisch, leichtsinnig, flüchtig, fahrig, wandelbar, bestechlich, unehrlich, unpünktlich, flatterhaft, vergeßlich ● unsicherer Kantonist, falscher Fuffziger u, falscher Hund u. → abtrünnig, achtlos, doppelsinnig, spät, unverläßlich. ▶ zuverlässig.

unzweckmäßig nachteilig, unzeitig, unwillkommen, unbequem, unbrauchbar, undienlich, untüchtig, unersprießlich, unverwendbar, unvorteilhaft, falsch, lästig, unpassend, untauglich, verfehlt, zweckwidrig, ungeeignet, unnütz, wirkungslos, ungelegen, vergeblich, für die Katz, verlustbringend, hinderlich, unangebracht, am falschen Platz, umständlich. ▶ zweckmäßig.

unzweideutig → absolut, anschaulich, augenscheinlich, authentisch, bedeutungsvoll, beglaubigt, bestimmt, definitiv, deutlich, deutsch auf gut, drastisch, einleuchtend, faßbar, kategorisch, klar, logisch, offen, sicher, verständlich.

unzweifelhaft → absolut, augenscheinlich, beglaubigt,

bestimmt, beweisend, deutlich, dokumentarisch, erwiesen, feststehend, sicher.

üppig fruchtbar, ertragreich, wuchernd, ergiebig, rassig, reich, überflüssig, überreichlich, strotzend, unerschöpflich, überladen, viel, vollauf, pfropfenvoll, überfließend ● ausschweifend, auf großem Fuß leben, wollüstig, flott, locker, gierig, schlemmend, unbeherrscht, unenthaltsam ● geil, verführerisch, brünstig, sinnlich ● dick, korpulent, fleischig. → allerhand. ▶ dünn, karg, mäßig, unfruchtbar.

Üppigkeit → Auswahl, Saus und Braus, Überfluß.

urban städtisch. → großzügig.

urbar machen → pflügen.

Urbehagen → Lebensfreude.

Urbild Archetypus. → Original, Typus.

ureigen → apart, eigengesetzlich, originell.

Ureinwohner → Bevölkerung, Eingeborener.

Urenkel → Anverwandte.

Urform → Entwurf, Original.

Urgroßeltern → Ahnen.

Urgroßvater → Anverwandte.

Urgrund → Substanz, Stoff.

Urheber Erzeuger, Gründer, Verfasser, Autor, Erbauer, Erschaffer, Züchter, Schaffer, Former, Bildner, Meister, Genie, Künstler, Komponist, Dichter, Dramatiker, Baumeister, Architekt, Ingenieur, Maler, Bildhauer, Plastiker, Gießer, Zeichner, Graphiker, Schnitzer, Goldschmied. → Arbeiter, Erfinder, Erschaffer, Schöpfer.

Urheberrecht Copyright, Patent.

Urheberschaft → Erzeugung.

urkomisch → originell.

Urkraft → Natur.

Urkunde Schriftstück, Beweisstück, Dokument, Diplom, Akte, Bill, Aktenstück, Niederschrift, Erlaß, Born, Nachweis, Beleg. → Abkommen, Attest, Bescheinigung, Bestallung, Chronik, Diplom, Fähigkeitsnachweis, Patent, Quelle aus amtlicher, Vertrag, Zeugnis.

Urkundenfälscher → Fälscher.

Urkundenfälschung → Fälschung.

urkundlich → belegend, beweisend, dokumentarisch.

Urlaub → Abbau, Abschied, Amtsabtretung, Dispensation, Feierzeit, Ferien, Freizeit.

Urlaubsschein → Paß.

Urlaubszeit → Ferien.

Urmasse → Chaos, Element, Stoff, Substanz.

Ursache Motiv, Kraftquelle, Triebfeder, Nötigung, Anlaß,

Voraussetzung, Anregung, Grund, Veranlassung, Anreiz, Ermunterung, Ansporn, Anstoß, Beweggrund, Antrieb, Verursachung, Born, Motor. → Anlaß, Anreiz, Anstoß, Auswirkung, Bedingung, Samen, Schoß. ▶ Wirkung.

ursächlich bedingt, primär, anläßlich, abhängig, entisch, zuzuschreiben, kausal ● darum, deswegen, deshalb, daher. ▶ folglich, warum.

Ursasse → Eingeborener.

Urschrift → Arbeit, Ausfertigung, Druckvorlage, Manuskript, Original.

Ursprung Quelle, Herkunft, Schoß, Prinzip, Heimat, Abkunft, Ursache, Anlaß, Born, Entstehung, Entstehungsstätte, Stamm, Ausgangspunkt, Ableitung, Anfang, Beginn, Urzeit. → Abkunft, Anfang, Ansatz, Anstoß, Beginn, Born, Dessendenz, Entstehungsstätte, Quelle. ▶ Wirkung, Ziel.

ursprünglich natürlich. → aufrichtig, bahnbrechend, beginnend, bodenständig, charakteristisch, echt, primär, roh, unvorbereitet.

Ursprüngliches → Echtes, Original.

Ursprünglichkeit Originalität. → Charakteristik, Eigenart.

Urstoff → Element.

Urteil Gutbefinden, Meinung, Gutdünken, Schlußfolgerung, Standpunkt, Überzeugung, Auffassung, Rechtsspruch, Wahrspruch, Schiedsspruch, Schuldspruch, Bescheid, Strafmaß, Einsicht, Entscheidung richterliche, Einstellung, Ermessen. → Begriff, Bescheid, Beweisführung, Endergebnis, Kritik, Überblick. ▶ Klage, Vorurteil, Widerlegung, Widerspruch, Zweifel.

urteilen taxieren, bemessen, würdigen, bestimmen, werten, beurteilen, schätzen, bewerten, entscheiden, folgern, schließen, erkennen, verstehen, denken, prüfen, wägen, unterscheiden, klar sehen ● richten, → auslegen, begründen, bestimmen, beurteilen, denken. ▶ fehlschließen, widerlegen.

urteilsfähig → begabt, klug, logisch.

Urteilsfähigkeit → Denkvermögen, Gesichtskreis, Intelligenz, Urteilskraft.

Urteilskraft Intelligenz, Geschmacksrichtung, Klarsicht, Scharfblick, Scharfsichtigkeit, Schlußrichtigkeit, Überzeugungskraft, Unterscheidungsvermögen, Urteilsfähigkeit, Denkvermögen, Erkenntnisvermögen, Verstand. → Begabung, Begriffsvermögen, Beweisführung, Denkvermö-

gen, Einsicht, Erkenntnis, Intelligenz, Kritik, Logik, Verstand. ▶ Urteilslosigkeit.

Urteilslosigkeit → Begriffsmangel, Dummheit, Unkenntnis, Unvermögen, Unvernunft.

urteilssicher → klug, kompetent.

Urteilsvermögen → Denkvermögen, Einsicht, Urteilskraft, Verstand.

Urururgroßeltern → Ahnen.

Urwald Wildnis, Dschungel, Busch.

Urwüchsiges → Echtes, Original.

Urzeit Ursprung, Altertum, Anfang, Beginn, Vorzeit, Vergangenheit, Vorgeschichte, Vorwelt, Vorwesen, Antike, Eiszeitalter, Steinzeitalter, Bronzezeit, Eisenzeit. → Ahnen.

Usance → Anwendung, Brauch, Usus.

Usurpator → Emporkömmling.

Usus Usance, Herkommen, Sitte, Gewohnheit, Üblichkeit, Gepflogenheit, Übung, Regel, Gebrauch, Beobachtung, Gebaren. → Anwendung, Brauch, Mode. ▶ Neuheit.

Utensilien Siebensachen, Hilfsmittel, Sachen, Gerätschaften, Gerät, Bedarf, Zubehör, Werkzeug, Kram, Schreinergerät, Geschirr, Gegenstände, Zeug, Ausrüstung, Gepäck, Gebrauchsgegenstände. → Bedarf.

Utopie Illusion, Traumgebilde, unerreichtes Ideal, Traumwelt, Unerreichbarkeit, Zukunftstraum, Zukunftsmusik, Wunschbild, Unwirklichkeit, Unmöglichkeit, Phantasiegebilde, Zukunftsphantasie, ungelegte Eier u, Luftschloß, Einbildung. → Auswuchs, Chimäre, Hirngespinst, Illusion. ▶ Wirklichkeit.

utopisch → phantastisch, unwirklich.

uzen → auslachen, Eis führen aufs, necken, verspotten.

V

Vademecum → Abriß, Handbuch.

Vagabund → Ausbund, Bandit, Bettler, Dieb, Faulpelz, Schurke.

vagabundieren → beschäftigungslos, betteln, laufen.

vagabundierend → beweglich, faul.

vage ungewiß, dunkel, zweifelhaft, unbestimmt, unentschieden, unsicher, ungenau, dahingestellt, unbestätigt ● irgendwas irgendwelcher, irgendwer, irgendwann, irgendwie, irgendwo ● ausdruckslos, zweideutig, doppelsinnig ● dehnbar, fraglich, fragwürdig, problematisch, rätselhaft, hypothetisch, verdächtig ● unschlüssig, schwankend, anfechtbar, antastbar, bestreitbar ● beinahe, fast, ungefähr, nahezu, sozusagen, gewissermaßen, in gewissem Maße. ▶ eindeutig, gewiß.

vakant frei, offen, erlaubt, unbesetzt, leer, verlassen, fehlend. ▶ besetzt.

Vakuum → Leere.

Vamp Vampir, Kokotte, Circe, Kirke, Sirene, Verführerin, leichtes Mädchen, lockerer Vogel, Sexbombe.

Vampir → Barbar, Bluthund, Blutsauger, Bestie.

Vandale → Barbar.

Vandalismus Bosheit, Niedertracht, Haß, Feindschaft, Bösartigkeit, Böswilligkeit, Niederträchtigkeit, Gewalttätigkeit, Grausamkeit, Roheit, Unmenschlichkeit, Herzlosigkeit, Strenge, Blutdurst, Unbarmherzigkeit, Schädigung, Zerstörungswut, Vernichtungswille, Racheakt, Härte, Wildheit, Barbarei, Brutalität, Blutrausch, Mordlust, Mordgier. ▶ Barmherzigkeit, Kultur, Menschlichkeit.

variabel → veränderlich.

Variante → Auffassung, Deutung, Veränderung, Version.

Vasall Diener, Anhänger, Sippe, Lehnsträger, Höfling, Helfer, Verbündeter, Bundesgenosse, Teilnehmer, Mitspieler, Hintermann, Gefährte, Getreuer, Gefolgsmann, Lehnsmann, Untertan, Untergebener, Mitläufer, Sklave, Leibeigener, Helote, Eigenmann, Fronknecht, Knappe, Mietling, Lakai, Trabant. ▶ Gegner, Herrscher.

Vase → Behälter, Gefäß.

Vater → Anverwandte, Ernährer.

Vaterhaus → Aufenthaltsort, Elternhaus, Heim.

Vaterland Heimat, Statt, Schicksalsgemeinschaft, Volksgemeinschaft, Volkseinheit, Staatswesen, Nation, Inland ● Stammland, Volk, Geburtsland, Heimatland, zu Hause. → Aufenthaltsort. ▶ (Ausland), Fremde.

Vaterlandsliebe → Patriotismus.

väterlich → wohlwollend.

Vaterlandsverräter → Abtrünniger.

Vaterstadt → Aufenthaltsort.

Vegetation → Pflanzenwelt.

vegetieren leben, atmen, fortleben, dahinleben, sich durchschlagen, sich kümmerlich ernähren, dahinsiechen, arm sein, ärmliches Dasein

führen, hungern, sich abquälen, leiden, unwohl fühlen, krank sein, teilnahmslos sein, nicht bewußt leben. ▶ prassen, schwelgen.

vehement → heftig.

Vene → Ader.

Ventil Sicherung, Abfluß, Ableitung, Ausweg, Hahn, Klappe, Verschluß. → Hahn, Klappe. ▶ Öffnung.

Ventilation Entlüftung, Luftzug, Luftströmung, Durchzug, Windzug, Erneuerung, Frischluftzufuhr, Entgasung, Klimaanlage, Wetterführung, Absaugung.

Ventilator Lüfter, Lufterneuerer, Miefquirl u, Entlüfter, Fächer, Gebläse, Absauger, Flügelrad, Propeller, Kühler. → Blasebalg.

ventilieren → auseinandersetzen, entlüften.

verabfolgen → abgeben, abgehen, absenden, abtreten, ausstellen, beschenken, bewilligen, darbringen, verteilen.

verabreden → abmachen, beraten, besprechen, erwägen.

verabreden, sich abkarten. → beteiligen sich.

verabredet → abgekartet, abgemacht.

Verabredung Rendez-vous, Treff, Stelldichein, Zusammentreffen ● Abmachung, Besprechung, Beratung, Verhandlung ● Sprechstunde, Besuch, Interview, Audienz, Empfang, Plauderstündchen, Kaffeeklatsch ● Abrede, Beschluß, Vertrag, Planung ● Auseinandersetzung, Anbahnung, Vorbesprechung, Unterhandlung, Übereinkunft, Festsetzung, Kontrakt, Akkord, Handel, Versicherung. → Abkommen, Besprechung, Convention, Datum. ▶ Ablehnung.

verabreichen → anbieten, austeilen, bestrafen, einnehmen, einträufeln, schenken, verteilen.

verabsäumen → vernachlässigen.

verabscheuen → abstoßen, ablehnen, anfeinden, ausstehen, fallen in Ungnade, hassen, mißachten, verachten.

verabscheuenswert entehrend, ehrenrührig, übelberüchtigt, verächtlich, jämmerlich, elend, schlimm, böse, schlecht, erbärmlich, verhaßt, verachtungswert, verdammenswürdig. → bedauerlich, böse. ▶ anziehend, liebenswert.

verabschieden → abbauen, abdanken, abbauen, auflösen, ausschalten, beseitigen, Bord werfen über, entlassen, entsetzen, Laufpaß geben, pensionieren, abfeiern.

verabschiedet → arbeitslos, pensioniert.

Verabschiedung → Abbau, Amtsabtretung, Arbeitsunfähigkeit, Befreiung, Dispensation, Entlassung.

verachten geringschätzen, ablehnen, abweisen, verabscheuen, verschmähen, von sich weisen, die kalte Schulter zeigen, kalt stellen, Nase lange machen, niedriger hängen, den Rücken zeigen, rümpfen die Nase, links liegen lassen, jemandem auf den Kopf spucken u. → ablehnen, bagatellisieren, beeinträchtigen, erniedrigen, herabsetzen, mißachten, verstoßen, Schulter die kalte zeigen. ▶ achten.

Verächter Neinsager, Verneiner, Ablehner, Zyniker, Verweigerer, Hasser, Kritiker, Tadler, Schweiger ● Verderber, Vernichter, Zerstörer, Bilderstürmer ● Nörgeler, Kostverächter. ▶ Genießer.

verachtet ausgestoßen, hassenswert, geächtet, verfemt, gerichtet, verhaßt, unbeliebt, unmöglich, ungeliebt, verabscheut, unpopulär, mißfällig, unleidlich, unerwünscht, unerbeten, geringgeschätzt, verschmäht. → niederträchtig, unmöglich. ▶ geachtet.

verächtlich verachtungswürdig, ehrlos, rechtlos, geächtet, verachtet ● unwichtig, untergeordnet, bedeutungslos, belanglos, gleichgültig, nebensächlich, schwach, ausdruckslos, nichtssagend, geringfügig, nicht des Aufhebens wert ● töricht, kindisch, gehaltlos, gemein, alltäglich, trivial, arm, mager, schal, albern, fad ● ohne Ehre, unwürdig, schmählich, beschämend, niedrig, schändlich, schlecht, nichtswürdig, schandvoll, schimpflich, anrüchig, verschrien, verrufen, bescholten, berüchtigt, in üblem Geruch, mit Schimpf bedeckt, aus der Gesellschaft ausgestoßen ● verdrießlich, peinlich, unerquicklich, mißfällig, unangenehm, störend, kränkend, erbärmlich, kläglich, entmutigend ● unredlich, schurkisch, schuftig, lumpig, falsch, hinterlistig, heuchlerisch, schofel, schäbig, miserabel, unanständig, unrühmlich, ehrlos, unlauter, gewissenlos ● verflucht, verhaßt, tadelnswert, nichtsnutzig, hartgesotten, entmenscht, unmenschlich, menschenunwürdig. → abscheulich, abstoßend, bedauerlich, beschämend, bestechlich, böse, bübisch, charakterlos, cynisch, despektierlich, dünkelhaft, entehrend, schnöde, unehrenhaft, unglimpflich, unlauter. ▶ achtenswert, anziehend, liebenswert.

verächtlich machen herabsetzen, abtun, geringschätzen, mißachten, links liegen lassen, verkleinern, erniedrigen, in den Schmutz ziehen, beleidigen, lächerlich machen, verhöhnen, verunglimpfen, verleumden, wegwerfen, in den Dreck treten ● bücken sich, auf den Knien rutschen, scharwenzeln, dienern, im Staube kriechen, katzbukkeln, zu Kreuz kriechen, den Diener machen, den Lakaien spielen, sich alles gefallen lassen, in Demut ersterben ● abweisen, entrüsten sich, verwerfen, über die Achsel ansehen, von oben herab behandeln, einem etwas husten, keines Blickes würdigen. → besten halten zum, kriechen. ▶ achten, hochschätzen.

Verächtlichkeit → Beleidigung, Cynismus, Erniedrigung, Wertlosigkeit.

Verachtung Abneigung, Abscheu, Geringschätzung, Mißachtung, Haß, Herabsetzung, Widerwille, Ablehnung, Hohn, kalte Schulter, Empörung, Entrüstung, Verfemung, Ausschluß, Boykott, Schmach, Verhöhnung, Kränkung, Erniedrigung. → Abneigung, Abscheu, Achselzucken, Angriff, Beleidigung, Erniedrigung, Nichtachtung. ▶ Achtung.

verachtungswürdig → charakterlos, verächtlich.

veralbern → auslachen, Lächerliche ziehen ins, verspotten.

verallgemeinern allgemein, überwiegend, vorherrschend, gewöhnlich, gang und gäbe, jedermann, ausnahmslos, ohne Einschränkung, restlos, unbeschränkt, landläufig ● übertragen, schließen, ableiten, abstrahieren, folgern, denken, vereinfachen. ▶ individualisieren.

veralten → vergehen.

veraltet abgetan, altmodisch, altväterlich, altertümlich, bezopft, rückständig, unbrauchbar, unmodern, unzeitgemäß, aus der Mode gekommen, vergangen, zurückgeblieben, vorsintflutlich, abgenutzt, vorweltlich, fossil, altfränkisch, antik, uralt, überalt, überholt, überaltert, verknöchert, abgegriffen, fadenscheinig, morsch, altersschwach, zopfig, einen Bart haben u, zum alten Eisen gehören, vorsintflutlich, einen Bart mit Dauerwellen u, Nullacht-fünfzehn u ● verkalkt,

verstaubt. → abgedroschen, abgetan, gestrig. ▶ modern, zeitgemäß.

Veranda → Balkon.

veränderbar → beweglich.

veränderlich verändert, umgewandelt, verwandelt, anders, neu, vergangen, unbeständig, wechselnd, launisch, schwankend, unruhig, variabel, wankelmütig, wandelbar, vergänglich, unstetig, tauschbar, beweglich, rastlos, friedlos, flatterhaft, flüchtig, vorübergehend, gebrechlich, launenhaft ● unentschlossen, unschlüssig, unentschieden, zweifelhaft, schwach, einmal hott und einmal hü sagen u, rinn in die Kartoffeln - raus aus die Kartoffeln u, umkippen, radfahren u, wählerisch, unverläßlich, wetterwendisch, leichtsinnig, fahrig, untreu. → beweglich, biegsam, chaotisch, ein und aus, einem zum andern von, energielos, schillernd. ▶ unveränderlich.

Veränderlichkeit Wandel, Wechsel, Veränderung, Wendung, Wende, Abänderung, Umänderung, Tausch, Neuerung, Wandlung, Unbestand, Umstellung, Verwandlung, Metamorphose, Abweichung, Verflüchtigung, Verwandlungskunst, Umsturz, Revolution, Umfall ● Unruhe, Wandelbarkeit, Rastlosigkeit, Launenhaftigkeit, Wankelmut, Unentschiedenheit, Unsicherheit, Verlegenheit, Zaudern, Bedenken ● Flatterhaftigkeit, Weichheit, Schwäche, Sinneswechsel, Abtrünnigkeit, Umfall, Abfall, Widerruf. ▶ Unveränderlichkeit.

verändern die Tapete wechseln. → abfallen, abweichen, ändern, enthüllen, tauschen, verwandeln.

verändern, sich → umwechseln.

verändert → einem zum andern von, neu, umgeschlagen, umgewandelt.

Veränderung Blatt wenden, Neuerung, Neuerungssucht, Umgestaltung, Umbau, Umschlag, Umschwung, Umstellung, Umwälzung, Umwandlung, Änderung, Erneuerung, Verwandlung, Wandlung, Wechsel, Wende. → Erneuerung, Reform, Umgestaltung, Umzug, Wandlung. ▶ Stabilität, Unwandelbarkeit.

verängstigen drohen, bedrohen, androhen, schrecken, erschrecken, abschrecken, einschrecken, Furcht einjagen, bange machen, verschüchtern, einschüchtern, die Zähne zeigen, ins Bockshorn jagen, die Faust zeigen, auf den Tisch schlagen, die Hände erheben, den Stock

schwingen, die Pistole auf die Brust setzen, mit dem Säbel rasseln. → Hölle heiß machen. ▶ ermutigen.

verängstigt → bange.

verankern verzurren, festbinden, festmachen, festlaschen.

verankert → feststehend, fix.

veranlagen bemessen, messen, veranschlagen, vermessen, abschätzen, bemächtigen, taxieren, werten, anordnen, anlegen, abstecken, vorausberechnen. → abmessen.

veranlagt → beschaffen, disponiert.

veranlagt sein → angeboren.

Veranlagung Aufbau, Aussehen, Ausplünderung, Begabung, Charakter, Empfänglichkeit, Neigung, Talent.

veranlassen → anordnen, anregen, auslösen, anstoßen, aufdrängen, bearbeiten, bedingen, beeinflussen, befehlen, beruhen, bestimmen, bewirken, durchdrücken, einfädeln, einleiten, zwingen.

veranlaßt → genötigt.

Veranlassung Triebfeder, Anlaß, Grund, Ursache, Motor, Kraft, Anstachelung, Verleitung ● Anleitung, Einladung, Empfehlung, Beispiel, Rat, Bitte, Aufruf, Aufgebot, Geheiß, Gebot, Befehl, Anforderung, Aufforderung, Überredung, Lenkung, Ermutigung, Ermahnung, Trieb, Gefühl, Antrieb, Anreiz, Druck, Not, Nötigung, Wirkstoff, Einwirkung, Lockmittel, Same, Anstoß ● Feder, Ursprung, Quelle, Ansatzpunkt, Kausalität, Verkettung, Keim, Ehrgeiz ● Element, Ferment, Brutstätte, Pflanzstätte ● Voraussetzung, Bedingung, Beweggrund, das Warum, das Wieso. → Anhaltspunkt, Anlaß, Anstoß, Auswirkung, Ursache. ▶ Hemmung, Resultat, Wirkung.

veranschaulichen beleuchten, darlegen, erklären, hervorheben, schildern, vor Augen führen, in Worte kleiden, verbildlichen, preisgeben, sichtbar machen → aufklären, auseinandersetzen, auskegeln, ausmalen, begründen, beschreiben, darlegen, darstellen, deuten, deuten, erleuchten, erzählen, illustrieren, interpretieren, schildern. ▶ irreführen, verdunkeln.

Veranschaulichung → Beispiel, Darstellung, Deutlichkeit, Exempel.

veranschlagen → abmessen, annehmen, anschlagen, kalkulieren, schätzen.

veranstalten anordnen, einrichten, ausbauen, ordnen, verfügen, aufstellen, aufschlagen, anbringen, beschicken ● einfädeln, planen, arrangieren, begehren, beworten, bieten, durchführen, feiern, in Szene setzen. → begehen. ▶ unterlassen.

Veranstalter Leiter, Lenker, Gastgeber, Wirt, Manager, Unternehmer, Betreuer, Regisseur. → Direktor. ▶ Ausführender, Teilnehmer.

Veranstaltung Einrichtung, Anstalten, Anweisung, Verteilung, Aufstellung, Zusammenstellung, Organisation, Auswahl, Zuteilung ● Geselligkeit, Unterhaltung, Vorstellung, Benefiz, Schauspiel, Konferenz, Gesellschaft, Festlichkeiten, Fest, Feier, Belustigung. → Ball, Belustigung, Feier, Fest.

verantworten rechtfertigen, reinigen, reinwaschen, entlasten, entbürden, lossprechen, verteidigen, kämpfen, streiten, Lanze brechen, verfechten, herausstreichen, entkräften, widerlegen ● entschuldigen, wehren sich, beschönigen, bemänteln ● die Verantwortung übernehmen, verpflichten, haftbar sein, herhalten müssen, Schuldigkeit tun ● treu bleiben, vertrauen sich, ein Urteil bilden, Stellung beziehen, meinen, erachten, denken, seinen Standpunkt wahren, auf seinen Buckel nehmen *u,* auf seine Kappe nehmen, ein Fell oder seine Haut zu Markte tragen, den Kopf ins Loch stecken. → rechtfertigen. ▶ ablehnen, beschuldigen.

verantwortlich pflichtig, derjenige welcher *u,* das ist das Karnickel *u,* pflichtgemäß, gehörig, pflichtbewußt, rechtschaffen, gewissenhaft, pflichtgetreu, von Amts wegen, verpflichtet, haftbar, gebunden, schuldig, bestimmungsgemäß, verbindlich. → haftbar, haftpflichtig, schadenspflichtig, schuldig. ▶ verantwortungslos.

verantwortlich machen → belangen, beschuldigen.

Verantwortlichkeit → Pflichtgefühl, Verantwortung.

Verantwortung Pflicht, Schuldigkeit, Verpflichtung, Gewissen, Gewissensschuld, Ehrensache, Treue, Pflichtbewußtsein, Selbstverantwortung, Gewissenhaftigkeit, innere Stimme, Pflichttreue, Bindung, Mission, Rechenschaft, Schweigepflicht ● Verantwortlichkeit, Belastung, Verschuldung, sittliche Kraft, Selbstachtung, Würde, Haltung ● Prügeljunge. → Beobachtung, Rechenschaft. ▶ Verantwortungslosigkeit.

verantwortungsbewußt → gesinnungstüchtig.

Verantwortungsgefühl

Pflicht, Verantwortungsbewußtsein, Pflichtgefühl, Charakter, Rückgrat, Energie, Härte, Wille, Bereitschaft, Entschlußkraft, Tatwille, Tatkraft. ▶ Verantwortungslosigkeit.

verantwortungslos pflichtvergessen, leichtsinnig, bedenkenlos, unverantwortlich, unbedenklich, ohne Bedenken, ohne Gewissen, pflichtlos, pflichtfrei, rücksichtslos, schamlos, sittenlos. → lax. ▶ verantwortlich.

Verantwortungslosigkeit → Pflichtvergessenheit.

veräppeln → auslachen.

verarbeiten benutzen, gebrauchen, brauchen, anwenden, verwenden, verwerten, unterbringen, verfügen, handhaben, in Anspruch nehmen, bedienen sich, beschäftigen. → anwenden, brauchen. ▶ unterlassen, verschmähen.

Verarbeitung → Erzeugung.

verargen ärgern, erzürnen, verstimmen, verdrießen, fuchsen, in Aufregung versetzen, das Blut in Wallung bringen, böse sein, übelnehmen, ungehalten werden, verbittert sein, unwirsch werden, wütend werden, in Zorn geraten, sich verletzt fühlen, vor Wut knirschen, heimzahlen, nicht so leicht vergessen, daran denken, zu fühlen geben.

Verärgerung → Ärger, Verdruß.

verärgert → erbittert.

verärgert sein → brummen.

verarmen → abnehmen, austrocknen, Brotkorb höher hängen, entbehren.

verarmt → abgebrannt, abgerissen, arm, beengend.

Verarmung Entäußerung. → Armut, Verknappung.

verarzten behandeln, verschreiben, heilen, kurieren, eingeben, einspritzen, betäuben, einschläfern, beruhigen, operieren, schneiden, schröpfen, Blut entziehen, zur Ader lassen, purgieren, verbinden, schienen, Pflaster auflegen, Pulver eingeben, pflegen, betreuen, erleichtern. → anfassen.

verästelt → fächerartig, faserig, federartig, verzweigt.

verausgaben → ausgeben, aufwenden.

veräußerlich → übertragbar.

veräußern → abgeben, absenden, absetzen, abstoßen, anbieten, begeben, bieten, entäußern sich, feilbieten, verbrauchen.

veräußert → ausverkauft.

Veräußerung Übertragung, Übergabe, Kauf, Verkauf, Austausch, Tausch, Wechsel, Umsatz, Handel, Verpachtung, Versendung, Überschreibung, Schenkung, Ver-

fügung, Verschreibung, Überweisung, Absatz, Vermittlung, Angebot, Ausverkauf, Versteigerung, Auktion, Vergantung. → Handel. ▶ Entgegennahme, Kauf.

verbal mündlich, mit Worten.

verballhornen entstellen, verunstalten, verformen, verschlechtern, schänden, verkrüppeln, verderben, verletzen, verunzieren, das Auge oder Ohr beleidigen, die Schönheit nehmen, den Glanz rauben, die Farbe verwischen, den Reiz benehmen, verhorniegeln, den guten Geschmack verletzen, entgleisen, daneben greifen, verrohen, den Ton verletzen, verbocken, radebrechen, stöpseln, kaudern, welschen. ▶ deutsch auf gut, verschönen.

Verband → Bandage, Block, Bund, Clique, Organisation, Schiene, Vereinigung.

Verbandmittel Salbe, Zugpflaster, Verbandzeug. Charpie, Watte, Heftpflaster, Schiene, Binde, Mull, Klammer. → Pflaster.

verbannen → ablehnen, ächten, ausstoßen, ausweisen, verpönen, vertreiben, verwerfen.

verbannt → geächtet.

Verbannung → Acht, Ächtung, Aussiedlung, Bann, Bestrafung, Deportation, Exil.

verbarrikadieren verrammeln, verlegen, eindämmen, blokkieren, abschneiden, hemmen, verhindern, ausschließen, abwenden, erschweren, hintertreiben, vereiteln, verminen, Fallen stellen, Riegel vorschieben, verriegeln, bekämpfen, verteidigen, schirmen, abwehren, aufwerfen, verstecken, verbergen.

verbauen → bebauen, bekämpfen.

verbauern versimpeln, einsam leben, sich zurückziehen, sich abschließen, sich verbergen, sich verleugnen lassen, der Welt entsagen, sich einpuppen, sich einspinnen, ein verborgenes Leben führen, in die Wüste gehen, den Umgang aufgeben, aus dem Wege gehen ● poltern, unhöflich werden, roh benehmen, ungeschliffen sich geben, entgleisen, unzart werden ● verwildern, abgleiten, entarten, verrotten, verfallen. → beeinträchtigen. ▶ gesellen sich, höflich (sein), kultiviert (sein).

verbeißen, sich beharren, ausharren, durchhalten, einer Sache treu bleiben, sich widmen, dabei bleiben, festhalten, nicht nachlassen, fest bleiben, hartnäckig sein, versessen sein, trotzen, in den

Kopf setzen ● sich enthalten, versagen, unterlassen, sich bezwingen, sich mäßigen, verzichten, überwinden, den Schmerz nicht merken lassen, die Zähne zusammenbeißen, sich in den Schranken halten, verfangen *j*, festbeißen ● verkämpfen *j*, abbeißen, absprossen *j*. → beherrschen sich, festhalten, schlukken eine bittere Pille. ▶ nachgeben, unterliegen.

verbergen entschwinden, verlieren sich, verwischen, verschwimmen, entrücken, vergehen, verbleichen, verdunkeln, versinken, verschwinden, verstecken, etwas hinter den Spiegel stecken, verheimlichen, verdecken, kaschieren, verschleiern, verhüllen, dekken, bedecken, tarnen, dekken *j*, geheimhalten, geheimtun ● verhehlen, vernebeln, vertuschen, verkleiden, verkappen, bewahren, verscharren, versenken, ersticken, unterdrücken. → bedecken, bemänteln, binden nicht auf die Nase, verschließen, verschweigen. ▶ enthüllen.

verbergen, sich → verbauern, verbergen, zurückziehen.

verbessern abschleifen, aufpolieren, auffrischen, ausbessern, bekehren, bereinigen, berichtigen, ergänzen, flicken, heben, korrigieren, herumdoktern *u*, kultivieren, reformieren, regeln, stopfen, sohlen, übertuschen, veredeln, verfeinern, verschönern, vervollkommnen, wieder gutmachen ● beschicken *sm*. → ändern, aufziehen, ausarbeiten, ausbessern, Dach steigen auf das, durchsehen, korrigieren, reparieren, verschönern, züchten. ▶ verschlimmern.

Verbesserung → Arbeitssegen, Aufbau, Bearbeitung, Berichtigung, Durchsicht, Erleichterung, Elaborat, Fortschritt, Reform.

verbeugen → dienern, ersterben, grüßen.

verbeugen, sich → bewillkommnen, demütigen sich.

Verbeugung Neigung, Fußfall, Demütigung, Herabwürdigung, Herabsetzung, Entwertung ● Artigkeit, Manierlichkeit, Schliff, Weltgewandtheit, Höflichkeit, Benehmen, Verneigung, Bücklung, Katzbuckel, Kratzfuß, Knicks, Kniefall, Kniebeugung, Reverenz ● Huldigung, Ehrerweisung, Aufwartung. → Bewegung, Demütigung. ▶ Überheblichkeit.

verbeulen verbiegen, einbiegen, eindrücken ● einreißen, schrammen, schlitzen, kratzen. → verbiegen.

verbiegen verdrehen, verformen, deformieren, krümmen, verkrümmen, verbeulen, entstellen ● biegen, winden, wölben, runden, ausbiegen, aufbiegen, abbiegen, eindrücken. → verkrümmen.

Verbiegung Biegung, Beugung, Krümmung, Wölbung, Rundung, Einbuchtung, Ausbuchtung, Einbiegung, Verbiegung ● Verdrehung, Verzerrung, Entstellung ● Täuschung, Zerrbild, Falschdarstellung ● Verbeugung.

verbiestert → erpicht, verwirrt.

verbieten verhindern, inhibieren, hemmen, sperren, untersagen, verwehren, verpönen, einstellen, abstellen, vereiteln, abhalten, entziehen, vorenthalten, einschränken, beschränken, vorschreiben, Grenzen ziehen, Einhalt gebieten, ächten, verbannen, Schloß vor den Mund legen, es eintränken *u*, jemandem etwas stecken *u*, das Handwerk legen, ich werde dir helfen, ich werde dich lehren. → ablehnen, abwehren, aufhalten, aufheben, beeinträchtigen, befehlen, bekämpfen, beschneiden, dawider, fesseln, verhindern, verpönen. ▶ erlauben.

verbildlichen → veranschaulichen.

Verbildung → Auswuchs, Deformation, Unkultur, Unnatur.

verbilligen → ablassen, ermäßigen.

Verbilligung → Ermäßigung, Vergünstigung.

verbinden vereinigen, binden, zusammenbinden, die Köpfe zusammenstecken, fügen, festhalten, koppeln, paaren, überbrücken, zusammenkoppeln, zuhängen, zupacken, zusammenkitten, anschließen, zusammensetzen, montieren, einverleiben, befestigen, anbinden, nähen, fesseln, anheften, anknöpfen, anstricken, anseilen, schließen, sperren, verketten, fügen, verkeilen, verzapfen, anlöten, anschrauben, vernieten, schweißen, zusammenschweißen. → anmachen, anschlagen, ausbessern, beibringen, beifügen, beigesellen, beitragen, beitreten, berühren, bringen in Verbindung, ehelichen, einpacken, einverleiben, fassen, festhalten, fügen, heiraten, hinzufügen, knüpfen, kuppeln, mischen, nageln, verknüpfen. ▶ trennen.

verbinden, sich → anbändeln, befreunden, beitreten.

verbindlich → angenehm, anständig, artig, dienstbereit, diplomatisch, erbötig, erforderlich, erkenntlich, freundlich, galant, höflich, kulant, obligatorisch.

Verbindlichkeit Anspruch, Belastung, Bindung, Haftpflicht, Haftung, Pflicht, Schuld, Unterhaltungspflicht, Verpflichtung, Verschreibung ● Lebensart, Schliff, Artigkeit, Entgegenkommen, Freundlichkeit, Höflichkeit, Schicklichkeit, Zuvorkommenheit, Weltgewandtheit, Sitte, Manierlichkeit, Wohlerzogenheit. → Bürgschaft, Obligo, Rechenschaft, Rücksicht, Schuld. ▶ Guthaben, Unhöflichkeit, Unverantwortlichkeit.

Verbindlichkeiten erfüllen → bezahlen.

Verbindung Beziehung, Verknüpfung, Nahtstelle, Zusammenhang, Verkettung, Bekanntschaft, Genossenschaft, Vereinigung, Beitritt, Einschluß, Einverleibung, Anreihung, Ergänzung, Begleitung, Mischung, Mengung, Vermengung, Beimischung, Beimengung, Beifügung, Verquickung ● Kommunikation ● Paarung, Freundschaft, Ehe, Heirat ● Tunnel, Durchbruch, Kanal, Durchgang, Durchfahrt, Durchzug, Stollen, Mine, Paß, Meerenge, Furt, Übergang, Gasse, Weg, Straße, Bahn. ● Band, Befestigung, Beitritt, Beständigkeit, Brücke, Bruderschaft, Bündnis, Clique, Draht, Durchstich, Ehe, Einbeziehung, Einigungsgespräch, Familie, Freundschaft, Gemeinschaft, Kabel, Kombination, Kontakt, Tuchfühlung, Unterhandlung, Vereinigung, Vergleich. ▶ Trennung.

Verbindung mit, in → beziehungsweise, dementsprechend, diesbezüglich.

verbindungslos → ab, allein, berührungslos, beziehungslos, blättrig, fern, isoliert.

Verbindungsmann Vertreter, Agent, Diplomat, Manager, Anbahner, Vermittler, Mittelsmann, Zwischenhändler, Makler, Unterhändler, Kartellträger, Parlamentär, Werber, Kuppler, Fürsprecher, Impresario, Berater, Beistand, Bevollmächtigter, Beauftragter, Sprecher, Gesandter, Botschafter, Geschäftsträger, Abgeordneter, Strohmann, Lükkenbüßer, Sendbote, Stellvertreter. ▶ Widersacher.

Verbindungsschnur → Kabel.

Verbindungsweg → Bindemittel, Weg.

verbissen → ausdauernd, beharrlich, erpicht.

verbissen in arbeiten, abmühen sich, streben, wetteifern, hingeben, sich verlegen auf, in die Hand nehmen, etwas unbedingt erreichen wollen, sich verbeißen, durchdringen, beharren, darauf bestehen, durchhalten, etwas erstreben, eifrig verfolgen, nicht nachlassen, dabei bleiben, verharren, treu bleiben, verliebt in, keine Ruhe finden. ▶ aufgeben, faulenzen.

Verbissenheit → Ausdauer, Eifer, Zorn.

verbitten, sich von sich weisen, sich abwenden, dagegen sein, ablehnen, zurückweisen, ausschlagen, versagen, verweigern, aufsagen, absagen, abwenden sich, lösen sich, Anstoß nehmen, brechen mit, abbrechen, untersagen, Einspruch erheben, protestieren, beanstanden, sich verwahren. ▶ entgegenkommen.

verbittern → ärgern, aufregen.

verbittert → bärbeißig, brummig.

Verbitterung → Ärgernis, Bärbeißigkeit, Bitterkeit, Erbitterung, Leid, Unlust.

verblasen → wirklichkeitsfern.

verblassen → bleichen, entfärben.

verbleiben → ausstehen, bleiben stehen.

verbleichen entfärben, bleichen, erblassen, verschießen, abfärben, verfärben, verblassen, verwischen, ausgehen, verwelken, welken, die Farbe verlieren, blaß werden. ▶ farbecht (sein), leuchten.

verblendet → dünkelhaft, töricht.

Verbiendung Irreführung. → Aufregung, Bedeckung, Begierde, Betäubung, Bezauberung, Fanatismus, Vorurteil.

verblichen ▹ blaß, farblos.

verblöden verkindschen, verdummen, überschnappen, spinnen, irrereden, verkalken, vergreisen, spleenig werden, stumpfsinnig sein, weiße Mäuse sehen, verdreht werden, närrisch sein, verrückt werden, nicht ganz bei Trost sein, nicht richtig im Kopfe sein, eine Schraube locker, aus dem Tollhaus entsprungen, reif fürs Irrenhaus. ▶ klug (sein).

verblödet → begriffsstutzig, cerebral.

Verblödung → Begriffsmangel, Geisteskrankheit.

verblüffen → aufsehen, begreifen, bestürzen, blenden, Bockshorn jagen ins, erstaunen, rauben die Fassung, überraschen, verwundern.

verblüffend unvermutet, unerwartet, unversehens, unvorhergesehen, überraschend, plötzlich, auf einmal, aus heiterem Himmel, frappant. → ahnungslos, frappant. ▶ (zu erwarten).

verblüfft → baff, bestürzt, Blitz getroffen wie vom, Don-

ner gerührt vom, niedergeschmettert, überrascht.

verblüfft sein → staunen.

Verblüffung → Bestürzung, Erstarrung, Erstaunen, Überraschung.

verblühen → abblühen, baufällig, beeinträchtigen, fälschen.

verblümen → bemänteln.

verbluten verschweißen ƒ. → ausfließen.

verbocken verstoßen, verfehlen, Böcke schießen, versagen, verscherzen, versäumen, falsch machen, hudeln, verpatzen, festfahren sich, blamieren, pfuschen, stümpern, stöpseln, schmiedern, sudeln. ▶ können.

verbogen → eingebogen, gebogen, gewunden, krumm, schief, unrichtig.

verbohrt verklemmt, trotzig. → absurd, fanatisch, irrsinnig, starr, unduldsam, unvernünftig.

Verbohrtheit → Fanatismus.

verborgen → anvertrauen, geheim, unbemerkt, unerkennbar, unsichtbar.

Verborgenheit Dunkel, Passivität, Unsichtbarkeit, Verhehlung, Verbergung, Geheimhaltung, Tarnung, Verschleierung, Deckung, Bemäntelung, Verkleidung, Vermummung, Hülle, Mantel, Maske. → Unklarheit. ▶ Klarheit, Offenheit.

Verbot Hinderung, Interdikt, Untersagung, Inhibition, Einhalt, Hemmnis, Einschränkung, Zurückhaltung, Zwang, Einstellung, Abstellung, Hindernis, Sperre, Behinderung, Erschwerung, Ausschließung, Gebot, Vorschrift ● Gesetz. → Arrest, Ausschluß, Bann, Beschlagnahme, Einsprache, Embargo. ▶ Erlaubnis.

verboten unstatthaft, untersagt, unzulässig, unerlaubt, ausgeschlossen, unbewilligt, versagt, nicht gestattet, unrechtmäßig, ungesetzlich, gesperrt, tabu. ▶ erlaubt.

Verbrämung Einkleidung. → Ausschmückung, Dekoration.

Verbrauch Konsumtion, Konsum. → Abnahme, Aufwand, Bedarf, Beschädigung, Erschöpfung.

verbrauchen → anwenden, aufsaugen, aufwenden, ausgeben, beseitigen, durchbringen, Eisen zum alten werfen, extrahieren, konsumieren.

Verbraucher Konsument, Normalverbraucher, Käufer, Erwerber, Benutzer, Kunde, Verbraucherschaft, Kundschaft, Käuferschaft, Abnehmerkreis, Kundenkreis ● Einkäufer, Aufkäufer ● Laufkunde, Stammkunde ● Auftraggeber.

verbraucht → ausgegeben, abgenützt, abgegriffen, abgetragen, ausgetreten, schäbig, schlecht, untauglich, minderwertig, abgelaufen, fadenscheinig, dünn. → abgedroschen, abgespannt.

Verbrechen Sünde, Delikt, Vergehen, Fall, Übertretung, Frevel, Pflichtverletzung, Mord, Schandtat, Diebstahl, Brandstiftung, Missetat, Freveltat, Untat, Übeltat, Veruntreuung, Hochverrat, Landesverrat, Majestätsverbrechen, Unterschleif, Raub, Betrug, Lustmord.→Bluttat, Greueltat.

Verbrecher Gewaltmensch, Täter, Schächer, Schandbube, Schweinehund, Bandit, Schurke, Schuft, Dieb, Gangster, Gauner, Straßenräuber, Spitzbube, Ruchloser, Schädling, Betrüger, Schieber, Erpresser, Wucherer, Raubmörder, Mordbube, Bösewicht, Galgenvogel, schwerer Junge u, Ganove, Schuldiger, Kidnapper. → Bandit, Berserker, Bestie, Brandstifter, Dämon, Erpresser, Täter.

verbrecherisch gesellschaftsfeindlich, asozial, frevelhaft, unverantwortlich, schlimm, strafwürdig, schändlich, todeswürdig, bestialisch, unmenschlich, schimpflich, nichtswürdig, sündhaft, lästerlich, anrüchig, sträflich, straffällig. → charakterlos, frevelhaft, kriminell. ▶ charaktervoll, gesetzlich.

verbreiten zerstreuen, ausbreiten, ausstreuen, austragen, unter die Leute bringen, zersprengen, umherstreuen ● dehnen, breit machen, verbreitern, strecken, ausdehnen ● erzählen, sagen, kundtun, weitergeben, weitertragen, verkünden, bekanntmachen. → ankündigen, ausschütten, austeilen, bestreuen, eindicken. ▶ verheimlichen, zusammenscharren.

verbreitern dehnen, breitmachen, ausdehnen, ausbreiten, in die Breite ziehen, auswalzen, aufblasen, aufblähen, breittreten. → anschwellen, ausbreiten, ausdehnen, ausfüllen, dehnen, dick werden, strecken, vergrößern. ▶ zusammenziehen.

Verbreiterung Streuung. → Ausdehnung, Ausbreitung, Dehnung.

verbreitet mitgeteilt, kundgemacht, bekannt, weitverbreitet, angezeigt, gerüchteweise, berichtet, angemeldet, erzählt, ausgebreitet, ruchbar, erwähnt, eröffnet, angegeben. → besät. ▶ geheim.

Verbreitung Streuung. → Ausbreitung, Bekanntgabe, Cirkular, Erweiterung,

verbrennbar → entzündbar.
verbrennen verlodern, den Flammen übergeben. → abbrennen, anstecken, ausmerzen, ausrotten, brandschatzen, einheizen, entzünden, oxydieren.
verbrennen, sich den Mund zuviel erzählen, ungeschickt sein, mit der Türe ins Haus fallen, herausplatzen, den Mund nicht halten können, sich verplappern, bloßstellen, sich blamieren, sich die Finger verbrennen, sich festfahren, unklug sein, undiplomatisch sein, zutappen, alles ausplaudern, taktlos sein ● der Wahrheit die Ehre geben, die Wahrheit sagen, ein Licht aufstecken, reinen Wein einschenken, sich die Zunge verbrennen, entschlüpfen lassen, kein Blatt vor den Mund nehmen, sein Herz auf der Zunge tragen, ehrlich sein, aus seinem Herzen keine Mördergrube machen, rundheraus gesagt ● anklagen, anzeigen, beschuldigen. ▶ beschönigen, schweigen.
Verbrennung Autodafé. → Bestattung, Brand, Einäscherung.
Verbrennungsofen → Krematorium.
verbriefen → bürgen.
verbrieft → abgemacht.
verbringen, seine Zeit → ausfüllen.
verbrüdern, sich fraternisieren, vertraut werden, sich vereinigen, sich verbinden, zusammenarbeiten, sich helfen, sich zusammentun, aus einer Schüssel essen, Gemeinschaft pflegen, übereinstimmen, sich vertragen, an einem Strang ziehen, zusammenwirken. ▶ verfeinden sich.
Verbrüderung → Brüderlichkeit, Freundschaft, Gemeinschaft.
verbrühen sich wehe tun, Schmerzen haben, in eine heiße Flüssigkeit fallen, brennen, Brandblasen bekommen, sich schaden. → abbrühen, brühen.
verbuchen → anschreiben, einschreiben.
verbuhlt → ausschweifend, buhlerisch, liebestoll.
verbummelt vertrödelt, verlottert. → arbeitsunfähig, faul, langatmig.
verbunden festgefügt, untrennbar, vereinigt, zusammen, ungelockert, verknüpft, verheiratet, verlobt, kopuliert, unlösbar, fest, verzahnt, unteilbar, durchdrungen, zusammengeschlossen ● dankerfüllt, erkenntlich. → beigeordnet, beisammen, brüderlich, dankbar, dankenswert,

gemeinsam, einhellig, ein Herz und eine Seele, fassen sich kurz, erkenntlich. ▶ unverbunden.
verbunden sein → danken.
verbünden, sich sich zusammenschließen, sich zusammensetzen, einen Verband gründen, mitwirken, sich helfen, zusammenhalten, sich verschwören, zusammenwirken, sich zusammentun, sich vereinigen, einen Bund schließen. → anbändeln, beigesellen, beteiligen sich, beitreten. ▶ verfeinden sich, trennen.
Verbundenheit → Anerkennung, Bande, Dankbarkeit, Heimatgefühl.
Verbündeter → Complice, Helfer, Mitglied.
verbürgen → beeiden, beglaubigen, beweisen, eintreten für, erhärten, versichern.
verbürgt → authentisch, beglaubigt, bestimmt, beweisend, definitiv, erwiesen, nachweisbar, sicher.
verbüßen → abbüßen.
verbuttern → verschwenden.
verdachen → bedecken.
Verdacht Mißtrauen, Ungewißheit, Argwohn, Zweifel, Vermutung, Befürchtung, den Braten riechen, Hintergedanken, Bedenklichkeit, Ungläubigkeit, Ängstlichkeit, Zweifelsucht, Zurechnung, Skeptik. → Ahnung, Anhaltspunkt, Anstand, Argwohn, Befürchtung. ▶ Gewißheit, Vertrauen, Zutrauen.
Verdacht fassen → befürchten, bezweifeln, verdächtigen.
verdächtig suspekt, fehlbar, fraglich, bedenklich, antastbar, schlüpfrig, rätselhaft, problematisch, doppelsinnig, zweideutig ● katzenartig, hinterhältig, meuchlings, schleichend, unoffen. → bereden. ▶ unantastbar, (unverdächtig).
verdächtigen mißtrauen, argwöhnen, Mißtrauen hegen, Verdacht fassen, anzweifeln, beargwöhnen, belauern, den Braten riechen, dem Landfrieden nicht trauen, das Vertrauen absprechen, anklagen, in Verdacht bringen, Verdacht schöpfen, Lunte riechen, verleumden, den Stein auf jemanden werfen. → angreifen, anschuldigen, argwöhnen, beargwöhnen, befürchten, begeifern, behaupten, beimessen, beschatten, beschuldigen, bezweifeln, Ehre bringen um die, verleumden. ▶ verteidigen, vertrauen.
Verdächtigung → Beschwerde, Denunziation, Verdacht, Verleumdung.
Verdachtsgründe → Indizien.
verdammen → ächten, ankla-

gen, beeinträchtigen, beschuldigen, besiegeln, fluchen, verurteilen.
verdammenswert → abscheulich, bestialisch, böse, diabolisch, niederträchtig, schlecht, unredlich, verbrecherisch.
verdammt verflucht, verwünscht, gebrandmarkt, höllisch, in Pech und Schwefel, gottlos, teuflisch, gottverhaßt, gottvergessen, gottverdammt, gottverflucht, satanisch. → abscheulich, bitter, böse, gezeichnet. ▶ (erlöst), freigesprochen, gut.
Verdammung → Acht, Ächtung, Flucht, Verurteilung.
verdampfen → dampfen, entdampfen, machen sich davon, verdunsten.
verdampft → dampfförmig.
verdanken schulden, verantworten, verpflichtet sein, verbunden sein, sich zu Dank verpflichtet fühlen, Dank bekennen müssen, etwas bekommen haben.
verdauen → verarbeiten, verwerten, aufschließen.
verdecken umhängen, bedekken, kaschieren, zudecken, überdecken, zuhängen, verhüllen, verhängen, vermummen, einmummen, verbergen, tarnen, verstecken, streichen, verschleiern, vernebeln, verdunkeln, verkleiden, abblenden, verheimlichen, vorschieben. → anziehen, ausschlagen, bedecken, behängen, bemänteln, verbergen, verschweigen. ▶ entblößen.
verdeckt → unsichtbar.
verdenken → verübeln.
Verderb → Abbruch, Fehlbetrag, Unwert, Verderbnis, Verlust, Zerstörung.
Verderben → Bekümmernis, Beschwerlichkeit, Demolierung, Schaden, Übel, Unglück, Zerstörung.
verderben untergraben, zerstören, ramponieren, wegfegen, vernichten, ausrotten, ausmerzen, beseitigen, niederschlagen ● zerrütten, angreifen, rosten, oxydieren, verschießen, verwittern, vermodern, verschimmeln, faulen, zu Grunde gehen, absterben, verfallen, entwerten ● verbilden, verwöhnen, übel beraten, einseitig erziehen, verziehen ● vereiteln, den Plan durchkreuzen ● verbauen, verbocken, verbuttern, verbumfiedeln u, verhauen, verhudeln, verhunzen u, verkorksen u, vermanschen u, vermasseln, vermurksen u, verpfuschen, verpudeln u, versauen u, verschlampen, verschludern u, versieben, die Karre in den Dreck fahren u ● im Eimer sein u, da hat doch

einer dran gedreht *u.* → abbrechen, anstoßen, ausfallen, auswischen, bankrott, beeinträchtigen, beikommen nicht, bekämpfen, bespritzen, besudeln, bezwingen, demolieren, demonstrieren, destruieren, durchfressen, entweihen, Fall bringen zu, faulen, ruinieren, zerstören. ▸ erzeugen, erziehen, helfen.

verderben, die Freude → deprimieren.

verderbendrohend → bedrohlich.

Verderber → Barbar, Beelzebub, Berserker, Dämon, Schädling.

verderblich → abbrüchig, bestialisch, böse, diabolisch, epidemisch, schädlich, schlecht.

Verderbnis Fäulnis, Verderb, Zerstörung, Beschädigung, Zerfall, Verfall, Verwesung, Vernichtung, Verheerung, Zerrüttung, Verstümmelung, Verwilderung, Entartung, Dekadenz. → Demoralisation, Verschlimmerung. ▸ Erzeugung, Fortschritt, Reform, Sittlichkeit.

verderbt → arg, bestechlich, charakterlos, niederträchtig, schlecht.

Verderbtheit Untugend, Zersetzung, Auflösung, Verfall, Verfallserscheinung, Entsittlichung, Dekadenz, Marasmus, Prostitution, Entwertung sittliche, Abstieg, Tiefstand, Verrohung, Barbarei, Irrweg, Abweg, Verbildung, Schlechtigkeit, Bösartigkeit, Schädlichkeit, Verdorbenheit, Schandfleck, Fäule, Seuche, Laster, Lasterhaftigkeit, Abscheulichkeit, Niederträchtigkeit, Bosheit, Zerrüttung, Feilheit, Scheußlichkeit, Abscheulichkeit, Greuelhaftigkeit, Widerlichkeit, Verwilderung, Entartung. → Bosheit, Schlechtigkeit.

verdeutlichen → erklären.

verdichten → abdichten, abrunden, beengen, dichten, eindicken, erhärten, festigen.

verdichtet zusammengezogen, geteert, verstopft, zusammengeschlossen, gehärtet, dicht, unporös, fest, zäh, hart, körnig, geschlossen, widerstandsfähig, undurchlässig ● unlösbar, geronnen, gefroren, zusammengelaufen, verdickt, eingedickt, zusammengekittet ● zusammengeballt, kondensiert, komprimiert, beengt, erstarrt, abgelagert, verschlackt ● unteilbar, unlösbar, untrennbar, dauerhaft. ▸ flüssig, getrennt, lose, porös.

Verdichtung → Atmosphäre, Block, Dichte, Dunst, Erhärtung, Erstarrung.

verdicken → anschwellen, dichten, eindicken, erhärten.

verdickt geronnen, pappig, dicklich, käsig, seimig, gallertartig, schleimig, kleistrig, erhärtet, fest, verglast. ▸ flüssig.

Verdickung → Ansatz, Konglomerat, Erhärtung, Erstarrung.

verdienen → bereichern, erarbeiten, erlangen Reichtum, erwerben, Geld kommen zu.

Verdienst → Anteil, Arbeit, Bedeutung, Erlös, Gewinn, Leistung, Tugend.

verdienstlich → verdienstvoll.

Verdienstspanne → Marge.

verdienstvoll → brav, charaktervoll, lobenswert, schmeichelhaft.

verdient → achtbar, angesehen, brav, ehrsam, rechtschaffen.

verdinglichen konkretisieren, greifbar machen.

verdolmetschen → deuten, erklären.

Verdolmetschung → Übersetzung.

verdonnern → verurteilen.

verdoppelt dubliert. → doppelt, einmal, noch.

Verdoppelung → Dublette, Echo.

verdorben schlecht, ungesund, verfault, verrottet, faul, stinkend, pestilenzialisch, ungenießbar, widerlich, unbrauchbar, ranzig, faulig, wertlos, umgeschlagen ● sündhaft, lasterhaft, verdammt, unredlich, unsittlich, verworfen, verderbt, verstockt, ruchlos, schamlos, unverbesserlich. → angeschlagen, faul, schlecht, unansehnlich, unappetitlich. ▸ appetitlich, genießbar, gut, sittlich.

Verdorbenheit → Bosheit, Demoralisation, Schlechtigkeit, Unwert.

verdorren → abblühen, abnehmen, abtrocknen, austrocknen, beeinträchtigen.

verdorrt verwelkt, abgeblüht, welk, ausgetrocknet, saftlos, fleischlos, abgestorben, verblüht. → trocken. ▸ entwickelt, taufrisch.

verdrängen abschieben, verbannen. → auftreten für, ausfüllen, bemächtigen, beeinträchtigen, ersetzen.

verdrecken → beschmutzen.

verdrehen verschieben, verkantern, ändern, verstellen. → anführen, bemänteln, Bock als Gärtner, deuteln, Dunst vormachen, einschleichen sich in die Gunst, entstellen, erfinden, herbeiziehen, lügen, tauschen die Rollen.

verdreht umgekehrt ● verärgert. →absurd, chaotisch, durcheinander, einseitig, entstellt, er-

funden, irrsinnig, krumm, schief, tendenziös, verwirrt.

Verdrehung Umbiegung, Entstellung → Entstellung *sm.* → Auswuchs, Betrug, Darstellung unrichtige, Entstellung, Erfindung, Falschheit, Lüge, Täuschung.

verdreschen → dreschen, prügeln.

verdrießen quälen, ärgern, aufregen, mißfallen, belästigen, beschweren, sauer ankommen, nicht recht sein, kümmern, erbosen, Nagel zum Sarg, versauern, die Lust nehmen, bedrängen, aufreizen, erbittern, verschnupfen, trüben, verletzen, behelligen, heimsuchen, Verdruß verursachen. → ärgern, aufregen, erbosen, erdolchen, mit den Blicken, grämen sich, Magen liegen im, mißfallen. ▸ erfreuen.

verdrießlich mißfällig, unerquicklich, unerträglich, unerwünscht, unfriedlich, unerfreulich, ungemütlich, unglücklich, unglückselig, unzufrieden, betrübt, launisch, düster, mißvergnügt, lustlos, trübsinnig, mutlos, gereizt, grämlich, griesgrämig, mürrisch, sauertöpfisch, verdrossen, das ist ihm in die Krone gefahren. → ärgerlich, aufgelegt, bärbeißig, beklemmend, bitter, böse, brummig, cholerisch, erbittert, fassen sich kurz, freudlos, gelaunt, peinlich, schmerzlich, übel sein, unangenehm, unbefriedigend, unzufrieden. ▸ erfreulich.

Verdrießlichkeit → Ärger, Ärgernis, Bärbeißigkeit, Bekümmernis, Beschwerde, Erbitterung, Unstimmung.

verdrossen → arbeitsunfähig, ärgerlich, aufgelegt, bequem, mürrisch, übel sein, unzufrieden, verdrießlich.

Verdrossenheit → Bitterkeit, Erbostheit, Verdruß.

verdrücken, sich → abhauen.

Verdruß Leid, Unheil, Trübsal, Kummer, Unbill, Unbehagen, Ungelegenheit, Ungemach, Unannehmlichkeit, Mißfälligkeit, Quälerei, Verdrossenheit, Pein, Leidwesen, bittere Pille, Leidensweg, Leidensgang, Leidenskelch, bitterer Kelch, in Teufels Küche, Hölle auf Erden, Schweinerei *u*, Scheiße *u*, Sauerei *u*, Schlamassel *u*, Biesterei *u*, Dreck *u*, Brühe *u*, Malheur *u*, Sauce *u*, Suppe *u*, Verärgerung, Widerwärtigkeit, Plage, Bürde, Last. → Ärger, Ärgernis, Beschwerde, Bitterkeit, Bürde, Erbitterung, Unstimmung, Zorn. ▸ Erleichterung, Freude.

verduften → abhauen, aufbrechen, bedecken, begeben

sich, bewegen sich, davonmachen sich, enteilen, entfernen sich, Fersengeld geben, machen sich davon, Reißaus nehmen, schleichen sich fort.
verduftet → über alle Berge.
verdummen versagen, sich Blößen geben, an Einsicht mangeln lassen, zu hoch finden, nicht mitkommen, nicht kleinkriegen, nicht verstehen, es gebricht an Verstand, dumm sein. → beeinträchtigen, bleiben zurück. ▶ lernen, verstehen.
verdunkeln → abblenden, anschwärzen, bedecken, bemänteln, beschatten, bewölken, binden nicht auf die Nase, dunkeln, verdecken, verleumden.
Verdunkelung → Blende, Dämmer, Dunkel, Verheimlichung.
verdünnen verwässern. → panschen, strecken, vermindern.
verdünnisieren, sich → davonmachen sich.
verdünnt → dünn.
verdunsten verdampfen, verduften, verfliegen, verflüchtigen, vergasen, verrauchen, verschwelen ● ausdünsten, schwitzen, glosen. → dampfen, entdampfen. ▶ dichten, festigen, regnen.
Verdunstung Verflüchtigung, Ausdünstung, Verdampfung, Vergasung, Vernebelung, Versprühung. → Erwärmung. ▶ Abkühlung, Erstarrung, Niederschlag.
verdursten vertrocknen, eintrocknen, abtrocknen, ausdorren, verdorren, eindorren, dorren, trocknen, dürren, versiegen, verwelken, welken, verschmachten ● dürsten, Durst haben, trinken müssen, zu sich nehmen müssen, trockene Zunge haben, lechzen, umkommen, sterben, eingehen. ▶ bewässern, trinken.
verdüstern verfinstern, verdunkeln, dunkeln, beschatten, benachten, auslöschen, erlöschen, ausmachen, ausblasen, abschalten, abblenden ● grämen, härmen, betrüben sich, trauern, schweres Herz haben, sich zu Herzen nehmen, sich dem Gram hingeben, die Flügel hängen lassen, schwarz sehen, unken, schmollen, grübeln, sich Sorge machen, sich graue Haare wachsen lassen ● verzweifeln, verzagen, sich aufgeben, mit der Welt zerfallen, an die Menschen nicht mehr glauben können ● wahnsinnig werden, den Verstand verlieren, schwermütig werden, krank werden, irr werden. → bewölken, dunkeln. ▶ aufheitern.

verdüstern, sich → dämmern, verdüstern.
Verdüsterung Hoffnungslosigkeit, Verzweiflung, Verzagtheit, Weltschmerz, Verlassenheit, Trostlosigkeit, Enttäuschung, Enthoffnung, Niedergeschlagenheit, Aussichtslosigkeit ● Gedrücktheit, Traurigkeit, Seelennot, Mutlosigkeit, Düsterkeit, Seelenwundheit, Melancholie, Schwermut, Lebensüberdruß, Freudlosigkeit, Freudeleere, Schwarzseherei, Weltschmerz, Überdruß, Grillenfängerei, Kopfhängerei, Gespensterseherei, Verfolgungswahn, Kleinmut, Minderwertigkeitsgefühl, Selbstanklage, Selbstqual, Tiefsinn ● Dunkelheit, Finsternis, Nacht, Dämmerung, Beschattung, Umwölkung, Verfinsterung, Düsterheit, Düster. → Dunkel. ▶ Freude, Sonnenschein.
verdutzt → baff, verwundert.
verebben → abflauen.
veredeln okulieren. → ausbessern, Blut auffrischen, verbessern, züchten.
verehelichen → beigesellen.
verehelicht → ehelichen.
verehren lieben, anbeten, bewundern, vergöttern, hochachten, hochschätzen, auf den Händen tragen, bis in den Himmel heben, in Liebe erglühen, vergaffen, vernarrt sein, schwärmen, entbrennen, sich die Augen aus dem Kopf sehen, mit den Blicken verzehren, umwerben, verhätscheln, verziehen ● achten, bevorzugen, preisen, schätzen, verherrlichen, huldigen, verklären ● beten, an Gott wenden, fromm sein, Gott preisen, lobsingen, lobpreisen, opfern, anrufen, glorifizieren, Knie beugen ● darbieten, erfreuen mit, schenken. → achten, anbeten, auszeichnen, beloben, beten, bevorzugen, Cour schneiden, darbieten, dienen, schätzen, schenken, tragen auf den Händen. ▶ geringschätzen, verabscheuen.
verehrenswert → ehrenwert.
Verehrer → Anhänger, Bewerber, Buhle, Courmacher, Freund.
verehrt → achtbar, angesehen, beliebt, populär.
Verehrung Hochachtung, Ehrfurcht, Achtung, Wertschätzung, Würdigung, hohe Meinung, Vergötterung, Huldigung, Kniefall, Fußfall, Ehrerweisung, Verbeugung, Auszeichnung, Ansehen, Popularität ● Herzlichkeit, Wohlwollen ● Gottesfurcht, Gläubigkeit, Ergebenheit, Gottvertrauen, Begeisterung, Entzückung, Verzückung, Inbrunst. → Begeisterung,

Christabend, Empfehlung, Liebe, Meinung hohe, Pietät.
▶ Geringschätzung, Verruchtheit.
Verein → Clique, Vereinigung.
vereinbaren übereinkommen, anpassen, einrichten, angleichen, in Deckung bringen, festlegen, beistimmen, zustimmen, ja sagen, annehmen, eingehen auf, der Ansicht beitreten, der Meinung huldigen, für gut befinden, anerkennen, verpflichten, handelseinig werden, abmachen, feststellen, festsetzen, einen Vertrag schließen, ein Abkommen treffen, vergleichen, aushandeln. → abmachen, anordnen, arrangieren, festlegen. ▶ ablehnen, widersprechen.
vereinbart → abgekartet.
Vereinbarung Agreement, Absprache. → Abkommen, Ausgleich, Bedingung, Beilegung, Convention, Klausel, Vertrag.
vereinen, sich sich die Hand reichen, zusammenkommen, zusammenstimmen, übereinstimmen, harmonieren, verbrüdern sich, vertragen sich, zusammenwirken, sich verstehen, Freundschaft halten, zusammengehen, zusammenarbeiten, mit vereinter Kraft vorgehen, sich zusammentun. ▶ trennen, verfeinden sich.
vereinfachen vereinheitlichen, gleichmachen, vereinzeln ● keinen Prunk entfalten, zur Natur zurück, prunklos, ungeschmückt, ungekünstelt, unkompliziert machen ● abrunden, kürzen, versimpeln, banalisieren, handlicher gestalten, klarer formulieren ● rationalisieren, schematisieren, typisieren. → erleichtern. ▶ erschweren, prunken.
vereinheitlichen normalisieren. → abrunden, absondern, vereinfachen.
vereinigen → anhäufen, anmachen, begegnen, beifügen, beigesellen, beitreten, berufen, eingehen, erfassen, fassen, festhalten, gruppieren, konzentrieren, sammeln, verbinden, verknüpfen.
vereinigen, sich sich begegnen, sich verbinden, sich befreunden, in Verkehr stehen, sich vertragen, übereinkommen, Partei bilden eine, sich koalieren ● zusammenlaufen, zusammenstehen, zusammenfließen, zusammenrotten, sammeln, konzentrieren, aufmarschieren, zusammentreffen, zusammentun, zusammenscharen, helfen, einen Bund schließen, sich verschwören, auf die Seite schlagen, die Köpfe zusammenstecken, verbrüdern sich, aus einem Napf essen. → anbändeln, beteili-

gen sich, scharen sich. ▶ auseinandergehen, hemmen, trennen, verfeinden sich.

vereinigt → beigeordnet, beisammen, gemeinsam, zusammen.

Vereinigung Bund, Gemeinschaft, Genossenschaft, Gesellschaft, Gesellschaftsverband, Gewerkschaft, Gilde, Gruppe, Fusion, Gremium, Kaste, Kartell, Körperschaft, Kreis, Konzern, Liga, Partei, Schar, Schicht, Sekte, Syndikat, Trupp, Ring, Union, Trust, Verband, Verbindung, Bruderschaft, Burschenschaft, Zunft, Zusammenschluß ● Schar, Schwarm *j.* → Anschluß, Beitritt, Block, Bündnis, Clique, Einbeziehung, Einheit, Einmischung, Einmündung, Familie, Gemeinschaft, Kombination, Körperschaft, Ring, Verbindung ● Aggregat. ▶ Trennung.

vereinsamen langweilen, vertrauern, trennen sich, absondern sich, eigene Wege gehen, das Leben eines Sonderlings führen, sich allein durchschlagen, keine Freunde haben, abgeschieden leben, zurückziehen sich, abschließen sich, der Welt entsagen, die Gesellschaft meiden, einpuppen sich, einspinnen sich, lossagen sich, die Menschen fliehen, verbergen sich, keinen Umgang pflegen, aus dem Wege gehen, der Rükken kehren, die kalte Schulter zeigen, leben wie eine Nonne, ins Kloster gehen, ein Mönchsdasein führen, man schenscheu sein, sich allen entfremden, einsiedlerisch leben, in die Einsamkeit gehen, ungastlich sein, die Gesellschaft meiden. ▶ gesellen sich.

vereinsamt ungesellig, menschenscheu, einschichtig, eingängig, weltfremd, einsiedlerisch, zurückgezogen, häuslich, zurückhaltend, unnahbar, unzugänglich, ungastlich, abweisend, gottverlassen, einsam, mutterseelenallein, alleinstehend, friedlos, freundlos, geflohen, gemieden, verachtet, unwillkommen, traurig, trostlos, ohne Trost, allein, desolat, abgeschieden, gesondert, verlassen, selbstgenug, abgesondert. → allein, gemieden. ▶ gesellig, (in Gesellschaft von), (weltnah).

Vereinsmeier Vereinsfreund.

vereint verbunden, vereinigt, gemeinschaftlich, Hand in Hand, Arm in Arm, zusammen, mitsamt, kopuliert, verheiratet, verehelicht, verlobt ● dicht, ungelockert,

fest, verknüpft ● gesellschaftlich, bündisch, unter einer Decke, geschlossen, zünftig, im Bündnis mit, im Einverständnis mit. → beisammen, brüderlich, ein Herz und eine Seele, ein Mann wie, einhellig, gemeinsam, Herz und Hand mit, zusammen. ▶ getrennt.

vereinzeln → absondern, isolieren.

vereinzelt abgesondert, allein, beziehungslos, geteilt, getrennt, isoliert, unbegleitet, unverbunden, unzusammenhängend, ungepaart, für sich, ohne Fühlung, vereinsamt. → abnorm, allein, alleinstehend, anders, auseinander, berührungslos, beziehungslos, dann und wann, einer nach dem andern, einmalig, einsam, einzeln, episodisch, fern, gelegentlich, geteilt, getrennt, kaum, rar, selten, separat. ▶ verbunden, zusammen.

Vereinzeltheit → Detail.

Vereinzelung → Ausnahme, Einmaligkeit, Einzelfall.

vereisen → abkühlen, beschlagen, gefrieren.

vereist → bereift, eisig.

Vereisung → Erstarrung, Kälte.

vereiteln hindern, zu Fall bringen, verhindern, das Handwerk legen, verhüten, niederhalten, verzögern, erschweren, entgegenarbeiten, den Mund verbinden, vorbeugen, einen Maulkorb vorhängen, abwenden, versperren, eindämmen, einmischen, erwehren, dazwischentreten, ein Schnippchen schlagen, Knüppel zwischen die Beine werfen, einen Strich durch die Rechnung machen, die Tour vermasseln *u,* die Fahrpläne verderben *u,* abwehren, fesseln, lähmen, ketten, lahmlegen, behindern, stören, zu Fall bringen, unterbrechen, dämpfen. → abwehren, aufhalten, aufwerfen, beeinträchtigen, bekämpfen, bezwingen, dawider, dazwischentreten, durchkreuzen, Einspruch erheben, Fall bringen zu, Flügel beschneiden, Handwerk legen das, Quere kommen in die, verhindern. ▶ ermutigen, helfen, zusprechen.

Vereitelung → Aufenthalt, Beschwernis, Fehlgeburt, Verhütung.

Vereiterung → Fäulnis.

verekeln abgeneigt machen, Ekel erregen, Übelkeit hervorrufen, Anstoß geben, mit Abscheu erfüllen, mit Widerwillen erfüllen, Ablehnung hervorrufen, Unwillen wachrufen.

Verelendung → Armut.

verenden → bleiben auf dem

Platze, brechen den Hals, ersaufen, sterben.

Verengung Schrumpfung, Schwund, Abnahme ● Einschränkung, Beschränkung ● Verkürzung, Verengerung, Verkleinerung ● Zusammenziehung, Verminderung ● Begrenzung.

vererben → beschenken, geben, Testament machen sein.

vererbt → erblich.

verewigen überdauern, fortsetzen, anhalten, fortdauern, durchhalten, Bestand haben, mit eisernem Griffel schreiben, einkratzen, einritzen, bleiben, kein Ende nehmen, überstehen. ▶ vergehen.

Verfahren Machart, Prozedur, Vorgang, Weg, Manier, Art und Weise, System, Richtlinie, Methode, Lehrgang, Stil, Besorgung, Ausübung, Gebaren, Handhabung, Verlauf ● gerichtliches Verfahren. → Affäre, Anwendung, Ausdrucksweise, Behandlung, Darstellungsweise, Kunstform, Stil, System, Weg.

verfahren → aufführen, anstellen, benehmen sich, bleiben stecken, durcheinander machen, tun, verhalten sich.

verfahren, sich → bleiben stecken, irren sich, ungeschickt, versagen.

Verfall → Abnahme, Beschädigung, Brand, Dekadenz, Demoralisation, Desorganisation, Ende böses, Entartung, Fäulnis, Neige, Niedergang, Schwäche, Unkultur, Verderbnis, Verschlimmerung, Zerstörung.

verfallen verrotten, faulen, absterben, vermodern, verlottern, verfaulen, rosten, zerrütten, verderben, verweichlichen, entarten, entsittlichen, demoralisieren, verwildern, verbauern, sich auflösen, zerfallen, zerbröckeln, zusammenbrechen, vergehen, verkommen, abgleiten, dem Untergang geweiht. → abblühen, abbrauchen, abnehmen, alt, altern, auszehren, baufällig, begehen, dürren, entarten, ungültig, verderben, verschlimmern. ▶ aufbauen, erneuern.

verfälschen beeinträchtigen, → beifügen, bemänteln, deuteln, erdichten, fälschen, lügen, panschen, täuschen.

Verfälschung → Darstellung unrichtige, Entstellung, Entweihung, Lüge, Täuschung.

verfangen nachwirken, einschlagen, veranlassen.

verfänglich verführerisch, perfid. → bedenklich, blendend, dahingestellt, scheinbar, schwierig, unsicher.

verfärben, sich die Farbe verlieren, abfärben, abschießen, ausgehen ● erblassen, erbleichen, sich fürchten, Angst haben, die Fassung verlieren, kreidebleich ● erröten, sich schämen, sich genieren, die Hände vors Gesicht halten, die Schamröte ins Gesicht treiben. → blaß, Farbe wechseln. ▶ farbecht (sein), Furcht ohne.

verfassen komponieren. → abfassen, konzipieren, schreiben.

Verfasser → Arbeiter, Schreiber, Schriftsteller, Urheber.

Verfassung Gemütsanlage, Gemütsart, Art, Gemüt, Lage, Anlage, Natur, Zustand, Eigenschaft, Beschaffenheit, Denkweise ● Staatsordnung, Regierungsweise, Regierungsform, gesetzgebende Gewalt, Übereinkommen, Vertrag, Sanktion, Staatsgrundgesetz, Konstitution, Grundgesetz. → Affekt, Anwandlung, Atmosphäre, Bemächtigung, Charakter, Denkart, Disposition, Geisteszustand, Gemüt, Gemütszustand, Konstitution, Lage, Recht.

Verfassung verstoßen, gegen die → brechen das Gesetz.

verfassungsgemäß → legal.

verfassungswidrig → ungesetzlich.

verfaulen → faulen, verderben, verfallen.

verfault → faul, schlecht, verdorben.

verfechten → bekämpfen, disputieren, verteidigen.

Verfechter → Dickkopf, Eiferer, Kämpfer.

verfehdet nicht gewogen, spinnefeind, entzweit, auseinander, verfeindet, todfeind, feindlich, unversöhnlich, feindselig, in Fehde. → feindlich. ▶ befreundet.

verfehlen → ausstehen, begehen, brechen die Pflicht, fehlen, Geleise geraten aus dem, irren sich, verfehlen sich, vernachlässigen, verpassen.

verfehlen, sich verspäten sich, verschlafen, verzögern, versäumen, verirren sich, fehlgehen, irregehen, scheitern, fehlschießen, auf falscher Fährte, straucheln, fehlen, nicht treffen, nichts ausrichten, Mißerfolg haben, verabsäumen, versagen, sündigen. → brechen das Gesetz, verpassen. ▶ gelingen, hinzielen, treffen, zurechtkommen.

verfehlt mißraten, schief. → erfolglos, mißglückt, nutzlos, umsonst, unangebracht, unzweckmäßig.

verfeinden → aufhetzen, bal-

gen, brechen mit, entzweien.

verfeinden, sich → balgen, brechen mit, differieren, entzweien, streiten, überwerfen sich mit.

verfeindet → entzweit, feindlich, todfeind, verfehdet.

verfeinern → erziehen, verbessern.

Verfeinerung Verdünnung, Raffinierung, Auflockerung, Verbesserung, Überarbeitung, Veredelung, Aufschönung, Reinigung. → Bearbeitung, Benehmen, Geschmack, Schönheit. ▶ Geschmacklosigkeit, Häßlichkeit, Unhöflichkeit, Verdickung, Vergröberung.

verfemen → ächten, boykottieren, strafen.

verfemt → gerichtet, unmöglich, verachtet.

Verfemung → Ächtung.

verfertigen → erfüllen, herstellen, machen, tun.

verfestigen festigen, fest machen, erhärten, versteinern, versetzen mit, einschnüren, hart machen, gerinnen, verglasen, verdicken, zusammenpressen. → erstarren. ▶ losmachen, verdünnen.

verfilzen verhaspeln, verschlingen, ineinanderschlingen, ineinanderfügen ● filzig werden, unansehnlich werden ● geizig sein. ▶ freigebig (sein), lockern.

verfinstern → abblenden, beschatten, bewölken, dunkeln, verdüstern.

Verfinsterung → Dämmer, Dunkel.

verflechten verbinden, verketten, fusionieren, verwickeln, verschlingen, verknoten, spleißen sm, verwirren, verhaspeln, verdrehen, vermengen, vermischen → drehen, knüpfen, schürzen, verfilzen. ▶ lockern.

verfliegen → verdunsten, vergehen, versiegen, Kurs abkommen vom.

verfließen → ausfließen, aufhören.

verflixt → abscheulich, au.

verflochten geflochten, verwoben, verschlungen, überkreuzt, kreuzweise, gitterförmig, vergittert.

verflossen → dahingegangen, damals, einstig, vergangen.

verfluchen vermaledeien, → ächten, fluchen.

verflucht → abscheulich, beißend, bitter, böse, verdammt.

verflüchtigen → bedecken, dampfen, entdampfen, verdunsten, verschwinden, versiegen.

Verflüchtigung → Dunst, Verdunstung.

Verfluchung → Acht, Ächtung, Bannfluch, Fluch.

verflüssigen schmelzen, auf-

tauen, auflösen, zergehen, zerfließen, zerrinnen, zerlaufen, in Fluß kommen, tauen, wäßrig werden. → auflösen. ▶ verfestigen.

verfolgen folgen, nachforschen, nachjagen, nachspüren, nachfolgen, nacheilen, jemandem auf den Socken sein, treiben, bedrängen, hetzen, jagen, plagen, pirschen, beschatten, nachspionieren, auf den Hacken sitzen, auf den Socken sein u ● verfolgen lassen, auf den Hals schicken, jemanden hetzen ● studieren, sinnen, untersuchen, überlegen, erörtern, im Auge behalten, ausfindig machen. → aufwerfen die Frage, auswischen, beabsichtigen, beeinträchtigen, befinden, Ferse folgen auf der, jagen, nacheilen, nachgehen auf Schritt und Tritt, nachstellen. ▶ befreundet sein, erklären, vernachlässigen, vorangehen.

Verfolger Treiber, Hetzer, Jäger, Nachhut, Nachläufer, Nachfolger, Umzingler, Rächer, Rachegott ● Schürzennachläufer.

Verfolgung → Beflissenheit, Bewerbung, Bosheit, Jagd.

Verfolgungswahn → Angst, Besessenheit, Schwachsinn.

verformbar → formbar, wandelbar.

verformen → umformen.

verfrachten → absenden, befördern, beladen, einschikken, expedieren, transportieren.

Verfrachtung → Absendung, Transport.

verfressen gefräßig, ausgehungert, gierig.

verfrüht → beizeiten, ehestens, vorzeitig.

verfügbar parat, gerichtet, benützbar, bereit, vorrätig, bereitgestellt, vorhanden, erhältlich, greifbar, gebrauchsbereit, gebrauchsfertig, verwendbar, griffig, brauchig. ▶ fehlend.

verfugen → abdichten.

verfügen anordnen, Anordnung treffen, befehlen, bestimmen, anempfehlen, verordnen, entscheiden, planen, vorbereiten, vorschreiben, erlassen, beschließen ● zu Gebot stehen, haben, besitzen, sein eigen nennen, handhaben, verarbeiten, in Anspruch nehmen, sich bedienen ● sich zur Verfügung stellen ● anordnen, bahnen, befehlen, begehren, beordern, bestimmen, diktieren, dirigieren, erlassen, gruppieren, haushalten, heißen, organisieren. ▶ dunkeln lassen im, gehorchen, verwirren, widersetzen sich.

verfügt befohlen, angeordnet,

beordert, verordnet, vorgeschrieben, festgesetzt, erlassen, von oben, auf Anordnung oder Befehl, dienstlich, auf Kommando.
Verfügung → Anordnung, Auflage, Auftrag, Befehl, Bekanntgabe, Cirkular, Dekret, Entscheidung, Kodex, Paragraph.
Verfügung, richterliche → Dekret.
Verfügung stehen, zur bereit sein, angreifen, anfassen, anpacken, arbeiten, mitwirken, zugreifen, sich betätigen, mittun ● haben, besitzen, gehören, eignen, beanspruchen. → verfügen. ▶ fehlen, widersetzen sich.
verführbar charakterlos. → willensschwach.
verführen verlocken. → beeinflussen, begeistern, bewirken, Bock als Gärtner, brechen die Ehe, herumkriegen, kokettieren, liebäugeln, reizen, Schlinge legen eine, verleiten, versuchen, vernaschen u.
Verführer → Bacchant, Casanova, Ehrenräuber, Faun, Gaukler, Schlepper, Wüstling.
verführerisch → auffallend, ausschlaggebend, beeinflussend, blendend, buhlerisch, berauschend, gleisnerisch, charmant, erotisch, kokett, üppig.
Verführung Versuchung, Verlockung, Verleitung, Sinnenreiz, Betörung, Zuflüsterung, Einflüsterung, Verbleidung, Anstiftung, Benebelung, Blendwerk, Lockmittel, Anreiz, Anlockung. → Anziehung, Beeinflussung, Beispiel, Bezauberung, Unkeuschheit. ▶ Einflußlosigkeit.
vergaffen, sich → fangen Feuer, verlieben.
vergällen → ärgern, deprimieren, verdrießen.
vergaloppieren, sich sich verheddern, sich verhaspeln. → irren sich.
vergammeln verlottern, verkommen.
vergangen früher, verflossen, überholt, überlebt, einstig, gestrig, damalig, vergessen, verwichen, veraltet, ehemals, verblichen, verstrichen, vorbei, vorüber. → dahingegangen, einstig, gewesen, verfärben sich. ▶ zukünftig.
Vergangenheit Perfektum, Imperfekt, Ahnenzeit, Geschichte, Vorzeit, Vorwesen, Vorleben, Urzeit, Altertum, Gewesenes, gewesene Tage, Steinzeit, Bronzezeit, Eisenzeit. ▶ Zukunft.
Vergangenheit, dunkle Ehrlosigkeit, Unehre, Ruhmlosigkeit, Namenlosigkeit, Unberühmtheit, Unbekanntheit, Unwürdigkeit, Makel, Mißkredit, schlechter Ruf. ▶ Charakterstärke, Makellosigkeit.

vergänglich sterblich, irdisch, hinfällig, flüchtig, kurzlebig, temporär, kurz, zeitlich, wandelbar, zeitgebunden, zeitweise, zeitweilig, geschwind, schnell, unbeständig, veränderlich, verschwindend, vorübergehend, wankelmütig, unstetig. ▶ unvergänglich, zeitlos.
Vergänglichkeit Hinfälligkeit, Staub, Flüchtigkeit, Kürze, Zeitlichkeit, Unbeständigkeit, Wandelbarkeit, Beweglichkeit, Wankelmut, Wetterfahne, Kurzzeit, Unbestand, Sterblichkeit, Kurzlebigkeit. → Asche, Eintagsfliege, Schaum. ▶ Unvergänglichkeit.
vergasen → blähen, töten, verdunsten.
Vergasung → Dunst, Verdunstung.
vergeben → austeilen, begnadigen, begraben, beschenken, entschuldigen, erlassen, verteilen.
vergeben, sich etwas → sich erniedrigen.
vergebens, vergeblich → erfolglos, nutzlos, umsonst.
Vergebung Versöhnung, Verzeihung, Aussöhnung, Begnadigung, Amnestie, Absolution, Friedenspfeife, Entgegenkommen, Gnade, Nachsicht, Erlassung, Entbindung, Ablaß, Pardon ● Verteilung, Zuweisung, Anweisung, Austeilung. → Ablaß, Amnestie, Aussöhnung, Barmherzigkeit, Bellegung, Beruhigung, Charitas, Entschuldigung, Nachsicht, Verzeihung. ▶ Unversöhnlichkeit, Verurteilung, Zurücknahme.
vergegenwärtigen, sich → denken, überlegen, zeigen.
Vergehen → Delikt, Fehler, Fehltritt, Schuld, Unrecht, Verbrechen, Verstoß.
vergehen verrinnen, ein Ende nehmen, vorübergehen, verstreichen, entschwinden, enteilen, verfliegen ● erlöschen, sterben, verwehen, veralten, versinken, aufhören ● schmelzen, tauen, verschwinden, verdunsten, sich verflüchtigen. → abblühen, altern, bedecken, benehmen die Aussicht, brennend, einschlummern, entschlafen, erlahmen, ermatten, ersaufen, fallen, fangen Feuer, faulen, sterben, verbergen, verderben. ▶ aufblühen, bleiben, entstehen, leben.
vergehen, sich gewalttätig handeln, sündigen, Schuld auf sich laden, das Gesetz brechen, vergewaltigen, sich vergessen, straucheln, ent

gleisen, abirren, verkommen, fehlen, ausgleiten, notzüchtigen, schänden, mißbrauchen, zu Fall kommen. → ausgleiten, brechen die Ehe, Fall bringen zu. ▶ charaktervoll (sein).
vergehen vor → außer sich.
vergeistigen verinnerlichen, veredeln, vertiefen, emporheben, kultivieren.
vergelten sich revanchieren, ersetzen, danken, sich erkenntlich zeigen, Dank zollen, belohnen, besolden, vergüten, schadlos halten ● sich rächen, ahnden, heimzahlen, wettmachen, Genugtuung fordern, Mütchen kühlen, den Spieß umkehren, das Blatt wenden, sein Fett kriegen, alte Scharten auswetzen, Wurst wider Wurst u ● mit jemandem quitt werden u. → abrechnen, ahnden, anerkennen, anstreichen, belohnen, danken, einbringen, eintrönken, entgelten, entlohnen, erkenntlich zeigen sich, erwidern, rächen. ▶ vergeben, vergessen.
Vergeltung Genugtuung, Sühne, Entschädigung, Abrechnung, Ersatz, Ausgleich, Erwiderung ● Dank, Erkenntlichkeit, Danksagung, Vergütung, Entgeltung, Belohnung, Anerkennung, Gegendienst ● Rache, Revanche, Ahndung, Blutrache, Blut für Blut, Blatt wenden, Haß. → Ausgleich, Belohnung, Bestrafung, Buße, Dank, Entlohnung, Entschädigung, Erkenntlichkeit, Ersatz, Gegenleistung, Rache, Rückgabe, Rückzahlung, Satisfaktion. ▶ Vergebung.
vergessen entfallen, verdrusseln u, liegen lassen, entschlüpfen, verschwitzen, entschwinden, verlieren, verlernen, verlöschen, aus dem Sinn kommen, sich nicht mehr entsinnen, das Kreuz machen, es geht zum einen Ohr hinein zum anderen hinaus ● Dank vergessen, undankbar sein ● verzeihen, vergeben, nichts nachtragen ● in Vergessenheit geraten, im Sande verlaufen, Gras darüber wachsen lassen, Schwamm darüber, unter den Tisch fallen lassen. → begraben, entfallen, Faden verlieren den, vergangen, verschmerzen. ▶ vergelten, wissen.
vergessen, sich → abweichen, ausgleiten, begehen, brechen die Ehe, brechen das Gesetz, entgleisen, Fall bringen zu, vergehen sich, wüten.
Vergessen suchen → betäuben.
Vergessenheit Nichts, Nirwana, Fluß, Lethe, Nichtig

keit, Unterbewußtsein, Wesenlosigkeit, Tilgung, Verschwinden. → Aussöhnung, Verzeihung. ▶ Gedächtnis.

vergeßlich → erinnerungslos, nachlässig, oberflächlich, zerstreut.

Vergeßlichkeit → Gedächtnisschwäche, Gedankenlosigkeit.

vergeuden → aufwenden, ausgeben, beseitigen, durchbringen, mißbrauchen, verschwenden, vertrödeln.

Vergeudung → Unwirtschaftlichkeit, Verlust, Verschwendung.

vergewaltigen schänden, notzüchtigen, zwingen, verführen, schwächen, mißbrauchen, entehren, die Ehre rauben, Notzucht treiben, umlegen ● das Recht mißbrauchen, das Gesetz brechen. → berauben, notzüchtigen. ▶ enthalten sich, widersetzen sich.

Vergewaltigung → Beeinflussung, Beraubung, Demagogie, Diktatur, Notzucht, Schändung, Zwang.

vergewissern, sich → anschauen, erkundigen.

vergießen → ausschütten, ausfließen.

vergießen, Blut hinschlachten, hinopfern, erlegen, niedermetzeln, niederschießen, morden, meucheln, totschlagen, niedermachen, streiten, kämpfen, abschießen, ein Blutbad anrichten ● leiden, erdulden, ertragen. → töten.

vergießen, Tränen → klagen, weinen.

vergiften → ausrotten, töten.

Vergiftung → Infektion.

Vergißmeinnichtblau → Blau.

vergittert → durchbrochen, geschlossen.

Verglasung → Bedeckung, Erstarrung.

Vergleich Gegenstück, Verbindung, Gleichnis, Kontrast, Gegenüberstellung, Metapher, Sprachvergleichung, Analogie, Allegorie, Parabel, Austrag, Ausgleich. → Abkommen, Anspielen, Ausgleich, Aussöhnung, Beilegung, Bescheinigung, Vertrag. ▶ Ablehnung, Differenz, Unversöhnlichkeit.

vergleichbar → entsprechend, parallel.

vergleichen gegenüberstellen, messen, nebeneinanderstellen, gleichsetzen, heranziehen, Parallelen ziehen, vergleichsweise, Vergleiche anstellen, kollationieren, hinweisen auf, anführen. → annehmen, beitreten, beurteilen, bieten, charakterisieren. ▶ ablehnen, mißdeuten, verweigern.

vergleichen, sich ausglei-

chen, vermitteln, schlichten, austragen, sich vertragen, beilegen, regeln, sich einigen, handelseinig werden, sich aussöhnen, versöhnen sich, begütigen, beschwichtigen, sich verständigen. ▶ bestehen auf, verfeinden sich.

vergleichsweise → bezüglich, relativ.

verglimmen → erlöschen, zerfallen.

verglühen → erlöschen, zerfallen.

Vergnügen Frohsinn, Olymp, Kurzweil, Festlichkeit, Lust, Lustbarkeit, Genuß, Flitterwochen, Ausspannung, Zerstreuung, Freude, Zeitvertreib, Pläsier, Erholung, Befriedigung, Reiz, Annehmlichkeit, Vergnüglichkeit, Vergnügung, Wohlleben, Belustigung, Rutschpartie u, Spritztour, Wonnezeit, Glückstage ● Leckerbissen, Erquickung, Schwelgerei, Gaumenfreude, Frühschoppen, Schnabelweide. → Befriedigung, Belustigung, Delikatesse, Betrieb, Erbauung, Ergötzen, Freude, Genuß, Interesse, Lustgefühl, Lust. ▶ Arbeit, Verdruß.

vergnügen → amüsieren, anregen, behagen, erfreuen.

vergnügen, sich flott leben, sich des Lebens freuen, das Leben versüßen, freuen sich mit, sich ausleben, feiern, sich ergötzen, sich unterhalten, sich anregen, sich belustigen, sich verlustieren, vertändeln, sich berauschen, sich beseligen, den Sorgen aus dem Wege gehen, sich gütlich tun, sich bekämpfen, belustigen. ▶ arbeiten, langweilen, verdrossen (sein).

vergnüglich → amüsant, angenehm, erfreulich, ergötzlich, jovial, unterhaltend, vergnügt.

Vergnüglichkeit → Belustigung, Freude, Lust, Vergnügen.

vergnügt glückstrahlend, seelenvergnügt, lebensfroh, heiter, seelenfroh, wohlig, beseelt, wonnetrunken, glücklich, froh, frohgemut, lustig, fidel, ausgelassen, übermütig, quietschfidel u, quietschvergnügt u, juxig u, obenauf, putzig, pudelnärrisch ● fideles Haus, fideles Huhn u, lustiges Huhn u, toller Hecht u. → aufgelegt, aufgeräumt, behäbig, beruhigt, froh, frohgelaunt, himmelhochjauchzend, munter, selig, wohlgemut. ▶ verdrossen.

Vergnügung → Belustigung, Feier, Freude, Lust, Vergnügen.

Vergnügungsreisender Kur-

gast, Feriengast, Urlauber, Besucher, Reisender.

Vergnügungssucht → Unmäßigkeit.

vergnügungssüchtig → ausschweifend, bacchantisch, bedürfnisvoll, begehrlich.

vergolden → ausschmücken, bedecken, dekorieren.

vergönnen neiden, mißgönnen, beneiden, scheele Augen machen, auf den Teller gucken, vor Neid platzen. → begünstigen, darreichen, erlauben, gewähren. ▶ gönnen.

vergotten → loben, schmeicheln, vergöttern.

vergöttern vergotten, auf Händen tragen, lieben, vergaffen sich, bewundern, verehren, vergötzen, den Hof machen, verzärteln, verhätscheln, jeden Wunsch erfüllen, hochachten, hochschätzen, anbeten, verklären, in den Himmel heben. → anbeten, Cour schneiden, lieben, verehren. ▶ verabscheuen.

vergöttert → beliebt, geliebt.

vergraben → eingraben, einstampfen, verbergen.

vergrämt verbittert, verärgert. → alt, bitter, hypochondrisch, traurig, verdrießlich.

vergraulen unken, Trübsal blasen, schwarz sehen, grollen, sich grauen, sich quälen, sich betrüben ● sich fürchten, sich ängstigen, bangen, erbeben, erzittern, erschauern, erschrecken ● vermiesen, miesmachen. ▶ locken, mutig sein, vergnügen sich.

vergreifen, sich brechen das Gesetz, irren sich, mißbrauchen, vergewaltigen.

vergreisen → altern.

vergriffen verbraucht, ausgegeben, fort, verkauft, leer, blank, ausverkauft, ausgegangen, nicht vorhanden, fehlend, mangelnd.

Vergrößerung Entartung, Ausartung, Verwilderung, Verderbnis, Vermoderung, Fäulnis, Verwesung, Verheerung, Zerrüttung ● Vereinfachung. → Auswuchs, Häßlichkeit, Ungeschmack. ▶ Verfeinerung.

vergrößern mehren, verbreitern, ausbreiten, vervielfachen, ausdehnen, verstärken, entwickeln, vermehren, hinzufügen, erweitern, anschwellen, wachsen, verstärken, verdoppeln, strecken ● Lichtbild vergrößern. → anschwellen, aufbauschen, ausbreiten, ausdehnen, ausfüllen, blähen, dehnen, dick tun, dick werden, erhöhen sich, greifen um sich. ▶ verkleinern.

Vergrößerung Dicktuerei, Großmannssucht, Aufschneiderei, Großsprecherei, Geflunker, Protzerei, Prahlerei, Marktschreierei, Geschrei, Ruhmredigkeit ● Bild. → Ausbreitung, Dehnung, Erweiterung, Nachtrag, Steigerung. ▶ Bescheidenheit, Verkleinerung.

Vergrößerungsglas → Lupe.

Vergünstigung Entgegenkommen, Zugeständnis, Einräumung, Vorteil, Erleichterung, Verbilligung, Preisermäßigung, Bewilligung, Gestattung, Genehmigung. → Abzug, Ausnahme, Bestechung, Dienlichkeit, Einräumung, Ermäßigung, Erwählung, Gabe, Rabatt, Vorteil, Vorzug. ▶ Aufschlag, Einschränkung, Nachteil, Nutznießung.

vergüten ersetzen, vergelten, ausgleichen, decken, erstatten, austragen, aufwiegen, entschädigen, zurückerstatten, zurückgeben, abtragen, abgelten, tilgen, abliefern, berichtigen, bezahlen. → anerkennen, ausbaden, ausgeben, begleichen, belohnen, bezahlen, decken, einbringen, einlösen, entgelten, erkenntlich zeigen, erstatten, verbessern, vergelten. ▶ einnehmen, verweigern, wegnehmen.

vergütend → ersetzend.

Vergütung Bonifikation, Bonus. → Abfindung, Abzug, Ausgleich, Bezahlung, Bon, Buße, Dank, Entschädigung, Ersatz, Gegenleistung, Prämie, Provision, Rabatt.

Verhack → Beschwernis.

verhaften knebeln, inhaftieren, arretieren, internieren, in Ketten legen, packen, in Bande schlagen, ins Loch stecken, ins Gefängnis stecken, in Haft nehmen, in Gewahrsam nehmen, einschließen, einkerkern, festnehmen, einfangen, einbuchten *u*, einlochen, einspinnen, einstecken, hoch gehen lassen, hoch nehmen, hops nehmen *u*, beim Krips kriegen *u*, beim Schlafittchen nehmen *u*. → anhalten, bemächtigen, berauben, dingfest machen, fassen, fesseln, inhaftieren. ▶ freilassen.

verhaftet → dingfest, gekettet.

Verhaftung Inhaftnahme, Freiheitsberaubung, Gefangennahme, Einkerkerung, Einmauerung, Einsperrung, Einschließung, Gefängnis, Gewahrsam, Schutzhaft, Fesselung, Ankettung, Erfassung, Verhinderung. ▶ Bemächtigung, Beraubung. ▶ Freilassung.

verhallen zu Ende, zur Neige, vergehen, ausgehen, verrinnen, verlaufen, verfließen, ersterben ● leiser werden, verklingen, abdämpfen.

Verhalten Haltung, Art und

Weise, Verhaltungsweise, Aufführung, Gebaren, Benehmen, Einstellung, Betragen, Handlungsweise, Auftreten, Anstand, Führung ● Weise, Weg, Methode, Richtschnur, Handhabung. → Art und Weise, Ausweg, Benehmen.

Verhalten, liebenswürdiges → Anmut.

verhalten gedämpft. → anstellen, belegt (Stimme), betragen sich, bleiben zurück, sachte, verhalten sich, zurückhaltend.

verhalten sich verfahren, reagieren, sich aufführen, sich benehmen, sich gebaren, sich gebärden, sich anstellen, sich betragen, auftreten, entgegentreten. → aufführen, benehmen sich.

Verhältnis Sachverhalt, Sachlage, Bewandtnis, Bedingung, Stand, Stellung, Verhalt ● Beziehung, Verkehr, Vertretung, Gemäßheit, Ähnlichkeit ● Liebschaft, Bekanntschaft, Verbindung, Buhlschaft, Liebelei. → Abgott, Art und Weise, Lage, Sachlage. ▶ Mißverhältnis.

verhältnisgleich → proportional.

verhältnismäßig → analog, relativ.

Verhältnisse leben, über die verjubeln, durchbringen, leichtsinnig sein, in den Tag hineinleben, in Saus und Braus leben, auf großem Fuß leben, sich um nichts kümmern, verschlemmen, verschwelgen, nicht sparen. → verschwenden. ▶ sparen.

Verhaltungsmaßregel → Anleitung, Ratschlag.

Verhaltungsregel → Anleitung, Direktive, Ratschlag.

Verhaltungsweise → Art und Weise, Benehmen, Verhalten.

verhandeln → absetzen, anbahnen, anbieten, auseinandersetzen, ausgleichen, begeben, benehmen sich, besprechen, bieten, debattieren, diskutieren, disputieren, einlegen gute Worte, einschreiten, erörtern, feilbieten, feilschen, vermitteln.

Verhandlung → Auseinandersetzung, Convention, Debatte, Einigungsgespräch, Erörterung, Konferenz, Prozeß, Unterhandlung.

verhangen → trübe.

verhängen → ausschlagen, bedecken, behängen, verbergen, verheimlichen.

Verhängnis → Armut, Bekümmernis, Bescherung, Betrübnis, Fatalismus, Fügung, Los, Niedergang, Schicksal, Übel, Unglück, Zufall.

verhängnisvoll → bedauerlich, fatal, schicksalhaft, unglücklich, verdrießlich.

verharmlosen → bagatellisieren.

verhärmt → unglücklich.

verharren → ausbedingen, bestehen auf, bleiben, durchsetzen sich, verbissen in.

verhärten verharschen. → betäuben, erhärten, erstarren, verfestigen.

verhärten, sich reuelos sein, verstockt sein, versteinern, sich nicht bessern, unempfänglich sein, bei der Sünde beharren, die Stimme des Gewissens ersticken, sich verschließen, keine Reue fühlen. ▶ bereuen, demütigen sich, mitfühlen.

verhärtet hart, klumpig, fest, geronnen, unauflöslich, verschacht, versteinert ● verstockt, reuelos, unbußfertig, unzugänglich, unzerknirscht, hartgesotten, störrisch, unverbesserlich, halsstarrig ● gottlos, unbelehrbar. → beikommen nicht, erstarrt, fanatisch, fossil. ▶ fromm, gutmütig, reumütig.

Verhärtung → Ansatz, Beharrlichkeit, Conglomerat, Eigensinn, Erhärtung, Erstarrung.

verhaspeln → irren sich, verfilzen, verflechten.

verhaßt → böse, charakterlos, empörend, geächtet, niederträchtig, unbeliebt.

Verhaßtheit → Bitterkeit, Dorn im Auge.

verhätscheln verwöhnen, verzärteln, verziehen, verbilden, verderben, einseitig erziehen, jeden Willen tun, vertätscheln, betreuen, bevorzugen. → beeinträchtigen. ▶ streng (erziehen).

verhätschelt verwöhnt, verzärtelt, vergöttert, angebetet, verehrt, verzogen, verbildet, liebkost, gestreichelt. → anspruchsvoll, beliebt, feinschmeckerisch. ▶ (abgehärtet), anspruchslos.

Verhau → Beschwernis, Hindernis.

verhauen → irren, prügeln.

verheddern → Faden verlieren, hemmen.

verheeren → abbrennen, ausmerzen, ausrotten, demolieren, destruieren, verderben, zerstören.

Verheerung → Asche, Bekümmernis, Beschädigung, Beschwerlichkeit, Dekadenz, Demolierung, Einfall, Niedergang, Unglück, Verderbnis, Verschlimmerung, Zerstörung.

verhehlen → bemänteln, fälschen, lügen, täuschen, verbergen, verheimlichen, verschweigen.

verheimlichen verhängen, verhehlen, verschweigen, verbergen, geheimhalten, in petto haben *u*, verstecken, tarnen, verschleiern, verkleiden, verwahren, versiegeln, vorenthalten, hinter dem Berge halten, ein Schloß vor den Mund legen, hinter den Spiegel stecken, verdecken. → bemänteln, binden nicht auf die Nase, täuschen, verbergen, verschweigen. ▶ mitteilen.

Verheimlichung Verdunkelung, Verschweigung, Verhehlung, Verbergung, Geheimhaltung, Schweigepflicht, Tarnung, Deckung, Bemäntelung, Verkleidung, Deckname, Vermummung. → Täuschung. ▶ Mitteilung.

verheiraten, sich beweiben sich, bemannen sich, unter die Haube kommen, heiraten, die Hand reichen, sich verehelichen, sich vermählen, sich verbinden, den ewigen Bund schließen, das Jawort geben, Hochzeit feiern ● unter die bringen. → beigesellen. ▶ ledig (bleiben).

Verheiratete → Eheleute.

Verheiratung → Ehe.

verheißen → versprechen, zusagen.

Verheißung → Prophezeiung, Versprechung.

verheizen verbrennen ● überfordern, ausbeuten.

verheißungsvoll → vielversprechend.

verhelfen zu → auftreiben, beschaffen, verschaffen.

verherrlichen → achten, anbeten, bejubeln, besingen, beten, Ehre bezeigen, entgegenjauchzen, verehren, vergöttern.

Verherrlichung Verehrung, Ehrenerweisung, Ehrerbietung, Anbetung, Lobpreis, Ruhm, Beifall, Ehre, Lob, Preis, Würdigung, Anerkennung, Lobgesang, Tedeum, Benedigung, Gottesdienst. → Christabend, Endeffekt, Huldigung. ▶ Verachtung, Unterschätzung.

verhetzen radikalisieren, aufwiegeln, aufmöbeln, aufreiben, aufhetzen, aufwühlen, abspenstig machen, anstacheln, eine Verschwörung anzetteln, anstiften. → anzetteln, aufwiegeln. ▶ beschwichtigen.

verhetzend → aufwieglerisch.

verhexen verzaubern, aufwischen, zaubern, beschwören, bezaubern, behexen, verwandeln ● locken, bestricken, betören, benebeln, blenden, aufreizen, verrückt machen, den Widerstand nehmen, versuchen. → behexen, Blick böser.

verhext verzaubert, behext, gefeit, kugelfest, verwunschen, besessen, verwünscht, verwandelt ● betört, verrückt

machen, versessen auf, benebelt, verliebt, vernarrt, vergafft. → besessen, feenhaft.

Verhexung → Bezauberung.

verhimmeln → schmeicheln, vergöttern.

verhindern inhibieren, Spitze bieten die, zu Fall bringen, hemmen, abhalten, zuvorkommen, abwehren, zügeln, erschweren, vorbeugen, hindern, stören, verhüten, verbieten, vereiteln, entkräften, niederhalten, abwürgen *u*. → aufhalten, bekämpfen, dawider, dazwischentreten, Einspruch erheben, entgegenarbeiten, Handwerk legen das, Quere kommen in die, verbieten. ▶ helfen.

Verhinderung → Beeinflussung, Beschwernis, Durchkreuzung, Hemmung, Hindernis, Verbot.

verhöhnen → angreifen, anöden, aufziehen, auslachen, auspfeifen, beeinträchtigen, begeifern, belächeln, beleidigen, besten halten zum, bloßstellen, Ehre bringen um die, erniedrigen, grinsen, spotten.

verhohnepiepeln → auslachen.

Verhöhnung → Beleidigung, Spott, Verachtung.

verhökern → verkaufen.

Verhör Gerichtsverfahren, Erkundigung, Ausfragung, Nachforschung, Vernehmung, Kreuzverhör, Untersuchung, Nachfrage. → Ausforschen.

verhören → ausforschen, befragen, durchforschen, durchleuchten, einziehen Erkundigung, entlocken, erfragen, irren sich.

verhüllen → anziehen, ausschlagen, bedecken, behängen, bemänteln, binden nicht auf die Nase, decken, einbinden, einkapseln, einpacken, einrollen, fälschen, Mantel der christlichen Nächstenliebe bedecken mit dem, verbergen, verheimlichen, verschweigen.

verhüllt → abstrus, unerkennbar, ungewiß, unsichtbar.

Verhüllung → Ausweg, Behelf, Blende, Blendwerk, Larve, Täuschung, Verheimlichung.

verhungern → darben, sterben.

verhunzen → verderben.

verhüten → abwehren, aufhalten, beeinträchtigen, bekämpfen, bewahren, bezwingen, dawider, dazwischentreten, eindämmen, steuern, verhindern.

Verhütung Vereitelung, Vorbeugung, Einhalt, Ausschließung, Bekämpfung, Durchkreuzung, Ausschluß, Hintertreibung, Verhinderung, Hem-

mung, Behinderung, Beschränkung, Sperre ● Vorbeugungsmittel. → Beschwernis, Hindernis. ▶ Hilfeleistung.

verinnerlicht feinfühlig, hellsichtig, denkend, geistig, innenschauend, auf das Innenleben konzentriert, überlegend, nachdenkend, nachsinnend, grübelnd. ▶ äußerlich.

verirren, sich fehlgehen, die Orientierung verlieren, die Richtung verlieren, den Weg verfehlen, irregehen, entgleisen, abweichen, den richtigen Weg nicht finden, sich verlieren, verfransen ● sündigen, zu Fall kommen ● vom Pfad der Tugend abkommen. → abschwenken, abweichen. ▶ finden sich zurecht, hinsteuern, (geraden Weg gehen).

Verirrung Abweichung, Ablenkung, Fehlgang, Irrgang, Umschweif ● Fehler, Versehen ● Sinnesstörung, Sinnesverwirrung, Bewußtseinsstörung ● Verstoß, Sünde, Schuld. → Fehler, Schuld, Unnatur, Verstoß. ▶ Natürlichkeit, Zielsetzung.

verjagen → ausrotten, austreiben, heraustreiben, hinausekeln.

verjährt alt, aufgehoben, ungültig, vorbei, überholt ● verbrieft, besiegelt, angeordnet, vorgeschrieben, anersessen, anererbt. ▶ gültig, widerrufen.

verjubeln → ausgeben, durchbringen, Verhältnisse leben über die, verschwenden.

verjüngen → aufblühen, auferstehen, ausbessern, bekämpfen, erneuern.

verjüngend → kräftigend.

Verjüngung Erneuerung, Wiederbelebung, Erfrischung, Auffrischung, Altweibermühle, Restauration, Besserung, Befreiung, Auferstehung, Erquickung, Belebung, Erholung. → Auffrischung, Erneuerung, Regeneration. ▶ Rückschritt, Verfall.

verkalken → altern.

verkalkt → alt.

verkannt → ungewürdigt.

verkappen → bemänteln, verbergen.

verkappt → dunkel, engstirnig, fanatisch, geheim, pedantisch, unsichtbar.

verkapseln → einkapseln.

verkapselt zu, verschlossen, ungeöffnet, versperrt, eingepackt, eingeschlossen, zugemacht ● verkappt, dunkel, unklar, unerklärlich, unentdeckbar. ▶ deutlich, geöffnet.

verkatert → übel sein, verdrießlich.

Verkauf → Abgabe, Absatz, Handel, Veräußerung.

verkaufen abgeben, auf den Markt bringen, absetzen, zu Geld machen, abstoßen, wechseln, anbringen, vertreiben, Handel treiben, veräußern, liefern, umsetzen, hausieren, tauschen, feilbieten, feilhalten, losschlagen, verkitschen, verklopfen, verkümmeln *u*, vermakeln, versilbern, verramschen, verhökern, an den Mann bringen, versteigern. → abgeben, abgehen, absenden, abtreten, bieten, einhandeln, feilschen. ▶ (einkaufen), kaufen.

Verkäufer Lieferant, Ausbieter, Versteigerer, Hausierer, Markthelfer, Ladenschwengel, Gehilfe, Ladner, Dienstpersonal, Händler, Lieferer, Abgeber, Verkaufskanone *u*, Ladenfritze *u*, Camelot. → Abgeber, Lieferant, Vertreter. ▶ Käufer.

verkäuflich feil, gesucht, begehrt, nachgefragt, gangbar, vielverlangt, absetzbar, es geht ab wie Butter oder warme Semmeln *u*, umlaufend, gewollt, abgebbar. → gangbar. ▶ unverkäuflich.

Verkäuflichkeit → Feilheit.
Verkaufspreis → Preis.
Verkaufsschlager Reißer, Kassenschlager, Kassenerfolg, Publikumserfolg, Kassenmagnet, Erfolgsartikel, Bestseller, Rekordverkauf.
verkauft → ausverkauft.
Verkehr → Besuch, Bewegung, Freundschaft, Geselligkeit, Getriebe, Handel, Korrespondenz, Trubel.
verkehren kennen, gesellen sich, umgehen mit, in Verkehr stehen, Umgang pflegen, sich begegnen, sich treffen, sich sehen, zusammenkommen, sich aufsuchen, bekannt sein, besuchen ● fortbewegen, sich bewegen, in Bewegung sein, fahren ● mündlich verkehren, sich unterhalten, brieflich verkehren, korrespondieren, sich schreiben ● Geschlechtsverkehr haben. → beigesellen, umgehen. ▶ schweigen, still stehen, zurückziehen sich.
Verkehrserziehung Regelung, Schulung, Ordnung, Disziplin, Verkehrsordnung, Sicherheitsmaßnahme, Übung, Belehrung, Instruktion, Unterweisung, Ermahnung, Anhalt.
Verkehrslärm Gedröhn, Gehupe, Signal, Krach, Getöse, Lärm, Straßenlärm, Hupenlärm, Gedröhne, Gezische, Tumult, Trubel, Sirene, Fahrradgeklingel, Feuerwehrsirene, Geknatter, Motorenlärm, Gekreische, Geräusch, Lautstärke, Lärm ohrenbetäubender, Entnervung, Schall, Phonstärke. ▶ Lautlosigkeit.
Verkehrsmittel → Fahrzeug.

Verkehrsschild → Erkennungszeichen, Zeichen.
verkehrt → absurd, albern, chaotisch, contra, erfahrungslos, falsch.
Verkehrtheit → Chaos, Charivari, Fehler.
verkeilt dazwischen, eingeschoben, eingekeilt, zwischenliegend, verklemmt, eingeklemmt, eingesteckt, eingeschlagen, eingehauen, dazwischen gesteckt, eingeschaltet. ▶ freistehend, herum, lose.
verkennen mißverstehen, in den falschen Hals kriegen *u*, Fehlzündung haben *u*, unterschätzen, nicht anerkennen, mißachten, ignorieren, nicht erfassen, herabsetzen, verkleinern, verachten, erniedrigen, vernachlässigen, geringschätzen, entwerten, absprechen, schmälern. → bagatellisieren, beeinträchtigen, erniedrigen. ▶ erkennen.
Verkennung → Mißdeutung, Unterschätzung.
verketten → anmachen, berühren, bringen in Verbindung, verbinden, verknüpfen.
Verkettung → Anschluß, Band, Befestigung, Dichtigkeit, Faden roter.
verketzern → verleumden.
verkindscht blöde, alt, überaltert, bemoost, verblödet, hinfällig, verlebt, senil, greisenhaft, schwachsinnig, doof. ▶ vernünftig.
verkitschen → verkaufen.
verkitten → absperren, einkitten.
verklagen → anklagen, anschuldigen, anzeigen.
Verklagter → Angeklagter, Beklagter.
verklären bewundern, veredeln, idealisieren, vergöttern, hochachten, hochschätzen, achten, schätzen, anbeten, huldigen, in den Himmel erheben. → erhellen, verehren. ▶ verachten, verkennen.
Verklärung Idealisierung, Erscheinung, Phantom, Sinnestäuschung, Blendwerk, Traumgebilde, Träumerei, Rausch, Trance ● Gesicht, Elysium, Gefilde der Seligen.
verklatschen → anzeigen, beschuldigen, intrigieren.
verklausulieren sich vorbehalten, sich ausbedingen, Bedingung machen, bestehen auf, verbindlich machen, mit Klauseln versehen, einschränken ● durch Spitzfindigkeit verstecken, verbergen. ▶ offen lassen.
verkleben → haften, schließen.
verkleiden täfeln, auskleiden, vergolden, versilbern, überziehen, übermalen, einschlagen, bekleben, ausschlagen, bestreichen ● kostümieren. →

anziehend, bemänteln, einkapseln, maskieren, verbergen. ▶ entkleiden.
Verkleidung Maskerade, Larve, Maskierung, Hülle, Vermummung, Maske, Mummenschanz, Visier, Fastnachtskleid, Deckung, Verhüllung, Bemäntelung, Blende. → Ausweg, Bedeckung, Behelf, Blendwerk, Decke, Einband, Einschlag, Maske, Verheimlichung. ▶ Entkleidung.
verkleinern mindern, reduzieren, unterschätzen, verkennen, herabsetzen, herabwürdigen, verunglimpfen, erniedrigen, verachten, geringschätzen ● verringern, abnehmen, vermindern, zusammendünnen, kleiner machen, verdünnen ● hacken, halbieren, schnitzeln, zerkleinern. → abnehmen, abrunden, angreifen, ausgehen, bagatellisieren, beenden, bemänteln, beschränken, dezimieren, erniedrigen, mahlen, schrumpfen, verkennen. ▶ vergrößern.
Verkleinerung → Abzug, Dezimierung, Reduktion, Unterschätzung, Verleumdung.
verklemmen einklemmen, einkeilen, eintreiben, einhauen, dazwischentreten, dazwischen stecken, einschlagen, eindrücken, verengen. ▶ losmachen.
verklingen vergehen, verwehen, aufhören, nachklingen, nachlassen, austönen, verhallen, aushallen, absterben, ersterben, erlöschen. ▶ erblühen, ertönen, leben.
verklopfen ▸ anbieten, bieten, einhandeln, prügeln, verkaufen.
verknacken aburteilen, inhaftieren.
Verknappung Spärlichkeit, Not, Kargheit, Abschnürung, Verarmung, Armut, Beengtheit, Einschränkung, Dürftigkeit, Ungenüge, Unzulänglichkeit, Verelendung. → Abkürzung, Armut, Ausfall, Elend, Entbehrung, Mangel, Not. ▶ Überfluß.
verkneifen → versagen sich.
verknöchern → altern, erhärten, erstarren, pedantisch.
verknöchert → alt, fest.
Verknöcherung → Erhärtung, Routine.
Verknorpelung → Erhärtung.
verknoten → drehen, verknüpfen.
verknüpfen verketten, verbinden, verknoten, vereinigen, zusammenketten, zusammenfügen, verschnüren, verquicken, verschmelzen ● kombinieren, assoziieren, denken, bedenken, sich besinnen. → ausdenken, berühren, bringen in Verbindung, denken,

knüpfen, verbinden. ▶ losmachen, (keinen Zusammenhang sehen).
verknüpft → verbunden.
Verknüpfung → Anschluß, Band, Befestigung, Einbeziehung, Kombination, Verbindung.
verkohlen → Brand stecken in, necken, täuschen.
Verkohlung → Brand, Täuschung.
verkommen elend. → arg, begriffsstutzig, dreckig, faulen, scheitern, schlecht, verderben.
verkorken → absperren.
verkorkst mißlungen, vermurkst.
verkörpern → auftreten, darstellen, repräsentieren.
Verkörperung Vermenschlichung, Gestaltung ● Beschaffenheit, Stofflichkeit, Körperlichkeit, Substantialität ● Darstellung, Bildhaftigkeit, Vorstellung.
verköstigen → beköstigen.
verkrachen, sich → entzweien.
verkraften → meistern.
Verkrampfung Krampf, Krampfanfall, Krampfzustand ● Beklemmung, Verklemmung, Schmerzanfall. → Schmerz.
verkriechen, sich sich schämen, sich genieren, Scham empfinden, sich verstecken, vor Scham vergehen, ein Mauseloch suchen, sich verbergen, fortlaufen, in den hintersten Winkel gehen, einfahren *j*, einschliefen *j*. → klein machen sich. ▶ überheben sich.
verkrümeln, sich abhauen, Fersengeld geben, schleichen sich fort.
verkrümmen verbiegen, verformen, verzerren, deformieren, verdrehen, verwinden.
verkrüppelt → krummbeinig, krüppelhaft.
Verkrüppelung → Deformation, Entstellung.
verkümmeln → bieten, einhandeln, verkaufen.
verkümmern → abbrauchen, abnehmen, darben.
verkünden → bejubeln, besingen, kundgeben, lehren, manifestieren.
verkündigen ankündigen, verheißen, prophezeien, dartun, andeuten, voraussagen, anzeigen, bekanntmachen, verkünden, kundtun. → kundgeben, manifestieren, verbreiten. ▶ verheimlichen.
Verkündigung → Ausruf, Bekanntgabe, Benachrichtigung, Cirkular, Denunziation, Erlaß, Gebot, Kundgebung, Manifest, Proklamation.
Verkündung → Anordnung, Aufgebot, Auslassung, Bekanntgabe, Eröffnung, Kundgebung.

verkünsteln überfeinern, überbilden, überzüchten, erkünsteln, verschlimmern, verstärken, übertreiben, ausschmücken, überladen, überspannen, überspitzen, übertreiben, herausputzen, aufputzen, ausschmücken.
verkuppeln → bringen unter die Haube, kuppeln, verbinden.
verkürzen → abrunden, behauen, beschneiden, drükken den Preis, kippen, kupieren, übertölpeln, verkleinern.
verlachen → anöden, aufziehen, auslachen, auspfeifen, bagatellisieren, beeinträchtigen, belächeln, beleidigen, bespötteln, besten halten zum, bloßstellen, Lächerliche ziehen ins, spotten.
verlacht → beleidigt, bloßgestellt.
verladen → absenden, auflegen, ausladen, befördern, entbieten zu sich, transportieren.
Verladeplatz → Rampe.
Verladung → Transport.
verlagern → entfernen.
Verlangen Forderung, Bitte, Anliegen, Begehr, Ansuchen, Ersuchung, Betreiben, Wunsch, Geheisch, Anrufung, Beschwörung, Antrag, Petition ● Begierde, Lust, Gelüste, Gier, Lüsternheit, Leidenschaft, Sehnsucht, Besessenheit, Regung, Sucht, Hang, Ansinnen. → Absicht, Anwandlung, Atmosphäre, Auflage, Bedürfnis, Befriedigung, Begehr, Begeisterung, Begierde, Belieben, Bemächtigung, Bettelei, Bewerbung, Brandbrief, Drang, Eingabe, Empfänglichkeit, Erwartung, Flehen, Interesse, Lust, Neigung, Sinnlichkeit, Wunsch. ▷ Ablehnung, Beherrschung.
verlangen fordern, nachdrücklich fordern, ersuchen, ansuchen, anhalten, begehren, ansprechen um, um etwas flehen, anrufen, angehen um, anfordern, befehlen, anordnen, wollen, wünschen, ersehnen, erstreben, gelüsten, erwünschen. → angehen, aufzwingen, beanspruchen, begehren, bemühen, bestehen auf, bestellen, betteln, bewerten, bitten, brauchen, brennend, drängen, eindringlich zureden, einfordern, einkommen um, entbieten zu sich, erbeten, erfordern, erheben Anspruch, ermangeln können nicht, ersehnen, erteilen, Auftrag erwarten, erzwekken, fallen zur Last, gieren, hungern, mögen, sehnen. ▶ ablehnen, beherrschen sich.
verlängern → ausdehnen, ausspannen, bedenken, dauern, erstrecken sich, strecken, stunden.

Verlängerung → Ausdehnung, Dehnung, Erstreckung, Frist.
verlangsamen → aufhalten, bummeln, schleppen.
verlangt → angenehm, erwünscht, gefordert.
verläppern vergeuden, verschwenden, verplempern.
Verlaß → Ausdauer, Freundschaft, Vertrauen.
verlassen → abhauen, abwesend, allein, alleinstehend, dannen gehen von, desertieren, einsam, entvölkert, fallen lassen, fernhalten, gemieden, hinnen gehen von, Mauern hinter vier, öde, packen seine sieben Sachen, unausgefüllt, unnahbar, vereinsamt.
verlassen, sich auf → erwarten, hoffen, vertrauen.
Verlassenheit → Absonderung, Einsamkeit, Isolierung, Unnahbarkeit, Verdüsterung, Verzweiflung.
verläßlich → anhänglich, bieder, charakterfest, dauerhaft, farbecht, fest, haltbar, pflichtbewußt, sicher, treu, unbeirrt.
verlästern → auspfeifen, begeifern, beleidigen, bereden, beschuldigen, besudeln, diskreditieren, Ehre bringen um die, entehren, herabsetzen, verleumden.
Verlästerung → Beleidigung, Ehrenkränkung, Entehrung, Verleumdung.
Verlauf Hergang, Ablauf, Abwicklung, Durchführung, Fortgang, Lauf, Geschehen, Fluß, Verfahren. → Ablauf, Bahn, Dauer, Durchführung, Epoche, Folge, Nacheinander, Prozeß, Weg. ▶ Hindernis, Stillstand, Unterbrechung.
verlaufen → irren sich, vergehen, verirren sich.
verlaufend auslaufend, ohne Halt, ohne Kraft, erschlaffend, sich zersetzend, sich auflösend, zerfallend, endend.
verlautbaren → ankündigen, annoncieren, kundgeben, verbreitern, veröffentlichen.
Verlautbarung → Bekanntgabe, Erlaß, Kundgebung, Proklamation, Veröffentlichung.
verleben → ausfüllen.
verlebt → alt, blasiert, übersättigt.
verlegen scheu, verwirrt, perplex, bange, bedrängt, betreten, verschämt, genant, in Verlegenheit, in die Enge getrieben, verdutzt, aufgefahren, beschämt, befangen, bänglich, bedrippt *u.*, mutlos, niedergeschlagen, schüchtern, beengt ● nicht finden, fortlegen, weglegen, auf einen falschen Platz legen, verschusseln *u* ● herausgeben, veröffentlichen, drucken, publizieren ● verpflanzen, umleiten, wegräumen, entfernen. →

baff, bange, beeinträchtigen, Donner gerührt vom, hintenherum, verwirrt. ▸ dreist, finden, überheblich.

verlegen, sich auf sich einlassen, sich widmen, sich weihen, dabei bleiben, tun, machen, nachgehen, sich befleißigen, sich betätigen, sich regen, ausüben. → befassen, tun. ▸ faulenzen, versäumen.

verlegen machen verwirren, bestürzen, überraschen, verblüffen, bloßstellen, aus dem Geleise bringen, befremden, erstaunen, versteinern, in Verlegenheit bringen, zum Erröten bringen. → beirren, bestürzen, bloßstellen. ▸ beherrschen sich, beispringen.

Verlegenheit Notlage, Klemme, Schwierigkeit, Bedrängnis, Ratlosigkeit, Dilemma, Zwangslage, Enge, Mangel, Drangsal, Not, Armut, Knappheit, Kargheit ● Zaudern, Bedenken, Unschlüssigkeit, Zwiespalt, Unsicherheit, Blöße, Schwanken, Verschämtheit, Scheu. → Armut, Bedenken, Beschwerde, Dilemma, Minderwertigkeitsgefühl, Not, Unglück. ▸ Entschlossenheit, Überfluß, Überheblichkeit.

Verlegenheitsbrücke → Ausflucht.

Verleger Editor, Publizist, Herausgeber, Buchproduzent.

verlegt → unauffindbar.

Verlegung → Deportation, Installation, Räumung.

verleiden → anwidern, ärgern, bekämpfen, deprimieren, stören, verdrießen.

verleidet → unangenehm, verdrießlich, widerwärtig.

verleihen leihen. → anstellen, anvertrauen, ausstehen, austeilen, belehnen, beleihen, berufen, beschenken, bewilligen, darreichen, dekorieren, geben, hergeben, herleihen, schenken.

Verleihung → Belehnung, Berufung, Bestallung, Konzession.

verleimen → pappen.

verleiten versuchen, in Versuchung führen, verlocken, veranlassen, benebeln, bestricken, betören, berücken, umgarnen, anstiften, aufreizen, zuflüstern, blenden, beschwatzen, ködern, anlocken, sich angeln, abbuhlen, beeinflussen, beraten, bewirken, Bock als Gärtner, bunt zugehen, täuschen, versuchen. ▸ abhalten.

Verleitung → Anziehung, Beeinflussung, Beispiel, Überredungskraft, Versuchung.

verlernen → entfallen, vergessen.

verletzbar reizbar, empfänglich, verletzlich, nervös, sensi-

tiv, erregbar, verwundbar, beleidigt, gekränkt, böse, empfindlich, feinnervig. → erregbar. ▸ unempfindlich.

Verletzbarkeit → Empfindlichkeit, Erregbarkeit.

verletzen erzürnen, verdrießen, ärgern, kränken, bedrängen, betrüben, quälen, bekümmern, plagen, wehtun, heimsuchen ● verwunden, anschießen *j*, verschießen *j*, anschweißen *j*, anfärben *j*, schädigen, verderben, mißhandeln, überfahren, etwas antun ● die Pflicht verletzen, ein Gebot verletzen. → angreifen, anstoßen, ärgern, aufregen, auswischen, beeinträchtigen, beleidigen, beschädigen, betrüben, fehlen, quälen, schmerzen, verdrießen. ▸ beispringen, erfreuen, nachkommen seiner Pflicht, schmeicheln.

verletzend kränkend, arrogant, herrisch, gebieterisch, hochfahrend, vorschnell, dreist, unverschämt, unverfroren, überheblich, verächtlich, geringschätzig, dünkelhaft, frech, grob, bissig, abstoßend. → bärbeißig, zynisch, fassen sich kurz, überheblich. ▸ schmeichelhaft.

verletzlich → verletzbar.

verletzt → beleidigt, beschädigt, defekt.

Verletzung → Angriff, Beleidigung, Bruch, Fahnenflucht, Fehltritt, Quetschung, Schmiß, Verstoß, Wunde.

verleugnen verneinen, absagen, zurücknehmen, widerrufen, abstreiten, verwerfen, in Abrede stellen, sich lossagen von, bestreiten, abschwören. → Achsel, behaupten, fälschen, leugnen, totschweigen. ▸ eintreten für.

verleugnen lassen, sich sich verborgen, sich zurückziehen, nicht da sein wollen, angeblich nicht fort sein, sich entfernt halten, den Umgang versagen, sich einpuppen, sich einschließen, sich verstecken. ▸ Verfügung stehen zur.

verleumden lästern, schmähen, in den Schmutz ziehen, ins Ohr flüstern, herabziehen, in üblen Ruf bringen, verdächtigen, verdunkeln, losziehen über, beklatschen, durch die Zähne ziehen, einseifen *u*, in Verschiß bringen *u*, schänden, verlästern, nachreden, nachsagen, Übles nachsagen, verketzern, anschwärzen, bezichtigen, beschimpfen, verunglimpfen, anprangern, durchhecheln, bloßstellen, bringen in Verruf, etwas anhängen, schmutzige Wäsche waschen, diffamieren. → angeifern, beeinträchtigen, begeifern, berauben, be-

reden, beschuldigen, besudeln, diskreditieren, Ehre bringen um die, entehren, erniedrigen, kompromittieren. ▸ schmeicheln.

Verleumder Frevelzunge, Verlästerer, Revolverschnauze, Lästerzunge, Lästermaul, Tadler, Kläffer, Lästerer, Schmäher, Schmähredner, Schmähdichter, Krakeeler, Schwätzer, Räsonierer, Schandmaul, Klatsche, Klatschbase, Ehrenschänder, Beleidiger. → Bube, Ehrabschneider. ▸ Schmeichler.

verleumderisch klatschsüchtig, schmähsüchtig, lästersüchtig, scharfzüngig, spitzzüngig, verkleinerungssüchtig, kränkend, beleidigend, tadelsüchtig, lästerhaft, herabziehend, entehrend, gehässig, lieblos, boshaft. → boshaft. ▸ schmeichlerisch.

verleumdet → beleidigt.

Verleumdung Verlästerung, Verunglimpfung, Schmähung, Bemäkelung, Hechelei, Lästerung, Schändung, Entehrung, Befleckung, Beschimpfung, Verkleinerung, Nachrede, Schmährede, Herabwürdigung, Ehrverletzung, Verdächtigung, Herabziehung, üble Nachrede, Revolverpresse, Ohrenbläserei, Diffamierung. → Beleidigung, Entehrung, Erniedrigung, Nachrede. ▸ Schmeichelei.

verlieben, sich Feuer fangen, sich vergaffen, in Leidenschaft geraten, entbrennen, lieben, verknallt sein, sich verschießen, sich vernarren, sich aufzehren, in Liebe seufzen, schwärmen, tändeln, den Hof machen, die Cour schneiden, kokettieren, flirten, verliebte Augen machen, verrückt sein nach ● sich verplempern *u*. → fangen Feuer. ▸ verabscheuen.

verliebt vergafft, vernarrt, schwärmerisch, verknallt, verschossen, schmachtend, von Amors Pfeilen getroffen, liebestoll, entflammt, entbrannt, entzückt, gefesselt, bezaubert, erglühend, sinneberauscht, zugetan, zugeneigt, eingenommen für, begeistert, ihn hat es gepackt, bis über die Ohren verliebt, verknallt sein *u*, weg sein *u* ● Süßholz raspeln. → buhlerisch, ehelustig, entbrannt. ▸ haßerfüllt.

Verliebtheit → Liebe.

verlieren ausbaden, teuer bezahlen, leiden, herhalten müssen, Verluste haben, sich verrechnen, nicht gewinnen, einen Versager haben, einbüßen, verwirken, liegen lassen, hängen bleiben, Nachteil haben, um etwas kommen, abhanden kommen, zerrinnen,

in den Mond gucken, drumkommen, entbehren, verspielen, vermissen, loswerden, flöten gehen, zuzahlen. → abschwenken, aufsaugen, ausbaden, bankrott, beeinträchtigen, brechen den Hals, drumkommen, durchschlüpfen lassen, Haare lassen, hereinfallen, Schornstein schreiben in den, vergessen.▶ finden.
verlieren, sich unterliegen, schwach sein, ohne Energie sein, erlahmen, schlapp machen, keinen Einfluß besitzen, zu weich sein, nach keinen Grundsätzen leben, kraftlos sein, zügellos sein ● sich verheddern, stottern, den Faden verlieren, sich verwickeln ● sich um eine Sache zuviel kümmern und andere vernachlässigen.▶ bleiben bei der Sache, durchsetzen sich.
verlieren, keinen Augenblick → beeilen.
Verlies → Käfig, Kerker.
Verlöbnis Verlobung. → Aufgebot, Versprechung.
verlocken → abbuhlen, beeinflussen, begeistern, bestechen, bestimmen, bewirken, reizen, verleiten, versuchen.
verlockend → anziehend, appetitlich, aromatisch, beeinflussend, beseligend, charmant, delikat, einladend, ersehnenswert, erwünscht, teuer, unwiderstehlich.
Verlockung Lockung, Versuchung, Verführung, Verleitung, Reiz, Reizung, Betörung, Anlockung, Anstiftung, Anreiz, Zauber, Blendwerk, Lockmittel, Köder, Kitzel. → Anziehung, Bann, Beeinflussung, Beispiel, Bezauberung, Blendwerk, Einladung, Ermunterung, Irrung, Versuchung.▶ Standhaftigkeit.
verlodern → verbrennen.
verlogen lügenhaft, lügnerisch, unaufrichtig, unehrlich, unglaubwürdig, unwahr, unwahrhaftig, falsch, doppelzüngig, treulos, heuchlerisch, bigott. → arglistig, boshaft, falsch, unredlich.▶ charaktervoll, ehrlich, wahrhaftig.
Verlogenheit → Falschheit, Lüge, Unredlichkeit.
verloren beraubt, fort, dahin, unersetzlich, unrettbar, abhanden, weg, vertilgt, verschwunden, abwesend, vermißt, verschollen, futsch u, heidi u, hops u, futschikato u, beim Teufel sein, verschütt u, verratzt u, geliefert u, erwischt u, aufgeschmissen u, quitt ● unverbesserlich, schlecht, reuelos, verworfen, verdammt, störrisch, geschmissen, verstockt ● in den Kamin schreiben, in den Schornstein schreiben, in die Binsen gehen, flöten gehen u,

hops gehen u, zum Teufel oder Kuckuck gehen, in die Wicken gehen u ● danach kräht kein Hahn mehr. → abhanden, abwesend, angeschlagen, arm, bankrott, charakterlos, dahin, dahingegangen, demolierend, gottverlassen, rettungslos, rückfällig, todgeweiht, unersetzbar, unheilbar, unwiederbringlich.▶ (gefunden), vorhanden.
Verlorene → Courtisane, Dirne.
verlorengehen → verschwinden.
verlöschen → dunkeln, sterben, vergessen.
Verlosung → Lotterie.
verlottern → beschäftigungslos, fackeln, lottern, Maulaffen feilhalten, treiben lassen sich, verderben.
verludern → fackeln, faulen, lottern, treiben lassen sich, verderben.
verlumpen → fackeln, lottern, treiben lassen sich, verderben.
Verlust Rückschlag, Ruin, Schädigung, Verderb, in die Binsen gehen, Abschreibung, Schaden, Untergang, Vergeudung, Einbuße, Abnahme, Ausfall, Verfall, Verderb, Schwund, à fonds perdu, Minderung, Beeinträchtigung, Beraubung, Entziehung ● Todesfall. → Ableben, Abnahme, Aufwand, Beitrag, Bekümmernis, Einbuße, Entbehrung, Entziehung, Fehlbetrag, Nachteil, Opfer, Schaden, Tod, Übel, Unglück.▶ Gewinn.
verlustbringend → böse, schädlich, schlecht, ungünstig, unglücklich.
verlustig nachteilig, schädlich, verlustreich, beinträchtigt, verhängnisvoll, unglücklich, unglückselig, übel, benachteiligt, unersetzlich ● fort, weg, überfällig, abhanden, verloren.▶ vorhanden, vorteilhaft.
verlustreich → verlustbringend.
verlustrieren sich → vergnügen sich.
vermachen geben, vererben, zuweisen, zuwenden, verschreiben, bestimmen für, hinterlassen, sein Testament machen, bedenken mit, zum Erben einsetzen, darreichen, bescheren. → beschenken, geben.▶ enterben, wegnehmen.
Vermächtnis Stiftung, Gabe, Geschenk, Beschenkung, Zuwendung, Zueignung, Spende, Unterstützung, Nachlaß, Hinterlassenschaft, Erbteil, Erbe, Schenkung, Verleihung, Zuteilung. → Gabe, Legat.▶ Enterbung, Wegnahme.

vermählen → ehelichen, heiraten.
Vermählte → Eheleute.
Vermählter → Bräutigam, Ehegenosse.
Vermählung → Ehe.
vermanschen → vermengen.
vermasseln → verderben.
vermassen → verrohen.
Vermassung Massengesellschaft, Massenorganisation ● Gleichmachung, Nivellierung ● Massenseele, Masseninstinkt, Herdentrieb ● Individualitätsverlust ● Massenproduktion, Massenkommunikationsmittel, Massengeschmack, Konsumentenkultur, Massenverbrauch, Mode.
vermehren → aufblühen, ausbreiten, ausdehnen, ausnutzen, ausschlagen, befruchten, beitragen, bevölkern, drängen, entwickeln, gedeihen, greifen um sich, häufen sich, hinzufügen, steigern, vergrößern, vervielfältigen.
Vermehrung Zunahme, Zuwachs, Verstärkung, Vergrößerung, Verdickung, Schwellung, Ausdehnung, Masse, Anhäufung, Entwicklung, schießen ins Kraut, Fortpflanzung, Aufzucht, Deckung. → Aufbau, Arbeitssegen, Ausbreitung, Ausdehnung, Ergänzung, Erweiterung, Fortschritt, Steigerung.▶ Abnahme, Minderung.
vermeiden versäumen, hintansetzen, übergehen, aufsagen, verschmähen, sich enthalten, anstehen lassen, vernachlässigen, unterlassen, umgehen, vom Halse bleiben, sich fernhalten, fernbleiben, nicht gut Freund sein. → abbrechen, ablassen, durchgehen lassen, entwöhnen, entziehen sich, umgehen.▶ tun.
vermengen mischen, vermischen, umrühren, beimischen, beirühren, kneten, schmelzen, untermengen, beimengen, zumengen, manschen, verquicken ● verwirren, in einen Topf werfen, verstreuen, umherstreuen, in Wallung bringen, zusammenschießen lassen. → aufwerfen, Faden verlieren den, mischen, Unordnung machen.▶ ordnen, trennen.
vermengt → chaotisch, durcheinander, unordentlich.
Vermengung → Chaos, Einmischung, Gemisch.
Vermenschlichung → Christus, Wesen.
Vermerk → Anmerkung, Auskunft, Gedächtnisstütze, Notiz, Randbemerkung.
vermerken → aufnehmen, deponieren, konstatieren, markieren, verzeichnen.

vermessen messen, ausmessen, abstecken, abzirkeln, abmessen, bemessen, loten, eichen, veranschlagen, peilen, abschätzen ● übermütig, überheblich, waghalsig, hochmütig, dreist, verwegen, frech, dumm-dreist, stolz. → ausgelassen, dummdreist, errechnen, loten, übermütig, unvorsichtig. ▶ bedächtig, verlegen, vorsichtig.

vermessen, sich sich erkühnen, sich erdreisten, sich übereilen, stürmen, tollen, wagen, sich erkecken, sich zumuten, Husarenstückchen ausführen, Gefahr herausfordern, den Hals wagen, aufs Spiel setzen. → entblöden sich nicht, Schanze schlagen in die, wagen. ▶ bedächtig (sein), unterliegen.

Vermessenheit Übermut, Stolz, Tollkühnheit, Verwegenheit, Überheblichkeit, Waghalsigkeit, Rücksichtslosigkeit, Frevelhaftigkeit, Dreistigkeit, Keckheit, Dummdreistigkeit, Jugendmut, Unüberlegtheit, Wagemut, Anmaßung, Begierde, Dünkel, eherne Stirn, Frechheit, Übermut. ▶ Unterwerfung.

vermiesen miesmachen. → schlechtmachen.

vermieten → einlogieren, verpachten.

vermindern verkleinern, verdünnen, verringern, eingehen, schwinden, zusammengehen, zusammenfallen, abnehmen, zusammenziehen, kleiner werden, lichten, abziehen, abstreichen, schmälern, erniedrigen, entlasten, erleichtern. → abnehmen, abrunden, ausgehen, beengen, beschneiden, beschränken, dezimieren, einschränken, entbürden, erleichtern, ermäßigen, erniedrigen, verkleinern. ▶ vergrößern.

vermindert gekürzt, verringert, verkürzt, vernachlässigt, verkleinert, abnehmend, abgestrichen, gelichtet, geschmälert, weniger, eingeengt, zusammengezogen, verdünnt. ▶ gesteigert.

Verminderung → Abnahme, Abzug, Demütigung, Dezimierung, Diskont, Entwertung, Ermäßigung, Erniedrigung, Reduktion, Verlust.

vermischen vermanschen. → aufwerfen, beifügen, einmengen, mischen, schütteln, vermengen.

vermischt → durcheinander, mannigfach.

Vermischtheit → Gemisch, Verschiedenheit.

Vermischung → Chaos, Durcheinander, Einmischung, Gemisch, Kombination, Verbindung.

vermissen → ausgehen, begehren, brauchen, drumkommen, entbehren, ermangeln, fehlen, verlieren, wünschen.

vermissen lassen → ermangeln, fehlen.

vermißt → abwesend, verloren.

vermitteln schlichten, verhandeln, unterhandeln, ausgleichen, beilegen, eingreifen, einschreiten, erledigen, aussöhnen, dazwischentreten, einlenken, sich bemühen, helfen, sich einmischen, sich befassen mit, sich bekümmern. → auftreiben, ausgleichen, aussöhnen, befriedigen, beschaffen, einlegen gute Worte, dazwischentreten, Einklang bringen in, einrenken, einschreiten, Hand im Spiele haben. ▶ schüren, verhindern.

vermittels kraft, dank, mittels, mit Hilfe von, vermöge, über, vermittelnd, zweckdienlich. → aus, durch, indirekt.

Vermittler Makler, Mittelsmann, Mittler, Schiedsrichter, Unterhändler, Zwischenhändler, Zwischenträger, Friedensstifter, Kartellträger, Schiedsmann, Fürsprecher, Berater ● Kuppler, Zuhälter, Zubringer, Zuträger, Gelegenheitsmacher. → Abgeber, Abgeordneter, Agent, Anwalt, Beauftragter, Bevollmächtigter, Kaufmann, Lieferant, Verbindungsmann, Vertreter.

Vermittlung → Abgabe, Arbeit, Auseinandersetzung, Aussöhnung, Beilegung, Bemühung, Dienst guter, Eindringen, Einigungsgespräch, Handel, Übergang, Unterhandlung.

vermöbeln → prügeln.

vermodern → beeinträchtigen, faulen, verderben.

Vermoderung → Fäulnis, Verderbnis.

vermöge → anläßlich, aus, behufs, daher, darum, denn, durch, vermittels.

Vermögen Besitz, Reichtum, Wohlstand, Geld, Kapital, Güter ● Kraft, Bedeutung, Potenz, Einfluß, Macht, Fähigkeit, Können, Geltung. → Besitz, Besitztum, Eigentum, Geld, Geldquelle, Kapital, Mittel, Reichtum, Substanz. ▶ Armut, Einflußlosigkeit.

vermögen Kräfte haben, können, Macht haben, Einfluß haben, Fähigkeit haben, wirken, erreichen, alles aufbieten, durchgreifen, bemeistern, anfassen, durchdringen, beherrschen. → ausüben, bewirken, können. ▶ unterliegen.

vermögend → ausgiebig, bemittelt, potent, reich.

Vermögenswerte → Besitz, Hausrat, Sachwerte, Vermögen.

vermummen → anziehen, bedecken, bemänteln, einmummen.

vermurksen → verderben.

vermuten glauben, meinen, mutmaßen, einen Riecher haben u, annehmen, den Fall setzen, für möglich halten, voraussetzen, ahnen, wähnen, befürchten, argwöhnen, erwarten, erhoffen, sich einbilden, munkeln. → ahnen, annehmen, argwöhnen, befürchten, dämmern. ▶ irren sich, wissen.

vermutlich mutmaßlich, vorausgesetzt, wahrscheinlich, vielleicht, bedingt, scheinbar, anscheinend, möglicherweise, allenfalls, glaublich, denkbar, voraussichtlich, dem Anschein nach, wie anzunehmen ist. → anscheinend, denkbar, fällig. ▶ bestimmt, irrtümlich, tatsächlich.

Vermutung Beweggrund, Mutmaßung, Meinung, Glaube, Annahme, Anhaltspunkt, Möglichkeit, Aussicht, Wahrscheinlichkeit, Erwartung, Denkbarkeit ● Verdacht, Argwohn, Mißtrauen, Zweifel. Ahnung, Anhaltspunkt, Annahme, Argwohn, Befürchtung, Dafürhalten, Erwartung, Verdacht. ▶ Irrtum, Tatsache, Vertrauen.

vernachlässigen auslassen, versäumen, schwänzen u, links liegen lassen, überhören, verfehlen, mißachten, geringschätzen, beiseite legen, überspringen, übersehen, pfuschen, verwahrlosen, gehen lassen, unterschätzen, herabsetzen, wegwerfen, verkleinern, entwerten, absprechen, verleiden, laufen lassen, in den Dreck treten, nehmen es nicht. → bagatellisieren, beeinträchtigen, beiseite legen, belassen, Bord werfen über, übergehen, umgehen. ▶ beteiligen sich, betonen, helfen.

vernachlässigt → dreckig, ungepflegt.

Vernachlässigung Unterlassung, Mißachtung, Versäumnis, Pflichtvergessenheit, Lässigkeit, Leichtsinn, Achtlosigkeit, Wurstigkeit, Nichtbeobachtung, Gleichgültigkeit ● Geringschätzung, Unterschätzung, Benachteiligung, Hintansetzung. → Beleidigung, Fahrlässigkeit, Nichtachtung, Unterlassung. ▶ Achtung, Betonung, Durchführung, Fürsorglichkeit, Pflichterfüllung.

vernagelt unvernünftig, blöde, dumm, idiotisch, dämlich, töricht, verbohrt, hirnverbrannt, kopflos, gehirnlos, strohdumm, verständnislos, saudumm, borniert, beschränkt ● verschlossen, zu, verriegelt. → dumm, hirnverbrannt, irrsinnig, Schraube locker eine. ▶ vernünftig.

vernarben verwachsen, erneuern, regenerieren, heilen, ausheilen, sich schließen ● auffrischen, wieder in Ordnung kommen, vergessen, überwinden.

vernarren, sich → verlieben sich.

vernarrt → buhlerisch, liebestoll, verliebt.

vernebeln benebeln, bewölken, verräuchern ● tarnen, verbergen, verdecken, verschleiern, verdunkeln, verstecken, verkleiden, verheimlichen, abblenden, verschweigen, geheimhalten. → verbergen. ▶ aufklären.

vernehmbar lautstark, hörbar, vernehmlich, verlautbar, klingend, schallend, tönend, erfaßbar. → deutlich, laut. ▶ undeutlich, unhörbar.

vernehmen verhören, untersuchen, ausforschen, fragen, auskundschaften, überführen, ins Verhör nehmen, den Eid abnehmen. → erfahren, hören. ▶ aussagen, taub (sein).

vernehmlich → anschaulich, deutlich, laut, vernehmbar.

Vernehmlichkeit → Deutlichkeit.

Vernehmung → Verhör.

verneigen, sich → bewillkommen, demütigen sich, dienern.

Verneigung → Ehre, Verbeugung.

verneinen → aberkennen, ablehnen, behaupten, diskreditieren, einkommen gegen, entsagen, versagen, verwerfen.

verneinend → negativ.

Verneinung Negation, Negierung, Verleugnung, Abschwörung, Aberkennung, Verwerfung, Widerspruch, Einsprache, Kopfschütteln, Einspruch, Gegenrede, Ablehnung, Weigerung, Aufhebung, Verbot, Absage ● Mißhelligkeit, Mißstimmung. → Entsagung. ▶ Bejahung.

vernichten abtun, zerstören, ausrotten, ausmerzen, verderben, abschaffen, durchstreichen, zerreißen, erledigen, beseitigen, vertilgen, entwurzeln, zerschmettern, zusammenhauen, verhauen u, in Klump hauen u. → abbrechen, abbrennen, abschaffen, ausrotten, beschießen, beseitigen, Bord werfen über, aus der Welt schaffen, brandschatzen, demolieren, destruieren, durchschießen, durchstreichen, einstampfen, Fall bringen zu, faulen, ruinieren,

töten, verderben, zerstören. ▶ erhalten, erzeugen.

Vernichter Verheerer, Verwüster, Zerstörer, Verderber, Vertilger, Bilderstürmer, Wüstling, Brandschatzer, Rohling, Türke, Verächter, Mörder, Neinsager, Verbrecher, Schädling, Satan, Teufel, Tod. → Barbar. ▶ (Erhalter), Erschaffer.

vernichtet → angeschlagen, dahin, erdrückt, zerstört.

Vernichtung Erledigung, Zerstörung, Austilgung, Tilgung, Tötung, Ausrottung, Ausmerzung, Verfall, Verödung, Verheerung, Brandschatzung, Einäscherung, Schädigung, Unglück, Abbruch, Armut, Asche, Bekümmernis, Blutbad, Brand, Demolierung, Demütigung, Destruktion, Ende böses, Fäulnis, Garaus, Tötung, Unglück, Verderbnis, Verlust, Zerstörung. ▶ Erhaltung, Erzeugung.

Vernichtungswille → Bosheit, Vandalismus.

verniedlichen → bagatellisieren, verkleinern.

vernieten → anmachen, anschlagen, schließen.

Vernunft Einsicht, Verständnis, Urteilskraft, Klarsicht, Unterscheidungsgabe, Klugheit, Erkenntnis, Gehirn, Kopf, Scharfblick, Weisheit, Bedacht, Umsicht, Sachlichkeit, Besinnung, Innenschau, |Geistesgabe, Lebensweisheit. → Begriffsvermögen, Besinnung, Bewußtsein, Denkvermögen, Erkenntnis, Geist, Logik, Verstand. ▶ Unvernunft.

Vernunft annehmen Einsicht haben, erkennen, sich etwas überlegt haben, klug werden, weise handeln, mit beiden Beinen auf dem Boden stehen, einen törichten Gedanken aufgeben, keine Dummheit mehr machen, diese Zahn laß dir ziehen u. → gehorchen.

Vernunft, gegen alle Regeln der → dumm, unvernünftig, vernagelt, vernunftlos.

vernunftbegabt → intelligent, klug, vernünftig.

vernunftgemäß → rational, denkgerecht, folgerichtig, klug, logisch.

vernunftgerecht → denkgerecht, denkrichtig, erklärbar, fachgemäß, folgerichtig, logisch.

vernünftig vernunftbegabt, verständig, sinnig, überlegt, einsichtsvoll, einsichtig, klug, weise, intelligent, berechnend, feinspürig, vorsorgend, gesetzt, vorurteilsfrei, aufgeklärt. → bedächtig, bedachtsam, begabt, erwägend, gemessen, intelligent, klug, prak-

tisch, überlegt. ▶ unvernünftig, vernagelt, vernunftlos.

vernunftlos kopfscheu, dumm, kindisch, einfältig, schwach, töricht, blöde, denkschwach, beschränkt, schwachsinnig, Kopf beschränkter, närrisch, idiotisch, dämlich, gehirnlos, verkindscht, geistesgestört, hirnverbrannt. → dumm, schwachsinnig, vernagelt. ▶ vernünftig.

Vernunftlosigkeit Unvernunft, Unverstand, Urteilslosigkeit, Beschränktheit, Borniertheit, Dummheit, Kurzsichtigkeit, Spatzengehirn, Tölpelhaftigkeit, Blödheit, Unklugheit, Wahnwitz, Unbedachtsamkeit, Unverständnis, Begriffsmangel, Geistesarmut. → Dummheit. ▶ Vernunft.

vernunftwidrig → irrational, abwegig, unvernünftig.

veröden versteppen. → demolieren, faulen, verderben, verfallen, vernichten, verschlimmern.

veröffentlichen ankündigen, verlautbaren, publizieren, ausschreiben, auflegen, verlegen, kundtun, drucken, kundmachen, herausgeben, bekanntmachen, in Umlauf bringen, aushängen, im Kasten sein u ● heraus sein. → ankündigen, bloßlegen, drukken. ▶ verheimlichen.

Veröffentlichung Verlautbarung, Bekanntmachung, Verkündigung, Ankündigung, Kundmachung, Bekanntgabe ● Publikation, Druck, Herausgabe, Buch, Schrift. → Abdruck, Bekanntgabe, Benachrichtigung, Buch, Cirkular, Druckschrift, Erlaß, Herausgabe, Kundgebung, Manifest. ▶ Verheimlichung.

verordnen ordinieren, gebieten, anordnen, auferlegen, auftragen, beordern, anweisen, verfügen, beordern, anweisen, vorschreiben, bestimmen, festsetzen. → aufzwingen, befehlen, befehligen, begehren, diktieren, einschärfen, erlassen. ▶ zuwiderhandeln.

Verordnung Rezept, Medikament, Arznei ● Anweisung, Bestimmung, Verfügung, Verlautbarung, Befehl, Gebot, Geheiß, Vorschrift, Kundgebung, Anordnung, Gesetz, Regel, Bescheid, Beschluß, Bulle, kirchliche Verordnung. → Arznei, Auflage, Befehl, Bekanntgabe, Brauch, Cirkular, Dekret, Entscheidung, Erlaß, Gesetz, Kult, Paragraph. ▶ Zuwiderhandlung.

verpachten übertragen, vermieten, überschreiben, überweisen, abtreten, ablassen, veräußern, aushändigen, überantworten, übergeben, einlogieren. ▸ verkaufen, pachten.

verpacken einpacken, stauen *sm*, verstauen *sm*. → einkoffern, einsacken.

Verpackung Emballage, Hülle, Umhüllung, Kasten, Kiste, Papier, Einband, Dose, Tüte, Umschlag, Belag, Papierhülle, Sack, Hülse, Verschlag. → Aufmachung, Bandage, Bedeckung, Decke, Einschlag, Emballage, Hülle, Kuvert, Packung. ▸ Inhalt.

verpassen verfehlen, verspäten sich, versäumen, verschlafen, zaudern, verzögern, aufhalten sich, zurückbleiben, einstellen, vernachlässigen, entschlüpfen lassen, vertrödeln, verbummeln, aus der Hand fahren lassen, den Anschluß verpassen, sich etwas an der Nase vorbeigehen lassen, nicht anbeißen, sausen lassen *u*, sich etwas schenken, etwas schwimmen lassen ● schlagen, strafen, ohrfeigen. → bummeln. ▸ Gebrauch machen von, loben, zurechtkommen.

verpatzen → fackeln, hereinfallen, ungeschickt, verbokken, verderben, verpfuschen.

verpetzen anzeigen, melden, verraten.

verpesten stinken, widerlich riechen, schlecht riechen, übel riechen, unangenehm riechen, stänkern, vergiften, ausräuchern, verderben, faulen, vermodern. → riechen. ▸ wohlriechen.

verpfänden ein Pfand geben, hinterlegen, einstehen, bürgen, verbürgen, garantieren, gewährleisten, sichern, haften, sicherstellen, sich verpflichten, sein Wort geben. ▸ einlösen.

Verpfändung → Belehnung, Bürgschaft, Eid.

verpfeifen → anzeigen, beschuldigen.

verpflanzen → deponieren, einpflanzen, verlegen.

verpflegen → beispringen, beköstigen, helfen.

Verpflegung → Beköstigung, Ernährung, Proviant, Speise.

verpflichten → ausbedingen, bedingen, befehlen, belehnen, festlegen, gewährleisten, nehmen in Dienst, vereinbaren.

verpflichten, sich Bindung eingehen eine. → Fahnen schwören zu, festlegen, versprechen.

verpflichtend → erforderlich, obligatorisch.

verpflichtet pflichtschuldig, genötigt, verbindlich, erforderlich, schuldig, verschrieben, abhängig, verantwortlich, pflichtig, gehalten, haftbar, gezwungen, zinspflichtig, obligat. → dankbar, dankenswert,

erkenntlich, gebunden. ▸ frei, los und ledig.

Verpflichtung Bindung, Verbindlichkeit, Pflicht, Haftung, Haftpflicht, Verantwortlichkeit, Rechenschaft, Treupflicht, Gebundenheit, Schuldigkeit, Gewissenssache, Obligation. → Abhängigkeit, Abkommen, Aufgabe, Bedingung, Beharrlichkeit, Beruf, Besorgung, Bürgschaft, Dankbarkeit, Dekorum, Dienstbarkeit, Ehrenpunkt, Ehrenschuld, Einstandspflicht, Erkenntlichkeit, Garantie, Gebundenheit, Leistung, Pflicht, Rechenschaft, Rückstand, Schuld, Schulden, Schweigepflicht, Unterhaltungspflicht, Verbindlichkeit, Vertrag. ▸ Freiheit, Pflichtverletzung.

verpfuschen verpatzen, verwackeln, versieben, sich blöde anstellen, Mist machen, tapern, fackeln, schusseln, tappen, verschütten, herumfackeln, ungeschickt anstellen, tasten, fickfacken, pfuschen, stümpern, hudeln, klecksen, schmieren, sudeln. ▸ bestmöglich (handeln), können.

verpimpeln → verziehen.

verplappern herausplatzen, schwatzen, zuviel erzählen, mit der Türe ins Haus fallen, zutappen, blamieren sich, den Mund verbrennen sich, ausplaudern, die Finger verbrennen sich ● irren sich, stottern, verwechseln. ▸ schweigen, wissen.

verplaudern die Zeit vergessen, sich aufhalten, verbabbeln *u*, Gesellschaft leisten, verpassen, verschwatzen, vertratschen *u*, verklönen *u*, verquasseln *u*. ▸ verplappern.

verplempern →verschwenden.

verpönen ablehnen, dagegen sein, ausschlagen, zurückweisen, verwerfen, ausstoßen, verschmähen, verbannen, verbieten, untersagen, versagen, verweigern, aufsagen, zuwider sein. → ächten. ▸ bewilligen, empfehlen.

verprassen vertun. → durchbringen, Verhältnisse leben über die, verschwenden.

verprügeln → schlagen.

verpuffen seine Kräfte vergeuden, den Zweck verfehlen, ausgeben sich, nutzlos arbeiten, den Bock melken, das Pferd am Schwanz aufzäumen, ergebnislos ausgeben, vergeuden, verpulvern, für nichts und wieder nichts. ▸ eignen sich, gelingen.

verpumpen verleihen.

Verputz → Anstrich, Bedeckung, Decke.

verputzen bewerfen, bedecken, überdecken, bepflastern. → essen.

verquicken → beifügen, mischen, vermengen.

Verquickung → Gemisch, Kombination, Verbindung.

verrammeln → absperren, riegeln.

verramschen → verschleudern.

verrannt → beengt, befangen, bürokratisch, engstirnig, fanatisch, radikal, überspannt, überspitzt.

Veranntheit → Denkart kleinliche, Fanatismus.

Verrat Landesverrat, Judaskuß, Treubruch, Felonie, Falschheit, Untreue, Treulosigkeit, Heimtücke, Vertrauensbruch, Vertragsbruch, Eidbruch, Hinterlist, Meineid, Unaufrichtigkeit, Unredlichkeit, Unrecht, Pflichtverletzung, Täuschung. → Bekenntnis, Betrug, Bruch, Dolchstoß, Eid falscher, Falschheit, Käuflichkeit, Lüge, Täuschung, Unredlichkeit. ▸ Zuverlässigkeit.

verraten verpetzen. → anzeigen, aufklären, auftauchen, auspacken, ausschütten, belehren, bekennen, bloßlegen, brechen das Stillschweigen, denunzieren, erkennen lassen, gestehen, Glocke an die große hängen, Maske fallen lassen.

Verräter Landesverräter, Vaterlandsverräter, Staatsverbrecher, Umstürzler, Schädling, Wühler, Verbrecher, Deserteur, Fahnenflüchtiger, Abtrünniger, Volksverräter, Überläufer, Spion. ▸ Freund.

Verräterei → Doppelrolle, Falschheit, Unredlichkeit, Verrat.

verräterisch → abtrünnig, bestechlich, bübisch, charakterlos, fahnenflüchtig, falsch, niederträchtig, unredlich.

verrauchen → entdampfen, verdunsten, vergehen.

verräuchert → räucherig.

verrechnen zuzählen, belasten, gutschreiben, einrechnen, überschlagen, einen Überschlag machen, veranschlagen. → abziehen, anrechnen, aufheben, ausgleichen, fehlen, kompensieren.

verrechnen, sich irren, einen Bock schießen, verzählen sich, fehlschießen, fehlgehen, übersehen, versehen sich ● hereinfallen, hineintölpeln, die Rechnung ohne den Wirt machen, büßen, herhalten müssen. → ausbaden, büßen, irren sich. ▸ ahnen, erkennen, gelingen, gewinnen, zutreffen.

Verrechnung → Entscheidung falsche, Enttäuschung, Falschheit, Fehler, Milchmädchenrechnung, Preis.

verrecken → bleiben auf dem

Platze, brechen den Hals, ersaufen, sterben, krepieren.

verreiben mahlen, zermahlen, zerschlagen, zerstoßen, zermalmen, zerkleinern, pulverisieren, granulieren, zerkrümeln, verarbeiten ● ausbreiten, strecken, verbreiten, verbreitern, auswalzen, ausdehnen. ▸ verdichten.

verreisen → reisen.

verrenken verstauchen, ausrenken, einrenken, verdrehen, drehen, umdrehen, strecken, bewegen.

verrennen, sich → bleiben stecken.

verrichten vollstrecken, ausüben, vollenden, vollbringen, besorgen, leisten, bewerkstelligen, handhaben, durchführen, erledigen, hantieren, errichten, tüfteln *u.* → anfassen, anstellen, arbeiten, ausführen, ausüben, bedienen, beschäftigen, betragen sich, einlösen Wort, erfüllen, machen, tun. ▸ faulenzen.

Verrichtung → Affäre, Arbeit, Aufgabe, Ausführung, Begebenheit, Besorgung, Bewerkstelligung, Dienst, Einkauf, Elaborat, Leistung, Obliegenheit, Tat, Werk, Zeremonie.

verriegeln → abdämmen, abschließen, absperren, schließen, verschließen.

verringern → abnehmen, ausgehen, beengen, bemänteln, beschränken, dezimieren, einschränken, erleichtern, ermäßigen, nachlassen, verkleinern.

verringern, sich → abnehmen, nachlassen.

Verringerung → Abnahme, Dezimierung, Ermäßigung, Reduktion.

verrinnen → vergehen.

Verriß → Kritik.

verröcheln → sterben.

verrohen sein Herz verhärten, kein Erbarmen kennen, zu Tode quälen, hartherzig sein ● verbauen, vermassen, verschandeln, ohne Geschmack sein, entgleisen, den Takt verletzen, ohne Kinderstube sein, herumfegeln, grob sein, poltern, fluchen. ▸ Erbarmen zeigen, taktvoll sein.

verrosten einrosten, oxydieren.

verrottet → faul, schlecht, verdorben.

verrucht → abscheulich, arg, böse, charakterlos, niederträchtig, schlecht, unredlich, verdorben.

Verruchtheit Untugend, Gottlosigkeit, Schlechtigkeit, Entsittlichung, Laster, Argheit, Sündenleben, Verderbtheit, Schurkenhaftigkeit, Verworfenheit, Verdorbenheit, Schuftigkeit, Niederträchtigkeit, Verstocktheit, Sündhaftigkeit.

→ Bosheit. ▸ Frömmigkeit, Tugendhaftigkeit.

verrückbar → beweglich, dehnbar.

verrücken → bewegen, räumen, rücken.

verrückt irr, spleenig, tobsüchtig, toll, übergeschnappt, umnachtet, nicht bei Troste, geisteskrank, wahnsinnig, gestört, verschoben, irrsinnig, närrisch, manisch, umschattet, blöde, idiotisch, verblödet, geistesgestört, vernunftlos, bekloppt *u*, bestußt *u*, doll *u*, seine fünf Sinne nicht beisammen haben, hirnverbrannt, klapsig *u*, einen Knall haben *u*, lititi *u*, manoli *u*, meschugge *u*, plemplem *u*, einen Sonnenstich haben, rappelköpfig, aberwitzig ● verstellt, verräumt, anders gestellt. → absurd, beengt, dämonisch, dumm, gestört, hirnverbrannt, irrsinnig. ▸ vernünftig.

Verrückter → Irrsinniger.

Verrücktheit Tollheit, Umnachtung, Wahnsinn, Geisteskrankheit, Irrsinn, Schwachsinn, Geistesgestörtheit, Verblödung, Idiotie, Stumpfsinn, Fimmel *u,* Spleen, Raptus *u,* Rappelkopf *u,* Dachschaden *u.* → Delirium, Tollheit, Überspanntheit.

Verruf → Ächtung, Anstößigkeit, dunkler Punkt, Schande, Unehre.

Verruf bringen, in → verleumden.

verrufen unrühmlich, unberühmt, anrüchig, verschrien, berüchtigt, skandalös, schlecht, schimpflich, bescholten, verschmäht, verworfen. → anrüchig, anstößig, arg, berüchtigt, böse, diabolisch, gebrandmarkt, schlecht. ▸ angesehen, gut.

verrunzeln → runzeln.

Vers → Reim.

versacken sich hingeben, den Leidenschaften oder Begierden frönen, ausschweifen, versumpfen, das Maß überschreiten, darauf-los leben ● nicht mehr hoch-kommen können, zu Grunde gehen ● einsacken.

Versagen Unvermögen, Fehlanzeige, Fehlgriff, Fehlurteil, Versager, Niete, Fehlgang, Metzgergang, Bock, Schnitzer, Fehler ● Unterlassung, Vernachlässigung, Versehen, Unkenntnis, Schwachheit, Einflußlosigkeit, Bedeutungslosigkeit, Fähigkeit ● Ablehnung, Vorenthaltung, Verweigerung. → Bummelei, Entnervung, Ermattung, Erschöpfung, Unfähigkeit. ▸ Erlaubnis, Kraft, Zusage.

versagen abschlagen, vorenthalten, ablehnen, verwei-

gern, verneinen, nicht erlauben, nicht gewähren, verbieten ● enttäuschen, unbrauchbar sein, nichts können, untauglich sein, sich nicht bewähren, erliegen, unterliegen, fehlgreifen, verfahren sich, fehlschlagen, scheitern, nichts leisten, mißlingen. → abblitzen, abbrechen, aberkennen, ablehnen, absagen, angreifen, beeinträchtigen, beikommen nicht, bekämpfen, durchfallen, enttäuschen, ermatten, fehlen, mitkommen nicht, scheitern, schlapp machen. ▸ anerkennen, billigen, erlauben, erreichen, zusagen.

versagen, sich entsagen, entwöhnen, kasteien, enthalten, unterlassen, verzichten, bezwingen, zügeln, in der Gewalt haben sich, mäßigen, verkneifen, begnügen, überwinden, argwöhnen, vermeiden. → beiseite legen, brechen mit einer Gewohnheit, enthalten sich, entwöhnen.

Versager Niete, Unvermögen, Versagen, Unfähigkeit, Untauglichkeit, Untüchtigkeit, Schwäche, Kraftlosigkeit, Mißerfolg, Fehlgang, Fehlgriff, Fehlschritt ● Schwächling, Trottel, Nichtskönner, Dummkopf, Idiot, Blindgänger *u.* → Fehler, Versagen. ▸ Erfolg, Fähigkeit, Fehlerlosigkeit, Könner.

versalzen verbittern, salzen, die Zunge ätzen, zuviel Salz zugeben ● schaden, verdrießen, deprimieren, eins auswischen, vergrämen, verekeln, versäuern, verletzen, kränken, verderben, verübeln, etwas antun, schlecht behandeln, die Freude nehmen. ▸ erfreuen, süßen.

versammeln, sich → scharen sich, treffen.

Versammlung Tagung, Meeting, Sitzung, Beratung, Zusammenkunft, Treffen ● Ansammlung, Anhäufung, Menge, Masse, Volksversammlung, Aushebung. → Anzahl, Auflauf, Besprechung, Conclave, Einberufung, Kollegium.

Versand → Handel, Sendung, Transport.

versanden austrocknen, versumpfen, versicken, von Sand überspült werden ● aufgeben, nicht mehr berücksichtigen, nicht mehr daran denken oder in Angriff nehmen ● fallen.

versauen → verderben.

versauern versimpeln, verspießern. → ärgern, verdrießen, versalzen.

versauert → bärbeißig, brummig, verdrießlich.

versaufen verpicheln. → ersaufen.

versäumen → ausstehen, bedenken, belassen, bummeln,

fehlen, unterlassen, vernachlässigen, verpassen.

Versäumnis → Bummelei, Nachlässigkeit, Pflichtvergessenheit, Unterlassung.

verschachern verklopfen, verkümmeln, verschrotteln, losschlagen, abstoßen, unterbringen, an den Mann bringen, loswerden, absetzen, zu Geld machen. → verkaufen. ▶ behalten, kaufen.

verschaffen vermitteln, verhelfen zu, aneignen sich, anschaffen, auftreiben, beibringen, beschaffen, besorgen, erringen, erwerben, Vorteil wahrnehmen, Vorteil bieten, zuhalten, zukommen lassen, zulegen, gewähren, herbeischaffen. → aneignen, auftreiben, bahnen, beibringen, beikommen, beispringen, bemächtigen, bereichern, beschaffen, bieten, erarbeiten, erbetteln, erschmeicheln. ▶ hintertreiben, wiedergeben.

verschaffen, sich → aneignen sich, auftreiben, sammeln.

verschaffen, sich Achtung → beeindrucken.

verschalen bedecken, verdecken, zudecken, überdecken, einhüllen, umhüllen, verhüllen, verhängen, belegen, zumachen, überziehen, verkleiden, bekleiden. → einpacken, einrollen. ▶ entblößen.

Verschalung → Bedeckung, Decke, Einband, Einschlag.

verschämt → brav, schüchtern, schuldbewußt.

Verschämtheit → Bescheidenheit, Selbstgefühl Mangel an.

verschandeln verunstalten, verunzieren, entstellen, verletzen, das Auge beleidigen, verballhornen, beflecken, besudeln, beschmieren, beschmutzen, verfärben, den Reiz nehmen. → anstoßen. ▶ schmücken.

verschandelt verunstaltet, entstellt, verzerrt, verballhornt, mißgestaltet, verkrüppelt ● abscheulich, kitschig, übertrieben, grotesk, aufgedonnert, herausgeputzt, überladen, grell, schreiend, herausfordernd, geschmacklos, gewöhnlich, unfein. → unsauber. ▶ geschmackvoll.

Verschandelung Verunstaltung, Entstellung, Verunreinigung, Vergrößerung, Verzerrung ● Fehler, Mangel, Makel, Schmutz ● Stillosigkeit, Stilwidrigkeit, Ungeschmack, Geschmacksverirrung, Abgeschmacktheit, Geschmacklosigkeit, Barbarei, Roheit, Unkultur, Formlosigkeit, Überladung ● Unverschämtheit, Anmaßung, Überhebung, Un-

verfrorenheit, Maßlosigkeit, Ungeheuerlichkeit, Schamlosigkeit, Übermut, Mutwille, Frechheit, Zuchtlosigkeit, Ärgernis, Schmutz, Schweinerei. → Auswuchs, Unkultur. ▶ Geschmack.

verschanzen bergen, abschirmen, bewahren, umhegen, absperren, sichern, verteidigen, abwehren, befestigen, verbergen, zurückziehen sich verstecken, tarnen, vertuschen ● für sich behalten, hinter dem Berge halten, einer Sache ausweichen, kneifen. ▶ angreifen, aussagen.

Verschanzung → Befestigung, Damm, Zuflucht.

verschärfen Ärger machen, um sich greifen, strenger halten, unnachsichtig sein, bestehen auf, beharren auf, Gewalt anwenden, keine Nachsicht kennen, ein strenges Regiment führen, kurzen Prozeß machen, mit eisernem Besen kehren ● verschlechtern, verschlimmern, ausarten, abgleiten, beeinträchtigen, entwerten, anstecken. ▶ beschwichtigen, bringen ins Geleis, nachsichtig sein.

verschärfend → belastend, streng.

verscharren → eingraben, verbergen.

verschätzen überschätzen, unterschätzen, sich verrechnen, falsch urteilen, fehlschätzen, überbewerten, unterbewerten, falsch taxieren, überbetonen, mißachten, herabsetzen, verkennen.

verschaukeln → hintergehen.

verschelden → ausatmen, bleiben auf dem Platze, entschlafen, scheiden, sterben.

verschenken → geben, schenken, überlassen.

verscherzen verbocken, verfehlen, versäumen, fehlgehen, fehlgreifen, versagen, verlustig gehen, verlieren, verpassen, loswerden, in den Schornstein schreiben, entschlüpfen lassen, durch die Lappen gehen lassen. ▶ gelingen, gewinnen.

verscheuchen Furcht einjagen, erschrecken, beunruhigen, ängstigen, in Schrecken versetzen, einschüchtern, bange machen, verblüffen, forttreiben, Angst einflößen, wegjagen, abschrecken j. → ausstoßen, ausweisen, befördern, entmutigen, jagen, vertreiben. ▶ einladen, ermutigen, herbeiziehen.

verschicken ▶ austragen, befördern, begeben, einschicken, expedieren.

verschieben prolongieren, hinauszögern, vertagen, verzögern, bedenken sich, ab-

warten, hinhalten, Zeit lassen sich, verlängern, hinausschieben, auf die lange Bank schieben, bedenken sich, aufschieben ● bewegen, verrücken, fortbewegen. → aufhalten sich, aussteben, bedenken, beruhen lassen. ▶ ausführen, stehen lassen, tun.

verschieden → abgeschieden, abwechselnd, anders, andersgeartet, beikommen nicht, beziehungslos, diskrepant, divergierend, tot, unähnlich, ungleichmäßig.

verschiedenartig → anders, andersgeartet, beziehungslos, diverse, unähnlich, ungleichmäßig.

Verschiedenartigkeit → Abstufung, Abtönung, Abweichung, Ausdehnung, Verschiedenheit.

verschiedene → diverse, einige, etliche, manche.

verschiedenerlei → allerhand, manche, mannigfach.

Verschiedenes → allerhand, manches.

Verschiedenheit Mannigfaltigkeit, Unterschiedlichkeit, Gegensatz, Gegensätzlichkeit, Mischung, Ungleichheit, Vermischtheit, Abweichung, Abart, Ungleichartigkeit, Widerspruch, Unvergleichbarkeit, Unvereinbarkeit, Widerstreit, Ungleichförmigkeit, Divergenz, Unähnlichkeit, Uneinheitlichkeit ● Unstimmigkeit, Meinungsverschiedenheit. → Abweichung, Centaur, Differenz, Disharmonie, Disput, Farbdruck, Unterschied. ▶ Gleichartigkeit.

verschiedentlich gelegentlich, öfter.

verschießen → ausgehen, bleichen, durchfressen, entarten, verbleichen, verderben, vergehen.

verschiffen → absenden, befördern.

Verschiffung → Absendung, Deportation, Transport.

verschimmeln → beeinträchtigen, faulen, verderben.

Verschiß Mißkredit, Schimpf, Beleidigung, Verrufenheit, Gerücht, Tratsch, Tadel, Unehre, Bezichtigung, Ehrlosigkeit, Schande, Schmach, Verruf, Verstoß. → Ächtung, Unehre. ▶ Belobigung, Hochachtung.

verschlackt schmutzig, unsauber, dreckig, verkrustet, verschmutzt, verkohlt, überzogen, verengt, zugesetzt.

verschlafen → unaufmerksam, verpassen, zerstreut.

Verschlag Schuppen, Scheuer, Scheune, Hürde, Stall, Raum, Baracke, Stallung, Baude, Kate, Holzschuppen, Bodenkammer, Abstellraum, Bude, Hindernis.

verschlagen hinterlistig, faustdick hinter den Ohren, heimtückisch, katzenartig, glattzüngig, abgefeimt, raffiniert, verstellt, pfäffisch, glatt, listig, gewiegt, trügerisch, pfiffig, gerieben, gesiebt, arglistig, tückisch, duckmäuserig u, abgebrüht, abgefeimt, ausgefuchst, ausgekocht, gehängt, geschmiert u, gewichst u, gewieft u, mit allen Hunden gehetzt, mit allen Salben geschmiert, mit allen Wassern gewaschen, gaunerhaft. → aalglatt, bübisch, durchtrieben, schlau. ▶ aufrichtig.
Verschlagenheit → Bosheit, Falle, Falschheit, Schachzug, List, Schikane, Schlauheit.
verschlampen vergammeln, verlottern, verludern.
verschlechtern → beeinträchtigen, diskreditieren, durchfressen, entstellen, verleumden, verschlimmern.
verschlechtern, sich zurückgehen, verkommen, verderben, an Wert verlieren, zu Schaden kommen, verschlimmern sich, ausarten, abnehmen, rückwärts gehen, abgleiten, tiefer sinken, verfallen, eingehen, zerfallen, kränker werden, bessere Zeiten gesehen haben. ▶ bessern sich.
Verschlechterung Verschlimmerung, Verminderung, Rückgang, Verfall, Krebsgang, Krebsschaden, Entartung, Rückfall, Dekadenz, Verderbnis, Verheerung, Rückschritt, Entwurzelung, Vermoderung, Fäulnis, Niedergang, Zusammensturz. → Degeneration, Dekadenz, Demoralisation, Desorganisation, Einbuße, Ende böses, Entwertung. ▶ Besserung, Fortschritt.
verschleiern → bemänteln, binden nicht auf die Nase, fälschen, verbergen, verheimlichen, vernebeln.
verschleiert → abstrus, unsichtbar.
Verschleierung → Ausweg, Geheimhaltung, Unklarheit.
verschleißen → abbrauchen, abnutzen, aufbrauchen, konsumieren.
verschlemmen → verschwenden.
verschleppen rauben, fortbringen, wegbringen, zwingen, nötigen, Gewalt antun, deportieren ● eine Krankheit verschleppen, anstecken jemanden. → aufhalten sich, aufschieben, ausstehen, bedenken, besinnen sich, bummeln, erstrecken sich, verschieben. ▶ ausführen, wiedergeben, zurückbringen.
Verschleppung Verzögerung, Vertagung, Verlängerung,

Zauderei, Langsamkeit, Saumseligkeit, Zögerung, Bummelei, Trödelei, Schlendrian. → Aufenthalt, Bemächtigung, Beraubung, Deportation, Raub. ▶ Ausführung, Wiedergutmachung.
verschleudern vertun, verschwenden, wegwerfen, vergeuden, zum Fenster hinauswerfen, durchbringen, verschlemmen, verpassen, verwirtschaften ● losschlagen, verklopfen, verkaufen, verkümmern, verwerten, abstoßen, verramschen. → beseitigen, durchbringen, hergeben, verschwenden. ▶ behalten, haushalten, kaufen.
verschließen abschließen, verriegeln, zumachen, zuklappen, verwahren, verstecken, verbergen, zuriegeln, versiegeln, plombieren, verkitten, sichern, absperren, versperren, einkoffern. → abdrosseln, abschließen, absperren, aufheben, ausschalten, bewahren, einkoffern, siegeln. ▶ öffnen.
verschließen, sich für sich behalten, vorenthalten, verschweigen, verhehlen, schweigen, zurückhaltend sein, nichts anvertrauen, nicht trauen, zugeknöpft sein, mißtrauen. → abschließen. ▶ anvertrauen, mitteilen.
verschlimmern verfallen, verschlechtern, veröden, sinken, abnehmen, entarten, zerbrechen, schlechter werden, ausarten, faulen, verderben, herunterkommen, scheitern, verrotten, vermodern, entsittlichen, rückbilden, eingehen, rückwärts gehen. → anschwellen, aufbauschen, beeinträchtigen, blähen, diskreditieren, durchfressen, verschlechtern sich. ▶ bessern sich, verbessern.
verschlimmert rückschrittlich, rückständig, rücklaufend, schlimmer, schlechter, zugespitzt, ausgeartet, verwildert, verkommen, verschlechtert, erschwerend, ärger ● rettungslos, aufgegeben, gezeichnet. ▶ gebessert.
Verschlimmerung Verderbnis, Verheerung, Verschlechterung, Verfall, Krebsgang, Abnahme, Rückschritt, Degeneration, Erniedrigung, Entwertung, Neige, Fäulnis, Verwesung, Zusammensturz, Verwilderung, Verminderung, Rückgang, Entartung, Schwächung. → Beschwernis, Demoralisation. ▶ Besserung.
verschlingen fressen, auffressen, aussaugen, essen, herunterschlucken, würgen, vertilgen, vernichten ● verwickeln, verketten, verknoten, verwirren, verhaspeln, ver-

flechten. → aasen, beinträchtigen, einhauen. ▶ ausspeien, entwirren.
Verschlingung Verknotung, Verflechtung, Verwicklung, Verwirrung, Verwustelung ● Geflecht, Bindung, Krümmung, Umschlingung. ▶ (Entwirrung).
verschlissen abgenutzt, abgetragen, schäbig, verbraucht, abgewetzt, abgetragen, abgescheuert, alt.
verschlossen → bärbeißig, dicht, einsam, einsilbig, geschlossen, schweigsam, zurückhaltend.
Verschlossenheit Zurückhaltung, Redescheu, Schweigsamkeit, Herbe, Wortkargheit, Zugeknöpftheit, Verschwiegenheit, Stillschweigen, Ablehnung, Verstocktheit. → Behutsamkeit. ▶ Mitteilsamkeit.
verschlucken schlucken, essen, würgen, vertilgen, husten, japsen, glucksen ● herunterschlucken, unterdrücken, einstecken, herunterwürgen, eine bittere Pille schlucken, es sich verbeißen, sich zügeln, den inneren Zustand verleugnen. ▶ ausspeien, widerstreiten.
verschlungen verschluckt, gegessen, vertilgt, verdrückt, heruntergewürgt, aufgegessen, verzehrt ● verwickelt, gewunden, verwunden, zuknallen, gebogen, verwirrt, gelockt, schneckenförmig. → durchbrochen, kompliziert. ▶ entwirrbar, gerade, unkompliziert.
Verschluß Riegel, Siegel, Spund, Umschließung, Haken, Schließhaken, Krampe, Hahn, Zapfen, Druckknopf, Reißverschluß, Pflock, Stopfen, Korken, Klappe, Kolben, Ventil, Plombe, Stöpsel ● Abschließung, Verschließung, Schließung, Sperrung, Sperre, Versiegelung. → Deckel, Klappe, Knopf, Schloß, Ventil. ▶ Öffnung.
verschmachten austrocknen, eintrocknen, verwelken, dorren, dörren, dürren, eindorren, verdorren, verdursten, vertrocknen, sterben ● begehren, lüstern sein, erstreben, sehnen sich, lechzen nach, hungern, vergehen. ▶ erblühen, laben, verschmähen.
verschmähen → abblitzen, ablehnen, abstoßen, ächten, liegen lassen links, verachten, verpönen, verwerfen.
verschmäht gemieden, verrufen, verpönt, verschrien. → betrogen, ungeliebt, verachtet.
verschmelzen → verbinden.
Verschmelzung → Bündnis, Gemeinschaft, Gemisch.

verschmerzen hinnehmen, vergessen, ausstehen, verriegeln, überwinden, unterdrücken, sich dreinschicken, sich gefallen lassen, standhalten, nicht mehr nachtrauern, aushalten, durchhalten, über sich ergehen lassen, sich fügen, von der besten Seite nehmen. → dulden. ▶ hadern, (nachtrauern).

verschmieren → verunreinigen.

verschmitzt → aalglatt, bübisch, durchtrieben, gewiegt, schlau.

verschmolzen verbunden, ungetrennt, vereinigt, verwachsen, unlösbar, untrennbar, zusammen, zusammengeschlossen, verschweißt, verkettet, verflochten. → einheitlich. ▶ getrennt.

Verschmolzenheit → Einheit, Verbindung.

verschmutzen → beschmutzen, verunreinigen.

verschnaufen ausruhen, rasten, niedersetzen, aufatmen, erholen sich, Atem schöpfen, verpusten sich, einhalten, es sich bequem machen, ausrasten sich. → beruhigen, finden Zeit, niedersetzen. ▶ überanstrengen.

verschneiden kastrieren, entkräften, schwächen, unfruchtbar machen, sterilisieren, entmannen, verkrüppeln ● irren, falsch zuschneiden, zerstückeln, verstümmeln, ungeschickt sein. → mischen.

Verschnitt → Mischung.

verschnörkelt → barock, gedreht, verschlungen.

verschnupfen → ärgern, aufregen.

verschnupft → ärgerlich, böse, krank, übel sein, verdrießlich.

verschnüren → schnüren.

verschollen verschwunden, fort, weg, unauffindbar, verloren, abhanden, hinweg, entfernt, fehlend, anderswo. → abwesend. ▶ anwesend, auftauchen.

verschonen belästigen nicht, nachsehen, übersehen, freisprechen, nachlassen, ein Auge schließen, durch die Finger sehen, milde beurteilen, nicht nachtragen, verzeihen, Nachsicht üben, vergeben, entschuldigen. → schonen. ▶ belästigen, nachtragen.

verschönen → ausschmücken, beflaggen, behängen, besetzen, schmücken.

verschönern herausputzen, auffrischen, verzieren, aufpolieren, schmücken, verbessern, verfeinern, veredeln, vervollkommnen, schön machen, ausstaffieren, lackieren, wichsen, vergolden, firnissen, ausputzen, bohnern, fegen. → auftakeln, ausbessern, ausbürsten, dekorieren, verbessern. ▶ verschandeln.

Verschönerung → Aufmachung, Ausschmückung, Besatz, Dekoration, Schmuck, Schönheit.

verschossen → blaß, farblos, verliebt.

verschreiben → beschenken, deponieren, durchdrücken, erlassen, verordnen.

verschreiben, sich vertippen. →engagieren sich, irren sich.

Verschreibung → Arznei, Belege, Belehnung, Bescheinigung, Bürgschaft, Fehler, Kaution, Übertragung, Verbindlichkeit, Verordnung.

verschreien → beleidigen, bloßstellen, tadeln.

verschrien → anrüchig, arg, bekannt, berühmt, berüchtigt, ungeliebt, verschmäht.

verschroben → abgeschmackt, absurd, albern, bizarr, burlesk, grotesk, kleinstädtisch, pedantisch, schrullenhaft, unweiblich, verrückt.

Verschrobenheit Versponnenheit, Verworrenheit, Verzwicktheit.

verschrumpelt → faltig.

verschüchtern einschrecken, einschüchtern, drohen, bedrohen, erschrecken, bange machen, Angst machen, ins Bockshorn jagen, verängstigen, androhen, Furcht einjagen, entsetzen, abschrecken, verscheuchen. → verscheuchen. ▶ ermutigen.

Verschulden → Entgleisung, Fehler, Schuld, Verstoß.

verschulden → sündigen, Unrecht tun, verüben, verursachen.

verschuldet → arm, bankrott, verursachen.

Verschuldung → Rückstand, Schuld, Überschuldung, Verantwortung.

verschütten vergießen, umstoßen, umwerfen, umkippen, bluten u, verschlappern u ● verpatzen, verbocken, verwackeln, versieben, sich blöde anstellen, sich ungeschickt benehmen, fickfacken, hudeln, schmieren, sudeln. → abstoßen. ▶ bewältigen, gelingen.

verschweigen verhehlen, verhüllen, verdecken, verheimlichen, verbergen, verstecken, nicht erwähnen, für sich behalten, vorenthalten, offen lassen, tarnen, geheimhalten, unterdrücken, zurückhalten, verschleiern, vernebeln, nicht auf die Nase binden, einer Frage ausweichen. → totschweigen, verbergen, verheimlichen, ver-

schließen sich. ▶ aussagen.

verschweißen → verbinden.

verschwelen verkoken. → brennen.

verschwelgen → durchbringen, verschleudern, verschwenden.

verschwenden vergeuden, verprassen, verschleudern, verschwelgen, aus der Hand fahren lassen, das Geld durchs Fenster werfen, in den Tag hineinleben, über die Verhältnisse leben, prassen, aasen, verjubeln, durchbringen, verwirtschaften, verschlemmen, wegwerfen, mißbrauchen, vertun, mit etwas aasen, in Saus und Braus leben, veraasen, verbumfideln u, verbuttern u, verfumfeien u, verjucken u, verjuxen u, verplempern u, verkümmeln u, verludern u, verpulvern u, verputzen, verwichsen u, verschlampen, was kann das schlechte Leben helfen ? ● sich verläppern, verzetteln, durch die Gurgel jagen. → aufwenden, ausgeben, durchbringen. ▶ geizen, haushalten.

Verschwender Prasser, Vergeuder, Verschwelger, Durchbringer, Verjubler, Schlemmer, Vertuer, schlechter Wirt, Luftikus, Verschleuderer, Schwelger, Verwüster, Lukullus, Bruder Lustig, der verlorene Sohn. ▶ Geizhals, (Sparer).

Verschwenderei → Ungenügsamkeit, Verschwendung.

verschwenderisch großzügig, luxuriös, prasserisch, unenthaltsam, unsolide, unwirtschaftlich, unklug, üppig, schwelgerisch, flott, schlemmerhaft, liederlich, übertrieben, unsparsam, lebenslustig, freigebig, lässig. → feinschmeckerisch, flott, übermäßig, übertrieben. ▶ geizig, haushälterisch, sparsam.

Verschwendung Saus und Braus, Prasserei, Überfluß, Vergeudung, auf großem Fuß leben, Verschleuderung, Unwirtschaftlichkeit, Aufwand, Schlemmerei, Schwelgerei, Übertriebenheit, Ausschweifung, Mißbrauch. → Luxus, Unmäßigkeit. ▶ Geiz, Sparsamkeit.

verschwiegen → charakterfest, diskret, einsilbig, schweigsam, taktvoll, zurückhaltend.

Verschwiegenheit → Diskretion, Verschlossenheit.

verschwimmen verwischen, verwackeln, flimmern, verlieren sich, vergehen, verbleichen, entrücken, entgehen, entschwinden dem Blick, verlieren aus den Augen, undeutlich werden. → bedecken. ▶ wahrnehmen.

verschwinden entschwinden, entrücken, entfernen sich, verflüchtigen sich, vergehen, versinken, verlieren sich, fortgehen, fortschleichen, drücken sich, trollen sich, zurückziehen sich, entweichen, kneifen, weggehen, verziehen sich. → abhauen, absetzen, aufmachen, bedecken, benehmen die Aussicht, entfernen sich, enteilen, sterben, verbergen. ▶ auftauchen.

verschwinden lassen → bemächtigen, berauben, bestehlen.

verschwindend → bloß, demolierend, unscheinbar.

verschwitzen → vergessen, verpassen.

verschwommen → blind, dämmerig, unerkennbar.

Verschwommenheit → Dämmer, Dämmerung, Nebelhaftigkeit.

verschwören, sich verbinden sich, vereinigen sich, zusammenschließen sich, ein Bündnis schließen, verbünden sich ● konspirieren, erheben sich, meutern, rebellieren, revoltieren, auflehnen sich, empören sich, streiken, abfallen, zusammenrotten sich, die Waffen erheben, gegen den Stachel löcken. → beigesellen, beitreten, beteiligen sich, erheben sich, revoltieren. ▶ unterwerfen sich, verfeinden sich.

Verschwörer Rebell, Meuterer, Aufrührer, Empörer, Unruhestifter, Abtrünniger, Wühler, Aufwiegler, Hetzer, Jakobiner, Anarchist, Streikführer. → Aufständiger. ▶ Sklavenseele.

Verschwörung → Anschlag, Auflauf, Auflehnung, Revolution, Ungehorsam.

verschwunden → abwesend, dahin, unauffindbar, verloren, vermißt.

Verse bringen, in → dichten.

Verse setzen, in → dichten.

Versehen → Bock, Bummelei, Delikt, Falschheit, Fehlbetrag, Fehler, Fehltritt, Mißverständnis, Schuld, Unterlassung, Verwechslung.

versehen → bereift, geben, irren sich, verwechseln.

versehen, sich aufspeichern, eindecken sich, irren sich, täuschen sich, versorgen sich, verwechseln.

versehen mit ausgerüstet, vorbereitet, gesichert, ausgestattet, versorgt, gewappnet, gestärkt, eingedeckt. → austeilen, eindecken sich. ▶ unversorgt.

versehentlich → irrtümlich.

versehren → anstoßen, verletzen.

versehrt → beschädigt, defekt.

verselbständigen selbständig machen. → befreien.

versenden → befördern, begeben, einschicken, senden, transportieren.

Versendung → Absendung, Lieferung, Transport.

versengbar → entzündbar.

versengen → Brand stecken in, dampfen, sengen.

Versengung → Brand.

versenken einsenken, vergraben, eintauchen, untertauchen, vernichten, zerstören, ausmerzen, vertilgen ● verbergen, verstecken, eingraben ● vertiefen, versinken, hingeben, erbauen, beten, betrachten, andächtig sein. → ausrotten, eingraben, einrammen. ▶ heben.

versenkt → tief, unterirdisch.

Versenkung Tiefe, Einsenkung, Vertiefung, Untiefe, Bodenlosigkeit, Höllentiefe, Unergründlichkeit, Abgrund, Krater, Becken, Joch, Einschnitt, Einbuchtung ● Schiffsversenkung, Vernichtung. ▶ Erhöhung.

versessen unstillbar. → anstellig, begehrlich, besessen, brennend, erpicht, fanatisch, interessiert, neugierig sein, scharf, unersättlich.

versessen sein, auf Erwerb → bringen sein Schäfchen ins trockene.

versetzen durchrutschen. → abziehen, ändern, antworten, befördern, beibringen, beifügen, bestrafen, entsetzen, ernennen, fernbleiben.

versetzt entfernt, verändert, verpflanzt, entwurzelt, verrückt, verzogen, verräumt ● befördert, verbessert, aufgerückt ● warten lassen, fern geblieben, fortgeblieben, hingehalten, entledigt ● verpfändet, ins Leihhaus getragen, beliehen. ▶ unverändert, versetzt werden nicht, zugeben.

versetzt werden, nicht hängen bleiben, kleben bleiben, hocken bleiben, pappen bleiben u, backen bleiben u. → bleiben sitzen.

Versetzung → Beförderung, Deportation, Entlassung, Räumung.

verseuchen → anstecken.

verseuchend → epidemisch.

versichern decken, schützen, Versicherung abschließen ● behaupten, beteuern, bejahen, bestätigen, bestehen auf, betonen, darauf kannst du Gift nehmen, die Hand ins Feuer legen, steif und fest behaupten, verbürgen, bezeugen, versprechen, zusichern, garantieren, beeiden, hervorheben, bekräftigen, beschwören, das kannst du annehmen, das kann ich dir flüstern, Stein und Bein schwören, das

kann ich dir singen u. → absperren, beeiden, beglaubigen, bejahen, bekennen, beschwören, besiegeln, bestätigen, bestehen, bestehen auf, betonen, beweisen, bringen zum Schweigen, ja sagen, konstatieren, versprechen, zusagen. ▶ ablehnen, widerstreiten.

Versicherung Lebensversicherung, Unfallversicherung, Haftpflichtversicherung usw., Sicherheit, Deckung ● Zusicherung, Vertrag, Übereinkommen, Verschreibung, Versprechen, Zusage ● Eid, Schwur, Gelöbnis, Handschlag, Wort, Ehrenwort ● Bejahung, Beteuerung, Aussage, Behauptung. → Bekenntnis, Bekräftigung, Bescheinigung, Bürgschaft, Ehrenwort, Eid, Erweis, Garantie, Versprechung. ▶ Ablehnung, Widerruf, Wortbruch.

versickern auslaufen, ausströmen, rinnen, auströpfeln, entfließen, ausscheiden ● einsickern, eindringen, eintrocknen, versiegen. ▶ hervortreten.

versieben → verbocken, verschütten, ungeschickt.

versiegeln → absperren, plombieren, schließen, siegeln.

versiegen verfliegen, verflüchtigen, vertrocknen, aufsaugen, vergehen, verdunsten, versickern, austrocknen ● versagen, verstummen, verdummen, aufhören, ersterben. → abbrauchen, abnehmen, aufhören, aussetzen, ersterben. ▶ ertönen, fließen, verstehen.

versiert → anstellig.

versilbern → bedecken, verkaufen, verschönern.

versimpeln → vereinfachen, verbauern, versauern.

versinken → ersaufen, vergehen.

Version Lesart, Wendung, Auffassung, Wortlaut, Darstellung, Variante, Deutung, Fassung, Schreibart, Auslegung, Form, Übersetzung, Übertragung. → Auffassung, Deutung.

versippt → verwandt.

versklavt → abhängig.

Versklavung → Abhängigkeit.

verslos → ungereimt.

versoffen → trinkfest, unmäßig.

versohlen → schlagen.

versöhnen → ausgleichen, aussöhnen, austragen, befrieden, befriedigen, begütigen, Einklang bringen, einschreiten, vermitteln.

versöhnen, sich reichen sich die Hände, Frieden herstellen, sich einigen, sich aussöhnen, den Streit beilegen, die Streitaxt begraben, sich vergeben, sich vergleichen, in Eintracht leben, Frieden machen, sich wieder vertragen, einlenken, die Freundschaft erneuern ● beichten. ▶ verfeinden sich.

versöhnlich konziliant. → friedfertig, nachgiebig.

Versöhnlichkeit → Gutmütigkeit, Milde, Nachsicht, Vergebung.

Versöhnung Aussöhnung, glückliches Ende, Beilegung, Verständigung, Friedenskuß, Friedenspfeife, Waffenruhe, Friede, Vergebung, Verzeihung, Schlichtung, Übereinstimmung, Eintracht, Friedlichkeit, Freundschaft, Friedensstiftung ● Versöhnung mit Gott. → Ausgleich, Aussöhnung, Beilegung. ▶ Unversöhnlichkeit.

versonnen versponnen. → besinnlich, still.

versorgen → aufspeichern, beschenken, beispringen, beköstigen, bringen unter die Haube, darreichen, geben, helfen, versehen mit.

versorgen, sich fouragieren, proviantieren, versehen sich, aufstapeln, ausrüsten sich, auftreiben, ergänzen, ausstatten sich, eindecken sich, einheimsen, einspeichern, einscheuern, anwerben, eintun, einbringen, aufsparen, ersparen, einstecken, vorsorgen. → eindecken sich, verpflegen. ▶ verbrauchen.

Versorger → Ernährer.

versorgt untergebracht, versehen mit, aufgehoben, bewahrt, vorbereitet, vorgesehen, versichert, gestiefelt, gerüstet, gespornt, befähigt, abgerichtet. ▶ unversorgt.

Versorgung Nachschub. → Arbeitssegen, Beköstigung, Einkauf, Fourage, Proviant, Rente.

Versorgungshaus → Charite.

Versorgungsstelle → Bezugsquelle.

versparen → aufbewahren, reservieren, sparen.

versparen, sich vermeiden, zurückhalten sich, fernhalten sich, enthalten sich, versagen sich, unterlassen, entheben, ausbleiben, entbinden sich, aufschieben. ▶ einmischen sich, bedienen sich.

verspäten, sich säumen, trödeln, bummeln, zaudern, zögern, nachhinken, zurückbleiben, ausbleiben, aufhalten sich, die Zeit verfehlen, unpünktlich sein, den Anschluß verpassen, nachkommen. ▶ pünktlich kommen.

verspätet überfällig. → allmählich, spät, unpünktlich.

Verspätung Nachzeitigkeit,

Verzögerung, Vertagung, Verschleppung, Unpünktlichkeit, Langsamkeit, Saumseligkeit, Zauderei, Bedächtigkeit, Aufschiebung, Trödelei, Bummelei, Unzeitigkeit. → Rückstand. ▶ Pünktlichkeit.

verspeisen → essen.

versperren → abdämmen, absperren, hemmen, verschließen.

versperrt → geschlossen.

Versperrung → Barriere, Hindernis.

verspielen → bankrott, verlieren, verschwenden.

verspießern → versauern.

Versponnenheit → Verschrobenheit.

verspotten narren, karikieren, nachäffen, nachspotten, lächerlich machen, verflachsen, anflachsen, anpflaumen u, aufbinden, veräppeln u, veruzen u, lustig machen sich, zum Narren halten, foppen, eine Nase drehen, an der Nase herumführen, eine lange Nase machen, an den Pranger stellen, dem Gelächter preisgeben, persiflieren, ironisieren, am Narrenseil führen, hinters Licht führen, verhöhnen, auslachen, verlachen, hänseln, herziehen über, sticheln, frozzeln, durchhecheln, veralbern, verlästern, auf den Arm nehmen, auf Ärmchen nehmen u, verhohnepipeln u. → angreifen, anöden, aufziehen, auslachen, auspfeifen, beeinträchtigen, begeifern, belächeln, beleidigen, bespötteln, besten halten zum, bloßstellen, Ehre bringen um die, Eis führen aufs, necken, spotten. ▶ bewundern, (ernst nehmen), verteidigen.

verspottet karikiert, verlacht, veruzt, bloßgestellt, geneckt, beschimpft, gehänselt, veralbert, verwitzelt, parodiert, travestiert, verhöhnt, belächelt, gefoppt, durchgehechelt. → bloßgestellt. ▶ bewundert.

Verspottung → Beleidigung, Spott.

Versprechen Gelöbnis, Gelübde, Zusage, Versicherung, Zusicherung, Schwur, Handschlag, Wort, Ehrenwort, Beteuerung, Eid, Verpfändung, Verpflichtung, Pfand, Verbindlichkeit, das kleine Ehrenwort gebe u, ich fresse eine Besen u, das wäre gelacht u, stelle mich auf den Kopf u. → Ehrenwort, Versicherung, Versprechung. ▶ Ablehnung, Wortbruch.

versprechen geloben, verheißen, versichern, verpflichten sich, Siegel und Hand, beschwören, sein Wort geben, das Maul voll nehmen u, das

Maul aufreißen u, beteuern, zusichern, die Hand daraufgeben, zuschwören, binden sich ● irren. → bestechen, versichern, zusagen. ▶ ablehnen, wortbrüchig (werden).

versprechen, sich irren, verplappern ● hoffen ● binden sich, verlieben sich, verpflichten sich, die Hand reichen, ewige Treue schwören. → kommen aus dem Geleise, irren sich. ▶ brechen mit, verzagen, wissen.

Versprecher Fehler, Irrtum, Lapsus, Unsinn.

Versprechung Verheißung, Versicherung, Verlöbnis, Beteuerung, beim Barte des Propheten, du kannst mich totschlagen u, Zusage, Zusicherung, Eid, Schwur, Gelöbnis, Gelübde, Wort, Ehrenwort, Verpfändung, Verpflichtung, Bürgschaft, Verbindlichkeit. → Versprechen. ▶ Ablehnung, Wortbruch.

versprengen auseinandertreiben.

verspritzen → ausschütten, besprengen, bestreuen, verschütten.

versprochen → gebunden, geirrt.

versprühen → sprühen.

verspüren → empfindsam, erleben, spüren.

Verstand Geisteskraft, Helle, Hirn, Intellekt, Klugheit, Kopf, Köpfchen, Mutterwitz, Naturgabe, Urteilsvermögen, Denkkraft, Fassungskraft, Erkenntnisvermögen, Geist, Schlußvermögen, Schlußkraft, Gabe, Begabung, Talent, Gehirn, Denkschärfe, Scharfsinn, Einsicht ● Hirn, Hirnkasten, Gehirnkasten, Oberstübchen u, Giebel u, Grips u, Grützkasten u, Spatzenhirn. → Begriffsvermögen, Besinnung, Bewußtsein, cum grano salis, Denkvermögen, Erkenntnis, Geist, Intelligenz, Urteilskraft, Vernunft. ▶ Unverstand.

verstandesgemäß → denkrichtig, erklärbar, logisch.

verständig → aufmerksam, bedachtsam, begabt, diskret, Eltern nicht von schlechten, ernst, gelehrig, intelligent, rational, talentiert, tüchtig.

verständigen → angeben, anschreiben, aussagen, belehren, benachrichtigen, bestätigen, dartun, drahten, einweihen, melden.

verständigen, sich → befrieden, befriedigen, einigen, sprechen, vereinbaren.

Verständigkeit → Vernunft, Verstand, Verständnis.

Verständigung Übereinkommen, Einigung, Vertrag, Einigkeit, Eintracht, Zustimmung ● Rede, Gespräch, mündlicher

Verkehr, Sprache. → Einigung, Versöhnung, Vertrag. ▶ Uneinigkeit.

verständlich klar, eindeutig, sonnenklar, unbemäntelt, genau, klipp und klar, unverhüllt, unverkennbar, unzweideutig, unmißverständlich, begreiflich, scharf, faßlich, lernbar, logisch, einleuchtend, durchsichtig, unverschleiert, ersichtlich, augenfällig, unverkennbar ● lesbar, verstehbar, leicht, übersetzbar, entzifferbar. → anschaulich, augenfällig, deutlich, deutsch auf gut, einleuchtend, erfaßbar, erkennbar, faßbar, faßlich, glaubhaft. ▶ unverständlich.

Verständlichkeit → Deutlichkeit, Einfachheit, Klarheit.

Verständnis Geschick, Auffassungsgabe, Verständigkeit, Befähigung, Klarsicht. Fassungsvermögen, Unterscheidungsgabe, Klugheit, Schlauheit, Verstand, Einsicht, Helle, Vernunft, Hirn, Kopf, Köpfchen, Scharfsinn, Denkschärfe, Urteilskraft, Umsicht, Überlegung, Anstelligkeit, Tauglichkeit. → Augenmerk, Bedacht, Begabung, Begriffsvermögen, Besorgnis, Besorgtheit, Denkvermögen, Diskretion, Einfühlungsgabe, Erfahrung, Erkenntnis, Erkenntnisvermögen, Überblick, Umsicht, Vernunft, Verstand. ▶ Unverständnis.

Verständnislosigkeit → Dummheit, Ungeschicklichkeit, Unvernunft.

verständnisvoll → tolerant.

verstärken → anfeuern, ausbreiten, ausdehnen, blähen, steigern, vergrößern, verschärfen.

verstärkend steigernd, vermehrend, vergrößernd, ausdehnend, wachsend, zunehmend, anwachsend, mehr, noch, dazu, ausbreitend, verbreitend, vervielfältigend. ▶ abnehmen(d), schwächend, weniger.

Verstärkung → Ausdehnung, Erweiterung, Zunahme.

verstaubt → veraltet.

verstauchen verletzen, ausrenken, auskugeln, sich den Fuß knacksen.

verstauen → auflegen, einkoffern, einpacken, einrollen, einsacken, verbergen.

Versteck Verborgenheit, Dunkel, Verheimlichung, Verbergung, Geheimhaltung, Heimlichkeit ● Versteckplatz, Lauer, Schlupfwinkel, Hölle, Loch, Horchposten ● Schutzdach, Schlupfloch, Zufluchtsort, Asyl, Obdach. → Asyl, Ausweg, Hinterhalt, Horchposten, Loch. ▶ Offenheit.

verstecken → bedecken, be-

mänteln, eingraben, verbergen, verdecken, verheimlichen, verschließen.

versteckt verborgen, verdeckt, anonym, inkognito, geheim, verstohlen, pseudonym, heimlich, erschlichen, unsichtbar, ungesehen, unauffällig, unbemerkt, unauffindbar, verhüllt, getarnt, verschleiert, unentdeckbar, verkappt. → Blume, hintenherum, unauffällig, unauffindbar, undefinierbar, unlauter. ▶ auffallend, bekannt, lauter, offen.

verstehen kapieren, nachfühlen, unterscheiden, ein Licht aufgehen, sich als klug erweisen, begreifen, erfassen, denken, sich bewußt werden, Grütze im Kopf haben, erkennen, durchschauen können, sich auskennen, Bescheid wissen, sein Fach kennen, einsehen, urteilen, durchblicken, wägen, einlesen, meistern, aus dem ff kennen u, eingefuchst sein u, eine Laterne geht auf u, ein Blinder sieht's u, funken u, der Groschen fällt u, auf den Trichter kommen u, dämmern, den Zusammenhang erkennen, sich etwas zusammenreimen, sich einen Vers machen können. → auffassen, begreifen, bemeistern, bleiben bei der Sache, denken, durchblicken, durchschauen, eindringen in das Geheimnis, einleuchten, erfassen, erkennen. ▶ mißverstehen.

verstehen, sich vertragen, harmonieren, zusammenpassen, zusammenstimmen, an einem Strang ziehen, entgegenkommen sich, zusammenwirken, im Einverständnis handeln, zusammengehören, zusammenklingen, gute Kameradschaft halten, sich lieben. ▶ zanken.

verstehen geben, zu → belehren, benachrichtigen, mitteilen.

versteifen → erhärten.

versteifen, sich beharren, ausharren, erzwingen, hartnäckig sein, halsstarrig sein, auf sein Recht pochen, seinen Willen durchsetzen, seinen Kopf aufsetzen, starrsinnig sein, unnachgiebig sein, unerbittlich sein. → dabei bleiben, ertrotzen, festhalten. ▶ nachgeben.

Versteifung Verhärtung, Härte, Verknöcherung, Verknorpelung, Versteinerung ● Beharrlichkeit, Eigensinn, Halsstarrigkeit, Hartnäckigkeit, Steifsinn, Starrsinn, Verstocktheit, Zähigkeit, Unlenksamkeit, Unnachgiebigkeit, Eigenwille. → Ausdauer, Stütze. ▶ Nachgiebigkeit, Weichheit.

versteigern → verkaufen.

versteinern → dichten, erhärten, erstarren, überraschen.

versteinert → baff, bange, bebend, beikommen nicht, bestürzt, Donner gerührt vom, ehern, erschrocken, erstarrt, fest, fossil.

Versteinerung → Ansatz, Erhärtung, Erstarrung.

verstellen, sich → fälschen, lügen, täuschen.

verstellen, den Weg erschweren, belasten, bebürden, hindern, widerstehen, in den Weg legen, in die Enge treiben, den Rückzug abschneiden, verriegeln, beengen, einengen. → hemmen. ▶ ebnen den Weg, helfen.

verstellt abgeschnitten, unübersteigbar, beengt, schlimm, festgefahren ● verrückt, anders gestellt, verändert. → falsch, verlogen. ▶ erreichbar, lauter, offenherzig, unverändert.

Verstellung → Anstrich, Betrug, Doppelrolle, Doppelsinn, Falschheit, Heuchelei, Lüge, Täuschung, Unrecht.

Verstellungskunst → Falschheit, Täuschung.

versteppen → veröden.

versterben → ausatmen, entschlafen, sterben.

versteuern Steuer zahlen, Abgaben leisten.

verstiegen → absurd, ausgelassen, barock, dumm, phantastisch, romantisch, überspannt, überspitzt, übertrieben.

Verstiegenheit → Blödigkeit, Extravaganz, Überfeinerung, Überschwang, Verrücktheit.

verstimmen → anstoßen, ärgern, deprimieren, erbosen, erdolchen mit den Blicken, quälen, verdrießen.

verstimmt → ärgerlich, aufgelegt, cholerisch, desperat, nervös, trübsinnig, übel sein, unbehaglich, unpäßlich, unrein, verdrießlich, vergrämt.

Verstimmung Spannung, Unzufriedenheit, Unbehagen, Unwilligkeit, Abneigung, Ärger, Verübelung, Erbostheit, Unmut, Groll, Unlustgefühl, Mißbehagen, Mißfallen, Mißlaune, Niedergeschlagenheit, Trübsinn, Verdruß, Wermutstropfen, Überdruß, Unfreude, Mutlosigkeit, Kummer, Grämlichkeit, Miesmacherei, Tiefzeit, Verstimmtheit. → Abneigung, Affekt, Ärger, Feindschaft, Mißstimmung, Unpäßlichkeit, Unstimmung, Unzufriedenheit. ▶ Vergnüglichkeit, Zufriedenheit.

verstockt harthörig, unverbesserlich, reuelos, unbußfertig, unzugänglich, unzerknirscht, verhärtet, halsstarrig, gottlos, verdammt, verloren, unrettbar, hartgesotten, störrisch, verworfen, hartnäckig, widerspenstig, unnachgiebig, zähe, steifköpfig, trotzig, bockbeinig, querköpfig, eigensinnig, schamlos ● schweigsam, verschlossen. → gottverlassen, rückfällig, unbekehrt. ▶ nachgiebig, weichherzig.

Verstocktheit Eigensinn, Halsstarrigkeit, Hartnäckigkeit, Widerspenstigkeit, Steifsinn, Starrsinn, Störrigkeit, Zähigkeit, Eigenwille, Verhärtung, Unlenksamkeit ● Verstockung, Herzensverhärtung, Gemüt verstocktes, Unbußfertigkeit, Schamlosigkeit ● Schweigsamkeit, Zugeknöpftheit. → Beharrlichkeit, Beständigkeit, Eigensinn, Reuelosigkeit, Trotz, Ungehorsam. ▶ Weichheit.

verstohlen verborgen, versteckt, geheim, heimlich, erschlichen, ungesehen, unsichtbar, unbeobachtet, hintenherum, auf Schleichwegen, auf Hinterwegen, unauffällig, unentdeckbar, verhüllt. → diebisch, falsch, unauffällig, unbemerkt. ▶ auffallend, ehrlich, offen.

verstopfen → abdämmen, abdichten, abdrosseln, absperren, ausfüllen, ausschalten, beschädigen, dichten, hemmen.

verstorben → selig, tot.

Verstorbener → Leichnam.

verstört → ängstlich, bange, durcheinander, erschrocken, erstarrt, verdrießlich, verwirrt.

Verstoß Verschulden, Hinwegsetzung, Mißachtung, Mißgriff, Mißverhalten, Pflichtverletzung, Pflichtversäumnis, Schnitzer, Übertretung, Verletzung, Verirrung, Seitensprung, Unbefugtheit, Ungebühr, Ungebührlichkeit, Ungeist, Unterschleif, Ungeschicklichkeit, Bock *u*, Vergehen, Entgleisung, Unhöflichkeit, Lapsus, Zuwiderhandlung, Fall, Irrtum, Sünde, Schuld. → Delikt, Entgleisung, Falschheit, Fehler, Schuld, Ungesetzlichkeit, Unhöflichkeit, Unkultur. ▶ Gesetzlichkeit, Höflichkeit, Kultur, Pflichterfüllung, Unschuldigkeit.

verstoßen sündigen, entgleisen, sich schlecht benehmen, sich schlecht aufführen, auffallen, anecken, anstoßen, Anstoß geben, flegeln, kalbern. → anstoßen, aussiedeln, ausstoßen, ausweisen, entvölkern, geben den Laufpaß, vertreiben. ▶ benehmen sich, einbeziehen.

Verstoßung → Aussiedlung, Bemächtigung, Deportation, Exil.

verstreben → stützen.

verstreichen → streichen, vergehen.

verstreuen zerstreuen, umherstreuen, säen, ausbreiten, verbreiten, austragen, austeilen, unter die Leute bringen, zersprengen, aussprengen, versäen, aussäen ● verwirren, vermengen, durcheinandermachen, in Unordnung bringen. → ausschütten, einstreuen, Unordnung machen. ▶ verschweigen, zusammenscharren.

verstreut verteilt. → auseinander, besät.

verstricken irren sich, Fehler machen, in Schuld verstricken, entgleisen, verfangen sich ● verführen, in Fesseln legen, an sich fesseln, in Bande schlagen, Herzen brechen, betören, berücken, ins Netz locken, die Sinne verwirren, die Ruhe stören. ▶ achtgeben, kalt bleiben.

verstrickt → verliebt, verwirrt.

Verstrickung → Anstand, Beschwerde, Hindernis, Komplikation, Netz, Schuld, Schwierigkeit.

verstümmeln → ausschneiden, beschädigen, beschneiden, schwächen, verschneiden.

verstümmelt → defekt.

Verstümmelung → Abtrennung, Auslassung, Ausschnitt, Defekt, Deformation, Wunde.

verstummen schweigen, ausklingen, austönen, verklingen, ruhen, ersterben, stillschweigen ● ersticken, unterbinden, die Lippen versiegeln ● erschrecken, versteinern, erstarren, keines Wortes mehr mächtig sein. → beruhigen, betäuben, ersterben, schweigen. ▶ ertönen, reden.

Versuch Experiment, Probe, Versuchsballon, Nachweis, Beleg, Befund, Bericht, Induktion, Forschung, Analyse, Prüfung, Zergliederung, Erprobung, Untersuchung, Beobachtungsversuch, Erforschung. → Abenteuer, Anfang, Anlauf, Ausforschen, Beitrag, Experiment, Probe, Schritt.

versuchen probieren, experimentieren, prüfen, umhertasten, einen Weg suchen, erproben, erweisen, den ersten Schritt machen, sein möglichstes tun, erforschen, testen ● nippen, kosten, schmecken, lecken ● bemühen sich, streben, danach trachten, befleißigen sich, herumdoktern *u* ● umgarnen, verleiten, verlocken, verführen, bestricken, behexen, betören, benebeln, einstürmen auf, in Versuchung

bringen, anstiften. → ausforschen, begründen, bestreben sich, debütieren, experimentieren, Fall bringen zu, kosten, probieren, schmecken. ▶ ablehnen, beikommen nicht, erliegen.

Versucher → Beelzebub, Dämon, Teufel.

Versuchsanstalt → Laboratorium.

Versuchsballon → Probe, Versuch.

Versuchsstück → Muster, Probe.

Versuchsverfahren → Ausforschen, Experiment.

versuchsweise experimentell, erfahrungsgemäß, probeweise, empirisch, anerkannt, bewährt, vorläufig, auf Probe, unter Vorbehalt, annähernd ● provisorisch, aus dem Stegreif. → beginnend, erfahrungsgemäß, experimentell, provisorisch.

Versuchung Anlockung, Verleitung, Verlockung, Verführung, Betörung, Sinnenreiz, Verblendung, Anfechtung, Anstiftung, Einflüsterung, Zuflüsterung, Köder, Kitzel, Begierde, Blendwerk, Gier, Reizung, Reizmittel. → Anziehung, Bann, Beeinflussung, Beispiel, Bezauberung, Lockmittel. ▶ Entsagung, Unbeeinflußbarkeit, (Sündenfall).

versumpfen → fehlen, sündigen, verderben.

versündigen, sich → ausgleiten, brechen das Gesetz, fehlen, sündigen, tun Unrecht.

versunken in entrückt, verzückt, verschwärmt, verträumt, berauscht, trunken, betört, träumerisch, in Träumerei, vertieft, versenkt ● leblos, untätig, bleiern, unaufmerksam, nicht bei der Sache. ▶ aufmerksam, nüchtern.

versüßen, das Leben vergnügen, erfreuen, entzücken, erheitern, aufheitern, ergötzen, freudig stimmen, anregen, unterhalten, beleben, belustigen, berücken, berauschen, beglücken, bestricken, beseligen. ▶ erbittern.

vertagen → aufschieben, bedenken, besinnen sich, hängen lassen, verschieben.

vertändeln → vergnügen.

vertäuen → festmachen.

vertauschen → ändern, einhandeln, eins für das andere, tauschen.

verteidigen fürsprechen, verfechten, rechtfertigen, helfen, plädieren, eine Lanze brechen für, beschützen, beschirmen, beispringen, schützend davorstellen sich, förderlich sein, dienlich sein, beistehen, dienen, begünstigen, Partei ergreifen, entschuldigen, entlasten, ein gutes Wort einlegen, widerlegen, die Anklage zurückweisen, vertreten ● standhalten, streiten, wehren sich, zur Wehr setzen sich, abwehren, widerstehen, kämpfen, die Zähne zeigen, zur Waffe greifen, zurückwehen. → abwehren, beistehen, bekämpfen, bewachen, darbieten, decken, entschuldigen, Feuer gehen durchs, parieren, rechtfertigen, Schutz nehmen in, schützen. ▶ angreifen.

Verteidiger → Anwalt, Begleitung, Besatzung, Helfer.

Verteidigung Abwehrkampf, Landesverteidigung, Verteidigungskrieg, Selbstverteidigung, Widerstand, Schutz, Verfechtung, Beschützung, Bedeckung, Beschirmung ● Hilfe, Beistand, Rechtfertigung, Entlastung, Entschuldigung, Widerlegung, Berichtigung ● Verteidigungsschrift oder -rede, Apologie. → Abwehr, Defensive, Notwehr. ▶ Angriff.

verteilen vergeben, aufteilen, zerteilen, austeilen, geben, austragen, bemessen, zusprechen, zuerkennen, verschenken, teilen, aufschlüsseln, verabreichen, darreichen, verabfolgen, reichen. → abschneiden, ausliefern, ausschütten, austeilen, bestreuen, detachieren, einteilen, geben, teilen. ▶ nehmen, zusammenscharren.

verteilt → verstreut.

Verteilung Austeilung, Aufteilung, Verabfolgung, Geschenk, Anweisung, Zuweisung, Vergebung, Einteilung, Abteilung ● Zerstückelung, Parzellierung, Landaufteilung ● Verstreuung. → Dezentralisation, Gabe, Teilung. ▶ Empfang, Zusammenhang.

verteuern → erhöhen.

Verteuerung Kostensteigerung, Preissteigerung, Preisanstieg, Preiserhöhung, Aufschlag, Erhöhung, erhöhte Belastung, Zuschlag, Auslagen, Steuer, Sonderzuschlag, Gebühren, Abgaben, Inflation. ▶ Verbilligung.

verteufelt → abscheulich, beißend, bitter, böse, diabolisch, entsetzlich, tz bis zum, unangenehm.

vertiefen → ausbuchten, ausheben, baggern, bohren, rillen, schanzen.

vertiefen in, sich → beraten sich, meditieren.

vertieft in Gedanken, in Gedanken verloren, versunken, zerstreut, meditierend, nachdenkend, grübelnd, sinnend, denkend, gedankentief, beschaulich. → eingebogen, tief,

versunken in. ▶ (erhöht), oberflächlich.

Vertiefung Rinne, Delle. → Einbauchung, Höhlung, Tiefe.

vertiert → bestialisch.

vertikal → aufrecht, senkrecht.

vertilgen → abbrechen, abbrennen, ausmerzen, ausrotten, demolieren, einstampfen, essen, verderben, vernichten, zerstören.

Vertilgung → Abbruch, Demolierung, Zerstörung.

vertippen →verschreiben sich.

Vertrag Festlegung, Festsetzung, Kontakt, Pakt, Übereinkommen, Übereinkunft, Urkunde, Vergleich, Verpflichtung, Verständigung, Abmachung, Vereinbarung, Abkommen, Bestimmung, Verschreibung, Unterhandlung, Verhandlung, Verabredung. → Abkommen, Beilegung, Bekräftigung, Konvention.

vertragen, sich Frieden halten, in Frieden leben, übereinstimmen, verstehen sich, harmonieren, verbrüdern sich, Uneinigkeit fernhalten, entgegenkommen sich, einigen sich, vergleichen sich, den Streit beilegen, das Kriegsbeil begraben, die Friedenspfeife rauchen.→befreunden, befrieden, einlenken wieder, fügen sich, übereinstimmen, verbrüdern sich, verstehen sich. ▶ verfeinden sich.

vertragen, zu → bekömmlich.

verträglich vertragsgemäß, abgeschlossen, besiegelt, handelseinig, verbrieft, abgemacht, ratifiziert, unterschrieben, nach Übereinkommen, unter Hand und Siegel. ▶ unverbindlich.

verträglich → friedfertig, friedsam, nachgiebig, nachsichtig.

Verträglichkeit → Einheit, Einklang, Harmonie, Lenksamkeit, Nachsicht.

vertragsbrüchig werden oder sein → brechen das Gesetz, brechen die Pflicht, brechen einen Vertrag.

vertragsmäßig → abgemacht, besiegelt.

Vertrauen Gottvertrauen, Hoffnungsfreude, Hoffnungsseligkeit, Optimismus, Gläubigkeit, Zuversicht, Erwartung, Mut, Selbstvertrauen, Glaube, Zutrauen ● Verlaß, Verläßlichkeit, Aussicht. → Aussicht stehen in, Begeisterung, Erwartung, Lichtblick. ▶ Mißtrauen.

vertrauen bauen auf, verlassen sich auf, anlehnen sich, anhängen sich, aufgeben sich, entgegenkommen, glauben, Zuversicht haben, erwarten, Zutrauen haben, hoffen, im Vertrauen auf. ▶ mißtrauen.

Vertrauensbruch → Falschheit, Indiskretion, Lüge.

Vertrauensmann → Bevollmächtigter.

Vertrauensmißbrauch → Doppelrolle, Falschheit, Indiskretion, Lüge, Unredlichkeit.

vertrauensselig erwartungsvoll, zutraulich, leichtgläubig ● harmlos, arglos, offen, naiv, dumm, einfältig, kindisch, albern, ohne Falsch, frisch von der Leber, ehrlich, schlicht, unverfälscht, natürlich, gutmütig, offenherzig, entgegenkommend. → arglos, aufrichtig, dumm, erwartungsvoll, Glauben auf Treu und. ▶ mißtrauisch.

vertrauensvoll hoffnungsvoll, sorglos, vertrauensselig, erwartungsvoll, zuversichtlich, zutraulich, kindergläubig, glaubensstark, furchtlos, sicher, optimistisch, ohne Argwohn, ohne Furcht, guten Mutes. → arglos, beruhigt, erwartungsvoll, Glaube im guten, gläubig, hoffnungsvoll, optimistisch. ▶ mißtrauisch.

vertrauenswürdig → anständig, aufrichtig, brav, bieder, charakterfest, loyal, reell, rechtschaffen.

Vertrauenswürdigkeit → Charakterstärke, Fehlerlosigkeit, Rechtschaffenheit.

vertrauern → trauern.

vertraulich inoffiziell, außerdienstlich, nichtamtlich, geheim, im geheimen, versteckt, unter vier Augen, unter uns gesagt, hinter verschlossenen Türen, unter dem Siegel der Verschwiegenheit ● intim, befreundet, in innigem Verhältnis, vertraut, plump, indiskret, bloßstellend. → cordial, diskret, geheim, privat, vertraut.

Vertraulichkeit → Beichte, Freundschaft, Offenheit.

verträumen → träumen, verplaudern.

verträumt → romantisch, sensibel, versunken, unaufmerksam, zerstreut.

Verträumtheit → Sentimentalität, Träumerei.

vertraut alltäglich, bekannt, geläufig, wohlbekannt, Spatzen von den Dächern pfeifen, ausnahmslos ● aufgeklärt, eingeweiht ● vertraulich, auf gutem Fuße, befreundet, cordial. → alltäglich, alt, anerkannt, aufgeklärt, befreundet, bekannt, cordial, herzlich, unzertrennlich. ▶ unvertraut.

vertraut machen → aufklären.

vertraut mit → bibelfest, eingeweiht.

Vertrauter → Bekannter, Beschützer, Bruder, Complice, Freund, Kamerad.

Vertrautheit Intimität. → Brüderlichkeit, Erfahrung, Freundschaft, Kenntnis.

vertreiben fortjagen, hinauswerfen, verscheuchen, verstoßen, ausstoßen, verwerfen, ausweisen, verbannen, verjagen, entlassen, wegscheren, ausschließen, ausschalten, ächten, kaltstellen, schassen, bannen, hinausekeln. → abgeben, absetzen, absenden, anbieten, aussiedeln, ausstoßen, austreiben, bemächtigen, relegieren, setzen an die Luft, bringen an den Bettelstab. ▶ besiedeln, bevölkern, einbeziehen.

Vertreibung → Aussiedlung, Bann, Bekümmernis, Bemächtigung, Deportation, Räumung.

vertretbar → möglich.

vertreten eine Meinung vertreten, eine Sache vertreten, verfechten, streiten, kämpfen für, eintreten für, Wort ergreifen für, erwärmen sich, eine Lanze brechen für. → auftreten für, ausfüllen, bekämpfen, verteidigen, eintreten für, repräsentieren. ▶ ablehnen.

vertreten lassen, sich jemanden bestimmen, ernennen, jemanden berechtigen, übergeben, befugen, bevollmächtigen, ermächtigen, betrauen, in die Hände legen, Vollmacht erteilen.

Vertreter Handlungsreisender, Verkäufer, Geschäftsreisender, Klinkenputzer *u,* Reiseonkel *u,* Reisefritze *u,* Generalvertreter, Werber, Propagandist ● Stellvertreter, Ersatzmann, Hilfskraft ● Vermittler, Anwalt, Sachverwalter, Verwalter, Unterhändler, Mittelsmann. → Abgeordneter, Agent, Anwalt, Arbeitnehmer, Beauftragter, Berater, Bevollmächtigter, Rechtsbeistand, Reisender. ▶ Gegner, Käufer.

Vertretung → Abordnung, Ausweg, Repräsentanz.

vertretungsweise → ersetzbar.

Vertrieb → Absatz, Handel.

Vertriebener Flüchtling, Verbannter, Ausgewiesener, Verstoßener, Auswanderer, Entwurzelter, Weggeschickter, Entrechteter. → Auswanderer, Heimatloser. ▶ Ansässige.

vertrimmen → prügeln.

vertrinken → trinken.

vertrocknen → abbrauchen, abnehmen, abtrocknen, austrocknen, versiegen.

vertrödeln → bleiben, bummeln, vergeuden, verpassen.

vertrösten, auf später anstehen lassen, mit Worten abspeisen, offenlassen ● nicht zanken, nicht bezahlen, schuldig bleiben ● vertrösten, auf später verschieben, in Aus-

sicht stellen, darauf zurückkommen wollen, versprechen.

vertrottelt verkommen, verlottert, verwildert, dekadent, ausgeartet, verlumpt, entartet, verdreht, verbummelt, verludert, verschmutzt, verdorben, schlecht. → Schraube locker eine. ▶ gepflegt, klug.

vertun verprassen. → ausgeben, beseitigen, Saus und Braus, verschwenden.

vertuschen → abblasen, belassen, bemänteln, beruhen lassen, binden nicht auf die Nase, lügen, Mantel der christlichen Nächstenliebe bedekken mit dem, schwindeln, verbergen.

verübeln nachhalten, nachtragen, krumm nehmen, böse sein, unwillig werden, erbosen sich, ergrimmen, zürnen, übel aufnehmen, grollen, wild werden, aufregen sich, schnauben, verargen, ärgern sich, verdrießen sich, hochgehen, ein Hühnchen zu rupfen haben ● ankreiden, eintränken *u,* verdenken, anlasten, auf dem Korn haben, auf dem Strich haben, einen Pick auf jemanden haben *u,* auf dem Muck haben *u,* auf dem Kieker haben *u.* → aufregen, krumm nehmen. ▶ verzeihen.

Verübelung → Ärger, Erbostheit, Verstimmung, Wut, Zorn.

verüben tun, verschulden, zuschulden kommen lassen sich, Fehler begehen, freveln, versündigen sich, etwas auf dem Kerbholz haben, verantworten, schuldig sein, verbrechen. → begehen. ▶ unterlassen.

verulken → auslachen, verspotten.

verulkt → gefoppt.

verunglimpfen heruntermachen, diffamieren. → angreifen, auspfeifen, beeinträchtigen, begeifern, beleidigen, bereden, beschuldigen, besten halten zum, besudeln, bloßstellen, demütigen, diskreditieren, Ehre bringen um die, erniedrigen, herabsetzen, verleumden.

Verunglimpfung → Achsel, Beleidigung, Ehrenkränkung, Enthrung, Erniedrigung, Herabsetzung, Verleumdung.

verunglücken im Unglück sitzen, in der Tinte sitzen, in der Klemme sitzen, Pech haben, vom Unglück verfolgt sein, schwere Prüfungen erleiden, hart mitgenommen werden ● fallen, überfahren werden, untergehen, scheitern, etwas zugestoßen, umgekommen, draufgegangen. → fallen, scheitern. ▶ davonkommen, glücken.

verunglückt Räder kommen unter die, ruiniert, betrogen, bedauernswert, verkommen, verlottert, auf abschüssiger Bahn, dem Untergang geweiht ● gestrandet, untergegangen, ertrunken, gefallen, verwundet, überfahren, verletzt. → bedauerlich. ▶ davongekommen, geglückt.

verunmöglichen → abwehren, hemmen, verhindern.

verunreinigen verschmieren, beschmieren, beschmutzen, beflecken, besudeln, schmutzig machen, klecksen, sudeln, verdrecken, beschmuddeln *u,* schmuddeln *u,* kleckern *u,* vollmachen, bespritzen, bestauben, entweihen, dreckig machen, verdrecken, vollspritzen, ferkeln, sauen *u,* bekotzen *u,* bescheißen *u,* bepinkeln *u.* → bespritzen, bestauben, besudeln, entweihen. ▶ reinigen, säubern.

Verunreinigung Trübung, Unreinheit, Sudelei, Schmutz, Dreck, Schlamm, Schlamperei, Nachlässigkeit, Schmierigkeit, Staub, Unreinlichkeit, Fäulnis, Seuchenherd, Unsauberkeit, Speck. → Beschädigung, Demoralisation, dunkler Punkt, Entweihung. ▶ Reinigung, Sauberkeit.

verunstalten → anstoßen, beeinträchtigen, benehmen den Reiz, beschädigen, besudeln, entstellen, verderben.

verunstaltet krüppelhaft, narbig, häßlich, entstellt, verschandelt, unvollkommen, verzerrt, mißgestaltet, schiefnasig, warzig, schielend, triefäugig. → blatternarbig, häßlich, unnatürlich, unsauber. ▶ wohlgestaltet.

Verunstaltung Narbe, Formänderung, Entstellung, Verunreinigung, Vergröberung, Verschandelung, Verzerrung, Fehler, Makel, Sommersprossen, Blatternarben, Warze, Gebrechen, Ausschlag, Aussatz, Krätze, Auswuchs, Verkrüppelung, Buckel, Mißgestalt ● Karikatur, Parodie, Zerrbild, Fratze. → Auswuchs, Deformation, Entstellung, Fehler, Häßlichkeit, Karikatur. ▶ Wohlgestalt.

veruntreuen betrügen, mogeln, unterschlagen, unterschleifen, stehlen, entwenden, kürzen, benachteiligen, übervorteilen, schwärzen, schädigen, beeinträchtigen, wegnehmen, mausen, begaunern, durchbrennen, Griff in die Kasse. → benachteiligen, beschwindeln, betrügen, Bock als Gärtner, fälschen, Decke unter der stecken, stehlen, täuschen. ▶ ehrlich (sein).

veruntreut → gestohlen.

Veruntreuung → Beraubung, Betrug, Dieberei.
verunzieren → verballhornen.
verursachen heraufbeschwören, herbeiführen, verschulden, auslösen, zur Folge haben, hervorrufen, erzeugen, bewirken, erwirken, erwecken, erregen, veranlassen, zeitigen, die Hand im Spiel haben, anrichten, aushecken, etwas ausgefressen haben, einbrocken, sein Fett kriegen, sich auf den Hals laden, sich eine Suppe einbrocken. → anstoßen, ausarbeiten, auslösen, bedingen, beruhen, bewerkstelligen, erregen, erwirken, tun. ▶ verhindern.
verurteilen richten, verdammen, den Stab brechen, angreifen, schuldig sprechen, anklagen, zudiktieren, aufbrummen *u*, verdonnern *u*, verknacksen *u*, bestrafen, tadeln, brandmarken, strafen, geißeln, in Acht und Bann erklären, hinrichten. → ächten, befehlen, beschuldigen, bestrafen, Dach steigen auf das, ertappen auf frischer Tat, fluchen, tadeln. ▶ freisprechen, loben.
Verurteilung Aburteilung, Überführung, Verdammung, Schuldbefund, Schuldspruch, Richterspruch, Verdonnerung *u*, Wahrspruch, Straferkenntnis, Strafzuerkennung, Strafmaß, Brandmarkung, Achterklärung, Todesurteil. → Bestrafung, Bewertung. ▶ Belobigung, Freispruch.
Verve → Schwung.
vervielfachen → anschwellen, ausbreiten, ausdehnen, dick werden, vergrößern, vervielfältigen.
Vervielfachung Kopie, Photokopie, Ablichtung, Reproduktion, Mehrung, Vervielfältigung, Häufung, Ausdehnung, Vermehrung, Vergrößerung, Ansammlung, Anzahl, ein Vielfaches, Unzahl, Vielfältigkeit. ▶ Vereinzelung, Verminderung.
vervielfältigen vervielfachen, mehren, vermehren, überhandnehmen, ausdehnen, vergrößern, erweitern, erstrecken, zunehmen, häufen, hinzufügen, verstärken, verdoppeln, anschwellen, anwachsen, ansammeln, entfalten sich, anhäufen sich ● drucken, abziehen, abschreiben, kopieren, photographieren. ▶ vereinzeln, vermindern.
Vervielfältigung → Abdruck, Gegenstück, Kopie, Vervielfachung.
vervollkommnen → ausarbeiten, bereichern, ergänzen, verbessern.
Vervollkommnung Vervollständigung, Verfeinerung,

Verbesserung, Veredelung, Ausarbeitung, Verrichtung, Beendigung, Makellosigkeit, Vollendung, Tadellosigkeit, Berichtigung, Verschönerung. → Bewerkstelligung. ▶ Unvollkommenheit.
vervollständigen vervollkommnen, vollenden, ergänzen, ausfertigen, ausbilden, vollbringen, ausarbeiten, festigen, die letzte Hand anlegen, beendigen, durchführen, vollstrecken, erledigen, Butter bei die Fische *u*, verfertigen, abschließen, fertig machen, verfestigen ● komplettieren. → ausarbeiten, ergänzen. ▶ belassen, unterlassen, verschlechtern, weglassen.
vervollständigen, sich → entfalten sich.
Vervollständigung → Bewerkstelligung, Ergänzung, Vervollkommnung.
verwachsen → ansässig, bodenständig, buschig, eingesessen, häßlich, verunstaltet, vernarben, verwandt.
verwackeln verschütten, wackeln, fickfacken, schusseln, tapsen, verbocken, versieben, verpatzen, blöde anstellen sich, tapern, zittern, hudeln, stöpseln, stümpern, ungeschickt anstellen sich. → verbocken, verschütten.
verwahren → aufbewahren, aufheben, bewachen, bewahren, einpökeln, reservieren, verbergen, verschließen.
verwahren, sich → verbitten sich.
Verwahrer → Aufseher.
verwahrlosen verkommen, verderben, verlottern, verlumpen, vertrotteln, vermodern, herunterkommen, sinken, unter die Räder kommen, entsittlichen, verschlampen, bummeln, nachlässig sein, entgleisen. ▶ hegen, vorwärtskommen.
Verwahrung Vorbehalt, Bedingtheit, Voraussetzung, Ausnahme, Einspruch, Einsprache, Weigerung, Einrede, Einwendung ● Sicherheit, Obhut, Schutz, Aufbewahrung, Hut, Aufsicht, Gewahrsam, Haft, Fürsorge, Fürsorgeanstalt, Gefängnis, Arbeitshaus, Zuchthaus. → Arrest, Berichtigung, Beruhigung, Beschwerde, Bewachung, Einkerkerung, Einsprache, Gefangenschaft, Klage. ▶ Freilassung, Zustimmung.
Verwahrung, in → Dach und Fach, unter.
verwaist elternlos, freundlos, allein. → alleinstehend.
verwalken → prügeln.
verwalten überwachen, führen, beaufsichtigen, leiten, bewirtschaften, besorgen, be-

treuen, bestellen, lenken, regeln, befehlen, gebieten, an der Spitze stehen ● ein Amt verwalten, bekleiden. → bestellen, dirigieren. ▶ laufen lassen.
Verwalter Administrator. → Aufseher, Beauftragter, Beschützer, Bevollmächtigter, Bewirtschafter, Direktor, Inspektor, Vertreter, Wächter.
Verwaltung Administration. → Amt, Aufsicht, Behörde, Direktion, Magistrat.
verwandeln umformen, umwandeln, umgestalten, ändern, verändern, umkrempeln, erneuern, wenden, abändern, abweichen, umwenden, umstürzen, umarbeiten, umstoßen ● verzaubern, verhexen. → abweichen, ändern, entpuppen. ▶ gleichbleiben.
verwandelt → umgestoßen, umgewandelt.
Verwandlung → Umgestaltung, Umkehr, Veränderung.
verwandt gleichgestellt, der Nächste, nachstehend, stammverwandt, versippt, artverwandt, verwachsen mit, zugehörig, verschwägert, verschwistert, blutverwandt, mütterlich, väterlich ● ähnlich, gleichgerichtet, artgemäß, anklingend, gleichartig, artgleich, um ein paar Ecken herum verwandt. → ähneln, ähnlich, dementsprechend, naturgetreu. ▶ fremd, unähnlich.
Verwandter → Anverwandter.
Verwandtschaft → Anverwandte, Anziehung, Familie.
verwarnen → drohen, mahnen, warnen.
Verwarnung → Ermahnung, Warnung.
verwaschen → blaß, farblos, undeutlich.
verwässern verdünnen, panschen, taufen, strecken, ausdehnen ● vermischen, Kraft und Saft nehmen, eine Idee oder ein Vorhaben zum Schlechten ummodeln.
verweben verstricken. → verbinden.
verwechseln fehlgreifen, irren sich, vertauschen, irren, vergreifen sich, vertun sich, einen Bock schießen, mißverstehen, daneben greifen, ungeschickt sein, entfallen. → ändern, irren, irren sich, tappen im dunkeln. ▶ auseinanderhalten.
Verwechslung Mißgriff, Versehen, Irrtum, Fehler, Fehlgriff, Verkennung, Vertauschung, Auswechslung, Bock, Schnitzer, Unklarheit, Konfusion, Unsicherheit, Entgleisung ● Gedächtnisschwäche, Versagen, Zerstreutheit. → Mißdeutung, Mißverständnis. ▶ Richtigkeit.

verwegen → ausgelassen, blindlings, brav, dummdreist, gewagt, trutzig, übermütig, unerschrocken, unvorsichtig.
Verwegenheit → Begeisterung, Courage, Mut, Übermut.
verwehen zerflattern. → fortfliegen, vergehen.
verwehren → ablehnen, beschneiden, hemmen, verbieten, verpönen.
Verwehrung → Abwehr, Barriere, Hindernis, Verbot.
verweichlichen ermatten, entkräften, verfallen, vergehen, abzehren, erlahmen, lähmen, entnerven, entmannen, entsittlichen, verpäppeln u, verpimpeln u, verhätscheln, verfallen, verderben, zergehen, abgleiten, entarten, zerrütten. → beeinträchtigen, verderben. ▶ ertüchtigen, verhärten.
verweichlicht → bebend, feminin, schwach.
Verweichlichung → Feinschmeckerei, Niedergang, Überfeinerung.
verweigern → abblitzen, aberkennen, ablehnen, absagen, brechen einen Vertrag, entgegenhalten, entgegenhandeln, entziehen sich, verbieten, verpönen, versagen, vorenthalten.
verweigern, den Gehorsam abfallen, auflehnen sich, streiken, meutern, revoltieren, rebellieren, widerstehen, entgegenhandeln, widersetzen sich, trotzen, aufmucken, aufsagen, erheben sich, verschwören sich, die Hand erheben, übertreten, entgegenstellen sich. ▶ gehorchen.
verweigert abgelehnt, abgewiesen, zurückgewiesen, abschlägig beschieden ● ungehorsam, unfolgsam, unlenksam, unnachgiebig, starrköpfig, starrsinnig, halsstarrig, widersetzlich, widerspenstig, bockig, eigensinnig, rebellisch, meuterisch ● verstockt, harthörig, stumm, stillschweigend. ▶ bewilligt, bereit, gehorsam.
Verweigerung Ablehnung, Absage, Abweis, Abweisung, Zurückweisung, Verschmähung, Verwerfung, Versagung ● Fehlbitte, Antwort ablehnende, Gegenbescheid, Verneinung, Aufsage, Zurückhaltung. ▶ Bewilligung, Zusage.
verweilen herumstehen, stehen bleiben, bleiben, übernachten, hausen, wohnen, rasten, suchen, stocken, halten, anhalten, aussuchen, niederlassen sich, aufhalten sich, setzen sich, bremsen, innehalten, aussetzen, zö-

gern, weilen. → anhalten, ausruhen, besinnen sich, aufhalten, bleiben, dabei bleiben, bleiben auf dem Platze, kampieren, ruhen. ▶ arbeiten, weglaufen.
Verweis → Einwand, Ermahnung, Erziehung, Klage, Schimpferei, Strafe, Tadel.
verweisen → anfahren, bedenken, Dach steigen auf das, eindringlich zureden, mahnen, relegieren, schicken, schimpfen, tadeln, vertreiben.
Verweisung → Amtsabtretung, Bann, Deportation, Ermahnung, Tadel.
verwelken → abblühen, austrocknen, baufällig, beeinträchtigen, verderben, verfallen, vergehen.
verwelkt abgeblüht. → farblos, verdorrt.
verweltlichen → säkularisieren.
Verweltlichung → Säkularisation.
verwendbar → annehmbar, anstellig, anwendbar, bewohnbar, brauchbar, einschlägig, erfolgversprechend, passend, praktisch, tauglich.
Verwendbarkeit Zweckmäßigkeit, Eignung, Verwendungsmöglichkeit, Förderlichkeit, Nützlichkeit, Nutzen, Handlichkeit, Tauglichkeit, Sachdienlichkeit, Tunlichkeit, Vorzüglichkeit, Anwendbarkeit, Vorteil, Vorzug, Dienlichkeit ● Geschick, Geschicklichkeit, Befähigung. → Brauchbarkeit, Eignung, Einträglichkeit. ▶ Wertlosigkeit.
verwenden ausnutzen, benützen, bedienen sich, gebrauchen, verwerten, ausschlachten u, zunutze machen sich, anwenden, verfügen über, verarbeiten, handhaben, in Anspruch nehmen, beschäftigen ● engagieren, mieten, heuern, chartern, in Dienst stellen oder nehmen ● abnutzen, anwenden, ausfüllen, ausnutzen, bedienen sich, beschäftigen, brauchen, chartern, dingen. ▶ unbenutzt (lassen), verschmähen.
verwenden, sich → dazwischentreten, vermitteln.
Verwendung → Anwendung, Behandlung, Benützung, Dienst guter, Gebrauch, Vermittlung.
verwendungsbereit → fixfertig, gebrauchsfertig, handlich.
Verwendungsmöglichkeit → Eignung, Verwendbarkeit.
verwerfen verneinen, verschmähen, ablehnen, zurückweisen, abschaffen, verbannen, abweisen, ausschließen, ächten, ausschlagen, anerkennen nicht, ausscheiden, annehmen nicht, das Kind mit

dem Bade ausschütten, mißbilligen. → aberkennen, ablehnen, absagen, absprechen, ächten, angreifen, aufheben, ausstoßen, ausweisen, verpönen, vertreiben. ▶ anerkennen, bejahen, einbeziehen, verteidigen, zusagen.
verwerfend ablehnend, widerrufend, verneinend, absprechend, abschlagend, versagend, abschaffend, aberkennend, tadelnd, mißbilligend, verdammend, kritisch. → negativ. ▶ anerkannt, bejahend, zusagend.
verwerflich ehrenrührig. → arg, negativ, niederträchtig, schlecht, schimpflich, unehrenhaft.
Verwerfung → Ablehnung, Mißfallen, Tadeln.
verwerten gebrauchen. → abnutzen, anwenden, ausnutzen, bedienen sich, begeben, beschäftigen, brauchen, verarbeiten, verwenden.
verwesend → böse, faul, tot.
Verwesung → Beschädigung, Fäulnis, Verderbnis.
verwetzt abgewetzt. → beschädigt.
verwickeln → beeinträchtigen, beifügen, hemmen, verflechten, verknüpfen.
verwickelt → ärgerlich, bedenklich, chaotisch, delikat, dunkel, durcheinander, gebogen, kompliziert, schwierig, Türe und Angel zwischen, unangenehm, unerkennbar, unwegsam.
Verwicklung → Beschwerde, Chaos, Charivari, Dilemma, Klippe, Komplikation, Krise, Verwirrung.
verwildern → beeinträchtigen, verbauern, verderben, verrohen.
Verwilderung → Degeneration, Demoralisation.
verwinden → dareingeben sich, dulden, ersticken Gefühle, mäßigen sich.
verwirken → drumkommen, verlieren.
verwirklichen ausführen, tun, zustande bringen, bewahrheiten, in die Tat umsetzen, wahrmachen, durchführen, vollstrecken, erfüllen, vollbringen, vollführen, machen, bewerkstelligen, vollenden, verrichten, erledigen, verfertigen, anfertigen, ausarbeiten. → anfassen, arbeiten, ausführen, bahnen, bewahrheiten, bringen zu Wege, erwirken. ▶ unterlassen.
Verwirkung Verlust, Abfall, Verfall, Minderung, Abnahme ● Entziehung, Schädigung, Beeinträchtigung, Einbuße, Ausschluß, Disqualifikation.
verwirren zerrütten, verrücken, verstellen, verlegen, stö-

ren, in Unordnung bringen, durcheinander machen, verdrehen, umdrehen, zerstreuen, durcheinander werfen, verwickeln, verflechten, verwechseln, brouillieren, derangieren. → beeinträchtigen, beengen, begreifen, beirren, bemänteln, besten halten zum, beunruhigen, blenden, Bock zum Gärtner, brechen aus den Reihen, bunt zugehen, dunkeln lassen im, entzücken, erschrecken, erstaunen, Faden verlieren, kommen aus dem Geleise, täuschen, überraschen, verwundern. ▶ erklären, ordnen.

verwirrend verstört, durcheinander, störend, wirr, verwickelt, kompliziert, unklar, heikel, unverständlich, labyrinthisch, kritisch, schlimm, unangenehm, bedenklich, peinlich ● herzbetörend, bestürzend, beseligend, berauschend, berückend. → beklemmend. ▶ erklärbar, verständlich, klar.

verwirrt durcheinander, verfilzt, kunterbunt, ungeordnet, verdreht, wirr, verstrickt, regellos, unordentlich, chaotisch, vermengt, verworren, unentwirrbar, ordnungslos, regelwidrig, uneinheitlich ● konsterniert, zerstreut, verdattert, verdutzt u, durchgedreht, faselig, perplex u, rappelig, verbaselt u, verstört, verlegen, unüberlegt, betroffen, befangen, betreten, beunruhigt, bebend, zitternd, errötend, konfus, bestürzt, fassungslos, Mühlrad im Kopf, verbiestert. → baff, bange, bebend, befangen, bestürzt, betroffen, Donner gerührt, durcheinander, erschrocken, geblendet, konfus, Kopf mit rotem. ▶ ordentlich, überlegt.

Verwirrung Durcheinander, Verwicklung, Strudel, Konsternation, Unordnung, Chaos, Vermengung, Verschlingung, Verdrehung, Gewirre, Wirrsal, Verbunt, Störung ● Unruhe, Herzpochen, Kopflosigkeit, Irrgang, Überrumpelung, Fassungslosigkeit, Befangenheit, Bestürzung, Betroffenheit, Erröten, Überraschung ● Knoten, Schwierigkeit, Hindernis, Klemme. → Befremden, Beklemmung, Betäubung, Blitz, Chaos, Charivari, Dämmerzustand, Desorganisation, Disharmonie, Erröten, Unruhe. ▶ Ordnung, Überlegung, Verständlichkeit.

verwirtschaften → aufwenden, ausgeben, durchbringen, verschwenden.

verwischen tilgen, auswischen, streichen, ausstreichen, durchstreichen, beseitigen, erledigen, abtun ●

verschwimmen, entrücken, verlieren sich, verbleichen, an Farbe verlieren. ▶ (abheben sich), hervorrufen.

verwitterbar → bröckelig.
verwittern → zerfallen.
verwittert verrottet, verbraucht, runzelig, schrumpelig, bejahrt ● brüchig, bröckelig, verfallen, zerfallen. → uneben.

verwoben → verschlungen.
verwöhnen → beeinträchtigen, tragen auf den Händen.

verwöhnt verzogen, verhätschelt, verzärtelt, zimperlich, genießerisch, anspruchsvoll, vertätschelt, heikel, leckermäulig, vergöttert, angebetet. → anspruchsvoll, feinschmeckerisch. ▶ anspruchslos.

Verwöhnung Verzärtelung, Verhätschelung u, Vergötterung. → Überfeinerung. ▶ Strenge.

verworfen → abscheulich, anrüchig, arg, bedauerlich, bestechlich, bübisch, charakterlos, dunkel, menschenunwürdig, niederträchtig, schlecht, verdorben, zynisch.
Verworfener → Abtrünniger, Teufel.

Verworfenheit → Anstößigkeit, Bosheit, dunkler Punkt, Niedertracht, Schlechtigkeit, Untugend, Zynismus.

verworren unverständlich, abstrus, regellos, vermischt, verwirrt, verwickelt, vermengt, unterschiedlos, regelwidrig, unordentlich, ordnungslos, ungeordnet, finster, dunkel, nebelhaft, unbestimmt, rätselhaft, unhüllt. → abstrus, dunkel, durcheinander, kompliziert, nebelhaft, verwirrt. ▶ klar, ordentlich, verständlich.

Verworrenheit → Bestürzung, Chaos, Dilemma, Dunkel, Schwierigkeit, Undurchdringlichkeit, Unklarheit, Verschrobenheit, Verwirrung, Wirrwarr.

verwundbar → verletzbar.
verwunden → anstoßen, ärgern, auswischen, beleidigen, beeinträchtigen, bestürzen, betrüben, durchbohren das Herz, schmerzen, verdrießen, verletzen, anschießen.
verwunderlich → wunderlich.
verwundern, sich überraschen, verwirren, befremden, bestürzen, erstaunen, verblüffen, stutzig machen, verlegen machen, aus dem Geleise bringen, staunen, wundernehmen, anstaunen, starren, gaffen, glotzen, keine Worte finden, fassungslos dastehen. → erstaunen. ▶ erwarten, gefaßt bleiben.

verwundert stumm, stutzig, betreten, verdutzt, betroffen, starr, erstarrt, sprachlos, erstaunt, fassungslos, überrascht, verblüfft, verlegen, verwirrt, wirr, verstummt, festgebannt, außer sich, Nase und Maul aufsperren u. → baff, betreten, betroffen, Donner gerührt, überrascht, verwirrt. ▶ erwartend, gefaßt.

Verwunderung Überraschung, Verwirrung, Bestürzung, Erstaunen, Betäubung, Betroffenheit, Erschütterung, Stummheit, Erstarrung, Staunen, Fassungslosigkeit, Verzauberung, Verblüffung, Überrumpelung ● Unerwartetheit. → Aufsehen, Befremden, Bestürzung, Betäubung, Erstarrung, Erstaunen, Überraschung. ▶ Gefaßtheit.

verwundet verletzt, versehrt, lädiert, ramponiert, schwer mitgenommen, angekratzt sein u, erwischt u, einen verpaßt erhalten u, angeschossen, verunglückt, Blut lassen müssen, angeschweißt j, angefärbt j.
Verwundung Blessur. → Beleidigung, Quetschung, Übel, Unglück, Wunde.

verwünschen verfluchen, verdammen, ächten, fluchen, verbannen, verwerfen, wettern, beschimpfen, andonnern, die Faust ballen, bedrohen, auf den Blocksberg wünschen, dahin wünschen wo der Pfeffer wächst ● verhexen, verzaubern, beschwören, verwandeln. → ächten, behexen, bereuen, Blick böser, fluchen, zaubern. ▶ achten, herbeiwünschen, segnen, wohltun.

verwünscht verhext, verzaubert, verdammt, behext, bezaubert, verflucht ● daß dich der Kuckuck hole, der Teufel, Tod und Teufel, wehe, Fluch und Verderben, bescheiden, verflixt u, beschissen u, gottverdammt u, gottverflucht u, sakrisch u, vertrackt, verdammt, verflixt oder verflucht und zugenäht u. → abscheulich, beißend, bitter, böse, tz bis zum. ▶ (gottlob), segensreich.

Verwünschung Verfluchung, Verdammung, Ächtung, Reichsacht, Bann, Drohung, Verbannung, Ausstoßung ● Zauberei, Hexenwerk, Hexerei, Bezauberung, Beschwörung. → Ächtung, Fluch. ▶ (Segnung).

verwurzelt → ansässig, bodenständig, eingesessen.
verwüsten → abbrennen, ausmerzen, ausrotten, demolieren, destruieren, verderben, vernichten, zerstören.

verwüstet → unordentlich.

Verwüstung → Abbruch, Beschädigung, Desorganisation, Zerstörung.

verzagen → bangen, einsargen Hoffnung, erschrecken, erschüttern die Hoffnung, fallen aus allen Himmeln, Flügel hängen lassen, grauen, verzweifeln.

verzagt → ängstlich, aufgelegt, bange, bebend, befangen, erstarrt, feige, geduckt, kleinmütig, pessimistisch, unglücklich, verzweifelt.

Verzagtheit → Angst, Bammel, Befangenheit, Bekümmernis, Bescheidenheit, Besorgnis, Depression, Entmutigung, Feigheit, Niedergeschlagenheit, Niederlage, Scheu, dumpfes Schweigen, Selbstgefühl Mangel an, Trostlosigkeit, Verdüsterung, Verzweiflung.

verzählen, sich → irren sich, verrechnen.

verzahnt → verbunden.

verzanken, sich → entzweien.

verzapfen zapfen, schröpfen, ausbluten ● verbinden, verkoppeln, zusammensetzen, verknüpfen, anbolzen, einkeilen, einschrauben, einfügen, durchziehen, einschwalben ● Unsinn reden, auslassen sich über, viel reden, schwätzen, dreschen, babbeln. → abschweifen. ▶ losmachen, überlegen.

verzärteln → beeinträchtigen, verziehen.

verzärtelt → anspruchsvoll, bebend, beliebt, feige, feinschmeckerisch, feminin, schwach, verwöhnt.

verzaubern verlocken, blenden, betören, verlocken, bestricken, berücken, ins Netz locken, reizen, bezaubern, entzücken, an sich fesseln, verführen ● verwandeln. → behexen, Blick böser, verwünschen. ▶ entzaubern.

Verzauberung → Aberglaube, Begeisterung, Bezauberung, Verwünschung, Zauberei.

Verzehr → Abnahme, Aufwand, Bedarf, Proviant, Speise.

verzehren vor Liebe verzehren sich, bekümmern sich, verzehren die Nerven, leiden, sehnen sich, niedergedrückt werden, Sehnsucht haben ● vertilgen, vernichten, ausrotten, ausmerzen, zerstören ● aufbrauchen, essen, genießen, verspachteln, aufzehren, aufessen, konsumieren, schlucken, vertun, speisen, herunterwürgen. → aasen, aufwenden, ausgeben, ausmerzen, essen, konsumieren. ▶ erzeugen, hungern, verabscheuen.

verzeichnen notieren, regi-

strieren, aufschreiben, niederschreiben, buchen, melden, belegen, vermerken, festhalten, feststellen, niederschreiben, zusammenstellen, eintragen, merken. → aufnehmen, deponieren, einschreiben, schreiben, zusammenstellen. ▶ unterlassen, (mündlich überliefern).

Verzeichnis Prospekt, Katalog, Inventarium, Tabelle, Sachverzeichnis, Liste, eine ganze Litanei u, Register, Nachweis, Wortweiser, Inhaltsverzeichnis, Kartei, Namensverzeichnis, Aufzeichnung, Anmerkung, Notierung, Wörterverzeichnis, Plan. → Bestand, Chronik, Faktura, Formular, Inhaltsverzeichnis, Katalog, Programm, Register, Tabelle.

verzeihbar → entschuldbar, verzeihlich.

verzeihen vergeben, vergessen, entschuldigen, nachsehen, übersehen, amnestieren, die Strafe erlassen, die Strafe mildern, die Strafe schenken, absolvieren, lossprechen, freisprechen, begnadigen, versöhnen, aussöhnen, vermitteln, vertragen sich wieder, milde sein. → begnadigen, begraben, blind für, entschuldigen, Schritte tun die ersten. ▶ übelnehmen.

verzeihlich läßlich, verzeihbar, entschuldbar, erlaßbar, nicht schwer zu nehmen, zu rechtfertigen, zu verteidigen, erläßlich, zulässig, glaubwürdig, gerechtfertigt ● das kommt in den besten Familien vor. → entschuldbar. ▶ unverzeihlich.

Verzeihung Vergebung, Vergessenheit, Aussöhnung, Erlaß, Nachsicht, Entschuldigung, Gnade, Entbindung, Ablaß, Absolution, Freisprechung, Straferlaß, Amnestie, Sühne, Begnadigung, Milde, Friedfertigkeit. → Ablaß, Aussöhnung, Barmherzigkeit, bitte schön, Entschuldigung. ▶ Unversöhnlichkeit.

verzerren → anführen, bemänteln, beschädigen, deuteln, entstellen.

verzerrt → einseitig, entstellt, grotesk, häßlich.

Verzerrung → Auswuchs, Blendwerk, Darstellung unrichtige, Deformation, Einseitigkeit, Entstellung, Häßlichkeit, Mißgestalt, Übertreibung.

verzetteln → detaillieren, durchbringen, verlieren, verschwenden, verstreuen.

Verzicht Entsagung, Resignation, Abdankung, Abgabe, Übergabe, Zurückweisung, Ablehnung, Lossagung, Verzichtleistung, Widerruf, Ab-

weis, Rückzug, Verschmähung, Korb, Vermeidung, Aufgabe. → Aberkennung, Ablehnung, Befreiung, Entsagung, Entwöhnung, Lossagung, Niederlage, Opfer, Resignation, Überlassung, Unterlassung, Unterwerfung. ▶ Verlangen, Wunsch.

verzichten → abdanken, ablehnen, aufheben, bekämpfen, besinnen sich, Bord werfen über, breitschlagen, enthalten sich, entloben, entsagen, fallen lassen, verbeißen sich, versagen sich.

verziehen verwöhnen, verzärteln, verhätscheln, verwöhnen, verweichlichen, verpimpeln, vertätscheln, übel beraten, einseitig erziehen, verderben, verbilden, betreuen, auf Händen tragen, jeden Wunsch erfüllen ● verzerren, verbiegen, verformen, winden. → beeinträchtigen, begünstigen, umziehen. ▶ bleiben, erziehen.

verziehen, das Gesicht verzerren, grinsen, schielen, die Augen rollen, Gesichter schneiden, Fratzen machen ● Wut haben, grollen, die Stirn runzeln, toben, wüten, verdrossen sein, Schmerz haben ● sauer, bitter, übelschmeckend. ▶ beherrschen sich.

verzieren sticken, lackieren, firnissen, wichsen, polieren, vergolden, verschnörkeln, besticken, bordieren, besetzen, garnieren, betressen, dekorieren, bekränzen, beflaggen. → ausschmücken, dekorieren, schmücken, verschönern. ▶ verschandeln, verunzieren.

Verzierung Franse, Schmuck, Zierde, Schmückung, Aufmachung, Zierwork, Zierat, Schnörkel, Ornament, Dekoration, Beschläge, Aufschläge, Putzwerk, Zutat, Ausschmückung, Troddel, Quaste, Borte, Einfassung, Litze, Tresse, Garnierung, Spitze. → Aufmachung, Aufschlag, Ausschmückung, Besatz, Dekoration, Quaste, Schmuck. ▶ Verschandelung.

Verzinsung → Geld, Rente, Rückzahlung.

verzogen → verwöhnt.

verzögern hinhalten, retardieren, schleppen, verschleppen, auf die lange Bank schieben, verlängern, stocken, erlahmen, kriechen, hinziehen, trotten, trotteln, bummeln, aufschieben, vertagen, bedenken sich, abwarten, anstehen lassen, erstrecken, besinnen sich, trödeln, bremsen ● verspäten, verpassen, nachhinken. → aufhalten, aussehen, bedenken, beeinträchti-

gen, bleiben zurück, erlahmen, erstrecken sich, hemmen, hindern, schleppen, verpassen. ▶ überstürzen.
verzögernd → hinhaltend.
Verzögerung Hinausschiebung, Trottelei, Bummelei, Hinhaltung, Saumseligkeit, Verlängerung, Rückstand, Zauderei, Verschleppung, Schlappheit, Hemmung, Stockung, Verschiebung, Vertagung, Verzug, Ausdehnung, Erschwernis. → Aufenthalt, Beschwernis, Erstreckung, Rückstand. ▶ Überstürzung.
verzollen Zoll zahlen, Abgaben leisten.
verzottelt → wirr.
verzuckern → kandieren.
verzückt → begeistert, ekstatisch, entrückt.
Verzückung Trunkenheit, Erregung, Erregtheit, Wallung, Rausch, Passion, Exaltation, Taumel, Erregungszustand, Entrücktheit, Halluzination, Ekstase, Gesichter, Verzauberung, Behexung, Besessenheit, Vertiefung, Versenkung. → Affekt, Aufregung, Aufschwung, Begeisterung, Beseligung, Bezauberung, Chimäre, Delirium, Ekstase, Trance. ▶ Unerschütterlichkeit.
Verzug → Aufenthalt, Beschwernis, Verzögerung.
verzurren → verankern.
verzweifeln verzagen, die Hoffnung fahren lassen, aus allen Himmeln fallen, verloren geben sich, entmutigen, den Kopf hängen lassen, die Flinte ins Korn werfen, beunruhigen sich, bangen, ängstigen sich, trauern, grübeln, ohne Hoffnung sein, ohne Mut sein, hinschmachten, nicht mehr glauben, abzehren sich, mit der Welt zerfallen. → beklagen, einsargen Hoffnung, erschüttern die Hoffnung, härmen sich, schwarz sehen. ▶ hoffen.
verzweifelt geknickt, niedergebeugt, hoffnungslos, niedergedrückt, niedergeschlagen, bedeppert *u*, Häufchen Elend, down *u*, das arme Tier haben *u*, selbstquälerisch, verzagt, mutlos, aussichtslos, unrettbar, unheilbar, seelenwund, verloren, stumpf, bejammernswert, trostlos, unglücklich, beklagenswert, sterbenselend, niedergeschmettert, aussehen wie bestellt und nicht abgeholt *u*, elend, hilflos, bedauernswert. → abgerissen, arm, aufgelegt, betroffen, betrogen, brechen das Herz, desperat, dumpf brütend, enttäuscht, gebrochen, leidvoll. ▶ hoffnungsvoll.
Verzweiflung Hoffnungslosigkeit, Niedergeschlagen-

heit, Trostlosigkeit, Verlassenheit, Verzagtheit, Aussichtslosigkeit, Verdüsterung, Enttäuschung, Mutlosigkeit, Entmutigung, Kummer, Traurigkeit, Herzensweh, Qual, Trauer, Leid, Gram, Hilflosigkeit, Kurzschlußhandlung, Trübsinn, Seelenwundheit, Einsamkeit. → Angst, Ärgernis, Aufregung, Ausbruch, Bestürzung, Depression, Elend graues, Entmutigung, Katzenjammer, Panik, Trostlosigkeit. ▶ Hoffnung.
verzweigen, sich auseinanderlaufen, abweichen, abschwenken, auseinandergehen, versenden, aussenden, teilen, halbieren, gabeln, abzweigen, abgabeln, kreuzen, spalten. → gabeln. ▶ zusammenfließen, zusammenlaufen.
verzweigt verästelt, winkelig, gabelförmig, doldenförmig, gegabelt, zweigförmig, zweigig, gespalten, zackig, gliedrig. → gabelförmig. ▶ vereinigt.
verzwickt → durcheinander, kompliziert, konfus, schwierig.
Verzwicktheit → Verschrobenheit.
Vesper → Nachmittagskaffee.
Veteran alter Mann, Greis, Altgedienter, Nestor, Invalide, Rentner.
Veto → Einsprache.
Vettel → Buhle, Schlampe.
Vetternwirtschaft → Parteiklüngel.
vexieren → hemmen, schwierig.
vibrieren schwingen, erschüttern, zittern, oszillieren, wackeln, beben, schwanken, pulsieren, zucken, schüttern. → bewegen sich.
Vicomte → Adel.
Vieh Tier, Getier, Säugetier, Bestie, Zuchtvieh, Hornvieh, Haustier, Zweihufer, Sohlengänger, Klauentier, Kuh, Pferd, Rind, Kalb, Schwein, Borstenvieh, Rindvieh. → Barbar, Tier.
viehisch → bestialisch, blutgierig, brutal, erbarmungslos.
viel → massenhaft, namenlos, reichlich, Sand am Meer wie, sehr, überreichlich, üppig.
viel zuviel → überreichlich.
vielbietend → appetitlich, reizvoll, schön, verschwenderisch.
vieldeutig → doppelsinnig.
Viele → Anzahl.
viele → beengend, diverse, haufenweise, manche, massenhaft, mehrerlei.
Vielerlei → Diverses, Verschiedenheit.
vielerlei → allerhand, bilderreich, diverse, massenhaft, mehrerlei.

vieles → allerhand.
vielfach → allerhand, massenhaft, oft.
Vielfalt → Anzahl, Auswahl, Fülle, Masse, Reichtum.
vielfältig multiplex. → allerhand, bilderreich, mannigfach.
vielfarbig → bunt, buntscheckig, farbenfroh, farbenreich, farbig.
Vielfarbigkeit → Farbdruck, Farbenreichtum.
vielförmig → abwechselnd, allerhand, bilderreich, mannigfach, mehrförmig, uneinheitlich.
Vielförmigkeit → Anzahl, Centaur, Durcheinander, Fülle, Reichtum, Verschiedenheit.
Vielheit → Anzahl, Fülle, Häufigkeit, Masse, Mehrheit, Verschiedenheit.
vielleicht eventuell, möglich, unter Umständen, wahrscheinlich, vermutlich, denkbar, möglicherweise, allenfalls, letztmöglich, so Gott will, etwa ● an dem Seidenfaden. → annähernd, anscheinend, denkbar, etwa, eventuell, Haar es hängt an einem, irgendwer, irgendwie, möglich, möglicherweise, vermutlich. ▶ bestimmt.
vielmals → erneut, jedesmal, oft.
Vielmännerei → Polygamie.
vielmehr → sicher, wahrhaftig.
vielsagend → anziehend, ausdrucksvoll, bedeutsam, durchdringend, reizvoll, sinnvoll, tief.
vielschichtig → mehrschichtig, vielfältig, vielförmig, vielerlei, komplex.
vielseitig multilateral. → anstellig, dehnbar.
vielteilig → mehrteilig.
vielumfassend umfassend, umfangreich, ausgedehnt, voluminös, beträchtlich, ansehnlich ● massig, geräumig, weit, groß, riesenhaft.
vielverlangt → gangbar, reizvoll, anziehend, übermäßig.
vielversprechend günstig, anlockend, anziehend, aussichtsvoll, glückverheißend, verheißend, gut, gangbar, reizvoll, anreizend, hochgemut, verheißungsvoll, gut verlaufend, gute Aussicht. → anziehend. ▶ nichtssagend, ungünstig.
Vielweiberei → Polygamie.
Vielwisser Besserwisser, Neunmalkluger, Neunmalgescheiter, Bücherwurm, Alleswisser, Klügling, Neuigkeitskrämer, Schreier, Posauner, sein eigener Lehrer, Klugscheißer, Gelehrter, Schnüffler. ▶ Dummkopf, Weiser.
Vielzahl → Fülle, Masse, Überangebot.

vierschrötig → borstig, derb, häßlich, plump, robust.

vif → schlau.

Villa → Besitztum, Haus.

violett veilchenblau, lila, blaurot, rotblau, fliederfarben, amethystfarben, stiefmütterchenblau, kardinalrot.

Viper → Bestie, Drache, Schlange.

virtuos → perfekt.

virulent giftig, schädlich, gefährlich, nachteilig, ungenießbar, tötend, abträglich, unbekömmlich, verderblich, gesundheitswidrig, bösartig, ansteckend, krankheitserregend. ▶ ungefährlich, (ungiftig), unschädlich.

Virus → Bazillus, Krankheitskeim.

Visage häßliches Gesicht. → Fratze.

vis-à-vis gegenüber, in Front, davor, in der Nähe, gegenüberliegend, benachbart, entgegengesetzt, gegen, Aug in Auge. ▶ entfernt, seitwärts.

visieren fest anblicken, peilen, ansehen, anpeilen, anschauen, angucken, den Blick richten auf, scharf beobachten, anlinsen. ▶ übersehen, (vorbeisehen).

Vision Gesicht, Traum, Erscheinung, Täuschung, Hellseherei, Einbildung, Sinnestäuschung, Unwirklichkeit, Schattenbild, Trugbild, Scheinbild, Fata Morgana. → Blendwerk, Hirngespinst, optische Täuschung, Traumzustand. ▶ Wirklichkeit.

visionär eingebildet, imaginär, unwirklich, hellseherisch, utopisch, phantastisch, unirdisch, traumhaft, entrückt, uneigentlich, weltblickend. ▶ wirklich.

Visite Besuch, Aufmerksamkeit, Höflichkeit, Verkehr, Annäherung, Vorstellung, Umgang, Einkehr, Einführung, Empfang, Anwesenheit, Treffen ● Arztvisite, Untersuchung, Krankenbesuch.

visitieren → ausforschen.

vital lebendig, lebhaft, kernhaft, gesund, forsch, rüstig, pudelwohl, leistungsfähig, rege, unermüdlich, zugreifend, anpackend, lebensfroh, wendig, unverwüstlich, derb, frisch, beweglich, flink. ▶ leblos, müde, schwach.

Vlies → Balg, Fell.

Vogel abschießen, den treffen, gewinnen, überlegen sein, gelingen, meistern, überragen, in den Sack stecken, schlagen, den Rang ablaufen, über sein, ins Schwarze treffen, geschickt sein, in allen Sätteln gerecht sein, auf den Kopf treffen, auszeichnen sich, hervortun sich. ▶ mißlingen, unterliegen.

Vogel friß oder stirb mache deine Rechnung mit dem Himmel, jetzt kommt das Ende, Schluß jetzt!, unbarmherzig sein, das Schwert des Damokles, knacken eine harte Nuß, nötigen, Gewalt anwenden, zwingen, die Pistole auf die Brust setzen, die Hand an die Gurgel legen, den Hals abschneiden, das Recht des Stärkern anwenden, vernichten, abwürgen.

Vogel im Kopf, einen → dumm, Schraube lockere eine, verrückt.

vogelfrei → friedlos, geächtet, los, ledig.

Vogelscheuche → Schreckgestalt.

Vogtei → Bezirk.

Vokabel Wort, Ausdruck.

Volk → Anzahl, Bevölkerung, Demokratie, Gemeinschaft, Nation.

Völker → Bevölkerung, Gemeinschaft, Menschheit.

völkerumfassend → international.

volkhaft → völkisch.

völkisch volkstümlich, vaterländisch, national, volksbewußt, volkhaft, heimisch, vaterlandliebend, eingesessen, angestammt, gemeinsinnig, staatlich, patriotisch, nach dem Volksbrauch, volkskünstlerisch, volksgläubig, volkskundlich, folkloristisch. ▶ international.

Volksbetrug → Betrug, Fälschung, Schlechtigkeit, Täuschung, Unredlichkeit.

volksbewußt vaterlandsliebend, heimatliebend, patriotisch, national, völkisch, nationaldenkend, königstreu, verfassungstreu, vaterländisch, gemeinsinnig. → völkisch.

Volksgemeinschaft → Bevölkerung, Gemeinschaft.

Volksgenosse → Landsleute.

Volksherrschaft → Demokratie.

Volkslied → Dichtungsart, Gedicht, Kantus.

Volksmenge → Bevölkerung, Masse.

Volksmund Lebensweisheit, Spruch.

Volksrecht → Menschenrecht.

volksreich dichtbesiedelt.

Volkssänger → Dichter.

Volksstaat → Demokratie.

Volkstum → Volksbrauch, Art, Brauch, Sitte, Volksbewußtsein, Nationalität, Abstammung, Rasse, Eigenart, Volksseele, Staatsbewußtsein, Zusammengehörigkeit, Heimatgefühl, Zusammenhalt.

volkstümlich → beliebt, populär, volksbewußt.

Volksverführer → Demagoge, Schädling, Verbrecher.

Volksverführung → Demagogie.

Volksverhetzung → Demagogie.

Volksverräter → Abtrünniger, Fahnenflüchtiger, Verbrecher.

Volksvertreter Volksbeauftragter, Abgeordneter, Deputierter, Parlamentarier, Delegierter, Beigeordneter, Stadtverordneter, Bundestagsmitglied, Mitglied des Bundestages oder Bundesrates, des Landtages, des Ober- oder Unterhauses, des Herrenhauses, der Kammer.

Volkszugehörigkeit → Nationalität.

voll gepfropft, überfüllt, gefüllt, überladen, komplett, angefüllt, gedrängt, gestopft, ausgefüllt, überbelegt, gesättigt, satt zum Platzen ● besetzt, ausverkauft ● betrunken, berauscht, besoffen, benebelt. ▶ beduselt, dick, genebelt. ▶ beduselt, satt, sattsam, überfüllt. ▶ leer.

voll wie ein Sack → beduselt.

vollauf reinweg, gänzlich, gründlich, erschöpfend, zur Genüge, in Hülle und Fülle, sehr, höchst, ausnehmend, außerordentlich, bodenlos, völlig, vollkommen, vollständig, gesamt, ausschließlich. → Beziehung in jeder, erklecklich, ganz, reichlich, rundaus, sehr, überreichlich. ▶ ungenügend, wenig.

Vollbart → Bart.

vollbracht → abgeschlossen, aus, Ende gut alles gut, fertig.

vollbringbar → erfüllbar.

vollbringen → anfassen, arbeiten, ausführen, bekümmern, bestellen, bewerkstelligen, bringen zu Wege, durchdrücken, einlösen Wort, erledigen, machen, tun, verrichten, verwirklichen.

Völle Trunkenheit, Betrunkenheit, Unmäßigkeit, Übersättigung, Überdruß, Sauferei, Versoffenheit, Völlerei, Ausschweifung, Ausgelassenheit. → Unmäßigkeit. ▶ Enthaltsamkeit, Nüchternheit.

vollen schöpfen, aus dem viel haben, übrig haben, überwuchern, überwiegen, vorherrschen, alles haben, keine Not kennen, im Überfluß leben, wie Gott in Frankreich leben, in Hülle und Fülle, in Saus und Braus, überfließen, erübrigen, den Beutel voll haben, herumschmeißen, gut leben. ▶ ermangeln, fehlen, geizen.

vollendbar → lösbar.

vollenden abschließen, absolvieren. → anfertigen, ausarbeiten, bahnen, bringen unter Dach, Entscheidung bringen zur, erfüllen, ergänzen, erschaffen, erwirken, herstellen, kommen ans Ziel, krönen, machen ein Ende, schließen, sterben, verrichten.

vollendet → abgeschlossen, ästhetisch, aus, ausgesucht, beispiellos, bestrickend, charmant, Ende gut alles gut, engelgleich, erlesen, Guß aus einem, fertig, ideal, kunstgerecht, schön, sinnreich, vollkommen, vortrefflich.

vollends → ganz, rundweg, vollkommen, vollständig.

Vollendung → Abschluß, Ausbund, Ausgang, Beste, Bewerkstelligung, Coda, Endergebnis, Gipfel, Leistung, Schluß, Vollkommenheit.

Völlerei → Ausschreitung, Ausschweifung, Eßlust, Feinschmeckerei, Saus und Braus, Trunksucht, Unmäßigkeit.

vollführbar → erfüllbar.

vollführen durchführen, machen, tun, ausführen, erfüllen, vollstrecken, vollziehen, erledigen, verfertigen, abschließen, fertigstellen, fertig machen, zustande bringen, besorgen, erwirken, gelangen zu, abtun. → anfassen, arbeiten, ausführen, bedienen, bekümmern, berücksichtigen, bewerkstelligen, bringen zuwege, einlösen Wort, erfüllen, erwirken, machen, verwirklichen. ▶ unterlassen.

vollführt → fertig, fix und fertig.

Vollführung → Ausführung, Bewerkstelligung, Durchführung, Erfüllung, Vollzug.

vollgefressen → satt, übersättigt, voll.

vollgepfropft → voll.

vollgesogen getränkt, durchtränkt.

vollgestopft → gestopft, voll.

vollgießen → ausfüllen, einschenken, füllen.

vollgültig gültig, unanfechtbar, unbestreitbar, unbestritten, erlaubt, berechtigt, befugt, rechtlich, gesetzlich, zulässig, statthaft, gebührlich. ▶ bestreitbar, ungültig.

völlig → A bis O, absolut, allgemein, ausschließlich, bestehen aus, durch und durch, durchaus, erklecklich, großen und ganzen im, radikal, rundweg, sattsam, sehr, unbedingt, vollauf.

volljährig → entwachsen der Rute, entwickelt, erwachsen, heiratsfähig, reif.

vollkommen einwandfrei, vollwertig, vollendet, ausgereift, tadellos, fehlerfrei, fehlerlos, makellos, unerreicht, unübertroffen, unübertrefflich, unübertrefflich, unvergleichlich, vollends, gut, mustergültig, beispiellos, auser-

lesen, auserkoren ● ganz, unversehrt, heil, unverletzt, vollständig. → abgeschlossen, absolut, Beziehung in jeder, brillant, durchaus, engelgleich, erlesen, ganz und gar, Guß aus einem, gut, perfekt, unschätzbar, vortrefflich. ▶ unvollkommen.

Vollkommenheit Makellosigkeit, Meisterstück, Meisterwerk, Muster, Musterbild, Perle, Spitzenleistung, Spitzenwein, Standardwerk, Unerreichbarkeit, Vollendung, Hochziel, Vollwertigkeit, Vorbild, Glanzstück, Kleinod, Schatz. → Ausbund, Beste, Christus, Ein und Alles, Fehlerlosigkeit, Gipfel, Ideal, Juwel, Tugend, Tugendhaftigkeit. ▶ Unvollkommenheit.

vollmachen → füllen, seibern, verunreinigen.

Vollmacht Genehmigung, Beauftragung, Befugnis, Ermächtigung, Bewilligung, Erlaubnis, Einräumung, Bevollmächtigung, Auftrag, Ernennung, Bestätigung, Zeugnis, Diplom, Lizenz, Patent. → Befugnis, Dekret, Diplom, Erlaß, Ermächtigung. ▶ Generalerklärung, Widerruf.

vollnehmen, den Mund → prahlen.

vollpropfen, sich essen, fressen, zechen, schwelgen, anessen sich, überfressen sich, anpfropfen, vollstopfen, verprassen, gefräßig sein, gütlich tun sich, pflegen den Bauch, es mit der Schüssel halten, den Wanst anfüllen sich, einhauen. ▶ hungern, mäßigen sich.

vollsaugen → einsaugen.

vollschenken → füllen, gießen.

vollschlank → dick.

vollschütten → ausfüllen, füllen, gießen.

vollspritzen → einspritzen, gießen, verunreinigen.

vollständig ganz, gänzlich, total, Stock und Stein, komplett, vollends, von Kopf bis Fuß, global, ganz und gar, alles, ausnahmslos, rundweg, sämtliche, völlig, vollkommen, ungeteilt, allesamt, samt und sonders, Kind und Kegel, einer wie alle, durch und durch, mit Pauken und Trompeten ● fertig, erschöpfend, abschließend, fix und fertig, vollzogen, in extenso. → abgeschlossen, alles, ausführlich, ausnahmslos, jeder, durchaus, eingehend, lückenlos, perfekt, radikal, sattsam, unbedingt. ▶ unvollständig.

Vollständigkeit → Einheit, Totalität, Vollkommenheit.

vollstopfen → füllen, überfüllen, übersättigen, vollpropfen, voll.

vollstrecken → anfassen, arbeiten, ausführen, erfüllen, expedieren, machen, verrichten, verurteilen, verwirklichen, vollführen, vollziehen.

Vollstreckung → Ausführung, Beraubung, Bewerkstelligung, Strafe, Vollzug.

volltönend → laut.

vollwertig → ausgesucht, äußerst, einwandfrei, erlesen, gleichartig, gut, reell, sinnvoll, vortrefflich.

vollzählig → A bis O, alles, ausnahmslos, beengend.

vollziehen durchführen, vollstrecken, erledigen, machen, tun, verrichten, verfertigen, abfertigen, ausführen, erfüllen, bewerkstelligen, zustande bringen, durchsetzen, herstellen, ausrichten, beenden, schließen, abschließen ● unterzeichnen, unterschreiben, ratifizieren. → anstellen, ausführen, betragen sich, bewerkstelligen, durchdrücken, verrichten, verwirklichen, vollführen. ▶ ablehnen, faulenzen, unterlassen.

Vollziehung → Ausführung, Besorgung, Bewerkstelligung, Durchführung, Erfüllung, Leistung, Strafe, Vollzug.

vollzogen → abgeschlossen, fertig, perfekt.

Vollzug Handlung, Vollführung, Vollziehung, Vollstreckung, Zugriff, Bewerkstelligung, Durchführung, Erledigung, Unterzeichnung, Vollendung, Verrichtung, Beendigung, Fertigstellung, Tat ● Strafvollzug, Exekution. → Ausführung, Bewerkstelligung, Durchführung, Erfüllung, Konvention, Quittung, Leistung. ▶ Aussetzung, Ablehnung, Straferlaß.

Volontär Gehilfe, Lehrling, Kraft, Anfänger, Hilfskraft, Bursche, Freiwilliger.

Volumen → Ausdehnung, Fassung, Fassungskraft.

von dannen gehen → fortgehen.

von hoher Abkunft → adelig.

von erlauchter Geburt → adelig.

von hohem Rang → adelig.

von nun an → hierauf.

voneinander, weit → beziehungslos.

voneinanderbringen → entzweien.

voneinanderreißen → durchreißen.

vonnöten → nötig.

vonstatten gehen vor sich gehen, flutschen *u* ● eine Rolle spielen ● einleiten, erfolgen, beginnen, eröffnen, in Angriff nehmen ● enden, abwickeln.

vor vorn, zuvorderst, zuvor, voraus, vorher, vorweg, an der Spitze ● vormals, vordem, seit, damals, früher, ehemals. ▶ nach.

vor allem → ausdrücklich, ausnehmend, besonders, darüber, hauptsächlich, speziell.

vor allem anderen überlegen, zuerst, unerreicht, unübertroffen, hervorragend, vorherrschend, überwiegend, unerreichbar, über, nichts darüber, tonangebend, ausschlaggebend. ▶ unterlegen, zuletzt.

vorab → voraus, zunächst.

vorahnen → ahnen, vermuten.

Vorahnung → Erwartung, Prognose, Prophezeiung, Vermutung.

voran vorn, an der Spitze, zuerst, vorgängig, zuvor, zuvorderst, vorher, der Erste, vorangehend, vornheraus, voraus ▶ mach voran, beeile dich, schnell, fix. ▶ nach, nach und nach, zuletzt.

vorangehen voranschreiten, vorankommen, vorgehen, voranstehen, vorrücken, spuren, anführen, vorstehen, voreingehen, an der Spitze gehen, den Weg bahnen, an der Tete sein ● weiterkommen, zu Ende kommen, weitergehen, fertig werden, zum Schluß kommen. → marschieren. ▶ nachkommen, nachfolgen.

vorangehend → bereits, bevor, voran.

vorankommen → marschieren, vorangehen.

voranmarschieren → dringen, marschieren.

Voranschlag → Anschlag, Kalkulation, Kosten, Plan, Überblick.

voranstehen → vorangehen.

voranstellen an die Spitze stellen, vorausschicken, vorsetzen, vorschieben, die Führung übernehmen, den Ton angeben, das Kommando haben, vorstehen, überordnen. ▶ nachfolgen, nachholen, nachkommen, unterordnen sich.

vorantreiben → beschleunigen.

Vorarbeit → Anfang, Ansatz, Arbeit, Bearbeitung, Beginn, Grundlage, Plan, Skizze.

vorarbeiten → bahnen, vorarbeiten.

voraus → vor, vorab, voran.

vorausahnend → prophetisch.

vorausberechnen → ersinnen, schätzen, vorbereiten.

vorausblicken vorausschauen, voraussehen, vorhersehen, vor sich sehen ● in die Zukunft blicken, ahnen, vorausahnen, vorherahnen, vorherwissen, vorhersagen, ein Ge-

spür haben, spüren. ▶ zurückblicken.

vorauseilen seiner Zeit einen falschen Zeitpunkt wählen, sich nicht um die Zeit kümmern, sich nicht an die Zeit halten, nicht auf die Zeit achten, eine Nasenlänge voraus sein, in die Zukunft schauen, Wegbereiter sein, eine neue Ära einleiten. ▶ zurückbleiben.

vorausfühlen → ahnen, dämmern.

vorausgehen → vorangehen.

vorausgesetzt sofern, vorbehältlich, bedingt, angenommen, falls, bedingungsweise, unter Vorbehalt, nur, je nachdem, wenn die Umstände es erlauben. → bedingungsweise, demgemäß, falls, hypothetisch, vermutlich. ▶ obwohl.

Voraussage Vorschau. → Erwartung, Prognose, Prophezeiung.

vorausschickend → beginnend, einleitend.

voraussehen → ahnen, dämmern, entgegensehen, erraten, Gras wachsen hören das, überraschen lassen sich nicht.

voraussehend → prophetisch.

voraussetzen → annehmen, bedingen, vermuten.

Voraussetzung Annahme, Mutmaßung, Grundsätzlichkeit, Beweggrund, Item, Grund ● Einschränkung, Vorbehalt, Grenzfall, Bedingung, Bedingtheit, Vorbedingung, Verwahrung, Sicherung, Vorkehrung, Festsetzung. → Anfang, Anlaß, Annahme, Ansicht, Anstoß, Bedingung, Berücksichtigung, Causa, Erwartung, Grundlage, Hypothese, Ursache. ▶ Folge.

voraussetzungslos → absolut.

Voraussicht Vorausblick, Überlegung, Bedachtsamkeit, Vorbedacht, Klugheit, Berechnung ● Annahme, Ahnung, Vermutung, Vorahnung, Vorhersicht, Spürsinn, Vorkenntnis, Vorgedanke, Befürchtung, Erwartung.→ Ahnung. ▶ Ahnungslosigkeit, Unbedachtsamkeit.

voraussichtlich → prophetisch, vermutlich.

Vorauszahlung → Bezahlung.

Vorbau → Balkon, Erker, Terrasse.

vorbauen vorsorgen, vorbereiten sich, vorbeugen, vorkehren, zuvorkommen, Vorsorge treffen, Vorkehrungen treffen, aufspeichern, aufstapeln, sorgen für, einheimsen, einlagern, beschaffen, beiseite legen, an die Zukunft denken. → beeinträchti-

gen, dawider, dazwischentreten. ▶ vernachlässigen, vertun.

Vorbedacht Sorgfalt, Bedacht, Sorgsamkeit, Besorgnis, Vorsicht, Wachsamkeit, Überlegung, Besonnenheit, Klugheit, Fürsorglichkeit, Umsicht, Emsigkeit, Vorsorge, Gewissenhaftigkeit, Pfleglichkeit, Anordnung, Vorbereitung ● Absicht, Endabsicht, Vorsatz, Plan. ▶ Indiskretion, Unbedachtsamkeit.

vorbedacht → absichtlich, beabsichtigt.

Vorbedeutung → Anzeichen.

Vorbedingung → Berücksichtigung, Voraussetzung.

Vorbehalt Einschränkung, Beschränkung, Item, Verwahrung, Bedingtheit, Vorbedingung ● Hinterhältigkeit, Versteckspiel ● Vorkehrung, Verpflichtung, Artikel. → Bedingung, Berücksichtigung, cum grano salis, Hintertüre, Klausel, Voraussetzung. ▶ Bekräftigung, Einwilligung, Vorbehaltlosigkeit.

vorbehalten verweigern. → ausbedingen, bedingen, berücksichtigen, reservieren.

vorbehalten, sich → bestehen auf, verklausulieren.

vorbehältlich → vorausgesetzt.

vorbehaltlos → ohne weiteres.

vorbei → abgeschlossen, aus, befristet, ein für allemal, Ende gut alles gut, fertig, gewesen, verjährt.

vorbeibenehmen, sich → unhöflich.

vorbeigehen defilieren, abschreiten, vorbeimarschieren, streifen, vorbeilaufen, anstoßen, entlanggehen, vorbeischreiten, vorbei achten, nicht sehen wollen ● nicht treffen, Löcher in die Luft schießen, schlecht zielen, das Ziel nicht erreichen, vorbeischießen. → passieren. ▶ beachten, stehen bleiben.

Vorbeimarsch → Aufmarsch.

vorbeischießen → vorbeigehen.

Vorbemerkung Vorwort, Vorrede, Einführung, Eingang, Einleitung, Vorspruch, Proömium, Prolog, Prooimion ● Voraussetzung, Vorschau, Postulat. ▶ Nachwort.

vorbereiten anbahnen, Vorsorge treffen, anschicken sich, zurechtlegen, ausholen, vorkehren, ausstechen, planen, aufziehen, entwerfen, einleiten, einfädeln, vorausberechnen, richten, reparieren, bahnbrechen, vorfühlen, Vorkehrungen treffen, vorsorgen, anordnen, in Angriff nehmen, lernen, einstudieren ● bereitstellen, es ist etwas im Anmarsch oder

Busch, es zieht sich etwas zusammen. → anbahnen, anfangen, anfertigen, ausdenken, bahnen, bearbeiten, befähigen, belehren, brauen sich zusammen, bringen in Gang, drillen, durcharbeiten, einschulen, ersinnen, ertüchtigen, erziehen, ordnen. ▶ improvisieren, mißlingen, tappen im dunkeln, treiben lassen sich.

vorbereiten, sich → durcharbeiten, lernen, vorbereiten.

vorbereitend → bahnbrechend.

Vorbereiter → Bahnbrecher, Plänemacher.

vorbereitet abgedichtet, befähigt, versorgt, versehen, bereit, reif, bearbeitet, ausgearbeitet, gerüstet, bewaffnet, fertig, gestiefelt, vorgesehen, gewappnet, geschult, geschickt, geübt. → denkfest, durchdacht, fertig, geübt, planvoll, reif, reisefertig. ▶ unvorbereitet.

vorbereitet sein → überraschen lassen sich nicht.

Vorbereitetes Präparat, Substanz, Bereitetes, Angeordnetes, Gerüstetes, Zugeordnetes, Zugerichtetes, Geordnetes, Ausgerüstetes, Ausgearbeitetes, Plan, Skizze, Entwurf, Layout.

Vorbereitung Anordnung, Bereitschaft, Einleitung, Vorsorge, Vorarbeit, Vorlauf, Zubereitung, Zurüstung, Vorkehrung, Zurichtung, Verfügung, Einrichtung, Anfassung, Ausrüstung, Ausarbeitung, Ausbildung, Schulung, Dressur, Training, Übung, Lehrzeit, Lehre, Drill. → Anfang, Ansatz, Beginn, Einführung, Erziehung, Grundlage, Maßregel, Plan, Skizze. ▶ Nachlässigkeit, Stegreif, Unbedachtsamkeit.

Vorbesprechung → Bearbeitung, Besprechung, Konferenz, Vorbereitung.

vorbestimmen festlegen, prädestinieren, zwingen.

vorbestimmt → schicksalhaft.

vorbeugen → abwehren, aufhalten, aufpassen, aufspeichern, beeinträchtigen, bekämpfen, dawider, eindämmen, hemmen, steuern, vereiteln, verhindern.

vorbeugend → prophylaktisch.

Vorbeugung → Gesundheitspflege, Verhütung.

Vorbeugungsmittel → Arznei, Verhütung.

Vorbild → Abguß, Auslese, Beispiel, Beste, Bild, Dessin, Einheitsform, Entwurf, Gipfel, Ideal, Modell, Muster, Norm, Schema, Typus.

vorbildlich → bahnbrechend, ideal, normal, vollkommen, vortrefflich.

Vorbote Vorläufer, Seher, Prophet, Weissager, Warner, Verkünder, Kassandra, Wahrsager, Vorhersager, Zukunftsseher, Norne, Augur, Magier. → Anzeichen, Symptom.

vorbringen → anbieten, behaupten.

vordem → als, bereits, dahin, damals, dermalen, ehedem, eher, einmal, früher, vorher.

Vorderdeck → Bug.

Vordergrund → Nähe, Vorderseite.

vordergründig nach außen hin, scheinbar, oberflächlich.

vorderhand → augenblicklich, momentan.

Vorderseite Avers, Hauptseite, Oberseite, Gesichtsseite, Front, Schaufläche, Schauseite, Stirnseite, Vorderansicht, Vordergrund, Fassade, Bildseite, Vorderteil, Bug. → Fassade. ▶ Rückseite.

Vorderteil → Vorderseite.

vordiktieren → befehlen, diktieren.

vordrängen, sich neugierig sein, unbescheiden sein, unhöflich sein, drängeln, anecken, anstoßen, anranzen ● aufdrängen, seine Nase in etwas stecken, anmaßend sein, aufspielen, nicht warten können, aufzwingen, drücken, stoßen. ▶ bescheiden (sein), zurückstehen.

vordringen vorstoßen, vorgehen, vorprellen, vorrücken, andrängen, bedrängen, zustoßen, stürmen, vorstürmen ● bestürmen, besteigen, erklettern ● zuleibe rücken, drauflosgehen ● fortschreiten, vorwärtsgehen, vordrängen, vorschieben, einholen, an Boden gewinnen. ▶ zurückbleiben.

vordringlich an erster Stelle. → wichtig.

Vordruck → Dessin, Entwurf, Formular, Plan.

voreilig heftig, hitzig, übersonnen, vorschnell, unbeherrscht, ungeduldig, ungestüm, unüberlegt, unklug, unbedacht, achtlos, übereilt, unvorsichtig, leichtsinnig, das Kind mit dem Bade ausschütten. → blindlings, unbändig, vorzeitig. ▶ überlegt.

Voreiligkeit → Eile, Ungeduld.

voreingenommen → befangen, besessen, dumm, einseitig, engherzig, unduldsam.

Voreingenommenheit Denkart kleinliche, Einseitigkeit, Fanatismus, Vorliebe, Vorurteil.

vorenthalten → ablehnen, binden nicht auf die Nase, hemmen, verheimlichen, versagen, verschließen, verschweigen.

vorerst erst einmal, zuvörderst, vorausgehend, zuvor, erst, vorn weg, an der Spitze, an erster Stelle, vorgängig ● vorläufig.

vorerwähnt → erwähnt schon.

vorfabeln → erdichten, fabeln, lügen, täuschen.

Vorfahren → Ahnen, Anverwandte.

vorfahren → ankommen, besuchen.

Vorfall Umstand, Wendung, Ereignis, Geschehen, Geschehnis, Begebenheit, Begebnis, Erscheinung, Befahrnis, Episode, Szene, Abenteuer. → Affäre, Angelegenheit, Bescherung, Erlebnis. ▶ Bagatelle, Unwichtigkeit.

vorfallen → begeben sich, begegnen, bestehen, ereignen sich, erfolgen, passieren, vorkommen.

vorfinden, sich → bestehen, da sein.

vorflunkern → belügen.

vorfordern → beordern, berufen, bestellen.

Vorfreude → Erwartung, Freude, Spannung, Ungeduld.

vorfühlen vorgehen, vortasten, vorrücken, vorschreiten, vorangehen, spuren, führen ● einleiten, einführen, vorausschicken, voranstellen, vorschieben, das erste Wort nehmen ● ergründen, vorbereiten, anschicken sich, vorbauen, vorkehren, zurechtlegen, bereithalten, vorarbeiten, verteilen die Rollen, in Angriff nehmen, den Grund legen, frei machen, Hindernisse beseitigen, abstecken, Vorsorge treffen, zurichten, abklopfen u. → ahnen, ergründen. ▶ abwarten, irren sich, tappen im dunkeln, übersehen.

vorführen → darbieten.

Vorführung → Darbietung, Demonstration, Experiment, Verhör.

Vorführungsmuster → Kollektion.

Vorgabe Entgegenkommen. → Vorsprung, Vorteil.

Vorgang → Affäre, Anfang, Anzug, Begebenheit, Ereignis, Verfahren, Vorfall.

Vorgänger Vorläufer, Bahnbrecher, Vordermann, Vorhut, Spurer, Wegbereiter, Pionier, Vorkämpfer, Vorbote, Anführer, Leiter, Leithammel, Spitze, Kopf, Gründer. ▶ Nachfolger.

vorgaukeln → anführen, ausdenken, besten halten zum, Dunst vormachen, erträumen, fabeln, fantasieren, lügen, narren, schwindeln, täuschen.

vorgeben → vormachen.

Vorgebirge → Berg, Kap.

Vorgefühl → Anhang, Annahme, Befürchtung, Einflüsterung, Erwartung, Fernblick, Voraussicht.

Vorgehen → Akt, Angriff, Anzug, Besorgung, Initiative, Leistung, Schritt.

vorgehen vorschrieben, losziehen, vorangehen, voranrücken, an der Spitze gehen, als erster gehen, losstürzen ● handeln, tun, angreifen, jemandem auf der Nase sitzen *u*, anpacken, unternehmen, anfassen, zugreifen. → anfeinden, angreifen, anstellen, auftreten, begeben sich, beistehen, betragen sich, bewerkstelligen, machen, passieren, unternehmen, verrichten. ▶ nachfolgen, unterlassen, verteidigen.

vorgehen, ohne Schonung → brechen den Starrsinn.

vorgenannt → erwähnt, schon.

Vorgeschmack → Ahnung, Geschmack.

vorgeschrieben → erforderlich, kategorisch, obligatorisch.

vorgesehen vorgesorgt, vorsorgend, vorsorglich, fürsorglich, Vorsorge getroffen, besorgt, angeschafft, beschafft, ausgerüstet.

Vorgesetzter → Chef, Direktor.

vorgesorgt → vorgesehen.

vorgestellt → bekannt, gedacht, ideell.

vorgestrig überholt, veraltet.

vorgetäuscht → fingiert.

vorgreifen übereilen, überstürzen, drängen, beschleunigen, beeilen sich ● anranzen, nötigen, beherrschen sich nicht können, halten nicht den Mund ● herausnehmen sich, erfrechen sich, erdreisten sich, erkühnen sich. ▶ beherrschen sich, kriechen, überlegen.

Vorhaben → Absicht, Anschlag, Bewerbung, Endabsicht, Entschluß, Erwählung, Plan, Zweck.

vorhaben planen, beabsichtigen, bezwecken, erzwecken, hinsteuern auf, anstreben, hinzielen, wollen, führen im Schilde, tragen sich mit, fassen ins Auge, angelegen sein lassen sich, trachten nach, setzen in den Kopf sich. → beabsichtigen, erzwecken, fassen ins Auge, hinlenken, Sinn haben im, streben. ▶ anheimstellen, übersehen, vergessen.

Vorhalle → Diele.

vorhalten → behaupten, belangen, beschulden, fallen zur Last, Kopf zurechtsetzen den, mahnen, tadeln.

Vorhaltung Tadel, Vorwurf, Warnung, Mahnung, Strafpredigt, Epistel, Gardinenpre-

digt, Bekrittelung, Bemäkelung, Kritik, Wink, Rüge, Verweis, Rüffel, Schelte, Nasenstüber, Ausputzer, Beanstandung, Anschiff, Verschiß, harte Worte, Bedenken, Mißbilligung, Anpfiff, Zeihung, Klage, Beschuldigung, Anwurf, Bezichtigung, Anklage, Klage, Zurechtweisung. → Klage, Kritik, Tadel. ▶ Belobigung, Rechtfertigung.

Vorhand Anrecht, Anspruch, Berechtigung, Rechtsanspruch, Rechtstitel, Vorrecht, Vorrang, Vorzug, Privileg, Besitzerrecht, Vorkaufsrecht ● am ersten Zug ● Oberhand, Übergewicht, Führung.

vorhanden → anwesend, befindlich, dabei, daselbst, disponibel, dort, effektiv, erhältlich, verfügbar.

vorhanden sein → auftauchen, bestehen, da sein.

Vorhandensein → Anwesenheit, Bestand, Dasein, Etwas, Existenz.

Vorhang → Bedeckung, Behang, Blende, Faltenwurf.

vorhängen → schließen, überhängen.

vorher früher, längst, vordem, vormals, bevor, vor Zeiten, damals, weiland, ehedem, einstmals, ehemalig, ehemals, einmal ● vorn, zuvor, an der Spitze, obenan, führend, vorangehend, zuerst. → bereits, bevor, ehe, ehedem, eher, erwähnt schon. ▶ nachher.

vorherbestimmen schicken, herankommen, drohen, prädestinieren, zwingen, vorschreiben ● berechnen, überlegen, planen, erwägen. → abmachen. ▶ (einfallen lassen), improvisieren, irren sich, wollen.

Vorherbestimmung Prädestination, Schicksal, Geschick, Vorsehung, Fatalismus, Kismet, Schickung, Los, Verhängnis, Willenslosigkeit, Determinismus, Unvermeidlichkeit, Fügung, Abhängigkeit ● Berechnung, Erwägung, Überlegung, Planung. → Endabsicht, Fatalismus, Zufall. ▶ Selbstbestimmung, Zufall.

vorherfühlen → ahnen, befürchten, entgegensehen, erwarten.

vorhergehen → vorangehen.

vorherrschen → beikommen nicht, gelten, überwiegen.

vorherrschend → allgemein, beherrschend, bezeichnend, dominierend, gebräuchlich, überwiegend.

Vorhersage Vorschau. → Prognose, Prophezeiung, Vorhersagung.

vorhersagen weissagen, prophezeien, vorherrschen, unken, warnen, lesen aus den Sternen, stellen das Horoskop,

berufen, beschreien, hellsehen, verkünden, ahnen, voraussehen. → ankündigen, bedeuten, bekommen Wind, berufen, malen den Teufel an die Wand. ▶ irren sich.

Vorhersagung Hellseherei, Voraussage, Vorhersehung, Vordeutung, Weissagung, Vorherverkündigung, Offenbarung, Warnung, Vorahnung, Bescheid. → Prognose, Prophezeiung. ▶ Ahnungslosigkeit, Unwissenheit.

vorhersehen → ahnen, befürchten, dämmern, entgegensehen, Gras wachsen hören, vorhersagen.

Vorhersehung → Ahnung, Prophezeiung, Vorhersagung.

vorhin → eher, eingangs, kürzlich.

Vorhut Vortrupp. → Abteilung, Bewachung.

vorkauen vormachen, vorbeten.

vorkehren → anbahnen, anordnen, aufpassen, ausgestalten, bearbeiten, befähigen, ordnen, organisieren, vorbereiten.

Vorkehrung → Anfang, Anordnung, Ausführungsbestimmung, Bearbeitung, Besorgnis, Besorgtheit, Grundlage, Maßregel, Organisation, Vorbereitung.

Vorkenntnis → Ahnung.

vorknöpfen → anfahren, anreden, schimpfen, Schlitten fahren, tadeln.

Vorkommen → Dasein, Vorkommnis.

vorkommen geschehen, stattfinden, vorfallen, zutragen sich, einstellen sich, zustoßen, widerfahren, erfolgen, vorliegen, passieren ● vorhanden sein, da sein, existieren, befinden sich, auftreten. → auftauchen, befallen, begegnen sich, bestehen, da sein, entspinnen sich, ereignen sich. ▶ ausfallen, fehlen, unterbleiben.

Vorkommnis Hergang, Bestehen, Ereignis, Begebnis, Angelegenheit, Erlebnis, Szene, Auftritt, Episode, Erscheinung, Vorfall, Fall, Begebenheit, Schauspiel ● Dasein. → Abenteuer, Angelegenheit, Begebenheit, Episode, Ereignis, Erlebnis, Fall.

vorladen → befehlen, beordern, berufen, beschuldigen, bestellen.

Vorlage → Modell, Muster, Original, Teppich.

Vorlauf → Vorbereitung.

Vorläufer → Bahnbrecher, Vorgänger.

vorläufig → einstweilig, momentan, provisorisch, versuchsweise.

vorlaut frech, ungezogen,

keck, dreist, vorwitzig, anmaßend, unverschämt, arrogant, altklug, unerzogen, maßlos, zwanglos, unverfroren, burschikos, patzig, unbeherrscht, rücksichtslos, ungewaschenes Maul ● Großmaul, Großschnabel, Grünschnabel, Großschnauze u. → anmaßend, anspruchsvoll, schnoderig, unartig. ▶ artig, bescheiden, unterwürfig.

Vorleben → Vergangenheit.

vorlegen → anbieten, aufwerfen, darbieten.

Vorleger → Matte, Teppich.

Vorlesung → Kolleg, Vortrag.

Vorliebe Lust, Voreingenommenheit, Sympathie, Neigung, Hang, Passion, Fimmel u, Geschmack, Bevorzugung, Liebhaberei, Steckenpferd, Begeisterung, Geneigtheit, Laune, Hobby. → Begehr, Herzenswunsch, Interesse, Manie, Neigung, Passion. ▶ Abscheu, Gleichgültigkeit.

vorliebnehmen → begnügen sich.

vorliegend gegeben, vorhanden, da, anwesend, zugegen, gegenwärtig, existierend, seiend. → gegeben. ▶ abwesend, fehlend.

vormachen vorgeben. → blenden, fantasieren, geben ein Beispiel, heucheln, täuschen.

vormachen, sich einbilden sich, vortäuschen sich, vorspiegeln, fantasieren, vorreden sich, vorreden sich, täuschen sich, fiebern, in den Kopf setzen, ein Ansehen geben sich. ▶ klar werden sich, natürlich sein.

vormachen, blauen Dunst → blenden, fabeln, heucheln, lügen, narren, täuschen.

vormals → als, bereits, dahin, damals, dermalen, ehedem, früher, vorher.

Vormarsch → Angriff, Invasion, Kampagne.

vormerken → reservieren, zeichnen.

Vormerkung → Anmerkung, Auskunft, Gedächtnisstütze, Notiz.

Vormittag → Morgen.

Vormund → Beauftragter, Begleitung, Bevollmächtigter.

vorn vor, zuvor, an der Spitze, obenan, vornheraus, vorangehend, zuvörderst, am Kopfe, anführend, vornweg, vornher, zuerst. → voran. ▶ hinten.

Vorname Rufname. → Anrede, Beiname.

vornehm hoffähig, adelig, feudal, herrschaftlich, hochherrschaftlich, hochgestellt, fürstlich, hochgeboren, aristokratisch, nobel, noblig u, picknobel u, überkandidelt u, gekrönt, von hohem Rang ● salonfähig, distinguiert, ma-

nierlich, gewandt, erzogen, ritterlich, galant, verbindlich ● ruhig, still, schweigsam, zurückhaltend. → adelig, anständig, ausgesucht, ausgezeichnet, distinguiert, elegant, erhaben, fein. ▶ bäurisch, einfach, unhöflich, vorlaut.

vornehmen, sich → beabsichtigen, Blick richten auf, vorhaben.

vornehmlich → A und O, ausdrücklich, ausnehmend, besonders, hauptsächlich, speziell.

vorneweg → vorn, voran.

vornherein, von schon immer, von Anfang an, a priori, selbstverständlich.

Vorortzug → Fahrzeug, (Schienen-).

vorprellen vorpreschen. → vordrängen sich.

Vorrang Oberwasser, Hauptgewicht. → Ausnahme, Ehrenplatz, Erwählung, Vorzug.

Vorrat Habe, Rücklage, Fonds, Fülle, Hinterlegung, Magazin, Stapel, Lager, Zehrung, Schatz, Quelle, Fundgrube, Bezugsquelle, Ansammlung, Anhäufung, Niederlage, Brotsack, Hamsterkiste. → Anzahl, Batzen, Besitztum, Bestand, Ersparnis, Inventar, Lager, Proviant, Reserve, Schatz. ▶ Mangel.

vorrätig → disponibel, erhältlich, verfügbar, vorliegend.

Vorratshaus → Depot, Lager.

Vorratskammer → Abstellraum, Depot, Ersparnis.

Vorratsverzeichnis → Inventar, Verzeichnis.

Vorraum → Diele.

Vorrecht Privileg, Monopol, Privilegium, Ausnahmestellung, Vorzug, Vorteil, Bevorzugung, Befugnis, Immunität, Berechtigung, Anrecht, Anspruch, Recht. → Anrecht, Ausnahme, Befugnis, Konzession, Vorzug. ▶ Gleichschaltung, Unterordnung.

Vorrede → Einführung, Prolog.

vorreden → anführen, fantasieren, vorsagen.

Vorrichtung → Apparat, Maschinerie.

vorrücken spuren, vorangehen, vormarschieren, nähern sich, herankommen, ankommen, vorwärtsgehen, vorlaufen, vordringen, näherkommen, einmarschieren, angreifen, überfallen ● aufsteigen, vorkommen, gewinnen, erreichen, übertrumpfen, fortkommen ● vor Augen rücken, vorknöpfen sich, tadeln, rügen. ● bahnen, begegnen, beikommen, dringen, emporarbeiten, erobern. ▶ loben, nachfolgen, unterliegen.

vorsagen vorreden, zuflüstern, soufflieren, helfen, beisprin-

gen, vorquasseln u, vorquatschen u, pfuschen, mogeln ● aufsagen, hersagen, sprechen, vortragen, vorlesen, deklamieren. ▶ schweigen.

Vorsatz → Absicht, Anschlag, Bewerbung, Endabsicht, Entschluß, Plan, Zweck.

vorsätzlich → absichtlich, beabsichtigt, eigens, expreß, geflissentlich.

vorsatzlos → absichtslos, beiläufig, blind, blindlings, unabsichtlich.

Vorschau → Voraussage, Vorhersage.

vorschicken schicken, beordern, bestellen, befehligen, betrauen, beauftragen, herschicken, rufen lassen, holen, lassen, befugen. ▶ abwarten.

Vorschein kommen, zum → wiedererscheinen, zeigen sich.

vorschieben → begünstigen, verdecken, voranstellen.

vorschießen vorrücken. → kreditieren.

Vorschlag Meinung, Anerbieten, Entwurf, Anregung, Empfehlung, Einladung, Antrag, Angebot, Bitte, Anliegen, Wunsch, Plan, Gedanke, Thema. → Absicht, Angebot, Antrag, Bewerbung, Chrie, Plan. ▶ Ablehnung, Warnung.

Vorschlag machen, einen → bieten Gelegenheit, empfehlen.

vorschlagen → anbieten, aufwerfen, beantragen, befürworten, bieten Gelegenheit, empfehlen.

vorschnell unüberlegt, heftig, unweise, voreilig, unbesonnen, unbedacht, leichtsinnig, unvorsichtig, kurzsichtig, ungestüm, wild, ungeduldig, unbeherrscht, hitzig, stürmisch, Hals über Kopf. → erregbar, Fassung verlieren die, Knie brechen übers, Hals über Kopf, unvorsichtig, vorzeitig. ▶ überlegt, vorsichtig.

vorschreiben → aufdrängen, aufzwingen, befehlen, beordern, bewirken, Dach steigen auf das, diktieren, dirigieren, Disziplin halten, erfordern, erteilen Auftrag, verbieten, verordnen, zwingen.

Vorschrift Gebot, Anweisung, Verfügung, Anordnung, Auftrag, Verschreibung, Rezept, Bestimmung, Bindung, Gebundenheit, Gesetz, Verordnung, Satzung, Regel, Kanon, Lehre, Statut, Formel, Standard, Richtmaß, Richtschnur, Befehl, Geheiß, Gesetz, Mandat, Erlaß, Edikt. → Anleitung, Auflage, Beeinflussung, Befehl, Dekret, Denkspruch, Dessin, Diktat, Entwurf, Erlaß, Norm, Regel, Verbot, Verordnung. ▶ Freiheit.

Vorschrift machen → befehlen, diktieren, schulmeistern.

vorschriftsmäßig nach Brauch und Sitte, nach Schema F, wie vorgeschrieben, wie verlangt, wie gewünscht, nach der Norm, nach dem Ritus ● in Dreß, in Kriegsbemalung u. → normal, rituell.

Vorschub Hilfsdienst, Hilfe, Unterstützung, Handreichung, Nachhilfe, Beihilfe, Beistand, Förderung, Beitrag, Mithilfe, Dienstleistung, Bedienung, Einsatz, Gefälligkeit ● Vorschiebung, Beförderung, Verlegung, Verschiebung, Wegräumung, Verpflanzung, Zuschub. → Beihilfe, Beistand, Hilfe, Hilfsstellung. ▶ Hemmung.

Vorschuß → Anleihe, Aushilfe, Belehnung, Bezahlung, Darlehen, Kredit.

vorschützen vorspiegeln, suchen einen Vorwand, entstellen die Tatsachen, ausweichen, ausweichend antworten, ausreden sich, umgehen, suchen Ausflüchte, so tun als ob, heucheln, mogeln, schwindeln, vormachen blauen Dunst. → täuschen. ▶ Wahrheit sprechen die.

vorschwatzen → anführen, Dunst vormachen, düpieren, fabeln, lügen, schwindeln, täuschen, vorsagen, vorschützen.

vorschweben → beabsichtigen, denken, schauen.

vorsehen, sich überlegen, abwägen, bedenken, achtgeben, sich in acht nehmen, Sorge tragen, auf der Hut sein, die Augen offen halten, die Ohren spitzen, nicht trauen dem Frieden, sich vor Gefahr schützen, die Zunge im Zaume halten, schweigen, vorsichtig sein, obachtgeben, sorgen für, auf Eiern gehen, finden seinen Mann, Maßregeln treffen, bewahren, auf dem Posten sein, sich außer Schußweite halten, in Deckung gehen, behutsam sein, besonnen vorgehen, auf Nummer Sicher gehen. → achtgeben, überlegen. ▶ wagen.

Vorsehung → Fatalismus, Schicksal.

vorsetzen → auftragen, voranstellen.

Vorsicht → Achtung, Argwohn, Aufmerksamkeit, Augenmerk, Bedacht, Behutsamkeit, Beobachtung, Besonnenheit, Besorgnis, Besorgtheit, Diskretion, Obacht, Rücksicht.

vorsichtig sorgfältig, überlegt, umsichtig, auf der Hut, achtsam, aufmerksam, bedacht, bedächtig, wachsam, behutsam, sorglich, mit Glacéhandschuhen anfassen, weitblickend, besonnen, auf Eiern gehen u, klug ● ängstlich, bang, argwöhnisch, mißtrauisch, ein Vorsichtskandidat sein. → ängstlich, argwöhnisch, bedächtig, beflissentlich, diplomatisch, diskret, Eiern gehen auf, feige, gewitzigt, schonungsvoll, sorgfältig, tüchtig. ▶ unvorsichtig.

vorsichtig sein → achtgeben.

vorsintflutlich → alt, veraltet.

Vorsitz Leitung, Federführung, Präsidium.

vorsitzen → präsidieren.

Vorsorge Fürsorge, Vorbereitung, Versorgung, Pflege, Anordnung, Vorkehrung, Zehrgeld, Rücklage, Notgroschen, Hilfsquelle, Fürsorglichkeit, Zehrung, Proviant, Mundvorrat. → Ahnung, Bearbeitung, Besorgnis, Besorgtheit. ▶ Nachlässigkeit, Unbedachtsamkeit, Verbrauch.

vorsorgen vorbauen, sorgen für, zuvorkommen, vorbeugen, vorkehren, vorsehen, Vorsorge treffen, den Vorteil nutzen, das Fett von der Suppe schöpfen, auf Draht sein, auf dem Teppich sein u, den Dreh heraushaben u, den Pfiff kennen u, auf dem Quivive sein u, seinen Schnitt machen u, auf Zack sein u, auf dem Kien sein u, sich segnen, weiter denken, achtgeben, sichern, sparen, aufsparen, einen Vorteil suchen, abgrasen, abklappern, abklopfen, Geld herausschlagen. → aufspeichern, Beste tun, darbringen, vorbereiten. ▶ verbrauchen, vernachlässigen.

vorsorglich → fürsorglich.

vorspiegeln → anführen, ausdenken, besten halten zum, Dunst vormachen, erträumen, fabeln, fantasieren, lügen, schwindeln, täuschen, vortäuschen.

Vorspiegelung → Anschein, Ausflucht, Behelf, Betrug, Blendwerk, Deckmantel, Dunstbild, einmal ist keinmal, Erscheinung, Illusion, Lüge, Mache, Mätzchen, Schein, Täuschung.

Vorspiel → Anfang, Beginn, Prolog.

vorsprechen → beehren, besuchen, deklamieren, diktieren, erklären sich, vorsagen.

vorspringen vorstehen, vorragen, überragen, herausragen, heraushängen, vorhängen, vorstülpen sich, abstehen, wölben sich, herausstehen. → auftreiben, ausbuchten, vorgehen. ▶ vertiefen, zurückspringen.

vorspringend → bauchig.

Vorsprung Sims, Vorgabe. → Auswuchs, Balkon, Ecke, Entfernung, Erker, Grat, Vorteil, Wölbung.

vorstädtisch → ländlich.

Vorstand → Chef, Direktor, Haupt.

vorstehen → anführen, leiten.

Vorsteher → Chef, Dienstherr, Direktor, Haupt.

vorstellbar erdenklich, denkbar, erwägbar, faßbar, ersinnbar, bildhaft, darstellbar, erfaßbar, vertretbar. → erfaßbar, erkennbar. ▶ unvorstellbar.

vorstellen → auftreten, ausdenken, ausmalen, basieren, bekämpfen, begegnen, darbieten, darstellen, debütieren, denken, repräsentieren, tadeln.

vorstellen, sich → annehmen, bekannt werden, darstellen sich, denken.

Vorstellung → Absicht, Anhaltspunkt, Ansicht, Auffassung, Ausführung, Ausdruck, Begriff, Betrachtung, Bild, Chimäre, Darbietung, Darstellung, Delirium, Dunstbild, Einbildung, Eindruck, Einführung, Erscheinung, Gedanke, Idee, Ideenfolge, Tadel, Veranstaltung.

Vorstellungsvermögen → Einbildungskraft, Fantasie.

Vorstoß → Angriff, Anlauf, Aufschlag, Erker.

vorstoßen → vordringen.

vorstoßend angreifend, anfallend, beschleichend, plänkelnd, bedrängend, zustoßend, vorrückend, vormarschierend, losstürmend, eindringend ● anfeindend, befehdend, beschimpfend, tätlich werdend ● hervorstoßend, aufprallend ● hervorragend. → bahnbrechend. ▶ unterliegen(d), verteidigen(d), zurückbleibend.

vorstrecken hinstrecken, hinhalten, ausstrecken ● verlängern, recken, ausrecken, überragen, vergrößern, wachsen, längen, ausdehnen, ausziehen. → kreditieren. ▶ einziehen, entleihen, verkürzen.

vortäuschen vorspiegeln, fingieren, lügen, schwindeln, vorreden, vorschwatzen, erdichten, fabeln, vorfabeln, vormachen, vorgaukeln, erfinden, in den Kopf setzen ● es steckt nichts dahinter. → erdichten, erträumen, fantasieren, täuschen, vorreden. ▶ Wahrheit sprechen die.

Vorteil Gewinn, Nutzen, Profit, Vergünstigung, Dienlichkeit, Erfolg, Einträglichkeit, Förderlichkeit, Wert, Vorzug, Vorgabe, Vorsprung, Nützlichkeit, Lohn, Ertrag, Erwerb, Verdienst, Genuß, guter Fang, Glück, Zuwachs, Bereicherung, Überlegenheit. → Ausbeute, Auswirkung, Bemächtigung, Dienlichkeit,

Einträglichkeit, Gewinn, Überlegenheit, Vergünstigung. ▶ Nachteil.

Vorteil wahrnehmen, seinen → bringen sein Schäfchen ins trockene, vorsorgen.

vorteilhaft günstig, bewährt, wohlfeil, dienlich, wertvoll, hochwertig, nützlich, preiswert, empfehlenswert, förderlich, billig, lohnend, ertragreich, nutzbringend, wohltätig, gewinnbringend, erfolgreich, ersprießlich, passend, anwendbar, da ist was dran. → annehmbar, ausgiebig, dankbar, dankenswert, dienlich, einträglich, erfolgreich, erfolgversprechend, erfreulich, günstig, gut, lohnend, nützlich, preiswert, rentabel, segenbringend. ▶ nachteilig.

Vortrab Vorhut, Außenposten, Sturmtrupp, Stoßtrupp, Horchposten.

vortraben antanzen, aufkreuzen, vorsprechen ● vor jemanden treten, sich vor jemanden schützend stellen, die Stirn bieten, die Zähne zeigen, Front machen, verteidigen ● vorangehen, vorpreschen, vorneweg gehen, vorgehen.

Vortrag Rede, Referat, Vorlesung, Aussprache, Auslegung, Lehre, Schulung, Stunde, Erklärung, Erläuterung, Übung ● musikalischer Vortrag ● Übertragung, Rechnungseröffnung, Konto, Übertrag, Voransetzung. → Ausdrucksweise, Rede.

vortragen referieren, rezitieren, deklamieren, singen, spielen, aufsagen, hersagen, belehren, predigen, reden, sprechen, lehren, vortragen eine Meinung, leiern, herunterleiern, bitten, ein Anliegen vorbringen ● vorbringen, herbringen, nach vorne bringen, eröffnen ● übertragen, voransetzen.→anstimmen, aufklären, deklamieren, hersagen, sprechen.

Vortragender Sprecher, Vorleser, Redner, Referent ● Lektor, Lehrer, Professor ● Sänger, Meister. Musiker.

vortrefflich hochwertig, meisterhaft, trefflich, schätzenswert, mustergültig, vollkommen, vollwertig, vorbildlich, überragend, unübertroffen, vollendet, hervorragend, ausgezeichnet, einwandfrei, gerecht, klassisch, zünftig, pfundig, prima, vorzüglich, toll, wie es im Buche steht *u* ● à la bonne heure.→angenehm, aromatisch, auserlesen, außerordentlich, bieder, brillant, charaktervoll, dauerhaft, erlaucht, erlesen, erstaunlich, fest, köstlich, prächtig, schön, vollkommen. ▶ charakterlos, häßlich, wertlos.

Vortrefflichkeit → Beste, Dauerhaftigkeit, Delikatesse, Echtheit, Gipfel, Qualität, Vollkommenheit, Wert.

vortreiben treiben, antreiben, vorwärtstreiben, in Bewegung setzen, den Anstoß geben, losgehen lassen, hinausjagen, austreiben, stoßen, schieben, drücken, schnellen.

Vortritt Vorantritt, Voranstellung, Spitze, Führung, Vorzug, Vorrang, Vorrecht, Anführung, Spitzenstellung, Spitzengruppe, Führerstellung ● Ehrenplatz, Ehrung, Verehrung.

Vortrupp Vorreiter. →Vorhut.

vorüber vorbei, passé, dahin, verschwunden, vergangen, gewesen, vergessen, verflossen, verwichen, vormals, damals. ehedem, vordem, gegangen, zuvor, einst, anher, damalig. → abgeschlossen, aus, befristet, bereits, dahin, Ende gut alles gut, fertig. ▶ beginnend, unfertig.

vorübergehen → passieren, vergehen, vorbeigehen.

vorübergehen lassen → bewenden lassen, bummeln, verpassen, warten.

vorübergehend auf Zeit, flüchtig, anfallweise, temporär. → einstweilig, provisorisch, vergänglich.

vorüberziehen → marschieren, paradieren, vergehen.

Vorurteil Befangenheit, Voreingenommenheit, Einseitigkeit, Verblendung, Unduldsamkeit, Parteilichkeit, Beschränktheit, Verschrobenheit, Hartnäckigkeit, Rechthaberei, Verhärtung, Unlenksamkeit. → Denkart kleinliche, Einseitigkeit, Fanatismus, Intoleranz, Kastengeist. ▶ Vorurteilslosigkeit.

vorurteilsfrei → aufgeklärt, Kopf klarer, sachlich, vernünftig.

vorurteilslos → aufgeklärt, objektiv, sachlich.

Vorurteilslosigkeit → Objektivität.

vorurteilsvoll → beengt, befangen, bigott, engstirnig, fanatisch, parteiisch, pedantisch, unduldsam.

vorverlegen voranstellen. → vorziehen.

Vorwand Scheingrund, Selbstbetrug, leere Phrase, Täuschung, Beschönigung, Ausrede, Ausweichung, Vorspiegelung, Maske, Schnack, faule Fische, Flausen, Finte, Versteckspiel, Winkelzug, Notlüge. → Ausflucht, Ausrede, Ausweg, Deckmantel, Entschuldigung, Lüge, Täuschung. ▶ Wahrheit.

vorwärts voran, fort, voraus, weiter, drauf, drauflos, en avant, heran, los, hü *u*, ran *u*, hop *u*, losgehend, losschrei-

tend, vorwärtsmachen, beeilen. → ausschreiten, direkt. ▶ rückwärts.

vorwärtsdrängend → bahnbrechend, strebsam.

Vorwärtskommen → Arbeitssegen, Bemächtigung, Erfolg.

vorwärtskommen kommen auf einen grünen Zweig, Glück haben, Erfolg haben, gewinnen, glücken, bezwingen, den Zweck erreichen, Lorbeeren ernten, fahren mit vollen Segeln, ins Schwarze treffen, Schach bieten. → bringen es zu etwas, vorrücken. ▶ vorwärtskommen nicht, zurückbleiben.

vorwärtskommen, nicht → bleiben sitzen, bleiben stekken.

vorwärtstreiben → stoßen.

vorweg → beginnend, einleitend, voran.

vorwegnehmen → vordrängen sich.

vorweisen → darbieten, zeigen.

Vorwelt → Urzeit.

vorwerfen tadeln, vor Augen halten, am Zeug flicken, mißbilligen, beschuldigen, in die Schuhe schieben, zuschreiben, belasten, zur Last legen, rügen, aufs Dach steigen, einen Rüffel erteilen, ernstlich vorstellen. → behaupten, belangen, beschuldigen, Dach steigen auf das, fallen zur Last, tadeln. ▶ loben, verteidigen.

Vorwerk → Barrikade, Bastion, Bauernhof, Hindernis.

vorwiegend → ausnehmend, besonders, dominierend, hauptsächlich, überwiegend.

Vorwitz → Anmaßung, Dreistigkeit, Frechheit, Naseweis, Neugierde.

vorwitzig naseweis, neugierig, fragselig, erpicht, zappelig, frech, dreist, altklug, taktlos, unbescheiden, unbeherrscht, fürwitzig, rotzig *u*, fraglustig, ungezogen, ungeduldig, keck, vorlaut, anmaßend. → burschikos, schnodderig. ▶ bescheiden, zurückhaltend.

Vorwort→ Einführung.

Vorwurf Vorhaltung, Mahnung, Tadel, Vorstellung, Warnung, Strafpredigt, Gardinenpredigt, Bemäkelung, Bekrittelung, Kritik, Rüge, Verweis, Schelte, Mißbilligung ● Vorlage, Muster, Urform, Original, Vorbild, Karton, Schablone, Modell. → Bemerkung, Beschwerde, Frage, Klage, Maßregelung, Schimpferei, Tadel. ▶ Belobigung, Befriedigung.

Vorwürfe machen → Dach steigen auf das.

vorwurfsvoll vorstellig, kritisch, krittelig, mißbilligend, tadelsüchtig, absprechend, mißfällig, unbefriedigend, absprecherisch, unzufrieden, verweisend, rügend, nörgelnd, tadelnd. ▶ befriedigt, loben(d).

vorzaubern betrügen, neppen, täuschen.

Vorzeichen → Anzeichen, Aspekt.

vorzeichnen ▶ einführen, malen, organisieren.

vorzeigen → begeben, darbieten, zeigen.

Vorzeit → Urzeit, Vergangenheit.

vorzeitig übereilt, überhastet, überstürzt, verfrüht, vorschnell, voreilig, unerwartet, frühreif, unreif ● schon, bevor, früh, früher, frühzeitig, beizeiten, zeitig, ehest, pünktlich. → beizeiten, ehestens. ▶ spät, überlegt, unpünktlich.

vorziehen vorverlegen. → bevorzugen, vorrücken.

Vorzimmer → Diele.

Vorzug Ausnahme, Vorrecht, Auszeichnung, Vorrang, Bevorzugung, Vergünstigung, Erwählung, Überlegenheit, Privilegium, Vorteil ● Vorliebe, Neigung ● Wert. → Ausnahme, Vorteil. ▶ Benachteiligung, Nachteil.

Vorzüge Kenntnisse, Gelehrigkeit, Talent, Fähigkeit, Fassungskraft, Belesenheit, Meisterschaft, Geschicklichkeit, Einsicht, Begabung, Anlage, Eignung, Tauglichkeit, Können, Beschlagenheit, Scharfsinn ● Schönheit, Reize, Anmut ● Charakter, Mut, Tapferkeit, Pflichtbewußtsein. → Vollkommenheit, Wert. ▶ Unfähigkeit, Unvollkommenheit, Wertlosigkeit.

vorzüglich erstklassig, vollkommen, toll, vortrefflich, makellos, wertvoll, meisterlich, schätzenswert, vorteilhaft, schön, edel, selten, rar, unübertrefflich, gut, prima, ff, einwandfrei, prächtig, herrlich, kostbar. → ansehnlich, auserlesen, ausgezeichnet, bekömmlich, dauerhaft, denkwürdig, erheblich, erlesen, gut, unschätzbar, vollkommen, vortrefflich. ▶ abscheulich, schlecht.

Vorzüglichkeit → Beste, Dauerhaftigkeit, Echtheit, Eignung, Gipfel, Qualität, Vollkommenheit, Wert, Zweckmäßigkeit.

vorzugsweise → ausdrücklich, ausnehmend, hauptsächlich, speziell.

Votum Stimme, Abstimmung, Wahl, Wahlgang ● Gelübde, Geloben ● Gutachten, Urteil, Meinungsäußerung.

vulgär gewöhnlich, unfein, grob, unschön, unbeschlacht, gemein, roh, häßlich, niedrig,

proletenhaft, proletarisch. ▶ vornehm.

vulkanisch explosiv, feuerspeiend, unbändig, wild.

W

Waage Meßgerät, Bleiwaage, Wasserwaage, Brückenwaage, Haushaltwaage, Dezimalwaage, Briefwaage, Feinwaage, Goldwaage, Standwaage, Gerät, Gewichtsmaß. → Brücke, Gleichgewicht.

waagrecht wasserrecht, horizontal, eben, flach, flächig, platt, glatt, ausgebreitet, hingestreckt, niedergeworfen. ▶ senkrecht.

Waagschale legen, in die Wichtigkeit, zuschreiben, wichtig tun, zu viel Aufhebens machen, Beachtung schenken, auf die Goldwaage legen, betonen, alles zu genau nehmen, rot anstreichen, unterstreichen, hervorheben. ▶ genau nehmen es nicht so.

wabbern flimmern, wedeln, züngeln, pulsieren, schwanken, wabbeln, wibbeln, vibrieren.

wach → aufgeschlossen, empfänglich, hellhörig.

wach werden → erwachen.

Wache Runde, Rundgang, Schutzwache, Aufsicht, Bewachung, Feldwache, Schildwache, Wacht, Horchposten, Leibgarde, Leibwächter, Schutz, Patrouille, Polizei. → Bewachung, Posten, Wächter.

Wache stehen → beobachten.

wachen aufbleiben, auf den Beinen sein, kein Auge schließen oder zumachen, wach sein, nicht schlafen können ● erwachen, zu sich kommen ● Schmiere stehen, aufpassen, patrouillieren, behüten, beschirmen, beschützen, hüten, sichern, schirmen, verteidigen, in Schutz nehmen. → bewachen, schützen. ▶ angreifen, ergeben sich, gefährden sich, schlafen, versagen.

wachrufen wiederauffrischen. → begeistern, beleben, bemächtigen, beschuldigen, erwecken.

wachsam → ängstlich, bedächtig, beflissentlich, charakterfest, erwartungsvoll, gründlich, hellhörig, vorsichtig.

wachsam sein → achtgeben.

Wachsamkeit → Aufmerksamkeit, Augenmerk, Bedacht, Beflissenheit, Behutsamkeit, Bemühung, Beobachtung, Besonnenheit, Be-

sorgtheit, Besorgnis, Bewachung, Obacht, Umsicht.

Wachsbildnerei → Bildhauerei.

wachsen zunehmen, zusammenläppern, steigern, vermehren, vergrößern, schwellen, anschwellen, aufgehen, treiben, hochschießen, fortkommen, ins Kraut schießen, vervielfachen, verdoppeln, hinzufügen, anhäufen, gedeihen, blühen, florieren, strekken, entwickeln ● einschmieren, polieren, einreiben, glätten, einbohnern. → ändern, anschwellen, aufbauschen, aufblühen, auftauchen, ausbreiten, ausdehnen, ausfüllen, ausschlagen, blähen, dehnen, entfalten sich, entwickeln sich, erblühen, erstarken, florieren, gedeihen, keimen, putzen, schießen, strecken, treiben, vergrößern, vervielfältigen. ▶ verfallen.

wachsen hören, das Gras alles wissen, alles verstehen, sofort durchschauen, Grütze im Kopf haben, aus den Ärmeln schütteln ● die Flöhe husten hören, am hellen Tag Gespenster sehen, Grillen fangen, hellsehen, von Hammelswürsten träumen. → Gras wachsen hören das. ▶ blind, blindlings, dumm (sein), feststellen, irren sich.

wachsen lassen → aufgehen, entwickeln, heben, strecken, vervielfältigen.

wachsend → aufsteigend, gedeihlich, verstärkend.

Wachsfigur → Marionette.

wachsig → fettig.

Wachstum → Arbeitssegen, Aufbau, Ausbreitung, Ausdehnung, Entfaltung, Entwicklung, Erzeugung, Fortschritt, Gedeihen, Lebenstrieb, Steigerung.

Wachstumsjahre → Flegeljahre.

Wacht → Wache.

Wächter Verwalter, Kontrolleur, Hüter, Gaucho, Wärter, Beschützer, Bewacher, Inspektor, Hirte, Älpler, Bannwächter, Feldhüter, Flurwächter, Förster, Heger, Grenzwächter, Grenzer, Grenzaufseher ● Verwahrer, Beschließer, Pedell, Pförtner, Hausmeister ● Schildwache, Wachtmeister ● Schildwache, Wachposten ● Schäferhund, Hofhund, Zerberus. → Aufseher, Begleitung, Beschützer, Bewachung, Büttel. ▶ Gefangener.

Wachtraum Einbildung, Sinnestäuschung, Unwirklichkeit, Trugbild, Irrtum, Tagtraum, Hellseherei, Dämmerzustand, Fieberwahn, Entrücktheit, Überspanntheit, Verträumtheit, Vision, Träumerei, Gesicht. Phantasiegebilde, Hirngespinst, Grille, Traumgebilde, Traumzustände. ▶ Wirklichkeit.

wackelig → lose.

wackeln → bewegen sich, schaukeln, schwanken.

wacker bieder, ehrbar, redlich, rechtschaffen, brav, aufrecht, zuverlässig, solid, treu, ehrenfest, gerecht, biedersinnig, unbescholten, mannhaft, pflichtgetreu ● mutig, herzhaft, tapfer, weidlich, reichlich, kriegerisch, verwegen, furchtlos, beherzt, unerschrocken. → angesehen, bieder, brav, charakterfest, charaktervoll, ehrsam, erstaunlich, fest, heldenhaft, kühn, lauter, mutig, Schrot und Korn von echtem, tapfer, trutzig, tugendhaft, unerschrocken. ▶ charakterlos, feige, lasterhaft.

Wackerheit → Charakterstärke, Mut, Rechtschaffenheit.

Waffe Schußwaffe, Schießwaffe, Gewehr, Stichwaffe, Hiebwaffe, Feuerwaffe, Kanone, Mörser, Angriffswaffe, Verteidigungswaffe, Schutzwaffe, Trutzwaffe, Bogen, Kettenkugel, Kolben, Muskete, Prügel, Keule, Pike, Flinte, Revolver, Colt, Pistole, Karabiner, Drilling, Kugel, Hirschfänger Standhauer *j*, Waidmesser *j*, Waidblatt *j*, Genickfänger *j*, Saufeder *j*, Bäreneisen *j* ● Gewaff *j*, Hauer *j*, Wetzer *j*, Haderer *j*. → Panzer, Pfeil, Schutz.

Waffe ergreifen, die → brechen den Frieden, wehren sich.

Waffen strecken, die → beigeben.

Waffengetümmel → Blutbad.

waffenlos → hilflos, schwach.

Waffenrock → Anzug, Uniform.

Waffenstillstand → Aussöhnung.

waffnen → ertüchtigen.

wägbar meßbar, wiegbar, zählbar, berechenbar, fühlbar, greifbar, faßbar, stofflich, körperlich, materiell, körperhaft. → faßbar. ▶ unfaßbar.

Wagehals → Himmelsstürmer.

Wagemut → Antrieb, Courage, Entschlußfähigkeit, Initiative, Mut, Übermut, Unklugheit, Vermessenheit.

wagemutig → kühn, mutig, übermütig, unvorsichtig, vermessen sich.

Wagen Auto, Anhänger, Verkehrsmittel, Fahrzeug, Gefährt, Droschke, Kutsche, Omnibus, Straßenbahnwagen, Karren, Kraftwagen, Leiterwagen, Reisewagen, Einspänner, Cab, Camion, Lastwagen, Motorwagen, Schlafwagen, Speisewagen, Triebwagen, Lieferwagen, Handwagen, Beiwagen. → Chaise, Fahrzeug (Straßen-), Karren.

wagen getrauen sich, riskieren, schlagen in die Schanze, Seiltanzen, setzen aufs Spiel, trauen, unterziehen sich, vermessen sich, draufgehen, nicht ausweichen, mutig sein, sich unterfangen, unternehmen, sich ermannen, einsetzen, wetten, sich erkühnen, sich erdreisten, Gott versuchen, Feuer und Wasser gehen durch, den Teufel nicht fürchten, durch dick und dünn gehen, unerschrocken sein, wagemutig, wagehalsig. → bestehen, bewähren, einsetzen sein Leben, Feuer spielen mit dem, gefährden sich, getrauen sich, handeln, vermessen sich. ▶ aufgeben, fürchten, unterliegen, versagen.

wägen abwiegen, wiegen, abwägen, bemessen, eichen, loten, peilen, messen ● überlegen, unterscheiden, urteilen, beurteilen, prüfen, erwägen, sichten, entdecken, erkennen, klar sehen. → abmessen, beurteilen, errechnen, urteilen. ▶ übereilen, unüberlegt (handeln).

Wagenschuppen → Abstellraum.

Wagestück → Abenteuer, Gefahr, Heldentat, Risiko, Wagnis.

Waggon → Wagen.

waghalsig → blindlings, drohend, dummdreist, gefährlich, halsbrecherisch, trutzig, übermütig, unternehmend, vermessen sich.

Waghalsigkeit → Dreistigkeit, Mut, Übermut, Vermessenheit.

Wagnis Wagestück, Unternehmen, Unternehmung, Unterfangen, Mutprobe, Abenteuer, Husarenstückchen, Feuerprobe, Mannestat, Wagemut, Kühnheit, Männerwerk, Waghalsigkeit, Tollkühnheit, Ungeheuerlichkeit, Spekulation, Lotteriespiel, Glücksspiel, Griff kühner, Heldentat, Handstreich, Gewaltstreich, Wahnwitz, Ikarusflug, salto mortale, Hexenprobe. → Abenteuer, Angriff, Bemühung, Chance, Experiment, Gefahr, Lotterie, Risiko. ▶ (Gefahrlosigkeit), Mutlosigkeit, Versagen.

Wahl Auslese, Selbstbestimmung, Gutdünken, Auswahl. Erwählung, Bevorzugung, Ermessen, Entscheidung, Kür, Entschluß ● Stimme, Mehrheit, Minderheit, Wahlversammlung, Sitz, Wahlakt. → Auswahl, Belieben, Berufung, Entschluß, Erwählung, Scheideweg. ▶ Ablehnung, Widerruf.

Wahl, keine Unfreiheit, Unfreiwilligkeit, Notwendigkeit, Willensunfreiheit, Zwangslage, Notlage, höhere Gewalt, Bedrängnis, Gebundenheit, Pflicht, Verpflichtung, Nötigung, Gewalttätigkeit, Knute, Freiheitsberaubung, Zwang, Ultimatum, Erpressung, Schwierigkeit. ▶ Freiheit.

wählen erwählen, erkiesen, erküren, auswählen, erheben, erklären, abordnen, entsenden, aussuchen, vorziehen, beschicken, abstimmen, seine Stimme geben für, sichten. → ausheben, auslesen, bestimmen, ernennen, kören, optieren. ▶ ablehnen, widerrufen.

wählerisch → anspruchsvoll, begehrlich, feinschmeckerisch.

Wahlfreiheit Entscheidungsfreiheit, freie Wahl.

wahllos → beliebig, stillos, zufällig.

Wahlspruch → Axiom, Denkspruch.

Wahlverwandtschaft → Anziehung.

Wahn → Aberglaube, Dunstbild, Einbildung, Ekstase, Phantasie, Täuschung.

Wahnbegriff → Blendwerk, Chimäre, Täuschung.

Wahnbild → Aberglaube, Blendwerk, Chimäre, Einbildung, Halluzination, optische Täuschung, Täuschung.

wähnen → ahnen, annehmen, argwöhnen, befürchten, denken, deuchten, dünken, vermuten.

Wahnsinn Tobsucht, Koller, Raserei, Tollwut, Veitstanz, Wutanfall, Säuferwahnsinn, Delirium, Irrsinn, Liebeswahnsinn, Liebesraserei, Leidenschaftlichkeit, Aufruhr, Gärung, Siedehitze, Überreizung, Wildheit, Zorn ● Wahnwitz, Wagestück, der helle Wahnsinn, Verrücktheit, Idiotie, Ungeheuerlichkeit, Tollkühnheit. → Ausbruch, Delirium, Fanatismus, Tollheit, Verrücktheit. ▶ Geistesgegenwart, Verstand.

wahnsinnig → brennend, dämonisch, schwachsinnig, verrückt.

Wahnsinniger → Irrsinniger, Tobsüchtiger.

Wahnvorstellung Zwangsvorstellung, Größenwahn, Verfolgungswahn, fixe Idee, Komplex, Manie, Amok, Stacheldrahtkoller, Halluzination, Verirrung, Sinnesverwirrung, Sinnesstörung, Bewußtseinsstörung, Irrsinn, Wahnsinn, Verrücktheit. →

Schwachsinn, Verrücktheit ▶ Wirklichkeit.

Wahnwitz → Abenteuer, Irrsinn, Unklugheit, Vernunftlosigkeit, Verrücktheit, Wahnsinn.

wahnwitzig → absurd, brennend, dämonisch, unbezähmbar, unbezwingbar, verrückt. wütend, zornig.

wahr ohne Falsch, glaubwürdig, rückhaltlos, tatsächlich, ungeschminkt, unwiderleglich, unwiderlegbar, Politik der offenen Tür, nennen das Kind beim rechten Namen, offen, echt, treu, unverfälscht, fehlerlos, peinlich, wahrhaftig, gewissenhaft, unbeschönigt, Farbe bekennen, aus seinem Herzen keine Mördergrube machen, reinen Wein einschenken, unübertrieben, natürlich, schlicht, ehrlich, rein, lauter, unbestechlich, brav, zuverlässig ● quellenmäßig, urkundlich, belegt, richtig, amtlich, beglaubigt, wahrheitsgemäß, über allen Verdacht erhaben. → absolut, aufrichtig, bestimmt, buchstäblich, charakterfest, charaktervoll, erwiesen, gut, real, rechtschaffen, richtig, sicher. ▶ unwahr.

wahren, sein Recht auf sein Recht pochen, auf seinem Recht beharren, nicht vom Recht abweichen, Gerechtigkeit herrschen lassen, das Recht walten lassen, leben und leben lassen, jedem das Seine lassen, Fug und Recht walten lassen, richtig handeln ● sein Recht bei Gericht suchen, klagen, klagbar werden, Klage einbringen, das Gesetz anrufen. ▶ schädigen, verteidigen (sich).

währen → ausdehnen, dauern, erstrecken sich, überdauern.

während → als, binnen, bis, da, einstweilen, indem, inzwischen.

währenddem indes, derweil. → als, bis, da, indem, inzwischen.

wahrhaben wollen, nicht → leugnen.

wahrhaft → aufrichtig, offen, wahr, wahrhaftig.

wahrhaftig treuherzig, wahr, treusinnig, untrüglich, unverfälscht, unverstellt, wahrhaft, offen, frisch von der Leber, aufrichtig, rückhaltlos, unumwunden, ohne Falsch, wahrheitsgetreu, ehrlich, offenherzig, freimütig, redlich, ungekünstelt, echt, bieder, veritabel ● oh, o je! ach! ei! → absolut, aufrecht, aufrichtig, beglaubigt, offen, wahr, unfehlbar. ▶ unwahrhaftig.

Wahrhaftigkeit Natürlichkeit, Gradheit, Gradsinn, Wahrheit, Sinn gerader, Wahrheits-

liebe, Offenheit, Offenherzigkeit, Bekennermut, Ehrlichkeit, Zuverlässigkeit, Treue, Biedersinn, Freimütigkeit, Arglosigkeit, ein Mann ein Wort, Rechtschaffenheit, Anständigkeit, Glaubwürdigkeit, Unbestechlichkeit, Bravheit, Lauterkeit, Wackerkeit, Ehrenhaftigkeit, Festigkeit, Reinheit. → Charakterstärke, Fehlerlosigkeit, Offenheit, Wahrheit. ▶ Charakterlosigkeit, (Unwahrhaftigkeit).

Wahrheit Realität, Tatsache, Überzeugungskraft, Unwiderlegbarkeit, Binsenwahrheit, Richtigkeit, Lebensnähe, Wirklichkeit, Wesentlichkeit, Glaubwürdigkeit, Fehlerlosigkeit, Genauigkeit, Echtheit, Wahrhaftigkeit, Bestimmtheit, Gewißheit, Richtigkeit, Offenheit, Schlichtheit, Schmucklosigkeit. → Christus, Echtheit, Erkenntnis, Tatsache, Wahrhaftigkeit. ▶ Unwahrheit.

Wahrheit sprechen, die → bekennen.

wahrheitsgemäß wahrhaftig, glaubhaft, unwiderleglich, tatsächlich, bestimmt, ohne Zweifel, zweifellos, glaubwürdig, zuverlässig, ungeschminkt, unverfälscht, unbeschönigt, nicht übertrieben, auf Ehre und Gewissen. → aufrichtig.

wahrheitsgetreu unleugbar, unbestreitbar, glaubwürdig, unanfechtbar, festgestellt, unstreitig, ausgemacht, ersichtlich, erwiesen, zweifellos, unumstößlich, verbürgt, bezeugt, amtlich, beglaubigt ● unverhohlen, wahr, wahrhaftig, unbeschönigt, ehrlich, aufrichtig, unverfälscht, fehlerlos, echt. → aufrichtig, offen, wahr, wahrhaftig. ▶ unwahr.

Wahrheitsliebe → Aufrichtigkeit.

wahrheitsliebend → aufrichtig, offen, wahr, wahrhaftig, wahrheitsgetreu.

wahrlich → absolut, beglaubigt, bestimmt, schlechterdings, sicher, wahrhaftig.

wahrmachen → verwirklichen.

wahrnehmbar → konkret.

wahrnehmen hören, feststellen, merken, vernehmen ● auffinden, gewahr werden, dahinterkommen, sehen, entdecken, bemerken, beobachten, inne werden, auf die Spur kommen, erblicken, erspähen, schauen, ausspähen, gewahren, zu Gesicht bekommen, bestätigen j, bestatten j. → anschauen, auftauchen, ausfindig machen, erhören, ersehen, fassen ins Auge, hören, schauen, sehen. ▶ übersehen.

Wahrnehmung → Begriff, Berücksichtigung, Betrachtung, Deutlichkeit, Eindruck, Einwirkung, Erkenntnis.

wahrsagen → ankündigen, hellsehen.

Wahrsager Seher, Zukunftsseher, Vorhersager, Weissager, Sterndeuter, Prophet. Magier, Augur, Zigeuner, Hexer, Warner, Vorbote, Sibylle, Schwarzseher, Unke, Kartenleger, Handleser, Hellseher, Schwarzkünstler, Gaukler, Scharlatan.

währschaft → bodenständig, dauerhaft, echt, gediegen, gut, haltbar, hausgemacht, reell, zäh.

wahrscheinlich → anscheinend, denkbar, möglicherweise, vermutlich.

Wahrscheinlichkeit Glaubhaftigkeit, Aussicht, Glaubwürdigkeit, Annahme, Vermutung, Erwartung, Möglichkeit, Denkbarkeit, Ausführbarkeit, Tunlichkeit, Hoffnung, Mutmaßung, Ansicht, Ermessen. → Annahme, Vermutung. ▶ Unsicherheit, Unwahrheit, (Unwahrscheinlichkeit).

Wahrspruch → Axiom, Denkspruch, Urteil.

Währung → Geld, Note.

Wahrzeichen → Anzeichen, Wappen, Zeichen.

Waid → Pflanze.

Waise Vereinsamter, Alleinstehender, Schützling, Mündel, Waisenkind, Schutzbefohlener, Mündling, Vögtling, Findling, Schürzenkind, Elternloser. → Anverwandte.

Waisenhaus → Charité.

Waisenvater → Beschützer.

Wald Forst, Gehölz, Schonung, Land, Boden, Laubwald, Nadelwald, Waldland, Lichtung, Gebiet, Hain, Mutter Grün, Schneise, Waldung, Baumschule, Rodung, Holz j, Hochwald, Gelände, Gefilde, Buschwald, Urwald. → Besitztum, Busch. ▶ Feld.

Wald und Feld → Busch und Feld.

Waldbrand → Brandstätte.

Waldesstille → Ruhe.

Waldgeist → Fee, Pan.

Waldgott → Faun, Pan.

waldig → buschig, waldreich.

waldreich waldig, baumreich, bewaldet, beforstet, bestockt, bebuscht, ertragfähig, buschig, ersprießlich, pflanzenreich. → buschig. ▶ öde, waldarm).

Walfisch → Dickwanst, Tier.

walken → bestrafen, prügeln.

Wall → Barrikade, Damm, Demarkation, Hindernis.

wallen → bewegen sich, brausen, brodeln, brühen, dampfen, dröhnen, ergehen sich, pilgern, schäumen.

wallend → schäumend.
wallfahren → bewegen sich, beten, bitten, gehen, pilgern.
Wallfahrt → Bittgang, Bußgang, Durchzug.
Wallung → Affekt, Anwandlung, Auflauf, Aufregung, Aufschwung, Begeisterung, Chaos, Erregung, Gemützustand.
Walstatt → Kampfplatz.
walten schalten, herrschen, wirken, vermögen, anfassen, arbeiten, tun, machen, bemeistern, bewerkstelligen, verwalten, regieren, gebieten, verfahren, anordnen, lenken, führen, leiten, die Zügel halten, vorstehen, Verfügungen erlassen, befehlen, vorschreiben. ▶ faulenzen, widersetzen sich.
Walze Rolle, Spule, Zylinder, Trommel, Welle, Säule, Tubus, Gerät, Werkzeug, Ackergerät ● Wanderschaft, Fußreise, Fußwanderungen, Handwerkerwanderschaft.
walzen → gehen, per pedes, quetschen, tanzen.
wälzen suhlen. → aufrollen, drehen, stoßen.
walzenförmig rund, zylindrisch, säulenförmig, wurmförmig, pilzförmig, kugelförmig, gedrechselt, gedrechselt, sphäroidisch, knollig, perlenförmig, walzig. ▶ eckig.
Wälzer u → Buch, Tier.
Wampe → Bauch.
Wams → Kleidung.
wamsen → bestrafen, prügeln.
Wand → Abgrund, Berg, Beschwernis, Demarkation, Fels, Hindernis, Mauer.
Wandbekleidung Wandbehang, Tapete. → Dekoration, Wandteppich.
Wandbord → Brett, Gestell.
Wandbrett → Bücherbrett, Gestell.
Wände, die vier → Heim.
Wandel Wechsel, Veränderung, Wendung, Wende, Änderung, Umänderung, Abänderung, Wandlung, Unbestand, Verwandlung, Umstellung, Umbildung, Umformung, Verwechslung, Abweichung ● Fortschritt, Entwicklung, Zeitenwandel ● Gang, Wanderung, Lustwandel, Bummel ● Lebenswandel, Lebensführung. → Bewegung, Umgestaltung, Veränderlichkeit. ▶ Bestand, Beständigkeit, Unwandelbarkeit.
wandelbar verformbar. → beweglich, unzuverlässig, veränderlich, vergänglich.
Wandelbarkeit → Vergänglichkeit.
Wandelhalle → Foyer.
wandeln → abweichen, ändern, bewegen sich, gehen.
wandeln, sich → ändern, bekehren.

Wanderer Wandersmann, Wandervogel, Fußgänger, Tourist, Pilger, Wegfahrer, Wallfahrer, Landfahrer, Bergsteiger, Hochtourist, Bergfex, Alpenfex, Gletscherfloh, Gipfelfresser, Talsohler, Talschleicher, Hüttenwanze, Wanderbursch, Tippelbruder, Landstraßenwanze, Weltenbummler, Abenteurer, Vagabund, Herumschwärmer, Wandervolk, Nomade. → Fußgänger.
Wanderjahre Lehrjahre, Lehrzeit, Lernzeit, Werdegang, Erlernung, Studium, Jugend, Schule, Vorbereitung, Arbeit, Erziehung, Lehre, Trainierung, Schulung, Ausbildung, Abrichtung, Dressur. ▶ Seßhaftigkeit.
wanderlustig → reisefertig, unternehmend.
wandern herumstreichen, mitwandern, gehen, laufen, reisen, marschieren, unternehmen, walzen, abpirschen, durchkreuzen, durchqueren, durchstreifen, durchstreichen, wandeln, wallen, tippeln, trippeln, trappeln, bewandern, besteigen, bergsteigen, herumgeistern, umherziehen, fegen, spazierengehen ● wandernd, ambulant. → begeben sich, begehen, bewegen sich, gehen, per pedes, trampeln. ▶ fahren, verweilen.
Wanderschaft → Ausmarsch, Ausflug, Reise, Walze, Wanderung.
Wanderstab Stecken, Stock, Spazierstock, Alpenstock, Bengel, Ziegenhainer, Stab, Stütze, Knotenstock.
Wandertheater Schmiere.
Wanderung Exkursion, Expedition, Streifzug, Runde, Wanderschaft, Fahrt, Fußreise, Fußwanderung, Walze, Landfahrt, Tour, Ausflug, Spaziergang, Abstecher, Bummel, Gang, Bergbesteigung, Durchquerung, Marsch, Lauf. → Abstecher, Ausmarsch, Bewegung, Marsch, Partie, Reise.
Wandervogel → Himmelsstürmer, Wanderer.
Wandgemälde → Bild.
Wandlung Entwicklung, Werdegang, Erneuerung, Wende, Evolution, Wechsel, Schwenkung, Veränderung, Umkehr, Umstellung, Umschwung, Wandel, Neuerung, Unbestand, Veränderlichkeit, Fortschritt, Fortkommen, Ablauf, Verwandlung, Umwandlung, Auffrischung ● Bekehrung, Konversion ● Brotverwandlung, heilige Wandlung. → Veränderlichkeit, Veränderung, Wandel.

wandlungsfähig anpassungsfähig, einfügsam ● wandelbar, umformbar, bildsam, verformbar ● veränderlich, unbeständig, unberechenbar. → wankelmütig.
Wandschirm Rollwand, spanische Wand.
Wandteppich Wandbehang, Gobelin, Wandbekleidung, Wandschmuck, Bedeckung, Wandverkleidung, Schmuck, Dekoration, Behang.
Wange Körperteil, Gesichtsteil, Backen, Seite, Seitenteil.
Wankelmut Untreue, Übertritt, Launenhaftigkeit, Sinneswechsel, Unentschlossenheit, Unstetigkeit, Rastlosigkeit, Neuerungssucht, Unbeständigkeit, Unbestand, Flüchtigkeit, Beweglichkeit, Schillereidechse, Aprilwetter, Wetterfahne, Flattersinn, Leichtsinn, Charakterlosigkeit, Schwäche, Energielosigkeit, Abtrünnigkeit, Abfall, Umfall, Umkehr, Abschwörung, Fahnenflucht, Absage. → Abfall, Flatterhaftigkeit, Unbeständigkeit, Veränderlichkeit. ▶ Beständigkeit.
wankelmütig beeinflußbar, hörig. → abtrünnig, beweglich, chaotisch, unentschlossen, unzuverlässig, veränderlich, vergänglich.
wanken umfallen, schwindelig, umstürzen, erschüttern, flattern, schillern, flackern, wechseln, sich ändern, sich drehen und wenden, den Mantel nach dem Wind hängen, unentschlossen sein, mit dem Strom schwimmen, veränderlich sein, übertreten, unbeständig sein. → schwanken. ▶ feststehen.
wanken, nicht → ausharren.
Wanken, ohne → beharrlich, fanatisch, fest, unbeirrt.
wankend → unentschlossen, veränderlich.
Wankender → Wetterfahne.
wann seit wann, bis wann, wie lange ● irgendwann, wann auch immer, einerlei wann ● dann und wann, hin und wieder, gelegentlich, bisweilen, mitunter, zuweilen, manchmal.
Wanne → Behälter, Gefäß.
Wanst → Balg, Bauch, Dickwanst.
Wanze Abhörgerät, Lauschgerät.
Wappen Emblem, Wahrzeichen, Wappenschild, Doppeladler, Kokarde, Stadtwappen, Abzeichen, Erkennungszeichen, Hoheitszeichen, Symbol, Feldzeichen, Adler, Schmuck, Verzierung, Familienwappen. → Ausschmückung, Emblem.
Wappenvogel → Aar, Heraldik.
wappnen rüsten, ausstatten, versehen, befähigen, vor-

kehren, bewaffnen, vorberei-
ten, ertüchtigen, rüsten, stärken, stählen, abhärten, kräfti-
gen, begaben, waffnen, aus-
staffieren, bemannen, zu-
rüsten, ausrüsten, herrichten.
→ ertüchtigen. ▶ (nicht be-
reit sein), versagen.
Ware Produkt, Güter, Erzeug-
nis, Stoff, Zeug, Material,
Handelsgegenstand, Bedarf,
Werkstoff, Rohstoff, Lebens-
mittel, Habe, Mundvorrat,
Zehrung, Reisegut ● Ramsch,
Reißer, Dreckzeug *u*, Tinnef *u*,
Povel *u*, Bafel *u*. → Artikel,
Besitztum, Produkt.
Warengattung → Artikel,
Produkt.
Warenhaus → Detailge-
schäft, Laden.
Warenlager → Lager.
Warenrechnung → Faktura.
Warenverkehr → Handel.
Warenvertrieb → Handel.
Warenverzeichnis → Faktura.
Warenzeichen → Etikette,
Firmenzeichen.
warm heiß, sommerlich, bullig *u*, sonnig, lauwarm, erwärmt, schwül, glühend, flammend, südlich, tropisch, kochend, siedend, aufgewärmt,
erhitzt, mundwarm, glutwarm,
dampfend, rauchend, glim-
mend, lohend, flackernd ●
gütig, innig, teilnehmend,
herzlich, mitfühlend, aufgeschlossen, wohlwollend, empfänglich, lebendig, empfindsam, mitschwingend, empfindungsvoll, hilfreich, entzündlich, befreundet. → aufrichtig,
dampfen, gefiedert, heiß,
menschlich. ▶ kalt.
Warmbier → Bier.
Wärme Glut, Feuer, Heizung,
Hitze, Schwüle, Sommer,
Sonnenglut, Hundstage, Tropenhitze, Erwärmung, Siedehitze, Kochhitze, Schmelzhitze, Brodem ● Innigkeit,
Herzenswärme, Herzlichkeit,
Wohlwollen, Teilnahme, Mitleidenschaft, Inbrunst, Erregung. → Barmherzigkeit, Begeisterung, Bestimmtheit, Erröten, Erwärmung, Feuer,
Hitze, Pathos. ▶ Kälte.
wärmelos → kalt.
wärmen erwärmen, erhitzen,
anzünden, anstecken, ein-
heizen, einfeuern, dampfen,
sieden, schwitzen, glühen,
kochen, anblasen, schüren,
schmoren, dörren, auftauen,
zergehen lassen, Feuer anmachen ● hegen, pflegen,
trösten, lindern. → brennen.
▶ erkalten, kühlen.
Wärmequelle Sonne, Heizung,
Körper. → Ofen.
warmhalten den Platz sichern,
einstehen für, eintreten für ●
erhalten, vorsorgen, hegen
und pflegen ● erwärmen.

Warmherzigkeit → Barmherzigkeit, Freundschaft,
Liebe, Wärme, Wohlwollen.
Warnbrief → Brief, Warnung.
warnen mahnen, ermahnen,
abraten, abreden, entmutigen, verwarnen, halten vor
Augen, ein Zeichen geben,
widerraten, drohen, zu bedenken geben, einen Wink
geben, hupen. → ankündigen,
bekämpfen, drohen, rühren
die Trommel. ▶ verheimlichen,
verteidigen, Wind schlagen
in den.
Warner → Ausrufer, Ermahner.
Warnruf → Alarm, Warnung.
Warnung Ermahnung, Mahnung, Mahnruf, Mahnmal,
Verwarnung, Warnbrief,
Flammenschrift, Wink, Zuruf,
Andeutung, Vorstellung, Vorsichtsmaßregel, Schreck-
schuß, Hupe, Alarm, War-
nungstafel, Lichtzeichen, Zeichen ● Bescheid, Offenba-
rung, Verkündigung, Weis-
sagung, Voraussage, Pro-
phezeiung, Vordeutung. →
Bake, Bedrohung, Drohung,
Ermahnung, Fingerzeig, Rat.
▶ Verheimlichung, Verteidigung.
Warnungszeichen → Alarm,
Bake, Meldezeichen, War-
nung.
Warnzeichen → Alarm, Bake,
Meldezeichen, Warnung.
Wart → Aufseher.
Warte → Ausguck, Bastion.
warten abwarten, abwarten
und Tee trinken *u*, sich die
Beine in den Leib stehen *u*,
auf dem Quivive sein *u*, im
Augenblick du wirst gleich
rasiert *u*, vorübergehen lassen, verschieben, hinhalten,
anstehen, verlängern, erstrek-
ken, dauern, zögern, zaudern
● erwarten, hoffen, harren,
ahnen, entgegensehen, sich
freuen auf ● pflegen, hegen,
hüten, verpflegen ● lauern
● draufsetzen, versetzen, auf
glühenden Kohlen sitzen, auf
die Folter spannen. → aufhalten sich, aufziehen, ausdehnen, beistehen, dauern, erwarten, hegen. ▶ beschleunigen, einstellen sich, vernachlässigen, weglaufen, zurückblicken.
Wärter → Aufseher, Beschützer, Büttel, Helfer, Wächter.
Wartezeit Karenz. → Ruhezeit, Termin.
Wartturm → Ausguck.
Wartung → Anwendung, Behandlung.
warum weshalb, weswegen,
wozu, wieso, wodurch, womit,
wie, woher, was ist die Ursache, wie kommt es, aus
welchem Grunde ● offen-
stehend, fraglich, unbeantwortet, unerforscht, strittig.

▶ darum, wegen, zutreffend.
Warze → Auswuchs.
was wann, wo, wieso, wie,
wie bitte, was ist los, hm, na,
und, wer, hä, wa, wie kommt
es ● offenstehend, fraglich,
zweifelhaft ● wirklich, potz
tausend, Donner und Wet-
ter. → ach.
Waschbecken Wanne. → Behälter.
Wäsche Unterwäsche, Bett-
wäsche, Tischwäsche, Da-
menwäsche, Herrenwäsche,
Leibwäsche, Leinenzeug,
Weißzeug, Aussteuer ● Reinigung, Säuberung, Katzen-
wäsche.
waschecht → farbecht.
waschen auswaschen, einseifen, schwenken, ausspülen,
läutern, baden, scheuern, bürsten, reinwaschen, fegen,
säubern, saubermachen, anfeuchten, auslaugen, bleichen,
schrubben, reinmachen, reiben ● schwätzen, quatschen,
Romane erzählen, leeres
Stroh dreschen, prälatern,
seibern, wäscheln, babbeln,
schnattern, kannegießern, zerreden, klatschen, plappern,
schwadronieren. → auslau-
gen, bespritzen, erfrischen
sich, putzen, reinigen. ▶ beschmutzen.
waschen, den Kopf → Dach
steigen auf das, schimpfen,
tadeln.
Waschlappen Schwamm,
Tuch, Wischlappen, Reini-
gungsgegenstand, Wasch-
handschuh. → Feigling, Pantoffelheld. ▶ Kraftmensch.
Waschraum Bad, Badezimmer, Baderaum, Duschraum,
Waschgelegenheit.
Waschschüssel → Behälter.
Waschung Reinigung, Säuberung.
Waschweib Kannegießerin,
Klatschbase, Schwätzerin,
Schnattermaul, Zungendre-
scherin, Stadtklatsche, Kaffeetante, alte Base, Elster, Gans,
Star ● Waschfrau, Wäsche-
rin. → Schwächling.
Wasenmeister → Abdecker.
Wasser Strom, Seewasser,
Salzwasser, Süßwasser,
Meerwasser, Flußwasser, Regen, Gewässer, Fluß, Bach,
Sole, Born, Quelle, Guß, Be-
wässerung, Grundwasser,
Pfütze, Teich, Meer, eau ●
Getränk, Selterswasser, Sprudel, Spritzwasser, Sodawasser ● Tränen, Zähren, Tropfen ● Urin. → Auswurf, Flüssigkeit. ▶ Land, Luft.
Wasser abgraben, das →
hemmen, hindern.
Wasser begießen, mit kaltem
demütigen, erniedrigen, verdrießen, beugen, nieder-
schmettern, einen anfahren,
eine Dusche geben, eine Ab-

reibung geben, ernüchtern, den Rausch benehmen, dämpfen, den Dünkel austreiben, Mores lehren, die Hoffnung nehmen. ▶ ermutigen, helfen, überheben sich.

Wasser, vom reinsten → echt, klar, lauter.

Wasserader → Ader, Gewässer, Wasser.

Wasserarmut → Dürre.

Wasserball → Ball, Spiel, Sport.

Wasserbett → Bett, Gewässer, Wasser.

Wässerchen trüben, kein → unschuldig.

wasserdicht → dicht, trocken.

Wasserdoktor → Bader.

Wasserfall Wassersturz, Gewässer, Erguß, Wallung, Fall, Gefälle, Schaumkrone, Wirbel, Kaskade, Wasserkunst, Wasserspiele, Wasserstrahl, Gießbach, Wildbach, Flut, Stromschnelle, Woge, Welle. → Bewegung.

Wasserfarbe → Farbe.

Wasserhose → Cyklon.

wässerig flüssig, tropfbar, tropfend, fließend, strömend, saftig, dünnflüssig ● klar, hell, durchsichtig ● abgestanden, fade, fahl, kraftlos, nichtssagend, matt, reizlos, unschmeckbar, geschmacklos. → flüssig, naß, reizlos. ▶ dickflüssig, gehaltvoll, unklar.

wässerig machen, den Mund verheißen, goldene Berge versprechen, reizen, kitzeln, den Gaumen kitzeln, die Sinne gefangennehmen, verlocken, anlocken, ködern, verführen, aufreizen, entflammen, die Begierde erwecken, gelüstig machen. → begeistern. ▶ verekeln.

Wasserkopf → Dummerian, Dummkopf.

Wasserlauf → Gewässer, Wasser.

Wasserloch → Becken, Binnenmeer.

Wassermangel → Dürre, Durst.

wässern bewässern, anfeuchten, bespritzen, einspritzen, begießen, berieseln, besprengen, eintauchen, einbrocken, weichen, einlegen, laugen, auswässern, verdünnen, überschwemmen, auswaschen, panschen. → gießen. ▶ austrocknen.

Wassernot → Dürre, Durst, Mangel.

wasserrecht → ausgebreitet, waagrecht.

Wasserscheide Scheitelpunkt, Koppe, Kuppe, Gipfel, Spitze, Scheitel, Klimax, Kopf, Höhepunkt, Wipfel, Kamm, Haupt. → Spitze.

wasserscheu → ängstlich, feige.

Wasserspiele → Wasserfall.

Wasserstraße → Gewässer, Kanal, Wasser.

wassersüchtig → dick, dickwanstig.

Wassersuppe dünne oder kraftlose Suppe, Brühe, Spülwasser u.

Wasserverdrängung Deplacement sm.

Wasserweg → Gewässer, Kanal, Wasser.

Wasserzeichen Prägung.

waten gehen, laufen, wassertreten, planschen, patschen, durch Wasser gehen, ausschreiten, tauchen.

watscheln → bewegen sich, gehen, schwanken.

Watte Füllung, Einlage, Fütterung, Füllsel, Einfüllung, Auffüllung, Futter, Ausfütterung, Schulterkissen, Kapok ● Wundwatte, Verbandzeug. → Dämpfung.

Wattierung Polsterung, Fütterung, Ausfütterung, Auskleidung, Einlage ● Dämpfung, Isolierung.

wau wau bellen kläffen, blaffen, heulen, knurren, jaulen, belfern, angeben ● Bulemann, Butzemann, wilder Mann, Spuk, Schreckgespenst.

W.C. → Abort.

weben flechten, durchweben, durchziehen, handarbeiten, winden, knoten, verflechten, verschlingen, durchschlingen, ineinanderschlingen, ineinanderfügen, wirken, verweben, herstellen, fertigen, arbeiten. → bilden.

Webstoff → Stoff, Tuch.

Webstuhl der Zeit, am im Pendelschlag der Zeit, im Suseschritt der Zeit. → vorübergehend.

Wechsel Übertritt, Veränderung, Wandel, Wendung, Wende, Umänderung, Wandelbarkeit, Fortschritt ● Verschreibung, Kredit, Pfand, Schulden, Darlehen, Vorschuß, Aushilfe, Übertragung, Geld, Akzept. → Abweichung, Austausch, Darlehen, Neuheit, Turnus, Übergang, Unbeständigkeit, Veränderlichkeit, Veränderung, Wandel, Wandlung. ▶ Althergebrachtes, Beständigkeit, Guthaben.

Wechselbalg Wechselkind, Mantelkind, Unterschiebling, Mißgeburt ● Unhold, Ungeheuer, Kielkropf, Werwolf.

Wechselbeziehung → Gesichtspunkt, Rückwirkung, Wechsel.

Wechselfälscher → Fälscher.

Wechselfolge → Folge, Rückwirkung, Wechsel.

Wechselgesang → Duett, Kanon.

wechselhaft → sprunghaft, veränderlich.

wechseln Geld wechseln, umwechseln, einwechseln, flüssig machen ● einziehen j, einwechseln j, auswechseln j ● umsatteln, die Richtung ändern, verändern, an einen anderen Ort gehen, die Tapete wechseln u. → abweichen, ändern, beiderseits, eintauschen, tauschen, verkaufen. ▶ behalten, beharren, kaufen.

wechseln, die Farbe abfallen, abschwören, widerrufen, desertieren, übergehen, verlassen, umkehren, aufgeben, zurücknehmen, abrufen, überlaufen, wechseln die Gesinnung, den Mantel nach dem Wind hängen, mit den Wölfen heulen, den Sinn ändern, umschalten, unbeständig sein ● erröten, erblassen, erbleichen, sich verfärben, erbeben, erzittern, erschauern. ▶ dabei bleiben.

wechseln, die Gesinnung → wechseln die Farbe.

wechselnd → einem zum andern von, schillernd, veränderlich.

Wechselrede Gespräch. → Diskussion.

wechselseitig → abwechseln, beiderseits, einer für alle.

Wechselseitigkeit → Gegenseitigkeit, Rückwirkung.

Wechselstube → Bank.

wechselweise → beiderseits, eins für das andere, gegenseitig.

Wechselwort Veränderung, Wechsel, Wandel, Wandlung, Worttausch, Begriffstausch, Wortvertauschung, Gegensinn, Namenwechsel, Bezeichnungswechsel.

wecken → erwecken, begeistern.

Weckruf → Anruf, Appell.

Wedel Schwanz, Schweif, Fisel, Zagel, Lummel, Sterz, Tierschwanz ● Staubwedel. → Fächer, Schwanz.

wedeln wackeln, schlagen, zappeln, schlängeln, winken, bewegen, schweifwedeln ● sich freuen, schmeicheln. → fächeln.

weder noch unfrei, gebunden, zwangsweise, unumgänglich, unausbleiblich, unerläßlich, fordernd, notgedrungen, in der Zwangslage, zwingend, bedingt, auf keinen Fall, ohne Wahl, weder das eine noch das andere. ▶ möglicherweise, vielleicht.

Weg Verbindungsweg, Feldweg, Fahrweg, Hohlweg, Landweg, Pfad, Promenade, Sackgasse, Torweg, Allee, Damm, Anfahrt, Zufahrt, Durchgang, Gasse, Steg, Straße, Strecke, Zielrichtung, Route,

Bahn, Schienenweg, Heerweg, Gehweg, Radfahrerweg, Waldweg, Reitweg, Strandweg, Leinpfad, Seitenweg, Kreuzweg ● Methode, Möglichkeit, Richtung, Spur, Verlauf, Verfahren, Mittel, Fahrwasser, Ablauf, Durchführung. → Art, Aufbau, Ausgang, Bahn, Bindemittel, Chaussee, Durchfahrt, Durchgang, Entwicklung, Geleise, Paß, Schritt, Verhalten.

Weg, aus dem unnahbar, unerreichbar, fort, weg, getrennt, davon, auf und davon, über alle Berge, auswärts, auswärtig, abseits, jenseits, fern, weit, entlegen. → fort, weg. ▶ da, erreichbar, zugegen.

Weg bereiten → bahnbrechend, beraten.

Weg ebnen, den → ebnen den Weg.

Weg gehen, aus dem den Rücken zeigen, die kalte Schulter weisen, nicht mehr kennen wollen, seine Gesellschaft verweigern, meiden, vermeiden, sich absondern, sich nicht mehr kümmern um, verabscheuen, mißachten, nicht mehr sehen wollen, sich zurückziehen, von sich stoßen, sich drücken. ▶ achten, stellen seinen Mann.

weg fort, dahin, verloren, verschwunden, hin, auf Nimmerwiedersehen, ade, abhanden, unrettbar, unwiederbringlich ● auswärts, verreist, nicht da, davon ● getilgt, gestrichen. → abhanden, abwesend, auf, aus, dahin, davon auf und, fern, nirgends, über alle Berge, unauffindbar, unwiederbringlich, verloren, verlustig, verschollen. ▶ da.

weg, Hände aufgepaßt! achtgeben! aufgemerkt! Vorsicht! die Augen auf! sei auf der Hut! Achtung! Halt! Hände fort! laß los! rühr es nicht an! nicht anfassen! laß es in Ruh!

Wegbereiter → Bahnbrecher.

wegbleiben fortbleiben, meiden, weggehen, fortgehen, abgehen, fehlen, ausfallen, sich entfernen, nicht kommen wollen, verlassen. → fehlen, meiden. ▶ da sein, kommen.

wegbringen fortbringen, fortschaffen, fortstellen, forttragen, forträumen, fortschieben, hinausträumen, hinwegschicken, senden, ausweisen, transportieren, verschicken, verfrachten, räumen, wegjagen. → abschaffen, absondern, beseitigen, entladen, verschleppen. ▶ zurückbringen.

wegbürsten → ausbürsten.

wegeilen → enteilen.

Wegelagerei → Beraubung, Dieberei.

Wegelagerer → Bandit, Dieb.

wegen weil, zwecks, warum, weshalb, damit, deswegen, behufs, aus, ursächlich, bedingt, rücksichtlich, indem, aus dem Grund, in Anbetracht dessen, denn, infolge, folglich, notwendigerweise, folgerecht, demzufolge, demgemäß, demnach. → anläßlich, behufs, da, dadurch, darum, denn, indem. ▶ warum.

wegengagieren abwerben, abspenstig machen.

Wegenge → Engpaß.

wegfahren abreisen, scheiden, wegreisen, wegfahren, weggehen, abfahren, fortfahren, fortziehen, abrücken, abdampfen, sich einschiffen, abrollen, auslaufen, verlassen, sich entfernen, sich verabschieden, verziehen, dahinziehen, sich beurlauben. → weggehen. ▶ zurückkommen.

Wegfall → Abnahme, Ausfall, Mangel.

wegfegen abdecken, ausmerzen, demolieren, putzen, zerstören.

wegfliegen → entfliegen, wegfahren.

Weggang → Ableben, Abschied, Abzug, Ausgang, Ausmarsch, Entfernung, Reise, Tod, Wanderung.

weggeben geben aus der Hand, abgeben, übergeben, schenken, hergeben, herausgeben, vergeben, absenden, versenden, entsenden, zuwenden, reichen, bewilligen, versorgen, zustecken, versehen, spendieren, überreichen, verabfolgen, verabreichen, zuteilen, einhändigen, zustellen, vermachen. → entäußern sich, geben. ▶ behalten, erhalten.

weggehen entfernen sich, fortbegeben sich, wegfahren, auf den Weg machen sich, abgehen, abziehen, ausziehen, wegmarschieren, wegtreten, aussteigen, dahinziehen, dahingehen, abwandern, auswandern, verziehen sich ● verschwinden, vergehen. → abhauen, abziehen, austreten, empfehlen sich, entfernen sich, fernhalten, französisch sich empfehlen, hinnen gehen von, scheiden. ▶ bleiben, zurückkommen.

weggelegt → dahin, fort, weg.

Weggenosse → Freund, Teilnehmer.

weghauen → behauen, beschneiden.

wegholen → holen.

wegjagen → heraustreiben, schaffen sich vom Halse, setzen an die Luft, verscheuchen.

wegkehren → ausmerzen, fegen hinweg.

Wegkreuzung Kreuzweg, Weggabel, Zugang, Kreuzung, Abbiegung, Überkreuzung, Überschneidung.

weglassen ausschalten, ausschließen, ausscheiden, einschränken, sichten, kürzen, dezimieren, entfernen, abziehen, auslassen, unterlassen, übergehen, übersehen, vernachlässigen, ausmerzen, auslesen, aussondern, beiseitelegen, absondern, beschränken, ausschneiden. → beiseite legen, beschränken. ▶ hinzufügen.

Weglassung Wegnahme, Abzug, Fortfall, Kürzung, Auslassung, Schmälerung, Einschränkung, Entziehung, Abziehung, Ausscheidung, Aussonderung, Auslese, Ausschluß, Unterlassung, Versäumnis, Absage, Verwerfung, Ablehnung, Abweichung. → Auslassung, Diskont. ▶ Hinzufügung.

weglaufen → aufbrechen, enteilen, hinnen gehen von.

weglegen → abdecken, räumen, verlegen, wegbringen.

weglos → aussichtslos, pfadlos, schwierig.

Wegnahme → Abzug, Ausplünderung, Dieberei, Enteignung, Räumung.

Wegnehmen → Bemächtigung, Dieberei, Entnahme.

wegnehmen abknöpfen, entwenden, nehmen, stehlen, sich aneignen, ergattern, einheimsen, entlocken, sich bereichern, erwischen, schnappen, kriegen, wegschleppen, abspenstig machen, entführen, beiseite schaffen, klauen, mausen, stibitzen ● kürzen, verringern, stutzen, beschneiden, kupieren, schmälern, vermindern → abbalgen, abdachen, abnehmen, anschneiden, auslassen, ausrotten, ausschneiden, bemächtigen, berauben, beschneiden, bestehlen, deduzieren, demaskieren, einbrechen, entreißen, erleichtern, erpressen, nehmen, schröpfen. ▶ wiedergeben.

wegpacken → einpacken, einsacken, wegschaffen.

wegräumen beiseite räumen. → abdecken, ausdrücken, bahnen, eliminieren, fegen hinweg, herausbrechen, räumen, verlegen, wegschaffen.

wegreißen → abreißen.

wegrennen → enteilen, hinlaufen von, lassen im Stich.

wegsam erschlossen, zugänglich.

Wegschaffen → Entfernung.

wegschaffen herausschaffen, wegpacken, einsacken, fortschicken, forttragen, verschiffen, verladen, verfrachten, verschicken, versenden, fort-

schiffen, wegbringen, wegtragen. → abladen, ausdrükken, austragen, eliminieren, expedieren, herausreißen, räumen, wegschicken, zerstören. ▶ behalten, erhalten, zurückstellen.
Wegscheide → Gabelung.
wegscheren, sich → vertreiben.
wegschicken abschicken, wegschaffen, senden, fortschicken, forträumen, verschicken, exportieren, versenden ● von sich schieben, verstoßen, abstoßen, ablehnen, fortjagen, schicken, entlassen, absetzen, beseitigen, verdrängen, verabschieden, fortweisen, ausweisen, abberufen, kündigen. → abhauen, absenden, befördern, benehmen das Recht, detachieren, entsenden, senden. ▶ behalten, empfangen, erhalten, zurückstellen.
wegschleichen → französisch empfehlen, hinnen gehen von, machen sich davon.
wegschleppen → bemächtigen, bestehlen, einsäckeln, wegnehmen, wegschaffen.
wegschnappen → bemächtigen, bestehlen, wegnehmen.
wegschneiden → kupieren.
wegschütten leeren, ausgießen.
wegsehen durchgehen lassen, übersehen.
wegsein → fort.
wegstecken → einpacken, einkoffern.
wegstehlen, sich Fersengeld geben, machen sich davon.
wegstellen → räumen, wegschaffen.
wegstibitzen → bemächtigen, berauben, bestehlen.
wegtragen → austragen, räumen, tragen, wegschaffen.
wegtreiben → austreiben, forttreiben, verscheuchen.
wegtreten → gehen, hinnen gehen von, machen sich davon.
wegtun → absondern, entledigen, wegschaffen, wegschicken.
wegwaschen → reinigen.
wegweisen → bahnen, verscheuchen, zeigen.
wegweisend weisend, zeigend, erklärend, unterrichtend, schulmäßig, erziehend, aufklärend, vorzeichnend, entwerfend, ausarbeitend, bahnend, vorbereitend, anbahnend. → A und O, bahnbrechend. ▶ irreführend.
Wegweiser Schild, Wanderkarte, Richtungsschild, Reisehandbuch, Richtungszeiger, Zeichen, Verkehrsschild, Guide ● Führer, Wegbereiter, Vorläufer, Wegbahner. → Ausführungsbestimmung, Bake, Plan.
Wegweisung → Ausfüh-

rungsbestimmung, Erkenntnis, Maßregel, Plan, Schema.
wegwerfen vernachlässigen, erniedrigen, hinschmeißen, von sich werfen, in den Dreck treten, verachten, verkleinern, in den Schmutz ziehen, preisgeben, verzetteln, verbrauchen, vergeuden, verschleudern, verjubeln, verprassen, fortwerfen, hergeben, fallen lassen, überlassen, verwirtschaften. → ausschütten, beeinträchtigen, beseitigen, Bord werfen über, Eisen zum alten werfen, fahren lassen, verschleudern. ▶ aufheben, behalten.
wegwerfen, sich → erniedrigen sich.
wegwischen → abtrocknen, ausrotten, löschen.
Wegzehrung → Beköstigung, Proviant, Speise.
wegziehen → absondern, aussiedeln, räumen, scheiden, umziehen.
Wegzug → Abzug, Fahnenflucht, Räumung, Umzug.
Weh → Bekümmernis, Betrübnis, Bitternis, Qual, Trauer, Wunde.
wehe! verdammt, verflucht! verwünscht! Fluch und Verderben! hol's der Teufel! Tod und Teufel! daß dich der Kuckuck! Pest! → Bedrohung.
wehe tun → ärgern, beleidigen, blasen, bohren, leiden, quälen, schmerzen, verdrießen.
wehen → blasen, fächeln.
Wehgeschrei → Gestöhne, Klage, Schmerz.
Wehklage → Gestöhne, Klage, Schmerz.
wehklagen klagen, lamentieren, jammern, schreien, zetern, wehrufen, heulen, brüllen, kreischen, wimmern, winseln, stöhnen, seufzen, ächzen, schluchzen, beklagen, vor Schmerz vergehen, toben. → klagen. ▶ duldsam (sein), jauchzen.
wehleidig → empfindlich, feige.
wehmütig → elegisch, melancholisch, trübsinnig, verdrießlich.
Wehr Heer, Armee, Militär, Wehrmacht, Bürgerwehr, Reichswehr, Streitmacht, Wehr und Waffen, Verteidigung, Truppen, Volksheer, Feldheer. → Barriere, Beschwernis, Damm, Hindernis, Schleuse, Schutz, Waffe. ▶ Wehrlosigkeit.
Wehrdienst Soldat, Kommiß, Barras *u*, die Preußen, im grauen oder bunten Rock.
wehren, sich erwehren, sich durchsetzen, eintreten für, durchdrücken, durchhalten, sich stählen, sich anstren-

gen, sich nichts gefallen lassen, sich verteidigen, kämpfen, sich stellen, standhalten, widerstehen, sich vor die Bresche stellen, die Zähne weisen, seinen Mann stellen, Widerstand leisten, sich seiner Haut wehren. → abwehren, dawider, verteidigen. ▶ unterliegen.
wehrhaft → kampfbereit, stark.
wehrlos → gefährlich, gehetzt, hilflos, rechtlos, schwach.
Wehrlosigkeit → Erschöpfung, Schwäche.
Wehrmachtsstreife die Grünen, Kettenhunde.
wehrufen → beklagen, wehklagen.
Wehrwille → Verteidigung.
wehtun → verletzen.
wei → au.
Weib Kebse, Frauenzimmer, Weibsbild, Weibervolk, Weiblichkeit, Krone der Schöpfung, das schöne Geschlecht, Evastochter, Dame, Ehefrau, Gattin, Madame, Geliebte, bessere Hälfte, Braut, Fräulein, Jungfer, Mamsell, Herrin, Gebieterin, Matrone ● Weib altes, Waschweib, Schwächling, Jammerlappen, Feigling, Angsthase, Schlotterhose. → Feigling, Frau. ▶ Mann.
Weib, altes → Feigling.
Weiberfeind Weiberhasser, Junggeselle, Hagestolz, Lediger, Unverheirateter, Einzelgänger, Frauenhasser, Klosterbruder. ▶ Weiberknecht.
Weibergeschwätz → Klatsch, Hechelei, Stadtgeschwätz, Basengeschwätz, Stadtklatsch, Besudelung, Beschmutzung, Schmähung, Verlästerung, Nachrede, Lästerrede, Schmährede, Verunglimpfung. → Verleumdung.
Weibergezänk Zänkerei, Schimpferei, Gescholte, Keiferei, Gezänke, Gekeife, Gehader, Geschrei, Gekreisch, laute Worte, Zungenkampf, Gardinenpredigt, Streit. ▶ Hausfriede, Verträglichkeit.
Weiberknecht Krieger, Scharwenzler, Schweifwedler, Höfling, Augendiener, Gesinnungsschnüffler, Wohldiener, Schleicher, Katzebuckelmacher, Bauchkriecher, Pudel, Schoßhund Schleppenträger, Hofschranze, Leisetreter, Speichellekker, Schmarotzer. ▶ Weiberfeind.
Weibervolk → Weib.
weibisch → feige, feminin schwach, weiblich.
weiblich mädchenhaft, feminin, jungfräulich, fraulich, jüngferlich, zimperlich, weibisch, dämlich *u*, schwach. →

feminin, fraulich. ▶ männlich.

Weibsbild → Buhle, Dirne, Weib.

Weibsstück → Beleidigung, Buhle, Dirne, Weib.

weibstoll → anrüchig, ausschweifend, buhlerisch, ehelustig.

weich flaumig, knetbar, mürbe, samtartig, schwammartig, schwammig, streckbar, glatt, fein, schlicht, zart, pflaumenweich, windelweich, durch *u*, quabbelig *u*, wabbelig *u*, teigig, breiig, tonig, schlaff, schlapp, morsch, knochenlos, biegsam, biegbar, fügsam, nachgiebig, aufgelöst, hämmerbar, formbar, schmiegsam, schmierbar ● gutmütig, mitleidig, mitfühlend, zartfühlend, weichherzig. → aalglatt, butterig, dehnbar, eßbar, faltenlos, faul, federartig, fein, fettig, mild, sachte, schlaff, seidig, unentschlossen. ▶ hart.

weich machen → abweichen, ärgern, quälen, verdrießen.

weichwerden → nachgeben.

Weichbild → Atmosphäre, Blickfeld, Nähe, Rand.

Weiche Körperteil, Seite, Lende, Weichteil, Magengegend, Leiste ● Fahrradweiche, Schienenweiche, Stellwerk. → Erschlaffung. ▶ Härte.

weichen zurückgehen, abgleiten, umkehren, fliehen, prallen, zurückfallen, nachgeben, zurückschrecken, wehrlos sein, schlaff sein, ermatten, vergehen, erlahmen, nachlassen, zurückweichen, sich fügen, der Gewalt weichen, die Flinte ins Korn werfen ● der besseren Einsicht weichen, etwas annehmen, sich erweichen lassen, dem Zwange weichen ● einweichen, enthärten, entspannen, lockern, weich machen. → abnehmen, erlahmen. ▶ verteidigen, wehren sich.

Weichheit → Erschlaffung, Flaum, Milde, Nachgiebigkeit, Schwäche.

weichherzig → barmherzig, mild, mitleidig, weich.

weichlich verweichlicht, butterweich, verzärtelt, weibisch, nachgiebig, widerstandslos, energielos, hinfällig, kümmerlich, schwächlich, lax, kraftlos, unsportlich, flaschig *u*, zügellos, ungezügelt, ungebändigt, zuchtlos, verlottert, schlotterig, haltlos, schlapp. → feminin. ▶ hart.

Weichling → Feigling, Muttersöhnchen, Pantoffelheld, Schlappschwanz.

weichmütig → barmherzig, nachgiebig, mild, mitleidig.

Weide → Besitztum, Erdboden, Pflanze, Rasen, Trift.

weiden hüten, hegen, behir-

ten, beschützen, führen, umsorgen, pflegen, zur Weide führen. → aasen, freuen sich, grasen.

weiden, sich → freuen sich.

weidgerecht weidmännisch, jagdgemäß, jagdmäßig, jägermäßig, jägergerecht. ▶ (unweidmännisch).

weidlich lebhaft, köstlich, kräftig. → erstaunlich, fest, grenzenlos, sehr, tüchtig, tunlichst, tz bis zum, wacker.

Weidling → Fahrzeug (Wasser-), Schiff.

Weidmann Jäger, Nimrod, Schütze, Treiber, Jägersmann, Wildhüter, der wilde Jäger, Hetzer, Heger, Förster, Forstgehilfe.

Weidwerk Jagdwerk, Jagd, Birsch, Pirsch, Hatz, Jägerei, Fang, Jagddruf, Treibjagd, Hetzjagd, Spürjagd, Kreisjagd, Fuchsjagd, Weidmannsheil, Hubertusjagd. → Birsch.

weigern → auflehnen, entgegenhandeln, entgegenstellen sich, hindern, widerstehen.

Weigerung → Absage, Einsprache, Unterlassung, Verneinung.

Weihe → Erhabenheit, Salbung, Segnung, Würde.

weihen salben, heiligen, einweihen, segnen, einsegnen, konfirmieren, ordinieren, die Weihe geben, ölen. → beschenken, darbringen, einweihen, geben, schenken.

weihen, sich → arbeiten, machen, tun.

Weiher → Becken, Binnenmeer, Gewässer, Wasser.

Weihestunde Erbauungsstunde, Festlichkeit, Hochamt, Ehrung, Dankgottesdienst, Siegerehrung, Triumphzug, Fackelzug, Feierstunde, Tedeum, Freudenfeuer, Gedächtnisfeuer, Feierlichkeit, Ehrensalve, Flaggenehrung, Tusch. → Erhabenheit.

weihevoll → erbaulich, erhaben.

Weihnachten → Christabend, Christmond.

Weihnachtsgeschenk Gaben, Christkindchen *u*.

Weihnachtsmonat → Christmonat, Dezember.

weil → behufs, da, dadurch, daher, damit, daraus darum, demnach, demzufolge, denn, deshalb, nämlich.

weiland → als, dermalen, früher, vorher.

Weile → Augenblick, Frist, Zeit.

weilen → aufhalten, aufhalten sich, bewohnen, da sein, einnisten, sein.

Weiler → Ansiedlung, Ort, Rasen, Trift.

Wein → Getränk.

Wein einschenken, reinen ehrlich sein, offen sein, die Wahrheit sagen, nicht zurückhalten, Farbe bekennen, Zeugnis ablegen, ein Licht aufstecken, der Wahrheit die Ehre geben, aufrichtig sein, offenherzig sein, freimütig sein, rechtschaffen sein ● deutsch mit jemandem reden, sich den Mund verbrennen, mit der Tür ins Haus fallen, sich nicht biegen lassen. → aufrichtig, offen, wahr, wahrhaftig. ▶ Ohr hauen übers, verheimlichen.

Wein, voll süßen betrunken, berauscht, weinselig, angeheitert, angetrunken, voll, angesäuselt, benebelt, bezopft, beduselt, bekneipt, beladen, geladen, besoffen, versoffen, mit lallender Zunge, blau wie ein Märzveilchen. → voll. ▶ nüchtern.

weinen flennen, greinen, heulen, jammern, wie ein Schoßhund heulen, Rotz und Wasser heulen *u*, mitjammern, mitweinen, schluchzen, plärren, stöhnen, losheulen, wimmern, seufzen, schreien, Tränen vergießen, losweinen, aufweinen, ächzen, ausstoßen, zetern, aufschreien, wehrufen, brüllen, betränen, sich die Augen rot weinen, in Tränen zerfließen, plärren *u*. → ächzen, klagen, schreien. ▶ lachen.

weinerlich → demütig und wehmütig, empfindlich, trübsinnig, verdrießlich.

Weinhaus → Ausschank, Gaststätte.

Weinkrampf das heulende Elend.

Weinlaune, in → beduselt, Wein voll süßen.

Weinnebel → Dusel, Fahne.

weinselig → beduselt.

Weinseligkeit → Dusel, Fahne.

Weinstube → Ausschank, Gaststätte.

Weise → Art, Beziehung in jeder, Kantus, Gesang, Methode, Verfahren, Verhalten, Weg.

Weise, auf diese → derart, dermaßen.

weise → aufgeklärt, begabt, feinspürig, geiehrt, klug, sinnig.

weisen hindeuten, anleiten, zeigen, beleuchten, offenbaren, hinweisen, aufweisen, dartun, nachschlagen, belehren, erhellen, erleuchten, erziehen, einschulen, befähigen, veranschaulichen, anleiten, unterweisen, anraten, bilden, lehren, dozieren, anschaulich machen, aufklären. → erziehen, lehren, zeigen. ▶ irreführen.

weisen, von sich → aberkennen, ablehnen, verachten, verneinen, verscheuchen.

Weiser → Bake, Denker, Philosoph, Wegweiser.

Weisheit → Begriffsvermögen, Christus, Erkenntnis, Lebenserfahrung, Vernunft, Verstand.

weislich → ängstlich, aufmerksam, beflissentlich, vorsichtig.

weismachen → dünken, Dunst vormachen, fabeln, lügen, narren, schwindeln, täuschen.

weiß weißlich, schneeweiß, lilienweiß, kreideweiß, kreidebleich, schlohweiß, blank, blaß, bleich silbern, silberfarbig, silberhaarig, bereift, milchig, weißhaarig, grauköpfig. → alt, blank, fahl, farblos. ▶ (unbunt), schwarz.

weissagen → ankündigen, bedeuten, prophezeien.

Weissager → Fakir, Prophet, Seher, Wahrsager.

Weissagung Orakel, Prophezeiung, Voraussage, Vordeutung, Vorhersage, Vorherverkündigung, Horoskop, Bescheid, Offenbarung, Warnung, Mahnung, Vorahnung, Hellseherei, Wahrsagerei. → Aberglaube, Offenbarung, Prophezeiung.

Weißbier → Bier.

Weißbinder ö → Anstreicher.

Weiße → Albino, Bier, Bleichheit, Farblosigkeit.

weißhaarig → alt, ergraut, weiß.

weißlich → bereift, milchig, weiß.

weißlockig → alt, bereift, ergraut, weiß.

weißwaschen weißen, weißtünchen, weißfärben, anstreichen, bleichen ● rechtfertigen, entlasten, reinigen, säubern, entbürden, freisprechen, lossprechen, Unschuld beweisen, entkräftigen, schuldlos sprechen. → bemänteln, Brücke bauen goldene. ▶ beschmutzen, verurteilen, zugeben.

Weisung → Anordnung, Ansage, Auflage, Befehl, Dekret, Diktat, Direktive, Gebot.

weit uferlos. → abgelegen, abseits, ausgedehnt, bei, breit, davon, endlos, entfernt, entlegen, Feld und Wald, fern, getrennt, über alle Berge, unnahbar.

weit und breit → Feld und Wald, überall.

weit mehr → meisten am.

weitaus → besonders, hauptsächlich, rundweg, sehr.

weitblickend vorsorglich, verständig, klug, vernünftig, einsichtsvoll, vorsorgend, gescheit, sichergehend, vorsichtig, vorbereitet, geschickt,

planvoll, ausarbeitend, überlegend, fürsorglich, vorbauend, vorbeugend, vorkehrend, besorgt ● weiträumig. ▶ kurzsichtig.

Weite → Abstand, Ausbreitung, Ausdehnung, Ausmaß, Breite, Dimension, Entfernung, Kaliber, Umfang.

weiten → ausdehnen.

weiter → beiläufig, damit, daneben, dazu, entfernt, fort.

weiter können, nicht → bleiben stecken.

weiter, und so dazu, zudem, sowohl als auch, und so fort, fernerhin, weiterhin, obendrein, nachträglich, nicht nur sondern auch, unter anderem, überdies, außerdem, noch, ungerechnet, anknüpfend, beifolgend, ergänzend, des weiteren, fürderhin, hinzugefügt, beigeschlossen. → auch, dabei, daneben, darüber, dazu. ▶ abzüglich.

Weiterbildung → Fortbildung.

weiteren, des → auch, beiläufig, dabei, daneben, darüber, dazu.

Weiterentwicklung → Arbeitssegen, Aufbau, Fortschritt.

weiteres, ohne → anstandslos.

weitergeben → abgeben, verbreiten.

weiterhin → auch, dazu, ebenso, ferner.

weiterkommen zudem, ansteigen, wachsen, fortschreiten, heranbilden, fortbilden, sich entwickeln, fortsetzen, emporschießen ● Erfolg haben, auf einen grünen Ast kommen, bezwingen, vorwärtskommen, es zu etwas bringen, vorrücken, siegen, erlangen, gedeihen, gelingen, glücken, erreichen, erringen, Glück haben, mit vollen Segeln fahren, die Karten in der Hand haben, sich in die Höhe schwingen. ▶ mißlingen, nachstehen.

weitermachen → ausdehnen, fortführen.

weitersagen mitteilen, klatschen, verbreiten.

Weiterschulung → Fortbildung.

weitertragen → verbreiten.

Weiterung → Ausdehnung.

weitherzig → großmütig.

weitläufig weiträumig. → ausgedehnt, diffus, entfernt, kompliziert, räumlich.

weitreichend → wichtig.

weitschichtig → ausgedehnt, entfernt, langatmig.

weitschweifig → ausholend, diffus, langatmig, redselig.

Weitschweifigkeit → Redseligkeit, Umschreibung, Umständlichkeit.

weitsichtig übersichtig, fernsichtig, doppelsichtig, augenkrank ● weitblickend, vor-

sorgend, fürsorglich, vorsichtig, vorarbeitend, bedächtig. → weitblickend. ▶ kurzsichtig.

weitverbreitet → verbreitet.

welche etwelche, manche, einige ● um welche Zeit, wann, um wieviel Uhr, in der Zeit von, die (der, das), derjenige (diejenige, dasjenige).

welk → alt, trocken, verdorrt.

welken → abnehmen, abtrocknen, altern, auszehren, verbleichen, vergehen.

Welle Woge, Gewoge, Flut, Gezeiten, Wallung, Brandung, Wasser, Wirbel, Strudel, Sturmflut, Springflut ● Walze, Rolle, Säule, Winde, Werkzeug, Haspel, Weiche ● Lichtwelle, Radiowelle ● Wasserwelle, Dauerwelle ● Bündel, Reisig, Stroh. → Achse, Berg.

wellen sieden, kochen, aufwellen, wallen lassen, schäumen lassen, aufgehen lassen, sprudeln lassen ● walgern, zusammenhämmern ● drehen, ondulieren. → drehen, locken. ▶ erkalten, glätten.

Wellenlinie Wellenform, Bogenform, Schlangenform, Schneckenwindung, Muschellinie, Gewundenheit, Kurve, Windung, Drehung, Krümmung, Lockenform, Einbiegung, Wölbung, Bogen, Wellenbewegung, Geschlängel. → Kurve. ▶ Geradlinigkeit.

wellig → gebogen, lockig.

Welt Globus, Kosmos, Makrokosmos, Mitwelt, Natur, Schöpfung, Universum, Weltall, Himmelsraum, Erde, Sphäre, Weltgebäude, Weltkugel, Weltkörper, Himmel, Leben ● Weltgeschichte ● Leute, Menschen, Gesellschaft, die große Welt, Halbwelt ● Wirkungsbereich, Lebensbereich, Wirkungskreis, Innenwelt. → All.

Welt schaffen, aus der → ausmerzen, ausrotten, zerstören.

Weltall → All, Kosmos, Welt.

Weltangst → Scheu.

Weltanschauung → Ansicht, Denkart, Charakterfundament, Gesinnung.

weltbekannt → angesehen, bekannt, berüchtigt, berühmt.

weltberühmt → bekannt, berühmt.

weltbewegend epochal, historisch, sensationell.

Weltbild → Lebensanschauung.

Weltbürger Pazifist, Kosmopolit, Internationalist, Friedensfreund, Menschenfreund. ▶ Chauvinist.

Weltbürgertum Menschenfreundlichkeit, Humanität, Weltbürgersinn, Pazifismus, Internationalismus, Friedensschwärmerei. ▶ Chauvinismus.

Welten, zwischen zwei überirdisch, jenseitig, hellseherisch, übersinnlich, magisch, metaphysisch, transzendent, transzendental, aus dem Gebiet des Übersinnlichen, zwischen Himmel und Erde ● verträumt, unaufmerksam. ▶ aufmerksam, irdisch, natürlich, weltlich.

Weltenbummler Umherreisender, Zugvogel, Abenteurer, Vagabund, Wanderer, Nomade, Reisender, Herumschwärmer, Vagant, fahrender Schüler, Weltreisender, Globetrotter, fahrendes Volk, Tippelbruder. → Bummler, Wanderer. ▶ Einsiedler, (Ofenhocker).

Weltenraum → All, Kosmos, Welt.

Weltflucht Weltentfremdung. → Einsamkeit, Entfremdung, Entsagung, Scheu, Unnahbarkeit.

weltfremd → einsam, farcenhaft, lebensfremd, ungeschickt.

Weltfremdheit → Isolierung, Menschenscheu.

Weltganze, das → All, Welt.

Weltgeltung → Ruf.

weltgewandt formgewandt, höflich, diplomatisch, geschliffen, wohlerzogen, gebildet, galant, geschmeidig, glatt, verbindlich, zuvorkommend, leutselig. → salonfähig. ▶ weltfremd.

Weltkörper → Erde, Welt.

weltlich erdgebunden, irdisch, kosmisch, tellurisch ● heidnisch, gottlos, unchristlich, fleischlich, irdisch gesinnt, materialistisch, schlecht, sündig ● laienhaft, säkular, bürgerlich, profan. → bürgerlich, profan. ▶ kirchlich, übersinnlich.

Weltmann → Kavalier.

weltmännisch erfahren, weltläufig, vornehm, mondän, kultiviert.

Weltmeer Ozean. → Meer.

Weltreisender → Bummler, Weltenbummler.

Weltruf → Ehre, Ruf.

Weltruf haben → angesehen, berühmt.

Weltschmerz → Bekümmernis, Melancholie, Schmerz, Unstimmung, Verdüsterung.

Weltstadt → Metropole.

weltumspannend → international.

weltweit → breit, entfernt, fern.

Wende Umkehr, Kehre, Kehrtwendung, Rückwendung, Wendung, Abkehr, Umbiegung, Abbiegung, Rückkehr, Umschlag ● Änderung, Umänderung, Neuerung, Krisis, Pol ● Biegung, Ecke, Wendepunkt. → Veränderlichkeit, Veränderung, Wandlung. ▶ Unveränderlichkeit.

wenden → abschwenken, ackern, ändern, bereuen, drehen, leiten, verwandeln.

wenden an, sich → angehen um, appellieren, beabsichtigen, bitten.

wenden, das Blatt ändern, verwandeln, umwandeln, andere Saiten aufziehen, abändern, seine Rolle tauschen, durchmustern, in Augenschein nehmen ● die Waffen umkehren, vergelten, entgegentreten, die Scharte auswetzen, sich nichts gefallen lassen, den Spieß umdrehen, wiedergeben, ausgleichen, sich revanchieren, heimzahlen, eintränken, Wurst wider Wurst, Schlag für Schlag, umkehren. ▶ gleichbleiben, nehmen auf sich.

Wendepunkt → Art und Weise, Drehpunkt, Gipfel, Krise, Markstein, Pol, Rückschlag, Wende.

wendig rührig, tätig, rege, munter, regsam, anstellig, beweglich, unruhig, schaffig, betriebsam, betulich, unermüdlich, fleißig, flink ● aufgeschlossen, lenkbar, empfänglich, aufnahmefähig. → erwerbsam. ▶ faul, träge, verschlossen.

Wendigkeit Gewandtheit, Beweglichkeit, Fleiß, Geschäftigkeit, Regsamkeit, Tätigkeit. Munterkeit, Rührigkeit, Flinkheit, Beschäftigung, Betätigung, feine Witterung, Lebhaftigkeit, wache Sinne, Empfänglichkeit, Zugänglichkeit, Aufgeschlossenheit. ▶ Faulheit, Trägheit, Ungeschicklichkeit, Verschlossenheit.

Wendung → Anspielen, Auffassung, Ausdruck, Befreiung, Begebenheit, Direktion, Enttäuschung, Ereignis, Fall, Lage, Tatsache, Veränderlichkeit, Version, Vorfall, Wandel, Wende.

wenig kaum, mager, spärlich, unbeträchtlich, unerheblich, unzulänglich, unzureichend, mangelnd, gering, ein Körnchen, eine Handvoll, klein, geringfügig, blutwenig, nur eine Idee, ein Pappenstiel, ein paar Brocken, minder, beengt, kärglich, kümmerlich, knapp, nur, stäubchengroß, verschwindend, unsichtbar, dünn, schütter, zählbar, bescheiden, bloß, atomgroß, winzig. → begrenzt, bloß, dünn, karg, kaum, knapp, mäßig, nur, rar, ungenügend. ▶ viel.

weniger → ab, alle Wörter mit der Vorsilbe ab, abzüglich, vermindert, wenig.

Wenigkeit Hauch, Minderheit, Minimum, Mittelmäßigkeit, Anflug, Mundvoll, Spär-

lichkeit, Krise, Spur, Kleinigkeit, Punkt, Scherflein, Ansatz, Kürze, Knappheit, Unzulänglichkeit, Krümel, Körnchen, Winzigkeit, Handvoll, Geringfügigkeit ● Seltenheit, weißer Rabe. → Bedeutungslosigkeit. ▶ Vielheit.

wenigstens → mindest, tunlichst.

wenn als, bis, bevor, ehe, sobald, indem, binnen, damals ● falls, sofern, nötigenfalls, bedingt, dennoch, wenn auch, wenn die Umstände es erlauben, je nachdem, vorausgesetzt, mit Vorbehalt, bedingungsweise. → allenfalls, ja. ▶ indessen, keineswegs, weil.

wenn auch → allein, demungeachtet, dennoch, dessenungeachtet, doch, immerhin, schließlich, trotz.

wenngleich → allein, dagegen, doch, trotz.

Werbeberater Reklamemacher, Propagandist, Werber, Gebrauchsgraphiker, Werbechef, Reklamechef, Werbeleiter, Schaufensterdekorateur, Anzeigenverwalter, Texter, Anpreiser, Reklamefachmann, Marktanalytiker, Meinungserforscher, Werbepsychologe, Verkaufspsychologe, Vertriebsfachmann.

Werbebrief → Angebot.

Werbegabe Anreiz, Anlockung, Verlockung, Versuchung, Anpreiserkünste, Lockmittel, Lockspeise, Blendwerk, Zauber, Mätzchen, Kundenfang, Kundenfängerei, Kundenwerbung ● Reklameartikel, Geschenkartikel, Zugabe. → Werbung.

werbekräftig → durchschlagend.

Werbekunst → Kundenwerbung, Werbung.

werben trommeln, propagieren, inserieren, gewinnen, Propaganda machen, Reklame machen, anpreisen, Kunden gewinnen, annoncieren, zureden, anreden, aufklären, umstimmen, bearbeiten, überzeugen, beeinflussen, publizieren, bekanntmachen, einflüstern, verleiten, anlocken, ködern, beschwatzen, anpreisen, abgrasen, akquirieren ● umwerben, freien, um die Hand anhalten, erklären sich, einen Heiratsantrag machen. → anbeten, bewerben sich, Blicke zärtliche, buhlen, Cour schneiden, einsetzen sich, empfehlen, erklären sich, liebäugeln, rühren die Trommel, schmachten. ▶ ablehnen, nachfragen, verabscheuen.

werbend verlockend, anlockend, anreizend, versuchend, anreißerisch, betörend, bezaubernd, gewinnend, sinnberückend, ansprechend, benebelnd, bestrickend, umgarnend, Reklame machen. → anschaulich, beeinflussend. ▶ abstoßend.

Werber Reklamemacher, Ausschreier, Marktschreier, Verkäufer, Akquisiteur, Vertreter, Anpreiser, Reklameheld, Kundenwerber, Propagandist, Anreißer, Kundenfänger ● Verleiter, Anstifter, Anlocker, Verführer ● Freier, Heiratskandidat, Umwerber, Verehrer, Courabschneider. ▶ (Umworbener).

Werbeschlagwort Slogan. → Reklame, Schlagwort, Werbung.

Werbeschrift → Einladung, Propaganda, Reklame, Werbung.

Werbetätigkeit → Kundendienst, Reklame, Werbung.

Werbetrommel → Reklame.

Werbung Agitation, Willenslenkung, Anpreisung, Werbekunst, Aufklärung, Reklame, Bedarfslenkung, Propaganda, Bedarfsweckung, Kundenwerbung, Akquisition, Beeinflussung, Kundendienst, Bekanntmachung, Empfehlung, Einflüsterung, Werbegabe, Geschäftsschild, Tamtam, Werbetrommel, Werbeschlagwort, Werbetätigkeit, Verführung, Verlockung, Verleitung, Anlockung, Kundenfängerei ● Öffentlichkeitsarbeit, Public relations, Liebeswerbung, Umwerbung, Bewerbung. → Angebot, Reklame, Schmeichelei. ▶ Ablehnung, Nachfrage.

Werdegang → Aufbau, Entwicklung, Wanderjahre, Wandlung.

werden Gestalt annehmen, erscheinen, vorstellen, atmen, leben, dastehen, sich einstellen, sich ereignen, sich zutragen, Tatsache werden, vorkommen, erfolgen, der Fall sein, entspinnen sich, sich begeben, sich zutragen, hinführen, bevorstehen, in der Luft liegen, herannahen. → aufblühen, ausbreiten, begeben sich, entwickeln, passieren. ▶ sein, vergehen.

werfen schwingen, treiben, stoßen, schleudern, schnellen, wälzen, kugeln, rollen, schießen, hochwerfen, fortwerfen, wegwerfen, lupfen, rucken, schütteln, knallen, pfeffern, schmeißen ● Junge werfen, jungen. ▶ auffangen.

werfen, zu Boden → unterwerfen, wüten.

werfen, über Bord → wegwerfen.

werfen, sich in die Brust → dick tun.

werfen, die Flinte ins Korn weichen, nachgeben, zurückweichen, sich fügen, den

Schwanz hängen lassen, erlahmen, ausweichen, fliehen, aufgeben, entwischen, Angst haben, kneifen, sich aus dem Staube machen, Reißaus nehmen, entrinnen, das Hasenpanier ergreifen, Fersengeld geben, sich ins Bockshorn jagen lassen, schlapp machen. ▶ kämpfen.

werfen, an den Kopf poltern, verletzen, anpöbeln, anranzen, andonnern, anschreien, anfahren, schimpfen, ausfällig werden, beleidigen, abrüffeln, anknurren, loslegen, anbelfern, fluchen, zu nahe treten, Grobheiten sagen, tadeln, flegelhaft sein, grob sein. ▶ loben, verschonen.

werfen, in einen Topf zusammenwerfen, zusammenschmeißen, in Unordnung bringen, vermengen, verwirren, aus der Ordnung bringen, zerrütten, vermischen, durcheinander schütteln, durcheinander rütteln, aus Reih und Glied bringen, aus den Fugen bringen, verwickeln, verflechten, verwechseln ● sinnlos handeln, das Pferd am Schwanz aufzäumen, Blödsinn machen, verkehren, verdrehen. ▶ ordnen, trennen, überlegen.

werfen, von sich → wegwerfen.

Werk Fabrik, Anlage, Unternehmen ● Tat, Verrichtung, Aufgabe, Ausführung, Pflicht, Leistung, Beruf, Handlung, Akt, Arbeit, Bewerkstelligung, Behandlung, Ausübung, Vorgang ● Triebwerk, Maschinenwerk, Maschinerie, Mechanismus, Schlagwerk. → Anstalt, Anstrengung, Arbeit, Aufgabe, Ausführung, Band, Betrieb, Buch, Druckschrift, Fabrik, Leistung, Lektüre, Manuskript, Produkt, Tat, Werkstatt. ▶ Müßiggang, Nichtstun, Unterlassung.

Werkarbeit → Artikel, Produkt.

werkeln → arbeiten.

werken → anfassen, arbeiten, ausüben, machen, tun.

werkgerecht gut, bewährt, vorzüglich, vortrefflich, erfreulich, richtig, meisterhaft, handwerksmäßig, kunstgerecht, geschickt, brauchig, brauchbar, werksmäßig, handwerklich, meisterlich, vollendet, vollkommen. → kunstgerecht. ▶ stümperhaft, unbrauchbar.

Werkpause → Ruhezeit.

Werkstatt Arbeitsplatz, Wirkungsbereich, Werkstätte, Werkanlage, Betrieb, Fabrik, Schmiede, Gießerei, Schmelzhütte, Reparaturwerkstatt, Arbeitsstelle. → Anstalt, Atelier.

Werkstoff → Bedarf, Bestand, Ersatz, Material, Rohstoff.

Werkstück → Artikel, Produkt.

Werktag Alltag, Arbeitstag, Wochentag.

werktätig tätig, wirksam, arbeitsam, beschäftigt, rührig, emsig, schaffend, geldverdienend, beruflich, dienstlich, amtlich, berufstätig, handwerksmäßig, berufsmäßig, geschäftlich, arbeitend. ▶ untätig.

Werktätiger → Arbeiter.

Werkzeug Gerätschaft, Einrichtung, Maschine, Takelwerk, Zubehör, Gerät, Schneiderwerkzeug, Hebel, Sonde, Spindel, Pfriem, Nagelbohrer, Stampfer, Stachel, Schaft, Keil, Haspel, Hammer, Zange, Schraube, Nagel, Bohrer, Feile, Nadel, Ackergerät, Beil, Mittel, Pricker sm. → Apparat, Ausrüstung, Bedarf, Gerätschaften, Instrument, Mittel, Utensilien.

Werkzeug, willenloses Schwächling, Willensarmer, Willensschwacher, Willensschwächling, passiver Mensch, charakterloser Mensch, Selbstbewußtloser, Gehorcher, Jasager, Leisetreter, unterwürfiger Mensch, Radfahrer u, Kadavergehorsam, Niete, Gesinnungsloser, ohne eigene Initiative, Befehlsempfänger, Knecht, Lakai, Sklave.

Wermutstropfen → Bekümmernis.

Wert Vorzüglichkeit, Belang, Vortrefflichkeit, Echtheit, Verdienst, Geltung, Kaufkraft, Güte, Nützlichkeit, Gold, Vollkommenheit, Kleinod, Geld ● innerer Wert, Menschenwürde, Adel, Edelsinn, Charakter, Persönlichkeit, sittliche Kraft, Anständigkeit, Tugend, Würde, Unschuld. → Anteil, Ausbeute, Bedeutung, Edelstein, Einträglichkeit, Gehalt, Niveau, Preis, Qualität, Vorteil, Wichtigkeit. ▶ Unwert, Wertlosigkeit.

wert → angenehm, lieb, lohnend, teuer.

Wertarbeit → Prachtstück, Wert.

wertbeständig dauerhaft, stabil, sicher.

Werte → Besitz, Effekten, Geld.

werten → abmessen, errechnen, schätzen, urteilen, veranlagen.

werthalten loben, preisen, rühmen, schätzen, anerkennen, würdigen, wertschätzen, hochschätzen, verherrlichen, hochhalten, billigen, lobpreisen, bewundern, ehren, herausstreichen. ▶ verachten.

wertlos unbrauchbar, undienlich, unersprießlich, ungeeignet, ungültig, untüchtig, unverwendbar, schlecht, untauglich, belanglos, unwert, nichtig, keinen roten Heller wert, das ist Krampf *u*, keinen Pfifferling wert, keinen Schuß Pulver wert, unter aller Sau *u*, unter aller Kanone *u*, geschenkt zu teuer *u*, leer, seicht, minderwertig, kümmerlich, kläglich, wirkungslos, zwecklos, unergiebig, verdorben, ausgedient ● charakterlos, gemein, niederträchtig. → abgedroschen, albern, alltäglich, ausdruckslos, charakterlos, minderwertig, nebensächlich, überflüssig, umgeschlagen, unansehnlich, unbedeutend, ungültig, unproduktiv, verdorben. ▶ wertvoll.

Wertlosigkeit Schlechtheit, Unwert, Belanglosigkeit, Nichtigkeit, Eitelkeit, Seichtigkeit, Verdorbenheit, Heillosigkeit, Minderwertigkeit, Überflüssigkeit, Nutzlosigkeit, Wirkungslosigkeit, Erfolglosigkeit, Fruchtlosigkeit, Plunder, Brocken, Bruch, Dreck, Krempel *u*, Krimskrams *u*, Quark *u*, Saudreck *u*, Sauzeug *u*, Schmarren *ö*, Zimt *u*, Brühe *u*, Gerümpel, Verächtlichkeit, Mist, Schrott, Kitsch, Schleuderware, Abfall, Staub, Schmutz, Schaum, Asche, Schlacke. → Ärmlichkeit, Talmi, Ungültigkeit, Unwert. ▶ Wert.

wertmäßig gradmäßig, hochgradig, beträchtlich, beachtlich, bemerkenswert, ansehnlich, erheblich, tüchtig, vorzüglich, gewaltig, maßlos, übergroß, bei weitem, am meisten, riesig, riesenhaft ● mehr oder minder, im großen und ganzen, ungefähr, beinahe, befriedigend, ausreichend, kaum, etwas wenig, ein bißchen, wenigstens.

Wertmesser Maßstab, Wertmaß, Bedeutung, Gradmaß, Wertung, Werturteil.

Wertminderung Unvollkommenheit, Mangelhaftigkeit, Unzulänglichkeit, Ungenüge ● Fehlbetrag, Defizit ● Stückwerk, Mangel, Fehler, Gebrechen, Defekt ● Ertragsminderung, Verminderung, Abwertung, Beschädigung, Verunreinigung, Verderbnis, Frostschaden ● Schwund, Entwertung, Vermögensverlust oder -schaden, Teil- oder Totalschaden.

Wertpapiere → Effekten, Papiere.

Wertsachen → Besitztum, Effekten.

wertschätzen → bemessen, schätzen, werthalten.

Wertschätzung → Achtung, Anerkennung, Begriff, Bei-

fall, Ehre, Ehrenplatz, Verehrung.

Wertung → Bewertung.

Werturteil → Wertmesser.

wertvoll → A und O, ansehnlich, beachtlich, begehrenswert, brillant, dauerhaft, denkwürdig, erlesen, ersehnenswert, förderlich, gesucht, gut, kostbar, kunstvoll, nützlich, selten, teuer, unersetzbar, unschätzbar, vorteilhaft, vortrefflich, wichtig.

Wertzuwachs → Errungenschaft, Erwerb.

Wesen Mensch, Kreatur, Ding, Inneres ● Art, Wesenheit, Ausdruck, Sinnesart, Begriff, Sinn, Beschaffenheit, Kern, Bildung, Geist, Inhalt, Eigenheit, Charakter, Vermenschlichung, Gemüt, Gemütsanlage, Seele, Natur, Zustand, Verfassung, Einstellung, Gehalt, Definition, Bedeutsamkeit, Belang, Wert, Stoff, Element, Material. → Art, Aufbau, Ausdruck, Aussehen, Begriff, Charakter, Dasein, Ding, Element, Gegenstand, Gemüt, Gewebe, Inneres, Kern des Pudels, Mensch, Seele, Struktur. ▶ Ausdruckslosigkeit, Nichts.

Wesen, angeborenes → Charakter.

wesenhaft gestaltet, lebend, tatsächlich, wirklich, geschaffen, vorherrschend, real, vorhanden, gegenwärtig, zugegen, vorliegend, seiend, bestehend, existierend, da. → dinghaft, dinglich, faßbar, gegenständlich, handgreiflich, real. ▶ unwirklich.

Wesenheit → Anzeichen, Ausdruck, Charakter, Charakteristik, Dasein, Ding, Eigenart, Gehalt, Substanz, Wesen.

wesenlos → imaginär, körperlos, unkörperlich.

Wesensart → Art, Aussehen, Charakter, Wesen.

Wesenseinheit → Übereinstimmung.

Wesensform → Art, Charakter, Charaktermischung, Stil, Temperament, Wesen.

wesensfremd → beziehungslos, fremd.

Wesensgehalt → Hauptsache, Kern, Quintessenz, Schwerpunkt.

wesensgleich → gleich.

Wesensmerkmal → Eigenschaft, Unterschied.

wesentlich essentiell, unerläßlich, integrierend, erforderlich, nötig, durchaus, selbstverständlich, hauptsächlich, wichtig, beachtlich, bemerkenswert, beachtenswert, erwähnenswert ● bestehend, seiend, geschaffen, körperlich, dinghaft, sachlich, gegenstandsnahe, innerlich, eigen, eigentüm-

lich, zugehörig, kennzeichnend, charakteristisch. → A und O, ansehnlich, ausschlaggebend, beachtlich, denkwürdig, ereignisreich, innewohnend, maßgebend, sachlich, wichtig. ▶ unwesentlich.

weshalb → warum.

Wespe → Biene, Tier.

Wespennest → Räuberhöhle.

Wespennest stechen, in ein sich verunreinigen, entzweien, verfeinden, erzürnen, sich überwerfen, in Teufels Küche kommen, in Streit geraten, Zwietracht säen, Öl ins Feuer gießen, den Funken anfachen, Händel stiften, den Frieden stören, die Ruhe nehmen, in Meinungsverschiedenheiten geraten, anrempeln, unangenehm auffallen, zuviel gesagt haben. → auffallen.

westlich abendländisch, okzidental.

weswegen → warum.

Wettbewerb → Auseinandersetzung, Erwerbskampf, Jagd, Konkurrenz.

Wettbewerber → Mitbewerber, Nebenbuhler.

Wette Wagnis, Wettrennen, Wettkampf, Spiel, Würfel, Geratewohl, Los, Spekulation, Abenteuer, Hasardspiel ● Zufall, Schicksal, Ungefähr, Glückssache, Glücksfall. → Chance.

Wetteifer → Bewerbung, Eifer, Fleiß, Konkurrenz.

wetteifern → ausstechen, beikommen, bewähren, hervorstechen, konkurrieren, verbissen in.

wetten spielen, würfeln, knobeln, losen, aufs Spiel setzen, tippen, totosieren *u*, eine Wette machen, es ankommen lassen, den Zufall entscheiden lassen, es entscheiden lassen, unterziohon, unterfangen → wagen.

Wetter Witterung, Klima, Zone, Luft, Himmel, Tiefdruck, Hochdruck, ein Wetter zum Eierlegen *u*, Mordswetter *u*, Windrichtung, Windstärke, Bestrahlung, Abkühlung, Bewölkung, Wolke, Niederschlag, Wärme, Kälte, Tauwetter, Schneewetter, Hundewetter, Waschküche, Dreckwetter *u*, Saustaller wetter *u*, Sauwetter *u*, Scheißwetter *u*, so schlecht daß man keinen Hund vor die Tür jagt, Unwetter, Wolkenbruch, Blitz, Donner, Gewitter, Sturm ● schlagende Wetter ● Spieler, Tipper *u*.

Wetterfahne Wetterhahn, Wetteranzeiger ● Mantelträger, Windfahne, Leichtfuß, Windhund, Gesinnungslump, Fahnenflüchtiger, Rückfälliger, Mitläufer. Stimmvieh, Abtrünniger, Überläufer,

Schmetterling, Bonze, Schillereidechse ● Hampelmann, Laumann u, Radfahrer u, unsteter Mensch, wankelmütiger Mensch. → Charakter.
Wetterglas → Barometer.
wettern donnern, blitzen, krachen, gewittern, tönen, dröhnen, regnen, gießen, toben, wüten ● fluchen, verwünschen, verdammen, andonnern, anschreien, anfahren. → anfahren, werfen an den Kopf. ▶ aufklären, beruhigen (sich).
Wettersturz Unwetter, Gewitter, Tiefdruck, Tief, Sturmtief.
wetterwendisch unverläßlich, wankelmütig, opportunistisch, unstet, unzuverlässig, unbeständig, charakterlos, treulos, veränderlich, flüchtig, flatterhaft, launenhaft, wankend, von ungefähr, leichtsinnig, fahrig, flatterig, untreu, wandelbar, leicht beweglich, mal so mal so. → abtrünnig, beweglich, schwankend, veränderlich. ▶ beständig, zuverlässig.
wettgemacht → abgetan, getilgt, quitt.
Wettkampf → Erwerbskampf, Sport, Streit, Wette.
Wettkämpfer → Champion.
Wettlauf → Beflissenheit, Bewerbung, Fleiß, Jagd, Sport.
wettlaufen → machen ein Wettrennen.
wettmachen → ahnden, aufheben, ausgleichen, belohnen, einlösen, entgelten, entlohnen, gutmachen wieder, kompensieren, rächen, vergelten.
wettrennen → konkurrieren, machen ein Wettrennen.
Wettstreit → Auseinandersetzung, Erwerbskampf, Konkurrenz, Sport, Streit, Turnier.
wettstreiten → bewerben sich, konkurrieren, streiten.
wetzen → enteilen, schärfen.
Wichs → Aufmachung, Gala, Schmuck.
wichsen → ausbürsten, balgen, bestrafen, bohnern, bürsten, prügeln, putzen, verschönern.
Wicht Zwerg, Knirps, Däumling, Wichtelmännchen, Heinzelmännchen, Männlein, Menschlein, Gernegroß, Säugling, Dreikäsehoch ● Hanswurst, Kasperle, Spaßvogel ● Feigling, Angsthase, Hasenherz, Hasenfuß, Memme ● Tropf, Krämerseele, Gewürm, Heringsseele, armer Wicht ● Schelm, Strolch, Strick, Schalk, Racker, Früchtchen, Geschöpf, Filou ● Kobold, Gnom, Erdgeist, Glasmännchen, Haulermännchen, Bergmännchen. → Abtrünniger, Ausbund, Dreikäsehoch, Kobold. ▶ Bekenner, Held, Riese.
Wichtelmännchen → Kobold, Wicht.

wichtig gewichtig, bedeutend, weitreichend, nicht ohne sein u, belangreich, groß, ganz groß, Format haben, ausgezeichnet, von Belang, ansehnlich, ernstlich, einflußreich, bedeutungsvoll, wuchtig, vordringlich, nachdrücklich, triftig, dringend, bemerkenswert, erwähnenswert, beachtenswert, vorzüglich, namhaft, erheblich, beträchtlich, bezeichnend, ereignisreich, folgenreich, wertvoll, wirkungskräftig, wesentlich, pfundig u. → A und O, ausdrucksvoll, ausschlaggebend, beachtlich, bedeutsam, denkwürdig, dominierend, dringend, epochemachend, ereignisreich, gewichtig, maßgebend, wesentlich. ▶ unwichtig.
wichtig tun → aufbauschen, aufdrehen, blenden, blähen, dick tun.
Wichtigkeit Schwere, Wert, Kraft, Bedeutung, Wirksamkeit, Grundlage, Stärke, Gewicht, Moment, Größe, Bedeutsamkeit, Triftigkeit, Erheblichkeit, Einfluß, Rolle, Druck, Schwergewicht, Betonung, Stimme, Macht, Ansehen, Wesentlichkeit, Kernpunkt, Hauptsache, Fundament. → Anteil, Bedeutung, Einfluß. ▶ Unwichtigkeit.
Wichtigkeit beimessen → betonen.
Wichtigmacherei → Bombast, Chauvinismus, Dunst, Prahlerei.
wichtigtun → angeben, aufdringlich, aufgeblasen, dünkelhaft, eitel, prahlerisch, tun vornehm.
Wichtigtuer → Angeber, Bonze, Chauvinist, Prahler.
Wichtigtuerei → Prahlerei.
wichtigtuerisch → aufgeblasen, dünkelhaft, eitel, prahlerisch.
Wickel Lockenwickel, Haarwickel, Aufwickler, Holzwickler, Metallwickler ● beim Wickel kriegen, am Schlawittchen kriegen. → Bandage, Packung.
Wickelkind → Baby.
wickeln → aufrollen, drehen, einpacken, locken.
wider gegen, kontra, entgegengesetzt, dagegen, gegensätzlich, gegenteilig, hinderlich, widrig, quer, gegnerisch, feindselig, feindlich, unfreundlich, bockig, widerhaarig, widerborstig, widerspenstig. → auseinander, contra, demonstrativ, hingegen. ▶ dafür.
widerborstig → feindlich, wider, widerspenstig.
widerfahren zuteil werden, zufallen. → ausgehen, befallen, begegnen sich, begegnen, ereignen sich, erfahren,

erleben, passieren, vorkommen.
Widerhaken Haken, Spitze, Dorn, Schärfe, Stachel, Spitzigkeit, Stachligkeit, Schneide, Zuspitzung.
Widerhall → Echo, Klang.
widerhallen → dröhnen, erklingen, tönen.
widerlegbar hinfällig, konträr, gegensätzlich, gegenteilig, kontradiktorisch, nicht beweisbar, unbeweisbar, widersinnig, unbegründet, irrig, falsch, erschütterbar.
widerlegen Lügen strafen, zur Vernunft bringen, entgegenhalten, entgegentreten, entgegenstellen, aberkennen, entgegnen, absprechen, das Gegenteil beweisen, bestreiten, die Waffen umkehren, entkräften, lahmlegen, widersprechen, dagegensprechen, das eigene Wort entgegenhalten ● eine Anklage entkräften, rechtfertigen, entlasten, freisprechen. → antworten, aufklären, balgen, beantworten, fangen mit seinen eigenen Worten. ▶ anerkennen, beweisen.
widerlegt → entkräftet.
Widerlegung → Abwehr, Antwort, Entkräftung, Verteidigung.
widerlich → abgeschmackt, abscheulich, abschreckend, abstoßend, anstößig, anwidern, beißend, bitter, blatternarbig, böse, ekelhaft, entsetzlich, faul, feindlich, häßlich, überdrüssig, unangenehm, unschön.
widerlich riechen → beleidigen die Nase.
Widerlichkeit Scheußlichkeit, Häßlichkeit, Schmierigkeit, Unschönheit, Abscheulichkeit, Greuelhaftigkeit, Garstigkeit, Entstelltheit, Ungestalt, Unförmlichkeit, Mißbildung, Verbildung, Mißgebilde, Mißgeburt, Scheusal. → Bitterkeit, Degout, Häßlichkeit. ▶ Feinheit, Schmackhaftigkeit, Schönheit.
widernatürlich → abgeschmackt, abschreckend, häßlich, unnatürlich.
widerraten abraten, ermahnen, abmahnen, mahnen, verwarnen, drohen, ein Zeichen geben, warnen, zu bedenken geben, entgegenstellen, ablehnen, entmutigen. → bedenken. ▶ zuraten, zureden.
widerrechtlich → eigenmächtig, strafbar, ungesetzlich.
Widerrede Widerspruch, Einsprache, Einspruch, Weigerung, Verneinung, Uneinigkeit, Disharmonie, Zwiespalt, Entgegnung, Ungehorsam, Gegenrede, Widerspenstigkeit, Abneigung, Ablehnung, Protest, Abwehrstellung, Op-

position. → Ungehorsam. ▸
Gehorsam, Widerrede gelten
lassen keine, Zustimmung.
Widerrede gelten lassen, keine → brechen den Starrsinn,
Widerruf → Abbitte, Abfall,
Ableugnung, Absage, Berichtigung, Dementi, Verneinung,
Wandlung, Wechsel.
widerrufen → abbestellen,
abbitten, aberkennen, ableugnen, aufheben, benehmen
das Recht, besinnen sich,
entkräften, entkräftet, entloben, umgestoßen, verleugnen.
Widerrufung → Gegenerklärung.
Widersacher Angreifer, Gegner, Feind, Gegenspieler, Opponent, Gegenpartei, Nebenbuhler, Rivale, Verräter, falscher Freund, Konkurrent ●
Teufel, Versucher, Erzfeind,
Verderber, Todfeind, Zerstörer, Höllendrache, Schlange,
der Böse. → Beelzebub, Dämon, Gegner, Nebenbuhler,
Teufel. ▸ Freund, Helfer.
Widerschein Abglanz, Reflektion, Lichterscheinung,
Feuerschein, Lichtschein,
Reflex, Spiegelung, Lichtbrechung, Schimmer, Glanz,
Gefunkel, Ausstrahlung. →
Brand. ▸ Dunkelheit.
widersetzen, sich → abwehren, auflehnen, bekämpfen,
dawider, empören sich, entgegenhandeln, erheben sich,
gegenübertreten, Schach bieten, trotzen, widerstehen.
widersetzlich → aufständisch, dawider, entgegen, ungehorsam, widerspenstig.
Widersetzlichkeit → Auflehnung, Durchkreuzung, Gegensatz, Trotz, Ungehorsam,
Widerspenstigkeit.
Widersinn → Fehler, Unnatur.
widersinnig → absurd, erfunden, falsch, inkonsequent,
scheinbar, stupid, unrichtig.
widerspenstig widerhaarig,
widerstrebend, widerwillig,
ungefällig, bockig, eigenwillig,
ungehorsam, verbockt, trotzig, störrisch, halsstarrig,
hartnäckig, knorrig, starrköpfig, meuterisch, unlenksam, unfolgsam, unverträglich, unfügsam, widersetzlich, widerborstig, renitent.
→ aufständisch, bockig, borstig, dawider, eigensinnig,
feindlich, querköpfig, ungehorsam, unbezähmbar, verstockt. ▸ gehorsam, untertänig.
Widerspenstigkeit Friedensstörung, Widersetzlichkeit,
Widersetzung, Ungehorsam,
Unfolgsamkeit, Unfügsamkeit, Trotz, Hartnäckigkeit,
Halsstarrigkeit, Bockigkeit,
Auflehnung, böses Blut, Wi-

derwille, Selbstherrlichkeit,
Widerstand. → Auflehnung,
Eigensinn, Renitenz, Trotz,
Ungehorsam, Verstocktheit.
▸ Folgsamkeit.
Widerspiel Gegenstück, Gegendruck, Gegenwirkung,
wechselseitige Abhängigkeit,
Gegenzug, Gegenteil, Umschwung, Gegenbewegung,
Entgegenstellung.
widersprechen protestieren,
widerlegen, sich widersetzen,
Widerstand leisten, sich mit
Händen und Füßen wehren,
jemanden anlaufen lassen,
entgegenstellen, mißtönen,
dagegensprechen, bekritteln,
entgegenhalten, verneinen,
absprechen ● sich sträuben,
sich spreizen, bocken, entgegenhandeln, entgegenwirken, ungehorsam sein ● abweichen, auseinandergehen.
→ absprechen, aberkennen,
antworten, aufklären, auflehnen, beantworten, behaupten,
bekämpfen, bringen zum
Schweigen, dawider, einkommen gegen, entgegenhalten, entgegenstellen sich,
erheben Protest, gegenübertreten, leugnen, opponieren,
widerstehen. ▸ beistimmen,
beweisen, behaupten, folgen,
helfen.
widersprechend paradox, kontradiktorisch, falsch, unsinnig, unglaubwürdig, scheinbar, nicht glaubwürdig ●
bockig, entgegen, dawider,
halsstarrig, ungehorsam. →
beziehungslos, contra, dahingestellt, diametral, diskrepant, divergierend, ungehorsam, unstimmig. ▸ gehorsam, übereinstimmen(d), zustimmen(d).
Widerspruch Antagonismus,
Contra dictio. → Antwort, Berufung, Disharmonie, Durchkreuzung, Einsprache, Entscheidung falsche, Fehler,
Feindschaft, Gegenerklärung,
Gegensatz, Streit, Verneinung, Widerstand.
Widerspruchsgeist → Blut
heißes, Choleriker, Gegensatz, Querulant, Unschicklichkeit.
widerspruchsvoll folgewidrig, unlogisch, inkonsequent,
fehlerhaft, verbogen, denkwidrig, unhaltbar, vernunftlos,
einfältig, täuschend, trügerisch, widersinnig, hinkend,
gegenteilig, konträr, irrig, unerwiesen, zusammenhanglos,
widerlegbar. ▸ logisch, vernünftig.
Widerstand Gegenwirkung,
Widersetzlichkeit, Hinderung,
Hemmung, Entkräftung, Gegendruck, Widerstreit, Ungehorsam, Widerspruch, Gegenstoß, Protest, die Spitze
bieten, Widerstreben, Eigen-

sinn, Feindschaft, Ungefälligkeit, Ablehnung, Auflehnung,
passiver Widerstand, Streik,
Meuterei ● Federung, Festigkeit, Streife, Reibung. → Abwehr, Anstand, Auflehnung,
Defensive, Dichte, Fahnenflucht, Gegensatz, Gegenwirkung, Hindernis, Reibung,
Ungehorsam, Verteidigung.
▸ Gehorsam, Untertänigkeit,
Zustimmung.
widerstandsfähig → ausdauernd, dauerhaft, fest, gesund, massiv, stabil, stark,
zäh, abgehärtet.
Widerstandskämpfer Partisan, Freiheitskämpfer, Franktireur ● Rebell, Empörer, Aufrührer, Verschwörer.
Widerstandskraft Resistenz.
→ Dauerhaftigkeit, Entschiedenheit, Gesundheit, Mark,
Wille.
widerstandslos → passiv,
schwach.
widerstehen Stirn bieten,
sperren sich, spreizen sich,
sträuben sich, widersetzen
sich, abwehren, zurückweisen, auflehnen sich, widerstreben, bäumen sich, widersprechen, weigern sich, entgegenwirken, trotzen, entgegenstehen, entgegentreten, in
die Parade fahren, etwas nicht
auf sich sitzen lassen, empören sich ● anekeln, anwidern.
→ ablehnen, anekeln, anwidern, auflehnen, bieten der
Stirne, entgegenhandeln, entgegenstellen sich, erheben
sich, trotzen, verteidigen. ▸
erfreuen sich, gehorchen, zustimmen.
Widerstreben → Abneigung,
Degout, Trotz, Ungehorsam,
Widerspenstigkeit.
widerstreben → anwidern,
auflehnen, entgegenstellen
sich, entsetzen sich, erheben
sich, widerstehen.
widerstrebend → diskrepant,
divergierend, gegensätzlich,
ungehorsam, ungeneigt, ungern, unpassend, widerwillig.
Widerstreit Gegensätzlichkeit, Gegensatz, Kontrast,
Widerspruch, Verschiedenheit, Mißverhältnis, Zwiespalt,
Unversöhnlichkeit, Unvereinbarkeit, Abweichung, Kollision, Antagonismus, Mißton,
Streit ● Abwehrstellung, Protest, Widerspenstigkeit, Ungehorsam, Gegenbewegung,
Feindschaft, Ablehnung. →
Auflehnung, Gegensatz, Konflikt, Verschiedenheit. ▸ Übereinstimmung, Versöhnlichkeit, Zustimmung.
widerstreiten → bekämpfen
einkommen gegen, erheben
Protest, opponieren, streiten,
widersprechen.
widerwärtig ärgerlich, unangenehm, verdrießlich, verlei-

det, mißfällig, schlimm, böse, schauderlich, scheußlich, peinlich, beschwerlich, unerwünscht, ungelegen ● häßlich, abstoßend, garstig, widerlich, anstößig, zuwider, ekelhaft, unbeliebt, verhaßt, Widerwillen haben, Horror haben ● ungezogen, brummig, barsch, launenhaft. → abgeschmackt, abstoßend, anstößig, ärgerlich, blatternarbig, degoutiert, entsetzlich, furchtbar, geschmacklos, schmerzlich, unangenehm, unschön. ▶ anziehend, artig, erfreulich, liebenswert, schön.

Widerwärtigkeit → Ärger, Beschwerde, Betrübnis, Demütigung, Häßlichkeit, Übel, Ungehorsam, Unglück, Verdruß.

Widerwille Abneigung, Antipathie, Unwilligkeit, Unwille, Hemmung, Widerspenstigkeit, Widerstreben, Abscheu, Ablehnung, Sträuben, Widersetzlichkeit, Mißfallen ● Trägheit, Faulheit, Überdruß, Mißvergnügen ● Auflehnung, Ungehorsam, Empörung, Unlust, Mißbehagen, Verstimmung, Ekel, Abscheu, Aberwille, Haß, Widerwart, Übelkeit, Verachtung. → Abneigung, Abscheu, Arbeitsunfähigkeit, Bitterkeit, Degout, Dorn im Auge, Ekel, Grauen, Haß, Langeweile, Mißfallen, Übelkeit, Unlust, Unwille, Verachtung. ▶ Arbeitsfreude, Befriedigung, Willfährigkeit.

widerwillig abgeneigt, widerstrebend, angewidert, unwillig, gleichgültig, ungefällig, unfreiwillig, ungern, der Not gehorchend, gezwungen, ablehnend, abweisend, widerhaarig, verleidet, ungehorsam, widerspenstig, trotzig, störrisch ● verhaßt, widerwärtig, unausstehlich, abscheulich, unangenehm, ärgerlich, scheußlich, verdrießlich, zuwider, unleidlich, gegen den Strich ● in den sauren Apfel beißen, eine bittere Pille schlucken. → ungern, widerwärtig. ▶ arbeitsam, liebenswert, willfährig.

widmen → beschenken, geben, dabeibleiben, darbringen, darreichen, schenken.

widmen, sich → arbeiten, machen, tun.

Widmung → Andenken, Erinnerungszeichen, Geschenk.

widrig → abschreckend, abstoßend, ärgerlich, blatternarbig, gegensätzlich, häßlich, verdrießlich, widerwärtig.

Widrigkeit → Abneigung, Abscheu, Gegensatz, Häßlichkeit, Widerwille.

wie → ähnlich, dergleichen, fraglich, gleichsam, was.

wie wenn → als, beispielsweise.

wieder neuerdings, von neuem, nochmals, erneut, wiederholt, wiederum, abermals, wiederkehrend, mehrmals, noch einmal, oft, häufig, vielmals, fortwährend. → dann und wann, einmal noch, erneut. ▶ einmal, niemals.

wiederanfangen → wiederbeginnen.

wiederaufbauen bauen, erneuern, wiederherstellen, reformieren, auffrischen, wiedererrichten, erbauen, restaurieren, umwandeln, neu instand setzen, wiedererstehen lassen. → auferstehen. ▶ unterlassen, zerstören.

wiederauffrischen → reinigen, wachrufen.

Wiederaufnahme Wiederholung, Duplikation, Erneuerung, Verdoppelung, Wiedererscheinung, Wiederkehr, Verbesserung ● Redeform: Asyndeton, Häufung.

wiederbeginnen wiederanfangen, wieder von vorne anfangen, von neuem versuchen, zurückkommen auf, erneuern, neu anfangen, wiederholen.

wiederbekommen erhalten, bekommen, zurückerlangen, zurückbekommen, entgolten werden, zurückerstattet werden, zurückgegeben werden, abgeliefert bekommen, vergütet bekommen, herauskriegen. ▶ verlieren.

wiederbeleben → auferstehen, bekämpfen, erfrischen, erneuern.

Wiederbelebung → Erneuerung, Regeneration, Verjüngung, Wiederherstellung.

wiederbringen zurückbringen, ausgleichen, entschädigen, ersetzen.

wiedereinsetzen neu einstellen, rückberufen, erneuern. → rehabilitieren.

wiedererkennen → denken an, einfallen, entsinnen sich.

wiedererlangen → wiederbekommen.

Wiedererneuerung → Erinnerung, Erneuerung, Verjüngung.

wiedererscheinen zum Vorschein kommen. → auferstehen, kommen, wiederholen.

Wiedererstattung → Abtragung, Ausgleich, Ersatz, Rückzahlung.

wiedererwachen → entsinnen sich, erlangen das Bewußtsein.

wiedererwecken → erwecken.

Wiedergabe → Abbild, Abdruck, Abklatsch, Bericht, Beschreibung, Chronik, Darlegung, Darstellung, Denk-

schrift, Erzählung, Faksimile, Kopie, Nachdruck, Rückzahlung, Übersetzung.

wiedergeben zurückgeben, zurückerstatten, abtragen, abzahlen, abgelten, tilgen, vergüten, entschädigen ● vergelten, wettmachen, heimzahlen, das Blatt wenden, den Spieß umdrehen, eintränken. → abfassen, ausarbeiten, ausmalen, erklären. ▶ abstehen, behalten, nehmen, verdrehen.

Wiedergeburt Reue, Bekehrung, Buße, Umkehr, Zerknirschung, Bußfertigkeit, Gewissensforschung, Neugeburt, Erlösung. → Erneuerung, Renaissance, Verjüngung.

wiedergenesen → erholen sich.

wiedergutmachen ersetzen, ausgleichen, sich revanchieren, gutmachen, wiedergeben, vergelten, zurückgeben, bezahlen, entschädigen, abtragen, vergüten, berichtigen, ausgleichen, schadlos halten, zurückerstellen, zurückerstatten, ausbügeln ● büßen, sühnen, sich loskaufen, ausbaden. → erstatten, erwidern, korrigieren, verbessern. ▶ rächen, wegnehmen.

wiedergutmachend → ersetzend.

Wiedergutmachung → Entschädigung, Ersatz, Rückgabe.

wiederhergestellt besser, gesund, auf dem Damm, verbessert, erholt, genesen, erfrischt, neubelebt, kräftig, erquickt, frisch ● repariert, geflickt. → Damm sein auf dem, überholt.

wiederherstellen erfrischen, erneuern, eine Krankheit behandeln, wieder gesunden, ausheilen ● renovieren, verbessern, ausbessern, berichtigen, bearbeiten, wiedergutmachen, restaurieren, reformieren, aufbauen ● entlasten, rehabilitieren, rechtfertigen. → aufbauen, ausbessern, erholen sich, erneuern, kurieren.

Wiederherstellung Genesung, Wiederbelebung, Gesundung, Verjüngung, Heilung, Wiedererholung, Linderung, Erleichterung ● Erneuerung, Verbesserung, Mehrung, Rechtigung, Erfrischung, Erquickung, Erholung ● Restauration, Ersetzung, Ersatzleistung, Berichtigung, Wiedererstattung ● Entlastung, Rechtfertigung, Freisprechung. → Auffrischung, Bearbeitung, Berichtigung, Ersatz, Genesung, Restauration, Stärkung, Umkehr.

wiederholen wiederkommen,

wiedererscheinen, wiederkehren, verdoppeln, erneuern, nachahmen, nacherzählen, wiederkauen, wiederaufnehmen, trommeln, hämmern, wiederanfangen, wiederbeginnen, nachmachen, abmalen, nachdrucken, wiedertun • schwätzen, sich verbreiten, ausdehnen, abschweifen, zu keinem Ende kommen. → bleiben bei der Sache, dabei bleiben, einhämmern, erneuern, nachbeten, nachholen, nachmachen.

wiederholend → jahraus, jahrein.

wiederholt → abermals, beständig, bis, dann und wann, erneut, jahraus jahrein, oft, wieder.

Wiederholung Wiederkehr, Wiedererscheinung, Wiederaufnahme, Erneuerung, Verdoppelung, Widerhall, Playback • Treppenwitz, alte Leier, Nachgesang, Kehrreim, Abgesang, Häufigkeit, Einerlei, Gewohnheit • Nachahmung, Nachäfferei, Abklatsch, Wiedergabe, Nachbildung, Nachahmerei, Duplikation • Häufung, Aufzählung, Weitschweifigkeit, Umständlichkeit, Ausdehnung. → Gewohnheit, Regelmäßigkeit, Rückfall.

wiederkauen zermalmen, zermahlen, kauen, fressen, zerkleinern, zerstampfen, mahlen, verdauen. → nachahmen, nachbeten, wiederholen.

Wiederkäuer → Nachbeter.

Wiederkehr Wiederholung, Rückkehr, Wiedererscheinung, Rückfall, Häufigkeit, Mehrmaligkeit, Häufung, Takt, Rhythmus, Runde, Wechsel, Kreislauf, Reihenfolge, Pulsschlag, Periodizität • Umkehr, Zurückkommen, Heimkehr, Wiedereintritt, Wiedersehen, Heimfahrt, Rückmarsch. → Erneuerung, Jubiläum, Regelmäßigkeit, Wiederholung.

wiederkehrend → dann und wann, erneut, erwähnt schon.

wiedersehen wiedererscheinen, wiederkehren, sehen, zurückkommen, umkehren, heimkommen, heimfinden, heimgehen, heimkehren, wiedereintreten.

Wiedersehen, auf Lebewohl! Glückliche Reise! Ade! mit Gott! behüt dich Gott! *bay.* Guten Morgen! Guten Abend! Guten Tag! habe die Ehre! *ö,* Gott zum Gruß! Adiö! meine Verehrung! *ö.*

wiedertun → wiederholen.

wiederum → erneut, erwähnt schon wieder.

wiedervergelten → belohnen, entlohnen, rächen, wiedergutmachen, wiederherstellen.

Wiedervergeltung → Bestrafung, Entlohnung, Rache, Rückzahlung, Vergeltung.

Wiege → Anfang, Anstoß, Aufenthaltsort, Beginn, Bett, Schaukel.

wiegen enthalten, betragen, bemessen, darstellen • schaukeln, in Schlaf wiegen, baumeln, wackeln, erschüttern. → abmessen, wägen.

wiehern rufen, schreien, Laut geben • lachen, johlen, auflachen, kreischen, toben, kichern.

wienern polieren, reiben, einreiben, bohnern, wischen, wichsen, einbohnern, Glanz erzeugen, glätten, einfetten, schmieren. → bürsten.

Wiese → Matte, Rasen.

wieso → warum, was.

wild ungeregelt, durcheinander, gesetzwidrig, unvereinbar • heftig, feurig, toll, rasend, leidenschaftlich, unbändig, unbezähmbar, ungestüm, stürmisch, aufbrausend, tobend, gärend, kochend, aufgebracht, wütend, hitzig, erregt, blitzig, unüberlegt, zornig, schäumend • roh, unzart, kannibalisch, grob, rücksichtslos, viehisch, unfügsam • jählings. → aufgebracht, bacchantisch, begeistert, bestialisch, bizarr, blindlings, blutgierig, brutal, bubenhaft, enragiert, entrüstet, Rand und Band aus, unbezähmbar, undiszipliniert, ungehorsam, wütend, zornig.

wild werden → toben, wüten.

Wilderei → Dieberei, Beraubung.

wildern dieben, rauben, aussaugen, ausbeuten, nehmen, ergattern, berauben, schnappen, wegnehmen, wegschleppen, sich zueignen, unbefugt jagen.

Wildheit → Ausbruch, Dämon, Entrüstung, Temperament heißes, Wut, Zorn.

Wildnis Dürre, Einöde, Wüste, Steinacker, Kargheit, Unergiebigkeit, Trockenheit, Unfruchtbarkeit, Steppe, Urwald, Menschenleere, Abgeschiedenheit, Verlassenheit • Kulturlosigkeit. → Einöde, Einsamkeit.

wildwachsen wuchern.

Wille Energie, Willenskraft, Entschiedenheit, Tatkraft, Entschlossenheit, Schneid, Initiative, Tatwille, Motor, Entschlußkraft • Festigkeit, Zähigkeit, Ausdauer, Beharrlichkeit, Widerstandskraft, Beständigkeit, Unnachgiebigkeit, Standhaftigkeit, Unbeugsamkeit, Unbeeinflußbarkeit • Belieben, Eigenwille, Neigung, Begierde, Begehren, Lust, Verlangen, Gelüste, Wunsch, Besessenheit,

Drang, Sehnsucht, Sucht, Geschmack. → Absicht, Begehr, Begierde, Belieben, Beständigkeit, Bestreben, Entschluß, Ernst, Wunsch.

Wille, böser → Bosheit, Rache.

Wille, freier → Bahn, Willensfreiheit.

Wille, guter Aufopferung, Einsatz, Gesinnung, Opferbereitschaft, Güte, Eifer, Entschlußkraft, Tatkraft, Mitwirkung, Hilfsbereitschaft, Einsatzbereitschaft, Goodwill *M.* → Liebe, Neigung. ▶ Wille böser.

Wille, Letzter Testament, Zueignung, Überlassung, Schenkung, Entäußerung, Abtretung, Gabe, Beschenkung, Hinterlassenschaft, Erbe, Erbschaft, Erbteil, Vermächtnis, Zuwendung, Nachlaß.

Willen beharren, auf seinem → dabeibleiben.

willenlos → faul, schwach, unentschlossen.

Willenlosigkeit → Gehorsam, Herdentrieb, Knechtschaft, Marionette, Schlaffheit, Schwäche.

willens → geneigt.

Willensfreiheit Handlungsfreiheit, freier Wille, Ungebundenheit, Unbedingtheit, eigene Wahl, Eigenbestimmung, Selbstbestimmungsrecht, Entschlußfreiheit, Belieben, Willkür, Gutdünken, Ermessen, Wahlfreiheit, Wahlrecht, innere Freiheit, Selbständigkeit, eigenes Urteil, Freiheit, nach Belieben, nach Gutbefinden, nach eigenem Wunsch. ▶ Willenslosigkeit, Willenslähmung.

Willenskraft → Entschluß, Wille.

Willenslähmung Unfreiheit, Willensunfreiheit, Nötigung, Gewalttätigkeit, Zwangsmittel, Vergewaltigung, Druckmittel, Beeinflussung, Willenslenkung, Hypnose, Suggestion, Zwang, Knechtschaft, Abhängigkeit, Hörigkeit. ▶ Willensfreiheit.

Willenslenkung → Werbung, Willenslähmung.

willensschwach charakterlos, verführbar. → schwach, unentschlossen, weich, weichlich, zuchtlos.

Willensschwäche → Schwäche, Wankelmut, Zuchtlosigkeit.

willensstark entschlossen, entschieden, unerschütterlich, unveränderlich, unbeugsam, beharrlich, zielbewußt, unerbittlich, unnachgiebig, unausweichlich, unwiderruflich, kernhaft, charakterfest, unwandelbar, unabänderlich, stramm. → stark, unbeirrt, unerschütterlich. ▶ willensschwach.

Willensstärke Entschlußkraft, Willenskraft, Standhaftigkeit, Unbeugsamkeit, Unerschütterlichkeit, Willenskraft, Energie, Selbstbeherrschung, Zielsicherheit, Selbstzucht, Selbstüberwindung, Selbsterziehung, Herr über sich selbst, Beständigkeit, Männlichkeit, Zucht, starker Wille, Ordnung. ▶ Willensschwäche.

willentlich → absichtlich, beabsichtigt, geflissentlich.

willfahren → anerkennen, begünstigen, befolgen, beipflichten, bewilligen, einwilligen, entgegenkommen, erlauben, fügen sich, gehorchen, geruhen, gewähren.

willfährig → angenehm, aufmerksam, biegsam, demütig, devot, dienstbereit, dienstwillig, erbötig, gehorsam, kulant, nachgiebig.

Willfährigkeit Gehorsam, Bereitwilligkeit, Willigkeit, Artigkeit, Geneigtheit, Hilfsbereitschaft, Nachgiebigkeit, Zustimmung, Folgsamkeit, Widerstandslosigkeit, Demut, Gefügigkeit, Schmiegsamkeit, Botmäßigkeit, Sklavensinn, Kriecherei, Unterwürfigkeit, Knechtseligkeit. → Bereitwilligkeit, Demut, Dienstbarkeit, Entgegenkommen, Entschlußfreude, Ergebenheit, Gefälligkeit, Schmiegsamkeit, Unterordnung. ▶ Widersetzlichkeit.

willig → aufmerksam, beabsichtigt, biegsam, dienstbeflissen, dienstwillig, fügsam, gehorsam, gewillt, nachgiebig.

Willigkeit → Bereitwilligkeit, Entgegenkommen, Ergebenheit, Gefälligkeit, Willfährigkeit.

Willkomm → Ankunft, grüßen.

willkommen angenehm, zusagend, erfreuend, gelegen, erwartet, erwünscht, ansprechend, wohltuend, erfreulich, wünschenswert, vortrefflich, beliebt, gern gesehen, ein gefundenes Fressen u, Wasser auf die Mühle, das ist der wahre Jakob u, das kommt wie gepfiffen u ● Guten Morgen! Guten Tag! Hallo! Wie geht es? Herzlich willkommen! Habe die Ehre! Gott zum Gruß! Grüß dich Gott! → angenehm, annehmbar, beliebt, charmant, erwünscht, gefragt, genehm, passend. ▶ unbeliebt, unerwünscht, unpassend.

Willkür → Belieben, Despotismus, Eigenmächtigkeit, Fahnenflucht, Machtpolitik, Tyrannei, Unrecht, Wille.

Willkürherrschaft → Beeinflussung, Despotismus, Diktatur, Tyrannei.

Willkürherrscher → Despot.

willkürlich → beliebig, demungeachtet, despotisch, eigenmächtig, einer oder der andere, Faust auf eigene, geflissentlich, Reihe außer der, ungesetzlich, unrecht.

wimmeln wuseln. → drängen, häufen sich.

wimmelnd → massenhaft, überflüssig, überfüllt.

wimmern winseln, ächzen, stöhnen, seufzen, ausstoßen, wehrufen, zetern, klagen, jammern, heulen, weinen, schluchzen, greinen, flennen, aufschreien, kreischen, ein Jammergeschrei erheben, Seufzer entpressen. → beklagen, beweinen, Blick mit feuchtem, klagen, weinen. ▶ erfreuen sich, lachen, überwinden.

Wimpel → Ausschmückung, Fahne.

Wind Luftzug, Orkan, Luft, Luftströmung, Sturm, Windstoß, Prise, Böe, Lüftchen, Hauch, Sturmwind, Wirbelwind, Drehsturm, Windhose, Taifun, Monsun, Mistral, Passatwind, Regenwind, Föhn, Windsbraut ● Schnelligkeit, Geschwindigkeit, Galopp, Hurtigkeit, Flug ● Nichtigkeit, Schaum, Wertlosigkeit, Belanglosigkeit, Unbedeutendheit, Gehaltlosigkeit, Unwichtigkeit, Bedeutungslosigkeit, leere Luft, leeres Stroh. → Blitz, Durchzug, Luft.

Wind bekommen entdecken, herausfinden, herausschnüffeln, ausspüren, ermitteln, bemerken, lauern, auf die Spur kommen, auskundschaften, auftreiben, aufstöbern, den Braten riechen, einen sechsten Sinn haben, ausklügeln, erraten, voraussehen. ▶ übersehen.

Wind machen Aufhebens machen, betonen, Beachtung schenken, Wichtigkeit zuschreiben, Wichtigkeit beimessen, wichtig tun, sich angelegen sein lassen, hervorheben, bekümmern, zu wichtig nehmen, aufblasen, aufschneiden, sich aufblähen, aufblähen, sich herausstreichen, vergrößern, sich brüsten, prahlen, prangen, aufbauschen, schwadronieren, die große Trommel rühren, große Rede führen, renommieren. ▶ bescheiden (sein), zurücksetzen.

Wind schlagen, in den vernachlässigen, entschlüpfen lassen, übergehen, geringschätzen, verabsäumen, auf die leichte Achsel nehmen, nicht beachten, nicht daran denken, verscherzen, unterlassen, beiseite legen, nicht hören, nicht folgen, über Bord

werfen, vom Halse schaffen, unter den Tisch fallen lassen. ▶ bedenken, überlegen.

Windbeutel → Angeber, Betrüger, Chauvinist.

Windbeutelei → Blendwerk, Bombast, Prahlerei, Täuschung.

Winde → Aufzug, Elevator, Cyklon, Pflanze, Rolle, Werkzeug.

winden rollen, ringeln, bohren, biegen, locken, kräuseln, strudeln, wälzen, drillen, kurbeln, spulen, haspeln, aufdrehen ● auswinden, auswringen. → aufrollen, aufwinden, drehen, krümmen, lupfen, schrauben. ▶ strekken.

winden, sich genötigt werden, gezwungen werden, müssen, unter Zwang stehen ● Schmerzen haben, gequält werden, sich krümmen. → aufrollen, Kotau machen, räkeln sich, schmiegen sich. ▶ aufrecht (sein), freistellen.

Windhund → Leichtfuß, Tier, Wüstling.

windig scheinheilig, unecht, nichtig, leer, lumpig, haltlos, hemmungslos, würdelos, lokker, leichtlebig, leichtsinnig, ungebunden, liederlich, zügellos, wüst ● prahlerisch, windbeutelig, flunkerhaft, aufgeblasen, aufgeplustert. → luftig. ▶ anständig, bescheiden, ehrlich, verantwortungsbewußt, (windstill).

Windmacherei → Anmaßung, Prahlerei.

Windmühlen kämpfen, gegen in den Wind reden, tauben Ohren predigen, Bier nach München tragen, Flöhe hüten, Eulen nach Athen bringen, auf den Sand bauen, da ist Hopfen und Malz verloren, in den Kamin schreiben, von Pontius zu Pilatus laufen, Nutzloses tun, umsonst kämpfen, wirkungslos arbeiten, sich vergeblich mühen, einen Ochsen ins Horn petzen, das Pferd am Schwanz aufzäumen. ▶ Erfolg haben, helfen.

windschief → schräg.

windschlüpfig schnittig, stromlinienförmig.

Windstille Flaute.

Windung Serpentine, Spirale, Umschlingung, Krümmung, Bucht, Beugung, Einbiegung, Drehung, Abweichung, Neigung, Wendung, Schwung, Schwenkung, Kurve, Gewundenheit, Ringelform, Umwindung, Schneckengang, Bogen, Krümmung, Schnörkel, Schraubengang, Wendeltreppe. → Biegung, Cyklon, Drehung, Kurve, Schlange, Schnecke, Schnörkel. ▶ Geradlinigkeit.

Wink Tip, Hinweis, Wink mit dem Zaunpfahl, Zeichen, Fingerzeig, Anspielung, Andeutung, Anhaltspunkt, Achselzucken, Geste, Kopfschütteln, Augenspiel, Gebärde, Mienenspiel, Stichwort, Weisung, Belehrung, Spur, Wegweiser, Angabe, Auskunft, Bescheid, Deut, Eröffnung, Kopfnicken. → Angabe, Anhaltspunkt, Anspielen, Auslassung, Bemerkung, Benachrichtigung, Blick, Deut, Erkennungszeichen, Ermunterung, Fingerzeig, Geste, Hinweis, Miene, Rat, Ratschlag, Warnung.

Winkel → Ecke, Ort, Schräge, Werkzeug.

winkeln biegen, abbiegen, knicken, formen, bilden, krümmen, beugen, kreuzen, ausbeugen, buchten. → abbiegen, abweichen. ▶ begradigen.

Winkelzug → Ausrede, Ausweg, Behelf, Deckmantel, einmal ist keinmal, Fische faule, Hintertüre, Manöver, Schikane, Schleichweg, Täuschung.

Winkelzüge machen → betrügen, brechen das Gesetz, täuschen.

winken wedeln, fächeln, schwingen, schlagen, wakkeln, ein Zeichen geben, deuten, zuwinken, winke winke machen, gestikulieren, schwenken, blinken, eine Flagge hissen. → anhalten.

winken, mit dem Zaunpfahl zu verstehen geben, hinweisen, die Augen öffnen, äußern, sprechen, reden, offenbaren, mit dem Scheunentor winken, durch die Blume sagen, dartun, Bescheid geben, enthüllen, ansagen. ▶ verschweigen.

winklig → eckig.

winseln wimmern, schreien, miauzen, jaulen, greinen, miauen, angeben, rufen, klagen. → beklagen, beweinen, Blick mit feuchtem, weinen, wimmern. ▶ jauchzen.

Winter → Jahreszeit, Kälte.

winterlich → eisig, kalt.

Winzer → Bauer.

winzig → begrenzt, bloß, dünn, gering, klein, mikroskopisch, putzig, unsichtbar.

Wipfel Baumkrone, Krone, Laubkrone, Laubwerk, Laubdach, Belaubung.

Wippe → Schaukel.

wippen → rucken, schaukeln, schweben, strafen.

Wirbel Zapfen, Bindemittel, Bolzen, Stift ● Unordnung, Strudel, Getümmel, Trübung ● Knochen, Wirbelknochen, Wirbelsäule, Halswirbel ● Schraubhebel ● Drehung, Umlauf, Wirbelwind, Taifun, Strömung, Welle, Wallung,

Sprudel, Sturm ● Trommel, Trommelschlag, Trommelwirbel, Geigenwirbel. → Auflauf, Befestigung, Brandung, Chaos, Cyklon, Trubel.

wirbelig wirbelnd, kreiselnd, drehend, strudelnd, herumwirbelnd ● unruhig, aufgeregt, turbulent, tobend.

wirbeln trommeln, schlagen ● strudeln, wogen, wallen, branden, wälzen, rollen, drehen, kurbeln. → drehen.

Wirbelsturm → Cyklon.

wirken funktionieren, tun, arbeiten, schaffen, machen, erzeugen, hervorrufen, herstellen, formen, anfertigen, aufrichten, handeln, unternehmen, verrichten, bewerkstelligen, erledigen, leisten, vollbringen, vollführen, angreifen, dienen, sich widmen, ausüben, besorgen, anfassen, werken, verfahren, vorgehen, tummeln sich, weben, durchwirken, sticken, klöppeln, häkeln ● wirken für, heilen, gedeihen, bekommen. → anfassen, arbeiten, aussehen, bedienen, beistehen, bekümmern, berufstätig, beschäftigen, bewerkstelligen, durchbringen sich, ernähren sich, machen, schaffen, tun, unternehmen, vermögen, walten. ▶ faulenzen, verschlimmern.

wirklich → absolut, ach, anwesend, augenscheinlich, beglaubigt, bestimmt, definitiv, echt, effektiv, erwiesen, fest, feststehend, gegeben, konkret, leibhaftig, objektiv, positiv, real, selbstverständlich, sicher, tatsächlich, tüchtig, unbedingt, was.

Wirkliches → Dasein, Echtheit, Tatsache, Wahrheit.

Wirklichkeit → Begebenheit, Dasein, Echtheit, Erdentage, Erscheinung, Existenz, Tatsache, Wahrheit.

wirklichkeitsfern utopisch, unsachlich, idealistisch, verblasen, grüner Tisch, den Kopf in den Sand stecken, nicht mit beiden Beinen auf dem Boden der Tatsachen stehen, unrealistisch ● ungreifbar, undinglich, undurchsichtig, unwirklich. → phantastisch. ▶ wirklichkeitsnah.

wirklichkeitsnah gegenwartsnah, sachlich, wesentlich, lebendig, gestaltet, bestimmt, leibhaftig, greifbar, körperhaft, dinglich, bestimmbar, faßbar, wesenhaft, deutlich, klar, anschaulich ● den Tatsachen ins Gesicht sehend. → gegenständlich. ▶ unfaßbar, weltfremd, wesenlos.

Wirklichkeitssinn Nüchternheit, Realismus, Vernunft, gesunder Menschenverstand, Klarsicht.

wirksam Funktion in, funktionieren, durchgreifend, einschneidend, wirkungsvoll, gut, nützlich, tauglich, günstig, dienlich, wichtig, behilflich, verwendbar, bestimmend, passend, angemessen. → aktiv, anwendbar, ausschlaggebend, denkwürdig, derb, drastisch, durchschlagend, erfolgreich, förderlich, fruchtbar, gedeihlich, gelungen, intensiv, mächtig, sicher. ▶ unwirksam.

Wirksamkeit → Aktivität, Arbeit, Bedeutung, Dynamik, Energie, Fähigkeit, Faktor, Nützlichkeit, Wichtigkeit.

Wirkstoff Extrakt, Substanz ● Ferment, Hormon, Vitamin.

Wirkung Ergebnis, Ausgang, Resultat, Ausschlag, Reflex, Auswirkung, Reaktion, Effekt, Niederschlag, Eindruck, Nachwirkung, Ende, Nachwehen, Erfolg, Konsequenz, Ertrag, Gewinn, Folge, Frucht, Knalleffekt, Tat, Ausfluß, Auswirkung, Entwicklung, Ausgang, Produkt, Entscheidung, Werk, Arbeit. → Einwirkung, Erfolg, Ergebnis. ▶ Ursache, Wirkungslosigkeit.

Wirkungsbereich → Beruf, Betrieb, Büro, Wirkungskreis.

Wirkungskraft → Bedeutung, Einfluß, Tragweite, Irrtum.

wirkungskräftig → eindrucksvoll, förderlich, wichtig, wirksam.

Wirkungskreis Tätigkeitsbereich, Unternehmen, Fach, Wirkungsbereich, Beruf, Arbeitsfeld, Amtspflicht, Arbeitsplatz, Betätigungsfeld, Bezirk, Geschäftszweig, Obliegenheit, Gewerbe, Lebensinhalt, Handwerk, Aufgabe, Lebensstellung, Existenz, Amt, Dienstbereich, Betätigung, Handel, Dienstangelegenheit. → Amt, Arbeit, Ausdehnung, Beruf, Bezirk, Charge, Entfaltungsmöglichkeit, Erwerbszweig, Existenz, Machtbereich, Milieu, Spielraum.

wirkungslos → ausdruckslos, nutzlos, reizlos, überflüssig, unbedeutend, unfruchtbar.

Wirkungslosigkeit → Bedeutungslosigkeit, Einflußlosigkeit.

Wirkungsvermögen Einwirkungskraft, Stärke, Gewalt, Wirksamkeit, Energie, Einfluß, Bedeutung, Arbeitskraft, Fähigkeit, Macht, Stärke, Ausdruckskraft, Vollkraft, Durchschlagskraft, Betriebskraft, Tatkraft, Schlagkraft, Nachdruck. → Durchschlag, Faktor, Wirkung. ▶ Unvermögen.

wirkungsvoll → auffallend, charmant, erregend, gigantisch, schmuck, schön, wirksam.

wirr verzottelt, zerzaust. → bestürzt, betroffen, chaotisch, durcheinander, Hand noch Fuß nicht, konfus, kreuz und quer, uneinheitlich, unerkennbar, verrückt, verwirrt.

Wirren → Aufstand, Bürgerkrieg, Krise, Revolution, Unordnung.

Wirrnis → Chaos, Durcheinander, Knäuel, Unordnung, Wirrwarr.

Wirrsal → Chaos, Durcheinander, Unordnung, Wirrwarr.

Wirrwarr Gewirre, Wortschwall, Unbestimmtheit, Geschwätz, Unklarheit, Verworrenheit, Salat, Wirrnis, Wirrsal, Unordnung, Chaos, Verwicklung, Kraut und Rüben, Sprachgewirre, Sammelsurium, Allerlei, Mischmasch, Vermischung, polnische Wirtschaft, Regellosigkeit, Vermengung, Unregelmäßigkeit, Mischung, Mengsel. → Aufregung, Bestürzung, Chaos, Kraut und Rüben, Ragout, Trubel, Unordentlichkeit. ▶ Beruhigung, Ordnung.

Wirt Hauswirt, Gastwirt, Hotelwirt, Kneipwirt, Pensionsherr, Gaststättenbesitzer, Herbergsvater, Krüger ● Ehemann, Ehegespons ● Veranstalter, Bewirter, Hausherr. → Gastgeber. ▶ Gast.

Wirtschaft Gasthaus, Absteigehaus, Gasthof, Weinhaus, Osteria, Bar, Schenke, Kneipe, Herberge, Bierhaus, Wirtshaus, Pinte *u*, Butike, Kaschemme, Schankstube, Straußwirtschaft, Besenwirtschaft ● Betrieb, Haus, Eigentum, Bauernhof ● Handel, leben, Volkswirtschaft. → Ausschank, Chaos, Gaststätte, Unordnung, Wirrwarr. ▶ Ordnung, Ruhe.

wirtschaften → beiseite legen, einsparen, erübrigen, haushalten, sparen, toben.

Wirtschafterin → Mamsell.

wirtschaftlich → anspruchslos, bescheiden, finanziell, haushälterisch, ökonomisch, rationell.

Wirtschaftlichkeit → Bescheidenheit, Einsparung, Ersparnis.

Wirtschaftskampf → Erwerbskampf, Konkurrenz.

Wirtschaftsblüte Aufschwung, Konjunktur, Boom, Wachstum.

Wirtschaftsleben → Handel, Wirtschaft.

Wirtshaus → Ausschank, Butike, Gaststätte, Wirtschaft.

Wirtshaus besuchen einkehren, sich niederlassen, hineingehen, auf ein Bierchen *u*, ein Zug durch die Gemeinde *u*, Bierreise *u*, Sauftour *u*.

Wisch Schrieb, Zettel, Schreiben, Briefchen, Blatt, Stück Papier, Schriftstück ● Strohbüschel ● Lumpen, Putztuch, Stück Stoff, Lappen, Tuch, Feudel. → Lausbub.

wischen → bohnern, bürsten, putzen.

Wischer Tupfer, Pflaster ● Scheibenwischer, Reiniger ● Rüffel, Ausschelte, Anschnauzer, Ausputzer, Anpfiff, Anschiß *u*, Zigarre *u*, Donnerwetter, Gardinenpredigt, Strafpredigt, Tadel, Philippika.

Wispern → Dämpfung, Getuschel.

wispern tuscheln, flüstern, lispeln, zischeln, zischen, fispern, fispeln, knistern, summen, säuseln.

Wißbegier Wissensdurst, Forschergeist, Forschungstrieb, Forschungseifer, Beweglichkeit, Aufmerksamkeit, Unruhe, Trieb, Anreiz, Eifer, Streben, Beflissenheit, Ahnungsdrang, Fortschrittsbedürfnis, Faustseele ● Neugierde, Spannung, Ungeduld, Ermittlung, Unbeherrschtheit. → Aufmerksamkeit, Beflissenheit, Eifer, Interesse, Neugierde. ▶ Stumpfsinn, Teilnahmslosigkeit, Trägheit.

wißbegierig strebsam, beflissen, gespannt, eifrig, faustisch, unersättlich, erkenntnisfroh, hintergründig, forschungslustig, fragselig, fraglustig, unbeherrscht, ungeduldig, erpicht, versessen, aufmerksam, vorwitzig, neugierig, wunderfitzig. → eindringen in das Geheimnis, strebsam. ▶ stumpfsinnig, teilnahmslos, träge.

Wissen Erkenntnis, Erkennen, Meisterschaft, Gelehrsamkeit, Talent, Klugheit, Vorstellung, Einblick, Verständnis, Vertrautheit, Einsicht, Erfahrung, Beobachtung, Entdeckung, Weisheit, Begabung. → Erfahrung, Fähigkeit, Kenntnis, Verstand. ▶ Unwissenheit.

wissen in allen Sätteln gerecht sein. → erfahren, kennen, können.

wissen lassen → angeben, benachrichtigen.

wissen, nicht ein noch aus zaudern, zweifeln, schwanken, ratlos oder fassungslos oder unschlüssig sein, zögern, Bedenken haben, Zeit nehmen, sich überlegen, sich drehen und wenden, lavieren ● abraten, abreden, entmutigen, Bedenken tragen, warnen, gehemmt sein ● in Schwierigkeiten geraten, ringen, schwerfallen, mit sich ringen, keinen Ausweg wissen, im dunkeln tappen, Kopfzerbrechen verursachen, sich abmühen, sich nicht zu helfen wissen, sich festfahren.

aufsitzen, in der Patsche sitzen, nicht vorwärts kommen. ▶ beurteilen, entscheiden sich, ermutigen, entwirren den Knoten.

wissend → aufgeklärt, beschlagen, klug.

Wissenschaft Studium, Forschung, Lehre, Darstellung, Geisteswissenschaft, Seinswissenschaft, Wissenschaftskunde, Naturwissenschaft, Philosophie, Geschichtswissenschaft, Religionswissenschaft, Volkswissenschaft, Erforschung, Erkenntnis, Geistesarbeit, Erkenntnislehre, Meisterschaft. ▶ Kunst.

wissenschaftlich festgestellt, feststellbar, erklärbar, erklärlich, allbekannt, anerkannt, quellenmäßig, wissenschaftsmäßig, zielgerecht, methodisch, planvoll, experimentell, forschungsmäßig. → systematisch. ▶ dilettantisch.

Wissenschaftler → Gelehrter.

Wissensdurst Wissensdrang. → Interesse, Neugierde, Wißbegierde.

wissensdurstig → lernbegierig, wißbegierig.

wissenswert → interessant.

wissentlich → absichtlich.

Witfrau Witib. → Anverwandte.

Witmann → Witwer.

wittern → riechen, schnuppern.

Witterung → Ahnung, Fährte, Feingefühl, Instinkt, Klima.

Witwe Witib, Hinterbliebene, Witfrau, Witwenstand, Verwitwung, Hintersasse ● Strohwitwe. → Anverwandte.

Witwer Hinterbliebener, Witmann, Hintersasse, Eheloser, Zurückgelassener ● Strohwitwer. → Anverwandte.

Witz Geistesfunke, Einfall, Scherz, Spaß, Jux, Schnulze *M*, Scherzhaftigkeit, Schlagfertigkeit, Schwank, Treffer, Faxen, Schabernack, Schalk, Ulk, Schnurrpfeiferei, Pointe, Gag *M*, Humor, Kalauer, Schnake, Streich, Narretei, Posse, Scherzrede, Bonmot, Gag, Spott, Zweideutigkeit, Zote, starker Tabak, aus der ersten Kiste, Stich, Hieb, Schärfe, Witzigkeit, Stichelei, Spaßhaftigkeit, Drolligkeit, Spitze, Gedankensplitter ● Klugheit, Scharfblick, Mutterwitz. → Drolligkeit, Einfall, Idee, Scherz. ▶ Ernst, Witz fauler, Witzlosigkeit.

Witz, fauler Witzlosigkeit, leeres Stroh, Fadheit, Fadigkeit, Torheit, Geistesstumpfheit, Dummheit, Plattheit, Schalheit, Meidinger, Langweiligkeit, faule Späße, Banalität, Gedankenflachheit, trockene Tatsachen.

Witzbold → Spaßmacher.

Witze reißen → belustigen, witzeln.

Witzelei → Belustigung, Spott, Witz.

witzeln necken, spaßen, scherzen, Witze reißen, sich lustig machen, Possen treiben, zum Lachen bringen ● verspotten, spotten, durchhecheln, auslachen, hänseln, narren, bespötteln, foppen, sticheln, frozzeln, veralbern, lästern, an den Pranger stellen, zum Gespött machen, nachäffen, belächeln, verhöhnen, parodieren, karikieren, travestieren. → belustigen, besten halten zum.

witzig schlagfertig, schnurrig, launig, humoristisch, scherzhaft, spaßhaft, spaßig, drollig, putzig, geistreich, stechend, beißend, schneidend, spitz, ironisch, doppelschneidig, schelmisch, kurzweilig, unterhaltend, lächerlich, scharfzüngig, sarkastisch, komisch, possierlich, burlesk. → beredt, geistreich, schalkhaft, unterhaltend. ▶ witzlos.

witzlos → abgedroschen, albern, fad, farcenhaft, langweilig, reizlos, salzig.

Witzlosigkeit → Fadheit, Langweiligkeit, Witz fauler.

wo wo auch immer, irgendwo, in dieser Gegend, hier, dort, stellenweise, allda, dort, dort herum.

Woche für Woche tagaus – tagein, von Tag zu Tag, immer, dauernd, andauernd, unablässig, endlos, immerfort, fort und fort, die ganze Zeit, wochenlang, auf die Dauer.

Wochenbett → Geburt.

Wochenende Weekend. → Ausgang, Freizeit, Ruhezeit.

Wochenkarte → Fahrkarte.

Wochenschrift → Zeitschrift.

Wochentag → Alltag.

wöchentlich allwöchentlich, von Tag zu Tag, wieder und wieder, regelmäßig, alle sieben Tage, von Woche zu Woche.

Woge → Brandung, Welle.

wogen → branden, brodeln, schäumen, schwanken.

woher woraus? wodurch? wieso? weshalb? inwiefern? weswegen? woherkommend? wovon? woherstammend? woherrührend? → warum? ▶ (wohin).

wohin dorthin, hierhin, hierher, dahin, da, dort, hier.

Wohl Vorteil, Anteil, Glück, Glücksfall, Trumpf, guter Fang, Nützlichkeit, Nutzbarkeit, Einträglichkeit, Glückswurf, Segen, Erfolg, Wohlstand, Wonne, Beglückung ● zum Wohl! Prost! Trinkspruch, Höflichkeitsformel. → Glück, Nützlichkeit, Vorteil. ▶ Schädigung, Unglück.

Wohl und Wehe → Leben, Schicksal.

wohl sehr, betont, ausgesprochen, besonders, nachdrücklich, beträchtlich, ansehnlich, erheblich, hoch, höchlich, überaus, in hohem Grade ● möglich, denkbar, vielleicht, so Gott will, wenn es die Umstände gestatten ● jawohl, bestimmt, fraglos, natürlich, wahrlich, fürwahr ● gesund, gut, pudelwohl, kannibalisch wohl, unbesorgt. → behäbig, fest, gemütlich, gesund, möglicherweise, schlechthin. ▶ krank, unbestimmt, unmöglich, unwohl.

wohlauf → gesund.

Wohlbefinden → Befinden, Gesundheit, Wohlbehagen.

wohlbefinden, sich → Damm sein auf dem, gesund.

Wohlbehagen Wohlbefinden, Gemütlichkeit, Befriedigung, Wohlstand, Wohlleben, Erdenfreude, Bequemlichkeit, Zufriedenheit, Wohlgefühl, Wohlsein, Gesundheit, Wohligkeit, Behaglichkeit, Annehmlichkeit, Seelenfriede, Daseinsfreude, Urbehagen, Gemächlichkeit, Lebensfreude. → Befriedigung, Seelenfriede. ▶ Unbehagen, Unzufriedenheit.

wohlbehalten → ganz, gesund, intakt.

wohlbekannt → bekannt, vertraut.

wohlbeleibt → dick, dickwanstig.

wohlberechnet → taktisch.

wohlbeschaffen hübsch, gutaussehend, gefällig.

wohlbewußt → absichtlich, systematisch.

wohlduftend → aromatisch.

wohldurchdacht → rationell, systematisch.

Wohlergehen → Befinden, Gesundheit, Segen, Wohlbehagen.

wohlerhalten → ganz, gesund, intakt.

wohlerwogen überlegt, bedacht, bewußt, beabsichtigt, berechnet, einstudiert, beschlossen, vorherbestimmt, gedacht, abgemacht, geplant, vorbereitet, verabredet. ▶ unüberlegt.

wohlerzogen gute Erziehung, gute Manieren, gute Sitten, höflich, anständig, gesittet, manierlich, artig, geschliffen, gebildet, kultiviert, schicklich, gebührlich, nett, brav, gefällig, verbindlich, bescheiden, liebenswürdig, liebreich, aufmerksam, formgewandt, gute Kinderstube, sittsam, tugendhaft. → anständig, artig, freundlich, gebildet, gesittet, höflich. ▶ unerzogen.

Wohlerzogenheit Höflichkeit, Schliff, Manieren, Manierlichkeit, Sitte, Bildung, gute Erziehung, Weltgewandtheit, Haltung, Lebensart, Takt, guter Ton, Salonfähigkeit, Ritterlichkeit, Zuvorkommenheit, verbindliches Wesen ● Reinheit, Anstand, Sittsamkeit, Keuschheit, Zartgefühl, Bescheidenheit, Züchtigkeit. → Anstand, Bescheidenheit, Courschneiderei, Dekorum, Höflichkeit, Salonfähigkeit, Takt, Tugendhaftigkeit, Verbindlichkeit. ▶ Unerzogenheit.

Wohlfahrt Wohlbefinden, Wohlergehen, Glück, Erfolg, Segen, Wohlstand, Glückstand ● Menschenfreundlichkeit, Opfersinn, Wohltätigkeit, Fürsorge, Hilfe, Liebestätigkeit, Liebeswerk, Wohlfahrtswesen, Hilfsdienst, Hilfstätigkeit, Hilfswerk, Arbeiterwohlfahrt, Wohlfahrtspflege. ▶ Selbstsucht, Verderben.

wohlfeil → Butterbrot für ein, günstig, kaufwürdig, preiswert, umsonst, vorteilhaft.

wohlfühlen sich heimisch fühlen, sich freuen, sich ergötzen, sich erquicken, in gehobener Stimmung sein, zufrieden sein, in Behagen leben, sich behaglich einrichten, sich sonnen, sich's behaglich machen, ungetrübten Mutes sein, sich kannibalisch wohlfühlen. → wohl. ▶ übel sein.

wohlgebaut → ästhetisch, ebenmäßig, schön.

Wohlgeboren, Euer → Anrede.

Wohlgefallen → Liebe, Lust, Neigung, Wohlbehagen.

wohlgefallend → anmutig, schmuck, schön.

wohlgefällig → anmutig, gefällig, schmuck, schön.

wohlgeformt → ästhetisch, charmant, ebenmäßig, schön.

Wohlgefühl → Daseinsfreude, Genuß, Gesundheit, Lebensfreude, Wohlbehagen.

wohlgegliedert → ästhetisch, stilvoll, systematisch.

wohlgelitten → befreundet, beliebt, bekannt.

wohlgemut vergnügt, leichtherzig, heiter, lebensfroh, frohgemut, siegessicher, aufgeräumt, zufrieden, aufgeschlossen, munter, gutgelaunt, sorglos, seelenfroh, seelenvergnügt, wohl, wohlig, erfreut, freudig, befriedigt, belebt, übermütig, frohgestimmt, sonnig, frisch, fröhlich, lebenslustig. → aufgelegt, aufgeräumt, aufgeschlossen, beruhigt, himmelhochjauchzend, munter. ▶ beunruhigt, unzufrieden.

wohlgenährt → dick.

wohlgenießbar → appetitlich, gut.

Wohlgeruch → Aroma, Duft.

Wohlgeschmack Köstlichkeit, Schmackhaftigkeit, Blume, Aroma, Würze, Gaumenkitzel, Leckerbissen, Hochgenuß, Schmaus, Näscherei, Götterspeise, Götterkost, Lerchenzunge, Schwalbennest, Schnepfendreck, Kiebitzei, Auster, Feinkost, Feingebäck, lukullische Mahlzeit. → Aroma, Feinkost. ▶ Widerlichkeit.

wohlgesinnt → wohlwollend.

Wohlgestalt → Anmut, Anziehung, Charme, Schönheit.

wohlgestaltet → anmutig, anmutsvoll, ästhetisch, charmant, ebenmäßig, entzückend, fein, graziös, schön.

wohlgewachsen → anmutig, ebenmäßig, schön.

wohlgezielt → ausführlich, genau.

wohlhabend → bemittelt, reich

wohlig → angenehm, gemütlich, heiter, wohl, wohlgemut.

Wohlklang → Cantus, Einklang, Eleganz, Harmonie.

wohlklingend klangreich, melodisch, wohllautend, musikalisch, sangvoll, sangbar, silberhell, flötend, melodiös, harmonisch, liedmäßig, glokkenklar, tonsicher, gut, schmelzend, rhythmisch, bezaubernd, hinreißend, übereinstimmend. → anklingend, melodisch, schmelzend. ▶ mißtönend, unharmonisch.

Wohlleben Schlaraffenleben. → Bequemlichkeit, Ergötzen, Freude, Luxus, Unmäßigkeit, Wohlbehagen.

wohlmeinend → wohlwollend.

wohlriechen → duften, riechen.

wohlriechend → aromatisch, duftig.

wohlschmeckend → angenehm, appetitlich, aromatisch, auserlesen, delikat, eßbar, fein, hausgemacht, köstlich, schmackhaft.

Wohlsein → Befinden, Gesundheit, Wohlbehagen.

Wohlstand → Besitz, Dekorum, Ergiebigkeit, Gunst des Schicksals, Luxus, Reichtum, Segen, Überfluß, Vermögen.

Wohltat Guttat. → Barmherzigkeit, Dienstleistung, Gabe, Opfer, Tat.

Wohltäter Spender, Menschenfreund, Samariter, Helfer, Retter, Quäker, Armenvater, Waisenvater, Waisenpfleger, Pfleger, Barmherziger, Krankenpfleger, Krankenschwester, Pflegerin, Diakonisse, Rotkreuzschwester, Fürsorgerin, Säuglingsschwester, Kinderfreund. ▶ Menschenfeind, Übeltäter.

wohltätig humanitär. → barm-

herzig, bekömmlich, freigebig, großmütig, Hand offene, heilkräftig, kräftigend.

Wohltätigkeit Caritas. → Barmherzigkeit, Dienstleistung, Gabe, Opfer, Tat.

Wohltätigkeitsanstalt → Charite.

wohltuend herzstärkend, gut, vorteilhaft, zuträglich, heilsam, heilkräftig, wohltätig, bekömmlich, kräftigend, gedeihlich, nahrhaft, heilend ● anregend, angenehm, zusagend, willkommen, erwünscht, erfreulich, wünschenswert, schön, ergötzlich, labend, erfrischend, erquickend, lecker. → angenehm, behaglich, bekömmlich, erfreulich, erfrischend, erwünscht, gut, gesund, kräftigend, schmeichelhaft. ▶ unangenehm, ungesund.

wohltun wohlwollen, gut tun, trösten, gut behandeln, Gutes tun, helfen, Wohltaten erweisen, beistehen, die Not lindern, unter die Arme greifen, bemuttern, Verständnis zeigen. → helfen. ▶ hemmen, übelwollen.

wohlverdient → angemessen, gebührend.

wohlweislich überlegt, wohlüberlegt, weise, klug, vorsichtig, vorsorglich, geschickt, vernunftsgemäß, einsichtsvoll, einsichtig, begründet.

Wohlwollen Güte, Freundlichkeit, Menschenfreundlichkeit, Mitgefühl, Warmherzigkeit, Entgegenkommen, Hilfsbereitschaft, Liebenswürdigkeit, Gutmütigkeit, Freigebigkeit, Toleranz, Duldsamkeit, Menschlichkeit, Gefälligkeit ● Gunst, Gönnerschaft, Zuneigung, Hinneigung. → Entgegenkommen, Herzlichkeit, Protektion, Wärme. ▶ Mißgunst, Niederträchtigkeit.

wohlwollend gönnerhaft, wohlmeinend, wohlgesinnt, gutmütig, gutherzig, menschlich, liebreich, liebevoll, herzensgut, herzlich, freundschaftlich, menschenfreundlich, liebenswürdig, entgegenkommend, zugetan, günstig, gefällig, hilfreich, zuvorkommend, verbindlich, huldreich, großzügig, bereitwillig, aufmerksam, freundlich. → befreundet, cordial, dulderisch, freundlich, geneigt, hilfreich, jovial, menschlich, sympathisch, warm. ▶ mißgünstig, niederträchtig.

Wohnbereich → Heim.

wohnen siedeln, herbergen, hausen, bleiben, leben, ansässig sein, seinen Sitz haben, sich aufhalten, seßhaft sein, logieren, sich einstellen, mieten, niederlassen sich, bewohnen, einziehen, ein-

quartieren, besitzen, bestallen, sich einnisten, Fuß fassen, bleiben. → aufhalten, aufhalten sich, bewohnen, einbürgern, leben, sein. ▶ fortbleiben, wegziehen.

wohnhaft → ansässig, befindlich, daheim.

wohnhaft sein → aufhalten sich, bewohnen, wohnen.

wohnlich → angenehm, gemütlich.

Wohnort → Aufenthaltsort, Ort.

Wohnraum → Gelaß, Raum, Salon, Zimmer.

Wohnsitz → Aufenthaltsort.

Wohnstätte → Aufenthaltsort, Haus, Heim, Obdach, Ort, Quartier.

Wohnung → Aufenthaltsort, Besitztum, Haus, Heim, Obdach, Quartier, Appartement.

Wohnungseinrichtung → Möbel.

wölben → aufblasen, auftreiben, ausbuchten, blähen.

Wölbung Geschwulst, Knoten, Kuppel, Kuppe, Vorsprung, Höcker, Schwellung, Schwiele, Ausbauchung, Ausbuchtung, Bogen, Bukkel, Erhöhung, Grat, Ausschweifung, Unebenheit, Bauch, Buchtung, Bug, Rundung. ▶ Ebene, Vertiefung.

Wölfen heulen, mit den folgen, sich richten nach, sich gewöhnen, dasselbe tun, mit dem Strom schwimmen, keine eigene Meinung haben, gehorchen, über dem Befehl stehen, keinen eigenen Willen kennen, nachgeben, schwach sein, willenlos sein, nach der Pfeife tanzen. ▶ gehen eigene Wege, widersetzen sich.

Wolfshunger → Appetit, Eßlust.

Wolken fallen, aus den ahnungslos sein, überrascht werden, enttäuscht werden, ernüchtert werden, des Zaubers beraubt werden, überrumpelt werden, aus allen Himmeln fallen, nichts vermutet haben, aus dem Traum erwachen, sich getäuscht sehen. ▶ ahnen, wissen.

Wolken, in den → versunken in, zerstreut.

Wolkenkuckucksheim Nirgendwo, Dingskirchen, Einbildung, Phantasiegebilde, Hirngespinst, Dingsda, Schlaraffenland, Luftschloß, Utopie, Grille, Mondreise, Feenland, Zauberland, Traumwelt, Wunderwelt, Wunderland. → Auswuchs. ▶ Wirklichkeit.

wolkenlos → klar.

wolkenwärts → turmhoch.

wolkig → blind, dunkel, trübe.

wolkig werden → bewölken.

Wolle Faden, Garn, Faser, Strickgarn ● Bedeckung, Behaarung, Fell, Pelz, Haar, Zottel, Borste, Mähne, Locke, Bart, Vlies ● in die Wolle kommen, sich streiten, sich schlagen. → Fell, Mähne. ▶ Baumwolle (Leinen, Seide), vertragen sich.

Wollen → Absicht, Begehr, Wunsch.

wollen Lust haben, Lust bekommen, im Sinn haben, belieben, gelüsten, wünschen, beharren auf, verlangen, ersehnen, begehren, erstreben, erpicht sein, begehren, erwünschen, erhoffen. → bekommen Lust, mögen, neigen, sehnen, verlangen, wünschen. ▶ fügen sich, geringschätzen, sollen.

wollig → buschig, faserig, federartig.

Wollust Sinneslust, Genußfreude, Lust, Sinnlichkeit, Üppigkeit, Rausch, Kitzel, Begierde, Verlangen, Begehrlichkeit, Sinnenreiz, Taumel, Liebeslust ● Sünde, Laster, Schamlosigkeit, Unzucht, Unkeuschheit, Geschlechtstrieb, Erotik, Buhlerei, Lüsternheit, Fleischeslust, Geilheit. → Affekt, Befriedigung, Begierde, Sinnenreiz, Sinnestaumel, Unkeuschheit. ▶ Keuschheit, Selbstbeherrschung, Unbehagen.

wollüstig → anrüchig, ausschweifend, bacchantisch, begehrlich, buhlerisch, dirnenhaft, erotisch, geschlechtlich, unkeusch.

Wollüstling → Bacchant, Casanova, Faun, Wüstling.

womöglich möglicherweise, möglich, hoffentlich, vielleicht, für den Fall.

Wonne → Befriedigung, Eden, Entzücken, Freude, Himmel, Lust, Lustgefühl, Verlangen, Wohlbehagen.

Wonnemonat → Frühling.

wonnetrunken → berauscht, Blick mit leuchtendem, vergnügt.

wonnevoll → charmant, schön, wohl, wonnig.

wonnig herrlich, phantastisch, himmlisch, schön, wonnevoll, köstlich, reizend, sinnberükkend, wunderbar, entzückend, anziehend, sinnbetörend, erfreulich, glückverheißend. → beseligt, schön. ▶ unschön.

worauf → danach, dann, darauf, ferner.

woraus abgeleitet, von, demnach, demgemäß, herkommend, davon, daher, dadurch, herstammend, herleitend, nach, herrührend, entstammend, entquellend. → woher. ▶ daraus.

Wort → Ausdruck, Ehrenwort, Ratschlag, Schwur, Versprechung.

Wort, ein Mann ein → Ehren-

wort, Treue, Verpflichtung, Versprechung.

Wort entziehen, das den Mund stopfen, zum Schweigen bringen, Stillschweigen auferlegen, die Lippen versiegeln, knebeln, ein Schloß vor den Mund legen, das Wort ersticken, die Rede unterbinden. → bringen zum Schweigen. ▶ reden, (Wort erteilen).

Wort nehmen, beim verbindlich machen, verpflichtet machen, das Ehrenwort abnehmen, den Schwur abnehmen, bestehen auf, verharren bei ● sich auf jemanden verlassen, jemandem vertrauen. ▶ entpflichten, nachsehen, (nicht ernst nehmen).

Wort für Wort wörtlich, genau, exakt, sinngemäß, buchstäblich, textlich, genauestens, wiedergebend, nachäffend, nachahmend, wiederholend. ▶ undeutlich, ungenau.

wortarm → schweigsam.

Wortbedeutung → Ausdruck, Begriff, Definition, Hinsicht.

Wortblümchen → Floskel.

Wortbruch → Ableugnung, Dolchstoß, Fahnenflucht, Unredlichkeit.

wortbrüchig → abtrünnig, bestechlich, charakterlos, fahnenflüchtig, falsch, unredlich.

Wortdeutung → Auslegung.

Worte abwägen, die sich vorsehen, überlegen, Bedenken tragen, die Worte abmessen, die Worte zählen, sich in acht nehmen, Sorge tragen, auf der Hut sein, achtgeben, genauestens nachdenken, es sich vorher überlegen, ausklügeln, erwägen, auf die Goldwaage legen, eine Sache beschlafen, seine Gedanken sammeln, mit sich zu Rate gehen. ▶ aufbrausen, schwatzhaft (sein), Fassung verlieren.

Worte, glatte Täuschung, Blendung, Betörung, Vorspiegelung, List, Bestechung, falscher Lärm, krumme Wege, Schlauheit, Diplomatie, Gerissenheit, Gaunerei, Doppelzüngigkeit, Schlinge, Danaergeschenk, Verschlagenheit, Fußangel. → aalglatt. ▶ Wort ein Mann ein.

Worte, hohle → Bedeutungslosigkeit, Blech.

Worte, schöne → Beeinflussung, Schmeichelei, Versuchung.

Wörterbuch → Wortschatz.

Wortführer Sprecher, Redner, Vorredner, Volksredner, Präsident, Vorsitzender, Leiter, Lenker, Vorstand, Vorsteher, Präses, Wortführer. → Direktor. ▶ Nachbeter.

Wortgebrauch → Ausdruck, Begriff, Definition.

Wortgefecht → Aussprache,

Debatte, Diskussion, Polemik, Streit.

Wortgefüge → Text.

wortgewandt → beredt.

Wortheld → Angeber, Marktschreier.

wortkarg → einsilbig, schweigsam.

Wortkargheit → Verschlossenheit.

Wortklauberei → Haarspalterei.

wortklauberisch → rabulistisch.

Wortkrämer → Besserwisser.

Wortkrämerei → Bedeutungslosigkeit, Chauvinismus, Haarspalterei, Pedanterie.

Wortkünstler → Dichter, Stilist.

Wortlaut → Darstellung, Deutung, Text, Version.

wörtlich → buchstäblich, genau, Wort für Wort.

wortlos → baff, Donner gerührt, schweigsam, verwirrt.

wortreich → langatmig, redselig, schwatzhaft.

Wortschatz Begriffsschatz, Ausdrucksschatz, Vokabularium, Begriffsvorrat ● Wörterbuchsammlung.

Wortschwall → Abschweifung, Beredsamkeit, Floskel, Phrase, Redseligkeit, Wirrwarr.

Wortsinn → Ausdruck, Begriff, Deutung, Inhalt.

Wortspalterei → Haarspalterei, Pedanterie.

Wortspiel → Doppelsinn, Witz, Wortverdrehen.

Wortstreit → Debatte, Diskussion, Disput, Erörterung, Streit, Turnier.

Wortverdreher Deutler, Tüftler, Schulfuchs, Haarspalter, Kümmelspalter, Flausenmacher, Kniffler, Wortklauber, Wortstreiter, Pedant, Silbenreiter, Silbenstecher, Advokat, Rechtsverdreher, i-Punktreiter.

Wortverdreherei Entstellung, Verdrehung, Wortverdrehung, Falschmeldung, Verunstaltung, Verzerrung ● Deutelei, Kniffelei, Haarspalterei, Mißdeutung, Wortspiel. → Darstellung unrichtige, Haarspalterei. ▶ Genauigkeit.

Wortwechsel → Auseinandersetzung, Debatte, Diskussion, Gehader, Streit, Szene, Zank.

Wortweiser → Register, Verzeichnis.

woselbst → daselbst.

wozu → warum.

Wrack → Bruchstück, Trümmer, Überrest.

wringen auswringen, auswinden, ringen, drehen, schlingen ● entwässern, trocknen.

Wucher Habsucht, Schacher, Güterschlächterei, Geiz, Raffgier, Gewinnsucht, Begehrlichkeit, Wucherzinsen,

Feilheit, Geldhunger, Schieberei, Gaunerei, Prellung ● Unredlichkeit, Ungesetzlichkeit, Betrug, Büberei, Unrecht, Preistreiberei. → Feilheit, Geldgier, Preistreiberei, Schacher, Schleichhandel, Überforderung. ▶ Großmut, Redlichkeit.

Wucherer Güterschlächter, Beleiher, Pfandschleicher, Raffer, Schacherer, Halsabschneider, Harpagori, Leuteschinder, Raffke, Schächer, weißer Jude, Schmarotzer, Ausbeuter, Usurpator. → Betrüger, Blutsauger, Erpresser, Raffer. ▶ Geber.

wucherisch → maßlos.

wuchern wildwachsen. → anschwellen, raffen, Tanz ums goldene Kalb.

wuchernd → üppig.

Wucherung Wildwuchs. → Polyp, Steigerung, Wölbung, Zunahme.

Wuchs → Dehnung, Figur, Höhe, Zunahme.

Wucht Wuchtigkeit, Gewicht, Schwere, Schwergewicht, Kraft, Druck, Ladung, Stärke, Stoß. → Anlauf, Bestimmtheit, Nachdruck. ▶ Kraftlosigkeit, Leichtigkeit.

wuchten heben, stemmen.

wuchtig → ansehnlich, beachtlich, beeinflussend, denkwürdig, eindringlich, gewichtig, gigantisch, groß.

Wühlarbeit Intrige, Sabotage, Schnüffelei ● Werbung. → Wühlerei.

wühlen → anzetteln, bohren, graben, planschen, quälen.

Wühler → Aufständiger, Demagoge, Meuterer, Schädling.

Wühlerei Hetzerei, Stänkerei, Putsch, Aufwiegelung, Revolution, Streik. → Demagogie, Ungehorsam. ▶ Beschwichtigung, Gehorsam, Unterwerfung.

Wulst → Ausdehnung, Erweiterung, Wölbung, Zunahme.

wund schmerzlich, krank, eiternd, faul, schlimm, schlecht, triefend, nässend, blutig, zerfressen ● seelenwund, weh, sterbensleid, leidvoll, trostlos, zerrissen. ▶ gesund. glücklich, unverletzt.

Wunde Stich, Verletzung, Verwundung, Narbe, Quetschung, Trauma, Schnitt, Schmiß *u*, Weh, Riß, Umlauf, Biß, Ritzer, Schramme, Kratzer, Grind, Schorf, Beule, Geschwür, Ausschlag. → Schmiß.

Wunder Wunderding, Zauberei, Hexerei, Stigmatisation, Geisterspuk, Unnatur, Widersinn, Unverständigkeit, Mirakel, Wundererscheinung, Kuriosum, Unmöglichkeit, Undenkbarkeit, Unding, Unwahrscheinlichkeit, Mirakel. → Unding. ▶ (Naturgegebenheit).

wunder was einbilden, sich → anmaßen.

wunderbar fabelhaft, gottvoll, sinnberückend, unerhört, unfaßlich, unübertreffbar, unübertrefflich, herrlich, himmlisch, prima, schön, wundervoll, überraschend, unsagbar, unbegreiflich, unfaßbar, erstaunlich. → beispiellos, charmant, delikat, erstaunlich, fabelhaft, faszinierend, fantastisch, schön, unaussprechlich, unnatürlich. ▶ abscheulich, natürlich.

Wunderdoktor → Bader.

Wunderland → Märchenland.

wunderlich verwunderlich, wundersam. → abgeschmackt, abnorm, bizarr, burlesk, ekstatisch, grotesk, komisch, kurios.

Wunderlichkeit → Drolligkeit, Grille, Lächerlichkeit, Laune, Seltsamkeit.

wundern, sich → erstaunen, staunen.

wundernehmen → erstaunen, staunen.

wundersam → sonderbar, wunderbar.

wunderschön → bestrickend, charmant, fein, prächtig, schön, wunderbar.

wundervoll → auserlesen, gut, köstlich, schön, wunderbar.

Wunderwelt → Märchenland, Wolkenkuckucksheim.

Wundmittel → Arznei.

Wunsch Begehr, Anliegen, Sehnsucht, Verlangen, Wollen, Herzenswunsch, Sucht, Traum, Traumgebilde, Sehnsuchtswunsch, Reiz, Wille, Absicht, Neigung, Hang, Vorliebe, Wonne, Trieb, Drang, Begierde, Durst, Hunger, Begehren, noch andere Wünsche oder Schmerzen?, Wunschtraum ● Eigenwille, Gutdünken, Willkür, Belieben, Ermessen. → Absicht, Auswahl, Bedürfnis, Begehr, Begierde, Belieben, Bewerbung, Drang, Erwartung, Herzenswunsch, Interesse, Neigung, Utopie, Verlangen. Erfüllung, (Wunschlosigkeit), Zufriedenheit.

Wunsch, nach → beliebig, einer oder der andere.

wünschbar → annehmbar, angenehm, erwünscht, lieb, treuer.

Wunschbild → Begehr, Beste, Denkbild, Gipfel, Herzenswunsch, Ideal, Illusion, Utopie, Wunsch.

wünschen erstreben, vermissen, begehren, verlangen, sehnen sich, fragen nach, ersehnen, erstreben, gelüsten, Lust haben, erwünschen, erhoffen, erwarten, erbitten, gerne haben, hungern, dürsten, lechzen, schmachten,

wollen, belieben. → angehen, anhalten, beabsichtigen, bekommen Lust, bestreben sich, bitten, breitschlagen, brennen, einkommen um, ersehnen, erwarten, erzwecken, mögen, sehnen, suchen, streben, verlangen. ▶ erfüllen (sich), zufriedengeben sich.

wünschenswert gut, vortrefflich, wertvoll, schätzenswert, vorzüglich, kostbar, angenehm, dienlich, vorteilhaft, schön, vollkommen, prächtig, prachtvoll, annehmbar, anziehend, je eher je lieber, desiderabel. → angenehm, anziehend, appetitlich, begehrenswert, erfreulich, ersehnenswert, erwünscht, genehm. ▶ unerwünscht.

wunschlos glücklich, leidenschaftslos, befriedigt, genügsam, satt ● gleichgültig, teilnahmslos, stoisch, unbekümmert. → zufrieden. ▶ begierig, unzufrieden.

Wunschtraum → Herzenswunsch, Illusion, Wunsch.

Würde Seelengröße, Menschenwürde, Seelenadel, Edelsinn, Großmut ● Persönlichkeit, Haltung, Majestät ● Beherrschung, Ernst, Leidenschaftslosigkeit, Stete, Gefaßtheit, Gelassenheit, Festigkeit ● Rang, höchste Würde, Titel, Ehre, Wert, Weihe. → Achtung, Bedeutung, Beherrschung, Charge, Ehre, Erhabenheit, Ernst, Fassung, Größe, Rang, Stolz, Unerschütterlichkeit. ▶ Niedrigkeit, Unwürdigkeit.

würdelos charakterlos, gemein, niedrig, gewöhnlich, unadelig, unwürdig, kriechend, windig, haltlos, hemmungslos, erbärmlich, klein, minderwertig, schlecht, knechtisch, armselig, hündisch. → bestechlich, charakterlos, unlauter. ▶ würdevoll.

Würdenträger → Autorität.

würdevoll → edel, ehrenvoll, erhaben, hoheitsvoll, nobel, stolz.

würdig rechtschaffen, brav, ehrwürdig, erhaben, hoheitsvoll, königlich, wertvoll, passend, verdient, achtbar, schätzbar, ehrenwert, geachtet, ehrsam, rühmlich, geehrt, unbescholten. → achtbar, angesehen, bieder, brav, charakterfest, charaktervoll, ehrsam, ehrsinnig, erlaucht, nobel, rechtschaffen, stolz. ▶ unwürdig.

würdigen → achten, anerkennen, bejubeln, beloben, berücksichtigen, besingen, einschätzen, loben, schätzen, urteilen.

Würdigung → Anerkennung, Anklang, Auslegung, Befinden, Begriff, Beifall, Berücksichtigung, Betrachtung, Bewertung, Einschätzung, Einsicht, Kritik, Unterscheidung, Verherrlichung.

Wurf Schuß, Stoß, Druck, Anhieb, Entladung, Stoßkraft, Durchschlagskraft, Tragkraft, Schwingkraft, Schwungkraft, Ballwurf ● Erfolg, Glück, guter Wurf ● Jungtiere, Junge, Gelege, Brut, Geheck *j.* → Bewegungstrieb. ▶ Mißerfolg, Zug.

Wurfbereich → Nähe.

Würfel ist gefallen, der → entschieden.

würfeln → knobeln, losen, spielen.

Wurfgeschoß → Schleuder.

würgen → absperren, quälen, schlingen, schlucken, töten, verschlingen.

Würger → Berserker, Bestie, Bluthund, Mörder, Tier, Tod.

Wurm Tier, Kriechtier, Regenwurm, Lindwurm, Drache, Ungetüm ● Schwächling, Erdenwurm, Kind ● armer Wurm, Kreatur, Unglücksvogel, Schlachtopfer, Dulder, Pechvogel ● Gewissenswurm.

wurmartig → aalförmig, aalglatt, gebogen.

wurmen → ärgern.

wurmstichig → defekt, faul, minderwertig.

Wurst → Aufschnitt.

Wurst nach der Speckseite werfen, die Gewinn zu erzielen suchen, ausnutzen, sich zunutze machen, seinen Vorteil wahrnehmen, seinen Vorteil im Auge behalten, seine Rechnung finden, sichern sich, gesund machen, den Rahm abschöpfen, sich Vorteile verschaffen, sich bezahlt machen, lohnen. ▶ mißlingen, Ohr hauen übers.

Wurst wider Wurst vergelten, wettmachen, Zahn um Zahn, Blut für Blut, Schlag für Schlag, die Scharte auswetzen, wie du mir so ich dir, in der eigenen Schlinge fangen, mit der gleichen Münze heimzahlen, den Spieß umdrehen, das Blatt wenden, wiedergeben, rächen sich, Aug um Aug. ▶ verzeihen.

Wurstelei → Chaos, Unordnung, Wirrwarr.

wursteln → arbeiten.

wurstig egal, gleich, gleichgültig, schnurz, anteillos, lau, stoisch, unbewegt, träge, unbewegt, schläfrig, indifferent, unbekümmert, kühl. → abgebrüht, faul. ▶ fleißig, interessiert.

Wurstigkeit → Trostlosigkeit, Teilnahmslosigkeit, Vernachlässigung.

Würze Zutat, Würzung, Beigeschmack, Kräuter, Pökel, Muskat, Gewürze, Salz ● Geschmack, Nachgeschmack,

Blume, Vorgeschmack, Schmackhaftigkeit, Gaumenkitzel ● Farbe, Schärfe, Witzigkeit. → Aroma, Farbe, Feinkost. ▶ Fadheit.

Wurzel Faserwurzel, Saugwurzel, Pfahlwurzel, Knolle, Zwiebel, Wurzelstock ● Zahl ● Ursache, Samen, Keim, Grundlage, Anfang, Veranlassung, Quelle, Beginn. → Anlaß, Anstoß. ▶ Gipfel, Wirkung.

Wurzel fassen einsiedeln sich, wohnen, einlogieren, beziehen, bleiben, aufhalten sich, einstellen sich, seßhaft werden, einpflanzen sich, einbürgern sich, bewohnen, einmieten sich, eingewöhnen sich, aufgehen in, heimisch werden. → bleiben, wohnen. ▶ aussiedeln, entwurzeln.

Wurzelbürste → Bürste.

wurzeln entstammen. → abstammen.

Wurzelhaftes → Echtes, Original.

würzen hinzufügen, beifügen, beisetzen, beimischen, hinzutun, bestreuen, salzen, pfeffern, begießen, einverleiben, bespritzen. ▶ weglassen.

würzig → appetitlich, aromatisch, duftig, kräftig, saftig.

würzlos fad, geschmacklos, schal, kraftlos, abgestanden, matt, reizlos, wässerig, flau, geschmackleer, labberig *u* ● langweilig, geistlos, witzlos, monoton, eintönig, blöde. → arm, reizlos. ▶ würzig.

wuselig beweglich, geschäftig, unstet, rastlos, ruhelos, irrlichterierend, quecksilbrig, springlebendig, flüchtig, umherschweifend, unstet, kribbelig, hastig, fiebrig, aufgeregt, eilig, unruhig, fickerig. → fahrig. ▶ ruhig, träge.

wuseln bewegen sich, fuchteln, schusseln, flattern, zappeln, hasten, eilen, fegen, zigeunern, geistern, wackeln, wimmeln. ▶ rasten, überlegen.

Wust Unsinn, Geschwätz, Gefasel, Gerede, Possen, Wortschwall, Mist, Sinnlosigkeit, Gicksgacks, Floskel, Firlefanz, Wortgewirre, Redefluß, Wortreichtum ● Maske, Faschingsnarr ● Menge, Masse, Anzahl, Vielheit, Reichtum, Fülle. → Floskel. ▶ Kargheit, Wenigkeit, Wortbedeutung.

wüst abscheulich, absurd, anrüchig, ausschweifend, bacchantisch, beißend, beschämend, bestialisch, blatternarbig, borstig, böse, brutal, chaotisch, erotisch, häßlich, öde, unfruchtbar, unkeusch, unsauber. ▶ fruchtbar, gut, ordentlich, sauber, schön, zahm, zurückhaltend.

Wüste → Einöde, Unfruchtbarkeit.

Wüste gehen, in die abson-

dern sich, isolieren sich, allein sein, ungesellig sein, zurückziehen sich, abschließen sich, einpuppen sich, ein Muschelleben führen, von der Welt abschließen sich, einspinnen sich, vereinsamen. ▶ gesellen sich.

Wüstling Wollüstling, Kreatur gemeine, Schürzenjäger, Lustgreis, Verführer, Lüstling, Mädchenfänger, Mädchenjäger, Galan, Weltkind, Windhund, Venuspriester, Lebemann, Ludrian, Lotterbube, Ehrenräuber, Frauenschänder, Don Juan ● Zerstörer, Rohling, Barbar, Türke, Zigeuner, Satan, Teufel ● Verschwender, Luftikus, Verschleuderer, Schlemmer, Schwelger. → Bacchant, Blaubart, Casanova, Ehrenräuber, Faun. ▶ Seele von Menschen.

Wut Ingrimm, Zorn, Rage, Stinkwut, Streitsucht, erregter Ton, Ungehaltenheit, Verübelung, Wildheit, Groll, Anfall, Gift und Galle, Geifer, Heftigkeit, Rachsucht, Bosheit, Unmut, Entrüstung, Jähzorn, Tollwut, Raserei, Verfolgungswahn, Berserkerwut, Sturm, Erregung. → Anwandlung, Aufregung, Aufruhr, Ausbruch, Bitterkeit, Bosheit, Entrüstung, Erbostheit, Erregung, Grimm, Heftigkeit, Zorn. ▶ Beherrschung, Versöhnlichkeit.

Wutausbruch Wutanfall. ▶ Anwandlung, Aufregung, Wut.

wüten toben, hassen, aufregen sich, rasen, sieden, kochen, geifern, bersten, schäumen, platzen vor Wut, zürnen, wild werden, ergrimmen, erbosen sich, hochgehen, auffahren, schnauben, poltern, entrüsten sich, eifern sich, aus der Haut fahren, stampfen, knirschen, schmähen, kollern, herrschen, zum Äußersten kommen, nach Luft schnappen, um sich schlagen, sich wie wild gebaren, vergessen sich, zu Boden werfen sich, schreien, schimpfen. → anfeinden, aufregen, aufspringen, außer sich, brennen, erblassen, ergrimmen, schäumen, zürnen. ▶ beherrschen sich, versöhnen sich.

wütend tobend, aufgebracht, kochend, rasend, schnaubend, zornig, ergrimmt, erzürnt, ingrimmig, siedend, streitsüchtig, unwillig, wild, tobsüchtig, wahnwitzig, schimpfend, brüllend, ungebärdig, ungehalten, mit geballter Faust, bis zur Siedehitze, wutentbrannt, erregt, wutverzerrt, schäumend, unbeherrscht, leidenschaftlich, glühend, gallsüchtig, böse, blitzböse, blitzig, falsch, fuchsteufelwild, fuchswild, fuchtig *u*, kollerig *u*, aufbrausend, giftig, gallig, entzündlich, besessen, grollend, krötig *u*, rabiat, wie eine Furie, zähneknirschend, geladen sein, obenhinaus sein, aus dem Anzug sein *u*, den Bauch voller Wut, der Hut geht hoch, der Kragen platzt *u*, toben wie ein Berserker, die Wut im Balg haben *u*, auf der Palme sein *u*, im Magen haben *u*, furios. → aufgebracht, böse, cholerisch, enragiert, entrüstet, erbost, schäumend, überreizt, zornig. ▶ beherrscht, versöhnlich.

wutentbrannt → böse, erbost, heftig, schäumend, überreizt, wütend, zornig.

Wüterich Brausekopf, Spautzteufel, Hitzkopf, Unband, Giftkopf, Zornkopf, Sanguiniker, Choleriker, Giftnickel, Polterer, Kampfhahn, Rechthaber, Raufbold, Raufer, Barbar, Stänkerer, Krakeeler, Zankapfel, Aufbegehrer, Heißsporn, Böskröte, Zankteufel, Streitbolzen, Streithahn ● Verwüster, Verheerer, Vernichter. → Bedrücker, Berserker, Brausekopf. ▶ Lamm frommes.

wutverzerrt → erbost, heftig, schäumend, überreizt, wütend, zornig.

Wutz Schmierfink, Ferkel, Schwein, Rübenschwein, Dreckfink, Dreckspatz, Schlampe, Sudelkoch, Schmutzliese, Drecksack, Schmutzfink, Mistvieh, Unflat, Schweinematz, Schlappschwanz, Schlampe, Struwwelpeter ● Kröte, Knirps, Fant, Schelm, Hosenmatz, Kücken. → Tier.

X

X für ein U vormachen, ein → benachteiligen, täuschen.

Xanthippe Keiferin, Hausdrache, Hausteufel, Hauskreuz, Furie, böse Sieben, Haderkatz, Kratzbürste, Zankapfel, Zankeisen, Reibeisen, Reff, Kratzelse, Böskröte, Zornkopf, Giftkopf, Widerspruchsgeist, Krakeelerin. → Blut böses, Rache.

Y

Yohimbin Reizmittel, Reizung, Kitzel, Stachel, Sporen, Antrieb, Köder, Lockmittel, Lockspeise, Kola, Begierde, Verlangen, Gier.

Z

Zacke Spitze, Ecke, Kante, Schnabel, Nase, Zinken, Zinne, Kamm. → Berg, Ecke, Fels. ▶ Rundung, Tiefe.

zacken kerben, auskerben, einkerben, verzinken, einzahnen, auszähnen ● verzieren, ausschmücken, verschönen, ausputzen. → einkerben.

zackig gezackt, gezahnt, zackenförmig ● scharf, schnittig, schneidig, forsch, aufrecht, kühn, wagemutig, fesch ● eckig, scharfeckig, scharfkantig, sägeförmig. → eckig, scharf, schneidig, spitz. ▶ glatt, stumpf, unscharf, zaghaft.

zage bange, furchtsam, mutlos, ängstlich, verwirrt, beunruhigt, zitternd, besorgt, betreten, mißtrauisch, verzagt, zaghaft, scheu, kleinmütig. → ängstlich, bange. ▶ mutig.

zagen bangen, fürchten, ängstigen, beben, erschaudern, erbleichen, erzittern, puppern, verzagen, zurückweichen, zusammenfahren, stutzen, stutzig werden. → ängstigen, bangen, fürchten. ▶ mutig sein, wagen.

zaghaft → ängstlich, bange, befangen, feige, sachte, vorsichtig.

Zaghaftigkeit Angst, Furcht, Mutlosigkeit, Verzagtheit, Bangigkeit, Ängstlichkeit, Feigheit, Mangel an Selbstvertrauen, Scheu, Unschlüssigkeit, Unentschlossenheit. → Angst, Feigheit, Schrecken panischer. ▶ Mut.

zäh widerstandsfähig, ledern, lederartig, unfügsam, unverwüstlich, nervig, klebrig, haftend, anhaftend, harzig, fest, hart, teigig, breiig, pappig, dickflüssig ● beharrlich, ausdauernd, unentwegt, wehrhaft, unerbittlich, unnachgiebig, unbekehrbar, unbelehrbar, unbeirrt, störrisch, bockig ● zugeknöpft, geizig. → aufrecht, ausdauernd, dickflüssig, fanatisch, felsenfest, fest, hart, klebrig, lassen nicht locker, stark, teigig. ▶ flüssig, nachgiebig, weichlich.

zähflüssig dickflüssig, teigig, zähe, pappig, leimig, breiig, schlammig, quallig, harzig, halbflüssig, schleimig, schwerflüssig, seimig. → breiig, dickflüssig, zäh. ▶ flüssig.

Zähigkeit Zähheit, Biegsamkeit, Dehnbarkeit ● Beharrlichkeit, Stetigkeit, Festigkeit, Härte, Unempfindlichkeit, Dauerhaftigkeit, Beharrungsvermögen ● Schleimigkeit, Breiigkeit, Dickflüssigkeit, Zähflüssigkeit, Schwerflüssigkeit ● Geiz, Kargheit,

Knauserei, Knickerigkeit. → Entschiedenheit, Geiz, Schleimigkeit, Wille. ▶ Flüssigkeit, Freigebigkeit, Nachgiebigkeit, Selbstlosigkeit, Weichheit.

Zahl Ziffer, Zahlzeichen, Nummer, Zahlwort, Bezifferung, Zahlenreihe, Teilzahl, Summe, Potenz, Ergebnis, Faktor, Produkt, Grundzahl, Primzahl. → Anzahl, Chiffre, Faktor. ▶ (Buchstabe).

zahlbar → befristet, fällig.

zählbar → berechenbar, wägbar, wenig.

zählebig lebenstüchtig, lebenskräftig. → dauerhaft.

zahlen blechen, berappen, latzen *u*, einzahlen, entrichten, lohnen, auswerfen, bezahlen, ausgeben, bluten, steuern, entgelten, abtragen, tilgen, entschädigen, wettmachen, Ersatz leisten, spenden, opfern, geben. → auflösen, ausbaden, ausgeben, liquidieren. ▶ einnehmen, Vorteil wahrnehmen seinen.

zahlen, Sühnegeld → büßen.

zählen auszählen, numerieren, ausrechnen, berechnen, aufzählen, beziffern, sich belaufen, aufstellen, betragen, veranschlagen, ergeben, überschlagen, tallieren *sm* ● zählen auf, erwarten, erhoffen, damit rechnen, gewärtigen.

zählen auf ahnen, vorherfühlen, harren, gewärtigen, warten auf, gewärtigen, sich freuen auf, ins Auge fassen, hoffen, befürchten ● bauen auf, sich verlassen, vertrauen, stützen auf, rechnen auf, zuversichtlich sein, im Vertrauen leben, seine Rechnung finden, Erwartung hegen, Hoffnung haben, Zuversicht haben, vertrauensvoll in die Zukunft blicken, seine ganze Hoffnung setzen auf, spitzen auf, sich versprechen, entgegensehen. → gewärtigen, hoffen. ▶ hereinfallen, mißtrauen, überrascht sein, verzagen.

zahlenmäßig ziffernmäßig, verhältnismäßig, berechenbar, zahlbar, arithmetisch.

Zahlenwert Wert in Zahlen, Ergebnis, Endsumme, Resultat, Summe, Differenz, Faktor, Produkt, Quotient, Exponent.

zahllos unermeßlich, unmeßbar, unzählbar, unendlich, unbegrenzt, unerschöpflich, unergründlich, ungezählt, bis in die Puppen, ad infinitum. → allerhand, enorm, massenhaft, Sand am Meer wie. ▶ begrenzt, zählbar.

zahlreich → allerhand, beengend, diverse, etliche, gedrängt, haufenweise, manche, massenhaft, Sand am Meer wie.

Zahlung Bezahlung, Auszahlung, Abzahlung, Einzahlung, Nachzahlung, Tilgung, Befriedigung, Ausgleichung, Abfindung, Abgeltung, Berichtigung, Begleichung, Entlohnung, Sold, Löhnung, Kosten, Bereinigung, Entschädigung, Gehalt, Miete. → Abgabe, Anteil, Bezahlung, Einzahlung, Entlohnung, Gebühr, Quote, Unterhaltungsbeitrag. ▶ Einnahme.

Zählung Auszählung, Aufzählung, Schätzung, Berechnung, Messung, Statistik, Bewertung.

Zahlungseinstellung → Geldmangel, Konkurs, Überschuldung, Zahlungsunfähigkeit.

zahlungsfähig bemittelt, solvent, begütert, wohlhabend, vermögend, leistungsfähig, geborgen, unabhängig, schuldenfrei, sorgenfrei. → bemittelt, reich. ▶ zahlungsunfähig.

Zahlungsfähigkeit Bonität, Vermögen, Wohlstand, Güter, Reichtum sicheres Auskommen, Geldüberfluß, Eigentum, Mittel, Einkünfte, Erdengüter, Guthaben, Haben, Darlehen, Aktien, Besitz, Wohlhabenheit, Kapitalien. ▶ Zahlungsunfähigkeit.

Zahlungsfrist → Frist, Stundung.

Zahlungsmittel → Bargeld, Geld.

Zahlungsmittel, ausländisches → Devisen.

zahlungspflichtig schuldig, pflichtig, verpflichtet, rückständig, verschuldet, haftbar, verantwortlich. ▶ bezahlt, entlastet.

Zahlungsschwierigkeit Geldschwierigkeit, Geldmangel, Zahlungsunfähigkeit, Mangel an Deckung, Flaute, schlechter Geschäftsgang, Unterbilanz, Krise, mangelnde Liquidität, Bankrott, Konkurs. → Geldmangel, Konkurs, Zahlungsunfähigkeit. ▶ Zahlungsfähigkeit.

zahlungsunfähig verschuldet, überschuldet, rückständig, säumig, hablos, besitzlos, bettelarm, unbemittelt. → arm, bankrott, insolvent, uneintreibbar. ▶ zahlungsfähig.

Zahlungsunfähigkeit Zahlungseinstellung, Zahlungsschwierigkeit, Mangel an Deckung, Geldschwierigkeit, Geldmangel, Geldnot, Unterbilanz, Flaute, Konkurs, Bankrott, Zwangsversteigerung, Krach, Geldschuld, Verschuldung, Ausfall, Rückstand, Überschuldung, Versteigerung, Börsensturz • säumiger Zahler, fauler Kunde. → Geldmangel, Überschuldung. ▶ Zahlungsfähigkeit.

zahm mild, gemach, gemäßigt, maßvoll, gesetzt, gelassen, geduldig, verständig, bedachtsam, überlegt, still, ruhig, vernünftig, gezügelt, zurückgehalten, bezwungen, beherrscht, gemessen • langweilig, fad, kraftlos, ausdruckslos, einförmig • gezähmt, erzogen, gebändigt, dressiert, abgerichtet. ▶ überzeugend, ungestüm, (ungezähmt), wild, wüst.

zähmbar → bezähmbar.

zähmen → abrichten, aufziehen, bändigen, begütigen, beherrschen, besänftigen, beugen, bezähmen, dämpfen, eindämmen, fesseln, mäßigen, schulen, züchten, zwingen.

Zähmer Erzieher, Dompteur.

Zahmheit Mäßigkeit, Nachgiebigkeit, Milde, Geduld, Gelassenheit, Stille, Gelindigkeit, Ruhe, Besonnenheit, Mäßigung, Beherrschung, Sanftheit, Zartheit • Kraftlosigkeit, Ausdruckslosigkeit, Langweiligkeit, Einförmigkeit, Fadigkeit. ▶ Überzeugungskraft, Ungestüm, Wildheit.

Zähmung Dressur, Bändigung, Bereitung, Schulung, Unterrichtung, Drill, Zucht • Maßregelung, Zurechtweisung, im Zaume halten. → Abrichtung, Disziplin, Schule.

Zahn fühlen, auf den prüfen, fragen, befragen, ergründen, begründen, verhören, forschen, ausforschen, erfragen, ausmitteln, erkunden, nachspüren, auskundschaften, ausspähen, ins Gebet nehmen, einer Prüfung unterziehen, auf den Busch klopfen, abhören, sich erkundigen, beleuchten, ausholen. ▶ übersehen.

Zahn der Zeit Verwitterung, Vermoderung, Zersetzung, Auflösung, Fäulnis, Vernichtung, Zerfall, Verfall, Zusammenbruch, Zusammensturz, Einsturz Verödung, Zertrümmerung, Erosion, Austilgung. → Rost, Verderbnis, Zerstörung.

Zahnarzt → Dentist.

Zahnbehandler → Dentist.

Zähne Gebiß, Kauwerkzeuge, Schneidezähne, Backenzähne, Milchzähne, Reißzähne, Eckzähne, Haderer *j*, Grandeln *j*, Hacken *j*, Stemmer *j* • Schärfe, Spitzigkeit, Zuspitzung, Spitze • Zahnkranz.

Zähne fletschen → bedrohen.

Zähne zeigen, die Trotz bieten, die Spitze bieten, entgegentreten, sich auf die Hinterbeine stellen, sich widersetzen, in den Arm fallen, trotzen, sich sträuben, widersprechen, entgegenwirken, zum Kampf herausfordern, die Faust ballen, zur Rechenschaft fordern, den Krieg erklären, nichts gefallen lassen, drohen, mit den Säbeln rasseln, die Zähne fletschen, mit der Faust auf den Tisch schlagen. → drohen. ▶ nachgeben, unterwerfen sich.

zähnefletschend → bedrohlich, böse, wütend, zornig.

Zähneklappern → Angst.

zähneknirschend → bedrohlich, böse, wütend, zornig.

Zahnersatz Prothese, falsches Gebiß, Stiftzahn, Krone, Brücke, Plombe, Ersatzstück.

Zahnrad Stirnrad, Kegelrad, Getriebe, Antrieb • Uhrwerk, Räderwerk, Zahnkranz.

Zahnradbahn → Bahn, Fahrzeug (Schienen-).

Zähre Träne, Tropfen, Tränenperle, Tränenerguß • Geheul, Heulerei, Gewimmer, Geseufze, Jammer, Wehklage, Lamentation, Wehgeschrei.

Zange → Werkzeug.

Zank Streit, Händel, Hader, Zwist, Feindschaft, Unfriede, Auftritt, Rauferei, Balgerei, Keilerei, Zusammenstoß, Wortwechsel, Wortstreit, Wortgefecht, Polemik, Zänkerei, Schimpferei, Gekeife, Donnerwetter, Kabbelei *u,* Klamauk *u,* Krach, Krakeel, Mord und Totschlag, Stank *u,* auf Hauen und Stechen, Stunk *u,* Szene, Tanz, Theater, Zunder, Keiferei, Gehader, Grimm, Groll, Erregung, Eiferung, Verdruß, Ärger, Bitterkeit, Erbitterung. → Auseinandersetzung, Debatte, Disput, Entzweiung, Fehde, Streit, Wut. ▶ Friede, Vorobb nung.

Zankapfel Streitpunkt, Streitfrage, Ursache zum Streit, Streitgegenstand • Streitbold, Hitzkopf, Brausekopf, Krakeeler, Querulant, Stänkerer, Polterer, Heißsporn, Wüterich, Zankteufel, Zankbold, Zankeisen, Raufbold • Haderkatz, Drache, Furie, Reibeisen, Reff, Hausteufel, Kratzelse. → Drache, Drachensaat, Xanthippe, Zänker. ▶ Lamm frommes, Verträglichkeit.

Zankbold → Drache, Drachensaat, Xanthippe, Zänker.

Zankeisen → Blut heißes, Choleriker, Drache, Xanthippe, Zänker.

zanken sich in die Haare geraten, schimpfen, krakeelen, streiten, toben, Krach schlagen, katzbalgen, sich kabbeln *u,* disputieren, keifen, einen Wortwechsel haben, geifern, belfern, bäffzken, anknurren, anfahren, wüten, zürnen, wettern, andonnern, fluchen, grollen, murren, knurren, persönlich werden, übel nehmen •

da ist etwas fällig *u*, da ist der Kuckuck los *u*, da tanzen die Puppen, es raucht, es geht rundum, der Teufel ist los, die Bombe platzt *u*, es funkt *u*, da gibt es etwas. → balgen, befehden, belfern, brechen mit, debattieren, geifern, Maul aufreißen das, streiten, tadeln. ▶ loben, versöhnen sich, vertragen sich.

Zänker Krakeeler, Zankapfel, Zankbold, Zankeisen, Kratzbürste, Xanthippe, Beißzange, Drache, Furie, Hausdrache, Katze, Reibeisen *u*, Zange *u*, böse Sieben, Streitbold, Zankteufel, Stänkerer, Wüterich, Polterer, Spauzteufel, Heißsporn, Aufbegehrer, Kampfhahn, Giftnickel, Giftmichel, Rechthaber, Keiferin, Raufleder, Stänker, Kröte *u*, Bullenbeißer *u*, Widerspruchsgeist, Böskröte, Zornkopf. → Drache. ▶ Lamm frommes.

Zänkerei Disput, Entzweiung, Gehader, Streit, Zanksucht.

zänkisch händelsüchtig, zanksüchtig, zanklustig, streitig, kratzbürstig, streitsüchtig, rechthaberisch, radaulustig, gallig, übellaunisch, bärbeißig, kiebig *u*, krötig *u*, Haare auf den Zähnen haben, bissig, bösartig, gekränkt, krittelig, rachsüchtig, verstritten, unnachgiebig, gereizt, giftig, kratzbürstig, launisch, leicht aufgebracht, stichelig, krakeelerisch, querköpfig, reizbar. → ärgerlich, bärbeißig, bissig, übellaunig. ▶ versöhnlich, verträglich.

zanklustig → katzig, zänkisch.

Zanksucht Keiferei, Händelsucht, schlechte Laune, Zänkerei, Geifersucht, Hadersucht, Zankgelüste, Streitsucht, Prozeßwut, Widerspruchsgeist, Kampfbereitschaft, Radaulust, Radausucht, Zornmut, Angriffslust, Angriffsbereitschaft, Gehässigkeit, Bissigkeit, böses Blut, Grimmigkeit, Gereiztheit, Hetzerei, Unnachgiebigkeit. ▶ Friedlichkeit, Versöhnlichkeit, Verträglichkeit.

zanksüchtig zanklustig, zornig, zornmütig, kratzbürstig, streitig, angriffslustig, angriffsbereit, stachelig, nörgelich, streitsüchtig, rechthaberisch, händelsüchtig, radaulustig, übellaunisch, gehässig, gallig, krittelig, auffahrend, gereizt, Haare auf den Zähnen, bissig, bösartig, kratzig. → zänkisch. ▶ friedlich, versöhnlich, verträglich.

Zankteufel Kratzbürste, Keiferer, Streitbold, Xanthippe, Hausdrache, Hausteufel, Hauskreuz, Zankapfel, Zornkropf, Giftnickel, Giftkropf, Reibeisen, Giftmichel, Spauz-

teufel, Böskröte, Krakeeler, Stänkerer, Kampfhahn, Rechthaber, Heißsporn, Aufbegehrer, Polterer. ▶ Lamm, frommes.

Zapfen Bindeglied, Verbindungsstück, Riegel, Angel, Scharnier, Gelenk, Glied, Bolzen, Dollen, Stift, Niete, Pflocken, Krampe, Lager, Drehpunkt ● Spund, Hahn, Stopfen, Stöpsel, Plombe ● Eis, Eiszapfen ● Tannzapfen. → Befestigung, Bindemittel, Stift, Verschluß. ▶ Öffnung.

zapfen abzapfen, ablassen, anzapfen, anstechen, anstoßen, abfüllen, abziehen, schröpfen, entnehmen, ausfließen lassen, Blut zapfen ● tanken, abfüllen, entleeren. ▶ eingießen.

zappelig → nervös, wuselig.

zappeln sich bewegen, wakkeln, wuseln, fuchteln, schaukeln, strampeln, schütteln, pendeln, schlängeln, pulsieren, schwanken, sich hin- und herbewegen ● neugierig sein, zippern, nicht erwarten können, auf die Folter gespannt sein. → bewegen sich, schwanken, wuseln. ▶ gleichgültig (sein), rasten, still stehen.

zappeln lassen quälen, peinigen, beunruhigen, schikanieren, kujonieren, klagen, schinden, bedrücken, bedrängen, verfolgen, verdrießen, bekümmern, seine Bosheit auslassen, übelwollen. → bedrücken. ▶ befriedigen.

zart fadenförmig, dünn, schmächtig, hauchdünn ● schwach, gebrechlich, hinfällig, verzärtelt, mimosenhaft, widerstandslos, schlaff ● fein, weich, sanft, eben, sendig, glatt, blaß ● mild, schonend, empfindsam, sensibel, nervös, feinfühlig, zartbesaitet, zartfühlend ● graziös, schön, zierlich, anmutig, hübsch, reizend, hold, feenhaft, überirdisch ● weichherzig, barmherzig, weichmütig. → anklingend, ätherisch, auserlesen, bebend, besinnlich, still, biegsam, blaß, charmant, delikat, dünn faltenlos, farblos, federartig, fein, feinsinnig, feminin, mild, seidig, zerbrechlich. ▶ unzart.

zartbesaitet empfindsam, empfindlich, sensibel, sensitiv, mimosenhaft, leicht verletzbar, gefühlvoll, empfindungsvoll, zartfühlend, zartgestimmt, feinnervig, feinfühlig, schwärmerisch, verträumt, romantisch. → empfindungsvoll, feinsinnig, sensibel. ▶ gefühllos, unempfindlich.

Zärtelei Empfindelei, Ziererei, Verweichlichung, Verhätsche-

lei, Verhätschelung, Verwöhnung, Überfeinerung, Übersteigerung, übertriebene Feinheit, Kleinlichkeit, Getue. ▶ Natürlichkeit, Strenge, Stumpfheit.

zartfühlend → empfindungsvoll, feinsinnig, sensibel.

Zartgefühl → Anstand, Charakterstärke, Delikatesse, Feingefühl, Scham, Takt.

Zartheit → Durchsichtigkeit, Feingefühl, Magerkeit, Milde, Schönheit.

zärtlich innig, herzlich, warm, liebevoll, zugetan, zugeneigt, begeistert, ergeben, liebend, anhänglich, treu, eingenommen für, vernarrt, vergafft, verliebt, verschossen, verhätschelt, verzärtelt, angebetet, herzensgut, inniglich, liebevoll, liebreich, wohlmeinend, liebenswürdig. → herzensgut, innig. ▶ grob, unzart.

Zärtlichkeit → Anziehung, Liebe, Liebkosung, Schmeichelei.

Zärtling Schwarmgeist, zarte Seele, Dichterseele, Tasso, Werther, Mimose. → Kräutchen Rühr-mich-nicht-an. ▶ Rohling.

Zartsinn Empfindsamkeit, Zartheit, Feinheit, Empfänglichkeit, Nervosität, Empfindlichkeit, Verletzbarkeit, Feinsinn, Fingerspitzengefühl, Sentimentalität, Gefühligkeit, Empfindelei, Schönheitelei, Gefühlsduselei, Weltschmerz, Verträumtheit, Erregbarkeit, Verletzlichkeit. ▶ Gefühllosigkeit, Unempfindlichkeit.

Zaser Faser, Fiber, Haar, Faden, Hanf, Flachs, Jute. → Faden, Faser.

Zaster → Bargeld, Geld.

Zauber → Aberglaube, Anmut, Anreiz, Anziehung, Bann, Beeinflussung, Begeisterung, Bezauberung, Blendwerk, Entzückung, Kniff, Liebe, Lockmittel, Schönheit, Täuschung, Unnatur, Zauberei.

Zauber, fauler Blendwerk, Gaukelspiel, falsche Mache, Talmi, faule Fische, Windbeutelei, Kniff, Trugwerk, Lug und Trug, Betrug, Betörung, Kniffe, Fallstrick, Ganerei, falscher Schein, Afterkunst, Hokuspokus, Täuschung, Übertölpelung ● Blödsinn, Mist. → Betrug, Täuschung. ▶ Ehrlichkeit, Wirklichkeit.

Zauberbann → Begeisterung, Bezauberung.

Zauberei Taschenspielerei, Hexerei, Magie, Beschwörung, Zauber, Höllenkunst, Verzauberung, Schwarzkunst, Zauberwesen, Zauberkunst, Teufelskunst, Trugwerk, Bezauberung, Verhexung, Behexung, Verwandlungskunst, Gaukelei, Teufelsakt, Geisterklopfen, Tischrücken, Geisterseherei, Hokuspokus ● Zaubermittel, Amulett. → Aberglaube, Blendwerk.

Zauberer Hexer, Hexenmeister, Magier, Illusionist, Taschenspieler, Zaubergeist, Schwarzkünstler, Hexerich, Fee, Drude, Wettermacher, Geisterbanner, Teufelsbanner, Geisterbeschwörer, Zauberpriester, Gaukler, Scharlatan, Medizinmann, Wahrsager, Horoskopsteller, Weissager, Zigeuner, Krankheitsbeschwörer. → Fakir.

Zauberformel → Bannspruch, Zauberei.

Zaubergeist → Dämon, Zauberer.

zauberhaft → feenhaft, phantastisch, schön.

zauberisch → feenhaft, phantastisch, schön.

Zauberland → Chimäre, Märchenland, Wolkenkuckucksheim.

zaubern Zauber treiben, hexen, verwünschen, beschwören, bannen, bezaubern, verzaubern, verhexen, den Teufel rufen, Gespenster austreiben, den Zauberstab schwingen, Zaubersprüche murmeln, wahrsagen, prophezeien, das Horoskop stellen, Hokuspokus machen ● eilen, übereilen, jagen, sich sputen, hasten. → behexen.

Zauberspruch → Bannspruch, Bezauberung, Dichtungsart, Zauberei.

Zauderer → Bedenken, Unentschlossenheit, Verspätung.

Zaudern → Abfall, Bedenken, Rastlosigkeit, Umstände machen, Unentschlossenheit.

zaudern bummeln, säumen, trotteln, abwarten, zögern ● schwanken, unentschlossen sein ● anstehen, sich unschlüssig zeigen, kämpfen mit sich, nachhinken, stokken, erlahmen, aufschieben, herumtrödeln, sich Zeit lassen, Umstände machen, nachkommen, sich verspäten, verpassen, verweilen, vertagen, verlängern, verschleppen, sich aufhalten, zurückbleiben. → abgeneigt, aufhalten sich, ausstehen, bedenken, belassen, besinnen sich, bleiben neutral, bleiben zurück, dämmern, dunkeln, lassen im, faulenzen, hemmen, schieben auf die lange Bank, schleppen, stocken. ▶ ausführen, eilen, entschließen sich.

zaudernd → bedächtig, langsam, zögernd.

Zaum → Disziplin, Hindernis, Kandare.

zaumlos → ausgelassen, los, los und ledig.

Zaun Gitter, Gatter, Umhegung, Umzäunung, Einzäunung, Hürde, Gehege, Umschanzung, Verschanzung, Abschluß, Geländer, Schranke, Hecke, Fassung, Umfassung, Umschließung, Pfahlzaun, Hag, Umwallung, Einfriedigung, Staket. → Umhegung.

Zaun brechen, vom → streiten.

Zaunpfahl, winken mit dem → Wink.

zausen zupfen, wühlen ● züchtigen.

Zeche Bewirtung, Gasterei, Gastmahl, gemeinsame Tafel, Schmaus, Eßgelage, Kommers, Gesellschaft, Wirtshaustafel ● Rechnung ● Bergwerk, Kohlengrube.

zechen → essen, saufen, trinken.

Zecher → Trinker.

Zecherei → Eßlust, Sauferei, Saus und Braus, Tafelfreuden.

Zechgelage → Sauferei.

Zechinen → Bargeld.

Zechpreller → Betrüger, Fälscher.

Zechschulden → Schulden.

zedieren abtreten, weichen, sich entfernen, wegziehen, weggehen, sich zurückziehen, davongehen ● übertragen, verzichten, abdanken, anheimgeben, überlassen. ▶ behalten, behaupten sich, bleiben, (Sicherheit verlangen).

Zehntausend, obere Vorrang, Führerschicht, Herrenschicht, Oberschicht, der erste Stand, Spitzen der Gesellschaft, Regierungskreise, Adel, Offizierskaste, Generaldirektoren, Industrielle, Industrieritter, Geldaristokratie, Professorenstand, Ministeriale. ▶ Pöbel.

zehren verzehren, aufzehren, essen, verspeisen, aufbrauchen, aufessen, ausgeben, verschleißen, benötigen, verspachteln, verschlingen ● zerstören, vergeuden, dahinschwinden, abwetzen, abtragen, abnützen ● abmagern, schwach werden, abkümmern, peinigen, verdrießen, weniger werden. ▶ hungern, schonen, zunehmen.

Zehrgeld → Bargeld, Einkunft, Rente.

Zehrung → Aufwand, Bedarf, Beköstigung, Futter, Proviant, Vorrat.

Zeichen Unterscheidungszeichen, Kennzeichen, Bezeichnung, Andeutung, Anzeichen, Vorzeichen, Orientierungszeichen, Merkmal, Merkzeichen, Symptom, Erkennungszeichen, Gepräge, Symbol, Wahrzeichen ● Zeichensprache, Fingerzeig, Deut, Wink, Zinke, Gebärde, Geste ● Kerbe, Muttermal, Stigma, Inschrift, Grabmal ● Ausweis, Fahrzeichen, Verkehrsschild, Nummer, Signal, Kelle, Schaumlöffel *u* ● Punkt, Komma, Schriftzeichen, Strich ● Fabrikationszeichen, Schutzmarke ● Mahnmal, Spur, Weissagung, Vordeutung ● Feldgeschrei. → Anhaltspunkt, Anspielen, Anzeichen, Aufdruck, Brand, Denkspruch, Deut, Erinnerungszeichen, Etikette, Fahne, Fanfare, Fährte, Geste, Hinweis, Kennzeichen, Mal, Markstein, Stempel, Symbol, Symptom, Warnung, Wink.

Zeichen geben, ein deuten, signalisieren, gestikulieren, nicken, zunicken, blinken, die Achseln zucken, den Kopf schütteln, eine Fahne hissen, mit dem Finger deuten, einen Wink geben, Blicke zuwerfen. ▶ (still verhalten), unterlassen, vermeiden.

Zeichen und Wunder → Prophezeiung, Unnatur, Wunder.

Zeichenfeder → Feder.

Zeichensprache → Deut, Erkennungszeichen, Gebärde, Geste, Wink.

zeichnen radieren, graphieren, pinseln, abmalen, ausmalen, konterfeien, entwerfen, skizzieren, darstellen, pausen, schraffieren, tuschen, nachbilden, nachahmen, veranschaulichen ● unterzeichnen, unterschreiben, signieren, stempeln, paraphieren. → drucken, durchpausen, malen.

Zeichnung Bild, Radierung, Riß, Kupferstich, Handzeichnung, Graphik, Holzschnitt, Linolschnitt, Gemälde, Porträt, Darstellung, Umriß, Abriß, Ölgemälde, Federzeichnung, Kreidezeichnung, Pastellmalerei, Druck, Miniatur, Skizze. → Bild, Dessin, Entwurf, Karton, Skizze.

zeigen präsentieren, weisen, wegweisen, vorzeigen, vorweisen, vergegenwärtigen sich, tragen zur Schau, offenbaren, anzeigen, darlegen, aufmerksam machen, sichtbar machen, enthüllen, erkennen lassen, hinweisen, angeben, ansagen, dartun, Aufklärung geben, die Augen öffnen ● markieren *j.* → ausdrücken, aussehen, begründen, behaupten, beraten, berühren, beschreiben, betonen, demonstrieren, darlegen, dartun, darstellen, entgegenhalten, enthüllen, entpuppen, erkennen lassen, erweisen, hinweisen, sichtbar machen, weisen. ▶ verstecken.

zeigen, sich zum Vorschein kommen. → auftauchen, aussehen, brechen durch die Wolken, darstellen, erkennen lassen, sichtbar machen, zeigen.

zeigen, mit den Fingern auf schmähen, verleumden, entehren, deuten, hinweisen auf, verachten, verabscheuen, in den Schmutz ziehen, verwerfen, in Schande bringen, in üblen Leumund bringen, dem Klatsch aussetzen, zum Gelächter machen, in den Kot ziehen, entehren, die Ehre abschneiden, den Ruf angreifen. → deuten. ▶ achten, loben, mißdeuten.

zeigen, die Zähne → Zähne zeigen die.

Zeigestück → Muster.

zeihen → anschuldigen, beimessen, beschuldigen, verleumden.

Zeihung → Beschuldigung, Klage.

Zeile → Linie, Reihe.

Zeilen → Brief, Reihe.

Zeit Augenblick, Zeitraum, Moment, Zeitspanne, Zeitpunkt, Weile, Frist, Ablauf, Verlauf, Termin, Zwischenzeit, Bedenkzeit, Zeitstufe, Zeitmaß, Zeitabschnitt, Sekunde, Minute, Stunde, Tag, Woche, Monat, Jahreszeit, Lebenszeit, Dauer, Kürze, Vorzeitigkeit, Nachzeitigkeit, Gegenwart, Zukunft, Vergangenheit, Jugendzeit, Frühzeit, Vorzeit ● Unzeit, Zeitirrung. → Datum, Epoche, Tag, Termin. ▶ Raum, Zeitlosigkeit.

Zeit, in absehbarer → bald, demnächst.

Zeit, in alter Vorzeit, Vergangenheit, vergangene Tage, frühere Zeit, Vorwelt, anno dazumal *u*, anno Tobak *u*, zu Olims Zeiten ● Rückblick, Rückerinnerung. → damals, dermalen, vergangen. ▶ Zukunft.

Zeit, außer der ungelegen, unschicklich, unzeitig, zur unrechten Zeit, unzeitgemäß, unpassend, ungünstig, unrichtig, irrtümlich, falsch, zu früh, zu spät. ▶ günstig, schicklich.

Zeit ist Geld schaffen, sich sputen, arbeiten, vorsorgen, vorarbeiten, einsparen, sparen, aufspeichern, vorbereiten, rüsten, schuften, an die Zukunft denken, sich beeilen, sich abschaffen, vorausdenken, voraussehen. ▶ nichts tun, verschwenden.

Zeit haben bummeln, trödeln, trendeln, zaudern, zotteln, zucken, säumen ● nach und nach, langsam, zögern ● sich aalen, sich ausruhen, entspannen, pausieren, rasten, ruhen, sich verschnaufen,

sich Ruhe gönnen, Siesta halten, die Hände in den Schoß legen, nichts zu tun haben, Gott einen guten Mann sein lassen, auf der Bärenhaut liegen, unbeschäftigt sein ● stundenlang mit wachsender Begeisterung *u*. ▶ arbeiten, hetzen.

Zeit, zu keiner keineswegs, noch nie dagewesen, unmöglich, kaum, jemals, unwahrscheinlich, selten, unbegreiflich, undenkbar, unerhört, durchaus nicht, kein Gedanke, nicht daran zu denken, keinesfalls, in keiner Weise, ganz und gar nicht, wohl kaum ● bis dahin vergeht noch viel Zeit, bis dahin fließt noch viel Wasser den Rhein hinunter.

Zeit, in nächster → bald, demnächst.

Zeit, zu nachtschlafender bei Nacht und Nebel, zur Unzeit, am späten Abend ● unpassend, unschicklich, unziemlich, ungebührlich, ungelegen, ungezogen, ungehörig ● überraschend, unverhofft, überrumpeln, hineinplatzen, unerwartet, unvermutet. ▶ (am hellichten Tag), erwartet, schicklich.

Zeit, zu seiner → damals, dermalen.

Zeit vertreiben spielen, bummeln, sich amüsieren, sich zerstreuen, sich unterhalten ● das Leben genießen, dem Vergnügen nachgehen, die Zeit vertändeln, die Langeweile bekämpfen, die Zeit verbringen oder vertrödeln, die Zeit um die Ohren schlagen ● basteln, arbeiten, sich beschäftigen, einer Liebhaberei nachgehen, lesen, musizieren, ein Steckenpferd reiten. ▶ langweilen.

Zeit, Zahn der → Rost, Verderbnis, Zerstörung.

Zeit, zur → augenblicklich, derzeit, diesjährig, derzeit.

Zeitabschnitt → Chronik, Datum, Epoche, Frist, Zeit.

Zeitakkord → Akkord.

Zeitalter → Epoche.

Zeitbuch → Chronik.

Zeitdauer → Dauer.

Zeitdruck unter Zeitdruck, in Zeitnot, ohne Säumen, ohne Zögern, ohne Zeitverlust, unverzüglich, in Hast, in Eile, nur kurze Zeit haben, nur für einen Augenblick, keine Zeit haben, die Zeit vergeht oder läuft ab, die Zeit drängt, Hetze, Hetzjagd, Überhastung, Übereile.

Zeiten, Olims → alt, damals, vergangen.

Zeitfolge → Chronik, Chronologie.

zeitfremd → unpassend.

zeitgebunden → vergänglich.

Zeitgeist Aktualität, Mode,

letzter Schrei, Modernität, Neuheit, Neuigkeit, Errungenschaft, Fortschritt, Neuzeit, Novität, Geist der Zeit oder Gegenwart, Ablehnung der Vergangenheit, fort mit dem Alten.

zeitgemäß gegenwartsnah, fortschrittlich, der Zeit angepaßt, gang und gäbe, zeitgenössisch, modern, neuzeitlich, modisch, passend, schicklich, geeignet, richtig, recht, neusachlich, in der Mode, nach neuestem Schnitt, maßgeblich, üblich, aktuell, derzeitig, erstmalig, gebräuchlich, günstig, modern. ▶ alt, rückschrittlich, unmodern.

Zeitgenosse Mitwelt, Umwelt, Nebeneinander, Zusammentreten, Nebenbuhler, Mitmensch, Nebenmann, Mensch. ▶ Vorfahren.

zeitgenössisch → aktuell, derzeitig, zeitgemäß.

zeitgerecht → pünktlich, zeitgemäß.

Zeitgeschichte → Chronik.

Zeitgeschmack → Mode, Tagesgeschmack.

Zeitgrenze → Frist, Termin.

zeitig schon, früh, frühzeitig, rechtzeitig, frühmorgens, zur Zeit, morgendlich, geschwind, bald, ehest, pünktlich. → baldig, beizeiten, ehestens, morgens. ▶ spät.

zeitigen heraufbeschwören, herbeiführen, veranlassen, bewirken, verschulden, erwecken, hervorrufen, erzeugen, bewerkstelligen, beitragen zu. ● auslösen, bedingen, erregen, verursachen. ▶ verhindern.

Zeitkunde → Chronologie.

Zeitlauf → Zeit, Zeitmaß.

zeitlich → chronologisch, vergänglich.

Zeitlichkeit → Vergänglichkeit, Zeit.

Zeitlang, eine befristet. → zeitweilig.

zeitlos ohne Zeit, außer der Zeit, ewig, fristlos, jenseits von Raum und Zeit, fortdauernd, bleibend, endlos, dauerhaft, unaufhörlich, unvergänglich, beständig, immer, von Jahr zu Jahr, unsterblich, langlebig ● raumlos, übernatürlich. ▶ befristet, vergänglich.

Zeitlosigkeit → Ewigkeit.

Zeitlupe Langsamkeit, Gemächlichkeit, Schneckengang, Schneckenpost, Trödelei, Bummelei, Verzögerung, Trankgeit, Zeitlupenaufnahme, Zeitlupentempo. ▶ (Zeitraffer).

Zeitmaß Zeitabschnitt, Weile, Zeit, Sekunde, Minute, Stunde, Tag, Woche, Monat, Jahr, Jahreszeit, Jahrgang, Lenz, Sommer, Herbst, Winter, Zeitlauf, Jahrhundert, Menschenalter, Lebenszeit, Periode. → Datum, Tempo, Zeit.

zeitnah → zeitgemäß.

Zeitnot → Bedrängnis, Eile, Zeitdruck.

Zeitpunkt → Augenblick, Datum, Frist, Gelegenheit, Termin, Zeit, Zeitmaß.

zeitraubend langwierig, dauernd, umständlich.

Zeitraum → Dauer, Epoche, Frist, Zeit, Zeitmaß.

Zeitschrift Zeitung, Schrift, Unterhaltungsstoff, Monatsschrift, Wochenschrift, Magazin, Illustrierte, Druck, Veröffentlichung, Broschüre. → Druckschrift, Revue, Zeitung.

Zeitsinn Ortssinn, Fingerspitzengefühl, Kennerblick, Fühler, Witterung, Gedächtniskraft, Ortsgedächtnis, Lagegefühl, Orientierungsgabe, Erinnerungsvermögen, Gedächtnisgabe, Erinnerungsfähigkeit, Wortgedächtnis ● Fortschrittsgeist, mit der Zeit lebend.

Zeitsitte → Zeitstil.

Zeitspanne → Chronik, Frist, Zeit, Zeitmaß.

Zeitstil Sitte. → Brauch, Mode, Strömung, Tagesgeschmack, Überlieferung.

Zeitung Presse, Zeitschrift, Nachrichten, Tageszeitung, Anzeiger, Frauenzeitung, Druckschrift, Druck, Leitartikel, Mitteilung, Bescheid, Berichterstattung, Bekanntmachung, Blatt, Veröffentlichung, Sonderausgabe, Unterhaltungsstoff, Kunde, Anzeiger, Benachrichtigung, Nachricht, Presse, ● Käseblatt, Mistblatt u, Klatschblatt, Dreckblatt u, Revolverpresse, Sensationsblatt, Boulevardblatt, Gazette.

Zeitungsanzeige → Anzeige.

Zeitungsente → Lüge, Unwahrheit.

Zeitungsschreiber → Berichterstatter.

Zeitverlust, ohne → rasch.

Zeitverschwender → Müßiggänger.

Zeitverschwendung → Aufenthalt, Faulheit, Untätigkeit.

Zeitvertreib → Abschweifung, Abwechslung, Belustigung, Spaß, Unterhaltung, Vergnügen, Zerstreuung.

zeitweilig wiederholt, wiederkehrend, verschiedentlich, mehrmalig, eine Zeitlang, von Zeit zu Zeit. → vergänglich. ▶ einmal, immer.

zeitweise selten, stellenweise, alle Jubeljahre, kaum, so gut wie gar nicht, vereinzelt, wenig, ungewöhnlich, außergewöhnlich, gelegentlich ● in Abständen, in Zwischenräumen, mit Pausen, sprung-

weise, sporadisch. → vergänglich. ▶ dauernd, einmal.

Zeitwende Wendepunkt, Schicksalsstunde, Sternzeit, Gunst der Stunde, beste Gelegenheit, der richtige oder glücklicher Augenblick ● Krise, kritischer Augenblick.

zelebrieren Messe lesen, opfern, anbeten, Gott dienen, lobpreisen, verherrlichen, Gott ehren, Lob singen, das Opfer darbringen.

Zelle Raum, Einsiedelei, Klause, Verlassenheit, Mönchszelle ● Gefängniszelle, Kerker, Arrest, Gewahrsam, Strafanstalt, Loch ● Pflanzenzelle, Keimzelle, Kern, Zellstoff, Faserstoff. → Klause.

Zelt Wigwam. → Aufenthaltsort, Bedeckung, Camp.

zelten → aufhalten sich, bleiben, camping, kampieren.

Zeltlager → Camp.

Zement → Baustoff, Bindemittel.

zensieren werten, begutachten, abschätzen. → prüfen.

Zensor Richter, Schiedsrichter, Schöffe, Kritiker.

Zensur → Note, Presse.

Zentnerlast → Bürde.

zentral innen, inmitten, mitten, inne, im Herzen, im Mittelpunkt, im Kern ● bequem, geeignet, passend, leicht erreichbar. ▶ auswärts, entfernt, unbequem.

Zentrale → Zentrum.

zentralisieren konzentrieren. → zusammenfassen.

Zentrifuge → Schleuder.

zentrisch zentral, mitten, inmitten, inne, mittendrin, mittel, konzentrisch, im Innern, im Mittelpunkt, im Zentrum.

Zentrum Mitte, Kern, Mittelpunkt, Sammelpunkt, Sammelstelle, Schaltstelle, Zentrale, Herz, Mittellage, Achse, Drehpunkt, Wendepunkt, Knotenpunkt, Kernpunkt, Inneres, Herzstück, Fokus, Nabel, Nabe, Stadtzentrum ● Partei. → Achse, Brennpunkt, Drehpunkt, Nabel.

Zeppelin → Ballon, Fahrzeug (Luft-).

Zepter, ergreifen das das Zepter führen, die Zügel halten, die Herrschaft ausüben, herrschen, regieren, gebieten, leiten, lenken, den Ton angeben, den Ausschlag geben, die erste Geige spielen, die Hosen anhaben, alles hört auf mein Kommando.

zerbersten → losgehen, zerbrechen.

zerbrechen zerbersten, fallen in Stücke, sich auflösen, zersplittern, zerbröckeln, zerschellen, brechen, zerspalten, zerplatzen, zerdrücken, zermatschen u, ausreißen,

krachen, knicken, zertrümmern, zerspringen ● trennen, teilen, stückeln, auseinanderbrechen, aus dem Leim, kleinkriegen, abteilen, austeilen ● beschädigen, zerstören. → abbrechen, beeinträchtigen, bersten, brechen, durchschlagen, einwerfen, erbrechen, verschlimmern.

zerbrechlich splitterig, spröde, mürb wie Zunder, morsch, rissig, tönern, gläsern, brüchig, brechbar, schwach, fragil. → zart.

Zerbrechlichkeit Brüchigkeit, Schlaffheit, Lockerheit, Schlappheit, Löslichkeit, Unverbundenheit, Sprödigkeit, Spaltbarkeit, Zerreibbarkeit, Glashärte, Springhärte, Mürbigkeit, Bröckeligkeit ● Zartheit, Schwäche.

zerbrochen → beschädigt, defekt, entzwei.

zerbröckeln → abbrechen, demolieren, zerbrechen, zerstören.

zerdrücken → zerbrechen.

zeremonial → rituell.

Zeremonie Verrichtung, Ritus, Feierlichkeit, feierliche Handlung, Kirchenbrauch, Zeremonial, Ordensregel, Vorschrift, Verordnung, Gebräuche ● gesellschaftliche Form, Förmlichkeit, Etikette, Höflichkeit, Hofstaat, Empfang, Gala, Prunk, Pracht, Schaugepränge ● Umständlichkeit, Ballast. → Kult.

Zeremoniell → Benehmen, Brauch, Etikette, Zeremonie.

zerfahren → fahrig, nachlässig, zerstreut.

Zerfall → Bruch, Demolierung, Beschädigung, Degeneration, Desorganisation, Destruktion, Einsturz, Fäulnis, Streit, Verderbnis.

zerfallen auseinanderfallen, zusammenkrachen, zusammenbrechen, zerbröckeln, loslösen, abfallen, verfallen, zerbrechen, auflösen, zersetzen, zerlegen, zergliedern, zergehen, zerteilen, lösen, schmelzen, verfaulen, verrotten, zugrunde gehen, umkommen, in die Binsen gehen, vermodern, verschimmeln ● streiten sich, entzweien, verfeinden, überwerfen sich, abwenden, anfeinden, lossagen sich, zanken sich in den Haaren liegen, die Freundschaft aufgeben. → abblättern, baufällig, entzweien sich, faulen, herunterkommen, lockern, verderben, verfallen, verschlechtern sich, verschlimmern. ▶ haltbar (sein).

zerfetzen → zerreißen.

zerflattern → verwehen.

zerfleischen zermalmen, zerknirschen, anfallen, verbunden, zerreißen, zerstümmeln, zernagen, würgen, morden, ausrotten, ausmerzen, in Stücke reißen, niederschlagen, erdrücken, zerquetschen, zermalmen, verderben, vernichten, opfern ● sich zerfleischen, sich quälen, sich peinigen, sich Vorwürfe machen, sich aufreiben. → abbeißen, töten.

zerfließen sich verflüssigen, zerrinnen, zerlaufen, verlaufen, sich lösen, auftauen, schmelzen, zergehen, tauen, laufen, fortlaufen ● zerfließen in Luft, zu Nichts werden, ohne Dauer sein, in Rauch aufgehen, durch die Finger schlüpfen, das große Nachsehen haben ● sich getäuscht sehen, hereinfallen, sich ernüchtert sehen. → braten, zerfallen. ▶ (fest sein).

zerfressen → abbrauchen, abnutzen, beschädigen, durchfressen, eiterig, faul, häßlich.

zerfurchen → graben.

zergehen → braten, faulen, tauen, vergehen, zerfließen.

zergliedern ausschlachten, trennen, teilen, scheiden, zerstückeln, einteilen, zerlegen, sezieren, abtrennen, absondern, losmachen, zerteilen, analysieren, zersetzen, entwirren, entknoten, entrollen, unterteilen, aufteilen, aufspalten. → abbinden, auflösen, ausforschen, ausschneiden, brechen, detaillieren, entwirren, teilen. ▶ zusammenstellen.

Zergliederung → Absonderung, Analyse, Auflösung, Dezentralisation, Durchbruch, Erforschung, Teilung, Trennung.

zerhauen zerklopfen, stampfen, zerstampfen, zerschlagen, zerreißen, zerbrechen, auseinanderschlagen, entzweischlagen, zerstoßen, spalten, zerbröckeln, zermalmen, zerhacken, zerstückeln, verkleinern, verreiben. ▶ verbinden.

zerkleinern schnipseln. → abschneiden, verglimmen, verglühen, verkleinern, verreiben, zerbrechen, zerstampfen, zerfasern.

zerklopfen → brechen, mahlen, verkleinern, zerhauen.

zerklüftet → uneben.

Zerklüftung → Durchbruch, Trennung, Unebenheit, Verkleinerung.

zerknallen → bersten, explodieren.

zerknicken → abbrechen, falten, zerknüllen, zerstören.

zerknickt → bedrückt, faltig.

zerknirscht → bedrückt, bußfertig, demütig, ehrfurchtsvoll.

Zerknirschung → Reue, Wiedergeburt.

zerknittern krumpeln. → falten, runzeln, zerknüllen.

zerknüllen zusammendrücken, knüllen, umknicken, einknikken, falzen, zerknittern, runzeln, zusammenlegen, zerreißen, zerknicken, verknüllen. → falten. ▶ glätten.

zerkratzen → beschädigen.

zerkrümeln → mahlen, verkleinern, zerhauen.

zerlassen → auflösen, auslassen.

zerlaufen → zerrinnen.

zerlegbar → entwirrbar, lesbar.

zerlegen → abbrechen, auflösen, ausforschen, demolieren, demontieren, destruieren, deuten, diskutieren, entwirren, trennen, verkleinern, zerstören.

zerlegend abbauend, zersetzend, zerstörend, auseinanderlegend, teilend, trennend, absondernd, zerstückelnd, zerteilend, zergliedernd, abtrennend ● deutend, erklärend, diskutierend. → destruktiv.

Zerlegung → Abbau, Abbruch, Absonderung, Analyse, Auflösung, Demontage, Destruktion, Durchbruch, Teilung, Trennung, Verkleinerung.

zerlumpt → abgebrannt, abgerissen, arm, häßlich, schmutzig.

zermahlen → mahlen, malmen, verkleinern, verreiben, wiederkauen.

zermalmen → abbeißen, ausmerzen, ausrotten, demolieren, einstampfen, malmen, verkleinern, wiederkauen, zermahlen, zerstören.

zermürben zermalmen, zerkleinern, zerpellen, zerpulvern, zerreiben, zerschmettern, zerspellen, zerteilen, zerstören ● aufreiben, verzehren, abgrämen, verzweifeln, krank machen ● abrackern, abplacken, überarbeiten, sich übernehmen, überlasten, überbürden, sich abquälen.

zernagen → abbeißen, abbrauchen, beschädigen, durchfressen, malmen, verderben, zerstören.

zerpflücken → auflösen, teilen, verreiben, zerstören.

zerplatzen bersten, zerspringen, platzen, zerkrachen, zersplittern, brechen, zerschellen, aufplatzen, zerspalten, aufschlagen, knacken, zerbröckeln, abspringen, zerkrachen, zerknallen. → bankrott, bersten, brechen, wüten.

zerplatzt → geplatzt.

zerquetschen → einstampfen, malmen, verkleinern, verreiben, zerstören.

zerquetscht → gequetscht.

Zerrbild → Bild, Darstellung unrichtige, Häßlichkeit, Karikatur, Schreckgestalt, Verunstaltung.

zerreden schwatzen, schnattern, plappern, kannegießern, babbeln, wäschen, seibern, palavern, prälatern, priestern, der Zunge freien Lauf lassen, eine Nuß vom Baume schwätzen, schwätzen ● zerpflücken, zerlegen, zerstückeln, zersplittern, zerhacken, zergliedern, auseinanderreden, verquatschen u. ● entmutigen.

zerreiben → auflösen, mahlen, verkleinern, verreiben.

zerreißen zerfetzen. → brechen, durchreißen, trennen, vernichten.

zerreißfest strapazierbar, bruchsicher, fest, zäh, elastisch, dehnbar.

Zerreißprobe Belastungsprobe, Machtprobe.

zerren → abmühen, quälen, schleppen, stoßen, ziehen.

zerrieben pulverig, mehlig, körnig, staubartig, strukturlos.

zerrinnen zerlaufen → abhanden, auflösen, vergehen, verlieren.

zerrissen verstört, verstimmt, unzufrieden, seelenwund, bedrückt, niedergeschlagen, bekümmert, lustlos, traurig, gramselig, gequält, gebrochen, kopfhängerisch, trübsinnig, wehmütig, betrübt, abgehärmt, düster. → beschädigt, defekt, entzwei. ▶ lustig, unbeschädigt.

Zerrissenheit Unbehagen, Unstimmung, Trübsinn, Seelenwundheit, Niedergeschlagenheit, Bedrücktheit, Verzweiflung, Trostlosigkeit, Tiefsinn, Selbstqual, Freudlosigkeit, Mißstimmung, Düsterkeit, Weltschmerz, Traurigkeit, Seelennot. → Unebenheit. ▶ Einheit, Glätte, Lustgefühl, Zufriedenheit.

zerronnen vernichtet, fort, fehlgeschlagen, mißglückt, mißlungen, mißraten, weg, verweht, verdorben, verschlagen, aufgelöst, verlustig, vertan, umgeworfen ● geschmolzen, getaut, gelöst. → abhanden, vergangen, verloren. ▶ erstarrt, vorhanden.

Zerrspiegel Zerrbild, Fratze, Karikatur ● Entstellung, Verdrehung, Verzerrung, falsche Darstellung, Täuschung, Verbiegung, Spottbild.

zerrütten → auflösen, beeinträchtigen, durchfressen, ruinieren, vernichten, zerstören.

zerrüttet → bebend, entnervt, verfallen, zerstört.

Zerrüttung → Auflösung, Chaos, Charivari, Dekadenz, Demoralisation, Desorganisation, Verderbnis, Verschlimmerung, Zerstörung.

zersägen → abschneiden, verkleinern.

zerschellen → bersten, brechen, zerplatzen.

zerschlagen → abbrechen, abgespannt, angeschlagen, ausmerzen, bersten, brechen, demolieren, einwerfen, müde, nutzlos, vernichten, zerstören.

zerschlissen → beschädigt, fadenscheinig.

zerschmettern → ausmerzen, demolieren, einwerfen, vernichten, zerstören.

zerschmettert → angeschlagen, entzwei, zerstört.

zerschneiden spalten, trennen, zerteilen.

zersetzbar → lösbar.

zersetzen, sich → abbauen, auflösen, demolieren, demontieren, destruieren, faulen, verderben.

zersetzend → abbauend, destruktiv, doppelschneidig, zerlegend.

Zersetzung → Abbau, Absonderung, Auflösung, Demontage, Destruktion, Fäulnis, Ferment, Trennung, Verderbnis, Zerstörung.

zersplittern → abbrechen, ausmerzen, bersten, brechen, demolieren, einwerfen, trennen, zerplatzen, zersplittern sich, zerstören.

zersplittern, sich zerstreuen sich, zerteilen sich, zergliedern sich, zersprengen sich, auflösen sich, ausbreiten sich, verbreiten sich, teilen sich ● verzetteln sich, sich nicht genau konzentrieren, sich mit zu vielem beschäftigen ● streiten sich, anfeinden sich, in Disharmonie leben. ▶ verbinden sich, versöhnen sich, zusammenhalten, zusammenlaufen.

zersplittert → angeschlagen, bröckelig, entzwei.

Zersplitterung Zerfall, Abbruch, Zerstörung, Auflösung, Zersprengung, Verderbnis, Zerschlagung, Zerstückelung, Zergliederung, Zerteilung, Trennung, Vernichtung, Verheerung, Zersetzung, Beschädigung, Verfall ● Zerstreuung, Verstreuung, Ausbreitung ● Streit, Differenzen, Disharmonie. → Abbruch, Dezentralisation, Zerrissenheit. ▶ Vereinigung, Versöhnung, Zusammenhalt.

zerspringen → aufspringen, bersten, brechen, freuen sich, zerplatzen, zersplittern.

zersprungen → entzwei, geplatzt.

zerstampfen → zerkleinern, zerstören.

zerstäuben zerstreuen, verstreuen, verbreiten, abschwenken, abzweigen, weggehen, auseinanderlaufen, auseinandergehen ● versprühen, verspritzen, zerteilen.

Zerstäuber Verteiler, Verstreuer, Zerstreuer, Sprüher, Sprühdose, Sprühflasche, Sprühbehälter, Sprayer, Spraydose.

zerstören demolieren, zersetzen, demontieren, destruieren, zerlegen, abbrechen, abbauen, zerrütten, vernichten, zernagen, wegschaffen, untergraben, verderben, verheeren, wegfegen, zerquetschen, zerfressen, zermalmen, zerpflücken, zerstampfen, zerschlagen, zerschmettern, verwüsten, ruinieren, sprengen, umstürzen, umwerfen, kaputt machen, verhunzen, schänden, vertilgen, zerbröckeln, zerknicken, niederschlagen, niederreißen, niedermähen, niedermachen, liefern, hinwegfegen, hinopfern, zu Brei zermalmen, kurz und klein hauen, Salat machen *u,* dem Erdboden gleichmachen, aus der Welt schaffen. → abbauen, abbrauchen, abbrechen, abbrennen, ausmerzen, beeinträchtigen, beschädigen, beschießen, Bord werfen über, brandschatzen, demolieren, demontieren, destruieren, drosseln, durchschießen, einstampfen, faulen, herunterbringen, ruinieren, schwächen, verderben, vernichten, verzehren. ▶ aufbauen.

zerstörend → abbauend, demolierend, destruktiv, epidemisch, schädlich.

Zerstörer → Barbar, Beelzebub, Berserker, Dämon, Schädling, Schiff, Vernichter.

zerstört vernichtet, zermalmt, zerrüttet, zerschmettert, geplatzt, vertilgt, dahin, fort, ausgerottet, ausgemerzt, verschwunden, verloren, erledigt, todgeweiht, aufgegeben, zertrümmert, abgeschafft, umgestürzt, abgetan, beseitigt, abgebrochen, abgerissen, zerfallen, ruiniert, ausgebombt. → angeschlagen, dahin, entzwei, getilgt. ▶ unzerstört.

Zerstörung Zersetzung, Demontage, Zerlegung, Abbruch, Abbau, Destruktion, Austilgung, Vertilgung, Zerrüttung, Untergang, Verderb, Verfall, Verderbnis, Verheerung, Zahn der Zeit, Schiffbruch, Trümmerfeld, Umsturz, Vernichtung, Verwüstung, Austilgung, Unterdrückung, Zerfall, Zusammenbruch, Einäscherung. → Abbau, Abbruch, Asche, Bekümmernis, Brand, Demontage, Desorganisation, Destruktion, Entweihung, Tod, Unglück, Verderbnis, Vernichtung. ▶ Aufbau.

Zerstörungswut → Vandalismus.

zerstoßen → bersten, brechen, mahlen, verkleinern, verreiben, zerhauen.

zerstreuen auseinandergehen, verstreuen, verbreiten, ausbreiten, sich trennen, sich teilen, zersprengen, zergliedern ● säen, aussäen ● beunruhigen, verwirren, verdrehen, stören. → ablenken, abschwenken, anregen, ausschütten, bekämpfen, belustigen, bestreuen, betäuben, detaillieren, einstreuen, verbreiten, verstreuen. ▶ aufmerken, beruhigen, sammeln, zusammenlaufen.

zerstreuend → erfreuend, ergötzlich.

zerstreut verstreut, gesät, ausgesät, versprengt, nebenaus sein *u,* im Mond sein *u,* verteilt, auseinander, unregelmäßig, abgesondert, hier und da ● vergeßlich, verträumt, unüberlegt, in den Wolken, verschlafen, zerfahren, in Gedanken, geistesabwesend, unkonzentriert, abgelenkt, kopflos, kopfscheu, zerstreuter Professor, träumerisch, unachtsam, achtlos, unaufmerksam, flüchtig, abgelenkt, im Traum, erinnerungslos, verwirrt. → auseinander, befangen, besät, diffus, durcheinander, erinnerungslos, fahrig, gleichgültig, konfus, oberflächlich, unordentlich. ▶ aufmerksam, interessiert, ordentlich, zusammen.

Zerstreutheit Vergeßlichkeit, Unaufmerksamkeit, Unachtsamkeit, Achtlosigkeit, Unbedacht, Sorglosigkeit, Gedankenlosigkeit, Windbeutelei, Leichtsinn, Fahrlässigkeit, Mißachtung, Geistesabwesenheit, Träumerei, Traumzustand, Verträumtheit ● Konfusionsrat *u.* → Fahrlässigkeit, Gedächtnisschwäche, Gedankenlosigkeit, Nachlässigkeit. ▶ Aufmerksamkeit.

Zerstreuung Verstreuung, Absonderung, Auflösung, Zersprengung, Zersplitterung, Verbreitung, Ausbreitung, Vereinzelung ● Ablenkung, Belustigung, Zeitvertreib, Betäubung, Erholung, Belebung, Vergnügen. → Belustigung, Beruhigung, Erholung, Feier, Geselligkeit, Matinee, Spaß, Unterhaltung, Vergnügen. ▶ Langweiligkeit, Ungeselligkeit, Vereinigung.

zerstückeln → abbeißen, abbinden, abschneiden, ausschneiden, brechen, durchreißen, durchschlagen, parzellieren, teilen, verteilen.

Zerstückelung → Auflösung, Teilung.

zerteilen aufspalten, ablösen *j.*

→ abbeißen, abbinden, ausschneiden, bespritzen, brechen, durchreißen, durchteilen, entwirren, reißen, schnitzeln, teilen, trennen, verteilen.
Zerteilung → Absonderung, Auflösung, Durchbruch, Teilung, Trennung.
zerteppern → ausmerzen, zerstören.
Zertifikat → Attest, Zeugnis.
zertrümmern → ausmerzen, bersten, brechen, demolieren, destruieren, ruinieren, zerstören.
zertrümmert → angeschlagen, entzwei, zerstört.
zerwühlen zerraufen, in Unordnung bringen, verwirren.
Zerwürfnis → Auseinandersetzung, Disharmonie, Disput, Entzweiung, Feindschaft, Streit, Zwietracht.
zerzausen zausen, verwirren, vermengen, zerrupfen, zertrampeln, zerpflücken, durcheinanderbringen, in Unordnung bringen, locker machen. ▶ ordnen.
zerzaust → wirr.
zerzupfen zerfasern, zerteilen, zerfuseln. → zerkleinern.
Zetergeschrei → Geschrei.
zetern → anklagen, beklagen, geifern, klagen, lärmen, räsonieren, schimpfen, schreien.
Zettel → Papier, Schein, Wisch.
Zeug dummes Zeug, blödes Zeug, Plunder, Abfall, Kitsch, Ausschuß, Wertlosigkeit, Unwert, Lumpenzeug, Blech ● Talent haben, das Zeug zu etwas haben, fähig sein, zu etwas veranlagt sein ● was das Zeug hält, soviel wie möglich ● flicken am Zeug, aufs Dach steigen, den Kopf zurechtsetzen, tadeln. → Abfall, Bagatelle, Bedarf, Bestand, Gewebe, Masse, Material, Rohstoff. ▶ Gedankenfülle, loben, unfähig sein, Vortrefflichkeit.
Zeuge → Anwesender, Beobachter, Bürge, Dabeistehender.
zeugen fortpflanzen, erzeugen, begatten, schwängern, hervorrufen, bewirken, erwecken, ins Leben rufen, züchten, befruchten, besamen, vermehren ● bekräftigen, bürgen, begründen, bezeugen, bestärken, bewahrheiten. → befruchten, belegen, decken, schaffen. ▶ aberkennen, sterilisieren, zerstören.
Zeugenaussage → Bekräftigung, Eid.
Zeughaus → Lager, Rüstkammer.
Zeugnis Bescheinigung, Gutachten, Urkunde, Attest, Zertifikat, Schulzeugnis, Ausweis, Schein, Beleg, Beschei-

nigung ● Bestätigung, Beweis, Aussage, Angabe, Beweis, Eid, Schwur, Bezeugung, Zeugenaussage, Beteuerung, gerichtliches Zeugnis. → Argument, Attest, Aussage, Bekräftigung, Belege, Bescheinigung, Beweis, Diplom, Empfängnis, Endergebnis, Erweis, Fähigkeitsausweis, Nachweis. ▶ Aberkennung, Einwand, Widerlegung, Widerruf, Unfruchtbarkeit.
Zeugung → Befruchtung.
zeugungsfähig zeugungskräftig. → potent.
Zeugungstrieb → Lebenstrieb.
zeugungsunfähig → impotent, kraftlos.
Zicken machen sich mausig machen, angeben, ihn sticht der Hafer, sich anstellen, Dummheiten machen, über die Schnur hauen, übermütig sein, aufs Eis gehn ● frech werden, gemein werden, keck werden, dreist werden, dumm kommen, unangenehm werden. ▶ bescheiden (sich), vernünftig (sein).
Zickzack Umweg, Abweg, Umstand, Bogen, Bogenweg, Winkel, Winkelform, Gabelung, Hin und Her, Weitschweifigkeit, Abwegigkeit ● Betrunkenheit. ▶ Geradlinigkeit.
Ziegel → Baustoff, Bestand.
Ziegeldach → Bedeckung.
Ziegenbock → Bock.
ziehen zerren, zucken, raffen, reffen, trecken *u*, tauen, Tau ziehen, reißen, schleppen, nachschleifen, ins Schlepptau nehmen, treideln ● anziehen, anlocken, locken, verführen ● einziehen, einsaugen, aufsaugen ● fortziehen, umziehen, wegziehen ● erziehen, aufziehen ● strecken, dehnen, ausdehnen, längen ● bewegen ● ein Los ziehen, einen Wechsel ziehen ● kühl sein, durchziehen ● auslaugen, herausziehen ● berupfen *j*. → abmühen, blasen, bugsieren, reißen, schleppen. ▶ abstoßen, rasten, stoßen, verzichen.
ziehen, an den Haaren herbei von der Sache abschweifen, umgehen, von weither holen, weit ausholen, beharrlich auf ein Ziel lossteuern, angestrengt ins Geschirr gehen, den Zweck nicht aus dem Auge verlieren, sich in den Kopf setzen, sich versteifen, sich verbeißen, erzwingen, halsstarrig sein. ▶ nachgeben, unterliegen, urteilen.
ziehen, den kürzeren Pech haben, vom Regen in die Traufe kommen, schlecht wegkommen, zu kurz kommen, die Rechnung ohne den

Wirt machen, in die Grube fallen, auf den Hund kommen, Schaden haben, Einbuße erleiden, teuer bezahlen, sich verrechnen, verlieren, ausbaden, herhalten müssen. → beikommen nicht. ▶ gewinnen, ziehen das große Los.
ziehen, vom Leder die Klingen messen, die Klingen kreuzen, fechten, kämpfen, streiten, einen Ehrenhandel durchführen, auf die Mensur gehen, lossäbeln, sich befehden, sich befeinden, den Handschuh hinwerfen. → streiten. ▶ versöhnen sich.
ziehen, das große Los Glück haben, vorwärts kommen, Karriere machen, im trockenen sitzen, es zu etwas bringen, vom Glücke verwöhnt werden, in der Butter sitzen, auf einen grünen Zweig kommen, ein Glückskind sein, vom Himmel gesegnet sein, ernten ohne zu säen, glücken, mit vollen Segeln fahren, unter einem guten Stern geboren sein. ▶ verlieren, ziehen den kürzeren.
ziehen, nach sich → bedingen.
ziehen, das Fell über die Ohren → balbieren, täuschen.
ziehen, zur Rechenschaft → Dach steigen auf das, tadeln.
Ziehharmonika Akkordeon, Schifferklavier, Quetschkommode *u*, Knautschkommode *u*, Mansardenklavier *u*.
Ziehmutter (-vater) Pflegeeltern, Stiefeltern.
Ziehung Anziehung, Zugkraft, Hubkraft, Zug, Hub, Anhub ● Saugkraft, Saugfähigkeit, Ansaugung, Aufsaugung ● Steigkraft ● Auslosung, Ausspielung, Lotterie, Gewinnermittelung, Glücksspielergebnis.
Ziel Ende, Schluß, Endziel, Endzweck, Endergebnis, Höhepunkt, Abschluß, Punkt, Sportziel, das Schwarze ● Frist, Datum, Zeitpunkt, Richtungspunkt ● Absicht, Endabsicht, Vorbedacht, Vorsatz, Plan, Zielgedanke. → Adresse, Anteil, Ausgang, Ausschweifung, Auswirkung, Bahnhof, Begehr, Begriff, Beste, Coda, Endabsicht, Gipfel, Interesse, Richtung, Schluß, Termin, Zweck. ▶ Beginn, Start, Ursprung, Zufall.
zielbewußt → anstellig, arbeitsam, ausdauernd, beflissentlich, beharrlich, beständig, charakterfest, direkt, entschlossen, felsenfest, gewillt, Hand kurze, rastlos, unbeirrt, unerschütterlich, willensstark.
zielen schießen, werfen ● bezwecken, hinzielen auf, beabsichtigen, anpeilen, abzielen auf, hinsteuern auf, anstreben,

erzwecken, sich vornehmen, vorhaben, es abgesehen haben auf, planen, es anlegen auf. ▶ verfehlen.

zielgerecht → richtig, systematisch.

ziellos umständlich, zwecklos, auf Umwegen, unklar, abweichend, weitschweifig, unsystematisch, unmethodisch, unklug, unberechnet, unvorbereitet, umherschweifend, ohne Ziel, querfeldein, planlos, systemlos. ▶ zielbewußt.

Zielpunkt → Endabsicht, Ziel, Zweck.

Zielrichtung → Absicht, Geleise, Richtung, Weg, Ziel.

Zielscheibe → Ziel.

Zielsetzung → Aufgabe, Bestreben, Ziel.

zielsicher → beharrlich, sicher, unbeirrt, unerschütterlich.

zielstrebend → absichtlich, beharrlich, beflissen, fleißig, unbeirrt, unerschütterlich.

Zielstrebigkeit → Ausdauer, Beharrlichkeit, Fleiß.

ziemen, sich geziemen, gebühren, sollen, sich gehören, anerkennen, sich selbst schuldig sein, erheischen, verpflichten, vorschreiben, erfordern, verlangen, schicklich. ▶ herausnehmen, unziemlich (sein), verletzen.

Ziemer Tierrücken, Hinterviertel, Hinterschinken ● Prügel, Ochsenziemer, Peitsche, Strafmittel, Reitpeitsche, Gerte, Hagenschwanz, Hagenziemer, Haslauer.

ziemlich → angemessen, anwendbar, begrenzt, erheblich, erträglich, gebührend, mittelmäßig, schicklich, tüchtig.

ziepen zupfen, rupfen, kneifen.

Zier → Aufmachung, Aufschlag, Ausschmückung, Dekoration, Schmuck.

Zieraffe → Dandy.

Zierat → Aufmachung, Aufschlag, Ausschmückung, Besatz, Dekoration, Garnitur, Quaste, Schmuck.

Zierband → Band.

Zierbaum → Baum.

Zierbengel → Dandy.

Zierde → Aufschlag, Ausschmückung, Dekoration, Schmuck, Verzierung.

zieren → beflaggen, behängen, besetzen, dekorieren, schmücken, verschönern.

zieren, sich sich spreizen, Theater spielen, die Augen verdrehen, vornehm tun, schöntun, empfindeln, übertreiben, sich spröde tun, zimperlich tun, prüde tun, sich haben, vormachen ● sich schmücken, sich putzen. → schmücken, tun vornehm. ▶ natürlich sein, verschandeln.

Ziererei → Getue, Mache, Manieriertheit, Mätzchen, Prüderie.

zierfarbig → farbenfroh.

zierlich feingliedrig, zart. → angenehm, anmutig, biegsam, charmant, entzückend, fein, lieblich, nett, schön.

Ziernarr → Dandy.

Zierwerk → Dekoration, Schmuck.

Ziffer → Absatz, Chiffre, Paragraph, Zahl.

ziffernmäßig zahlenmäßig, berechenbar, meßbar, teilbar, zählbar, arithmetisch, nummernmäßig.

Zigarette Glimmstengel, Stäbchen, Sargnagel u, Lungenbrötchen u ● Kippe.

Zigarre Havanna, Brasil, Schwarze, Blonde, Virginia, Glimmstengel, Giftnudel u, Stinkbolzen u, Stinkadores u, Stinkspargel u, Qualmbolzen u, Festrübe u, Sonntagszigarre, Kotzbalken u.

Zigeuner Galgenvogel, Galgenstrick, Landstreicher, Vagabund, Fechtbruder, Strolch, Schlawiner, Bauernfänger, Betrüger, Gauner, Schelm, Spitzbube, unsicherer Kantonist ● Bohemien.

zigeunern → bummeln, herumlungern.

Zimmer Kemenate, Stube, Wohnraum, Appartement, Bude, Gelaß, Gemach, Kajüte sm, sturmfreie Bude, Speisezimmer, Herrenzimmer, Eßzimmer, Wohnzimmer, Empfangszimmer, Schlafzimmer, Badezimmer, Mansarde, Halle, Diele, Mädchenzimmer, Damenzimmer, Boudoir, Chambre garni, Chambre séparée, Amtsstube, Geschäftszimmer. → Kabinett, Kammer, Raum, Saal.

Zimmerluft Mief u, Muff u, Hecht u, schlechte Luft.

Zimmermädchen → Kammerzofe.

zimmern schreinern, tischlern, werken.

zimperlich altjüngferlich, g'schamig ö, preziös, prüde, spröde, etepetete u, scheu ● schamhaft, hausbacken, frigid, feinfühlig, spießig, unnahbar, unschuldig, verschämt, zartfühlend, zickig. → empfindlich, erkünstelt, feinschmeckerisch, feminin, spröde. ▶ unempfindlich.

Zimt Würze, Gewürz, Kaneel ● Kohl, Geschwätz, Gefasel, Faselei, Dummheit, Unsinn, Quatsch ● Geld, Kohlen, Zaster, Kies.

Zinke → Berg, Schärfe, Spitze.

Zinken → Nase, Spitze.

Zinne → Ausguck, Spitze, Turm.

Zins → Abgabe, Aufschlag, Geld, Miete.

Zinsen Geld, Gefälle, Anteil, Dividende, Einnahme, Erträgnis, Prozente, Ertrag, Erlös. → Geldquelle. ▶ Kapital.

zinspflichtig pflichtig, verpflichtet, gebunden, genötigt, abhängig, verschrieben, schuldig, in Schuld, erforderlich, zahlungspflichtig, schadenspflichtig. ▶ unabhängig.

Zinsschein → Abschnitt, Anteil, Coupon.

zinstragend → lohnend, rentabel.

Zipfel → Ende, Spitze.

Zipperlein Podagra, Rheuma, Gicht, Ischias, Gliederreißen, Altersschmerz, Alterszittern, Gebrechlichkeit.

zirka → annähernd, etwa.

Zirkel Kreis, Kreislauf, Ring, Linie, Reif, Kreisform, Runde ● Sternbild ● Meßgerät, Zeichengerät. → Bruderschaft, Freundschaft, Klub.

Zirkular Ankündigung, Rundschreiben, Anzeige, Mitteilung, Bekanntmachung, Laufzettel, vorgedruckter Brief, Verkündigung, vervielfältigter Brieftext, Vordruck, Formular, Bekanntgabe, Erlaß, Veröffentlichung, Nachricht, Kunde, öffentlicher Ausruf, Verbreitung, Umlauf, Bericht, Ausrufung, Runderlaß, Verordnung, Verfügung, Umlaufschreiben, Ausschreiben, Ausgabe, Fragebogen, Vordruck.

zirkulieren → umlaufen.

Zirkus Tierschau, Menagerie, Bärenzwinger, Löwengrube, Schauzelt, Akrobatik, Amphitheater, Manege, Hippodrom, Stadion, Arena ● Krach, Tohuwabohu, Affentheater.

zirpen → summen.

zischeln → dämpfen die Stimme, wispern, zischen.

Zischen Zischgeräusch, Zischlaut, Gezischel, Geraschel, Geknirsch, Geschwirr, Gebraus, Sausen, Rauschen, Schwirren, Tuscheln, Knirschen, Stürmen, Brausen, Schnauben, Schnoben, Krächzen ● Schäumen, Gischt, Geifer, Schampus, Schwären, Schaum ● Wut.

zischen zischeln, rascheln, schwirren, rauschen, fauchen, lispeln, flüstern, tuscheln, wispern, brausen, schnauben, schnarchen, blasen, schnoben ● schäumen, schwären, wallen, moussieren ● ablehnen, verneinen, seine Mißachtung zeigen. → brausen, krächzen, schäumen, wispern. ▶ anerkennen, verstummen.

zischend → schäumend, wütend.

Zisterne → Brunnen.

Zitadelle → Bastion, Befestigung, Burg.

Zitat Ausspruch, Anführung, Begründung, Angabe ● Satz, Spruch, Dichterspruch, Belegstelle, Wort. → Bekräftigung, Erweis, Nachweis.

zitieren → anführen, angeben, befehlen, heißen.

zittern frösteln, puppern, frieren, durchschütteln, beben, bibbern *u*, den Tatterich haben *u*, zappeln, wackeln, schüttern ● ungeschickt sein, herumfackeln, schusseln, verwackeln ● bangen, puppern *u*, ängstlich sein, fürchten, sich beunruhigen, erblassen. → ängstigen, bangen, berühren, durchschüttern, ergrimmen, erschrecken, frieren, fürchten, schaudern, vibrieren. ▶ erkühnen (sich), ruhig (bleiben), schwitzen.

zitternd → bebend, erschrocken, schwankend.

zittrig → alt, bebend, schwankend, ungeschickt.

Zitze Brust, Euter, Saugwarze ● Brustwarze.

zivil → bürgerlich.

Zivilcourage → Courage.

Zivilisation → Erziehung, Fortschritt, Kultur, Sitte, Verfeinerung.

zivilisieren → erziehen, heben.

zivilisiert → gesittet.

zockeln → zottein.

zögern stocken, sich sträuben, bummeln, zaudern, säumen, sich Zeit lassen, trödeln, nöhlen *u*, tunteln *u*, erlahmen, Umstände machen, an sich herankommen lassen, zurückbleiben, nachhinken, abwarten, sich aufhalten, hinausschieben, verschleppen ● verschieben, hinauszögern, verzögern, sich bedenken, stutzen ● schwanken, drucksen, fackeln, herumdrucksen, unschlüssig sein. → anhalten, aufhalten sich, bedenken, befürchten, belassen, besinnen sich, bleiben neutral, bleiben zurück, mähren, schieben auf die lange Bank, stocken, Umstände machen, verweilen, zaudern. ▶ ausführen, eilen, entschließen (sich).

zögernd zaudernd, langsam, stockend, bummelig, gemächlich, trödelig, saumselig, schläfrig, zurückbleibend, verspätet, säumig, rückständig ● schwankend, unentschlossen. → allmählich, bequem, faul, langsam, nach und nach. ▶ entschlossen, schnell.

Zögling → Baby, Schüler.

Zölibat Ehelosigkeit, lediger Stand.

Zoll Maß, Maßeinheit, Längen-

maß ● Umschlag, Abgabe, Umlage, Umgeld, Steuer, Marktgeld ● Zoll der Dankbarkeit. → Abgabe, Tribut.

zollen bekunden, Achtung oder Dank zollen, Begeisterung zeigen.

Zöllner Mautner, Zollbeamter.

Zollschranke → Beschwernis, Grenze, Hindernis.

zollweise langsam, langwierig, endlos, Stück für Stück, schrittweise, Schritt für Schritt, allmählich, im Schneckenschritt. ▶ schnell.

Zone → Distrikt, Klima, Region.

Zoo Tierpark, zoologischer Garten.

Zopf Flechte, Haar, Haarstrang, Zwiebel *u* ● Gewohnheit, Üblichkeit, Bocksbeutelei, Schlendrian, Amtsweg ● Schmuck, Verzierung ● Fahne, Räuscherl, Brummer, Dambes, Dusel, Affe, Trunkenheit.

zopfig → abgestanden, abgetan, alt.

Zorn Wut, Grimm, Rage, Zornanfall, Groll, Geifer, Erbostheit, Erbitterung, Erzürntheit, Zornesröte, Unwille, Ungehaltenheit, Erregung, Ungestüm, Rachsucht, Tollwut, Tobsucht, Raserei, Anfall, Heftigkeit, Leidenschaftlichkeit, Aufgebrachtheit, Berserkerwut, Hitze, Sturm, Heißwut, Haß, Jähzorn, Tollheit, Verbissenheit, Ingrimm, Verdruß. → Aufregung, Aufruhr, Ausbruch, Bitterkeit, Bosheit, Entrüstung, Erbostheit, Erregung, Galle, Geifer, Heftigkeit, Wut. ▶ Beschwichtigung, Gelassenheit, Heiterkeit, Nachgiebigkeit, Sanftmut.

Zornanfall Ausbruch. → Anwandlung, Wut, Zorn.

zornig leidenschaftlich, rabiat, rachglühend, tobend, ungehalten, wahnwitzig, unmutig, unwillig, zähneknirschend, zähnefletschend, heftig, tobsüchtig, ungebärdig, wild, wütend, grollend, gereizt, böse, geladen, die Nerven verlieren, vor Zorn glühen, erzürnt, grimmig, aus dem Häuschen, fuchtig, erhitzt, erbost, wutentbrannt, wutverzerrt. → aufgebracht, böse, cholerisch, enragiert, erbost, Kopf mit rotem, rabiat, übellaunig, wild, wütend. ▶ gelassen, heiter, nachgiebig, sanftmütig.

zornmütig ärgerlich, böse, gereizt, überreizt, nervös, giftig, aufgebracht, grimmig, gallsüchtig, unbeherrscht, zügellos, wutentbrannt, ungebärdig, rasend, wutschnaubend, wutschäumend, unbändig ● zornig, aus dem Häuschen, fuchtig, erbittert, in Harnisch, wütend, furienhaft, zähneknirschend, wutverzerrt ●

streitsüchtig, rechthaberisch, zänkisch, radaulustig, händelsüchtig. ▶ gelassen, heiter, sanftmütig, versöhnlich.

Zote → Schweinerei, Unkeuschheit, Witz.

Zotenhaftigkeit → Beleidigung, Schweinerei, Unkeuschheit.

zotig → anrüchig, dirnenhaft, geschlechtlich, schlüpfrig, schweinemäßig, unanständig, unkeusch.

Zotte → Ausguß, Fell.

zotteln zuckeln, zockeln. → bummeln, hemmen, zögern.

Zotteln Mähne, Schorf, Locken, Fransen, Strähnen.

zottig → bärtig, borstig, buschig, fransig.

zu geschlossen, bis, darum, durch, dazu, zudem, hinzu, in Ergänzung, einzufügen, mit, darüber, noch, dabei, hinzugebend ● zur, hin, in Richtung auf. → pfadlos, verkapselt. ▶ offen.

zu gut ausstehend, ausständig, zur Verfügung, offen, greifbar, frei, zahlbar. ▶ schuldig.

zu leicht nehmen → unterlassen.

zu sein geschlossen, zugemacht, zugedreht, zugedeckt, zugeklebt, zugenagelt, zugeriegelt, zugeschoben, zugeschnallt, zugeschnürt, zugesperrt, zugestoßen, zugebunden, abgedichtet, abgedrosselt, abgeschnitten, abgesperrt, blockiert, die Welt mit Brettern vernagelt, eingedämmt, gefüllt, dicht gemacht, plombiert, versperrt, verkorkt, vermauert. ▶ geöffnet.

zu spät! verloren, vernichtet, vertan, zu Ende, vorbei, hin, hinüber, aussichtslos, in der Klemme, verfehlt, mißglückt, erfolglos, ergebnislos. ▶ erfolgreich, geglückt.

Zubau Anbau, Nebenbau, Nebenflügel, Seitenflügel, Seitengebäude, Nebengebäude, Nebenhaus, Hinterhaus, Vorhaus, Vorbau. ▶ (Hauptgebäude).

Zubehör Anlage, Ergänzung, Beilage, Dazugehöriges, Besatz, Beschlag, Zusatz, Extras *m*, Zierat, Schmuck, Zutras, Zugabe, Drum und Dran, mit allen Schikanen, Zugehörigkeit ● Würze, Beigeschmack. ● Aufmachung, Bedarf, Beifügung, Beilage, Bestandteil, Dependance, Garnitur, Requisit, Utensilien.

Zuber → Behälter.

zubereiten herrichten, zurüsten, vorbereiten, vorarbeiten ● kochen, rösten, backen, dämpfen, sieden, braten, grillen, dünsten, zurichten, brauen. → anfertigen, arbeiten, bilden, machen, vorbereiten, anrichten.

zubereitet → eßbar, fertig, gar.

Zubereitung → Bearbeitung, Bildung, Vorbereitung.

zubilligen → anerkennen.

zubinden → absperren, einpacken, hemmen, schließen, schnüren.

Zubläser → Denunziant, Horcher.

zubringen → befördern, benachrichtigen, mischen.

Zubringer Kuppler, Gelegenheitsmacher, Zuträger, Zuhälter ● Vermittler, Zusteller, Bote, Briefträger, Zuführer, Greifer.

Zubringerin Kupplerin, Zuträgerin, Mädchenhändlerin, Zuhälterin, Gelegenheitsmacherin ● Vermittlerin, Zustellerin, Botin, Austrägerin.

Zubuße → Abgabe, Ausgabe.

zubuttern draufzahlen, zulegen, zusetzen.

Zucht Selbstzügelung, Selbstzucht, Selbsterziehung, Selbstüberwindung, Überwindung, Übung, Selbstbezwingung, Selbstbezähmung, Selbstbeherrschung, Schulung, harte Schule, Manneszucht, Macht über sich selbst, Drill, Fuchtel *u*, Erziehung, Sitte, Schulzucht, Anstand ● Aufzucht, Abrichtung, Dressur, Tierzucht, Aufziehung, Auslese, Selektion. → Anstand, Disziplin, Ernst, Fassung, Keuschheit, Ordnung, Selbstbezähmung, Willensstärke. ► Zuchtlosigkeit.

züchten heranziehen, kreuzen, paaren, decken, fortpflanzen, aufziehen ● abrichten, zähmer., bändigen, warten, veredeln, dressieren, ins Gebet nehmen, pflegen, verbessern, heranzüchten. → aufziehen, ausbilden, Blut auffrischen. ► ausrotten, (im Naturzustand belassen).

Zuchthaus → Anstalt, Bestrafung, Kerker.

züchtig → anständig, brav, keusch, tugendhaft.

züchtigen → abrechnen, ahnden, bestrafen, dreschen, durchschlagen, prügeln, strafen, tadeln.

Züchtigkeit → Bescheidenheit, Keuschheit, Mädchenhaftigkeit.

Züchtigung → Bearbeitung, Beleidigung, Bestrafung, Demütigung, Prügel, Schmerz, Strafe, Unglück, Tadel.

zuchtlos willensschwach, schlampig, schlotterig, zwanglos, haltlos, schlapp, weichlich, fahrig, flatterhaft, schlunzig, unordentlich, sittenlos, aus der Reihe tanzen, eine Extrawurst gebraten haben wollen *u.* → undiszipliniert. ► züchtig.

Zuchtlosigkeit Willensschwäche, Willensschlaffheit, Weichlichkeit, Haltlosigkeit, Schlamperei, Schmierigkeit, Leichtsinn, Hudelei, Lotterleben, Wildwest, polnische Wirtschaft, Nachlässigkeit, Schlendrian ● Gier, Lüste, Unzüchtigkeit, Unsittsamkeit. → Ärgernis, Demoralisation, Maßlosigkeit, Schweinerei, Unkeuschheit, Unordnung. ► Zucht.

Zuchtmeister Bändiger, Dompteur, Erzieher, Pauker.

Zuchtrute, eiserne → Besen mit eisernem.

Züchtung Zuchtwahl, Aufzucht, Kreuzung, Paarung. ► Entartung.

Zuchtwahl Auslese, Aussonderung, Auswahl, Paarung, Kreuzung, Züchtung. ► Dekadenz.

Zuck Ruck, Druck, Hub. →Zug.

zucken → zotteln.

zucken zittern, beben, zusammenzucken, bewegen sich, erschüttern, wackeln, schlottern, schaudern ● krank sein, Anfälle bekommen. → vibrieren. ► still stehen.

zücken blankziehen, aus der Scheide ziehen, vom Leder ziehen ● ziehen, zerren, reißen.

Zuckerbäcker → Bäcker.

zuckern überzuckern, verzuckern, kandieren, süßen, versüßen, süß machen. ► versalzen.

Zuckerung Überzuckerung, Versüßung, Verzuckerung, Zuckerzusatz.

Zuckerwerk → Confiture, Leckerbissen.

Zuckung Zucken, Reißen, Wehen, Schmerzen, Krankheit, Übel, Beschwerden, Anfälle ● Erschütterung, Ruck, Stoß, Beben. ► Stillstand, Wohlergehen.

Zudecke → Decke.

zudecken → absperren, anziehen, ausschlagen, bedachen, bedecken, behängen, decken, einbinden, einmummen, verdecken, verheimlichen, verschalen.

zudem → absichtlich, auch, außerdem, beiläufig, dabei, darüber, dazu, ferner, nicht nur sondern auch, überdies, ungerechnet.

zudiktieren → verordnen, verurteilen.

zudrängen stoßen, drängen, drücken, eindringen, schieben, hinzukommen, hinzudrängen. ► weggehen, ziehen.

zudrehen → abdrosseln, absperren, ausschalten, schließen.

zudringlich → aufdringlich,

Türe ins Haus fallen mit der, unhöflich.

zudringlich sein → aufdrängen, bleiben.

Zudringlichkeit → Unhöflichkeit, Unschicklichkeit.

zudrücken, ein Auge Milde walten lassen, milde behandeln, nicht so sein, durch die Finger sehen, Nachsicht üben, schonen, verzeihen, blind sein für, seinen eigenen Weg gehen lassen, übersehen. ► ahnden.

zueignen → beschenken, besitzen, darbringen, darreichen, erarbeiten, erheben Anspruch, geben, schenken, vermachen.

zueignen, sich → bemächtigen, nehmen.

Zueignung → Andenken, Dieberei, Einbruch, Entziehung, Gabe, Geschenk, Unredlichkeit, Vermächtnis.

zueinander halten zusammenhalten, unterstützen, am selben Strang ziehen, zusammenwirken, zusammenarbeiten, verbünden sich, unter einer Decke stecken, verschwören sich, im Einverständnis sein, im Einvernehmen handeln, verabreden sich, verstehen sich. → beigesellen. ► abkehren sich, entzweien, hemmen.

zuerkennen → anerkennen, einräumen, erlauben, verteilen.

zuerst → beginnend, bereits, bevor, einleitend, vor allem anderen.

Zufahrt → Allee, Chaussee, Durchfahrt, Weg.

Zufall Bestimmung, Verhängnis, Fügung, Schickung, Los, Geschick ● Sinnlosigkeit, Ungefähr, Grundlosigkeit, Geratewohl, Zufälligkeit ● Glückssache, Glücksfall, Glück, Chance, Treffer ● Begegnung, Lage, Erlebnis. → Chance, Dusel, Fortuna, Gelegenheit, Lotterie, Schicksal. ► Absicht, Mißerfolg, Mißgeschick.

zufallen → beerben, bekommen, empfangen, schließen, zukommen.

zufällig ungefähr, von ungefähr, wahllos, unausgewählt, beliebig, irgendwie, nach Belieben, unbeabsichtigt, unbewußt, akzidentell ● aufschnappen ● aufgabeln. → absichtslos, beiläufig, blindlings, erste beste. ► absichtlich, bewußt.

Zufälligkeit → Chance, Erlebnis, Zufall.

zufassen zupacken, angreifen, anfassen, erfassen, nehmen ● in die Hand nehmen, nicht nachlassen, nicht nachgeben ● den Marsch blasen, entschlossen sein. ● gefackelt nicht, Prozeß machen kurzen.

▶ drücken sich, nachgeben, zögern.
zufliegen → bekommen.
zufließen lassen → ausliefern, beschenken, darbringen, schenken.
Zuflucht Schlupfwinkel, Freistätte, Aufenthaltsort, Bleibe, Obdach, Unterschlupf, Asyl, Zufluchtsort, Unterkommen, Schlupfloch, Heim, Hut, Versteck, Verschanzung, Schirm, Schutz. → Asyl, Ausweg, Charite, Elternhaus, Heim, Obdach.
Zufluchtsort Zuflucht, Versteck, Bleibe, Schlupfloch, Unterschlupf, Hut, Freistätte, Zufluchtsstätte, Ruhesitz. → Asyl, Aufenthaltsort, Charite, Obdach, Quartier, Unterkunft, Versteck, Zuflucht.
Zufluß Zunahme, Zuwachs, Vermehrung, Anschwellung, Erhöhung, Wertzuwachs, Kräftigung, Befestigung, Ansammlung ● Zulauf, Zuleitung, Zustrom, Zuströmung, Zusammenlauf, Zusammenströmung, Zuleitung, Mündung, Verbindung, Kanal, Einbruch ● Einführung, Auffüllung, Einfüllung, Zufuhr, Einlauf, Zuführung. ▶ Abfluß.
zuflüstern → anvertrauen, bedeuten, verleiten.
Zuflüsterung → Überredungskraft, Verführung.
zufolge → dadurch, darum.
zufrieden wohl, befriedigt, ungetrübt, glücklich, glückstrahlend, klaglos, lebensfroh, lebenslustig, genügsam, bedürfnislos, jetzt hat die liebe Seele Ruhe *u,* kummerlos, seelenfroh, sorgenfrei, wohlig. → anspruchslos, aufgelegt, aufgeräumt, behäbig, behaglich, beruhigt, bescheiden, daheim, entzückt, Familie im Schoße der, froh, kummerlos, wohlgemut. ▶ unzufrieden.
zufrieden geben, sich → abfinden, befriedigen, belassen, schicken sich.
Zufriedenheit Herzensruhe, Wohlgefühl, Wohlbehagen, Wohlsein, Befriedigung, Behagen, Lebensfreude, Genügsamkeit, Seelenfriede, Genüge, Selbstzufriedenheit, Vergnüglichkeit. → Befriedigung, Bescheidenheit, Daseinsfreude, Einheit, Einklang, Harmonie, Lebensfreude. ▶ Unzufriedenheit.
zufriedenstellen saturieren, befrieden, sühnen, wieder gutmachen, Schuld abtragen, wettmachen, ersetzen, Genugtuung leisten, vergelten ● erfreuen, ergötzen, vergnügen. → befriedigen, erfreuen, erfüllen die Hoffnung. ▶ enttäuschen.
Zufriedenstellung → Abbitte, Befriedigung, Sühne.

zufrieren → gefrieren.
zufügen → hinzugeben, machen, zugeben.
Zufuhr Zuleitung, Zuführung, Zufluß, Einfüllung, Auffüllung, Einspritzung, Injektion, Klistier, Füllung, Einlauf, Sättigung, Nahrungsaufnahme. → Handel, Transport. ▶ Abfluß, Entgegennahme.
zuführen einflößen, einfüllen, eingießen, einspritzen, geben, eingeben, einblasen, zugeben, einführen. → befördern. ▶ abfließen, entführen, entgegennehmen.
Zuführung → Zufuhr.
Zug Ruck, Pull *sm,* Hub, Stoß, Anhub ● Herde, Aufzug, Aufmarsch, Karawane, Prozession, Folge, Gefolge, Schwarm, Abteilung ● Gesichtszug, Gesichtsform, Miene, Aussehen ● Bewegung, Marsch, Fortkommen ● Wind, Luftzug ● Schluck, Tropfen ● Namenszug, Federzug ● Charakterzug, Art, Weise ● Richtung, Weg, Verfahren, Methode ● Lastzug, Transportzug, Personenzug, Güterzug, Schnellzug, Expreß, Eisenbahn. → Abteilung, Aufeinanderfolge, Aufstellung, Bewegung, Bewegungstrieb, Durchzug, Fahrzeug (Schienen-, Linien-, Luft-). ▶ Anprall, Druck, Gegenwirkung, Stillstand.
Zugabe → Beifügung, Beilage, Beitrag, Beiwerk, Einlage, Einschuß, Ergänzung, Erwerb, Geschenk, Prämie.
Zugang → Durchgang, Eingang, Öffnung, Weg.
zugänglich → aufgeschlossen, dirnenhaft, du und du, empfänglich, erkäuflich, erreichbar, erschwinglich, offen.
Zugänglichkeit Zutraulichkeit, Entgegenkommen, Umgang vertrauter, Schmiegsamkeit, Biegsamkeit, Geschmeidigkeit, Gefügigkeit, Lenksamkeit, Willfährigkeit, Folgsamkeit. → Bestechlichkeit, Empfindlichkeit, Feilheit. ▶ Unzugänglichkeit.
Züge → Aussehen, Zug.
zugeben anerkennen, einverstanden sein, bejahen, ja sagen, bestätigen, bekennen, herausrücken, gestehen, beistimmen, zustimmen, beglaubigen, behaupten ● erlauben, gestatten, gewähren. → anerkennen, annehmen, aussagen, ausschütten, begünstigen, beipflichten, bejahen, bekennen, bestätigen, beweisen, eingestehen, erlauben, ja sagen, übereinstimmen. ▶ leugnen, verbieten.
zugefügt → anliegend.
zugegen → befindlich, dabei, daheim, daselbst, dort.
zugegen sein → da sein.

zugehen lassen → schicken.
Zugehfrau Haushaltshilfe, Aufwartung, Putzfrau, Raumpflegerin.
zugehören besitzen, angehören, umfassen, enthalten, einbeziehen, mitrechnen, einschließen, beiordnen, anschließen, inbegriffen, zusammengehören. → enthalten. ▶ ausschließen, verbannen.
zugehörig → beigeordnet, eigen, einschließlich, gebührend, inklusive, verwandt.
Zugehörigkeit Einschließung, Einschluß, Zusammenschluß, Zusammensetzung, Inbegriff, Zubehör ● Angehöriger, Verwandtschaft ● Mitglied, Teilnehmer. → Aufnahme, Beitritt. ▶ Ausschließung, Fremder, Verbannung.
zugekapselt → geschlossen, zurückhaltend.
zugeknöpft → einsilbig, schweigsam, stolz, trocken, zurückhaltend.
Zugeknöpftheit → Stolz, Verschlossenheit.
Zügel → Beeinflussung, Kandare.
Zügel ergreifen, die → dirigieren.
zügellos → anrüchig, aufständisch, ausgelassen, ausschweifend, bacchantisch, bedürfnislos, begehrlich, bestialisch, brutal, buhlerisch, dämonisch, erbarmungslos, erotisch, fessellos, heftig, leichtfertig, maßlos, unkeusch, windig, zuchtlos.
Zügellosigkeit → Ausschreitung, Ausschweifung, Begierde, Sinnlichkeit, Unkeuschheit, Zuchtlosigkeit.
zügeln → abwehren, bändigen, begütigen, beherrschen, bekämpfen, besänftigen, beschränken, betäuben, bezähmen, dämpfen, eindämmen.
zügeln, sich → beherrschen sich, kalt bleiben, mäßigen sich, versagen sich.
zugemacht → zu, abgeschlossen, verschlossen, versperrt, verstopft, verkapselt, verriegelt, blockiert, versiegelt, verkittet, verklebt, zugeklebt, zugedeckt, zugebunden, zugenagelt, zugeschoben, zugedreht, eingewickelt, verstaut ● verbunden, vernäht, zugeklammert, geklammert, zugenäht. ● geöffnet.
Zugemessenes → Dosis.
zugeneigt → anhänglich, cordial, ehelustig, eingenommen, herzlich.
zugenommen → gesteigert.
zugesellen, sich → anbändeln, beigesellen, beitreten, einverleiben, geleiten.
zugespitzt → scharf, schräg, spitz, verschlimmert.

zugestanden bejaht, eingestanden, zugegeben, beteuert, offenbart, kundgetan. → anerkannt, nachweisbar. ▶ verboten, widerlegt.

Zugeständnis → Anrecht, Befugnis, Erlaubnis, Konzession, Vergünstigung.

zugestehen konzedieren, erlauben, gestatten, bewilligen, zulassen, dulden, genehmigen, einräumen, gewähren, zugeben, willfahren ● gestehen, bejahen, bekennen. → anerkennen, beigeben, bekennen, bewilligen. ▶ aberkennen, leugnen, verbieten, verhärten sich.

zugetan → anhänglich, befreundet, cordial, dankbar, dankenswert, ehelustig, eingenommen, erkenntlich, geliebt, innig, verliebt, wohlwollend.

zugewandt liebend, vertrauend, aufmerksam, solidarisch.

zugießen → hinzufügen.

zugucken → zusehen.

zugig → luftig.

zügig → schnell.

Zugkraft → Anziehung, Anziehungskraft, Magnet, Reiz.

zugkräftig biegsam, gummiartig, spannfähig, federnd ● werbekräftig, anlockend, durchschlagend, anreißerisch, gewinnend, herbeilokkend, lockend, anpreisend, werbend. ▶ abträglich, starr.

zugleich → als, auch, beifolgend, da, desgleichen, indem.

Zugluft Luftzug, Durchzug, Wind, Windstoß, Luftströmung, Lüftchen ● Kühle.

zugreifen → entgegenkommen, handeln, helfen, nehmen, Prozeß machen kurzen, tun, zufassen.

Zugriff → Bemächtigung, Bewerkstelligung, Dieberei, Hilfe, Tat, Vollzug.

zugriffig rege, arbeitsam, ruhelos, rastlos, anstellig, fleißig. → derb. ▶ mimosenhaft, träge.

Zugriffigkeit → Fleiß.

zugrunde gehen umkommen, untergehen, vergehen, zerfallen, absterben, sterben, zerschellen, zusammenbrechen, zusammenfallen, zusammenstürzen, verregnen, verhageln, verwelken, sich auflösen, drankommen, draufgehen, flöten gehen u, zum Kuckuck gehen u, eingehen, einschlummern, hinüberschlummern, enden, entschlafen, erlöschen, heimgehen, heimkehren, scheiden, verhauchen, verröcheln, verrecken, krepieren, wegbleiben, an die Reihe kommen, abberufen werden, in die Hölle fahren, sein Leben aushauchen, ins Grab sinken, zur großen Armee abgehen,

den Geist aufgeben, ins Gras beißen, in die Grube fahren, zu Staub werden, den Weg allen Fleisches gehen ● sich nicht halten können, unter die Räder kommen, bankrott machen, das Feld räumen müssen, Pleite machen, Fiasko machen, abstinken, Pech haben, den Boden unter den Füßen verlieren, auf den Hund kommen. ▶ gedeihen, gelingen, leben.

zugrunde legen unterstellen, annehmen, voraussetzen, den Fall setzen, konstruieren ● mutmaßen, vermuten, wähnen, meinen, unterstellen. ▶ ergeben sich, wissen.

zugrunde liegen Ursache sein, bewirken, auslösen, bedingen, bewerkstelligen, erregen, erwecken, erzeugen, heraufbeschwören, hervorrufen, herbeiführen, verursachen, zeitigen, im Gefolge haben, nach sich ziehen.

zugrunde richten → ruinieren.

Zugstück → Anziehung, Attraktion, Schlager.

zugunsten beispringen, beistehen, beschirmen, beschützen, betreuen, einspringen, fördern, helfen, heraushauen, herausreißen, losreißen, retten, sekundieren, schützen, unterstützen, stützen ● begünstigen, ermutigen, ermuntern, stärken ● behilflich sein, förderlich sein, zur Seite stehen, an die Hand gehen, in die Kerbe hauen, die Stange halten, sich einsetzen für, Partei ergreifen, unter die Arme greifen, sich auf jemandes Seite stellen, ins Schlepptau nehmen, in die Bresche springen, den Weg ebnen, die Kastanien aus dem Feuer holen, eine Lanze brechen, einen Dienst leisten, Vorschub leisten, Unterstützung geben, unter die Fittiche nehmen, goldene Brücke bauen. ▶ verhüten, (zum Nachteil).

zugute halten akzeptieren, erlauben, annehmen, glauben, nachsehen, in Kauf nehmen, einverstanden sein ● gut, na schön, in Ordnung, von mir aus.

zugute kommen → nützen.

zuhalten → hemmen, schließen, verschaffen, zueinanderhalten.

Zuhälter Kuppler, Gelegenheitsmacher, Zubringer, Zuträger, Vermittler, Mädchenhändler, Louis, Stenz. → Buhle, Halbwelt, Kuppler.

zuhängen → ausschlagen, behängen, verdecken.

zuhause → daheim, Familie im Schoße der.

zuhinterst hinten, hinterst,

am letzten, rückwärts, zuletzt, nach, nachher, nachfolgend. ▶ vorn.

zuhorchen → aufpassen, bedenken, beherzigen, hören.

zuhören → aufpassen, erhören, erwachen, hören, hospitieren.

Zuhörer → Anwesender, Publikum, Teilnehmer.

Zuhörerschaft → Auditorium.

zuinnerst → drinnen, innen, mitten.

zujauchzen zujubeln, jubeln, preisen, rühmen, entgegenjubeln, besingen, klatschen, ehren, loben, feiern, Beifall zollen, ein Freudengeschrei erheben. → jauchzen. ▶ trauern, verdammen.

zujubeln → klatschen, zujauchzen.

zuklappen → schließen.

zukleben → absperren, schließen.

zuknallen → verschließen.

zukommen zufallen, gehören, anhaften, anhängen, ausmachen, enthalten, aufweisen, innewohnen ● zueignen, geziemen, in den Händen liegen, die Pflicht tun. → ausliefern, besitzen, darreichen, eignen, erheben Anspruch, ermächtigen, gebühren, obliegen. ▶ (abwälzen), eigenmächtig handeln, entbehren.

zukommen lassen → abgehen, absenden, abtreten, austeilen, beispringen, beschaffen, beschenken, bestrafen, darbringen, geben, verschaffen.

zukommend → angemessen, gebührlich.

Zukunft Futurum, die kommende Zeit, Nachzeit, spätere Tage ● Weltende, das Jüngste Gericht ● Nachwelt ● Vorahnung, Voraussicht. ▶ Vergangenheit.

zukünftig → bevorstehend, dereinst, hernach, künftig, nächstens.

zukunftsträchtig erfolgversprechend, verheißungsvoll.

Zukunftstraum → Utopie.

zulächeln → anlächeln.

Zulage → Aufschlag, Beifügung, Beilage, Beitrag, Geld, Prämie.

zulangen → Hände ausstrekken nach, nehmen.

zulänglich genügsam, genügend, ausreichend, hinreichend, hinlänglich, angemessen, erklecklich, sattsam, leidlich, ziemlich, erträglich, glimpflich. → genug. ▶ unzulänglich.

Zulaß → Aufnahme, Beitritt, Einfahrt, Eingang, Weg.

zulassen → annehmen, aufnehmen, befähigen, beigeben, bewilligen, darreichen,

zulässig dürfen, einräumen, einwilligen, erlauben, ermöglichen, gewähren, gutheißen, Hand freie lassen, hereinlassen, machen eine Ausnahme, zuführen.
zulässig ungeschmälert. → entschuldbar, erlaubt, maßgeblich, rechtlich, statthaft.
Zulassung → Aufnahme, Bekräftigung, Billigung, Einfahrt, Erlaubnis, Konzession.
Zulauf Zusammenfluß, Einmündung, Zustrom, Ansammlung, Zusammenziehung, Zuströmung, Zusammenlauf, Zuleitung, Zutritt, Zugang ● Schwarm, Menge, Andrang, Häufung. → Anschluß, Anzahl, Einmündung. ▶ Abfluß, Isolierung.
zulaufen hinlaufen, hinströmen, hingehen, hineilen, nachfolgen, anhängen sich, folgen, scharen sich, ansammeln sich, häufen sich, drängen sich ● einmünden, einfließen ● spitz zulaufen, zusammenlaufen. ▶ abfließen, abwenden sich, meiden.
zulegen → aneignen, auftreiben, beschaffen, sammeln, verschaffen.
zuleibe gehen → angreifen.
zuleide tun → schaden.
zuleiten → absenden, befördern, schicken, zulaufen.
Zuleitung Zuführung, Zufuhr, Zufluß, Einführung, Vereinigung, Zustrom, Hinführung, Zulauf, Leitung, Hindirigierung. → Absendung, Transport, Zulauf. ▶ Abfluß, Entgegennahme.
zuletzt → endlich, schließlich, unpünktlich, zuhinterst.
zumachen → abdämmen, abdrosseln, abschließen, absperren, ausschalten, bedachen, bedecken, einklinken, schließen, verschalen.
zumal weil, sintemal, alldieweil, da, indem, daß.
Zumaß → Dosis.
zumauern → einmauern.
zumeist → meisten am.
zumengen einmengen, vermengen, vermischen, einrühren, darunter bringen, verschneiden, versetzen, vereinigen, legieren, anreichern, einverleiben, untermengen, beibringen. ▶ klären, trennen.
zumessen → austeilen, teilen, verteilen.
zumindest → mindest.
zumute gestimmt, geneigt, aufgelegt, veranlagt, angelegt, gelaunt.
zumuten ersuchen, auffordern, vorschlagen, ansinnen, verlangen, zu nahe treten, Vorschriften machen, quälen, schulmeistern, befehlen, fordern, Ansprüche stellen. ▶ ablehnen, abwenden,

unterwerfen sich, widersetzen sich.
Zumutung Antrag, Gebot, Geheisch, Befehl, Anordnung, Forderung ● Unverschämtheit, Frechheit, Flegelei, starkes Stück, Anmaßung. ▶ Ablehnung, Abwendung, Unterwerfung, Widersetzlichkeit.
zunächst vorab, erst einmal. → danach, darauf, derzeit, momentan, provisorisch.
zunageln → absperren, hemmen, schließen, verschließen.
zunähen → absperren, schließen.
Zunahme Verstärkung, Steigerung, Vergrößerung, Wachstum, Anwachs, Wuchs, Zuwachs, Verbreitung, Ausbreitung, Erhöhung, Wulst, Schwellung, Wucherung, Verdickung ● Fortschritt, Entfaltung, Entwicklung. → Arbeitssegen, Aufbau, Ausbreitung, Ausdehnung, Dehnung, Entwicklung, Erweiterung, Vermehrung. ▶ Abnahme.
Zuname → Anrede, Name.
zünden → anzünden, aufregen.
zündend begeisternd, erregend, mitreißend.
Zunder → Bargeld, Brennmaterial.
Zündstoff → Beweggrund, Brennmaterial.
zunehmen wuchern, um sich greifen. → anschwellen, ansetzen, ausfüllen, bevölkern, blähen, dehnen, dick werden, entfalten sich, entwickeln sich, erstarken, florieren, häufen sich, vervielfältigen, wachsen.
zunehmend → gedeihlich, verstärkend.
zuneigen → hinwenden, lieb gewinnen, Freundschaft schließen, befreunden sich, lieben, annähern sich, gern haben ● gerne tun, hinneigen zu, mögen, wollen, wünschen. ▶ ablehnen.
Zuneigung → Achtung, Anziehung, Begeisterung, Gunst, Liebe, Neigung, Wohlwollen.
Zunft → Charge, Gemeinschaft, Vereinigung.
zunftgemäß → fachgemäß, handwerklich, kunstvoll, zünftig.
zünftig einig, handelseinig, zunftmäßig, zunftgemäß, werkgerecht, werksmäßig, gut, gebührlich ● großartig, prima, toll, fabelhaft, prachtvoll, ausgezeichnet, vorzüglich, prächtig, pfundig, hochher. → Hand und Fuß haben. ▶ unvollkommen.
Zunge Lecker j, Graser j, Waidlöffel j, Geäse j, Schmecker j, Lappen u.
Zunge, böse → Verleumder.
Zunge, schwere stammeln,

stottern, schnattern, lallen, stocken, japsen, murmeln, undeutlich sprechen, mit zittriger Stimme sprechen, mit stockender Zunge reden ● betrunken, beduselt, weinselig. ▶ deutlich (reden), nüchtern.
Zunge verbrennen, sich die geradezu, die Wahrheit sagen, reinen Wein einschenken, kein Blatt vor den Mund nehmen, Farbe bekennen, nicht hinter dem Berg halten, der Zunge freien Lauf lassen, das Kind beim rechten Namen nennen, mit offenen Karten spielen, aus seinem Herzen keine Mördergrube machen, frisch von der Leber weg reden ● deutsch mit jemandem reden, mit der Tür ins Haus fallen, aufrichtig sprechen, offenherzig sein, ehrlich reden, treuherzig bekennen, ungezwungen sprechen, vertrauensselig sein. ▶ abstehen, verheimlichen.
züngeln brennen, flammen, wabern, lohen, emporlodern, glühen, flackern, fackeln, auflodern ● hin- und herbewegen, die Zunge bewegen, die Zunge herausstrecken ● nippen, probieren, versuchen, schmecken. ▶ enthalten sich, verlöschen.
Zungendrescher Schwätzer, Schnattermaul, Plaudertasche, Bierbankpolitiker, Stadtklatsche. ▶ (Schweiger).
Zungendrescherei → Geschwätzigkeit, Schwatzhaftigkeit, Redseligkeit, Plauderhaftigkeit, Zungenfertigkeit, Maulfertigkeit, Maulwerk, Redewut, Geschnatter, Geschwätz, Gewäsch, Geklatsch, Aufschneiderei, Geplapper. ▶ Wortkargheit, Bündigkeit.
zungenfertig → beredt, redselig.
Zungenfertigkeit → Beredsamkeit, Redseligkeit.
zunichte machen vernichten, hemmen, verhindern, stören, untergraben vereiteln, zuschanden machen, lähmen, schwächen, hintertreiben, unterbinden, zu Fall bringen, den Keim ersticken, bezwingen. ▶ erzeugen, helfen, unterliegen.
zunicken nicken, ein Zeichen geben, grüßen, hinnicken, zuwinken, anlächeln, verneigen sich ● bejahen, einverstanden sich erklären, gestatten, erlauben. ▶ schneiden, verbieten.
zunutze machen, sich ausnutzen, seinen Vorteil wahrnehmen, im Auge behalten, sein Ich nicht vergessen, seine Rechnung finden, sich sichern, sich gesund machen, den Rahm abschöpfen, sich

Vorteile verschaffen. → bemächtigen, verwenden. ▶ übersehen, übervorteilen.

zuordnen → beiordnen, einbeziehen.

zupacken → Federlesens machen nicht viel, Hebel ansetzen, Prozeß machen kurzen, tun, zufassen.

zupfen zerren, reißen, rupfen, pflücken, abreißen, wegreißen, fortreißen, ziehen ● die Laute zupfen, die Zither schlagen, die Saite anreißen. → anstimmen.

zuraten → anbieten, anpreisen, befürworten, beraten, empfehlen.

zurechnen zuzählen, zugute halten.

zurechnungsfähig mündig. → klug, intelligent, vernünftig.

zurechtfinden, sich Bescheid wissen, erkennen, unterscheiden, zwischen den Zeilen lesen können, die Spreu vom Weizen trennen können, die Böcke von den Schafen trennen können.

zurechtgemacht → entstellt, fertig, fix und fertig, gepflegt, tendenziös.

zurechtgewiesen werden einen abgerissen kriegen *u*, abgekanzelt werden, eins aufs Dach kriegen, sein Fett kriegen oder weghaben, eine hineingewürgt kriegen, eins auf den Hut bekommen, einen weghaben, in der Mache sein *u*, eine Zigarre verpaßt kriegen *u*.

zurechtkommen früh kommen, zur Zeit kommen, zeitig kommen, beschleunigen sich ● fertig werden mit etwas, zustande kommen, zustande bringen, tun, einrichten sich, entwickeln, erzielen, anstellen sich gut, ausführen, bewerkstelligen, erledigen, entledigen sich, zuwege bringen, zu Ende führen, ans Ziel gelangen, das Ziel erreichen. → beeilen. ▶ mißlingen, zurückbleiben.

zurechtlegen → bearbeiten, gruppieren, ordnen, vorbereiten.

zurechtmachen schminken, verschönern, ausbessern, berichtigen, regeln, bearbeiten, bereinigen, flicken, ergänzen, abhelfen, retouchieren, frisieren, übertünchen, übertuschen, überarbeiten, veredeln, verfeinern, verzieren, schmükken, pudern, Landluft aus dem Döschen *u*, lackieren, vergolden, herausstreichen ● kochen, aufdecken, auftragen, schmieren, reparieren. ▶ vernachlässigen, verschandeln, zerstören.

zurechtsetzen anordnen, einrichten, ordnen, stellen ins gute Licht, legen an den

rechten Platz, aufstellen, unterbringen, aufschlagen, zurechtstellen, zurechtlegen ● entwirren, aussondern, sieben, einteilen ● vorbereiten, vorkehren, die Rollen verteilen, in Gang bringen, vorbauen, bahnen. → erziehen. ▶ (durcheinandermachen), verwirren.

zurechtstellen → schlichten, zurechtsetzen.

zurechtweisen Bescheid sagen, heimleuchten, heruntermachen, eins auf den Hut geben, sich jemanden kaufen, den Kopf waschen, den Kopf zurechtsetzen, die Leviten lesen, den Marsch blasen, abkanzeln, abkapiteln, abtrumpfen, eins auswischen, Bescheid stoßen *u*, eins aufs Dach geben, einheizen, ins Gebet nehmen, herunterreißen, mit jemandem Karussell fahren, übers Maul fahren, unter die Nase reiben, rüffeln, eine Standpauke halten, den Standpunkt klarmachen, mit jemandem Schlitten fahren, sich jemanden vorknöpfen, am Zeuge flicken, eine Zigarre verpassen *u*, abstauben, sich jemanden angeln, ausputzen *u*, anhauen *u*, auf die Bude rücken *u*, bürsten, aufs Butterbrot schmieren, eins auf den Deckel geben, deckeln, ducken, durchhecheln, fertig machen *u*, die Flötentöne beibringen, gerade stellen *u*, herumhacken, jemandem eine hineinwürgen, jemandem den Kopf zwischen die Ohren setzen, das Maul stopfen, Mores lehren, vor die Nase halten, zur Raison bringen, stauchen, jemandem eine Szene machen, jemandem einen Tanz machen, jemandem den Text lesen, sich jemandem vorkriegen *u*, jemandem die Wahrheit sagen, jemandem etwas unter die Weste schieben, den Wurm segnen, in die Zange nehmen, jemanden zwischennehmen. → abrechnen, bevormunden, einschärfen, erziehen, korrigieren, zurechtsetzen. ▶ loben, zustimmen.

Zurechtweisung → Bevormundung, Direktive, Disziplin, Ermahnung, Erziehung, Lektion, Maßregelung, Tadel.

Zureden → Überredung.

zureden → anempfehlen anhalten, anregen, aufrichten, beeinflussen, begeistern, beraten, bestimmen, binden auf die Seele, Dach steigen auf das, ermuntern, Seele binden auf die, überreden, werben.

zureichen zuleiten, anreichen, hinreichen, hingeben, zugeben, ausladen ● darreichen,

zuwenden, geben, überreichen, beschenken, verabfolgen, ausfolgen, einhändigen, zuteilen. ▶ nehmen.

zureiten → ausbilden, bezähmen.

zurichten → anordnen, arrangieren, bearbeiten, dünsten, zubereiten.

Zurichtung Vorbereitung, Einrichtung, Zurüstung, Anordnung, Vorkehrung.

zuriegeln → abdrosseln, absperren, ausschalten, riegeln, verschließen.

zürnen rasen, wüten, wild werden, in Zorn geraten, heftig werden, Feuer und Flamme speien, rot sehen, ergrimmen, erbosen, hochgehen, auffahren, aufbegehren, ärgern, übelnehmen, verübeln, Anstoß nehmen, sich beleidigt fühlen, toben, schäumen, sich vergessen, die Zähne zeigen, in Harnisch geraten ● zanken, geifern, keifen, streiten sich, murren ● nachtragen, Abneigung zeigen, in den Haaren liegen. → aufregen, balgen, erbosen, erdolchen mit den Blicken, ergrimmen, grün sein einem nicht, verübeln. ▶ beruhigen sich, verzeihen.

Zurschaustellung Enthüllung, Entblößung ● Offenlegung, Entlarvung, Demaskierung, Aufdeckung ● Eröffnung ● Veranschaulichung, Schaustellung, Auslage.

zurück nach, von hinten, rückwärts, rückgängig, nachhause, rückbezüglich, rückwirkend, vergangen, aber, wieder ● kehrt! ab! fort! nun aber abziehen! ▶ voran.

zurückantworten → erwidern.

zurückbeben → befürchten, benehmen den Atem, Haar in der Suppe finden.

zurückbehalten einlagern, wegstecken, aufsparen, ersparen, aufbewahren, horten, hamstern, auf Lager nehmen, auf Vorrat halten. ▶ beiseite legen.

zurückbekommen → wiederbekommen.

zurückberufen → abberufen.

zurückbilden, sich → zurückgehen.

zurückbleiben → aufhalten sich, besinnen sich, nachstehen, schlapp machen, verspäten sich.

zurückbleiben, nicht → beikommen.

zurückbleibend → langsam, restlich.

zurückblicken → Blicke zuwerfen, erinnern sich, nachhangen.

zurückbringen erstatten, zurückgeben, abtragen, tilgen, abgelten, einlösen, ausliefern, vergüten, wiedergutmachen, zurückstellen, entschädigen. ▶ behalten.

zurückdenken → besinnen sich, entsinnen sich, erinnern sich, festhalten.

zurückdrängen zurückstoßen, zurückschieben, verdrängen, abweisen, abfertigen, parieren, zurückschlagen, puffen, abstoßen. → aufrollen, beherrschen, erstikken Gefühle. ▶ heranstürzen, heranziehen, vorwärtstreiben, (Gefühlen nachgeben).

zurückerlangen → wiederbekommen.

zurückerstatten → erstatten, vergüten, wiedergeben, wiedergutmachen, zurückgeben.

Zurückerstattung → Abfindung, Ausgleich, Entschädigung, Rückgabe.

zurückerstellen → erstatten, wiedergutmachen, zurückgeben.

zurückfahren → erschrecken, grauen, zurückkehren.

zurückfallen → bleiben zurück, ermüden, umfallen.

zurückfinden umkehren, umwenden, zurückgeben, zurückfahren, zurückfliegen, zurückreisen, zurückkehren, zurücklaufen, zurückkommen, heimgehen, nachhause gehen, heimfinden, wiederkehren ● einordnen, einrichten, einreihen, zusammenreißen, meistern, bezwingen, einfugen sich, zähmen, bezähmen. ▶ fehlgehen, widersetzen sich.

zurückfordern → beanspruchen, begehren, bestehen auf.

zurückführen zurückgehen, zurückziehen, umwenden, den Rücken kehren ● in Sicherheit bringen ● erinnern sich, zurückrufen, aufrollen ● begründen, den Grund in etwas sehen, die Quelle sehen, in Zusammenhang bringen. ▶ fehlschießen, vergessen, vorrücken.

Zurückgabe → Abtragung, Ausgleichung, Berichtigung, Rückzahlung.

zurückgeben → bringen nicht übers Herz, einlösen, entarten, entgelten, erstatten, vergüten, wiedergeben, wiedergutmachen, zurücksenden, zurückzahlen.

zurückgeblieben verspätet, überfällig, veraltet, altmodisch, zu spät, rückständig, saumselig, bummelig ● beschränkt, dumm, duselig, unklug, unbezahlt. → dumm, hinten, kümmerlich, veraltet.

zurückgehen → abflauen, abnehmen, bleiben zurück, nachlassen.

zurückgelegt hinter sich gebracht, hinter sich gelassen ●

reserviert, zurückbehalten, aufgehoben ● besetzt, belegt.

zurückgenommen → entkräftet, umgestoßen.

zurückgepfiffen → umgestoßen.

zurückgewiesen, dankend → danken nichts zu.

zurückgezogen → abschließen, entkräftet, ungesellig.

Zurückgezogenheit → Absonderung, Einsamkeit, Menschenscheu, Privatleben.

zurückgreifen wiederaufnehmen ● herleiten, ableiten, zurückgehen, zurückkommen, herstammen, herrühren, die Ursache nennen ● zurückfallen, zurückblicken, zurückschauen auf, zurücksehen auf. ▶ abstehen, unterlassen.

zurückhalten → aufhalten, beibehalten, beherrschen, beherrschen sich, behüten, besänftigen, beschränken, beseitigen, bezähmen, dämpfen, dämpfen die Stimme, eindämmen, enthalten sich, ersticken Gefühle, halten sich vom Leibe, hemmen, mäßigen ● mauern u (beim Kartenspiel).

zurückhaltend reserviert, verhalten, verschlossen, verschwiegen, zugeknöpft, distanziert, still. → anständig, charakterfest, demütig, diskret, einsilbig, schweigsam, taktvoll, ungastlich. ▶ aufdringlich, vorlaut.

zurückhaltend sein → achtgeben.

Zurückhaltung → Abstinenz, Ausschluß, Bescheidenheit, Beschlagnahme, Diskretion, Embargo, Fassung, Reserve, Scheu, Verschlossenheit.

zurückholen → hindern.

zurückkehren heimgehen, umkehren, umdrehen, wenden sich, zurückgehen, zurückfahren, zurückfliegen, zurückreisen, zurückkommen, zurückschwimmen, zurücklaufen, heimkehren, nachhause gehen, heimfinden, wiederkehren, wiedersehen, wiedereintreten. → nachhause gehen. ▶ weglaufen.

Zurückkommen → Wiederkehr.

zurückkommen → zurückkehren.

zurückkommen auf → beziehen.

zurücklassen überrunden. → ausschreiten, bleiben, erübrigen, hinterlassen, überholen.

zurücklaufen → zurückkehren.

zurücklegen → anhäufen, aufbewahren, beiseite legen,

erübrigen, reservieren, sparen.

Zurücknahme Einsprache, Einrede, Gegenerklärung, Verleugnung, Verneinung, Verzicht, Widerruf, Rückkauf, Rücknahme, Abruf, Aufhebung, Tilgung, Absagebrief ● Sinneswechsel, Wankelmut, Umfall, Abfall, Abschwörung, Schwäche, Leichtsinn, Angst, Launenhaftigkeit ● Rücktritt, Verwerfung, Verschmähung, Aufsage, Abweisung, Zurückweisung, Austritt, Absetzung, Entsetzung, Entlassung, Enthebung, Abberufung, Abschied, Verabschiedung ● Umtausch, Austausch, Wechsel, Auswechslung. → Ableugnung, Absage, Dispensation, Entsagung, Gegenerklärung. ▶ Beständigkeit, Zusage.

zurücknehmen → abbestellen, abbitten, aberkennen, aufheben, besinnen sich, breitschlagen, entkräften, entloben.

zurückprallen → aufspringen, federn.

Zurückrufen → Erinnerung.

zurückrufen zurückpfeifen, hindern. → aufheben, entsinnen sich, erinnern sich.

zurückschaudern, Entschwundenes → denken an.

zurückschaudern → davonlaufen, grausen.

Zurückschauen → Erinnerung.

zurückschauen → drehen sich um.

zurückschicken → zurücksenden.

zurückschieben → zurückdrängen.

zurückschlagen → abwehren, parieren.

zurückschnellen → federn.

zurückschrauben Rückschritte machen, nachlassen, absinken, zurückkommen ● zurückschrauben Forderungen, vernünftig handeln, klug disponieren, ausweichen, anpassen sich, eingehen auf. → hemmen. ▶ fordern, helfen, vorwärtskommen.

zurückschrecken → befürchten, benehmen den Atem, erheben.

zurücksenden zurückschicken, zurückgeben, wiedergeben, wiederzurückgeben, wiedererstatten, wiederbringen, zurückzahlen, tilgen, abgelten, abtragen, ablösen.

zurücksetzen → ärgern, benachteiligen, bloßstellen, demütigen, erniedrigen, zurückräumen.

zurückspringen → federn.

zurückstehen → beeinträch-

tigen, beikommen nicht, nachstehen.
zurückstellen zurückgeben, wiedergeben, wiederbringen, zurückerstatten • ersetzen, schadlos halten, ausgleichen • zurückgehen, auf den alten Platz stellen, Ordnung machen, einsortieren • aufgeben, entsagen, zurücktreten, verzichten, zurückziehen sich. ▸ ausführen, behalten, verrücken, wegnehmen.
zurückstoßen → austreiben, zurückdrängen.
zurückstoßend → ausstoßend.
zurücktreiben → Enge treiben in die, zurückdrängen.
zurücktreten abdanken, entsagen, aufgeben, zurückziehen sich, austreten, Verzicht leisten, niederlegen, zurücklegen, Abschied nehmen, seine Entlassung beantragen, demissionieren, sein Amt niederlegen, den Vortritt lassen, aussteigen *u* • in die Reihe treten, zurückgehen. → fürlieb nehmen. ▸ standhalten, vorangehen, vortreten.
zurückversetzt werden → sitzenbleiben.
zurückweichen → davonlaufen, erheben, erlahmen, erschrecken, fallen lassen, Leine ziehen.
zurückweichen müssen → beikommen nicht, blamieren, Boden verlieren den.
zurückweisen abweisen, rechtfertigen, reinwaschen, verteidigen, wehren sich, abwehren, Irrtum beheben einen • verwerfen, verstoßen, vertreiben, ausschließen, ausschalten, ausgliedern, kaltstellen, verbannen, anlaufen lassen, abblitzen, den Kram vor die Füße schmeißen, abweisen, einen Korb geben, hinausekeln, verjagen, relegieren, verscheuchen, heimleuchten, aussondern, beseitigen, exmatrikulieren. → abblitzen, aberkennen, ablehnen, absagen, abwehren, auflehnen, auslassen, Schulter die kalte zeigen, verbitten sich, verpönen, verwerfen, widerstehen. ▸ anerkennen, angreifen, einbeziehen.
Zurückweisung → Abwehr, Berichtigung, Berufung, Gegenbeweis, Klage, Korb.
zurückwerfen reflektieren, prallen, abglänzen, zurückfallen, abgleiten • zurückgehen, zum Rückzug zwingen, besiegen, jagen, verjagen. ▸ auffangen, standhalten.
zurückzahlen zurückgeben, abgelten, tilgen, einlösen, ablösen, abtragen, ausgleichen. → heimzahlen.
Zurückziehen → Abwehr, Flucht, Lossagung.
zurückziehen zurückgehen, zurückführen, zurückschreiten, rückwärts schreiten, weichen, umkehren, umwenden, den Rücken kehren, den Rücken zeigen • sichern sich, verbergen. → abbestellen, davonschleichen. ▸ vorangehen, zeigen sich.
zurückziehen, sich zurückgehen, rückwärts schreiten, weichen, umwenden, abwenden, den Rücken kehren, den Rücken zeigen • entfernen sich, ausrücken, entrücken, abrücken, fortlaufen, abmarschieren, abreisen, Abschied nehmen, seine sieben Sachen packen, abtreten, wegtreten, ausziehen, seiner Wege gehen, verschwinden, davonschleichen, auskneifen, entweichen, entschlüpfen, entrinnen, entfliehen, entlaufen, enteilen, durchbrennen, Fersengeld geben, sich auf die Beine machen, das Hasenpanier ergreifen, verduften, auskneifen, wegschleichen, verkrümeln, stiften • abdanken, entsagen, aufgeben, zurücktreten, verzichten, niederlegen, Abschied nehmen, demissionieren • abschließen, verbergen, verleugnen lassen sich, der Welt entsagen, das Leben fliehen, privatisieren, ins Kloster gehen. → bleiben zurück, einspinnen sich, Fersengeld geben, quittieren. ▸ standhalten, stellen seinen Mann, verkehren, verteidigen.
Zuruf → Anruf, Appell, Beifall, Erkennungszeichen, Ruf, Warnung.
zurufen anrufen, unterrichten, verständigen, beibringen, hinterbringen, kundgeben, sagen, telefonieren, Nachricht geben, eröffnen, erklären, dartun, erwähnen, anzeigen, berichten, aufmerksam machen, aufklären, belehren, ermahnen, zur Vorsicht mahnen. → bestätigen. ▸ verheimlichen.
zurüsten → zubereiten.
Zurüstung → Bearbeitung.
zurzeit → gegenwärtig, momentan.
Zusage → Versicherung, Versprechung.
zusagen verheißen, versichern, versprechen, zusichern, einverstanden sein • bekommen, entsprechen, gelegen sein, passen, munden, gefallen. → anpassen, behagen, belieben, eignen sich, entsprechen, gelegen sein, konvenieren, schmecken, übereinstimmen, versprechen. ▸ absagen, abweichen, beanstanden, nutzlos (sein).
zusagend → angenehm, annehmbar, behaglich, einnehmend, erfreuend, erfreulich, ergötzlich, erwünscht, gefällig, interessant, positiv, schmackhaft, willkommen.
zusammen miteinander, vereinigt, vereint, zweisam, Hand in Hand, Mann für Mann, global. → an, aneinander, bei, beigeordnet, beisammen, bums, daneben, dicht dabei, ein Mann wie, einer für alle, gegenüber, gemeinsam, gesammelt, verschmolzen. ▸ getrennt.
zusammen mit → beifolgend.
Zusammenarbeit Kooperation, Teamwork *M*, Arbeitsgemeinschaft, Gemeinschaftsarbeit. → Bündnis, Einheit, Gemeinschaft.
zusammenarbeiten → befriedigen, beitreten, mitwirken, vereinen sich.
zusammenballen → brauen sich zusammen, geraten ins Gedränge.
Zusammenballung → Häufung.
zusammenbauen → zusammenfügen.
Zusammenberufung → Conclave, Zusammenschluß.
zusammenbinden bündeln. → verbinden.
zusammenbrauen → mischen.
zusammenbrechen → absacken, erlahmen, schlapp machen, verfallen.
zusammenbringen → berühren, bringen in Verbindung, kopulieren.
Zusammenbruch Zerfall, Zersplitterung, Spaltung, Verwitterung, Auflösung • Unterbrechung, Uneinigkeit • Kartenhaus, Vernichtung, Umsturz, Weltuntergang, Götterdämmerung, Unglück, Verderben • Debakel *s*, Verheerung, Sturz, Kladderadatsch *u*. → Abspannung, Dekadenz, Demolierung, Desorganisation, Einsturz, Fall, Konkurs, Lage schiefe. ▸ Aufstieg, Einigkeit, Erfolg, Kräftigung, Tilgung.
Zusammendrängen → Dichtigkeit.
zusammendrängen → ballen, einschnüren, zusammenpressen.
zusammendrängen, sich → ballen, dichten, zusammenpressen.
zusammendrücken → ballen, einschnüren, mangeln, quetschen.
zusammenfahren → erschrekken, fürchten, zusammenstoßen.
Zusammenfall Einstimmigkeit, Einklang, Zusammenklang, Gleichklang, Harmonie, Kongruenz • Gleichlauf, Gleichförmigkeit, Beiordnung, Koordination • Anpassung,

Dienlichkeit, Sachdienlichkeit, Verträglichkeit, Vereinbarkeit, Wesenseinheit ● Zerstörung, Vernichtung, Zerfall, Zusammenbruch, Umsturz, Sturz, Fall, Verheerung, Verderb, Zersetzung, Auflösung ● Ermattung, Erschöpfung, Erschlaffung, Erlahmung, Kraftlosigkeit, Schwäche, Abgespanntheit, Hinfälligkeit, Mattigkeit, Ohnmacht, Verfall. ▶ Aufstieg, Differenz, Disharmonie, Kräftigung, Zunahme.

zusammenfallen übereinstimmen, decken sich, gleichen sich, hauen in dieselbe Kerbe, identisch sein ● zusammengehen, zurückgehen, verringern, vermindern, schrumpfen, schwinden, eingehen ● zusammentreffen, begleiten, Schritt halten, gleichzeitig sein ● welken, eintrocknen, abmagern, auszehren, abzehren, verdorren, verdichten sich, verdicken, zusammenpressen, verkleinern ● kollidieren, zusammenstoßen, aufschlagen, auflaufen, anprallen, einstürzen, eindrücken. → auszehren, beengen, decken sich, einfallen, überschneiden. ▶ differieren, standhalten, zunehmen.

zusammenfallend → dasselbe.

zusammenfalten zusammenlegen, falten, fälteln, falzen, knicken, zusammenlegen, einschlagen, einwickeln, umbiegen, umschlagen ● zerknittern, zerknüllen.

zusammenfangen → ausheben.

zusammenfassen zusammengehören, einschließen, formen, zusammensetzen sich, in sich schließen, umfassen, bestehen aus, zugehören, ausmachen, mitrechnen, aufnehmen, einordnen, einreihen, beifügen, hinzufügen ● sammeln, erfassen, zusammenziehen, vereinigen, scharen, beigesellen, gruppieren, anhäufen, zusammenscharren, auflesen, einfangen, häufeln, aufschichten, auftürmen, aufstapeln, packen, zusammendrängen, zentralisieren, näher bringen. → beigesellen, raffen. ▶ ausschließen, gehen ins einzelne, zerstreuen.

Zusammenfassung Resümee. → Abriß, Abschluß, Handbuch, Konzentration, Register, Sammelbegriff, Schlußwort, Überblick, Zyklus.

zusammenflechten → flechten.

zusammenfließen → begegnen.

Zusammenfluß Zusammenlauf, Zusammentreffen, Begegnung, Zusammenstoß, Treffpunkt, Schnittpunkt,

Sammelpunkt, Vereinigung. → Dichtigkeit. ▶ Trennung.

zusammenfügen zusammenbauen. → anmachen, aufbauen, broschieren, konstruieren, verknüpfen.

zusammengeben → bringen unter die Haube, heiraten, mischen.

zusammengedrängt kompakt, kompreß. → eng, kurz.

zusammengedrückt gepreßt, platt, dünn, fein, gedrängt, eingeschrumpft, vermindert, gequetscht, dicht, kurz, niedrig, zusammengefaßt. → fächerartig. ▶ ausgedehnt.

zusammengefaßt → summarisch.

zusammengehen zusammenschrumpfen, einschrumpfen, eingehen, schwinden, verringern, zurückgehen, vermindern, zusammenfallen. → beigesellen, vereinen sich. ▶ ausweiten, scheiden, trennen.

zusammengehören enthalten, zusammenfassen, in sich schließen, bestehen aus, angehören, einschließen, gehören zu, beizählen, einordnen, einreihen, beifügen, hinzufügen ● verbunden, vereinigt, verquickt, vermischt, verschmolzen, eins sein ● verwandt sein, verschwägert sein, verheiratet sein, verlobt ● zusammen. ▶ scheiden, trennen (sich).

zusammengehörend → einheitlich.

zusammengehörig verbunden, vereinigt, vereint, gemeinschaftlich, zusammen, kopuliert, verheiratet, verlobt, verknüpft. ▶ geschieden, getrennt.

Zusammengehörigkeit → Anschluß, Band, Bündnis, Einheit, Familie.

Zusammengehörigkeitsgefühl Gemeinsinn, Opfersinn, Bürgersinn, Einsatzbereitschaft, Zusammenhalt, Gemeinschaft, Heimatgefühl, Liebe zur Scholle, Volksbewußtsein, Verbrüderung, Kameradschaft, Freundschaft, Treue, Liebe, Vaterlandsliebe, Nationalbewußtsein. ▶ Differenz, Disharmonie.

zusammengelegt → faltig.

zusammengepreßt → zusammengedrängt, (-gedrückt).

zusammengeschlagen angeschlagen, zerstört.

zusammengeschlossen → verbunden.

zusammengesetzt verbunden, vielteilig, mehrteilig, versetzt mit, durchdrungen, gesättigt mit, vermischt mit, verschmolzen, kombiniert, einverleibt, zusammengefügt, compound. → beschaffen, gefügt. ▶ einteilig, getrennt.

zusammengewürfelt → allerhand, zusammengesetzt.

zusammengezogen → eng, kurz, verdichtet, vermindert.

Zusammenhalt → Dichte, Härte, Zusammengehörigkeitsgefühl.

zusammenhalten verbinden, vereinigen, zusammenfügen, zusammenhängen, zusammenpacken, zusammenstellen, einverleiben, befestigen, anbinden, verschnüren, verknüpfen, anschnallen, annähen, anstecken, zusammenstecken, feststecken, festheften, anknöpfen, anstricken, umwickeln, zusammenschließen, festmachen, festhalten, verketten, verzapfen, anschmieden, kleben, kitten, pappen, einbinden, haften ● begegnen sich, überbrücken, umfassen, anschließen sich, zusammenschließen, einrenken, eingliedern, mittun, mitarbeiten, am selben Strange ziehen, zueinanderhalten, den Daumen halten, unterstützen, beitragen, ins Zeug legen sich, Kastanien aus dem Feuer holen, zusammenwirken, zusammenspielen, mithelfen, sich in die Hände spielen, verbünden sich, verabreden sich, verschwören sich, Freundschaft pflegen, anschließen sich, Vertrauen schenken, Freud und Leid teilen, durch dick und dünn gehen, durch Feuer und Wasser gehen. → brechen das Eis. ▶ absondern, brechen, trennen.

Zusammenhang Verknüpfung, Verkettung, Beziehung, Wechselbeziehung, Verwandtschaft, Verhältnis, Übereinstimmung, Ähnlichkeit, Bindung, Abstammung, Wahlverwandtschaft ● Vereinigung, Verkittung, Befestigung, Verkuppelung, Angelpunkt, Berührungspunkt, Vereinigungspunkt, Zusammenhalt, Zusammenschluß, Anschluß, Kontext, Halt, Haft, roter Faden, Folge, Konnex ● Reihe, Faden, Glied, Stufenleiter, Kette, Kreis, Reihenfolge, Gefolge, Zug, Fortsetzung, Bindeglied, Fuge, Übergang ● Wesen, Bau, Organismus, Gestaltung, Einordnung, Gefüge ● Begriff, Sinn, Vorstellung, Gedankenfolge, Gedankengang, Vorstellungsablauf, Vorstellungsreihe, Gedankenkette, Gesichtspunkt. → Dichtigkeit, Faden roter, Gesichtspunkt, Hinsicht, Sachlage, System, Verbindung. ▶ Trennung, Ungereimtheit.

Zusammenhang bringen, in → Haaren herbeiziehen an den.

Zusammenhang erkennen, den → verstehen.

Zusammenhang mit, im → beziehungsweise, dementsprechend.

zusammenhängen Bezug haben, beziehen sich auf, bringen mit sich, im Gefolge haben, angehören, zugehören, berühren, angehen, anbelangen, zu tun haben mit, drehen sich um ● verbinden, vereinigen, zusammenstellen, einverleiben, hinzufügen, zusammenhalten, zusammenpakken, zusammenbinden, befestigen, vernähen, einbinden, einschnüren, verschnüren, kuppeln, aneinanderreihen, verketten, verschmelzen, zusammenschließen, zusammenlaufen, eine Reihe bilden, aufeinanderfolgen, nachfolgen ● in Betracht ziehen ● binden *j.* ▶ beziehungslos, trennen, zusammenhangslos.

zusammenhängen, mit → beziehen sich auf, drehen sich um.

zusammenhängend → chronologisch, systematisch.

zusammenhanglos → durcheinander, konfus.

zusammenhauen → prügeln.

zusammenketten → verknüpfen.

zusammenkitten →verbinden.

Zusammenklang → Einklang, Einstimmigkeit, Harmonie, Übereinstimmung.

zusammenklappen → schlapp machen.

zusammenklingen in Einklang sein, übereinstimmen ● wohlklingen, harmonieren, zusammenstimmen. ▶ differieren, mißklingen.

zusammenklingend gleichförmig, gleichartig, einförmig, übereinstimmend, stimmig, ebenso, demgemäß, aus einem Guß, durch die Bank, einerlei, auf einer Ebene ● wohllautend, wohlklingend, musikalisch, melodisch, melodiös, taktmäßig, taktfest, rhythmisch. → ein Herz und eine Seele. ▶ mißtönend.

zusammenkommen → beehren, begegnen, tagen.

zusammenkoppeln → verbinden.

zusammenkrachen → anfahren, zerfallen.

zusammenkratzen nehmen, ergattern, einstecken, einheimsen, aufgreifen, erhaschen, erwischen, kriegen ● sammeln, scheuern, fegen, zusammenfegen, scharren, kehren. → abarbeiten, abdarben, einsäckeln, erübrigen. ▶ ausbreiten, verschwenden.

zusammenkrümmen → krümmen.

Zusammenkunft Kolloquium, Kommers, Kongreß, Tagung, Zusammenberufung, Einberufung, Versammlung, Besprechung, Beratung, Stelldichein, Heimabend, Gesellschaft, Besuch, Unterredung, Audienz, Empfang ● Plauderei, Plauderstündchen, Schwatz, Geplauder, Geplausch, Kränzchen, Kaffeeklatsch. → Audienz, Auseinandersetzung, Aussprache, Beratung, Besprechung, Conclave, Einberufung, Interview, Konferenz, Unterhaltung, Unterhandlung, Versammlung. ▶ Ungeselligkeit.

zusammenkuppeln → beigesellen, verbinden.

zusammenläppern, sich → zunehmen, wachsen.

zusammenlaufen → begegnen, brechen aus den Reihen, vereinigen sich.

zusammenleben Ehe schließen, eine Onkelehe eingehen, im Konkubinat leben ● verkehren, zusammenkommen, Gesellschaft pflegen, sich zugesellen, sich zusammentun, in einem Boot sitzen ● mit von der Partie sein, gute Nachbarschaft pflegen.

zusammenleben → Gemeinschaft.

zusammenlegbar → fächerartig, tragbar.

zusammenlegen → anhäufen, aufbewahren, falten, sammeln.

zusammenlesen sammeln, erfassen, zusammenziehen, vereinigen, scharen sich, beigesellen, zusammenkommen, einberufen, anwerben, einziehen, zusammenscharren, auflesen, aufraffen, absammeln, einfangen, auffangen, ernten, abernten, einernten, häufeln, schichten, stapeln, packen, vereinen. → ausheben. ▶ ausbreiten, verstreuen.

zusammennehmen, sich → rappeln.

zusammenpacken → packen.

zusammenpassen → verstehen sich.

zusammenpassen, nicht sich nicht verstehen, nicht aufeinander eingestellt sein, verschiedene Naturen haben, wie die Faust aufs Auge passen, wie Feuer und Wasser. → unharmonisch, unschön. ▶ harmonisch, schön.

Zusammenprall → Auflauf, Gegenwirkung.

zusammenprallen aufschlagen, aufstoßen, aufknallen, es bumst *u.* → abprallen, entgegenhalten. ▶ entfernen sich, mitwirken.

zusammenpressen komprimieren, kondensieren, verdichten, zusammendrängen ● ablagern, versteinern, erstarren ● verengen, verkleinern, schrumpfen, verdicken, quetschen, klein machen, zusammenziehen. → abrunden, beengen, dichten, dürren, einschnüren. ▶ ausbreiten, ausdehnen.

Zusammenpressung Verkleinerung, Verminderung, Schwund, Schrumpfung, Verdichtung, Quetschung, Pressung, Einengung, Einschnürung, Zusammenziehung, Reduktion. → Compendium, Extrakt. ▶ Ausbreitung, Ausdehnung.

zusammenraffen, sich → ermannen sich.

zusammenreimen → phantasieren.

zusammenreißen, sich → ermannen sich.

zusammenrollen → einrollen.

zusammenrotten, sich → empören sich, erheben sich, vereinigen sich.

Zusammenrottung → Auflauf, Masse.

zusammensacken erlahmen, ermatten, ermüden, erschlaffen, erschöpfen, unterliegen, erliegen, vergehen, nach Luft schnappen, den Atem verlieren, keuchen, schnaufen, außer Atem kommen, Herzbeklemmung bekommen, zurückbleiben, schlapp machen, umfallen, ohnmächtig werden, zusammenbrechen, überwältigt werden, krank werden, nicht mehr weiter können, auf der Strecke bleiben, den Mut verlieren, verzagen, die Hoffnung aufgeben. ▶ aufleben, zusammenraffen sich.

zusammenscharren sammeln, zusammenfassen, erfassen, zusammenziehen, vereinigen, einberufen, anwerben, einfordern, einziehen ● anhäufen, zusammenraffen, auflesen, absammeln, auffangen, ernten, häufeln, schichten, türmen, stapeln, packen ● erfassen, verwahren, aufbewahren, behüten, sparen, kargen, knausern, abgeizen, absparen, an sich reißen, Besitz ergreifen, sich aneignen, einheimsen, aufgreifen, in Sicherheit bringen, annektieren, zulangen, einsäckeln, plündern, abjagen, erpressen, ausbeuten ● zusammenkratzen, zusammenschleppen, wegschleppen, zusammenraffen, erraffen, mitnehmen ● geizen, filzen, dem Gelde nachjagen, am Gelde kleben, wuchern, ausschlachten, ausziehen, aussaugen. → anhäufen, aufbewahren, ausheben, beigesellen, beitreten, einsäckeln, erbetteln, erbeuten, ernten, sammeln. ▶ ausbrei-

ten, verschwenden, verstreuen.
zusammenschlagen→prügeln.
zusammenschleppen zusammenscharren, zusammenkratzen, wegschleppen, zusammenraffen, erraffen ● zusammentragen, einheimsen, in Sicherheit bringen, nehmen, anhäufen, sammeln, einscheuern, einernten. → aneignen. ▶ ausbreiten, verschwenden, verstreuen.
zusammenschließen → durchschießen, Fall bringen zu.
zusammenschließen, sich → dichten, drängen, konstituieren, konzentrieren.
Zusammenschluß Verbindung, Vereinigung, Verknüpfung, Kombination, Synthesis, Verquickung, Vermischung, Schwängerung, Gemenge, Gemisch ● Anschluß, Verkettung, Kreis, Kette, Reihe, Ring, Gesamtheit, Konzern ● Versammlung, Zusammenkunft, Begegnung, Zusammentreffen, Zusammenlauf, Konzentration, Sammelbekken, Sammelpunkt ● Zusammenspiel, Mitwirkung, Beteiligung, Teilnahme, Bereitschaft, Einverständnis, Zustimmung, Verabredung ● Bündnis, Bund, Koalition, Genossenschaft, Sippe, Sippschaft, Anhang, Partei, Klub, Clique, Kameradschaft, Trutzbündnis, Schutzbund, Volk, Nation. → Anschluß, Aufeinanderfolge, Aufnahme, Beitritt, Bund, Bündnis, Conclave, Familie, Fraktion, Gemeinschaft, Körperschaft, Teilnahme, Vereinigung. ▶ Trennung.
zusammenschmelzen legieren, verschmelzen, vermischen, vereinigen, zusammensetzen, zusammenfügen. ▶ ausscheiden, trennen.
zusammenschnüren zusammenbinden, zusammenkoppeln, zusammenpacken, verbinden, kuppeln, befestigen, verketten, verknüpfen ● einengen, abkneifen, zusammenpressen, beengen, drosseln, verschließen, abriegeln, versperren, absperren, zumachen → verbinden. ▶ trennen.
zusammenschrumpfen → dürren.
zusammenschütten → beifügen, mischen.
zusammenschweißen → verbinden.
Zusammensein Geselligkeit, Treffen.
zusammensetzen → anschlagen, aufbauen, einrangieren, konstruieren, montieren, verbinden.
zusammensetzen, sich → bilden.

Zusammensetzung Verbindung, Vermischung, Verschmelzung, Vermengung, Mischung, Mengung, Kompensation, Beimengung, Beifügung, Beimischung, Zumischung, Verschnitt ● Verquickung, Kreuzung, Einflößung, Zutat, Zusatz ● Legierung, Gemenge, Gemengsel, Durcheinander ● Allerlei, Sammelsurium, Kraut und Rüben, Mischmasch, Mischgericht, Salat, Ragout, Potpourri, Gebräu, Mosaik ● Gefüge, Struktur, Bau, Aufbau, Beschaffenheit, Gebilde, Zusammenstellung. → Anordnung, Aufbau, Bildung, Einbeziehung, Gliederung, Inhalt, Kombination, Konstruktion, Organisation, Struktur. ▶ Trennung.
Zusammenspiel Zusammenwirken, Harmonie.
zusammenstauchen → anfahren, bearbeiten.
zusammenstecken verabreden, sich besprechen, einig gehen, eine Front bilden, die Köpfe zusammenstecken ● sich beraten, sich verabreden.
zusammenstehen einig sein. → zusammenhalten.
zusammenstellen verbinden, vereinigen, zusammenbringen, zusammensetzen, zusammenfügen, zusammenfügen, einverleiben ● herrichten, ausrüsten, vollenden, vervollständigen, ausbauen, vervollkommnen, ausarbeiten ● vor Augen führen, feststellen, erhellen, verzeichnen, anführen, bekunden, darlegen, bezeugen, begründen, beweisen ● vorbereiten, in Bereitschaft bringen, ordnen, organisieren, anordnen. → anfertigen, anführen, angeben, aufstellen, anordnen, bearbeiten, bauen, bilden, darstellen, demonstrieren, entwerfen ein Bild, erzählen, fügen, gruppieren, ordnen.
Zusammenstellung → Abriß, Artikel, Auswahl, Denkschrift, Einordnung, Faszikel, Handbuch, Katalog, Kollektion, System, Tabelle.
zusammenstimmen → befreunden, beitreten, entsprechen, fügen sich, harmonieren, übereinstimmen, verstehen sich.
Zusammenstoß → Anprall, Bewegungstrieb, Duell, Explosion, Plänkelei, Reaktion, Schnittpunkt.
zusammenstoßen stoßen, eindrücken, schieben, zerren, schleudern, anprallen, anfahren, auffahren, zusammenfahren, aufschlagen, auflaufen ● zusammenlaufen, zusammenfließen, zusammenrotten,

sammeln, konzentrieren, begegnen sich, vereinigen sich ● entgegenwirken, entgegenhandeln, entgegenarbeiten, in die Arme fallen, widersprechen, streiten, widersetzen sich, gegenübertreten, trotzen, die Stirne bieten, die Zähne zeigen, Einspruch erheben, in den Weg legen, anfeinden, bekämpfen, streiten, ringen, aneinandergeraten, befehden, befeinden, stänkern, zanken, balgen, raufen, prügeln, beuteln, gerben, dreschen, die Hand erheben, die Faust unter die Nase halten, eine kalte Abreibung geben, den Handschuh hinwerfen, vom Leder ziehen, die Klingen kreuzen. → anfahren, anschlagen. ▶ (abstoßen), zusammengehen, zusammenhalten.
Zusammensturz → Armut, Bekümmernis, Dekadenz, Desorganisation, Einsturz, Katastrophe, Verschlimmerung.
zusammentragen → anhäufen, aufbauen, zusammenscharren.
Zusammentreffen Gleichzeitigkeit, Duplizität, Gleichheit, Übereinstimmung, Zusammenklang, Zusammenwirken, Gleichlaut, Gleichklang, Gleichtakt, Nebeneinander ● Berührung, Nähe, Aneinandergrenzung, Verbindung, Anreihung, Angrenzung, Begegnung ● Zusammenlauf, Zusammenkunft, Stelldichein, Versammlung, Auflauf, Zusammenrottung ● Zusammenfluß, Zusammenstoß, Sammelpunkt, Treffpunkt, Konzentration, Konzentrierung. → Verabredung.
zusammentreffen → treffen, vereinigen sich.
zusammentreten → konstituieren.
zusammentrommeln herbeirufen, herbeibringen, zusammenscharren, anschleppen. → zusammenschleppen. ▶ (auseinanderjagen).
zusammentun hinzufügen, vereinigen, verbinden, hinzusetzen, fügen hinzu, beifügen, beischließen, anschließen, anreihen, einreihen, angliedern, anheften, anhängen, anschlagen, einverleiben, beipacken, beiordnen, mischen, beimengen, zugießen, einrühren, hinzutun ● anschließen sich, beitreten, begleiten ● alliieren → beitreten, helfen, verbrüdern sich, vereinigen sich. ▶ trennen.
zusammenwerfen → beibringen, beifügen.
zusammenwickeln ineinanderwickeln, aufrollen, aufrin-

geln, aufhaspeln ● einwickeln, einpacken, einrollen, einbinden, einschlagen, verhüllen, umhüllen, zudecken, verdekken, bedecken, einhüllen. ▶ aufrollen, aufwinden.

zusammenwirken kooperieren. → Einverständnis heimliches, verbünden sich.

zusammenzählen rechnen, ausrechnen, berechnen, überschlagen, einen Überschlag machen, veranschlagen, abschätzen, taxieren, werten, verbinden, vereinigen, addieren. ▶ abziehen.

Zusammenziehen Verengung, Verkleinerung, Schrumpfung, Schwund, Verengerung, Umfangsverminderung, Verdichtung, Einengung, Einschnürung, Presse, Klemme ● Zusammenfassung, Abnahme, Verringerung, Verminderung, Schwächung, Schmälerung, Beschränkung, Rückgang. → Dezimierung. ▶ Abzug.

zusammenziehen → abrunden, aufrollen, ballen, beengen, berufen, beschränken, dichten, drängen, einschnüren, erfassen, verkleinern, vermindern.

zusammenziehen, sich → ballen, federn.

zusammenziehend einschrumpfend, schwindend, verringernd, vermindernd, verkleinernd, abnehmend ● verflüchtigen sich, abmagernd, auszehrend, welkend, schrumpfend, verdichtend, kondensierend ● sauer, säuerlich, herb, scharf. ▶ mild, verstärken.

Zusammenziehung Abnahme, Kürzung, Ermäßigung, Abzug, Schwächung, Einschränkung, Beschränkung, Einengung, Senkung ● Zusammenschluß, Zusammenfassung, Sammlung, Umfassung, Zusammenstellung, Gesamtheit, Ansammlung, Anhäufung, Einberufung, Zusammenstrom, Zusammenfluß, Zulauf, Andrang, Häufung ● Überblick, Sammelwerk ● Addition, Rechnung, Zusammenstellung, Ergänzung ● Verdichtung, Kondensierung, Verdickung, Pressung, Quetschung. → Compendium, Extrakt, Konsistenz, Reduktion. ▶ Ausdehnung, Erweiterung, Zunahme.

zusammenzucken erbeben, erschauern, eine Gänsehaut bekommen, erblassen, erbleichen, sich verfärben, beunruhigt sein, erschrecken, zusammenschrecken.

Zusatz Attribut, Äußerlichkeit, Nebensache, Beigabe, Mitgift, Beifügung, Ergänzung, Ausschmückung, Schmuck,

Besonderheit, Einzelheit ● Mischung, Beimischung, Zumischung, Beimengung, Verschnitt, Versetzung, Verquikkung, Einmischung, Einstreuung, Einschaltung, Schwängerung, Zutat ● Fälschung. → Anhang, Anmerkung, Beifügung, Beilage, Bestandteil, Einlage, Ergänzung, Klausel, Nachtrag.

Zusatzarbeit → Nebenarbeit.

Zusatzgewicht → Ballast.

Zusatzgewinn → Prämie.

zusätzlich → außerdem, extra.

zuschande machen → beeinträchtigen, bezwingen, dazwischentreten.

zuschanden werden → scheitern.

zuschauen → zusehen.

Zuschauer → Anwesender, Beobachter, Dabeistehender, Publikum.

zuschicken → austragen, einschicken.

zuschieben schließen, zuriegeln, einschließen, blockieren, versperren, absperren, abriegeln, verriegeln, abschneiden, verstopfen, versiegeln, zumachen, zudrehen, abschließen ● in Bewegung bringen, rücken, verrücken, verändern, fortbewegen, verschieben, zuleiten, hinreichen, zureichen ● eine Bürde aufladen, eine Pflicht aufbürden, verbindlich machen, haftbar machen, verantwortlich machen, abwälzen, verpflichten, vorschreiben, verlangen, belasten, aufdrängen, aufnötigen, zuschupsen u, anhalten dazu, heischen. ▶ entbürden, öffnen.

zuschienen → absperren.

zuschießen → ausgeben, beispringen, beschenken, beteiligen sich, darreichen.

Zuschlag → Aufschlag.

zuschlagen hinzufügen, vermehren, vereinigen, verbinden, beifügen, beilegen, beischließen, angliedern, einreihen, anheften, anhängen, einverleiben, beipacken, hinzutun, hineintun, zugießen, mischen, beimengen, einmengen, einrühren ● aufrechnen, erhöhen, aufschlagen, aufwerten, verteuern, umlegen, den Preis treiben, ein Aufgeld verlangen, besteuern. → durchgreifen, einklinken. ▶ öffnen, abziehen.

zuschließen → schließen.

zuschnallen → absperren, schließen.

Zuschnitt → Ausdruck, Aussehen, Format, Haltung, Schnitt.

zuschnüren → absperren, schnüren, schließen.

Zuschnürung Zusammenpressung, Zusammenzie-

hung, Beschränkung, Abschnürung, Abschließung, Verschließung, Versiegelung, Sperrung.

zuschrauben → einschrauben, schließen.

zuschreiben → anschuldigen, behaupten, beimessen, beschuldigen, Dach steigen auf das, herrühren.

Zuschrift → Brief, Depesche, Korrespondenz.

zuschulden kommen lassen die Pflicht verletzen, nicht nachkommen, versäumen, kneifen, sich drücken, wort- oder vertragsbrüchig werden ● unrecht tun, verschulden, sich versündigen, freveln, ungehorsam sein, etwas auf dem Kerbholz haben.

Zuschuß → Anteil, Beitrag, Bestechung, Einzahlung, Hilfe, Käuflichkeit, Nebenarbeit.

zusehen zuschauen, zugucken, abseits stehen, daneben stehen, nicht mitgerechnet werden, keine Macht haben, keine Rolle spielen, keinen Einfluß haben, nichts bedeuten, als Null betrachtet werden, wehrlos sein, ohnmächtig sein, unnütz sein. → betrachten. ▶ behaupten sich, mitwirken.

zusehends → schnell.

zusetzen → anfeuern, angehen, appellieren, bearbeiten, beeinflussen, bestimmen, bewirken, eindringlich zureden, extemporieren, mischen.

zusichern → beeiden, bejahen, beschwören, versichern, versprechen, zusagen.

Zusicherung → Versicherung, Versprechen, Verbürgung.

Zusichkommen → Besinnung, Einkehr.

zusichkommen → erlangen das Bewußtsein.

zusperren → abschließen, absperren, einklinken, schließen.

zuspielen mithelfen, mitwirken, zusammenarbeiten, zusammenspielen, zusammenwirken, sich in die Hände arbeiten, verbünden sich, abreden sich, zusammenhalten, im Einverständnis handeln, unter einer Decke stekken, den Ball zuwerfen. ▶ entgegenwirken, hemmen.

zuspitzen spitz machen, spitz zulaufen lassen, in eine Spitze auslaufen lassen, schärfen, scharf machen, wetzen, schleifen, abziehen, spitzen. → brauen sich zusammen, pointieren. ▶ glätten.

Zuspitzung → Krise.

zusprechen → anerkennen, aufrichten, aufrütteln, austeilen, befürworten, beistehen, einräumen, essen, helfen, teilen, trösten, verteilen.

zusprechen, Mut → Beileid, Stärkung, Trost.
zusprechend → ermutigend, tröstlich.
zuspringen eingreifen, helfen.
Zuspruch → Auffrischung, Beileid, Nachfrage, Stärkung, Trost.
Zustand Befinden, Stand, Bewandtnis, Lage, Tatsache, Beschaffenheit, Form, System, Bau, Gefüge, Aussehen, Gepräge, Schnitt, Haltung ● Eigenschaft, Kennzeichen, Form, Eigenart, Wesensart ● Stellung, Standort, Platz, Raumverteilung, Körperhaltung, Pose, Verhältnis, Situation, Status, Kategorie ● Sinnesart, Denkweise, Empfindungsleben, Seelenleben, Laune, Stimmung. → Art, Aussehen, Bestand, Charakter, Denkart, Disposition, Ergehen, Lage, Raumverhältnis, Verfassung. ▶ Umstand.
zustandebringen → erwirken, hervorbringen, verwirklichen, vollführen, zurechtkommen.
zuständig → ansässig, berechtigt, kompetent.
zustatten kommen → nützen.
zustecken geben, beschenken, spenden, opfern, bescheren, darreichen, darbringen, überraschen, zuwenden, gewähren, abtreten, stiften, unterstützen, ein Almosen geben, unter die Arme greifen, aushelfen, zuschießen, zufließen lassen, ausrüsten, versorgen, versehen, überreichen, überlassen, spendieren, verabreichen, austeilen, zuteilen, jemandem etwas zuschustern *u*, zuweisen, vermachen, bedenken. → schließen. ▶ erhalten, öffnen, wegnehmen.
zustehend → angemessen, gebührend.
zustellen → anvertrauen, schicken, übergeben.
Zustellung → Lieferung.
zustimmen beistimmen, einstimmen, bejahen, annehmen, vereinbaren, übereinkommen, eingehen auf, Gehör schenken, gestatten, bekräftigen, bestätigen, billigen, anerkennen, gutheißen, an einem Strang ziehen, einwilligen, genehmigen, erhören, willfahren, beipflichten, schlichten, zufrieden geben sich, einverstanden sein, ja sagen, befriedigen. → anerkennen, annehmen, anpassen, beipflichten, bejahen, bekennen, beloben, bestätigen, billigen, bewilligen, delegieren, eingehen auf, eingestehen, einverstanden sein, einwilligen, entsprechen, erlauben, ermächtigen, geruhen, gutheißen, vereinbaren. ▶ vereinen.
Zustimmung Übereinstim-

mung, Einstimmigkeit, Einklang, Beistimmung, Beifall, Lob ● Einverständnis, Einvernehmen, Beipflichtung, Billigung, Kopfnicken, Genehmigung, Bestätigung, Anerkennung, Gewährung, Entlastung, Bejahung, Zugeständnis. → Abkommen, Anerkennung, Anklang, Beifall, Bekenntnis, Bekräftigung, Bemerkung, Bereitwilligkeit, Berichtigung, Berücksichtigung, Bewilligung, Billigung, Hilfe, Jubel, Lob, Verständigung, Vertrag, Willfährigkeit. ▶ Ablehnung, Verneinung.
zustopfen → füllen, schließen.
zustoßen → befallen, begeben sich, begegnen, betroffen, erfahren, erleben, fügen sich, passieren, vorkommen.
Zustrom Nebenfluß, Zulauf, Zufluß, Zuleitung, Zusammenlauf, Zusammenstrom, Zusammenkunft ● Zugang, Zutritt, Zulaß, Eintritt, Einfahrt, Einmündung, Verbindung ● Zuzug, Einwanderung, Einmarsch, Einzug, Zuwanderung ● Strömung, Strom, Lauf, Druck, Drift, Umströmung, Zuströmung, Erguß, Strudel. ▶ Abfluß.
zuströmen fließen, laufen, abfließen, zufließen, sprudeln, rinnen, sickern, rauschen, rieseln, tropfen, tröpfeln, quellen, fluten, spülen, austreten, überschwemmen, hervorbrechen, ergießen sich, umfluten, auswaschen, unterspülen, branden, wirbeln ● zusammenfluten, zusammenlaufen, zusammenrotten, konzentrieren, eintreten, einfließen ● sammeln, versammeln, zusammenziehen, scharen sich, beigesellen, hinzudrängen, einbeziehen, zusammenscharen. ▶ abfließen, zerstreuen.
zutage fördern ans Licht bringen, offenbaren, aufdecken.
Zutat → Aufmachung, Beifügung, Beilage, Garnitur.
zuteilen aufteilen, verteilen, erteilen, einteilen, abteilen, austeilen, zumessen, einreihen, ausgliedern, zergliedern, zuerkennen, zusprechen, anweisen, bemessen, vergeben ● vermachen, verschreiben, bestimmen für, bedenken mit, verabreichen, zustellen, geben, spenden, zuwenden, abtreten, bewilligen, ausstatten, versorgen, versehen, verleihen, übermachen, spendieren. → austeilen, beschenken, einbeziehen, einteilen, teilen, verteilen. ▶ ausschließen, erhalten, wegnehmen.
Zuteilung → Anteil, Belehnung, Bestechung, Darbringung, Quote, Ration.

zutiefst → drunten, unten.
zutragen → anvertrauen, auspacken, befördern, denunzieren.
zutragen, sich → begeben sich, begegnen, bestehen, darbieten sich, einstellen sich, fügen sich, passieren, vorkommen.
Zuträger → Angeber, Anzeiger, Briefträger, Commis, Denunziant, Freund falscher, Horcher.
Zuträgerei Verleumdung, Verunglimpfung, Schmähung, Hechelei, Lästerung, Beschimpfung, Schändung, Entehrung ● Nachrede, Schmährede, Lästerrede, Ehrenkränkung, Beschmutzung, Besudelung ● Lästersucht, Schmähsucht, Ohrenbläserei, Skandalsucht, Schwätzerei, Anschuldigung, Zeihung, Bezichtigung, Anzeige, Verdächtigung, Angeberei. ▶ Schmeichelei, Verschwiegenheit, Wortkargheit.
zuträglich → bekömmlich, eßbar, gedeihlich, gesund, gut, heilkräftig, kräftigend, naturgemäß.
Zutrauen → Glaube, Vertrauen.
zutraulich → arglos, du und du, ungeniert, vertrauensselig, vertrauensvoll.
zutreffen zur Folge haben, sich ergeben, erfolgen ● entsprechen, versichern, überzeugen, beweisen, feststehen, den Zweifel benehmen, außer Zweifel stellen, gewiß sein ● es stimmt, es läßt keinen Zweifel zu ● treffen, außer Frage stehen, die Probe bestehen, der Fall sein. → begeben sich. ▶ bezweifeln, fehlschießen.
zutreffend → auffallend, authentisch, beglaubigt, bestimmt, beweisend, richtig.
zutrinken → bejubeln, Ehre bezeigen.
Zutritt → Aufnahme, Beitritt, Einfahrt, Eingang.
Zutun Rückhalt, Gabe, Wirksamkeit, Fähigkeit, Macht, Energie, Vollkraft, Wirkungskraft, Vermögen, Entschluß, Einsatz, Einstand, Zugriff, Eingriff, Angriff, Entschlußkraft, Tatkraft, Eifer, guter Wille, Neigung, Pflichtgefühl, Opferbereitschaft, Aufopferung, Fleiß, Schaffenslust, Streben, Unternehmungsgeist, Unternehmungslust, Betriebsamkeit, Ausdauer, Geduld, Aufmerksamkeit, Beharrlichkeit, Bereitschaft, Emsigkeit, Beflissenheit, Rührigkeit, Begeisterung. ▶ Teilnahmslosigkeit, Trägheit, Unfähigkeit.
zutun mitarbeiten, mittun, anfassen, zugreifen, tätig sein,

rege sein, unterstützen, beitragen, helfen, Dienste erweisen, ins Zeug legen, eintreten für ● einwirken, eingreifen, auftreten, bearbeiten, durchdringen, ausführen, durchführen, erreichen, beeinflussen, wirken. → aneignen sich. ▶ faulenzen, zusehen.

zu tun haben mit → drehen sich um.

zutunlich höflich, artig, manierlich, vornehm, nobel, gewandt, galant, gebildet, gesittet, kultiviert, anständig, schicklich, brav, ritterlich, nett, bescheiden, wohlerzogen, geschliffen, fein, leutselig, zutraulich, verbindlich, aufmerksam, liebenswürdig, liebreich, gefällig, glatt, einnehmend, förmlich, diplomatisch, geschmeidig, tugendlich, wacker, brav, charaktervoll, gewissenhaft. → freundlich. ▶ abweisend, unhöflich.

zuunterst → unten.

zuverlässig → anständig, aufrichtig, ausführlich, authentisch, bedächtig, beglaubigt, bestimmt, bieder, brav, buchstablich, charakterfest, dauerhaft, eingehend, farbecht, fest, genau, haltbar, peinlich, pünktlich, rechtlich, reell, Schrot und Korn von echtem, sicher, sorgfältig, treu, wakker, wahr.

Zuverlässigkeit Dauerhaftigkeit, Festigkeit, Stabilität, Gleichmäßigkeit, Korrektheit, Unwandelbarkeit, Stete, Rechtschaffenheit, Redlichkeit, Unbescholtenheit, Ehrsamkeit, Biederkeit, Biedersinn, Sorgsamkeit, ein Mann ein Wort, Vertrauenswürdigkeit, Charakterstärke, Kredit, Wahrhaftigkeit, Unbestechlichkeit, Ehrlichkeit, Ehrenhaftigkeit, Lauterkeit, Bravheit, Wackerkeit, Kernhaftigkeit, Festigkeit, Gewissenhaftigkeit, Pünktlichkeit, Genauigkeit, Strenge, Treue ● Dichte, Undurchdringlichkeit, Undurchlässigkeit, Sicherheit, Festigkeit, Widerstand. → Charakterstärke, Dauerhaftigkeit, Ehrbarkeit, Fehlerlosigkeit, Pflichtgefühl, Pünktlichkeit, Rechtlichkeit, Rechtschaffenheit, Treue, Wahrhaftigkeit. ▶ Unbeständigkeit, (Unzuverlässigkeit), Wankelmut.

zuverläßlich unverstellt, unverblümt, unbeargwohnt, untrüglich, ehrlich, offenherzig, freimütig, treu, rechtschaffen, redlich, treuherzig, arglos, ungekünstelt, unverhüllt, natürlich, echt, bieder, unverdorben, ungeziert, einfach, rechtlich, vertrauenswürdig, brav, unbescholten, unparteiisch,

solid, reell, unbestechlich, fehlerlos, unantastbar, gewissenhaft, hochsinnig, charakterfest, verläßlich, mannhaft, untadelig. → stabil, unbeirrt, unverändert. ▶ unbeständig, unzuverlässig, wankelmütig.

Zuversicht → Annahme, Begeisterung, Glaube, Hoffnung, in Aussicht stehen, Lichtblick, Stolz, Vertrauen.

Zuversicht erschüttern, die → erschüttern die Hoffnung.

Zuversicht verlieren → benehmen die Aussicht.

zuversichtlich → arglos, beruhigt, bestimmt, charakterfest, erwartungsvoll, getrost, hoffentlich, hoffnungsvoll, optimistisch, sicher, vertrauensvoll

zuviel → arg, maßlos, überflüssig, ungeheuerlich.

zuvor → beginnend, bereits, bevor, dahin, damals, eher, eingangs, einleitend, früher.

zuvörderst → beginnend, bevor, eingangs, einleitend.

zuvorkommen vorsorgen, vorbauen, vorbeugen, vorsehen, vorkehren ● beschaffen, anschaffen, aufsparen, ersparen, zusammensparen, beiseite legen, aufbewahren, einlagern, einheimsen, ergänzen, eintun ● Rang ablaufen, schnell handeln, Absicht vereiteln, nicht zur Ausführung kommen lassen. → abwehren, dazwischentreten, Einspruch erheben, verhindern. ▶ angreifen, unterlassen, vernachlässigen, vertun.

zuvorkommend → angenehm, anständig, artig, demütig, devot, dienstbereit, erbötig, erkenntlich, freundlich, höflich, kulant.

Zuvorkommenheit → Demut, Verbindlichkeit.

zuvortun → auszeichnen, überbieten.

Zuwaage → Beifügung.

Zuwachs → Ausdehnung, Beifügung, Erweiterung, Erwerb, Vermehrung.

Zuwanderung Einwanderung, Zuzug, Zulauf, Annäherung, Vereinigung.

zuwarten → gedulden, stunden.

zuwege bringen machen, tun, ausführen, durchführen, vollführen, bewerkstelligen, erfüllen, verrichten, erledigen, vollstrecken, vollziehen, verfertigen, fertigstellen, fertigmachen, entledigen sich, vollenden, zustande bringen, ausrichten, abwickeln, durchsetzen, zu Ende führen, ans Ziel gelangen, die Krone aufsetzen, zur Entscheidung kommen, ein Ende herbeiführen. → erwirken. ▶ versagen.

zuwehen hereinbekommen,

bekommen, empfangen, gelangen zu, verschaffen, auftreiben, herausschlagen, ergattern, erobern ● zufliegen, zufallen, zuflattern, gewinnen, erringen ● bedecken, verdecken, verhüllen, verhängen, zumachen, einschneiden, einkrusten, bewerfen, bekleiden ● entschwinden, verlieren sich, verbergen, verstecken, verschleiern, tarnen. → fächeln. ▶ bloßlegen, entdecken, geben, verlieren, verwehen.

zuweilen → ab und zu, auseinander, dann und wann, einigemal, fern und nah, gelegentlich, jeweilig, manchmal, teilweise.

zuweisen → geben.

Zuweisung → Abgabe, Anspruch, Anteil, Beitrag, Belehnung, Bestechung, Coupon, Darbringung, Gnadenbrot, Käuflichkeit, Quote, Ration, Vergebung, Verteilung.

zuwenden geben, spenden, beschenken, opfern, bescheren, verehren, überraschen mit, darbringen, abtreten, stiften, unterstützen, auswerten, Almosen geben, zuschießen, aushelfen, beitragen, zueignen, versorgen, versehen, unterhalten, zuteil werden lassen, die Kosten bestreiten, unter die Arme greifen, Zuschuß geben, ausstatten, ausrüsten, bewirten, kredenzen, spendieren, vermachen, verschreiben, hinterlassen, testieren, bedenken mit, ererben ● hinwenden, hinneigen, ansprechen. → abgeben, abgehen, absenden, abtreten, anbieten, ausliefern, austeilen, beschenken, darbringen, darreichen, geben, schenken, überlassen, vermachen. ▶ abwenden sich, nehmen.

Zuwendung Gabe, Spende, Geschenk, Beisteuer, Abgabe, Andenken, Erinnerung, Angebinde, Aufmerksamkeit, Bescherung, Almosen, Zuschuß, Zugabe, Aussteuer, Ausstattung, Vergütung, Gehalt, Unterhalt, Entschädigung, Lohn. → Andenken, Anspruch, Gabe, Geschenk, Ration, Vermächtnis, Wille letzter. ▶ Entgegennahme.

zuwerfen → geben, schließen.

zuwider → auseinander, contra, dagegen, degoutiert, lästig, unbeliebt, widerwärtig, widerwillig.

zuwider sein → anekeln.

zuwiderhandeln → entgegenhandeln.

Zuwiderhandlung → Delikt, Unterlassung, Verstoß.

zuwiderlaufend → bezie-

hungslos, contra, diametral.
zuwinken → bewillkommnen, grüßen, winken.
zuzahlen draufzahlen. → verlieren.
zuziehen → abziehen, einbeziehen, fassen in sich, verrechnen, aufrunden.
zuzählen, sich → beitreten.
zuziehen → einwandern, herbeiziehen, schließen.
zuziehen, sich schädigen, erkälten sich, übernehmen, beeinträchtigen, erschüttern, verfallen, verderben, untergraben, zerrütten, trüben, anstecken, vergiften, infizieren, kränkeln, hinfällig werden, fiebern, krank werden, siech werden. ▶ aufklären, vorbeugen.
Zuzug Zusammenlauf, Auflauf, Gedränge, Zufluß, Einmarsch, Zuwanderung, Einwanderung, Verstärkung. → Beifügung. ▶ Abfluß, Abzug.
zuzüglich einschließlich, ergänzend, ferner, dazu, brutto, zu Lasten, unter Hinzurechnung. ▶ abzüglich.
zuzuschreiben beimessen, sich beziehen auf, herstammen, ableiten, herleiten ● verschulden, verursachen, Anlaß geben, beitragen, zurückgreifen auf, Ursache sein ● beifügen, anfügen, ergänzen, anreihen, hinzutun, vervollständigen, vollenden. ▶ ergeben sich, streichen.
Zwang Härte, Unduldsamkeit, Schärfe, Heftigkeit, Strenge, Zucht, Knute ● Gewaltherrschaft, Schreckensherrschaft, Terror, Vergewaltigung, Notzucht, Überwältigung, Nötigung ● Logik, Schlußvermögen, Urteil, Richtigkeit, Bündigkeit, Kraft, Triftigkeit ● Willenlosigkeit, Lähmung, Bestimmung, Schicksal, Fügung, Verhängnis, Unvermeidlichkeit, Trieb, Bedürfnis, Drang, Druck, Gewalt, Abhängigkeit, Unfreiheit, Notlage, Zwangslage, höhere Gewalt, Schwierigkeit, Pflicht, Verpflichtung, Unabwendbarkeit, hartes Muß, Druckmittel, Willenslenkung, Willenslähmung, Suggestion, Hypnose ● Hindernis, Hemmung, Behinderung, Störung, Durchkreuzung, Sperrung, Absperrung, Ausschließung, Blockade ● Verbot, Untersagung, Einhalt, Hinderung, Zurückhaltung, Entziehung, Einspruch, Acht, Bann. → Arrest, Ausschluß, Despotismus, Drang, Embargo, Fatalismus, Knechtschaft, Macht der Verhältnisse, Strenge, Unfreiheit, Willenslähmung. ▶ Zwanglosigkeit.
zwängen eindrücken, eintreiben, drängen, schieben, sto-

ßen, schlagen, klopfen, hämmern, prellen, hineinstopfen ● beugen, biegen, Gewalt antun, bedrängen, Zwang antun. → belasten, drücken. ▶ ausdehnen, bahnen, entlasten, widersetzen sich, ziehen.
zwanglos → ausgelassen, du und du, frei, leger, Rand und Band aus, ungeniert.
Zwanglosigkeit Zuchtlosigkeit, Haltlosigkeit, Weichlichkeit, Launenhaftigkeit, Flatterhaftigkeit, Schlamperei, Schlotterigkeit, Unsauberkeit, Nachlässigkeit ● Unhöflichkeit, Unbildung, Ungesittetheit, Rücksichtslosigkeit, Unliebenswürdigkeit, Unart, Mangel an Schliff, Unziemlichkeit, Unmanierlichkeit, Ungeist, Zudringlichkeit, Ungezogenheit, Unanständigkeit, ohne Umgangsformen, Flegelhaftigkeit, Gemeinheit, Formlosigkeit, Anstandswidrigkeit, Lümmelei, Flegelei, Rüpelei, Brummigkeit, Quersinn, Mürrischkeit. ▶ Zwang.
Zwangsarbeit → Bestrafung.
Zwangslage → Armut, Beschwerde, Dilemma, Entscheidung, Klemme, Macht der Verhältnisse, Not, Notwehr, Patsche, Schwierigkeit, Verlegenheit.
Zwangsjacke Korsett. → Zwangsmittel.
zwangsläufig → notwendig.
Zwangsmaßnahme Freiheitsberaubung, Verhaftung, Gefangennahme, Einkerkerung, Gewahrsam, Schutzhaft, Verwahrung, Fesselung, Zwangsmaßregel, Zwangsmittel ● Beschränkung, Zwangsverbot, Einschränkung, Belagerung, Blockade. → Sanktion. ▶ Freiheit, Freimachung.
Zwangsmittel Nötigung, Gewalt, Gewalttätigkeit, Strafe, Knute, Willenslähmung, Hemmung ● Strenge, Härte, Unerbittlichkeit, Unerschütterlichkeit, Ernst, Nachdrücklichkeit, Unnachsichtigkeit, Schonungslosigkeit, Schärfe, Festigkeit, Zucht, eiserne Zuchtrute, Feuer und Schwert, Faust gepanzerte, Zwangsvollstreckung, Folter, Kerker, Halseisen, Zwangsjacke, Daumenschraube, Stock, Handschelle. → Zwangsmaßnahme. ▶ Nachsicht.
Zwangspflicht Knechtschaft, Abhängigkeit, Disziplin, Zucht, Subordination, Hörigkeit, Frondienst, Lehnsdienst, Vasallentum, Leibeigenschaft, Dienstbarkeit. → Robot. ▶ Selbständigkeit, Unabhängigkeit.
Zwangsvorstellung Halluzination, Wahnvorstellung, Verfolgungswahn, Größenwahn,

fixe Idee, Komplex, Manie, Wahnsinn, Schwermut, Trübsinn, Bewußtseinsspaltung, Schizophrenie, Delirium, Koller, Rauschzustand, Fieberzustand ● Sinnestäuschung, Einbildung, Phantom, Phantasmagorie, Vorspiegelung, Täuschung, Luftbild, Blendwerk, Dunstbild, Fata Morgana, Phantasie, Einbildungskraft, Ausgeburt, Auswuchs, Hirngespinst, Utopie, Traumwelt, Vision, Verzückung, Erregungszustand, Überspanntheit ● Willenslosigkeit, Wachtraum, Hypnose ● Fatalismus, Wahnvorstellung. ▶ Lebensklugheit, Wirklichkeit, Willensstärke.
zwangsweise → bemüßigt, gezwungenermaßen, notgedrungen.
zwar → aber, allein, allerdings, dagegen, hingegen, immerhin, nämlich.
Zweck Absicht, Ziel, Zielpunkt, Vorsatz, Vorhaben, Tendenz, Sinn, Endabsicht, Bestimmung, Vorbedacht, Wunschziel, Glückstraum ● Neigung, Sinnen, Wunsch, Plan, Berechnung, Anschlag, Verlangen, Begehr ● Nagel, Heftzwecke, kleiner Pflock, Zwicke, Reißzweck, Reißnagel. → Absicht, Begriff, Endabsicht, Interesse, Ziel. ▶ Zwecklosigkeit.
Zweck nicht aus den Augen verlieren → dabei bleiben.
zweckbedingt → notgedrungen.
zweckbestimmt zweckgebunden, intentional, absichtlich, vorsätzlich, ausdrücklich, geflissentlich, berechnend ● eigens, sicher, deshalb, deswegen, behufs, weil, damit, um zu, ausdrücklich, darum. → expreß. ▶ unbeabsichtigt, zufällig, zwecklos.
Zweckbestimmung Planung, Vorbedacht, Überlegung, Berechnung, Vorkehrung, Vorbereitung, Abrede, Verabredung, Voraussicht, Vorausblick ● Vorherbestimmung, Prädestination ● Ziel, Absicht, Zweck, Endabsicht, Plan. ▶ Unbedachtsamkeit, Zufälligkeit, Zwecklosigkeit.
zweckdienlich zweckgerichtet. → annehmbar, brauchbar, einschlägig, entstellt, günstig, taktisch, tendenziös.
Zweckdienlichkeit → Brauchbarkeit, Einseitigkeit, Verwendbarkeit.
zweckentsprechend zweckdienlich, zweckmäßig, passend, brauchbar, verwendbar, handlich, bequem, gelegen, angemessen, sachdienlich, tauglich, erfolgversprechend, ratsam, geeignet, tüchtig. → erfolgversprechend. ▶ un-

brauchbar, ungeeignet, zwecklos.

zweckgebunden zwingend, gegeben, bedingt, unfreiwillig, notgedrungen, notwendigerweise, zwangsweise, ohne Wahl, unausweichlich, unabweislich, entschieden, genötigt, gezwungen, unentrinnbar, unvermeidlich, unumgänglich, unerläßlich. → gegeben. ▶ frei, freiwillig, willkürlich.

zweckgefärbt → einseitig, entstellt, tendenziös.

zwecklos → absichtslos, erfolglos, Katze für die, nutzlos, überflüssig, unproduktiv.

Zwecklosigkeit Unzweckmäßigkeit, Undienlichkeit, Wirkungslosigkeit, Verkehrtheit, Untauglichkeit, Unvorteilhaftigkeit, Unersprießlichkeit, Zweckwidrigkeit, Schädlichkeit ● Unbequemlichkeit, Unangemessenheit, Umständlichkeit, Unfug. ▶ Zweckmäßigkeit.

zweckmäßig zweckdienlich, zwecksentsprechend, zweckhaft, handlich, bequem, angemessen, sachdienlich, tauglich.→brauchbar, dienlich, erfolgversprechend, geeignet, passend, praktisch, rationell, sinnreich, tauglich. ▶ ungeeignet, unbrauchbar, zwecklos.

Zweckmäßigkeit Festigkeit, Schicklichkeit, Eignung, Vorzüglichkeit, Tüchtigkeit, Angemessenheit, Fähigkeit, Verwendbarkeit, Bequemlichkeit, Handlichkeit, Tunlichkeit, Zweckdienlichkeit. → Eignung, Sachdienlichkeit, Verwendbarkeit. ▶ Zwecklosigkeit.

zwecks ad hoc. → behufs, darum, deshalb, wegen.

Zweckverband →Bund.

zweckvoll → erfolgreich, zweckmäßig.

zweckwidrig → unpraktisch, unzweckmäßig.

zwei → beide.

Zweibund → Zweiheit.

Zweidecker → Fahrzeug (Luft-).

zweideutig → anrüchig, dehnbar, dirnenhaft, doppelsinnig, dunkel, schlüpfrig, undefinierbar, unerkennbar, unkeusch.

Zweideutigkeit → beleidigen das Gefühl, Dämmerzustand, Doppelsinn, Dunkel, Falschheit, Unkeuschheit, Unklarheit.

Zweier → Boot.

zweierlei ungleich, verschieden, verschiedenartig, verschiedenwertig, widersprechend, widerstreitend, widerstrebend, unvergleichbar, unvereinbar ● beziehungslos, fremd, abwegig, zeitwidrig, abweichend, ungereimt, auseinandergehend ● halbiert,

zweigeteilt, zweiteilig, halb und halb, gespalten, gegabelt, zweispaltig, zweizackig, zweigliedrig, zweilippig, biform. ▶ einerlei, zusammen.

zweifach → doppelt.

zweifarbig → bunt.

Zweifel Besorgnis, Bedenken, Mißtrauen, Ungläubigkeit, Skrupel, Zwiespalt, Skepsis, Unentschiedenheit, Ungewißheit, Argwohn, Unschlüssigkeit, Unsicherheit, Zweifelsfall.→Ahnung, Anstand, Argwohn, Bedenken, Befangenheit, Befürchtung, Besorgnis, Eifersucht, Elend graues, Ungewißheit, Verdacht, Vermutung. ▶ Gewißheit, Glaube, Selbstsicherheit, Überzeugung, Vertrauen.

Zweifel hegen, keinen → bekehren, zweifellos.

Zweifel, ohne → absolut, feststehend, zweifellos.

zweifelhaft → dahingestellt, diskutierbar, dunkel, problematisch, scheinbar, unerwiesen, ungewiß, unsicher, vage, was, zwielichtig.

Zweifelhaftigkeit → Dämmerzustand, Dilemma, Dunkel, Frage, Ungewißheit.

zweifellos gewiß, unzweifelhaft, zutreffend, tatsächlich, wirklich, entschieden, sicher, unanfechtbar, unabweislich, kategorisch, apodiktisch, unzweideutig, ohne Fehl, unfehlbar, zweifelsohne, ohne Zweifel, unleugbar, unbestreitbar, fraglos, unfraglich, unwiderleglich, unwidersprochen, unumstößlich, unverkennbar, beglaubigt, amtlich verbürgt, bezeugt, glaubwürdig, zuverlässig, wahrhaftig, augenscheinlich, erwiesen, handgreiflich, untrüglich, ersichtlich, unstreitig, allbekannt, festgestellt, wahrheitsgetreu, natürlich, selbstverständlich, schlechterdings, wahrlich, rundaus, bestimmt, absolut, offenbar, urkundlich, quellenmäßig, unverdächtig, unverfälscht, fehlerlos, über allen Verdacht, unbeschönigt, ungeschminkt, unübertrieben. → absolut, beglaubigt, bestimmt, durchaus, eigentlich, erwiesen, feststehend, gewiß, schlechterdings. ▶ zweifelhaft.

zweifeln bedenken, überlegen, in Frage ziehen, anzweifeln, bezweifeln, schwanken ● mißtrauen, argwöhnen, Argwohn erregen, das Vertrauen absprechen, beargwöhnen, dem Frieden nicht trauen, mißtrauisch sein, stutzig werden, den Glauben erschüttern, finden keinen Glauben, trau schau wem, von Glauben abwenden, frei denken, entchristlichen. → argwöhnen,

bedenken, befürchten, belassen, besinnen sich, erschüttern die Hoffnung, Glauben erschüttern, schwanken, zaudern. ▶ Zweifel hegen keinen.

Zweifelsfall (-frage) Streitfrage, Zankapfel, Streitpunkt. → Zweifel.

zweifelsohne (-frei) → beglaubigt, bestimmt, selbstverständlich.

zweifelsüchtig → zweiflerisch, zweifelnd, ungläubig, skeptisch, schwachgläubig, unüberzeugbar, gottvergessen, glaubenlos, atheistisch, materialistisch, freidenkerisch, freidenkend, freigeistig, weltlich, irdisch, lau, unchristlich.

zweiflerisch → ungläubig, zweifelsüchtig.

Zweig Ast, Geäst, Gezweig, Stengel, Gerte, Ranke, Reis, Rispe, Schoß, Schößling, Sproß, Trieb, Stiel ● Fach, Teil, Nebenteil, Gruppe, Bereich, Branche, Gebiet.→Abkomme, Abkömmling, Abteilung, Amt, Arbeit, Art, Ausläufer, Beruf, Familie, Glied, Kategorie, Rute, Sektion. ▶ Ganzheit, Stamm.

zweigeteilt zweifach, zwiespältig, doppelt, doppelförmig, zweiförmig, zweigestaltig, dualistisch, gepaart, paarweise, zu zweien ● halbiert, halbteilig, halb und halb, gespalten, gegabelt, gabelförmig, zweispaltig, zweierlei. → entzwei, zweierlei. ▶ einerlei, zusammen.

Zweiggeschäft → Filiale.

Zweigniederlassung → Etablissement, Filiale.

Zweigstelle → Bureau, Filiale.

Zweiheit Gespann, Paar, Joch, Zwilling ● Duett, Duo, Zweibund ● Zweimaligkeit, Zweizahl, Dual, Zwiegestalt, Doppelstellung, Doppelgesicht, Doppelgestalt, Dualismus, Dualität, Polarität. → Eheleute. ▶ Einheit.

zweijährig zwei Jahre alt, biennal, binar, alle zwei Jahre ● junge, jugendlich, frisch, kindlich, unentwickelt, unflügge, unreif. ▶ alt.

Zweikampf → Duell.

zweimal bis. → doppelt, einmal noch.

zweisam → zusammen.

zweischneidig beunruhigend, unsicher, drohend, gewagt, abenteuerlich, waghalsig, tollkühn, halsbrecherisch, bedrohlich, verderblich, gefahrbergend, unheilvoll, unglückschwanger, verderbenbringend. ▶ eindeutig, sicher.

zweispaltig zweigeteilt, zweiteilig, gespalten, gegabelt, gabelförmig, zweigliedrig, zweierlei, zweigeteilt. ▶ (einspaltig), einteilig, einerlei, zusammen.

Zweispänner → Fahrzeug (Straßen-).

Zweitdruck → Abklatsch, Druck.

zweiteilig halbiert, zweigeteilt, gespalten, gegabelt, zweispaltig, zweigliedrig, zweilippig. → gabelförmig, zweierlei, zweigeteilt. ▶ einteilig.

Zweiteilung Halbierung, Spaltung, Gabelung, Verzweigung, Verdoppelung, Doppel, Zwilling, Halbzeit, Hälfte, Halbscheid. → Gabel. ▶ Einheit.

zweitrangig zweitklassig, an zweiter Stelle, später, unwichtig, untergeordnet, in zweiter Linie, bedeutungslos, unbedeutend, nebensächlich, unwesentlich, belanglos ● nachfolgend, schließlich, ferner, endlich, folglich, bedingt, folgend. ▶ primär.

Zweitschrift → Abzug, Kopie.

zwerchfellerschütternd belustigend, kurzweilig, schelmisch, erheiternd, vergnüglich, lustig ● närrisch, komisch, sonderbar, wunderlich, lächerlich, spaßhaft, spaßig, drollig, neckisch, schnurrig, zum Lachen. ▶ witzlos.

Zwerg Knirps, Däumling, Gnom, Kobold, Wichtel, Heinzelmännchen, Hutzelmännchen, Berggeist, Wicht, Männlein, Menschlein, Liliputaner, Puppe, Püppchen, Gernegroß, Säugling, Baby ● Buckliger, Zerrbild ● Zwergnase, Nasenkönig, Unhold, Kinderschreck, Butzemann. → Dreikäsehoch. ▶ Riese, Zyklop.

Zwergbahn → Bahn.

Zwerghaftigkeit Kleinheit, Mikrokosmos, Geringfügigkeit, Wenigkeit, Erbsengröße, Stecknadelkopf, Andeutung, Anflug, Span, Fünkchen, Schnitzelchen, Fäserchen, Bröselchen, Krümelchen, Körnchen, Krümlein, Pünktchen, Stäubchen, Teilchen. → Begrenzung. ▶ Größe, Menge.

Zwickel Keil, Einsatz, Aufsatz, Einfassung ● Verzierung, Schmuck, Zierde, Aufmachung, Beiwerk, Zierwerk, Ornament, Schnörkel.

zwicken abzwicken, abkneifen, kürzen, kleiner machen, verringern, verkleinern, vermindern ● zwacken, einklemmen, kneifen, pitschen ● behindern, belästigen. ▶ verbinden, vergrößern, unterlassen.

Zwicker → Brille.

Zwickmühle → Patsche.

zwiebeln drillen, hochnehmen, fuchsen, kujonieren, kuranzen, mißhandeln, peinigen, pisacken, plagen, quälen, schikanieren, schinden, schlauchen, schleifen, sekkieren ö, triezen, zwirbeln, einen Streich spielen, die Suppe versalzen, eins auswischen, Schlitten fahren mit, hetzen, die Flötentöne beibringen, sein Mütchen kühlen, die Hölle heiß machen, einheizen, eins auswischen, bimsen, malträtieren, striegeln, zwacken. ▶ Nachsicht haben.

zwiefach → doppelt, einmal noch.

Zwiegesang → Duett.

Zwiegespräch → Aussprache, Beratung, Debatte, Interview.

Zwielicht → Abend, Dämmer.

zwielichtig → dunkel, zweifelhaft.

Zwiespalt Entzweiung, Uneinigkeit, Spaltung, Teilung, Scheidung, Trennung, Riß, Streitfall, Kollision, Zwietracht, Meinungsverschiedenheit, Abweichung, Verschiedenheit, Mißstimmung, Mißklang, Disharmonie, Mißhelligkeit, Zwistigkeit, Streitigkeit, Zerfall, Zerwürfnis, Spannung, Bruch, Entfremdung, Entzweiung, Parteiung, Unfriede, Hader, Kampf, Feindschaft, Feindseligkeit, Wortstreit, Eifersucht. → Bedenken, Besorgnis, Bruch, Differenz, Dilemma, Disharmonie, Feindschaft, Gegensatz, Mißstimmung, Trennung, Verlegenheit, Widerstreit, Zweifel. ▶ Einigkeit, Harmonie, Vertrauen.

zwiespältig → diskrepant, feindlich, uneinig.

Zwiesprache Zwiegespräch, Dialog, Diskussion, Debatte. → Unterredung.

Zwietracht Mißverständnis, Stänkerei, Krakeel, Komplott, Streitfrage, Streitigkeit, Zanksucht, Streitsucht, Unfriede, Uneinigkeit, Trennung, in Teufels Küche kommen, Fett kriegen sein, Mißklang, Spannung, Streit, Krach, Zank, böses Blut. → Auseinandersetzung, Abneigung, Disharmonie, Disput, Entfremdung, Feindschaft, Zwiespalt. ▶ Harmonie, Einigkeit.

zwieträchtig zwiespältig, uneins, uneinig, unverträglich, streitig, mißhellig, entgegengesetzt, gegnerisch, gehässig, widerspenstig, streitsüchtig, unversöhnlich, rechthaberisch, polemisch. → feindlich, uneinig. ▶ einig, verträglich.

Zwilling Abklatsch, Spiegelbild, Gegenstück, Seitenstück, Paar ● Ähnlichkeit, Anklang ● Zweiheit, Zwei, Zweimaligkeit, Nebenschwe-ster, Nebenbruder, Pärchen. → Anverwandte, Zweiheit. ▶ Einmaligkeit, Ungleichheit.

Zwillingsgeschehen Duplizität, Gleichzeitigkeit.

zwingen binden, Gewalt haben in der, nötigen, Pistole auf die Brust setzen, terrorisieren, überwältigen, zu Paaren treiben, den Daumen aufs Auge setzen u, unterwerfen, vorschreiben, zähmen ● abringen, aufdrängen, bestehen auf, festnageln u, bestimmen, durchdrücken, durchsetzen, erpressen, veranlassen, gefügig machen, kleinkriegen, kirren u ● reim dich oder ich freß dich. → aufdrängen, bändigen, bemüßigen, bestehen, bestimmen, beugen, bezähmen, durchdrücken, durchsetzen, fesseln, lassen keine Wahl, locker lassen nicht, vergewaltigen, verschleppen. ▶ freistellen, widersetzen sich.

zwingend → anschaulich, bemüßigt, beweisend, durchschlagend, entscheidend, notgedrungen, schlagend, stichhaltig, unwiderstehlich.

Zwinger → Käfig, Kerker.

zwinkern → blinzeln.

zwirbeln drehen, drillen, kräuseln, locken, wickeln, winden, aufrollen, aufdrehen, aufringeln. ▶ (auseinanderziehen).

Zwirn → Bargeld, Band, Bindemittel, Bindfaden, Faden.

Zwirn geht aus, der aus, vorbei, vorüber, zu Ende, fertig, erledigt ● sterben, erlöschen, verklingen, verschwinden, vergehen, beschließen, beenden, Kehraus machen. ▶ beginnen, fortführen, leben.

Zwirnsfaden → Faden, Zwirn.

zwischen dazwischen, inmitten, darunter, in, unter, mang u ● vermischt, vermengt, durcheinander ● innen, inwendig, darinnen, inwärts ● eingeschlossen, beiliegend, verkeilt ● inzwischen, solange, eine Zeitlang, in der Zwischenzeit, unterdessen. → darunter, dazwischen. ▶ abseits, hinter, vorn.

Zwischenbemerkung → Anmerkung, Einfügung, Randbemerkung.

Zwischenbescheid → (kurze) Bestätigung.

Zwischending → Zwitter.

Zwischenfall Nebenhandlung, Begebenheit, Einschiebsel, Ereignis, Nebenbehandlung, Zwischenspiel, Zwischenstück, Wendung. → Abenteuer, Begebnis, Episode.

Zwischenfrage Anfrage, Interpellation, Erkundigung, Untersuchung, Erörterung, Umfrage, Erhebung, Auskunft.

Zwischenhändler → Agent,

Verbindungsmann, Vermittler.

zwischenliegend → binnen, dazwischen, dazwischentretend, halbwegs, verkeilt.

Zwischenlösung Vorläufigkeit. → Kompromiß.

Zwischenraum → Abstand, Distanz, Entfernung, Lücke, Raum.

Zwischenruf → Einfügung, Randbemerkung.

zwischenschieben einschieben. → einfügen.

Zwischenspiel Episode, Intermezzo, Interregnum, Zwischenzeit, Zwischenhandlung. → Episode. ▶ Hauptsache.

zwischenstaatlich → international.

Zwischenträger → Angeber, Anzeiger, Denunziant, Eindringling, Vermittler.

Zwischenzeit Mitte, mittlerer Stand, Wendepunkt, Knotenpunkt, Halbzeit, Hälfte ● Pause, Unterbrechung ● Zeitraum, Ära, Zeitstufe ● Bedenkzeit, Zwischenspiel, Episode, Interim, Interregnum ● Frist, Abschnitt, Wartezeit, Probezeit, Atempause.

zwischenzeitlich → inzwischen.

Zwist → Auseinandersetzung, Bitterkeit, Bruch, Disharmonie, Feindschaft, Kampf.

Zwistigkeit → Auseinandersetzung, Bruch, Differenz, Disput, Kampf.

zwitschern → piepsen.

Zwitter Unnatur, Widersinn, Wunderding, Kuriosum, Kuriosität, Ungeheuer, Hydra, Zwischending, Mannweib, Doppelgeschöpf, Hermaphrodit, Minotauros, Kentaur, Zyklop, Sphinx, Greif, Wasserjungfer ● Einhundertfünfundsiebziger. → Bastard, Mannweib.

Zwitterding → Zwitter.

zwitterhaft bastardartig, zweigeschlechtig, bisexuell ● naturwidrig, regellos, regelwidrig, willkürlich, unnatürlich, ungeheuerlich, abweichend, anormal, abnorm. ▶ natürlich, normal.

zyklisch periodisch, regelmäßig.

Zykloide → Kreisform.

Zyklop Regelwidrigkeit, Unnatur, Widersinn, Ungeheuer, Riese, Kraftmensch, Gewaltmensch, Übermensch, Hüne, Herkules, Enakssohn, Goliath, Samson, Simson. → Athlet. ▶ Zwerg.

zyklopisch außergewöhnlich, ungewohnt, sonderbar, merkwürdig, seltsam, fremdartig, aufsehenerregend ● riesig, gigantisch, athletisch, hünenhaft, reckenhaft, unbezwingbar, unbesiegbar, riesenhaft. → außerordentlich. ▶ natürlich, normal, winzig.

Zyklus Kreis, Reihe, Serie, Kette, Folge, Periode, Zusammenfassung, Umlauf, Umlaufzeit ● Zusammenstellung, Organisation, Ordnung. → Regelmäßigkeit. ▶ Unregelmäßigkeit, Unterbrechung.

Zylinder Tubus, Walze, Zylindroid, Rolle ● Kompressionsraum, Verbrennungsraum, Hohlkörper, Topf *u* ● Lampenzylinder, Windschutz, Entlüftung ● Zylinderhut, hoher Hut, Seidenhut, Ofenrohr, Angströhre, Klapphut, Chapeau claque *m*, Zivilhelm *u*, Bibi *u*, Schabbesdeckel *u*.

zylindrisch → walzenförmig.

Zyniker → Satiriker, Verächter.

zynisch → abgebrüht, abstoßend, barbarisch, beherrscht, boshaft, ironisch, sarkastisch.

Quellennachweis

Brezina, Ernst: Medizinisches Wörterbuch. Urban und Schwarzenberg, Wien.
Brockhaus der Naturwissenschaften und der Technik. Verlag Eberhard Brockhaus, Wiesbaden.
Büchmann, Georg: Geflügelte Worte. Verlag Joh. Asmus, Konstanz und Stuttgart.
Dornseiff, Franz: Der Deutsche Wortschatz nach Sachgruppen. Verlag Walter de Gruyter & Co. Berlin.
Duden: Fremdwörterbuch.
Duden: Rechtschreibung der deutschen Sprache.
Duden: Stilwörterbuch der deutschen Sprache.
Duden: Sinnverwandte Wörter.
Frevert, Walter: Wörterbuch der Jägerei. Verlag Paul Parey, Hamburg.
Keysers Fremdwörter-Lexikon. Verlag Keysersche Verlagsbuchhandlung, Heidelberg.
Kleines Psychologisches Lexikon. Verlag A. Sexl, Wien.
Kluge-Götze: Etymologisches Wörterbuch der deutschen Sprache. Verlag Walter de Gruyter & Co. Berlin.
Knaurs Konversations-Lexikon A-Z. Verlag Droemersche Verlagsanstalt.
Köst, Ewald: Juristisches Wörterbuch. Dieterich'sche Verlagsbuchhandlung, Wiesbaden.
Küpper, Dr. Heinz: Wörterbuch der deutschen Umgangssprache. Classen-Verlag, Hamburg; dtv, München.
Lux: 10 000 Fremdwörter. Verlag Sebastian Lux, Murnau Obb.
Oesch, Emil: Das richtige Wort zur rechten Zeit. Verlag Emil Oesch, Thalwil-Zürich.
Österreichisches Wörterbuch. Verlag: Österreichischer Bundesverlag, Wien.
Neske, F. u. J.: Wörterbuch englischer und amerikanischer Ausdrücke in der deutschen Sprache. dtv, München.
Pekrun, Richard: Das Deutsche Wort. Verlag Georg Dollheimer, Leipzig.
Peltzer, K.: Treffend verdeutscht. Ott Verlag, Thun.
Peltzer-v. Normann: Das treffende Zitat. Ott Verlag, Thun.
Plate, R.: Deutsche Wortkunde, München.
Schirmer, A.: Deutsche Wortkunde, eine Kulturgeschichte des deutschen Wortschatzes. Verlag Göschen, Leipzig.
Spemann, W.: Kunstlexikon.
Sprach-Brockhaus.
Streller, Justus: Wörterbuch der Berufe. Alfred Kröner Verlag, Stuttgart.
Süskind, W. E.: Vom ABC zum Sprachkunstwerk. Verlag: Deutsche Verlagsanstalt, Stuttgart.
Textor, A. M.: Sag es treffender. Verlag E. Heyer, Essen - rororo, Reinbek.
Wasserzieher, Dr. Ernst: Woher? Ferd. Dümmlers Verlag, Bonn.
Wehrle-Eggers: Deutscher Wortschatz. Verlag Ernst Klett, Stuttgart.
Weise, O.: Unsere Mundarten. Verlag Teubner, Leipzig.
Wessely-Schmidt: Deutscher Wortschatz, herausgegeben von Prof. Walther Schmidt und Prof. Dr. Emil Kraetsch. Carl Henschel Verlag, Berlin (1925).
Wustmann, G.: Allerhand Sprachdummheiten. Verlag Fr. W. Grunow, Leipzig.
Zoozmann: Zitatenschatz der Weltliteratur.

die treffende Reihe

Unentbehrlich für Leute, die mit der Sprache wirksam umgehen müssen.

Hans-Theo Heijen
Das treffende WERBE-Wort

Worte die verkaufen helfen.
Dieses Nachschlagewerk hilft
allen, die suchen und erfreut alle,
die finden.
Es gibt nicht nur gute Rat-
schläge, sondern sagt, mit
welchen Worten geworben,
verkauft und verdient
werden kann.
Alle Worte und Sätze sind in
Sinngruppen zusammengefasst.
Das spart eine Menge Suchzeit.
272 Seiten, 5000 wirksame Wörter
und 3000 sinnvolle Sätze.
Leinen.

Hans Sommer
Treffend schreiben
Ein stilistisches ABC
Unter alphabetisch geordneten
Kapitelüberschriften (von «Amts-
deutsch» bis «Zweifelsfälle»)
werden stilistische Probleme
angepackt.
132 Seiten. Leinen.

Reinhard von Normann
Treffend argumentieren
500 Streitthemen, 10000 Denk-
anstösse.
Aktuelle Themen (z. B. Atom-
energie) sind alphabetisch auf-
gelistet. Dazu werden Pro- und
Kontra-Argumente aufgeführt.
Wer die Argumente des Gegners
kennt, ist im Vorteil.
192 Seiten. Leinen.

Fremdwörter-Verzeichnis

(Zeichenerklärung: + bedeutet, daß das Wort Stichwort ist; → weist auf das Stichwort hin, unter dem das Fremdwort aufgeführt wurde.)

Abbreviation +
Abdomen → Bauch
abduzieren → abziehen
Aberration → Abweichung
Abitur → Reifezeugnis
Abjudikation
abkonterfeien +
abnorm +
Abnormität +
Abonnement +
abonnieren +
Abortus → Fehlgeburt
Abreaktion → Abklingen
abrupt → abgebrochen +
absent +
Absenz +
absolut +
Absolution +
Absolutismus +
absolvieren → vollenden
absorbieren → aufsaugen
Absorption → Aufsaugung
abstinent +
Abstinenz +
abstrahieren → abziehen
abstrakt +
abstrus +
Absud +
absurd +
Abszeß +
achromatisch → farblos (bei Gläsern, Linsen) Wiedergabe von Dingen ohne Farbsäume
ad acta +
adagio → gemächlich
adaptieren → anpassen
adäquat → angemessen
addieren → zusammenzählen
Adhäsion +
ad hoc, hierfür, zu diesem Zweck → zwecks
adieu, mit Gott → ade
ad infinitum, endlos → grenzenlos
Adjunkt +
Adjutant +
Adlatus → Helfer
ad libitum → Belieben, nach
Administration → Verwaltung
Administrator → Verwalter
adoptieren, an Kindes Statt → annehmen
Adresse +
adrett +
adversativ → gegensätzlich
Advokat +
Affaire +
Affekt +
affektiert +
Affiche +
Affinität +
affizieren → reizen

Affront → Beleidigung
à fonds perdu → Verlust
Agens → Triebkraft
Agent +
Agentur → Filiale
Agglomeration → Anhäufung
Aggregat → Vereinigung
Aggression → Angriff +
aggressiv → angreifend +
agieren +
agil → beweglich
Agio +
Agitation +
Agitator → Aufwiegler
Agonie → Todeskampf
Agraffe +
Agrarier → Bauer
Agreement → Vereinbarung
Agronom → Bauer
à jour → durchsichtig → bei
Akademie +
Akklamation → Beifall
akklimatisieren +
Akkord +
akkordieren +
akkreditieren → beglaubigen
Akkreditiv → Kredit(-brief)
Akkumulator +
akkurat +
akquirieren +
Akrobat → Kraftmensch
Akt +
Akteur, Schauspieler → Künstler
Aktie +
Aktion +
aktiv +
aktivieren → anfeuern
Aktivität +
aktuell +
Akustik +
akut +
Akzent +
Akzept → Wechsel (angenommener)
akzeptabel → annehmbar
akzeptieren → annehmen
akzidentell → zufällig
à la bonne heure → vortrefflich
Alarm +
Albino +
Album +
alert +
alias +
Alibi +
Alkoholiker +
alkoholisiert +
Alkoven +
Allegorie +
allegorisch → sinnbildlich
Allianz +
alliieren, Bündnis schließen → zusammentun

Allodium +
Allonge → Anhang
Allotria → Unfug
all right → (alles) gut
Allüre → Benehmen
Alma mater +
Almanach +
Almosen +
Altan +
Altar +
alterieren +
Alternative +
alternieren → abwechseln
Altruismus +
Alumnat +
Amateur +
Ambassadeur → Gesandter
Ambition +
ambivalent +
Ambrosia, Götterspeise +
ambrosisch → himmlisch
ambulant → wandern, beweglich
Amen +
Amnesie → Gedächtnisschwäche
Amnestie +
amnestieren +
amorph → formlos
amortisieren → abtragen, abschreiben
Ampel +
Ampulle, Glasröhrchen → Gefäß
Amputation +
Amulett, Zaubermittel → Zauberei
amüsant +
amüsieren +
Anachoret → Einsiedler
analog +
Analogie +
Analyse +
analysieren +
Anämie +
Anarchist +
Anästhesie +
Anathema +
Anekdote, charakteristische, oft witzige, kleine → Erzählung
Aneroid +
animieren +
animiert +
Animosität +
Annalen +
annektieren +
Annex +
Annexion +
Annonce +
annoncieren +
annullieren +
anonym → namenlos
anorganisch → unbelebt
anormal +

Antagonismus → Widerspruch
Antenne → Fühler
Antichrist → Teufel
antik +
Antipathie +
antiquarisch +
Antiquität +
Antiseptik +
Antithese → Gegensatz
Antitoxin → Gegengift
Apanage → Abfindung
apart +
Apathie +
Aperçu +
Aphorismus → Sinnspruch
apodiktisch → unwiderleglich
Apokalypse → Offenbarung (Joh.)
Apologie, Verteidigungsschrift → Verteidigung
Apostat +
a posteriori, aus Erfahrung gewonnene Erkenntnis → hinterher
Apotheose +
Apparat +
Appartement +
Appeal +
Appell +
appellieren +
Appendix +
Appetit +
appetitlich +
applaudieren → Beifall spenden
Applaus +
Approbation → Genehmigung
approximativ +
Aquarell, Wasserfarbenmalerei → Bild
Aquatinta, Radierkunst mit tuscheähnlicher Wirkung → Bild
Ära +
Arabeske, Zierwerk in arabischem Stil → Dekoration
archaisch +
Archetypus → Urbild
Architekt +
Architektur +
Archiv +
Areal → Flächenraum
Arena → Kampfplatz +
Argument +
Arie → Lied (lyrisches Gesangsstück)
Aristokrat +
Aristokratie +
aristokratisch +
Arkaden, auf Säulen ruhende Bogenarchitektur → Colonnade +
Arkanum, Geheimmittel → Geheimnis
Armatur +
Aroma +
aromatisch +
Arrangement +
arrangieren +
Arrest +
arretieren +
arrogant +
Arroganz +

arrondieren +
Arsenal +
Arterie +
Artikel +
Artillerie +
Artist → Künstler
Arznei +
Askese +
asozial, gesellschaftsfeindlich → verbrecherisch +
Aspasia +
Aspekt +
Aspirant +
assimilieren +
Assistent +
Assortiment +
assoziieren +
Ästhet +
Ästhetik +
ästhetisch +
Asthma +
Astrologie, Sterndeutekunst → Aberglaube
Asyl +
asymmetrisch → ungleichmäßig
Atavismus +
Atelier +
ätherisch +
Atheismus +
Athlet +
Atmosphäre +
Atom +
atomar +
Attaché → Beigeordneter
Attachement +
attachieren +
Attacke +
attackieren +
Attentat +
Attest +
Attitüde → Haltung
Attraktion +
Attrappe → Nachbildung
Attribut +
Audienz +
Auditorium +
au fond, im Grunde → eigentlich
Auktion, Versteigerung → Veräußerung
Aula, Hof, Versammlungshalle → Saal
Aura, Hauch → Schein
Auspizien +
autark +
authentisch +
autochthon → bodenständig
Autodafé, Glaubensgericht, Ketzergericht → Verbrennung
Autogramm → Unterschrift
Autokrat +
Automat +
autonom +
Autor +
autorisieren +
autoritär +
Autorität +
Avancement → Beförderung
avancieren → befördern
Avantage → Gewinn
Aventüre → Abenteuer
Avers → Vorderseite
Aversion +
Avis +

avisieren +
Axiom +
azur, himmelblau → blau

Baby +
Bacchanalien +
Bacchant +
bacchantisch +
Backbord +
Background +
Bagage +
bagatellisieren +
Bagno → Gefängnis
Baiser → Kuß
Bajadère +
Bajazzo +
Bakkarat → Glücksspiel
Bakschisch +
Bakterie +
bakterizid → bakterientötend
Balance → Gleichgewicht
balancieren +
Baldachin +
baldowern +
Balkon +
Ballade +
Ballast +
Ballerina +
Ballett +
Balletteuse +
Ballon +
Balsam +
balsamieren +
balsamisch +
Balustrade → Brüstung
Bambino +
banal +
Banause +
Bandage +
Banderole +
Bandit +
Bankert +
Bankett +
Bankrott +
Bar +
Baracke, Lagerhütte, leichter Bau → Haus
Barbar +
Barbarei +
barbarisch +
Barbecue +
Barbier +
Barde, mittelalterlicher Dichter und Sänger +
Barett, schirmlose Kopfbedeckung → Hut
Barkarole, venez. Gondellied → Lied
Barkasse, größtes Beiboot
Barke, kleines Boot ohne Mast +
barock +
Barograph +
Barometer +
Baron, Freiherr +
Baronesse → Adel
Barriere +
Barrikade +
Bas (Base) +
Basar, Marktplatz im Orient, Wohltätigkeitsveranstaltung +
basieren +
Basilika, königl. Halle, langgestreckter Hallenbau → Kirche

Basis +
Basketball, Korbballspiel +
Bassin +
Bast +
Bastard +
Bastei +
Bastion +
Bastonnade, Prügelstrafe auf die Fußsohlen +
Bataille → Schlacht
Bataillon, Unterabteilung eines Regiments → Regiment
Batik +
Batterie +
Bay +
Bazillus +
Beauté → Schönheit
Beelzebub +
Beg, türk. Herr → Efendi
Bei, Herr, Fürst, Statthalter → Efendi
beige +
Beletage, das schöne → Stockwerk (über dem Erdgeschoß)
Belkanto, tonschöner → Gesang (der ital. Schule)
belle amie +
Belletrist, Unterhaltungsschriftsteller → Dichter
Belletristik, schöngeistiges Schrifttum → Dichtung
Bellevue, schöne → Aussicht
Belvedere, schöne → Aussicht
bene → gut
Benefiz, Ehrenvorstellung → Veranstaltung (zugunsten eines Künstlers)
Berlocke, kleines Schmuckstück an einer Kette → Schmuck
Berserker +
Besanmast, der letzte → Mast (eines Segelschiffes)
Besteck +
bestialisch +
Bestie +
Betise → Dummheit
Beton +
Bibamus, laßt uns → trinken
Bibliophiler → Büchernarr
Bibliothek +
biennal → zweijährig
biform → zweierlei (Gestalt)
Bigott +
Bijou → Kleinod
bijouterie, Schmuckwarenhandel → Schmucksache
Bilanz +
Bilge +
Bill → Urkunde (im engl.-amerik. Recht dem Parlament vorgelegter Gesetzesentwurf)
Billett +
binomisch, zweigliedrig → zweigeteilt
Biographie → Lebensbeschreibung
bis → zweimal
bisexuell → zwitterhaft
Biskuit → Gebäck (zweimal gebacken)
Biwak → Lager (Feldlager) +
bizarr +

blagieren +
Blamage +
blamabel +
blamieren +
blanchieren → abbrühen
blanko +
blasiert +
Blasphemie, Gotteslästerung → Gottlosigkeit
Blessur → Verwundung
Blizzard, Schneesturm → Sturm
Blockade +
blockieren +
Blockierung +
Bluff +
blümerant +
Board, Behörde, Tisch → Tafel
Boardinghouse, Pensionshaus → Anstalt
Bobine, Papierrolle für Zigarettenhülsen, Seiltrommel → Spule (zum Garn-Aufwickeln)
Bodega → Schenke (Südweinausschank)
Bohemien, ungebunden lebender Künstler → Zigeuner
Boiler, Kocher, Warmwasserbereiter → Gefäß
Bolero, kurzes span. Jäckchen → Tanz
Bombardement +
bombardieren +
Bombast +
bombastisch +
Bon +
Bonbon +
Bonbonnière +
Bonhommie → Biederkeit
Bonifikation, Nachlaß → Vergütung
Bonität, Güte → Zahlungsfähigkeit
Bonmot, Scherz, geistreiches Witzwort → Witz
Bonne, Kindererzieherin +
Bonus, Nachlaß, Gewinnanteil → Vergütung
Bonvivant → Lebemann
Bonze +
Boom +
böotisch, plump → ungebildet
Bora, NO-Wind a. Adriatischen Meer +
Bordell → Freudenhaus
bordieren +
Bordüre +
Boreas, NO-Wind am Mittelmeer +
borniert +
Boß +
bossieren +
Bottine, Halbstiefel → Schuhe
Boudoir, Damenzimmer → Zimmer
Bouillon, Fleischbrühe → Brühe
Boulevard, Wall, Hauptstraße, Prachtstraße → Straße
Bouquet → Blumenstrauß
Bourgeois → Bürger
Bouteille → Flasche
Bouton → Knopf

Bowle +
Box → Kasten (Stand für Pferde)
boxen +
Boy, junger Diener, Laufjunge → Junge
Boykott +
boykottieren +
Bracelet, Armband → Schmuck
Bramarbas, Prahlhans → Großmaul
Branche +
Brandy → Branntwein
Brasselett, Armreif → Schmuck
Bravade → Prahlerei
bravo +
Bravour → Tapferkeit
Bredouille, Verlegenheit +
Breeches, Reithose → Hose
breve manu, mit kurzer Hand, ohne Umstände → abgekürzt
Brevier, Gebetbuch d. kath. Priester mit d. Tageszeitgebeten → Buch
Brigade, größere Truppenabteilung → Regiment
Brigant, Straßenräuber → Bandit
Brikett, Preßkohle +
brillant +
brillieren, sich hervortun → glänzen
Brimborium +
brisant +
Brisanz, Spengkraft → Explosion
Brise +
Broadway, Hauptstraße von New York → Straße
Brodem +
Broderie → Borte (Stickerei)
Brokat, mit Silber- oder Goldfäden durchwebter Seidenstoff +
Bronze +
Brosche, Vorstecknadel +
broschieren +
Broschüre +
brouillieren → verwirren
brünett, dunkelbraun +
brüsk +
brüskieren +
brutal +
Brutalität +
Budget → Haushaltsplan +
Büfett (Büffet), Schenktisch, Anrichtetisch +
Bug +
bugsieren +
Bugspriet, vorstehende Stange über dem Bug bei Segelschiffen → Bug
Buket (Bouquet) +
Bulle, Stier +
Bulletin +
Bungalow +
burlesk +
Büro +
Bürokrat +
bürokratisch +
burschikos +
Business +
Butike +

Butler, engl. Haushofmeister → Dienerschaft
by-by → Abschied
Byzantinismus (Byzantismus) +

(Siehe auch **K** und **Z**)

Cab, einspänniger → Wagen
Cachet +
Café +
Callgirl +
Camelot, Zeitungsverkäufer → Verkäufer
Camion, Lastwagen → Wagen
Camorra, it. Geheimbund +
Camouflage → Täuschung (Tarnung)
Camp +
Campanile, Glockenturm → Turm
Camping +
Campo Santo → Friedhof
Canaille +
Cancan (Geschwätz), schneller → Tanz
cannelieren +
Canon, Röhre, enges, tiefes → Tal
Canto (Cantus) → Gesang
Cape +
capillar +
Capriccio (Bocksprung), Laune, lustiges → Musikstück
capriziös, launisch → eigensinnig
Caritas +
carpe diem, (pflücke), nütze den Tag → genieße
Carrière, Laufbahn → Karriere
Casa, Landhaus → Haus
Casanova +
Cash and Carry gegen Bargeld
Casus +
catonisch → sittenstreng
Caudillo → Anführer
Causa, Ursache +
Causerie, Plauderei +
Causeur → Plauderer
Censor +
Centaur +
Chagrin, Spaltleder, Narbenleder → Leder
Chaise +
Chaiselongue, Liegesofa → Liege
Chalet, Holzhaus im schweizerischen Stil → Haus
Chambre garnie, möbliertes → Zimmer
Chambre séparée, abgetrennter Raum → Zimmer
chamois +
Champagner, franz. Sekt, Schaumwein → Getränk
Champion +
Chance +
changierend → schillernd
Chanson, leicht vorgetragenes → Lied
Chansonette, Kabarett-Sängerin → Sänger

Chansonnier, Bänkel- oder Kabarettsänger → Sänger
Chaos +
chaotisch +
Chapeau +
Charakter +
charakterisieren +
Charakterisierung +
Charakteristik (Charakteristikum) +
charakteristisch +
Charge +
Charitas +
Charité, Krankenhaus +
Charivari +
Charlatan +
charmant +
Charme +
Charta, Urkunde → Schutzbrief
chartern +
Chauffeur +
Chaussee, Landstraße +
Chauvinismus, übersteigerter Vaterlandsstolz +
Chauvinist +
checken +
Chef +
Cherub, machtvoller → Engel
chevaleresk +
Chevalier, Ritter + Kavalier
Chevreau, Ziegenleder → Leder
Chianti, ital. Wein → Getränk
chic +
Chiffre +
Chimäre +
Chiromantie, Wahrsagen aus den Handlinien → Aberglaube
chloroformieren +
Chok, Stoß, Anstoß → Schock
chokieren +
Choleriker +
cholerisch +
Chor +
Chose +
Chrie, rednerische Behandlung eines Ausspruches od. einer Tatsache +
Christmas, Christmette → Christabend
Christus +
Chronik +
chronisch +
Chronist +
Chronologie +
chronologisch +
Chronometer, genau gehende → Uhr
chthonisch, der Erde zugehörend → irdisch
Ciborium, Trinkgefäß, Altarbaldachin → Altarhimmel → Gefäß
Cicerone, Fremdenführer +
Circe → griechische Zauberin, Verführerin → Bajadere +
cirka +
Citoyen → Bürger (einer Stadt)
City, Mittelpunkt einer → Großstadt +
Civis +
Claim, Anspruch, berechtig-

ter → Anteil (an einem Goldgräberunternehmen)
Clan, schottischer oder irländischer Sippenverwandter → Anverwandte
Claque, Gruppe bezahlter Beifallsklatscher → Clique
Claqueur +
Clerk, Angestellter, Beamter +
Clinch +
Clique +
christlich +
Clou +
Clown +
Cobbler, Mischgetränk aus Likör, Wein, Fruchtsaft (geeist) → Getränk
Cocktail, eisgekühltes Mischgetränk aus Kognak, Likör oder Wein mit Zitrone, Sirup u. a. → Getränk
Coda, Nachspiel +
Code, Sammlung der → Abkürzungen (von Wörtern)
Codex +
Coiffeur +
Coiffüre, Haartracht, Haarputz → Haar
College +
Collier, Halsband → Schmuck
Colonnade +
Colt, amerik. Revolver → Waffe
Coma +
coma +
Comeback +
Commis +
Communiqué, offizielle Bekanntmachung +
Compendium +
Complice +
Composition → Komposition
compound, verbunden → zusammengesetzt
Comptoir → Büro
Computer +
Comte, Graf → Adel
Comtesse, Gräfin → Adel
Concierge, Hausmeister → Portier
Conférencier → Ansager
Conferenz → Konferenz
Confessio → Beichte
Confiture +
Congestion +
Conglomerat +
Consilium, Rat, Ratsversammlung +
Constabler, engl. Polizist → Polizeikräfte
Container +
Contenance → Haltung
contra +
Contradictio → Widerspruch
Contre → Tanz
Convention +
Convoi, gesichertes Geleit → Bedeckung
coram publico +
cordial +
Corona +
Coros +
Corps, studentische → Gemeinschaft

Cottage, engl. Landhaus +
Couch, Ruhebett→ Divan
coulant→ kulant
Couleur→ Farbe
Couloir, Wandelgang → Foyer
Count down +
Coup +
Coupé (Kupee)→ Eisenbahn-
abteil → Abteil
Couplet, kleines, launiges +
Lied
Coupon +
Cour, Fürstenhof + Hof
Cour schneiden +
Courage +
courant→ gangbar
Courmacher +
Courschneider +
Courschneiderei +
Courtisane +
Courtoisie, ritterliches Be-
nehmen→ Höflichkeit
Cousin +
Cousine +
Couvert +
Crew +
Culpa→ Schuld
cum grano salis +
Curriculum vitae +
Cutter +
Cyklon +
cynisch +
Cynismus +

da capo +
Dalles +
dalli → schnell
Dame, eigentlich Edelfrau →
Frau
Damokles Schwert, drohen-
de → Gefahr (im Glück)
Dämon +
dämonisch +
Dandy +
Darling +
Datum +
Dauphin +
Debakel → Zusammenbruch
Debatte +
debattieren +
Debauche → Ausschwei-
fung
Debet, Verbindlichkeit→
Schuld
debütieren, zum erstenmal
an die Öffentlichkeit treten
+
dechiffrieren, Geheimtext →
entziffern
Deduktion, Ableitung des
Besondern a. d. Allgemei-
nen +
deduzieren +
Defaitist→ Miesmacher
Defekt +
defekt +
Defensive +
definieren +
Definition +
definitiv +
Defizit +
deflorieren, entjungfern +
Deformation +
Defraudant, Betrüger, der
Unterschlagungen begeht +
Defraudation, Unterschla-
gung +

Degeneration, Entartung +
degeneriert +
Degout +
degoutiert +
Degradation +
degradieren +
Degradierung +
Degression, Nachlassen, Absinken (der Warenpreise) →
Rückschritt
Dehors, äußerer Schein, Anstand → Äußerlichkeit
dekadent +
Dekadenz +
deklamieren +
deklassieren, gesellschaft-
lich→ herabsetzen
Deklination, Abweichung +
deklinieren +
dekolletieren +
Dekomposition, Auflösung
einer Zusammensetzung +
Dekor +
Dekoration +
dekorieren +
Dekorierung +
Dekorum +
Dekret +
dekretieren +
dekupieren +
dekuvrieren → erkennen lassen
delatorisch→ angeberisch
Delegation +
delegieren +
Delegierte +
delektieren +
delikat +
Delikatesse +
Delikt +
Delinquent +
Delirium +
delivery order → Abliefe-
rungsschein
deliziös +
Delkredere, Gewährleistung
→ Bürgschaft
delogieren, ausquartieren →
räumen
Demagoge +
Demagogie +
Demarkation +
demaskieren +
Dementi +
dementieren +
Demimonde +
Demission +
demissionieren +
demobilisieren +
Demokrat +
Demokratie +
demokratisch +
demolieren +
demolierend +
Demolierung +
Demonstration +
demonstrativ +
Demontage +
demontieren +
Demoralisation, sittlicher
Zerfall +
Dentist +
Denunziant +
Denunziation +
denunzieren +
Departement +

Dependance +
Depesche +
depeschieren +
deponieren +
deportieren +
Deportation +
Depot +
Depression +
deprimieren +
deprimiert +
Deputat +
Deputation +
deputieren +
Deputierter +
derangieren, in Unordnung
bringen→ verwirren
desavouieren +
desertieren +
Deserteur +
desiderabel → wünschenswert
Design +
Desinfektion +
Desinfektion +
desinfizieren +
Desinteressement, Gleichgültigkeit +
desodoriert → duftlos (gemacht)
desolat, verwüstet, verein-
samt→ trostlos
Desorganisation +
desorganisieren +
despektierlich +
desperat +
Despot +
despotisch +
Despotismus +
Dessert → Nachtisch
Dessin +
destillieren +
destruieren +
destruierend +
Destruktion +
destruktiv +
Deszendenz +
detachieren +
Detail +
detaillieren +
Detaillist +
determiniert +
detonieren +
Detonation +
Deut, Kleinigkeit→ Unwert
Devise +
devot +
Devotion +
dezent +
Dezentralisation +
dezentralisieren +
dezimieren +
Dezimierung +
diabolisch, teuflisch +
Diabolus→ Teufel
Diadem, Stirnreif→
Schmuck
Diagnose +
diagnostisch +
diagnostizieren +
diagonal +
Dialekt +
Dialektik +
dialektisch +
Dialog +
diametral +
Diarium→ Tagebuch
Diät +

Diavolo → Teufel
didaktisch, belehrend →
 lehrhaft
Dies ater, schwarzer Tag →
 Unglück
diffamieren, entehren → verleumden
Diffamierung → Verleum-
 dung
different, verschieden, ungleich → divergierend
Differenz +
differenzieren, unterscheiden +
differieren, abweichen +
diffizil, verwickelt → schwierig
Digest (verdauen) → Aus-
 wahl (von Zeitschriften-
 Aufsätzen)
Diktat +
Diktator, unbeschränkter Ge-
 waltherrscher +
diktatorisch +
Diktatur +
diktieren +
Diktion +
dilatorisch +
Dilemma +
Dilettant +
dilettantisch +
Dilettantismus +
Dimension +
Diner +
dinieren +
dionysisch, freudetrunken +
Diopter, Visiervorrichtung +
Diözese, kirchlicher → Bezirk +
Diplom +
Diplomat +
Diplomatie +
diplomatisch +
diplomieren +
direkt +
Direktion, Leitung +
Direktive, Richtschnur +
Direktor +
Direktrice +
dirigieren +
Diseur → Sprecher
Diseuse, Sprecherin → Spre-
 cher
Disharmonie +
Diskont +
diskontieren +
diskreditieren +
diskrepant +
diskret +
Diskretion, Verschwiegen-
 heit +
diskriminieren → ausstoßen
Diskurs →
Diskussion, Meinungsaus-
 tausch +
diskutierbar +
diskutieren +
disparat, widersprechend →
 unvereinbar
Dispens +
Dispensation +
dispensieren +
Dispensierung +
Disponent +
disponibel, verfügbar +
disponieren +

disponiert +
Disposition +
Disput +
disputieren +
Disqualifikation Ausschlie-
 ßung, Untauglichkeit
Dissertation +
Dissonanz +
Distanz +
distinguiert +
Distrikt +
Diszession +
Disziplin +
disziplinieren +
Disziplinierung +
dito +
Diva (die Göttliche), gefeierte
 Künstlerin, Schauspielerin
 → Künstler
Divan +
divergent → divergierend
Divergenz +
divergieren +
divergierend +
diverse +
Diverses +
Dividende +
divinatorisch, seherisch +
dixi, ich habe gesprochen,
 fertig → aus
Dogma +
dogmatisch, streng, lehrhaft
 +
Doktrin +
doktrinär +
Dokument +
dokumentieren +
Dokumentation → Darstel-
 lung
dolmetschen +
Dolmetscher, Sprachen-
 übersetzer +
Dom, Bischofskirche +
Domäne, Großgrundbesitz
 des Staates, Arbeitsgebiet
 +
Domestik, Hausgenosse,
 Dienstbote +
domestizieren +
dominierend +
Dominium +
Domizil +
Donation +
Don Juan, Frauenverführer
 → Casanova
Donna (Donja), Geliebte →
 Herrin
dopen +
dosieren +
Dosis +
Dossier, Aktenstück → Akt
Dotation +
dotieren +
Doublette, Doppelstück →
 Doppelgestalt
doucement, leise → sachte
Douceur → Geschenk
down +
Dozent +
Dozent +
dozieren +
drainieren +
drakonisch +
dramatisch +
dramatisieren +
drapieren +
drastisch +

Dreß → Anzug
dressieren +
Dressur +
Drift → Strömung (der Was-
 seroberfläche)
Drill +
drillen +
Drink +
Droge, pflanzlicher oder tie-
 rischer Stoff zur Arzneizu-
 bereitung +
Drops, Zuckerfruchtbonbon
 → Süßigkeit
dry, trocken → herb
Dschunke, chinesisches Se-
 gelschiff → Fahrzeug, Was-
 ser-
dubios, verdächtig → unsicher
Dublette +
dubliert → verdoppelt
Ductus, Schriftzug, Linien-
 führung +
Duell +
Duett +
Dulcinea, Geliebte (des Don
 Quichotte) +
Duo +
düpieren +
Duplikat +
Duplizität Doppelereignis,
 merkwürdiges Zusammen-
 treffen +
durabel +
Dynamik +
dynamisch → tatkräftig

Eau → Wasser
echauffieren, erhitzen +
Echo +
Eden +
Edikt +
Edition → Herausgabe
Efendi, türk. Herr +
Effekt +
Effekten +
effektiv +
effektuieren +
egal +
egalisieren +
Egoismus +
Egoist +
egoistisch +
Ejakulation → Erguß
Eklat, Knall, Krach, Skandal,
 Aufsehen +
eklatant +
Ekstase +
ekstatisch +
Elaborat +
Elan +
elastisch +
Elastizität +
elegant +
Eleganz +
elegisch +
elektrisieren +
Elektrolyse +
Element +
elementar +
Elevation +
Elevator +
Eleve → Schüler
Elimination +
eliminieren +
Elite +
Elixier, Auszug, Heiltrank +

Eloge → Lobrede
eloquent +
elysisch +
Elysium +
Email +
Emanzipation +
emanzipieren +
Emballage +
Embargo +
Emblem +
Embonpoint +
Embryo+
Emeritierung +
Emigrant +
eminent +
Eminenz, Erhabenheit, Eh-
  rentitel eines Kardinals +
Emir, arabischer Fürstentitel
  → Adel
Emissär +
Emission +
Emotion, Gemütsbewegung
  +
emphatisch +
Empirie +
empirisch +
Employé, Angestellter +
Empore, erhöht angelegter
  Sitzraum +
en avant → vorwärts
en bloc → insgesamt
enchantiert → entzückt
encouragieren → ermutigen
endemisch +
Energie +
energisch +
enerviert → entnervt
Engagement +
engagieren +
en masse → massenhaft
ennuyant → langweilig
enorm +
en passant, im Vorüber-
  gehen → nebenbei
enragiert +
en route → unterwegs
Ensemble, Gesamtheit,
  Künstlergruppe, Zusam-
  menspiel → Truppe
Entente
entopisch +
Entree +
Entremets, Zwischengericht +
entrieren +
en vogue → beliebt
Envoyé, Geschäftsträger +
Enzyklika +
Enzyklopädie +
Ephorus, Aufseher +
epidemisch +
epigonenhaft +
Epilog → Nachrede
Episode (Einschaltung) +
episodisch +
Epistel +
Epoche +
Epos, erzählende Dichtung →
  Dichtungsart
Equipage → Kutsche
equipieren → ausrüsten
Eremit +
ergo, folglich +
erotisch +
erotomanisch +
eruieren +
Eruption +
Eskalation +

Eskapade, unüberlegte
  Handlung → Streich
Eskorte +
eskortieren +
esoterisch, innerlich, geheim +
Esprit +
Essay +
essentiell +
Essenz +
Establishment +
Estafette, reitender Bote, Eil-
  bote +
estimieren +
Estrade, erhöhter Platz +
etablieren +
Etablissement +
Etage → Stockwerk
Etagere, Wandbrett +
Etappe +
Etat (Stand), Haushaltsplan
  → Haushalt
Ethik (Sitte), Sittenlehre →
  Sitte
ethisch, wertvoll in Sitte und
  Moral → sittlich
Ethos, Sitte, Gesinnung als
  Grundmerkmal eines Men-
  schen → Sitte
Etikett +
Etüde, Studie, Übungsstück
  → Lektion
Etui +
Evakuation +
evakuieren +
Evangeliarium +
evaporieren +
Evasion +
Eventualität +
eventuell +
Evergreen +
evident +
Evolution +
exakt +
Exaltation +
exaltieren +
exaltiert +
Examen +
examinieren +
Exegete +
Exekution (Ausführung)
  Vollstreckung eines Rich-
  terspruchs, Hinrichtung,
  Pfändung → Vollzug
Exempel +
Exemplar +
exemplarisch +
exerzieren +
Exhaustor, Aus- oder Ab-
  sauger +
exhibieren, darlegen, heraus-
  geben → entblößen
Exil +
Existenz +
existieren +
existierend +
Exitus +
exklusiv +
Exkommunikation +
exkommunizieren +
Exkrement +
Exkret +
Exkurs +
Exkursion +
exorbitant +
exorzieren +
exotisch +
Expansion +

expansiv → ausdehnend
expatriieren, aus dem Heimatland ausweisen +
expedieren +
Expedition +
Experiment, Versuch +
experimentell +
experimentieren +
experimential, durch Ver-
  such nachgewiesen +
Experte, Sachverständiger +
explizieren +
explodieren +
Explosion +
exponieren +
exponiert +
Export +
exportieren +
Exposé +
expreß +
expressiv +
Expropriation +
exquisit +
Exsudat +
extemporieren +
Extension, Ausdehnung +
extenso, in – +
exterminieren +
extern +
extra +
extrahieren +
Extrakt +
extraordinär +
extravagant +
Extravaganz +
Extrem +
Extremität +
exzellent +
extrem +
Exzellenz (Vortrefflichkeit),
  Titel für Staatsmänner +
exzentrisch +
Exzeption +
exzeptionell +
Exzeß +
exzessiv +

Fabrikat +
Fabrikation +
fabrizieren +
fabulieren → fabeln
Façon, Form, Muster,
  Schnitt, Sitz, Haltung, Art +
fade +
Faible → Schwäche
fair +
Fäkalien +
Fakir +
Faksimile +
faktisch +
Faktor +
Faktotum, Helfer, der für al-
  les brauchbar ist +
Faktum +
Faktura +
Fakultät, wissenschaftliche
  Abteilung, Lehrgruppe ei-
  ner Hochschule +
fakultativ, wahlfrei +
Falsifikat +
falsifizieren +
Fama +
familiär, vertraut +
Familie +
famos +
Famulus +
Fan → Anhänger

Fanal +
Fanatiker +
fanatisch +
fanatisieren +
Fanatismus +
Fanfare +
Fant, junger, unreifer Bursche +
Fantasie
fantasieren +
Farce +
farcenhaft +
Farm +
Fasces, Rutenbündel +
Faschine, Bündel aus Reisigholz +
Faschismus +
fashionable, modegerecht +
Fassade +
Fasson +
Faszikel +
Faszination +
faszinierend +
Fata Morgana +
fatal +
Fatalismus +
Fatalist +
Fatum +
Faun +
faunisch, lüstern +
Fauteuil, Armsessel, Lehnstuhl → Stuhl
Fauxpas → Fehltritt
favorisieren +
Favorit, Günstling → Liebling
Faxen, Possen +
Fazenda, bras. Landgut +
fazil → leicht
Fazit +
Feedback Rückkoppelung, Kontrolle
Fellache +
Fellow, Bursche, Freund, Genosse → Kamerad
Feluke, kleines, arabisches Küstenboot +
Feme, heimliches Volksgericht, Freigericht +
feminin +
Ferien +
ferm +
Ferment +
fesch +
Festival +
Festivität +
Fete → Fest
feudal +
Feuilleton +
Fiaker, wienerisch Mietkutsche +
Fiasko +
Fibel +
Fiber, Werkstoff aus Fasern +
Fideikomiß, unteilbares, erbliches Stammgut +
fidel +
Fidelitas → Heiterkeit
Fidibus, Pfeifenanzünder aus Papierstreifen +
fifty-fifty +
Figaro → Barbier
Figur → Erscheinung
figurieren, darstellen +
Figurine, Modebild, Trachtenbild +

figürlich +
Fiktion +
fiktiv → trügerisch
Filet, Netzwerk, Lendenstück → Filigran
Filiale +
Filigran +
Filou → Spitzbube (Schlaukopf) +
Filter +
filtrieren +
Finale, Schlußteil +
Finanzen, Geldgeschäft +
finanziell +
Finanzier +
Finesse +
fingieren, vorgeben, erdichten → erfinden
Finis → Ende
Finish, Endkampf → Ende
Finte, Vorwand +
Firlefanz, Kram, Possen +
firm +
Firma +
Firmament, Himmelsgewölbe +
Firnis +
firnissen +
Fisimatenten → Flausen +
Fiskus +
Fistel, erworbener oder angeborner Ausgang vom Körperinnern nach der Körperoberfläche +
fit +
fix +
fixieren +
fixiert +
Fixum +
flagranti, in +
Flaneur +
flanieren +
Flaute, Windstille +
flexibel +
Flexion +
Flirt → Liebelei
flirten, oberflächlich lieben +
Flop +
Flora → Pflanzenwelt
florieren +
Floskel +
Fluidium, ausströmende Wirkung einer Person oder Sache +
Fluktuation +
Föderation +
Foliant +
Folie, sehr dünnes Blatt +
Fond, Grund, Boden, Hintergrund +
Fondant, gefülltes Zuckerwerk → Süßigkeit
Fontaine +
forcieren +
formal +
Formalität +
Format +
Formation, Gestaltung, Truppenteil +
Formel, feststehende Redensart, mathematische Regel +
formell +
formidabel → fruchtbar
formieren +
Formular, Vordruck +

formulieren +
Formulierung +
Fort +
Fortuna, Göttin des Glücks +
Forum, Marktplatz, Gerichtsstätte +
fossil, ausgegraben +
Fourage +
fouragieren +
Foxtrott, amerik. Tanz → Tanz
Foyer +
Fragment +
fragmentarisch +
Fraktion +
Fraktur +
frank +
frankieren +
franko +
Franktireur → Freischärler
frappant +
frappieren +
fraternisieren +
Fraternität +
Fregatte, kleines, schnelles Kriegsschiff +
frenetisch, rasend, tobend +
frequentieren +
Frequenz +
Fresko, Bildmalerei auf feuchtem Kalk (Wandbild) +
frigid, kalt, kühl → unempfindlich +
Friktion → Reibung
Friseur +
frisieren +
frivol +
Fron +
fronen +
Front, Stirn +
frottieren +
frugal +
Fundament +
fundamental +
fundieren +
fundiert +
fungieren, wirken, tun +
Funktion +
Funktionär, Beauftragter +
funktionieren +
Furage → Futter
Furie, Rachegöttin +
furios → wütend
Furnier, Deckblatt aus Holz +
furnieren, mit einem Deckblatt aus Holz versehen +
Furore, begeisterter Beifall +
Furunkel, Geschwür +
Fusion +
Futteral +

Gag, witzige Improvisation → Witz
Gage +
Gala, Hoftracht, Festtracht +
Galan +
galant +
Galanterie +
Galeere, altertümliches Ruderschiff für Kriegszwecke +
Galerie +
Galopp +
galoppieren +
Galoschen, Überschuhe → Schuhe

Ganeff, Gauner, Dieb → Bandit

Gangster, Mitglied einer amerikanischen Verbrecherbande +

Ganove, Spitzbube → Bandit

Garage, Abstellraum für Autos +

Garant +

Garantie +

garantieren +

Garçon, Knabe, Junggeselle, Kellner → Bube

Garde, Leibwache, erlesener Truppenteil +

Garderobe +

Garderobier +

Gardine, Vorhang +

garnieren +

Garnierung +

Garnison +

garnisonieren +

Garnitur +

Gastronomie, feine Kochkunst +

Gaucho, südamerikanischer Viehhüter → Wächter

Gaudium (Gaudi) +

Gavotte, französischer zierlicher Tanz →

Gazette → Zeitung

Geisha, japanische Tänzerin (Teehausdame) +

Gemme, Stein mit eingeschnittenen Figuren +

genant, belästigend → peinlich

Gendarm, Landjäger +

General, höchster Rang, Hauptrang +

Generation, Geschlechterfolge +

generell +

generös +

Genesis, Schöpfung +

genial +

Genie, höchste Geisteskraft, Schöpferkraft, schöpferischer Mensch +

genieren, belästigen, Hemmungen haben → schüchtern

Genre +

Gent, Stutzer → Dandy

gentil, fein, vornehm, liebenswürdig → anmutig

gestikulieren, lebhafte Armbewegungen, ebenso Bewegungen der Hände beim Sprechen +

Gig, zweirädriger Einspänner, kleines Ruderboot → Boot

Gigant, Riese +

gigantisch, riesenhaft +

Girl, Mädchen, Tanzmädchen → Fräulein

Girlande, Blumen- oder Laubgewinde +

Glacé, glattes → Leder

glacieren, mit Zuckerguß übergießen → gefrieren (lassen)

glasiert +

Glasur, glasartiger Überzug → Schmelzglas

global, die ganze Erdoberfläche betreffend +

Globetrotter, Weltreisender +

Globus, verkl. Nachbildung der Erdkugel +

Gloria, Ruhm, Sieg → Herrlichkeit

Glorie, Glanz, Ruhm → Herrlichkeit

glorifizieren, verherrlichen → verehren

Gloriole, Heiligenschein, Strahlenkranz → Corona +

Glosse, erklärende Randbemerkung +

glossieren +

Gnom, Erdgeist, Berggeist, Kobold → Zwerg

Gobelin, Bild- oder Wandteppich +

Goliath +

Gong, metallisches Schlagbecken +

Good bye, Lebe wohl → ade

Goodwill +

Gourmand +

Gout → Geschmack

Gouvernante, Erzieherin +

Gouvernement, Regierung +

graduell → stufenweise

Grammophon, Plattenspieler +

Grande, Mitglied d. span. Hochadels +

Grandezza, würdevoll, steife Hoheit → hoheitsvoll

grandios, großartig, überwältigend, stattlich +

grassieren, herrschen, wüten → ausbreiten +

Gratifikation, Entschädigung, Vergütung, Ehrengabe +

gratis +

Gratulation +

gratulieren +

gravieren, beschweren, einritzen +

Gravität +

Gravitation, Schwere, Schwerkraft +

Gravüre, Kupfer- oder Stahlstich +

Grazie +

grazil, schlank, zierlich +

graziös +

Greenhorn +

Gremium, Körperschaft +

Grill, Bratrost +

Grimasse +

groggy +

grotesk +

Guide, Reisehandbuch → Wegweiser

Gusto +

Gymnastik, Leibesübung → Turnen

Habanera, kubanischer Tanz

habituell +

Habitus +

Hacienda, span. Landgut +

Hades, Gott der Unterwelt, Unterwelt → Hölle

halbieren, in zwei gleiche Teile zerteilen +

Halloren +

Halluzination +

Halunke, slw. Lump +

Handikap (gehandicapt), ungleich → gebunden

Hangar +

hantieren +

Happy end, glückliches → Ende

Harakiri, jap. Freitod durch Bauchaufschlitzen +

Häretiker, Ketzer +

häretisch +

Harlekin → Hanswurst

Harmonie +

harmonieren +

harmonierend +

harmonisch +

Harnisch → Panzer

Hasard → Glücksspiel

hausieren +

Hausierer +

Havarie, Schaden eines Schiffes auf See +

Hazienda, Landgut +

Heiland, Erlöser +

Hekatombe → Opfer +

hektisch +

Helot → Sklave (in Sparta)

Heraldik +

heriditär +

Herkules +

herkulisch, riesenstark → stark

hermetisch, luftdicht, wasserdicht verschlossen +

heroisch → heldenhaft +

Herold +

Heros +

Hesperien +

Hetäre, Freundin, geistvolle Buhlerin +

heterogen +

heteromorph +

Hidalgo, Edelmann aus niederem spanischem Adel → Adel

Hippodrom, Pferderennbahn +

Historie, Geschichte → Geschichtswerk

Hit +

Hobby → Steckenpferd +

Hodscha, islamischer → Lehrer

Hokuspokus, Zauberspruch, dummes Zeug → Aberglaube

Holdinggesellschaft, Dachgesellschaft +

homogen +

homolog, übereinstimmend +

homo novus +

honett +

Honneurs → Ehrerweisung

honorabel +

Honorar +

Honoratioren, Personen von Stand +

honorieren +

honorig +

Honourable, Titel vor dem Namen des engl. Hochadels

Horizont +

horizontal +

horrend → schrecklich

horribel, schreckenerregend
→ schrecklich
Horror, Schrecken → Abscheu +
Hospital +
hospitieren, dem Unterricht
als Gast zuhören +
Hospiz, Pilgerherberge +
Hotel +
human +
humanitär → wohltätig
Humanität +
Humbug +
humid, feucht → naß
Humor +
Humoreske, launige, witzige
Erzählung +
humoristisch +
Hybris +
Hygiene +
hygienisch +
hygroskopisch, Wasser anziehend +
Hymne, Lobgesang +
hyper, Vorsilbe für über, übermäßig +
Hypnose, Zwangsschlaf +
Hypochondrie, Schwermütigkeit +
hypochondrisch +
Hypothek, Pfandrecht auf
Grundstücke und Gebäude,
das im Grundbuch eingetragen ist +
Hypothese +
hypothetisch +
Hysterie +
hysterisch +

Ideal +
ideal +
Idealismus +
Idealist +
idealistisch +
Idee +
Idee, fixe +
ideell +
identifizieren +
identisch +
Identität, Wesensgleichheit,
völlige Übereinstimmung +
Ideologie Weltauffassung
Idiom +
Idiot +
Idiotie +
idiotisch +
Idol +
idyllisch +
Ignorant +
Ignoranz → Unwissenheit
ignorieren +
Ikone, orthod. Heiligenbild +
illegal +
illegitim +
illoyal +
illuminieren, festlich beleuchten, ausmalen +
Illusion +
illusorisch +
Illustration, erläutern durch
Bilder +
illustrativ +
illustrieren +
imaginär +
Imago (Image) + Bild
Imitation +

imitieren +
immateriell, unkörperlich,
stofflos, geistig +
immediat → unmittelbar
immens, unermeßlich +
imminent, drohend +
Immobilien +
immun +
Immunität, Unempfänglichkeit, Straflosigkeit +
Imperator, Kaiser +
imperatorisch, kaiserlich +
impertinent +
Impertinenz +
implizieren, mit einzubeziehen +
impliziert +
imponieren +
imponierend +
Import +
importieren +
imposant +
impotent +
imprägnieren +
Impression +
impressionabel +
Improvisation +
improvisieren +
improvisiert +
Impuls +
impulsiv +
in corpore → insgesamt
independent → unabhängig
Index +
indifferent +
Indifferenz +
indigen +
Indignation +
indignieren +
indigniert +
Indigo +
Indikator +
indirekt +
indiskret +
Indiskretion +
Individualisieren +
Individualität +
individuell +
Individuum, Einzelwesen,
Einzelperson +
Indizien +
indizieren +
indolent, unempfindlich, träge +
Indolenz, Unempfindlichkeit,
Trägheit +
Induktion +
Industrie, Großgewerbe +
Industrieller +
induzieren +
in extenso → vollständig
infam +
Infamie +
Infant, Kind, in Spanien Titel
der Prinzen +
infantil +
Infantin, spanische Prinzessin +
Infektion +
inferior, untergeordnet →
minderwertig
infernalisch +
Inferno → Hölle
Infiltration +
infiltrieren +
infizieren +

in flagranti → flagranti, in
Inflation +
Information +
informieren +
ingeniös, sinnreich, scharfsinnig +
Ingrediens +
inhalieren +
inhibieren +
Initiant +
Initiative +
Injektion +
Injurie +
Inkasso +
inklusiv +
inkognito +
inkommodieren +
inkonsequent +
inkorrekt +
inkriminieren +
Inkunabel, Frühdruck, Wiegendruck +
in punkto → hinsichtlich
inquirieren, untersuchen,
nachforschen +
Inquisition, peinliche Untersuchung +
Insekten +
Inserat +
Inserent, Ankündiger +
inserieren +
Insertion +
inskribieren +
insolent +
Insolenz +
insolvent +
in spe → dereinst +
Inspekteur, Leiter einer Aufsichtsstelle +
Inspektion +
Inspektor, Verwalter, Aufseher +
Inspiration, Einatmung, Erleuchtung +
inspirativ → intuitiv
inspirieren, beeinflussen +
inspiriert +
Inspizient, Aufsichtsbeamter, Bühnenspielwart +
inspizieren, besichtigen +
Installation +
installieren +
Instanz +
Instinkt +
instinktiv +
Institut +
Institution +
instruieren +
Instruktion +
instruktiv +
Instrument +
Insubordination +
Insult +
insultieren +
Insurgent +
insurgierend +
Insurrektion +
inszenieren +
Intaglio, tief eingeschnittener
Stein (Gemme) +
intakt +
Integration +
Intellekt, Verstand, Vernunft,
Denkvermögen +
intellektuell +
Intellektueller +

intelligent +
Intelligenz +
intensiv +
intensivieren +
Intention +
Interdikt +
interessant +
Interesse +
Interessent +
interessieren +
interessiert +
Interim +
interimistisch +
intern +
Internat +
international +
internieren → verhaften
Internunzius +
Interpellation +
interpellieren +
Interpret +
Interpretation +
interpretieren +
Interregnum +
Intervall, Zwischenraum
 → Pause +
intervenieren +
Interview +
interviewen +
interzedieren +
intim +
Intimität → Vertrautheit +
Intimus, vertrauter Freund +
intolerant +
Intoleranz +
Intrigant
intrigant
Intrige +
intrigieren +
Intuition +
intuitiv +
intus, innen → inwendig
invalid +
Invalide +
Invalidität +
Invasion +
Invektive, Schmähung +
Inventar +
Inventarium +
Inventur +
Investierung +
Investition +
Inzest +
Irade → Erlaß (des Sultans)
irisieren +
Ironie +
ironisch +
ironisieren +
irrational, durch den Verstand nicht faßbar, unberechenbar → vernunftswidrig
irreal → unwirklich
irritieren +
isolieren +
isoliert +
Isolierung +
isomorph → gleichförmig
item +

Jakobiner, Kerngruppe der
 radikalen Republikaner in
 der Französischen Revolution +
Jalousie, Eifersucht, gleitender Vorhang aus Holz oder
 Eisen +

Jam, Marmelade → Confitüre
Jargon +
Jazz, amerikanische improvi-
 sierte → Musik
Job → Arbeit +
Jobber +
Jongleur +
Journal, Zeitschrift +
Journalist, Tagesschrift-
 steller +
jovial +
Jubiläum +
jubilieren +
Jurist +
Jury +
just, gerade, recht +
justieren, genau einstellen →
 eichen
Justitiar +
Justiz +
Juwel +
Jux, Ulk +

(Siehe auch **C** und **Z**)

Kabale +
kabalistisch +
Kabarett +
Kabine +
Kabinett +
Kadaver, toter Tierkörper +
Kader, milit. Stammtruppe +
Kadett, Zögling einer Offi-
 zierschule → Schüler
Kadi +
Kai +
Kajak, Kanu der Eskimos +
Kajüte +
Kalamität, peinliche Lage +
Kalauer, fauler, fader Witz +
Kalender +
Kalesche, leichter Reisewa-
 gen +
kalfaktern +
kalfatern, Schiffswände mit
 Werg abdichten +
Kaliber +
Kalkül, Berechnung → Über-
 schlag
Kalkulation +
kalkulieren +
Kamarilla +
Kamee, erhaben geschnitte-
 ner Stein (Gemme) +
Kamellen +
Kamera → Photoapparat
Kamerad +
Kameralia +
Kampagne +
kampieren, im Freien lagern
 +
Kanaille +
Kanal, künstlicher Wasser-
 lauf +
kanalisieren +
Kanapee, Sofa +
Kandare, Gebißstange am
 Kopfgeschirr von Pferden +
Kandidat, Prüfling, Bewer-
 ber +
kandidieren +
kandieren +
Kandiszucker, aus reinem
 Zuckersaft an Fäden kristal-
 lisierter Zucker +
Kanister, Blechgefäß → Ge-
 fäß

kannelieren +
kannibalisch +
Kanon +
Kanonade +
Kantate, ernstes Singstück,
 Kirchengesang → Cantus
Kantilene, gesangmäßig
 vorgetragene Melodie →
 Cantus
Kantine +
Kanton +
kantonieren +
Kantonist +
Kantus +
Kanu, leichtes Padelboot +
kapabel, tüchtig, geschickt
 → fähig
Kapazität +
kapern, aufbringen eines
 Schiffes → nehmen +
Kaperung +
kapieren +
kapillar, haarfein +
Kapital +
kapital, stark, hauptsächlich
 +
Kapitalist +
Kapitulation +
Kapotte, Regenumhang mit
 Kapuze, Kappe, kleiner
 Frauenhut → Umhang
Kaprice +
Kapriole, Bockssprung, Luft-
 sprung +
kapriziös +
Karabiner, Federhaken, ver-
 kürztes Gewehr +
Karaffe, Flasche aus geschlif-
 fenem Glas +
Karambolage +
Karamel, gebrannter Zucker
 → Süßigkeit
Karawane +
Karbatsche, Riemenpeitsche
 → Peitsche
Karbunkel, Geschwür +
Kardätsche, Striegel, Pferde-
 bürste → Bürste
Kardinal, nach dem Papst
 höchster geistlicher Wür-
 denträger +
kardinal → hauptsächlich
Karenz → Wartezeit
karessieren → liebkosen +
Karfunkel, roter Granat →
 Edelstein
kariert +
Karikatur +
karikieren, spöttisch über-
 treiben +
Karneval +
Karosse, Prachtwagen →
 Fahrzeug, Straßen-
Karriere +
Kartei +
Kartell, Interessen- o. Zweck-
 verband, Schutzbund +
Karton, stärkere Papiersorte,
 Schachtel, Vorentwurf +
kartonieren, in Pappe ein-
 binden +
Karussell +
Karyatide, weibliche Figu-
 ren als Tragsäulen +
Karzer, studentisches → Ge-
 fängnis

Kaschemme, minderwertige → Gastwirtschaft
kaschieren, verbergen, beziehen → verdecken
Kasino, Vereinshaus, Speiseraum +
Kaskade +
Kassation, Aufhebung +
Kasserole, Bratentopf +
Kassette +
kassieren +
kasteien, züchtigen, geißeln sich büßerisch Entbehrungen auferlegen +
Kastell +
Kastellan, Schloßaufseher, Hausmeister → Aufseher
Kastration, Verschneidung, Entmannung +
kastrieren +
kasuistisch +
Kasus +
Katafalk, Sarggerüst +
Katakombe, unterirdische Begräbnisstätte +
Katalog +
Katapult, Wurfmaschine +
Katarakt, Wasserfall +
Katastrophe +
Kategorie +
kategorisch +
Katheder → Lehrstuhl
Kathedrale +
Katheter, Sonde → Röhre +
Kauderwelsch +
kausal → ursächlich
Kaution +
Kavalier +
Kaverne → Höhle
Kebse, mohammedanische Sklavin, Nebenweib → Weib
Kemenate, Frauengemach in einer Burg +
Keramik, Kunsttöpferei, Tonwaren +
Khan, asiatischer Herrschertitel → Herrscher
Khedive, ägypt. Königstitel → Herrscher
kicken, im Sport → stoßen
Kicks, Fehlstoß → Stoß
Kidnapper, Kindesentführer → Verbrecher
killen +
Kilt, Schottenrock → Kleidung
Kimono, japanisches Kleidungsstück mit Gürtel und langen Ärmeln → Kleidung
Kino, Lichtspiele +
Kiosk, Gartenhäuschen, Verkaufsstand → Bude +
Kismet, unabwendbares Schicksal +
Klamauk +
Klaqueur +
Klassifikation +
klassifizieren +
klassisch, vorbildlich +
Klausel +
Klausur +
Kleptomanie +
klerikal +
Kleriker +
Klient +
Klima +

Klimax +
Klinik +
Klique +
Klischee +
Kloake, Senkgrube +
Klosett +
Klub, geschlossene Vereinigung +
Knockout + → Kinnhaken
Know-How +
koalieren + verbinden → vereinigen sich
Koalition +
Kobold +
Koda +
Kodex +
Koexistenz +
Kohorte +
Koje +
Kokarde, Abzeichen +
kokett, gefallsüchtig +
kokettieren +
Kokotte +
Koks, entgaste Steinkohle +
Kolik, Leibschmerz, schmerzhafter Krampf +
Kollaps, körperlicher Zusammenbruch +
kollationieren → vergleichen +
Kolleg +
Kollege +
kollegial +
Kollegialität +
Kollegium +
Kollekte +
Kollektion +
Kollektiv +
kollektiv, gemeinschaftlich, in Gruppen zusammenfassend → gemeinsam
Kolli, Frachtsäcke, Stückgut, Warenballen +
kollidieren, zusammenstoßen +
Kollier → Collier +
Kollision, Zusammenstoß +
Kolloquium, Gespräch, Unterredung, wissenschaftliche Unterhaltung +
Kolonie +
kolonisieren, ansiedeln, besiedeln +
Kolonist, Ansiedler +
Kolonnade +
Kolonne, Reihe, Marschoder Fahrergruppe +
kolorieren, ausmalen, bemalen +
Kolorierung +
Kolorit +
Koloß, Riese, Ungetüm +
kolossal, gewaltig, riesig +
Kolportage, Hausierhandel → Handel
Kolporteur → Hausierer
kolportieren, hausieren, herumtragen, ein Gerücht verbreiten +
Kolumnist → Leitartikler
Koma +
Kombattant, Mitkämpfer → Kämpfer
Kombination +
kombinieren +
Kombüse, Schiffsküche → Küche +

Komfort → Bequemlichkeit (durch neuzeitliche Einrichtung)
komfortabel → bequem (eingerichtet)
Komik +
Komiker → Spaßmacher +
komisch +
Komitee, Vorstand → Ausschuß +
Kommandant → Befehlshaber
kommandieren +
Kommando, Befehlsauftrag → Befehl
Komment, student. Brauchtum +
Kommentar +
Kommentator +
kommentieren +
Kommers, studentisches Trinkfest mit Gesang, Festkneipe +
Kommerz, Verkehr → Handel
Kommilitone, Mitkämpfer +
Kommis +
Kommiß, Soldatenstand → Soldat
Kommissar +
Kommission, Auftrag +
kommod, gemütlich → behaglich
Kommode, niedr. Schränkchen mit Schubkästen +
Kommune → Gemeinde
Komödiant +
Komödie, Lustspiel → Dichtungsart +
Kompagnon +
kompakt +
Kompanie +
Kompendium +
Kompensation, Ausgleich +
kompensieren +
kompetent +
Kompetenz → Zuständigkeit → Befugnis
komplett +
komplettieren → vervollständigen
Komplex, Zusammenfassung, Gesamtheit +
komplex → umfassend
Komplikation +
Kompliment +
Komplize +
kompliziert +
Komplott +
komponieren, vertonen → verfassen
Komposition, Aufbau, Tonwerk, durchdachter Entwurf +
kompreß → zusammengedrängt
Kompresse, Heilverband → Umschlag
komprimieren, verdichten +
Kompromiß +
kompromittieren +
kondensieren, verdichten +
Kondition → Bedingung
Konditorei, Zuckerbäckerei +
Kondukt +
Konfekt, Zuckerwerk +
Konfektion +

Konferenz +
konferieren +
Konfession +
Konfirmation (Befestigung),
  protestantische Einseg-
  nung +
Konfiskation +
konfiszieren +
Konfitüre +
Konflikt +
konform +
Konfrontation Gegenüber-
  stellung
konfrontieren +
konfus +
Konfusion, Verwirrung +
kongenial, geistesverwandt,
  geistig ebenbürtig +
Kongestion +
Konglomerat +
Kongreß +
kongruent +
Konjugation +
Konjunktur +
Konklave, abgeschlossene
  Kardinalversammlung +
Konkordanz +
Konkordat → passend
konkret +
Konkubinat +
Konkubine, Nebenfrau +
Konkurrent +
Konkurrenz +
konkurrieren +
Konkurs +
Konnex, Verbindung → Zu-
  sammenhang
Konsens +
konsequent +
Konsequenz +
Konservatismus, Weltan-
  schauung, die im Alten ver-
  harrt +
konservativ +
Konserve +
konservieren, erhalten, ein-
  dosen +
Konservierung +
Konsilium, Beratung +
Konsistenz +
Konsole, Wandvorsprung,
  Tragstein → Träger +
konsolidieren, zusammen-
  legen → festigen
Konsolidierung +
Konsorte +
Konsortium, vorübergehen-
  de Vereinigung → Genos-
  senschaft
konspirieren +
konstant +
konstatieren +
Konstellation +
Konsternation, Bestürzung,
  Verblüffung +
konsterniert, bestürzt +
konstituieren +
Konstitution +
konstruieren +
Konstruktion +
konstruktiv → aufbauend
Konsul, inländischer Vertre-
  ter eines fremden Staates +
Konsulent, Berater in
  Rechtssachen +
konsultieren +
Konsum → Verbrauch

Konsumation → Verbrauch
Konsument, Verbraucher +
konsumieren +
Kontakt +
Kontemplation +
Konterbande, Schmuggel-
  ware +
konterfeien, abbilden +
kontinental +
Kontingent +
kontinuierlich +
Kontinuität +
Konto +
Kontor +
kontra +
kontradiktorisch, einander
  ausschließend +
Kontrahent → Gegner
Kontrakt +
konträr +
Kontrast +
kontrastrieren, abstechen +
Kontrolle +
kontrollieren +
Kontroverse, Streitfrage +
Kontur, Umriß +
konvenabel, schicklich, an-
  nehmbar → passend
konvenieren +
Konvent, Versammlung +
Konvention +
konventionell +
Konversation +
konvulsivisch, krampfartig,
  zuckend +
Konvoi +
konzedieren +
Konzentration +
konzentrieren +
Konzept, Entwurf, Plan +
Konzeption, Entwurf, Einfall
  +
Konzern +
Konzert, Zusammenwirkung,
  Musikaufführung → Musik
Konzession +
Konzil, Kirchenversamm-
  lung +
konziliant, entgegenkom-
  mend → versöhnlich
Konzilium +
konzipieren +
Kooperation → Zusammen-
  arbeit
koordinieren → beiordnen
Kopie +
kopieren, abschreiben, ab-
  zeichnen +
kopulieren +
kordial +
Kordon, Schnur, Postenket-
  te → Absperrung
Korona +
Korporation +
korpulent, beleibt +
Korpulenz +
korrekt +
Korrektur +
Korrelation, Wechselbezie-
  hung +
Korrespondent +
Korrespondenz +
korrespondieren +
Korridor +
korrigieren +
Korruption +
Korsar, Seeräuber +

Korso +
Koryphäe +
koscher, tauglich +
Kosmetik +
kosmisch +
Kosmopolit Weltbürger
Kosmos +
Kostüm +
kostümieren +
Kotau machen +
Kotelett, Rippenstück +
Koterie, Sippschaft +
Kourage +
Krakeel, Lärm +
krakeelen +
Krakeeler +
Kral, rundes Negerdorf der
  Kaffern und Hottentotten +
kraulen, Schwimmstil (Hand
  über Hand) +
Krawall +
Kreation → Schöpfung
Kreatur +
kredenzen +
Kredit +
kreditieren, gutschreiben +
Kremation +
Krematorium +
kremieren +
krepieren +
Krethi und Plethi (Kreter
  und Philister), Leibwache
  König Davids, gemischte
  Gesellschaft +
Kretin +
Kricket, engl. Schlagball-
  spiel +
kriminell +
Krisis → Krise
Kristallisation, Bildung von
  Kristallen +
kristallisiert, Kristalle gebil-
  det +
Kriterium +
Kritik +
Kritiker +
kritisch +
kritisieren +
Krocket, Ballspiel +
Krösus +
Kubus +
kulant +
Kuli, asiatischer Lastenträger +
kulinarisch +
Kulisse +
Kulmination +
Kult +
kultivieren +
kultiviert +
Kultur +
Kultus +
Kumpan, Brot- oder Tischge-
  nosse +
Kupee +
kupieren, stutzen +
Kupon +
Kur +
Kür → Wahl
kurant +
Kuratel +
Kurator +
Kurier +
kurieren +
kurios +
Kuriosität (Kuriosum), Sel-
  tenheit, Merkwürdigkeit +

kurrent→ laufend
Kurs, Lauf, Börsenpreis, Marktwert, Lehrgang +
kursieren→ umlaufend +
kursierend +
Kurtisane +
Kurve +
kurven +
Kuvert +

labil +
Laboratorium +
Labyrinth +
Lackierung +
lädieren, verletzen, beschädigen +
Lagune, Strandsee +
Laie +
Lakai, herrschaftlicher Diener +
lakonisch, kurz +
Lama +
Lamé, Goldflitter → Ausschmückung
Lamelle, Streifen, dünnes Blättchen +
lamentieren, wehklagen +
Lamento, Wehklage +
Lametta, dünne Metallfäden +
Lampion, Lämpchen, Papierlaterne +
lapidar, wuchtig, gedrängt, kurz und bündig → kurzerhand
Lappalie +
Lapsus +
Larifari, Geschwätz, Unsinn +
larmoyant +
Lasso +
Lasur, durchsichtige Farbe +
latent, verborgen +
Latenz +
lateral → seitlich
Latifundium, übermäßig großer Grundbesitz +
Latrine +
lavieren, gegen Wind ankreuzen, zögern +
lax +
Layout → Skizze
Lazarett→ Krankenhaus (militärisches)
Lazarus +
legal +
legalisieren +
Legat +
legendär→ sagenhaft
Legende, Heiligengeschichte, Erklärung von Zeichen auf Landkarten, Bildunterschriften, Spruchband auf Bildern +
leger +
legieren +
Legierung +
Legion +
legislativ +
legitim, rechtmäßig, ehelich, gesetzlich +
Legitimation, Beglaubigung, Ausweis +
legitimieren +
Lektion +
Lektüre, Lesestoff +

lesbische Liebe, gleichgeschlechtliche unter Frauen +
Lethargie, Teilnahmslosigkeit, geistige Trägheit +
lethargisch, teilnahmslos +
Letter +
liberal +
Liberalismus, Inbegriff der liberalen Grundsätze im politischen, wirtschaftlichen und sozialen Bereich +
Libido, Trieb, Begierde, Geschlechtstrieb → Lust
Libretto, Opern- oder Operettentextbuch → Dichtungsart
Lift +
Liga +
liiert +
lila, fliederfarbig +
Limit, Preisgrenze → Grenze
linear, gradlinig +
Liquidation +
liquidieren +
Literatur, Schrifttum +
Lithographie, Steinzeichnung, Steindruck +
Liturgie, Ordnung des Gottesdienstes +
Livree, Dienerkleidung +
Lizenz, amtliche Erlaubnis, Erlaubnisschein → Erlaubnis
Lobbyist +
Log +
Loge, Pförtnerraum, laubenähnlicher Zuschauerraum im Theater, Vereinigung, Versammlungsort der Freimaurer→ Raum +
logieren, wohnen +
Logik +
Logis → Quartier +
logisch +
Lokal, Örtlichkeit, Raum +
Lokomotive, Zugmaschine für Eisenbahnen +
Lokus, Ort, Stelle +
lombardieren, beleihen, verpfänden +
Lord, Titel des englischen Hochadels +
Lorgnette, zusammenlegbare Stielbrille +
Lorgnon, vergl. Lorgnette
Lotterie, Verlosung +
Lotto, Zahlenglücksspiel → Lotterie
loyal +
Loyalität, treue Gesinnung → Gesetzmäßigkeit
lukrativ, gewinnbringend +
Lukull +
lukullisch, üppig → schwelgerisch
luxuriös +
Luxus +
Luzifer +
lynchen, gewalttätig, ungesetzlich bestrafen +
Lyrik, gefühlbetonte Dichtung +
Lyriker, Dichter lyrischer Gedichte, vergl. Lyrik +

Madame, Dame→ Frau

Magazin +
Magie, Geheimkunst, Beschwörungskunst von Geistern, Zauberei +
Magier +
magisch +
Magister, Meister, Lehrer +
Magistrat, Stadtverwaltung +
Magnat, Angehöriger des ungarischen oder polnischen Hochadels +
Magnet +
magnetisch +
Magnetismus +
Magnetopath, Heilkundiger, der durch animalischen Magnetismus Kranke heilen will +
Magnifizenz, Herrlichkeit, Titel für Hochschulrektoren +
Maitresse +
Majestät, Herrlichkeit, Hoheit +
majestätisch, erhaben +
Majoratsgut, Großgrundbesitz, auf dem das Ältestenrecht in der Erbfolge ruht +
make up +
Makrokosmos +
Makulatur, fehlerhafte Drucke, Altpapier +
makulieren → einstampfen
Malice → Bosheit
maliziös +
malträtieren, mißhandeln +
Mammon +
Mammut +
Mamsell +
managen +
Manager, Betreuer → Unternehmer +
Mandant +
Mandat +
Mandatur +
Manen +
Manier +
Manieren +
Manieriertheit +
manierlich +
Manifest +
manifestieren +
Manipulation +
manipulieren +
Manko +
Manna, himmlische Nahrung, Gabe +
Manöver +
manövrieren +
Manschette +
Manuskript, Handschrift, Urschrift +
Marchese, it. Adelstitel +
Marge, Preisspanne +
Marginale +
marinieren, in gewürzte Essigbrühe einlegen +
Marionette +
markant +
markieren +
Markise +
Marode, ermattet → erschöpft
Marotte, Schrulle +
Marquis, franz. Adelstitel +
martialisch +
Märtyrer, Blutzeuge +
Martyrium, Opfertod, Qual +
maschinell, mit Maschinen gefertigt +

Maschinerie +
Maskerade +
maskieren +
Maskierung +
Maskotte +
maskulin +
masochistisch +
Massage, Kneten, Streichen, Klopfen des Körpers zu Heilzwecken +
massakrieren +
massiv +
Match +
Material +
Materialismus +
Materialist +
materialistisch +
Materie +
materiell, stofflich +
Matinee +
Mätresse +
Matrize +
Matrone +
Mausoleum, prächtiger Grabbau +
maximal +
Maxime +
Maximum +
mechanisch +
Mechanismus +
mediatisieren +
Medaille +
Medikament +
Meditation +
meditieren +
Medium → Mittel
Medizin, Arznei, Heilkunde +
Mediziner, Arzt +
Meeting +
Megäre, böses Weib +
Melac +
Melancholie +
melancholisch +
Melodie, Singweise, Wohlklang +
melodisch +
melodramatisch +
memento mori +
Memoiren +
Memorandum +
memorieren +
Menagerie +
Mensur, Zweikampf stud., Meßglas +
Mentalität, Geistesart, Denkweise +
Mentor, Erzieher +
mephistophelisch +
Meriten, Verdienste → Tugend
merkantil → kaufmännisch
meschant, ungezogen → boshaft
Mesmerismus, Mesmers Lehre vom tierischen Magnetismus +
Messalina, dritte Gemahlin des Kaisers Claudius, hemmungsloses, sinnliches Weib +
Messias, der Gesalbte +
Mestize, Mischling zwischen Weißen und Indianern +
Metall +
metallisch +
Metapher, bildliche Ausdrucksweise +

metaphysisch +
Meteorologe, Wetterkundiger +
Methode, Verfahren +
methodisch +
Metier, Handwerk → Beruf +
Metrum → Takt
Miasma, Gifthauch +
mikroskopisch +
Milieu +
militant → kämpferisch
Militär, Soldatenstand +
Militarismus +
Militarist +
Miliz +
Mime, Schauspieler → Künstler
Mimik, Schauspielkunst, Mienen- und Gebärdenspiel +
mimosenhaft +
Mine +
Mineral, unorganischer Bestandteil der Erdrinde +
Miniatur, Kleinbild, Anfangsbuchstabe in mennigroter Farbe +
minieren +
Minimum, das Geringste +
Minister (Diener) +
Ministerium, hohe Staatsbehörde, Amtssitz eines Ministers +
Minus, Fehlbetrag +
minus, weniger +
Minute (kleiner Teil) 1/60 Stunde +
minuziös, kleinlich +
Mirakel → Wunder
Misanthrop, Menschenhasser, Menschenfeind +
miserabel, erbärmlich, elend +
Misere, Elend, Jammer +
Mission, Sendung, Auftrag, Botschaft +
Missionar, Glaubensbote → Sendbote
Mistral, kalter Nordwind in Südfrankreich → Wind
mixen +
Mixer +
Mixtur, Mischung, Flüssigkeit aus mehreren Bestandteilen → Gemisch +
Mob +
mobil, rührig → beweglich
Mobilien, bewegl. Sachen +
mobilisieren +
möblieren +
Modalität, Ausführungen +
Mode +
Modell +
modellieren +
modelliert +
modeln → anfertigen
modern +
modernisieren → erneuern
modifizieren, abändern → mildern
Modulation +
Modus +
mokieren +
Mole, Hafendamm +
Moloch, König, Götze, dem alles geopfert wird +
Moment +

momentan +
mondän, nach Art der großen Welt +
monieren +
Moneten, Geld, Münzen +
Monokel +
Monolog, Einzelgespräch +
Monopol, Alleinhandel +
monoton, eintönig +
Monotonie, Eintönigkeit +
Monsignore, Titel für hohe Geistlichkeit +
monströs, ungeheuerlich +
Monstrum, Ungeheuer +
Monsun, Wind im Indischen Ozean → Wind
Montage, Zusammenbau +
Montgolfiere, Heißluftballon +
montieren +
Montur, Dienstanzug, Uniform +
Monument +
monumental +
Moral, Sittenlehre → Sittlichkeit
moralisch +
Morast +
Moratorium +
morbid, zart, weich → kränklich
Mores, die Sitten → Lebensart
Moritat, Mordtat +
Mosaik, Muster, Bild aus eingelegten bunten Steinen +
Moschee, Gotteshaus des Islams +
Motiv, Grund, Ursache, Antrieb +
motiviert, begründet +
Motor +
Motto, Sinnspruch, Leitspruch +
moussieren → schäumen
multilateral → vielseitig
multiplex → vielfältig
multiplizieren +
Muse, Göttin der schönen Künste +
Museum +
Musik, Tonkunst +
Musiker, Tonkünstler +
musisch, künstlerisch → begabt
musizieren +
Muskete, Flinte +
muskulös, durch starke Muskeln → stark
mutieren, verändern +
mysteriös, geheimnisvoll +
Mysterium +
Mystik +
mystisch, dunkel +
Mythos +

Nabob, mohammedanischer Statthalter in Indien, Geldfürst +
naiv, natürlich, ungekünstelt +
Narkose +
Narkotika, Betäubungsmittel +
Narkotikum, Betäubungsmittel +
narkotisch +

narkotisieren +
narzißtisch +
Nation +
national +
nationalisieren →einbürgern
Nationalismus +
Naturalisation, Einbürge-
rung in einen Staatsver-
band +
naturalisieren +
Naturell, angeborene We-
sens- oder Gemütsart +
navigieren, ein Schiff → führen
nebulös → geheimnisvoll
Negation +
negativ, verneinend +
negieren, verneinen +
Negierung +
Negligé +
Nekromantie, Toten- oder
Geisterbeschwörung +
Nektar, Göttertrank, süßer
Blütensaft +
nervös +
Nervus rerum, die Hauptsache, springender Punkt +
Nestor, der Weise, der Alte +
neutral, sächlich, unbeteiligt,
parteilos +
neutralisieren +
Nihilist +
Nimbus +
Niveau +
nivellieren +
Nivellierung +
Noblesse, Adel, vornehme
Welt, vornehme Denkungs-
art, vornehmes Benehmen
→ Adel
nominieren +
non plus ultra +
Nonsens +
Norm +
normal +
normalisieren → vereinheit-
lichen +
normen → Regel, nach der
Nota → Rechnung
Notar, Rechtskundiger, Ur-
kundsbeamter +
Note, Anmerkung, Papier-
geld, Musikzeichen +
notieren, aufzeichnen, vor-
merken +
Notiz +
notorisch, offenkundig +
Nouveauté, Neuigkeit →
Neuheit
Novelle +
Novität (vergl. Nouveauté) +
Novize +
Novum → Neuheit
Nuance +
numerieren +
numerisch +
Nuntius, päpstl. Gesandter +
Nurse → Kinderfrau

Obelisk, Spitzsäule → Säule +
Objekt +
objektiv +
Objektivität +
obligat, verbindlich, unerläßlich → verpflichtet

Obligation, Teilschuldver-
schreibung → Verpflich-
tung
obligatorisch, zwangsmäßig
→ verpflichtend
Obligo +
Obolus, kleine Münze, kleiner
Betrag +
Observanz +
obskur +
obstinat, halsstarrig → hartnäckig
Obstruktion, Widerstand,
Verschleppung, Verhinde-
rung +
obszön, unanständig, schamlos +
Odaliske, weiße Sklavin im
Harem → Sklave
Ode, feierliches Gedicht +
Odem, Hauch → Atem
Odeur, Wohlgeruch → Duft
odiös, widerwärtig → gehässig
Odium, Unwille, Abneigung
+
Offensive, Angriff +
offerieren +
Offerte +
Office +
officio, ex +
offiziell +
offiziös +
Okkasion, Gelegenheitskauf
→ Gelegenheit
okkult +
okkupieren, Besitz → ergrei-
fen
okulieren, Pflanzen → ver-
edeln
Ökonom, Gastwirt, Landwirt,
Verwalter +
Ökonomie +
ökonomisch, wirtschaftlich,
sparsam +
Okzident +
Olymp, Berg in Griechenland,
Sitz der griechischen Göt-
ter, im Theater billigster
Rang (Galerie) +
olympisch, himmlisch →
göttlich
Omega, der letzte Buchstabe
im großen Alphabet +
Omen, Vorbedeutung +
ominös, von schlechter Vorbedeutung → bedenklich +
Omnibus (Wagen für alle),
Großauto zur Personenbe-
förderung +
Omnipotenz → Allmacht
Onestep, Einschritt, amerik.
→ Tanz
opak → undurchsichtig aber
durchschimmernd
opalisieren +
Operation +
Operette, heiteres Bühnen-
musikstück → Musikstück
operieren +
Opium, eingetrockneter Saft
des Schlafmohns, Betäu-
bungsmittel +
Opponent, Gegner → Wider-
sacher
opponieren +

opportun, zweckmäßig →
nützlich
opportunistisch +
Opposition +
optimal +
Optimismus, Lebensbeja-
hung +
Optimist +
optimistisch +
opulent, üppig +
Orakel +
Orden +
Order, Befehl, Auftrag +
ordinär +
Ordinariat, Verwaltungsbehörde eines Bischofs, Lehr-
amt eines Hochschulpro-
fessors, Amt des Klassen-
lehrers +
Ordinarius, Klassenleiter,
Hochschulprofessor, der
den Lehrstuhl für ein be-
stimmtes Fach innehat →
Lehrer
ordinieren, Ordination erteilen, ärztlich verordnen +
Organ +
Organisation +
organisch +
organisieren +
Organismus, Körper eines
Menschen, Tieres oder ei-
ner Pflanze, gegliederte
Einheit eines Ganzen → Gefüge +
Orgasmus, Höhepunkt einer
Erregung, o. der Wollust +
Orgien, ausschweifende Gelage, überschwenglich ge-
feierte Feste +
orientieren +
Orientierung +
Original +
original, ursprünglich, eigentümlich +
Originalität, Eigentümlichkeit → Ursprünglichkeit
originell +
Orkan, stärkster Sturm +
Ornament, Verzierung +
ornamentieren +
orphisch → geheimnisvoll
Ornat +
orthodox +
ostentativ, herausfordernd
→ augenfällig
Osteria, Schenke → Wirts-
haus
oszillieren → schwingen
Ottomane, türkisches Ruhebett ohne Lehne → Ruhe-
bett
Outsider → Außenseiter
Ouvertüre, Eröffnung, einlei-
tendes Vorspiel eines Ton-
werks +
oval +
Ovation → Huldigung
Overall +
oxydieren, Sauerstoff aufnehmen +
Ozean +

Pädagoge, Erzieher +
pädagogisch +
Pädagogium, höhere Privat-

lehranstalt für Knaben, verbunden mit Schülerheim +
Pair, bevorrechtigter engl. Hochadel +
Pakt +
paktieren +
Palais, Prachtgebäude +
Palast, Schloß, Prachtgebäude +
Palisade, Schutzwand aus Schanzpfählen +
Palliativ +
Pamphlet, Schmähschrift +
Pan +
Pandora, Büchse der +
panieren, Fleisch mit Ei und geriebenen Semmeln einkrusten +
Panik +
Panorama, Rundblick +
Pantomime +
Pantry +
Parabel, Kegelschnitt, lehrhaftes Gleichnis +
Parade, Truppenschau +
paradieren +
Paradies +
paradox +
Paragraph +
parallel +
paralysieren, lähmen, hemmen +
paraphieren +
Parasit +
parat, gebrauchsfertig +
Pardon, Begnadigung, Verzeihung +
Parfüm +
parfümiert +
parieren +
paritätisch +
Parkett +
Parlamentarier +
Parodie, Spottdichtung +
parodieren, scherzhaft etwas Ernstes bespötteln +
Parole, Kennwort, Losung +
Parterre +
Partie +
Partikel, Teilchen +
Partisan +
partout → durchaus
Party → Gesellfigkeit (in der Wohnung)
Parvenü +
Parzelle, Grundstück, Baustelle +
Pascha, türkischer Titel, so viel wie Exzellenz +
paschen +
passabel, erträglich, leidlich +
Passage +
Passagier +
Passant +
passé, erledigt, vergangen +
passieren +
Passion +
passiv +
Passiva +
Passivität +
Passivum +
Pastell, trockenes Farbstiftbild
Patent +
patent +
patentieren +

Paternoster, Aufzug, das Vaterunser +
pathetisch, leidenschaftlich, schwungvoll, schwülstig +
Pathos +
Patient +
Patina, Edelrost +
patriarchalisch +
Patrizier, vornehmer Bürger aus einflußreicher Familie +
Patron +
patrouillieren +
Pavillon +
Pedant +
Pedanterie +
pedantisch +
pekuniär +
Penaten, römische Hausgötter, Schutzgötter, Heim, Wohnung +
Pendant +
penibel, peinlich genau +
Pennal, Federbüchse, höhere Schule +
Pension, Ruhegehalt, Fremdenheim +
Pensionat +
pensionieren, in den Ruhestand versetzen +
pensioniert +
Pensionierung +
Pensum, Arbeit, Aufgabe, Lehrstoff +
perennierend +
perfekt +
perfid, treulos, tückisch +
Periode +
Periodizität +
peripher, am Rande befindlich, nebensächlich +
Peripherie +
perplex → verlegen
Persiflage +
pervers, widernatürlich +
Pessimismus, Neigung zu Weltverneinung, Schwarzseherei +
Pessimist +
pessimistisch +
Pestilenz +
pestilenzialisch +
Petition, Bittschrift +
Phänomen +
petto haben, in +
Phantasie +
phantasieren +
Phantasmagorie, Trugbild +
Phantast +
phantastisch +
Phantom +
Pharisäer, Heuchler +
pharisäisch, heuchlerisch, scheinfromm +
Philippika, anklagende Rede, Strafpredigt +
Phase +
philanthropisch → menschenfreundlich
Philister, Spießbürger +
Philosoph +
Phlegma, Ruhe, Unempfindlichkeit, Trägheit, Gleichgültigkeit +
Phlegmatiker +
phlegmatisch, träg, schwerfällig +
Phonetik +

Phonograph, Sprechmaschine, Plattenspieler +
Phrase +
Phryne +
Physiognomie +
physisch, natürlich, naturgesetzlich +
piano +
pico bello +
pikant, scharf, prickelnd, stark gewürzt, sinnlich reizvoll +
Pike, Spieß, Lanze +
Pilot +
Pinasse, Kriegsbeiboot +
Pirat, Seeräuber +
Piste, Spur, Rand der Zirkusmanege → Rennbahn
Plagiat, Diebstahl an geistigem Eigentum +
Plagiator, Dieb an geistigem Eigentum +
plagieren, ein Plagiat begehen +
Plakette +
planieren, glätten +
Plantage, Anpflanzung +
Pläsier +
Plastik, Körperlichkeit, Bildwerk +
plastisch +
Plateau, Hochebene, Hochfläche +
platonisch, geistig, selbstlos +
plausibel +
plazieren +
plebejisch +
Plebs, niederes Volk, Pöbel +
plissieren, in Falten legen +
plombieren +
Plus, Überschuß, ein Mehr +
Plutokrat +
Poet, Dichter +
poetisch, dichterisch +
Pointe, Spitze, Hauptpunkt, springender Punkt +
pointieren +
Pokal, kunstvoller Becher mit Fuß +
pokulieren, zechen +
Polarität, Vorhandensein zweier Pole +
Polemik, Kunst des Streitens, Debatte +
polemisieren, streiten, bekämpfen +
polieren, glätten +
Politik +
politisch +
Politur +
Polo, ein Ballspiel zu Pferde oder auch zu Rad +
Polychromie, Buntheit +
Polygamie +
Polyp +
polyphon +
Pomade +
Pomp, Schaugepränge +
pompös +
Popanz +
populär +
Pornographie +
porös +
Portal, Haupteingang +

Portier, Pförtner +
Portion +
Portrait, Bildnis +
porträtieren, ein Bildnis an-
fertigen +
Position +
positiv +
Positur +
Postille, Andachtsbuch,
Sammlung von Predigten +
Postillion, Postkutscher +
Postulat, Forderung, unbe-
weisbare Annahme +
potent +
Potentat +
Potenz +
potenzieren +
Poussage +
poussieren +
Prädestination +
Präfix, Vorsilbe +
praktizieren +
Prämie +
Prämisse +
Präparat, Vorbereitetes, Vor-
lage, Erzeugnis +
präparieren, herrichten,
dauerhaft machen +
Präsentation, Vorlage, Ab-
gabe +
präsentieren +
Präses, Vorsitzender, Vorstand +
Präsident, Vorsitzender,
Staatsoberhaupt +
präsidieren +
Praxis +
präzis, genau, pünktlich +
prekär +
Prestige, Ansehen, Geltung
+
preziös, kostbar +
prima +
Primaballerina, hervorra-
gende Tänzerin +
Primadonna, erste Sängerin
+
primär +
Primas +
primitiv +
Prinzip +
prinzipiell +
privat, persönlich, nicht öffentlich +
privatisieren +
Privileg, Sonderrecht, Ausnahmerecht +
privilegieren, ein Ausnahmerecht zugestehen, zubilligen, begünstigen +
Privilegium, vergl. Privileg
probieren +
Problem +
problematisch +
Produkt +
Produktion +
produktiv, ergiebig, fruchtbar, erfolgreich, schöpferisch +
Produzent +
produzieren, hervorbringen,
erzeugen +
profan +
Profession +
Professor, Titel für Hoch-

schullehrer oder verdiente
Künstler +
Profil +
profitieren, Nutzen haben +
Profitler +
profitlich, nur auf eigenen
Nutzen bedacht +
Prognose +
Programm +
Progression, Steigerung +
progressiv, stufenweise sich
entwickeln oder fortschrei-
ten +
Projekt, Planung, Entwurf +
projektieren, planen +
Projektor, Bildwerfer +
projizieren +
Proklamation +
Prokurist +
Prolet +
Proletariat +
proletarisch, besitzlos, unselbständig +
Prolog +
prolongieren, verlängern +
Promenade +
promenieren, spazieren gehen +
prominent +
Prominenz +
Promotion, Verleihung +
prompt +
Propaganda, Ausbreitung,
Werbung +
propagieren, verbreiten +
prophezeien, voraussagen +
prophylaktisch +
proportional +
prosaisch, in Prosa gefaßt,
nüchtern, trocken, platt +
Prospekt, Aussicht, Ankündigung +
prosperieren, gedeihen, Erfolg haben, vorankommen +
prostituieren +
Prostituierte, gewerbsmäßi-
ge, öffentliche Dirne +
Protektion +
Protest, Einspruch +
protestieren, Einspruch erheben +
Prothese, Ersatzglied +
Protokoll, urkundliche Festlegung, Niederschrift einer
Aussage +
protokollieren, beurkunden,
niederschreiben +
Proviant +
Provinz, Landesteil, Gau +
Provision +
provisorisch +
Provokation, Herausforderung +
Prozedur, Vorgang +
Prozente, vom Hundert, Ge-
winn oder Nachlaß, Abgabe
von je Hundert +
Prozeß, Hergang +
prozessieren, einen Rechts-
streit austragen +
Prozession, feierlicher Auf-
zug, kirchlicher Bitt- oder
Dankgang +
prüde, zimperlich +
Prüderie +
Psyche +

psychologisch +
Publicity, öffentliches Bekanntwerden → Bekannt-
machung +
Publikation +
Publikum +
publizieren +
pulsieren +
punktieren +
Punktum +
Purgativ, Reinigung, Abführmittel +
purgieren +
puritanisch, einfach, sittenstreng, rein +
pythisch, dunkel, orakelhaft
→ geheimnisvoll

Qualifikation, Befähigung +
Qualität +
Quantität, Menge, Größe →
Masse
quantité négligeable +
Quantum. Menge, Anzahl,
Maß +
Quarantäne, Zeitraum von
vierzig Tagen, Beobach-
tungszeit und Schutzmaß-
nahme gegen Seuchenein-
schleppung +
Quartier, Viertel, Stadtviertel,
Wohnung, Unterkunft +
quartieren +
quasi, gewissermaßen +
Querulant, Nörgler +
Quintessenz, (fünftes We-
sen, das fünfte Seiende),
das Wesentliche, der Kern
einer Sache, der Auszug +
quitt +
quittieren +
Quittung +
Quiz +
Quote +

rabiat +
Rabulistik, die Kunst, das
Recht zu verdrehen +
rabulistisch +
radieren, kratzen, schaben +
Radierung, Art der Kupfer-
stechkunst mit Ätzung +
radikal +
radikalisieren +
Radschah, indischer Fürstentitel +
raffinieren +
raffiniert +
Ragout, Mischgericht +
Rakete, Feuerwerkskörper,
durch Rückstoß ausströ-
mender Gase angetriebener
Körper +
ramponieren, beschädigen +
randalieren +
Rapport +
rar +
rasieren, den Bart scheren,
dem Boden gleichmachen +
räsonieren +
Räsonierer (Räsoneur),
Schwätzer, Klugredner +
ratifizieren, genehmigen +
Ration, das zugeteilte Maß,
Menge, Tagesbedarf +
rational → vernunftsgemäß

rationell +
Rayon, Umkreis, Bezirk +
Razzia +
reagieren, wirken, auf etwas
  eingehen +
Reaktion +
reaktionär +
real +
Realismus → Wirklichkeits-
  sinn
Realität, Wirklichkeit +
Rebell, Aufrührer, Empörer,
  Meuterer +
rebellieren +
Rebellion, die Empörung +
rebellisch, aufrührerisch +
Redakteur (Redaktor) +
Redaktion +
Redoute +
Reduktion +
reduzieren, zurückführen,
  vermindern +
Regeneration +
regenerierend, wiedererzeu-
  gend, erneuernd, auffri-
  schend
Regent +
Regie +
regieren +
Regierung, Staatsgewalt,
  verwaltende Staatsbehörde,
  Staatsleitung +
Regime +
Regiment, Regierungsform,
  Herrschaft, Verwaltung,
  Truppeneinheit +
Region +
Register +
registrieren, in ein Register
  eintragen, aufzeichnen, au-
  tomatisch aufzeichnen, einordnen +
regulär, regelrecht, ordentlich, gewöhnlich +
regulieren +
Regulierung +
rekapitulieren +
Reklamation +
Reklame +
rekognoszieren, auskund-
  schaften, erkunden, aufklä-
  ren +
Rekommandation +
Rekonvaleszenz, allmähli-
  che Genesung, Genesungs-
  zeit +
Rekord, Spitzenleistung +
rekrutieren, Rekruten ausheben, sich zusammensetzen
  aus +
Rektor, Schulleiter, Leiter einer Hochschule +
relativ +
relegieren +
Relief +
Religion +
religiös +
Religiosität, Frömmigkeit +
Reling, Brüstung auf dem
  Oberdeck eines Schiffes +
Reminiszenz +
Remise +
Renaissance +
Rendez-vous, Stelldichein +
Renegat, Glaubensabtrünni-
  ger +
renitent +

Renitenz +
Renommée, Leumund, Ruf +
renommieren, prahlen, sich
  brüsten +
renommiert +
Renommist +
renovieren +
rentabel +
rentieren +
reorganisieren +
Reparatur +
reparieren +
Replik, Gegenrede, Erwiderung +
replizieren, erwidern, widersprechen +
Reporter, Zeitungsbericht-
  erstatter +
Repräsentant +
Repräsentation +
repräsentativ +
repräsentieren +
Repressalien +
Reprise +
Reproduktion, Nachbildung,
  Wiedergabe, Vervielfältigung durch Druck +
reproduzieren +
requirieren +
Requisit +
Reservat, Vorbehalt, Sonderrecht +
Reserve +
reservieren +
reserviert +
Reservoir, Speicher, Sammelbecken +
Residenz +
Resignation +
resigniert +
resolut, entschlossen, beherzt +
Resolution, Entschluß, Beschluß +
Resonanz, Widerhall, Mit-
  tönen, Anklang, Verständnis +
Respekt, Rücksicht, Achtung,
  Ehrfurcht +
respektieren +
Ressentiment +
Restaurant +
Restauration +
restaurieren +
Resultat +
retardieren +
retirieren +
retuschieren +
Revanche +
revanchieren +
Reverenz, Ehrerbietung, Verbeugung +
Revers, schriftl. Verpflichtung, Rückseite von Münzen, Um- oder Aufschlag
  an Kleidungsstücken +
revidieren +
Revier +
Revision +
Revolte, Empörung, Aufstand +
revoltieren +
Revolution +
Revolutionär +
revolutionär +
revolutionieren, umwälzen +
Revue +

Rezension +
Rezept +
rezitieren +
Rhetorik, Redekunst +
rhetorisch, schönrednerisch,
  redekünstlerisch +
Rhombus +
rhythmisch, den Rhythmus
  betreffend, abgemessen,
  taktmäßig +
Rhythmus, regelmäßige
  Gliederung im Zeitmaß,
  Gleichmaß, Bewegungs-
  maß +
Rigorist, strenger und harter
  Mensch +
Risiko +
riskieren, aufs Spiel setzen +
Ritual, gottesdienstliches
  Brauchtum +
rituell +
Ritus +
Rivale, Mitbewerber, Neben-
  buhler +
Robe, Festgewand, Amts-
  tracht +
Robot +
roboten +
Roboter +
robust +
Roman, längere Prosaerzäh-
  lung +
Romancier, Romanschreiber,
  Romanverfasser +
Romantik +
Romantiker, Anhänger oder
  Künstler des romantischen
  Stils, Gefühlsmensch +
romantisch +
Romanze, gefühlvolles Mu-
  sikstück, erzählendes Lied
  im Volkston (ähnlich der
  Ballade) +
röntgen, mit Röntgenstrah-
  len durchleuchten +
Rosette +
Rosinen, getrocknete Wein-
  trauben +
Rotation +
rotieren, umlaufen +
Rouleau, aufziehbarer Fen-
  stervorhang +
Routine +
routiniert, durch Übung ge-
  wandt, gerissen +
Rowdy, Strolch, Rohling +
Rubrik, ursprünglich rotge-
  schriebener Titel, bzw. Ka-
  pitelüberschrift in Büchern,
  Abschnitt, Abteilung, Spalte +
Rudiment, Anfang, roher, er-
  ster Versuch, verkümmer-
  ter Körperteil, Rest +
Rugby, engl. Fußballspiel +
Ruin, zerfallenes Bauwerk,
  Trümmer +
Ruine, zerfallenes Bauwerk,
  Trümmer +
ruinieren +
ruiniert +
Run +

sabotieren, vorsätzliche
  Sachbeschädigung herbei-
  führen, widersetzen +
Safe +
Sakrament +

Sakrileg +
Säkularisation, Einziehung geistlicher Besitzungen +
säkularisieren +
Salär +
salbadern +
Saldo → Überschuß
Salon +
salopp +
Salut +
salutieren +
Salve, Massenfeuer, gleichzeitiges Abfeuern mehrerer Gewehre, Ehrengruß +
Sanatorium +
Sanguiniker +
sanguinisch +
Sanitäter +
Sanktion +
sanktionieren +
Sarabande, langsamer, spanischer Tanz +
sardonisch +
Sarkasmus, beißender Spott oder Hohn +
sarkastisch +
Sarkophag, Fleischfresser, Prunksarg aus Stein +
Satan, Widersacher, Teufel, Höllenfürst +
satanisch, teuflisch +
Satellit, Leibwächter, Begleiter, Helfershelfer, Mond, der um einen Wandelstern kreist, künstlicher Weltraumkörper (Weltraumraketen), Staaten in zwingender Abhängigkeit von einem andern Staat +
satinieren, Papier oder Leder glätten +
Satiriker, Verfasser von Spottschriften +
satirisch, geißelnd +
Satisfaktion +
saturieren I
Sauna, finnisch, Dampfbad
Savanne, Grassteppe in tropischen Gegenden +
Schablone, ausgeschnittene Vorlage, Muster, herkömmliche Form +
Schafott, Blutgerüst +
Scharlatan, Schwätzer, Kurpfuscher, Aufschneider +
Scharnier, Drehgelenk, in der Goldschmiedekunst auch hohl gezogener Draht +
Schatulle +
Scheck, zahlbare Anweisung an eine Bank oder Post +
Scheich, Ältester, Beduinenhäuptling, Lehrer, Gelehrter +
Schema, Gestalt, Mustergleichheit, Entwurf, Grundriß, Form, vorgeschriebene Behandlungsart +
schick, geschmackvoll +
Schikane, Schabernack, Schererei, böswillig bereitete Schwierigkeit +
schikanieren +
Schisma +
Schlamassel, unglückliche Verwirrung +

Schock, eine Menge von 60 Stück, Stoß, Schlag, Nervenzerrüttung +
schockieren, Anstoß erregen + beleidigen
schofel +
Scholar, im Mittelalter Schüler, Student +
Schose → Chose
Schwadroneur +
schwadronieren, schwätzen, laut sprechen +
Schwulität → Schwierigkeit
Segment +
sekkieren, belästigen +
Sekret +
Sekretär, Geheimschreiber, Schreibschrank +
Sekte, abgesonderte, kleine Religionsgemeinschaft +
Sektierer, Anhänger einer Sekte +
Sektion +
Sektor +
Sekundant, Beistand, Zeuge im Zweikampf +
sekundär +
sekundieren, helfen +
sela +
Selfmademan +
Seminar, Lehrerbildungsanstalt, Hochschulinstitut, Hochschul-Übungskurs +
Senator +
Sensation, Empfindung, stärkste Anteilnahme +
sensibel +
Sensibilität +
sensitiv, von gesteigerter Empfindlichkeit, überreizt, feinnervig, überzart +
Sentenz +
sentimental +
Sentimentalität +
separat +
Separation +
separieren +
Serenade +
Serie +
Sermon +
Serpentine, Schlangenlinie, Kehre +
servieren, bei Tisch bedienen, Speisen auftragen +
Servus, Diener, Knecht, als Grußform «Euer Diener» +
sexuell +
Sezession, Abtrennung von einer Gemeinschaft, besondere Kunstrichtung um 1890 +
sezieren, eine Leiche öffnen, anatomisch zergliedern +
Shake-hands +
Share, Anteilschein einer Aktie +
Show +
sibyllinisch, weissagend, dunkel, rätselhaft +
Siesta, sechste Tagesstunde, Mittagsruhe +
Signal, verabredetes Zeichen +
signalisieren +
Silhouette +
Silo, Großspeicher für Getreide, Gärfutterbehälter +

Simonie, Schacher mit Ämtern +
simpel +
Simulant, Scheinkranker +
simulieren, vorgeben, sich verstellen, heucheln, grübeln, nachdenken +
Sire, engl. und französische Anrede an Herrscher (nicht zu verwechseln mit «Sir», englische Anrede des niedr. Adels, auch so viel wie «Herr» in der Anrede) +
Sirene, Totengeist, durch Gesang verlockendes Meerweib, Verführerin, Seekuh, Nebelhorn, Alarmvorrichtung +
Sirup, dickflüssiger Saft der Zuckerrübe +
Situation +
Skala +
Skalde, altgermanischer Sänger +
Skandal +
skandalös +
Skelett +
Skeptiker +
skeptisch +
Skizze +
skizzieren +
Sklave +
sklavisch +
Skrupel +
skrupellos, gewissenlos +
Skulptur +
Skylight +
Slang, volkstümliche Umgangssprache, auch Gaunersprache +
Slogan +
Snob, Vornehmtuer +
solid +
Solidarität, Gemeinsinn, Übereinstimmung, Zusammengehörigkeitsgefühl +
sondieren, mit der Sonde untersuchen, ausforschen +
Sondierung +
Song, Schlagerlied +
sonor +
sophistisch +
sortieren +
soufflieren, Stichworte einflüstern, vorsagen +
Souper +
Souvenir +
sozial +
Sozius, Genosse, Teilhaber +
spedieren +
Spediteur +
Spektakel (s), Schauspiel, Anblick (m), Lärm +
Spekulant +
Spekulation, Berechnung, gewagtes Geschäftsunternehmen, aber auch das Erkenntnisstreben, sinnlich nicht Wahrnehmbares durch vernünftige Überlegung zu erfassen +
spekulieren +
Spezialist +
Spezialität +
speziell +
Sphäre +
spintisieren, grübeln +

Spion, Späher +
Spionage +
spionieren +
Spirale, Schraubenlinie, Schneckenlinie, Uhrfeder, Wirbel +
Spirochäte, schrauben- oder korkenzieherförmiges Urtierchen, Erreger von Krankheiten (Syphilis) +
Spital, Krankenhaus, Altersheim +
Spleen, Verschrobenheit, Schrulle, überspanntes Einfall, Benehmen eines Sonderlings +
spleenig, verschroben +
spontan +
sporadisch +
sprayen, Verwendung von Spray (Spray soviel wie Sprühregen) zerstäuben → sprühen
stabil +
Stabilität +
Stadion +
Stadium, Abschnitt einer Begebenheit, Entwicklungszustand → Abschnitt
Stafette +
Staffage +
stagnieren, stocken +
Staket, Zaun aus Latten +
Standard +
Standarte +
Start, Beginn, Ablauf, Abfahrtsstelle +
starten, ablaufen, abfahren, abfliegen, sich mitbewerben +
Station, Standort +
stationär +
Statistik, Zusammenstellung zahlenmäßig gegliederter gleichartiger Massenerscheinungen +
Status +
stenographieren, kurzschreiben +
Step, Klapperschritt, Tanzschritt → Tanz
stereotyp +
steril +
sterilisieren, keimfrei oder unfruchtbar machen, haltbar machen +
Steward +
Stigma +
Stil, Griffel, einheitliches Kunst- oder Lebensgepräge, Ausdrucksform +
Stilist +
stimulierend, anreizend +
stoisch, gleichmütig, starkmütig +
strangulieren, erdrosseln, erhängen +
Strapaze +
strapazieren +
Strategie +
strategisch +
Streß +
strikt +
Struktur +
Studie, Übung, Vorarbeit, Entwurf +
studieren +

Studio, Student, Arbeitsraum eines Künstlers, Aufnahmeraum, Versuchsbühne +
Studium, Erforschung, Beschäftigung mit einer Wissenschaft, ernste Vertiefung in eine Arbeit +
stupid, stumpfsinnig, dumm, beschränkt +
subaltern +
Subjekt +
subjektiv +
Subordination +
substantiell, stofflich, wesentlich +
Substanz +
subtil +
subtrahieren +
Subtraktion +
Subvention +
suggerieren, eingeben, einreden, seelisch beeinflussen, zu etwas veranlassen +
Suggestion, Willenszwang +
Sujet +
summarisch +
super +
Supplement, Ergänzung, Nachtrag +
Support, schlittenartig beweglicher Werkzeughalter +
Surrogat +
suspekt +
suspendieren +
Suspendierung +
Symbol, Wahrzeichen, Sinnbild +
symbolisch +
symmetrisch +
Sympathie, Mitgefühl, Übereinstimmung mit dem Gefühlszustand eines andern, Zuneigung +
sympathisch +
Synagoge, Versammlung, Bethaus und Schule der Juden +
Syndikat, Gesellschaft, wirtschaftliche Vereinigung mit Sammelverkaufsstelle und gemeinsamer Verkaufspreisregelung für die angeschlossenen Unternehmen, Zusammenschluß +
Syndikus, rechtskundiger Geschäftsführer oder Berater einer Körperschaft +
Synode, Kirchenversammlung +
Synthese +
synthetisch +
System +
Szene +
Szenerie, Schauplatz, Bühnenbild +
szenisch +

Tabelle, Übersichtstafel +
Tablett +
Takt +
Taktik, Wissenschaft von der Truppenführung im Gefecht, kluges Verhalten, planmäßige Ausnützung des Geländes und einer Lage +
taktisch +

Talent +
talentiert +
Talisman, glückbringender Gegenstand +
Talmi, goldfarbige Legierung aus Kupfer, Zink und Zinn, unechtes wertloses Zeug +
Tamtam, Gong, aufdringliche Werbung, Lärm +
Tapete +
Tarif, Verzeichnis der Preise von Waren u. Leistungen +
Tartüff, nach dem Titelhelden in Molières Lustspiel «Tartüfe», scheinheiliger Heuchler, Mucker +
Tastatur +
tätowieren, Haut mit eingeritzten und gefärbten Zeichen o. Bildern versehen +
Taxe, Schätzung, Wertbestimmung, Gebühr, festgesetzter Preis +
Taxi, Abkürzung für Taxameterdroschke +
taxieren +
Team +
Teamwork → Team
Technik +
Technikum, Fachschule für Technik +
technisch +
Techtelmechtel, Liebelei +
Teenager, junges Mädchen zwischen 13 und 19 Jahren → Backfisch
Tempel, geweihter Raum, Heiligtum, Gotteshaus +
Temperament +
Temperatur, Wärmegrad, Wärmezustand +
Tempo +
temporär, zeitweilig, vorübergehend +
Tendenz, das Streben in bestimmter Richtung oder Entwicklung, Stimmung +
tendenziös, eine Absicht verfolgend +
tendieren, spannen, streben, bezwecken +
Tennis, Ballspiel mit Schläger +
Termin +
Terrain, Gebiet, Gelände, Grundstück +
Terrasse, Absatz, waagrechte Erdstufe an Berghängen, Balkon, Plattform +
Territorium, Grund, Bezirk, Herrschaftsbereich +
Terror, Gewaltherrschaft +
terrorisieren, Gewalt ausüben, vergewaltigen +
Terze, ein Fechthieb, in der Musik der dritte Ton vom Grundton an +
Test +
Testament, letztwillige Verfügung, Bibelhauptteil +
Text +
Theater +
theatralisch +
Thema +
theoretisch +
Theorie, Lehrmeinung, wis-

senschaftliche Betrachtung oder Erkenntnis einer Sache oder Lehre, abgesehen von der praktischen Erfahrung oder Nutzanwendung +

Therapie +

Thermalbad, Warmbad, warmes Quellbad +

These, aufgestellter Leitsatz, Behauptung, die erst bewiesen werden soll +

Tick, Zucken, krampfhaftes Zusammenziehen von Muskeln, Gesichtsschmerz, wunderliche Eigenart, lächerliche Gewohnheit, Schrulle +

Tinktur, Färbung, aus Pflanzenteilen oder Tierkörpern mit Weingeist hergestellter Auszug +

Tip, Hinweis, Voraussage +

Tirade, Wortschwall, Gesangsläufe +

Titulatur, Betitelung |

Toga, altrömisches mantelartiges Obergewand +

tolerant +

Toleranz, Duldung, Duldsamkeit +

Tolpatsch, Ungeschickter +

Tornister, Ranzen, insbesondere für Soldaten oder Schüler +

Torso, der allein erhaltene Rumpf einer verstümmelten Statue, Bruchstück +

Tortur +

total, gänzlich, insgesamt +

Totalität +

Toto, Abk. für Totalisator +

Tour, Umlauf, Drehung, Wendung, Ausflug, Runde, Reise, Fahrt +

Toxin, Giftstoff +

Trabant +

Tradition, Übergabe, Übertragung eines Besitzes, mündl. Überlieferung, Herkommen, Brauch +

tragikomisch, halb traurig, halb lustig +

tragisch, erschütternd, ergreifend, verhängnisvoll +

Trainer, berufsmäßiger Ausbilder für Sportkämpfe +

trainieren +

Training +

Traktat +

traktieren +

trampen +

Trance +

tranchieren, zerschneiden +

transparent +

Transparenz +

Transport +

transportieren +

transzendent, darüber hinausgehend, die menschliche Erfahrung übersteigend, übersinnlich, in der Mathematik das Gebiet der algebraischen Gleichungen überschreitend +

Trauma +

Trend

Tresor +

Tresse, dichtgewebte Borte, Kleiderschmuck, Rangabzeichen +

Tribunal +

Tribüne +

Tribut +

Trick, Kniff, Kunstgriff +

Trinität +

Trio, Musikstück für drei Instrumente, drei Musikanten, Dreizahl +

triumphieren, als Sieger einziehen, über einen Erfolg jubeln +

trivial, gewöhnlich, platt, abgedroschen +

tropisch, bildlich, übertragend, zu den Tropen gehörend, zu den heißen Zonen, südlich +

Trust, Vertrauen, Zusammenschluß mehrerer Großunternehmen einer Wirtschaftsart zum Zwecke der Marktbeherrschung +

Tuberkel, kleiner Höcker, Knötchen im tierischen Gewebe, Tuberkuloseerreger +

Tubus, Rohr, Röhre, Fernrohr +

Tumult +

Turnier, ritterliches, sportliches Kampfspiel, Wettkampf +

Turnus, regelmäßig wiederholte Reihenfolge, Umlauf, Wechselfolge +

Twen, junger Mann von etwa zwanzig Jahren → Jüngling

Typ, Grundform, Urbild, Vorbild +

Type +

typisch +

Typus +

Tyrannei +

tyrannisch +

tyrannisieren +

Ukas +

Ultimatum +

unfair, unfein, unehrenhaft → niederträchtig

ungeniert +

uni, einfarbig, ungemustert +

Uniform, einheitliche Bekleidung, Dienstbekleidung; einförmig, gleichförmig +

uniformiert +

Unikum, Einzigartiges, Absonderliches, Sonderling +

uninteressant +

Union +

universal +

Universität, Gesamtheit, Hochschule +

Universum, Weltall +

unmanierlich +

unmotiviert, unbegründet, grundlos +

unorganisch +

unpraktisch +

unsolide, unhaltbar, unsicher, leichtfertig +

Urian, Name für einen Teufel, ein Gast, der unwillkommen ist +

Usance +

Usurpator, Besitzräuber, Thronräuber +

Usus +

Utensilien, Notwendigkeiten, Geräte +

Utopie +

utopisch, unerreichbar, unerfüllbar, erträumt +

Vademecum, Leitfaden, Führer +

Vagabund, Landstreicher +

vagabundieren, sich herumtreiben +

vage +

vakant +

Vampir +

Vandale, Rohling, Angehöriger eines ostgermanischen Volksstammes +

Vandalismus, Zerstörungswut, Roheit +

variabel +

Variante, andere Form, Abart, Spielart, abweichende Lesart +

Vasall, Lehnsmann, Gefolgsmann +

Vase, Ziergefäß, Blumengefäß aus Glas oder Porzellan usw. +

vegetieren +

Vene, Blutader, die dunkles, kohlensäurehaltiges Blut zum Herzen führt (Gegensatz: Arterie) +

Ventil +

Ventilation +

Ventilator +

ventilieren, lüften, eine Frage anschneiden, erörtern +

veritabel → wahrhaft

verklausulieren +

vermaledeien → verfluchen

versiert, bewandert, geübt +

Version, Wendung, Deutung, Auslegung +

vertikal, lotrecht +

Verve, Begeisterung → Schwung

Vesper, Abendzeit, Abendandacht, Feierabend, kleines Essen am Nachmittag, Brotzeit +

Veto +

vexieren, an der Nase herumführen, necken +

vibrieren +

Vicomte, französischer Adelstitel +

vif, lebhaft, rührig +

Villa, Landhaus (im italienischen Park) +

violett +

Viper, Giftschlange +

virtuos +

Vokabel +

virulent +

Virus, Gift, Ansteckungsstoff, kleinster nichtbakterieller Krankheitserreger +

vis-à-vis +

visieren +

Vision +

visionär +

Visite +
visitieren, besichtigen +
vital +
Vitrine, Glasschrank, Schaukasten → Kasten
vivat, lebe hoch! +
Vokabel +
Volant, Steuerrad, Falten- oder Spitzenbesatz → Besatz → Steuerung
Voliere, Vogelkäfig, Vogelhaus → Käfig
Volontär, Anwärter, der zur Berufsbildung ohne Bezahlung arbeitet +
Volumen, Rauminhalt +
Volute, schneckenartige Zierform → Schnecke
Votum +
vulgär +

Week-end → Wochenende
Wermut, eine Pflanze, ein feiner Schnaps (Absinth), Bitterkeit → Wermutstropfen
Wigwam, Hütte → Zelt (der nordamerik. Indianer)
Wrack, gestrandetes oder beschädigtes Schiff +

Xanthippe, Gattin des Sokrates, streitsüchtiges Weib +

Yohimbim, Heilmittel gegen Impotenz +

(Siehe auch **C** und **K**)

Zaster (Zigeunersprache) Geld +
Zäsur, Ruhepause → Einschnitt
Zechinen +
zedieren +
zelebrieren, eine feierliche Handlung begehen, Messe lesen +
Zelot, Eiferer in Glaubenssachen → Eiferer
zensieren +
Zensor → Censor
Zensur, Wertung, Beurteilung, Zeugnis, Gutachten +
zentral +
Zentrifuge, Schleuder +
zentrisch +
Zentrum, Mittelpunkt +
Zerberus, sagenhafter Wachhund der Unterwelt, strenger Wächter → Wächter
Zeremonie +
Zeremoniell, feierlicher Brauch nach Vorschrift +
Zertifikat, Bescheinigung +
Zession Abtretung, Übertragung
zirka, ungefähr +
Zirkel +
Zirkular +
Zirkulation → Kreislauf
Zirkus, Kreisbahn, Schaustätte +
Zisterne, Auffangbecken für Regenwasser +

Zitadelle, starke Befestigung, Feste +
Zitat, wörtliche Wiedergabe eines Ausspruchs aus einem Schriftwerk, Belegstelle, Anführung +
zitieren, wörtlich anführen +
Zivilisation, Gesittung, feinere Bildung +
zivilisieren, gesittet machen, verfeinern +
zivilisiert, gesittet +
Zölibat +
Zykloide, mathematische Kurve +
Zyklon → Cyklon
Zyklop, einäugiger Riese der griechischen Sage +
zyklopisch +
Zyklus +
Zylinder +
zylindrisch +
Zyniker, Anhänger einer von Antisthenes, einem Schüler Sokrates gegründeten Philosophenschule, die lehrte, daß die Tugend in Bedürfnislosigkeit und Selbstbeherrschung bestehe, Verächter +
zynisch, eigentl. hündisch, gemein, schamlos, frech, höhnisch +
Zyste, Blase → Auswuchs